D1747010

GEORG CHRISTOPH
LICHTENBERG

SCHRIFTEN UND BRIEFE

*Kommentar zu Band I und Band II
von Wolfgang Promies*

Carl Hanser Verlag

Georg Christoph Lichtenberg
Schriften und Briefe
Herausgegeben von Wolfgang Promies

    I Erster Band: Sudelbücher I
   II Zweiter Band: Sudelbücher II,
      Materialhefte, Tagebücher
K I+II Kommentar zu Band I und Band II
  III Dritter Band: Aufsätze, Entwürfe,
      Gedichte, Erklärung der
      Hogarthischen Kupferstiche
K III Kommentar zu Band III
  IV Vierter Band: Briefe
      (einschließlich Kommentar)

ISBN-10: 3-446-10798-3 (alle Bände)
ISBN-13: 978-3-446-10798-4 (alle Bände)
ISBN-10: 3-446-11971-X (K I+II)
ISBN-13: 978-3-446-11971-0 (K I+II)

2. Auflage 2006
© 1992 Carl Hanser Verlag München Wien
Alle Rechte vorbehalten
Gesamtherstellung: Friedrich Pustet, Regensburg
Printed in Germany

INHALT

Kommentar
  Heft A_I 7
  Heft A_{II} Vermischte wissenschaftliche Notizen 30
  Κέρας Ἀμαλθείας $(KA)_{II}$ 47
  Heft B_I 111
  Heft C_I 175
  Heft D_I 221
  Heft D_{II} Wissenschaftliche Notizen 293
  Heft E_I 315
  Heft F_I 389
  Heft G_{II} 487
  Heft H_{II} 503
  Goldpapierheft $(GH)_{II}$ 517
  Heft J_I 533
  Heft J_{II} 654
  Heft K_I 723
  Heft K_{II} 733
  Heft L_I 767
  Heft L_{II} Physikalische und philosophische Bemerkungen 832
  Miszellen-Heft $(MH)_{II}$ 867
  Undatierbare und verstreute Bemerkungen $(UB)_{II}$ 873
  Materialheft I $(Mat\ I)_{II}$ 881
  Materialhelft II $(Mat\ II)_{II}$ 893
  Tagebuch $(TB)_{II}$ 899
  Reise-Tagebuch $(RT)_{II}$ 917
  Reise-Anmerkungen $(RA)_{II}$ 927
  Staatskalender $(SK)_{II}$ 955

Register
  Wortregister 1117
  Personenregister 1375
  Werkregister 1435
  Register der Zeitschriften 1471
  Register der Titel und Pläne Lichtenbergs 1477

Verzeichnis der abgekürzt zitierten Literatur 1483
Glossar: Maße, Münzen, Gewichte, Zeichen 1488
Zum vorliegenden Band 1490
Verzeichnis der Abbildungen 1494
Nachträge 1495
Korrekturen zu den Textbänden 1496

A

Die Bezeichnung der Sudelbücher mit großen lateinischen Buchstaben stammt von Lichtenberg selbst; in seinen handschriftlichen Aufzeichnungen pflegte er auch so aus ihnen zu zitieren. Aber erst von Sudelbuch C an ist der betreffende Buchstabe regelmäßig auf dem Deckel, vereinzelt auch auf der ersten Seite vermerkt; bei den fünf Heften von A und bei Sudelbuch B fehlen die Bezeichnungen. Albert Leitzmann vermutete, »daß Lichtenberg erst mit dem dritten diese durchgängige Numerierung einzuführen beschloß und die beiden in Gedanken mitgerechneten Vorläufer eigens zu bezeichnen entweder vergaß oder nicht für notwendig hielt.« Was Sudelbuch B betrifft, nennt Lichtenberg selbst es in Exzerpten daraus, die für den »Parakletor« bestimmt waren, bei diesem Buchstaben; für A spricht allein die Chronologie. Zur Problematik dieser Einordnung s. Hans Ludwig Gumbert, Sind die von Leitzmann als Aphorismenbücher A und B bezeichneten Niederschriften wirklich Lichtenbergs erste Merkbücher (Sudelbücher)?, in: Photorin 11–12, 1987, S. 36–38. Aus J 1716 könnte man sogar schließen, daß Lichtenberg bereits in Darmstadt – also vor 1763 – Notizhefte geführt hat.

Zu A gehören fünf Hefte in Oktavformat ohne Umschläge. Sie befinden sich heute in der Handschriftenabteilung der Staats- und Universitätsbibliothek Göttingen (Signatur: Ms. Lichtenberg IV, 20–24). Das erste dieser Hefte umfaßt 28, das zweite 24, das dritte 20, das vierte 16, das fünfte abermals 20 Seiten. Die Hefte beweisen schon durch das gleiche Format ihre Zusammengehörigkeit. Offensichtlich ist aber der ursprüngliche Bestand von A nicht vollständig erhalten: das der chronologischen Folge nach älteste Heft trägt vorn in der rechten oberen Ecke ein kleines γ, das auf ein heute verlorenes α und β zurückweisen dürfte; ein weiteres Heft ist mit δ bezeichnet. Im übrigen schließt sich die Chronologie der erhaltenen Hefte mit Ausnahme der beiden letzten nicht so eng aneinander an, daß man nicht das ehemalige Vorhandensein eines oder mehrerer dazwischenliegender Hefte für wahrscheinlich halten müßte. Andererseits bringt die wenige Jahre nach Lichtenbergs Tod veranstaltete erste Ausgabe seiner »Vermischten Schriften« (VS) keinerlei Bemerkungen, die in dem heute vorhandenen handschriftlichen Bestand nicht enthalten wären, so daß ein etwaiger Verlust besagter Hefte bereits davor eingetreten sein müßte.

Albert Leitzmann hat aus dem Inhalt von A nur eine Auswahl vorgelegt und alle – insgesamt 119 – Bemerkungen »aus dem Gebiete der reinen und angewandten Mathematik, der Physik und Meteorologie, der Astronomie und der übrigen Naturwissenschaften, ferner alle Zitate und Exzerpte sowie einige ganz uninteressante Notizen« beim Abdruck weggelassen. In die vorliegende Ausgabe sind erstmals *sämtliche* Bemerkungen Lichtenbergs aufgenommen. Der gedruckte Textteil unterscheidet sich jedoch seiner Anordnung nach von den handschriftlichen Heften. Erst von Sudelbuch B an trennt Lichtenberg akkurat Wissenschaftliches und Nichtwissenschaftliches, während die Hefte von A sozusagen spontane Eintragungen enthalten. Um der größeren Übersichtlichkeit willen wurden – entgegen der Handschrift – allgemeine und mehr wissenschaftliche Bemerkungen voneinander geschieden. Dabei entsprechen die Bemerkungen in Band I, um Notizen Lichtenbergs ergänzt, der von Leitzmann seinerzeit edierten Auswahl; Band II dagegen enthält die bislang unveröffentlichten Bemerkungen aus den Heften von A. In den Anmerkungen wird übrigens für jede Bemerkung angegeben, an welcher Stelle sie sich in den Handschriften befindet; desgleichen werden genaue Hinweise auf Anfang beziehungsweise Ende der einzelnen Sudelhefte gegeben.

Als Textvorlage diente, soweit es sich um die Bemerkungen in Leitzmanns Auswahl handelt: Georg Christoph Lichtenbergs Aphorismen. Nach den Handschriften herausgegeben von Albert Leitzmann. Erstes Heft: 1764–1771. Deutsche Literaturdenkmale des 18. und 19. Jahrhunderts, No. 123, Berlin 1902. Leitzmanns Auswahl wurde mit der Handschrift verglichen und verschiedentlich korrigiert. Alle übrigen Bemerkungen wurden nach den Handschriften abgedruckt.

Zur Chronologie der Sudelhefte A

Heft 1 (Nr. 1–53; 142–168): A 12: Erwähnung der »Œuvres philosophiques« von Leibniz, die Herbst 1764 erschienen (das Titelblatt zeigt die Jahreszahl 1765); die Vorreden Kästners und Raspes datieren vom September 1764; ihre Besprechung erfolgte in den GGA am 10. Januar 1765. – A 22: Anspielung auf den Aufsatz »Von den Charakteren in der Geschichte«, den L. am 30. Januar 1765 vor der ›Historischen Akademie‹ gehalten hat. – vor A 34: 1. Juli 1765. – A 35: 4. Juli 1765.

Heft 2 (Nr. 54–91; 169–192): vor A 54: 8. Mai 1766. Da das zweite Heft mit diesem Datum beginnt, ist es denkbar, daß zwischen Sommer 1765 und Ende April 1766 mindestens ein Notizheft fehlt. – A 71: 29. Dezember 1766. – A 171: Besprechung von Mosers »Reliquien« in den GGA, 19. April 1766. – A 180: Oktober 1766.

Heft 3 (Nr. 92–123; 193–215): Dieses Heft enthält keinerlei Zeitangaben; Leitzmann, a.a.O., S. 171, hält es für möglich, daß dieses Heft vor Heft 2 zu stehen kommen könnte, hat es jedoch vorgezogen, den über zweijährigen Abstand zwischen Heft 2 und 4 damit zu überbrücken.

Heft 4 (Nr. 124–131; 216–234): A 129: Erwähnung der »Aussichten in die Ewigkeit« von Lavater, 1768. – vor A 216: 5. November 1769. – A 220: 12. November 1769, 19. November 1769. – A 222: 7. Dezember 1769.

Heft 5 (Nr. 132–141; 235–262): vor A 132: 25. Februar 1770. – A 235: Dezember 1769, Januar 1770. – A 237: 7. März 1770. – A 241: 13. Juli 1770. – A 245: 7. August 1770.

Anmerkungen
zu den Nummern in Band I

1 Vor A 1 findet sich in der Handschrift die Bemerkung A 142; nach A 1 folgen in der Handschrift die Bemerkungen A 143, 144, 145. – *Kunstgriff:* Vgl. DWB 5, Sp. 2701. Diesen Ausdruck gebrauchte L. auch B 268. L. liebte es, mathematische und physikalische Termini außerhalb ihrer ursprünglichen

Geltungssphäre zu verwenden. Schon eine seiner ersten gedruckten Arbeiten, am 4. August 1766 im »Hannoverschen Magazin« erschienen, handelt »Von dem Nutzen, den die Mathematik einem Bel Esprit bringen kann« (III, S. 311–316). Auch sein Lehrer Kästner hielt vor der Göttinger Deutschen Gesellschaft am 26. März 1768 eine Rede »Über den Gebrauch des mathematischen Geistes außer der Mathematik«. – *Differential-Rechnung:* »Ist eine Wissenschaft eine unendlich kleine Größe durch Rechnung zu finden, die unendlich mal genommen einer gegebenen Größe gleich ist, und hinwiederum aus einer gegebenen unendlich kleinen Größe diejenige zu finden, der sie unendlich mal genommen gleich ist. Diese Rechnung hat der Herr von Leibnitz aus seinem eigenen Kopffe erfunden. Denn als A. 1676. den 24. Octob. der Herr Newton an den Herrn von Leibnitz schrieb, er hätte zwey besondere methodos, dadurch er viel schwere Aufgaben in der Geometrie auflösen könnte und aus denselben gegen ihn ein Geheimniß machte, daß er den Nahmen derselben nicht einmahl nennen wolte, ob er ihm [sic!] gleich nach seinem Gefallen erdacht hatte; antwortete ihm der Herr von Leibnitz den 21. Martii 1677 darauf und überschrieb ihm offenhertzig den Grund seiner Rechnung.« (Zit. nach Wolff, Sp. 284.)

2 *Näherung:* »Wird in der Algebra genennet, wenn man aus einer Gleichung, die keine Rational-Wurzel hat, die Wurzel in so kleinen Brüchen suchet, als man verlanget. *Vieta* hat zuerst eine sehr sinnreiche Manier erdacht, wie man aus einer Gleichung die Wurzel der Näherung suchen, das ist den Wert von der unbekannten Größe so nahe finden kann, als nur begehret wird. Er hat dieselbe in einem besondern Tractate *de numerosa potestatum ad Exegesin resolutione* beschrieben, welcher unter seinen *Operibus Mathematicis* f. 163 & seqq zu finden. ... Nachdem haben andere auf andere Arten gedacht, unter welchen gar bequem diejenige ist, welche der Herr *Newton* in seiner *Analysi per quantitatum series* p. 8. beschrieben.« Zit. nach Wolff, Sp. 135–136. S. auch A 151.

3 *allgemeine Charakteristik:* Vgl. zu A 12. – *femme sage, sage femme:* Laut Larousse wechselt *sage* in Verbindung mit dem Substantiv *femme* seine Bedeutung: eine ›femme sage‹ ist eine weise Frau, ›sage femme‹ bedeutet Hebamme. Vgl. Lessing, Hamburgische Dramaturgie, 15. Stück (Fußnote).

4 *Die Gesichter der Menschen:* Physiognomische und pathognomische Betrachtungen spielten, wie L. später in der Antiphysiognomik (III, S. 260) berichtet, eine große Rolle in den drei im Göttinger Historischen Institut 1765/66 vorgelesenen Abhandlungen über geschichtliche Charaktere, von denen nur die erste erhalten ist (III, S. 497). Zu L.s früher Abneigung gegenüber Lavaters Systematisierung vgl. Briefe an Joel Paul Kaltenhofer vom 12. Oktober und Johann Andreas Schernhagen vom 13. Oktober 1772. S. a. Brief an Chodowiecki vom 23. Dezember 1776. – *die Tollhäuser durchsehen:* Seines Besuchs in Bedlam, dem Londoner Irrenhaus, im Oktober 1775 gedenkt L. III, S. 910; auch die Anstalt in Celle kannte er wohl aus eigener Anschauung. Vgl. auch G 50. – *3 Hauptfarben:* Vgl. Promies, Bürger und Narr, S. 270.

5 *affirmative nescire:* Lat. ›Positiv nicht wissen‹. Satzprägung L.s? Nach A 5 folgen in der Handschrift die Bemerkungen A 146, 147.

6 *Pythagoras konnte ... hundert Ochsen opfern:* Die Anekdote, auf die hier angespielt wird, erzählt Diogenes Laertius in »Leben und Meinungen be-

rühmter Philosophen« 8, 12. L. entnimmt seine Kenntnis wohl dem zu A 10 nachgewiesenen Werk von Goguet, der Bd. 1, S. 260 Fußnote schreibt: »Pythagoras opferte, wie man sagt, wegen der Erfindung des 32. Theor. des ersten Buches des Euclides, einen Ochsen.« Pythagoras (580–500 v. Chr.), griech. Philosoph aus Samos, Stifter der Pythagoreischen Schule, erklärte Zahl und Maß für das Wesen der Welt. Diogenes Laertius, lebte vermutlich in der ersten Hälfte des 3. Jh.s n. Chr. Sein zehnbändiges Werk »Über Leben und Meinungen der berühmten Philosophen« ist eine Kompilation, aber als histor. Quelle wertvoll. – *Kepler:* Keplers Armut ist auch Gegenstand eines Sinngedichts von Kästner (Vermischte Schriften, S. 175; vgl. auch S. 322). Johannes Kepler (1571–1630), Prof. der Mathematik in Graz und Linz, 1601–1612 kaiserl. Hofastronom in Prag, Schüler Tycho Brahes, einer der Begründer der neueren Astronomie, fand die drei Gesetze der Planetenbewegung.

8 Nach A 8 folgen in der Handschrift die Bemerkungen A 148, 149, 150. – *Elastizität der Körper:* Schnellkraft, Spannkraft (s. Gehler Bd. 1, S. 695–719). Auch in Erxlebens »Anfangsgründen der Naturlehre« 4. Auflage (§ 32) wird die Eigenschaft der Elastizität (in unterschiedlichem Ausmaß) allen Körpern zugeschrieben.

9 Danach folgen in der Handschrift die Bemerkungen A 151, 152, 153. – *gnau:* L. schreibt in der Regel *gnau* und gebraucht demgemäß das Wort metrisch einsilbig (Schreiben an einen Freund, Vers 107, III, S. 624; Belagerung von Gibraltar, 21, 4, III, S. 433). – *Leibniz:* Gottfried Wilhelm Freiherr von Leibniz (1646–1716), berühmter dt. Mathematiker, Philosoph und Staatsmann, von großem Einfluß auf das Denken der dt. Aufklärung. L. hat Leibniz' Nachlaß am 14. August 1772 in der Bibliothek in Hannover besichtigt.

10 *Goguet leugnet:* Gemeint ist das seinerzeit gefeierte Werk »De l'origine des loix, des arts et des sciences, et de leurs progrès chez les anciens peuples«, erschienen in drei Bdn. Paris 1758. L. las es vielleicht in der dt. Übersetzung des Göttinger Professors Georg Christoph Hamberger unter dem Titel »Untersuchungen Von dem Ursprung der Gesezze, Künste und Wissenschaften Wie auch ihrem Wachsthum bei den alten Völkern«, in drei Teilen erschienen Lemgo 1760–1762. Die von L. angesprochenen Stellen finden sich im Ersten Teil, S. 260, 264. Antoine Yves Goguet (1716–1758), frz. Historiker und Conseiller am Pariser Parlament. – *der dümmste Bauer . . . auf geometrische Lehrsätze verfallen:* L. äußert auch andernorts die Überzeugung, daß jeder gesunde Menschenverstand gleichsam ein natürlicher mathematischer Wilder ist: vgl. A 55, 113, 210; C 33, 45, 153; III, S. 15. In Gamauf, Astronomie, S. 25 spricht er positiv von »astronomischen Bauern«. – *Satz von der Gleichheit:* Vgl. Wolff, Sp. 1423–1424: »Die Dreiecke sind einander gleich, wenn sie gleiche Grundlinien und Höhen haben; Sie sind einander ähnlich, wenn alle drei Winkel ins besondere einander gleich sind, oder auch nur ein Winkel in einem Dreiecke einem in dem anderen gleich ist und die Seiten, so sie einschließen, beiderseits proportional sind, oder wenn alle drei Seiten des einen den drei Seiten des anderen proportional sind. Sie sind endlich ähnlich und gleich, wenn zwei Winkel und eine Seite, oder zwei Seiten und ein Winkel, oder alle drei Seiten beiderseits einander gleich sind.«

11 *blinden Fertigkeiten:* Vgl. D 621, F 424, 433, L 952, 955, 956.

12 *Sammlung von Leibnizischen Schriften:* Die »Œuvres philosophiques latines et françoises de feu Mr. de Leibnitz, tirées de ses manuscrits qui se conservent dans la bibliothèque royale à Hanovre« (Amsterdam et Leipzig, chez Jean Schreuder 1765) waren die erste Ausgabe seiner philosophischen Werke; sie wurde von Raspe besorgt und von Kästner, der 1769 eine eigene »Lobschrift« auf Leibniz herausgab, durch ein empfehlendes Vorwort eingeleitet; sie enthält sechs Schriften, darunter an erster Stelle die grundlegenden »Nouveaux essais sur l'entendement humain«, die L. in KA 88 zitiert. Die Ausgabe wurde in den GGA, 4. Stück, S. 25–29, vom 10. Januar 1765, rezensiert. – *Raspe:* Rudolf Erich Raspe (1737–1794) aus Hannover, Studium der Jurisprudenz in Göttingen, 1762 Sekretär der Königl. Bibliothek in Hannover, mit der Leibniz-Edition betraut; später Prof. für Archäologie und Aufseher der landgräfl. Kunstsammlungen in Kassel, von wo er wegen Veruntreuung des ihm anvertrauten Münzkabinetts 1775 nach England fliehen mußte; dort schrieb er »Baron Munchausen's Narrative of his Marvellous Travels and Campaigns in Russia« (London 1785); vgl. auch Briefe an Raspe (20. September 1770), an Johann Christian Dieterich (28. September und 13. Oktober 1775), an Johann Daniel Ramberg (6. August 1786). – *Weltweisen:* Eindeutschung von lat. philosophus. – *Abhandlung ... von der Charakteristica universali:* »Historia et commendatio linguae characteristicae universalis quae simul sit ars inveniendi et judicandi«, a.a.O., S. 533–540. Die von L. ziemlich wörtlich zitierten Sätze finden sich dort S. 535 f. Leibnizens Idee einer auf der logischen Beziehung der Begriffe zueinander bestehenden Erkenntnismethode, die sich einer entsprechend aufgebauten Universalsprache bedienen müßte, hat L. eine Zeitlang ernsthaft beschäftigt; vgl. A 3, 47, 59, KA 88. – *Incidi ... possent:* Ich bin [zwangsläufig] auf diese staunenswerte Betrachtung verfallen, weil freilich ein gewisses Alphabet der menschlichen Gedanken ersonnen werden könnte und weil durch Kombination der Buchstaben und Wörter dieses Alphabets aus der Analyse der Faktoren von diesem selbst alles erfunden wie auch unterschieden werden kann. – *Kabbala:* Hebr. ›Überlieferung‹; uralte Geheimlehre von der Seele, von Gott und von allen Beziehungen, die zwischen ihnen bestehen. Die Kabbala lehrt und beweist, daß alles in einem und eines in allem ist. Hauptwerke der Kabbala sind Sepher, Jezirah (Buch der Schöpfung) und Zohar (Glanz). – *Jacobus Bohemus ... Natursprache:* S. Ernst Benz, Zur metaphysischen Begründung der Sprache bei Jacob Böhme, in: Dichtung und Volkstum, 37. Bd., 1936, S. 340–357. Von der »Natursprache«, der Sprache Adams, des Urmenschen, schreibt Böhme u. a. in »Aurora« (c. 20, §90, S. 270): »Die Sprache der Natur ist die Wurzel oder Mutter aller Sprachen, die in dieser Welt sind; und stehet die ganze volkomliche Erkenntniß aller Dinge hierinnen.« Das DWB 7, Sp. 466 führt unter diesem Stichwort lediglich Belege von Herder, Goethe und Wieland an. Jakob Böhme (1575–1624), von Beruf Schuhmacher in Görlitz, ein noch die Frühromantiker beeinflussender Mystiker und Theosoph; über L.s Stellungnahme zu ihm vgl. zu D 9. – *Joachim Jung:* Joachim Jungius (1587–1657), berühmter Mathematiker und Naturforscher aus Lübeck, seit 1629 Rektor des Akademischen Gymnasiums in Hamburg; sein wissenschaftl. Nachlaß ging 1681 bei einem Brand verloren. Leibniz gehörte zu denen, die sich für eine Publikation seiner Schriften einsetzten (s. die Vorträge »Die Entfaltung der Wissenschaft«, gehalten auf der Tagung der Joachim-

Jungius-Gesellschaft der Wissenschaften in Hamburg 1957). Mit Jungius hat sich später auch Goethe beschäftigt; vgl. seine Naturwissenschaftlichen Schriften. – *numerus ... explorantur:* Die Zahl ist gleichsam eine metaphysische Figur, und die Arithmetik gleichsam die Statik des Universums, durch die die Kräfte der Dinge ermittelt werden.

14 *das Größte und Kleinste:* Diesen Begriff verwertet L. 1766 in »Von dem Nutzen, den die Mathematik ...« (III, S. 314); s. auch A 44, 92; B 270.

15 Nach A 15 folgt in der Handschrift die Bemerkung A 154. – *So wie das Ohr ... vielleicht die Zunge:* Zu L.s sinnesphysiologischen Mutmaßungen vgl. noch J 1408.

16 Nach A 16 folgt in der Handschrift die Bemerkung A 155. – *Taschenspieler-Künste:* Vgl. auch A 20; KA 230, wo unter Nr. 14 das hier erwähnte Kunststück notiert ist; in C 377 vermerkt L. die Sammlung neuer Kunststücke von Guyot (s. auch F 1036). – *Bindfaden:* In der Handschrift *Bindenfaden.* – *anliegend der denkt:* Diese Stelle in der Handschrift schwer leserlich. – *Art von Integration:* Die Ermittlung der unbestimmten Integrale ist die erste Aufgabe der Integralrechnung und das genaue Gegenstück zu der Bestimmung des Differentialquotienten, der Fundamentalaufgabe der Differentialrechnung; vgl. A 1; s. auch J 247.

17 Nach A 17 folgt in der Handschrift die Bemerkung A 156. – *Die Natur schafft keine genera und species:* Lat. genus ›Gattung‹; lat. species ›(besondere) Art‹. Zu L.s vermutlich von Büttner beeinflußtem Plädoyer für die Individualität vgl. A 30, 118 und III, S. 501. – *Ähnlichkeiten aufsuchen:* Vgl. noch J 1566.

18 *Endzweck:* »Der Zweck, welcher die unumgängliche Bedingung aller übrigen enthält, ist der Endzweck.« (Kant in DWB 3, Sp. 468). – *den Alten es weit zuvorgetan:* L.s Beitrag zu dem seit Perraults »Querelle des anciens et des modernes« (s. zu A 106) von Wissenschaftlern und Künstlern geführten ›Streit der Alten [der antiken Gelehrten] mit den Modernen‹. S. dazu Peter Kapitza, Ein bürgerlicher Krieg in der gelehrten Welt. Zur Geschichte der Querelle des Anciens et des Modernes in Deutschland, München 1981. – *jeder ... für den ich eigentlich schreibe:* Diese Worte deuten an, daß es sich hier um ein Stück aus einer Ausarbeitung handelt, die zur Veröffentlichung bestimmt war. Am nächsten liegt es, an die verlorene Fortsetzung der Arbeit über die »Charaktere in der Geschichte« (III, S. 497–501) zu denken, die in diese Zeit fällt. – *Laokoon:* Trojan. Priester des Apoll, mit seinen beiden Söhnen von zwei aus dem Meer auftauchenden Schlangen getötet. Dieser Mythos, in der Antike wiederholt dargestellt, fand seine bedeutendste Darstellung in der Marmorgruppe aus dem 1. Jh. v. Chr. der rhodischen Bildhauer Agesandros, Polydoros und Athenodoros; 1506 im Goldenen Haus des Nero wiederentdeckt, jetzt im Vatikan; wirkte wie kein zweites antikes Werk anregend auf Kunst und Kunsttheorie. Die Würdigung des Laokoon beruht auf Winckelmanns Darlegungen in den »Gedanken über die Nachahmung der griechischen Werke« und in der »Geschichte der Kunst des Altertums« (Dresden 1764 in 2 Bdn.). – *Vid[e] infra:* Lat. ›siehe unten‹. Der Verweis war nicht zu ermitteln.

20 Nach A 20 folgen in der Handschrift die Bemerkungen A 157, 158. – *Von einem Taschen-Spieler erzählen:* Das Zitat aus Rousseaus »Emile« in A 21 legt die Vermutung nahe, daß diese Notiz durch die Erörterungen über

Taschenspielerei im Eingang des dritten Buches angeregt ist; s. auch A 16 und C 180.

21 Nach A 21 folgt in der Handschrift die Bemerkung A 159. – *Rousseau nennt ... (Emile p. 96 T.1.):* Rousseau sagt an der angeführten Stelle der Originalausgabe, (Paris 1762 in 2 Bdn.) vom Dialog der Ammen mit den Kindern: »Quoiqu'elles prononcent des mots, ces mots sont parfaitement inutiles; ce n'est point le sens du mot qu'ils entendent, mais l'accent dont il est accompagné.« (Wenn sie auch Worte aussprechen, so sind diese Worte doch völlig nutzlos; nicht den Sinn des Wortes begreifen sie, sondern den Ton, der es begleitet.) Jean Jacques Rousseau (1712–1778), schweizer.-frz. Schriftsteller und Philosoph, trat in dem pädagogischen Roman »Emile« (1762) für naturgemäße Erziehung ein, gab in seinen »Confessions« (1781–1788) eine freimütige Schilderung seines Lebens.

22 Nach A 22 folgen in der Handschrift die Bemerkungen A 160, 161, 162. – *Der Einfluß des Stils ... an einem anderen Ort geredet:* Dieses Thema erörtert L. näher in seinem Aufsatz »Von den Charakteren in der Geschichte« (III, S. 497–501), den er am 30. Januar 1765 vor der Historischen Akademie vortrug. – *Linnaeus ... sagt:* »Lapides crescunt. Vegetabilia crescunt et vivunt. Animalia crescunt, vivunt et sentiunt«; Zitat aus Linnés »Systema naturae, sive Regna tria naturae systematicae proposita per classes, ordines, genera et species«, Leiden 1735, Einleitung Pt. 15. Carl von Linné (1707–1778), schwed. Naturforscher, Begründer der modernen Botanik. 1742 Prof. der Botanik in Upsala; schuf für Pflanzen- und Tierarten lat. Benennungen mit je einem Gattungs- und einem Artnamen. – *der Wachstum:* Das Maskulinum war bis Ende des 18. Jh.s vor allem in der schöngeistigen Literatur gebräuchlich (s. DWB 13, Sp. 148).

23 *Versart den Gedanken anzumessen:* Vgl. J 294.

24 Nach A 24 folgt in der Handschrift die Bemerkung A 163. – *Die Natur die Triebe ... abändert:* Hier wird ein Moment in der Entwicklung der organischen Körper erkannt, das Lamarcks Begriff der Anpassung vorwegnimmt.

25 Nach A 25 folgt in der Handschrift die Bemerkung A 164. – *Warum die Menschen ... Glieder ohne eine Absicht bekommen:* In L.s Besitz befand sich eine »Vergleichung des Zustands der Kräfte des Menschen mit denen der Thiere«, aus dem Engl., Frankfurt und Leipzig 1768 (BL, Nr. 1717).

26 Nach A 26 folgt in der Handschrift die Bemerkung A 165. – *Esel ... dem witzigen Einfall eines losen Menschen zu danken:* L. arbeitet diesen Gedanken in die »Rede dem Andenken des sel. Kunkels gewidmet« (III, S. 591) ein; vgl. auch KA 131. Vielleicht waren die Scherze, die im »Don Quichote« mit Sanchos Esel getrieben werden, der Anlaß zu dieser Betrachtung; seine erste Lektüre dieses Romans verlegt L. selbst laut »Antwort auf das Sendschreiben eines Ungenannten« (III, S. 417) ins Jahr 1765, in das auch diese Stelle gehört. Vielleicht ist L.s auch andernorts bekundete Sympathie für dieses Tier auch beeinflußt durch Johann Matthias Gesners Abhandlung »Corollarium de antiqua asinorum honestate« in »Commentarii Societatis Regiae Gotting.«, Bd. 2. für 1752, Göttingen 1753, S. 32–35. Vgl. III, S. 527.

27 *Plato sagt das poetische Genie ...:* Neben »Phaedros« 245 a vgl. besonders die Erörterung in »Ion« 534 a, b. Platon (427–347 v. Chr.), aus Athen, Schüler des Sokrates; die überragende Bedeutung seiner Ideenlehre für die

abendländische Philosophie, das Fortwirken seines Gedankenguts bis in die Gegenwart und seine Gründung einer ersten philosophischen Akademie haben dazu geführt, daß Platon als Vater der klassischen Philosophie überhaupt gilt. – *Plato . . . well:* Plato, du denkst richtig; Zitat aus Joseph Addisons 1713 verfaßter, von Gottsched beeinflußter Tragödie »Cato«, 5. Akt, 1. Szene, Vers 1. – *mit Feuer Verse gemacht:* Über den Verse-Schmied L. vgl. KIII, S. 299; s. auch TB 12. – *Lusten:* Lust, Verlangen; zu dieser Wortbildung vgl. DWB 6, Sp. 1329. – *eiförmigen Gestalt der Auflösung:* Zu L.s Versinnlichung abstrakter Gegenstände s. zu F 381. – *Klügel:* Georg Simon Klügel (1739–1812) aus Hamburg, studierte 1760–1765 in Göttingen, Schüler Kästners und Studienfreund L.s, 1765–1767 Redakteur der gelehrten Artikel des »Hannöverschen Intelligenzblattes«; später Prof. der Physik und Mathematik in Helmstedt und Halle. – *Hahn:* Nach Leitzmann Friedrich Graf Hahn (1742–1805) aus Holstein, der aber (s. AdB 10, 360) 1760–1763 in Kiel studierte, wo ihm Friedrich Koes die Liebe zu den Naturwissenschaften, speziell Mathematik und Astronomie, einflößte. Laut Matrikel der Georgia Augusta (S. 160) kommt eher Friedrich Carl Philipp von Hahn aus Kurland, stud. jur., imm. 2. April 1766, in Frage.

28 Nach A 29 folgt in der Handschrift die Bemerkung A 166. – *Aberglauben gemeiner Leute:* Vgl. C 219. – *Friktion:* Reibung; »Reiben heißt eigentlich rauhe Flächen mit Zusammendrückung an einander hin bewegen. Hiebei greifen die Erhabenheiten der einen in die Vertiefungen der andern ein, und veranlassen dadurch einen Widerstand, der die Bewegung ganz oder zum Theil aufhält. Dieser Widerstand bekömmt nun auch den Namen des *Reibens* oder der *Friktion.*« (Gehler, Bd. 3, S. 691). Unter dem 11. August 1770 notiert L. im Tagebuch (S. 14 der Handschrift): »Den Nachmittag ließt HE. Prof. Meister über die Fricktionen in der K. Societät vor.« – *Sätze der Stoischen Philosophie:* L. denkt hier an die Abstraktheit des moralischen Standpunktes in der Schule der Stoiker, der sich nicht zu einer auf den konkreten Einzelfall anwendbaren Sittenlehre ausbilden läßt.

30 *Es gibt keine Synonyma:* Ein Ausspruch des Naturhistorikers Christian Wilhelm Büttner (1716–1801), Prof. der Philosophie in Göttingen, später Hofrat und Prof. in Jena; beschäftigte sich viel mit Sprachen; einer von L.s Lehrern; ihn sowie seine Sammlungen und Bibliothek charakterisiert Goethe in den Tag- und Jahres-Heften zu 1802; vgl. auch A 94 und die Charakteristik in UB 1. – Nach A 30 folgt in der Handschrift die Bemerkung A 167, die ebenfalls Büttner zitiert.

31 *Die Schnecke . . . wächst ihr aus dem Leib:* Diesen Gedanken greift L. in C 226 wieder auf.

32 *moralische Friktion:* Vgl. zu A 28: zu L.s Gewohnheit, naturwissenschaftliche Termini zu verschöngeistigen, vgl. zu A 1.

33 *Aus den Träumen der Menschen . . . auf ihren Charakter schließen . . . :* Mit dem Phänomen des Traumes, des Schlafs, des Zustands zwischen Wachen und Träumen hat sich L. zeitlebens sowohl physiologisch als auch ästhetisch wie kein anderer dt. Wissenschaftler im 18. Jh. beschäftigt. Vgl. Wolfram Mauser, ». . . jene Brüche des Gehirns.« Lichtenberg und die Irritation des Träumens, in: Lichtenberg-Jb 1988, S. 73–85; s. Wortregister.

34 *Jeder Gedanke hat . . . Stellung der Teile unsers Körpers:* Früheste Äußerung L.s zur Pathognomik, die er 1777 in seiner Antiphysiognomik ausführt.

35 *lag ich ... auf dem Bette:* Die erste von zahllosen Selbstbeobachtungen, die L. zeitlebens anstellte; vgl. A 49, 50, 158.

36 *Wie kann ich dieses Ding ... am besten nützen:* Vgl. A 37, J 288, K 122, L 815. – *perfice te:* Lat. ›vervollkomme dich‹; L. reflektiert dieses Wort auch B 185, C 368, D 493.

38 *Geistliche Betrachtungen mit ... Physik vermischt:* Die Predigt zur popularisierenden Verbreitung besserer Kenntnis der Natur- und Welteinrichtungen benutzt zu haben, wird L.s Vater nachgerühmt, der zur Begeisterung seiner Gemeinde gern astronomische Dinge auf der Kanzel behandelte; vgl. die Skizze seines Lebens in Friedrich Wilhelm Strieders »Grundlage zu einer Hessischen Gelehrten und Schriftsteller Geschichte« Bd. 8, Kassel 1788, S. 11–22.

42 *Plutarch sagt:* L. denkt an folgende Worte Plutarchs im »Leben des Themistokles« 11: »Höre Themistokles! Bei den Wettkämpfen gibt man denjenigen Streiche, die vor der Zeit in die Schranken traten – Das ist wahr, versetzte dieser – aber man krönt auch diejenigen nicht, die zurückbleiben.« (Plutarch, Lebensbeschreibungen, Bd. 1, München und Leipzig 1913, S. 302). Plutarchos (um 50–125 n. Chr.), griech. Philosoph und Historiker aus Böotien; seine »Lebensbeschreibungen berühmter Männer« wirkten bis ins 18. Jh.

43 *Die Speisen ... Einfluß auf den Zustand der Menschen:* Vom »Einfluß unserer Küchen auf unser moralisches Verhalten« handelt L. noch in dem Artikel »Allgemeine Küchenzettul-Probe nach den neuesten Versuchen« im GTC 1786, S. 93: »Denn aus übel verwalteten Küchen, entsteht Verwirrung in dem Verdauungsgeschäft, und daraus der gröste Theil alles Unheils in der Welt.« – *und ob ... nennen:* Diese Zeilen sind von L. durch Kringel unleserlich gemacht. – *Einfluß des Klimas:* Seit der Antike überlieferte Theorie, im 18. Jh. unter anderem durch Montesquieu in »De l'esprit des lois«, Livre XIV, 1748, fortgeschrieben. Vgl. A 69.

44 *unsre gegenwärtigen Augenblicke ... zu Nutz zu machen suchen:* Vgl. A 36. – *ein Größtes werden:* S. zu A 14.

47 *Schönpflästergen:* Frz. mouche; kleine Stoffstückchen aus schwarzem Taft, vom 17. bis ins frühe 19. Jh. auf Gesicht und Dekolleté getragen; s. a. F 126. – *allgemeine Charakteristik erfunden:* S. zu A 12.

48 *wahre Gleichung der Dinge:* Den Begriff *Gleichung* erörtert L. in »Von dem Nutzen, den die Mathematik einem Bel Esprit bringen kann« (III, S. 311); vgl. auch A 1, 186, 191.

49 *Ich habe etliche Mal bemerkt:* S. zu A 35.

50 *viel Kaffee getrunken:* Zu dieser Modeerscheinung des 18. Jh.s, der auch L. huldigt, vgl. Ulla Heise, Kaffee und Kaffeehaus. Eine Kulturgeschichte, Hildesheim 1987. – *als mit den Ohren:* Vgl. J 1408.

51 Nach A 51 folgt in der Handschrift die Bemerkung A 168.

52 *Anmerkung, die ich unten gemacht ...:* Nach dem vorhandenen Material an Handschriften nicht zu bestimmen; ein weiterer Grund für die S. 9 aufgestellte Annahme von dem Verlust einzelner Hefte.

53 $>$ *der Tod:* Kleiner (weniger) als der Tod; mathematisches Zeichen. L. verwendet diese Formel III, S. 312; vgl. auch Kästners »Anfangsgründe der Arithmetik«, Cap. I, §95. Mit dieser Bemerkung schließt das erste der Sudelhefte A.

54 Die Bemerkung eröffnet das zweite der Sudelhefte A. – *vid[e] auf der 5t. S. dieses Buchs:* Gemeint ist A 172. – *Unzer beweist in seinem Arzt:* Diese Wochenschrift (12 Bde., Hamburg 1759–1764) mit dem genauen Titel: »Der Arzt. Eine medicinische Wochenschrift« hat L. von Mai 1766 an ganz oder doch größtenteils durchgelesen, wie eine Reihe von Exzerpten beweist (s. Zeitschriften-Register). Johann August Unzer (1727–1799), berühmter Arzt und Psychologe, trug durch seine Zeitschrift, die drei Auflagen erlebte und ins Holländische, Schwedische und Dänische übersetzt wurde, wesentlich zur Popularisierung der Heilkunde bei. – *Nachrichten des Herrn Kählers ...:* Unzer schreibt T. VI, 146. Stück, S. 526, eingangs: »Ich berufe mich auf das Zeugniß des Herrn Doctor *Martin Kählers,* welcher von dieser Krankheit in den Schriften der königlich-schwedischen Akademie der Wissenschaften geschrieben, nachdem er 1756 selbst in Apulien gewesen, und dieselbe auf das genaueste untersucht hat.« Die Ausführungen über den Tarantismus stehen ebd. S. 526–533; »Von der Tanzkrankheit zu Tarento«, in den »Abhandlungen der königlich schwedischen Akademie der Wissenschaften«, T. 19, 1758. – *Kählers:* Martin (Mårten) Kählers (1728–1773), schwed. Arzt, nach vierjährigen Reisen in Südeuropa Admiralitätsmedicus bei der schwed. Flotte in Carlscrona; Mitglied der Akademie der Wissenschaften in Stockholm.

55 *Buxton:* Jedediah Buxton (1707–1772), engl. Landarbeiter, Analphabet, aber ein Zahlengenie. Die Öffentlichkeit wurde erstmals auf ihn aufmerksam durch einen mit »G. Saxe« (wahrscheinlich Pseudonym) unterzeichneten Brief in »The Gentleman's Magazine«, Februar 1751, dem ebenda weitere Mitteilungen folgten. – *Gentlemans Magazin:* Die kulturpolitische engl. Monatsschrift »The Gentleman's Magazine« wurde 1731 von Edward Cave (1691–1754) unter dem Namen Sylvanus Urban gegründet; zunächst ein reines Nachdruckblatt mit Zeitungsauszügen des vorangegangenen Monats, gewann die Zeitschrift politischen Wert durch die Einführung der Parlamentsberichte. Das Blatt existierte bis 1914. L. hat es bis zu seinem Tode gern gelesen und für seinen »Kalender« genutzt: s. GTC 1794, S. 114, 146; 1795, S. 158; 1797, S. 133, 161, 186; ferner III, S. 805. Ein Urteil L.s über das Magazin findet sich GTC 1796, S. 172–173. L. las die Anekdote allerdings in Unzers Wochenschrift »Der Arzt«, 6. Stück, S. 539–543, wo Unzer über Gedächtnisstärke handelt. – *Er hatte niemals schreiben gelernt:* Zu L.s Interesse an dem ›mathematischen Wilden‹ vgl zu A 10.

56 Nach A 56 folgt in der Handschrift die Bemerkung A 169. – *Argument gegen die Materialisten:* In Unzers Wochenschrift »Der Arzt« findet sich im 148. Stück, S. 565–567, ein Brief, der den Einwand gegen den Materialismus weitläufig auseinandersetzt und mit den Worten schließt: »Wenn nun dem also ist, wie kann sich wohl ein Offroy de la Mettrie einfallen lassen, daß der ganze Mensch, das ganze Thier, eine bloße Maschine sey, und sein Bewußtseyn selbst in der Maschine verborgen liege? Wie kann sich ein Greis noch für denjenigen erkennen, der er als ein Jüngling war, da ihm doch kein Theil von allen denen mehr übrig ist, die sich vor Zeiten des Jünglings bewußt gewesen seyn sollen; und wie können sich die neuen Theile des Greises für den halten, der ehedem von ganz andern Theilen für *Ihn* gehalten wurde?« – ... *wird Lamettrie antworten:* L.s Paraphrase der Gedankengänge Lamettries in »L'homme machine« (1748), deren materialistische Begründung des Menschen vor allem bei deutschen Wissenschaftlern (Haller) auf entschiedenen

Widerspruch stieß. Julien Offroy de Lamettrie (1709–1751), frz. Arzt und materialistischer Philosoph; lebte nach seiner Vertreibung aus Frankreich am Hof Friedrichs II. in Berlin. – *Herr Fontenelle:* Bernard le Bovyer de Fontenelle (1657–1757), Neffe von Corneille, Mitglied der Académie Française und Sekretär der Académie des Sciences. – *Crimen laesae majest[atis]:* Lat. ›Majestätsverbrechen‹. – *würkt der Gedanke . . . wie der Funke auf das Pulver:* Zum »Pulversystem« entwickelt L. diesen Gedanken im »Timorus« (III, S. 224, 228).

57 Nach A 57 folgen in der Handschrift die Bemerkungen A 170, 171, 172. – *Gunkel:* Jonas Kunkel (1717–1768), Bücher-Antiquar in Göttingen, war 1745 als Glashändler von der Hessischen Glashütte bei Hannöversch-Münden nach Göttingen gekommen; Freund L.s, dem L. ein literarisches Denkmal setzen wollte (III, S. 585). Er erwähnt ihn außer in den Sudelbüchern auch in dem Gedicht »Schreiben an einen Freund« (III, S. 622). – *Trauben-Haut:* Membrana uvea, die hintere pigmentierte Fläche der Iris, vermutlich so genannt, weil sie dem Balg einer Weinbeere ähnlich sieht. DWB 11, Sp. 1312 führt L.s Beleg an.

58 Nach A 58 folgen in der Handschrift die Bemerkungen A 173, 174, 175. – *Kunsttriebe:* Wortprägung von Hermann Samuel Reimarus (s. DWB 5, Sp. 2731); sein berühmtes Buch »Allgemeine Betrachtungen über die Triebe der Thiere, hauptsächlich über ihre Kunst-Triebe: Zur Erkenntnis des Zusammenhanges der Welt, des Schöpfers und unser selbst« war Hamburg 1760 erschienen. L. besaß die dritte Auflage dieses Werks, erschienen Hamburg 1773 (BL, Nr. 883), ferner die »Angefangene[n] Betrachtungen über die besonderen Arten der thierischen Kunsttriebe. Aus seiner hinterlassenen Handschrift herausgegeben, mit einigen Anmerkungen und einem Anhange von der Natur der Pflanzenthiere begleitet durch Johann Albert Hinrich Reimarus«, Hamburg 1773 (BL, Nr. 882). L. gebraucht den Begriff auch B 34, F 1081, H 142, L 955 und in »Von den Kriegs- und Fast-Schulen der Schinesen« (III, S. 447, 449).

59 Nach A 59 folgen in der Handschrift die Bemerkungen A 176, 177, 178, 179. – *Leibnizens Charakteristik:* S. zu A 12. – *Verwandtschaft der Dinge:* Darauf spielen auch KA 260, 283 an. – *Stutzer:* Geck; im 17. Jh. reich bezeugt als »der in modischer reicher Kleidung sich auffällig zeigt« (DWB 10, Sp. 783 f.). Vgl. L.s Ausführungen B 180. – *Wassertrinker statt Anakreontischer Dichter:* Zu L.s Antipathie gegenüber diesem zeitgenössischen Typus von empfindsamen Lyriker s. B 178 und III, S. 624. Die Paraphrasierungen erinnern an die »Beiträge zu Rabeners Wörterbuche« (III, S. 502) und an »Lorenz Eschenheimers empfindsame Reise nach Laputa« (III, S. 610). Anakreon (gest. nach 495 v. Chr.), griech. Lyriker, dessen Stil im Altertum in den Anakreontea und im Deutschland des 18. Jh.s von den Anakreontikern fortgeführt wurde (bes. von Hagedorn, Gleim, Uz und Johann Georg Jacobi).

60 *den geringsten Wert:* Dem Sinn gemäßer erscheint *größten.*

61 *Debitum naturae reddere:* Der Natur die Schuld zurückerstatten, den schuldigen Tribut entrichten: eines natürlichen Todes sterben.

62 *Gott die Materie denken mache:* Anspielung auf die polemischen Ausführungen Leibnizens gegen Locke in den »Nouveaux essais sur l'entendement humain« in der zu A 12 nachgewiesenen Ausgabe, S. 402, s. auch S. 407; L. wiederholt den Gedanken A 123.

63 Vor dieser Bemerkung von L. gestrichen *Wenn die Hl. Tri[nität]*; nach A 63 folgt in der Handschrift die Bemerkung A 180. – *Dreieinigkeit:* Das

Trinitäts-Dogma wurde auf den ökumenischen Konzilien von Nikäa (325) und Konstantinopel (381) festgelegt. S. auch III, S. 16. – *die Leibnizische I ein Bild des heiligen Geistes:* In dem Neujahrsbrief an Herzog Rudolf August von Wolfenbüttel vom 2. (12.) Januar 1697 machte Leibniz einen Vorschlag für eine Medaille, die in mathematischer Emblematik die Binärmathematik als Gleichnis der Schöpfung aus 0 und 1 vorstellen sollte. Der Brief wurde erstmals in H. Köhler, »Des G. W. v. Leibnitz Lehr-Sätze über die Monadologie«, Jena 1720, S. 103–112, gedruckt; verbreiteter war aber der Druck von R. A. Nolte, »Leibnitz Mathematischer Beweis der Erschaffung und Ordnung der Welt«, Leipzig 1734, S. 1–16 (Hinweis Gerda Utermöhlen, Leibniz-Archiv Hannover).

64 *Unser Leben . . . zwischen Vergnügen und Schmerz:* Zu L.s Sensualismus vgl. auch A 72.

65 Nach A 65 folgt in der Handschrift die Bemerkung A 181. – *Eine gemalte schöne Gegend . . . eine besungene:* Vgl. A 70.

67 Nach A 67 folgt in der Handschrift die Bemerkung A 182. – *So entstehen Wissenschaften:* Vgl. G 39.

69 Nach A 68 folgt in der Handschrift die Bemerkung A 183. – *zur abgeänderten Witterung gemacht:* Anspielung auf die im 18. Jh. gebräuchliche Klimatheorie; vgl. A 43.

70 *sagt Home:* Die angeführte Stelle findet sich in Johann Nicolaus Meinhards Übersetzung von Homes »Grundsätzen der Critik«, Leipzig 1763–1766, Bd. 1, S. 1; Home beginnt mit ihr seine Erörterungen. L. zitiert das Werk auch III, S. 313. Er besaß die deutsche Übersetzung (BL, Nr. 1316). Henry Lord Kames Home (1696–1782), schott. Philosoph aus Kames; sein Hauptwerk »Elements of criticism« (3 Bde., London 1762–1765) wirkte noch auf Schiller, vor allem seine Unterscheidung von Anmut und Würde. – *p.m.:* Nach Franz H. Mautner, Lichtenbergs P. M., in: Dichtung und Volkstum 37, 1936, S. 515–516: lat. pellucidus mons ›Lichtenberg‹, von L. zur Bezeichnung seines eigenen denkerischen oder stilistischen Anteils an einem Zitat verwendet. Denkbar wäre aber auch die Abkürzung für lat. propria manu ›eigenhändig‹. In späteren Sudelbüchern werden die beiden Buchstaben durchwegs griechisch geschrieben.

71 Die fragmentarische Bemerkung ist von L. gestrichen; sollte sie auf eine Liebesgeschichte anspielen? Dann wären A 61, 64, 65, 72 wesentlich konkreter aufzufassen.

72 Nach A 72 folgen in der Handschrift die Bemerkungen A 184, 185. – *Glück . . . fühlbar:* S. zu A 71.

73 Nach A 73 folgt in der Handschrift die Bemerkung A 186. – *Sum . . . I am:* Lat., ital., griech., frz., schwed., engl. ›ich bin‹.

74 *uns an die Natur zu halten:* L.s eigene Empfehlung und beständiger Vorwurf gegen die zeitgenössische deutsche Literatur; vgl. »Von dem Nutzen, den die Mathematik einem Bel Esprit bringen kann« (III, S. 313; KIII, S. 142). – *Regeln des Home:* Vgl. zu A 70. – *wenn sie schreiben wollen, denken sie an . . . Shakespear:* Shakespeare lag wohl L. damals durch Home besonders nahe, der seine ästhetischen Beispiele in »Grundsätze der Critik« mit Vorliebe dessen Dramen entlehnt. Interessant, daß L. bereits vor dem Auftreten des Sturm und Drang die Nachahmung Shakespeares als einer Art ›Natur‹ kritisiert. William Shakespeare (1564–1616), der größte engl. Dramatiker, ist

einer der meistzitierten Autoren in L.s Briefen und Sudelbüchern, ihm ein Vorbild an psychologischer Menschengestaltung, die er vor allem in der Darstellung durch Garrick verwirklicht fand; 1775 besuchte er dessen Geburtsort Stratford on Avon.

75 *bei sich selbst:* Danach in der Handschrift *sich.* − *Stoff für Monologen:* Vielleicht ist der Gedanke durch Homes Rechtfertigung der Monologe in den »Grundsätzen der Critik«, a.a.O., Bd. 2, S. 138, 278, angeregt.

76 *probieren ob sich . . . sagen lasse:* Diese Probiermethode ist eigentlich L.s − wie er später selbst feststellt − genuine Methode: das Auffinden von Ähnlichkeiten zwischen disparaten Gegenständen; vgl. D 414; GH 86; J 1649, 1566, 1646, 1784.

77 *schwer . . . natürlich zu schreiben:* Über dieses Dilemma der ›Moderne‹ reflektiert L. auch B 270, 321; G 117.

78 *durch ein Vergrößerungs-Glas:* Vgl. D 469; F 700. Phänomene zu vergrößern bzw. zu verkleinern, um zu neuartigen Erkenntnissen zu gelangen, empfiehlt L. u. a. auch J 1644; L 732.− *Ledermüllersche Belustigungen:* Ledermüllers »Mikroskopische Gemüths- und Augen-Ergötzung: Bestehend in Ein Hundert nach der Natur gezeichneten und mit Farben erleuchteten Kupfertafeln, Sammt deren Erklärung«, Nürnberg 1763, neue Ausgabe 1765. L. zitiert das Werk, das wesentlich dazu beitrug, die Beschäftigung mit dem Mikroskop zu popularisieren, auch A 225, KA 216. Martin Frobenius Ledermüller (1719−1769), nach unruhigem Leben als Schreiber, Furier und Soldat 1760 Markgräflich Brandenburg-Culmbacher Justizrat und Inspektor beim Naturalienkabinett in Bayreuth; Mitglied der Kaiserlichen Akademie der Wissenschaften; lebte anschließend in Nürnberg im Hause des Arztes und Naturforschers Jacob Christoph Trew (1695−1769). Unter seiner Leitung mikroskopierte und experimentierte der Autodidakt Ledermüller, der mehrere berühmte Werke hinterlassen hat. Während Leitzmann vermutete, daß L. bei obiger Formulierung »wohl auch der Titel der Zeitschrift der Gottschediauer ›Belustigungen des Verstandes und Witzes‹« vorschwebte, neige ich zu der Annahme, daß L. den Titel Ledermüllers mit dem von Rösels »InsektenBelustigung« vermengte. − *Man sehe in den Home:* S. zu A 70. − *Rousseau sagt Heloise:* Rousseaus Worte an der angeführten Stelle lauten: »Le goût est en quelque manière le microscope du jugement; c'est lui qui met les petits objets à sa portée et ses opérations commencent, ou s'arrêtent celles du dernier«. In gewisser Weise ist der Geschmack das Mikroskop der Urteilskraft; er ist es, der ihr auch die kleinsten Dinge zugänglich macht, und seine Tätigkeit beginnt, wo die ihrige aufhört. Rousseaus berühmter, noch Goethes »Werther« beeinflussender Briefroman »Lettres de deux amans habitans d'une petite ville au pied des alpes« erschien Amsterdam 1761 (unter dem Titel »La Nouvelle Héloïse« Neuchâtel/Paris 1764). L. besaß von Rousseau 24 Bde. der »Collection des œuvres complèttes«, Deux-Ponts 1782−1784 (BL, Nr. 1691).

79 *eines moralischen Newton würdig:* Isaac Newton (1643−1727), engl. Physiker, Mathematiker und Astronom, Präsident der Royal Society in London; erfand die Differentialrechnung, stellte die Theorie der Gravitation und die Emanationstheorie des Lichts auf, dessen Dispersion er entdeckte; Begründer der klassischen Himmelsmechanik und Erfinder des nach ihm benannten Spiegelteleskops. Sein Hauptwerk: »Philosophiae naturalis principia mathematica« (1687).

80 *Plato hat ... geäußert ...:* Platons Äußerungen über die Erziehung des weiblichen Geschlechts finden sich in der »Politeia« V, 451 c. L. kannte Platons Äußerung wohl nur aus ihrer Erwähnung bei Rousseau. – *Rousseau in der bekannten Schrift ... in einer Note ...:* In Rousseaus erstem »Discours qui a remporté le prix à l'académie de Dijon, en l'année de 1750«, erschienen 1750, heißt es in einer Anm. zum 2. Kap.: »Les hommes seront toujours ce qu'il plaira aux femmes: si vous voulez donc, qu'ils deviennent grands et vertueux, apprenez aux femmes ce que c'est que grandeur d'âme et vertu. Les réflexions, que ce sujet fournit et que Platon a faites autrefois, mériteraient fort d'être mieux dévelopées par une plume digne d'écrire d'après un tel matre et défendre une si grande cause«. Die Männer werden immer das sein, was den Frauen gefällt: Wenn ihr also wollt, daß sie groß und tugendhaft werden, lehrt die Frauen, was Seelengröße und Tugend ist. Die Überlegungen, die dieser Gegenstand aufgibt und die auch Platon schon angestellt hat, verdienten es wahrlich, weiter ausgeführt zu werden von einer Feder, die würdig ist, nach einem solchen Meister zu schreiben und eine so wichtige Angelegenheit zu verteidigen. – *Fordyce mit seinen Frauenzimmerpredigten:* Die London 1765 erschienenen »Sermons to young women«; in dt. Übersetzung von C. F. Weiße unter dem Titel »Predigten für junge Frauenzimmer«, Berlin 1767; rezensiert in GGA 1767, S. 777. James Fordyce (1720–1796), engl. Schriftsteller und Moralphilosoph.

81 *Rousseau ... gesteht:* Am Anfang seiner »Réponse au roi de Pologne, duc de Lorraine, ou observations sur la réponse qui a été faite à son discours«, erschienen Paris 1751. Adressat ist der polnische König Stanislaus I. Leszcynski. – *Preisschrift:* Der zu A 80 nachgewiesene Erste Diskurs, in dem Rousseau bestritt, daß die Künste zur sittlichen Verfeinerung des Menschen beigetragen hätten.

82 Nach A 82 folgt in der Handschrift die Bemerkung A 187. – *Dante Alighieri nennt ... Vergil ... seinen Lehrer:* Vgl. Dante in der »Göttlichen Komödie«, übertragen von Benno Geiger, Neuwied 1960, S. 28: »Du bist mein Meister, was ich immer schriebe, / Du bist allein der Eine, dem ich danke / Die Art zu dichten, die nie ruhmlos bliebe.« Dante Alighieri (1265–1321), aus Florenz, der größte Dichter Italiens, schrieb an seinem 40000 Verse umfassenden Hauptwerk, der »Divina Commedia«, von 1311 bis zu seinem Tode. – *Vergil:* Publius Vergilius Maro (70–19 v.Chr.), bedeutendster römischer Dichter der klassischen Latinität, dessen Epos »Aeneis« und dessen »Eklogen« für die abendländische Literatur jahrhundertelang musterhaft waren. Vergil ist nach Horaz der von L. in den Briefen, Sudelbüchern und Aufsätzen meistzitierte römische Autor. – *Meinhard bemerkt:* Über Dante und Vergil handelt Meinhard in seinem Hauptwerk »Versuche über den Charakter und die Werke der besten Italienischen Dichter«, erschienen Braunschweig 1763–1764, Bd. 1, S. 45. Johann Nicolaus Meinhard (1727–1767), vielseitig begabter Schriftsteller und Übersetzer (s. zu A 70) in Erfurt. – *die Alten lobte:* S. zu A 118.

84 Nach A 84 folgen in der Handschrift die Bemerkungen A 188, 189. – *was die Welt das Verbrechen nennt:* Zu L.s differenzierter Betrachtung, vielleicht von Beccaria beeinflußt, vgl. etwa F 1205.

85 *Fehler in unsern Erziehungen:* S. zu A 66.

86 *Vornamen:* Vgl. F 89, K 216 und L.s Artikel »Ueber die Vornamen.

Ein Beytrag zur Geschichte menschlicher Thorheiten« (GTC 1779, S. 31–34).

87 *sterben und in einer andern Welt fortleben:* Womöglich gehört diese Bemerkung bereits zu dem von L. so genannten »System von Seelenwanderung«, auf das er häufig in den Sudelbüchern anspielt, ohne es jedoch zu erklären.

88 Die Bemerkung ist durch Abreißen beschädigt. – *Schakespear:* L.s übliche Schreibweise, die im 18.Jh. nicht feststand. Vgl. noch J 1092. – *Triebfeder:* Treibende Stahlfeder eines Werkes, Uhrfeder; seit dem 18.Jh. in der Schriftsprache gebraucht, und zwar hauptsächlich in übertragenem Sinne; diese Stelle ist in DWB 11, Sp. 452–454 als Beleg aufgeführt. – *hergeholtes, wählt:* Danach scheint ein Name zu fehlen; es handelt sich wohl um ein Zitat, das aber nicht nachweisbar ist: In Homes »Grundsätzen der Critik«, wo der metaphorische Sprachgebrauch eingehend behandelt wird, findet sich die Stelle nicht.

89 Die Bemerkung, durch Abreißen beschädigt, ist von L. in der Handschrift unterstrichen; auch später hebt er in den Sudelbüchern einzelne Maximen durch Unterstreichung oder Lateinschrift hervor; diese Hervorhebungen werden im Text mit Kursivsatz wiedergegeben.

90 *eine gewisse Art Menschen . . . Ausfüll-Teilen:* Vgl. B 321 (S. 130).

91 Nach A 91 folgen in der Handschrift die Bemerkungen A 190, 191, 192. – *mein System von Seelenwanderung:* Vgl. zu A 87. Mit dieser Bemerkung, bzw. A 192, schließt das zweite der Sudelhefte A.

92 Mit dieser Nummer beginnt das dritte der Sudelhefte A. – *allein es ist:* Danach von L. gestrichen *diese größte Summe besteht aus den Positiven Theilen.* – *wenn es . . . wüchse, es:* In der Handschrift *sie* (auf *Summe* bezogen). – *die Summe des Vergnügens:* Vgl. den ähnlichen Gedanken in Kästners »Vermischten Schriften«, 3. Aufl., S. 306. – *Die wahre Bedeutung eines Wortes:* Zu L.s Sprachreflexionen s. zu A 3. – *um mich mathematisch auszudrücken:* Vgl. zu A 1.

94 Nach A 94 folgen in der Handschrift die Bemerkungen A 193, 194, 195, 196. – *wie die Poeten (Pope) . . . sich ausdrücken:* Vgl. Alexander Pope im »Essay on man«, I, 833 (BL, Nr. 1381, 1382). Alexander Pope (1688–1744), berühmter engl. Dichter und Übersetzer, Hauptvertreter des engl. Klassizismus, von starkem Einfluß auf die Generation der deutschen Aufklärung; seine Hauptwerke: »Windsor Forest« (1713), das berühmte komische Epos »The Rape of the Lock« (1714), »The Dunciad« (1728), »Essay on man« (1733–1734). Von L.s Wertschätzung zeugt neben häufigen Zitaten in den Sudelbüchern und Briefen der Aufsatz: »Über einige englische Dichter und ihre Werke, aus Johnson's Prefaces biographical and critical to the works of the english poets London 1781«, erschienen im »Göttingischen Magazin«, 3.Jg., 1782, 1. Stück, S. 62–100; wiederabgedruckt in VS 5, S. 33–70, unter dem Titel: »Nachricht von Pope's Leben und Schriften«. Im »Vorbericht« zum »Göttingischen Magazin«, 2.Jg., 1781, 1. Stück, schreibt L.: »So lang man bey uns noch nicht auf größere Lehrgedichte rechnen darf und kan, würden uns Gedichte nach Art . . . der Satyren und moralischen Versuche des Pope vorzüglich erwünscht seyn.« Vgl. ferner das Alexandrinergedicht (III, S. 425), wo er Pope neben Horaz stellt, und »Orbis Pictus« (III, S. 380), wo er ihn neben Ovid, Wieland und Voltaire nennt.

95 Nach A 95 folgt in der Handschrift die Bemerkung A 197. – *die alten*

deutschen Verse: Von ›altdeutscher‹ Lektüre L.s ist nichts bekannt, sieht man von seiner Lektüre des Dramatikers Bellingkhaus, der Erwähnung Georg Rollenhagens (L 151) und der Zeitschrift »Braga und Hermode« (L 153) ab.

96 Nach A 96 folgen in der Handschrift die Bemerkungen A 198, 199, 200, 201, 202, 203. Die Bemerkung ist von L. durchgestrichen, vielleicht deshalb, weil er sie C 29 wiederaufgegriffen hat. – *Genere passerum . . . picis:* Von der Gattung der Sperlinge . . . den Spechten (Weissagevögeln); das gleiche Wortspiel verwendet L. C 29.

97 Nach A 97 folgen in der Handschrift die Bemerkungen A 204, 205.

98 Die gleiche Mitteilung macht L. C 30, weshalb sie von ihm vermutlich hier gestrichen worden ist. – *Dorlar . . .:* Dorf zwischen Wetzlar und Gießen. Nach Auskunft der Heimatkundlichen Arbeitsgemeinschaft Lahntal bezog sich die Rothaarigkeit wohl auf einen großen Zweig der Familie Reinstädtler in Dorlar, wonach das Dorf bis zum heutigen Tag »Ruts« (im Dialekt statt »o«) genannt wird.

99 *Fielding . . . in der Vorrede zu . . . Andrews:* Fieldings Auseinandersetzung über das Wesen des Lächerlichen in der Vorrede zu »Joseph Andrews« beginnt mit der Definition: »The only source of the true ridiculous, as it appears to me, is affectation«. Die einzige Quelle des echten Lächerlichen ist, wie mir scheint, die Affektation. Henry Fielding (1707–1754), berühmter engl. Romanschriftsteller und Dramatiker; seine Hauptwerke: »Joseph Andrews« (1742), »Tom Jones« (1749). Von L.s Wertschätzung zeugen die Zitate in den Briefen, Sudelbüchern und Aufsätzen. L. besaß nur die Ausgabe der »Works«, London 1775 (BL, Nr. 1543). – *Grund des Lächerlichen:* Vgl. KA 236. – *Orgon . . . von einer Fliege gestochen:* Berühmte Figur aus Molières Komödie »Tartuffe« (1664); L. verwechselt wohl den Fliegenstich mit jener Stelle 1. Aufzug, 5. Szene, wo Orgon von Tartuffe berichtet, daß er ihm »jüngst geklagt, / Er habe beim Gebet 'nen Floh gefangen, / Und hab' ihn allzu zornig totgeknickt.« Molière, eigentlich Jean Baptiste Poquelin (1622–1673), der berühmteste frz. Komödiendichter, schrieb 26 Komödien. – *Verweis des Don Sylvio:* Vgl. 5. Buch, 4. Kap., des komischen Romans »Die Abentheuer des Don Sylvio von Rosalva« von Wieland. Christoph Martin Wieland (1733–1813), von L. hoch geschätzter Dichter des Rokoko, Herausgeber der bedeutenden literarischen Monatsschrift »Der Teutsche Mercur«; seine von L. gelesenen und zitierten Hauptwerke: »Don Sylvio von Rosalva« (1764), »Komische Erzählungen« (1765), »Agathon« (1766–1767), »Der goldene Spiegel« (1772).

100 *Home . . . in seinen Elements of Criticism:* Die von L. zitierte Stelle steht bei Home, Grundsätze der Critik, II, S. 58 (vgl. zu A 70).

101 *Home . . . in der Einleitung:* Die von L. erwähnte Stelle steht bei Home, Grundsätze der Critik, I, S. 14. – *vor:* Statt *für*; s. zu A 118.

102 *Ursprung der Winde:* Vgl. A 167, J 1642. Gehler, Bd. 4, S. 758, verweist auf Halleys Untersuchung der »trade-winds« und d'Alemberts Berliner Preisschrift von 1747: »Réflexions sur la cause générale des vents«, in der er untersucht, »welchen Einfluß die Anziehung des Mondes auf die Gestalt des Luftkreises haben müsse«.

104 *Zahlzeichen:* Zeichen für eine Ziffer. Die Bemerkung gehört in den Umkreis der Gedanken über Sprache und Begriffsidentität; vgl. A 3.

105 *Home bemerkt:* Die von L. erwähnte Stelle steht bei Home, Grundsätze der Critik, I, S. 80.

106 *aimer par compagnie:* Lieben, was alle Welt liebt. – *des Perrault:* Charles Perrault (1628–1703), frz. Schriftsteller, vertrat den Vorrang der Modernen in der Literatur, vor allem in seiner »Querelle des anciens et des modernes en ce qui regarde les arts et les sciences« (Paris 1688–1697), die L. wohl am ehesten gekannt haben dürfte. Die Stelle konnte jedoch nicht ermittelt werden. – *welches auch Home kennt:* Home nennt ihn, wo er von der Mode handelt (Grundsätze der Critik I, 89), nicht.

107 *Die sonderbare Empfindung:* Vgl. noch L 959, 976. Zu L.s Selbstbeobachtung und Sinnesphysiologie s. zu A 35. – *die ich habe, wenn:* In der Handschrift *habe, wenn ich habe, wenn.*

108 Nach A 108 folgen in der Handschrift die Bemerkungen A 206, 207, 208. – *schmutzige Historien:* Zu L.s Interesse an erotischer Literatur vgl. D 519, III, S. 949, 965 und Brief an Jeremias David Reuß vom 9. November 1796. – *gefährliche:* In der Handschrift *gefährliche.*

109 *animalcula infusoria:* Lat. ›Infusions-, Aufgußtierchen‹, 1674 von Leeuwenhoek entdeckt und bekanntgemacht. Vgl. auch B 250, L 876.

111 Nach A 111 folgen in der Handschrift die Bemerkungen A 209, 210, 211. – *Laufseil:* Vgl. Christoph Otto Freiherr von Schönaich, Die ganze Aesthetik in einer Nuß oder Neologisches Wörterbuch, 1754, Neudruck 1899, S. 207.

112 Nach A 112 folgt in der Handschrift die Bemerkung A 212. Die Bemerkung ist von L. gestrichen, da sie von ihm C 31 wieder aufgegriffen worden ist. – *Wollust:* Hier in der Bedeutung von Wonne, Vergnügen. Von L. auch im sexuellen Sinne gebraucht (vgl. KA 117, D 20), den er aber modifiziert wissen will: vgl. B 41, 82.

113 *Der Krämer der etwas abwiegt:* Beispiele für L.s Wertschätzung des ›mathematischen Wilden‹ sind zu A 10 genannt; die Bemerkung wird fast wörtlich C 33 wiederholt.

114 *Der Streit über bedeuten und sein:* Anspielung auf den evangelischen Disput über die Bedeutung des Wortes ἐστιν im Zusammenhang mit dem Abendmahl: das ist mein Leib; das bedeutet meinen Leib. Während Luther für die Realpräsenz war, verwarfen sie Zwingli und Calvin, was zur Trennung der protestantischen Kirchen führte. – *vielleicht heilsamer . . . wenn man ihn über andere Materien geführt:* Dieser Meinung widerspricht L. C 34.

115 *Das Leben . . . als eine Linie angesehen:* Über L.s Verwendung mathematischer Begriffe vgl. zu A 1.

116 *Savage und Günther:* Richard Savage (1698–1743), angeblich unehelicher Sohn der Countess Anne of Macclesfield (ca. 1673–1753), engl. Lyriker und Dramatiker, starb im Schuldgefängnis Newgate. Möglicherweise hatte L. seine Kenntnis des engl. Dichters aus dem »Hannoverischen Magazin«, das im 48. und 49. Stück, Sp. 753–782, am 17. und 21. Juni 1765 ein »Leben des Englischen Dichters Richard Savage« brachte: einen Auszug aus der von Samuel Johnson 1744 herausgegebenen Lebensbeschreibung.– *Günther:* Johann Christian Günther (1695–1723), dt. Dichter, führte ein für seine Zeitgenossen ausschweifendes Leben; die erste Sammlung seiner Gedichte erschien erst 1723, eine Gesamtausgabe 1742. – *wenige Leute . . . Genie haben:* Vgl. noch G 19. – *Makrochir:* Griech. ›Langhändiger‹. – *er konnte:* In der Handschrift *könnte.* – *die Offenbarung Johannis erklärte er schlecht:* Newtons mystisches Alterswerk, die »Observations on the prophecies of Daniel And the apoca-

lypse of St. John«, erschien nach seinem Tode London 1733, übersetzt unter dem Titel »Beobachtungen zu den Weissagungen Daniels ..., welchem beygefüget ist Newtons Auslegung der Offenbarung Johannis, aus dem Lateinischen verdeutscht mit Anmerkungen von A. Rosenbergen«, Leipzig und Liegnitz 1765. Der letzte Satz ist von L. gestrichen, da er ihn C 35 fast unverändert wieder aufgreift. S. auch C 92. Zu L.s Abneigung gegenüber dem Pietismus vgl. seine Bemerkung über Lambert im Brief an Johann Bernoulli vom 1. Juli 1782. – *große Nase nötig:* Vgl. III, S. 276.

117 *Ein Narr, der sich einbildet, ein Fürst zu sein:* Diese Bemerkung ist von L. gestrichen. Anspielung auf Shakespeares »Sommernachtstraum«?

118 *Sprachen ... nur genera von Begriffen:* Vgl. A 3 und zu A 17. – *für der gemeinen:* L. schwankt in den frühen Sudelbüchern im Gebrauch von *vor* und *für*. Bemerkenswerterweise notiert er sich Regeln zum richtigen Gebrauch dieser Partikeln (s. A 239); vgl. auch A 101, 135; KA 94, 323; B 171, 208, 290, 332; ferner III, S. 223, 312, 605f., 609, 622.

119 Nach A 119 folgen in der Handschrift die Bemerkungen A 213, 214. – *kein Fürst ...:* Zu L.s antifeudalistischer Gesinnung vgl. A 79. – *Der in Frankreich:* Wohl Ludwig XV. (1710–1774), seit 1715 König von Frankreich, berüchtigt für seine Günstlings- und Mätressenwirtschaft. Zu den handwerklichen Liebhabereien der ›großen Herren‹ vgl. J 759, 867. – *der König von Spanien:* Wohl Ferdinand VI. (1713–1759), seit 1746 König von Spanien, der in geistige Umnachtung fiel und die Regierung seinen Ministern überließ. – *der letzte König in Polen:* Wohl nicht Stanislaw August, der in der Tat letzte polnische König, sondern Friedrich August II. Kurfürst von Sachsen (1696–1763), als August III. 1733 zum polnischen König gewählt. – *der Landgraf von Kassel:* Friedrich II. Landgraf von Hessen-Kassel (1720–1785), seit 1790 Landgraf, berühmt wegen seiner Baulust, der Leidenschaft für Oper und Ballett und deren weibliche Mitglieder. – *der Herzog von Württemberg ... ein Wahnsinniger:* Wohl Karl Eugen (1728–1793), seit 1744 Herzog von Württemberg, berüchtigt wegen seiner Zügellosigkeit und Gewalttätigkeit (Einkerkerung Mosers und Schubarts), Gründer der Karlsschule. – *der König von Engelland ... Engelländerin P....:* Diese Passage ist von L. durch Kringel unleserlich gemacht. Joost, Lichtenberg-Jb 1989, S. 197, liest: »der König von Engelland droht den [folgt ein unentzifferbares Wort] den Engelländern mit dem Prügel]«. – *König von Engelland:* Georg II. August (1683–1760), seit 1727 König von England, Kurfürst von Hannover; stiftete 1736 die Universität Göttingen (Georgia Augusta). Seine Mätressen waren Lady Suffolk und Lady Yarmouth. – *der Fürst von Weilburg:* Wohl Karl Christian Fürst von Nassau-Weilburg (1735–1788), seit 1753 Landesherr. – *Tambours:* Frz. ›Trommler‹. – *Fouriers:* Frz., die für den Unterhalt und das Quartier der Truppen sorgen; Hoffourier: ein Hofdiener, der für die ankommenden Gäste sorgt. – *arts de s'enrichir par l'agriculture:* Anspielung auf das Werk »L'art de s'enrichir promptement par l'agriculture prouvé par des expériences« von Matthieu Auroux Des Pommiers, das 1762 zu Paris erschien; eine dt. Übersetzung unter dem Titel »Die Kunst sich geschwind durch den Ackerbau zu bereichern«, 2. Aufl. Augsburg 1768, ist in GGA 1768, S. 518f., besprochen. – *die Hausväter:* Anspielung auf die von Otto von Münchhausen (1716–1774) herausgegebene Zeitschrift »Der Hausvater«, die 1762–1774 in Hannover erschien. – *ein Narr der Herr:* Vgl. A 117. – *o wenn doch die Welt*

einmal erwachte . . .: Die Passage wirkt wie eine Vorahnung der Französischen Revolution und Rechtfertigung von Menschenopfern zum Wohl der Menschheit.

120 Nach A 120 folgt in der Handschrift die Bemerkung A 215. – *Plato sagt die Leidenschaften . . . Flügel der Seele:* Das Bild dürfte auf Platons Darlegungen im »Phaidros« 246a zurückgehen; L. entnahm es in dieser Fassung wahrscheinlich einem Aufsatz in Unzers Zeitschrift »Der Arzt« 1, S. 369. Ähnliche Wendungen begegnen J 45 und III, S. 678, 680, 1012.

123 Mit A 123 endet das dritte der Sudelhefte A. – *unsere . . . Welt . . . die Würkung eines Gedankens von Gott auf die Materie:* Vgl. zu A 69.

124 Vor A 124 stehen in der Handschrift zu Beginn des vierten der Sudelhefte A die Bemerkungen A 216, 217, 218, 219, 220, 221, 222. Nach A 124 folgt in der Handschrift die Bemerkung A 223.

125 Nach A 125 folgt in der Handschrift die Bemerkung A 224. – *Träume führen uns oft in Umstände . . .:* Zu L.s Reflexion über den Traum s. zu A 33. – *moralischen Fond:* Ähnliche Wendungen begegnen III, S. 280, 295, 508, 512.

126 Nach A 126 folgen in der Handschrift die Bemerkungen A 225, 226. – *auf Schulen:* Gemeint ist das »Pädagogium« in Darmstadt, das L. 1752–1761 besuchte; s. auch A 129. – *Gedanken von Selbstmord:* Vgl. TB 17. – *lateinisch für den Selbstmord disputierte:* Wohl die TB 17 erwähnte schriftliche Verteidigung des Selbstmords, die verschollen ist. – *Im August 1769 . . . mehr an den Selbst-Mord gedacht als jemals:* Aus dem Jahr 1769 stammen auch einige zu diesem Thema gehörige Einträge in KA 34, 85, 183. Zu dem Gedanken an den Tod vgl. auch L.s Stammbuchblatt für Moors (III, S. 651) vom 4. Juli 1766; ferner B 81, 209, 262, 338; C 262, 315; D 149, 165, 169, 397; III, S. 517. – *Trieb zur Selbst-Erhaltung:* Vgl. »Beiträge aus Rabeners Wörterbuche« (III, S. 505), ferner III, S. 509, 518. – *Ljungberg:* Jens Matthias Ljungberg (1748–1812), aus Lund in Schweden, war seit 30. April 1766 Student der Medizin, Mathematik und Astronomie in Göttingen, wo er bis Ostern 1770 blieb (vgl. B 293); seit 1770 Prof. der Mathematik in Kiel, 1773 Prorektor; 1780 Etatsrat in Kopenhagen; L.s intimster Studienfreund, der ihn 1778 noch einmal in Göttingen besuchte. Eine 1784 geplante gemeinsame Italien-Reise kam nicht zustande. Ihr Briefwechsel ist bis auf die Konzepte B 82, 338 verschollen. Einen Hinweis auf einen Brief an L. gibt L. auch an Dieterich am 17. Juli 1772. Zu seiner Würdigung vgl. besonders die eingehende Charakteristik TB 12. L. erwähnt ihn auch in der Antiphysiognomik (III, S. 261). – *mehr zu fühlen als zu denken scheine:* Vgl. A 129. – *melancholische . . . Betrachtungsliebe:* Vgl. B 81.

127 *Nicht dasein . . . nicht empfunden werden:* Vgl. Brief an Franz Ferdinand Wolff, 30. Dezember 1784.

128 Nach A 128 folgt in der Handschrift die Bemerkung A 227. – *Für das Künftige sorgen:* Vgl. G 52.

129 Nach A 129 folgen in der Handschrift die Bemerkungen A 228, 229. – *Lavaters:* Johann Caspar Lavater (1741–1801), religiöser Schriftsteller und Theologe in Zürich, mit Zimmermann befreundet. Sein berühmtestes Werk: »Physiognomische Fragmente« (4 Bde., Leipzig/Winterthur 1775–1778) wurde von L. mit seiner Antiphysiognomik scharf angegriffen (III, S. 256). Im Juni 1786 besuchte Lavater auf seiner Reise nach Bremen L. in Göttingen. – *Lavaters Aussichten . . . T. I. p. 143 seq.:* Johann Caspar Lavaters »Aussichten in die Ewigkeit, in Briefen an Herrn Joh. George Zimmermann, königl.

Großbrittanischen Leibsarzt in Hannover«, die zuerst 1768 in Frankfurt am Main, in neuer verbesserter Auflage 1773 erschienen. Die von L. angesprochene Ähnlichkeit findet sich in dem »Siebenden Brief. Von dem Zustand der Seelen nach dem Tode des Leibes, bis zur Auferstehung« (S. 72–74 der 2. Aufl.), wo Lavater von folgender »richtig und treu erzählter Beobachtung« berichtet, die hier vollständig wiedergegeben wird, da sie zugleich in L.s Gedankensystem einführt: »Es begegnet mir sehr oft, ich könnte fast sagen täglich, wenigstens allemal, wenn ich mit einiger Sammlung meiner Gedanken einschlafe, daß in dem Augenblick des Einschlummerns eine ganz außerordentliche und unbeschreibliche Heiterkeit sich über meine Seele ausgießt, wobey sie entweder in der feinsten moralischen, oder intellectuellen Thätigkeit ist; einer Thätigkeit, die so regelmäßig und zugleich so unaussprechlich heiter ist, daß sie sich nicht nur von allem, was *Traum* heißt, unendlich unterscheidet, sondern sogar die lebhaftesten Vorstellungen bey dem Wachen des Cörpers unbeschreiblich weit übertrift. Dieser für mich entweder äusserst entzückende oder äusserst niederschlagende Zustand dauert selten über eine Secunde, obgleich unzählige sowol moralische als metaphysische deutliche Ideen nach einander auf mich herstralen. Es erfolget allemal plötzlich eine convulsische Erschütterung, die mich erwachen macht. Daß dieser Zustand länger nicht als höchstens eine Secunde dauert, weiß ich aus verschiedenen Merkmalen. Ich höre oder sehe z. Ex. unmittelbar vor dem Entschlummern noch das Licht löschen. Ich bin einigemale durch die Erschütterung erwacht, ehe das Licht noch gelöscht, oder die Lichtputze recht zugedrückt ward. Unmittelbar nach dem Wiedererwachen ist es mir unmöglich, auch nur eine einzige besondere Idee oder Empfindung zurückzurufen. Einige Augenblicke kann ich mich noch so überhaupt dunkel erinnern, mit welchen Gegenständen sich mein Verstand, oder mein moralisches Gefühl beschäftigt hat. Aber auch diese dunkele Erinnerung verlischt überall, indem ich mich bestrebe, sie lebhafter zu machen. Nichts als der angenehme oder unangenehme Eindruck, den diese Situation überhaupt auf meine Seele gemachet, bleibt und dauert gemeiniglich beynahe den ganzen folgenden Tag über. Während dieser heitern Situation habe ich auch nicht die geringste klare Erinnerung von meinem Zustande beym Wachen; kein Bild von einem Menschen, oder sichtbaren cörperlichen Dingen umgiebt mich. Ich fühle mich würklich in einer neuen Art der Existenz, davon ich mir beym Wachen so wenig einen Begriff machen kann, als ein Blindgeborner von den Farben. Ich bin, meiner Empfindung nach, in der unsichtbaren ewigen Welt. Meine Fehler überhaupt und abstract sind mir unaussprechlich empfindlich. Das heißt: Ich empfinde einen Abscheu vor mir selbst, in so fern ich mir überhaupt bewußt bin, der Ordnung des Gottes widerstrebt zu haben, den ich in diesem Augenblicke als meinen Schöpfer, als das weiseste und gütigste Wesen mit einer Lebhaftigkeit empfinde, die ich, nach meinen wachenden Vorstellungen, kaum von einem unmittelbaren Anschauen der Gottheit erwarten dürfte. Eben so unaussprechlich ist für mich die Entzückung, die mich durchströmt, wenn ich mich so moralisch gut fühle, daß ich mich diesen sonnenhellen Gedanken von *Gott und der moralischen Vollkommenheit Christi*, mit offener Seele überlassen kann. Keiner einzelnen guten Handlung bin ich mich zu erinnern im Stand; so viel aber fühle ich anfangs dunkel, daß diese moralische Heiterkeit eine Folge vorhergegangener guter Bestrebungen ist.

In eben diesem Augenblick erinnere ich mich bisweilen meiner Freunde, die ich mir aber unter keinem Bilde vorstellen kann, denen ich meine unbeschreibliche Situation beschreiben zu können, mit einer ebenfalls unaussprechlichen Sehnsucht wünsche. Allemal ohne Ausnahme, wenn die Erschütterung im Cörper, die dem Erwachen vorgeht, den Anfang nimmt, entsteht der lebhafteste, mit einem tiefen Schmerz in Absicht auf die schon oft erfahrne Unmöglichkeit, begleitete Wunsch, nur auch eine einzige Idee ins irdische Leben zurücknehmen zu können. Aber dieser Wunsch ist (wie gesagt) umsonst.« Auf eben diese Stelle bei Lavater und seine eigenen Gedanken vor dem Einschlafen kommt L. am Schluß der »Anmerkungen über des Bruders Brief« (Nachlaß, S. 58; vgl. auch D 528) abermals zu sprechen; s. auch A 228. Eine Anspielung auf den Titel findet sich in »Timorus« (III, S. 232, 235). S. auch C 92. – *auf Schulen:* Vgl. zu A 126. – *Eßwein:* Heinrich Bernhard Eßwein aus Zwingenberg verließ mit L. zusammen im Herbst 1761 das Darmstädter Gymnasium, befand sich 1773 in Mörfelden; vgl. B 257. L. erwähnt ihn auch im Brief an Friedrich Christian Lichtenberg vom 13. August 1773, wonach eine – nicht erhaltene – Korrespondenz zwischen beiden bestanden haben muß. – *mehr Gefühl als Reflexion:* Vgl. A 126.

130 Nach A 130 folgen in der Handschrift die Bemerkungen A 230, 231, 232, 233, 234. – *Der Bauer, welcher glaubt, der Mond . . . :* Diese Reflexion greift L. in F 1063 wieder auf.

131 Mit dieser Bemerkung endet das vierte der Sudelhefte A. – *Grade des Verlierens:* Vgl. TB 21.

132 *die moralische Empfindlichkeit . . . des Morgens stärker als des Abends:* Mit dieser Bemerkung beginnt das fünfte der Sudelhefte A. Diese Beobachtung greift L. F 152, 989 wieder auf. Vgl. auch H 8.

133 Nach A 133 folgen in der Handschrift die Bemerkungen A 235, 236, 237, 238. – *auf den Grad der Deutlichkeit zurückzubringen:* L.s Maxime: »deutliche Begriffe« (vgl. das Wortregister).

134 Nach A 134 folgen in der Handschrift die Bemerkungen A 239, 240, 242. – *Stottern . . . sprudeln:* Diese Passage ist in der Handschrift zwei Seiten später nachgetragen. – *Diese Wörter . . . Bilderschrift für das Ohr:* Zu onomatopoetischen Wörtern vgl. F 1072.

135 Nach A 135 folgen in der Handschrift die Bemerkungen A 242, 243. – *Furcht vor:* Von L. verbessert aus *für;* Frucht der A 239 aus Bödiker geschöpften Rechtschreibregel; s. auch A 118. – *Raupenstand:* Schönaich ironisiert diese Wortschöpfung in »Die ganze Aesthetik in einer Nuß«, S. 113 (s. A 111). »Puppenstand« formuliert L. im Brief an Johann Christian Kestner vom 30. März 1766. – *Iliad . . . Pope's Übersetzung:* Die Stelle in Homers »Ilias« 5, 443 lautet: »Also der Gott; da entwich mit zauderndem Schritt Diomedes, / Weil er scheute den Zorn des treffenden Phoibos Apollon.« Der Zurücktretende ist also Diomedes und nicht Apollo, ein Mißverständnis, das wohl L., nicht Pope zuzurechnen ist. Homer, ältester griech. Dichter, soll nach der Überlieferung im 9. Jh. v.Chr. gelebt haben; legendärer Verfasser der »Ilias« und »Odyssee« (1782 von Voß ins Deutsche übertragen), den L. in Schriften und Briefen häufig zitiert und gegen die Überschwenglichkeit der Wertherianer und Hainbündler verwahrt. – *So spoke . . . retires:* So sprach der Gott, der himmlische Feuer schleudert, / Er fürchtet seinen Zorn und weicht

einige Schritte zurück. – *Diomed:* Diomedes, Gestalt der griech. Mythologie, einer der Hauptanführer und Krieger in der »Ilias«; der Sage nach bei Apulien begraben. – *Raupenstand:* Vgl. DWB 8, Sp. 301; die dort zitierte Stelle aus Haller schwebte wohl L. vor: »Kurzsichtiger! dein Gram hat dein Gesicht vergället; / Du siehst die Dinge schwarz, gebrochen und verstellet. / Mach deinen Raupenstand und einen Tropfen Zeit, / Den, nicht zu deinem Zweck, die, nicht zur Ewigkeit.«

136 Nach A 136 folgt in der Handschrift die Bemerkung A 244.

138 Nach A 138 folgen in der Handschrift die Bemerkungen A 245, 246. – *in . . . Worten und Ausdrücken etwas Eigenes haben:* Zu L.s Stilprinzip vgl. KA 275 und die Anm dazu.

139 Nach A 139 folgen in der Handschrift die Bemerkungen A 247, 248, 249, 250. – *ihren Grund in dem Erzeugungstrieb:* Vgl. III, S. 505, 509, 518. – *das Geistiche:* Auch *geistisch* schreibt L. in B 128, 177, E 236, J 1245. – *So ist die männliche Schönheit . . .:* Vgl. F 1086. – *Mädchen in männlichen:* In der Handschrift *Madchen . . . mannlichen.*

140 Nach A 140 folgen in der Handschrift die Bemerkungen A 252, 252. – *geschwind viel wissen:* Vgl. J 1720, 1725 und C 196, F 996.

141 Nach A 141 folgen in der Handschrift die Bemerkungen A 253, 254, 255, 256, 257, 258, 259, 260, 261, 262. Mit der Bemerkung A 262 schließt das fünfte der Sudelhefte A.

Anmerkungen
zu den Nummern in Band II

142 Diese Bemerkung eröffnet in der Handschrift das erste erhaltene der Sudelhefte A. – *wenn es:* In der Handschrift *wenn sie.* – *diese Krümmung:* In der Handschrift *dieses.*

143 Diese Bemerkung sowie 144, 145 folgen in der Handschrift A 1. – *Auer:* Lat. Lehnwort; das Wort und seine – etymologisch nicht haltbare – Bedeutung inspirieren L. noch H 96 zu dem Wortspiel »Auerdichter«. – *Auerbach:* Ehemals hessisches Dorf an der Bergstraße unweit Darmstadt. – *Auerstedt:* Dorf nordwestlich von Bad Sulza.

146 Diese Bemerkung und A 147 folgen in der Handschrift A 5. – *um:* In der Handschrift *umd.*

148 Diese Bemerkung und A 149 folgen in der Handschrift A 8. – *In theoria . . . locum habet:* In der Theorie vom Berührungswinkel hielt ich immer dafür, es spreche für Peletarius, daß alle Kreise zu ihrem Halbmesser senkrecht sind. Wenn daher mehrere Kreise eine Gerade im gleichen Punkt berühren, sind alle Winkel unter sich gleich, denn die Elemente aller Kreise fallen zusammen. Und wenn die Rede vom Berührungswinkel ist, würden wir keine Rücksicht auf die Richtungen der Elemente nehmen, die vom Radius AD entfernt sind. Denn in Figur II wird niemand leugnen, daß alle Fünfecke B zum Winkel von 72 Grad auf der Linie AD stehen. In der Berührung der Winkel CB = $1/\infty$. Auch in diesen Fünfecken kann keine Gerade gezogen werden, die mit CB zusammenfällt, außer CB selber, alle anderen schneiden CB, da sie ihren Platz im Kreis haben. – Über den Angulus contactus (Berührungswinkel) s. Wolff, Sp. 67–69. – *Peletario:* Jacobus Pele-

tarius (eigentlich Jacques Pelletia; 1517–1582), frz. Arzt, Schriftsteller und Mathematiker, schrieb unter anderem »De Contactu Linearum«, erschienen Paris 1579, eine »Apologia« gegen Christophorus Clavius in drei Demonstrationen, von denen die erste folgenden Titel trägt: »De anguli Rectilinei et Curvilinei aequalitate«.

149 *Sit ... respectivum:* x sei eine veränderliche Größe, und wenn $\infty = \infty$ so ist $\infty + x = \infty$, daher $X = \infty - \infty$, oder aber $x/\infty = 1 - 1$. Ersteres aber ist oder pflegt genannt zu werden ein relatives Nichts, letzteres dagegen ein absolutes. Also ist beides ein und dasselbe. Ich weiß nicht (sagt Krafft in der Dissertation »vom mathematisch Unbestimmten«, S. 20), was auf dieses Argument geantwortet werden könnte. Die Antwort aber ist, glaube ich, nicht allzu schwer, wenn wir beachten, daß unter dem Begriff des relativen Nichts der des absoluten verborgen und eine bestimmte Größe im Hinblick auf die Unbestimmte so wie das absolute Nichts betrachtet wird. Diese bestimmte Größe wird als das relative Nichts bezeichnet. – *Kraftius Diss.:* Kraffts »Dissertatio academica de infinito mathematica, eiusque natura . . .«, Tübingen 1752, § XX, S. 19–20. Georg Wolfgang Krafft (1701–1754), seit 1744 Prof. der Mathematik an der Universität Tübingen; seine »Institutiones geometriae sublimioris« (Tübingen 1753) waren vor Kästners Kompendien das einzige maßgebliche Lehrbuch in Deutschland. – *Responsio ... respectivum:* Zusatz L.s.

150 *Dusch:* Tusche; im 18. Jh. übliche Schreibweise. – *krummen Linien:* »Curva, eine krumme Linie, wird genennet, deren Theile der ganzen Linie nicht ähnlich sind, oder sich von ihr gar wohl unterscheiden lassen. Man stellet sich in der neueren Geometrie vor, als wären die krummen Linien aus unendlich kleinen geraden Linien zusammen gesetzt. Denn eine gerade Linie wird beschrieben von einem Puncte, der beständig einerley Richtung behält, daher alle Puncte in einer geraden Linie gegen eine Gegend liegen. Hingegen eine krumme Linie wird von einem Puncte beschrieben, der seine Richtung stets ändert. Weil aber doch eine kleine Weile seyn muß, da er einerley Richtung behält, denn sonst könte sie nicht geändert werden; so wird in selbiger kleinen Zeit eine gerade Linie beschrieben. Daher setzet man nun in der neueren Geometrie, es sey die krumme Linie ein Viel-Ecke von unendlich vielen und unendlich kleinen Seiten« (Wolff, Sp. 460 f.). – *isochronis:* »Isochronos wird in der Mathematik genennet, was in gleicher Zeit geschiehet ... Daher nennet man auch Isochronismum Cycloidis diese Eigenschafft der Cycloidis, daß ein schweerer Cörper durch die halbe Cycloidem und alle Theile oder Bögen derselben in gleicher Zeit herunter fället« (Wolff, Sp. 749). »Zykloide« heißt die Kurve, die ein Punkt auf dem Umfang eines Kreis beschreibt, wenn dieser auf einer geraden Linie hinrollt.

151 Diese Bemerkung folgt in der Handschrift A 9. – *dem letzten § auf der vorher gehenden Seite:* Gemeint ist A 150; in der Handschrift auf Seite 5, während A 151 auf Seite 6 steht. – *Malern nützlich:* Bemerkenswert, daß L. bemüht ist, abstrakte Theorie unverzüglich auf die Praxis anzuwenden. – *Näherungen:* Vgl. zu A 2.

153 Diese – vermutlich fragmentarische – Bemerkung folgt wie A 152 in der Handschrift A 9.

154 Diese Bemerkung folgt in der Handschrift A 15.

155 Diese Bemerkung folgt in der Handschrift A 16.

156 Diese Bemerkung folgt in der Handschrift A 17. – *Es gibt viele Verhältnisse in der Natur* . . .: Vgl. III, S. 9.

157 Diese Bemerkung folgt in der Handschrift A 20. – *abacus pythagoricus:* Lat. ›dünne Platte, Tafel, Einmaleins‹; im Altertum und Mittelalter Rechentisch, auf dem mit Hilfe von flachen Rechen-Steinchen alle vier Grundrechenarten ausgeführt wurden, wobei jedem Stellenwert eine oder zwei aufgezeichnete Kolumnen entsprachen, in die die frei beweglichen Steinchen gelegt wurden; s. auch Wolff, Sp. 1 f.

158 *wunderbaren Empfindungen:* Andere Beispiele zur Sinnesphysiologie aus Selbstbeobachtung s. zu A 35. – *tode Kohlen:* »Der Deutsche nennt die nicht brennende Kohle todt«, schreibt L. in dem Aufsatz »Caminfeuer zu färben« im GTC 1797, S. 186.

159 Diese Bemerkung folgt in der Handschrift A 21. – *denen ich die Rechnungen mit Brüchen erklärte:* Spielt L. hier auf Darmstadt an oder übte er 1765 bereits das Amt des Studentenhofmeisters aus? – *Einfluß einer Sprache auf die Meinung:* Ähnlich formuliert L. anhand eines anderen Beispiels A 22, die sich in der Handschrift unmittelbar anschließt. Die Formulierung ist wohl angeregt von Michaelis' Preisschrift »Beantwortung der Frage von dem Einfluß der Meinungen in die Sprache und der Sprache in die Meinungen«, Berlin 1760, die von der Berliner Akademie, welche diese Frage für das Jahr 1759 gestellt hatte, gekrönt worden war; L. erwähnt sie auch in dem 1765 niedergeschriebenen Aufsatz »Von den Charakteren in der Geschichte« (III, S. 499). Johann David Michaelis (1717–1791), Magister, 1746 Prof. der Philosophie und der orientalischen Sprachen in Göttingen. 1751 Sekretär und nach Gesners Tod 1761 Direktor der Sozietät der Wissenschaften. 1761–1763 Direktor der Universitätsbibliothek; Hofrat und Ritter des Nordstern-Ordens. Mitarbeiter am »Göttingischen Magazin«. Seine Bedeutung und Wirkung lag vor allem auf dem Gebiet der Bibelkritik. Über ihn s. Johann David Michaelis, Lebensbeschreibung von ihm selbst abgefaßt. Rinteln 1793. Zu L.s wechselndem Urteil über ihn vgl. D 197 und Brief an Johann Andreas Schernhagen vom 30. Oktober 1780. Joost vermutet allerdings Christian Friedrich Michaelis.

160 Diese Bemerkung folgt in der Handschrift A 22. – *Datur . . . aequivoca:* Es gibt gewissermaßen eine eindeutige und eine zweideutige Erzeugung der Linien. Generatio aequivoca ist in der Naturkunde die angenommene Entstehung eines Lebendigen aus leblosen Stoffen.

163 Diese Bemerkung folgt in der Handschrift A 24.

164 Diese Bemerkung folgt in der Handschrift A 25. – *Sehungs-Winkel:* Sehwinkel, Gesichtswinkel, optischer Winkel: das Maß der scheinbaren Größe entfernter Gegenstände, »in so fern dieselbe blos von der reinen optischen Darstellung abhängt und von allen Urtheilen der Seele abgesondert betrachtet wird« (Gehler, Bd. 4, S. 29).

165 Diese Bemerkung folgt in der Handschrift A 26.

166 Diese Bemerkung folgt in der Handschrift A 29. – *Euler:* Leonhard Euler (1707–1783), berühmter schweizer. Mathematiker und Physiker, 1730 Prof. in Petersburg, 1741 Ruf an die Akademie der Wissenschaften in Berlin, 1744 Direktor der mathematischen Klasse; kehrte 1766 nach Petersburg zurück. – *Euler . . . wo er vom Auge handelt:* Eulers Aufsatz »Examen D'une Controverse sur la loi de Réfraction des Rayons de différentes couleurs par

rapport à la diversité des milieux transparens par lesquels ils sont transmis«, in den »Mémoires de l'Académie Royale des Sciences et Belles-Lettres à Berlin Année 1753«, 9. Bd. Berlin 1755, S. 294–309; über das Auge ebd. S. 303–309.
— *Refrangibilität:* Brechbarkeit; die »Eigenschaft der Lichtstralen, beym Uebergange aus einem Mittel in ein anderes von verschiedener Dichte, ihre vorige Richtung mehr oder weniger zu ändern« (Gehler, Bd. 1, S. 407).

167 Diese Bemerkung folgt in der Handschrift A 30, die ebenfalls ein Zitat von Christian Wilhelm Büttner enthält. — *Farben-Brechung:* Die verschiedene Brechbarkeit der verschiedenen Lichtwellenlängen (Farben) entdeckte Newton 1666. — *Die Stürme . . . entstehen . . . schwerlich . . . vom Winde:* S. zu A 102.

168 Diese Bemerkung folgt in der Handschrift A 51; mit A 53 endet das erste der Sudelhefte A. — *zwei Seifen-Blasen:* Vgl. das Experiment A 229; noch 1774 notiert sich L. in TB (S. 91 der Handschrift) unter »Vermischte Fragen und Sachen die noch untersucht zu werden verdienen«: »3) Den Versuch mit den Seifenblasen in Glas sprützen weiter zu treiben ZE. in grosen Sprützen. HE. Reinhold in Münden könte mir vielleicht eine solche Sprütze besorgen.«

169 Diese Bemerkung folgt in der Handschrift A 56 als vierte Notiz im zweiten der Sudelhefte A; die Notiz ist von L. gestrichen. — *nun:* In der Handschrift *und.*

170 Diese Bemerkung folgt in der Handschrift A 57. — *Philosophi . . . sita:* Solange sich die Philosophen bemühen, die Natur der Phänomene zu erklären, und sie aus Stoß, Anziehung und Adhäsion [der Körper] herleiten, tun sie nichts anderes, als die Ursachen gewissermaßen den Sinneswahrnehmungen anzupassen, wie Mechanus die Kräfte und Geschwindigkeiten mittels Linien darstellt. Dabei redet er sich keineswegs ein, daß diese Linien Geschwindigkeiten sind, sondern nur in Beziehung zu den Geschwindigkeiten stehen. So können Kräfte in der Natur in der Weise beschaffen sein, daß ihre Wirkung der Wirkung ähnlich ist, die ein Stoß hervorruft. So könnten vielleicht die Seelenkräfte gemessen werden, wenn sie wie ein Stoß betrachtet würden, obwohl die Ähnlichkeit nur in der Wirkung liegt. — *percussione:* Lat. percussio ›Stoß der Körper‹. »Wenn ein Körper seine Bewegung nicht fortsetzen kan, ohne einen andern vor sich aus der Stelle zu treiben, so sagt man, er *stoße* den letztern (percutere corpus . . .). Dadurch wird der Zustand beyder, in Absicht auf Ruhe und Bewegung, geändert. Es scheint gleichsam ein Theil der Bewegung des einen in den andern überzugehen; man nennt daher, was hier vorgeht, auch *Mittheilung der Bewegung* (Communicatio motus . . .).« (Gehler, Bd. 4, S. 213). — *attractione:* Lat. attractio ›Anziehung‹. »Das Phänomen der Körperwelt, da Körper sich einander nähern, oder, wenn sie aufgehalten werden, sich zu nähern streben, da sie nach der Berührung an einander bleiben, oder doch der Trennung widerstehen, ohne daß man eine äußere in die Sinne fallende Ursache davon, einen Druck, Stoß u. dergl. gewahr wird. So fällt ein freygelassener Körper senkrecht auf die Erdfläche nieder, nähert sich der Masse der Erde, oder äußert doch, wenn man ihn daran hindert, sein Bestreben zu fallen, durch sein Gewicht, durch Druck auf das, was ihn trägt; so fließen zween einander berührende Wassertropfen in einen zusammen u.s.w., ohne daß man eine äußere Ursache davon bemerkte; die Erfahrung zeigt uns, *daß* es geschehe, belehrt uns aber gar nicht darüber, *warum* es geschehe.« (Gehler, Bd. 1, S. 165). — *adhaesione:* Lat. adhaesio ›Anhängen‹. »Dieser Name wird dem allgemeinen Phänomen der *Attraction* in dem

besondern Falle beygelegt, wenn zween *verschiedene* Körper bey ihrer *Berührung* mit einander, oder bey *sehr geringer Entfernung* von einander, so verbunden werden, daß eine äußere Kraft nöthig ist, um sie wieder zu trennen. Hauptsächlich wird dieser Name gebraucht, wenn von gedachten Körpern der eine *flüßig*, der andere *fest* ist, und man sagt alsdann, daß sich der flüßige an den festen anhänge.« (Gehler, Bd. 1, S. 45). – *Mechanus:* Wohl Pierre François André Méchain (1744–1804), Astronom und frz. naturwissenschaftlicher Schriftsteller.

171 *Heinrich des Vierten großer Geist:* »Ich habe wenig Regierungen in der ganzen Geschichte so oft und mit so ausnehmendem Vergnügen betrachtet, als die Regierung Heinrichs des Vierten, Königs von Frankreich, den alle Europäischen Nationen, so willig als die seinigen, den *Großen* nennen.« So lautet der für das 18. Jh. symptomatische Eingangssatz von Schröckhs »Leben Heinrichs des Großen« in der »Allgemeinen Biographie«, 1767, S. 257. Heinrich IV. (1553–1610), seit 1589 König von Frankreich. Er besiegte die katholische Liga 1590 bei Ivry und trat 1593 zum Katholizismus über, worauf sein Hauptgegner Karl von Guise, Herzog von Mayenne, sich ihm unterwarf. 1598 erließ er das Edikt von Nantes, das den Hugenotten Religionsfreiheit gewährte. Er wurde 1610 von Ravaillac ermordet. – *Sully:* Maximilien de Béthune, Baron de Rosny, Duc de Sully (1560–1641), bedeutender protestantischer frz. Staatsmann, Minister Heinrichs IV. bis zu dessen Ermordung. 1638 erschienen seine »Mémoires des sages et royalles oeconomies d'Estat de Henry le Grand«. Die Anekdote wird bei Schröckh, a.a.O., S. 349, von seinem Vertrauten Rosny (Sully) erzählt. – *seiner Maitresse:* Schröckh zufolge handelt es sich um »Fräulein von Entragues«: Catherine-Henriette de Balzac d'Entragues (1579–1633), Marquise de Verneuil, seit 1599 die Geliebte Heinrichs IV. – *D'Aubigné ...:* Théodore Agrippa d'Aubigné (1552–1630), frz. Schriftsteller, Calvinist und Offizier in der Armee Heinrichs IV. Vgl. seine 1729 unter dem Titel »Histoire secrète de Th. Agr. d'Aubigné, des Lettres et des Œuvres mêlées« erschienenen Memoiren, T. I, S. 127. L. besaß die Tübingen 1780 erschienene Übersetzung Ludwig Ferdinand Hubers »Denkwürdigkeiten aus dem Leben des –, von ihm selbst an seine Kinder geschrieben« (BL, Nr. 1039). Von L.s Wertschätzung für diesen Mann zeugt der Brief an Hollenberg vom 2. Juni 1781. – *Moser ... (Reliquien ...):* Das Werk gleichen Titels von Friedrich Carl Freiherr von Moser erschien 1766 bei Johann Christian Gebhard in Frankfurt. L. zitiert es auch KA 70. Das Werk ist unter dem 19. April 1766 in den GGA, S. 369 ff., besprochen. An der von L. nicht ganz wörtlich zitierten Stelle, S. 278 f., steht lediglich der Ausspruch d'Aubignés. Die Anekdote von Sully und Heinrich IV. findet sich als Beispiel für »Diener-Treue« ebd. auf S. 59. Friedrich Carl Freiherr von Moser (1723–1798), Staatsmann und politischer Schriftsteller, 1772–1780 Minister in Hessen-Darmstadt.

172 *Brogiani:* Dominico Brogiani (geb. 1716 in Florenz), 1747 Prof. der Medizin in Pisa. – *was Serao berichtet:* Francesco Serao (1702–1783), berühmter ital. Arzt; schrieb u. a. »Lezioni accademiche della tarantola«, Neapel 1742. – *Vogels Med. Biblioth.:* Die Zeitschrift »Neue Medizinische Bibliothek« erschien Göttingen 1754–1769 in 8 Bdn. Das fast wörtliche Zitat steht in der Besprechung 1756, S. 320–322. Rudolf Augustin Vogel (1724–1774), seit 1760 Prof. der Arzneiwissenschaft in Göttingen, Mitglied der Göttinger

Sozietät der Wissenschaften; behandelte L. während seiner schweren Krankheit 1766 (s. Brief an Christian Gottlob Heyne, 2. Juli 1782). – *was von Anfang dieses Buchs gesagt:* Gemeint ist A 54.

173 Diese Bemerkung folgt in der Handschrift A 58. – *Mögelin:* Wohl Daniel Mögling (gest. nach 1635), Arzt, Mathematiker, Astronom; Medizinstudium in Tübingen und Altdorf, Leibarzt des Landgrafen Philipp von Darmstadt-Butzbach, danach an der Universität Mainz tätig; Schwenter schreibt »Möglin«. – *Schwenters ... Math[ematischen] Erquickstunden:* »Deliciae physico-mathematicae oder mathematische und philosophische Erquickstunden«, Nürnberg 1636, von Schwenters Erben herausgegeben und von Harsdörffer fortgesetzt: eine Fundgrube geschichtlicher Notizen. L. erwähnt sie und den Autor auch in dem Aufsatz »Von dem Nutzen, die die Mathematik einem Bel Esprit bringen kann« (III, S. 351). Daniel Schwenter (Nürnberg 1585–1636 Altdorf), Orientalist und Mathematiker. – *Uhr ... beschreibt ...:* Bei Schwenter, a.a.O., S. 356f.

174 *Boerhaave:* Hermann Boerhaave (1668–1738), holl. Prof. der Medizin in Leiden, einer der bedeutendsten Ärzte der Neuzeit; reformierte den klinischen Unterricht. – *El[ementa]. Chem[iae]:* Der genaue Titel lautet: »Elementa chemiae, quae anniversario labore docuit, in publicis, privatisque, scholis, Hermannus Boerhaave«, 2 Bde., Leiden 1732. L. besaß eine dt. Übersetzung von 1755 (BL, Nr. 755). – *Schmelz-Ofen von einer parabolisch konoidischen Gestalt:* Vgl. Boerhaave, a.a.O., Bd. 1, S. 893f. – *Brendel ... Programm:* Der Titel des am 29. April 1747 in Göttingen gelesenen Programms lautet: »De Instrumentis quibusdam chemicis Boerhaveanis«; abgedruckt in »Ioan. Gottofr. Brendelii Opusculorum Mathematici et Medici Argumenti Pars I. continens Programmata curante et Präfationem adornante Henrico Augusto Wrisberg«, Göttingen 1760, S. 45–49. Die von L. angeführte Stelle steht dort auf S. 46. Johann Gottfried Brendel (1712–1758), 1738 Prof. der Medizin in Göttingen, 1755 Leibarzt des Landgrafen Wilhelm VIII. von Hessen-Kassel; er gehörte zu den führenden medizinischen Gelehrten seiner Zeit. – *Richterischen Disputation de insolatione:* Richters am 29. April 1747 vorgetragene Dissertation »Insolatio seu potestas solis in corpus humanum«, die L. auch KA 74–78 zitiert. Georg Gottlob Richter (1694–1773), Schüler Boerhaaves; wurde 1736 als erster Medizinprofessor an die neugegründete Universität Göttingen berufen; Hofrat und Leibarzt.

176 Diese Bemerkung folgt in der Handschrift A 59. – *lebendigen Kräft[e]:* Von Leibniz 1695 eingeführter Begriff: »Todte Kraft nennt er diejenige, welche keine Bewegung, sondern nur Bestreben nach Bewegung hervorbringe ..., lebendige Kraft, die mit wirklicher Bewegung verbundene« (Gehler, Bd. 2, S. 804). – *Cartesius Maß:* Descartes hatte angenommen, daß die bewegende Kraft der Größe der Bewegung proportional und durch das Produkt der Masse M in die Geschwindigkeit C ausgedrückt sei: »Man hat daher dieses Produkt das Maaß der bewegenden Kräfte genannt« (Gehler, Bd. 2, S. 803). René Descartes (1596–1650), frz. Philosoph und Mathematiker, einer der Begründer der neueren Philosophie. – *beschleunigenden Bewegung:* S. dazu Gehler, Bd. 1, S. 329f. und Kästner, Anfangsgründe der höheren Mechanik, III. Abschnitt, § 202 ff.

178 *kennen:* In der Handschrift *können.* – *Fluidorum:* Lat. fluida ›Flüssigkeiten‹. – *menstruo:* Lat. menstruum ›Auflösungsmittel‹; flüssige Körper, die

andere, feste aufzulösen vermögen. Begriff aus der Sprache der Alchemisten, nach denen eine vollkommene Auflösung einen ›philosophischen Monat‹ oder vierzig Tage Zeit erforderte (vgl. Gehler, Bd. 1, S. 181).

179 *Rheinländische Fuß:* 28,74 cm. – *Kästner.Mech[anik].:* »Anfangsgründe der höhern Mechanik welche in der Bewegung fester Körper besonders die praktischen Lehren enthalten. Abgefaßt von Abraham Gotthelf Kästner«, Göttingen 1766. Auf der von L. angegebenen Seite ist § 36 des Abschnitts über »Die Gesetze fallender Körper«. L. zitiert Kästner, S. 22, nicht wörtlich und nur mit dem ersten Satz. Das folgende sind offenbar L.s eigene Rechnungen. Abraham Gotthelf Kästner (1719–1800), berühmter Epigrammatiker und Mathematiker aus Leipzig, wo er Jura und Philosophie studierte; 1756 als Prof. für Mathematik und Physik nach Göttingen berufen, 1766 Prorektor; Leiter des Observatoriums, Mitglied der Sozietät der Wissenschaften, Ältester der Deutschen Gesellschaft; Lehrer L.s. Die »Anfangsgründe der angewandten Mathematik« (1758) von Kästner erwähnt der Studiosus L. an August von Hennings, Ende März 1766. Über »Kästner und Lichtenberg« s. Rainer Baasner in: Lichtenberg-Jb 1989, S. 30–48. – *Pariser . . . Fuß:* Auch: französischer Fuß (pied de roi); 32,485 cm.

180 Diese Bemerkung folgt in der Handschrift A 63. – *Floßfedern:* Flossen; seit dem Mittelalter belegt (s. DWB 3, Sp. 1822). – *Pico:* Span. ›Spitze‹, hoher spitzer Berg. Wohl der Pico de Teide, mit 3716 m höchster Berg von Teneriffa: vgl. D 693.

181 Diese Bemerkung folgt in der Handschrift A 18. – *Die Sonne wärmt nur unsere Erde:* Vgl. J 1454, K 359. – *Saturn:* Im GTC 1779, S. 30f., veröffentlichte L. eine »Nachricht; eine Erscheinung am Saturn betreffend«, an dem im Januar 1779 ein besonderes Phänomen zu bemerken war. Vgl. auch Gamauf, Astronomie, S. 500–507. – *Merkur:* Der sonnennächste Planet, der in 88 Tagen um die Sonne läuft; vgl. Gamauf, Astronomie, S. 69, 96f.

182 Diese Bemerkung folgt in der Handschrift A 67. – *Unser ganzes System . . . mit Sonne durchlaufen:* Vgl. A 254, J 1467.

183 Diese Bemerkung folgt in der Handschrift A 69. – *Ferrum . . . injecit:* Der lehrte das Eisen schwimmen, der es zuerst in ein starkes Wasser warf. – *aquam fortem:* Lat. aqua fortis, frz. eau forte ›Scheidewasser‹. »Diesen Namen geben die Künstler der schwächern Salpetersäure, welche aus dem Salpeter durch Destillation mit gebranntem Vitriol oder Thon ausgetrieben, und zu vielen chymischen Arbeiten, vorzüglich zur Scheidung des Goldes vom Silber, gebraucht wird« (Gehler, Bd. 3, S. 827). – *injecit:* Danach ein Wort von L. durch Kringel unleserlich gemacht.

184 Diese Bemerkung folgt in der Handschrift A 72. – *Hasselquist Reise:* »Reise nach Palästina in den Jahren von 1749 bis 1752. Auf Befehl Ihro Majestät der Königinn von Schweden herausgegeben von Carl Linnäus«, Rostock 1762, übers. von Thomas Heinrich Gadebusch, Greifswald. Friedrich Hasselquist (1722–1752), schwed. Naturforscher, gest. in Byn Bagda bei Smyrna; Mitglied der Akademie der Wissenschaften zu Stockholm und Upsala; Schüler Linnés, der ihn 1749 zu einer naturwissenschaftlichen Expedition in den Orient anregte und 1757 postum seine »Iter Palaestinum el Resa til Heliga landet« herausgab. Lektüre dieser Reisebeschreibung bezeugen auch A 185, KA 114f. – *p. 162:* »Aus Deutschland kommen die Geschenke für das heilige Grab sehr sparsam. Der Canon: Primum quae necessaria,

deinde quae opus sunt [Zuerst das Notwendige, dann das (gute) Werk!], sagte mir ein deutscher Mönch, sey dem Werke der Barmherzigkeit in diesem Lande hinderlich.«

185 *Ibid: p. 147:* Hasselquist, a.a.O. (s. zu A 184), S. 147: »Allein das Sonderbarste dabey war, daß sie [die Mönche] den Ort wußten, wo eine Sache sich sollte zugetragen haben, von der niemand weiß, ob sie sich jemals zugetragen hat. Sie gaben nämlich vor, daß dieses der Ort sey, wo der Mann in die Hände der Räuber fiel, vor dem der Priester vorübergieng, und dem der Samariter Hülfe leistete: Ein Gleichniß, das *Christus,* nach seiner gewöhnlichen Lehrart, vortrug, und dem man also keinen Ort der Handlung bestimmen kann.« – *die ganze Geschichte:* Vgl. Lukas 17, 11–19. – *Gleichnus:* Bis ins 18.Jh. neben *Gleichnis* in Gebrauch.

186 Diese Bemerkung folgt in der Handschrift A 73. – *Beccaria in s[einem] schönen Buch:* »Dei delitti e delle pene«, erschienen Livorno 1764; bahnbrechend für den ›humanen‹ Strafvollzug und die Abschaffung der Todesstrafe; 1766 auf den Index der verbotenen Bücher gesetzt. Die erste dt. Übersetzung erschien 1765 von dem Leipziger Strafrechtler Karl Ferdinand Hommel, Hamburg 1766 die von Albrecht Wittenberg. Cesare Marchese de Beccaria (1735–1794), ital. Prof. der Kameralwissenschaften in Mailand; vgl. III, 217 und Brief an Johann Christian Dieterich, 18.Juli 1773. – *Kap. vom Selbstmord:* Das Zitat steht §35, Anm. 2. Über L.s Affinität zu diesem Thema s. zu A 126. – *Dove . . . oppressori:* Wo sich die Grenzen eines Landes mehr vergrößern als seine Bevölkerung, begünstigt der Luxus den Despotismus, denn je weniger Menschen es gibt, desto geringer ist der Fleiß, und je geringer der Fleiß ist, desto größer ist die Abhängigkeit der Armut vom Reichtum und desto schwieriger und weniger gefürchtet die Verbindung der Unterdrückten gegen die Unterdrücker. – *Gleichung für den Bettelstand:* Zu L.s Benutzung mathematischer Begriffe vgl. zu A 1, des Begriffs *Gleichung* vgl. zu A 48.

187 Diese Bemerkung folgt in der Handschrift A 82. – *Das Mikroskop . . . läßt die Winkel ungeändert:* Vgl. A 214.

188 Diese Bemerkung folgt in der Handschrift A 84. – *Man könnte:* Danach von L. gestrichen *eine Reihe von Leuten so.*

190 Diese Bemerkung folgt in der Handschrift A 91; sie steht auf der hinteren Außenseite von Heft 2 und ist, wie A 191 und 192, in der Handschrift schlecht leserlich, der obere linke Rand der Seite ist abgerissen. – *Pendel-Uhren:* Huygens hatte 1656 die Idee, das Pendel an die Uhren selbst anzubringen. »Er trieb aber seine Untersuchungen hierüber noch viel weiter. Da es kaum möglich ist, den Widerstand der Luft und das Reiben der Spindel so genau zu compensiren, daß die Schwünge nicht bisweilen größere oder kleinere Bogen beschreiben sollten, so fürchtete er, dies möchte der Gleichförmigkeit des Ganges hinderlich seyn. Seine Entdeckungen über die Cykloide [vgl. zu A 150] lehrten ihn, die Größe der Bogen werden gleichförmig seyn, wenn das Gewicht des Pendels Theile einer Cykloide beschriebe, und dies müße geschehen, wenn sich der Faden, der das Pendel hält, von einem cykoidalisch geformten Bleche abwickelte« (Gehler, Bd. 3, S. 422f.).

191 *Gleichung für eine krumme Linie:* Über den Begriff *Gleichung* s. zu A 48; zu L.s Neigung, wissenschaftliche Begriffe zu versinnlichen, s. zu

A 1. – *Ameisenfresser:* Ameisenbär, in den Waldgebieten Südamerikas lebend.
– *Konchoide:* Schneckenlinie, Muschellinie; eine von Nikomedes (etwa 200 v. Chr.) angegebene krumme Linie vom vierten Grad.

192 Mit dieser Bemerkung endet das zweite der Sudelhefte A. – *wie wir uns Geschlechter schaffen:* Vgl. A 17.

193 Diese Bemerkung folgt in der Handschrift A 94. – *Phryganeen-Wurm:* Phryganea grandis ›Große Wassermotte‹, zur Gattung der Köcherfliegen zählend.

194 *Verwandtschaft der Magnet[ischen]. Kraft mit der Elektrizität zu untersuchen:* Die Natur des elektrischen Stromes und seine Beziehung zum Magnetismus beschreibt der frz. Physiker A. M. Ampère in einer 1820 veröffentlichten Studie. – *dem Verbrennlichen:* Phlogiston; s. zu D 316. – *Bernstein . . . Grund seiner elektrischen Eigenschaften:* Thales von Milet hat etwa 700 v.Chr. das Phänomen der elektrostatischen Anziehungskraft von Bernstein, griech. Elektron, beschrieben und als »Einatmen einer darin hausenden Seele« gedeutet.

195 *alle Körper einen Dunstkreis um sich herum:* Zum Thema Geruch vgl. Alain Corbin, Pesthauch und Blütenduft. Eine Geschichte des Geruchs, Berlin 1984, S. 63 ff.

196 *retinam:* Retina, die Netzhaut des Auges (s. Gehler, Bd. 1, S. 188 f.). – *Blau und Gelb:* Erste Notiz L.s zur Farbenlehre des 18. Jh.s.

197 Diese Bemerkung folgt in der Handschrift A 95. – *Büttner:* Seine Naturalien- und Münzensammlung bildete die Grundlage des akademischen Museums der Göttingischen Universität (vgl. dazu Blumenbach im GTC 1779, S. 48 ff.). – *Spiritus vini:* Lat. ›Weingeist‹. – *das Feder-Vieh mit unter die 4füßigen Tiere gehört:* Als L. am 27. April 1772 das berühmte Naturalien-Kabinett von Andreä in Hannover besichtigt, notiert er in TB (S. 69 der Handschrift): »Ein junges Huhn mit 4 Füßen, aber doch 2 Flügeln, Es waren also nicht aus den Flügeln Füße geworden.«

198 Diese Bemerkung folgt in der Handschrift A 96. – *Archimedes:* Griech. Mathematiker und Mechaniker (ca. 285–212 v.Chr.), aus Syrakus; fand, daß ein Kegel, eine Halbkugel und ein Zylinder von gleicher Grundfläche und Höhe sich ihrem Inhalt nach wie 1:2:3 verhalten; die Resultate seiner Untersuchung legte er in der Schrift »Über Kugel und Zylinder« nieder. – *hydrostatischen Versuche:* Badend soll Archimedes das Hydrostatische Gesetz gefunden haben, daß ein ins Wasser getauchter Körper so viel an Gewicht verliert, wie die von ihm verdrängte Wassermenge wiegt (Archimedisches Prinzip).

199 *kr:* Abk. für Kreuzer: ursprünglich silberne Groschenmünze, gegen Ende des 18. Jh.s Kupfermünze, 1765 mit vier Pfennigen bewertet.

204 Diese Bemerkung folgt in der Handschrift A 97. – *Integral-Rechnung:* Teilgebiet der Mathematik, entstanden aus dem Problem, den Inhalt solcher ebenen Bereiche zu erklären, die von beliebigen Kurven begrenzt werden; von Newton und Leibniz entwickelt, von dem die heute benutzte symbolische Schreibweise stammt, während Jacob Bernoulli 1690 das Wort Integral prägte.

206 Diese Bemerkung folgt in der Handschrift A 108.

208 *magischen doppelten Kreuz:* Eine Beschreibung und Gebrauchsanweisung dieses aus sechs verschieden ausgeschnittenen »Säulchen aus festem Holze« zu verfertigenden Kreuzes gibt Johann Georg Krünitz in seiner

»Oekonomisch-technologischen Encyklopädie«, 49. Teil, Berlin 1790, S. 85 f. (mit Abb.).

209 Diese Bemerkung folgt in der Handschrift A 111.

210 *Ein Schneider der einen Lappen anflickt* ...: Vgl. zu A 10.

211 *Zyklois:* Die Zykloide, von Galilei erkannt, ist die Linie gleicher Fallzeiten, die Isochrone. Sie war die Lieblingskurve des 17. und 18. Jh.s.; Huygens, Wallis und andere Mathematiker haben Sätze über die Zykloide abgeleitet. S. auch A 213, ferner III, S. 9, 1015. – *brachystochronae:* Von Leibniz so genannte Kurve: die Linie der kürzesten Fallzeit zwischen zwei Punkten X und Y, die beliebig gegeben sind. Der Entdecker dieser Kurve ist Isaac Newton, angeregt durch eine von Johann Bernouilli 1696 gestellte Aufgabe: »Auf welcher Linie muß ein Körper von X nach Y fallen, um in der kürzesten Zeit anzukommen?«; vgl. dazu Rudolf Laemmel, Isaac Newton, Zürich 1957, S. 254–256. Eine ähnliche Demonstrationszeichnung gibt L. auch J 1268 im Zusammenhang mit dem Vogelflug.

212 Diese Bemerkung folgt in der Handschrift A 112. – *einer ganzen Zahl:* Danach in der Handschrift *ist.* – *mehrmals:* In der Handschrift *malsmehr.*

213 Diese Bemerkung folgt in der Handschrift A 119. – *Die Zyklois ... eine Brachystochronae:* S. zu A 211.

214 *Alle objecta ... durch das Mikroskop vergrößert:* Vgl. A 187.

215 Diese Bemerkung folgt in der Handschrift A 120; sie ist die viertletzte Nummer des dritten Sudelheftes A. – *das Mineral-Reich die Vorratskammer:* Ähnliche Formulierung A 224. – *aus dem:* In der Handschrift *denen.* – *Juchart in Gießen:* Vermutlich korrekte Schreibweise *Jugard/Jughart,* laut Otto Stumpf, Das Gießener Familienbuch (1575–1730), T. 2, Gießen 1974.

216 Mit dieser Nummer beginnt in der Handschrift das vierte der Sudelhefte A. – *Lage der Sandkörner:* Vielleicht angeregt durch den »Sandrechner« von Archimedes, der die Zahl der Sandkörner zu berechnen versuchte. Vgl. E 469, F 34, J 392. – *Anschießen der Salze:* Anschießen: plötzliches Festwerden eines Stoffes. »Die meisten festen Salze schießen aus ihren Auflösungen in Wasser durch Abdampfen und Abkühlen in Krystallen an« (Gehler, Bd. 3, S. 766 f.). Vgl. KA 218, J 1350 und III, S. 266.

218 *die Menschen ... können fliegen lernen:* Vgl. D 407, 525, E 431. – *könnte ein Ring:* In der Handschrift *konnte.*

219 *präzipitieren:* Praecipitatio: Niederschlag. »Diesen Namen führt die Trennung oder Abscheidung eines Körpers von einem anderen, mit welchem er durch Auflösung verbunden war, vermittelst eines hinzugefügt dritten« (Gehler, Bd. 3, S. 360).

220 *Camera obscura:* Lat. ›dunkle Kammer‹, um die Mitte des 16. Jh.s von Johann Baptista Porta in Neapel erfunden, der einfachste photographische Apparat, der später tragbar gemacht wurde. »Will man dabey starke Vergrößerungen haben, so läst sie sich leicht mit dem Sonnenmikroskop verbinden.« (Gehler, Bd. 4, S. 866; S. 101). – *Mir fiel dabei ein* ...: Ein die Photographie vorwegnehmender Gedanke. – *Bononiensische Stein:* Bononischer Phosphor, ein Leuchtstein, bestehend aus Schwefelbarium, der durch Reduktion des Bologneser Spats gewonnen wird. Beleuchtet man den Stein und bringt ihn danach ins Dunkle, so leuchtet er weiter; diese Erscheinung wird Phosphoreszenz genannt. »Etwas vom Leuchten des bononischen Steines« teilt Erxleben im »Hannoverischen Magazin«, 75. Stück, 19. September 1766,

Sp. 1195–1198 mit; vgl. C 305, D 771, J 1816 und Brief an Johann Andreas Schernhagen vom 16. August 1773; ferner an Schernhagen, 23. August und 7. September 1773, und an Johann Friedrich Blumenbach, 5. Mai und Sommer 1789. S. auch Priestley, The history and present state of discoveries relating to vision, light, and colours, London 1777, S. 360–383, und Gehler, Bd. 3, S. 475 f. – *den Kometen:* Der große, vom 8. August bis 1. Dezember 1769 sichtbare Komet, den auch Goethe in den »Mitschuldigen« erwähnt; L. nennt ihn auch in den »Zwo Schrifften, die Beurtheilung betreffend ...« (Nachlaß, S. 25); vgl. ferner B 263, 297. Den 2. Juli 1770 sah L. laut TB (S. 11 der Handschrift) abends um elf Uhr einen Kometen, und er resümiert (S. 12 der Handschrift): »Dieses ist nunmehr der dritte den ich in Göttingen gesehen habe. Einen a͞o 1766 den 14 April, den ich selbst zuerst fand, den andern am 30ten August 1769 wovon mir Herr Ljungberg die erste Nachricht gab, und diesen dritten.« In den »Gemeinnützigen Abhandlungen auf das Jahr 1773«, Göttingen 1772, Bd. 1, Tl. 2, 91. Stück, S. 730 f., teilt L. »Etwas von den Cometen« mit. – *(er wurde ... gesehen):* In der Handschrift nachgetragene Randglosse ohne Klammern. – *Adler:* Lat. aquila, Sternbild mit einem Stern 1. Größe α, dem Ataïr. – *Leier:* Lyra, nördliches Sternbild mit dem Stern α 1. Größe: Wega.

221 *Baumann ... in Leipzig:* Johann Christian Baumann (1711–1782), von Segner aus Leipzig nach Göttingen ans Observatorium engagiert, Universitätsopticus und, von Kästner beibehalten, Aufseher über das Göttinger Observatorium, Apparatebauer. Wie Berendsohn, Zur Geschichte der Entwicklung der mechanischen Kunst. Neue Beiträge zur Geschichte der Mechaniker Göttingens im 18. und in der ersten Hälfte des 19. Jahrhunderts, in: Deutsche Mechaniker-Zeitung, Heft 11, 1. Juni 1907, S. 104, mitteilt, hat Baumann für L. gearbeitet: »eine Scheibe mit allerlei Arten von Linsen, ein Hohlprisma, das Modell eines Auges, um die optischen Fehler desselben und ihre Korrekturen zu demonstrieren, eine Camera obscura«, ferner ein Mikroskop mit vier Vergrößerungen; vgl. KA 211 und die Anm. dazu; auch in einem Brief an Dieterich vom 8. Juli 1773 erwähnt L., daß Baumann etwas für ihn verfertige.

222 *Trescho aus Drontheim:* Herman Treschow (1739–1797), dän.-norweg. Theologe; besuchte auf einer längeren Auslandsreise nach Frankreich, England, Deutschland (ab 1768) auch Göttingen. – *Pater Hell:* Maximilian Hell (1720–1792), Jesuitenpater, langjähriger Direktor der Sternwarte in Wien; 1757–1786 Herausgeber der Wiener »Ephemeriden«; gab Wien 1776 eine »Aurorae borealis theoria nova« heraus. – *die wahre Ursache des Nordlichts:* Laut TB (S. 11 der Handschrift) speist L. am 15. Juni 1770 bei Kästner in Gesellschaft Hells und notiert sich u. a. von dem Gespräch: »Nordscheine hat er beständig gesehen. Er hält sie wie er sich ausdruckt für ein crepusculum, und will beweisen, daß sie alle von der Sonne oder dem Monde herkommen, er hat so gar in Copenhagen zu groser Verwunderung der Leute eine Stunde voraus gesagt, daß ein Nordschein im Westen im Osten erscheinen würde. Er wird die berühmtesten Observationen von Nordscheinen sammeln und allemal den Ort der Sonne und des Mondes berechnen, um daraus seine Theorie zu bestätigen.« Im Brief an Heinrich Wilhelm von Gerstenberg, 19. Juni 1780, zieht L. Hells Theorie in Zweifel und verweist auf seine eigene Deutung, die er in »De nova methodo« gegeben hat. Vgl. auch J 297.

Inzwischen weiß man, daß die nächtlichen Leuchterscheinungen in den polaren Gegenden der Erde in der Atmosphäre von elektrischen Feldern erzeugt werden; nach den Gründen ihres Entstehens wird noch geforscht.

223 Diese Bemerkung folgt in der Handschrift A 124. – *ᾅδης*: Griech. ›Abgrund, Hölle‹. – *Φῶς:* Griech. ›Licht‹. – *Hamb[urgisches]. Mag[azin].:* »Hamburgisches Magazin, oder gesammlete Schriften, zum Unterricht und Vergnügen, aus der Naturforschung und den angenehmen Wissenschaften überhaupt«, erschienen Hamburg 1747–1767, hrsg. von Kästner (BL, Nr. 89), das vor allem Zusammenfassungen aus fremdsprachigen Akademieschriften brachte. In Bd. 10, 1. Stück, 1752, referiert Kästner aus den »Commentarii Societatis Regiae Scientiarum Gottingensis Tomus I ad. ann. 1751«, Göttingen 1752 (S. 19–41) u. a. Gesners Abhandlung »De animalibus Heracliti et Hippocratis«; auf S. 28f. schreibt Kästner: »Die Menschen aber sagen von einer Sache, sie entstehe, werde, fange an, wenn sie zuvor nicht in die Sinne fiel, und itzo empfindlich wird. Der erste Zustand heißt ᾅδης, (man könnte ihn im Deutschen den Abgrund nennen) der andere Φάος oder Φῶς, Licht, auch Ζεὺς, Jupiter, dessen Bruder Ἅδης, sonst Pluto, der König der Unterirdischen war.«

224 Diese Bemerkung folgt in der Handschrift A 125. – *Vorratshäuser des Stoffs:* Ähnlich formuliert L. in A 215.

225 Diese Bemerkung folgt in der Handschrift A 126. – *Ledermüller (T. 1. Augenbelust[igung]. p. 101):* Das Werk ist zu A 78 nachgewiesen. An der von L. angegebenen Stelle innerhalb der Beschreibung eines »Sehnerve von einem Kalbskopf« sieht Ledermüller die »Nervenfiebern« durchs Mikroskop »als lange hohle Röhren, welche mit nichts bessers verglichen werden konnten, als mit denen Kopfhaaren des Menschen«. – *im:* In der Handschrift *ihm*.

226 *die Dünste ... elastisch:* »Wenn flüßige Körper, auch selbst feste, einem sehr starken Grade von Hitze ausgesetzt werden, so werden ihre Theile auf einmal in einen sehr viel größern Raum ausgedehnt, und erhalten dabey einen sehr hohen Grad von specifischer Elasticität. Es scheint sich ein Theil der Körper mit der Materie des Feuers zu verbinden, und gleichsam im Feuer aufgelöset zu werden. In diesem Zustand heißen die Theile der Körper Dämpfe oder elastische Dünste ... Die elastischen Materien, welche aus den Körpern hervorgehen sind von zweyerley Art. Einige nemlich bleiben auch, wenn sie wieder erkalten noch immer elastisch; dies sind die sogenannten Luftgattungen, Gasarten, bleibend-elastische Flüßigkeiten ... andere werden in der Kälte, d. i. wenn sie das Feuer, mit dem sie nur schwach verbunden waren, wieder verläßt, wieder in das vorige tropfbare Fluidum ... oder auch in feste Körper (Blumen) verwandlet, und verlieren ihre Elasticität, die also offenbar von ihrer Verbindung mit dem Feuer herrührte; und dies sind die Dämpfe, deren Kennzeichen vorher dieses ist, daß sie durch Berührung kalter Körper verdichtet werden ...« (Gehler, Bd. 1, S. 556f.).

227 Diese Bemerkung folgt in der Handschrift A 128. – *Franklins[chen]. Bemerkung:* Gemeint ist KA 222; sie bezieht sich auf Franklins »Experiments and observations on Electricity made at Philadelphia and communicated in several letters to Mr. Collinson in London«, London 1751, S. 470; s. auch A 260, KA 295. Dieses bedeutendste wissenschaftliche Buch Amerikas im 18.Jh. wurde 1758 von dem Stockholmer Physiker J. C. Wilcke übersetzt und mit Anmerkungen versehen (BL, Nr. 620); Neuausgabe Braunschweig

1984. Benjamin Franklin (1706–1790), nordamerikanischer Physiker, naturwissenschaftlicher Schriftsteller und Staatsmann, ehemals Buchdrucker in Philadelphia; erfand 1752 den Blitzableiter, entwickelte die unitarische Elektrizitätstheorie; 1775 für die nordamerikanische Unabhängigkeit tätig, 1776–1785 erster Gesandter der USA in Paris, trug wesentlich zur Verfassung der Vereinigten Staaten von 1787 bei. Neben Cook das von L. bewunderte Vorbild des wirkenden Forschers. Zu einer persönlichen Begegnung ist es wohl nicht gekommen (s. Robert L. Kahn, A meeting between Lichtenberg and Franklin?, in: German Life and Letters IX, 1955–1956, S. 64–67). – *Κέρας Ἀμαλθ[είας]:* Das ›Füllhornbuch‹ (KA), das L. 1765–1772 führte. – *geschacht:* Gewürfelt, im Schachbrettmuster.

228 Diese Bemerkung folgt in der Handschrift A 129. – *Nach Bonnet:* Gemeint sind Charles Bonnets »Considérations sur les Corps organisés, Ou l'on traite de leur Origine, de leur Développement, de leur Réproduction, etc. et ou l'on a rassemblé en abrégé tout ce que l'Histoire Naturelle offre de plus certain et de plus intéressant sur ce sujet«, 2 Bde., Amsterdam 1762; deutsch unter dem Titel »Herrn Karl Bonnets Betrachtungen über die organisierten Körper ...«, übersetzt und mit einigen Zusätzen herausgegeben von Johann August Ephraim Goeze, 2 T., Lemgo 1775. Charles Bonnet (1720–1793), Advokat in Genf, Naturforscher und Philosoph; Mitglied der Göttinger Sozietät der Wissenschaften. L.s Zitat ist vermutlich aber nicht aus Bonnet selbst, sondern Lavaters »Aussichten in die Ewigkeit ...« entnommen, die er in der vorhergehenden Bemerkung der Handschrift (A 129) zitiert; dort heißt es im 1. Teil, Neunter Brief, S. 143 der 2. Aufl. von 1773: »Nun ist der höchste Grad der uns bekannten cörperlichen Vollkommenheit ... die *Organisation,* und zwar nach *Bonnet,* eine solche Organisation, daß aus der kleinst-möglichen Anzahl der Theile eine beträchtliche und große Wirkung entspringe.«

229 *Eine Seifenblase ...:* Zu den Versuchen mit Seifenblasen vgl. A 168 und die Anm. dazu. – *können:* In der Handschrift *kennen.* – *Meer aus:* Danach von L. gestrichen *vielleicht ist etwas ähnliches.* – *Newtonisch oder Cartesianisch:* Vgl. J 1223. – *so läßt sich:* In der Handschrift *so lassen sich. – Aphelii:* Aphelium: die Sonnenferne, weiteste Entfernung eines Planeten von der Sonne.

230 Diese Bemerkung folgt in der Handschrift A 130. – *Haller hält das Licht für ... penetrabel:* In den »Elementa physiologiae corporis humani«, Lausanne 1757–1766, V, S. 443. Albrecht von Haller (1708–1777), berühmter Arzt und Dichter der Aufklärung, Schüler Boerhaaves und Albinus', 1736–1753 Prof. der Anatomie, Chirurgie und Botanik in Göttingen, dann in Bern; bis zu seinem Tode Präsident der Sozietät der Wissenschaften in Göttingen, wo er 1741 und 1747 Prorektor war. – *(Κέρας ἀμαλθ. p. 52):* Gemeint ist KA 223; über die griech. Wörter s. zu A 227. – *wir könn[en]:* In der Handschrift *kann.*

231 *vid. p. 15 seq.:* Gemeint ist A 233; der Hinweis als Randbemerkung von L. nachträglich hinzugefügt. – *Parallele Linien scheinen sich ... zu durchkreuzen:* Zum Parallelen-Problem vgl. F 68, 169 und zu A 240. – *Tubi ... Tubos:* Lat. tubus ›Fernrohr‹. – *(sie durchkreuzen ... diesem):* In der Handschrift Randbemerkung ohne Klammern.

232 *eine Art von:* In der Handschrift *eine Arten.*

233 *Zu den p. 14 angestellten Betrachtungen:* Gemeint ist A 231.

234 Diese Bemerkung ist die vorletzte im vierten der Sudelhefte A.

235 Diese Bemerkung folgt in der Handschrift A 133. – *Hyazinthen ... gegen das Fenster zu gewachsen:* Diesen »physikalischen Versuch« notiert L. auch C 220; vgl. ferner A 244.

237 *Martii:* Lat. ›März‹. – *Schneefiguren:* Vgl. J 1484. – *Linien:* Früheres Längenmaß; 1 preußische Linie = 2,179 mm.

238 *so hätte man auch hier das Gewitter:* Zu L.s Beobachtungen und Notizen vgl. Promies, Lichtenberg S. 96–102.

239 Diese Bemerkung folgt in der Handschrift A 134. – *Bödikers neu vermehrten Grundsätzen der deutschen Sprache:* Berühmte Schulgrammatik, erstmals Berlin 1690 erschienen, in der späteren Ausgabe Berlin 1729 unter dem Titel: »Grund-Sätze der Teutschen Sprache Meistens mit Ganz andern Anmerkungen und einem völligen Register der Wörter die in der Teutschen Übersetzung der Bibel einige Erläuterungen erfodern. Auch zum Anhange mit einem Entwurff und Muster eines Teutschen Haupt-Wörter-Buchs Verbessert und vermehrt von Joh. Leonh. Frisch«. Johann Bödiker (1641–1695), Rektor des Kölnischen Gymnasiums in Berlin; namhafter dt. Grammatiker. Auf den Unterschied von »für« und »vor« hat er als erster hingewiesen. – *Gebrauch der Präpos[itionen]:* Ersten positiven Gebrauch dieser Rechtschreiblehre macht L. in A 135, das ist in der Handschrift drei Nummern später. Daß die Rechtschreibung nicht nur L.s persönliches Problem war – s. A 118 – beweist der im »Hannoverischen Magazin«, 28. Stück, 8. April 1765, Sp. 445-448; 33. Stück, 26. April 1765, Sp. 521–528; 34. Stück, 29. April 1765, Sp. 539–542, abgedruckte »Versuch einer Regel, den Unterschied der oft verwechselten Wörter *vor* und *für* zu bestimmen«.

240 *sollte das:* In der Handschrift *daß.* – *unsere Definitionen von der graden Linie:* Vgl. Wolff, Sp. 806: »eine gerade Linie, ist, deren Theile der gantzen ähnlich sind ... Euclides beschreibet eine gerade Linie, daß sie diejenige sey ..., welche alle Theile gleich hinter einander liegen hat«. – *Lehre von Parallelen:* Nach Euklid sind Parallelen solche gerade Linien, die in derselben Ebene liegen und nach beiden Seiten ins Unendliche verlängert sich nie treffen. Sein Parallelenaxiom, nach dem es durch jeden Punkt außerhalb einer Geraden nur eine Parallele zu dieser gibt, wurde zu einer zentralen Streitfrage der Mathematik des 18. Jh.s. Nikolaus Iwanówitsch Lobatschewskij (1793–1856) und Johann Bolyai (1802–1860) entwickelten schließlich ausgehend von der Unbeweisbarkeit des Parallelenaxioms die nichteuklidische Geometrie.

241 *eines englischen Zolles:* Entsprach $\frac{1}{12}$ Fuß = 2,434 cm. – *korrespondierende Sonnen:* Die Sonne, gemessen in zwei zum Meridian symmetrischer Lagen, durch die man auf die Durchgangszeit durch den Meridian (Südpunkt) schließen kann. L.s Notiz ist wohl eine Überlegung zur Fehlerfortpflanzung (nach Auskunft von Peter Brosche). L. notiert im Tagebuch (S. 12 der Handschrift): »Auf dem Rückweg [15. Juli 1770] sahe ich in meinem Leben die ersten Neben sonnen, sie waren blaß und hatten etwas Regenbogen Farben.« Die Bemerkung ist offenbar unvollständig.

242 Diese Bemerkung folgt in der Handschrift A 135. – *so könnte:* In der Handschrift *kennte.* – *Immersion:* In der Astronomie das Eintauchen eines Himmelskörpers, besonders des Mondes, in den Schatten eines anderen. – *Emersion:* Der Austritt eines Planeten aus dem Schatten eines anderen, das Sichtbarwerden eines Sternes.

243 *Rapier:* Fechtdegen. – *was ist die Ursache:* Eine von L.s wissenschaftlichen Leitfragen.

244 Diese Bemerkung folgt in der Handschrift A 136. – *p. 2 dieses Buch[es]:* Gemeint ist A 235.

245 Diese Bemerkung folgt in der Handschrift A 138. – *auf dem Walle:* Die erste Göttinger Sternwarte befand sich 1751–1816 auf einem Turm der ehemaligen Stadtmauer an der heutigen Turmstraße. »Der Wall, welcher die Stadt umgiebt, und den man in einer starken halben Stunde umgehen kann, dient zu einem angenehmen Spatziergange. Er ist ohne Brustwehre, ringsherum aber mit einer doppelten Reihe Lindenbäumen, die einen angenehmen Schatten verbreiten, und zu beyden Seiten am Rande mit einer Brusthecke von Haynbüchen besetzt; und an verschiedenen Orten zur Bequemlichkeit der Spatziergänger, theils mit Rasen, theils mit steinernen Sitzen versehen. Die Aussicht auf demselben ist abwechselnd, und wegen der vielen in und um die Stadt liegenden Gärten sehr reizend« (Rintel, S. 4). – *beobachtete ich den Jupiter:* Vgl. Gamauf, Astronomie, S. 494–500. – *Arcturus:* Roter Stern 1. Größe im nördlichen Sternbild Bootes. – *Capella:* Lat. ›Ziege‹, Stern im nördlichen Sternbild Fuhrmann; nach dem griechischen Mythos wurde die Ziege Amalthea, die den Zeus säugte, unter die Sterne versetzt.

246 *blicken:* Davor von L. gestrichen *wincken*.

247 Diese Bemerkung folgt in der Handschrift A 139.

249 *Ein Mann der in seiner Lotterie . . .:* Diese Bemerkung ist wohl ebenso wie A 250, 252, 262 eine Arbeitsnotiz zu L.s Antrittsvorlesung »Betrachtungen über einige Methoden, eine gewisse Schwierigkeit in der Berechnung der Wahrscheinlichkeit beim Spiel zu heben.«, Göttingen: Dieterich 1770 (III, S. 9). L. verwertet diese Eintragung III, S. 13. – *Entrepreneurs:* (Lotterie-) Unternehmer. – *d'Alembert . . . sagt:* In »Réflexions sur le calcul des Probabilités«, erschienen Paris 1761 innerhalb der »Opuscules mathématiques«, S. 1–25. Jean Lerond d'Alembert (1737–1783), frz. Philosoph und Mathematiker; Mitarbeiter an Diderots »Encyclopédie« (1751–1780).

250 *Beguelin und . . . d'Alembert . . . in meinem Programmate angeführten Stellen:* Auch diese Bemerkung bezieht sich auf die zu A 249 nachgewiesene Antrittsvorlesung L.s. Die Stellen sind III, S. 12f. zu finden. Nicolas de Beguelin (1714–1789), schweizer. Physiker, Mitglied der Akademie der Wissenschaften in Berlin; vgl. in dessen Abhandlung »Sur l'usage du Principe de la Raison suffisante dans le calcul des probabilités«, gelesen vor der Berliner Akademie am 14. Januar 1768, erschienen in den »Mémoires de l'académie royale à Berlin«, Berlin 1769, S. 382–412.

251 Diese Bemerkung folgt in der Handschrift A 140. – *was für Linien . . . die Hobelspäne beschreiben:* Vgl. zu KA 283.

252 *Lambert in seinen Cosmol. Briefen p. 14 seqq.:* Lamberts »Cosmologische Briefe über die Einrichtung des Weltbaues«, erschienen Augsburg 1761, »Zweyter Brief«, S. 14ff. Er stützt darin seine Argumentation zu der Frage, »ob es vermuthlich seye, daß Jupiter und Saturnus ihre Trabanten auf diese Art nach und nach bekommen haben«, oder besser, daß nicht »bloßer Zufall« die Kometen zu Satelliten gemacht habe, sondern der »Hauptplanet« sie »aufgefangen« habe, auf eine »Rechnung über die Wahrscheinlichkeit« beim Loseziehen. L. erwähnt das Werk außer in den Sudelbüchern auch III, S. 298. Johann Heinrich Lambert (1728–1777), bedeutender Mathematiker, Physi-

ker, Astronom und Philosoph aus Mühlhausen (Elsaß), später in Basel und Chur, seit 1764 Mitglied der Berliner Akademie der Wissenschaften, korrespondierendes Mitglied der Göttinger Sozietät, im Alter Pietist.

253 Diese Bemerkung folgt in der Handschrift A 141.

255 *in unserer Erde sich noch ein Planete ... drehe:* S. zu KA 123. – *der Saturn in sein[em] Ring:* Von Galilei 1610 entdeckt; vgl. Gamauf, Astronomie, S. 503f. – *Äther:* »Aether, Himmelsluft, feine Materie im Weltraume ... Namen, welche die Naturforscher einer von ihnen angenommenen äußerst feinen und elastischen flüßigen Materie beylegen, welche durch den ganzen Weltraum verbreitet seyn, und durch die Zwischenräume aller Körper dringen soll« (Gehler, Bd. 1, S. 82). – *schwer machenden Materie:* Von Huygens nach der Gravitationstheorie von Descartes benutzter Begriff zur Erklärung der Schwerkraft (vgl. Gehler, Bd. 3, S. 896). – *dieses könnte der große Magnet sein:* L. notiert den Gedanken auch D 740, RA 163.

256 *emboli:* Lat. embolus ›Kolben in Spritzen und Luftpumpen‹. – *leckt und:* In der Handschrift *und und*.

257 *Die Lehre von der Lage der Flächen:* S. Abraham Gotthelf Kästner, Anfangsgründe der Analysis endlicher Größen, Göttingen 1760, S. 262f. – *Stereometrie:* Lehre von den Raumgrößen, zu deren Darstellung im Gegensatz zur Planimetrie mehr als eine Ebene erforderlich ist. – *Planimetrie:* Zweig der Geometrie, der die in einer Ebene liegenden Raumgrößen behandelt.

258 *Icosaedrum:* Griech. ›Zwanzigflächner‹; einer der fünf regelmäßigen, von 20 gleichseitigen Dreiecken eingeschlossener Körper.

259 *Irregularitäten des Monds:* Obwohl der Mond der Erde während eines Umlaufs meist dieselbe Seite zukehrt, entstehen doch durch die Anziehungskraft der Sonne und der Planeten und die dadurch bedingte Ungleichförmigkeit seiner Bewegungen scheinbare Schwankungen oder Librationen, derentwegen nicht immer von jedem Punkt der Erde aus dieselben Teile der Mondoberfläche zu sehen sind; zu den Librationen vgl. Gamauf, Astronomie, S. 435–439.

260 Diese offenbar fragmentarische Bemerkung ist von L. durch Kringel unleserlich gemacht. – *annehmen:* Danach in der Handschrift *abhängt*.

261 *endliche Größen:* Vermutlich steht diese Bemerkung in Zusammenhang mit der von L. am Ende seiner Antrittsvorlesung (s. zu A 249) angekündigten Vorlesung über »die Algebra nach des *Herrn Hofr. Kästners Analysis endlicher Größen*« im Winterhalbjahr 1770/1771 (s. III, S. 23).

262 *zu untersuchen:* Notiz im Zusammenhang mit L.s Antrittsvorlesung? Zur Floskel vgl. KA 300; C 226, 227, 303, 326, 328; F 563, 872; s. auch F 399.

ΚΑ

Κέρας Ἀμαλθείας

Dieses Heft hat das gleiche Format wie die Hefte von A: 17 × 10,5 cm. Heftung an der Längsseite, also Hochformat; kein Deckel; Paginierung in arabischen Ziffern, letzte Seite = S. 72; zwischen S. 68 und S. 71 loses Einlegeblatt von kleinerem Format: 10,5 × 14,5 cm (ca., die Unterkante ist etwas schräg; dieses Blatt war einmal mit Siegellack an S. 71 festgeklebt: jeweils drei Siegellackpunkte auf S. 70 rechts und S. 71 links). Es befindet sich in der Handschriften-Abteilung der Staats- und Universitätsbibliothek Göttingen (Signatur: Ms. Lichtenberg IV, 25). Da Leitzmann seinerzeit lediglich aphoristische Bemerkungen L.s aufnahm, entfiel bei ihm dieses Heft, das vor allem Lesefrüchte enthält; gerade dadurch aber erlaubt es einen Blick in Lichtenbergs »gelehrte Eingeweide«. Lichtenberg hat sein Leben lang Exzerptenhefte geführt. Nach dem griech. Κέρας Ἀμαλθείας auf der Titelseite des Heftes ist es üblich geworden, es mit KA zu bezeichnen.

Zur Chronologie von Sudelbuch KA

116: GGA 1767, 9. Februar;
117: GGA 1767, 7. Februar;
125: Swanton erwähnt: imm. 12. Juni 1767;
130: Hannoverisches Magazin, 7. September 1767;
131: GGA, 98. Stück, 15. August 1767;
152: Braunschweigische Zeitung Nr. 38, 1768;
173: GGA, 101. Stück, 22. August 1768;
176: GGA, 105. Stück, 1. September 1768;
211: 9. November 1769; 29. November 1769;
212: November 1769: Erwähnung der Übersetzung des Buches »Hiob« von Michaelis;
217: Hallische Gelehrte Zeitung 1769, S. 756;
228: GGA 1770, S. 140, 8. Februar 1770;
249: Osnabrückisches Intelligenzblatt 1771, Stück 25.

Anmerkungen (Band II)

S. 41 Diese Seite entspricht in der Handschrift der Titelseite von Sudelbuch KA. – *aude quod ... quod audes:* Wage was du fürchtest, fürchte was du wagst. – Dieser Satz, wohl von L. selbst geprägt, ähnelt dem Satz »sapere aude« (vgl. zu F 1178). – *Philurea ... Philuris:* Das erste Wort befindet sich rechts neben der Zeichnung, letzteres umgedreht unter dem Zitat von Vergil. Griech. philura ›Linde‹. – *Κέρας Ἀμαλθείας:* Griech. Κέρας Ἀμάλθείας ›Horn des Überflusses, Füllhorn‹: nach der Nymphe oder Ziege Amalthea, die den neugeborenen Zeus auf Kreta säugte. So lautet der Titel eines Buches des griech. Peripatetikers Sotion (Gellius, Noctes Atticae I, 8, 1.2). Vielleicht wurde L. dadurch zur Benennung seines Hefts angeregt. Entsprechend der

Zeichnung wird das Heft auch als *Füllhornbuch* bezeichnet; das griech. Wort χέρας benutzt L. in den neunziger Jahren als verschlüsseltes Wort für Schnaps; s. Wortregister. – *Nulla ... omneis:* Im Krieg ist kein Heil, um Frieden bitten wir Dich. – Das als Motto fungierende Zitat stammt aus Vergils »Aeneis« 11, 362.

S. 42 Diese Seite entspricht in der Handschrift der vorderen Innenseite des Umschlags. – *balcony:* Engl. ›Balkon, Altan, Söller‹. L. notierte diese und die folgenden Vokabeln wohl im Hinblick auf die erste Englandreise oder angeregt durch seine engl. Zöglinge. Engl. Vokabeln und ihre Aussprache notiert L. auch B_I S. 152, RA_{II} S. 640. – *uncouth:* Engl. ›ungewöhnlich, grob, linkisch‹. – *Biographien ... von Baldinger:* Das von L. korrekt zitierte Lexikon war mit seinem ersten Band Jena 1772 erschienen, wo Baldinger zu der Zeit Professor war. Ernst Gottfried Baldinger (1738–1804), 1773 Prof. der Medizin in Göttingen, 1783 vom Landgrafen Friedrich II. von Hessen-Kassel zum Dirigenten der Medizinal-Angelegenheiten des Landes und zum Leibarzt ernannt; 1785 nach Marburg berufen, wo er bis zu seinem Tode blieb; einer der bedeutendsten ärztlichen Gelehrten seiner Zeit und medizinischer Schriftsteller; Lehrer Sömmerrings und Blumenbachs; Herausgeber verschiedener Zeitschriften, namentlich des »Magazin für Ärzte« Leipzig 1775–1799 in 20 Bdn., in dem 1783 auch L.s »Fragment von Schwänzen« (III, S. 533) erschien. Baldinger gehörte mit seiner Frau zu L.s engerem Freundeskreis in Göttingen.

1 Über der ersten Bemerkung eine unleserliche Überschrift *Lese-Bemerkungen[?] – Die Yameos ... nur bis auf 3 zählen:* Diese Bemerkung verwertet L. in dem »Gnädigsten Sendschreiben der Erde an den Mond« (III, S. 406) L. erwähnt sie auch in den »Beiträgen zur Geschichte des ★★★« (III, S. 614). Als Yameos bezeichnen die sog. Houyhnhums, die weisen Pferde in Swifts »Gullivers Reisen«, verächtlich die Menschen. – *Westindien:* Die Inseln Mittelamerikas; 1492 entdeckte Kolumbus auf seiner vermeintlichen Fahrt nach Indien die Antillen, die daher den Namen ›Westindien‹ erhielten. – *Condamine relat. de la Riviere des Amazons:* De la Condamines »Relation abrégée d'un voyage fait dans l'intérieur de l'Amérique méridionale«, Paris 1746. Charles-Marie de la Condamine (1701–1774), frz. Mathematiker und Reisender; unternahm 1735–1742 im Auftrag der Pariser Akademie der Wissenschaften, deren Adjunkt er war, mit Pierre Bouguer und Louis Godin die große frz. Gradmessungsexpedition nach Ecuador und Peru, die genaue Unterlagen zur Berechnung der Erdmaße liefern sollte. Auf der Rückreise 1744 fuhr er den Amazonas hinab und entwarf die erste zuverlässige Karte des Stromes, die auf astronomischen Berechnungen beruhte. L. erwähnt ihn auch in den Briefen und GTC 1782, S. 103.

2 *Cromwelln:* Oliver Cromwell (1599–1658), engl. Staatsmann; ließ 1649 Karl I. hinrichten und bildete die Republik, das Commonwealth of England, das zeitweilig eine reine Militärdikatur war.

3 *Marianischen Insuln:* Marianen, früher Ladronen (Diebs-Inseln), nördlichste Inselgruppe Mikronesiens, benannt nach Maria-Anna, der Gemahlin des span. Königs Philipp IV. – *Landung des Magellan:* Am 6. März 1521. Fernão de Magalhães (um 1480–1521), berühmter port. Seefahrer, unternahm die erste Umsegelung der Erde.

4 Zitat aus dem obengenannten Werk von De la Condamine?

5 *Dibudates:* Legendärer griech. Künstler (Dibutades), der nach einer korinthischen Überlieferung die Terrakotta-Plastik erfunden hat; die von L. notierte Anekdote teilt Plinius in »Naturalis historia« XXXV mit. – *Sikyon:* In der Handschrift *Sycion*; altgriech. Stadt westlich von Korinth, seit ältester Zeit für Plastik (Lysippos), Malerei und Kunstgewerbe bekannt. – *malte zuerst ... an dem Schatten ab:* Auf diese Notiz bezieht sich L. im »Sendschreiben an einen Ungenannten« (III, S. 418). – *Leimen:* Oberdt. Form von Lehm.

7 *Twist ... Beschreibung von Indien:* »Generale Beschrijvinge van Indien«, erschienen Amsterdam 1645, in dritter Auflage 1648, von Johan van Twist, ehemals »Oberhooft« der »Nederlantsche Comtooren«. Die Stelle findet sich S. 37 im 27. Kap., wo er von dem unterschiedlichen Glauben und Gottesdienst der Benjanen und ihrer ersten Sekte »Ceuravach« schreibt. Im 16. Stück von Unzers »Der Arzt«: »Vortheile der Mäßigkeit im Genusse der Speisen«, heißt es: »Daß aber die Mäßigkeit ein ganz besonderer Vorzug der gesunden Indianer sey, bestätigen nicht allein die Reisebeschreiber überhaupt, sondern sie erzählen auch von denselben, besonders von einigen ihrer Priester, zu welchen die Siamischen Talopoinen gehören, daß sie rechte Helden im Fasten sind, und eine lange Zeit zubringen können, ohne etwas anders, als einen gewissen Saft zu genießen, unter welchem sie das Mehl von einem besondern sehr bittern Holze mischen. Der Holländer Twist berichtet unter andern in seiner Beschreibung von Indien, es sey nichts Neues, daß ein Indianer bey dem Genusse dieses Saftes 30 bis 40 Tage faste.«

8 *Demokritus sagt ...:* Im 24. Stück von Unzers »Der Arzt«: »Von der Wirkung der Gemüthsbewegungen in den menschlichen Körper« heißt es: »Fliehet, fliehet die Liebe, saget Democritus; denn sie ist eine kleine Schwerenoth.« Demokrit von Abdera (geb. um 460 v. Chr.), vielseitigster antiker Philosoph vor Aristoteles; Atomist; in der Ethik lehrte er das rechte Maß als Weg zur Glückseligkeit. – *Liebe ... eine kleine Schwerenot:* In einem Brief an Georg Heinrich Hollenberg vom 25. Mai 1783 nennt L. die Liebe und Eifersucht »eine wahre geistische Schwerenot«.

9 *Sokrates:* Sokrates aus Athen (469–399 v. Chr.), Begründer der attischen Philosophie, Lehrer Platons. – *Xanthippe:* Frau des Sokrates, seit einer entsprechenden Erwähnung bei dem griech. Geschichtsschreiber Xenophon (Symposion 2, 10) der Inbegriff weiblicher Unverträglichkeit; in zahlreichen Anekdoten einem stets ebenso gleichmütigen wie schlagfertigen Sokrates gegenübergestellt. – *Sokrates ... Xanthippe:* Die Anekdote findet sich in Diogenes Laertius' »Leben und Meinungen berühmter Philosophen«, Zweites Buch, Kap. V, »Sokrates«. Sie wird im 24. Stück von Unzers »Arzt«: »Von der Wirkung der Gemüthsbewegungen in den menschlichen Körper«, wiedergegeben. In der »Erklärung der Kupferstiche« (GTC 1799, S. 224) schreibt L.: »Was wir hier im Fleisch sehen, sehen wir über dem Bücherschranke des tiefern Eindruckes wegen, noch einmahl in Gips. Wahrscheinlich ist es die Büste des guten Sokrates, neben dem Bilde seines theuern Weibes. Sehr weislich hat unser Künstler von jenem bloß den Leib, von dieser bloß die Seele abgebildet. Es war für ein solches Blättchen unstreitig der einzige Weg, leicht und doch treffend durchzukommen. Der Kopf des Gemahls findet sich heut zu Tage überall, in Gips wenigstens, so wie Abbildungen des Leidigen sich in Bilderbüchern finden, die Seele der Frau Gemahlinn zu repräsentiren. Also Sokrates neben seiner Gemahlinn Xan-

tippe und dem T.... Gern hätte ich auch Xantippen mit einem bloßen X bezeichnet, so wie ihr Ebenbild, wenn ich nicht gefürchtet hätte, bey einer sehr venerablen Classe von Lesern, nämlich der algebraischen, in den Verdacht zu gerathen, als glaubte ich zwar, wie sichs gehörte, nur an Einen Teufel, aber an eine unbestimmte Zahl von Xantippen. Ich glaube aber nur an eine Einzige, und die, Gottlob! ist nicht mehr.«

10 *Weltweisen:* Seit dem Althochdeutschen belegte Eindeutschung von »Philosophus«, die im 18. Jh. durchwegs gebräuchlich ist. – *Löcher in den Kopf geschlagen:* Im 24. Stück von Unzers »Der Arzt«: »Von der Wirkung der Gemüthsbewegungen in den menschlichen Körper«, heißt es: »Der große Socrates hatte einstmals den Verdruß, daß er auf der Straße geschlagen wurde; denn damals mußten die Philosophen wohl noch keine so ansehnliche Leute seyn, als itzt. Um nun zu beweisen, daß der Zorn keine Gewalt über ihn hätte, ließ er unter die an seiner Stirn geschlagenen Beulen schreiben: N. N. fecit.« – *N.N. fecit:* Nomen nescio fecit: Unbekannt (wörtlich: den Namen kenne ich nicht) hat es gemacht.

11 *Gymnosophisten:* Bei den griech. Geschichtsschreibern des Altertums die indischen Asketen, eine Klasse der Brahmanen. – *die Brachmanen:* Die Mitglieder der obersten Kaste der Hindus, für die die höchste Stufe im Leben die des Asketen oder Bettelmönchs ist. – *die grobe Seelen-Wanderung glaubten:* Im 29. Stück von Unzers »Der Arzt«: »Von den Speisen aus dem Thierreiche überhaupt«, heißt es: »Die ehemaligen Gymnosophisten und heutigen Brachmanen in Asien beweisen es durch unzählige Beyspiele, daß ein Mensch bloß von Gewächsen leben kann. Denn weil diese indianischen Philosophen die grobe Seelenwanderung glauben, so hüten sie sich auf das sorgfältigste, weder ein Thier zu beleidigen, noch es zu schlachten und zu essen, um nicht von ungefähr einen ihrer Vorfahren zu beleidigen.« Zu L.s eigenem Seelenwanderungsglauben s. zu A 87.

12 *so antwortete Caesar:* Im 36. Stück von Unzers »Arzt«: »Von der Natur des menschlichen Körpers überhaupt«, heißt es: »Das Ende des thierischen Lebens ist der thierische Tod; und diesen nennet man im gemeinen Leben den Tod schlechthin. Er besteht in dem Verluste der thierischen Kräfte; das ist, er erfolgt, wenn die denkende Kraft in unserm Körper zu wirken aufhöret. Natürlicher Weise nimmt diese Kraft schon im hohen Alter nach und nach und immer merklicher ab, je weiter das Alter heranrücket. Man nennet um deswillen das hohe Alter, einen langsamen Tod, und Cäsar konnte in dieser Absicht einen gewissen alten und schwachen Soldaten, der ihn um die Erlaubniß bat, sich selbst umzubringen, mit völligem Rechte fragen, ob er sich einbildete, daß er lebte? Denn welchen Grad des Lebens kann wol ein abgelebter Greis übrig haben, über dessen steife und schwache Gelenke eine ohnmächtige Seele gebietet, bey der die Kraft zu denken zwischen den Sorgen der Nahrung entschläft?« Gajus Julius Cäsar (100–44 v. Chr.), röm. Feldherr und Staatsmann.

13 *Diogenes soll ... verordnet haben ...:* Die Anekdote findet sich in Diogenes Laertius' »Leben und Meinungen berühmter Philosophen«, Buch VI, 2. Kap. Im 40. Stück von Unzers »Arzt«: »Schreiben von der Entehrung der Todten, welche bey verschiedenen Völkern üblich gewesen«, heißt es am Ende des Aufsatzes: »Sind dieses alles wol Zeichen einer Achtung, die man den Verstorbenen erweisen will? Wenigstens sind sie schlecht ausgesucht,

und möchten wol wenigen gefallen, die nicht so gesinnet sind, wie Diogenes, welcher in seinem Leben so wenig auf sich gehalten hatte, daß es ihm nicht schwer ankommen konnte, sich auch im Tode entheiligen zu lassen. Er wollte nicht begraben seyn, sondern befahl, ihn nach seinem Ableben über der Erde liegen zu lassen, damit die Raubvögel noch einigen Nutzen von ihm haben könnten. Andere sagen, er habe auf die Anfrage, wie er begraben seyn wollte? geantwortet: Mit dem Gesichte zu unterst. Denn, fuhr er fort, ich glaube, daß sich bald eine große Veränderung ereignen dürfte, wo das Unterste zu oberst gekehret werden wird.« – *Diogenes:* Von Sinope am Schwarzen Meer: der bekannte Vertreter des Kynismus zog als Wanderlehrer umher; durch seine Schlagfertigkeit und Originalität in vielen Anekdoten unsterblich geworden; das 18. Jh. sah in Diogenes (›Diogenes in der Tonne‹) im allgemeinen den Gegentyp des geselligen Menschen. Er starb 323 v. Chr. in Korinth. – *Beine:* In der Handschrift *Bäume*; ohne Zweifel Schreibfehler L. s.

14 *Vitruvius:* Vitruvius Pollio, röm. Ingenieur und Architekt zur Zeit des Kaisers Augustus, dem er seine Schrift »De architectura« widmete. Das Werk, um 1415 wiederentdeckt, hat auf die Renaissancearchitekten großen Einfluß ausgeübt und wurde 1548 erstmals ins Deutsche übersetzt. – *Elevatione poli:* Lat. elevatio poli ›Polhöhe‹; »Polhöhe eines Orts auf der Erde heißt der Bogen, um welchen der an diesem Orte sichtbare Weltpol über den Horizont erhaben ist« (Gehler, Bd. 3, S. 541). L. verwertet den Begriff »Polhöhe« ferner in C 209, in »Patriotischer Beitrag zur Methyologie der Deutschen« (III, S. 318), im »Timorus« (III, S. 217) und in den »Briefen aus England« (III, S. 346).

15 *Caviar . . . der italiänische Namen:* Ital. caviale, caviaro ›Kaviar‹, tatsächlich im 17. Jh. aus dem Türkischen chavijar (Störrogen) entlehnt. – *Rogen:* In der Handschrift *Roggen.* – *Vid. Arzt . . .:* Im Aufsatz »An Herrn W. vom Caviar«, S. 145 ff. des von L. zitierten Stücks.

17 *Schlüsse aus der Analogie:* Vgl. noch J 1259. – *Viscum quercinum:* Lat ›auf Eichen wachsende Mistel‹; in der Handschrift *Viscus.* – *wächst:* In der Handschrift *wachsen.*

18 *Réaumur:* René Antoine Ferchault de Réaumur (1683–1757), frz. Physiker, Mitglied der Académie des Sciences in Paris; erfand 1730 eine nach ihm benannte Thermometerskala (1730). – *Muschenbroek:* Pieter van Musschenbroek (1692–1761), berühmter holl. Physiker; lehrte in Utrecht, seit 1740 in Leiden; machte vor allem auf dem Gebiet der Elektrizität viele Entdeckungen (Leidensche Flasche).

19 *Bonnet hat gewiesen . . .:* Im 1. Bd. der »Mémoires de Mathématique et de Physique, Présentés à l'Académie Royale des sciences, par divers Sçavans, & lûs dans ses Assemblées«, Paris 1750, finden sich auf S. 420–433 die »Expériences sur la végétation des Plantes dans d'autres matières que la terre. Première Mémoire« von Charles Bonnet. L. meint speziell die zweite der »Mémoires«: »Expérience sur la végétation des Plantes dans différentes matières, et principalement dans la Mousse«, ebd. S. 434–446.

20 *Kraft hat beobachtet:* Vgl. 119. Stück von Unzers »Der Arzt«: »Diätetische Regeln von der Reinlichkeit«. – *Kraft:* Georg Wolfgang Kraft (1701–1754), 1730 Prof. der Mathematik in Petersburg, 1744 in Tübingen; veröffentlichte 1749 in den »Novi commentarii« der Petersburger Akademie »De vegetatione plantarum experimenta et consectaria«.

21 *Spiritus nitri des Geoffroy:* S. Geoffroys »Mémoires de Paris«, 1726 (Crell,

Chem. Archiv, Bd. III, S. 89). – *Spiritus nitri:* Salpetergeist oder Scheidewasser (Gehler, Bd. 3, S. 760). – *Geoffroy:* Etienne François Geoffroy (1672–1731), frz. Arzt und Apotheker, 1707–1709 Lehrer der Chemie am Jardin du Roi, dann Prof. der Medizin am Collège Royal; veröffentlichte 1718 die erste Affinitätstabelle. – *das flüchtige Urinsalz:* »Das flüchtige Laugensalz, flüchtige Harnsalz (Alcali volatile s. urinosum) ist eine Salzsubstanz, welche man durch die Zersetzung und Fäulniß der thierischen und einiger vegetabilischen Substanzen gewinnt. Sie hat alle allgemeinen Eigenschaften der Laugensalze, ihr Geruch aber ist ungemein durchdringend und stechend, ihr Geschmack sehr brennend und urinös, und ihre Flüchtigkeit sehr groß« (Gehler, Bd. 2, S. 863).

22 *Hartmann von fürchterl. Luftersch.:* Vgl. »Abhandlung von der Verwandschaft und Ähnlichkeit der electrischen Kraft mit den erschrecklichen Luft-Erscheinungen, entworfen von Johann Friedrich Hartmann«, Hannover 1759, Anm. auf S. 170f. Johann Friedrich Hartmann (1738–1798), Registrator der Kriegshospital-Kasse in Hannover, seit 1762 Korrespondent der Göttinger Sozietät der Wissenschaften; 1782 heimlich verschwunden. Verfasser mehrerer physikalischer Schriften, die L. z. T. ironisierte: s. etwa den Brief an Johann Daniel Ramberg, 23. Oktober 1777. – *Ägiden-Tor vor Hannover:* Seinerzeit südöstliche Ausfahrt Richtung Hildesheim; heute Verkehrsknotenpunkt (Aegidientorplatz) im Zentrum von Hannover.

23 In Hartmanns o. g. Abhandlung heißt es S. 177f.: »Denn man lasse nur in einer wol verschlossenen und kleinen Kammer eine Mischung von Wein- und Campfergeist so lange kochen, bis diese Vermischung verrauche, sich in dem Zimmer vertheile, und als eine unsichtbare Ausdünstung daselbst zerstreue. Darauf zünde man ein Licht in eben derselben Kammer an, so werden die daselbst zerstreuten Ausdünstungen plötzlich Feuer fassen, und zu leuchten scheinen. Nur bestehet der Unterschied dieser Entzündung einzig und allein darin, daß sie keinen Schaden thut, ja auch nicht einmal die Zärte des Auges, dem sie zwar ein helles, doch unschädliches Licht zeiget, im geringsten beleidiget.«

24 *Donnersteine ... Donnerkeile:* Volkstümliche Bezeichnung für Belemniten, eine ausgestorbene Untergruppe der Kopffüßer, den heutigen Tintenfischen verwandt. Nach dem Volksglauben sollen sie bei Gewitter vom Himmel gefallen und mit magischen Kräften behaftet sein. – *Stahl in seinen Experiment ...:* Stahls »Experimenta, Observationes, Animadversiones, CCC numero, Chymica et Physicae«, Berlin 1731, S. 186–188. Georg Ernst Stahl (1660–1734), Arzt und Chemiker, Begründer der Lehre des Animismus und vom Phlogiston, die bis zu Lavoisier hin Geltung besaß und auch von L. lange Zeit verteidigt wurde.

25 *Toisen:* Frz. ›Klafter‹, altes frz. Längenmaß = 6 Pariser Fuß = 1,949 m. – *Muschenbroek:* Gemeint ist Pieter van Musschenbroeks »Essai de Physique«, 2. Bd., Leiden 1739, S. 509 (§ 1011).

26 *Ein alter Schriftsteller sagt:* Lipsius? Vgl. KA 29. – *den bekannten Paß:* Die Thermopylen, Engpaß des Ötagebirges zwischen Thessalien und Hellas, den angeblich nur dreihundert Spartaner unter Führung des Leonidas 480 v. Chr. gegen die Perser verteidigten. – *nunquam ... trecentos:* Niemals sah ich eine größere Zahl von dreihundert [Leuten].

27 *Marggraf hat gefunden ...:* Vgl. Marggrafs »Démonstration de la possi-

bilité de tirer les sels alcalis fixes du tartre, par le moyen des acides, sans employer l'action d'un feu véhément«, in: Histoire de l'Académie Royale des Sciences et Belles-Lettres. Année 1764, Berlin 1766, S. 3–17. Die Abhandlung verweist zurück auf Marggrafs Beitrag »Des effets du sel alcali du sel commun sur le régule d'antimoine« in: Histoire de l'Académie Royale des Sciences et Belles-Lettres. Année 1758, Berlin 1765, S. 3–9. Andreas Sigismund Marggraf (1709–1782), letzter bedeutender Chemiker der phlogistischen Theorie, Mitglied der Berliner Akademie der Wissenschaften, wies auf die Möglichkeit hin, Rüben zu Zucker zu verarbeiten. – *natürliche Laugensalze:* Marggraf lieferte damit als erster experimentell gültige Beweise für die Präexistenz der Alkalien in den Pflanzensäften.

28 *Le philosophe ignorant:* Die 1766 veröffentlichte Schrift von Voltaire erschien unter dem Titel »Der unwissende Weltweise« in der Übersetzung von Christian Heinrich Wilke mit Vorrede und kritischen Noten 1767 in Leipzig; Klotz hat sie im Herbst 1767 rezensiert. – *Philosophen von Fernex:* Ähnlich umschreibt L. auch F 620 Voltaire, der seit 1760 in dem Landschloß Ferney bei Genf, wie es richtig heißt, wohnte. Voltaire, eigentlich François Marie d'Arouet (1694–1778), berühmter frz. Philosoph und Schriftsteller; bei deutschen Zeitgenossen wegen seines Freidenkertums umstritten; L., der einige Werke von ihm besaß (BL, Nr. 1018, 1700) und mehr noch gelesen hatte, gehörte allerdings nicht zu ihnen. – *Deistischen Lehre:* Die Überzeugung der Aufklärung, daß Gott nach der Schöpfung keinen Einfluß mehr auf den Lauf der Welt nehme. Die in Frankreich entstandene ›natürliche Religion‹, die in England Anhänger fand, führte Voltaire nach seinem Englandaufenthalt 1726–1729 wieder in Frankreich ein.

29 *Lipsius:* Justus Lipsius, eigentlich Joest Lips (1547–1606), ausgezeichneter Philologe (Tacitus-Kommentar) und Kritiker; schrieb u. a. eine »Satyra Menippaea« (vgl. KA 138). – *alii ... merentur:* Die einen besitzen Ruhm, die andern verdienen ihn. Den gleichen Satz auf deutsch zitiert Lessing als Wort Senecas im 332. der »Briefe die neuste Literatur betreffend« (Werke, München 1972, Bd. 5, S. 329).

30 *Bianconi ... in seinen Briefen:* Im zweiten Brief, S. 24, heißt es: »Ich wollte, daß, anstatt Statuen und Gemälde unter einander zu mengen, man in denen schönen Gallerien vieler römischer Herren, so wie zu Florenz und andrer Orten diese Ausxierung nachahmte; indem es mir allezeit geschienen, daß die Nähe der Statuen, wenn solche bemerket werden, die Zärtlichkeit der Malerey allzu sehr beleidiget, weil solche doch im Grunde nichts anders als eine verführerische Fläche ist. Es scheint, daß der Guß und der Meisel den Farben gewissermaßen einen Vorwurf mache, daß ihnen die Erhebung fehle. Die Blindsäulen und Schildereyen machen daher einen optischen Uebelklang, der nicht zu verbessern steht; und wer ihn nicht empfindet, leidet meiner Meynung nach einem Mangel, welcher demjenigen gleich ist, wenn man kein Ohr zur Musik hat.« Giovanni Lodovico Bianconi (1717–1781), Leibarzt Augusts III. in Dresden, Naturwissenschaftler, Freund Winckelmanns, veröffentlichte 1763 als Ergebnis einer Reise nach Bayern und München »Lettere al marchese Filippo Hercolani sopra alcune particularità della Baviera ed altri paesi della Germania«; in dt. Übersetzung Leipzig 1764 und 1771, neu hrsg. von Horst Rüdiger 1964

unter dem Titel: »Briefe an den Marchese Hercolani über die Merkwürdigkeiten Bayerns und anderer deutscher Länder«.

31 *Cosmotheoria puerilis:* »Matho: or the Cosmotheoria Puerilis, a Dialogue in which The first Principles of Philosophy and Astronomy are accomodated to the Capacity of young Persons, or such as have yet no Tincture of these Sciences. Hence the Principles of Natural Religion are deduced. Translated and enlarged by the Author«, zwei Bände, London 1745. Die lat. Fassung erschien London 1740 unter dem Titel: »Matho, sive Cosmotheoria Puerilis«. Verfasser dieses von L. auch KA 334 und RA 156 erwähnten Werks ist Andrew Baxter (1686–1750), schott. philosophischer Schriftsteller aus Aberdeen. L. besaß das Buch persönlich (BL, Nr. 1431). – *Conference:* So nennt Baxter die Kapitel seines Werkes; »The Fifth Conference« befindet sich in Bd. 1, S. 219–300. – *The stork . . . visit us:* Der Storch und der Kranich sind wegen ihrer alljährlichen Wanderschaften in allen Jahrhunderten bekannt gewesen, obwohl sie uns nicht besuchen. – Der von L. wörtlich zitierte Satz findet sich ebd. S. 276. Vgl. auch F 144.

32 *Karl V:* Karl V. (1500–1558), Enkel Kaiser Maximilian I., Sohn von Philipp dem Schönen; erbte 1506 von seinem Vater den burgundischen Besitz und folgte seinem Großvater Ferdinand dem Katholischen als Karl I. auf den Thron von Spanien und von Neapel-Sizilien. 1519 wurde er zum deutschen Herrscher gewählt und 1530 in Bologna zum Kaiser gekrönt. Nach seinem Erlaß des Wormser Edikts gegen Luther 1521 kam er erst 1530 wieder nach Deutschland. Im Nürnberger Religionsfrieden 1532 war er gezwungen, die Protestanten zu dulden; erst später gelang es ihm, im Schmalkaldischen Krieg die Protestanten zu schlagen. 1556 dankte Karl V. aufgrund des Sieges der Fürstenverschwörung 1552 und des Augsburger Religionsfriedens 1555 ab. – *der Religionssachen wegen:* Der von Kaiser Karl V. ausgeschriebene Reichstag zu Augsburg 1530, auf dem es zur Verhandlung über die durch die Reformation entstandenen religiösen und politischen Gegensätze kommen sollte. – *Vid. Bianconi:* Das zu KA 30 nachgewiesene Werk, wo es im 8. (L. schreibt irrtümlich 9.) Brief, S. 110, heißt: »Im Fuggerischen Pallaste, den sie in Augspurg sehen werden, wohnte Kaiser Karl der V. als Ihn die Religions- und Reichsgeschäffte dahin riefen. In den Zimmern sind noch die marmornen Camine mit dem Namen dieses Kaisers in großen Buchstaben zu finden; daraus man sieht, daß sie bey dieser Gelegenheit gebauet worden. Man erzählet, daß in denselben damals kein ander Holz als Zimmetrinde gebrannt habe, um ein Feuer zu machen, welches dem Oberhaupte von Europa würdig wäre; eben als ob die Wälder der Insel Ceylon vor den Thoren von Augspurg lägen.«

33 *Holzer:* Johann Evangelist Holzer (1709–1740), aus Burgeis in Südtirol, Schüler J. G. Bergmüllers in Augsburg, wo er sich seit 1730 aufhielt; der bedeutendste Monumentalmaler Augsburgs im 18. Jh., dessen Werke nur zum Teil erhalten sind. Die Augsburger Fassadenfresken gehören zu seinen größten Leistungen. – Auch diese Bemerkung ist den »Briefen« Bianconis entnommen, der im 8. Brief, S. 118, verschiedene Malereien beschreibt. – *Bauern-Tanz an dem Wirtshaus zur Weintraube:* ». . . die vom Wirthause zur Weintraube, welche einige große Cariatiden und Gränz- oder Wegegötter hat, die in Wahrheit der Schule der Caraccien würdig sind. An einem andern Gasthause hat Holzer auch in frischen Kalk einen Bauerntanz in natürlicher

Größe geschildert, welcher zeiget, wie sinnreich dieser Künstler in Erfindungen gewesen, und was für ein Talent er besessen.«

34 *Selbstmord in Sachsen häufiger als in Engelland:* Diese Behauptung stellt Bianconi in seinem zu KA 30 nachgewiesenen Werk, Brief 9, S. 131, auf: »Ein Übel herrschet in Sachsen, und welches niemals hat ausgerottet werden können: ich will sagen die Raserey des Selbstmordes. Diese traurige Narrheit ist hier vielleicht eben so häufig, als in London; wer weis, ob sie nicht aus Niedersachsen, mit den Eroberern dieser Insel, nach England übergegangen? Immaaßen die Sachsen nach der Römer Zeiten, ihre Herrschaft, Sitten und Sprache hinüber gebracht. So viel ist gewiß, daß es hier Leute giebt, die sich leicht das Leben nehmen; und ich bin oft ein Zeuge davon gewesen.« Zu L.s intensiver Beschäftigung mit dem Selbstmord vgl. A 126 und TB 17.

37 *Linie vom 2ten Grad:* »Von den Linien der zweyten Ordnung« handelt Kästner, Anfangsgründe der Analysis endlicher Größen, S. 211 ff.

38 *nach des Linnäus Bericht:* Es handelt sich um eine fast wörtliche Wiedergabe aus der Vorrede zu der deutschen Übersetzung von A. G. Kästner in: »Der Königl. Schwedischen Akademie der Wissenschaften Abhandlungen, aus der Naturlehre, Haushaltungskunst und Mechanik, auf die Jahre 1739 und 1740«, Erster Band, Hamburg und Leipzig 1749. Als Quelle von *des Linnäus Bericht* wird in einer Fußnote »In der Einladungsschr. zu Hr. Westmanns Promotion« angegeben. – *Trembleys Polypen:* Trembley erforschte 1740 erstmals den von Leeuwenhoeck 1703 beschriebenen Polypen, der wegen seiner Stellung zwischen Tier und Pflanze und seiner Fähigkeit zur Reproduktion das 18. Jh. faszinierte. Über den gesamten Komplex und L.s Anteilnahme daran vgl. D 675. – Abraham Trembley (1710–1784) aus Genf, berühmter Naturforscher, Mitglied der Königl. Akademie zu London und Paris. Seine »Mémoires pour servir à l'histoire d'un genre de polypes d'eau douce, à bras en forme de cornes«, erschienen Leiden und Paris 1744 in zwei Bänden. Die Übersetzung erschien 1775 in Quedlinburg, mit Zusätzen hrsg. von Johann August Ephraim Goeze, unter dem Titel: »Abhandlungen zur Geschichte einer Polypenart des süßen Wassers mit hörnerförmigen Armen«. In der vierten Abhandlung (S. 317–436) ist unter der Überschrift »Mit den Polypen angestellte Versuche, und ihr Erfolg« das Zerschneiden von Polypen beschrieben. Auf den Seiten 321 und 322 findet sich die folgende Anmerkung von Goeze über L.: »Hier muß ich noch der überaus artigen und interessanten Versuche des Herrn Prof. Lichtenbergs zu Göttingen gedenken, die er zu Hannover mit braunen Armpolypen gemacht, und solche im 5ten Stück des Hannoverischen Magazins 1773 mitgetheilet hat ... Der braune Polyp ist wegen seiner harten Natur vorzüglich geschickt, Versuche anzustellen. Wenn man ihn nicht halb spalten, oder aufschlitzen will, wozu allerdings feine Instrumente erfordert werden, so hat man nicht nöthig, sich seinetwegen mit subtilen Instrumenten, Scheeren oder Lanzetten zu versehen. Ich habe ihn zuweilen mit einer eilf Zoll langen ziemlich verrosteten Papierscheere verdoppelt ... Wir haben übrigens diesem scharfsinnigen Beobachter die neue Erfindung zu danken: die Polypen mit einem Haar zusammenzuschnüren, da denn die Speise aus dem Munde gehet, und der Knoten sich endlich durch den Leib des Polypen durchziehet.« – *Kästn. Vorr.:* Abraham Gotthelf Kästner hat vom 3. Bd. an »Der Königlichen Schwedischen Akademie der Wissenschaften Abhandlungen aus der Naturlehre, Haushaltungskunst und Mechanik« aus dem Schwe-

dischen übersetzt (Hamburg 1749ff.; 40 Bde.). Die seit 1739 herausgegebenen »Konigl. svenska Vetenskaps academiens handlingar« (BL, Nr. 19; in Übersetzung BL, Nr. 46), erschienen erstmals Stockholm 1740.

40 *Unzer wundert sich:* In dem Artikel über »Gesetze des Einflusses der Gemüthsbewegungen in den menschlichen Körper«, »Der Arzt«, 8. Teil, Stück 198, schreibt Unzer: »Hieraus ist zuverläßig zu schließen, daß sich ein Arzt, der die Gesetze des Einflusses der Leidenschaften in unsern Körper kennet, derselben zum Heile der Menschen anstatt der kräftigsten Arzeneyen bedienen könne.« Zusammenfassend sagt Unzer am Schluß seiner Ausführungen, S. 560: »Folglich ist diese ganze Sache keine bloße Speculation; sondern man würde dieselbe vielmehr in der medicinischen Praxis mit großem Nutzen anwenden können, wenn sich die Ärzte mehr darauf legten, die Gesetze des Einflusses der Seelenkräfte in den Körper zu studieren, und ihn nicht bloß chymisch, physikalisch und mechanisch zu beurtheilen. Dieses hat mich bewogen, alle die Abhandlungen vom Einflusse der Gemüthskräfte in unsern Körper zu schreiben, und die Gesetze desselben zu erforschen; eine Arbeit, die wenige Ärzte unternommen haben, und die noch wenigern wichtig scheinen wird.« Einer der wenigen Zeitgenossen, die sie wichtig nahmen, war L., wie zahlreiche Notizen belegen.

40 *Burman seinem Anti-Klotzio:* Das Pamphlet »Anti-Klotzius« von Pieter Burman d. J. erschien Amsterdam 1762. Anlaß war ein Streit zwischen Burman und dem Utrechter Philologen Christoph Saxe, in den Klotz mit seinem »Antiburmanus«, Jena 1761, eingegriffen hatte. Pieter Burman der Jüngere (1713–1778), holl. Gelehrter und klassischer Philologe, 1735 Prof. der Beredsamkeit und Geschichte in Franeker. – *Klotz:* Christian Adolph Klotz (1738–1771), nach Studium in Leipzig und Jena 1762 Prof. für klassische Philologie in Göttingen, wo sich L. mit ihm anfreundete (s. Brief an Joel Paul Kaltenhofer, 22.(?) August 1772). Seit 1765 in Halle, wo er Zeitschriften herausgab, die auf die literarische Szene in Deutschland starken Einfluß ausübten: die »Hallischen Neuen Gelehrten Zeitungen« (1766–1771), die »Deutsche Bibliothek der schönen Wissenschaften« (1767–1771). Klotzens kritisches Temperament verwickelte ihn in diverse Fehden, unter anderem auch mit Lessing: vgl. B 23, 27. – *Il ... gorge:* Er ist von stattlicher Gestalt, groß und stark, als ob ihn die Natur geschaffen habe, ein Renommist zu sein: so nennt man nämlich in Jena einen Menschen, der für ein Nichts bereit ist, sich mit seinem Bruder zu schlagen und ihm die Kehle durchzuschneiden. – *Renommiste:* Der Figur des Renommisten hat Friedrich Wilhelm Zachariä (1726–1777) in seinem komischen Epos gleichen Namens 1744 ein bleibendes Denkmal gesetzt.

41 *Schwedenborg:* Emanuel von Swedenborg (1688–1772), schwed. Naturforscher und berühmter Theosoph, dessen Prophezeiungen im 18. Jh. zahlreiche Gläubige fanden und nicht zuletzt Kant zu einer Stellungnahme im Sinne der Aufklärung veranlaßten: »Träume eines Geistersehers« (1766). L. über Swedenborg: »Jedoch, die Dichter können sich rechtfertigen, daß ihnen besonders das Reich der Phantasie zu bearbeiten zukomme: aber die Naturkunde sollte doch wenigstens auf reine Erfahrung gebauet werden. Nun verlassen hingegen vorgebliche Naturforscher diese sichere Bahn gründlicher und deutlicher Erkenntnis, grübeln statt dessen im Schwall des unsinnigsten Geschwätzes, und gefallen darin sich und Andern. – Ein vorzüglicher Gegen-

stand der Schwärmerei ist endlich die Geisterwelt. Die Geschichten eines *Swedenborgs* werden achtungswert gehalten!« (VS 5, S. 74.); vgl. GTC 1793, S. 176. – *doctrina novae hierosolymae:* Dieses Werk erschien Amsterdam 1753. – *Hierosolyma:* Lat. ›Jerusalem‹. – *der jüngste Tag sei schon vorbei:* Den gleichen Satz des ›gelehrten‹ Swedenborg zit. L. auch B 321.

43 *Der Chineser, sagt Herr Unzer:* »Der Chineser riecht den Gestank einer Wanze nicht anders, als wir ihn riechen. Allein, die Gewohnheit macht, daß ihn dieser Gestank, der uns ein [Ekel] ist, eben so, wie uns das Eau de Luce, vergnüget.« Zitat aus dem Aufsatz: »Bildung des Geschmacks zur Gesundheit«, »Der Arzt«, 176. Stück, S. 313, Hamburg 1762. – *Chineser:* Zahlreiche Einträge in den Sudelbüchern zeigen L.s Interesse an Land, Leuten und Sitten des fabelhaften asiatischen Kaiserreichs, über das er sich durch Reisebeschreibungen (Macartney, Staunton) Aufschluß verschaffte (BL, Nr. 997, 998). Sein letztlich kritisches Urteil spiegelt der Kalender-Artikel »Von den Kriegs- und Fast-Schulen der Schinesen, nebst einigen andern Neuigkeiten von daher« (III, S. 440–450; GTC 1796, S. 121–146). – *Eau de Luce:* Frz. ›Laugensalzwasser‹, ein starkes Riechwasser, benannt nach seinem Erfinder, einem Apotheker.

44 *Mem. de Paris 1737 p. XX:* Gemeint ist die Abhandlung des frz. Ingenieurs und Korrespondierenden Mitglieds der Pariser Akademie Jean François Charpentier de Cossigny (gest. 1778): »Observation pour s'assurer si l'eau de mer pénètre dans une bouteille bouchée«, erschienen in: »Histoire de l'Académie Royale des Sciences«, Année 1737, Paris 1740, S. 8 f. Die »Histoire...« erschien Paris 1666–1790 unter wechselnden Titeln. – *Gurkstöpsel:* Mundartlich im 18. Jh. und früher gebräuchlich für Kork-Stöpsel. Für »Korkstöpsel« nennt DWB von L. noch einen Beleg: VS 7, S. 153.

45 *Kubik-Zolle:* Dieses deutsche Hohlmaß, basierend auf dem (unterschiedlich festgelegten) Zoll, betrug etwa in Sachsen 13,1426 cm³. – *Dieses findet Herr Euler:* L. bezieht sich auf Benjamin Robins »Neue Grundsätze der Artillerie, enthaltend die Bestimmung der Gewalt des Pulvers nebst einer Untersuchung über den Unterschied des Wiederstands der Luft in schnellen und langsamen Bewegungen«, Berlin 1745, übersetzt, erläutert und mit Anmerkungen versehen von Leonhard Euler. Die Anmerkung von Euler findet sich im ersten Kapitel, XI. Satz, III. Anmerkung, S. 301–302. – *aus den Robins Versuchen:* In der Handschrift steht unter *aus des* von L.s Hand *seinen*. Benjamin Robins (1707–1751), engl. Mathematiker und Militäringenieur; schrieb unter anderem »New Principles of Gunnery«, erschienen London 1742 (BL, Nr. 238a). – *Winkler. T. I. p. 167:* Winklers »Untersuchungen der Natur und Kunst«, erschienen Leipzig 1765, wo er im ersten Teil (»Von der ursprünglichen und beständigen Kraft aller Körper; oder von der Kraft der Trägheit«) in §60 unter der Überschrift »Die Stärke der Elastizität in der aus dem Schießpulver erzeugten Luft« auf S. 156–169 den Versuch von Robins wiedergibt. Auf S. 167 befindet sich die von L. wiedergegebene Berechnung. Johann Heinrich Winkler (1703–1770), 1750 Prof. der Physik in Leipzig, baute eine Sammlung physikal. Geräte auf, die den Grundstock für die universitätseigene Sammlung bildete; veröffentlichte eine große Zahl von Abhandlungen über physikalische Gegenstände, insbesondere über Elektrizität. Über die Geschichte des Physikal. Instituts der Universität Leipzig s. »Wissenschaft-

liche Zeitschrift der Karl-Marx-Universität Leipzig«, Mathematisch-Naturwiss. Reihe, 34. Jg. (1985), H. 1.

46 *Homo pollice truncato:* Lat. ›Mann mit verstümmeltem Daumen‹; auf diesen Brauch spielt auch Kästner in einem Brief vom 31. Juli 1772 an Hofrat Brandes an, den L. am 15. August 1772 in sein Tagebuch eingetragen hat: »Es hat jemand gemeint Herr Hofr. M[ichaelis] könne das für sich anführen, daß er wegen seiner hefftigen Gemüths-Art zum Prorecktor gantz untauglich wäre. Das hat mich an die Leute erinnert, die sich einen Daumen wegschneiden um nicht zu Soldaten geworben zu werden, wovon ich weiß nicht welcher berühmter Rechtsgelehrter eine Disputation de Mureis geschrieben hat.« – *Daher kommt . . . Poltron:* Zunächst soviel wie ›Nichtstuer, Faulpelz‹, erst später im Sinne von Polterer, Grobian gebräuchlich. L. verwertet diese Etymologie auch in der Antiphysiognomik (III, S. 278, 343, 837).

47 *Pere Rapin:* René Rapin (1621–1687), frz. Jesuit und Schriftsteller. – *Bayle:* Pierre Bayle (1647–1706), berühmter frz. Philosoph, Prof. in Rotterdam, Begründer der quellenkritischen Geschichtsschreibung und einer der einflußreichsten Denker der Aufklärung, als Gottesleugner angeklagt. Das Zitat entstammt seinem Hauptwerk »Dictionnaire historique et critique« (2 Bde. 1697; dt. 1741–1744 in 4 Bdn.). – *Averros:* Ibn Roschd Averroes (1126–1198), arab. Philosoph und Arzt, Kommentator des Aristoteles. In seiner »Destructio destructionis« wehrte er die theolog. Angriffe des Algasel gegen die Philosophie ab. – *Chalderinus:* Domitianus Calderinus (1447–1477), ital. Humanist und Secretarius apostolicus in Rom. »Von der Religion soll er wenig gemacht, auch gern andere Gelehrte durchgezogen haben« (Jöcher 1, Sp. 1559). – *Politianus:* Angelo Ambrogini Poliziano (1454–1494), bedeutender ital. Humanist und Dichter, Erzieher der Söhne von Lorenzo de Medici, 1480 Prof. der griech. und lat. Sprache an der Universität Florenz. – *Pomponatiy:* Petrus Pomponatiy (Pietro Pomponazzi), ital. Philosoph aus Mantua (1462–1525), verfaßte den Traktat »De Immortalitate Animae«, Bologna 1516, in dem er die Unsterblichkeit der Seele leugnete. Das Buch wurde öffentlich verbrannt. – *Petrus Bembus:* Pietro Bembo (1470–1547), ital. Humanist und Dichter. – *Leo X:* Giovanni de Medici (1475–1521), 1513 Papst, Förderer der Wissenschaften und Künste, ließ zur Vollendung der Peterskirche Ablaßbriefe verkaufen (Anstoß zur Reformation). – *Cardanus:* Geronimo Cardano (1501–1576), ital. Philosoph, Mathematiker und Arzt. Seine skeptische pantheistische Philosophie, auf die Bayle in diesem Zusammenhang anspielt, sollte nach seiner Ansicht nur Gelehrten zugänglich sein, um das Volk nicht im Kirchenglauben irre zu machen. L. erwähnt ihn auch im »Anschlag-Zeddel im Namen von Philadelphia« (III, S. 253). – *Cesalpinus:* Andrea Cesalpino (um 1519–1603), ital. Philosoph, Botaniker und Arzt (Leibarzt Papst Clemens' VIII.), Prof. der Medizin und Philosophie in Pisa, später in Rom. – *Taurellus:* Nicolaus Taurellus (1547–1606) aus Mömpelgard, Prof. der Medizin in Altdorf und Philosoph, »muste geschehen lassen, daß ihn einige in übeln Verdacht setzten, ja so gar öffentlich der Atheismi beschuldigten« (Jöcher 1, Sp. 1029). – *Cremoninus:* Caesar Cremoninus (1550–1631), ital. Philosoph und Staatsmann, hat angeblich »keine Gottesfurcht besessen, ob er wohl äusserlich für fromm angesehen seyn wollen, und die Unsterblichkeit in Zweifel gezogen« (Jöcher 1, Sp. 2189). – *Bérigard:* Claude Guillermet de Bérigard (1578 oder 1594 – etwa 1664), frz. Philosoph,

lehrte in Pisa und Padua; antiaristotelischer Denker; sein Hauptwerk »Circuli Pisani, seu de veterum et peripat. philosophia dialogi« erschien Udine 1643–1647. – *Viviani:* Vincenzo Viviani (1622–1703), ital. Physiker und Mathematiker, Schüler von Galilei und Torricelli, in dessen Auftrag er das erste Barometer ausführte. – *Hobbes:* Thomas Hobbes (1588–1679), berühmter engl. Philosoph, dessen mechanistisch-naturwissenschaftliche Theorie von großem Einfluß auf die Aufklärung und ihre antikirchliche Haltung war.

48 *Legros:* Pariser Damen-Friseur (1710–1770), schrieb 1765 sein epochemachendes »Livre d'estampes de l'art de la coiffure des dames françaises, gravé sur les dessins originaux, avec un traité pour entretenir et conserver les cheveux naturels«. Auf diesen berühmten frz. Figaro spielt auch B 57 an.

49 *Allgem. deutsch. Bibl.:* Die Rezension »Georg Friedrich Meiers Beurtheilung der Betrachtungen des Herrn Marquis von Argens über den Kayser Julian. Halle bey Hemmerde 1764«, S. 134–153; Rezensenten-Initial: H. in der »Allgemeinen deutschen Bibliothek«, Band I, 2. Stück, Berlin und Stettin 1765. Die »Allgemeine deutsche Bibliothek«, 1765 von Friedrich Nicolai begründet, war das wichtigste Rezensionsorgan der deutschen Aufklärung, das bis 1805 bestand. L., den Nicolai für Rezensionen gewinnen wollte – *eine* Rezension ist nachgewiesen –, war ihr eifriger Leser (s. BL, Nr. 7 und die Anm. dazu). – *Untersuchen . . . geschehen:* Wörtliches Zitat der obengenannten Rezension.

50 *Schmid von den Weltgebäuden:* »Von den Weltkörpern. Zur gemeinnützigen Kenntniß der Großen Werke Gottes verfasset von N. Schmid«, Hamburg 1766; weitere Auflagen Leipzig 1771 und (mit Kupfern verbessert) 1772. Die Bemerkungen KA 50–60 sind sämtlich diesem Werk entnommen. Nicolaus Ehrenreich Anton Schmid (1717–1785), Goldschmied, Mechaniker und populärwiss. Schriftsteller in Hannover. L. zitiert das Werk auch in »Über Hrn. Vossens Vertheidigung gegen mich ...«, GMWL 3 (1782), Stück 1, S. 100–171 (S. 157). – *Vorrede. Es ist noch nicht ausgemacht . . . :* »Ob aber der Schimmel, wie andere Gewächse, durch den Saamen fortgepflanzet wird, das weis er [der Mensch] nicht«, schreibt Schmid S. IV der Vorrede.

51 *In jedem Haar:* Auch dieser Satz ist Zitat aus dem zu KA 50 nachgewiesenen Werk, Vorrede, S. V: »Im Tierreiche erhebt schon ein Haar den weiten Umfang der menschlichen Erkenntnis, und demütiget ihn auch wieder, wenn er stolz wird. Zu seiner Ehre gereichet es, daß er bei diesem geringen Teile des Menschen das Beutelchen, so das Haar hält, und seine Nahrung in sich faßt, von der Wurzel unterscheidet; daß er die acht hohlen Röhren, die von der Wurzel bis zur Spitze des Haares hinauf laufen, und ihre unzählichen Querfaden, welche sie mit einander verbinden, zu bemerken fähig ist; daß er die innere Höhlung des Haares mit dem Marke hat bestimmen können.«

52 *Kap. 2:* Bezieht sich ebenfalls auf das zu KA 50 nachgewiesene Werk, dessen zweites Kapitel »Von der Erde« handelt, wo es S. 11 f. heißt: »So aber bestätigte die Erfahrung, was Newton durch Grundsätze der Vernunft wahrscheinlich gemacht hatte. Denn ein Grad bei dem Pole war größer, er hielt 57,438 franz. sechsfüßige Ruten, dahingegen ein Grad bei der Mittellinie nur 56,753 Ruten groß war. Diese Ungleichheit bewies, daß man bei dem Pole weiter gehen mußte, ehe die Krümme der Erde merklich ward, als

bei der Linie. ... Der Durchmeser der Erde von einem Pole zum andern ist 229, und der Durchmesser unter der Linie 230. Der ganze Unterscheid beträgt ungefähr zehn deutsche Meilen.«

53 Auch diese Bemerkung ist ein fast wörtliches Zitat von S. 18–19, Kap. 2, des zu KA 50 nachgewiesenen Werkes. – *eine Meile:* Entsprach in Sachsen 32000 Fuß = 9,062 km. – *männlichen:* In der Handschrift *männlicher*. – *20000 Rheinl. Fuß:* Entspricht 6,277 km.

54 Diese Bemerkung ist Zitat aus dem zu KA 50 nachgewiesenen Werk, wo es sich auf S. 19 (Kap. 2) findet. – *Batavia:* Djakarta; seit 1619 unter dem Namen Batavia Mittelpunkt des niederländisch-ostindischen Handels; berüchtigt wegen seines ungesunden Klimas. S.»Beschreibung der Stadt Batavia« (GMWL 3, 1782, Stück 2, S. 256–280). – *das Fahrenheit[ische] Therm[ometer]:* Gabriel Daniel Fahrenheit (1686–1736) aus Danzig, lebte in Holland und England, Glasbläser und Verfasser naturwissenschaftlicher Schriften; entwickelte 1714 das mit Quecksilber gefüllte Thermometer, auf dessen Skala, die in den englischsprachigen Ländern üblich ist, der Gefrierpunkt des Wassers mit 32°, der Siedepunkt mit 212° bezeichnet ist.

55 *Bouguer und Condamine:* Pierre Bouguer (1698–1758), frz. Geodät und Astronom, wurde 1735 von der frz. Regierung zusammen mit L. Godin und Charles-Marie de La Condamine zu einer umfangreichen Gradmessung nach dem damaligen nördlichen Peru, dem heutigen Ecuador, gesandt. Seine Forschungsergebnisse teilte er in »La Figure de la terre, déterminée par les observations de Mrs. Bouguer et de La Condamine«, Paris 1751, mit. Die diesem Forschungsbericht vorausgeschickte Reisebeschreibung erschien Göttingen 1751 in deutscher Übersetzung unter dem Titel »Kurze Beschreibung der Reise nach Peru, welche von einigen Mitgliedern der Königl. Französischen Academie der Wissenschaften zu Ausmessung der Grade des Mittagszirkels in den Gegenden der Mittellinie verrichtet worden ist, aus dem Französischen des Herrn Bouguer übersetzt«, und zwar als Anhang zum zweiten Teil und im dritten Teil der seit 1750 erscheinenden und von Haller herausgegebenen »Sammlung neuer und merkwürdiger Reisen zu Wasser und zu Lande, aus verschiedenen Sprachen übersetzt und mit vielen Kupfertafeln und Landkarten versehen«. L. gehörte zu den Lesern dieser »Sammlung«.

56 Diese Bemerkung entnimmt Schmid den Berichten Bouguers und La Condamines; vgl. zu KA 55. – *Klafter:* Hohlmaß, 6 Fuß breit, 4,5 Fuß hoch und 4 Fuß lang = 3,339 m³.

57 *Bernoulli beweiset:* Jean Bernouilli (1667–1748), schweizer. Mathematiker und Chemiker. Vgl. N. Schmid, Von den Weltkörpern. Zur gemeinnützigen Kenntniß der großen Werke Gottes, verb. Aufl. mit Kupfern, Leipzig 1772, S. 78.

58 *Kap. 5 vielleicht besteht der Mond:* Im fünften Kap. des zu KA 50 nachgewiesenen Werkes von Schmid heißt es S. 92: »Vielleicht besteht der Mondkörper aus zwo Halbkugeln von ungleicher Schwere. Ist dieses, so muß die leichte Seite desselben immer von der Erde abgewandt seyn; so wie eine Kugel, die aus zwo Halbkugeln von ungleichem Gewichte, etwan von Ebenholze und von Tannenholze, zusammengefüget ist, immer die schwere Halbkugel von selbst dem Boden eines Gefäßes zugekehret, wenn sie im Wasser liegt.«

59 *Kap. 10 ... Garcin ... in Arabien:* Gerafftes Zitat aus Kapitel 10, »Von den Fixsternen«, Fußnote S. 211 f., des zu KA 50 nachgewiesenen Werkes: »Der Herr Doctor Garcin hat in Arabien unter dem Wendezirkel des Krebses, wo die Luft fast beständig rein ist [vgl. J 2017], wo eine anhaltende Dürre den Boden unfruchtbar und kräuterlos macht, die Sterne immer sehr glänzend, aber ohne einiges Blinken, gesehen. Nur mitten im Winter, wenn die Luft etwas feucht ward, bemerkte er eine, wiewohl sehr schwache, zitternde Bewegung der Sterne. Andere Nachrichten stimmen mit seinen Zeugnissen überein. Der Herr de la Condamine hat ebenfalls in den trockenen peruvianischen Gegenden, ein nur geringes Blinken der Fixsterne beobachtet, da er es hingegen in den feuchten Gegenden dieses Landes weit stärker gefunden.« Vgl. Gamauf, Astronomie, S. 22–24: »Die Astronomie entstand unter dem heitersten Himmel. Man darf sich also nicht wundern, wie gerade jene Menschen, denen sie ihre erste Erweiterung zu danken hat, diese Verdienste sich erwerben konnten. Sie lebten nicht wie wir unter einem Himmel, der fast die Hälfte des Jahrs mit Wolken bedeckt ist; sondern in Gegenden, wo eine immer heitere, und von allen Dünsten reine Luft, ihnen den ohnehin großen Anblick des gestirnten Himmels zu einem Grade erhöhte, von dem wir uns nur schwache Vorstellungen machen können. Niebuhr erzählte, als er auf seiner Rückreise von Arabien nach Göttingen kam, welch einen unaussprechlichen Eindruck auf ihn, der Anblick der Gestirne machte, als er dort unter freyem Himmel schlief. Die Milchstraße erscheint da ganz weiß, die hellen Fixsterne, die dort kaum blinkern, scheinen an einem tief schwarzen Firmament zu flammen; Sterne der zweyten und dritten Größe, die bey uns lange, ehe sie den Horizont erreichen, schon in den Dünsten verschwinden, kann man da mit dem Auge, wie untergehende Sonnen, bis an den Horizont verfolgen.« S. a. an Georg Forster September 1787(?). Laurent Garcin (1683–ca. 1752), frz. Arzt im Dienst d. holl. Ostindien-Compagnie, bereiste viele Länder des Orients und veröffentlichte seine Studien im »Journal Helvétique«.

60 Die Bemerkung ist ein gerafftes Zitat aus Kap. 11: »Von Kometen«, S. 224, des zu KA 50 nachgewiesenen Werkes: »Der Comet, welcher im Jahre 1450 seinen Lauf zwischen der Erde und dem Monde genommen, hat durch seinen Schatten, mit dem er den vollen Mond verfinstert, bewiesen, daß er ein dunkler und undurchsichtiger Körper sey, der sein Licht von der Sonne habe.«

61 *Jacquemin Gringonneur:* L. schreibt irrtümlich *Grigonneur*; einer der ältesten frz. Maler und Miniaturisten, lebte Ende des 14. Jh.s in Paris; die Legende, daß er die Karten erfunden habe, beruht auf einem Lesefehler des Historikers Ménestrier; Gringonneur hatte lediglich den Auftrag, Kartenspiele anzufertigen. – *Karl dem VI[ten] von Frankreich:* In der Handschrift *VII*; zweifellos Lese- oder Schreibfehler L.s. Karl VI. von Frankreich (1368–1422), seit 1380 König, wurde 1392 wahnsinnig. Karl VII., der Siegreiche, lebte 1403–1461.

62 *natürlichen Pocken ... inokulierten:* Blattern, die im 18. Jh. epidemische Infektionskrankheit, bis Lady Montague 1717 der Kuhpockenimpfung in England Eingang verschaffte und der engl. Arzt Edward Jenner ab 1796 diese prophylaktische Methode anwandte.

63 *Logau sagt ...:* Sinngedicht 2164 (Des Dritten Tausend/Andres Hun-

dert/Nr. 64). – *Brunft und nicht Brunst* . . .: Die Passage ist eine Zusammenfassung von Ausführungen zum Stichwort »Brunft« im »Wörterbuch« in der Ausgabe »Friedrich von Logau Sinngedichte; zwölf Bücher. Mit Anm. über die Sprache des Dichters«, hrsg. von C. W. Ramler und G. E. Lessing, Leipzig 1759. Vgl. 43. Brief (21. Juni 1759) und 44. Brief (29. Juni 1759) der »Briefe, die neueste Literatur betreffend« (s. u.). Friedrich von Logau (1604–1655), berühmter dt. Barockdichter, veröffentlichte 1638 und 1654 zwei umfangreiche Sammlungen von Epigrammen. – *Briefe über die neueste Litt.*: Die »Briefe, die neueste Literatur betreffend« wurden Berlin und Stettin 1759–1765 in 24 Bdn. von Lessing, Mendelssohn und Nicolai herausgegeben. Gotthold Ephraim Lessing (1729–1781), bedeutendster Schriftsteller und Kritiker der deutschen Aufklärung, ab 1767 Dramaturg am Deutschen Nationaltheater in Hamburg, seit 1770 Bibliothekar in Wolfenbüttel.

64 *London Chronicle:* »The London chronicle or universal evening post« erschien 1757–1823. Zu L.s positivem Urteil über diese Zeitung s. Brief an Leopold Friedrich Günther von Goecking, 25. Januar 1781. – *Dubius:* Lat. ›Zweifler‹. Wer sich hinter diesem Pseudonym verbirgt, war nicht zu ermitteln. Im »London Chronicle« 1776, S. 440, findet sich der Artikel »To the Printer of the London Chronicle«. – *Erdbeben . . . in Lima:* Lima, Hauptstadt von Peru, wurde 1746 von einem besonders schweren Erdbeben heimgesucht. – *Lissabon:* Hauptstadt von Portugal, 1755 durch ein Erdbeben zu zwei Dritteln zerstört. – *Mequinez:* Berühmte alte Stadt in Marokko, ehemaliger Sultanssitz mit Blütezeit im 17. Jh.; die Stadt wurde 1732 teilweise zerstört, aber offenbar nicht durch Erdbeben.

65 Vor dieser Bemerkung ist in der Handschrift (S. 13 oben) von L. gestrichen *dieses Glas durch so gut wie das Licht,* da diese Zeile bereits in KA 21 notiert ist. – *Boerhaave . . . Physiologie Kap. 8 der deutschen Übersetzung:* Boerhaaves »Phisiologie. Uebersetzt und mit Zusätzen vermehrt von Johann Peter Eberhard«, Halle 1754 (BL, Nr. 813). L. bezieht seine Kenntnis aber offenbar aus Vogels »Medizinischer Bibliothek«, Bd. 2, S. 347. – *die Russen kein Wort . . . Kind und Tugend:* Dazu heißt es im 8. Hauptstück im Abschnitt »Von den inneren Sinnen«, § 586, S. 907: »Die russische Sprache ist sehr volständig, es fehlt aber das Wort Kind, und Tugend in derselben, vor welche abstracte Begriffe, man jederzeit die besondern Begriffe zu setzen pflegt.« – *Wort haben:* In der Handschrift *hat.* – *allgemeine Begriffe . . . allzeit besondere:* Dieses Beispiel notiert sich L. zweifellos für den eigenen Vorrat stilistischer Mittel. Vgl. zu KA 261.

66 *Moser im Herrn und dem Diener:* »Der Herr und der Diener geschildert mit Patriotischer Freyheit« lautet der Titel der 1759 erschienenen Schrift, in der Friedrich Carl Freiherr von Moser eine Hauptfrage der Zeit zu lösen suchte und die ihn »zu einem der berühmtesten Männer und zu einem der ersten Publizisten seiner Nation« machte; vgl. Hans-Heinrich Kaufmann, Friedrich Carl von Moser als Politiker und Publizist (vornehmlich in den Jahren 1750–1770), Darmstadt 1931, S. 29. Zu L.s politischer Haltung vgl. A 119.

67 *Newton . . .:* L. bezieht sich auf Newtons berühmte »Principia Mathematica Philosophiae Naturalis«, die London 1687 in erster Auflage erschienen (BL, Nr. 232). – *Schol.:* Lat. scholium ›Anmerkung‹. – *prop.:* Lat. propositio ›These, Lehrsatz‹.

68 *Moser. Herr und Diener:* Über das Werk s. zu KA 66.
69 *Idem ibid.:* Lat. ›ebenso daselbst‹. Über das Werk s. zu KA 66.
70 *Präsidenten seines höchsten Gerichts:* Rudolph Johann Freiherr von Wrisberg (1677–1764), Präsident des Ober-Appellations-Gerichts in Celle; dt. Rechtsgelehrter, von dem Moser sagt: »Ich habe ihn noch gesehen, den Deutschen Cato und nie habe ich ohne bewundernde Empfindungen diesen erwürdigen Greis gesehen.« – *Moser Reliquien:* Das hier genannte Werk ist zu A 171 nachgewiesen. Die von L. zitierte Anekdote steht bei Moser unter der Überschrift: »Muth«.
71 *Zinn:* Johann Gottfried Zinn (1727–1759), ein Lieblingsschüler Hallers, Prof. der Medizin und seit Hallers Fortgang neben Roederer Anatom in Göttingen; beschäftigte sich mit der Anatomie der höheren Sinnesorgane, vor allem des Auges: »De differentia fabricae oculi humani et brutorum« (in: Commentarii Societatis Regiae Scientiarum Gottingensis. Tom. IV. Ad Annum 1754. S. 247–270) und »Descriptio anatomica oculi humani iconibus illustrata«, Göttingen 1755. – *Comm. Goett.:* Die »Commentarii Societatis Regiae Scientiarum Gottingensis«, Göttingen 1752–1755, Tom. I–IV, gedruckt bei Vandenhoeck. Die Abhandlungen der 1751 von Albrecht von Haller angeregten und geleiteten Akademie wurden in diesem Zeitraum von Johann David Michaelis herausgegeben. Nachdem diese »Jahrbücher«, die über die Arbeit der Göttinger Sozietät regelmäßig informieren sollten, fünfzehn Jahre lang nicht erschienen, ermöglichte Heyne, 1770 zum Sekretär der Sozietät der Wissenschaften ernannt, durch einen Vertrag mit Dieterich die Veröffentlichung der »Novi Commentarii ...«, die 1771–1778 in 8 Bdn. erschienen, und 1779–1811 der »Commentationes ...« (BL, Nr. 14, 15).
72 *Hans Sloane ... 93 Jahr alt:* Sir John Sloane (1660–1753), engl. Botaniker und Mediziner, nach Newtons Tod Präsident der Londoner »Royal Society« (1727–1741). Johann David Michaelis: »Sloanii vita« (in: Commentarii Societatis Regiae Scientiarum Gottingensis. Tom. IV. Ad Annum 1754. S. 503–511). S. auch zu E 4. Diese Bemerkung ist die erste von mehreren anderen, die L. – vor allem in seinen letzten Lebensjahren – über sehr alt gewordene Menschen notiert: s. etwa »Hupazoli und Cornaro« (III, S. 485–487); ferner E 68; GH 66; J 49, 928, 1013, 1280.
73 *Alston:* Charles Alston (1683–1760), schott. Botaniker und Superintendent des botanischen Gartens in Edinburgh; schrieb »A dissertation on the sexes of plants«, erschienen in: »Essays an[d] observations, physical and literary. Read before the Philosophical Society in Edinburgh, and published by them«, 1754, 2. Aufl. 1771, Bd. I. Zu diesem Thema, das das 18. Jh. und L. beschäftigte, vgl. KA 215; D 462; J 169, 824, 1254, 1255, 1431; RA 58, 62, 67, 69. – *Versuche und Bemerkungen:* Unter der Überschrift »Neue Versuche und Bemerkungen aus der Arztneykunst und übrigen Gelehrsamkeit, einer Gesellschaft in Edinburg vorgelesen und von ihr herausgegeben. Als eine Fortsetzung der medicinischen Versuche und Bemerkungen. Erster Band. Aus dem Englischen übersezt. Mit Kupfern. Altenburg, in der Richterischen Buchhandlung. 1756« bespricht Rudolf Augustin Vogel in der »Neuen Medicinischen Bibliothek«, 3. Bd., 5. Stück, 1756, S. 393–404, die Veröffentlichungen der »Philosophical Society in Edinburgh«, die vor allem auf medizinischem Gebiet international berühmt war. Die Sammlung, übersetzt von Kästner und Johann Ernst Greding, erschien 1756–1775. Im 1756 heraus-

gegebenen 1. Bd. befindet sich auf S. 234–328 unter der Überschrift »Abhandlung vom Geschlechte der Pflanzen« die von L. wiedergegebene Abhandlung von Alston. – *Vogels Med. Bibl.:* Rudolf Augustin Vogels Zeitschrift ist zu A 172 nachgewiesen. Da das »Geschlecht der Pflanzen« eines der Themen ist, die die Fachwelt des 18. Jh.s seit Linné ungemein beschäftigte, soll Vogels Referat der Alstonschen Abhandlung hier vollständig wiedergegeben werden (a.a.O., S. 394f.): »Unter den medicinischen macht des Hrn. Prof. Alstons Abhandlung vom Geschlechte der Pflanzen den Anfang. Sie ist historisch und critisch. Hr. Alston prüft die Gründe für und wieder das Geschlechte der Pflanzen, und wiederlegt jene umständlich nach der Ordnung, wie sie sich in des Hern Linnäus Fundamentis botanicis, und in der Dissertation Sponsalia plantarum befinden, theils durch Gründe, die aber schon zum Theil von andern sind beigebracht worden, theils durch eigene Erfahrungen. Er schließt so: wenn die weiblichen Pflanzen, die von den männlichen entfernet stehen, fruchtbaren Saamen bringen; so ist der Staub nicht zur Befruchtung aller Saamen nöthig. Daß nun dem so sey, beweiset er theils aus einem Versuch des Camerarius, welcher gesehen hat, daß die weiblichen Pflanzen vom Spinat, von der Mercurialis, und dem Hanfe fruchtbare Saamen gebracht, ob sie gleich ohne Gegenwart der männlichen gezogen worden; sondern er bestätigt solches auch durch eigene Versuche, die er mit eben diesen Pflanzen angestellt hat. Er hat nehmlich einige Spinatpflanzen, ehe sie geblühet, von einem Beete, worauf sie nebst anderh aufgeschossen waren, an eine andere Stelle versezt, die von dem Beete durch einige dicke und große Hecken weit entfernet war. Alle dreie waren von der Saamentragenden Art, den sie auch vollkommen hervorbrachten, und der hernach auch glüklich aufgieng. Eben dieses gelang ihm mit einer Hanfpflanze von der weiblichen Art, die, ob sie gleich eine Meile umher keine männliche Nachbarn hatte, dennoch guten Saamen lieferte, der richtig aufgieng; ingleichen mit einigen Stengeln von der weiblichen Mercurialis, die er vor der Blühezeit, aus dem Arzeneigarten an einen sehr entfernten Ort versezte, wo sie ihres gleichen nicht hatten. ›Es kan also, fährt Hr. A. fort, der Staub dieser drey Arten von Pflanzen auf keine Weise ihr männlicher Saame genennet werden‹. Er bringt auch aus andern Schriftstellern ähnliche Beispiele von Pflanzen bei, die ohne einem männlichen Nachbar Früchte gebracht haben. Ferner hat er aus einigen Tulpen die Staubfächer weggenommen; sie aber demohngeachtet fruchtbaren Saamen tragen gesehen. Wie also Hr. A. den Blumenstaub nicht als ein zur Befruchtung dienliches Wesen ansiehet; so bekennt er zulezt, es sey vermuthlich, daß derselbe mehr ein Auswurf der Pflanzen und etwas ihnen schädliches sey.«

74 Diese Bemerkung ist dem zu A 174 nachgewiesenen Werk von Georg Gottlob Richter, S. 6 und Fußnote, entnommen. – *ìη . . . sol:* Die griech. Wörter, ins Lateinische übersetzt, bedeuten: Heile, Sonne; triff, Sonne. Paian, Beiwort des Apoll, der Sonnen- und Heilgott war; Paian hat sich dann zu einem Glück bedeutenden Ausruf entwickelt.

75 *Richter in Diss. de Insolatione:* Vgl. zu A 174, wo die Dissertation nachgewiesen ist; die von L. zit. Passage findet sich ebd. S. 29. – *loquens . . . saevisse:* Richter . . . spricht von dem Schaden, der für die Kranken oft aus einer bevorstehenden Sonnenfinsternis entsteht. Er sagt: Wunderbarer scheint der Schwund des Lichts, den die Sonne im neunten Jahr des Kaisers

Justinian nach dem Zeugnis des Abulpharagius (hist. dynast. Ed. Pocock, S. 94) innerhalb ihrer eigenen bogenförmigen Bahn über ein Jahr lang erlitten hat. Nur wenig Licht war verblieben. Er schreibt, daß damals Heuschrecken wirklich fast die ganze Erde verwüstet haben und die Härte des Winters eine ungeheure Verheerung unter den Menschen angerichtet hat. – *Justiniani:* Justinianus I. (um 482–565), seit 527 byzantin. Kaiser, gewann durch Belisar und Narses fast den ganzen Westen zurück, erbaute die Sophienkirche in Konstantinopel, sammelte durch Tribonianus das römische Recht. – *Abulpharagio:* Gregorius Abu'l-Faradsch (1226–1286), mit Beinamen Bar Hebräus; monophysitischer Bischof, seit 1264 Oberhaupt der jakobitischen Kirche in Persien, Verfasser zahlreicher syrischer und arabischer Schriften aus verschiedenen Wissensgebieten. – *Ed. Pocock:* »Abulpharagii historia compendiosa dynastiarum«, hrsg. von Edward Pococke, Oxford 1663. Edward Pococke (1694–1691), bedeutender engl. Orientalist.

76 *Auch diese Bemerkung ist der zu A 174 nachgewiesenen Dissertation von Georg Gottlob Richter, S. 30, entnommen. – ἔξεχ'... dilecte:* Der auch in lat. Übertragung mitgeteilte griech. Ausruf bedeutet: Geh auf, o geliebte Sonne!

77 *Richter glaubt...:* Vgl. die A 174 nachgewiesene Dissertation, S. 40: »Emo moderatum Solis et luminis ab eo diffusi adspectum roborare oculos et plus rigoris iis inspirare vero simillimum puto.« S. noch J 1408.

78 Auch diese Bemerkung ist Richters zu A 174 nachgewiesener Dissertation, S. 46–48, entnommen. – *Albinus:* Bernhard Siegfried Albinus (1697–1770) aus Frankfurt an der Oder, Schüler Boerhaaves in Leiden, berühmter Anatom und Wissenschaftler; seit 1721 Prof. der Medizin in Leiden, Lehrer Albrecht von Hallers, bedeutendster Vertreter der beschreibenden Anatomie seiner Zeit. – *Dissert ... Coloris Aethiop.:* »Dissertatio secunda. De Sede et caussa coloris Aethiopium et caeterorum hominum. Acc. icones coloribus distinctae«, Leiden 1737. – *reticulo Malpighiano:* Marcello Malpighi (1628–1694), bedeutender ital. Arzt und Biologe, Prof. in Bologna, Begründer der mikroskopischen Anatomie. Er entdeckte, daß das Bindegewebe nichts anderes als ein sehr feines Netz von Gefäßen ist. Lat. reticulum ›Netz‹. – *Onesicritus:* Griech. Historiker, der Alexander den Großen auf seiner Expedition nach Indien begleitete; sein Bericht darüber ist nur in Bruchstücken überliefert. – *Strabo:* Strabon (etwa 63 v. Chr. bis 19 n. Chr.), griech. Geograph, dessen »Erdkunde« (»Geographika«) in 17 Büchern größtenteils erhalten ist und im Mittelalter Schulbuch war. – *Labat (Voyage aux isles de l'Amerique ...):* Jean Baptiste Labat (ca. 1663–1738), frz. Dominikanermissionar und Reiseschriftsteller; eines seiner Hauptwerke ist die »Nouveau voyage aux isles de l'Amérique«, 6 Bde., La Haye 1724; im 2. Bd., 6. Kap.: »Des Mulâtres«, S. 120 findet sich L.s Notiz. Dt. unter dem Titel: »Reisen nach Westindien oder den im amerikanischen Meer liegenden Inseln. Nach der neuesten Pariser Ausgabe übersetzt, auch mit nöthigen Anmerkungen und Register versehen« von G. F. C. Schad, T. 1–7, erschienen Nürnberg 1782–1788. – *Afrique:* Labats »Nouvelle relation de l'Afrique occidentale«, 5 Bde., Paris 1728. Vgl. das 14. Kap. im 2. Bd.: »Des peuples qui habitent le long du Niger, de leur Couleur, Origine, Religion & Coutumes«. – *weiß ... aber ... schwarz werden:* »Man hat gestritten, ob die Mohren schon in Mutterleibe schwarz wären. Das wird aber durch mehrere hier vorräthige

Stücke verneinend entschieden. Ein Hottentotten-Embryo ist allerdings fleischfarben, und ein Negerfötus aus Curaßao hat seine graue Farbe blos dem Rum zu danken, worinn er verschickt worden: wie man an einer andern Frucht von deutscher Abkunft, die einige Zeit in gleichem Glase gewesen, ersieht.« Blumenbach in »Etwas vom Akademischen Museum in Göttingen« (GTC 1779, S. 53). Vgl. SK 494.

79 *Krüger Phys.:* L. zitiert fast wörtlich. Johann Gottlob Krüger (1715–1759), Prof. der Medizin und Philosophie in Helmstedt und Halle, bedeutender aufklärerischer Schriftsteller auf dem Gebiet der Psychologie und Naturlehre. Seine »Naturlehre« erschien zuerst Halle 1740; ebd. 1742 »Naturlehre Zweyter Theil, welcher die Physiologie oder Lehre von dem Leben und der Gesundheit der Menschen in sich fasset, und mit accuraten Kupfer-Tabellen erläutert«. Im übrigen s. Wolfram Mauser, Johann Gottlob Krügers »Träume«. Zu einer wenig beachteten literarischen Gattung des 18. Jahrhunderts, in: Collections Recherches Germaniques 1, Strasbourg 1988, S. 49–59.

80 *Galenus:* Griech.-röm. Arzt (129–199), neben Hippokrates der bedeutendste Arzt des Altertums, faßte das gesamte Wissen der antiken Heilkunde in einem Lehrsystem zusammen, das das ganze Mittelalter hindurch bis in die Anfänge der Neuzeit unumstritten war. Im zweiten Teil des zu KA 79 nachgewiesenen Werkes von Krüger, S. 25 f., heißt es: »In dem 140ten Jahre nach Christi Geburt lebte der Galenus, welcher, indem er die physicalischen Grundlehren des Aristoteles in die Artzeneygelahrtheit einführte, sich zwar einen großen Namen, dieser Wissenschaft aber und dem menschlichen Geschlechte wenig Vortheil geschaffet. Indessen hatte er das Glück, daß ihn die meisten Araber, Griechen, Italiäner, Spanier und Teutschen, bis in das sechzehnte Jahrhundert anbeteten. Man sprach fast beständig von den vier Elementen, von der temperie und intemperie des Bluts, und alle Kranckheiten musten entweder von einem frigido, calido, humido oder sicco ihren Ursprung genommen haben.« – *die physikalischen Grundlehren des Aristoteles:* Aristoteles (384–322 v. Chr.), einer der bedeutendsten griech. Philosophen, schrieb in seiner »Physik«, daß es nur vier Grundelemente (Erde, Wasser, Luft, Feuer) gebe und jedes durch ein Eigenschaftspaar charakterisiert werde: Jedes sei entweder feucht (*humidus*) oder trocken (*siccus*) und entweder heiß (*calidus*) oder kalt (*frigidus*). Ein Element könne zu einem anderen werden, indem es eine der Eigenschaften ändere. – *Kalender-Prophezeiungen:* Davon handelt ein Artikel im »Hannoverischen Magazin«, 6. Stück, Sp. 91 ff., vom 19. Januar 1767.

81 *Krüger lehrt in seiner Physiologie:* Im zweiten Teil des zu KA 79 nachgewiesenen Werkes heißt es S. 79: »Wenn in dem Cörper eines Menschen oder eines Thieres eine Empfindung entstehet, so erfolgt an dem Orte, wo sie hervorgebracht wird, jederzeit eine Bewegung, die dieser Empfindung proportional ist.«

82 *mit blauer Seide bekleidet:* Im Vierten Hauptstück »Von den Wirkungen des Blizes oder Wetterstrales« seines zu KA 22 nachgewiesenen Werkes schreibt Johann Friedrich Hartmann in § 53: »Wie der Bliz Körper so gleich entzünden und schmelzen kan, und ferner, wie er einige Sachen unversehrt, andere nahe Körper aber schmelzen läßt« auf der von L. angegebenen Seite: »Umwindet man ferner einen Finger gleich mit blauer Seide, so ist derselbe

hiedurch gegen die elektrischen Funken doch nicht verwahret. Denn fähret der Mensch mit diesem Finger gegen ein stark electrisirtes Metall, oder gegen einen stark electrisirten Menschen, so fühlet er in beiden Fällen heftige Schläge, und in dem lezten Falle empfindet auch die electrisirte Person dieselben.« Zur blauen Seide als Schutz vor dem Blitz vgl. auch zu KA 192 und Brief an Johann Albert Heinrich Reimarus, 2. März 1780.

83 *Abbt vom Verdienste:* Thomas Abbt (1738–1766), philosophischer Schriftsteller, Lessings Nachfolger in der Redaktion der »Briefe, die neueste deutsche Literatur betreffend«, 1760 Prof. der Philosophie in Frankfurt an der Oder, 1761 Prof. der Mathematik in Rinteln, 1765 Konsistorialrat und Leiter des Schulwesens in Bückeburg; seine berühmtesten Schriften: »Vom Tode fürs Vaterland« (1761); »Vom Verdienste« (Berlin 1765). Zur positiven Einschätzung des Stilisten Abbt vgl. B 65; s. ferner Mösers Urteil über Abbt, das TB 30 festhält. In den »Zwo Schrifften die Beurtheilung betreffend . . .« (Nachlaß, S. 44) wird von Abbt die »Erfreuliche Nachricht von einem evangelisch-lutherischen autodafé« erwähnt. *– französische Sensation . . . Empfindnis:* In der seiner Schrift »Vom Verdienste« (hier zit. nach der 2. Aufl., Goslar und Leipzig 1766) schreibt Abbt auf S. 126: »Die französischen Worte kommen von einerley Stamme und zeigen nur in den Endungen die Verschiedenheit der Begriffe an: und diß ist eine treffliche Eigenschaft an diesen Ausdrücken. Wir wollen sie den unsrigen, ohne Verletzung der Grundgesetze der Sprache ebenfalls zu geben trachten. Empfindung mag für Sensation gelten, und für Sentiment Empfindniß. . . . Die Empfindung beziehet lebhaft, aber verworren eine Sache auf uns, vermittels der Sinne; das Empfindniß beziehet sich auf ähnliche Art vermittelst der Einbildung. Im erstern Falle beschäftigt uns die Sache wie gegenwärtig; im andern Falle, wenn sie auch gegenwärtig seyn sollte, thut es mehr ihr Bild.« – *Empfindnis:* DWB 3, Sp. 431, bringt u. a. Belege von Nicolai und Schiller.

84 *La Felicité . . . Sage:* Die Glückseligkeit ist das Vermögen des Weisen. – *Rousseau. Heloise:* »La Nouvelle Héloïse« ist zu A 78 nachgewiesen.

85 *V. p. 43. Robeck:* Diese von L. am Rand hinzugefügte Eintragung bezieht sich auf KA 183. – *In dem XXI[ten] Brief . . . die Verteidigung des Selbstmords:* In dem genannten Brief läßt Rousseau seinen unglücklich liebenden Helden St. Preux den Selbstmord verteidigen, mit Worten und Argumenten, die das zeitgenössische Lesepublikum aufs äußerste bestürzten, so sehr, daß man nach dem Tode Rousseaus annahm, er habe Selbstmord begangen. Vgl. J 159. L. notiert die berühmt-berüchtigte Passage aus privater Neigung zu diesem Akt; vgl. A 126 und die Anm. dazu. – *Chercher son bien . . . crime:* Sein Wohl zu suchen und seinen Schaden zu meiden in dem, was andere durchaus nicht behelligt, ist das Recht der Natur. Wenn unser Leben für uns von Übel und für niemanden zugute ist, ist es also erlaubt, sich seiner zu entledigen . . . und wenn man so weit ginge, diese Maxime umzukehren, gibt es überhaupt keine menschliche Handlung, aus der man nicht ein Verbrechen machen könnte. – *Sokrates sagte zum Kebes:* In Platons »Phaidon«; Kebes aus Theben, Philosoph aus der Schule des Pythagoras, der auch von Lukian erwähnt wird. – *Cato zweimal durchlas und . . . erstach:* Über Catos Lektüre des »Phaidon« handelt ausführlich Johann Matthias Schröckh in seinem »Leben des Cato von Utica« in der »Allgemeinen Biographie«, Erster Theil, S. 175–177; auf S. 175 heißt es: »Man hat es als einen sonderbaren

Umstand angemerckt, daß Cato, indem er mit dem Selbstmorde umgieng, eine Schrift zu lesen gewählt habe, in welcher derselbe getadelt wird.« Marcus Porcius Cato (95–46 v. Chr.), im Unterschied zu seinem Urgroßvater Minor oder nach dem Ort seines Todes Uticensis genannt, röm. Staatsmann, entschiedener Gegner Caesars, nach dessen Sieg bei Thapsus (46 v. Chr.) er sich selbst den Tod gab. – *Simsons Selbstmord:* Nach dem Buch der Richter, 13–16, ein mit übermenschlichen Kräften ausgestatteter Einzelkämpfer des israelit. Stammes Dan gegen die Philister, der durch den Verrat seiner Geliebten Delila von ihnen überwältigt werden konnte, seine Kraft aber wiedererlangte und den Tempel des Gottes Dagon einriß, wobei er den Tod fand.

86 *Jean Bell d'Antermony:* John Bell of Antermony (1691–1780), schott. Arzt und Reisender; seine Reisen fanden von 1718 bis nach 1730 statt. – *seiner Reise nach Asien ... Tongusischen Tataren:* Die »Voyages depuis Saint Pétersbourg en Russie dans diverses Contrées, de l'Asie, à Pekin ...« erschienen Paris 1766 in 3 Bdn.; die brit. Ausgabe erschien Glasgow 1763. Die in den GGA, 63. Stück, 26. Mai 1766, S. 499–502, erschienene Rezension der frz. Übersetzung schreibt übrigens *Antormony.* – *Kutuchtu:* Kotuchte, Kotuchta: das geistliche Oberhaupt der Mongolen. – *Hall. Zeitung:* In den »Hallischen Neuen Gelehrten Zeitungen«, die 1766–1771 Christian Adolf Klotz redigierte, findet sich die Besprechung der Reisebeschreibung im 81. Stück, 6. Oktober 1766, S. 641 f. L. bezieht sich auf S. 642.

87 *gemeinnützigen Correspondenz des ... Pauli:* Johann Ulrich Pauli (1727–1794) aus Hamburg, Jurist und aufklärerischer Schriftsteller; die Wochenschrift »Gemeinnütziger Correspondent« erschien in Hamburg seit 1766, angezeigt in GGA, 115. Stück, 25. September 1766, S. 915 ff.; vermutlich L.s Informationsquelle (S. 916). – *Delavals Entdeckungen:* Edward Hussey Delaval (1729–1814), engl. Chemiker und Naturphilosoph; Mitglied der Royal Society in London und der Sozietät der Wissenschaften zu Göttingen. *Im 19. und ... angepriesen* ist fast wörtliches Zitat (S. 916). Der »Gemeinnützige Correspondent« veröffentlichte 1766 Delavals Aufsatz unter dem Titel »Über die Ursache der dauerhaften Farben«; seine Abhandlung »A Letter to the Right Honourable the Earl of Morton ... containing experiments and observations on the agreement between the specific gravities of the several metals, and their colours when united to glass ... Read in the Royal Society etc.«, London 1765, erschien in dt. Übersetzung von Crell unter dem Titel »Versuche und Bemerkungen über die Ursache der dauerhaften Farben undurchsichtiger Körper« Berlin und Stettin 1788. L.s Bemerkungen wurden ohne seine Einwilligung von Crell in der Vorrede zitiert (s. Jung, S. 239; BL, Nr. 445). Zu L.s intensiver Beschäftigung mit der Farbenlehre s. jetzt Heinwig Lang, Goethe, Lichtenberg und die Farbenlehre, in: Photorin 6, S. 12–31.

88 *Der berühmte ... Schönberg[er]:* Oldarius (Ulrich) Schönberger (1601–1649), seit 1645 Dozent der Philosophie und der orientalischen Sprachen an der Universität Königsberg. Über ihn s. Franz Babinger, Ulrich Schönberger, ein blinder Polyhistor des siebzehnten Jahrhunderts, in: Archiv für die Geschichte der Naturwissenschaften und der Technik, Leipzig 1913, S. 314–322. Vgl. auch D 641, wo L. die gleiche Tatsache aus Bartholin entnimmt. Zu L.s Interesse an berühmten Blindgeborenen oder früh Erblindeten vgl. D 170, 296, 395, 641, F 1209. – *Diss: Sur l'entendement humain:*

Leibniz erwähnt Schönberger in der zu A 62 angegebenen Schrift liv. I, chap. III, S. 63 der Raspeschen Ausgabe.

89 *Lambert . . . in seinem novo organo:* Sein »Neues Organon oder Gedanken über die Erforschung und Bezeichnung des Wahren und dessen Unterscheidung von Irrtum und Schein« erschien Leipzig 1764. – *Syllogismen:* Syllogismus: ein mittelbarer logischer Schluß, in dem aus zwei kategorischen Urteilen, den Prämissen, die durch einen gemeinsamen Mittelbegriff verknüpft sind, ein drittes Urteil erhalten wird, die Konklusion; der Mittelbegriff geht dabei in den Schlußsatz nicht mit ein. In den Axiomen des Syllogismus werden die Regeln expliziert, die den Schluß von wahren Prämissen auf eine wahre Konklusion erlauben. – *Figur:* In der Syllogistik werden nach der Verteilung des Mittelbegriffs vier Figuren unterschieden. Die Gültigkeit dieser Schlußfiguren wurde zumeist auf die Gültigkeit der ersten Figur zurückgeführt, im 18. Jh. wurde erneut diskutiert, ob nicht für die drei anderen Figuren gültige und eigenständige Schlußprinzipien angegeben werden könnten. Vgl. auch Immanuel Kant, »Über die falsche Spitzfindigkeit der vier syllogistischen Figuren«, 1762. – *dictum de omni & nullo:* Das Axiom des Syllogismus: Alles, was über alle Gegenstände einer Klasse behauptet wird, wird auch über jeden Gegenstand behauptet, der dieser Klasse angehört, und umgekehrt: Alles, was bei allen Gegenständen der Klasse negiert wird, wird bei jedem Gegenstand negiert, der dieser Klasse angehört. – *Dictum de diverso . . . Dictum de exemplo . . . Dictum de reciproco:* Bezeichnungen für diejenigen Regeln, die die Gültigkeit eines Schlusses in der zweiten, dritten und vierten Figur garantieren.

90 *Mosheim:* Johann Lorenz Mosheim (1693–1755), nach dem Studium der Theologie und Philosophie in Kiel 1723 Prof. in Helmstedt, Leiter des gesamten Schulwesens im Herzogtum Wolfenbüttel, seit 1734 an der Gründung und dem Aufbau der Universität Göttingen beteiligt, seit 1747 dort Prof.; bedeutender theologischer Schriftsteller. Mosheim hatte sechs Kinder, drei Söhne und drei Töchter; als »gelehrte« Tochter kommt wohl nur Dorothea Auguste Margarethe (1732–1761) in Frage, die 1751 Christian Ernst von Windheim auf Timmenrode (1722–1766) heiratete, einen Lehrer der morgenländischen Sprachen in Göttingen und Erlangen. Die andere Tochter, Johanna Justina (1743-1823), war beim Tod ihres Vaters erst zwölf Jahre alt.

91 Die Bemerkung ist von L. durchgestrichen, vermutlich weil er sie in B 379 verwertet hat. – *Hill:* John Hill (ca. 1716–1775), engl. Apotheker, Quacksalber, Schriftsteller und Pamphletist; erhielt sein Doktorat von der Universität St. Andrews, ohne eine akad. Ausbildung zu besitzen. Über ihn s. auch Gumbert, LiE 2, S. 184. – *Milzkraut:* Chrysosplenium, ein Steinbrechgewächs, früher als Heilmittel gegen Leberleiden verwendet. – *It restores . . . Subject:* Sie [die Tinktur] verhilft dem Geist wieder zur Ruhe; lindert beständiges Nachdenken über denselben Gegenstand. L. erwähnt den Tee auch B 379.

92 *Vasques de Pagna . . . in seiner Beschreibung von der Insel Bengagna:* Weder Autor noch Insel (Bengayes südlich von Célebes?) konnten ermittelt werden.

93 *Eberhard in seinen ausgemachten Wahrheiten:* Johann Peter Eberhard (1727–1779), seit 1749 Prof. der Medizin, Physik und Mathematik in Halle; Mitglied der Mainzer Akademie, der Jenaischen Teutschen Gesellschaft und

der Academia Leopoldina in Halle. L. urteilt negativ über ihn in einem Brief an Johann Albert Heinrich Reimarus vom 2. März 1780. Eberhard veröffentlichte Halle 1755 eine »Samlung derer ausgemachten Wahrheiten in der Naturlehre«. Die Versuche, die L. etwas verkürzt wiedergibt, finden sich im 5. Hauptstück »Vom Feuer«, S. 102: »Wenn man eine glüende Kohle mit einem kalten Eisen berührt, so entsteht durch diese Berührung ein schwarzer Fleck. Man erklärt dieses so, das Feuer gehet aus der Kohle in das Eisen, als einen kalten und dichtern Körper über. Allein die Erfahrung lehrt, daß eben dieser scheinbare Uebergang geschehe, wenn gleich der berührende Körper weder kälter noch dichter ist. Zwei glüende Räucherkegel, die sich fast berühren, verlöschen in denen Theilen, die einander sehr nahe sind, ohnerachtet beide gleich dicht sind und gleich stark glüen . . .«. – *Journal des Savans:* »Journal des Sçavants«, eine der ältesten gelehrten Zeitschriften in Europa, erschien wöchentlich seit dem 5. Januar 1665, hrsg. von Denis de Sallo (1626–1669); ab 4. Januar 1666 bis 1675 hatte Abbé Gallois, Sekretär der Académie des Sciences in Paris, die Leitung; s. Betty Trebelle Morgan, Histoire du ›Journal des sçavans‹ depuis 1665 jusqu'en 1701. Paris 1929. Die von Eberhard angeführte Beobachtung ist dem Artikel »Nouvelles expériments touchant le rapport qu'il y a entre l'air et la lumière«, »Journal des Sçavants«, 9. April 1668, S. 29–34, entnommen. Eberhard gibt als Quelle seiner Beschreibung in einer Fußnote »Journ. de scavans 1668. p. 342« an. – *zu untersuchen:* S. zu A 262.

94 *Boulduc hat . . . gefunden:* Gilles Egide François Boulduc (1675–1742), frz. Naturforscher; Erster Apotheker des Königs und Demonstrator der Chemie am Jardin du Roy. – *Boerhaave . . . in seiner Chymie:* Seine »Elementa Chemiae« sind zu A 174 nachgewiesen. – *Antimonium:* Spießglanz, Spießglas; chemisches Element; s. Gehler, Bd. 4, S. 153–158. – *Calcination:* ›Verkalkung‹. – *vor:* Statt *für*; s. zu A 118. – *Vogel . . . in seinem Programm:* »Programma quo experimenta chemicorum de incremento ponderis corporum quorundam igne calcinatorum examinat«, Göttingen 1753. – *Unzen:* Von lat. Unica, der zwölfte Teil eines Ganzen; Arzneigewicht von zwei Lot, ein Zwölftel eines Medizinal-, ein Sechzehntel eines gewöhnlichen Pfundes. – *Skrupel:* Ein Drittelquentchen, Zwölftellot, 20 Gran.

95 *Papinus:* Denis Papin (1647 bis ca. 1714), frz. Arzt und Physiker, Assistent von Huyghens und Boyle, 1688–1707 Prof. der Mathematik und Physik in Marburg; baute 1679/80 einen Dampfkochtopf mit Sicherheitsventil (Papinscher Topf). – *elastischer Dünste:* Vgl. zu A 226. – *Uffenbachs Reisen:* Uffenbachs »Merkwürdige Reisen durch Niedersachsen, Holland und Engelland« erschienen in 3 Bdn. zuerst Ulm und Memmingen 1753/54. Zacharias Konrad von Uffenbach (1683–1734), Reiseschriftsteller, dessen bedeutende Sammlung 1769 in den Besitz der Göttinger Bibliothek überging. L. erwähnt die Reisebeschreibung auch in »Etwas von Jesuiten« (GTC 1795, S. 165f.). – *Herr . . . gemacht:* Dieser Absatz ist von L. als Randglosse später hinzugefügt. – *Schröter in Gotha:* Johann Friedrich Schröder (1736–1814), Sekretär und Mechaniker in Gotha, bekannt dafür, daß er vorzügliche physikalische Apparate baute, u. a. für den Herzog von Gotha und für Ludwig Christian Lichtenberg.

96 *Morus principium hylarchicum:* Henricus Morus (Henry More), engl. Philosoph (1614–1687); Prof. in Cambridge; bildete unter dem Einfluß der

Kabbala, Jakob Böhmes und des Neuplatonismus einen mystischen Spiritualismus aus, der gegen Descartes und die ›moderne‹ Naturwissenschaft Stellung bezog. Sein Raumbegriff als »Repräsentanz der göttlichen Allgegenwart« wirkte auf Newton ein. – *Sturm in seiner Epistola:* »Ad Virum Celeberrimum Henricum Morum Cantabrigiensem Epistola Qua De Ipsius Principio Hylarchico seu Spiritu Naturae et Familiari modernis Hydrostaticis Aëris Gravitatione et Elatere, Occasione controversiae circa experimenta quaedam in parte prima Collegici Curiosi ad causas naturales revocata nobis obortae, Libere, sepositoque omni tum praejudicio tum partium studio disseritur a Joh. Christoph. Sturmio, P. P. Norimbergae, Anno MDCLXXXV (1685)«. Johann Christophorus Sturm (1635–1703), namhafter Philosoph der occasionalistisch-cartesischen Richtung; 1669 Prof. der Mathematik und Physik in Altdorf.

97 *Krascheninninikow in seiner Beschr. v. Kamtschatka:* Stepan Petrowitsch Krascheninninikow (1711–1775), russ. Naturforscher und – als Teilnehmer der Großen Nordischen Expedition im Auftrag der Zarin Anna – 1737–1741 der erste wissenschaftliche Erforscher Kamtschatkas: nordostasiatische Halbinsel zwischen Beringmeer und Ochotskischem Meer, Ende des 17. Jh.s erfolgte die russ. Besitznahme. Die Ergebnisse veröffentlichte er 1755 in der »Beschreibung des Landes Kamtschatka«, die 1766 von Johann Tobias Köhler (1720–1768; Prof. der Philosophie in Göttingen) ins Deutsche übersetzt wurde und in Lemgo erschien. Die giftige Wirkung von Zgate wird ebd., S. 112 f., mitgeteilt.

98 Die Bemerkung ist von L. gestrichen, vermutlich, weil er die kuriose Sitte in D 398 verwertet hat. S. zu KA 97. – *Vielfraß-Pelze:* Ein nordisches Marderraubtier mit braunschwarzem Fell und Buschschwanz; wertvoller Pelz. Vgl. D 398, F 191, K 197 sowie Brief an Kaltenhofer vom 17. Oktober 1773.

99 Zu dieser Bemerkung s. zu KA 97.

100 Zu dieser Bemerkung s. zu KA 97. – *Steller:* Georg Wilhelm Steller (Stoeller; 1709–1746), dt. Naturforscher und Asienreisender; seit 1737 eines der namhaften Mitglieder der von Bering geleiteten »Großen Nordischen Expedition«, auf der er – nach Krascheninnikow – Kamtschatka erforschte und Alaska beschrieb. Er erfror in Tjumen kurz vor Erreichen der europäischen Grenze. Seine Schriften geben nur einen Teil seiner Forschungsergebnisse wieder, u. a.: »De bestiis marinis« (Petersburg 1751; deutsch Halle 1753 unter dem Titel: »Ausführliche Beschreibung von sonderbaren Meerthieren«). Dort ist das von L. bzw. Krascheninnikow erwähnte »grausame« Experiment mit dem Seebären beschrieben. Krascheninnikow führt es S. 157 an. Berühmt ist besonders Stellers Beschreibung der sog. Stellerschen Seekuh, eines 1741 im Beringmeer entdeckten und von Walfängern schon um 1768 ausgerotteten walähnlichen Tieres von sieben Meter Länge, mit dem sich auch Krascheninnikow beschäftigt hatte.

101 Zu dieser Bemerkung s. zu KA 97. – *der Selbstmord bei ihnen etwas sehr Gemeines:* Bemerkenswert, daß L. diese Mitteilung notiert; zu seiner Stellung und Affinität zum Selbstmord vgl. zu A 126.

102 Zu dieser Bemerkung s. zu KA 97.

103 Zu dieser Bemerkung s. zu KA 97. – *Tschukotschen:* Die Tschukotschen nennt der Übersetzer Köhler in einer Fußnote, S. 270, »eine Art

stillsitzender Koräken«: »Sie bewohnen die äußerste nordwestliche Küste von Asien gegen Amerika über, insonderheit die oberste Landspitze, welche von ihnen Tschukotskoi Noß genannt wird.«

104 Zu dieser Bemerkung s. zu KA 97. Von der Ermordung der Zwillinge schreibt Krascheninnikow auf S. 286. – *Kurilen:* »Nachricht von dem Volke der kurilischen Inseln« gibt das XXI. Hauptstück, S. 283–286, in Krascheninnikows Beschreibung.

105 *Muschenbroek:* Seine Erkenntnis über die ›kaltmachende Materie‹ findet sich in »Hrn. Peters von Muschenbroek, M. D. der Weltw. und Mathem. ordentlichen Lehrers zu Leyden, Grundlehren der Naturwissenschaft. Nach der zweyten lateinischen Ausgabe, nebst einigen neuen Zusätzen des Verfassers, ins Deutsche übersetzt. Mit einer Vorrede ans Licht gestellt von Johann Christoph Gottscheden ...«, Leipzig 1747. Die Ausführungen darüber finden sich im XXV. Hauptstück, »Von dem Wasser«, §§ 742–759 (S. 403–412). – *die kaltmachende Materie:* »Nach der Art der Scholastiker, die für jedes Phänomen eine eigne Ursache oder Qualität annahmen, erklärten sonst auch die Chymiker die Kälte für Wirkung eines eignen kaltmachenden Stofs, den sie in den Salzen, und besonders im Salpeter suchten, den man aber bey den Erklärungen der Kälte sehr wohl entbehren kan, zumal da sich sein Daseyn durch keine Erfahrung beweisen läst ... In einem andern Sinne wird der Name kaltmachender Materien denjenigen Auflösungen beygelegt, welche viel Wärmestof binden, und daher die berührenden Körper erkälten, wie z. B. die Mischungen von Schnee und Salz, Schnee und Salzgeist ... Schicklicher nennt man sie erkältende Mischungen« (Gehler, Bd. 2, S. 739f.). L. kommt in einem Brief an Franz Ferdinand Wolff vom 30. Dezember 1784 darauf zu sprechen. – *Eberhards ausgemachten Wahrheiten:* Vgl. zu KA 93, S. 210f. – *Cirill:* Nicola Cirillo (1671–1735), Prof. der Physik und Medizin in Rom, dann in Neapel. – *Salpeter-Geist:* S. Gehler, Bd. 3, S. 759–766.

106 *Die Lettres d'un Anonime:* »Lettre d'un anonyme à M. Rousseau (sur le ›Contrat social‹)«, London (Leiden) 1766. Der Verfasser ist Elie Luzac (1723–1796), Rechtsanwalt und Buchhändler in Leiden. 1767 veröffentlichte derselbe Autor einen zweiten Brief über den »Emile«.

107 *Cakan:* Hebräisch Chakham: der weise, schriftgelehrte Jude; Kokim (jiddisch), Kamkem (Rotwelsch). – *Surrate:* – Surate (Surat), Bezirkshauptstadt nahe der Mündung des Tapti, der erste Ort der indischen Westküste, wo 1608 die Englisch-Ostindische Compagnie eine von den Marathen oft geplünderte Faktorei und Zitadelle anlegte; im 17. Jh. der bedeutendste Seehafen Indiens. – *Toreen ... in Osbecks Reise:* Die »Reise nach Ostindien und China. Nebst O. Toreens Reise nach Surrate und C. G. Ekebergs Nachricht von der Landwirtschaft der Chineser« von Peter Osbeck. Aus dem Schwedischen übers. von J. G. Georgi, Rostock 1765. Olof Toreen, schwed. Schiffsprediger, gest. am 17. August 1753 bei Näsinge; der genaue Titel seiner Reisebeschreibung: »Eine Ostindische Reise nach Suratte, China etc. von 1750. den 1. April bis 1752. den 26. Jun. verrichtet von Olof Toreen Schiffsprediger der Ostindischen Compagnie. In Briefen an den Herrn Archiater von Linné« (in: Osbeck, S. 431–514). Die Pflanze Torenia ist nach ihm benannt. Peter Osbeck (1725–1805), schwed. Pastor und Naturforscher zu Hoßlöf und Woxtorp, Mitglied der Schwedischen Akademie zu Stockholm und der Königlichen Gesellschaft zu Upsala, ging 1750 als Schiffsprediger im

Dienst der schwed. Ostindischen Kompanie auf eine Reise nach Ostindien, von der er am 26. Juni 1752 zurückkehrte. London 1771 erschien eine zweibändige engl. Übersetzung seines obengenannten Werkes von J. R. Forster. – *Scepter von Juda:* Metapher für den Stamm Juda und die Herrscher Judas, das Zepter Symbol der Macht (s. etwa 1. Mose 49, 10).

108 *Osbeck. Reise . . . :* S. zu KA 107. – *Das Kreuzmachen:* Dieses ›Kennzeichen‹ hat L. in D 389 und danach im zweiten der »Briefe aus England« (III, S. 345) verwertet; in dem Artikel »Proben seltsamen Appetits« (GTC 1780, S. 78) berichtet L. von einem Mann, den man »in Paris das Creuzmachen gelehrt«.

109 *Ibidem p. 222:* Ungenaues Zitat; *lebendige Wachtel* wird von Osbeck als Tetrao Coturnix bezeichnet. Im übrigen s. zu KA 107. – *Muffe:* Muff: röhren- oder taschenförmige Hülle aus Pelz oder verbrämtem Stoff zum Wärmen der Hände, seit dem 17. Jh. gebräuchlich.

110 *Ibidem p. 225:* S. zu KA 107; bei Osbeck steht *bedeutet* statt *heißt.* – *Das Wort Tchu:* Dieses vieldeutige Wort verwertet L. B 122. – *ein Pfeiler:* In der Handschrift *einen*.

111 *Ibidem p. 310:* »Von denen Kräutern, die gegen den Scorbut dienen, fand ich in China auch nicht ein einziges wild wachsend, auch sogar keine mit Kreutzblumen (Tetradynamistae). Ich vernahm auch nicht, daß jemand hier zu lange vom Scorbut beschweret werde.« Im übrigen s. zu KA 107. – *Scharbock:* Mittelalterlich für Skorbut: Vitaminmangelkrankheit, die die Weltumseglungen im 18. Jh. zur Tortur machte, bis Cook bei seiner zweiten Weltreise Sauerkraut mitführte.

112 *Ibidem p. 353:* Nicht wörtliches Zitat; s. zu KA 107. – *spanischen Röhre:* Rohrstock; s. a. Brief an Johann Christian Dieterich und Frau vom 17. März 1772, sowie III, S. 345.

113 *Essais . . . sur les principaux ridicules:* Das von L. genau angegebene Werk von M. G. Doux erschien Amsterdam 1766. L. besaß es selbst (BL, Nr. 1823). – *Reliquien:* L. macht sich über diese menschliche ›Schwäche‹ auch in »Handel mit heiligen großen Zehen in Italien« (GTC 1784, S. 47–50) lustig und notiert in A 184 voller Genugtuung die Ausnahme. – *heil. 3 Königen:* Nach Matth. 2 die Magier oder Weisen, die, von einem Stern geleitet, zur Anbetung des Jesuskindes gepilgert sind; seit dem 5. Jh. als Könige vorgestellt. Die spätere Legende gab ihnen etwa im 9. Jh. die Namen Caspar, Melchior und Balthasar.

114 *Hasselquist Reise . . . :* Die Reisebeschreibung ist zu A 184 nachgewiesen; S. 181: »Alle Reisende beklagen sich über die Flöhe zu Zur, von welchen sie sagen, daß alle Flöhe aus der ganzen Welt da versammlet wären. Ich widerspreche ihnen nicht.« – *Zur:* Die Hafenstadt Sur im Libanon, das antike Tyros; ehemals mächtigste Handelsstadt Phöniciens; 1124–1291 in den Händen der Kreuzfahrer.

115 Zu dieser Bemerkung s. zu A 184. L. notiert nahezu wörtlich zwei von vier Beispielen aus dem 2. T., Kap. »Medica«, S. 596 f., 17. Puerperia: »2) Ein *Bey*, der vor ungefähr funfzehn Jahren in *Kairo* ermordet wurde, hatte bey seinem Tode sieben und siebenzig Frauenspersonen in seinem Harem, die alle schwanger waren . . . 4) Ein anderer Türke in Kairo hatte dem ungeachtet innerhalb zehn Jahren mit acht Frauen achtzig Kinder, die alle lebten, gezeuget. Ich habe verschiedene davon gekannt.«

116 *Eberhard . . . in der neuen Auflage seiner Physik:* Das zu KA 93 nachgewiesene Werk von Johann Peter Eberhard; die Gesetze des Gleichgewichts beim Hebel finden sich im 4. Kap. (»Von der anziehenden Kraft«), § 118, S. 141–143. – *Gegen ein ähnliches Verfahren . . . annehmen:* Die Passage ist wörtliches Zitat aus der Besprechung des Werks in GGA, 18. Stück, 9. Februar 1767, S. 141–143; die zit. Stelle findet sich ebd. auf S. 142f. – *Verfahren des Varignon:* Pierre Varignon (1654–1722), frz. Naturwissenschaftler, seit 1688 Prof. der Mathematik am Collège Mazarin in Paris; veröffentlichte »Nouvelle Mécanique ou Statique« Paris 1725. Newton folgend, der das Gesetz des Gleichgewichts am Hebel aus der Lehre von der Zusammensetzung der Kräfte herleitete, baut Varignon in seiner Abhandlung auf diese Lehre die ganze Statik und Mechanik auf. – *Bernoulli . . . erinnert:* »Variae prop. mechanico-dynamicae«, in »Opera omnia« von Johann I. Bernoulli, Lausanne 1742, Bd. IV, no. 177, § V. – *die Lehre vom Hebel:* S. Gehler, Bd. 2, S. 566–571, insbesondere S. 568. – *Kästner:* Vermutlich hat Kästner das obengenannte Werk Eberhards in GGA rezensiert. Kästner hat selbst über das Gesetz des Hebels geschrieben: »Vectis et compositionis virium theoria evidentius exposita«, Leipzig 1754.

117 *Gött. gel. Anz.:* Der von L. fast wörtlich zitierte Satz steht am Schluß einer Besprechung der »Lettres de Voltaire à ses amis du Parnasse«, Amsterdam 1766, GGA, 17. Stück, 7. Februar 1767, S. 134–136. Der Rezensent ist unbekannt. Die »Göttingischen Anzeigen von gelehrten Sachen«, 1802 umbenannt in »Göttingische Gelehrte Anzeigen« (GGA), wurden 1753 als wissenschaftliches Rezensionsorgan unter der Redaktion Hallers gegründet und fortgeführt von Heyne; sie erscheinen bis zum heutigen Tag. L. besaß die Jahrgänge 1766–1799 (s. BL, Nr. 4 und Anm.). – *leiblichen Wollust:* Im Unterschied zur geistigen Wollust; s. A 126. – *Helvétius . . . Buch:* Claude-Adrien Helvétius (1715–1771), frz. materialistischer Philosoph, zu dessen Lebzeiten nur sein Hauptwerk erschien: »De l'esprit«, Paris 1758. Unter dem Titel »Discurs über den Geist des Menschen« erschien 1760 in Leipzig mit einer Vorrede von Johann Christoph Gottsched die dt. Übersetzung von Johann Gabriel Forkert (Neuaufl. 1787). Auf Befehl des Parlaments von Paris wurde das Buch als staats- und religionsgefährlich öffentlich verbrannt. L. besaß eine frz. Ausgabe des Werks in 3 Bdn., erschienen Paris und Frankfurt 1768 (BL, Nr. 1305).

118 *Benjanen:* Bannianen; Name der Angehörigen einer handeltreibenden Kaste im nördlichen und westlichen Indien, die auch in Fieldings »Tom Jones« 3. Buch, 2. Kap. erwähnt wird. Von der Sekte der Benjanen berichtet Johan Twiß in seiner zu KA 7 nachgewiesenen Reisebeschreibung.

119 Möglicherweise liegt dieser Notiz eine mündliche Information durch J. C. P. Erxleben zugrunde, der im »Hannoverischen Magazin«, 63. und 64. Stück, 9. und 12. August 1765, Sp. 993–1014, innerhalb einer »Nachricht von einer Reise nach dem Meißner . . .« auch von der Alaungewinnung bei Almerode berichtet; die Exkursion bestand aus den Professoren Büttner und Murray sowie aus sieben »hier studierenden Liebhabern der Natur«. Sollte L. mit von der Partie gewesen sein? – *Almerode:* Hessische Stadt im Kreis Witzenhausen, eine alte Glashüttensiedlung, die 1537 Vorort des hessischen Gläsnerbundes, 1755 Stadt wurde. An die Stelle des bis 1560 blühenden Glasgewerbes trat die Tonindustrie mit Alaunwerken. – *Alaun-Erz:* »Ein

erdiges Mittelsalz, welches durch Verbindung der Vitriolsäure und Thonerde oder Alaunerde entsteht« (Gehler, Bd. 1, S. 91); Doppelsulfat. – *Vitriol-Säure:* Schwefelsäure. – *Tartarus Vitriolatus:* Vitriolisierter Weinstein; schwefelsaures Kalium.

120 *Sarus des Monds:* Saros-Periode, Chaldäische Periode; Zeitabschnitt, nach dem sich Sonnen- und Mondfinsternis wiederholen; früher zur Voraussage von Finsternissen benutzt. – *Chaldäischen Weltweisen:* Die Bewohner der vorderasiatischen Landschaft Chaldäa (Babylonien) waren in der Antike wegen ihrer Sternkunde so berühmt, daß die Römer der Kaiserzeit Astrologen und Wahrsager schlechthin Chaldäer nannten. – *daß:* In der Handschrift *das*.

121 *Logleine:* Log, Loog: ein Schiffslaufmesser, Werkzeug zur Bestimmung der Geschwindigkeit von Schiffen, bestehend aus einem mit Blei beschwerten Holz an einer langen Leine.

122 *Ad Boream ... Poeta:* Nordwärts blickt der Vermesser der Erde, südwärts der des Himmels, Aufgang schaut Gottes Herold, und Untergang schaut der Dichter.

123 *Halleys Erde in der Erde:* In »An account of the late surprizing appearance of the Light seen in the Air, on the sixth of March last; with an attempt to explain the principal Phaenomena there of«, in: Philosophical Transactions 29, 1716, S. 406–428, beschreibt Halley ein Polarlicht und gibt eine theoretische Erklärung der Nordlichterscheinungen, die er auf ein »luminöses Medium« im Hohlraum des Erdinnern zurückführt, das gelegentlich durch die Spalten des Gesteins in den Außenraum der Erde heraufdringt. Diese Art selbstleuchtenden Gases sollte nach Halleys Hypothese den in den inneren Schalen der Erde wohnenden Lebewesen Licht spenden. Edmund Halley (1656–1742), engl. Astronom, seit 1720 Astronomer Royal und Direktor der Sternwarte zu Greenwich; erforschte 1676 auf St. Helena zum erstenmal den südlichen Sternenhimmel, beobachtete als erster vollständig einen Vorübergang des Merkur vor der Sonne, empfahl die Beobachtung von Venusdurchgängen zur Bestimmung der Entfernung zwischen Erde und Sonne, wies auf den Zusammenhang zwischen Erdmagnetismus und Polarlichtern hin (1716). 1705 sagte er die Wiederkehr des nach ihm benannten Kometen von 1682 für 1758/59 voraus. – *den Nordschein formiert:* Zu L.s Beschäftigung mit den Nordlicht-Theorien seiner Zeit s. zu A 222. – *neblichten Sterne:* »Sterne, die wie helle Wölkchen am Himmel aussehen. Wenn man sie durch Fernröhre betrachtet, so scheint es drey Classen derselben zu geben. Einige zeigen sich als einzelne in einen Nebel eingehüllte Sterne; andere bestehen aus Mengen kleiner Sterne, und werden Sternhaufen genannt; noch andere erscheinen als bloße neblichte Stellen oder unförmliche Lichtmassen, und führen den eigentlichen Namen der Nebelflecke.« (Gehler 3, S. 329).

124 *Gött. gel. Anz.:* Auf S. 216 der GGA, März 1743, steht unter der Rubrik »Göttingen« folgendes: »Nachstehende mathematische Frage ist uns von einem vornehmen Gönner zugeschicket worden; wir legen sie unsern Lesern ohne Änderung zur Beantwortung vor. Eine jede einfache Zahl, welche sich durch die Zahl 4 theilen läst, wenn man eine Einheit von derselben abziehet, zum Exempel, 5, 13, 17, 29, kan in zwey Quadratzahlen zertheilet werden, und zwar nur auf einerley Art. Als die Zahl 5. in 4. und 1. die Zahl 13. in 9. und 4, die Zahl 17. in 16. und 1, die Zahl 29. in 25. und 4.

Dieses ist ein Satz dessen Beweis einige *Mathematici* vergeblich gesucht; und diese werden sich demjenigen höchst verbunden erachten, welcher entweder die beständige Richtigkeit desselben darzuthun, oder die Abfälle, wenn er welche haben solte, anzugeben, und davon einen kleinen Aufsatz einzusenden das Vermögen und die Gefälligkeit haben wird. Zu Erleichterung des zu erfindenden Beweises bemerken wir, daß in der Aufgabe unter den einfachen Zahlen *numeri primi* verstanden werden; und der Satz, dessen Beweis und weitere Ausführung verlanget wird, nicht auf die *numeros compositos* zu ziehen sey: denn von diesen lässet er sich nicht behaupten, z. E. 21, 33 usw. lassen sich nicht in zwey Quadratzahlen zerschneiden; sondern jenes bestehet aus 16, 4. und 1, dieses aber aus 16, 16. und 1. oder aus 25. 4. und 4.« Eine Lösung des mathematischen Problems wird in den Jahrgängen 1743 und 1744 der GGA nicht mitgeteilt.

125 *Vomitiv:* Brechmittel. – *Boerh. hist. morbi atrocis* . . .: Die Schrift »Atrocis, nec descripti prius, morbi historia«, Leiden 1724, von Herman Boerhave. Der Fall steht im 2. Teil (1728), S. 11–19. S. auch SK 840. – *Wassenaer:* Wohl Willem Baron von Wassenaer Sterrenburg (1650–1723), einer der vornehmsten niederländischen Edelleute, 1714 Kurator der Universität Leiden, 1720 Großsiegelbewahrer. – *Swanton:* Dieser Name ist von L. an den Außenrand geschrieben worden; womöglich ist diesem ›vornehmen britischen Edelmann‹ Ähnliches widerfahren wie Wassenaer. Thomas Swanton (geb. 1751), Sohn eines engl. Admirals, Student der Mathematik in Göttingen, wo er sich den 12. Juni 1767 immatrikulierte; bis 1770 Zögling L.s, der mit ihm im Hause Tompsons in der Weender Straße wohnte, ihn in Mathematik unterrichtete (s. Brief an Hermann von Riedesel, 18. Juli 1767) und 1770 nach England zurückbegleitete. 1791 Patenonkel Wilhelm Christian Lichtenbergs. S. auch Brief von William Henry Irby an L., 30. September 1781.

126 *Rousseau Discours, qui a remporté le prix* . . .: Titel des berühmten Ersten Diskurses, der auf dem Titelblatt der 1750 zu Genf veröffentlichten Preisschrift nur an einer Stelle modifiziert ist: Nach *année 1750* folgt *Sur cette question proposée par la même Académie: Si le* . . . – *Un reste* . . . *Indiens:* Ein Rest von Menschlichkeit bewegte die Spanier, ihren Rechtsgelehrten den Zutritt nach Amerika zu verbieten; welchen Begriff mußten sie von der Rechtswissenschaft haben? Könnte man nicht sagen, sie hätten durch diesen einzigen Akt alle Leiden, die sie den unglücklichen Indianern angetan hatten, wieder gut machen wollen? – Diese Passage steht in einer Fußnote im Ersten Teil des zu A 80 nachgewiesenen Diskurses von Rousseau. Vgl. D 390.

127 *L'astronomie* . . . *humain:* Die Astronomie entstand aus dem Aberglauben; die Beredsamkeit aus dem Ehrgeiz, dem Haß, der Schmeichelei, der Lüge. Die Meßkunst aus dem Geiz; die Naturlehre aus einer eitlen Neugierde; alle, und selbst die Moral, aus dem menschlichen Stolz. Diese Passage findet sich im Zweiten Teil des zu A 80 nachgewiesenen Diskurses von Rousseau.

128 *Y a t'il* . . . *philosophes:* Gibt es heutzutage sogar in Europa den geringsten Naturforscher, der nicht kühn dieses tiefe Geheimnis der Elektrizität erklärt, woran die wahren Philosophen vielleicht für immer verzweifeln werden? Diese Passage findet sich in einer Fußnote im Zweiten Teil des zu A 80 nachgewiesenen Diskurses von Rousseau. Vgl. F 1039.

129 *Dante sieht in der Hölle* . . .: Vgl. Dantes »Göttliche Komödie«, XX. Gesang, Verse 13–15, 22–25: »Denn nach den Lenden war ihr Blick gekehrt; /

Und rückwärts gings so auf der Tränenwiese, / Da ihnen ja das Vorwärtsschaun verwehrt. – Als unser Bild so nah ich so verschlungen, / Daß Tränen, welche ihre Augen weinen, / Den Arsch hinunter durch den Schlitz gedrungen.« Dante schildert so übrigens nicht die »falschen Propheten«, sondern Seher und Wahrsager wie Teiresias und Manto.

130 *Ludwig Cartusius:* Ital. Jurist in Padua, gest. 1418. Unter der Überschrift »Weitere Nachricht von Ludwig Cartusius Testament« findet sich Sp. 1143–1148 im »Hannoverischen Magazin« vom 7. September 1767 der von L. resümierte Aufsatz, der mit »K.« (Kästner, Klügel?) unterschrieben ist und auf einen Zweispalter mit der Überschrift »Sonderbares Testament« Bezug nimmt, der im »Hannoverischen Magazin«, 59. Stück, 24. Juli 1767, Sp. 943 f., erschienen war. Die Zeitschrift erschien 1763–1816, ab 1792 als »Neues Hannoverisches Magazin«.

131 *Der Esel . . . Gött. gel. Anz.:* In den GGA, 98. Stück, 15. August 1767, S. 783 f., heißt es in einer Besprechung der 1766 in Stockholm erschienenen 12. Auflage von »Caroli Linné Systema naturae per regna tria naturae«, T. 1., wie folgt: »Der Esel, den die orientalischen Fabeln den aufgeweckten nennen, indem er bey ihnen fast eben den Rollen [sic] spielt, wie in den unsrigen der Fuchs, ist wohl nur in Europa, in einer allzukalten Gegend, und nach einer Knechtschaft von vielen Jahrhunderten dumm.« L. verwertet obigen Satz in »Zur Biographie Kunkels Gehöriges« (III, S. 591). Im übrigen s. zu A 26.

132 *Briefe die neust. Litt. betreff.:* S. zu KA 63 (Berlin 1763, 15. T., S. 63–73.). – *Vid. p. 37:* KA 158.

133 *Dryden starb an einem ersten Mai:* John Dryden (1631–1. 5. 1700), engl. Dichter, Dramatiker und Kritiker, gilt als Hauptvertreter der beginnenden Restaurationsperiode und Vorläufer Alexander Popes.

134 *Titul:* S. Lessings »Hamburgische Dramaturgie«, Leipzig 1769, 21. Stück. L. besaß die Ausgabe (BL, Nr. 1784a).

137 *Kalender:* Die Azteken und Mayas hatten keinen hundertjährigen Kalender, sondern dachten in Zyklen von 52 Jahren, unterteilt in 13 Jahre, genannt das Rad, da das Ende der Zeit zugleich wieder ihr Anfang war.

138 *die Ligue:* 1576 schlossen die Katholiken in Frankreich eine Heilige Ligue gegen die Hugenotten, woraus in Paris die Ligue des seizes (der sechzehn Stadtteile von Paris) hervorging, die offen Heinrich III. und Heinrich IV. bekämpfte. – *Menippeische Satyre:* Schröckh schreibt darüber in seiner »Allgemeinen Biographie« (s. u.) auf S. 317: »Denn diese sehr witzige Spottschrift, an welcher mehrere Gelehrte gearbeitet hatten, stellte die gedachte Reichsversammlung, und die Häupter der Ligue nach ihren Absichten, Unternehmungen und Fähigkeiten so lächerlich vor, daß sehr viele Personen anfiengen sie zu verachten.« Unter »Menippeische Satire« versteht man eine Gattung im »ernst-heiteren Stil«, die in witziger Form, im Wechsel von Prosa und Poesie und in humorvollen Fiktionen die philosophischen Systeme und die Torheiten der Menschen verspottete; benannt nach Menippos von Gadara in Syrien (zweite Hälfte des dritten Jh.s v. Chr.), griech. Kyniker. – *Schlacht bei Ivry:* Am 14. März 1590; vgl. B 23. – *Schröckh p. 317:* »Allgemeine Biographie« von Johann Mathias Schröckh, erschienen Berlin 1767–1789 in sieben Teilen, bei August Mylius. Der erste Teil enthält die Biographien von Hannibal, Cato von Utica, Otto dem Großen und Heinrich dem Großen (Heinrich IV.). Johann Matthias Schröckh (1733–1808) aus

Wien; Schüler Mosheims und Michaelis' in Göttingen, seit 1762 außerordentl. Professor der Philosophie in Leipzig, 1775 Professor der Geschichte in Wittenberg; bedeutender Kirchengeschichtler und histor. Schriftsteller.

139 *Otto I.:* Otto I., der Große (912–973), 936 König, 962 Kaiser, Gründer des römisch-deutschen Kaiserreichs. – *Sonnenfinsternis . . . Schrecken:* Vgl. zu KA 75. – *Schröckh:* Zu Schröckhs Werk s. zu KA 138; L.s Exzerpt steht dort innerhalb des »Leben Otto des Großen«, S. 232 f., wo es in dem Bericht über die Feldzüge in Kalabrien heißt: »In diesem Feldzuge des Otto gerieth sein Heer über eine große Sonnenfinsterniß, welche am 22. December des Jahres 968. vorfiel, in unglaubliches Schrecken. Eben diejenigen Soldaten, welche so viele Städte erobert, und so viele Völcker bezwungen hatten, verkrochen sich jezt in Weinfäßer, Kasten und Wagen: sie glaubten, der jüngste Tag breche herein, und ein jeder wünschte nur für die darauf folgende Nacht einen Schlupfwinckel zu finden.«

140 Offenbar ein abgewandeltes Zitat aus Schröckhs »Allgemeiner Biographie« (s. zu KA 138), wo er S. 246 zum »Leben Otto des Großen« schreibt: »Man hat ihn [Heinrich den Vogler] mit Philipp von Macedonien verglichen, weil er eben so wie dieser, seinem Sohne geübte Kriegsvölcker bildete, mit welchen derselbe größere Unternehmungen, als er selbst, ausführen konnte.« – *Philipp von Macedonien:* Philipp II. von Makedonien (ca. 382–336 v. Chr.), seit 356 König, schuf den makedonischen Einheitsstaat. Sein Sohn, Alexander der Große (356–323 v. Chr.), König von Makedonien und berühmter Feldherr, besiegte 333 Dareios und das persische Heer. – *Heinrich der Vogler:* Heinrich I. (um 876–936), Herzog von Sachsen, dt. König seit 919, gefeiert als »Gründer« des Deutschen Reiches, um dessen Beinamen »auceps« (Vogelfänger) sich zahlreiche Legenden rankten. Vater Ottos des Großen. – *Friedrich Wilhelm:* Friedrich Wilhelm I. (1688–1740), seit 1713 König von Preußen, schuf den modernen Einheitsstaat im Bereich der Verwaltung sowie der Wirtschaft und durch den Aufbau einer starken Armee. Sein Sohn, Friedrich II. (der Große; 1712–1786), führte nach innen einen anderen Regierungsstil ein, vergrößerte das Heer und führte mehrere Kriege.

141 *Liscow. Die Leute die den Reim . . .:* Zitat aus Liscows »Samlung satyrischer und ernsthafter Schriften«, Frankfurt und Leipzig (= Hamburg) 1739, S. 190 (BL, Nr. 1736). Christian Ludwig Liscow (1701–1760), satirischer Aufklärungsschriftsteller, seiner Schärfe und Grausamkeit wegen berühmt und gefürchtet; von L. bewundert.

142 *Ein elender Schriftsteller . . .:* S. Liscows »Samlung«, a.a.O., S. 209. – *fast . . . die Hörner des Altars:* Die Wendung ist 1 Könige 1,50,51; 2,28 entnommen.

143 *abgeschmackte Grillen und läppische Einfälle:* L. spielt auf diese Definition aus Liscows »Sammlung« (a.a.O., S. 241) B 19 an.

144 *Aude . . . aliquis:* Willst du wer sein, so wage etwas, das Verbannung nach [der Strafinsel] Gyaros, das Gefängnis verdient. – *Gyaris:* Gyarus (Jaros), griech. Insel der mittleren Kykladengruppe; im Altertum war die völlig kahle und wasserlose Insel Verbannungsort. – *Juven[al]: Sat[ira] I.:* Das Zitat findet sich Z. 70–72 der Ersten Satire von Juvenal. Decimus Junius Juvenalis (ca. 60–140), der letzte bedeutende lat. Satirendichter, von dem sechzehn Satiren erhalten sind (BL, Nr. 1728).

145 *qui ... agit:* Der mit Seelen handelt und mit Toten experimentiert.

146 *Belisaire:* »Bélisaire«, Roman, erschienen Paris 1767, von Jean-François Marmontel (1723–1799), frz. Erzähler und Dramatiker. Belisar (um 500–565), Feldherr des oström. Kaisers Justinian I. Sein Leben wurde durch seinen Sekretär Prokopios von Kaisareia beschrieben. Seine Figur ist seit dem Mittelalter Gegenstand der europ. Literaturen. – *La chimere ... du bien:* Das Wunschbild des Bestmöglichen wird das Muster des Guten. Das Zitat findet sich nicht, wie L. schreibt, im 8., sondern im 7. Kapitel, S. 80.

147 *Ce sont ... garants:* Das sind Vorschüsse, die das Vaterland auf das Wort Ihrer Ahnen hin in der Erwartung gibt, daß Sie imstande sind, Ihren Bürgen Ehre zu machen. Zu L.s Antifeudalismus s. zu A 79.

148 *allgemeine Magazin der Natur und Kunst:* Das »Allgemeine Magazin der Natur, Kunst und Wissenschaften«, Leipzig 1753–1767, hrsg. von Johann Daniel Titius. Fünfter Teil, Leipzig 1755, S. 101–126: »Historische und physikalische Beschreibung des merkwürdigen Falles mit Catharina Vizzani, von Joh. Bianchi, öffentlichen Lehrer der Zergliederungskunst zu Siena. (Aus dem Englischen übersetzt.)«.

149 *Busby ein berühmter Schulmeister:* Richard Busby (1606–1695), engl. Pädagoge, seit 1640 Direktor der Westminster School; Lehrer u.a. von Dryden und Locke. – *Westmünster Abtei:* Westminster Abbey, die Krönungs- und Grabeskirche der engl. Könige und berühmter engl. Persönlichkeiten in London; gegründet im 7. Jh. Der gotische Neubau wurde 1245 begonnen. Die Fülle der für bedeutende Briten errichteten Grab- und Denkmäler macht Westminster Abbey zum Ruhmestempel der brit. Nation. L. notiert dies für Busby angesichts der geringen Reputation des Schulmeisters in Deutschland.

150 *Le bon homme ... aux Fénelon:* Der gute Mann besaß einige dieser kleinen kritischen Büchelchen, dieser periodischen Broschüren, in denen Menschen, unfähig, etwas hervorzubringen, die Werke anderer verunglimpfen und ein Visé einen Racine und ein Faydit einen Fénelon beschimpft. – *Gordon:* Fiktive Person aus »L'Ingénu«. – *Visé:* Jean Donneau de Visé (1638–1710), frz. Lustspielautor und Journalist, Kritiker Molières; in dem von ihm 1672 gegründeten Literaturblatt »Mercure galant« hatte er Racine angegriffen. – *Racine:* Jean-Baptiste Racine (1639–1690), größter frz. klassizistischer Tragödiendichter. – *Faidit:* Pierre-Valentin Faydit (1640–1709), frz. Theologe und Literaturkritiker; gegen Fénelons »Les aventures de Télémaque« verfaßte er die Schmähschrift »Telemachomanie«. – *Fénelon:* François de Salignac de la Mothe Fénelon (1651–1715), frz. pädagogischer und religiöser Schriftsteller, Erzbischof von Cambray. – *L'Ingenu:* Das Buch von Voltaire erschien 1767 anonym in Genf; L. zitiert aus dem 11. Kapitel.

151 *Before ... shed:* Ein Tuch, das ich mir vors Gesicht getan / Verbarg den Tränenstrom – der gar nicht rann. Die von L. wörtlich zitierten Textstellen finden sich S. 138, V. 311/312, V. 319/320 in: The Works of Alexander Pope. Vol II. London 1752. – *But ... Flame:* Aber als Weib noch kräftig, drall zu fühlen / Und hochbegabt, die Sinnenglut zu kühlen. – *on trouve ... complaisance:* Man findet in seinen Versen eine gewisse Leichtigkeit / Die man ohne zu große Gefälligkeit nicht loben kann. – *Boisrobert:* François Le Métel de Boisrobert (1592–1662), frz. Schriftsteller; »Les Epistres dv sievr de Bois-Robert-Metel, abbé de Chastillon«, Paris 1647. Die Stelle, auf die L. anspielt, steht in der 38. Epistel (nicht in der 28.), S. 191, die den Titel »A Monsievr

Conrat Secrétaire dv Roy« trägt (S. 190–194). L. verkehrt die Aussage des Boisrobert (Et qu'on y trouvre une certaine aizance / Qu'on peut louer sans trop de complaisance.«) in ihr Gegenteil.

152 *Braunschw. Zeitung:* Die »Gnädigst privilegirte Neue Braunschweigische Zeitung« erschien – unter wechselndem Namen – von 1768 bis 1789. Der Artikel, auf den L. anspielt und den er zusammenfaßt und dabei zumeist wörtlich zitiert, findet sich ebd., Nr. 38, 7. März 1768. – *Dublinschen Merkurius:* »The Dublin mercury. Containing a full and impartial account of the foreign and domestick news«; die Zeitschrift bestand 1723–1773. – *die Orgel . . . Cäcilia erfunden:* Cäcilia, Heilige, röm. Märtyrerin, gest. angeblich 230; seit dem 15. Jh. Patronin der Kirchenmusik; ihr Attribut ist die Orgel. – *Positivchen:* Positiv; kleine selbständige Orgel ohne festen Standort mit einem Manual, hauptsächlich als Kammer- und Hausinstrument in Gebrauch. – *Telemach:* »Les aventures de Télémaque« (1699), berühmter Roman von Fénelon. – *Tasso:* Torquato Tasso (1544–1595), einer der größten ital. Dichter, verfaßte u. a. das christliche Epos »La Gerusalemme liberata« (1575). – *Ariost:* Ludovico Ariosto (1474–1533), berühmter ital. Dichter; sein Hauptwerk »L'Orlando Furioso« erschien 1516–1521 in vierzig Gesängen. – *Clavecin:* Cembalo, vom 16. bis 18. Jh. als Solo- und Generalbaßinstrument weitverbreiteter Kielflügel, der um 1350 erfunden wurde. – *Spinett:* Die ältere Form des Cembalos; im allgemeinen Sprachgebrauch fälschlich als Hammerklavier verstanden. – *Flageolet:* Seit dem 13. Jh. Bezeichnung jeder kleinen Flöte, dann für die um 1581 von Juvigny in Paris geschaffene Blockflöte; scharf klingendes Instrument. – *Madrigal:* Eine aus Italien stammende lyrische Form, bestehend aus zwei oder drei Terzinen, denen ein oder zwei Reimpaare folgen; bei Petrarca Liebesgedicht mit bukolischem Hintergrund. – *Memoirs:* Denkwürdigkeiten; Erinnerungen an die Zeitgeschichte, die der Verfasser als handelnd Beteiligter oder als Augenzeuge miterlebt hat. – *Livius:* Titus Livius (59 v. Chr. bis 17 n. Chr.), röm. Geschichtsschreiber; schrieb eine röm. Geschichte in 142 Büchern. – *Tacitus:* Publius Cornelius Tacitus (ca. 55 bis ca. 120 n. Chr.), röm. Geschichtsschreiber, Prätor und Konsul; um 112 Prokonsul der Provinz Asia unter Trajan; »Annalen« (16 Bücher). Von L. auch wegen seines Stils gerühmter Historiker. – *einige:* In der Handschrift *eintzige*. – *Baßgeige:* Kontrabaß. – *Horaz:* Quintus Horatius Flaccus (65–8 v. Chr.), größter röm. Dichter neben Vergil, schon zur Zeit Quintilians Schulschriftsteller; sein Einfluß, vor allem auch seiner Dichtungstheorie, blieb bis ins 18. Jh. lebendig. L.s meistzitierter antiker Autor. Zu L.s Wertschätzung vgl. III, S. 413. – *Swift:* Jonathan Swift (1667–1745), irischer Schriftsteller und Satiriker; »Gulliver's travels« (1726). – *Murkepötter:* Wohl Murkibässe: fortgesetzte Begleitung in gebrochenen Baßoktaven; erstmals in der Leipziger Sammlung von Studentenliedern »Die singende Muse an der Pleiße« (1736) von Sperontes nachweisbar.

153 *Aurum . . . musivum:* Saitengold; kristallisiertes, goldfarbenes Zinnsulfid. Vermutlich hat L. die Herstellungsanweisung dafür aus der sechsbändigen »Abhandlung von der Materia Medica, oder von der Kenntniß, der Kraft, der Wahl, und dem Gebrauch einfacher Arzneymittel« von Stephan Franz Geoffroy, die 1760 in Leipzig erschien. Geoffroy beschreibt dort im 1. Bd. im Kap. »Von den unvollkommenen Metallen« auf S. 416 die Herstellung und bemerkt dazu: »... wird von den Mahlern und den Ärzten

gebraucht. Man hält sie von zehn bis zu dreyßig Gran in hysterischen Zufällen, hypochondrischen Krankheiten und bösartigen Fiebern für Schweißtreibend«. – *amalgamiert:* Amalgamieren: Metall mit Quecksilber verbinden, verschmelzen. – *sublimiert:* Begriff der Alchemie: durch Feuer einen Körper in Dampf verwandeln und diesen durch Abkühlung wieder erstarren lassen und auffangen.

154 *Mendoza:* Diego Hurtado de Mendoza (1503–1575), span. Humanist, Schriftsteller und Staatsmann, eine Zeitlang Gesandter in Lissabon. – *der Sieben-köpfigte . . . den Halb-Köpfigten:* Der Gedanke ist zum Teil B 192 und vollständig in der »Erzählung« – B 204 – und dementsprechend in den »Beiträgen zur Geschichte des ***« (III, S. 613) verwertet.

155 *Hegemon:* Hegemon von Tharsos, griech. Dichter, lebte im 5. Jh. v. Chr.; er wurde besonders durch Parodien bekannt (»Gigantomachia«).

156 *Heralds . . . higher:* Hier, Herolde, Dichter, ruhet er, / Der Matthew Prior, mit Verlaub. / Von Adam und Eva stammt er her, / Sind Nassau, Bourbon höhrer Staub? – *Prior:* Matthew Prior (1664–1721), berühmter engl. Lyriker und Diplomat, dessen Leben Johnson beschrieben hat; in TB (S. 95 der Handschrift) führt L. unter den Büchern, die er Dieterich gegeben hat, auch »Prior's Poems« auf. – *Bourbon:* Frz. Dynastie, Zweig der Kapetinger; die frz. Linie regierte in Frankreich 1589–1792 und 1814–1830. – *Nassau:* Das Geschlecht der Grafen von Nassau stellte im 16. Jh. mit Graf Wilhelm I. den »Prinz von Oranien«, der 1574 Statthalter der Niederlande und deren Führer im Freiheitskampf wurde.

157 *The weighty . . . shine:* Einer goldnen Zeile schwere metallne Speise, / französisch ausgewalzt, gleißte gleich seitenweise. Dieser Zweizeiler stammt nicht von Charles Sackville Dorset (1698–1706), wie L. angibt, sondern von dem engl. Lyriker Wentworth Dillon 4th Earl of Roscommon (ca. 1633–1685), in dessen Gedicht »An essay on translated verse«, V. 53, er sich findet. L. zitiert den Zweizeiler auch F 860, in »Einige Neuigkeiten vom Himmel« (GTC 1792, S. 90) und in einem Brief an Christian Wilhelm Büttner vom 16. November 1785 sowie als Stammbuch-Eintragung für Johann Reinhard Nicolai vom 29. August 1769 (s. Joost, Lichtenberg-Jb 1989, S. 200).

158 *Neue Biblioth. der s[chönen]. Wissensch.:* L. zitiert genau aus dem Artikel im 5. Bd., 2. Stück, der auf S. 241–291 unter der Kapitelüberschrift »Fragmente als Beylagen zu den Briefen, die neueste Litteratur betreffend, dritte Sammlung, Riga, bey Joh. Fr. Hartknoch, 1767 (331. S.)« zu finden ist. Die »Neue Bibliothek der schönen Wissenschaften und der freyen Künste« erschien Leipzig 1765–1806, hrsg. von Christian Felix Weiße. – *Herders Fragmenten:* »Über die neuere teutsche Literatur. Sammlung von Fragmenten. Beilage zu den Briefen, die neueste Litteratur betreffend«. Die drei Sammlungen erschienen 1766–1767. Johann Gottfried Herder (1744–1803), Kritiker und Schriftsteller; seit 1771 Konsistorialrat in Bückeburg, wo L. ihn 1772 kennenlernte (vgl. TB 29); seit 1776 Hofprediger in Weimar. – *Vid. p. 31:* Gemeint ist KA 132.

159 *der Pabst unter Karl dem 5$^{\underline{ten}}$:* Papst Clemens VII., Giulio di Medici (1478–1534), seit 1523 Papst; wandte sich nach seiner Wahl Frankreich zu und mußte so 1527 die Plünderung Roms durch die Truppen Karls V. hinnehmen.

160 *Franz der Erste ... hoffte Mailand ... zu ... erhalten:* In der Schlacht bei Pavia, das dem Herzogtum Mailand einverleibt war, unterlag Franz I. von Frankreich 1525 dem Heer Karls V.; vgl. E 88. Franz I. (1494–1547), seit 1515 König von Frankreich, entschiedener Gegner Karls V. Erst 1544 beendete der Frieden von Crépy die Kriege mit Karl V.

161 *Simpson's Select exercises ...:* Das von L. genau zitierte Werk von Thomas Simpson, das London 1752 erschien, besaß er persönlich (BL, Nr. 1447). Vermutlich schaffte L. die »Ausgewählten Übungen für junge Adepten der Mathematik« zum Unterricht zweier englischer Zöglinge an (s. Brief an Hermann Freiherrn von Riedesel, 18. Juli 1767). Thomas Simpson (1710–1761), engl. Mathematiker, Prof. der Mathematik an der Militärschule in Woolwich, seit 1746 Mitglied der Royal Society.

162 *Lalande exposition:* Das genau zitierte Werk erschien Paris 1762. Josèphe Jérôme le François de Lalande (1732–1807), frz. Prof. der Astronomie am Collège de France und seit 1768 Direktor der Sternwarte in Paris; Mitarbeiter Lacailles, Freund Herschels. 1764 erschien sein berühmtes Lehrbuch der Astronomie: »Traite d'astronomie«.

163 *Earl Strafford:* Thomas Wendworth (1593–1641), seit 1640 Earl of Strafford; engl. Staatsmann im Dienste Karls I., bis das ›Lange Parlament‹ seine Hinrichtung erzwang. – *Karl dem Ersten:* Charles I. (1600–1649), König von England, im Anschluß an den Bürgerkrieg der vierziger Jahre wegen Tyrannei und Hochverrats zum Tode verurteilt und hingerichtet.

164 *Tamquamn ... verbum:* Wie eine Klippe so fliehe ein unerhörtes und gewagtes Wort. Eine treffende Übersetzung gibt Lichtenberg in E 315. Nach Gellius, »Noctes atticae« 1, 10, 4 gab Caesar diesen Ratschlag im ersten Buch seiner verlorengegangenen Schrift über die Analogie. L. verwertete die Stelle in »Zum Parakletor« (III, S. 526). Aulus Gellius (2. Jh. n. Chr.) verfaßte unter dem Titel »Attische Nächte« (»Noctes atticae«) eine Zusammenstellung aus älteren lat. und griech. Autoren.

165 Die beiden Zeilen sind von L. zunächst mit Bleistift darunter geschrieben worden.

166 *Die Stoische Sekte leugnet die Grade der Moralität:* Diesen Satz verwertet L. in »Timorus« (III, S. 214).

167 *Aut Deus ... ardet:* Entweder Gott oder ein Stein ist, wer nicht wie ein Jüngling glüht.

168 *Caracteres historiques ...:* Das Werk, 1768 in Berlin erschienen, reklamiert L. in einem Schreiben an Johann Christian Dieterich vom 1.(?) Oktober 1773 für Irby. – *Auguste:* Augustus, ursprünglich Caius Octavius (63 v. Chr. bis 14 n. Chr.), Adoptivsohn seines Großonkels Caesar; der erste röm. Kaiser. – *Maximin:* Gajus Galerius Valerius Maximinus, genannt Daia (gest. 313), 310–313 röm. Kaiser; ließ sich 310 von seinen Soldaten den Titel Augustus verleihen. – *Weguelin:* Jacob Daniel Wegelin (1721–1791), Archivar der königl. Akademie der Wissenschaften in Berlin.

169 *Irby:* William Henry Irby (1750–1830), jüngerer Sohn Lord Bostons, war von August 1768 bis März 1770 Student der Mathematik in Göttingen (immatrikuliert am 16. August 1768) und Zögling L.s, der mit L. bei Tompson wohnte und in seiner Begleitung 1770 nach England zurückkehrte; Pate Wilhelm Christian Lichtenbergs; heiratete im Oktober 1781 Mary Blackman, eine vermögende Britin. Hecht (Nr. 22, 23; S. 35–38) teilt zwei Briefe aus der

Korrespondenz zwischen Irby und L. mit.. – *Der Titel dieser Schrift:* Die von L. korrekt zitierte Schrift erschien London 1768. Richard Warner war Botaniker. David Garrick (1716–1779), berühmtester engl. Schauspieler seiner Zeit, brillierte vor allem in Shakespeare-Dramen; vgl. L.s »Briefe aus England« (III, S. 326); auch Dramatiker.

170 *Mairanischen Entdeckung:* Jean Jacques de Mairan (1678–1771), frz. Naturwissenschaftler, seit 1741 Sekretär der Académie des Sciences zu Paris; veröffentlichte in den »Mémoires de l'académie des sciences« Paris 1726 »Sur une nouvelle proprieté du nombre 9«. – *Entdeckung:* In der Handschrift *Endeckung.* – *neuen Ausgabe des Clemmischen Handbuchs:* Clemms »Mathematisches Lehrbuch oder vollständiger Auszug aller sowohl zur reinen als angewandten Mathematik gehörigen Wissenschaften nebst einem Anhang, darinnen die Naturgeschichte und Experimentalphysik vorgetragen wird.«, 2 Tle., Stuttgart 1764; s. Gumberts Anmerkungen in BL, S. 43, zu Nr. 194. Heinrich Wilhelm Clemm (1725–1775), seit 1767 Prof. der Theologie in Tübingen; mathematischer Schriftsteller. – *Braunschw. Zeitung:* Der betreffende Artikel findet sich ebd., Nr. 129, 22. August 1768.

171 *Schäfferische Waschmaschine:* Schäffer konstruierte 1766 eine Waschmaschine, die er zunächst bei seinen Papier-Versuchen verwenden wollte. Der Titel seiner Informationsschrift lautet: »Die bequeme und der Wirthschaft in allen Rücksichten höchstvortheilhafte Waschmaschine. Wie solche in dem damit gemachten Versuchen bewährt gefunden und damit dieselbe um so sicherer und nützlicher gebraucht werden könne hin und wieder abgeändert und verbessert worden von D. Jacob Christian Schäffern. Nebst einer Kupfertafel. Regensburg, gedruckt bey Heinrich Gottfried Zunkel, 1766«. Eine dritte Auflage erschien bereits 1767. Auf S. 10 schreibt Schäffer: »Die Waschmaschine, welche, wie Herr *Stender,* meldet, in Engelland soll erfunden seyn . . .« Jacob Christian Schäffer (1718–1790), Geistlicher in Regensburg und vielseitiger Naturforscher (berühmte Elektrophor-Experimente und Versuche mit Polypen); Erfinder des Holzpapiers.

172 *Eine englische Dame las:* Sollte Irby der Erzähler dieser ›wahrhaften Geschichte‹ sein? – *Venice preserv'd and the plot uncoverd:* Das gerettete Venedig und das aufgedeckte Komplott. Der korrekte Titel der Tragödie (1682) des engl. Lyrikers und Dramatikers Thomas Otway (1652–1685), die als bedeutendstes Theaterstück der Restauration gilt, lautet: »Venice preserv'd, or, A Plot Discovered«. Hofmannsthal hat danach das Schauspiel »Das gerettete Venedig« (1903–1904) geschrieben, das er Stefan George widmete. – *Venison . . . uncovered:* Wildpret bewahrt und den Topf aufgedeckt.

173 *Harlem:* Von L. verbessert aus *Haarleem,* offenbar weil so auch in GGA, 101. Stück, 22. August 1768, S. 832. – *vor dem Anfang:* Zu L.s Verwechslung von *für* und *vor* s. zu A 239; in diesem Fall *so* aus den GGA abgeschrieben. – *Kunst zu beobachten:* Wie sehr L. diese Preisfrage beschäftigte, beweisen die Notizen KA 204, 252, 253, 300–341, die wohl als Entwürfe zur Ausarbeitung der von der Haarlemer Akademie gestellten Frage gelten können. L. erhielt von dieser Preisfrage zweifellos Kenntnis aus GGA, 101. Stück, 22. August 1768, S. 832. S. noch D 53, F 861. – *van der*

Aa: Christianus Carolus Henricus van der Aa (1718–1793), niederl. Theologe, seit 1742 Prediger in Haarlem, Sekretär der 1752 dort gegründeten »Hollandsche Maatschappij van Wetenschappen«. – *Vid[e] infra p. 48:* Gemeint ist KA 206.

174 Diese Notiz ist von L. umrandet mitten in KA 173 hinein geschrieben worden. – *Dodsley's Collection of Poems:* Robert Dodsley (1703–1764), engl. Lyriker, Dramatiker und Verleger; erwarb sich durch die Veröffentlichung zeitgenössischer und vor allem älterer Literatur große Verdienste. Verleger von Pope, Akenside, Anstey, Churchill, Young, Goldsmith, Shenstone, Sterne, Percy und Johnson. 1748–1758 erschien »A collection of poems by several hands« in 6 Bdn. – *voll.:* Engl. Abk. für volumes ›Bände‹.

175 *gemeinnützige Abhandlungen . . . von Titius:* »Gemeinnützige Abhandlungen zur Beförderung der Erkenntniß und des Gebrauches natürlicher Dinge in Absicht auf die Wohlfahrt des Staates und des menschlichen Geschlechts überhaupt«, erschienen in 2 Tln. Leipzig 1768. – *Titius:* Johannes Daniel Titius (1729–1796), Prof. der Mathematik und Physik in Wittenberg und Mitglied der Ökonomischen Gesellschaft in Leipzig. – *1 Alph. 12 Bogen:* Das Alphabet ist das Maß für den Umfang eines Buches. Ein Alphabet umfaßt 23 Bogen, wobei jeder Bogen (16 Seiten) mit einem Buchstaben in der Reihenfolge des Alphabets bezeichnet wird.

176 *Gött. gel. Anzeigen:* In den GGA vom 1. September 1768, S. 857–864, findet sich die Besprechung der Jahrgänge 1760 und 1764 der »Mémoires et Histoire de l'académie Royale des Sciences«, Paris 1767. – *Hieher gehört . . . Hagel ausmacht:* Diese Passage ist wörtliches Zitat von ebd., S. 863.

177 *hinunter geht:* Danach von L. gestrichen *von ihn kommen die Fabeln von schwimmenden Insuln her.* – *Pontoppidan in seiner Naturgesch.:* Erik Pontoppidan (1698–1764), dän. Theologe, 1747–1755 Bischof von Bergen, dann Prokanzler der Universität Kopenhagen. Neben theologischen Schriften hinterließ er sprachgeschichtliche, volkswirtschaftliche und topographische Werke. In seinem »Versuch einer natürlichen Historie von Norwegen, Worinnen die Luft, Grund und Boden, Gewässer, Gewächse, Metalle, Mineralien, Steinarten, Thiere, Vögel, Fische und endlich das Naturel, wie auch die Gewohnheiten und Lebensarten der Einwohner dieses Königreichs beschrieben werden«, 2 Bde., aus dem Dänischen übersetzt von Johann Adolph Scheiben, Kopenhagen 1753, handelt er über den Kraken in Kap. VIII im 2. Bd., §§ 11–13, S. 394–409: »Von sonderbaren und ungewöhnlichen Seethieren«. Der Name »Microcosmus« kommt nicht vor. Nach Unzers »Sammlung kleiner Schriften« (S. 268) ist Pontoppidan der erste, »der uns von diesem großen Thiere eine umständliche und deutliche Nachricht gegeben hat« (S. 268 der unten angegebenen Schrift). Seinen Roman »Mendoza« erwähnt L. im Brief an Johann Christian Dieterich und Frau vom 7. März 1772. – *Eberhards Zoologie:* Der »Versuch eines neuen Entwurfs der Thiergeschichte. Nebst einem Anhang von einigen seltenen und noch wenig beschriebenen Thieren. Mit Kupfern«, Halle 1768, von Johann Peter Eberhard. Im Anhang des genannten Werks, S. 277–280, § 7, findet sich »Der Kraken (Microcosmus)« beschrieben; auch Eberhard bezieht sich dabei vornehmlich auf Pontoppidans Beschreibung; Unzer wird S. 278 kurz erwähnt. – *Unzer kleine Schriften . . . :* In der »Sammlung kleiner Schriften. Physicalische«, die Rinteln und Leipzig 1766 erschien, hat Johann August Unzer im 1. T., Stück 21,

S. 268–284, »Nachrichten von einem bisher wenig bekannten See-Ungeheuer. An die Verfaßer des physikalischen und ökonomischen Patrioten« gegeben. Er liefert darin u. a. Auszüge aus dem oben zitierten Werk von Pontoppidan auf den S. 268–275. Der Hinweis auf Unzer ist von L. offenbar nachträglich hinzugefügt. Auf S. 270 schreibt Unzer: »Er soll einige Monate lang fressen, und einige Monate darauf damit zubringen, sich wieder zu erleichtern.«

178 *in Holland ... bezahlen:* Zu dem im 18. Jh. offenbar verbreiteten Vorurteil von der holländischen Geldschneiderei vgl. TB 1 (S. 600); s. a. Bernd Achenbach in: Photorin 11–12/87, S. 87 f.

179 *Voyage to the East Indies:* »Voyage to the East Indies in 1747 and 1748; containing an account of the Islands of St. Helena and Java; of the city of Batavia; of the government and the political conduct of the Dutch; of the Empire of China, with a particular description of Canton« von Charles Frederick Noble, erschienen London 1762. Die von L. notierten Reise-Daten entsprechen der von Noble am Ende seines Werks auf S. 342 mitgeteilten »Computation of the Voyage«. L. erwähnt die Reisebeschreibung außer in KA 180, 181 noch B₁ S. 45.

180 *englische Meilen:* 5000 feet = 1523,99 m; die nautical mile: 1853,18 m. – *daß:* In der Handschrift *das.* – *Ibid.:* In dem zu KA 179 nachgewiesenen Werk heißt es S. 342 in Zusammenhang mit der »Computation of the Voyage«: »And supposing that when we were at sea, we sail'd one hour with another 3 miles or 72 miles per day, we find that in the whole voyage we sail'd 27 216 miles, or 9072 leagues, which is near 454 degrees.« Und angenommen, daß wir, wenn wir auf See waren, 3 Meilen in der Stunde zurücklegten oder 72 Meilen pro Tag, kommen wir zu dem Schluß, daß wir auf der gesamten Reise 27 216 Meilen gesegelt sind (9072mal drei Meilen), das heißt beinahe 454 Grad.

181 *Reise die ich S. 42. angeführt:* KA 179, vgl. die Anm. dazu. – *Dethronisierung des Königs von Madura:* »An account of the Dethronement of the King of Madura«, Noble, S. 94–112. Die Holländer fielen 1747 über die nördlich der Ostspitze von Java gelegene Insel Madura her und nahmen von ihr Besitz. Der alte Eingeborenenkönig stellte sich unter den Schutz eines engl. Kapitäns, aber die Holländer setzten seine Auslieferung durch: »one of the most melancholy scenes that, perhaps, has ever been acted in the east; in which is exhibited an instance of Dutch insolence and barbarity, on one part, and (what I wish could not be said) of English pussilanimity and misconduct of the other« (S. 99). Vielleicht eine der melancholischsten Szenen, die jemals im Osten gespielt worden sind; die auf der einen Seite ein Beispiel von der Überheblichkeit und Barbarei der Holländer gibt und auf der anderen (ich wünschte, daß man das nicht behaupten könne) von der Kleinmütigkeit und dem schlechten Benehmen der Engländer.

182 *Zafra:* Zaffara; Zaffer: alter Bergmannsname für die durch Rösten von Kobalterzen gewonnenen, meist stark verunreinigten Kobaltoxyde zur Bereitung der Smalte. – *Kobolt:* Kobalt; das vom Kobold verzauberte Erz. »Durch Kobolt verstehet man ein Erz, welches, nachdem es zerstoßen und geröstet, und darauf mit dem Glassatze, nemlich mit weißem Kieselstein und einem Laugensalze, zusammen geschmolzen worden ist, sich in ein blaues Glas von dem erwähnten Namen verwandelt. Daher werden auch solche

Kobolte Farbenkobolte genant«, heißt es in der »Abhandlung von den Farbenkobolten ... von Herrn Georg Brandt, Bergrathe« im »Hannoverischen Magazin«, 69. Stück, 30. August 1765, Sp. 1092. – *Kunckels Glasmacher-Kunst:* Johann Kunckel (ca. 1630–1703), Sohn eines Glaskünstlers in Hütten bei Rendsburg; Chemiker und Alchimist u. a. am Hofe des sächsischen Kurfürsten Johann Georg II.; 1679 im Dienst des Großen Kurfürsten; widmete sich besonders der Glasmacherkunst, über die er das berühmte Werk »Ars vitraria experimentalis oder vollkommene Glasmacher-Kunst«, Frankfurt und Leipzig 1679, schrieb. Er betrieb eine Glashütte auf der Pfaueninsel bei Potsdam, erfand das Rubinglas und entwickelte Brands Phosphor-Entdeckung weiter. Über »Kunckels Verdienste um die Chemie« s. Hermann Peters in: Archiv für die Geschichte der Naturwissenschaften und der Technik, Leipzig 1913, S. 178–214. L. nennt in »Zur Biographie Kunkels Gehöriges« (III, S. 592) den »berühmten Verfasser der Glasmacherkunst« den »großen Vetter« seines Antiquarius, den er zunächst auch mit Glas handeln läßt. – *Smalte:* Auch: Schmalte; ein durch Kobaltoxydulsilicat tiefblau gefärbtes Kaliglas, das fein gemahlen als Unterglasurfarbe und zur Einfärbung von Glasflüssen verwendet wird; im 16. Jh. im sächsischen Erzgebirge (Schneeberg) erfunden.

183 *Vid.p. 17.:* Gemeint ist KA 85. – *Robeck hat ein Buch ... geschrieben:* Johann Robeck (1672–1735) aus Schweden, Jesuit und Gelehrter, schrieb »Exercitatio philosophica de εὐλόγῳ ἐξαγωγῇ sive morte voluntaria philosophorum et bonorum virorum, etiam Judaeorum et Christianorum«, erschienen Rinteln 1736, nach dessen Vollendung er auf der Weser bei Bremen Selbstmord beging; s. auch C 315. Über L.s Beschäftigung mit dem Selbstmord s. zu A 126.

184 *Allgemeine Bibl.:* Das nahezu wörtliche Zitat stammt aus dem zweiten Stück des sechsten Bandes der »Allgemeinen deutschen Bibliothek«, Berlin und Stettin 1768, S. 94. – *Aachener Nähnadeln:* Die Aachener Nadelindustrie hatte im 18. Jh. Weltruhm; s. Clemens Vogelgesang, Die Aachener Nadelindustrie, Diss. phil. Heidelberg 1913. – *diejenigen aus Schwabach in Franken:* S. das geographisch-statistisch-topographische Lexikon von Franken, hrsg. von J. K. Bundschuh, Ulm 1799–1804 in 6 Bdn. erschienen; der Artikel über Schwabach findet sich in Bd. 5, Sp. 206–224. Vgl. Heinrich Schlüpfinger, Schwabach, die bedeutendste Industriestadt im Fürstentum Ansbach um 1800, in: Schwabacher Heimat. Blätter für die Geschichtsforschung und Heimatpflege. Heimatkundliche Beilage zum Schwabacher Tagblatt, 3. Jg., Nr. 3, Juni 1958, S. 24: »Die Nadelfabriken ernähren an 600 Personen, brauchen für 36 000 fl. Draht und andere Bedürfnisse. Sie verschleißen jährlich gegen 200 000 000 Nadeln und bringen dafür 130 000 fl. ein. Eine neuere Nachricht sagt von diesen Nadelfabriken: Sie kamen im Jahre 1633 aus der Reichsstadt Weißenburg hieher und beschäftigen gegenwärtig 210 Meister und Witwen, worunter 57 Verleger, deren jeder ein besonderes Zeichen führt, und 153 Heimarbeiter sind, 174 Meistersfrauen, 102 Gesellen, 58 Lehrjungen, 321 Meisterskinder, 30 Meisterstöchter, 30 Schleifer, 80 Dienstmägde zur hellen Arbeit und Schoren, 200 Kinder außer der Zunft zum Nadelbohren, überhaupt 1205 Personen. Sie verarbeiteten im Jahre 1792 750 Zentner Draht für 27 000 fl. ..., 8400 Ellen Zwilch aus Schwaben für 980 fl., 1050 Pf. Schmier für 385 fl., 6300 Pfund Fett für 1260 fl. und verfer-

tigten in gedachtem Jahr 142 957 000 runde und Schneidnadeln, am Wert 95 304 ⅔ fl., welche nach Frankreich, Italien und die Levante verschickt wurden. Es werden hier alle bekannten Sorten von Nadeln, die Stecknadeln ausgenommen, verfertigt, als 21 Sorten von runden Nähnadeln ..., alle möglichen Sorten von Schneid-, als Segel-, Einbind- und Matratzennadeln, ... alle Sorten von Beutler-, Kürschner-, Schuster- und Tapetennadeln, allerlei Stricknadeln und Strumpfwirkerstuhlnadeln.«

185 *Herr Laurent ... daß:* Diese Passage wiederholt L. irrtümlich auf S. 46 unten der Handschrift und streicht sie nachträglich. – *einem Soldaten in Paris:* Laut Unzer, a.a.O., S. 326 handelt es sich um einen gewissen Menard, genannt la Violette, zu Bouchain, dem eine Kanonenkugel beide Arme abgerissen hatte. – *Caspita ... Abelardo:* Donnerwetter, was dieser Signor Laurent für ein Kerl ist, ich hielte ihn glatt für fähig, einen armen Abélard wieder zu begliedern. – *Abelardo:* Peter Abélard (1079–1142), frz. scholastischer Philosoph; nach der heimlichen Heirat mit Héloïse, der Nichte des Kanonikers Fulbert, von dessen Leuten überfallen und entmannt, wurde er 1119 Mönch. – *Arzt:* In »Der Arzt«, 3. Bd., 5. T., der in vermehrter Auflage 1763 in Hamburg, Lüneburg und Leipzig erschien, gibt Unzer im 129. Stück, S. 326–328, eine »Nachricht« unter anderem von Laurent und seiner Erfindung der Armprothese. Die Anekdote von der naiven italienischen Dame erzählt Unzer S. 327: »Es war vor ungefähr 18 Jahren zu Bouchain ein Soldat, Namens Menard, oder auch sonst la Violette genannt, dem eine Kanonenkugel beyde Arme weggenommen hatte. Herr Laurent, ein nunmehriger Ritter des St. Michaelsorden, der schon damals, wegen seiner mechanischen Erfindungen, berühmt war, befand sich eben zu Bouchain, und versuchte es, dem verunglückten jungen Menschen einen künstlichen Arm zu machen ... Herr Laurent war also im vorigen Jahre, da er zu Paris war, auf eine andere Maschine bedacht, die noch viel leichter und biegsamer wäre. Er beschenkte demnach den la Violette mit einem neuen Arme, der nicht einmal 16 Loth schwer, und woran die Hand so biegsam ist, daß dieser Soldat nicht nur mit aller französischen Artigkeit eine Prise Taback nehmen, sondern auch sehr leserlich und zierlich damit schreiben kann. Der Französische Hof und die versammelte Akademie der Wissenschaften sind Augenzeugen hiervon gewesen; und man erzählt von einer italienischen Dame, daß sie aus Erstaunen über dieses Kunststück in die Naivetee ausgebrochen sey: Caspità, que questo Signor Laurent é valenthuomo! lo stimerei ben capace di rimembrar un povero Abelardo. Herr Laurent hat von Sr. Allerchristlichsten Majestät für seine Erfindung den Adelstand, den St. Michaelsorden, und ein ansehnliches Geschenk erhalten.« – *III[ter] Band:* In der Handschrift *I Band.*

186 *Ibid. T. V. St. 116:* »Der Arzt«, 116. Stück, S. 148–163, handelt »Von der Natur und dem diätischen Gebrauche des Wassers«. Auf S. 148 finden sich die zwei Zitate, die L. zu einem zusammengefaßt hat: »Boerhaave nennt das himmlische Wasser, das uns die Wolken herab senden, weil es mit so mancherley fremden Materien, die es im Niederfallen im Dunstkreise umwickelt, vermischt ist, die Lauge des Dunstkreises ...« Unzer selbst schreibt im zweiten Absatz: »Man darf nicht glauben, daß ich in übertriebenen Ausdrücken schreibe, wenn ich jeden Wassertropfen eine kleine Welt, eine Versammlung aller vier Elemente, und aller drey Reiche der Natur nenne ...«. Vgl. J 1831, 2042. – *Boerhaave:* In der zu A 174 nachgewiesenen

dt. Übersetzung der »Elementa Chemiae« findet sich im zweiten Teil der »Einleitung zur Scheidekunst, in welchem die Grundlehren derselben vorgetragen werden«, auf S. 231 f. die von Unzer wiedergegebene Beschreibung.

187 *glaubt er wäre im Himmel:* In »Der Arzt«, 190. Stück, »Von der Unempfindlichkeit rasender Personen«, heißt es u. a.: »Er hatte in der Nacht angefangen zu deliriren, indem er aus einem leichten Schlummer erwacht war, und zu den Umstehenden gesaget, daß Gott ihn nunmehr aufgelöset hätte, und er schon im Himmel angelanget wäre. Als ich kam, dankte er mir für meine Mühe, und sagte, daß seine Frau wol Richtigkeit mit mir machen würde, weil er selbst nicht mehr vorhanden, sondern bey Gott wäre ... Als ich seine Hand ergriff, um den Puls zu fühlen, lächelte er, und sagte: Ich weiß wohl, was Sie irre macht. Sie können nur immer den Puls an dieser Hand fühlen; allein, Sie betrügen sich, wenn Sie glauben, daß der arme kranke Bettler, welchen man nach mir in dieses Bette gelegt hat, noch der Mann sey, den Sie bisher hier besucht haben ... Er hütete sich in dieser Zeit, niemals zu sagen, daß er etwas bedürfe, sondern forderte alles in der dritten Person: Er will essen; er muß auf den Stuhl; Gott wird ihn erlösen; nur Geduld, du wirst bald bey mir seyn, u.s.w.«

188 *Arzt I^{ter} Band. 2tes Stück:* In dem Aufsatz »Allgemeiner Begrif von der Lebensordnung« im 1. T., 2. Stück, S. 14–25, nennt Unzer auf S. 16 als den »wahren Begrif von der Arzneykunst«: »Sie erreget unnatürliche Wirkungen durch künstliche Mittel, das ist, sie machet künstliche Krankheiten, bloß um die natürlichen damit zu vertreiben.«

189 *3tes Stück:* Das von L. notierte Zitat aus Luthers Tischreden findet sich mit geringen orthographischen Abweichungen im genannten Stück, S. 38, innerhalb des Aufsatzes »Von den Frühlings- und Brunnencuren« (S. 30–44), wo Unzer unter verschiedenen »Vergnügungen«, die das Gemüt angenehm zerstreuen, den Besuch des Theaters empfiehlt, auch wenn die »Hypochondristen Scrupel haben werden, in die Comödie zu gehen«. Vgl. Luther, Werke, Tischreden I, Weimar 1912, S. 430 f., Nr. 867. In der Ausgabe von Aurifaber (Eisleben 1566) steht das Zitat im 73. Kapitel unter »Von Comödien«. – *Luther:* Martin Luther (1483–1546), Reformator, Augustinermönch und Prof. der Theologie in Wittenberg.

190 *4tes Stück:* L.s Notiz findet sich auf S. 53 eines Aufsatzes über die »Nothwendigkeit des Genusses der freyen Luft zur Gesundheit« (»Der Arzt«, 1. T., 4. Stück, S. 45–57), wo Unzer sagt: »Ich weiß zu wohl, daß es Leute giebt, die kaum Zeit haben, zu leben, noch viel weniger ihre Gesundheit abzuwarten; daß es Leute giebt, die keine andre Gesundheit verlangen, als die man im Lehnstuhle erlangen kann ...« Wie stark gerade dieses Kapitel der Gesundheitsvorsorge L. interessierte, beweist sein später Aufsatz über »Das Luftbad« (III, S. 125).

191 *Ein einziger ... Wind:* L.s Notiz ist dem Aufsatz »Vom Verhalten bey Gewittern« (»Der Arzt«, 1. T., 17. Stück, S. 225–235) entnommen, wo Unzer S. 230 schreibt: »Ein kühler Wind stiftet in den Nächten der Hundstage jährlich viel tausendmal mehr Unglück unter den Menschen, durch die Erkältung, vor der sie sich zu solcher Zeit am wenigsten hüten, als alle Gewitter eines ganzen Jahrs nicht zu thun pflegen. Eine einzige Ruhr reißt viel tausend Menschen dahin, und eine einzige kühle Nacht kann sie in das Land

der Todten einführen. Tausend Gewitter, davon jedes einen Menschen tödtete, richten, zusammengenommen, keine so entsetzliche Verheerung an.«

192 *Krügers Träume:* Johann Gottlob Krügers seinerzeit berühmtes Werk »Träume« (vgl. zu KA 79), das in 1. Auflage Halle 1754, in 2. Auflage mit einer Vorrede von Johann August Eberhard 1765 erschien. Unzer gibt den 16. Traum Krügers in dem zu KA 191 nachgewiesenen Aufsatz auf S. 232–235 wieder, in dem Sicherheitsvorkehrungen gegen die Berührung mit dem Blitz beschrieben werden. Unzer schreibt S. 223 zur Verteidigung von Träumen: »... man träumt oft mehr Wahrheiten in einer Nacht, als man in 14 Tagen gedacht hat; und Krügers Träume sind überhaupt nichts anders, als Wahrheiten in ihren schönsten Schlafröcken.« Der Traum ist insofern interessant, als er eine Gesellschaft beschreibt, die seidene Kleider trägt oder in der Schwebe an Stricken von blauer Seide hängt oder auf seidenen Stühlen in einem Saal sitzt, dessen Wände mit blauen seidenen Tapeten überzogen waren, und zwar deshalb, weil »bey keinem Menschen, der auf Pech oder Seide steht, von einer electrisirten Person ein Funken hervorgebracht werden kann«. Offenbar notiert L. wegen dieser irrigen, wenngleich verbreiteten Meinung Hartmanns Beobachtung in KA 82. – *in:* In der Handschrift *ihn.*

193 *18$\underline{tes}$ St.:* »Der Arzt«, 18. Stück, enthält den Aufsatz »Die thierische Oeconomie, überhaupt betrachtet« (S. 238–251), eine Auseinandersetzung über die Immaterialität der menschlichen Maschine gegen Lamettrie: »... und da sich die Nerven, als Fortsetzungen des Gehirns, die die Lebensgeister in sich halten, in alle Puncte unsers Körpers erstrecken, welche eines thierischen Lebens fähig sind: so sieht man hieraus, wie unser ganzer Leib gleichsam mit Seele durchwirkt, und wie ihm die Seele, so zu sagen, eingefleischt sey.«

194 *Der Gehör-Nerve spricht ... aus:* Im 18. Stück im Aufsatz »Die thierische Oeconomie« heißt es u. a.: »... itzt drängt sich der Wirbel der Luft durch den krummen Gehörgang, und erschüttert den zarten Nerven, der diesen Wirbel gleichsam ausspricht, und einen Ton daraus formiret, welcher der Seele Begriffe des Schalles giebt, und sie einen andern Theil der Schöpfung kennen lehret, oder ihr vielmehr die ganze Natur nur auf einer andern Seite zeiget ...«

195 *22$\underline{tes}$ Stück:* L.s Notiz ist wörtlich – mit der einen Ausnahme, daß er *des* statt *der* Menschen schreibt – dem Aufsatz »Vom Einflusse der Vernunft in die thierische Oeconomie, und ihrem Nutzen in der Arzneywissenschaft« (»Der Arzt«, T. 1, 22. Stück, S. 293–302) entnommen (S. 296). Im übrigen s. zu KA 193.

196 *Brief:* Der fiktive Briefwechsel zwischen der Leserin »Erbarine Pipsch« und dem Herausgeber »Über die Schreibart in medicinischen Schriften« (»Der Arzt«, T. 1, 22. Stück, S. 302–305); in Unzers Antwortschreiben findet sich S. 304 der von L. bis auf die Kommata wörtlich zitierte Satz.

197 *30$\underline{tes}$ St.:* Der von L. wörtlich zitierte Satz findet sich S. 413 in dem Aufsatz »Von der Leibesbewegung« (»Der Arzt«, 2. T., 30. Stück, S. 409–419).

198 *31$\underline{tes}$ St.:* Der von L. fast wörtlich zitierte Satz – Unzer schreibt *allezeit* statt *allemal; worin man versucht ist* statt *da man; und den andern* statt *den andern* – findet sich S. 434 f. in dem Aufsatz »Von der bösen Laune« (»Der Arzt«,

2. T., 31. Stück, S. 423–435). Bezeichnend, daß L. sich erneut eine Wendung zum Selbstmord notiert – aus einem Aufsatz, der die Abhängigkeit der Gemütsverfassung von der Witterung beschreibt. Über das Thema des Selbstmordes s. zu A 126, TB 17.

199 *fließendes Brod:* Die Metapher »flüssiges Brod« für das englische Bier Porter gebrauchte L. noch 1794 in der »Erklärung der Hogarthischen Kupferstiche. Die Biergasse und das Branntwein-(Genever-)Gäßchen. (Beer street and Gin-lane)« im GTC 1795, S. 206. Der von L. notierte Satz findet sich S. 24 in dem Aufsatz »Vom Brodte und vom Biere« (»Der Arzt«, 5. T., 106. Stück, S. 17–30): »Ein solches flüßiges Brodt ist das Bier«.

200 *Boswells Tagebuch einer Reise nach Korsika:* James Boswell (1740–1795), berühmter engl. Schriftsteller; befreundet mit Samuel Johnson, dessen Biographie er schrieb; bereiste 1764–1766 den Kontinent. Vgl. E 269 und III, S. 326.

201 *Heumann ...:* Christoph August Heumann (1681–1764), Polyhistor, 1734–1758 Prof. der Theologie, speziell für Dogmatik und Kirchengeschichte, in Göttingen; zweimal Prorektor. Heumann hat in einer Reihe von Sammlungen eine unglaubliche Anzahl meist kleinerer Abhandlungen über die verschiedenartigsten Gegenstände veröffentlicht; ein genaues Verzeichnis derselben gibt Pütter, Versuch 1, S. 27; L. macht sich B 16 darüber lustig; vgl. auch B 196 und Brief an Samuel Thomas Sömmerring vom 31. August 1784. – *Abhandlung ... warum Melanchthon nicht Doktor geworden:* »Programma paschale de caussa, cur Philippus Melanchthon non fuerit Doctor Theologiae«, Göttingen 1757. Heumann selbst war Dr. phil. und theol. Philipp Melanchthon (1497–1560), Humanist, reformatorischer Theologe und Hauptmitstreiter Luthers, 1518 als Prof. der griech. Sprache nach Wittenberg berufen.

202 *Michelangelo ging ... eine Wettung ... ein:* Die Quelle der Anekdote konnte nicht ermittelt werden. Michelangelo Buonarotti (1475–1564), ital. Bildhauer, Maler, Baumeister und Dichter; der bedeutendste Künstler seines Jh.s.

203 *Bodmer an Langen:* Samuel Gotthold Lange (1711–1781), seit 1737 Prediger in Laublingen, Dichter, Freund Pyras, mit dem er den Hallenser Dichterkreis gründete; übersetzte 1752 die »Oden« und »Ars Poetica« des Horaz; schrieb »Horazische Oden« (1747). L. erwähnt ihn auch am Schluß seines Briefs an Ernst Gottfried Baldinger vom 10./29. Januar 1775. Johann Jacob Bodmer (1698–1783), schweizer. Schriftsteller, Kritiker und Kunsttheoretiker der Frühaufklärung; befehdete Gottsched und seine Schule. L. erwähnt sein Epos »Noah« (1752) in einem Brief an Johann Christian Kestner vom 30. März 1766. – *Triller:* Daniel Wilhelm Triller (1695–1782), Anhänger Gottscheds. – *Un Schwarz ... l'admire:* Ein Schwarz findet stets einen noch Schwärzeren, der ihn bewundert. Der Alexandriner ist an eine Zeile in Boileaus »L'Art Poétique« (1674) angelehnt, wo es im Chant Premier in der letzten Zeile heißt: »Un Sot [ein Narr] trouve toujours un plus Sot qui l'admire.« Nicolas Boileau-Despréaux (1636–1711), berühmter frz. Dichter und einflußreicher Literaturtheoretiker.

204 *Erstlich Observatio ... gesammelt:* Womöglich bezieht sich dieser Eintrag auf die in KA 173 erwähnte Preisfrage über die Kunst des Observierens; s. auch KA 206.

205 *Condillac in seinem Traktat des sensations:* Etienne Bonnot de Mably de Condillac (1715–1780), in einem Jesuitenseminar erzogen und zum Priester geweiht, frz. Philosoph und Volkswirt; begründete unter Anlehnung an Locke einen nicht-materialistischen Sensualismus, der aus der Empfindung alle geistigen Fähigkeiten ableitete, die durch Erfahrung und Übung ohne Hilfe angeborener Anlagen erworben werden. Sein erfolgreichstes Werk: »Traité des sensations«, Paris 1754; er beschreibt darin eine Marmorstatue »mit dem gleichen Innenaufbau wie wir selbst, aber von einem Geist belebt, der frei von jeder Vorstellung ist«, die nur den Geruchssinn besitzt und zwischen Vergnügen und Schmerz unterscheiden kann.

206 *Preis über die Observierkunst:* Vgl. zu KA 173. – *vid[e] oben. p. 40 seq.:* Gemeint ist KA 173.

207 *Quem relego ... lini:* Wenn ich es wiederlese, schäme ich mich, es geschrieben zu haben, weil das meiste / Auch ich, der es schrieb, als Richter es wert gestrichen zu werden finde. Das Zitat stammt aus Ovids »Epistolae ex ponto«, 1, 5, 15, wo *Quum* (= cum) statt *Quem* und *feci* statt *scripsi* zu lesen ist. L. zitiert es auch in einem Brief an Johann Daniel Ramberg vom 25. Dezember 1777 in bezug auf »Timorus«; s. a. BL, Nr. 1529. – *Ovid:* Publius Ovidius Naso (43–18 v. Chr.), röm. Dichter, von Augustus ans Schwarze Meer verbannt; der letzte große röm. Elegiker; Werke u. a.: »Amores«, »Metamorphoseon libri«, »Tristium libri V«. Von L. häufig zitiert.

208 *Tacitus ... annal[es]:* Inzwischen wurde in Rom für das auch nach dem Tod des Tiberius zu erwartende Blutvergießen der Same ausgestreut. Laelius Balbus hatte Acutia, des P. Vitellius frühere Gattin, wegen Majestätsverbrechens belangt. Als nach ihrer Verurteilung dem Ankläger eine Belohnung zugebilligt werden sollte, erhob der Volkstribun Iunius Otho Einspruch: daraus folgten gegenseitiger Haß und später Othos Untergang. Darauf wurde die durch viele Liebschaften berüchtigte Albucilla – sie war mit Satrius Secundus verheiratet gewesen, der die Verschwörung angezeigt hatte – wegen Beleidigung des Princeps angeklagt; mit hineingezogen wurden als ihre Mitwisser und Liebhaber Cn. Domitius, Vibius Marsus und L. Arruntius. – *multorum amoribus famosam:* Durch viele Liebschaften berüchtigt.

209 *Burmann ... (Vorrede zu seinem Petron):* »Titi Petronii Arbitri Satyricon quae supersunt ... Traject ad Rhenum 1709«, 3. Aufl. 1743. Pieter Burman d. Ä. (1668–1741), holl. Jurist und Altphilologe, Prof. in Utrecht und Leiden. – *Petron:* Titus Petronius, genannt Arbiter (gest. 66 n. Chr. durch Selbstmord), hoher röm. Staatsbeamter und »elegantiae arbiter« (Anstandsmeister); von seinem Sittenroman »Satyricon« sind nur wenige Teile erhalten, darunter das »Gastmahl des Trimalchio« und die Novelle »Die Witwe von Ephesus«. – *arbiter:* Schiedsrichter. – *Apicius:* Marcus Gavius Apicius, röm. Feinschmecker zur Zeit des Augustus und Tiberius.

210 *Barometer:* Das Barometer, Meßgerät zur Bestimmung des Drucks in der Luft und seiner Veränderungen, wurde 1643 von Torricelli erfunden. Über Delucs Anregungen zur Verbesserung des Barometers s. Gehler 1, S. 250, 269. – *ein gewisser Deluc:* Jean André Deluc (1727–1817), schweizer. Geologe, Mineraloge und Meteorologe aus Genf, 1773 Vorleser der engl. Königin in London, wo L. ihn kennenlernte; 1776 und 1786 in Göttingen, Ende 1797 zum Honorarprof. der Geologie und Philosophie in Göttingen

ernannt, trat jedoch die Stelle nie an. Befreundet mit L., bekannt mit Hemsterhuis, der Fürstin Gallitzin und Sophie La Roche. »Recherches sur les modifications de l'atmosphère« (1772); »Lettres physiques et morales sur l'homme et la terre« (1779, übers. von Gehler); »Idées sur la météorologie« (1786–1787, übers. von Jakob Heinrich Wittekopp). – *Erfinder ist:* Davor von L. gestrichen *Verfasser ist.* – *Connois. des temps:* »Connoissance des temps ou des mouvements célestes pour le méridien de Paris à l'usage des astronomes et des navigateurs«, ab 1679 in Paris erscheinend (BL, Nr. 58). Dieses Periodikum, dessen Herausgeber Lalande 1759–75 war, erwähnt L. auch im Brief an Joel Paul Kaltenhofer vom 14. Juni 1773.

211 *mein Mikroskop:* Von diesem Baumannschen Mikroskop schreibt L. an Joel Paul Kaltenhofer am 14. Mai 1772; die Notiz gibt den ersten Hinweis darauf, wie früh L. begonnen hat, sein eigenes »Physikalisches Kabinett« anzuschaffen. »Herr Baumann verfertigt etwas für mich«, schreibt L. am 8. Juli 1773 an Johann Christian Dieterich. Über das Mikroskop mit vier Gläsern s. Gehler 3, S. 231 ff.

212 *Michaelis's Übersetzung des Hiob:* Erschien Göttingen 1769 als erster Teil der von Michaelis veranstalteten Übersetzung des Alten Testaments mit »Anmerkungen für Ungelehrte« in 13 Tln. – *Kästner . . . Sinngedicht:* Abraham Gotthelf Kästners Epigramm ist in der Sammlung seiner »Schönwissenschaftlichen Werke« nicht erhalten, dafür aber folgendes auf Michaelis gemünztes Sinngedicht (Kästner, Schönwissenschaftliche Werke 1, S. 49): »Auf einen Bibelübersetzer. / Wenn er von den, die *Luther* nicht gefragt, / Von Hagars Enkeln, lernt, was Jacobs Gott gesagt, / So würde *Luther* selbst ihn lehrbegierig hören; / Doch richtig, edel Deutsch, das müßt' ihn *Luther* lehren.« Epigramme seines Lehrers Kästner zitiert L. KA 226, F 606, 741, J 1220. – *Eliphas:* Eliphas aus Theman, einer der Freunde Hiobs; s. Hiob 2, 11.

213 *Strich:* Davor von L. gestrichen *Art.* – *Abrolhos . . . (aperi oculos):* In Peter Kolbs zu KA 214 nachgewiesener Reisebeschreibung, 1. T., III. Brief, heißt es S. 33 über die »gefährlichen Klippen«: »Die Portugiesen nennen sie in ihrer Sprache Abrolhos welches man auf Teutsch geben könte: Thut die Augen auf! als welches eben die Portugisische Benennung haben will, denn in lateinischer Sprache heissen sie Aperi Oculos. Diese blinde Klippen erstrekken sich . . . von Brasilien über achtzig Meilen tieff in die See; vor welchen sich die Ost-Indische Schiffe sehr fürchten, weil sie der Strom dahin sehr schnell versetzen, von ihren Lauff bringen, und zum Untergang leiten kan.« Vgl. auch »Anmerkungen über des Bruders Brief« (Nachlaß, S. 52).

214 *Kolb:* Peter Kolb (1675–1726), dt. Südafrikaforscher, reiste 1705 zu astronomischen Studien nach Kapstadt, trat 1703 in den Dienst der Holländisch-Ostindischen Kompanie und kehrte 1712 wegen eines Augenleidens nach Deutschland zurück. Sein 1719 in Nürnberg erschienenes dreibändiges Werk »Caput Bonae Spei Hodiernum, Das ist: Vollständige Beschreibung Des Afrikanischen Vorgebürges der Guten Hofnung« gibt eine ausführliche Schilderung der Kap-Hottentotten und ist die wertvollste Quelle für die einstigen Zustände im Kapland. Im 1. Teil, XI. Brief »Worinnen alle Thiere nach dem Alphabeth abgehandelt werden / welche an dem Capo bonae Spei auf dem Lande / anzutreffen seyn« heißt es S. 150: »Und gewißlich, wenn dieser Koth durch die Sonne gedörret worden, so schmecket er an statt des Tobacks, nicht allzu übel, vornemlich so man selbigen erst gewohnet ist. Ich

habe ihn nicht mehr als einmal aus Curiosität selber probiret, von vielen aber gehöret, und bin offtmals dabey gesessen, wenn er gerauchet worden, daß er ihnen eben so angenehm als reiner Toback schmecke.« Georg Forster sagt in der »Reise um die Welt« (Werke, Bd. 1, Frankfurt/Main 1967, S. 100) von Peter Kolb, daß »er noch immer der beste unter den Geschichtsschreibern des Caps« ist. L. zitiert Kolbs Reisebeschreibung auch in den »Anmerkungen über des Bruders Brief« (s. Nachlaß, S. 54).

215 *Pistill:* Die Befruchtungs-Röhre, der Staubweg, das weibliche Befruchtungs-Werkzeug in den Blüten der Pflanzen. – *Der Ritter Linnäus bildet ab . . .:* »Caroli Linnaei . . . Disquisitio de quaestione ab Academia Imperiali Scientarum . . . proposita: Sexum plantarum argumentis et esperimentis novis . . .«, Petropoli 1760, S. 10–15. S. zu KA 73.

216 *die Cochenille ein Insekt:* Vgl. Ledermüller: »Tabula XXVIII. Die Cochenille«, S. 55–60, des zu A 78 nachgewiesenen Werkes. Die Cochenille ist ein Insekt aus der Familie der Schildläuse und wurde wegen ihres roten Farbstoffs, der Karminsäure, und zu medizinischen Zwecken schon im 15. Jh., etwa in Mexiko, gezüchtet; das Produkt galt jedoch bis ins 18. Jh. als vegetabilischen Ursprungs. – *durch Notarien . . . ausgemacht:* Auf der von L. angegebenen Seite 57 berichtet Ledermüller, daß auf Grund einer Wette zwischen dem Holländer Melchior van Ruyscher und einem seiner Freunde 1725 der Statthalter von Antiquera in Mexico acht Zeugen vor Gericht einvernahm, die aussagten, daß die Cochenille ein Insekt ist – noch Leeuwenhoeck hatte sie für die Beere oder Fruchtkörner einer Pflanze (Uvae Ursi) gehalten. – *Ledermüllers Mikrosk. Augen- und Gemüts-Ergötzung:* Über Martin Frobenius Ledermüllers Werk s. zu A 78. – *Gummi Laccae in ramulis:* Davon handelt Ledermüllers »Tabula XXX«, S. 60–64, unter der Überschrift: »Die in dem Gummi Laccae in ramulis befindlichen Würmer und deren Nester«. Gummi Laccae in ramulis übersetzt Ledermüller S. 61: »das Gummi Lack an Ästchen«. – *Godofredi Observationes . . .:* Die von L. genau nach Ledermüller, S. 61, zitierte Abhandlung ist 1714 in den »Mémoires de l'académie des sciences« in Paris erschienen. Claude Joseph Geoffroy (1685–1752), Bruder von Etienne François Geoffroy, frz. Apotheker in Paris, vielseitiger naturwissenschaftlicher Schriftsteller, seit 1705 Mitglied der Académie des Sciences. – *Cartheusers Diss.:* Die von L. exakt nach Ledermüller, S. 61, zitierte Dissertation ist 1754 in Frankfurt an der Oder erschienen. Johann Friedrich Cartheuser (1704–1777), Chemiker und Arzt, Prof. in Frankfurt an der Oder. – *Coccum americanum:* Die eigentliche Cochenille; die von L. notierte Aufzählung findet sich bei Ledermüller S. 65. – *Kermes-Korn:* Unter »Tabula XXXVI« behandelt Ledermüller S. 72–76 die »Kermes-Würmer«, Graine d'écarlatte, Ilex coccigera, ebenfalls aus der Klasse der Gallinsekten, von den Arabern Kermes genannt. – *Coccum polonicum:* Unter »Tabula XXXII« behandelt Ledermüller S. 64–67 »Das Coccum Polonicum oder eine Art deutscher Cochenille«. – *Polygon oder Skleranthus:* Polygonum: Knöterich, Ampfer, eine Pflanzengattung mit vielen Arten. – *Breyn . . . Dissertat. geschrieben:* »Historia naturalis Cocci Radicum Tinctorii, quod polonicum vulgo audit«, Gedani (Danzig) 1731, von Johann Philipp Breyn (1690–1764), 1700 Dr. med. in Leiden, Arzt in Danzig; Mitglied der Royal Society in London.

217 *vid[e] p. 48:* Bezieht sich wohl auf KA 210. – *Felbiger:* Johann Ignaz

von Felbiger (1724–1788), Abt und Prälat des Augustinerstifts zu Sagan in Schlesien; Physiker und Pädagoge, auch auf dem Gebiet der Blitzableiterforschung von Bedeutung. »Versuch, die Höhe des Riesengebirges zu bestimmen«, Breslau 1769. – *zwoer harmonierenden Barometer:* S. zu KA 210. – *Scheibel:* Johann Ephraim Scheibel (1736–1809), Prof. der Mathematik und Physik am Gymnasium in Breslau; naturwissenschaftlicher Schriftsteller. – *Schnee-Koppe:* Die höchste Erhebung des Riesengebirges in Niederschlesien, 1603 m über Meereshöhe, ein abgestumpfter Granitkegel mit Schieferhaube. – *Hallische gel. Zeit.:* Die Nachricht über Felbigers Messungen und Scheibels Zusätze findet sich in den »Hallischen Neuen Gelehrten Anzeigen«, 95. Stück, 27. November 1769, unter »Breslau«, S. 755 f.

218 *Anschießen der Salze:* S. zu A 216.

221 *Wärmendes Feuer, leuchtendes Feuer:* Im 18. Jh. wurde zwischen Feuer als Ursache aller Wärme und Feuer als Zustand der von Licht begleiteten Wärme unterschieden (s. Gehler, Bd. 5, S. 396).

222 *Franklin's Experim[ents] . . . on Electricity:* Auf diese Notiz bezieht sich A 227, wo das hier zitierte Werk nachgewiesen ist. S. auch KA 295. – *and:* In der Handschrift *et.* – *Keine von beiden Erscheinungen erklären:* L. kommt auf das Phänomen des Komplementär-Sehens noch C 331 und K 379 zu sprechen.

223 *Haller (Elementa physiologiae):* Über Albrecht von Hallers Werk s. zu A 230. – *das Licht . . . von anderm Licht penetrabel:* Diesen Satz notiert L. auch A 230. Wörtlich heißt es bei Haller, V, S. 443 f., im Abschnitt »Lux et colores«: »Saepe etiam ea meditatus, quae fiunt in videndo, timidus utique, tamen vix me potui continere, quin penetrari a luce lucem admitterem. Sint, nam res adeo simplex est, ut absque demonstratione eam sibi sumere liceat, sint, inquam, in conclavi mille specula, in eorum speculorum superficie pingentur objecta obposita, alia & alia, ut oculus in speculum inspicientis aliter erit dispositus. Ea objecta ad oculum perveniunt pyramidum specie, quarum vertex est cornea speculatoris tunica, tota superficies speculi pro basi. Ubicunque nunc, & in omnibus atomis conclavis, oculus ponas, videbunt omnes, & accipient suam quaeque pyramidem, quam necesse est per aerem iter suum ad oculum absolvere. Nunc eae pyramides mille millique modis se penetrabunt, ut nullum possit in conclavi punctum cogitari, per quod centum iterumque centum non transeant, magis latae minusve, pyramides.«

224 *Childers . . . zu Newmarket verewigt:* L. erwähnt das Pferd noch in der Archenholz-Rezension (III, S. 197) und schon im GTC 1778, S. 38, Fußnote: »Ein durch Gedichte und vortreffliche Abbildungen verewigtes Pferd. Es rennte, der Natur gemeiner Wettläufer seines Geschlechts zuwider, mit erhabenem Haupt, überwand überall und selbst die grösten Renner seiner Zeit.« – *Newmarket:* Stadt in der engl. Grafschaft Suffolk, wo seit der Zeit König Jakobs I. (1566–1625) Pferderennen stattfanden; Sitz des engl. Jockey-Clubs.

225 *Jungius:* Wohl Ulrich Jungius (1670–1726), Prof. der Mathematik in Leipzig, der vor allem astronomische Gegenstände behandelte. – *Prof. Eloquentiä:* Wer in Leipzig seinerzeit die »Beredsamkeit« vertrat, konnte nicht ermittelt werden. – *Jungius . . . tractat:* Jungius treibt im Dunkeln, was sich unmöglich sagen läßt. – *Gellert:* Christian Fürchtegott Gellert (1715–1769), Schriftsteller der Aufklärung, studierte seit 1734 in Leipzig Theologie, hielt

ab 1744 Vorlesungen über Poesie, Beredsamkeit und Moral; vertrat in seinen »Fabeln und Erzählungen« (Leipzig 1746–1748), die ihn populär machten, das Tugendideal der Aufklärung.

225 *sich ... leiden:* Sich fügen, sich darein ergeben; s. DWB 6, Sp. 664 f.

226 *ein Gedicht der Frau Karschin:* Kästners Epigramm bezieht sich auf die »Ode der verwittweten Churfürstinn von Sachsen nachgesungen. Berlin. 31. Octobr. 1769«, verfaßt von der Karschin und veröffentlicht im »Göttinger Musenalmanach« für 1770, S. 157–159 (L.s Seitenangabe ist offensichtlich ein Lesefehler):

> Tochter des siebenden Carls,
> Fürstinn, weiser als jene
> Die den Herrscher von Salem gegrüßt,
> Mit Geschenken, und durch
> Tiefverwickelte Rätzel
> Seine mächtige Weisheit geprüft;
>   Friederich, größer, als er
> Dem der Orient fröhnte,
> Zog, durch himmelansteigenen Ruhm,
> Dich aus einem Pallast,
> Wo du deinen Vermählten
> Oft im girrenden Tone beklagst!
>   Kennerinn jeglicher Kunst!
> Staunenswerthere Wunder
> Hat dein geistiges Auge gesehn,
> Als der schallende Ruf
> Hundertzüngig erzählte
> Von der Brennen gewaltigsten Held.
>   Aber, noch lange nicht satt
> Ihn zu sehen, zu hören,
> Eiltest du wieder beflügelt ins Land,
> Wo das glückliche Volk
> Und dein Göttergeschlechte
> Liebebrennend zurücke dich rief.
>   Friederich sahe dir nach,
> Wie der goldenen Sonne,
> Wenn sie hinter dem Lorbeerhayn sich
> Seinen Blicken entzieht,
> Und die hoffenden Augen
> Fernerwachender Völker bestrahlt.
>   Lange noch höret sein Ohr
> Deine Stimme, viel süßer
> Als des lockenden Vogels Gesang,
> Der, vom dunkelsten Baum,
> Den tiefsinnenden König
> Aus Gedanken zum Horchen erweckt.

Der Text spielt auf Maria Antonie Walpurgis (1724–1780) an, die Tochter Kaiser Karls VII., die 1747 Friedrich Christian, den Sohn Augusts III. von Sachsen (geb. 1722), heiratete, der am 5. Oktober 1763 Kurfürst wurde und bereits am 17. Dezember 1763 starb. Die Kurfürstin ist auch als Dichterin und Opernkomponistin hervorgetreten. Sachsen stand im Siebenjährigen Krieg auf der Seite Österreichs. Anna Luise Karsch (1722–1791), Tochter eines Bauern und Gastwirts; von Sulzer und Gleim, der 1764 ihre »Auserlesenen Gedichte« herausgab, als lyrisches Naturtalent entdeckt: die »deutsche Sappho«. Vom preußischen Hof gefördert, schrieb sie eine Vielzahl unkritischer Lobeshymnen auf Friedrich II. – *Musen-Almanach:* Der erste dt. Musenalmanach – nach frz. Vorbild – erschien, hrsg. von Boie, 1770 in Göttingen bei Dieterich; er wurde 1776 von Goeckingk fortgesetzt, 1779 von Gottfried August Bürger, 1794–1807 von Karl von Reinhard weitergeführt. Zu L.s Urteil über diese literarische Zeiterscheinung s. Briefe an Ernst Gottfried Baldinger vom 10. Januar 1775, Nachschrift 2, und an Johann Christian Dieterich vom 28. Januar 1775. – *Salomo:* König von Juda und Israel und des von seinem Vater David errichteten Großreiches (etwa 965–926 v. Chr.), verschaffte Israel eine kulturelle Blütezeit. – *des Südens Königin:* Die in der Bibel als Zeitgenossin Salomons erwähnte Königin von Saba (1. Könige 10 und 2. Chron. 9), die seine Weisheit mit Rätselfragen auf die Probe stellte. – *Antonia:* Vermutlich Maria Theresia (1717–1780), seit 1740 Königin von Ungarn und Böhmen, Erzherzogin von Österreich, römisch-deutsche Kaiserin, 1763 endgültiger Verzicht auf Schlesien. – *großen Friedrich:* Friedrich II.; wohl Anspielung auf die »Einnahme« Schlesiens. – *Kästner:* Über seine Epigramme s. zu KA 212.

227 *Daß die Baukunst Affekten errege ...:* Im 1. Bd., 2. Stück, 1. Kapitel (1765) der »Neuen Bibliothek der schönen Wissenschaften und der freyen Künste« bei »Betrachtungen über die Quellen und die Verbindungen der schönen Künste und Wissenschaften« heißt es S. 233 in einer Anmerkung: »Man kann der Baukunst selbst die Erregung der Leidenschaften nicht ganz absprechen. Sie kann es wenigstens vermittelst eines Nebenbegriffes, den unsere Seele allezeit mit dem Hauptbegriffe verbindet. So erregen prächtige und majestätische Gebäude Ehrfurcht und Bewunderung. Lustschlösser ermuntern uns zur Fröhlichkeit; einsame Gebäude zu Ernst und Tiefsinn, und ein Grabmaal kann Leidwesen und Traurigkeit erregen.«

228 *Voyage d'un François:* Der anonym erschienene »Voyage d'un François en Italie, fait dans les années 1765 et 1766«, Venedig und Paris 1769, 8 Bde. Verfasser dieser stark antiklerikalen Reisebeschreibung, die sich im 5. Bd. mit Rom und dem Vatikanstaat befaßt, ist Josèphe Jérome de Lalande. Das Werk wurde von Haller in den GGA, 17. Stück, 8. Februar 1770, S. 140–143 rezensiert. Zu L.s Antiklerikalismus vgl. C 2, 24, 117.

229 *Mais (türkischen Weizen):* Die einzige Kultur-Getreideart, die in Amerika entstanden ist, und zwar durch die Indios in vor- und frühgeschichtlicher Zeit. Columbus brachte von der zweiten Fahrt nach Amerika Maiskörner mit nach Spanien; 1525 wurde der Mais dort und in der Türkei (»türkisches Korn«) und 1574 am oberen Euphrat feldmäßig angebaut.

230 *Allerlei Kunststücke:* Die Nummern 1–4 sind von L. durch Zeichen von S. 54 unten nach hier (= S. 55 der Handschrift) verwiesen; da sie unnumeriert waren, wurden die Ziffern in unserer Ausgabe entsprechend geändert. – *1) Hund ... mit 3 Strichen zu zeichnen:* Vgl. »Das Thor von Calais oder der englische Rinderbraten. Ein Blatt von Hogarth«, das L. im GTC 1788, S. 105–127, erklärt; S. 107f. schreibt er: »Dieses erinnert mich an einen Einfall

Hogarth's, den er seinen Freunden einmal als ein Räthsel vortrug: nemlich einen Sergeanten, der zum Thor hinaus gienge, mit seinem Windhund hinter sich drein, mit 3 Strichen zu zeichnen. Die Auflösung besteht in folgenden 3 Strichen: *ab, cd* und *ef*. –

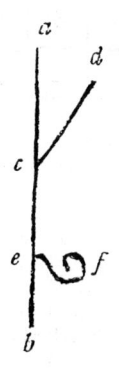

ab ist das Thor im Profil, *cd* die Pique des Sergeanten auf der Schulter und *ef* der Schwanz des Windhundes, der, so wie sein Herr, schon durch das Thor durch ist. Wer noch im mindesten an der Wichtigkeit der Insignien bey Processionen zweifelt, der sehe diese Procession an. « – *Von Herrn v. Münchhausen:* Unter den acht Münchhausen, die sich zwischen 1763 und 1774 an der Georgia Augusta immatrikulierten, kommt hier vielleicht der Sohn Ottos von Münchhausen in Frage: Otto Friedrich Julius (1716–1774) aus Hannover, der sich am 24. Oktober 1771 als stud. jur. an der Georgia Augusta einschrieb. Vgl. Brief an Christiane und Johann Christian Dieterich vom 7. März 1772. – *3) Der Hahn, der Hahn und nicht die Henne:* Necksatz zum Nachsprechen. – *5) Die Wassernuß von frischem Brodt:* Auf dieses »Kunststück« kommt L. in einer Fußnote zu F 53 zurück. – *12) Einen Format für Papier anzugeben:* »Ich gab einmal einem jungen Engländer, den ich in Algebra unterrichtete, die Aufgabe auf, einen Bogen Papier zu finden, bei dem alle Formate als forma patens, folio, 4to, 8, 16, einander ähnlich waren«, teilt L. im Brief vom 25. Oktober 1786 Johann Beckmann mit und nennt auch die Auflösung: »Die kleine Seite des Rechtecks muß sich nämlich zu der großen verhalten wie 1:2 oder wie die Seite des Quadrats zu seiner Diagonale. « – *Folio:* Früher gebräuchliche Bezeichnung für das Papierformat 21 × 33 cm (Kanzleiformat). – *4to:* Quarto, Quart, Papier- oder Buchformat (4°) mit der Blattgröße 22,5 × 29 cm. – *8vo:* Buchformat (8°) bis 22,5 cm Höhe, entsteht aus der Teilung eines Bogens in acht Blatt- = 16 Seiten. – *magischen Quadrate:* »Quadratum magicum, ein Zauber-Quadrat, ist ein Quadrat, welches in verschiedene kleine eingetheilet worden, darein Zahlen von einer arithmetischen Progreßion dergestalt versetzet worden, daß alle Summen in einer Horizontal- oder Vertical-Reihe gleich sind der Summe in der Diagonal-Reihe. Z. E. 2.3.4.5.6.7.8.9.10. stehen in einer arithmetischen Progreßion. Setzet man nun dieselbe folgender Gestalt in die Fläche eines Quadrates;

5	10	3
4	6	8
9	2	7

so ist $5+10+3 = 18$, $4+6+8 = 18$, $9+2+7 = 18$, $5+4+9 = 18$, $10+6+2 = 18$, $3+8+7 = 18$, $5+6+7 = 18$, $3+6+9 = 18$; und demnach heisset dieses Quadrat ein Zauber-Quadrat.« Zit. nach Wolff, Sp. 1139 f. – *14) zwo Personen zusammen zu binden und sie los zu machen:* Dieses Kunststück führt L. bereits A 16 als »artiges Stück der Taschenspieler« an. – *23) populeam ... tenebat:* Einen Pappelzweig hielt die Mutter Königin. – *Nürnberger Tand ... Holz mit den Ringen:* Dieses Spiel beschreibt L., es zugleich mathematisch betrachtend, im GTC 1781, S. 65–70, unter dem Titel »Über das Spiel mit den künstlich verflochtenen Ringen, welches gewöhnlich Nürnberger Tand genannt wird«. Als »tant von Nurenberch« werden in der Magdeburger Schöppenchronik erstmals Spielwaren aus Nürnberg bezeichnet. Von »Nürnberger Ware« spricht L. auch D 116, E 293, F 1005, in den Briefen an Friedrich Ludwig Wilhelm Meyer vom 16. März 1789 und an Immanuel Kant vom 30. Oktober 1791. – *Kaltenhofer:* Joel Paul Kaltenhofer (1716–1777), seit 1756 Universitätszeichenlehrer in Göttingen; Freund und Korrespondent L.s, der als Student bei ihm Kurse nahm. – *Tumbler:* Engl. ›Gaukler‹. – *vid[e] infra:* Lat. ›siehe unten‹; die Stelle war nicht nachzuweisen.

231 *zu dumm um ein Narr zu werden:* Dieses engl. Sprichwort – s. darüber Zubke im Lichtenberg-Jb 1990, S. 192 – verwertet L. in B 335 und im GTC 1795, S. 181, in einem mit »(h)« versehenen Artikel ohne Überschrift über Sneedorfs Besuch in dem »Tollhause zu Hohenheim im Wirtenbergischen«.

232 *Cranz. Beschr. v. Grönland:* »Historie von Grönland enthaltend die Beschreibung des Landes und der Einwohner etc. insbesondere die Geschichte der dortigen Mission der Evangelischen Brüder zu Neu-Herrenhut und Lichtenfels«, Barby und Leipzig 1765. L. zitiert das Werk unten III, S. 49. David Cranz (1723–1777), studierte in Halle Theologie und trat darauf in den Dienst der Brüdergemeine, war Redakteur der »Gemein-Nachrichten« und Schreiber des Grafen von Zinzendorf, den er auf seinen Reisen begleitete. – *T. I. p. 64:* Vermutlich notiert L. diese Seite, weil dort in »Der Grönländischen Historie Erstes Buch, Von der Lage und Beschaffenheit des Landes, des Meeres, der Luft und der Erde, den Stein-Arten und Gewächsen« die beobachteten Lufterscheinungen beschrieben werden. Vgl. auch zu KA 82. – *T. I. p. 180:* In »Der Grönländische Historie Drittes Buch, Von der Grönländischen Nation« ist auf S. 180 u. a. zu lesen: »Einen sonderbaren Hochmuth kan man ihnen zwar nicht absehen, aber aus Unwissenheit haben sie ein grosses Maaß von dem so genannten Bauren–Stolz, setzen sich weit über die Europäer oder Kablunät, wie sie sie nennen, hinaus, und treiben wol heimlichen Spott mit ihnen. Denn ob sie gleich die vorzügliche Geschiklichkeit

derselben an Verstand und Arbeit gestehen müssen: so können sie doch dieselbe nicht schätzen.« – *T. I. p. 231 satyr. Duelle:* Im oben angeführten dritten Buch steht auf S. 231: »Das wunderlichste aber ist, daß sie so gar ihre Stretigkeiten tanzend und singend abmachen; und dieses nennt man einen Singe-Streit. Wenn ein Grönländer von dem andern beleidigt zu seyn glaubt, so läßt er darüber keinen Verdruß und Zorn, noch weniger Rache spüren; sondern verfertigt einen satyrischen Gesang, den er in Gegenwart seiner Hausleute und sonderlich des Frauen-Volks so lange singend und tanzend wiederholt, bis sie alle ihn auswendig können. Alsdann läßt er in der ganzen Gegend bekant machen, daß er auf seinen Gegenpart singen will ... Wenn er ausgesungen hat, tritt der Beklagte hervor, und beantwortet unter Beystimmung seiner Leute die Beschuldigungen auf eben dieselbe lächerliche Weise. Der Kläger sucht ihn wieder einzutreiben, und wer das letzte Wort behält, der hat den Proceß gewonnen, und wird hernach für etwas recht ansehnliches gehalten.« L. verwendet diesen Brauch in seinem Artikel »Duell« in B 174. Jenem Buch entnahm übrigens Jean Paul später die Anregung zu dem Titel seines Erstlingswerkes, der »Grönländischen Processe«; s. auch L 514. – *Seelenwanderung hat man unter ihnen:* Ebenfalls im dritten Buch steht auf S. 259: »Die abgeschiedene Seele kommt aber nicht in diese Elisäischen Felder, sondern muß fünf Tage lang, andre sagen, noch länger, an einem rauhen Felsen, der daher schon ganz blutig ist, herunter rutschen ... Sonderlich werden die armen Seelen bedauret, die diese Reise im kalten Winter oder bey stürmischem Wetter thun müssen, weil da leicht eine zu Schaden kommen kan; welches sie den andern Tod nennen, da nichts zurük bleibt. Und das ist ihnen das allerbetrübteste. Daher müssen die Hinterlassenen, diese fünf oder etliche Tage lang, sich gewisser Speisen, auch aller geräuschigen Arbeit (ausser dem nöthigen Fischfang) enthalten, damit die Seele auf ihrer gefährlichen Reise nicht beunruhigt werde oder gar verunglükke.« Zu L.s Beschäftigung mit der Seelenwanderung s. zu A 87. – *p. 103. T. I.:* Danach von L. gestrichen *mehr im Winter als im Sommer.* In »Der Grönländischen Historie Zweytes Buch, Von den Thieren, Vögeln und Fischen« wird auf S. 103 von den Feldhühnern berichtet.

233 *Venus-Übel:* Morbus venereus, auch Lustseuche und Franzosenkrankheit genannt: die Syphilis. Wann sie zuerst beobachtet wurde, ist nicht ermittelt. In größerer Verbreitung trat sie erstmals Ende des 15. Jh.s auf, vermutlich eingeschleppt von Matrosen des Kolumbus aus der Neuen Welt. L. erwähnt sie auch im Alexandrinergedicht (III, S. 424). – *Recherches ...:* Pauws »Recherches sur les Américains« waren Berlin 1768, seine auch RA 168 genannten »Recherches philosophiques sur les Egyptiens et les Chinois« Berlin 1774 erschienen. Cornelis de Pauw (1739–1799), holländ. Philosoph und Reiseschriftsteller, Kanonikus in Xanten.

235 *Pontius Pilatus:* 26–36 n. Chr. röm. Prokurator von Judäa, war an der Hinrichtung Jesu beteiligt.

236 *Größe ohne Stärke ... Grund des Lächerlichen:* In seiner Schrift »Harlekin, oder Vertheidigung des Groteske-Komischen«, Hamburg 1761 (2. Auflage Berlin 1777), definiert Justus Möser gegen Aristoteles und Cicero auf S. 48 der Erstausgabe (Nicolai ed. S. 96): »Die *Größe ohne Stärke* scheint mir ein weit fruchtbarerer Stamm zu seyn; wenigstens ist mir noch nichts Lächerliches begegnet, wozu ich nicht den zureichenden Grund in diesem

A gefunden.« L. greift Mösers Definition in B 404, E 408, F 25 wieder auf. – *Möser:* Justus Möser (1720–1794), berühmter Publizist und Historiker in Osnabrück, 1761 Konsulent der Englischen Krone, 1768 als Geheimer Referendar Mitglied der Regierung. L. lernte ihn 1772 in Osnabrück kennen.

237 *Scaramusche bezeigt ... Freude:* »Die aufrichtige Freude des Skaramusche, da er diejenigen welche ihn derbe geschlagen, um deswillen noch auslacht, daß er sie betrogen und durch seine von mir entlehnte Kleidung zu einem Irrthum in Ansehung der Person verführt habe, ist noch immer ein Meisterstück des Lächerlichen in dieser Art.« Diesen Satz läßt Möser in der zu KA 236 nachgewiesenen Abhandlung Harlekin sagen (Nicolai ed. S. 99). Möser verwertet dieses Meisterstück in seiner Harlekinade »Die Tugend auf der Schaubühne, oder: Harlekin's Heirath«, 1763; s. Promies, Die Bürger und der Narr, München 1966, S. 208. – *Scaramusche:* Scaramuccia, Scaramouche, Gestalt der Commedia dell'arte, um 1640 von Tiberio Fiorillo geschaffen: ein Aufschneider, der schwarze span. Tracht trug.

238 *Bergamo das Land der Harlekine:* Auch dieser Satz ist aus der zu KA 236 nachgewiesenen Schrift von Möser.

239 *Harlekin ... Scapin ... Mezzetin ... Trivelin ... Pierrot:* Auch dieser Satz ist der zu KA 236 nachgewiesenen Schrift von Möser entnommen, der Harlekin über die Figuren der Commedia dell'arte sagen läßt: »Mir sieht Jeder die gute lächerliche Dummheit an, Herr Scapin ist spitzfindig, Mezzetin höhnisch, Trivelin grämlich, Pierrot bäurischlächerlich« (Nicolai ed. S. 109f.).

240 *Zaporavianischen Kosaken:* Wohl die Saporoger Kosaken, die im Süden der Dnjeprstromschnellen in der Ukraine lebten. – *memoirs of Russia by colonel Manstein:* Das Werk erschien in frz. Übersetzung unter dem Titel: »Mémoires Historiques, Politiques et Militaires sur la Russie ...« Leipzig 1771, auf deutsch Hamburg und Bremen 1771 als »Beitrag zur Geschichte Rußlands vom Jahre 1727–1744«. L. las es in der engl. Übersetzung von David Hume, die London 1770 unter dem Titel »Memoirs of Russia« erschienen war und in den GGA 1770, S. 354, eingehend besprochen wurde. Christoph Hermann von Manstein (1711–1800), aus Petersburg, Flügeladjutant und Anhänger des russ. Feldmarschalls Münnich, auf dessen Befehl er den Herzog Biron verhaftete. Nach dem Sturz Münnichs in preuß. Diensten, wo er es bis zum Generalmajor brachte.

241 *Postillionen Geld geben, damit sie langsam fahren:* Vgl. das zu KA 240 nachgewiesene Werk, S. 52: »Elsewhere you commonly give the postilions something to drink to quicken their pace, but between Moscow and Petersburgh you must give them something to make them go slower.« Andernorts gibt man den Postillionen etwas zu trinken, damit sie schneller sind, zwischen Moskau und Petersburg aber muß man ihnen etwas geben, damit sie langsamer fahren. L. notierte sich diesen Satz gewiß, weil er zu den Postverhältnissen in Deutschland kontrastierte; vgl. TB 1 zu den engl. Postillionen.

242 S. zu KA 240. Die Notiz faßt zwei Stellen von S. 280 und 321f. des dort nachgewiesenen Werkes zusammen. – *Münnich:* Burkhard Christoph Graf von Münnich (1683–1767), russ. Feldherr und Staatsmann. In Deutschland geboren, trat er 1720 in russ. Dienste und bildete das russ. Heer nach preußischem Vorbild um; russ. Oberbefehlshaber im Poln. Thronfolgekrieg und im Türkenkrieg; stürzte 1740 den Regenten Biron. 1741 wurde er selbst

von Zarin Elisabeth Petrowna nach Sibirien verbannt und erst 1762 zurückberufen. – *Biron:* Ernst Johann Reichsgraf von Biron (1690–1772), seit 1737 Herzog von Kurland, Sekretär der Herzogin-Witwe von Kurland, Anna Iwanowna, die 1730 Kaiserin von Rußland wurde und Biron als Oberkammerherrn die Regierung überließ; nach Annas Tod 1740 von Münnich gestürzt und verbannt. Katharina II. setzte ihn wieder als Herzog ein. – *Siberien:* Im 18. Jh. offenbar übliche Schreibweise.

243 *Kaiserin Elisabeth . . .:* Vgl. S. 324 des zu KA 240 nachgewiesenen Werkes. Elisabeth Petrowna (1709–1762), Tochter Peters des Großen, seit 1741 Zarin von Rußland.

244 Diese Bemerkung ist, wie KA 245, von L. teilweise gestrichen, da er sie D 354 erweitert wieder aufgreift. Vermutlich wurde sie an dieser Stelle notiert, da in dem zu KA 240 nachgewiesenen Werk von Schah Nadir berichtet wird. Über L.s Quelle s. zu D 391. – *Saleh Beg:* Ermordete am 20. Juni 1747 den Schah Nadir von Persien. – *Schach Nadir:* (1668–1747), seit 1736 Schah von Persien, der sein Reich vom Indus und Oxus bis zum Euphrat ausdehnte.

245 Diese Bemerkung ist von L. teilweise durchgestrichen, vermutlich, weil er sie D 355 erweitert wieder aufgreift. Über L.s Quelle s. zu D 391.

246 *Die Krankheit, davon Niebuhr Achenwallen erzählte:* Vermutlich mündliche Mitteilung. Karsten Niebuhr (1733–1815), Schüler Tobias Mayers in Göttingen, berühmter Reisender, lebte seit 1778 als Justizrat in Meldorf, hatte 1761 Ägypten und andere arabische Länder bereist. Die von Michaelis angeregte, im Auftrag des dänischen Königs unternommene Reise, auf der Niebuhr Tobias Mayers Theorie der Längenbestimmungen mit Hilfe seiner Mondtafeln bestätigte, sollte mittels der Kenntnis der gegenwärtigen Verhältnisse die in der Bibel dargestellten erhellen. »Beschreibung von Arabien« (1772). Gottfried Achenwall (1719–1772), seit 1748 Privatdozent, 1753 Prof. der Philosophie, für Geschichte, Statistik und Naturrecht in Göttingen: »der Vater der Statistik«; Freund Pütters, ein Lehrer L.s, der bei ihm die Staatengeschichte hörte; 1764–1765 Prorektor. – *Barrere eine Beschreibung von Guiana . . .:* In dt. Übersetzung erschien Pierre Barrères »Nouvelle relation de la France équinoxiale, contenant la description des côtes de la Guiane . . . « unter dem Titel »Neue Beschreibung von Guiana, Worin von den Künsten dieses Landes und der Insel Cayenne, von der dortigen Handlung, von den verschiedenen daselbst vorgefallenen Veränderungen und von den Sitten und Gewohnheiten der wilden Völker, welche darin wohnen, ausführliche Nachrichten gegeben werden, verfasset von Peter Barrere . . . « in der »Sammlung neuer und merkwürdiger Reisen zu Wasser und zu Lande, aus verschiedenen Sprachen übersetzt, und mit vielen Kupfertafeln und Landkarten versehen, Zweyter Theil« Göttingen 1751, zusammen mit den Reisebeschreibungen von Bouguer und La Condamine; vgl. zu KA 55. L. bringt im GTC 1788, S. 174–177, nach Barrère einen Artikel über »Wundercuren der geweyhten Aerzte bey einigen Americanischen Völkern«. – *Die Wunde . . . Schwindsucht:* Vgl. Barrère, S. 57; von L. nicht ganz wörtlich zitiert.

247 *Roucou:* Orlean; gelbroter Farbstoff aus der Samenschale von Bixa orellana, auch Ruku, Uruku genannt. Vgl. GTC 1778, S. 61: »Künsteleyen der Menschen an Bildung ihres Körpers«. – *Barrere eben daselbst:* Barrère berichtet über den Roucou auf S. 70–72 (s. zu KA 246); auf S. 71 heißt es:

»Der Roucou, welcher den vornehmsten Theil der Handlung zu Cayenne ausmacht, wächst an keinem Orte der Colonie von selbst. Man findet ihn so gar nicht an denjenigen Örtern, wo er ehemals ist gebauet worden. So viel Mühe ich mir auch gegeben habe einige Nachrichten zu erlangen, auf welche Weise dieses Gewächse in das Land gebracht worden, so habe ich doch nichts anders erfahren, als daß die Franzosen, welche die Indianer in diesen Gegenden zuerst besuchten, daselbst einige Stämme Roucou gefunden, und daß diese letztern solchen mit Fleiß gebauet haben und noch bauen, um sich damit das Gesichte und die andern Glieder des Leibes zu beschmieren. Doch dem sey wie ihm wolle, so ist der Roucou die vornehmste und einträglichste Waare dieser Colonie. Das Pfund davon gilt insgemein funfzehn und zuweilen gar zwanzig Stüber. In der Färberey ist er ungemein nützlich, und wird gebraucht gelbe, rothe und andere Farben zu machen.«

248 Diese Bemerkung, von L. teilweise durchgestrichen, ist fast wörtliches Zitat der zu KA 246 nachgewiesenen Reisebeschreibung von Barrère, S. 84. – *Plumier:* Charles Plumier (1646–1704), frz. Botaniker aus Marseille; sein Hauptwerk »Description des Plantes de l'Amérique avec leurs figures« erschien 1693 in Paris. Über ihn s. P. J. S. Whitmore: »Charles Plumier: Craftsman and Botanist«, in: The Modern Language Review, Vol. LIV, Cambridge 1959, S. 400f.

249 *Mais:* In der Handschrift *Maitz.* – *Osnabr. Intell. Bl.:* Die »Nützlichen Beylagen« zum »Osnabrückischen Intelligenz-Blatt« oder, wie es auch hieß, »Die Osnabrückischen Intelligenz-Blätter nebst den nützlichen Beilagen« erschienen 1766 unter der Redaktion Mösers, dessen kleinere, später unter dem Titel »Patriotische Phantasien« gesammelten Aufsätze darin erschienen sind. L. las und exzerpierte, als er nach Osnabrück gekommen war, die bis dahin erschienenen Jahrgänge, vor allem wohl aus Interesse für Möser und dessen Arbeiten.

251 Diese Bemerkung ist von L. gestrichen. – *Ein Franzos:* Nach der »Encyclopédie des citations« von P. Dupré, Paris 1959, stammt der Spottvers am Sockel des Reiterstandbilds von einem unbekannten Dichter. – *die Statüe des Königs zu Pferd:* Das Reiterstandbild Ludwigs XV., geschaffen von Edme Bouchardon (1698–1762), aufgestellt 1765, wurde 1792 von den Revolutionären gestürzt und an seiner Stelle der Obelisk errichtet (Place de la Révolution, nachmals Place de la Concorde). – *Bastille:* Das 1368–1382 erbaute festungsartige Schloß am Tor St. Antoine in Paris diente seit Richelieu als berüchtigtes Staatsgefängnis; am 14. Juli 1789 wurde dieses Sinnbild der monarchischen Tyrannei gestürmt und zerstört. – *O le beau monument . . . à cheval:* O welch ein schönes Denkmal! Welch schönes Piedestal! / Die Tugenden gehen zu Fuß und das Laster sitzt zu Pferde.

252 *finden, was noch kein Mensch gefunden:* Dieser Fragesatz gehört womöglich wie KA 253 in den Umkreis der Notizen zur Preisfrage über die Kunst des Observierens; s. zu KA 173.

253 S. zu KA 252. – *der Magnet selbst anfänglich nur den Taschenspielern diente:* Ähnlich formuliert L. in C 312, H 133. Dieser Satz und Gedanke ist Ludwig Holbergs »Vermischten Briefen« (Bd. 5, S. 75) entnommen, die 1750–1760 Kopenhagen und Leipzig in 5 Bdn. in dt. Übersetzung erschienen.

254 *Louisd'or:* Frz. Goldmünze, von Ludwig XIII. 1640 eingeführt, wurde

auch zur Hauptgoldmünze des Heiligen Römischen Reiches deutscher Nation.

255 *Chorioïdea:* Griech. ›Aderhaut des Auges‹.

256 *Consensus variorum:* Lat. ›Einheit in der Vielfalt‹. – *in:* Danach fehlt in der Handschrift ein lat. Wort. – *Tom Jones:* »The History of Tom Jones, a Foundling«, der berühmte Roman von Henry Fielding, erschienen London 1749, eines von L.s Lieblingsbüchern (BL, Nr. 1643, 1644); s. etwa B 384, 385; F 1074. Lektüre dieses Romans bezeugt TB 5 für Juni 1771.

257 *Die Bibliotheken . . . endlich Städte . . . sagt Leibniz:* Vgl. J 861. L. zitiert den Satz in der »Erklärung der Hogarthischen Kupferstiche. Die Biergasse und das Branntwein-(Genever-)Gäßchen« im GTC 1795, S. 208. Er ist dem Werk »Otium Hannoveranum sive Miscellanea ex ore et schedis . . . Godofredi Guilielmi Leibnitii. Ed. Joachim Friedrich Feller. Lipsiae 1718« entnommen, wo es S. 422 heißt: »Si mundus adhuc mille annos durabit, et tot libri, ut hodie, conscribentur, vereor, ne ê Bibliothecis integrae civitates fiant« (BL, Nr. 1348). (Wenn die Welt noch tausend Jahre währt, und so viele Bücher wie heutzutage geschrieben werden, so werden, fürchte ich, die Bibliotheken zu Staaten.) Übrigens spielt auch Georg Forster 1791 in seinem Vorwort zu »Das gelehrte England« auf diesen Satz an (Werke, Frankfurt/Main 1967, Bd. 7, S. 272).

258 *Ist in jeder Periode alles bestimmt gesagt:* Notiz zur Preisfrage über die Kunst des Observierens (s. zu KA 173) oder stilistische Erwägung? – *Kartetschen:* Im 16. Jh. aufgekommenes Artilleriegeschoß.

259 *zu dieser Einrichtung . . . etwas hinzu tun?:* S. zu KA 173.

260 Auch dieser Satz gehört wohl zu KA 173. – *Verwandtschaft der Dinge:* Vgl. A 59; s. auch KA 283. – *Camera obscura:* Lat. ›dunkle Kammer‹; s. zu A 220. – *Sonnen-Mikroskop:* Vorrichtung, »durch welche man vergrößerte Bilder kleiner von der Sonne stark erleuchteter Gegenstände auf einer Wand oder Tafel im verfinsterten Zimmer darstellen kann« (Gehler, Bd. 4, S. 99). Nach Gehler um 1738 oder 1739 von Lieberkühn erfunden. Laut BL, Nr. 457 besaß L. eine »Description of a Solar Microscope and Camera Obscura« von Edward Nairne, London o. J. (BL, Nr. 457). – *Euler:* Leonhard Euler. Die Erwähnung seines Namens in Zusammenhang mit Camera obscura und Sonnenmikroskop bezieht sich vermutlich auf die zu D 685 nachgewiesene Abhandlung.

261 *Adjektiva durch Bilder:* Diese Bemerkung zielt auf L.s Stilprinzip, das Besondere statt des Allgemeinen auszudrücken; vgl. A 138; KA 65, 275, 282, 285, 292, D 48, L 338. – *Alles gelernt . . . um es zu nutzen:* Das wissenschaftliche Prinzip L.s.

263 *Nexus:* Lat. ›Zusammenhang, Verbindung‹.

264 *Verfassung meines Systems:* Zu L.s Gedanken-System vgl. B 262, 285, 290; C 181, 196; D 491; G 207.

266 *Alle Materie . . . in einen Kubik-Zoll:* Der Satz wird in D 224 wieder aufgegriffen. Offenbar hat Newton L. zu seinem »Traum« (III, S. 108–111) angeregt. Vgl. aber auch F 925. – *Flögel. Gesch. des menschl. Verst.:* Vgl. Flögels »Geschichte des menschlichen Verstandes«, Breslau 1765, S. 33: »Und wie kühn war der Gedanke, daß vielleicht die Materie aller Weltkörper sich in den Raum eines Cubiczolls zusammen bringen lasse.« Die Anspielung auf Newton konnte nicht ermittelt werden. Carl Friedrich Flögel

(1729–1788), Kultur- und Literaturhistoriker, seit 1774 Prof. an der Ritterakademie in Liegnitz.

267 Notiz im Umkreis von KA 173?

268 *das Malen der inneren Gipsmaske:* Wohl angeregt durch die Gips-Abgüsse, die Ramberg und Schernhagen L. 1772 in Hannover vorführten (s. Tagebuch, S. 55 und 67 der Handschrift). L. greift den Gedanken C 293 wieder auf.

269 *Trennen der Farben:* Vgl. C 303. Notiz im Umkreis von KA 173?

270 Notiz im Umkreis von KA 173?

271 *glaube ... das Gegenteil:* Vgl. H 12.

272 *Auf sehr entfernte Dinge auf einmal zu kommen:* Vgl. KA 265. – *einer von Yoricks Griffen:* Laurence Sterne (1713–1768), berühmter engl. Romanschriftsteller (»Yorick«). »The life and opinions of Tristram Shandy« (1759–1766); »Sentimental journey through France and Italy« (1765). Von L.s Wertschätzung zeugt etwa B 77; sein Urteil über den Menschen wird nach 1775 – nach seinem Aufenthalt in England – abschätzig (s. etwa G 2).

274 *Charakter von Briefträgern:* Diese Notiz liest sich wie ein »Orbis pictus« in nuce! Vgl. KA 287, F 66.

275 *Das Besondere statt des Allgemeinen:* Vgl. zu KA 261. – *proprie communia dicere:* Zu ergänzen *difficile est:* Schwierig ist es, das Allgemeine eigentümlich auszudrücken. Zitat aus Horaz, »De arte poetica«, Vers 128. Dieser Lichtenbergische Leitsatz der Sprachgebung wird D 48, F 66, L 338, Mat I 110 zitiert und in einem Brief an Christoph Friedrich Nicolai vom 29. März 1795 näher erläutert: »Freilich schreiben müßte man gelernt haben und die Kunst verstehen, wenn ich so reden darf, sich selbst auszusprechen so individuell als möglich, proprie communia dicere.« L. verwertet ihn im »Orbis pictus« (III, S. 383). Eine Vorstellung von der Anziehungskraft, die diese Zeile auf die Geister des 18. Jh.s ausübte, gibt die ausführliche Auseinandersetzung damit im 38. Kapitel von Boswells »Life of Johnson«, die Füßli zu seiner Paraphrase in »Aphorismen über die Kunst«, Aph. 41 Nachs. 41, angeregt haben mag. S. auch KA 292.

276 *simpel und natürlich erklärt:* Eine Maxime, die der L. seinen Schülern mit auf den Weg gibt. Gehört sie auch in den Umkreis von KA 173? Vgl. C 209, E 402. – *subtilen:* Von L. wie *superklug* stets abwertend gebraucht.

277 *Populär wie Gellert, Shakespear und Hogarth:* L. lobt Gellert wegen seiner Allgemeinverständlichkeit auch in »Über die Pronunciation der Schöpse« (III, S. 306) und hat ihn den »Genies« gegenübergestellt. William Hogarth (1697–1764), berühmter Kupferstecher und Maler in London, 1757 Hofmaler; der erste wirklich selbständige Meister der neueren engl. Malerei, in Deutschland hauptsächlich als satirischer Schilderer der Schattenseiten des gesellschaftlichen Lebens seiner Zeit bekannt, dessen Bilderfolgen L. kommentierte. Sein theoretisches Hauptwerk: »Analysis of beauty« (1753). Auch III, S. 330, nennt ihn L. mit Shakespeare in einem Atemzug.

278 *Die Kapitel dazu entwerfen, wie Lavater:* Bezieht sich das auf KA 173? Im 2. T. seiner Erstveröffentlichung »Von der Physiognomik«, die im »Hannoverischen Magazin«, 3., 7. und 10. Februar 1772, und im gleichen Jahr noch als Buch mit einem Vorbericht Zimmermanns bei Weidmanns Erben und Reich in Leipzig erschien, gibt Lavater Aufgaben auf, die als Kapitel fungieren. Da der von Johann Georg Zimmermann geschriebene

»Vorbericht« mit »Hannover den 20. März 1772« datiert ist, muß L. sein Exzerpten-Buch KA mindestens noch im Jahr 1772 geführt haben. L. spielt auf das Werk auch C 251 an und zitiert daraus im »Timorus« (III, S. 223, Fußnote); ferner F 804 und Antiphysiognomik (III, S. 261).

279 *Vignette:* Frz. ›Weinrankenzierat‹; in der Buchkunst Verzierung meist ornamentaler Art, bes. im Rokoko verwendet.

280 *Andere Meinungen davon:* Notiz im Umkreis von KA 173?

281 Notiz im Umkreis von KA 173?

282 *Den Ausdruck beim Wort fassen:* Vgl. zu KA 261. – *nicht ein Adjectivum sondern sechs:* Vgl. KA 297.

283 *Mit welchen Arten von Dingen ist dieses verwandt:* Vgl. A 59, KA 260. – *die dünnen Becher . . . Gestalt der Hobelspäne:* Diese Passage bezieht sich auf eine Notiz L.s im Tagebuch (S. 15 der Handschrift) vom 22. August 1770: »Heute war HE. Baumann bey mir. Er erzählte mir wie er einmal von ohngefähr auf die Verfertigung der Becher gerathen sey, welche ich bey Kästnern [gesehen habe], wo von 150 in einander stecken, alle gedrechselt und keiner dicker als feines Papier. Wenn man von einem etwas frischen Cylindrischen Stück Holtz dünne Scheiben abdrechselt, so legen sich die Scheiben von selbst in eine solche Becher förmige halb Kuglichte Gestalt, vermuthlich aus dem nemlichen Grunde, warum dünne Stücke Holtz die man abschnitzelt sich auf allerley Art krümmen, auch so gar die Messingdrechselspäne thun es Die Gestalten der Hobelspäne sind öffters sehr schön.« Noch 1774 schreibt L. im Tagebuch (S. 91 der Handschrift) unter »Vermische Fragen und Sachen die noch untersucht zu werden verdienten: 4). Über die Gestalt der Hobelspäne, und den daher entstehenden Becher«. – *schließen können:* Dahinter von L. etwas mit Bleistift geschrieben.

284 *Alles . . . allgemein betrachtet:* Notiz im Umkreis von KA 173?

285 *sonderbar ausgedruckt . . .:* Vgl. zu KA 261.

286 *Die schönste Art:* Zu L.s Ironie-Begriff vgl. das Wortregister und L.s Brief an Ramberg vom 25. Dezember 1777.

287 *Charakter von Bekannten angebracht:* Vgl. KA 274. – *Bekannten:* Danach von L. gestrichen *Leute*. – *geringe Personen . . . bekannt gemacht:* S. L.s Schreibplan über den Göttinger Antiquar Kunkel (III, S. 585).

289 *daß man auf die Dinge, die nicht gleich in die Augen fallen . . .:* Diese Beobachtungsregel beherzigt L. sein Leben lang; s. auch KA 291, 295.

290 *Rousseau gibt eine Regel:* L. denkt vermutlich an die Stelle der Vorrede zu der Ersten Dijoner Preisschrift, wo es heißt: »Il y aura dans tous les temps des hommes faits pour être subjugués par les opinions de leur siècle, de leur pays, de leur société . . . Il ne faut point écrire pour de tels lecteurs, quand on veut vivre au delà de son siècle.« Zu allen Zeiten wird es Menschen geben, die dazu da sind, von den Meinungen ihres Jahrhunderts, ihres Landes, ihrer Gesellschaft bestimmt zu werden . . . Man darf nicht für solche Leser schreiben, wenn man sein Jahrhundert überdauern will. – *die meisten Sachen . . . eine Verbesserung leiden:* Vgl. KA 304, D 53.

291 *untersuchen was . . . keiner Untersuchung mehr wert geachtet wird:* Vgl. zu KA 289.

292 *die allergemeinsten Dinge . . . anders ausdrücken:* Vgl. zu KA 275. – *so gut ein Mensch . . . als Newton:* Diese Passage hat L. in B 321 verwertet.

293 *Stille ist nicht stille . . . wir supponieren nur so:* Vgl. B 319. Ähnlich äußert

sich L. im Brief an Goethe vom 7. Oktober 1793 in bezug auf die Gradationen der Farbe Weiß. Vgl. auch F 210.

295 *was jedermann für ausgemacht hält:* Vgl. zu KA 289. – *Franklin sagt:* Das von L. zitierte Werk ist zu A 227 nachgewiesen. – *If . . . insolent:* Wenn wir unsere Einwände bescheiden vorbringen, verdienen wir auch noch im Irrtum weniger gestrengen Tadel, als wenn wir sowohl im Irrtum als auch beleidigend sind.

296 *sich ein rechtes System zu formieren:* Vgl. zu KA 264.

297 *Statt jedes einzelnen Wortes:* Zur Ausdrucksarmut der Umgangssprache vgl. KA 282 und 293; s. ferner D 80. Unter diesen zwei Zeilen steht eine mit Bleistift geschriebene Bemerkung, von der nur die letzten Wörter zu entziffern sind: *perpendikular oder horizontal.*

298 Diese Bemerkung ist von L. offenbar zunächst mit Bleistift geschrieben worden. – *in medio resistente:* Begriff der Physik des 18. Jh.s zur Bezeichnung des Widerstands, »den die Bewegung der Körper von der umgebenden Materie leidet« (Gamauf, III, S. 251). – *das Silber auf dem Harz:* Silberbergbau gab es im Harz seit 968 in Rammelsberg bei Goslar, seit 1520 in St. Andreasberg, später auch in Clausthal. – *lapide vitrascibili:* Lat. ›verglaster, glasartiger Stein‹, wohl Silberglanz, Glaserz.

299 Die Stichworte dieser Notiz sind D 727 ausgeführt. – *Libration:* Schwankung, die scheinbare Pendelung des Mondes, die bewirkt, daß man $\frac{4}{7}$ der Mondoberfläche sehen kann. Tägliche parallaktische Libration ist der Winkel, um den die Verbindungslinie des Beobachtungsortes mit dem Mondmittelpunkt von der Verbindungslinie der Mittelpunkte beider Körper abweicht. L. beschäftigt sich mit den Phänomenen auch D 722; s. Lagrange, »Recherches sur la libration de la lune«, Paris 1764.

300 Die folgenden Notizen stehen vermutlich in Zusammenhang mit dem zu KA 173 nachgewiesenen Schreibplan.

302 *das Anziehen des Bernsteins ehmals einer der Elektrizität:* Vgl. zu A 194.

303 *wie Newton vom fallenden Apfel zur allgemeinen Schwere kam:* Die Gravitation wurde von Newton entdeckt und 1687 bekanntgemacht, der in ihr den tieferen Grund für die von Kepler aufgefundenen Gesetze der Planetenbewegung erkannte und fand, daß die auf der Erde wirkende Schwerkraft einen Sonderfall der allgemeinen Gravitation darstellt; auch Ebbe und Flut konnte er auf dieser Grundlage erklären. Gamauf notiert aus L.s Astronomie-Vorlesung 1814, S. 575 f.: »Das Gesetz der Bewegung der Planeten um die Sonne, entdeckte Newton an einem schönen heitern Sommerabend. Er gieng in seinem Garten spazieren. Alles um ihn her stille. Der Mond glänzte hell am Himmel. Da fällt ein Apfel vom Baume, und Newton legte sich die Frage vor: Warum fällt nicht auch der Mond herab, wie dieser Apfel – was hindert ihn daran? der Apfel wäre auf die Erde gefallen, und wenn er tausendmahl höher gehangen hätte: vielleicht erstreckt sich also die Kraft der Schwere, von welcher man selbst auf den Gipfeln der höchsten Berge noch keine merkliche Abnahme verspürt, auch noch in höhere Regionen – auch noch bis zum Monde hinauf, ist aber dort nur geringer als bey uns. Ein glücklicher Genius führte ihm – der sich viel mit Optik beschäftigte – den Gedanken in die Seele, daß es sich vielleicht mit der Abnahme der Schwere, von der Erde bis zum Monde hinauf, so verhalten möchte, wie mit der Abnahme des Lichts, das rückwärts in dem Grade schwächer wird, in welchem das Quadrat seiner

Entfernung zunimmt. Der Mittelpunkt der Erde wäre dann in Ansehung des Mondes der Mittelpunkt der Schwere, der alle Schwere in sich vereinigte, wie ein Lichtquell alles Licht, das von ihm ausströmt, in sich vereinigt.« L. erwähnt diese Erkenntnis auch im »Timorus« (III, S. 229).

304 *Wie kann dieses verbessert werden:* Vgl. zu KA 290.

307 *Die Kunst alle Dinge recht tief unten anzufangen:* L.s Kunst! – *eine Frage in tausend ... zerfällen:* Ähnlich formuliert L. in KA 310.

308 *Inquisitio ... haec:* (Peinliche) Untersuchung über das Gesetz, bis zu welchem Grade sie es beachten.

309 Diese Bemerkung sowie KA 310, 312 einschließlich KA 333, 340–342 bezieht Leitzmann in den Anm. zu D, S. 271–273, ausschließlich auf KA 173, ebenso wie D 53, 97, 102, 188, 232, 239?, 295, was nur dann akzeptabel ist, wenn man voraussetzt, daß L. diese Bemerkungen wesentlich früher geschrieben hat als 1772. Dafür könnte sprechen, daß diese Bemerkungen die letzten Seiten von KA (S. 69 = Vorder-, S. 70 = Rückseite) füllen und daß L. diese beiden Seiten zweispaltig beschrieben hat, was sie von allen anderen unterscheidet. Man könnte jedoch auch annehmen, daß L. eine eigene Arbeit plante, nicht mehr eine Preisschrift. Man denke an L.s späten »Fragen-Plan für junge Physiker und Mathematiker« (J 1531) und seine Angewohnheit, Maximen durch Antiquaschrift hervorzuheben.– *Überwucht:* Übergewicht, bes. an Kraft, Druckwirkung; s. C. G. Schober, Versuch einer Theorie von der Überwucht, aufgesetzt und gegen zuverlässige Experimente gehalten, Leipzig 1751 (BL, Nr. 533a). Vgl. B 127.

310 *in andere Dinge zerfällen:* Ähnlich KA 307.

312 *Was halten ... davon:* Vgl. K 18.

318 *Sind nicht ... verborgen?:* Vgl. G 39.

323 *vor Versuche:* Zu L.s Verwechslung von *für* und *vor* vgl. zu A 118.

331 *Was geht in mir dabei vor:* Bemerkenswert, daß L. *sein* Subjekt als Beobachter einbringt!

334 *Der Verfasser des Matho:* Baxter; über ihn und sein Werk s. zu KA 31. »Lichtenberg gerieth auf dieses Buch in der Göttingschen Bibliothek, als er Lord Holler nachmaligen Lord Hume, der in Göttingen studierte, Unterricht gab. Kästner sagte von demselben ganz richtig: es sey recht gut, daß es nicht ins Deutsche übersetzt wurde; es würde da sein Glück nicht gemacht haben, weil es so wenige Sätze mit so vieler Mühe und Umfang detaillierte; und doch ists der Mühe werth.« (Gamauf, Astronomie, S. 208)

335 *Apostrophe:* Eigentlich Abwendung; die Wendung von der Sache weg an die Person; die Anrede.

S. 88 *Feders Grundriß der Phil. Wissenschaften:* »Grundriß der philosophischen Wissenschaften nebst der nöthigen Geschichte«, erschienen Coburg 1767. L. besaß das Werk persönlich (BL, Nr. 1287). Johann Georg Heinrich Feder (1740–1821), Dr. jur. h. c., 1765 Privatdozent, 1768–1797 Prof. der Philosophie in Göttingen, dann Bibliothekar in Hannover; 1788 und 1794 Prorektor. Vertreter der aufklärerischen Popularphilosophie, Gegner Kants, neben seinem Schüler Meiners. »Über Raum und Kausalität zur Prüfung der Kantischen Philosophie« (1787). Ein Urteil L.s über ihn im Brief an Christian Gottlob Heyne, Ende Juni 1782. – ⟨*Rie*⟩*dels Theorie der s[chönen]. Künste und Wiss.:* Der Anfang des Namens durch Flecken ausgelöscht. Riedels »Theorie der schönen Künste und Wissenschaften« erschien Jena 1767. Friedrich Justus

Riedel (1742–1785), literaturästhetischer und belletristischer Schriftsteller, 1768 Prof. der Philosophie in Erfurt, 1771 entlassen, 1772 Prof. in Wien, starb in geistiger Zerrüttung. Mitbegründer von C. A. Klotzens »Deutscher Bibliothek«. L. besaß das Werk persönlich (BL, Nr. 1900). S. auch B 46, 96. – *Tissots Anleitung für den geringen Mann:* Simon André Tissot (1728–1797), seinerzeit berühmter schweizer. Arzt und Volkserzieher, Freund Hallers und Zimmermanns; verbesserte die vernachlässigte ärztliche Behandlung der Landbevölkerung, für die er den in unzähligen Auflagen und Übersetzungen herausgegebenen »Avis au peuple sur la santé« verfaßte, erschienen Lausanne 1761, in dt. Übersetzung: »Anleitung für den geringen Mann in Absicht auf seine Gesundheit«, Hamburg 1767. Im »Hannoverischen Magazin«, 72. Stück, Sp. 1137–1152, vom 5. September 1768; 74. Stück, Sp. 1169–1182, vom 16. September 1771; 75. Stück, Sp. 1185–1200, vom 20. September 1771, finden sich aus der Feder des Mediziners G. Matthiä ›Zusätze‹ beziehungsweise ›Beiträge‹ zu »Herrn Tissots Unterricht zur Gesundheit für das Volk.« Tissot schrieb ferner einen »Essai sur les maladies des gens du monde«. Vgl. auch C 228. – *Schröckh allgemeine Biographie:* Vgl. zu KA 138. – *Brucker hist. philosoph.:* Die »Historia critica philosophiae a mundi incunabilis«, 5 Bde., 1742–1744, 2. Auflage 1766–1767 mit einem 6. Bd. als Anhang. Johann Jacob Brucker (1696–1770), Pfarrer in Augsburg und philosophischer Schriftsteller, begründete mit seinem Werk die Geschichte der Philosophie in der Neuzeit. – *Newton arithmetica universalis:* Die »Arithmetica universalis sive de compositione et resolutione arithmetica liber« von Isaac Newton erschien zuerst Canterbury 1707. L. besaß die Amsterdam 1761 erschienene zweibändige Ausgabe »Cum Commentario Johannis Castillionei« (BL, Nr. 150). – Die beiden letzten bibliographischen Eintragungen sind in der Handschrift fast verblaßt. – Die sechs bibliographischen Eintragungen finden sich in der Handschrift auf S. 71 des Füllhornbuches: der Innenseite der hinteren Umschlagseite.

B

Mit B wird ein Quartheft in doppeltem blauem Papierumschlag bezeichnet, das sich heute im Besitz der Staats- und Universitätsbibliothek Göttingen befindet (Signatur: Ms. Lichtenberg IV, 26). Es enthält 163 Seiten; die Seitenzahlen gehen nur bis 153, aber von 121 springt die Paginierung irrtümlich auf 112, so daß die Zahlen 112 bis 121 doppelt verwendet worden sind.

Zur Chronologie von Sudelbuch B

Titel: 11. Juni 1768
23: Lessings »Antiquarische Briefe«, erster Druck, abgeschlossen 25. August 1768;
45: »Bibliothek der elenden Skribenten«, Stück 1, erschienen zur Herbstmesse 1768;
47: Georg Jacobi Kanonikus in Halberstadt, Dezember 1768 (zum Datum vgl. die Anm.);
59: »Constitutio unigenitus«, Rezension darüber vom 12. Januar 1769 (vgl. die Anm.);
82: Ende Februar 1769;
113: 16. April 1769;
nach 141: 2. Mai 1769;
vor 142: 3. Mai 1769;
166: Venusdurchgang, 3. Juni 1769;
214: 10. August 1769;
237: 12. September 1769 oder kurz nachher;
254: Jacobis Briefgedicht »An die Gräfinn von ...«, datiert 12. Oktober 1769;
263: November 1769;
338: 2. Dezember 1770;
343: 10. Dezember 1770;
vor 381: 1771;
408: Wiederbeginn der Arbeit an »Kunkels Leben«, zweite Hälfte August 1771.

Anmerkungen (Band I)

S. 43 Diese Seite entspricht in der Handschrift der Vorderseite des ersten der beiden vorderen Umschlagblätter; die Rückseite ist unbeschrieben. – *Jocoseria:* Scherz und Ernst. – *11. Juni 1768:* Vermutlich das Datum des Tages, an dem L. mit den Eintragungen in das Sudelbuch B begann.

S. 45 Diese Seite entspricht in der Handschrift der Vorderseite des zweiten der beiden vorderen Umschlagblätter. – *Bücher ... durchgelesen:* Zu L.s Bücherlisten vgl. KA$_{II}$ S. 88; B$_I$ S. 152; C 224; E$_I$ S. 344; F$_I$ S. 455 f., S. 457 f., S. 644; J$_I$ S. 649; K$_I$ S. 845; L$_I$ S. 850. – *Anstey:* Christopher Anstey (1724–1805), engl. Schriftsteller, Verfasser der berühmten Verssatire in

Briefen auf das engl. Badeleben »The New Bath Guide«, erschienen 1766. L. erwähnt das Werk auch in einem Brief an Ludwig Christian Lichtenberg vom 10. April 1767 und in den Hogarth-Erklärungen (III, S. 710). – *Letter of Lady Jane Gray to . . .:* »An epistle from Lady Jane Gray to Lord Guilford Dudley, supposed to have been written in the Tower a few days before they suffered« von George Keate (1729–1797), erschienen London 1762. Lady Jane Gray (Grey; 1537–1554), Tochter des Herzogs von Suffolk, die nach dem Scheitern einer Heirat mit ihrem Cousin Edward VI. dem ehrgeizigen Plan ihres Schwiegervaters John Dudley, Herzog von Northumberland, zum Opfer fiel, der sie als Thronfolgerin Edwards VI. einzusetzen versuchte und durch ihre Heirat mit seinem Sohn 1553 die Thronfolge von den Tudors auf die eigene Familie zu übertragen beabsichtigte. Nach dem Tod Edwards VI. zur Königin ausgerufen, wurde sie von der legitimen Thronanwärterin Mary unterworfen und zusammen mit ihrem Gemahl Guilford Dudley enthauptet. Sie war humanistisch gebildet und hinterließ gelehrte Schriften und Briefe. – *Travels of Commodore Byron:* »The narrative of the honourable John Byron, containing an account of the great distresses suffered by himself and his companions on the coast of Patagonia from 1740 till their arrival in England 1746« erschien London 1768. John Byron (1723–1786), engl. Weltumsegler und Südseefahrer, der Großvater des Dichters Lord George Gordon Byron, begleitete Anson auf dessen Weltumseglung, erlitt an der Westküste Patagoniens Schiffbruch, kam nach Chile und war lange Zeit in span. Kriegsgefangenschaft. Byrons Reisebeschreibung ist in den GGA 1769, S. 242, ausführlich besprochen. Möglicherweise ist aber auch Byrons »Voyage round the world in H. M. S. the Dolphin . . .« gemeint, die 1767 in London erschien. – *The history of Eliza:* Wohl »Eliza, or The history of Miss Granville«, Dublin 1766; Verfasser unbekannt. – *The History of Henrietta . . .:* »Henrietta by the author of the female Quixote« von Charlotte Lennox, erschienen London 1752. Charlotte Lennox ist auch die Verfasserin des 1752 in London erschienenen Buches »The female Quixote or the adventures of Arabella«. Charlotte Lennox (1720–1804), geb. Ramsey, amerik.-schott. Romanschriftstellerin und Dramatikerin. »The female Quixote« notiert L. im TB (S. 95 der Handschrift) unter den Büchern, die er Dieterich gegeben hat. – *Anson's Voyage . . .:* »Voyage round the world in the years 1740–1744«, verfaßt von dem Mathematiker B. Robins und dem Schiffsprediger Richard Walter, erschienen London 1748. Lord George Anson (1697–1762), engl. Admiral, bekannt durch seine Erdumseglung und Kaperfahrt gegen Spanien 1740–1744. L. erwähnt ihn auch im Brief an Schernhagen vom 16. Oktober 1775 und an Wolff vom 12. September 1782. – *solo:* Lat. ›alleine‹. – *Memoirs of . . . Timberlake:* »Memoires of Lieutenant Henry Timberlake«, erschienen London 1765. Henry Timberlake (1730–1765) leitete eine Expedition zu den Cherokee-Indianern und eine Gesandtschaft dieser Indianer nach London. – *Roderick Random:* »The Adventures of Roderick Random« erschienen London 1748 in 2 Bdn. Die Lektüre dieses Romans von Smollett ist auch für 1785 bezeugt: vgl. H 136. L. besaß den Roman in einer Dubliner Ausgabe (BL, Nr. 1667). Tobias George Smollett (1721–1771), Arzt in London und engl. humoristischer Schriftsteller, zu dessen berühmtesten Romanen außer dem obengenannten Werk zählen: »The Adventures of Peregrine Pickle«, 4 Bde., London 1751, und »The Expedition of Humphry Clinker«, 3 Bde., London

1771. Auch den letzteren Roman hat L. offenbar gelesen, wie aus D 666 und einem Brief an Dieterich vom 13. Oktober 1775 hervorgeht. – *Voyage to the East Indies . . .:* Diese Reisebeschreibung ist zu KA 179 nachgewiesen. – *Laocoon:* »Laokoon oder Über die Grenzen der Malerei und Poesie«, die berühmte kunsttheoretische Schrift von Lessing, war 1766 in Berlin erschienen. Ihre Lektüre bezeugen B 73, 74. – *at Gotha:* L. hielt sich im Januar 1769 bei seinem Bruder Ludwig Christian in Gotha auf. – *Riedels . . . Biblioth[ek]:* »Deutsche Bibliothek der schönen Wissenschaften«, 1767/69 von C. A. Klotz herausgegeben, deren Mitbegründer Riedel war. – *Yoricks sentimental Journey:* »A Sentimental Journey through France and Italy. By Mr. Yorick.«, erschienen London 1768, von Laurence Sterne (BL, Nr. 1670). Yorick ist die Figur des Landpfarrers aus Sternes Roman »The Life and Opinions of Tristram Shandy« (1759–1767). – *Übersetzung des Herrn Bode:* Sternes »Sentimental Journey« erschien bereits 1768 in Hamburg und Bremen in der deutschen Übersetzung von Johann Joachim Christoph Bode (1730–1793) aus Braunschweig, Verleger und Redakteur in Hamburg, seit 1778 in Weimar, bedeutender Übersetzer (Sterne, Fielding, Goldsmith). – *Less[ing] durchgesehen:* Im Vorwort des ersten Bandes seiner Übersetzung von »A Sentimental Journey« berichtet Bode über Lessings Interesse und Teilnahme an seiner Arbeit; Lessing schlug vor, »sentimental« durch »empfindsam« zu verdeutschen. – *Der neue Emil . . .:* »Der neue Emil oder von der Erziehung nach bewährten Grundsätzen« erschien Erlangen 1768. Verfasser dieser Erziehungsschrift in der Nachfolge des »Emile« von Jean-Jacques Rousseau ist Johann Georg Heinrich Feder. Das Werk wurde in den GGA 1769, S. 33, die Neuauflage von 1789 in dem »Braunschweigischen Journal« 1789, S. 504–509, besprochen: »dieses Buch eine der ersten guten Schriften . . ., welche in Deutschland über die Erziehung erschienen . . .«. – *Kästners Sammlung . . .:* »Einige Vorlesungen, in der königlichen teutschen Gesellschaft zu Göttingen gehalten«, erschienen Altenburg 1768 (1. Sammlung); s. BL, Nr. 1849. – *deutschen Gesellschaft:* Die Göttinger »Gesellschaft zur Cultur der Teutschen Sprache« wurde auf Veranlassung von Johannes Matthias Gesner, der auch ihr erster Vorsitzender war, 1739 gegründet und 1740 eingeweiht. Vgl. B 16. – *Tristram Shandy:* »The Life and Opinions of Tristram Shandy, Gentleman«, der berühmte humoristische Roman von Laurence Sterne, erschien 1760–1767 in London, übers. von Johann Joachim Christoph Bode 1774–1776. – *Voll.:* Abk. für engl. volumes ›Bände‹.

S. 46 Diese Seite entspricht in der Handschrift der Rückseite des zweiten vorderen Umschlagblattes. – *italiänische Übersetzung . . . Hallers Gedicht:* Die Übersetzung umfaßt 16 Gedichte Hallers. – *Soresi:* Pier-Domenico Soresi (da Mondovi; 1711–1778), Abate; Mitglied der Accademia de' Trasformati di Milano; übersetzte Gedichte Albrecht von Hallers ins Italienische unter dem Titel »Poesie del sig. Alberto Haller, tradotte in versi italiani dal sig. A. S.«, Yverdon 1768. – *Gött. gel. Anz.:* Die Rezension – Verfasser unbekannt – erschien in den GGA, 127. Stück, 22. Oktober 1768, S. 1063–1064. – *Reichshis[torie]:* Johann Paul Reinhards (1722–1779) »Teutsche Reichshistorie, von den Zeiten an, wo ihre Geschichten eine Gewißheit haben, angefangen und bis auf das Jahr 1747 fortgesetzt; zum Gebrauch akademischer Vorlesungen eingerichtet.«, Frankfurt und Leipzig 1750. – *Dollar:* Taler. – *Peruquenmacher:* Zu L.s Reflexionen über diesen Berufsstand s. das Wortregister.

1 *Wenn er seinen Verstand gebrauchen sollte* ...: Der Gedanke ist B 204 verwertet: dem Entwurf zu dem Erzähl-Fragment »Beiträge zur Geschichte des ***«, wo er sich ebenfalls findet (III, S. 614). L. notiert die Wendung abermals »Zum Parakletor« (III, S. 530).

3 *Er hatte zu nichts Appetit* ...: Vgl. J 690.

5 *Bouhours* ... *zweifelte, ob ein Deutscher Witz haben könnte:* Dominique Bouhours (1628–1702), frz. Schriftsteller, seit 1644 Jesuit, galt seinerzeit als Autorität in Fragen der Sprache und des Stils, behandelte in den »Entretiens d'Ariste et d'Eugène« (1671) die danach etwa von Thomasius 1688 heftig diskutierte Frage. Vgl. noch E 325.

7 *Ritterbücher:* Eines von L.s Lieblingsbüchern war Barclays »Argenisa«, aber auch der »Don Quijote«. – *Welt:* Danach in der Handschrift gestrichen *von einer sondern Seite, sie haben sich.* – *Art von Kavalier-Perspektiv:* Diese Wendung notiert L. »Zum Parakletor« (III, S. 530); s. auch F 57, 73. Kavalierperspektive heißt die perspektivische Darstellung der Dinge von einem höher als normal gelegenen Blickpunkt aus (Blickpunkt eines Reiters).

8 *Cartouche der Große:* Louis Dominique Cartouche (1693–1721), berüchtigter frz. Straßenräuber in und um Paris, der schließlich gerädert wurde. L. erwähnt ihn auch in einem Brief an Albrecht Ludwig Friedrich Meister am 5. September 1781; vgl. »Zum Parakletor« (III, S. 530). – *Buchanan:* George Buchanan (1506–1582), schott. Humanist, galt als erster Latinist seiner Zeit, verfaßte lat. Gedichte und Tragödien. – *Wie manchen Tag* ... *erfunden:* Fast gleichlautend notiert L. die beiden Zeilen »Zum Parakletor« (III, S. 530). – *sanfter Schwermut:* Vgl. RA 1.

9 *Betrachtungen über* ... *Wilkes:* Zu diesen »Betrachtungen« gehören vermutlich noch B 10–15, 19. Christian Heinrich Wilke (gest. 1776), Magister der Philosophie in Leipzig, Verfasser einer großen Zahl mathematischer, landwirtschaftlicher und sonstiger Schriften; bekriegte wegen einer vernichtenden Rezension seiner 1767 veröffentlichten Übersetzung von Voltaires »Le philosophe ignorant« (1766), die in der von Christian Adolf Klotz herausgegebenen »Bibliothek der schönen Wissenschaften« im Herbst 1767 erschienen war, seinen Kritiker Klotz in der Schrift »C. H. Wilkes moralische Beyträge zu der Klotzigen Bibliothek der schönen Wissenschaften«, 1. Stück, Hamburg Ende 1767 oder Anfang 1768 veröffentlicht. Wilkes Polemik, die L. B 13 erwähnt, bildet den Auftakt zu einer literarischen Fehde gegen die Klotzianer und die Autorität Klotz, die L. genau verfolgte; s. dazu Deneke, S. 81–91. L. erwähnt Wilke auch in »Zur Biographie Kunkels Gehöriges« (III, S. 589, 602). – *Liscow sagt* ...: Das Zitat findet sich im ›Beschluß‹ der Schrift über »Die Vortrefflichkeit, und Nothwendigkeit der elenden Scribenten gründlich erwiesen von ...«, erschienen in der »Samlung Satyrischer und Ernsthafter Schriften«, Frankfurt und Leipzig 1739, von Christian Ludwig Liscow. L. zitiert den Satz auch in »Zum Parakletor« (III, S. 530) und in »Gnädigstes Sendschreiben der Erde an den Mond« (III, S. 412). – *sagt:* Danach in der Handschrift ein Anmerkungszeichen, dem aber keine Anmerkung entspricht. – *in diesem Jahre:* 1768. – *Chrysander:* Wilhelm Christian Justus Chrysander (1718–1778), Prof. der Theologie und Philosophie in Rinteln, dann in Kiel Konsistorialrat; veröffentlichte 1767 in Rinteln »Neueste Erbauungsstunden«, gegen deren Seichtigkeit in den »Neuen Halleschen gelehrten Zeitungen« 1767, S. 813, ein Liscow auf den Plan gerufen wurde.

Vgl. B 10. – *Ende des vorigen Jahrs:* 1767. – *Hausen:* Carl Renatus Hausen (1740–1805), Schüler, Freund und 1772 Biograph von Christian Adolf Klotz, seit 1766 Prof. der Philosophie in Franfurt an der Oder. Von ihm kann L. mehrere Schriften im Auge gehabt haben: Hausen gab Halle 1767–1768 eine »Allgemeine Bibliothek der Geschichte und der einheimischen Rechte« heraus (vgl. »Antikritikus« 1, 307, 348), veröffentlichte 1768 in einer Zeitschrift eine Biographie der Königin Christine von Schweden, Halle 1769 eine Schrift »Von dem Einfluß der Geschichte auf das menschliche Herz«. – *Barathrum:* Griech.-lat. ›Abgrund, Hölle‹. – *Kleine Geister:* Die Formel stammt aus Liscows Polemik gegen Philippi (Samlung, S. 137). – *Wilkes and Liberty:* Parole der Anhänger von John Wilkes (1727–1797), engl. Politiker und Publizist, 1774 Lordmayor von London, wo L. ihn persönlich gesehen hat, seit 1762 mit Charles Churchill Herausgeber der oppositionellen politischen Zeitschrift »The north Briton« (BL, Nr. 1167). L. zitiert die Parole auch B 60 und in einem Brief an Christian Gottlob Heyne aus London, vom 17. April 1770; auf Wilkes kommt er in den Briefen mehrfach zu sprechen. In den GGA 1765, S. 1243, ist eine »Geschichte des berühmten Engelländers Johann Wilkes« besprochen. Über die Gründe der Vergleichung und Gleichschreibung von John Wilkes und Christian Heinrich Wilke s. zu B 13. – *Maximilian:* Maximilian I. (1459–1519), 1489 König, 1493 Kaiser; besaß als Herr aller habsburgischen Erblande eine europäische Schlüsselstellung, die ihm in Burgund und Oberitalien die Gegnerschaft Frankreichs eintrug. 1515 schufen Heirats- und Erbverträge mit Böhmen und Ungarn die Voraussetzungen für das habsburgische Weltreich. Die auch B 27 erwähnte Sage von Maximilians wunderbarer Rettung auf der Martinswand lernte L. wohl aus Brauns »Weltheater« oder aus Fugger-Birckens »Spiegel der Ehren des Erzhauses Österreich« kennen.

10 *Philippi:* Johann Ernst Philippi (ca. 1700–1785), erhielt 1731 die neuerrichtete Professur für Beredsamkeit in Halle an der Saale; in heftigem Widerstreit mit Gottsched und Liscow; mußte 1734 Halle verlassen, verbrachte die letzten Lebensjahre im Irrenhaus. – *Marsyas:* Nach dem griech. Mythos ein phrygischer Dämon aus Kelainai, der die Flöten aufhob, die Athene erfunden, aber weggeworfen hatte, weil sie beim Blasen die Gesichtszüge entstellten; im musikalischen Wettkampf mit Apollo (Kithara) unterlegen, wurde er an einem Baum aufgehängt und enthäutet. – *Scribendi ... fons:* Um gut schreiben zu können, muß man zuallerst Verstand und Einsicht haben; Zitat aus Horaz' »De arte poetica«, Vers 309. L. zitiert diesen Vers – das Motto von Gottscheds »Versuch einer critischen Dichtkunst« – auch D 133, F 355 und im Brief an Abraham Gottlob Werner vom 14.(?) August 1789. Auch Kästner zitiert diesen Satz in einem Brief an Nicolai vom 22. Oktober 1786 (A. G. Kästner, Briefe aus 6 Jahrzehnten, Nr. 94, S. 155) als Spitze gegen Friedrich Graf von Stolberg. – *Hallische gelehrte Anzeigen:* Über die »Neuen Hallischen gelehrten Zeitungen« s. zu KA 86. – *meinen Liscow:* Zu dieser Formulierung vgl. B 36, 45; G 5, wo sich L. über die Wendung ›meinen Homer‹ in Goethes »Werther« mokiert. S. auch zu B 9, KA 141.

11 *Magister Wilkes:* Christian Heinrich Wilke. – *Orang Outang:* Ostindisch ›Waldmensch‹.

12 *Indianer die den Orang Outang für ihres gleichen ... halten:* Im GTC 1781, S. 40–64, veröffentlichte W. von Goemmerring den Aufsatz »Etwas vernünf-

tiges vom Orang Utang«, in dem Goemmerring, gestützt auf Forschungen Peter Campers, nachzuweisen sucht, daß »der Orang Utang zu Borneo der Sprache und des aufrechtgehens völlig unfähig ist« und damit von Menschenähnlichkeit nicht die Rede sein kann. 1773–1792 veröffentlichte Burnett James Lord Monbodds »Of the origin and progress of Language«, in dessen erstem Band er von der nahen Verwandtschaft des Menschen mit dem Orang Utang handelt.

13 *The history of Mr. Wilkes* . . .: Offenbar eine aktuelle engl. Flugschrift. – *imitated:* Engl. ›nachgeahmt‹, zu dieser Floskel vgl. F 333, 381; J 901, 1116, 1169, 1200; MH 38. – *north briton no. 45:* Über die Nr. 45 der von Wilkes und Churchill hrsg. Zeitschrift heißt es in der zu B 9 nachgewiesenen Rezension in den GGA: »Sie beweiset es, wie weit ihn seine Leidenschaften treiben konnten.« – *Geschichte . . . Magister Wilkes:* Für L.s Umbildung des Namens Wilke und Angleichung an den Namen John Wilkes, den Versuch einer Imitation von dessen Leben, sieht Leitzmann, a.a.O., S. 198, »allerdings wohl nur die Konflikte mit der Justizgewalt als Vergleichspunkte«, während Dencke, S. 82, für die Umbildung des Namens ein Mißverständnis L.s verantwortlich macht, der »das Genetiv-s des Namens auf den Buchtiteln« mißverstanden habe. Im übrigen erscheint ihm die Parallele zwischen Wilke und Wilkes »weniger einleuchtend« oder höchstens insofern gegeben (S. 83): Wilke, der kleine »Aufrührer« gegen die Autorität (Klotz). Mit solchen Vergleichen arbeitet L. übrigens zu jener Zeit gern, s. etwa B 23, 26. – *Beiträge zur Klotzigen Bibliothek:* Wilkes Schrift gegen Klotz ist zu B 9 nachgewiesen.

15 *laue Geschmacklosigkeit:* Diese Formulierung gebraucht L. auch in der Satire »Dienbare Betrachtungen für junge Gelehrten in Deutschland, hauptsächlich auf Universitäten« (III, S. 508). – *Pfeife Varinas:* Genannt nach der Provinz Barinas in Venezuela, deren Einwohner besonders vom Anbau des Kaffees und des seinerzeit berühmten und sehr gesuchten Varinaskanasters lebten. Vgl. III, S. 421.

16 *Abbt vom Verdienste:* Thomas Abbts Schrift ist zu KA 83 nachgewiesen. – *ob in Jena eine gewesen:* Die Jenaer ›Teutsche Gesellschaft‹ war 1728 gegründet worden. Der erste Artikel ihrer Satzung: »Die Absicht der Gesellschaft ist, durch eine gründliche Untersuchung der Teutschen Sprache, und aller darin möglichen Schreibarten, die Vollkommenheit einer vernünftigen Beredsamkeit und Dichtkunst in derselben zu fördern. Sie wird zu dem Ende, so bald es thunlich, eine Sprachkunst, ein Wörterbuch und andere Schriften, worunter auch Übersetzungen zu verstehen, als Proben ihres Fleisses mit vereinigten Kräften ans Licht stellen, und die Geschichte ihrer Handlungen samlen.« Ihr erster Aufseher und bedeutendster Förderer war der Professor für Politik Gottlieb Stolle (1673–1744); nach kurzer Blütezeit sank die Gesellschaft im letzten Jahrhundertdrittel zur Bedeutungslosigkeit herab. – *Von der Art zu kritisieren:* Anspielung auf Klotz-Antiklotz; s. Dencke S. 84. – *nach dem großen Krieg:* Gemeint ist wohl nicht der Siebenjährige Krieg (1756–1763), sondern die Literaturfehde von Klotz. – *Offensiv-Kritiken:* Vgl. B 147, F 141. – *Gleims sämtliche Werke:* Johann Wilhelm Ludwig Gleim (1719–1803), Rokokolyriker und Verfasser der volkstümlich-balladesken »Kriegslieder eines preußischen Grenadiers« (1758); besuchte L. 1771 in Göttingen; s. L.s Brief an Hindenburg vom Mai (?) 1778. – *Erläuterung . . . Antichrist:* Die Vorstellung

von einer dem Messias (Christus) vorausgehenden gegnerischen Gestalt, im
Spätjudentum geprägt, vom Urchristentum übernommen. Diese Passage ist
von L. gestrichen; sie sollte wohl durch den Satz S. 50, Z. 25 f., ersetzt
werden. – *zu Erfurt gefundenen Brief:* Entweder Riedels »Briefwechsel mit
dem Antikritikus« (Halle 1768) oder Gleichmanns »Memento mori an den
Antikritikus« (Erfurt 1768; vgl. »Neue Hallische gelehrte Zeitungen« 1768,
S. 543, und »Deutsche Bibliothek der schönen Wissenschaften« 2, 361).
J. G. C. Gleichmann war Mitarbeiter an der »Bibliothek der elenden Skribenten« (s. zu B 45). – *Antikritikus:* Christian August Wichmann (1735–1807),
Magister der Philosophie, Übersetzer und Schriftsteller in Leipzig, gab die
Zeitschrift »Der Antikritikus« heraus, die April 1768 bis August 1769 in
Lübeck erschien. Hauptmitarbeiter an diesem Sammelorgan der Antiklotzianer waren sein Bruder Gottfried Joachim Wichmann (1736–1790), Pastor zu
Zwätzen und Löbstädt bei Jena, seit 1784 Pastor und Superintendent im
kursächsischen Thüringen, seit 1789 Superintendent zu Grimma, und Christian Friedrich Schmid (1741–1778), seit 1767 Prof. der Philosophie in
Leipzig, 1772 Dr. und Prof. der Theologie an der Universität Wittenberg. –
Magistri G. C. M.: Wohl fingierte Initialien. – *Separatist B.:* Glaubens-,
Meinungssonderling. Sollte Boie gemeint sein? Der Ausdruck »Separatisten«
begegnet auch in dem Roman-Fragment »Der Oberförster« (III, S. 605). –
Comischen Erzählungen: Wielands »Comische Erzählungen« waren 1765 erschienen. – *Agathon:* Die »Geschichte des Agathon« erschien 1766–1767 in
Frankfurt und Leipzig. – *Augspurg:* Für L. neben Paderborn der Inbegriff des
unaufgeklärten Katholizismus. Über den einschlägigen und borniertenen
Buchhandel daselbst äußert sich Friedrich Nicolai in seiner »Beschreibung
einer Reise durch Deutschland und die Schweiz im Jahre 1781«, Berlin und
Stettin 1787, 8. Bd., 3. Buch, IV. Abschnitt, S. 52 ff. – *Winckelmann:* Johann
Joachim Winckelmann (1717–1768), Archäologe, Kunsthistoriker und Programmatiker der klassizistischen Bewegung in Deutschland; trat 1754 zum
Katholizismus über; am 8. Juni 1768 durch Arcangeli ermordet. – *vatikanische
Apoll:* Die Statue des Apoll von Belvedere (340–330 v. Chr.) in den vatikanischen Museen in Rom. – *Stiefelfuß:* Unterer Teil des Stiefels im Gegensatz
zum Schaft. DWB 10,2, Sp. 2790, führt diese Passage aus L. als Beleg an.
Über den Fuß des vatikanischen Apoll handelt Winckelmann in seiner
»Geschichte der Kunst des Altertums«, Dresden 1764, S. 126. Lavater zitiert
die Passage ganz in den »Physiognomischen Fragmenten« I, S. 132. – *Deutschen Mission von Mathematikern nach Engelland:* Ironische Anspielung auf
Kästners Anglophobie? – *Geist der Heumannischen Werke:* Über Christoph
August Heumann mokiert sich L. auch KA 201; B 196; J 308. – *Bogen:* Dt.
Papierzählmaß: 1 Bogen = 16 Seiten (gedruckt). – *La philosophie ... sonnets:*
Die Philosophie des Herrn Newton in 89 Sonetten; L. belustigt sich hier über
die Popularisierung von Philosophie und Mathematik, wie sie vor allem in
Frankreich mit Hilfe belletristischer Kunstgriffe unternommen wurde; so hat
etwa Voltaire einen Newton für die Damen geschrieben. – *Histoire ...
Tändeleyen:* Geschichte der Völker Europas geschrieben im Stile der berühmten Tändeleyen. Gerstenbergs »Tändeleyen« waren 1759 in Leipzig erschienen; Lessing besprach sie äußerst positiv in den »Briefen, die neueste Literatur
betreffend«. Heinrich Wilhelm von Gerstenberg (1737–1823), Schriftsteller
(»Ugolino«, 1760) und Kritiker, dessen Begeisterung für Shakespeare ein

entscheidendes Moment der Sturm-und-Drang-Bewegung wurde; Mitarbeiter am »Göttingischen Magazin«. – *le même ouvrage* . . . *beau sexe:* Dasselbe Werk für den Gebrauch der Damen, in dem man sorglich die Berichte von Schlachten und Ereignissen ausgelassen hat, welche das schöne Geschlecht abstoßen. Die Notiz findet sich auf deutsch auch in »Zum Parakletor« (III, S. 529).

17 Leitzmann, S. 201, rechnet schon diese Bemerkung zu den Notizen über den »Geist dieses Jahrhunderts«, die B 18 erwähnt werden; s. die Anm. dazu. Vgl. auch B 20. – *Hagedorn:* Christian Ludwig von Hagedorn (1712–1780), Bruder des Lyrikers Friedrich von Hagedorn, namhafter Kunstgelehrter und Sammler, seit 1764 Direktor der Kunstakademie und der Galerie in Dresden; im Alter erblindet; schrieb »Betrachtungen über die Malerei«, 2 Bde., 1762. L. erwähnt ihn auch UB 48 und in »Über einige wichtige Pflichten gegen die Augen« (III, S. 82). – *Cœur-Dame:* Eine durch rotes Herz gekennzeichnete frz. Spielkarte. – *werden sie so urteilen:* In der Handschrift *wird.* L. hatte ›Kritik‹ statt ›Kritiker‹ im Sinne. – *Juno:* In der griech. Mythologie Hera, die bedeutendste Göttin des Alten Rom. – *Paris:* Nach dem griech. Mythos Sohn des Priamos und der Hekabe, entschied in dem Streit zwischen Hera, Athene und Aphrodite um den Preis der Schönheit zu Gunsten Aphrodites, die ihm das schönste Weib versprochen hatte. Das ›Urteil des Paris‹ wurde seit dem 7. Jh. in der Bildenden Kunst häufig dargestellt. – *Serer:* Die Chinesen, deren Seidenherstellung der Antike bekannt war; bei Horaz mit den Indern, Persern (Oden IV, 15, 23) und Skythen (Oden III, 29, 27) als äußerste Ostvölker der bewohnten Erde genannt (Oden I, 12, 55). – *elastischen Busen:* Aus der Physik in die Belletristik der Zeit übernommenes Modewort. – *englischen Krankheit:* Rachitis, von dem engl. Mediziner Francis Glisson (1597–1677) 1650 in ›De rachitide sive morbo puerili‹ erstmals beschrieben.

18 *Beobachtungen zur* . . . *Geschichte des Geists dieses Jahrhunderts:* Zu diesem Gedankenkomplex gehören außerdem B 17, 20, 22, 25. Eine etwas erweiterte Fassung dieses Entwurfs findet sich in B 204 bzw. den »Beiträgen zur Geschichte des ***« (III, S. 612).

19 *Muttermäler am Verstande:* Diese Wendung notiert L. »Zum Parakletor« (III, S. 529); s. auch F 430. – *W..s:* Wilkes; gemeint ist Christian Heinrich Wilke. – *Martyrer-Geschichte des* . . . *Philippi:* Die Reihe der Satiren Liscows gegen Johann Ernst Philippi. – *wo von einer* . . . *Art Skribenten die Rede:* L. denkt vermutlich an die Definition der schlechten Skribenten, die er KA 143 exzerpiert hat. – *Oder so:* Davor von L. in der Handschrift gestrichen *Dante Alighieri.* – *warnen wir alle schwangeren Personen:* Vgl. E 335; F 110. Über die medizin. Theorie des 18. Jh.s der Verbindung zwischen Schwangerschaft und Einbildungskraft s. Promies, Bürger und Narr, S. 222–223. – *für:* Zu L.s Verwechslung von *für* und *vor* s. zu A 118. – *Bandels:* Joseph Anton von Bandel (gest. 1771), polemisch-satirischer Schriftsteller nach Art des Abraham a Santa Clara.

20 *Unsere neuen Kritiker:* Vgl. B 17. Zu dem Gedankenkomplex dieser Bemerkung s. zu B 18. – *uns auf die Alten verweisen:* Zeugnis von L.s Antiklassizismus. – *edle Einfalt:* In seiner Schrift »Gedanken über die Nachahmung der griechischen Wercke in der Mahlerey und Bildhauer-Kunst« (1755) bestimmt Winckelmann mit den Begriffen ›edle Einfalt‹ und ›stille

Größe‹ die Qualität der griechischen Kunst. – *simpel . . . schreiben erfordert . . . größte Spannung der Kräfte:* Vgl. »Zum Parakletor«, III, S. 530. – *schönen Geistes:* Nach-frz. ›Belesprit‹ gebildet. – *Horaz:* Zur Nachahmung des Horaz vgl. auch »Orbis Pictus« (III, S. 384); »Kohlengruben unter der See, und Etwas von negativen Brücken« (GTC 1799, S. 205–209) und VS 6, S. 282.

21 *Fleisch . . . wider den Leib:* Diesen Satz notiert L. »Zum Parakletor« (III, S. 529).

22 Zu dieser Bemerkung s. zu B 18. – *6 Jahre in einer Stadt . . . zu leben:* L. befand sich seit dem 6. Mai 1763 in Göttingen; demnach 1769 geschrieben. Ähnlich formuliert L. in der Satire »Dienbare Betrachtungen für junge Gelehrte in Deutschland, hauptsächlich auf Universitäten« (III, S. 508). – *Original-Genies:* Zentraler Begriff des Sturm und Drang, zurückgehend insbesondere auf den engl. Dichter Edward Young (1683–1765), der in seinen »Conjectures on Original Composition« (1759, dt. 1760) Francis Bacons Forderung nach Originalität auf das poetische Genie übertrug. – *das große Genie:* Vgl. A 7. – *alle Begebenheiten als individua anzusehen:* S. zu KA 275. – *Genere summo:* Lat. genus summum ›Oberbegriff‹. – *Bogatzky:* Karl Heinrich von Bogatzky (1690–1774), Schüler A. H. Franckes, pietistischer Erbauungsschriftsteller und Liederdichter, lebte seit 1764 im Waisenhaus zu Halle. Sein »Güldenes Schatzkästlein der Kinder Gottes« – ein Lieblingsbuch der Frau Rat Goethe – erschien 1718. – *Goeze:* Johann Melchior Goeze (1717–1786), orthodoxer lutherischer Theologe; 1741 Adjunkt des Ministeriums in Aschersleben; seit 1750 Prediger und Pastor in Magdeburg; seit 1755 Pastor an der Hamburger Katharinenkirche; seit 1760 Senior des Ministeriums. Goezes gedenkt L. noch B 290, Nachlaß, S. 19–51, und in zahlreichen Briefen. – *Affektation:* Lat. ›Ziererei, erkünsteltes Wesen‹. Vgl. KIII, S. 164 und 410. – *Fortsetzung unter p:* Die Seite und das Verweisungszeichen sind von L. nicht angegeben; womöglich handelt es sich um B 25.

23 *Vergleichungen berühmter Männer:* Vgl. B 13 und die Anm. dazu. Dieser Gedanke wird B 26 weiter fortgeführt. – *König Karl XII.:* Karl XII. (1682–1718), seit 1697 König von Schweden; führte, statt den Sieg von Narwa 1700 auszunutzen, seit 1701 einen mehrjährigen Krieg gegen Polen, der erst 1706 durch den Frieden zu Altranstädt beendet wurde; 1709 schlugen ihn die Russen bei Poltawa, worauf er in die Türkei (nach Bender, nicht nach Konstantinopel) flüchtete; auf einem Eroberungszug gegen Norwegen wurde er am 11. Dezember 1718 vor Fredrikshald (Friedrichshall) erschossen. Persönlichkeit und Leben Karls XII. wurden in der europäischen Literatur seit Voltaire (1731) bis ins 20. Jh. häufig behandelt. – *Schlacht bei Ivry:* S. zu KA 138. – *Geschichte der Kunst:* Winckelmanns Werk ist zu B 16 nachgewiesen. – *Guise:* Charles de Lorraine, Herzog von Mayenne (1554–1611), übernahm 1588 die Führung der katholischen Liga, war nach dem Tode des Kardinals von Bourbon (1590) Anwärter auf den frz. Thron, unterwarf sich aber schließlich 1595 König Heinrich IV. – *Casanova:* Giovanni Battista (Zanetto) Casanova (1730–1795), Bruder Giacomo Casanovas; Studium der Malerei bei Piazzetta in Venedig; ab 1752 Schüler R. Mengs in Rom; Zeichnungen für J. J. Winckelmanns »Monumenti antichi« und der in Pompeji und Herculaneum ausgegrabenen Altertümer für den König von Neapel; Kopien römischer Meisterwerke für englische Liebhaber; Lehrer J. J. Winckelmanns und A. Kauffmanns. 1774 Übersiedlung nach Dresden; Prof. an der Dresdner

Akademie, an die ihn Winckelmann trotz des ihm angetanen Betruges mit den antiken Gemälden empfohlen hatte; 1767 von Rom aus wegen Wechselfälschung zu zehn Jahren Galeere verurteilt, jedoch ohne Folgen für seinen Lebenslauf; 1770 Veröffentlichung eines »Discorso sopra gli antichi e vari monumenti loro«; ab 1776 abwechselnd mit Schenau Direktor der Akademie in Dresden. – *Ravaillac:* François Ravaillac (1578–1610), frz. Schulmeister in Angoulême, erdolchte aus katholischem Glaubenseifer am 14. Mai 1610 König Heinrich IV.; zum Tode verurteilt. – *Arcangeli:* Francesco Arcangeli (1730–1768), nach eigenen Angaben Küchenjunge und Koch in verschiedenen Stellungen; 1764 wurde er wegen Diebstahls zu vierjähriger Zwangsarbeit und Gefängnis verurteilt; 1767 Begnadigung; danach Zuhälterei. Am 8. Juni 1768 Raubmord an Johann Joachim Winckelmann; in Triest gerädert. – *Kontrovers-Prediger:* Katholische Geistliche, die von der Kanzel herab den Protestantismus bekämpften; berühmt-berüchtigt war im 18. Jh. der auch von L. erwähnte Pater Merz. – *Marsch durch Polen . . . Deus:* Diese Passage ist von L. durch Sternchen von S. 12 der Handschrift hierher (S. 13) verwiesen. Sie bezieht sich sowohl auf die Biographie König Karls XII. von Schweden als auch auf die von Christian Adolph Klotz. – *Lessings Briefe antiquarischen Inhalts:* Von L. verbessert aus *Kayßerliche privilegirte neue Hamburger Zeitung N⁰ 97; 115; 116; 118; 120; 131; 132; 135.* Hier erschienen zuerst die Nummern 1–5, 1768 (20. Juni bis 20. August), 9 und 51 von Lessings »Antiquarischen Briefen«, im Druck erschienen Ende September 1768, 1769 in zwei Teilen. Der Anlaß zu Lessings Fehde gegen Klotz war eine Äußerung des Klotzianers Dusch im »Reichspostreuter« 1768, Klotz habe Lessing eines unverzeihlichen Fehlers überführt; s. dazu Deneke, S. 85; vgl. auch B 27. – *alta nocte premit Deus:* Prudens futuri temporis exitum / Caliginosa nocte premit deus. Wohlweislich hüllt der kommenden Zeiten Lauf / In undurchdringbar Dunkel der Gott uns ein. Zitat aus Horaz' »Oden« III, 29f.

25 Womöglich ist diese Bemerkung die Fortsetzung von B 22; im übrigen s. zu B 18. Diese Betrachtung notiert L. »Zum Parakletor« (III, S. 529).

26 *Bessere Vergleichungen:* S. B 13 und die Anm. dazu. – *Luckner:* Von L. verbessert aus *Fischer.* Der frz. Oberst Johann Christian Fischer, Anführer eines berüchtigten Frei-Corps, das u. a. in Göttingen 1759 Kontributionen erwirkte; wird auch in »Timorus« (III, S. 213) erwähnt. Nicolaus Graf Luckner (1722–1794) befehligte im Siebenjährigen Krieg ein Hannöversches Husarencorps gegen die Franzosen, trat 1763 in frz. Dienste; 1791 Marschall; am 4. Januar 1794 guillotiniert. – *Fll.:* Lessings Hauptchiffre in den »Briefen, die neueste Literatur betreffend«, wie Nicolai bezeugt hat. – *Bärenklau:* Johann Leopold von Bärenklau zu Schönreith, österr. Feldmarschall (1700–1746), zeichnete sich 1737–1739 im Türkenkrieg und im Österr. Erbfolgekrieg aus.

27 *Klotz . . . Streitigkeit mit . . . Lessing:* S. zu B 23. – *Maximilian I. . . . Gemsen-Jagd:* S. zu B 9.

28 *wie . . . Euler die Mechanik abhandelt:* »Mechanica sive motus scientia analytice exposita«, erschienen Petersburg 1736 in zwei Bänden, von Leonhard Euler (BL, Nr. 394). – *Pauli:* Carl Pauli (ca. 1703 bis 10. Juni 1779), akad. Tanzmeister in Göttingen.

31 *Zuschauer:* »The Spectator«, von Joseph Addison zusammen mit Richard Steele (1672–1729) von 1711–1712 und 1714 in London hrsg. Zeit-

schrift: das Vorbild der moralischen Wochenschriften (BL, Nr. 39). – *The whole man must move together:* Der ganze Mensch muß sich zugleich bewegen. Dieses auch B 321, als Motto des Sudelbuchs C₁ S. 155 und D 195 wiederkehrende Zitat ist dem 6. Stück des »Spectator« entnommen, wo es wörtlich heißt: »I lay it down therefore for a rule, that the whole man *is to move together.*«

32 *gute Haut:* Für diese Wendung gibt DWB 4, 2, Sp. 709, Belege aus Lessing, Musaeus und Blumenauer. L. gebraucht den Ausdruck auch in »Zur Biographie Kunkels Gehöriges« (III, S. 585).

33 *Erinnerung an unser vergangenes Vergnügen ...:* S. zu A 112. – *in abstracto:* Lat. ›im allgemeinen, an sich betrachtet‹.

34 *Kunsttrieben der Tiere:* Zu diesem Ausdruck vgl. A 58 und die Anm. dazu. Vgl. Reimarus' »Allgemeine Betrachtungen über die Triebe der Thiere« (s. zu A 58), S. 327. Eine ›Genetische Erklärung der Thierischen Kunstfähigkeiten und Kunsttriebe‹ gibt Herder in seiner Abhandlung »Über den Ursprung der Sprache«, rezensiert von F. H. Jacobi im «Teutschen Merkur« 1773, S. 99–121. Vgl. an Schernhagen am 25. Mai 1773.

36 *Schleifen lassen:* In Göttingen üblicher Studentenruf in Nachahmung des ausrufenden Scherenschleifers; vgl. B 56 und »Zur Biographie Kunkels Gehöriges« (III, S. 602). – *Pandekten:* Umfassende Sammlung der Gesetze des röm. Rechts durch Kaiser Justinian (533), auch Digesten genannt, der zweite, wichtigste Teil des Corpus juris. L. erwähnt sie spöttisch auch in »Gnädigstes Sendschreiben der Erde an den Mond« (III, S. 408), ferner III, S. 528, 595, 623, 927. – *auf einen Unteroffizier Medizin studierte:* Die Formulierung nimmt L. B 56 wieder auf. – *seinen Rost:* Johann Christoph Rost (1717–1765), Schriftsteller und Sekretär des Grafen Brühl in Dresden, ergriff gegen Gottsched Partei; im 18. Jh. berühmt-berüchtigt wegen seiner ›frivolen‹ »Schäfererzählungen« (1742), der Unterhaltungslektüre des Rokokobürgertums, und diverser Versepen in der Nachfolge Popes. Zur Formulierung s. zu B 10.

38 *Affaires de guerre:* Frz. ›Scharmützel‹. Anspielung auf die literarischen Fehden zwischen Klotz und den Antiklotzianern; s. zu B 9.

39 *Whitefield:* George Whitefield (1714–1770), engl. methodistischer Prediger; auf ihn geht die für den Methodismus charakteristische Praxis der Predigt auf offenem Feld zurück. Die aus der anglikanischen Kirche hervorgegangene religiöse Erweckungsbewegung wurde von den Brüdern John und Charles Wesley 1729 gegründet und trennte sich endgültig von jener 1795. Methodismus wurde sie wohl wegen der Vorschrift einer planvoll-methodistischen Lebensführung genannt. Charakteristische Merkmale des Methodismus sind Laienpredigertum, Feldpredigten, Einteilung der Gemeinde in kleine Seelsorgeeinheiten, Betonung eines persönlichen Glaubensverhältnisses zu Jesus.

40 *Algeiers Tod:* Christian (laut Matrikeleintragung) Algeier aus Heppenheim, ein Schulkamerad L.s aus Darmstadt, hatte sich am 14. Oktober 1765 in Göttingen immatrikuliert, wo er am 22. Mai 1767 im Alter von 22 Jahren an der Schwindsucht starb. »Diesen Verlust empfand Lichtenbergs für Freundschaft so gefühlvolles Herz lange. Nie konnte er die Standhaftigkeit des einen [Algeier] vergessen, der, an der Auszehrung sterbend, in dem Augenblick des Abscheidens mit den Worten sich an ihn wendete: ›En

exiturum ex hoc mundo«« (Wohlan, man muß herausgehen aus dieser Welt), teilt Schlichtegroll im »Nekrolog auf das Jahr 1799«, 1805, S. 108, Anm., mit. – *großen feierlichen Morgen:* So bezeichnet L. auch in der Antiphysiognomik (III, S. 284) den Auferstehungstag; das Gedicht stammt demnach vielleicht von L. selbst.

41 *Wieland* ...: Nach den aufgeführten »Reizwörtern« bezieht L. sich hier vornehmlich auf Wielands »Comische Erzählungen«. – *Rosenfarbe* ... *Silberflor:* Diese Farbzusammenstellung findet sich bei Wieland ähnlich in »Aurora und Cephalus« (1764; Werke 11, 56 Hempel) oder in »Don Sylvio von Rosalva« (1764; Werke 14, 57 bzw. 15, 98 Hempel). Vgl. B 82, 322 und an Johann Friedrich Blumenbach, 1776. – *leinenen Nebel:* Mit »gewebte Luft« umschreibt Wieland etwa in »Aurora und Cephalus«, S. 107 das hauchdünne, die Körperlichkeit eben verhüllende und Sinnlichkeit anregende Traumgewand seiner Zeit. Vgl. B 322.

42 *Blut, das 40 Ahnen durch:* Zu L.s Abneigung gegenüber den blaublütigen Studenten vgl. B 51 und den Brief an Johann Christian Kestner vom 30. März 1766.

43 *Ode* ... *on Longitude* ...: Das Gedicht findet sich bei Swift, Works, 24, 39 (Sheridan); über der ersten Strophe steht »Recitativo«, am Schluß »Da capo«. Ode auf den Längengrad, zu musikalischer Begleitung. Der Längengrad, verfehlt / vom bösen Will Whiston, / und nicht besser getroffen / vom guten Mr. Ditton. Ritornello. So dürfen Ditton und Whiston / beide bepißt werden, / und Whiston und Ditton / beide beschissen ... Auf Swifts ›unflätige‹ Manier kommt L. auch im »Verzeichnis einer Sammlung ...« (III, S. 452) zu sprechen. – *Whiston:* William Whiston (1667–1752), engl. Theologe und Mathematiker, veröffentlichte – belächelte – Vorschläge zu einer Methode zur Bestimmung der geographischen Länge; Gegner Newtons, dessen Nachfolger er in Cambridge war. L. erwähnt ihn auch spöttisch in »Etwas über den furchterregenden Kometen ...« (»Göttinger Wochenblatt« 1778; VS 1844, 5, S. 149–150), den Hogarth-Erklärungen (III, S. 908) und in »Von Cometen« (GTC 1787). – *Ditton:* Humphry Ditton (1675–1715), engl. Geistlicher, auf Newtons Empfehlung Vorsteher der mathematischen Schule in Christ's Hospital in London; Mitglied der Royal Society. Veröffentlichte 1714 mit Whiston eine Methode zur Auffindung der geograph. Länge zur See.

44 *Sir* ... *poet:* Die Übersetzung steht in den »Schertz-Gedichten« von Philander von der Linde, 1706, S. 203, unter der Überschrift »An die unvernünftigen Hasser der Poesie«: »Ich will es zwar nicht leugnen, und geh es willig ein, / Daß öfters die Poeten die größten Narren seyn; / Doch seyd ihr nicht Poeten, so trifft es bey euch ein, / Daß auch die größten Narren nicht gleich Poeten seyn.« Philander von der Linde – Pseudonym von Johann Bernhard Mencke – (1674–1732), seit 1699 Prof. der Geschichte in Leipzig; sächsischer Hofhistoriograph; führte ab 1707 die von seinem Vater 1682 begründeten »Acta eruditorum« fort. Vorläufer Gottscheds und Förderer Johann Christian Günthers.

45 *Bibliothek der elenden Skribenten:* Das erste Stück der »Bibliothek der elenden Skribenten« erschien Frankfurt und Leipzig 1768, wahrscheinlich zur Herbstmesse (vgl. »Deutsche Bibliothek der schönen Wissenschaften« 2, 551 und »Briefe deutscher Gelehrten an Klotz« 1, 146); ihm folgten bis 1771 noch

sechs weitere Stücke. Eine satirische Streitschrift der Klotzianer, »in der diejenigen deutschen Schriftsteller zu Worte kommen sollen, die durch die herrschenden Geschmacksrichter, besonders Klotz in Halle und Nicolai in Berlin, von ihren Bibliotheken und Journalen und damit vom Zugang zum deutschen Publikum ausgeschlossen sind« (Deneke, S. 86). Über die verschiedenen Verfasser der einzelnen Stücke fehlen genauere Angaben: Nach Meusel wäre das erste von Riedel, das vierte von Wilke; an anderen seien Gleichmann und andere Erfurter Schüler Riedels und Wielands beteiligt (Heinse nennt er wohl fälschlich unter ihnen). Deneke, S. 87, hält Riedel für den Hauptverfasser. Die von L. bemerkte Nachahmung Liscows, die sich schon im Titel ausspricht, geht durch das ganze erste Stück: Man beachte zum Beispiel nur die fingierten Todesanzeigen Ziegras und Wichmanns (S. 37 f.; vgl. Liscow, Samlung, S. 441) und das Register (S. 47; vgl. Liscow, Samlung, S. 32). – *seinen Liscow:* Zur Formulierung vgl. B 10 und die Anm. dazu. – *Zwätzen:* In Zwätzen war Gottfried Joachim Wichmann – Hauptmitarbeiter am »Antikritikus« (s. zu B 16) – Pastor; von einem »Oberappellationsgericht« zu Zwätzen handelt der erste Aufsatz der »Bibliothek«.

46 *Riedel:* Welches Werk L. hier meint, ist fraglich; eher wohl die »Bibliothek der elenden Skribenten« (s. aber B$_I$ S. 45) als die von Leitzmann vermutete »Theorie der schönen Künste und Wissenschaften«, erschienen Jena 1767: s. dazu KA$_{II}$ S. 88.

47 *Jacobi:* Johann Georg Jacobi (1740–1814), Bruder des Philosophen Friedrich Heinrich Jacobi, Dichter und seit 1768 Stiftspräbendar in Halberstadt; studierte 1763–1766 in Göttingen Theologie; L., der ihn persönlich kannte, war ein heftiger Kritiker seiner ›tändelnden‹ Muse. – *Spanier:* So hieß Jacobi wegen seiner Halle 1767 erschienenen Übersetzung der Romanzen von Góngora.

49 Dieses satirische Gedicht auf Göttingen und seine Bewohner setzt sich B 51 fort; B 56 tritt der Plan vorübergehend in eine Phase prosaischer Formung in der Art von Moritz August von Thümmels prosaisch-komischem Gedicht »Wilhelmine« (Leipzig 1764); über eine spätere Fassung in Versen s. zu B 176. – *Grätzels Mühl:* Johann Heinrich Grätzel (1691–1770), Besitzer einer Kamelotfabrik, einer Walkmühle und Färberei in Göttingen an der Grone jenseits der Leine unweit der Wassermühle (heutige Grätzelstraße), vormals Oberkomissar der Universität. – *Kaßpühl:* Karspüle, seinerzeit eine lange Straße zwischen lauter Gärten innerhalb der Stadt Göttingen. – *ein ganz Traktätgen:* Johann Stephan Pütters »Versuch einer academischen Gelehrten-Geschichte von der Georg-Augustus-Universität zu Göttingen«, Erster Teil Göttingen 1765, Zweiter Teil 1788. – *breiten Steinen:* Von den breiten Steinen der Göttinger Straßen handelt Meiners in der »Kurzen Geschichte und Beschreibung der Stadt Göttingen«, Berlin 1891, S. 142. – *bei Juden:* In Göttingen gab es mehrere Schutzjuden, die u. a. das für Studenten häufig so verheerende Pfandleih- und Kreditgeschäft betrieben, daß die Regierung mehrfach im 18. Jh. Verbote erließ. – *sylphisch ausstaffierte Menschen:* Abgeleitet von Sylphiden ›Luftgeister‹, hier aber wohl im Sinne von: Stutzer. – *Prorektor:* Rector magnificus der Georgia Augusta war seit Georg II. der jeweils regierende engl. König; die Amtsgeschäfte als Prorektor führte ein auf ein halbes Jahr aus den vier Fakultäten gewählter Professor. – *Gumprecht:* Moses Gumprecht (1722–1802), Schutzjude, betrieb in Göttingen den größ-

ten Geld- und Wechselhandel. – *klingen:* Danach von L. gestrichen *Dazu gebt mir Bier und Toback, Pfeif.* – *Bier und meines Butlers:* Von L. verbessert aus *Butler, leih mir deine.* – *meines Butlers Sack-Pfeif:* L. spielt auf das satirische Heldengedicht »Hudibras« von Samuel Butler an, das in 3 Teilen London 1663–1678 erschien (eine unvollständige dt. Übersetzung von Johann Heinrich Waser erschien Hamburg und Leipzig 1765; BL, Nr. 1710). Dort heißt es I, S. 521: »So Phoebus or some friendly muse into small poets song infuse, which they at second hand rehearse through reed or bagpipe verse for verse«. So flößte also Phoebus oder irgendeine freundliche Muse kleineren Dichtern Gesang ein, den sie aus zweiter Hand Vers für Vers auf dem Rohrblatt oder dem Dudelsack vortragen. Samuel Butler (1612–1680), engl. Satiriker, dessen Hauptwerk »Hudibras« als schärfste Satire auf den Puritanismus jener Zeit gilt. – *die Wahrheit ... Harlekin:* Ähnlich formuliert L. B 56.

50 *feiner Gedanke des Herrn Reimarus:* Gemeint ist Reimarus' Werk »Die vornehmsten Wahrheiten der natürlichen Religion«, erschienen Hamburg 1755, S. 593 und 612. Hermann Samuel Reimarus (1694–1768), Theologe, seit 1728 Prof. der orientalischen Sprachen am Gymnasium in Hamburg, rationalistischer Bibelkritiker, dessen »Fragmente eines Ungenannten« Lessing herausgab. L. erwähnt das Werk auch in »Timorus« (III, S. 226).

51 Zu diesem satirischen Gedicht s. zu B 49. – *Strammann:* Einen Studenten dieses Namens führt die Göttinger Matrikel nicht; vgl. aber die Charakteristik der Studenten M. und P. in B 36. – *Pursch:* Student; im 18. Jh. übliche Schreibweise. – *Köpfe-Schneiden:* Wohl die Mode-Kunst des Silhouettierens. – *Northeim ... Nörten:* Im 18. Jh. beliebte Ausflugsziele der Göttinger Studenten; Nörten, Poststation auf dem Weg nach Hannover; berühmt wegen seines bis heute hergestellten Johannisbeer-Kornbranntweines; vgl. an Dieterich vom 2. März 1772. »Gleich neben diesem Orte [Nörten] ist das Schloß und der im englischen Geschmack angelegte schöne Garten des Grafen von Hardenberg befindlich« (Rintel, S. 137). – *Wackern:* Johann Ludwig Wacker (1717–1791), Gastwirt der »Krone von England«, dem seinerzeit angesehensten Lokal in Göttingen, Weender Straße 41, 42, 1749 eröffnet; gehörte 1772 zu den sieben privilegierten Weinhändlern in der Stadt (s. Ebell, Memorabilia, S. 183, Anm. 16). – *Frankenfeld:* Johann Philipp Frankenfeld (1728–1795), Bier- und Branntweinschänker in der Barfüßerstraße zu Göttingen, bei dem Boie 1772–1776 logierte. – *Stiefelfuß:* Vgl. B 16. – *nobeln Dummheit:* Vgl. an Johann Christian Kestner, 30. März 1766: »tief-adlich dummes Blut«.

53 *Sein Stil ... ins Lohensteinische:* Daniel Casper von Lohenstein (1635–1683), dt. Barockdichter, schrieb Gedichte, sechs Trauerspiele und einen heroisch-galanten Roman; sein Stil wurde als ›Schwulst‹ verpönt. Der Satz ist von L. in »Zum Parakletor« (III, S. 529) abermals notiert.

54 *die andere kann ... eher verhärten:* Vgl. SK 439. – *Ausgewachsene:* Im Sinne von Verwachsene. – *Genie ... für einen kränklichen Zustand erklärt:* Diese Auffassung vertrat Unzer. S. zu B 379. – *Ich habe bemerkt ...:* Diese Bemerkung »vom Nutzen eines unsymmetrischen Körpers« notiert L. in »Zum Parakletor« (III, S. 529). – *gewisser Mangel von Symmetrie:* Die gleiche Wendung, satirisch gemeint, begegnet E 147. – *K...r:* Kästner.

56 *Zu p. 20.2:* Gemeint ist B 49; s. die Anm. dazu. – *seine rechte Hand ... der Gosse so nahe zu halten:* Über das Gossenrecht in Göttingen, wonach jeder, der mit der linken Hand an der Gosse herging, ausweichen mußte – die Veranlas-

sung zahlreicher Duelle –, vgl. List, S. 164. – *Zeugungs-Glied von Ehre und Kredit:* Von L. verbessert aus *Glied der Grosen, womit sie Glück und Ehre zeugen.* L. gebraucht diese Metapher für Hand auch D 390 und in Briefen an Hollenberg vom 7. August 1780, an Wolff vom 17. Juli 1782, an Ramberg vom 3. April 1786. – *Phöbus:* Beiname des Apoll: der Leuchtende; in der griech. Mythologie der Sonnengott. – *Conduite:* Frz. ›Aufführung, Betragen‹. – *Polissons:* Ursprünglich Handwerksjungen, die etwas glatt oder blank machen; im übertragenen Sinne ›Straßenjungen, Zotenreißer‹. – *pereat:* Lat. ›er gehe zugrunde‹. Gegen die Philister (Spießbürger) gerichtete Verwünschung der Studenten im 18. Jh. Vgl. an Christiane und Johann Christian Dieterich, 5. März 1772. – *Schleifenlassen:* Über diesen Studentenruf s. zu B 36. – *Pursch:* Danach von L. gestrichen *oder wenn euch dieses nicht Betrachungsmäßig genug klingt.* – *Meine Muse ... in Harlekins Kleidern:* Vgl. B 49 und die Anm. dazu. – *Matin:* Frz. ›Morgen‹; ein Morgenrock, weiter Ärmelrock. Vgl. an Johann Christian Kestner, 30. März 1766. – *Surtout:* Frz. ›Über-Alles‹; ein im 18. Jh. getragener großer Überrock oder Überzieher, der Redingote, dem ursprünglich englischen Reitrock, sehr ähnlich. – *scharfe Ecke:* Ecke Gronertorstraße und Papendiek in Göttingen. – *das Schiff auf der Bibliothek:* In der Göttinger Universitätsbibliothek (heute: Niedersächsische Staats- und Universitätsbibliothek) befand sich seinerzeit das große Modell eines engl. Kriegsschiffs; Pütter beschreibt es ausführlich in seinem »Versuch« I, S. 247; vgl. Himme, Stich-haltige Beiträge, S. 68. – *Münchhausens Portrait:* Gerlach Adolf von Münchhausen (1688–1770), Initiator und 1734 bis zu seinem Tode erster Kurator der Georgia-Augusta-Universität in Göttingen. Sein Porträt, gemalt 1747 von Godefroy Boy, hängt noch heute im Aufgang der Göttinger Universitätsbibliothek. – *Lippertische Pasten:* Gemeint ist Lipperts »Dactyliotheca«, erschienen Leipzig 1755–1756, deutsch 1767 und 1768. Philipp Daniel Lippert (1702–1785), Glaserlehrling, dann Zeichenmeister bei der Porzellanmanufaktur in Meißen, später Aufseher der Antiken und Prof. der Akademie der Künste in Dresden; erfand eine weiße Masse, mit deren Hilfe er alte Pasten nachahmte. Das obengenannte Werk, die systematische Erfassung von Gemmensammlungen, stellt die Sammlung seiner 4049 Abdrücke dar. – *Hamiltonschen Vasen:* Gemeint ist das Werk »Collection of Etruscan, Greek and Roman Antiquities from the Cabinet of the Honourable William Hamilton«, das dieser 1766–1767 zu Neapel in 4 Bdn. herausgab, ein Werk, das von bedeutendem Einfluß auf die klassizistische Bewegung war; s. dazu: Brian Fothergirl, Sir William Hamilton. Envoy Extraordinary. London 1969, S. 64–70. Sir William Hamilton (1730–1803), engl. Diplomat und Archäologe, seit 1764 engl. Gesandter in Neapel, trug wesentlich zu den Ausgrabungen von Herculaneum und Pompeji bei, erforschte die unteritalienischen und sizilianischen Vulkane, bezeichnete auf einer Reise von Bonn nach Mainz 1777 die Basaltberge am Rhein als erloschene Vulkane. L. stand in Briefwechsel mit dem ›Vulkanforscher‹ Hamilton. – *Unteroffizier der Medizin studiert:* Vgl. B 36.

57 *Zephir:* Griech. Zephyros: ein kühler, sanfter Westwind, Abendhauch. – *Legros Söhnen:* Über den frz. Friseur Legros s. zu KA 48.

59 *Constitutio Unigenitus ...:* »Unigenitus dei filius« – Der eingeborene Sohn Gottes – waren die Anfangsworte der von Clemens XI. 1713 erlassenen Bulle gegen den Jansenismus. Clemens XI., vorher Giovanni Francesco

Albani (1649–1721), seit 1700 Papst, entschied im Ritenstreit gegen die Jesuiten, mit der Bulle »Unigenitus« gegen die Jansenisten. L. kam wohl durch eine am 12. Januar erschienene Rezension der GGA 1769, S. 41, über ein die Bulle betreffendes Werk auf den vorliegenden Gedanken, den er »Zum Parakletor« abermals notiert (III, S. 529). – *Wittenberg:* Albrecht Wittenberg (1728–1807), aus Hamburg, studierte in Göttingen Jura (immatrikuliert 12. April 1747), Schriftsteller und Übersetzer (Ossian und Beccaria) in Altona. 1770–1786 Redakteur der Zeitung »Altonaischer Reichs-Postreuter« (Altona 1699–1786) und des »Hamburgischen Correspondenten«. L. erwähnt den von ihm nicht sehr geschätzten Schriftsteller, der mit vielen Schriftstellern seiner Zeit in Streit geriet (s. Jörg-Ulrich Fechner: Helfrich Peter Stürz (1736–1779). Drei Essays, Darmstadt 1981, S. 74), außer in den Sudelbüchern auch III, S. 624.

60 *Wilkes und Liberty:* S. zu B 9. – *rost beef:* Geröstetes, nur halb gebratenes Rindfleisch, eine engl. Spezialität. In der Hogarth-Erklärung zu »Das Thor von Calais oder der englische Rinderbraten« (GTC 1788, S. 105–127) führt L. auf S. 109–110 aus: »In England nemlich giebt es Rinderbraten, die, und zwar im strengsten Verstand, geadelt sind. Alle sind es nicht, denn sonst wäre es kein Adel, sondern nahmentlich ist es das Stück zu beyden Seiten des Rückens, worin die Nieren sitzen. Alle übrigen sind unadlich und wahre Canaille, werden aber demungeachtet, nicht selten mit vieler Herablassung von den Großen ebenfalls gespeißt. Ein König nemlich, der dieses Stück (Loin) sehr liebte, schwenkte einmal in einem Anfall von gesundem Appetit und muthwilliger Laune, sein Schwert über einen solchen Braten, und schlug ihn förmlich zum Ritter, und seit der Zeit heißt er nicht mehr Loin of beef, sondern *Sir* Loin of beef. – Daß ein bloßes Stück von einem Ochsen einen solchen Rang erhält, ist allerdings seltsam; von gantzen hingegen finden wir Beyspiele überall«. Und er schließt die Erklärung S. 127 mit den Worten: »Unter diesem merkwürdigen Blat stehen mit großen Buchstaben die Worte: Oh! the roast beef of old England etc. diese Worte und die darauf folgende Zeile: Oh, the old english roast beef! sind der Refrain, eines sehr berühmten Volksliedes, welches öfters die Orchester von Drurylane und Coventgarden genöthigt werden dem Volk zum besten zu geben, ehe die Vorstellungen anfangen.« Von L.s Appetit auf den Rinderbraten zeugen Briefe an Merck vom 22. März 1781 und an Büttner vom 8. Juni 1786. – *plumpudding:* Ein in England als Weihnachtsspeise beliebter gekochter Pudding, der, mit Rum übergossen, angezündet wird. – *Milton:* John Milton (1608–1674), engl. Dichter und Politiker; setzte sich für die Ideen der bürgerlichen Revolution ein, forderte in mehreren Flugschriften die Demokratisierung der Kirche und die Modernisierung des Erziehungswesens. Staatssekretär und Fremdsprachenkorrespondent während der Republik unter Cromwell (1649–1660). 1667 schuf er, inzwischen erblindet, das Epos »Paradise lost«.

61 *Glanduln eines Hofmanns:* Dieser Gedanke ist von L. in »Zum Parakletor« (III, S. 529) wieder aufgegriffen worden. – *Glanduln:* Drüsen, Mandeln im Hals. – *Bischof:* Vgl. »Etwas über Bischof«, in: Hannoverisches Magazin, 76. Stück, 20. September 1816, Sp. 1211 f.: »Warum ein aus Rothwein, Zukker und Orangenextract gemischtes Getränk den Namen Bischof hat, darüber sind die Meinungen getrennt. Einige glauben, daß irgendein Bischof es

erfunden habe, und daher die Veranlassung seines Namens sey; andere aber mit mehrerer Wahrscheinlichkeit, daß man dadurch das Vorzügliche desselben habe bezeichnen wollen; letzte Meinung gewinnt um so mehr Glauben, weil ein ähnliches aus weißem Wein und Orangenextract verfertigtes Getränk, Kardinal heißt, und ein anderes bloß aus Wasser mit etwas Rothwein und Zucker bestehendes über bitteres Pomeranzenpulver digeriertes (nach Leutin?) Küster benannt ist.«

62 *Luftblasen in den Barometer-Röhren:* Vgl. C 220.

63 *P. schreibt ... S.:* Die Anfangsbuchstaben sind nicht ganz sicher zu identifizieren. Denkt man an die Chiffren des ersten »Göttinger Musenalmanachs« von 1770, unter denen ein P. und ein S. erscheinen, dann wäre unter S. Jakob Friedrich Schmidt (s. Redlich, Versuch eines Chiffrenlexikons, S. 24) zu verstehen, während P. nicht sicher gedeutet ist. Der Zeitpunkt wäre etwas früh, da nach Weinhold, Heinrich Christian Boie, S. 92 der Entschluß zum Almanach erst im Sommer 1769 gefaßt wurde; aber L.s Charakteristik paßt auf die Ode »1763« und besonders auf den Dialog »Menelaus und Helena«. – *Klopstockisches Medulla poetica:* Lat. ›dichterisches Mark‹. Friedrich Gottlieb Klopstock (1724–1803), bedeutender Dichter, Lyriker und Sprachtheoretiker der Aufklärung; Werke u. a.: »Messias« (1748–1773), »Oden« (1771); steht (als Übersetzer wie als Dichter) für die – auch gewaltsame – Anwendung antiker Poetik aufs Deutsche (vgl. III, S. 531). – *der erste Vers gleicht ... der Nachtigall:* Vgl. G 141.

64 *Billingsgate:* Fischmarkt in London; vgl. D 148, III, S. 752 und Fußnote sowie den Brief an Forster vom 22. November 1787; ferner in der Kalender-Erklärung von Hogarths »Die Parlamentswahl«, 2. Szene (GTC 1788, S. 134, VS 1844, 13, S. 22)..

65 *Schreibarten unter Klassen zu bringen:* Einen ähnlichen Versuch unternimmt L. in D 297; vgl. auch C 102. – *Leipziger Fuß:* Leipziger Münzfuß, 1690 eingeführt (1 Mark = 12 Taler); setzte sich auch in anderen dt. Staaten durch. – *Regalstil:* Lat. regalis ›königlich‹, früher gebräuchliches Papierformat; Groß Regal 50 × 65 cm; benannt nach dem in der königl. Kanzlei verwendeten Papier von besonderer Qualität. – *die Herrn, die uns die Griechen ... rekommendieren:* Die klassizistischen Kunstrichter der Zeit. – *misericorde philosophante ... larmoyante:* Lat. ›die philosophierende ... rührselige Barmherzigkeit‹. – *Youngische Prose:* Über den Einfluß Youngs auf Deutschland vgl. Barnstorff, Youngs Nachtgedanken und ihr Einfluß auf die deutsche Literatur, Bamberg 1895. Edward Young (1681–1765), engl. Pfarrer und berühmter Dichter. – *Augspurger Währung:* S. zu B 16. – *Abrahams a Sancta Clara's Laune:* Abraham a Santa Clara, eigentlich Johann Ulrich Megerle (1644–1709), kath. Kanzelprediger und Volksschriftsteller in Wien, berühmt weger seiner Wortgewalt und Drastik. – *Reiskens Übersetzung:* Johann Jacob Reiske (1716–1774), Rektor der Nikolaischule in Leipzig und Philologe. Seine Übersetzung des Demosthenes und Aeschines erschien Lemgo 1764. Lessing wirft ihm in einem Brief an Heyne vom 28. Juli 1764 vor, »den edelsten Redner in einen niederträchtigen Schwätzer, die Suada in eine Hökerfrau verwandelt zu haben«. – *Grubstreet:* Straße in der Londoner Innenstadt, in der damals aus finanziellen Gründen die armen Schriftsteller und die für Geld schreibenden Publizisten wohnten. Grubstreet wird bei Pope, Swift, Arbuthnoth, Fielding und im »Spectator« häufig als Wohnsitz

der ›kleinen‹ Autoren, der Schriftsteller des anonymen Klatschs und der Verleumdung erwähnt. Vgl. D 148.

66 *Parallaxe:* S. zu A 231.

67 *Er pflegte seine ... Seelenkräfte das Ober- und Unterhaus zu nennen:* Zu diesem Vergleich vgl. Matthias Claudius in »Eine Abhandlung vom menschlichen Herzen, sehr curios zu lesen«, veröffentlicht in den »Hamburgischen Addreß-Comtoir-Nachrichten« vom 25. Januar 1770: »Ich pflege sie [die Kräfte Herz und Verstand] auch wohl das *Haus der Lords* und das *Haus der Gemeinen* zu benamsen, denn das sind sie in der Republique eines Menschen, und von Rechts wegen soll nicht die geringste Handlung ausgeführt werden, ehe diese zwo Kräfte darüber einig geworden sind. Wer physiologische Gleichnisse liebt, kann sich die Sache so vorstellen.« S. dazu Wanick, Photorin 9, 1985, S. 32. – *obern ... Seelenkräfte:* Vernunft; vgl. an Schernhagen am 27. August 1773. – *Bill:* Engl.: Entwurf eines Gesetzes im Parlament, der erst nach dreimaliger Lesung als Parlamentsakte dem König vorgelegt wird.

68 *Deutschen ... Gesellschaft:* Über die Deutsche Gesellschaft in Göttingen s. zu B_1 S. 45. – *Herr M.:* Unter den Mitgliedern der Deutschen Gesellschaft in Göttingen ist nur eines, dessen Name mit ›M‹ anfängt: Johann Philipp Murray (1726–1776), Historiker, erzogen in Stockholm, wo sein Vater dt. Prediger war; 1755 außerordentl., 1762 ordentl. Prof. der Philosophie und Geschichte in Göttingen, 1771 Prorektor, Mitglied der Göttinger Sozietät der Wissenschaften. L. hat als Student 1766 eine Ode auf seine Hochzeit gedichtet (Brief an Johann Christian Kestner, 30. März 1766).

69 *nichts von der Seele sehen wenn sie nicht in den Mienen sitzt:* Ein Beispiel für L.s vorlavaterisches Interesse an der Physiognomik. – *wie der Magnet den Feilstaub:* S. auch E 476. – *sie individuell:* In der Handschrift *es*.

70 *Empedokles, Doktor Faust und Roger Baco ...:* Dieser Satz ist von L. in »Zur Biographie Kunkels Gehöriges« (III, S. 597) und in »Zum Parakletor« (III, S. 529) verwertet worden. – *Empedokles:* Berühmter griech. Arzt und Naturphilosoph, geboren nach 500 v. Chr. in Agrigent, soll sich in den Aetna gestürzt haben, um durch sein plötzliches Verschwinden im Volk den Glauben an seine göttliche Herkunft zu erwecken. – *Doktor Faust:* In der Sage Johann Faust, in Wirklichkeit wahrscheinlich Georg Faust (ca. 1480–1536/39), Schwarzkünstler und Horoskopsteller, zu dessen Lebzeiten bereits die Sagenbildung um seine Person einsetzte; der Überlieferung nach Erfinder der Buchdruckerkunst. Zu L. und Faust s. jetzt Craig und Joost, Lichtenberg-Jb 1989, S. 115–127. – *Roger Baco:* Engl. Philosoph und Naturforscher (um 1214–1294); Studien insbesondere der Mathematik und Naturwissenschaft in Oxford bei Robert Grosseste und in Paris bei Alexander von Hales, Albertus Magnus und Wilhelm von Auvergne; »Doctor mirabilis«; verfaßte 1266–1268 für seinen Gönner Papst Clemens IV. sein »Opus majus ad Clementem IV. Pontif. Rom«, hrsg. von S. Jebb, zuerst erschienen London 1733, »worinn sich dieser für die damalige Zeit zu gelehrte Mann gegen die Beschuldigung der Zauberei rechtfertiget, und von seinen Entdeckungen Nachricht giebt« (Gehler, Bd. 3, S. 91), sowie ein Erläuterungsbuch dazu, das »Opus minus«, und eine Einleitungsschrift, das »Opus tertium«; sein geplantes Hauptwerk, das »Opus principale«, blieb unvollendet. Nach dem Tode des Papstes wurde er 1278 als Gegner des Klerikalismus in zehnjähriger Haft gehalten.

71 *Gebet eines Praktikenschreibers ...:* Das Original befand sich nach einer

Randbemerkung von L.s Sohn in den vierziger Jahren noch in seinem Besitz, war aber bereits Leitzmann nicht mehr zugänglich (s. Anm. zu B 69 seiner Zählung, S. 210). Praktiken (Practica) wurden vom 15. bis ins 17. Jh. volkstümliche Anhänge zu Kalendern genannt, die Wetter- und Himmelserscheinungen ansagten und astrologisch ausdeuteten. Die Praktiken wurden meist von ›Nichtskönnern‹ verfaßt und wegen ihres fragwürdigen Inhalts angegriffen und verspottet. Woher L.s Vorlage stammt, war nicht zu ermitteln.

72 *Kunstkammern:* Vorläufer der Museen, entstanden aus aristokratischer Freude am Ungewöhnlichen und Seltsamen in der 2. Hälfte des 16. Jh.s, etwa Kaiser Rudolfs II. in Prag. Darüber s. »Etwas vom Akademischen Museum in Göttingen« (GTC 1779, S. 47). – *Favorit-Neigung unserer . . . Voreltern:* Mit dieser Bemerkung beginnen die Materialien für die von L. geplante Theorie des Trinkens, die den Titel »Pinik« erhalten sollte und über die er in der Vorrede zu seinem 1773 erschienenen »Patriotischen Beitrag zur Methyologie der Deutschen« (III, S. 317) berichtet. S. auch III, S. 597–599.

73 *Lessing . . . in seinem Laocoon:* »Laokoon« 1. Teil, IV, 2. Abs. Lektüre des »Laokoon« verbürgt B₁ S.45 (vgl. die Anm. dazu).

74 *Vergil . . . sein ganzes zweites Buch aus . . . Pisander genommen:* Peisandros, Epiker aus Laranda in Lykaonien unter Alexander Severus, Sohn des Epikers Nestor; er schrieb das umfangreichste, 60 Bücher umfassende Epos der griech. Literatur. Macrobius, Saturnalia V 2, 5, irrt, wenn er als Vergils Quelle Pisander angibt; es verhält sich vielmehr umgekehrt so, daß Pisander die »Aeneis« benutzte. Macrobius, Ambrosius Theodosius (um 400 n. Chr.), hoher röm. Staatsbeamter, lat. Schriftsteller. Die (unvollendeten) »Saturnalia« sind sein Hauptwerk.

75 *Wohin mich mein Schicksal . . .:* Dieser Gedanke wurde am Anfang des Gedichts »Schreiben an einen Freund« (III, S. 621) verwendet. Vgl. auch B 176.

76 *Heimweh:* (desiderium patriae) DWB 4, 2, Sp. 884 bringt Belege aus u. a. Claudius, Wieland, zuerst bei Scheuchzer, Skinbach.

77 *Kästnern:* Danach von L. gestrichen *das sind sie alle.* – *Naturgeschichte des Rausches:* Auch diese Bemerkung gehört in den Umkreis der von L. geplanten »Pinik«; s. zu B 72. – *wenig Dinge in der Welt, die eines Philosophen so würdig sind:* Vgl. III, S. 320. – *cum spe divite:* Mit strömendem Lebensmute; Zitat aus Horaz' »Epistulae«, I, 15, 19, wo dieser eine Eloge auf den edlen Tropfen hält. L. zitiert die Worte auch B 159. – *Titular-Geschicklichkeiten:* Ähnliche Wortbildungen mit *Titular-* begegnen L 569, 571; s. auch Brief an Franz Ferdinand Wolff, 10. Februar 1785 (»Etwas von Klindworth«). – *jenseit der Bouteille:* Vgl. die Formulierung in »Patriotischer Beitrag zur Methyologie der Deutschen« (III, S. 320); s. auch C 209. – *platonischen . . . Rausch:* Der gleiche Ausdruck findet sich B 323.

78 *Jeder Mensch . . . moralische backside:* Von den ›parties honteuses‹ schreibt L. in L 862. S. auch an Hollenberg am 23. September 1788.

79 *In dem Hause, wo ich wohnte:* 1767–1772 wohnte L. bei Prof. Tompson (gest. 1768) und dessen Witwe in der Weender Str. 43.

80 *νοῆσαι . . . ταχυς . . . Herodian:* Scharf denken und das Gedachte schnell vollbringen; zit. nach Herodian II, 9, 2. Herodianos (165–250), griech. Historiker aus Syrien; seine »Geschichte des Kaisertums nach Marcus« umfaßt die sechs Jahrzehnte vom Tode Marc Aurels bis zu Gordian III. (238

n. Chr.). – *Kaiser Severus:* Lucius Septimius Severus (146–211), 193–211 röm. Kaiser; nach dem Sieg über den Gegenkaiser erwirkte er die Legitimation seines Kaisertums durch die fiktive Adoption als Sohn des Marc Aurel; 197–199 Partherkrieg; 208–211 Britannischer Krieg; Gründung der Militärmonarchie durch Schaffung einer Miliz außerhalb des Lagers, Ausschaltung des Senats, Abschaffung der Steuerverpachtung und Beseitigung der Vorrechte Roms und Italiens.

81 *Charakter einer mir bekannten Person:* L. selbst; mit dieser Bemerkung beginnt die Reihe der autobiographischen Notizen, die L. später in der Absicht zusammentrug, eine Selbstbeschreibung daraus anzufertigen. – *weniger Relief geben:* Anspielung auf L.s Buckel. – *hinter dem Fenster:* Zu L.s Beobachterposten vgl. B 125, 253; C 166; E 311. – *melancholischen Kopfhenker:* Vgl. A 126. Nach Jes. 58,5: »wenn ein Mensch seinen Kopf hängen läßt und in Sack und Asche sich bettet«. – *im Vergnügen . . . ausgeschweift:* Vgl. III, S. 608. – *Er hat . . . wenige Freunde:* Eine Charakteristik seiner Studienfreunde gibt L. in TB 12. – *Geliebt hat er nur ein- oder zweimal:* Vgl. F 1220. – *von der Religion . . . frei gedacht:* Vgl. F 1220. – *Freigeist:* Laut DWB 4, 1, Sp. 109, schon bei Luther belegt; weitere Belege von Gellert, Lessing, Goethe, Kant, Voß. Fast stets bezogen auf das Freidenken in Bezug auf die Religion. – *Er kann mit Inbrunst beten:* Vgl. F 1220. – *Ehe denn die Berge worden:* 90. Psalm, 2: »Herr Gott, du bist unsere Zuflucht für und für. Ehe denn die Berge worden, und die Erde, und die Welt geschaffen worden, bist du, Gott, von Ewigkeit zu Ewigkeit.« L. zitiert die Zeilen auch E 192, G 15. – *Sing unsterbliche Seele:* »Sing', unsterbliche Seele, der sündigen Menschen Erlösung«. Anfangszeile des Ersten Gesangs des »Messias« von Klopstock. – *junge Prediger:* Ähnlich abfällig äußert sich L. B 95; E 1, 3. – *Assembleen:* Frz. ›Zusammenkunft, zahlreiche, vornehme Gesellschaft‹; nach Rintel, S. 126–127 wurde in Göttingen »den Winter über in den Häusern der Hrn. Geh. Justizräthe Böhmer und Pütter abwechselnd Abends Assemblee gehalten«. Vgl. List, S. 209: »Sowohl in Ansehung des äusserlichen Glanzes, als des Zwecks und Nutzens gehen die Assembleen in Göttingen den dortigen Clubs und Cränzchen weit vor. Es sind jetzt nur zwey Häuser, worinn sie gehalten werden, und diese verdienen dafür einen um so größern Dank, als sie keinen eigenen Vortheil dabey haben, und dadurch nur den Freunden der Muse Gelegenheit geben wollen, sich in Gespräche und Gesellschaften von gutem Geschmack, die in Göttingen so probat gefunden werden können, als an einem Orte in der Welt, zu mischen. Jedem jungen Herrn von äusserlicher guter Aufführung steht der Zutritt darein offen; nur wird er sich von selbst bescheiden, daß, so wie er auf der Reitbahn als Scholar nicht leicht mit Schuhen und seidenen Strümpfen auf ein Pferd gelassen werden wird, er hier nicht wohl in Stiefeln, und überhaupt nur in einem anständigen Anzuge erscheinen dürfe. Uebrigens findet man hier seine l'Hombre- und Whistpartie, nebst dem Stoff zu allerhand gelehrten, angenehmen und nützlichen Discoursen, wenn man diesen selbst mitzubringen etwa nicht Gelegenheit, Zeit oder Musse hatte.« – *Gesinnungen selten . . . . genug:* Ergänze *schlecht;* s. Photorin 3, 1980, S. 45 (Gravenkamp). Martens (Photorin 4, 1981, S. 61) ist für *adrett.* – *An den Tod denkt er sehr oft:* S. zu A 126. – *und hofft:* Von L. verbessert aus *fürchtet.*

82 *Schreiben an Herrn ⟨Ljungberg⟩:* Es handelt sich vermutlich nicht um einen fiktiven Brief, sondern um einen realen Brief-Entwurf an seinen

intimsten Studienfreund; der Name von L. durch Kringel unleserlich gemacht. – *Herrn S.:* Von L. später um der Fiktion willen hinzugefügt. – *Munterkeit und ... Leichtsinn:* Zu dieser Formulierung vgl. B 81. – ⟨*Ljungberg, Ljungberg*⟩*:* Von L. ebenfalls unleserlich gemacht. – *Nonsense:* Engl. ›Unsinn‹; zu L.s häufigem Gebrauch vgl. das Wortregister. – *Gottsched:* Johann Christoph Gottsched (1700–1766), Prof. der Logik und Metaphysik in Leipzig, einflußreichster Literaturtheoretiker der frühen Aufklärung. Seine »Critische Dichtkunst« (1730) erwähnt L. im Brief an Johann Christian Kestner vom 30. März 1766. – *Rosenfarb und Silber:* Vgl. B 41 und die Anm. dazu. – *zu sein schien:* Von L. verbessert aus *war.* Die Fußnote steht in der Handschrift ohne Verweisungszeichen am Rande.

84 *versus memoriales:* Lat. ›Merkverse‹; für den Schulgebrauch und Grammatikunterricht, von L. ›transzendiert‹; vgl. E 13, 142. – *Männchen, wenn du aus willst gehen:* Zitat nicht ermittelt.

85 *Der Mann zu sein ...*: Diese Notiz ist in »Zum Parakletor« (III, S. 529) wieder aufgegriffen worden.

86 *Sterne's Reise:* S. zu B₁ S. 45. – *stark ausgezogene Linie, wo eine punktierte zugereicht:* Dieser Gedanke wird in »Zum Parakletor« (III, S. 529) wieder aufgegriffen.

87 *Lieber Herr Vetter:* Zu diesem Brief gehört vielleicht B 91; der Adressat ist vermutlich fingiert, wenngleich es möglich wäre, daß L. hier bereits an den »Vetter« Friedrich Eckard denkt, dessen Name dann sein eigenes Pseudonym wird (vgl. KIII, S. 96f.). Ein ›Vetter‹ wird auch B 140 erwähnt. – *G.:* Göttingen. – *Ich bekomme ... 200 Taler:* So viel bezieht L. als außerordentl. Prof. in Göttingen, zu dem er am 31. Mai 1770 ernannt wurde; s. auch B 136. – *Neperischen Stäbgen:* Lord John Neper (Napier; 1550–1617) of Merchiston, schott. Gutsbesitzer, der sich Logarithmen mit einer zu e^{-1} proportionalen Basis schuf und sie in der »Logarithmorum canonis descriptio« 1614 veröffentlichte; Erfinder von Rechenstäbchen zur mechanischen Ausführung von Multiplikationen und Divisionen, die er dann durch die Logarithmenrechnung ersetzte (»Rabdologiae seu numerationis per virgulas libri duo«, Edinburgh 1617). S. Ebstein, War Reyher der Erfinder der Logarithmen-Rechenstäbe?, in: Geschichtsblätter für Technik und Industrie II, 1914, S. 112. L. erwähnt sie auch in »Lawrence Earnshaw« (GTC 1790, S. 145; VS 5, S. 319) und GTC 1785, S. 207ff. (VS 6, S. 459); vgl. den Brief an Beckmann vom 13. Juli 1795 und III, S. 608. – *Ihrem kleinen L.:* L. selbst.

88 *Perüquenmacher:* Zu diesem Berufsstand s. das Wortregister.

89 *Richmann:* Georg Wilhelm Richmann (1711–1753), dt. Physiker in Petersburg, kam bei Versuchen zum Beweis der Identität des Blitzes und des elektrischen Funkens durch einen Blitzschlag seines Elektrizitätsanzeigers ums Leben.

90 *Grabschrift:* Entwürfe zu ›satirischen‹ Nekrologen finden sich auch B 208, 400, 401.

91 *Brief:* S. zu B 87. – *etwas versuche:* Von L. verbessert aus *an elektrischen Experimenten mache.* – *jetzt:* Danach von L. gestrichen *bey meinem Brief.*

92 *Ob ... Licht, die:* Von L. verbessert aus *Das thun sie ja sonst nicht, sagt ich, und steckte mit der.* – *Dedikation des 2ten Stücks:* Die an Klotz gerichtete Widmung des 2. Stücks der »Bibliothek der elenden Skribenten«; s. zu B 45. Es erschien Januar 1769. – *Astupet ipsa sibi:* Sie staunt sich selber an; zit. nach

Ovids »Metamorphosen« III, 418. – *die Häsgen:* Auf dem Titelblatt des 2. wie schon auf dem des 1. Stücks findet sich zwischen dem Motto »Semper ego auditor tantum? nunquamne reponam?« (Bin ich immer nur Zuhörer? Antworte ich niemals?) aus Juvenals »Satiren« 1, 1 (die erste Hälfte dieses Hexameters tragen auch die Stücke 1–7 und 9–15 des »Antikritikus« als Motto) und den Worten »Zweites Stück« das Bild zweier Hasen mit Eselsohren, von denen der eine dem andern einen das Hasengesicht mit Ausnahme der Ohren in ein menschliches Gesicht verwandelnden Spiegel vorhält, mit der Überschrift »Astupet ipsa sibi«. Das Stück enthält S. 43 eine ausführliche Erklärung dieses Titelkupfers. – *meines Wirts Tochter:* Wohl Friederica Christiana Henriette Dieterich, geboren am 1. September 1761, deren Rufname allerdings Friederike war. – *und schnitt alles:* Danach von L. gestrichen *zwischen den Worten zweytes Stück. Semper ego pp und Astupet ipsa sibi (das erste hatte ich selbst geheffitet) durch. Aber, sagte das Kind, wo sind denn die andern Häsgen. Die anderen sagte ich, und sah glaube ich viel zu einfältig für eine Vergleichung eines Mädgens von 6 Jahren mit mir aus, die andern, Christinchen, antwortete ich schon und fast zu spat für eine offenherzige Replique, dieses sind nur die zwey Häßgen.* – *die andern:* Danach von L. gestrichen *hätte ich vor ein philosophisches Buch binden lassen, das ich nicht gerne verstümmeln.* – *Buchbinder … Buchbinders-Frau:* Ihre Namen konnten nicht ermittelt werden; in Frage käme u. a. Johann Carl Wiederholt. – *philosophisches Buch:* Von L. verbessert aus *den Anti Critikus* (s. zu B 16).

93 *Mein Buchbinder:* S. zu B 92.

94 *Wirrstroh:* Beim Dreschen abfallende Reste kurzhalmigen, geknickten Strohs, zur Streu und Winterfütterung verwendet (s. DWB 14, 2, Sp. 618).

95 *uns immer zum Künstlichen … treibt:* Zu L.s Reflexionen zum Artifiziellen s. das Wortregister. – *wir werden nicht angehalten individua im Denken zu werden:* Zum ›Selbstdenken‹ vgl. D 433; F 439. – *wie Herder sagt …:* In den zu KA 158 nachgewiesenen Fragmenten »Über die neuere teutsche Literatur« (SW 1, S. 383). – *Liberty and property:* Engl. ›Freiheit und Eigentum‹. – *Der Mensch schreibt … immer gut wenn er sich schreibt:* Vgl. III, S. 395. – *Gellert:* S. zu KA 225. – *Chrie:* In der Rhetorik eine Aufgabe zur schriftlichen Ausarbeitung nach bestimmter Form; Schulrede. – *plattdeutschen Naivetäten:* Vgl. C 199 und »Daß du auf dem Blocksberge wärst« (III, S. 475). – *der junge Theolog:* Vgl. B 81.

96 *Sendschreiben des Publici:* Friedrich Justus Riedel gab Jena 1768 »Über das Publicum. Briefe an einige Glieder desselben« heraus (BL, Nr. 1755); darauf bezieht sich L.s »Sendschreiben«. – *E.:* Erfurt. – *Mir vielgeliebter Riedel:* Von L. verbessert aus *Hochzuehrender Herr.* – *Wir:* Davor von L. gestrichen *Ohne ausdrücklichen Befehl des Publikums an Sie zu schreiben, und ohne daß es sich (denn es kennt mich nicht einmal:) sondern nur allein aus wahrer.* – *Ostermesse 1767:* Zu diesem Zeitpunkt erschien Riedels »Theorie der schönen Künste und Wissenschaften«; das Werk ist zu KA$_{II}$ S. 88 nachgewiesen. – *auf dich halte:* Danach von L. gestrichen *Meine Vorfahren waren allezeit gute ehrliche Leute und ich weiß mein Vater würde sich freu[en].* – *gegangen ist:* Danach von L. gestrichen *ich noch immer gut zu rechte habe kommen können.* – *Wahrheit:* Danach von L. gestrichen *zu schreiben.* – *ich suche:* Danach von L. gestrichen *ich sage zuweilen ein Ding zweymal.*

97 *Ich verstehe von Musik wenig:* Darüber s. Gumbert, Lichtenberg-Jb 1989,

S. 211–212. – *In allen meinen Taten:* Das berühmte Kirchenlied von Paul Fleming (1609–1640), Arzt in Hamburg und Poeta laureatus; nahm 1633 an einer sechsjährigen Reise nach Rußland und Persien teil, bei deren Beginn er das Lied dichtete. L. zitiert es auch RA 1. – *recht gut pfeife: gut* von L. verbessert aus *fein langsam*. – *beschlossen pp:* Danach von L. gestrichen *Gott*. – *Sollt auch ich durch Gram und leid:* Das Lied, offenbar kein Kirchenlied, konnte nicht ermittelt werden. – *When you meet a tender creature:* Wenn du einem zärtlichen Geschöpf begegnest. Das Lied konnte nicht ermittelt werden.

99 *unverwandt:* Von L. verbessert aus *unverändert* aus *unvermerckt*.

100 *Bäcker-Frau:* Eigentlich Müllersfrau. – *Apulejus (de aureo asino Liber IX):* Vgl. Apuleius, Der goldene Esel, 9. Buch, 14. Apuleius' komischer Roman »Metamorphoses«, auch: »Asinus aureus« (›Der goldene Esel‹), in elf Büchern entstand wohl nach 175, nach der griech. Vorlage des Lukian. Lucius Apuleius (geb. um 125), röm. Schriftsteller. – *Scaeva ... manciparat:* »... herrisch und närrisch, verhurt und versoffen, stur und starrköpfig, habgierig im schnöden Wegnehmen, hemmungslos im liederlichen Ausgeben, dem Anstand nicht freund, der Sittsamkeit feind. Dazu verschmähte und verhöhnte sie die heiligen Götter und machte sich statt eines festen Glaubens eine lästerlich erfundene Vorstellung von einem einigen Gott als Bekenntnis zurecht; indem sie einen Unfug von Vorschriften vorgab, bluffte sie alle Leute und hinterging ihren armen Mann, wenn sie sich schon am frühen Morgen dem klaren Wein und unentwegter Unzucht ergeben hatte« (Übers. Edward Brandt, Apuleius, Der goldene Esel, München 1958, S. 357). – *sehr treffend:* Diese Bemerkung ist von L. in der Handschrift am Rand gemacht.

101 *Er war so witzig ...:* Wohl L. selbst. – *jedes Ding ... vergleichen:* Zu dem ›Ähnlichkeitssucher und -finder‹ L. s. das Wortregister.

102 *Gunkel hatte Witz ...:* Diese Notiz, der erste in den Sudelbüchern überlieferte Entwurf zu den von L. lange Zeit geplanten »Kunkeliana«, ist in »Zur Biographie Kunkels Gehöriges« (III, S. 602; vgl. K III, S. 289) verwertet. – *Reich:* Philipp Erasmus Reich (1717–1787), Großverleger in Leipzig und Reformer des dt. Buchhandels; nach einer Lehre in Frankfurt bei Varrentrapp trat er 1745 als Factor in die Buchhandlung von Moritz Georg Weidmann ein; 1762 Mitinhaber der Firma. Verleger von Wieland, Lavater, Zimmermann, Rousseau und der wichtigsten engl. Autoren des 18. Jh.s. Über ihn s. Hazel E. Rosenstrauch, Der Buchhandelsreformer Philipp Erasmus Reich, in: Jahrbuch des Instituts für Deutsche Geschichte XV, 1986, S. 19–43. – *Bibliothek der elenden Skribenten:* S. zu B 45. – *Klotz ... Truncus:* Über Pieter Burmanns »Anti-Klotzius« s. zu KA 40; über Christian Heinrich Wilkes »Moralische Beyträge ...« s. zu B 9. – *Antikritikus:* Über dieses Werk und seinen Verfasser Wichmann s. zu B 16. – *Grabensteinen:* Die Lebensdaten dieses Göttinger Gastwirts konnten nicht ermittelt werden. – *im Kruge vor dem Geismar-Tor:* Wohl die Landwehrschenke, zu Fuß eine halbe Stunde von Göttingen Richtung Geismar entfernt; das Geismar-Tor, eines der vier Stadttore Göttingens, führte nach Süden hinaus.

103 *Vorrede zu der Rede ...:* Die Vorrede zur »Rede dem Andenken des sel. Kunkels gewidmet«. Vgl. »Zur Biographie Kunkels Gehöriges«, III, S. 588. – *Nachstehende Rede:* Danach von L. gestrichen *Du weist es*.

104 Auch diese Bemerkung gehört wohl zu den »Kunkeliana«, s. zu B 102. – *Kanarischen Insuln ... Kanarien-Vögeln:* Die Singvögel haben ihren

Namen selbstverständlich nach den Islas Canarias (›Hundsinseln‹), der span. Inselgruppe vor der Nordwestküste Afrikas, wie sie beheimatet sind; seit Mitte des 17. Jh.s in Deutschland gezüchtet. – *kleinen Zeiten halbe Vaterunser lang:* Ähnlich formuliert L. in B 145, 268; D 120. Zu dieser Zeitmeßmethode, angeblich von Franklin vorgeschlagen, s. L.s Brief an Ebell von spätestens Februar 1783.

105 *Was die meisten Menschen ...:* Diese Partie ist von L. in »Zur Biographie Kunkels Gehöriges« (III, S. 588) verwertet worden. – *Satz eines großen praktischen Philosophen:* König Stanislaw I. Leszczynski von Polen (1677–1766), wurde 1704 unter Druck Karls XII. von Schweden an Stelle Augusts II. von einer Minderheit des poln. Adels zum König gewählt; nach der Niederlage seines Protektors bei Poltawa wurde er 1709 gestürzt; durch die Verheiratung seiner Tochter mit Ludwig XV. von Frankreich konnte er mit dessen Unterstützung 1733 die abermalige Wahl zum König von Polen erwirken. Im poln. Thronfolgekrieg mußte er 1736 dem von Rußland unterstützten Kurfürsten von Sachsen, Friedrich August II., König von Polen, weichen. Schrieb die »Œuvres du philosophe bienfaisant«, erschienen Paris 1765; der zitierte Satz findet sich dort in Bd. IV, S. 72. – *La modestie ... manquent:* Die Bescheidenheit sollte die Tugend derer sein, denen es an anderen mangelt. – *les autres manquent:* Von L. entsprechend dem Original verbessert aus *manquent toutes les autres*.

106 *Art von Entgeisterung ... Begeisterungen:* Diesen Gegensatz verwertet L. in »Dienbare Betrachtungen für junge Gelehrte in Deutschland« (III, S. 511). – *Leeuwenhoek:* Antony van Leeuwenhoek (1632–1723), holl. Naturforscher und Zoologe in Delft, berühmt durch seine Entdeckungen mit dem Mikroskop; entdeckte die Blutkörperchen, die Spermatozoen, die Infusionstierchen und die Spiralgefäße der Pflanzen. L. erwähnt ihn auch in »Geologisch-Meteorologische Phantasien«, GTC 1798, S. 83–120.

107 *Der Mensch ... dem Affen am nächsten:* Vgl. B 341; F 535, 713.

108 *Verfasser ... Artikel Nonsense:* Vgl. L.s spätere Idee eines »Bedlam für Erfindungen« im GTC.

110 *18 000 000 Meilen:* Gamauf, Astronomie, S. 447, notiert 21 Millionen Meilen.

111 *Vignettenstecher:* Vignette: im Rokoko beliebter kleiner Kupferstich als Zierat zu Anfang oder Ende eines Buches, wozu ehemals ›Weinblätter‹ verwendet wurden. Abschätzig redet L. auch in einem Brief an Lambert vom 14. September 1773 von »Vignetten-Manier«.

112 *seine Bibliothek verwachsen:* Der Gedanke kehrt B 253 wieder.

113 *Glückseligkeit:* Danach von L. gestrichen *just das sind was eine*. – *ein verrücktes Halstuch:* Eine ›Wielandische‹ Formel; vgl. B 322.

114 *Meine Stimme erstreckt sich ...:* Vgl. »Zur Biographie Kunkels Gehöriges« (III, S. 586). – *hiesigen Schützenhofes:* Das Scheibenschießen oder der sogenannte Schützenhof wurde von der Göttinger Schützengesellschaft alljährlich im Juli abgehalten und dauerte vier Tage. Der Schießplatz befand sich außerhalb der Stadt zwischen dem Weender- und Gronertor. – *Leine:* »Ein kleiner Fluß, die Leine genannt, der südlich acht Stunden oberhalb Göttingen, in dem Eichseldischen Dorf Leinfelde entspringt, und sodann mit Zuziehung einiger kleinern Quellen fortströmt, und unweit der Stadt fließt, ist durch einen Canal der nunmehr die neue Leine genannt wird, und sich

nördlich ausserhalb der Stadt, wiederum in die alte Leine ergießt, mit zur Stadt geleitet; an demselben sind einige Mühlen angelegt worden. Eben dieser Canal durchschneidet einen Theil der Stadt von Süden nach Norden; vermittelst einiger Brücken, die über ihn führen, haben beyde, der größere östliche und der kleinere westliche Theil der Stadt, einen gemeinschaftlichen Zusammenhang.« (Rintel, S. 2–3). – *Denn . . . hinaufkomme:* Diese Passage ist in der Handschrift ein mit Sternchen versehener Nachtrag am Rande. – *Sottise:* Frz. ›Grobheit, anzügliche Rede‹. – *diese Rede:* S. zu B 103. – *einer . . . gesunden:* Von L. verbessert aus *einem Unterofficier, oder von einem gesunden Fuhrmann, also.* – *Sprachrohrs:* Danach von L. gestrichen *für einen kleinen Stadtthurm.* – *nihil . . . sistunt:* Nichts anderes als ein Werkzeug, mit dessen Hilfe ein oder zwei Menschen ohne irgendeine Anstrengung die virtuelle Allgegenwart eines Dritten in diesem heiligen römischen Reich herstellen. Das Zitat wurde nicht ermittelt. – *Radius eines solchen Zirkels:* Zur Verwendung mathematischer Begriffe s. zu A 1. – *gute Leser:* Von L. verbessert aus *christliche Hertzen.* – *Stand-Rede:* Eine kurze Rede, welche stehend gehalten und stehend angehört wird. Im DWB Belege bei Gellert, Möser, Thümmel, Campe. – *Dictionnaire universel:* Valmont de Bomare, Jacques-Christophe (1731–1807), frz. Naturwissenschaftler, Mitglied der Akademie in Clermont, Caen und Rouen; »Dictionnaire raisonné universel d'histoire naturelle, contenant l'histoire des animaux, des végétaux et des minéraux, et celle des corps célestes, des météores et des autres principaux phénomènes de la nature, avec l'histoire des trois règnes et une table concordante des noms latins«, 1764, 5 Bde. – *1720 deutschen Meilen:* Der seinerzeit angenommene Durchmesser der Erde; die geographische dt. Meile berechnete sich zu 7,420 km. S. auch J 1578; L 725 und GTC 1779, S. 4.

115 *Sonntagsprose:* Vgl. B 178 und »Zum Parakletor« (III, S. 526).

116 *Pfennings-Vorurteile . . .:* Dieses Bild gebraucht L. auch B 128, 195, F 1219; vgl. ferner Brief an Johann Daniel Ramberg, 6. Januar 1785.

117 *großen Tour wie es die Engelländer nennen:* Eine mehrjährige Bildungsreise durch die Hauptstädte Europas, vor allem durch Frankreich und Italien, die ein junger Herr aus gutem Hause seinerzeit zu machen hatte. L. gebraucht den Ausdruck noch G 225; SK 332. Möglicherweise hat er ihn Fieldings »Joseph Andrews«, 3. Buch, 7. Kapitel (Bd. I, München 1965, S. 278) entnommen. – *Manheim . . . Francfort:* Die mit Absicht frz. geschriebenen Städtenamen akzentuieren die Ironie dieser ›grand tour‹, die ca. 88 km beträgt.

118 *Faucitt:* William Faucitt, engl. Student, September 1767 bis Herbst 1769 in Göttingen. Lebensdaten nicht ermittelt.

119 *das bekannte Gleichnis von der Biene und der Spinne:* Gemeint ist die Fabel »Die Spinne und die Biene« von Johannes Pauli (1450/54 bis nach 1520), erschienen 1522 in dessen Schwanksammlung »Schimpf und Ernst«: »Die Spinne und die Biene. Eine Biene flog umher, ihr Arbeit zu vollbringen und ihr Nahrung zu suchen. Da ist sie zu einer Spinnen kommen, die ein Netzlein ihrer Kunst webte und spann. Da sprach die Spinn zu den Bienen: ›Du brummender, unruhiger Vogel, wo rennest du den ganzen Tag hin?‹ Antwortete ihr die Biene: ›Ich flieg umher zu den süßen Blümlein und schaff mit meiner Arbeit die Nahrung des Honigs.‹ Sprach die Spinn: ›Es ist ein Torheit, daß du um ein Tröpflein Honig also weit umherlaufest.‹ Antwortete die

Biene: ›Wahrlich ist's ein Torheit, daß du verurteilst, wovon du nichts verstehst. Ich verlier nichts von dem Meinen und arbeite für sichern Gewinn. Du aber wartest den ganzen Tag, mergelst dich selber aus um ungewissen Vorteil. Wenn nichts in dein ausgespannt Garn fällt, so hast du dein Gut verloren.‹ Jeder, wie er's ansieht.« Zitiert nach »Alte deutsche Tierfabeln«, Berlin 1950, S. 236. – *Kunkels Geschichte:* S. zu B 102. – *Bündel:* Danach von L. gestrichen *virtualiter zusammen gebunden.* – *moralische Betrachtungen:* Von L. verbessert aus *Charackter.*

120 *Dieses ist so gewiß . . .:* Dieser Satz ist von L. in E 32 und »Zum Parakletor« (III, S. 529) wieder aufgegriffen worden.

121 *diesem Dinge:* Vermutlich ›Penis‹ gemeint.

122 *Am Ende der Rede auf Kunkeln:* Diese Partie ist von L. in der Rede auf Kunkel – s. zu B 103 – nicht verwertet worden. – *Chinesern:* S. zu KA 43. – *Mitarbeiters Frau:* Danach von L. gestrichen *sage ich selbst geküßt haben die eine Freundschafft oder ihr erzeigt haben.* – *deutschen Übersetzung eines schwedischen Buchs:* Werk und Autor sind zu KA 107 nachgewiesen. – *Tchu . . . heißt . . . :* Diese Aufzählung notiert L. bereits KA 110.

123 *Der Stolz des Menschen . . .:* Diesen Gedanken greift L. in »Zum Parakletor« (III, S. 529) wieder auf; vgl. auch »Dienbare Betrachtungen für junge Gelehrte in Deutschland«, III, S. 509.

124 *Cäsars Brücke:* Auf »Cäsars Brücke über den Rhein« wird auch im Brief an Joel Paul Kaltenhofer vom 17. Oktober 1773 angespielt. – *die Schlacht bei Blenheim:* »Battle of Blenheim« nennen die Engländer nach der bayerischen, an der Donau gelegenen Gemeinde Blindheim die Schlacht bei dem nahegelegenen Höchstädt; dort siegten 1704 im Spanischen Erbfolgekrieg Marlborough und Prinz Eugen über die Franzosen und Bayern. – *Breithaupts Haus:* Justus Friedrich Breithaupt (1721–1785) verpachtete L. 1778 seinen Garten (s. Brief an Johann Andreas Schernhagen, 17. August 1778). Die auch heute noch so benannte Rote Straße liegt zwischen Marktplatz und Burgstraße (gegen die Münze). – *Conclave:* Lat. ›verschließbarer Raum‹; nach kathol. Kirchenrecht die Räume für die Papstwahl, die seit 1724 unter völliger Abschließung der Kardinäle von der Außenwelt bis 1870 im Quirinal stattfand. – *Weender Gasse:* Die Hauptstraße Göttingens. – *Reit-Haus:* Auf Erlaß Georgs III. das erste in Göttingen eigens für die Zwecke der Universität 1735 errichtete Gebäude am Weender Tor; vgl. an Schernhagen, 22. Januar 1778. – *Peterskirche:* In der Vatikanstadt gelegene Repräsentationskirche des Papstes, um 324 von Konstantin dem Großen begonnen; der Neubau erfolgte 1506 nach Bramantes Entwurf, seit 1547 war Michelangelo Bauleiter; Schlußweihe 1626. Den Vergleich zwischen dem kathol. Repräsentationsbau und der Londoner St. Paul's Cathedral stellt L. im GTC 1778, S. 85–89 (VS 6, S. 294–297) an. – *Heiligenstadt:* Sechs Stunden Fußweg von Göttingen entfernt, auf dem Eichsfeld. »Die Stadt ist Chur-Mayntzisch. Es befindet sich daselbst eine Churfürstliche Regierung und Kammer. Die hiesigen Reduten werden von Göttingen aus öfters besucht.« (Rintel, S. 142). – *Noah:* Noe, Gestalt der biblischen Urgeschichte (1. Mose 6–9), der aus der Sintflut in die Arche gerettete Fromme und Vater der neuen Menschheit. – *Caspar Wirth:* Johann Caspar Wirth (1728–1778), Zeitungsträger in Göttingen. L. erwähnt ihn auch in einem Brief an Carl Friedrich Hindenburg vom 24. August 1778. S. Nissen, Göttinger Gedenktafeln, 1962, S. 154. – *Johannis-Kirche:* Die an der

Ecke Gotmarstraße und Johannisstraße gelegene Kirche ist die aus dem 14. Jh. stammende »vornehmste Stadtkirche. Ihr erster Prediger ist Generalsuperintendent. Zwey hohe Thürme sind an derselben; auf deren höchstem der Magistrat für beständig einen Wächter hält, der des Nachts jede Viertelstunde aus seiner auf dem Thurm befindlichen Wohnung heraus kömmt, und nach verschiedenen Seiten der Stadt ins Horn stößt ... Wer diesen Thurm besteigt genießt der herrlichsten Aussicht über die Stadt und die ganze herumliegende Gegend.« (Rintel, S. 10–11). – *Soldat der:* Danach von L. etwas gestrichen. – *Stammbücher:* Im 18. Jh. üblicher Studentenbrauch, bei Verlassen der Universität, seine Lehrer um eine Eintragung und auch um ein Konterfei zu bitten; vgl. III, S. 650–654 und K III, S. 310.

125 Womöglich gehört auch diese Bemerkung in den Kreis der Notizen zu Kunkels Leben. – *ich kann dieses täglich an meinem Fenster bemerken:* Zu L.s Observationen s. zu B 81. – *Bei dem Catilina ... so merklich:* Sallust schreibt »Bellum Catilinarium sive De Conjuratione Catilinae eiusque sociorum«, 15, entstanden 43 v. Chr.: »Citus modo, modo tardus incessus«; er ist bald schnell, bald langsam gegangen. Lucius Sergius Catilina (um 108–62 v. Chr.) wurde 68 v. Chr. Prätor, verwaltete 67/66 die Provinz Afrika; bewarb sich 63 zum zweiten Mal vergeblich um das Amt des Konsuls und versuchte daraufhin, als Haupt der nach ihm benannten Verschwörung gewaltsam die Macht zu erringen. Die Verschwörung wurde von Marcus Tullius Cicero (106–43 v. Chr.), röm. Staatsmann, Redner und Schriftsteller, im Herbst 63 aufgedeckt und Catilina aus Rom verbannt. Seine dort zurückgebliebenen Anhänger wurden hingerichtet; er selbst fand den Tod in der Schlacht. Vgl. III, S. 497. Zu der Beschäftigung mit der Seelencharakteristik Catilinas vgl. A 4 und die Anm. dazu; L. hat den hier notierten Zug vermutlich in einer der verlorengegangenen Abhandlungen verwertet. – *unserem verblaßten Freund:* Gemeint ist Kunkel. – *er hinkte sehr stark:* Vgl. III, S. 593.

126 *unkardinalisches:* Wohl abzuleiten von Kardinalwinde, den Hauptwinden aus allen vier Himmelsrichtungen.

127 *Damals fing sich etwas von der Leidenschaft in ihm an zu regen:* Über Beginn und Wirkung der Pubertät und ersten Liebe handelt L. auch III, S. 509–510. – *Überwucht:* S. zu KA 309.

128 *in dem ... Cinna:* Diese Passage notiert sich L. in »Zum Parakletor« (III, S. 529). – *Qu'il mourut:* Daß er tot wäre; Zitat aus Corneilles »Horace« 3, 6. – *Soyons amis, Cinna:* Laß uns Freunde sein, Cinna; Zitat aus Corneilles »Cinna ou La clémence d'Auguste« 5, 3. Diese Zeile führt Batteux als Beispiel für die Redeweise und Haltung des *Erhabenen* an. Pierre Corneille (1606–1684), frz. Dramatiker, Schöpfer des klassischen frz. Trauerspiels. – *Caput mortuum:* Lat. ›Totenkopf‹; so hieß in der Sprache der Alchimisten und Chemisten noch im 18. Jh. der Rückstand bei chemischen Arbeiten, z. B. die zurückbleibende Masse in der Destillierblase. – *Pfennigs-Wahrheiten:* Vgl. B 116. – *Alles was ihr wollet, daß pp:* »Alles nun, was ihr wollet, daß euch die Leute tun sollen, das tut ihnen auch! Das ist das Gesetz und die Propheten«, heißt es Matth. 7, 12; vgl. auch Luk. 6, 31. L. zitiert diese ›Maxime‹ auch im »Timorus« (III, S. 230), in der ersten »Epistel an Tobias Göbhard« (III, S. 245) und im Brief an Gottfried Hieronymus Amelung, 24. März 1786. – *Seid nicht leichtgläubig:* Anspielung auf Matth. 6, 30. – *Du sollst nicht ehebrechen:* 2. Mose 20, 14. – *im Rambach:* Friedrich Eberhard Rambach (1708–1775),

Oberkonsistorialrat in Breslau; gab Breslau 1769 ein »Katechetisches Handbuch zur Erleichterung des Unterrichts der Kinder in den Landschulen« heraus. L. zitiert dieses Buch auch im Brief an Johann Christian Dieterich vom 13. Oktober 1775.

129 *Wege das Leben zu verlängern:* Dieses Thema greift L. in Zusammenhang mit Hufeland und Cornaro J 961 wieder auf. Vgl. auch F 188. – *zickzack:* Vgl. B 131 und die Anm. dazu.

130 *In dem Satz 2 mal 2 ist 4 ...:* Vgl. »Zur Biographie Kunkels Gehöriges«, III, S. 587.

131 *Nur ... ein Buch herauszugeben wenn man etwas Rundes zu sagen hat:* Zu L.s Vorurteil vgl. noch J 92 bezüglich Seguier. – *die Schlangen-Linie halte ich ... für die dienlichste:* Diese Passage notiert sich L. »Zum Parakletor« (III, S. 529) und reflektiert darüber in »Columbus breaking the egg« (GTC 1793, S. 169–170). – *Hogarth etwas über dieselbe geschrieben:* In der kunsttheoretischen Schrift »The Analysis of Beauty«, erschienen London 1753, machte Hogarth die geschwungene Linie zur Basis künstlerischer Formgebung, um damit »sein Ideal der beweglichen Grazie zu propagieren«. Eine dt. Übers. der Schrift erschien Leipzig 1754 unter dem Titel: »Zergliederung der Schönheit«, übers. von Christlob Mylius. L. besaß eine engl. Ausgabe von 1772 (BL, Nr. 1860). – *Tristram Shandy seine Manier en Ziczac:* Über die »Zickzackmanier« handelt Lawrence Sterne in »Life and opinions of Tristram Shandy« VI.

132 *Der Trieb zum Bücherschreiben ... in die Zeit des ersten Barts fällt:* Diesen Gedanken greift L. in »Dienbare Betrachtungen für junge Gelehrte in Deutschland« (III, S. 509f.), in »Zur Biographie Kunkels Gehöriges« (III, S. 587), in »Beiträge zur Geschichte des ***« (III, S. 613) und im »Timorus« (s. III, S. 208) auf; vgl. auch B 204. – *ersten Vers der Messiade:* Die ersten drei Gesänge von Klopstocks »Messias« erschienen 1748. – *deutschen Hexameters:* Durch Klopstock wurde das griech. Epenversmaß – eine von L. eher abschätzig beurteilte Versform – in der dt. Literatur des 18. Jh.s heimisch gemacht. Vgl. auch D 378, 427; G 138. – *das 14te wenn ich mit meiner Geburt anfange:* 1756; das gleiche Lebensalter nennt L. auch in einem Brief an Franz Ferdinand Wolff vom 1. Mai 1783. – *Ich fand die Sprache in unserer Familie etwas zu plan:* Vgl. B 319. – *ich vermißte ... die Beiwörter:* Zu L.s Stilreflexionen über den Gebrauch von Adjektiven vgl. C 366; E 82.

133 *Dedikationen:* Buch-Widmungen; vgl. das Wortregister.

134 *die Nase:* Zu L.s ›Nasologie‹ vgl. das Wortregister. – *bas reliefs:* Halberhabene Arbeit, wobei sich die Figuren nur schwach über den Grund erheben. – *anaglypha:* Griech. ›erhabene Arbeit, Relief‹. – *diaglyptica:* Diaglyptisch im Gegensatz zu anaglyptisch nennt man in eine Fläche eingeschnittene oder vertieft gearbeitete Figuren.

135 Auch diese Bemerkung gehört wohl in den Kreis der Notizen zu Kunkels Leben; s. zu B 102. – *Münchhausen:* Otto von Münchhausen oder doch schon Karl Friedrich Hieronymus von Münchhausen (1720–1797), obwohl die ersten 17 angeblich von diesem stammenden Geschichten erst 1781–1783 im »Vademecum für lustige Leute« erschienen. Vgl. aber zu KA 230 und E 44. – *so du einen nackend siehst:* Anspielung auf den Brief des Jakobus 2, 15–16: »So aber ein Bruder oder eine Schwester bloß wäre und

Mangel hätte der täglichen Nahrung, und jemand unter euch spräche zu ihnen: Gott berate euch, wärmet euch und sättiget euch! ihr gäbet ihnen aber nicht, was des Leibes Notdurft ist: was hülfe ihnen das?« S. auch Matthäus 25, 36.

136 *Akzise:* Steuer. – *Satyre:* S. dazu das Wortregister. – *Konsistorium:* Von L. verbessert aus *den Superintendenten.* – *Caput mortuum:* S. zu B 128. – *Balleien:* Name der einzelnen Provinzen der Territorialbesitzungen bei einigen Ritterorden. – *der über 200 Taler Besoldung hat:* Vgl. B 87. Als Maßstab des Menschen verwendet L. die Besoldung auch D 573, 602.

137 *Einteilung ...:* Den Gedanken notiert sich L. »Zum Parakletor« (III, S. 529). – *arme Teufel:* Ein Lieblingswort L.s; vgl. das Wortregister, »Timorus«, III, S. 214 und die Anm. dazu. – *Leute ... von Consequence:* Leute von Wichtigkeit.

138 *Den jetzigen Menschen ... aus zween zusammengesetzt:* L.s Idee vom ›Doppelten Prinzen‹ in nuce; vgl. K III, S. 294–296. – *dem natürlichen Menschen und dem künstlichen:* Diese Unterscheidung trifft L. auch B 270, 321. – *Wahrheiten selbst erfunden:* Vgl. A 11, 16; J 1672. – *das eigene System von Gesinnungen:* Vgl. B 22. – *Eau de Lavende:* Frz. ›Lavendelwasser‹.

139 *Sitz des Point d'honneurs:* Diesen Gedanken verwertet L. in »Zum Parakletor« (III, S. 528), in »Zur Biographie Kunkels Gehöriges« (III, S. 585) und in den Hogarth-Erklärungen (III, S. 700). Vgl. D 538, 653. Frz. point d'honneur ›die Stelle, wo die Ehre sitzt‹. Über den »point d'honneur« der Frauen spöttelt L. in J 100; vgl. Brief an Meister, 1. Dezember 1779.

140 *Mein Vetter:* Vgl. B 87 und die Anm. dazu. – *dessen Philosophie viel zu weite Spur hatte:* Randbemerkung L.s, mit Sternchen hierher verwiesen; L. greift den Gedanken in »Zum Parakletor« (III, S. 529) wieder auf. – *idea rectrix:* Lat. ›Leitgedanke‹. Vgl. auch D 504.

144 *Kunkel:* Womöglich gehört auch diese Notiz in den Umkreis der Notizen zu Kunkels Leben (s. zu B 102). – *Rocken-Kaffee:* Angesichts des Konsums von Kaffee, dessen Einfuhr das Kurfürstentum Hannover 1767 allein 80000 Reichstaler kostete, wurde dazu angehalten, Kaffee aus gebranntem Roggen herzustellen. L. verwendet den Ausdruck auch im »Timorus« (III, S. 221).

145 *Umgang den Kunkel mit Büchern ... hatte:* Diese Bemerkung ist von L. in den ›Kunkeliana‹ nicht verwendet worden; s. zu B 102. – *Seine Begriffe formierten sich ... so:* Über den Begriff, den sich Kunkel vom ›Mathematischen‹ machte, schreibt L. in »Zur Biographie Kunkels Gehöriges« (III, S. 600). – *ein paar Vaterunsers lang:* S. zu B 104. – *Pandekten:* S. zu B 36. – *Brod und Ehre:* Vgl. D 124. – *Analysis infinitorum:* Die Differential- und Integralrechnung von Leibniz, »welche letztere nebenst der Arithmetica infinitorum und den Seriebus infinitis ich unter dem Titul Analysis infinitorum in meinen Elementia Matheseis universae begreiffe« (Wolff, Sp. 54). – *belles lettres:* Frz. die ›schönen Wissenschaften‹; die schöngeistige Literatur. – *Mathesis:* Die Lehre von den Raum- und Zahlengrößen, Meßkunde.

146 Auch diese Bemerkung gehört zu den Vorarbeiten für Kunkels Leben; s. zu B 102. – *Er:* Kunkel. – *Das Wort Beruf druckte bei ihm ...:* Vgl. III, S. 603. – *Jus naturae:* Lat. ›Naturrecht‹. – *Belleslettres:* Vgl. III, S. 594–595. – *Haushaltung:* Eines von L.s Lieblingswörtern, s. das Wortregister.

147 *Logica ... offensiva:* Ringkämpferische Logik, terminologisch-visio-

näre Metaphysik und gladiatormäßig-angriffslustige Kritik. – *Critica ... offensiva:* Diesen Ausdruck gebrauchte L. deutsch B 16 und F 141.

148 *post ... antephysika:* Metaphysik: wörtlich ›über die natürlichen Dinge hinausgehend‹, die Wissenschaft des Übersinnlichen. Vgl. III, S. 254.

149 *Pope in seinem Gedicht über den Menschen:* Vgl. Popes »Essay on man«, 4, 223: »Not one looks backward, onward still he goes, yet never looks forward further than his nose«. Nicht einer sieht nach vorn, vorwärts geht er und sieht doch niemals über die eigene Nase hinaus. – *Die Seele des Ku...:* Gemeint ist wohl Kunkel.

150 *Ein Deutscher:* Von L. verbessert aus *Herr Wichmann.* – *Der Antikritikus:* S. zu B 16.

151 Auch diese Bemerkung steht wohl im Zusammenhang mit dem Kunkel-Projekt; s. zu B 102. – *unserm K.:* Kunkel.

152 Diese Bemerkung ist von L. in »Zum Parakletor« (III, S. 528) verwertet. – *Silberschlags:* Georg Christoph Silberschlag (1731–1790), Bruder des Berliner Theologen Johann Elias Silberschlag; zunächst Lehrer in Klosterberge, ab 1762 Pfarrer in Engersen in der Altmark, dann in Stendal, ab 1771 zweiter Pfarrer und Inspektor der Realschule in Berlin, ab 1780 in Stendal als Pfarrer der Domkirche und Generalsuperintendent der Altmark und Priegnitz. Gab neben zahlreichen theologischen Schriften auch naturwissenschaftliche Werke heraus, darunter 1768 in Berlin »Ausgesuchte Klosterbergische Versuche in den Wissenschaften der Naturlehre und Mathematik«. Das Werk wurde am 1. Juni 1769 in den GGA, S. 620, rezensiert. – *Closterberg:* Klosterberge, 937 von Otto I. gestiftetes Benediktinerkloster nahe Buckau bei Magdeburg, nach der Reformation 1565 in ein protestantisches Stift mit einer Schule verwandelt, die zu großem Ruf gelangte. – *Versuche par M: de Closterberg:* Satirische Anspielung auf die französischen Mißverständnisse gegenüber deutschen Namen; vgl. J 195. – *Journal Encyclopedique:* Es erschien, hrsg. von einer ›Société de gens de lettres‹, Lüttich, später Bouillon 1756–1793. Der eigentliche Herausgeber und Redakteur war Pierre Rousseau. Die Zeitschrift fusionierte 1793 mit ›L'Esprit des Journaux‹ (s. Histoire Générale de la Presse Française, S. 274–279).

153 *in ... Verstand:* Von L. verbessert aus *abusive.* – *die bekannte Präposition von:* Das Adelsprädikat. – *Leibniz ... Infinitesimal-Rechnung erfunden:* Über Leibniz s. zu A 9.

154 *Das Wort Jonisch:* Die Jonier, einer der Hauptstämme der Hellenen, beheimatet an der Westküste Kleinasiens, berühmt für ihre Bildung, Sprache, Kunst und Wissenschaft, galten als leichtsinnig, weichlich, genußsüchtig und sinnlich reizbar. Zu L.s besonderem Sprachgebrauch vgl. B 185 (S. 97), wo er von einer »ionischen Kunst« spricht, ferner in TB 12: »the Ionian girl«; E 103; F 1123 und in einem Brief an Kaltenhofer vom 14. Mai 1772.

155 Auch diese Bemerkung gehört in den Umkreis des Kunkel-Projekts; s. zu B 102. – *Quart:* Ehemaliges Papier- und Buchformat (4°) mit einer Blattgröße von 22,5 zu 29 cm.

156 *Bacchus:* Röm. Gott der Fruchtbarkeit und des Weines; griech. Dionysos. – *Backhaus:* Paul Ludewig Backhaus (1728–1802), vermögender Seidenwarenhändler und Wechsel-Negotiateur in Göttingen, Besitzer mehrerer Häuser und Kommerzienrat; Georg Friedrich Backhaus übernahm

1791 das Geschäft seines Onkels. L. erwähnt ihn auch in den Briefen sowie in dem Gedicht »Schreiben an einen Freund« (III, S. 622). Wortspiele dieser Art finden sich auch B 202, 356, 357, 358; D 43, 222, 303; E 91, 368; F 315, 398, 403, 1016, 1121, 1149, 1155; J 840, 986, 1115, 1146, 1192, 1250, 1253; L 574, 586, 680; UB 12, 18; Mat I 102.

157 *Mein Leben hat nie höher gestanden als . . . Februar 1766:* Womöglich Anspielung auf die Affäre mit der Göttinger Aufwärterin Justine; vgl. darüber zu B 171. Im übrigen s. B 81, 257.

158 Auch diese Bemerkung zählt wohl zum Umkreis des Kunkel-Projekts; s. darüber zu B 102. – *Charakter:* Von L. verbessert aus *Zug*. – *Augenbraunen:* Im 18. Jh. übliche Schreibweise. – *Seine Frisur . . . gehört mit zu den Gesichtszügen:* Dazu, wie sehr L. die Haartracht, zumal die weibliche, und der Beruf des Haar-Künstlers beschäftigte, vgl. das Wortregister. – *Begierden richteten:* Danach von L. gestrichen *als wie bey manchen Thieren, wo die Seele für jeden Affeckt einen besondern Kopfputz hat,.* – *Fluctuans sub pectore:* Lat. ›unter der Brust wogend‹. – *Basi:* Basis: Griech. ›Grundlage‹. – *philosophische Perüquenmacher:* Zu L.s Reflexionen betreffs dieses Berufsstandes s. das Wortregister. – *Crepe:* Frz. ›(Haar-)Wulst‹; Art krauser Frisur. – *vergette:* Frz. ›Bürste‹, kurz geschnittenes Kopfhaar. – *aile de pigeon:* Wörtl.: Taubenflügel. – *à la rose:* Welche Frisur damit gemeint war, nicht ermittelt.

159 *Trinken . . . nicht so sehr zu tadeln:* Diese Bemerkung gehört wohl zum Plan der »Methyologie«, s. zu B 72. – *viele von meinen Lesern:* Diese Formel spricht dafür, daß es sich hier um einen zur Veröffentlichung bestimmten Plan handelt. – *da der Mensch:* Von L. verbessert aus *auf welcher der größte Theil der Menschen die Bahn.* – *Spes dives des Horaz:* Zu diesem Zitat s. zu B 77. – *Gesinnungen-System:* Vgl. B 22. – *rosenfarbenen:* Die Vokabel dient L. in B 41 zur Charakterisierung Wielands.

160 *Abend in einer Laube . . . :* Vgl. an Dieterich vom 8./9. April 1772. – *Genuß seiner eigenen Empfindung, wie es Wieland nennt:* Vgl. »Dienbare Betrachtungen für junge Gelehrte« (III, S. 510); ferner B 322 und die Selbstäußerung in einem Brief an Dieterich vom 8. April 1772. Es handelt sich offenbar nicht um ein genaues Zitat aus Wieland, sondern um eine Paraphrase etwa von »Idris« 3, 11 oder aus »Agathon«, 1. T., 2. Buch, 5. Kap., S. 54 f., Frankfurt und Leipzig 1766. – *wog er Taten auf . . . durchhallt:* Diese Passage ist in »Dienbare Betrachtungen für junge Gelehrte in Deutschland« (III, S. 510) verwertet; s. auch B 322, D 19, 54. – *Jahrtausende:* Zuerst von Adelung aufgeführt; in DWB 4, 2, Sp. 2248 ein Beleg von Goethe; auch von Wieland im »Agathon« verwendet.

162 *kakochymische Miene:* Kakochymisch ›schlechtsaftig‹, von griech. Kakochymie: fehlerhafte Bereitung des Speisebreis im Magen. Diese Phrase ist in »Zum Parakletor« (III, S. 528) notiert. »kakochymisch« gebraucht auch Wieland in Werke 31, S. 28 (Hempel).

163 *Der Genuß seiner selbst . . . sagt Winckelmann:* ». . . und so wie der Genuß unser selbst, und das wahre Vergnügen in der Ruhe des Geistes und des Körpers zu erlangen ist«, heißt es in Winckelmanns »Abhandlung von der Fähigkeit der Empfindung des Schönen in der Kunst, und dem Unterrichte in derselben«, Dresden 1763, S. 13. Im übrigen s. »Dienbare Betrachtungen für junge Gelehrte in Deutschland« (III, S. 510). Die Bemerkung ist in der Handschrift in der gleichen Zeile wie B 162. Vgl. auch B 160, 255.

164 *Zephir:* Im Altertum der Westwind; beliebtes Modewort der Anakreontik im 18. Jh.

165 *sein Bedienter:* Johann Heinrich Braunhold (ca. 1747–1793), 1771–1779 L.s Diener, dann Gastwirt des Gasthauses »Unterm Zimmerhofe« vor dem Geismar-Tor in Göttingen (heute Reinhauser Landstr. 18). – *Der verheiratete 4füßigte Mensch:* Diese Wendung verwertet L. in »Zum Parakletor« (III, S. 528) und in dem Artikel »Über das Eselslehn« (GTC 1795, S. 156). Wenn diese Wendung eine Selbstbeobachtung ist, handelt es sich bei dem Bedienten um Johann Heinrich Jacob Braunhold, von dem er sich eine Reihe sogenannter »Henrikodulia« notierte: hübsche Sprachschnitzer.

166 *die ♀ nicht so bald wieder durch die Sonne gehen würde:* Nach dem Venus-Durchgang am 3. Juni 1769, der der genauen Bestimmung der Entfernung der Erde von der Sonne diente, folgte ein weiterer erst wieder am 9. Dezember 1874, der nächste ist für den 7. Juni 2004 berechnet (s. Gamauf, Astronomie, S. 216–220). Vgl. B 238 und III, S. 41.

167 *Apsiden-Linie:* Verbindungslinie der beiden äußersten Punkte einer elliptischen Planeten- oder Kometenbahn; sie fällt mit der großen Achse der Ellipse zusammen.

169 *Legros:* Pierre Legros (1666–1719), frz. Bildhauer, seit 1686 in Rom, wo er in hochbarocker Formensprache für ital. Kirchen arbeitete. – *wie Winckelmann sagt:* Die Stelle findet sich in der »Abhandlung von der Fähigkeit der Empfindung des Schönen ...«, S. 25; das Werk ist zu B 163 genauer nachgewiesen. – *Dominicus:* Dominikus (ca. 1170–1221) aus Kastilien, Stifter des Armut predigenden und praktizierenden Dominikaner-Ordens, 1234 heiliggesprochen. Tatsächlich ist er ikonographisch seltener vertreten als etwa Franz von Assisi, aber wohl nicht des Habits wegen. Winckelmann spielt auf seine Statue in der Peterskirche zu Rom an. Die 1220 zu Bologna bestimmte Ordenskleidung bestand aus einem weißen Rock und Skapulier, woran das Käppchen befestigt war, und einem schwarzen Mantel mit spitzer Kapuze. – *eine ... Hindernis:* Im 18. Jh. übliches Genus; Winckelmann schrieb: »ein fast unüberwindlicher Widerstand«. – *die Statue auf dem Königs-Platz:* Die Kolossalstatue der Kurfürstin Sophie von Hannover. – *Herrenhausen:* Schloß und Park, 1666 angelegt, 1692 zur heutigen Größe ausgebaut, mit Wasserkünsten, figürlichem Schmuck und Gartentheater. – *Tournuren:* Frz. ›Wendung‹, Körperhaltung (hier im Sinne von: Pose).

170 *Willischen Kupferstichs:* Johann Georg Wille (eigentlich: Will; 1715–1808), ursprünglich Büchsenmacher, gelangte in Paris als Kupferstecher, den die berühmtesten frz. Maler zum Stich ihrer Werke beauftragten, der aber auch Bilder früherer Meister in Arbeit nahm, zu europäischem Ruf. Mitglied der Akademien in Paris, Wien, Berlin, Dresden; Hofkupferstecher der Könige von Frankreich und Dänemark und des deutschen Kaisers. Der Verlust seines Vermögens durch die Französische Revolution und seine Erblindung zwangen ihn, sein Leben fortan unter den bescheidensten Verhältnissen zu fristen; er starb in Paris. – *verkehrte Welt:* Seit dem Barock beliebte Jahrmarktsdrucke.

171 *Anmerk. p. 73:* Gemeint ist B 181. – *Lexidion für junge Studenten:* Dieser Plan ist Fragment geblieben; womöglich hat L. die Anregung dazu durch Rabener erhalten (s. Schneider, I, 158). Zu dem Entwurf gehören noch B 174, 180, 181, 185. – *Lexidion:* Kleines Wörterbuch. – *Aufwärterin:* S. das

Wortregister. – *Krone:* S. zu B 51. – *Landesvater:* Studentenlied, bei entblößtem Haupt und Degen zu singen (Büchmann, S. 11). –*Traiteur:* Frz. ›Speisewirt, Garkoch‹. – *Steinschnalle:* Eine mit geschliffenen Steinen besetzte Schuhschnalle, als Zeichen affektierter Kleidungsweise angesehen. DWB 10,2, Sp. 2151, bringt von L. diese Stelle und Hogarth-Erklärungen, III, S. 839. – *Zuckerbaum:* Svw. Weihnachtsbaum; DWB 16, Sp. 300, kennt Belege aus Campe, Goethe, Jean Paul. – *Sylphiden:* Weibliche Luftgeister, im System des Paracelsus zu den Elementargeistern gehörend; hier wohl im Sinne von: leichte Mädchen. – *Günstlinge:* Von L. verbessert aus *Lieb[linge].* – *Cytherens:* Kythereia: Beiname der Aphrodite. – *O mihi praeteritos pp:* »O mihi praeteritos referat si Jupiter annos«; oh, wenn Zeus mir gäbe zurück die vergangenen Jahre! Zitat aus Vergils »Aeneis« VIII, 560. – *für jenen:* Zur Verwechslung des Pronomens *für* und *vor* s. zu A 118. – *quilibet praesumitur bonus:* Quisquis praesumitur bonus, donc probetur contrarium; Regel des röm. Rechts: Von jedem setzt man voraus, daß er gut ist, so lange das Gegenteil nicht bewiesen ist. – *Lorchen:* Zuname und Lebensdaten nicht ermittelt. – *Justinen:* Wohl Maria Justina Schulzen (1745–1802), Tochter des Meisters Jeremias Christoph Schulzen, heiratete am 23. Juli 1771 den Dachdecker Christoph Umbach, offenbar eine Göttinger Aufwärterin, die L. womöglich zwischen August 1765 und Februar 1766 liebte (s. B 157): »Justine scheint das erste und recht eindringliche erotische Erlebnis des kleinen verwachsenen Studenten Lichtenberg gewesen zu sein«, schreibt Deneke, S. 74, der im übrigen vermutet, daß sie vielleicht als Modell in einem ›Aktzeichnungs-Abendkurs‹ bei Kaltenhofer diente, an dem L. teilnahm. Noch am 29. Mai 1796 schreibt L. einen – nicht erhaltenen – Brief an einen Regimentsarzt »für Justinens Bruder« (vgl. SK 910).

172 *die Kur in Regenwasser trinken:* Die »Regenwetter« in Göttingen werden auch in dem »Schreiben an einen Freund« (III, S. 621) vom Mai 1769 erwähnt; vgl. an Schernhagen am 7. Juni 1773, s. auch B 176.

173 *indianische Völker, die ... Briefe in Knoten schicken:* Quipu, Knotenschnur; Schriftersatz der Inkas aus vielen verknoteten Schnüren, die vorwiegend als Register dienten.

174 *Duell ...:* Diese Bemerkung gehört zu dem Plan eines »Lexidion für junge Studenten«; s. zu B 171. – *Mangel an soliden Kenntnissen:* Diese Formulierung findet sich auch D 573; F 442 und III, S. 618. – *Göttingisches Duell ... ein einziger:* 1766 hatte in Göttingen ein Duell stattgefunden, bei dem einer der Duellanten, Techentin aus Lübeck, getötet wurde. Laut Deneke, S. 96, war es das einzige tödlich verlaufene Studenten-Duell in Göttingen im ganzen 18. Jh. – *bowl of punch:* Engl. ›Punschbowle‹; vgl. auch C 86, D 214. – *Cranz in seiner Geschichte von Grönland:* S. KA 232 und die Anm. dazu.

176 *Schreiben an einen Freund:* Die erweiterte Umarbeitung dieses Gedichts, das sich B 178 fortsetzt, s. III, S. 621. Vgl. ferner zu B 49. – *Seitdem mein Kutscher und mein Schicksal:* Vgl. B 75. – *Berühmt in allerlei Bedeutung ... Wochenblätter:* Diese vier Zeilen zitiert L., leicht modifiziert, im Brief an Amelung vom 6. Mai 1784. – *Durch Würste ... schlechtes Wetter:* Die Zeilen finden sich in engl. Version RA 82. – *Würste:* Die luftgetrocknete Mettwurst war und ist eine Göttinger Spezialität, die L. gern Freunden und Verwandten zusandte. S. auch Dieterich an Ludwig Christian Lichtenberg am 12. Mai 1800 (Joost, Briefwechsel Dieterich und Ludwig Christian Lichtenberg,

1984, S. 104 f.). – *schlechtes Wetter:* Vgl. B 172. – *breite Stein:* S. zu B 49. – *aus einem Bändgen:* S. zu B 49: Pütter. – *selber schon:* Danach von L. gestrichen *Dafür zahlst Du in allem so schön /.* – *Vier Taler vier und zwanzig Groschen:* Die Immatrikulationsgebühren betrugen in Göttingen 4 Taler. – *Herrn Stephans:* Sicherlich fiktiver Name. – *Selzer Wasser:* Auch Selterser Wasser, Mineralwasser genannt nach dem Ursprungsort Selters im Kreis Lüneburg. An Marie Tietermann schreibt L. am 15. Juni 1773, daß er nach Vorschrift von Leibarzt Zimmermann in Hannover Selterswasser gegen vermutete Schwindsucht trinkt; s. auch an Hollenberg am 15. Juni 1773. – *Kunkel:* Über dessen Trinkfreudigkeit läßt sich L. in der »Rede dem Andenken des sel. Kunkels gewidmet« (III, S. 601 f.) aus. – *Crusens Logik:* Christian August Crusius (1712–1755), Prof. der Philosophie und Theologie in Leipzig; veröffentlichte Leipzig 1747 seinen »Weg zur Gewißheit und Zuverlässigkeit der menschlichen Erkenntnis«. – *Picander:* Christian Friedrich Henrici (Pseudonym: Picander; 1700–1764), Nachahmer Günthers, Verfasser der »Ernst-, scherzhaften und satyrischen Gedichte«, erschienen Leipzig 1727–1737. – *Menantes:* Pseudonym von Christian Friedrich Hunold (1680–1721), Verfasser satirischer Romane und galanter Gedichte, Übersetzer von Lafontaines Fabeln und Librettist der Hamburger Oper. – *bon sens:* Frz. ›gesunder Menschenverstand‹.

177 *Haushaltung:* Diesen Ausdruck – ein Lieblingsbegriff L.s – verwendet er auch III, S. 613, 803, 938. – *Bossiegel:* Victorinus Bossiegel (1710–1794), Universitätsbuchhändler, seit etwa 1750 in Göttingen, sein seit etwa 1777 bestehender Verlag wurde nach seinem Tod von Ruprecht aufgekauft. – *Schmahlens Laden:* Christian Ludewig Schmahle, Kaufmann und Eigentümer des nachmals Dieterichschen Hauses in Göttingen; L. gebraucht diese Wendung auch im Brief an Johann Andreas Schernhagen, 5. September 1782.

178 Vgl. B 176 und die Anm. dazu. – *Nachtgedankenfeind Jacobi:* Anspielung auf das Edward Youngs »Nightthoughts« parodierende Gedicht »Die Nachtgedanken« von Johann Georg Jacobi, erschienen Halberstadt 1769. – *Wittenberg . . . Festtags-Prose:* Vgl. E 209, F 676; ähnlich schreibt L. in B 115; der Ausdruck »Feiertagsprose« begegnet in den »Briefen aus England« (III, S. 326). – *steifsten:* Von L. verbessert aus *schönsten*. – *Schreib jedem Mädgen . . . voll Liebe und Diminutivgen:* Diese Zeilen zitiert L. etwas abweichend in den »Beiträgen zur Geschichte des ★★★« (III, S. 614). – *Diminutivgen:* Zu diesem Ausdruck vgl. B 197; C 326. – *Füßgen:* Danach von L. gestrichen *Den Mädgen giebt er lauter Lentz* (verbessert aus *Um jedes Mädgen wird ein Lentz*) *Dem Leser, nichts als kalten Nonsense.* – *Oh ruft man aus:* Von L. verbessert aus *Und doch fragt Selim ist*; den Namen Selim verwendet L. auch D 39.

179 *Nonsense Verses:* Vgl. III, S. 528. – *Herr B.:* Vermutlich Heinrich Christian Boie (1744–1806), Student der Jurisprudenz (immatrikuliert am 17. April 1769) und Hofmeister in Göttingen; gab seit 1770 mit Gotter bei Dieterich den »Göttinger Musenalmanach« (den ersten deutschen Almanach) heraus, mit von Dohm seit 1776 die Monatsschrift »Deutsches Museum«, an der auch L. mitarbeitete. 1776 Stabssekretär in Hannover, 1781 Landvogt in Meldorf. Schriftsteller, Rezitator und einflußreicher Publizist und Literat; gründete den Göttinger »Hain«; Entdecker Höltys und Freund Bürgers, Zimmermanns, L.s bis zu dessen orthographischem Streit mit seinem Schwager Voß.

180 *Stutzer:* S. zu A 59. Auch diese Eintragung gehört zu dem Plan eines »Lexidion für junge Studenten«; vgl. B 171 und die Anm. dazu. – *petitmaitre:* Frz. ›Kleinherr, Stutzer, Geck‹. – *fop, coxcomb, buck:* Engl. ›Stutzer‹. III, S. 696 übersetzt L. *coxcomb* mit »alter Zier-Affe«. – *Cicisbeo:* Ital. ›Hausfreund‹; in Italien (Genua) seit dem 16. Jh. der Begleiter und der Gesellschafter einer verheirateten Frau von Stand in der Öffentlichkeit; nach mancherorts verbreitetem Brauch durfte der Ehemann nur zu Hause seiner Frau Gesellschaft leisten. – *Negligence:* Frz. ›Nachlässigkeit, Vernachlässigung‹. – *kleinmeisterisch:* DWB 5, Sp. 1118, bringt nur einen Beleg aus Schiller. Vgl. D 230. – κατ' ἐζοχην: Griech. ›vorzugsweise, ausschließlich‹. – *Brocade:* Mit Gold- und Silberfäden durchwirkter schwerer Seidenstoff. – *sanften Bacchus:* Vgl. B 353.

181 *ad p. 68:* Gemeint ist B 171; auch diese Notiz gehört zum Plan eines »Lexidion für junge Studenten«. – *Arnobius . . . sagt:* »Aus dem Arnobius kann man schliessen, daß diejenigen Weiber, welche eine hohe Stirn hatten, über dieselbe ein Band legeten, um dieses Theil des Gesichts dadurch niedriger scheinen zu lassen«, heißt es an der angegebenen Stelle bei Winckelmann. »Imminuerent frontes limbis« (sie verkleinern die Stirn mit Bordüren), heißt es in den »Adversus gentes« von Arnobius, Rhetor zu Sicca in Numidien um 300, zum Christentum übergetreten. – *Lugduni batavorum:* Lugdunum Batavorum; lat. Name der holl. Stadt Leiden. – *unsere Aufwärterinnen:* S. das Wortregister. – *Winckelmann Anmerkungen . . . p. 52:* Die Stelle von Arnobius ist bei Winckelmann auf der angegebenen Seite der »Anmerkungen über die Geschichte der Kunst des Alterthums«, Dresden 1767, zitiert.

185 *über den geistlichen Stutzer:* Vgl. B 180. – *annee des hannetons:* Frz. ›Maikäferjahr‹. – *sottises champêtres:* »Sottises champêtres« ist der Titel einer Satire von Liscow gegen Philippi. – *Meß-Catalogues raisonnés:* Frz. ›ausführlich erläuterte Kataloge‹. – *Weißen:* Christian Felix Weiße (1726–1804), fruchtbarer Schriftsteller der Aufklärung, Verfasser von Operetten, Tragödien, Shakespeare-Bearbeiter; 1759–1804 Herausgeber der 1757 von Nicolai gegründeten »Bibliothek der schönen Wissenschaften und der freyen Künste«. – *Leipzig . . . Mittelpunkt des Buchhandels:* Seit Anfang des 18. Jh.s Hauptstapelplatz des deutschen Buchhandels mit zwei Messen jährlich. – *gravitieren:* Vermöge seiner Schwerkraft sich einem anderen Körper nähern. Zu L.s Verwendung wissenschaftl. Begriffe s. zu A 1. – *perfice te:* S. zu A 36. – *Frauenzimmer-Predigten:* S. zu A 80. – *Liedergen an Doris:* Anspielung auf Gleims »Versuch in Scherzhaften Liedern«, Berlin 1744–1745, in denen Gleim gern eine fiktive Geliebte namens Doris besingt. – *Knöspgen . . . Füßgen der Liebesgöttergen:* Danach von L. etwas gestrichen. Zu L.s Verspottung der ›Diminutivgen‹ der anakreontischen und empfindsamen Lyrik s. zu B 178. – *Meisterstück des Himmels:* Vgl. J 1491. – *junge Katzen . . . mit einem Bindfaden oder einer Kugel von Papier tändeln:* Zu dieser Beobachtung des Katzenliebhabers L. vgl. D 527, F 541, J 84.

186 *Louisd'or:* Von Ludwig XIII. 1640 eingeführte frz. Goldmünze, die auch zur Hauptgoldmünze des Heil. Röm. Reiches Deutscher Nation wurde. 1 Louisd'or entsprach ursprünglich zehn Livres; sein Wert schwankte entsprechend der Goldnotierung.

187 *Jupiter . . . als Ochs das majestätische Hausgesicht:* Gemeint ist der 1. Bd.

Vol. II, der Abteilung »Gemmae« des »Museum Florentinum« von Antonio Francesco Gori, 10 Bde., Leipzig 1769; Tabula LVII, Nr. 2 zeigt eine auf dem Stier reitende Europa. Vgl. »Die Punschgesellschaft« (III, S. 678, 691, 910), wo L. wohl auf dieselbe Gemme anspielt. – *Mus[eum]. Florent[inum].:* »Museum Florentinum exhibens insigniora vetustatis monumenta quae Florentiae sunt. [Vol I. II.] Gemmae antiquae ex thesauro Mediceo et privatorum dactyliothecis Florentiae exhibentes tabulis C imagines virorum illustrium et deorum cum observationibus. [Vol. III.] Statuae antiquae deorum et virorum illustrium centum aereis tabulis incisae quae exstant in thesauro Mediceo, cum observationibus«, Florenz 1731–1734 von Antonio Francesco Gori (1691–1757), ital. Priester und Professor für Geschichtliche Studien über Florenz; kunsthist. Schriftsteller, der besonders über etruskische und antike Kunst hervortat. – *Hausgesicht:* Zu L.s Wortbildungen mit *-gesicht* vgl. das Wortregister.

188 *Kanonisation:* Aufnahme eines Verstorbenen unter die Heiligen durch den Papst. L. gebraucht das Wort auch in einem Brief an Joel Paul Kaltenhofer am 18. Juli 1772. – *Apotheosis:* Versetzung eines Menschen unter die Götter‹. – *Seneca Apocolocynthosis:* Die im Jahr 54 entstandene Satire von Lucius Annaeus Seneca (um 4 v. Chr. bis 65 n. Chr.), röm. Politiker, Philosoph und Dichter, Stoiker: »Apocolocyntosis sive Ludus de morte Claudii Neronis« (Die Verkürbissung des Kaisers Claudius oder Satire auf den Tod des Claudius Nero), berühmtes Beispiel der Menippäischen Satire. – *Olim . . . adfectare:* Das Zitat folgt dem Text des Erasmus, wo allerdings *minimum* für das vielleicht nur verschriebene *numinum* steht. ›Einst [sagte er] war's eine große Sache, ein Gott zu werden, aber jetzt habt ihr das reinste Affentheater daraus gemacht‹ (Übers. Anton Bauer, Apocolocyntos 9, 3) – Bei L.: Jetzt aber macht der Ruf, daß der geringste, auch gerade der schlechteste danach trachtet.

189 *Wohlstandes:* Im 18. Jh. auch im Sinne von moralisch-gesellschaftl. Anstand gebraucht. – *Mi . . . esset Petron.:* Vgl. Petronius' »Satyricon« 19, 4: »Tres enim erant mulierculae, si quid vellent conari, infirmissimae, scilicet contra nos, quibus, si nihil aliud, virilis sexus esset«; es waren ja nur drei Weiblein, und hätten sie gegen uns etwas im Schilde geführt, dann hätten sie, da sie dem schwächeren Geschlecht angehörten, es mit uns zu tun gehabt, die schließlich wenigstens männlichen Geschlechtes waren; Übers. Harry C. Schnur.

190 *Es ist lächerlich zu sagen mathematische Methode . . . :* Diesen Gedanken notiert L. »Zum Parakletor« (III, S. 528). – *Pandekten:* S. zu B 36; Babylonischen Turmbau und Pandekten verbindet L. auch im »Gnädigsten Sendschreiben der Erde an den Mond« (III, S. 408).

191 *Graunische Passion:* Das berühmte Oratorium »Der Tod Jesu«, 1755 von

Graun nach einer Dichtung Ramlers komponiert, erschien zuerst 1760. Karl Heinrich Graun (1704–1759), seit 1740 Hofkapellmeister Friedrichs II.; Opernkomponist und Schöpfer kirchlicher Kompositionen, etwa des »Tedeum« (s. L 282, 456); sie zählen zu den wichtigsten Schöpfungen des empfindsamen Stils. – *Straf mich nicht in deinem Zorn:* Anfangszeile eines Kirchenliedes, angeblich von Johann Georg Albinus (1624–1679), Pfarrer und Liederdichter zu Naumburg. – *Dörrsucht:* Dieser Ausdruck findet sich auch im »Gnädigsten Sendschreiben der Erde an den Mond« (III, S. 410).

192 *Man pflegte ihn den Halbköpfigten zu nennen:* Vgl. B 204, ferner D 530 und »Beiträge zur Geschichte des ✱✱✱« (III, S. 613).

193 Auch diese Bemerkung gehört zum Umkreis des Kunkel-Projekts; s. zu B 102.

195 Auch diese Bemerkung gehört zum Umkreis des Kunkel-Projekts; s. zu B 102. – *Abhandlungen über Schlüssellöcher schreiben:* Von L. verbessert aus *Knopflöcher*. Diese Äußerung erinnert an Sternes ›Digressionen‹; vgl aber auch L.s Lob über Lamberts Fähigkeit in G 109. – *Jus naturae:* S. zu B 146. – *Pfennigs-Begebenheiten:* Vgl. B 116 und die Anm. dazu. – *das moralische Universale:* Universale: ein allgemeines, landesherrliches Ausschreiben. Dieser Gedanke ist in »Zum Parakletor« (III, S. 528) notiert. – *Regentropfen:* S. DWB 11,1, Sp. 871; vgl. an Joel Paul Kaltenhofer vom 22. (?) August 1772, Johann Gottwerth Müller am 20. Dezember 1784 und E 48, E 257. – *halben Gulden:* Silbermünze, bis ins 18. Jh. hinein geprägt, blieb vielfach auch Rechnungsmünze: 1 Gulden = 1 halber Speziestaler. – *solcher Regentropfen:* Danach von L. gestrichen *und das war es schwammen ganz andere Er war.* – *vehiculum:* Lat. ›Fahrzeug‹; in der Pharmazie unwirksamer Stoff, mit dem vermischt stark wirkende Arzneimittel verabreicht werden. – *in den Doppel-*

mayerischen Himmels-Charten diejenige Kassiopeia: Das Bild der Kassiopeia in Doppelmayrs »Atlas novus coelestis«, Nürnberg 1742, wird auch B 419 in Zusammenhang mit Kunkels Porträt erwähnt. Johann Gabriel Doppelmayr (1671–1750), Physiker und Mathematiker, seit 1704 Prof. der Mathematik am Egidischen Gymnasium in Nürnberg; Verfasser zahlreicher naturwissenschaftlicher Schriften. L. erwähnt ihn auch Mat I 174 und in den Hogarth-Erklärungen (III, Anm. auf S. 706 f.). Kassiopeia war nach dem griech. Mythos die Mutter der Andromeda und wurde wie diese an den Himmel versetzt; Sternbild des nördlichen Himmels, dessen fünf hellste Sterne in Form eines ›W‹ angeordnet sind.

196 Auch diese Bemerkung gehört zum Umkreis des Kunkel-Projekts; s. zu B 102. – *Blätter . . . zum Nutzen eines Sohnes:* Diesen Gedanken notiert sich L. »Zum Parakletor« (III, S. 528). – *casum:* Lat. casus ›Fall‹. – *creditores . . . creditoribus:* Nom. oder Akk. Plur. und Dat. oder Abl. Plur. von lat. creditor ›Gläubiger‹. – *vide p. 81:* Gemeint ist B 200: Fortsetzung der Instruktion Kunkels; s. ferner B 202.

197 *Fehler der neueren Schriftsteller . . . Übertreiben:* ›Affektation‹ nennt L. B 22 den Hauptzug der schlechten Schriftsteller. – *Unter allen Kupferstichen . . . sind die Zwerg-Figuren die wohlfeilsten:* Seinerzeit gebräuchliche primitive Jahrmarkts-Bildware. – *edle Einfalt:* S. zu B 20. – *Hudibras:* Über dieses komische Epos von Samuel Butler s. zu B 49. – *holden Liedgen:* S. zu B 176. – *holde Diminutivgen:* Vgl. B 178 und C 326. – *prosaischen Erklärung:* Gemeint ist vermutlich die 1765 in Hamburg und Leipzig erschienene dt. Übersetzung in Prosa von Butlers »Hudibras, ein satyrisches Gedicht wider die Schwermer und Independenten zur Zeit Carls des Ersten, in neun Gesängen«, die von Johann Heinrich Waser (1732–1780) angefertigt wurde (BL, Nr. 1710).

198 *gegen ihn:* Danach von L. etwas gestrichen. – *wie die Horazier gegen die . . . Curiazier:* Der Sage nach kämpften die drei Horatier – altröm. Patriziergeschlecht um 500 v. Chr. – gegen die drei aus Alba Longa stammenden Curiatier; nachdem zwei der Horatier im Kampf gefallen waren, soll der dritte die Gegner getötet und damit den Sieg Roms über Alba Longa entschieden haben.

199 *Livree des Hungers und des Elendes:* Dieses Bild findet sich auch in der Antiphysiognomik (III, S. 289). S. zu der Wendung »Der Weg der Buhlerin« (III, S. 784).

200 *Zu p. 79 Fortsetzung . . . :* Gemeint ist B 196. Die Bemerkung gehört zum Umkreis des Kunkel-Projekts; s. zu B 102. – *Novum Testamentum graecum purum:* Rein griechisches Neues Testament. – *Praefatio:* Lat. ›Vorwort‹. – *Chrestomathia . . . des seligen Gesner:* »Chrestomathia graeca«, Jena 1731, von Johann Matthias Gesner (1691–1761), 1734 Prof. in Göttingen und Direktor der Universitätsbibliothek; Verf. des »Novus linguae et eruditionis Romanus thesaurus«, Leipzig 1747f. (s. auch BL, Nr. 1510); erstes ordentl. Mitglied der 1751 gestifteten königl. Sozietät der Wissenschaften. – *Fortsetzung:* Die folgende Passage ist von L. durch eine Linie als an B 200 anschließend gekennzeichnet. – *Jus . . . Lege:* Recht, des Rechts, der Pandekten, der Unterweisung in den röm. Rechten, durch das Gesetz. – *Pandectarum:* S. zu B 36. – *Pütter:* Johann Stephan Pütter (1725–1807), 1747 außerordentl., 1753 ordentl. Prof. der Jurisprudenz in Göttingen, fünfmaliger Prorektor; las von 1752 an regelmäßig Staatsrecht, Reichsgeschichte und Reichsprozeß. Lehrer

Hardenbergs, Steins u. a.; Kronjurist zahlreicher Fürstenhäuser. Seine »Selbstbiographie« erschien Göttingen 1798 in 2 Bdn. – *Hofrat Böhmer:* Georg Ludwig Böhmer (1715–1797), 1740 Privatdozent, seit 1742 Prof. der Jurisprudenz in Göttingen; 1746 Hofrat; trat mit Arbeiten zum Zivilrecht, Lehnsrecht, Kirchenrecht hervor. – *Meister:* Christian Friedrich Georg Meister (1718–1782), 1741 Privatdozent, 1750 außerordentl., 1754 ordentl. Professor der Jurisprudenz in Göttingen; dreimaliger Prorektor. L. besaß von ihm »Rechtliche Erkenntnisse und Gutachten in peinlichen Fällen«, Göttingen 1771–1772 (BL, Nr. 1231). – *Ayrer:* F. George Heinrich Ayrer (1702–1774), seit 1737 ordentl. Prof. der Jurisprudenz und Justizrat in Göttingen. – *Selchow:* Johann Heinrich Christian von Selchow (1732–1795), seit 1751 stud. jur. in Göttingen, Schüler Pütters; 1757 außerordentl., seit 1762 ordentl. Prof. der Jurisprudenz an der Georgia Augusta; vertrat mit großem Erfolg dt. Privatrecht und Staatsrecht; seit 1782 Geheimrat und Vizekanzler der Universität Marburg. – *Grupen:* Christian Ulrich Grupen (1692–1767), bedeutender Rechtsgelehrter und Historiker; Bürgermeister, Vorsitzender des Stadtgerichts und Konsistorialrat in Hannover; vermachte seine wertvolle Bibliothek 1743 dem Oberappellationsgericht zu Celle. – *Heineccius:* Johann Gotlieb Heineccius (1681–1741), 1716 Doktor der Rechte, ab 1720 Prof. der Jurisprudenz und königlicher Hofrat in Halle; 1723 Berufung an die Universität Franecker; seit 1727 Prof. der Pandekten und der Philosophie in Frankfurt/Oder, 1733 nach Halle versetzt. Verfasser bedeutender juristischer Werke. – *Hugo Grotius:* (1583–1645), niederld. Naturrechtler; bereits mit 16 Jahren Doktor der Rechte, gelangte er früh in hohe Vertrauensstellungen; 1619 in den Sturz Oldenbarneveldts verwickelt, wurde er zu lebenslanger Haft verurteilt, konnte jedoch zwei Jahre später fliehen und in ausländische Dienste treten; von 1635 bis zu seinem Tode war er schwed. Gesandter in Paris. – *Estor:* Eigentlich Esther, Hester, Johann Georg (1699–1773), Jurist am Reichskammergericht in Wetzlar, 1735 Prof. der Jurisprudenz in Jena, 1742 in Marburg, 1768 Kanzler dieser Universität. Verfasser zahlreicher Schriften zur dt. Rechtsgeschichte. – *Corpus Juris:* Zu ergänzen: civilis; Name für die Sammlung des röm. Rechts durch Kaiser Justinian I., seit 1583 übliche Benennung. – *Carolus der Sechste:* Karl VI. (1685–1740), Sohn Kaiser Leopolds, seit 1711 römisch-deutscher Kaiser, in den Spanischen Erbfolgekrieg, die Türkenkriege, den Polnischen Erbfolgekrieg verwickelt; Thronfolgerin wurde seine Tochter Maria Theresia. – *gekleidet, wie der Prorektor:* Die Amtstracht des Prorektors der Universität Göttingen bestand aus Talar, Barett und zwei Szeptern. Schon 1737 hatte G. A. von Münchhausen verfügt, daß »der Prorector einen bis an die Knie gehenden Mantel von Sammet mit Golde gestickt, von Purpurfarbe, und daneben ein mit einem goldenen Knopf oben auf und einer goldenen Frange um den obersten Rand versehenes biret ... bekommen soll«. Zit. nach Wilhelm Ebel, Kleine Chronik der Göttinger Talare, in: Georgia Augusta II (1969), S. 42. – *setzt man auch ... Homerus vor ganz neue Bücher:* Auf den Titelseiten der Bände von Nicolais »Allgemeiner deutscher Bibliothek« (erschienen 1765–1806), befindet sich ein Homer-Kopf, sein Verlags-Signet überhaupt.

202 *Vellus ... Felleisen:* Über L.s Wortspiele s. zu B 156. Vellus: Lat. ›abgeschorene Schafwolle, Vließ‹. Felleisen: Aus frz. valise, eine Art lederner Reise- und Mantelsack, besonders bei wandernden Handwerksburschen gebräuchlich.

203 *Yorick travesti:* Der travestierte Yorick; Hauptfigur und Synonym Sternes. Die gleiche Formel begegnet in einer Rand-Bemerkung L.s zu dem »Schreiben an einen Freund« (KIII, S. 301). – *Vergile travesti par Mr. Schwarz:* Einen »Vergile travesti« gab Scarron in Paris 1648–1652 heraus, während Blumauers »Aeneis travestiert« erst 1783 erschien. Johann Christoph Schwarz hatte 1742–1744 in Regensburg eine mit einer Vorrede Gottscheds versehene Übersetzung der »Aeneis« veröffentlicht, die 1761 in Neuauflage erschien. Sie war von Bodmer und Breitinger heftig angegriffen worden. »So gestehe ich, daß mir die Änderung der zweyten Zeile in: Erhalt uns Herr etc. vorkömmt, wie ein Vers aus der Aeneis ins Schwarzische übersetzt«, spöttelte auch Kästner an Weiße (s. Christian Felix Weiße, Selbstbiographie, Leipzig 1806, S. 126–127). Johann Christoph Schwarz (gest. 1783), kurpfälzischer Konsistorialrat in Mannheim; Lyriker, Dramatiker und Übersetzer.

204 *Eine Erzählung:* Vgl. dazu das Fragment mit dem Titel »Beiträge zur Geschichte des ★★★« (III, S. 612), das Leitzmann (Anm. B, S. 228) für eine Umarbeitung von B 204 hält, dessen Handschrift verloren ist. – *Sitze des guten Geschmacks:* Vgl. III, S. 612. – *Gelehrsamkeit:* Danach von L. gestrichen *in Rom.* – *Tiber-Athen:* Rom; L. nennt Göttingen z. B. L 455 »Lein-Athen«. – *4 Species:* Die vier Grundrechenarten. – *summum bonum:* Lat. ›das höchste Gut‹. – *Praxiteles:* Griech. Bildhauer des 4. Jh.s v. Chr., einer der bekanntesten Marmorbildner der spätklassischen Epoche; Hauptwerk: die Aphrodite von Knidos. – *Allee:* Heutige Goethe-Allee, seinerzeit bevorzugte Wohngegend der » vermögenden – Göttinger Professoren und Promenade »zu beyden Seiten mit einer Reihe hoher Lindenbäume besetzt, und durchgehends mit einer hölzernen Barriere umgeben. Das westliche Ende dieser Allee ist durch ein eisernes Gitter, welches zu einer Perspectivisch-ländlich-schönen Gegend die reizendste Aussicht darbietet, geschlossen« (Rintel, S. 12). – *Campus Martius:* Das ›Marsfeld‹ in Rom, zur Zeit der röm. Republik zum Zweck der Administration, zum Sport und Exerzieren genutzt. Hier Anspielung auf den Masch in Göttingen, auf dem seinerzeit die Truppenparaden stattfanden. – *Tändeleien:* Vgl. den zu B 16 zitierten Titel von Gerstenberg. – *der Stadt:* Von L. verbessert aus *Rom.* – *Namen des Halbköpfigten:* S. zu B 192. – *Mendoza sete cabiças:* Die gleiche Anekdote notiert L. in KA 154; vgl. die Anm. dazu. – *desjenigen unsichtbaren Wesens ...:* Zu diesem Gedanken vgl. B 192. – *Er las viel:* Zu L.s Kritik am Vielleser vgl. B 264, 285; E 467; F 439, 442, 1085; H 30; Mat I 100 und III, S. 612. – *sehr viel essen ... und dennoch ... auszehren:* Vgl. III, S. 612. – *Melanges:* Frz. ›Mischungen‹; im 18. Jh. beliebter Titel von Blütenlesen aus Autoren. – *Als sich ... Trieb bei ihm zu regen anfing ... Zeiten des ersten Barts:* Zu diesem Gedanken s. zu B 132. – *daß sich:* In der Handschrift *man.* – *mit der wenigsten Kraft die größte Ehre erreichen:* Vgl. III, S. 511. – *hatte, daß:* Danach von L. gestrichen *es den Gebrauch die höhern Seelenkräfte ihm eine Art von lincker Hand wurden Seelen Kräffte so.* – *wenn es seine Vernunft ... mit der linken Hand tun:* Vgl. B 1 und die Anm. dazu. – *Madrigal:* Ursprünglich einfaches Volkslied, Anfang des 14. Jh.s in Italien als lyrische Form ausgebildet, zunächst einstrophig mit 6–15 Sieben- und Elfsilbern und ländlichen und Schäfer-Motiven. – *Lokal-Philosophie:* Dieser Ausdruck findet sich schon A 136. – *Kloster:* Danach von L. gestrichen *und studirte.* – *Aristotel[ische]. Phil[osophie].:* Darauf spielt L. auch in »Dienbare Betrachtungen für junge Gelehrte« (III, S. 509) an.

205 *common sense:* Engl. ›gesunder Menschenverstand‹.
206 *Rien, Monsieur:* Frz. ›nichts, mein Herr‹; die beiden frz. Wörter von L. verbessert aus *Nichts.*
207 *Deutscher:* Von L. verbessert aus *Franzoß.* – *Mon...ici:* Mein Gott, gibt es hier überhaupt keinen Lärm?
208 *Vehiculum:* S. zu B 195. – *vor etwas:* Zur Verwechslung der Präpositionen *für* und *vor* vgl. A 118 und die Anm. dazu.
209 *Rede eines Selbstmörders:* Über L.s Beschäftigung mit dem Selbstmord vgl. A 126 und die Anm. dazu. Möglicherweise beziehen sich auch B 210–212, 262, 338 darauf. – *hier:* Danach von L. gestrichen *Ich wünschte, Freunde.*
213 *Graf Kettler:* Graf von Kettler aus Kurland studierte 1767/69 in Göttingen Jura und wohnte laut dem »Logis-Verzeichniß« in der »Crohne«, Weender Straße 74/75, 1768 bei Kommerzienrat Scherf, Papendiek 542. – *Demosthenes:* Berühmter griech. Redner (384–322 v. Chr.), überwand durch harte Übung die ursprüngliche Schwäche seiner Stimme; hielt ab 349 v. Chr. seine »Philippika« zur Verteidigung Athens gegen Philipp II. von Makedonien. Vgl. E 291 und an Christoph Friedrich Nicolai, 30. Dezember 1792.
214 *Clerke:* Sir Francis Clerke (gest. 1777), Baronet, engl. Student der Belles Lettres in Göttingen vom August 1769 bis Ostern 1771; L.s Zögling und intimster Freund unter den studierenden Engländern; im amerik. Unabhängigkeitskrieg Adjutant von General Burgoynes; bei Saratoga gefallen. – *Förtsch:* Paul Jacob Förtsch (1722–1801), 1751–1754 Erster Universitätsprediger, 1751–1758 außerordentl. Prof. der Philologie, 1758 auch der Theologie, 1761–1763 ordentl. Prof. der Theologie in Göttingen; später Generalsuperintendent in Harburg. – *Prorektor:* Förtsch war von Januar 1769 bis März 1770 zum zweitenmal nach 1765 Prorektor der Georgia Augusta.
215 *Seinen kleinen Stock brauchte er:* Diese Wendung ist Mat II 40 abermals notiert.
216 *Ihr Unterrock ... Theater-Vorhang:* Vgl. B 324.
217 *Kupferstecher:* Von L. verbessert aus *Mahler.*
219 *Palliativ-Kuren:* Die nur gegen die Symptome einer Krankheit, nicht gegen die Krankheit selbst gerichtete Heilart. L. gebraucht den Ausdruck auch GTC 1789, S. 179. – *ihr Geld:* Von L. verbessert aus *ihnen kein Geld zu geben.* – *Principiis obsta:* Wehre den Anfängen; Zitat nach Ovids »Remedia amoris« 91.
220 *sind Wechsel:* Von L. verbessert aus *Assignationen nennen.* – *Mit Protest ... zurückgehen lassen:* Begriff der Kaufmannssprache: die Zahlung eines Wechsels schriftlich verweigern.
221 *Verstoß gegen alle Simplizität und Harmonie:* Notiz zu B 204?
222 *Ihr Kinn fühlte sich so sanft an ...:* Ähnlich schreibt L. auf englisch in TB 21. – *Baskervilles Milton:* John Baskerville (1706–1775), berühmter engl. Buchdrucker in Birmingham. Seine bekannte Ausgabe von Miltons »Paradise Lost, a poem, in twelve books« und »Paradise Regain'd, a poem, in four books, to which is added Samson Agonistes, and poems upon several occasions« erschien 1758, seine neue Ausgabe von beiden Werken in einer völlig neuen Drucktype Birmingham 1759 (s. BL, Nr. 1658, 1657). – *eines ... Papier:* Randbemerkung L.s, mit Sternchen hierher verwiesen.

223 *saugen aus der Tatze:* Diesen Gedanken notiert L. »Zum Parakletor« (III, S. 528).
224 *Barbarei:* Zu L.s Wortgebrauch s. das Wortregister und III, S. 269, 509, 528, 614. – *beaux esprits:* Schöngeister; vgl. III, S. 509 und B 204 (Tiber-Athen).
225 *Hellwig:* Vornamen und Lebensdaten nicht ermittelt. – *Affaires d'Etat:* Frz. ›Staatsgeschäfte‹. – *Cicisbeo ... der Justiz:* Diese Wendung notiert L. »Zum Parakletor« (III, S. 528). – *Cicisbeo:* S. zu B 180.
226 *Beleidigungen des Verstandes und Witzes:* Parodistische Abwandlung des Titels der von dem Gottsched-Schüler Johann Joachim Schwabe 1741–1745 hrsg. Zeitschrift »Belustigungen des Verstandes und des Witzes«.
227 *Hippokrates:* Der berühmteste Arzt des Altertums (460–377 v. Chr.), Vater der wissenschaftlichen Heilkunde der Griechen, die sich aus der Philosophie als Einzelwissenschaft absonderte; begründete den Charakter der Medizin als Erfahrungswissenschaft. Die von ihm gegründete Ärzteschule auf Kos, einer Insel im Ägäischen Meer, war auch durch das Asklepiosheiligtum berühmt. – *Grau:* Johann David Grau (1729–1768), Arzt und Privatdozent in Göttingen. L. ironisiert ihn auch in »Zur Biographie Kunkels Gehöriges« (III, S. 589).
228 *Grummet:* Trockenfutter, das im zweiten Schnitt nach der ersten Heuernte im Herbst gewonnen wird.
229 *To be ... question:* Sein oder nicht sein – Toby oder nicht Toby, das ist die Frage; parodistisches Zitat der Anfangszeile des berühmten Monologs in Shakespeares »Hamlet« 3, 1. Sie wird auch in »Über Hrn. Vossens Vertheidigung« (VS 4, S. 266, 323) parodiert. – *Toby:* Figur aus Sternes »Tristram Shandy«.
230 *Zwei Aktricen ... in London ... fingen zugleich an zu sprechen:* Die Anekdote nicht ermittelt; vgl. F 1174.
231 *Mittelpunkt der menschlichen Gegenwart:* Zur Verwendung wissenschaftlicher Begriffe s. zu A 1; vgl. III, S. 314.
232 Diese Bemerkung ist von L. gestrichen. – *korrosive:* Ätzend, beißend.
234 *Colom:* Isaac von Colom du Clos (1708–1795), seit 1751 außerordentl., 1764 ordentl. Prof. des Französischen in Göttingen (der erste Französischlehrer an der Georgia Augusta), Mitglied der Deutschen Gesellschaft; übersetzte den »Göttinger Taschen Calender« ins Französische; verfaßte »Modèles de lettres« (1760–1761). – *deutsche Gesellschaft in Göttingen:* S. zu B_1, S. 45.
236 *Das Trinken ... seinen ... dichterischen Teil, so wie auch die Liebe:* S. Achenbach, in Lichtenberg-Jb 1990, s. 180–182. – *Pinik:* S. zu B 72.
237 *Nolten:* Laut Kirchenbuch starb am 12. September 1769 der Nagelschmied (nicht Büchsenmacher) und Kirchenvorsteher von St. Albani, Georg Christoph (nicht Zacharias) Nolte, im Alter von 50 Jahren. – *solennes:* Alljährlich, festlich. – *Schützenhöfen:* S. zu B 114. – *Albaner Kirche:* St. Albani, eine der Stadtkirchen Göttingens (15. Jh.) in Verlängerung der Langen Geismarstraße gelegen, wo Tobias Mayer in Nr. 50 seit 1751 wohnte. – *wo der große Mayer ... liegt:* Tobias Mayer (1723–1762) aus Marbach, seit 1751 Prof. der Ökonomie und Mathematik in Göttingen, 1754 Leiter des dortigen Observatoriums; Begründer der wissenschaftlichen Selenographie; stellte 1750 das Fehlen einer Mondatmosphäre fest; bedeutende Beiträge zu Farbenlehre (»Farb-Triangel«), Erdmagnetismus, Erdbebenforschung. Seine

»Opera inedita« gab L. 1775 heraus. Er wurde auf dem alten Kirchhof bei der Albanikirche begraben, der außerhalb des Albanertors lag.

238 *den 3. Junii 1769 . . . die Venus durch die Sonne gehen:* Vgl. B 166 und die Anm. dazu. – *die Prinzessin von Preußen durch Göttingen kommen:* Friederike Luise von Hessen-Darmstadt (1751–1805), Braut und seit dem 14. Juli 1769 Gemahlin Friedrich Wilhelms II. von Preußen. Ihre Durchreise durch Göttingen und der Durchgang der Venus wurden durch Epigramme Kästners und Gotters im »Musenalmanach« für 1770 in Parallele gestellt.

239 *Vergleichung einiger Leute mit Büchern:* Vergleichungen mit Zitaten aus Horaz macht L. in J 838. – *Kästner . . . Dictionnaire Encyclopedique:* Von L. verbessert aus *eine Encyclopädie.* – *Colom le mechanisme . . . français:* Der Mechanismus der Delikatesse des französischen Stils. Colom gab Göttingen 1755 »Le génie, la politesse, l'esprit et la délicatesse de la langue française« heraus. – *Lowitz:* Georg Moritz Lowitz (1722–1774), 1755–1763 Prof. der Physik und Mathematik in Göttingen, danach in Petersburg. – *Avis . . . avis:* Nachricht an den Leser über etwas, das demnächst erscheint, nebst einer Nachricht betreffs der zweiten Nachricht. L. spielt vermutlich auf Lowitz' »Second (Troisième) avertissement sur les grands globes terrestres et célestes (où la société cosmographique) rend compte au public du retardement de cet ouvrage« an, das Nürnberg 1749 und 1754 erschien. Diesen Scherz übt L. ähnlich auch im Brief an Kaltenhofer vom 31. Dezember 1772. – *Achenwall la richesse . . . public:* Der Reichtum des Staats oder fast theoretische Skizze des öffentlichen Wohls. – *Weber:* Andreas Weber (1718–1781), 1750–1770 Prof. der Philosophie und Mathematik in Göttingen, danach in Kiel. – *Qu'en dira-t-on:* Was wird man davon sagen. – *Hollmann, der Greis:* Samuel Christian Hollmann (1696–1787), seit 1737 Prof. der Philosophie und Physik in Göttingen, Lehrer L.s, zweimaliger Prorektor, Senior der Universität; hatte am 14. Oktober 1737 als erster Prof. den Vorlesungsbetrieb aufgenommen; vgl. auch H 113 und Briefe an Johann Andreas Schernhagen, 16./17. Oktober 1775 und 19. Januar 1776, und an Franz Ferdinand Wolff, 13. Dezember 1784. »Der Greis« war im übrigen der Titel einer von Johann Samuel Patzke (1727–1787) 1763–1769 in Magdeburg herausgegebenen moralischen Wochenschrift. – *Heyne Monumenti inediti:* Anspielung auf die »Monumenti antichi inediti, spiegati ed illustrati«, die Winckelmann Rom 1767 herausgab. Christian Gottlob Heyne (1729–1812), berühmter klassischer Philologe; nach dem Studium 1748–1752 in Leipzig und einer Tätigkeit im Dienst des Grafen von Brühl in Dresden, wo er Winckelmann kennenlernte, 1763 als Nachfolger Johann Matthias Gesners als Prof. für klassische Philologie und Direktor der Universitätsbibliothek nach Göttingen berufen; außerdem seit 1770 Sekretär der Göttinger Sozietät der Wissenschaften und Redakteur der »Göttingischen Anzeigen von gelehrten Sachen«. Seiner fast fünfzigjährigen Tätigkeit als Lehrer und Verwalter verdankt die Georg-August-Universität zum großen Teil ihr hohes Ansehen in der zweiten Hälfte des 18. Jh.s. Begründer der modernen universellen Altertumswissenschaft, gab seinerzeit maßgebende Editionen von Homer (Leipzig 1767–1775), Vergil und Pindar (Göttingen 1773) heraus. Schwager Blumenbachs, Schwiegervater Georg Forsters und Heerens. Lehrer u. a. von Voß, mit dem er in philologische Auseinandersetzungen geriet.

241 *Schnetter . . . schrieb hinter seinen Namen Gouverneur:* »Frider. Ernest

Schnetter, Coburg; jur.ex ac. Christ – Erlang. et Lipso; Gouvern. de Msr. de Reineck« steht in der Matrikel der Georgia Augusta, S. 176. Schnetter hat sich am 30. März 1769 immatrikuliert. – *Reineck:* Adelbert von Reineck, aus Frankfurt, schrieb sich als Jura-Student in Göttingen am 30. März 1769 ein.

243 *Preisfrage an den Himmel:* Vgl. E 350 und Mat I 114.

244 *Lebrun:* Charles Lebrun (1619–1690), frz. Maler und Zeichner; 1638 Hofmaler; 1642–1645 Italienreise mit Poussin; 1648 Mitbegründer der Académie Royale de Peinture et Sculpture; 1663 Direktor der neugegründeten Manufaktur für Möbel und Gobelins; 1666 Gründung der Französischen Akademie in Rom.

246 *einen Großen der ein Bösewicht ist:* Zu L.s Antifeudalismus vgl. A 79.

247 *Yorick:* S. zu B 203. – *Ich schreibe . . . lieber bey als bei:* Vgl. G 176.

248 *Das älteste Sprichwort:* Im Deutschen erstmals von Johann Agricola 1528 bezeugt, aber bereits im Lateinischen nachweisbar.

250 *Fluxions-Tiergen:* Wohl nach Newtons Begriff ›Fluxiones‹ für Differential-Größen (Leibniz): die Rechnung mit unendlich kleinen Größen (Infusions-Tiere sind dem menschlichen Auge nicht sichtbar). – *Infusions-Tiergen:* Vgl. A 109 und die Anm. dazu.

251 *Testament eines Studiosi:* Die Fortsetzung des Testaments erfolgt B 253. – *intestato:* Lat. ›ohne Testament‹.

252 *Weg:* Von L. verbessert aus *Kehrigt.*

253 Diese Bemerkung ist die Fortsetzung des »Testament eines Studiosi«; vgl. B 251. – *verwachsen wir . . . Bibliotheken:* Vgl. B 112. – *säenden Tritt:* Diesen Ausdruck verwertet L. auch in der Antiphysiognomik (III, S. 284). – *mein lieber L.:* Gemeint ist wahrscheinlich Ljungberg. – *meine Stube:* 1769 wohnte L. in der Weender Straße 43. – *meinen . . . Wirt:* Professor Johann Tompson. – *onus:* Lat. ›Last, Abgabe‹. – *4 . . . :* 4 Pfennige. – *mehr:* Danach von L. gestrichen *Wenn Du mich lieb hattest wo.* – *Fahrzeug:* Von L. verbessert aus *wichtige Boot.* – *Steuerruder mit:* Danach von L. gestrichen *Es ist leicht zu wenden aber desto schlimmer für uns.* – *für die beste Observation vom Fenster die glücklichste Lage:* Zu L.s Fensterplatz s. zu B 81. – *a mite:* Engl. ›eine Milbe‹.

254 *Einem Sänger sanfter Empfindungen . . . Wollust zu versehen:* Diese Passage ist von L. in den »Dienbaren Betrachtungen für junge Gelehrte« (III, S. 511) mit geringen Abänderungen verwertet worden. – *poetisches Zuckergebackenes:* Diesen Ausdruck gebraucht L. auch in den »Dienbaren Betrachtungen für junge Gelehrte« (III, S. 511). – *bei dem:* Danach von L. gestrichen *das Licht der Vernunfft* aus *alle Kräffte der Seele sich.* – *tändelnden Wollust:* Vgl. III, S. 511. – *Der Brief des Herrn Jacobi an die Gräfin:* Johann Georg Jacobis Briefgedicht »An die Gräfinn von . . .«, das auch in den »Dienbaren Betrachtungen für junge Gelehrte« (s. III, S. 511) kritisiert wird, trägt das Datum: »Halberstadt, den 12. Oktober 1769« und erschien nicht lange darauf mit diesem Datum im Titel; s. auch B 380 (S. 143). – *Wielands Musarion:* Wielands Verserzählung »Musarion, oder die Philosophie der Grazien« erschien 1768. – *verdorben, die:* Danach von L. gestrichen *so gut auf Betrachtung sich gründet als.* – *erstickt:* Danach von L. gestrichen *die Liebe wird von einigen ihnen diesen vorhergegangenen Wörter Tausch und eine gewisse zärtliche Etiquette;* s. auch III, S. 510. – *verbelle und eine reelle:* Eine Worte machende und eine tatsächliche [ergänze: Art, über Kunst und Zärtlichkeit zu urteilen]. – *Leichtigkeit . . . eines Merkurs:* Wieland gründete die Zeitschrift »Teutscher

Merkur« 1772; hier aber wohl der Götterbote gemeint. – *O der Barbarei!:* S. zu B 224.

255 *Wenn ich einmal sein Leben herausgebe:* Wohl nicht auf Kunkel gemünzt, wie Leitzmann (Anm. B, S. 232 zu Nr. 251 seiner Zählung) annimmt, sondern eher L. selbst. – *Bouteille:* S. zu B 77 und III, S. 510: »philosophischer Trinker«. – *Selbst-Genuß:* Vgl. B 160 und Anm.; s. ferner B 163.

256 *hundert Händen, wodurch mein Brief gelaufen:* 50 Personen als Leser eines Briefes L.s sind doch wohl Fiktion. – *meine Brüder:* Im Jahre 1796 lebten noch Christian Friedrich und Ludwig Christian.

257 *die Geschichte von mir ... in verschiedenen Köpfen:* Vgl. TB 12. – *meine Brüder:* Im Jahre 1769 lebten noch Christian Friedrich (1734–1790) und Ludwig Christian Lichtenberg (1737–1812). – *Eymes:* Carl Valentin Eymes (1744–1788) aus Darmstadt, Schulfreund L.s, 1761 Student der Rechte in Erlangen, am 14. Oktober 1763 in Göttingen immatrikuliert, wo er bis 1765 blieb; Mitglied der »Historischen Akademie«; späterer Lebenslauf unbekannt. S. ferner die Charakteristik in TB 12, Brief an Friedrich August Lichtenberg vom 3. Dezember 1786. – *Wachter:* Gemeint ist vermutlich Johann *Ernst* Wachter (1743–1786), viertes Kind von Kammerrat Johann Georg Wachter und Maria Elisabeth, geb. Graupner, in Darmstadt; über sie mit L. verwandt. Er trat 1752 in die Quarta des Pädagog ein und verließ es Frühjahr 1765 mit der Matura; später Hofrat und Hammer-Besitzer zu Ober-Ramstadt. Im Brief an Friedrich August Lichtenberg vom 29. November 1791 schreibt L.: »Ernst ist tot, den habe ich am genausten gekannt.« – *Maximen:* Grundsätze, Verhaltensregeln; literarische Gattung. – *Quaeritur:* Es wird gefragt. – *zu Darmstadt ... am Adler:* Der im 18. Jh. beste Gasthof am Platz. – *Streiche im August 1765:* Vgl. B 157.

259 *Herr P.:* Identisch mit B 36, 63?

261 *Sokrates ... berührt:* Sokrates berichtet die Begebenheit an der genannten Stelle von Kritobulos selbst, nicht von dessen Schwester. Mit dem gleichen Irrtum erwähnt L. die Geschichte auch in »Lieutenant Greatraks«, GTC 1790, S. 163. Zu L.s eigener Empfänglichkeit vgl. D 54 (S. 239) und den Brief an Christiane Dieterich vom 20. Mai 1772. – *Kritobulos:* Lebensdaten nicht ermittelt; Sohn des Sokrates-Freundes Kriton, Held des xenophontischen »Oikonomikos«. – *Xenophon:* Xenophon aus Athen (um 434 – um 355 v. Chr.), griech. Geschichtsschreiber und Schüler des Sokrates. Hauptwerke: »Anabasis«, »Verteidigung des Sokrates«, »Symposion« (Das Gastmahl). Vgl. C 325. – *Welwood's:* James Welwood (1652–1727), engl. Arzt; ging 1652 nach Holland, wo er in Leiden den Grad eines Doktors der Medizin erlangte; nach seiner Rückkehr nach England 1690 wurde er Arzt von König William und Königin Mary; Mitglied des »College of Physicians« von London. 1710 veröffentlichte er »The Banquet of Xenophon« mit einem einleitenden Essay.

262 *Gedanken-System:* Zu dieser L. eigentümlichen Wortprägung s. das Wortregister und den Brief an Samuel Thomas Sömmerring, 2. Juni 1786. – *aber wir:* Danach etwas von L. gestrichen. – *Philosophie, nach welcher der Selbst-Mord ... erlaubt:* Über L.s Beschäftigung mit dem Selbstmord s. zu A 126.

263 *Lacaille ... Theorie der Kometen:* Nicolas Louis de Lacaille (1713–1762), bedeutender frz. Astronom, Schüler Cassinis, beobachtete im Auftrag der Pariser Akademie am Kap der Guten Hoffnung den Südhimmel. Sein Katalog »Coelum australe stelliferum« (1763) ist das Ergebnis dieser Untersu-

chungen. Neben Halley in der Erforschung des südlichen Sternhimmels bedeutendster Vorgänger John Herschels. In den »Lectiones elementares astronomicae, geometricae et physicae«, Wien und Prag 1757 (BL, Nr. 222) entwickelte er eine Theorie der Kometenbewegung. – *In den Gedanken . . . gewisse Passat-Winde:* Dieser Gedanke ist von L. in den »Dienbaren Betrachtungen für junge Gelehrte« (III, S. 508) verwertet. Vgl. an Hollenberg, 12. Oktober 1777. – *Passat:* Von L. verbessert aus *regelmäsige.* Vgl. D 492; F 953. – *November-Tagen, wie die jetzigen:* In den »Dienbaren Betrachtungen für junge Gelehrte« (III, S. 508) ist von Dezember die Rede. – *zwischen Melancholie und Selbst-Verkleinerung:* Diese Formulierung ist in »Dienbare Betrachtungen für junge Gelehrte« (III, S. 508) übernommen. – *kein besonderer . . . seitwärts treibt:* Von L. verbessert aus *die kleinen Passatwinde ruhen.* – *against a sea of troubles:* Gegen ein Meer von Plagen. Zitat aus Hamlets Monolog in Shakespeares »Hamlet« 3, 1. L. zitiert die Zeilen auch RT 8 und III, S. 342. – *Aufwärterinnen (die Stella mirabilis und der Planet):* Umschreibungen für Lorchen und Justine? – *Stella mirabilis:* Lat. ›wundersamer Stern‹. Vgl. TB 7 (Comet). – *Körner . . . in ganze Gefilde geistiger Lust aufblühen:* Ähnlich schreibt L. in den »Dienbaren Betrachtungen für junge Gelehrte« (III, S. 510) und in den »Zwo Schrifften die Beurtheilung betreffend . . .« (Nachlaß, S. 24, 40). – *geteilt:* Danach von L. gestrichen *in ein reineres steteres Leben:.*

264 *unsrem frühzeitigen und . . . häufigen Lesen:* S. zu B 204. – *unser Gedächtnis . . . die Haushaltung für Empfindung und Geschmack:* Diese Wendung ist in den »Beiträgen zur Geschichte des ★★★« (III, S. 613) verwertet.

265 *Oktav-Bänden:* Kurzzeichen 8°; Buchformat mit einer Höhe von 18,5 bis 22,5 cm.

266 *Gesellschaft . . . meiner Kammer:* Vgl. B 253.

267 *ein In-sich-kehren der Augen des Geistes . . . Zeichen des Genies:* Vgl. TB 3.

268 *Yoricks:* S. zu B 203. – *Kunstgriffe:* Vgl. A 1. – *Vaterunsers-Längen:* S. zu B 104.

270 *natürlich . . . schreiben:* S. zu A 77. – *künstliche Menschen . . . des natürlichen Menschen:* Vgl. B 138 und die Anm. dazu; s. auch B 320. – *ein größtes:* S. zu A 14. – *Der Gedanke, daß es . . . leicht ist schlecht zu schreiben, hat mich daher oft beschäftigt:* Vgl. B 11.

271 *Gesellschaft:* Danach von L. gestrichen *ist etwas billiger als die grose.* – *sein Moment:* Von L. verbessert aus *das Moment des Gedankens.* Den Begriff erörtert L. 1766 in »Von dem Nutzen, den die Mathematik einem Bel Esprit bringen kann« (III, S. 314).

273 *in einerlei Nachtgeschirr gepisset:* Ähnlich äußert sich L. in TB 12.

274 *Er . . . ein kleines Leben von 26 Jahren:* Gemeint ist L. selbst, der sein Geburtsjahr um zwei Jahre später, 1744, ansetzte.

276 *sein Klima drückt:* S. zu A 43.

277 *Anti-Shaftesburyschen Satz:* Anthony Ashley Cooper, 3rd Earl of Shaftesbury (1671–1713), engl. philosophischer Schriftsteller, Stifter des sogenannten moralischen Sensualismus. Seine Werke erschienen unter dem Titel »Characteristicks of Men, Manners, Opinions, Times« London 1711 in 3 Bdn. (BL, Nr. 1276). Sein Begriff vom aus Naturkraft schaffenden Genie wurde von der dt. Sturm-und-Drang-Bewegung aufgegriffen. L. hat wohl keinen bestimmten Shaftesburyschen Satz vor Augen, sondern denkt bei

seiner Formulierung an die in »Soliloquy, or Advice to an Author« (Abhandlung III der »Characteristicks«) entwickelte Technik des ›philosophischen‹ Selbstgesprächs.

278 *Auf den Haus-Arrest des verschuldeten Herrn:* Die Anspielung war nicht zu ermitteln; zu L. als Epigrammatiker vgl. B 289, 292, 293, 299, 330; C 365; F 1140; J 564; s. auch III, S. 621 ff. und in den Briefen.

279 *hat so viele Bequemlichkeit . . . als sich selbst zu rasieren:* Dieses Bild kehrt B 288 wieder.

280 Diese fragmentarische Notiz ist von L. gestrichen. – *Cartesius:* Descartes.

281 *Hypothesen . . . laufen . . . gegen die Erfahrung:* Vgl. das Wortregister zu diesem Grundsatz des Experimentalphysikers L.

282 *Lieblings-Neigung:* Vgl. B 72: Favorit-Neigung.

283 *Aristoteles sagt . . .:* Am besten hat Homer gelehrt, daß auch die anderen lügen, wenn es nötig ist. Zitat aus Aristoteles' »Poetik« 24, 9.

284 *Adel der Seele:* Vgl. F 498 und III, S. 519. – *Seine Zweifel zu sagen:* Vgl. das Wortregister. – *freigebornen Menschen:* Vgl. F 1048. – *mit seinen Meinungen handeln:* Vgl. das Wortregister. – *contrebande:* Frz. ›Schmuggel, Schmuggelware, Schleichhandel‹. – *Mandrin:* Louis Mandrin (1714–1755), unter dem Titel »Räuber, Contrebandier und Geldmünzer« wurde der Franzose in einer von Friedrich Schiller eingeleiteten Schrift über die »berüchtigsten Bösewichter und Betrüger der neuern Zeit« (3. Aufl. 1816) in Deutschland bekannt; er starb nach einem abenteuerlichen Leben auf dem Schafott. Seine Lebensgeschichte diente übrigens als Quelle für Grillparzers »Ahnfrau«. – *Bücherschreiben:* Zu L.s Aversion vgl. das Wortregister. – *anstatt daß sie:* Danach von L. gestrichen *lernen solten die Kunst zu wissen.* – *in succum et sanguinem:* In Fleisch und Blut; nach Ciceros Brief »Ad Atticum« IV, 18, 2: »succus et sanguis«. – *einen moralischen Chylus:* Von L. verbessert aus *ein moralisches Blut.* – *Chylus:* Griech. ›Milchsaft, Speisesaft‹; Flüssigkeit der Lymphgefäße des Dünndarmes, die nach Aufnahme fettreicher Nahrung gebildet wird. – *bereiten:* Von L. verbessert aus *bearbeiten* aus *herausbringen.*

285 *Man lese nicht viel:* S. zu B 204. – *warum glaube ich dieses?:* Vgl. F 768, 1042; J 938, 1326. – *Gedanken-System:* S. zu B 262. – *fides implicita:* Lat. ›der ungedingte, blinde Glauben‹. – *angeplackt:* Vgl. D 213.

286 *Gala-Gedanken:* Vgl. die ähnliche Wortbildung im »Timorus«, III, S. 223; s. dazu KIII, S. 90. – *den Bettler vor dem König glücklich zu preisen:* Ähnlich L.s Kritik an der zeitgenöss. Darstellung des Landmannes III, S. 519.

287 *Abweichungen:* Eindeutschung des astronom. Begriffs: Aberration; zu L.s Verwendung wiss. Begriffe s. zu A 1. – *Fortsetzung von Yoricks Reise:* »Yorick's Sentimental Journey Continued by Eugenius«, erschienen London 1769, ein Jahr nach Erscheinen von Sternes Werk. Verfasser dieser Fortsetzung ist John Hall-Stevenson (1718–1785), engl. Schriftsteller, den Sterne unter dem Namen Eugenius im »Tristram Shandy« verewigt hat. – *Dieses . . . erklärt werden:* In der Handschrift Randnotiz mit Sternchen.

288 *so bequem, als sich selbst rasieren:* Vgl. B 279.

289 *Als die Polizei-Jäger in Göttingen . . .:* Über den Epigrammatiker L. s. zu B 278. – *Schnurrn:* Der Schnurre; in der Studentensprache des 18. Jh.s der mit einer Schnurre, Knarre versehene Häscher, Scharwächter, Sicherheitssoldat einer Universitätsstadt. Von den Schnurren in Göttingen schreibt L. an

Christiane Dieterich am 15. März 1772. – *in Jena:* Zum Ruf dieser Universitätsstadt im 18. Jh. s. zu KA 40.

290 Zu dieser geplanten Satire vgl. an Christiane und Johann Christian Dieterich vom 17. März 1772. – *Die Theologische Fakuktät hat sich ... für eine Schrift des Herrn Senior Goeze erklärt:* Diese Betrachtung und B 297 sind Vorstudien zu L.s ins Jahr 1770 fallender, Fragment gebliebener Satire gegen »Einer hochwürdigen theologischen Fakultät in Göttingen Beurteilung einer Schrift, welche den Titel führet: J. M. Goezens theologische Untersuchung der Sittlichkeit der heutigen deutschen Schaubühne. Auf Ansuchen des Verfassers ausgefertiget«, erschienen Hamburg 1769. S. »Zwo Schrifften die Beurtheilung betreffend, welche die theologische Facultät zu Göttingen über eine Schrifft des Herrn Senior Götze gefällt, und dem Druck übergeben hat« (Nachlaß, S. 19–51). Vgl. F 631 und RA 11. – *drei bis vier Männern:* Der Theologischen Fakultät Göttingen gehörten an: Leß, Walch, Succow, Michaelis. – *für ihnen:* Zur Verwechslung der Pronomen *für* und *vor* s. zu A 118. – *Pastor Adams im Fielding:* Humoristische Figur aus Fieldings Roman »Joseph Andrews«, der zu A 99 nachgewiesen ist. L. erwähnt die Gestalt auch in »Zwo Schrifften, die Beurtheilung betreffend ...« (Nachlaß, S. 25) und im »Orbis pictus« (III, S. 395). – *Widerlegen:* Danach von L. gestrichen *Wenn sie doch nur dieses unterließen.* – *Barbarei:* Danach von L. gestrichen *und das spotten der Gemüther.* – *Gedanken-Systems:* S. zu B. 262. – *Theologen:* Danach von L. gestrichen *Sie bauen ihre.* – *seine Prose ... festlich:* Vgl. B 178 (»Festtags-Prose«). – *de Trinitate:* Lat. ›über die Dreieinigkeit‹; christl. Lehre von der Dreiheit der göttl. Personen (Vater, Sohn und Hl. Geist). – *κατ' ἐξοχην:* S. zu B 180. – *fußfälligen Vorreden:* Zu L.s ironischen Reflexionen betreffs der seinerzeit obligaten Dedikationen s. das Wortregister. – *Sivers Erklärung der Offenbarung Johannis:* Liscows erste Satire gegen Sivers ist gegen dessen Exegese der Passionsgeschichte im Johannes-Evangelium gerichtet, nicht, wie L. irrtümlich schreibt, gegen die Apokalypse; gemeint ist also die »Geschichte des Leidens und Sterbens, der Auferstehung und Himmelfahrt Jesu Christi mit kurtzen exegetischen Anmerkungen erläutert und mit einer Vorrede von den Feinden und Freunden des Creutzes Christi«, erschienen Lübeck 1732. Heinrich Jakob Sivers (1708–1758), Theologe in Lübeck, später in Linköping in Schweden. Seine zahlreichen naturwissenschaftlich-theologischen Spekulationen gaben Liscow zu Satiren Anlaß. Liscow, den Sivers für den Verfasser einer Kritik seines Buches im »Hamburgischen Correspondenten« hielt, auf die er in der gleichen Zeitschrift eine wütende Erwiderung veröffentlichte, reagierte mit der Schrift »Klägliche Geschichte von der jämmerlichen Zerstörung der Stadt Jerusalem, mit kurzen aber dabei deutlichen und erbaulichen Anmerkungen, nach dem Geschmacke des Herrn Sievers erläutert«, Frankfurt und Leipzig 1732. – *Offenbarung Johannis:* Letztes Buch der Bibel, das vermutlich zwischen 90 und 95 n. Chr. auf der Felseninsel Patmos vor der kleinasiatischen Küste entstand. Verfasser war möglicherweise der dorthin im Rahmen der Christenverfolgung Domitians verbannte Prophet Johannes. Die Apokalypse wandte sich an sieben christliche Gemeinden in der Provinz Asien, die des unmittelbaren Bevorstehens der endgültigen Heilsverwirklichung vergewissert werden sollten.

291 Im Original steht neben der Bemerkung das Initial *V.* am Rande. – *kleinen Hexe:* Mit diesem Beinamen belegt L. später die kleine Stechardin.

292 *An Robert Boylen ...:* Über den Epigrammatiker L. s. zu B 278. Robert Boyle (1627–1691), engl. Naturforscher, Präsident der Londoner Society of Sciences. In seinem Werk »Tentamina quaedam physiologica«, Amsterdam 1667 (BL, Nr. 816), zuerst unter dem Titel »Certain physiological Essays« London 1661 erschienen, findet sich S. 40 ein »Tentamen alterum de experimentis quae non succedunt« (Eine weitere Probe von Experimenten, die nicht gelingen). Vgl. L.s Brief an Heyne, November 1781 (?). – *Doch* ****:* Nach Leitzmann dürfte der Physiker Hollmann gemeint sein.

293 *Der Quadrant an Herrn Ljungberg bei seiner Abreise:* Zu L. als Epigrammatiker s. zu B 278. Zu dem Quadrant als sprechende Figur vgl. C 85. – *Quadrant:* Ein ›Viertelkreis‹ mit einer Winkelteilung an seiner Peripherie und einer Visiereinrichtung entlang dem Radius, früher viel benutzt zur Messung von Höhen im Meridian.

294 *Ausdrücke der Deklination und Inklination des Hutes:* S. L.s Ausführungen in »Ein neuer Damen-Anzug, vermuthlich in Indien« (GTC 1795, S. 146ff.).

295 Diese Bemerkung ist von L. gestrichen.

296 *roulierende:* Im Umlauf befindlich, gang und gäbe sein.

297 *Zu p. 111. §. 3:* Gemeint ist B 290; über die Satire gegen die theologische Fakultät in Göttingen s. die Anm. dazu. – *Gilde:* Svw. Zunft. »Alle hiesige gewerbetreibende Bürger sind, theils in Gilden, theils auch in Zünften eingetheilt. Außer den Gilden und Zünften giebt es noch eine große Anzahl Bürger und Einwohner, deren Gewerbe unzünftig sind; die aber doch vermöge einer besondern Concession, oder durch ihr erlangtes Bürgerrecht, frey und ungehindert ihr Gewerbe treiben dürfen. Jede Gilde hat ihre Innungs-Privilegien, wornach sie sich in Gewerbsangelegenheiten richtet. Zwey Gildemeister und sechs Beysitzer besorgen bey jeder Gilde die Gewerkssachen. Bey Gildenversammlungen ist ein Mitglied des Raths, als Deputirter, gegenwärtig. Ein Gildemeister nebst den sechs Beysitzern werden jährlich Montags nach Michaelis von den gesammten zur Gilde gehörenden Mitgliedern neu gewählt, und vom Königl. Gerichtsschulzen auf dem hiesigen Rathhause öffentlich beeydigt. Aus den sämmtlichen Gildemeistern sind wiederum vier Mitglieder zu Bürgerdeputirten gewählt. In Ansehung der Gewerksabgiften classificirt sich jede Gilde und Zunft, in Rücksicht der Vermögensumstände ihrer Mitglieder, nach vier verschiedenen Classen, und übergiebt diese Classification jährlich den Stadt-Receptoren, nach ihr die Abgiften von jedem Gewerbe treibenden Bürger einzufordern.« (Rintel, S. 209–210) – *wie Vestalisches Feuer hüten:* Vgl. »Allgemeine Küchenzettul-Probe nach den neuesten Versuchen« (GTC 1786, S. 93): »Auch tödete deswegen das weise Rom seine Vestalinnen, sowohl wenn sie das Gelübde der Keuschheit brachen, als wenn sie das Feuer auf dem Heerd ausgehen ließen.« – *kleinstädtisches:* Den Ausdruck gebraucht L. auch E 156, 370 und in »Über die Pronunciation der Schöpse« (III, S. 296). – *Ichweißnichtwas:* Nach dem frz. ›Je ne sais quoi‹ (vgl. F 829); in der Ästhetik und Kunstkritik beliebte Umschreibung für das Unerklärliche. – *den letzten Kometen:* Es handelt sich vermutlich um den Kometen, den L. am 2. Juli 1770 gesehen hatte; s. zu A 220. – *Newtons allgemeine Schwere:* Gemeint ist Newtons 1687 in den »Philosophiae naturalis principia mathematica« veröffentlichtes Gravitationsgesetz, Vorbild der Fernwirkungsgesetze der elektrischen und magneti-

schen Erscheinungen. – *Lessings Sarah:* Lessings bürgerliches Trauerspiel »Miß Sarah Sampson«, 1755 uraufgeführt. – *Ernst:* Danach von L. gestrichen *(meine Neugierde hat mich noch nie soviel auf einmal gekostet:).* – *auf dem Titul ... in der Schrift:* S. zu B 290. – *gedenken läßt:* Danach von L. gestrichen *und ich bin überzeugt.* – *scheinen, so:* Danach von L. gestrichen *muß er bedenkken daß man.* – *den Mantel der Liebe ... über die Blößen ziehen:* Die Wendung ist der Bibel entnommen; s. etwa 1. Petr. 4,8. L. gebraucht die Wendung ähnlich auch im Brief an Friedrich Christian Lichtenberg, 13. August 1773, und an Marie Tietermann, August/September 1773. – *Sünde wider den heiligen Geist:* Nach Matth. 12, 31–32 eine Sünde, die nicht vergeben werden kann, da sie die böswillige Ablehnung der Gnade Gottes ist. – *Vernünftler:* Mensch, der etwas mit scheinbaren Vernunftgründen stützt. DWB 12, 1, Sp. 945–946, bringt Belege aus Herder, Klinger, Kant, Bürger.

298 *kurz:* Danach von L. gestrichen *sie hatten ein Verhältnis gegen einander ohngefähr wie Freundschafft und Liebe.*

299 *Auf ein schönes Mädgen ...:* Über den Epigrammatiker L. s. zu B 278. Vgl. die Kritik L.s an diesem Epigramm B 330. – *Lucinden:* In der Rokokodichtung beliebter Name, den L. auch in einem Brief an Kaltenhofer am 22. August 1772 nennt; Joost vermutet die unter diesem Namen von Zachariae und Boie gefeierte Hofrätin Liste. S. auch Horst Gravenkamp, Lichtenberg und Lucinde, in: Lichtenberg und ..., Göttingen 1991, S. 9–13. – *Und ... Begehn:* Von L. verbessert aus *Und so viel Krafft sie zu begehn!*

300 *Eichsfeld:* Nordwestl. Randgebiet des Thüringer Beckens mit überwiegend kathol. Bevölkerung, seit dem 13.Jh. bis 1803 in Kurmainzer Besitz. Für L. ein Hort des Erzkatholizismus. Vgl. III, S. 421.

301 *daß man über gewisse Materien ohne allen Verstand ... viel schreiben könnte:* Wohl auch Notiz zu der Satire gegen die Theologische Fakultät in Göttingen, s. zu B 290.

302 Diese Bemerkung ist von L. gestrichen. – *an manchen Örtern die Jahrmärkte daß es regnet:* Diesen Scherz macht L. auch F 692, 732, in der Antiphysiognomik (III, S. 286) und in den Briefen an Schernhagen vom 27./28. Oktober 1779 und vom 30. Oktober 1780. Vgl. F 707, 748 und III, S. 286.

303 *gesunde Vernunft:* S. das Wortregister; im übrigen vgl. III, S. 528.

304 Die Bemerkung ist von L. gestrichen.

305 *Gesellschaften de propaganda puritate linguae germanicae:* Gesellschaften zur Ausbreitung der Reinheit der deutschen Sprache; abgewandelt von der jesuitischen »Societas de propaganda fidei«.

306 *deutsche Gesellschaften:* S. B$_1$, S. 45. – *junge Affen ... in einem leichten Spiritus aufbewahrt:* Vgl. GTC 1779, S. 50: »Etwas vom Akademischen Museum in Göttingen«. – *Glieder zu der Kette:* Vgl. J 1748.

307 *Berthold Schwarz:* Eigentlich Konstantin Ancklitzen, ein wahrscheinlich dt. Franziskanermönch; lebte um 1380; wegen seiner alchemistischen Arbeiten, bei denen er die explosive Wirkung einer Salpeter-Schwefel-Mischung mit Quecksilber oder mit Blei und Öl und damit das Schießpulver entdeckt haben soll, erhielt er zu seinem Klosternamen Berthold den Beinamen »der Schwarze«; seine Erfindung des Schießpulvers ist jedoch nicht nachgewiesen.

309 Diese Bemerkung ist von L. gestrichen.

311 *Ironie ... Verteidigung eines an sich schlechten Dinges ...:* Vgl. KA 286; E 122, 408.

312 Wer nicht verständlich spricht, muß es verschmerzen, daß es dann der Leser nicht versteht und deutet, wie er kann. Der plattdeutsche Zweizeiler ist nicht nachzuweisen; ist L. selbst der Verfasser?

313 *die bekannte Geschichte ... Moses Gen[esis]:* Gemeint ist 1. Buch Mose, Kap. 3: »Der Sündenfall«. L. spielt darauf auch in einem Brief an Johann Christian Dieterich vom 14. Oktober 1772 an.

314 *was die Herrnhuter ... gesalbtes Wesen nennen:* L. gebraucht den Ausdruck auch in den »Zwo Schrifften die Beurtheilung betreffend ...« (Nachlaß, S. 47) und im »Timorus« (III, S. 220). In Herrnhut, gelegen im Lausitzer Bergland bei Löbau, ließ Nikolaus L. Graf Zinzendorf seit 1722 auf seinem Besitz eine Siedlung für mährische Exilanten anlegen, aus der sich der Stammort der pietistischen Herrnhuter Brüdergemeine entwickelte, die durch ihre Missionstätigkeit bis nach Amerika (seit 1733) und Afrika wirkte. – *der stubensitzende Lehrer der Theologie:* »Stubenhistoriker« formuliert L. in E 161; zum »Stubensitzer« vgl. das Wortregister.

315 *cum ... philosophabamur:* Und ich philosophierte gerade dann am meisten, wenn es am wenigsten danach aussah. Das Zitat findet sich in der angeführten Schrift Ciceros I, 6.

316 *Konsequenzmacherei:* Consequenzenmacher nannte man seinerzeit einen Menschen, der aus den Reden oder Handlungen anderer falsche oder übertriebene Folgerungen zu ihrem Nachteil zieht.

317 Möglicherweise bezieht sich auch diese Eintragung auf den Plan der Satire gegen die theologische Fakultät; vgl. B 290 und die Anm. dazu. – *Gnadenstoß geben:* Zu dieser Wendung, die L. gern in lit. Fehden gebrauchte, vgl. D 383; E 255; L 439.

319 *Christoph Seng ...:* Dieser Entwurf zu einer Erzählung oder einem Roman ist Fragment geblieben; weitere Bruchstücke s. B 320, 321(?) und die Partien, die unter dem Titel »Christoph Seng« in III, S. 608 veröffentlicht sind. – *regierte:* Danach von L. gestrichen *Übrigens waren die Gegenden des Landes.* – *Man schnupfte zur Schärfung des Verstandes ... Schneeberger:* Diese Passage findet sich auch in »Der Oberförster« (III, S. 605). – *Schneeberger:* Nach der bei Zwickau gelegenen sächs. Stadt Schneeberg benannter Schnupftabak, der aus verschiedenen fein geriebenen Kräutern und Blüten bereitet wurde. Zu L.s Reflexionen über den von ihm selbst regelmäßig konsumierten Schnupftabak s. das Wortregister. Der Schnupftabak, vor 400 Jahren auf dem Kontinent eingebürgert, galt als Hausmittel gegen Gicht, Kopf- und Zahnweh und Gedächtnisschwund. – *jemals in einer Gesellschaft ... ein Wort hätte anders brauchen hören, als just in der einmal festgesetzten Bedeutung:* Vgl. B 132. – *schwarze Stunde:* Diese Wendung findet sich auch in Schillers »Die Räuber«. S. DWB 9, Sp. 2316.

320 Auch diese Bemerkung gehört zu den Entwürfen zu »Christoph Seng«; s. zu B 319. – *hatte Seng ... das Mädchen gesehen:* Vgl. »Christoph Seng« (III, S. 608). – *wenn er:* Danach von L. gestrichen *ihren [?] Agathon.* – *Psyche:* Gemeint ist die Psyche aus Wielands »Agathon«. – *Helena:* Nach dem griech. Mythos Tochter des Zeus und der Leda, die Gemahlin des Menelaos, von Paris, dem Sohn des trojanischen Königs Priamos, entführt, was den Ausbruch des Trojanischen Krieges veranlaßte; von legendärer Schönheit. –

Hebe: Griech. Göttin der Jugend, Tochter des Zeus und der Hera, Mundschenkin der Götter. – *Gabe einer glücklichen Schwärmerei:* Vgl. III, S. 510.

321 *Vorrede:* Zu »Christoph Seng«? S. zu B 319. – *habe ich:* Danach von L. gestrichen *in den Stunden geschrieben, in welchen man gemeiniglich philosophische Bücher nicht zu schreiben pflegt, gantz*. – *aus kleinen Betrachtungen zusammengesetzt:* Gemeint ist aus den Sudelbüchern. – *beobachten könnte:* Danach von L. gestrichen *Ich will alsdann hundert gegen eins verwetten, ich löse das Räthsel auf.* – *größeres Recht:* Danach von L. gestrichen *dazu Lärmen zu machen, als Seefahrende Astronomen* aus *die Astronomen auf Schiffen*. – *zusammengenommen:* Danach von L. gestrichen *So fahren wir dahin und Millionen seglen den höchsten Masten blindlings nach*. – *gut Schreiben so schwer, und schlecht zu schreiben so . . . leicht ist:* Diesen Gedanken notiert L. auch »Zum Parakletor« (III, S. 528). – *natürlich Schreiben eine Kunst:* S. zu A 77. – *das Costume des natürlichen Menschen:* S. zu B 138. – *Der artifizielle Mensch:* S. zu B 138.

S. 130 *du bist ein Mensch:* Vgl. C 210. – *Rat der Menschen über Irrtum und Wahrheit:* Vgl. A 136. – *Habe Mut zu denken:* S. zu GH 46. – *selbst tun:* Danach von L. gestrichen *sie ist das memento mori*. – *Ich bin ein freier Mensch:* S. zu B 284 und J 1194. – *rektifiziert:* Berichtigt, begradigt. – *ein falsches Urteil . . . zum Gebrechen, und nicht zum Vergehen angerechnet:* Vgl. III, S. 543. – *Lustrums:* Lat. lustrum ›Jahrfünft‹; bei den Römern ein Zeitraum von fünf Jahren, nach dessen Ablauf durch den Censor ein feierliches Reinigungs- und Sühnopfer für das ganze Volk durchgeführt wurde. – *keiner:* Von L. verbessert aus *kein Mensch* aus *kein Individuum*. – *the whole man . . .:* Vgl. B 31 und die Anm. dazu. – *par complaisance:* Frz. ›aus Gefälligkeit‹; L. gebraucht den Ausdruck auch F 785, 1213.

S. 131 *Machtsprüche:* Vgl. »Über Hrn. Vossens Vertheidigung gegen mich . . .« (GMWL 1782, 3. Jg., 1. Stück, VS 4, S. 332). – *Swedenborg schreibt . . .:* Vgl. KA 41.

322 *Genuß seiner Empfindungen:* Diese Wendung findet sich auch B 160. – *Taten aufwiegt, wovon der Ruf durch Jahrtausende durchhallt:* Zu dieser Wendung vgl. B 160 und die Anm. dazu. – *Rosenfarb und Silber:* Vgl. B 41 und Anm. – *Klang der Sphären:* Von Pythagoreern des ausgehenden 5. Jh.s v. Chr. aufgestellte Theorie, nach der die in harmonischen Abständen von der Erde angeordneten Himmelskörper durch ihre Bewegung dem Menschen unhörbare Töne erzeugen. – *seine verschobene Halstücher:* Vgl. B 113 und die Anm. dazu. – *leinenen Nebel:* Vgl. B 41.

323 *der Kopf den Forderungen des Unterleibes Gehör geben:* Diese Wendung notiert L. »Zum Parakletor« (III, S. 528). – *ohne Wein und Liebe:* Der Anfang einer damals beliebten Arie aus Weißes und Hillers Singspiel »Die Liebe auf dem Lande«; L. erwähnt sie auch III, S. 519, im Brief an Johann Christian Dieterich vom 28. September 1773, an Johann Andreas Schernhagen vom 18. Juli 1776, an Albrecht Ludwig Friedrich Meister vom 20. September 1782. – *platonischen Räuschen:* Der gleiche Ausdruck begegnet schon B 77.

324 *Venus anadyomene:* Röm. Göttin, schon früh mit der griech. Aphrodite gleichgesetzt, der Göttin der Liebe, ›die aus dem Meer Aufsteigende‹. – *J . . . aus dem letzten Röckgen heraussteigt:* Gemeint ist Justine (Maria Justina Schulzen), über sie s. zu B 171; zum Rock vgl. B 216.

325 *Ressegair:* Jean Ressegair »du lieu de tresdoux, en dobfine (Delphines). Pauper, religionis causa« (aus der schönen Gegend Dauphiné. Arm, aus

Gründen der Religion) steht in der Göttinger Matrikel, S. 41; er immatrikulierte sich am 22. April 1743; zwischen 1760 und 1779 wird an der Göttinger Universität ein frz. Sprachlehrer namens Bernard Ressegaire geführt. – *Jacobi-Kirche:* An der Weenderstraße gelegene, aus dem 14.Jh. stammende Kirche mit 72 m hohem Turm.

327 *Was die Männer in Lakedämon . . .:* L. spielt auf die von Plutarch im »Leben Solons« 20 berichtete, allerdings für Athen und nicht für Sparta geltende Bestimmung an, nach der dreimal monatlich jedenfalls mit der Erbtochter zu verkehren sei.

328 *Magister Schulz:* Wohl Johann Christoph Friedrich Schulz (1747–1806), Repetent in Göttingen, nachmals Prof. der orient. und griech. Literatur, seit 1783 der Theologie in Gießen, 1786 Superintendent der Diözese Alsfeld; arbeitete über das Alte und Neue Testament.

329 *Zwischen Wachen und Traum:* Zu L.s Reflexionen über den Traum s. zu A 33; vgl. A 129. – *Erinnerung längst vergangener Wollust:* Vgl. A 112.

330 *Epigramm p. 118:* Gemeint ist B 299. – *Lamettries bekehren:* Über Lamettrie und die ›Materialisten‹ s. zu A 56.

331 *'Tis too . . . himself:* Gar viel erlebt man's – mit der Andacht Mienen / Und frommen Wesen überzuckern wir / Den Teufel selbst. Zitat aus Shakespeares »Hamlet« 3, 1; Sprecher ist Polonius.

332 *vornehmen Leute:* Danach von L. gestrichen *Leib und Seele selbst nicht ausgenommen. Der Bauer denckt, ohne zu wissen, daß er denckt, wir studirte wollen dencken, wissen es so sehr daß wir dencken, daß wir zu weilen gar für lauter wissen nicht dencken können. O Ihr guthertzigen Schreiber festlicher Prose.* Zu dem Ausdruck *festliche Prose* s. zu B 115. – *der gemeine Mann . . . denkt ohne zu wissen, daß er etwas tut:* Zu den ›blinden Fertigkeiten‹ s. zu A 10. – *für einem:* Zur Verwechslung der Pronomen *für* und *vor* s. zu A 118.

333 *Artikel aus einer Feuer-Ordnung . . .:* Diesen Gedanken notiert L. »Zum Parakletor« (III, S. 528). Vgl. ferner D 87. – *jenes decken:* Danach von L. gestrichen *Eine Zeichnung würde die Sache noch deutlicher machen.* – *imprimieren:* Lat. ›einprägen, einschärfen‹.

334 Vor dieser Bemerkung steht eine unleserlich gemachte Notiz, von der nur noch der Anfang zu entziffern ist: *So nahe hat die Natur das angenehme dem tödlichen gelegt;* die dann erkennbaren Worte *Scheidewand, langsamer Strom, Blut, 70 Jahre* zeigen, daß es sich um eine frühere Fassung des ersten Satzes von B 334 handelt. – *Scheidewand:* Diesen Ausdruck gebrauchte L. auch in »Timorus« (III, S. 235). Vgl. DWB 8, Sp. 2414–2415. – *halte die Flut mit einem Fächer auf:* Zu dieser Wendung vgl. E 257, 387; F 2, 860. – *Schuldistinktion:* Unterscheidung von Begriffen.

335 *M. . . . S.:* Vermutlich fiktive Initialen. – *zu dumm um ein Narr zu werden:* Ähnlich formuliert L. in KA 231; s. die Anm. dazu.

336 *Buttervögel:* Von L. verbessert aus *Schmetterlinge.* In DWB nur ein Beleg aus J. M. Miller.

338 *An Herrn Ljungberg . . .:* Es handelt sich um das Konzept eines nicht erhaltenen Briefes. – *keinen Menschen mit dem ich vertraut umgehen kann:* Ljungberg war Ostern 1770 aus Göttingen nach England abgereist; vgl. B 293. – *nicht einmal einen Hund zu dem ich du sagen könnte:* Diesen Satz verwendet L. in einem Brief an Johann Christian Dieterich vom 21. März 1772. – *Ruhe . . . wovon den Hamlet die Träume . . . zurückhielten:* »Was in dem

Schlaf für Träume kommen mögen, / Wenn wir den Drang des Ird'schen abgeschüttelt, / Das zwingt uns still zu stehn.« In Hamlets berühmtem Monolog, »Hamlet« 3, 1. – *Lot:* Ehem. Massemaß, wonach 1 Lot in Hessen 10 Quentchen = 16,667 g entsprach. – *Fadens, den ich mit einem Groschenmesser entzwei schneiden kann:* Zu L.s Beschäftigung mit dem Selbstmord s. zu A 126; zu dem Bild vgl. B 340.

339 Vor dieser Bemerkung steht eine unleserlich gemachte Notiz, von der nur unzusammenhängende Worte zu entziffern sind; vermutlich eine frühere Fassung von B 339.

340 *mit einem Messer in der Rechten:* Vgl. B 338 und 349.

341 *Die Natur des Menschen ... des Affen:* Zu dem Vergleich s. zu B 107.

342 *Zeilen des Shakespear ... einem ... Glas Wein zu danken:* Der Verbindung zwischen Wein und poetischer Ader gedenkt L. in der »Methyologie« (III, S. 320); vgl. F 455.

343 *meinen Wahlspruch Whim:* Engl. ›Laune, seltsamer Einfall‹. – *accidens:* Etwas zufällig Hinzukommendes, unwesentliche Eigenschaft. – *ein Ding:* Von L. verbessert aus *Thier.* – *Homöomerien:* Griech. ›Gleichteiligkeit‹; Teile, die mit dem daraus Entstandenen von gleicher Art sind.

344 *Ein gewisser Freund den ich kannte:* Wohl L. selbst. – *Leib in drei Etagen ... teilen:* Zu dieser Einteilung vgl. B 67. – *er wünschte ... vertragen:* Zu dem Konflikt zwischen Kopf und Unterleib s. zu B 323.

346 *die meisten unserer Wörter ... mißbrauchte Werkzeuge:* Vgl. D 705. – *aussumst:* »Sumsen« gebraucht L. in III, S. 430, »dahinsumsen« in »Über Hrn. Vossens Vertheidigung ...« (Gött. Magazin 3. Jg., 1. Stück, 1782, S. 100 ff.; VS 4, S. 302). Vgl. an Johann Christian Dieterich am 12. Oktober 1772.

347 *Trinken ... heiße ich:* Auch diese Bemerkung gehört wohl zu dem Entwurf der »Methyologie«. – *auffällt:* Von L. verbessert aus *leuchtet und alles durchströmmt, daß dabey.* – *Agathon:* Über Wielands Roman s. zu B 16. – *wollüstiger Ruhe:* Von L. verbessert aus *philo[sophischer]*. – *nicht dursten konnten:* Von L. verbessert aus *zu viel getrunken haben.*

349 *unser aller Mutter:* Die Natura naturans.

350 *Brèche:* Durchbruch, eine in Mauer und Wall einer Festung gemachte Lücke.

352 *Prämium:* Lat. ›Preis, Belohnung‹.

353 *Unser fetter Bacchus:* Vgl. III, S. 638 und K III, S. 303. – *Baßglas:* Paßglas: ein hohes, weites Trinkglas mit Pässen: dem Reif auf einem Paßglaß. DWB 7, Sp. 1498 bringt Belege aus Günther, Zachariae, Lessing und Wieland. – *sanften Gott der Alten:* Vgl. B 180.

354 *Rede ... in einer Versammlung der Sprützen-Gesellschaft:* Diesen Gedanken notiert L. »Zum Parakletor« (III, S. 528). – *Herrn von M...:* Gerlach Adolf von Münchhausen, der am 26. November 1770 gestorben war. – *G. M. L.:* Die Initialen wohl fiktiv oder Camouflage von G. C. L.

355 *Hebrad oder Hobrad:* Diese Ausdrücke notiert L. »Zum Parakletor« (III, S. 528).

356 *protokollieren ...:* Zu diesem Wortspiel s. zu B 156; dekollieren: frz. ›enthaupten‹.

357 *Polizei ... Plackerei:* Zu diesem Wortspiel s. zu B 156.

358 *Apostel ... Postille:* Zu diesem Wortspiel s. zu B 156. – *Apostille:* Abschieds- oder Entlassungsbrief, auch die Nachschrift eines Briefes oder

einer Urkunde. – *Postille:* Predigtbuch (nach lat. post illa verba ›nach jenen Worten des Textes‹ [der Bibel]).

360 *Bei einem kleinen Fieber ...:* Zu L.s sinnespsycholog. Wahrnehmungen s. zu A 35. – *Wasser in ... Wein verwandeln:* Anspielung auf das von Jesus vollbrachte erste Wunder auf der Hochzeit zu Kana (Johannes 2, 1–11).

362 *beschließen:* Danach von L. gestrichen *Mich dünckt ich höre es schon*.

363 *die Aufgabe von der Bisektion des Winkels:* »Heisset in der Mathematik, wenn man eine Grösse, zum Exempel eine Zahl oder Linie, in zwey gleiche Theile theilet. Also nennet man bisectionem anguli, wenn man einen Winckel in zwey gleiche Theile theilet.« (Wolff, Sp. 259–260). L. erwähnt sie auch in den »Beiträgen zur Geschichte des ***« (III, S. 612). – *auf Diskretion ergeben:* Sich auf Gnade und Ungnade ergeben; vgl. III, S. 517.

364 *Amoretten:* Liebesgötterchen. – *Zephyretten:* Die Sanften, Gelinden; s. zu B 57. – *Yorick:* Hier für Laurence Sterne; s. zu B 203. – *die Winterreise:* Das Gedicht »Die Winterreise« von Johann Georg Jacobi, erschienen Düsseldorf 1769. – *Dichter der Grazien:* So nennt ihn auch Wieland (Werke 11, 154, Hempel), der Leipzig 1770 seinerseits »Die Grazien« veröffentlicht hatte. Das 1. und 2. Stück von Wielands »Teutschem Merkur« 1773 enthielt von Jacobi u.a. »Charmides und Theone, oder die sittliche Grazie« (S. 72–84; S. 122–144). Vgl. an Schernhagen am 25. Mai 1773. – *Hermaphroditen:* Griech. von Hermes und Aphrodite: ein Zwitter; vgl. B 180. Darüber s. »Einige gemeine Irrthümer« (GTC 1779, S. 73).

365 *Was hilft das Lesen der Alten:* Zu L.s Antiken-Kritik s. zu A 18 und das Wortregister. – *den Stand der Unschuld ... verloren:* Vgl. B 264. – *besser zu schreiben:* Danach von L. gestrichen *als Horatz, das ist ungefähr so wie er selbst täglich zu schreiben*. – *das Eichmaß alles Schönen und Richtigen die Natur:* Vgl. B 366. – *Wörtern wozu die Begriffe fehlen:* Vgl. B 146.

366 *Über das Gleichgewicht der Wissenschaften ... Anrede:* Zu dieser Rede gehört B 378, vermutlich auch B 367, 379 und 380. – *Wissenschaften:* Von L. verbessert aus *Gelehrsamkeit*. – *unsere Republik:* Gemeint ist natürlich: Gelehrten-Republik. – *von Berlin, Halle und Göttingen:* Gemeint sind die Zentren aufgeklärten Denkens, bestimmt durch Publizisten wie Nicolai in Berlin und die Universitäten in Halle und Göttingen. Halle wird auch im Alexandrinergedicht (III, S. 420) als Synonym für Aufklärung genannt; »sich von Berlin deutliche Begriffe verschreiben lassen«, schreibt L. auch III, S. 541, 555, 565; vgl. B 380. – *natürlichen Maß des Schönen und Richtigen:* Eine ähnliche Formulierung findet sich B 365. – *Natur ... für unsere Führerin erkennen:* Vgl. A 74. – *Gedanken über den jetzigen Zustand unserer Literatur:* Interessant, daß L. hier schon beginnt, zu ›parakletorisieren‹; vgl. F 153. – *Rat über Irrtum und Wahrheit:* Vgl. A 136. – *andern ist:* Danach von L. gestrichen *ohnerachtet ich also, sage ich, nicht nöthig hätte*. – *Mitbürgers:* Von L. verbessert aus *Mitbruders*.

367 *Anrufung der Muse:* S. zu B 366. – *zwei Damen:* Falls es sich nicht um eine Fiktion handelt, kämen die Schwestern Connor oder Frau Dieterich in Frage.

368 *Lee:* Nathanael Lee (ca. 1653–1692), engl. Dramatiker und Schauspieler, 1684–1689 im Londoner Irrenhaus Bedlam (s. zu A 4 und zu F 721); starb in geistiger Umnachtung. – *It ... fool:* Das Zitat nicht ermittelt. Es ist nicht leicht, wie ein Verrückter zu schreiben, obgleich es sehr leicht ist, wie ein Narr zu schreiben. S. auch an Baldinger, 29. Januar 1775.

369 *der Mensch wieder durch die nämliche Pforte zur Welt hinausgeht durch die er hineingekommen:* Vgl. die zweideutige Wendung an Dieterich vom 28. Januar 1775; Anspielung auf Matthäus 7, 13–14.

370 *Pasquillen:* Ital. pasquillo ›Schmähschrift‹.

371 *Godward:* Engl. ›gottwärts‹. Diese Vokabel findet sich in einem Brief Swifts an Pope vom 26. Juli 1728; L. notiert sie auch Mat I 11.

373 *Mit Engländern in Göttingen:* Bis 1770 war L. Mentor der engl. Studenten Swanton und Irby, danach der von Charles und Jacobus Adams. – *Instituta:* Lat. ›Anstalt, Anordnung‹; hier svw. geregelter Unterricht.

374 *des englischen Junius:* Verfasser von »The Letters of Junius«, einer vieldiskutierten Folge von zeitkritischen Briefen, die 1768–1772 in H. S. Woodfalls »The Public Advertiser« anonym erschienen und 1772 von Woodfall in einer Auswahl herausgegeben wurden (s. BL, Nr. 1149). Hinter dem Pseudonym Junius verbirgt sich vermutlich Sir Philip Francis (1740–1818), auf verschiedenen Posten im engl. Staatsdienst tätig und daher bestens informiert; Gegner Warren Hastings'. Vgl. aber RA 24. – *attischem Witz:* Von athenischer Bildung, mit Bezug auf Athen als Sitz von Bildung und feiner Lebensart, auch *attisches Salz* im Sinne von: sinnreiche, witzige Reden, feiner Scherz. – *Constitution:* Engl. ›Verfassung‹.

377 *Neperische Stäbgen:* S. zu B 87.

378 *Zur Rede:* S. zu B 366. – *Verbot zu deuten:* Danach von L. gestrichen *daß wir uns um solche Dinge nicht bekümmern sollen.* – *das Pulver nicht erfunden:* Diese Wendung gebrauchte L. auch in »Timorus« (III, S. 222). – *wir nicht einmal wissen ob wir eine Seele haben:* Zu Lamettries Leugnung der Seele s. zu A 56.

379 Auch diese Bemerkung gehört wohl zu dem Rede-Entwurf; vgl. B 366. – *Unzer ... in seinem Arzt:* In der Zeitschrift »Der Arzt« (s. zu A 54) handelt Unzer I, S. 339; IV, S. 413; V, S. 60 von der krankhaften Natur der Gelehrsamkeit und des Genies. Vgl. B 54 und D 240. – *die beneidenswürdigste Nation ... die englische:* Vgl. III, S. 189, 1024, 1037. – *Hill ... einen Tee erfunden ...:* Vgl. KA 91 und die Anm. dazu.

380 *Anrede:* S. zu B 366. – *kleiner Gott:* Amor, griech. Eros, der Liebesgott, eines der unvermeidlichen Requisiten der ›tändelnden‹ anakreontischen Lyrik des 18. Jh.s. – *Charitinnen:* Griech. Charites, Göttinnen der Anmut. – *mit Myrten geziertes Zimmer:* Diese Formulierung erinnert an den myrtengeschmückten Marmor-Saal in Jacobis Gedicht »An die Gräfinn von ...«, s. B 254. – *Lilienstengel:* DWB 6, Sp. 1025, gibt Belege aus Goethe und Wielands »Oberon«. – *zyprische Weichlichkeit:* Auf Cypern wurde Aphrodite am innigsten verehrt, demnach Umschreibung für sinnl. Wollust. – *Meßkünstlers:* Im 18. Jh. gebräuchlicher Ausdruck für Mathematiker, insbesondere den Geometer; DWB 6, Sp. 2137, gibt als Beleg aus L. III, S. 311 an. L. hatte zunächst geschrieben *Eulers,* dann *Kästners.* – *damals noch nicht den edelsten Teil des Leibes zu einer Rechenmaschine:* Anspielung auf die materialistische Auffassung vom Menschen. – *Syllogismen-Kasten:* S. zu KA 89. – *Nerven-Krankheit Genie:* S. zu B 54. – *Nachtgedanken:* 1742–1745 war das epische Gedicht »The Complaint, or Night Thoughts on Life, Death and Immortality« von Edward Young erschienen, das für die deutsche Sturm-und-Drang-Bewegung von Bedeutung war (vgl. auch zu B 65). – *Mondstafeln:* Die ersten Mondtafeln, mit denen zu jedem Zeitpunkt der Ort des Mondes bestimmt werden konnte, wurden von Halley und Euler herausgegeben, verbesserte Tafeln

1752–1753 von Tobias Mayer. – *sie sind dahin, die güldenen Zeiten:* Zu dieser Wendung vgl. E 68; Büchmann rechnet diese Redensart unter die Geflügelten Worte und schreibt ihre Herkunft Goethes »Götz von Berlichingen« zu. – *güldenen Zeiten:* Das Goldene Zeitalter, ein aus der Antike übernommener Begriff, der auf eine glücklich-sorgenlose Urzeit anspielte. – *Hirtenfest:* Als Hirtenmonat bezeichnete man seinerzeit den April und Ostermonat. – *Grazien:* Die drei Begleiterinnen der Venus (Charitinnen), Göttinnen der Anmut und bezaubernden Schönheit: Aglaja, Thalia und Euphrosyne. – *Blumenfesseln:* Die ganze Passage wirkt wie eine Collage aus Lieblingsvokabeln der von L. verabscheuten anakreontischen Lyrik, die aber nur zum Teil nachweisbar sind. – *unter Rosen schlummerte:* Vielleicht Anspielung auf Klopstocks »Das Rosenband«, zuerst 1762 veröffentlicht unter dem Titel:»Das schlafende Mägdchen«. – *Myrtenwäldchen:* DWB 6, Sp. 2848, bringt einen Beleg aus Wielands »Oberon«. – *mystisch algebraischen Beschwörungen:* Zu Wortbildungen mit »mystisch« s. das Wortregister. – *Die Vernunft ... kommt ... von Berlin und Göttingen her:* Vgl. B 366.

381 *Nachtstuhl:* Familiaris sella; DWB 7, Sp. 219 bringt für diese dem 18. Jh. vertraute hygienische Einrichtung Belege aus Goethe, Wieland, Jean Paul.

383 *Laterna Magica:* Lat. ›Zauberlaterne‹; ein von Athanasius Kircher 1646 erfundener Apparat zur Projektion von durchsichtigen Lichtbildern.

384 *Fielding Tom Jones:* S. zu KA 256. – *Stelle des Horaz:* »Oden« II, 18, 17–20. – *Tu ... domos:* Ob der bleiche Tod schon winkt, / läßt du noch Marmor brechen, baust noch Schlösser, / Ungedenk der offnen Gruft. – *You ... two:* Du schaffest kostbarsten Vorrat zum Bauen herbei, während es nur des Spatens und der Hacke bedarf; – bauest Häuser fünfhundert Fuß lang und hundert breit, und vergissest jenes von sechs auf zwei (2. Buch, 8. Kap.).

385 Die Bemerkung ist von L. gestrichen. – *Fielding ... Book III chap. I:* Gemeint ist »Tom Jones«; s. zu KA 256. – *dismal, sorrowful, sad and serious:* Von Mrs. Bridget Blifil sagt Fielding in »Tom Jones« (3. Buch, 1. Kap.): »so stuften sich auch ihre Mienen ab von untröstlich zu gramvoll, von gramvoll zu traurig, von traurig zu ernsthaft ...«. – *Book III:* Danach von L. etwas gestrichen.

386 Diese Bemerkung ist von L. gestrichen. – *Professor Philosophiae extraordinariae:* Professor außerordentlicher Philosophie; L. war 1770 zum außerordentl. Prof. für Philosophie ernannt worden. »Den 30ten Junii erhielt die Nachricht daß der König mich zum Prof. Extra ord. Philosoph. zu Göttingen ernannt hätte«, notiert L. in TB 1770 (S. 11 der Handschrift).

391 *Vorschlag zu einer Gesellschaft zu Beförderung des Romanschreibens:* Vgl. L.s spätere Ausführungen im »Orbis pictus« (III, S. 377ff.). – *Romanschreibens:* Danach ein Anmerkungszeichen, dem jedoch keine Anmerkung entspricht. – *Charaktere sammeln:* Vgl. KA 274. – *Redensarten ... Flüche:* Noch in dem Aufsatz »Daß du auf dem Blocksberge wärst« (III, S. 470) läßt L. einen Freund sagen, daß es eine seiner Lieblingsbeschäftigungen sei, National-Flüche zu sammeln. Vgl. D 667, E 208.

392 *Dieser Mann:* Nicht ermittelt. – *sneaking rascals:* Engl. ›kriechende Schurken‹. Im Shakespeare-Lexicon 1923 kommt in »Troilus and Cressida« I, 2, 246 lediglich die Verbindung »sneaking fellow« vor.

393 *Sa Majesté très Voltairienne:* Seine sehr voltairische Majestät. – *König*

von Preußen: Friedrich II; Voltaire befand sich auf Einladung des preuß. Königs 1750–1753 in Potsdam.

394 *Ich warf allerlei Gedanken im Kopf herum:* Ein ähnliches Bild kehrt J 240 wieder.

395 *Interessen:* Im 18. Jh. svw. Zinsen.

396 *Die Kunst ... auf seinen Nebenmenschen zu reiten:* Vgl. Mat I 9.

398 *Geistern Aktivität geben:* Zur L. nicht unbekannten ›Indolenz‹ s. das Wortregister. – *Anna in Rußland:* Anna Leopoldowna (1718–1746), 1740 Regentin von Rußland für ihren minderjährigen Sohn Iwan, Gemahlin Anton Ulrichs von Braunschweig; wurde 1741 durch eine Verschwörung zugunsten Elisabeths entthront und mit ihrem Gemahl und ihren Kindern nach Cholmogory verbannt. L.s Kenntnisse dieser Vorgänge beruhen auf dem zu KA 240 nachgewiesenen Werk von Manstein, der S. 316 von Zarin Anna schreibt: »She was extremly capricious, passionate und indolent; hating affairs, and irresolute in trifles, as well as in affairs of the greatest importance.« Sie war äußerst launenhaft, von Leidenschaften beherrscht und träge; haßte Geschäfte, unentschieden sowohl in Kleinigkeiten als auch in Angelegenheiten von größter Bedeutung.

399 *Epitaph of Colonel Charters:* Die dt. Übersetzung dieser Grabinschrift teilt L. in den Hogarth-Erklärungen (III, S. 741–743) mit. Françis Charters lebte von 1669–1731. L. lernte das Epitaph durch Popes Anmerkung zu seinen »Moral Essays«, III, S. 20, kennen. – *Arbuthnot ... der Verfasser:* John Arbuthnot (1667–1735), engl. Mediziner, Leibarzt der Königin Anna, satirischer Schriftsteller; schrieb zusammen mit Pope und Swift die Satire »Memoirs of the Extraordinary Life, Works and Discoveries of Martinus Scriblerus«; Verfasser der gegen Marlborough gerichteten Satire »The history of John Bull« (1712), dessen Held zum Inbegriff des engl. Nationalcharakters wurde. – *He was ... confiscations:* Er wurde zweimal wegen Vergewaltigung verurteilt und begnadigt, doch das letzte Mal nicht ohne eine Gefängnisstrafe im Newgate und weitreichende Konfiszierungen. – *Newgate:* Ältestes Gefängnis von London.

400 *Grabschrift auf Herrn B.:* Gemeint ist – trotz der falschen Vornamen – sicher Heinrich Christian Boie; zu L.s Grabschriften s. zu B 90. – *rezitiert:* In »Über Hrn. Vossens Vertheidigung gegen mich« sagt L. von diesem und Boie (GMWL, 3. Jg., 1. Stück, 1782, S. 100ff.; VS 4, S. 321): »Sie wurden bald Freunde, weil der eine immer Oden recitirte, die der andere vielleicht nicht ungerne hörte.« Vgl. auch B 402. – *Anthologie der Deutschen:* Der erste Band von Christian Heinrich Schmids »Anthologie der Deutschen« war Frankfurt und Leipzig 1770, der zweite 1771 erschienen. Christian Heinrich Schmid (1746–1800), genannt der Gießener Schmid; 1769 Prof. in Erfurt, 1771 in Gießen; Literarhistoriker und Übersetzer; Anhänger von Christian Adolph Klotz; gab 1770–1781 den »Almanach der deutschen Musen« heraus. – *Deutscher:* Von L. verbessert aus *Mensch.* Nach *Deutscher* von L. gestrichen *das große was er je unternahm / war nicht viel / Ein Sinngedicht.* – *war ein Sinngedicht:* Von L. verbessert aus *läßt sich mit einem Sinngedicht vergleichen.*

401 *Grabschrift auf Prof. D.:* Über Grabschriften s. zu B 90; gemeint ist wohl Johann Andreas Dieze (1729–1785), seit 1763 zweiter Kustos der Universitätsbibliothek in Göttingen, seit 1764 außerordentl. Prof. der Philosophie und Literarhistorie; seit 1784 Bibliothekar in Mainz; veröffentlichte

fast nur Übersetzungen, u. a. 1769 die »Geschichte der spanischen Dichtkunst« von Velasquez. L. erwähnt ihn in den Sudelbüchern und Briefen fast nur ironisch.

402 *Herr B.:* Gemeint ist wohl Boie. – *in Abrahams . . . Davids Schoß:* »In Abrahams Schoß«: geflügeltes Wort nach Lukas 16, 24; »Davids Schoß«: wohl Anspielung auf dessen vor Saul geübte musikal. Künste; David: um 1000 v. Chr. alttest. zweiter König Israels mit Regierungssitz in Jerusalem; vereinigte die Stämme Israels. – *Ramlers und Klopstocks Oden rezitieren:* Über Boies Rezitier-Talent läßt sich L. auch B 400 aus; Ramlers »Oden« erschienen erstmals Berlin 1767. Karl Wilhelm Ramler (1725–1798), seinerzeit berühmter aufklärerischer Schriftsteller; studierte in Halle und Berlin zuerst Theologie, dann Medizin und klassische Philologie; 1748 Prof. an der Kadettenschule in Berlin; 1790–1796 Leiter des Berliner Nationaltheaters. – *Klopstocks Oden:* 1771 erschien die erste von Klopstock zusammengestellte Gedichtsammlung.

404 *die Mösersche Größe ohne Stärke:* S. zu KA 236.

405 *medio resistente:* S. zu KA 298.

406 *Die Komödien sind, nach den Geistlichen:* Noch im Zusammenhang mit B 290? – *Sabinerin:* Von Livius überlieferte Sage vom Raub der Sabinerinnen vom Volk der von den Umbrern abstammenden Sabiner aus den Hochtälern des Appenin, die bis zum Tiber siedelten und an der Gründung Roms beteiligt waren. – *Scilicet . . . manent:* Sieh, seit jenes Fest man beging, hat sich das Theater / Bis zum heutigen Tag Schönen gefährlich gezeigt.

407 *Rätsel:* Zu L.s Freude an Rätseln vgl. K$_1$ S. 838; J 510, 599, 884, 993; SK 261, 297, 561, 564, 570, 582.

408 *Ich sehe nicht ein warum nur der Mann bekannt werden soll:* Leitzmann setzt mit dieser Notiz den Anfang der erneuten Arbeit an Kunkels Leben; s. zu B 102. Nach TB 25 vom 21. August 1771 ist der Wiederbeginn jedenfalls in diesen Monat zu setzen. Vgl. auch B 409, 410, 417, 418, 419, 420. – *Alexanders:* Von L. verbessert aus *Carl des XII^{ten}*; vgl. auch B 412.

409 *Sein Charakter . . . sein Ehrengedächtnis:* Über den Kunkel-Plan s. zu B 408. – *Naturgeschichtsschreiber:* Diesen Ausdruck gebrauchte L. auch L 395.

410 *Der Geschichtsschreiber Gunkels:* S. zu B 408. – *florissant:* Frz. ›blühend, blumig‹.

411 *Stunden zugebracht, um einen guten Gedanken . . . zu haben:* Vgl. D 289. – *Sie . . . Bögen:* Diese Notiz ist in der Handschrift eine Randbemerkung L.s.

412 *Karl der 12te:* Von Schweden. – *Bender:* Bendery, Stadt und Festung in Bessarabien am Dnjestr; Karl XII. hielt sich 1709–1713 nach der verlorenen Schlacht von Poltawa meist in dem nahegelegenen Warnitza auf, wo auch die Stürmung seines Hauses durch die Türken erfolgte. – *wie Bell von Antermony erzählt:* Die Anekdote findet sich in der zu KA 86 nachgewiesenen Reisebeschreibung, Bd. 2, S. 111–112.

415 *kaffeeschwesterlicher:* Zu diesem Ausdruck s. das Wortregister.

416 *als Packpapier von eurem Buchhändler erhalten:* Zum Gebrauch gedruckter Bücher in der Haushaltung vgl. E 245, 312.

417 *geriet er in einen sehr verdrüßlichen Prozeß:* Wohl auch auf Kunkel bezüglich; s. zu B 408.

418 *Kunkels Leben . . . von hinten angefangen:* S. zu B 408.

419 *Unter allen Bildern:* Zu dem Kunkel-Plan s. zu B 408. – *Mahmud:*

Mahmud von Ghasna (971–1030), vorderasiat. Herrscher und Eroberer türk. Abkunft; gelangte 998 zur Herrschaft; eroberte den östlichen und mittleren Iran, das heutige Afghanistan und den Pandschab; Förderer der persischen Dichtkunst. Das von L. erwähnte Bild des Sultans Mahmud aus Hanways Werk ist hier wiedergegeben:

– *Sultan Hussein:* Nicht ermittelt. – *Hanway's historical account . . . Vol. II. p. 180:* Der zweite Teil, London 1762 erschienen, trägt den Titel »The revolution of Persia: Containing the reign of Shah Sultan Hussein; the invasion of the Afghans and the reigns of Sultan Mir Mahmud and his successor Sultan Ashreff . . . «. Jonas Hanway (1712–1786), engl. Schriftsteller und Philanthrop; der erste Band seiner Reisebeschreibung, die Leipzig 1762 in dt. Übersetzung erschien, wurde London 1754 veröffentlicht. – *eine Kassiopeia in Doppelmayrs Atlas:* S. zu B 195.

420 *from . . . returns:* Von des Bezirk / Kein Wanderer wiederkehrt. Zitat aus Shakespeares »Hamlet« 3, 1 (Hamlets Monolog).

421 *one God and one coat:* Ein Gott und ein Mantel. Diesem Wort dürfte der bekannte Wahlspruch Saladins zugrunde liegen, den auch Lessing in »Nathan der Weise« 2, 2 verwertet hat (»Ein Kleid, Ein Schwert, Ein Pferd, – und Einen Gott!«), wenn man nicht etwa an die Symbolik in Swifts »Märchen von der Tonne« denken will; vgl. auch die Travestie: »One God, one Farinelli« in den Hogarth-Erklärungen (III, S. 845).

S. 152 Dieser Seite entspricht im Original die Vorderseite des ersten hinteren Umschlagblattes. Darauf befindet sich außer den hier mitgeteilten Notizen eine kurze Additionsrechnung, eine verblichene Zeichnung und am Schluß ein ornamentaler Schriftzug. Auf der Rückseite des ersten hinteren Umschlagblattes stehen eine weitere Rechnung und mehrere Schreibübungen von Initialen. – *War Arglist . . . schlug:* Diese Verse stammen vermutlich von L. selbst; über den ›Poeten‹ L. s. KIII, S. 299. Es handelt sich um eine Paraphrase der Verse: »and pulpit, drum ecclesiastic, was beat with fist in stead of a stick« aus Butlers »Hudibras« I, 11, die im 60. Stück des »Spectator« zitiert werden; vielleicht wurde L., durch die Abhandlung im »Spectator« über den falschen Witz zu seiner Verdeutschung angeregt. – *catches and glees (merry songs):* Engl. ›Kanons und Rundgesänge (lustige Lieder)‹; Glee ist in der engl. Musik des 17.–19. Jh.s ein geselliges Lied für drei oder mehr Stimmen. L. besaß, von Thomas Augustine Arne hrsg., »New Collections of the most admired Catches and Glees«, London 1775 (BL, Nr. 1703). – *Beauchamp:* Stadt in England; auch Adelsgeschlecht. – *Worcester:* Eine der westl. Grafschaften Englands und Hauptstadt gleichen Namens. – *Cholmondely:* Engl. Adelsgeschlecht. – *Cirencester:* Stadt in der engl. Grafschaft Gloucester, röm. Gründung. Zu L.s Notizen zur Aussprache engl. Wörter s. zu KA$_{II}$ S. 42. – *Colsons' Lectures:* John Colson (1680–1760), engl. Mathematiker, Prof. in Cambridge. – *p. 16. Cotes's hydrostatical experiments:* Roger Cotes (1682–1716), engl. Mathematiker und Astronom; L. besaß dessen »Hydrostatical and pneumatical Lectures. With notes by Robert Smith«, erschienen London 1775 (BL, Nr. 389). – *Hudibras:* Verssatire von Samuel Butler; s. zu B 49.

C

Das Sudelbuch C – Lichtenberg erwähnt es in »An den Herausgeber des Museums (Von ein paar alten deutschen Dramen)« (III, S. 368) als ein »altes Tagebuch« – ist ein Quartheft von 91 Seiten in einem blauen Papierumschlag. Die Seitenzahlen gehen nur bis 87, wobei aus Versehen die Zahl 57 doppelt geschrieben ist; die letzten Seiten sind unpaginiert. Mit Sudelbuch C setzt die von Lichtenberg selbst gewählte Bezeichnung seiner Sudelbücher mit den laufenden lateinischen Großbuchstaben ein. Die Handschrift befindet sich heute in der Staats- und Universitätsbibliothek Göttingen (Signatur: Ms. Lichtenberg IV, 27). Textvorlage, verglichen mit der Handschrift: Georg Christoph Lichtenbergs Aphorismen. Nach den Handschriften herausgegeben von Albert Leitzmann. Zweites Heft: 1772–1775. Deutsche Literaturdenkmale, No. 131. Berlin 1904.

Zur Chronologie von Sudelbuch C

Titel: 27. Juli 1773 (wohl das Datum des Tages, an dem das Buch offiziell geschlossen wurde, obwohl dann noch Nachzügler folgten);
11: englische Übersetzung des »Fray Gerundio«, Rezension darüber vom 3. September 1772 (vgl. die Anm.);
44: erste Erwähnung Osnabrücks, Ankunft dort 4. September 1772 (vgl. Brief an Joel Paul Kaltenhofer, 20. September 1772);
59: Parallele zu einem Brief an Johann Andreas Schernhagen vom 11. November 1772 und an Joel Paul Kaltenhofer vom 12. November 1772 (vgl. die Anm.);
63: Neujahrswünsche, gedichtet am 20. November 1772 (vgl. die Anm.);
83: 2. Dezember 1772;
108: Neujahrstag 1773;
144, 145: »Hannoverisches Magazin« 1773, Stück 6, erschienen 18. Januar;
nach 158: Abschied von Osnabrück, Abreise nach Hannover 13. Februar 1773 (vgl. Brief an Joel Paul Kaltenhofer, 13. Februar 1773);
213: 20. April 1773;
vor 216: Stade, Ankunft dort 18. Mai 1773 (vgl. Brief an Marie Tietermann, 19. Mai 1773);
256: 7. Juni 1773;
268: »Hannoverisches Magazin« 1773, Stück 48, erschienen 14. Juni;
355: »Hannoverisches Magazin« 1773, Stück 68, erschienen 23. August.

Anmerkungen (Band I)

S. 155 Diese Seite entspricht in der Handschrift der vorderen Außenseite des Umschlags. Auf der Innenseite und einem dort aufgeklebten Zettel sind von zwei verschiedenen fremden Händen Redewendungen eingetragen, die den Zustand der Trunkenheit bezeichnen; sie sind in den Anmerkungen zu »Patriotischer Beitrag zur Methyologie der Deutschen« wiederabgedruckt (KIII, S. 145). – *The whole man* . . .: S. zu B 31. – *Stadae:* In Stade hielt sich L. vom 18. Mai bis 5. November 1773 auf.

1 *Finten, Fintchen:* Diese Eintragung befindet sich in der Handschrift auf einem dem Umschlag folgenden Vorsatzblatt. Finte – listiger Vorwand, List, Vorspiegelung. Aus dem ital. finta im 17. Jh. übernommen, zunächst als Fechterausdruck (›vorgetäuschter Stoß‹).

2 *Mönchsleben:* Zu L.s Antiklerikalismus s. zu KA 228. – *Vida celeste:* Port. ›Himmlisches Leben‹. Im 1. Band, 22. Brief, »Ein schöner Prospekt. Gereimte und ungereimte Verse. Glückliches Leben der Hieronymiten. Ufer des Tagus«, heißt es S. 131 über ein Hieronymitenkloster: »Unter . . . Bäumen sind kleine Zellen und Kapellen angelegt, worinn einige bußfertige aber sehr armselige Sünder mit Erlaubniß der Mönche wohnen, und faullenzen. Diese müßige Lebensart heißt hier ein himmlisches Leben (vida celeste), eine Benennung, die nur in dem Falle, da man die privilegirten Müßiggänger für glückselige Leute hält, Statt haben kann.« – *Baretti:* Giuseppe Marcantonio Baretti (1719–1789), ital. Schriftsteller und Reisender, lebte seit 1751 in London, wo er auch starb; seit 1766 Sekretär bei der Royal Academy; mit Hester Lynch Thrale Piozzi befreundet. Bekannt wurde er u. a. durch seine Übersetzungen von Corneille und Ovid. 1762 erschien seine Beschreibung einer Reise durch Portugal, Spanien und Frankreich (»Lettere famigliari«, 2 Bde., Mailand und Venedig), deren Fortsetzung jedoch auf Betreiben des portugies. Gesandten unterdrückt wurde. Sie erschien vollständig und z. T. umgearbeitet London 1769. L. las die aus dem Englischen ins Deutsche übertragene Ausgabe: »Reisen von London nach Genua durch England, Portugal, Spanien und Frankreich«, 2 Bde., Leipzig 1772. Eine Rezension der Übersetzung findet sich in den GGA 1770, S. 1354; 1771, S. 66, 117, 139; eine Rezension der englischen Ausgabe ebd. 1772, Zugabe S. CXCVII, CCXII. S. auch III, S. 197.

3 *Brief 23:* S. zu C 2; die von L. gekürzt wiedergegebene Beschreibung befindet sich bei Baretti, a.a.O., 1. Bd., 23. Brief, »Probe eines poetischen Stils. Eine Wasserleitung«, S. 137. – *Wasserleitung von Alcantara:* Im 18. Jh. erbaut. Alcantara: Stadtteil von Lissabon.

4 *24:* S. zu C 2; bei Baretti, a.a.O., 1. Bd., 24. Brief, »Steinigung in einem Thale. Charackter der Portugiesen«, heißt es S. 143–144: »Als ich gestern nach dem Aqueduct gieng, verfolgten uns viele Kinder mit großem Geschrey, und überhäuften uns mit solchen entsetzlichen Schimpfworten, dergleichen die Kinder in andern Ländern nicht wissen. Auf das unvermögende Schimpfen dieser heranwachsenden Taugenichts, würde ich weiter nicht geachtet haben, wenn nicht ein besonderer Zufall damit verknüpft gewesen wäre. Als einige Weiber dieses Geschrey hörten, kamen sie geschwind an die Thüren, mengten sich unter die Kinder, und reizten sie, uns noch mehr zu schimpfen, und weiter, als sonst geschehen seyn würde, zu verfolgen.«

5 *Schleier . . . Hosenschlitz:* Diese Bemerkung ist wohl durch Baretti angeregt, bei dem es a.a.O., 1. Bd., 25. Brief, S. 151, heißt: »Sie nahm den Schleyer, weil ihre Umstände es ihr eben so wenig als den übrigen Nonnen erlaubten, etwas anderes und angenehmeres zu wählen.«

6 *Lady Hill:* Die Geschichte befindet sich bei Baretti, a.a.O., 1. Bd., 25. Brief, S. 152, aus dem auch die Bemerkung C 5 entnommen wurde. Baretti kommentiert dies so: »Dies that ein Frauenzimmer! Eine solche Geringschätzung aller reizenden Vergnügungen der Welt, und eine solche Standhaftigkeit, das einmal gethane obgleich beschwerliche Gelübde nicht zu brechen, fand sich in einer weiblichen Brust! Würde wohl ein Mönch so edel gehandelt, und seine Fesseln, wenn er einmal so glücklich entwischt, wieder genommen haben?«

7 *Brief 29:* Bei Baretti heißt es im 1. Bd., 29. Brief: »Beschreibung von Mafra und Cintra. Das königliche Kloster und dessen Bibliothek. Seltenheit Portugiesischer Bücher«, S. 181, von der Bibliothek: »Nichts ist zahlreicher in dieser Büchersammlung, als die Lebensbeschreibungen der Heiligen von allerley Nationen und Geschlecht. Gegen hundert Bünde sollen allein die Thaten des heiligen Antonius, und zwar alle auf verschiedene Art beschreiben. Kein Alexander und August kann sich so vieler Geschichtschreiber rühmen.« – *Mafra:* Stadt im Distrikt Lissabon; die gewaltige Klosteranlage ließ König Johann V. 1717–1730 in Nachahmung des Escorial von einem dt. Baumeister errichten. – *Taten des heiligen Antonius:* Antonius von Padua (1195–1231), Volksprediger, wegen vieler Wunder hoch verehrt, namentlich als Schutzpatron von verlorenen Sachen, Viehkrankheit, Fieber und Seuchen. Bereits ein Jahr nach seinem Tode heiliggesprochen.

8 *30. Brief:* Im 1. Bd., 30. Brief, S. 192: »Unwissenheit der Gelehrten. Von Orgeln und Glockenspielen. Nachricht von Cintra«, berichtet Baretti von einem Glockenspieler, der zwei Instrumente erfunden hat – eine Art modernen Xylophons –, »wovon eines aus Stückchen Holz, und das andere aus Stückchen Ziegel besteht. Diese Stückchen werden in einer gewissen Ordnung auf den Tisch gelegt, und alsdann spielt er vermittelst zweener kleinen Hammer darauf, und bringt ganze Symphonien von Händel und Scarlatti heraus.« Vgl. C 16.

9 *Baretti . . . Brief 57:* Die Stelle findet sich bei Baretti im 2. Bd., S. 21, 27. – *Lope de Vega:* Félix Lope de Vega Carpio (1562–1635), span. Lyriker, Epiker und vor allem Dramatiker. Von seinen angeblich 1500 Stücken sind etwa 500 erhalten, von denen der größte Teil in der Sammlung »Comedias« Madrid 1604–1647 in 28 Bdn. erschien. – *Calderon:* Pedro Calderón de la Barca (1600–1681), span. Dramatiker, schrieb 121 weltliche und 73 religiöse Dramen. – *sich . . . befeuern:* Wörtliches Zitat aus der deutschen Übersetzung der Reisebeschreibung. – *Moreto . . . Lustspiel Der Kavalier:* Agustín Moreto y Cabaña (1618–1669), span. Dramatiker und Kaplan in Toledo. Unter den zahlreichen Komödien gilt als Meisterwerk: »El lindo Don Diego« (1659), das hier wohl gemeint sein dürfte.

10 *Die Spanier . . . ebendaselbst:* Die Stelle findet sich bei Baretti im 2. Bd., 57. Brief, S. 35, wo von den Übersetzungen berichtet wird, ». . . daß solche meistens auf Befehl des Königes Philipp des Zweyten veranstaltet worden, welchen man fast durchgängig für einen Politiker, aber für keinen gelehrten König hält, da er es doch in der That war. Wenigstens bewies er sich in so weit als einen Freund der Gelehrsamkeit, daß er ansehnliche Summen auf Spanische Uebersetzungen der Alten verwandte.«

11 *Historia del famoso Predicador . . . ebendaselbst:* Die Stelle findet sich bei Baretti im 2. Bd., S. 40. Gemeint ist »Historia del famoso Predicador Fray

Gerundio de Campazas, alias Zotes. Escrita por el Licenciado Don Francisco Lobòn de Salazar ...«, 1. Bd. Madrid 1758, 2. Bd. 1768 bzw. 1770. Verfasser ist José Francisco de Isla (1703–1781), span. Satiriker, Jesuit, seit 1767 in Italien. – *Don Quixote:* Der berühmte Roman »El ingenioso hidalgo Don Quixote de la Mancha« (Der scharfsinnige Edle Herr Don Quijote de la Mancha) von Cervantes erschien in 2 Tln. 1605 und 1615. Miguel de Cervantes Saavedra (1547–1616), span. Romancier und Dramatiker. L. erwähnt ihn häufig. – *nunmehr ... ins Englische übersetzt:* Die engl. Übersetzung erschien in 2 Bdn. London 1772, nachdem zuvor im gleichen Jahr Baretti Auszüge aus dem Werk übersetzt und publiziert hatte. Die Anm. hat L. nicht aus Baretti, sondern einer Rezension von Kästner über die engl. Übersetzung (Fambach, S. 27) entnommen, die am 3. September 1772 in den GGA, S. 905, erschien.

12 *Fandango und Seguedilla ...:* Die Stelle findet sich bei Baretti im 2. Bd., 85. Brief, S. 354: »Den Fandango und die Seguedilla, ihre beyde Nationaltänze, sieht man alle Tage, allenthalben und von jedermann tanzen.« Fandango: Einer der ältesten span. Werbetänze aus Kastilien und Andalusien, mit Kastagnetten getanzt; Seguedilla: altandalusischer Platztauschreigen, meist von vier Paaren getanzt.

13 *Die abergläubischen Indianer in Guiana ...:* Die Bemerkung ist fast wörtliches Zitat aus den »Neuen Reisen nach Guyana, Peru und durch das südliche Amerika«, a.a.O., S. 136, von Barrère, Bouguer und La Condamine (s. zu KA 246); vgl. C 16, 17, 18.

14 *Berni sagt:* In dem Gedicht »In lode del debito a Messer Alessandro del Caccia«, geschrieben 1532 oder 1533, heißt es: »E fue un tratto una vecchia Lombarda, che credeva, chel'l papo non foss' uomo, ma un drago, una montagna, una bombarda.« (Zit. nach: »Opere burlesche« I, S. 80, Florenz 1548). Francesco Berni (1497–1535), ital. Dichter und Priester, prägte einen burlesken Stil in satirisch-komischen Gedichten. L. zitiert den Ausspruch auch D 666 und in der Antiphysiognomik (III, S. 285). Baretti – s. zu C 2 – erwähnt ihn lobend im 1. Bd., S. 288.

15 *sind:* Danach von L. versehentlich nicht gestrichen *aber doch nicht mehr unter diejenigen gerechnet werden können.* – *Kastraten-Empfindungen:* Kastrat: durch Verschneidung Entmannter, anfangs aus religiösen Gründen, im 16.–19. Jh. in der Gesangskunst (operia seria) wegen des faszinierenden Stimmklangs gesucht.

16 *Barrere sagt:* S. zu KA 246; die Stelle über das Balafo findet sich in dem dort genannten Werk S. 142 f. – *Strohfiddel:* Vgl. C 8 und die Anm. dazu.

17 *sagt Barrere:* S. zu KA 246.

18 *p. 153:* Die Notiz ist wörtlich bis auf den Schlußsatz aus Barrère, a.a.O., S. 155 entnommen (s. zu KA 246). – *das Magisterwerden:* L. wurde erst am 4. Januar 1779 zum Magister promoviert; vgl. Brief an Karl Friedrich Hindenburg, 5.(?) Januar 1779. Vgl. auch Göttinger Jahrbuch 21, 1779, S. 163. Von einer »Art von Magisterpromotion« schreibt L. in »Ein paar Feierlichkeiten und Gebräuche« (GTC 1780, S. 30; VS 6, S. 326).

19 *Superfötation:* Eine bei Tieren beobachtete zweite Empfängnis nach bereits erfolgtem Eintritt eines befruchteten Eis in die Gebärmutter. Hippokrates hat bereits »De superfetatione« geschrieben.

20 *Bei mir liegt das Herz ...:* Die ganze Passage ist D 610 (S. 323) weiter

ausgeführt; s. auch III, S. 674. – *Entschlüsse ... ratifiziert:* Zu dieser Wendung vgl. K 63.

21 *Flick-Sentenzen:* Ähnliche Neu-Prägungen macht L. auch D 668, E 161, Mat II 35. Er verwertet sie in »Von ein paar alten deutschen Dramen« (III, S. 370); vgl. auch III, S. 391 und 422.

22 *Drei-Groschen-Stück ... Träne:* Vgl. »Timorus« (III, S. 218). »Seufzer« und »Dreigroschen-Stück« stellt L. im Brief an Dieterich vom 13. Januar 1773 zusammen. »Dreigroschenstück« gebraucht L. auch C 256, E 298, III, S. 17 und 258. Es wurde 1528 in Polen eingeführt und auch in Preußen ausgegeben; schon seit dem 17. Jh. wegen seines schlechten Edelmetallgehalts sprichwörtlich für minderwertige Qualität.

23 *so empfindsam von der Seele eurer Mädchen sprechen:* Vgl. III, S. 519. – *Der Bauerknecht schielt nach dem Unterrock-Schlitz:* Von dem »Schlitz in einem Mädchen-Rock« redet L. schon in einem Brief an Joel Paul Kaltenhofer vom 12. Oktober 1772 aus Osnabrück. – *empfindsamen Kandidaten:* Dieser Ausdruck begegnet auch C 58, 79, D 30, der Ausdruck »Kandidat« auch im Brief an Friedrich Christian Lichtenberg vom 13. August 1773 und III, S. 420.

24 *Ces ... Moines:* Auf diesen Inseln, vormals Strophaden (heute Strouvaden) genannt, von denen die Dichter sagen, sie würden von Harpyien bewohnt, leben heute Mönche. Zu L.s Aversion gegenüber dem Mönchswesen s. zu C 37. – Charles Georges Leroy (1723–1789) veröffentlichte Paris 1758 das Werk »Les ruines des plus célèbres monuments de la Grèce, ouvrage, dans lequel on considère les monuments du côté de l'histoire et du côté de l'architecture«. In neuer Bearbeitung erschien es 1770.

25 *Mit größerer Majestät ... Verstand still gestanden:* Vgl. E 310.

26 *So wird ... Adels-Brief:* Vermutlich ist L. selbst der Verfasser dieses Zweizeilers.

28 *Dieser Satz ... unter die offizinellen:* Offizinell: in der Apotheke vorhanden, arzneilich, heilkräftig. L. gebraucht den Ausdruck auch III, S. 789.

29 *Das macht ...:* Vgl. A 96 und die Anm. dazu.

30 *Zu Dorlar ...:* Vgl. A 98 und die Anm. dazu.

31 *Vergangener Schmerz ...:* Vgl. die ähnliche Betrachtung A 112.

32 *Sandkörngens:* Diese Passage mutet wie eine Vorahnung von der Atomkern-Beschaffenheit an. L. greift den Gedanken C 303 wieder auf.

33 *Der Krämer, der etwas abwiegt ...:* Vgl. A 113 und die Anm. dazu.

34 *Es ist ein Glück ...:* Dieser Gedanke wird erst durch A 114 verständlich, wozu er eine Art Anmerkung bildet.

35 *Newton war eine Mißgeburt ...:* Diese Notiz entspricht dem Schlußsatz von A 116; im übrigen s. die Anm. dazu.

36 Diese Notiz ist von L. gestrichen. – *Er reiste ... nach Hannover:* Am 2. März 1772 brach L. von Göttingen über Northeim und Einbeck nach Hannover auf, wo er bis zum 23. Juli blieb, machte dann bis zum 3. August Station in Göttingen und fuhr erneut nach Hannover: 4. August 1772. Vgl. Brief an Johann Christian Dieterich, 2. März 1772. Ein ähnliches Bonmot findet sich im Brief an Albrecht Ludwig Friedrich Meister vom 20. September 1782. – *Mamsell P...:* Vermutlich spielt L. im Brief an Johann Christian Dieterich vom 2. März 1772 aus Einbeck auf dieses Fräulein an. S. auch Brief an Johann Christian Dieterich, 29. Dezember 1771.

37 *Ja die Nonnen . . .:* Zu L.s Antiklerikalismus vgl. KA 228; C 2, 6, 24, 37, 117; J 11, 72, 912, 1099.

38 *in einer warmen Vorstellung sonnen:* Zu dieser Wendung s. Brief an Johann Andreas Schernhagen vom 11. November 1772.

39 *Anfang von Lavaters Antwort auf . . . Mendelssohns Brief:* Lavater hatte 1769 Mendelssohn in einem offenen Brief aufgefordert, entweder Bonnets Beweise für die Wahrheit des Christentums zu widerlegen oder selbst Christ zu werden, was dieser gleichfalls in einem offenen Schreiben ablehnte. Lavaters »Antwort an Moses Mendelssohn« vom 14. Februar 1770, erschienen Frankfurt am Main 1770, veröffentlichte dann Mendelssohn in »Antwort an den Herrn Moses Mendelsohn zu Berlin von Johann Caspar Lavater. Nebst einer Nacherinnerung« Berlin und Stettin 1770. Moses Mendelssohn (1729–1786), jüdischer Popularphilosoph der Aufklärung, mit Lessing und Nicolai befreundet. Vgl. Brief an Johann Christian Dieterich vom 13. Januar 1773 und noch F 741. – *das volle preußische Maß:* Wohl das ›Gardemaß‹ des preußischen Gardekorps seit König Friedrich Wilhelm I.: 170 cm. – *Süß:* Gemeint ist Süß Oppenheimer, geb. 1692, Finanzagent und Günstling des Herzogs Karl Alexander von Württemberg, 1728 gehängt. – *ein Zürcher:* Anspielung auf Lavaters Geburts- und Wohnort.

40 *Mendelssohn sagt:* Auf diese Stelle – ein wörtliches Zitat – kommt L. auch in einem Brief an Johann Christian Dieterich vom 13. Januar 1773 zu sprechen. Mendelssohns Schrift ist zu C 39 nachgewiesen.

42 *Herder vom Ursprung der Sprache. p. 211:* Die Notiz ist wörtliches Zitat aus der preisgekrönten »Abhandlung über den Ursprung der Sprache«, die, 1770 als Beitrag zu der Berliner Akademie-Preisfrage geschrieben, 1772 im Druck erschien. L. erwähnt das Werk auch in »Zum Parakletor« (III, S. 531). Eine Besprechung der Schrift brachten die GGA 1772, S. 657. Zu L.s Beschäftigung mit Sprache und Sprachphilosophie vgl. A 3.

43 *Yorick. Sentimental Journey . . . Der junge Pursche, sagte der Wirt:* Die Stelle steht in dem »Montriul« überschriebenen Abschnitt der »Sentimental Journey«, die zu B$_1$ S. 45 nachgewiesen ist.

44 *Die Osnabrücker . . . brauchen doch auch drei Tage Zeit um einen Windofen zu setzen:* L. befand sich seit dem 4. September 1772 in Osnabrück, wo er bis zum 13. Februar 1773 blieb (s. nach C 158). Über die Mentalität der Osnabrücker s. Brief an Joel Paul Kaltenhofer vom 12. Oktober 1772. Windofen: ein Ofen, dessen Brand durch Luftzug vermittels Zuglöchern verstärkt wird; seit Mitte des 18. Jh.s auch im Gebrauch für Stubenöfen mit blechernen Ofenröhren (DWB 14,2, Sp. 315).

45 *Ich fühlte mein Ich . . . Yorick:* Die Stelle findet sich in Sternes »Sentimental Journey« (s. zu B$_1$ S. 45) in dem Abschnitt »The case of conscience, Paris«.

46 *Es war mehr Galle . . . Ebendaselbst:* Die Stelle findet sich in Sternes »Sentimental Journey« in dem Abschnitt »The case of conscience, Paris«.

47 *im Yorick:* Zu Sternes »Sentimental Journey« s. zu B$_1$ S. 45. – *die Stelle von meinem Schlaf-Rock in der Reise-Beschreibung:* Diese Reisebeschreibung, wohl in Sternes Manier, ist nicht erhalten; ihr Gegenstand scheint eine Reise nach Gotha gewesen zu sein, die L. zusammen mit der Familie Dieterich etwa 1770 oder 1771 unternahm. Vermutlich ist sie das »größere Werk«, aus dem sich das III, S. 639, abgedruckte Gedicht als »poetischer Auszug« einführt. L. erwähnt die Reisebeschreibung auch E 169 und in den Briefen an Christiane

Dieterich vom 28. Februar 1772, an Johann Christian Dieterich und Frau vom 17.–20. März 1772 und an Johann Christian Dieterich vom 2. März 1772, 7. September 1772 und 8. Juli 1773. Vgl. auch die Antworten Dieterichs. – *Apostrophe an denselben:* Apostrophen à la Sterne an Tiere und Gegenstände hält L. etwa C 57, 85; D 49. Seinen gelben Hosenknopf redet L. in einem Brief an Johann Christian Dieterich vom Februar 1773 an, seinen Hut und seine Schuhe in einem Brief an Christiane Dieterich vom 15. März 1772. Im Brief an Johann Christian Dieterich vom 25. November 1772 ist von Sybillchen, seinem Steinkohleofen, die Rede.

49 *Der Pidowip ... zu Osnabrück:* In seinen »Beschreibungen einiger festlicher Aufzüge und Gebräuche und Mittheilung einer Sage vom Bischof Pievit« teilt Hermann Hartmann in den »Mittheilungen des Historischen Vereins zu Osnabrück«, Bd. 7, 1864, S. 328, mit: »Der Bischof Pievit (Wido II.?), der vor langen, langen Jahren in Osnabrück Bischof war (v. 1092–1101), hatte sich einstmals auf der Jagd, indem er von seinem Gefolge abgekommen war, im Walde verirrt. Nach vielen vergeblichen Versuchen, sich durch das dichte Unterholz durchzuarbeiten und wieder zu den Seinen zu kommen, sinkt er ermüdet und ermattet nieder und da auch schon die Nacht hereingebrochen war, so giebt er jede Hoffnung zur Rettung auf und empfiehlt seine Seele im frommen Gebete dem Herrn. Da auf ein Mal hört er in seiner Nähe ein Klosterglöcklein um zwölf Uhr Nachts zur Hora läuten. Er geht dem Schall nach und das Kloster nimmt den Geretteten auf. Aus Dankbarkeit stiftet er nun im Osnabrücker Lande ein Geläute mit allen Glocken, welche von Allerheiligen an bis Lichtmeß an jedem Sonnabend-Abend nach dem Vesperläuten eine Stunde dauert.« Ob die Sagengestalt Pievit, auch Piewit, tatsächlich mit dem Dompropst Wido identisch ist, der 1093 Bischof von Osnabrück wurde und 1101 starb, geht aus der historischen Literatur nicht hervor. Womöglich schöpfte L. seine Kenntnis aus der mündlichen Überlieferung in Osnabrück oder einer von Möser gestellten »Aufgabe« in den »Wöchentlichen Osnabrükkischen Anzeigen« Nr. 9, 29. November 1766, Sp. 141: »Es wird in der Domkirche zu Osnabrück alle Abend um 6 Uhr von Martini bis Liechtmessen geläutet; und dieses Geläut heißt der Pidowip. Woher rührt dieser Name? und sollte es nicht der Bischof Wido seyn, dessen Gedächtnis-tag nach dem alten Necrolog. Osnabr. MS. auf Martini fällt; der dem Dom sehr vieles vermacht hat, und dessen Nahme daselbst Wido. Epus, woraus leicht Widoipus oder Pidowipus werden können, geschrieben steht?« Eine – ungenügende – »Beantwortung ... den Ursprung des Pidowips betreffend« erschien ebenda Nr. 3, 17. Januar 1767, Sp. 41–42; zuvor schon am 20. Dezember 1766, Sp. 191 ff., ebenda ein »Bericht ... den so genannten Pidowip betreffend«. – *Michaelis:* Nach dem Erzengel Michael vom Mainzer Konzil 813 auf den 29. September festgelegtes Fest der katholischen Kirche. – *Lichtmeß:* Fest der katholischen Kirche zum Gedächtnis der Darstellung Christi im Tempel und der Reinigung Marias, am 2. Februar gefeiert und nach den Kerzen benannt, die an diesem Tag für das ganze Jahr geweiht werden.

50 *die meisten Erbprinzen Ein Jahr nach der Hochzeit geboren ... Warum:* Die Erklärung gibt L. in einem Brief an Franz Ferdinand Wolff vom 3. Februar 1785.

51 *zwischen Geist und Fleisch Friede zu stiften:* Diese Wendung kehrt auch C 63 (Nr. 13) und im »Timorus« (III, S. 217) wieder.

52 *sagt Herr Meiners. Revision der Philosophie, p. 62:* »Das schlimmste ist, daß die Erfahrung im Geringsten keine günstige Zeugnisse für diese Maxime der alten Aegyptier und Persier ableget: indem sich beide in jener Art von Wissenschaften sonderlich hervorgethan haben, am wenigsten aber in derjenigen Weltweisheit, die eine Feindin der Finsternis und des Aberglaubens ist, und die himlischste unter den Töchtern der gesunden Vernunft, die allgemeine Verträglichkeit, in ihrem Gefolge hat.« Der erste und einzige Teil der »Revision der Philosophie« erschien Göttingen und Gotha bei Dieterich 1772 und wurde in den GGA 1772, S. 113, lobend besprochen (s. BL, Nr. 1362). L. zitiert das Werk auch C 236. Christoph Meiners (1747–1810) aus Hameln, 1767 stud. jur. in Göttingen, wo er bis 1770 als Schüler Feders studierte; privatisierte anschließend in Ottendorf; 1772 Prof. der Philosophie, Kulturgeschichte und Psychologie in Göttingen: neben Feder der entschiedenste Kant-Gegner. 1787 Hofrat, ständiges Mitglied der Universitätsgerichtsdeputation. Verfasser kompilatorischer philosophischer Werke. L. erwähnt ihn auch III, S. 518 und in den Briefen.

54 *auf gekünstelte Erklärungen verfallen:* Vgl. E 402; s. auch L.s Brief an Hollenberg, 25. April 1781. – *wenn ein solches Paar aufgeführt:* Möglicherweise handelt es sich um den Plan zu einem satir. Roman auf Reinhold – »Magister Bullock« (vgl. Brief an Johann Christian Dieterich, 1.(?) Oktober 1773) –, wie die Herausgeber der »Vermischten Schriften« annahmen und auch Deneke für möglich hält, der a.a.O., S. 159 die Notizen C 55 und vor allem C 79 damit in Verbindung bringt, während Leitzmann eher skeptisch ist; s. ferner C 60. – *subtile Erklärungen:* Zu L.s negativem Wortgebrauch s. zu KA 276 und Wortregister.

55 *Magister R. in O.:* Gemeint ist Christian Ludolf Reinhold (1737–1791), Lehrer der Mathematik, Physik und Zeichenkunst am Osnabrücker Gymnasium; Günstling Kästners; Verfasser zahlreicher Schriften aus den verschiedensten Gebieten, von L. in den Briefen ironisiert. – *in einem Roman:* S. zu C 54. L. plant einige Jahre später eine Satire auf Reinhold: s. E 86. – *alles in Kupfer stechen:* Vgl. Brief an Joel Paul Kaltenhofer vom 27. November 1772.

56 *das Gleichnis des Yorick:* Die Stelle findet sich in Sternes »Sentimental Journey« in dem Abschnitt »Character, Versailles«. Über das Werk s. zu B₁ S. 45.

57 *Ich will dir keinen Schatten machen kleines Tierchen:* Zur Apostrophe vgl. C 47 und die Anm. dazu. Wohl Parodie der bekannten Anekdoten von Diogenes und Alexander.

58 *Kandidaten der Empfindsamkeit:* Zu dem Ausdruck s. zu C 23.

59 *Stolz der Deutschen:* Ähnlich nennt L. B 407 Kästner, der zweifellos hier gemeint ist. Aus dem Briefwechsel zwischen Kästner und L. aus diesem Zeitraum sind nur ein Brief Kästners vom 26. August 1772 und von Ende März 1773 überliefert. – *schwänzelten:* Zu diesem Verb vgl. III, S. 669, 701 und F 1026. – *gegen einige meiner Freunde diese Vermutung ... geäußert:* Am 12. November 1772 schreibt L. an Joel Paul Kaltenhofer: »Kästner schreibt nicht mehr *An* mich, also vermuthlich bald *Wider* mich, so wie gewisse Hunde gewöhnlich bald beisen, wenn sie während dem spielen den Schwantz fallen lassen.« S. ähnlich auch Brief an Johann Andreas Schernhagen vom 11. November 1772; vgl. aber an Joel Paul Kaltenhofer, 31. Dezember 1772.

60 *Das Sprechen im Traum ... gebraucht ... in einem Roman:* Zu dem Roman-Projekt s. zu C 54.

61 *Schreiben* ... *Maßstab des Verdienstes:* Eine ähnliche Wendung begegnet auch C 87; D 56, 196; E 335; Mat II 25; G 5; ferner in der Rezension über Archenholz (III, S. 190), in »Für das Göttingische Museum« (III, S. 572) und in »Zur Biographie Kunkels Gehöriges« (III, S. 589).
62 *Ein Jahr sollte billig* ...: Der Gedanke kehrt C 142 wieder.
63 *Neujahrswünsche für Herrn D.*: Gemeint ist Johann Christian Dieterich (1722–1800), Seidenhändler aus Stendal, dann Buchhändler in Gotha; er erhielt 1765 das Buchhandelsprivileg für Göttingen, wohin er 1766 übersiedelte und wo er 1770 auch eine Druckerei eröffnete. Wohnhaft seit 1768 Ecke Gothmar-/Prinzenstraße. Neben Vandenhoeck & Ruprecht der bedeutendste Verlag in Göttingen, bei dem der »Göttinger Musenalmanach«, der »Göttinger Taschen Calender« (GTC) und das »Göttingische Magazin« erschienen. L.s intimster Freund, Verleger und langjähriger Hauswirt. Über die Entstehung dieser für Dieterich bestimmten Neujahrswünsche, die sich C 93 fortsetzen, am Morgen des 20. Novembers 1772 berichtet ausführlich L.s Brief an Dieterich vom 21. November 1772. Er fand besonders Nr. 6 und 10 gut und wünschte einige davon, mit solchen Boies oder Partzens untermischt, im nächsten »Musenalmanach« gedruckt zu sehen; am 3. Januar 1773 beschwerte er sich bei Dieterich, daß es nicht geschehen war. Einen im folgenden Herbst geäußerten Wunsch Dieterichs nach neuen Neujahrswünschen vermochte L. nicht zu erfüllen (vgl. Briefe an Dieterich, ca. 20.–24. September 1773 und 1.(?) Oktober 1773). Im Göttinger »Musenalmanach« 1774 erschienen dann doch mit der Chiffre G. L. Nr. 1 und mit einigen Abweichungen Nr. 17. Interessant, daß L. im Brief an Dieterich vom 18./21. November 1772 darum bittet, »daß keine Seele, oder nur die besten Freunde erfahren, daß sie von mir sind«. – *Deutsch, unerschöpflich, rein:* Diesen Neujahrsspruch hat L., wie er Anton Matthias Sprickmann im Brief vom Dezember 1772(?) mitteilt, nachträglich in Kühners Stammbuch geschrieben. – *Hornung:* Februar.
S. 165 *Manchester:* Ein zuerst in der engl. Stadt Manchester hergestellter baumwollener Samt.
S. 166 *Ruh Fried* ... *Zeit:* Dieser Neujahrspruch lautete zunächst: *Ja* [aus *Ach*] *Fried und Einigkeit / Doch zwischen Geist und Fleisch wünsch ich dir heut / Und bin auch gern zu stifften ihn bereit. / Dann* [aus *Willst du so*] *hätt es* [aus *hätts*] *mit der ewgen* [aus *unsrer*] *Seeligkeit Nicht wahr?* [aus *Dünckt mich,*] *noch wohl ein bisgen Zeit*. – *Ruh:* Lies im Text *Auch*. – *Fried* ... *zwischen Geist und Fleisch:* Zu dieser Wendung s. zu C 51.
64 *Köpfe nach Rembrandt:* Von L.s Vorliebe für Rembrandtsche Köpfe zeugt TB 27, auch der Brief an Johann Daniel Ramberg vom 23. Oktober 1777. Rembrandt Harmensz van Rijn (1606–1669), holl. Maler und Radierer.
65 *Du wässerst* ... *104*^{ten} *Psalm:* »Du feuchtest die Berge von oben her«, heißt es Psalm 104, 13. – *Vom Ursprung der Flüsse:* Vgl. Erxleben ^{6}1794 § 688. – *gebrauchen:* Zu dieser Floskel s. das Wortregister.
66 *trägt noch immer rotes Unterfutter und helle Farbe:* Die Anspielung ist unklar.
67 *immer auf das Bessermachen* ... *denken:* Ein wissenschaftl. Grundsatz L.s; s. das Wortregister und vgl. auch KA 304.
68 *Im 34*^{ten} *Stück der Osnabrückischen Intelligenz-Blätter wird gefragt:* Die Anfrage steht in den »Nützlichen Beylagen« zum »Osnabrückischen Intelli-

genzblatt« 1769, Sp. 271, die Antwort bringt ein besonderer Aufsatz ebd., Sp. 289. Über diese Beilagen s. zu KA 249. – *Linnaeus in seiner Philosophia botanica:* Linné spricht von der »Intorsio« (Windung) in seiner »Philosophia botanica«, Upsala 1751, S. 103. – *Convolvulus:* Winde. – *Fitzebohne:* Schneidebohne, die mit einem besonderen Messer in kleine Streifen geschnitten wird.

69 *hunt steeples:* Engl. ›Kirchtürme jagen‹. Vgl. Mösers »Schreiben des Herrn V.« in den »Nützlichen Beylagen« 1769, Sp. 356: »Die Engländer das waren noch Leute. Wie sie hier waren, jugen sie nach einem Kirchthurme über Stock und Block, Hecken und Graben, wenn sie keinen Fuchs auftreiben konnten.« S. auch C 70. L. berichtet ausführlich davon in »Vermischte Gedanken über die Aërostatischen Maschinen« (III, S. 73).

70 *Im 40ten Stück ...:* Die Stelle bildet den Schluß des zu C 69 genannten Aufsatzes von Möser, a.a.O., Sp. 358. – *40ten Stück:* Offenbar Schreibfehler L.s; korrekt: 45. Stück.

71 *Ebendaselbst. Ein vortrefflicher Leinöl-Firnis ...:* Gemeint ist der Aufsatz »Natürliche Verfertigung eines Firnis von Leinöl« in den »Nützlichen Beylagen« 1769, Sp. 357–360, 45. Stück, unterzeichnet: F.

72 *Stück 5. 1770:* Die Stelle steht in Mösers Aufsatz »Haben die Verfasser des Reichsabschiedes von 1731 wohlgetan, daß sie viele Leute ehrlich gemacht haben, die es nicht waren?« in den »Nützlichen Beylagen« 1770, Sp. 36.

73 *Cassems Pantoffeln:* Gemeint ist der Aufsatz »Cassems Pantoffeln oder die Folgen des Geitzes. Eine orientalische Geschichte aus dem London-Chronicle« in den »Nützlichen Beylagen«, 22. September 1770, 38. Stück, Sp. 299–304. Verfasser der Geschichte unbekannt. Abow Cassem: Kaufmann in Bagdad.

74 *Kandidaten-Prose:* Diesen Ausdruck gebraucht L. auch D 90, 437; E 265, 277 und »Dienbare Betrachtungen ...« (III, S. 509).

75 *Möser sagt ...:* Diese Stelle bildet eine Anmerkung zu Mösers Aufsatz »Vorschlag zu einer Kornhandlungskompagnie auf der Weser« in den »Nützlichen Beylagen« 1770, Sp. 89 (Möser, Sämtliche Werke, Bd. 4, S. 256). – *Wir kommen nicht einmal zu ... nationalen Fluch:* Vgl. B 391; E 208. – *Grubstreet:* S. zu B 65. – *Tyburn:* Ehemaliges Dorf, bis 1783 Londoner Richtplatz nördlich vom Hydepark. – *Bedlam:* S. zu A 4 und zu F 721. – *Deutschen Galgen der so bezeichnet werden könnte:* Zu diesem Gedanken vgl. E 208. – *National-Ton:* Zu L.s Wortbildungen mit ›national‹ vgl. das Wortregister.

76 *Das Faust-Recht unserer Vorfahren:* Gemeint ist Mösers Aufsatz »Von dem Faustrechte« in den »Nützlichen Beylagen« 1770, Sp. 113, 129. Von dem dritten Satz an wörtliches Zitat. Vgl. G 178. – *Urlog:* ›Krieg‹, im 16. Jh. erloschen (DWB 11,3, Sp. 2482).

77 *Die Bauern im Osnabrückischen heißen ...:* Vgl. F 223. Antecessor: Vorgänger im Amt, Vorweser. Zum Dialekt im Osnabrückischen vgl. Briefe an Joel Paul Kaltenhofer vom 12. Oktober 1772, 12. November 1772 und an Johann Christian Dieterich vom 25. November 1772. Plattdeutsche Ausdrücke notiert L. auch C 82, 84, 87.

78 *Unsere Gesetzgeber ... hervorzubringen:* Das Ganze ist wörtliches Zitat aus Mösers »Schreiben über ein Projekt Kolonisten in Westfalen zu ziehen« in den »Nützlichen Beylagen« 1770, Sp. 205. – *Herrnhuter:* Von der 1722 im

sächsischen Herrnhut gegründeten Brüdergemeine gingen über 90 Kolonien aus, vor allem in Amerika und Südafrika. Vgl. auch B 314. – *Mennoniten:* Von Menno Simons im 16. Jh. gegründete Täufergemeinschaft, die im nördlichen Deutschland baptistische Gemeinden gründete. – *Quäker:* Eigentlich ›Zitterer‹; Anhänger der von Georg Fox 1650 in England gestifteten christl. Sekte, die sich selbst die »Gesellschaft der Freunde« nannte. – *Brüchten:* Auch: Brüche; im mittelalterlichen Rechtsleben die geringeren Verbrechen, auch Frevel genannt, die mit Geldstrafen geahndet wurden, sowie diese Strafen selbst, die bei Zahlungsunfähigkeit des Verurteilten durch körperliche Züchtigungen ersetzt wurden. – *Den Kopf auf die Rechte ... tragen:* Darauf spielt L. auch C 224 an. – *Hällische Apotheke:* Die Waisenhausapotheke der Franckeschen Stiftungen in Halle, deren weltweiter Medikamentenhandel eine Existenzgrundlage dieser Stifungen darstellte. Hier vielleicht auch als Metapher für die in Halle repräsentierte Aufklärung gebraucht. – *Sonderlingen:* Vgl. C 125. – *Gärung:* Dieser chem. Prozeß wurde erst durch Stahl 1697 und 1738 wissenschaftl. untersucht; s. Gehler, Bd. 2, S. 342–344. Zu L.s Verwendung wissenschaftl. Begriffe s. zu A 1.

79 *Nachricht von ... Kandidaten:* Von L. verbessert aus *Catharinus h'yh'a* [aus: *Leben des HErrn Catharinus h'yhy h'y*] *unmaßgeblicher Vorschlag zur Errichtung einer 5ten Facultät auf Universitäten.* Der Titel ist womöglich auf den Roman-Plan zu beziehen; s. zu C 54; *unmaßgeblicher Vorschlag:* Diese Formulierung kehrt im Titel eines Entwurfs »Zum Parakletor« (III, S. 526) wieder. *5te Facultät:* Die gesunden Menschenverstand lehren soll; vgl. D 136 und E 416. Wie aus L.s Brief an Johann Andreas Schernhagen vom 2. Juni 1783 hervorgeht, war Ramberg der Vater dieses Gedankens. – *der Empfindsamkeit Kandidaten:* Über diese Formulierung s. zu C 23. – *Pronuntiation des Namens:* Der von L. gewählte Name erinnert an die Namensgebung Swifts in »Gullivers Reisen«.

80 *Children are made here:* Hier werden Kinder gemacht. Herkunft der Anekdote nicht ermittelt. – *Thomas Cambden aus Bremen:* Nicht ermittelt. – *Petrus Cambden:* Nicht ermittelt.

81 *Das Liegen auf dem rechten Ellenbogen:* Zu L.s Selbstbeobachtungen s. zu A 35.

82 *In Osnabrück heißt ein Barometer ein ... Weërwicker:* S. zu C 77; vgl. C 84.

83 *Henrici:* Hermann Christopher Henrici (gest. 1829), Kaufmann in Osnabrück. – *heißt man das nicht das Klima ...:* L. erzählt die Anekdote ohne Namensnennung in den »Briefen aus England« (III, S. 346). Derartige Anekdoten berichtet L. auch im Brief an Joel Paul Kaltenhofer vom 23. August 1773. – *in die Höhe sehe:* Zum Begriff der Polhöhe s. zu KA 14.

84 *Barometer nennen sie ...:* S. zu C 77; vgl. C 82. – *Burmester:* Bürgermeister.

85 *leblose Dinge ... korrespondieren lassen:* Vgl. C 47 und die Anm. dazu. – *Schreiben des Göttingischen Quadranten:* Vgl. B 293. – *Unterredung eines Dintenfasses mit einer Sandbüchse:* Nicht verwirklicht. – *Sandbüchse:* Streusandbüchse zum Tintelöschen. S. auch an Joel Paul Kaltenhofer, 8. Oktober 1774; zu L.s Anspielungen auf Tintenfaß und Streusandbüchse s. das Wortregister.

86 *Punschbowle ... Globo terrestri:* Diese Zusammenstellung begegnet auch in einem Brief an Daniel Chodowiecki vom 23. Dezember 1776. Lat. globus

terrestris ›Erdkugel‹: »Eine Kugel, auf deren Oberfläche eine ähnliche Vorstellung der Erdfläche, ihrer Länder, Meere, vornehmsten Orte u.s.w. ingleichen der Kreise und Punkte, welche man sich auf ihr gedenket, entworfen ist, und die in einem schicklichen Gestell um eine durch die Pole gehende Axe gedrehet werden kan – ein Modell der Erdekugel im Kleinen.« (Gehler, Bd. 2, S. 73).

87 *Chartequen:* Von lat. chartae theca: Papierumschlag, Ausschuß; im übertragenen Sinn ein schlechtes Buch, Wisch. Vgl. III, S. 241 und 545. – *die Produkte des Witzes . . . der Maßstab:* Zu dieser Wendung vgl. C 61 und die Anm. dazu.

88 *Westenhof:* Nicht ermittelt. – *Osnabrück . . . Redensart . . .:* S. zu C 77.

89 *Verzeichnis von Rudolphs von Bellinkhaus . . . Schriften:* Diesem Aufsatz entnahm L. die Anregung zu seinem Aufsatz »An den Herausgeber des Deutschen Museums (Von ein paar alten deutschen Dramen)«, veröffentlicht August 1779 (III, S. 368–376). Rudolph von Bellinckhaus (1567–1645), Schuhmacher und Dichter in Osnabrück. S. auch C 91, 104 sowie Briefe an Joel Paul Kaltenhofer vom 31. Dezember 1772 und von Daniel Gerhard Meyer vom 26. September 1779. – *Osnabrückischen Unterhaltungen:* Die Monatsschrift »Osnabrüggische Unterhaltungen«, hrsg. von E. R. A., brachte es nur auf den Jahrgang 1770. – *Hans Sachsen:* Hans Sachs (1494–1576), Schuhmacher und Dichter in Nürnberg. – *Speculum cometarum . . . Motuum terrae graphia:* Diese Werke nennt L. auch in einem Brief an Joel Paul Kaltenhofer vom 31. Dezember 1772.

90 *Im dritten Stück . . .:* Warneckes Aufsatz »Beschreibung des Kanals von Lancashire« findet sich in den »Nützlichen Beylagen« 1768, Sp. 17. Joachim Andreas Warnecke (1736–1800), Gerichtsassessor in Melle bei Osnabrück. – *Beschreibung des berühmten Kanals:* Der 1758–1771 von James Brindley erbaute Kanal, eine technische Meisterleistung des 18. Jh.s, ist der erste Kanal Englands, der nicht in Anlehnung an natürliche Gewässer gebaut wurde. Er diente in erster Linie dem Transport der Steinkohle von Werseley nach Manchester. L. erwähnt ihn auch in »Lawrence Earnshaw« (GTC 1790, S. 146) und in »Kohlengruben unter der See, und Etwas von negativen Brücken« (GTC 1799, S. 209). – *Herzogs von Bridgewater:* Francis Egerton 2nd Duke of Bridgewater (1736–1803), engl. Staatsmann.

91 *Beobachtungs-Geist:* Im GTC 1793, S. 149, nennt L. den Beobachtungsgeist den »Schutzgeist der wahren Naturlehre«; im übrigen s. das Wortregister. – *Warum fällt alles nach der Erde:* Über die Schwerkraft reflektiert L. ähnlich C 178. – *zeitlichen Glückseligkeit:* Vgl. B 253. – *Die Würkungen . . . haben viele Geistern zugeschrieben:* Etwa Newton; vgl. KA 67. – *Kenntnis der Geschichte der menschlichen Torheiten:* Dieser Ausdruck begegnet auch C 178; s. ferner »Anmerkungen über des Bruders Brief« (Nachlaß, S. 52). – *die größte sinnliche Wollust zur Fortpflanzung zog:* Vgl. J 1071.

92 *Bücher die Struensee . . . gelesen:* L. hat die Bücherliste, wie Leitzmann nachgewiesen hat, auf Grund von Balthasar Münters »Bekehrungsgeschichte des vormaligen Grafen und Königlichen Dänischen Geheimen Cabinetsministers Johann Friedrich Struensee, nebst desselben eigenhändiger Nachricht von der Art, wie er zur Aenderung seiner Gesinnungen über die Religion gekommen ist« zusammengestellt, die Kopenhagen 1772 erschien und in den GGA 1772, S. 1033 ff., von Leß besprochen wurde (vgl. Münter, S. 11, 47,

48, 81, 93, 94, 100, 110, 118, 34, 125, 127, 128, 164, 170, 197, 208, 254).
Johann Friedrich Graf von Struensee (1737–1772), Leibarzt Christians VII.
von Dänemark, 1771 Geheimer Kabinettsminister in Kopenhagen, am 17. Januar 1772 auf Grund einer Intrige verhaftet, am 28. April 1772 hingerichtet.
L. träumt von ihm, wie er Johann Christian Dieterich im Brief vom 8.(?)
April 1772 mitteilt. Über ihn s. Stefan Winkle, Johann Friedrich Struensee.
Arzt, Aufklärter und Staatsmann, Stuttgart 1983. – *Jerusalem Wahrheit* ...:
Gemeint sind die »Betrachtungen über die vornehmsten Wahrheiten der
Religion«, erschienen Braunschweig 1768, von Johann Friedrich Wilhelm
Jerusalem (1709–1789), Doktor der Theologie, Vizepräsident des fürstlichen
Konsistoriums in Wolfenbüttel, Abt zu Niddagshausen, Propst des Klosters
zu Braunschweig, Begründer des Carolinum in Braunschweig (Institut zur
Ausbildung und ›Sittenbildung‹ für den Kriegsstand und den Hof). Er
verfaßte zahlreiche theologische Schriften und wird als Reformator des
18. Jh.s, als Beförderer der Aufklärung in Braunschweig bezeichnet. – *Die
drei letzten Lebens-Jahre ... von Lavater:* Gemeint ist die »Geschichte der drei
letzten Lebensjahre Jesu«, erschienen Leipzig 1768–1773, verfaßt nicht von
Lavater, sondern von Johann Jakob Heß (1741–1828), Doktor der Theologie,
Diakon an der Frauenmünstergemeine in Zürich (1777), 1795 zum Antistes
(Titel eines Oberpfarrers der reformierten Kirche) in Zürich berufen; weit
über Zürich hinausreichende schriftstellerische Wirksamkeit; Altersgenosse
und Freund von Johann Caspar Lavater. – *Gellerts Moral:* Die »Moralischen
Vorlesungen«, erschienen Leipzig 1770; sie werden auch in der Antiphysiognomik (III, S. 281) erwähnt. – *West über die Auferstehung* ...: Wests »Anmerkungen und Betrachtungen über die Geschichte der Auferstehung Jesu«, in
dt. Übersetzung durch Sulzer Berlin 1748 erschienen. Gilbert West
(1700–1756), engl. Dichter; Offizier bei einem Dragonerregiment, Sekretär
des Geheimen Rates. Widmete sich den Wissenschaften, insbesondere der
Theologie. Bekannt durch seine Übersetzungen griech. Dichter und die hier
erwähnte Schrift. – *Bonnets philosophische Untersuchung:* Bonnets »Philosophische Untersuchung der Beweise für das Christentum«, erschienen Zürich
1769 in der Übersetzung Lavaters. Es handelt sich um das Werk, das zu
widerlegen – oder Christ zu werden – Lavater Mendelssohn aufforderte; s. zu
C 39. – *Münter:* Balthasar Münter (1735–1793), seit 1765 Hauptprediger der
deutsch-evangelischen Gemeinde in Kopenhagen; geistlicher Lyriker. Vgl.
L. an Johann Andreas Schernhagen am 9. Dezember 1772. Über Münters
schon von Zeitgenossen bezweifelte ›Bekehrung‹ Struensees s. Winkle,
Struensee, S. 280–297. – *Jesaias 53 v. 4–12:* Über »Das stellvertretende Leiden
und die Herrlichkeit des Knechtes Gottes«. – *Daniel 9 v. 24:* »Siebenzig
Wochen sind bestimmet über dein Volk, und über deine heilige Stadt: so wird
dem Übertreten gewehret, und die Sünde zugesiegelt, und die Missethat
versöhnet, und die ewige Gerechtigkeit gebracht, und die Gesichte und
Weissagung zugesiegelt, und der Allerheiligste gesalbt werden.« – *Claprede
von den Wundern* ...: »Vermutungsgründe für die Wahrheit und das göttliche
Ansehen der christlichen Religion nebst Betrachtungen über die Wunderwerke des Evangelium«, erschienen Zürich 1771, von David Claparède
(1727–1801), Pastor und Prof. der Theologie in Genf. – *Leß von der Wahrheit* ...: Leß' »Beweiß der Wahrheit der christlichen Religion«, erschienen
Bremen 1769. L. besaß das Werk in 2. Aufl., erschienen Göttingen und

Bremen 1773 (BL, Nr. 1354). Gottfried Leß (1736–1797), Dr. theol., 1763 Prof. der Theologie in Göttingen, dann Generalsuperintendent in Hannover, 1784 Erster Universitätsprediger; mehrfacher Prorektor. In seinen Schriften bewies er sich als orthodoxer Theologe. L.s negatives Urteil über ihn geht aus den Briefen hervor. – *Spalding über den Wert . . .:* Die »Gedanken über den Werth der Gefühle im Christenthum«, erschienen Leipzig 1761, in denen Spalding das Recht der Aufklärung gegenüber der Gefühligkeit des Pietismus betonte. Das Werk erschien 1764 in zweiter, 1769 in dritter, 1773 in vierter Auflage. Johann Joachim Spalding (1714–1804), Dr. theol., 1764 Oberkonsistorialrat und Propst in Berlin, legte 1788 seine Ämter wegen des Wöllnerschen Religionsedikts nieder; bedeutender theologischer Schriftsteller der Aufklärung. – *Reimarus natürliche Religion:* Das Werk ist zu B 50 nachgewiesen. – *Nösselts Verteidigung . . .:* »Verteidigung der Wahrheit und der Göttlichkeit der christlichen Religion«, erschienen Halle 1766, von Johann August Nösselt (1734–1807), Magister der Philosophie und Doktor der Theologie, Prof. an der Universität Halle. – *Bensons Pflanzung . . .:* »History of First Planting of the Cristian Religion, taken from the Acts of the Apostles and the Epistles« (1738); in dt. Übersetzung durch Bamberger unter dem Titel »Die Pflanzung der christlichen Kirche, wie sie in der Geschichte der Apostel und in ihren Briefen enthalten ist«, Halle 1768 erschienen. George Benson (1699–1762), Pastor in Abingdon in Berkshire und in einer Gemeinde in King John's Court in Southwark. Presbyterianer und glühender Verfechter des Kalvinismus und Sozianismus (Gegner der Dreieinigkeitslehre). Er erhielt 1744 von der Aberdeen-University den Rang eines Doctor Divinity (Doktor der Theologie). Veröffentlichte u. a. Paulinische Episteln und »Seven Catholic Epistles«. Durch die Übersetzungen von Michaelis auch im deutschen Sprachraum zu dieser Zeit bekannt. – *Lynarische Umschreibung:* »Erklärende Umschreibung der sämtlichen apostolischen Briefe«, erschienen Halle 1765. Heinrich Kasimir Gottlob Graf zu Lynar (1748–1796), dt. Schriftsteller. – *Newtons Abhandlungen . . .:* »Abhandlungen über die Weissagungen, die merkwürdig erfüllt sind«, erschienen Leipzig 1757; über Newtons mystische Neigung vgl. A 116 und die Anm. dazu. – *Cramers . . . geistliche Lieder:* Cramers »Neue geistliche Oden und Lieder«, Lübeck 1766–1775. Johann Andreas Cramer (1732–1788), Oberhofprediger und Prof. in Kopenhagen, dann Superintendent in Lübeck und Prof. der Theologie an der Universität Kiel; geistlicher Liederdichter. – *Gellerts geistliche Lieder:* »Geistliche Oden und Lieder«, erschienen Leipzig 1757. – *Spaldings Predigten:* Die »Predigten« erschienen Berlin und Stralsund 1765, 1768 bereits in 2. Aufl. Wegen seiner Predigten wurde Spalding als der ›Erbauer seiner Zeitgenossen‹ gerühmt. – *Albertis Predigten:* »Sammlung einiger Predigten über ausgesuchte Texte«, erschienen Hamburg 1762, von Julius Gustav Alberti (1723–1772), Prediger und Pastor an der Katharinenkirche in Hamburg. – *foderte:* Forderte; im 18. Jh. noch gebräuchliche Schreibweise. – *Lavaters Aussichten . . .:* Dieses Werk ist zu A 129 nachgewiesen. – *Schlegels Passions-Predigten:* »Predigten über die ganze Leidensgeschichte Jesu Christi«, erschienen Leipzig 1767–1773, von Johann Adolf Schlegel (1721–1793), Dichter und Kanzelredner.

93 Zu diesen Neujahrswünschen s. zu C 63. Die hier aufgeführten Neujahrswünsche hat L. in den Briefen an Anton Matthias Sprickmann und an

Johann Christian Dieterich vom Dezember 1772(?) mitgeteilt. – *Zeus, als er Europen freite:* Europa, der griech. Mythologie nach Tochter des Phönix; von Zeus in Gestalt eines schönen Stiers nach Kreta entführt, wo sie ihm die Heroen Minos, Rhadamanthys und Sarpedon gebar. Vgl. dazu auch Bürgers Gedicht »Neue weltliche hochdeutsche Reime von der ... Prinzessin Europa« (Vor Alters war ein Gott ...), geschrieben vor 1771, erschienen 1777, das L. vermutlich bekannt war, eventuell durch Boie. – *Sehnsucht ... heute:* Von L. verbessert aus *Die Sehnsucht schrieb* [aus *fand*], *die Tugend übersah Heut einen Wunsch für dich.*

94 *Im Osnabrückischen Land-Recht ...:* Diese Bestimmung ist dem Aufsatz »Von Hühnern, so den Nachbarn zu Schaden gehen« entnommen, der sich in den »Nützlichen Beylagen« zum »Osnabrückischen Intelligenz-Blate«, 1771, 2. Stück, Sp. 13–16, findet; die Stelle ist auf Sp. 15 ebd. bezogen.

95 *Im Osnabrückischen ...:* Die Bemerkung steht, der erste Satz als tatsächliche Mitteilung, die zweite als daraus sich ergebende Anfrage, unter der Überschrift »Aufgabe« in den »Nützlichen Beylagen«, 2. März 1771, Sp. 71 f. – *country-Tänze:* Formulierung L.s; der Gegensatz dazu: die höfischen französischen Menuets.

96 *Ein gutherziger Narr ...:* Gemeint ist Mösers Aufsatz »Ein gutherziger Narr bessert sich nie, ein Charakter fürs Lustspiel« in den »Nützlichen Beylagen« 1771, Sp. 89 ff. – *dieses ... genützt:* Zu dieser Floskel vgl. F 175; GH 32; J 686, 692, 722, 905, 1020, 1117, 1200, 1229.

97 *Eines gewissen:* In der Handschrift *Ein gewisser.* – *bekannt gemachtes Mittel:* Gemeint ist der Aufsatz »Ein neu erfundenes Rettungsmittel, wann die Pferde flüchtig laufen« in den »Nützlichen Beylagen«, 6. April 1771, 14. Stück, Sp. 105–112; L. exzerpiert daraus in D 681.

98 *Halbmeister:* Henker, der zwar Meister seines Handwerks ist, aber einen unehrlichen Beruf ausübt (DWB 4,2, Sp. 209). – *Wasenmeister:* Abdecker, in Süddeutschland und am Rheinufer übliche Benennung (DWB 13, Sp. 2286–2287) für den, der die Hingerichteten unterm Galgen verscharrt. – *freeman:* In synonymer Bedeutung im Oxford English Dictionary nicht verzeichnet. Vgl. aber III, S. 701.

99 *Ein gewisser westfälischer Garnhändler ...:* Diese Notiz beruht auf einer Äußerung Mösers in seinem »Schreiben über die Cultur der Industrie« in den »Nützlichen Beylagen«, 13. Juli 1771, 28. Stück, Sp. 217–224; 29. Stück, Sp. 225–229. Die Stelle, auf die L. anspielt: ebd., Sp. 220 (Justus Möser, Patriotische Phantasien II, Nr. 25, S. 124–129).

100 *Es gibt 100 Witzige gegen einen der Verstand hat:* Den Gedanken greift L. D 79 und E 111 wieder auf; den Satz verwertet L. in »Zum Parakletor« (III, S. 528, 531).

101 *Gib meinen ... Entschlüssen Kraft:* Vgl. C 198; D 13, 54.

102 *Eine Damen-Frisur ...:* Diese Aufzählung von Mode-Bezeichnungen ist Mösers »Schreiben eines angehenden Hagestolzen« in den »Nützlichen Beylagen«, 17. August 1771, 33. Stück, Sp. 259, 261 entnommen. – *à l'artichaut:* Frz. artichaut ›Artischocke‹. In die hohen frz. Coiffuren der Jahre nach 1770 wurden nicht nur Blumen, Bänder und Federn, sondern zeitweise auch Obst und Gemüse, z. B. Artischocken eingearbeitet. – *à la Tocke:* Gemeint ist wohl ›à la toque‹. Die Toque war im 16. Jh. ein krempenloses Barett mit faltigem Kopf. Nach 1770 bezeichnete man damit ein kleines elastisches

Kissen, das den Damen als Basis der Coiffure diente. – *à la Henri quatre:* Henri Quatre wurde der spitze Kinnbart genannt, der zusammen mit einem Schnurrbart zur Zeit Heinrichs IV. von Frankreich getragen wurde. Der König selbst trug einen kurzgestutzten runden Kinn- und Backenbart. Im 18. Jh. ging man allgemein bartlos. – *à la Poniatowsky:* Bezieht sich wohl auf den Günstling der Kaiserin Katharina II. und auf ein heute nicht mehr bekanntes, vielleicht nur kurzlebiges Detail aus der Kleidung des letzten Königs von Polen. – *à la Duchesse:* Von etwa 1685 bis 1713 frz. Hoffrisur der Damen mit Bandschluppen-Arrangements als Bekrönung. Der Name bezeichnete ursprünglich die unterste, dem Haar zunächst liegende Schleife und ging dann auf die ganze Frisur über. – *Pet en l'air:* Wörtl. ›Furz in die Luft‹; Teil des Caraco, der ursprünglich kurzen Schoßjacke der Frau. Wenn die Schöße nicht glatt, sondern faltig über einem Polster oder Gestell gebauscht waren, nannte man sie ›pet en l'air‹ (Umgangsprache). Von L. auch in »Über die Kopfzeuge« (GTC 1780, S. 126) erwähnt. – *Fichu:* Großes dreieckiges Brust- und Schultertuch der Frau, aus der engl. bürgerlichen Kleidung übernommen, um 1780 bis 1836 allgemein in Mode; seit den 1790er Jahren aufgebauscht und als ›trompeuse‹ bezeichnet. – *considerations:* Wörtl. ›Achtung, Wichtigkeit‹. In der bürgerlichen Mode traten um 1750 an die Stelle des runden Reifrocks (panier) die leichteren demi-paniers aus zwei über die Hüften gebundenen Reifengestellen, welche nur bis zu den Knien reichten; diese wurden um 1770 durch die noch leichteren halbrunden ›considérations‹ ersetzt. – *pretensions:* Wörtl. ›Verlangen, Ansprüche‹. Nicht bekannt; vielleicht auffallende Accessoires oder Schmucksachen. – *poches de Paris:* Nach 1770 wurde der Reifrock in Frankreich vorn und hinten abgeplattet; die dadurch entstehenden ausladenden Seitenteile wurden mit zusätzlichen Polstern (frz. poches ›Taschen‹) erhöht, so daß man die Ellbogen auflegen konnte: ›Panier à coudes‹. – *entredeux:* Frz. ›Zwischenraum, (Spitzen-)Einsatz‹; auch Schirm für zwei Personen. Die genaue Bedeutung dieses Worts im 18. Jh. ließ sich nicht ermitteln. – *pelerines:* Kragenförmiger Umhang. Ende des 18. Jh. wurde die pèlerine zum Schulterkragen und so mit dem Mantel verbunden zum sog. Garrick oder Carrick. Vorher wohl im 17. Jh. abgeleitet von ›pèlerin‹, also Pilgermantel. – *die verschiedenen Schreib-Arten so benennen:* Den Versuch einer satirischen Terminologie der Stilarten unternimmt L. in D 297. Vgl. auch B 65.

104 *Donatus . . . Bellinkhusium:* L. erwähnt dieses Stück von Bellinckhaus auch im Brief an Joel Paul Kaltenhofer vom 31. Dezember 1772. Aelius Donatus (um 350 n. Chr.), röm. Grammatiker, verfaßte eine »Ars grammatica«, im Mittelalter einziger Leitfaden beim Lateinunterricht, so daß Donat sprichwörtlich für lat. Grammatik wurde. – *1615:* In der Handschrift *1715.* – *seltsamsten:* In der Handschrift *seltsamen.* – *Paradigmata:* Beispiele. – *scamnum:* Lat. ›Bank‹. – *felix:* Lat. ›fruchtbar, erfolgreich, glücklich‹. – *sacerdos:* Lat. ›Priester‹. – *fructus:* Lat. ›Frucht, Gewinn‹. – *Species:* Lat. ›Art, Begriff‹.

105 *Meßkette:* Kette von bestimmter Länge für den Feldmesser, auch für den Markscheider zur Ausmessung der Längen und Tiefen (DWB 6, Sp. 2137).

106 *Polar-Stern:* Die Drehachse eines rotierenden Himmelskörpers weist in der Verlängerung auf einen Stern, den jeweiligen Polarstern, um den sich von dem betreffenden Himmelskörper aus gesehen der Himmel scheinbar

dreht. Die Breitenbestimmung als Höhenwinkel des Polarsterns über dem Horizont ist relativ einfach; beim Mond gibt aber wegen seiner gebundenen Rotation der Höhenwinkel der Erde auch die Länge auf dem Mond, deren Bestimmung im 18. Jh. noch sehr schwierig war (nach Auskunft von P. Brosche.

107 *Beschreibung eines . . . Bettvorhanges:* Zu dieser Beschreibung vgl. noch Gottfried Keller, »Die drei gerechten Kammacher«. – *Gesichter . . . zeichnen:* Beispiele von L.s Zeichenkünsten liefern Briefe und Sudelbücher; vgl. etwa RA 181, 182; F₁ S. 642. – *Flußfieber:* Rheumatisches Fieber, durch Erkältung und feuchte Zugluft hervorgerufen. – *drolligsten Gesichter:* Zu diesem Wortgebrauch s. KIII, S. 321 bezüglich Hogarth. – *Leonardo da Vinci . . . jungen Malern empfehlen:* L. denkt an dessen Ratschläge im »Libro di pittura« 68. L. zitiert ihn auch D 365. Leonardo da Vinci (1452–1519), ital. Maler, Bildhauer, Architekt und universeller Gelehrter.

108 *Stiehle:* Winold Stühle (Lebensdaten unbekannt); offenbar Jurist und Gelegenheitsdichter in Osnabrück. – *Neujahrs-Lied:* S. zu C 63. – *Das alte Faß ist ausgetrunken:* Eine Paraphrase dieses Neujahrsliedes gibt L. im Brief an Joel Paul Kaltenhofer vom 31. Dezember 1772.

109 *Neujahrs-Wunsch:* S. zu C 63.

111 *Pfeiffer:* Zum Garnisonsprediger Pfeifer (gest. 1784) in Osnabrück vgl. Brief an Georg Heinrich Hollenberg vom März 1777. – *Doris:* Vgl. B 185. – *Luna:* Lat. ›Mond‹. Hier Anspielung auf L.s astronomische Messungen.

113 *Mein eigner Wunsch:* S. zu C 63.

115 *Diogenes ging:* Die Anekdote berichtet Diogenes Laertius in »Leben und Meinungen berühmter Philosophen« 6, 26. L. entnahm die Anekdote einem Aufsatz Johann Georg Zimmermanns »Von der Einsamkeit« im »Hannoverischen Magazin« 1773, Sp. 1–60; die Anekdote ebd., Sp. 29. Johann Georg Ritter von Zimmermann (1728–1795), seit 1768 großbrit. Leibarzt in Hannover, 1778 Hofrat; Schüler Hallers, berühmter Modearzt, der u. a. Friedrich II. und Katharina II. behandelte; Schriftsteller der Spätaufklärung; bedingungsloser Anhänger der Physiognomik seines Freundes Lavater, worüber es zur polemischen Auseinandersetzung mit L. kam.

116 *Jacobi gelb:* Gemeint ist Johann Georg Jacobi; die Farbwahl erinnert an die modisch werdende »Werther«-Tracht – vor »Werther«! – *die kritischen Hauptstädte:* Wohl Berlin, Göttingen und Halle; s. B 366.

117 *Auf dem Wege . . . :* Die Angaben dieser Notiz entstammen wörtlich dem zu C 115 erwähnten Aufsatz Zimmermanns im »Hannoverischen Magazin« 1773, Sp. 30. Zimmermann entlehnte sie seinerseits Engelbert Kaempfers (1651–1716) »Histoire naturelle, civile et ecclésiastique de l'empire du Japon« (1727), Bd. 2, S. 200, 198; von C. W. Dohm Lemgo 1777–1779 unter dem Titel »Geschichte und Beschreibung von Japan« in zwei Bänden herausgegeben. Kaempfers Japanberichte sind die ältesten und vollständigsten, die außerhalb Japans über das Inselreich veröffentlicht worden sind. – *Yedo:* Bis 1868 Name der heutigen japan. Hauptstadt Tokio. Gemeint ist vermutlich der Fudschijama. – *Pfaffen:* Zu L.s Antiklerikalismus s. zu C 37.

118 *Pastete von la Boulaye:* »So entfernt seid ihr noch von den herrlichen Kunsttrieben und Kunsttugenden, die sich doch zu den natürlichen wie eine Pastete von La Boulaye zu euren großen Bohnen verhalten«, heißt es in Mösers »Schreiben eines reisenden Franzosen an seinen Wirt in Westfalen« in

den »Nützlichen Beylagen« 1773, Sp. 3. Vgl. auch C 153. La Boulaye: Lebensdaten nicht ermittelt.

119 *What ... door:* Was für eine Tollheit hat sich in letzter Zeit in unsere Feste eingeschlichen, / Was für eine Ehre, die dem betrunkensten Gast erwiesen wird, / Was für ein Ansehen dafür, daß man noch ein Glas verträgt? / Wenn doch oft der, der es verträgt, zur Tür hinausgetragen wird. – *Johnson:* Samuel Johnson (1709–1784), engl. Schriftsteller und Kritiker, schrieb beinahe allein die beiden Wochenschriften »The Rambler« (1750–1752) und »The Idler« (1758–1760), verfaßte ein »Dictionary of the English Language« (1755). Berühmt ist die Biographie »The Life of Samuel Johnson« von seinem Freund James Boswell, die zuerst London 1791 in zwei Bänden erschien.

121 *Who ... true:* Macht, wer sich über eine Verleumdung ärgert, diese wahr?

122 *Eisenhart in seinen merkwürdigen Rechtshändeln:* Gemeint ist Eisenharts Erzählung »Gespenster veranlassen einen Totschlag« in den »Erzählungen von besonderen Rechtshändeln«, Bd. 1, S. 17 ff. Die Sammlung erschien in 10 Bdn. Halle und Helmstedt 1767–1779. Johann Friedrich Eisenhart (1720–1783), Prof. der Rechtswissenschaft in Helmstedt und Verfasser zahlreicher, vor allem juristischer Schriften.

124 *Tue nicht allzufein:* Vgl. ›superfein‹ im Wortregister.

125 *Den Schwärmern ist es aufbehalten ...:* Diese Gedankengänge sind ungefähr mit denen identisch, die Möser in dem zu C 78 nachgewiesenen Aufsatz entwickelt. S. zu B 180. – *Entschlüsse erst durch den Kopf passieren ... lassen:* S. zu C 20.

126 *vergessene Schnupftabaks-Dose:* Diese Wendung notiert L. »Zum Parakletor« (III, S. 528) und in einem Brief an Johann Christian Dieterich vom 13. Januar 1773. – *hoc age:* Drum aufgepaßt; Zitat aus Horaz' »Satiren« II, 3, 152 und »Epistulae« I, 18, 88.

127 *In Eisenharts zweitem Band ...:* Gemeint ist die Erzählung »Die Bildsäule des Cupido veranlasset einen schweren Prozeß« in dem zu C 122 nachgewiesenen Werk, Bd. 2, S. 58. – *Cupido von 7 Zollen:* In der röm. Mythologie und der Poesie der Liebesgott; 1 Zoll = 2,434 cm (in Hannover).

128 *Tertullianus sagt ...:* In dem Werk »De virginibus velandis«, Kap. 16. Quintus Septimius Florens Tertullianus (160–220), Sohn eines römischen Centurio in Karthago; frühchristlicher Apologet und erster bedeutender lat. Kirchenschriftsteller; überwarf sich mit der Kirche und schied etwa um 205 aus der Kirche aus; bedeutendster Anhänger des schwärmerischen, nach Nordafrika übergreifenden Montanismus.

129 *Marquise de Gange:* Anne-Elisabeth Marquise de Gange (1636–1667), genannt »La belle Provençale«, aus Eifersucht von ihren Schwägern, darunter Abbé de Gange de la Martellière, ermordet. – *Pitaval causes celebres:* Gemeint ist Pitavals »Histoire de la marquise de Gange« in den »Causes célèbres et intéressantes, avec les jugements qui les ont decidées«, Bd. 5, S. 316 ff.; die Stelle findet sich dort S. 392. Das berühmte Werk über Kriminalfälle erschien in 20 Bdn. zuerst ab 1734 in Paris, die erste dt. Ausgabe, hrsg. v. Gottfried Kiesewetter, in 9 Bdn. Leipzig 1747–1768 unter dem Titel »Causes célèbres et intéressantes oder Erzählung sonderbarer Rechtshändel

samt deren gerichtlicher Entscheidung«. François Gayot de Pitaval (1673–1743), frz. Rechtsgelehrter, Parlamentsadvokat in Paris.

130 *Der Dichter Rousseau:* Jean-Baptiste Rousseau (1670–1741), frz. Dichter (Pseudonym: Verniettes), mußte 1712 wegen umstrittener satirischer Gedichte und anonymer Angriffe auf einige Personen, denen er die Schuld am Mißerfolg seiner 1694–1700 aufgeführten Komödien gab, Frankreich verlassen und starb in Brüssel. – *seines Vaters:* Ein Schuhmacher. – *Tu te renies:* Du verleugnest dich. – *Pitaval T. VI:* Gemeint ist die »Histoire du procès entre le sieur Saurin de l'académie des sciences et le sieur Rousseau de l'académie des belles lettres« in den »Causes célèbres et intéressantes«, Bd. 6, S. 1 ff.; die Stelle findet sich S. 82. – *Saurin:* Josèphe Saurin (1659–1737), frz. Geistlicher und mathematischer Schriftsteller, seit 1707 Mitglied der Académie des Sciences zu Paris.

131 *Satyre wider den König Nebukadnezar:* Vgl. dazu D 610 und F 176, die diese Notiz in den Umkreis der Literatursatire »Parakletor« rücken. Nebukadnezar II. (605–562 v. Chr.), König der Chaldäer, der 586 v. Chr. Jerusalem und den Staat Juda vernichtete; seine Residenz Babylon baute er mit verschwenderischer Pracht aus.

132 *Aus Spott zu beweisen . . .:* Die Bemerkung ist sicher angeregt durch die Einleitung der »Histoire de Louis Gaufridy« in den »Causes célèbres et intéressantes«, Bd. 6, S. 192, wo ausführlich vom Hexensabbat und den Verwandlungen gehandelt wird, die der Teufel bei dieser Gelegenheit mit seinen menschlichen Dienern vornimmt. – *der ehemalige M. N.:* Die Anspielung ist unklar: M. für Magister?

133 Diese Notiz beruht auf Angaben in dem zu C 132 zitierten Bericht von Pitaval, a.a.O., S. 202. – *Loyer:* Pierre le Loyer (1550–1634), Sieur de la Brosse, frz. Schriftsteller und ›Dämonograph‹, veröffentlichte Angers 1586 vier »Livres des spectres ou apparitions et visions d'esprits, anges et démons . . .« – *Majolus:* Simon Majolus (1520–1591?), ital. philosophischer Schriftsteller und Bischof. – *Delrio:* Martin Del Rio (1551–1608) aus Antwerpen, einer der gelehrtesten Jesuiten des 16. Jh.s, Prof. der Theologie und Philosophie, veröffentlichte 1599 f. »Disquisitionum magicarum libri« in drei Bänden, in denen er der Folter bei Hexenprozessen das Wort redete und mit denen er großen Einfluß auf die Hexenprozesse noch des 17. Jh.s ausübte. – *Lancre:* Pierre de L'Ancre (1553–1631), Jurist in Bordeaux, veröffentlichte Paris 1612 ein »Tableau de l'inconstance de mauvais anges et démons . . .«, ins Deutsche übersetzt 1630.

134 *Bäume:* Danach von L. etwas gestrichen.

135 Die Geschichte findet sich in den »Causes célèbres et intéressantes«, Bd. 5, S. 313, von Pitaval. – *Belair:* Biographische Daten nicht ermittelt. – *am Tage des heiligen Dionysius:* Der 9. Oktober, wenn der frz. National-Heilige, Dionysius von Paris, gemeint ist, der im 3. Jh. von Rom nach Paris gekommen und nach seiner Enthauptung, den Kopf in der Hand, bis zu dem nach ihm benannten St. Denis gegangen sein soll. – *In Göttingen . . . 1765 ein ähnlicher Zufall:* Von L. sonst nirgends mitgeteilt.

136 *Pitaval Tom. VIII:* Die Geschichte findet sich in den »Causes célèbres et intéressantes«, Bd. 8, S. 527, von Pitaval. – *Bad zu Bourbon:* Wohl Bourbon l'Archambault, Stadt im Département Allier mit seinen seit der Römerzeit berühmten Heilquellen. – *Weiber hatten:* Danach von L. etwas gestrichen. –

schlugen ... vor: Von L. verbessert aus *wolten die beyden Ehepaare einen Spatziergang thun.* – *Urtel:* Altertüml. Schreibweise für: Urteil.

137 *Gacon machte ... ein Sinngedicht:* Das Sinngedicht wird in den »Causes célèbres et intéressantes«, Bd. 6, S. 82 (Anm.), von Pitaval mitgeteilt. François Gacon (1667–1725), frz. Dichter (›le poète sans fard‹). – *le flatteur:* Frz. ›der Schmeichler‹; das Lustspiel erschien unter diesem Titel Paris 1697.

138 *Als die Frau von Ponthac ...:* Gemeint ist die »Histoire de monsieur de Cinq-Mars, grand-écuyer, et de monsieur de Thou« in den »Causes célèbres et intéressantes«, Bd. 8, S. 1 ff., von Pitaval; die Anekdote findet sich dort auf S. 146. – *Cinq-Mars:* Henri Coiffier de Ruzé d'Effiat, Marquis de Cinq-Mars (1620–1642), Günstling Ludwigs XIII. und Richelieus. Er wurde, nachdem er sich mit seinem Freund de Thou und Gaston d'Orléans, dem Bruder des Königs, in eine Verschwörung gegen Richelieu eingelassen hatte, zum Tode verurteilt und enthauptet. – *Sorbonne:* Die 1253 von Robert de Sorbon gegründete Universität von Paris, in deren Kirche 1629 Richelieu beigesetzt wurde. – *Richelieu:* Armand-Jean du Plessis de Richelieu (1585–1642), frz. Staatsmann, seit 1622 Kardinal. – *Worten der Schwester des Lazarus:* Martha von Bethanien bei Jerusalem, die die von L. zitierten Worte nach Joh. 11, 21 zu Jesus spricht. – *Lazarus:* Nach Joh. 11 von Jesus, nachdem er schon vier Tage im Grabe lag, wieder zum Leben erweckt.

140 *Jemand machte ... Distichon:* Verfasser des Distichons ist Etienne Jodelle (1532–1573), frz. Schriftsteller, der u. a. die erste frz. Renaissance-Tragödie verfaßte; wegweisend für die Tragödie des frz. Klassizismus. L. entnahm es dem zu C 138 zitierten Aufsatz, a.a.O., S. 229, von Pitaval. – *Distichon:* Griech. ›Doppelvers‹, in der Regel bestehend aus einem Hexameter und einem Pentameter. – *Nostradamus:* Eigentlich Michel de Notre-Dame (1503–1566), frz. Mathematiker und Astrologe; Arzt in der Provence und später Leibarzt Karls IX.; erstellte Horoskope und prophezeite aufgrund angeblicher göttlicher Offenbarungen. Seine in Vierzeilern abgefaßten visionären Aussagen (»Quatrains«) wirkten bis in die Neuzeit und wurden immer wieder neu gedeutet. 1781 wurden seine »Centuries« (1558) indiziert, weil er darin den Untergang des Papsttums vorausgesagt hatte. – *Nostra ... damus:* Das Unsere geben wir, da wir Falsches geben, denn zu fälschen ist unsere Sache, / Und wenn wir Falsches geben, geben wir nur das Unsere.

141 *S. 32:* Gemeint ist C 138. – *Cinq-Mars:* Die Anekdote findet sich Bd. 8, S. 125, des zu C 129 nachgewiesenen Werkes. L. erwähnt die Begebenheit auch in einem Brief an Samuel Thomas Sömmerring vom 5. Juni 1795. – *de Thou:* François Auguste de Thou (1607–1642), Sohn des frz. Historikers und Politikers Jacques Auguste de Thou; wegen seiner Konspiration gegen Richelieu hingerichtet.

142 *eigne:* Danach von L. gestrichen *Leider ist die Philosophie des Mannes so beschaffen, daß.* – *ein Jahr dem andern in die Hand arbeitete:* Die gleiche Formulierung findet sich C 62. – *Philosophie:* Danach von L. gestrichen *Er kan andere Meinungen einnehmen.* – *Inbegriff der Meinungen eines Menschen ... seine Philosophie:* Zu L.s ›Meinungs-System‹ s. das Wortregister. – *Schuhe ... Meinungen:* Diese Nebeneinanderstellung kehrt D 68 wieder. – *Mathematik:* Zu L.s schwankendem Urteil s. das Wortregister. – *Weltweisheit:* Philosophie. – *Perpetuum mobile:* »..., die immerwährende Bewegung, heisset in der Mechanick eine Machine, welche vermöge ihrer Structur die Bewegung beständig

fortsetzt, darein sie einmal gesetzet worden, so daß sie ewig wehren würde, wenn die Materie, daraus sie bestehet, niemals eingienge und nichts an ihrer Structur Schaden nähme.« Zitiert nach Wolff, Sp. 1037–1038. S. zu K₁ S. 838: Nachricht vom Grafen Mellin. – *so . . . allmählig:* Von L. verbessert aus *so muß die Sache für beschlossen angenommen werden. Die schönen Hofnungen verschwinden nach gerathe.* – *Reformator:* Von L. verbessert aus *Freygeist.* – *Aktien auf Reichtümer der Südsee:* Anspielung auf Laws Gründung (1717) der »Compagnie des Indes«, die zu großer Spekulationswut führte. – *Law:* John Law of Lauriston (1671–1729), schott. Bankier und Wirtschaftstheoretiker (Theorie des Papiergeldes), erhielt 1715 in Frankreich die Genehmigung zur Errichtung einer Privatnotenbank. Die durch ständige Neuausgabe von Aktien und Banknoten bewirkte Papiergeldinflation stürzte 1720 Frankreich in eine schwere Wirtschaftskrise. Law mußte das Land verlassen und starb völlig verarmt. S. auch Hogarth-Erklärungen (III, S. 793).

143 *Gehe zur Mathematik:* Vgl. C 142. – *Indifferentismus:* Gleichgültigkeit, vor allem in Glaubensdingen.

144 *Tarras:* Traß, vulkanischer Schutt oder Tuff, Duckstein, ein Gemenge aus Bruchstücken vulkanischer Gesteine, als Mörtel bei Wasserbauten benutzt. – *Puzzolana:* Pozzolan-Erde, vulkanischer Tuff, eine vulkanische Erdart, aus der ein Mörtel bereitet wird, bei Pozzuoli in Italien häufig. – *Ziegler im Hannöverschen Magazin:* Im Aufsatz »Von dem Tarras, der Puzzolana und deren Substitutionsarten« im »Hannoverischen Magazin« 1773, 6. Stück, Sp. 81–94. Christian Ludwig Ziegler (geb. 1748), kurhannöverscher Ingenieur und Oberlandbaumeister in Lüneburg.

145 *Abhandlungen vom Federharz:* »Von dem Federharz« von Johann Peter Velthusen im »Hannoverischen Magazin« 1772, 96. Stück, Sp. 1523–1530, und »Zusätze zu der Abhandlung vom Federharze im 96. Stücke des vorigen Jahrs«, unterschrieben: H. P., im »Hannoverischen Magazin« 1773, 6. Stück, Sp. 93–96. Johann Peter Velthusen (gest. 1803), Kammerkonsulent in Hannover und populärwissenschaftlicher Schriftsteller. – *Federharz . . . Cahutchu:* Kautschuk; aus dem Milchsaft bestimmter, meist tropischer Pflanzen gewonnener Gummirohstoff (Kautschuköl). Vgl. F₁ S. 642, 195; K₁ S. 838. Von den scheinbar wunderbaren Eigenschaften des Kautschuk schreibt L. in »Einige gemeine Irrthümer« (GTC 1779, S. 73); s. auch Gehler, Bd. 2, S. 563 (Harze).

146 *Neuß:* In der Handschrift *Nuyß* aus *Neiß.* – *Expectationem partus Mariae:* Die Erwartung der Geburt Mariä. Seit dem 7. Jh. wird von der römisch-katholischen Kirche der 8. September als Tag der Geburt Marias gefeiert. – *Gebrauch der Indianer . . .:* Das Kindbett des Mannes, die Couvade; vgl. »Timorus« (III, S. 225). – *Domherr von Weichs:* In seinem Tagebuch berichtet L. von einer Gesellschaft beim Domdechanten von Spieß, der er am 9. September 1772 beiwohnte: »es befand sich in der Gesellschafft ein junger Dohmherr, der wenn ich recht gehört habe HE. von Weichs heißt und aus Bonn gebürtig ist, dieser Herr hat viel gelesen und raisonnirt eigenthümlich und gut. Lessing gefiel ihm nicht und dies war das eintzige was mir nicht an ihm gefiel.

147 *Tarras oder Traß:* S. zu C 144. – *Voigt:* Konrad Wilhelm Voigt, Regierungssekretär, L.s Hauswirt in Osnabrück. – *Tophus:* Tophstein, Tuffstein; ein kalkartiger, sehr löcheriger Stein.

149 *der erste Prozeß in des Pitaval Werk:* Die Geschichte »Le faux Martin Guerre« in dem zu C 130 nachgewiesenen Werk von Pitaval, Bd. 1.

150 *Menogenes . . . Pompejus:* Vgl. Plinius »Maior naturalis historia«, Buch 7, Kap. 12; auch bei Valerius Maximus, 9, 14, 2, 5, erwähnt. Plinius berichtet jedoch vielmehr, daß zwei Männer namens Phibius und Publicius dem großen Pompejus ähnlich gesehen hätten und dessen Vater, der schielte, darin seinem Koch Menogenes ähnlich sah. Der Irrtum findet sich bereits in L.s unmittelbarer Quelle: »Causes célèbres et intéressantes« von Pitaval, Bd. 1, S. 34. L. verwertet die Notiz im »Orbis pictus« (III, S. 386). Cnaeus Pompejus Strabo, Vater des Pompejus Magnus (s. zu G 111). – *Plinius:* Gajus Plinius Secundus, der Ältere (23–79 n. Chr.), röm. Offizier, Staatsbeamter, Historiker und Fachschriftsteller; Verfasser der »Naturalis historia«.

151 *Regeln der Grammatik:* Vgl. E 147. – *bloße Menschen-Satzungen:* Vgl. J 125. – *Geschichte des Urbain Grandier:* Die Geschichte »Urbain Grandier, condamné comme magicien et comme auteur de la possession des réligieuses de Loudon« in den »Causes célèbres et intéressantes«, Bd. 2, S. 338 ff.; die Bemerkung ist S. 374 entnommen. L. schreibt *Urben.* Grandier, frz. Priester in Loudon, wurde am 18. August 1634 lebendig verbrannt.

153 *Gratioso oder . . . Menuettakt:* Vgl. die musikalischen Termini in dem zu C 118 zitierten Aufsatz Mösers, worunter sich auch »grazioso« befindet: musikal. Vortragsbezeichnung: anmutig, lieblich.

154 *Geschichte des Urbain Grandier:* S. zu C 151.

155 *Ein gewisser junger Lakedämonier . . . :* Den Spartanern wurde von alters Lüge und Betrug nachgesagt; Plutarch beschreibt im »Leben des Lykurgos« 18 allerdings den Vorfall eher als einen Beweis spartanischer Abhärtung: »Beim Stehlen bewiesen die Knaben so viel Vorsicht und Behutsamkeit, daß wohl eher einer, der einen jungen Fuchs entwendet hatte und ihn unter den Mantel verborgen hielt, sich von dem Tiere mit Klauen und Zähnen den Bauch aufreißen, ja sogar sich töten ließ, als daß er die Sache entdeckte.« (Zit. nach Plutarch, Lebensbeschreibungen, 1. Bd., München und Leipzig 1913, S. 130). – *Verstellungskunst:* Im 18. Jh. eher Synonym für den adeligen Höfling. S. A 51.

156 *deos . . . nixios:* Von ›Nixi pares‹ – bei der Entbindung Beistand leistenden Geistern – schreibt Ovid, »Metamorphosen« IX, 294.

157 *dem Menschen so natürlich als das Denken:* Vgl. B 308.

158 *Wörter . . . in dem Besitz ihrer Bedeutungen . . . stören:* Vgl. A 93.

159 *Osnabrugum Vale:* Lat. ›Osnabrück, leb wohl‹. – *Dedikation zur Pinik:* Über die von L. geplante »Pinik« s. zu B 72 und noch C 207. – *Allen . . . Roten Nasen:* Vgl. die Fassung im »Patriotischen Beitrag zur Methyologie der Deutschen« (III, S. 317).

160 *Riedesel:* Johann Hermann Freiherr von Riedesel (1740–1785), königlich preußischer Kammerherr und seit 1773 Gesandter am kaiserlichen Hof in Wien. – *Reise . . . :* »Reise durch Sicilien und Großgriechenland«, Zürich 1771. Riedesel widmete dieses Buch, das Goethe als Cicerone bei seiner Italienreise begleitete und Schiller zur »Braut von Messina« anregte, seinem Freund Winckelmann. Die angegebene Stelle ist von L. fast wörtlich wiedergegeben. – *Manna:* Aus der Rinde verschiedener Bäume austretende zuckerartige Substanz, die als Abführmittel gebraucht wird; bes. im Sinai und Sizilien zu finden.

161 *Trapani:* Hauptstadt der ital. Provinz Trapani und Fischereihafen; im Mittelalter eine der reichsten Städte Siziliens. – *di Santo Paolo:* Die »Società dei Beati Paoli«; über diesen Geheimbund, der Recht übte, wo das Recht versagte, aber keinen Vorläufer der Mafia darstellt, s. Luigi Natoli, I Beati Paoli. Grande romanzo storico siciliano, Palermo 1977. – *ibidem p. 21:* Die Reisebeschreibung von Riedesel ist zu C 160 nachgewiesen.

162 *sündlich schöne Hände:* Vermutlich ist diese Notiz durch die zu C 160 nachgewiesene Reisebeschreibung angeregt. Dort heißt es S. 76 von den maltesischen Frauen, daß sie »wunderschöne Händen und Füsse, durchdringende schwarze Augen haben«, aber »die meisten ein Gewerbe mit ihrer Schönheit treiben, und von den Müttern dazu erzogen werden«. S. 104 spricht Riedesel von den »Sündlich starken« Einkünften der Mönche in Catania.

163 *ibidem p. 102:* S. zu C 160.

164 *Riedesel. p. 103:* S. zu C 160.

165 *Riedesel sagt ... gewahret:* Vgl. Riedesel, S. 108, 112.

166 *In Hannover logierte ich einmal so:* Wohl bei Mechmershausen in der Marktstraße hinter der Aegidienkirche, Ecke Breite Straße.

168 *Riedesel p. 164:* S. zu C 160; vgl. S. 163–164 über Messina: »Ganz nahe bey der Citadelle ist die so berühmte Charybdis der Alten, welche ihrer wenigen Kenntniß im Seefahren wegen denselben gefährlich und furchtbar war, da jetzo die kleinsten Kähne ohne Gefahr darüber wegfahren. Die jetzigen Einwohner von Messina nennen sie il Garofalo; und sie bestehet in nichts anders als einem Wirbel, welchen die verschiedene Directionen der Flüsse und Gegenflüsse in dem engen Pharo von Messina verursachen. Ich bin mit einem kleinen Kahne selbst darüber gefahren, um mich davon zu überzeugen: Das Wasser ist nur 30. Palme tief; mithin kann dieser Wirbel nicht so gefährlich seyn, als man solchen beschreibt. Nur ist zu bemerken, daß, wenn die Beschreibung Vergils (Lib. III.) nicht poetisch anzunehmen wäre, freylich der Wirbel damals viel grösser und fürchterlicher gewesen seyn müsse.« – *Charybdis:* Felsenschlund und Meeresstrudel in der Straße von Messina, gegenüber der Felsenklippe Scylla; in der Antike wegen drohender Gefahren oft beschrieben, u. a. von Homer und Vergil.

169 *Die Mönche zu Lodève...:* Die Notiz stammt aus Holbergs »Vermischten Briefen«, die in 5 Bdn. Kopenhagen und Leipzig 1750–1760 in dt. Übersetzung erschienen, und findet sich dort in Bd. 4, S. 478. Ludwig von Holberg (1684–1754), berühmter dän. Lustspieldichter und Erzähler. – *Lodève:* Stadt am Fuß der Cevennen am Ergue, bis 1790 Bischofssitz.

170 *Historie von Lessings Eremiten:* L. zitiert aus Lessings Fabel »Der Eremit«, erschienen in den »Fabeln und Erzählungen« 1749, auch III, S. 432. – *Pagius Florentinus:* Gian Francesco Poggio di Guccio Bracciolini (1380–1459) aus Terranuova bei Florenz, ital. Humanist; 1471 erschien in Ferrara der zwischen 1438 und 1452 entstandene und oft übersetzte »Liber facetiarum«. – *Ansimirius:* Lebensdaten nicht ermittelt. – *Holbergs Briefe:* S. zu C 169.

171 *Barelette:* L. entnahm die Notiz Holbergs »Vermischten Briefen«, Bd. 4, S. 466.

172 *Ein Vater schloß einen Brief...:* Diese Notiz ist ebenfalls Holbergs »Vermischten Briefen«, Bd. 4, S. 466, entnommen. – *Henker holen:* In der

Handschrift ist die Formulierung, die mit Holberg wörtlich übereinstimmt, von fremder Hand verbessert in *Donner erschlagen.*

173 *Hermippus sagte* ...: Auf mendäischen Wein pissen auch die Götter. Das – ungenaue – Zitat aus »Deipnosophistai« 1, 53 von Athenaios (griech. Grammatiker und Schriftsteller im 2. Jh. v. Chr.) ist Holbergs »Vermischten Briefen«, Bd. 4, S. 459, entnommen. Mendä: Stadt auf der Halbinsel Pallene in Chalkidike.

174 *Holberg Briefe:* S. zu C 169.

175 *urinabatur* ...: Er tauchte unter und tauchte noch einmal vergeblich. – Auch diese Notiz ist Holbergs »Vermischten Briefen«, Bd. 4, S. 245, entnommen. – *seinen Hammer den:* Von L. verbessert aus *sein Beil das.* »Beil« hat auch Holberg.

176 *Clyto und Clytunculus:* Auch diese Notiz entstammt Holbergs »Vermischten Briefen«, Bd. 4, S. 242. Laut Du Cange, Glossarium Mediae et Infimae Latinitatis, Bd. II, 1884, S. 374, hießen Clitones im Angelsächsischen die Königssöhne.

177 *Stoschischen Kabinett:* L. meint die den Ithryades darstellende Gemme; vgl. Winckelmann, »Description des pierres gravées du feu Baron de Stosch«, Florenz 1760, S. 405. Philipp Freiherr von Stosch (1691–1757 oder 1758), engl. Gesandter in Florenz, berühmter Sammler und Altertumsforscher.

178 *Etwas über die Polter-Geister:* Über L.s Verhältnis zu den damals aktuellen Fragen nach der Realität der Welt der Ahnungen und Erscheinungen vgl. Nachlaß, S. 207; vgl. auch, was L. selbst in »Noch ein Wort über Herrn Ziehens Weissagungen« im GMWL, 2. Jg., 5. Stück 1782 (VS 5, S. 25) über diesen Zug mancher Gelehrtennaturen sagt, ferner »Schreiben an Herrn Werner in Gießen ... (Ph+M 4, S. 383), und Brief an Franz Ferdinand Wolff, 20. Oktober 1783. In die Zeit des Entwurfs über Poltergeister fällt auch der eingehende Briefwechsel mit seinem Gothaer Bruder Ludwig Christian oder Friedrich Christian über spiritistische Materien und Geisterseherei, von dem nur die im Nachlaß, S. 52 abgedruckten »Anmerckungen über des Bruders Brief« (s. jetzt Briefwechsel I, S. 210) erhalten sind. Zu dem Plan gehören ferner C 180, 192, 193. – *die gemeinsten Vorfälle* ... *nicht zu erklären:* Vgl. KA 296. – *Warum ein Ball* ...: Über die Schwerkraft reflektiert L. auch C 91. – *Bille:* Frz., elfenbeinerne Spielkugel zum Billard. – *berühmte philosophische Sekte:* Anspielung auf die christl. Religion? – *wer hat die* ... *Muscheln auf die Spitze der Alpen getragen:* Diese Stelle ist durch ein Gespräch mit Ebell in Hannover vom 20. August 1772 veranlaßt, über das L. im TB (S. 65 der Handschrift) referiert: »Er erzählte mir ferner, daß man auf den höchsten Spitzen der Alpen Versteinerungen, wie wohl selten, fand und zwar grade solche, die man nicht da suchen solte. Als ZE. eine sehr schwere Auster, allein auch keine von den bekannten Specibus.« Vgl. »Einige Neuigkeiten vom Himmel« (GTC 1792; Ph+M 1, S. 425) und »Einige Betrachtungen über die physischen Revolutionen auf unsrer Erde« (GTC 1794; Ph+M 2, S. 64), auch D 737 und J 938. – *Feuerkugeln:* Meteore; über die Ratlosigkeit der Naturwissenschaftler des 18 Jh.s s. Gehler, Bd. 2 S. 234–239. – *2000 Fuße:* 1 Fuß = ca. 30 cm.

S. 189 *Was ist das Nordlicht:* S. zu A 222. – *derselben anzusehen:* Von L. verbessert aus *von Geistern zu halten.* – *keilte:* Abzuleiten vom Keil, dem Bild für Blitz und Donner in der Hand Jupiters oder Donars; im DWB ist L.s Verbbildung in dieser Bedeutung nicht aufgeführt. – *dieselbe Kraft . . . die in einem Stückgen geriebenen Bernstein Staub anzieht:* Dieser Gedanke begegnet auch C 296, F 1039; s. zu A 194. – *Machtspruch:* Zu diesem Ausdruck vgl. B 321. – *und die Vernunft:* Danach von L. gestrichen *Wer hat je eines gesehen oder mit einem geredet?* – *werden könnte:* Danach von L. gestrichen *so wie unsere Vorfahren das Erklären des Donners.*

S. 190 *Geschichte der menschlichen Irrtümer:* Diese Wendung begegnet auch C 91; s. die Anm. dazu.

S. 191 *Fortsetzung p. 46:* Gemeint ist C 180.

179 *A leg . . . heaven:* Eine Hammelkeule ist besser als nichts, / Nichts ist besser als der Himmel, / Deshalb ist eine Hammelkeule besser als der Himmel. – *mag:* In der Handschrift *sey.* – *Species . . . Genus:* S. zu A 17.

180 *Fortsetzung . . . S. 45:* Gemeint ist C 178; vgl. die Anm. dazu. – *die Furcht Götter gemacht:* Vermutlich Anspielung auf Lukrez; vgl. »Etwas Stoff zu Montags-Andachten« (III, S. 492). – *optische Betrug:* Vgl. J 1255. – *Taschenspieler:* Vgl. A 20 und die Anm. dazu. – *die Busschische Geschichte:* Die Gespenstergeschichte war damals in Hannover allgemeines Gesprächsthema; L. spricht von ihr auch in den Briefen an Joel Paul Kaltenhofer und an Johann Christian Dieterich vom 19. Februar 1773. Ernst August Wilhelm von dem Bussche (1727–1789), Geheimer Kammerrat in Hannover, Mitglied der Osnabrückischen Regierung, seit 1779 als Nachfolger von Lenthes Kurator der Universität Göttingen. – *positionem falsi:* Lat. ›die Stellung (Akk.) des Falschen‹; wohl nach der mathemat. ›Regula falsi‹: »Wird genennet, nach der man aus einer angenommenen falschen Zahl die wahre findet, die man zu wissen begehret, vermittelst der Regel Detri.« (Wolff, Sp. 1104). – *Fortsetzung p. 49. 50:* Gemeint ist C 192, 193.

181 Zu dieser Bemerkung vgl. C 236. – *Maß des Besten:* Darüber von fremder Hand geschrieben *Criterium.*

182 *In Athen herrschte . . . :* Der Gedanke ist fast wörtlich Holbergs »Vermischten Briefen«, Bd. 3, S. 280, entlehnt (s. zu C 169).

183 *Die Astronomie . . . diejenige Wissenschaft:* Zu diesem Lob auf die Astronomie vgl. auch K 317. – *Vaezupahe:* Die Bedeutung dieses Wortes nicht ermittelt.

185 *Füßeln:* Svw. wie trippeln, die Füße schnell und auf der Stelle bewegen. Vgl. III, S. 567, 669 und F 1026.

187 *Niebuhr . . . Beschreibung von Arabien:* Eintrag im TB (S. 90 der Handschrift) erst unter dem 19. April 1774: »An demselben Tag fing ich an HE. Niebuhrs Reisen durch Arabien zu lesen, wovon der erste Band angekommen war.« Die »Beschreibung von Arabien« von Carsten Niebuhr erschienen Kopenhagen 1772. Die Exzerpte dieser Notiz finden sich dort S. 42–44, 46.

188 *Niebuhr (p. 55):* L. zitiert nahezu wörtlich aus einer Fußnote.

189 Diese Notiz geht auf S. 56–58 von Niebuhrs »Beschreibung von Arabien« zurück. – *Opium:* »Weil die Türken und Perser so große Liebhaber von Opium sind, so ist es wahrscheinlich, daß auch einige Araber sich dessen bedienen. Ich will sie aber keines Misbrauchs darin beschuldigen, weil ich unter ihnen kein Beyspiel davon gehört habe« (S. 58); vgl. J 254. – *Haschisch:* »Weil die geringern Araber in den Städten auch lieben Keif zu haben, d. i.

vergnügt zu seyn, die starken Getränke aber nicht bezahlen, und vielleicht gar nicht bekommen können; so rauchen sie Haschîsch, ein Kraut, welches Herr Forskål, und schon andere, die vor uns in den Morgenländern gewesen sind, für Hanfblätter hielten. Die Liebhaber dieses Krautes versichern, daß es ihnen vielen Muht gebe« (S. 57). – *Wein:* »Obgleich den Mohámmedanern der Genuß von allem was nur die Sinne berauschen kann, verboten ist, so findet man doch bisweilen einige welche große Liebhaber vom starken Getränke sind ... Sie müssen sich doch aber sehr in Acht nehmen, daß sie nicht verrathen werden, und deswegen trinken die Säufer nur des Abends in ihren Häusern. In den Städten auf der Gränze von Arabien, wo gemeiniglich viele Juden und Christen wohnen, kann ein Reisender Branntwein, und bisweilen Wein bekommen« (S. 56).

190 *Sasch ... sash:* Vgl. Niebuhrs »Beschreibung von Arabien«, S. 62, wo aber die Identifikation mit dem engl. Wort fehlt. – *sash:* Engl. ›Schärpe‹.

191 *Die Banianen ...:* Vgl. Niebuhrs »Beschreibung von Arabien«, S. 67, Anm.; die Reisebeschreibung enthält die Abbildung eines Banianen, der den Rosenkranz in der Hand hält. – *Banianen:* Zur Handels-Kaste gehörende Ostinder.

192 *Abhandlung von Gespenstern:* S. zu C 178.

193 *die Hannöversche Historie:* Vgl. C 180: »die Busschische Geschichte«; auch diese Bemerkung gehört zum Plan einer »Abhandlung von Gespenstern«. – *Die Muttermäler ... nicht ... vergessen:* Vgl. B 19. – *Röderers Preisschrift:* Die Abhandlung »De vi imaginationis in foetum negata, quando gravidae mens a causa quacunque violentiore commovetur«, erschienen Petersburg 1756. Die Abhandlung wurde von der Petersburger Akademie preisgekrönt. Johann Georg Roederer (1726–1763), Prof. der Medizin (Geburtshilfe) in Göttingen und nach Hallers Fortgang neben Zinn Fachvertreter der Anatomie; gab Göttingen 1759 die von Kaltenhofer gezeichneten »Icones uteri humani observationibus illustratae« heraus. – *Hume bemerkt:* Vgl. »Philosophische Versuche über die Menschliche Erkenntniß«, 2. T., Hamburg und Leipzig 1755, S. 268–269 (BL, Nr. 1864): die Übersetzung von Humes 1748 erschienenen »Philosophical Essays Concerning Human Understanding«. David Hume (1711–1776), engl. Philosoph und Historiker; dessen »History of England« notiert L. im TB (S. 95 der Handschrift) unter den Büchern, die er Dieterich gegeben hat. – *Pascal ... war leichtgläubig:* L. entnahm den Hinweis aus Hume, a.a.O., S. 288 Anm.; s. auch E 29. Blaise Pascal (1623–1662), berühmter frz. Mathematiker und Philosoph. – *das schöne Exempel ...:* S. 293 f., Fußnote, des angegebenen Werkes setzt Hume den Fall, »daß alle Geschichtsschreiber, die von Engelland handeln, übereinstimmen würden, die Königin Elisabeth sey den ersten Jänner 1600 gestorben ...; aber einen Monat nach ihrem Begräbniß ... wieder erschienen«, woraufhin er gegen alle Beteuerungen und Einwände an dem Glauben an einen Betrug festhalten würde: »aber ich würde allezeit erwiedern, die Betrügerey, Bosheit und Thorheit der Menschen seyn so gemeine Erscheinungen, daß ich lieber glauben wollte, die außerordentlichsten Begebenheiten könnten aus der Vereinigung derselben entstehen, als eine so ungemeine Verletzung der Gesetze der Natur zugeben«.

194 *großen Rat:* Vgl. A 136; B 321, 366; D 79; E 370; J 1331 und III, S. 513, 518. – *Dem großen Genie fällt überall ein: könnte auch dieses nicht falsch sein?:* Vgl. KA 305. – *sinesischen Stillstand:* Vgl. G 83.

195 *Brief an einen guten Freund:* Wohl Fiktion.

196 *Hammerstein:* Biographische Angaben nicht ermittelt. – *Gedanken-System:* S. das Wortregister. – *viel wissen:* S. zu A 140.

197 *Messiade:* Klopstocks Heldengedicht »Der Messias«, erschienen 1748 und 1751, erweitert 1755–1773. – *Verlornes Paradies:* Miltons Epos »Paradise lost«, erschienen 1667, in zweiter, endgültiger Fassung 1674 (BL, Nr. 1657). – *Henriade:* Voltaires Epos »La ligue ou Henri le Grand«, erschienen 1723, Neufassung 1728 unter dem Titel »La Henriade« (BL, Nr. 1700). L. erwähnt es auch III, S. 302 (vgl. KIII, S. 135).

198 *Absicht des geistlichen Heldengedichts:* Wie »Paradise lost« und »Messiade«. – *meinem Entschluß mehr Kraft geben:* Zu dieser Wendung vgl. C 101.

199 *Insulas quas creasti sagt Kästner:* Kästners 1771 zu Altenburg erschienene »Dissertationes mathematicae et physicae« sind dem Grafen zur Lippe zugeeignet; in der unpaginierten Widmung heißt es: »Scholae autem militari in insulis, quas creasti, constitutae leges scripsisti« (Du hast aber für die Kriegsschule auf den Inseln, die du geschaffen hast, eine festbestimmte Verfassung geschrieben). – *Grafen Bückeburg:* Wilhelm Graf von Schaumburg-Lippe (1724–1777), Gönner Abbts und Herders und kriegswissenschaftlicher Lehrer Scharnhorsts, erbaute 1761–1767 die künstliche Festungsinsel Wilhelmstein im Westteil des Steinhuder Meers und gründete dort eine Militärschule (heute Museum); L. besichtigte sie am 1. September 1772: vgl. TB (Handschrift S. 94 ff.) und Brief an Joel Paul Kaltenhofer vom 26. August 1772. – *Wilhelmus D. G. ... creator:* Wilhelm Graf ... Schöpfer der Inseln des Steinhuder Meeres. – *Revers:* Rückseite einer Münze.

200 *Er weiß ... wo ihn der Soccus ... drückt:* Diese Wendung ist im »Orbis pictus« (III, S. 379) verwertet; Abwandlung des bekannten Sprichworts (s. Wander IV, Sp. 351, 67 ff.). – *Soccus:* Niedriger Schuh für Schauspieler in den Lustspielen der Antike. – *Kothurn:* In den griech. und röm. Tragödien zur Erhöhung der Leibesgestalt gebräuchlicher Schuh.

201 *Non-Christen:* Ähnliche Wendungen finden sich auch E 74, F 703, ferner in einer Fußnote des »Timorus« (III, S. 223).

202 *Er mäanderte:* Sich in Mäanderform bewegen, d. h. wie der eine starke Windung aufweisende Fluß Mäander (jetzt: Menderes) in Kleinasien, nach dem ein Zierband benannt wurde.

203 *Wenn sie auf dem Monde Ferngläser haben:* Zu dem Gedanken vgl. III, S. 1050. – *Troja, Rom und London ... brennen sehen:* S. »Einige Neuigkeiten vom Himmel« (GTC 1792; Ph + M 1, S. 430). Troja, der sagenumwobene Hauptort der antiken Landschaft Troas in Kleinasien wurde, wohl im 22. Jh. v. Chr. durch einen Brand zerstört; L. bezieht sich aber sicher auf die Sage vom Trojanischen Krieg, dessen geschichtl. Hintergrund die Zerstörung Trojas vermutlich durch die Achäer um 1200 v. Chr. ist. – Der wohl unbegründeten Überlieferung nach hat Nero 64 n. Chr. mehrere Bezirke Roms niederbrennen lassen. – Der große Brand von London fand am 2. September 1666 statt; vgl. E 101 und Anm., III, S. 192, 805, 1050. – *Überschwemmungen von Callao:* Die von den Spaniern gegründete Hafenstadt in Peru wurde am 28. Oktober 1746 bei einem Erdbeben durch eine riesige

Flutwelle vollständig vernichtet. S. auch Ph + M 1, S. 195. – *Feuerkugel anno 1753:* Eine so bedeutende Feuerkugel ist 1753 nach dem chronologischen Verzeichnis Chladnis (Über Feuermeteore) in Deutschland nicht beobachtet worden; L. scheint sich in der Jahreszahl zu irren. Johann Esaias Silberschlag veröffentlichte 1764 eine »Theorie der am 23. Juli 1762 erschienen[en] Feuerkugel« (BL, Nr. 702).

204 *Feuerspritze:* Danach von L. gestrichen *die Geschwin[digkeit] wohlverstanden eine die nach gelöschtem Feuer nun wieder zurückgeht.*

206 *Das Bekehren der Missetäter vor ihrer Hinrichtung ... Art von Mästung:* Vgl. C 92.

207 *Barclays Argenis:* John Barclay (1582–1621), schott. Dichter und Satiriker, verfaßte unter dem Namen »Euphormio« sein »Satyricon« (1604/1605); sein Hauptwerk, der politisch allegorische Roman »Argenis« (1621) wurde in die meisten europäischen Sprachen übersetzt (ins Deutsche durch Opitz 1644). L. besaß die Editio V, Frankfurt 1626 (BL, Nr. 1636). L. sagt von dem Roman in dem Schreiben an Georg Friedrich Werner (Ph + M 4, S. 399; Briefwechsel III, Nr. 1641): »Ich lese Barclay's Argenis fast alle 2, 3 Jahr einmal, und immer mit neuem Vergnügen.« Vgl. III, S. 212, 319. – *Beschreibung eines englischen Gartens:* Barclay, a.a.O., Pars Altera/Continuatio, S. 136–143. Im 18. Jh. aufkommende Gestaltung von Kunstgärten, die die Natur komponierten; vgl. F 1123. – *ut ... variantur:* Wie er auf begrenztem Raum die Formen widergespiegelt hat, durch die alle Landschaften abwechseln.

208 *war er sehr unordentlich:* L. selbst?

209 *Unter uns Deutschen gesprochen:* Davor von L. gestrichen *Vorrede.* Diese Nummer ist der erste Entwurf der Vorrede zum »Patriotischen Beitrag zur Methyologie der Deutschen« (III, S. 318, KIII, S. 144–148). Die Vorrede wurde auf besonderen Wunsch Dieterichs hinzugefügt, wohl erst nach der Ende Februar oder Anfang März erfolgten Rückkehr L.s nach Göttingen (s. KIII, S. 144f.). – *Pinik:* S. zu B 72. – *Länder jenseit der Bouteille:* Zu dieser Wendung vgl. B 77. – *bereisen:* Danach von L. gestrichen *bisher in der schändlichsten Vergessenheit geschmachtet hat.* – *Basedow:* Johann Bernhard Basedow (1723–1790), Theologe, Hauptvertreter der Aufklärungspädagogik in Deutschland, Begründer des Philanthropismus und Verfasser u. a. des »Elementarwerks« (1774), Theologe, setzte sich für Schulpädagogik und Didaktik, für Leseerziehung und die Einrichtung von Schulbibliotheken ein. L. spielt möglicherweise auf Basedows Hamburg 1768 erschienene »Vorstellung an Menschenfreunde und vermögende Männer über Schulen, Studien und ihren Einfluß in die öffentliche Wohlfarth. Mit einem Plane eines Elementarbuchs der menschlichen Erkenntniß« an. Vgl. über ihn L 584 und III, S. 758. – *die Zeiten, da Europa die Systeme von den Deutschen nehmen mußte:* Wohl Anspielung auf Kopernikus, Kepler, Leibniz; vgl. Brief an Kant vom 30. Oktober 1791 und J 473. – *sehr nahe:* Danach von L. gestrichen *Das schreiben und recensieren om[nium]. Hingegen schien ein allgemeines recentiren omnium contra omnes von einer Seite scheint von der einen Seite.* – *omnium contra omnes:* Lat. ›aller gegen alle‹; der ›Krieg aller gegen alle‹ ist Grundsatz der Staatstheorie im »Leviathan« (1651) von Thomas Hobbes; s. auch III, S. 318, 614. – *Die mathematische Methode:* Vgl. B 190. – *Polhöhe:* Zu diesem Begriff s. zu KA 14. – *völlig gleich tun:* Von L. verbessert aus *uns endlich überall ausstechen.* – *was auf einem schlechten Boden wächst ...:* Vgl. III, S. 318.

S. 199 *holländische... Freiheit... Käse:* Vgl. III, S. 318. – *Nüße der Tändelei:* Vgl. III, S. 321; diese Metapher ist nicht klar. – *Quo ... ruitis:* Wohin, wohin, Verruchte, stürmt ihr; Zitat nach Horaz, »Epoden« 7, 1. – *Büchelchen ... das nur drei Groschen kostet:* Diese Wertangabe begegnet auch C 256, E 149, 209. Zu L.s Wortbildungen s. das Wortregister. – *Ein Engländer:* Norworth; s. KIII, S. 318. – *Worte machen Bücher so wie Kleider Leute:* Vgl. L.s Brief an von Gerstenberg, 19. Juni 1780. Vgl. MH 3 und Anm. – *Baco ... hat schon gesagt:* Im ersten Buch seines Werks »De dignitate et augmentis scientiarum« (engl. London 1605, lat. zuerst ebd. 1623) sagt Bacon: »Alius error a reliquis diversus et praematura atque proterva reductio doctrinarum in artes et methodos; quod cum fit, plerumque scientia aut parum aut nihil proficit ... sed methodis semel circumscripta et conclusa expoliri forsan et illustrari aut ad usus humanos edoloari potest, non autem porro mole augeri«. Der andere Fehler unterscheidet sich von den übrigen und besteht in der verfrühten und voreiligen Reduktion der Lehren in Künsten und Methoden; wenn dies geschieht, kommt die Wissenschaft meist entweder wenig oder gar nicht mehr voran ... sondern kann, durch die Methoden gleichsam beschränkt und abgeschlossen, vielleicht verfeinert und illustriert oder zum Nutzen der Menschen ausgearbeitet, jedoch nicht mehr erweitert werden. Vgl. auch C 278. L. zitiert den Satz J 1781. Francis Bacon (Baco von Verulam; 1561–1626), engl. Philosoph und Staatsmann; sein Lebenswerk »Instauratio magna«, die ›Große Erneuerung der Philosophie‹, deren ersten Teil die hier von L. zitierte Schrift bildet, blieb unvollendet. – *in philosophicis:* In Sachen Philosophie. – *die künstlichen gesuchten Erklärungen:* Zu L.s Kritik daran s. zu B 95, vgl. B 20.

S. 200 *offengehalten wird:* Danach von L. gestrichen *Die Methystiek, Pinick oder w[ie?].*

210 Φίλιππε ...: Philipp, du bist ein Mensch; diese Worte ließ sich Philipp von Mazedonien nach der Schlacht von Chäronea jeden Morgen durch einen Diener zurufen, wie Aelian, »Variae historiae« 8, 15 berichtet. L. zitiert die Worte auch D 59, J 375 und in dem Artikel »Über das Eselslehn und die ehemalige Weiberpolizey in der Vaterstadt des Herausgebers« im GTC 1795, S. 156. E. T. A. Hoffmann greift in »Seltsame Leiden eines Theaterdirektors« L.s Anregung auf.

211 *Barclay sagt ...:* Die Welt verdankt die Erfindung der Buchdruckerkunst und des Schießpulvers jenen Begabungen, jener nachgerade zweischneidigen Segnung, mit der sich das Verderben der Sterblichen wie etwas Nützliches immer weiter in die menschlichen Dinge eingeschlichen hat. – Das Zitat aus »Euphormonionis Lusinini satyricon« IV (= Icon animorum), 5, wird in dem »Patriotischen Beitrag zur Methyologie der Deutschen« nicht verwertet; s. aber III, S. 319 Fußnote.

212 *Die Bibliotheken ... sagt Leibniz:* Zu diesem Ausspruch s. zu KA 257.

213 *jemand, der über das Meilenmessen ... gesetzt:* Nicht ermittelt. – *Kalenberger Fuße:* Im Hannöverschen wurde seinerzeit der Fuß = 29,21 cm gerechnet, die deutsche Meile berechnete sich zu $^1/_{15}$ Äquatorialgrad = 7,420 km.

214 *Ähnlichkeit zu ...:* Diesen Gedanken greift L. G 92 wieder auf; s. auch GH 35. – *Myrons Kuh:* Myron aus Eleutherai, attischer Bildhauer des 5. Jh. v. Chr., war berühmt wegen seiner naturgetreuen Tierplastiken. – *Zeuxis Trauben:* Zeuxis, griech. Maler aus Herakleia, Anfang des 4. Jh.s v. Chr. in

Athen, wegen der Vervollkommnung der von Apollodorus angebahnten illusionistischen Schattenmalerei berühmt; von seinem Werk ist nichts erhalten. Auf die Anekdote von den Vögeln, die eine gemalte Traube für echt hielten, spielt auch G 92 an; vgl. ferner den Artikel »Das Gemälde ohne gleiches« im GTC 1794, S. 160, der GH 35 im Wortlaut zitiert ist. – *Parrhasius Vorhang:* Parrhasius, griech. Maler zur Zeit des Peloponnesischen Krieges (431–404 v. Chr.), der bekannteste neben Zeuxis; von seinem Werk ist nichts erhalten geblieben; vgl. auch G 92 und den zu Zeuxis zit. Artikel.

216 *Stade:* Über L.s negativen Eindruck von Stade vgl. seinen Brief an Joel Paul Kaltenhofer vom 20. Juli 1773; ferner an Friedrich Christian Lichtenberg, 13. August 1773. – *Nutzen der Träume:* Vgl. A 33.

217 *Der Unterleib ... keine Portion:* Diese Wendung ist im »Orbis pictus« (III, S. 387) verwertet. L. notiert sie auch Mat II 28, 45. – *Portion:* Lat. portio ›Teil, Anteil‹; s. auch F 809.

218 *Favorit-Gedanke:* Ähnlich formuliert L. auch L 932; zu L.s Wortprägungen mit *Favorit-* s. das Wortregister. – *Strube:* Geheimer Justizrat in Hannover, mit dem L. im August 1772 umging. – *Schöps:* S. zu F 338.

219 *Sammeln des Lohns im Himmel:* Anspielung auf Matthäus 5,12, Vgl. B 395. – *Philosophie des gemeinen Mannes ... seinem Aberglauben:* Vgl. A 29.

220 *Blasen in den gläsernen Spritzen:* Vgl. Erxleben ^{6}1794, § 422. – *von den Polypen:* Sein Experiment mit Polypen, das er 1772 in Hannover anstellte, hat L. in dem Aufsatz »Einige Versuche mit Polypen« im Hannoverischen Magazin 1773, 5. Stück, Sp. 71–80, veröffentlicht. Er druckte ihn fast unverändert im »Göttingischen Magazin« 1783, S. 563–575 wieder ab; vgl. auch C 305 und vor allem D 683, ferner Brief an Ludwig Christian Lichtenberg vom 26. Juli 1772. – *Herausfliegen des Korks:* Vgl. Brief an Franz Ferdinand Wolff vom 3. Februar 1785. – *Auditorio:* L.s Hörsaal. – *Hyazinthen, die gegen das Fenster zu wuchsen:* Die Notiz bezieht sich auf A 235.

221 *Jacobi:* Johann Georg Jacobi. – *Mannes der Kaffeetische zu Birmingham lackiert:* Gemeint ist Henry Clay, Fabrikant in Birmingham, dessen Fabrik für lackierte Gebrauchsgegenstände L. im Oktober 1775 besuchte (s. Brief an Johann Andreas Schernhagen, 16. Oktober 1775).

222 *Herr P.:* Photorin, die gräzisierte Form des Namens Lichtenberg. Zur Jubilate-Messe 1773 veröffentlichte L. den »Timorus« und die »Methyologie« (s. III, S. 321). – *vom Stapel laufen lassen:* Diese Wendung begegnet – sexuell gemeint – auch in einem Brief an Hollenberg vom 18. Februar 1788.

223 *Die Katholiken ...:* Zu L.s Antikatholizismus vgl. E 166, 209, 336; GH 33; J 43, 54, 65, 111, 137, 236, 260, 957, 1223; L 47.

224 *Barbier:* Zu L.s Beobachtungen über diesen Berufsstand vgl. das Wortregister und den Brief an Johann Christian Dieterich vom 17. Juli 1772. – *tours frisés:* Den Ausdruck »pas frisés« (frz. ›krauser Schritt‹; Tanzfigur) gebraucht L. im »Patriotischen Beitrag zur Methyologie der Deutschen« (III, S. 323), in den Hogarth-Erklärungen (III, S. 839) und in einem Brief an Johann Andreas Schernhagen vom 27. August 1778. – *was Möser ... sagt:* L. hat die Stelle C 78 exzerpiert; vgl. die Anm. dazu.

225 *Ein närrischer Einfall ... guter Einfall:* Vgl. J 529; L 540. – *beziehen ... betrügen:* Die Etymologie im Sinne von »betrügen«, wie L. es selbst in den Hogarth-Erklärungen (III, S. 669) braucht, ist unhaltbar.

226 *der Schnecke das Haus aus dem Leibe wächst:* Zu dieser Passage vgl. A 31.

– *das Spiel der Drüsen:* Vgl. E 509. – *Z. U.:* Diese beiden Buchstaben sind vermutlich die Abkürzung für »Zu Untersuchen«, eine Floskel, die L. häufig gebraucht; s. das Wortregister.

227 *Feurigkeit und Flüssigkeit eines Genies:* Vgl. D 38.

228 *Seitdem Tissot gemeiner geworden:* Über Tissots Werk s. zu KA_{II} S. 88. – *Lieutenant von Klettenburg in Stade:* Nicht ermittelt.

230 *Leichen. Schuhputzen ehe man sie wegwirft:* Anspielung auf die Leichenwäsche?

231 *Velthusen:* Wohl Johann Caspar Velthusen (1740–1814), Generalsuperintendent in den Herzogtümern Bremen und Verden, Hrsg. des »Christlichen Trostbuches in Kriegszeiten«, Hannover 1795. – *Ziegra ... elender Rezensent:* Christian Ziegra (1719–1778), Kanonikus an der Domkirche in Hamburg und populärwissenschaftlicher Schriftsteller; 1758–1771 Herausgeber und Hauptverfasser der »Hamburgischen Nachrichten aus dem Reiche der Gelehrsamkeit«; L. erwähnt ihn auch in den »Zwo Schrifften, die Beurtheilung betreffend« (Nachlaß, S. 48).

232 *Tobias Mayer ... hinten in eines seiner Bücher geschrieben:* Nicht ermittelt. – *quaeritur:* Lat. ›es wird gefragt; die Frage ist‹. – *besser wenig und das deutlich zu wissen:* S. zu dieser ›Maxime‹ C 233. – *viel und undeutlich:* Zu L.s Kritik am ›Vielwissen‹ s. zu A 140.

233 *mannigfaltige Kenntnis heutzutage ... aus Büchern erwerben:* Vgl. F 153, 216; s. auch L 69. – *geringe aber deutliche Kenntnis:* Dazu vgl. C 232.

234 *unsere Vorfahren ... wir:* Vgl. D 21.

235 *Simillimum ... silentium:* Dem Vergessen am ähnlichsten [ist] das Schweigen. – Das Zitat, Barclays »Argenis« III, S. 262 entnommen, ist C 256 verwertet; über Barclays Roman s. zu C 207.

236 *Meiners sagt Revision:* Meiners' Werk ist zu C 52 nachgewiesen. – *was ich ... p. 47 gesagt:* Gemeint ist C 181. Nach diesem Satz müßte L. das Buch von Meiners damals nicht vollständig gelesen haben, wenn ihn nicht seine Erinnerung täuscht; aber auch im letzteren Fall wird er sich darin schwerlich irren, daß er den Inhalt dieser Bemerkung selbständig gefunden hat.

237 *Respetino:* Kommissionär in Hannover; sein Name erscheint fast in jeder Nummer der »Hannöverschen Anzeigen« mehrere Male.

238 *von dem Birkenbaum verstanden wissen wollen:* Beliebte Umschreibung L.s für die Rute; vgl. D 548; E 64; F 165; s. auch III, S. 424 und Anm. – *didicisse fideliter artes:* Die Künste zuverlässig zu kennen. – *emollit ... feros:* Es mildert die Sitten und läßt nicht zu, daß sie roh bleiben. – Das Zitat stammt aus Ovids »Epistulae ex Ponto« 2, 9, 47, wo dem Pentameter der Hexameter »Adde, quod ingenuas didicisse fideliter artes« vorausgeht. L. zitiert den Vers auch VS 1844, 12, S. 287 (Hogarth).

239 *Barclay ... sagt von der Theocrine ...:* S. »Argenis« III, S. 341 (über Barclays Roman s. zu C 207). Darauf spielt L. auch Mat II 37 an. – *Error ... venustate:* Und die Sprachfehler, fern vom Geist Griechenlands, vermehrten die Anmut der Sprechenden wie reizende Muttermale.

240 *Argenis:* Über Barclays Roman s. zu C 207. – *Reges ... petimus:* Wir sind Könige den Bittstellern, und umgekehrt ist der für uns ein König, in dessen Hand liegt, was wir erbitten.

241 *Federn auf dieser Leimrute sitzen lassen:* Wohl der Göttinger Philosoph

und Universitätskollege Johann Georg Heinrich Feder; die Anspielung ist unklar.

242 *Advolata Argenis p. 323. seqq:* Über Barclays Roman s. zu C 207. – *Soldaten der kleinen Herrn:* Etwa des Landgrafen von Hessen-Darmstadt. – *deutscher . . . National-Stolz:* Zu L.s empfindlicher Reaktion auf die zeitgenössische Deutschtümelei, die sich in der Literatur artikulierte, s. das Wortregister zum Stichwort: deutsch; vgl. III, S. 412.

244 *Kästners Abhandlung vom Glück:* Kästners »Abhandlung von den Pflichten, worzu uns die Erkenntniß verbindet, daß in der Welt kein bloßer Zufall stattfinde, sondern alles von der göttlichen Vorsicht regiret werde« erschien Berlin 1751 (s. Kästner, Schönwissenschaftliche Werke 3, S. 58–79). – *Linea . . . sequentes:* Letzte Zeile und die folgenden Seiten.

245 *Zeit urbar machen:* Die Wendung findet sich ähnlich F 1010 wieder. Vielleicht Paraphrase von Eph. 5, 16: »Und schicket euch in die die Zeit . . .«

247 *von einem bösen Gewissen genagt zu werden oder ganz ruhig am Galgen zu hängen:* Von L. verbessert aus *ruhig am Galgen zu hängen oder von einem bösen Gewissen genagt zu werden.*

248 *Schwanz-Meister:* Im Baugewerbe seinerzeit der Name desjenigen, der überwacht, daß mit der Ramme Pfähle in einen Grundbau eingerammt werden, auf denen das Fundament eines Baues gelegt werden kann (s. DWB 9, Sp. 2275).

249 *Kein Unterschied zwischen Gerechtigkeit und Schinderei:* Nach Jochen Plath, Georg Christoph Lichtenberg 1773 in Stade, Hamburg und Helgoland, Stade 1965, S. 59, liegt diesem Ausruf L.s Erlebnis der Karrengefangenen in Stade zugrunde.

250 *trug dieser den Hut . . . wollte keiner mehr sein:* Diesen Gedanken greift L. F 860 auf.

251 *hat einer eine Physiognomik gebaut:* Gemeint ist Lavater.

252 *die wichtigsten Dinge durch Röhren in der Welt ausgerichtet:* Diesen Gedanken führt L. E 35 weiter aus; vgl. auch Brief an Franz Ferdinand Wolff von Mitte Februar 1787.

253 *Parapluies in Form eines Hutes:* ». . . euer Hut zum aufgezäumten Regenschirm anschwillt«, schreibt L. in »Über die Kopfzeuge« (GTC 1780, S. 126).

254 *Schreiben Caspar Photorins . . .:* In etwas anderer Fassung, zu der ein Manuskript nicht erhalten ist, findet sich diese Bemerkung mit geringen Abweichungen am Schluß gedruckt in VS 3, S. 129–130: »Schreiben Conrad Photorins an einige Journalisten in Deutschland«. Der »Timorus« (III, S. 205) war zu Ostern 1773 erschienen. Zu der geplanten Verteidigungsschrift gehören ferner C 256, 258, 260, 271. Vgl. auch D 91, 106; E 58, 155, 186, 245 F 995. – *Photorin:* Pseudonym L.s, das er auch C 256; E 186; F 562, 928, 951; G 35 gebraucht und in folgenden Publikationen verwendet: »Timorus«, »Patriotischer Beitrag zur Methylogie der Deutschen«, »Dritte Epistel an Tobias Göbhard«. Die Gräzisierung des Namens L. erkannte schon Dieze; s. Brief an Friedrich Christian Lichtenberg vom 13. August 1773. – *meines Timorus in Ihren Blättern gedenken:* Drei Rezensionen werden von L. erwähnt: im »Wandsbecker Bothen«, in den »Frankfurter Gelehrten Anzeigen«, die L. speziell meint, und in der »Allgemeinen deutschen Bibliothek«; vgl. KIII, S. 83–84. – *Sie haben mich:* In der Handschrift *mir.* – *meine Schrift . . . der*

Königin Vergessenheit ... gewidmet: Die Widmung findet sich im »Timorus« (III, S. 206); vgl. auch C 271 und im Brief an Georg Heinrich Hollenberg vom 25. September 1791.

255 *Leser ... Durchblätterer:* Dieser Gegensatz findet sich auch in »Zum Parakletor« (III, S. 522).

256 *Die Reisen meines Onkels:* Zu dem gleichen Schreibplan dürfte trotz des zeitlichen Abstands auch D 379 gehören. – *Photorinus:* Danach von L. gestrichen *in denselben Diensten als Capitaine.* – *ehrlicher Mann:* S. zu D 467. – *Dreigroschen-Stück:* S. zu C 22. – *verschwiegen wie die Vergessenheit:* Zu dieser Barclay entlehnten Wendung vgl. C 235. – *Schlacht auf dem Weißen Berge:* Hochfläche westlich von Prag, wo am 8. November 1620 die Truppen des Kaisers und der kathol. Liga das protestant. Heer des böhm. Königs Friedrich V. von der Pfalz besiegten. – *so glaubt:* Danach von L. etwas gestrichen. – *in den Bürgerstand erheben:* Diese Wendung findet sich auch D 88, E 209. – *keine Spur von Adel sonst in der Natur als bei den englischen Pferden:* Vgl. F 459. Über L.s Antifeudalismus vgl. A 79. – *Zentripetal-Kraft:* »Centripetalkraft ist die Kraft, mit welcher der Körper sich dem Mittelpunkte nähert; sie verhält sich verkehrt, wie die Quadrate der Entfernungen von demselben« (Gamauf, Astronomie, S. 209: nach »Lichtenbergs eigenen, aus seinen Heften abgeschriebenen Worten« S. 208–209). – *Doktor- und Magister-Titul erblich werden:* Vgl. noch J 1096. Zur Titelsucht der Deutschen s. auch Kant in seiner »Anthropologie in pragmatischer Hinsicht« (1798); vgl. III, S. 317, 534, 825, 847, 886.

257 *So wie Julius Caesar einen Brief schreiben ...:* Die Bemerkung über Caesar findet sich in Plinius' »Maior naturalis historia« 7, 91 und Plutarch, Caesar 17. L. spielt darauf in einem Brief an Georg Heinrich Hollenberg vom 25. Mai 1783 an.

258 *Conrad:* Über Photorin und den Plan einer Verteidigungsschrift des »Timorus« s. zu C 254. – *Undank ist der Welt Lohn:* Zu dem auch in anderen Sprachen verbreiteten Sprichwort s. Wander IV, Sp. 1422–1423.

260 *Zur Verteidigung des Timorus:* S. zu C 254. – *Fliegen zu wehren:* »Fliegenwedel« nennt L. die Vorrede »Zum Parakletor«; vgl. auch D 105. – *ich mich S. [21] unter die mittelmäßigen Köpfe rechne:* Gemeint ist der Erstdruck des »Timorus«; vgl. III, S. 213. – *Mücken-Wehren:* Diesen Ausdruck gebrauchet L. im »Timorus« (III, S. 232).

262 *Zeno:* Zenon aus Kition (333/332–262 v. Chr.), griech. Philosoph, Begründer der Stoa, starb angeblich durch Freitod. Zu L.s Beschäftigung mit dem Selbstmord s. zu A 126. – *Histoire abregée ...:* Das im Text genau zitierte Werk, Paris 1770 erschienen, ist von Richard de Bury (1730–1791), frz. Historiker, Advokat in Paris. L. kannte das Werk vermutlich nur aus Hallers Besprechung in den GGA 1773, S. 495, die mit dem Satz beginnt: »Dieses Werk ist eines von den flüchtigsten unter den vielen flüchtigen, die hier herauskommen«; die letzten drei Zeilen der Bemerkung sind wörtlich dieser Rezension entnommen. – *Leukadischen Klippen:* Leukadischer Fels, heute Kap Dukaton, Südwestspitze der griech. Insel Leukas; auf dem in der antiken Seefahrt gefürchteten Kap befand sich ein Heiligtum des Apollon Leukatas. Die Dichterin Sappho soll sich von dem Felsen ins Meer gestürzt haben. – *Ajax:* Aias der Große, nach der griech. Sage Heerführer vor Troja, Sohn des Königs von Salamis, nach Achill der größte Held, rettete die Leichen des

Patroklos und des Achill. Als jedoch Odysseus Achills Waffen erhielt, beging er Selbstmord wegen dieser Kränkung und aus Scham darüber, daß er im Wahn statt der Achäer ihre Viehherden gemordet hatte.

263 *Freiheit . . . der Engländer:* Vgl. III, S. 189.

265 *Zu S.:* Stade. – *Epikuräer:* Im allgemeinen Sprachgebrauch schon in röm. Zeit ein Sinnenmensch und Wollüstling, eigentlich Anhänger der Lehre des griech. Philosophen Epikur (341–271 v. Chr.), der in seiner Ethik im Gegensatz zum Hedonismus des Aristipp die vergeistigte Lust als Weg zur Glückseligkeit des Menschen lehrte. – *6½ Fuß:* Etwa 1,95 cm. – *daß er in der Karre ging:* Wendung für zur Karrenstrafe verurteilte Baugefangene, die an den zweirädrigen und einspännigen Strafkarren angeschmiedet wurden (vgl. DWB 5, Sp. 223, 229). Den Ausdruck ›Karregefangener‹ gebraucht L. im »Timorus« (III, S. 217); s. auch Brief an Dieterich vom 15. März 1772.

266 *Er redete oft . . .:* Diesen Satz hat L. fast unverändert in einem Brief an Marie Tietermann vom 22. Juni 1773 verwendet.

267 *Eigenliebe . . . die Triebfeder mancher . . . Handlung:* Verbreitete Auffassung vom Moralphilosophen des 18. Jh.s (Rochefoucauld).

268 *Quimos:* Madagassisch: anachimosse. Angeblich ein Zwergenvolk auf Madagaskar. In »Einige gemeine Irrthümer« (GTC 1779, S. 73) schreibt L. dagegen: »Die Zwerg-Nation auf Madagascar ist, so wie die Riesen-Nation der Patagonen, eine Fabel. Hr. Commerson, dessen Geist man die erstern zu danken hat, war selbst nach den [sic!] Bericht seiner Freunde ein Schwärmer, und beobachtete als ein solcher.« – *Commerçon:* Philibert Commerson (1727–1773), frz. Botaniker. Von ihm rührt der Name Hortensia her, und Forster nannte nach ihm die Pflanzengattung Commersonia. – *mit Bougainville die Reise um die Welt gemacht:* Louis Antoine de Bougainville (1729–1811), berühmter frz. Seefahrer, leitete 1766–1769 mit Naturforschern, Astronomen und Zeichnern an Bord die erste von den Franzosen unternommene Reise um die Welt. – *Lalande Nachricht . . . im Hannöverschen Magazin:* Das »Schreiben des Herrn de Lalande über eine Nation von Zwergen auf der Insel Madagaskar« im »Hannoverschen Magazin« 1773, 48. Stück, Sp. 753–762. – *im Journal des Sçavans . . . 1772:* »Lettre de M. de Lalande sur un Peuple Nain de L'Isle de Madagascar; adressée à Messieurs les Auteurs du Journal des Sçavans, par M. de Lalande, de l'Académie Royale des Sciences« (S. 346–359).

269 *wie Herr Niebuhr erzählt:* Die Reisebeschreibung von Carsten Niebuhr ist zu C 187 nachgewiesen. – *Sekte . . . die keinen Kaffee trinkt:* Von L. angesichts der europ. und deutschen Sucht des Kaffetrinkens hervorgehoben; vgl. das Wortregister. – *Betäsi:* Bei Niebuhr lautet der Name der Sekte »Beiasi«; der Fehler beruht auf dem Referat von Michaelis (Fambach, S. 34) in den GGA 1773, S. 461, aus dem L. seine Notiz entlehnt.

270 *Zwei einfache Tiere . . . ein symmetrisches:* Vermutlich sexuelle Anspielung.

271 *Zur Verteidigung des Timorus . . . Königin Vergessenheit:* S. zu C 254. – *Magistrat in H.:* Hamburg (wegen Goeze) oder Hannover? – *ein Buch . . .:* Anspielung auf Horaz' »Nonum premator in annum« (s. zu E 251).

272 *Kartuffeln:* Zu L.s eher abschätzigen Betrachtung dieser Erdfrucht, die von span. Konquistadoren nach Europa eingeführt und in Deutschland bereits vor 1680 im Vogtland angebaut wurde, Mitte des 18. Jh.s in allen dt.

Ländern verbreitet war, s. seine Wortbildungen im Wortregister. Vgl. Otto Weber (Hrsg.), Rund um die Kartoffel. Zur Geschichte des Kartoffelanbaus im Odenwald. Ausstellungskatalog Ober-Ramstadt 1982, und Körber-Grohne, Nutzpflanzen, S. 140–148. – *die Pflanzen verkehrt stehen:* Vgl. J 362.

273 *Die Indianer nennen das höchste Wesen . . . den Unbeweglichen:* L. verwertet diese Notiz auch D 398; vgl. H 121.

278 *Was Baco von der Schädlichkeit der Systeme sagt:* Die Stelle ist zu C 209 nachgewiesen. – *Wörter . . . als individua gebraucht:* Vgl. KA 275. – *Stufen einer ganzen Leiter:* Zu dieser Wendung vgl. J 392.

279 *gibt als:* In der Handschrift *als in.*

280 *entstehen entsagen:* Vgl. D 552 und die Anm. dazu.

281 *Aberglaube und Aberwitz:* Diese Wörter notiert L. auch D 668 (S. 340).

282 *Pythagoras . . . Stillschweigen auf:* Diogenes Laertius schreibt in »Leben und Meinungen berühmter Philosophen« VIII, 10 (Pythagoras): »Fünf Jahre mußten sie [seine Schüler] schweigen und ausschließlich den Lehrvorträgen folgen als Hörer und ohne noch den Pythagoras zu Gesicht zu bekommen, bis sie sich hinreichend bewährt hätten.« – *Auditors bei den Gerichten:* Beisitzer, wörtl. ›Zuhörer‹.

283 *Streit unter . . . Karrengefangenen über die Ehrlichkeit:* Diese Wendung begegnet ähnlich III, S. 617; im übrigen s. zu C 265.

284 *einen Wolf geritten:* Volksausdruck für Wundsein an den Schenkeln und am After verursacht durch Reibung der Körperteile etwa beim Reiten.

285 *meinem Schimpfwörter-Buch:* Vgl. D 667. – *das arabische Dreck auf deinen Bart:* Von diesem Schimpfwort berichtet Niebuhr in der »Beschreibung von Arabien«, S. 30 (s. zu C 187). L. schöpft hier wieder aus der zu C 269 nachgewiesenen Rezension, S. 463. L. verwertet die Redensart D 56, 667 und F 313.

286 *Je me . . . cela:* Ich schere mich den Teufel darum; spaßhafte, weil wörtliche Übersetzung der deutschen Wendung. – *rase:* In der Handschrift *race.*

287 *Pouviés . . . jours:* Können Sie mir vierzig Kinder in vierzehn Tagen machen?

288 *Quiproquo:* Lat. ›Wer für was‹; Verwechslung, Irrtum; vgl. D 390. – *Herzogs von Newcastle:* Thomas Pellham-Holles, 1st Duke of Newcastle (1693–1768), engl. Politiker, 1754 Premierminister, Gönner Fieldings. L. erwähnt ihn auch in der Hogarth-Erklärung »Die Parlaments-Wahl. Vierte Scene« im GTC 1788, S. 164 f. – *Was Teufel Kerl . . . :* Die Anspielung ist unklar.

289 *Robinet glaubt . . . :* Dieser Hinweis findet sich in »Herrn von Buffons allgemeine Naturgeschichte, eine freye mit einigen Zusätzen vermehrte Übersetzung nach der neuesten franz. Außgabe von 1769«, Berlin 1771–1774, 7 Bde. in 5 (BL, Nr. 820). Georges Louis Leclerc Comte de Buffon (1707–1788), frz. Naturforscher, Mitglied der Académie Française, seit 1739 Intendant des Jardin royal des plantes in Paris, von Ludwig XV. in den Grafenstand erhoben. Buffon war einer der bekanntesten Naturforscher seiner Zeit, schrieb u. a. eine 44 Bde. umfassende allgemeine und spezielle Naturgeschichte, in der er die Lebensweise der Tiere in den Vordergrund stellte. Im 3. Bd., 2. Abt., 1. Kap. »Vergleichung zwischen Thieren und Gewächsen«, heißt es in einer Fußnote S. 138 f. von Robinet: »Alles ist, seiner

Meinung nach, belebt. Pflanzen, Steine, Metalle, ja selbst die Elemente sind eine Zusammensetzung einer unendlichen Menge kleiner Thierchen. Jeder Tropfen Wassers ist eine kleine Welt, aus lauter lebendigen Geschöpfen zusammen gesetzet [vgl. KA 186; B 195]. Auch das Feuer besteht, wie Er sich zu erweisen bemühet, aus kleinen Thieren, so wie unser ganzer Erdball, den er sich als ein ungeheures Thier vorstellet, das aus Miriaden kleiner Thierchen zusammen gesetzet ist.« Im Anschluß an diese Anmerkung steht der von L. genau wiedergegebene Literaturhinweis. – *Robinet:* Jean-Baptiste-René Robinet (1735–1820), frz. Philosoph und Naturforscher, in seinen metaphysischen Vorstellungen von Leibniz beeinflußt; lehrte eine universale Evolution der Natur. Robinets Werk »De l'animalité« erschien Amsterdam 1767–1768 als 4. und 5. Bd. des »Traité de la nature« (Amsterdam 1764–1768; eine dt. Übersetzung der Erstausgabe erschien 1764), »Considérations philosophiques sur la gradation naturelle des formes de l'être, ou essais de la nature, qui apprend à faire l'homme« Paris 1768. – *die ganze Welt... ein Tier:* Vgl. A 123.

290 *Herr B.:* Boie?

291 *sagt Buffon:* Im 3. Bd. des zu C 289 nachgewiesenen Werkes von Buffon, 2. Abt., 1. Kap. »Vergleichung zwischen Thieren und Gewächsen«, heißt es S. 144: »Das Mineral, als eine unwirksame, rohe, unempfindliche Materie, ist genöthigt ... als ein unförmiges Wesen zu gehorchen, das nur vorhanden ist, von Menschen und Thieren mit Füßen getreten zu werden, und ... keinen andern Werth haben kann, als den ihm der Willkühr und die Verträge des Menschen beyzulegen belieben«.

292 *Es gibt vielleicht mehr Gattungen von Insekten ...:* In dem zu C 291 genannten Kap. von Buffons Werk heißt es S. 151: »Die Anzal der Gattungen ist im Thierreich viel beträchtlicher, als im Pflanzenreiche. Bloß unter den Insekten giebt es vielleicht schon weit mehrere Gattungen, die wir grösten-theils mit bloßen Augen nicht zu erkennen vermögen, als man auf der Oberfläche der Erde sichtbare Pflanzengattungen antrifft. Die Thiere selbst haben lange nicht so viel Aehnlichkeit untereinander, als die Pflanzen, die eben wegen ihrer allzugroßen Aehnlichkeit schwer zu kennen, und in Ordnung zu bringen sind.«

293 *das Innere einer Gips-Form so malen ... die erhabene Seite:* Vgl. zu diesem Gedanken KA 268.

294 *Buffon hat berechnet:* Die verkürzt wiedergegebene Berechnung findet sich im 3. Bd., 1. Abt., 2. Kap. »Von der Hervorbringung seines Gleichen überhaupt«, S. 187f., des zu C 289 nachgewiesenen Werks von Buffon.

295 *den güldnen Esel:* Über dieses Werk von Apulejus s. zu B 100. Zu diesem Urteil vgl. J 114. – *den güldnen Spiegel:* Gemeint ist der Roman »Der goldene Spiegel oder die Könige von Scheschian« von Wieland, erschienen Leipzig 1772.

296 *Stimmhammer:* Werkzeug zum Spannen, Befestigen der Metallsaiten des Klaviers und anderer Instrumente; um 1711 in England erfunden, diente auch akustischen Untersuchungen (DWB 10,2, Sp. 3118–3119).

297 *mit den Gewittern könnten sie es tun:* Vgl. G 175.

298 *hartmäuliger:* Gewöhnlich von Pferden gebraucht, deren Maul durch scharfe Gebisse hart und unempfindlich geworden ist und die daher schwer lenkbar sind (DWB 4,2, Sp. 516–517); dann auch übertragen auf widerspenstige Menschen. Vgl. G 193 *weichmäulig.*

299 *Zaunkönig der Schriftsteller:* Dieses Bild gebraucht L. auch C 337; vgl. E 501: ›Geschlecht der Zaunkönige‹. Möglicherweise ist auch hier schon Jacobi gemeint. Das Adjektiv »zaunköniglich« bildet L. in D 318 und Mat I 90.

300 *Ruhe mit einem heimlichen Lächeln in dem Gesicht:* Vgl. J 96.

302 *in Registern . . . sagen:* Darüber läßt sich L. auch andernorts ironisch aus; s. das Wortregister. – *Soliloquium:* Lat. ›Selbstgespräch‹.

303 *Newton hat die Farben zu scheiden gewußt:* Bezug auf Newtons in seiner »Optic«, London 1704, entwickelte Farbentheorie; die von ihm als erstem ausgemessenen Farbenringe, die sich bilden, wenn man eine konvexe Linse auf eine Glasplatte legt, tragen seinen Namen. Vom Trennen der Farben spricht L. auch KA 269. – *Psycholog:* Das Wort Psychologie entstammt dem Humanismus und ist seit Beginn des 18. Jh.s üblich (Christian Wolff). – *Tubis:* Lat. tubus ›Rohr‹; Fernrohr. – *Sonnen, um die sich wahrscheinlich Planeten drehen:* Vgl. Erxleben 1794[6], §669. – *in unserer Erde so etwas vorgeht:* Vgl. A 255. – *überführt uns die Magnet-Nadel:* Zu magnetischen Wirbeln s. Erxleben 1794[6], §565. – *Sandkörnchen . . . die uns zu ruhen scheinen, wie die Fixsterne:* Diesen Gedanken äußert L. schon C 32; vgl. auch E 139. – *unsere Seele die sonderbarste Substanz:* Vgl. D 211. – *Z. U.:* Zu diesen beiden Buchstaben s. zu C 226.

305 *Versuche mit Polypen unter der Luftpumpe:* Zu L.s Versuchen mit Polypen s. zu C 220. – *Bononiensischen Stein unter dem Prisma:* Zu diesem Versuch s. zu A 220; s. auch D 687. – *Infusions-Tiergen:* S. zu A 109.

306 *Brief durch die Ehrlichkeit der . . . Leute versiegelt:* Während seines Aufenthalts in Stade hat L. am 28. Juni 1773 an Christiane Dieterich geschrieben. Sinngemäß denselben Scherz macht L. auf der Adresse eines Briefes an Ernst Gottfried Baldinger, vermutlich aus dem Sommer 1779 (Briefwechsel I, Nr. 608, Fußnote). – *Madame Dietrich:* Christiane Elisabeth Dorothea Mevius (1735–1805), einzige Tochter des Buchhändlers Johann Paul Mevius (1698–1762) in Gotha, heiratete am 12. September 1752 Johann Christian Dieterich, der 1749 das Geschäft seines Schwiegervaters übernommen hatte. In Göttingen vertraute Freundin L.s; Mutter von elf Kindern.

308 *Bagger:* Matthias Bagger (1685–1744), dän. ›Abenteurer‹, Baccalaureus in Sarø, Madrid, Mexiko, London, Paris. – *Holbergs Briefe:* Die Stelle über Bagger findet sich ebd., Bd. 4, S. 26; das Werk ist zu C 169 nachgewiesen.

309 *Harderus . . . Epigrammata geschrieben:* Henrik Harder (1642–1683), dän. Schriftsteller, Verfasser lat. Gedichte und Epigramme; Hofmeister des Grafen von Friesen. – *Ut . . . virum:* Haltet die Tür verschlossen, damit Samson bleibt. / Damit die Tür lieber bleibt, haltet den Mann. – *Samson:* Hebräisch: Simson, ein mit übermenschlichen Kräften ausgestatter Einzelkämpfer des israelit. Stammes Dan (s. Richter 13–16), der gegen die Philister kämpfte und nur durch den Verrat seiner Geliebten Dalilah überwältigt und in Gaza gefangengesetzt werden konnte. Bei einem Opferfest der Philister riß er den Tempel des Gottes Dagon ein und fand den Tod. Von seinen dem Herakles vergleichbaren Taten wurden u. a. am häufigsten in der abendländ. Kunst dargestellt: Simson hebt die Stadttore von Gaza aus; Simson erschlägt die Philister mit dem Eselskinnbacken (neben der Säule das Attribut Simsons). – *Uná . . . duae:* Mit *einem* Eselskiefer schlug Samson den Feind, / Du,

Cotta, fliehst, obwohl du *zwei* davon hast. – Die Epigramme sind Holbergs »Vermischten Briefen«, Bd. 4, S. 430, entnommen; das Werk ist zu C 169 nachgewiesen.

310 *Die Griechen sagten* ...: Auch diese Notiz ist Holbergs »Vermischten Briefen«, Bd. 4, S. 437, entnommen, woher auch der Fehler in dem zweiten griech. Wort stammt. Das Werk ist zu C 169 nachgewiesen. – Ζευ σοξων: Zeus (Gott) hilf; korrekt: σωξον. – *Monomotapa:* Im 17. Jh. vielgenanntes großes Reich an der Sofalaküste Afrikas und am unteren Sambesi, zerfiel im 18. Jh. Vgl. F 1137.

311 *Holberg sagte schon* ...: Holbergs Satz – entnommen den »Vermischten Briefen«, Bd. 5, S. 9 (s. zu C 169) – kehrt, ohne als Zitat gekennzeichnet zu sein, in einem Brief an Carl Friedrich Ständlin vom 14. Januar 1795 wieder. – *Nonkonformisten:* S. zu RA 111.

312 *Der Magnet diente* ... *Taschenspielern:* Dazu s. zu KA 253.

313 *Soldaten durch ein polyedrisches Glas* ... *ansehe:* S. auch F 72 und Hogarth-Erklärungen (III, S. 998, Fußnote). Vielleicht bezieht sich dieser Gedanke schon auf den Plan der ›Geschichte‹ des Herrn von Birkenthau; s. C 273. – *polyedrisches Glas:* »Polyeder, Rautenglas ... So nennt man ein Glas, das auf einer Seite eben, auf der andern aber vieleckigt, oder mit mehrern gegen einander geneigten Facetten, geschliffen ist ... Da eine jede dieser verschiedentlich geneigten Vorderflächen Stralen von dem Gegenstande A auffängt, und diese nach einer doppelten Brechung durch die Vorder- und Hinterfläche wieder mit der Axe des Polyeders vereiniget werden, so sieht ein in dieser Axe befindliches Auge den Gegenstand A durch jede dieser Flächen besonders, und erblickt daher, wenn es in der gehörigen Entfernung steht, so viel Bilder des Gegenstands, als Flächen sind.« (Gehler, Bd. 3, S. 545).

314 *Alkibiades* ...: Die Anekdote erzählt Plutarch im »Leben des Alkibiades« 9; L. entnahm sie Holbergs »Vermischten Briefen«, Bd. 1, S. 62 (s. zu C 169). Alkibiades (ca. 450–404 v. Chr.), athenischer Politiker und Feldherr.

315 *Robeck:* Sein Werk über den Selbstmord ist zu KA 183 nachgewiesen. L.s Angaben beruhen auf Holbergs »Vermischten Briefen«, Bd. 2, S. 278 (s. zu C 169). Über L.s Beschäftigung mit dem Selbstmord s. zu A 126.

316 Die Bemerkung ist von L. gestrichen.

317 *Küchenzettel:* Vgl. KA 134. – *Der Wirt. Das:* Von L. verbessert aus *Sauern Kohl und Speck.*

321 *vor:* In der Handschrift *vorkommen*.

322 *bekleiben:* Wurzeln, kleben, haften. DWB 1, Sp. 1421 bringt u. a. von Lohenstein: »wenn die propfreiser beklieben sind«.

323 *Privet:* Abtritt, heimliches Gemach. – *beträgt in 60 Jahren:* Zu dieser Berechnung vgl. F 1202 und zu F_1 S. 642: Haustafel. – *20 Jahre:* Von L. verbessert aus *7300 Tage.* – *so viel als:* als von L. verbessert aus *ist*.

324 *Hauptregel für Schriftsteller* ... *die ihre eigne Empfindungen beschreiben wollen:* Zu dieser Regel vgl. E 190, 192, 270, 423; F 293; Mat I 111. – *dazu:* Danach in der Handschrift *bey ihnen*. – *Siehe S. 81:* Gemeint ist C 326.

325 *Agathon:* Wielands Roman ist zu B 16 nachgewiesen. Wielands Auseinandersetzung mit der Ansicht des Sokrates über die Liebe ebd. 2. T., 8. Buch, 4. Kap., S. 44–46. – *Xenophontis* ... *n. 14:* »Derart sollte nun, wer nicht standhaft gegenüber den Freuden der Liebe sei, nach seiner Meinung sich im Hinblick auf die Liebe solcher Gegenstände bedienen, zu denen sich

die Seele hingezogen fühle, wenn der Körper nicht gar zu sehr danach verlange, die aber im Falle des Verlangens keine Schwierigkeiten bereiteten. Er selbst aber war offensichtlich gegen dergleichen so gerüstet, daß er sich leichter von den Schönsten und Jüngsten fernhalten konnte als andere von den Häßlichsten und Gealterten.« Xenophon, Erinnerungen an Sokrates, hrsg. von Peter Jaerich, München 1977, 2. Auflage, S. 53.

326 *ad Pag. 80:* Gemeint ist C 324. *– geistlichen Wonnegefühl:* Vgl. A 126. – *sich selbst zum ... Genuß:* Vgl. B 255. – *holde Diminutivgen:* Vgl. B 197. – *Z. U.:* S. zu C 226.

328 *Z. U.:* Zu diesen Initialen s. zu C 226.

329 *Filet:* Feines Netzgestrick, Netzwerk. S. auch III, S. 422.

330 *Wieland ... Agathon:* Zu Wielands »Agathon« s. zu B 16. – *Testimonia:* Lat. ›Zeugnisse‹. – *delphischer Jesuiten-Schüler:* Das Wort ›delphisch‹ gebraucht L. auch F 317 und in der Antiphysiognomik (III, S. 269). – *Delphi:* Im Apollotempel zu Delphi verkündete die Pythia die Orakel Apollo in vieldeutigen Sprüchen. – *Alltags-Empfindungen:* Zu L.s Wortbildungen mit *Alltag*- vgl. D 90; F 609 und III, S. 395, 661, 770.

331 *Versuche mit dem Sehen anstellen:* Derartige Übungen zur ›Experimental-Optik‹ finden sich bereits in den Sudelheften A; vgl. A 13. – *Bilder, die man bei verschlossenen Augen sieht ... wenn man sie etwas drückt:* Zu diesem ›Versuch‹ vgl. D 724. – *Franklins Erfahrungen ... erklären:* Gemeint sind seine Beobachtungen zum Rot- und Grün-Sehen; vgl. A 227, KA 222.

333 *Samum:* Samum, arab. ›Giftwind‹, trocken-heißer Wüstensturm in Nordafrika und Vorderasien. – *Niebuhr:* Carsten Niebuhr berichtet davon in seiner »Beschreibung von Arabien«, S. 7; das Werk ist zu C 187 nachgewiesen. L. entnahm seine Kenntnis der zu C 269 angegebenen Rezension, S. 461.

334 *Der kühnste Flug des faselnden Menschen:* Diese Wendung verwertet L. in abgewandelter Form im »Timorus« (III, S. 229), in »Von ein paar alten deutschen Dramen« (III, S. 375) und »Über die Macht der Liebe« (III, S. 518).

335 *seinen Bart ... streicheln:* Dieser Satz ist III, S. 547 verwertet.

336 *Weil der Mann ...:* Ursprünglich *Weil er nicht mehr am Leben ist, so darf ich es wohl sagen, es ist nicht wahr, von Cicero* zE.

337 *Zaunkönig der Dichter:* Zu dieser Wendung s. zu C 299. – *Abschied an den Amor:* Titel eines Gedichts von Johann Georg Jacobi, erschienen Halle 1769.

338 *Schritte, die der Narr und der Weise ... tun:* Vgl. C 181. – *Söhne der Natur:* Diese Wendung gebrauchte L. auch in einem Brief an Johann Heinrich Merck vom 22.(?) März 1781. »Zögling der freyen Natur«, »Zögling der Natur« formuliert L. bezüglich Peter des Großen (GTC 1780, S. 214–215). – *Naturalisten:* Anhänger der natürlichen Religion, der die Offenbarung verwirft; s. auch III, S. 605, 864.

339 *pflegt:* In der Handschrift *fühlt*.

340 *Mode:* Zu L.s Wortbildungen mit *Mode*- s. das Wortregister; vgl. III, S. 377, 391, 578.

342 *Mondsbürger:* Die Astronomen und Naturwissenschaftler im 18. Jh. waren wie die der Antike geneigt, anzunehmen, daß der Mond bewohnt sei (Seleniten); s. Gehler, Bd. 3, S. 279. – *Frankfurter gelehrte Zeitung:* Hervorgegangen aus den 1736 begründeten »Frankfurter Gelehrten Zeitungen«, wurde

die Zeitschrift 1772 unter dem Verleger Deinet als »Frankfurter Gelehrte Anzeigen«, redigiert von Johann Heinrich Merck, dann von Johann Georg Schlosser und unter Mitarbeit u. a. von Goethe und Herder, Bahrdt, Höpfner, Wenck zum führenden kritischen Organ des »Sturm und Drang«. Zu L.s Haltung auf Grund der negativen Rezension seines »Timorus« s. III, S. 524 und KIII, S. 84. – *Europäische Fama:* »Die europäische Fama, welche den gegenwärtigen Zustand der vornehmsten Höfe entdecket«, erschien in 360 Bdn. Leipzig 1702–1735: eine der frühesten politischen Zeitschriften, die das verbreitetste Organ ihrer Art war und zahlreiche Nachahmer fand. Ihr Herausgeber: Philipp Balthasar Sinold, genannt von Schütz (1667–1742), Verfasser eines Bergwerkslexikons, Herausgeber mehrerer Journale und pietistischer Erbauungsschriften.

343 *Sie tun die Taten und wir übersetzen ... davon ins Deutsche:* Vgl. D 179.

345 *Große Leute ... sie für kleine zu halten:* Vgl. G 4.

346 *Kompendienschreiben:* Der Spott über das Kompendienschreiben kehrt D 11, 82; L 155 wieder; s. ferner das Wortregister.

347 *seinen Fliegen in der Stube den Zucker abgewöhnen:* Zu L.s Versuchen mit Fliegen s. auch SK 208, zu seinen Beobachtungen s. das Wortregister.

348 *die Bedeutungen der Wörter leicht und schwer verstehen:* Vgl. L 833.

349 *Dieses ist eine Bemerkung:* L. greift den Gedanken D 504 wieder auf.

350 *in G.:* Wohl Göttingen.

351 *Mit wollüstiger Bangigkeit:* Dieselbe Wendung kehrt D 577 wieder. L. verwertet sie in den »Briefen aus England« (III, S. 356).

352 *französischer Zindel und ... griechische Stoffe:* Diese Wendung kehrt D 56 wieder. Zindel: Ein sehr leichter Taffet mit wenigen und dünnen Kettenfäden, auch Avignon und Sendel genannt. Das Wort wird auch D 214 und in »Über die Pronunciation der Schöpse« (III, S. 299) erwähnt. Von ›französische[n] Zeugen‹ schreibt L. in »Briefe aus England« (III, S. 345).

354 *Zwo Personen verabreden sich ... wie sie sich einander aufziehn wollen:* Vgl. III, S. 470.

355 *Abhandlung eines gewissen ... Rosenow:* Die »Vorschläge das Umschlagen oder Sauerwerden des gährenden Bieres in der Gewitterluft zu verhindern«, erschienen im Hannoverischen Magazin 1773, 68. Stück, Sp. 1073–1088. Christoph Ehrenreich Rosenow (1730–1785), Gerichtsaktuar und gemeinnütziger Schriftsteller in Schwerin. – *Suerin:* Schwerin. – *die Redens-Art einen nassen Lappen auswringen:* Diese Wendung findet sich in Rosenows Abhandlung, Sp. 1079. S. »Versuch eines bremisch-niedersächsischen Wörterbuchs« 5, 299.

356 *Solche Stellen ... Abbt vom Verdienst:* Die Stellen konnten in Abbt, »Vom Verdienste« nicht nachgewiesen werden. – *Imitieren:* Zu dieser Floskel vgl. C 360, 367; J 779, 784; L 60, 109, 372, 375. S. auch zu B 13.

357 *Beider Rechten Taglöhner:* Des bürgerlichen und geistlichen Rechts.

358 *Nicht Größe des Geistes sondern des Windes:* Zu dieser Wendung vgl. J 181. – *hat:* In der Handschrift *haben.*

359 *Naturkündiger:* Der Kenner; Erkunder der Natur, der Naturforscher, im 16. Jh. aufgekommen. – *Folianten über einen Kirschenstiel schreiben:* Eine ähnliche Wendung begegnet E 158, 320; vgl. auch G 39, 109. – *Folianten:*

Buch, bei dem der Druckbogen nur in zwei Blätter gebrochen ist, in den ersten Jahrzehnten nach Erfindung des Buchdrucks das gebräuchlichste Format: zwischen 35 und 45 cm hoch.

360 *Nach der Schlacht bei Arques ...:* Bei dem frz. Städtchen im Département Seine-Maritime siegte Heinrich IV. am 21. September 1589 über die Liguisten. L.s Quelle dieser Anekdote war, wie der Wortlaut beweist, der Aufsatz »Herrn Thomas Lobschrift auf Maximilian von Béthune, Herzog von Sully« in der von Daniel Schiebeler herausgegebenen Zeitschrift »Unterhaltungen« 2, S. 110ff.; die Stelle findet sich ebd. S. 121 (Anm.). L. zitiert aus dem Aufsatz auch D 4. Daniel Schiebeler (1741–1771), Jurist und Schriftsteller, mit Eschenburg 1766–1770 Hrsg. der Monatsschrift »Hamburgische Unterhaltungen«. Antoine Léonard Thomas (1732–1785), frz. Schriftsteller, reüssierte mit »Eloges« auf berühmte historische Persönlichkeiten. Die »Eloge de Sully« wurde 1763 von der Académie Française gekrönt. – *Crillon:* Louis de Balbes de Berton de Crillon (1541–1615), berühmter frz. Feldherr, Freund und Ratgeber Heinrichs IV., der ihn »der Tapfere der Tapferen« genannt hat. – *Imitieren:* S. zu B 13 und C 356.

361 *Kegel-Clubs vor dem Albaner Tor:* Gemeint ist wohl ›Kellners Garten‹; das Albanertor, genannt nach der nahegelegenen Kirche St. Albani; das vierte der Stadttore Göttingens, lag nach Osten.

362 *Es war einmal ein Tier in Gevaudan:* Ein Wolf, der um 1767 »viele Wochen lang ganz Frankreich, unter dem Nahmen der *Bête de Gevaudan,* ängstigte, und eine Menge Mädchen und Kinder fraß, bis sich endlich ein *Gallischer Herkules* fand, der den Muth hatte sein Vaterland von diesem Ungeheuer zu befreyen«. So Wieland in den Anmerkungen zu »Idris und Zenide« 1767, 1. Gesang, Vers 45, wo er schreibt: »Sie hätte wohl das Thier vom Ländchen ›Gevaudan‹ / Den Schrecken Galliens, so gern als ihn gesehen.« L. erwähnt das Tier in Gévaudan auch J 364. Gévaudan: Landschaft in Südfrankreich, im Südosten des Zentralmassivs.

363 *wie viel jünger man wird, wenn ... um 3 Uhr aufsteht:* Zu L.s Versuchen, vor Sonnenaufgang aufzustehen, s. zu J 638.

364 *die vortrefflichsten Sachen für jede Schüssel:* Vgl. C 317.

365 *Auf den venerischen Herrn M.:* Eine Art prosaischer Epigramm-Entwurf. – *venerischen:* Am Venusübel, das heißt an der Syphilis erkrankt; vgl. III, S. 424. In einem Brief an Joel Paul Kaltenhofer vom 21. Juni 1772 teilt L. mit, daß er sich »Astruc von Venerischen Kranckheiten« gekauft habe – aus Furcht vor Ansteckung! Am 27. August 1772 teilt L. Joel Paul Kaltenhofer mit: »Es sollen auf 176 Studenten [in Göttingen] mit Venerischen Kranckheiten behafftet seyn.«

366 *Die Beiwörter ... unsterblich gemacht:* Vgl. B 132. – *Chapelain:* Jean Chapelain (1595–1674), frz. Dichter und Kritiker, Verfasser der »Pucelle d'Orléans«, gilt als Mitbegründer der Académie Française, die er zur Herausgabe des Wörterbuches anregte.

367 *By way of Prevention ...:* Verfasser dieser Predigt ist James Penn. L. entnahm den Titel und die Notiz über den Inhalt einer Besprechung in den »Unterhaltungen« von Daniel Schiebeler, Bd. 4, S. 718. James Penn (1727–1800), engl. Theologe und geistl. Schriftsteller. – *Eutychus Apostel-Geschichte XX, v. 9:* »Es saß aber ein Jüngling mit Namen Eutychus in einem Fenster und sank in einen tiefen Schlaf, weil Paulus so lange redete, und ward

vom Schlaf überwältigt und fiel hinunter vom dritten Stockwerk und ward tot aufgehoben.« – *Imitieren:* S. zu B 13.

368 *Perfice te:* Vgl. A 36 und die Anm. dazu.

369 *Schwätzlar:* Wortspiel mit Wetzlar, dem Sitz des Reichskammergerichts; vgl. an Heyne am 25. Februar 1784.

371 *Prostitutio in integrum:* Vermutlich Wortspiel L.s mit der Wendung: restitutio in integrum, lat. ›Wiedereinsetzung in den früheren Rechtszustand‹, wie sie sich zuerst in Ciceros Rede »Pro Cluentio« 36, 98, später im »Corpus juris« II, 49 findet.

372 *Pfusch Kruder ... Peer Küken:* Diese Wörter – plattdeutsch? – waren nicht nachzuweisen.

373 *Herr von Birckenthau:* Von diesem Plan zu einer Erzählung oder einem Roman ist sonst nichts erhalten; s. aber F 72; möglicherweise auch C 313, 374. – *Herr ... stirbt:* Diese Passage ist von L. gestrichen. – *nennt:* Danach von L. gestrichen *dadurch kommt er endlich so herab.* – *ein armer Landjunker:* Von »Landjunker und Renommisten« redet L. in den »Briefen aus England« (III, S. 329).

374 *In dem erdichteten Land:* Hier tritt zuerst der satirische Plan auf, die Zustände eines erdichteten Landes in Form einer Erzählung oder eines Romans zu schildern. Erst später wurde der Name »Insel Zezu« dafür erfunden. Der Einfluß von Swifts fliegender Insel Laputa auf diese Idee ist unverkennbar; bei der Ausgestaltung sollten wohl in erster Linie Göttinger akademische Erfahrungen verwertet werden. Zu diesem Plan gehören ferner D 78, 82, 86, 116, 136, 152, 165, 181; vgl. auch D 19 und die ›Etiketteninsel‹ D 611.

376 *Auferstehn, ja auferstehn wirst du ...:* Die ersten vier Strophen von Klopstocks Lied »Die Auferstehung«; Strophe 3 und 4 hat L. umgestellt, Strophe 5 weggelassen; im Text sind kleine, vermutlich unabsichtliche Abweichungen.

377 Diese Büchertitel stehen in der Handschrift auf der Innenseite des hinteren Umschlagblattes vor der Bemerkung C 378. – *Zeplichals Algebra ...:* Die »Algebraischen Tabellen«, erschienen Breslau 1769, von Anton Michael Zeplichal (1737–1806), ehemaliger Jesuit, Magister der Philosophie, königl. preuß. Direktor der Universität Breslau und der gesamten katholischen Gymnasien in Schlesien. – *Guyot Chymische ... Kunststücke:* Gemeint sind »Neue physikalische und mathematische Belustigungen oder Sammlung von neuen Kunststücken zum Vergnügen«, die ab 1772 in Augsburg erschienen; F 1036 notiert sich L. den 1777 erschienenen siebten und letzten Teil derselben. Gehler (Bd. 3, S. 91) nannte sie die »vollständigste unter allen« Sammlungen physikalischer und mathematischer Kunststücke. Zu L.s Interesse an Taschenspielerkünsten vgl. A 16, 20; KA 231. Hinter dem Pseudonym Guyot verbirgt sich entweder der frz. Geograph und Physiker Edmé Gilles (1706–1786) oder der frz. Theologe Guillaume German (1724–1800). – *Swedenborg ... Weltkörpern:* Gemeint ist die Schrift »Von den Erdkörpern der Planeten und des gestirnten Himmels Einwohnern«, die Ansbach 1771 erschien; eine kurze ablehnende Besprechung brachten die GGA 1771, S. 736. – *Leben und Taten Aeneas ...:* »Leben und Thaten des teuren Helden Aeneas, erstes Märlein«, erschienen Halberstadt 1771, von Johann Benjamin Michaelis (1746–1772), Theaterdichter und Lyriker, von Gellert und Gleim geför-

dert. Die burleske Strophenform dieser Travestie hat L. für sein Gedicht von den »Schwimmenden Batterien« (III, S. 427) übernommen.

378 ἑνρικοδουλία: ›Heinrich-Dienerei‹; wie die griech. Überschrift andeutet, notiert L. hier eine Sammlung von Aussprüchen seines Dieners Johann Heinrich Braunhold. Dessen ungewollt komische Redewendungen erwähnt L. mehrfach in den Briefen. Vgl. auch D 410, 568, 649; E 159; J 140, 142, 272; L 692. L. hat diese und ähnliche Wendungen später verwertet, bzw. gedachte sie zu verwerten in »Briefe von Mägden über Literatur« und »Orbis pictus«. – *Unkot:* Diesen Ausdruck notiert L. auch E 159 und verwertet ihn in »Orbis pictus« (III, S. 387). – *Gestüm:* Diesen Ausdruck notiert L. auch E 159. – *ihre Abwesenheit ... gerichtet:* Diese Wendung hat L. in »Orbis pictus« verwertet (III, S. 387). – *metier:* Frz. ›Beruf‹.

D

Die Bezeichnung D trägt ein Foliobuch in starker Pappe mit Lederrücken. Der Buchstabe D steht, von Lichtenberg offenbar später hinzugesetzt, mitten auf der ersten Seite der allgemeinen Bemerkungen, wovon S. 227 (I), einen Eindruck gibt. Das Sudelbuch befindet sich heute in der der Staats- und Universitätsbibliothek Göttingen (Signatur: Ms. Lichtenberg IV, 28).

Wahrscheinlich handelt es sich bei D um das von Lichtenberg in einem Brief an Johann Christian Dieterich von Ende (28.) September 1773 erwähnte »Tagebuch«. Es ist jedoch zu bezweifeln, daß das von Lichtenberg in einem Brief an Christiane Dieterich vom 24. Januar 1775 erwähnte »Buch voll Beobachtungen« D ist, wie Leitzmann annimmt: es liegt näher, dabei an das eigentliche »Reise-Tagebuch« zu denken. Auch bezieht sich folgende Äußerung von Lichtenberg in einem Brief an Johann Christian Dieterich vom 8. Juli 1773 kaum auf Sudelbuch D: »Ich habe mir ein Buch dazu genähet, das so dick ist, daß, glaube ich, mein ganzes Leben hinein ginge.« Hiermit ist eher das nicht erhaltene Tagebuch der Helgoland-Fahrt gemeint.

Das Sudelbuch D weist erstmals eine Zweiteilung in wissenschaftliche und allgemeine Bemerkungen auf, eine Anordnung, wie sie in den Sudelbüchern J und L durchgeführt worden und offenbar auch in H und K vorhanden gewesen ist.

Die vordere Hälfte des Sudelbuches enthält zunächst 29 unpaginierte Seiten mit dem Titel »Annotationes et collectanea philosophica et physica«. Unterbrochen durch 25 leere Seiten folgen sechs restliche von Lichtenberg beschriebene Seiten. Sie stellen zusammen mit den »Annotationes« jene Bemerkungen, die in Band II dieser Ausgabe als Nummer 673–773 abgedruckt worden sind. Während Leitzmann sich darauf beschränkte, in seinen Anmerkungen zu D lediglich den Inhalt der wissenschaftlichen Notizen kurz mitzuteilen, und nur fünf Bemerkungen im Wortlaut zitierte, bringt die vorliegende Ausgabe erstmals die kompletten »Annotationes« und Varia nach der Handschrift.

In der hinteren Hälfte des Sudelbuches D setzen sich auf 81 Seiten, von denen 73 paginiert sind, die allgemeinen Bemerkungen und eigentlichen Aphorismen, D 1–672, fort. Als Satzvorlage dieser allgemeinen Bemerkungen diente: Georg Christoph Lichtenbergs Aphorismen. Nach den Handschriften herausgegeben von Albert Leitzmann. Zweites Heft: 1772–1775. Deutsche Literaturdenkmale des 18. und 19. Jahrhunderts, No. 131, Berlin 1904.

Das letzte Blatt des ganzen Buches ist halb abgerissen; es enthält die Bemerkungen D 671, 672 und Notizen für den englischen Aufenthalt, die, soweit sie zu entziffern waren, nach der Anmerkung zu D 672 mitgeteilt sind.

Entsprechend der von Leitzmann eingeführten Gepflogenheit ist das gesamte Sudelbuch durchnumeriert worden; dabei ließ es sich nicht vermeiden, daß die »Annotationes« und Varia entgegen der Reihenfolge in der Handschrift gezählt wurden, als ob sie das Sudelbuch beschlössen.

Im übrigen folgt auch bei diesem Sudelbuch die Anordnung, die Reproduktion von Handzeichnungen nach der Handschrift und die Aufnahme gestrichener oder fragmentarischer Bemerkungen in den Text strikt der Lichtenbergschen Handschrift.

Zur Chronologie von Sudelbuch D

Allgemeine Notizen
56: Zitat aus einer Rezension der »Frankfurter Gelehrten Anzeigen« vom 20. August 1773 (vgl. die Anm.);
127, 128: Zitate aus dem »Teutschen Merkur« vom August und September 1773;
vor 214: 20. Dezember 1773;
280: 22. Januar 1774;
455: Zitat aus Dohms »Enzyklopädischem Journal« vom Februar 1774;
482: Hinweis auf einen Artikel der »Frankfurter Gelehrten Anzeigen« vom 5. April 1774;
519: 17. Juli 1774;
522: Zitate aus Chesterfields »Letters«, L. las sie im Oktober 1774 in Hedsor (vgl. D 593 und die Anm.);
588: Erwähnung seines nun sechzehnwöchigen Aufenthalts in England, Ankunft dort 25. September 1774 (vgl. die Anm.);
635: 9. April 1775;
647: Mai 1775.

Wissenschaftliche Notizen
683: Dezember 1772;
684: Februar 1773;
688: GGA, 15. Juli 1773;
689: GGA, 12. Juli 1773;
742: »Schwedische Abhandlungen« vom Jahr 1777, 1. Quartal;
746: 29. August 1774;
747: 30. August 1774;
748: 31. August 1774;
750: 11. Oktober 1774;
752: bis Frühling 1775;
753: 30. März 1775;
757: 13. April 1775.

Anmerkungen
zu den Nummern in Band I

S. 226 *Longitud[o] Osnab[rück]* . . .: Auf der Innenseite des vorderen Deckels von Sudelbuch D hat L. die vorläufigen Ergebnisse seiner Gradmessungen in Osnabrück, Hannover und Stade notiert; s. auch an das Geheime Rats-Kollegium in Hannover am 21. November 1773 und an Abraham Gotthelf Kästner am 21. April 1776. Die endgültigen Zahlen und Berichtigungen gab L. in den »Novi Commentarii« 1776, S. 210ff., und in GGA 1777, S. 121ff.
1 *Celsus:* Aulus Cornelius Celsus (Lebensdaten unbekannt), röm. Enzy-

klopädist zur Zeit des Kaisers Tiberius, schrieb eine lat. Enzyclopädie in sechs Teilen, von der nur die acht Bücher über Medizin erhalten sind: eine Hauptquelle für die Geschichte der Medizin seit Hippokrates. – *De futuris . . . deceptus est:* Hippokrates hat der Nachwelt hinterlassen, er habe sich über die Zukunft getäuscht, so wie es nur große Männer tun; denn einfache Geister, die ja nichts besitzen, können auch nichts von sich geben. Einem großen Geist, der immer mehr überblickt, steht auch das Bekenntnis des wahren Irrtums an, besonders in diesem Bereich, welcher des öffentlichen Nutzens wegen sein Wissen weitergibt, damit niemand aus demselben Grunde irrt, aus dem sich bereits jemand vorher geirrt hat. – Die Stelle aus Celsus, die sich L. aus Holbergs »Vermischte Briefe«, Bd. 3, S. 387, Kopenhagen und Leipzig 1752, abschrieb – über das Werk s. zu C 169 –, findet sich in seinem Buch »De medicina« 8, 4 mit geringen, schon bei Holberg vorkommenden Abweichungen: »A suturis«, »more scilicet« und »Viorum et fiduciam magnarum rerum habentium«, »etiam simplex« und »praecipueque«, »quis ante«. – *Majores . . . addicere:* Unsere Vorfahren behandelten ihre Dinge nach dem jeweiligen Geist des Jahrhunderts. Für uns ist es manchmal von Nutzen, bei den unterschiedlichen Zeiten, welche wir erleben, von deren Geist und Gepflogenheiten abzusehen; ich halte es im übrigen schlechthin für Arroganz, immer wieder auf althergebrachte Erfahrung gänzlich verzichten zu wollen; und absurd ist die Art der Ehrerbietung, die uns ewig deren Denkweisen verpflichten will. – Das Zitat ist wörtlich der »Argenis« 3, 6 entnommen. Über Barclays Werk s. zu C 207. – *Pluris . . . decem:* Ein einziger Augenzeuge ist mehr wert als zehn Langohren (die von der Sache nur gehört haben). – Das in der Handschrift von L. gestrichene Zitat stammt aus Plautus, »Truculentus« 489. Titus Maccius Plautus (ca. 250–184 v. Chr.), an griech. Vorbildern geschulter röm. Komödiendichter, von großer Nachwirkung auf das Theater der Renaissance. – *Non multi . . . joci:* Nicht mit vielen Speisen bewirtest du den Gast gut, sondern mit vielen Scherzen. – Das Zitat stammt aus Cicero, Briefe 9, 26, 4. – *Il faut . . . des vieux:* Man muß auf eine moderne Art schreiben; Demosthenes und Vergil haben nicht in unserer Zeit geschrieben, und wir könnten nicht in ihrem Jahrhundert schreiben: Als sie ihre Bücher machten, waren sie neu, und wir machen Tag für Tag alte. – Das Zitat stammt aus Théophile, »Fragments d'une histoire comique«, 1. Kapitel. Théophile de Viau (Viaud; 1590–1626), frz. Dichter, berühmt wegen seines Lebenslaufs (Gefängnis, Exil, Todesurteil) wie wegen seiner poetischen Kreationen.

2 Die Anekdote ist Holbergs »Vermischten Briefen«, a.a.O., Bd. 4, S. 118 entnommen; über das Werk s. zu C 169. – *Daille:* Jean Daille (1594–1670), einer der berühmtesten protestantischen Minister Frankreichs, bereiste Italien, die Schweiz, Holland und England; vielseitiger und gelehrter Schriftsteller.

3 *Holberg. Briefe:* S. zu C 169. L. erwähnt diesen Einfall in einem Brief an Jeremias David Reuß vom 16. September 1791.

4 *Thomas . . . Lobrede auf Sully:* S. zu C 360; vgl. »Unterhaltungen« 2, S. 113f., S. 119f. Anm.; 2. Bd., 3. Stück, September 1766, S. 199–222, S. 213 Anm.; 2. Bd., 4. Stück, Oktober 1766, S. 297–317, S. 310 Anm. – *Bartholomäus-Tage:* In der Nacht zum Bartholomäustag (24.August) 1572 wurde in Paris auf Anstiftung Katharina von Medicis unter den Hugenotten ein

Blutbad angerichtet (Bluthochzeit). – *Schlacht bei Arques:* S. zu C 360. – *l'esprit de Sully:* Das Werk ist in den »Unterhaltungen« 2, S. 333 kurz besprochen. Von den »Mémoires ou Economies royales de Henry-le-Grand«, Paris 1638, des Maximilien de Béthune, Duc de Sully, war Dresden und Warschau 1769 folgende Übersetzung erschienen: »Esprit de Sully, oder Auszug aus den Nachrichten des Herzogs von Sully von dem, was seine Verwaltung der Finanzen, und seine Grundsätze der Polizey betrifft. Nebst der Lobrede des Herrn Thomas auf den Herzog von Sully«. Während Fromm (Nr. 25071) Otto Carl Rudolph Welk als Übersetzer nennt, führt der Heyne-Ausstellungskatalog, Göttingen 1979, S. 22, diese Übersetzung als Broterwerb C. G. Heynes an.

5 *Mém. de l'acad.:* Lardillons Mitteilung über diesen Fall in der »Histoire de l'académie royale des sciences«, Paris 1756, 13, 77. Lardillon (Lebensdaten unbekannt). L.s unmittelbare Quelle war ein Aufsatz in den »Unterhaltungen« 2. Bd., 6. Stück, Dezember 1766, S. 479–482: »Nachricht von einem Mädchen, das in vier Jahren nichts als Wasser genossen hat«. Das Mädchen hieß Christine Michelot (geb. 1740), Tochter eines Winzers in Pomard.

6 *Dreyers Sinngedicht:* Leitzmann vermutete, daß diese Verse Johann Matthias Dreyers so wenig wie D 16, 18 im Druck erschienen sind, sondern zu der großen Masse seiner Produktionen gehören, die nur handschriftlich verbreitet wurden. Johann Matthias Dreyer (1716–1769) aus Hamburg; wegen seines beißenden Witzes, der sich besonders gegen Goeze und K. Chr. Ziegra richtete, als satirischer Schriftsteller und Epigrammatiker gefürchtet. – *Lipstorps:* Clemens Samuel Lipstorp (1696–1749), 1730 Syndicus, 1749 Bürgermeister von Hamburg; seine bedeutend jüngere Frau hatte 1753 den preußischen Kammerherrn von Schellendorf geheiratet. Eine Ode »An die Frau von Lipstorp in Hamburg bei dem Tode ihres Gemahls« steht in den »Neuen Beiträgen zum Vergnügen des Verstandes und des Witzes« 6, 91.

7 *aquam cribro haurire:* Wasser mit dem Sieb schöpfen. Die Geschichte der Vestalin Tuccia, die »aquam in cribo tulit«, berichtet Plinius, »Naturalis historia« 28, 121. – *Ferrum natare docere:* Das Eisen schwimmen lehren. Vgl. A 183.

8 *Livius wußte schon nicht einmal mehr:* »In re tam clara nominum error manet, utrius populi Horatii, utrius Curiatii fuerint«; Livius 1, 24, 1.

9 *Auslegung ... Jacob Böhm:* Leitzmann kommentierte die Bemerkung wie folgt: »Daß Lichtenberg als einer der Ersten und hierin eine Art Vorläufer Jacobis, Hegels und Schellings Jakob Böhmes mystisch-theosophischen Schriften eingehendes Studium und hohe Wertschätzung widmete, zeigt am deutlichsten, wie großen Raum diese mystisch gerichtete, antiexakte Seite seines Wesens tatsächlich in seinem geistigen Leben einnahm. Eine geplante Verteidigungsschrift für ihn ist nicht über den blossen Gedanken hinausgekommen.« Leitzmann übersah sabei, daß L. Böhmes schwärmerisch-mystische Schreibweise, wie aus weiteren Sudelbuch-Bemerkungen hervorgeht, lediglich *ironisch* der schwärmerischen Schreibweise zeitgenössischer Schriftsteller entgegenhalten wollte. Die »Jacob Böhmisten« ironisiert L. noch in der Hogarth-Erklärung »Die Vorlesung« (GTC 1793, S. 176). Vgl. Nachschrift (29. Januar 1775) zum Brief an Ernst Gottfried Baldinger vom

10. Januar 1775 und Brief an Johann Friedrich Blumenbach, nach dem 23. Februar 1791. S. auch Werner Buddecke: Die Jakob-Böhme-Ausgaben, 1. Teil, Göttingen 1937.

10 *Vox . . . Dei:* Volkes Stimme ist Gottes Stimme. Der Spruch findet sich auch III, S. 377 und VS 1844, 11, S. 141 (Hogarth). Den ersten *wörtlichen* Beleg für das Zitat bietet der Theologe Petrus von Blois (ca. 1130–1200) in seinen »Epistolae« 15.

11 *Gegen das Kompendienschreiben . . .:* Vgl. C 346.

13 *Kunst seinen Entschlüssen Kraft zu geben:* Vgl. C 101, D 54.

14 *Halseisen-Furcht:* Vgl. D 22.

17 *Phoebe . . . sacerdos:* Phöbus sey hold! Es betritt dir den Tempel ein neuer Geweihter. (Tibull, 2, 5, 1; übers. von Friedrich Karl von Strombeck, Göttingen 1799, S. 117). L. entnahm es wohl einem in den »Unterhaltungen« 2, S. 154, angeführten Buchtitel: »Fabeln, Lieder und Satyren«, Leipzig und Aurich 1766. – *Tibullus:* Albius Tibullus (ca. 50–19 v. Chr.), röm. Elegiker.

18 *Luckner und . . . Schimmelmann:* Dem General Luckner (s. zu B 26) wie dem Grafen Schimmelmann, dem Vater von Schillers bekanntem Gönner, wurde der Vorwurf gemacht, daß sie sich bei den Lieferungen an die Preußen im Siebenjährigen Krieg unrechtmäßig bereichert hätten. Heinrich Carl Graf Schimmelmann (1724–1782), dän. Staatsminister, kaufte 1759 aus den Kriegsgewinnen Schloß Ahrensburg, kurz darauf Wandsbek.– *Dreyer:* S. zu D 6.

19 *seine eigne Meinung:* Auch in »Über die Macht der Liebe« (III, S. 516) redet L. dem »Mißtrauen gegen alle Meinungen der Menge« das Wort. – *In dem neuen Land:* S. zu C 374. – *bemühen Facta kennen zu lernen und keine Meinungen:* Vgl. D 15. – *Meinungen-System:* S. Wortregister. – *nachbeten:* DWB 7, Sp. 30, bringt lediglich Belege aus Lessing, Schiller und Jean Paul. Ähnliche Bildungen mit *nach-* finden sich in »Über die Macht der Liebe« (III, S. 518). – *Factis räsoniert:* Vgl. D 15; C 218. – *anflammen:* Im Sinne von: in Flammen setzen, anfeuern; DWB 1, Sp. 330 gibt Belege u. a. aus Wieland, Herder und Klopstock. – *der Held bei Minden:* Ferdinand Prinz von Braunschweig-Bevern (1721–1792), General Friedrichs II. im Siebenjährigen Krieg, Befehlshaber der engl. Truppen, errang bei Minden am 1. August 1759 einen entscheidenden Sieg über die Franzosen, wodurch er Göttingen und ganz Nordwestdeutschland befreite. L. hatte auf der Reise von Hannover nach Osnabrück Anfang September 1772 das Schlachtfeld besucht; vgl. Briefe an Joel Paul Kaltenhofer vom 26. August und vom 20. September 1772 sowie Brief an Johann Christian Dieterich vom 7. September 1772. – *schallt es . . . durch:* S. zu B 160 und D 54. – *würden . . . Ruhmes:* Von L. verbessert aus *würden die Nachwelt seine Thaten.*

20 *Hauptsächlich:* Danach von L. gestrichen *die Unterdrückung zum Hang Widerstand.* – *Aufschieben . . . eine der gefährlichsten Krankheiten der Seele:* Zu L.s persönlichem Leiden s. das Wortregister. – *Advokaten:* Danach von L. gestrichen *den gnauen und treuen Rechnungsbedienten.* – *Geschichtschreiber des letzten Kriegs:* Die erste »Geschichte des Siebenjährigen Kriegs« von Johann Wilhelm von Archenholz erschien 1793 in 2 Bdn. – *Gris[e]bach:* Johann Ludolf Grisebach, geboren 1712, diente während des Siebenjährigen Krieges unter Ferdinand von Braunschweig, war besonders für den Austausch der Kriegsgefangenen tätig und starb als Generalauditeur in Hannover am

11. Mai 1773. S. auch F 8. – *Livius:* S. zu K A 152. – *seinem König:* Friedrich II. von Preußen. – *wird:* In der Handschrift *werden.* – *Ferdinand:* Gemeint ist Ferdinand Prinz von Braunschweig-Bevern; s. zu D 19. – *Zimmermann:* Das Erinnerungsgedicht, aus dem L. zitiert, ist nicht von Zimmermann, sondern von Münter verfaßt. Münter (1735–1793), Justizkanzleisekretär und Liederdichter, gab 1773 und 1174 die »Geistlichen Lieder« heraus.

21 *Gottes-Urtel:* Vgl. C 76. – *Wunder-Proben der Unschuld:* Vgl. D 7.

22 *Bolingbroke:* Henry St. John, Viscount Bollingbroke (1678–1751), engl. Staatsmann und polit. Schriftsteller, der zu L.s Lektüre in England und in Göttingen gehörte. Die Anekdote von Bolingbroke berichtet Oliver Goldsmith in seiner London 1770 erschienenen Biographie »Life of Henry St. John, Lord Viscount Bolingbroke«, S. 9; L. kannte sie wohl nur aus der Rezension des Buches in GGA, 114. Stück, 23. September 1771, S. 988–989. – *Strafenfurcht:* Vgl. D 14.

23 *denken wie man es besser nach ihrer eignen Erfahrung machen könne:* Vgl. K 120. – *Ramberg:* Johann David Ramberg (1733–1820), Kriegssekretär in Hannover und Vater des bekannten Malers, gehörte in der Hauptstadt zu den nächsten Freunden L.s, mit dem er auch in regem Briefwechsel stand. Ein paar Beispiele des hier gerügten Bessermachenwollens sind im Tagebuch aufbewahrt. – *Projektenmacher:* Pläneschmied.

24 *Ich habe jemanden gekannt:* Gemeint ist L. selbst; vgl. E 390 und F 1097; ferner III, S. 260.

26 *Kalmucken ... Mungalen:* L. entlehnte die Namen asiatischer Volksstämme der Rezension von Jean-Louis Castilhon: »Betrachtungen über die physicalischen und moralischen Ursachen der Verschiedenheit des Genie, der Sitten und Regierungsform der Nationen«, Leipzig 1770 (AdB 19, S. 491–505). Die Kalmücken, Karakalpaken und Mungalen werden ebd., S. 493, die Mainotten ebd., S. 495 genannt.

27 *den Galgen ... Buckel ... Augen:* Vgl. E 209, 237; L 436.

28 *Iwan der Dritte:* Gemeint ist nach der heutigen Zählung Iwan VI. (geb. 1740), der, nachdem er ein Jahr lang nominell Kaiser gewesen war, nach dem Staatsstreich der Kaiserin Elisabeth im Dezember 1741 (ab dem Alter von 15 Monaten) in lebenslänglicher Gefangenschaft gehalten und 1764 ermordet wurde. L. las ein Referat über sein Schicksal in der AdB 19, S. 519, das den Titel »Geschichte des russischen Kaisers Johann (Iwan) des Dritten« führt.

30 *Kandidaten der Empfindsamkeit:* S. zu C 23. – *mit ... Geschwätzigkeit:* Von L. verbessert aus *und doch so verschwiegen, so geheimnißvoll und doch so freygebig.* – *Dripper:* Vgl. W. »Versuch eines bremisch-niedersächsischen Wörterbuchs« 1, 262: Drupper, Tripper. – *Bohnenfleckgen:* Im Sinne von: Nicht die Bohne – so viel wie gar nichts (Wander I, Sp. 426); vgl. engl. ›Every bean has its black‹. Vgl. D 668. L. gebrauchte den Ausdruck auch Hogarth (III, S. 811).

31 *Rezensent:* Die Rezension des zu D 26 nachgewiesenen Buches, unterzeichnet Rz., ist nach Parthey, »Die Mitarbeiter an Friedrich Nicolais allgemeiner deutscher Bibliothek«, S. 19–68, von Rat Müller in Kassel. – *Castilhons:* Jean-Louis Castilhon (Lebensdaten unbekannt), franz. Advokat und Schriftsteller, von Voltaire und Holbach beeinflußt. »Considérations sur les causes physiques et morales de la diversité du génie«, Paris 1769. – *libellirt:* Libellieren (neulat.): eine Klageschrift aufsetzen und gerichtlich einreichen; L. gebrauchte das Wort selbst D 79, 668 (S. 341).

32 *Attius Navius:* Von seiner Tat berichtet Livius 1, 36, 4. – *Tarquinius Priscus:* Der Sage nach Sohn eines nach Rom eingewanderten Korinthers, der fünfte röm. König (616–579 v.Chr); ihm wird der Bau des Tempels des Jupiter optimus maximus auf dem Kapitol zugeschrieben.

33 *Pericolosum ... vivere:* Es ist gefährlich anzunehmen, daß in so vielen menschlichen Irrtümern allein Unschuld lebt. Zit. nach Livius 2, 3, 4, wo *esse* statt *est* steht.

34 *Tullia:* Der Sage nach die letzte Königin Roms; über sie berichtet Livius 1, 46–48. – *Tarquinius superbus:* ›Der Hochfahrende‹; der Sage nach der siebente und letzte König Roms (534–510 v. Chr.); Sohn des Tarquinius Priscus und Schwiegersohn des Servius Tullius, den er stürzte. Seine Regierung wird als Tyrannenherrschaft geschildert. Das Vergehen seines Sohnes Sextus an Lucretia gab Brutus den Anlaß, Tarquinius zu stürzen. – *Servius Tullius:* Der Sage nach der sechste röm. König (578–534 v. Chr.); Nachfolger und Schwiegersohn des Tarquinius Priscus.

35 *Lydische Töne, weichlich:* S. Plutarch, De musica, 15.

36 *Ouvrier:* Jean Ouvrier (1725–1754), frz. Kupferstecher in Paris; seine Spezialität waren Genrezenen und Landschaften. Bei der von L. angegebenen Jahreszahl 1771 kann es sich nur um einen Nachdruck handeln. – *Les ... affront:* Die durch die Beschämung korrigierten Fehler. – *ein Kind ... gepisset:* Die Notiz ist den »Unterhaltungen« 10, S. 161 entnommen.

37 *Aus:* Davor von L. gestrichen *anno 1540 wurde.* – *Robertsons Abhandlung ...:* Diese Bemerkungen sind genaue Exzerpte aus dem Aufsatz »Robertson über die Stiftung und den Fortgang des Jesuitenordens« in den »Unterhaltungen« 10, 1770, S. 280ff., der seinerseits nicht, wie L. glaubte, auf einer besonderen Abhandlung Robertsons, sondern auf dem sechsten Buch seiner »Geschichte Karls V.« beruhte. – *Robertson:* William Robertson (1721–1793), engl. Historiker; die »History of the reign of the emperor Charles V« (1769) begründete seinen europäischen Ruhm. – *Lainez:* Diego Laínez (1512–1565); 1556 Nachfolger Loyolas als General der S.J., von maßgeblichem Einfluß auf das Konzil von Trient. – *Aquaviva:* Claudio Acquaviva (1542–1615); Sohn des Duque de Atri, mit 37 Jahren zum fünften General des Jesuitenordens gewählt. – *Loyola:* Ignatius von Loyola (1491–1556), Stifter des Ordens der Jesuiten. – *Chalotais:* Louis René de Caradeuc de la Chalotais (1701–1785); Procureur général am Parlament der Bretagne, neben d'Alembert und dem Abbé Mably der engagierteste Gegner des Jesuitenordens, gegen den er 1761 und 1762 seine schnell berühmt gewordenen »Comptes rendus des constitutions des Jésuites« hielt, die sogleich im Druck erschienen und viele Auflagen erzielten; 1765 verhaftet, erst 1775 entlassen.

38 *Kästner ... Mondstheorie:* Kästner scheint sich um 1773/74 mit Mondstheorie befaßt zu haben; vgl. L.s Brief an Kästner am 26. Januar 1774; s. auch D 427.

39 *Das Gespenster-Gespräch:* Schreibplan L.s? S. noch E 211. – *Mintor:* Von L. geändert aus *Arau*[?]. Mintor erinnert an Amintor (III, S. 76–79). – *dem alten Fleischscharrn:* Von L. verbessert aus *der Beckerstraße.* »Im Fleischscharren« – Straße zwischen Johanniskirche und Rathaus in Göttingen 1735–1858. Der Fleischscharn (niederdt.) war eine überdachte Verkaufsstelle für Metzger. – *Teufelsbanner:* Der dämonisch bedrohte Orte und Gegenstände von

Dämonen reinigt. – *Dessauer:* Gemeint ist der Dessauer Marsch mit dem Text »So leben wir alle Tage«, genannt nach dem ›Alten Dessauer‹ Leopold I. Fürst von Anhalt-Dessau (1693–1747), preuß. Feldmarschall, der 1706 bei seinem Einzug in Turin mit diesem Marsch empfangen wurde.

40 *half . . . Helgoland Calf:* Im Original hat die Linie eine Länge von fast 15 cm.

41 *um + x oder – x . . . abweichen:* Vgl. auch D 433, 461 und F 1201 und III, S. 866. – *Zirkel quadrieren:* Die Quadratur des Kreises erwähnt L. auch E 227 als Ausdruck närrischen Unterfangens, ferner in »Zwo Schrifften die Beurtheilung betreffend . . .« (Nachlaß, S. 33). – *daß uns die Engel nicht auslachen:* Vgl. auch E 133 und F 626.

42 *courant:* Dieser Ausdruck kehrt auch D 79, 433 und F 862 wieder.

43 ελευϑεροι: Griech. ›die Freien‹. Zu derartigen Sprachspielereien s. das Register der Titel und Pläne L.s. Von »Betrachtungen über den Ehestand« schreibt L. an Dieterich am 10. September 1793. Eine ähnliche ›Etymologie‹ begegnet in L.s Brief an Hindenburg vom 5. Oktober 1780.

44 *schwarze Husar:* Wohl Anspielung auf Zietens berühmtes Husarenregiment aus dem Siebenjährigen Krieg.

46 *zu gebrauchen:* Zu dieser Formel s. das Wortregister.

47 *Greife . . . willst:* Ähnliche Mahnsprüche s. auch D 54.

48 *Proprie . . . dicere:* S. zu KA 275.

49 *Zuruf an . . . Dinge:* S. zu C 47.

50 *Grönländer:* Von L. verbessert aus *Dänen.* Die Grönländer als verständnislose Beurteiler erwähnt L. auch III, S. 241 und S. 274. – *böses Weib . . . Fregatte:* Vgl. D 442. – *Unterhaltungen:* Der Aufsatz »Betrachtungen über die Grönländer« findet sich in den »Unterhaltungen« März 1769, 7. Bd., S. 231–238. Zu der Zeitschrift s. zu C 360.

51 *Die tapezierte Häuser nennen sie . . . :* Zit. aus »Unterhaltungen« März 1769, 7. Bd., S. 236; s. zu D 50.

52 *Lykurg:* Lykurgos, der legendäre Gesetzgeber Spartas, auf den die meisten der zwischen dem 9. und 6. Jh. entstandenen staatl. und sozialen Einrichtungen Spartas zurückgeführt werden. Plutarch schrieb seine Biographie. Zu der Anspielung vgl. F 672 und die Anm. dazu. – *rost beef und Plumpudding:* Kennzeichen der Engländer nach ihren Nationalgerichten (s. Hogarth). S. zu B 60. – *In China soll . . . :* Anekdoten aus China notiert, referiert L. häufig; s. zu KA 107, 179.

53 *Wie kann dieses besser gemacht werden:* Derartige appellative Fragesätze, von L. durch Antiquaschreibung ausdrücklich hervorgehoben, finden sich in sämtlichen Sudelbüchern, besonders häufig aber in KA, J und L. Leitzmann stellt die in D 53 formulierte Frage in den Zusammenhang der Preisaufgabe der Haarlemer Akademie: S. KA 173. Im Grunde gehört sie bereits zu L.s Plan der dreihundert Fragen an junge Physiker; s. J 1531.

54 *Entschlüssen Kraft gebe:* Vgl. C 101 und D 13. – *mit Ernst wollen was ich will:* Vgl. G 53. – *ein aufgestreifter weißer Arm:* Vgl. B 261. – *Gesinnungs-Systems:* S. das Wortregister. – *dein Ruhm:* Von L. verbessert aus *der Klang deines Ruhms.* – *Ruhm . . . schallen:* S. zu B 160.

55 *Vardöhus:* Norweg. Hafenstadt im Nördl. Eismeer bei der Halbinsel Varangar gelegen; ursprünglich Festung, jetzt wichtiger Fischereiplatz. Der Ort, auch »Über Hrn. Vossens Vertheidigung gegen mich . . .« (GMWL,

3.Jg., 1. Stück, 1782, S. 100ff.; VS 4, S. 280) angeführt, wird in Holbergs »Vermischten Briefen«, a.a.O., Bd. 4, S. 276 genannt (s. zu C 169). – *Kirschkern . . . geworfen:* Vgl. F 34.

56 *schlechter Schriftsteller:* Ist diese Bemerkung schon eine Vorstufe zum Parakletor? – *Genie mit einem Sch. schriebe:* Dieterich pflegte Genius mit einem Sch. zu schreiben oder auszusprechen. S. K 280. – *Genie:* Von L. geändert aus *Journal.* – *schriebe:* Danach von L. gestrichen *oder bey den Zahlen die Nulle vor die eins sezte* (vgl. »Briefe von Mägden über Literatur«, III, S. 531). – *Deutschland:* Danach von L. gestrichen *wenigstens von den* [aus: *dem*] *Kartoffel Ländern* [aus: *Boden*] *weiß ich es gewiß.* – *Stil das Maß von Verdienst:* S. zu C 61. – *Pferde-Philister:* Von »Philister-Pferd« schreibt L. an Johann Christian Kestner am 30. März 1766. Philister: in der Studentensprache des 18.Jh.s die Spießbürger, im engeren Sinne Verleiher von Reitpferden an Studenten. – *Parenthyrsus:* Der Thyrsus-Stab des Bacchus (Dionysos); im übertragenen Sinn Ausdruck falscher Begeisterung, Übertreibung, Schwulst. Hier ist das Wort wohl Zitat aus der Rezension des »Götz« in den »Frankfurter Gelehrten Anzeigen« 1773, S. 555. – *Clinquant du Tasse:* Das Flitterwerk des Torquato Tasso. Von »clinquant du Tasse« spricht Boileau in den »Satiren« 9, 176. – *französischen Zindel und griechische Stoffe:* Vgl. C 352 und die Anm. dazu. – *Kringeljungen:* Wohl der Junge, der beim Kegeln die Treffer ›ankreidet‹ und die Kegel aufstellt; allerdings ist laut DWB 5, Sp. 2316, wo dieses Wort nicht vorkommt, *Kringel* im Niedersächs. der Fürstentümer Göttingen und Grubenhagen die Bezeichnung einer Bretzel; Kringeljunge wäre demnach ein Bäckerjunge, der die Kringel austrägt? – *lesen:* Danach von L. gestrichen *wißt ihr was da ein schlechter Schrifftsteller ist? Was das sagen will.* – *Dreck auf deinen Bart:* S. zu C 285. – *sich:* In der Handschrift *ich.* – *Stockhause, worin eine gelehrte Zeitung gehalten:* Vgl. zu diesem Gedanken D 189; E 53, 58, 325; ferner »Briefe von Mägden über Literatur« (III, S. 530). – *Skribbler:* Zu diesem Ausdruck vgl. auch F 976 und III, S. 524. – *Bav, Mäv:* Bavius war das Pseudonym von John Martyn (1699–1768), Dr. med. und Prof. der Botanik an der Universität Cambridge, Maevius das Pseudonym von Richard Russel (gest. 1771), Dr. med., die zusammen seit 1730 das »Grubstreet Journal« herausgaben. Bavius und Maevius, Poetaster, auf die in Vergils 3. Ekloge sarkastisch angespielt wird. Maevius wird auch in der 10. Epode von Horaz angegriffen. In der engl. Literatur lieferten sie die Titel der Satiren Giffords auf die Della Cruscan school of poets: »The Baviad« und »The Maeviad« (1794–1795). – *Bombastkollerer:* Von L. geändert aus *Bombastbläser.* – *Tändeleienzwitscherer:* Hieb auf die empfindsam-anakreontischen Lyriker; vgl. das Wortregister. – *Naturalist:* S. zu C 338.

57 *Hör- und Plaudersäle . . . :* Von L. verwendet in »Unmaßgeblicher Vorschlag«, III, S. 526. – *dem:* In der Handschrift *den.*

59 *Eine Uhr . . . ein Mensch:* S. zu C 210.

60 *Würkungen des Bannstrahls:* Die Parallele ist III, S. 326ff. verwendet; vgl. auch D 539 und an Wolff am 12. August 1784.

61 *Winser Breihan:* Gemeint ist Winsen an der Luhe (zwischen Lüneburg und Hamburg), wo berühmte Brauereien existierten, die schon vor 1600 ›Broihan‹ herstellten. – *Breihan:* In der Handschrift *Bryhan.* Über ›Breihan‹ vgl. DWB 2, Sp. 379. Nach Cord Broihahn (Broyhan, Breyhahn, gest.

1570) aus Stöcken bei Hannover, der 1526 das berühmte hannöversche Lokalbier erfand: ein süß und gewürzhaft schmeckendes obergäriges Weißbier.

63 *Magister Bullock:* Das Leben des Magister Bullock war ein satirischer Plan L.s, dessen erwähnte Einzelheiten sich jeglicher Deutung entziehen; vgl. dazu noch D 565, 574 und 575. – *Bullock:* Engl. ›Ochse‹,; vielleicht war Magister Reinhold in Osnabrück gemeint. Dafür scheint L.s Brief an Dieterich vom 1.(?) Oktober 1773 zu sprechen.

64 *dankverdienerischem:* L. verwendet die von ihm geprägte Wortbildung auch D 539; E 355; III, S. 294, 413; »dankverdienerische Geschäftigkeit« formuliert L. in »Der Fortgang der Tugend und des Lasters« (GTC 1778, S. 25).

65 *nach Ovids Art:* Anspielung auf dessen »Metamorphosen«.

66 *Ein Gesetz-Buch ...:* Diese Notiz ist von L. gestrichen. Leitzmann bezieht auch sie auf die geplante »Ars observandi« (s. zu D 53). – *Solemnitäten:* Feierlichkeiten.

67 *Auf der Schule ... Gelehrten Bärte zu machen:* L. selbst? Die Wendung begegnet ähnlich auch E 214 und Hogarth (III, S. 786). – *recensiones famosas:* Lat. ›berühmte Rezensionen‹.

68 *meine Schuh ... meine Philosophie:* Zu diesem Gedanken vgl. C 142.

69 *Das Wort Laune ... Butterbrod:* Der Vergleich kehrt D 167 und im »Sendschreiben der Erde an den Mond« (III, S. 410) sowie III, S. 523 wieder. – *Laune:* Zu diesem wichtigen Begriff in der Ästhetik des 18. Jh.s vgl. D 599 und die Anm. dazu. – *Butterbrod:* S. L.s Briefe; L.s launige Erklärung s. III, S. 523. Über die Vieldeutigkeit des Wortes *Butterbrot* spottet auch Holberg in den »Vermischten Briefen«, Bd. 5, S. 492 (s. zu C 169).

70 *Eulen nach Athen:* Schon in der Antike, durch Aristophanes und Cicero vermittelt, sprichwörtl. im Sinne von ›etwas Überflüssiges tun‹ (s. Büchmann, S. 508).

71 *Gelehrten-Bank:* Für die Räte wurden in der Oberappellationsgerichtsordnung im Kurfürstentum Hannover (Celle) zwei sog. Bänke gebildet, eine adlige und eine gelehrte Bank. Man führte diese Einrichtung in Anlehnung an das Reichsgericht und andere deutsche Gerichtshöfe ein, wo sie seit der Reception des römischen Rechtes ins Leben gerufen wurden. Die adlige Bank mußte dem Altadel, die gelehrte Bank dem Neuadel oder dem Bürgertum angehören. Nach außen traten die beiden Bänke in den Gerichtssitzungen dadurch in Erscheinung, daß die adelige Bank rechts, die gelehrte links neben dem Präsidenten saß. Zahlenmäßig durfte keine Bank die andere um mehr als zwei Richter übersteigen. Die einzigen sachlichen Verschiedenheiten bestanden darin, daß die adelige Bank während eines langen Zeitraumes in der Reihenfolge der Abstimmung und dem Dienstalter Vorrechte besaß, die allerdings bei der gelehrten Bank manchen Ärger hervorriefen. Die Formulierung verwendet L. auch im »Sendschreiben der Erde an den Mond« (III, S. 410) und Hogarth (III, S. 410, 798); eine »physische Bank« in Ph + M 4, S. 376: »Hierbey merke ich in Parenthesi an, daß bei der Jen. Lit. Zeitung auf der physischen Bank ein paar ganz elende Leute sitzen müssen ...« (Schreiben an Herrn Werner in Gießen, die Newtonische Theorie vom Licht betreffend).

72 *Konto-Assekuranz-Gesellschaft:* Zur Geschichte des Versicherungswesens s. A. Manes, Versicherungs-Lexikon, 1930².

74 *unachtsamen Astronomen:* Leitzmann meint, »an Kästner könnte man im Hinblick auf Briefe 2, 38 [mit einiger Wahrscheinlichkeit] denken«.

75 *Rezension ... Erektionen:* Zum Rezension-Thema s. Parakletor-Kontext (III, S. 524).

76 *Gegen die Lotto's:* Vielleicht Schreibplan; vgl. D 85, 156 und das Wortregister.

77 *Er pflegte ... zu nennen:* L. selbst? – *Abweichung ... Maximum:* L. gebraucht auch sonst häufig naturwissenschaftliche Begriffe für sittlich-gesellschaftliche Zustände; s. zu A 1. – *über:* Danach von L. gestrichen *das Wohl des gantzen, und über oder unter.*

78 *Insul Zezu:* Zu diesem Schreibplan s. zu C 374; s. auch D 82 und 86.

79 Auch diese Notiz gehört zum Parakletor-Kontext. – *Könige von England:* Zur Zeit der Niederschrift Georg III. Wilhelm Friedrich (1738–1820), Enkel Georgs II., seit 1760 König von Großbritannien und Irland und Kurfürst von Hannover, in dessen Regierungszeit der durch seine starre Haltung verschuldete amerik. Unabhängigkeitskrieg fiel; zeitweilig geisteskrank. Gönner L.s, Liebhaber der Astronomie; fruchtbarer Familienvater. – *Kaiserin von Rußland:* Katharina II. (1729–1796), Vertreterin des aufgeklärten Absolutismus, erkämpfte sich 1762 gegen ihren Gemahl, Kaiser Peter III., den Thron. – *als Mensch:* Von L. verbessert aus *die Stimme eines Menschen geben.* – *großen Rat:* Zu dieser Wendung vgl. A 136. – *Irrtum:* Von L. verbessert aus *Fa[lschheit?].* – *libellierte:* S. zu D 31. – *ceteris paribus:* Alles übrige gleichgesetzt; unter übrigens gleichen Umständen. S. auch F 569. – *aufgetragene:* Von L. verbessert aus *apretirte.* – *100 Witzige ... einen der Verstand hat:* S. zu C 100. – *das Geschicke:* Von L. verbessert aus *die Natur* aus *die Vorsehung.* – *courant:* S. zu D 42.

80 *arm an Wörtern:* Vgl. KA 297. – *Handlungen:* Von L. verbessert aus *Begriffe.*

82 *Die Zezuaner:* Zu diesem Schreibplan s. zu C 374.

83 *Kompendium schreiben:* S. das Wortregister. – *Äßgen:* Ässchen, abgeleitet von lat. ›as‹: seit dem 16. Jh. kleinstes Massemaß in den deutschen Staaten. L. gebraucht es auch im »Timorus« (III, S. 217), in »Heirathsanträge. Zweite Folge. Nr. 5« (GTC 1782, S. 107) und im Brief vom 22. August 1772 an Kaltenhofer. – *Markschreier:* Zu dem mundartlichen *Mark* für *Markt* vgl. DWB 6, Sp. 1644. – *Tartuffe:* Über diese Komödie von Molière s. zu A 99.

85 *Lotto:* S. zu D 76.

86 *zezuanischen Geschichte:* S. zu C 374. – *Plakat:* Öffentl. Anschlagszettel, Landesverordnung. – *vesicatorium:* Blasenpflaster.

87 *Artikel aus der Feuer-Ordnung:* S. zu B 333 und III, S. 528.

88 *Erheben in den Bürgerstand:* S. zu C 256.

89 *Staupbesen:* Im Mittelalter und später noch Prügelstrafe, bei der der Verurteilte an einen Pfahl, die ›Staupsäule‹, gebunden wurde. L. verwendet das Wort auch III, S. 246. – *Zwo Personen ...:* Vgl. dazu G 83.

90 *Lichtchen:* Diese Wendung verwertet L. in den »Briefen aus England« (III, S. 330). – *Alltags-Bemerkungen:* Leitzmann wies darauf hin, daß dieses Wort an »Alltagsanmerkungen« in der zu D 31 nachgewiesenen Rezension erinnert. Tatsächlich gehört es zu L.s beliebten Wortschöpfungen: S. zu C 330. – *festlich ...sagen:* Von Festtagsprosa spricht L. schon B 178. – *Magazin-Satyren:* Vgl. D 437. – *Kandidaten-Prose:* S. zu C 74.

91 Diese Notiz ist von L. gestrichen. – *Rezensenten des Timorus:* Die Rezension erschien im »Wandsbecker Bothen« 1773, Nr. 99. Ob sie von Claudius selbst ist, ist nicht gesichert; unterzeichnet ist sie: B. D. S. auch »Zum Paraklektor« (III, S. 523 und KIII, S. 83) und Brief vom 3. April 1774 an Nicolai.

92 *Men . . . Gods:* »Menschen wollten Engel, Engel Götter sein.« Zitat aus Pope, »Essay on Man«, 1, S. 126. – *die Meeres-Länge erfinden:* Über die Erfindung der Meereslänge, d. h. die Auffindung der Länge der Örter zur See, vgl. Johann Christian Erxleben, »Anfangsgründe der Naturlehre« § 579. Sie wird auch in »Der Weg des Liederlichen« (III, S. 907–908) und in »Vermischte Gedanken über die aërostatischen Maschinen« (III, S. 64) erwähnt. – *Unglück wenn ein Mann . . . in ein Amt kommt:* Zu diesem Gedanken vgl. E 175. – *Gesellschaft:* Danach von L. gestrichen *Aber das Lesen der Geschichtbücher belehrt uns unvermerckt.*

93 *wie Shakespear schreiben zu lernen:* Vgl. E 265; vgl. ferner »Orbis pictus« (III, S. 384–385).

94 *Kümmel-Eckgen:* Die äußerste Spitze des Ellenbogengelenks. L. gebraucht den Ausdruck auch H 7 und III, S. 1022.

95 *scopa soluta:* Eigentlich scopae solutae: ein einfältiger und unnützer Mensch; scopae: Besen. Cicero sagt in »De Oratore« 235: »Isti autem, cum dissolvunt orationem, in qua nec res nec verbum ullum est nisi abjectum, non clipeum, sed, ut in proverbio est (etsi humilius dictum est, tamen simile est), scopas, ut ita dicam, mihi videntur dissolvere.«

96 *Der Gedanke . . . in dem Ausdruck noch zu viel Spielraum:* Vgl. dagegen E 204. – *Stockknopf:* Laut DWB 10,3, Sp. 109: »der oft kunstvoll gearbeitete Knopf, welcher den Spazierstock am Griff krönt«. Belege aus Gottsched und L.s Aufsatz »Urnen und Aschenkrüge von einer neuen Art«, VS 5, S. 490: »Ich glaube aber es ist eben nicht gerade das schmeichelhafteste Denkmahl, das man geliebten Personen in seiner Haushaltung stiftet, wenn man ihre Köpfe zu Stockknöpfen oder zu Handhaben an Deckeln von Rauchtabacksdosen gebraucht« (GTC 1794, S. 178–181).

97 *Wie und unter welcher Gestalt . . . :* Zu dieser Fragestellung vgl. KA 309.

98 *Aktiv- und Passiv-Visiten:* Denselben Ausdruck verwendet L. auch in den Briefen vom 31. Dezember 1772 an Kaltenhofer, vom 24. Mai 1773 an Kästner, vom 11. Oktober 1787 an Heyne, vom 10. Februar 1788 an Ebell, vom 31. Juli 1794 an Ebert und vom 11. August 1794 an Dieterich. Daß dieser Ausdruck nicht L.s Prägung, sondern seinerzeit gebräuchlich war, geht aus List, S. 16 hervor. L. bildet Wendungen mit *Aktiv-Passiv* auch E 266, »Von den Kriegs- und Fast-Schulen der Schinesen« (III, S. 443), Hogarth-Erklärungen (III, S. 861 und 980.)

100 *Mühe und Öl . . . verloren:* Dieselbe Wendung kehrt in dem Parakletor-Entwurf des »Fliegenwedel« (III, S. 522) wieder.

101 *Er hielt sich ein Zettulchen . . . :* Natürlich L.; ein Beitrag zu seiner Heautobiographie? S. auch »Daß du auf dem Blocksberge wärst« (III, S. 473).

102 *Immer . . . dazu??:* Vgl. KA 309.

103 *Kaffee-Grütze-Mühlen . . . an die Wagen anbringen:* Diesen Gedanken notiert L. auch D 773.

104 *Ermüdung:* Leitzmann hatte das in L.s Handschrift schlecht leserliche Wort als *Erwartung* gelesen.

105 *Fliegenwedel:* So betitelt L. tatsächlich die Vorrede zum »Parakletor« (III, S. 522); vgl. auch C 260.

106 *Verbesserungen ... Timorus:* Diese Verbesserungen, von denen die Herausgeber der VS, ohne davon Rechenschaft zu geben, die erste, die zweite und fünfte in ihren Text aufgenommen haben (vgl. Lauchert, S. 10), sind III und KIII, S. 82 ff. vollständig berücksichtigt worden.

107 *Herr S.:* Wer gemeint ist, läßt sich nicht sicher sagen. Leitzmann dachte an Johann Christoph Friedrich Schulz, der, nachdem er 1770–1771 in Göttingen Repetent der Theologie gewesen war, 1771 Professor der orientalischen und griechischen Literatur in Gießen wurde und an den »Frankfurter Gelehrten Anzeigen« mitarbeitete. Sein erstes Werk war eine Geschichte des osmanischen Reichs, später gab er Proben morgenländischer Poesien heraus.
– *Tempel des Ruhms:* Zu dieser Wendung vgl. D 107, 108, 286; E 504; s. auch D 498. – *gekommen:* Von L. verbessert aus *geschlichen.*

109 *Erinnerungen ... mit Schießpulver in die Hand ätzen:* Dieser Gedanke kehrt D 195 wieder.

111 *Armer Teufel:* Zu diesem Ausdruck s. zu B 137. – *gewesen:* Danach von L. gestrichen *Wenn du mich beleidigen willst.*

112 *die Menschen ... zu Stäben gebrauchen:* Diese Wendung begegnet auch E 267 und F 498. – *Register-Schreiber:* Zu diesem Ausdruck vgl. F 657; zu L.s Abscheu vor dieser Tätigkeit s. das Wortregister. – *Maximum:* Lat. ›Höchststand, höchster Wert‹, vgl. A 162.. – *Offenbarung:* Dieses geistlich-mystische Wort wird von L. durchwegs kritisch gebraucht; vgl. das Wortregister und KIII, S. 333.

113 *Seneca über die Kometen:* »Wie sehr richtige oder unsern Kenntnissen wenigstens angemessene Begriffe schon Seneca (Quaestiones naturales liber 7) von den Kometen hatte, lieset sich nicht ohne das größte Vergnügen«, heißt es in Erxlebens »Anfangsgründe der Naturlehre« § 646; vgl. in »Fortsetzung der Betrachtungen über das Weltgebäude. Von Cometen« (GTC 1787; Ph + M 1, S. 174), 4, S. 402 und »Über das Weltgebäude« (GTC 1779; Ph + M 1, S. 373).

114 *Apotheker-Zeichen:* Noch im 18. Jh. benutzten Pharmazeuten, Mediziner und Chemiker die von den Alchemisten überkommenen Siglen und Zeichen zur Kennzeichnung der Wirkstoffe von ihnen verordneter Medikamente. S. Lüdy, Alchemistische und chemische Zeichen. Stuttgart 1928. Von »Pillenzeichen« spricht L. in D 379; Mat I 58.

115 *aus dem Persius genommen:* Aulus Persius Flaccus (34–62 n. Chr.), lat. Dichter; er hinterließ sechs Satiren im Geiste stoischer Moralphilosophie; von großer Wirkung in Altertum, Mittelalter und Neuzeit (Boileau-Despréaux, »Satires«).

116 *Zezu:* S. zu C 374. – *Vaucansons Ente und Flötenspieler:* Vaucansons berühmte Automaten, »die in der Mechanik ihresgleichen nicht in der Welt haben« (Jugendbriefe Alexander von Humboldts an Wegener, S. 59), besaß später Beireis in Helmstedt, bei dem sie 1805 Goethe sah, der die Ente und den Flötenspieler in den »Tag- und Jahresheften« eingehend beschreibt. Vgl. »Dreht sich der Mond um seine Axe?« (GTC 1796; Ph + M 2, S. 114). Jacques de Vaucanson (1709–1782), berühmter frz. Mechaniker, der außer Flötenspieler und Ente (1738) in Lyon eine hydraulische Maschine entwarf und die dortige Seidenfabrikation verbesserte, allerdings auf Kosten der

Handarbeiter. – *Nürnberger Ware:* S. zu KA 230. – *Hygrometer:* ›Feuchtigkeitsmaß‹. »Ein Werkzeug, aus dessen Zustande man beurtheilen kan, ob mehr oder weniger Feuchtigkeit in der Luft gegenwärtig ist, oder eigentlich, in welchem Grade die Luft geneigt ist, den Körpern Feuchtigkeit mitzutheilen.« (Gehler, Bd. 2, S. 661). Vgl. D 465. – *Elektrisier-Maschine:* »Eine Veranstaltung, um die ursprüngliche Elektricität eines elektrischen Körpers, durch Reiben, stark und anhaltend zu erregen, und andern Körpern mitzutheilen.« (Gehler, Bd. 1, S. 782). Mit dieser Art Elektrisiermaschine experimentierte erstmals Otto von Guericke.

118 *Die 7 Weisen:* Griech. Staatsmänner und Philosophen des 7. und 6. Jh.s v. Chr., die zuerst bei Platon erwähnt wurden; zu ihnen zählten u. a. Thales von Milet und Solon. ›Nutzbar‹ erscheinen sie L. wegen ihrer Kernsprüche. – *genützt:* Zu dieser Floskel s. zu C 96.

120 *ehe man ein Vaterunser betet:* Vgl. B 104. – *als wenn sie ihm der Kobolt brächte:* Vgl. E 165.

122 *Über die Büchertitul:* Zu diesem ›Plan‹ s. F 201 und noch K 201.

124 *auskünsteln:* DWB 1, Sp. 899 bringt Belege aus Lessing, Wieland, Klinger. – *nicht Platz genug:* Von L. verbessert aus *der Ort nicht*. – *Deutschland:* Danach von L. gestrichen *so viele vortreffliche Criticker und*. – *Ehre und Brod:* Zu dieser Verbindung vgl. B 145 und Mat I 73.

127 *Wieland sagt ...:* Das Zitat ist Wielands Aufsatz »Der Geist Shakespeares« im »Teutschen Merkur« 1773, 3, S. 185 ff. entnommen. – *Merkur:* »Der Teutsche Merkur«, 1773–1789 (ab 1790–1810 als »Neuer Teutscher Merkur«) von Christoph Martin Wieland in Weimar herausgegeben, eine der maßgeblichen literarischen und politischen Zeitschriften im 18. Jh. in Deutschland. L. erwähnt, zitiert, exzerpiert die Zeitschrift außer in den Sudelbüchern auch III, S. 175, 486, GTC 1797, S. 95, 96: »Das Neueste von der Sonne; größtentheils nach Herschel«, Briefe vom 7. September 1773 an Kästner und vom 10. September 1773 an Dieterich. – *Schattierungen:* L. gebraucht diesen Ausdruck selbst A 150; F 569; s. auch E 150.

128 *von einem andern Manne ... gesagt:* Die Stellen entstammen nahezu wörtlich Schmids Rezension des »Götz« im »Teutschen Merkur« 1773, 3, S. 284 f., »Über Götz von Berlichingen. Eine dramaturgische Abhandlung«, Leipzig 1774. Zu L.s Urteil über das Drama vgl. noch D 610 und »Briefe aus England« (III, S. 326 ff). S. auch Walter A. Berendsohn, Lichtenberg und der junge Goethe, in: Euphorion 23 (1921), S. 33–56.

129 *Schlözer hält ...:* »Tacitus ... bleibt immer, wenigstens nach meinem Gefühl, der größte Geschichtsschreiber, den je Natur und Kunst mit vereinten Kräften gebildet«, schreibt Schlözer in der »Fortsetzung der allgemeinen Welthistorie der neueren Zeiten« (Allgemeine nordische Geschichte, Halle 1771), 13. Teil, S. 147 Anm. L. entnahm die Notiz der Rezension in der AdB 1773, 19. Bd., S. 373. August Ludwig von Schlözer (1735–1809) aus Gaggstadt, studierte in Wittenberg und Göttingen (imm. 20. Mai 1754), wo er vor allem orientalische Sprachen bei Michaelis hörte; 1755 Hauslehrer in Stockholm, später in Uppsala; 1761 Hauslehrer in St. Petersburg, wo er 1764 Prof. der Geschichte an der Akademie der Wissenschaften wurde. 1769 Berufung nach Göttingen. Mitglied der Sozietät der Wissenschaften. Nach dem Tode Achenwalls las er Statistik, Politik und europäische Geschichte; gewann als Staatswissenschaftler und politischer Schriftsteller großen Einfluß, besonders

durch die Zeitschrift »Briefwechsel meist historischen und politischen Inhalts« (10 Bde., Göttingen 1776–1782) und deren Fortsetzung »Staatsanzeigen« (18 Bde., 1782–1793).

130 *Die Einwohner . . . allein:* Die Beschreibung von Cooks erster Reise, auf Grund seiner Tagebücher und der Aufzeichnungen seines wissenschaftlichen Begleiters Banks bearbeitet von John Hawkesworth (ca. 1715–1773), war London 1773 erschienen: »An account of the voyages undertaken in the Southern Hemisphere, drawn up from the journals which were kept by the several commanders and from the papers of Joseph Banks esq.«; der erste Band enthält einen Bericht über die Reisen von Byron, Wallis und Carteret, Band 2 und 3 die erste Reise von James Cook. Eine Rezension dieses Werkes findet sich in den GGA 1773, S. 1041, 1058 und 1075. In Schillers Berlin 1775 erschienener Übersetzung steht die hier zitierte Stelle »Geschichte der Seereisen und Entdeckungen im Südmeer« 2, S. 200. – *Otaheite:* Tahiti; größte der von Cook so genannten Gesellschaftsinseln, von dem span. Seefahrer Quiros 1606 entdeckt, von Samuel Wallis 1767 Georgs III.-Insel genannt, 1768 von Bougainville aufgesucht, der sie wegen der angeblichen Sittenlosigkeit der einheimischen Frauen ›Nouvelle Cythère‹ nannte. Cook untersuchte Tahiti 1769 zum erstenmal genauer. – *Banks:* Sir Joseph Banks (1744–1820), engl. Naturforscher, begleitete 1768–1771 Cook auf seiner ersten Weltumsegelung; 1778 wurde er zum Präsidenten der Royal Society ernannt.

131 *Banks nennt es supernatural:* S. Hawkesworth, »Geschichte der Seereisen und Entdeckungen im Südmeer« 2, S. 134.

132 *ehemals sehr damit abgegeben:* Vgl. III, S. 260. – *schwimmend . . . Grenzlinien:* Der Ausdruck ist Albrecht von Haller entlehnt, in dessen 1732 in der ersten Sammlung seiner Poesien gedrucktem Gedicht »Die Falschheit menschlicher Tugenden«, Z. 83, es heißt: »Wie Gut und Böse sich durch enge Schranken trennen, Was wahre Tugend ist, wird nie der Pöbel kennen; Kaum Weise sehn die March, die beide Reiche schließt, Weil ihre Grenze schwimmt und in einander fließt.« L. spielt auf das Gedicht auch E 169, UB 50 an. – *Adepten:* Zu diesem Ausdruck s. zu B 322. – *Stubensitzern:* Dieses Wort gebrauchet L. immer abschätzig – vgl. E 161 – auch E 218; RA 127.

133 *scribendi . . . fons:* S. zu B 10. – *Grundsatz des Helvetius:* »Qui veut savoir, sait et est à peu près sûr de faire tant de toises de science par jour«: Wer wissen will, weiß mit fast sich ziemlich sicher, pro Tag soundso viele Meter Wissenschaft zurückzulegen, sagt Helvetius in »De l'homme, de ses facultés intellectuelles et de son éducation« T. 2, S. 23, erschienen London 1773 in zwei Teilen. Dieselbe Stelle hat L. auch D 227 und G 53 im Sinn.

134 *unsere Gedanken . . . Träume:* S. zu A 33.

135 *konnte:* Danach von L. gestrichen *Es ist nicht mit Geld zu bezahlen, daß.*

136 *In Zezu:* S. zu C 374. – *Professores, die gesunden Menschen-Verstand lehren:* Zu dieser Wendung vgl. E 416 und zu C 79.

141 *Uliettea:* Auch ›Raiatea‹, 1769 von Cook entdeckte Hauptinsel der von ihm so genannten Gesellschaftsinseln in Polynesien. – *sandten dem Herrn Cook . . . :* Vgl. Hawkesworth, »Geschichte der Seereisen und Entdeckungen im Südmeer« 2, S. 525. – *Cook:* James Cook (1728–1779), berühmter engl. Kapitän und Weltumsegler, förderte auf drei Expeditionen 1768–1771, 1772–1775 (an ihr nahmen Reinhold und Georg Forster teil) und 1776–1779

(auf letzterer wurde Cook auf Hawaii erschlagen) die Erforschung des Stillen Ozeans wesentlich; von L. verehrt und bewundert.

142 *Neu-Guinea:* Größte Insel Melanesiens nördl. von Australien, 1527 von Jorge de Menezes entdeckt. – *nach Herrn Cooks Bemerkung:* Vgl. Hawkesworth, »Geschichte der Seereisen und Entdeckungen im Südmeer« 3, S. 262.

147 *poetischen Zitterer:* S. auch E 455; Zitterer ist die Eindeutschung von ›Quäker‹, so genannt wegen ihrer ekstatischen Gebärdung.

148 *Grubstreet-writer . . . Billingsgate-language:* Vgl. B 64, 65 und Anm.

150 *par renommée:* Juristisch ›preuve par commune renommée‹: Zeugenaussage, die sich nicht auf Tatsachen, sondern Äußerungen von Nachbarn stützt; hier im Sinne von: vom Hörensagen.

151 *aus diesen Steinen . . . Mathematiker erweckt:* Anspielung auf Matth. 7,9. – *Hollenberg:* Georg Heinrich Hollenberg (1752–1831), Schützling Mösers, hatte durch seine Neigung zur Mathematik und Physik schon in Osnabrück L.s Interesse erregt. Er wurde in Göttingen 1774–1776 dessen Schüler und blieb L. freundschaftlich verbunden; Oberlandbaumeister in Osnabrück, auch populärwiss. Schriftsteller.

152 *Zezu:* S. zu C 374. – *Hof-Poet:* Zu den Wortbildungen mit *Hof-* s. das Wortregister.

153 *Geläute seiner Prose:* L. gebraucht den Ausdruck in »Für das Göttingische Museum« (III, S. 569) und im Brief vom 23. April 1778 an Heinrich Christian Boie; s. auch D 539 und F 773.

155 *das Hundsföttische:* L. gebraucht den Ausdruck auch D 652; E 147.

156 *gewisse Mode-Schreib-Art . . . Wahrheit beizubringen:* Vgl. J 290. – *Lottos errichten:* S. zu D 76.

157 *Das subtilere Babel:* Dieser Ausdruck kehrt E 109, E 409, Mat I 70 wieder und wird im »Sendschreiben der Erde« (III, S. 408) verwertet; s. auch »Vermischte Gedanken über die aërostatischen Maschinen« (III, S. 66 Fußnote), »Schwimmende Batterien« (III, S. 438), »Briefe aus England« (III, S. 349) und »Epistel an Tobias Göbhard« (III, S. 238); s. auch Ph+M 3, S. 331 Anm. Babel begegnet auch E 515, metrisches Babel E 169.

158 *Jacob Böhm:* Von L. durch Kringel unleserlich gemacht. – *Pinsel:* Zu diesem von L. geschätzten Schimpfwort s. das Wortregister.

159 *Böhms Buch:* Gemeint ist wohl Jakob Böhmes zu D 163 nachgewiesenes erstes Werk, das L. als einziges erwähnt. – *Buch der Natur:* Diese Wendung begegnet inhaltlich im ›Traum‹ (des Wissenschaftlers) (III, S. 111).

160 *Friktion:* S. zu A 28. – *dem Menschen das Denken so natürlich . . . :* Vgl. C 157.

161 *der Polype halb Pflanze und halb Tier:* Vgl. D 683.

162 *anpfuien:* Vgl. DWB 1, Sp. 420; zu einer Stelle aus Musculus, wo ›anpfuien‹ gebraucht ist, wird bemerkt: »Anpfuien wäre noch heute ein kräftiges Wort.« S. auch die Variante V 164.

163 *Richter:* Schmähungen und Verfolgungen erlitt Jacob Böhme infolge seiner ersten 1612 verfaßten Schrift »Aurora. Das ist Morgen Röthe im Aufgang und Mutter der Philosophiae. Oder: Beschreibung der Natur . . . Alles aus rechtem Grunde in erkäntnuß des Geistes im willen Gottes mit fleiß gestellet Durch Teutonicum Philosophum, sonst Jacob Böhme« gedruckt im Jahr 1634, o.O., dessen Manuskript am 26. Juli 1613 auf Veranlassung des Oberpfarrers Gregor Richter (1560–1624) vom Rat der Stadt Görlitz be-

schlagnahmt wurde. S. auch F 597. Böhme verteidigte sich 1623 gegen erneute Angriffe Richters in der »Apologia oder Schutz Rede zu gebührlicher Verantwortung und Ablehnung des schrecklichen Pasquills und Schmühkarten ..«, Amsterdam 1675. – *Wilkese:* Gemeint ist John Wilkes; über ihn s. zu B 9. – *Lord North:* Frederick Lord North (1732–1792), Graf von Guilford, engl. Staatsmann, 1770–1782 Premierminister, Befürworter des Kriegs gegen die nordamerikanischen Staaten.

164 *Fäden des frömmsten Geifers:* Diesen Gedanken verwendet L. in der Vorrede zum »Parakletor« (III, S. 524). – *geweihtes Pfui . . . ausgespuckt:* S. zu D 162.

165 *Zezu:* Zu diesem Plan s. zu C 374. – *in einen Ochsen verwandeln . . . (Selbstmord):* Zu diesem Gedanken vgl. D 169, E 128 und UB 43; die Wendung ist in »Orbis pictus« (III, S. 381) verwertet.

166 *Die Vorrede . . . anfangen:* Gemeint ist die »Der Fliegenwedel« benannte Vorrede zum »Parakletor« (III, S. 522–524). Über die Entstehungsgeschichte s. KIII, S. 242 f. – *Brod und Unsterblichkeit:* Diese Zusammenstellung begegnet auch in der Vorrede zum »Parakletor« (III, S. 522); vgl. auch D 370. – *Trabanten Leib . . . Geist gravitieren:* Zur Verwendung naturwissenschaftlicher Begriffe s. zu A 1. — *gravitieren:* S. zu B 185.

167 *gehören:* In der Handschrift *gehört.* – *Butterbrod:* S. zu D 69. – *Laune:* S. zu D 69.

168 *die:* In der Handschrift *die sich.* – *sind:* In der Handschrift *sieht.*

169 *Sich in einen Ochsen verwandeln . . .:* S. zu D 165. In dieser Form ist der Satz im »Orbis pictus« (III, S. 381) verwertet.

170 *Tunica rectina:* Lat. ›Netzhaut‹. – *die Augen im Dunkeln drücke:* L.s Ansichten über Nachbilder und die Erscheinungen der spezifischen Sinnesenergie des Auges zeigt § 386 der »Anfangsgründe der Naturlehre« von Johann Christian Erxleben, 1794[6]. – *die Blindgebornen:* Zu L.s Beschäftigung mit bekannten Blindgeborenen, die es dennoch zu etwas gebracht haben, s. zu KA 88. – *kastrieren . . . in einer Oper zu trillern:* Zu L.s Vorbehalt gegenüber den Opern-Kastraten vgl. »Briefe aus England« (III, S. 365). – *Folgerungen . . . aus der Geschichte der Völker:* L. bekundet auch andernorts Interesse an Erscheinungen und Äußerungsweisen der sogenannten »Wilden« und barbarischen Völker. – *Unterschied des imaginis pictae . . . den Herr Lambert festsetzt:* Gemeint ist Lambert, »Photometria, sive de mensura et gradibus luminis, colorum et umbrae« § 1117, erschienen Augusta Vindelicorum [Augsburg] 1760 (BL, Nr. 454). – *den:* In der Handschrift *die.*

172 *die:* In der Handschrift *ein.* – *hätten:* Danach von L. gestrichen *und in einer Sprache die nach der unsrigen abstrahirt.* – *Einmal 3 ist eins . . . in unsrer Religion:* Gemeint ist die Dreieinigkeit. – *milchwarme Musik . . . bittere Qualität . . . Centro . . . primus:* Die Böhmeschen Termini sind seiner »Aurora« entnommen, wo sie fast auf jeder Seite begegnen; diese Wendung (bis auf ›milchwarme Musik‹) zitiert L. auch in der Hogarth-Erklärung »Die Vorlesung« (GTC 1793, S. 176; VS 1844, 12, S. 288). – *milchwarme:* Vgl. *milchlau* im Brief vom 28. April 1788 an Amelung. – *Böhms Buch:* Gemeint ist »Aurora«. S. zu D 163. – *ein Gewisser von Adel:* Gemeint ist Karl Endern. – *Schmähungen des . . . Richter:* S. zu D 163.

173 *Verteidigung von Jacob Böhm:* Vorübergehender Schreibplan L.s; s. noch D 646.

175 *Bäume gepflanzt:* Zu diesem Gedanken vgl. die Antiphysiognomik (III, S. 273 ff.).

176 *Bei Ausarbeitungen ...:* Diese in Antiqua geschriebene Bemerkung gehört wohl zu dem von L. geplanten »Gesetzbuch«. – *Augen:* Danach von L. einige Worte durch Kringel unleserlich gemacht.

177 *Sonntagskind in Einfällen:* L. selbst, der am Sonntag geboren war?

178 *Attraktion:* S. zu A 170. – *Selbstliebe:* Zu dieser Wortkombination vgl. E 278.

179 *Einleitung zu dem Kunkel:* S. zu B 102. – *Nachahmungssucht der Deutschen:* Vgl. C 343; s. auch D 367, 651. – *Draht zu ziehen:* Zu dieser Wendung vgl. Ph + M 1, S. 428, »Einige Neuigkeiten vom Himmel« (GTC 1792). – *Ein paar Fußtapfen machen:* Von L. geändert aus *Eine Regel ist.*

180 *nämlich:* Von L. verbessert aus *ich meine eigentlich.* – *solidem ... superfiziellem Witz ... linearen:* Vgl. D 433. Die Worte *solid* und *superfiziell* werden auch in »Vom Würfel« (GTC 1793, S. 148; VS 6, S. 238) in Gegensatz gestellt.

181 *Zezu:* Zu diesem Plan s. zu C 374. – *wie Perikles zu dem Odeum:* Nach Plutarchs »Leben des Perikles« 13 beruhte der Vergleich seines Kopfes, der ihm den Beinamen eintrug, und der zeltförmigen Gestalt des Odeums auf einem Scherz des Kratinos in einer seiner Komödien. Perikles' ›merkwürdig spitzen Kopf‹ erwähnt L. auch F 892, 1194; UB 49 und nennt ihn III, S. 425 direkt »Odeumskopf«. – *Perikles:* 472–429 v. Chr., griech. Staatsmann, Erbauer des ersten Odeums in Athen, des Parthenon und anderer Gebäude. – *Odeum:* In der Antike ein Gebäude für musikal. und deklamatorische Aufführungen; erhalten ist das Odeion des Herodes Atticus in Athen. – *Fuhrleute:* In der Handschrift *es von Fuhrleuten.* – *Ochsenkopf:* Von L. verbessert aus *Eselskopf.*

182 *Schmetterlinge und ... Regenbogen:* Poetische Gegenstände des Dezenniums.

186 *J'ai:* Davor von L. gestrichen *Boie, O jeh.* – *J'ai vu ...:* Ich habe Agesilas gesehen, leider! Ich habe Boie gesehen, O jeh. Derselbe Reim auf Boies Namen begegnet in den Versen im Brief an Meister (?) von Januar (?) 1778; vgl. den Reim »O ja: Troja« (III, S. 431). – *Agesilas:* Agesilas II., König von Sparta, regierte von 398 bis 361 v. Chr., einer der großen Heerführer der Antike, unternahm 395 einen erfolgreichen Kriegszug gegen die Perser. Agesilas wurde von Corneille zum Gegenstand einer Tragödie gleichen Namens gemacht (uraufgeführt 1667): ein schwaches Alterswerk, das von Boileau mit dem von L. zitierten Epigramm für alle Zeit der Lächerlichkeit preisgegeben wurde.

189 *in einem Tollhaus ... beschrieben:* Zu diesem Gedanken im Umkreis der Literatur-Satire »Zum Parakletor« vgl. E 53, 245 und 325.

190 *Sulzers Theorie Artikel Anlage:* Das Zitat ist wörtlich Sulzers »Allgemeiner Theorie der schönen Künste« T. 1, S. 75, erschienen Leipzig 1771–1774 in zwei Teilen, entnommen.

192 *Theorie ... für das Jahr 1774:* Dieser Scherz begegnet auch D 613, E 114 und 189, in den »Briefen von Mägden« (III, S. 532) und im »Parakletor«-Entwurf (III, S. 526). – *1774:* Von L. verbessert aus *1773.*

194 *Bahrdt ... Übersetzung des neuen Testaments:* Bahrdts später auch von Goethe angegriffene Übersetzung oder, rationalistische modernisierende, Pa-

raphrase des Neuen Testaments erschien Riga 1773–1774 unter dem Titel »Die neusten Offenbarungen Gottes in Briefen und Erzählungen«. Carl Friedrich Bahrdt (1741–1792), umstrittener Theologe, Schriftsteller, Pädagog (Gründer des Philanthropin in Dessau) und Politiker.

195 *eine Sittenlehre ... einätzen:* Vgl. D 109. – *the whole man ...:* S. zu B 31. – *Vergehungen:* Von L. verbessert aus *Übertrettungen.* – *eine Meister-Kunst:* Von L. verbessert aus *das Meisterstück.*

196 *Schreiben ... Maßstab von Verdienst:* S. zu C 61. – *Musen-Almanach:* Nach dem Vorbild des 1765 in Frankreich erscheinenden »Almanac des Muses«, der zeitgenössische lyrische Produkte versammelte, erschien ab 1770, herausgegeben von Boie, der »Göttinger Musen-Almanach«, eine Blütenlese zeitgenöss. Lyrik in der von L. kritisierten Manier, der sich beim Lesepublikum aber großer Beliebtheit erfreute und zeitweise das Forum der Hainbündler war. – *die Geschichte der Karschin:* Die Karschin war die Tochter eines dörflichen Gastwirts, diente als Viehmagd auf einer Meierei und wurde die Frau eines Wollspinners, später eines Schneiders.

197 *Michaelis unter seinen Rezensenten:* Michaelis äußert sich in seiner »Lebensbeschreibung« S. 126–128 (s. zu A 159) folgendermaßen: »Nun muß ich einer Epoche meines Lebens gedenken, die mit 1765 angeht, von 1771 an aber noch ausgezeichneter wurde, nämlich die Periode der Feindseligkeit der gelehrten Zeitungsschreiber und Journalisten gegen mich. Wer in der Zeit gelebt hat, wird es sich erinnern, daß kein Monat, ja kaum eine Woche hingieng, da ich nicht aufs gröbste von ihnen angegriffen wurde. Ich kann nicht leugnen, daß es mir doch bisweilen empfindlich war, und wie Klotz, der Anfänger davon, (den ich auf seine Bitte nach Göttingen gebracht hatte, ihm aber als er den Ruf nach Halle bekam, hier keine bessere Bedingungen verschaffen konnte,) zu sagen pflegte, mit unter eine böse Stunde gemacht habe; wiewohl ich das Meiste verlachen konnte. Doch ist mir wirklich unbegreiflich gewesen, wie es zugieng, daß sich so viele ganz verschieden Denkende, die ich nie beleidigt hatte, zu einer so lebhaften Feindseligkeit gegen mich vereinigen konnten; denn dieß, und nicht blose Verschiedenheit der Meinungen, war es, wie man sehen wird, wenn man diese Recensionen durchließt. Fast nie antwortete ich darauf; blos eine Nachschrift zum dritten Theil der orientalischen Bibliothek, Nro. 49, ist gegen so etwas gerichtet.« In den »Frankfurter Gelehrten Anzeigen« von 1773, S. 33 ist von Michaelis der dritte Teil der »Orientalischen und exegetischen Bibliothek« und S. 669 die Übersetzung des Deuteronomiums mit Anmerkungen für Ungelehrte besprochen; beide Rezensionen sind in absprechendem und zuweilen stark ironischem Ton gehalten, während sachlich nur Kleinigkeiten beigebracht werden. Über die Haltung des Blatts im allgemeinen urteilt L. in D 203. – *seinen:* Danach von L. gestrichen *Franckfurter.* – *Cook ... Neu-Guinea:* Cooks gefahrvolle Landung in Neuguinea, auf die hier angespielt wird, schildert Hawkesworth, »Geschichte der Seereisen und Entdeckungen im Südmeer« 3, S. 262 (s. zu D 130). – *Neu-Guinea:* Danach von L. gestrichen *und Neu Holland.* – *Herausforderungs-Gesichter:* Zu dieser Wortbildung vgl. das Wortregister.

198 Diese Notiz ist von L. gestrichen.

199 *vornehme Schnupftabaks-Sprache:* Diese Wendung ist in »Über einige wichtige Pflichten gegen die Augen« (III, S. 93) verwertet.

200 *Daß die Seele nach dem Tode übrig bleibt ...:* L.s Skepsis gegenüber den philosophischen Versuchen, die Unsterblichkeit der Seele zu beweisen, geht auch aus E 30; H 149 hervor. – *ein Mädchen eine Göttin ... nennen:* Zu dieser Wendung vgl. »Über die Macht der Liebe« (III, S. 518). – *Wackermaul:* Dieser in keinem Wörterbuch nachgewiesene Ausdruck ist wohl eine Wortprägung L.s.

201 *Gott schuf den Menschen ...:* Vgl. D 274; s. auch D 357 und 398 und Antiphysiognomik (III, S. 558 ff.). – *p. 34:* Gemeint ist D 274.

202 *als Körper und dann als Geist betrachte:* Vgl. B 77. – *Parallaxe:* Eigentl. der Winkel, den die Sehstrahlen zu einem Punkt von zwei verschiedenen Beobachtungsorten einer Basis bilden; vgl. auch A 231 und B 66. – *Sarkozentrisch:* ›Fleischbezogen‹.

203 *die Frankfurter Rezensenten:* Inwieweit L.s negatives Urteil über die Rezensionspraxis der »Frankfurter Gelehrten Anzeigen« grundsätzlicher Natur (vgl. D 530) oder durch die Besprechung seines »Timorus« (s. zu E 245) beeinflußt war, ist schwer zu entscheiden.

204 *von Büchern:* Vgl. zu dieser Kritik neben D 205 auch D 541.

206 *Weltling worldling:* Belege für den Ausdruck »Weltling« aus dem 18. Jahrhundert stellt Davis in der »Zeitschrift für deutsche Wortforschung« 2 (1902), S. 201; 4 (1903), S. 206 zusammen. Laut DWB 14, 1, Sp. 1643–1644 ein »weltlich gesinnter, dem weltlichen ergebener Mensch«, meist mit verächtlichem Nebensinn. L. hatte die Kenntnis wohl aus dem Adelung, der die Wortbildung billigte.

207 *Mäzen:* Gaius Maecenas, gest. 8 v. Chr., röm. Ritter; nach ihm nennt man einen freigiebigen Gönner der Künste Mäzen.

208 *Herkules ... mit seiner Löwenhaut:* Herakles, Sohn des Zeus und der Alkmene. Seine ihm auferlegten 12 ›Arbeiten‹, darunter der Kampf mit dem Nemeischen Löwen, waren schon in archaischer Zeit Gegenstand der bildenden Kunst; seine Attribute sind u. a. das Löwenfell und das Löwenhaupt.

209 *Kunkel solus:* Zu diesem Schreibplan L.s s. zu B 102; diese Dialog-Skizze steht wohl in Zusammenhang mit dem von L. zwischenzeitlich geplanten Kunkel-Drama; vgl. D 520; E 522. – *schwerer:* Von L. verbessert aus *leichter.*

211 *Wir wissen von unsrer Seele wenig ...:* Vgl. C 303.

212 *Wir sehen mit 2 Augen nur ein Bild:* S. L.s Gedanken über Optik und Doppel-Sehen. Das Problem des binokularen Sehens erscheint in Johann Christian Erxlebens »Anfangsgründe der Naturlehre« § 386 nur als Frage ohne Antwort: In der Vorlesung ging L. näher darauf ein. – *Tunica retina:* S. zu D 170. – *Verhältnis der Gleichheit:* Zur Verwendung wiss. Begriffe s. zu A 1. – *Kunkeliana:* S. zu B 102. Die beiden Wörter in der Klammer gehören schwerlich zu dieser Notiz, obwohl sie in der Handschrift unmittelbar angeschlossen sind.

213 *Zeitung:* Von L. verbessert aus *Recension.* – *in welcher:* Von L. geändert aus *wo sie steht.* – *ein Rezensent:* Von L. verbessert aus *der Verfasser.* – *die in philosophischen Schriften heutzutage überall hergeholte Metapher:* Gemeint ist wohl die mit BM (nach Parthey, Die Mitarbeiter, S. 21, 51 Pastor Pistorius in Poseritz auf Rügen) unterzeichnete Rezension von Herders »Abhandlung über den Ursprung der Sprache« in der AdB 19, S. 439. Dort wird S. 442 Herders bilderreicher Stil, der jedoch mit Richtigkeit und Reichtum der

Gedanken Hand in Hand gehe, getadelt und am Ende bemerkt: »Mag sich doch derjenige, dessen Vermögensumstände schwach oder zweifelhaft sind, durch ein reiches Kleid Kredit zu verschaffen suchen, aber wer wirklich reich und dafür bekannt ist, kann es wagen sich simpler zu kleiden und er wird an der ihm nötigen Achtung andrer nichts verlieren, sondern vielmehr gewinnen.« Christian Brandanus Hermann Pistorius (1763–1823), Privatgelehrter und populär-aufklärerischer Schriftsteller. – *mechante:* Frz. ›bösartig, schändlich‹. – *auf . . . als:* Von L. verbessert aus *alles erschöpft, was.* – *einen Gedanken . . . weggeworfen:* L.s Begriff vom großen Schriftsteller und Philosophen, daß er Gedanken, aus denen schlechte Autoren ein ganzes Buch machen, in seinem Werk scheinbar nebensächlich abtut; das Wort *weggeworfen* ist eines der Herzworte L.s. S. auch D 313. – *ganzer . . . war:* Von L. verbessert aus *unendlichen Schweiß gekostet hat.* – *sind:* Das zweite *sind* in der Handschrift *ist.* – *Metaphern-Placker:* Vgl. *anplacken* B 285 und *Plackerei* im »Orbis Pictus« (III, S. 378).

214 *Allegorie auf den gegenwärtigen Zustand der Kritik:* Dieser Gedanke zu einer Satire auf die literarischen und akademischen Zustände in Deutschland ist nicht zur Ausführung gekommen; zu ihr gehören noch D 215, 301, 342 und 346. – *wie Swift Kleider:* Zu Swifts Kleider-Allegorie s. D 666 und die Anm. dazu. – *Fenster:* Von L. verbessert aus *Blumentöpfe.* – *Georgia Augusta:* Die 1737 gegründete Universität in Göttingen. – *um:* in der Handschrift *bey.* – *die Ananas:* Galt im 18. Jh. als eine der seltensten und teuersten Südfrüchte; vgl. auch Brief an Dieterich vom 30. Oktober 1774 und Leibniz' »Œuvres philosophiques«, S. 256 (s. zu A 12). – *Horti pensiles:* Lat. ›hängende Gärten‹. – *nach dem himmlischen Jerusalem gebaut:* Auf welche Hochschule L. hier anspielt, ist unklar; Leitzmann dachte an Gießen. – *Gerlach:* Gerlach Adolph von Münchhausen, der erste Kurator der Göttinger Universität; s. zu B 56.

S. 265 *Klei-Länder:* Kleiboden, Marschland, fettiger Grund in Norddeutschland (DWB 5, Sp. 1086). – *Gerlach hatte es . . . verboten:* Das Kennzeichen der Göttinger Neugründung war absolute Toleranz in Religionsdingen und Freiheit von der Zensur. – *die Sachsenhäuser:* Gemeint sind die Rezensenten der »Frankfurter Gelehrten Anzeigen«. – *einer, der sich einen Maulbeerbaum pflanzte:* Zweifellos Goethe (Götz). – *ein Mann in England . . . durch einen Maulbeerbaum berühmt:* Shakespeare; der berühmte Maulbeerbaum auf seinem Gut Newplace bei Stratford, den er der Überlieferung nach selbst gepflanzt hatte, wurde 1756 von dem damaligen Besitzer Gastrell, der sich durch den Zudrang der Verehrer belästigt fühlte, gefällt; dies erregte einen Entrüstungssturm bei allen, die das Andenken an den großen Mann zu hüten für eine Ehrenpflicht der Nation hielten. – *verglichen sie ihn mit jenem:* Der Dichter des »Götz von Berlichingen« wurde mit Shakespeare verglichen, die bedeutendste Leistung des Sachsenhäuser Kreises: daß ihn L., obwohl er den Abstand von Shakespeare ungeheuer findet, nicht verwarf, geht aus dem Zitat schon zur Genüge hervor; zudem heißt es in der Rezension der »Frankfurter Gelehrten Anzeigen« 1773, S. 553: »Galotti ist auch ein Shakespearisch Trauerspiel im wesentlichen; hier tut jemand noch Shakespeares Form dazu.« – *Könige Götter der Erde:* Vgl. J 1150; s. aber J 1227 und an Wolff am 1. Dezember 1783, an Dieterich am 13. Januar 1773, wo allerdings die Philosophen gemeint sind, an Hollenberg am 18. Februar 1788 und III, S. 137, 685. – *ein sogenannter Pilgrim:* Gemeint ist Bahrdt; die Reise ins Gelobte Land soll nach Leitzmann seine hyperorthodoxe Jugendperiode andeuten. – *Martin:* Gemeint ist Luther, dessen »prächtiger Garten« in »einem großen Geschmack« seine Bibelübersetzung ist. – *genommen:* Danach von L. gestrichen *Er lag auf einem uneroberlichen Felsen.* – *ins Kleine ... bringen:* Gemeint ist Bahrdts zu D 194 nachgewiesene Übersetzung, die in den »Frankfurter Gelehrten Anzeigen« 1773, S. 437 und 789, überschwenglich gepriesen wurde. – *Zeder des Libanon:* Auch D 530, in der »Pronunciation der Schöpse« (III, S. 308), Hogarth (III, S. 916) und Brief an Dieterich vom 28. Januar 1775 erwähnt. Im Spanischen ist ›los cedros del Libano‹ die Umschreibung für die Mächtigen, die Herren dieser Erde, vielleicht, weil diese Bäume bis zu 40 m hoch und an die 2000 Jahre alt werden können.

S. 266 *papier maché:* Wörtlich ›gekautes Papier‹; so genannt, weil anfangs das Material von dafür angestellten Frauen gekaut wurde: bildsame Masse, die durch Auflösen von Altpapier hergestellt, in geölte Formen gepreßt und getrocknet wird, z. B. für Spielzeug. Das Verfahren, aus dem Orient stammend, war im 18. Jh. in Frankreich und England große Mode. – *Bowle Punch:* Vgl. B 174. – *Schnupftobaksblei:* In Bleifolien verpackt wurde im 18. Jh. der Schnupftabak zum Versand gebracht, seit über 100 Jahren nicht mehr üblich. S. darüber Gravenkamp, S. 138, nach dem eine Bleivergiftung L.s wohl auszuschließen ist. S. auch an Wolff am 7. Dezember 1783. – *zierlich gehackt:* Von L. verbessert aus *schwartz lackirt.* Auf die Einzelzüge der satirischen Beschreibung hat vielleicht das Referat über Chambers' chinesische Gartenkunst (»Frankfurter Gelehrte Anzeigen« 1772, S. 632 Neudruck) eingewirkt. – *P. P:* Abk. von *Professor Publicus:* Ordentlicher oder außerordentlicher öffentlicher Professor war im 18. Jh. die Amtsbezeichnung. – *Pontius Pilatus:* Er wird auch in den »Briefen aus England« (III, S. 341) erwähnt. – *bedeuteten:* Danach von L. gestrichen *nebst der Jahrzahl.* – *Zindel:* S. zu C 352. – *Bach Kidron:* Cedron; Tal zwischen Jerusalem und dem Ölberg, das durch die judäische Wüste führt und in das Tote Meer mündet; seit dem 4. Jh. bevorzugte Begräbnisstätte. – *Trommel-Rad:* Tretrad, frz. tambour; im 18. Jh. durch Tier oder Mensch angetriebene Maschine für den Mühlenbetrieb; s. Photorin 2, 1980, S. 50 (W. Thönnessen). – *Wachspapier ... Wachslichtchen:* Vgl. D 567. – *p. p.:* Kürzel für perge: *und so weiter* oder doch vielleicht Anspielung auf pipi. – *Raritäten-Kästen:* Das im 18. Jh. übliche Schaustück der ambulanten Savoyarden. – *hereinzubringen die Journale und Zeitungen:* Vgl. D 610. – *Wünsche der Rezensenten ... deutsche Charaktere ... Original zu sein:* Vgl. D 610, E 154, 209, 254 und »Rede dem Andenken des sel. Kunkels gewidmet« (III, S. 598).

215 *Garten-Geschichte:* S. zu D 214. – *sympathetischer Dinte:* Geheime oder Wunder-Tinte, deren Züge erst nach gewissen vorgenommenen Veränderungen (z. B. durch Wärme oder durch eine Flüssigkeit gezogen) sichtbar werden. – *bei Kohl gekommen:* Die deutlich so geschriebene Wendung bezieht sich wohl auf Kohle und ihre Fähigkeit zu schwärzen.

216 *Dann gnade Gott denen von Gottes Gnaden:* Es ist nicht klar, ob es sich bei diesem hochpolitischen Wortspiel um eine Bemerkung L.s – s. zu dessen Antifeudalismus A 79 – oder eine Äußerung Dalbergs handelt. – *(von Dalberg):* Am 18. Mai 1768 hatte sich an der Georgia Augusta ein Heribertus B. von Dalberg (1750–1806) immatrikuliert, der spätere Mannheimer Theaterintendant und Schriftsteller. Sollte er gemeint sein?

217 *Les Classes ... hommes:* Die Klassen sind von hübschen Kindern bevölkert, die Welt ist es von dummen Menschen. – *sagt Helvetius:* Die Stelle findet sich in dem zu D 133 nachgewiesenen Werk, T. 1, S. 65, Anm. 14. – *Betrug wie das Stillstehen der Planeten:* Dazu s. Gamauf, Astronomie, S. 68–69. – *gehn sie alle gradeaus:* Vgl. D 230.

222 *quasi recens natus:* Gleichsam wie eben geboren.

224 *Wie Gatterer sagte:* Johann Christoph Gatterer (1727–1799), seit 1759 ordentl. Prof. der Geschichte in Göttingen, dreimaliger Prorektor, ein Lehrer L.s, gründete 1764 das »Historische Institut«, dessen Ehrenmitglied Fürstenberg war; Begründer der Diplomatik. Leitzmann meint, daß sich die Gedanken »sicherlich« auf Gatterers am 2. Oktober 1773 im Historischen Institut in Göttingen gehaltenen Vortrag »Ideal einer allgemeinen Weltstatistik« beziehen, der im gleichen Jahr auch im Druck erschien. Seiner Verdienste um die heraldische Terminologie gedenkt L. VS 1844, 12, S. 200 (Hogarth, »Collegium medicum«). – *Die Materie der ganzen Welt ... in einen Kubik-Zoll zusammenbringen:* Vgl. KA 266. – *Die Bibliotheken ... Städte:* S. zu KA 257. – *das Schauen ins Große ...:* Vgl. GH 93.

225 *von der Feder ... Leder:* Theoretiker ... Praktiker. L. gebraucht die offizielle Bezeichnung der Bergwerksbeamten auch F 1145, im »Sendschreiben der Erde« (III, S. 413) und im Brief an Amelung vom 3. Juli 1783.

227 Neben der Notiz eine Berechnung: *7077 1777 5300 7077.* Zu L.s Zahlenspiel mit der 7 vgl. D 324; E 170, 225, 226. – *Was Helvetius als einen neuen Satz vorträgt:* Die Stelle ist zu D 133 nachgewiesen. – *in einem sehr alten Buch gelesen:* Das lateinische Epigramm, das sicher keinem klassischen Autor entnommen ist, ist nicht nachzuweisen; Burmanns Anthologie, deren Schlußband eben 1773 erschienen war, enthält es offenbar nicht. – Über die Vernachlässigung der neueren lateinischen Dichter klagt L. in der »Nachricht von Pope's Leben und Schriften« (GMWL, 3. Jg., 1. Stück, 1782, S. 62 ff.; VS 5, S. 60). – *Innatum ... velis:* Innewohnt allen das Höchste und alles zu wissen! / Um zu wissen, ist kurz die Regel: habe den Willen zu wissen! Vgl. Joost, Gött. Jahrbuch 1978, S. 145 Anm. L. verwendet die Zeilen als Eintragung in das Stammbuch von Paulmann (III, S. 653) und Brak.

228 *Vergleichung ... Jesuiten-Orden:* Vgl. D 37.

229 *klütern:* Klüterer gebraucht L. im Brief an Wolff vom 1. Dezember 1783. Unter anderen Bedeutungen: kleine unnütze Sachen verfertigen, etwa tischlern (DWB 5, Sp. 1213).

230 *dieses Zickzack ... ein steter Weg:* Vgl. D 217. – *Jahre:* Danach von L. gestrichen *Barbarey.* – *Kleinmeisterei:* S. zu B 180

231 *Hume sagt ...:* »The English of any people in the universe have the least of a national character«, heißt es in Humes Aufsatz »Of national characters«, erschienen 1748 (The philosophical works 3, S. 252), übersetzt in »Geschichte von England«, Breslau 1767–1771 in 4 Bdn. Vgl. auch D 588. Mit dieser These setzen sich Archenholz in »England und Italien« (1787) und Kant in seiner »Anthropologie in pragmatischer Hinsicht« (1788) auseinander. – *National-Charakter:* Vgl. D 588; F 680.

233 *wir ... die Väter der Nachwelt:* Vgl. D 250 und 255.

234 *Ein Engländer ... Juden entdeckt:* Diese Notiz findet sich auch in »Über Hrn. Vossens Vertheidigung gegen mich« im GMWL, 2. Stück, 1782. – *Stamm Napthali:* So schreibt L., nachdem er in der Handschrift das erste *h* in

Naphthali ausgestrichen hatte. – Naphtali, hebr. ›Ringkämpfer‹, nach 1. Buch Mose 30, 8 der siebente Sohn Jacobs und Stammvater eines der zwölf israelitischen Stämme, aus dem der Held Barak hervorging. – *ersten Zeiten des ersten Tempels:* Von Salomon um 975 v. Chr. in Jerusalem errichtet. – *Zerstörung des Tempels:* 587 v. Chr. von Nebukadnezar zerstört, nach dem Wiederaufbau von Titus 70 n. Chr. abermals zerstört.

236 *Ubiquität:* Allgegenwart, theolog. die von Luther behauptete Allgegenwart des Leibes Christi in dem Brot des Abendmahls.

238 *An die Spötter über Heynen:* Schreibplan L.s? Ob sich die Kritik an Christian Gottlob Heyne auf ihn als Archäologen und Kritiker Winckelmanns oder auf den Philologen Heyne bezog, der 1773 »Pindari carmina« herausgab, konnte nicht ermittelt werden. – *junger Rezensent:* Von L. verbessert aus *Cammerjun[cker]*. – *Peruquenmacher:* Vgl. auch D 533. – *Primaner:* L. gebrauchte diesen Ausdruck außer in den Sudelbüchern auch in »Friedrich Eckard an den Verfasser der Bemerkungen zu seiner Epistel an Tobias Göbhard« (VS 3, S. 177), III, S. 345, 377, 566 und RT 11 sowie im Brief an Friedrich August Lichtenberg vom 16. November 1792. – *gickelt:* L. gebraucht das Verb auch D 427 und 668, »Rede der Ziffer 8« (III, S. 459) und »Wider Physiognostik« (III, S. 357).

240 *Nachdenken keine Krankheit:* Vgl. B 379.

241 *bildere ... in deinen eignen Vorstellungen:* Vgl. DWB 2, Sp. 17.

242 *Verwandlung des Wassers in Wein:* Anspielung auf die Hochzeit zu Kanaa; s. Joh. 2, 1–11.

243 *Was auf Shakespearisch ... zu tun war ...:* In diesem Satz formuliert L. seine Kritik an der Shakespeare-Manie des Sturm und Drang.

246 *Mit etwas ... auszuführen:* Die Bemerkung ist im »Orbis pictus« (III, S. 378) verwertet. S. auch Mat I 86. – *Fähigkeit:* Von L. verbessert aus *Genie.* – *gebessert:* Zu dieser häufiger als *besser* erscheinenden Floskel vgl. auch F 279, 1105, 1204, 1210, 1213; J 52, 85, 133, 565, 802, 988, 1027, 1187, 1247; L 4, 146, 189, 199, 232, 235, 282, 283, 409, 473, 491, 536, 627, 799, 908.

249 *Swiften ... Sterne ... Newton ... Hume:* Eine ähnliche Aufzählung findet sich GH 152.

250 *sagt Helvetius:* Vgl. »De l'homme, de ses facultés intellectuelles et de son éducation« 4, Anm. 21. Das Werk ist zu D 133 nachgewiesen.

251 *eine Diätetik schreiben für die Gesundheit des Verstandes:* Dieser Schreibplan ist nicht zustande gekommen.

253 *die Zeit ... Stundenglas ins Gesicht schmisse:* Diese Wendung begegnet auch Mat I 88 und UB 43. – *Schurken:* Von L. verbessert aus *Ihnen die Zeit*.

254 *schon einmal auferstanden?:* Zu L.s Seelenwanderungs-Glauben s. zu A 87.

255 *selbst gedacht:* Zu dieser Forderung L.s und der Aufklärung s. das Wortregister.

256 *Polen ... geteilt:* Die erste Teilung Polens zwischen Österreich, Preußen und Rußland erfolgte 1772. – *Orden der Jesuiten aufgehoben:* Nachdem einige kathol. Länder Europas den Jesuitenorden bereits verboten hatten, hob Papst Klemens XIV. 1773 den Orden kirchlich auf. – *Holstein an Dänemark abgetreten:* Großfürst Paul von Rußland überließ 1773 im Vertrag von Zarskoje Schleswig-Holstein der dän. Krone. – *untertänigst devotester:* Von L. verbessert aus *einseitiger.* – *Bahrdt travestiert ... neue Testament:* S. zu D 194. –

Dintenfässer für Sandbüchsen . . . angesehen: Zu dieser Zusammenstellung s. zu C 85.

257 *Forkel:* Johann Nikolaus Forkel (1749–1818), seit 1777 Privatdozent für Musik und seit 1778 akademischer Musikdirektor in Göttingen; 1787 Magister. Bedeutender Musikhistoriker: »Johann Sebastian Bach« (1802). Gab seit 1789 in Göttingen Klavierunterricht. – *Hexen-Mehl:* Durch Wasser nicht benetzbares Pulver aus den Sporen des Lycopodiums (Bärlapp), verwendet als Hausmittel und als Blitzpulver auf dem Theater. L. verwendet das Wort auch F 640 und III, S. 31, 372. – *Meister:* Albrecht Ludwig Friedrich Meister (1724–1788), Prof. der angewandten Mathematik an der Universität Göttingen. – *grobes Sieb führen:* Vgl. zu dieser Wendung E 257.

259 *Ein Mann der sehr viel schreibt:* Zu L.s Kritik am gelehrten Vielschreiben, der *Polygraphie,* s. das Wortregister. – *schreibt sich . . . herunter:* Diese Wendung begegnet auch F 178. – *im . . . können sie:* Von L. verbessert aus *sie können nun. Progression:.*

261 *Hof-Nulle:* Zu L.s zahlreichen Wortbildungen mit *Hof-* s. das Wortregister.

262 *Sekten hassen sich:* Vgl. H 144. – *Sueniten:* Sunniten. – *Castilhons Buch:* S. zu D 31.

263 *Innocenz III.:* Vormals Lothar (1161–1216), Sohn des Grafen Trasmund, wurde 1190 zum Kardinal und 1198 zum Papst gewählt, unter dem das mittelalterliche Papsttum die Ziele Gregors VII. am geschlossensten und mächtigsten verwirklichte. – *Pater . . . diaboli:* Heiligster Vater, deine Worte sind Gottes, deine Taten des Teufels. – *Ebendaselbst:* »Allgemeine deutsche Bibliothek« XIX. Bd., S. 504.

264 *Ebendaselbst:* »Allgemeine deutsche Bibliothek«, a.a.O., S. 505. – *Die Alten . . . über uns:* Gegen diese Auffassung polemisiert L. in D 612, 651 und E 111. – *nicht immer nachahmten:* Es ist anzunehmen, daß Castilhon L. aus dem Herzen gesprochen hat oder L. sich sehr viel von Castilhon zu eigen machte. – *mehr Sachen als Bücher lernten:* Zu dieser Forderung, die auch L.s Forderung ist, vgl. G 40.

266 *je länger die Welt . . . desto mehr Erfindungen:* Vgl. J 1365.

267 *Weltbürger:* Lehnübersetzung von griech. κοσμοπολίτης, schon im 17. Jh. nachgewiesen; vom Frz. beeinflußt, Schlagwort der Aufklärungszeit (s. DWB 14, 1, Sp. 1556–1558). – *Menschen-Verstand exkoliert:* Vgl. »Von den Kriegs- und Fast-Schulen der Schinesen« (III, S. 447). – *exkoliert:* Ausgebildet, vervollkommnet. – *deutliche Begriffe:* Eine von L.s wissenschaftl. und erzieherischen Forderungen! Vgl. E 30; F 77, 834, 836, 941, 946; G 206; K 297 und III, S. 340. – *Sie sehen . . . Zahn-Schmerzen:* Dieser Satz, von L. durch nachträgliche Zeichen an den Schluß dieser Bemerkung verwiesen, ist von Leitzmann als selbständiger Aphorismus D 264 aufgefaßt worden, da er seiner Meinung nach mit D 267 inhaltlich nichts zu tun habe.

268 *Nebels Merzens und Besserers Predigten:* Heinrich Christoph Nebel (1715–1786) war lutherischer Stadtprediger in Worms. Aloysius Merz (1727–1792), Jesuitenpater und seit 1763 Domprediger in Augsburg; einer fruchtbarsten kathol. Polemiker seiner Zeit gegen das Vordrängen der Aufklärung (L. nennt ihn auch im Brief an Franz Ferdinand Wolff vom 7. Juli 1783). Konrad Arnold Hermann Besserer, reformierter Prediger in Mühlheim. Ihre Predigten werden als abschreckende Beispiele der Gattung in der

AdB 18, S. 156 und 168; 20, S. 150; 21, S. 3 besprochen. Über Aloys Merz s. auch Nicolai, Beschreibung einer Reise ..., 7. Bd. 1786, Beylage IV. II. a, S. 3–5. – *Für* ... *Impotenz:* Ursprünglich *Ihre Leckerhafftigkeit wird nun mit verdienter Impotentz gestraft.*

269 *Sillig* ... *Predigt:* Der Diakon Johann Gottfried Sillig (1734–1792) aus Döbeln (Kreis Leipzig) hatte in einer Predigt über die Zerstörung Jerusalems auf die Opfer einer 1771/72 eingefallenen Hungersnot im Erzgebirge angespielt und die Frage, ob alle die von ihr Betroffenen sehr große Sünder gewesen seien, ohne Einschränkung bejaht. Diese Predigt erschien im Druck und rief eine Anzahl Gegenschriften hervor; L. lernte die Polemik aus den Rezensionen in der AdB 20 (1773), S. 521 und 523 kennen. S. auch das Romanfragment von Leopold Wagner »Leben und Tod Sebastian Silligs«, erschienen Frankfurt 1776.

271 Nach dieser Bemerkung ist folgender Anfang einer Notiz gestrichen *Ein gewisser Pastor Tr[inius];* vgl. D 276. – *habe:* In der Handschrift *haben.*

272 Die Bemerkung wurde von L. gestrichen.

274 *Gott schuf* ... *die Philosophen:* Zum Gedanken vgl. D 201.

276 *Trinius:* Johann Anton Trinius (1722–1784), Pastor in Braunrode und Walbeck im Mansfeldischen. Von dem hier erwähnten Plan las L. in einer Rezension eines Buches von Trinius in der AdB 20, S. 539.

277 *imo* ... *au contraire:* Frz. ›im Gegenteil‹; *immo* wird zur Bezeichnung einer berichtigenden Antwort verwendet. – *sagt Ernesti:* Vgl. Ernesti, Clavis ciceroniana, Halle 1769, S. 454. L. entnahm die Notiz der Rezension von Schellers »Anleitung die alten lateinischen Schriftsteller in den oberen Klassen der Schulen philologisch und kritisch zu erklären« in der AdB 18, S. 101. Johann August Ernesti (1707–1781), klass. Philologe und Theologe.

278 *Allgemeine deutsche Bibliothek:* Die mit Rh. unterzeichnete Rezension von Wielands »Der goldene Spiegel« findet sich in der AdB 18, 329; Verfasser ist nach Parthey, Die Mitarbeiter, S. 12.48 Iselin. – *Königen von Scheschian:* Über Wielands Roman s. zu C 295.

279 *Neue Apologie des Sokrates* ... *Von Eberhard:* Gemeint ist die »Neue Apologie des Sokrates oder Untersuchung der Lehre von der Seligkeit der Heiden«, 2 Bde., Berlin 1772–1778, von Johann August Eberhard. Eberhard (1738–1809), bedeutender philosoph. Schriftsteller, erhielt 1768 in Berlin ein Predigeramt, 1774 die Stelle des Ersten Predigers in Charlottenburg, 1778 Prof. der Philosophie in Halle. Mitarbeiter am »Göttingischen Magazin« (s. an von Gerstenberg am 19. Juni 1780). L.s Interesse dafür geht wohl auf die ausführliche, mit Kl. unterzeichnete Besprechung in der AdB 18, S. 418 zurück, deren Verfasser nach Parthey, Die Mitarbeiter, S. 20.42 Pastor Pistorius in Poseritz ist.

280 *Baldinger:* 1773 von Jena nach Göttingen berufen. – *Sprengel:* Matthias Christian Sprengel (1746–1803), immatrikulierte sich 1768 als stud. jur. an der Georgia Augusta, Historiker, seit 1778 außerordentl. Professor der Philosophie in Göttingen, 1779 Universitätsbibliothekar in Halle. – *Originalien zu den Versteinerungen:* Zum dem Satz vgl. »Orbis pictus« (III, S. 383) und Brief an Georg August Ebell vom 9. März 1795. S. auch D 737. Aus letzterer Stelle geht hervor, daß sich L. hier einen Gedanken Ebells (s. zu C 178) zu eigen gemacht hat. Vgl. auch »Einige Betrachtungen über die physischen Revolutionen auf unsrer Erde« (GTC 1794; Ph + M 2, S. 65). – *Esprit de Jacob*

Böhm: Nachahmung des in der frz. historisch-biographischen Literatur des 17. und 18. Jh.s modischen Titels von Werken, etwa »L'Esprit de Sully«.

281 *bengelhaft:* Von ›Bengelhaftigkeit‹ schreibt L. auch in den Hogarth-Erklärungen (III, S. 1005).

282 *sagt Alembert:* D'Alembert verfaßte den berühmten »Discours préliminaire des éditeurs de l'encyclopédie de Paris«, der 1751 den ersten Band der »Encyclopédie« eröffnete. Die Stelle findet sich dort 1, S. VII mit der Abweichung *du succès auquel.* – *On peut regarder . . . l'astronomie . . . ses efforts:* Die Astronomie kann zu recht als die beste und sicherste Umsetzung der Geometrie und der Mechanik betrachtet werden und ihr Fortschritt als das unbestreitbare Denkmal des Erfolgs, den der menschliche Geist durch seine Bemühungen erlangen kann.

283 *Nous . . . axiomes:* Vgl. »Encyclopédie« 1, S. XI. – *Erreurs . . . abus des mots . . . abus . . . axiomes:* Wir verdanken, wie gewisse Philosophen bemerkt haben, sehr viele Irrtümer dem Mißbrauch von Worten; und vielleicht verdanken wir eben diesem Mißbrauch auch die Axiome.

284 *Proposition in der Geometrie:* Auch dieser Satz entstammt d'Alemberts »Discours« in der »Encyclopédie« Bd. 1, S. XI.

286 *Witterungs-Discoursen:* Dieser Ausdruck begegnet auch in »Von Thieren als Wetterpropheten« (GTC 1779, S. 97; VS 6, S. 323). – *allgemeinen Bibliothek:* Über die »Allgemeine Deutsche Bibliothek« s. zu KA 49. – *Frankfurter Zeitung:* Gemeint sind die »Frankfurter Gelehrten Anzeigen«. S. zu C 342. – *ein Gespräch:* In der Handschrift *sogar ein Gespräch.* – *Herrn:* Von L. verbessert aus *Franzosen.* – *meine Herren:* Diese Anrede spricht für den ›öffentlichen‹ Charakter der Notiz. – *Was mir:* In der Handschrift *was ich mir.*

289 *Impromptu . . . in müßigen Stunden:* Diese Wendung begegnet auch in »Der doppelte Prinz« (III, S. 618); vgl. B 411; F 750. – *Impromptu:* Einfall aus dem Stegreif.

290 *Fakultät . . . diese beiden . . . rezensierten einander:* Womöglich Anspielung auf das öffentlich ausgetragene Gelehrtengezänk zwischen Kästner und Hollmann.

291 *Bahrdt die Bibel:* S. zu D 194. – *Loths Töchter:* Lot, Neffe Abrahams, der ›Vertilgung‹ Sodoms entronnen, schwängerte im Schlaf seine beiden Töchter, die ihn betrunken gemacht hatten, und wurde so der Stammvater der Moabiter und Ammoniter (s. 1. Mos. 19).

293 *Schäffer . . . Abhandlung vom Farben-Verein:* Jacob Christian Schäffers »Entwurf eines allgemeinen Farben-Vereins oder Versuch und Muster einer gemeinnützlichen Bestimmung und Benennung der Farben« war Regensburg 1769 erschienen. Der erwähnte Vorschlag findet sich dort S. 14. Vgl. noch D 666 (S. 337).

296 *Die Verrichtungen der Blindgebornen:* Die Quelle dieser Bemerkung ist d'Alemberts »Discours« in der »Encyclopédie« 1, S. XIII entnommen. – *Blindgebornen:* S. zu KA 88.

297 *Die Schreibart:* Von L. verbessert aus *Den Witz.* Zur Sache vgl. C 104. – *Salat-Samen:* Zu dieser scherzhaften Zusammenstellung vgl. E 259, zur Idee schon C 102. Die Salatnamen sind in der Regel wohl L.s Phantasieprodukte, konnten wenigstens nicht nachgewiesen werden. – *nonpareille:* Frz. ›unvergleichlich‹. – *geschachter:* S. zu A 227. – *Sachsenhäuser Steinkopf:* Laut DWB 10, 2, Sp. 2116 eine Art Kopfsalat: »man hat den grünen und den gelben,

beide werden wegen ihrer dichten Köpfe sehr geliebt und häufig in den Gärten gezogen«. – *Prinzenkopf:* Name einer Salatart: s. DWB 7, Sp. 2131: svw. Prinzensalat, eine Art von lactuca saliva, engl. prince lettuce.

298 *Nous . . . necessité:* Eine große Anzahl von einfach angenehmen Kenntnissen verdanken wir der unglücklichen Unfähigkeit, diejenigen zu erwerben, die uns notwendiger wären. – *Alembert Discours:* Vgl. »Encyclopédie« 1, S. V.

299 *Aus einer einzigen Erfahrung . . .:* Der Satz ist aus d'Alemberts »Discours« übersetzt; vgl. »Encyclopédie« 1, S. IX. L. führt den Gedanken im »Schreiben an Herrn Werner in Gießen, die Newtonische Theorie vom Licht betreffend« aus: »Nähmlich sobald die Gesetze der Brechung und Reflexion durch den Physiker gefunden sind, so ist die ganze Dioptrik und Catoptrik ein blos geometrisches Problem, welches zu studiren und selbst zu erweitern man so wenig braucht ein Physiker zu seyn, als man nöthig hat Physik zu wissen um den *Euclid* zu lesen.« – *Katoprik:* Die Lehre von der Spiegelreflexion.

300 *sagt Alembert:* Vgl. »Encyclopédie« 1, S. XII (s. zu D 282). L. zitiert den Satz auch im Brief an Heyne vom 16. März 1775. – *Perspektive:* Perspektiv; im 18. Jh. üblich für: Fernglas.

301 *Abhandlung von den Gärten:* S. zu D 214.

302 *Antonin:* Antoninus Pius, eigentlich Titus Aurelius Fulvus Boionius Arrius (86–161 n. Chr.) seit 138 röm. Kaiser; seine Regierungsjahre gelten als die glücklichsten der Kaiserzeit. – *Isis:* Eine der volkstümlichsten ägypt. Göttinnen, deren Kult sich nach Griechenland, Rom und in die Provinzen des röm. Weltreichs ausbreitete; sie spielte als ›zauberreiche‹ Göttin in der Magie eine große Rolle. – *Tiberius:* Tiberius Julius Cäsar Augustus (42 v. Chr. bis 37 n. Chr), seit 14 n. Chr. röm. Kaiser.

304 *Wenn die Menschen:* Vgl. J 830.

306 *Betrunkener . . . Lava:* Danach durch Kringel unleserlich gemacht *Criminal[?] Theologie.*

307 *Alphabets-Verwandter:* Die Bedeutung ist unklar.

308 *elektrischen Zirkel:* Das im 18. Jh. beliebte Experiment, im Kreis aufgestellte Menschen zu elektrisieren.

313 *Gedanken zu Disputationen:* Vgl. E 161, 189. – *hinzuwerfen:* Zu diesem Gedanken s. zu D 213. Vgl. III, S. 281, 293, 334, 340, 381, 660, 686, 960.

314 *Wo sich:* Von L. verbessert aus *Um sich zu bewegen muß.* – *bewegt:* Von L. verbessert aus *Raum haben und Zeit.*

315 Von L. gestrichen.

316 *verkalchten Kräften:* Den Begriff des Verkalkens erläutert §448 der »Anfangsgründe der Naturlehre« von Johann Christian Erxleben. – *Phlogiston:* Vgl. ebd. §438. Nach der von Stahl (1660–1734) begründeten Theorie hypothetischer Stoff in den brennbaren Körpern, der ihnen die Eigenschaft der Brennbarkeit verleiht und bei der Verbrennung entweicht. Die Lehre der Phlogistiker wurde erst durch die Oxydationstheorie von Lavoisier verdrängt. L. selbst schloß sich in den neunziger Jahren der von Lavoisier begründeten antiphlogistischen chemischen Theorie zögernd an.

318 *zaunköniglich:* Zu dieser von L. metaphorisch gebrauchten Vokabel s. zu C 299.

319 *In der Schrift:* Gemeint ist wohl »Zum Parakletor«. – *Geschichtsklaubereien:* Vgl. F 460.

320 *Minos:* Von L. verbessert aus *Das jüngste Gericht.* – Minos, Titel oder Eigenname eines Königs in Knossos auf Kreta, galt auch als Gesetzgeber und nach seinem Tod als Richter der Unterwelt; ließ durch Dädalus das berühmte Labyrinth schaffen, in dem er Minotaurus einsperren ließ. Auf welchen Teil der Sage L. den Titel seiner Zeitschrift gründen wollte, war nicht zu ermitteln. Vgl. E 355. – *Journal betitult werden:* Derartige Namensvorschläge für Zeitschriften notiert L. auch E 223; in Hinblick auf GMWL s. an Hindenburg am 24. August 1778, von Georg Forster spätestens Juli 1779, an Dieterich spätestens Juli 1779; vgl. Gumbert, Photorin 4, 1981, S. 30. – *Unser Name ... Legion:* Zu diesem Satz vgl. Markus 5, 9 und Lukas 8, 30.

321 Nach dieser Bemerkung folgt in der Handschrift der zweite Satz von D 327, durch Verweisungszeichen dorthin gestellt.

322 *Neger-Embryo in Spiritus:* Der Text, wohl angeregt durch einen im akademischen Museum der Georgia Augusta aufbewahrten Negerembryo (s. GTC 1779, S. 53), wirkt wie nicht von L. geschrieben (Stil-Emphase, Anrede); dafür sprechen jedoch die zahlreichen Verbesserungen. Vgl. F 1046 Hogarth (III, S. 784) und Antiphysiognomik (III, S. 273). – *die ... müssen:* Von L. verbessert aus *so früh an dem Ziel nach dessen dem.* – *erkaufen:* Von L. verbessert aus *entgegenseufzen.*

323 *Das Gastmahl der Journalisten:* Dieser satirische Plan, zu dem auch D 327 gehört, ist D 337, 340 weiter ausgeführt; vgl. III, S. 522 ff.; s. auch an Nicolai am 3. April 1774.

324 *Die drei 7 in 1777. nicht zu vergessen:* Dieser Gedanke begegnet auch E 101, 170, 225 und 226; L 609; III, S. 415, 460, 469.

325 *wachender Gelehrsamkeit ... schlafendem Menschen-Verstand:* Diesen Satz notiert L. auch UB 43.

326 *Combabus:* Wielands »Combabus« war Leipzig 1770 erschienen. Vgl. auch D 642, E 188 und 280.

327 *Einer unter ihnen ... die Schwindsucht:* S. zu D 323. – *Es war ... Mann:* Dieser Satz stand in der Handschrift für sich zwischen D 321 und 322.

328 *Schrevelischen Ausgabe des Cicero:* Gemeint ist Ciceros »Opera omnia cum Gruteri et selectis variorum notis et indicibus locupletissimus, Accurante C. Schrevelio«, Basileae [Basel] 1678; L. besaß diese Ausgabe (BL, Nr. 1508). Cornelis Schrevel (ca. 1615–1664), bedeutender holl. Altphilologe und Pädagoge. – *1687:* Möglicherweise Schreibfehler L.s. – *die Zierraten in dem S:* S. bildet das Initial von *Saepe* in »Rhetoricorum seu de Inventione Rhetorica libri duo« S. 35.

329 *Unsere Welt ... Gespenster:* Diese Bemerkung veranlaßte Friedrich Heinrich Jacobi zu seinem Aufsatz »Über eine Weissagung Lichtenbergs« im »Taschenbuch für das Jahr 1802«, S. 3–46, bei Perthes in Hamburg (s. Jacobi, Werke, Bd. 3, S. 197–243; s. zu J 144). Hinweis bei Brigitte Schubert-Riese, Das literarische Leben in Eutin im 18. Jh., Neumünster 1975, S. 217.

330 *Mayerschen Farben-Triangel:* Über seine Abhandlung »De affinitate colorum« und seinen dazugehörigen Farbentriangel (s. Abb. S. 252) berichtete Tobias Mayer in den GGA 1758, S. 1385. Mit der Herausgabe dieser Abhandlung aus Mayers Nachlaß (Opera inedita 1, S. 31–42; s. zu B 237) war L. damals gerade beschäftigt; vgl. seinen Brief an Lambert vom 1. März 1774. S. noch D 371, E 446, J 1616. – *Religionen-Triangel:* Von L. verbessert aus *Temperamenten Triangel.* L. gebrauchte den Ausdruck auch J 518, Mat I 134

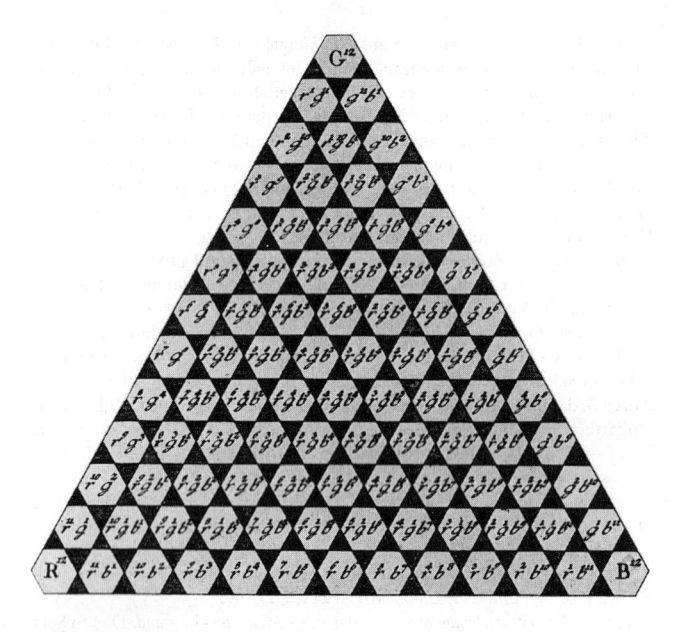

zu D 330

und Rotes Buch, letzte (unpaginierte) Seite über »Miscellanea zum Calender«: »Vielleicht vom Religions Triangel«.

333 *FF:* Vgl. F 410 und Brief an Sömmerring vom 19. Januar 1791. *–famae famique:* Lat. ›dem Ruhm und dem Hunger‹. Die Quelle ist unbekannt; vgl. Büchners Motto zu »Leonce und Lena«.

334 *Medaillen:* Von L. verbessert aus *Goldklumpen.* – *Hagedorn:* Friedrich von Hagedorn (1708–1754), seinerzeit namhafter dt. Dichter. – *Courant-Sorten:* Unter Kurantgeld (von frz. courant ›geläufig‹) verstand man gängige Geldsorten von geringem Gehalt.

335 *Biber:* Über dessen Eigenschaften s. auch K 291 und III, S. 447.

337 *Das Gastmahl der Journalisten:* S. zu D 323. – *Jubilate:* Lat. ›jauchzet‹; der dritte Sonntag nach Ostern, nach seinem dem Psalm 66 (65) entnommenen Introitus. – *Flarchheim:* L., der *Florchheim* schrieb, hat diesen Namen aus *Wiegleben* verbessert. Flarchheim und Wiegleben liegen beide auf dem Wege von Mühlhausen nach Gotha, jenes westlich, dieses südwestlich von Langensalza. – *Langensalz[a]:* Diesen Ort erwähnt L. auch in der »Reise nach Gotha« (III, S. 639). – *Anblick sein:* Danach von L. gestrichen *diejenigen Leute beysammen zu sehen.* – καλοις κ'άγαθοις: Griech. ›den Schönen und Guten‹ (Dat. Plur.); die Kalokagathie war im antiken Griechenland der Inbegriff der harmonischen Ausbildung eines Menschen und bezeichnete seine sittliche und bürgerliche Vortrefflichkeit. Dieser Topos kehrt auch in »Briefe aus

England« (III, S. 345) wieder. – *Entrée-Billets:* Eintrittskarten. Dieses Wort kehrt auch D 498 und 611 wieder. – *Jus praesentandi:* Vorschlagsrecht zu Ämtern. – *je:* In der Handschrift *daß je.* – *die eilfe:* Die elf Jünger Christi. – *angesehen hatte:* Danach von L. gestrichen *Weil mir mein Freund nichts von dem Tag gemeldet hatte, wenn die Zusammenkunfft seyn solte, so ge[...] Der Ort Florchheim ist mir sehr wohl bekannt, er liegt auf dem Wege wenn man von Mülhausen nach Gotha reißt, aber nicht die Poststrase nimmt, er ist klein und elend. Die Wirthin in dem eintzigen Wirthshauß.*

338 *die 32 Winde gemalt:* »Man giebt den Winden nach der Weltgegend, von der sie kommen, die Namen der Nord-Süd-Ost-Westwinde, und legt eben so denen, die nicht gerade aus einer Hauptgegend wehen, den Namen der zugehörigen Nebengegend bey. So werden der Richtung nach 32 Winde unterschieden« (Gehler, Bd. 4, S. 756; 697–699). Vgl. auch D 370.

340 *Täfelchen von Chocolade und Arsenik worauf die Gesetze geschrieben:* Wohl Parodie der Mosaischen Gesetzestafeln.

342 *Lavaters Aufforderung des Mendelssohn:* S. zu C 39. – *Gärten-Historie:* S. D 214 und die Anm. dazu.

344 *Romeo und Julia:* L. kannte Shakespeares Tragödie bis dahin nur aus Weißes Bearbeitung, in der er sie 1773 in Hamburg sah; s. auch RA 175.

346 *die Fabel von den Gärten:* S. zu D 214. – *Helvetius ... Abhandlung vom Luxus:* Vgl. »De l'esprit« 1, S. 3 und in dem 6. Abschnitt der Schrift »De l'homme, de ses facultés intellectuelles et de son éducation«. Die Schriften sind zu KA 117 und D 133 nachgewiesen.

347 *Liebe ein Embryo in Spiritus:* Zu dieser Formulierung vgl. D 322.

350 *untersucht ... ob es überhaupt möglich wäre etwas zu tun ohne sein eignes Bestes ...:* Vgl. D 321.

351 *nihil scire:* Lat. ›nichts wissen‹. Die Worte gehen wahrscheinlich auf Platons »Verteidigungsrede des Sokrates« VI D zurück, wo es in der gekürzten deutschen Fassung heißt: »Ich weiß, daß ich nichts weiß« (Büchmann, S. 510).

352 *Gemeine Leute ... zierlich reden:* Diese Bemerkung ist im »Orbis pictus« (III, S. 377 ff.) verwertet; vgl. auch das *teils* und *sondern* in den »Briefen von Mägden über Literatur« (III, S. 530 f.). – *sondern:* Von L. verbessert aus *th[eils].* – *Gradation:* S. zu Mat I 72.

353 *ich:* Davor von L. gestrichen *Ob Newton.* – *Aber daß ihr seht:* Zu welchem Plan diese Notiz gehört, die nach der Anrede für eine Veröffentlichung bestimmt war, ist schwer zu entscheiden.

354 *Saleh Begs Verdienste:* S. zu KA 244. – *Schah Nadir:* Über ihn s. zu KA 244.

355 *Schah Nadirs Pyramiden:* Vgl. KA 245. – *Ägyptischen:* Danach ein Anmerkungszeichen, dem aber keine Anmerkung entspricht.

356 *Lambertische Farben-Pyramide:* Lamberts »Beschreibung einer mit Calauischem Wachse ausgemalten Farben-Pyramide, wo die Mischung jeder Farbe aus weizs und drey Grundfarben angeordnet, dargelegt und derselben Berechnung und vielfacher Gebrauch gewiesen wird«, erschien Berlin 1772. L. zitiert die Schrift im Brief an Lambert vom 1. März 1774. Das Wort ›Farbenpyramide‹ begegnet auch in »Künsteleien der Menschen an Bildung ihres Körpers« (GTC 1778, S. 59 f.; Verfasserschaft L.s allerdings zweifelhaft; VS 6, S. 308). Friedrich Benjamin Calau (1724–1785), königl. preuß. Hofma-

ler in Berlin, entwickelte ein Verfahren der Wachsmalerei (1769) und behauptete, damit die enkaustische Malerei der Römer wiederentdeckt zu haben; Lambert gehörte zu den Verfechtern seiner Erfindung.

357 *Genugtuung:* Nach der christl. Lehre leistete Christus kraft seiner stellvertretenden Genugtuung (satisfactio vicaria) der göttlichen Gerechtigkeit für die Sünden aller Menschen Genüge, damit sie, von den Strafen der Sünde befreit, die Seligkeit erlangen können. Die luther. Theologen hielten an der Lehre von der stellvertretenden Genugtuung des Todes Christi fest. S. auch L 975.

360 *Beschreibung eines Mannes ... Taschen-Uhr ... hat:* Vgl. KA 274. – *Trimalchio:* Sprichwörtlich gewordene Gestalt aus dem »Satyricon« des Petronius; s. zu B 189.

362 *veraltern:* DWB 12, 1, Sp. 71 gibt lediglich Belege von Lohenstein, Reiske, Wieland, Thümmel für das heute durch *veralten* verdrängte Verb.

365 *gleich eine richtige End-Idee festzusetzen:* Vgl. D 190. – *Leonardo ... eine Malerei als einen Spiegel ansah:* Gemeint sind da Vincis Ausführungen im »Libro di pittura« 56. Vgl. C 107. – *Lessing ... Abhandlung vom Epigramm:* Lessings »Zerstreute Anmerkungen über das Epigramm, und einige der vornehmsten Epigrammatisten«, zuerst erschienen in Lessings »Vermischten Schriften«, 1. Teil, Berlin 1771 (Sämtliche Schriften 11, 1895, S. 214), beginnen mit der Erklärung des griech. Wortes. – *her:* Danach von L. gestrichen *Hieroglyphen.*

366 *alles was man denkt ... in besondere Bücher zu schreiben:* L.s erster Eintrag zu der von ihm empfohlenen und erfolgreich praktizierten Sudel-Buchführung; s. zu E 46; vgl. F 1219. – *denkt:* Von L. verbessert aus *thut.*

367 *Original-Schriftstellern:* DWB 7, Sp. 1348, gibt nur einen Beleg aus Schubarts »Briefen«. – *Esprit du Corps:* Frz. ›Korpsgeist‹. – *insuliert:* Abgeleitet von lat. insula: auf einer (einsamen) Insel lebend. Von L. verbessert aus *iso[lirt].*

368 *lieber Leser:* Die Anrede spricht für eine zur Veröffentlichung bestimmte Notiz.

370 *Die Bewegungs-Gründe ... wie die 32 Winde geordnet:* Vgl. D 338. – *Brod ... Ruhm:* Diese Zusammenstellung findet sich auch III, S. 522; vgl. D 166.

371 *seine Gesichts-Farbe ... ging aus b^1 ... in $b^1 g^7$ über:* Mit den Buchstaben *b g r* und verschiedenen Exponenten bezeichnet Tobias Mayer die Farbnüancen in seiner zu D 330 zitierten Abhandlung; vgl. besonders die Tabelle »Opera inedita« 1, S. 36 (s. zu B 237).

373 *Professeur Seigneur und ... Penseur:* Der Professor als Hoheit ... als Denker. Vgl. die ähnlichen Gegensätze ›auteur seigneur‹ und ›auteur penseur‹ sowie ›médecin seigneur‹ und ›médecin penseur‹ in III, S. 95, 539 und 571. S. auch E 189.

374 *licet mit dem indicativo:* Es ist erlaubt; im Latein. mit Infinitiv konstruiert.

375 *jungfräulicher Vernunft:* S. auch E 368.

376 *angeführt:* Vgl. DWB 1, Sp. 335, wo für *anführen* im Sinne von *verführen* nur ein Beleg von Sachs zitiert wird.

377 *anführen ... betrügen:* Über *anführen* im Sinne von *betrügen* vgl. DWB 1, Sp. 335, wo nur ein Beleg von Goethe gegeben wird. Der Gedanke wird

D 628 wiederholt. – *Hebraismus:* Zu L.s latentem Antisemitismus s. zu GH 43 und J 128.

378 *In diesem Jahrhundert:* Derartige Aufzählungen von »Säkular-Leistungen« bietet L. auch III, S. 63. – *zuerst künstliche Magnete gemacht:* Vgl. darüber Erxleben ⁶1794, § 558. Wohl vor allem Anspielung auf Knights berühmten großen magnetischen Magazine. S. zur Verfertigung der künstlichen Magnete Gehler, Bd. 3, S. 109–115. – *Erfindung der Meereslänge:* S. zu D 92. – *den deutschen Hexameter zur Vollkommenheit gebracht:* Der ›deutsche Hexameter‹ wird auch B 132 und D 427 erwähnt.

379 *Mein Onkel:* Fiktiv. – *vor solche Perioden das Pillen-Zeichen vorzumalen:* Vgl. Mat I 58. – *Pillen-Zeichen:* Nach der Abbildung in Mat I 58 handelt es sich um das alchemistische für Arena: Sand.

380 *Musik . . . verfeinert sich:* Die ersten beiden Sätze wiederholen sich D 487 in umgekehrter Folge. – *Alles verfeinert sich:* Vgl. D 329; K 275.

381 *ein gewisses Ichweißnichtwas:* Zu dieser Wendung vgl. Gombert in: Zeitschrift für deutsche Wortforschung 2, S. 70. Ähnlich gebraucht L. »Je ne sais quoi« in »Der Weg der Buhlerin« (III, S. 774). – *Gänsespiel:* Brettspiel mit Würfeln; vgl. DWB 4, 1, Sp. 1278. L. erwähnt das Spiel auch III, S. 909, und spricht in »Über Hrn. Vossens Vertheidigung gegen mich . . .« (GMWL 3. Jg., 1. Stück, 1782, S. 100 ff.; VS 4, S. 282) vom »Gänsespiel der Vocalenleiter«.

382 *Seht . . . Freunde:* Nach der Anrede Partikel zu einem Schreibplan. – *6-Batzen:* Der Batzen, Silbermünze der Schweiz und Süddeutschlands, gegen Ende des 15. Jh.s erstmals ausgeprägt; die 12-Kreuzer- und 24-Kreuzer-Stücke wurden in Süddeutschland als Drei- bzw. Sechsbälzner bezeichnet. – *Rabeners Satyren:* Im dritten Band der »Bremer Beiträge« hatte Gottlieb Wilhelm Rabener 1745 einen »Versuch eines deutschen Wörterbuchs« und einen »Beitrag zum deutschen Wörterbuche« veröffentlicht. Gottlieb Wilhelm Rabener (1714–1771), Steuersekretär in Dresden und neben Liscow der bedeutendste satir. Schriftsteller der dt. Aufklärung. Zu Rabeners Wörterbuch (Sämtliche Schriften 2, S. 226 und 254) hatte L. »Beiträge« zu schreiben begonnen, s. III, S. 502 ff. und K III, S. 233 f. – *Bruder Naumburgers Stichelreden:* Vgl. D 481. Die Anspielung ist unklar, bezieht sich aber wohl auf die Rezensenten der »Frankfurter Gelehrten Anzeigen«; vgl. E 189, 314. Naumburg war seinerzeit ein kathol. Bistum. – *sind:* In der Handschrift *ist*.

383 Diese Notiz führt das DWB 4, 1, Sp. 588 f. als Beleg zu *Gnadenstoß* an; vgl. »Zum Parakletor« (III, S. 529). – *Widerlegung von unten herauf:* Zu dieser Wendung vgl. L.s endgültige Formulierung in Mat I 76.

386 *Sprache von Otaheiti:* L.s Quelle ist das Tahitische Wörterverzeichnis, das Bougainville dem zweiten Band seiner Reisebeschreibung »Voyage autour du monde« angehängt hat, die Paris 1771 erschienen war. Dort ist 2, S. 271 »era, soleil« und »erai, le ciel«, S. 281 »erao, sexe de la femme« verzeichnet.

387 *Kann . . . Rezensenten:* Diese Bemerkung wurde von L. gestrichen. – *Rezensenten:* Auch diese Notiz gehört wohl in den Schreibplan der Rezensenten-Schelte.

388 *el imposible vencido:* Das besiegte Unmögliche. – »El imposible vencido; arte de la lengua Vascongada« ist der Titel der 1729 erschienenen baskischen Grammatik von Manuel de Larramendi (1690–1750), span. Philologe und Erforscher der baskischen Sprache.

389 *Heutzutage . . . p. 35:* Diese Bemerkung wurde von L. gestrichen. – *Osbeck Reise:* Vgl. KA 107 und Anm.

390 *Spanier:* Von L. verbessert aus *Engländer.* – *das venerische Übel:* S. zu C 365; vgl. III, S. 424. – *die Zeugungs-Glieder der Seele:* Von L. geändert aus *alle gerade die edelsten Theile.* L. gebraucht diesen Ausdruck auch B 56. – *Quiproquo:* S. zu C 288. – *machen:* Danach von L. gestrichen *Von den Advokaten habe ich es* [aus *mir*] *einmal gelesen.* – *Un reste . . . Indiens?:* S. zu KA 126.

391 *Geschichte des Nadir Schah . . . Mahadi geschrieben:* Muhamed Mahadis Buch über Nadir Schah war von William Jones (1746–1794), dem engl. Orientalisten, aus dem Persischen ins Frz. übersetzt worden und ist in den GGA 1770, Zugabe S. CCLX und CCLXV eingehend besprochen. Eine Verdeutschung dieses Werks von Thomas Heinrich Gadebusch erschien Greifswald 1773 unter dem Titel »Geschichte des Nadir Schah, Kaisers von Persien«; sie war L.s Quelle für seine Exzerpte. Die zitierten Kapitelüberschriften finden sich dort S. 29, 73, 84, 91, 102, 120, 161, 185, der Ausdruck »Pferde der Flucht« S. 121, 185, 191 (daneben auch S. 205 »Ross der Flucht«), die letzte Wendung S. 187. Vgl. III, S. 528. – *Muhamed Mahadi:* Mirza-Mohammed Mahdy-Khan, pers. Historiker, der zu Anfang des 18. Jh.s geboren wurde und bis nach 1757 lebte. – *Kapitel 6:* In der Handschrift *Kapitel 3.*

393 *Hegira:* Hedschra ›Auswanderung, Flucht‹: die Flucht Mohammeds von Mekka nach Medina am 15. Juli 622 n. Chr., von welchem Tage die Mohammedaner ihre Zeitrechnung anfangen. – *Jahr der Hasen:* Die Jahre 1732–1739, 1741–1744 und 1747 führen bei Muhamed Mahadi Tiernamen; so heißt in der »Geschichte des Nadir Schah . . .«, a.a.O., S. 214, das Jahr 1734 »Jahr des Hasen«.

394 *den Kelch des Stolzes getrunken:* Umbildung eines Satzes aus der »Geschichte des Nadir Schah . . .«, wo es S. 219 heißt: »Der Feind, der den Wein des Hochmuts getrunken«.

395 *Saunderson:* Nicolas Saunderson (1682–1730), engl. Professor der Mathematik und Physik in Oxford, war als Kind erblindet. Ein biographischer Aufsatz über ihn steht in den »Unterhaltungen« 3, S. 423. L. erwähnt ihn auch im »Schreiben an Herrn Werner in Gießen, die Newtonische Theorie vom Licht betreffend« (Ph + M 4, S. 387). – *Blindgeborner:* Über L.s Beschäftigung mit ihnen s. zu KA 88. – *Abulola:* Abul Ala al-Ma'arri (973–1047), bedeutender arab. Dichter. – *Jones Abhandlung:* Die »Abhandlung über die morgenländische Dichtkunst« von William Jones bildet den dritten Anhang der »Geschichte des Nadir Schah . . .« (S. 459); S. 503 wird ein längeres Stück einer Lob-Ode des Abulola mitgeteilt, den Jones mit Pindar vergleicht; seiner Blindheit gedenkt er S. 504. – *Maul in der Philosophie:* Vgl. D 639.

396 *Ils ne sentent pas . . . à la course:* Sie spüren nicht, daß es mit den Leuten von Geist wie mit den Läufern ist: So einer, sagen sie unter sich, läuft nicht. Und doch holen sie im Lauf weder den Lahmen noch den gemeinen Mann ein. – Die Sätze finden sich wörtlich an der von L. angegebenen Stelle; über die Schrift s. zu KA 117.

397 *Selbst-Mord nicht zu vergessen:* Dieser Satz ist, wie aus F 191 hervorgeht, wohl auf D 398 zu beziehen.

398 *Der Mensch ... betrachten kann:* Diese Bemerkung wurde von L. gestrichen; F 191 greift den Gedanken wieder auf. – *Der Mensch:* Diese Aufzählung zum Begriff Mensch nimmt L. auch D 428; F 191 vor; s. auch D 476. – *jede Größe ... sich selbst gleich:* Vgl. F 191. – *trinkt ... Urin des ... Lama:* Die Notizen über den Dalai-Lama entnahm L. wohl Helvetius' »De l'esprit« 2, S. 21 (s. zu KA 117) und »De l'homme, de ses facultés intellectuelles et de son éducation« 2, Anm. 37 (s. zu D 133). Vgl. noch J 949. – *Louvres:* Das bedeutendste Gebäude von Paris, ursprünglich Schloß der frz. Könige, das unter Ludwig XIII. und Ludwig XIV. vollendet wurde. – *Versailles:* Schloß, das unter Ludwig XIV. 1661–1689 erbaut wurde, die größte europäische Schloßanlage, 1682–1789 Residenz der frz. Könige. – *Sanssouci:* Frz. ›Ohne Sorge‹; Sommerschloß Friedrichs II., errichtet 1745–1747, ein Hauptwerk des dt. Rokoko. – *betrachtet ... Bienen-Zelle:* Vgl. F 191. – *Gott ... den Unbeweglichen:* Vgl. C 273. – *in Kamtschatka Vielfraß-Pelz:* Vgl. KA 98 und die Anm. zu KA 97, 98. – *Vide p. 46:* Gemeint ist D 428. – *Mir ... gefallen:* Von L. verbessert aus *Es ist viel von dem Menschen.* – *Pyramiden:* Danach von L. gestrichen *und Minerven Tempel bauen.* – *Peterskirchen:* S. zu B 124. – *selbst verfertigt:* Von L. verbessert aus *baut* aus *bauen kan.* – *mit:* In der Handschrift *und mit.*

399 *Wenn ein Buch und ein Kopf ...:* Von L. verbessert aus *Wenn einer seinen Kopf auf ein Buch stößt und es klingt hohl, so ist die Frage ob es im Buch oder im Kopf oder in beyden schallt.* Dieser Satz ist in der Antiphysiognomik (III, S. 559) und im »Orbis pictus« (III, S. 380) verwertet; s. auch E 104 und UB 43.

401 *unserer verkehrten Erziehung:* S. III, S. 423–425. – *schreibe ... den häufig wehenden Nordwestwinden zu:* Zu dem von L. gern hergestellten Zusammenhang zwischen Windrichtung und Schreibweise vgl. D 543 und an Dieterich, 1.(?) Oktober 1773.

402 *was:* In der Handschrift *es.* – *heiligen Christ-Ware:* Weihnachtsgeschenk; in späteren Jahren bezeichnet L. in Briefen gern den »Göttinger Taschen Calender« so.

403 *Hottentotten ... Geißel des Lebens:* Hottentotten (›Stotterer‹) wurden von den Holländern die afrikanischen Ureinwohner am Kap der Guten Hoffnung wegen ihrer schnalzenden Sprache genannt; sie zählten im 18. Jh. – völlig zu Unrecht – zu den niedrigsten Menschenrassen. Die Herkunft des Zitats nicht ermittelt. – *Que ... nous:* Was für Hottentotten sind unter uns! – L. zitiert diesen Ausspruch, den er Helvetius zuschreibt, auch E 168 und in seinem Artikel »Auch unter den Hottentotten gibts ganze Leute«, veröffentlicht im GTC 1791, S. 125.

404 *Ehrgeiz:* Von L. verbessert aus *Ruhm.*

405 *belli ... causa:* Denn längst vor Helena war Kriegsgrund oft die schnöde Lust am Weibe. (Nam fuit ante Helenam cunnus taeterrima belli causa; Horaz, »Satiren« I, 3, 107); s. auch III, S. 804 und D 428.

407 *die Menschen noch nicht fliegen können:* Zu diesem Thema vgl. auch D 525.

408 *On ... nouvelle:* Man sollte dieselben Dinge nicht von zu vielen verschiedenen Orten aus betrachten; bei jedem neuen Gesichtspunkt erscheint die Natur neu. – Die zitierte Stelle ist der erste Satz einer Abhandlung »Sur les réfractions« in der »Histoire de l'académie royale des sciences« 1700, S. 139.

409 *Schnupfen in der Hof-Luft gefangen:* Die Wendung »Schnupfen fangen« ist ein Anglizismus nach dem Muster von »to catch a cold«; L. braucht sie auch E 267 und im Brief an Dieterich vom 29. Dezember 1771; vgl. J 120.

410 *Heinrich:* Über L.s Diener Braunhold s. zu B 165. – *zum Schicksal:* Vgl. auch E 159. Zu den von L. notierten ›Henrikodulia‹ vgl. C 378.

411 *Nordlicht durch den Glanz der Heringe erklärt:* Des »Häringssystems« als einer Erklärungsart des Nordlichts gedenkt L. ironisch auch in »Bemerkungen über ein Paar Stellen in der Berliner Monatsschrift für den December 1783 (GMWL 3. Jg., 6. Stück, 1783, S. 953 ff.; VS 5, S. 32).

412 *erweisen . . . höchsten Wesens:* Vgl. aber L 253.

414 *Ähnlichkeiten . . . finden:* Vgl. TB 21. – *Tolle:* Johann Friedrich Tolle (1735–1805), Arzt in Göttingen. – *Mamsell D.:* Dieterichs älteste Tochter Luise, die spätere Frau Köhler, deren Geburtstag der 3. Dezember war; L. irrte sich hier im Datum um einen Tag. – *Ein anderer:* L. selbst, geboren am 1. Juli 1742. – *sein Mädchen:* Auf wen der L. anspielt, konnte nicht ermittelt werden; im übrigen vgl. D 556.

416 *Glaubst du etwa . . .:* Teil einer geplanten Publikation gegen die Rezensenten? – *Fehler in des Mannes Werken gefunden:* Vgl. F 269. – *Knaben-Stolz:* Diesen Ausdruck verwendet L. auch Mat I 33; zu L.s abschätzigem Wortgebrauch von ›Knabe‹ gleich ›Primaner‹ s. auch das Wortregister. – *Böotien:* Der Ausdruck begegnet auch D 610, L 68, »Zum Paraklctor« (III, S. 525) sowie in den Briefen an Nicolai vom 3. April 1774 und 16. April 1781. – *wenigen:* Danach etwas von L. gestrichen.

418 *Ein Blutkügelchen oder eine Sonne:* Bild für Mikro- und Makrokosmos. – *Blutkügelchen:* Kleine Bläschen im Blutstropfen. DWB 2, Sp. 186 führt lediglich einen Beleg aus Thümmel an.

419 *jedermanns Heimlichkeiten sagen:* Vgl. D 490 und 610, F 1, »Briefe aus England« (III, S. 336) und »Orbis pictus« (III, S. 379).

420 *in mediis resistentibus:* S. zu KA 298.

421 *Schlözern:* In der Handschrift von L. durch Kringel unleserlich gemacht. L.s nicht durchweg günstiges Urteil über den Historiker Schlözer ergibt sich aus den Briefen an Dieterich vom 15. März 1772 und vom 17. November 1773; s. auch Briefe an Wilhelm Gottlieb Becker vom 26. März 1781, an Amelung vom 3. Juli 1783, an Heyne von Februar 1784 und an Nicolai vom 20. April 1786.

422 *Leute:* Danach von L. etwas gestrichen. – *ein gewisses Talent:* Von L. verbessert aus *von einer Gabe.* – *dem Jahrhundert . . . seine Wünsche abzumerken, noch ehe es sie tut:* Vgl. C 340. – *dem:* Von L. verbessert aus *der Welt ihre Wün[sche].*

423 *Ich weiß gar nicht . . .:* Offenbar Teil einer geplanten Publikation (»Rezensenten-Schelte«).

425 *wir mehr selbst dächten:* S. zu D 255.

426 *Porträt von Christo zu haben:* Interessant, daß L. Anfang 1744 diesen Wunsch äußert, vor Erscheinen der »Physiognomischen Fragmente«, in denen sich Lavater ausführlich mit dem Christus-Gesicht beschäftigt. S. E 429 und Anm.

427 *Sagt nicht . . .:* Offenbar auch Baustein zur o. g. geplanten Veröffentlichung. – *Gegickel:* Von L. verbessert aus *Gickeln*; s. zu D 238. – *Canapees:* Das bevorzugte Sitzmöbel des privaten L., wie aus den Briefen etwa an das

Ehepaar Dieterich immer wieder hervorgeht. – *deutschen Hexameter:* Vgl. D 378.

428 *ad pag. 45:* Gemeint ist D 398. – *Der eine ... der andere:* S. zu D 398. – *wirft Hirse-Körner durch ein Nadel-Öhr:* Die Anekdote von dem Mann, der Alexander dem Großen seine Fertigkeit vorführte, Hirsekörner durch ein Nadelöhr zu werfen, las L. wohl bei Helvetius, De l'esprit 2, S. 12 (s. zu KA 117). – *bestreicht sie mit einem Stein ... über den Ozean:* Anspielung auf Magnet und Kompaß. – *führen:* In der Handschrift *führt.* – *verheert einem cunnus zu gefallen Länder:* Vgl. D 405. – *cunnus:* Lat. ›weibliche Scham; Dirne‹. – *verheert:* Von L. verbessert aus *zerstöhrt.*

429 *Wenn ... will:* Von L. gestrichen. Die Bemerkung gehört offenbar zu den Notizen für die »Rezensenten-Schelte«.

430 *Wenn ... Hunden:* Von L. gestrichen. Auch diese Bemerkung gehört offenbar zu den Notizen für die geplante »Rezensenten-Schelte«. – *beißenden Gedanken anbringen:* Vgl. D 497. – *anbringen:* Von L. verbessert aus *an jemandem versuchen.* – *macht ... einem:* Von L. verbessert aus *nimmt er sich dazu einen Sch[riftsteller].* – *Versuch:* Von L. verbessert aus *Bericht.* – *Physiologen an Hunden:* Albrecht von Haller führte um 1750 in Göttingen mit seinen Schülern Versuche an lebenden Tieren durch; s. Haller, Mémoires sur la nature sensible et irritable, des parties du corps animal, Lausanne 1756 (Titelkupfer).

431 *Zeitungs-All:* »Literaturall« bildet L. in Hogarth (VS 1844, 12, S. 264). Zu L.s Unwillen über das zeitgenöss. Zeitungs- und Rezensentenwesen s. das Wortregister.

432 *ποῦ:* Griech. ›irgendwo, irgenwie‹; hier aber vermutlich die von L. auch sonst gern geübte Schreibung deutscher Wörter mit griech. Buchstaben: Puh.

433 *Rezensent:* Auch diese Bemerkung gehört offenbar zum Korpus der Notizen für die geplante »Rezensenten-Schelte«. – *verstehen:* Danach von L. gestrichen *das heißt mit andern Worten, der Recen[sent] ferner ist es ihm so nöth[ig].* – *Selbstdenkers:* Zu dieser Forderung vgl. seine Briefe an Schernhagen vom 12. August 1776 und an Ebell vom 18. Oktober 1792. – *Nicht ... lange:* Von L. verbessert aus *Das heißt.* – *Enkel:* Von L. verbessert aus *Sohn in 6 Sprachen.* – *der Mensch ... auf der Oberfläche:* Vgl. D 196. – *einen so kleinen Anfall:* Von L. verbessert aus *ein paar Schurken.* – *befestigt:* Danach von L. gestrichen *Wissen Sie warum? Wenn.* – *courant:* S. zu D 42. – *Distinktion zwischen solider und superfizieller Gelehrsamkeit:* S. zu D 180. – *dieser ... Metapher:* Von L. verbessert aus *dieses Ausdrucks.* – *dieser der Geometrie abgeborgten Metapher:* Gemeint ist wohl der hier im moralischen Sinn benutzte Begriff aus der Geometrie: ›Soliditas, der körperliche Inhalt‹ (Wolff, Sp. 1291). – *durch plus und minus ... unterschieden:* S. auch D 461. – *bümmelt:* Zu ›bümmeln‹, das auch in der Fußnote L.s zum Brief an Dieterich vom 25. November 1772 begegnet, vgl. DWB 2, Sp. 515 und »Versuch eines bremisch-niedersächsischen Wörterbuchs« 1, 161. – *zwo Dimensionen von Witz und Gelehrsamkeit ... lineare:* Vgl. D 180. – *A und non A:* Der Satz des Widerspruchs. Nach dem zweiten A von L. gestrichen *Jemand.* S. auch E 514 und an Blumenbach, 12. November 1786.

434 *Man muß nie denken, dieser Satz ist mir zu schwer:* Diese Bemerkung kann wohl den Selbstermahnungen L.s zugerechnet werden, die er gern in Antiquaschrift hervorhob.

435 *Raum:* Von L. verbessert aus *mathematische Kör[per].* – *Dimension:* Von

L. verbessert aus *Extension*. – *undurchdringliche Körper:* Von L. verbessert aus *Undurchdringlichkeit*.

436 *Vetter Engel ... Vetter Affe:* Vgl. E 96, 147, 162.

437 *Meint ihr:* Vermutlich Notiz zu der geplanten »Rezensenten-Schelte«. – *Kandidaten-Prose:* S. zu C 74. – *Magazinsatyren:* Vgl. D 90. – *sogennante wichtige Remarque:* Frz. ›Bemerkung‹; seinerzeit beliebte Titel von historisch-politischen Schriften. – *Frankfurter Rezension:* Anspielung auf die »Frankfurter Gelehrten Anzeigen«.

439 *Ein Rezensent ...:* Vgl. D 433. In einer mit *Br.* (nach Parthey, Die Mitarbeiter, S. 7, 36) gezeichneten Rezension der zweiten Auflage von Gerstenbergs »Hypochondristen« in der AdB 21, S. 535, heißt es von dieser Schrift: »Auch glauben wir, es scheine zu sehr durch, daß ein Gelehrter sie schrieb. Die Satire sonderlich trifft zu sehr die Klasse, woraus der Verfasser war; viele Anspielungen sind nur ihr verständlich ... Daß doch unsre besten satirischen Schriftsteller so wenig sich auf die Lächerlichkeiten der übrigen Welt einlassen wollen!« Christoph Daniel Ebeling (1741–1817), seit 1769 Lehrer an der Handlungsakademie in Hamburg, 1784 Prof. der Geschichte und griech. Sprache am Akademischen Gymnasium ebenda; Schriftsteller und Rezensent. – *Deutschen ... Satyren ... bloß auf die Gelehrten:* Zu diesem Vorwurf vgl. auch D 633; E 114; s. aber E 189, 235.

440 *Leute ... die die Welt umschifft:* Diese Liste stammt aus dem »Discours préliminaire« zu Bougainvilles »Voyage autour du monde« 1, S. 7 (s. zu D 386); dort schließt die Liste mit Wallace und Carteret. – *Magellan:* Über Fernão de Magalhães s. zu KA 3. – *Drake:* Francis Drake (ca. 1540–1596), engl. Seefahrer, der auf Kaperfahrten gegen die Spanier als erster Engländer die Erde umsegelte. – *Cavendish:* Thomas Cavendish (1560–1592), engl. Weltumsegler (1586 und 1591). – *de Nord:* Olivier van Noort (ca. 1558–1627), der erste holl. Weltumsegler. – *Spielberg:* Gemeint ist wohl Joris van Spilbergen (gest. 1620), der zweite Holländer, der die Erde umsegelte; brachte Le Maire und Schouten von Batavia nach Holland zurück. – *Le Maire:* Jacob le Maire (1585–1616), holl. Seefahrer, entdeckte zusammen mit Schouten eine neue Schiffahrtsroute. – *Schouten:* Wilhelm Cornelisz Schouten (ca. 1580–1625), holl. Seefahrer, nahm 1615–1617 mit Le Maire an einer Südseefahrt teil, wobei sie vor allem die gesamte Nordküste Neuguineas entlangfuhren. S. »Journal ou description du merveilleux voyage«, Amsterdam 1619. – *Hermite:* Jacques L'Hermite (gest. 1624), holl. Seefahrer und Admiral, unternahm 1623 eine kriegerische Expedition in die Südsee; seinen Namen trägt eine kleine Insel im Süden des Feuerlands. – *Cowley:* Abraham Cowley (1618–1667), engl. Seefahrer, machte 1683–1686 u. a. mit Dampier eine abenteuerliche Erdumseglung, über die auch ein Bericht vorliegt (London 1699). – *Roger:* Woodes Rogers (gest. 1732 auf den Bahamas), engl. Kapitän und Gouverneur; erreichte 1709 auf seiner Expedition in der Südsee Juan Fernandez und fand Alexander Selkirk (Robinson). – *le Gentil:* Guillaume Hyacinthe Jean Baptiste Legentil de la Galaisière, (1725–1792), frz. Astronom und Reisender, 1750 Assistent der Pariser Sternwarte, 1753 Mitglied der Akademie der Wissenschaften in Paris, in deren Auftrag er 1760 eine Reise nach Indien antrat, um die Venusdurchgänge zu beobachten, von welcher er erst 1771 zurückkehrte. Über ihn und von ihm s. »Manipulation bey den Morgenländern« (GTC 1788, S. 172–173; unterschrieben B = Blumen-

bach?). - *Rogwin:* Jacob Roggewijn (1659-1729), holl. Weltumsegler, führte 1721-1722 eine Expedition in die Südsee durch. - *Anson:* Über ihn s. zu B₁ S. 45. - *Byron:* Danach etwas gestrichen. Über John Byron s. zu B₁ S. 45. - *Wallace:* Samuel Wallis (1728-1795), engl. Südseefahrer, erhielt 1766 den Auftrag, durch die Magelhaesstraße in die Stillen Ozean einzudringen und nach dem Südland zu suchen; entdeckte 1767 Tahiti wieder, kehrte 1768 nach England zurück; mit Carteret, Byron und Bougainville einer der wichtigsten Vorläufer Cooks. - *Carteret:* Philipp Carteret (gest. 1796 als Konteradmiral), engl. Erdumsegler, trat 1766 mit Wallis eine Südseereise an, auf der er sich aber von diesem trennte; kehrte 1769 nach England zurück. Er hat als einer der Vorläufer Cooks wesentlichen Anteil an der Entdeckung der Südseeinseln. - *Solander:* Daniel Charles Solander (1736-1782), schwed.-engl. Naturforscher und Gefährte von Joseph Banks, mit dem er James Cook auf dessen erster Weltumsegelung auf der »Endeavour« 1768-1771 begleitete.

441 *Aoturu:* Den Polynesier Aouturu nahm Bougainville während seiner Weltreise 1766-1769 auf dessen Wunsch von seiner Heimat Tahiti mit nach Paris, von wo er nach einem Aufenthalt von einem Jahr wieder heimgesandt wurde; vgl. darüber Bougainville, »Voyage autour du monde« 2, S. 63. Über seine Aussprache des Namens Bougainville wird ebd. 2, S. 285 berichtet. Vgl. RA 190. Zu den Ausspracheschwierigkeiten auch Omais betreffs Solander s. RT 26.

442 *wie Bougainville ... auf einer Boudeuse:* Bougainvilles Fregatte auf seiner Weltreise trug den Namen »La boudeuse« (Trotzkopf); über seine Reisebeschreibung s. zu D 386.

443 *Betel ... kaue:* Das Betelkauen der Perser erwähnt Helvétius in seiner Schrift »De l'homme, de ses facultés intellectuelles et de son éducation« 8, S. 7; sie dürfte L.s Quelle gewesen sein. Über diese Schrift s. zu D 133. - Das Kauen der Betelnuß, des Samens der Betelnuß-Palme, ist in Südasien seit dem Altertum verbreitet; die Betelnuß hat eine stimulierende Wirkung ähnlich dem Nikotin.

444 *mit offnen Naslöchern aussprechen:* Diese Wendung begegnet auch D 610; vgl. E 98 und »Über Hrn. Vossens Vertheidigung« (VS 4, S. 312). - *Patriotismus ... Nachahmung:* Vgl. an Dieterich am 28. Januar 1775. - *Ich bin ein deutsches Mädchen:* Klopstocks »Vaterlandslied« (zuerst 1770 veröffentlicht), dessen erste Zeile hier zitiert wird, war im Göttinger Musenalmanach für 1774 wieder abgedruckt worden; s. auch E 159. - *die Deutschen ... besitzen:* Von L. verbessert aus *wir auch Leute sind.* - *besitzen:* Danach von L. gestrichen *Wer läugnet denn das?* - *Aldermann:* Eigentlich alter Mann, ein Ältester; Gemeinderat in den Städten Englands. - *verlacht:* Von L. verbessert aus *auslacht.* - *sich ... kützeln:* Vgl. DWB 5, Sp. 881: sich selbst zum Lachen kitzeln. L. fehlt unter den Belegen.

445 Auch diese Notiz gehört in den Umkreis von L.s Maximen. - *das Wort superklug:* Nach DWB 10,4, Sp. 1208-1209 ist dieses Wort in der Literatur des 17. bis 20. Jh.s reich belegt, etwa bei Prätorius (1666) und in dem »Teutsch-Lateinischen Wörterbuch« von Frisch (1741): »ironice sagt man von nasutulo [Naseweis] superklug«. S. auch D 477, F 321, J 248 und »Einige Betrachtungen über die physische Revolutionen auf unsrer Erde« (GTC 1794; Ph + M 2, S. 30); ferner an Franz Ferdinand Wolff am 14. Oktober 1782. - *natürlich ... künstliches Einfallen:* Zu diesem Gegensatzpaar vgl. B 138. - *weit Hergeholte:*

L. gebraucht es wie *gesucht* und *künstlich, gekünstelt* stets abschätzig; vgl. C 209. – *Die Gallier glaubten* . . .: Leitzmann zufolge entnahm L. diese Notiz aus Helvetius' »De l'esprit« 3, S. 29 (s. zu KA 117). – *Magister Thiele:* Johann Georg Philipp Thiele (1748–1824), Magister der Philosophie an der Georgia Augusta in Göttingen, 1774 Lehrer am Philanthropin in Marschlius/Graubünden; sehr produktiver Autor. – *Meister:* Albrecht Ludwig Friedrich Meister.

446 *Aufzusuchen worin zwei Dinge verwandt sind:* S. zu A 59.

447 *natürliche Gründe:* Von L. verbessert aus *Regeln*. – *Verbesserungen dieser Dinge:* S. zu KA 290.

448 *Bücher über:* Von L. verbessert aus *ein Buch über ein*.

449 *Philosophen:* Von L. verbessert aus *Critickern*. – *Störk:* Anton Freiherr von Störk (1731–1803), Prof. der Medizin und Leibarzt in Wien, lieferte mustergültige Untersuchungen über die Wirksamkeit verschiedener Medikamente. – *Nutzen der schlechten Kritiker:* Diese Wendung erinnert an Liscows Titel von den »elenden Scribenten«. – *die guten:* Von L. verbessert aus *das direckte Genie*.

450 *Wenn man die meisten Gelehrten ansieht* . . .: S. L.s Kritik an dem zeitgenössischen Typ von Gelehrten, der ihm zu theoretisch und zu wenig praktisch war; vgl. D 445, 451 und 452.

451 *Der Mann* . . . *zu gebrauchen war:* Vgl. D 450.

452 *bloß Geist und Theorie:* Vgl. D 450.

453 *Gewiß:* Davor von L. gestrichen *Einen einfältigeren Ja Herrn*. – *der größte Tropf:* Auf wen L. anspielt, konnte nicht ermittelt werdne. – *Jaherrn:* Vgl. DWB 4, 2, Sp. 2227: der zu allem *ja, herr* spricht, daher gesinnungsloser Schmeichler; seit dem Mittelalter überliefert. Offenbar übernommen von Friedrich Carl von Moser in »Politische Wahrheiten«, Bd. I, S. 197 und 200.

454 *Das System des Helvetius:* Dieser Satz ist eine der Grundanschauungen des Helvétius; er handelt davon vor allem im zweiten Abschnitt der Schrift »De l'homme, de ses facultés intellectuelles et de son éducation«.

455 *Bei* . . . *zu sein:* Davor von L. gestrichen *Sein Maul Bey seinem Maul schien der Natur die Hand ausgefahren zu seyn*. – Dieser Satz ist in »Briefe aus England« (III, S. 366) bei der Schilderung des Schauspielers Macklin verwertet worden. – *Amboinischen Eidechse:* In dem »Encyclopädischen Journal« (1, S. 141–155) findet sich ein von Johann Albert Schlosser verfaßtes »Sendschreiben an Herrn Ferdinand Dejean . . . von der Amboinischen Eidexe Nebst einer genauen Beschreibung, auch einem getreuen und von geschickten Künstlern verfertigten Kupferstich dieser neuen, schönen und noch fast ganz unbekannten Art Unter der Aufsicht des Prof. Baldinger aus dem Lateinischen übersezt von S. Ch. G. Osann..« S. Abb. S. 263. – *Amboinisch:* Amboina: Molukkeninsel in Ostindien (Ambon); die Eingeborenen nennen die Eidechse Soa Soa Ajer. – *Baerstechers Encyclopädischem Journal:* Das »Encyclopädische Journal«, von Dohm hrsg., erschien 1774–1775 im Verlag Johann Gottlieb Baerstecher in Kleve. Christian Wilhelm Dohm (1751–1820), Prof. der Finanzwissenschaft in Kassel, dann Archivar und Kriegsrat in Berlin.

456 *gegen einander laufen wie ein paar Sprichwörter:* Vgl. F 852.

457 *Mittelwissenschaft zwischen* . . . *beiden:* L.s Standpunkt auch in politischen Dingen; s. das Wortregister.

zu D 455

458 *in Otaheiti ein Nagel:* Von dem Tahiter Omai schreibt L. im Brief an Dieterich vom 31. März 1775: »Er ist aus der Insul, wo man mit einem eisernen Nagel Herzen und Zubehör ohne Mühe erkauft.« J 896 greift diesen Gedanken wieder auf; s. auch K 108. Dieser Hinweis ist in Forsters »Voyage . . .« an vielen Stellen zu finden.

460 *Die:* Davor von L. gestrichen *Die Kunst sich durch dünnethun ohne sich d.* – *Dünne-Tun:* Vgl. F 350, 1158.

461 *Karthago:* Hauptstadt des Reiches der Karthager, euf einer Halbinsel nordöstl. von Tunis, wahrscheinlich im 9. Jh. v. Chr. gegründet im dritten Punischen Krieg 146 v. Chr. von den Römern zerstört. – *Dinge . . . unterschieden . . . nur durch plus und minus:* Vgl. D 433.

462 *Grimasse:* Frz. ›Verstellung‹.

463 *Fuchs und . . . Chamäleon:* Diese Zusammenstellung ist von L. in den »Briefen aus England« (III, S. 350) verwertet.

464 *für Farbe und Pigment nur ein Wort:* Über Farbe und Pigment s. auch Johann Christian Erxlebens »Anfangsgründe der Naturlehre« 6, § 381. Vgl. E 35.

465 *Eigenschaften . . . mit Thermometern, Hygrometern und Barometern gemein:* Gemeint ist wohl L. selbst. Zu Hygrometer s. zu D 116.

467 *ehrlicher Mann:* Zu dieser Wendung, die schon im 18. Jh. einen abschätzigen Beigeschmack erhält, s. das Wortregister.

469 *Scharfsinn ein Vergrößerungsglas . . . Witz ein Verkleinerungsglas:* Vgl. F 700 und Ph + M 1, S. 422. – *ähnliche:* Von L. verbessert aus *ähnliches* aus *eine ähnliche Art.* – *verschimmelt:* Vgl. dazu »Neue Erfindungen, Moden, physikalische und andere Merkwürdigkeiten« und »Einige Betrachtungen über die physischen Revolutionen auf unsrer Erde« (GTC 1794, S. 46f.; Ph + M 2, S. 58).

470 *Es wäre ein Tier möglich das seinen Körper nicht übersehen:* Vgl. F 34.

471 *eminent:* L. gebraucht diesen Ausdruck als Adverb auch in der Antiphysiognomik und VS 14, S. 118 (Hogarth); s. auch F 824.

473 *Genera poetarum:* Lat. ›Gattungen der Dichter‹.

474 *Bemühe dich, nicht unter deiner Zeit zu sein:* Auch diese Notiz ist L.s Maximen zuzurechnen.

476 *Register über das . . . Große und Kleine dessen der Mensch fähig . . . S. 44. Kolumne 1:* Gemeint ist D 398.

477 *Zum Superklugen:* S. zu D 445. – *Durch das häufige Beobachten nach Regeln, in der Absicht etwas erfinden zu wollen . . .:* Vgl. L 806.

479 *Observationen vom Menschen aus Reisebeschreibern:* L.s kritische Bemerkung steht in Kontrast zu der Tatsache, daß er selbst aus Reisebeschreibungen viele ethnologische und anthropologische Erkenntnisse geschöpft und verwertet hat; s. das Werkregister.

481 *Die Leute . . .:* Gemeint sind wohl die Mitarbeiter der »Frankfurter Gelehrten Anzeigen«. – *Kreuzern:* Danach von L. gestrichen *und Sachsenhäußer Vorstellun[gen].* – *Bruder Naumburgers Einfällen:* S. zu D 382.

482 *Savoyarde:* Eigentlich Mann aus Savoyen, dann allgemein für Straßenmusikanten, Schausteller, auch kleiner Schornsteinfeger. Der Ausdruck »philosophischer Savoyarde« begegnet in den »Briefen aus England« (III, S. 349); s. auch an Baldinger am 10. Januar 1775. – *Leonardo Sori:* Wohl von L. erdachter Name. S. auch Johann Christian Erxleben »Anfangsgründe der Naturlehre«, ⁶1794, §431. – *florentinischer Thermometer:* Über ihre Einrichtung vgl. »Anfangsgründe der Naturlehre«, ⁶1794, §453. – *dasige gelehrte Zeitung:* Gemeint sind die »Frankfurter Gelehrten Anzeigen«; s. zu C 342. – *Blum[en]bachs Versuche:* Johann Friedrich Blumenbach (1752–1840), Prof. der Medizin in Göttingen; Begründer der Vergleichenden Anatomie und Zoologie in Deutschland; »Handbuch der Naturgeschichte«, Göttingen 1780 (insgesamt 12 Aufl.), »Handbuch der vergleichenden Anatomie und Physiologie«, Göttingen 1804 (3. Aufl. 1824). Blumenbach, damals Student der Medizin in Göttingen, hatte im Januar 1774 einen erfolgreichen Versuch angestellt, Quecksilber zum Gefrieren zu bringen, und in den GGA 1774, 13. Stück, S. 106–107, eingehend darüber berichtet. In Erwiderung darauf erschien in den »Frankfurter Gelehrten Anzeigen« 1774, S. 232 eine anonyme »Nachricht«, worin gewarnt wird, jenen Versuch »so übereilt für richtig« anzunehmen, da er »nach andern zuverlässigen Nachrichten noch vielem Zweifel unterworfen« sei. – *maßen:* Dieses schon zu L.s Lebzeiten ersichtlich antiquierte Kanzleiwort begegnet auch D 607 und III, S. 219, 411. – *sich . . . lösen:* Vgl. DWB 6, Sp. 1195.

485 *sich ein gewisses System gemacht:* L. selbst? – *gemacht:* Danach von L. gestrichen *und es war ihm fast unmöglich sein Urtheil hinter seine Empfindung zu zwingen. Es war fast immer ein paar Schritte voraus.* – *Urteil . . . Empfindung:* S. auch D 739.

486 *Oberrock . . . Unterrock:* Eine ›eindeutige Zweideutigkeit‹?

487 *Alles verfeinert sich . . . Satyre war Pasquill:* Zu diesen Sätzen vgl. D 380. – *erlauben Sie gütigst:* Diesen Gegensatz verwertet L. in »Besondere Achtung einiger Völker gegen die Damen« im GTC 1778, S. 44. – *hinter die Ohren:* Von L. verbessert aus *aufs Maul.*

488 *und:* Danach von L. gestrichen *es ist einem Menschen.*

489 *Aphelio:* S. zu A 229. – *Perihelium:* Griech. ›Sonnennähe‹.

490 *Gabe den Menschen ihre Heimlichkeiten sagen . . .:* S. zu D 419. – *Ein Pursch . . . den Hut heruntergeschlagen:* Zu L.s Hut-Psychologie s. zu B 294. –

heruntergeschlagen: Danach von L. gestrichen *hat, schmutzige Stiefel. – Jedermann ... seinen guten Grad von Menschenkenntnis:* Vgl. Mat II 51.

491 *Wagenmeister:* Wohl der Göttinger Wagenmeister Carsten Bruns (1729–1782). – *Knochen ... System:* Zu dieser Wortbildung, die auch L 390 und ähnlich III, S. 338 begegnet, s. das Wortregister unter *System.*

492 *eine Art von:* Von L. verbessert aus *ein beständiger. – Passat-Wind:* S. zu B 263.

493 *Der Mensch hat auch einen Trieb zum Wohl von andern ...:* Zitat? – *perfice te:* S. zu A 36.

495 *Bernhäuter heißt ...:* Die Stelle findet sich in den GGA 1759, S. 502, wo aber »Bernhüter« nach S. 560 Druckfehler für »Barnhüter« ist. Zur Sache vgl. DWB 1, Sp. 1128 und Pauls »Deutsches Wörterbuch«, S. 53. Das Wort kehrt auch D 666 wieder.

496 *Devonshiring:* »Devonshire« erklärt Murray, »A new english dictionary« 3, 197 als: den Boden bereinigen oder verbessern, indem man Gras, Stoppeln oder Unkraut abschneidet, verbrennt und die Asche auf dem Boden verstreut.

497 *die Physiologen Versuche an Hunden anstellen:* Vgl. D 430. – *flickgewordene:* Das Wort »flügge werden« kehrt auch D 631 wieder. – *Witzling:* Von L. verbessert aus *Stilist. – Von Achts Erklärung:* Ein Schriftsteller, Journalist dieses Namens konnte nicht ermittelt werden; vielleicht handelt es sich nur um die verkürzte Wendung, die in E 156 wieder begegnet.

498 *meiner Leser:* Notiz zur geplanten Veröffentlichung der »Rezensentenschelte«? – *Entreebillets:* Vgl. D 337. – *Tempel des Nachruhms:* Vgl. III, S. 720 und zu D 107. – *stempeln:* Von L. verbessert aus *signiren.*

499 *Habeas Corpus:* Habe deinen Leib (frei): Mit diesen lateinischen Worten beginnt das engl. Grund- und Verhaftungsgesetz von 1679, nach welchem ein Verhafteter binnen 24 Stunden verhört werden muß und, wenn er keines Hauptverbrechens beschuldigt werden kann, danach wieder freizulassen ist. Zum Gedanken vgl. »Verzeichnis einer Sammlung von Gerätschaften« (III, S. 456).

500 *Peruquenmacher Voigt:* Johann Hermann Voigt (1746–1801), L.s langjähriger Friseur in Göttingen; s. Brief an Johann Beckmann vom 1. Juni 1787 und an Wolff vom 2. Juli 1791. – *das erste Glied noch einmal:* Viele sprachliche Eigentümlichkeiten von Bedienten und Personen niederen Standes aus seiner Umgebung verwertete L. im »Orbis pictus«. S. zu C 378.

501 *Offenherzigkeit ... Grobheit:* Zu dieser Wendung vgl. D 119.

502 *den Verstand in einer Binde tragen:* Ähnliche figürliche Verwendungen von ›bandeau‹ führt das »Dictionnaire français« 1, 151 an: im übertragenen Sinn: er sieht nichts, ist dumm.

503 *Polygraphen:* Zu L.s Kritik an der gelehrten und belletristischen ›Vielschreiberei‹ vgl. E 451; F 996; J 919, 1037 und III, S. 87.

504 *idea rectrix:* Zu dem Ausdruck vgl. B 140. – *Hängt mit einem schon ... gehabten Gedanken zusammen:* Gemeint ist C 349.

505 *Jedes Wörtchen ... filtriert:* S. auch Mat I 13. – *Persius eliquare verba:* Persius, Satiren 1, 35: »Eliquat ac tenero supplantat verba palato«.

506 *Kompilationen:* Die Zusammentragung aus Schriften anderer; zu L.s Verachtung dieser Art von Gelehrsamkeit s. das Wortregister.

507 *Fontenelle Histoire de l'académie ...:* Der Satz findet sich an der zitierten

Stelle der »Histoire de l'académie royale des sciences« (1708) und bildet den Anfang einer Abhandlung »Sur la rosée«, die jedoch nicht mit Fontenelles Namen unterzeichnet ist. Bernard le Bovyer de Fontenelle (1657–1757), Neffe von Corneille, Mitglied der Académie Française und Sekretär der Académie des Sciences. – *En physique . . . apparances:* Da in der Physik etwas so oder so sein kann, ist es gewöhnlich von der Beschaffenheit, die dem Augenschein am meisten widerspricht.

508 *Venerischen:* S. zu C 365.

509 *Ein Louisd'or in der Tasche . . . 10 auf dem Bücherschrank:* Anspielung auf das bekannte Sprichwort von der Taube auf dem Dach.

510 *Brydone macht . . . eine Bemerkung:* Brydones »A tour through Sicily and Malta« war London 1773 erschienen und in den GGA 1773, S. 995 und 1002 ausführlich besprochen worden. Patrick Brydone (1736–1818), engl. Reiseschriftsteller und Physiker, Oberaufseher des Stempelamts. L. verdankte die Anregung zur Lektüre des Buches wohl eher den Auszügen daraus im Aprilheft von Dohms »Encyclopädischem Journal« (1, 330; s. auch »Briefe aus England« (III, S. 361) und Brief an Dieterich vom 12. November 1775. – *Bemerkung die ich mehrmalen in ähnlichen Fällen gemacht:* Offenbar nicht schriftlich. – *There . . . point:* In der Modulation dieser einfältigen Produktionen ist oft eine Feierlichkeit und eine Inbrunst, die einen stärkeren Effekt bewirken als die Komposition der größten Meister, unterstützt von all den gepriesenen Regeln des Kontrapunkts.

511 *Brydone:* Von L. verbessert aus *Burney.* – *Ableiter für die Damen-Köpfe:* Betrachtungen über die Gefahren der weiblichen Frisuren bei elektrischen Entladungen sind bei Brydone im 11. Brief zu finden. – *Ableiter für ihre . . .:* L. bringt auch andernorts Gewitterelektrizität und weibliche Sexualität (oder männliche?) in ein Spannungsverhältnis.

512 *Prinz von Palagonia:* Ferdinando Francesco (1722–1789), Prinz von Palagonia, baute von etwa 1746 an das Palagonische Stammhaus in der Nähe Palermos zu einem ›Haus der Laune und des Widersinns‹ um, was etwa den ›Touristen‹ Goethe tief verstörte. – *hat:* In der Handschrift *hat die.* – *Brydone T. II p. 54:* Vgl. 24. Brief des zu D 510 nachgewiesenen Werkes.

513 *Cicero sagt:* Wohl ungenaues Zitat der anklingenden Stelle »Quaedam etiam neglegentia est diligens«, »Orator« 78? – *laboriosa . . . re familiari:* Geplagte Lässigkeit in häuslicher (ehelicher?) Angelegenheit.

514 *meinem Vaterland:* Gemeint ist dem Sprachgebrauch des 18.Jh.s entsprechend die Heimatstadt, hier: Darmstadt. – *mir . . . Freuden-Tränen in die Augen gedrungen:* Diese Wendung gebraucht L. auch E 331.

515 *p. 25 Erwähnung getan:* Vgl. D 213.

516 *Zoll auf die Gedanken gelegt:* Vgl. B 136. – *sie wäre:* Anspielung unklar.

517 *geldfeste:* Diese Wortprägung gebraucht L. auch D 523. – *vide p. 56. I:* Gemeint ist D 523.

518 *D . . .:* Dieterich. – *Noscitur ex socio . . .:* Noscitur ex socio, qui non cognoscitur ex se. Am Gefährten wird erkannt, wer aus sich heraus nicht erkannt wird. Vgl. F 702.

519 *Histoire de Gouberdon:* Zu ergänzen: »portier des chartreux«; Verfasser dieses 1745 erschienenen Buches ist nach Barbier, »Dictionnaire des ouvrages anonymes« 2, 665 und 672, der frz. Advokat Charles Gervaise de Latouche (1715–1782). L. nennt das Buch, ein Pamphlet gegen den Klerus und Brevier

der Liebeskunst, auch in der »Dritten Epistel an Tobias Göbhard« (III, S. 542). Über diesen erotischen Bestseller des 18. Jh.s s. Englisch, Geschichte der erotischen Literatur, S. 389–393. – *schmutziges Buch:* Zu L. und erotischer Literatur s. zu A 108. – *Therese philosophe:* »Thérèse philosophe ou Mémoires pour servir à l'histoire de M. Dirrag et de Mlle. Eradicée avec l'histoire de Mme Boislaurier«. Das Buch erschien Den Haag 1748; der Verfasser ist unbekannt. Englisch, der dieses Buch neben Latouches »Histoire de Gouberdon« als »das Standardwerk der erotischen-antiklerikalen Literatur« bezeichnet (S. 337), vermutet als Verfasser Jean-Baptiste de Boyer Marquis d'Argens (1704–1771), frz. Philosoph und Schriftsteller, bekannt mit Voltaire und Friedrich II., an dessen Hof er zwanzig Jahre weilte. Über den auf einer wahren Begebenheit beruhenden Roman s. Englisch, S. 397–401.

520 *Drama Gunkel von Göttingen:* Zu diesem geänderten Schreibplan s. zu E 522. – *was ... Nicolai von den Original-Skribenten gesagt wissen will:* Der Hinweis auf Nicolai bezieht sich wohl weniger auf die literarischen Gespräche im ersten Band des »Sebaldus Nothanker«, sondern auf einen – nicht erhaltenen – Brief Nicolais. Christoph Friedrich Nicolai (1733–1811), Schriftsteller und bedeutender Buchhändler in Berlin und Stettin; 1765–1806 Herausgeber der »Allgemeinen deutschen Bibliothek«; wichtigster und einflußreichster Repräsentant der Berliner Aufklärung; Freund u. a. Lessings, Mendelssohns, Mösers; 1781 in Göttingen; Werke u. a.: »Sebaldus Nothanker« (1773), »Leben, Bemerkungen und Meinungen Johann Bunkels« (1778), »Beschreibung einer Reise durch Deutschland« (1784 ff.). – *Original-Skribenten:* S. zu D 367. – *gelästert haben:* Danach von L. gestrichen *schimpften.* – *lebt:* Von L. verbessert aus *leben Männer die ehmals.* – *Harztanne:* Diesen Ausdruck gebrauchte L. auch III, S. 477. – *Bayonne:* Stadt und ehemals Festung im frz. Department Niederpyrenäen an der Bai von Biscaya; die Stadt lieferte seit 1663 Bajonette, die Ludwig XIV. 1679 bei der frz. Infanterie allgemein einführte.

521 *Art von Plattphilosophischem:* S. auch Mat I 14; L. verwertet die Wendung in »Orbis pictus« (III, S. 397); vgl. III, S. 994.

522 *roten Religion:* L. gebraucht den Ausdruck auch E 96; wie aus dem Brief an Friedrich August Lichtenberg vom 8. März 1784 hervorgeht, handelt es sich bei dem dort so genannten »Sakrament der roten Halsbinde« um das Verfahren Friedrichs II., Landeskindern schon früh als Zeichen der Zugehörigkeit zum militär. Nachwuchs ein rotes Halstuch zu verordnen.

523 *geldfest:* Vgl. D 517.

525 *unsere Namen hinter den Erfindern des Fliegens ... vergessen:* Vgl. auch D 407.

526 *Parakletor:* Griech. ›Fürsprecher, Beistand‹. Andere Entwürfe zu dem Titel des Parakletor finden sich D 532 und 603; vgl. über diese geplante Satire KIII, S. 242. Das Wort »Parakletor« gebraucht L. auch im Brief an Reuß vom 9. November 1796.

527 *Da saß nun der große Mann ... sah seinen jungen Katzen zu:* Vgl. B 185; s. auch F 541.

528 *Empfindungen ... kurz vor dem Einschlafen:* Über L.s subjektive Empfindungen vor dem Einschlafen vgl. A 129 und »Anmerckungen über des Bruders Brief« (Nachlaß, S. 58). – *Satz des Widerspruchs:* Principium contradictionis: s. zu J 942; vgl. D 530. – *eßbar vor mir gesehen:* Zu L.s Versinnlichung von Abstrakta s. zu F 381.

529 *subtile:* Danach von L. gestrichen *feine Einfälle und üben.* — *Mücken-Seigen . . . Kamele-Verschlucken:* Diese Wendung ist Matthäus 23, 24 entlehnt.

530 *Art von gekünsteltem Unsinn:* Diese Notiz gehört sicherlich zu den »Parakletor«-Notizen. — *der Halbköpfige:* Von L. verbessert aus *die Halbköpfigen;* vgl. B 192. — *Weben des Genies:* Dieses Bild verwendet L. auch E 109, 194, 245 und im Brief an Schernhagen vom 17. Oktober 1775. — *erstimulierte:* Diesen Ausdruck gebraucht L. auch im »Sendschreiben der Erde an den Mond« (III, S. 412) und im Alexandrinergedicht (III, S. 422). — *Enthusiasmus:* Von L. verbessert aus *Patriotismus.* — *Haschen nach Originalismus ohne Richtigkeit der Empfindung:* L.s wichtigster Vorwurf gegen den ›Sturm und Drang‹. — *in welchem . . . Rezensent:* Von L. verbessert aus *die man [aus der] Franckfurter Schakespi[risch] zu Franckfurt für Schakespearisch findet, und die man in den Primanerjahren.* — *der Frankfurter Rezensent:* S. zu D 203. — *Inspiration . . . glaubt:* Von L. verbessert aus *Eingebung wittert.* — *das Rauschen von Libanons . . . Zeder:* Vgl. D 214. — *Würg-Engels:* Von Gott zum Töten ausgesandter Engel, s. etwa 2. Moses 12, 7, 12–23; später gleichgesetzt mit den 4 Reitern der Apokalypse (DWB 14,2, Sp. 2213). — *Klang der Posaune des letzten Tages:* Nach Offenbarung Johannis 8. und 12. Kapitel. Vgl. noch J 380; L. verwendet die Wendung in den Hogarth-Erklärungen (III, S. 790, 824 und 1025). — *Satz des Widerspruchs:* Vgl. D 528; s. zu J 942.

531 *Es ist kein einziger unter ihnen:* Auch diese Bemerkung ist dem »Parakletor«-Plan zuzurechnen. — *stimulantia:* Vgl. D 287.

531 *Original-Werk:* L. gebraucht diese Wortbildung auch D 610; E 69; im übrigen s. das Wortregister. — *von Gießen bis Darmstadt:* Das heißt das Einzugsgebiet der »Frankfurter Gelehrten Anzeigen« und ihrer Rezensenten.

532 *Parakletor:* S. zu D 526. — *ehrlicher:* Von L. verbessert aus *brauchbarer.*

533 *Glaubt nur . . . Freunde:* Auch diese anredende Bemerkung ist dem »Parakletor«-Plan zuzurechnen. — *Primanern:* S. zu D 238. Dort auch die Verbindung mit »Perückenmacher«. — *Peruckenmachern:* Von L. verbessert aus *Friseurs.* Im übrigen vgl. D 238. — *und . . . weiter:* Von L. verbessert aus *weiter habt ihr es doch nicht.* — *Stundenglas:* Danach von L. gestrichen *immer unterdessen immer fortlauft.* — *gut, so:* Danach von L. gestrichen *Können eure Tadel.* — *wenig:* Danach von L. gestrichen *unterdrücken.* — *den Sturm . . . zurückfächeln:* Dieses Bild begegnet ähnlich auch E 257 und 387 sowie F 2 und 860; vgl. B 334. L. verwendet es in den Hogarth-Erklärungen »Tags-Zeiten« (III, S. 713). — *Kartenblatt:* Von L. verbessert aus *Schachtelbrett.* — *Fels der Vergessenheit:* S. auch E 257.

534 *Wenn ein Werk auf die Nachwelt kommt . . . :* Der Gedanke kehrt D 611; E 387 wieder. — *Krappen:* Hier: Verschluß an Büchern (DWB 5, Sp. 2006). Unter *Krampe* gibt DWB als Beleg diese Stelle aus L. Dieser Ausdruck begegnet auch D 611 und E 257.

535 *Prunk-Artikel . . . Prunk-Schnitzer:* Auch diese Bemerkung ist dem »Parakletor«-Plan zuzurechnen; vgl. »Briefe aus England« (III, S. 336). — *Zeug:* Danach von L. gestrichen *Sie halt[en] Sie machen.* — *Prunk-Schnitzer:* Diesen Ausdruck gebraucht L. auch D 610; E 228; F 1.

536 *worden ist:* Danach von L. gestrichen *Wenn man [aus ich] ein Räthsel aja Debt.* — *Simplicia:* Einfache (Arzneimittel). — *einem schon einmal gehabten Gedanken:* Wohl eine Anspielung auf D 253.

537 *Raffael . . . Verklärung Christi:* Raffaels berühmte Transfiguration, um

1520 vollendet, deren Original in Rom ist, war in vielen Nachbildungen verbreitet. Raffaello Santi (1483-1520), ital. Maler und Architekt, für das 18. Jh. der Inbegriff des jungen begnadeten Genies. - *Newtons Principia:* Gemeint sind die »Philosophiae naturalis principia mathematica«, die London 1687 erschienen sind. Die Zusammenstellung von Raffael und Newton erinnert an einen Satz auf einem im Nachlaß erhaltenen Blatt zur Vorrede des Parakletor: »Eine der größten und wichtigsten Erfindungen wäre wohl eine Wage, auf welcher das Gewicht jeder Tat und jedes Gedankens bestimmt werden könnte, den sie in dieser Welt, so wie sie damals stund, als sie würklich wurden, haben. Oder eine Sprache, in welcher die Iliade übersetzt gleichlautend mit Newtons Principiis wäre, so dass der Weltweise, der Arzt, der Theologe, der Jurist, wenn er, es sei was für ein vollkommenes Werk in jeder Wissenschaft es wolle, auch in derjenigen, wovon er nicht die mindeste Kenntniss und wofür er nicht das mindeste Gefühl hat, läse, allemal ein vollkommenes Werk seines Fachs zu lesen glaubte.«

538 *Point d'honneur bei den Manns-Personen:* S. zu B 139; vgl. D 653.

539 *Lavater ... Mendelssohn:* S. zu C 39. - *gebracht haben:* Danach von L. gestrichen *Man bedencke wohl.* - *Ableiter für den Bannstrahl:* Vgl. D 60. - *zu haben:* Danach von L. gestrichen *Ich entscheide so:*. - *Menschenscheu:* Danach von L. gestrichen *in der Stille.* - *einen Hieb haben:* Diese Wendung begegnet auch E 196; J 1165; L 607, Antiphysiognomik (III, S. 288) und Brief an Ebell vom 26. Oktober 1782. S. DWB 4, 2, Sp. 1307. - *der Gärung wegen:* Vgl. C 78 und Anm. - *schweizerischem Deutsch:* Dieser Ausdruck begegnet im »Timorus« (III, S. 234); vgl. auch ›Schweizerprose‹ in dem »Anhang über Streitigkeiten« (III, S. 566) und ›Alpenprose‹ im Alexandrinergedicht (III, S. 423) sowie F 1166. - *seine eigne Prose läuten hört:* Zu dieser Wendung s. zu D 153. - *dankverdienerischer Zudringlichkeit:* S. zu D 64. - *Werken:* Von L. verbessert aus *See[len] Menschen poliren und.* - *anstößt:* Im Sinne von: hart anrühren. Vgl. DWB 1, Sp. 489. - *Rechtschaffenheit:* Von L. verbessert aus *Guthertzig[keit].* - *Schafmütigkeit:* Offenbar Wortprägung L.s. - *schon voriges Jahr:* 1773.

541 *Bücher ... geschrieben:* Diese Wendung ist im »Orbis pictus« (III, S. 378) verwertet; vgl. auch E 104. - *zu Buch zu bringen:* Diese Wendung verwertet L. in den »Briefen aus England« (III, S. 354) und »Orbis pictus« (III, S. 377 und 381); s. auch E 162, 380 und F 3.

542 Von L. gestrichen. - *Ein junger Mann ...:* Gehört auch dieses Fragment zum Parakletor-Plan?

543 *bei dem Ostwinde ... schreiben:* Vgl. dazu Brief an Dieterich von Ende Oktober 1773 und an Karl Friedrich Hindenburg am 24. August 1778.

544 *Kommiß-Nickel:* Ähnlich in D 667 *Regiments-Nickel;* s. ebenda zu *Nickel.*

545 *Stolz ... nachkommt:* Von L. gestrichen; vgl. D 547.

546 *Oden schnaubende Muse:* Vgl. Brief an Dieterich vom 28. Januar 1775.

547 *Stolz ... nachkommt:* Diese Bemerkung ist in den »Briefen aus England« (III, S. 357) verwertet; vgl. auch D 545.

548 *mit birkenem Pinsel blau bemalen:* Dieselbe Wendung begegnet im Alexandrinergedicht (III, S. 424); die »pädagogische Birke« wird in »Etwas über den Nutzen und den Cours der Stockschläge ...« (GTC 1781, S. 87; VS 5, S. 277) genannt. Vgl. C 238.

549 *par procuration:* Frz. ›durch Stellvertreter‹; die Wendung ist in den Hogarth-Erklärungen (III, S. 1053) verwertet.

551 *nitimur in foetidum:* Wir drängen nach dem Stinkenden. L. zitiert dieses »Erotikon« auch im Brief an Johann Friedrich Blumenbach von Mitte Juli 1780 und in »Der doppelte Prinz« (III, S. 618). Korrekt lautet die Zeile: »Nitimur in vetitum semper cupimusque negata«. Zum Verbotenen neigen wir und begehren Versagtes. Zitiert aus Ovid, »Amores« 3, 4, 17.

552 *Entsprechen . . . versagen:* Dieser Bemerkung liegen die Ausführungen zweier Artikel in den »Westphälischen Beyträgen zum Nutzen und Vergnügen« 1774 zugrunde: »Von dem Wort entsprechen«, S. 101; »Zusatz wegen des Worts entsprechen«, S. 111; der erste handelt von den beiden Komposita mit *ent-,* der zweite stellt die mit *ver-* zur Vergleichung. Die Zeitschrift erschien 1773–1808 als Beilage zu den »Wöchentlichen Osnabrückischen Anzeigen«, zuvor unter dem Titel »Nützliche Beylagen zum Osnabrückischen Intelligenz-Blate« (seit 1766 von Möser hrsg.). Brigitte Erker hat im Lichtenberg-Jb 1990, S. 80–86 einen vermutlich von L. verfaßten Aufsatz »Etwas für das Wort Entsprechen« im »Hannoverischen Magazin« 1777 veröffentlicht. Das Wortspiel begegnet auch E 245, F 42 und RA 161; vgl. ferner C 280 an Schernhagen, 21. August 1777.

553 *Osnabrückischen Wochenblättern:* Diese Notizen sind dem Artikel »Erinnerungen gegen die im 6. Stück angegebene Verwandtschaft zwischen mansard und mansus« in den »Westphälischen Beyträgen zum Nutzen und Vergnügen« 1774, S. 71 entnommen. – *Mansard:* Jules Hardouin-Mansart (1646–1708), frz. Baumeister, Erfinder einer bewohnten Dachkammer, der nach ihm benannten Mansarde. – *Manser:* L. gebrauchte dieses Wort III, S. 794, 815; vgl. KIII, S. 372. – *Chronicon Bergomence:* Das 1730 anonym erschienene »Chronicon Bergomense Guelpho-Ghibellinum . . . ab anno MCCCLXXVIII usque ad annum MCCCCVIII« wird Castellus de Castello zugeschrieben. – *Muratori T. XVI:* Ludovico Antonio Muratori (1672–1750), ital. Historiker; Vater der ital. Geschichtsforschung. »Rerum italicarum scriptores praecipui ab a. aerae Christ. 500 ad 1500, quor. potissima pars nunc prim. in lucem prodit.«, 25 Bände 1723–38, der letzte Band 1751.

554 Mit dieser Notiz beginnen die Eintragungen, die L. in England gemacht hat (bis einschließlich D 672 Anm.; ferner D 749–759). – *Chesterfield:* Philip Dormer Stanhope (1694–1773), 4th Earl of Chesterfield, engl. Staatsmann und Schriftsteller, heiratete 1733 Petronilla Melusina von der Schulenburg, Countess of Walsingham und Tochter der Duchess of Kendal, der Maitresse Georgs II. »Letters written by the Late Rt. Philip Dormer Stanhope, Earl of Chesterfield, to his Son Philip Stanhope Esqu.; late Envoy Extraordinary at the Court of Dresden« waren ohne des Verfassers Wissen und Willen, kurz ehe L. im Herbst 1774 nach England kam, herausgegeben von der Witwe des Sohnes Philip Stanhopes, in London erschienen und erregten großes Aufsehen: vgl. darüber besonders die D 593 berichteten Einzelheiten. Die hier zitierte Stelle findet sich »Letters« 1, S. 257. Eine Anekdote von Chesterfield berichtet L. in GTC 1798, S. 196 (VS 6, S. 486) und erwähnt seine »Grundsätze vom Frauenzimmer« in »Besondere Achtung einiger Völker gegen die Damen« (GTC 1778, S. 44; VS 5, S. 247). – *I have . . . nature:* Ich habe oft gesagt und denke, daß ein Franzose, der neben einem Fond an Tugend, Kenntnissen und gutem Verstand die Sitten und gute Erziehung

seines Landes hat, die Vollkommenheit menschlicher Natur ist. – *Frenchman ... perfection of human nature:* Mit einem solchen wohlerzogenen Franzosen wird Garrick in den »Briefen aus England« (III, S. 331) verglichen.

555 *Letter 144:* Chesterfield, a.a.O., 2, S. 139. – Sei früh, was, bist du es nicht, dir, wenn's zu spät ist, wünschen wirst, gewesen zu sein.

556 *Cromwell:* Cromwells Geburtstag ist vielmehr der 25. April 1599. – *an dem Tage:* Derartige Datum-Konstellationen zwischen Personen unternimmt L. auch D 414. – *Königin Elisabeth:* (1533 bis 24. März 1603) Tochter Heinrichs VIII. und der Anna Boleyn, 1558 vom engl. Parlament als Herrscherin anerkannt (Elisabeth I.).

557 *Leti cacalibri:* »Leti Bücherkacker«. Gregorio Leti (1630–1682), ital. Historiker, wegen seiner Vielschreiberei, seiner Ungenauigkeit und seiner Vorliebe für das Wunderbare der »Varinas italien« genannt. L.s Quelle für diese Notiz konnte nicht ermittelt werden. Vgl. F 117, 129, 140 und Mat I 106. Über die *Vielschreiberei* äußert sich L. auch J 145; E 451; s. auch zu D 503.

558 Über *Bettelbrief* von L. gestrichen *praef[atio]*. Vgl. »Zum Parakletor« (III, S. 525).

559 *Der Herbst, der der Erde die Blätter wieder zuzählt ...:* Eine für L. ungewöhnlich ›poetische‹ Formulierung: Zitat? Notiert im engl. Spätherbst.

560 *St. James:* St. James' Palace, Ecke Pall Mall und St. James' Street, seit 1691 die Residenz der engl. Könige. – *erhöht:* Von L. verbessert aus *erhoben*.

561 *der am Hofe lebt:* L. schrieb das zu diesem Zeitpunkt noch nicht aus eigener Erfahrung.

562 *Wo und wann habe ich denn gesagt ...:* Der Redeweise nach für eine Veröffentlichung bestimmt. – *Ich lebe und schreibe in Westfalen:* Tatsächlich hielt L. sich vom 6. September bis 13. Februar 1773 in Osnabrück auf, also Fiktion. – *das Kauderwelsche:* Unverständliche, mit Fremdwörtern vermengte Sprache, erst seit Ende des 16. Jh.s belegt (DWB 5, Sp. 308–310). Westfälisches Platt zitiert L. auch in den Briefen.

563 *im Kauderwelschen:* Vgl. D 562.

564 *Ein paar Dutzend Millionen Minuten machen ein Leben ...:* Ähnliche Reflexionen über das menschliche Leben stellt L. auch C 323; F 1202 und F_1 S. 642 an.

565 *Leben des ... Magister Bullock:* Zu diesem Schreibplan s. zu D 63.

567 *Wachslichter-Zeiten:* Vgl. die ähnliche Wendung in D 214.

568 *abgestrahiert:* Über L.s Interesse an ›Henrikodulia‹, komischer Wortwahl s. zu C 378. – *vaslet:* Ältere Form für frz. *valet*; gemeint ist sicher L.s Bedienter Heinrich Braunhold.

569 *to condemn ... Turkey:* Keine Person ungehört zu verurteilen, ist eine Regel natürlicher Billigkeit, die wir in der Türkei selten verletzt sehen. Vgl. zur engl. Rechtsprechung und gleichem Grundsatz Hogarth-Erklärungen (III, S. 776). – *which ... rarely:* Von L. verbessert aus *very seldom*. – *sagt Lord Bolingbroke:* Der Ursprung des Zitats nicht ermittelt; vermutlich Lesefrucht aus Hedsor.

570 *Garrick ... auf die Bühne bringen:* Von L. ersonnener Theatercoup. – *the blowing ... mills:* Die Explosion der Pulver-Mühlen. – *Hounslow:* Eine kleine Ortschaft westlich von London; das Ereignis, auf das hier angespielt wird, konnte nicht ermittelt werden.

572 *Robertson:* Von L. verbessert aus *Johnson.* – *History of Scotland:* »The history of Scotland during the Reigns of Queen Mary and of King James VI till his Accession to the Crown of England«, London 1769, 2 Bde. (BL, Nr. 1067). Das Zitat bildet den Schlußsatz des 2. Buches. – *The ignorance ... force:* Ignoranz oder schlechter Geschmack eines Zeitalters mögen die Kompositionen von Schriftstellern von Beruf dunkel oder affektiert oder absurd machen; aber die Geschäftssprache ist zu allen Zeiten fast dieselbe; und wo immer Menschen klar denken und durchwegs beteiligt sind, drücken sie sich mit Scharfsinn und Stärke aus. – Robertson drückt hier aus, was L.s eigener Grundatz ist. – *authors by profession:* Schriftsteller von Beruf; ähnlich bildet L. F 383, 354; H 40.

573 *von Leuten ... Besoldung:* Die Besoldung als Maßstab des Menschen kehrt D 602 wieder; vgl. auch B 136 und 137. L. selbst verdiente 400 Taler im Jahr. – *zu den meisten Stellen ... könnte man ... jeden Gassenjungen tüchtig machen:* Zu L.s Antifeudalismus vgl. A 79 und 119. – *suche man:* Von L. verbessert aus *ist sicherlich nicht.*

574 *Bullock:* Über diesen Schreibplan s. zu D 63.

575 *Bullocken:* Die hier erwähnten, in den Rahmen des zu D 63 erörterten Planes gehörigen Buchstaben und Namen – aus Osnabrück? – entziehen sich der Deutung, da von L.s satirischen Absichten damit nichts bekannt ist. – *D͆ B.'s:* Vgl. an Marie Tietermann am 19. Mai 1773. – *Peitsche:* Von L. verbessert aus *Beutel.*

576 *Remus:* Wohl fiktiver Name.

577 *wollüstiger Bangigkeit:* Vgl. C 351.

578 *papier maché-Verzierungen:* Die englischen Papiermaché-Arbeiten rühmt auch Wendeborn, »Der Zustand des Staats, der Religion, der Gelehrsamkeit und der Kunst in Grossbritannien« 4, S. 397. Im übrigen s. zu D 214 (S. 266). – *Makulatur:* Mißdruck; unrein bedrucktes Papier, das nur noch zum Verpacken taugt. L. gebraucht das Wort sehr gern; s. das Wortregister. – *Makulatur stampfen:* Vgl. J 274; III, S. 377, 522 und 720.

579 *Newtons Grabmal:* Volkmann beschreibt es in »Neueste Reisen durch England« 2, S. 350. S. auch K 269. – *Abbt Paris Grab:* François de Paris (1690–1727), frz. Thaumaturg, dessen Grab unmittelbar nach seinem Tod sehr berühmt wurde. – *Gegen Kästnern geäußert:* Brief L.s am 20. Dezember 1774.

580 *Verzeichnis der Druckfehler ... Druckfehler-Verzeichnis:* Vgl. J 71.

582 *Heinrich VIII.:* Die Gewaltakte Heinrichs VIII. (1491–1547), seit 1509 engl. König, gegen die Bekenner der verschiedenen Religionen schildert eingehend Oliver Goldsmith in »An History of England« 2, S. 388, erschienen London 1764 (BL, Nr. 1055). Die Lektüre des Buches gehörte ebenfalls zu L.s Vorbereitung auf die England-Reise. Oliver Goldsmith (1728–1774), engl. Schriftsteller, studierte Medizin, war aber als Arzt erfolglos; neben Sterne der Hauptvertreter des Sentimentalismus im 18. Jh.; berühmtestes Werk: »The vicar of Wakefield« (1766; dt.: 1776); Herausgeber der Wochenschrift »The Bee«.

583 *Massacre der Protestanten in Irland unter Karl I.:* Vgl. Goldsmith, »An History of England« 3, S. 245.

585 *Goldsmith's history ...:* Zu diesem Werk s. zu D 582. – *Enthauptung Karl des Ersten:* S. zu KA 163. – *Thus ... Europe:* So sah die Menschheit mit

Verwunderung ein Parlament, zusammengesetzt aus sechzig oder siebzig obskuren und ungebildeten Mitgliedern, ein großes Empire (England, Schottland, Irland, Amerika und die Inseln μπ) einmütig und erfolgreich regieren. Ohne irgendeine zugestandene Unterordnung außer einem aus 38 [Personen] bestehenden Staatsrat, an den alle Eingaben gerichtet wurden, stellten sie Armeen auf, unterhielten Flotten und gaben benachbarten Mächten Europas Gesetze. – *the Islands:* Die Westindischen Inseln.

587 *Ein gewisser ... Kirke:* Die Geschichte findet sich bei Goldsmith, »An History of England« 4, S. 16. – *Kirke:* Percy Kirke (1646–1691), engl. Militär, 1682–1684 Gouverneur von Tanger, 1690 Generalleutnant. – *Jakob der Zweite:* James (1633–1701), 1685–1688 engl. König, trat 1672 zum Katholizismus über, stürzte über den Versuch, in England den Katholizismus wiederherzustellen. – *Tangier:* Tanger, marokkanische Seestadt am westl. Eingang der Straße von Gibraltar. – *König:* Von L. verbessert aus *Kay[ser]*. – *mit Shakespear zu reden:* »To lash the rascals maked through the world«, heißt es in »Othello« 4, 2.

588 *1774 las ich in ... Humes Schriften die Engländer ... keinen Charakter:* Die Stelle aus David Hume zitiert L. D 231, wo sie in der Anmerkung näher nachgewiesen ist. – *etwa 16 Wochen unter diesem Volk gelebt:* Die Angabe der Wochen führt auf die zweite Hälfte Januar 1775 als Zeitpunkt, zu dem diese Bemerkung niedergeschrieben wurde: nach dem Tagebuch kam L. am 25. September 1774 in Essex, am 27. in London an (vgl. RT 1).

589 *Georg der II^te ... zog zuerst den Hochländern Hosen an:* S. Goldsmith, »An History of England« 4, S. 325. – *Hochländern:* S. das Wortregister.

590 *in England ... ein Schneider ... Bericht in der Zeitung anfängt:* Zu der schon im 18. Jh. in England üblichen Reklame vgl. KA 91; B 379; E 271. – *A Health ... God:* Gesundheit ist die erste Gnade, die man von Gott genießt.

591 *Viertelstündgen ... fast so lang ... als anderthalb ... bürgerlichen Stunden:* Vgl. ähnlich noch L 417.

592 *Heinrich der VIII^te ... Werk über die Religion und einen Glaubens-Codex zu schreiben:* Gemeint ist »Assertio septem sacramentorum«, die Heinrich VIII. (1491–1547) 1521, im Alter von 30 Jahren, schrieb; er war damals seit zwölf Jahren König von England.

593 *an ... Feder:* Wohl Entwurf zu einem Brief an Johann Georg Heinrich Feder von Februar 1775. – *Chesterfield ... Briefe:* Darüber s. zu D 554. Die Stellen hier stehen »Letters« 3, S. 233 f. – *jungen Stanhope:* Philip Stanhope (1732–1768), unehelicher Sohn Lord Chesterfields aus der Verbindung mit Mademoiselle du Bouchet, Zögling Dr. William Dodds, später Günstling Georgs III., der ihm das Direktorium der Münze und andere Ämter verschaffte. – *the graces, the graces:* Engl. ›Grazie, Anstand‹. – *Anekdoten ... aus der ersten Hand:* Von Irby Junior, wie aus D 749 hervorgeht. – *Lord Bostons Landhause:* Hedsor an der Themse zwischen Maidenhead und Windsor, eine der beliebtesten Gegenden in der Nähe Londons. William Irby, 1st Lord Boston (1707–1775) hoher Hofbeamter bei Georg III., war L.s Gönner, der Vater des in Göttingen ihm anvertrauten Irby, der in den Briefen häufig erwähnt wird; er ist wohl auch D 622 gemeint. Auf dem Landgut Hedsor in Buckinghamshire brachte L. einige Wochen im Oktober 1774 als Gast Lord Bostons zu; vgl. Briefe an Baldinger vom 8. Oktober 1774, an Kaltenhofer ebenfalls vom 8. Oktober 1774. – *Mrs. Walkingshaw:* Catherine Walkinshaw,

Hofdame und Vertraute der Prinzessin von Wales, der Mutter Georgs III. – *seiner Mutter:* Mademoiselle du Bouchet. – *Acta pacis:* Friedensakten. – *unreinlich wie viele Büchermänner:* Etwa Johnson; s. D 637. – *der jüngste Talbot:* Charles Talbot (1751–1812), engl. Student in Göttingen, Zögling L.s. – *jenes Zeitpunkts aus den Briefen:* Der Zeitpunkt der Heimkehr des jungen Stanhope ist der Sommer 1751 und liegt zwischen Brief 232 und 233 (»Letters« 3, S. 233 und 234). – *stellte sein Vater ein ... Gastmahl an:* Die Erzählung von dem Gastmahl beruht nach D 749 auf einer mündlichen Mitteilung des jüngeren Irby. – *Tarte:* Frz. ›Torte‹; in dieser Schreibweise auch in Deutschland seinerzeit üblich. – *heiratete ... die Herausgeberin der Briefe:* Eugenia Stanhope, die er heimlich geehelicht hatte. – *Ehe im politischen Himmel geschlossen:* Wander, Deutsches Sprichwörter-Lexikon 1, Sp. 726, belegt dieses von L. bezeichnend abgewandelte Sprichwort aus Fridericus Petri, »Der Teutschen Weissheit«, Hamburg 1605, und Georg Henischii »Teutsche Sprach und Weisheit«, Augsburg 1616. – *Dodsley:* Robert Dodsley; s. zu KA 174. – *Arcana:* Geheimnisse. Der Ausdruck begegnet auch »Zum Parakletor« (III, S. 525). – *Auszug aus dem Werke:* Nicht nachzuweisen. – *Lavaters ... Atlas:* Lavaters »physiognomischer Atlas« (dieser Ausdruck kehrt auch Antiphysiognomik, III, S. 277 wieder) ist natürlich der Leipzig 1775 erschienene erste Band der »Physiognomischen Fragmente«. L. erhielt ihn, wie er im Brief an Schernhagen vom 17. Oktober 1775 berichtet, von der Königin von England zur Lektüre; s. auch zu E 295.

594 *Klopstocks Republik:* Eine gedruckte Äußerung Mösers über Klopstocks Hamburg 1774 erschienene »Gelehrtenrepublik« ist nicht bekannt. Es scheint ein L. brieflich, etwa durch Hollenberg oder einen andern Osnabrükker Freund vermittelter Ausspruch vorzuliegen. Im Subskribentenverzeichnis des Buches, in dem Göttingen besonders reich vertreten ist (vgl. Munkker, Friedrich Gottlieb Klopstock, S. 444), finden sich S. 29 L. und sein Neffe Friedrich August.

596 *Charakter der Engländer:* Darüber s. zu D 231. – *fein:* Von L. verbessert aus *empfindlich*.

597 *Schurzfell-Christen:* Diese Bezeichnung für »Freimaurer«, weil sie das Schurzfell der Maurer und andere ihrer Insignien tragen, gebraucht L. auch im Brief an Reimarus von Mitte Juni 1782 und III, S. 723.

598 *passen:* Müßig zuwarten (DWB 7, Sp. 1485). – *Anson vor Acapulco:* Anson schildert die hier gemeinte Situation in der Beschreibung seiner »Weltreise« 2, 11. Das Werk ist zu B_1 S. 45 nachgewiesen.

599 *Laune ... Humeur ... Feuchtigkeit:* Zum Inhalt vgl. die ähnlichen Erörterungen in »Zum Parakletor« (III, S. 523), wo die beiden Übersetzer, auf die der letzte Satz anspielt, mit Namen genannt werden: das Wort »Laune« stamme von Daniel Schiebeler, das Wort »Feuchtigkeit« von Christian August Wichmann. Daß »Laune« als Übersetzung von »humour« schon von Lessing vorgeschlagen, dann aber wieder zurückgenommen war, ist in DWB 6, Sp. 347 bemerkt und belegt; L. erinnerte sich wohl dieses Umstandes nicht. Schiebeler handelt über die Laune in einem Aufsatz der »Neuen Bibliothek der schönen Wissenschaften und der freien Künste« 3, 1. Wichmann hatte in seiner Shaftesbury-Übersetzung »humour« mit »Wasser« übersetzt; vgl. darüber »Antikritikus« 2, 29. – *meinem Werkgen:* Gemeint ist der Parakletor.

600 *Züchtigung:* Von L. verbessert aus *Ermahnung. – nachstehendes Werkchen:* Gemeint ist vermutlich der »Parakletor«-Plan. – *geschrieben:* Von L. verbessert aus *zusammengeschrieben. – Schmerz:* Danach von L. gestrichen *den nichts lindern kan. – kenne als:* Danach von L. gestrichen *furchtlosen* [aus *unerschrockene,* aus *ungef*] *Vertheidigung. – erst mich denn sie:* Dieser Ausdruck kehrt D 610 wieder.

601 *Eduard der 4te:* Sohn des Herzogs Richard von York, Graf von March (1442–1483), wurde 1460 nach dem Fall seines Vaters zum König ausgerufen. 1478 ließ er Clarence im Tower heimlich hinrichten. – *Herzog von Clarence:* George Duke of Clarence (1449–1478), Bruder Eduards IV. – *in einer Tonne Malvasier ertränken:* Vgl. Goldsmith, »An History of England« 2, S. 249. Es handelt sich dabei wohl nur um ein Londoner Gerücht, auch wenn drei Zeitgenossen diese Todesart behaupten. Malvasier, engl. Malmsey: weiße Rebsorte, die von Malvasia, Griechenland, kommt, im Mittelalter lieferte sie zeitweilig den am höchsten geschätzten Wein. – *Tower:* Am Nordufer der Themse 1078 außerhalb der City als Königspalast angelegt, diente jahrhundertelang als Staatsgefängnis.

602 *Leute von 800 bis 1000 Taler Besoldung:* Zur Besoldung als Maßstab der Menschen s. zu D 573.

603 *Parakletor:* S. zu D 526.

606 *And now ... a meaning:* Und bald zur Vernunft, bald zum Unsinn neigend, / tolpert er weiter und stößt eine Bedeutung hervor. Pope sagt in der »Epistle from Mr. Pope to Dr. Arbuthnot« 185 (erschienen London 1735): »And he, who now to sense, now nonsense leaning means not, but blunders round about a meaning.« – *Nonsense:* Zum »Parakletor« gedacht?

607 *Von dem Elend der Menschen ... Anfang gemacht:* Zum »Parakletor« gedacht? – *Kindern nicht verdenken wenn sie weinen so bald sie in die Welt kommen:* Vgl. L 423. Ähnlich schreibt L. [?] in »Physiologie des Laufes menschlichen Lebens« (GTC 1778, S. 40). – *Wanley ... aus Deutschland hergeholt:* Wanleys Werk »The Wonders of the little world: or a general history of man« war London 1678 erschienen; Nathaniel Wanley (1643–1680), engl. Geistlicher und Schriftsteller. – *hergeholt sind:* Danach von L. gestrichen *erzählt, und wenn es so fort geht. – maßen:* S. zu D 482. – *Zoroastern ... in der ersten Stunde zu lachen:* S. Plinius, Naturalis historia, Liber 7, Kap. 16, S. 66 der lat.-frz. Ausgabe, 3. Band, Paris 1771. Zoroaster (Zarathustra), altiran. Religionsstifter und Prophet (um 630–553 v. Chr.).

608 *Mittel die Zähne mit Pulver zu sprengen:* Diese Wendung verwertet L. in »Verzeichnis einer Sammlung« (III, S. 452).

610 *Plan der neuen Satyre:* Entwurf zum »Parakletor«. – *geseufzt:* In der Handschrift *gesäufzt. – Ton Bedlam:* Anspielung auf die »Bittschrift der Wahnsinnigen«; s. zu D 189. – *kein Mensch ginge mehr wie unter Franz dem Ersten:* Gemeint ist wohl nicht der frz. König (über ihn s. zu KA 160), sondern der röm.-dt. Kaiser (seit 1745) gleichen Namens (1708–1765). – *der eine hinkte ... der 12te rutsche:* Zu dieser Aufzählung vgl. Wezels Satire von den Originalgenies. – *Hasentanz:* Dazu vgl. DWB 4,2, Sp. 542.

S. 323 *schreibe ... in synkopischen Sentenzen:* Anspielungen und Parodien auf den ›Geniestil‹ macht L. auch E 157, 245, 314. Synkopisch: in der Sprachlehre die Wortverkürzung durch Weglassen einer mittleren Silbe oder eines Vokals zwischen zwei Konsonanten; für L. Kennzeichen der Dichtersprache des »Sturm und Drang«, die er E 245 parodiert. – *fluche ... wie Shakespear:* Vgl. Mat I 123. – *Pindar:* Von L. verbessert aus *Klopstock.* Pindaros (522 oder 518 bis nach 446 v. Chr.), griech. Dichter; seine in der Antike in 17 Bücher eingeteilten Werke umfassen verschiedene Formen der chorischen Lyrik; im 18. Jh. galt Heynes Ausgabe seiner Werke als mustergültig. – *Dank verdienen:* Zu dieser Wendung s. zu D 64. – *meiner kurzen Statur wegen ... geschwinder Schlüsse ziehe:* Zu dieser Wendung vgl. C 20. – *geschwinder Schlüsse ziehe:* Von L. verbessert aus *eher in mir selbst fertig werde.* – *Braunkohl:* Von L. verbessert aus *Sauerkohl.* – *Rheinwein:* Danach von L. gestrichen *Gehör geben.* – *Schlacht bei Roßbach:* Bei Roßbach nahe Merseburg schlug Friedrich II. am 5. November 1757 im Siebenjährigen Krieg eine Armee von Franzosen und Reichstruppen. L. erwähnt sie auch E 209, 339, 389. – *englischen Romane:* Von L. verbessert aus *Engländer.* – *alle Straßen in London ... kennen als den unsrigen:* Zu dieser Wendung vgl. E 208. – *Park:* Gemeint ist der Hyde-Park. – *Coventgarden:* Coventgarden Theatre an der Bow Street, 1732 von John Rich erbaut, eins der berühmtesten Londoner Theater (bes. Oper und Ballett). – *deutsche Original-Charaktere:* Zu diesem Ausdruck und Wunsch vgl. D 214. – *hinein:* Danach von L. gestrichen *Ich hätte bald.* – *sagt das erst den Leuten ...:* Diese Wendung kehrt auch in »Zum Parakletor« (III, S. 527) wieder. – *zeugen:* Danach von L. gestrichen *und machts.* – *einen Zoll breite und 6zöllige ... zu Zentnern:* Diese Wendung begegnet E 250, F 262; s. auch III, S. 420. – *Die Buchstaben:* Von L. verbessert aus *Der Druck.* – *Farbe:* Danach von L. gestrichen *Die Art.* – *jedem:* In der Handschrift *jedes.* – *sogar:* Danach von L. gestrichen *Musen Calender.* – *Tapeten:* Titel einer 1771–1777 in Wittenberg von Johann Jacob Ebert herausgegebenen moralischen Wochenschrift, die zuvor unter dem Titel »Fidibus« erschien; eine Inhaltsübersicht brachten die GGA 1774, 23. Stück, S. 191 f. (rez. Kästner). – *Fidibus:* Angeblich entstanden aus ›fid[elibus fratr]ibus‹: für vergnügte Brüder, was man als Einladung zu einer Tabaksgesellschaft auf einen Papierstreifen schrieb, der hernach zum Pfeifenanzünden benutzt wurde; eine andere Deutung leitet das Wort von frz. ›fils de bois‹, Holzspänchen, ab: Pfeifenanzünder, Zündpapier. Eine Wochenschrift dieses Namens erschien 1768–1770 in Leipzig; sie wurde von Johann Jacob Ebert und Karl Gottfried Küttner herausgegeben. S. auch E 245, 250; III, S. 421. – *Almanach der Musen:* S. zu D 196. – *Sinustafeln:* In der Trigonometrie von Regiomontanus eingeführte Tafeln zur Berechnung des Sinus.

S. 324 *einzigen:* Danach von L. gestrichen *allen Credit.* – *die Bank zu sprengen:* Zu dieser Wendung aus der Spielersprache (s. DWB 1, Sp. 1854, 1109) vgl. L.s Brief an Ramberg, 20. April 1786. – *der deutsche Leser:* Von L. verbessert aus *es.* – *Kenntnis:* Von L. verbessert aus *Beschrei[bung].* – *habe ... geglaubt:* Von L. verbessert aus *glaube.* – *Yoricke ritten ... in Spiralen:* Zu diesem Bild vgl. E 251. – *Andachten über eine Schnupftabaks-Dose:* In der »Empfindsamen Reise« von Sterne empfängt Yorick von Lorenzo eine Tabaksdose zum Geschenk (Kap. Die Tabaksdose. Calais); das Motiv übernahm Jacobi in *Die Winterreise*‹ 1769. S. auch Brief an Johann Christian Dieterich vom 18. Oktober 1775. – *Andachten:* Von L. verbessert aus *Moral*[?]. – *Raum und Zeit:* Von L. verbessert aus *Zeit und Ewigkeit.* – *sagte seine Heimlichkeiten:* Zu dieser Wendung s. zu D 419. – *in Böotien:* S. zu D 416; vgl. zu dieser Wendung E 228. – *entstund ein Shakespear:* Anspielung auf Goethe. –

wie Nebukadnezar Gras ... fraß: Anspielung auf das Buch Daniel 4, 22, 29, 30, wo es heißt: »Von Stund an ward das Wort vollbracht über Nebucad Nazar, und er ward von den Leuten verstoßen, und er aß Gras wie Ochsen, und sein Leib lag unter dem Thau des Himmels, und ward naß; bis sein Haar wuchs, so groß als Adlers-Federn, und seine Nägel wie Vogelsklauen wurden«. »Bey Weisenburg im Canton Bern sah Hr. v. Haller einen rasenden Mann, der nichts als Gras aß, das er allein durch den Geruch unterschied«, notiert L. in »Neue Erfindungen, physikalische und andere Merkwürdigkeiten« (GTC 1779, S. 95). – *Frankfurter Milchbrod:* Brot aus Teig, der mit Milch angemacht ist. – *Prunkschnitzer:* Zu diesem Ausdruck vgl. D 535. – *hing sich die summenden Könige an zu summen und zu stechen:* Leitzmann empfand den »deutlich so geschriebene[n] Satz« als »unklar«; »wer sind die summenden Könige?« – *sang mit offenen Naselöchern:* Vgl. D 444. – *mit ... voller Gurgel:* Vgl. Brief an Baldinger vom 29. Januar 1775. – *Patriotismus und Sprache:* S. zu D 444. – *Vaterland ... zum Teufel wünscht:* S. zu dieser Passage L.s Brief an Dieterich vom 28. Januar 1775. – *Dichter aus Dichtern:* Vgl. »Orbis Pictus« (III, S. 378, 379) und Mat I 99. – *kennten die Welt so wenig als die Welt sie:* Zu dieser Wendung vgl. »Orbis pictus« (III, S. 377) und Brief an Baldinger vom 29. Januar 1775.

S. 325 *Kapital ... nicht vermehrt, sondern nur die Sorten verwechselt:* Vgl. KA 294. – *Original-Schriftsteller:* Von L. verbessert aus *Original Köpfe.* – *versuchten mit N° 2:* Anspielung auf D 264? – *wären ... Herrn:* Von L. verbessert aus *sind die Leser.* – *herumziehen wie die Bostonianer das Parlament:* Die Wendung bezieht sich auf die langwierigen Parlamentsverhandlungen über die im Gefolge des Bostoner Teesturms vom 16. Dezember 1773 von Lord North im Frühjahr 1771 eingebrachte Bostoner Hafenbill. ›Boston‹ gebraucht L. in der »Dritten Epistel an Tobias Göbhard« (III, S. 543), »An die Leser des deutschen Museums« (III, S. 552). – *verhärtet:* Von L. verbessert aus *wird.* – *Schriftsteller ... Hofnarren des deutschen Publikums:* Diese Wendung begegnet auch E 226. – *Erst mich dann sie:* Zu diesem Ausruf vgl. D 600. – *das ewige was Shakespear und nicht Shakespear:* Zu der Gegenüberstellung des Was und Wie beim Künstler vgl. »Briefe aus England« (III, S. 333). Ferner F 106 und 441.

611 *Die Hauptwendung ... in dem Werk:* Gemeint ist der »Parakletor«. – *Ehrensäulen:* Zu diesem Ausdruck vgl. J 337. – *belettert, beziffert:* Zu L.s Verbbildungen mit *be-* s. zu D 666 und das Wortregister. – *Hand:* Danach gestrichen *und zuweilen* [aus *öffters*] *thun als wenn wir* [gestrichen *zugleich*] *beyde zugleich geben wolten und dann wieder zugleich nehmen wollten.* – *die Geschichte ihre Bücher schließt:* Zu dieser Wendung vgl. D 653, E 62. Nach *schließt* von L. gestrichen *Aber was ist das weiter, als das punctum saliens primum novens, woran wo alle als was alle unsre Thorheiten brütet und nährt, was unsere besten Gesellschafften, das heißt für wahr in einem.* – *Etiquetten-Insul:* Vgl. zu dieser Wortprägung G 83: ›Etiquettenmann‹. – *englische Gelehrte:* Zu dieser Bemerkung vgl. die Äußerung über die englischen Professoren im Brief an Wolff vom 30. Juni 1782. – *Publikum:* Danach von L. gestrichen *für die Unkosten sorgen.* – *stempelt ... Entréebillets zur Ewigkeit:* Zu dieser Wendung vgl. D 337. – *oder ihr:* Danach von L. gestrichen *Wer steht euch denn dafür.* – *Klingelbecher:* Lediglich diese Stelle als Beleg bringt DWB 5, Sp. 1176, aber nach der falschen Lesart in VS 1844, 2, S. 212: *Klingelbatzen.* Vermutlich ist Klingelbecher so etwas wie

Klingelbüchslein, Klingelbeutel (in der Kirche, von Bettlern). – *ein Buch . . . Krappen gebunden:* Zu dieser Passage vgl. D 534.

612 *Einem:* Von L. verbessert aus *Ein Mann.* – *ihrer Repräsentanten:* Auch diese Eintragung bezieht sich demnach auf die geplante Rezensenten-Schelte und »Parakletor«. – *Hohnvogel:* Dieser Ausdruck fehlt in DWB und Heynes Wörterbuch; Wortprägung L.s? – *derselben:* Von L. verbessert aus *dieses Wercks.* – *p. 32 dieses Buchs:* Gemeint ist D 259–261. – *Castilhons Betrachtungen rezensiert:* Die Rezension ist zu D 31 genauer nachgewiesen. – *gar . . . könnten:* In der Handschrift *so könte man gar in Versuchung gerathen.* – *anders zu denken:* Von L. verbessert aus *seine Meinung zu ändern.* – *Hier kommen die Gründe:* Die in Klammer erwähnten Gründe des Rezensenten für die Superiorität der Alten sind D 262 ausgehoben; an ihre Sechszahl schließt sich L.s »siebentes« an. – *siebentes sie:* Danach von L. gestrichen *trugen keine Perücke;* s. zu dieser Ergänzung E 110. – *Zeiten:* Danach von L. gestrichen *Ich wolte wohl.* – *könnten:* In der Handschrift *konten.*

613 *Vorrede:* Zu »Parakletor«. – *allgemeine Theorie der Künste für . . . 1775:* Zu diesem Scherz vgl. D 192.

614 *echte griechische Steine für die jungen Altertums-Kenner zu verfertigen:* Zu L.s Aversion gegenüber dem zeitgenössischen Antikenkult und Klassizismus vgl. D 616. – *Praxiteles:* Griech. Bildhauer des 4. Jh.s v. Chr.; der bedeutendste Bildhauer der spätklass. Epoche.

615 *Phraseologie:* Diesen Ausdruck gebraucht L. auch in »Orbis pictus« (III, S. 395), ›Phraseologe‹ in »Für das Göttingische Museum« (III, S. 569).

616 *Ich kann . . . könnten:* Diese Passage kehrt fast wörtlich E 355 wieder. – *den Alten . . . den Bart zu streicheln:* Zu L.s Aversion gegenüber dem zeitgenössischen Klassizismus vgl. E 355 und III, S. 425. – *Pitschierstecher:* Vgl. E 355 und Anm. – *die größte Weisheit . . . daß man nichts weiß:* S. zu D 351. – *schöne Nester von ausgeflogenen Wahrheiten:* Die Wendung gehört nach D 666 zu den Lesefrüchten, die sich L. zu eigener Verwertung notierte; ihr Ursprung konnte nicht nachgewiesen werden. Er verwertet sie in der Antiphysiognomik (III, S. 262). S. auch E 124 und F 487. – *Nester:* Von L. verbessert aus *Schaalen.* – *Eine herrliche Ehre:* Von L. verbessert aus *Ein herrlicher Satz.* – *weiß:* Danach von L. gestrichen *Ehmals gieng es noch. Stellt euch nur selbst.*

617 *dieses Büchelgen . . . Spiegel:* Zu dieser Wendung s. auch F 112, 860. – *Lorgnette:* Frz. ›Augenglas‹, eine Art Brille, die an einem Schnürchen getragen und nach Bedarf vor das Auge gehalten wird.

618 *Schöppenstädtisch:* Bei Schöppenstädt ist Eulenspiegel geboren und aufgewachsen. Vgl. G. A. Bürger (Ed. E. Consentius, 1914, 2. Aufl., 1, S. 245) »Im Sprichwort das niedersächsische Abdera« (Schilda). L. gebrauchte das Wort auch E 146, RA 104 und im Brief an Johann Andreas Schernhagen vom 5. März 1778.

619 *Such . . . smile:* Die Verse sind Popes »Essay on criticism« 1716, S. 326 entnommen, wo nur *labour'd* statt *mighty* steht. L. zitiert daraus auch L 700.

620 *in einer englischen Schrift gelesen:* Nach *gelesen* von L. gestrichen *wo die Rede von.*

621 *Ut apes Geometriam:* Wie die Bienen die Geometrie. Der Ursprung dieses Zitats, das sich nicht im Thesaurus linguae latinae findet, also wohl nicht antik ist, konnte nicht ermittelt werden. Es kommt auch H 45, L 955, in der Antiphysiognomik (III, S. 259), »Hupazoli und Cornaro« (III, S. 487), in

»Neue Entdeckungen, physikalische und andere Merkwürdigkeiten« (GTC 1790, S. 146) sowie im Brief an Georg August Ebell von Ende Mai 1782 vor. Menschliche Fähigkeiten und Kunsttrieb der Biene (etwas Vollkommenes zu tun, ohne zu wissen) vergleicht L. auch E 470 und L 956.

622 *Lord B.:* Gemeint ist wohl Lord Boston; s. zu D 593. – *choleric man:* Choleriker. – *Einer spricht mit jemand . . . Verwickelung . . . zu Stande gebracht:* Diesen Gedanken notiert L. noch für seinen Roman-Plan vom »Doppelten Prinzen« (III, S. 618).

623 *Deputierte pissen gegen eine Kutsche . . . gegen einander:* S. noch L 344.

625 *Garrick in Sir John Brute:* Über die hier geschilderte Rolle Garricks in Sir John Vanbrughs (1664–1726) »The Provok'd Wife« (Uraufführung London 1697); vgl. noch »Briefe aus England« (III, S. 326, 327, 329, 332, 343, 352), RT 6, RA 17 und Brief an Ernst Gottfried Baldinger vom 29. Januar 1775. – *Hier . . . angeführt, was Dr. Goldsmith in seiner retaliation . . . sagt:* In Oliver Goldsmiths London 1774 erschienenem Gedicht »Retaliation«, sein letztes Werk, das Grabschriften auf seine Freunde enthält, bei deren Lebzeiten geschrieben, findet sich S. 93 eine ausführliche Charakteristik Garricks: In seinem Text prägt Goldsmith auf Garrick das Wort »be-Rosciused«, das L. selbst D 666 notiert. – *Rausch:* Danach von L. gestrichen *versinckt*. – *offen:* Von L. verbessert aus *aufgerissen*. – *sich . . . Poltrons:* Von L. verbessert aus *man sich in England*. – *Poltrons:* Zu diesem Ausdruck s. zu KA 46. – *geben:* In der Handschrift *giebt*. – *für r und l nur ein einziger Ton:* Zu dieser Wendung vgl. F 842, G 237, Mat I 30 und »Briefe aus England« (III, S. 344). – *natürlich liederlich:* In einem Brief an Johann Georg Forster vom 18. Februar 1788 bildet L. »natürlich artig«. – *seine Art den Hut zu setzen:* Vgl. III, S. 343.

626 *Garrick:* Notiz zu den »Briefen aus England«. – *gnau:* Von L. verbessert aus *geitzig*. Zu Garricks angeblichem Geiz vgl. Gumbert, LiE 2, S. 171. – *Sir John Brute:* S. zu D 625. – *Biegsamkeit:* Der Physik des 18. Jh.s entlehnter Begriff: »Die Fähigkeit fester Körper, sich beugen zu lassen, d. i. Kräften, die auf ihre Theile wirken, so nachzugeben, daß dadurch eine Veränderung der Gestalt entsteht.« (Gehler, Bd. 1, S. 351). L. überträgt diesen Begriff ins Physiognomische und Psychologische; vgl. außer D 491 auch III, S. 266, 605, 1024 und Brief an Johann Joachim Eschenburg vom 29. Mai 1794. Von Garricks ›Biegsamkeit‹ schreibt L. auch an Heinrich Christian Boie unterm 6. März 1778 (Deutsches Museum 1778, 1. St., S. 382 ff.). – *und wird:* In der Handschrift *wird es*.

627 *M̄ Abington:* Frances Abington (1731–1815), berühmte Darstellerin weiblicher Lustspielrollen auf Garricks Bühne. L. schildert sie ausführlich »Briefe aus England« (III, S. 359), vgl. auch Brief an Baldinger vom 10. Januar 1775. – *Fußteppichen:* Danach von L. etwas gestrichen.

628 *Das Land:* Gemeint ist Deutschland. – *ehrliche Haut und unschuldiger Tropf Schimpfwörter:* Vgl. »gute Haut« in B 32. – *Tropf:* Eines der von L. bevorzugten Schimpfwörter; ›unschuldiger Tropf‹ findet sich auch E 104. – *anführen . . . betrügen:* S. zu D 376.

629 *Holland . . . tranquillus:* Holland stopft uns mit seinen Übersetzungen so voll, / Er wird doch Sueton nicht Tranquillus [in Ruhe] sein lassen. Das Epigramm befindet sich in der 1630 erschienenen Anekdotensammlung »A banquet of jests«, die von Collier, allerdings ohne Beweis, Shakespeare zugeschrieben wird. – *Holland:* Philemon Holland (1552–1637), engl. Über-

setzer. Sein englischer Sueton erschien London 1606. – *Suetonius:* Gaius S. Tranquillus, geb. ca. 70 n. Chr., röm. Schriftsteller; Hauptwerke: »Vitae Caesarium« und »De viris illustribus«.

630 *wir immer auf das Natürliche dringen:* Vgl. noch K 260. – *he is a natural . . . ein dummer Teufel:* Engl. Redewendungen notiert L. auch D 666, E 183, 382 und 475 sowie RA S. 640. – *natürlicher Sohn . . . Bastard:* Wie sehr L. dieses Thema zeitlebens beschäftigt, bezeugt das Wortregister. Vgl. auch E 187. – *Ländern:* Von L. verbessert aus *Gegenden.*

631 *Mit:* Davor von L. gestrichen *Wenn meine Einbildung Krafft.* – *flickgewordener:* Zu diesem Ausdruck s. zu D 497.

632 *Tout ce qu'on peut:* Wörtlich: Alles, was man kann. »Toutcequ'onpeut« nannte man seinerzeit eine einsitzige Chaise mit einem Pferd.

633 *nicht bloß Satyren gegen die Gelehrten schreiben . . . eine Klage:* Vgl. D 437. – *Feiertags:* Von L. verbessert aus *Sonntags.* Vgl. im übrigen die ähnliche Wortbildung »Feiertagsprose« in den »Briefen aus England« (III, S. 326). – *allgemeinen Bibliothek:* Die hier gemeinte Stelle der AdB ist zu D 439 nachgewiesen. – *Ärzte . . . aufschneiden . . . Hunde:* Zu diesem Vergleich s. zu D 430. – *Gedärme:* Von L. verbessert aus *Eingeweide.* – *Geht . . . Favorit-Bastard:* Diese Anforderung begegnet auch E 187. – *eine Satyre:* Von L. verbessert aus *einen Versuch.* – *den regierenden:* Von L. verbessert aus *einen.* – *Oberförster:* Über diese Figur vgl. »Der Oberförster« (III, S. 605–607) und KIII, S. 290 f.; über die privilegierte Stellung der Förster und insbesondere der Oberförster unter den der Jagd frönenden Darmstädter Landgrafen berichtet Wilhelm Andres, Der Wildpark Kranichstein, Darmstadt 1981.

634 *Etrurisches Tränenfläschgen . . . Lauensteiner Bierkrug:* Diesen Vergleich verwertet L. auch L 218, Mat I 164, »Verzeichnis einer Sammlung« (III, S. 454), Hogarths »Ein Wahlschmaus. Erste Scene« (GTC 1787, S. 235; VS 1844, 13, S. 5). Vgl. auch »Heirathsanträge. Erste Folge. Nr. 11« (GTC 1781). – *Meißensches:* Von L. verbessert aus *Dresdensches.* – *Lauensteiner:* Flecken und Amtsort im Kreis Hameln-Pyrmont, zu Calenberg gehörig, mit Brauerei und Tongruben.

635 *Blindheit bemerkt:* Zu dieser Beobachtung vgl. »Über einige wichtige Pflichten gegen die Augen« (III, S. 81 f.). Weitere Blindheitsbetrachtungen D 639, 641; RA_{II} S. 639, 85, 158. Ferner s. Briefe an Johann Christian Dieterich vom 1. Mai, 28. September, 18. Oktober, 31. Oktober, 1. Dezember 1775, und an Johann Andreas Schernhagen vom 29. Juli und 10. Oktober 1776.

636 *herrührt:* Von L. verbessert aus *herrühren.* – *fuga vacui:* Gebräuchlicher ›horror vacui‹, die Flucht, der Abscheu vor der Leere: seit Aristoteles und Erasistratus bis im 17. Jh. verbreitete Lehrmeinung, die der Natur einen Abscheu vor dem leeren Raum andichtete. Erst Toricelli erkannte den Zusammenhang mit dem Luftdruck (Toricellische Röhre).

637 *Evening post:* Die »London Evening Post« wurde seinerzeit von John Almon (1737–1805), engl. Buchhändler und Drucker, geleitet. Vgl. E 118. – *Diogenes . . . bear:* Diogenes blühte und stank in den Tagen Philipps und Alexanders; Dr. Johnson in denen Georgs II. und III. So groß der Ruhm beider war und ist, so scheinen sie ihn doch mehr ihren Eigenarten und Schrullen zu verdanken als einem wirklichen höheren Verdienst. Beide waren in ihrer Kleidung und ihrem Charakter ohne eine Ausnahme die schmierig-

sten, dreckigsten, unanständigsten, schlampigsten, ruppigsten, schlechsterzogenen Burschen in den berühmten Haupstädten, wo sie sich hauptsächlich aufhielten: in Athen Diogenes, den man einen Hund nannte, in London Doktor Johnson, der Bär genannt zu werden verdient. Diogenes-Vergleiche sind im 18. Jh. beliebt gewesen. Die Begriffsverbindung *flourished and stunk* kolportiert »flourished and sunk« im Sinne von »Aufstieg und Fall«. Diogenes wurde als Kyniker bezeichnet. – *most slovenly:* »That he was an habitual sloven, his best friends cannot deny.« – so Hawkins, S. 293, Anm. 29 (s. zu J 199). Zu Johnsons schmutziger Kleidung ebenda und S. 138. Vgl. D 593. – *Johnson . . . a bear:* Vgl. J 789; ferner »Das Luftbad« (III, S. 126).

639 *Blacklock:* Thomas Blacklock (1721–1791), engl. Dichter, studierte an der Universität Edinburgh; Geistlicher und Privatlehrer. Zu L.s Beschäftigung mit Blindgeborenen s. zu KA 88. – *dessen Leben Spence beschrieben:* Joseph Spence (1699–1768), engl. gelehrter Schriftsteller, 1728 Prof. für Poesie in Oxford, befreundet mit Pope und Dodsley, veröffentlichte London 1754 »An account of the Life, Character and Poems of Mr. Blacklock . . . prefixed to the Poems«, 1756. – *bei sechsen . . . geschriebenen:* Gemeint ist hier vermutlich nicht der Geschlechtstrieb, wie Mautner mutmaßt, sondern der Nonsense, den zeitgenöss. deutsche Lyriker verfertigen. Davon spricht L. auch im Brief an Christiane Dieterich vom 24. Januar 1775 und in den Hogarth-Erklärungen (III, S. 851). – *lehren . . . Männer:* Von L. verbessert aus *lassen wir nicht meistens in Deutschland die Artem inveniendi von Männern lesen.* – *artem inveniendi:* Die Kunst des Erfindens. – *wenn hier der Ort wäre:* Dachte L. an eine Veröffentlichung? – *erfinden und lehren wie man erfinden solle, nicht . . . beisammen stehen:* Dieser Gedanke begegnet abgewandelt noch K 17 und L 806. – *einmal:* Von L. verbessert aus *füglich.*

640 *was einer erfindet . . . verlegt in seinem Kopf:* Ein ähnlicher Gedankengang begegnet in »Von den Kriegs- und Fast-Schulen der Schinesen« (III, S. 440).

641 *Schönberger . . .:* Über ihn s. bereits KA 88 und die Anm. dazu; überliefert ist zumindest, daß er 1645 an der Königsberger Universität seine Antrittsvorlesung über Farben hielt. – *Bartholini . . . Centuria:* Gemeint sind »Historiarum anatomicarum rariorum centuria tertia et quarta«, erschienen 1654–1661, S. 86, von Thomas Bartholin (1616–1680), berühmter dän. Arzt. Diese Tatsache hatte L. schon KA 88 aus Leibnizens »Œuvres philosophiques« notiert (s. zu A 12).

642 *Schöne Frauenzimmer:* Die Herkunft von L.s Quelle wurde nicht ermittelt. –*Zenobia:* Wohl die Tochter des Armenierkönigs Mithradates und Gattin ihres Vetters Radamistus, der die Herrschaft über Armenien an sich riß; als diesen 51 n. Chr. die Parther vertrieben, bat ihn die schwangere Zenobia auf der Flucht, sie zu töten. Sie wurde aber gerettet und lebte dann am Hofe des Tiridates. – *Kleopatra:* Kleopatra VII. (geb. 69 v. Chr.), seit 51 v. Chr. Mitregentin ihres Brudergemahls Ptolemaios XIII. in Ägypten, der sie 48 v. Chr. vertrieb; gewann Caesar für sich und dadurch nach dessen Sieg über Ptolemaios XIII. die Regentschaft; betörte nach Caesars Tod Antonius, der sich mit ihr vermählte und sie für sein hellenistisches Weltreich zur »Königin der Königin« erklärte. – *Aspasia:* Geliebte des Perikles, von seinen politischen Gegnern als »Dirne« angegriffen; Schriften der Sokratiker zeichnen sie als geistig bedeutende Frau; sie kam zwischen 450 und 443 v. Chr. nach Athen, wo sie auch starb. – *Timosa:* Von ihr berichtet Athenaeus 13,

609a u. b. – *Jane Shore:* Mätresse Eduards IV., übte auf ihn wegen ihrer Schönheit und ihres Witzes großen Einfluß aus; sie starb 1527 in Armut. – *Phryne:* Neben Aspasia die berühmteste griech. Hetäre, kam wohl 371 v. Chr. nach Athen; sie diente Praxiteles, dessen Geliebte sie wurde, als Modell für seine Knidische Aphrodite. – *Atalanta:* Die arkadische Atalanta, kalydonische Jägerin, von Meleagros geliebt. – *Lais:* Name griech. Hetären; entweder Lais d. Ä. aus Korinth (Ende 5. Jh. v. Chr.), Geliebte des kynischen Philosophen Diogenes von Sinope und des Aristippos von Kyrene, oder Lais d. J. aus Sizilien (geb. ca. 420 v. Chr.), von thessal. Frauen aus Eifersucht im Tempel der Aphrodite getötet. – *Helena:* Mythologische Gestalt der Antike; Tochter des Zeus und der Leda, nach anderem Mythos der Nemesis; als die schönste Frau ihrer Zeit gerühmt; der Sage nach von Paris nach Troja entführt und Anlaß zum Trojanischen Krieg. – *Polyxena:* Tochter des Priamus und der Hekabe, auf Verlangen des toten Achilles geopfert. – *Panthea:* Gattin des Abradates, Königs von Susiana (nach der Stadt Susa/Elam); als Cyrus ihn um 560 v. Chr. besiegte und Panthea in seine Hände fiel, wagte er angeblich nicht, ihrer Schönheit zu begegnen. – *Herodice:* Wohl Herodias, Tochter des Aristoteles, die zweite Frau ihres Schwagers Herodes II. Antipas (gest. um 40 n. Chr.) und Mutter der Salome. – *Lukretia:* Lucretia, nach Livius Gemahlin des Tarquinius Collatinus, die als Muster einer röm. Hausfrau galt und sich nach ihrer Entehrung durch Sextus Tarquinius das Leben nahm. – *Parthenopäus:* Partenopeus de Bloix, berühmtes franz. Gedicht eines Trouvère des 13. Jh., Denys Piramus, dessen Thema dem Apulejus-Märchen von Psyche und Amor ähnelt, hier bezogen auf den Neffen des Frankenkönigs, Partonopeus, und die Tochter des Kaisers von Konstantinopel, Melior. – *Antinous:* Ein schöner Jüngling, Günstling des römischen Kaisers Hadrian, der ihm, nach seinem frühen Tode in den Wellen des Nils, göttliche Ehren erzeigen und eine Stadt, das frühere Besa, nach ihm benennen ließ. – *Paris:* Sohn des Priamos und der Hekabe, er entführte nach Homer Helena und verursachte damit den Trojanischen Krieg. – *Ganymed:* Der wegen seiner Schönheit in den Olymp erhobene Geliebte und Mundschenk des Zeus, aus troischem Königsgeschlecht. – *Xerxes:* Xerxes I., in der Bibel Ahasverus genannt, bestieg 486 v. Chr. den Thron des achaimenidischen Weltreichs; 465 v. Chr. ermordet. – *Demetrius Poliorcetes:* Griech. ›der Städtebelagerer‹ (ca. 336–283 v. Chr.), König von Makedonien, eine der glanzvollsten Herrschergestalten der Diadochenzeit. – *Spurinna:* Gemeint ist wohl Vestricius Spurinna (geb. 23 n. Chr.), röm. General und Dichter, dem Vespasian eine Triumphstatue errichtete. – *Combabus entmannte sich:* Günstling des syrischen Königs Antiochus I. (um 270 v. Chr.), mit großer Schönheit begabt; entmannte sich, um der Leidenschaft, die er in der Königin Stratonice entfacht hatte, nicht nachgeben zu müssen. – *Abdalmuralis:* Abd el Mottalib. – *Owen Tudor:* Stammvater des engl. Königshauses der Tudor, das von 1485–1603 herrschte; gest. 1461. – *Tigranes:* Der erste König von Armenien, gest. 520 v. Chr., mit Cyrus befreundet, gründete eine mächtige Dynastie. – *Ephestio:* Hephaistion, aus Makedonien (ca. 357–324 v.Chr), berühmt als Freund Alexanders des Großen, der ihm ein pompöses Grabmal errichten ließ.

643 *West:* Richard West (1716–1742), Sohn des Lordkanzlers von Irland, Freund Grays, schriftstellerisch tätig. – *Gray: Die Sammlung der Briefe* (1736) Grays beginnt mit seinem Briefwechsel mit Richard West. Thomas Gray

(1716–1771), berühmter engl. Lyriker im Übergang vom Spätklassizismus zur Romantik. »The Poems of Mr. Gray. To which are prefixed memoirs of his life and writings (including his correspondance)«, hrsg. von William Mason, York 1775, 2. Aufl. London 1775 bei Dodsley (s. BL, Nr. 1648). – *Ale:* Helles engl. Bier, im Gegensatz zu dem Nationalgetränk Porter relativ teuer; L. selbst war sein Konsument; s. F_1 S. 642, sowie Briefe an Abraham Gotthelf Kästner vom 22. Mai 1771, an Johann Christian Dieterich vom 1777/1778? und an Johann Andreas Schernhagen vom 12. Januar 1778. – *das Land wo Ale . . . fließen:* Vgl. den 1. Brief der Sammlung: »a country flowing with syllogisms and ale«. – *Methinks . . . read:* Mir scheint, daß die College-Barden sich bei dieser Gelegenheit in einen merkwürdigen Geschmack verirrt haben (zu jener Zeit erschien eine Sammlung von Versen auf die Heirat des Prince of Wales). So ein weichliches, bedeutungsloses Zeug über Venus und Cupido und Peleus und Thetis und Zephyre und Dryaden hat man noch nicht gelesen. Die Passage ist wörtlich dem 3. Brief der obengenannten Sammlung entnommen. – *College Bards:* Offensichtlich ist L. bei seinen eigenen Zusammensetzungen mit *-barde* durch Wests Formulierung angeregt worden. – *the prince of Wales's marriage:* Frederic Louis (1707–1751), ältester Sohn Georgs II. und Vater Georgs III., seit 1729 Prince of Wales (engl. Kronprinz); heiratete am 26. April 1736 Prinzessin Augusta, Tochter des Herzogs von Sachsen-Gotha. – *Universitäts-Barden:* Anspielung auf den »Göttinger Hain«.

645 *Dr. Price:* Richard Price (1723–1791), freidenkerischer engl. Theologe, politisch engagierter Schriftsteller, den L. in England persönlich kennenlernte. – *oben:* Von L. verbessert aus *unten.* – *mehrmalen eine Meinung haben genannt:* Vgl. D 19 und 171.

646 *Kinder verleihen . . . wie die Orgeln:* Zu dieser Bemerkung vgl. RA 1 und Gumbert, LiE 2, S. 172–173.

647 *a new select collection of Epitaphs:* »A new select collection of epitaphs, panegyrical and moral, humorous, whimsical, satyrical, and inscriptive . . . together with one thousand epitaphs never before published«, 2 Bde., London 1775. Die Lebensdaten von T. Webb konnten nicht ermittelt werden. – *On . . . one:* Auf König Karl II. / Hier liegt unser Hoher Herr der König, / Auf dessen Wort niemand baut, / Der niemals sagte ein närrisch Ding / Noch jemals etwas Weises tat. – *Charles II.:* Karl II. (1630–1685), engl. König, dessen Regierungszeit durch erfolglose Unternehmungen in der Innen- und Außenpolitik gekennzeichnet ist. – *Rochester:* John Wilmot, 2nd Earl of Rochester (1647–1680), engl. Dichter, Freund Karls II., berüchtigt wegen seines Lebenswandels. Vgl. III, S. 775. – *On . . . long:* Auf Stephen Rumbold / Er wurde hundertundfünf, / Blutvoll und stark. / Ein Hundert zu fünf, / Du wirst nicht so alt. Der Name ist wohl fiktiv. – *etoile à pet:* Wörtlich: Furzstern. Die Anspielung ist unklar. – *On . . . Stephen:* Auf Klein Stephen, einen berühmten Geiger in Suffolk / Stephen und die Zeit sind jetzt quitt, / Stephen schlug die Zeit [den Takt], jetzt hat die Zeit Stephen geschlagen. – *On . . . eares:* Auf Sir John Guise / Hier liegt der Leib von Sir John Guise, / Niemand lacht und niemand weint, / Wo seine Seele ist, und wie es ihr ergeht, / Weiß niemand und kümmert niemanden. L. veröffentlichte seine deutsche Version davon im »Göttinger Musenalmanach« für 1785 (s. III, S. 644). Das »Dictionary of british biography« verzeichnet einen engl. Genral dieses Namens, gest. 1765. – *On . . . died:* Auf Kitty Fisher, die kurz nach ihrer Heirat starb /

Sie heiratete – um ehrbar zu leben; aber als sie versuchte / Das Experiment, mißfiel es ihr – und so starb sie. Kitty, eigentlich Catherine Maria Fisher (gest. 1767) war eine seinerzeit stadtbekannte Londoner Kurtisane, die offenbar auch in Kontakt zu Samuel Johnson stand (s. Hawkins, S. 292, Anm. 22; s. zu J 199). Sie heiratete John Norris aus Benenden.

648 *Ein Foote unter den Schriftstellern fehlt noch:* Der geistvoll komischen Darstellungen des Schauspielers Foote, des »englischen Aristophanes« (III, S. 872), gedenkt L. auch III, S. 126, 299, 329, 351, 353. Samuel Foote (1720–1777), engl. Lustspieldichter und Schauspieler; Leiter des Theaters im Haymarket in London. Vgl. Mat I 65. – *Fehler durch lächerliche Nachahmungen ins Licht ... setzen:* Zu Footes Imitationstalent ein Beispiel in VS 5, S. 84 (Reimarus). – *könnte vortrefflich gebraucht werden:* Zu dieser Floskel s. zu C 65.

649 *Himmelgrün ... sagte ein Bedienter:* Zu L.s Vorhaben, Idiotismen zu sammeln, s. zu C 378.

650 *habe:* Danach von L. gestrichen *zu lehren und zu bess[ern].* – *übergüldeten Pille:* Dieses Bild, das vom Humanismus bis ins Zeitalter der Aufklärung beliebte Arznei-Gleichnis, begegnet auch »Zum Parakletor« (III, S. 523), Hogarth-Erklärungen (III, S. 936) sowie Brief an Johann Daniel Ramberg vom 8. April 1782 und an Johann Joachim Eschenburg vom 29. Mai 1794. S. auch F 201. – *übergüldeten:* Von L. verbessert aus *vergüldeten.* – *Schwert und Waage:* Insignien der Justitia.

651 *Weil sie nicht immer nachahmten:* Die Bemerkung schließt sich an die zu D 31 nachgewiesene Rezension, speziell an den ersten der D 261 ausgeführten Gründe für die Überlegenheit der Alten an. Vgl. auch D 612. – *aus ... machen:* Von L. verbessert aus *Dinge zu sagen.* – *macht sogar seine N⁰ 1 daraus:* Vgl. D 264.

652 *Verteidigung von Jacob Böhme ... in das Buch:* In den Entwürfen zum »Parakletor« nicht weiter erwähnt; vgl. D 172. L.s ›Verteidigung‹ ist auf dem Hintergrund der Satire gegen die zeitgenössische ›Adeptensprache‹ höchst ironisch zu verstehen. – *Engel Raphael:* Einer der Erzengel, als Reisebegleiter des jungen Tobias Schutzherr der Pilger oder Anspielung auf das sprichwörtlich ›Engelraphaelische‹ des ital. Malers, der von deutschen Dichtern und Kunstliebhabern Ende des 18. Jh.s als Schutzpatron der Maler gefeiert wurde; s. A. W. und Friedrich Schlegel, Die Gemälde. Ein Gespräch von W. [aller] im »Athenäum« 2. Bd., 1. Stück, Berlin 1799. – *Wenn Goethe das tut:* Leitzmann Anm. zu D 646 seiner Zählung, a.a.O., S. 327, »kann den Schlusssatz nur in günstigem Sinne für Goethe verstehen«. Erst die Lektüre des »Werther« 1775 brachte für sein Urteil über Goethe dann einen radikalen Umschwung nach der negativen Seite.

653 *Anfang:* Des »Parakletor« (III, S. 522 ff.); über weitere Fassungen s. KIII, S. 242–243. – *Zwölf:* Davor von L. gestrichen *Zu lang, o viel zu lang hast du, leckeres, verwöhntes undanckbares Vaterland, unsere Geduld mißbraucht.* – *bei Mannspersonen der Pointhonneur sitzt:* Zu dieser Wendung s. zu B 139. – *nach ... Feder:* Von L. verbessert aus *dann herauf.* – *mir zur:* Von L. verbessert aus *mit.* – *oder ... getretten:* Von L. verbessert aus *und ihn lieber gegen meinen Hund oder meinen Bedienten oder meine Frau ausgelassen, als gegen dich oder.* – *aufgeschnitten:* Von L. verbessert aus *aufgerissen.* – *arme Teufel von der Feder:* L. gebraucht den Ausdruck auch E 226 und 234. – *getan:* Danach von L. gestrichen *aber wenn ich nun nicht alles entdecke, dein schreiben, nun deine Kniffe nicht aufdecke.* –

länger: Danach von L. gestrichen *Mit Feder und Dinte will ich jezt gebrauchen, und wahrlich wenn du mir diese untersagst mit.* – *dem Gerücht:* Von L. verbessert aus *der Presse.* – *erzählen:* Von L. verbessert aus *sagen.* – *Lichtputze:* Danach von L. gestrichen *wie Moser.* Johann Jacob Moser (1701–1785), berühmter dt. Staats- und Völkerrechtler, als angeblicher Verfasser von Denkschriften gegen den Herzog von Württemberg 1753–1764 auf dem Hohentwiel eingekerkert; benutzte im Gefängnis eine Lichtputze als Feder. – Vgl. DWB 6, Sp. 889. – *Hambergern* ... *wenn er noch lebte:* Georg Christoph Hamberger (1726–1773), Prof. der Philosophie und Literaturwissenschaft und Bibliothekar in Göttingen; Literaturhistoriker, Fortsetzer von Meusels »Gelehrten Teutschlands«. – *Deutschland:* Von L. verbessert aus *du Germanien.* – *allgemeinen Reisen:* Gemeint ist wohl die »Allgemeine Historie der Reisen zu Wasser und zu Lande, welche bis itzo in verschiedenen Sprachen von allen Völkern herausgegeben worden, und einen vollständigen Begriff von der neuern Erdbeschreibung und Geschichte machen ...«, herausgegeben und übersetzt von Johann Joachim Schwabe und Abraham Gotthelf Kästner. Die Sammlung erschien Leipzig 1748–1774 in 21 Bdn. – *Hawkesworth:* Sein Reisewerk ist zu D 130 nachgewiesen. – *Gulliver:* Über diese Satire von Swift s. zu KA 1. – *Klimm:* Der Held von Holbergs utopischem Reise-Roman »Nicolai Klimii iter subterraneum«, erschienen 1741 (BL, Nr. 1682). – *würde noch:* Danach von L. gestrichen *vergeblich suchen.* – *die Geschichte ihre Bücher schließen:* Zu dieser Wendung vgl. D 611. – *ein Stündgen:* Von L. verbessert aus *ein paar Stunden hinein.* – *zu Chinesern abgeschliffen:* Zu L.s negativen Urteil über die chines. Mentalität und Lebensart s. das Wortregister. – *wenn ... zusammentun:* Von L. verbessert aus *und unsere Paar hundert* [aus *30*] *Millionen nun zu einer eintzigen politischen Uhr verstellen.* – *Moneten:* Lies im Text *Minuten.* – *Bedienten:* Von L. verbessert aus *Räthe.* – *die Dinte mit Fingerhüten ... zumessen:* Diese Wendung begegnet auch E 502. – *die Neu-Seeländer:* L. erwähnt sie auch in der ersten »Epistel an Tobias Göbhard« (III, S. 249) und E 162, J 926, RA 199. – *wir ... haben:* Von L. verbessert aus *sie fast gerade unter Deutschland auf der andren Halb kugel liegen.* – *Vertikal-Linien:* Scheitellinie, die »durch Zenith und Nadir gehende Linie, welche also die Axe des Horizonts ist, und mit der Horizontalebene des Orts rechte Winkel macht« (Gehler, Bd. 3, S. 828). Die Antipoden-Inseln südöstlich von Neuseeland liegen fast antipodisch zu Greenwich. – *jetzt:* Danach von L. gestrichen *aus Mangel an Feder und Dinte.* – *Disputen:* Von L. verbessert aus *Streitigkeiten.* – *Antagonisten auffressen:* Zur Menschenfresserei der Neuseeländer s. auch J 926; RA 199 und III, S. 249.

654 *In einem Städtgen* ... *lebten ihrer zween:* Einen ähnlich satir. Entwurf auf zwei konkurrierende Apotheker skizziert E 273. – *Schnupfen- und Pockenjahr:* Vgl. »Pocken-Epidemie« in »Über Gewitterfurcht und Blitzableitung« (III, S. 132) und E 271.

660 *Sprichwörter Salomonis V. v. 3. 4.:* Die Stelle lautet: »Denn die Lippen der Hure sind süße wie Honigseim und ihre Kehle ist glätter denn Öl, aber hernach bitter wie Wermut und scharf wie ein zweischneidig Schwert.« – *die Huren* ... *die Franzosen gehabt:* Zum ›Venusübel‹, auch Franzosen (Syphilis) genannt, s. zu KA 233; vgl. auch J 285.

663 *Dung-Karrn:* Dieses Wort fehlt in DWB und Heynes Wörterbuch; vgl. B 142. Das engl. *dungcart* zitiert Gerstenberg in einer Kritik von Wielands

»Agathon« (1768) in: Hering, Meister der deutschen Kritik 1730–1830, I, München 1961, S. 91.

664 *Verdrüßlichkeit:* Von L. verbessert aus *Melancholie.*

665 *Unter die Sterne aufgeknüpft:* Diese Wendung ist vermutlich durch die im Brief an Ernst Gottfried Baldinger vom 10. Januar 1775 (N. S. vom 10. Januar 1775) zitierte Langesche Übersetzung der Schlußzeile der ersten Ode des Horaz angeregt. L. verwertet die Wendung in »Wider Physiognostik« (III, S. 555); s. auch F 430.

666 Dieses Verzeichnis sowie D 667 und D 668 ist unter dem Gesichtspunkt der künftigen Verwertung in eigenen satirischen Arbeiten von L. angelegt worden. – *Zum Abgießen in ... Gold:* S. zu dieser Überschrift die ähnliche in »Der doppelte Prinz« (III, S. 616). Zwischen D 665 und 666 sind drei Viertel der Seite leer. – *I would ... over Hell:* Mit ihr würde ich mich auch auf einem verrotteten Brett über der Hölle hinlegen. – *She looks ... grief:* Sie sieht aus wie die Geduld auf einem Grabmal, die der Trauer lächelt. Zitiert aus Shakespeares »Twelfth Night« (»Was ihr wollt«) II, 4, wo *sat* statt *looks* und *on* statt *upon* steht. – *Seccatori die Zeit-Austrockner der Italiäner:* Vgl. L 64. – *Swift ...:* Jonathan Swift »A Tale of a Tub. Written for the Universal Improvement of Mankind«, London 1704. – *they writ ... took snuff:* Sie schrieben und rissen Witze und reimten und sangen und sagten und sagten nichts: sie tranken und fochten und hurten und schliefen und fluchten und schnupften Tabak. – *what is ... micro-coat:* Was ist der Mensch selbst anderes als ein Mikro-Rock. Swift berichtet an dieser Stelle von einer Sekte, die sich das Universum als einen weiten Anzug dachte, der alles umgibt bis hin zum Menschen, den Swift einen ›Mikro-Rock‹ nennt, in bewußter Anspielung auf das Wort ›Mikrokosmos‹, wie Philosophen den Menschen genannt haben. – *Fontenelle sagt ...:* Im Eingang seiner »Digression sur les anciens et les modernes« (1688; von Gottsched 1730 übersetzt) sagt Fontenelle: »Si nos arbres sont aussi grands que ceux d'autrefois, nous pouvons égaler Homère, Platon et Démosthène.« – *geraubte Sabiner-Raub:* Vielleicht Anspielung auf Hogarth, der in den »Tags-Zeiten. Mittag« (III, S. 715) aus dem Gemälde »Der Raub der Sabinerinnen« von Poussin eine Figur ›entwendet‹ hat. – *Erstlich ... Swift:* Im fünften Kapitel von Swifts »Tale of a Tub« heißt es: »Throughout this divine treatise I have skilfully kneaded up both together with a layer of *utile* and a layer of *dulce*«. Lat. utile ›nützlich‹; lat. dulce ›angenehm‹; vgl. auch L 61, Brief an Franz Ferdinand Wolff vom 13. Juli 1784 und III, S. 840. Zitat aus Horaz, De arte poetica, v. 343: »qui miscuit utile dulci«.

S. 337 *Isabellfarb, oraniengelb, Pompadour:* Die drei Farbbezeichnungen finden sich in der zu D 293 nachgewiesenen Abhandlung Schäffers, S. 14. – *Isabellfarb:* ein lichtes Gelb bis Graugelb, angeblich nach dem Hemd der Erzherzogin Isabelle, der Tochter Philipps II.; sie soll geschworen haben, es erst nach Rückkehr ihres Gemahls, Erzherzog Albrecht von Österreich, aus dem Krieg zu wechseln, und hat es angeblich von 1601 bis 1604 getragen. – *Pompadour:* Nach der Marquise de Pompadour (1721–1764) benannter Seidenstoff. – *Da sehen wir uns mündlich:* In den Briefen der Winifred Jenkins in Tobias Smolletts Roman »The Expedition of Humphry Clinker« (London 1771) kommt die zitierte Wendung, die L. auch in den »Orbis pictus« (III, S. 401) aufgenommen hat, nicht vor. – *Der Papst ...:* S. zu C 14. – *Nester ausgeflogener Wahrheiten:* S. zu D 616. – *Dreihundert Federn, die Bleistifte nicht einmal gerechnet:* Diese Wendung ist im »Timorus« (III, S. 209) verwertet. – *berosciussen . . . beNewtonter:* Zu L.s Verbbildungen von Eigennamen mit *be-* s. zu D 625 und III, S. 304. Quintus Roscius (134 bis um 61 v. Chr.), von Geburt Gallier, berühmtester röm. Schauspieler seiner Zeit, dessen Name sprichwörtlich wurde. – *Beatty's Charakter des Cartesius:* Die Sätze aus Beattie, den L. auch im »Orbis pictus« (III, S. 380) und in »Neue Entdeckungen, physikalische und andere Merkwürdigkeiten« (GTC 1784, S. 58) einen »der ersten jetzt lebenden Philosophen Grosbritanniens« nennt, finden sich in seinem London 1770 erschienenen »Essay on the nature and immutability of truth in opposition to sophistry and scepticism« (BL, Nr. 1246). James Beattie (1735–1803), schott. Dichter und Philosoph; seit 1760 Prof. der Moralphilosophie und Logik in Aberdeen; mit Johnson bekannt. – *Cartesius:* Descartes. – *In Geometry . . . defect:* In der Geometrie folgt er der Vernunft und der Eingebung; in seiner Rede über die Leidenschaften finden sich ein paar eigenartige Bemerkungen; seine Physik ist einfallsreich und plausibel; seine Abhandlung über die Musik ist klarsichtig, wenn auch oberflächlich; eine lebhafte Phantasie scheint seine Hauptbegabung gewesen zu sein, ein Mangel an Kenntnis in den Grundlagen der Erkenntnislehre seine größte Schwäche. – *Walpole sagte im Parlament:* Robert Walpole (1676–1745), Earl of Oxford, engl. Staatsmann, Premierminister Georgs I. und Georgs II. – *You . . . Yours:* Sie sind in der Tat ein sehr bemerkenswerter Mann. Der höchste Rang, ein glänzendes Vermögen, und ein Name, der ruhmreich war, bis er der Ihre wurde. – *Duke of Bedford:* John Russell (1710–1771), 4th Duke of Bedford, 1761 Lord Privy Seal. Vgl. auch D 669. – *a Draught upon Aldgate pump:* In der Londoner Umgangssprache des 18. Jh.s ein Wechsel, der nicht eingelöst wird; Aldgate Pump war eine öffentliche Pumpe in der Nähe des alten Stadttors Aldgate. – *Aldgate:* Londoner Stadtteil, in dem sich das Schiffsamt befand. – *Undressing . . . ornaments:* Ausziehen bedeutete für Fanny ganz eigentlich Schmuck-Stücke ent-decken, nicht ablegen. Sollte die »Fanny Hill« von John Cleland gemeint sein? – *Fielding Voyage to Lisbon:* Henry Fieldings unvollendetes »Journal« seiner Reise nach Lissabon (1775). – *the wind was . . . Lisbon:* Der Wind kam aus SSO, und einen ebensolchen Wind hätte Juno sich von Aeolus erbeten, wäre Aeneas in unseren Breitengraden und auf dem Weg nach Lissabon gewesen. Nach Vergils »Aeneis« fliehen die Troer unter der Führung des Aeneas mit zwanzig Schiffen nach Thrakien, Delos, Kreta und Sizilien. Vom Haß der Juno, der höchsten Göttin der Römer, verfolgt, werden sie von einem Sturm nach Karthago verschlagen, wo sie die Königin Dido aufnimmt. Aeolus ist bei Homer der von Zeus eingesetzte Verwalter der Winde, der im fernen Westen auf der schwimmenden Insel Aelia lebt. – *Had Cain been Scot:* Wäre Kain ein Schotte gewesen. Das ›Sinngedicht‹ nicht ermittelt. – *mein Regulus im deutschen Postwagen:* Über L.s offenbar satirischen Plan von Regulus im deutschen Postwagen ist außer E 152, 189, 208, nichts bekannt; s. aber »Zum Parakletor« (III, S. 526), »Bemerkungen über das Postwesen.in Deutschland«. Marcus Atilius Regulus (267–256 v. Chr.), röm. Konsul und Feldherr, 255 v. Chr. von den Karthagern geschlagen und gefangengenommen, soll nach der Überlieferung in einem mit Nägeln ausgeschlagenen Faß zu Tode gemartert worden sein. »Ich fuhr von Berlin den 15. Juli 1815 mit der ordinairen Post nach Hamburg ab.

Die Beschreibung von dem, was damals eine ordinaire Post hieß, möchte jetzt schon an der Zeit und hier an ihrem Orte sein, da der Fortschritt der Geschichte auch dieses Ungeheuer weggeräumt hat. Ich kann aber, ohne meine Glaubwürdigkeit zu gefährden, auf Lichtenberg verweisen, der die Martermaschine mit dem Fasse des Regulus verglichen hat«, schreibt Adelbert von Chamisso in der »Reise um die Welt mit der Romanzoffischen Entdeckungs-Expedition in den Jahren 1815–18«. – *Good . . . abilities:* Gutgläubigkeit und Torheit sind so lange schon als Synonyme aufgefaßt worden, daß das Gegenteil dieses Satzes glaubhaft geworden ist und jeder Bösewicht sich für einen befähigten Mann hält. – *Proposition:* Satz, Hauptsatz einer Rede. – *Junius:* Die Zitate aus den Briefen des Junius finden sich Brief 23, 15, 9, 12, 15, 14. – *You have . . . experience:* Sie haben diesen unglücklichen Herrn dazu gebracht, uns zu zeigen, daß, während Sie selbst einen einmaligen Fall von Jugend ohne Geist darstellen, ihr Verteidiger ein nicht weniger bemerkenswertes Beispiel für Alter ohne den Vorteil der Erfahrung ist.

S. 338 *Duke of Grafton:* Augustus Henry Fitzroy (1735–1811), Urenkel des Henry Fitzroy, Duke of Grafton, eines Sohnes von Karl II.; seit 1765 im Amt des First Lord of Treasury, ging er 1767 zur Hofpartei über, was im Lande heftige Proteste hervorrief. – *There are . . . martyr:* Es gibt einige ketzerische Charakterzüge, die eine Familie genauso deutlich kennzeichnen wie die schwärzesten Züge des menschlichen Gesichts. Karl der Erste lebte und starb als Heuchler. Karl II. war ein Heuchler von anderer Art und hätte auf dem gleichen Schafott sterben sollen. Mit dem Abstand eines Jahrhunderts sehen wir ihre beiden unterschiedlichen Charaktere in Euer Gnaden glücklich wieder zum Leben erweckt und vereint. Mürrisch und streng ohne Religion, ausschweifend ohne Fröhlichkeit, leben Sie wie Karl der Zweite, doch ohne dabei ein liebenswürdiger Gefährte zu sein, und werden vielleicht, soweit ich das sagen kann, genauso wie sein Vater sterben, nur ohne den Ruf eines Märtyrers zu erlangen. – *We owe . . . deceiving:* Wir verdanken es der Freigebigkeit der Vorsehung, daß die vollkommenste Verdorbenheit des Herzens zuweilen auf merkwürdige Weise mit einer Verwirrung des Geistes verbunden ist, die die gängigsten Grundsätze zunichte macht und denselben Mann zu einem Verräter werden läßt, der nicht listig ist, und zu einem Heuchler, der nicht betrügt. – *Blackstone:* Sir William Blackstone (1723–1780), berühmter engl. Rechtsgelehrter, Verfasser der »Commentaries on the laws of England«, Oxford 1765–1769, 4 Bde. – *We have now . . . himself:* Wir sind jetzt in der glücklichen Lage, die Grundsätze des Doktors genausogut wie seine Schriften zu verstehen. Was die Verteidigung der Gültigkeit von Recht und Vernunft angeht, kann man sich im Buch des Doktors sichere Auskunft holen; wer immer aber einen Grenznachbarn betrügen oder ein Land seiner Rechte berauben will, der braucht sich nicht zu scheuen, den Doktor selbst um Rat zu fragen. – *Sir . . . out of it:* Sir Fletcher Norton sagte einmal in einer Sitzung des Parlaments über den berühmten Mr. Grenville: Ich wünschte, der ehrenwerte Herr würde, statt seinen Kopf zu schütteln, ein gutes Argument aus ihm herausschütteln. – *Norton:* Sir Fletcher Norton (1716–1789), engl. Rechtsanwalt, 1770 Speaker des Unterhauses, 1782 Lord Grantley. – *Grenville:* George Grenville (1712–1770), engl. Staatsmann; 1762 Secretary of State, 1763–1765 als Nachfolger Rockinghams First Lord of Treasury; galt als einer der besten Redner der Tory-Partei, die sich ab 1765 in der Opposition befand.

667 *Schimpfwörter:* Zu dieser Sammlung vgl. L.s Äußerungen in »Daß du auf dem Blocksberge wärst« (III, S. 470, 473, und KIII, S. 221); s. auch III, S. 278. – *Krachwedel:* Alter schwacher Mann, schon im 17. Jh. (Simplicissimus) bezeugt (s. DWB 5, Sp. 1925). – *Hosenhuster:* Svw. ›Hosenjuchzer‹: Furz (DWB 4,2, Sp. 1841). – *Dreck auf den Bart:* S. zu C 285. – *Schandbalg:* Schimpfwort besonders für Kinder und liederliche Frauenzimmer (DWB 8, Sp. 2124). – *Bankert:* Natürlicher Sohn, Bastard (DWB 1, Sp. 1111 mit drei Belegen: Grimmelshausen, Lessing, Arnim). – *Flegel:* Eiserne Waffe, dann Schimpfwort: Bauer (DWB 3, Sp. 1747f.). – *Reckel:* Räkel, landschaftlich in Mitteldeutschland für Flegel. L. gebraucht diesen Ausdruck in den Hogarth-Erklärungen (III, S. 821). – *Bengel:* DWB 1, Sp. 1472 bringt einen Beleg von L. (VS 3, S. 329). – *Lork:* Eine Kröte. »Wir brauchen es aber nur, als ein Scheltwort, auf einen unansehnlichen und finstern Menschen« (Bremisch-niedersächsisches Wörterbuch, III. T., Bremen 1768, S. 87). DWB 6, 1151: Lorke: »ein geschmackloses trübes Getränk«, s. auch Lurke: Nachwein, Tresterwein. – *Affengesicht:* DWB 1, Sp. 183 bringt einen Beleg aus Goethe. – *Matz:* DWB 6, Sp. 1768f.: Koseform von Matthäus, dann Scheltwort für einen feigen, weibischen oder auch törichten Kerl. – *Lausewenzel:* Name eines schlechten Rauchtabaks; dann Benennung eines verlausten oder schäbigen Menschen (DWB 6, Sp. 363). – *Flöhbeutel:* DWB 3, Sp. 1814 bringt einen Beleg aus Hans Sachs: Feldglocke. – *Galgenschwengel:* DWB 4, 1, Sp. 1177 zitiert Hans Sachs: Schwengel = Klöppel. – *Galgenvogel:* Rabe und einer, der den Raben zum Aase dient, später auch bloß kräftiges Schimpfwort (DWB 4, 1, Sp. 1179). – *Sauwedel:* DWB 8, Sp. 1179 vrezeichnet nur ›Sauschwanz‹ als Schimpfwort. – *Nickel:* Abgeleitet von ›Nicolaus‹; später Schimpfwort für Liederliche beiderlei Geschlechts, vor allem aber für: Hure. – *Mensch:* Als Neutrum im 18. Jh. gebräuchlich für Dirne, Frau von niedrigem Stand, Dienstmagd. – *Rotzlöffel:* Vgl. J 847. – *Poltron:* S. zu KA 46. – *Hexe:* Als Kosenamen für die Stechardin gebraucht L. dieses ›Schimpfwort‹. – *daß du die Kränke hättest:* Kränke: fallende Sucht, Krampf ähnlich der ›Schwere Not‹; DWB 5, Sp. 2029 teilt Belege dieses Fluchworts in ähnlichen Interjektionen wie L. von Wieland, Klinger u. a. mit.

668 *Wörter und Redens-Arten:* Dieses Verzeichnis setzt sich aus drei Quellen zusammen. Die Hauptmasse bilden, wie schon die alphabetische Anordnung zeigt, Auszüge aus Adelungs »Versuch eines vollständigen grammatisch-kritischen Wörterbuchs der hochdeutschen Mundart« (vgl. G 8) und zwar aus den beiden Leipzig 1774 und 1775 erschienenen Bänden; sie reichen bis »Gewölke« und sind nur vereinzelt mit nicht daher stammenden Wörtern und eigenen Wendungen oder Weiterbildungen durchsetzt. Dann folgen, ohne überall streng geschieden werden zu können, lexikalische und stilistische Wendungen sowie Worte eigener Prägung. Letztere wurden ins Register aufgenommen, die Adelung entlehnten Wörter nicht. – *Aberglaube, Aberwitz:* Vgl. C 281. – *abgeriffelt:* Im DWB 1, Sp. 91, nur im Sinne von ›schelten‹. – *auf und ab:* Diese Wendung begegnet auch E 209 (S. 392), Mat I 85 und in »Friedrich Eckhardt an den Verfasser der Bemerkungen zu seiner Epistel an Tobias Göbhardt« (erschienen Göttingen 1776; VS 3, S. 179). – *praeter propter:* Lat. ›etwa, ungefähr‹. – *Blaustrumpf:* Zunächst Umschreibung des Teufels, der unvermerkt den schwarzen Bocksfuß sehen läßt und überall sonst der Schwarze heißt, dann häufig für: Verleumder, Angeber. Die heutige Bedeu-

tung: gelehrtes Frauenzimmer, ist nach ›blue stockings‹ gebildet (DWB 2, Sp. 85). – *Wörter mit Erz ...:* Zu L.s Gebrauch dieser Komposita s. das Wortregister; vgl. III, S. 243.

S. 341 *fistulieren:* Durch die Fistel singen. – *Flicksentenzen:* Zu Zusammensetzungen mit *Flick-* s. zu C 21. – *Trillen:* Neben anderen Bedeutungen auch: narren, schabernacken (DWB 11,1, Sp. 520). – *Gickeln:* S. zu D 238. – *libellieren:* S. zu D 31. – *Orakelwörter:* Das Wort ist in der Antiphysiognomik (III, S. 288) verwertet. – *winddürr:* Das Wort ist in »Briefe aus England« (III, S. 365) verwertet, s. auch E 115 und 172. – *abgefrömmelt:* Das Wort ist in »Briefe aus England« (III, S. 329) verwertet. – *Hieroglyphe:* Die heilige Schriftsprache (Bilderschrift) der alten Ägypter. – *Sudelbuch (common place book):* S. zu E 46. – *Spielwochen eines Schriftstellers:* Zu dieser Wendung vgl. F 502. – *transzendent:* Zu diesem von L. häufig und immer abschätzig gebrauchten Adjektiv s. das Wortregister. – *Nissigkeit:* Abgeleitet von Niß ›Läuse-Ei‹, im übertragenen Sinn: Armseligkeit, Schmutzigkeit, Filz, Geiz (s. DWB 7, Sp. 857). – *Montaigne:* Michel Eyquem de Montaigne (1533–1592), frz. Moralist, Philosoph und Schriftsteller; berühmt sind vor allem seine gattungsbildenden »Essais«, die zuerst 1580, erweitert 1588 erschienen. – *Fasel-Mast ... Bremischen Wörterbuch:* Vgl. »Versuch eines bremisch-niedersächsichen Wörterbuchs« 1, S. 354.

S. 342 *greiflachend p. 156 ... Nothanker:* »Griflachen«, das dem »greiflachen« in Nicolais Roman »Das Leben und die Meinungen des Herrn Magister Sebaldus Nothanker«, Berlin und Stettin 1775–1776, 3 Bde. (BL, Nr. 1606) entspricht (L. erhielt den dritten Band im August 1776; s. Brief an Christoph Friedrich Nicolai vom 2. September 1776), belegt der »Versuch eines bremisch-niedersächsischen Wörterbuchs« 2, S. 541 im Sinne von »heimlich lachen«. Die Etymologie ist unklar. – *Bibliothek:* Danach von L. gestrichen *nicht einen Bohnen Schuß*. – *Möser: die Würde:* Die von L. ausgehobenen Wörter sind wörtlich Mösers Aufsatz »Von den Einflüssen der Bevölkerung durch Nebenwohner, auf die Gesetzgebung« in den »Westphälischen Beyträgen zum Nutzen und Vergnügen«, 49. Stück, den 4. Dezember 1773, Sp. 383–390 (S. 387, 390) entnommen. – *sprudelt und raset (Lessing):* Zitat nicht ermittelt. – *Praß:* Soviel wie Lärm, Gepränge; auch lärmendes Gelage, Schlemmen, Schmausen. Vielleicht auch aus Lessing entlehnt; s. SW 7, 36; 9, 72; 12, 178 (DWB 7, Sp. 2076–2077; 2, Sp. 306: Bras). Vgl. F 921. – *Lavater redet einmal vom Hinbrüten:* Vgl. Antiphysiognomik (III, S. 261) sowie E 506 und F 848. – *dunigtes:* Daunig; vgl. zu der Wendung E 506; F 848. – *downy:* Engl. ›flaumig, weich‹. – *erschlaffendes:* In der Handschrift *erschaffendes*.

669 *Vom Herzog ... Angeführte:* Zwischen dieser Nummer, auf die D 670 unmittelbar folgt, und D 668 befinden sich in der Handschrift zwei leere Seiten. – *Junius T. I. 196 ...:* Dieses Zitat ist Brief 27 der »Letters of Junius« entnommen. – *His charity ... began:* Seine Mildtätigkeit hat das Sprichwort (Mildtätigkeit fängt daheim an) übertroffen und dort geendet, wo sie begann. – *Draper:* Sir William Draper (1721–1787), engl. Offizier, bekannt durch seine Verteidigung des Marquis of Granby gegen Junius (1769). – *Marquis von Tavistock:* Francis Russell (1739–1767), ältester Sohn von John Russell, Duke of Bedford. – *der liebenswürdigen Witwe:* Elizabeth, jüngste Tochter von William Keppel, 2nd Earl of Albemarle, seit 1764 verheiratet.

670 *sagt Deluc:* »Recherches sur les modifications de l'atmosphère«, §935.

L. kommt auf diese Stelle auch F 409 zu sprechen. L. besaß die Leipzig 1776–1778 erschienene zweibändige Übersetzung »Untersuchungen über die Atmosphäre und die zur Abmessung ihrer Veränderungen dienlichen Werkzeuge« von Gehler (BL, Nr. 697); das frz. Original war Paris 1772 erschienen.
– *beruhigen:* Bei Deluc ›tranquilliser‹; zu diesem Begriff vgl. J 1469.

671 *se secuit terribliter:* Er hat sich schrecklich geschnitten. Dieser lateinische Wortscherz findet sich auf der Vorderseite des halb abgerissenen letzten Blattes von Sudelbuch D.

672 *sed . . . manducavit:* Aber er hat den Menschenverstand auch nicht mit Löffeln gegessen (wörtlich: gekaut). S. zu D 671. Zu dem von L. gern notierten Küchen-Latein vgl. L 456; Mat I 92, 94, 112.

Das gleiche Blatt enthält auf seiner Vorder- und Rückseite Notizen L.s für seinen englischen Aufenthalt 1774–1775, die, soweit sie zu entziffern waren, hier mitgeteilt werden. Vgl. Gumbert, LiE 1, S. 126f. und Joost, Lichtenberg-Jb 1989, S. 196–197. Die hier zunächst abgedruckten Notizen stehen auf der Rückseite des letzten Blattes von Sudelbuch D, sind zeitlich aber zweifellos vor den Notizen einzuordnen, die L. auf der Vorderseite des letzten Blattes von D gemacht hat.

Bei einer Reise nach England. Critical observations on the buildings and improvements of London. 4to 2s 6d: Ein sehr gut geschriebe[nes] Buch. [O]bservateur francois a Londres. [Glasmikrom]eter von Brander. [. . .] *Ferret's* Neue Fregatte. [Baret]ti, *Harrison, Francklin, Banks.* [gegen] *Voltaires Lettres sur les Anglois* ist [eine Apo?]logie für die Engländer herausgekommen. [Reise?] nach *Portsmouth.* [. . .] sehen als wenn ich eine Beschreibung davon [. . .] Firniß aufgestrichen wird. [Ramberg?]s Raphael. Ferguson und *Cox.* [. . .]tein aus London zu schreiben. [. . .] ältre Faur[?] S. über die Engländer. [die Perpetualmotion?] des HE Cox von welcher [man so v]iel Wesens macht. [Sherwin's ma]*thematical Tables* the [5th edition] *improved by Samuel* [Clark. London] *by Mount and Page.* [. . .] für HE HofR. Kästner zu [kaufen?] Charing [Joost liest *Braun?schweig*] soll sie um 4 Thaler [zu haben sein]. [. . .] ceteris non inferiorem [. . .] semel refugiens [oder: reliquens?] nemo [. . .] rum, hic vero quae ibi [. . .] ate esse, magnos viros [. . .] latem regiam sint sco [. . .] experiri quacras. [für] das *Cabinet* zu sorg[en. . .] gl. [. . .] Sterne vielleicht? [. . .] Merkur, Pindar [. . .] gläser.

Es folgen die Notizen, die L. auf der Vorderseite des letzten Blattes von D gemacht hat: Eine Empfehlung von HE. Best an ‹von L. gestrichen: Kästner› Sekretarius Kestner in Hannover. auch von HE. Postmeister [. . . in] Göttingen. HE. Slingemann in Osnabrüc[k möchte?] gern eine Exspecktanz auf d[ie] Schreiber Stelle beim Obergov[ernment?] haben. – *Wenn ich zurück ko[mme]:* HE. de Luc eine Corr[espondenz?] [. . .] in Göttingen u[nd] [. . .] Monsieur de [. . .]. HE. Ebell an sei[ne Encriniten] zu erinnern, di[e er Delucs Bruder?] versprochen hat. – *Cabani* heißt [der Augen-] Operateur. Für HE. Forster [. . .] zu kaufen.

Critical observations . . . : Das Werk, erschienen London 1771, wird James Stuart zugeschrieben. James Stuart (1713–1768), engl. Maler und Architekt, führte in Griechenland Messungen der antiken Baudenkmäler durch. – *Observateur francois Londres:* In Frage kämen folgende Broschüren: »L'Espion français à Londres« oder »L'observateur anglais ou correspondance secrète entre Milord All'eye et Milord All'ear«, London 1777. – *[Glasmikrom]eter von Brander:* Georg Friedrich Brander (1713–1783), berühmter dt. Instrumentenmacher in Augsburg; L. stand mit ihm in Kontakt. Vgl. Brief an Johann Andreas Schernhagen vom 4. Oktober 1773. Brander, dem L. am 4. November 1774 aus London schrieb, fertigte u. a. auch für das Privatobservatorium Georgs III. Glasmikrometer an. – *Ferret's:* Washington Shirley Ferrers (1722–1778), engl. Lord, hatte auf eigene Kosten eine schnellsegelnde Fregatte gebaut; vgl. Brief an Johann Andreas Schernhagen vom 4. Oktober 1773. – *Harrison:* John Harrison (1693–1776), engl. Mechaniker, berühmter Uhrmacher, erfand um 1726 ein Kompensationspendel und stellte um 1764 den ersten für die Schiffahrt geeigneten Chronometer her. – *Voltaires Lettres sur les Anglois ...:* »Lettres écrites de Londres sur les Anglois, et autres Sujets«, erschienen Amsterdam 1735. – *Portsmouth:* Die engl. Hafenstadt nördlich der Insel Wight auf der Halbinsel Portsea; seit Heinrich VIII. Hauptmarinearsenal Englands; wird von L. sonst nirgends erwähnt. – *Ferguson:* James Ferguson (1710–1776), engl. Mathematiker und Astronom, dessen Vorlesungen sehr beliebt waren. Gamauf, Astronomie, S. 25 Fußnote notiert: »ein Schotte, brachte es ebenfalls vom Schafhirten und Tafeldecker, zu einem berühmten Gelehrten, und zum Mitgliede der königl. Societät in London. Starb 1776«. – *Cox:* S. zu D 757. – *Tables:* Gemeint sind die »Mathematical Tables contrived in an easy and comprehensive Manner, containing Dr. Wallis' Account of Logarithmns ..., a Table of Logarithmns of Numbers from 1 to 101000« von Henry Sherwin, die 1717 veröffentlicht wurden und London 1771 überarbeitet von Samuel Clark in 5. Auflage erschienen (BL, Nr. 167). – *Best:* Wilhelm Philipp Best, aus Hannover, Hofrat und Geheimer Kanzleisekretär bei der kurhannöverschen Vertretung in London. – *Kestner:* Johann Georg Christian Kestner (1741–1800), Archivsekretär und Hofrat bei der Regierung in Hannover, seit 1773 mit Charlotte Buff verheiratet. – *Postmeister:* Johann Friedrich Schröder (1741 bis nach 1791), Oberpostmeister in Göttingen. – *Slingemann:* Vermutlich Slingemann jr.; vgl. Gumbert, LiE 2, S. 88. – *de Luc eine Corr[espondenz?]:* Gumbert (LiE, T II b 20, S. 127) ergänzt: Corr[espondenzadresse]. Es liegt näher, daran zu denken, daß L. Deluc zum korrespondierenden Mitglied der Göttinger Sozietät der Wissenschaften vorschlagen wollte oder sollte. – *Ebell ... erinnern:* Vgl. Brief an Johann Andreas Schernhagen vom 17. Oktober 1775. – *Encriniten:* Fossile Reste von Haarsternen. – *Cabani:* Über François David Cabanis s. zu RA 158. – *Forster:* Gemeint ist vermutlich Johann Reinhold Forster, der Vater. Johann Reinhold Forster (1729–1798), dt. Naturforscher. Zunächst evangelischer Pfarrer; bereiste 1765 das Wolgagebiet, lebte dann von 1766 bis 1772 als Übersetzer, Schriftsteller und Lehrer in England; 1772 bis 1775 begleitete er James Cook auf dessen zweiter Weltreise und wurde 1780 Professor für Naturgeschichte in Halle; trug entscheidend zur Entwicklung einer vergleichenden Völker- und Länderkunde bei.

Anmerkungen
zu den Nummern in Band II

673 *Swift ... Life:* Gemeint sind die in London 1768 von John Hawkesworth herausgegebenen »The works of Dr. Jonathan Swift ... with some account of the author's life and notes historical and explanatory« (BL, Nr. 1758). – *upon ... times:* Als seine Haushälterin ein Messer wegnahm, nach dem er (in seinem Wahnsinn) greifen wollte, zuckte er mit den Achseln und sagte: ich bin was ich bin, ich bin was ich bin, und wiederholte in ungefähr sechs Minuten die gleichen Worte zwei oder drei Mal.

674 *Ibid[em] p. 60:* Die Biographie Swifts ist zu D 673 nachgewiesen. – *an instance ... mended:* Ein Beispiel für seinen Humor. Seine Köchin war eine große Frau von kräftigem Körperbau und groben Zügen, deren Gesicht stark von den Pocken genarbt und vom Alter zerfurcht war: diese Frau zeichnete er stets mit der Benennung Liebchen aus. Es geschah eines Tages, daß das Liebchen den einzigen Braten, den es zum Nachtmahl gab, viel zu lange im Ofen gelassen hatte; worauf er sie heraufkommen ließ und mit großer Ruhe und Ernsthaftigkeit sagt, Liebchen, trag das in die Küche hinunter und koche es weniger. Sie antwortete, das wäre unmöglich. Mit Verlaub, sagte er, wenn du das Fleisch zu wenig gebraten hättest, hättest du es doch mehr gekocht? Ja, sagte sie, das hätte sie leicht tun können. Ja dann, Liebchen, sagte der Dechant, laß mich dir raten, wenn du schon Fehler machen mußt, dann mach solche, die sich wieder beheben lassen.

675 *Trembley Memoires:* Das Werk ist zu KA 38 nachgewiesen. – *denn:* in der Handschrift *den.* – *Kuttelfisch:* Sepia, der Tintenfisch. – *Verbeek:* Die Titelseite trägt den Druckvermerk: A Leide, Chez Jean et Herman Verbeek, 1744. Die Lebensdaten der beiden Brüder, die ab 1721 zusammenarbeiteten und medizinische und naturgeschichtliche Werke herausgaben, sind unbekannt. – *Baker:* Henry Baker (1698–1774), engl. Naturforscher und Dichter, erfolgreicher Taubstummenlehrer; seit 1740 Mitglied der Royal Society in London. – *histoire:* In der Handschrift *histore.* – *die franz[ösische] Übersetzung ...:* Der Titel ist von L. vollständig wiedergegeben. – *Folkes:* Martin Folkes (1690–1754), engl. Altertumsforscher, seit 1750 Präsident der Royal Society in London; zusammen mit Baker machte er ab 1740 Experimente mit Polypen. – *Rösel:* August Johann Rösel von Rosenhof (1705–1759), Kupferstecher in Nürnberg, gefördert von Trew, berühmt durch seine Kupfertafeln der »Natürlichen Historie hiesigen Landes«, Nürnberg 1758, und »Der monatlich herausgegebenen Insecten-Belustigung Theil 1-4«, Nürnberg 1746–1761. Der 3. Teil war 1755 erschienen; auf S. 433–446 teilte Rösel »Die Historie der Polypen der süssen Wasser und anderer kleiner Wasserinsecten hiesiges Landes« mit. – *Schäffer von den grünen Wasserpolypen:* »Die Armpolypen in den süssen Wassern um Regensburg entdeckt und beschrieben von Jacob Christian Schäffer«, erschienen Regensburg 1754. Schäffer (1718–1790), naturhistorischer Schriftsteller, Superintendent in Regensburg und Mitglied der Deutschen Gesellschaft in Göttingen. – *Réaumur ... l'histoire des Insectes:* Das Werk wurde in GGA 1743, 24. Stück, S. 212 rezensiert. – *Jussieu ... Mem. de Paris 1742:* Der von L. korrekt zitierte Aufsatz von Bernard de Jussieu findet sich in den »Mémoires de l'Académie Royale des Sciences«, S. 290–302, des genannten Jahres, gedruckt Paris 1745, rezensiert in GGA

1743, 24. Stück, S. 212. Bernard de Jussieu (1699–1777), frz. Naturforscher, untersuchte auf Drängen Réaumurs 1741 an der Küste der Normandie unter dem Mikroskop Polypen und stellte fest, daß es sich um Tiere handelte. – *Edit. d'Amsterd[am]:* Gemeint ist die in Amsterdam bei Pierre Mortier 1747 gedruckte Ausgabe der »Mémoires«; in dieser Ausgabe, nach der L. zitiert, findet sich Jussieus Aufsatz S. 392–409. – *Baker Employment ...:* Der Titel des zweiteiligen Werks ist von L. richtig wiedergegeben. – *describes ... a Pannache: ...* beschreibt ein Lebewesen, das er Glockenblumentier oder gefiederter Polyp nennt, es unterscheidet sich etwas, wie Rösel a.a.O., S. 448 bemerkt, von Trembleys Polype à Pannache [Federbusch-Polyp]. – *Roesel observes:* Innerhalb seiner »Beschreibung des sogenannten Federbuschpolypen« (73. Supplements-Tabelle, S. 447–464) schreibt Rösel S. 447f., Nürnberg 1755: »Herr Baker giebt ihnen mit seinem Freund Herrn Anderon den Namen des Glockenblumenthiers (Employment for the Microsc. p. 306); da aber mein Federbuschpolyp mehr mit demjenigen, den Herr Trembley beschreibet, als mit Herrn Bakers übereinkommet: so habe ich lieber jenes Benennung beibehalten wollen.« – *Leeuwenhoeks Beobachtungen ... Philos. Transact.:* »Part of a letter from Mr. Antony van Leeuwenhoek, F. R. S. concerning green weeds growing in water, and some animalcula found about them« in den »Philosophical Transactions«, Nr. 283, 1703, S. 1304–1311. Die Zeitschrift, die erste rein naturwissenschaftliche, erschien zum ersten Mal am 6. März 1665. Sie wurde vom Sekretär der Royal Society herausgegeben, Henry Oldenburg. Die engl. Akademie übernimmt erst ab 1753 die Herausgeberschaft. – *Bakers ... oben angeführten Werk p. 6 ...:* Auf S. 6 der in Form eines Briefes an Martin Folkes gehaltenen »dedication« wird Folkes Darstellung seiner Versuchsergebnisse vor der Royal Society und in den »Philosophical Transactions« lobend erwähnt. – *Folkes ... Versuche:* Gemeint ist »Some account of the insect called the fresh-water polypus, before-mentioned in the transactions, as the same was delivered at a meeting of the Royal Society, by the president, on Thursday, March 24. 1742–1743« in den »Philosophical Transactions«, Nr. 469, S. 422–436, 1743. – *2$\underline{ten}$ Ausgabe von Bakers microscope made easy:* Die zweite Auflage erschien London 1743. – *Westfeld:* Christian Friedrich Henning Gotthard Westfeld (1746–1823) aus Gotha, studierte 1763 Theologie in Göttingen, wo L. sich mit ihm befreundete; Schüler Kästners, der ihn dem Grafen von Bückenburg empfahl; seit 1766 Rektor der Stadtschule in Bückeburg, wo ihn L. am 3. September 1772 besuchte (s. TB 28); Kammerrat, dann Amtmann in Bückeburg, seit 1795 Oberamtmann und Pächter des Klosterguts Weende mit dem Titel eines Oberkommissars. 1797 Mitglied der Sozietät der Wissenschaften in Göttingen; arbeitete über Mineralogie, Färbetechnik und Farbenlehre. – *ein gewisser Delisle geschrieben:* Ist Jean-Baptiste-Claude Isoard dit Delisle de Sales (ca. 1739–1816) gemeint? Frz. Schriftsteller, der 1766 mit seinem Werk »De la philosophie de la nature«, in dem er den Atheismus und den Nihilismus in der Politik vertrat, Skandal machte. Ein Werk über die Polypen ist nicht nachweisbar. – *Krünitzischen Übersetzung von Ellis Werk:* Gemeint ist »An essay towards a natural history of the Corallines, and other marine productions of the like kind, commonly found on the coasts of Great Britain and Ireland. To which is added the description of a large marine polype taken near the North Pole, by the whale-fishers, in the summer 1753«, erschienen London 1755, von John Ellis (1710–1776), brit. Kaufmann und königl. Agent für West-Florida und die Insel Dominica, bedeutender naturhistorischer Schriftsteller. Johann Georg Krünitz (1728–1796), Arzt, Enzyklopädist und Übersetzer, berühmt durch seine »Ökonomisch-technologische Encyklopädie, oder allgemeines System der Staats-, Stadt-, Haus- und Landwirthschaft«, von der er selbst 1773–1796 die ersten 73 Bände (A–Leiche) verfaßt hat. Ellis' «Versuch einer Naturgeschichte der Korallarten, und anderer dergleichen Meerkörper« erschien Nürnberg 1764. – *Linnaeus nachzusehen:* Gemeint ist entweder das »Systema Naturae, sive regna tria naturae systematice proposita per classes, ordines, genera et species«, Leiden 1735, wo er verschiedene Korallenarten unter den »Zoophyten« aufführt, oder die »Dissertatio de coralliis balticis«, Leiden 1749.

676 *Rösel:* S. zu D 675. – *Trembley (Memoires III. Pl. 10 Fig[ure] 9.:* Das Werk ist zu KA 38 nachgewiesen. Es geht um die Abbildung des »Polype à Pannache« (Abb. S. 296), den Trembley in der »Troisième Mémoire: De la Génération des Polypes«, S. 200–228, beschreibt. – *Baker . . .:* S. zu D 675. – *bell flower animal:* S. D 675 und die Anm. dazu. Die sich auf Baker beziehenden Passagen sind sinngemäße bzw. exakte Exzerpte aus dessen »Employment for the microscope«, Kap. X: »The Bell-Flower-Animal, or plumed Polype«, S. 307 f. – *Meerlinsen:* Kleine grüne schwimmende Wasserpflanzen.

677 *Baker . . . p. 17:* Gemeint ist das D 675 zitierte Werk »An Attempt towards a Natural History of the Polype«. L.s Exzerpt ist eine fast wörtliche Übersetzung von S. 17 (2. Absatz) bis 18 (oben), Kap. II: »Of the Sorts of Polypes«. – *Die gewöhnlichste Anzahl ist 12:* Baker schreibt S. 18: »the common Number is ten«.

678 *p. 18:* S. zu D 677; L.s Exzerpt ist eine geraffte Übersetzung des zweiten Abschnitts der genannten Seite. – *um die Wahl heller:* Soviel wie ›mit geringem Unterschied, nur ein wenig‹ (DWB 13, Sp. 515 bringt u. a. einen Beleg aus Rösel).

679 *19:* S. zu D 677; L.s Exzerpt ist eine sehr geraffte Übersetzung der betreffenden Seiten und S. 20 oben.

680 *20:* S. zu D 677; L.s Exzerpt ist eine sehr geraffte Übersetzung von S. 20 f.

681 Dieses Exzerpt aus den »Nützlichen Beylagen« des »Osnabrückischen Intelligenz-Blat« notiert L. kurz auch in C 97.

682 *Abhandlung vom fließenden Frost:* »Den fließenden Frost betreffend« ist der Titel einer »Aufgabe« in den »Nützlichen Beylagen« des »Osnabrückischen Intelligenz-Blat« vom 1. Juni 1771, 22. Stück, Sp. 173–176. Der Artikel wird Justus Möser zugeschrieben. – *Kälte-Ableiter:* L.s Wortprägung.

683 Bei dieser Nummer handelt es sich um die Reinschrift des Aufsatzes »Einige Versuche mit Polypen«, der, mit nur geringfügigen stilistischen Änderungen, 1773 im »Hannoverischen Magazin«, 5. Stück, 15. Januar 1773, Sp. 71–80, erschien. Da Georg Forster, Blumenbach und Johann August Ephraim Goeze diesen Versuchen Beifall zollten, ließ L. im GMWL 1783, S. 563–575, wesentliche Partien seines Aufsatzes unter dem Titel »Prof. Lichtenbergs Schreiben an Hrn. Prof. Forster zu Cassel, über die Polypen und eine sonderbare elektrische Erscheinung« abermals abdrucken. – *B:* Dieser Buchstabe findet sich auch vor den Bemerkungen D 690, 736. Merkwürdig ist die nicht systematische Verwendung auch der Initialen A, C, L, die sich

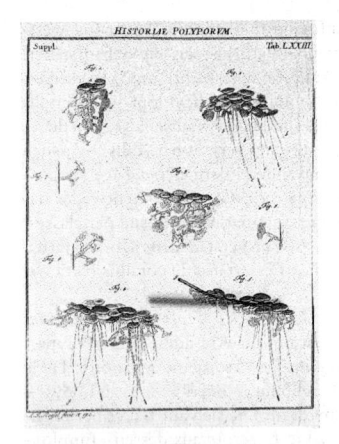

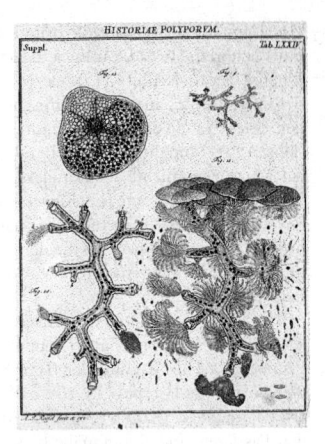

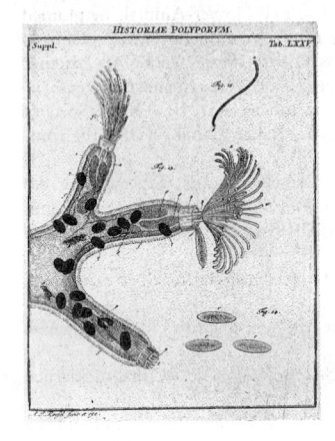

zu D 676

schwerlich auf Abkürzungen für Sachgebiete beziehen lassen. – *Vorigen Sommer ... bei meinem Aufenthalt in Hannover:* L. befand sich 1772 vom 3. März bis 31. August in Hannover zum Zweck der astronomischen Ortsbestimmung. Über seine Polypen-Versuche berichtet L. in einem Brief an seinen Bruder Ludwig Christian vom 26. Juli 1772. Einen Hinweis auf den Beginn seiner Versuche gibt er in einem Brief an Joel Paul Kaltenhofer vom 31. Mai 1772. Vgl. auch Brief an Joel Paul Kaltenhofer vom 21. Juni 1772: »Mit den Polypen habe ich allerley närrisches Zeug angefangen, schade daß ich plötzlich in meinen Untersuchungen bin unterbrochen worden, denn bey diesem heisen Wetter kan ich weder welche finden, noch die ehemals gefundenen gut erhalten. Wie ich ehmals laß, daß den Polypen wieder die Köpfe wüchsen, wenn man sie ihnen abschnitte, und so eben die Füße und die Schwäntze, so wünschte ich zuweilen ein Polype zu seyn, allein nun habe ich zwey dumme Eigenschafften an ihnen entdeckt, dabey ich wohl dem Teufel die Polypschafft gönne. Sie sterben augenblicklich vom Wein und Paaren sich nicht.« L. notiert die Versuche mit den Polypen übrigens auch unter »Physikalische Versuche« in C 220 und 305. – *einem großen Naturkündiger:* Nach einer Fußnote im »Hannoverischen Magazin«, 5. Stück, 15. Januar 1773, Sp. 71 f., handelt es sich dabei um den Landdrost Otto Freiherr von Münchhausen, »der mich damals öfters mit seiner Gegenwart beehrte«. Seinem Bruder Ludwig Christian schreibt L. in dem oben zitierten Brief: »Ich habe sie im Beisein des Herrn von Münchhausen, des Verfassers des Hausvaters, gemacht, der sie mit ungemeinem Beifall aufgenommen«. – *Rösel im dritten Teil seiner Insekten-Belust[igung] S. 505:* Diese Passage zitiert L. bereits D 675. In der oben zitierten Polypen-Abhandlung im GMWL schreibt L. übrigens (S. 565), der Polyp, mit dem er seine Experimente anstellte, fehle im Rösel: »Ich erfuhr daher erst von Hr. Prof. Blumenbach, daß es eine neue Gattung sey, und dieser hat auch in einem der ältern Stücke dieses Magazins [»Von dem Federbusch-Polypen in den Göttingischen Gewässern«, GMWL 1780, 1. Jg., 4. Stück, S. 117–127] desselben Erwähnung gethan.« – *Meerlinsen:* S. zu D 676.

S. 100 *Miltons Teufel:* In der Druckfassung gibt L. in einer Fußnote, Sp. 75–78, den genauen bibliographischen Hinweis: Michael hatte Satan verwundet (Vers 344 ff.).

S. 101 *Bakers Attempt ...:* Das Werk ist D 675 von L. nachgewiesen. – *Baker ... beschreibt ... S. 175 seq.:* Auf S. 175–177 führt Baker als »Experiment XIX.« den von L. gemeinten »Attempt to make the divided Parts of different Polypes unite« vor, dessen Ergebnislosigkeit er auf S. 177 resümiert: »but [I] had never the good luck to succeed«.

S. 102 *in Osnabrück:* Seit dem 4. September 1772 befand sich L. zwecks astronomischer Ortsbestimmung in Osnabrück, wo er bis zum 13. Februar 1773 blieb. Der Aufsatz »Einige Versuche mit Polypen« im »Hannoverischen Magazin« trägt das Datum: »Osnabrück, im Dezember 1772«.

684 *Bianchini in seinem Buch:* Der vollständige Titel des 1728 in Rom erschienenen Werkes lautet: »Hesperi et Phosphori Nova Phaenomena sive Observationes Circa Planetam Veneris«. Francesco Bianchini (1662–1729), ital. Astronom, päpstlicher Kammerherr in Rom. – *hohlen Weg im Mond ... auf der 6ten Seite:* Daselbst findet sich ein Kupferstich, der einen Ausschnitt der Mondoberfläche um den Mondflecken Plato herum zeigt; am 27. September

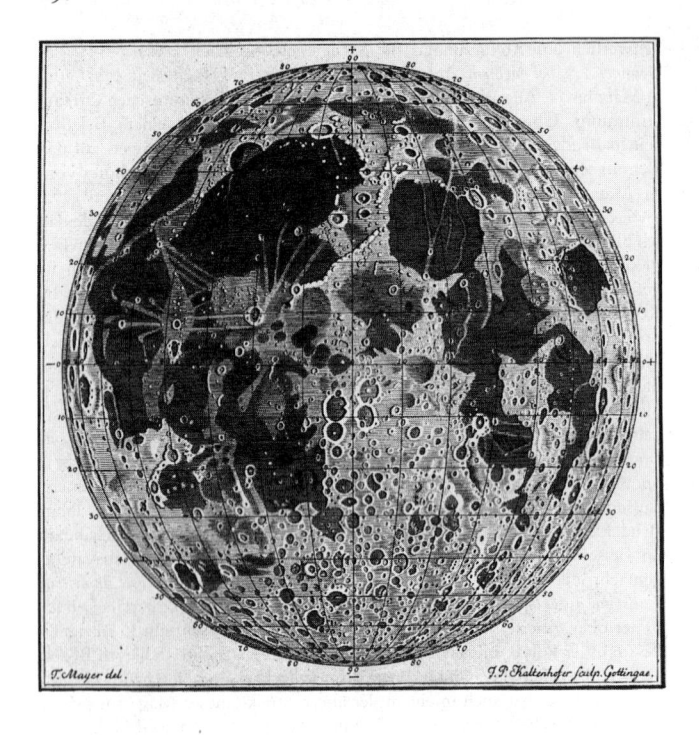

1727 hatte Bianchini zwischen den Mondflecken Aristoteles und Plato eine »incisionem«, einen »ductus rectilineus« entdeckt, wie er auf S. 6 angibt. – *Febr. 1773 zu Hannover:* Auf seiner Rückkehr von Osnabrück nach Göttingen machte L. vom 16. oder 17. bis 28. Februar 1773 in Hannover Station. – *Schernhagens neuen Tubum:* »Herr Schernhagen hat sich ein Dollondisches Fernrohr mit dreifachem Obektivglas angeschafft«, schreibt L. an Johann Bernoulli am 15. März 1773. Johann Andreas Schernhagen (gest. 1785) aus Hannover, 1740 Student der Jurisprudenz in Göttingen, Geheimer Kanzleisekretär in Hannover, intimer Freund L.s, der ihn seit 1772 kannte, ein begeisterter Physikliebhaber. – *Plato Seite 5:* L. bezieht sich auf eine Illustration auf S. 5 des oben genannten Buches; Plato ist der Name eines nach dem griech. Philosophen benannten Mondfleckens. S. auch D 726. – *schwarze Kunst:* Bestimmte, im 18. Jh. beliebte Kupferstichtechnik (Schabkunst). – *Mayers Mond-Charte:* L.s Notiz steht in Zusammenhang mit der geplanten Edition der Schriften dieses Astronomen, zu der eine Mondkarte gehörte. Vgl. D 712 und 717 (s. Abb.). Zur Sache s. Dieter B. Herrmann, Georg Christoph Lichtenberg und die Mondkarte von Tobias Mayer, in: Mitteilungen der Archenhold-Sternwarte Nr. 72, 1965, S. 2–6.

1. 2. Lunaris macula, cui nomen Plato, et subrubens radius Solis supra obscurum ejus fundum transmissus ex margine maculæ 1. candido, et Soli obverso

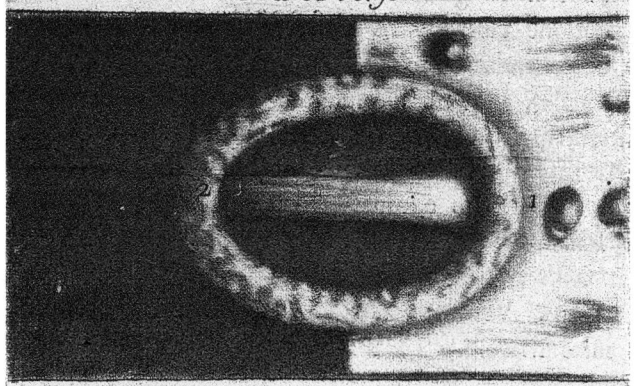

Ita observabatur Romæ in monte Palatino die 16. Augusti 1725 hora 1½ post occasum Solis per Telescopium I. Campani palm. 150.

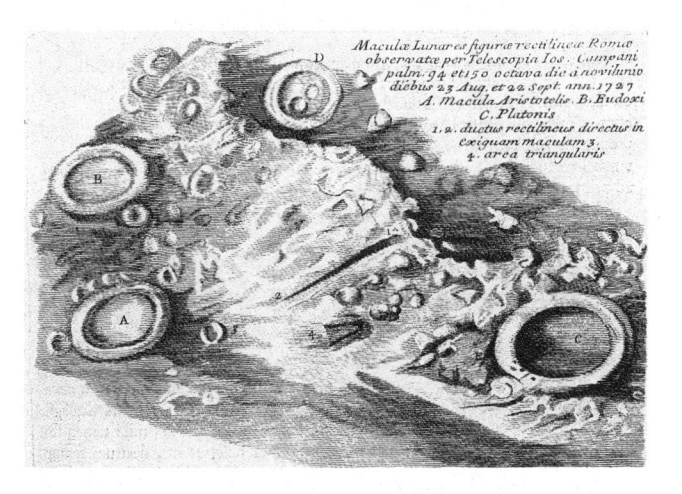

Maculæ Lunares figuræ rectilineæ Romæ observatæ per Telescopia Ios. Campani palm. 94 et 150 octava die à novilunio diebus 23 Aug. et 22 Sept. ann. 1727
A. Macula Aristotelis. B. Eudoxi
C. Platonis
1. 2. ductus rectilineus directus in exiguam maculam 3.
4. area triangularis

685 *Praecipua ex Euleri Diss:* Der genaue Titel des Aufsatzes lautet: »Emendatio Laternae Magicae Ac Microscopii Solaris Auctore L[eonhard]. Eulero«, veröffentlicht in den »Novi Commentarii Academiae Scientiarum Imperialis Petropolitanae, Tom. III. ad Annum MDCCL. et MDCCLI. Petropoli MDDCCLIII.«, S. 363–380. – *In utraque ... (bis S. 104 oben):* In beiden Geräten werden die Objekte von der der Linse abgewandten Seite her beleuchtet. Darum müssen sie durchsichtig sein, denn wenn Teile trüb sind, werden sie völlig unsichtbar. Der zweite und besondere Nachteil besteht darin, daß sehr viele Licht- oder Sonnenstrahlen durch das Objekt dringen und die weiße Platte, die für die Aufnahme des Bildes bestimmt ist, beleuchten. Diese fremden Strahlen, die die Platte beleuchten, geben dort ein bestimmtes unscharfes Bild vom Licht oder von der Sonne, das in den Laternae Magicae mit besonderer Linse, die das Objekt selbst berührt, noch unschärfer wird, so daß keine bestimmte Art des Lichtes zu erkennen ist. Wie unscharf dieses Bild auch immer sein mag, ist es dennoch mit dem wirklichen Bild durchsetzt und verdirbt es. Darüber hinaus trüben diese Strahlen infolge ihrer verschiedenen Brechbarkeit das Bild mit verschiedenen Farben, ein Nachteil, der besonders im Sonnenmikroskop wahrzunehmen ist. [Hier hat L. einen Satz von S. 365 weggelassen.] Zu diesen schwerwiegenden Beeinträchtigungen kommt hinzu, daß allgemein nicht nur die Linsen zu weit geöffnet werden, sondern auch das Objekt zu weit entfernt ist, so daß die Strahlen von den Enden des Objekts zu schief in die Linse fallen. 1) Der Winkel X darf nicht größer sein als 20 Grad oder er darf, was auf dasselbe hinauskommt, nicht kleiner sein als 3 DC. 2) Die Brennweite der Linse sei f. Man muß sehen, welche Öffnung der Linse angemessen ist. Denn je weiter die Linse geöffnet wird, desto unschärfer ist das Bild in N, weil die Strahlen, die am Rand der Öffnung durchgelassen werden, und jene, die durch die Mitte der Linse gehen, nicht im gleichen Abstand aufgenommen werden. Damit diese Unschärfe nicht allzu auffällig wird, soll der Radius gleich b sein (die Öffnung als kreisförmig angenommen); die Größe $\frac{b^2}{f}$ soll den fünfzigsten Teil einer Fingerbreite nicht überschreiten: oder wenn δ den fünfzigsten Teil einer Fingerbreite bezeichnet, darf b nicht größer sein als $\sqrt{\delta f}$; je kleiner aber die Öffnung genommen wird, desto mehr wird die Unschärfe, die von der Öffnung her entsteht, vermieden. Wenn uns aber eine geringfügige Unschärfe nicht kümmert, kann die Größe δ auf den zwanzigsten, ja zehnten Teil einer Fingerbreite erweitert werden. 3) Der Radius des Objekts sei AD gleich e, der Abstand von der Linse sei a; wir sehen schon, daß er nicht kleiner sein darf als 6e. Dann sei die Brennweite der Linse gleich f, und der Radius b der Öffnung sei kleiner als $\sqrt{\delta f}$, wobei δ den zweiten angegebenen Wert bezeichnet. Mit diesen Annahmen soll das Bild hinter der Linse im Abstand $\frac{af}{a-f}$ gezeigt und an diesem Ort eine Platte befestigt werden, wobei offenkundig die Strecke a größer sein muß als die Strecke f. Das Bild aber ist so groß, daß sein Radius ac sich zum Radius des Objekts e so verhalte wie die Strecke Ba zur Strecke BA und also gilt: $\frac{ef}{a-f}$.

S. 104 *Imprimis ... comparabitur:* 4) Vor allem aber ist auf den Schein und die Lichtmenge zu achten, mit der das Bild auf der Platte abgebildet wird, damit wir schon vor dem Beurteilen feststellen, ob die Oberfläche zur Beobachtung ausreichend erhellt sein wird oder nicht. Und ein Schein dieses Bildes, wie ihn Euler an anderer Stelle vorgeführt hat, hängt teils vom Schein des Objekts, teils von der Öffnung der Linse, teils aber von der Strecke $Ba = \frac{af}{a-f}$ dergestalt ab, daß wenn der Schein des Objekts, also die Lichtmenge mit L angenommen wird und der Radius der Öffnung mit b, der Schein des auf der Oberfläche der weißen Platte erscheinenden Bildes gleich $\frac{b^2}{4 \cdot Ba^2} \cdot L = \frac{b^2}{4} \cdot \left(\frac{1}{f} - \frac{1}{a}\right)^2$ ist. L wird zwar immer von sehr geringem Ausmaß sein, aber nach den Versuchen von Bouguer ist festzuhalten, daß, wenn L die Lichtmenge bezeichnet, mit der sich von der Sonne angestrahlte Körper abbilden, der Schein der vom Mond voll angestrahlten Körper $\frac{1}{250000}$ L wäre, wonach ganz einfach der Schein des Bildes mit dem des Mondlichtes verglichen werden kann. – Dieser Abschnitt entspricht in Eulers Abhandlung dem § 10, S. 368. – *Bougueri experimentis:* Bezieht sich wohl auf dessen »Essai d'optique sur la gradation de la lumière«, Paris 1729. – *Sit data ... possunt:* Gegeben sei sowohl die Größe des Objektes als auch die des Bildes, gesucht seien f und Ba; der Radius des Objektes sei e, der des Bildes ne; daraus folgt sofort Ba = na, danach wird aus der Gleichung Ba = na = $\frac{af}{a-f}$ die Brennweite der Linse f = $\frac{n}{n+1}$ Formel ermittelt, der nun leicht die passende Öffnung zuzuordnen ist. Das Licht, mit dem das Bild auf der Platte erscheint, wird $\frac{b^2}{4n^2a^2}$ L sein, wobei das Licht des Objekts mit L angenommen ist. Wenn aber $b^2 = \delta f = \frac{n}{n+1} \delta a$ ist, dann wird das Licht des Bildes $\frac{\delta}{4n(n+1)a}$ sein, woraus folgt, daß dieses Licht um so schwächer ist, je größer das Verhältnis n : 1 und a : 1 ist. Der hervorragende Autor hat sich vier Apparate ausgedacht und hat Tabellen hinzugefügt, aus denen bei gegebenem n den Größen f, b, BA und L entnommen werden können. – Ungenaues Zitat bzw. Paraphrasierung von § 11, S. 369. – *Tabula pro genere secundo:* Diese Tabelle entnahm L. § 19, S. 373: Tabelle der zweiten Ordnung für ein Fuß große abzubildende Objekte.

S. 105 *Tabula pro genere tertio ...:* Tabelle der dritten Ordnung für zwei Daumen große abzubildende Objekte. Diese Tabelle entnahm L. § 25, S. 377 der Vorlage. – *Pro genere 4to ...:* Der vierten Ordnung für zwei Linien große abzubildende Objekte. Diese Tabelle entnahm L. § 29, S. 379 der Vorlage. – *Objecta ... notabilis:* Die Objekte müssen mit Hilfe vieler Lichtquellen oder Hohlspiegel so beleuchtet werden, daß kein Licht auf den Schirm fällt, was die Entstehung eines Bildes verhindern würde. Elliptische und Parabol- sind sphärischen Spiegeln vorzuziehen, vor allem wenn die Objekte klein und von einigem Wert sind. – Diese Sätze stammen von L. selbst.

686 *Klasse der schönen Wissenschaften zu Berlin ... einen Preis gesetzt:* L. besaß Herders 1775 zu Berlin erschienene Preisschrift persönlich (BL, Nr. 1312). – *Formey:* Jean-Henri-Samuel Formey (1711–1797), in Berlin geborener Nachkomme frz. Hugenotten; seit 1746 bis zu seinem Tode »secrétaire perpétuel« der Berliner Akademie der Wissenschaften und vielseitiger wissenschaflicher Schriftsteller. Eine Würdigung des verdienst-

vollen Aufklärers gibt Werner Krauss in »Ein Akademiesekretär vor 200 Jahren Samuel Formey« in: Studien zur deutschen und französischen Aufklärung, Berlin 1963, S. 53–62. Formeys »Abrégé des toutes les sciences« erwähnt L. im Brief an Johann Christian Dieterich, vermutlich vom 1. Oktober 1773.

687 *In den Transact: philos. . . . Nachricht von dem Bonon[iensischen] Leucht-Stein:* Giovanni Battista (Giambattista) Beccaria (1716–1781), ital. Physiker und Professor in Turin; »Experimenta et observationes quibus electricitas vindex late constituitur atque explicatur«, Turin 1769. In den »Philosophical Transactions« Vol. LXI, Part I für das Jahr 1771 erschien London 1772, S. 25, ein »Letter from Mr. John Baptist Beccaria, of Turin, F. R. S. to Mr. John Canton, F. R. S. on his new Phosphorus recieving several Colours, and only emitting the same«. S. auch D 763, F 407, J 1432 und RA 115 sowie in den Briefen an Schernhagen vom 3. März 1777, an Franz Ferdinand Wolff vom 10. Februar 1785 und an Johann Friedrich Benzenberg vom 3. November 1798. L. bringt diesen Gedanken in Frageform in »Neue Erfindungen, physikalische und andere Merkwürdigkeiten« (GTC 1779, S. 85). – *schon anno 1769 gemutmaßet:* Vgl. A 220.

688 *Der Rezensent von der Bonnetschen Psychologie:* Der Rezensent des »Essai de psychologie« von Charles Bonnet ist laut handschriftlichem Vermerk des Handexemplars der GGA, 84. Stück, 15. Juli 1773, S. 719 f., Johann Georg Heinrich Feder. – *Der Übersetzer:* Christian Wilhelm von Dohm (1751–1820), Prof. der Finanzwissenschaft in Kassel, dann Archivar und Kriegsrat in Berlin. Seine Übersetzung erschien unter dem Titel »Des Herrn Karl Bonnet psychologischer Versuch als eine Einleitung zu seinen philosophischen Schriften« 1773 in Lemgo. Die Passage ist fast wörtliches Zitat aus der Rezension. – ἐπέχειν: Sein Augenmerk auf etwas richten, innehalten.

689 *Ibid. St. 83:* Gemeint sind die GGA vom 12. Juli 1773, wo auf S. 707 f. die Rezension des genannten Werks von Zobel abgedruckt ist; Rezensent ist Feder. Die Passage ist fast wörtliches Zitat aus der Rezension. – *Zobel:* Rudolph Heinrich Zobel (1734–1775), Prof. der Philosophie und Beredsamkeit in Frankfurt an der Oder. Das von L. genau zitierte Werk erschien Magdeburg 1773. Im Original steht *Meinungen* statt *Meynungen.* – *Plato:* Über den Ursprung der Sprache schreibt Platon im »Kratylos« (Zobel, S. 22 f.). – *Muhamed:* S. Zobel, S. 24: »auch Muhammed, bei dem die Imagination nicht schwächer war, als beim Plato, hat sie [die Meinung vom göttlichen Ursprung der Sprache] angenommen, und durch Zusätze von eigener Erfindung lächerlich gemacht«. – *Walton:* Brian Walton (ca. 1600–1661), engl. Bischof von Chester und Hrsg. der »Biblia Sacra Polyglotta«, London 1657. Zobel, S. 26–28, bezieht sich auf Prolegomena I, § 2, 3, 4. – *Süßmilch:* Johann Peter Süßmilch (1707–1767), Konsistorialrat in Berlin und theologischer Schriftsteller; 1742 Mitglied der Berliner Akademie der Wissenschaften, veröffentlichte 1766 seine umgearbeitete Akademieschrift von 1756, den »Versuch eines Beweises, daß die erste Sprache ihren Ursprung nicht von Menschen, sondern allein vom Schöpfer erhalten habe« (s. Zobel, S. 44–60). Herder griff ihn deswegen in seinen »Fragmenten« 1768 scharf an. – *Lukrez:* Titus Lucretius Carus (ca. 99–55 v. Chr.), lat. Dichter und Philosoph, behandelte in seinem Werk »De rerum naturae« die Atomlehre Demokrits, Epikurs, Psychologie und Kosmologie. S. Zobel, S. 63–67. – *Gregor. Nyss.:*

Gregor von Nyssa (ca. 334–394), griech. Kirchenvater, Bischof von Nyssa, verstand das Christentum neuplatonisch und erneuerte das Gedankengut des Origines; Zobel, S. 26 und 73 f. bezieht sich auf dessen »Oratio 12 contra Eunomium«. – *Simon:* Richard Simon, (s. Zobel, S. 74–75) »Histoire critique du Vieux Testament«, Liv. I, Chap. 14. 15, Paris 1678. – *Quenstedt:* Johann Andreas Quenstedt (1617–1688), Theologe, Prof. in Willenberg; s. Zobel, S. 76: P. II, C. I, »Theologia didactico-polemica sive systema theologicum«, Wittenberg 1685. – *Mendelssohn:* S. Zobel, S. 83–88: »Dissertation sur les différents moyens dont les hommes se sont servis pour exprimer leurs idées«, in: Mem. de l'Acad. royale de Prusse, T. X, p. 349.

690 *Leuchten des Seewassers:* Das im Volksmund Meeresleuchten genannte Phänomen wird durch Planktonorganismen – Noctiluca milliaris – hervorgerufen, die Schleim absondern, der Trübstoffe aufnimmt, wodurch es zu einer rötlichen Färbung des Wassers kommt. S. auch D 694; über die Ratlosigkeit der zeitgenössischen Naturforscher gibt Gehler, Bd. 3, S. 182–183, Auskunft. L. beobachtet dieses Phänomen erstmals auf seiner Schiffsreise nach Helgoland am 11. Juli 1773; s. seine Bemerkung an Schernhagen am 19. Juli 1773. – *Abhandlung ... in ... Unterhaltungen:* Gemeint ist der Aufsatz »Von der Ursache, warum das Seewasser bey Nachtzeit glänzet. (Aus dem Italienischen)« in den »Unterhaltungen« 4. Bd., 2. Stück, August 1767, S. 710–713. – *nach Malpighi:* Gemeint ist die »Dissertatio Epistolica de Bombyce«, veröffentlicht in den »Opera omnia«, Bd. 2, Leiden 1687, S. 3–48. – *Floßfedern:* S. A 180. – *Réaumurs Beobachtung:* Gemeint sind die »Mémoires pour servir à l'Histoire des Insectes«, Amsterdam 1737, 1. Bd., 2. Teil: »Sur les chenilles et sur les papillons«.

691 *merkwürdige Stelle ... Herders Abhandlung über die Sprache:* Gemeint ist der 1. Teil, V, S. 49 ff. (E. Adler) der zu C 42 nachgewiesenen Abhandlung.

692 *Cooks und Banks Reise um die Welt:* Die Reisebeschreibung ist zu D 130 nachgewiesen. – *Funchiale auf Madeira:* Funchial, Hauptstadt des portugies. Distrikts, an der Südküste von Madeira. – *Pico von Teneriffa:* S. A 180. – *Heberden:* William Heberden (1710–1801), engl. Arzt und Gelehrter; Mitverfasser der »Athenian Letters«.

S. 110 *Capt. Phipps:* Constantine John Phipps, Second Baron Mulgrave (1744–1792), engl. Seereisender, unternahm im Auftrag der Lords of Admirality 1773 eine Nordpolreise, die ihn bis auf 7° an sein Ziel führte, veröffentlichte 1774 »A Voyage towards the North Pole ...«.

693 *Pico von Teneriffa:* S. zu A 180. – *Adanson in seiner Histoire naturelle:* Die » Histoire Naturelle du Sénégal. Coquillages. Avec la relation abrégée d'un voyage fait en ce pays pendant les années 1749, 50, 51, 52 et 53«. Die von L. vollständig zitierte Reisebeschreibung erschien Paris 1757, in deutscher Übersetzung Halle und Leipzig 1773. Michel Adanson (1727–1806), frz. Botaniker, war 1753–1754 als erster wissenschaftlicher Forscher in Senegambien. – *12 000 Fuß ... Pariser:* Auf S. 8 seiner »Histoire Naturelle du Sénégal« schreibt Adanson: »Sa hauteur que nous avons trouvée de plus de deux mille toises, c'est-à-dire, de près d'une lieue perpendiculaire, doit la faire regarder comme une des plus hautes montagnes de l'Univers.« (Mit seiner Höhe, die wir mit mehr als 2000 Klaftern ermittelt haben, d. h. fast eine Meile senkrecht, ist er als der größte Berg der Welt zu betrachten). S. zu A 179.

694 *Ibid: p. 15:* Auch diese Notiz ist der zu D 130 nachgewiesenen Reisebe-

schreibung entnommen. – *Leuchten der See:* Mit diesem Phänomen beschäftigt sich auch D 690. – *Medusa:* Meduse, Feuerqualle.

695 Auch diese Notiz ist der zu D 130 nachgewiesenen Reisebeschreibung entnommen. – *Staaten Land:* Dem südlichen Argentinien vorgelagerte Insel, 1616 von Le Maire und Schouten entdeckt. Über Jacob Le Maire s. oben zu D 440. – *Fretum le Maire:* Fretum: lat. Meerenge; die nach Le Maire benannte, etwa 30 km breite Meeresstraße zwischen der Staateninsel und dem Feuerland. – *Anson sagt:* Bezieht sich auf die zu B₁ S. 45 nachgewiesene Reisebeschreibung von George Lord Anson. – *Parkinson:* Sidney Parkinson (ca. 1745–1771), botan. Zeichner auf Cooks erster Weltreise.

696 *Ibid[em] T. I. p. 248:* Gemeint ist die zu D 130 nachgewiesene Reisebeschreibung. – *These... other:* Diese Kompasse (von Dr. Knight) hatte ich für die besten gehalten, die man sich beschaffen kann, aber als ich sie auf die Meridianlinie ausrichtete, stellte ich nicht nur Abweichungen der einzelnen Kompasse untereinander fest, manchmal von anderthalb Grad, sondern auch bei derselben Nadel, von einem halben Grad, bei verschiedenen Proben am gleichen Tag; ich kann mich auch nicht erinnern, jemals zwei Nadeln zum selben Zeitpunkt und Ort in genauer Übereinstimmung gefunden zu haben, wenn auch oft, daß dieselbe Nadel mit sich übereinstimmte bei verschiedenen aufeinanderfolgenden Proben. – *Compasses (Dr Knight's:):* Vermutlich Godwin Knight (1713–1772), engl. Physiker und Arzt, seit 1756 Hauptbibliothekar des British Museum in London, veröffentlichte in den »Philosophical Transactions« 1750 seine »Description of a mariner's compass, contrived by him«. Der von ihm 1752 entwickelte Kompaß wurde von der britischen Marine eingeführt.

697 Diese und die bei 698 angeführte Bemerkung sind der zu D 130 nachgewiesenen Reisebeschreibung entnommen.

698 *Krusel:* Im 13. Jh. gebräuchlich ›Krusel‹ (s. DWB 5, Sp. 2096); L. gebraucht ›Kräußel‹ im Brief an Franz Ferdinand Wolff vom 4. Mai 1789 und III, S. 254.

699 *A.:* Zur Verwendung dieses Initials s. zu D 683. – *T. III. p. 530:* Gemeint ist die zu D 130 nachgewiesene Reisebeschreibung.

700 *p. 621:* Auch diese Bemerkung ist der zu D 130 nachgewiesenen Reisebeschreibung entnommen. – *finding the longitude at sea:* S. zu D 92. – *This ... compass:* Diese Methode (die Entfernung des Monds von der Sonne oder von Fixsternen zu messen), um auf See die geographische Breite festzustellen, läßt sich zur allgemeinen Übung machen, und ist zuverlässig auf einen halben Grad genau, was für alle nautischen Zwecke ausreicht. Wenn also Beobachtung und Berechnung als notwendige Qualifikation für jeden Schiffsoffizier angesehen würden, ließen sich die Mühen des spekulativen Theoretikers, dieses Problem zu lösen, ohne viel Schaden der übrigen Menschheit weitergeben: noch wird diese Qualifikation so schwer zu erlernen und auszuüben sein, wie es zuerst aussehen mag, denn mit Hilfe des nautischen Almanachs und der astronomischen Tagestabellen wird man für die Berechnung des Breitengrads nur wenig länger brauchen als für die Berechnung eines Azimuts, um die Kompaßabweichgung zu messen. – *nautical Almanach:* »The nautical Almanach and astronomical Ephemeris. Published by Order of the Commissioneers of Longitude«, 1767 von Bradley initiiert, von Maskelyne begründet, erschien London 1769–1780 in zwölf Bänden: das erste astronomische

Jahrbuch auf engl. Boden. L. besaß von den Jahrgängen 1774 und 1778 zwei Exemplare (BL, Nr. 47).

701 *Ibid: p. 668:* Auch diese Bemerkung ist der zu D 130 nachgewiesenen Reisebeschreibung entnommen.

702 *p. 695:* Auch diese Bemerkung ist der zu D 130 nachgewiesenen Reisebeschreibung entnommen. – *Savu:* Eine der kleinen Inseln im Indischen Ozean. – *Many . . . plain:* Viele dieser Steine sind so groß, daß man sich nur schwer vorstellen kann, mit welchen technischen Mitteln sie an ihren jetzigen Standort gebracht worden sind, besonders, nachdem er auf dem Gipfel eines Hügels liegt; aber die Welt ist voll von Denkmälern menschlicher Anstrengung, durch die die von den mathematischen Wissenschaften seither hinzugefügten mechanischen Kräfte übertroffen scheinen; und solche Denkmäler gibt es nicht wenige unter den Überresten des barbarischen Altertums in unserem eigenen Land, auch außer denen in der Ebene von Salisbury. – *those upon Salisbury plain:* Gemeint ist Stonehenge, 15 km nördlich von Salisbury, der engl. Hauptstadt von Wiltshire, zwischen Avon und Bourne gelegen. – *Raja:* Radscha, Stammesfürst.

703 Auch diese Bemerkung ist der zu D 130 nachgewiesenen Reisebeschreibung entnommen.

705 *Urteilen ist empfinden . . . :* Vgl. D 485 und 739. – *En effet . . . savoir:* In der Tat, wenn man möglichst ganz die Partei der Beobachtung ergreifen muß, darf man nur mit ihr vorgehen, muß innehalten in dem Augenblick, wo sie uns im Stich läßt, und den Mut haben, einzugestehen, was man noch nicht wissen kann. Das Werk von Helvétius ist zu KA 117 nachgewiesen.

706 *C:* Zur Verwendung dieses Initials s. zu D 683. – *Discours II.:* Nach dieser Überschrift folgt auf der Seite der Handschrift leerer Raum, offenbar zu weiteren Zitaten wie etwa D 396. – *Jupiter . . . in einer hohlen Kugel . . . wie Saturn in einem Ring:* Die gleiche Vermutung äußert L. D 740.

707 *A:* Zur Verwendung dieses Initials s. zu D 683. – *das Schießen der Lichtbalken bei Nordscheinen:* Vgl. Gehler, Bd. 3, S. 375.

708 *A.:* Zur Verwendung dieses Initials s. zu D 683. – *Frauen-Eis, Selenit:* Gips; der Selenit hat seinen Namen nach dem Marien- oder Frauenglas, das die Alten wegen seines matten mondähnlichen Schimmers Selenit nannten (s. Gehler, Bd. 4, S. 42).

710 *A.:* Zur Verwendung dieses Initials s. zu D 683. – *Was ich öfters . . . gesagt:* Eine schriftliche Äußerung L.s ist nicht bekannt. – *Wasser-Barometer:* Mit Wasser gefüllte gläserne Röhre zu Vacuum-Versuchen: »Übrigens würde das Wasser, wenn der Versuch gelänge, eben so steigen und fallen, wie das Quecksilber im Barometer, daher auch einige den Apparat das *Wasserbarometer* nennen« (Gehler, Bd. 3, S. 45). – *Wheel barometer:* Radbarometer, 1665 erstmals von Hook in seiner »Micrographie« beschrieben (s. Gehler, Bd. 1, S. 245–246). S. auch D 768.

711 *A.:* Zur Verwendung dieses Initials s. zu D 683.

712 *G.:* Zur Verwendung dieses Initials s. zu D 683. – *Monds-Flecken:* Eine Theorie der Mond-Flecken gibt L. in der Abhandlung »Ein Paar Neuigkeiten vom Monde« innerhalb der Sammelabhandlung »Über das Weltgebäude« im GTC für das Jahr 1779. Dieser Aufsatz wird, mit Zusätzen am Schluß, unter dem Titel »Einige Betrachtungen über die Mondsflekken . . .« im Gött. Mag., 2. Jg., 1. Stück, 1781 wiederholt. Daß es sich bei

dieser Bemerkung und den folgenden Notizen bis D 728, 735, 738 womöglich um die erste Konzeption L.s handelt, geht aus einem Brief an Friedrich Wilhelm Herschel vom 4. Juni 1787 hervor, wo er auf seine Abhandlung hinweist und schreibt: »Bei mir herum getragen hatte ich aber den Gedanken schon wenigstens 5 Jahre vorher ...«. S. auch Gamauf, Astronomie, S. 385.
– *die Mayersche Charte:* S. zu D 684.

716 *Verwüstung von Callao:* Vgl. C 203.

717 *Knights magnetische Magazine:* Godwin Knight – über ihn s. zu D 696 – war berühmt auch durch seine Forschungen zum Magnetismus; gesammelt erschienen seine Arbeiten 1758. 1776 verlas sein Freund Dr. Fothergill ein Papier von ihm vor der Royal Society, das eine Beschreibung seines ›magnetic magazine‹ oder ›battery‹ enthält. Der riesige Magnet blieb viele Jahre im Besitz der Royal Society. – *Aristarch:* Aristarchos von Samos (ca. 310–230 v. Chr.), griech. Astronom, stellte ein heliozentrisches Weltsystem auf, das ihn zum Vorläufer von Kopernikus macht. L. erwähnt ihn und »andere alte Astronomen« in Zusammenhang mit einer neuzeitlichen Entdeckung auch in einem Brief an Schernhagen vom 9. September 1782, III, S. 169, 183, 185, 259 und GTC 1798, S. 93, 106; GTC 1799, S. 113. – *Charte vom Mond so wie sie Meyer gezeichnet:* S. zu D 684.

720 *richten:* In der Handschrift *sind.* – *Einige habe ich oben erwähnt:* Vgl. D 712, 714.

721 *Mondbürger:* Der von der Antike bis ins 18. Jh. (Herschel) immer wieder vertretene Glauben an die Existenz von ›Seleniten‹ referiert noch 1790 Gehler, Bd. 3, S. 279. Vgl. C 342. – *Mayers Experimenta circa visus aciem:* Am 6. April 1754 berichtete Mayer von der Societät der Wissenschaften über seine »Erfahrungen, die er über die Schärfe des Gesichts angestellt hat« (mitgeteilt GGA 47; Stück, den 20. April 1754, S. 401–402).

722 *C.:* Zur Verwendung dieses Intitials s. zu D 683. – *Die Phänomena der Libration:* S. zu KA 299.

724 *wenn man sich die Augen drückt:* Zu dieser Bemerkung vgl. C 331. Im übrigen wird hier die Formulierung einer Erkenntnis vorweggenommen, die für die Sinnesphysiologie grundlegend ist. Es ist der Satz von den spezifischen Sinnesenergien, die Johannes Müller 1826 aussprach. Er besagt, daß die Art einer Sinnesempfindung nur von der Art des gereizten Sinnesorgans, nicht von der Art des Reizes abhängt, so daß optische wie mechanische oder elektrische Reizung des Auges jeweils immer nur eine Gesichtsempfindung, der Geschmacksnerven eine Geschmacksempfindung erzeugen.

725 *A.:* Zur Verwendung dieses Intitials s. zu D 683. – *kann:* In der Handschrift *können.*

726 *C.:* Zur Verwendung dieses Intitials s. zu D 683. – *Plato im Lichten:* Über diesen Mondflecken s. zu D 684.

727 *C.:* Zur Verwendung dieses Intitials s. zu D 683. – In komprimierter Form ist diese Bemerkung bereits KA 299 festgehalten. – *Libration:* S. zu KA 299.

728 *C.:* Zur Verwendung dieses Initials s. zu D 683. – *Hugenus in seinem Cosmotheoros:* »Κοσμοθεωρος, sive de terris coelestibus earumque ornata conjecturae«, Den Haag 1698 (postum); übers. Leipzig 1703. Christian Huygens, latinisiert Hugenus (1629–1695), niederl. Physiker, Mathematiker und Astronom, seit 1666 Mitglied der Pariser Akademie, erfand die Pende-

luhr, entdeckte den Orionnebel, die wahre Gestalt des Saturnringes sowie den hellsten Saturnmond; entwickelte als erster eine Art Wellentheorie des Lichts und die Theorie der Doppelbrechung des isländ. Kalkspats; konstruierte eine Spiralfeder-Unruhe für Uhren. Begründer der Wahrscheinlichkeitsrechnung. – *unterstützt wird:* Danach von L. gestrichen *Das man ohne Licht sehen, und ohne Schall hören kann.*

729 *A.:* Zur Verwendung dieses Initials s. zu D 683. – *Die Erde . . . in einer idioelektrischen Hülse:* Ideoelektrisch: an sich elektrisch, nicht-leitend (s. Gehler, Bd. 1, S. 780). – *Turmalin:* Farbenreichstes Mineral, früher auch elektrischer Stangenschörl, zeylon. Magnet; den Physikern des 18. Jh.s interessant wegen der Eigenschaft »durch Erwärmung und Erkältung nach gewissen eignen Gesetzen stark elektrisch zu werden« (Gehler, Bd. 4, S. 400).

730 Diese Bemerkung ist erstveröffentlicht in Ph + M I 4, S. 359f. – *Lehrsatz auf den ich . . . 1763 gekommen:* Möglicherweise noch Notiz aus Darmstadt.

731 *präzipitieren:* Praecipitatio, Niederschlag. Diesen Namen führt in der Physik und Chemie des 18.Jh.s »die Trennung oder Abscheidung eines Körpers von einem andern, mit welchem er durch Auflösung verbuden war, vermittelst eines hinzugefügten dritten« (Gehler, Bd. 3, S. 360). – *Solutionen:* Auflösungen. »Diesen Namen führt die Verbindung der Grundstoffe zweener Körper von verschiedener Natur, aus welcher eine Trennung der vorigen Verbindung ihrer Theile, und eine neue Verbindung derselben, mithin ein neues anders, als beyde vorige, zusammengesetzter Körper entsteht.« (Gehler, Bd. 1, S. 178). – *Waage . . . hydrostatischen:* Die hydrostatische Waage, auch Aräometer genannt, »unterscheidet sich von der gemeinen gewöhnlich in nichts weiter, als daß sie empfindlicher, ferner und zu der Absicht, die Körper in flüßigen Materien abzuwägen, bequemer eingerichtet ist« (Gehler, Bd. 4, S. 616).

733 *A:* Zur Verwendung dieses Initials s. zu D 683. – *Sage der gemeinen Leute:* Dieser ›Sage‹ gedenkt L. auch im TB (S. 13 der Handschrift) am 21. Juli 1770, wo er die Windverhältnisse bei aufziehenden Gewittern beobachtet. S. noch L 912. – *erzeigt:* Statt *erzeugt;* ähnliche sprachliche Besonderheiten begegnen bei L. auch andernorts.

735 *die vielen Vertiefungen . . . ausgebrannte Vulkane:* Über L.s lunarische Vulkan-Theorie s. zu D 712. – *Brydone:* Über Brydones Schrift s. zu D 510. Von Vulkantrichtern handelt er über 200 Seiten lang.

736 *B.:* Zur Verwendung dieses Initials s. zu D 683. – *Man sehe den Brydone:* S. Bd. 1, S. 140, der zu D 510 nachgewiesenen Schrift.

737 *Der Ätna wirft große Felsen-Stücke . . .:* S. Bd. 1, S. 176, in Brydones zu D 510 nachgewiesener Schrift. – *Austernschalen des Herrn Ebell auf den Alpen:* S. zu C 178.

738 *Wenn man über die Mondsflecke räsonieren will:* S. zu D 712. – *Hevels Beobachtungen des . . . Mondes:* Die »Selenographia sive Lunae Descriptio« (1647, in dt. Sprache hrsg. von H. Lambrecht, Leipzig 1967) von Johannes Hevelius, latinisiert aus Hoewelke (1611–1687), aus Danzig, Ratsherr und Bürgermeister daselbst, errichtete auf dem Dache seines Hauses eine große Sternwarte. Einer der bedeutendsten Astronomen seiner Zeit und Begründer der Mondtopographie. S. auch Erxleben ^{6}1794 § 633 und Gamauf, Astronomie S. 396ff.

739 *A.:* Zur Verwendung dieses Initials s. zu D 683. – *die Farben der Gegenstände:* Zu L.s Auffassung zur Wahrnehmungspsychologie der Farben vgl. an Heyne, 26. April und 16. Mai 1791. – *Camera obscura:* S. zu A 220. L. beschreibt ihre Funktion auch in »Vom Nutzen, den die Mathematik einem Bel Esprit bringen kann« (III, S. 313). S. auch Lessing, Hamburgische Dramaturgie, 73. Stück, 1768, S. 197. – *das Urteil in unsere Empfindung mischt:* Vgl. die ähnliche Formulierung nach Helvétius D 705.

740 *A.:* Zur Verwendung dieses Initials s. zu D 683. – *die Welt ... Immer dichter:* Vgl. RA 160. – *Jupiter ... hohl:* Vgl. RA 163. – *Saturns Ringe:* Vgl. A 255. – *Der Magnet in der Erde:* Vgl. dazu L.s Hypothese A 255.

741 *Plutarch. De Causis naturalibus:* Vgl. F 594. – *Longolius:* Paul Daniel Longolius (1704–1779), Philologe, Rektor des Gymnasiums in Hof, Schriftsteller und Historiker. – *Oleum mare ... redit:* Öl macht das Meer durchsichtig und ruhig. Warum wird das Meer, wenn Öl hineingegossen wird, klar und ruhig? Ob der Wind (das ist die Auffassung des Aristoteles) an der Glätte ausgleitet und weder Stoß noch das Wogen erzeugt? Oder ob dies infolge äußerer Gründe wahrscheinlich von ihm gesagt wurde? Wenn nun Taucher, wie man behauptet, Öl im Munde behalten, das sie auf dem Grund des Lichtes und der Durchsichtigkeit halber mitsamt dem Atem ausspucken, kann diesen niemand aus dem Dahingleiten des Windes eine Ursache angeben. Darum mußt du prüfend betrachten, ob das Meer, wenn es wie die Erde uneben ist, wegen der Dichte das Öl zurückdrängt und auseinanderwirft, und wenn es in sich zurückkehrt und zusammenläuft, kleine Strömungen, die in der Mitte gelassen werden, bewirken, daß den Augen eine klare Bahn und Durchsichtigkeit zuteil wird. Oder ob die Luft, die sich mit dem Meer vermengt, wegen der Wärme klar ist; wenn das Meer unruhig ist, ungleichmäßig und finster wird? Wenn daher das Öl infolge seiner Dichte das Unebene glättet, kehrt es wieder zu Gleichmäßigkeit und Durchsichtigkeit zurück. – Vgl. auch J 1802 und TB (S. 91 der Handschrift), wo L. unter »Vermischte Fragen und Sachen die noch untersucht zu werden verdienen« anführt: »1) Fräncklins Bemerkung von dem unter dem Oel oscillirenden Wasser«. – *die primo frigido nach des Turnebus Übersetzung:* Gemeint ist »Plutarchi Chaeronei Commentarius de primo frigido, Adriano Turnebo interprete«, Paris 1552. L.s Zitat findet sich auf S. 11 dieser Edition. Adrianus Turnebus (1512–1565), berühmter frz. Gelehrter, eigentlich: Turnèbe. – *Oleum ... discutiatur:* Dieser Satz lautet vollständig: »Sed & ex aliis humoribus oleum pellucet maxime, ut multo infectu aere: indicio est levitas, qua omnibus ab aere sublevatum innatat: tranquillitatem ...« Öl, das in die Fluten gegossen wird, schafft auch im Meer Ruhe, nicht weil der Wind über die schlüpfrige Glätte gleitet, wie Aristoteles glaubt, sondern weil die Flut mit der ganzen Feuchtigkeit verpeitscht vertrieben wird. – *Siehe ... F. p. 65:* Gemeint ist F 594, wo L. die beiden Stellen aus Plutarch, die wohl gegen 107 n. Chr. entstanden, unter Verweis auf D 741 anführt und weitere Belege von anderen Autoren beibringt. F 594 ist kurz nach dem 22. August 1777 niedergeschrieben; da es sich nicht um einen späteren Nachtrag handelt – wie aus der Handschrift einwandfrei hervorgeht – und D 742, das sich auf der gleichen Seite unmittelbar anschließt, bereits aus dem Jahre 1777 stammt, ist eine ziemlich präzise Zeitbestimmung möglich. S. noch J 1802. – *Klitterbuch:* Zu diesem Begriff s. E 46.

742 *A.:* Zur Verwendung dieses Initials s. zu D 683. – *Wilcke's Theorie:* Johan Carl Wilcke (1732–1796), dt. Prof. der Experimentalphysik in Stockholm; studierte 1753–1755 in Göttingen zunächst Theologie bei Mosheim und Michaelis, dann als Schüler Tobias Mayers und Hollmanns Astronomie, Mathematik und Physik. Sekretär der Akademie der Wissenschaften in Stockholm, 1784 Mitglied der Sozietät der Wissenschaften in Göttingen. Erfand 1762 den Elektrophor. L. stand mit Wilcke in Korrespondenz; er bezieht sich auf die genannte Abhandlung in »Von einer neuen Art die Natur und Bewegung der elektrischen Materie zu erforschen« (III, S. 34). – *Schwedische Abhandlungen vom Jahr 1777 . . .:* Im 38. Bd. der »Schwedischen Abhandlungen«, Stockholm 1777, findet sich von Johan Carl Wilcke der Beitrag: »Undersokning Om de vid Herr Volta's nya Elettrophoro perpetua forekommande. Electriske Phenomener«, S. 56–83, 128–144, 216–234. §35 findet sich auf S. 135 f. – *Eld:* Schwed. Feuer. – *Syra:* Schwed. Sauerstoff. – *Küssen:* Laut DWB 5, Sp. 2869 »die geschichtlich richtige form von Kissen«.

743 *Aus folgender Stelle . . . §35:* S. zu D 742. – *Grosens elektrischen Pausen:* Johann Friedrich Grose (1732–1795), Regierungssekretär in Stuttgart, 1787 Prof. der Experimentalphysik an der Karlsschule in Stuttgart; veröffentlichte Leipzig 1776 die Abhandlung »Elektrische Pausen«, eine besondere Erscheinung des elektrischen Funkens: »Es hörten nämlich in einer gewissen Entfernung vom elektrischen Körper unter gewissen Umständen die Funken auf, in einer größen Entfernung aber kamen sie wieder« (Fischer, Wörterbuch 2, S. 576). Vgl. auch »Von einer neuen Art die Natur und Bewegung der elektrischen Materie zu erforschen« (III, S. 34). Vgl. BL, Nr. 205. – *Så . . . fråntagas pp.:* Solange eine von den elektrischen Substanzen, zum Beispiel *der Sauerstoff,* in einem Behältnis nicht mit dem zu ihr gehörigen *Feuer* gesättigt ist, wird sie sich sofort *in die sie umgebende Luft verteilen.* Der Sauerstoff absorbiert das Feuer der Luft und treibt dessen Sauerstoff von den näheren in die außen liegenden Luftschichten; dies setzt sich fort wie mehrere übereinander liegende Glasplatten. Diese Verteilung wird sich mit abnehmender Stärke fortsetzen, je nachdem, wie weit es der Zustand der Luft zuläßt. Das Behältnis wird dabei von einem ausgedehnten Luftraum umgeben, der nicht durch Wind oder Bewegen des Behältnisses von ihm getrennt werden kann. – *snart:* Danach im Original *fordenskul.* – *aftagande styrka:* Danach im Original *den ena til den andra, så långt, som forsta electricitetens styrka.*

744 *Wilcke hält die Elektrischen Pinsel . . .:* Wohl identisch mit den D 743 erwähnten ›elektrischen Pausen‹.

745 Mit dieser Bemerkung endet die von L. selbst bezifferte S. 29 des Sudelbuches D. Es folgen 25 unbeschriebene Seiten. Dann beginnt L. mit den Eintragungen zur Englandreise. – *Wilcke (Schwed. Abhandl. Jahr 1758):* »Electriska rön och försök, om den Electriska Laddningens och flötens åftadkommande vid flera kroppar än Glas och Porcellain«; ebenda Vol. XIX, Wilckes Aufsatz, S. 250–282.

746 *Von Göttingen reiste ich ab: . . . den 29ten August 1774:* Gemeint ist L.s Aufbruch zu seiner zweiten Englandreise, von der er im Dezember 1775 in Göttingen zurückkehrte. Über sie berichtet er außer in D 746–759 in RT und RA; Eintragungen finden sich überdies in Sudelbuch E; reiche zusätzliche Informationen geben gleichfalls seine Briefe aus dieser Zeit. Den Abreisetermin notiert L. auch RT 1.

747 *Ankunft in Hannover ♂ 30.:* Astronomisches Zeichen für Mars und Dienstag. In Hannover verweilte L. etwa 14 Tage.

748 *Partz:* Ernst Ludwig Partz (1722–1800), Depeschensekretär in Hannover, 1742 stud. jur. in Göttingen, mit L. seit 1772 befreundet. – *Wedgwood:* Josiah Wedgwood (1730–1795), berühmter engl. Keramiker in Burglem und Etruria; Erfinder des Pyrometers. Er fand zur Verbesserung des Steinguts mehrere neue Massen, unter anderem die hier wohl gemeinte schwarze Basaltmasse; seine von antiken Vorbildern beeinflußten Arbeiten sind die Hauptwerke klassizistischer Formgebung auf dem Gebiet der Keramik. – *Major von der Borg:* Gemeint ist wohl Christian Friedrich von der Borch, Major bei der Garde-Infanterie in Hannover; auf Schönebeck bei Bremen ansässig. – *Parallel-Lineal, das Dollond verfertigt:* John Dolland (1706–1761), berühmter engl. Optiker und Mechaniker in London, gründete 1752 eine optische Werkstätte; konstruierte 1757 das erste achromatische Linsenfernrohr, indem er durch Kombination einer Flintglas- und einer Kronglaslinse die chromatische Aberration weitgehend ausschaltete. – *Graf v. Bückenburg:* Gemeint ist Wilhelm Graf von Schaumburg-Lippe. Vgl. C 199. – *Entfernung der Parallele:* Danach von L. gestrichen *mißt, im Falle da.*

749 *Irby Junior erzählte mir:* Die gleiche Anekdote gibt L. als eine aus dem Munde von Mrs. Walkingshaw D 593 wieder.

750 *heat:* Lauf, Rennen, Runde. – *Pferde-Rennen zu Maidenhead:* In Maidenhead, einer Stadt in der Grafschaft Berkshire an der Themse nahe Windsor, wo traditionell Pferderennen stattfanden. Auch in Epsom besuchte L. ein Pferderennen, wie aus RT 5 hervorgeht. Den Besuch von drei Pferderennen berichtet L. in einem Brief an Johann Christian Dieterich vom 13. Oktober 1774. – *(vid[e] den Zettul):* Der Zettel, vermutlich das Programm des Pferderennens, ist nicht erhalten.

751 *Hanwell park bei Bunbury:* Hanwell Park, gelegen an der Grenze von Oxfordshire und Buckinghamshire, war seit dem 16. Jh. das Besitztum des Adelsgeschlechts Cope. – *Cope:* Sir Jonathan Cope (gest. 1821), 4th Baronet of Hanwell. – *Uhr die vom Wasser getrieben:* Zu diesem Uhrwerk, das nie aufgezogen werden muß, vgl. L.s Notiz D 767; L. erwähnt es auch im GTC 1779, S. 19.

752 *kleinen Buch in länglicht Octavo:* Gemeint ist ohne Zweifel das »Reise-Tagebuch« (RT). – *Die berühmte Sängerin:* Lucrezia Agujari (1743–1783), gefeierte ital. Sängerin, uneheliche Tochter ›di un gran signore‹, daher auch La Bastardina genannt; gab 1774–1780 Konzerte in London. – *Pantheon:* Berühmtes Vergnügungszentrum in London am Oxford Road (heute Oxford Street), 1770–1772 erbaut; vgl. an Boie, im August 1778 (Briefwechsel I, Nr. 524) LiE 2, S. 65, und RA 16. – *Planta:* Joseph Planta (1744–1827), seit 1776 Bibliothekar des British Museum; Sekretär der Royal Society; Freund und Korrespondent L.s, der ihn 1775 in England kennengelernt hatte, vgl. RT 25 und RA 18. Besuchte 1785 L. in Göttingen. – *on . . . lets a f–:* Auf eine gefeierte Sitzfiedel, die unlängst in einem Silberetui aus Italien eingeführt worden / Süßgestimmt, mit Silberblitz, / Strömt Himmelston aus ihrem Sitz: / Der Ohrenschmaus bleibt unverkürzt / Ob sie singt, oder ob sie f–.

753 *Lord Boston:* Vgl. Brief an Johann Christian Dieterich aus London vom 31. März 1775: »Gestern um halb drey ist mein groser Wohlthäter Lord Boston gestorben. Es ist eine Beruhigung für uns alle gewesen, daß wir es auf

3 Monate voraus haben sehen können. Er hat dem Lieutenant (denn dieses ist er jezt) 10000 Pfund vermacht, dem jungen Lord Boston ein Vermögen von 120000 Pfund, die ihm aber jezt nur 40000 einbringen, aber leicht durch Sorgfalt auf mehr als die Hälffte erhöht werden können. Dieses wird meinen Aufenthalt in England eher verlängern als verkürtzen.« S. auch an Dieterich, 7. April 1775. – *Heberden:* L. schreibt *Haberden*. – *das angeklebte Blatt:* Es handelt sich dabei um einen Zeitungsausschnitt, der in Übersetzung so lautet: Am vergangenen Donnerstag starb in seinem Haus am Grosvenor Square der Sehr Ehrenwerte William Lord Boston. Seinen Charakter hier angemessen zu umreißen, würde für diese Art der Bekanntmachung wohl zu weitschweifig dünken; lassen wir es also dabei bewenden, daß er fromm, gerecht, und freisinnig war in dem umfassendsten Sinn, den solche Worte erlauben. Zum Lohn für seine wahren Verdienste und die treue Anhänglichkeit an die königliche Familie, die erst mit seinem Tod endeten, wurde er von der gegenwärtig herrschenden Majestät in einen Peer-Titel eingesetzt. Kurz, er war eines jener seltenen Beispiele für einen Mann, der in der Umgebung des Hofs aufwächst, ohne von ihm verdorben zu werden. Der Schmerz von Menschen aller Stände über den Verlust dieses hervorragenden Mannes ist durch nichts zu lindern, außer durch die vielen Tugenden, die in seiner aufsteigenden Nachkommenschaft so augenfällig hervorleuchten. – *House in Grosvenor-Street:* Das Stadthaus Lord Bostons in der Lower Grosvenor Street, in dem L. zu gast war. – *present Majesty:* Georg III.

754 *Taxe[e]:* Steuer. – *wheel taxes:* ›Rad-Steuer‹, eine im 18. Jh. in England übliche Steuer auf beräderte Fahrzeuge, Fuhrwerke.

755 *Silberschmied:* L. hatte irrtümlich *Silberstreet* geschrieben. – *Bondstreet:* Schmale und kleine, aber elegante Einkaufsstraße zwischen Oxford Street und Piccadilly; benannt nach ihrem Erbauer (1686) Sir Thomas Bond. – *Hemmins:* Gumbert liest *Hemming*. Thomas Heming war 1745–1780 Mitglied der Londoner Silberschmiedgilde. – *30 000 Pfund:* Ca. 600000 Mark. – *für wem:* Zu L.s Verwechslung von *für* und *vor* s. zu A 239. – *city:* Das Zentrum Londons und ihr ältester Stadtteil, der eigene Polizei und Gerichtsbarkeit besitzt; das Geschäftsviertel der Stadt. – *Uxbridge:* Marktstadt, 18 Meilen westlich von London entfernt an der Straße nach Oxford. – *am 6ten April daran vorbei:* Wohl bei der Rückkehr von Hedsor, dem Landsitz Lord Bostons, nach London. – *Knauer:* Heinrich Christian Knauer, Goldschmied in Göttingen; L. wohnte bei ihm als Student von Ostern 1764 bis Sommer 1767.

756 *Mᵈ Medalle die Tochter des Yorick:* Lydia Sterne (ca. 1747–1781), heiratete 1772 Jean Baptiste Alexandre Ane Médalle. – *Yorick:* Laurence Sterne. S. zu KA 272. – *Becket:* Thomas Becket, Buchhändler und Verleger in London. – *das Werk:* »Letters of the late Rev. Mr. Laurence Sterne to his most intimate Friends. With a fragment in the manner of Rabelais. To which are prefixed Memoirs of his Life and Family. Written by himself and published by his daughter, Mrs. Medalle«, London 1775 (BL, Nr. 1672). Vgl. auch RA$_{II}$ S. 639. Sie gilt als die umfangreichste und beste Sammlung und Veröffentlichung von Originalbriefen Sternes. In der Übersetzung von Christian Felix Weiße erschienen 1776 »Lorenz Stern's Briefe an seine Freunde herausgegeben von seiner Tochter Madame Medalle«.

757 *Merlin:* John Joseph Merlin (1735–1804), Belgier von Geburt, kam 1760 nach England, berühmt als Erfinder und Erbauer von Musikinstrumen-

ten und Konstrukteur praktischer, oft auch nur schnurriger Gerätschaften und Möbel; leitete das Coxsche Museum. – *Cox:* James Cox (gest. 1788), berühmter Uhrmacher in London, wo er seit 1760 nachweisbar ist, und Besitzer eines Museums von Automaten und ähnlichen »blendenden Maschinen«, vor allem 65 Uhren mit Musikspielwerken, automatischen Figuren und singenden Vögeln, für deren Besichtigung er halbe Guinea als Eintritt nahm, das L. nach seinem Tagebuch am 4. Oktober 1774 besucht hatte; vgl. auch Briefe an Ernst Gottfried Baldinger vom 8. Oktober 1774, an Johann Christian Dieterich vom 30. Oktober 1774 und an Abraham Gotthelf Kästner vom 20. Dezember 1774; s.auch zu E 482. – *Diogenes:* Über diesen griech. Weisen, der der Sage nach in einem Faß hauste, s. zu KA 13. – *Bratenwender:* Ursprünglich Mann, der die Braten wendet, dann früher gebräuchliche Vorrichtung zum Braten von Fleisch an einen Haken, der durch seine Art Uhrwerk gedreht wird, oder an einem horizontal auf eisernen Gestellen angebrachten Spieß, der mittels eines Mechanismus durch den Luftzug in der Esse getrieben werden kann. – *Goldwaagen:* L. erwähnt sie auch D 762.

758 *Ramsdens Barometer:* Jesse Ramsden (1735–1800), berühmter engl. Optiker und Mechaniker in London, der u. a. für Sisson, Nairne und Dollond arbeitete. L. nennt ihn den »ersten Künstler für astronomische Werkzeuge in der Welt« (GTC 1790, S. 143); s. auch Briefe an Johann Andreas Schernhagen vermutlich vom 11. April 1776, an Franz Ferdinand Wolff vom 27. Oktober 1783 und an Georg Forster vom 30. September 1790. – *Adams sagt sein Vater habe diese Erfindung gemacht:* George Adams (1750–1795), engl. Optiker und Instrumentenbauer mathematischer Geräte im Dienste Georgs III., Verfasser wissenschaftlicher Arbeiten zur Physik und Mathematik; »Essay on the microscope« (1787). Ob Adams die Bemerkung L. persönlich gemacht hat, ist fraglich. Seinen Besuch bei ihm notiert L. RA 136. – *sein Vater:* George Adams (ca. 1704–1773), engl. Instrumentenmacher.

759 *Watermen:* ›Wasserleute‹, angestellt zur Versorgung mit Wasser, etwa zur Bewässerung von Wiesen. – *Matrosen-Pressen:* Die engl. Kriegsmarine nahm sich 18. Jh. das Recht, Matrosen mit Gewalt zum Dienst zu zwingen; bewaffnete Banden, die sog. »press-gangs«, konnten jeden brauchbaren Mann verhaften und an Bord bringen. Ausführliches darüber Gumbert, LiE 2, S. 85–86. S. auch III, S. 844.

760 *Feuer ... Aufzählung der Phänomene:* Bemerkenswert, daß sich L. schon 1777 in eine der physikal. und ehem. Streitfragen im Zusammenhang der Auseinandersetzung zwischen Phlogiston und antiphlogistischer Theoriebildung vertieft, und sich bis in die neunziger intensiv mit dem Phänomen auseinandersetzt. S. auch Gehler, Bd. 5, S. 395–397. – *A.:* Zur Verwendung dieses Initials s. zu D 683.– *eine von den Lehren der Physik, worin falsche Philosophie sehr vorgearbeitet hat:* Dieser Satz ist in der Handschrift Randglosse. – *adurere:* Lat. ›von der Sonne verbrennen; vor Kälte erstarren machen‹. – *verlassen(?):* Dieses Fragezeichen stammt von L. – *eines das:* In der Handschrift *einer der.* – *Phosphoreszieren der Körper:* Darüber informiert Gehler, Bd. 3, S. 477; Bd. 5, S. 708. – *Inflexion:* Beugung des Lichts, von Grimaldi 1665 erstmals bekannt gemacht; über die dabei auftretenden Schatten s. Gehler, Bd. 1, S. 317.

761 *Dr Brande:* August Eberhard (Everard) Brande (geb. ca. 1740) aus Hannover, promovierte 1768 in Göttingen zum Dr. med., Hofapotheker in

London und medizinischer Schriftsteller, mit dem L. später korrespondierte.
– *Scheidewasser:* Salpetersäure. – *Priestleys Theorie:* Joseph Priestley (1733–1804), engl. Pastor einer Dissentergemeinde in Birmingham und berühmter Naturforscher; Mitbegründer der Assoziationspsychologie (Hartley) und Theologe. Etndeckte 1774 – mit Scheele – den Sauerstoff (dephlogisierte Luft), das Ammoniak und das Kohlenoxyd (Blacks »aer fixus«) wieder. L. Besuchte ihn 1775 in London. »Experiments and observations on different Kinds«, 3 Bde. 1774–1777.

762 *Ramsdens Goldwaage:* Jesse Ramsden war berühmt für die Herstellung hochempfindlicher Geräte. – *Merlins . . . Stuhl sich zu wiegen:* Merlin hat verschiedene Stühle konstruiert: einen nach ihm benannten Invalidenstuhl, auch einen anatomisch konstruierten Liegestuhl.– *Bratenwender:* S. zu D 757.

763 *Dodsley:* James Dodsley (1724–1797), engl. Buchhändler, Bruder von Robert Dodsley. – *A series of new Experiments . . . by B. Wilson:* Benjamin Wilson (1721–1788), engl. Maler und Physiker, Mitglied der Royal Society (F.R.S.) in London. L.s Urteil über ihn ist negativ, wie aus dem Brief an Johann Albert Heinrich Reimarus vom 2. September 1779 hervorgeht. Das Werk, dessen Titel weiter lautet: ». . . on the subject of Posphori and their prismatic Colours: in which are discovered some new properties of light. Also Translation of two Memoirs . . . taken from the Bologna Acts (1744)«, erschien London 1776. In L.s Besitz (BL, Nr. 466). – *Beccari Discoveries on the same subject:* Gemeint sind »De quamplurimis phosphoris nunc primum detectis commentari« in: »De Bononiensi scientarium et artium Instituto atque Academia Commentarii«, Bologna 1746, II, 2, S. 136–179. Iacopo Bartolemeo Beccari (1682–1766), bedeutender ital. Physiker, Prof. der Medizin, dann Physik und Chemie an der Universität Bologna; hat sich als erster gründlich mit dem Phosphor beschäftigt. – *Benjamin Wilson:* (1721–1788), engl. Maler und Physiker, veröffentlichte Schriften insbesondere zur Elekrizität. Mitglied der Royal Society.

766 *Refraktion:* Brechung, insbesondere der Lichtstrahlen. Euler hat bereits 1762 herausgefudnen, »daß ein erhitztes Glas stärker als ein kaltes, hingegen kochendes Wasser weniger als kaltes, breche« (Gehler, Bd. 1, S. 432).

767 *Uhren von Wasser treiben:* S. zu D 751; vgl. auch A 173.

769 *Über die Einmischung unseres Urteils in die Schätzung der Farben:* Schönes Beispiel für frühe die Beschäftigung mit der Farben-›Lehre‹. – *Schatten im Gesicht würklich blau oder schwarz . . . hält das ganze Gesicht für fleisch-farb.:* Vgl. L.s spätere Korrespondenz mit Goethe über die farbigen Schatten.

770 *Betrug mit dem aufgehenden Mond:* S. Gamauf, Astronomie, S. 441. – *specifice:* In der Handschrift *specificifice.*

771 *Camera obscura-Gemälde auf Bononiensischen Phosphorus:* S. zu A 220; vgl. auch D 687, 739 und Gehler, Bd. 4, S. 866.

773 *Die leeren Wagen . . . zu Grütze- und Kaffee-Mühlen . . . gebraucht:* Den gleichen Gedanken, ähnlich formuliert, notiert L. D 103. – *zu:* In der Handschrift *zum.* – *blinde Orgeln:* Unter den Bezeichnungen für Drehorgel, die im 18. Jh. üblich waren, konnte diese nicht nachgewiesen werden.

E

Die Bezeichnung E trägt ein Quartbuch in starker, mit Schweinsleder überzogener Pappe und Lederrücken, das zugleich von vorn und von hinten mit doppelter, von vorn arabischer und von hinten römischer Paginierung beschrieben ist, bis beide Gruppen von Einträgen in der Mitte zusammenstoßen, eine Gewohnheit, die Lichtenberg auch in Sudelbuch J, K und L, vermutlich auch in G und H, befolgt hat. Die hintere Hälfte enthält auf 123 Seiten (die Seitenzahlen lauten I–XLIII, dann versehentlich LIV–CXXXI, endlich 54 und 53 der entgegenkommenden Zählung) die allgemeinen Bemerkungen. Vorher gehen zwei unpaginierte Seiten, auf denen sich eine Tabelle der englischen Maße und Gewichte befindet, die auf der inneren Seite des hinteren Deckels beginnt; sie weist folgende Unterabteilungen auf: »Winchester or bear measure«, »Cloth measure«, »Long measure«, »Avec Dupois weight«, »Dry measure«, »For coals«, »Of wine measures«. Die vordere Hälfte enthält auf 54 Seiten (die Seitenzahlen gehen nur bis 53, wobei die Zahl 19 aus Versehen doppelt geschrieben ist; die Seite 54, eigentlich 55, gehört, wie oben erwähnt, noch mit zu den allgemeinen Bemerkungen) »Reise-Anmerkungen v. G. C. L., angefangen den 15t. April 1775 in London«; diese schließen sich an ein kleines, in Leder gebundenes Tagebuch in Queroktavformat an, welches Notizen vom September 1774 bis April 1775 enthält (RT). Der Buchstabe E findet sich zweimal, mitten auf dem äußeren Vorderdeckel und unten auf dem Titelblatt der Reise-Anmerkungen. Das Sudelbuch befindet sich heute in der Staats- und Universitätsbibliothek Göttingen (Sign. Lichtenberg IV, 29). Als Textvorlage der allgemeinen Bemerkungen diente: Georg Christoph Lichtenbergs Aphorismen. Nach den Handschriften herausgegeben von Albert Leitzmann. Drittes Heft 1775–1776. Deutsche Literaturdenkmale des 18. und 19. Jahrhunderts. No. 136, Berlin 1906.

Zur Chronologie von Sudelbuch E

Für die Chronologie von Sudelbuch E bis zur Nr. 428, mit der L.s eigene Dateneinzeichnung beginnt, kommen folgende Stellen in Betracht:
72: Erwähnung einer Sitzung des Rats der Aldermänner vom 5. Juli 1775;
73: 23. Juli 1775;
94: wohl aus dem letzten Drittel des August 1775;
120: September 1775;
262: Erwähnung der Oper »The duenna«, aufgeführt am 28. November 1775;
288: Abschied von England, Abreise von dort im Dezember 1775. (Die Eintragungen 1–288 sind mit Sicherheit in England niedergeschrieben worden.)

Anmerkungen (Band I)

S. 344 Diese Seite entspricht in der Handschrift der inneren Seite des vorderen Deckels. – *Priestleys Optik:* Die von Klügel übersetzte »Geschichte und gegenwärtiger Zustand der Optik, vorzüglich in Absicht auf dem physikalischen Theil dieser Wissenschaft«, erschien Leipzig 1776 in 2 Tln. (BL, Nr. 459). – *Klügeln:* Georg Simon Klügel. – *Baumés... Experimental-Chemie:* Die »Chymie expérimentale et raisonnée«, erschienen Paris 1773 (3 Bde.). Gehlers Übersetzung, die vermutlich gemeint ist, erschien Leipzig 1775. Antoine Baumé (1728–1804), frz. Pharmazeut und Chemiker, bedeutend auf dem Gebiet der chemischen und pharmazeutischen Analyse; seit 1752 Prof. in Paris, entwickelte ein Aerometer. – *Meisters... Schwärmerei:* Leonhard Meister (1741–1811), Schüler von Bodmer und Breitinger, vielseitiger schweiz. Schriftsteller. Seine Abhandlung »Ueber die Schwermerei. Eine Vorlesung« erschien Bern 1775, 1777 in 2 Tln. (BL, Nr. 1364). – *Herders Preisschrift:* Die Schrift »Ursachen des gesunkenen Geschmacks bei den verschiedenen Völkern, da er geblühet«, erschien Berlin 1775. Vgl. D 686 und die Anm. dazu. – *Price's... Liberty:* Die London 1776 erschienenen »Observations on the nature of civil liberty, the principles of government and the justice and policy of the war with America. To which are added an appendix and postscript, containing a state of the national dept, an estimate of the money drawn from the public by the taxes, and an account of the national income and expenditure since the last war« von Richard Price. Das Pamphlet ist einer der meistbeachteten Angriffe der Opposition auf die Amerikapolitik der englischen Regierung. L. besaß es nicht, hat es jedoch gelesen (s. RA 16). – *Grey's memoria technica:* »Memoria technica or A new method of artificial memory, applied to and exemplified in chronology, history, geography, astronomy. Also Jewish, Grecian and Roman coins, weights and measures, etc. With tables proper to the respective sciences, and memorial lines adopted to each table«. Sie erschien zuerst London 1730, 1775 in neuer Auflage. Richard Grey (1694–1771), engl. Geistlicher und gelehrter Schriftsteller. – *Minstrel:* Das in London 1771–1774 anonym in zwei Büchern erschienene Gedicht »The minstrel or the progress of genius« von James Beattie. Engl. minstrel ›Gefolgsmann, Diener‹; vom 13. bis 16. Jh. Sänger, Spielmann, Gaukler im Dienst eines Adligen, seit 1469 in London zu Gilden zusammengeschlossen. In der engl. Romantik poetisch und sozial erhöht. – *Maskelyne's Mondstafeln:* Die »Tabulae motuum solis et lunae novae et correctae«, erschienen London 1770. Nevil Maskelyne (1732–1811), engl. Astronom, ursprünglich Theologe; wurde 1765 Direktor der Sternwarte Greenwich und Royal Astronomer; begründete 1767 den »Nautical Almanac«, das erste astronomische Jahrbuch auf englischem Boden.

1 *Stamm Levi:* Die Leviten, nach Levi, einem Sohn Jakobs von Lea, benannt. Sie wurden in der Königszeit alleinige Träger des Priesteramtes an den Jahweheiligtümern Palästinas (s. 5. Mos. 33, 8 ff.). – *Theologen auf einer Universität:* Zu L.s Vorurteil gegenüber diesem Berufsstand s. zu B 81.

2 *Tun und Schwätzen:* Derselbe Gegensatz kehrt auch E 34, 235 und F 58 wieder.

3 *Sonntags Segen... Montags Prügel:* Anspielung auf die moralische Widersprüchlichkeit des Theologen.

4 *Das Pythagorische y:* »In his (symbolis) litera Y, humanae vitae symbolum, bicorni ratione latam et angustam vitii et virtutis viam delineans esse videtur, quae inde litera pythagorica dici solet« sagt Brucker, »Historia critica philosophiae« 1, 1100. In seinem Buchstabensymbol Y, dem Symbol menschlichen Lebens, erscheint durch die zweistämmige Beschaffenheit der breite und schmale Weg der Laster und der Tugenden im Umriß, deshalb wird er gewöhnlich der pythagoreische Buchstabe genannt. – *Manuskripten des . . . Sloane:* Seine reichen Sammlungen, auch im »Verzeichnis einer Sammlung von Gerätschaften . . .« (III, S. 451) erwähnt, sind besonders wichtig für die Geschichte der Medizin in England von der Mitte des 17. bis zur Mitte des 18. Jh.s; sie wurden nach seinem Tode 1753 vom englischen Staat angekauft und bilden den Grundstock des British Museum. Vgl. E 7 und F 1017.

5 *Bodleianischen Bibliothek:* Bodley, Sir Thomas (1545–1613), engl. Diplomat und Gelehrter, begann 1597–1598 mit der Wiedererschließung der Oxforder Bibliothek und der bibliographischen Erfassung der Bestände. Über die Oxforder Bibliothek und ihren Regenerator Bodley vgl. Wendeborn, Der Zustand des Staats, der Religion, der Gelehrsamkeit und der Kunst in Grossbritanien 4, 270. – *Bücher anzuschließen:* Im Mittelalter war es durchaus üblich, den Bibliotheksbestand zu sichern, indem man die Bücher mit Ketten an die Regale anschloß.

6 *Der älteste Sohn Prinz of Wales:* Den Titel »Prinz of Wales« erhält traditionsgemäß der engl. Kronprinz; L. hat so 1797 seinen erstgeborenen Sohn Georg Christoph genannt (s. Brief an Johann Christian Dieterich, 19. Mai 1797).

7 *Sloanischen Manuskripten:* S. zu E 4. – *Gespräche zwischen 2 Zwillingen im Mutterleibe:* Vgl. F 1017. – *Browne:* Sir Thomas Browne (1605–1682), engl. Arzt und Schriftsteller. »A dialogue between two twins in the womb concerning the world they were to come into« und »A dialogue between an inhabitant of the earth and of the moon« waren entweder nur Pläne oder sind nicht erhalten. Thomas Brownes »Pseudodoxia epidemica«, die L. in der 6. Auflage von 1672 besaß (BL, Nr. 819), hatte ihn zu der Rubrik »Einige gemeine Irrthümer« (nach Brownes »Treatise on vulgar Errors«) im GTC 1779, S. 72–81 (VS 6, S. 454) angeregt. Er erwähnt sie auch an Hindenburg, Mitte November (?) 1778.

8 *Edmund Trope:* RA 24 identifiziert Trope mit Burke und legt ihm die Juniusbriefe bei. – *Like . . . fine:* Wie der schillernde B., der planlos vor sich hin spricht, / Wie die Indianer, die malen, weil ihre Farben schön sind.– *drama called Cloacina:* Verfasser des London 1775 anonym erschienenen satirischen Dramas »Cloacina« ist der engl. Schriftsteller und Essayist Henry Man (1747–1799), nicht Trope. L. gebraucht den Ausdruck »Cloacina« auch III, S. 695, 702, 831; s. auch Brief an Johann Gottwerth Müller, 17. Dezember 1785.

10 *eine Kröte darauf bindet:* Vermutlich zur Heilung von Warzen. Über das Entfernen von Warzen läßt sich L. auch RA 183 und III, S. 810 aus.

12 *Er feuert fünfmal bis sie einmal:* Der Gedanke kehrt auch E 126 wieder.

13 *unsre großen Schriftsteller . . . versus memoriales:* Dieser Gedanke wird E 142 weiter gesponnen, aber erst F 944 ausgeführt; s. auch F 1203. Zu *versus memoriales* s. zu B 84.

15 *Aristoteles hat angemerkt:* »Nikomachische Ethik« 10,7,3.
16 *Gedanken dicht . . . Partikeln dünne:* Zu diesem Gedanken s. auch E 484 und Anm. – *Partikel:* Sprachlich Redeteilchen, unbiegsame, d. i. unabänderliche Wörter, wohin die Neben-, Vor- und Bindewörter gehören.
17 *Tacitus . . . Stil:* Über L.s Wertschätzung dieses röm. Geschichtsschreibers vgl. E 197, 424; J 283; RA 48, 100, 127. – *Clarendon:* Edward Hyde Earl of Clarendon (1609–1674), Lordkanzler Karls II.; sein Hauptwerk »True historical narrative of the rebellion and civil wars in England«, erschien Oxford 1702-1704.
18 *Tacitus von den Römern . . . sagt:* Eines seiner beiden Hauptwerke, das die Jahre 69–96 n. Chr. behandelte, von dem jedoch nur die Schilderung der ersten zwei Jahre erhalten ist: »Historiae« 1, 28; das erste Wort heißt dort »isque«. L. zitiert den Satz auch E 38. – *Is . . . paterentur:* Und so herrschte eine Geistesverfassung, in der nur wenige bei dem argen Verbrechen mitzumachen wagten, die Mehrzahl es begrüßte, alle es ruhig mitansahen. (Übers. Joseph Borst, Heimeran: München 1959, S. 43.)
19 *Ménage:* Gilles Ménage (1613–1692), frz. Dichter und Grammatiker mit anregenden Erkenntnissen zur Sprachforschung: »Origines de la langue française«, 1650; L. zitiert das Werk auch in der Miszelle »Zero« im GTC 1796, S. 193 (VS 6, S. 272). – *Wörterbücher eine Bittschrift:* Ménages auch E 28, 164 erwähnte »Requête des dictionnaires à messieurs de l'académie française« findet sich in den postum Amsterdam 1693 erschienenen »Menagiana ou bons mots, rencontres agréables, pensées judicieuses et observations curieuses de monsieur Ménage« 2, S. 407. – *Logik:* Davor von L. gestrichen *heutige*.
20 *François Béroalde Sieur de Verville:* Pseudonym für François Brouart (1556 bis ca. 1623), frz. Schriftsteller. Béroaldes berühmte Sammlung von Schwänken, Wortspielen und Witzen »Le moyen de parvenir«, œuvre contenant la raison de tout ce qui a été, est et sera«, das L. selbst gelesen hat (vgl. F 146), erschien ca. 1615. – *Menagiana . . . mit Car an:* Eine »Dissertation sur le livre intitulé le moyen de parvenir« steht in den »Menagiana« 4, S. 419; die Bemerkung über »car« findet sich dort S. 426. Zu den im 17. und 18. Jh. beliebten Sammlungen von Sentenzen und Anekdoten berühmter Männer, den sogenannten Ana, vgl. F 958, L 281. – *Salmasius . . . darüber angetroffen:* Die Anekdote von ihm und Königin Christine findet sich »Menagiana« 4, S. 423. Claudius Salmasius, eigentlich Claude de Saumaise (1588–1653), bedeutender frz. Humanist und Philologe, seit 1631 Prof. in Leiden. – *Königin Christina:* Christine (1626–1689), Tochter Gustav Adolfs II., wurde 1644 Königin von Schweden, förderte die Wissenschaften, berief Descartes und 1650 für ein Jahr auch Saumaise nach Stockholm; 1654 dankte sie ab, trat 1655 zum Katholizismus über und lebte danach meist in Rom.
21 *Menagiana:* S. zu E 19. – *On appeloit . . . cœur:* Man nannte einen Mann aus Rouen »Corpus Poetarum«, weil er überaus dick war und alle lateinischen Dichter auswendig wußte. – Charakteristische Züge von ihm teilt L. auch B 400, 402 mit; vgl. B 179.
22 *Sinngedicht des Ménage:* Das Quatrain findet sich »Menagiana« 4, S. 336. – *Il . . . Epoux:* Es täten, unter uns gesagt, / Zwei Gottheiten not, diese zwei Horaze zu entbieten, / Den lateinischen der Gebieterin der Grazien, Venus, / Und den französischen ihrem Gemahl. Mit letzterem ist Hephaistos, der griech. Schutzgott der Schmiedekunst, gemeint.

23 *die Vokalen A.E.I.O.V. eingehauen:* Auslegung des Vokalscherzes A.E.I.O.U. (nach Zoozmann »Zitatenschatz der Weltliteratur«): »*Austria Et Imperium Optimo Unita*« oder »*Austriae Est Imperare Orbi Universo*« oder »Alles Erdreich ist Österreich Untertan« oder »En! *Amor* Electis, Injustis Ordinat Ultor. Sic Fredericus ego rex mea jura rego.« (Sieh! Liebe waltet über dem Erkorenen, der Rächer über den Ungerechten. So führe ich, Friedrich der König, mein Recht.) Als ein Feind Friedrichs des Schönen auf der Wand des Burghofes in Wien die Buchstaben A.E.I.O.U. (Aller Erst Ist Österreich Verdorben) angeschrieben hatte, ließ der König die Schrift entfernen und als Antwort darauf obige Worte als Auslegung des Vokalscherzes anbringen. – *Austriacorum ... Universo:* Der Österreicher Sache ist es, den gesamten Erdball zu beherrschen. Wahlspruch Kaiser Friedrichs III. (1415–1493).

24 *die Furze angebetet:* »Aegyptii adorabant les pets et les rots.« Scaligeriana, Nouvelle Edition, Köln 1695, S. 52. – *Baudelot:* Charles-César Baudelot de Dairval (1648–1722), frz. Altertumsforscher. – *Scaligeriana:* Joseph-Juste Scaliger (1540–1609), berühmter frz. klass. Philologe und Humanist, seit 1593 Prof. in Leiden. Es gibt zwei Ausgaben: »Scaligerana prima«, Saumur 1669 (Aufzeichnungen seiner Gespräche, Äußerungen etc.), »Scaligerana Secunda«, Den Haag 1666; die bestreputierte Ausgabe ist von 1740. Vgl. »Scaligerana ou bons mots, rencontres agréables et remarques judicieuses et scavantes de J. Scaliger«. – *Beelzebub:* Gumbert, LiE I, S. 240, liest *Beelzebut*, wie es im Frz. noch heute üblich ist (Belzébuth). Tatsächlich steht im Original bei Scaliger: Beelzebub. – *Menagiana:* Ménage zitiert Baudelot/Scaliger, a.a.O., 1, S. 337.

25 *Der poetische Scepter ... genommen:* Auch dieser Ausdruck ist den »Menagiana« entnommen, wo 1, S. 141 vom »sceptre poétique de son temps« und seinen wechselnden Inhabern die Rede ist.

26 *Wenn man noch einen Planeten ... findet:* Am 13. März 1781 entdeckte Herschel tatsächlich einen neuen Planeten, der zunächst nach dem englischen König »George's Planete« genannt und später von dem Astronomen Bode mit »Uranus« bezeichnet wurde. – *Minerva:* Altitalische Göttin, die Beschützerin des Handwerks und der gewerblichen Kunstfertigkeit, mit Athene gleichgesetzt.

27 *Man pflegte ... zu sagen ...:* »On disait d'une femme dont la coiffure était extraordinairement haute, qu'elle avait trouvé le secret de mettre sa tête au milieu de son corps« (»Menagiana« 3, S. 283).

28 *Jeder deutsche Patriot sollte ... alte deutsche Worte hervor ... suchen:* Vielleicht durch Möser beeinflußt, von dem L. sich D 668 (S. 342) einige ›altdeutsche‹ Wörter notiert. S. auch TB 31. – *Patriot:* Laut DWB 7, Sp. 1504, im 16. Jh. aus dem frz. patriote entlehnt. L. gebraucht das Wort auch E 157; F 122, 330; L 101. – *Mais ... l'usage?:* Wenn Ihr aber andere Wörter machen würdet, wie sehr würde man darunter leiden, bevor man sie gut versteht / bevor man sie gut lernt? Wieviel Zeit würdet Ihr brauchen, um die Unzufriedenen zu beruhigen, / und um zu erreichen, daß diese schöne Sprache durch den Gebrauch bestätigt wird. Das Zitat findet sich ab Vers 325 des zu E 19 nachgewiesenen Textes von Ménage.

29 *die Sätze des Euklid:* Euklides (um 300 v. Chr.), griech. Mathematiker in Alexandria; nach ihm wird die gewöhnliche Geometrie Euklidische Geometrie genannt; Verfasser der »Elemente« (griech. »stoicheia«), des bekann-

testen systematischen Lehrbuchs der antiken Mathematik, das bis ins 19. Jh. kanonisches Ansehen genoß. Sein Werk über die Kegelschnitte (»Konika«) ist nicht erhalten. – *Werk über die Kegelschnitte:* Pascals »Essai sur les coniques« erschien Paris 1640. Er entwickelte darin den nach ihm benannten Satz vom Sechseck. – *seiner Schwester Tochter:* Jacqueline Périer, geb. Pascal. Die Notizen über Pascals Leben sind der biographischen Skizze entnommen, die seine Schwester der Ausgabe der »Provinciales« (1656) beigegeben hat. – *Alter um etwas zu glauben:* L. erwähnt Pascals Leichtgläubigkeit schon C 193; diese Notiz gehört aber eher in den Zusammenhang von L.s Reflektionen über Wissenschaft und Aberglauben; vgl. E 52.

30 *Metaphysik und Religion in der Jugend . . . bis zur Unsterblichkeit der Seele:* Vielleicht angeregt durch das zweite Gespräch in Moses Mendelssohns »Phädon« (1767), wo Mendelssohn in Rekurs auf das cartesianische Argument, daß die Seele als einfache, nicht zusammengesetzte und nicht ausgedehnte Substanz nicht durch den Tod zerstört werden könne, mit an Leibniz geschulter Begrifflichkeit für die Unsterblichkeit der Seele argumentiert. L.s Vorbehalt gegenüber den Versuchen, die Unsterblichkeit der Seele philosophisch nachweisen zu wollen, erhellt bereits aus D 200; s. noch H 149. – *von jedem Wort . . . ein deutlicher Begriff geben läßt:* Gemeint ist das cartesische Wahrheitskriterium, nach dem Urteile dann wahr sind, wenn sie in klare und deutliche Begriffe zerlegt werden können, aus denen das Urteil wiederum deduzierbar ist; die Klarheit eines Begriffes besteht in seiner intuitiven Evidenz, die Deutlichkeit wird durch Analysis, d. h. durch Zerlegung des Begriffes in klare Teilbegriffe erreicht. Zu L.s Forderung nach ›deutlichen Begriffen‹ s. zu D 267.

31 *sie:* In der Handschrift *ihn.* – *Unsterblichkeit der Seele:* S. zu E 30. – *das Denken in unserer materiellen Substanz:* »Materielle Substanz« ist ein Terminus der Wolffschen Metaphysik, der dem Denken als unkörperlicher Substanz entgegengesetzt ist. Diese Unterscheidung geht auf Descartes zurück, der zwei Substanzen, Denken und Ausdehnung, annahm. – *das Sandkorn ist gewiß das nicht wofür ich es ansehe:* Zu L.s bemerkenswerten Gedanken über die Struktur des Sandkorns s. C 303 und die Anm. dazu. – *2 mal 2 ist 4:* Vgl. B 242. – *Hieraus läßt sich das Unzusammenhängende in den Träumen erklären:* Zu L.s Beschäftigung mit dem Phänomen des Traums vgl. A 33.

32 *In allen Sprachen sagt man ich denke . . .:* Vgl. dazu L.s spätere Überlegung in K 76, L 806. – *Farbe:* Danach von L. gestrichen *erinnert.* – *bekommt, und das:* Von L. verbessert aus *bekommen hat, mit dem.* – *behalte:* Von L. verbessert aus *lerne.* – *(a + x) . . . $a^2 - x^2$:* Diese arithmetische Formel begegnet schon B 120. – *der Satz . . . ein Stückgen Leinwand:* Zu L.s Versinnlichung von Abstrakta s. zu F 381. – *docta ignorantia . . . indocta:* Gelehrte . . . ungelehrte Unwissenheit. – *docta ignorantia:* Geflügeltes Wort nach dem Titel des ersten philosophischen Hauptwerks von Nicolaus von Kues (Cusanus). Vgl. auch D 351. – *Alle Bewegung in der Welt . . . ihren Grund in etwas was keine Bewegung ist:* »Bewegung ist Veränderung des Orts, oder der Zustand eines Körpers, in dem er seinen Ort ändert. Es gehört nicht hieher, die metaphysischen Begriffe von Raum, Ort und Bewegung auseinanderzusetzen, oder die Zweifel zu heben, welche die Sceptiker der Wirklichkeit der Bewegungen entgegengesetzt haben . . . Alle Veränderungen der Körperwelt geschehen durch Bewegung, ohne welche die ganze Natur todt und unwirksam seyn

würde. Daher kan der Naturforscher die Bewegung als ein unstreitiges durch unzählbare Beobachtungen erwiesenes Phänomen annehmen, ohne sich in metaphysische Labyrinthe zu verirren, in welchen er wenig für das Wohl seiner Mitmenschen brauchbares zu finden hoffen darf. Und wenn er seine Unwissenheit über die Natur und den Ursprung der Bewegungen offenherzig gestehen muß, so kan er sich dagegen rühmen, das eigentlich Brauchbare – die Gesetze der Bewegung – ziemlich genau zu kennen« (Gehler, Bd. 1, S. 320). – *allgemeine Kraft:* Mit ›Kraft‹ bezeichnete die Naturwissenschaft des 18.Jh.s den Grund der Bewegung aller Körper, ohne ihn erklären zu können (s. Gehler, Bd. 2, S. 796ff.). Bezeichnend, daß L. nach seiner Art dieses ›Urprinzip‹ auf seine Gedanken-Gänge überträgt. – *Gärung:* »Eine innere Bewegung in welche die vegetabilischen und thierischen Substanzen an der Luft bey einer gelinden Wärme und Näße gerathen, und durch welche ihre chymischen Bestandtheile in neue Verbindungen gesetzt werden ... Bey allen Gährungen entwickelt sich die sogenannte fixe Luft oder Luftsäure ... Sobald diese hervorzugehen anfängt, wird die flüßige Masse trüb, die öligten, erdigten und salzigen Theile trennen sich von den übrigen, und es bilden oder entwickeln sich neue Gemische, die den Geschmack und Geruch der Masse ändern. Alle Theile des Körpers sind dabey thätig; aber die Luftsäure, die sie vielleicht vorher in Verbindung hielt, macht den Anfang, und ist das vornehmste innere Hülfsmittel des ganzen Vorgangs. Man unterscheidet drey Arten oder vielmehr Stufen dieser Veränderung, die Weingährung, Essiggährung und Fäulniß, oder die geistige (spirituosa, vinosa), saure (acetosa) und faule Gährung (putredinosa). Aus der ersten erhält man einen Wein, und aus diesem einen entzündlichen mit Wasser mischbaren Geist, den Weingeist; aus der zweyten eine Säure, einen Essig; die dritte zersetzt die Körper völlig, und giebt ein flüchtiges Laugensalz« (Gehler, Bd. 2, S. 342f.). L. metaphorisiert diesen naturwissenschaftlichen Begriff C 78, D 539, F 830.

34 *Gespenster in antique und moderne abteilen:* Ironische Abwandlung der ›querelle des anciens et des modernes‹. – *die Alten taten und wir schwätzen:* Zu diesem Gedanken s. zu E 2.

35 *die wichtigsten Dinge durch Röhren getan:* Zu diesem Satz vgl. C 252 und die Anm. dazu.

36 *Original-Köpfe:* Vgl. E 42; zu der Wendung vgl. D 531, Mat I 127. – *of an undaunted boldness:* von unerschrockener Kühnheit. – *Old Bailey Trials:* Auf eine regelmäßige Lektüre dieser Kriminalberichte aus Londons berühmtem Kriminalgericht, das im Volksmund nach der Straße, an der es liegt, »Old Bailey« genannt wird, lassen die Briefe (z. B. an Wilhelm Gottlieb Becker, 26. März 1781) schließen; s. auch KIII, S. 740. L.s Interesse an Gerichtsfällen und Hinrichtungen, Verbrechern und Verbrechen bezeugen auch E 41, 68, 120, 121; RT 20; RA 74, 75, 183; s. Christof K. Arnold, Wicked Lives. Funktion und Wandel der Verbrecherbiographie im England des 17. und frühen 18.Jh.s., Heidelberg 1985.

37 *Der obige Gedanke:* Vgl. E 36.

38 *Wort:* Von L. verbessert aus *Substantivum*. – *der Verfasser eines Briefs gegen die Kolonien:* Von den wenigen Werken zum engl.-amerik. Konflikt, die sich in L.s Bibliothek finden, kommt vielleicht in Betracht: »A letter to Rev. Mr. John Wesley occasioned by his calm Address to the American Colonies«, London 1775 (BL, Nr. 1120). Von eingehender Lektüre der damals in großer

Menge erschienenen politischen Flugschriften über den amerik. Krieg und Englands Verhältnis zu den abfallenden Kolonien zeugen L.s Reiseanmerkungen (RA). – *Their ... disposition:* Ihre Entfernung von England und, wie sie glaubten, von Strafe beförderte diese Neigung nicht wenig. – *Junius:* Die Junius-Briefe werden als nachzuahmende Stilmuster auch F 106, 153, 181, 714 genannt; s. zu B 374. – *Der Bourgeois Gentilhomme ... beständig Prose gesprochen:* »Il y a plus de quarante ans que je dis de la prose sans que j'en susse rien« heißt es in Molières 1670 uraufgeführter Komödie »Le bourgeois gentilhomme« 2, 6. – *des Tacitus sein: Is habitus ...:* S. zu E 18.

39 *Menschen von Geist ... Neigung ... sich kurz auszudrücken:* Diese Stil-Auffassung vertritt L. auch E 150, 222, 403, 455; F 714, RA 127. – *soll:* Danach Verweisungszeichen und *vid. p. V.*, wo das folgende zwischen E 42 und 43 steht. – *Wie schwer ... einem Deutschen den Tacitus zu übersetzen:* Vgl. E 161. – *für uns:* Zu L.s Verwendung von »für« und »vor« s. zu A 239. – *besondere Wörter für die Species ... wo wir oft das Genus ... gebrauchen:* L.s Forderung nach dem individualisierenden Stil; s. zu KA 261. – *Limitation:* Einschränkung, Begrenzung. – *Worte:* Von L. verbessert aus *Sylben erst.*

40 *Jede Verfassung der Seele ... eigne Zeichen und Ausdruck:* L.s differenzierte Auffassung von der ›Physiognomik‹ vor und gegen Lavater.

41 *ad. p. IV:* Gemeint ist E 36. – *Sheppard:* Über den am 16. November 1724 hingerichteten John Sheppard (geb. 1702), vgl. Dictionary of National Biography 52, S. 60. Dort wird eine Anzahl von ihm gewidmeten Biographien aufgezählt (S. 61), das Drama Thurmonds erwähnt sowie Thornhills Gemälde kurz charakterisiert. – *Harlequin Sheppard:* Das Drama, 1725 in London erschienen und Dezember 1724 in Drury Lane aufgeführt, wurde von John Thurmond, Schauspieler in Drury Lane, verfaßt. – *Thornhill:* Sir James Thornhill (1675–1734), engl. Maler, der berühmteste Porträtmaler seiner Zeit. – *in schwarzer Kunst:* S. zu D 684. – *Apelles ... thine:* Apelles zeichnete Alexander, / Cäsar ist Arellius verpflichtet, / Cromwell leuchtet in Lelys Werken / Und Sheppard lebt, Thornhill, in deinen. – *Apelles:* Griech. Maler des 4. Jh.s v. Chr., Freund Alexanders des Großen, galt als der größte Maler der Antike, sein Werk ist nicht erhalten. Sein »Alexander mit dem Blitz« befand sich im Artemision von Ephesos. – *Arellius:* Maler in Rom Mitte des 1. Jh.s v. Chr., bekannt dadurch, daß er unter dem Bild von Göttinnen seine Geliebten malte (Plinius, Naturalis Historia 35, 119). Ein Caesar-Porträt wird in der einschlägigen Literatur nicht erwähnt. – *Lely:* Sir Peter Lely (1618–1680), aus Holland stammender Porträt-Maler, seit 1641 in England, berühmt wegen seiner Porträts von Charles I. und Cromwell.

42 *Wir kennen ihre Spitzbuben besser als sie unsere Gelehrten:* Auch diese Bemerkung gehört in den Kreis der Gedanken um E 36; vgl. Mat I 128, 156.

43 *frachtbriefmäßige Art sich auszudrücken:* Vgl. III, S. 248.

44 *Trimalchio ... Petronische:* S. zu B 189. – *Münchhausen ... bei Beschreibung seines Überrocks:* Die Beschreibung von Münchhausens Überrock, auf die L. hier anspielt, mußte er, wie Leitzmann (a.a.O., S. 371) vermutet, aus mündlicher Erzählung kennen, da Raspes Sammlung erst zehn Jahre später erschien. In dieser ist sie nicht enthalten; und die Geschichte von dem durch Hundebiß toll gewordenen Rock kann schwerlich gemeint sein. Womöglich ist einer der zahlreichen Münchhausen gemeint, die zu L.s Zeiten in Göttingen studierten (Matrikel Nr. 6696, 7969, 8060, 8979, 9007, 9554, 10031);

vielleicht ist aufgrund von L.s Englandaufenthalt Georg von Münchhausen aus London gemeint, der sich als stud. jur. am 21. November 1771 an der Georgia Augusta immatrikulierte. Er wohnte laut »Logis-Verzeichniß« von Ostern 1772 bis 1773 bei Advokat Campe in der Weender Straße. – *Lord P.th:* Gemeint ist sicher Alexander Lord Polwarth (1750–1781), Sohn Lord Marchmonts, Student in Göttingen 1766/67 und 1769/70. Das Göttinger »Logis-Verzeichniß« führt ihn als stud. jur. aus London, einzigen Sohn des Hugh Hume, 3rd Earl of Marchmond (1708–1794), wohnhaft bei Prof. Böhmer im »Stumpfebeil«. Alexander heiratete Lady Annabella Yorke, die älteste Tochter von Philipp 2nd Earl of Hardwicke, erhielt 1776 die Würde eines Peer mit dem Titel Baron Hume of Barwick. Mit L. befreundet, der 1770 bei Lord Marchmont in London zu Gast war. Vgl. Brief an Christian Gottlob Heyne, London 17. April 1770, an Abraham Gotthelf Kästner, 17. April 1770, und F 82.

45 *Tiere Hörner ... alten Männern und Weibern öfters so geht:* Hahnrei-Witze macht L. auch III, S. 717, 953, 1034.

46 *Die Kaufleute haben ihr Waste book:* Hier zum ersten Mal L.s Hinweis auf sein geistiges Einnahmeverfahren; interessant, daß er es mit ökonomischen Vokabeln begründet; weil er selbst seine Eintragungen in der Regel nicht als selbständige Aphorismen, sondern als Einfälle zu künftigen Veröffentlichungen ansah, wurde für seine Notizen der von ihm selbst gebrauchte Begriff ›Sudelbuch‹ verwendet, neben dem sich auch ›Hudelbuch‹, ›Klitterbuch‹ und andere (s. Register der Pläne und Schriften L.s) auftaucht. – *Klitterbuch:* Auch Schmutzbuch, Klexbuch, Brouillon. DWB 5, Sp. 1212 bringt fast nur Belege aus dem 17. Jh. – *Leidger at double entrance:* Im Geschäftsleben: Hauptbuch mit doppelter Buchführung (über Soll und Haben). – *Debitor ... Creditor:* Lat. ›Schuldner ... Gläubiger‹. L. gebraucht diese Begriffe auch III, S. 750, 885. – *nachgeahmt:* Diese Floskel begegnet ähnlich auch F 153, 333, 381; J 901, 1116, 1169, 1200; MH 38. »Imitieren« begegnet C 356, »imitated« B 13. – *p. XXVI:* Gemeint ist E 150.

47 *Man nennt Tiere Tausendfüße ...:* Der Gedanke wird E 70, F 971, 1126 weiter ausgeführt und im »Bericht von den über die Abhandlung wider die Physiognomen entstandenen Streitigkeiten« (III, S. 567) verwertet.

48 *Tropfen Wasser ... im Luftmeer:* Zu diesem Bild s. zu B 195.

49 *Gran:* Früheres Massemaß, Apotheker- und Medizinalgewicht; 1 Gran ≈ 0,06 g.

50 *Es muß ein Spiritus rector in einem Buch sein ...:* Zu diesem kunsttheoretischen Prinzip s. auch H 68, den Brief an Georg Heinrich Hollenberg vom 7. August 1780, an Albrecht Ludwig Friedrich Meister vom 10. Februar 1783 und die Vorbemerkung L.s zum »Doppelten Prinzen« (III, S. 615). – *Spiritus rector:* Belebender Geist, ›Leitgedanke‹.

52 *Unterschied zwischen etwas noch ... und es wieder glauben:* Zu diesem Gegensatz s. zu E 29.

53 *Bittschrift der Wahnsinnigen:* Zur Weiterentwicklung dieser satirischen Idee, die in den Umkreis des »Parakletor« (s. KIII, S. 241) gehört, s. zu D 189. Zu der von L. gewählten literarischen Form der »Bittschrift« vgl. E 19. – *Celle:* In dieser Stadt befindet sich ein Zuchthaus, das zugleich der Aufnahme von Geisteskranken diente; vgl. E 104, 245, 368, 499, III, S. 521 und an Franz Ferdinand Wolff am 14. März 1785. – *Helmonts Feuer-Wasser:*

Helmont nannte das von ihm bereitete Elexier auch Höllenwasser und Wundermedizin; in der Alchemie bedeutet es die Universalmedizin, die aus dem Stein der Weisen hergestellt wird (Hans Biedermann, Handlexikon der magischen Künste, Bd. 1, Graz 1986, S. 146f.). Johann Baptista van Helmont (1577–1644), niederländ. Arzt und Alchemist, wohl der bedeutendste Nachfolger des Paracelsus; sein Sohn Mercurius besorgte die Ausgabe seiner gesammelten Schriften, die 1683 auf dt. erschienen. S. auch III, S. 1026. – *adresse:* Engl. ›Eingabe‹ – *remonstrance:* Engl. ›Gegenvorstellung, Einwendung‹. – *p. VII oben:* Gemeint ist E 58.

54 *Um witzig zu schreiben ... Kunstausdrücken aller Stände gut bekannt machen:* Vgl. »Orbis Pictus«, III, S. 382 und L.s Beispiele der Diener- und Mägdesprache; noch J 920 will sich L. zu seinem Roman ein Jäger-Wörterbuch anschaffen. – *was ernsthaft seicht ist, kann witzig tief sein:* Zu dieser Auffassung vgl. E 286, 401; K 186.

55 *Bacons Zelle zu Oxford:* Roger Bacon lehrte an der Oxforder Universität.

56 *Lullys Kunst:* Reimundus Lullus (1235–1316), katalanischer Mystiker, Enzyklopädist und Dichter, Doctor Illuminatus. Seine »Ars Magna oder Lullische Kunst« ist eine Art Vorläufer der modernen formalisierenden Logik. Die noch von Leibniz gebilligte Kunst des Lullus bestand in einer mechanischen Methode, durch systematische Kombination allgemeinster Grundbegriffe alle wissenschaftlichen Probleme zu lösen; s. auch E 72. Lullus wird ferner in »Noch ein Wort über Herrn Ziehens Weissagungen« (GMWL 1782; VS 5, S. 16) genannt. – *über eine Materie disputieren ohne ein Wort davon zu verstehen:* Zu diesem Gedanken s. auch E 72.

57 *transzendentes Vergnügen:* Von L. gestrichen. L. gebraucht dieses Adjektiv außer in den Sudelbüchern (s. Wortregister) auch III, S. 251, 257, 377.

58 *Bittschrift der Wahnsinnigen p. VI:* Gemeint ist E 53; im übrigen s. zu D 189. – *griff:* Von L. verbessert aus *nahm.* – *Timorus:* S. zu C 254. – *M... vom Steinschneiden:* In Plouquets »Initia bibliothecae medico-practicae et chirurgiae« 2, 130 wird Leitzmann zufolge (a.a.O., S. 371) unter dem betreffenden Artikel kein deutsches Werk eines M. über Steinoperationen aufgeführt. Einen ähnlichen Titel hat nur Middletons »Short essay on lithotomy« (London 1724), der gemeint sein könnte, zumal L. die Stelle in England geschrieben hat. Mazottis »Litotomia delle donne per fezionnata« (Faenza 1764) scheint ferner zu liegen. Nach DWB 18, Sp. 2151, wird der Begriff »Steinschneiden« auch und vor allem in der Bedeutung gebraucht: »die Kunst, den edelsteinen allerley gestalt zu geben. 2. die ausarbeitung vertiefter und erhobener figuren oder schriften in edlen und halbedlen steinen«. – *touchiert:* Touchieren: berühren, mit der Hand befühlen und besonders auf Schwangerschaft untersuchen. Von L. verbessert aus *accouchiert.* – *denen:* In der Handschrift *die.* – *Schmiede-Esse:* Von L. verbessert aus *wo Bittschrifften hingeworfen werden können.*

59 *hohen Gout:* Frz. haut gout ›Hochgeschmack‹ (mit etwas fadem Beigeschmack).

60 *Was ist der Mensch anders als ein kleiner Staat:* Zu diesem Bild vgl. J 227, 858; L 106.

61 *Das Tier, das in einer Träne ertrinkt:* Dieses Bild ist in der »Vergleichung der St. Peters-Kirche in Rom mit der St. Pauls-Kirche in London, und beider

mit dem Weltgebäude« (GTC 1778, S. 89; VS 6, 297) und im Brief an Johann Christian Dieterich, 8./9. April 1772 verwertet.

62 *zuweilen meinen Baß in diesem Konzert brumme:* Vgl. auch E 103.

62 *alles gut... wenn die Geschichte ihre Bücher schließt:* Zu dieser Wendung s. D 611 und die Anm. dazu.

64 *Oh birch ... of thine:* L. zitiert diese Verse auch in »Etwas über den Nutzen und den Cours der Stockschläge ...«, veröffentlicht im GTC 1781, S. 85–93 (S. 87–88). In seiner Übersetzung lautet das Sinngedicht: »Birke, blutdürstiger, tyrannischer Baum, endlich räch' ich mich an dir. Oft hast du mein Blut getrunken. Sieh – nun trink ich das deinige«. Über die Birke als pädagogisches Züchtigungsmittel s. zu C 238.

65 *glückseligen Zeiten der Barbarei:* Eine ähnliche Wendung gebraucht L. auch E 66, 67; über den Gebrauch des Wortes *Barbarei* s. zu B 224.

66 *güldenen Alter der Welt: ... Zeiten der sogenannten Barbarei:* S. zu E 65. – *Eine Gräfin ...:* Die Anekdote findet sich bei William Robertson, »The history of the reign of the emperor Charles V«, 1, 216; das Werk ist zu D 37 nachgewiesen. Nachklänge der Lektüre dieses Werkes darf man wohl auch in E 88, 96 erkennen. – *Agnes von Anjou:* Wohl die Tochter des Comte de Bourgogne Otte-Guillaume, seit 1032 mit Geoffroy, genannt Martel, verheiratet, der sie gegen 1050 verstieß. – *Homiliarium:* Von L. verbessert aus *Exemplar von den Homilien.* Mittelalterl. Sammlung von Homilien, einer Unterart der Predigt, in der ein Bibeltext Satz für Satz erklärt wird. – *Haimo zu Halberstadt:* 840–853 Bischof von Halberstadt, fruchtbarer theologischer Schriftsteller. – *Malter:* Früheres dt. Hohlmaß besonders für Getreide; ein Malter entsprach in Preußen 659,5 Litern. – *pro labore:* Lat. ›für (geleistete) Arbeit‹. – *Halberstädtischen Domherrn ... seine empfindsame Predigten:* Wohl Anspielung auf Johann Georg Jacobi.

67 *barbarischen Zeiten:* S. zu E 65. – *Eselsfest:* Vgl. den Artikel »Das Eselsfest« im GTC 1779, S. 61–63. – *Ducange:* Er handelt vom festum asinorum in seinem »Glossarium ad scriptores mediae et infimae latinitatis«, 3, S. 461 (Paris 1678 in 3 Bdn.). Charles Du Fresne, sieur Du Cange (1610–1688), berühmter frz. Gelehrter, dessen ausschließliches Forschungsgebiet die Geschichte war.

68 *Charakter der Engländer:* Darüber s. zu D 231. – *unten p.XIX seq.:* Gemeint sind E 116–121, s. auch E 36, 37. – *seq.:* Abk. für lat. sequentes ›folgende‹. – *Verteidiger der Freiheit:* Die Vertreter des zum größten Teil fortschrittlich gesinnten Londoner Bürgertums im Stadtparlament; Anhänger von Wilkes. – *Ellen:* Eines der ältesten Längenmaße, abgeleitet von der Länge des Unterarms; im Hannöverschen betrug 1 Elle = 58,42 am. – *Toupees:* Die damals modernen, oft sehr hohen Perücken. – *pots pourris:* Frz. ›Mischung von allerlei Speisen‹; seit der 2. Hälfte des 18. Jh.s in Deutschland belegt, in übertragener Bedeutung von literarisch wertlosem oder ungeordnetem Stoff. Gumbert (LiE 2, S. 179) denkt an die seinerzeit in England gebräuchliche Bedeutung einer Mischung von getrockneten Rosenblüten und Gewürzen, die man in Zimmern und Schränken in Töpfen aufstellte. Zu L.s Wortverwendung s. auch SK 431. – *Wilkes:* John Wilkes war 1774 zum Lord-Mayor von London gewählt worden. – *Alterman:* Aldermann; s. zu D 444. – *Claret:* Seit etwa 1600 die in England übliche Bezeichnung für Bordeauxweine.

S. 356 *Porter:* Dunkles obergäriges bitteres Bier, das Getränk der englischen Arbeiterklasse. L. erwähnt es auch III, S. 676, 896, 994 und setzt diesem Nationalgetränk gleich Hogarth in der Kalender-Erklärung »Die Biergasse« (GTC 1795, S. 206) ein Denkmal. – *Simpson's und Moivre's Regeln:* Thomas Simpson in seinem Buch »The doctrine of annuities and reversions«, London 1742, und Abraham de Moivre in den »Annuities of lives«, London 1725, haben zuerst Sterblichkeitstabellen zu statistischen und Versicherungszwekken veröffentlicht. Abraham de Moivre (1667–1754), frz. Mathematiker, seit 1688 in England; Halley zufolge einer der Begründer der »Life-Contingencies«. – *verhält:* In der Handschrift *verhält sich.* – *Wilkes mit der Petition nach dem König fuhr:* Am 14. Juli 1775 überreichte Wilkes dem engl. König eine Eingabe des Stadtparlaments gegen die Gewaltanwendung gegen die amerik. Kolonien. – *den Haufen:* Von L. verbessert aus *die Leute.* – *weder sehen noch gesehen werden:* Diese Wendung, nach Ovids »Ars armandi« 1, 99, begegnet leicht abgewandelt auch III, S. 716, 787 und an Sternhagen am 20. September 1778. – *Theater in London ... gemeinem Volk:* Von der Reaktion des Londoner Publikums gibt L. in den »Briefen aus England« (III, S. 335, 341) Beispiele. – *John Bull's ... Charakter der Engländer:* Erfinder dieser Figur ist Arbuthnotin der Satire »Law is a bottomless pit or the history of John Bull«, erschienen London 1712/1713. – *Audley:* Mervyn Lord Audley (um 1592–1631), 2nd Earl of Castlehaven, wegen seines ausschweifenden Lebenswandels verrufen, wurde am 14. Mai 1631 »for unnatural offences« hingerichtet. S. auch »The Arraignment and Conviction of Mervin Touchet, Earl of Castlehaven«, London 1642. – *Trials for ... crimes:* »Tryals for High-Treason, and other Crimes with Proceedings on Bills of Attainder, and Impeachments. For Three Hundred Years Past«, 6 Tle., T. 1, London 1720, anonym erschienen. – *Prynne:* William Prynn (1600–1669), puritanischer Pamphletist. Seine gegen die dramatische Kunst, Schauspieler, insbesondere Schauspielerinnen und Zuschauer gerichtete Satire »Histriomastix, the players scourge or actors tragedy« erschien London 1632. Da sich das engl. Königspaar durch einige Passagen angegriffen fühlte, wurde Prynne 1633 inhaftiert, 1634 zu lebenslanger Haft verurteilt, nachdem ihm am Pranger beide Ohren abgeschnitten worden waren; 1641 freigelassen. »The Tryal of William Prynn, Esq.« ist ebenfalls in den »Tryals for High-Treason«, Tl. 1, S. 176–183, abgedruckt. Das Urteil, auf das L. anspielt, findet sich ebd. S. 183. – *Histriomastix:* Der Titel ist dem Namen der etruskischen Tänzer (Histriones) entlehnt, der in späterer Zeit allgemien für Schauspieler verwendet wurde. – *Rousse ... mein sehr guter Freund:* Die Lebensdaten und die Beziehung zwischen L. und ihm konnten nicht ermittelt werden. Eine von L.s zahlreichen Notizen über alt gewordene Menschen; s. zu KA 72. – *Clophill:* Städtchen in der Nähe des Landsitzes Wrest, wo sich L. im Sommer 1775 über fünf Wochen aufhielt. – *laudator temporis acti:* Lat. ›Lobredner der vergangenen Zeit‹. Zitat aus Horaz, »De arte poetica« 173. L. zitiert es auch L 377, 390, 622 und paraphrasiert es mehrmals in den Briefen.

S. 357 *laudator temporis acti:* Lat. ›Lobredner der vergangenen Zeit‹. Zitat aus Horaz, »De arte poetica« 173. L. zitiert es auch K 273; L 377, 390, 622; III, S. 377 und an Nicolai am 21. April 1786. – *Maccaroni:* Modegecken, Stutzer. L. erwähnt sie auch E 108, RT 2, RA 17, in den »Briefen aus England« (III, S. 347, 362) und an Johann Andreas Schernhagen am 19. März 1778. –

Lazzaroni: Herkömmlicher Name für die Proletarier und Bettler Neapels, wahrscheinlich im Mittelalter zur Bezeichnung der vom Aussatz stark heimgesuchten ärmsten Volksklassen (nach dem biblischen Lazarus) entstanden. – *Scavoir vivre:* Frz. wörtlich ›das Zu-leben-wissen‹; die Lebensart; in London seinerzeit ein Spielklub der reichen adligen Jugend. – *kit kat: kit* war die Abkürzung für ›citizen‹, *kat* die seinerzeit gebräuchliche Bezeichnung für ›Hure‹. Der Kitcat-Klub war zu Anfang des 18. Jh.s einer der berühmtesten Londoner Klubs. – μακάριος: Griech. ›glücklich‹. – ὄνος: Griech. ›Esel‹. – *Edward Lewis:* Edward Lewis (1701–1784), seit 1726 Rektor in Waterstock, vielseitiger Schriftsteller. – *etliche achtzig Jahr . . . nichts anders getrunken als Wasser:* Beispiele sehr alt gewordener Menschen und ihre Regeln, das menschliche Leben zu verlängern, notiert L. schon KA 72; s. die Anm. dazu. – *Sir Francis:* Gemeint ist zweifellos Sir Francis Clerke, der ihm offenbar die Information über Lewis gab. – *Bald wie ein Lord . . . wie ein Handwerks-Pursche gelebt:* Ähnlich äußert sich L. an Schernhagen am 16. Oktober 1775; vgl. UB 40. – *englischer Bauer:* Von L. verbessert aus *Engländer*. Beispiele von ›mathematischen Wilden‹ notiert L. schon A 10; s. die Anm. dazu. – *zählte:* Von L. verbessert aus *behielt*.

69 *Murky:* Murkys oder Murkybässe heißen in der Musik Tonstücke, in denen fortgesetzte Oktavbrechungen zur Verwendung kommen, in erster Linie ein bäuerlicher süddeutscher Tanz; vgl. die Belege in DWB 6, Sp. 2716. L. gebraucht das Wort noch in den Hogarth-Erklärungen (III, S. 792) sowie in den Briefen an Christiane Dieterich, 20. Mai 1772, und an Georg Heinrich Hollenberg, 16. August 1784.

70 *Burke . . . in seinen Reden:* Edmund Burke, engl. Politiker, (1729–1797), Gegner der rationalistischen Aufklärungsideale; seit 1766 Whig im Unterhaus; 1782/83 Mitglied des Geheimen Rats und Kriegszahlmeister. Seine »Political tracts and speeches« erschienen Dublin 1777. Nach 1789 befürwortete er einen Krieg »bis auf's Messer« gegen die frz. Revolutionäre. Sein Werk »Reflections on the Revolution in France« (1790; dt. 1793) hatte großen Einfluß auf die konservative Geisteswelt der deutschen Romantik. Burkes als Philosophen gedenkt L. in den Hogarth-Erklärungen (III, S. 849). – *Goethe die Formen des Shakespear:* Über L.s Stellung zu Goethe s. zu D 652; sein schwankendes Urteil hat Leitzmann in den Anm. zu E 69 seiner Zählung zusammengestellt. – *(Läuse):* In der Handschrift ohne Klammer über *Esel*. – *Namen Tausendfuß:* Zu diesem Vergleich s. zu E 47.

71 *Laune . . . von luna:* Zu dieser Etymologie vgl. E 259 und das »Sendschreiben der Erde an den Mond« (III, S. 410). Nach DWB 6, Sp. 344, 348: Lehnwort aus lat. luna ›Mond‹, das im Mittelalter von seiner eigentlichen Bedeutung des Mondes und Mondwechsels zu der ihm jetzt eigentümlichen Bedeutung gekommen ist, da der Begriff des wechselnden Mondes auf das wechselnde Glück und endlich auf die wechselnde Gemütsstimmung des Menschen übergegangen ist. – *lunatic . . . launigt:* Diese Engführung von engl. ›verrückt‹ und dt. launig als Gattung zeitgenössischer Poeten begegnet auch F 259. – *heißen:* Von L. verbessert aus *sagen*. – *Lullys . . . Kunst:* S. zu E 56. – *ganze Kunst:* Von L. verbessert aus *gantzes Geheimniß*. – *Rat der Aldermänner:* Vgl. RA 5, 104 und zu D 444.

72 *die Sache verstehen wenn man disputieren will:* Vgl. dazu RA 104. – *Kunst Prose zu reden:* Vgl. E 38. – *Als ich in England war:* Die Eintragung, im

Sommer 1775 *in* England niedergeschrieben, läßt an eine geplante Veröffentlichung denken; Gumbert (LiE 2, S. 182) vermutet die Literatursatire. – *vid. supra p. 28. 29:* Gemeint ist RA 104.

73 *S! James-Street:* Diese Straße verbindet das Westende von Pall Mall mit Picadilly; s. auch III, S. 745. – *zu meiner Zeit:* Die offenbar auch für eine spätere Veröffentlichung gedachte Bemerkung bezieht sich auf L.s Englandaufenthalt 1774–1775; s. auch E 76. – *S! James:* S. zu D 560; einen ähnlichen Kontrast formuliert L. in den »Briefen aus England« (III, S. 333). – *Lord March:* William Douglas 3rd Earl of March (1724–1810), 1767–1776 Vice-Admiral von Schottland, der für seine Eskapaden und einen schlechten Lebenswandel berühmt war. – *Duke of Devonshire:* William Cavendish 5th Duke of Devonshire (1748–1811); falls nicht William Cavendish, 4th Duke of Devonshire (1720–1764), Premierminister 1756–1757, lord chamberlain 1757–1762, gemeint ist. – *Charles Fox:* (1749–1806), engl. Politiker, 1774 in Opposition gegen die Amerikapolitik des engl. Königs und der Regierung. – *(Sir F. C.):* Gemeint ist Francis Clerke.

74 *Non-Deutsches:* Zu dieser Wortbildung s. zu C 201.

75 *Ein junger Engländer ... Blut zu sehen:* Diese Anekdote wird E 121 wieder aufgegriffen. – *Eton:* Stadt in der engl. Grafschaft Buckingham an der Themse, Windsor gegenüber, mit dem von Heinrich VI. gestifteten Eton College, gegründet 1440. Laut Brief an Dieterich vom 30. Oktober 1774 hat L. den Ort im Oktober 1774 besucht. – *Irby:* Er war demnach L.s Informant. – *Greatheed:* Bertie Greathead (1759–1826), engl. Dramatiker, gehörte neben Allen, Mathew und Morrison zu den L.s Aufsicht unterstellten engl. Studenten in Göttingen. Er immatrikulierte sich am 2. Januar 1776 als stud. math. an der Georgia Augusta. Veröffentlichte 1788 die Tragödie »The Regent«, im gleichen Jahr in Drury Lane erfolgreich uraufgeführt (s. BL, Nr. 1780). Am 11. September 1797 immatrikulierte er sich erneut in Göttingen (s. SK vom 2. und 16. September 1797). L. nennt ihn im Brief an Christoph Friedrich Nicolai vom 2. Oktober 1790 »einen meiner besten Freunde auf der glücklichen Insel«; vgl. auch Briefe an Johann Andreas Schernhagen, 19. Januar 1776 an Friedrich August Lichtenberg, 29. März 1783, und an Johann Friedrich Wurm, 23. Dezember 1787.

76 *Zu meiner Zeit:* S. zu E 73. – *Kew:* Königl. Landsitz, Sommerresidenz und Lieblingsaufenthalt Georgs III., etwa 10 km von Hydepark Corner entfernt an der Themse gelegen; berühmt wegen seiner von Lancelot Brown und dem Hofgärtner Aiton angelegten Gärten. L. hielt sich dort als Gast des Königs zweimal längere Zeit auf. – *Die Königin:* Charlotte Sophia von Mecklenburg-Strelitz (1744–1818), heiratete am 8. September 1761 den engl. König Georg III., die Krönung fand am 22. September 1761 statt.

77 *Kitty:* Im 18. Jh. Rufname für das ›leichte Mädchen‹. – *Alley in Pall Mall:* Wohl King's Place, eine kurze Gasse, die – parallel zu St. James Street – Pall Mall mit King's Street verband; seinerzeit Quartier der Londoner Edelnutten. Gumbert bezweifelt (LiE 2, S. 183, Anm. 77, 1) L.s Lokalbesuch und denkt wie auch im Falle von E 78 an eine mündliche Mitteilung von Sir Francis Clerke, was aber eine Mutmaßung ad usum delphini scheint.

78 *fünf Kitty's die sich um die Wette auskleiden:* Den ›Striptease‹ der sogenannten ›Posituren-Macherinnen‹ (posture women) beschreibt L. im »Weg des Liederlichen« (III, S. 857f.).

79 *Wer zwei Paar Hosen hat ...:* Dieser berühmte Aphorismus, den u. a. Tucholsky zitiert, lautet ursprünglich *Wer noch ein eintziges Paar Hosen hat, soll sie zu Geld machen und sich dieses Buch anschaffen.* Die Wendung fußt auf Luk. 3, 11 (s. auch Matth. 10, 10; Mark. 6, 9): »Wer zween Röcke hat, der gebe dem, der keinen hat«. Erdmann Waniek hat in Photorin 9, 1985, S. 27-33, nachgewiesen, daß L. nicht der Schöpfer dieses Bonmot ist, das bereits von Thomasius verbürgt ist.

80 *Gunkel:* Zu L.s Plan eines Romans beziehungsweise Dramas über Kunkel s. zu B 102. – *Munterkeit des Rheinländers:* Über Kunkels Geburtsort und Herkunft ist nichts überliefert; er kam von der hess. Glashütte in Altmünden (Hannoversch-Münden) nach Göttingen. – *cisleinanischer:* Cisleianisch: diesseits der Leine: Göttingen. ›Cisjudäisch‹ prägt L. in L 393; s. auch zu E 267. – *Inerz:* Trägheit, Unvermögen.

81 *der jetzt so allgemein gewordene ... Eifer Original zu sein:* Zu dieser deutschen Sucht s. zu D 214. – *Linsenbelesen:* Linsenleser: Geizhals; einer, der jede einzelne Linse aufliest (DWB 6, Sp. 1053); im Sinne von ›belesen‹ reinlesen, »Die Linsen sind nicht ordentlich belesen«, vgl. DWB 1, Sp. 1446.

83 *Der Mann ... etwas von seiner eigenen Arbeit drucken läßt:* Die Anspielung konnte nicht gedeutet werden; Reinhold scheidet wohl aus.

84 *Hic ... caveto:* Hier ist ein Schwarzer, daher sieh, Leine-Anwohner, dich vor. Von L. nach Horaz, »Satiren« 1, 4, 85 abgewandelt, wo es heißt: »Hic niger est, hunc tu, Romane, caveto«. Das ist eine wirklich schwarze Seele, den mußt du meiden, Römer! L. zitiert es auch F 880. Die Worte »Niger est Caveto« begegnen auch auf dem satirischen Kupferstich auf Johann Georg Zimmermann (abgebildet in Briefwechsel I, S. 969). Zu L.s Vorbehalt gegenüber Theologen s. zu B 81.

85 *was der Mann will:* Anspielung auf Reinhold? – *Mangel an großer Welt:* L.s beständiger Vorwurf gegenüber zeitgenössischen deutschen Schriftstellern und Gelehrten.

86 *Satyre:* Zu diesem Plan s. zu C 55. – *Reinholds Buch:* Gemeint ist »Das Studium der Zeichenkunst und Mahlerey für Anfänger, nebst der Terminologie in diesen beyden Künsten ...«, erschienen bei Dieterich 1773, von Christian Ludolph Reinhold (BL, Nr. 1444). L. ironisiert es auch im Brief an Joel Paul Kaltenhofer vom 27. November 1772.

87 *Leben Heinrichs des IV[ten]:* Zu L.s Wertschätzung des Historikers Tacitus s. zu KA 152.

88 *beider Gelehrten Eifersucht:* Reinhold und Winckelmann? – *Eifersucht ... zwischen ... Franz I. ... und Karl dem V.:* S. zu KA 160. – *Karl dem V.:* Danach von L. gestrichen *Der erste war.*

89 *Jemand ... ein Blatt aus einer Hof-Zeitung erdichtet:* Verfasser und Titel dieser engl. Satire konnten nicht ermittelt werden. Zu L.s beliebten Wortbildungen mit »Hof-« s. das Wortregister. – *Pandaemonium:* Ein allen Göttern geweihter Tempel, dann Inbegriff der bösen Geister oder Dämonen, die das Reich des Teufel bilden.

90 *Böotiens:* Zu dieser Umschreibung s. zu D 416.

91 *Hannover ist so viel als Hinüber:* Während Leitzmann (a.a.O., S. 375, Anm. zu E 90 seiner Zählung) dies für ein »rein scherzhaft gemeintes« Wortspiel hielt, spielt L. tatsächlich auf den Kurhannöverschen Postmeister

Jobst Anton von Hinüber (1718–1784) an, der 1763 Legationsrat, 1775 königl. Postmeister in Hannover war.

92 *May ... me:* Bitte, Euer Ehren, sagte einst ein Hochländer zu einem schottischen Hauptmann, ich habe einen Gefangenen gemacht – Bring ihn her, sagte der Hauptmann – Nein, sagte der Soldat, er wird nicht kommen – Dann komm allein – Ach Mann, sagte er, er läßt mich aber nicht. Woher L. diese in schott. Dialekt abgefaßte Anekdote hat, war nicht zu ermitteln. – *Highlander:* Hochländer‹

93 *Seine eigene Figur lacht ihn aus:* Von L. auf sich selbst hin formuliert?

95 *Sätze ... als ausgemacht annimmt:* Vgl. E 72.

96 *Karl der 5te das Interim einzuschärfen suchte:* Das Augsburgische Interim, die einstweilige Glaubensvorschrift Karls V. im Jahre 1548, die durch drei Theologen aufgesetzt und bis zu einer allgemeinen Kirchenversammlung zur Stillung der damaligen Religionsunruhen bekannt gemacht wurde. – *beste Art:* Danach in der Handschrift *ist.* – *rote Religion:* Zu diesem Ausdruck s. zu 522. – *Barbara Celarent:* »Barbara, Celarent, Darii Ferioque« sind die scholastischen Merknamen für die vier gültigen Schlüsse in der ersten Figur des kategorischen Syllogismus, die aus den Vokalen von ›affirmo‹ und ›nego‹ gebildet wurden; »Barbara« weist daraufhin, daß der erste Modus der ersten Figur zwei allgemein bejahende Urteile als Prämissen hat, während »Celarent« eine allgemein verneinende Majorprämisse hat. ›I und O‹ stehen für partikulär bejahend, bzw. verneinende Urteile. Der Hexameter wird auch E 189, J 1699 zitiert. – *der Mensch halb Affe und halb Engel:* Vgl. D 436 und die Anm. dazu. – *vice versa:* Lat. ›umgekehrt‹. – *Trabant und Haupt-Planet:* Vgl. auch E 368, 369.

97 *Seine Uhr lag ... in einer Ohnmacht:* Ähnliche Vermenschlichungen von Gegenständen begegnen auch in einem Brief an Dieterich, vom ca. 15. Januar 1773.

98 *Oden, wenn man sie liest:* Zu L.s Aversion gegenüber der zeitgenössischen Odendichtung vgl. u. a. Brief an Johann Christian Dieterich, 28. Januar 1775; vgl. auch E 104. – *gehen ... Nasenlöcher ... aus einander:* Ähnlich formuliert L. schon D 444; s. die Anm. dazu. – *mit Respekt zu sagen:* Diese Wendung hat L. seinem Diener Braunhold entlehnt: s. Briefe an Johann Christian Dieterich und Frau, 11. März 1772 und an Abraham Gotthelf Kästner, 23. August 1798; vgl. Mat II 21, »Orbis pictus« (III, S. 387) und III, S. 799.

99 *die Musen ... von Göttingen nach Lauenburg ...:* Dieser Satz kehrt fast wörtlich in dem Brief an Johann Christian Dieterich, 28. September 1775 wieder. Der erste von Voss herausgegebene Musenalmanach für das Jahr 1776 »von den Verfassern des bisherigen Göttingischen Musenalmanachs« wurde zunächst in Lauenburg bei Johann Georg Berenberg gedruckt; vgl. darüber Herbst, Johann Heinrich Voss 1, 169. Auf dieselbe Tatsache wird auch E 104 angespielt. – *Lauenburg:* Stadt im Kreis Herzogtum Lauenburg, Schleswig-Holstein, das 1705 an das Kurfürstentum Hannover fiel.

100 *Wir ziehen ... in Treibhäusern:* Das Bild kehrt E 134 152 169, J 868 und in den »Briefen aus England« (III, S. 338) wieder; s. auch III, S. 850.

101 *vor dem Jahr 1777 in Acht zu nehmen:* Zu diesem Gedanken s. zu D 324. – *London ... 1666:* Am 2. September 1666 legte eine Feuersbrunst, zu deren Gedächtnis in der Nähe der Ausbruchstelle eine Säule, das sogenannte

Monument, errichtet wurde, einen großen Teil Londons in Asche; vgl. darüber Volkmann, Neuste Reisen durch England 2, S. 204, 242. L. kommt darauf auch in den Hogarth-Erklärungen (III, S. 1044) zurück, ferner III, S. 192, 805; s. KIII, S. 439, C 203, E 170.

103 *sogenannten ... Deutschen:* Von L. verbessert aus *die Deutschen in dem sogenannten launigten und empfindsamen eine Gabe besitzen, die sich mit nichts vergleichen läßt, als den geistreichen Wercken von einem gewi[ssen].* Vgl. auch E 71, 108. – *Schwaden:* Dampf, Dunst (mascul.); über die vielfältige Verwendung dieses Substantivs s. DWB 9, Sp. 2168 ff. – *sanften Gegend des Malstroms:* Meeresströmung zwischen den norwegischen Lofoteninseln Moskönäs und Värö, seit alters wegen ihrer Gefährlichkeit berüchtigt. – *jonischen Himmel:* Zu L.s Gebrauch des Wortes ›ionisch‹ s. zu B 154. – *Nova Zemla:* Nowaja Semlja (›das neue Land‹), eine zum russ. Gouvernement Archangel gehörige Insel im nördlichen Eismeer mit typischem Polarklima und monatelang dauernder Winternacht.

104 *Ode ... bei schlummerndem Menschen-Verstand geschrieben:* Zu L.s Aversion gegenüber der zeitgenössischen dt. Lyrik s. zu E 98. – *Wenn ein Buch und ein Kopf ...:* Zu dieser Wendung s. zu D 399. – *Horaz ... andere Oden geschrieben:* S. zu dieser Stelle E 126, 257. – *Liscowischere Art:* Zu L.s Wertschätzung von Liscow s. zu B 9. – *Ich ... ablaufen:* Von L. verbessert aus *Hier müste einem die Gedult glaube ich ablaufen, und wenn man ein heiliger von Marmor wäre.* – *die Gedult ablaufen:* Zu dieser Wendung vgl. B 249. – *Ihr Haubenstöcke:* Von L. verbessert aus *Dummköpfe.* Derartige Anreden und andere rhetorische Mittel dieses Textes weisen daraufhin, daß L. ihn für eine Publikation, vermutlich im Rahmen der Literatur-Satire »Zum Parakletor« (III, S. 522–532), gedacht hatte. – *Horaz lebte an einem der ersten Höfe der Welt und in einer Stadt ...:* Gemeint ist Rom. L. behauptet Ähnliches von London (III, S. 333) und in Bezug auf Shakespeare, Garrick, und Hogarth. – *Quicquid ... homines:* »Quidquid agunt homines, votum timor ira voluptas / Gaudia discursus nostri farrago libelli est.« Was immer Menschen tun – ihre Wünsche, Furcht, Wut, / ihr Vergnügen, ihre Freuden, Geschäfte – findet sich zerstreut im Mischmasch meines Büchleins. Zitat aus Juvenal, »Satirae« 1, 85. L. zitiert den Satz in »Von ein paar alten deutschen Dramen« (III, S. 375).– *aufbieten:* Danach von L. gestrichen *uns unsere Nägel abkauen, 6 Pfeiffen rauchen.* – *Zehen auseinander gehen:* Zu dieser Wendung s. zu E 98. – *Staffeln:* Stufen, auch im Sinne von ›Treppe‹ gebraucht. – *Lauenburger Sänger:* Zu dieser Umschreibung s. zu E 99. – *in Celle in einem gewissen Haus ... sitzen:* Zu dieser Anspielung s. zu E 53. – *in kleinen Städten ... alle Einwohner ... einerlei denken:* Diese Charakteristik begegnet auch in den »Briefen aus England« (III, S. 333). – *aus Dichterlesen Dichter werden:* Zu dieser Wendung s. zu D 541. – *Rugendas Bataillen:* Georg Philipp Rugendas (1666–1742), Maler, Stecher und Kunstverleger in Augsburg; seit 1710 Direktor der neugegründeten Kunstakademie; ein seinerzeit bekannter Schlachten- und Pferdemaler. – *stimulantia:* Zu diesem Ausdruck s. zu D 287. – *wiederhallen:* Von L. verbessert aus *rasen.* Das von L. in der Handschrift deutlich so geschriebene Wort ist wohl orthographisches Versehen; er gebraucht es in dieser Schreibweise auch GTC 1787, S. 224. – *poetischen Primaner:* Von L. verbessert aus *ähnlichen Sänger.* Zu dem Ausdruck *Primaner* s. zu D 238. – *Nasenlöcher ... auseinandergehen:* Zu dieser Wendung s. zu D 444. – *solche Kompositionen:* Danach von L.

gestrichen *sind eine Art von Pickenick, wobey der Verfasser von Jacob Böhms Hagedorns Uzens und Ramlers Oden.* Friedrich von Hagedorns »Sammlung neuer Oden und Lieder« erschien 1742—1752, seine »Oden und Lieder in 5 Büchern« 1747. Johann Peter Uz (1720—1796), Jurist und anakreontischer Lyriker, veröffentlichte 1749 »Lyrische Gedichte«, 1755 »Lyrische und andere Gedichte«. Karl Wilhelm Ramlers »Oden« erschienen 1767. – *Oden:* Von L. verbessert aus *Lieder.* – *Kompositionen:* Von L. verbessert aus *Gedichten.* – *in der Poesie:* Von L. verbessert aus *im Sy[lbenmaaß].* – *Böhms . . . Werke:* Aus dieser Stelle geht eindeutig L.s ironische Beschwörung des mystischen Autors Jacob Böhme hervor; s. zu D 9; vgl. E 170. – *(den Schall):* In der Handschrift stehen die beiden Wörter ohne Klammern über *die Worte.*

105 *doch . . . Esquimaus?:* Diese Zeilen sind in der Handschrift von L. gestrichen. – *deutschen Esquimaus:* Frz. esquimau ›Eskimo‹. Der Ausdruck begegnet auch E 169.

106 *Das Gesicht eines lachenden Satyrs . . .:* Im griech. Mythos Feld- und Waldgeister im Gefolge des Dionysios; mutwillige, geile, trunksüchtige Gesellen von ungeschlachter Gestalt mit Tierattributen; in späteren Darstellungen wird meist Jugendlichkeit und Schalkhaftigkeit betont. Zu diesem ›Sinnbild der Ironie‹ s. an Chodowiecki am 23. Dezember 1776 und III, S. 530 (KIII, S. 250), darüber Joost, Photorin 4, 1981, S. 54, 59. Zum »Parakletor«-Plan s. zu D 526.

107 *Faust . . . in jedem Marionettenstall:* S. zu B 70. Joost, Lichtenbergs Faust, in: Lichtenberg-Jb 1989, S. 122–127, entwickelt S. 125 die reizende Vorstellung, daß der junge L. und der noch jüngere Goethe dieselbe Faust-Version auf einer der Frankfurter Messen angeschaut haben . . . – *Frankfurter Messe:* Frankfurt am Main erhielt als erste dt. Stadt 1240 ein Messe-Privileg und überflügelte bereits im 14. Jh. die westeurop. Messeplätze.

108 Auch diese Notiz gehört wohl in den Umkreis vom »Parakletor«. – *gebt uns Erfindungen die . . . nützen:* Vgl. noch J 1074. – *gebt uns philosophische Dichter:* Bemerkenswert diese Forderung L.s, die ähnlich in Schillers berühmt-berüchtigter Rezension »Über Bürgers Gedichte« (1791) erhoben wird. – *Helden:* Danach von L. gestrichen *das wäre was doch noch.* – *denn . . . behaupten:* Diese Passage ist mit Anmerkungszeichen und den Worten *Oben nach den Worten: das wäre doch noch eine Frage gewesen* am Ende nachgetragen. – *Tories:* Tory und Whig, alte Parteinamen der engl. Aristokratie, deren Ursprung auf die ersten Zeiten der Stuarts zurückgeht, wobei die Tories als Vertreter des Bestehenden galten. – *Idioten:* Von L. verbessert aus *Plunderköpfe.* – *blaubäckigen Pudding-Köpfe:* Wohl Anspielung auf das engl. Nationalgericht, den Plumpudding. – *jenseit des 48ten Grades der Breite:* Gemeint ist Frankreich. – *damme's:* Umgangssprachlich für: damn me ›verdammich‹; Bezeichnung des Londoner Pöbels; zu dem angeblichen Lieblingfluch der Engländer vgl. F 319. – *Jockey's:* Einen solchen engl. »Rennpferdreiter« beschreibt L. im »Weg des Liederlichen« (III, S. 842 f.). – *das Launigte, das Empfindsame, das leichte Gefühlvolle, Tändelnde:* Für L. Kennzeichen der zeitgenössischen deutschen Lyrik. – *susurrus amantium:* Lat. ›das Liebesgeflüster‹. Die Herkunft des Zitats nicht ermittelt. – *das Obersächsische oder . . . das Schweizerische:* L. hält diese Dialekte unter anderem wegen ihrer Rachenlaute für besonders ungeeignet, Liebe zu artikulieren.

109 *das Weben des Genies:* S. zu D 530. – *das Brausen desselben:* Zu dieser

Einschätzung vgl. E 258, 504, 506. – *halb ausgedachten:* Zu den von L. geliebten Wortbildungen mit *halb-* s. das Wortregister; vgl. auch E 501. L. verwertet diesen Ausdruck in den »Briefen aus England« (III, S. 331); s. auch III, S. 603, 613. – *Losungs-Ideen:* Von L. verbessert aus *Ideen.* – *Adepten:* Von der »Adeptensprache« schreibt L. im Brief an Johann Andreas Schernhagen vom 17. Oktober 1775. S. das Wortregister. – *in ... Seelen:* Von L. verbessert aus *worin sie sich geistisch.* – *unsere beiden Preußen:* Leitzmann denkt an Klopstock und Hamann, »schwerlich Herder« (S. 377 zu E 108 seiner Zählung), Berendsohn S. 52 im Hinblick auf B 17 eher an Herder. – *unser Schweizer:* Gemeint ist Lavater. – *das subtilere Babel schreiben:* S. zu D 157.

110 *siebentes, aßen keine Kartuffeln:* Aus einer Rezension der AdB hatte sich L. sechs Gründe für die Überlegenheit der antiken Philosophen und Schriftsteller gegenüber den zeitgenössischen exzerpiert (vgl. D 264), denen er hier einen ›siebenten‹ zur Seite stellt; s. auch D 612.

111 *hundert Witzige gegen einen der Verstand:* Zu dieser Entgegensetzung s. zu C 100.

112 *Blaustrümpfe:* S. zu D 668. – *das Konkave ... das Konvexe:* Einwärts ... auswärts gewölbt.

113 *Glaubt ihr Dickschädel etwa ...:* Der Anredeform nach gehört auch diese Notiz in den Umkreis des »Parakletor«-Plans. – *Delicatesse:* Frz. ›Zartgefühl, verfeinerter Sinn‹. – *es gibt Pudelhunde und Elefanten ...:* Diese Zusammenstellung kehrt auch E 179; F 150, 265, 890, 898; L 47; RA 44 wieder; L. verwertet die Wendung auch III, S. 278, 978, 1055; zum ›Pudel‹ vgl. III, S. 884.

114 *Vorrede:* Wohl ein weiterer Entwurf zum »Parakletor«; vgl. D 653. – *Der tückischen Klage:* Von L. verbessert aus *dem tückischen Einwur[f]. – wir Deutschen nur ... Satyren gegen die Gelehrten:* Zu diesem Gedanken s. D 439 und die Anm. dazu. – *beim Kopf nehmen:* Von L. verbessert aus *mit Arrest belegen. – in dem Büchlein:* Der »Parakletor«. – *Theorie der schönen Künste für ... 1776:* Zu diesem Satz s. zu D 192. – *1776:* Von L. verbessert aus *1775.* – *Teufel:* Von L. verbessert aus *Wicht.* – *Motion:* Bewegung.

115 *Öffnen Hunde statt Studenten:* Zu diesem Gedanken s. D 633 und die Anm. zu D 430. – *rechtschaffene Männer ... ihren Zorn an ihren Hunden:* Zu diesem Gedanken vgl. D 653. – *winddürre:* Zu diesem Ausdruck s. zu D₁ 668 (S. 341). – *Seelen-Gehäuse:* Von L. verbessert aus *Gerippe.* – *Gliedermänner:* Eine menschliche Figur aus Holz, Pappe oder Wachs mit beweglichen Gliedern, u. a. als Modell für Maler und Bildhauer. – *will:* Danach von L. gestrichen *Uns geht es nichts an.*

116 *Zu Heinrichs des VIII^ten Zeiten speiste man in England ...:* Dieser Satz ist wörtlich in dem Aufsatz »Fortrücken der Essenszeit in England« im GTC 1779, S. 68 ff. verwertet. L. entnahm die Information dem in E 118 genannten Manuskript. Zu den engl. Eßgewohnheiten vgl. E 117, 119; Mat I 130; die Hogarth-Erklärungen (III, S. 690, 702, 714, 761, 981) und die Briefe an Christiane Dieterich vom 24. Januar 1775 und an Heyne vom 6. März 1775.

117 *Fortrücken der Nachtgleichen und der Essenszeit:* S. zu E 116; dieser Ausdruck bezieht sich auf den Zeitpunkt, an dem die Sonne über dem Äquator steht, was zur Folge hat, daß Tag und Nacht genau gleich lang sind; vgl. auch E 72. – *erstere:* In der Handschrift *leztere.*

118 *demselben Manuskript:* Vgl. E 116. – *Lloyds Evening post:* Über diese Zeitung s. zu D 637. – *allen Königlichen Bedienten ... anbefohlen ... zu stehlen:*

Diese Anekdote ist unter »Anekdoten« im GTC 1778, S. 73 f. (VS 6, S. 292) verwertet. – *eine solche alte Verordnung erdichten:* L. hat so etwas im »Timorus« tatsächlich getan (III, S. 215 f.). – *Injunction . . . the ale:* Strenger Befehl an den Bierbrauer, keinerlei Hopfen oder Schwefel ans Ale zu tun. – *porpoises:* Braunfisch, eine Delphinart, galt als sehr wohlschmeckend.

119 *Fortrückung der Essenszeit:* S. zu E 116. – *die:* In der Handschrift *das*.

120 *2 solcher Kolonnen:* Von L. verbessert aus *die von 2 solchen Gefängnissen.* – *New Prison . . . Bridewell:* Gefängnisse in London.

121 *Coquarden:* Kokarden waren bis zur Französischen Revolution Offizieren und Studenten vorbehalten. – *schneiden:* Von L. verbessert aus *stechen.* – *Aus Neugierde . . . unser Blut zu sehen:* Vgl. E 75. – *Und wir wollen original sein?:* Vgl. E 36, 104.

122 *Was man ernstlich sagen will in einer Ironie . . .:* Zu L.s Auffassung von ironischem Sprechen vgl. B 311, D 357.

123 *zwar:* L.s Etymologie ist unrichtig; zwar ist von mhd. zewâre abgeleitet.

124 *Schöne Nester ausgeflogener Wahrheiten:* Zu dieser Wendung s. zu D 616. – *Schreibmeister in Fraktur:* Lehrer im Schönschreibunterricht; im Buchdruck bezeichnet Frakturschrift einen in deutschen Lettern mit scharfgebrochenen Ecken gehaltenen Schrifttyp. Seines Darmstädter Schreiblehrers Keim gedenkt L. noch in einem Brief an Amelung am 11. April 1785.

125 *schlecht und recht und recht schlecht einerlei:* Die Wendung begegnet auch Mat I 129.

126 *ad p. XV:* Gemeint ist E 104. – *Horaz . . . ganz andere Oden gesungen:* Dazu s. E 104. – *feure euch fünfmal gegen Euer Einmal:* Zu dieser Wendung s. E 12.

127 *Leipziger Messen:* Die Buchmessen in Leipzig fanden jährlich zu Ostern und im Herbst zu Michaelis statt.

128 *das unglückliche junge Genie:* Von L. verbessert aus *den unglücklichen jungen Mann.* – *zuzuwispern:* DWB 16, Sp. 917, bringt lediglich Belege aus Gustav Freytag und Löns. – *zuzugicklen:* Zu diesem Verb s. zu D 238. – *und so:* Leitzmann hielt das *so* mit Bedenken für gestrichen (a.a.O., S. 379 zu E 127 seiner Zählung); hier wurde es restituiert. – *laßt ihn schreiben:* Von L. verbessert aus *schreibt er schlecht.* – *sich in einen Ochsen verwandeln . . . kein Selbstmord:* Zu dieser Wendung s. zu D 165.

131 *Seid versichert . . .:* Auch diese Bemerkung ist dem »Parakletor«-Plan zuzurechnen. – *diesen Morgen:* Von L. verbessert aus *heute.* – *als Kandidat der Theologie:* Zu dieser Verfasserfiktion vgl. »Timorus« (III, S. 205). – *Theologie:* Danach von L. gestrichen *und schönen Wissenschafften.* – *Augenmerk auf die Staatswirtschaft gehabt:* Vgl. die 3. Vorrede »Zum Parakletor« (III, S. 525). – *ohne[hin]:* Davor von L. gestrichen *Allenfalls noch im Hannöverischen.* Die Formulierung sollte als eine Art Ableiter der Konsistorial-Zensur dienen. – *dem Bauern lieber die rechten metaphysischen Begriffe von der Freiheit auseinandersetzen:* Unter Freiheit im metaphysischen Sinne ist im Gegensatz zu Freiheit im psychologischen Sinne (willkürliche Bestimmung von Handlungen) die Unabhängigkeit unserer Handlungen von jeder bestimmenden Ursache überhaupt zu verstehen. – *Voluntas:* (Freier) Wille. – *velleitas:* »Bedingtes, unvollkommenes, nicht zur That führendes, nicht zur Ausführung gelangendes Wollen« (Ludwig Schütz, Thomas-Lexikon, Paderborn 1895). – *volitio:*

Der Wunsch, das Wollen; aus der scholastischen Philosophie und Theologie belegt. L.s Quelle dieser ›metaphysischen Begriffe‹ nicht ermittelt. – *Schweiß:* Von L. verbessert aus *Fleisch.* – *Syllogismen mit 4 Terminis:* S. zu KA 89. Im Syllogismus darf es nur drei Termini geben. Tritt ein vierter Begriff auf, so kann der erhaltene Schlußsatz nicht wahr sein (Fehler des quaternio terminorum). – *der Mensch:* Von L. verbessert aus *niemand in der Welt etwas.* – *Epidermis:* Außenhaut; danach von L. gestrichen *der Mensch.* – *was sie geben, gehörte den Prinzen ehe sie es gaben:* Die Bemerkung ist nach A 119 das bis dahin sarkastischste Zeugnis von L.s Antifeudalismus. – *quod probe notandum:* Was wohl zu merken ist. – *gnädigst verwilligtes:* Von L. verbessert aus *das.*

132 *die Ochsen ... in England haben ihre ... Originale:* Auch diese Bemerkung gehört in L.s Satire auf die Originalitätssucht der Deutschen; vgl. E 36, 37. – *Whims:* S. zu B 343.

133 *Sachte, sachte ...:* Die Anredeweise dieser Notiz verweist auf die geplante Publikation des »Parakletor«. – *damit euch die Engel nicht auslachen:* S. zu D 41. – *der Magnet von Anfang bloß den Taschenspielern diente:* Zu dieser Bemerkung s. zu KA 253, verwertet im »Orbis Pictus«, III, S. 381.

134 *Ihr hofft also ...:* Die Anredeweise dieser Notiz verweist auf die geplante Publikation des »Parakletor«. – *in Treibhäusern ziehen:* Zu dieser Wendung s. zu E 100. – *Treibhäusern:* Von L. verbessert aus *Blumentöpfen.* – *Erfindungen wie Menuette heraus würfeln:* Eine ähnliche Wendung begegnet in der »Pronunciation der Schöpse« (III, S. 308; KIII, S. 138). Anspielung auf Friedrich Wilhelm Marpurg (1718–1795) in Berlin, Musiktheoretiker und überaus fruchtbarer Komponist von Klaviersonaten, Orgelstücken und Liedern. – *heraus würfeln:* L. gebraucht diesen Ausdruck auch F 904 und in der Antiphysiognomik, III, S. 293; s. auch III, S. 308. Vgl. auch Jean Paul, »Leben des Quintus Fixlein« (in: Werke, Bd. 4, München 1962, S. 225): »Ich habe zuweilen gewünscht, man sollte nach nichts fragen, sondern die physikalischen Data ordentlich zusammenwürfeln und kombinieren wie Lessing die philosophischen oder andere die Musikknoten.«

135 *Die Toden selbst reisen des Jahrs einmal um die Sonne:* Von diesem Satz, dessen Sinn Leitzmann (a.a.O., S. 380, Anm. zu E 134 seiner Zählung) nicht zu deuten vermochte, hat Lauchert in seiner Rezension von »Lichtenbergs Briefe – Lichtenbergs Aphorismen« in Euphorion, 15. Bd., Jg. 1908, S. 210, eine ebenso einfache wie schlagende Erklärung gegeben: »... ist wohl nur der Gedanke zu suchen, daß diejenigen, die sich nur mit Fahren und Reiten fortbewegen, im Grunde nicht mehr eigene Bewegung haben, als die in der Erde ruhenden Toten, die ohne ihr eigenes Zuthun doch auch mit der Erde jedes Jahr die große Reise um die Sonne machen«.

136 *Geräusch, als wenn ein ganzes Regiment ... niesete:* Zu diesem Bild vgl. E 245.

137 *heraus:* Danach von L. gestrichen *Das eintzige Mittel das ich weiß ist, daß sie.* – *Meinungen-System:* S. zu B 262. – *sich ... Bewegung machen:* Über ›Motion‹ als Therapie äußert sich L. auch E 114. – *Dr Hill's Cyrenaean Juice:* ›Cyrenischer Saft‹, wohl nach dem hedonistischen Philosophen Aristipp von Kyrene so genannt: eine der zahlreichen zeitgenössischen Wundermedizinen und ein weiterer Hinweis darauf, daß L. Beispiele frühkapitalistischer Werbung und Vermarktung notiert. L. kommt darauf E 241 zurück; im übrigen s. zu KA 91. – *womit jetzt die Buchhändler in London handeln:* Vgl. dazu E 241. –

Trueman: Wahrscheinlich Buchhändler in London. – *Exeter Exchange strand:* Exeter Street ist eine Nebenstraße der Strand Street.

138 *unsere Dichter hingen ihre Harfen an die Weidenbäume:* Anspielung auf Psalm 137, 2, wo die in Babylon gefangenen Juden klagen: »Unsre Harfen hingen wir an die Weiden, die drinnen sind«. – *Postreuter:* Gemeint ist »Der Reichs-Postreuter«, erschienen 1700–1789 (seit 1696 unter dem Titel »Relations-Courier«), eine von Albrecht Wittenberg in Hamburg-Altona redigierte Zeitschrift.

139 *Was wollt Ihr denn?:* Die Anredeweise läßt auch diese Notiz dem Parakletor-Plan zurechnen. – *die Fixsterne nicht einmal fix:* Dazu s. C 303.

140 *schreiben aus Vaterlands-Liebe Zeug, worüber man unser liebes Vaterland auslacht:* Zu dieser Wendung vgl. D 610.

141 *Freunde:* Die Anredeweise rechnet auch diese Notiz dem »Parakletor«-Plan zu.

142 *unsre berühmten deutschen Dichter . . . in . . . versus memoriales . . . bringen:* Zu diesem Gedanken s. zu E 13. Interessant, daß Hölty für L. am Ende steht! – *Ric . . . Ricque secundus:* Gemeint sind Richard I. Löwenherz (1157–1199), engl. König seit 1189, dritter Sohn Heinrichs II., mußte sein Königtum gegen seinen Bruder Johann I. Ohne Land, und den engl. Festlandbesitz gegen den frz. König Philipp August II. verteidigen; Johann I. Ohne Land (1167–1216), engl. König seit 1199, jüngster Sohn Heinrichs II.; Heinrich VIII.; Edward I, genannt Longshanks (1239–1307), engl. König seit 1272; Edward II. (1284–1327), Sohn Edwards I., engl. König seit 1307, 1327 auf Betreiben seiner Frau Isabell (Tochter Philips IV., König von Frankreich) und ihres Liebhabers R. de Mortimers abgesetzt; Edward III. (1312–1377), Sohn Edwards II., engl. König seit 1327 (Regierung unter Vormundschaft bis 1330), frz. König seit 1340 (Auslöser des Hundertjährigen Krieges); Richard II. (1367–1400), engl. König von 1377–1399, jüngster Sohn Eduards, des »schwarzen Prinzen«, wurde 1399 vom späteren Heinrich IV. und dem Parlament zur Abdankung gezwungen und als Gefangener vermutlich ermordet. – *Gradus ad Parnassum:* Aufstieg zum Parnaß; L. gebraucht die Worte auch G 128, Mat II 10, 15 und verwertet sie im »Orbis pictus« (III, S. 377); s. auch III, S. 1009. »Gradus ad Parnassum« war der Titel einer Anweisung zur Dichtkunst in lexikalischer Form, die der Jesuit Paul Aler (1656–1727), Köln ca. 1680 herausgab. – *an dem Ort . . . wo ich kürzlich Hofmeister gewesen:* Die Äußerung ist eher als fiktiv aufzufassen und nicht als ein Hinweis auf Göttingen oder L.s Tätigkeit als Hofmeister englischer Zöglinge. – *in einem Werk . . . dessen Titul noch nicht fertig:* Demnach handelt es sich nicht um den »Parakletor«.

143 *Pinsels:* Zu diesem Schimpfwort s. D 158.

144 *Ich bin . . . nach England gegangen um deutsch schreiben zu lernen:* Vgl. an Baldinger am 10. Januar 1775: »nicht als einem, der auf dieser Insul seine Muttersprache vergessen«. S. Gumberts Interpretation des Satzes in LiE 2, S. 184 f.

146 *Erfindungs-Mittel:* Das Wort begegnet auch J 568, 1571. – *Quis, quid, ubi:* Wer, was, wo. Wohl seinerzeit geläufiger Merkvers im lat. Grammatikunterricht. – *hört:* Danach von L. gestrichen *oder sieht.* – *das ist nicht wahr:* Was L. hier eher ironisch als Grundsatz nennt, ist andernorts seine wissenschaftliche Überzeugung; vgl. J 1276, K 303. – *Schöppenstädtisch, aber kräftig:* Zu

dieser Wendung s. D 618 und die Anm. dazu. – *etwas ... mußte:* Von L. verbessert aus *anfangen müssen zu philosophiren, denn wer etwas gesagt hat, der muß behaupten.* – *identischen Sätze ... die uns Euklides aufgezeichnet:* S. zu E 29.

147 *Theorie ... eines Mangels an Symmetrie um Original zu sein:* Vgl. aber die positive Wendung in B 54. – *so kann gesagt werden:* Diese Bemerkung ist offensichtlich für die Veröffentlichung im Rahmen der »Parakletor«-Satire gedacht. – *Cerebellum:* Kleinhirn, dort sind sowohl seelisch-emotionale wie optische Funktionen lokalisiert. – *verarbeitet:* Von L. verbessert aus *verdaut.* – *schon ... gegangen:* Von L. verbessert aus *härter als Holtz.* – *Leute, die auf den Kopf gefallen ... angefangen haben zu weissagen:* Nach *weissagen* von L. gestrichen *und* [aus *oder doch*] *die Ideen auf eine eigne Art mit einander zu verbinden.* – *Bedlam:* S. zu A 4. – *Affe und Engel zugleich:* Zu dieser Zusammenstellung vgl. D 436 und die Anm. dazu. – *transzendenten:* Zu diesem von L. gern gebrauchten Ausdruck s. zu D 668. – *Periodenklang:* Von L. verbessert aus *Wörterklang.*

149 *keine drei Groschen wert:* Zu dieser Wertangabe s. zu C 209.

150 *ad p. VI:* Gemeint ist E 46. – *Sudel-Buch:* Zu diesem Konzept s. zu E 46. – *Timorus:* Vgl. III, S. 205 und KIII, S. 82–84. – *einen Ausdruck schattiert:* L.s wichtigstes Stil-Prinzip, das besagt, man könne Einfälle ›wegwerfen‹, wie es etwa Sterne getan hat; vgl. III, S. 243, 273, 580; s. auch F 569.

151 *Die Briefe über die neuste Literatur ... im Namen einer Aufwärterin geschrieben:* Die sogenannten »Briefe von Mägden über Literatur«, von denen sich (falls L. tatsächlich weitere verfaßt haben sollte) nur zwei erhalten haben (s. »Orbis Pictus. Zweite Fortsetzung«, III, S. 401 f.; »Zum Parakletor«, III, S. 530). Weitere Notizen zu dem Plan finden sich E 159, 252, 258, 323, 371, 375, 376. – *in dem Buch ... angebracht werden:* Demnach plante L., sie in den »Parakletor« einzuarbeiten.

152 *Kerkerfieber:* Im Kerker auftretendes Faulfieber oder Typhus. – *ein Schriftsteller:* Von L. verbessert aus *man.* – *in England die Schornsteine:* Zu dieser Stelle s. auch E 305. – *einen vortrefflichen Weg:* Von L. verbessert aus *ein vortreffliches Mittel.* – *ja ... habe:* Von L. verbessert aus *und ich habe mir.* – *auf und abgestiegen:* Von L. verbessert aus *hinabgestiegen.* – *2 ... fallen:* Von L. verbessert aus *3 bis 4 Ofen Löchern fallen will.* – *Und ... ihn:* Von L. verbessert aus *Immer ist die Frage in Deutschland, wie kommt denn der Liebhaber.* – *aber ... Menschen:* Von L. verbessert aus *das können die Menschen dort nicht.* – *zu ... Winter:* Von L. verbessert aus *und so im ganzen Kirchspiel herum zu springen* [aus *gehen*]*, als über eine Gosse.* – *eräugnen:* Ereignen; noch im 18. Jh. gebräuchliche Schreibweise; s. DWB 3, Sp. 699. – *zum ... Spitzbuben:* Von L. verbessert aus *zur Beförderung der Liebes Intriguen und der Spitzbuben Aufmunterung.* – *Postdirektoren in Deutschland ... die so beliebten offnen Mistwagen eingeführt:* Von der »Mistwagen-Post« schreibt L. an Johann Christian Dieterich am 26. März 1772. Neue und treffende »Bemerkungen über das Postwesen in Deutschland« stellt auch die Vorrede in Aussicht; s. noch E 189, 208, 291, 304 und F 96. In diesem Zusammenhang sollte, wie aus E 208 und schon D 666 hervorgeht, der deutsche Postwagen mit dem Faß des Regulus verglichen werden. – *schwangere:* Von L. verbessert aus *hochschwangere.*

S. 375 *Kutschen in England:* Über die Geschwindigkeit der engl. Postkutschen äußert sich L. auch TB 1 (S. 604 f.). – *Charingcross:* Platz in der Londoner City of Westminster; s. auch III, S. 723. – *Hyde park corner:* Seinerzeit eine große Freifläche, die den Stadtteil Westminster abschloß, von einer Mauer umgeben, da es in dem Park Wild gab. – *in ... wären:* Von L. verbessert aus *der Teufel selbst auf seinen Flügeln hätte.* – *Weber Maleks Kasten:* Die Geschichte vom Weber Malek, der sich, in einem Kasten eingeschlossen, nach Belieben überallhin versetzen kann, füllt den 111.–117. Tag in der persischen Märchensammlung »Tausend und ein Tag«. L. las sie wohl in der Paris 1710–1712 unter dem Titel »Les mille et un jours, contes persans« erschienenen frz. Übersetzung von de la Croix. – *bringen ... Keim:* Von L. verbessert aus *sind.* – *aufzulösende:* Von L. verbessert aus *zu entwirrende.* – *Elsternesterstechen:* In DWB nicht aufgeführt; Wortprägung L.s? – *Nüsseprügeln:* In DWB nicht aufgeführt; Wortprägung L.s? – *Seitenleiter:* Von L. verbessert aus *Leiter.* – *Adresse:* Frz. adresse ›Geschicklichkeit‹. – *Stallknechte:* Von L. verbessert aus *den Postschreiber der durch das Fenster schielt.* – *in ... Stellung:* Von L. verbessert aus *so.*

S. 376 *wenn die Löcher kommen:* Zu den miserablen Straßenverhältnissen in Deutschland und den Strapazen der Postkutschenfahrt s. zu D 666 (S. 337). – *spannen:* Danach von L. gestrichen *und dann wieder abspannen.* – *Brustkuchen:* Brustbonbon; DWB 2, Sp. 449, gibt L.s Wendung als einzigen Beleg. – *bäht:* D. h. wärmt (s. DWB 1, Sp. 1076). – *Kindereien:* Von L. verbessert aus *einfältige Possen.* – *p. LVI:* Gemeint ist E 208. – *Buch F p. 13:* Gemeint ist F 96. – *Treibhäusern:* Zu diesem Bild s. zu E 100. – *Weg zwischen Harburg und Münden ... jetzt so geschwind zurücklegt:* Die fahrende Post nach Harburg und Hamburg fuhr jeweils montags und freitags früh um vier Uhr von Göttingen ab und traf am Dienstag- und Samstagnachmittag in Hamburg ein. – *Lob des Königs:* Gemeint ist König Georg III. von England. – *schlafen:* Danach von L. gestrichen *im ersteren thun sie recht und im anderen nicht unrecht.* – *Hessischen:* Danach von L. gestrichen *Maynzischen oder.* – *Eichsfeld:* Vgl. L.s launige Schilderung seiner »Reise nach Gotha« (III, 639 f.). – *genug ist:* Danach von L. gestrichen *und wovon gewiß jeder Hannöversche Bauer besser zu reden weiß als unsere Berliner und Leipziger Federn. Und überha[upt].* – *ein Buch:* Von L. verbessert aus *einen Roman.* – *für ... Roman:* Von L. verbessert aus *gehört ja für die Geschichte. Wer läugnet denn, daß die Deutschen Gelegenheit haben gut Geschichten zu schreiben?* – *vorplaudern:* Hir im Sinne von: viel erzählen; über die verschiedenen, auch pejorativen Bedeutungen dieses Verbs s. DWB 12, 2, Sp. 1377.

S. 377 *Fortsetzung ... S. LVI:* Gemeint ist E 208.

153 *Vogelfrei:* L. gebraucht den Ausdruck in der ersten »Epistel an Tobias Göbhard« (III, S. 237), in »Über die Pronunciation der Schöpse« (III, S. 308) und in den Hogarth-Erklärungen (III, S. 813). Vgl. E 209, F 986.

154 *Deutsche Charaktere:* Die Hervorhebung meint wohl ein Kapitel im »Parakletor«. Zum Thema s. zu D 214. – *Klage der allgemeinen Bibliothek:* Die Notwendigkeit der Darstellung deutscher Charaktere betont die AdB an verschiedenen Stellen, mit am ausführlichsten in der Rezension von Christian Heinrich Schmids »Englischem Theater«, (23. Bd., 2. Stück, 1774, S. 506). – *Klage:* Von L. verbessert aus *Wunsch.*

155 *Er habe mit Windmühlen gefochten ... Asmus:* L. spielt auf die Rezension des »Timorus« im »Wandsbecker Bothen«, 22. Juni 1773, Nr. 99 an (s. auch zu D 91), in der es heißt: »Diese Blätter haben so viel Salz, so viel Sarkasmus, so viel Laune, daß man sich des herzlichsten Lachens bei vielen Stellen nicht enthalten kann, sind voll glücklicher ironischer Ausfälle auf gewisse Lieb-

lingsmoden und den literarischen Ton der jetzigen Zeit, verraten einen Mann, der Geist und Talent und vollendeten Stil genug in seiner Macht hat, um etwas sehr Gutes liefern zu können, wenn er auf bessere Abenteuer in der *cavalleria andante* der Satire ausgehen will. Aber hier hat er bei allen Fechterstreichen noch keins bestanden als mit − Windmühlen.« − *Asmus:* Matthias Claudius (1740–1815), übernahm 1771–1775 die Redaktion des »Wandsbekker Boten«, in dem er unter dem Pseudonym Asmus schrieb; volkstümlicher Lyriker; befreundet mit Boie, Voß, Friedrich Stolberg. − *Cervantes:* Don Quichotes Abenteuer mit den Windmühlen findet sich in Cervantes' Roman im 1. T., 8. Kap. Im übrigen s. zu C 11. − *mein Herr:* Diese Notiz gehört offenbar zu dem Plan einer Verteidigung des »Timorus« gegen seine Rezensenten (s. zu C 254); vgl. noch E 186 und F 1004. Wie die Worte *mein Herr* hier und in »Zum Parakletor« (III, S. 522) zeigen, dachte L. jetzt daran, die Satire demselben »Türhüter« in den Mund zu legen, der auch in der Vorrede des »Timorus« (III, S. 208) »im Namen seines Herren« das Wort führt.

156 *kleinstädtischen:* Zur Verwendung dieses Ausdrucks s. zu B 297. − *kaffeeschwesterlichen:* Dieser Ausdruck begegnet schon B 415. − *mit . . . Deuten der Charaktere wegbleiben:* Diese Bemerkung gehört doch wohl in den Umkreis der Reflexionen über »Deutsche Charaktere« und damit zum Plan des »Parakletor«. − *weingrünen Nase:* Weingrün, grün wie Reblaub, vom Gesicht des Zechers gebraucht, aber auch in der Sprache der Küfer das Weinfaß, das von der Gerbsäure imprägniert ist (DWB 14, 1, Sp. 933). − *in die Acht erklärtes Geschöpf:* S. zu D 497.

157 *Wir ahmten zu viel nach:* Auch diese Hervorhebung bezeichnet wohl einen Themenkomplex, ein Kapitel der geplanten Literatur-Satire »Parakletor«. Die Bemerkung schließt sich an die zu E 110 erwähnte Rezension, speziell an den ersten der dort genannten Gründe für die Überlegenheit der Antike an: daß die Alten weniger nachgeahmt hätten; s. zu diesem Thema noch E 261 und schon D 612, 651. − *will . . . deklarieren:* Von L. verbessert aus *declarire.* − *er sichs versieht:* Von L. verbessert aus *ers merckt einmal.* − *die Schwindsucht . . . kriegen:* Zu dieser Wendung s. auch F 530. − *darüber kriegen soll:* Von L. verbessert aus *kriegt und hätten.* − *die 9 Musen:* Seit Hesiod erscheinen die Töchter des Zeus und der Mnemosyne, nach der griech. Mythologie die Göttinnen der Dichtkunst und der anderen schönen Künste, in Neunzahl: Klio (Epos), Kalliope (Tragödie), Melpomene (Komödie), Thalia (Astronomie), Urania (Liebeslied), Erato (Flötenmusik), Euterpe (Chorische Lyrik), Terpsichore (Tanz), Polyhymnia (ohne Attribut). − *Meil:* Johann Wilhelm Meil (1733–1805), Zeichner und Kupferstecher in Berlin, seit 1766 Mitglied und später Direktor der Berliner Akademie, nach Chodowiecki der berühmteste Illustrator der Rokokozeit; er arbeitete u. a. auch für den GTC und fertigte die Vignetten zum »Patriotischen Beitrag zur Methyologie« (III, S. 317); s. auch die Kupfer und »Verse unter die Kupferstiche des Gothaischen Kalenders vom Jahr 1772« (III, S. 626), wo u. a. Euterpe und Erato bebildert und bereimt sind. − *das . . . viel:* Von L. verbessert aus *so das er die Schwindsucht kriegen soll.* − *sich . . . abdenken:* Das in DWB nicht verzeichnete Verb ist wohl eine von Klopstock beeinflußte Wortschöpfung L.s. − *Ausländer:* Von L. verbessert aus *Engländer wieder.* − *Pasquillant:* Verfasser und Verbreiter einer Schmähschrift. − *Amt Kalenberg:* Ehemaliges Fürstentum, das 1705 an Hannover fiel; Göttingen gehörte zu diesem Verwaltungsgebiet

des Kurfürstentums. – *sitzen:* Von L. verbessert aus *sind*. – *Böotien:* Zu diesem Ausdruck s. zu D 416; vgl. E 245. – *mehr sein:* Danach von L. gestrichen *Stecke doch der Herr seine Nase nur in die gelehrten Zeitungen:*. – *Böotischen Dialekt:* Ähnliche Wendungen begegnen E 189, 209, 245. – *Heer . . . G'nie z' riechen:* Dieser die Apokopen und Elisionen des Geniestils parodierende Satz kehrt ähnlich E 245 wieder; s. noch D 610, E 314; verwertet im Alexandrinergedicht, III, S. 422. – *Das Genie ist . . . unübersetzbar:* Vielleicht ist Voltaires »Discours de réception à l'Académie Française« vom 9. Mai 1746 gemeint, wo er u. a. vom Genie der Sprachen handelt. – *ohne Ruhm zu melden:* Diese Wendung begegnet auch in der »Rede der Ziffer 8« (III, S. 459).

158 *Kriterion eines großen Schriftstellers:* Vgl. in diesem Zusammenhang E 401, K 186. – *weggeworfenen:* Zu dieser Vokabel, mit der L. gern den Ideenreichtum des wahren Schriftstellers bezeichnet, s. zu D 213. – *Scherz..ernsthaften Nutzen:* Zu diesem Kriterium vgl. E 257. – *über einen Kirschenstiel Betrachtungen:* Zu dieser Wendung vgl. C 359 und E 302. – *über die Seele:* Darüber s. zu E 30.

159 *Briefen über die neuste Literatur:* Zu diesem Schreibplan s. zu E 151. – *Obendrüber:* Danach von L. gestrichen *Hochedelgebohrne*. – *Socinität zu Berlin:* Diesen Ausdruck verwertet L. in dem zweiten der »Briefe von Mägden über Literatur« (»Zum Parakletor«, III, S. 531; vgl. dazu KIII, S. 251). – *Gehorsamste . . . HochEdelgebohrne Dienerin:* Parodie der im 18. Jh. gebräuchlichen Titulaturen im Schriftverkehr. Die Wendung begegnet ähnlich E 323 und im »Orbis Pictus« (III, S. 401). – *Klopstockischen Othem:* Diesen Ausdruck verwertet L. in dem ersten der »Briefe von Mägden über Literatur« (»Zum Parakletor«, III, S. 531), wo es »Othen« heißt. – *Ich bin ein deutsches Mädchen:* S. zu D 444. – *Heinrichs Ausdrücke:* Zu L.s Sammlung von Idiotismen seines Dieners Braunhold s. C 378 und die Anm. dazu. – *zum Schicksal:* Vgl. D 410. – *Gestüm:* Vgl. C 378. – *Unkot:* S. zu C 378.

160 *5 Fuß 10 Zoll:* Da in Hannover 1. Zoll = ¹/₁₂ Fuß = 2,434 cm gerechnet wurde, also insgesamt ca. 1,75 m. – *10:* Von L. verbessert aus *6*.

161 *Kapitel mit drei Worten aussprechen:* Zu dieser an dem Stil von Tacitus orientierten Forderung L.s vgl. RA 31. – *Stubenhistoriker:* L.s Kritik an dem Gelehrten, insbesondere dem Geschichtsschreiber ohne Welterfahrung begegnet auch RA 127, das ihn dort mit »Stubensitzer« umschreibt; im DWB nicht aufgeführt. – *ein . . . hinwerfen:* Von L. verbessert aus *einem Colon vorwerfen*. – *Kolon:* Satzglied, Abschnitt einer Rede, eines schriftlichen Textes. – *hinwerfen:* Danach von L. gestrichen *und Octavbändgen liefern, die so viel wiegen als manche Bibliothecken. Der Vorsatz ist gut, andere Leute, und Bemerckungen* [aus *Perioden*] *machen, die immer schöner werden je weiser der Mann wird, der sie ließt, und Perioden die sich in Magister Disputationen*. – *in Magister-Disputationen auflösen:* Zu dieser Wendung s. zu D 313. – *suchen:* Von L. verbessert aus *gewinnen*. – *die Zeile hinschreiben, gleichgültig, ob die Perle . . . gefunden wird:* Zu dieser Wendung vgl. D 313 und die Anm. dazu. – *die . . . enthält:* Von L. verbessert aus *es*. – *tausend:* Von L. verbessert aus *hundert*. – *gefunden:* Von L. verbessert aus *erkannt werden*. – *majestätische deutsche Allongen-Periode:* Frz. *allonge* ›Verlängerung‹, die längste und umfangreichste Perücke, die, vom Leibfriseur Ludwigs XIV. um 1670 kreiert, bis ins frühe 18. Jh., vor allem von Amtspersonen, getragen wurde; in der zweiten Hälfte des 18. Jh.s Umschreibung für: steif, altmodisch. Was Göttingen betrifft: »Nunmehro

aber decken sie das Haupt ehrlicher alter Bürger, die ihre Ländereyen hübsch beysammen behalten, und weder tanzen noch Wein trinken; zugleich beschützen sie ihre Ohren gegen die Spöttereyen der Jugend, die nicht alt zu werden gedenket ... Bürger vom Mittelschlage (des point de vüe vom Alterthum genommen,) tragen Schwanzparrücken, oder gar einen kleinen Haarbeutel daran, und entfernen sich schon etwas weniger von den Studenten« (List, S. 100, 101). – *unser häufiges gewesen:* Die pedantische Beachtung des Tempus der vollendeten Vergangenheit verursacht im Deutschen eine umständliche Erzählweise. – *das denenjenigen:* Danach von L. gestrichen *zeigt, daß sich so etwas schon in den eintzelnen Wörtern findet.* – *desselbigengleichen:* Wie »denenjenigen« Beispiel des noch im 18. Jh. üblichen Kurialstils. – *das beliebte S⁺ Hochwohlgeborene Exzellenz der Herr von:* Zu L.s Kritik an den pflichtschuldigen Titulaturen aus der Zeit der Allongeperücke s. C 256 und die Anm. dazu. – *ferner unser Bettuch, Halstuch, Schnupftuch, Handtuch, Tischtuch ...:* Inwiefern L. diese Wörter als typisch *deutsch* empfindet, ist nicht ganz verständlich, da er sonst für das charakterisierende Wort plädiert. – *die ... knarrende Periode eigentlich für uns ist:* Eine ähnliche Charakteristik der dt. Sprache gibt Friedrich II. 1781 in seiner Schrift »De la littérature allemande«. – *Flick-Bemerkungen:* Zu dieser Wortbildung s. zu C 21.

162 *Es geht unsern Gegnern ...:* Auch diese Notiz gehört sicherlich in den Umkreis des »Parakletor«-Plans. – *Gegnern, so:* Danach von L. etwas gestrichen. – *Behauptern:* In DWB 1, Sp. 1331, ohne Belege aufgeführt.

S. 380 *Augendiener:* Speichellecker, Nachbeter. DWB 1, Sp. 805, gibt u. a. einen Beleg aus Lessing. – *das Charakteristische derselben durch die Kleidung des Worts ... zu verhüllen:* Den positiven Gegensatz dazu formuliert L. in E 204; s. auch D 96. – *infamere:* Von L. verbessert aus *solche.* – *Neu-Seeländer:* S. zu D 653. Von L. verbessert aus *Wilden in Amerika.* – *vorzuwerfen:* Von L. verbessert aus *zu beschuldigen.* – *wäre ja:* Von L. verbessert aus *wolte ich* aus *könte man.* – *nichts ... Kalender:* Von L. verbessert aus *auf 10 Jahre assecuriren.* – *Ausbessern:* Danach von L. gestrichen *und lencken, dasjenige was.* – *hat:* In der Handschrift *entsteht.* – *Unmenschen:* Das Wort als Gegenstück zu ›Mensch‹ ist schon im Althochdeutschen belegt (s. DWB 11, 3, Sp. 1173 f.). – *Wenn ... Was?:* Von L. gestrichen. – *ins Gerück bringt:* Im Sinne von: zurechtrückt; das Substantiv fehlt in DWB und Heynes Wörterbuch.

S. 381 *Empfindungen zu Buch bringen:* Zu dieser Wendung s. zu D 541. – *Kapital der Wahrheiten:* Zu dieser Wendung vgl. KA 294. – *Mann:* Von L. verbessert aus *Kaufmann.* – *Mäkeln:* Ursprünglich im Sinne von: unterhandeln, feilschen. – *Polieren:* Von L. verbessert aus *abwischen.* – *unser Wissen ... Stückwerk:* Anspielung auf 1. Korinther 13, 9. – *ich meine:* Von L. verbessert aus *und.* – *Cellarius:* Christoph Cellarius (eigentlich Keller; 1638–1707), Schulmann und Gelehrter; gab verschiedene lat. Schriftsteller heraus und verfaßte Lehrbücher zur lat. Sprache und Geschichte der Antike, etwa die »Orthographia latina« (Halle 1700). – *Tiefsinn:* Von L. verbessert aus *Philosophie.* – *Bauernstolz:* Das Wort begegnet auch F 1137. – *des:* Von L. verbessert aus *eines* aus *des.* – *Erdenkloßes:* S. 1. Moses 2, 7; vgl. F 694. – *Vetter Engel ... Vetter Affe:* Zu dieser Gegenüberstellung s. zu D 436.

163 *Schall: Liberty:* Diese Wendung begegnet auch E 274. – *Liberty ... Freiheit:* Zu dieser Gegenüberstellung vgl. E 113 und RA 23.

164 *Fahrt nur fort ...:* Auch diese Bemerkung gehört zweifellos in den

Umkreis des »Parakletor«-Plans. – *die Wörterbücher in Frankreich ... Bittschrift an die Akademie:* S. zu E 19. – *Menagius:* Gemeint ist Gilles Ménage. – *taten:* Danach von L. gestrichen *Sie gaben eine Bittschrifft an die Hochweise Academie ein, die wie alle Bittschrifften von Corporationen einem gnädigen Befehl so ähnlich sah.* Zu dieser Wendung mit *Bitte* und *Befehl* vgl. noch K 275. – *sahe:* Danach von L. gestrichen *als ein Ey dem andern.* – *eigentlich ... war:* Von L. verbessert aus *völlig klang wie eine Bittschrifft.*

165 *die alten Bildhauer:* Zu L.s Abneigung gegenüber dem zeitgenössischen Antikenkult vgl. E 167, 247; RA 159; s. auch an Schernhagen, 6. März 1783. – *Winckelmann ... Eingebungen:* Ähnlich negativ äußert sich L. auch RA 159. – *der Kobolt diktiert:* Zu dieser Wendung vgl. D 120. – *Sh[aftes]bury ... katholisch werden konnte:* Die Konversion ist nicht verbürgt. – *der Geist ... betet an, wo er urteilen sollte:* Ähnlich formuliert L. in RA 159. – *Vatikanischen Apolls:* Winckelmann beschreibt ihn hymnisch in der »Geschichte der Kunst des Alterthums«, 2. T., S. 273. S. zu B 16, wo auch das Werk nachgewiesen ist. – *werden:* In der Handschrift *wird.* – *in England ... ein Kabinett besah:* Vgl. E 247. – *Landhaus ... Lord Hollands:* Gemeint ist Kingsgate bei Margate in Kent; über die Kunstschätze von Henry Fox 1st Baron Holland (1705–1774), engl. Politiker, schreibt Volkmann in »Neuste Reisen durch England« 1, S. 324. – *Demokrit ... Caligula:* L. erwähnt die Szene auch E 247. Gaius Iulius Caesar Germanicus Caligula (12–41 n. Chr.), 37–41 römischer Kaiser, berüchtigt für seine Ausschweifungen und Grausamkeit; ließ sich als Gott verehren. – *Trajanus:* M. Ulpius T. Trajanus (53–117), ab 98 römischer Kaiser, siegte in den Dakerkriegen, wofür ihm der Senat die Trajanssäule errichtete; wandte als erster die Maxime »panem et circenses« (Brot und Spiele) auf das römische Volk an.– *p. LXXI:* Gemeint ist E 247.

166 *Die Katholiken ... :* Zu dieser Wendung vgl. E 209.

167 *Bildhauer:* S. zu E 165. – *gotische Kirchenfenster:* Das Wort ›gotisch‹, ähnlich wie ›baroque‹, jahrhundertelang von Kunstkennern abschätzig gebraucht, erfuhr erst in der zweiten Hälfte des 18. Jh.s eine positive Aufwertung als Inbegriff der angeblich nationaldeutschen Kunst des Mittelalters; s. Goethes Essay über das Straßburger Münster von 1774. L. gebrauchte das Wort auch E 326, wo L. das Wortspiel mit »Goethisch« und »Gothisch« macht, J 215, 498.

168 *Que ... nous:* Zu diesem angeblichen Helvetius-Ausspruch s. zu D 403; verwertet in »Dritte Epistel an Tobias Göbhard« (III, S. 545).

169 *Da staken wir ... angewachsen:* Die mittleren Zeilen dieses Vierzeilers sind die Schlußzeilen in L.s Gedicht »Die Reise nach Gotha ...« (III, S. 640; vgl. KIII, S. 303 f.). – *verwundern:* Von L. verbessert aus *bedauern.* – *Talent:* Danach von L. gestrichen *eben so gar einheimisch nicht sey.* – *Baretti:* Von den Liedern der spanischen Eselstreiber berichtet Baretti in den »Reisen von London nach Genua durch England, Portugal, Spanien und Frankreich«, Bd. 1, S. 370; Bd. 2, S. 166. Das Buch ist zu C 2 nachgewiesen. – *Liedchen ... im Treibhaus gezogen:* Zu dem Bild s. zu E 100. – *er singt:* Von L. verbessert aus *wir haben.* – *hinlaufen:* Von L. verbessert aus *hintönen* aus *hinlaufen.* – *er:* Von L. verbessert aus *ihre Verfertiger* aus *wir.* – *abgeworfen:* Von L. verbessert aus *weggeworfen.* – *Esquimaux:* S. zu E 105. – *Franzwein:* Von L. verbessert aus *Hochheimer.* In Deutschland vormals die allgemeine Bezeichnung der frz. Weine. – *im Wald unter einer Eiche:* Zu diesem Bild vgl. E 245, 355 und ähnlich

in »Von ein paar alten deutschen Dramen« (III, S. 376). – *Pfingst-Birke:* In DWB nicht aufgeführt. – *und:* Danach von L. gestrichen *sein frommen Babel von* [aus *über*] *heiligem Nebel singen und sein metrisches*. – *Barde:* Die Nachrichten u. a. Strabos von keltischen Barden und deren irrige Herleitung von dem latinisierten barditus (Schlachtgesang) »brachte im 18. Jh. einen ungedeihlichen, bald wieder vorüber gegangnen bardenunfug hervor, der doch den ausdruck barde für dichter in unsere sprache eingeführt hat« (DWB 1, Sp. 1126). – *Bacchant:* Anhänger des Gottes Bacchus (Dionysos) und Teilnehmer an den Bacchanalien zu Ehren des Weingottes: berauscht ausschweifender Schwärmer; im Spätmittelalter auch Bezeichnung für die sogenannten Fahrenden Schüler. – *heiligen Nebel:* Dieser Ausdruck begegnet auch F 640. – *metrisches Babel:* Zu diesem Ausdruck s. zu D 157. – *Viertel:* Von L. verbessert aus *Hälffte* aus *Theil*. – *Dithyrambe:* Altgriech. Kultlied auf Dionysos, musikalisch vorgetragen; dithyrambisch daher soviel wie begeistert, schwungvoll. – *Zierde der Schöpfung:* DWB 15, Sp. 1161 verweist auf 1. Moses 2,1 und Matth. 4, 8. – *Myrten:* Danach von L. gestrichen *küßt den Thau von Rosenknöpfchen*. – *Rosenknöpfchen:* Diminutiv zu Rosenknopf: Rosenknospe; auch bildlich für: Mädchen (DWB 8, Sp. 1204). – *seine Tau-Träne:* Von L. verbessert aus *seinen Thau*. Die Wortprägung »Tränentau« begegnet zuerst bei Hofmann von Hofmannswaldau in den »Begräbniß-Gedichten« (1679) und im »Schlesischen Helicon« (1699). – *Bilder in dem Brennpunkt konvexer Gläser:* Gegenstände im Brennpunkt eines Konvexglases machen »ein unendlich großes Bild in einer unendlichen Entfernung« (Gehler, Bd. 2, S. 914). – *in . . . Gläser:* Von L. verbessert aus *von* [gestrichen: *Glä*] *Convex Gläsern*; nach *Gläser* gestrichen *sich im lufftleeren Raum*. – *er hat:* In der Handschrift *hat sich*. – *den Ursprung des Übels, die Falschheit menschlicher Tugend und von Kometen gesungen:* Die beiden erstgenannten Lehrgedichte sind von Albrecht von Haller: s. zu D 132; das »Philosophische Gedicht von den Kometen« ist von Abraham Gotthelf Kästner; es erschien zuerst März 1744 in den »Belustigungen des Verstandes und des Witzes« (vgl. Kästner, Schönwissenschaftliche Werke, 2. T., S. 69–76). L. zitiert es in Erxleben ³1784, S. 596, §646, unter der wissenschaftlichen Literatur. – *das erste Trauerspiel . . . das zum Lachen zwingt:* Wohl Anspielung auf die ›comédie larmoyante‹. – *wie Manilius eine Astronomie in Versen:* Marcus Manilius, lat. Dichter zur Zeit des Augustus und Tiberius (1. Hälfte des 1. Jh.s n. Chr.), Verfasser eines Lehrbuchs der Astrologie in fünf Büchern: »Astronomica«, das in Hexametern abgefaßt ist.

170 *Ich kann nicht unterlassen . . .:* Auch diese Bemerkung gehört wohl in den Umkreis des »Parakletor«-Plans. – *Verlegern:* Danach von L. etwas gestrichen. – *fast 15jährigen Lektüre . . . Böhmes:* Die erste selbständige Notiz L.s zu Böhme (D 9) ist von 1773; frühere Lektüre der Schriften Böhmes ist nicht bezeugt; BL führt keinen Titel auf. – *die fürchterlichen drei 7:* Zu dieser Konstellation s. D 324 und die Anm. dazu; vgl. E 101. – *1555 der Religions-Friede:* In dem Augsburger Religionsfrieden von 1555 gestand der Reichstag gegen den Protest des römischen Stuhls den Reichsständen das Recht der Reformation zu. – *brannte . . . 1666 London:* S. zu C 203.

171 *Ich:* Danach von L. gestrichen *schreibe auch nicht um sie zu widerlegen*.

172 *fette Gesichter . . . unter dem Speck:* Zu diesem Bild vgl. E 173, 268, 368, 491. – *winddürre:* Zu diesem Ausdruck s. D 668 und die Anm. dazu; vgl. E 115.

173 *Maske von Speck:* Dieser Ausdruck begegnet auch in »Heirathsanträge. Erste Folge« Nr. 9 (GTC 1781, S. 124); s. zu E 172. – *Speck, der weder zum einen noch zum andern gehört:* Diese Wendung begegnet auch in der »Nachricht von einer neuen und fürchterlichen Krankheit« (GTC 1789, S. 124; VS 5, S. 288).

174 *fremde Sprache recht gut sprechen . . . Geck:* Vom Geck in Fremdsprachen (»SprachGeck«) schreibt L. an Friedrich Christian Lichtenberg am 13. August 1773.

175 *Hüte dich, daß du nicht . . . in eine Stelle kommst, der du nicht gewachsen bist:* Zu dieser Wendung vgl. D 92. – *stört:* Von L. verbessert aus *hindert.* – *innere Ruhe:* Von L. verbessert aus *Rechtschaffenheit.*

176 *Die . . . bienniorum:* Von L. verbessert aus *Genius decennii; quinquennii und biennii:* – *Genii quinquenniorum:* Lat. ›Geister des Jahrfünfts‹. Dieser Ausdruck begegnet auch in den »Briefen aus England« (III, S. 349); s. ferner Antiphysiognomik (III, S. 260) und »Gnädigstes Sendschreiben der Erde an den Mond« (III, S. 408). – *bienniorum:* Lat. biennium ›zwei Jahre‹. – *decennii:* Lat. decennium ›Jahrzehnt‹. – *seculi:* Danach von L. gestrichen *endlich verschlingt.* Lat. saeculum ›Jahrhundert‹. – *milleniorum:* Eines Jahrtausends.

177 *Die Natur nachahmen:* Diese Bemerkung schließt wohl an E 157 an und gehört in den Umkreis des »Parakletor«-Plans. – *zköpfigten Kinder:* Vgl. E 293; F 268; J 37; RA 173. Zu L.s Beschäftigung mit dem Phänomen des Doppelten s. III, S. 472, KIII, S. 295, zu »Der doppelte Prinz«, und Gumbert, LiE 2, S. 175 f. – *Maul:* Ergänze: [beer]. – *Katzen:* Danach von L. gestrichen *Werke der Kunst oder Natur?*

178 *Gordonischen Principia:* Thomas Gordon (gest. 1750), engl. Altertumsforscher, der in seinen Werken die Notwendigkeit des Antikenstudiums für die Philologie betonte; schrieb »Discourses upon Tacitus«. – *um den Tacitus zu verstehn, mehr als Latein wissen:* Zu dieser Wendung vgl. E 197 (S. 390), F 860; s. auch die Variante J 433, 860.

179 *aussprechen . . . Urteil:* Von L. verbessert aus *seyn als mit der Sententz.* – *Elefanten und die Pudelhunde:* Zu dieser Wendung s. zu E 113.

180 *ein alter Einfall:* Nicht nachgewiesen. – *Burrus . . . laudans:* »Maerens Burrus ac laudans« (Burrus betrauernd und lobend) heißt es in den »Annalen« 14, 15 von Tacitus. Afranius Burrus, gest. 62 n. Chr. angeblich an Gift, röm. Militärtribun.

181 *jüdischer Finesse:* Dieser Ausdruck begegnet auch F 616; vgl. ähnlich RA 127.

183 *Wise . . . im Englischen:* Schon seit dem 15. Jh. ironisch für einen Dummkopf oder Einfältigen gebraucht.

184 *Kopf . . . zwei hättet:* Vgl. E 177 – *in Spiritus:* Anspielung auf die in den anatomischen ›Kunstkammern‹ des 18. Jh.s gern gezeigten Präparate von Mißgeburten. – *und ich wünsche . . . Ohren:* Dieser Wunsch begegnet auch E 245 (S. 399).

185 *eine Dintenschenke:* Von L. verbessert aus *ein Plätzgen.* – *Dintenschenke in einer Übersetzerei:* Über das »abscheuliche Übersetzen zu unserer Zeit« läßt sich L. auch G 107 aus. – *Memoires-departement:* Wohl Anspielung auf die seinerzeit beliebten Buchhandelsartikel der »Mémoires de . . . « (frz. ›Erinnerungen‹).

186 *Sollte ich wegen des zweiten Teils des Timorus angegriffen werden:* Über den projektierten zweiten Teil des »Timorus« s. zu E 155; über diese Satire s.

zu C 254. – *Photorin:* Das von L. beim »Timorus« benutzte Pseudonym und die von L. betriebene Camouflage, s. KIII, S. 83. – *sein Name Ursache . . . daß man ihn für den Verfasser des Timorus . . . hielt:* Daß ›Photorin‹ das griech. Kunstwort für: Lichten-Berg war, durchschaute sehr schnell Johann Andreas Dieze (s. an Friedrich Christian Lichtenberg am 13. August 1773). – *er:* In der Handschrift *ihn.*

187 *schreibt . . . Satyre auf den . . . Bastard:* Dieser Vorschlag begegnet schon D 633. – *natürlichen Sohn:* S. L.s Reflexionen dazu in D 630. – *Bankert:* ›Auf der Bank erzeugt‹: Bastard, Hurenkind. – *Ihr . . . werden:* Von L. verbessert aus *Wenn ihr nicht des Henckers werdet, so werdet ihr wenigstens des Büttels.* – *in Deutschland auf vornehme Herrn Satyren machen:* Winkle, Struensee, S. 108 verweist in diesem Zusammenhang auf Struensees Erfahrungen als satirischer Schriftsteller in Hamburg. – *vornehme:* Von L. verbessert aus *grose.* – *zwei Stücke:* Von L. verbessert aus *freundschafftlich.* – *oder:* Danach von L. gestrichen *geht nach Amsterdam.* – *Tropicis:* Lat. tropici (scil. circuli) ›Wendekreise‹. Von L. verbessert aus *Wende Circkeln;* danach gestrichen *sonst seyd ihr wo nicht verlohren.*

188 *Combabische Art zu überführen:* Vgl. E 280; s. zu D 326.

189 *Ich habe nichts zurückgehalten . . .:* Vermutlich ein weiterer Entwurf einer Vorrede zum »Parakletor«. – *Magisterschmäusen:* S. auch E 209; eine Andeutung von seinem eigenen Magister-Schmaus gibt L. an Hindenburg am 5. (?) und 16. Januar 1779. – *habe:* Danach von L. gestrichen *eine Welt und Gesichterkenntniß in manchen Stücken geäussert, die.* – *meinen die Elbe hinunter getanen Reisen:* Von L. verbessert aus *meiner Reise.* Die Elbe hat L. am 18. Mai 1773 von Hamburg aus nach Stade befahren; vom 9. bis 17. Juli 1773 machte er eine Seereise nach Helgoland. – *Tour auf dem Salzwasser:* Anspielung auf L.s Überfahrten von Holland nach England 1770 und 1774/75. – *Salz der Widerwärtigkeit:* Die wie Bibel-Deutsch klingende Wendung kommt lt. Konkordanz in der Bibel nicht vor; Salz steht dort nur im Zusammenhang mit Gutem. – *habe:* Danach von L. etwas gestrichen. – *auf jeder Seite Ideen-Körner ausgestreut:* Zu dieser Wendung und L.s Auffassung von dem ›großen Schriftsteller‹ vgl. D 313. – *Dissertationes tragen:* Zu dieser Wendung vgl. D 313. – *Meine Sprache . . . plan:* Zu der ›kokettierenden‹ Äußerung L.s hier vgl. B 132. – *ich konnte:* Von L. verbessert aus *möglich ist.* – *sogenannte:* Danach von L. gestrichen *beliebte.* – *Bruder-Naumburgische:* Zu diesem Wortgebrauch s. zu D 382. – *die Böotische Zeitung:* Gemeint sind die »Frankfurter Gelehrten Anzeigen«. – *Böotische:* Zu diesem Wortgebrauch s. zu D 416. – *beliebt:* Von L. verbessert aus *angenehm.* – *deswegen:* Von L. verbessert aus *als einer ernsthafften Schrifft höchst unanständig.* – *weil ich:* Danach von L. gestrichen *meinen Gegner nicht gerne quäle.* – *schlägt . . . vor den Kopf:* Zu dieser Wendung vgl. E 162. – *den Deutschen vorgeworfen, daß sie bloß für die Gelehrten schrieben:* Zu diesem Vorwurf s. zu D 439. – *Professeur penseur . . . Seigneur:* Zu diesem Gegensatz s. zu D 373. – *in unsern Ackerbau und . . . Postwesen eingelassen:* Zu L.s Einlassungen auf das Postwesen s. zu E 152. – *eingelassen:* Danach von L. gestrichen *Die Dichter werden mir unter den.* – *meinem Parakletor:* Über diesen Plan s. zu D 526. – *Theorie der Künste für . . . 1776:* S. zu D 192. – *Wahrheit:* Danach von L. gestrichen *oder Wahrheits Liebe wird der Leser überall finden.* – *Schimpfwörter die ich brauche:* Zu L.s Schimpfwortarsenal s. zu D 667. – *Fell . . . Wundpflaster:* Diese Wendung ist in »Zum Parakletor« (III, S. 523) weiter

ausgeführt. – *wetterkühlen:* Im Sinne von Wetterleuchten mit der meist nachfolgenden Abkühlung der Witterung, meist substantivisch gebraucht (DWB 14, 1, Sp. 789). – *Numerus:* Versglied, Versfuß; das den Wohlklang und Rhythmus bestimmenden angemessene Verhältnis zwischen den Sätzen und ihren Gliedern. – *aus Barbara und Celarent geblitzt:* S. zu E 96.

190 *Keine Leute ... eingebildeter, als die Beschreiber ihrer Empfindungen:* Vgl. E 192 und Mat I 111. Zu L.s Warnung an Schriftsteller s. zu C 234.

191 *barfuß nach Rom laufen ... um sich dem Vatikanischen Apoll zu Füßen zu werfen:* Zu dem Gedanken s. E 165 und die Anm. dazu.

192 *meine Empfindung beschreibende Prose oft mit ... Entzücken gelesen:* Vgl. E 190; zu der Bemerkung insgesamt vgl. G 15. – *das:* In der Handschrift *die.* – *wollüstigen Gänsehaut:* Zu dieser Wendung vgl. Mat I 154. – *die Tritte des Allmächtigen:* Ungenaues Zitat aus der Bibel: s. D 530 und die Anm. dazu; vgl. Ps. 89, 52. L. gebraucht diese Wendung auch in einem Brief an Dieterich am 28. Januar 1775 und ähnlich E 505. – *den Tag ... da ich in Westminster Abtei:* Von seinem Besuch in Westminster Abbey berichtet L. an Heyne und Kästner am 17. April 1770 und abermals an Kästner am 20. Dezember 1774; von seinem zwiespältigen Eindruck schreibt L. K 269; im übrigen s. zu KA 149. – *Staub der Könige:* Zu diesem Bild vgl. G 15. – *Ehe denn die Berge worden ...:* Zu diesem Bibelzitat s. zu B 81. – *Die Beschreibung ... p.1.:* Gemeint ist RA 1. – *Banqueting-Haus:* Teil der Whitehall; s. zu RA 1.

193 *Systole und Diastole der Naselöcher:* Griech. >Zusammenziehung< und >Erweiterung< (des Herzens). Diese Wendung begegnet auch Mat I 112; L. verwertet sie in »Von ein paar alten deutschen Dramen« (III, S. 376). Zur metaphorischen Verwendung wissenschaftlicher Begriffe s. zu A 1.

194 *Weben des Genies:* S. zu D 530. – *halb gare Ideen:* Vgl. E 259. Zu der Wortbildung s. das Wortregister.

196 *um:* Danach von L. etwas gestrichen. – *einen Hieb haben:* S. zu D 539. – *superfeine:* Unnatürlich, manieriert, albern. DWB 10, 4, Sp. 1198 zitiert L. aus den Hogarth-Erklärungen (III, S. 918); s. auch »Briefe aus England« (III, S. 348), E 370, 402. – *Monade:* »Die Monade, plur. die –n, ein aus dem Griechischen μονας, – αδος, eine Einheit, entlehntes Kunstwort der neuern Philosophen von Leibnitzens Zeiten an, die ganz einfachen und untheilbaren Bestandtheile der Körper zu bezeichnen, welche die ältern Philosophen, deren Begriff von denselben doch verschieden war, Aromen, Elemente nannten.« (Adelung, Versuch 2, Sp. 265; in DWB nicht aufgeführt) – *der überall aus Respekt glaubt:* Zu dieser Wendung vgl. »Über die Macht der Liebe« (III, S. 516); s. auch F 1127. – *sein bißgen:* Von L. verbessert aus *eine Menge.* – *untersuchten Grund:* Von L. verbessert aus *untersuchtes Feld.*

197 *den Homer schön finden ... kaum einer versteht:* Zu L.s Rezeption antiker Autoren s. auch E 34, 257, 355 und »Orbis Pictus«, III, S. 384. – *viel Latein wissen um ihn zu verstehn:* Vgl. E 178. – *das einzige:* Von L. verbessert aus *das lezte* aus *das wenig[ste].* Zu diesem Gedanken s. auch E 257. – *Tacitus ... einer der ersten Schriftsteller, die je gelebt:* S. zu E 17.

198 *Est ... fiuntur:* Es ist ein Land, wo vieles geredet wird, aber wenig geschieht. Die Herkunft des Zitats, das auch Mat I 112 begegnet, konnte nicht ermittelt werden.

200 *Margate:* L. kannte das berühmte Seebad aus eigener Anschauung, vgl. F 83, 115; L 578; RA 142; »Warum hat Deutschland noch kein großes

Seebad?« (III, S. 95); Briefe an Reinhard Woltmann vom 14. Juli 1788 und an Paul Christian Wattenbach vom 14. April 1794; doch kann der Zeitpunkt seiner Reise dahin im August 1775 nicht genauer bestimmt werden. Ausführlich über Margate s. Gumbert, LiE 2, S. 186–188.

204 *Ausdruck . . . dem Gedanken sitzt wie angegossen:* Das Bild kehrt ähnlich E 276 wieder. Büchmann führt diesen Satz als Geflügeltes Wort auf. – *sitzt:* Von L. verbessert aus *anpaßt.*

205 *Paläphatus:* Des griech. Grammatikers Palaiphatos Schrift »περὶ ἀπίστων«, ehemals als Schulbuch beliebt, behandelt die griechischen Mythen im rationalistischen Sinne. Über L.s Plan eines »neuen Paläphatus« s. noch Brief an Abraham Gotthelf Kästner, März oder April 1784, und L 14.

206 *Kleinkünstlen:* DWB 5, Sp. 1114, führt nur ›Kleinkünstler‹ an. – *wie ein Dorffriseur um Härchen:* Zu dieser Wendung vgl. Mat I 113.

208 *Hierbei:* Davor von L. gestrichen *Aber ich will noch weiter gehen.* – *Postwagen-Reisen:* S. E 152 und die Anm. dazu. – *Mut des Regulus:* S. zu D 666. – *in Deutschland keinen allgemeinen Fluch:* Über die Bedeutung der Nationalflüche handelt L. noch in »Daß du auf dem Blocksberge wärst« (III, S. 473). Im übrigen vgl. C 75 und zu B 391. – *keinen Galgen, den man überall kennt:* Vgl. C 75 und F 1167. – *in . . . Middlesex hängensfähig:* »Middlesex, das man, wo nicht wahre Gosen, doch gewiß die eigentliche Attica der Beutelschneider und Mauser nennen könnte.« (GTC 1789, S. 180) – *hängensfähig:* In dem »Weg der Buhlerin« (III, S. 739) prägt L. »hängenswert« und gebraucht das frz. pendable (III, S. 740, 744, 941). – *fürchte:* Von L. verbessert aus *hoffe.*

209 *Deutsche Sitten auf das Theater bringen:* Auch diese Notiz sollte wohl einen Bestandteil des »Parakletor« bilden. Im übrigen s. zu C 75; vgl. E 154, 267, 345, 402. – *Zichorien-Kaffee:* Ital cicoria, der im 16. Jh. aufkommende fremde Name der heimischen Pflanzengruppe: Wegwarte, aus deren Wurzel ein Kaffee-Ersatz hergestellt wurde, weit Mitte des 17. Jh.s eine am Nordharz gebräuchliche Verwertung. – *Birken-Champagner:* Von L. verbessert aus *Birckenwasser.* Aus dem ausfließenden angenehmen Saft der Birke, die man im Frühjahr anbohrt, bereitete man den Birken-Met. L. gebraucht diesen Ausdruck in »Etwas über den Nutzen und den Cours der Stockschläge, Ohrfeigen, Hiebe etc. bei verschiedenen Völkern« (GTC 1781, S. 87; VS 5, S. 277).

S. 392 *Sollen wir etwa . . . darauf bringen:* Die Aufzählung setzt sich E 227, 267, 345, 400 fort. – *bringen:* Danach von L. gestrichen *und sie vom Büttel.* – *Gespensterweisen:* Von L. verbessert aus *Gespensterglaubigen*; s. auch E 34. – *unsere Ärzte . . . Zahnschmerzen mit Roßzähnen heilen:* Nach DWB 8, Sp. 1279 ist Roßzahn der Name des Schwarzen Bilsenkrauts. Sollte das hier gemeint sein? – *Radnägeln:* Von L. verbessert aus *einem Radnagel.* – *Roßzähnen:* Von L. verbessert aus *einem Roßzahn.* – *heilen:* Danach von L. gestrichen *auf die Bühne bringen.* – *klug werden kann:* Von L. verbessert aus *versteht.* – *Leute von Gout und Monde:* S. auch E 339. Frz. gout ›Geschmack‹ und monde ›Welt‹, im 18. Jh. im Deutschen gebräuchliche Modewörter. – *Ulmischen Messerschmiede:* Ulm war seinerzeit berühmt wegen der Qualität dieses Handwerkszweiges. – *Londonsche:* Von L. verbessert aus *Englische.* – *Darmstädtischen:* Von L. verbessert aus *Fran[kfurter].* – *Darmstädtischen Kammacher:* Im Odenwald mit Schwerpunkt Ober-Ramstadt florierte bis in dieses Jh. das Gewerbe der Kammacher. – *machen:* Von L. verbessert aus *schneiden.* – *Unsere ewigen Affen:*

Von L. verbessert aus *unser ewiges Nachäffen.* – *damn me:* S. zu E 108. – *wie ein Franzose bei Roßbach:* Zur Schlacht bei Roßbach s. zu D 610 (S. 323). – *Filet:* S. zu C 329. Hier meint es: weibliche Handarbeit. – *wie Herkules:* Nach der Sage soll Herkules im Dienst der Königin Omphale den Spinnrocken geführt und mit den Sklavinnen die Wolle verarbeitet haben; s. Karl Kerényi, Die Mythologie der Griechen, Bd. 2, S. 155, München 1966. – *Hippagogen:* Griech. ›Pferdeführer‹; hier wohl im Sinne von: Bereiter gemeint. – *auf und ab:* Zu dieser Wendung s. zu D 668. – *Purper:* Diese Schreibweise für: Purpur war bis ins 18. Jh. gebräuchlich. – *mit einer:* Von L. verbessert aus *in einer* aus *in der.* – *zeichnet:* Von L. verbessert aus *sucht.* – *Gesindel, bald:* Von L. verbessert aus *Bestien und dort.* – *Katholiken und Teufelsbraten:* Zu dieser Einteilung s. E 166. – *Teufelsbraten, und bald:* Von L. verbessert aus *Menschenfresser oder.* – *Klotzköpfe:* Von L. verbessert aus *Haubenstöcke.* Wohl in Analogie zu engl. clothead, blockhead ›Dummkopf‹ gebildet; DWB 5, Sp. 1256, bringt keine Belege bei. S. auch E 293. – *Konsuls:* Danach von L. gestrichen *die feldherrischen Minen eines.* – *Coquarde:* S. zu E 121. – *Magisterschmäuse:* S. zu E 189. – *wollte?:* Danach von L. gestrichen *Der Förster, der unter einer Schwindsucht leidet, die Prälat mit seinen Schmäusen.* – *oft . . . können:* Von L. verbessert aus *etwas besser hätte verschaffen können als der verstorbene werth war* – *Beutel-Perücke:* Perücke, deren Hinterhaar in einen Beutel gehängt ist. – *in den Bürgerstand zu erheben:* S. zu C 256. – *Spüllumpen-Manschetten:* DWB führt nur *Waschlumpen* und *Spüllappen* auf. – *Spüllumpen:* Von L. verbessert aus *Waschlumpen.* – *à trois couleurs:* Frz. ›dreifarbig‹.

S. 393 *3 Groschen:* Zu dieser Zahlenangabe s. zu C 22. – *die Erlaubnis:* Von L. verbessert aus *das Ver[gnügen].* – *stirbt, und . . . ihre:* Von L. verbessert aus *und seine.* – *Vogelfreiheit:* Zu diesem Ausdruck s. zu E 153. – *fechten:* Von L. verbessert aus *stirbt.* – *Sorge gelächelt:* Diese Wendung wirkt wie eine Anleihe an Klopstocks dynamisierende Dichtersprache. – *saugt:* Von L. verbessert aus *angesaugt hat* aus *saugt.* – *ein Heer von frönenden Untertanen:* L. befindet sich mit dieser Aufzählung dicht bei Schillers deutschem Trauerspiel »Kabale und Liebe«! – *die Wahrheit mit einem Galgen auf dem Buckel:* Dieses Bild kehrt auch E 227 wieder. – *Galgen . . . Buckel:* Von L. verbessert aus *doppelten Maul.* – *Materien:* Danach steht in der Handschrift *Siehe weiter p. LX* mit Verweisungszeichen (das Folgende steht in der Handschrift zwischen E 213 und 214). – *Förster . . . im Wohlleben:* Zu L.s durch die hessen-darmstädtische Realität bedingtem Vorurteil gegenüber diesem Berufsstand s. zu D 633. – *Nimrod:* Nach dem Alten Testament ein Städtebauer und ›großer Jäger vor dem Herrn‹, danach sprichwörtlich für: Jäger. – *der alte Adam:* Gebildet nach Römer 6, 6 und Epheser 4, 22, geläufig geworden durch Luther (s. Büchmann[32], S. 92). – *auszieht:* Von L. verbessert aus *fort ist.* – *Alfanzereien:* Im älteren Deutsch: Alifanz, Erzschalk; Possenreißereien, Albernheiten. L. gebraucht das Wort auch an Carl Friedrich Hindenburg am 24. August 1778. – *Englisch-Böotische:* Von L. verbessert aus *poetische;* zu böotisch s. zu D 416. – *Festtags-Prose:* Zu dieser Wortprägung s. zu B 178. – *Festtags-Prose donnern:* Die Wendung klingt wie eine Parodie des Klopstock-Stils.

210 *Unsere . . . Juden:* Diese Bemerkung ist von L. gestrichen. – *Connoisseurs:* Kenner, insbesondere Kunstkenner. Zu diesem von L. durchwegs abschätzig gebrauchten Gallizismus s. III, S. 616, 749, 882; auch GTC 1797, S. 209. Über diesen im 18. Jh. geläufigen Begriff s. Jonathan Richardson, The

Conoisseur: An Essay on the Whole Art of Criticism as it Relates to Painting, in: The Works of Jonathan Richardson, London 1792, S. 103–171. – *Hamburger Juden:* Seit 1671 waren die hochdeutschen Juden von Hamburg, Altona und Wandsbek in der sogenannten Dreigemeinde zusammengeschlossen: die größte jüdische Gemeinde Deutschlands; s. Helga Krohn, Die Juden in Hamburg, Frankfurt a. M. 1967.

211 *Gespenster-Idylle:* Zu diesem Plan s. D 39.

212 *es wird:* Von L. verbessert aus *leben bis um. – sterben:* Von L. verbessert aus *gehen* aus *sterben.*

213 *Wenn die Menschen plötzlich tugendhaft würden . . . Tausende verhungern:* Zu dieser Art hypothetischen Sätzen L.s s. E 207.

214 *einen Bart machen:* S. zu D 67.

215 *Ein Buch ist ein Spiegel . . .:* Diese Wendung begegnet auch F 112, 860. Im Büchmann wird diese Bemerkung als Geflügeltes Wort aufgeführt. – *Affe . . . Apostel:* Dieses Bild ist in der Antiphysiognomik (III, S. 280), verwertet. – *sehen:* Von L. verbessert aus *gucken.*

216 *Zuhörern:* Von L. verbessert aus *umsteh[enden]. – Augen-Axen parallel stunden:* Die Wendung kehrt auch E 355, J 350, III, S. 699 und in einer später veränderten Stelle der Antiphysiognomik (Lauchert, S. 27) wieder. – *in Bileams Jahrhundert:* Bileam, heidnischer Prophet aus Mesopotamien zur Zeit der Landnahme Israels um 1200 v. Chr.; nach 4. Mos. 22–24 wehrte Jahwe seinen Fluch gegen Israel ab (Episode der sprechenden Eselin, auf die L. wohl anspielt).

218 *Stubensitzer:* Zu L.s Verwendung dieses Substantivs s. zu B 314. – *Rochefoucaulds Bemerkungen:* L. besaß von ihm »Moral Maximes. Translated from the French. With notes«, London 1749 (BL, Nr. 1340). Die Göttinger Bibliothek weist folgende Titel auf, die L. benutzt haben könnte: »Réflexions, ou sentences et maximes morales«, Paris 1665, ferner eine Nouvelle Edition, Lausanne 1750. Alle weiteren Titel sind später erschienen als Sudelbuch E: 1779, 1798 etc. François Duc de La Rochefoucauld (1613–1680), frz. Schriftsteller, berühmt wegen seiner »Mémoires« (1662) und seiner erstmals 1665 erschienenen Maximen, mit denen er den Aphorismus frz. Prägung schuf; sein Leitgedanke war die Eigenliebe und Selbstsucht als Ursprung menschlichen Handelns. L. zitiert ihn mehrfach. – *schrieben . . . feiertagsmäßig:* Zu L.s Komposita mit *Feiertags-* s. D 633 und Anm. – *Handel mit Wandel:* Von L. verbessert aus *gemeinen Leben. – da . . . jetzt:* Von L. verbessert aus *sie machen. – Gesichter, wie eine alte Jungfer, wenn sie sich malen läßt:* Diese Wendung begegnet ähnlich auch F 502. RA 127; sie ist im »Orbis Pictus« (III, S. 382) verwertet.

219 *Kurrent-Seufzer:* Zu L.s Verwendung des frz. courant s. zu D 42. – *sieht und:* Danach von L. gestrichen *für noch gröser hält.*

220 *Vogel Rock:* Sagenhafter Riesenvogel in arab. Märchen.

221 *Saxenhäuser Grobheit für Satyre halten:* Zu diesem Bild s. auch E 376. – *seigen:* Vgl. D 505. – *lispelnden Züngelgen:* Danach von L. gestrichen *halb wieder zurücknehmen.* ›Lispeln‹ war in der Dichtersprache des 18. Jh.s speziell in der Anakreontik und der empfindsamen Lyrik ein beliebtes Wort für: flüsternd sprechen. Dem heutigen Wortverständnis entsprechend gebraucht L. es E 446.

222 *keine Kunst etwas kurz sagen, wenn man etwas zu sagen hat:* Zu dieser

Maxime L.s s. zu E 39. – *ex . . . fit:* Aus Nichts wird nichts. Auf Aristoteles zurückgehender, ontologischer Grundsatz; vgl. auch die antike Diskussion um den Begriff »Nichts«. Bei Persius, Satirae III, 84 findet sich diese Variante: »De nihilo nihilum, in nihilum posse reverti«. Nichts kann aus nichts kommen, nichts kann zu nichts werden. S. auch J 144.

223 *ersten Stück meines Frankfurter Güterwagens . . . unter der Presse:* Natürlich fingiert; noch in der Zeit der Gründung des »Göttingischen Magazins« erwog L. als Titel der Zeitschrift neben »Magazin« und »Museum» die Bezeichnungen »Güterwagen« und »Marktschiff«; vgl. Brief an Karl Friedrich Hindenburg vom 24. August 1778 und Georg Forsters Titel-Liste, spätestens Juli 1777 (Briefwechsel I, Nr. 569, S. 964), die u. a. »Göttingischer Frachtwagen« notiert.

224 *voll:* Danach von L. gestrichen *so leicht.* – *gewachsen:* Danach von L. gestrichen *daß es mein Fehler nicht ist, daß ich mein Buch nicht mit einem eintzigen Wort ausspreche.* – *ich es:* Danach von L. gestrichen *in einem eintzigen Gedancken habe.*

225 *die 1777 . . . gebracht:* Zu dieser Absicht s. zu D 324. – *Anfang des Parakletors:* Zu diesem Plan s. zu D 526.

226 *für den:* Von L. verbessert aus *zu dessen Erläuterung.* – *zwar:* Danach von L. gestrichen *mit eben so viel Ehre.* – *stille schweigt:* Von L. verbessert aus *das Maul hält.* – *kommen:* Von L. verbessert aus *erscheinen.* Danach gestrichen *Diese Messe ist da In die.* – *mystischen drei 7 in der Jahrzahl:* S. zu D 324. – *höchst . . . sonderbar:* Von L. verbessert aus: *noch sonderbarer.* – *haben und:* Danach von L. gestrichen *vermuthlich nicht eher als in tausend wieder eines* [aus: *keines*] *haben werden. Denckt an die lezten drey sechse da London abbrannte. Alles was auch ein fleißiger Leser Jacob Böhms sagen kan ist.* – *einer . . . Monarchie:* Von L. verbessert aus *Preußisch Polen oder Preußisch Deutschland.* – *Spitzbuben-Republik:* Diese Bezeichnung für die im Aufruhr befindlichen amerikan. Kolonien begegnet F 498; s. UB 51. Zu L.s politischer Stellung in der Auseinandersetzung zwischen England und seinen amerik. Kolonien s. Gumbert, Das politische Denken des jungen Lichtenberg, in: ders., Georg Christoph Lichtenberg. London-Tagebuch September 1774 bis April 1775, Hildesheim 1979, S. 17–50. – *Diese . . . vielleicht:* Von L. verbessert aus *Das kan.* – *unser Topf zu kochen aufhört:* Danach sollte sich E 234 anschließen. – *was:* Danach von L. gestrichen *kommen muß wenn wir.* – *arme Teufel von der Feder:* S. zu D 653. – *Feder:* Danach von L. gestrichen *so stille sitzen, wie bisher?* – *bellum omnium contra omnes:* Krieg aller gegen alle. Zitat aus Thomas Hobbes' »Elementa philosophiae de cive«, Amsterdam 1647, wo er diesen (auf Plato zurückgehenden) Begriff in der ›Praefatio ad lectores‹ gebraucht. – *versehen, so:* Danach von L. gestrichen *werden die Hof[narren].* – *macht:* Danach von L. gestrichen *Stöhrt mich jetzo.* – *aut, aut:* Entweder, oder. – *in Quarto:* S. zu B_1 155.

227 *Zirkelquadrierer:* Jemand, der vorgibt, die Quadratur des Kreises erfunden zu haben (jetzt: Kreisquadrator); vgl. D 41. Zu der Aufzählung s. zu E 209. – *Zirkel-Bogen:* In geometrischer und technischer Verwendung. Teil der Kreislinie, bzw. Kreisbogen oder die Krümmungslinie des Kreises als Ganzes. Von L. verbessert aus *Segmente.* – *einen Goldmacher, der:* Von L. verbessert aus *Adepten die.* – *hungrig . . . wacht:* Von L. verbessert aus *gierig bewacht.* – *Perpetuum Mobile:* S. zu C 142. – *Ugolino-Gesicht:* Ugolino della Gherardesca (gest. 1289 in Pisa), seit etwa 1250 Führer der ghibellin., dann

der guelf. Partei in Pisa, 1788 vom Erzbischof von Pisa inhaftiert, der ihn samt seiner Familie im Kerker verhungern ließ. – *der:* Danach von L. gestrichen *auf eine Terne wartet.* – *Terne:* Dreitreffer in Zahlenlotterien. – *Vorspiel Germanien die das Lotto zum Teufel peitscht:* Vgl. E 229. – *nackende Wahrheit . . . Galgen auf dem Buckel:* S. E 209.

228 *Böotien:* S. zu D 416. – *entstand ein Shakespear:* Anspielung auf Goethe; s. D 610, wo der Satz wörtlich begegnet. – *Wurzeln roh:* Von L. verbessert aus *rohe Wurtzeln.* – *Menschen:* Danach von L. gestrichen *sprach Prunck[schnitzer].* – *hieß:* Von L. verbessert aus *fieng an.* – *Prunkschnitzer:* Zu diesem Ausdruck s. zu D 535. – *Sitten:* Danach von L. gestrichen *zu reden und ward so original.* – *ward . . . Original:* Zu dieser Wendung vgl. E 69. – *mit des Teufels Gewalt:* Von L. verbessert aus *in des Teufels Nahmen.*

229 *Eine Germania, der eine Lotto-Fortuna . . .:* S. E 227. – *ihrer:* Danach von L. gestrichen *bleyernen.* – *Kollekteur:* Frz. ›Los-Einnehmer, -sammler‹.

230 *Voltaire verachten:* Vgl. III, S. 380. – *Wielanden für einen armen Sünder halten:* Vgl. III, S. 380.

232 *Der Mann, der glaubt ein Kompendium wäre ein Buch:* Zu L.s Geringschätzung des Kompendiumwesens s. zu C 346; zur Wendung vgl. E 235. – *Facta registrieren wäre Geschichte schreiben:* Über die ›registerartige Gelehrsamkeit‹ mokiert sich L. schon D 255; im übrigen s. das Wortregister. – *wäre:* Von L. verbessert aus *hiese.*

233 *Er urteilt . . . wie ein Professor Juris von einer Satyre:* Zum Gedanken s. auch E 435.

234 *Nach den Worten . . . unser Topf zu kochen . . . aufhört:* Die Bemerkung schließt an E 225 an. – *arme Teufel von der Feder:* S. zu D 653.

235 *Ich habe so wenig für die Gelehrten geschrieben:* S. D 439 und die Anm. dazu. – *Gelehrten:* Von L. verbessert aus *ungelehrten.* – *beruht:* Von L. verbessert aus *ist.* – *weitläuftigen:* Von L. verbessert aus *andern.* – *Compendia Kompilationen Wetterbeobachtungen . . . mit darunter zählt:* Zu diesem Gedanken vgl. E 232. – *Kompilationen:* S. zu D 506. – *Leute:* Von L. verbessert aus *Gele[hrte].* – *Lotterie-Listen und Muster-Charten mit unter die Bücher rechnen:* Zu dieser Wendung vgl. E 335. – *Muster-Charten:* Bei Tuchhändlern, Knopfmachern, Seidenhändlern eine Karte, worauf die Proben von Tuch, Knöpfen und seidenen Zeugen angeheftet sind und woraus der Käufer für seine Bestellung wählt. – *Gelehrten:* Danach von L. gestrichen *aufhören selbst zu schreiben aus sich endlich gar auf das blose Erfinden legen] und sich einen Schreiber halten müssen.* – *auf das . . . Erfinden legen:* Zu L.s Unterscheidung zwischen Erfindung und Découverte vgl. E 335. – *legen, und:* Danach von L. gestrichen *mehr thun als schreiben. nicht mehr schreiben sondern thun, und das Schwätzen.* Zum Gegensatz von Tun und Schwätzen s. zu E 2. – *Bücher . . . geschrieben . . . zum Unterlegen in der Haushaltung:* Dieser Gedanke begegnet auch E 245, 311.

236 *Zur Komödie: Die Physiognomen:* Zu dem Plan eines die Physiognomik und ihre Anhänger satirisierenden Lustspiels gehören auch die Bemerkungen E 244, 360; F 685, 1048.

237 *hohl husten:* Anspielung auf die Schwindsucht. – *Siebenziger:* Von L. verbessert aus *sch[windsüchtige].* – *die Kunstwörter der heilenden Fakultät:* Die Fachsprache der Mediziner.

238 *Der Windbeutel . . . der dem:* Die Bemerkung ist von L. gestrichen; er gebrauchte den Ausdruck auch E 267, F 741.

240 *Taten:* Danach von L. gestrichen *aber schwazt nicht von eu[ren]. – Glaubt Ihr etwa, Ihr fühltet allein ...:* Dieser Satz begegnet ähnlich auch F 500. – *Sprechen aus ... Schwätzen von Empfindung:* Der wiederholten Kritik an der zeitgenössischen ›empfindsamen‹ Schreibweise (s. etwa E 246, 257) stellt L. positiv Sterne gegenüber (E 430) und findet für sich als Maßstab des Schriftstellers die J 555 aufgestellte Forderung. L. verwertet die Wendung im Alexandrinergedicht (III, S. 418). – *sprecht Lavatersche oder Engelraffaelische Prose:* S. zu dieser Wendung und zum Engel Raffael zu D 652. – *Weichsel:* Von L. verbessert aus *Donau. – eine Windblase von einem Ausdruck statt einer Sache:* Zu diesem Ausdruck vgl. E 194. – *anschmachten:* Von L. verbessert aus *anstaunen. – Tropf:* Von L. verbessert aus *Teufel.* Neben diesem Wort findet sich in der Handschrift die Zeichnung, die hier zwischen E 240 und 241 wiedergegeben ist. – *arabera:* Die Bedeutung dieses deutlich so geschriebenen Wortes konnte nicht geklärt werden.

241 *Aus dieser Ursache:* Von L. verbessert aus *So. – in England ... Buchhändeln ... Arzneien zu verkaufen:* Zu dieser Bemerkung und Hill s. zu KA 91; vgl. auch E 137. – *Erfahrung:* Danach von L. gestrichen *wie offt Sir John Hill durchschlägt, wo Locke zurückprallt, wie s. – gebracht hat:* Von L. verbessert aus *brachte.*

242 *Federn oder Baldingern zur Kur schicken:* Gemeint ist, dem Moralphilosophen oder dem Mediziner. – *Schneeberger:* Darüber s. zu B 319.

243 *Die große Regel:* Dazu s. Gumbert, Mißverständnis, in: Photorin 1, 1979, S. 23 f. – *dein Bißgen ... ist:* Von L. verbessert aus *du nichts sonderbares zu sagen hast.*

244 *Zum Vorspiel oder der Komödie:* Zu dieser Bemerkung s. zu E 236.

245 *Einer schrieb Fidibus und Tapeten:* Dazu s. zu D 610 (S. 323). – *Buch so:* Danach von L. gestrichen *denn Fidibus Tapeten, Pfeffer[dutten]. – vier Fakultäten:* An der dt. Universität des 18. Jh.s waren es die: Theologie, Medizin, Jurisprudenz und Philosophie. – *Papier zum Unterlegen ... in der Haushaltung geschrieben:* Zu dieser Wendung s. zu E 235. – *ich wünsche er hätte euch zwei gegeben ... 4 Ohren:* Zu dieser Wendung s. E 184. – *schneiden:* Von L. verbessert aus *machen. – gewissen deutschen Narrenhause:* Celle; s. zu E 53. – *Bücherverzeichnis:* Nicht überliefert, falls überhaupt entworfen. – *schändlicher Weise:* Von L. verbessert aus *vorsäzlich. – gesperrt:* Von L. verbessert aus *gesezt. – setze ich her:* Von L. verbessert aus *lege ich zu.*

S. 400 *wunderte mich nicht wenig:* Von L. verbessert aus *bin* [aus *habe mich*] *nicht wenig erschrocken. – ein Büchelgen von mir:* Gemeint ist der »Timorus« (III, S. 205–236); s. zu C 254. – *Büchelgen:* Von L. verbessert aus *Buch. – die Ursache bald:* Von L. verbessert aus *bald was die Ursache war davon. – jenes Werkgen ironice ... abgefaßt:* Vgl. III, S. 523. – *der Frankfurter Rezensent:* Die Rezension des »Timorus« findet sich in den »Frankfurter gelehrten Anzeigen«, Nr. LVII, den 16. Juli 1773; S. 474 ff.; der Rezensent ist nicht bekannt; im übrigen s. KIII, S. 84. – *Bittschrift der Narren:* Zu diesem Gedanken s. zu E 58. – *Unterschriebnen:* Danach von L. gestrichen *Barden. – Barden:* S. zu E 169. – *Druiden:* Priester bei den keltischen Völkern, ein Stand, der mit dem Adel die Herrschaft über das Volk teilte; der Kult der Eiche spielte bei ihnen eine besonders wichtige Rolle. – *entsprechende ... entsagende:* Zu diesem Wortspiel s. zu D 552. – *hätten:* Von L. verbessert aus *anraisonnirten. – dort in der Ewigkeit:* Danach von L. gestrichen *immer kleiner, immer grauer, immer spitzer* [aus *und so spitz*], *halt!* [aus *nun ists fort!*] *Seelig sind die Toden. O wenn wir Worte hätten unsere Empfindung zu schreiben. Ein Wort ein Buch, wie sich das Nirgendwo anfängt, ein Buch ein Wort, das heiß ich Kopf. – guckt . . . Fingerhut:* Von L. verbessert aus *das heißt den Colossus in einen Kirschkern sperren, geht, klappt einmal den Colossus in einen Kirschkern.* – *Colossus:* Wohl Anspielung auf den Koloß von Rhodos, eine von Chares erbaute, 32 m hohe Statue des Sonnengottes, die zu den sieben Weltwundern gerechnet wurde. – *erst:* Von L. aus Unleserlichem verbessert. – *das Rauschen des Eichenwaldes:* Zu diesem Bild vgl. E 504, F 422, 731, ferner an Baldinger am 29. Januar 1775. – *furchthorchenden Wandrers:* Von L. verbessert aus *horchenden.* – *dann . . . deutlicher:* Von L. verbessert aus *dann deutlicher hinkeichend.* – *horch:* Von L. verbessert aus *ha ha ha.* – *niesendes Regiment:* Von L. verbessert aus *eine niesende Armee.* Dazu vgl. E 136. – *Regiment:* Danach von L. gestrichen *O weh! o weh!* – *Nun . . . gut:* Von L. verbessert aus *so, so, so.*

S. 401 *Boötischen Dialekt:* Zu diesem Ausdruck s. zu E 157. – *das Konzept:* Von L. verbessert aus *der Verfert[iger].* – *Mann:* Von L. verbessert aus *Zeitun[gsschreiber].* – *bei einem kritischen Gericht auf der ungelehrten Bank:* Zu dieser aus der Gerichtspraxis des 18. Jh.s entlehnten (›gelehrte Bank‹) und abgewandelten Wendung s. zu D 71. – *saß:* Von L. verbessert aus *sitzen soll.* – *jetzt . . . sitzt:* Von L. verbessert aus *den ich aber längst im Tollhause vermuthete, wenn ich erst mit meiner eignen Unsterblich[keit].* – *in diesem Haus auf der gelehrten [Bank]:* Zu dieser Wendung vgl. »Gnädigstes Sendschreiben der Erde an den Mond« (III, S. 410). – *dieser Mann:* Leitzmann (a. a. O, Anm. zu E 242 seiner Zählung, S. 397) vermutet, daß Goethe gemeint ist, auf dessen kritische Tätigkeit an den »Frankfurter gelehrten Anzeigen« angespielt wird. Daß schon mit dem Jahrgang 1773 ein radikaler Wechsel der Mitarbeiter eingetreten und mit andern auch Goethe ausgeschieden war, scheint L. nicht beachtet oder gewußt zu haben. – *Gabs'm . . . riechen:* Zu dieser Stil-Parodie s. zu E 157. – *Genie . . . in Wolken webt:* Zu diesem Bild s. zu D 530.

246 *Sprechen aus Empfindung . . . Schwatzen von Empfindung:* Zu diesem Gegensatz s. auch E 240 und III, S. 418.

247 *Auf einer meiner Reisen . . . Kabinett von Büsten* : Dazu s. E 165 und die Anm. dazu. – *römische Garten-Erde . . . hinter den Ohren:* Diese Wendung begegnet ähnlich auch an Joel Paul Kaltenhofer am 14. Mai 1772.

249 *Ordnung . . . im Büchelgen nicht suchen:* Wohl der »Parakletor« gemeint; s. auch E 368.

250 *Wir schreiben ein- und sechszöllig:* Zu dieser Wendung s. zu D 610 (S. 323). – *Fidibus:* Dazu s. D 610 und Anm. – *Fuchs und Chamäleon zugleich:* Zu dieser Zusammenstellung s. D 463. – *kriegen:* Danach von L. gestrichen *und schrieb Makulatur.* – *Makulatur:* Ursprünglich die beim Druck eines Buches schadhaft oder fehlerhaft bedruckten Bogen. S. auch »Orbis Pictus« (III, S. 377). – *echote:* Zur Verwendung dieses Verbs s. DWB 3, Sp. 20. – *sein Urtel:* Von L. verbessert aus *seine Senten[z].*

251 *nonum prematur in annum:* Neun Jahre halt es [dein Werk] unsichtbar. Horaz, De arte poetica«, 388, wo »nonumque« steht. Dieses Zitat begegnet auch F 92, 93, 296, 867. – *Wenn ihn ein Patriarche vor der Sündflut gehabt:* Zu diesem Gedanken vgl. F 296. – *Ist denn ein Buch ein Faßwein:* Zu dieser Wendung vgl. F 92, 93. – *kurrent sein:* Im Umlauf (Geld), gängig sein. – *anno 64:* Danach von L. gestrichen *ein Buch im Young[ischen].* – *Youngisches Uhu:* S.

zu B 65. – *unter die Steckenpferde von 73 geraten:* S. zu dieser Wendung das ausführlichere Bild in D 610 (S. 324). – *Mein Büchelchen:* Gemeint ist der »Parakletor«. – *Ihr Herrn:* Danach von L. gestrichen *gegen die es gerichtet ist.* – *sitzen:* Von L. verbessert aus *ha[ngen].* – *seid:* In der Handschrift *sind.* – *Straf- und Trostschrift:* Gemeint ist der »Parakletor«. – *wißt ... Maul:* Von L. verbessert aus *und ich hätte sie fertig, so wolte ich sagen, daß er mich, Herr* [aus: *Freund*], *ich behalt es nicht so lang.* – *will ich zählen:* Von L. verbessert aus *soll er zählen, so solls fort seyn.*

252 *Briefe über die neueste Literatur:* Zu diesem Schreibplan s. zu E 151. – *ich dank es dem lieben Gott ... mich zum Atheisten hat werden lassen:* Dieser Scherz ist im »Orbis Pictus« (III, S. 403) verwertet.

253 *Turn ... side:* Verlache Narrheit, Betrug und Stolz / Und fechte mit der Lanze des Humors auf Seiten der Tugend. Der Ursprung des Zitats konnte nicht ermittelt werden. Zitat bei Alexander Pope?

254 *deutsche Charaktere auf die Bühne bringen:* Zu dem Gedanken s. E 154 und die Anm. dazu.

255 *Warum:* Davor von L. gestrichen *Romane. Ha warum schreibt [ihr] nicht solche Romane wie den Nothancker? Nun endlich kommt doch der Nothancker, es war mir schon lang bange vor dem* [aus *diesem*] *einfältigen Gemeinörtchen. Nicht als wenn ich euch nicht drauf dienen könte, Ihr Affengesichter, sondern weil ich meinen Beweiß wegen der Romane so eben mit dem Gnaden Stoß schließen wolte und nun wieder von vornen anfangen muß. Das sage ich euch: gantz antworte ich euch nicht darauf, warum habt Ihr das Maul nicht eher aufgethan* [aus *ihrs nicht eher gesagt*], *wie ich noch warm war.* Oder so:. – *Nothanker:* Von Friedrich Nicolais Roman »Das Leben und die Meinungen des Herrn Magister Sebaldus Nothanker« war 1773 der erste, 1775 der zweite Band erschienen; L. erwähnt ihn auch in dem Brief an Christoph Friedrich Nicolai, 2. September 1776 und in der Antiphysiognomik (III, S. 543); vgl. E 334. – *Nun:* Danach von L. gestrichen *für dem Gemeinörtgen war mir doch so eben bang.* – *könnte:* Danach von L. gestrichen *Ihr Affengesichter.* – *mit dem Gnadenstoß geschlossen:* Zu dieser Wendung s. zu B 317; dieses Bild gebraucht L. auch in »Zum Parakletor« (III, S. 529). – *Affengesichtern:* Die Anspielung wird aus RA 186 deutlich.

256 *Tentanda ... Ora:* »Temptanda via est, qua me quoque possim tollere humo victorque virum volitare per ora.« Drum muß ich auf neue Bahnen mich wagen, daß ich empor mich schwinge als Sieger im Munde der Menschheit; Vergil, »Georgica« III, 8 f. Der Gedanke ist im »Orbis Pictus«, III, S. 425, verwertet.

257 *zitiert Beattie den Milton, so wie er sich auf die Natur beruft:* Beattie weist auf Milton im »Essay on the nature and inmutability of truth in opposition to sophistry and scepticism«, London 1770, S. 54, 77, 124 hin. L. verwertet diesen Satz im »Orbis Pictus« (III, S. 380). – *Sprache der Natur:* S. zu A 12. – *Horaz ... am ersten Hof der Welt gelebt:* Zu dieser Wendung s. zu E 104.

S. 404 *den silbernen Mond hinhängt ... greifen:* Dieser Satz ist im »Orbis Pictus« (III, S. 380), verwertet. – *mir gefallen:* Von L. verbessert aus *ihn verstund.* – *Venerabile:* Von L. verbessert aus *Allerheiligste.* – *Venerabile:* Die in der katholischen Kirche zur Verehrung vorgezeigte geweihte Hostie. – *und ... haben:* Von L. verbessert aus *hat.* – *meiner:* In der Handschrift *mich meiner.* – *das feine Sieb:* Zu diesem Ausdruck vgl. D 257. – *zusichten:* DWB 16, Sp. 831 führt nur ›zusichtig‹ im Sinne von ›vorsichtige‹ und ›Zusicht‹ in Zusammenhang mit den Sittenrichtern, die das Volk in Zucht halten; in L.s Bedeutung ungewöhnlich.

S. 405 *Farce... Ergötzung:* Zu diesem Urteil vgl. noch K 186; s. auch E 286, 401, 435 und III, S. 315. – *messingenen Krappen:* Dazu s. D 534 und die Anm. – *ein Tropfen im Weltmeer:* Diese Gegenüberstellung findet sich, wenn auch nicht wörtlich, in der Bibel. DWB 11, 1, Sp. 871, bringt E 257 als Beleg. Im Brief an Kaltenhofer vom 22. August 1772 (?) und an Müller vom 20. Dezember 1784 erscheint die Wendung wie ein Alexandriner-Schluß. – *Fels der Vergessenheit:* Diese Wendung begegnet schon D 533. – *eintretende:* Von L. verbessert aus *kommende.* – *Flut mit einem Kartenblatt zurückfächeln:* Zu diesem Bild s. zu D 533. – *den Leib können sie töden aber nicht die Seele:* Dies waren angeblich die letzten Worte Zwinglis (gest. 11. Oktober 1531): »Den Leib können sie töten, die Seele nicht. Mein himmlischer Vater möge der meinigen gnädig sein.« (Zoozmann, Zitatenschatz der Weltliteratur, 1986, S. 449) – *In der Tausend und einen Nacht:* Berühmte arab. Märchensammlung, schon im 10. Jh. bezeugt; der frz. Orientalist A. Galland veröffentlichte 1704–1717 das gesamte Werk in frz. Übersetzung (12 Bde.), die lange Zeit das Vorbild aller weiteren Übertragungen blieb. Von L.s Wertschätzung zeugen u. a. F 69, J 673 und RA 145 (wo er Delucs Urteil zitiert). – *schon Übersetzungen von den übrigen Bänden:* Gemeint ist wohl die anonyme Übersetzung, die Leipzig 1771–1774 unter dem Titel »Tausend und eine Nacht, worinnen seltsame arabische Historien und wunderbare Begebenheiten nebest artigen Liebesintriguen, auch Sitten und Gewohnheiten der Morgenländer auf sehr anmutige Weise erzählet werden« in 12 Bdn. erschien.

258 *Die Mägden... errichteten eine Lese-Gesellschaft:* Zu diesem Gedanken s. zu E 151. – *Brausen des Genies in den Wolken:* Zu dieser Wendung s. zu E 109.

259 *ohnstreitig:* Von L. verbessert aus *unstreitig.* – *wird:* In der Handschrift *werden.* – *wie man von den:* In der Handschrift *die.* – *hatte:* Danach von L. gestrichen *Man braucht.* – *Halbgare:* Zu diesem Ausdruck s. E 194 und Anm. – *ist:* Danach von L. gestrichen *wo das* [unleserlich], *so.* – *planen:* Von L. verbessert aus *gemein[en].* – *oder:* Danach von L. gestrichen *Empfindungen lassen sich – aus der Nase... auf die Seele des Mannes schließen:* Anspielung auf die Mode des Physiognomisierens seiner Zeit. – *Unbeschreibliche:* Von L. verbessert aus *unbegreif[liche].* – *die ersten Philosophen von Deutschland:* Auf wen L. bei dieser satirischen Bemerkung zielt, ist nur zu vermuten; um Philosophen im engeren Sinne kann es sich nicht handeln; in Frage kämen ›dunkle‹ Autoren wie Herder und Hamann, ›aufsehenerregende‹ Schriftsteller wie Lavater und Zimmermann. – *bestreichen lassen:* Der Ausdruck ist doppeldeutig: Zum einen gehört er ins Vokabular der Buchbinder, die die Druckbögen ›bestreichen‹, um sie zu glätten; zum anderen gehört er in den Bereich der Volksmedizin, nach der Kröpfe und Warzen (u. a. mit den Gliedmaßen von Gehenkten) bestrichen wurden, um so davon zu heilen. S. auch E 368. – *140:* Von L. verbessert aus *100.* – *Entzücken:* Danach von L. gestrichen *andere bis zum st[erben?].* – *Salatsamen:* Zu diesem Scherz s. zu D 297. – *gewählt:* Von L. verbessert aus *gelegt.* – *Klassen von sieben:* Zu dieser Einteilung s. D 297. – *pretiöseste:* Frz.-dt. pretiös ›kostbar‹, aber auch ›geziert‹. – *Geschlecht der launigten:* Zur Etymologie von launig s. zu E 71. – *Nonpareille:* Frz. ›unvergleichlich‹. – *geschachter:* S. zu A 227. – *à la surprise:* Frz. ›zum Erstaunen‹. – *Yorick:* Von L. verbessert aus *Blitz.* Mit *Yorick* umschreibt L. die sentimentalische Schreibmode in der Nachfolge Sternes.

260 *Leberreime:* Eine Gattung vierzeiliger Scherzgedichte aus dem Stegreif, die über eine Hechtleber gesprochen wurden, wobei die erste Zeile immer mit den Worten beginnt: ›Die Leber ist vom Hecht, und nicht von einem ...‹ Im 17. Jh. sehr beliebt; ihr Erfinder war angeblich Heinrich Schaevius (1624–1661), eigentlich aber Johann Sommer 1605; s. auch »Orbis Pictus« (III, S. 380).

261 *Satyr-Gesicht:* Vgl. E 106.

262 *Duenna:* Sheridans Oper »The duenna« sah L. nach einer Notiz in RA 203 am 28. November 1775. Vgl. E 270, Mat I 67, 140. Richard Brinsley Sheridan (1751–1816), anglo-irischer Dramatiker, übernahm 1776 die Leitung des Londoner »Drurylane Theatre«; er war ein glänzender politischer Redner und bekleidete nach 1780 hohe Staatsämter. – *das weiße Blatt zwischen ... Testament:* »Like a dead wall between church and synagogue or like the blank leave between the old and new testament« Wie eine tote Mauer zwischen Kirche und Synagoge oder wie das leere Blatt zwischen Altem und Neuem Testament. (»Duenna« 1, 3) Dieselbe Stelle zitiert L. auch Mat I 142, im Brief an Georg Forster am 30. August 1790 und in dem Artikel »Getaufte Juden« (GTC 1795, S. 169). – *Ein Pfaffe ... ihre Laster:* »But thou hast a good fresh colour in thy face, father, rosy i'faith«, sagt Antonio in der »Duenna« 3, 6 zum Vater Paul, worauf dieser antwortet: »Yes, I have blushed for mankind, till the hue of my shame is as fixed as their vices.«

263 *Knöpfe mit dem Buchstaben Null tragen:* Vgl. F 111.

264 *Gewicht:* Danach von L. gestrichen *Es wäre schlecht gerathen.*

265 *nun wie Shakespear zu schreiben:* Zu diesem Gedanken s. zu D 93. – *Stuben-Maximen:* Zu L.s Vorurteil gegenüber aller weltfremden Gelehrsamkeit s. zu B 314. – *der Grund von allem ... Beobachtung und Kenntnis der Welt:* L.s Maxime lebenslang; s. noch betreffs Büsch III, S. 81, Fußnote. – *das rechte Losungswort:* Diese Wendung begegnet auch in »Orbis Pictus« (III, S. 384). – *Kandidaten-Prose:* Zu diesem Ausdruck s. zu C 74.

266 *passives und aktives Lesen:* Zu dieser Wendung s. zu D 98; zu dem Gedanken vgl. auch E 265.

267 *Windbeutel:* S. zu E 238. – *Trimalchio:* Über diese Figur aus dem »Satyricon« des Petronius s. zu D 360 und zu B 189. – *halten:* Von L. verbessert aus *lassen.* – *kuriös:* Frz.-dt. ›neugierig‹, im erweiterten Sinn ›sonderbar, seltsam‹. – *Kopisten ... Deutschen ... Bürger ... Kartuffel-Menschen:* Diese Aufzählung knüpft an E 227 an. – *Schnupfen ... gefangen:* Über diesen Anglizismus s. zu D 409. – *unser Hut:* Die Wendung prägt L. im »Orbis pictus« (III, S. 387); vgl. auch Mat I 144. Danach von L. gestrichen *den langsamen Cisleinanen, deutschen Bauer.* ›Cisleianaisch‹ prägt L. E 80. – *Menschen:* Von L. verbessert aus *Thiere zu Bauern, die sich zwar nicht um die Landes Regierung aber auch um sonst nichts bekümmern.* – *Stäbe jede Staatsverfassung ... abzustecken:* Zu dieser Wendung s. zu D 112. – *Stäbe:* Von L. verbessert aus *Pfähle.*

269 *Wie:* Davor von L. gestrichen *Hütet euch.* – *Boswell den Engel Paoli:* James Boswell war seit seiner 1764 unternommenen Reise nach Korsika, über die er ein Buch veröffentlichte (s. KA 200), ein glühender Verehrer und Freund des korsischen Freiheitshelden Pasquale Paoli (1726–1807), der in London Asyl gefunden hatte, nachdem er 1769 den Franzosen unterlegen war. L. lernte ihn am 14. März 1775 in London persönlich kennen; s. auch RT

22). – *Hottentotte:* Vgl. das E 168 zitierte Wort von Helvetius. – *bedecken sie mit Speck, daß kein Teufel durchsehen kann:* S. zu E 172.

270 *die schöne Arie in der Duenna:* Gemeint ist »Duenna« 3, 3; im übrigen s. zu E 262. – *Adieu ... love:* Leb wohl du öde Säule, wo niemals stirbt / Das finstere Echo reuiger Seufzer! / Ihr schwesterlichen Trauernden aus jeder einsamen Zelle, / Gewöhnt an Hymnen und an Gram, lebt wohl! / Nach glücklicheren Gefilden fliehe ich von diesem düsteren Hain! / Heiligen ein Gefängnis, aber der Liebe ein Grab! Vgl. Mat I 140. – *ward ich ... in Empfindung ... aufgelöset:* S. auch E 192. – *ich war ganz Musik:* Während Gumbert, Lichtenberg-Jb 1989, S. 212, diese Passage als einen Versuch L.s bewertet, »sich eines im Grunde wesensfremden empfindsamen Stils zu bedienen«, macht L. vielmehr am Beispiel eines überwältigenden musikalischen Eindrucks deutlich, daß für ihn nicht wie für die von ihm deshalb kritisierten zeitgenössischen Schriftsteller die schriftlich wiedergegebene ›Auflösung in Empfindung‹, sondern ihr ›charakteristischer Ausdruck‹ das Kriterium der literarischen Wiedergabe ist. – *schwarze Tat:* DWB 9, Sp. 2315, bringt für diese Metapher, die L. zufolge im 18. Jh. nicht unüblich gewesen sein kann, einen Beleg aus Jean Pauls »Dämmerungen für Deutschland«. Vgl. auch E 473.

271 *Quacksalber:* Über diesen Berufsstand handelt ein eigenes Kapitel in William Connor Sydneys »England and the English in the eighteenth century« (London 1891, 1, 300 ff.), in dem sich auch Proben der Reklame finden. – *nehmen:* Danach von L. gestrichen *Sie erzählen das Nebel weg.* – *und:* Danach von L. gestrichen *kommen heim.* – *geht ... heim:* Diese und ähnliche Verbbildungen wie »heimsagen« (E 272) und »heimreden« (E 275) sind sonst nicht belegt und wohl Neubildungen L.s, bei denen ihm wohl »heimsuchen« (s. E 275) in Stellen aus Luthers Bibel als Muster vorschwebten (s. DWB 4, 2, Sp. 858); dazu Keith Spalding, Lichtenberg's Use of ›Heim‹-Compounds, in: Modern Language Review 51 (1956), S. 570–572, der den religiösen Einfluß bestreitet und eher den der engl. Sprache sieht. – *befunden:* Danach von L. gestrichen *denn es und Personen mit den gesundesten Zähnen.* – *Schnupfen-Jahr:* Zu diesem Ausdruck vgl. D 654.

272 *ein Wörtgen heimsagen:* Vermutlich nach engl. *to bring a word at home* ›den passenden Ausdruck gebrauchen‹. S. zu E 271.

273 *Die beiden Apotheker, die sich ... herausfordern:* Aus der Göttinger Realität notiert? Dort gab es im 18. Jh. die Stadt- und die Universitätsapotheke. – *die Schlafe:* Schläfe; »nach alter Anschauung nur eine besondere Gebrauchsart von ›Schlaf‹ ..., die darin ihren Grund hat, daß der Schlafende gewöhnlich auf einer der Schläfen ruht und diese daher als den Sitz des Schlafes betrachtet werden.« (DWB 9, Sp. 270 f.) – *sah:* Von L. verbessert aus *sagte* aus *sah.* – *griff Fliegen:* Von L. verbessert aus *wolte Fliegen greifen.* – *übersilbert:* Anspielung auf die Quecksilberpillen gegen Syphilis? – *ward:* Von L. verbessert aus *hat.* – *Diese Historie ... in dem großen Buch erzählt:* Gemeint ist D 654, wo Ärzte die Kombattanten sind.

274 *unglaublich wie viel unsere besten Wörter verloren haben:* Vgl. E 276, J 661. – *Anbringer:* Von L. verbessert aus *Knaben;* über das Wort, das auch RA 30 begegnet, s. DWB 1, 30: Handlanger, auch Denunziant; Belege bei Olearius, Lessing. – *Der Schall Liberty:* Von L. verbessert aus *Heimsuchen;* vgl. E 163.

275 *heimsuchen . . . heimreden:* Zu diesen Wortbildungen s. zu E 271. Über die Bedeutungsentwicklung von *heimsuchen* s. DWB 4, 2, Sp. 857. – *stark:* Danach von L. gestrichen *das heiß ich.*

276 *Der Ausdruck sitzt dem Gedanken nur los an:* S. E 204 und die Anm. dazu.

277 *Hinten . . . ein Wörterbuch angehängt:* Auch dieser Gedanke gehört zum »Parakletor«-Plan; das Vorbild eines registerartigen satirischen Wörterbuchs hatte vielleicht Liscow gegeben; s. dessen »Samlung satyrischer und ernsthafter Schriften«, Frankfurt und Leipzig 1739, S. 32. Zu denken ist aber auch an Gottlieb Wilhelm Rabener, der im 3. Bd. der »Bremer Beiträge« 1745 einen »Versuch eines deutschen Wörterbuchs« und einen »Beitrag zum deutschen Wörterbuche« veröffentlichte, die dann in den 2. Bd. seiner Satiren aufgenommen wurden, in deren 10. Auflage 1771 sie L. möglicherweise zu Gesicht bekam. L. selbst hat »Beyträge zu Rabeners Wörterbuche« entworfen (III, S. 502–507 und KIII, S. 233 f.). – *könnte:* In der Handschrift *können.* – *Kandidaten-Prose:* S. zu C 74. – *S. 13 im Foliobuch:* Gemeint ist D 90. – *von Schwätzen S. 11 ibid:* Gemeint ist D 80.

278 *Attraktion und Eigenliebe:* Diese Zusammenstellung begegnet D 178. – *eine Probe wie man Gedanken abkürzen kann:* S. zu E 39. – *Gedanke p. 21 fol. D:* Gemeint ist D 178.

279 *Im Titul . . . Butterbrod nachgeahmt:* S. D 69 und Anm.

280 *Meine Beweise . . . in der Combabischen Form:* S. zu E 188.

281 *Da laufen sie . . . nach Troja:* Zu L.s Vorbehalt gegenüber dem zeitgenössischen Antikenkult s. zu E 165. – *Wood:* Robert Wood (1717?–1771), engl. Reisender und Politiker; sein berühmtes Werk »An essay on the original genius and writings of Homer with a comparative view of the ancient and present state of the Troade« erschien in vermehrter Auflage nach dem Tod des Verfassers London 1775. Wood selbst nimmt zu Beginn seines Werks Bezug auf die von Aeschines geplante Reise ins troische Gebiet, von der dieser im zehnten seiner zwölf (unechten) Briefe berichtet. – *Aeschines:* Aischenes (389–314 v. Chr.), Redner und Politiker aus Athen, Anhänger Philipps von Makedonien und Hauptgegner der Partei von Demosthenes, gegen den sich zwei seiner drei erhaltenen Reden richten; verbrachte den Rest seines Lebens als Lehrer der Rhetorik auf Rhodos. – *kommt einmal auf unsere Dachstube:* Vgl. E 378. – *Stein-Tabak:* Dieser Ausdruck ist in der Geschichte des Tabaks nicht belegt; vielleicht umgangssprachlich für ›Bergtabak‹, der an den Berghängen in der Türkei und am Schwarzen Meer auf steinigem Boden wächst, wobei sogenannte Hungerpflanzen entstehen, die nur einen Meter groß werden; oder ein Schnupftabak, der auf sogenannten Reibsteinen, wie sie heute noch in Betrieb sind, gemahlen wurde: Granitquader mit einer Mulde, in der ein früher von Hand betriebener Holzstößel herumlief (nach Auskunft von Alois Pöschl, Schnupf- und Rauchtabakfabriken Landshut).

282 *engländische Philosophen:* Von L. verbessert aus *Engländer.* – *Baracken:* Nach ital. baracca, frz. baraque, 1631 zuerst in der dt. Sprache nachweisbar als ›Hütten der Soldaten‹; erst später im Sinne von ›schlechtes baufälliges Haus‹. Als Beleg nennt Hans Schulz, Dt. Fremdwörterbuch Bd. 1, S. 75 (Straßburg 1913) L.s Hogarth-Erklärung von »Die vier Tags-Zeiten. Der Morgen« (III, S. 707). – *sie desertierten:* Von L. verbessert aus *so desertirten sie.* – *aparte:* Frz. apart von lat. a parte ›für sich, abgesondert‹.

283 *Queries:* Plural von engl. query ›Frage‹.

284 *in meiner ersten Jugend . . . ein Kalb wollte apportieren lernen:* Zu diesem Experiment vgl. G 60. — *verstunden:* Von L. verbessert aus *wurd[en]*.

286 *glauben, alles wäre vernünftig . . . ernsthaften Gesicht tut:* Vgl. E 357, 401, 435; diese Wendung begegnet ähnlich in »Friedrich Eckhard an den Verfasser der Bemerkungen zu seiner Epistel an Tobias Göbhard« (VS 3, S. 179).

288 *adieu:* Wohl die Abschiedsfloskel bei der Abreise von England und London, die am 7. Dezember 1775 erfolgte.

289 *In einem Städtgen . . . :* Anspielung auf die Kleinstadt Göttingen.

290 *Nicht wahr, morgen oder in Ewigkeit nicht:* Diese Bemerkung wurde von L. gestrichen. — *gebraucht:* Zu dieser Floskel s. das Wortregister.

291 *Demosthenes . . . am Ufer der See:* Zu des Demosthenes Übungen, seine Rhetorik zu verbessern, indem er am Meeresstrand mit Kieseln im Mund zu sprechen versuchte, vgl. B 213 und Anm. S. auch E 301. — *im Postwagen:* Vgl. E 152 und die Anm. dazu.

292 *Die rechten Narren . . . haben wir ja nicht einmal:* Ähnlich äußert sich L. gegenüber Müller von Itzhehoe am 20. Dezember 1784 und bezüglich Göbhard F 143. — *Sonnenkälbgen:* Auch Sonnenkäfer; volkstüml. Name für Siebenpunkt, coccinella septempunctata ›Marienkäfer‹ (DWB 10, 1, Sp. 1657). Von L. verbessert aus *Sommerkälbgen.* — *Email-Böckgen:* Wohl Wortbildung L.s (nicht DWB); Email ist Schmelzglas; Emailmalerei zuerst in Frankreich übliche Technik, im 17./18. Jh. wird das Wort auch in Deutschland bekannt. Von ›Email‹ schreibt L. in »Der Weg der Buhlerin« (III, S. 749). — *die:* Von L. verbessert aus *sich vor dem R fürchten.* — *R-scheuen Züngelgen . . . alles wie Brei und L aussprechen:* Zu dieser Wendung vgl. Mat I 50, G 237 u. III, S. 347. — *aussprechen:* Von L. verbessert aus *hüllen.* — *wer . . . empfängt:* Von L. verbessert aus *welches den stärcksten Hieb giebt, der Kerl oder der Spötter.* — *Hieb gibt oder empfängt:* Vgl. E 294. — *Batterien:* Von L. verbessert aus *Bachstel[tzen]*; vgl. auch E 294 und Brief an einen Unbekannten von Ende 1784/Anfang 1785(?) (Briefwechsel II, Nr. 1332a).

293 *n Nasigten:* Von L. verbessert aus *n fachen Nasen;* nach: *Nasigten* von L. gestrichen *eure doppelten Menschen.* Zu L.s ›Nasologie‹ vgl. das Wortregister. — *Nürnberger Ware:* S. zu KA 230. — *Klotzköpfe:* Vgl. E 209. — *zwei- und keinköpfigen:* Vgl. E 177.

294 *Bachstelzen zu schießen:* Vgl. E 292. — *Batterien:* Von L. verbessert aus *Bachsteltzen.* — *den Hieb gegeben oder empfangen:* Vgl. E 292.

295 *L...s Physiognomik:* Lavaters »Physiognomische Fragmente, zur Beförderung der Menschenkenntniß und Menschenliebe« erschienen in vier Bänden Leipzig und Winterthur 1775–1778. Den ersten Band hatte L. schon in England gelesen (s. D 593 und an Schernhagen am 17. Oktober 1775); der vierte Band mit Lavaters Polemik gegen die Antiphysiognomik war bereits im Februar 1778 in seinen Händen (s. Brief an Christoph Friedrich Nicolai vom 15. Februar 1778). — *Aussichten in die Ewigkeit:* S. zu A 129. — *Cherub mit einem Affenkopf:* Also eine Groteske. — *Cherub:* Mehrzahl: Cherubim, halb tier- halb menschengestaltige götteähnliche Mischwesen im Alten Testament mythische Wesen der Umgebung Jehovas, später als Symbol der Evangelisten gedeutet.

297 *Fenster einschmeißen:* Vgl. E 298.

298 *Wenn ich Fenster einwerfe . . . immer mit Drei-Groschenstücken:* Von L.

verbessert aus *Wenn ich nun seine Fenster mit Drey Groschenstücken einschmeiße, was will er dann?* Im übrigen vgl. E 297. – *Drei-Groschenstücken:* Darüber s. zu C 22.

299 *Nimmergrün:* Von L. verbessert aus *einem nimmergrünen;* die Bezeichnung begegnet auch J 1125 und im »Weg des Liederlichen« (III, S. 881) L. hat demnach Popes »nevergreen« nachgebildet; in DWB nicht belegt.

300 *Diogenes ... und andere Geistlichen:* Zu den Aussprüchen von Dienstboten s. zu C 378. – *in Kassel:* Poststation auf der Rückreise von London nach Göttingen Dezember 1775.

301 *Stoß- und Wecklöcher:* S. zu E 152. – *die Zunge abbeißt:* Von L. verbessert aus *auf die Zunge beißt.*

302 *Katheder-Schall:* S. die ähnlichen Zusammensetzungen E 358, 368. – *ein Kirschenstiel ... ein Wort:* Vgl. E 158.

303 *Amphion:* Sohn des Zeus und der Antiope; nach der griech. Sage umgab Amphion die Stadt Theben mit Mauern, indem sich die Steine zu den Klängen seiner Leier selbst an ihren Platz begaben. – *Sadon:* »Sa donk, sa donk, so leben wir alle Tage. In dem allerschönsten Saal-Athen ...« lautet der Anfang eines Studentenliedes des 18. Jahrhunderts. Sa donk: Verballhornung von frz. ça donc ›wohlan denn‹; S. dazu Erich Ebstein, Ça donc, Sadon usw., in: Archiv für das Studium der neueren Sprachen und Literaturen, Bd. 120, Braunschweig 1908, S. 418–420. L. spielt auf dieses Lied auch III, S. 623 und im Brief an Albrecht Ludwig Friedrich Meister, September 1782 an. – *Bei meiner Schwarzen:* Dieses Studentenlied, dessen Verfasser nicht ermittelt werden konnte, zitiert L. ebenfalls im oben nachgewiesenen Brief an Albrecht Ludwig Friedrich Meister. S. das »Vexierlied« in schwäbischer Version »Bei seller Schwarze do wär i heidideldom ...«.

304 *stehn die Postwagen ausdrücklich stille:* Zum Thema der deutschen Postkutsche s. E 152 und Anm.

305 *Ich sage ausdrücklich die Schornsteine auf dem Dach ...:* Zum Gedanken vgl. E 152 (S. 374). – *der Rauch geht zur Haustüre heraus:* L. greift diesen Scherz F 555 wieder auf.

306 *Ich mögte ... König von Preußen sein:* Zu diesem Wunsch vgl. B 85.

307 *Wahrheit:* In der Handschrift *Wahrheiten.*

308 *einer von den drei Weisen in der Schweiz:* Anspielung auf die Weisen aus dem Morgenland, die hl. Drei Könige; hier wohl gemeint: Haller, Lavater, Zimmermann. – *Schweiz:* Von L. verbessert aus *Niedersachsen.*

309 *Vorschlag ... Bücher zu brennen:* Der Gedanke kehrt ähnlich auch F 234, 330 wieder. S. auch an Johann Gottwerth Müller vom 31. März 1785.

310 *Er schreibt ...:* Diese Bemerkung ist wohl eher als ein ironischer Hieb auf gedanklich und sprachlich verquaste zeitgnössische Literatur zu verstehen. – *der Verstand stille steht:* Zu dieser Wendung vgl. C 25.

311 *Bücher ... zum Unterlegen in die Haushaltung:* Zu dieser Wendung s. E 235 und die Anm. dazu. – *hinter dem Fenster damit gestanden:* Zu L.s typischer Haltung vgl. B 81.

312 *Man macht ... aus einem weißen Bogen Pfefferduten, so bald darauf gedruckt ist:* Zu diesem Gedanken s. Mat I 158, 159; F 330; K 169, 201. Vgl. auch »Orbis Pictus« (III, S. 377) und III, S. 760.

313 *Er könnte kein Bißgen Brosam auf der Erde liegen sehen, ohne es aufzuheben ... allein:* Der Gedanke kehrt F 416 wieder.

314 *bist's:* Danach von L. gestrichen *weist's.* – *hast's n't g'sehn:* Zur Parodie des Geniestils s. zu E 157. – *schon vor 15 Jahren:* Vermutlich fiktive Zeitangabe. 1760/61 war L. noch in Darmstadt. – *auf Schützenhöfen:* S. zu B 114. – *dritten Feiertags-Andachten:* Vgl. »Gnädigstes Sendschreiben der Erde an den Mond« (III, S. 407) und »Für das Göttingische Museum« (III, S. 572). – *Brüder-Naumburgern:* Zu diesem Ausdruck s. zu D 382. – *vogtländische Elisionen:* Das Ausstoßen und Verschlucken eines Buchstabens, insbesondere eines Vokals vor einem anderen Vokal; die Anspielung auf das sächsische Voigtland ist unklar. – *purer puter:* Lat. purus ›rein‹, putus ›lauter, glänzend‹. Belege u. a. von Lessing für das dem Lateinischen nachgebildete »pur put« gibt DWB 7, Sp. 2252. – *Pantagruel[s] Lebens-Lauf:* Gemeint ist »Gargantua« von François Rabelais (ca. 1483–1553), frz. Humanist, Arzt und Schriftsteller, berühmt durch seinen Roman von den Riesen Gargantua und Pantagruel. – *Lutetiam:* Lutetia, lat. Name für Paris. – *ziehen:* Danach von L. gestrichen *Man soll ein inaudites und insolentes Wort vermeiden wie Skopeln.*

315 *Fliehe . . . Skopeln:* Zu diesem Satz s. KA 164 und die Anm. dazu.

316 *ein Land . . . wo man die Nase eher rümpfen lernt als putzen:* Der Gedanke findet sich auch F 574 und ist im Alexandrinergedicht (III, S. 420) verwertet.

317 *Besinnen etwas anders als Nachschlagen:* Diese Wendung begegnet auch in einem Brief an Hollenberg vom 8. Juli 1781.

318 *Adler . . . Flügel an der Sonne versengt:* Vgl. E 295, ähnlich auch E 501 (S. 448). – *Satyre . . . übertriebenes Lob erdichtet und dann gezeigt, daß es übertrieben ist:* Vgl. E 370, F 573. – *dagegen:* In der Handschrift nicht sicher zu entziffern. – *Ikarus:* Nach der griech. Sage Sohn des Dädalus, kam auf der Flucht von Kreta vor Minos mit seinen durch Wachs zusammengehaltenen Flügeln der Sonne zu nahe und fiel unweit Samos ins Meer. Das Alexandrinergedicht (III, S. 422) spielt ironisch darauf an.

320 *Über . . . Materie:* Von L. verbessert aus *über jeden Fleck auf dem Erdboden, der sich mit einem Mattier bedecken läßt.* – *Über einen Kirschen-Kern . . . Bücher schreiben:* Zu dieser Wendung s. zu C 359. – *Himten:* Niedersächs. größeres Getreidemaß von regional verschiedenem Gehalt. – *Kubik-Linie . . . Kubik-Rute:* Ehemaliges dt. Längenmaß mit unterschiedlichen Unterteilungen; die gewöhnliche Rute zählte 12 Fuß = 144 Zoll = 1728 Linien. – *Dissertation schreiben:* Zu dieser Wendung s. E 189 und die Anm. dazu. – *Kometen von anno 74:* Ein von Charles Messier entdeckter Komet war vom November 1773 bis in den Februar 1774 am Himmel zu sehen (s. auch Brief an Johannes Andreas Schernhagen, 2. November 1773). Bode sagt von ihm (Erläuterung der Sternkunde 2, 234): »Von einem Schweif waren bei diesem Kometen nur schwache Spuren zu bemerken«. Noch 1773 hatte L. in den »Göttinger Gemeinnützigen Abhandlungen auf das Jahr 1773«, Bd. 1, T. 2, Stück 91 vom 25. Dezember, S. 730 f., einen Artikel »Etwas von dem Cometen« veröffentlicht: »Der Comet, dessen bisher in verschiedenen Zeitungen Erwähnung geschehen, ist noch immer sichtbar. Ich habe ihn am 14ten dieses Monats, da es seit mehreren Wochen zum erstenmal wieder heiter wurde, früh um 5 Uhr, in meinem Hause, durch ein so genanntes Erleuchtungsglas beobachtet. Sein Stand war zwischen dem Haar der Berenice und König Carls Herze in der Mitte, und also betrug seine gerade Aufsteigung etwa 188 und seine Abweichung 33 Grade nach Norden. Mit bloßen Augen ist er kaum sichtbar. Seit dem 2ten November, da ich ihn in Stade zum erstenmal gesehen

habe, hat er nichts von seinem Lichte verlohren. Beydes seine gerade Aufsteigung und Abweichung nimmt zu, erstere ist in dieser Zeit von 42 Tagen um 22, letztere um 15 Grade ohngefähr gewachsen, er wird also, wenn er sich so zu bewegen fort fährt, mit Ablauf des Jahrs in unsern Gegenden beständig über dem Horizont bleiben. Genauere Beobachtungen, wozu man in der Nacht vom 14 auf den 15 die nöthigen Anstalten auf dem Observatorio gemacht hatte, anzustellen, hat die nach Mitternacht auf einmal einfallende trübe Witterung verhindert. Geschrieben den 6. December 1773. G. C. Lichtenberg P. P. E.«. Kästner legte L.s Beobachtungen des Kometen (in einer Karte) am 27. April 1774 der Sozietät der Wissenschaften vor, s. auch GGA 1774, S. 97ff., 249. Zur Sache s. Wilhelm Seggewiß, Lichtenberg und die Kometen, in: Photorin 10, 1986, S. 57–68. – *Monaden:* Der Begriff bezieht sich auf Leibniz Monadenlehre. – *tun:* In der Handschrift *zu thun*. – *8" Bändgen schreiben:* Oktav-Band; s. zu B 265.

321 *Vaterlands-Schänder:* Diesen Ausdruck gebrauchet L. auch E 516 und im »Weg des Liederlichen« (III, S. 909). – *in der allgemeinen deutschen Bibliothek:* Wie sich aus E 516 ergibt, meint L. den mit R zeichnenden Rezensenten der AdB; nach Parthey, Die Mitarbeiter an Friedrich Nicolais Allgemeiner deutscher Bibliothek, war dies Friedrich Gabriel Resewitz (1729–1806), 1775 Abt des Klosters Berge und Leiter des dortigen Pädagogiums; Übersetzer und Verfasser pädagogischer Schriften; er besprach 1767–1780 besonders moralische und kirchengeschichtliche Werke. – *umgeht:* Von L. verbessert aus *spricht*.

323 *Brief der Dienstmägden:* Zu diesem Plan s. zu E 151. – *vornehme Gedanken und gravitätische Redens-Arten:* Diese Wendung begegnet auch Mat II 52. L. verwertet sie im »Orbis Pictus« (III, S. 387). – *Reputatische Wörter:* Dieser Ausdruck begegnet auch Mat II 52; L. verwertet ihn im »Orbis pictus« (III, S. 387). – *deine HochEdelgeborne Dinerin:* Zu dieser Unterschrift s. zu E 159, verwertet in »Orbis Pictus«, III, S. 401.

325 *In dem Tollhaus muß einer shakespearisch sprechen:* Zu diesem Plan s. zu D 189 Nach Winkle, Struensee, S. 160, soll es sich dabei um einen Ausspruch Georgs III. handeln, »der den größten englischen Dramatiker nicht besonders schätzte« (Albert Leitzmann, Lichtenberg und England, Leipzig 1912, S. 37).

326 *Statt Goethisch lies Gothisch:* Es ist nicht anzunehmen, daß L. diesen naheliegenden Scherz aus Wittenbergs Rezension von Wagners »Deukalion« (Zeitschrift für deutsches Altertum 19, 379) nachspricht. – *Gothisch:* S. zu E 167.

327 Diese Bemerkung wurde von L. gestrichen.

330 *Die Leiden des Herrn Baron von Werthers:* Diese Bezeichnung Werthers findet sich auch in einem Brief an Christian Gottlob Heyne vom 8. Juli 1780. Für L.s Beurteilung von »Werthers Leiden« kommen noch folgende Stellen in Betracht: F 232, 353, 390, 498, 500, 516, 526, der Brief an Johann Christian Dieterich vom 1. Mai 1775 und an Schernhagen am 8. November 1779; ferner III, S. 519, 520 und in »Über Hrn. Vossens Vertheidigung gegen mich ...« (GMWL, 1782; VS 4, S. 304). An Lessing erinnert der mehrfach auftretende Plan einer Parodie (F 333, 491, 527).

331 *in England Astronomen gekannt:* Vermutlich Demainbray, der Direktor der Sternwarte in Richmond, sicher aber Thomas Hornsby. Leiter des Observatoriums in Oxford, den L. im Oktober 1775 besuchte: s. an Dieterich

am 13. Oktober 1775 und an Schernhagen am 16. Oktober 1775. *– und... das:* Von L. verbessert aus *wollen, kan da jeder kaltes Blut behalten? ich könte es nicht. – der Versuch ... über alle Erwartung gut ausgefallen:* Diese Wendung begegnet in englischer Fassung auch RA 146. *– Bestätigung:* Von L. verbessert aus *Bekräfft[igung]. – Mir kommen die Freuden-Tränen in die Augen:* Diese Wendung begegnet auch D 514.

332 *ein Versuch:* Von L. verbessert aus *Versuche anstellen.*

333 *die Bibliothekenschreiber mitzunehmen:* Vgl. E 335, 338, 355.

334 *die plagiarii:* Lat. plagiarius ›Menschenräuber‹, nach DWB 7, Sp. 1881 f. in der Bedeutung des frz. plagiat ›literarischer Diebstahl‹. *– die Eroberer ... unter die honetten Leute rechnet:* Vgl. noch L 37. *– ihm ... heraussprützt:* Von L. verbessert aus *erst eine Ohrfeige geben und dann zur Rede stellen. – heraussprützt:* Von L. verbessert aus *herauslauf[t]. – weismachen, daß ich den Nothanker geschrieben:* S. zu E 255.

335 *Vom Nutzen der französischen Wörter im Deutschen:* Diesen Gedanken, der E 337, 339 wiederkehrt, hat L. in »Über Hrn. Vossens Vertheidgung gegen mich ...« (GMWL 1782; VS 4, S. 290) verwertet. *– Erfindung ... Decouverte:* Vgl. E 339. *– Altes ... Namen:* Von L. verbessert aus *was man längst gewußt hat. – Americus Vesputius:* Amerigo Vespucci (1451–1512), ital. Seefahrer, unternahm Entdeckungsreisen nach der Nordostküste von Südamerika sowie nach Brasilien in der unmittelbaren Nachfolge des Kolumbus; nach seinem Vornamen wurde Amerika benannt. *– decouvriert:* Von L. verbessert aus *entdeckt. – mit Recht Schreiben zum Maßstab von Verdienst gemacht hat:* Zu diesem Gedanken s. zu C 61. *– kritischen Bibliotheken ... und Muster-Charten ... unter die Bücher rechnet:* Vgl. E 235. *– Bibliotheken:* Danach von L. gestrichen *Romane.* Im übrigen vgl. E 333. *– und Muster-Charten:* In der Handschrift *unter und.* Vgl. E 235. *– si un allemand peut avoir de l'esprit:* Ob ein Deutscher geistreich sein kann. Zu dieser von Bouhours gestellten Frage s. zu B 5; vgl. E 342. *– die schwarzen Husaren:* Von L. verbessert aus *der König von Preussen;* im übrigen s. zu D 44. *– Schelmen:* Danach von L. gestrichen *Ist Verräth es mehr Witz. – Lettern:* Von L. verbessert aus *Büchern. – Schwangern:* Von L. verbessert aus *Dam[en].*

336 *Ein ... Franzose ... die protestantische Religion ... Religion für die Ochsen genennt:* Die Herkunft dieser Äußerung konnte nicht ermittelt werden. Vom ›katholischen Hornvieh‹ schriebt L. seinerseits J 54. *– Reise durch das Paderbornische:* Paderborns Landstraßen lernte L. auf der Rückreise von London im Dezember 1775 kennen; das Erzbistum Paderborn wird für ihn wie Augsburg zum Inbegriff des erzreaktionären Katholizismus: vgl. F 364. *– Jesuschen:* Von L. verbessert aus *Christusse an den bösen Wegen.* L. erwähnt die Christusbilder an den Landstraßen in der Paderborner Gegend E 429; F 659, 943.

337 *Zu XCIV. unten:* Gemeint ist E 335. *– im schwarzen Kleide:* Von L. verbessert aus *in unserem Kleide der.*

338 *physikalische Bibliothek:* S. E 333 und die Anm. dazu.

339 *die französischen Wörter aus unserer Sprache:* Zu diesem Gedanken s. zu E 335. *– Herr nennen:* Von L. verbessert aus *bedienen. – im Otaheitischen:* Von L. verbessert aus *in Otaheiti. – Kolumbus ... Roßbacher Schelmen:* Die Passage begegnet fast wörtlich E 335. *– Roßbacher Schelmen:* Von L. verbessert aus *Spitzbuben.* Zur Erwähnung von Roßbach s. D 610 (S. 323) und die Anm. dazu.

340 *Eau de vie:* Aqua vitae, Aquavit: Lebenswasser, Branntweingeist.

341 *Esprit fort:* Frz. ›Freigeist‹, wörtlich: starker Geist. Das Wortspiel mit *stark* und *schwach* stammt nicht von L., sondern geht auf La Bruyère zurück, der sein Chapitre XVI des »Caractères de Théophrast traduits du grec, avec les caractères ou Les mœurs de ce siècle« jenen widmete; Ende des 2. Absatzes schreibt er: »donc l'esprit fort, c'est l'esprit faible«. »Ehemals fehlte es nicht an Gesellschaften unter den jungen Herren in Göttingen, worinn ein jeder nach dem Glücke strebte, ein esprit fort zu seyn. Sie hielten es für Pflicht, einen jeden jungen Landsmann gegen die ihm eingepflanzten Grundsätze einzunehmen, und ihm solche als Vorurtheile abzuschildern. Dieses glückte ihnen bey vielen, deren falscher Ehrgeiz durch einen neuen Glauben, den sie für weniger gemein und alltagsmäßig hielten, gereizt wurde; wofür denn jene die mächtige Ehre hatten, von nachgebenden Herzen für Genies gehalten zu werden.« (List S. 96). Zur Sache vgl. F 263.

342 *Ich scherze fürwahr nicht ...:* Auch diese Bemerkung wirkt wie zur Veröffentlichung im »Parakletor« formuliert. – *eingestehe die Deutschen hätten keinen Esprit:* Dazu s. zu B 5. – *die Liedgen unserer Jugend:* Gemeint wohl: Studentenlieder.

343 *Abschaffung der zehen Gebote:* Zum Gedanken s. auch F 301.

345 *Hektiker ...:* Griech. ›Schwindsüchtiger‹; die Aufzählung soll wohl an E 267 anknüpfen. – *Hornung:* Karls des Großen Monatsname für Februar. – *der jedermann apportiert:* Diese Wendung begegnet auch im »Orbis Pictus« (III, S. 385). – *dem ... schüttelt:* Dieser Satz kehrt nahezu wörtlich F 730 wieder. – *Ketten der Finsternis:* Wendung aus der Bibel: »Denn so Gott der Engel, die gesündigt haben, nicht verschonet hat, sondern hat sie mit Ketten der Finsterniß zur Hölle verstoßen, und übergeben, daß sie zum Gericht behalten werden.« 2. Petrus 2, 4. Vgl. an Christiane und Johann Christian Dieterich vom 17. März 1772.

346 *die Beschreibung des Dintenflecks:* Nach L 634 hatte L. für »Kunkels Ehrengedächtnis« eine »Beschreibung des Dintenflecks auf der Charte von Frankreich« ausgeführt, die ihm hier womöglich vorschwebt. L. spielt darauf auch III, S. 283, 853 an.

347 *Beschreibung der Belagerung von Bergen:* Der Gegenstand dieses ironischen Lobes ist »Die merckwürdige Belagerung und Eroberung der Vestung Bergen-op-Zoom« in den »Genealogisch-Historischen Nachrichten von den Allerneuesten Begebenheiten, welche sich an den Europäischen Höfen zutragen, worinn zugleich Vieler Standes-Personen und anderer Berühmter Leute Lebens-Beschreibungen vorkommen, als eine Fortsetzung des Genealogisch Historischen Archivarii« (Leipzig 1748, T. 117, Abschnitt I, S. 763–810). Die »Genealogisch-Historischen Nachrichten« wurden 1739–1778 von Michael Ranfft (1700–1774), historischer Schriftsteller, herausgegeben. Die alte niederl. Stadt Bergen in der Provinz Nordbrabant wurde 1747 im österreichischen Erbfolgekrieg von den Franzosen unter dem Grafen von Löwendahl belagert und eingenommen. – *gefällt mir ... besser als Homer:* Ironische Wendung gegen den Homer-Kult der ›Stürmer und Dränger‹ und Goethes »Werther«.

348 Die Bemerkung ist von L. gestrichen. – *Das Land, wo man den Shakespear ... als den Pontius Pilatus:* Der Gedanke ist in den »Briefen

aus England« (III, S. 341) und in »Zum Parakletor« (III, S. 528) verwertet.

349 *Die großen Herrn ... Kammerdiener mit ihren kleinen:* Dieser Gedanke, auch Mat II 7 notiert, ist in »Orbis Pictus« (III, S. 385) und »Wider Physiognostik« (III, S. 537) verwertet. – *ihm:* Von L. verbessert aus *mir.*

350 *Preisfrage an den Himmel:* Zu diesem Ausdruck vgl. B 243 und Mat I 114; s. noch L 683.

351 *Als er eine Mücke ins Licht fliegen sah ... sagte er:* Zu L.s beliebten Apostrophen an Lebewesen und tote Gegenstände s. zu E 97. – *Mücke:* Von L. verbessert aus *Fliege.* – *bitteren Kelch:* Dieses Bild, sowohl vom Motiv des sokratischen Schierlingsbechers als auch vom neutestamentarischen Christuskelch beeinflußt, belegt DWB 5, Sp. 506f. mit Zitaten aus Gotter und Goethe.

352 *Regeln-Krieg, Sprüchwörter-Krieg:* Diese Wendungen notiert L. auch im Mat I 155; s. auch F 852; er verwertet sie in der Antiphysiognomik (III, S. 279).

353 *Hauptsächlich das Missions-Wesen:* Vgl. L.s Entwurf »Physiognomische Missionsberichte« G 12.

354 *patriam fugimus:* Das Vaterland fliehen wir; Vergil, »Eklogen« 1, 4; s. auch Mat I 31. – *fugimus:* Von L. verbessert aus *fugit.*

355 *Ich kann ... wenn sie könnten:* Diese beiden Sätze begegnen fast wörtlich schon D 616. – *dankverdienerischen ... Geschäftigkeit:* Zur Verwendung dieses Adjektivs, s. zu D 64. – *zudringlichen:* Danach von L. gestrichen *unausstehlichen.* – *Pitschierstecher:* Mhdt. Petschaft, auch Petschier, Handstempel zum Siegeln; der Griff dieses Stempels war oft kunstvoll gearbeitet; vgl. D 616. – *könnten:* Danach von L. gestrichen *manche Leute sprechen vom Horatz.* – *die Augen-Axen parallel:* Zu dieser Wendung s. zu E 216. – *sein Genius:* Von L. verbessert aus *er.* – *der Asträa nach:* »Ultima caelestum, terras Astraea reliquit« (Ovid, »Metamorphosen« 1, 150). Der Himmlischen letzte, Jungfrau Aestrea verläßt die mordbluttriefende Erde. Asträa, Göttin der Gerechtigkeit, wohnte während des Goldenen Zeitalters, das die Dichter oft das Zeitalter der Asträa nannten, auf Erden und stieg wieder in den Olymp empor, als das Verbrechertum unter den Menschen erschien. Sie wurde in den Sternkreis versetzt, in dem sie das Zeichen der Jungfrau wurde. – *bewundere ... solche:* Von L. verbessert aus *kan auch Genies bewundern die ich.* – *sich ... potentatisch:* Von L. verbessert aus *sagt.* – *potentatisch:* Diesen Ausdruck – ›herrscherlich‹ – gebraucht L. auch in »Zum Parakletor« (III, S. 526); wie aus dem Brief an Ebell am 1. November 1792 hervorgeht ein Ausdruck von L.s Diener Heinrich Braunhold; über die von L. notierten ›Henrikodulia‹ s. zu C 378. – *Roma ... rotundi:* Rom, das Haupt der Welt / lenkt die Geschicke des Erdkreises. Der Verfasser dieses Epigramms ist unbekannt, eventuell ist es abgeleitet von Nepos' »Roma, caput orbis terrarum«. – *paar verlorne Bücher:* Von L. verbessert aus *Bücher ausbitten dürfte* aus *sehen mögte.* – *wären es ... Musen-Almanachen:* Von L. verbessert aus *wäre es ein Musen Almanach oder eine Iris, oder so was.* – *Almanachen:* Danach von L. gestrichen *denn ich kan mir gar nicht vorstellen, daß alle Leute so gedichtet haben, wie die 2 drey, die wir noch haben, da würden.* – *manch schönes Odgen und Romanzchen:* Von L. verbessert aus *schönes Zeug da.* – *Unsere Eichen ...:* Zum Eichen-Kult der zeitgenössischen ›Barden‹ s. E 169 und die Anm. dazu. – *die ... verändert:* Von L. verbessert aus

ich mögte wissen womit sich unsere Köpfe versündigt hätten, daß sie solten schlimmer geworden. – *die Alexandrinische Bibliothek:* Name der beiden von Ptolemaios I. Soter (305–283 v. Chr.) und seinen Nachfolgern gegründeten Bibliotheken in Alexandria, von denen die große etwa 700000 Buchrollen umfaßte; für die Ausbreitung antiker Wissenschaft waren beide von großer Bedeutung, wurden 269 bzw. um 390 n. Chr. vernichtet. – *heidnischen Wische:* Von L. verbessert aus *Büchelchen, die wir jetzt.* – *unter die Muttermilch mischt:* Von L. verbessert aus *einbläut.* – *albernen Bibliotheken:* Zu L.s Kritik an diesem zeitgenössischen Verlagsartikel s. zu E 333. – *Irissen:* »Iris« war der Titel einer von Johann Georg Jacobi und Wilhelm Heinze herausgegebenen »Vierteljahresschrift für Frauenzimmer« (erschienen 1774–1776). – *Minossen:* »Minos« schlägt L. als Titel einer Zeitschrift D 320 vor. – *lachen:* Von L. verbessert aus *klatschen.* – *Kreditoren:* S. zu E 46.

357 *in Perikles Jahrhundert:* Wissenschaft und Kultur in Athen gelangten unter der Herrschaft des Perikles – über ihn s. zu D 181 – zu solcher Blüte, daß das ›perikleische Zeitalter‹ zum Schlagwort wurde. – *Kaiser Franzens:* Franz I. Stephan (1708–1765), seit 1736 mit Maria Theresia vermählt, Stammvater des Hauses Habsburg-Lothringen; 1745 nach Karls VII. Tod römisch-deutscher Kaiser. – *unsere Kunstrichter . . . Definition vom Natürlichen:* Vgl. B 270. – *herausgekünstelt:* Von L. verbessert aus *gegeben.* – *Natur:* Danach von L. gestrichen *faßt ihre Regeln gemeiniglich in zwey Worten.* – *die:* In der Handschrift *die und.* – *eine Regel für die Schriftsteller . . . Laßts laufen:* Vgl. zu dieser Regel »Von ein paar alten deutschen Dramen« (III, S. 375); auch »Dritte Epistel an Tobias Göbhard« (III, S. 543). Interessant ist, daß L. mit dieser Regel nicht allein stand. Nicolai z. B. schrieb am 21. März 1767 an Gerstenberg: »Mich dünkt, ein jeder denke so, wie es die Mischung der Geisteskräfte eines jeden mit sich bringt, aber er denke reiflich und bemühe sich immer vollkommner, reifer, edler, klarer zu denken. Nur lasse er seinen Styl laufen, dann wird die Feder schon von selbst folgen wie er will, er wird sicherlich das natürliche Ebenbild seiner Gedanken seyn.« (s. AdB 6, 339).

358 *Vorschrift:* Von L. verbessert aus *Regel.* – *Katheder-Echo:* Vgl. E 302.

359 *Das dunkle Gefühl . . . Mensch:* Von L. verbessert aus *Der Trieb der Perfecktibilität, den der Mensch hat, macht daß er.* Von »Perfektibilitätstrieb« schreibt L. noch K 270. – *Perfektibilität:* Kennwort der europäischen Aufklärung, die den philosophischen Optimismus der »Vervollkommnung des Menschen« (RA 117) einer stetigen »Intellectualisierung des Menschengeschlechts« (Daniel Jenisch) widerspiegelt. Der von L. in den Sudelbüchern häufig benutzte Begriff (s. Wortregister) begegnet auch in seinen Veröffentlichungen (s. KIII, S. 115 zu III, S. 266, wo weitere Belege mitgeteilt werden). Für L.s differenzierte philosophische Anschauung ist es allerdings bezeichnend, daß er die ›Korruptibilität‹ des Menschen als ebenso gegeben annimmt (F 536 und III, S. 266). – *zu einer Art . . . gut:* Von L. verbessert aus *zum bessern.*

360 *Physiognomen:* Von L. verbessert aus *Physiognomick.* – *ein Lustspiel:* Zu diesem Plan s. zu E 236.

361 *Rösel . . . Ungeziefer-Belustigungen:* Über Rösels »Insektenbelustigung«, auf die L. hier anspielt, s. zu D 675.

363 *Federkauens:* Nicht recht wissen, was man schreiben soll; DWB 3, Sp. 1402, bringt lediglich einen Beleg von Zelter an Goethe. Das Wortspiel

mit Federlesen ist seit Fischart und Scheid literarisch verbürgt (DWB 3, Sp. 1404).

365 *abwimmern:* Offenbar Wortprägung L.s, die auch in der Neubearbeitung des DWB 1983 fehlt, vgl. aber F 7.

366 *Der Mensch ... Thermometer:* Vgl. D 465 und Anm.

368 *Einfall ... ob nicht Saturn ... das Modell von unserem Sonnensystem:* Der zweitgrößte Planet im Sonnensystem, der von einem einzigartigen Ringsystem umgeben ist, in dem wegen der hohen Umlaufgeschwindigkeit verschiedene Helligkeitsschattierungen zu unterscheiden sind. Zu L.s Reflexionen über diesen Planeten s. zu A 181; zum Ring des Saturn s. zu A 255. – *mehr:* Danach 'von L. gestrichen *aussieht als.* – *Short:* James Short (1710–1768), engl. Wissenschaftler, studierte zunächst Theologie, später Mathematik und praktische Mechanik. Mitglied der Royal Society in London; seine astronomischen Beobachtungen erschienen in den »Philosophical Transactions«. – *Tychonianer:* Anhänger des Welt-Systems von Tycho Brahe (1546–1601), berühmter dän. Astronom, studierte in Kopenhagen und in Deutschland. Verfaßte 1573 eine Schrift »De Nova Stella« im Sternbild der Kassiopeia, den 1572 entdeckt hatte. Gründete auf der Insel Hven seine Privatsternwarte »Uranienborg«, die er mit den besten Instrumenten der damaligen Zeit ausstattete. 1599 ging er nach Prag, wo er bis zu seinem Tod als Hofastronom Rudolfs II. tätig war und Planetentafeln berechnete (Rudolfinische Tafeln). Sein berühmtester Schüler war Kepler. Mit Tycho Brahes Weltsystem, nach dem sich Mond und Sonne um die Erde, die anderen Planeten dagegen um die Sonne bewegen, setzt sich L. kritisch im »Nicolaus Copernicus« (III, S 171f.) auseinander. – *Orrery:* Planetarium, eine mechanische Vorrichtung, durch welche die Bewegung der Planeten durch Räderwerk dargestellt wird; genannt nach Roger Boyle, Earl of Orrery (1621–1679), dem die erste Vorrichtung dieser Art zuerkannt wurde. L. selbst besaß ein Bodesches Orrery, das ihn 2 Louisdors gekostet hatte – reiche Engländer zahlten für das im 18. Jh. beliebte Schaustück bis zu 1000 Pfund Sterling (s. Gamauf, Astronomie, S. 98f.). – *ich:* Danach von L. gestrichen *so anfieng zu räsonniren, zu.* – *Saturn 5 Trabanten:* Bis 1789, als Herschel zwei weitere Trabanten entdeckte, waren nur fünf Trabanten bekannt, die Huyghens (1655) und Cassini entdeckt hatten (s. Gamauf, Astronomie, S. 502). – *Short ... die Zirkel gesehen die darauf gezeichnet sind:* Nachdem bereits Cassini trennende Linien auf dem Saturnring beobachtet hatte, sah Short mit seinen vervollkommneten optischen Instrumenten die Helligkeitsunterschiede und dunklen Kreise noch genauer (s. Gamauf, Astronomie, S. 503).

S. 425 *gediehen:* Von L. verbessert aus *gebracht.* – *Freude:* Danach von L. gestrichen *und da ich eine schwere Rechnung auf die Messe zu bezahlen hatte riethen mir meine Freunde und.* – *Genie-Stylo:* Ironische Anspielung auf die Sprache der ›Stürmer und Dränger‹. – *das Büchelchen:* S. zu E 249. – *bekannten Tollhaus:* S. zu E 53. – *bestreichen zu lassen:* Zu diesem Ausdruck s. zu E 259 (S. 406). – *weggelassen:* Von L. verbessert aus *was sie wegließen:.* – *Hergesetzte:* Von L. verbessert aus *was andere Leute hinsetzten:.* – *im:* In der Handschrift *ein.* – *ewig ohne Ekel:* Von L. verbessert aus *in einem Augenblick.* – *genießen:* Von L. verbessert aus *genossen.* – *eine Probe daraus:* Während Leitzmann (a.a.O., S. 412, zu E 365 seiner Zählung) meinte, der folgende Absatz ahme »den Stil von Lavaters Physiognomik mit ähnlich treffender Ironie nach wie das

Fragment von Schwänzen und die Charakteristik Forsters« (s. an Hindenburg am 3.? Januar 1779), glaubte Lauchert (Euphorion XV, 1908, S. 210), daß der Lavater »verwandte Prophetenstil Herders in der 1774 erschienenen ›Ältesten Urkunde des Menschengeschlechts‹ Gegenstand der ironischen Nachahmung« L.s gewesen sei. – *Kernschußweite:* Die Entfernung, in der ein Kernschuß – im Artilleriewesen ein Schuß aus kernrecht gerichtetem Stück in gerader Richtung aufs Ziel (im Gegensatz zum Bogenschuß) – möglich ist. DWB 5, Sp. 611, gibt die Stelle von L. als einzigen Beleg. – *Coelus:* Lat. caelus ›der Himmel‹; als Gottheit in dem Sohn des Aethar und der Dies personifiziert. – *Coelius:* Caelius, Name eines röm. plebejischen Geschlechts oder der südlich vom Palatin und östlich vom Aventin gelegene Mons Caelius. – *Uranus:* Hier: der Himmelsgott nach der griech. Mythologie, der älteste Gott, Gemahl der Gaia (Erde) – *Uranie:* Urania, die Himmlische: die Muse der Sternkunde. – *Urarie:* Sollte das indianische Pflanzengift Urari (Curare) gemeint sein, das in Europa seit Mitte des 17. Jh.s bekannt war, oder doch: ›der-A-rie? – *Wort-Hall:* Zum Gegensatz bloßer Schall und Wort s. auch E 302. – *aufgesteckt:* Von L. verbessert aus *entdeckt.* – *in Katheder-Nacht eingehüllt:* Von L. verbessert aus *mit Cathederschatten schattirt* [aus *bedeckt* aus *überdeckt*]. – *Primus ... Olympo:* »Primus ab aetherio venit Saturnus Olympo«. Früh kam dann Saturnus herab vom hohen Olympus. (Vergil, »Aeneis« 8, 319).

S. 426 *Ops:* Altrömische Göttin, Schwester und Gattin Saturns. – *des Allmächtigen:* Von L. verbessert aus *der Natur dort.* – *An ein Sandkorn Geschmiedeter:* Parodistische Anspielung auf den an den Felsen geschmiedeten Prometheus. – *starre:* Vgl zu diesem Ausdruck E 370. – *entstartem:* Diese Verbbildung im Sinne von ›den Star stechen, entfernen‹ fehlt in DWB. – *Kopfsteuer:* Von L. verbessert aus *Auflagen.* Die Kopfsteuer wurde 1766 im Kurfürstentum Hannover für alle Bauern und Bürger verbindlich eingeführt, um die große Schuldenlast nach dem Siebenjährigen Krieg zu tilgen. Sie betrug pro Kopf vom vierzehnten Lebensjahr an monatlich drei Mariengroschen, was in den neunziger Jahren bei den am meisten belasteten Bauern und Bürgern zu Unruhen führte. – *kein Zahnweh:* Von L. verbessert aus *keine Kopfschmertzen.* – *wie harmonisch ... stark:* Von L. verbessert aus *hier ist Simplicität mit Stärcke.* – *Jungfräuliche ... Vernunft:* Dieser Ausdruck begegnet bereits D 375. – *Jungfräuliche* von L. verbessert aus *Männliche.* – *Pöbel ... Akademie:* Von L. verbessert aus *Gebrauch.* – *abgenutzt:* Danach von L. gestrichen *und durch keine Regel gefesselt.* – *Dort:* Von L. verbessert aus *Ferner.* – *Mikrosystema:* Von L. verbessert aus *des Weltgebäudes.* – *Wo:* Von L. verbessert aus *Hier.*

369 *Common sense:* S. zu B 205. – *Gans:* Gemeint ist vielleicht Johann Philipp Gans aus Eisenach, der sich am 17. April 1769 an der Georgia Augusta als stud. math. immatrikulierte, oder verwechselt ihn Dieterich mit dem Kupferstecher Johann Philipp Ganz, geb. 1746 zu Eisenach, als Hofkupferstecher in Hannover und Göttingen tätig? Eigenheiten Dieterichs notiert L. auch F 308; J 168, 200, 252, 383, 480, 596, 657, 838, 1118(?), 1207, 1244; L 390.

370 *Tacitus:* Zu L.s Wertschätzung dieses antiken Schriftstellers s. insbesondere E 197; vgl. E 424; J 283; RA 48, 100, 127. – *kleinstädtischen Shakespeare:* Anspielung auf den Verfasser des »Götz« und die Oden-Dichter in den ›kleinen Städten‹ (E 104) Deutschlands; s. auch E 228. Zu ›kleinstädtisch‹ s. zu B 297. – *gar leicht:* Danach von mir gestrichen *einer.* – *Starren auf die Seite:*

Vgl. E 368. – *Newton ... Zerstreuung:* Seine Zerstreutheit wird auch F 214 erwähnt. Vgl. J 436. Bezüglich Leibniz kommt als Quelle wohl in Frage: C. G. Ludovicis »Ausführlicher Entwurff einer vollständigen Historie der Leibnitzischen Philosophie«, Leipzig 1737, Bd. 1, S. 264 (BL, Nr. 1352). Ähnlich steht es auch in Joh. Georg Eckharts »Lebensbeschreibung des Freiherrn von Leibnitz«, in: Journal zur Kunstgeschichte und zur allgemeynen Litteratur, hrsg. von Chr. Gottl. Murr, 7 (1779), S. 199. – *Kompilatoren:* Kompilator: der Gelehrte, der aus den Schriften anderer ein eigenes Werk zusammenträgt, -stoppelt; verächtlich Zusammenstoppler. L.s Geringschätzung dieses Typs von zeitgenössischen Gelehrten geht auch aus F 140; J 3, 559; K 299; L 635 hervor. – *Starkdenker:* Vielleicht Eindeutschung von frz. esprit fort (vgl. E 341 und die Anm. dazu); DWB 10, 2, Sp. 888f. bringt nur die Belege aus E 370 und 403: Wortschöpfung L.s? – *vermutlich:* In der Handschrift *vermuthlich darin.* – *werden:* Danach von L. gestrichen *allein kein Mensch kan gehalten ist gehalten.* – *meine Stimme in dem großen Rat:* Zu dieser Wendung vgl. D 79. – *berühmten Gelehrten:* Von L. verbessert aus *Leuten.* – *Satyre ... verneinte Lobschriften:* Vgl. E 318 und Anm.

371 *Briefen über die neuste Literatur:* Zu diesem Schreibplan s. E 151 und die Anm. dazu. – *Common sense:* S. zu B 205.

372 *Wohlgeboren ... Wohlgestorben ... Hochedelgestorbene:* Zu dieser Wendung vgl. Mat I 115; zu L.s Kritik an der zeitgenössischen Titelsucht s. zu C 256; vgl. in diesem Fall auch F 1016; J 604; L 145.

374 *Ich kann mich gar des Lachens nicht erwehren:* Diese Notiz gehört vermutlich in den Umkreis der »Briefe von Mägden über Literatur« (III, S. 530–532) oder des »Orbis Pictus« (III, S. 398–403). – *meine Frau:* In der Handschrift durch Kringel unleserlich gemacht. – *Guh:* Frz. goût ›Geschmack‹. – *Ordokraffi ... Ordografi:* Die ›rechte Falschschreibung‹ u. a. von Dienstmädchen, die L. hier persifliert (s. auch E 408), wird für ihn zu einer grundsätzlichen Frage aufgrund der Klopstockischen Rechtschreibreformvorschläge; vgl. G 35, 36, 37 und schon an Hindenburg Mitte Januar 1778.

375 *Ein Wörterbuch ... schönen Stil anzugewöhnen:* Auch dieser Einfall gehört zu dem Schreibplan der »Briefe von Mägden über Literatur«; s. zu E 151. – *cockett coquet:* Engl. cocket bedeutet so viel wie ›scharf, munter‹; frz. coquet ›sich wie ein Hahn brüstend, gefall-, eroberungssüchtig‹. – *Dein Stil ... ältlich:* Diese Wendung, als Äußerung des Dieners Andres notiert, begegnet noch L 658.

376 *Saxenhäuser:* Von L. verbessert aus *in Berlin* [aus *Sachsenhauser*] *in Hamburg, in Saxenhausen.* S. auch E 221.

377 *Nachtwächter nach der Stimme zeichnen:* Dazu s. F 741, 819, RA 53, UB 55 und an Schernhagen am 1. Oktober 1778. L. führt den Gedanken in der Antiphysiognomik (III, S. 284) genauer aus.

378 *Das Besuchen der Örter ... p. LXXXVII:* Dieser Eintrag bezieht sich auf E 281.

379 *Enthusiasten Behutsamkeit lehren:* In diesem Zusammenhang s. auch E 109, 504, Alexandrinergedicht (III, S. 422).

380 *Die Menschen ... so einfältig nicht, als sie schreiben:* Vgl. »Orbis Pictus« (III, 382). – *Kunst ... seine Empfindung unverfälscht zu Buche zu bringen:* Zu diesem Gedanken s. zu D 541. – *Treppe ... Trepfe:* Die sprachliche Bemerkung, die auch F 502, G 35 (Trepfe) begegnet, ist im »Orbis Pictus« (III,

S. 382) *verwertet*. In der Handschrift *Treppe* ohne Klammern über *Tempel*, *Trepfe* ohne Klammern über *Tempfel*.

381 *neuerlich einige deutsche Schriften ins Englische übersetzt:* An welche Übersetzungen L. denkt, konnte nicht ermittelt werden. Vgl. E 386.

382 *He has a good deal of brass:* Er ist reichlich unverschämt. Offensichtlich handelt es sich nicht um ein Zitat.

383 *Aladdin setzt . . . Lampe auf die Corniche:* Daß Aladin in dem bekannten Märchen »Tausend und eine Nacht« die Wunderlampe vor seinem Ausritt zur Jagd auf ein Gesims stellt, wo sie dann auf Anstiften des bösen Zauberers von seiner nichtsahnenden Gemahlin heruntergenommen und gegen eine andere gewöhnliche eingetauscht wird, ist in der 339. Nacht erzählt. Aladdin und seine Wunderlampe werden von L. auch H 121; J 128, 743 und GTC 1792, S. 137 erwähnt; s. auch in »Etwas über den fürchterlichen Cometen . . .«, erstveröffentlicht in »Gött. Wochenblatt«, 28. Februar 1778, Nr. 9 (VS 5, S. 150; jetzt: Photorin 10, 1986, S. 69–71). – *Corniche:* Begriff aus der Architektur: Kranzgesims. – *dies:* In der Handschrift *diese*. – *die Erbauung des goldnen Palastes:* Die Erbauung wird in der 335. Nacht erzählt.

384 *suche:* In der Handschrift *untersuche*. – *den Eindruck . . . in Worte zu bringen, unverfälscht:* Vgl. E 380 und Anm.

385 *Wie gehts, sagte ein Blinder zu einem Lahmen:* Dieser Scherz begegnet auch L 29.

386 *übersetzt, klingt manches abscheulig:* Zu diesem Gedanken vgl. E 381.

387 *Wenn es in der menschlichen Natur liegt, daß . . . die christliche Religion . . . zu Grunde geht, so wird es geschehen:* Zu diesem Gedanken vgl. K 159. – *kann:* In der Handschrift *können*. – *geht ein gutes Buch zur Nachwelt:* Zu diesem Gedanken s. zu D 534. – *ein Dutzend neue Wahrheiten . . . enthält:* Zu dieser Wendung vgl. D 533. – *Bibliothekenschreibern:* Zu dieser Anspielung s. zu E 333. – *Flut mit einem Kartenblatt zurückfächeln:* Zu diesem Bild s. zu D 533.

389 *Über den Charakter eines wahren Geschichtsschreibers . . . in allen meinen Hudlebüchern Bemerkungen:* Vgl. etwa E 455; D 19, 20; RA 100, 127. – *Hudelbüchern:* Dieses Substantiv, das in DWB und Heynes Wörterbuch fehlt, findet sich statt des von L. sonst für seine privaten Eintragungen gebrauchten Substantivs ›Sudelbuch‹ nur an dieser Stelle. – *Zeitpunkt . . . von der Schlacht bei Roßbach bis nach . . . Lissa:* Die Zeit von der Schlacht bei Roßbach bis zur Schlacht bei Leuthen (Lissa) beträgt nur einen Monat (5. November bis 5. Dezember 1757); über die Schlacht bei Roßbach s. zu D 610. Bei Leuthe in Niedersachsen westlich von Breslau errang Friedrich II. einen seiner bedeutendsten Siege im Siebenjährigen Krieg.

390 *mein Mittewoche:* S. D 24 und die Anm. dazu. – *die Zahlen der Raum . . . nicht so groß wie der von 50 bis hundert:* Dieser Gedanke kehrt auch F 1168 wieder und ist in der Antiphysiognomik (III, S. 260) verwertet.

392 *Weende . . . Satellite von Göttingen:* Diese Wendung begegnet auch im Brief an Franz Ferdinand Wolff, vom 18.? Dezember 1783. Vgl. Mat I 57. – *Weende:* Ehemals Dorf unmittelbar nördlich von Göttingen, seit 1964 eingemeindet. Im 18. Jh. ein beliebter Ausflugsort der Göttinger Bürger, Schönen und Studenten (s.a. List, S. 25–29). – *Trabanten von N . . .:* Ob Person oder Ort gemeint ist, war nicht festzustellen. Zu der Verwendung des astronomischen Begriffs vgl. D 166.

393 *Den Mann, der . . . Gänschen . . . in Holz geschnitten mit Versgen darunter*

... *lesenswürdig halten kann:* Nach Leitzmann (a.a.O., S. 415, zu E 390 seiner Zählung) spielt L. hier auf die anonym erschienene Satire »Prometheus, Deukalion und seine Rezensenten« (Düsseldorf 1775) und ihre kleinen Holzschnitte an, die er auch im Brief an Johann Christian Dieterich vom 1. Mai 1775 erwähnt. S. dazu und über Wagners faktische und Goethes vermeintliche Autorschaft die eingehende Darlegung bei Schmidt, Heinrich Leopold Wagner², S. 30, 126. L. gehörte also wie Nicolai und Zimmermann zu denen, die Goethes Erklärung keinen Glauben beimaßen. Heinrich Leopold Wagner (1747–1779), Dramatiker des Sturm und Drang, von Goethe, mit dem er befreundet, war stark beeinflußt; (»Die Kindsmörderin«, 1776). – *erkennen:* Danach von L. gestrichen *Und wenn er (und das that Göthe).*

394 *Das Bierschild . . . das Feuer- und Wasser-Zeichen:* L.s Handzeichnung – eigentlich ein Drudenfuß – setzt sich aus den in der Chemie des 18. Jh.s noch gebräuchlichen alchemistischen Zeichen für Feuer (△) und Wasser (▽) zusammen. Gedanken zu Schildern von Weinschenken entwickelt L. F 966, 1011; vgl. auch III, S. 679, 714, 718, 1048. – *Wein mit Wasser gemischt:* Zu L.s Anspielung auf die Weinpanscherei vgl. J 587, 748.

395 *Zum Anschwärzen . . . die Schwarzen am besten:* Zur Verwendung von ›schwarz‹ s. auch E 337, F 415. In diesem Zusammenhang s. auch L.s Kritik an Lavater in der Antiphysiognomik (III, S. 372).

396 *Ein gemeiner Charakter . . . zeichnen sie abscheulig schlecht:* L. hat diese Bemerkung gestrichen. – *parturient montes:* Das lateinische Zitat, das auch F 186 wiederkehrt, stammt aus Horaz, »De arte poetica«, 139: »Parturiunt montes, nascetur ridiculus mus«. Gewaltig kreißen die Berge, zur Welt kommt ein lachhaftes Mäuslein.

397 *schal . . . Gutartigen.(Lessing):* »Schal oder gründlich, links oder rechts, gutartig oder hämisch, alles gilt ihm gleich« sagt Lessing im 73. Stück der »Hamburgischen Dramaturgie«, erschienen Leipzig 1769 (BL, Nr. 1784a).

398 *Ich . . . seit einiger Zeit mehr Wörter aufgenommen:* Vgl. E 28; s. auch D 668.

399 *Mitleid und Furcht . . . nicht Mitleid und Schrecken:* Dazu s. Lessings »Hamburgische Dramaturgie«, 74. Stück.

400 *Palissot . . . Mode sei:* Charles Palissot de Montenoy (1730–1814), frz. Schriftsteller und Dramatiker. Die hauptsächlich gegen Diderot gerichteten »Petites lettres sur de grands philosophes« erschienen Paris 1756. Das Zitat ist wörtlich Lessings »Hamburgischer Dramaturgie«, 86. Stück, entnommen (Lessing, Werke IV, S. 629). – *Charaktere fürs Theater:* Wohl in Zusammenhang mit dem »Orbis Pictus« notiert; vgl. E 402. – *86:* In der Handschrift *76.* – *Sonderling, den Destouches verfehlt:* Philippe Néricault, genannt Destouches (1680–1754), frz. Lustspieldichter; die Komödie in fünf Akten »L'homme singulier« wurde erst 1764 in Paris uraufgeführt.

401 *85ten:* In der Handschrift *75ten.* – *Lessing bei Gelegenheit des Diderot:* Wörtliches Zitat aus der »Hamburgischen Dramaturgie«, 84. Stück (Lessing, Werke IV, S. 619 f.). Denis Diderot (1712–1784), berühmter frz. Schriftsteller und Philosoph, Mitherausgeber der »Encyclopédie ou Dictionnaire raisonné des sciences, des arts . . .« (1751–1772), seine kunsttheoretischen Schriften und sein literarisches Werk hatten großen Einfluß auf Lessing und andere dt. Schriftsteller. – *Ein kluger Mann sagt . . . mit Lachen:* Zu dieser Maxime vgl. L.s ähnliche Auffassung E 257; J 23.

402 *meine Charaktere im Parakletor:* Vgl. E 345. – *die Superfeinen:* S. zu E 196. – *auf künstliche Erklärungen verfallen:* Zu dieser Wendung vgl. C 54; zu L.s Kritik vgl. seine schon KA 276 geäußerte Maxime und die Anm. dazu.

403 *subtilen . . . Vernünftler:* Gemeint ist die spekulative Philosophie im Gegesatz zu der durch Beattie vertretenen Philosophie des common sense; vgl. E 411. – *subtilen:* Zur Bedeutung dieses Worts in L.s Sprachgebrauch s. zu KA 276. – *Vernünftler:* Das Wort begegnet auch B 297. – *metaphysische Vernünftler:* Von L. verbessert aus *Metaphysiker.* – *Starkdenker:* S. zu E 370. – *die Erfinder nützlicher Dinge:* Zu dieser Wendung vgl. J 1074. – *der Beattieschen Philosophie zugetan:* S. zu D 666 (S. 337); vgl. E 411.

404 *ad veritatem . . . accedere:* Auf dem geeigneten Wege zur Wahrheit gelangen. Das Zitat findet sich bei Cicero »De oratore« 1, 220. L. entnahm es dem 94. Stück von Lessings »Hamburgischer Dramaturgie« (Werke IV, S. 662), wo es wiederum in einem längeren Zitat aus Hurd enthalten ist.

405 φιλοσοφωτερον . . . ἐστιν: Darin ist die Dichtung auch philosophischer und bedeutender als die Geschichtsschreibung. Das Zitat aus dem neunten Kapitel von Aristoteles' »Poetik« entstammt derselben Quelle wie E 404 (Lessing, Werke IV, S. 663). Der Sprachfehler im dritten Wort ist ein Versehen L.s.

406 *ein weißer Bogen Papier flößt mehr Respekt ein . . . :* Zu dieser Wendung vgl. F 513; Mat I 158, 159.

407 *Gardiner . . . glaubt der Mond drehe sich nicht um seine Axe:* William Gardiner, offenbar Geistlicher in Richmond; L. besaß zwei Werke von ihm (s. BL, Nr. 107, 400). 1775 veröffentlichte Gardiner in London »A Series of Letters . . . arising from his gift of two freehold houses to St. Thomas's and his tender of £ 2000 to Bartholomew's on certain conditions«, eine Schrift, die dreimal aufgelegt wurde. Über die Achsenbewegung war nichts Genaueres herauszufinden, vgl. aber darüber L.s Brief an Abraham Gotthelf Kästner, Mai 1773. L. verwertet die Anekdote in »Fleiß und Faulheit« (III, S. 1004). Zur Sache s. Gamauf, Astronomie, S. 401 ff. und L.s Aufsatz »Dreht sich der Mond um seine Axe? (Auf Verlangen.)« im GTC 1796, S. 83–120. – *Richmond:* Ort an der Themse nahe London in unmittelbarer Nähe von Kew, dem königlichen Landsitz. In Richmond befand sich die Privatsternwarte Georgs III.

408 *Das lachenmachende Arkanum . . . :* Der Satz knüpft an eine Stelle bei Meiners an, der in seinem »Kurzen Abriss der Psychologie zum Gebrauche seiner Vorlesungen«, erschienen Göttingen 1773, in dem Kapitel vom Witz empfiehlt (S. 53): »alle lachenmachende Gedanken und Gegenstände in gewisse Arten einzuteilen und dann zu untersuchen, ob in allem diesem nicht etwas gemeinschaftliches sei; wenn wir dies letztere entdecken so würden wir das eigentliche lachenmachende *arcanum* wissen«. S. auch Mat I 160. – *das Mösersche:* Mösers Definition des Lächerlichen ist zu KA 236 genauer nachgewiesen. – *Ironie . . . nach . . . Meiners:* »Wir lachen«, heißt es bei Meiners an der oben angegebenen Stelle, ». . . wenn Personen, Handlungen, die uns vorher schon lächerlich waren, entweder nach der Natur und mit dem Vorsatze sie lächerlich zu machen oder mit verstellter Ernsthaftigkeit geschildert werden«. Der Begriff Ironie wird zwar genannt, aber durch das Vorhergehende nicht definiert, wie L. nahelegt. – *Ordografi:* Zu dieser Schreibweise s. zu E 374.

409 *subtileres Babel:* Zu diesem Ausdruck s. zu D 157. – *zerschmelzen:* Von L. verbessert aus *überzugehen.*

410 *Raffineurs:* Frz. ›Verfeinerer‹, auch: Zuckersieder (s. J 999). – *Entdeckungen:* Danach von L. gestrichen *alles synthetisch zu demonstrieren.*

411 *metaphysischen Grübeleien:* Zu diesem Ausdruck vgl. E 403. – *Beattischen Philosophie:* S. zu D 666 (S. 337). – *Subtilitäten:* Zu L.s Wortgebrauch s. zu KA 276. – *Seine Philosophie . . . für die Menschen, die andere für die Professoren:* Dieser Gedanke kehrt auch E 418 wieder. – *Professoren:* Von L. verbessert aus *Philosophen.* – *Analysis der Empfindung:* Dieser Begriff lehnt sich an die Wolffsche Schulphilosophie an, nach der klare und deutliche Begriffe durch Analysis gewonnen werden; eines der wichtigsten Themen L.s, vgl. E 162, 423 und noch K^1 63.

416 *Nun sprechen sie gar von einer 5ten Fakultät . . . den gemeinen Menschen-Verstand lehren:* Zu dieser Wendung s. zu C 79. – *wie sie von einem 5ten Weltteil sprechen:* Australien; die eigentliche Entdeckung dieses Kontinents wurde 1770 durch James Cook eingeleitet; nach der ›Terra Australis‹ des Altertums 1814 Australien genannt. »Fünfter Weltteil ist ein Ausdruck, der eben itzt anfängt in der deutschen Bücher- und Gesellschaftssprache das Bürgerrecht zu gewinnen«, heißt es in Dohms Aufsatz »Geschichte des fünften Weltteils im kleinen« im »Deutschen Museum« 1776, S. 49 ff. L. erwähnt ihn auch im »Anschlag-Zeddel im Namen von Philadelphia« (III, S. 254) und in »Vermischte Gedanken über die arostatischen Maschinen« (III, S. 64).

418 *subtilen Männer:* Zu L.s Wortgebrauch von *subtil* s. zu KA 276. – *gesunde brauchbare Philosophie:* Diese Wendung begegnet schon C 125; vgl. auch C 61. – *12ten Grundsatz des Euklides:* Euklids zwölftes Axiom besagt, daß zwei Geraden keinen Raum einschließen. – *Erweiterung der Grenzen der Wissenschaft:* Zu dieser Wendung vgl. noch J 2041. – *Beattische Philosophie:* S. zu E 403. – *Achtung verdient:* Von L. verbessert aus *jeder andern vorziehe.* – *Philosophie des Professors . . . des Menschen:* Zu dieser Wendung vgl. E 411.

419 *könnte:* Danach von L. gestrichen *Ihr Opheliens thun ist sanfft.* – *Sanft wie die Leidenschaft . . . Ursache war:* L. hat hier eine Stelle des damals noch nicht gedruckten zweiten Briefes an Boie seiner »Briefe aus England« im Auge, wo er von der Ophelia der Schauspielerin Smith sagt: »ihr ganzes Tun in ihrem Wahnsinn war sanft, so wie die Leidenschaft, die die Ursache davon war.« (III, S. 342) Vermutlich gab Boie selbst zu dieser Bemerkung Anlaß. Der Satz kehrt fast wörtlich in RT 11 wieder.

421 *Als ich nicht bei ihm wohnte sah er nicht, was er nunmehr übersah . . .:* Gemeint ist wohl L.s Freund Dieterich, in dessen Haus er seit seiner Rückkehr aus England wohnte.

422 *mit . . . Bannstrahl bewaffnet:* Anspielung auf die Zensurgewalt der Geistlichkeit; vgl. B 136.

423 *Unsere Philosophen hören zuwenig die Stimme der Empfindung:* Vgl. E 411.

424 *die großen Regeln Vorrat ohne Aufwand:* Eine ähnliche Stilregel begegnet auch F 178; der Gegensatz von Vorrat und Aufwand wird in den »Briefen aus England« (III, S. 331) verwertet; s. auch III, S. 339. – *Des Tacitus Ausdruck . . . rekommendiert:* S. zu E 17.

425 *Die würklichen Philosophen . . . die titulären:* Zu diesem Gegensatz s. B 77 und Anm.

426 *gewiß nicht:* In der Fußnote der Handschrift *gewiß ist.*
427 *Funken . . . fällt:* Von L. verbessert aus *Eindruck den etwas auf sie macht.* – *Instinkt:* Der Stellenwert, den L. dem instinktiven Urteil gegenüber dem ›geschlossenen Räsonnement‹ beimißt, geht auch aus J 78 hervor; vgl. ferner J 281, 761; K 63; L 309.
428 *Zusammenfügung:* Von L. verbessert aus *Zusammenleitung.*
429 *Über das Christus-Gesicht:* L. handelt davon auch E 489 und in der Antiphysiognomik (III, S. 273, 291). – *Dieses braucht Herr Lavater mehr als er soll:* Lavater kommt auf »Christus nach Holbein« in den »Physiognomischen Fragmenten« 1, S. 49, 79, 83, 91, 116 zu sprechen. – *Paderbornischen . . . Jesuschen:* Dazu s. zu E 336. – *Sohns Gottes von Raffael:* L. spielt wohl auf das Gemälde »Verklärung Christi« an, das zwischen 1517 und 1520 entstanden ist (Vatikan); s. auch F 659.
430 *Sterne muß ein guter Herz gehabt haben, sonst hätte er nicht so schreiben können:* Über »A Character of Sterne« s. Wilbur L. Cross, The Life and Times of Laurence Sterne, 3. Aufl., New York 1967, S. 541–555; vgl. auch G 2. – *jetzt . . . da man ohnehin mehr liest als denkt:* Zu diesem Gegensatz und L.s Kritik vgl. F 1199; G 82, 208; J 640. – *mehr auf Ansehen nachspricht:* Im Sinne von: par renommée (D 510); vgl. auch F 434, 441; J 1469. – *will:* Danach etwas von L. gestrichen. – *Stadt, wo Sterne sich meistens aufhielte:* London. – *Beobachtungs-Geist:* Zu dieser Zusammensetzung s. zu C 91. – *ohne Empfindung so zu sprechen als wäre man lauter Empfindung:* Dazu s. zu E 240.
431 *Perfektibilität des Menschen:* Zu diesem Begriff s. zu E 359. – *Terzi:* Gumbert (LiE I, S. 141) liest *Ferzi;* eine Seiltänzer-Dynastie, an deren Spitze Alexander Terzi stand, der seit 1789 auf dem Kontinent bezeugt ist (s. Joost, Lichtenberg-Jb 1989, S. 201). Einer Darbietung seiner Künste gedenkt L. RA 9. – *wer will behaupten, daß die Menschen nie werden fliegen lernen:* S. zu A 218.
433 *6ten März Halsweh; gelegen:* Vgl. an Schernhagen am 25. März 1776.
434 *Mnsch . . . list gwß jdrmn Mnsch:* Ein Ernst Jandl in nuce!
435 *Professoribus Juris behauptet:* Zu dieser Wendung s. E 233. – *alles wäre ernsthaft was mit . . . ernsthaften Gesichte . . . gesagt:* Zu dieser Wendung s. zu E 286.
436 *Schnützelputzhäusel, Stölzelputzhäusel:* Diese Worte sind von L. gestrichen. – *Schnützelputzhäusel:* »So geht es in Schnützelputz Häusel« lautet die erste Zeile eines Volkslieds, das, von Deinet mitgeteilt, zuerst in den »Frankfurter gelehrten Anzeigen« Nr. 15, 1776, S. 120, erschien und in »Des Knaben Wunderhorn« (II, 406; Brentano, Sämtliche Werke und Briefe, 1979, Bd. 2, S. 405 f.) abgedruckt wurde.
437 *Die alten Dichter . . . den Nutzen:* Zur Rezeption der antiken Autoren vgl. E 257, 355, »Orbis Pictus« (III, S. 384). – *unsere Volkslieder . . . voll von einer Mythologie, die niemand . . . kennt, als der Narr, der das Volkslied gemacht:* Aufschlußreich, daß L. hier das Vorurteil der Aufklärer gegenüber den »Stimmen der Völker in ihren Liedern« (Herder) teilt, dem Nicolai 1777 mit dem von ihm herausgegebenen »Freyen kleynen Almanach vol schöner echter lieblicher Volkslider« die vermeintlich schlagenden Belege lieferte.
438 *unsere besten Gedanken . . . in einer Art von Fieber-Rausch, im Fieber von Kaffee erregt:* Zu L.s Reflexion über geistige Kreativität und Rausch-Mittel s. B 77 und die Anm. dazu.

439 *besser als in London:* Von seinem elenden Gesundheitszustand im Winter 1774/75 berichtet L. an Kästner am 20. Dezember 1774, an Christiane Dieterich am 24. Januar 1775, an Johann Christian Dieterich am 15. Februar und 31. Oktober 1775.

440 *Beobachtungs-Geist:* S. zu C 91.

441 *Götz von Berlichingen:* S. zu D 128. – *Drurylane:* Das »Theatre Royal Drury Lane«, einer der ältesten Theaterbauten Londons, wurde bereits 1663 eröffnet. David Garrick, der auf dieser Bühne 1742 debütierte, übernahm 1747 die Leitung des Theaters, das unter seiner Intendanz (bis 1776) als Shakespeare-Spielort zu Weltruhm gelangte. – *Landes-Vater:* S. zu B 171. – *Peterskirche:* S. zu B 124.

443 *Prospekt vom Walle nach dem Klausberge:* Über den ›Wall‹, die beliebte Promenade der Göttinger Bürger, s. zu A 245. – *Klausberge:* Der Clausberg ist die obere, nordöstliche Kuppe des heutigen Kreuzberges bei Göttingen. – *Jerusalem nach dem Berg Calvaria:* Kalvarienberg, calvaria lat. ›Hirnschädel‹, Schädelstätte an Hinrichtungsplätzen wie Golgatha; deshalb in katholischen Ländern Hügel mit Kreuzweg, die als Wallfahrtsstationen dienen. – *Göttingische Chronik:* Gemeint ist die Hannover und Göttingen 1734–38 in drei Teilen erschienene »Zeit- und Geschicht-Beschreibung der Stadt Göttingen, worin derselben Civil- Natur- Kirchen- und Schul-Historie, aus verschiedenen alten Urkunden, auch andern sichern Nachrichten umständlich vorgetragen wird«. Verfasser ist Johann Daniel Gruber (1686–1748), seit 1729 kurfürstlicher Bibliothekar und Historiograph in Hannover; erwarb sich große Verdienste um die dortige Bibliothek, wirkte bei der Gründung der Universität Göttingen mit und entwarf die Universitätsprivilegien. Die von L. zitierte Bemerkung findet sich 1. T., 2. Buch, S. 31, wo nur statt des Klausberges der Nicolai-Berg genannt ist. – *Klinckowström . . . die Ähnlichkeit gefunden:* So teilt Gruber, a.a.O., S. 31 mit. Baltzer Klinkow von Klinckowström (1656–1719), hannöv. Generalleutnant aus schwed. Adelsgeschlecht; besuchte Jerusalem.

444 *Wrug?:* Wroge, wrôch: Anklage, Rüge; oder ist gemeint wrôk, wrûk: Streit, Zwietracht (Schiller/Lübben, Mittelniederdeutsches Wörterbuch, Berlin 1876, Bd. 5, S. 582, 784). – *Caland:* Kalant war ursprünglich eine religiöse Gemeinschaft, später jede gesellige Vereinigung, auch das Haus, in dem sie stattfand (Schiller/Lübben, Bd. 2, S. 418). Diese beiden mittelniederdeutschen Worte entnahm L. den in der zu E 443 nachgewiesenen Chronik abgedruckten mittelalterlichen Urkunden (s. dort 2. T., 3. Buch, S. 218).

445 *Die Juden . . . Lavatern zum Messias annehmen:* Die boshafte Bezeichnung für Lavater gebrauchte L. auch auf der rückseitigen Adresse eines Briefs an Johann Daniel Ramberg vom 8. Dezember 1777; vgl. auch F 617.

446 *Das englische kurze u . . . :* Die Ausführungen darüber sind in »Über die Pronunciation der Schöpse« (III, S. 300) verwertet. – *o refugié:* Dieser Ausdruck begegnet auch F 107. – *das th der schwerste Laut für den Deutschen:* Zu diesen phonetischen Bemerkungen vgl. F 844. – *gelispelt:* Zum dem Wortgebrauch hier vgl. dagegen E 221. – *die Gassenjungen . . . am Ober-Rhein sprechen . . . das d:* Zur Aussprache des inlautenden *d* in L.s weiterer Heimat s. Wrede im »Anzeiger für das deutsche Altertum« 20, S. 109. – *Mayers Farben-Triangel:* Darüber s. zu D 330. – *taub und stumm Gebornen reden lehren:* Das Phänomen der Taubstummheit beschäftigte die Mediziner, Naturwissen-

schaftler, Philosophen (s. Diderot, »Lettre sur les sourds et muets«, 1751) des 18. Jh.s; L.s Notizen zu diesem Phänomen – s. das Wortregister – lassen erkennen, daß auch er die zeitgenössische Diskussion aufmerksam verfolgte. Die erste Veröffentlichung bezüglich der Taubstummenbildung veröffentlichte der Abbé C. M. de l'Epée Paris 1774: »Institution des sourds et muets ou recueil des exercices soutenus par les sourds et les muets ...«. S. zum Thema Harlan Lane, Mit der Seele hören. Die Geschichte der Taubheit, München 1988.

447 *Der eine schreibt Compendia, der andere Bücher:* Zu diesem Gedanken s. auch E 232, 235; UB 42. Zu L.s Aversion gegenüber der seinerzeit üblichen akademischen Gepflogenheit des Kompendienschreibens s. C 346 und die Anm. dazu.

448 *alle Buhl- und Betschwestern:* Auf die Affinität zwischen Betschwester und Sexualität kommt L. auch F 1133; J 544, 545 zu sprechen.

449 *Adliches Blatterngift:* Mit Blatterngift wird der Pockenvirus Virus Variolarum bezeichnet (DWB 2, Sp. 78); der Ausdruck kehrt auch F 323 wieder.

450 *Mangostan:* Frucht des in den Tropen verbreiteten Mangostanbaums, ein sehr wohlschmeckendes Obst. – *Brodfrucht:* Frucht des Brotfruchtbaumes (Artcarpus), auf den Südseeinseln, besonders auf Tahiti, einheimisch, seinerzeit das Hauptnahrungsmittel der Südseeinsulaner, wegen ihrer langen Haltbarkeit in getrocknetem Zustand auch anstelle von Schiffszwieback verwendet. – *Batavia:* S. zu KA 54. – *faulen Fieber:* Im 18. und 19. Jh. gebräuchlich für Sumpffieber: Malaria.

451 *als wenn sie aus einer Masque hervorsähen:* Zu diesem Bild vgl. E 173. – *Erxleben:* Johann Christian Polycarp Erxleben (1744–1777), seit 1771 außerordentl., seit 1775 ordentl. Prof. für Physik und Tierheilkunde in Göttingen; Schüler Kästners, Studienfreund L.s, der ihm auf dem Lehrstuhl für Experimentalphysik und als Herausgeber des GTC nachfolgte. Seine »Anfangsgründe der Naturwissenschaften«, erstmals erschienen 1772 und 1777, wurden von L. fortgesetzt (1784, 1787, 1791, 1794). – *Priestley:* L. besuchte den berühmten Naturforscher Joseph Priestley im März 1775 in London; s. an Heyne am 16. März 1775. – *Polygraphie:* Zu L.s Kritik an der ›Vielschreiberei‹, dem gelehrten ›Vielschreiber‹ seiner Zeit s. B 301 und die Anm. dazu; s. auch das Wortregister.

452 *Bewegter Äther:* Von L. verbessert aus *Bewegtes Licht*; nach *Äther* etwas gestrichen. – *der Welt die ich bin:* Von L. verbessert aus *meiner Welt*. Dieser Ausdruck begegnet auch F 541.

453 *Hartley's Observations ...:* David Hartley (1705–1757), Philosoph, Begründer der engl. Assoziationspsychologie; nach seiner Theorie sind seelische Prozesse als Kette von Assoziationen vorstellbar, wobei das zeitliche Zusammentreffen der assoziierenden Inhalte im Vordergrund steht. Seine »Observations on man, his frame, his duty and his expectations«, erschienen London 1749 und 1775 von Priestley verkürzt herausgegeben, enthielten seine Assoziationslehre. Sie hatte großen Einfluß auf L. – *Vorrede zu Reids Widerlegung:* Gemeint ist »An examination of Dr. Reid's Inquiry into the human mind on the principles of common sense, Dr. Beattie's Essay on the nature and immutability of truth, and Dr. Oswald's Appeal to common sense in behalf of religion«, erschienen London 1774, von Joseph Priestley verfaßt.

– *Reids:* Thomas Reid (1710–1796), engl. Philosoph, seit 1764 Prof. der Moralphilosophie in Glasgow; Begründer der schott. Schule des »Common Sense«, schrieb u. a. gegen David Humes »An Enquiry Concerning Human Understanding« (1758) und dessen Skeptizismus. – *For ... excepted:* Was mich selbst betrifft, so kann ich beinah sagen, daß ich dieser einen Abhandlung mehr verdanke als allen anderen Büchern, die ich je gelesen habe, die Bibel ausgenommen. Auf diese Worte spielt L. in seinem Brief an Blumenbach 1776/1777 an. – *in dem Werk selbst:* Gemeint ist »Hartley's theory of the human mind on the principle of the association of ideas with essays relating to the subject of it«, erschienen London 1775. Das Werk, das L. schon in England kennengelernt hatte (s. Brief an Schernhagen, 16., 17. Oktober 1775), wurde jetzt für ihn Gegenstand eines intensiven Studiums. Im Brief an Blumenbach gibt L. 1776/1777 eine Darstellung von Hartleys Theorie; das Buch hatte er im März 1776 von der göttingischen Bibliothek entliehen. Hartleys philosophische Bedeutung wird eingehend erörtert in der Dissertation von Schoenlank, »Hartley und Priestley, die Begründer des Assoziationismus in England« (Halle 1882). – *Something ... world:* Auf diesem Feld der Wissenschaft wurde von Descartes einiges, von Locke sehr viel, am meisten aber von Dr. Hartley geleistet, der mehr zur Aufhellung der Theorie des Verstandes beigetragen hat als Newton zur Theorie der physischen Welt.

454 *Man soll seinem Gefühl folgen:* Vgl. E 456. – *den ersten Eindruck ... zu Wort bringen:* Vgl. E 384. – *pflichtmäßiges Gewäsch:* Zu dieser Wendung vgl. E 149. – *In so ferne rate ich Beattiese Philosophie an:* S. zu D 666 (S. 337).

455 *unüberschwengliches:* Im 18. Jh. gebräuchliche Steigerung von *überschwenglich* (s. DWB 11, 3, Sp. 1980). – *aus welchem Unwesen:* Von L. verbessert aus *woraus*. – *räsoniert sich weiß ... schwindsüchtig, und frigid und impotent:* S. auch F 436; vgl. zu diesem Gedanken auch Gottfried August Bürgers Wendung in seinem »Prolog ans deutsche Publikum« zu »Homers Iliade. Fünfte Rhapsodie«: »Bleich, hager und halb schwindsüchtig grübelte man sich« (»Deutsches Museum« 1776, S. 2). – *tief geprüfte Sachen kurz und stark zu sagen wissen:* Zu dieser Maxime L.s zu E 39. – *in einer Zeile hinwirft:* Zu dieser Wendung vgl. D 313. – *Barden:* Zu diesem Ausdruck s. zu E 169. – *Rezensenten:* Zu L.s negativem Urteil über diese Zunft s. das Wortregister. – *poetische Zitterer:* Zu diesem Ausdruck s. zu D 147. – *Rezensenten-Club:* Dieser Ausdruck begegnet auch F 2, 3. – *platterdings:* Ohne weiteres, durchaus, unbedingt; seit 1734 nachgewiesen, s. DWB 7, Sp. 1912. – *wollen:* Danach von L. etwas gestrichen.

456 *Die Engländer folgen ihrem Gefühl mehr als andere Menschen:* Vgl. dazu E 454. – *sense ... beauty:* Wahrheitssinn, Gefühl für sittliche Schönheit.

457 *wie Herder ... unchristlich gegen die Nachwelt:* Gemeint sind wohl vor allem Herders theologische Schriften der Jahre 1774 und 1775, besonders die »Provinzialblätter an Prediger«, die Erläuterungen zum Neuen Testament und die »Briefe zweener Brüder Jesu«, die stark angefeindet wurden.

458 *Vid. Hartley. p. 75:* In Hartleys »Theory of the human mind« heißt es an der von L. zitierten Stelle des zu E 453 nachgewiesenen Werks: »The same picture may appear much more like to one person than to another, viz according as it resembles his idea more or less«. Dasselbe Bild kann einer Person sehr viel ähnlicher vorkommen als einer anderen, je nachdem nämlich, ob es ihrer Vorstellung mehr oder weniger gleicht.

459 *Sich aus einer Menge von Zügen ... ein Gesicht ... formieren:* Diese Bemerkung ist durch folgenden Satz Hartleys angeregt: »Neither the impressions which collections of figures make upon the eye, nor those which their enunciations in words at length make upon the ear, can be remembered with facility or precision ... as the letters do in collections of them, capable of being pronounced« (»Theory of the human mind«, S. 84). Vgl. dazu schon A 141.

460 *Deum ex machina:* Den Gott aus der Maschine. Das geflügelte Wort geht auf Platon zurück, der Sokrates im »Kratylos« (425d) sagen läßt: »Wir müssen denn uns auch unsererseits mit der Sache [Entstehung der Sprache] so abfinden wie die Tragödiendichter, die ihre Zuflucht zu den [im antiken Theater über der Bühne befindlichen, eine Art Schwebevorrichtung darstellenden] Maschinen nehmen, wenn sie in Verlegenheit sind und die Götter herbeischweben lassen [weil nur diese den sonst unlösbaren tragischen Knoten der Handlung lösen können].« – *keinen Instinkt anzunehmen, wo man noch mit Assoziation und Mechanismus auskommen kann:* Diese Äußerung, die in Widerspruch zu E 427 zu stehen scheint, ist wohl Frucht der genaueren Beschäftigung mit Hartleys Assoziationstheorie; vgl. E 469.

461 *Im siebenten Jahr ... Haller:* »Ab anno septimo ... admirabilis eminet memoria, supra quindecimum annum ... molle tunc adhuc cerebrum est, ut ab incisore vix possit, quod vocant, demonstrari«, heißt es in Hallers »Elementa physiologiae corporis humani«, erschienen Lausanne 1766, Bd. 8.2, S. 23. L. verwertet diesen Gedanken in seinem Aufsatz »Physiologie des Laufes menschlichen Lebens« im GTC 1778, S. 41. Er las damals das dreißigste, »Vita humana et mors« betitelte Buch des großen Werkes ganz durch. Zum Gedanken s. auch zu E 495.

462 *Ein Knabe ... heben:* »Puer quattuor annorum nubilis, feminarum cupidus, voce gravi, tanto robore, ut quinquaginta libras elevaret«, schreibt Haller in den »Elementa physiologiae«, Bd. 8,2, S. 37. – *Perfektibilität:* Zu diesem Begriff s. zu E 359.

463 *Schurig Spermatologie:* »Spermatologia historico-medica, hoc est seminis humani consideratio«, erschienen Frankfurt 1720, von Martin Schurig (gest. 1733), Arzt und medizinischer Schriftsteller in Erfurt und Dresden. Haller zitiert das Werk in den »Elementa physiologiae«, Bd. 8,2, S. 38. – *Ein Kind ... zukäme:* »Anno septimo vel octavo caput infanti enorme, quale, giganti septem, octo pedum conveniret«, schreibt Haller, a.a.O., Bd. 8,2, S. 38. – *Lecat Allgemeines Magazin:* Gemeint ist der Aufsatz »Eine Abhandlung, die zur Geschichte der Riesen gehört und von dem Herrn Lecat in der Versammlung der Akademie der Wissenschaften zu Rouen vorgelesen ist«, im »Allgemeinen Magazin der Natur, Kunst und Wissenschaften«, 1754, 4. T., S. 328.

464 *Größe. Elefant ... Maus:* »Semper maximus quadrupedum elephas; sequitur rhinoceros et hippopotamus, tunc camelus, urus istum excipit, ut quadrupedum ima plebs in mure terminetur«, lautet die »lex staturae« bei Haller in den »Elementa physiologiae«, Bd. 8,2, S. 40. – *Hippopotamus:* Flußpferd, Nilpferd.

465 *Aus den Mumien ... nicht größer als wir:* »Constantia naturae ... ab ipsis retro mumiis ... ostendit Aegyptios nihilo nobis fuisse proceriores; sed etiam homo ille, ante induratas profundas lapicidinas oeningenses toto sub monte

mersus, cujus sceleton in saxo expressam Scheuchzerus depinxit, nihilo fuit nostris mensuris major«, schreibt Haller, a.a.O., Bd. 8,2, S. 42. – *der Scheuchzersche Mensch:* Johann Jakob Scheuchzer (1672–1733), schweizer. Naturforscher, Stadtoberarzt und Prof. der Mathematik in Zürich; beschrieb fossile Pflanzen und Tiere. Sein bekanntestes Werk: »Kupfer-Bibel, in welcher die Physica Sacra, oder Geheiligte Natur-Wissenschafft derer in Heil. Schrifft vorkommenden Natürlichen Sachen, Deutlich erklärt und bewährt ...«, Augsburg und Ulm 1731. Mit Bezug auf: »Homo diluvii testis«. Der Mensch als Zeuge der Sintflut. Kupferstich, signiert: I. A. Corvinus sculp. Originalgröße: 307 × 196 mm. Tafel XLIX der »Kupfer-Bibel«. Zum Abschnitt »Der Unglücks-Menschen Rest wird gleichfalls ausgegraben, Wodurch wir mehrern Grund zu der Verschüttung haben«. Scheuchzer bemerkt S. 66, daß dieser Menschenrest von ihm »1725. aus dem Oeningischen Steinbruch« ausgegraben wurde.

466 *wie Haller artig beweist:* »Neque facile gigantes victum invenissent, quorum, etiam novem pedum altorum, pondus fuisset ad nostrum ut 9^3 ad 6^3 sive ut 729 ad 216, plus triplo nostro majus triplumque poscens cibi, ut alerentur; ejusmodi gigantibus poma vix cerasorum loco fuissent«, schreibt Haller, a.a.O., Bd. 8,2, S. 43. Den in der Anmerkung erhobenen Einwurf weist Haller selbst an der angeführten Stelle mit den Worten zurück: »Si decrevissemus, una oportuisset totam naturam decrescere, cujus rei nullum signum est.« Wenn wir geschrumpft wären, hätte die ganze Natur schrumpfen müssen, wofür es keinerlei Anzeichen gibt. – *9 Fuße groß:* Ca. 270 cm. – *Parakletor:* Über diesen Schreibplan s. zu D 526. – *gelassner:* In der Handschrift *gelassen.* – *p. CXXIII:* Gemeint ist E 470.

467 *Leute die sehr viel gelesen:* Zu L.s Kritik daran vgl. B 204. – *Erfinden ... weitläuftige Selbstbetrachtung der Dinge:* Zu diesem Gedanken s. auch E 257, 370, 430. – *Assoziation:* Zu Hartley und seiner Theorie s. zu E 453.

468 *vel ab iniquo ... Haller sagt:* »Omitto ... similitudinem infantum, dissimilitudinem adultorum, per diversos plerumque amini affectus natam aut ab iniquo ossium faciei incremento« (Ich übergehe die Ähnlichkeit der Kinder und die Unähnlichkeit der Erwachsenen, erzeugt durch die vielen unterschiedlichen Gemütszustände oder durch den ungleichen Wuchs der Gesichtsknochen), schreibt Haller, a.a.O., Bd. 8,2, S. 47.

469 *mein bekannter Satz, daß man in der Lage des Sands die Kräfte lesen könne ...:* S. A 216 und die Anm. dazu. – *Kräfte:* Von L. verbessert aus *Gesetze.* – *auf der:* In der Handschrift *auf denen.* – *Lesage in Genf seine Theorie:* Georges Louis Lesage (1724–1803), schweizer. Physiker und Mathematiker, atomistischer Philosoph, Lehrer Friedrich Heinrich Jacobis, korrespondierendes Mitglied der Akademien von Paris, London und Berlin, schuf 1774 einen elektrischen Telegraphen mit 24 Drähten; veröffentlichte 1758 den »Essai de chimie mécanique« (BL, Nr. 776), auf den sich L. wahrscheinlich bezieht; sein Hauptwerk »Lucrèce Newtonien«, 1784, hatte großen Einfluß auf L. Vgl. auch Laurens Laudan, George Louis Lesage. A case study in the interaction of physics and philosophy, in: Akten des zweiten internationalen Leibniz-Kongresses 1972 (hrsg. 1974), 2, S. 241–252.

470 *pag. CXXII:* Gemeint ist E 466. – *Aus den ... Riesen gewesen:* Auch Haller spricht in den »Elementa physiologiae«, Bd. 8,2, S. 42, von »ossa ... male formatorum hominum et quibus caput citio grandius fuerit«. – *Schädeln:*

Von L. verbessert aus *Knochen.* – *wie die Biene ihre Zelle:* Zum Bienen-Gleichnis s. zu D 621. – *der Verzeih mirs:* Diese Umschreibung für: Teufel gebraucht L. auch F 530 und in Briefen an Marie Tietermann von Anfang September 1773, an Kaltenhofer vom 17. Oktober 1773, an Schernhagen vom 25. Juli 1776, an Christiane Dieterich vom 9. Juni 1778, an Wolff vom 1. Dezember 1783. – *Ihr ... schreiben:* Dieser Satz ist in der Handschrift mit einem Verweisungszeichen nach E 473 versehen.

471 *Da lach ich dazu, wenn sie dazu weinen ... mögten:* L. verwertet diese Wendung in der »Dritten Epistel an Tobias Göbhard« (III, S. 545) und in »Für das Göttingische Museum« (III, S. 571).

472 *Wir gebrauchen das Wort Seele wie die Algebraisten ihr x,y,z:* Der algebraische Vergleich kehrt auch E 485 wieder. – *attraction:* S. zu A 170.

473 *so nennt man Taten ... schwarz:* Zu dieser Wendung s. zu E 270. – *vieles mit sichtbaren Ideen ausdrücken:* Zu L.s Versinnlichung von Abstrakta s. etwa zu F 381.

474 *Zu untersuchen:* Zu dieser Floskel s. u A 262. – *nach Hartley's Theorie:* S. zu E 453. – *meine seltsame Meinung von der Seelenwanderung:* Dazu s. zu A 87.

475 *Clusters of ideas:* Engl. cluster ›Gruppe, Büschel, Traube‹. Ein Begriff von Hartley (a.a.O., S. 116, 120, 123, 124). L. erwähnt und erklärt ihn an Blumenbach 1776/1777. S. noch J 1024. – *grape:* Engl. ›Traube‹; in Hartley nicht ermittelt.

476 *wie der Magnet dem Eisenstaub ... Ordnung gibt:* Zu diesem Bild vgl. B 69.

478 *Hartleys Forderung[en] von einem guten Schriftsteller:* »Where the writer endeavours to express to himself with plainness, sincerity and precision« schreibt Hartley in »Theory of the human mind«, S. 151. – *Plainness, sincerity ... precision:* Engl. ›Klarheit, Wahrhaftigkeit und Genauigkeit‹.

479 *Der Mensch wird 2 mal fett ... Haller:* »Obesitas ... fuerat in infante; quando motus musculorum in puero invaluit ... decrescit eadem ... quando vero plenum incrementum juvenis attigit, tunc obesitas incipit renasci«, schreibt Haller, a.a.O., Bd. 8,2, S. 66. Vgl. L 26.

480 *man liest im ... Haller von einem 5jährigen Knaben:* »Boves ad 2800 libras increverunt ... et majora sunt, quae de puero quinquenni pondus 250 librarum attingente diximus«, schreibt Haller, a.a.O., Bd. 8,2, S. 67.

481 *Feuermaschine:* Im 18. Jh. noch für und schon neben: Dampfmaschine gebräuchlich. – *könnte gebraucht werden:* Zu dieser Floskel s. das Wortregister.

482 *eine Uhr wie die Coxische:* Im Jahr 1760 kam James Cox auf die Idee, die Schwankungen des Luftdrucks und der Temperatur für den Antrieb einer Uhr auszunützen. Cox benutzte Quecksilber, wobei das Steigen und Fallen der Quecksilbersäule zum Aufzug des Räderwerks diente. Seine Bodenstanduhr, die nach diesem Prinzip arbeitet, ist im Victoria und Albert Museum in London erhalten; 1773 führte er sie auf einer vom engl. Parlament geförderten Ausstellung seiner Erfindungen vor. L. schildert sie in einem Brief an Abraham Gotthelf Kästner vom 20. Dezember 1774, aus dem dieser in den GGA vom 31. Januar 1775, S. 97 ff, einen Auszug gab. Die ganze Betrachtung ist in »Ueber das Weltgebäude« (GTC 1779, S. 19; Ph+M 1, S. 196) verwertet. – *zu untersuchen:* Zu dieser Floskel s. zu A 262. – *Perpetua mobilia:* S. zu C 142. – *So könnten ... pag. CXXIV:* Mit L.s Verweisungszeichen nach E 485. – *Ventilatoren:* Mitte des 18.Jh.s erfundenes Gerät mit einem rotieren-

den Flügelrad zur Luftkühlung. – *möglich daß der Wetterhahn ...:* Dieser Satz ist von L. in dem Artikel »Ueber das Weltgebäude« (GTC 1779, S. 19) verwertet. – *Taschen-Uhren, die man nicht aufzieht:* Wahrscheinlich hat Abraham Louis Perrelet aus Le Locle in der Schweiz zwischen 1760 und 1770 die ersten automatischen Taschenuhren hergestellt. Er verwendete, spätere Erkenntnisse vorwegnehmend, eine zentralgelagerte Schwungmasse, die in beide Richtungen aufzog. Nach ihm beschäftigten sich u. a. Philipp Matthäus Hahn und die beiden Schweizer Jaquet-Droz und Louis Recordon mit dem Selbstaufzug von Taschenuhren. S. darüber Jürgen Abeler, Ullstein Uhrenbuch. Eine Kulturgeschichte der Zeitmessung, Berlin, Franfurt, Wien 1975, S. 277.

483 *Anmerkungen gegen Lavater zu gebrauchen:* Schon in Zusammenhang mit dem Plan einer Antiphysiognomik? zu der Floskel s. das Wortregister. – *Hartley p. 166, 180:* L. denkt wohl an folgende Sätze: »The practical (assent) depends upon the recurrency of the ideas and the degree of agitation produced by them in the mind ...« (Der tatsächliche Beifall hängt davon ab, wie oft die Ideen wiederkehren und welchen Grad von Aufregung sie im Geist erzeugen). Der Anschluß findet sich F 664 zitiert (s. auch die Anm. dazu). »The ideas, words and reasonings, belonging to the favourite hypothesis, by recurring and being much agitated in the brain, heat it, unite with each other and so coalesce in the same manner, as genuine truths do from induction and analogy« (a.a.O., S. 180). Indem die Ideen, Wörter und Beweisführungen zu der bevorzugten Hypothese immer wiederkehren und im Gehirn heftig bewegt werden, erhitzen sie dieses, verbinden sich miteinander und fügen sich so genauso zusammen wie echte Wahrheiten durch Induktion und Analogie.

484 *Hartley sagt ...:* »The words ... which have neither ideas nor definitions [die Partikeln], it is easy to ascertain their use by inserting them in sentences, whose import is known and acknowledged, this being the method in which children learn to decipher them« (Hartley, »Theory of the human mind«, S. 118). Vgl. auch E 16.

485 *Das Wort Teufel ... in meinem Werkchen öfters vorkommt:* Zur Verwendung dieses Wortes durch L. s. das Wortregister. – *mit x,y,z der Algebraisten zu vergleichen:* Zu diesem Vergleich vgl. E 472.

487 *Feder in seiner Abhandlung vom moralischen Gefühl:* Die Stelle findet sich mit den gleichen Hauptbegriffen in Feders Abhandlung »Über das moralische Gefühl oder Beantwortung der Fragen: Giebt es ein moralisches Gefühl? Wiefern hat es der Mensch von Natur? Was sind seine eigentlichen Gründe? und was hat es also für einen Wert in Ansehung der Erkenntnis und Empfehlung der Pflichten?« im »Deutschen Museum« 1776, S. 37; s. auch RA$_{II}$ S. 639. – *deutschen Musei:* Das »Deutsche Museum« erschien, herausgegeben von Heinrich Christian Boie und Christian Wilhelm Dohm (bis 1778), 1776–1788 bei Weygand in Leipzig, 1789 fortgesetzt als »Neues Deutsches Museum«; neben dem »Teutschen Merkur« die bedeutendste dt. Literaturzeitschrift in den letzten Jahrzehnten des 18. Jh.s. L. war anfangs ihr Mitarbeiter.

488 *Pegel:* Magnus Pegelius (1547–1615/18), 1591 Prof. der Mathematik und Astronomie in Rostock; seine Erfindungen und Instrumente sind verschollen, seine Schriften seit 1766 verloren. Die Ankündigung zu den von

ihm gemachten Erfindungen erschien [Rostock] 1604 unter dem Titel »Thesaurus rerum selectarum, magnarum, dignarum, utilium, suavium pro generis humani salute oblatus ...« – *Marquis von Worcester:* Des Marquis von Worcester Buch »A century of the names and scantlings of such inventions, as at present I can call to mind to have tried and perfected, which, my former notes being lost, I have at the instance of a powerful friend endeavoured now in the Year 1655 to set down in such a way as may sufficiently instruct me to put any of them in practice« war London 1663 und 1746 erschienen; L. besaß einen Glasgow 1767 erschienenen Abdruck (BL, Nr. 949). Er erwähnt es lobend auch in dem Brief an Georg August Ebell, Oktober 1782. Edward Somerset (1601–1667), Earl and Marquis of Worcester, engl. Sonderling und Erfinder, Offizier, Politiker. – *daß:* In der Handschrift *daß sie.*

489 *Wenn innere Besserung ... Besserung der Gesichtszüge nach sich zöge ... :* L.s gravierender Einwand gegen Lavaters »Physiognomik«. – *ein Lavatersches Christusgesicht:* Dazu s. zu E 429. – *Rotwerden ... erklärt:* Dieses Phänomen beschäftigt L. noch K 115; MH 8. Eine Erklärung versucht erst ein Jahrhundert später Charles Darwin im Kapitel »Über das Erröthen« seines Werkes »Der Ausdruck der Gemütsbewegungen bei den Menschen und den Thieren«. – *Assoziation der Ideen:* S. zu E 483.

490 *Haller nennt ... den Menschen:* Der zitierte Satz findet sich wörtlich in Haller, a.a.O., Bd. 8,2, S. 77. L. paraphrasiert ihn auch in »Ueber das Weltgebäude« (GTC 1779, S. 18; Ph+M, 1, S. 195), wo L. den Menschen einen »Erdminer« nennt; von mittellat. minera (s. Ducange V, S. 392) leitet sich das spätere: Mineralien ab. – *Ut ... minera:* Daß der Mensch als Mensch selbst eine Gesteinsart der Erde sei.

491 *Callimachus:* Kallimachos (um 300–240 v. Chr.) aus Kyrene, gest. in Alexandria, der bedeutendste Dichter der hellenischen Zeit; Bibliothekar der Alexandrinischen Bibliothek; von seinem dichterischem Werk sind zwei Bücher vollständig erhalten, zum Teil wurden sie von Catull übersetzt. Der bei Clemens von Alexandrien und in den Pindarscholien überlieferte Pentameter bildet das 186. Fragment des Kallimachos. L.s unmittelbare Quelle, die wohl auch die lat. Übersetzung bot, war nicht zu ermitteln. Er zitiert ihn auch in der »Epistel an Tobias Göbhard« (III, S. 238) und im »Parakletor« (III, S. 528). – *Delectant ... asinicidia:* Es ergötzen Phöbus die strotzenden Eselsopfer.

492 *Rezensenten schlachtet:* Dieser auf die vorhergehende Stelle bei Kallimachos bezogene Gedanke ist in der »Epistel an Tobias Göbhard« (III, S. 238) verwertet.

493 *Charles's Wain ... beim Shakespear:* »Charles' Wain« kommt in Shakespeares »Heinrich IV.« 1, 2, 1 vor, bezeichnet aber nicht, wie L. annimmt, das von Flamsteed so genannte Karlsherz, sondern den großen Wagen; s. Jacob Grimm, Deutsche Mythologie, Göttingen 1835, S. 125, 604. – *cor Caroli:* Lat. ›Karls Herz‹.

494 *Wenn Leute ihre Träume aufrichtig erzählen wollten:* Zu L.s Traum-Reflexionen s. zu A 33.

495 *zu untersuchen:* Zu dieser Floskel s. zu A 262. – *ob die Tiere weniger Gehirn haben:* Diese Bemerkung schließt wohl an einen Satz Hartleys, a.a.O., S. 241 an: »The brains of young brute animals will therefore be sooner able to retain miniatures than those of children, as tending more to firmness and

fixedness in their ultimate texture and constitution«. – *das Gehirn von Kindern sehr flüssig:* S. zu E 461.
497 *Assoziation:* S. zu E 460.
498 *Mitleids:* L. führt seine Gedanken zum Mitleid F 1214 aus – *Mit-Freude:* Dieses Substantiv belegt DWB 6, Sp. 2344, u. a. aus Kant, Wieland und L. (F 1214). S. auch Mat I 162, wo diese Wendung durch »Mitscham« ergänzt wird.
499 *Koppe:* Johannes Benjamin Koppe (1750–1791), 1771 stud. theol., 1776 Prof. der Theologie in Göttingen, 1777 Erster Universitätsprediger, ein glänzender Kanzelredner; 1783/84 Prorektor; seit Ostern 1784 Generalintendant in Gotha, 1787 in Hannover. Woher der Anfang 1776 aus Mitau nach Göttingen berufene Theologe diese Äußerung Goethes hatte, war nicht feststellbar. Von einer persönlichen Begegnung Koppes mit Goethe in dieser Zeit ist nichts bekannt. – *Celle:* Anspielung auf die dortige Irrenanstalt; s. zu E 53.
500 *unsere Assembleen:* S. zu B 81.
501 *jungen Leuten:* Von L. verbessert aus *Menschen.* – *Idee und ... Wort Genie:* Diese lange, von L. mehrfach verbesserte Notiz war, wie er selbst anmerkt, für den »Parakletor« bestimmt. – *Flügeln des Adlers:* Zu diesem Bild vgl. E 318. – *Sonne:* Danach von L. gestrichen *diese Idee wirckt dann auf die Schreibfibern und die rechte Hand.* – *das Genie mit einem Feuerstrom vergleicht:* Zu diesem Bild vgl. E 504 und F 662. – *Feuerstrom:* DWB 3, Sp. 1605, nennt Haller, Dusch, Wieland, Jean Paul, Thümmel und Klopstock, aber nicht mit diesem Bild. »Strom des Genies« findet sich dagegen in Goethes »Werther« und zuvor schon in Youngs »Conjectures on Original Composition«. – *durch seinen:* In der Handschrift *durch seinen durch.* – *Zaunkönige:* Zu diesem Ausdruck s. C 299 und Anm. – *Sense-Körner ... Nonsense-Felsen:* Wortbildungen mit engl. ›Sinn, Verstand ... Unsinn, Unverstand‹. – *schallt mächtig von Straßburg bis Königsberg:* Während Straßburg für den vorübergehenden Sammelpunkt der Stürmer und Dränger, für Herder, Goethe, Lenz, steht, ist Königsberg wohl eher Synonym für die literaturgeographische Ausdehnung der neuen Literaturauffassung und Anspielung auf Hamann. – *nehmen ... und brauset:* Die Omission ist nicht auflösbar. – *Parakletor:* Zu diesem Plan s. zu D 526. – *auf gute Gleichnisse ... die Polizei ein Auge haben sollte:* Dieser Gedanke wird E 502 weitergeführt. – *vom brausenden Feuerstrom:* In der Handschrift *von brausenden Feuerströmen.* – *die besten Oden in See- und Waldstädten gemacht:* In E 104 nannte L. Hagedorn, Uz und Ramler als positive Beispiele der Odendichtung; Uz lebte in Ansbach, Ramler in Berlin, Hagedorn in Hamburg. – *das Dichter-Genie ... stillen und tiefen Strom:* Zu diesem Bild vgl. E 506. – *sind wir fertig:* Von L. verbessert aus *ists aus.*
502 *obigen Gedanken:* Gemeint ist E 501 (S. 448). – *die Dinte mit Fingerhüten zumessen:* Zu dieser Wendung vgl. D 653. – *und:* Ergänze nach *und:* nur; nach *nur* von L. gestrichen *die.*
503 *Geschmack in Frankreich:* S. auch E 339.
504 *Ich sagte euch ...:* Der Apostrophe nach Entwurf zum »Parakletor«. – *Plunderköpfe:* Mit: »untauglich zu irgend einem Geschäft, das Nachdenken erfordert«, definiert L. das Wort, das DWB 7, Sp. 1947, mit diesem L.-Zitat (K 185) belegt. – *deutliche:* Von L. verbessert aus *Deutsche* [Schreibfehler L.s]. – *Definition von Genie ... Feuerstrom:* S. zu E 501. – *Sturm am Berge:* Zu diesem

Bild vgl. E 506, F 422, 731, und »Über die Pronunciation der Schöpse« (III, S. 308). – *Brausen des Genies:* Zu diesem Bild s. zu E 109. – *Rauschen des Eichenwaldes:* Zu diesem Bild s. zu E 245 (S. 400). L. bezieht sich wohl auf Klopstocks Ode »Unsere Sprache«, die den »Göttinger Musenalmanach auf 1775« eröffnet. Die Wendung begegnet auch im Brief an Baldinger am 29. Januar 1775; s. auch E 506. – *Häckerling, mit:* Danach von L. gestrichen *Lebens Tödesgefahr.* – *Tempel des Ruhms:* Zu dieser Wendung s. zu D 107. – *wenn ich nicht Genius hätte, wie könnte ich es fühlen:* Vgl. E 245 (S. 401).

505 *nichts vom jüngsten Tag darin:* Wie aus D 530 hervorgeht, wo L. ähnliche Bilder gebraucht, ist seine Bemängelung der Definitionen von Genie ironisch gemeint. – *Fußtritten des Allmächtigen:* Vgl. E 192 und Anm.

506 *die stille tiefe Untersuchung:* Vgl. zu dieser Wendung E 501. – *Sturm am Berge:* S. zu E 504. – *das Genie . . . braust:* S. zu E 109. – *etwas ausbrütet:* Von L. verbessert aus *brütet.* – *Das daunigte Hinbrüten angebracht:* Zu dieser Wendung s. D 668 (S. 342) und die Anm. dazu.

507 *vortreffliche Bemerkung des Herrn Hartley p. 139:* An der zitierten Stelle von Hartleys »Theory of the human mind« (s. zu E 453) heißt es: »Diversity of languages does also both help the invention and correct false judgments, for we think in words.« – *durch die Verschiedenheit der Sprachen falsche Urteile verbessert:* Vgl. E 510.

508 *The proper . . . Newton:* Die eigentliche Methode, zu philosophieren, besteht wohl darin, daß man die allgemeinen Gesetze der auf den Gegenstand wirkenden Bewegung entdeckt und aufstellt, unter denen nach bestimmten Kriterien ausgewählte, gut definierte und gut bezeugte Phänomene stehen, um mittels dieser Gesetze dann andere Phänomene zu erklären und vorherzusagen. Das ist die von Newton empfohlene analytische und synthetische Methode. In Hartleys Text finden sich nach »recommended« noch die Worte »and followed«.

509 *Beim Hartley:* Plante L. eine Abhandlung über dessen Assoziations-Theorie? – *der Gedanke genützt:* Zu dieser Floskel s. zu C 96. – *das Spiel der Drüsen . . . der Mensch baue sich seinen Körper so wie die Spinne ihr Nest:* Zu diesem Gedanken vgl. C 226.

510 *Was muß es auf ein Volk für einen Einfluß haben wenn es keine fremde Sprachen lernt:* Vgl. E 507.

512 *Alten Weibern:* Zu diesem Ausdruck s. zu E 45.

513 *sicherer Weg sich einen Namen zu machen:* Zu dieser ›Methode‹ vgl. F 985.

514 *A . . . non A:* Abgekürzte Formel für den Satz vom Widerspruch, einer der vier Hauptsätze der formalen Logik: zwei kontradiktorische Urteile über ein und denselben Gegenstand können nicht gleichzeitig wahr sein; vgl. D 433.

515 *In England . . . Dichter Staatssekretaire gewesen:* Zum Beispiel Milton. – *Auditor:* Lat. ›Zuhörer‹; im Militär-Recht seinerzeit der Ankläger vor Gericht. – *Babel:* Zu diesem Ausdruck s. zu D 157.

516 *Der Vaterlandsschänder in der allgemeinen Bibliothek . . . R unterzeichnet:* S. zu E 321. – *Racha:* Hebr. râkâ; Schimpfwort, das einen schlechten, nichtswürdigen Menschen bezeichnet.

517 *Schlag an den Kopf bekommen:* Zu dieser Wendung vgl. E 147. –

Brücke zwischen diesem Satz und dem Beifall eingestürzt: Dieses Bild begegnet auch F 866.

518 *metaphysischen Beweisen von der Existenz Gottes:* Unter den zahlreichen theologischen und philosophischen zeitgenössischen Versuchen, die Existenz Gottes wissenschaftlich nachzuweisen, ragt Immanuel Kant hervor, der in »Der einzig mögliche Beweisgrund zu einer Demonstration des Daseins Gottes« (1763) klarstellt, daß es nur zwei mögliche Beweise vom Dasein Gottes geben könne, den ontologischen oder den kosmologischen. – *die Wörter unendlich . . . vermeiden:* Zur Abnutzung von Wörtern s. zu E 274.

520 *Die Baobab-Bäume . . . alt:* Affenbrotbaum; »Arbores baobab intra ducentos annos quinque pedum diametrum acquirunt, maturae sunt 25 pedum diametro . . . vivere 5150 annis«, schreibt Haller in den »Elementa physiologiae« (s. zu E 461), Bd. 8,2, S. 89. In der Anmerkung dort finden sich auch die Hinweise auf die Aufsätze Adansons, dessen »Histoire naturelle du Sénégal«, die auch die Reisebeschreibung enthält, Paris 1757 erschienen war. »Crocodilus ex minimo ovo in vastam beluam increscit neque crescere desinit . . . Testudini intra viginti annos paucorum pollicum incrementum est, ut per saecula vivere credatur« (Haller, a.a.O., Bd. 8,2, S. 91). »De psittaco res certior videtur: in familia gallica fuit de eo genere animal, de quo constabat anno 1633 ex Italia fuisse allatum, ut omninon 110. annum superaret, quando de eo ad academiam relatum est« (ebd. Bd. 8,2, S. 92). Zum Alter von Tieren (Krokodil, Papagei und Schildkröte) s. »Das Neueste von den Kröten« (GTC 1797, S. 188–197, besonders S. 189; Ph + M 2, S. 367).– *Adanson Voyage p. 66.:* Auf der von L. angegebenen Seite der zu D 693 nachgewiesenen Reisebeschreibung schreibt Andanson: ». . . si l'on suppose que ceux dont il est question ont été gravés dans leurs premiers ans, & qu'ils aient grossi de six pieds dans l'espace de deux siécles, on peut calculer combien il leur faudroit de siécles pour parvenir à vingt-cinq pieds, qui est le dernier terme de leur grosseur.« Wenn man annimmt, daß die, von denen die Rede ist, in ihren ersten Jahren abgebildet wurden und daß sie in zwei Jahrhunderten um 6 Fuß dicker geworden sind, kann man ausrechnen, wie viele Jahrhunderte sie bräuchten, um auf 25 Fuß zu kommen, welches ihr endgültiger Umfang ist. Adanson war Mitglied der Académie des Sciences in Paris, vor der er 1761 über »Le Baobab« vortrug.

521 *Anmerkung von . . . Haller:* »Rura suppeditant milites, famulos, artifices atque rusticom filii in civitates stipantur, in exercitus, in classes, et moriuntur iis locis, in quibus vitam quaerunt, neque in patrii vici fastos referuntur« (Das Land verschafft Soldaten, Knechte, Handwerker, und die Bauernsöhne drängen in die Städte, in die Heere, zur Flotte und sterben an den Orten, wo sie zu leben begehren, und werden in den Kirchenbüchern des Heimatdorfes nicht verzeichnet), schreibt Haller in den »Elementa physiologiae«, Bd. 8,2, S. 116. Der Gedanke ist im GTC 1779, S. 77, verwertet.

522 *Gunkel zu Göttingen mit dem hohen Absatz:* Über L.s Schreibplan s. zu, der sich aus einem Roman (s. zu B 102) in den Plan eines Lustspiels veränderte, s. zu D 209. – *oder:* In der Handschrift *überlassen oder.* – *Olivetische Elektrisier-Maschine:* Der im Briefwechsel I, S. 801 erwähnte Pierre Joseph Thoulier d'Olivet (1682–1768) – L. schreibt ihn: Oliver – kann schwerlich

gemeint sein; eher ist an einen Mechaniker Anton Oliver in Göttingen zu denken. Rintel, S. 207 erwähnt »Olivets Witwe«; s. auch F 546 (Oliver) und L 808. – *Szene auf dem Blocksberg:* Dieses Motiv ist in »Daß du auf dem Blocksberge wärst. Ein Traum wie viele Träume« (III, S. 470–482) verwertet.

F

Mit der Bezeichnung F ist von Lichtenberg ein Foliobuch in starker Pappe mit Lederrücken versehen. Es umfaßt 146 Seiten (die Zählung läuft bis S. 147; aus Versehen sind von Lichtenberg aber die Zahlen 69 und 106 doppelt verwendet sowie 114 übersprungen worden). Ein Titelblatt und ein Schlußblatt stehen außerhalb der Paginierung. Die vordere Innenseite des Buchdeckels hat Lichtenberg mit bibliographischen Eintragungen gefüllt (I S. 455–456), desgleichen die Innenseite des rückwärtigen Buchdeckels (I S. 644). Das Sudelbuch befindet sich heute in der Staats- und Universitätsbibliothek Göttingen (Signatur: Ms. Lichtenberg IV, 30).

Zur Chronologie von Sudelbuch F

Für die Chronologie des Sudelbuchs von Nr. 408 an, mit der L.s eigene Datenaufzeichnung aufhört, kommen folgende Stellen in Betracht:
452: Erwähnung des Märzheftes des »Deutschen Museums« von 1777; erschienen 30. März.
461: 1. April 1777,
488: 16. April 1777;
523: 7. Mai 1777;
nach 529: 22. Mai 1777;
594: Erwähnung des »Hannoverischen Magazins« vom 22. August 1777;
606: 11. September 1777;
714: Erwähnung von Zimmermanns Aufsatz im »Teutschen Merkur« vom November 1777;
799: 14. Dezember 1777;
nach 863: 1778;
877: 28. Februar 1778;
905: Erwähnung von Mendelssohns Aufsatz im »Teutschen Merkur« vom November 1777:
964: 22. März 1778;
994: 6. Mai 1778;
1016: 6.–22. Juni 1778;
1044: 22.–29. Juli 1778;
1061: 10. August 1778;
1122: 17.–30. September 1778;
1132: 3. Oktober 1778;
1144: 11. Oktober 1778;
1148: 13. Oktober 1778;
1151: 15. Oktober 1778;
1165: 30. Oktober 1778;
1172: Zitat aus dem »Hannoverischen Magazin« vom 2. November 1778;
1192: 27. Dezember 1778;
1193: 30. Dezember 1778;
nach 1197: 1779;
nach 1233: 28. Januar 1779.

Anmerkungen (Band I)

S. 455 *to read:* Die unter dieser Überschrift aufgeführten Buchtitel füllen die innere Seite des vorderen Deckels von Sudelbuch F. – *La Metromanie:* »La métromanie« ist eine berühmte Paris 1738 erschienene Komödie von Alexis Piron. Die Notiz (vgl. auch F 1227) ist wohl durch einen Artikel über Piron in den »Gothaischen gelehrten Zeitungen« 1778, S. 438 angeregt. – *(Sallengre):* Albert Hendrik de Sallengre (1694–1723), niederld. Staatsmann und Gelehrter, 1717–1722 Mitarbeiter am »Journal littéraire de la Haye«, bis 1737 als »Chef d'œuvre d'un inconnu« von Saint Hyacinthe von verschiedenen Schriftstellern fortgesetzt. – *Verschwörung von Venedig:* César Vichard de Saint-Réal (1639–1692), frz. Abbé und Historiker, veröffentlichte 1674 »De la conjuration des Espagnols contre Venise«. – *Beiträge ... von den Projektionen:* Lamberts »Beyträge zum Gebrauche der Mathematik und deren Anwendung«, Berlin 1765–1772, 3 Bde. Das Schlußkapitel (Bd. 3, S. 476) trägt den Titel »Anmerkungen über die Sterblichkeit, Totenlisten, Geburten und Ehen«. S. BL, Nr. 223. Die Notiz von L. gestrichen. – *(Lion):* S. zu F 249. – *vieles daraus zum Kalender genommen:* Wie aus Briefen an Hollenberg am 21. November 1776 und an Chodowiecki am 23. Dezember 1776 hervorgeht, übernahm L. schon vor Erxlebens Tod die Redaktion des »Göttinger Taschen Calenders«. – *mortalité:* Frz. ›Sterblichkeit‹. – *Lavaters moralischer Charakter:* »Herrn Johann Kaspar Lavaters, Pfarrer an dem Waisenhause zu Zürich, Moralischer Charakter, entworfen von Feinden und Freunden und ihm selbst. Tausendmal lieber der Verläumdete als der Verläumder«, Berlin, Zürich und Frankfurt 1775; enthält einen Brief Jakob Hottingers, in dem er Lavaters gute Eigenschaften lobte, aber auch seine Schwächen und »unanständigen Schwärmereien« kritisierte. Außerdem sind die Antwortschreiben von Lavater selbst und seinen Freunden enthalten. – *Gesellschaftliche Unterhaltung[en] ...:* Der Titel lautet vollständig: »... Ausdrucks im gesitteten Umgange«; erschienen Leipzig 1775–1777 in 2 Tln.; von Ludwig Ferdinand Hopffgarten (1745–1806), Appellationsgerichtsrat und Schriftsteller in Dresden. – *Werlhofischen Schriften:* Gemeint ist »Cautionum medicarum tractatus primus sive dissertatio de limitandis morborum vituperiis et laudibus medelarum«, abgedruckt in Werlhofs »Opera medica«, Hannover 1775, S. 314–388. Paul Gottlieb Werlhof (1699–1767), Leibarzt und Hofrat in Hannover, medizinischer Schriftsteller. – *Abhandlungen ... anderer Akademien:* Diese Abhandlungen erschienen Leipzig 1775–1776; der Titel hat nach *Arzneikunde* noch die Wörter *und Chirurgie*. – *Haarlemer ... Akademien:* S. zu KA 173. – *Der Naturforscher:* Diese von Walch redigierte Zeitschrift erschien 1774–1804 in Halle. Johann Ernst Immanuel Walch (1725–1778), Professor und sachsen-weimarscher Hofrat in Jena. Seit 1779 war J. C. D. Schreber Hrsg. der Zeitschrift. – *Hurds ... Dialogen:* Das Werk mit dem engl. Titel »Moral and Political Dialogues« (London 1759) erschien Leipzig 1775 in der Übersetzung Höltys. Richard Hurd (1729–1808), Bischof von Worcester und Schriftsteller, Hrsg. der Werke Warburtons, Mitglied der Göttinger Sozietät der Wissenschaften. – *Senebier Kunst zu beobachten:* Jean Senebiers »L'art d'observer«, Paris 1775, Leipzig 1776 in 2 Bdn. unter dem Titel »Die Kunst zu beobachten«, übersetzt von Gmelin. Zur Sache s. zu KA 173. Jean Senebier (1742–1809), schweizer. Theologe, Bibliothekar und Physiker. –

Der lächerliche Druckfehler: An der von L. angegebenen Stelle stehen die Worte *das Gehirn des flatterhaftesten Puypehecois von Frauenzimmern.* – *Einleitung zur ... Bücherkenntnis:* Das Werk ist Breslau 1769–1776 erschienen; Verf. ist Johann Ephraim Scheibel (gest. 1809), Schulmann, Mathematiker und Physiker. – *(kaufen):* S. BL, Nr. 158. – *Wahre Maximen ...:* Das Werk erschien Leipzig 1774; Verfasser ist nach Holzmann/Bohatta, Bd. 3, S. 123 Johann Gottfried Bremer (geb. 1743), Schriftsteller und Übersetzer aus Altona. – *Eduard Montrose:* Das Trauerspiel erschien Königsberg 1774; der Verfasser ist Christoph Friedrich Otto von Diericke (1743–1819), preuß. Oberdirektor der Kriegsschulen, Prinzenerzieher und Schriftsteller, Mitarbeiter am »Göttinger Musenalmanach«. – *Muster von numerus gepriesen:* S. zu E 189. – *Jacobsons Schauplatz ... ein vortreffliches Buch:* »Schauplatz der Zeugmanufakturen in Deutschland, das ist: Beschreibung aller Leinen- Baumwollen-, Wollen- und Seidenwürker-Arbeiten, vornehmlich wie sie in den Königl. Preußischen und Kurfürstlich Brandenburgischen Landen verfertigt werden«, erschienen Berlin 1773–1776 in 4 Bdn. Johann Karl Gottfried Jacobsson (1726–1789), seit 1784 Fabriken-Inspektor in Preußen; sein Hauptwerk: »Technologisches Wörterbuch ...«, 4 Bde., Berlin 1781–1784. – *Hirschfelds Briefe:* »Briefe über die vornehmsten Merkwürdigkeiten der Schweitz, zum Nutzen junger Reisender« (1768), die Leipzig 1776 unter dem Titel »Briefe die Schweiz betreffend« erschienen. Verf. ist Christian Kay (Cajus) Lorenz Hirschfeld (1742–1792), der Reiseberichte und idyllisch-moralische Schriften verfaßte. – *Matzkens Grammatische Abhandlungen ...:* Das Werk erschien Breslau 1776. Abraham Gotthelf Mäzke (geb. 1741), Philologe. L. besaß das Werk (s. BL, Nr. 1491). Im »Göttingischen Magazin« veröffentlichte L. 1781 eine Replik Fuldas, in der Mäzkes Vorschläge einer neuen Orthographie zurückgewiesen werden. – *Liste des Astronomes par Bernoulli:* »Liste des astronomes connus actuellement«, von Johann Bernoulli, Berlin 1776. L. besaß laut BL, Nr. 258 die »Nouvelles littéraires de divers pays, avec des suppléments pour la liste et le nécrologe des astronomes«, Berlin 1779. – *Trembleys Unterricht ... für seine Kinder:* Abraham Trembleys »Unterricht eines Vaters für seine Kinder über die Natur und Religion«, in 2 Bdn., Leipzig 1776, Genf 1775 unter dem Titel »Instruction d'un père à ses enfants, sur la nature et sur la réligion«. Zu diesem bedeutenden Buch der entstehenden Kinder- und Jugendliteratur vgl. Theodor Brüggemann (Hrsg.), Handbuch zur Kinder- und Jugendliteratur. Von 1750 bis 1800, Stuttgart 1982, Sp. 1017–1021. Möglicherweise steht die Anschaffung dieses Titels in Zusammenhang mit L.s Erziehung der Stechardin; vgl. F_1 S. 456,2. – *Reisen der Engländer ...:* Wohl die Berlin 1775 erschienene Schillersche Übersetzung von Hawkesworth' »Geschichte der neuesten Reisen um die Welt in den Jahren 1764–1772«. Das engl. Original ist zu D 130 nachgewiesen. – *Einige artige Abhandlungen:* »Des Ritter Carl von Linné auserlesene Abhandlungen aus der Naturgeschichte, Physik und Arzneywissenschaft« von Linné, erschienen Leipzig 1776–1778. – *(Böhme):* Leipziger Verleger Adam Friedrich Böhme. – *Die Staatsverfassung von England:* »The Constitution of England; or, An account of the English government, in which it is compared with the republican form of government, and occasionally with the other monarchies in Europe« von de Lolme, erschienen London 1775. L. besaß die Schrift in der Aufl. von 1777 (s. BL, Nr. 1218). Das Werk erschien übersetzt unter dem

Titel »Die Staatsverfassung von England, oder Nachschrift von der englischen Regierung, worinn sie mit der republikanischen Form und gelegentlich mit den anderen Monarchien in Europa verglichen wird« Leipzig 1776. – *Lolme:* Jean-Louis de Lolme (1740–1807), schweizer. historisch-politischer Schriftsteller, Staatstheoretiker. L.s Notiz ist wohl angeregt durch die Lektüre der »Junius-Briefe«. – *Machiavellis Unterhaltung[en]:* Die »Discorsi sopra la prima decade di Tito Livio« von Machiavelli erschienen Rom und Florenz 1531, dt.: »Unterhaltungen über die erste Dekade der römischen Geschichte des Livius«, erschienen 1776. Niccolò Machiavelli (1469–1527), ital. Politiker und Schriftsteller (»Il Principe«, 1513). – *Flörcke:* Buchhändler und Verleger in Danzig. – *Eschenburgs Schakespear:* Johann Joachim Eschenburg (1743–1820), Ästhetiker und Literarhistoriker, bedeutender Übersetzer, studierte 1764 in Leipzig, 1767 in Göttingen Theologie und Philosophie, 1768 Hofmeister in Braunschweig, wurde dort 1773 Prof. der schönen Literatur am Carolinum, 1786 Hofrat, 1787 Direktor des Braunschweigischen Intelligenzwesens, 1814 Mitdirektor des Carolinums, befreundet mit Lessing und Ebert. Seine Übersetzung der »Schauspiele« von Shakespeare erschien Zürich 1775–1777. L. besaß Bd. VI und VII (s. BL, Nr. 1798).

S. 456 *Loix du magnetisme:* »Les lois du magnétisme, comparées aux expériments dans les différentes parties du globe terrestre, pour perfectionner la théorie de l'aimant et indiquer par-là les courbes magnétiques qu'on cherche à la mer, sur les cartes réduites« von Lemonnier, Paris 1776–1779. – *Le Monnier:* Pierre-Charles Lemonnier (1715–1799), frz. Astronom und Physiker. – *Livrees:* Frz. Rechnungsmünze zu 20 sols (sous), ausgeprägt als Lis d'argent et d'or. – *sols:* Sol, sous, ursprüngl. frz. mittelalterliche Rechnungsmünze, im 18. Jh. geringhaltige Scheidemünze. – *Wie soll:* »Wie soll ein junges Frauenzimmer sich würdig bilden?« von Andreas Mayer, Leipzig 1772; Erlangen ⁴1777, ⁵1778. Andreas Mayer (1742–1807), fürstlich-brandenburgischer Hofrat in Kulmbach und Postmeister in Judenbach. Auch diese Anschaffungs-Notiz steht vermutlich in Zusammenhang mit der Stechardin; vgl. F₁ S. 455. – *Walther:* Buchhändler und Verleger in Erlangen. – *ein vortreffliches Buch:* »Sitten- und Anstandslehre für die weibliche Jugend der gehobenen Stände, will ›zum Vergnügen und zur Glückseligkeit im Ehestand‹ beitragen; enthält in kurzen Abschnitten Regeln zum Verhalten in der Gesellschaft und zum Umgang mit dem anderen Geschlecht.« Zit. nach Theodor Brüggemann (Hrsg.), Handbuch zur Kinder- und Jugendliteratur. Von 1750 bis 1800, Stuttgart 1982, Sp. 1447.

S. 457 *Sudel-Buch:* Titelblatt von F; im übrigen s. zu E 46. – *1776. den 4ten April:* Wohl Beginn der Führung des Sudelbuchs F. – *Satyra:* »Lucii Sectani Q. Fil. ad Gaium Salmorium Sermo Quintus«, Lucca 1738. Diese Entgegnung auf eine literarische Fehde stammt von Giulio Cesare Cordara (1704–1785), ital. Jesuit und satirischer Schriftsteller, der seit 1737 unter dem Pseudonym Lucius Sectanus bzw. Lucio Settani publizierte. – *Björnståhl:* Gemeint sind die »Briefe auf seinen ausländischen Reisen an C. C. Gjörwell in Stockholm«, übersetzt von J. E. Groskurd, 6 Bde., Stralsund, Rostock und Leipzig 1777–1783. Jacob Jonas Björnståhl (1731–1779), schwed. Prof. der oriental. Sprachen in Uppsala, bereiste 1773 Deutschland, bekannter Verf. einer Reisebeschreibung aus Deutschland, Frankreich, Italien, England, der Türkei und Griechenland. – *Fabroni:* Vermutlich Angelo Fabroni

Durchgesehen ~~12 Dec. 43~~

Dudel. Buch

Göttingen angefangen 4. 1776 d. 4ᵗᵉⁿ April.

F.

(1732–1803), ital. Gelehrter; gab 1771–1796 die bedeutende Zeitschrift »Giornale dei letterati« heraus. – *Tongatabou:* Die Tonga-Inseln sind ein zu Australien gehörendes Archipel von 32 größeren und 150 kleineren Inseln. 1643 wurden sie von dem Holländer Tasman entdeckt; von Cook, der sie 1773–1777 besuchte, wurden sie wegen der gastfreundlichen Aufnahme, die er bei den Einwohnern gefunden hatte, »Freundschaftsinseln« genannt; die größte und fruchtbarste ist Tonga oder Tongatabou. – *Brocken:* Höchste Erhebung des Harzes, 1142 m. – *Ilsenburg:* Stadt im Kreis Wernigerode am Nordrand des Harzes an der Ilse. – *Pariser Fuß . . . Englische:* S. L.s Brief an Jean André Deluc vom 25. August 1777. – *nach Herrn Zimmermann:* »Beobachtungen auf einer Harzreise nebst einem Versuche die Höhe des Brockens durch das Barometer zu bestimmen« von Zimmermann, Braunschweig 1775. Eberhard August Wilhelm von Zimmermann (1743–1815), Schüler Kästners in Göttingen, 1766 Prof. der Mathematik und Physik am Collegium Carolinum in Braunschweig; reiste 1775 in den Harz, um die Höhe des Brockens zu bestimmen (seine von L. notierte Berechnung a.a.O., S. 15), 1778 abermals, um eine Maschine zur Kompression des Wassers zu versuchen und dann in Göttingen vorzuführen. 1796 vom Kaiser in den erblichen Adelsstand erhoben. – *falsch:* L. schrieb für das »Deutsche Museum« eine Richtigstellung, die er aber – wie es seine Art war – aus persönlichen Gründen vor Drucklegung von dem Verleger Weygand zurückverlangte; die Handschrift ist im Nachlaß nicht erhalten; s. aber Briefwechsel I, Nr. 338, 355, 357, 358, 375, 402 (S. 727).

S. 458 *La volonté . . . endormi:* Der Wille kann alles, wer nur zur Hälfte (halbherzig) will, erwacht aus dem Schlaf, erhebt sich und schlummert wieder ein. Zitat aus Friedrichs II. Epistel an Podewils (Episteln 12, 23; Œuvres 10, 177; der Text dort hat *se lève*). Friedrich II. (1712–1786), seit 1740 König von Preußen; begabter Schriftsteller und Komponist. – *Bernouilli . . . heraus:* Die Notiz von L. gestrichen. »Recueil pour les astronomes«, erschienen Berlin 1771–1776 in 3 Bdn. (BL, Nr. 259). – *Lettres:* »Lettres sur différens sujets, écrites pendant le cours d'un voyage par l'Allemagne, la Suisse, la France méridionale et l'Italie; en 1774 et 1775; avec des additions et des notes plus nouvelles, concernant l'histoire naturelle, les beaux-arts, l'astronomie et d'autres matières«, Berlin 1777, 2 Bde.; 1779 erschien noch ein dritter Band. Verf. ist Johann Bernoulli III. (1744–1807), schweizer. Mathematiker und Astronom. L. besaß die Reisebeschreibung (BL, Nr. 1002). – *Die Berliner . . . 1778:* »Les éphémérides de Berlin, par le chev[alier]. de L***«, Berlin 1778. Die Notiz ist von L. gestrichen. – *Schriften des Robinet:* S. zu C 289; vgl. RA$_{II}$ S. 639. – *Earl of Aboyne:* Charles Gordon (1726–1794), 4th Earl of Aboyne. – *Lord Strathdown:* Nicht ermittelt; sollte Verwechslung L.s mit Strathmore vorliegen? – *John Howard:* (1726–1790), engl. Landadliger, berühmt wegen seiner Bemühungen um die Reform des Gefängniswesens in England und auf dem europäischen Kontinent; s. Wolfgang Promies, Reisen in der Zelle und durch den Kopf, in: Wolfgang Griep/Hans-Wolf Jäger (Hrsg.), Reise und soziale Realität am Ende des 18. Jahrhunderts, Heidelberg 1983, S. 274–291; s. auch BL, Nr. 1230. – *Bedfordshire:* engl. Grafschaft im Kreis Norfolk, Provinz von Canterbury. – *seinen Sohn:* Jack Howard (geb. 1765) aus Howards zweiter Ehe; Erziehungsprodukt seines Vaters, starb er 1799 in einer Irrenanstalt; in der Göttinger Matrikel nicht geführt. – *John Calvert:*

(gest. 1844) engl. Student in Göttingen, immatrikulierte sich am 11. Juni 1776 als stud. jur. an der Georgia Augusta.

1 *Die Bemerkung von L.* gestrichen, da er sie in den »Briefen aus England« (III, S. 336) verwertet. – *Briefen an . . . Boie:* Vgl. III, S. 326 ff. und Kommentar dazu. Zur Revision für den Druck vgl. F 2, 3, 17. – *Tacitus . . . geschrieben, weggestrichen:* Für diesen Satz, der ganz fortfiel, sind die III, S. 345, aus F 17 mit leichten Änderungen entnommenen Sätze eingetreten. – *Goethe:* Zu L.s Urteil über ihn s. zu D 128. – *Nicht alles . . . Shakespear:* Gemeint ist »Briefe aus England«, III, S. 336, Zeile 25 ff. – *alles:* Von L. verbessert aus *jedes.* – *Club:* Wohl Anspielung auf die Mitarbeiter der »Frankfurter gelehrten Anzeigen«; s. auch »Briefe aus England« (III, S. 334). – *ist:* Von L. verbessert aus *hat.* – *guter:* Von L. verbessert aus *groser.* – *Prunkschnitzern:* Zu diesem Ausdruck s. zu D 535.

2 *mein lieber B:* Der Anrede nach war auch diese Bemerkung für die »Briefe aus England« bestimmt; s. zu F 1. – *nichts . . . armseliger:* Von L. verbessert aus *kommt mir armseeliger vor.* – *Buch:* Von L. verbessert aus *Werck.* – *kann ein vereintes:* Von L. verbessert aus *mit einem vereinten.* – *richten:* Darauf folgendes *ist so wenig möglich* von L. gestrichen. – *Flut mit einem Kartenblatt zurückfächle:* Zu dieser Wendung s. zu D 533.

3 *hier:* Wohl auch für die »Briefe aus England« bestimmt. Leitzmann bezog es auf England; wahrscheinlich aber ist von L. Kritik an den zeitgenössischen Literaturverhältnissen in Deutschland gemeint. – *jungen Menschen:* Von L. verbessert aus *Pürschgen.* – *Empfindungen . . . zu Buch zu bringen:* Zu dieser Wendung s. zu D 541. – *Kamraden:* Danach von L. gestrichen *den Nahmen eines Genies zu erhalten.* – *darum bekümmert:* Von L. verbessert aus *dieses geht.*

4 *das Gegenteil tun . . . auch eine Nachahmung:* Zu dieser Wendung vgl. D 604. – *Dieses:* Von L. verbessert aus *Diese Betrachtung.*

6 *Assoziation:* Zu diesem Wort s. zu E 460.

8 *500 Narren wie Goethe:* Zu L.s Urteil über Goethe s. zu D 128. – *Grisebach:* S. über ihn zu D 20. – *Vid. D.:* Gemeint ist D 20.

9 *Gesicht eines Mannes, der mich einmal betrogen:* Dieses Beispiel greift L. in F 216 wieder auf. – *Ähnlichkeit:* Danach von L. gestrichen *mit jenem Gesicht.* – *Vorstellung:* Von L. verbessert aus *I[dee].* – *hat:* In der Handschrift *haben.*

10 *das kein Mensch lesen kann:* Von L. verbessert aus *wobey man nicht dencken darf.*

11 *Rezension von Hartley's Theory:* Die von Christoph Meiners verfaßte Rezension erschien in den GGA 1776, 29. und 30. Stück, den 7. und 9. März, S. 249–253. – *Locke . . . absondern lassen:* Nahezu wörtliches Zitat aus der im Text genannten Rezension (a.a.O., S. 253). – *seiner dritten Abhandlung:* Priestley hat der von ihm London 1775 herausgegebenen Auswahl aus »Hartley's Theory of the human mind; with Essays relating to the subject of it« drei ›Versuche‹ vorangestellt. (3. Versuch S. 36–46).

12 *Im Hamburg[ischen]. Corresp[ondenten].:* Die seit 1731 erscheinende »Staats- und Gelehrte Zeitung des Hamburgischen unpartheyischen Correspondenten«, von Joachim Friedrich Leister (1736–1814) und Heinrich Stoever (1769–1822) hrsg., stieg im 18. Jh. zur führenden Zeitung Europas auf, die um 1800 in fast 30 000 Exemplaren gedruckt wurde. L. erwähnt sie auch III, S. 603, 941. – *11 . . . R.:* Die Buchstaben und Ziffern waren mir nicht erklärlich.

13 *Abhandlung über die Physiognomik:* Parsons' Abhandlung »:Human physiognomy explaind: in the crounian lectures on muscular motion«, erschien in den Beiheften zum 44. Bd. der »Philosophical transactions« von 1746, London 1747, S. 1–86. – *Parsons:* James Parsons (1705–1770), engl. Arzt und medizinischer Schriftsteller, seit 1741 Mitglied der Royal Society in London. – *Evelyn's Numismata:* »Numismata. A discourse of medals ancient and modern ... To which is added a digression concerning physiognomy«, London 1697. John Evelyn (1620–1706), engl. Politiker, Reisender und vielseitiger Schriftsteller.

14 *versteckt ... denken:* denken von L. verbessert aus *gla[uben]*. – *in seinem 30. Jahr:* L. war April 1776 fast 34 Jahre alt. Zu L.s Geburtstags-Camouflage vgl. F 1217.

16 *Wasserspeiende Berge machen sie ... aus den Sonnenflecken:* Damit meint L. sich selbst; s. zu F 633.

17 *Manche ... Astronomie:* Die Bemerkung ist von L. gestrichen, da er sie in den »Briefen aus England« verwertet hat (III, S. 345). S. auch zu F 1. – *de eo quod justum est:* Lat. ›von dem, was rechtens ist‹. – *Augen:* Von L. verbessert aus *Hand*. – *halbe Gulden:* In den »Briefen aus England« (III, S. 345) schreibt L. *harten*.

18 *Condillac ... cours d'Etudes pour l'Instruction du Prince de Parme:* Die von L. korrekt zitierte Schrift von Condillac ist Parma 1775 erschienen; sie enthält zwei Kapitel »Art d'écrire« und »Art de raisonner«. – *Prince de Parme:* Ferdinand Maria Ludwig (1751–1802), Sohn des span. Infanten Don Philipp und Enkel König Philipps V. von Spanien; ab 1765 Herzog von Parma unter der Vormundschaft des Franzosen Wilhelm du Tillot, der eine freisinnige Regierung führte und die Rechte der Kirche einschränkte. Nachdem der Herzog 1781 die Volljährigkeit erlangt hatte, gab er du Tillot den Abschied und führte 1787 die Inquisition in seinen Herzogtümern (Parma, Piacenza und Guastalla) ein. – *Abt Condillac:* Instruktor des Infanten von Parma, später Erzieher des Herzogs.

21 *Zürchischen Liebesformen:* Anspielung auf Lavaters Stil und Schreibabsicht.

22 *pedestris oratio:* Diese Wendung ist in »Für das Göttingische Museum« (III, S. 570) verwertet. – *oratio:* Danach von L. gestrichen *wir können*.

23 *Das Zukünftige sehen ... Physiognomik:* Der Gedanke einer Verwandtschaft von Physiognomik und Prophetik kehrt auch F 219, 824, 862, 898, 1190 wieder und wird in der Antiphysiognomik (III, S. 265 f., 564) verwertet; s. auch »Wider Physiognostik« (III, S. 559).

25 *Größe ohne Stärke:* Zu dieser Formulierung s. zu E 405. – *papiernes Donnerwetter:* Zu dieser Wendung s. GH 32. – *Möser liebt das r in Freund nicht:* Justus Mösers (1720–1794) Abneigung dagegen verzeichnet L. schon TB 31 (1772). Mösers Aufsatz »Klage über den Buchstaben R« (Sämtliche Werke, Bd. 4, S. 102) ist erst 1780 erschienen. Vgl. L.s eigene Abneigung in F 822, 1072. Übrigens hat schon Leibniz im dritten Buch der »Nouveaux Essais« 2, § 1, den Buchstaben in dieser Weise erläutert.

26 *nach Adelung:* Die Notiz findet sich fast wörtlich in Adelungs »Versuch eines vollständigen grammatisch-kritischen Wörterbuches der Hochdeutschen Mundart«, dessen ersten zwei Bände 1774 und 1775 in Leipzig erschienen. Im übrigen s. zu D 668.

27 *Kero:* Kero von St. Gallen, ein Mönch, der früher fälschlich als Verfasser des sogenannten Keronischen Glossars galt: der alemannischen Umarbeitung des deutschen Abrogans aus der Frühzeit Karls des Großen.

28 *Infusionstiergens:* Infusiorien (infusus, weil sie in Aufgüssen von Wasser auf tierischen und pflanzlichen Resten gefunden werden) Sammelbezeichnung für kleine, meist einzellige, im Aufguß sich entwickelnde Organismen (bes. Flagellanten, Wimpertierchen). Die Bezeichnung wurde später auf Wimpertierchen beschränkt. – *Maßstäben:* Von L. verbessert aus *Maassen.*

30 *Ein Hämling... Mühlbaumeister:* Im »Deutschen Museum«, April 1776, S. 346–350 findet sich ein Aufsatz »Versuch einer Vergleichung des ersten Auftritts vom ersten Akt aus dem Eunuch, nach den schwäbischen Übersezungen von 1486 und 1539« (Verf.: K–r); am Schluß (S. 349–350), sind sprachliche Bemerkungen angefügt, die L. ausschreibt. Zu *Hämling* s. noch L 153. – *April:* In der Handschrift *März.* – *meretrix:* Lat. ›öffentliche Buhlerin‹. – *artifex:* Lat. ›Künstler, Meister‹. – *Mühlarzt:* Belege laut DWB 6, Sp. 2636, neben Grimmelshausen auch Johann Leonhard Frisch (1666–1743), der in seinem »Nouveau dictionnaire des passagers françois-allemand et allemand-françois oder neues frantzösisch-teutsches und teutsch-frantzösisches Wöterbuch« folgende Definition lieferte: »... qui molas reparat, der die Mühlen zu bessern und wieder zuzurichten weisz« (Leipzig ²21719).

31 *die Freunde ... Philosophen:* Komödie von dem Dramatiker, Erzähler und Kritiker des Sturm und Drang Jakob Michael Reinhold Lenz (1751–1792), Lemgo 1776. – *Leipziger Katalog:* Über diesen Irrtum der Meßkataloge s. Schmidt, Heinrich Leopold Wagner², S. 117. – *Claudine von Villa Bella:* Singspiel von Goethe, erschienen Berlin 1776.

32 *Fulda's Sammlung:* Die »Sammlung und Abstammung germanischer Wurzelwörter, nach der Reihe menschlicher Begriffe, zum Erweis der Tabelle, die der Preisschrift über die zween Hauptdialecte der Teutschen Sprache angefügt worden ist«, erschien Halle 1776 (BL, Nr. 1487). S. darüber Max Hermann Jellinek, Geschichte der neuhochdeutschen Grammatik von den Anfängen bis Adelung, 1, § 162, 166, 173, 179; 2 Bde., Heidelberg 1913 (Nachdruck Heidelberg 1968); s. ferner Elke Haas, Rhetorik und Hochsprache. Diss. Oldenburg 1978, S. 214–218. L. besaß von Fulda auch »Grundregeln der deutschen Sprache«, Stuttgart 1778 (BL, Nr. 1486). – *Fulda:* Friedrich Carl Fulda (1724–1788), dt. Sprach- und Geschichtsforscher; studierte in Stuttgart und Tübingen; 1745 Magister der Philosophie in Göttingen; 1748 Feldprediger in holländischen Diensten; studierte danach 1750 noch einige Zeit in Göttingen; 1751 Garnisonsprediger auf der württembergischen Festung Hohen-Asperg; 1758 Pfarrer in Mühlhausen/Enz; um 1760 begann er mit den intensiven deutschen Sprachforschungen; ab 1787 Pfarrer in Enzingen. Für die Abhandlung »Über die zween Hauptdialecte der Teutschen Sprache« erhielt er 1773 den Preis der Göttinger Sozietät der Wissenschaften.

34 *Psychologen:* S. zu C 91. – *Hartleys Theorie:* S. zu E 453. – *Wenn eine Erbse bei Helvoet ... Würkung an der Chinesischen Küste verspüren:* Dieser Satz ist in L.s Antiphysiognomik (III, S. 264) verwertet; vgl. D 55. – *Helvoet:* Helvoetsluys, Hafenstadt in der niederl. Provinz Südholland, von der aus seinerzeit die Paketboot-Verbindung mit England unterhalten wurde. – *geschossen:* Von L. verbessert aus *schieße.* – *Die Form der Oberfläche eines Landes ...:* Zu diesem Bild vgl. E 469; es ist in der Antiphysiognomik (III,

S. 265) verwertet. – Körper . . . hängen ihre Wurzeln aus: Zu diesem Bild vgl. B 35. – *Polypen:* Zu L.s Beschäftigung und Experimenten mit Polypen s. D 675–680, 683 und die Anm. dazu. – *Decke:* Von L. verbessert aus *Nahrung.* – *zinnerner Teller . . . :* Dieses Bild, das F 219 wiederaufgegriffen wird, ist in der Antiphysiognomik (III, S. 265) verwertet; s. auch L 630. – *Stiche und Quetschungen:* Von L. verbessert aus *Hierogl[yphen].* – *erzählen:* In der Handschrift *erzählt.* – *unsre Seele ein einfaches Wesen:* Vgl. zu Priestley im Brief an Blumenbach [1777]. – *des Erdbodens:* Von L. verbessert aus *der Welt.* – *Es wäre ein Tier möglich . . . :* Vgl. D 470. – *Sich von . . . nach sich:* Dieser Satz ist von L. durch Zeichen *ad p. 5 und 6* am Anfang der Bemerkung hierher verwiesen worden.

35 *colores . . . Pigmenta:* Vgl. D 464. – *Hartleys Assoziations-System:* Darüber s. zu E 453. – *Hartleys:* Von L. verbessert aus *dem.* – *gebraucht:* Zu dieser Floskel s. zu C 65. – *werden:* Danach in der Handschrift *Vid. p. 9.* Gemeint ist F 34.

36 *Von der Assoziation will ich noch dieses sagen:* Diese Bemerkung wirkt wie der Entwurf zu einer Ausarbeitung bezüglich Hartleys Theorie.

37 *Was für ein Werk ließe sich nicht über Shakespear, Hogarth und Garrick schreiben:* Ähnlich äußert sich L. in den »Briefen aus England« (III, S. 330). Die Bemerkung ist von L. gestrichen.

38 *zu untersuchen:* Zu dieser Floskel s. zu A 262. – *bekommen:* Von L. verbessert aus *ha[ben].* – *Bewahre Gott, daß der Mensch . . . Wachsklumpen werden soll, worin ein Professor sein erhabnes Bildnis abdruckt:* Vgl. G 31. – *abdruckt.:* Danach ein Satz unleserlich gemacht.

39 *Menschen:* Danach von L. gestrichen *mit sich zur Strafe.*

40 *Mit elektrischen Ketten ließen sich Signale geben:* L. formuliert hier die Erfindung der Telegraphie.

41 *5175:* Von L. verbessert aus *1134.* – *Francis Clerke . . . Quebec:* Clerke befand sich dort wegen des amerik. Unabhängigkeitskriegs als Adjutant General Burgoynes.

42 *entsprechen, Antwort:* Vgl. Adelung, Versuch 1, Sp. 1693, Bedeutung 2 zu »entsprechen«: »Antworten . . . Auch diese Bedeutung ist im Hochdeutschen unbekannt, doch kommt sie in Wurstisens Baseler Chronik vor. Figürlich wird es nach dem Muster des lateinischen respondere, nach welchem es auch in der Bedeutung des Antwortens gebildet ist, im Oberdeutschen für überein kommen, gleich, gemäß seyn, gebraucht . . . Einige neuere Schriftsteller haben diese Bedeutung auch im Hochdeutschen einzuführen gesucht.« S. auch zu D 552. – *enthalten:* Vgl. Adelung, Versuch 1, Sp. 1682–1683.

43 *Leichhuhn:* Vgl. Adelung, Versuch 1, Sp. 1832; Versuch 2, Sp. 1306 unter »Huhn« heißt es: »Wenn aber in den Benennungen Berghuhn, Sterbehuhn, Leichenhuhn, eine Art Eulen mit diesem Namen belegt wird, so ist es derselbe, wie schon Frisch vermuthet, wahrscheinlich aus Huhu verderbt«. S. auch DWB 6, Sp. 625.

44 *Interjektion Ei . . . Adelung:* Adelung, Versuch 1, Sp. 1838.

45 *Veits-Bohnen . . . Adelung:* Adelung, Versuch 1, Sp. 1003. Vgl. auch DWB 2,1, Sp. 47, wo sich nur ein Beleg findet, der Adelung widerspricht: »beginnt um St. Veitstag zu blühen«. Der Veitstag (Viti-Tag) galt seit dem Ende des 13. Jh.s für die eigentliche Sonnenwende und als längster Tag. Eine

dritte mögliche Definition bietet das »Handwörterbuch des deutschen Aberglaubens«, Bd. 8, Sp. 1543: »Die Veitsbohnen heißen so, weil sie um den Veitstag herum eßbar werden«. – S! *Veit:* Vitus, Märtyrer in Sizilien um 313 (?), Tag: 15. Juni. Er gehört zu den vierzehn Nothelfern, Patron gegen den Veitstanz und das Bettnässen der Kinder. – *Frühling:* Von L. verbessert aus *Herbst*.

46 *Die Barden ... Adelung:* Vgl. Adelung, Versuch 1, Sp. 650: »Das Stammwort ist ohne Zweifel das alte baren, welches nicht nur schreyen, und brummen, sondern auch singen bedeutete ... In Bretagne werden die Geigenspieler, welche auf den Dörfern herum ziehen, noch jetzt Barden genannt, und da auch die Waldenser nicht nur einen Geistlichen, sondern auch einen jeden angesehenen Mann Barba, oder Bart zu nennen pflegen, so ist glaublich, daß auch dieser Nahme von dem alten Gallischen Bardus abstammet. Denn daß dieser Ausdruck das folgende Bart, barba, seyn sollte, ist wohl nicht glaublich, weil die Gewohnheit Bärte zu tragen ehedem allgemein war, die Figur auch zu hart und ungewöhnlich seyn würde ...« Über die zeitgenössische Barden-Poesie vgl. E 169. – *Bär ... Frisch mutmaßet es:* S. Adelung, Versuch 1, Sp. 647, wo auch Frisch zitiert ist: »Man könnte denselben mit Frischen füglich von dem alten baren, brummen ... ableiten ...«. Johann Leonhard Frisch (1666–1743), Pädagoge am Grauen Kloster in Berlin; 1706 Mitglied der Berliner Akademie der Wissenschaften; Verf. sprach- und naturwissenschaftlicher Arbeiten, Autor eines deutsch-französischen Wörterbuchs (1712) und eines deutsch-lateinischen Wörterbuchs (1741). – *unbärtige Barden:* Hinzufügung L.s in Anspielung auf die deutschtümelnden Poeten in der Nachfolge Klopstocks.

47 *Mercator brachte das Wort Atlas zuerst auf:* Gerhard Mercator (1512–1594; der Nachname latinisiert aus Krämer), holländischer Mathematiker, Geograph und Kartograph; studierte u. a. in Löwen bei G. Frisius, der ihn in die Kartographie einführte; nachdem er 1538 seine erste Weltkarte und drei Jahre darauf einen Welt- und einen Himmelsglobus fertiggestellt hatte, ging er 1552 nach Duisburg und schuf dort noch weitere Karten, wie z. B. eine Weltkarte für Seefahrer. – *Atlas:* Vgl. Adelung, Versuch 1, Sp. 411: »eine Benennung, welche Gerhard Mercator, ein bekannter Erdbeschreiber, des sechzehnten Jahrhunderts, aufbrachte, der sein geographisches System seinen Atlaß nannte«.

48 *alles in allem zu sehen:* Ähnliche Wendungen begegnen auch F 147, 369, 694; L 915, 916; III, S. 265, 290. – *mit Engelzungen zu reden:* Anspielung auf 1. Korinther 13, 1. – *Büttner, Fulda, Hartley gehört nicht darunter:* Leitzmann (Anm. zu F 47 seiner Zählung, a.a.O., S. 439) ist der Ansicht, daß nach Büttner und Fulda ein Semikolon zu denken ist und Hartley in Gegensatz zu den beiden anderen tritt; dafür spricht auch F 1072.

51 *Kluge Leute ... scheinen will:* Der Satz ist fast wörtlich in der Einleitung zur Antiphysiognomik (III, S. 260) vermerkt. – *glauben:* Von L. verbessert aus *weiß*. – *in den meisten Fällen:* Von L. verbessert aus *offt*.

53 *Haller in seiner Physiologie ... :* Hallers »Elementa physiologiae corporis humani«, Lausanne 1772; vgl. deutsche Fassung: »Herrn Albrecht von Hallers Anfangsgründe der Phisiologie des menschlichen Körpers«, Bd. 4, Berlin 1768, 10. Buch, 8. Abschnitt, § 3 »Ob das Empfinden mittels der festen Substanz der Nerven bewerkstelligt werde«, S. 565 ff. und § 4 »Warum man

diese Hipothese nicht annehmen könne«: »Hierauf theilte der berühmte Newton, und nach ihm David Hartley das Geschäfte zwischen dem festen Marke der Nerven und dem Äther aus, und es sollten von den Körpern, die Empfindungen machen, im Äther Schwingungen, vermittelst der gegenseitigen Wirksamkeit des Äthers und der Nerven, entstehen, und es sollten sowohl die Äthers als die Nerven von diesem Stoffe, den das Obiekt des Sinnes hervorbringt, in Bewegung gesetzt werden. Daher komme es nun, daß im Äther einige Verdichtungen vorgehe, daß seine Theile zittern, wie die Luft bei einem lebhaften Schalle zu zittern pflegt, und von diesem Zittern würden die kleinsten Marktheilgen zu einer gleichzeitigen Schwingung veranlaßt so wie harte Körper von der klingenden Luft zum Zittern gebracht werden ...«. – *Hartleyen:* Zu Hartleys Theorie von den Vibrationen der Nerven s. an Blumenbach (1777). – *elastischer Körper:* »So heißt ein Körper, der in eine andere Gestalt gebracht, oder in einem engern Raum zusammengedrückt, seine vorige Gestalt oder seinen vorigen Raum wieder einnimmt, wenn die Kraft, welche die Veränderung bewirkte, nachläßt.« (Gehler, Bd. 1, S. 719). Unter die festen elastischen Körper rechnet Gehler u. a. elfenbeinerne Kugeln und Darmsaiten. – *sich:* In der Handschrift *sich der.* – *das Gewicht:* Von L. verbessert aus *die Stä[rcke].* – *so ist:* Danach von L. etwas gestrichen. – *wird:* Von L. verbessert aus *ist.* – *Stamm:* Von L. verbessert aus *Ast.* – *können:* In der Handschrift *kan.* – *ist:* Von L. verbessert aus *beweißt.* – *Wasser-Nuß am Brod:* Laut DWB 13, Sp. 2471, zunächst die dornige Nüsse tragende Wasserpflanze trapa natans; auch obszöne Anspielung auf die »vulva« und bildlich für eine »kugelförmige schliffige stelle im brot«. In diesem Zusammenhang zitiert DWB L.s Fußnote zu F 53; s. auch KA 230.

54 *der:* Von L. verbessert aus *hinten im.* – *vorhat:* Von L. verbessert aus *vorgeht.*

55 *Ir[by]:* Irbys Name an dieser Stelle besagt schwerlich die Urheberschaft für diese Notiz.

57 *einer Art von Kavalier-Perspektiv:* Zu der Wendung s. zu B 7; vgl. auch F 73.

58 *unnötig am Menschen weiter zu künsteln:* Vgl. zu diesem Gedanken F 38. – *Man lasse die Kinder so viel als möglich tun ...:* Zu diesem pädagogischen Grundsatz vgl. auch F 981. Zu L.s pädagogischen Grundsätzen s. zu A 66.– *Schulen von ... Westminster:* St. Peter's College in London, eine der ältesten Schulen Englands. – *lieber tun als schwätzen:* Zu diesem Gegensatz s. zu E 2. – *Wenn ich mir ein Vergnügen machen will ...:* Die Parallele zwischen einem deutschen und englischen Knaben ist in ähnlichem Sinne auch in der »Illumination« der Kupferstiche »Natürliche und affectirte Handlungen des Lebens« (2) im GTC 1779, S. 118–120 verwendet; vgl. an Johann Andreas Schernhagen, 12. August 1776. Vgl. auch F 145.

60 *Die ... nachdruckenden Spitzbuben:* Hier ist wohl der erste der gegen den Bamberger Nachdrucker Tobias Göbhard gerichteten satirischen Briefe L.s (III, S. 237–252 und KIII, S. 94ff.) gemeint, in dem ähnliche Gedanken ausgeführt sind. Vgl. auch F 143, 187, 237.

61 *Struve Anthropologia sublimis:* Struves »Anthropologia naturalis sublimior« erschien Jena 1753; Karl Wilhelm Friedrich Struve (1720–1781), 1752 Privatdozent in Jena, später Stadt- und Bezirksphysikus in Holzminden; medizinischer Schriftsteller.

62 *Sauerampfer* ... *Pleonasmus:* Die Notiz stammt aus Adelungs Versuch 1, Sp. 220: »... auch Sauerampfer nennen, obgleich dieser Zusatz ein wahrer Pleonasmus ist; denn das alte nordische amper, isländisch ampur, und heutige holländische amper, bedeutet bereits herbe, sauer, scharf, und davon hat diese Pflanze unstreitig ihren Namen bekommen«. – *heißt:* Von L. verbessert aus *ist*.

63 *Ich habe eine Menge Leute gekannt* ... *zeichneten:* Zu L.s Kritik an den Klopstockianern vgl. G 131. 64 *Robinson Crusoe:* »The Life and Strange Surprising Adventures of Robinson Crusoe« (1719), der erste und berühmteste Roman von Daniel Defoe (1660–1731). L. besaß den Roman, eines seiner Lieblingsbücher, in einer Ausgabe von London 1766 (BL, Nr. 1640). – *Mangel:* Danach von L. gestrichen *nicht zu reitzen*.

65 *Blitztrunkene* ... *spottrunken:* Offenbar Wortprägungen L.s nach Art der Neuerungen Klopstocks und seiner Nachahmer wie Voß und Stolberg.

66 *proprie* ... *dicere:* Zu diesem Zitat aus Horaz s. zu KA 275. – *den Laden-Diener bis in seine Astronomie* ... *verfolgen:* S. zu KA 274.

67 *sich:* Von L. verbessert aus *ihn*.

68. *Schwierigkeiten bei den Parallelen* ...: Zum Parallelen-Problem vgl. A 231; s. auch F 169.

69 *Tausend und eine Nacht:* S. zu E 257. – *Robinson Crusoe:* S. zu F 64. – *Gilblas:* »Histoire de Gil Blas de Santillane« (Paris 1715–1735 in 4 Bdn.) von Alain-René Lesage (1668–1747), frz. Schriftsteller und Satiriker, der mit »Gil Blas« die Tradition des span. Schelmenromans fortsetzte. L. besaß die »Nouvelle édition«, Amsterdam und Leipzig 1767 (BL, Nr. 1733). – *Findling:* Zu Fieldings Roman »Tom Jones« s. zu KA 256. – *Messiade:* S. zu B 81. – *Unsere meisten Dichter* ... *einen Robinson Crusoe zu schreiben:* Dieser Gedanke kehrt F 667 wieder.

70 *vid. 50,6:* Gemeint ist F 451. – *Degen so viel als ein braver Kerl:* Die Notiz stammt aus Adelung, Versuch 1, Sp. 1299 f. Hier erscheint »Degen« sowohl in der Bedeutung einer Waffe als auch als damals bereits »völlig veraltetes Wort« zur Bezeichnung eines »Kriegsmannes, eines rechtschaffenen redlichen Mannes, imgleichen eines Dieners«, das »nur noch in den Schriften der vorigen Zeiten angetroffen wird«. – *Lessing* ... *in seiner Emilia Galotti:* Vgl. »Emilia Galotti« 1, 4: »Ein alter Degen; stolz und rauh; sonst bieder und gut!« (Prinz zu Conti). L. besaß das erste deutsche »bürgerliche Trauerspiel« (BL, Nr. 1785; vgl. Brief an Johann Christian Dieterich, 21. Juli 1772, und an Heinrich Christian Boie, 19. Mai 1773). Der Hinweis stammt ebenfalls aus Adelung, Versuch 1, Sp. 1299.

71 *Noon:* Engl. ›12 Uhr mittags‹. – *Nona* ... *None:* In den Klöstern die *neunte* Tagesstunde. – *Vesper:* Lat. ›Abend‹; im Mittelalter die vorletzte der für die Tageseinteilung maßgebenden kirchl. Stunden, eine Stunde vor Sonnenuntergang. – *Siesta:* Span., eigentlich die ›Sechste‹ (der kanonischen Tagesstunden), Mittagsruhe.

72 *transzendent machen:* In L.s Wortgebrauch nicht im philosophischen Sinn: das Sinnliche oder das Gebiet der Erfahrung überschreiten, sondern: eine Erfahrung, Lektüre für eine andere Erfahrung, ein anderes Gedankenexperiment aneignen und nutzbar machen. Die Wendung kehrt F 791, 823; L 83, 401 und III, S. 377 wieder. – *Die Geschichte meines Edelmanns:* Vgl. den Plan in C 373 und die Anm. dazu. – *die polyedrischen Gläser:* Vgl. C 313.

73 *Eine Art von . . . Kavalier-Perspektiv:* S. zu B 7.

74 *Kein Barometermacher . . . in Göttingen bestehen:* Nach Rintel, S. 199, war 1794 Knieriem Universitäts-Barometermacher in Göttingen.

74 *dumme Kerls gipserne Katzen und Papageien . . . herumtragen sehen:* Eine Art Nippes im 18. Jh.?

75 *eine lange Nase . . . der Festigkeit z. E. im Charakter zuwider:* Wohl in Zusammenhang mit Lavaters Nasen-Deutungen notiert. – *med.:* Abk. für lat. meditandum ›(ist) zu überdenken‹; zu dieser Floskel vgl. F 766, 789, 803, 815; H 176; J 48, 404, 1342; L 860, 865, 867; s. auch Ph + M 4, S. 136: »Meditandum et tentandum«.

76 *Revüe:* Truppenparade. In und um Göttingen lag seit 1713 das Dragonerregiment von Bothmer (seit 1783 umbenannt in ›6. Hannoversches Kavallerieregiment‹), Chef war General G. L. v. Walthausen (1713–1776), Stabsquartier in Weende. – *Der Hund . . . ganzen Tag:* Der Satz ist von L. gestrichen. – *Parakletor:* Zu L.s satirischen Plan s. zu D 526.

77 *Die deutlichen Begriffe:* S. zu D 267.

78 *Ahlborn . . . nichts als Schirling:* Der auch in den Briefen (an Joel Paul Kaltenhofer, 18. Juli 1772, 12. November 1772 und 23. August 1773) genannte »Yahoo« Ahlborn aus Bovenden war offenbar ein Schwerverbrecher. – *Schirling:* Ein hochgiftiger Doldenblütler; schon im Altertum bei Giftmorden und als Todesstrafe verwendet.

79 *gründet er:* Von L. verbessert aus *ist.*

80 *Den Leuten . . . an dem Unterkinn ansehen:* Die Bemerkung ist von L. gestrichen, da er sie in der Antiphysiognomik (III, S. 276) verwertete; s. auch F 311.

81 *könnte:* In der Handschrift *konte.* – *rostförmige Pendelstangen:* Graham erdachte für astronomische Pendeluhren als eine Verbesserung zur Minderung der Einwirkung von Wärme oder Kälte eine Art von Pendel, »die man rostförmige (grid iron pendulums) nennt, weil sie wegen der mehreren parallelen Stangen einem Roste ähnlich sind«, von Shelton verbessert (Gehler, Bd. 3, S. 433–434); L. erwähnt Klindworths Arbeiten an Schernhagen am 6. November 1780 und an Wolff am 10. Februar 1785.

82 *Junius 1776:* Die von mir nach F 81 eingerückte Jahres- und Monatsangabe befindet sich in der Handschrift an der oberen rechten Blattseite.

83 *view from Margate:* Zu L.s Besuch in Margate s. zu E 200. – *Reculver:* Name eines engl. Ortes, hier aber sicherlich die Umschreibung für einen – weiblichen? – Besuch.

84 *sind:* Von L. verbessert aus *ist.* – *Habichts-Nasen:* »Dahin gehören z. B. die Gesichter mit den überhängenden Habichts-Nasen u.s.w., wovon man den Beweis leicht selbst finden wird«, schreibt L. in »Urnen und Aschenkrüge von einer neuen Art« (GTC 1794, S. 181); s. auch UB 48. – *zweideutig:* Danach von L. gestrichen *jemehr sich die Bewegung der.* – *Kopf 7.8 auf der ersten Platte T. II:* Lavater, »Physiognomische Fragmente« 2, S. 11: »Wenigstens hab' ich das Vergnügen sehr oft gehabt, zu hören, daß man zwar ohne Anweisung, ohne vorgesprochenes Urtheil in manchen Physiognomien des ersten Bandes das nicht gesehen haben würde, was man sogleich darinn sah, sobald das Urtheil ausgesprochen ward.«

85 *Das Frauenzimmer in Hogarths Morgen:* S. »Die vier Tags-Zeiten. Der Morgen« (III, S. 704–706); auf Fielding weist L. S. 706 hin. – *sagt Fielding . . .*

Foundling: Gemeint ist »Tom Jones«, Erstes Buch, Elftes Kapitel. – *Mrs Bridget, die Schwester des Allworthy:* Romangestalten aus »The History of Tom Jones, a Foundling« (1749) von Henry Fielding. Der adlige Gutsherr Squire Allworthy war im Roman der Adoptivvater des Findlings Tom Jones. Seine Schwester Bridget entpuppt sich als die Mutter des unehelich geborenen Tom. Vgl. F 69 und zu KA 256. – *Lib.:* Von L. verbessert aus *Tom.* – *Die Frau . . . auf Platte 3. in Harlots progress:* S. »Weg der Buhlerin« (III, S. 762). – *Mrs. Partrigde:* S. Fielding, »Tom Jones«, Zweites Buch, Drittes Kapitel (a.a.O., S. 68).

86 *Friction:* Der frz. Fachausdruck für Reibungskräfte war: frottement.

88 *Die unterhaltendste Fläche . . . die vom menschlichen Gesicht:* Vgl. UB 48.

89 *Caspar . . . in manchen Gegenden ein Schimpfwort:* Im Hessischen? – *Zickwolf erriet einmal . . .:* Die Anekdote ist von L. in der Antiphysiognomik (III, S. 284 f.) verwertet.

90 *Hut . . . durch sein ganzes Wesen durch gefühlt:* Diese Wendung ist im »Orbis pictus« (III, S. 388 f.) verwertet; vgl. Mat I 103, 144; Mat II 17, 50. – *gefühlt:* In der Handschrift *fühlen.* – *Stockknopf:* S. zu D 96.

91 *Glas . . . gefrorne Luft:* Diese Wendung und Metapher erinnert an den von Schelling 1802/03 getanen Ausspruch: »Architektur . . . die erstarrte Musik« (s. Büchmann^{32}, S. 291–292).

92 *Ein Buch 9 Jahre liegen lassen:* Bezug auf Horaz, s. zu E 251.

93 *Der Autor:* Von L. verbessert aus ein. *Kind.* – *gelegen hat:* Von L. verbessert aus *ist.* – *ein Spaß vom Horaz:* S. zu E 251. – *keine Provinz:* Von L. verbessert aus *kein Land.* – *aber:* Danach von L. gestrichen *andere Stände haben.* – *es ist mir ein Land bekannt:* Vielleicht Anspielung auf das Reichskammergericht in Wetzlar und dessen schleppende Verfahrensweise.

94 *dran wagen:* Von L. verbessert aus *aufgeben.*

96 *Sie streichen ihre Postwagen rot an:* Zu L.s satirischen Bemerkungen über das deutsche Postwesen s. zu E 152 (S. 374).

97 *Die Frösche . . . unter Klotz dem Ersten . . . Storch dem Ersten:* S. Aesops Fabeln 167. Zu diesem Scherz vgl. F 1005, Mat I 146 und Hogarth-Erklärungen (III, S. 853).

98 *Er sah in jeden drei Worten . . . ein Gesicht:* Diese Bemerkung ist in der Antiphysiognomik (III, S. 285) verwertet.

99 *schlug der Blitz hier . . . ein:* Vgl. Brief an Johann Andreas Schernhagen, 22. Juli 1776. – *Barfüßer Straße:* Seit 1413 (Barfotenstrate) in Göttingen nachgewiesene Straße, benannt nach dem ehemals am Ende der Straße gelegenen Barfüßer-Kloster, einer Gründung der Franziskaner.

100 *Es regnete so stark, daß . . . alle Menschen dreckig wurden:* Ähnlich äußert sich L. über Göttingen im Brief an Wolff vom 21. Juli 1783.

101 *schweinsledermäßige Dicke haben:* Von L. verbessert aus *Schweinsledermäßig dick sind.* – *mit dem Eigentum der Witwen und Waisen schalteten, als mit ihrem eigenen:* Vgl. Markus 12, 40: »Sie fressen der Witwen Häuser, und wenden langes Gebet vor. Dieselben werden desto mehr Verdammniß empfangen.« Dieser Vers bezieht sich auf Davids Warnung: »Sehet euch vor vor den Schriftgelehrten« (Vers 38 f.). – *(Interessantigkeit):* Dieser Ausdruck, von Bedienten notiert, begegnet auch F 735 und ist im »Orbis pictus« (III, S. 387) verwertet.

103 *tun:* Von L. verbessert aus *lernen.*

105 *Falte . . . die sich bricht:* Vgl. III, S. 266, 312, 348.

106 *die sie:* Danach von L. gestrichen *es nie werden können. – Er lernt . . . nur immer das Wie? aber nicht das Was:* Zu diesem Gegensatz s. zu D 610 (S. 325). – *den Produkt geben lassen:* Von L. verbessert aus *überlegen.* Zu dem alten Schulausdruck vgl. DWB 7, Sp. 2158: »das und der Produkt, in der früheren Schulsprache ein Schlag oder Schläge auf den (entblößten, produzierten) Hintern«. – *Briefe . . . wie Junius an die Minister:* Vgl. B 374.

107 *le françois refugié:* Das verjagte Französisch.

108 *solidum:* »Heisset in der Geometrie eine Figur die lang, breit und dicke ist. Es bekommen die Cörper bisweilen ihren Nahmen von der Fläche, durch deren Bewegung sie erzeuget werden.« (Wolff, Sp. 1291).

109 *Wenn ein sehr negativ elektrischer Welt-Körper . . . die Berge hervorgebracht haben:* Vgl. F 148.

110 *Levers . . . Sammlung von Naturalien:* Die berühmte Naturaliensammlung, im 18. Jh. eine Sehenswürdigkeit in London, seit 1771 im Leicester House, s. auch RA 202. – *Levers:* Sir Ashton Lever (1729–1788), Gründer des Leverian Museum in London, dem er den Namen »Holophusillon« gab. – *Leicester Haus:* Gebäude in Leicester Fields, London, in dem zuvor der Prince of Wales, der Vater Georges III., gewohnt hatte. – *der Schwangeren wegen:* Vgl. E 335.

111 *Solche Leute . . . eine Null auf den Knöpfen tragen:* Vgl. E 263.

112 *Ein Buch ist ein Spiegel . . . Affe . . . Apostel:* Dieser Satz ist fast wörtlich in der Antiphysiognomik (III, S. 280) verwertet; s. auch F 860.

114 *Lessings Geständnis . . . fast für seinen gesunden Verstand zu viel gelesen:* Diese Äußerung findet sich im 54. der »Antiquarischen Briefe«.

115 *Margate:* S. zu E 200. – *irradiation:* Nach dem »Lexikon der Physik« von H. Franke, 1969: »Erscheinung, daß ein heller kreisrunder Fleck auf dunklem Untergrund dem Auge größer erscheint als ein dunkler Fleck von gleichem Durchmesser auf hellem Untergrund«. – *Mikrometer-Schraube:* Laut Gehler, Bd. 3, S. 207 ff. ist das Mikrometer 1640 von Gascoigne erfunden worden. Es handelt sich hierbei um ein Werkzeug zur Abmessung kleiner Größen. 1666 wurde zum ersten Mal ein Mikrometer beschrieben, »das aus zween seidnen Fäden« bestand, »deren einer unbeweglich, der andere aber in einen Rahmen gespannt war, den man mittels einer Schraube vor- und rückwärts bewegen konnte«. 1679 wurde das »Schraubenmikrometer« bekannt. Es besteht aus einem messingnen Ring, der an der Stelle des Brennpunkts der Gläser um das Fernrohr gelegt wird. Die Schrauben sind so befestigt, daß man anhand ihrer Umdrehungen die Größe des im Fernrohr sichtbaren Gegenstandes bestimmen kann.

116 *Nutzen der Metaphern:* Von L. gestrichen. Vgl. E 274.

117 *Charakteren:* Danach von L. gestrichen *die ich beneide.* – *Cacalibri:* Zu diesem Ausdruck s. zu D 557.

118 *Charakter . . . von Philipp dem II^{ten} von Spanien:* Philipp II. (1527–1598), Sohn Karls V.; seit 1556 König von Spanien; Vorkämpfer des Katholizismus und beherrschende politische Gestalt der Gegenreformation. – *So schildert ihn Hume:* In seiner »History of England«, zu Beginn des 39. Kap.; kein wörtliches Zitat. L. besaß die »new edition corrected«, erschienen in London 1773 in 8 Bdn. (BL, Nr. 1058).

119 *Vergil wollte seine Aeneis verbrannt haben . . . :* S. Pauly 5, Sp. 1191 f.:

»Im Testament, das Sueton vorlag, hatte er seinen Nachlaß den Freunden Varius und Plotius Tucca vermacht mit der Bestimmung, sie sollten nichts veröffentlichen, was er nicht selber veröffentlicht hätte. In den Todeskämpfen wollte er das unvollendete Werk selber verbrennen. Augustus hat sich über die testamentarische Bestimmung hinweggesetzt und Varius beauftragt, die Aeneis herauszugeben«. Zu L.s Gedanken über das Verbrennen von Büchern vgl. F 173, 234, 330, 1143; J 354. – *Guindano ... seine Austriade:* Sigismund Guindano (gest. 1551), ital. Poet aus Cremona. »Machte zur Zeit des schmalkaldischen Krieges ein heroisches Gedicht in 12 Büchern, von Kayser Karls V. Thaten; schmiß dieses aber als es ihm nicht belohnt wurde, vor Erbitterung ins Feuer und starb einige Tage darauf aus Verdruß« (Jöcher, Allgemeines Gelehrtenlexikon, Bd. 2, S. 1272f.). 120 *der:* In der Handschrift *es der*.

121 *Deklamation über eine Sache ... dem Gründlichen entgegen:* Vgl. F 1074.

122 *Patrioten:* S. zu E 28. – *das Griechische Π woran sie schwingen:* Diese Bezeichnung für den Galgen gebraucht L. auch in den Hogarth-Erklärungen, III, S. 886 Fußnote.

123 *And half ... starved flies:* Der Vers, der auch in den Hogarth-Erklärungen zitiert und übersetzt wird (III, S. 984), stammt aus Churchills »The prophecy of famine«, London 1763, V, 328, wo es statt »feed« nur »prey'd« heißt. Charles Churchill (1731–1764), engl. Journalist und Satiriker, Parteigänger Wilkes', von Hogarth karikiert.

124 *Seinem kahlen Kopf Haare zu geben:* Vgl. Brief an Friedrich August Lichtenberg, 27. September 1784.

125 *Feuerkugel:* S. zu C 178.

126 *Welches Vergnügen ... einer Coquette zu sehen ... nicht über die Linie will:* Vgl. L.s Ausführungen in den Hogarth-Erklärungen (III, S. 704–706). – *einer:* Danach von L. gestrichen *alten*. – *Frau Baumin (Baumwoll-Marie):* Möglicherweise ist nach den Göttinger Kirchenbüchern Maria Elisabeth Baum gemeint, deren uneheliche Tochter Maria Elisabeth, »welche sie abermahl mit dem Musquetier Daniel Lohhoff in Unehre erzeuget«, am 6. März 1740 in St. Jacobi getauft wurde. – *Schönpflastergen:* DWB 9, Sp. 1523, führt diese Passage L.s als Beleg an; im übrigen s. zu A 47. – *seien:* In der Handschrift *sey*.

127 *Die Spitzbuben ... die Rechte zu studieren um zu stehlen:* Diese Wendung verwertet L. in der »Epistel an Tobias Göbhard« (III, S. 244); s. auch III, S. 408, 671.

128 *Chigi:* Fabio Chigi (1599–1667), seit 1652 Kardinal, 1655 zum Papst gewählt (Alexander VII.); Freund der Literaten und Gelehrten, war auch selbst dichterisch tätig (Sammlung seiner Gedichte Paris 1656). Sein Tagebuch zeichnet sich durch eine ungewöhnlich kleine Handschrift aus, so daß Konrad Rapgen (Diarium Chigi 1639–1651. Münster 1984, S. XXVII) vermutet, der Schreiber müsse »im Federspitzen ein wahrer Meister gewesen« sein. – *Comte de Retz:* Jean-François-Paul de Gondi (1613–1679), seit 1648 Kardinal, neben dem Prinzen von Condé das Haupt der Bewegung der Fronde; sein Hauptwerk, die »Mémoires«, die die Ereignisse und Persönlichkeiten seiner Zeit meisterhaft schildern, erschien in 3 Bdn. Nancy und Amsterdam 1717.

129 *Didymus:* Didymos, griech. Philologe aus Alexandria, der in der zweiten Hälfte des 1. Jh.s v. Chr. lebte und wegen der riesigen Zahl seiner

Schriften den Beinamen Chalkenteros (mit ehernen Eingeweiden) erhielt. – *Cacalibri:* S. zu D 557. – *von dem Seneca redet:* In seinen »Episteln« 88, 32.

130 *Wenn ich ein deutsches Buch mit lateinischen Buchstaben gedruckt lese ... mir erst übersetzen:* Diese Wendung ist in den »Briefen aus England« (III, S. 348) verwertet. Gemeint ist die »littera antiqua« (alte Schrift), die Schriftart der ital. Renaissance, im Gegensatz zur spätmittelalterlichen gotischen »littera moderna«, die Fraktur. – *Beweis:* Von L. verbessert aus *Ze[ichen]*.

133 *Goldsamen:* Lat. aurum seminalis; der griech. Sage nach verwandelte sich Zeus in einen goldenen Regen und schwängerte auf diese Weise Danaë, die von ihrem Vater in ein ehernes Gemach eingeschlossen worden war; ihr Sohn: Perseus.

134 *Es ist die Frage ob man nicht, Denker zu ziehen, die Kinder alles ... untersuchen lassen muß ... als sie mit vielerlei bekannt machen:* Ein ›rousseauistischer‹ Gedanke!

135 *Wenige Bücher kosten so viel Zeit zu schreiben als zu binden:* Vgl. B 93.

137 *Das Uxoriöse:* Lat. uxorius ›zur Ehefrau gehörend, die Gattin betreffend‹. – *(uxorius amnis):* Lat. ›der Gattin gehorsamer Strom‹; der Ausdruck, der auch in den Hogarth-Erklärungen (III, S. 958) begegnet, stammt aus Horaz' »Oden« 1, 2, 19 und bezieht sich auf den Flußgott Tibris, der seiner Gemahlin Ilia keine Bitte abschlagen kann.

138 *Land, wo man die Kartuffeln Landesleute heißt:* Diese Formulierung, an deren Richtigkeit man zweifeln darf, fehlt unter den vielen landschaftlichen Benennungen der Kartoffel in DWB 5, Sp. 244.

140 *Buffon sagt:* Buffons Betrachtungen über Aristoteles' »Geschichte der Tiere« (»Histoire naturelle«, 1, 62 Oktavausgabe; S. 73 der dt. Übers., 1. Tl., Berlin 1774) beginnen mit dem Satz: »L'histoire des animaux d'Aristote est peutêtre encore aujourd'hui ce que nous avons de mieux fait en ce genre.« Aristoteles' Geschichte der Tiere ist vielleicht noch heute das Beste, was wir in dieser Art haben. – *Aristoteles Geschichte der Tiere:* ἱστορίαι περὶ ζῴων (Historia animalium), geschrieben im 4. Jh. v. Chr. – *was Lessing von desselben Poetik sagt:* Lessings Urteil über Aristoteles' Poetik findet sich im 38. Stück der »Hamburgischen Dramaturgie«; L. gibt es nur sinngemäß wieder. – *er sagt:* Von L. verbessert aus *der Mann will.* – *Kompilater:* S. zu E 370. – *Cacalibri:* S. zu D 557.

141 *Kunstwörter bei einer Sache braucht:* Dieser Gedanke ist in dem Alexandrinergedicht (III, S. 417) verwertet. – *offensive Kritik:* Dieser Ausdruck begegnet schon B 147.

142 *sicut numi:* Lat. verba valent sicut nummi ›Worte haben ihren Wert wie Geld‹; zu diesem Sprichwort vgl. Wander, 1880, Bd. 5, S. 721, und Lichtenberg-Jb 1988, S. 72, Anm. 135. – *lassen:* In der Handschrift *läßt*.

143 *Göbhard:* Tobias Göbhard (gest. 1792), berüchtigter Nachdrucker in Bamberg; vgl. KIII, S. 95. – *Philippi ... Liscow:* Über Liscows Fehde mit Johann Ernst Philippi s. zu B 10.

144 *Die Störche und Kraniche ... so rar in England:* S. zu KA 31.

145 *Kinder von 6 Jahren Dinge in England machen ... womit unsere von 15 hernach noch spielen:* Zu L.s Vorliebe für die engl. Pädagogik vgl. F 58 und Anm.

146 *homozentrisch ... in dem moyen de parvenir gelesen:* In Béroaldes »Le moyen de parvenir« (s. zu E 20) findet sich in dem Kapitel »Superstition«

(S. 287) folgender Satz: »Je voudrois bien vous avoir embrassé amoureusement, homocentriquement et résolutivement«; der Sinn des Wortes ›homocentrique‹ ist an sich obszön (wörtlich ›mannzentriert‹) und also von L. ganz mißverstanden.

147 *Ich habe . . . an einem andern Ort bemerkt:* In Frage kommt lediglich F 48. – *alles in allem befindlich ist:* S. zu F 48.

148 *Wenn einmal ein negativ elektrischer Welt-Körper . . .:* Zu dem Gedanken vgl. F 109.

149 *Man geht heutzutage . . . im Studio der Naturhistorie zu weit:* Vgl. F 153, 156. – *über einer Insektenhistorie:* Vgl. F 153, 156. – *Phaläne:* Lichtmotte, Nachtfalter. – *Syntaxis genitivi:* Lat. ›Genitiv-Verbindung‹. – *Parakletor:* Zu diesem Plan s. zu D 526. Am Rande *vid. 32* (= F 262).

150 *Affen, Pudelhunde und Elefanten können es:* Vgl. E 113.

152 *Was mag wohl die Ursache sein:* Vgl. A 132 und F 989.

153 *Der gegenwärtige Zustand der deutschen Literatur . . . schreit laut für Hülfe:* Wohl Notiz zum »Parakletor«. – *Verwechselung von Wissenschaft und Büchertitul-Kenntnis:* Diese Gegenüberstellung ist in der ersten »Epistel an Tobias Göbhard« (III, S. 249f.) verwertet. – *für:* Danach von L. etwas gestrichen. – *Kenntnis der physischen Welt mit Insektensammeln:* Zu diesem Vorwurf vgl. F 149. – *Junius's . . . erster Brief:* S. zu B 374. – *nachgeahmt:* Zu dieser Floskel s. zu B 13. – *Abteilungen gemacht, oder unsichtbare Tabellen:* Vgl. KA 278.

154 *Kentnisse abnehmen:* Von L. verbessert aus *Geist wachsen.* – *liegt auf der ganzen Reihe:* Eine ähnliche Vergleichung findet sich Mat II 15. – *K . . .:* Vermutlich Kästner; vgl. aber F 180 und die Anm. dazu. Kästner und Fontenelle nennt L. im Brief an Dieterich, 21. Mai 1789.

156 *In unsern Zeiten, wo Insekten sammeln:* S. zu F 149. – *Schmetterlinge von Schmetterlingen schwatzen:* Anspielung auf die empfindsamen Lyriker seiner Zeit? – *Thiteldet thibartoge:* Nicht aufgelöst.

157 *Empfindsam zu schreiben . . . mehr nötig als Tränen und Mondschein:* Vgl. F 338.

158 *Unsere Yoricke:* Die Figur des empfindsamen Landpfarrers Yorick aus »A Sentimental Journey through France and Italy« (1768) von Laurence Sterne (1713–1768) wurde oft mit dem Autor identifiziert.

159 *Mit Phlegma schreibt sichs keine Satyren gegen Phlegma:* Der Satz kehrt ähnlich F 180 wieder.

160 *kommt es:* In der Handschrift *ist.*

161 *für:* In der Handschrift *tod für.*

162 *In einem Reichs-Abschied . . . das Springen verboten:* Ein fast wörtliches Zitat aus Mösers Aufsatz »Über die Veränderung der Sitten« in »Nützliche Beylage zum Osnabrückischen Intelligenz-Blate«, 21. Juli 1770, 29. Stück, Sp. 229–232 (Sämtliche Werke, Göttingen 1943, Bd. 4, 2. Abt., S. 295). – *Reichs-Abschied:* Die im alten Deutschen Reich gefaßten Beschlüsse des Reichstags, einer ständischen Körperschaft. Der letzte Reichsabschied erging 1654. – *Jetzt . . . hüpfen:* Möser schreibt: »und jetzt läßt man sie soviel springen wie sie wollen« (ebd.).

164 $\pm\sqrt{\ }$: Mehrdeutigkeit von Wurzeln: Ist a^2 = b, so ist auch $(-a)^2$ = b. Es gibt also zwei Zahlen, +a und –a, die ins Quadrat erhoben b ergeben. Man bezeichnet mit $\sqrt{b}$ nur den positiven Wert, den sog. Hauptwert: $\sqrt{b}$ = a. Wenn beide Wurzeln angegeben werden sollen, schreibt man $\pm\sqrt{b}$.

165 *Wenn man manche Histörchen gnau untersucht . . .:* Diese Notiz ist von L. mit so vielen Verbesserungen versehen, daß man annehmen muß, sie sei zur Veröffentlichung bestimmt gewesen. – *150:* Von L. verbessert aus *100.* – *Loca:* Lat. ›Stellen‹; wohl fingierte Äußerung. – *Hexen der vorigen Welt . . . die so genannten Kaffeeschwestern der jetzigen:* Vgl. F 168. Die Notiz wirkt wie der Entwurf zu einem Kalender-Artikel; tatsächlich veröffentlichte L. im GTC 1793, S. 123–128 das Gegenbild »Von einer in dieser Caffeezeit seltenen weiblichen Erscheinung«: eine Wassertrinkerin! – *Frauenspersonen:* Von L. verbessert aus *Jungfern,* hauptsächlich aber *Wittwen.* – *daß sie:* Danach von L. gestrichen *das Deutsche fertig lesen können, die Nomina Propria ausgenommen, die sie aber doch auch, nach einer etwa so langen Preparation, als die Buchstabirung derselben erfordert, zuweilen herausbringen, und alle grose Zahlen wenn sie mit Buchstaben ausgeschrieben sind gut.* – *Nomina Propria:* Lat. ›Eigennamen‹. – *Zahlen:* Danach von L. gestrichen *von vier Ziffern.* – *Worten:* Von L. verbessert aus *Buchstaben.* – *die . . . sich auf die Privat-Geschichte aller Familien in ihrem Städtgen gelegt:* Vgl. III, S. 182. – *jeder Krankheit:* Von L. verbessert aus *dem erröthen.* – *reifen:* Von L. verbessert aus *blühen.* – *war:* Danach von L. gestrichen *die alle ledige Personen in ihren Träumen.* – *Die Hexen schwammen auf dem Wasser . . .:* Die Wasserprobe als Gottesurteil, nach der ein gefesselt ins Wasser geworfener, der an der Oberfläche blieb, für schuldig erkannt wurde, da das reine Wasser ihn nicht aufnehmen will, hat in den Hexenprozessen bis ins Spätmittelalter eine Rolle gespielt. – *werden:* Von L. verbessert aus *untergehn.* – *die frischsten Westfälischen Viehmägde:* Von ihnen schwärmt L. schon in einem Brief an Kaltenhofer am 12. Oktober 1772. – *Viehmägde:* Von L. verbessert aus *Mäd[chen].* – *am ersten Mai auf einem Besen reiten:* Anspielung auf die Walpurgisnacht, in der die Hexen auf den Blocksberg reiten. – *Birkenbesen:* Von ›birkenem Pinsel‹ als Zuchtrute schreibt L. schon D 548. – *hätten:* Von L. verbessert aus *müsten.* – *die großbärtige Schwalbe, die Ziegenmelkerin:* Nachtschwalbe, über alle Erdteile verbreitet; den Namen verdankt der Vogel einer altgriech. Sage, nach der er Ziegen nachts die Milch aus dem Euter saugen soll.

166 *sagt Plautus:* Das Zitat (ergänze *maxumam*) findet sich in »Epidicus« 78.

167 *den Heiligen eine Nulle über den Kopf malt:* Parodie auf den Heiligenschein.

168 *Die Kaffeeschwestern sind die . . . Hexen:* Vgl. F 165. – *Sibyllen:* Im Altertum Name für weissagende Frauen. – *im Hederich beschrieben:* Gemeint ist das »Lexicon mythologicum« (1724) von Benjamin Hederich (1675–1748), Rektor in Großenhain und Altphilologe. Über die »Sibyllae« handelt er ebd. Sp. 2195–2207.

169 *Lehre von den Parallelen:* Vgl. A 231; s.auch F 68.

170 *manche Köpfe . . . des Gedächtnisses wegen Aufsehen machen:* Vgl. A 55 und Anm.

171 *Rabeners Noten ohne Text:* Die Satire »Hinkmars von Repkow Noten ohne Text« von Gottlieb Wilhelm Rabener (1714–1771). Seine 1751–1755 erschienene »Sammlung satyrischer Schriften« in 4 Bdn. brachte es auf 11 Auflagen in 25 Jahren. Zu dieser Wendung vgl. L 191 und III, 1022, 1048, 1054. – *die wahre Sprache der Seher:* Von L. verbessert aus *der wahre Seherstil.*

172 *Die Silhouetten sind Abstracta:* Zu L.s Unbehagen gegenüber dieser Art Lichtbildnerei des 18. Jh.s s. Werner Preuß, Zwei neuentdeckte Fragmente

Georg Christoph Lichtenbergs über Physiognomik, in: Christoph Türcke (Hrsg.), Perspektiven kritischer Theorie. Festschrift für Hermann Schweppenhäuser, Lüneburg 1988, S. 244f. Nach Hans Timotheus Kroeber, Silhouetten aus Lichtenbergs Nachlaß von Daniel Chodowiecki, Wiesbaden 1920, S. 12, hat die Große Landgräfin Karoline von Hessen-Darmstadt die Silhouettenkunst aus Frankreich in Deutschland eingeführt.

173 *letzte Hand ... verbrennen:* Zum Thema Bücherverbrennung vgl. F 119.

174 *wider:* Von L. verbessert aus *gegen.* – *bereuen:* Von L. verbessert aus *bereichern* (Schreibfehler).

175 *Klügel gibt einmal ...:* Möglicherweise mündliche Äußerung. – *eine Verhältnis von Dichtigkeit ... sinnlicher ... machen:* Zu L.s Bestreben, Abstracta zu versinnlichen, s. zu D 528. Zum Begriff der *Dichtigkeit* s. Gehler, Bd. 1, S. 580ff. – *dieser könnte ... genützt werden:* Zu dieser Floskel s. zu C 76. – *verähnlicht:* Im Sinne von: ähnlich, gleichmachen; DWB 12,1, Sp. 69, bringt lediglich einen Beleg aus Tieck.

176 *Die Satyre auf den König Nebukadnezar:* Zu diesem Schreibplan s. zu C 131; Leitzmann (Anm. zu F 175 seiner Zählung, a.a.O., S. 449) vermutet noch D 610, daß »man wohl an eine Satire auf Goethe denken« muß. – *Parakletor:* Zu diesem Plan s. zu D 526.

178 *Yoricken:* S. zu F 158. – *Wieland und Goethe ... Merkur-Abhandlungen entkleidete:* Wieland gab, übrigens mit großem Erfolg, seit 1773 den »Teutschen Merkur« heraus; Goethe veröffentlichte 1773 »Das Jahrmarktsfest zu Plundersweilern« und das »Fastnachtspiel von Pater Brey«, 1775 »Hanswurts Hochzeit«. – *gut gezeigter Vorrat gefällt besser als Aufwand:* Zu dieser Wendung vgl. E 424.

179 *Silhouettenschneiden. Damen-Beschäftigungen:* Hieb auf die ›Seuche‹ der Physiognomik; vgl. F 172.

180 *Im Parakletor:* Zu diesem Schreibplan s. zu D 526. – *Verspottung:* Von L. verbessert aus *Vertheidigung.* – *Mit Phlegma und gegen Phlegma ...:* Vgl. F 159. – *schmerzen:* Von L. verbessert aus *Funcken geben.* – *M ...:* Leitzmann deutet »nur vermutungsweise und nicht ganz ohne Bedenken« (Anm. zu F 179 seiner Zählung, a.a.O., S. 450) auf Meiners. – *K ...:* Nach Leitzmann bedeutet das Kürzel »zweifellos« Klopstock. Aber warum schreibt dann L. den Namen hier nicht aus, wie er es sonst tut? Sollte nicht doch ein Göttinger Kollege gemeint sein: Kästner etwa, der Oden »gemacht« hat?

181 *Die ehrliche Haut:* Von L. verbessert aus *Den Schaafskopf und die ehrliche Haut nüchterne Bescheidenheit hält.* – *Zu deutlich nach Junius:* S. zu B 374.

182 *Hogarths Linie:* S. zu B 131. – *Hartley's Theorie:* S. zu E 453.

183 *Das Mittel eine Rede sinnlich zu machen:* Vgl. schon A 21. – *sagt Mendelssohn:* Das Zitat ist wörtlich Mendelssohns Aufsatz »Über die Hauptgrundsätze der schönen Künste und Wissenschaften«, erschienen in den »Philosophischen Schriften«, II. Tl., Berlin 1761, S. 67–120, verb. Aufl. 1771, II, S. 95–152 entnommen; vgl. F 960 und 967.

184 *ein Quartant ... schönste Bücherform:* Buch im Quartformat, bei dem der Bogen in vier Blätter gebrochen und mit acht Seiten oder Kolumnen bedruckt ist. Wohl schon Anspielung auf die in diesem splendiden Format gedruckten »Physiognomischen Fragmente« von Lavater; vgl. F 725, 737. – *Altar des Apoll:* Dieser Vergleich kehrt F 737 wieder. – *praesens numen:*

»Praesentia numina sentit«. Spürt die gnadenreiche Nähe der Allmacht. Zitat aus Horaz' »Epistulae« 2, 1, 134. L. gebraucht es auch in den Hogarth-Erklärungen (III, S. 860) und in »Der Jahrmarkt von Southwark« (GTC 1793, S. 185; VS 13, S. 70).

185 *Dithyrambische Ausdrücke:* Zum Begriff s. zu E 169; zur Sache vgl. F 1183.

186 *parturiunt montes:* S. zu E 396. – *zu beobachten suchen:* Von L. verbessert aus *sehr bewachen.*

187 *Sollte Göbhard wider mich schreiben:* Vgl. Brief an Georg Heinrich Hollenberg, 21. November 1776 und KIII, S. 95. – *die Ironie so eingerichtet ... daß ich ... mein Wort ironisch zurücknähme:* Dieser Plan ist in der zweiten Göbhard-Epistel nicht ausgeführt worden.

188 *Früh aufstehen:* Zu diesem Vorsatz s. zu C 363. – *Sache ... nicht eine Minute aufgeschoben:* Zu L.s ›Leiden‹ s. das Wortregister. – *Mittel die Zeit zu strecken:* Vgl. F 200.

189 *Eine einzige Seele war für seinen Leib zu wenig:* L. selbst?

190 *Die eine Seite seines Gehirns war weit härter ... und das gab ... das Sonderbare:* Vgl. SK 638.

191 *Der Mensch:* S. zu dieser Zusammenstellung auch D 398 und die Anm. dazu. – *ab:* Danach von L. gestrichen *Er weiß oder ließt im Men[schen].* – *der Bedeckung entfernter Planeten:* Von L. verbessert aus *die ein Planet den andern bedeckt.* – *Ich bin nach Gottes Bild geschaffen:* Anspielung auf 1. Moses 1, 27. – *das Ohr einer Nadel:* Von L. verbessert aus *ein Nadelohr und.* – *Ermordet sich selbst:* Den Selbstmord erwähnt L. auch F 633, 647, 757, in »Über die Kopfzeuge« (GTC 1780, S. 124; VS 5, S. 273) und in »Heirathsanträge. Erste Folge« 12 (GTC 1781, S. 125) als eine der menschlichen Möglichkeiten; es ist darum wohl auch D 397 gewissermaßen als Randbemerkung eng mit D 387 und 398 zu verbinden. – *verbrennt einer ... wegen Troja:* Zu ergänzen: Hure; gemeint ist natürlich Helena. – *Frißt seine Mitbrüder:* Anspielung auf die im 18. Jh. als Menschenfresser verschrieenen Neuseeländer. – *geordnet):* Am Rande des unteren Teils der Notiz von L. notiert *Blizableiter Schieß Pulver.*

192 *Die Katholiken haben ... Apis gewählt:* Vermutlich Anspielung auf die 1775 erfolgte Wahl von Kardinal Giovanni Angelo Braschi (1717–1799) zum Papst Pius VI. (1775–1799). Apis: ägypt. Hapi, heiliger Stier, in Memphis verehrt, nach dem Tode oft einbalsamiert.

194 *Typhon:* Arab. tûfañ, chines. tei-fun; ein heißer, verderblicher Südwind, heftiger Wirbelwind; bei den Griechen als ein Ungeheuer vorgestellt, das mit dem Tartarus die Erde zeugte und von dem alles Verderbliche in der Natur herrührt.

195 *Pariser Mem[oires]:* Über diese Zeitschrift s. zu KA 44. – *Abhandlung von ... Macquer:* »Sur un moyen de dissoudre la résine caoutchouc, connue présentement sous le nom de résine élastique de Cayenne, et de la faire reparoître avec toutes ses qualités« von Macquer, a.a.O., S. 209–217. Pierre Josèphe Macquer (1718–1784), Prof. in Paris, Herausgeber des »Dictionnaire de chymie« (Paris 1778). Zur Sache vgl. auch an Wolff am 29. Januar 1792 und F_1 S. 642. – *Federharz:* S. zu C 145. – *Spiritus Vini:* Lat. ›Weingeist‹. – *L'experience ... dement souvent les raisonnements les plus specieux:* Die Erfahrung widerlegt oft die trügerischsten Vernunftschlüsse.

196 *Charte von Westfalen ... die gefährliche Stellen:* L. präsentiert sich hier als

›Erfinder‹ der Verkehrszeichen! Über Postkutschenfahrten im Westfälischen äußert er sich an Dieterich am 7. September 1772. – *Soundings:* Engl. ›Blasen, Signale‹.

197 *Epistel Pauli an die Göttinger:* Anspielung auf die 13, von Paulus an verschiedene christl. Gemeinden gerichteten Briefe im Neuen Testament.

198 *Luft zum Einatmen … zu mehrerem dienen muß als zu Abkühlung des Blutes:* Eine seit der Antike bis ins 18. Jh. hinein gängige Theorie der Atemgänge, die erst Priestley durch seine Experimente widerlegte.

198 *Da:* Davor von L. gestrichen *Da das Athem holen die Lufft zum.*

200 *sich an einem Tage nicht von seinem Zweck ableiten … auch ein Mittel die Zeit zu verlängern:* Zu dieser Reflexion vgl. F 188.

201 *schon einmal meine Gedanken über die Büchertitel gegeben:* S. zu D 122. Entweder irrt sich L. hier, oder das betreffende Konzept ist verloren. – *Laxiertränkgen:* Abführmittel. – *Rhabarber:* »Die … Rhabarber hat ihre arzneiliche Beziehung hauptsächlich auf das Lebersystem, d. h. auf die Leber und auf das damit so genau zusammenhängende Pfortadersystem und wird daher in Krankheiten des Pfortadersystems bei Reizlosigkeit und Unthätigkeit, bei atonischen Stockungen und Anhäufungen in demselben angewendet.« (Zit. nach Weisenberg, S. 489f.). Seine Anwendung schildert L. an Kaltenhofer am 8. Oktober 1774. – *Manna:* S. zu C 160. – *Jalappe:* Nach der mexikan. Stadt Xalapa benannt, von wo diese einem Rettich an Gestalt ähnliche Wurzel voll harzigen, stark abführenden Saftes exportiert wurde. – *Pillen werden übergüldet:* S. zu D 650.

202 *sensus communis:* Lat. ›gesunder Menschenverstand‹.

203 *Studieren … Essen:* Vgl. J 690 und III, S. 1053.

204 *Die Grätze eines großen Prinzen … uns die langen Manschetten gegeben:* Die Anspielung auf den ›großen Prinzen‹ ist unklar; L.s Quelle nicht ermittelt; ›Grätze‹ (Krätze) wohl Umschreibung für die Syphilis: »Auch das Spitzenjabot war trefflich dazu geeignet, lästige Geschwüre und die charakteristischen Flecken zu tarnen, die sich bei manchen Kranken rund um den Hals zogen und zu dem Ausdruck ›Halsband der Venus‹ führten« (Bäumler, Amors vergifteter Pfeil, S. 90). Im »Nachtrag von minder wichtigen Moden« im GTC 1779, S. 70 schreibt L.: »Auf der Insul Anamocka sah Cap. Cook einen Mann, der sich einen weisen Staub in die Haare gestreut hatte. Sollte dieses, woran kaum zu zweifeln ist, ein vertheydigendes Pulver gegen gewisse Feinde des Kopfs gewesen seyn, so würde auch der Ursprung dieser unserer Zierden, so verdächtig, als es bereits der Ursprung der langen Manschetten längst gewesen ist.« – *ein gewisser sonst beliebter Schriftsteller:* Auf Grund des von L. verwendeten Vokabulars vielleicht Johann Georg Zimmermann. – *pompeusen … Freiheits-Ton:* L. verwendet das Wort *pompös* auch F 985. – *Tropf:* S. zu D 453.

205 *mittlere im astronomischen Verstand genommen:* Vgl. F 208. Zur Verwendung wissenschaftl. Begriffe s. zu A 1. – *Äquationen:* Nach Keplers Entdeckung, daß die Laufbahnen der Planeten elliptisch sind, wurde von Astronomen versucht, die wahre, mittlere und exzentrische Anomalie zu berechnen. Der Unterschied zwischen wahrer und mittlerer Anomalie wurde Aequatio orbitae (Gleichung der Bahn) genannt.

206 *Die Wege werden immer breiter und schöner, je näher man dieser Hölle kommt (London):* Anspielung auf Matthäus 7, 13: »Gehet ein durch die enge Pforte.

Denn die Pforte ist weit, und der Weg ist breit, der zur Verdammnis abführet ...« Über L.s Postkutschenfahrt von Harwich nach London vgl. TB 1 (S. 604–605).

207 *Kaiserschnitt:* Sectio caesarea; geburtshilfliche Operation, bei der durch Bauchschnitt das Kind aus dem Mutterleib geholt wird; der Name wird mit der angeblichen Schnittentbindung Julius Caesars in Zusammenhang gebracht.

208 *Die besten Schriftsteller ... behandeln einen gewissen mittleren Menschen:* Vgl. F 205. – *Epakten-Berechnung:* Epakten oder Mondanzeiger heißt die Zahl der Tage zwischen dem letzten Neumond des alten Jahres und Neujahr, die das Alter des Mondes anzeigt. Vgl. auch »Gnädigstes Sendschreiben der Erde an den Mond« (III, S. 407).

209 *Beobachteten wir den Mond:* Vgl. D 469.

210 *Kaufhause:* Das Kaufgildenhaus, seinerzeit an der Rothestraße in Göttingen gelegen. Dort trat 1777 Jacob Philadelphia (1735 bis nach 1795) auf, ein amerikanischer Taschenkünstler und Magier; vgl. Brief an Georg Heinrich Hollenberg, 9. Januar 1777 und Briefe an Johann Andreas Schernhagen, 9. Januar, 10. und 17. Februar 1777. – *die scheinbare Stille:* Vgl. KA 293. – *Diese Bemerkung ... bei Hartley:* Über L.s mutmaßlichen Schreibplan s. zu E 509; zu Hartleys Theorie s. zu E 453. – *könnte genützt werden:* Zu dieser Floskel s. zu C 96.

211 *Junius sagt:* Anmerkung zum 26. Brief des Junius. – *Measures ... society:* Maßregeln, nicht Männer, ist die gewöhnliche Heuchelei der affektierten Mäßigung; – eine gemeine nachgemachte Sprache, von Buben fabriziert und von Narren in Umlauf gebracht. Solch sanfter Tadel paßt nicht zu dem gegenwärtigen degenerierten Zustand der Gesellschaft. Der Text hat bei Junius »measures and« statt »measures«, »among fools« statt »by fools«. – *current:* Zu L.s Wortgebrauch s. zu E 251. – *Stelle aus einem Briefe des Pope:* S. zu D 606. – *To reform ... my satires:* Zu bessern und nicht zu züchtigen ist, fürchte ich, unmöglich ... Laster abstrakt anzugreifen, ohne Personen zu treffen, mag in der Tat ein gefahrloses Fechten sein, aber es ist ein Fechten mit Schatten. Mein größter Trost und die Ermutigung fortzufahren war es, zu sehen, daß jene, die keine Scham und vor nichts sonst Angst haben, von meinen Satiren, scheint's, getroffen worden sind. Der Text von Junius hat »no fear« statt »not fear«. Interessant für L.s eigene Auffassung von Satire.

213 *In Hogarth's enraged musician fehlt noch das ... Sägenschärfen:* Diesen Gedanken hat L. bei seiner Erklärung des Blattes »Der aufgebrachte Musiker (The provoked musician.)« im GTC 1794, S. 207–214, nicht verwertet. – *die Göttingischen Kurrentschüler:* Kurrende, seinerseits vielerorts übliche Einrichtung, nach der arme Schüler auf den Straßen geistliche Lieder sangen und dafür von den Einwohnern kleine Gaben empfingen.

214 *Er ... trug den Kopf immer schief wie Alexander:* Vgl. L 471, den Brief an Johann Georg Forster, 24. Dezember 1787 und Alexandrinergedicht, III, S. 425. – *nisteln:* DWB 7, Sp. 857: von Nest abgeleitet: herumsuchen, stöbern; u. a. von L. ein Beleg: »hatte immer etwas in den Haaren zu nisteln« (VS 1, S. 340). – *Seine Perücke trug er wie Dr Johnson:* »His wig never sat even on his head, as may be observed in all the pictures of him, the reason whereof was, that he had a twist in his shoulders, and that the motion of his head, as soon as he put it on, dragged it a wry« (Hawkins, S. 293, Anm. 29; s. zu

J 199). Die Perücke saß ihm nie richtig auf dem Kopf, wie man es auf allen Bildern von ihm sehen kann, was daran lag, daß seine Schultern verkrümmt waren und sie sich durch die Kopfbewegung verschob, sobald er sie aufsetzte.
– *ein Hosenknopf stand ihm offen wie Cervantes:* Vgl. L 471. – *und nun auf . . . Reinhold:* Über diesen satirischen Plan s. zu C 55.

215 *unter:* Danach von L. etwas gestrichen. – *die Betrachtung über Spott und Schwärmerei:* Nach Weinhold, Heinrich Christian Boie, S. 270, ist Schlosser der Verfasser des im »Deutschen Museum« 1776, S. 785–787, erschienenen und mit »S.« unterzeichneten Aufsatzes »Über Spott und Schwärmerey«. – *Gespräch über die Physiognomik:* Gemeint ist die »Anlage zu einem Familiengespräch über die Physiognomik«, erschienen im »Deutschen Museum« 1776, S. 791–809, von Karl Ludwig Junker (gest. 1797), Pfarrer und Lehrer der Philosophie und der schönen Wissenschaften in Leiningen. – *Der Verfasser sagt sogar:* Gemeint ist ebd., S. 796. – *Böhms u. a.:* Aufschlußreich, daß L. Böhmes Schreibstil als *negatives* Kriterium für Lavaters ›Schreibart‹ nimmt. – *erstimuliertem:* Zu diesem Ausdruck s. zu D 530. – *wenn . . . gebären:* Von L. verbessert aus *über Ideechen*. – *Korybanten:* Priester der Kybele in Phrygien, die ihren heiligen Dienst mit lärmender Musik und bewaffneten Tänzen begingen. Im übertragenen Sinn Korybantismus: ein wilder, tobender Gemütszustand. – *des armen Würmgens:* Von L. verbessert aus *der kindischen Ideen*. – *(Götter-Kindes):* Von L. ohne Klammern unter *armen Würmgens* gesetzt.

216 Am Anfang von L. etwas gestrichen. – *sichert für Schädlichkeit:* Zu der Verwechslung von *für* und *vor* s. zu A 239. – *Ideen mit dem Sieb der Analyse zusichtet:* Zu dieser Wendung vgl. E 257 (S. 404).

217 *Die Physiognomik wird in ihrem eignen Fett ersticken:* Der Satz wird F 804 wiederholt und in der Antiphysiognomik (III, S. 277) verwertet. Vgl. G 95.

218 *Rosenstock im Winter gezeichnet:* Das Bild kehrt F 275 wieder.

219 *Prophezeiungs-Kunst . . . das ist Physiognomik:* S. zu F 23. – *Semiotik für den Moralisten:* L. gebraucht den Ausdruck in der Antiphysiognomik (III, S. 264, 277). – *daß):* In der Handschrift *daß sich*. – *Hier . . . die Schnitte im Teller angebracht:* S. zu F 34.

220 *Augen:* In der Handschrift *Augen äussert*. – *Torheits-Fältgen:* Diesen Ausdruck gebrauchte L. auch F 247 und in der Antiphysiognomik (III, S. 281).

221 *Benonplust:* ›Benichtmehrt‹.

222 *In den Wörterbüchern aufzusuchen, was für physiognomische Regeln in die Sprache übergetragen worden:* Vgl. Antiphysiognomik (III, S. 278). Lavater behandelt die physiognomischen Wörter in den Sprachen in den »Physiognomischen Fragmenten« 4, S. 9. – *Spitzkopf:* Vgl. Antiphysiognomik (III, S. 278); über den ›Spitzkopf‹ Perikles s. zu D 181. – *Dickkopf:* Im Sinne von Dummkopf s. Wander I, Sp. 583; in einigen Gegenden Deutschlands vormals Bezeichnung der Lutheraner (DWB 2, Sp. 1082). – *In Sprüchwörtern fände sich ebenfalls manches vielleicht:* Vgl. Antiphysiognomik (III, S. 278–279). – *Ludwigs Wörterbuch:* Gemeint ist das »Teutsch-englische Lexicon«, erschienen Leipzig 1716, ²1745, ³1765 von Christian Ludwig (1660–1728). – *one that reasons acutely:* Engl. ›ein scharfsinniger Denker‹. – *Beiname der Reformierten:* Wander IV, Sp. 728, bringt dafür einen Beleg aus Luther; gemeint ist: jemand, der »feine und listige Anlagen machen kann«. – *Diebs-Gesicht:* Zu dieser Wortbildung im Zusammenhang der Auseinandersetzung L.s mit der »Physiognomik« s. das Wortregister. – *Rotkopf:* S. zu F 224.

223 *Vor-Sukzessor . . .:* Diese Beobachtung findet sich schon C 77.

224 *Amtmanns-Bauch:* Der Amtmann war sprichwörtlich für seine Fettlebe auf Kosten der Bauern. – *Rote Haare wachsen auf keinem guten Grunde:* Zu dem sprichwörtlichen Vorurteil gegenüber Rothaarigen s. Lipperheide, S. 714. Vgl. F 224 und schon L.s Notiz in A 98. Varianten dieses Sprichworts bietet Wander II, Sp. 221–222. – *Gotteswort vom Lande:* Die Wendung begegnet auch F 539 und Mat I 118.

225 *Hyperbolus:* Athen. Demagoge, verdrängte nach dem Tod des Perikles die bis dahin dominierende aristokrat. Führungsschicht. Nach Kleons Tod 422 v. Chr. Leiter des Demos und damit Hauptzielscheibe der Komödie; polit. Rivale von Alkibiades, 411 von Oligarchen auf Samos umgebracht. – *Plutarch im Alkibiades:* »... der den Komikern, beinahe ohne Ausnahme, vielfachen Stoff zur Unterhaltung lieferte, weil er beständig zum Gegenstande des Spottes in den Theatern diente«, sagt Plutarch, »Leben des Alkibiades« 13 von Hyperbolus. – *Ein Narr . . . Geschenk der Vorsehung für ein Land:* Vgl. F 142.

229 *Bibelträger:* Fehlt in Grimms und Heynes Wörterbüchern, ist aber im »Versuch eines bremisch-niedersächsischen Wörterbuchs« 1, 85 verzeichnet. Zur Sache s. zu F 222.

230 *spagirischen:* Abgeleitet von Spagyrie: gleichbedeutend mit Alchemie. Vgl. F 375, Alexandrinergedicht, III, S. 414, 417 und KIII, S. 193. L. gebrauchte das Wort auch in »Noch ein Wort über Herrn Ziehens Weissagungen« (GWML 2, 5. Stück, 1781; VS 5, S. 15).

231 *Sympathien:* Seit der zweiten Hälfte des 16. Jh.s bezeugtes Lehnwort aus dem Lateinischen und Griechischen (DWB 10,4, Sp. 1400), im Gegensatz zum heutigen Sprachgebrauch u. a. Begriff einer Naturauffassung, die besondere geheimnisvolle Wirkungszusammenhänge behauptete, auf die Heilverfahren gründeten, welche in der Volksmedizin eine große Rolle spielten. Zu L.s Urteil vgl. aber »Noch ein Wort über Herrn Ziehens Weissagungen« (GMWL 2, 5. Stück, 1781, S. 309–321).

232 *Furor Wertherinus:* ›Wertherische Raserei‹, gebildet nach Furor Teutonicus, das auf die kämpferische Leidenschaft der germanischen Krieger gemünzte Wort aus »Pharsalia« I, 255 f. von Marcus Annaeus Lucanus (39–65). S. Büchmann, S. 575 f. Vgl. F 526 und zu E 330.

234 *Die Wälder werden immer kleiner, das Holz nimmt ab:* Holz und nicht Kohle war bis Ende des 18. Jh.s die hauptsächliche Energiequelle; s. noch L.s Beschäftigung mit Rumfords Sparplänen in den neunziger Jahren. – *Bücher brennen, bis wieder neue aufgewachsen sind:* Der Gedanke kehrt F 330 wieder. Zum Thema Bücherverbrennung s. zu F 119.

235 *Den 13ten reiste ich nach Hannover:* Zu dieser Reise vgl. Brief an Johann Andreas Schernhagen, 29. August 1776.

236 *Pessimismus:* Laut Schulz/Basler, Deutsches Fremdwörterbuch 2, 1942, S. 477 ist dies der älteste Beleg für »Pessimismus« im Deutschen.

238 *Hokuspokus:* Zauberformel der Taschenspieler, im übertragenen Sinne ›Gaukelei, Blendwerk‹. Zugrunde liegt wahrscheinlich eine im 16. Jh. bezeugte pseudolat. Zauberformel fahrender Schüler: »hax, pax, max, deus aclimax«, deren Anfang verstümmelt seit dem 17. Jh. – zunächst in England als hocas pocas – in verschiedenen Formen erscheint, wahrscheinlich Verballhornung der Abendmahlsformel »Hoc est corpus meum« (Das ist mein Leib).

239 *Ich habe dieses in einem Büchelchen . . . ausgeführt:* Fingierte Angabe. – *Theriak:* (griech.) Altes Universalarzneimittel in Form einer Latwerge, angeblich von Andromachus, dem Leibarzt des Kaisers Nero, erfunden und in einem Gedicht beschrieben, das durch Galen in seiner Schrift »De antidotis« erhalten ist. Es bestand aus 70 Stoffen, darunter Opium, und wurde bis in die neuere Zeit in den Apotheken Venedigs, Hollands, Frankreichs mit gewissen Feierlichkeiten und unter Aufsicht von Magistratspersonen gefertigt.

240 *Er sieht aus als wenn er keine drei zählen könnte:* Diese Bemerkung gehört wohl zu den volkstümlichen physiognomischen Beobachtungen, die L. sammelt. S. zu F 222, 224. Wander V, Sp. 483, führt dieses Sprichwort an. – *Als wenn ihm die Hühner das Brod gefressen hätten:* Wander II, Sp. 807, bringt einen Beleg aus Frischbier (1690) im Sinne von: Er ist betrübt, traurig.

242 *Der König von Preußen . . . ein Eloge verfertigt:* Friedrich II., der Den Haag (La Haye) 1753 die »Eloge du S. la Mettrie, Médecin de la faculté de Paris et Membre de l'Acad. Royale des Sciences de Berlin« veröffentlichte. – *den Sekretär:* Formey; über ihn zu D 686. – *Voltaire. T. 31.:* Gemeint ist der 7. Brief Voltaires an Ferdinand von Braunschweig, der den Titel »Sur les Français« hat.

243 *Tout . . . recherchée:* Nicht alles muß geziert, aber nichts darf abstoßend sein. Eine dunkle und groteske Sprache ist nicht Einfachheit, sondern gesuchte Grobheit. – *sagt Voltaire:* In dem zu F 242 genannten Brief sind diese Sätze nicht enthalten.

244 *St Reals Voltaire:* S. zu F$_1$ S. 455. – *Voltaire:* Voltaire erwähnt St. Réals Werk mehrfach höchst anerkennend in »Siècle de Louis XIV« (Œuvres complètes 14, S. 131, 546); L. meint aber wohl eine andere Stelle.

247 *Torheits-Fältgen:* S. zu F 220.

249 *Pietsch:* »Geschichte praktischer Fälle von Gicht und Podagra«, erschienen Halle 1774–1779, von Johann Valentin Pietsch (1690–1733) aus Königsberg, Dr. med., medizin. und belletrist. Schriftsteller. Warum L. die Lektüre dieses Werks empfahl, ist unklar. An Hollenberg am 3. April 1777 teilt er mit, daß Dieterich an der Gicht leide. – *Lion:* Wie die Tagebücher zeigen, Bezeichnung L.s für sich selbst, deren Ursprung dunkel ist: Löwe? L.s physisch-sexuelle Person? Zur Verwendung s. das Personenregister und III, S. 616. – *Stivotel:* Die Bedeutung dieses Worts, das in den Sudel- und Tagebüchern mehrfach begegnet – s. Personenregister –, konnte nicht ermittelt werden.

250 *Den 1ten November . . .:* Über dieses Abendessen vgl. Brief an Schernhagen, 4.(?) November, an Hollenberg, 21. November 1776 und Kästners Epigramm (Schönwissenschaftliche Werke 1, 58, Nr. 187):

> An Hrn. Professor Lichtenberg.
> Du ladest zwanzig Mann, und dem *de Luc* zu Ehren
> Seh' ich sie manches Glas und manche Schüssel leeren,
> Wenn er, als wär der Mund zum Reden nur bestimmt,
> Die Flasche ruhig läßt, und keinen Teller nimmt.
> So war ein Opfermahl nach frommer Alten Weise,
> Dampf für die Gottheit nur, und für die Priester Speise.

251 *diabolus familiaris:* Lat. ›Hausteufel‹. Umschreibung für L. selbst? Vgl. an Christiane Dieterich am 14. Oktober 1776.

252 *Wolffianer:* Anhänger der rationalistischen Philosophie ›more geomet-

rico‹ von Christian Freiherr von Wolff (1679–1754), Prof. des Natur- und Völkerrechts in Halle, bedeutendster Philosoph der deutschen Frühaufklärung, der die Philosophie von Leibniz popularisierte; als angeblicher Religionsverächter 1723 seines Lehrstuhls vorübergehend enthoben. »Experimenta physica« (1721–1723); »Elementa mathesos universalis« (1713–1741).

253 *Apoll ... den Ochsen:* Apollon war in der griech. Sage eine Zeitlang Viehhirte des thessalischen Königs Admetos.

254 *Wenn einmal ... verloren:* Zu dieser (Selbst-?)Erkenntnis vgl. GH 46; UB 47.

255 *Bilguerische Methode:* Der preuß. Generalarzt Bilguer trat in seiner berühmten, Halle 1761 erschienenen »Dissertatio de membrorum amputatione rarissime administranda aut quasi abroganda« für eine konservative Heilmethode in Fällen ein, bei denen bis dahin die Amputation von Gliedern vorgenommen wurde. Johann Ulrich von Bilguer (1720–1796) aus Chur in der Schweiz, bedeutender Arzt vor allem auf dem Gebiet der Chirurgie und Kriegs-Arzneikunde; 1794 geadelt.

256 *Den Sieg in den Olympischen Spielen:* »Hoc est apud Graecos ... prope majus et gloriosius quam Romae triumphases«, Cicero, »Oratio pro L. Flacco« 31 (59 v. Chr.). – *Flaccus:* L. Valerius Flaccus, der als Praetor Cicero bei der Unterdrückung der Catilinarischen Verschwörung unterstützt hatte, wurden bei der Verwaltung der Provinz Asien Erpressungen vorgeworfen, für die er sich in Rom zu verantworten hatte; dank Cicero, der ihn verteidigte, freigesprochen.

257 *Krempel-Markt:* Krämpelmarkt svw. Trödelmarkt (DWB 5, Sp. 2008).

258 *Jetzler:* Christoph Jetzeler (1734–1791), erst Kürschner, dann Prof. der Physik und Mathematik in Schaffhausen; kam durch einen Sturz vom Obermessmer (Appenzell), dessen Höhe er messen wollte, ums Leben. – *Lambert aufgab den Inhalt ... zu finden:* Lambert berichtet darüber in den »Zusätzen zur Visierkunst« innerhalb der »Beyträge zum Gebrauche der Mathematik« 3, 12, die zu F_1 S. 455 nachgewiesen sind.

260 *Er schrieb eine Art von Dragoner-Prose:* Zu dieser Wortbildung vgl. »Dragonerapostel« in der zweiten Göbhard-Epistel »Friedrich Eckardt an den Verfasser der Bemerkungen zu seiner Epistel an Tobias Göbhardt«, Göttingen 1776 (VS 3, S. 179). – *Prose:* Von L. verbessert aus *Poesie*. – *Prose zu Fuß:* L.s Eindeutschung von »sermo pedestris«: die schlichte Sprache des Alltags (Horaz, De arte poetica 95).

261 *Surtout:* S. zu B 56.

262 *Das Studium der Naturhistorie ... in Deutschland bis zur Raserei gestiegen:* S. zu F 149. – *Freiheits-Oden:* Die Freiheit besang in verschiedenen Oden etwa der Hainbündler Friedrich Leopold von Stolberg. – *erstimulierter:* S. zu D 530. – *in 3- bald sechszolligen Zeilen:* Zu dieser Wendung vgl. D 610. – *das Insekt:* Von L. verbessert aus *alles*. – *Mensch:* Von L. verbessert aus *Engel*. – *Lerne deinen Körper kennen, und ... Seele:* Vgl. F 149. – *gewöhne deinen Verstand zum Zweifel:* Zu dieser Maxime L.s vgl. F 441; J 1276, 1965; K 303. – *Meßkunst:* Seit dem 17. Jh. gebräuchlich für Geometria practica. – *Namen-Registern von Würmern:* Über »registerartige Gelehrsamkeit« mokiert sich L. schon D 255; über »Register-Schreiber« D 112. Im übrigen vgl. F 149, 153. – *in der Sonne:* Von L. verbessert aus *im Jupiter*. – *Sand:* Von L. verbessert aus *Sandkorn am*

Ufer. – baue deinen Acker: Die Wendung erinnert an den Schlußsatz von Voltaires »Candide«: ›planter son jardin‹. – *Fibern deines Gehirns:* Diese Wendung begegnet auch F 591. – *Falten:* Vgl. F 105. – *Schmetterlings-Historie:* Dieser Ausdruck ist in der zweiten Göbhard-Epistel »Friedrich Eckardt an den Verfasser der Bemerkungen zu seiner Epistel an Tobias Göbhardt«, Göttingen 1776 (VS 3, S. 178) verwertet. – *Geschichte der Handwerke und Künste:* Vielleicht Anspielung auf den »Schauplatz der Künste und Handwerke, oder vollständige Bescheibung derselben von der Akademie der Wissenschaften zu Paris«, aus dem Französischen von Johann Heinrich Gottlob Justi; Leipzig und Königsberg 1762ff., 13 Bde. (BL, Nr. 937). – *ausdrücklichen:* Von L. verbessert aus *strickten.* – *vid. p. 19.:* Gemeint ist F 149.

263 *Es:* Davor von L. gestrichen *Was können.* – *Sommervögelgen:* In ähnlichem Sinn gebraucht L. B 336 das Wort »Buttervögel« (Schmetterlinge); s. DWB 10,1, Sp. 1565. – *Cicisbeen:* S. zu B 180. – *das Wort Freidenker ... geschändet:* Dieses Wort wird in DWB 4,1, Sp. 102, mit dem Kommentar: »man versteht aber impius, freigeist« ohne Belege angeführt. – *das Wort ... verdreht:* Zu dieser Wendung vgl. E 341. – *schönen Geister:* Danach von L. gestrichen *und nun wollen sie uns das Wort Witz und unsere sogenannten witzigen Schriftsteller ... keinen Funken von Witz.*

264 *anniversarium societatis:* Den Jahrestag [hier: Geburtstag] der Gesellschaft; gemeint ist wohl der Professoren-Klub, über den L. am 31. Oktober 1776 an Schernhagen berichtet. – *Stivotelismus:* Vermutlich Durchfall; vgl. Brief an Christiane Dieterich vom 16. November 1776. – *gegessen ...:* Beobachtungen seiner Eß- und Trinkgewohnheiten notiert L. fast regelmäßig in SK.

265 *Vielleicht hat ein Hund ... oder ein betrunkener Elefant Ideen:* Zu L.s Reflexionen über die ›intellektuellen‹ Fähigkeiten von Hund und Elefant s. zu E 113.

266 *Perfektibilität:* Vgl. E 359. – *gäbe ein herrliches Gedicht ab, auch die Physiognomik:* L.s Wertschätzung des wissenschaftliche Gegenstände in poetischer Form vermittelnden ›Lehrgedichts‹ dokumentieren auch J 401 und K 202. – *Eines Hallers nicht unwürdig:* Hallers berühmte Lehrgedichte »Die Falschheit menschlicher Tugenden« und »Der Ursprung des Übels« erwähnt L. unter anderm D 132 und E 169; s. die Anm. dazu. In G 131 stellt L. den Bewunderern des *Dichters* Haller die Klopstockianer gegenüber.

269 *Fehler ... Mann ... tadeln:* Zu diesem Gedanken vgl. G 4 und K 100.

271 *Stichelreden auf den lieben Gott:* Diese Wendung ist in der zweiten Göbhard-Epistel »Friedrich Eckardt an den Verfasser der Bemerkungen zu seiner Epistel an Tobias Göbhard«, Göttingen 1776 (VS 3, S. 178) verwertet.

272 *Commentarios ... nicht verstehen:* Vgl. Hogarth-Erklärungen, III, S. 929. – *Que l'on explique encore peur de s'entendre:* Daß man noch erklärt [aus] Furcht, sich zu verstehen. Das Zitat bei Voltaire nicht ermittelt.

274 *ewigen Juden:* Sagengestalt, die zuerst 1602 in einem Volksbuch auftritt; Ahasverus, verdammt, ohne Ruhe bis ans Ende aller Tage in der Welt herumzuwandern.

275 *Ein Rosenstock im Herbst gezeichnet:* Vgl. F 218.

276 *Philosophische Betrachtung über das Aufschieben:* Zu diesem L. bewegenden Thema s. das Wortregister. Wenn es ein Schreibplan L.s war, so ist er wenigstens aufgeschoben worden.

277 *Brabander Spitze:* Brabant war seit dem 17. Jh. berühmt wegen seiner Leinenschlagspitze; Barbara Uttmann (1514–1575) führte, um etwas gegen die soziale Not zu unternehmen, das Spitzenklöppeln nach Brabanter Muster 1561 im Erzgebirge ein.

278 *Er ist jetzt in Paris und kompiliert Krankheiten:* Auf wen L. anspielt, konnte nicht ermittelt werden. Zu der Wendung vgl. an Kästner am 5.(?) Oktober 1791 bezüglich Girtanners.

279 *Dissapprobation:* Frz. ›Mißbilligung‹; von L. verbessert aus *Beyfall.* – *das törigte Lächeln:* Vgl. F 220. – *besser gesagt:* Zu dieser Floskel s. zu D 246.

280 *ein 8vo Bändchen:* S. zu B 265. – *einen Quartanten wieder bekommen:* Zu L.s Wertschätzung dieses Buchformats vgl. F 184.

281 *Sie wollten also die Katholiken mit Pulver in Himmel sprengen:* Wohl Anspielung auf das Feuer auf New York, das die brit. Truppen unter General Howe Mitte September 1776 eroberten; vgl. an Schernhagen am 18. November 1776.

282 *Diesen mit Kaffee geschriebenen Brief:* Diese Bemerkung ist in der Handschrift wirklich mit dünnem Kaffee geschrieben. Zu dieser Wendung vgl. III, S. 618. Ein derartiger Brief L.s, falls er nicht ohnehin fingiert war, ist nicht überliefert.

283 *Eine 2persönige Frau:* Wendungen wie ›zweischläfrig‹, ›zweisitzig‹, ›einpersönig‹ begegnen III, S. 881, 887, 928, 966. VS 2, S. 104 notiert: »Eine zweischläfrige Frau«.

284 *a coward:* Engl. ›ein Feigling‹. – *Der hierauf folgende ♃ einer der abscheuligsten meines Lebens:* Gemeint ist Donnerstag, der 12. Dezember 1776. Aus den Briefen L.s geht nicht hervor, worauf er anspielt, falls nicht der Brocken, Zimmermann und Kästner gemeint ist; s. an Schernhagen am 15. Dezember 1776.

285 *meine Zunge siegelt . . . Siegellack:* Vgl. F 49.

291 *Die erste Regel . . . :* Vgl. F 305. Zu dieser Kunstauffassung bekennt sich L. auch in einem Brief an Schernhagen am 27. Februar 1777. – *die . . . Charaktere . . . wie die Steine im Schachspiel betrachtet:* Zu dieser Wendung vgl. Mat I 124. – *Würksamkeit:* Von L. verbessert aus *Würckung.* – *Das nicht tun heißt . . . Wunder tun wollen:* Vgl. F 305.

293 *Heute die Engländer nach Gotha:* In der Handschrift Randbemerkung. »Meine vier Kinder gehen diese Weihnachten nach Gotha«, meldet L. am 19. Dezember 1776 an Schernhagen. – *Was den Schriftsteller beliebt macht:* Vgl. Mat I 108. – *schätzend:* Im Sinne von: beurteilend, bewertend; s. DWB 8, Sp. 2283.

294 *das Partizipium gebräuchlich zu machen:* Gemeint ist *schätzend* in F 293.

295 *Köpfen:* Von L. verbessert aus *Starrköpfen.* – *Parakletor:* Sind also diese Bemerkungen nur ironisch gemeint? Zu dem satirischen Schreibplan vgl. D 526 und Anm.

296 *nonum . . . annum:* Das Zitat aus Horaz ist zu E 251 nachgewiesen. – *Satyre gegen die Bibel-Erklärer:* Vgl. G 231. – *wegen der Jahre der Erzväter:* Vgl. E 251.

297 *Er pflegte seinen Witz so [zu] rechnen wie Wein:* L. selbst?

299 *Busen bedeutet anfangs bloß eine Falte . . . endlich den ganzen Menschen:* L. entnimmt diese Deutung vermutlich aus Adelung, Versuch 1, Sp. 1276.

300 *meinem Traum:* Zu L.s Reflexion über Träume und ihre unbewußte

Bedeutung s. zu A 33. – *Heinrich:* Johann Heinrich Jacob Braunhold. – *Ideen-Gruppierung:* Von Hartley beeinflußter Gedankengang und abgeleitete Formulierung.

301 *Was würde es geben, wenn man ... die 10 Gebote ... aufhübe:* Vgl. Mat I 109.

303 *Es wird heutzutag so viel in Kalendern vorgetragen:* In dieser Zeit übernahm L., schon vor Erxlebens Tod, die Redaktion des GTC. Vgl. an Hollenberg am 21. November 1776, an Schernhagen am 23. Dezember 1776 und 3. März 1777.

304 *bittere Satyren süß:* S. zu diesem Bild von der Satire das Bild von der vergoldeten Pille D 650.

305 *Der dramatische Dichter so wohl als der Romanschreiber müssen keine Wunder tun ...:* Vgl. F 291.

307 *principium indiscernibilium:* Lat. ›unentscheidbarer Satz‹. – *keine Sache zween Sekunden dieselbe ... alles verändert sich in jedem Augenblick:* Dieser Satz lehnt sich wohl an Hartleys Theorie an.

308 *Dieterich ... verwechselt oft Worte ...:* Beobachtungen über Dieterich notiert L. auch E 369; s. die Anm. dazu.

309 *Meine Gedanken von dem Dichterwerden der Erde ...:* Zum Thema vgl. auch F 924, »Ein Paar Neuigkeiten vom Monde« (GTC 1779, S. 26; Ph + M 1, S. 205) und Brief an Maximilian Hell (?) 1. Juli 1776; RA 160, 163. – *Saturn:* Vgl. darüber Gamauf, Astronomie, S. 506–507.

310 *Wenn man ... eine Stange Siegellack nach der Dicke zwischen die Spitze des Daumens und des Zeigefingers nimmt ... so wird man glauben:* Zu L.s Selbstbeobachtungen s. zu A 35. – *führt:* Von L. verbessert aus *drehe[t].*

311 *Unter Physiognomik ... die Kunst verstehen ...:* Nach den zahlreichen Korrekturen zu urteilen wohl für L.s Antiphysiognomik notiert. – *wollen:* Von L. verbessert aus *nehmen.* – *Leibes:* Von L. verbessert aus *Leben.* – *Personen die verwachsen sind ...:* Vgl. F 80. – *stumpfen Nasen:* Vgl. F 898.

313 *Frid in Hosen:* Sollte Friederike Dieterich gemeint sein? Vgl. F 314. – *Spitz:* Eigenname? – *Dreck auf den Bart:* S. zu C 285.

314 *Er sah so zerknickt aus, als wie ein Mädgen in Mannskleidern:* Vgl. F 313.

315 *Assassinisch, asininisch:* Meuchelmörderisch, eselhaft. Zu L.s Wortspielen s. zu B 156.

317 *Delphisch:* Zur Bedeutung s. zu C 330.

319 *müßte England damn it heißen:* Darüber handelt L. F 569 und III, S. 358.

321 *superklug:* Von L. aus etwas Unleserlichem verbessert; zu dem Ausdruck s. zu D 445.

322 *Gaßner:* Johann Joseph Gaßner (1727–1779), kath. Priester in Regensburg, Exorzist und Wunderheiler, der 1775 in Ellwangen Kranke mit sog. Teufelsaustreibungen zu heilen suchte. L. erwähnt ihn auch in der Antiphysiognomik (III, S. 263), in den Hogarth-Erklärungen (III, S. 979) und in »Leichtgläubigkeit, Aberglauben und Fanatismus« im GTC 1787, S. 217. – *vertreibt:* Von L. verbessert aus *heilt.* – *Trudt:* Drud, mittelniederld. drût, wahrscheinlich keltischen Ursprungs: Hexenmeister, Kobold, böser Geist.

323 *Das adliche Blatterngift:* Zu dieser Wendung vgl. E 449.

324 *Ehe man noch die gemeinen Erscheinungen in der Körper-Welt erklären konnte, fing man ... an, Geister zur Erklärung zu gebrauchen:* Vgl. C 91 und Anm. – *Es ist:* Danach von L. etwas gestrichen. – *darbilden:* Soviel wie:

hervorbringen. Zu dieser Wortbildung s. DWB 2, Sp. 769, wo diese Bemerkung L.s als einziger Beleg angeführt wird.

325 *Was für einen Effekt würde es . . . auf mich haben, wenn ich einmal in einer ganz schwarz behangenen großen Stube:* Merkwürdig, daß Brentano diesen Gedanken in »Fanferlieschen«, nur auf eine ganze Stadt bezogen, ausmalt. – *Effekt:* Von L. verbessert aus *Affeckt.* – *Leuten:* Von L. verbessert aus *Bedienten.*

327 Zur handschriftlichen Schreibweise dieser Bemerkung s. zu D 53. – *Nichts aufgeschoben:* L.s lebenslange Devise und persönliches Problem; s. zu D 20. – *Pfennige gespart in allen Stücken:* Vgl. F 1219.

330 *Vorschlag Bücher zu brennen:* Zu diesem Gedanken s. zu F 119. – *Patrioten:* S. zu E 28. – *Scharmützel der Gewürzkrämer:* Auf den Verwendungszweck von Gedrucktem für ›Pfefferduten‹ und damit auf den Berufstand der Gewürzkrämer kommt L. schon E 245, 312 zu sprechen.

333 *a key to the lock:* Alexander Pope veröffentlichte London 1715 anonym die Schrift »A key to the lock or a treatise proring beyond all contradiction the dangerous tendency of a late poem entitled the rape of the lock to government and religion«, in welcher er seinem komischen Epos in satirischer Absicht eine falsche Deutung unterlegte. – *nachzuahmen:* Zu dieser Floskel s. zu E 46. – *auf Amerika zu deuten:* Anspielung auf den amerik. Unabhängigkeitskrieg? – *Fata:* Lat. ›die Schicksale‹.

334 *läßt:* Steht (gut). – *Rosenfarb und Silber:* S. zu B 41.

335 *Der völlige Idiot, der vernünftige . . . Mann . . . der Rasende haben . . . ihre Zeichen:* Vgl. schon A 4. – *Gradation[en]:* S. zu Mat I 72.

336 *Feuerstahl:* In der Heraldik eine dem Werkzeug Feuerstahl ähnliche, beiderseitig je zwei Schnecken bildende Figur, häufig an Ordensketten (Goldenes Vlies).

338 *Empfindsam schreiben:* Vgl. F 157, 345. – *Schöpse:* Vgl. B 128, C 218 und III, S. 296ff. – *Postillion:* Von L. verbessert aus etwas Unleserlichem. – *Der Mensch besteht doch noch aus etwas mehr als Testikeln:* Vgl. F 345. – *Testikeln:* Lat. ›Hoden‹.

339 *Nach der griechischen Anthologie:* Wohl die »Anthologia Palatina«, die in einer einzigen Handschrift der Bibliotheca Palatina in Heidelberg erhaltene Sammlung griech. Epigramme, die Ende des 10. Jh.s von Konstantinos Kephalos zusammengestellt wurde. – *Um Mädchen . . . zu ersparen:* Der Verfasser dieses Sinngedichts ist unbekannt; vgl. L.s eigene satirische Versuche in der griech. Mythologie III, S. 626–638. – *Schreibtafel:* Diese Zeitschrift erschien Mannheim 1774–1778 in sieben Lieferungen und wurde von Christian Friedrich Schwan (1734–1815, Buchhändler und Schriftsteller in Mannheim) herausgegeben.

341 *Was ist . . . der Mensch anders als eine Kaffee-Tasse:* Die Wendung wirkt wie eine Parodie auf die pathetischen O-Mensch-Gedichte des Barock!

342 *Das war, wie die Zeit noch keinen Bart hatte:* Dieses Bild ist im Vorbericht vom 9. April 1781 zum Zweiten Jahrgang des »Göttingischen Magazins«, 1. Stück, Göttingen 1781, [S. 2] verwertet (Lauchert, S. 65).

343 *Als ihm . . . schenken wollte:* Zu L. als Verfasser von Sinngedichten und Reimen vgl. KIII, S. 310. Eine ursprüngliche Fassung, die gestrichen ist, hat die Überschrift »Über eine Silhouette, die mir jemand *tröstend* schenkte« und besteht nur aus den beiden letzten Zeilen. – *F.:* Wer gemeint ist, ist unbe-

kannt: Friederike Dieterich? − *Bild:* Von L. verbessert aus *es selbst.* − *der Schatten:* Von L. verbessert aus *Dieß Bild mir.* − *Kühlt:* Von L. verbessert aus *Heilt.*

344 *es ist mir jetzt wieder ganz geräumig in der Welt, da H. hinaus ist, oder H. gehenkt ist:* Ob es sich um eine reale Person handelt, konnte nicht ermittelt werden.

345 *den Menschen aus unsern empfindsamen Schriften restituieren . . . ein Herz mit Testikeln:* Vgl. F 338.

346 Taugewas: Vgl. III, S. 538.

347 *Ein Nachtwächter . . . macht allemal 6 andere:* Vgl. F 354.

348 *Leibniz hat die christliche Religion verteidigt:* Leibniz' »Essais de théodicée sur la bonté de Dieu, la liberté de l'homme et l'origine du mal«, Amsterdam 1710, 1712. Gottfried Wilhelm Leibniz (1646–1716), Philosoph der Frühaufklärung, Mathematiker, Universalgelehrter. − *Leute von Profession:* Zu dieser Wendung vgl. F 354, 550; H 40; L 75, 975; III, S. 190, 311, 578, 781, 838. − *Triebfeder:* S. zu A 88. − *Man greife doch mehr in seinen eignen Busen . . .:* Zu diesem Sprichwort s. Wander I, Sp. 519. − *man zuweilen glaubt man glaube etwas und glaubt es doch nicht:* Vgl. »Über die Macht der Liebe« (III, S. 515). − *das System von Triebfedern unsrer Handlungen:* Vgl. C 267.

349 *Wenn die Seele einfach ist, wozu der Bau des Gehirns so fein?:* Vgl. F 324. − *Der Körper ist eine Maschine:* Eine sich an die frz. Materialisten wie Lamettrie anschließende Reflexion.

350 *Kleintuer:* DWB 5, Sp. 1132, bringt L.s Bemerkung als einzigen Beleg für diese Wortbildung. − *Ich habe einige gekannt . . .:* Auf wen L. anspielt, konnte nicht ermittelt werden. − *pietistischer Dünnigkeit:* Ähnliche Wendungen begegnen D 460; F 1158. Zu L.s ablehnender Stellung gegenüber dem Pietismus und Herrnhutertum s. zu B 314. − *pietistischer:* Von L. verbessert aus *Herrnhutischer.*

351 *satyram non scribere:* Difficile est satiram non scribere. Es ist schwer, keine Satire zu schreiben (Juvenal, »Satiren«, 30).

352 *Selbstmord:* Zu L.s Reflexionen über den Selbstmord s. zu A 126.

353 *der Verfasser des leidenden Werthers:* Von L. verbessert aus *Herr Göthe.*

354 *Versuch über die Nachtwächter:* Verblüffende Motivähnlichkeit mit den »Nachtwachen von Bonaventura«. − *Nachtwächter . . . von Profession:* Zu dieser Wendung s. zu F 348. − *sondern:* Danach von L. gestrichen *(wenn anders dieses Wort hier gebraucht werden kan).* − *wie Dilettanten gemeiniglich . . . weiter gebracht, als die von Profession:* Zu dieser Wendung vgl. an Wolff am 11. Juli 1782.

355 *Zu meinem: recte scribendi pp.:* Zu dem lat. Zitat aus Horaz vgl. B 10 und Anm. − *Swift schrieb eine Geschichte des Utrechter Friedens:* Swifts Werk »The history of the four last years of the queen« erschien erst nach seinem Tode London 1758. − *Utrechter Frieden:* Die Friedensverträge zwischen England und Frankreich u. a. von 1713, die den Spanischen Erbfolgekrieg beendeten. − *We . . . kingdom:* Wir trafen uns, um Euer Königreich in Besitz zu nehmen. Die Stelle (ohne die Worte *we met*) steht im 58. Brief des »Journal to Stella«.

356 *Swift. Tom: 19. p. 238:* Gemeint ist das »Journal to Stella«, 59. Brief. − *Lady Orkney:* Elisabeth Villiers (1657?–1733), Mätresse Williams III.; heiratete 1695 Lord George Hamilton, der 1696 zum Earl of Orkney ernannt

wurde. Swift nannte Lady Orkney die klügste Frau, die er je kennengelernt hatte. — *Lady ... eye:* Lady O. hat mir ihr Bildnis gegeben, ein sehr feines Original von Sir Gofrey Kneller; nun, es ist eine Beschönigung. Er hat ihrem Schielen bewundernswert geschmeichelt; und Sie wissen, ich liebe einen Silberblick. — *Kneller:* Sir Godfrey Kneller (1646—1723; eigtl. Gottfried Kniller) aus Lübeck, seit 1688 Hofmaler in London, 1692 geadelt, seinerzeit berühmter engl. Porträtmaler. — *I love a cast in the eye:* Swifts Vorliebe für das Schielen ist in der Antiphysiognomik (III, S. 272) verwertet.

358 *obigen Gedanken:* Gemeint ist F 338. — *(Adlers Augen):* In der Handschrift ohne Klammern über *Flügeln.*

359 *Plures discunt ... resistatur:* Es gibt mehr, die lernen, wie sie dazu werden, als die lernen, wie dem zu widerstehen sei. Das Zitat findet sich in einem Brief Bolingbrokes Ende Juni 1727.

360 *Journal etranger:* Später »Journal étranger ou Notice exacte et détaillée des ouvrages de toutes les nations étrangères en fait d'arts, de sciences, de littérature«, Paris 1754—1758, 1760, 1762. Vgl. F 412.

361 *Angeloni ... Briefe über die Engländer:* »Letters on the English nation, by Batista Angeloni«, London 1756; Verfasser ist der polit. Schriftsteller John Shebbeare (1709—1788), der vorgab, diese politische Satire im Stil der Schriften Bolingbrokes gegen Walpole übersetzt zu haben. — *Briefe:* Von L. verbessert aus *Gedancken.* — *der Selbst-Mord ... von der Ohrenbeichte her:* Der vierte Brief (1, 27) handelt von den Gründen des Selbstmordes in England.

362 *Derselbe merkt an:* »Letters on the English nation« 1, 97, s. zu F 361. — *Watteau:* Jean-Antoine Watteau (1684—1721), der bedeutendste frz. Maler des 18. Jh.s; von 1719 bis 1720 in England; neben Szenen der Italienischen Komödie und der höfisch-galanten Gesellschaft hat er auch einige vortreffliche Bildnisse gemalt. — *van Loo:* Charles André gen. Carle van Loo (Nizza 1705—1765 Paris), aus niederländ. Künstlerfamilie, seit 1764 »Premier Peintre du Roi« in Paris, galt noch vor Boucher als der offizielle Maler Frankreichs, dessen Œuvre fast alle Bildgattungen umfaßte. — *Van Dyck:* Anthonis van Dyck (1599—1641), flämischer Maler, seit 1632 in London, wo er der gefeierte Bildnismaler des Königshauses und des Hochadels wurde. — *Angeloni a Jesuit who resided many years in London:* Angeloni, ein Jesuit, der viele Jahre in London verweilte.

364 *Eine Grubstreet:* S. zu B 65. — *fängt sich an zu Bamberg, lauft über Augsburg ins Paderbornische:* Diese Orte stehen L. für zeitgenöss. reaktionäre Schriftstellerei im Dienst der kathol. Kirche, *Bamberg* überdies für den Nachdrucker Göbhard; zu *Augsburg* vgl. schon B 65.

365 *Indolenz:* Lat., frz. ›Trägheit‹, Schlaffheit‹, eine Eigenschaft, die L. an sich selbst zu bemerken meinte; s. das Wortregister. — *Die Nation, die die meiste Spannkraft hatte, war auch allezeit die freiste und glücklichste:* Nach L.s Urteil das engl. Volk.

366 *die Engländer:* Von L. verbessert aus *das Phebus, Uebel.* — *wie man die Venusseuche Franzosen nennt:* S. zu KA 233. — *Phöbusübel (Phöbusseuche):* Letzteres in der Handschrift ohne Klammern über *Phöbusübel.* — *odenschnaubende:* Zu dieser Wortprägung vgl. D 546. — *die Franzosen den Schwulst ... Phebus nennen:* In der frz. Literatur Bezeichnung einer Literaturrichtung im 17. Jh., Umschreibung für die ›schwülstige‹ Schreibart des Barock. S. III,

S. 410. – *Ich weiß nicht was uns mehr geschadet hat, die Venus- oder die Phöbus-Seuche:* Zu dieser Wendung s. das Alexandrinergedicht (III, S. 424).

369 *Die Metapher ist weit klüger als ihr Verfasser:* Zu L.s Reflexionen über die Metapher s. das Wortregister. – *Wer Augen hat der sieht [alles] in allem:* Zu dieser Wendung s. zu F 48. Nach Rudolf Jung, Sprachkritik bei Lichtenberg und Herder, in: Jahrbuch des Wiener Goethe-Vereins 70 (1966), S. 39 (Fußnote), bekommt dieser Satz »erst dann einen Sinn, wenn man für das fehlende Objekt das Objekt des vorhergehenden Satzes einsetzt, nämlich ›Tiefen‹. Es heißt dann: ›Alles hat seine Tiefen. Wer Augen hat, der sieht sie in allem.‹«

370 *Gellert und Laudon im Karlsbade:* Gellert berichtet die Anekdote brieflich am 25. August 1763 an Karoline Lucius (Sämtliche Schriften 9 [1770], S. 182). Gideon Ernst Freiherr von Laudon (auch: Loudon; 1717–1790), berühmter österreich. Feldmarschall, eroberte im Türkenkrieg 1789 Belgrad. – *Karlsbade:* Stadt in Westböhmen oberhalb der Mündung der Tepl in die Eger, schon Mitte des 14. Jh.s als ›Warmbad‹ erwähnt, erlangte wegen seiner zwölf Heilquellen Weltgeltung und war bereits im 18. Jh. Modebad. – *Beispiel des Verfassers der Zufälligen Gedanken . . .:* In den »Zufälligen Gedanken über Herrn Lavaters Physiognomische Fragmente«, die 1776 anonym in Halle erschienen, wird die Anekdote a.a.O., S. 19, mitgeteilt.

371 *Man hat griechische und lateinische Bücher eingeführt, so wie die arabischen Hengste in England:* Vgl. F 459 und Antiphysiognomik (III, S. 256). – *den Stammbaum:* Von L. verbessert aus *die Familie*.

372 *Zirkas[sierinnen]:* In seinem Gartenhaus hatte L. das Porträt zweier Zirkassierinnen aufgehängt (Brief an Johann Christian Dieterich, 27. April 1796). Tscherkassien: »ein ansehnliches Land am Fuße des Caucasus in der Erdenge zwischen dem Caspischen und dem schwarzen Meere« (GTC 1790, S. 114). – *In Persien hat sich ein Teil mit Zirkas[sierinnen]. verschönert:* »Il n'y a presque aucun homme de qualité en Perse qui soit né d'une mere *Georgienne*, à compter depuis le Roi, qui d'ordinaire est *Georgien* ou *Circassien*, du côté feminin; et comme il y a plus de cent ans que ce mélange a commencé de se faire, le sexe feminin s'est *embelli* comme l'autre, et les Persanes sont devenues fort belles . . .« Kaum ein Perser von Rang stammt nicht von einer georgischen Mutter ab, voran der König, der gewöhnlich von der weiblichen Linie her Georgier oder Tscherkesse ist. Und nachdem diese Mischung seit über hundert Jahren geübt wird, hat sich das weibliche Geschlecht ebenso wie das andere verschönert, und die Perserinnen sind recht hübsch geworden. – Diese Notiz entnahm L. aus Chardins 1786 erschienenem Journal seiner »Voyage en Perse et autres lieux de l'orient« 4, S. 98 oder einer daraus abgeleiteten Quelle (vgl. GTC 1790, S. 118f.). Jean Chardin (1643–1713), frz. Schmuckhändler, reiste 1665 im Auftrag seines Vaters in den Orient und blieb sechs Jahre in Persien; ging 1681 als Calvinist nach London.

373 *So wie ein Taubstummer lesen und Sprachen lernt:* Über die Beschäftigung der Wissenschaftler und Menschenfreunde im 18. Jh. mit diesem Phänomen, das Isolierung von der Gesellschaft bedeutete, s. Harlan Lane, Mit der Seele hören. Die Geschichte der Taubheit, München 1988.

375 *Calvert:* John Calvert (1758?–1844), engl. Student in Göttingen, am 11. Juni 1776 als stud. jur. immatrikuliert. – *gibt der Metapher den Leib:* Von L. verbessert aus *macht die Metapher*. Zu L.s Reflexionen über die Metapher s. das Wortregister. – *die Seele:* Von L. verbessert aus *giebt ihr erst das rechte Wesen.* –

Spagirisches: S. zu F 230. – *Seraphisches:* Von L. verbessert aus *französisches;* vgl. auch F 23.

376 *Die Perser legen ... Hand auf den Magen:* Vgl. Chardin, »Voyage en Perse« 4, S. 110, wo das Ritual bei Begrüßung eines Höhergestellten so beschrieben wird: »les mains l'une sur l'autre à la ceinture«, die Hände übereinander am Gürtel.

377 *Die grade Linie ist nicht die beste Linie für die Zeile, wenn sie zu lang wird:* Die Bemerkung ist wohl durch die Lektüre von Chardin 5, S. 53, beeinflußt: »Les Persans ne font pas leurs Lignes droites à la règle comme nous le faisons ... ils donnent un tour concave à leurs Lignes, les tirant en dessous en demi cercle, et puis quand ils ont fini la Page, ils écrivent à la Marge, qui est toujours à coté droit, et là ils donnent une autre inflexion aux Lignes, pour les mieux distinguer.« Die Perser ziehen ihre Zeilen nicht mit dem Lineal, wie wir es machen, ... sie geben ihnen eine konkave Form, indem sie sie im Halbkreis herunterziehen; und wenn sie die Seite beendet haben, beschreiben sie den Rand, der immer rechts liegt, und dort geben sie den Zeilen eine andere Biegung, um sie besser zu unterscheiden.

378 *Die Perser ein gutes Buch Divan oder die Versammlung der Weisen:* Chardin, a.a.O. 5, S. 260: »assemblée de Sages ou d'Anciens«.

379 *Die Frauenzimmer ... in Persien von der Poesie ausgeschlossen ...:* Vgl. Chardin, a.a.O. 5, S. 263: »Si la Poule veut chanter, comme le Cocq, il lui faut couper le gosier.« L. verwertet diese Bemerkung im GTC 1778, S. 45.

380 *mit den Persern zu reden:* S. Chardin, a.a.O. 6, S. 275: »le Diable vous a-t-il sauté sur le corps?«

381 *Die niedliche Art, womit die Morgenländer ... Dinge bezeichnen:* »De la Poësie« handelt Chardin, a.a.O. 5, S. 257–286. – *verdient Nachahmung:* Zu dieser Floskel s. zu E 46. – *Herder nicht mehr Gebrauch davon gemacht:* Anspielung auf Herders ›blumigen‹ Stil und seine »Abhandlung über den Ursprung der Sprache« (1772) oder die »Älteste Urkunde des Menschengeschlechts« (1774–1776). – *Den 47ten Satz des Euklid:* Die Stelle findet sich bei Chardin, a.a.O. 5, S. 74, wo »chek le arous« steht. Gemeint ist der Pythagoreische Lehrsatz; vgl. J 103. – *Figur einer Verheirateten, wegen seiner Fruchtbarkeit:* Zu L.s eigener Neigung, wissenschaftl. Abstrakta zu versinnlichen, vgl. A 27; D 528; E 32, 473; J 2097.

382 *Der Pabst der Perser Seder ... Regeln:* Vgl. Chardin, a.a.O. 6, S. 249: »Le grand Poutife s'apelle Sedre, terme Arabe qui signifie la partie anterieure du Corps, et particulièrement celle que nous nommons la poitrine, mais qui dans l'usage veut dire haut et eminent ...«.

383 *So wie die Otaheiten von Eis und Schnee und London reden würden, wenn sie es sähen:* S. zu Omai RT 25. – *Kenntnis:* Von L. verbessert aus *Wi[ssen].* – *setzen:* Von L. verbessert aus *nehmen.* – *Der Mangel an gehörigen Wörtern:* Vgl. F 308. – *Gedichte ohne den Buchstaben r hat Brockes gemacht:* Brockes malte, was auch F 384 erwähnt wird, die Stille der Natur nach dem Gewitter durch ein Gedicht ohne den Buchstaben r in »Irdisches Vergnügen in Gott« I, S. 152. Barthold Heinrich Brockes (1860–1747), dt. Dichter der Frühaufklärung, dessen Hauptwerk in 9 Bdn. 1721–1748 erschien. Von Gedichten ohne r schreibt L. noch L 473.

386 *D.r Carl eine Denk-Apotheke schrieb:* Gemeint ist die »Medicina mentis« in Carls Frankfurt 1745 erschienenem Werk »Decorum eruditi«. Johann

Samuel Carl (1677–1757), in Öhringen (Württ.) geboren, Naturforscher, Lieblingsschüler Ernst Stahls in Halle, Großvater Friedrich Struensees, Diss. 1699 »Decorum medici«; 1736–1742 Leibarzt König Christians VI. von Dänemark. Über ihn s. Stefan Winkle, Die heimlichen Spinozisten in Altona und der Spinozastreit, Hamburg 1988, S. 45–53.

387 *Nach dem neuen Griechenland reisen:* Dieser Satz ist im »Orbis Pictus« (III, S. 383) verwertet; s. auch Mat I 110, 119. In K 157 findet sich eine Variante.

388 *Winterschlaf einer neuen Barbarei:* Diese Wendung ist in der Antiphysiognomik (III, S. 256) verwertet. – *ohne durch:* Danach ergänze *den.*

389 *Gezählt ... gewogen:* Der Gedanke geht auf Cicero zurück, der in »De officiis« II, 22, 79 schreibt: »Man sollte dieses nicht nach der Anzahl, sondern nach dem Gewicht beurteilen«. Vgl. auch F 650, 662, 736; RA 23; III, S. 138, 263, 516, 947. – *herauskommen, als gewogen:* Von L. verbessert aus *seyn, gewogen gewiß nicht.*

390 *Wertherisches Schwärmen in der Liebe für ... Befehl der allgütigen Natur hält:* Zu diesem Gedanken vgl. »Über die Macht der Liebe«, insbesondere III, S. 520.

391 *Natur und Lebens-Art ... zweierlei:* Im GTC 1779 und 1780 kommentiert L. die Kupfer Chodowieckis zu »Natürliche und affectirte Handlungen des Lebens«.

392 *Anmerkung:* Von L. verbessert aus *Sententz.* – *Zimmermann im Nationalstolz:* Das Zitat findet sich in Zimmermanns »Vom Nationalstolze« (1758), S. 94⁴. Der Text heißt dort: »auf seine Meinungen und sein Wissen«. Johann Georg Zimmermann (1728–1795) aus Aargau, Leibarzt des Königs von Hannover, Schüler und später Biograph Hallers; Parteigänger Lavaters, umstrittener Schriftsteller der Aufklärung.

393 *In Göttingen ... der Mann, der den Kopf von außen zustutzt, von dem Purschen ... gewürdigt:* Vgl. Brief an Franz Ferdinand Wolff, 2. Juli 1791 und L 4.

394 *Sprüche für Zimmerleute:* Vgl. noch L 412.

396 *Große Reinlichkeit ohne Geckerei ... kann zu Schönheit werden:* Vgl. Antiphysiognomik (III, S. 256). – *gesucht:* Zu dieser Stilkritik L.s s. zu B 20.

397 *Interesse:* Zur Wortbedeutung im 18. Jh. vgl. D 321.

398 *In Fratrimonio leben:* Fratrimonium: Wortprägung, Wortspiel L.s nach lat. patrimonium ›das vom Vater ererbte Gut, Erbvermögen‹.

399 *Warum sind junge Witwen in Trauer so schön?:* Auf einem Notizzettel L.s lautet die Fassung unter der Überschrift *Physiogn[omik].* noch: »warum sind junge Wittwen in ihrer Trauer so gefährlich.« Zit. nach Werner Preuß, Zwei neu entdeckte Fragmente Georg Christoph Lichtenbergs über Physiognomik, in: Perspektiven Kritischer Theorie. Festschrift für Hermann Schweppenhäuser, hrsg. von Christoph Türcke, Lüneburg 1988, S. 239. L. verwertet den Gedanken in »Der Weg der Buhlerin« (III, S. 752). – *Untersuchung:* Zu dieser Floskel s. zu A 262.

401 *machen:* Von L. verbessert aus *anfangen.*

402 *Eleusischen Stils:* Eleusis, im Altertum eine der ältesten und wichtigsten Städte Attikas, wo die Mysterien zu Ehren der Demeter und Persephone gefeiert wurden, berühmt wegen seiner in verschiedenen Jahrhunderten errichteten Tempelanlagen und seiner Kleinkunstherstellung. – *Münden:*

Über eine Porzellanfabrik in (Hannover-) Münden konnte nichts in Erfahrung gebracht werden. – *Fürstenberg:* Von Herzog Karl I. von Braunschweig 1745 gegründete Porzellanmanufaktur in Fürstenberg bei Holzminden, die ihre Blütezeit zwischen 1770 und 1790 hatte. – *Höchst:* Die 1746 gegründete Porzellanmanufaktur in dem seinerzeit zu Kurmainz gehörigen Höchst, die vor allem mit Figurenplastiken hervortrat, bestand bis 1796. – *Meißen:* Von August dem Starken 1710 gegründete Porzellanmanufaktur, in der das erste europ. Hartporzellan hergestellt wurde. – *Berlin:* Von L. verbessert aus Dres[den]. Die erste Porzellan-Manufaktur in Berlin wurde 1751 gegründet, 1763 von Friedrich II. erworben (Königl. Porzellan-Manufaktur KPM). – *Verehrung der Tiere bei . . . den Ägyptiern:* Vgl. F 416.

403 *Philanthropinen:* 1774 in Dessau gegründetes Erziehungsinstitut, nach Basedow »Schule der Menschenfreundschaft«. Vgl. auch F 448, 857, 1070. – *Philippinen:* In einem Brief an Baldinger (Briefwechsel 1, Nr. 608) vermutlich aus dem Sommer 1779 übersetzt L. diesen Mädchennamen »in einem Anfall von kleinem Muthwillen« mit *Hengstliebende.*

404 *mit dem Licht der Wahrheit leuchten, ohne einem den Bart zu sengen:* Dieses Bild ist im »Orbis pictus« (III, S. 385) und in »Wider Physiognostik« (III, S. 555) verwertet; vgl. auch G 13; Mat I 153.

406 *Lessing bei mir:* Lessing machte März 1777 auf der Rückreise von Mannheim nach Wolfenbüttel in Göttingen Station. L. erwähnt seinen Besuch in den Briefen an Schernhagen vom 10. März 1777 und an Wolff vom 28. März 1785.

407 Die Bemerkung steht in Zusammenhang mit L.s Elektrophor-Versuchen und seinem Akademie-Vortrag (III, S. 24–34; zu Volta speziell S. 24). – *des Volta Elektrizitäts-Träger:* Der 1775 von Volta nach einer Entdeckung von Wilcke (1762) konstruierte »Elettroforo« oder Elektrophor (griech. ›Elektrizitätsträger‹): ein Apparat zur wiederholten Aufladung eines elektrischen Leiters durch Influenz; vgl. den Brief an Franz Ferdinand Wolff vom 10. Februar 1785. Alessandro Volta (1745–1827), ital. Prof. der Physik in Pavia; erfand den nach ihm benannten Kondensator und die Luftpistole; entdeckte 1800 die Elektrolyse; Oktober 1784 und Juni 1785 in Göttingen bei L., mit dem er eine Korrespondenz unterhielt; »Sur les capacités des conducteurs« (1778). – *Klinkosch Briefe:* Klinkoschs »Schreiben, den thierischen Magnetismus, und die sich selbst wieder ersetzende elektrische Kraft betreffend an Herrn Franz Grafen von Kinsky«, veröffentlicht in den von Ignaz von Born hrsg. »Abhandlungen einer Privatgesellschaft in Böhmen, zur Aufnahme der Mathematik, der vaterländischen Geschichte und der Naturgeschichte«, Prag 1776–1784, Bd. 2 (1776), datiert: Prag, 15. Jänner 1776; die Stelle findet sich ebenda S. 4: »Es ist dieses also die sich selbst wieder ersetzende elektrische Kraft (Electricitas vindex) eine Eigenschaft, die der berühmte Herr Beccaria der gelehrten Welt schon vor einigen Jahren mitgetheilet hat; die itzt der Herr Alexander Volta unter dem Namen des beständigen Electricitätsträgers, *Electrophore perpetuel,* bekannter machet, und ebenfalls sehr viel Dank für die Mittheilung dieser Beobachtung verdienet. Weniger Erstaunen und Bewunderung hätte dieser Electricitätsträger des Hrn. Volta bey vielen Physikern erreget, wenn des Beccaria wichtige Entdeckung gemeiner bekannt gewesen wäre«. Joseph Thaddäus Klinkosch (1734–1778) aus Prag, 1761 Dr. med., später Prof. der Anatomie an der Universität Prag, vielseitiger naturwissen-

schaftlicher Schriftsteller; errichtete 1775 den ersten Blitzableiter in Böhmen; im gleichen Jahr Mitglied der Sozietät der Wissenschaften in Göttingen. – *Kinsky:* Franz Joseph Graf Kinsky von Wchinitz und Tettau (1739–1805), k.k. Feldzeugmeister und seit 1785 Oberdirektor der Militärakademie in Wiener-Neustadt; Förderer der Wissenschaften und selbst als wissenschaftlicher Schriftsteller, Mineraloge, Mathematiker, Pädagoge tätig, u. a. Mitarbeiter an den »Abhandlungen«. – *Born:* Ignaz Edler von Born (1742–1791), Mineraloge und Geologe in Prag, später in Wien, u. a. Hrsg. der »Abhandlungen«. – *Beccaria's Electricitas Vindex:* Das Werk ist zu D 687 nachgewiesen. – *nicht Herr Volta der Erfinder des Elektrizitätsträgers:* S. an Schernhagen am 3. März 1777 und an Wolff am 10. Februar 1785, ferner die Notiz im GTC 1778, S. 54.

408 *Stanniol*: Aus lat. stannum ›Zinn‹, ursprünglich (17. Jh.) auf etwa 0,1 mm ausgewalzte Zinnfolien.

409 *Deluc von dem Gletscher Büet . . . gemacht:* Gemeint ist die D 670 zitierte Stelle, die in der Anmerkung dazu genauer nachgewiesen ist. Vgl. auch »Hannoverisches Magazin« 1777, S. 249, und die Notiz im GTC 1779, S. 95. Der Mont Buet ist ein 3109 m hoher Berg in der Chablais-Gruppe der frz. Kalkalpen und wurde erstmals von den Brüdern De Luc am 29. September 1770 erstiegen. – *Jahrhunderte durch:* Von L. verbessert aus *Jahrhundertlan[g]*.

410 *alle meine Werke mit einem FF gestempelt . . . Fama und Fames:* Vgl. D 333 und Anm.; ferner Brief an Sömmerring am 18. Januar 1791. – *Stichel-Rede auf die Pandekten:* FF, wahrscheinlich der durch Abschreiben entstellte griech. Buchstabe. Pandekten war die im Mittelalter übliche Abkürzung für das »Corpus juris civilis«. Vgl. B 36.

411 *Selbst-Klistierung:* Das Wort ›Selbst-Klistierer‹ gebrauchte L. in J 165.

412 *in Deutschland mehr Schriftsteller, als . . . zu ihrer Wohlfahrt nötig:* Die Bemerkung erinnert an eine F 360 notierte Äußerung von Chesterfield; vgl. auch L 115. – *alle . . . haben:* Von L. verbessert aus *in der Welt überhaupt nöthig sind*. – *alle vier Weltteile:* Der fünfte Kontinent (Australien = Neu-Holland), bereits im 17. Jh. von holländischen Seefahrern in seinen Umrissen entdeckt, wurde durch die erste (1770) und zweite (1775?) Reise von James Cook endgültig als selbständiger Erdteil nachgewiesen.

415 *Schwarz und weiß, eine Abhandlung:* Die wohl für den GTC geplante Abhandlung ist nicht zustande gekommen.

416 *Die Ägypter verehren . . . Krokodile:* Vgl. F 402. – *Zwiebeln:* Der älteste Nachweis über die Kultivierung dieser Pflanze stammt aus Ägypten, wo die Zwiebel ein Volksnahrungsmittel war und auch für Medizin, Aberglauben und Zauber verwendet wurde; s. Körber-Grohne, Nutzpflanzen, S. 263. – *Bei uns . . . Storch und die Schwalbe noch hier und da heilig:* Über Storch und Schwalbe im Volksglauben s. Wörterbuch des dt. Aberglaubens, Sp. 1391-1398; 498-507.

417 *Dr South . . . in einer seiner Predigten:* Souths vielgelesene »Sermons« erschienen London 1679–1715. Robert South (1634–1716), berühmter engl. Kanzelprediger der anglikanischen Hochkirche. Die von L. referierte Stelle wurde nicht ermittelt.

418 *das Opfern der Erstlinge:* Parodie auf 1. Mose 22: die Opferung Isaaks?

419 *Gedanke . . . eine Statue aus dem Berg Athos zu hauen:* Ob dieser ›verwegene‹ Gedanke von L. stammt oder tatsächlich seinerzeit formuliert worden war, konnte nicht ermittelt werden. – *Berg Athos:* An der Südspitze

der östlichsten der Chaldike-Halbinseln in Nordgriechenland, 2033 m hoch, auf dem 963 das erste Kloster gegründet wurde. – *Europa ... zum doppelten Adler zu schneiden:* Der Doppeladler, heraldisches Wappentier der byzantinischen Kaiser, dann der russ. Zaren, war das Hoheitszeichen der dt. Kaiser des Mittelalters und Reichswappen bis 1871.

420 *Diejenigen Nerven-Fibern ... in das Gehirn hinein fortdauern:* Der Gedanke ist wohl Frucht der Beschäftigung mit Hartleys Theorie. – *Bonnet anführt:* Gemeint ist der »Essai de psychologie ou considérations sur les opérations de l'âme, sur l'habitude et sur l'éducation«, erschienen London 1754, S. 72. S. zu D 688. – *ist:* Von L. verbessert aus *wäre*. – *der Eindruck des Sonnenbilds:* Von L. verbessert aus *das Sonnenbild*; vgl. D 170.

422 *Sturm am Berge:* Zu dieser Wendung s. zu E 504. – *Rauschen des Eichenwalds:* Zu dieser Wendung s. zu E 245 (S. 400).

424 *Wir tun alle Augenblicke etwas, das wir nicht wissen:* Zu diesem Gedanken vgl. F 373. – *der Mensch ... ein denkendes Tier werden:* Vgl. F 433.

425 *Psychologie:* Von L. verbessert aus *Philosophie*. – *über alles hinausgegriffen haben:* Von L. verbessert aus *stille stehen*.

428 *Ehe à l'Abisag:* Anspielung auf das 1. Buch der Könige 1, 1–4: »Und da der König David alt war und wohl betagt, konnte er nicht warm werden, ob man ihn gleich mit Kleidern bedeckte. Da sprachen seine Knechte zu ihm: Laßt sie meinem Herrn, dem König, eine Dirne, eine Jungfrau, suchen, die vor dem König stehe und sein pflege und schlafe in seinen Armen und wärme meinen Herrn, den König. Und sie suchten eine schöne Dirne im ganzen Gebiet Israels und fanden Abisag von Sunem und brachten sie dem König. Und sie war eine sehr schöne Dirne und pflegte des Königs und diente ihm. Aber der König erkannte sie nicht.« – *erkannte sie nicht:* Schlief nicht mit ihr.

429 *Xanthippus ... Vater des Perikles:* Xanthippus (geb. um 520 v. Chr.), athenischer Politiker und Stratege.

430 *nefastos dies:* Lat.: Tage, an denen kein Gericht gehalten werden durfte; im übertragenen Sinn: Unglückstage. – *Aufknüpfen unter die Sterne:* Zu dieser Wendung s. zu D 665. – *Aufknüpfen:* Von L. verbessert aus *Versetzung*. – *Muttermal am Geist:* Zu dieser Wendung s. zu B 19.

431 *Der Mensch sucht Freiheit, wo sie ihn unglücklich machen würde, im politischen Leben:* Zu dieser Auffassung vgl. K 148, 149. – *Der religiöse und System-Despotismus ist der fürchterlichste:* Zu L.s Haltung vgl. B 290 und J 359, 408. – *Engländer:* Danach von L. gestrichen *ist ein Sklave*.

432 *Much ... think:* Viel Mühe wird aufgewandt und Zeit daran gegeben, uns zu lehren, was wir denken, aber wenig oder nichts von beidem, uns zu unterrichten, wie wir denken sollen. – *Bolingbroke on ... study:* Der von L. zitierte Satz findet sich wörtlich in Bolingbrokes Abhandlung »Of the true use of retirement and study«.

433 *Der Mensch kann sich Fertigkeiten erwerben und kann ein Tier werden, wo er will:* Diese Bemerkung ist durch eine Stelle in Bolingbrokes zu F 432 zitierter Schrift (The works 2, 513) angeregt. – *Gott macht die Tiere, der Mensch macht sich selber:* Dieser Satz begegnet auch F 803. – *Vergleiche mit p. 47,10,11:* Gemeint ist F 424.

434 *Seitdem man Wissenschaft zu nennen beliebt, anderer törigte Meinungen zu kennen:* Vgl. K 246. – *dem Menschen die Lebens-Zeit zu kurz geworden:* Auch

hier ist L. durch die Betrachtungen Bolingbrokes über die Kürze des menschlichen Lebens (The works 2, 519) angeregt.

436 *Mancher Mann quält sich seine Lebenszeit . . . über der Entwickelung der Meinung eines Schriftstellers:* Hier können gleichfalls Sätze Bolingbrokes (The works, Dublin 1792, Bd. 2, S. 523) den Ausgangspunkt der Gedanken L.s gebildet haben. — *studiert sich frigid und impotent:* Zu dieser Wendung vgl. E 455. — *erforderte:* Von L. verbessert aus *war.*

437 *Every . . . oracle:* Jedem ist sein eigener Verstand der eigene Prophet. Zitat aus Bolingbrokes »True use of retirement and study« (The works Bd. 2, S. 525). L. wiederholt den Satz F 441.

438 *Die Philosophie, sagt Bolingbroke . . .:* »Philosophy has, I know, her Thrasos as well as war«, heißt es in Bolingbrokes »Reflections upon exile« (The works Bd. 1, S. 100). — *Thraso:* Name des prahlerischen Soldaten in der Komödie »Der Eunuch« von Terenz, ein Bramarbas.

439 *Man empfiehlt Selbst-Denken:* Zu dieser der Aufklärung teuren Forderung s. das Wortregister. — *Wahrheit:* Von L. verbessert aus *Vom Irthum.* — *Ist denn Lesen Studieren?* Vgl. F 203. — *jemand . . . behauptet, daß die Buchdruckerei Gelehrsamkeit . . . im Gehalt vermindert hätte:* Gemeint ist wohl Rousseau, der in der Dijoner Preisschrift Ähnliches über die Buchdruckerei sagt. — *Das viele Lesen . . . dem Denken schädlich:* Zu L.s Kritik am Viellesen s. zu B 204.

440 *Die meisten Gelehrten . . . abergläubischer als sie . . . selbst glauben:* Zum Aberglauben des ›Gelehrten‹ L. vgl. F 1217; G 38; H 2, 42; J 249, 715; L 356.

441 *ad 1.49.:* Gemeint ist F 439. — *Wenn man die Menschen lehrt . . .:* Vgl. dazu die F 432 aus Bolingbroke zitierte Stelle. — *wie sie denken sollen und nicht . . . was sie denken sollen:* Vgl. F 106 und D 610. — *Zweifel einzuschärfen:* S. zu F 262. — *Sentenz every man's . . . oracle:* S. zu F 437.

442 *für das Museum.:* Die offenbar für Boies »Deutsches Museum« geplante Abhandlung ist nicht ausgeführt worden; sie gehört gewiß in den Umkreis der geplanten Literatur-Satire »Parakletor« (KIII, S. 241 ff.). — *Liebe aus dem Brief an Frau . . . B.:* Gemeint sind die zwei Briefe »Über die Macht der Liebe« (III, S. 515ff. und KIII, S. 239–240); s. auch F 468. L. hat sich die Handschrift zu literarischer Benutzung zurückgeben lassen. — *Frau . . . B.:* Dorothea Friederike Baldinger, geb. Gutbier (1744–1786), 1764 mit Ernst Gottfried Baldinger verheiratet; Brieffreundin Kästners und zeitweilig L.s. — *die praktische Geometrie . . . ehmals zu Göttingen 4mal gelesen:* Zum Vorwurf des Verfalls ernsthafter Kenntnisse vgl. das Alexandrinergedicht (III, S. 423–424). — *zuviel lesen:* S. zu F 439. — *Glauben . . . schön schreiben lernen ohne viel zu wissen:* Vgl. F 613. — *bitte:* Von L. verbessert aus *warne.* — *Traum des Scipio:* Der »Somnium Scipionis«, Scipio Aemilianus in den Mund gelegt, ist ein Teil von Ciceros »De republica« VI, 8–29; L. erwähnt ihn auch III, S. 166 Fußnote. Auf diesen Traum war L. vielleicht durch eine Erwähnung bei Bolingbroke (The works 2, 514) neuerdings aufmerksam geworden. — *Scipio:* Publius Cornelius Scipio Aemilianus, genannt Africanus minor, dt. Scipio der Jüngere (ca. 185–129 v. Chr.), röm. Konsul, eroberte und zerstörte 146 v. Chr. Karthago, schuf unter dem Einfluß der griech. Bildungsideale die Voraussetzungen für die neue griechisch-römische Bildung.

443 *die Sprache des Zweifels:* S. zu F 262. — *daß die christliche Religion durch Begebenheiten künftiger Zeiten vieles verlöre:* Vgl. J 235, 651.

444 *S! Hancock.*: John Hancock (1737–1793), Kaufmann aus Boston, Vorkämpfer der amerikanischen Unabhängigkeit, Präsident des seit September 1774 versammelten Kongresses der Vertreter der 13 engl. Kolonien. Die Unabhängigkeitserklärung vom 4. Juli 1776 trägt seine Unterschrift. Warum ihn L. ironisch als Heiligen tituliert, ist zweifelhaft; vgl. F 445.

445 *Den Eulenspiegel zu einem Erfinder einer großen Sache zu machen:* Wohl ebenso ironisch gemeint wie F 444. Till Eulenspiegel, offenbar historisch verbürgt (er starb 1350 in Mölln an der Pest), ein bäuerlicher Schalksnarr und Held eines Volksbuchs aus dem 15. Jh.

446 *spermatische:* Griech. ›samentragend, befruchtend‹.

447 *Zweifel ... Wachsamkeit, sonst ... gefährlich:* S. zu F 262.

448 *Philanthropinen:* S. zu F 403.

449 *Abhandlung über die Prüfung der Fähigkeiten:* Der anonyme »Versuch über die Prüfung der Fähigkeiten« findet sich in der »Neuen Bibliothek der schönen Wissenschaften und der freyen Künste« 1769, 8. Bd., 1. Stück, S. 1–44; 2. Stück, S. 201–231. Zu L.s Reflexion über die Fertigkeiten des Menschen und seine Perfektibilität vgl. F 424.

451 *Gar heißt auf angelsächsisch eine Klinge:* Abgeleitet von altengl. gār: ›Speer‹ und lēac (leek): ›Lauch‹. – *Knoblauch ... von der Zwiebel ... hergenommen:* Svw. gespaltener Lauch. Die Quelle von L.s Etymologien wurde nicht ermittelt. – *Gar-lick:* Engl. garlic ›Knoblauch‹.

452 *Dohms Mortalitäts-Tabelle:* Christian Wilhelm von Dohm veröffentlichte im Märzheft des »Deutschen Museums« von 1777, I, S. 215 den Aufsatz »Ein Vorschlag zur Erweiterung der Mortalitätstabellen«; s. auch L.s Antiphysiognomik (III, S. 268); s. zu E 68.

453 *Mikroskop ... dient auch hierbei:* Zu L.s wiss. Methode, Phänomene zu vergrößern, um sie besser erkennen zu können, vgl. F 456, 470, 500; J 1644; L 732 und III, S. 25. – *Hohlglas:* »Linsengläser, Glaslinsen, dioptrische Linsen, Lentes dioptricae, Verres dioptriques. Gläser von kreisförmigem Umfange, wovon eine oder beyde Flächen eine kugelförmig erhabne oder hohle Krümmung haben.« (Gehler, Bd. 2, S. 905).

455 *Wie oft ein Glas Wein ein System erzeugt:* S. zu B 342.

456 *Vergrößern der Versuche:* S. zu F 453. – *Beim Electrophorus ... herrlich zu sehen gewesen:* Vgl. F 461.

457 *Zum Elektrizitäts-Träger.*: Zur Erläuterung dieser Versuche am Elektrophor vgl. »Von einer neuen Art die Natur und Bewegung der elektrischen Materie zu erforschen« (III, S. 24 ff.) und KIII, S. 11–12. – *Pechkuchen:* Der Kuchen, neben Form und Deckel der wesentliche Teil eines Elektrophors, zusammen mit der Form die Basis oder Unterscheibe bildend, »besteht aus einer Platte von einer nicht-leitenden Materie, z. B. Glas, Harz, Pech, Siegellak etc., deren ursprüngliche Elektricität durch Reiben (beym Glase mit Leder, das mit dem gewöhnlichen Amalgama bestrichen ist, bey harzigen Materien mit Hasen- Katzen- Kaninchen- oder Marderbalg) erregt werden kan. Das bloße Pech oder reines burgundisches Harz ist dazu sehr bequem.« (Gehler, Bd. 1, S. 818). – *Klindworth:* Johann Andreas Klindworth (1742–1813), »der Stammvater einer bis in die heutigen Tage bekannten und angesehenen Familie« (Behrendsen, S. 117), gelernter Uhrmacher, der bei L. Vorlesungen über Physik hörte und auf dessen Zureden von der Uhrmacherei zur Mechanik überwechselte (der große Elektrophor

ist offenbar Klindworths Werk); Gehilfe L.s bei dessen Experimental-Vorlesungen bis 1791. L.s Wertschätzung dieses bedeutenden Göttinger Mechanicus des 18. Jh.s, der viele Aufträge von auswärts erhielt, die ihm u. a. den Titel eines »Hofmechanicus« des Herzogs Ernst Ludwig II. von Sachsen-Gotha einbrachten, geht aus L.s Briefen hervor. – *vid. n° 5. p. 51.:* Gemeint ist F 461.

458 *Almanach der Parzen:* Scherzhafte Abwandlung von ›Musen-Almanach‹ (s. zu D 196). – *Parzen:* Gleich den griech. Moiren Klotho, Lachesis, Atropos: die drei Schicksalsgöttinnen.

459 *schon einmal . . . gesagt:* Gemeint ist F 371. – *griechischer und englischer:* Von L. verbessert aus *der griechischen und englischen*. – *Jetzt will man wieder deutsche Pferde:* Anspielung auf die Deutschtümelei und die Forderung nach dem ›Nationalgenie‹ in den 70er Jahren des 18. Jh.s.

460 *Bützower Kritischen Sammlungen:* Die »Kritischen Sammlungen zur neuesten Geschichte der Gelehrsamkeit«, hrsg. von Adolf Friedrich von Reinhard, erschienen 1774–1784 in Bützow und Wismar. Bützow, Kreisstadt in Mecklenburg-Schwerin, von 1760 bis 1788 Sitz der späteren Universität Rostock. Geburtsort des Mineralogen E. G. Karsten; Zylius war dort Hofmeister. – *wo man Humische Geschichte . . . der Häberlinischen nachsetzt:* In den »Kritischen Sammlungen« 1777, Bd. 2, S. 817, heißt es in einer Rezension: »Man sieht bei der Beurteilung historischer Bücher etwas gar zu sehr auf die Vollkommenheiten des Stils, die Schilderungen, die Reflexion, kurz auf das sogenannte Pragmatische und was zur Kenntnis des Menschen dienen soll. Das alles ist recht gut, wenn es nicht gemißbraucht wird, aber das Hauptwerk ist es doch nicht. Wenn die Begebenheiten nur richtig erzählt, gründlich bewiesen und die Zeugnisse mit kritischer Einsicht geprüft sind, so ist ein solches Buch, gesetzt daß es auch für den Modegeschmack zu trocken sein sollte, doch schon an und für sich selbst pragmatisch, denn die Schlüsse kann ein jeder, der Verstand hat, alsdann schon von sich selbst daraus ziehen«. – *Häberlinischen:* Franz Dominikus Häberlin (1720–1787), seit 1746 Professor der Geschichte in Helmstedt, schrieb u. a. einen »Auszug aus der allgemeinen Welthistorie«, Halle 1767–1773, in 12 Bdn. – *vergißt:* Von L. verbessert aus *verfehlt*. – *Annalisten:* In der Handschrift *Analysten*. – *Farnesischen Herkules:* Die Kolossalfigur eines Herakles, der sich auf die Keule stützt, eine 1547 in den Caracalla-Thermen gefundene, aus der 2. Hälfte des 2. Jh.s n. Chr. stammende Skulptur, die eine Attraktion der bedeutenden Antikensammlung der Familie Farnese in Rom darstellte; seit 1731 in Neapel. – *Albinus:* Gemeint sind die »Tabulae anatomicae sceleti et musculorum corporis humani« von Bernhard Siegfried Albinus, Leiden 1747, ein kunsthistorisch bedeutender Anatomie-Atlas, der sich der klassizistischen Darstellung nähert. S. Abb. S. 434. – *Cowper:* William Cowper (1666–1709), bedeutender engl. Chirurg und Anatom, veröffentlichte eine »Muskellehre«, die »Myotomia reformata, or an anatomical treatise on the muscles of the human body«, London 1694, die nach seinem Tod in verbesserter Ausgabe 1724 erschien. Über Albinus und Cowper s. Gunter Mann, Medizinisch-naturwissenschaftliche Buchillustration im 18. Jahrhundert in Deutschland, in: Sitzungsberichte der Gesellschaft zur Beförderung der gesamten Naturwissenschaften zu Marburg. 86. Bd., H. 1–2., Marburg 1964.

461 *ad n. 1. p. 51.:* Gemeint ist F 457. – *Erscheinungen:* Von L. verbessert

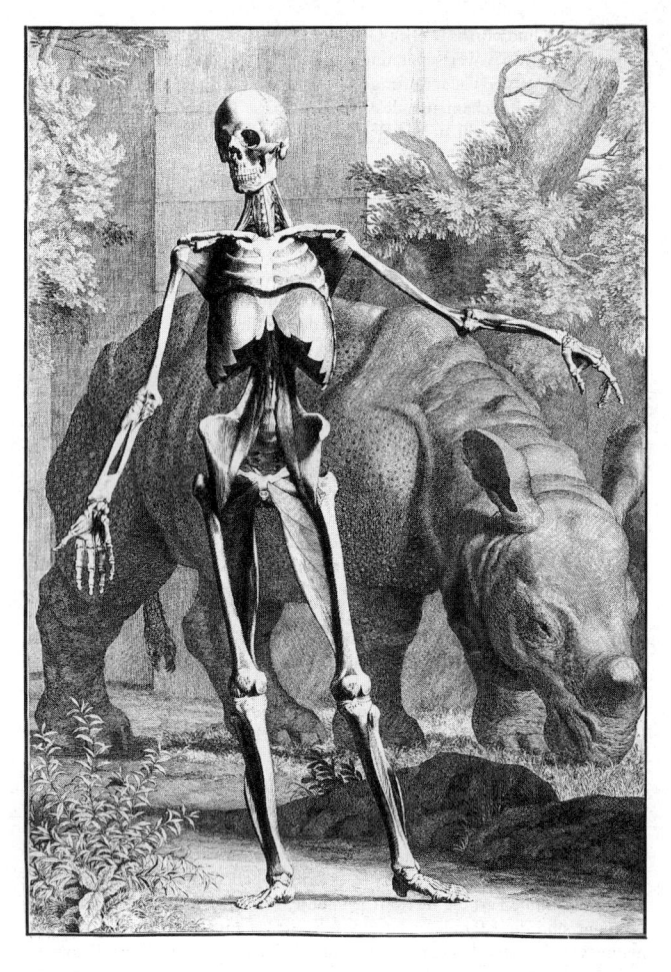

zu F 460

aus *Sachen.* – *Vergrößerung beim Elektrophorus:* Zu L.s Versuchen s. zu F 456. – *Als ich den 1ten April:* Vgl. an Georg Heinrich Hollenberg am 3.(?) April 1777 und III, S. 25.

462 *Die Naturkündiger:* S. zu C 359. DWB 7, Sp. 452, bringt diese Stelle L.s als Beleg. – *Bei den vernünftigsten Weltweisen nimmt die Überzeugung von ihrer Unwissenheit zugleich mit ihrem Wachstum an Erkenntnis zu:* Zum ›akademischen Zweifel‹ s. zu D 351.

463 *Haushaltung:* Zu L.s auf Geistiges übertragenen Wortgebrauch s. das Wortregister. – *gute Ökonomie . . . auch da Reichtum:* L.s Sudelbuch-Methode, s. zu E 46.

465 *die fliegenden Kröten und der Cucucu . . . bei Daubenton:* In einer Rezension einiger von Daubenton, dem Mitarbeiter Buffons an der »Histoire naturelle«, herausgegebenen Lieferungen ornithologischer Kupfertafeln in den GGA 1777, Zugabe S. 207, werden die fliegenden Kröten und »einige Arten Cucucu« besonders genannt. Louis Jean Marie Daubenton (1716–1800), frz. Naturforscher und bedeutender Botaniker, seit 1742 Demonstrateur am Jardin du Roi in Paris, führte die vergleichende Anatomie der Bestimmung der Arten der Vierfüßler ein. Daubenton wird auch GTC 1779, S. 51, und GTC 1781, S. 43 erwähnt.

467 *Voltaire übersetzt . . . :* Die Stelle findet sich in dessen »La défense de mon oncle contre ses infames persécuteurs«, Genf 1767 (Œuvres complètes 26, S. 378). – *Sokrates sanctus paederasta:* So lautet der Titel einer Abhandlung von Johann Matthias Gesner, erschienen in den »Commentarii Societatis Regiae Gotting.« Bd. 2, S. 1 ff.; vgl. L 91. – *Socrate . . . bougre:* Sokrates, der heilige Schelm.

468 *Keine Neigung zu Schwestern . . . weil es verboten:* Über das Verbot der Geschwisterehen handelt Voltaire in der zu F 467 angeführten Schrift. – *Brief an Frau Professor Baldinger:* Darüber s. zu F 442.

469 *chronostichische Absicht:* Chronostichon: griech. die in einen Merkvers gekleidete Bezeichnung des Jahrs einer Begebenheit durch die röm. Zahlbuchstaben der ihr Andenken aufbewahrenden Worte. In einem Brief an Hollenberg am 3.(?) April 1777 liefert L. selbst ein Beispiel. – *Die schönen Verse Voltaire . . . Gentes tamen:* Gentes tamen esse feruntur, / in quibus et nato genetrix et nata parenti / iungitur, et pietas geminato crescit amore«. Doch soll auch Stämme es geben, / wo mit dem Sohne die Mutter sich eint, mit dem Vater die Tochter / und in verdoppelter Liebe noch wächst die heilige Ehrfurcht. Zitat aus Ovids »Metamorphosen« 10, 331 (Übers. Erich Rösch, München 1952, S. 375). Voltaire zitiert die Stelle in der zu F 467 angeführten Schrift (Œuvres complètes 26, S. 380).

470 *dieser Satz gehörig genutzt:* Zu dieser Floskel s. zu C 96. – *Die Erde eine Turmalin-Verkleinerung:* Dieser Gedanke wird in »Ein Traum« (III, S. 108–111) ausgeführt; s. KIII, S. 47. Vgl. auch J 333, 1645, 1719, 1727.

473 *Leute von starker Empfindung:* Zu diesem Gedanken vgl. F 675.

475 *Transzendentes Paradigma:* Zu transzendent s. zu D 668, zu *Paradigma* s. zu C 104.

476 *B(P)aletten-Kleid:* Diesen Ausdruck gebraucht L. auch in den Hogarth-Erklärungen (III, S. 954). – *jedes Knopfloch ein Schlüsselloch:* Dieses Bild verwertet L. in »Natürliche und affectirte Handlungen des Lebens. Zweite Folge« 2. Kupfer (GTC 1780).

477 *unsere gegenwärtige Glückseligkeit . . . insofern sie von der Güte der politischen Verfassung abhängt, nicht in dem Verhältnis gewachsen . . . in dem unsere Erkenntnis zugenommen:* Eine ›Vorahnung‹ der Französischen Revolution.

479 *Der Wein hat manche . . . Tat . . . hervorgebracht:* Vgl. F 481. Die in runde Klammern gesetzten Wörter sind mit anderer Tinte hinzugefügt; die Bemerkung insgesamt von L. gestrichen. – *(drunk):* War L. betrunken, als er diese Bemerkung niederschrieb?

480 *Was man sucht, ist gewöhnlich in der letzten Tasche:* Derselbe »Erfahrungssatz« wird auch F 732 erwähnt. Vgl. F 692.

481 *Der Wein reizt zur Würksamkeit:* Vgl. F 479.

482 *Wenn er sprach, so fielen . . . die Mäusefallen von selbst zu:* Zu diesem Bild vgl. »Simple, jedoch authentische Relation von den curieusen schwimmenden Batterien«, 5. Strophe (III, S. 429).

483 *D' der Thanatologie:* ›Doktor der Todeskunde‹: Arzt; merkwürdig, daß Salomon Anschel 1794 mit diesem Them in Göttingen promovierte.

484 *Nachahmung . . . bei den Deutschen:* Darüber s. zu D 179. – *Torherzhaftigkeit:* Diese Wortprägung fehlt in Grimms und Heynes Wörterbüchern. Wohl Wortschöpfung L.s nach foolhardy (engl. ›tollkühn‹) in »The provoked wife« 5, 3, von John Vanbrugh.

485 *griechischen Studenten:* Gemeint sind die Studenten der Altphilologie wie etwa Voß.

486 *meine liebe Mutter:* Henrica Catharina Eckard (1. 11. 1696–11. 6. 1764), jüngste Tochter des Pfarrers Eckard zu Bischofsheim bei Mainz, heiratete 1717 Johann Conrad Lichtenberg. Ihres Sterbetages gedenkt L. in den späten Tagebüchern (SK) regelmäßig durch eine besondere Bemerkung.

487 *Mit den einfältigen Sprüchwörtern unserer Vorfahren:* Zu L.s Skepsis gegenüber der ›Sprichwörter-Weisheit‹ vgl. F 852; L 524; zum ›Sprichwort‹ allgemein s. das Wortregister. – *die Nester ausgeflogner Wahrheiten:* S. zu D 616.

488 *das Grab auf meinen Wangen:* Wohl die ›hektische‹ Wangenröte bei Lungenschwindsucht (s. Gravenkamp, Lichtenberg als Patient, S. 49 und Anm. 3).

489 *Unsterblichkeit der Seele:* Zu L.s Skepsis gegenüber diesem Glauben s. E 30 und die Anm. dazu. – *Materialismus . . . die Asymptote der Psychologie:* S. zu dieser Auffassung F 425. – *Asymptote:* Asymptote einer sich ins Unendliche erstreckenden Kurve heißt jene gerade Linie, die in der Verlängerung der Kurve immer näher kommt, ohne sie je ganz zu berühren. L. gebraucht diesen math. Begriff gern bildlich; vgl. »Von dem Nutzen, den die Mathematik . . .« (III, S. 311), L.s Antiphysiognomik (III, S. 256), J 1044, L 34.

490 *Unser Appetit ist leckerer:* Von der ›Leckerhaftigkeit‹ in literarischen Dingen schreibt L. schon D 268.

491 *Parakletor:* Über diesen satirischen Plan s. zu D 526. – *Gleichnis von einer Sonnenfinsternis in Miltons erstem Buch v. 594:* Gemeint ist »Paradise lost« Buch 1, V. 594: »As when the sun new-risen looks through the horizontal misty air, shorn of his beams, or from behind the moon in dim eclipse disastrous twilight sheds on half the nations and with fear of change perplexes monarchs.« So wie die neu aufgegangene Sonne, ihrer Strahlen beraubt, durch den waagerechten Dunst der Lüfte blinkt, oder dämmrig verfinstert hinter dem Mond hervor- und mit unheilvollem Zwielicht die halbe Welt

bescheint und Monarchen in die Angst vor der Veränderung stürzt. – *Auch die Weissagungen Jacob Böhms in den Parakletor:* Zu L.s ironischer Absicht vgl. schon D 9 und Anm. – *Daß er die Lotte ...:* Anspielung auf den berühmten Brief Werthers vom 16. Juni; vgl. auch F 661. – *könnte gut gebraucht werden:* Zu dieser Floskel s. das Wortregister. – *(vid. p. 72. n° 5):* Gemeint ist F 661.

492 *Parakletor:* Zu der geplanten Satire s. zu D 526. – *Barden:* Zu diesem Ausdruck s. zu E 169. – *Milton ... Book XI.:* Gemeint ist »Paradise lost« Buch 12, V. 52. – *and ... loud:* Und aus Spott / Gibt er ihren Zungen einen anderen Geist ein, der / Ihre angeborene Sprache ganz auslöschen und statt dessen / Ein mißtönendes Geräusch von unbekannten Wörtern / Verbreiten soll, und sogleich erhebt sich laut ein scheußliches Geschnatter.

493 *Milton schrieb sein Gedicht am Ende eines ... Lebens:* Milton war 1649–1660 Sekretär für die auswärtige Korrespondenz beim Staatsrat. – *Seine Blindheit ... stärkte seine Dichtungs-Kraft:* Milton erblindete Mitte 1652 gänzlich; seine berühmten Epen »Paradise lost« und »Paradise regained« erschienen 1667–1663 und 1671. L.s Urteil über Milton ist im »Orbis pictus« (III, S. 380) verwertet. Zu Blindheit s. zu KA 88. – *vid. 4. this page:* Gemeint ist F 496.

494 *Not ... unknown:* Wörtl.: Ihn nicht zu kennen beweist, daß du dich selbst nicht kennst. »Not to know me argues yourselves unknown.« (»Paradise lost« Buch 4, V. 830).

495 *Die Natur ein Fell auf dem Auge:* Also nicht zu erkennen; vgl. zu dem Bild G 71.

496 *ad 6 p. 54:* Gemeint ist F 493. – *unsern Mode-Dichtern:* Das Schreiben nach der Mode kritisiert L. schon C 340. – *leicht:* Von L. verbessert aus *geschwind*.

497 *erstere:* Von L. verbessert aus *leztere*. – *Original des Arztes selbst kopiert:* Ein ähnliches Original eines Geistlichen notiert L. noch in J 190. – *Kolehr:* Von frz. couleur ›Farbe‹. – *Rezibe:* Lat. recipe ›nimm‹ (auf Arzneizetteln). – *hol:* Von L. verbessert aus *heim*. – *Salomonig:* Von L. verbessert aus *Saal ammonig*; gemeint ist Salmiak. – *Loth:* Altes Massemaß; 1 Lot = 16,667 g (in Hessen). – *Orin:* Davor von L. gestrichen: *(Respeckt)*. – *salveni:* Wohl: salva venia (sit dicto): mit Erlaubnis zu sagen. – *brobat:* Lat. probat ›geprüft, gut‹.

498 *Ich glaube nicht, daß unter der ... studierenden deutschen Jugend die Summe leerer Köpfe je größer gewesen ist als jetzt:* Vgl. L.s negatives Urteil an Wolff am 12. September 1782. – *größer gewesen:* Von L. verbessert aus *stärker war*. – *Schaf-Engel:* Diese Wortprägung fehlt in Grimms und Heynes Wörterbüchern. – *weinen über Gellerts Grab:* Der Wallfahrt an Sternes Grab in London entsprach für die ›empfindsamen‹ Dichter in Deutschland die Wallfahrt an das Grab Gellerts, der am 13. Dezember 1769 gestorben war. Ein zeittypisches Beispiel dieses Kults lieferte Johann Gottlieb Schummel mit seinem dreiteiligen Roman »Empfindsame Reisen durch Deutschland«, erschienen Wittenberg und Zerbst 1771–1772. – *Grab:* Danach von L. gestrichen *man kan sie brauchen, ein Pro[testantischer]*. – *sie zeichnen Silhouetten:* Dazu vgl. F 179. – *Golgatha's Tau:* Schädelstätte in Jerusalem, wo Jesus gekreuzigt wurde. L.s Wendung bezieht sich wohl auf die Darstellung in der Bildenden Kunst und Überlieferung der katholischen Kirche, nach der Jesus auf dem Weg zur Kreuzigung sein Gesicht mit dem Schleier der Veronika abgetrocknet habe (6. Station in der Kreuzweggedacht). – *brauchen:* Von L. verbessert aus

nützen. – *zu Stäben ... abzustecken:* Vgl. D 112 und Anm. – *Spitzbuben-Republik:* Zu diesem Ausdruck s. zu E 226. – *Indolenz:* S. zu F 365. – *Adel der Seele:* Zu dieser Wendung vgl. B 284 und die Anm.

499 *Ich habe einen sehr guten Freund gehabt:* Für Leitzmann (a.a.O., S. 471, zu F 495 seiner Zählung) ist der »gute Freund« L. selbst, »wie auch aus den beiden Buchstaben am Schluß hervorgeht«. Aber es spricht nichts dafür, daß L. gutes Essen mit der Hoffnung verband, dereinst ein großer Mann zu werden; falls es sich nicht um eine Fiktion handelt, kämen aus L.s Bekanntenkreis Boie oder Dieze in Frage; jedenfalls gehört diese Bemerkung in die Kategorie der Beobachtungen und Schlüsse L.s aus dem Leiblichen aufs Psychologische.

500 *Wenn Werther seinen Homer ... verstanden hat:* Neben und vor Klopstock und Ossian ist der griech. Epiker in den »Leiden des jungen Werthers« der Kultdichter. – *(ein albernes Mode-Pronomen):* Das Pronomen wird auch F 595, 734 und in »Orbis pictus« (III, S. 384 ff.) ironisiert. – *den Unglücklichen, dessen Geschichte jenes Buch veranlasset:* Karl Wilhelm Jerusalem (1747 bis 30. Oktober 1772), Sohn des evangelischen Theologen Johann Friedrich Wilhelm Jerusalem in Braunschweig; 1772 Legationssekretär in Wetzlar, wo er Goethes Bekanntschaft machte; erschoß sich aus Schwermut und unglücklicher Liebe. – *Quodlibet:* Lat. ›was beliebt‹; willkürliches Durcheinander, auch studentisches Kartenspiel, in der Musik scherzhafte Musizierweise mit verschiedenen Melodien. – *Hasenfuß:* Seit dem 18. Jh. im übertragenen Sinn für Feigling und Tor, Narr, Geck (s. DWB 10, Sp. 536–537). – *Wogegen ... der Spott gerichtet werden muß:* Demnach auch für den »Parakletor« notiert. – *hoffen:* Von L. verbessert aus *den[cken]*. – *Mitleid:* Von L. verbessert aus *ein Mitleiden*. – *sie glauben ... drucken zu lassen:* Vgl. E 240. – *Der Weise ... kann und will:* Wohl L.s Definiton von sich selbst. – *ausdrucken kann und will:* Von L. verbessert aus *verspricht*. – *Jedes Gefühl unter dem Mikroskop betrachtet ...:* Bemerkenswert, daß L. seine für wissenschaftliche Versuche empfohlene und angewandte Methode der Vergrößerung von Phänomenen – s. zu F 453 – auf Psychologie und Literatur überträgt. – *dem:* In der Handschrift *das*. – *Meine Hand im Schlaf auf eine Falte eines seidenen Vorhangs geschlagen ... kann zu einem Traum aufwachsen ... dessen Beschreibung ein Buch erfordert:* Ein Jammer für die deutsche Literatur, daß L. solche avantgardistischen, gewiß von Hartley animierten Bemerkungen nicht in ein Buch gebracht hat, die erst Schriftsteller wie Proust verwirklichten, dann allerdings ohne L. zu kennen.

502 *Die meisten Schriftsteller ... wenn sie sich malen lassen:* Zu diesem Satz s. zu E 218. – *Trepfe für Treppe:* S. zu E 380.

503 *Es ist als wenn unsere Sprachen verwirrt wären:* Vgl. F 492.

506 *Parakletor:* Zu diesem Plan s. zu D 526.

507 *Voltaire sagt:* »Le siècle de Louis XIV«, erschienen 1751 (s. zu F 244). – *Que de gens ... incomparable!:* Wie viele gibt es heute noch in Italien, die, obwohl sie Homer nur mit Abscheu lesen können und täglich mit Begeisterung Ariost und Tasso lesen, Homer doch unvergleichlich nennen. (Œuvres complètes 14, S. 115). Ludwig XIV. (1638–1715), seit 1643 König von Frankreich, der Sonnenkönig genannt, Inbegriff des absolutistischen Herrschers im Europa des 17. Jh.s.

508 *Voltaire (Artikel Longuerue):* Gemeint ist die zu F 244 nachgewiesene Publikation (Œuvres complètes 14, S. 99); im Text dort fehlt das zweite

»c'est«. – *Longuerue:* Louis Dufour de Longuerue (1652–1733), frz. Abbé und Gelehrter, der die meisten europäischen und orientalischen Sprachen beherrschte. – *Apprendre . . . vie:* Mehrere Sprachen mittelmäßig zu erlernen ist die Frucht der Arbeit einiger Jahre; die eigene rein und elegant zu sprechen die Arbeit des ganzen Lebens.

509 *Es ist sehr gefährlich, sagt Voltaire:* »Il est dangereux d'avoir raison dans des choses où des hommes accrédités ont tort«, sagt Voltaire im »Siècle de Louis XIV« in dem Artikel über Fontenelle (Œuvres complètes, 14, S. 73). – *wo:* In der Handschrift *wo ein.*

513 *Reiz, den ein . . . Buch weißes Papier hat:* Dazu s. zu E 406.

518 '*M*.' *Pitt der den großen Diamanten hatte . . .:* L. erwähnt ihn auch J 299. Thomas Pitt (1653–1726), engl. Kaufmann, in der Ostind. Company tätig, 1697–1709 Gouverneur von Madras. Einen Teil seines großen Reichtums bildete der Diamant »Pitt« oder »Regent«, den er 1717 dem frz. Regenten Herzog Philipp von Orléans verkaufte; heute im Louvre. – *Uffenbach . . . erzählt:* Zacharias Conrad Uffenbachs »Merkwürdige Reisen durch Niedersachsen, Holland und England« sind zu KA 95 nachgewiesen. Der Bericht über Pitts Diamanten findet sich a.a.O., 3, S. 238. L. lieh das Werk am 30. April 1777 aus der Bibliothek aus (s. Lichtenbergs Bücherwelt, S. 54).

521 *physiognomisches Auto da Fe:* Vgl. F 524.

522 *gewesen:* Danach von L. etwas gestrichen.

523 *Domicilla:* Domicella, mittellat. Verkleinerung von Domina ›kleine Herrin, Dame‹; früher auch Titel von Prinzessinnen. – *Maria:* Vermutlich ist damit nicht, wie Leitzmann (a.a.O., S. 472, zu F 519 seiner Zählung) glaubte, Dieterichs Köchin gemeint, sondern Maria Dorothea Stechard. – *Christiana:* Von L. verbessert aus *Mariana.* – *beide:* Danach von L. etwas gestrichen. – *Nachtigallen:* Zu L.s persönlichem Entzücken *und* wissenschaftlichem Interesse an diesem Vogel s. Wortregister. – *vinolentisch:* Aus lat. vinolentus ›trunken von Wein‹. – *God bless him:* Gott segne ihn. – *Musaeum germanicum Maii 1":* Leitzmann (a.a.O., S. 473, zu F 519 seiner Zählung) urteilt: »Die erste Stelle im Maiheft des deutschen Museums nimmt ein Aufsatz Klopstocks ›Von der deutschen und griechischen Quantität‹ ein; dies Heft kann aber Lichtenberg am 7. noch nicht vorgelegen haben. Ist der April gemeint, so wäre Lenzens Erzählung ›Der Landprediger‹ zu nennen.« Aber meint L. denn tatsächlich das 1. Stück des Mai-Hefts und nicht das Datum 1. Mai?

524 *Auto da Fe:* Portugies. ›Glaubensakt‹; Verbrennung von Ketzern, auch von Büchern. Vgl. F 521.

525 *Die Physiognomen . . . liegen lassen werden:* Die Gedanken dieser Bemerkung sind in der Antiphysiognomik (III, S. 256) verwertet. – *fangen:* Von L. verbessert aus *führen.* – *an:* In der Handschrift *auf.* – *das Geheim-Archiv:* Von L. verbessert aus *zu dem Geheimwissen.* – *sieht voraus:* Von L. verbessert aus *we[iß].* – *dieses Babylonische Denkmal:* Zum Vergleich der Physiognomik mit dem babylonischen Turm vgl. auch F 695, 934.

526 *Furor Wertherinus:* S. zu F 232.

527 *Die Geschichte des Herrn Kandidaten Stirn:* Stirn, Lehrer an einer Londoner Schule, ein Mann von äußerst sensibler Gemütsanlage und fast krankhaftem Ehrgefühl, gab einer Frau Matthews Musikunterricht, deren Mann ihn mit – wie es scheint – unbegründeter Eifersucht quälte und schließlich aus dem Hause wies; durch diese Handlungsweise aufs äußerste gereizt, erschoß

er Matthews und wurde festgenommen, entzog sich aber durch Gift der Strafe des Galgens. So berichtet »The London magazine« 1760, S. 434, 478, 490. »The London Magazine or Gentleman's monthly intelligencer« erschien 1732–1785. – *Satyre auf den leidenden Werther:* L. hat die Sensibilität und das überspannte Ehrgefühl Stirns, die schließlich zum Verbrechen führten, zu Goethes Helden in Parallele setzen wollen.

528 *Liskow sagt ...:* Liskows »Samlung Satyrischer und Ernsthafter Schriften« (nachgewiesen zu KA 141), Vorrede S. 72. – *eine Barbarei einzuführen:* Diese Wendung begegnet noch L 25. – *Schwarm von Ost- und Westgoten:* Entsprechend spricht L. in der Antiphysiognomik (III, S. 256) von einem »gotisch-wandalischen Sturm« und bringt denselben Vergleich auch im Alexandrinergedicht (III, S. 419). – *vortrefflich:* Vgl. auch L 571.

530 *den 22ten Mai 1777 nach dem Garten gezogen:* L.s erster Garten lag an der Hospitalstraße in Göttingen. Vgl. Brief an Luise Dieterich, 7. Juni 1777. – *der Verzeihmirs:* Vgl. E 470. – *Stellen aus Luthero ... wo er von Aristotele sagt er sei ein ... lüderlicher Bube:* Luthers Polemik gegen Emser »Auff des bocks zu Leypczick Antwort« (1521): »So suchen sie gottis ehre und die wahrheit: darumb ob wol Emser Aristotel erfurtzeugt und auff mich dringt mit Huß und Hieronymus namen, solt mir lieber Husses schand seyn denn Aristotels ehre, will yhm gern den lugener und buben Aristoteles lassen ...« – *schwindsüchtig rezensiert:* Vgl. E 157. – *Fluch-Psalmen:* Vgl. F 464.

532 *machen:* Von L. verbessert aus *schar[ren]*.

534 *Tanna:* Diese Insel im polynesischen Hebridenarchipel war durch Georg Forsters Schilderungen von Cooks Zweiter Weltumsegelung bekannt geworden. Vgl. RA 186, 199. – *Saxenhausen:* Von L. verbessert aus *Berlin*. Im übrigen s. zu D 214.

536 *perfektibel:* S. zu E 359.

539 *Gottes-Wort vom Lande:* S. zu F 224.

540 *dickem Flanell:* Von L. verbessert aus *Flannel[dick]*. – *nennen:* Von L. verbessert aus *geben*.

541 *Statuten-Sammlung:* Von L. verbessert aus *Sammlung von Statuten und Reichs Abschiede der lezten 2 Jahrtausende*. – *über eine junge Katze gelacht:* Vgl. D 527 und zu B 185.

546 *Oliver:* Wohl Anton Oliver (Olivet), Barometermacher in Göttingen. Vgl. E 522 und L 808.

547 *Median-Prose:* Zu L.s Wortbildungen mit *-prose* s. zu B 115.

550 *Gläubiger:* Von L. verbessert aus *Creditoren*.

551 *The fault ... underlings:* Nicht durch die Schuld der Sterne, lieber Brutus, / Durch eigene Schuld nur sind wir Schwächlinge. – *Shakespear:* Gemeint ist »Julius Caesar« 1, 2, wo statt des Gedankenstrichs die Worte »dear Brutus« stehen.

553 *M ... einen Unsterblichen gezeugt:* Von L. verbessert aus *man Ursache zu vermuthen M ... werde ewig leben*. – *M:* Meiners? S. zu F 180.

554 *Your ... confidence:* »In Zuversicht geht Eure Weisheit unter«. Zitat aus Shakespeares »Julius Caesar« 2, 2.

555 *Spott über die Westfälischen Schornsteine ... der Rauch ginge zur Türe heraus:* Vgl. E 152, 305. – *machen soll:* Von L. verbessert aus *macht, als*. – *durch unsere Schornsteine:* Von L. verbessert aus *dadurch*. – *verursachten:* Von L. verbessert aus *so offt entstehenden*.

561 *Mit dem Band . . . ihren Frieden stranguliert:* Dieser Satz ist in »Einiges zur Erklärung der Kupferstiche« von Chodowiecki (GTC 1778, S. 31) verwertet.

563 *die Physiognomik des Shakespear zu untersuchen . . .:* Darüber handelt L. ausführlich in der Antiphysiognomik (III, S. 256). Vgl. auch F 564, 569. – *Magd-Dienste tun:* Von L. verbessert aus *hingeworfen.*

564 *Der Schmeichler mit dem Spiegel-Gesicht, sagt Shakespear:* Gemeint ist »Timon von Athen« 1, 1. – *Die Wucherer . . . Kuppler zwischen Geld und Mangel:* »Usurers mean, bawds between gold and want« – zit. aus »Timon von Athen« 2, 2.

569 *Shakespear sollte . . . von einem Physiognomen . . . durchgedacht werden:* S. zu F 563. – *Panegyristen:* Lobredner. – *ein Werkgen über die Flüche des Shakespear:* Vgl. Mat I 123 und III, S. 280. – *caeteris paribus:* S. zu D 79.

574 Vgl. III, S. 420. – *putzen:* Danach von L. etwas gestrichen.

577 *nun aus den Oden-Jahren:* Von L. verbessert aus *über die Oden-Jahre weg.*

581 *Chesterfield sagt . . .:* »She professed art instead of concealing it«. Sie stellte Kunst zur Schau, anstatt sie zu verschleiern, sagt Chesterfield in dem sie betreffenden Kapitel seiner »Characters of eminent Personnages of his own Time« (BL, Nr. 1904) von Caroline von Ansbach (1683–1737), seit 1705 Gemahlin Georgs II. von England. Von L. nur sinngemäß zitiert.

585 *Selkirk:* Der 1704 auf der menschenleeren Insel Juan Fernández (Más a tierra) auf eigenen Wunsch ausgesetzte schott. Matrose Alexander Selkirk (1676–1721) soll in den viereinhalb Jahren seines dortigen Aufenthalts die Sprache vergessen haben; seine Erlebnisse haben Defoe zur Figur des Robinson angeregt. Vgl. auch »Kurze Übersicht der von den Europäern auf der Südsee gemachten Entdeckungen« (GTC, S. 78–87), wo L. auf S. 80 f. bei Erwähnung der Inseln Juan Fernández schreibt: ». . . am allergemeinsten aber durch den Aufenthalt zweyer gezwungener Einsiedler berühmt worden, die auf der grössern derselben zu verschiedenen Zeiten mehrere Jahre lang ganz einsam gelebt und aus deren Geschichte der anfängliche Strumpfwirker und nachherige berühmte Schriftsteller Dan. de Foe den (was den ersten Theil betrift) unverbesserlichen, und auch vom gültigsten Richter, nemlich J. J. Rousseau für ein Meisterstück erklärten Robinson Crusoë zusammen getragen hat.«

593 *Zeiten der 7 magern Kühe, worin unsere Literatur jetzo lebt:* Dieser Scherz ist in »Gnädigstes Sendschreiben der Erde an den Mond« (III, S. 406) verwertet. L. spielt auf den Traum Pharaos (1. Mose 41) von sieben fetten Kühen an, die von sieben mageren gefressen werden, was Joseph so deutet, daß in Ägypten auf sieben fruchtbare Jahre sieben Jahre des Hungers folgen werden.

594 *Cudbert sagt:* L.s Quelle für die Verse Bedas, der Aufsatz »Von der Wirkung des Öls auf die Wellen des Meers« im »Hannoverischen Magazin« 1777, S. 1069, ist eigentlich Mösers gleichlautende Abhandlung »Von der Würkung des Öls beim Ungestüm des Meers« (Hist.-krit. Ausg., Bd. 6, S. 147), die das »Magazin« aus den »Westfälischen Beiträgen« übernommen hat. – *Petis . . . laetum:* Du fragst, wie hoch die See unter dem Blasen des widrigen Nordwinds steigt, doch merke, das Salböl [Chrisma], das ich dir gebe, wird das Tosen und die lauten Ungewitter des Sturmes alsbald lindern. Nachdem man einen Fingernagel eines Schiffers voll fettem Olivenöl genom-

men hat, glätten sich die Wogen, und mit Segel und offenen Rudern durchfährt das Schiff sicher das tiefe Meer, weil plötzlich eine schwere Schicht darauf lag, und ringsum wütet das Meer, aber es zerrt nicht länger am Kiel. Ist das Mittel, der fette Tropfen, schließlich hineingegossen, so werden die bezähmten, noch nachbebenden Fluten leicht schiffbar. – *Cudbert:* Cuthbert (ca. 635–687), einer der meistverehrten Heiligen der angelsächs. und kelt. Kirche. Ursprünglich Schafhirt, trat er 651 ins Kloster ein, war in Old Melrose 662 und in Lindisfarne Prior, lebte seit 676 als Einsiedler, 684–686 Bischof von Lindisfarne, kehrte jedoch dann wieder in seine Einsiedelei zurück. – *Beda:* Genannt Venerabilis, engl. Benediktiner (ca. 672/73–735), der in seinen Schriften alle Wissensgebiete seiner Zeit berührte. Seine Kirchengeschichte machte ihn zum Vater der engl. Geschichtsschreibung. – *Lindisfarnensi:* Lindisfarne; das »Holy Island« vor der Küste der nordengl. Grafschaft Northumberland, die St. Aidan, der erste Bischof, 635 zum Ausgangspunkt seiner Missionstätigkeit machte. – *beim Canisio:* »Antiquae lectionis tomi« von Canisius, erschienen Ingolstadt 1601–1604. Heinrich Canisius (1562–1610), gelehrter Kanonist und Prof. in Ingolstadt, Sammler historischer Denkmäler. – *Editio Basnagiensis:* Ausgabe von Jacques Basnage de Flottemanville (1653–1723), frz. reformierter Theologe und gelehrter Schriftsteller, emigrierte 1685 nach Holland. – *Plutarch ... Vid. Collectanea physica p. 28:* S. zu D 741. – *Das beste Buch hierüber ... Lelyveld:* Der »Essai sur les moyens de diminuer les dangers de la mer par l'affusion de l'huile du goudron ou de quelque autre matière flottante«, erschienen Amsterdam 1776, ist, aus dem Holländischen von Brahain du Cange übersetzt, in den GGA 1777, Zugabe S. 177, besprochen. – *Lelyfeld:* Frans van Lelyfeld (1740–1785), holl. Sprach- und Literaturwissenschaftler.

595 *Die:* Davor von L. gestrichen *Der Mensch wächst.* – *Mitscham:* Dieser Ausdruck begegnet auch F 811, 1214, die DWB 6, Sp. 2365 als einzige Belege dienen. – *ihrem Homer:* Über das wertherisierende Pronomen s. zu F 500. – *immer:* Danach von L. gestrichen *wie der leidende Werther.* – *Langii Colloquiis:* Langes »Colloquia Latina«, erstmals erschienen Halle 1705. Joachim Lange (1670–1744), pietistischer Theologe (Anhänger Franckes) und Philologe, seit 1709 Prof. der Theologie in Halle. – *Bratenwender:* Davon spricht L. auch in »Von ein paar alten deutschen Dramen« (III, S. 368). – *Harrisons Uhr:* John Harrison (1693–1776), engl. Uhrmacher und Mechaniker, Erfinder des Rostpendels und der berühmten tragbaren Seeuhr zur Bestimmung der Länge auf See (1735, verbessert 1762). Benzenberg teilt in der unpaginierten Einleitung zu »Über die Bestimmung der geographischen Länge durch Sternschnuppen«, Hamburg 1802, folgendes L. und Harrison Betreffende mit: »Die zweite betrifft den Preis, den Harrison für seine Seeuhren erhielt. Ich habe S. 3 gesagt, daß er den ganzen Preis von 20 000 ₤ Sterling und ausser dem noch an Unterstützungen 4000 ₤ erhalten habe. Ich will dieses hier weniger berichtigen, als die Quelle nennen, aus der ich es habe, da ich weiß, daß man auf dem festen Lande gewöhnlich glaubt, daß Harrison nur die eine Hälfte von 10 000 ₤ Sterlingen erhalten habe. Ein Mann, der lange in England war, der Harrison persönlich kannte und auf Genauigkeit in dergleichen Angaben etwas hielt, erzählte es, so wie ich es erzählt habe. Dieses war Lichtenberg. Er machte zugleich die Bemerkung, daß man gewöhnlich in Deutschland das Gegentheil glaube, daß man aber hierin sicher irre, und daß er bestimmt

wisse, dass Harrison 24000 ℔ erhalten habe.« Harrison erhielt die vom Board of Longitude ausgesetzte Preissumme von 20000 Pfund vollständig erst 1773.

597 *Böhm ... in seiner Aurora den Primus-Strahl des Nordlichts aus Westen nennt:* Hier liegt eine freie Verbindung von Begriffen Böhmes aus seiner »Morgenröte im Aufgang« vor; s. zu D 172.

600 *Ein Magnet, der sich in 6 Pfund verliebt:* Aulus Apronius (Adam Ebert, 1656–1735), Juraprofessor in Frankfurt an der Oder, Verf. histor. Schriften und Übersetzer, veröffentlichte Frankfurt 1723 eine »Reisebeschreibung ... durch Teutschland, Holland und Brabant, England, Frankreich ... ganz Italien ... mitgehend besondere Diskursen von Religion, Privat- und Publikconduite wie auch galante und remarquable Konversation in Europa zur Freude der Welt und ewigen Zeiten«. Die hier zitierte Wendung findet sich dort S. 57. L. erwähnt sie auch in »Nachtrag von minder wichtigen Moden« (GTC 1779, S. 69; VS 5, S. 331f.).

601 *ging es ihm sehr inkommode:* Diese Wendung entstammt der zu F 600 nachgewiesenen Reisebeschreibung von Apronius, a.a.O., S. 40.

602 *Unsere Similor-Zeiten:* Aus lat. similis und frz. or ›Scheingold‹, sog. Mannheimer Gold, ein Mischmetall aus 4 Teilen Kupfer und 1 Teil Zink; vgl. DWB 10,1, Sp. 1059. Der Ausdruck kehrt F 1170 wieder.

604 *Bratwurst mit Lunten verglichen:* »Geräucherte Bratwürste heißen sie Buerlunten«, schreibt Apronius in seiner »Reisebeschreibung«, a.a.O., S. 142, von Ostende.

605 *Im Apronius mutmaßet einer ...:* »Reisebeschreibung«, a.a.O., S. 156.

606 *Kästner ... unter das Bildnis der Königin:* S. Kästner, Schönwissenschaftliche Werke 1, Nr. 182, S. 57: »Auf ein Gemählde von der Königinn Majestät«. In einer Fußnote heißt es: »Im Besitz von Madame Schwellenberg, wo es der Verfasser 1777 sah.« – *Der Tugend ... von mir:* Wörtliches Zitat bis auf die Ergänzung *liebreich.* – *Menschen:* Von L. verbessert aus *Menschheit.* – *Bild:* Von L. verbessert aus *Bildni[ß].* – *Stolz fühlt Germanien ...:* Leitzmann bemerkt dazu (a.a.O., S. 478 zu F 601 seiner Zählung): »eine Abrechnung mit Calvert«. Sophie Charlotte stammte aus Mecklenburg.

607 *Ein Auge:* Von L. verbessert aus *die Augen.* – *Faber ... etwas ... vorgelesen:* Johann Ernst Faber (1746–1774), studierte in Coburg und Göttingen, seit 1769 Magister der Philosophie und Repetient an der Georgia Augusta; 1770 Prof. der oriental. Sprachen in Kiel, 1772 in Jena. Seine Vorlesung über Träume scheint nicht gedruckt worden zu sein, wenn nicht folgende Schrift gemeint ist: »Die Vereinigung des Civil- und Militärstandes; nebst zwei andern Abhandlungen vom Schlaf und vom Opium«, Kiel 1771.

610 *Apronius sagt ...:* In dessen »Reisebeschreibung« (s. zu F 600), a.a.O., S. 352. – *Innocentius XI:* Benedetto Odescalchi (1611–1689), seit 1645 Kardinal, 1676 zum Papst gewählt, durch seine Charakterstärke und tiefe Religiosität die bedeutendste Gestalt unter den Päpsten des 17. Jh.s.

611 *ne me ... basta:* Weder brauche ich es, noch genügt es mir.

613 *müssen:* In der Handschrift *muß.*

615 *Das Trojanische Pferd mit dem Heidelberger Faß verglichen:* Apronius, Reisebeschreibung, a.a.O., S. 526, vergleicht des Heidelberger Fasses »Gebäu an Art und Größe« mit dem trojanischen Pferd. Das Faß, 1751 angefertigt, faßt 221726 Liter Wein.

616 *Nach dem Apronius behaupten die Juden in Worms ...:* Vgl. Apronius, Reisebeschreibung, a.a.O., S. 536. *– jüdische Finesse:* Zu diesem Ausdruck s. zu E 181.

618 *Haute-Lisse-Weberei:* Hochkettige Teppichweberei mit senkrecht aufgezogener Kette zur Herstellung von Gobelins und Tapetenstoffen.

619 *Auf Lavaters Grillen ... Phädrus geantwortet:* Die Stelle aus Phaedrus' »Fabulae Aesopiae« 3,4,5 ist in der Antiphysiognomik (III, S. 279) verwertet. Die Sammlung des Phaedrus (um 15 v. Chr. bis 55 n. Chr.) ist die früheste erhaltene der Gattung. – *Ridicule ... optimos:* Vgl. die Übersetzung KIII, S. 120.

622 *hier:* Von L. verbesssert aus *jezt wenigstens.* – *wollen ... könnten:* Von L. verbessert aus *können, und was sie sich schämen zu sagen,* verbessert aus *bekennen.* – *Schwachheit:* Von L. verbessert aus *Gefälligkeit.*

624 *Rezensionen durch Waisenknaben ... ziehen lassen:* Der Gedanke wird F 1095 wieder aufgegriffen und in der Kalender-Erklärung von Hogarths »Collegium medicum« (GTC 1789, S. 215) verwertet: »daß man; wie die Lotterien ziehen, so auch die Satyren durch Waisenknaben schreiben lassen müsse.«

625 *Pope. Imitations of Horace:* Die von L. zitierten Verse finden sich in Popes Bearbeitung der ersten horazischen Epistel 101. – *Be ... Place:* Sei nur groß; / Ob mit Ruhm oder Schmach, überlaß dem Schicksal; / Erwirb dir einen Rang und Reichtum, wenn möglich, mit Anstand; / Wenn nicht, dann erwirb dir Reichtum und den Rang auf irgendeine Art.

626 *Da werden die Engel einmal recht gelacht haben:* S. zu E 133.

627 *Howe:* Lord William Howe (1729–1814), engl. General; hatte seit 1775 den engl. Feldzug gegen die Amerikaner mit Glück geführt und war im Herbst 1777 siegreich in Philadelphia eingezogen. – *Washington:* George Washington (1732–1799), seit 1775 Oberbefehlshaber der neuen amerik. Armee im amerik. Unabhängigkeitskampf; 1789–1797 erster Präsident der Vereinigten Staaten. Ein ähnliches Experiment teilt L. in F 683 mit.

628 *daß keine Newtons-Seele ... aussähe:* Derselbe Gedanke begegnet F 848; vgl. Antiphysiognomik (III, S. 272).

629 *die Physiognomik von Tiergesichtern hergeholt:* Zur Tierphysiognomik vgl. F 647, 712, 848 und das »Fragment von Schwänzen« (III, S. 533).

631 *Einwendungen der Gottes-Gelehrten gegen das Theater:* Diese Betrachtungen erinnern an L.s ältere satirische Ausführungen gegen die theologische Beurteilung des Theaters (vgl.zu B 290). Vielleicht gab die 1777 in neuer Ausgabe erschienene »Christliche Moral« (vgl. besonders S. 211) von Gottfried Leß L. Veranlassung, abermals auf diesen Gedankenkreis einzugehen.– *dürfte:* Von L. verbessert aus *solte.* – *helfen:* Danach von L. etwas gestrichen.

632 *zittert:* Von L. verbessert aus *weiß.*

633 *Wie:* Davor von L. gestrichen *Er wird.* – *Bode mich angriffe:* Johann Elert Bodes und Wilsons Theorien über die Sonnenflecken bespricht L. im GTC 1778, S. 48. Johann Elert Bode (1747–1826), seit 1772 akad. Astronom in Berlin, begründete 1774 das »Berliner Astronomische Jahrbuch«; 1786 Direktor der Berliner Sternwarte; Herausgeber von Sternkarten, Korrespondent Herschels, führte für den von Herschel entdeckten Planeten den Namen Uranus ein. – *Sonnenflecken ... wasserspeiende Berge:* S. zu F 16.

636 *Punctum saliens:* Der springende Punkt. Diesen Ausdruck braucht L.

auch J 26 und in »Nicolaus Copernicus« (III, S. 154). – *Die pathognomischen Züge . . . gar keine:* Vgl. Antiphysiognomik, III, S. 265–267.

637 *das Ganze:* Von L. verbessert aus *alle Beyspiele.*

640 *über alles dampft er einen heiligen Nebel:* Zu diesem Bild vgl. E 169. – *Hexenmehl:* Vgl. D 257. – *Baßgeige:* L. erwähnt sie satirisch auch F 1030.

641 *die Köpfe . . . geschüttelt worden:* Dieser Scherz auf Lavater kehrt F 725 wieder.

644 *König Alphonsus . . .:* Alfons X., der Weise (1221–1284), von 1252–1282 König von Kastilien und Léon, überragt als Förderer der Wissenschaft und Kunst alle Fürsten des Mittelalters; ließ zahlreiche astronomische und astrologische Werke aus dem Arabischen übersetzen; ließ 1248–1252 die astronomischen »Alfonsischen Tafeln« anfertigen. L. erwähnt die Anekdote auch in »Nicolaus Copernicus« (III, S. 182) und im Brief an Johann Albert Heinrich Reimarus, 20. Januar 1799. Vgl. Kästner, Worin mag König Alphons des Weisen Gotteslästerung bestanden haben?, in: ders., Gesammelte Poetische und Prosaische Schönwissenschaftliche Werke, 2. T., 1841, S. 131–134. – *so sagte Plempius . . . vom oberen Augenlid:* In seiner Amsterdam 1632 erschienenen »Ophtalmographia, sive tractatio de oculi fabrica . . .« schreibt Plemp, daß er als Schöpfer das obere Augenlid kleiner gemacht hätte als das untere (S. 155). Der für den Menschen charakteristische Aufblick zum Himmel wäre dadurch wesentlich erleichtert worden. Vopiscus Fortunatus Plemp (1601–1671), niederländischer Arzt, seit 1633 Prof. der Medizin in Löwen.

645 *Luftspringer:* Akrobat; auch übertragen gebraucht im Sinne von: Phantast. DWB 6, Sp. 1263, bringt Belege von Lessing, Wieland, Sturz, Bode und Weise. – *Der Mensch . . . stechen:* Nach F 658, durch Anmerkungszeichen und die Bemerkungen *(vid. p. 72.)* und *(gehört zu p. 71)* hierher verwiesen. – *Kindermann glaubte ein Fern-Rohr erfunden zu haben:* Eberhard Christian Kindermann, dilettierender Astronom und Theologe, beschreibt sein »Miracloscopium« in »Vollständige Astronomie, Oder: Sonderbare Betrachtungen derer vornehmsten an dem Firmament befindlichen Planeten und Sternen . . .«, Rudolstadt 1744, im Kap. XVIII, S. 286f. L. erwähnt ihn auch F 793 und Mat II 15. S. Abb. S. 446.

646 *Paete non dolet:* Paetus, es schmerzt nicht. Das lat. Zitat stammt aus Plinius' des Jüngeren »Briefen« 3, 16, 6. Caecina Paetus ging mit seiner Frau Arria der Älteren 42 v. Chr. in den Freitod, nachdem Kaiser Claudius ihn zum Tode verurteilt hatte. Mit diesen Worten soll Arria ihrem Gatten den Dolch eingehändigt haben. Gaius Plinius Caecilius Secundus (geb. ca. 61 n. Chr.), adoptiert von seinem Onkel Plinius dem Älteren, röm. Anwalt, Politiker und Schriftsteller, dessen Hauptwerk eine zehnbändige Briefsammlung (u. a. mit Trajan) ist.

647 *Der Mensch . . . belohnt werden:* Dieser Satz ist in der Einleitung zur Antiphysiognomik (III, S. 258) verwertet. – *Leidenschaften ermorden:* Diese Wendung ist in der Einleitung zur Antiphysiognomik (III, S. 258) verwertet. – *Tier-Physiognomik:* S. zu F 629.

648 *In der Tat . . . sah es nicht:* Vgl. Antiphysiognomik, III, S. 265. – *war der Ausgang:* Von L. verbessert aus *lag das Schicksal.* – *Augur:* Röm. Priester, der vor wichtigen Staatsakten aus Himmelszeichen den Willen der Götter deutete. – *Haruspex:* Röm. Priester, der u. a. aus den Eingeweiden von Opfertieren weissagte. – *Haruspex:* Im Ms. ohne Klammern über *Augur.*

zu F 645

649 *der Teufel ... hinabzustürzen:* Vgl. Matth. 4, 5f. und Luk. 4, 9f. – *Fallacia conclusionis a dicto secundum quid ad dictum simpliciter:* ›Fehlschluß vom bedingt Gesagten zum schlechthin Gesagten‹; logischer Fehler im Beweis, der in einer Verletzung des Satzes vom zureichenden Grunde im Beweisprozeß besteht. Eine nur unter bestimmten Bedingungen wahre These wird als ein Argument verwendet, das unter allen Bedingungen oder Umständen Geltung hat.

650 *Anhänger nicht zählen sondern wiegen:* Zu dieser Wendung s. zu F 389.

652 *Die sympathetischen Kuren:* Zu diesem Heilverfahren s. zu F 231. – *Fallacien:* S. zu K 73.

654 *Henry's History ...:* Das Werk erschien London 1771–1793 in 6 Bdn. Robert Henry (1718–1790), engl. Historiker.

655 *Wilhelmus Conquestor das Französische in England ... einführen:* William I. the Conquerer (1027?–1087), Sohn Herzog Roberts von der Normandie; besiegte 1066 bei Hastings Harold II., ließ sich daraufhin zum engl. König krönen, brachte die normannische Oberschicht als Vasallen nach England mit und führte dort die normannisch-französische Sprache als Amtssprache ein.

656 *Witz und Einbildungskraft ... auf Gesichter-Kenntnis angewandt:* Vgl. die längere nachträgliche Ausführung in der Antiphysiognomik (III, S. 283 ff.). – *Einbildungskraft:* Danach von L. gestrichen *auf Gesichter ange[wandt].*

658 *Quisquilien:* Lat. ›Unrat, Kehricht, Plunder, Abfälle‹. – *Zeiten:* Von L. verbessert aus *Völcker.*

659 *Vom Paderbornischen lieben Christkindgen:* S. zu E 336. – *Vom Paderbornischen:* Von L. verbessert aus *Das Paderbornische.*

660 *ad. I. p. 72:* Gemeint ist F 657. – *Hebammen-Ehre ...:* Dieser Gedanke wird in der Einleitung zur Antiphysiognomik (III, S. 259) verwertet; vgl. F 804. – *Entwickelung:* Darüber in der Handschrift *(he and she)*

661 *ad 4. p. 54:* Gemeint ist F 491. – *Wo Lotte ... Ohrfeigen gibt:* Die Anspielung aus Goethes »Werther« ist zu F 491 nachgewiesen.

662 *Abschilderung des Zustands der jetzigen schönen Literatur ... Einleitung in die Physiognomik:* Der hier notierte Plan für die Buchausgabe der Antiphysiognomik ist dort in dieser Ausdehnung nicht ausgeführt, aber dann im »Orbis pictus« (III, S. 377–403) z. T. verwirklicht worden. – *Vom Genie die Stelle vom Feuerstrom:* Gemeint ist E 501. – *Über Rezensenten wiegen und zählen:* S. zu F 389. – *Zeugungs-Glieder der Seele:* S. zu D 390. – *vid. n. 12. p. 72:* Gemeint ist F 667.

663 *alte Weib:* Vgl. E 45. – *glaubt:* In der Handschrift *glauben.* – *Urgenie:* Den Ausdruck, wohl Lavaters »Physiognomischen Fragmenten« 2, S. 194f. und 4, S. 90 entnommen, gebraucht L. auch in »Fragment von Schwänzen« (III, S. 533).

664 *Publikums:* Danach von L. gestrichen *größtentheils* aus *theils.* – *Oszitanz:* Gähnen, Geringschätzung. L. gebraucht den Ausdruck auch im »Timorus« (III, S. 224), in Briefen an Johann Gottwerth Müller vom 10. Februar 1783 und an Ludwig Christoph Althof vom 30. Juni 1798. – *Thus ... fear:* So sind die Leichtblütigen geneigt, zu glauben und zu behaupten, was sie hoffen, und die Ängstlichen, was sie fürchten. – *Idee:* Von L. verbessert aus *Sache.* – *Hartley ... p. 180. p. 190. p. 270:* Die erste Stelle ist zu E 483 mitgeteilt. An der dritten spricht der Verf. ausführlich von der körperlichen Schönheit und ihrer Unabhängigkeit von der inneren. Die zweite lautet: »Ambition, envy, affectation of singularity and novelty etc.; all these things magnify the ideas

and coalescences, which a man calls his own, those of his party etc., associate ideas of truth, excellence, genius etc.; to them and opposite ones to all that the supposed adversary delivers.« Ehrgeiz, Neid, Einzigartigkeit und Neuheit vorzugeben; all das läßt die Ideen und Kombinationen größer erscheinen, die ein Mann sein eigen nennt, diejenigen seiner Partei etc., und verbindet damit Begriffe von Wahrheit, Vortrefflichkeit, Genie etc; mit ihnen und die entgegengesetzten mit allem, was der vermeintliche Gegner von sich gibt.

665 Die Bemerkung ist von L. gestrichen, da er sie in der Einleitung zur Antiphysiognomik (III, S. 257) verwertet. Vgl. F 802. – *Ventriloquenz:* Bauchrednerei; vgl. F 802. – *gesagt:* Von L. verbessert aus *geschrieben. – käme:* Von L. verbessert aus *komme.*

667 *die seelenstärkenden Leben des Plutarch:* Von L. verbessert aus *der seelenstärkende Plutarch.* Vgl. »Über die Macht der Liebe«, III, S. 519. – *fade Klostergeschichten:* Von L. verbessert aus *faden Siegwart.* Johann Martin Millers Leipzig 1776 erschienener »Siegwart, eine Klostergeschichte«, der auch im »Orbis pictus« (III, S. 379 und dazu K III, S. 177) und im Alexandrinergedicht (III, S. 421) erwähnt wird. Zu L.s Einstellung vgl. Brief an Ernst Gottfried Baldinger, 29. November 1780.

668 *Tantaene . . . irae:* Kann so die Gottheit grollen und zürnen? (übers. Johannes Götte). Zitat aus Vergils »Aeneis« 1, 11.

671 *Non . . . discimus:* Nicht für das Leben, für die Schule lernen wir. Zitat aus Seneca, »Epistolae« 106, 11.

672 *Gesetz des Lykurg gebrechliche Kinder . . . einzuschmelzen:* Plutarch schreibt in den »Lebensbeschreibungen« über Lykurgos 16: »Es hing nicht bloß von dem Vater ab, ob er das geborene Kind aufziehen wollte, sondern er mußte es an einen gewissen Ort, Lesche genannt, tragen, wo die Ältesten der Zünfte versammelt waren. Diese besichtigten es genau und wenn es stark und wohl gebaut war, hießen sie ihn es aufziehen und wiesen ihm eins von den neuntausend Losen an; war es hingegen schwach und übel gestaltet, so ließen sie es gleich in die sogenannten Apothetai [Ort, wo Kinder ausgesetzt werden], ein tiefes Loch am Berge Taygetos werfen, weil man glaubte, daß ein Mensch, der schon vom Mutterleibe an einen schwachen und gebrechlichen Körper hat, sowohl sich selbst als dem Staate zur Last fallen müsse. Aus dieser Ursache wurden auch die Kinder nach der Geburt von den Weibern nicht in Wasser, sondern in Wein gebadet, um dadurch den Zustand ihrer Gesundheit zu prüfen. Denn man sagt, daß epileptische oder sonst kränkliche Kinder vom Weine ohnmächtig werden und abzehren, die gesunden aber noch mehr Kraft und Stärke bekommen.« (Übersetzt von Kaltwasser/ Floerke, 1. Bd., München und Leipzig 1913, S. 127). Vgl. D 52 und UB 51.

673 *Probe von Harrisons Stil:* Vgl. F 676 und die Anm. dazu.

675 *Dienst von starken tun:* Vgl. F 473.

676 *Da erstlich:* Von L. verbessert aus *Als Erstens. – vielmehr:* Von L. verbessert aus *eigentlich als. – anders:* Danach von L. gestrichen *betrachtet werden kan. – Harrison geschrieben:* Die zitierten Sätze bilden den Anfang seiner London 1775 erschienenen Schrift »A description concerning such mechanism as will afford a nice or true mensuration of time, together with some accounts of the attempts for the discovery of the longitude by the moon; as also an account of the discovery of the scale of music.« – *Festtags-Prose:* Zu dieser Wortprägung s. zu B 178. – *Im:* Danach von L. gestrichen *gemeinen.* –

Umgang: L. hat Harrison während seines Aufenthaltes in England 1774–75 »gewiß« (Gumbert, LiE zu Briefwechsel II, 12) persönlich kennengelernt; s. zu F 595.

678 *Königin Anna:* Tochter von Jakob II. und Anna Hyde (1665–1714), das letzte protestantische Mitglied des Hauses Stuart, seit 1702 Königin von England und Schottland, die unter ihr zu Großbritannien vereinigt wurden. – *They ... way:* Sie kämpften beide, sie schlugen sich beide, / Sie liefen beide davon, / Sie kämpften beide darum, daß ihre nächste Begegnung / Ganz anders verliefe.

679 *Man kauft ... Obst nicht nach dem Ansehen:* Dieser Gedanke ist in der Einleitung zur Antiphysiognomik (III, S. 258) verwertet.

680 *Die Engländer ... keinen Charakter, sagt Hume:* S. zu D 231.

683 *Nominibus propriis:* Lat. ›Eigennamen‹. – *Bilder ... von Leuten formieren, die wir nie gesehen:* Vgl. F 627. – *Städten, die wir nie gesehen:* Dieser Gedanke kehrt F 763 wieder und wird in der Antiphysiognomik (III, S. 285) verwertet. – *Gesicht, das ich mir vom General Lee gemacht:* Diese Bemerkung ist nachträglich in der Antiphysiognomik (III, S. 285) verwertet worden. Vgl. F 627 zu Washington, Howe und Hancock. Henry Lee (1756–1818), genannt ›Light-Horse Harry‹, erfolgreicher amerik. Kavallerieoffizier während des amerik. Unabhängigkeitskrieges, danach Politiker.

684 *schreiben:* Danach von L. gestrichen *und Traumdeutungen sind. – das Brausen in den Ohren während des Schlafs:* Diese Wahrnehmung notiert L. noch J 1334. – *mir alle Nacht von meiner Mutter träumt:* Vgl. F 486 und RA 94. – *Scepter:* Danach von L. etwas gestrichen.

685 *Das Lustspiel die Physiognomen nicht zu vergessen:* S. zu E 236.

688 *Man kann das beste Gedächtnis ...:* Dieser Gedanke, F 810 wiederholt, ist nachträglich in der Antiphysiognomik (III, S. 267) verwertet worden.

692 *Es regnet an Jahrmärkten:* Zu dieser Lebenserfahrung s. zu B 302; vgl. F 732.

693 Diese Bemerkung ist von L. gestrichen, da er sie F 694 weiter ausgeführt hat. – *sprechen:* Von L. verbessert aus *beurtheilen.*

694 L. verwertet die Sätze fast wörtlich in der Antiphysiognomik (III, S. 290). – *wohnt:* Von L. verbessert aus *sizt.* – *Erdenkloß:* von L. verbessert aus *Mensch.* Im übrigen s. zu E 162. – *futuris contingentibus:* Vgl. Antiphysiognomik, III, S. 290: »Begebenheiten, die von ihm abhängen«. L. gebraucht den Ausdruck auch J 85. – *Gesicht:* Danach von L. gestrichen *und stüzt sich da.* – *Lesbarkeit von allem in allem:* Vgl. Antiphysiognomik, III, S. 265, 290, F 48 (und Anm.), 147, 369. – *Satz des zureichenden Grundes:* Alles hat seinen zureichenden Grund. Von Leibniz dem Satz vom Widerspruch als logisch-ontologischer Grundsatz an die Seite gestellt. – *№ 5. p. 76:* Gemeint ist F 703.

695 *Vergnügen:* Danach von L. etwas gestrichen. – *Punkt:* Von L. verbessert aus *Sch[ritt].* – *Als Aristoteles anfing:* Über Aristoteles als Physiognomiker vgl. Lavater, »Physiognomische Fragmente« 1, S. 11; 2, S. 139; 3, S. 63. – *erärgert:* DWB 3, Sp. 697 bringt lediglich einen Beleg aus Jean Paul. – *Reich:* Philipp Erasmus Reich war unter anderem der Verleger Lavaters. – *der ganze Babylonische Versuch:* Von L. verbessert aus *die Wissen[schaft];* zu der Wendung s. zu F 525.

700 *Scharfsinn ... Vergrößerungs-Glas, Witz ... Verkleinerungs-Glas:* Zu diesem Gedanken vgl. D 469.

702 *Aus der Mätresse . . . auf den Mann schließen:* Der Gedanke ist nachträglich in der Antiphysiognomik (III, S. 293) verwertet. – *Ex socio . . . ex socia:* S. zu D 518.

703 *es . . . beweist:* Von L. verbessert aus *man, wenn diese kostbare Reise nach der physiognomischen terra incognita vollendet ist, man wenigstens gelernt hätte, daß es vergeblich ist darnach zu suchen.* – *terra incognita:* Lat. ›unbekanntes Land‹. – *Waghals:* Von L. verbessert aus *Stümper.*

704 *Nyl-Ghau:* Vgl. L.s Artikel »Vom Nyl-ghau« im GTC 1780, S. 34–39. – *sich einen Vorteil zu machen:* Von L. verbessert aus *vermuthlich eines Vortheils wegen.* – *Hunter, der das Tier beschrieben:* William Hunters Abhandlung »An Account of the Nyl-ghau, an Indian Animal, not hitherto described« findet sich in den »Philosophical transactions« 61, 170–181, London 1771. William Hunter (1718–1783), berühmter engl. Anatom und neben anderem medizinischer Schriftsteller. Seine »Beschreibung des Nyl-gau. Eines ostindischen Thiers« erschien übrigens im »Naturforscher« 1775, S. 236–267. – *die Palisaden:* Von L. verbessert aus *den Zaun.* – *zerschmetterte:* Von L. verbessert aus *zuerbra[ch].* – *sterben mußte:* Von L. verbessert aus *crepirte.*

705 *Und was ist Kränklichkeit . . . innere Verzerrung:* Dieser Satz ist wörtlich in der Antiphysiognomik (III, S. 272) verwertet.

706 *Eine Rede muß nicht gedruckt werden . . .:* Zu dem Gedanken vgl. A 21.

707 *Keine Klasse von Menschen:* Von L. verbessert aus *Niemand.* – *billiger:* Von L. verbessert aus *richtiger.* – *unbilliger:* Von L. verbessert aus *unrichtiger.* – *Fleiß:* Danach von L. gestrichen *und richten nach ihrem.*

709 *Stelle aus Buffons Rede:* Der berühmte »Discours prononcé dans l'Académie Françoise« aus dem Jahr 1753 von Georges-Louis Leclerc, Comte de Buffon. – *holländischen Ausgabe seiner Naturhistorie:* »De algemeene en byzondere natuurlyke historie met de beschryving van des Konings Kabinet door de haeren De Buffon en Daubenton«, Amsterdam 1773–1785, in 17 Bdn. – *Rien . . . paroles:* Nichts steht mehr im Gegensatz zum natürlichen Schönen als die Mühe, die man sich gibt, gewöhnliche oder gemeine Dinge eigenartig oder großmächtig auszudrücken; nichts verschleißt den Schriftsteller mehr. Weit davon entfernt, ihn zu bewundern, bedauert man ihn, daß er so viel Zeit in neue Silben-Kombinationen verschwendet hat, um doch nur zu sagen, was alle Welt sagt. Dies ist der Fehler der kultivierten, aber langweiligen Geister; sie haben Wörter im Überfluß, aber keine Ideen: so arbeiten sie an den Wörtern und meinen, sie hätten Gedanken verknüpft, weil sie Sätze gebaut, als hätten sie die Sprache gereinigt, wenn sie sie verderbt und die Bedeutungen verdreht haben. Diese Schriftsteller haben keinen Stil oder, wenn man so will, haben nur den Schatten davon: der Stil muß die Gedanken meißeln, und sie können nur Sätze ritzen.

712 *aus dem Kamel auf die Bucklichten . . . schließen:* Zur Tierphysiognomik s. zu F 629. – *vice versa:* Lat. ›umgekehrt‹.

714 *Antwort gegen Z.:* Johann Georg Zimmermann, den L. zunächst für den Verfasser eines im »Teutschen Merkur« 1777, IV, S. 106–119, erschienenen Aufsatzes mit dem Titel »Nachruf zu der im Göttingischen Almanach des Jahres 1778 an das Publikum gehaltenen Rede über Physiognomik« gehalten hatte. Tatsächlich war aber Jakob Michael Reinhold Lenz der Verfasser dieser Polemik gegen L. (s. Brief an Schernhagen, 14. Mai 1778).

In der Einleitung zur Antiphysiognomik (III, S. 262) erhielt Zimmermann seine o. g. Abfertigung. – *L.:* Lavater. – *muß Junius herrschen:* S. zu B 374.

715 *Vid ... p. 10.:* Gemeint ist F 72. – *Robinson:* Gemeint ist »Robinson Crusoe« von Daniel Defoe.

716 *Ich verlange keine Schonung ...:* Der Formulierung nach war diese Bemerkung vermutlich zur Entgegnung auf die Kritik an seiner Antiphysiognomik bestimmt. – *Freiheit zu denken ... Vorzug des Orts:* Gemeint ist die Georgia Augusta, die Universität zu Göttingen, deren Professoren in der Tat das verbriefte Recht hatten, ihre Lehrmeinung »ungestraft« zu veröffentlichen. – *Orts:* Danach von L. gestrichen *auf dem Münch[hausens].* – *Georg:* Georg III., König von England und Rektor der Georgia Augusta. – *liege:* Von L. verbessert aus *sey*.

717 *Hasen-Leine:* Leine zum Verfertigen des Hasengarns, eines Netzes zur Hasenjagd; vgl. DWB 4,2, Sp. 537.

718 *Wellen ... Klafter-Holz:* Den Stock nennt L. in den Hogarth-Erklärungen (III, S. 763) »einen Büschel Wellenholz«; vgl. ebd., S. 968. Klafter-Holz: Scheitholz, Brennholz, nach Klaftern verkauft.

721 *Fixsterne ausblasen:* Diese Wendung ist in der Antiphysiognomik (III, S. 292) nachträglich verwertet. – *von den Narren in Bedlam:* Gestalten aus dem berühmten Londoner Irrenhaus, das L. selbst besucht hatte (vgl. III, S. 414, 901 und zu A 4). Sie werden in der Antiphysiognomik (III, S. 292) geschildert.

722 *Meiners:* Christoph Meiners (1747–1810); Schüler Feders und wie dieser Kant-Gegner; seit 1772 Prof. der Philosophie, Kulturgeschichte und Psychologie in Göttingen.

723 *Anschein des Alters:* Von L. verbessert aus *Alter*.

724 *Möglichkeit mit Existenz-Drang:* Diese Wendung begegnet auch F 740.

725 *Wenn Lavater die ... Köpfe ... die bei seinem Werke geschüttelt worden:* Vgl. F 641.

726 *Paraphernalien:* Eigentlich: was die Braut neben der Mitgift empfängt; das zugebrachte Vermögen einer Frau, worüber sie sich die freie Verfügung vorbehalten hat.

727 *werden wird:* Von L. verbessert aus *wird*.

728 *Gelegenheit macht nicht Diebe allein:* Zu dieser Wendung vgl. F 730; der Gedanke ist nachträglich in der Antiphysiognomik (III, S. 268) verwertet worden. S. auch Lipperheide, S. 276. Zu der Überlieferung des von L. abgewandelten Sprichworts vgl. Wander I, Sp. 1528f. – *beliebte:* Von L. verbessert aus *gute*.

729 *sich Lavater:* Von L. verbessert aus *er sich*.

730 *Die vernünftigste Art Physiognomik zu behandeln:* Die Ausführungen dieser Notiz sind, vielfach wörtlich, an verschiedenen Stellen nachträglich in die Antiphysiognomik eingefügt worden (vgl. etwa III, S. 268f.). – *ein einzigesmal:* Von L. verbessert aus *einmal von einem eintzigen Menschen*. – *könnte:* Danach von L. gestrichen *Er war ein großer Bösewicht und sah so aus*. – *Bösewicht:* Von L. verbessert aus *böser Mensch*. – *Leidenschaft:* Von L. verbessert aus *Ursachen*. – *hätte:* In der Handschrift *hätten*. – *sehen:* Danach von L. gestrichen *der Vatermörder selbst*. – *millionenmal:* Von L. verbessert aus *tau[sendmal]*. – *Fähigkeiten alle:* Von L. verbessert aus *Anlagen gantz*. – *alle:* Danach von L. gestrichen *Gelegenheit!* – *Gelegenheit macht nicht Diebe al-*

lein . . .: S. zu F 728. Nach *Gelegenheit* von L. gestrichen *(schreibe dir diesen Satz tief in Dein Hertz, voreiliger)*. – *nötig hat:* Von L. verbessert aus *sucht* aus *braucht*. – *was . . . den:* Von L. verbessert aus *böse und alles gute, wo sie einen*. – *Kette der Finsternis:* Im Ms. ohne Klammern über *Peitsche*. – *über den Köpfen schüttelt:* Von L. verbessert aus *schütteln hören*. – *waren:* In der Handschrift *war*. – *hingen:* In der Handschrift *hieng*. – *vor dem Vorder-Kopf:* Von L. verbessert aus *rund um den Kopf*. – *so vergeblich gesucht hätte:* Von L. verbessert aus *fand*.

731 *Sturm am Berge:* S. zu E 504. – *Rauschen des Eichenwaldes:* S. zu E 245. – *Silber-Gewölke:* Ein bei Klopstock und seinen Nachahmern, auch bei Wieland beliebtes Wort; vgl. DWB 10, Sp. 1005. L. erwähnt es auch in »Über die Pronunciation der Schöpse« (III, S. 308), in dem Artikel »Über die Kopfzeuge« (GTC 1780), in der 2. Nachschrift zum Brief an Ernst Gottfried Baldinger. 10. Januar 1775 und im Brief an Johann Andreas Schernhagen, 2. März 1778.

732 *Es regnet . . . wenns Jahrmarkt:* Vgl. F 692 und zu B 302. – *was wir suchen ist immer in der letzten Tasche:* Vgl. F 480.

733 *Farben von Gesichtern . . . nach Mayern und Lamberten anzugeben:* S. zu D 371. – *Lamberten:* Über seine Farben-Pyramide s. zu D 356. – *Omai:* Geboren um 1755, Südsee-Insulaner von der Insel Huhaine nahe Tahiti. Ehedem eine Art Page bei der Königin Oberea, wurde von Furneaux 1774 nach London und von Cook 1779 wieder nach Tahiti zurückgebracht, wo er einige Jahre später starb.

734 *Das Studium des Homers:* Die Bemerkung, von L. intensiv korrigiert, war offenbar zur Veröffentlichung bestimmt: Parakletor? – *jetzt:* Danach von L. gestrichen *präscribirend sich aus[druckt]*. – *seinen Homer:* Zu dem zeittypischen Pronomen s. zu F 500. – *halten:* Von L. verbessert aus *führen*. – *hat:* Danach von L. gestrichen *und laßt euch*. – *hat man so oft gesagt:* Von L. verbessert aus *ist so offt gesagt worden, daß es zur Formel gediehen, die gleich viel E*. – *wäre es niemals gesagt worden:* Von L. verbessert aus *hätte man es niemals gesagt*. – *locus communis:* Lat. ›Gemeinplatz‹. – *gedeihen:* Von L. verbessert aus *erhoben werden*. – *Ossian:* (S. 563, Z. 3: Danach von L. gestrichen *Horatz und Shakespear und Swift*. – *sehr:* Von L. verbessert aus *unendlich*. – *das seichte:* Von L. verbessert aus *die seichten neuern, über das*.

735 *Zur Bedienten-Sprache im Schauspiel:* S. L.s Ausführungen in seinem »Orbis pictus«, III, S. 385 ff., 398 ff. – *Interessantigkeit:* S. zu F 101.

736 *Abhandlung:* Von L. verbessert aus *Physiognomick;* L.s Artikel »Über Physiognomik« erschien im Herbst 1777 im GTC 1778, S. 1–31; vgl. auch KIII, S. 108. – *gezählt . . . gewogen:* Zu diesem Gegensatz s. zu F 389. – *Bewunderern:* Von L. verbessert aus *Käufern*.

737 *darüberhinpolternden Chaos-Mischer:* Gemeint ist Lavater. – *Altar des Delphischen Apolls:* Zu diesem Vergleich s. F 184. – *Dauer:* Von L. verbessert aus *Ewi[gkeit]*. – *Almanach:* Ursprüngliche Bezeichnung für den Kalender überhaupt, taucht erstmals 1460 in Deutschland auf. – *Almanach, dessen Dauer . . . zu groß angegeben:* Dieser Satz ist in der Einleitung zur Antiphysiognomik (III, S. 258) verwertet. – *für das Jahr 1778:* S. zu F 736. – *bescheiden:* Danach von L. gestrichen *Wir schreiben alle*. – *Die Menschen können . . . bestochen werden . . . aber nicht der Mensch:* Dieser Satz ist in der Einleitung zur Antiphysiognomik (III, S. 260) verwertet.

738 *Franklin . . . in Boston:* L.s Vermutung ist korrekt. – *The body . . . author:*

Der Körper von / Benjamin Franklin, Drucker / (wie ein Deckel eines alten Buches / seines Inhalts entleert / und beraubt seiner Lettern und Vergoldung) / Liegt hier, Speise für die Würmer; / aber das Werk soll nicht verloren sein / Denn es soll (wie er glaubte) noch einmal erscheinen, in einer neuen und sehr schönen Ausgabe / verbessert und durchgesehen / vom Autor.

739 *Brute:* S. zu D 625.

740 *Swedenborg sah ... Luthern im Vorzimmer:* Die Anekdote wird auch F 772 erwähnt. – *Lavater:* Danach von L. gestrichen *Geniedrang und. – Möglichkeit mit Existenz-Drang auf einer Nase:* Vgl. F 724.

741 *Wenn noch Feder ... oder irgend einer von den hellen Köpfen ...:* Vgl. die ähnliche Aufzählung F 802. – *Garve:* Christian Garve (1742–1798), bedeutender Popularphilosoph und Übersetzer, Freund L.s. – *Männer:* Danach von L. gestrichen *Leute. – beobachten:* Danach von L. gestrichen *und schließen können.* – *Wörter-Klang:* Von L. verbessert aus *Metaphern Klang;* am Rande gestrichen *Ein Narr Cavallerie.* – *Mendelssohn ... bekehren:* Über Lavaters Versuch, Mendelssohn zu bekehren, s. C 39. Nach *Mendelssohn* von L. gestrichen *öffentlich so zu reden ein.* – *Der Mann der ... Gaßner ... glaubte:* Gemeint ist Lavater. Über seine Beziehungen zu Gaßner s. Muncker, Johann Kaspar Lavater, S. 39. – *und tausend ... belügt:* Diese Passage ist als Anm. unter dem Schluß durch Zeichen hierher verwiesen. – *tausend:* Von L. verbessert aus *hundert. – lebt ein Gaßner der dich belügt:* Zu dieser Wendung vgl. F 802; s. auch Antiphysiognomik (III, S. 263). – *Manches:* Von L. verbessert aus *Nicht alles.* – *Der ... Sarkasmen:* Nach F 742 durch *vid. N⁰ 3 auf dieser Seite* hierher verwiesen. – *Aber:* Von L. verbessert aus *Ja.* – *Kästner ... ins Deutsche übersetzt:* Kästners Sinngedicht »Charakter des Hrn. de la Mettrie« steht in den »Gesammelten Poetischen und Prosaischen Schönwissenschaftlichen Werken« 1, 11, Nr. 23. – *Maupertuis:* Pierre Louis Moreau de Maupertuis (1698–1759), frz. Mathematiker, von Friedrich II. 1740 zum Präsidenten der Berliner Akademie berufen.

742 *Ich:* Davor von L. gestrichen *Mein Herr Leib Medicus.* – *ehmals:* Von L. verbessert aus *jederzeit.* – *bekenne:* Von L. verb. aus *nenne.* – *Z.:* S. zu F 714.

743 *Ich empfehle Träume nochmals:* Darüber s. zu A 33.

744 *Eine angenehme Stimme ... Leib-Medicus Z.:* Lenz ironisiert im »Teutschen Merkur« 1777, 4, S. 113, L.s in der Antiphysiognomik (III, S. 284) geäußerten Gedanken, die Gestalt eines Menschen aus seiner Stimme erschließen zu können; vgl. auch F 819.

746 *Whitefield predigte mit so sonderbarer Sprache ...:* Dazu vgl. Gumbert, LiE I, S. 99 und RT 24. – *mit ... Gebärden:* Von L. verbessert aus *so sonderbar.*

747 *Polybius distinguiert ... Kriegs:* Polybius (ca. 200 bis ca. 120 v. Chr.), bedeutender griech. Geschichtsschreiber; sein Hauptwerk sind die 40 Bücher »Historiae«, eine Weltgeschichte der Zeit von 264 bis 144 v. Chr. – *cause / pretence / beginning:* Im Ms. ohne Klammern über *Ursache, Vorwand, Anfang.*

748 *Tausend von Narren ... erlaubt zu machen:* Wahrscheinlich eine dem »Spectator« entnommene Sentenz Addisons. Joseph Addison (1672–1719), engl. Staatsmann und Schriftsteller, 1711–1712 mit Steele Herausgeber der Zeitschrift »The Spectator«.

749 *eben so gut träumen ohne zu schlafen, als man schlafen kann ohne zu träumen:* Zu L.s Beschäftigung mit dem Phänomen des Traums s. zu A 33.

752 *Anfänge zu Träumen:* S. zu A 33.

753 *sähe olivenfärbig aus:* Vgl. D 371. – *gesehen:* Von L. verbessert aus *gegessen.* – *Omai:* Von L. verbessert aus *Omiah.*

754 *was der Mann originell schreibt:* Nach Leitzmann (Anm. zu F 748 seiner Zählung, S. 492) ist Lavater oder Zimmermann gemeint. – *originell:* Von L. verbessert aus *so herrlich.* – *nichts weniger als:* Von L. verbessert aus *gar nicht.* – *kein Wort weiß:* Von L. verbessert aus *gäntzlich nichts wissen.* – *weiß:* Von L. verbessert aus *versteht.*

755 *ein halbes Dutzend:* Von L. verbessert aus *6.* – *unter die Könige begräbt:* Vgl. D 20.

758 *Barden:* S. zu E 169.

759 *prosaischen Donnerers:* Gemeint ist Lavater. – *Gründlichkeit und Ernst fehlen:* Vgl. F 741.

760 *ein jeder . . . Satz:* Von L. verbessert aus *jeden Gegenstand und jeden Satz anders.*

763 *Man stellt sich Städte vor, die man nie gesehen:* S. zu F 683.

764 *Sozinianismus:* Im 17. Jh. aufgekommener Name für eine nachreformatorische, unitarische Religionsgemeinschaft, die im 16. Jh. in Polen entstand und von den Italienern Lelio Sozzini (1525–1562) und seinem Neffen Fausto Sozzini (1539–1604) entscheidend beeinflußt wurde. Unter der theolog. Führung Fausto Sozzinis entstand 1605 der Raköwer Katechismus als das Grundwerk des Sozinianismus, der ein undogmatisches, freies Christentum lehrt.

765 *Häßlichkeit:* Von L. verbessert aus *Kranckheit.*

766 *med.:* S. zu F 75.

767 *Die Welt . . . lernte:* Nach F 769 wird durch *(vid.5)* und *ad(2)* dieser Seite hierher verwiesen. – *lernte:* Danach von L. gestrichen *Wißt Ihr.* – *das Tier . . . das sich schon in der Kindheit der Welt selbst zu ermorden lernte:* Gemeint ist der Mensch. – *ist:* Danach von L. gestrichen *Was, die Welt kan [aus: steht] noch Millionen von Jahren.*

768 *laufen:* Von L. verbessert aus *durchlaufen.* – *Kehle:* Von L. verbessert aus *Gur[gel].*

771 *gut gemeinten:* Von L. verbessert aus *guten.*

772 *Swedenborg den Dr Luther gesprochen:* S. zu F 740.

773 *Gehalt der Seele:* Von L. verbessert aus *Mann.* – *Prosen-Klang:* S. zu D 153. – *beurteilen:* Von L. verbessert aus *schätzen.*

776 *Worte . . . gestempelt:* Diesen Ausdruck gebraucht L. auch J 467, im »Weg der Buhlerin« (III, S. 772, 935) und im Brief an Johann Friedrich Blumenbach, 16. Oktober 1781.

777 *Lavaters Buch:* S. zu D 593.

778 *Nach unserm Gesetz muß . . . der honnete criminel hangen, aber nicht vor Gott:* S. zu F 730.

781 *weisen:* Danach von L. gestrichen *Wahrheit und Räsonnement (aber nicht Schweitzer Prose und nichts dahinter) lese ich mit dem.* – *Schweitzer Prose:* Anspielung auf den Stil Johann Georg Zimmermanns; L. gebraucht den Ausdruck auch III, S. 566; s. ferner III, S. 423: »Alpenprose«.

784 *närrisches Zeug träumt:* Zu L.s Beschäftigung mit dem Phänomen des Traums s. zu A 33.

785 *Complaisance:* S. zu B 321.

786 *Garve aufgehört . . . zu schreiben:* Die Pause in Garves Produktion ist aus Goedekes »Grundriß«² 4, S. 177 zu ersehen.

789 *unter unsern Sinnen . . . der Streit . . . unangenehm . . . reizend:* – *med.:* S. zu F 75.

790 *So lange jemand in die Ewigkeit hinaus schaut:* Die Wendung begegnet schon im »Timorus« (III, S. 205). – *im Himmel:* Von L. verbessert aus *vom Himmel herunter.* – *Supremats-Eid:* Engl. oath of supremacy: ein Eid, der dem König von England als Oberhaupt der Kirche geleistet wurde und durch welchen man sich von der geistl. Oberherrschaft des Papstes lossagen mußte; von Heinrich VIII. eingeführt und 1791 aufgehoben.

792 *Wenn:* Davor von L. gestrichen *Ich weiß, daß Lavaters Träumereyen.* – *Gran:* Altes Apothekergewicht; ein Gran (abgek. gr.) entsprach 0,06 g. – *hat:* In der Handschrift *haben*.

793 *ein Sehrohr erfinden:* Zu Kindermanns Erfindung s. zu F 645.

794 *Schuster:* Über die Gabe des Weissagens in diesem Berufsstand s. F 780. – *zuverlässiger:* Von L. verbessert aus *so zuverlässig urtheilt.* – *George Germaine:* Von L. verbessert aus *North*. George Sackville Germain (1716–1785), 1$\underline{\text{st}}$ Viscount Sackville, 1770–1782 als Lord George Germain bekannt; engl. Heerführer im Siebenjährigen Krieg und Staatsmann unter der Regierung North.

796 *Journalen:* Danach von L. gestrichen *Zeitungen über den Verfall der ge-*.
799 Die Bemerkung, von L. gestrichen, ist nicht mehr vollständig zu entziffern.

800 *Gegen den Z. im Merkur:* Jakob Michael Reinhold Lenz' Aufsatz ist zu F 714 genauer nachgewiesen. – *die Idee von Differentialen:* S. zu F 793.

801 *Si . . . ruiner:* Wenn das Parlament am Ruin des Staats arbeitet, so nicht deshalb, weil es beabsichtigte, ihn zu ruinieren. Das wörtliche Zitat findet sich in Bd. 1, 2. Buch, S. 158 von Retz' »Mémoires« in der Ausgabe von 1717.

802 *(Zur Vorrede.):* Diese Bemerkung sowie F 804, 821 sind Entwürfe zu der vom Januar 1778 datierten Einleitung zur Buchausgabe der Antiphysiognomik (III, S. 256); von den hier ausgeführten Gedanken ist jedoch darin wenig verwertet worden. – *und was sie:* Von L. verbessert aus *ist, daß sie meine Absicht.* – *sagen ob der Amerikanische Krieg unglücklich ausgehen:* S. F 794. – *die beiden Howe's:* Über Lord William Howe s. zu F 627; Lord Richard Howe, dessen älterer Bruder, führte als Vizeadmiral den Oberbefehl über die engl. Flotte im amerik. Unabhängigkeitskrieg. – *Fürchte:* Von L. verbessert aus *Hüte.* – *transzendenten Ventriloquenz:* S. zu F 665. – *Himmel:* Danach von L. gestrichen *als wie vor Sophismen der Schlange des Paradieses.* – *pocht:* Von L. verbessert aus *lebt.* – *ein Gaßner der ihn betrügt:* S. zu F 741. – *daher:* Von L. verbessert aus *hervor.* – *nicht zu deiner weltlichen Logik geschworen:* S. zu F 790. – *deiner weltlichen:* Von L. verbessert aus *unserer.* – *stoße . . . Haus:* Von L. verbessert aus *weiß ihn ab bis er geschworen hat*.

803 *med.:* S. zu F 75. – *Gott schafft die Tiere, der Mensch . . . sich selber:* S. zu F 433.

804 *Vorrede:* S. zu F 802. – *vielleicht ewig:* Von L. verbessert aus *lange.* – *Meine Neigung . . . in meiner ersten Jugend:* Über L.s frühe Versuche in der »Physiognomik« vgl. die Antiphysiognomik (III, S. 256). – *drei Abhandlungen in dem hiesigen historischen Institut:* Von den im Historischen Institut gelesenen Abhandlungen ist nur die erste »Von den Charakteren in der Geschichte« (III, S. 497) erhalten. – *Sallust:* Gaius Sallustius Crispus (86–34 v. Chr.), der erste große röm. Geschichtsschreiber, führte die Gattung der historischen Mono-

graphie in die Literatur ein; am berühmtesten sein »De coniuratione Catilinae«. – *der verehrungswürdige Herausgeber:* Johann Georg Zimmermann. – *im eignen Fett ersticken:* Zu dieser Wendung s. F 217, G 95. – *Hebammen-Kredit, Mittel zwischen Freundschaft und Liebe:* Vgl. F 660. – *stärkere und vernünftigere:* Von L. verbessert aus *vernünfftigste*.

805 *Gegen Z.:* Zu der von L. geplanten Entgegnung auf Lenz s. zu F 714. – *Zugegeben, daß alle Kupfer falsch...:* Lenz polemisiert im »Teutschen Merkur« 1777, 4, 109 gegen Chodowieckis dem GTC 1778 beigegebenen Kupferstiche, die L. in der Antiphysiognomik (III, S. 257) lobt.

807 *Frauenzimmer mit Pfauenschwänzen:* Dieser Gedanke ist in dem Aufsatz »Ein neuer Damen-Anzug, vermuthlich in Indien«, GTC 1796, S. 146–159, weiter ausgeführt; s. auch Hogarth-Erklärungen (III, S. 870).

809 *guter Absicht:* Von L. verbessert aus *gutem Willen, der* s. – *Das Prärogativ:* Von L. verbessert aus *Der Vorzug*. – *Prärogativ:* Vorrecht, insbes. der engl. Könige in der konstitutionellen Monarchie. L. gebrauchte das Wort auch K 72; UB 1; III, S. 344, 732, 753. – *Menschen:* Danach von L. gestrichen *vor dem Thier*. – *dieser Funke ... geleuchtet:* Dieses Bild verwertet L. in der Antiphysiognomik (III, S. 257). – *aus dem Licht:* Von L. verbessert aus *des Wesens*. – *Barbier von Bagdad:* Abul Hassan, Figur aus »Tausend und einer Nacht« (162.–171. Nacht); L. erwähnt ihn auch Mat I 7. Zu L.s Reflexionen über den Charakter des Barbiers vgl. C 224. Über die Arabische Märchensammlung s. zu E 257.

810 *Das beste Gedächtnis ... gewölbte Stirn einfällt:* S. zu F 688. – *Schlagfluß:* Laut DWB 9, Sp. 417 seit dem 17. Jh. belegt: plötzliche teilweise oder vollständige Lähmung.

811 *Ich ... Geschichte meines Geistes so wohl als elenden Körpers geschrieben:* In den Rahmen dieses Plans, der nie zu Ende geführt wurde, gehören auch F 1102, 1217, 1220. – *habe*. Von L. verbessert aus *werde*. – *Mitscham:* Zu diesem Ausdruck s. zu F 595. – *erwecken:* Danach von L. gestrichen *und in dem und in vielem*. – *Weg zur Unsterblichkeit (nur von Kardinal de Retz):* Über dessen »Mémoiren« s. zu F 128.

812 *Gegen Z.:* Lenz' Aufsatz ist zu F 714 nachgewiesen. Er beginnt mit den Worten (a.a.O., S. 106): »Nicht um ein angenehmes Radotage zu unterbrechen, einem Kreisel einzugreifen, der so artig fortgepeischt wird ... wage ichs Ihnen diesen Knäuel anzubieten.« Auch in der Antiphysiognomik (III, S. 262) sagt L., er habe außer ein paar Sticheleien wenig darin gefunden, was wider ihn wäre. – *ausgenommen:* Danach von L. gestrichen *das schöne Radotage*. – *Radotage:* Frz. ›albernes Geschwätz, Faselei‹.

813 *gezogen:* Von L. verbessert aus *gezeichnet*. – *wird:* Von L. verbessert aus *muß*. – *Lektüre:* Von L. verbessert aus *Künsten und Wissenschafften*. – *in Marsch zu setzen:* Von L. verbessert aus *anzubringen*.

814 *Betrachte einmal einen Nerven:* Zu dieser Reflexion vgl. F 808. – *Bach:* Danach von L. gestrichen *der in dem sich andere größere*.

815 *Ähnlichkeit:* Von L. verbessert aus *Nähe*. – *med.:* S. zu F 75.

817 *Verschiedenes:* Von L. verbessert aus *vielerley*. – *Krankheit an der Hume starb:* David Hume, seit Frühjahr 1775 krank, starb an langjähriger schwerer Dysenterie; der ihn behandelnde Arzt, Dr. Norman Moore, diagnostizierte Leberkrebs.

818 *Imputation:* Beschuldigung, Zurechnung.

819 *ist der Schluß von der Stimme ... auf die festen Teile eines Gesichts verwegner ...:* S. zu F 744. – *Welt von Chamäleonism:* Diese Wendung ist in der Einleitung zur Antiphysiognomik (III, S. 257) verwertet. – *gegen Z. bei Gelegenheit des Nachtwächters:* S. zu E 377; vgl. RA 53. Lenz ironisiert L.s Erzählung im »Teutschen Merkur« 1777, 4, S. 113 und im »Deutschen Museum« 1778, 1, S. 195.

821 *Vorrede:* S. zu F 802. – *Ich dachte ... vertritt:* Dieser Satz ist in die Einleitung zur Antiphysiognomik (III, S. 257) nicht aufgenommen worden.

822 *Rauhigkeit:* Anspielung auf Charles de Brosses, der in dem zu F 823 nachgewiesenen Werk, Bd. 1, S. 293, schreibt: »Man bezeichnet die Rauhigkeit der äußeren Gegenstände durch die rauheste Artikulation von allen, durchs R.« – *unser Wort Freund:* Zur Beurteilung dieses Worts s. zu F 25. – *ein r:* Zur Reflexion über diesen Buchstaben vgl. F 25 und die Anm. dazu. – *amico:* Ital. ›Freund‹. – *stehen:* Danach von L. gestrichen *amare.* – *ma mie:* Diesen Ausdruck lobt L. auch F 1072. – *Den Begriff:* Von L. verbessert aus *Das Wort.* – *Mutter:* Von L. verbessert aus *Mama.*

823 *Brosses Werk:* »Traité de la formation mécanique des langues et des principes physiques de l'étymologie« von Charles de Brosses (1709–1777), frz. Historiker und Geograph, seit 1774 Präsident des Parlaments von Paris. L. las sein Werk in der Leipzig 1777 in 2 Bdn. unter dem Titel »Über Sprache und Schrift« erschienenen Übersetzung von Michael Hißmann (BL, Nr. 1483). – *vieles ... auf Physiognomik transzendent gemacht:* Diese Idee verfolgt L. auch F 834, 835, 838, 839, 841. – *transzendent machen:* Vgl. auch F 72. – *transzendent gemacht:* Von L. verbessert aus *angewendet.*

827 *ein Deutscher ... kein interessierter Düftler:* Vgl. F 848.

829 *ein Je ne sçai quoi:* Frz. ›ein Ich-weiß-nicht-was‹.

830 *wie Z.:* Lenz trat im »Teutschen Merkur« 1777, 4, S. 110, für die größere Verwertbarkeit des Knochengewölbes ein. – *vorzuziehen:* Von L. verbessert aus *nachzusetzen.* – *der Nasen-Knochen:* Von L. verbessert aus *die Nase;* zu Lavaters Nasen-Physiognomik s. zu F 84. – *in einem weit höheren:* Von L. verbessert aus *weit bedeutlicher.*

834 *Pathognomische Zeichen ... Stimme für die Augen:* Diesen Gedanken verwertet L. in der Antiphysiognomik (III, S. 256).

836 *Hißmann:* Michael Hißmann (1752–1784), Prof. der Philosophie in Göttingen. – *Legentil sagt dies von den Madagaskarn:* Gemeint sind die »Voyages dans les mers de l'Inde«, erschienen Paris 1779–1781. – *(1785):* Wie die Jahreszahl zeigt, ist der Schlußsatz später hinzugefügt.

838 *gehascht und:* Danach von L. verbessert aus *glaubt sie gehascht.*

839 *sammeln:* In der Handschrift *zu sammeln.* – *Erhellung:* Danach vermutlich zu ergänzen *[zu tun].*

840 *Herodot entschuldigt sich ... müsse:* Die Notiz stammt aus de Brosses 1, S. 131, der zu F 823 nachgewiesenen dt. Übersetzung. Herodotos (ca. 485–425 v. Chr.), aus Halikarnassos, beteiligte sich an der Gründung der panhellenischen Kolonie Thurioi in Süditalien, wo er auch starb. Griech. Historiker, ›Vater der Geschichte‹. Sein wohl unvollendetes Werk, die »Historiae libri IX«, das später in 9 Bücher geteilt wurde, die man nach den Musen benannte, umfaßt die Zeit vom Trojanischen Krieg bis zu Xerxes' Zug gegen Griechenland (Schlacht bei Mykale 479 v. Chr.) und stellt die geschichtlichen Ereignisse als Phasen des Gegensatzes zwischen Europa und

Asien dar. Zur Zeit L.s existierte eine griech.-lat. Edition des Geschichtswerks, erschienen Amsterdam 1763. – *barbarische:* Für die Griechen bezeichnete dieses Adjektiv alles Ausländische, Ungriechische, speziell die Perser und Ägypter.

842 *So nah verwandt wie r mit l:* Diesen Gedanken greift L. in den »Kriegs- und Fasten-Schulen der Schinesen« (III, S. 443) wieder auf.

843 *Eine Sammlung ... Wörterbücher:* Dieser Satz ist in der Antiphysiognomik (III, S. 259) verwertet worden. – *den 100ten Teil:* Von L. verbessert aus *halb.*

844 *der Engländer hat sein th in seinem ganzen Tun:* S. zu E 446.

845 *Wenn ... sind:* Von L. gestrichen.

848 *Düftler wie der Chineser:* Vgl. F 827. – *Wenn noch kein Newton vom Senegal gekommen ... :* S. zu F 628. – *Schlüsse aus Ähnlichkeit mit Tieren:* Zur Tierphysiognomik s. zu F 639. – *Rüttgerodt ... Lavatern betrogen:* Heinrich Julius Rütgerodt, geboren 1731 in Einbeck, ermordete 1773 seine Magd, 1775 seine Frau, wurde am 30. Juni 1776 auf der Hube bei Einbeck hingerichtet. Lavater beschrieb ihn in den »Physiognomischen Fragmenten« 2, S. 194–196, 18. Fragment (1776), nachdem er ihn nach seinem Schattenriß zunächst für »das größte schöpferische Urgenie« erklärt hatte, als Typus der »zerstörten menschlichen Natur«. L. hatte bei Gelegenheit der zu F 235 erwähnten Reise nach Hannover dem Richtplatz einen Besuch abgestattet (vgl. Brief an Johann Christian Dieterich, 14. Oktober 1776); ein Blatt mit Aufzeichnungen über ihn im Nachlaß, allerhand Erkundigungen, Nachrichten, Aussagen Beteiligter enthaltend, stammt wohl von diesem Besuch. L. erwähnt ihn auch F 1129 und im »Fragment von Schwänzen« (III, S. 533). Im übrigen s. Erich Ebstein, Heinrich Julius Rütgerodt in seinen Beziehungen zu Goethe, Lavater und Lichtenberg. Ein Beitrag zur Geschichte der Mörderphysiognomien, in: Archiv für Kriminalanthropologie und Kriminalistik 38 (1910), S. 68–88. – *Rezensenten-Gunst:* Von L. verbessert aus *Zeitungs-*; nach *Gunst* von L. gestrichen *dienstfertiger misverstandenes.* – *hinein:* Von L. verbessert aus *in ihre Schrifften.* – *Wie wird ... herein:* Diese Passage ist größtenteils in der Einleitung zur Antiphysiognomik (III, S. 261 f.) verwertet. – *lächeln:* Von L. verbessert aus *lachen.* – *daunigt hinbrütende Wärme:* S. D 668 (S. 342). – *flammen:* In der Handschrift *flammt.* – *vielleicht ... erkennt:* Von L. verbessert aus *wenn nun die leeren G[räber?] die nun in die leeren Grä[ber] wohin die.*

850 *unter ... seh ich Goethen?:* Vgl. Leitzmann, S. 499 (Anm. zu F 842 seiner Zählung): »Welches Wort Lichtenberg hier unterdrückt, ist nicht sicher: ich habe früher (Nachlaß, S. 250) ›Schranzen‹ oder ›Fürsten‹ vermutet, was aber ganz ohne Gewähr ist; der Vers verlangt ein zweisilbiges Wort.« Leitzmann bezieht die Auslassung damit auf Goethes Gang an den Weimarer Hof 1775. Näher liegt aber, an Goethes Eintreten für Lavaters Physiognomik zu denken.

852 *Die Sprüchwörter-Weisheit ... viel Ähnliches mit der physiognomischen:* Vgl. E 352.

853 *Die drei Grazien ... drei Horazier:* S. zu B 198.

854 *die Köpfe ... (bei den Nationen):* Vgl. F 848.

860 *Gray ... wenn wir Herrn Mason glauben dürfen:* William Mason hatte London 1775 in zweiter Auflage Grays »Poems. To which are prefixed Memoirs of his Life and Writings« herausgegeben (BL, Nr. 1648). William

Mason (1724–1797), engl. Geistlicher und Dichter. – *Flut fächelt ihr mit keinem Kartenblatt zurück:* Vgl. D 533, E 257. – *Worten:* Danach von L. gestrichen *nichts von den Adjecktivis, worüber er.* – *massiv-goldenen:* Von L. verbessert aus *reichhaltigen* aus *feinen.* – *wie sich ein englischer Dichter ausdruckt:* Gemeint ist Wentworth Dillon, Earl of Roscommon; vgl. KA 157 und die Anm. dazu. – *den Horaz zu lesen muß [man] mehr verstehen als Latein:* Zu diesem Satz s. zu E 178. – *Die Welt ist ... falsch:* Diese Passage ist fast wörtlich in der Antiphysiognomik (III, S. 256) verwertet worden. – *Jedes gute Buch ... ein Spiegel:* S. zu F 112. – *(Hier kann hereinkommen ... wie er):* Dieser Satz geht auf C 250 zurück. – *denn es könnte leicht sein:* Von L. verbessert aus *sonst könte es leicht kommen:* – *gibt:* Danach von L. etwas gestrichen. – *bahnt:* Von L. verbessert aus *ist.*

861 *Haarlemischen Frage über die Kunst zu observieren:* S. zu KA 173. – *Carrard ... den Preis davon getragen:* Sein Buch trägt den Titel »Essai qui a remporté le prix de la Société hollandoise des sciences de Haarlem en 1770, sur cette question: qu'est-ce qui est requis dans l'art d'observer; jusque-où cet art contribue-t-il à perfectionner l'entendement?«, erschienen Amsterdam 1777. Benjamin Samuel Georges Carrard (geb. 1740), schweizer., vor allem juristischer Schriftsteller. – *neben Senebier zu lesen:* Jean Senebiers »L'art d'observer« ist zu F_1 S. 455 nachgewiesen.

862 *Physiognomik ... Zwillings-Schwester ... Prophetik:* Zu diesem Gedanken s. zu F 23.

866 *Mancher kluge Kerl ... ein Idiot geworden ...:* Dieser Satz ist in der Antiphysiognomik (III, S. 267) verwertet worden. – *Pariser Memoires:* Der betreffende Band und Jahrgang konnte nicht ermittelt werden. – *pathognomischen:* Von L. verbessert aus *physiognomischen.* – *tun:* In der Handschrift *seyn.* – *Imputation:* S. zu F 818. – *eine Ursache kann:* Von L. verbessert aus *ähnliche Ursachen können.* – *Die Brücke ... einstürzen:* Dieser Satz ist in der Antiphysiognomik (III, S. 267) verwertet worden.

867 *Nonum ... annum:* Das Zitat ist zu E 251 nachgewiesen.

873 *Psalm 4:* Die Verse 5 und 6; der Text hat dort *Lager und harret.* – *4:* Danach von L. gestrichen *v.6.*

877 *law ... pit:* Das Gesetz ist ein bodenloser Abgrund. Anspielung auf die Satire »Law is a bottomless pit or the history of John Bull« von John Arbuthnot, erschienen London 1712–1713. – *pit:* Von L. verbessert aus *pill.*

878 *Ich ... mitleidiger in meinen Träumen, als im Wachen:* Über L.s Traumerfahrungen s. zu A 33; s. auch F 923, 1083.

879 *Neue Blicke durch die alten Löcher:* Das Bild ist in »Wider Physiognostik« (III, S. 555) und in »Für das Göttingische Museum« (III, S. 571) verwertet.

880 *hic niger est:* S. zu E 84.

881 *The language ... in use:* Die Sprache des Deutschen bewahrt noch die Merkmale der alten Barbarei seines Landes. Man möchte meinen, die Sitten und Sprache dieses Volkes seien unwandelbar; so unflexibel haben sie allen Neuerungen widerstanden. Sie bewahren bis zum heutigen Tag die alte Rauhheit ihrer Sitten, die sich in ihrer eigenen Sprache niederschlägt; welche so wie sie die konziseste ist, auch die rauheste und am wenigsten beredte der jetzt gebräuchlichen Sprachen ist.

883 *Häßlich nicht von hassen. Dieser Gedanke ... in mein Buch ... gekommen:*

Dieser sprachgeschichtlich unhaltbare Gedanke findet sich in der Antiphysiognomik (III, S. 278). – *eigne:* Von L. verbessert aus *falsche.*

886 *Es ist keines Menschen . . . sagt Lavater:* Gemeint sind die »Physiognomischen Fragmente« 1, S. 15; Bd. 3, S. 5, wo »Jahrhunderts Werk« steht.

887 *Tom: I. p. 57 Lavater . . .:* Das 9. Fragment der »Physiognomischen Fragmente« hat die Überschrift »Von der Harmonie der moralischen und körperlichen Schönheit«. – *bist du denn der Richter von Gottes Werken?:* Diese Frage, die auch F 1186 begegnet, findet sich in der Antiphysiognomik (III, S. 256).

889 *wie jener große französische Dichter . . .:* Gemeint ist Molière; die Anekdote wird auch F 897 erwähnt.

890 *etwas nicht merken, was die Elefanten und die Hunde bemerken:* Zum Gedanken s. zu E 113. – *bemerken:* Danach von L. gestrichen *und was ich selbst.*

892 *Perikles . . . spitzen Kopf?:* S. zu D 181; vgl. F 1194; UB 49.

893 *Die Gesichtsform, die . . . Lavater vorzieht . . . die asiatische:* Vgl. »Physiognomische Fragmente« 4, S. 271, 312, 315.

894 *Sigaud de la Fond . . . Meilen-Messer:* Sigaud de la Fond beschreibt einen Hodometer in seiner »Description et usage d'un cabinet de physique expérimentale«, Paris 1776, 1, S. 168. Zur Sache vgl. L.s Artikel »Der vollkommenste Wegmesser (Hodometer)« im GTC 1778, S. 76–80, wiederabgedruckt in Photorin 9, 1985, S. 49–50. Jean René Sigaud de la Fond (1740–1810), frz. Arzt und Prof. der Physik am Collège d'Harcourt in Paris, später in Bourges.

896 *homo . . . obtusae . . . emunctae . . . obesae:* Lavater führt diese Wendungen in den »Physiognomischen Fragmenten« 4, S. 33, gegen L. ins Feld; vgl. auch F 1188. Über den physiognomischen Nasenstreit s. zu F 84. – *vid: infra p. 137:* Gemeint ist F 1188.

897 *denselben:* Von L. verbessert aus *dem Gegenstand.* – *Herrn Lavater:* Von L. verbessert aus *Ihn[en].* – *einer der größten Denker, die mir je vorgekommen:* Wohl Möser; s. Brief an Schernhagen, 19. März 1778. – *wie Molière . . . Köchin vorzulesen:* S. zu F 889.

898 *Alle Gegner meiner Physiognomik . . . mich als einen Feind alles Physiognomischen angesehen:* Zur Sache vgl. auch F 1137, Antiphysiognomik (III, S. 256) und »Dritte Epistel an Tobias Göbhard« (III, S. 539). – *den Inhalt meiner Abhandlung durch die Kupferstiche . . . widerlegen:* Zu Chodowieckis Kupfern im GTC s. zu F 805. – *zu widerlegen:* Von L. verbessert aus *habe widerlegen wollen.* – *erraten:* Von L. verbessert aus *erreiche.*

S. 588 *der Soldat auf Wests Orest und Pylades:* Der Kopf des drohenden Soldaten aus Benjamin Wests berühmtem »Orest und Pylades« ist in Lavaters »Physiognomischen Fragmenten« 1, zu S. 110 (Tabula XII) wiedergegeben; vgl. auch S. 111: »Der grimmige Soldat ist nichts mehr und weniger als eine akademische theatralische Flickgestalt, doch ist Trutz und Härte ganz gut ausgedrückt, ob mir gleich bey Erblickung eines solchen Kopfes immer ist, als wenn ich eine wohl ausgesprochene alltägliche Sentenz läse.« Benjamin West (1738–1820), seinerzeit berühmter engl. Historienmaler.
– *vorhaben:* Von L. verbessert aus *da.* – *die Elefanten und die Hunde verstehen:* S. zu E 113. – *verstehen:* Danach von L. gestrichen *müsten.* – *Chodowieckis Kupferstiche:* Daniel Chodowiecki (1726–1801), aus Danzig, Kupferstecher und Maler, später Direktor der Kunstakademie in Berlin, berühmtester

Buchillustrator seiner Zeit. Mitarbeiter u. a. am GTC (Monatskupfer) und am »Göttingischen Magazin« (»Orbis pictus«). – *Physiognomik . . . Prophetik:* Zu dieser Parallele s. zu F 23. – *Menschenkünste:* Von L. verbessert aus *Künste.* – *waren, und:* Danach von L. gestrichen *manche Worte.* – *die . . . beilegt:* Von L. verbessert aus *mancher Worte.*

S. 589 *Krankheiten:* Danach von L. gestrichen *in einem Leibe st[ecken].* – *blühender:* Von L. verbessert aus *glühender.* – *sitze:* Danach von L. gestrichen *So ist es auch.* – *schwer:* Danach von L. gestrichen *(Ich rede nicht vom Pöbel) und betone Tartüffen* (über Molières Komödie »Tartuffe« s. zu A 99). – *gemeiniglich:* Von L. verbessert aus *immer.* – *Munterkeit:* Dieses Wort steht in der Handschrift ohne Klammern über *einem angenehmen.*

899 *über esoterische Physiognomik noch einige Zeit lateinisch schreiben:* D. h. wie die Humanisten es taten, um das ›unwissende‹ Volk vor strittigen wissenschaftlichen Lehrmeinungen zu bewahren. In der »Berlinischen Monatsschrift« Oktober 1783, S. 338–357, findet sich übrigens von Johann Julius Stuve ein Aufsatz »Wider das Lateinschreiben«.

901 *ein:* In der Handschrift *kein.* – *wo . . . genug:* Von L. verbessert aus *fähig.*

903 *Magrini:* Berühmter Seil- und Drahttänzer, Trampolinspringer, zeitweise Mitglied der Seiltänzergesellschaft von Caitano; trat November 1777 in Göttingen auf; s. Brief an Christiane Dieterich, 9. Juni 1778.

904 *herausgewürfelte:* S. zu E 134.

905 *Zween Leute, wovon der eine den andern bekehren wollte . . .:* Lavater und Mendelssohn; vgl. C 39 und »Timorus« (III, S. 234). – *wovon . . . wollte:* Von L. verbessert aus *die ehmals sich einander bekehren wolten.* – *vereinigen sich . . . mich zu bekehren:* Mendelssohn hatte im Märzheft des »Deutschen Museums« von 1778 (1, S. 193) einen Aufsatz »Über einige Einwürfe gegen die Physiognomik und vorzüglich gegen die von Herrn Lavater behauptete Harmonie zwischen Schönheit und Tugend« veröffentlicht, zu dem Zimmermann eine gegen L. polemisierende Einleitung schrieb. Vgl. dazu F 926, 928, 933, 934, 937, 938, 942.

906 *Steevens Lecture upon heads:* Der engl. Schauspieler Steevens war berühmt wegen seiner satirischen Verwandlungspantomimen.

908 *wir:* In der Handschrift *uns.*

910 *Die Lauwine, die von Zürch herab . . .:* Die von Lavater ausgegangene physiognomische Epidemie.

912 *Morrison:* Edward Morrison, engl. Student der Mathematik in Göttingen und Schützling L.s.
916 *Tanzmeister:* In der Handschrift ohne Klammern über *Fechtmeister.*
918 *Schelhammern:* Günther Christoph Schelhammer (1649–1716), Prof. der Medizin in Kiel und medizin. Schriftsteller. – *Pauci ... menti:* Wenige schreiben heute, wie es angemessen ist, mit Aufmerksamkeit und Akribie, und es wird mehr dem Ohr als dem Verstand gefrönt. Die Stelle findet sich bei Kortholt, »Leibnitii epistolae ad diversos«, 1, 187; der Text dort hat *auribus.* Leibniz' »alte Klage« kommt L.s Kritik an dem zeitgenössischen Literaturbetrieb zupaß. Christian Kortholt (1709–1751), Theologe und Prof. in Göttingen. L. besaß von ihm »Recueil de diverses pièces sur la philosophie, les mathematiques, l'histoire etc. par Mr. de Leibnitz«, Leipzig 1734 (BL, Nr. 1351).
919 *Nihil ... timeas:* Wenn du nichts tust, hast du niemanden zu fürchten. Wohl scherzhafte Umbildung des sprichwörtlichen »recte agendo neminem timeas«: Wenn du das Rechte tust, hast du niemanden zu fürchten (s. Lauchert, Euphorion 15, Bd. 8, 1908, S. 210–211).
920 *deluded deluders:* Engl. ›betrogene Betrüger‹; diesen Ausdruck gebrauchte L. offenbar nach dem Vorbild von Lessings »Nathan der Weise« 3, 7 (1779) auch in einem Brief an Ramberg vom 3. Juli 1786, in »Wider Physiognostik« (III, S. 557) und in »Weg der Buhlerin« (III, S. 749). Über die antike Herkunft dieses Geflügelten Worts s. Büchmann[32], S. 170. Die von L. gebrauchte englische Version konnte nicht ermittelt werden.
922 *einem Menstruo:* Von L. verbessert aus *einer Flüssigkeit.*
923 *das Mitglied, das ich in meinen Träumen ... empfinde:* S. zu F 878. – *Kopf:* Von L. verbessert aus *empfinden.*
924 *Die Erde wird dichter:* S. zu F 309.
926 *Stock Jobbers:* Vgl. die Wendung »physiognomische Stock jobbery« F 942, »gelehrten Stockjobberei« in der »Dritten Epistel an Tobias Göbhard« (III, S. 546) und »Stockjobberei-Begebenheiten« im Brief an Leopold Friedrich Günther von Goecking, 25. Januar 1781. Stocks sind in England die im Umlauf befindlichen Staatsschuldscheine; auch Aktien; Stockjobberie: gesetzwidriger Scheinhandel mit Staatspapieren, Aktienwucher.
928 *eine Verteidigung des ... Zimmermann zu schreiben:* Der Entwurf dazu ist III, S. 539–550: »Dritte Epistel an Tobias Göbhard« (s. auch KIII, S. 255–257) wiedergegeben. Zu diesem satirischen Plan vgl. F 992, 993 und III, S. 552. Über Zimmermanns Vorrede s. zu F 905. – *Photorinisch:* S. zu C 254.
929 Diese Bemerkung ist von L. gestrichen. Gedanke und Bild kehren F 930, 934, 954, 956 wieder. – *das Heiligtum:* Von L. verbessert aus *den Hörsaal.* Gemeint ist Mendelsohns Abhandlung im »Deutschen Museum« (s. zu F 905). Vgl. F 954. – *Schweizer ... davor hingepflanzt:* Zimmermann, der die Einleitung dazu verfaßte (s. zu F 905); vgl. F 954, 956. – *mit der:* Danach von L. gestrichen *fürchterlichen.* – *Hof:* Danach von L. gestrichen *geht, so spricht.* – *Oder ... Platz:* Der Satz ist von L. gestrichen. – *Friedensheld:* Von L. verbessert aus *guter Mann.* Gemeint ist wohl Mendelssohn.
931 *Kalendermacher:* Diesen Ausdruck, der auch III, S. 566, begegnet, gebraucht Zimmermann im »Deutschen Museum« 1778, 1, S. 193. – *elend:* Danach von L. gestrichen *aber wahrhafftig ich glaube einen Calender zu machen kostet unendlich mehr Mühe, als wegen einer freywilligen Hülfe der Natur auf sich*

und den Apothecker zu assigniren (Spesen zu Spesen zu berechnen, wenn die Natur [gestrichen: *das beste*] *die Kosten trägt). Herr. – Rohlfs:* Matthias Rohlfs, Schreib- und Rechenmeister an der Stadtschule in Buxtehude, war Herausgeber des auch von L. benutzten »Großbritannischen und braunschweigisch-lüneburgischen Staatskalenders«; Ergötzliches von ihm, z. B. daß er den von Herschel entdeckten Planeten Uranus in seinem Kalender beharrlich ignorierte, berichtet Schlichtegrolls »Nekrolog« auf das Jahr 1794, 2, 330. – *ordnen:* Von L. verbessert aus *berechnen.* – *getragen hat:* Von L. verbessert aus *trägt.*

933 *die Sache so deutlich gedacht als Mendelssohn:* Mendelssohns Abhandlung ist zu F 905 nachgewiesen. – *die Wörter:* Von L. verbessert aus *grade das Wort.* – *Jüngling:* Von L. verbessert aus *Mann.* – *beim ... Haushaltung:* Von L. verbessert aus *in Praxi erst.* – *Was helfen den Leuten ... die Distinktionen der Weltweisen:* Vgl. F 942 (S. 595); der Gedanke ist in »Wider Physiognostik« (III, S. 561) ausgeführt. – *drei:* Von L. verbessert aus *zwey.* – *nennt:* Danach von L. gestrichen *in dessen Augen die Tugend lächelt, und die andere.* – *Gesicht:* Danach von L. gestrichen *schwebt, die dritte.* – *Vapeurs:* Blähungen, Spannungen im Unterleib und daher rührende üble Laune, hysterische, hypochondrische Beschwerden.

934 *Eitelkeit und:* Von L. verbessert aus *der gekränckte.* – *sind:* Von L. verbessert aus *handeln* aus *in allem handelt was er unternimmt.* – *Aufsatz des Herrn Mendelssohn:* Zu F 905 nachgewiesen. – *schlechterdings:* Von L. verbessert aus *nicht allein.* – *mich:* Danach von L. gestrichen *sondern sogar für mich.* – *kleinen Antiphysiognomik:* Diesen Ausdruck gebrauchte Zimmermann im »Deutschen Museum« 1778, 1, S. 194; vgl. auch F 942 und »Dritte Epistel an Tobias Göbhard« (III, S. 541, 545, 551, 555). – *allein:* Danach von L. gestrichen *sondern auch vielleicht als k im Vorbeygehen neben her ihrem Verfasser aus Freundschafft den Hals brechen würde. Der Plan.* – *Mendelssohns Name ... Welt verlieren:* Dieser Satz ist in der »Dritten Epistel an Tobias Göbhard« (III, S. 546) verwertet worden. – *Nichtdenker:* Von L. verbessert aus *unverstän[di]gen].* – *Schlüsse:* Von L. verbessert aus *Räsonnement* aus *Grün[de].* – *geheim, und:* Danach von L. gestrichen *dieses ist würcklich lobenswerth.* – *wahrhaftig diese:* Von L. verbessert aus *gewiß diese wahrhaffte.* – *meinem Gegner:* Von L. verbessert aus *meinen Gegnern.* – *die Verfasser anonymischer Werke ... die Werke geschrieben:* Dieser Satz ist in »Wider Physiognostik« (III, S. 556) verwertet. – *Verfasser:* Von L. verbessert aus *Nahmen.* – *sein würde:* Von L. verbessert aus *wäre.* – *mögliche:* Danach von L. gestrichen *Was aber das wichtigste für mich.* – *deutliche Begriffe ... von Berlin ... verschreiben:* Diese Wendung begegnet auch F 936, 946, »Wider Physiognostik« (III, S. 555). Vgl. F 935. – *Babylonischen Turms:* S. auch F 525. – *hätte ich:* Danach von L. gestrichen *auf eine lezte gewartet.* – *Tadel:* Danach von L. gestrichen *bis auf die lezte gewartet.* – *Einleitung zu Mendelssohns Abhandlung:* Zimmermanns Beitrag ist zu F 905 nachgewiesen. – *Ich trette ... gepflanzt hat:* Vgl. F 929. – *hölzernen:* Von L. verbessert aus *blos stichelnden.* – *Garde:* Von L. verbessert aus *Trabanten.*

935 *Mischer:* Lavater.

936 *Sich deutliche Begriffe ... verschreiben:* S. zu F 934.

937 *Ich sage ... für ihn geben:* Dieser Satz ist in »Wider Physiognostik« (III; S. 561) verwertet. – *Goldschmiede:* Danach von L. etwas gestrichen.

938 *Philosophen, der in Europa seines gleichen nicht haben soll:* Zimmermann

nennt im »Deutschen Museum« 1778, 1, S. 194, Mendelssohn einen Philosophen, »der in Absicht auf allgemein eingestandenen Ruhm, Geisteskraft und innere Würde in Europa niemand über sich hat«; vgl. »Wider Physiognostik« (III, S. 554) und III, S. 544. – *Einleitung von einem:* Zimmermann; s. zu F 905.

939 *Amen-Gesicht:* Über das in dt. Schrift geschriebene *Amen* hat L. das gleiche Wort in lat. Schrift (Antiqua) geschrieben, wie er es bei Fremdwörtern zu tun pflegt.

940 *Wenn die feinen Welt-Leute fragen: Gott weiß warum?:* Der Satz geht gegen Zimmermann, der die Phrase »Gott weiß warum« im »Deutschen Museum« 1778, 1, S. 194, gebraucht. – *fragen:* Von L. verbessert aus *sagen.* – *einen großen Mann:* Von L. verbessert aus *jemanden* aus *einen vor[nehmen].*

941 *gebauten widerspricht:* Von L. verbessert aus *gegründeten Schlüssen widersprechen soll.* – *Begriffe:* Von L. verbessert aus *Unterscheidung.*

942 *Herr:* Davor von L. gestrichen *Je genauer ich alles dieses.* – *Mendelssohn sagt . . .:* S. »Deutsches Museum« 1778, 1, S. 198. – *Häßlichkeit . . . Larve aus Mallikolo:* Vgl. Antiphysiognomik, III, S. 270, RA 186, 199 und an Schernhagen am 16. Oktober 1775. Gemeint sind die durch Cooks zweite Weltumseglung und Forsters Beschreibung bekanntgewordenen »Affengesichter« der Einwohner von Mallicolo im Archipel der »Freundschaftsinseln«. – *Mendelssohn zieht den Schluß . . .:* S. »Deutsches Museum« 1778, 1, S. 195f., 198. – *Dodd wurde gehenkt . . . Macklin erhielt . . . Lob:* S. Antiphysiognomik, III, S. 272. – *Dodd:* William Dodd (1729–1777), engl. Geistlicher der Church of England, Dr. theol., Erzieher des 5ten Earl of Chesterfield; wegen Fälschung der Handschrift des Earls auf einem Wechsel hingerichtet. Der Prozeß und das Todesurteil erregte die engl. Öffentlichkeit; Samuel Johnson setzte für die Frau des Angeklagten Gnadengesuche an den König und die Königin auf. L. erwähnt ihn auch in einem Brief an Friederike Baldinger, September 1777, und III, S. 190, 194. – *Macklin:* Charles Macklin (1697–1797), berühmter engl. Schauspieler, bes. als Shylock; über sein Spiel s. »Briefe aus England«, III, S. 366f.; Macklins Prozeß und dabei geübte »Großmut« kommen RA 3 zur Sprache. – *Gütiger Himmel . . . liegen geblieben wären:* Diese Passage ist in »Wider Physiognostik« (III, S. 558) verwertet. – *Dietrichen 3000 Kalender:* Tatsächlich hat Dieterich vom GTC 1778 wegen des Erfolgs von L.s Antiphysiognomik 8000 Exemplare abgesetzt. – *nennen wird:* Von L. verbessert aus *nennt.* – *Exklamation:* Von L. verbessert aus *Exclamationen.* – *warnen:* Danach von L. gestrichen *der sagen konte.* – *Es sei . . . stempeln werde:* Das Zitat aus Lavaters »Physiognomischen Fragmenten« 1, S. 58, das in »Wider Physiognositk« (III, S. 559) wiederkehrt, ist abgesehen von der veränderten Konstruktion des Satzes wörtlich genau. – *das Liebste:* Von L. verbessert aus *am liebsten ist.* – *werde:* Von L. verbessert aus *könne.* – *was hätte es mir . . . in einem solchen Buch nützen können . . .:* Vgl. F 933. – *Einleitungschreiber:* Zimmermann; vgl. F 905. – *entscheiden:* Danach von L. gestrichen *und schließe alle.* – *gekränkter Stolz:* Zu dieser Wendung vgl. III, S. 547. – *physiognomische Stock jobbery:* S. zu F 926. – *kleine Antiphysiognomik:* S. zu F 934. – *Ich fürchte . . . aufhören lassen:* Diese Passage ist wörtlich in der »Dritten Epistel an Tobias Göbhard« (III, S. 546) verwertet. – *eine kleine Erweiterung:* Von L. verbessert aus *Anordnung.* – *6:* Von L. verbessert aus *5.* – *papiernen Quader-Stücken:* Anspielung auf Lavaters großformatiges Werk. – *darf:* Von L. verbessert aus *will.* – *wieder einen:* Von L. verbessert aus *einen Calender.*

943 *Dieux de Poche:* Frz. ›Taschen-Götter‹; s. auch III, S. 421. – *den Dieux de poche auf den Landstraßen im Paderbornischen:* S. zu E 336; vgl. III, S. 421.

944 *Verse. Klopst, Ramler ...:* Zum Gedanken s. zu E 13. Die genannten Dichter sind zum großen Teil Mitglieder des Göttinger Hains. – *Klopst:* Friedrich Gottlieb Klopstock. – *Vieland:* Christoph Martin Wieland. – *Vosz:* Johann Heinrich Voß (1751–1826), berühmter Homerübersetzer und Idyllendichter; 1776–1800 Herausgeber eines Musenalmanachs. – *Kloz:* Christian Adolph Klotz. – *Rostque:* Johann Christoph Rost. – *Jacobi:* Johann Georg Jacobi. – *Bis:* zweimal; von L. verbessert aus *Uterque*. – *Bis Stolberg:* Friedrich Leopold Graf zu Stolberg-Stolberg (1750–1819), Lyriker und Übersetzer (Homer, Ossian), Mitglied des ›Göttinger Hain‹, Freund Bürgers und Vossens; nahm gegen L. Partei; Christian Graf zu Stolberg-Stolberg (1748–1821), dessen Bruder und gleich ihm Mitglied des ›Göttinger Hain‹, Lyriker, Dramatiker, Übersetzer. – *Schmid quinque:* Nach Leitzmann (a.a.O., S. 508, Anm. zu F 935 seiner Zählung) sind wohl folgende ›fünf Schmids‹ gemeint: der Gießener und der Braunschweiger Professor, der Halberstädter Dichter, der Gothaer Prediger und der Wiener Lesekabinettsdichter. – *Goecking:* Leopold Friedrich Günther von Goeckingk (1748–1828), Lyriker und Publizist; 1776–1779 Mitherausgeber des »Göttinger Musenalmanachs«, Herausgeber des »Journal von und für Deutschland« (1784). – *materque Karschia:* Lat. ›und Mutter Karschin‹. – *Pfeffel:* Von L. verbessert aus *Bürger Göth' Klinger*. Gottlieb Konrad Pfeffel (1736–1809), Erzieher in Kolmar und volkstümlicher Fabeldichter. – *Marantchen cum sua Nantchen:* Anspielung auf das Liebespaar in Goeckings »Liedern eines Liebenden« (1777), die ihn populär machten. – *Raufseysen:* Von L. verbessert aus *Goethius cum RaufsEis[en] Rauffs-Eisen Göth-Löw-Bürg-Gott-Kling*. Philipp Ernst Raufseysen (1743 bis 21. Dezember 1773), Student in Jena, Magister in Greifswald, zuletzt Musketier; Lyriker. – *Löw:* Johann Friedrich Löwen (1727–1771), Schriftsteller und Theaterdirektor; Gründer des Hamburger Nationaltheaters (1767), wohin er Lessing als Dramaturg berief. – *ad:* Lat. ›zu‹. – *Bürger:* Gottfried August Bürger (1747–1794), berühmter Balladendichter (»Lenore«) und Übersetzer (»Macbeth«); gab seit 1779 den »Göttinger Musenalmanach« heraus. – *Gott:* Friedrich Wilhelm Gotter (1746–1797), Dichter (Bearbeitungen frz. Stücke) und mit Boie Hrsg. des ersten deutschen Musenalmanachs (1770). – *Kling:* Friedrich Maximilian von Klinger (1752–1831), Dramatiker des Sturm und Drang. – *Gessn:* Salomon Geßner (1730–1788), Maler in Zürich und seinerzeit in ganz Europa gelesener Dichter antikisierender Idyllen und empfindsamgraziöser Schäferdichtung nach dem Vorbild Theokrits. – *adde:* Lat. ›füge hinzu‹. – *et his ... sperant:* Und ihnen ein Wunder! Füge hundert Heerscharen von Barden hinzu. / Sie seufzen, singen und lieben. / Solange sie schnaufen, singen sie, solange sie lieben, hoffen sie. – *Et his:* Von L. verbessert aus *His addes o*. – *Bardorum:* Von L. verbessert aus *portentum!* Zu *Barden* s. zu E 169. – Nach dem zweiten *dum* von L. gestrichen *sperant*. – Am Rande untereinander geschrieben *RauffsEisen Löw Grillo Marantchen Nantchen*. Friedrich Grillo (1737–1802), Prof. beim Kadettencorps in Berlin, Lyriker: »Idyllen aus dem Griechischen« (1767–1771).

945 *traurige Liebe, wo man ... zu Bette geht:* Ironische Anspielung auf Bürgers »Lenore«?

946 *Anfang der Schrift:* S. zu F 934. – *neuen:* Von L. verbessert aus *rühmli-*

chen. – sich deutliche Begriffe von Berlin ... verschreiben: S. zu F 934. – *einwenden:* Von L. verbessert aus *haben.* – *Beförderung der Menschenliebe und der Menschenkenntnis:* Ironische Verwendung des Lavaterschen Begriffspaars. – *dem Gebrauch:* Von L. verbessert aus *der Anwendung.*

948 *Schön ... was ihnen gefällt:* Vgl. F 942.

949 *der ungebetene Einleiter:* Zimmermann (s. zu F 905); »ungebeten« nennt ihn L. auch F 954.

951 *Conrad Photorin:* D. h. der Satiriker L.; vgl. F 992, 993; zur Verwendung dieses Eigennamens s. zu C 254.

953 *Auch:* Danach von L. gestrichen *ich segelte mit der bey einem. – stieß ... das Pöbels-Lüftchen:* Gemeint ist der Erfolg von L.s Antiphysiognomik im »Göttinger Taschen Calender«, der jährlich zu Weihnachten verschickt wurde. – *popularis aura:* Lat. ›Volksgunst, Gunst der großen Masse‹; von Cicero »De haruspicum responso« 20, 43 geprägt und von Vergil, Horaz, Livius und Quintilian ähnlich angewandt.

954 *Alle:* In der Handschrift *Ueber Alle.* – *ich:* In der Handschrift *ich mich.* – *Tempels der Philosophie:* Zu der Wendung vgl. F 929, 930. – *Abhandlung:* Mendelssohns Abhandlung im »Deutschen Museum«; s. zu F 905. – *Schweizer Trabanten:* Zimmermann; s. zu F 905. – *ungebeten:* Vgl. F 949.

955 *Urteile von Männern ... in meiner Meinung bestärkt:* Zu denken wäre an Möser, Nicolai, auch Lessing. – *Weltkenntnis:* Von L. verbessert aus *Ruhm.*

956 *(Am allerbesten so:) ...:* Auch diese Bemerkung gehört zu L.s Plan einer Entgegnung auf Zimmermann. – *Schweizer Trabanten ... vor Heiligtümer hinpflanzen:* S. zu F 929.

958 *Primaner-Philosophie:* Zu der Wortbildung *Primaner* s. zu D 238. – *ana:* Darunter verstand man, wahrscheinlich seit den 1666–1669 erschienenen »Scaligeriana«, Sammlungen von Aussprüchen und Anekdoten, die auf den Träger des betreffenden Namens zurückgeführt wurden; vgl. etwa die zu E 19 nachgewiesenen »Menagiana«; s. auch L 281. – Nach F 958 ist folgendes Fragment einer Bemerkung gestrichen: *Ich bin noch neuerlich von einem.*

959 *Lesern ... die vor dem Philosophischen ... erschrocken sein:* Zu L.s Ablehnung von philosophischen »Distinktionen« für seine umstrittene Antiphysiognomik s. zu F 933.

960 *Über die Haupt-Grundsätze der schönen Künste:* Der Aufsatz ist zu F 967 nachgewiesen. – *Absichten:* Von L. verbessert aus *Theilen.*

961 *Unsere Empfindung ... Natur:* Von L. weitergedachte Version der Formulierung Mendelssohns in F 960.

962 *Nichts läßt lustiger, als seinen Feind bepissen ...:* Der Gedanke ist in »Wider Physiognostik« (III, S. 555) verwertet. Vor *Nichts* von L. gestrichen *Meine Absicht war nichts weiter. Wer mit der Strangurie behaftet ist, muß seinen Feind nicht bepissen wollen.* – *Strangurie:* Harnzwang.

965 *Nathanael Lee's ... scenes:* Nathanael Lees Bedlam Tragödie hatte 25 Akte und einige seltsame Szenen. Zitat aus einem Brief von Gray an West in Masons zu F 860 nachgewiesener Ausgabe der Werke Grays. – *Lin. ult.:* Lat. Linea ultima ›letzte Zeile‹.

966 *Die Thetis ... für unsere Weinschenken:* L. hat diesen Gedanken, der auf die Weinpanscherei anspielt, III, S. 679 verwertet. – *Thetis:* Meernymphe, Tochter des Nereus, Gattin des Peleus und Mutter des Achill.

967 *Esel ... glaubte ... Ehre wäre ihm erwiesen:* Vermutlich notiert sich L. diese ›Eselei‹ in Zusammenhang mit Zimmermann; über seine ›Ehrenrettung‹ des Esels vor der ihm nachgesagten Dummheit s. zu A 26. – *Mendelssohn T. II. p. 133:* In dem Aufsatz »Ueber die Hauptgrundsaetze der schoenen Kuenste und Wissenschaften« in Mendelssohns »Philosophischen Schriften«, Berlin 1761, verbesserte Aufl. 1777, in zwei Teilen. Mendelssohn hat die Anekdote Winckelmanns »Erläuterung der Gedanken von der Nachahmung der griechischen Werke in der Malerey und Bildhauerkunst« entnommen.

969 *Cries:* Engl. ›Rufe‹, Ausrufe der Straßenhändler.

971 *Leute zum Namen Genie kommen, wie die Keller-Esel zum Namen Tausendfuß:* Vgl. E 47, F 1126; s. auch III, S. 567.

972 *Wargentin setzt ... die Differenz der Meridiane ...:* Die Notizen von Pehr Vilhelm Wargentin (1717–1783), astronomischer Schriftsteller und seit 1749 Sekretär der Akademie der Wissenschaften in Stockholm, finden sich in einem Brief an Maskelyne »concerning the difference of longitude of the royal observatories at Paris and Greenwich« in den »Philosophical Transactions« 1777, S. 162. – *Critical Review:* Britische Zeitschrift, erschien 1756–1817, erster Hrsg. Tobias Smollett. – *für dieses Jahr:* 1778. – *31":* Danach von L. gestrichen *Secunde.*

973 *Respice finem:* Lat. ›bedenke das Ende‹. Das Zitat entstammt dem mittelalterlichen Hexameter: »Quidquid agis, prudenter agas et respice finem« (Was auch immer du tust, tue es klug und bedenke das Ende), dessen Verfasser unbekannt ist; vielleicht war Jesus Sirach 7, 40 das Vorbild. S. auch G 52.

975 *Churchill sagt von ... Mossop ... von Quin ...:* Die von L. zitierten Verse finden sich in Charles Churchills »The Rosciad« und »The Apology«. – *For ... know:* Denn er entschloß sich, sich an die Schrift zu halten, / Was die rechte Hand tut, soll die linke nicht wissen. – *Quin:* James Quin (1693–1766), beliebter engl. Schauspieler, vor allem in komischen Rollen; stand im Schatten Garricks. – *In ... believe:* Als Brute glänzte er unerreicht: Man ist sich einig, / daß Garrick ein nicht halb so großartiger Grobian (Wortspiel) ist. ... nach einem Grund zu fragen / ist in einem Staat wie ihrem ein glatter Verrat. Sie betrügen die dummen, abergläubischen Leser, / Die ihre Leichtgläubigkeit an den Ärmel des Kritikers heften, / Und, gänzlich unwissend, alles glauben. – *Brute:* Zu der Rolle des Sir John Brute, in der Garrick brillierte, s. zu D 625.

976 *Von dem der skribbelt ... zu dem der schreibt:* Derselbe Gegensatz begegnet im »Fliegenwedel« (III, S. 524); vgl. F 884. – *skribbelt:* S. zu D 56.

977 *Maupertuis die Rasereien des Lamettrie ... entschuldigt:* S. zu F 741. Nach *Maupertuis* in der Handschrift *sogar.*

978 *jeder Bürger ... Z.:* Von L. verbessert aus *man kent Z. in Hannover.* – *Z.:* Zimmermann.

979 *Zeilen ... von Riedel:* Nicht ermittelt.

981 *meinem Satz, daß man Kinder ... weiser sind:* Vgl. F 58.

982 *Ein Lied ... vergessen:* Vermutlich von L. selbst verfaßt; s. zu F 1129.

984 *vorigen September:* Von L. verbessert aus *neulich.* – *Herkulaneum:* Die Ausgrabungen bei Pompeji und Herkulaneum hatten 1738 begonnen. Auf den September kam L. durch den Umstand, daß das Septemberheft 1778 des

»Deutschen Museums« (2, S. 240) einen Aufsatz über sie gebracht hatte. Vgl. auch F 689.

985 *Der Mann gehört . . . unter die . . . pompeusen Schriftsteller:* Zimmermann, den L. in den Briefen (an Johann Georg Forster, Juli 1788) direkt als »Don Pomposo« apostrophiert. Den Ausdruck »pompeus« entnahm L. wohl Buffon; vgl. F 709 und die Anm. dazu. – *ist:* Danach von L. gestrichen *Sie erinnern mich zum Exempel an in be.* – *Versailles mit Sanssouci verglichen:* Der Vergleich ist Zimmermanns 1773 an einen Freund in der Schweiz gerichteten Brief über seine Audienz bei Friedrich II. entnommen, der 1773 im »Gießer Wochenblatt« (1771–1792) und dann separat in vielen Nachdrucken erschien (vgl. darüber Ischer, Johann Georg Zimmermanns Leben und Werke, S. 313); eine andere Stelle ironisiert L. in »Wider Physiognostik« (III, S. 554). – *Versailles:* Von L. verbessert aus *Sans Souci.* Zu Versailles s. zu D 398. – *Sanssouci:* S. zu D 398. – *es ist . . . vorgekommen:* Als Anmerkung am Schluß von L. durch Zeichen hierher verwiesen. – *kam . . . vorgekommen:* Von L. verbessert aus *ist ihm zu Hause vorgekommen u müste so schreiben. – der Verfasser . . . versteinert:* Anspielung auf den oben erwähnten Brief Zimmermanns.

986 *Weil er mich . . . mit vogelfreier Grobheit behandelt:* Zimmermann; zum Audruck *vogelfrei* s. zu E 153.

987 *Das sagte ich . . . formen:* Vgl. die Erörterung in der Antiphysiognomik (III, S. 287 f.). – *die Bewegung:* Danach von L. gestrichen *daher kommt es da[nn].* – *der böse 3$\underline{te}$ Mai:* Diese Eintragung ist am Rande notiert; sie bezieht sich vermutlich auf den 3. Mai 1777, als L. wegen Krankheit seine Entdeckung der elektrischen Figuren nicht persönlich vor der Sozietät vortragen konnte, sondern dies Kästner überlassen mußte.

988 *ungezogenen Wärme eines . . . Scharwächters:* Scharwächter: Wächter, der zusammen mit mehreren anderen nachts patrouilliert. Von der »unbesonnenen Hitze eines Scharwächters« spricht L. im Hinblick auf Zimmermann auch in der »Dritten Epistel an Tobias Göbhard« (III, S. 549); vgl. III, S. 245, 344, 606, 814. – *betrunkenen:* Von L. verbessert aus *empfindsamen.*

989 *Was ist wohl die Ursache, daß ich . . . wieder.* S. zu F 152. – *Wallungen:* Danach von L. gestrichen *Sind es Gründe, die man.* – *Trostgründe:* Von L. verbessert aus *Grün[den].*

992 *Rechtskräftiger Beweis . . . nicht selbst geschrieben habe:* Zu diesem Plan s. zu F 993. – *Pasquill wider . . . L.:* Zimmermanns zu F 905 nachgewiesene, gegen L. polemisierende Einleitung.

993 *Über Tobias Göbhards Einleitung . . . von G. C. L.:* Zum Plan dieser Satire s. schon F 928, 992. – *Schrift:* Danach von L. gestrichen *wider mich.* – *in den stürmischen Monaten:* Von L. verbessert aus *im Frühling;* vgl. auch F 953 und »Dritte Epistel an Tobias Göbhard« (III, S. 539). – *von G. C. L.:* Von L. gestrichen.

996 *den Polygraphen . . . macht . . . nicht das Viel-Wissen:* Über L.s Kritik an dem zeitgenössischen Vielschreiber und der ›Vielschreibekunst‹ s. das Wortregister; vgl. III, S. 87.

998 *Bei manchem Werk . . . lieber lesen was er weggestrichen:* Der Gedanke ist in der »Nachricht von Pope's Leben und Schriften« (GMWL 3. Jg., 1. Stück, 1782; VS 5, S. 44) verwertet.

1001 *Blutdürstig . . . statt blutrünstig:* Diese Wendung aus der Bedientensprache ist im »Orbis pictus« (III, S. 387) verwertet. Vgl. Mat II 5, 14.

1004 *Verbesserungen:* Von L. verbessert aus *Fälle.*

1005 *Madam:* Von L. verbessert aus *Durchlauchtigste Fürstin.* – *Force:* Von L. verbessert aus *Stärcke.* – *haben:* Von L. verbessert aus *besitzen*; danach gestrichen *als welches man als und das deutsche als Hochdero Stiefmutter-Sprache ansehen.* – *Stiefmutter-Sprache:* Danach von L. gestrichen *ich meine der deutschen.* – *sorgenfreier:* Von L. verbessert aus *sorgloser.* – *florisante:* Frz. florissant ›blühend‹. – *Nürnberger Ware:* Zu diesem Ausdruck s. zu D 116. – *müssen:* Danach von L. gestrichen *Den[selben] Hochdenselben.* – *rechtmäßigen Sohnes: Zimmermann?* – *den:* Danach von L. gestrichen *wir Stiefkinder einer.* – *Storch der Erste und Klotz der Erste:* S. zu F 97.

1006 *Palafox:* Juan de Palafox de Mendoza (1600–1659), seit 1639 Bischof von Puebla-de-los-Angelos; berühmt wegen seines Eintretens für die Indianer; 1653 Bischof von Osna in Spanien. Seine Lebensbeschreibung hatte der »Teutsche Merkur« 1778, 1, S. 121, 211 gebracht; er wird auch von Musäus in den »Physiognomischen Reisen« 2, S. 211; 3, S. 8, 9 genannt. – *Angelopolis:* Puebla de los Angelos (›Engelsstadt‹) in Mexiko.

1010 *In Hamburg:* L. unternahm mit Dieterich vom 6. bis 22. Juni 1778 eine Reise nach Hamburg. – *der dritte Feiertag noch nicht urbar gemacht:* Vgl. C 245; gemeint ist der Dienstag nach Pfingsten.

1011 *Bischöfe:* Zu diesem Getränk s. zu B 61.

1014 *was die Leute gegen das Deklamieren schimpfen:* Der Anfang der Bemerkung ist wohl durch Lavaters »Physiognomische Fragmente«, Bd. 4, S. 25 angeregt, wo sich der Verfasser gegen den Vorwurf der Deklamation verteidigt, die er »ein Modewort unsrer untersuchenden Zeit, womit man alle Wahrheit, die nicht gefällt, zu Boden gebieten will« und »Wortgeräusch ohne Wahrheit« nennt. – *schimpfen:* Danach von L. gestrichen *und von nichts a[nderen].* – *Menschen:* Danach von L. gestrichen *dasselbe Zimmer bewohnt.* – *kann:* Danach von L. gestrichen *viel thun.* – *machen:* Danach von L. gestrichen *Gesteht selbst.* – *etwa:* Danach von L. gestrichen *Da kämt ihr der Seele eben recht.* – *wissen:* Von L. verbessert aus *wusten.* – *Apollo einem der größten Redner ... getan:* Wohl Anspielung auf Vergils »Eklogen« 6, 3: »Cynthius aurem / vellit«. Aber am Ohr zupft Apoll. Cynthius: Beiname Apolls. Vgl. auch das ungenaue Zitat im Brief an Johann Georg Forster, Juli 1788, und an Karl Friedrich Kielmeyer, 12. Dezember 1791. – *größten Redner:* Von L. verbessert aus *weisesten Männer.* – *Cook hat gefunden ...:* Von den stark ausgedehnten und durch Ringe geschmückten Ohrläppchen der Osterinsulaner und Neukaledonier berichtet Forster, Sämtliche Schriften, Bd. 1, S. 438, 441; Bd. 2, S. 296, 306; sie werden auch in » Künsteleyen der Menschen an Bildung ihres Körpers (GTC 1778, S. 65; VS 6, S. 311) erwähnt. – *hinein:* Danach von L. gestrichen *ich sehe a[ber?].* – *die donnernde:* Von L. verbessert aus *den Donner.* – *geistischer:* Von L. verbessert aus *erlaubter.*

1016 *Gaudeant bene nati:* Die Wohlgeborenen mögen sich freuen. Zu L.s Wortspielen mit ›Wohlgeboren‹ und ›Wohlgestorben‹ s. zu E 372. – *Hamburg:* Zu der Reise s. zu F 1010.

1017 *Duodrama im Mutterleibe:* Dieser schon F 1003 erwähnte Plan ist vielleicht auf eine in England aus Sloanes hinterlassenen Manuskripten empfangene Anregung zurückzuführen; vgl. E 4 und die Anm. dazu. – *ward:* Danach von L. gestrichen *es kam mir vor als hätte ich.*

1018 *schreibt wie Z.:* Gemeint ist Zimmermann.

1020 *Bosheit:* Von L. verbessert aus *Affeckt.*

1021 *Ich habe . . . oft folgendes bemerkt . . .:* Zu L.s Selbstbeobachtung s. zu A 35.

1028 *100:* Von L. verbessert aus *1000.*

1029 *Der unter die Teufel gezählte Voltaire:* Voltaire war am 30. Mai 1778 gestorben. – *Der unter:* Von L. verbessert aus *Unter.* – *gezählte:* Von L. verbessert aus *gezählter.*

1035 *unsere Geistlichen . . . aus der Bibel aus:* Wohl Anspielung auf den Theologen Semler und seine in Halle 1760 erschienene Schrift »De daemoniacis, quorum in evangelio fit mentio«, in der die damalige Auffassung von den Besessenen einer rationalistischen Kritik unterzogen wird. Vgl. F 1166. – *Gaßnern . . . Teufel aus Menschen triebe:* Vgl. F 1166 und zu F 322.

1036 *Guyots:* In der Handschrift *In Guyots.*

1037 *Beatifikation:* Dieser Begriff, eigentlich im religiösen Sinn für Seligsprechung durch den Papst gebräuchlich, ist nach Georg Matthias Bose (1710–1761) für ein von ihm entdecktes elektrisches Phänomen geprägt worden, das darin besteht, daß »man einem isolierten und elektrisierten Menschen um den Kopf einen feurigen Glanz erwecken kann, wenn man den Kopf vorher mit metallenen Spitzen einfasset« (Karsten-Gren, Anfangsgründe der Naturlehre, S. 800). L. gebraucht den Ausdruck auch in den Hogarth-Erklärungen (III, S. 826).

1038 *Die erste physiognomische Grundregeln festzusetzen . . . die größte Schwierigkeit:* Dieser Gedanke kehrt F 1190 wieder.

1039 *Wie perfektibel der Mensch . . .:* Zur Perfektibilität des Menschen s. zu E 359. – *lerne:* Von L. verbessert aus *weiß.* – *die Kraft, die im geriebenen Bernstein zieht . . . dieselbe die in den Wolken donnert:* Vgl. C 178 (S. 189) und Anm.

1040 *Fulda's Sammlung:* Das Werk ist zu F 32 nachgewiesen. – *in dem Allgemeinen Bücher-Verzeichnis 1777 p. 209 . . .:* Das Zitat ist wörtlich dem von Adelung herausgegebenen »Allgemeinen Verzeichnis neuer Bücher mit kurzen Anmerkungen; nebst einem gelehrten Anzeiger«, Bd. 2, S. 209, 1777, entnommen. Es erschien Leipzig 1776–1784 in 8 Bdn. L. nennt es auch in »Über Hrn. Vossens Vertheidigung gegen mich im März/Lenzmonat des deutschen Museums 1782« (GMWL 3, 1782, 1. Stück, S. 162f. VS 4, S. 324). – *Onomatopöien:* Wortbildungen nach dem Naturlaut oder Klang einer Sache. – *Mit diesen Fuldaischen Grillen . . . die Lavaterschen die größte Ähnlichkeit:* Die Paralellisierung von Fuldas Ansichten mit Lavaters »Physiognomik« begegnet auch F 1072, 1075.

1042 *Erst ist eine Zeit . . . dann glaubt man wieder alles:* Zu diesem Gedanken s. zu E 29; s. auch F 1045. – *sagt Deluc:* Womöglich mündliche Äußerung, da Deluc Anfang Juli 1778 einige Tage in Göttingen war (vgl. Brief an Jean André Deluc, 2. Juni 1778).

1043 *Wenn man einmal weiß, daß einer blind . . .:* Vgl. F 1157.

1044 *Den 22ten Julii 1778 das erste Manuskript in die Druckerei . . . gegeben:* S. Brief an Johann Andreas Schernhagen, 23. Juli 1778. – *Abhandlungen, nicht Kalender und Genealogie:* S. Brief an Johann Andreas Schernhagen, 3. August 1778. – *Den ersten Drachen:* Im Rahmen seines Collegs führte L. Versuche mit Luftelektrizität vermittels von Drachenflügen durch; vgl. Brief an Johann Andreas Schernhagen, 30. Juli und 3. August 1778.

1046 *Auf den Neger-Embryo ein Lied:* Vgl. die prosaische Apostrophe D 322 und die Anm. dazu. – *Zuckerkrämer:* Diesen Ausdruck gebrauchet L. auch in der Antiphysiognomik (III, S. 273). – *Schinder:* Gemeint sind die europ. Zuckerplantagenbesitzer und Sklavenhalter auf den seinerzeit von Frankreich ausgebeuteten mittelamerik. Inseln in Westindien; vgl. III, S. 273. – *Gray's Elegie:* Grays berühmte »Elegy written on a country churchyard«, die L. auch in den Hogarth-Erklärungen (III, S. 818) zitiert.

1047 *Sie fühlen ... mit dem Herzen:* Zur Interpretation dieses Satzes s. Werner Kraft, Herz und Geist, Wien und Köln 1989, S. 21. Von »warmen Herzen« schreibt L. in III, S. 379, 410.

1048 *Die Physiognomen:* Zu diesem Plan s. zu E 236.

1049 *ein bayrisches Buch ins Deutsche übersetzen:* Von »bayerischem Deutsch« spricht L. auch im Brief an Samuel Thomas Sömmerring, 9. November 1788. – *ins unwitzige Philosophische ... übersetzen:* Gegen die »Distinktionen des Weltweisen« argumentiert L. schon F 933, 942.

1050 *Sie:* Von L. verbessert aus *Herr Lavater.* Gemeint ist dessen Polemik gegen L. im Eingang des vierten Bandes der »Physiognomischen Fragmente«. – *haben:* Von L. verbessert aus *hätten.* – *weggeworfene:* Vgl. E 158.

1051 *die bittern Heilkräfte:* Von L. verbessert aus *die Heilkrafft.* – *Nachwelt:* Danach von L. gestrichen *ich meine.*

1053 *Stadtphysikus in Brugg:* Gemeint ist Zimmermann, der vor seiner Berufung nach Hannover längere Zeit Stadtphysikus in seiner Vaterstadt Brugg im Aargau gewesen ist.

1054 *wie mit dem Verrat, sie liebt die Satyre und haßt den der sie schrieb:* Abwandlung des von L. in »Der Weg der Buhlerin« (III, S. 746) zitierten ›Sprichworts‹: »Ich liebe den Verrat und hasse den Verräter«. Die Quelle ist Jacques Amyot (1513–1593), frz. Humanist, der »Rom« 26 schreibt: »Cesar Auguste qui dit à Rymitacles, qu'il aimoit la trahison, mais qu'il haissoit les traistres«. Vgl. auch den Brief an Georg August Ebell, 26. Februar 1795. – *hier:* Von L. verbessert aus *hiermit* aus *mit solchem.*

1055 *Wie wenig Sie wissen müssen, was die Welt von Ihnen denkt:* Gemeint ist Zimmermann.

1057 *einmal:* Von L. verbessert aus *dereinst.* – *Pringle:* Sir John Pringle (1707–1782), engl. Arzt und Naturwissenschaftler, seit 1772 Präsident der Royal Society, Leibarzt Georgs III. – *Hawkins:* Sir John Hawkins (1719–1789), 1765 Chairman der Quarter Sessions für die Grafschaft Middlesex, Schriftsteller. Veröffentlichte 1776 die fünfbändige »General History of the Science and Practice of Music«. Freund Johnsons und nach dessen Tod Herausgeber seiner Werke. 1787 erschien »The Life of Samuel Johnson«, die vor Boswell (1791) bedeutendste Biographie über Johnson. – *schrieben:* Von L. verbessert aus *schreibst.* – *Chaos is come again:* Das Zitat stammt aus Shakespeares »Othello« 3, 3. – *so:* Danach von L. gestrichen *will ich gerne zu[geben].* – *bei Ihnen wundert es mich nicht:* Gemeint ist Zimmermann, dem L. drei berühmte engl. Ärzte – Pringle, Hawkins, Hunter – gegenüberstellt.

1058 *Eine ... sonderbare Kinderzucht ... im Deutschen Herkules:* Gemeint ist der Braunschweig 1659–1660 erschienene Roman »Des christlichen Teutschen Großfürsten Herkules und der böhmischen königlichen Fräulein Valiska Wundergeschichte« (8 Bde. in 2 Tln.) von Andreas Heinrich Buch-

Socrates

(h)oltz (1607–1671), Superintendent in Braunschweig und Schriftsteller, der durch seinen Roman die sittenfreien Amadisromane verdrängen wollte. – *Kinderzucht:* Von L. verbessert aus *Mo[ral]*.

1061 *Kopf des Sokrates und Demosthenes ... ansah:* L. meint wohl die Kupfer beider Männer in Lavaters »Physiognomischen Fragmenten«, Bd. 2, S. 64; Bd. 3, S. 52.

1063 *Der Stirnmesser ... einer der besten Gedanken ... Lavaters:* Von dem von ihm erfundenen Stirnmesser, mit dem er durch Messung der Kapazität der Stirn eine Proportionstafel für alle Fähigkeiten der Seele herstellen wollte, handelt Lavater in Bd. 4, S. 155, 237, der »Physiognomischen Fragmente«. L. erwähnt ihn auch F 1228; UB 49 und in Briefen an Carl Friedrich Hindenburg vom 10. Februar, 15.(?) Februar 1778, Ende Januar 1779 (?). – *Vollmondes:* Von L. verbessert aus *Mondes*. – *er scheint dem Astronomen ... beim Aufgang größer, als dem Bauern:* Zu diesem Gedanken vgl. A 130.

1064 *Lavater wegen des: steht es aber für unsere Augen da:* »Wie würde unsres Verfassers wetterleuchtender Witz einen Menschen empfangen, der ihm die Astronomie mit der Frage verdächtig oder lächerlich machen wollte: stehen die Sterne für unsre Augen da, gesetzt auch daß die unsichtbare Gottesweisheit durch sie sichtbar würde?« (Lavater, »Physiognomische Fragmente« 4, S. 29). Gegen die Stelle polemisiert L. auch F 1080.

Demosthenes

1065 *Nicéron aber ...:* Vgl. Nicérons »Mémoires pour servir à l'histoire des hommes illustres de la république des lettres«, Paris 1727–1745, Bd. 14, S. 258. Das Buch wird auch im Brief an Jeremias David Reuß vom 25. Juni 1796 erwähnt. Übersetzt von Christian David Jani erschien das Werk 1749–1777 in 24 Bdn. unter dem Titel »Nachrichten von den Begebenheiten und Schriften berühmter Gelehrten« (BL, Nr. 1897). Jean Pierre Nicéron (1685–1738), frz. Barnabitenpater in Paris.

1067 *An den Köpfen der großen Griechen und Römer ... nicht Regeln ... abstrahieren ...:* Spitze gegen Lavater; vgl. F 1061.

1070 *unser Philanthropin:* S. zu F 403.

1071 *legte:* Von L. verbessert aus *sezte*. – *aß ein Te Deum laudamus:* Zu dieser Wendung vgl. J 176 und die Hogarth-Erklärungen (III, S. 736); s. auch L 282, 456; SK 322. – *Te Deum laudamus:* Gott, wir loben dich. Der Ambrosianische Lobgesang, dessen Text eine Kompialtion des 3. bis 6. Jh.s ist. Mehrstimmige vertonungen der Chormelodie im 18. Jh. stammen u. a. von Händel und Graun (s. zu L 282, 456). – *gedankt wird:* Von L. irrtümlich gestrichen.

1072 *Fulda's Bemühungen ... die Bedeutung der Wörter aus dem Schall zu finden ... Ähnliches mit Physiognomik:* Zu diesem Vergleich mit Lavater s. zu F 1040. – *donnern ... wiehern:* Zu dieser Sammlung onomatopoetischer Verben s. zu

A 134. – *auris:* Lat. ›Ohr‹. – ὀφθαλμός: Griech. ›Auge‹. – *Feind ... ein sanfteres Wort als Freund:* Zu dieser Beurteilung s. zu F 25. – *amicus ... amico:* Lat. bzw. ital. ›Freund‹. – *Ma mie:* S. zu F 822. – *lepōres ... lepōres:* Lat. lepus ›Hase‹; lepor ›Anmut, feiner Humor‹.

1074 *Sterne ... Fielding:* Zur Methode dieser Vergleichung s. zu F 793. – *einer sehr hohen:* Von L. verbessert aus *der besten.* – *sein Fündling:* Fieldings Werk ist zu KA 256 nachgewiesen.

1075 *Fulda's Grillen:* Zum Vergleich Fuldas mit Lavater s. zu F 1040.

1076 *Fielding sagt ...:* Im »Tom Jones« (s. zu KA 256), Bd. 2, S. 7. – *he began ... bear:* Er begann, die Ansichten seiner Frau mit solcher Herablassung und Unverschämtheit zu behandeln, wie sie nur diejenigen, die selbst einige Verachtung verdienen, aufbringen und nur die, die keinerlei Verachtung verdienen, ertragen können.

1077 *Ailhauds ... Pulver:* Jean Ailhaud (1674–1756), frz. Arzt, hatte 1740 ein abführendes Pulver auf der Grundlage von Skammoniumharz erfunden, das zugleich ein Universalmittel gegen allerlei Krankheiten sein sollte. Es wird auch in »Ein Wort über das Alter der Guillotine« (III, S. 488) und in Musäus' »Physiognomischen Reisen«, Leipzig 1778, Bd. 2, S. 94 erwähnt. Wie ›epidemisch‹ dieses Mittel war, geht noch aus den Artikeln hervor, die Hufeland (unterzeichnet: Dr. H***) unter dem Titel »Über die neuesten Modearzneyen und Charlatanerien« und »Noch etwas an die Freunde des Ailhaudschen Pulvers; nebst der Vorschrift es zu enthüllen und selbst zu bereiten« im »Journal des Luxus und der Moden«, Oktober 1789 und Februar 1790 (S. 79–89) veröffentlichte.

1079 *fortgepflanzt:* Danach von L. gestrichen *Tändeln.*

1080 *Für unsere Augen da:* S. zu F 1064.

1081 *können:* In der Handschrift *kan.*

1082 *Antisthenes:* Um 455–360 v. Chr., aus Athen, Schüler des Sokrates, Gründer der kynischen Philosophenschule. – *Populares ... unum:* Gebräuchlich sind viele Götter, natürlich ist ein einziger. Vgl. Cicero, De natura deorum 1, 32, zitiert nach Ciceros »Opera omnia cum Gruteri Et Selectis variorum notis & indicibus locupletissimus, Accurante C. Schrevelio«, Basilea [Basel] 1678; L. besaß die Ausgabe von 1678 (BL, Nr. 1508). – *1687:* Womöglich Schreibfehler L.s. Cornelius Schrevelius (ca. 1615–1664), bedeutender holl. Altphilologe und Schulmann.

1083 *im Traum:* Zu L.s Traum-Notizen s. zu A 33. – *mein größeres Mitleiden im Schlaf:* S. zu F 878.

1085 *Das viele Lesen ...:* Zu L.s Kritik daran s. zu F 439.

1086 *die männliche Schönheit ... von weiblichen:* Zu dem Gedanken vgl. schon A 139.

1087 *Knien:* Von L. verbessert aus *Füßen.*

1088 *mein Herr:* Wohl Lavater. – *immer:* Danach von L. gestrichen *Raum läßt.* – *bis zu pro und contra zu entfernen:* Zu dieser Wendung vgl. F 1075.

1092 *Z.:* Gemeint ist Zimmermann.

1093 *Die leidende Tugend ... ein scheinbarer Gedanke:* Vgl. F 1204, und Lavaters »Physiognomische Fragmente« 4, S. 10. – *Sie:* Angeredet ist wieder Lavater.

1095 *Bei dem allgemeinen Mißtrauen ... alle Versuche durch Waisenknaben anstellen lassen:* Zu diesem Gedanken vgl. F 624 und die Anm. dazu.

1096 *Partridge:* Engl. ›Rebhuhn‹, komische Figur aus Fieldings »Tom Jones«. Vgl. III, S. 387

1097 *die Wochen-Tage unter Bildern vorzustellen:* S. zu D 24. – *mit einem Wort:* Von L. verbessert aus *oder*.

1098 *Ihnen:* Gemeint ist Lavater. – *Porträten:* Von L. verbessert aus *Bildern*.

1099 *Bomare: Artikel asa foetida:* S. den Artikel bei Jacques-Christophe Valmont de Bomare im »Dictionnaire raisonné universel d'histoire naturelle«, Lyon 1764, Bd. 1, S. 402 (s. zu B 114). L. nennt den Verfasser auch in »Leuchtende Kartoffeln« (GTC 1791, S. 167; VS 6, S. 219).

1100 *Ach, Papa ... weiße Flöhe:* Dieser Satz ist fast gleichlautend von L. in den »Romagnoli« (III, S. 617) wiederholt.

1102 *Beim Roman:* Zu L.s Romanplänen vgl. KIII, S. 294–296. – *Meine Mutter überall:* Über L.s enge Bindung zu seiner Mutter s. zu F 486.

1104 *Leute die das Wort Teufel ... mit einem T und einigen Punkten schreiben:* Vgl. Brief an Dieterich und Frau, 11. März 1772 und an Benzenberg, 14. Juni 1798. – *immer:* Von L. verbessert aus *überall*. – *diesen Respekt erzeigen sie einigen Gliedern ihres ... Leibes:* Z. B. den Testiculi.

1105 *dem Gesicht zu unterwerfen:* Von L. verbessert aus *s[ehen]*. – *besser:* In der Handschrift ohne Klammern über *Banden*.

1106 *geistlichen Herde:* Von L. verbessert aus *Gemeinde*. – *Stück:* Von L. verbessert aus *Schaafe*. – *die er regelmäßig schor:* Von L. verbessert aus *denen er täglich einen Besuch abstattete, da die Ersten diese Ehre nur des Sonntags genossen*.

1107 *Richterstuhl:* Von L. verbessert aus *Ge[richt]*.

1108 *Papilloten:* Haarwickel aus Papier, wegen der Ähnlichkeit mit einem Schmetterling (frz. papillon) so genannt.

1111 *Ein Rezensent ... tadelt die zusammengesetzten Wörter ... als Hißmanns Sprach-Erfinder:* In der Rezension von Hißmanns zu F 823 nachgewiesener Übersetzung von de Brosses in AdB 36, S. 158 tadelt der Rezensent (nach Parthey, Die Mitarbeiter an Nicolais Allgemeiner deutscher Bibliothek, S. 28, 50: Tiedemann in Kassel) diese Art der Komposition als zu lang, nicht wohlklingend und der Analogie des echten Schatzes unserer Muttersprache zuwiderlaufend. Vgl. F 1114.

1113 *vom Berge ... Milton übersetzt:* Diese Notiz hat L. der Rezension von Schmids »Literatur der Poesie« in AdB 36, S. 149 entnommen.

1114 *Es fehlt ... Vernunftlehre der Etymologie:* Zitat aus der zu F 1111 nachgewiesenen Rezension (a.a.O., S. 160). – *auch über das Deklamieren über Dinge ...:* S. zu F 1014.

1115 *Abhandlung in Erxleben[s] physikalisch-ökonomischen Abhandlungen nachzulesen:* Erxlebens Aufsatz »Über die fixe Luft und die fette Säure« steht in seinen »Physikalisch-chemischen Abhandlungen«, erschienen Göttingen 1777, Bd. 1, S. 1ff. L. entnahm den Hinweis auf Erxleben und Weigel wahrscheinlich AdB 36, S. 189, 520, 522. – *Weigels Chimie im ersten Teil:* Weigel handelt von der »fixen Luft« im »Grundriß der reinen und angewandten Chemie zum Gebrauch academischer Vorlesungen«, Bd. 1, S. 298, Greifswald 1777. Christian Ehrenfried Weigel (1748–1831), Prof. der Botanik und der Chemie in Greifswald, Übersetzer wissenschaftlicher Werke. L. besaß das hier genannte Werk (BL, Nr. 797).

1118 *vitulierende Fröhlichkeit:* Vgl. Mat II 41. – *vitulierende:* Einen Sieges- oder Lobgesang anstimmende.

1121 *Penates:* Röm. Schutzgottheiten des Hauses. – *penes nates:* Lat. ›Schwänze, Pobacken‹.

1122 *den 17. September Feuer bei Bossiegel:* Über diesen Brand berichtet L. in seinem Brief an Schernhagen vom 17. September 1778.

1123 *ironische Vergleichung unseres neueren Stils mit den englischen Gärten:* Vgl. D 214 und die Anm. dazu. – *unseres neueren Stils:* Von L. verbessert aus *unserer neueren Stilisten.* – *Schaffhauser Wasser-Fall:* Der unterhalb von Schaffhausen gelegene Wasserfall ist der größte Mitteleuropas: rd. 150 m breit und 24 m tief. L.s abschätziges Urteil erhellt aus RA 144 und III, S. 96. – *Ruinen von Palmyra:* Palmyra, Oasenstadt im Norden der syrischen Wüste, schon im 2. Jahrtausend v. Chr. erwähnt, wurde 273 n. Chr. von Aurelian zerstört. Die gewaltigen Ruinen von Palmyra haben seit Ende des 17. Jh.s die Aufmerksamkeit europäischer Reisenden auf sich gezogen. S. Dawkins/Wood, Les ruines de Palmyre, Paris und London 1753. – *Montblanc:* Danach von L. gestrichen *dem Baumhauß zu Hamburg.* – *Lüneburger Heide:* Diese Landschaft zählte, da nicht ›amoen‹, bis ins 19. Jh. hinein wie die Meerlandschaft zu den jeglichen Reizes entbehrenden Gegenden. – *schlängelt sich:* Von L. verbessert aus *führt.* – *die asiatische Periode:* Von der »dictio asiatica«, die sich durch Pracht und Wortfülle auszeichnete, handelt Cicero in »Brutus«, 325.

1126 *Es kämen unsere großen Geister zum Namen Genie, wie die Keller-Esel ...:* S. zu F 971. – *großen Geister:* Von L. verbessert aus *Genies.*

1129 *Da steht ... Bengel:* In diesen Alexandrinern, die sich F 1166, 1170 fortsetzen, liegen die Anfänge des satirischen Gedichts vor, das L. 1783 auszugsweise im »Göttingischen Magazin« veröffentlicht hat (s. III, S. 419). Zu demselben Plan gehören vielleicht auch schon F 568 und 973, wenn es sich in diesen beiden Fällen nicht um Zitate handeln sollte. – *Tellheims Engel:* Unklare Anspielung auf Lessings »Minna von Barnhelm«. – *Durch ... Bombast:* Von L. verbessert aus *Ballt* [aus *Wälzt*] *Bast und Bom;* diese Zeile begegnet auch F 1166 und III, S. 423. In diesen Zusammenhang gehört ferner folgender Textentwurf von L., vermutlich vom Herbst 1778:

        Heroische Epistel an Don Zebra Bombast
als er zum Gros Inquisitor beym Physiognomischen Departement
   zu Madrit gnädigst ernannt wurde von C[onrad] P[hotorin]
           Erhabner Mann! voll Edelmuth und Drang
           An Geist ein Gott an Leibe sechs Fuß lang
[am Rand:]   Und Nymphe Echo selbst sprach ungereimte Prose
           Und Jungfrau Virgo selbst merckt sich die neue Lehre
           Und füllte Jüngferlich die Ehre in die Aehre

(Zit. nach Joost, Kleine Lichtenberg-Funde, in: Göttinger Jahrbuch 1978).

1130 *Priestley On matter and spirit. p. 88:* »Disquisitions relating to matter and spirit«, erschienen London 1777, von Joseph Priestley. – *There ... of it:* Von Natur aus besteht nicht mehr Grund, warum die Wahrnehmung nicht einem materiellen System als solchem und nicht seinen Bestandteilen angehören könne, als daß das Leben einem animalischen System im Ganzen und nicht seinen einzelnen Teilen eignen solle.

1132 *Marie:* Dieterichs Köchin aus Arnstadt, mit der L. eine Korrespondenz führte, die nicht überliefert ist; vgl. seinen Brief an Blumenbach am 12. November 1786 und Deneke, Lichtenbergs Leben, München 1944, S. 196. – *Vale:* Lat. ›Lebe wohl‹.

1134 *Wir:* Davor von L. gestrichen *Nachdem er nun zum zweytenmal das letztemal gespielt hatte. – zum erstenmal das allerletztemal zu spielen:* Dieser Gedanke ist in den Hogarth-Erklärungen (III, S. 671) verwertet. *– zu spielen:* In der Handschrift *spielte.*
1136 *Infanterie . . . herkommen:* Vgl. Adelung, Versuch 2, Sp. 1376.
1137 *Es ist nicht erlaubt . . . sagt Bonnet:* Die 3. Auflage der von Johann Daniel Titius übersetzten und zuerst 1766 auf deutsch erschienen »Betrachtung über die Natur« von Charles Bonnet war Leipzig 1774 erschienen. L. besaß die 4. Aufl. von 1783 (BL, Nr. 188). *–* der *Physiognome findet:* Von L. verbessert aus *die Physiognomen finden* aus *angeben. – Monomotapa:* S. zu C 310. *– Grenzen:* Danach von L. gestrichen *liegt die gantze. – Turenne . . . blinzende Augen:* Vgl. F 898. *– geben:* Danach von L. gestrichen *auch den Perikles wird er nicht mit einem spitzen Kopf zeichnen. –* Man *hat sich über gewisse Züge verglichen . . . die malerischen Zeichen . . . ihre Sprache:* S. zu F 898.
1138 *Seine Schilderung von Rüttgerodt:* S. zu F 848; Lavaters dort nachgewiesene Charakteristik scheint demnach ganz oder teilweise von Zimmermann zu stammen. *– Geschichtsschreibern:* Von L. verbessert aus *Auf[schneidern?]. – Gelegenheit hatte:* Danach von L. gestrichen *sie zu erfahren.* Über den Mord und die Person des Mörders existieren zwei zeitgenössische Aufzeichnungen: aus dem Neustädter (St. Marien-)Kirchenbuch 1775 in Einbeck und Akten im Stadtarchiv Einbeck (mitgeteilt von Ebstein, Rütgerodt, a.a.O., S. 79–86). *– einzuziehen:* Von L. verbessert aus *einzusezen. – Rüttgerodt ging in die lateinische Schule:* »Am Unterricht hat es ihm nicht gefehlt; er war selbst in der lateinischen Schule so weit gekommen, daß er noch einige Worte Latein zusammensetzen konnte«, heißt es in dem Aufsatz »Blaubart der zweite, oder Rütgerodt in Einbeck«, veröffentlicht in den »Annalen des Braunschweig-Lüneburgischen Churlande«, 1. Jg., 2. Stück, Hannover 1787, S. 76–94, unterzeichnet J. V. K. (Ebstein, a.a.O., S. 77, vermutet den Mitherausgeber Kraut als Verfasser).
1139 *folgende:* Danach von L. gestrichen *Nun habe ich Satyren genug, laßt uns sehen ob ich.*
1140 *Die Wein-Bouteille im Kühlfaß:* Etwas verändert und um zwei Zeilen vermehrt sind diese Verse unter dem Titel »Die Champagner-Bouteille im Kühlfaß« im »Göttingischen Musenalmanach« für 1784, S. 48, gedruckt worden (s. III, S. 642).
1141 *einer:* In der Handschrift *einem. – Isaak . . . nach dem Opferberg:* Zur Prüfung Abrahams, der seinen Sohn Isaak opfern sollte, vgl. 1. Mose 22, 1–13.
1143 *jeden:* Von L. verbessert aus *jedes Buch oder;* zu Bücherverbrennungen s. zu F 119.
1146 *Rohrsperlingische:* DWB 8, Sp. 1134 leitet das Wort aus dem Sprichwort »Er schimpft wie ein Rohrsperling« ab, das sich auf das laute Gezwitscher dieses Vogels bezieht.
1148 *Strzecky:* Andreas Strzecky (1737–1797), poln. Prof. der Mathematik, Physik und Astronomie in Wilna. *– Königs von Polen:* Stanislaw August Poniatowski (1732–1798), seit 1764 – letzter –König von Polen, kulturell interessiert, dankte 1795 ab.
1149 *La Baume . . . Vid. Reise durch . . . Schweiz:* Vgl. »Reisen durch die merkwürdigsten Gegenden Helvetiens« 1, S. 39, erschienen Bern 1778 in

2 Bdn. Verfasser dieses Buches, dem L. auch die Nachrichten über die Mechaniker Jaquet-Droz in dem Artikel »P. Jaquet Droz und H. E. Jaquet Droz Vater und Sohn« (GTC 1780, S. 66–73) entnahm, ist Gottlieb Sigmund Gruner (1717–1778), schweizer. Naturforscher. – *Baumanns Höhle:* Die »Königin aller Höhlen« bei Rübeland im Harz; benannt nach dem Bergmann Friedrich Baumann, der ca. 1536 diese Tropfsteinhöhle erstmals wieder beging und wenig später starb. L. erwähnt die seit dem 17. Jh. berühmte Höhle auch G 231 und III, S. 944.

1151 *Ruhländers Garten:* Johann Hermann Ruhländer, auch Ruländer (1727–1802), Weinhändler und Traiteur in Göttingen, bei dem L.s »Club« zusammentraf; 1772 einer der sieben privilegierten Weinhändler in der Stadt, seit 1791 Pächter des Universitäts-Weinschanks.

1152 *Das Allerräucherichste ... jetzigen Judenschulen:* Vermutlich Reflex auf L.s Besuch in der Göttinger Synagoge anläßlich der »langen Nacht« 1778; s. Brief an Johann Andreas Schernhagen, 8. Oktober 1778.

1153 *mag nicht:* Von L. verbessert aus *nicht mag.* – *Rectius vives, Licini:* Besser lebst, Licinius, du. Zitat aus Horaz' »Oden« 2, 10, 1. – *Licini:* Licinius Murena, nach seiner Adoption A. Terentius Varro Murena genannt; 23 v. Chr. Konsul; in die Verschwörung des Fannius Caepio verwickelt und auf der Flucht gestorben. – *medio tutissimus ibis:* Am sichersten gehst du in der Mitte. Zitat aus Ovids »Metamorphosen« 2, 137.

1154 *Pickpockets:* Engl. ›Taschendiebe‹.

1157 *So bald man weiß, daß jemand blind ...:* Vgl. F 1043.

1158 *Bramarbas:* Name eines Großsprechers, zuerst 1710 in einem satirischen Gedicht des Philander von der Linde (Burkhard Mencke) gebraucht, dann von Gottsched auf die Titelrolle des Holbergschen Lustspiels »Jacob von Tyboe« übertragen; Prahlhans, Maulheld. – *dick:* Von L. verbessert aus *Dickthuer.* – *gleich windigem:* Von L. verbessert aus *gleichem.*

1160 *Einbildungskraft ... Räsonnement:* Vgl. F 1168.

1164 *daß ihm ... kosten soll:* Gemeint ist Zimmermann.

1165 *For ... read:* Ewig lesend niemals gelesen zu werden.

1166 *Spricht ... Bibel:* Zu diesen Entwürfen für das Alexandrinergedicht s. zu F 1129. – *Spricht:* Von L. verbessert aus *Des* aus *sprach.* – *Kanzelisten-Sense: Kanzelisten* von L. verbessert aus *Candidaten.* – *in des Ministers:* Von L. verbessert aus *stets in Minister.* – *Tom Thumb:* Hauptfigur der Farce »Tom Thumb. A Tragedy« von Henry Fielding, 1780 am Haymarket Theatre in London uraufgeführt; 1731 erschien eine Neufassung unter dem Titel »The Tragedies of Tragedies; or the Life and Death of Tom Thumb the Great«. – *der Prose Alpen-Last:* Vgl. III, S. 423. – *Brust:* Von L. verbessert aus *Witz.* – *Witz:* Von L. verbessert aus *Brust.* – *Komm Ljungberg ...:* Die hier gegebene Beziehung auf L.s Studienfreund Ljungberg als Adressaten und die mit ihm geplante gemeinsame Reise nach Italien, ein Gedanke, der bei einer kurzen Anwesenheit Ljungbergs in Göttingen (vgl. an Hindenburg spätestens Ende Oktober 1778 und an Hollenberg Ende November 1779 [?]) gerade festere Gestalt gewonnen hatte, ist später fallengelassen worden. Zu der Apostrophe vgl. III, S. 527. – *eingepackt:* Von L. verbessert aus *aufgepackt.* – *Dintenfässer:* Danach von L. gestrichen *und den Teufel Vertreibt, durch Troz und Kunst, und zu noch gröserm Ubel Den einen.* – *Ellwangen:* Von L. verbessert aus *Schwaben* auch *Francken.* Ort der Wunderkuren Gaßners (s. zu F 322); berühmter Wallfahrtsort in Baden-Württemberg an der Jagst; als Fürstprobstei das bedeutendste geistliche Territorium in Württemberg. – *trieb:* Von L. verbessert aus *treibt* aus *jagt.* – *aller Christen:* Von L. verbessert aus *unser aller.* – *Halle aus der Bibel:* S. zu F 1035. – *und Halle:* Von L. verbessert aus *bald Sachsen.* Die beiden letzten Verse sind fast wörtlich im Alexandrinergedicht (III, S. 420) verwertet.

1168 *In Physiognomik tut Einbildungskraft . . . sehr viel:* Vgl. F 1160. – *100–50 für kleiner hält als 50–0:* Vgl. E 390.

1169 *Seyberth:* Philipp Heinrich Seyberth (ca. 1730–1769) aus Idstein, immatrikulierte sich am 23. April 1765 als stud. jur. an der Georgia Augusta; seit 1768 a. o. Prof. der Jurisprudenz in Göttingen. – *glich dem Demosthenes im Gesicht:* Das Porträt aus Lavaters »Physiognomischen Fragmenten« ist zu F 1061 nachgewiesen. – *Darjes Philosophie:* Joachim Georg Darjes (1744–1791), seit 1763 königl. preuß. Geheimer Rat und Prof. der Rechte in Frankfurt an der Oder, verfaßte zahlreiche philosophische, juristische und mathematische Schriften. – *Wezel:* Johann Carl Gottlieb Wezel (1747–1819) aus Sondershausen, das vielleicht bedeutendste Roman-Talent der Sturm-und-Drang-Zeit, beeinflußt von Fielding und Sterne. Den »Tobias Knaut« erwähnt L. in einem Brief an Christiane Dieterich von 1779/1780.

1170 *Zu S. 133 am Ende:* Gemeint ist F 1166. – *fuhr er aus:* Von L. verbessert aus *gieng die Legion.* – *Gings . . . Kritik:* Fast wörtlich im Alexandrinergedicht (III, S. 420) verwertet. – *Gings:* Von L. verbessert aus *Fort gien[g] er.* – *Kritik:* Danach von L. gestrichen *Durch Lemgo und Berlin in Schweine der Critick.* – *Vokalen-Mord:* Diesen Ausdruck gebraucht L. auch im Alexandrinergedicht (III, S. 422). – *Die Zeiten:* Davor von L. etwas gestrichen. – *Zeiten . . . Similor:* Zu dieser Wendung vgl. F 602 und die Anm. dazu. Danach von L. gestrichen *und schreibe hier.* – *beStern't . . .:* Zu den Bildungen mit be- s. zu D 625. – *Und wird . . . beSternt?:* Fast wörtlich im Alexandrinergedicht (III, S. 421) verwertet. – *Ist das . . . geboren:* Vgl. das Alexandrinergedicht (III, S. 419f.). – *Rom:* Als oberste katholische Autorität. – *Sie die:* Von L. verbessert aus *Das Land das.* – *die:* In der Handschrift *das.* – *Gift . . . Pandorchen:* Diese vier Zeilen sind von L. am Rande notiert; dem Versmaß nach sind sie nicht zu den Entwürfen für das Alexandrinergedicht zu zählen. – *Lorchen:* Anspielung auf die B 171 erwähnte Göttinger Aufwärterin? – *Pandorchen:* S. zu L 398.

1172 *Mannheimer Preisfrage für 1779:* Diese Notiz ist dem »Hannoverischen Magazin« vom 2. November 1778, S. 1407, entnommen; vgl. auch GGA 1778, S. 1128ff. – *1779:* Von L. verbessert aus *1759.* – *In animalibus . . . definire:* An vom natürlichen oder künstlichen Blitz getroffenen Lebewesen die Todesursache durch unzweifelhafte Beobachtungen und Experimente zu bestimmen. – *percussis:* Von L. verbessert aus *tactis.*

1174 *sprechen:* Danach von L. gestrichen *I[ch] dächte.*

1175 *Ursachen:* Von L. verbessert aus *Dingen.*

1178 *zum zweiten Fragment:* Darunter versteht L. wohl die geplante Auseinandersetzung mit Lavater und Zimmermann, indem er die Antiphysiognomik als erstes zählt. – *dem Irrtum desto dreister wiedersetzen . . . je mehr Kredit der Mann hat:* Von den erhaltenen Entwürfen beginnt keiner mit diesem Gedanken. – αὐτὸς ἐφα: Er (scil. Pythagoras) hat es selbst gesagt; eine Formel, mit der die Pythagoräer jeden Streit über eine abweichende

Meinung unterdrückten. – *Cogitare aude:* Wage zu überlegen; abgewandeltes Zitat nach Horaz' »Epistulae« 1, 2, 40: »Sapere aude«, das L. auch GH 46, UB 47 zitiert.

1179 *Verbeugung:* Danach von L. gestrichen *zu ersparen.* – *vielmehr mir:* Von L. verbessert aus *mich nicht in.* – *ersparen:* Von L. verbessert aus *versezen.*

1180 *Daß wir uns im Traume selbst sehen ...:* Zu L.s Reflektionen über den Traum s. zu A 33. – *Spiegel-Sehen:* Zu dieser Beobachtung vgl. III, S. 480.

1183 *Dithyramben:* In der Handschrift steht darüber das Wort *richtig,* was wohl auf die Orthographie des Wortes zielt.

1186 *Bist du denn Richter von Gottes Werken:* S. zu F 887. – *Retorsion Lavaters:* Gegen den o. g. Satz wendet sich Lavater in den »Physiognomischen Fragmenten« 4, S. 9 f. – *Retorsion:* Erwiderung, Zurückweisung.

1187 *Ein schwarzer qu'on touche:* Vgl. L.s Brief an Blumenbach vom Juli 1780: »Eine niedliche Anekdote aber nicht für meinen Orbis pictus. Eine Französin schreibt: ich hatte nichts an als meine schwarze *qu'on touche* (statt Contusche)«; frz. qu'on touche ›was man anfaßt‹; Contusche nannte man im 18. Jh. ein vorn offenes Oberkleid für Frauen (von poln. Kontusz, ein Oberkleid).

1188 *Longinus ... Edidit Pearce:* Pearce' lat. Übersetzung von Longinus' περὶ ὕψους erschien zuerst London 1724. Longinos, griech. Redner des 1. Jh.s n. Chr., dem in der Überlieferung fälschlich die Schrift eines unbekannten Verfassers »Über das Erhabene« zugeschrieben wird. Das Werk gehört zu den größten Leistungen der antiken Literaturkritik. – *Hyperides:* Hypereides, bedeutender attischer Redner aus Athen (um 390–322 v. Chr.), Schüler von Isokrates; von den 77 Reden, die ihm zugeschrieben wurden, sind nur sechs vollständig überliefert. – *Habet ... omnibus:* Er hat eine gesittete Art zu reden, mit Sanftheit anziehend, leicht mit Lieblichkeit gewürzt, unzählige feine Anspielungen, eine überaus forensische Nase, eine freizügige Heiterkeit, siegreiche Geläufigkeit in Ironien, nicht unfeine und ganz wenig ungeeignete Scherze, sondern der Sache innewohnende, und glücklicher Spott und große komische Kraft und ein Stachel, der mit dem Scherz das Ziel gut trifft, und in diesem allem eine unnachahmliche Anmut. – *diasyrmus:* Diasyrm: eine Redefigur, die in der übermäßigen Verkleinerung eines Gegenstandes besteht. – *Pearce:* Zachary Pearce (1690–1774), engl. Bischof von Rochester, Schriftsteller und Herausgeber klassischer Autoren wie Cicero und Longinus. – *vid. supra p. 102:* Gemeint ist F 896. – *Lavater ... über die Nase redet:* S. zu F 896.

1190 *Die ... Grund-Regeln in der Physiognomik wie schwer festzusetzen:* Vgl. F 1038. – *alles was man ihm:* Von L. verbessert aus *man ihm alles was er.* – *Dummkopf:* Danach von L. gestrichen *haben kan.* – *hat:* Danach von L. gestrichen *es gebe ein Genus kluge Gesichter.* – *eine der Physiognomik ähnliche Wissenschaft:* Die Prophetik; s. zu F 23.

1191 *Physiognomik muß sich auf unleugbare Grundsätze bringen lassen:* Vgl. F 1038. – *Ausnahmen:* Von L. verbessert aus *Ausnahmen mehr.* – *Fortsetzung p. 138:* Gemeint ist F 1194.

1192 *So when ... got there:* Wenn also über Crane-courts philosophische Götter, / Nickt seine jupitergleiche Majestät Pringle. / Wann immer er zufällig auf Newtons Stuhl aufwacht, / Wundert er sich wie zum Teufel er dahingekommen ist. Die Verse finden sich in William Masons »An heroic postcript to the public«, 83 (der Text dort hat das hier gestrichene *came*). – *Crane-courts:* L. erläutert in einer Fußnote zu seinen Briefen an Blumenbach vom 26. April 1798: »Crane-court, ein diminutives Square, ohne Ausgang, zu welchem eine kurtze Straße, von Fleetstreet aus, führte, und, wie Ihnen bekannt seyn wird, damals der Versammlungs Ort der Societät.« – *Pringle:* John Pringle saß als Präsident der Royal Society auf dem Stuhl und Posten, den vor ihm u. a. Isaac Newton innegehabt hatte. – *nods:* Dazu merkt L. in dem oben genannten Brief an Blumenbach an: »Dieses *nods* ist dünckt mich sehr schön, weil es auf das Homerische Stirneschütteln des Gottes der Götter, und das Nachmittags Schläfchen eines alten Mannes gleich gut paßt.« – *den 27ten Dezember 1778* ... *Forsters:* Georg Forster, der F 1193 selbst eingezeichnet hat, kam auf seiner ersten Reise nach Deutschland am 27. Dezember 1778 nach Göttingen und blieb dort bis zum 4. Januar 1779 (vgl. G. Forster, Werke, Bd. 13, 1878, S. 198, 685). S. auch Brief an Carl Friedrich Hindenburg, 31. Dezember 1778 oder 1. Januar 1779. Johann Georg Adam Forster (1754 bis 11. Januar 1794), Reinhold Forsters Sohn, begleitete ihn auf Cooks zweiter Weltumseglung 1772–1775; 1780 Prof. der Naturgeschichte in Kassel, Freundschaft mit Sömmerring, Mitglied des Rosenkreuzerordens; 1784 Prof. für Naturwissenschaften in Wilna, wohin er sich auf acht Jahre verpflichtet hatte, heiratete am 4. September 1785 Therese Heyne; ging bereits im Herbst 1788 als Bibliothekar nach Mainz. März bis Juli 1790 Reise mit Alexander von Humboldt den Niederrhein entlang über Lüttich, durch Brabant, Flandern, die Niederlande nach England und zurück über Frankreich nach Mainz. 1792 Präsident des jakobinischen Klubs »Gesellschaft der Freunde der Freiheit und Gleichheit«, 1793 Abgeordneter, dann politischer Flüchtling in Paris. Freund L.s, Mitherausgeber des »Göttingischen Magazins« 1780–1785; Mitglied der Göttinger Sozietät der Wissenschaften. Bedeutender Prosaschriftsteller. »A Voyage round the World« (1777, dt. 1778–1780); »Ansichten vom Niederrhein« (1791); »Sakontala« (1791).

1193 *O for* ... *thine Ear:* Ach, hätte ich doch tausend Zungen! und jede Zunge / Gleich Johnson mit sechs Fuß langen Wörtern gewappnet! / Mit massenhaftem Stimmaufwand / Diese glorreiche Nation zu preisen, / Deren Freiheit von ihren Steuern herrührt. / Ach, hätte ich doch diesen passiven, ruheständlerischen Geist, / Der durch seine Prostitution sein Verdienst beweist, / Der auf göttliches Recht alle königlichen Ansprüche gründet / Und George gab, was immer er James gegeben hat; / Dann sollten meine Tory-Verse, alter Shebbeare, / Die abgestandenen Reste deines Ohres kitzeln. Die Verse, von Georg Forsters Hand eingetragen (die einzige fremde Eintragung in den Sudelbüchern), sind nicht aus Masons »An heroic epistle to Sir William Chambers«, sondern aus seiner »Epistle to Dr. Shebbeare«, London 1777, die mit den zitierten Zeilen beginnt. Der Text dort hat *rests* statt *founds*, *gives* statt *gave*, *fragment* statt *fragments*, *thy* statt *thine*. – *proves:* Von Forster verbessert aus *claims*. – *James:* Jacob I. (1566–1625), 1567 König von Schottland, 1603 König von England, der zahlreiche Streitigkeiten mit dem Parlament hatte. – *Chambers:* Sir William Chambers (ca. 1726–1796), engl. Architekt und Gartenkünstler, führte die chinesische Bau- und Gartenkunst in England ein; sein bedeutendstes Bauwerk ist das Somerset House in London. – *Shebbeare:* John Shebbeare (1709–1788), umstrittener engl. politischer Schriftsteller, der wegen seiner Satiren inhaftiert wurde; später erhielt er einen Ehrensold des engl. Königs.

1194 *Die hohen Köpfe ... gesehen:* Zu diesem Satz vgl. UB 49. – *gefährlich:* Von L. verbessert aus *schwer.* – *spitze Köpfe ... Perikles:* S. zu D 181. – *nicht Verteidigung ... zu vermuten scheint:* »Vielleicht ergäbe sich alsdann«, sagt Zimmermann im »Deutschen Museum« 1778, 1, S. 194, »ob Herr Timorus selbst auch recht verstehe, was er sagt, indem er, Gott weiß warum, so keichend und bitterböse gegen die von Lavater behauptete Harmonie zwischen Schönheit und Tugend anläuft.« – *Behauptung:* Von L. verbessert aus *Satz.* – *sondern:* Danach von L. gestrichen *weil es mir gleich er[schien] als sondern.* – *Einschärfung:* Von L. verbessert aus *Behertzigung.*

1196 *Individuum:* Von L. verbessert aus *Genus.* – *ist:* Von L. verbessert aus *sind.*

1197 *Zebra:* Wohl Zimmermann, den L. im Alexandrinergedicht, III, S. 423 und in »Der doppelte Prinz«, III, S. 615 als *Don Zebra (Bombast)* bezeichnet; vgl. auch J 90, 372. – *Esel:* S. zu A 26.

1198 *hält jeden ... für einen Schottländer:* S. zu D 589.

1201 *durch plus und minus wahr:* S. zu D 41.

1202 *eine Tafel für Sekunden berechnen ... im Leben von 60 Jahren:* Vgl. C 323.

1203 *Ein:* Davor von L. gestrichen *Er kennt die Wahrheiten.* – *Staats-Kalender von den lebenden Dichtern ... nicht übel:* Zu diesem Gedanken s. zu E 13.

1204 *merklicher. Die:* Danach von L. gestrichen *Dummheit hat ihre.* – *häßlich:* Von L. verbessert aus *dumm.* – *weißer:* Von L. verbessert aus *schwartzer.* – *weißen:* Von L. verbessert aus *schwartzen.* – *die Feuerländer-Gesichter verteidigt:* Die Gesichter der Feuerländer behandelt Lavater in den »Physiognomischen Fragmenten« (4, S. 318) unter wörtlicher Benutzung eines Aufsatzes »An die Herausgeber des Deutschen Museums« von L. im Februarheft 1777 des »Deutschen Museums«, S. 190–192, jetzt wiederabgedruckt in Briefwechsel I, Nr. 370, S. 676–679; vgl. auch »Feuerlands-Gesichtchen« im »Weg der Buhlerin« (III, S. 809). Über »Lichtenberg als Beiträger zu Lavaters ›Physiognomischen Fragmenten‹« s. August Ohage in: Lichtenberg-Jb 1990, S. 28–51, insbesondere S. 41–43. – *Die leidende Tugend ... leicht erkannt:* Zu Lavaters Behandlung dieses Gegenstandes s. zu F 1093. – *verwachsener Rückgrat:* Der heutige Gebrauch als Neutrum läßt sich erst bei Goethe nachweisen. – *Die Geschichte von dem Mädchen neben Matthiäs Garten:* Diese Geschichte ist von L. sonst nirgends überliefert. – *Matthiäs:* Wohl Georg Mattiae (1708–1773), seit 1764 Prof. der Medizin in Göttingen. – *Die schönsten Augen ... die am besten sehen (contra Mendelssohn):* »Güte der Organisation« ist nach Mendelssohn im »Deutschen Museum« 1778, 1, S. 195, das Hauptmerkmal der organischen Schönheit. – *angehen:* Von L. verbessert aus *treffen* aus *antref[fen].* – *(besser):* In der Handschrift ohne Klammern unter *häßlich.*

1205 *dich mit deinem ehrlichen:* Von L. verbessert aus *dein ehrliches.* – *an den Anfang einer solchen Reihe:* Von L. verbessert aus *in dieselbe Kette.* – *gestellt:* Von L. verbessert aus *versezt hat* aus *hat kommen lassen.*

1206 *der Folge vorbeugen:* Von L. verbessert aus *sich der Folge enthalten.* – *gezwungen hätte:* Von L. verbessert aus *zwänge.*

1207 Diese Bemerkung ist von L. gestrichen; vgl. F 1208. – *Mein Herr:* Gemeint ist Zimmermann. – *noch jetzt:* Von L. verbessert aus *so sehr spät.* –

leugnen: Danach von L. gestrichen *es ist allerdings.* – *ehe Sie:* Danach von L. etwas gestrichen. – *Ihr Leben des Herrn von Hallers:* Zimmermann hatte Zürich 1755 eine Biographie Hallers veröffentlicht und beabsichtigte, sie nach Hallers Tod 1777 umzuarbeiten (vgl. Ischer, Johann Georg Zimmermanns Leben und Werke, S. 153); in einem am 20. Januar und 10. Februar 1778 ausgegebenen Flugblatt nennt er seine eigene frühere Arbeit »schwerfällig, geschmacklos, voll schleppender Erzählung, unverdauter Gedanken, leerer Deklamation, prosaischer Dichterei und jugendlicher Petulanz«. L. erwähnt diese Selbstkritik auch in »Für das Göttingische Museum« (III, S. 575). – *und wenn:* Danach von L. gestrichen *der Albernheit eine Selbsterkenntniß.* – *Zeit:* Von L. verbessert aus *Zeitrechnung.* – *Vergehen:* Von L. verbessert aus *Sünde* aus *That.* – *welchem die:* Danach von L. gestrichen *That begangen.* – *Albernheit ... zunimmt:* Von L. verbessert aus *albern und lächerlich ist.*

1208 *Sie werden sich wundern ...:* Vgl. die erste Fassung dieser Bemerkung in F 1207 und die Anm. dazu. – *Absicht und Maß:* Von L. verbessert aus *Maas und Gewicht.* – *Zwanzig Jahre:* Danach von L. gestrichen *dachte ich, hatten Sie nötig um.* – *gestunden:* Von L. verbessert aus *einsahen.*

1209 *Der bekannte Blindgeborne dem Cheselden den Star gestochen:* Cheseldens berühmte Abhandlung »An account of some observations made by a young gentleman who was born blind« steht in den »Philosophical Transactions« 35, S. 447; s. auch Brief an Friedrich Christian Lichtenberg, 13. August 1773. – *Cheselden:* William Cheselden (1688–1752), berühmter engl. Augenarzt und Anatom am St.-Thomas-Hospital in London. – *Icosaedron:* Ein Zwanzigflach, ein von 20 gleichseitigen Dreiecken eingeschlossener Körper. – *(Physik):* Dieses Wort ist von L. am Rande und ohne Klammern notiert. – *der Heidelbergische Blinde ... für sein Gefühl der Würfel war:* Die Geschichte dieses Blinden enthält der anonyme Aufsatz »Beitrag zur Naturgeschichte der Menschen« in den »Rheinischen Beyträgen zur Gelehrsamkeit« 1, 2, S. 275 ff. – *Rheinische Beiträge ...:* Diese Zeitschrift, hrsg. von Fr. Casimir Medicus, erschien Mannheim 1777–1781; 1782 fortgesetzt unter dem Titel »Pfalzbayerische Beyträge zur Gelehrsamkeit«.

1210 *Ich sehe ... den niedlichen Stößen eines Zickleins mit ... Vergnügen zu:* Vgl. J 84.

1213 *das Urteil der Nachwelt:* Danach von L. gestrichen *murmelt (besser) in den Hertzen schon in der guten Gesellschafft, es steht.*

1214 *jemanden:* Von L. verbessert aus *ein[en]* aus *mich.* – *mit ... haben:* Von L. verbessert aus *ein solcher verdient Mitleiden.* – *Allianz:* Danach von L. gestrichen *zweyer S[eelen].* – *Mitscham:* S. zu F 595. – *Gatterers Wiedergenesung:* Gatterers lebensgefährliche Erkrankung im September/Oktober 1778 wird auch in den Briefen an Schernhagen vom 10., 14., 17., 20., 24. September, 1., 5., 8. Oktober, 2. November 1778. erwähnt.

1216 *Locke on human understanding:* Gemeint ist »An essay concerning human understanding«, das vierbändige philosophische Hauptwerk von John Locke, erschienen London 1690. Das Werk ist in der BL nicht aufgeführt. – *Montaigne Essais:* Laut BL, Nr. 1369 hat sich L. erst die von Johann Joachim Bode übersetzte Ausgabe der »Gedanken und Meinungen über allerley Gegenstände«, Bd. 1–6, Berlin 1793–95, angeschafft; nach Gumberts Mitteilung (BL, S. 226) das einzige aus L.s Besitz stammende Buch, das »er mit dem Bleistift in der Hand gelesen hat«. Eine frz. Ausgabe war Dresden

1769 erschienen. – *Pauw, sur les Americains (Chinois):* Pauws »Recherches sur les Américains« waren Berlin 1768, seine auch RA 168 genannten »Recherches philosophiques sur les Egyptiens et les Chinois« Berlin 1774 erschienen.
– *(Chinois):* In der Handschrift ohne Klammern über *Américains.*

1217 *Seelenwanderung:* Zu L.s Seelenwanderungssystem vgl. A 91 und Anm. – *Joseph von Arimathias:* Mitglied des jüd. Hohen Rates zur Zeit Jesu, aber als dessen heimlicher Anhänger mit dem Vorgehen gegen ihn nicht einverstanden; setzte den Leichnam Jesu in dem Grabe bei, das er für sich bestimmt hatte (s. Markus 15, 42–46).

1219 *Pfennigs-Wahrheiten:* S. zu B 116.

1220 *Justine:* S. zu B 171. – *Sachsens Marie:* Johann Heinrich (?) Sachse (1712–1772), Schneider in Göttingen; über seine Tochter nichts weiter bekannt. Vgl. aber an Kaltenhofer am 22.(?) August 1772. – *D.s Marie:* Dieterichs Köchin. – *jede Befestigungs-Kunst ... Belagerungskunst:* Vgl. III, S. 564.

1222 *Wer ... Meinungs-System:* Diese Passage, die in der Handschrift nach F 1225 steht, von L. durch Zeichen hierher verwiesen.

1223 *den Begriff:* Von L. verbessert aus *das Bi[ld].*

1226 *werden:* In der Handschrift *wird.*

1227 *La Metromanie von Piron zu lesen:* S. zu F_1 S. 455.

1228 *Meinen Glauben an Physiognomik werde ich nie ändern:* Dieser Satz findet sich in den »Physiognomischen Fragmenten« (4, S. VII). – *Gothaischen Zeitung 1778. 54tes Stück:* Das Zitat aus den »Gothaischen gelehrten Zeitungen« 1778, S. 443, ist einer Rezension des vierten Bandes von Lavaters Werk entnommen; sie entspricht im Grundsatz den Bedenken von Helferich Peter Sturz. S. auch an Hindenburg, Ende Januar 1779(?). – *verdammen:* Von L. verbessert aus *verdammt.*

1231 *Dalrymple bemerkte:* Dalrymples »Reisen durch Spanien und Portugall im Jahre 1774«, erschienen Leipzig 1778; die zitierte Stelle findet sich dort S. 159. Vgl. auch F 1232, 1233. William Dalrymple, engl. Major, veröffentlichte London 1777 seine »Travels through Spain and Portugal«, deren dt. Übersetzung in den GGA vom 20. August 1778, S. 807, von Heyne angezeigt wurde. – *sondern:* In der Handschrift *sondern auch.* – *O'Reilly:* Alexander O'Reilly (1722–1794), in Irland geborener span. General, 1765 Gouverneur von Madrid.

1232 *Sapphische Liebe ...:* Vgl. Dalrymple, »Reisen«, S. 175. Sappho (um 600 v. Chr.), größte griech. Dichterin in der Kunsttradition von Lesbos.

1233 *Olivades:* Pablo Antonio José de Olavíde y Jáuregui (1725–1802), span. Politiker und Schriftsteller, Günstling und Freund Jovellanos'; erhielt 1767 die Konzession zur Errichtung von dreizehn Siedlungen einer Kolonie in der Sierra Morena (6000 dt. Siedler). – *Anhang zu Dalrymple's Reisen:* Gemeint ist das zu F 1231 nachgewiesene Werk, S. 223. – *deutschen Übersetzung:* Der Übersetzer ist unbekannt. – *Herzog von Belfort:* Antonio di Gennaro Duca di Belforte (1718–1791), ital. Dichter aus Neapel. – *1779:* Von L. verbessert aus *1778.* – *Schlözers Briefwechsel XXI. Heft:* Der Aufsatz »Description de la colonie de la sierra Morena en Espagne« steht in August Ludwig Schlözers »Briefwechsel meist historischen und politischen Inhalts« Bd. 4, S. 149 ff., den er Göttingen 1771–1782 in zehn Teilen herausgab (s. BL, Nr. 12).

S. 642 Diese Seite entspricht in der Handschrift der Vorderseite des Schlußblattes von Sudelbuch F, die außerdem einige hier nicht abgedruckte

Berechnungen enthält. – *Die Haustafel:* Der Gedanke ist in dem Aufsatz »Kleine Haustafel über die Verwendung von Geld und Zeit« im GTC 1786, S. 172–178 verwertet; vgl. auch C 323; F 1202. – *Eine kurze Physiognomik. Das Bewährteste aus Lavatern:* Diese Notiz ist von L. gestrichen. – *Macquers Kunst das Federharz aufzulösen:* S. zu F 195. – *Federharz:* S. zu C 145. – *Arnold[s] zusammengesetzte Pendelstange . . .:* John Arnold (1736–1799) bedeutender engl. Mechaniker und einer der ersten engl. Uhrenbauer, eröffnete eine Manufaktur in Adelphi. – *Erxlebens Artikel Klein und Groß:* Der Artikel findet sich im GTC 1777, S. 59 ff. – *Groß und Klein . . . zu den Infusionstierchen hinunter steigen:* Vgl. F 28. – *Journal historique:* Das »Journal historique et littéraire de Genève« erschien 1772/73 hrsg. von André Chevalier, seit 1773 hrsg. von Pancoucke dreimal monatlich in Genf. – *Den 5ten Nov. 1778.* bekam ich mein Bier: Münchhausen hatte 1738 den Professoren und übrigen Universitäts-Bedienten der Georgia Augusta die besondere Vergünstigung eingeräumt, »für sich und ihre Familien« den »Gebrauch des Hardenbergischen oder andern fremden Biers« zu gestatten, seit 1754 obendrein steuerfrei (s. Ebel, Memorabilia, S. 181–182). – *Burton . . . Dorcester:* Burton-upon-Trent, engl. Marktflecken in Staffordshire, berühmt wegen seiner Bierbrautradition. In Burton wurde eine der feinsten Alesorten gebraut; im Brief an Schernhagen am 12. Januar 1778 nennt L. das Dorcester-ale »das beste und stärckste unter allen Englischen Bieren«.

S. 643 Diese Seite entspricht in der Handschrift der Rückseite des Schlußblattes. – *Tempete:* Frz. tempête ›Sturm, Unwetter‹. – *Pluie ou Vent:* Frz. ›Regen oder Wind‹. – *Variable:* Frz. ›Veränderlich‹. – *geendigt im März 1780:* Die Berechnungen erstrecken sich also über ein Jahr länger als die Sudelbucheintragungen. Am Rande stehen einschlägige Einzelberechnungen zu den Barometer-Messungen.

S. 644 Diese Seite entspricht in der Handschrift der Innenseite des hinteren Sudelbuchdeckels. – *Neue Nachrichten:* Von L. gestrichen. »Neue Nachrichten von den neu entdeckten Insuln in der See zwischen Asien und Amerika«, erschienen Hamburg und Leipzig 1776. – *J. B. S.:* Nach Holzmann/Bohatta ist der Verfasser Johann Benedikt Scherer (1741–nach 1824) aus Straßburg, in russ. und frz. Diensten, fruchtbarer Schriftsteller, Vater des Chemikers Alexander Nicolaus Scherer, 1808 außerordentl. Prof. für frz. Sprache in Tübingen. – *Gleditsch:* Johann Friedrich Gleditsch (1653–1716), Gründer der vormals bedeutenden Verlagsbuchhandlung, die von 1694–1805 in Familienbesitz blieb. – *Arnoldi Praktische Unterweisung . . .:* Von L. gestrichen. Die von L. genau angegebene Schrift erschien Marburg und Gießen 1776, hrsg. von F. C. Klevesahl, in zwei Stücken. – *Arnoldi:* Johann Ludwig Ferdinand Arnoldi (1737–1783), Pfarrer, der drei taubstumme Kinder bei sich aufnahm und sie sprechen und schreiben lehrte. – *taubstumme Personen:* S. zu F 373. – *Charakteristik einiger asiatischen Nationen:* Von L. gestrichen. Das von L. genau zitierte Werk erschien Breslau 1776–77; Verfasser unbekannt. – *Eberhards allgemeine Theorie des Denkens . . .:* Das von L. genau zitierte Werk von Johann August Eberhard erschien Berlin 1776; in L.s Besitz (BL, Nr. 1282). Die Eintragung ist von L. gestrichen. – *Zufällige Gedanken über . . . Lavaters Phys[iognomische] Fragmente:* S. zu F 370. Die Eintragung ist von L. gestrichen. – *Kants Buch über das Weltgebäude:* Die Eintragung ist von L. gestrichen. Gemeint ist die »Allgemeine Naturgeschichte und Theorie des Himmels oder

Versuch von der Verfassung und dem mechanischen Ursprunge des gantzen Weltgebäudes nach Newtonschen Grundsätzen abgehandelt«, erschienen Königsberg 1755. L. erwähnt sie auch in einem Brief an Schernhagen vom 17. Februar 1777 (s. BL, Nr. 678). L.s erste Erwähnung Kants in den Sudelbüchern. – *Geschichtsforschers:* »Der Geschichtsforscher« war eine von Meusel 1775–1779 zu Halle herausgegebene Zeitschrift. Johann Georg Meusel (1743–1820), 1768 Prof. der Geschichte in Erfurt, 1779 Prof. in Erlangen; Literaturhistoriker und vielseitiger Lexikograph. – *Aufsatz: die Völker:* Der Aufsatz »Die Völker, eine Abhandlung von F. C. F.« findet sich in Meusels Zeitschrift, a.a.O., 3, S. 33.

G

Einen ersten Versuch, die in VS veröffentlichten Bemerkungen, die keinem der handschriftlich überlieferten Sudelbücher entnommen waren, den verschollenen Sudelbüchern G, H und K zuzuordnen, unternahm Albert Leitzmann im Anhang zu seiner Ausgabe von »Georg Christoph Lichtenbergs Aphorismen«, Fünftes Heft, Berlin 1908, S. 226–240, in einer »Tabellarischen Vergleichung der alten Ausgabe der Aphorismen mit der vorliegenden«. Die Zuordnungen in der vorliegenden Ausgabe stützen sich auf inhaltliche Anklänge an Bestandteile des sich auch in Briefen und Kalenderartikeln manifestierenden Gedanken-Systems Lichtenbergs. Die Schwierigkeiten dieses Versuchs seien nicht verschwiegen. Sie betreffen zum einen die zeitliche Einordnung der Sudelbücher G und H. Das erstere ist vermutlich im Januar 1779 begonnen worden und schloß vielleicht Ende 1783; letzteres begann dementsprechend im Januar 1784 und schloß Ende 1788. Zum andern: die ersten Herausgeber der VS Lichtenbergs haben, wie sich mehr und mehr herausstellt, offensichtlich auch Bemerkungen aus separaten Notizheften wie etwa dem von L. unter »Noctes« geführten und bisher unveröffentlichten Heft publik gemacht, was verschiedentlich zu falschen Zuordnungen führte, die in den Anmerkungen mitgeteilt sind.

Der Ort der Erstveröffentlichung einer Bemerkung und die Textvorlage, die Ausgabe der VS 1844, 1–3, werden jeweils zu Beginn der Anmerkung angegeben. Die Hinweise auf Leitzmanns Zuordnungen beziehen sich auf die genannte Tabelle.

Anmerkungen (Band II)

1 VS 1844, 1, S. 207f.; von Leitzmann den Sudelbüchern G/H zugeschrieben. Es handelt sich bei dieser Bemerkung mit Sicherheit um jene Notiz, die L. im Sudelbuch K_I S. 838 notiert: »Das Ersticken in mephitischer Luft. G. S. 1.« Im Roten Buch, S. 75, notiert L.: »Vielleicht etwas von der Empfindung wenn man in meph. Lufft erstickt. G. S. 1.« – *Pariser Memoiren:* »Histoire de l'Académie royale des sciences. Année 1773.« Paris 1777, S. 11. Das frz. Zitat ist weitgehend textgetreu. Der erwähnte Arzt ist Leguillier. – *mephitischer:* Verdorben, stinkend; Mephitis: altröm. Göttin, die den Bereich der pesthauchenden Ausdünstungen, der Schwefeldämpfe, beherrschte. – *Entre... tombé etc.:* Zwischen dem Augenblick, in dem er die Höhle betrat, und dem Augenblick, in dem er das Bewußtsein verlor, sind nur ungefähr zwei Minuten verstrichen. Während dieses Zeitraums verspürte er weder Schmerz noch Beklemmung, und in dem Augenblick, wo er das Bewußtsein verlor, hatte er eine höchst wollüstige Empfindung, ein unsägliches Entzücken; mit Vergnügen genoß er an der Pforte des Grabes eine köstliche Befriedigung, die absolut frei von den Ängsten war, die man sonst vor dem Tode hat. Er verlor schließlich jede Regung, jedes Gefühl, und verharrte in diesem Zustand ungefähr anderthalb Stunden am Fuß der Treppe zur Höhle, wo er gefallen war usw.

2 VS 1844, 1, S. 184–186; nach Leitzmann undatierbar. Die Zuschreibung zu Sudelbuch G ergibt sich aus der Anspielung auf Matthias Claudius und dem Schlußsatz der Bemerkung. – *Sterne:* L.s radikal gewandeltes, negatives Urteil über den »empfindsamen« Yorick-Autor kündet sich in den Tagebüchern der zweiten Englandreise an. Vgl. E 430, 672. – *neulich . . . ihm sogar den redlichen Asmus nachgesetzt:* Womöglich meint L. den Aufsatz »Sterne und Chodowiecki« im »Deutschen Museum«, 2. Bd., 3. Stück, S. 220–235, Sept. 1779, wo der Verfasser (L. H. N.) S. 220 schreibt: ». . . einen bessern moralischen Karakter als dieser andre Yorik zu haben, wichtigere Gesinnungen und besseres Herz, . . . diesen Lobspruch auf Kosten des armen Yoriks, wird unser wackerer Bote wol am ersten verbitten.« – *Asmus:* Unter diesem Namen schrieb Matthias Claudius seine Artikel für den »Wandsbecker Bothen«. – *die meisten meiner Leser:* Dieser Wendung zufolge hatte L. an eine Veröffentlichung dieses langen Artikels gedacht; innerhalb des »Orbis pictus«? – *Mit Witz . . . auszuführen:* Zu dieser Passage vgl. D 246 und die Anm. dazu. Ähnlich schreibt L. auch G 115.

3 VS 1844, 1, S. 26; von Leitzmann den Sudelbüchern G/H zugeschrieben. – *Plejaden:* Das Siebengestirn im Sternbild des Stiers; nach der griech. Mythologie die von Zeus unter die Sterne versetzten sieben schönen Töchter des Atlas und der Plejone. – *große Glocke zu Darmstadt:* In Darmstadt war L.s Vater Oberstadtprediger. – *heilig, heilig . . .:* Anspielung auf Jesaia 6, 3: »Heilig, heilig, heilig ist der Herr Zebaoth, alle Lande sind seiner Ehre voll.« S. auch Offenbarung Johannis 4, 8.

4 VS 1844, 1, S. 142; von Leitzmann den Sudelbüchern G/H zugeschrieben. – *Brief von d'Alembert über Rousseau:* »Lettre de M. d'Alembert aux Rédacteurs du Mercure. Paris, ce 18. Sept. 1779«, abgedruckt im »Mercure de France«, Samedi 25 Septembre 1779, S. 189–191. – *Mercure de France:* Der »Mercure de France dédié au Roi par une société de gens de lettres« erschien 1724–1791.

5 VS 1844, 1, S. 27 f.; von Leitzmann den Sudelbüchern G/H zugeschrieben. – *An Werthern gefällt mir das Lesen seines Homers nicht:* Zu der Formulierung vgl. F 500, 595, 734; s. ferner zu III, S. 297. – *Literärisches Verdienst . . . Maßstab von wahrem Wert:* Zu dieser Wendung vgl. C 61 und die Anm. dazu. – *Varianten:* Lesarten.

6 VS 1844, 1, S. 76. Die Anspielung auf Amerika und seinen politischen Zustand lassen an eine Niederschrift Ende der siebziger Jahre denken. – *westliche Abweichung:* Diese Wendung und der Gedanke begegnen auch in einem Brief an Christian Heinrich Pfaff vom 16. Oktober 1794; s. auch Brief an Johann Andreas Schernhagen, 30. Dezember 1782.

7 VS 1844, 1, S. 107; nach Leitzmann undatierbar. Da diese Bemerkung aber im Anhang zur »Physiognomik« verwertet wurde, kommt nur eine Zuschreibung zu Sudelbuch G infrage. – *Quod erat demonstrandum:* Lat. ›was zu beweisen war‹, steht am Ende jeder Beweisführung des Mathematikers Euklid. – *κύριε ἐλέησον:* Griech. Kyrie eleïson ›Herr, erbarme dich‹; liturgischer Bittruf.

8 VS 1844, 2, S. 108; nach Leitzmann undatierbar. – *Aide de Camp:* Frz. ›Adjutant‹. – *Adelungs Wörterbuch:* Über Adelungs Wörterbuch s. zu D 668. Im »Vorbericht« zum 1. Stück des 1. Jahrgangs des »Göttingischen Magazins«, Januar 1780, spricht L. von »seinem classischen Werk, das gewiß länger

dauren wird, als alle die kleinen Werke unserer *Veränderer* in der Orthographie ...«

9, 10 VS 1844, 2, S. 110; nach Leitzmann undatierbar.

11 VS 1844, 2, S. 164; nach Leitzmann undatierbar. – *Camper:* Petrus Camper (1722–1789), niederl. Anatom und Naturforscher, Prof. an verschiedenen holl. Universitäten, stand in Verbindung mit dem Kreis um die Fürstin Gallitzin; Freund Mercks und Sömmerrings, war Anfang Oktober 1779 in Göttingen und besuchte L. am 13. Oktober 1779 (s. Brief an Johann Andreas Schernhagen dieses Datums).

12 VS 1844, 1, S. 209–211; von Leitzmann Sudelbuch G zugeschrieben. – *Physiognomische Missionsberichte:* Den Ausdruck »Missions-Prose« prägt L. in den Hogarth-Erklärungen (III, S. 661). – *Tranquebar:* Trankebar, an der Ostküste Indiens gelegen, war 1616–1845 dänische Kolonie. 1705 wurde dort von Friedrich IV. von Dänemark eine protestantische Mission errichtet, in der zum großen Teil deutsche Geistliche aus dem Halleschen Waisenhaus ihren Dienst ausübten. Seit 1718 erschienen in Halle regelmäßig ›Missions-Berichte‹. S. a. III, S. 661. – *unsern Lesern:* Diese Satire war also von L. für eine Veröffentlichung konzipiert. – *Erlanger Zeitungen:* Gemeint sind die »Erlangischen gelehrten Anzeigen«, die 1744 bis nach 1798 erschienen, allerdings unter wechselndem Titel; so zwischen 1770 und 1788 als »Erlangische gelehrten Anmerkungen und Nachrichten«. – *la Divineuse:* Frz. ›die Göttliche‹. – *Sebastian Brant:* Gelehrter und Dichter (1457–1521); seine didaktische Satire »Das Narrenschiff« erschien zuerst Basel 1494. – *Stirnmessern:* Zu dieser Erfindung Lavaters s. zu F 1063. – *Silhouetten:* S. zu F 172. – *Don Zebra Bombast:* Mit diesen Worten umschreibt L. den fanatischen Anhänger Lavaters: Johann Georg von Zimmermann. – *ein geborner Spanier:* Zimmermann war Schweizer. – *Physiognomik:* In der Textvorlage *Physiognomie*; Verbesserung nach Lauchert, S. 173. – *utili ... dulce:* Anspielung auf Horaz' »De arte poetica« 343: »omne tulit punctum, qui miscuit utile dulci«; aller Beifall ist dem gewiß, der Nützliches mischte mit Süßem. S. auch III, S. 840. – *amarum:* Lat. amarus ›bitter‹. – *Peter Kraft:* S. »Deutsches Museum«, 1779, 1, S. 141–146. – *ipso facto:* Lat. ›durch die Tat selbst‹; Rechtsformel, bezeichnet den Umstand, daß die Folgen einer Tat von selbst eintreten.

13 VS 1844, 2, S. 84; von Leitzmann den Sudelbüchern G/H zugeschrieben. – *Fackel der Wahrheit durch ein Gedränge ... tragen:* Zu dieser Wendung s. zu F 404.

14 VS 1844, 2, S. 87; von Leitzmann den Sudelbüchern G/H zugeschrieben.

15 VS 1844, 2, S. 9f.; nach Leitzmann undatierbar; vgl. aber E 192. Da diese Bemerkung nicht – was nahe läge – in RT enthalten ist, kommt nur eine Zuordnung zum Sudelbuch G in Frage, das heißt in Zusammenhang mit der Auseinandersetzung, die L. mit den »Empfindsamen« unter den Stürmern und Drängern führte, und wirkt wie ein Partikel aus einer geplanten Veröffentlichung. – *Ehe denn die Berge ... Ewigkeit:* S. zu B 81. – *Westminstersabtei:* S. zu KA 149, vgl. E 192. – *Flügeln der Morgenröte:* Vgl. Psalm 139, 9–10.

16 VS 1844, 1, S. 10; nach Leitzmann undatierbar.

17 VS 1844, 1, S. 103; nach Leitzmann undatierbar. – *feine Menschenkennt-*

nis ... Zurückstrahlung eigener Schwachheiten: Zur Formulierung vgl. auch G 18; da die Bemerkung im Zusammenhang mit der Antiphysiognomik zu sehen ist, kann sie dem Sudelbuch G zugeordnet werden.

18 VS 1844, 1, S. 110; nach Leitzmann undatierbar. Zur Zuordnung s. zu G 17.

19 VS 1844, 1, S. 110.

20, 21 VS 1844, 1, S. 114; nach Leitzmann undatierbar. Zur Zuordnung s. zu G 17.

22 VS 1844, 1, S. 126; nach Leitzmann undatierbar. Zur Zuordnung s. zu G 17. – *Entdeckung eigner Schwachheit:* Vgl. G 17. – *So sehr viel mehr:* L. zielt mit dieser Bemerkung auf sich selbst, wie aus J 958 hervorgeht, wo dieser Satz, ins Imperfekt gesetzt, wiederkehrt.

23 VS 1844, 1, S. 131; nach Leitzmann undatierbar. Zur Zuordnung s. zu G 17.

24 VS 1844, 1, S. 131; nach Leitzmann undatierbar.

25 VS 1844, 1, S. 131–132; nach Leitzmann undatierbar.

26 VS 1844, 1, S. 153; nach Leitzmann undatierbar. Zur Zuordnung s. zu G 17. – *Brod:* In der Textvorlage *Brot*; verbessert entsprechend der Schreibweise L.s.

27 VS 1844, 1, S. 186; nach Leitzmann undatierbar.

28, 29 VS 1844, 1, S. 190; nach Leitzmann undatierbar.

30 VS 1844, 1, S. 213; nach Leitzmann undatierbar. Zur Zuordnung s. zu G 17.

31 VS 1844, 1, S. 222; nach Leitzmann undatierbar. Diese Bemerkung stammt offensichtlich aus dem Notizheft »Noctes« (1795/6, S. 34), geschrieben Ende 1796. – *unsere:* Entsprechend »Noctes« ist *die* zu lesen. – *machen:* In »Noctes« folgt *(das obige kann gut ausgeführt werden.*

32, 33 VS 1844, 1, S. 284; nach Leitzmann undatierbar.

34 VS 1844, 1, S. 300; nach Leitzmann undatierbar, wohl »Noctes« entnommen. – *gelehrten Eingeweide ... erforschen:* Zu diesem Gedanken vgl. G 209, Mat I 89, L 186.

35 VS 1844, 1, S. 321–324. Die Herausgeber der VS haben diesen nicht zur Ausführung und Veröffentlichung gediehenen Entwurf zu einer satirischen Entgegnung auf Klopstocks orthographischen Reformvorschlag durch Querstriche vor *Forschlach* (S. 139) und nach *Bäckerschürzen am Rhein etc.* (ebd.) gekennzeichnet. Diese Trennung scheint willkürlich zu sein. Von Leitzmann den Sudelbüchern G/H zugeordnet. Für die Zuordnung zu Sudelbuch G sprechen: L.s »Vorbericht« zum 1. Stück des »Göttingischen Magazins« von 1780, Anspielungen in seinen Polemiken gegen Voß: »Über die Pronunciation der Schöpse« von 1781 und »Über Hrn. Vossens Vertheidigung gegen mich« von 1782; ferner Anspielungen in Briefen und der Hinweis auf den ›Deutschen Gil Blas‹ von Mylius, erschienen Berlin 1779. – *Conrad Photorins:* Über diesen Schriftsteller-Decknamen L.s s. zu C 254. – *p. t.:* Abk. für lat. pro tempore ›für jetzt, vorläufig‹. – *die Herausgeber des Magazins:* Die Herausgeber des »Göttingischen Magazins« waren Georg Forster und L. selbst. – *Cäno- oder Kainographie:* Griech. καινός ›neu‹, also: Neuschreibung. – *Mein Geist ... stark, ... aber das Fleisch ist schwach:* Nach Matthäus 26, 41 und Markus 14, 38: »Der Geist ist willig, aber das Fleisch ist schwach.«

S. 139 *pius Aeneas ... Tullus und Ancus:* Anspielung auf Horaz, »Oden« 4,

7, 15. Hostilius Tullus (angeblich 672–640 v. Chr.), dritter röm. König. Marcius Ancus (angeblich 539–515 v. Chr.), Enkel des Numa; der sagenhafte 4. röm. König. – *H. K.:* Herr Klopstock. – *Mülius* ... *zerdeutschten Gil Blas*: Wilhelm Christhelf Sigmund Mylius (1754–1827), humoristischer Schriftsteller; seine Übersetzung der »Histoire de Gil Blas de Santillane« von Alain-René Lesage unter dem Titel »Gil Blas von Santillana« erschien in 6 Bdn. erstmals Berlin 1774; in Neuauflage 1779–1780, 1783, 1785, 1798 usw. Vgl. BL, Nr. 1733. – *Hüpokrates:* So schreibt Mylius für Hippokrates.

S. 140 *Klopfstock:* Diese Verballhornung des Namens Klopstock begegnet auch III, S. 382. – *Trepfe:* Zu diesem Ausdruck s. zu E 380.

36, 37 VS 1844, 1, S. 327; von Leitzmann den Sudelbüchern G/H zugeschrieben.

38 VS 1844, 1, S. 39; nach Leitzmann undatierbar. – *Rousseau's Bekenntnissen:* Jean-Jacques Rousseaus »Confessions« erschienen postum 1782 und 1789. – *mit Steinen nach Bäumen geworfen:* Diese Szene wird in den »Confessions« beschrieben. – *Als N. ... auf Tod lag:* Leitzmann dachte dabei an Gatterer, der im September/Oktober 1778 so schwer erkrankt war, »daß man an seinem Aufkommen zweifelt« (vgl. Brief an Johann Andreas Schernhagen, 14. September 1778; ferner Briefe an denselben, 17. und 20. September und 5. Oktober 1778). Gegen diese Mutmaßung spricht erstens die Jahreszahl – im Vergleich zum Erscheinungsjahr der »Confessions« – und zweitens das N. Welchen Grund hätte es für L. gegeben, den Namen seines Freundes und Lehrers nicht auszuschreiben? Anders verhält es sich, wenn wir für das N. den Namen seiner Geliebten Dorothea Stechard einsetzen. Der Zeitpunkt ihrer tödlichen Erkrankung korrespondiert im übrigen mit dem Zeitpunkt des Bekanntwerdens der »Confessions« in Deutschland. – *hohen Turm mir gegenüber:* Der Kirchturm von St. Jacobi in Göttingen. L. erwähnt ihn auch III, S. 254, 644.

39 VS 1844, 1, S. 71 f.; nach Leitzmann undatierbar. – *Coup d'Oeil:* Frz. ›flüchtiger Blick, Überblick‹. – *Lambert:* Zu L.s Wertschätzung vgl. G 109.

40 VS 1844, 1, S. 72; von Leitzmann den Sudelbüchern G/H zugeschrieben. – *Möserische Mehl und nicht die Mühle:* L. spielt wohl nicht auf Mösers »Rede eines Bäckers über die Backproben« (Sämtliche Werke IV, 144) an, sondern auf »Ueber der [sic!] verfeinerten Begriffe« in »Westphälische Beyträge zum Nutzen und Vergnügen«, 44. Stück, 1. November 1777, Sp. 349–352 (Patriotische Phantasien III, S. 220–223). Möser thematisiert dort ein aktuell gebliebenes Problem: die Sprache, Fachsprache der Spezialisten und die Notwendigkeit der Verständigung mit den Nicht-Spezialisten, gipfelnd in dem Satz: »Die Wissenschaft [Mühle] sollte meiner Meinung nach für den Meister, und die Frucht [Mehl] derselben für das allgemeine Beste seyn.« L. zitiert die Worte auch in dem Aufsatz »über die Schwärmerei unserer Zeiten« (III, S. 419). Vgl. G 68, 107; L 76; auch Brief an Johann Andreas Schernhagen vom 17. Oktober 1775, an Johann Albert Heinrich Reimarus, spätestens Februar 1783, und an Franz Ferdinand Wolff vom 4. Mai 1789. – *Kenntnis der Mittel ohne ... Anwendung:* Ähnlich formuliert L. in G 107; s. noch L 76.

41 VS 1844, 1, S. 74; von Leitzmann den Sudelbüchern G/H zugeschrieben.

42, 43 VS 1844, 1, S. 75; von Leitzmann den Sudelbüchern G/H zugeschrieben.

44 VS 1844, 1, S. 76; von Leitzmann den Sudelbüchern G/H zugeschrieben. – *wie sich Semler ausdrückt:* In seiner »Lebensbeschreibung«, Halle 1781–1782, 2. T., S. 113, sagt Johann Salomo Semler: »Ich fand allerdings keinen Grund, warum ich selbst darüber ungehalten seyn wolte oder solte, daß dis eine neue grosse Partey [gemeint sind die Quäker] worden ist, und daß sie folglich eine eigentümliche Religionssprache, oder einen ihr gehörigen Dialekt eingeführet hat.« Johann Salomo Semler (1725–1791), Hauptrepräsentant der theologischen Aufklärung des 18. Jh.s; Studium in Halle, u. a. bei Baumgarten, der die Wolffsche Philosophie auf die Theologie anwandte; 1750 außerordentl. Prof. am Gymnasium zu Coburg; Redaktion der Coburger Zeitung; 1751 Prof. der Geschichte und der Poesie in Altdorf; Erlangung der theologischen Doktorwürde; 1752 Prof. der Theologie in Halle. Verfasser zahlreicher theologischer Schriften. – *nicht alle Menschen müssen unsere christliche Religion haben:* S. Semlers »Lebensbeschreibung«, 2. T., S. 114.

45 VS 1844, 1, S. 76f.; von Leitzmann den Sudelbüchern G/H zugeschrieben.

46 VS 1844, 1, S. 119; von Leitzmann den Sudelbüchern G/H zugeschrieben. – *geliebten Person:* Möglicherweise spielt L. auf die Stechardin an.

47, 48 VS 1844, 1, S. 119; von Leitzmann den Sudelbüchern G/H zugeschrieben.

49 VS 1844, 1, S. 119–120; von Leitzmann den Sudelbüchern G/H zugeschrieben.

50 VS 1844, 1, S. 120; von Leitzmann den Sudelbüchern G/H zugeschrieben. – *Bedlam:* Zu dem Londoner Irrenhaus s. zu A 4 und zu F 721.

51 VS 1844, 1, S. 131; von Leitzmann den Sudelbüchern G/H zugeschrieben. – *Wovon das Herz nicht voll ist . . .:* Diese Wendung verwertet L. in III, S. 417. – *den entgegengesetzten Satz:* »Wes das Herz voll ist, des geht der Mund über«, wie Luther Matthäus 12, 34 übersetzte.

52 VS 1844, 1, S. 142f.; von Leitzmann den Sudelbüchern G/H zugeschrieben. – *respice finem:* Zu diesem Merkspruch s. zu F 973. – *des Künftigen wegen das Gegenwärtige unternommen:* Zu diesem Gedanken vgl. A 128.

53 VS 1844, 1, S. 143; von Leitzmann den Sudelbüchern G/H zugeschrieben. – *Helvetiusschen Satz:* Auf das Zitat wird bereits in D 133 angespielt; s. die Anm. dazu.

54 VS 1844, 1, S. 143; von Leitzmann den Sudelbüchern G/H zugeschrieben. – *Schulden . . . gerne bezahlt, als man Geld einnimmt:* S. zu diesem Gedanken UB 4.

55 VS 1844, 1, S. 143; von Leitzmann den Sudelbüchern G/H zugeschrieben.

56 VS 1844, 1, S. 144f.; von Leitzmann den Sudelbüchern G/H zugeschrieben.

57 VS 1844, 1, S. 151; von Leitzmann den Sudelbüchern G/H zugeschrieben.

58 VS 1844, 1, S. 151; von Leitzmann den Sudelbüchern G/H zugeschrieben. – *Geldgeiz . . . Ehrgeiz:* Dieser Gedanke ist in dem Aufsatz »Einige Lebensumstände von Capt. James Cook« (III, S. 61) verwertet.

59 VS 1844, 1, S. 151; von Leitzmann den Sudelbüchern G/H zugeschrieben. – *Milton . . . aus der Bibel entnommen:* Anspielung auf Miltons christliches Epos »Paradise lost«.

60 VS 1844, 1, S. 166; von Leitzmann den Sudelbüchern G/H zugeschrieben. – *Knochengebäude des Charakters:* Ähnlich formuliert L. in G 25.

61, 62, 63 VS 1844, 1, S. 166; von Leitzmann den Sudelbüchern G/H zugeschrieben.

64 VS 1844, 1, S. 166; von Leitzmann den Sudelbüchern G/H zugeschrieben. – *Zank Homerischer Helden:* Anspielung auf den verhängnisvollen Streit zwischen Achilles und Agamemnon im 10. Kriegsjahr vor Troja. – *Lord North:* Frederick Lord North (1733–1792), seit 1770 Premierminister Großbritanniens, hielt im Steuerstreit mit den amerikanischen Kolonien am Teezoll fest und kämpfte gegen die Kolonien und ihre Verbündeten, bis er 1782 zurücktrat. – *Agamemnon:* Mythischer griech. König in Mykene oder Argos, aus dem Geschlecht der Tantaliden; Oberbefehlshaber des gegen Troja ziehenden Heeres; nach seiner Rückkehr von seiner Gattin Klytämnestra und Ägisth ermordet.

65, 66, 67 VS 1844, 1, S. 167; von Leitzmann den Sudelbüchern G/H zugeschrieben.

68 VS 1844, 1, S. 167 f.; von Leitzmann den Sudelbüchern G/H zugeschrieben. – *Sachen und keine Wörter:* Zu dieser Forderung L.s vgl. G 40; L 76.

69 VS 1844, 1, S. 168; von Leitzmann den Sudelbüchern G/H zugeschrieben. – *Man irrt sich gar sehr ...:* Diese Äußerung steht in Widerspruch zu G 27; vgl. aber J 966. – *Weltweisen:* Zu diesem Ausdruck s. zu A 12.

70, 71 VS 1844, 1, S. 168; von Leitzmann den Sudelbüchern G/H zugeschrieben.

72 VS 1844, 1, S. 169; von Leitzmann den Sudelbüchern G/H zugeschrieben. – *Sterne:* Über L.s geänderte Einstellung zu ihm s. G 2 und die Anm. dazu.

73, 74, 75 VS 1844, 1, S. 169; von Leitzmann den Sudelbüchern G/H zugeschrieben.

76, 77 VS 1844, 1, S. 170; von Leitzmann den Sudelbüchern G/H zugeschrieben.

78 VS 1844, 1, S. 171; von Leitzmann den Sudelbüchern G/H zugeschrieben. – *alle Menschen schieben auf:* Zu dieser L. auch persönlich betreffenden Charakterschwäche vgl. D 20.

79 VS 1844, 1, S. 171; von Leitzmann den Sudelbüchern G/H zugeschrieben.

80 VS 1844, 1, S. 171; von Leitzmann den Sudelbüchern G/H zugeschrieben. – *Ein Mädchen, die sich ihrem Freund ... entdeckt:* Möglicherweise bezieht sich diese Bemerkung auf L.s Geliebte Dorothea Stechard.

81, 82 VS 1844, 1, S. 171; von Leitzmann den Sudelbüchern G/H zugeschrieben.

83 VS 1844, 1, S. 182 f.; nach Leitzmann undatierbar. – *Ein Leben, so wie Rousseau ... das seinige beschrieben:* S. zu G 38. – *dulce est pro patria mori:* Zitat aus Horaz, »Oden« 3, 2, 13: »Dulce et decorum est pro patria mori«. Süß ist's und ruhmvoll, stirbt man für's Vaterland. – *diesen Zweig von Wissenschaft:* Bemerkenswert die Nähe der Gedankengänge L.s zu den »Aussichten zu einer Experimentalseelenlehre«, Berlin 1782, von Carl Philipp Moritz, der sich darin seinerseits auf »einige vortrefflichen Aufsätze von Lichtenberg im Göttingischen Magazin« (S. 12; s. auch S. 13) bezieht.

84 VS 1844, 1, S. 191; von Leitzmann den Sudelbüchern G/H zugeschrieben.

85 VS 1844, 1, S. 191; von Leitzmann den Sudelbüchern G/H zugeschrieben. – *Irren ist ... menschlich:* Diesen Satz zitiert L. auch in der Antiphysiognomik (III, S. 289).

86 VS 1844, 1, S. 191; von Leitzmann den Sudelbüchern G/H zugeschrieben.

87, 88, 89, 90 VS 1844, 1, S. 192 f.; von Leitzmann den Sudelbüchern G/H zugeschrieben.

91 VS 1844, 1, S. 208; von Leitzmann den Sudelbüchern G/H zugeschrieben.

92 VS 1844, 1, S. 208; von Leitzmann den Sudelbüchern G/H zugeschrieben. – *Parrhasius:* S. zu C 214, wo auch der »Streich« mitgeteilt wird, den Parrhasius dem Zeuxis und Zeuxis den Vögeln spielte.

93 VS 1844, 1, S. 208; von Leitzmann den Sudelbüchern G/H zugeschrieben.

94 VS 1844, 1, S. 208; von Leitzmann den Sudelbüchern G/H zugeschrieben. Auch diese Bemerkung steht noch ganz im Zeichen der Auseinandersetzung mit Lavaters »Physiognomik«.

95 VS 1844, 1, S. 208 f.; von Leitzmann den Sudelbüchern G/H zugeschrieben. – *Physiognomik und Prophetie:* In der Textvorlage *Physiognomie* und *Prophetik.* S. zu F 23. – *die Physiognomik ... in ihrem eigenen Fette ersticken:* Vgl. F 217.

96 VS 1844, 1, S. 209; von Leitzmann den Sudelbüchern G/H zugeschrieben.

97 VS 1844, 1, S. 217 f.; von Leitzmann den Sudelbüchern G/H zugeschrieben.

98, 99 VS 1844, 1, S. 218; von Leitzmann den Sudelbüchern G/H zugeschrieben.

100 VS 1844, 1, S. 218 f.; von Leitzmann den Sudelbüchern G/H zugeschrieben.

101 VS 1844, 1, S. 219; von Leitzmann den Sudelbüchern G/H zugeschrieben.

102 VS 1844, 1, S. 224; von Leitzmann den Sudelbüchern G/H zugeschrieben.

103 VS 1844, 1, S. 224; von Leitzmann den Sudelbüchern G/H zugeschrieben. – *Poet von Profession:* Zu dieser Wendung vgl. F 348.

104 VS 1844, 1, S. 226 f.; von Leitzmann den Sudelbüchern G/H zugeschrieben. – *Dr Forster sagt, die Vielweiberei ...:* Die Stelle steht in den »Bemerkungen über Gegenstände der physischen Erdbeschreibung« Berlin 1778–1780, 2. Aufl. 1783, S. 367, von Johann Reinhold Forster, übersetzt von dessen Sohn Johann Georg Forster. Das Werk war 1778 auf englisch unter dem Titel »Observations made During a Voyage Round the World on Physical Geography, Natural History and Ethic Philosophy« erschienen. Es wurde in den GGA 1784, S. 449 f., von Meiners besprochen.

105 VS 1844, 1, S. 253; von Leitzmann den Sudelbüchern G/H zugeschrieben.

106 VS 1844, 1, S. 273 f.; von Leitzmann den Sudelbüchern G/H zugeschrieben.

107 VS 1844, 1, S. 274; von Leitzmann den Sudelbüchern G/H zugeschrieben. – *Satyre ... über das abscheuliche Übersetzen:* Zu diesem Vorhaben

vgl. H 1 und die Anm. dazu. Es ist ungewiß, ob L. hier allgemein von Gegenständen für Satiren spricht oder an sein Alexandrinergedicht denkt. – *Mittel gesammelt und kein Endzweck:* Einen ähnlichen Vorwurf erhebt L. in G 40.

108 VS 1844, 1, S. 274 f.; von Leitzmann den Sudelbüchern G/H zugeschrieben.

109 VS 1844, 1, S. 275; von Leitzmann den Sudelbüchern G/H zugeschrieben. – *Lamberts Abhandlung:* »Observations sur l'encre et le papier«, erschienen in den »Nouveaux mémoires de l'Académie royale de Berlin. Année 1770«, Berlin 1772, S. 58–67. Ähnliches sagt L. von Franklins Schriften. – *Zimmermanns . . . Nationalstolz:* Johann Georg Zimmermanns berühmtes Werk »Vom Nationalstolz« erschien 1758.

110 VS 1844, 1, S. 275; von Leitzmann den Sudelbüchern G/H zugeschrieben.

111 VS 1844, 1, S. 275 f.; von Leitzmann den Sudelbüchern G/H zugeschrieben. – *Theaters des Pompejus:* In Rom auf dem Marsfeld, erbaut 55 v. Chr. unter Gnaeus Pompejus Magnus (106–48 v. Chr.). – *Middleton . . .:* L. hat die Notiz aus »The New Complete Dictionary of arts and sciences«, London 1778, von Erasmus Middleton entnommen. Erasmus Middleton (1739–1805), engl. Schriftsteller; immatrikulierte sich 1767 an der St. Edmund Hall in Oxford, wurde aber 1768 wegen öffentlichen Betens und Predigens relegiert. Dennoch empfing Middleton die Priesterweihe und schrieb sich am King's College in Cambridge ein, scheint dort aber nicht abgeschlossen zu haben. Später Minister, Vikar, Hilfsprediger, 1804 Rektor von Turbey, Bedfordshire; Middleton verfaßte theologische Schriften, daneben aber auch »The theological, philosophical, critical and poetical branches of a New Dictionary of Arts and Sciences«.

112 VS 1844, 1, S. 276; von Leitzmann den Sudelbüchern G/H zugeschrieben.

113 VS 1844, 1, S. 277; von Leitzmann den Sudelbüchern G/H zugeschrieben. – *Weltweisen:* S. zu A 12.

114 VS 1844, 1, S. 277; von Leitzmann den Sudelbüchern G/H zugeschrieben.

115 VS 1844, 1, S. 277; von Leitzmann den Sudelbüchern G/H zugeschrieben. – *Vorsatz, etwas zu sagen:* Ähnlich äußert sich L. im letzten Satz von G 2; möglicherweise steht auch diese Bemerkung in Zusammenhang mit dem »Orbis pictus«.

116 VS 1844, 1, S. 277 f.; von Leitzmann den Sudelbüchern G/H zugeschrieben. – *Bergmans vortreffliche Terminologie:* Vermutlich das »Manuel du minéralogiste, ou sciagraphie du règne minéral distribué d'après l'analyse chimique . . . mise à jour par Johann Jakob Ferber et traduit et augmenté de notes par Jean André Mongez le jeune.« Paris 1784 (BL, Nr. 723). Torbern Olof Bergman (1735–1784), schwed. Mathematiker und Chemiker, Prof. in Upsala; Begründer der analytischen Chemie.

117 VS 1844, 1, S. 278 f.; von Leitzmann den Sudelbüchern G/H zugeschrieben.

118 VS 1844, 1, S. 279; von Leitzmann den Sudelbüchern G/H zugeschrieben.

119 VS 1844, 1, S. 279; von Leitzmann den Sudelbüchern G/H zugeschrieben. – *Seite:* In der Textvorlage *Seele*; verbessert nach Lauchert, S. 173.

120 VS 1844, 1, S. 280; von Leitzmann den Sudelbüchern G/H zugeschrieben. – *Schriftsteller . . . die mit Kenntnis anderer . . . aus sich selbst allein geschöpft:* Vgl. L 186.

121, 122 VS 1844, 1, S. 280; von Leitzmann den Sudelbüchern G/H zugeschrieben.

123 VS 1844, 1, S. 281; von Leitzmann den Sudelbüchern G/H zugeschrieben.

124 VS 1844, 1, S. 306; von Leitzmann den Sudelbüchern G/H zugeschrieben.

125 VS 1844, 1, S. 306; von Leitzmann den Sudelbüchern G/H zugeschrieben. – *wenige solcher Bemerkungen einen . . . Band . . . veredeln:* Ähnlich äußert sich L. auch G 113.

126 VS 1844, 1, S. 306; von Leitzmann den Sudelbüchern G/H zugeschrieben.

127 VS 1844, 1, S. 306f.; von Leitzmann den Sudelbüchern G/H zugeschrieben.

128 VS 1844, 1, S. 307; von Leitzmann den Sudelbüchern G/H zugeschrieben. – *Gradus ad Parnassum-Methode:* Vgl. E 142 und die Anm. dazu.

129 VS 1844, 1, S. 307; von Leitzmann den Sudelbüchern G/H zugeschrieben. – *Kritik . . . experimental:* Von »Experimentalkritik« spricht L. in »Nachricht von Pope's Leben und Schriften« VS 5, S. 34.

130 VS 1844, 1, S. 307; von Leitzmann den Sudelbüchern G/H zugeschrieben. – *Weltweisen:* S. zu A 12.

131 VS 1844, 1, S. 307f.; von Leitzmann den Sudelbüchern G/H zugeschrieben. – *Klopstocks enthusiastischen Bewunderern:* L. spielt insbesondere auf den Dichterbund Göttinger Hain an, dessen Mitglieder in Göttingen studiert hatten.

132 VS 1844, 1, S. 308; von Leitzmann den Sudelbüchern G/H zugeschrieben.

133 VS 1844, 1, S. 308f.; von Leitzmann den Sudelbüchern G/H zugeschrieben.

134 VS 1844, 1, S. 309; von Leitzmann den Sudelbüchern G/H zugeschrieben.

135 VS 1844, 1, S. 324; von Leitzmann den Sudelbüchern G/H zugeschrieben.

136 VS 1844, 1, S. 263; von Leitzmann den Sudelbüchern G/H zugeschrieben. – *Despaviladura . . . Generalfeldmarschallieutenant:* Diese Bemerkung hat L. in die zweite Streitschrift gegen Voß 1782 aufgenommen, worauf schon Lauchert, S. 171 hinwies. – *Despaviladura:* In der Textvorlage *Despaviladera*; span. ›Lichtschnuppe‹.

137 VS 1844, 2, S. 31 f.; von Leitzmann den Sudelbuch K zugeschrieben.

138 VS 1844, 2, S. 33f.; von Leitzmann dem Sudelbuch K zugeschrieben.

139 VS 1844, 2, S. 34f.; von Leitzmann dem Sudelbuch K zugeschrieben.

140 VS 1844, 2, S. 36f.; nach Leitzmann undatierbar.

141 VS 1844, 2, S. 40; von Leitzmann den Sudelbüchern G/H zugeschrieben.

142 VS 1844, 2, S. 240; von Leitzmann den Sudelbüchern G/H zuge-

schrieben. Dieser Satz ist im »Vorbericht« zum »Göttingischen Magazin«, 2. Jahrgang, 1. Stück, 1781, verwendet worden, worauf Lauchert, S. 65, hingewiesen hat.

143 VS 1844, 2, S. 40; von Leitzmann den Sudelbüchern G/H zugeschrieben.

144 VS 1844, 2, S. 63–65; von Leitzmann den Sudelbüchern G/H zugeschrieben. – *Cross-readings:* Engl. ›Querlesen‹. – *Pleß:* DWB 7, Sp. 1933, gibt diese Stelle bei L. als einzigen Beleg für diese Schreibweise von bläs, bles: Blässe; ein streifenförmiges weißes Abzeichen von der Stirn bis zur Oberlippe. – *Vapeurs:* S. zu F 933. – *Man muß sich vorstellen:* Offenbar dachte L. an eine Veröffentlichung, vermutlich im GTC. – *Avertissements:* Frz. ›Anzeigen, Ankündigungen‹.

145 VS 1844, 2, S. 66f.; von Leitzmann den Sudelbüchern G/H zugeschrieben. In der Textvorlage stehen G 145, 146 unter der Überschrift *Ein Paar Fabeln.* – *Cramers Er und über ihn:* Carl Friedrich Cramer (1752–1807), Sohn des Theologieprofessors Johann Andreas Cramer, Student der Theologie in Göttingen (immatrikuliert am 21. Mai 1772), Mitglied des Hainbundes, begeisterter Anhänger Klopstocks; 1775 außerordentl., 1780 ordentl. Prof. der orient. und griech. Sprache in Kiel, 1794 wegen seiner Sympathie für die frz. Revolution amtsenthoben, bis zu seinem Tod Buchhändler und Schriftsteller in Paris. Gewichtigster Ausdruck seiner Klopstock-Verehrung war das Werk »Klopstock. Er und über ihn«, 5 Tle., Hamburg 1779–1792. Auch in den Briefen äußert sich L. abfällig über Cramer und seine Klopstock-Monographie; vgl. Brief an Johann Friedrich Blumenbach von Mai 1780; ferner: Brief an Georg Heinrich Hollenberg vom 2. Juni 1781, an Johann Andreas Schernhagen vom 25. November 1782. L. besaß lediglich den ersten Teil (BL, Nr. 1593). – *Klopstocks Oden:* 1771 erschien anonym die von Klopstock selbst herausgegebene Sammlung seiner »Oden« aus den Jahren 1747–1770.

146 VS 1844, 2, S. 67; von Leitzmann den Sudelbüchern G/H zugeschrieben. S. zu G 145.

147, 148 VS 1844, 2, S. 68; von Leitzmann den Sudelbüchern G/H zugeschrieben. G 148 offenbar aus »Noctes«.

149 VS 1844, 2, S. 69; von Leitzmann den Sudelbüchern G/H zugeschrieben. – *Niobe ... muß sehen, wie ... Apoll ... über den Haufen schießt:* Nach der Mythologie der Antike versucht Niobe sich durch ihren Kinderreichtum über die Fruchtbarkeitsgöttin Leto zu stellen und wird für diese Hybris von deren Kindern Artemis und Apoll bestraft, indem diese ihre Kinder durch Pfeile töten (vgl. Homer, Ilias, 24, 602 und Ovid, Metamorphosen, 6, 146).

150–154 VS 1844, 2, S. 69; von Leitzmann den Sudelbüchern G/H zugeschrieben.

155 VS 1844, 2, S. 69f.; von Leitzmann den Sudelbüchern G/H zugeschrieben.

156–160 VS 1844, 2, S. 70; von Leitzmann den Sudelbüchern G/H zugeschrieben.

161–165 VS 1844, 2, S. 71; von Leitzmann den Sudelbüchern G/H zugeschrieben.

166 VS 1844, 2, S. 71f.; von Leitzmann den Sudelbüchern G/H zugeschrieben.

167 VS 1844, 2, S. 72; von Leitzmann den Sudelbüchern G/H zugeschrieben.

168 VS 1844, 2, S. 72; von Leitzmann den Sudelbüchern G/H zugeschrieben. – *Condamine ... in Amerika:* La Condamines Werk ist zu KA 1 nachgewiesen.

169 VS 1844, 2, S. 72; von Leitzmann den Sudelbüchern G/H zugeschrieben. – *Bahrdt im Ketzeralmanach:* Gemeint ist der »Kirchen- und Ketzeralmanach aufs Jahr 1781«. Carl Friedrich Bahrdt (1741–1792), evangelischer Theologe, Schriftsteller, Pädagoge und Politiker. – *Verfasser des Almanachs für Belletristen:* Omai, der Verfasser des »Almanachs der Belletristen und Belletristinnen für's Jahr 1782«, erschienen Ulieta (vielmehr Berlin), ist Christian Jacob Wagenseil (1756–1839), Bibliothekar in Kaufbeuren. L. erwähnt ihn und seinen Almanach auf das Jahr 1785 in einem Brief an Johann Arnold Ebert vom 21. Februar 1785 und an Christoph Friedrich Nicolai vom 20. März 1785.

170 VS 1844, 2, S. 72; von Leitzmann den Sudelbüchern G/H zugeschrieben.

171 VS 1844, 2, S. 73; von Leitzmann den Sudelbüchern G/H zugeschrieben.

172 VS 1844, 2, S. 73; von Leitzmann den Sudelbüchern G/H zugeschrieben. – *Salomon sagt:* Anspielung auf Sprüche Salomos, 1, 10: »Mein Kind, wenn dich die bösen Buben locken, so folge nicht«.

173, 174 VS 1844, 2, S. 73; von Leitzmann den Sudelbüchern G/H zugeschrieben.

175, 176 VS 1844, 2, S. 82; von Leitzmann den Sudelbüchern G/H zugeschrieben.

177 VS 1844, 2, S. 83; von Leitzmann den Sudelbüchern G/H zugeschrieben.

178 VS 1844, 2, S. 83; von Leitzmann den Sudelbüchern G/H zugeschrieben. – *Faust in der Tasche ... machen:* Ähnlich schreibt L. auch in J 57 und in den Hogarth-Erklärungen (III, S. 1011).

179–182 VS 1844, 2, S. 83; von Leitzmann den Sudelbüchern G/H zugeschrieben.

183 VS 1844, 2, S. 84; von Leitzmann den Sudelbüchern G/H zugeschrieben. – *Kolumbus:* Christoph Columbus (1446 oder 1456 bis 1506), geboren in Italien, seit 1484 im Dienst des spanischen Hofes; segelte 1492 auf der Suche nach den von Marco Polo beschriebenen Ländern des Ostens in Richtung Westen und entdeckte Amerika.

184–186 VS 1844, 2, S. 84; von Leitzmann den Sudelbüchern G/H zugeschrieben.

187 VS 1844, 2, S. 84; von Leitzmann den Sudelbüchern G/H zugeschrieben. – *Er las ... Agamemnon statt »angenommen«:* Unter dieses Zitat haben Ernst Nündel und Werner Schlotthaus ihre 1978 in München/Wien/Baltimore erschienene Studie »Angenommen: Agamemnon. Wie Lehrer mit Texten umgehen« gestellt; s. dort insbesondere S. 16f.

188 VS 1844, 2, S. 84; von Leitzmann den Sudelbüchern G/H zugeschrieben.

189–192 VS 1844, 2, S. 87; von Leitzmann den Sudelbüchern G/H zugeschrieben.

193 VS 1844, 2, S. 107; nach Leitzmann undatierbar.

194 VS 1844, 2, S. 107; nach Leitzmann undatierbar.

195 VS 1844, 2, S. 107; nach Leitzmann undatierbar.

196 VS 1844, 2, S. 110; nach Leitzmann undatierbar. – *Franklin, der Erfinder der Disharmonica:* L. spielt auf Franklins Rolle im amerik. Unabhängigkeitskrieg an und auf dessen Erfindung der Glasharmonika um 1762. Franklin befestigte immer kleiner werdende Glasschalen auf einer waagerechten Achse, die durch Fußantrieb in Drehung versetzt wurde; s. dazu Albrecht Ludwig Friedrich Meisters »Nachricht von einem neuen musikalischen Instrumente, Harmonica genannt«, in Hannoverisches Magazin, 59. Stück, 1766, Sp. 929–938.

197, 198 VS 1844, 2, S. 110; nach Leitzmann undatierbar.

199 VS 1844, 2, S. 111; nach Leitzmann undatierbar.

200 VS 1844, 2, S. 115; nach Leitzmann undatierbar.

201 VS 1844, 2, S. 194; von Leitzmann dem Sudelbuch K zugeschrieben.

202 VS 1844, 2, S. 119 f.; von Leitzmann den Sudelbüchern G/H zugeschrieben. – *Die Deutschen lesen zu viel:* Vgl. G 110.

203 VS 1844, 2, S. 120; von Leitzmann den Sudelbüchern G/H zugeschrieben.

204, 205 VS 1844, 2, S. 122; von Leitzmann den Sudelbüchern G/H zugeschrieben.

206 VS 1844, 2, S. 127; nach Leitzmann undatierbar.

207 VS 1844, 2, S. 129 f.; von Leitzmann den Sudelbüchern G/H zugeschrieben.

208 VS 1844, 2, S. 130; von Leitzmann den Sudelbüchern G/H zugeschrieben.

209 VS 1844, 2, S. 130 f.; von Leitzmann den Sudelbüchern G/H zugeschrieben. – *wenn man die Bücher und die Kollektaneen sähe:* Vgl. L 186.

210 VS 1844, 2, S. 131; von Leitzmann den Sudelbüchern G/H zugeschrieben.

211 VS 1844, 2, S. 131; von Leitzmann den Sudelbüchern G/H zugeschrieben. – *Büchern muß:* In der Textvorlage ein Komma zwischen den beiden Wörtern.

212 VS 1844, 2, S. 131; von Leitzmann den Sudelbüchern G/H zugeschrieben.

213 VS 1844, 2, S. 138; nach Leitzmann den Sudelbüchern G/H zugeschrieben.

214 VS 1844, 2, S. 151; von Leitzmann undatierbar. – *Ein Mädchen ... die Welt für ihn:* Sollte diese ›idyllische‹ Notiz nicht in die Zeit seiner Liebe zur Stechardin fallen?

215 VS 1844, 2, S. 165; von Leitzmann den Sudelbüchern G/H zugeschrieben. – *Mit wenigen Worten viel sagen:* Diese Maxime wiederholt L. in GH 56.

216 VS 1844, 2, S. 165; von Leitzmann den Sudelbüchern G/H zugeschrieben. – *Pajazzo:* Bajazzo, ital. pagliaccio ›Possenreißer, Clown‹.

217 VS 1844, 2, S. 165; von Leitzmann den Sudelbüchern G/H zugeschrieben.

218 VS 1844, 2, S. 165; von Leitzmann den Sudelbüchern G/H zugeschrieben. – *Twiss ... Tour through Ireland:* Richard Twiss (1747–1821), engl.

Reiseschriftsteller, besuchte 1775 Irland und veröffentlichte 1776 in London seine »Tour in Ireland in 1775«; in dt. Übersetzung unter dem Titel »Reise durch Irland im Jahre 1775«, Leipzig 1777. Das Werk war in Irland sehr unpopulär und rief Gegenschriften hervor. Die Anekdote findet sich im »Vademecum für lustige Leute«, 7. T., Berlin 1777, S. 6. L. bringt sie und den Vers auch in den Hogarth-Erklärungen (III, S. 831).

219 VS 1844, 2, S. 165; von Leitzmann den Sudelbüchern G/H zugeschrieben.

220 VS 1844, 2, S. 166; von Leitzmann den Sudelbüchern G/H zugeschrieben.

221 VS 1844, 2, S. 166; von Leitzmann den Sudelbüchern G/H zugeschrieben. – *Glück, wenn man die Ohren . . . so verschließen könnte, wie die Augen:* Vgl. G 226.

222, 223 VS 1844, 2, S. 166; von Leitzmann den Sudelbüchern G/H zugeschrieben.

224 VS 1844, 2, S. 167; von Leitzmann den Sudelbüchern G/H zugeschrieben. – *Sheridan:* Thomas Sheridan (1719–1788), engl. Arzt, Schauspieler, Autor, Vortragender, Vater von Richard Brinsley Sheridan. – *die Blinden sehend, und die Lahmen gehend:* Nach Matthäus 11, 5.

225 VS 1844, 2, S. 167; von Leitzmann den Sudelbüchern G/H zugeschrieben. – *die große Tour durch Europa:* S. zu B 117.

226 VS 1844, 2, S. 167f.; von Leitzmann den Sudelbüchern G/H zugeschrieben. – *Was für eine Wohltat . . .:* Vgl. G 221.

227, 228 VS 1844, 2, S. 168; von Leitzmann den Sudelbüchern G/H zugeschrieben; offenbar aus »Noctes«.

229 VS 1844, 2, S. 184; von Leitzmann dem Sudelbuch L zugeschrieben; offenbar aus »Noctes«.

230 VS 1844, 2, S. 190; von Leitzmann den Sudelbüchern G/H zugeschrieben.

231 VS 1844, 2, S. 190; von Leitzmann den Sudelbüchern G/H zugeschrieben. – *Baumannshöhle:* S. zu F 1149.

232 VS 1844, 2, S. 191; von Leitzmann den Sudelbüchern G/H zugeschrieben.

233 VS 1844, 2, S. 191; von Leitzmann den Sudelbüchern G/H zugeschrieben. – *Der schwarze Mann der Kinder:* Ihn führt L. auch K 121 in Zusammenhang mit dem Aberglauben an.

234, 235 VS 1844, 2, S. 191; von Leitzmann den Sudelbüchern G/H zugeschrieben.

237 VS 1844, 2, S. 191f.; von Leitzmann den Sudelbüchern G/H zugeschrieben.

238–240 VS 1844, 2, S. 192; von Leitzmann den Sudelbüchern G/H zugeschrieben.

241 VS 1844, 2, S. 194; von Leitzmann dem Sudelbuch K zugeschrieben. – *noch einen Planeten . . . entdecken:* Der Planet Uranus war 1781 von Friedrich Wilhelm Herschel entdeckt worden.

H

Zur Einführung s. S. 489.

Anmerkungen (Band II)

1 VS 1844, 1, S. XXVf. – *meinem Gedicht:* In Zusammenhang mit dem Roman-Entwurf »Der doppelte Prinz«, als dessen Konzeptionstag die Herausgeber in VS 1844, S. XIV den 7. Oktober 1785 angeben, erwähnen sie: »Noch früher scheint er die Idee gehabt zu haben, *ein satyrisches Gedicht* zu verfertigen. Denn in einer Stelle seines Tagebuchs, das viele Seiten vor jener vorhergeht, in der er den Entschluß einen Roman zu schreiben anmerkt, heißt es« – es folgt H 1. Lauchert, S. 88, bezieht die Notiz auf L.s Alexandrinergedicht, was bedeuten würde, daß sie ebenso wie die Roman-Notizen von 1785 noch zu Sudelbuch G gehören müßte, was zeitlich schlecht denkbar ist.

2 VS 1844, 1, S. 14; von Leitzmann dem Sudelbuch G zugeschrieben. – *wenn ein . . . Licht . . . ausgeht:* Diesen speziellen Aberglauben erwähnt L. noch J 853, L 356.

3 VS 1844, 2, S. 32; von Leitzmann dem Sudelbuch K zugeschrieben.

4 VS 1844, 2, S. 109; nach Leitzmann undatierbar.

5 VS 1844, 1, S. 190f.; nach Leitzmann undatierbar. – *edle Einfalt in den Werken der Natur:* Diese Wendung begegnet auch im Brief an Franz Ferdinand Wolff vom 30. Dezember 1784.

6 VS 1844, 1, S. 15; von Leitzmann dem Sudelbuch H zugeschrieben. – *Pallida mors aequo pulsat pede:* Die Stelle in Horaz' »Oden«, 1, 4, 14f., lautet weiter: ». . . pauperum tabernas / Regumque turris.« Klopft doch der Tod, der bleiche, an mit dem gleichen Fuß an Hütten / Wie Königsschloß.

7 VS 1844, 1, S. 15; von Leitzmann dem Sudelbuch H zugeschrieben. – *Kümmeleckchen:* S. zu D 94.

8 VS 1844, 1, S. 15; von Leitzmann dem Sudelbuch H zugeschrieben.

9 VS 1844, 1, S. 15; von Leitzmann dem Sudelbuch H zugeschrieben. – *Exercitii gratia:* Lat. ›um der Übung willen‹.

10 VS 1844, 1, S. 15f.; von Leitzmann dem Sudelbuch H zugeschrieben. – *Astrognosie:* Griech. ›Sternkenntnis‹; die Kenntnis von Namen und Stellung der am Himmel mit bloßem Auge sichtbaren Gestirne.

11 VS 1844, 1, S. 26f.; von Leitzmann den Sudelbüchern G/H zugeschrieben. – *im November:* Vermutlich 1784. – *eines meiner Kinder gestorben:* »Eine Johanne Karoline Kellner aus Nikolausberg, die es dort nie gegeben hat und die wohl mit Lichtenbergs Geliebten Margarethe Elisabeth Kellner identisch sein dürfte, gebar am 16. 9. 1784 im damals gleichfalls hessischen Eddigehausen (7 km nördl. von Göttingen) einen Sohn Karl Gottlieb Kellner. Im Kirchenbuch (Plessearchiv Bovenden) ist kein Vater angegeben. Dies Kind dürfte wohl identisch sein mit dem am 15. 11. 1784 gestorbenen, in St. Marien in Göttingen eingesegneten Sohn von Margarethe Kellner, Karl Ludwig Kellner. Als Pate wird im Eddigehäuser Kirchenbuch Gottlieb Stechhart aus Göttingen genannt, der sich aber dort nicht nachweisen ließ, und, zumal da

die Familie von Lichtenbergs erster, jungverstorbener Geliebten Maria Dorothea Stechardt aus der Grafschaft Hohenstein eingewandert war, wohl auch nicht gefunden werden kann, weil Lichtenberg durch derlei Mystifikationen die Spuren zu verwischen suchte« (Joost, Lichtenberg-Jb 1988, S. 228). S. Brief an Gottfried Hieronymus Amelung, 26. März 1784 und dazu Briefwechsel II, Anm. 1, S. 841.

12 VS 1844, 1, S. 73; von Leitzmann den Sudelbüchern G/H zugeschrieben.

13 VS 1844, 1, S. 72 f.; von Leitzmann den Sudelbüchern G/H zugeschrieben.

14 VS 1844, 1, S. 73 f.; von Leitzmann den Sudelbüchern G/H zugeschrieben.

15 VS 1844, 1, S. 74; von Leitzmann den Sudelbüchern G/H zugeschrieben.

16 VS 1844, 1, S. 75; von Leitzmann den Sudelbüchern G/H zugeschrieben.

17 VS 1844, 1, S. 75; von Leitzmann den Sudelbüchern G/H zugeschrieben. – *Ramifikationen:* Verzweigungen.

18 VS 1844, 1, S. 76; von Leitzmann den Sudelbüchern G/H zugeschrieben.

19 VS 1844, 1, S. 89; von Leitzmann dem Sudelbuch K zugeschrieben. – *Kants Vorstellung von Raum und Zeit:* In der »Transzendentalen Ästhetik« § 1–6 der »Kritik der reinen Vernunft« bestimmt Kant Raum und Zeit als subjektive Bedingungen der Anschauung, in der allein uns Gegenstände zugänglich sind. Immanuel Kant (1724–1804), seit 1770 Prof. der Logik und Metaphysik in Königsberg; seine drei großen ›Kritiken‹ gelten als Wendepunkt in der abendländischen Philosophie; in der Transzendentalphilosophie sollte das Dilemma zwischen Rationalismus und Empirismus überwunden werden. Hauptwerke: Kritik der reinen Vernunft (1781, 2. Aufl. 1787); Kritik der praktischen Vernunft (1788); Kritik der Urteilkraft (1790).

20, 21, 22, 23 VS 1844, 1, S. 104; von Leitzmann den Sudelbüchern G/H zugeschrieben.

24 VS 1844, 1, S. 105; von Leitzmann den Sudelbüchern G/H zugeschrieben.

25, 26 VS 1844, 1, S. 107; von Leitzmann dem Sudelbuch K zugeschrieben.

27 VS 1844, 1, S. 107.

28 VS 1844, 1, S. 118; von Leitzmann den Sudelbüchern G/H zugeschrieben. – *Paul Jones:* John Paul Jones (1747–1792), berühmter engl. Seefahrer und Abenteurer, Sohn des Gärtners Paul Jones. – G . . .: Göttingen.

29, 30 VS 1844, 1, S. 120; von Leitzmann den Sudelbüchern G/H zugeschrieben.

31, 32 VS 1844, 1, S. 129; von Leitzmann den Sudelbüchern G/H zugeschrieben.

33 VS 1844, 1, S. 130; von Leitzmann den Sudelbüchern G/H zugeschrieben.

34 VS 1844, 1, S. 142; von Leitzmann den Sudelbüchern G/H zugeschrieben. – *die Menschen sehr geneigt zum Aufschieben:* Vgl. D 20.

35, 36 VS 1844, 1, S. 142; von Leitzmann den Sudelbüchern G/H zugeschrieben.

37 VS 1844, 1, S. 168; von Leitzmann den Sudelbüchern G/H zugeschrieben. – *ein hübsches Sümmchen:* Vgl. dazu Hogarth-Erklärungen (III, S. 978 f.); s. schon GTC 1786, S. 147 f.

38 VS 1844, 1, S. 169; von Leitzmann den Sudelbüchern G/H zugeschrieben.

39 VS 1844, 1, S. 169; von Leitzmann den Sudelbüchern G/H zugeschrieben. – *Dienstmädchen ... Kinder:* Vgl. auch »Orbis pictus« (III, S. 400).

40 VS 1844, 1, S. 169; von Leitzmann den Sudelbüchern G/H zugeschrieben.

41 VS 1844, 1, S. 170; von Leitzmann den Sudelbüchern G/H zugeschrieben.

42 VS 1844, 1, S. 171 f.; von Leitzmann den Sudelbüchern G/H zugeschrieben.

43 VS 1844, 1, S. 172; von Leitzmann den Sudelbüchern G/H zugeschrieben.

44 VS 1844, 1, S. 192; von Leitzmann den Sudelbüchern G/H zugeschrieben.

45 VS 1844, 1, S. 192; von Leitzmann den Sudelbüchern G/H zugeschrieben. – *mathematischer Wilder:* S. zu A 10.

46 VS 1844, 1, S. 217; von Leitzmann den Sudelbüchern G/H zugeschrieben.

47 VS 1844, 1, S. 200 f.; von Leitzmann den Sudelbüchern G/H zugeschrieben.

48, 49, 50, 51 VS 1844, 1, S. 221; von Leitzmann den Sudelbüchern G/H zugeschrieben.

52 VS 1844, 1, S. 225; von Leitzmann den Sudelbüchern G/H zugeschrieben.

53 VS 1844, 1, S. 225 f.; von Leitzmann den Sudelbüchern G/H zugeschrieben.

54 VS 1844, 1, S. 279; von Leitzmann den Sudelbüchern G/H zugeschrieben.

55 VS 1844, 1, S. 280; von Leitzmann den Sudelbüchern G/H zugeschrieben. – *Stümpern in höhern Wissenschaften:* Ähnlich kritisch über dasselbe Werk äußert sich auch Georg Forster gegenüber Sömmerring. – *H. in seinen I. z. G. d. M.:* Gemeint sind die »Ideen zur Philosophie der Geschichte der Menschheit« von Herder, erschienen 1784–1791.

56 VS 1844, 1, S. 280; von Leitzmann den Sudelbüchern G/H zugeschrieben. – *verkuxen:* Eigentlich: im Bergbau verschwenden; DWB 12, 1, Sp. 707 führt diese Stelle als Beleg an.

57 VS 1844, 1, S. 281; von Leitzmann den Sudelbüchern G/H zugeschrieben. – *gemalten Fenstern:* Dieses Bild greift L. J 1077 wieder auf.

58 VS 1844, 1, S. 281; von Leitzmann den Sudelbüchern G/H zugeschrieben.

59, 60 VS 1844, 1, S. 325; von Leitzmann den Sudelbüchern G/H zugeschrieben.

61 VS 1844, 1, S. 325; von Leitzmann den Sudelbüchern G/H zugeschrieben. – *to learn ... to teach:* Engl. ›lernen ... lehren‹.

62 VS 1844, 1, S. 327; von Leitzmann den Sudelbüchern G/H zugeschrieben.

63 VS 1844, 1, S. 327; von Leitzmann den Sudelbüchern G/H zugeschrieben. – *Aufschieben:* Vgl. D 20.

64 VS 1844, 1, S. 328; von Leitzmann dem Sudelbuch K zugeschrieben.

65 VS 1844, 2, S. 24; von Leitzmann den Sudelbüchern G/H zugeschrieben.

66 VS 1844, 2, S. 24 f.; von Leitzmann den Sudelbüchern G/H zugeschrieben.

67 VS 1844, 2, S. 25; von Leitzmann den Sudelbüchern G/H zugeschrieben. – *Eine Stockhausscene ... auf dem Theater:* Die Notiz findet sich in dem Roman-Entwurf »Der doppelte Prinz« wieder (III, S. 617).

68 VS 1844, 2, S. 25; von Leitzmann den Sudelbüchern G/H zugeschrieben.

69 VS 1844, 2, S. 25 f.; von Leitzmann den Sudelbüchern G/H zugeschrieben. – *D*$\underline{r}$ *Maty sagt ...:* Gemeint ist die von Maty herausgegebene »New review on literary curiosities and literary intelligence«, London 1782–1786. Matthew Maty (1718–1786), nahe Utrecht geboren; Arzt, Schriftsteller; 1751 Mitglied des Royal College of Surgeons; 1753 Bibliothekar des Britischen Museums; 1762 Sekretär der Royal Society; 1772 leitender Bibliothekar des Britischen Museums. – *He reasoned ... in it:* Er argumentierte am besten, wenn er sich nicht witzig gab; und während er die Zuneigung seiner Hörer gewann, machte er seine Gegner zum Ziel des Gelächters, die oft gezwungen waren, darin einzustimmen.

70, 71, 72 VS 1844, 2, S. 26; von Leitzmann den Sudelbüchern G/H zugeschrieben.

73 VS 1844, 2, S. 26 f.; von Leitzmann den Sudelbüchern G/H zugeschrieben.

74 VS 1844, 2, S. 27; von Leitzmann den Sudelbüchern G/H zugeschrieben. – *Thomsons Jahreszeiten:* James Thomson (1700–1748), engl. Dichter, veröffentlichte 1726–1730 das epochemachende Gedicht »The Seasons«, das den Höhepunkt der englischen pastoralen Dichtung bildet.

75, 76 VS 1844, 2, S. 27; von Leitzmann den Sudelbüchern G/H zugeschrieben.

78 VS 1844, 2, S. 28; von Leitzmann den Sudelbüchern G/H zugeschrieben.

79 VS 1844, 2, S. 40; von Leitzmann den Sudelbüchern G/H zugeschrieben.

80 VS 1844, 2, S. 72; von Leitzmann den Sudelbüchern G/H zugeschrieben. – *Revüe:* Parade.

81 VS 1844, 2, S. 73; von Leitzmann den Sudelbüchern G/H zugeschrieben. – *Das alte Weib ... politische Monatsschrift:* Vgl. die Fußnote im GTC 1789, S. 205: »Ein solches Magazin fehlt uns Deutschen noch, jedoch leider! bloß dem Titel nach.«

82 VS 1844, 2, S. 74; von Leitzmann den Sudelbüchern G/H zugeschrieben. – *Die schönen Weiber ... unter die Talente ihrer Männer gerechnet:* Dieses Bonmot hat L. im GTC 1788, S. 139, verwertet.

83 VS 1844, 2, S. 74; von Leitzmann den Sudelbüchern G/H zugeschrieben.

84 VS 1844, 2, S. 74; von Leitzmann den Sudelbüchern G/H zugeschrieben. – *was Horaz ein bene praeparatum pectus nennt:* Wörtlich: ein wohl gerüsteter Busen; in den »Oden« 2, 10, 14 im übertragenen Sinne: wer weisen Sinn sich wahrt.

85 VS 1844, 2, S. 74; von Leitzmann den Sudelbüchern G/H zugeschrieben. – *All hail, Macbeth:* »Heil dir Macbeth«; vgl. »Macbeth« I, 3.

86, 87 VS 1844, 2, S. 74; von Leitzmann den Sudelbüchern G/H zugeschrieben.

88 VS 1844, 2, S. 74 f.; von Leitzmann den Sudelbüchern G/H zugeschrieben.

89, 90 VS 1844, 2, S. 81; von Leitzmann den Sudelbüchern G/H zugeschrieben.

91 VS 1844, 2, S. 81 f.; von Leitzmann den Sudelbüchern G/H zugeschrieben. – *Visitenkarten ... bei den Kirchen:* Diesen Gedanken greift L. in den Hogarth-Erklärungen wieder auf (III, S. 1017; vgl. GTC 1792, S. 190).

92 VS 1844, 2, S. 82; von Leitzmann den Sudelbüchern G/H zugeschrieben. – *Dreifuß, den ... die Galgen formieren:* Dieser Gedanke ist von L. in den Hogarth-Erklärungen verwertet (III, S. 940; vgl. GTC 1786, S. 134). – *Dreifuß ... zu Delphi:* Den Apollontempel zu Delphi schmückte ein goldener Dreifuß, das Weihgeschenk der Griechen nach den Perserkriegen.

93, 94, 95 VS 1844, 2, S. 82; von Leitzmann den Sudelbüchern G/H zugeschrieben.

96 VS 1844, 2, S. 84; von Leitzmann den Sudelbüchern G/H zugeschrieben.

97, 98, 99 VS 1844, 2, S. 85; von Leitzmann den Sudelbüchern G/H zugeschrieben.

100, 101, 102 VS 1844, 2, S. 85; von Leitzmann den Sudelbüchern G/H zugeschrieben.

103 VS 1844, 2, S. 85 f.; von Leitzmann den Sudelbüchern G/H zugeschrieben.

104, 105, 106, 107, 108 VS 1844, 2, S. 86; von Leitzmann den Sudelbüchern G/H zugeschrieben.

109 VS 1844, 2, S. 86; von Leitzmann den Sudelbüchern G/H zugeschrieben. – *»succulent«:* Frz., engl. ›saftig‹.

110 VS 1844, 2, S. 86; von Leitzmann den Sudelbüchern G/H zugeschrieben.

111, 112, 113, 114, 115, 116, 117 VS 1844, 2, S. 88; von Leitzmann den Sudelbüchern G/H zugeschrieben.

118 VS 1844, 2, S. 107; nach Leitzmann undatierbar.

119 VS 1844, 2, S. 110; nach Leitzmann undatierbar.

120 VS 1844, 2, S. 115; nach Leitzmann undatierbar.

121 VS 1844, 2, S. 120; von Leitzmann den Sudelbüchern G/H zugeschrieben. – *Tausend und einer Nacht:* Die arabische Sammlung von mehr als 300 Märchen und Erzählungen wurde in Europa durch die Übersetzung des frz. Orientalisten Jean-Antoine Galland bekannt, die Paris 1704–1717 in 12 Bdn. erschien. – *Indianer:* Im 18. Jh. auch in der Bedeutung »Inder« gebräuchlich. – *Aladdins Lampe:* S. zu E 383.

122, 123 VS 1844, 2, S. 138; von Leitzmann den Sudelbüchern G/H zugeschrieben.

124 VS 1844, 2, S. 138; von Leitzmann den Sudelbüchern G/H zugeschrieben. – *Pas de Calais:* Die schmalste Stelle des Ärmelkanals. – *Blanchard:* Jean-Pierre Blanchard (1738–1809), frz. Ballonfahrer, unternahm am 4. März 1784 die erste Auffahrt im Ballon und überquerte 1785 als erster den Ärmelkanal von Dover nach Calais.

125 VS 1844, 2, S. 138f.; von Leitzmann den Sudelbüchern G/H zugeschrieben. – *Saussure:* Horace Bénédict de Saussure (1740–1799), Prof. der Philosophie in Genf; erfand 1783 das Haar-Hygrometer: »Essai sur l'hygrométrie«, Neuchâtel 1783. Erforschte die geologischen und physikalischen Verhältnisse der Alpen und bestieg 1787 als einer der ersten den Mont-Blanc: »Voyages dans les Alpes«, 4 Bde., Genf 1779–1796.

126 VS 1844, 2, S. 139; von Leitzmann den Sudelbüchern G/H zugeschrieben.

127 VS 1844, 2, S. 163; von Leitzmann den Sudelbüchern G/H zugeschrieben.

128, 129, 130, 131 VS 1844, 2, S. 164; von Leitzmann den Sudelbüchern G/H zugeschrieben.

132, 133 VS 1844, 2, S. 166f.; von Leitzmann den Sudelbüchern G/H zugeschrieben.

134 VS 1844, 2, S. 168f.; von Leitzmann den Sudelbüchern G/H zugeschrieben. – *Cicisbeat:* S. zu B 180.

135 VS 1844, 2, S. 169; von Leitzmann den Sudelbüchern G/H zugeschrieben.

136 VS 1844, 3, S. 48: »Auf den in der Vorrede zum zweiten Bande der ersten Ausgabe erwähnten Roman Bezügliches«. Gemeint ist VS 2, S. XXIVff.; vgl. auch zu H 1; von Leitzmann den Sudelbüchern G/H zugeschrieben. – *alle den Witz sprechen, der in manchen Büchern steht:* L. meint doch wohl seine eigenen Sudelbücher. – *sqes.:* Abk. für lat. sequentes ›folgende‹. – *Roderick Random:* Der berühmte Roman von Tobias Smollett, den L. bereits zwischen 1768 und 1771 zusammen mit Irby gelesen hat, ist zu B₁ S. 45 nachgewiesen. – *Quarrels:* Engl. ›Streitigkeiten‹.

137 VS 1844, 3, S. 48; von Leitzmann den Sudelbüchern G/H zugeschrieben. – *Absicht:* Zu L.s Roman-Plan s. zu H 136. – *Exjesuiten:* Der Jesuitenorden war 1773 von Papst Klemens XIV. aufgehoben worden.

138 VS 1844, 3, S. 50f.; von Leitzmann dem Sudelbuch K zugeschrieben. – *In dem Roman:* Zu L.s Roman-Plan s. zu H 136. – *nicht in Gesellschaft gehen:* Zu diesem Gedanken vgl. J 196, wo L. seiner als »eines bekannten Gedankens von mir« gedenkt, was eine Zuschreibung zu Sudelbuch K ausschließt. Der Gedanke wird in Zusammenhang mit einer »sonderbaren Situation«, die »in einem Roman genützt werden könnte«, am Ende von L 279 abermals aufgegriffen. – *armen Teufeln:* S. zu B 137.

139 VS 1844, 3, S. 51; von Leitzmann dem Sudelbuch K zugeschrieben. – *Im Roman:* Zu L.s Roman-Plan s. zu H 136. – *genützt:* In der Textvorlage *gerügt,* was zweifellos ein Lese- oder Druckfehler ist.

140 VS 1844, 1, S. 77; von Leitzmann den Sudelbüchern G/H zugeschrieben.

141 VS 1844, 1, S. 78; von Leitzmann den Sudelbüchern G/H zugeschrieben. – *Bemerkungen, wie Hartknopf beim Ziehbrunnen macht:* Gemeint ist der Roman »Andreas Hartknopf. Eine Allegorie« von Karl Philipp Moritz,

erschienen Berlin 1786. Die Szene beim Ziehbrunnen steht S. 53–57 innerhalb des Kapitels »Hartknopfs erstes Erwachen in seinem Geburtsorte«. Karl Phillip Moritz (1757–1793), Schriftsteller; reiste 1782 nach England, 1786 nach Italien; gab 1783–1793 in 10 Bdn. das »Magazin für Erfahrungsseelenkunde« heraus.

142 VS 1844, 1, S. 78; von Leitzmann den Sudelbüchern G/H zugeschrieben. – *Kunsttrieb:* S. zu A 58.

143 VS 1844, 1, S. 78; von Leitzmann den Sudelbüchern G/H zugeschrieben. – *die Universalreligion geläuterter Spinozismus:* Baruch de Spinoza (1632–1677), niederl. Philosoph, lebte vom Schleifen optischer Gläser. Sein Hauptwerk, die »Ethica ordine geometrico demonstrata«, erschien postum Amsterdam 1677, die erste dt. Übersetzung Frankfurt am Main/Leipzig 1744 unter dem Titel »Baruch von Spinozas Sittenlehre«; seine monistische Metaphysik reagiert auf die Probleme des cartesischen Dualismus; wegen der Gleichsetzung von Gott und Natur (»Deus sive natura«) zunächst als Atheist und Pantheist abgelehnt; durch Friedrich Jacobi von großem Einfluß auf die Philosophie des deutschen Idealismus. Zu L.s Spinoza-Rezeption vgl. Brief an Johann Daniel Ramberg vom 3. Juli 1786.

144 VS 1844, 1, S. 78f.; von Leitzmann den Sudelbüchern G/H zugeschrieben. Vgl. D 262.

145, 146 VS 1844, 1, S. 79; von Leitzmann den Sudelbüchern G/H zugeschrieben.

147 VS 1844, 1, S. 80; von Leitzmann den Sudelbüchern G/H zugeschrieben.

148 VS 1844, 1, S. 80f.; von Leitzmann den Sudelbüchern G/H zugeschrieben. – *das Kopernikanische System:* Nikolaus Copernicus (1473–1543), Begründer der neueren Astronomie; in seinem System ist, im Gegensatz zum Ptolemäischen, die Sonne der Zentralkörper, den die Erde und die anderen Planeten umkreisen. L. schrieb über ihn einen Artikel für das »Pantheon der Deutschen« (III, S. 138).

149 VS 1844, 1, S. 81; von Leitzmann den Sudelbüchern G/H zugeschrieben. – *die Existenz eines Gottes, die Unsterblichkeit der Seele ... bloß gedenkbare ... Dinge:* Bezieht sich auf die transzendentale Dialektik der »Kritik der reinen Vernunft«, in der die Vernunftideen – Seele, Welt und Gott –, sofern sie Gegenstände der Erkenntnis sein sollen, als bloßer Schein entlarvt werden, und die Vernunft, sofern sie Erkenntnis sein will, auf ihre Schranken, nämlich die Welt der Erscheinungen, verwiesen wird; vgl. auch Kant, »Kritik der reinen Vernunft«, Akademieausgabe, B 350–390 und B 620–630 (»Von der Unmöglichkeit eines ontologischen Beweises vom Dasein Gottes«): »Sein ist offenbar kein reales Prädikat, d. i. ein Begriff von irgend etwas, was zum Begriff eines Dinges hinzukommen könne. Es ist bloß die Position eines Dinges, oder gewisser Bestimmungen an sich selbst« (B 626). »Der Begriff eines höchsten Wesens ist eine in mancher Absicht nützliche Idee; sie ist aber eben darum, weil sie bloß Idee ist, ganz unfähig, um vermittelst ihrer allein unsere Erkenntnis in Ansehung dessen, was existiert, zu erweiten« (B 629). – *Fehler der Wolffischen Philosophie, daß sie den Satz des Widerspruchs ...:* Bezieht sich auf die Leibniz-Wolffsche Philosophie, derzufolge den logischen Denkgesetzen (Satz vom Widerspruch, Satz vom ausgeschlossenen Dritten, Satz der Identität) in dem Sinne ontologische Bedeutung zukomme, daß nichts

existieren kann, was in Widerspruch zu diesen steht; L. bezieht sich in dem oben angezeigten Kontext vermutlich auf folgende Stelle bei Kant: »so hat der berühmte Leibniz bei weitem nicht das geleistet, wessen er sich schmeichelte, nämlich eines so erhabenen idealischen Wesens Möglichkeit a priori einsehen zu wollen.« (»Kritik der reinen Vernunft«, B 630). Christian Wolff (1679–1754), Mathematiker und Logiker; bedeutender Systematiker des europäischen Rationalismus.

150 VS 1844, 1, S. 81–83; von Leitzmann den Sudelbüchern G/H zugeschrieben. – *praeter nos:* Lat. ›außer uns‹; s. auch zu J 1532..

151 VS 1844, 1, S. 83 f.; von Leitzmann den Sudelbüchern G/H zugeschrieben. – *Die Philosophie ist ... genötigt, die Sprache der Unphilosophie zu reden:* Ähnlich formuliert L. in H 146.

152 VS 1844, 1, S. 103; nach Leitzmann undatierbar.

153, 154 VS 1844, 1, S. 104; von Leitzmann den Sudelbüchern G/H zugeschrieben.

154 VS 1844, 1, S. 104; von Leitzmann den Sudelbüchern G/H zugeschrieben. – *das höchste Recht das höchste Unrecht ...:* »Summum jus summa injuria«; Cicero, »De Officiis«, 1, 33.

155 VS 1844, 1, S. 118 f.; von Leitzmann den Sudelbüchern G/H zugeschrieben. – *falscher Philosophie:* Den gleichen Ausdruck gebraucht L. in H 146.

156 VS 1844, 1, S. 144; von Leitzmann den Sudelbüchern G/H zugeschrieben. – *Wenn ich je eine Predigt drucken lasse:* Diese Bemerkung kehrt fast wörtlich in einem Brief an Gottfried Hieronymus Amelung vom 24. März 1786 wieder, in gewandelter Form auch in einem Brief an Christoph Friedrich Nicolai vom 21. April 1786.

157 VS 1844, 1, S. 144; von Leitzmann den Sudelbüchern G/H zugeschrieben.

158 VS 1844, 1, S. 182; nach Leitzmann undatierbar. – *Die Menschen denken ... als sie darüber sprechen:* Dieser Satz wird fast wörtlich in J 692 wiederaufgegriffen.

159 VS 1844, 1, S. 199; von Leitzmann dem Sudelbuch K zugeschrieben.

160 VS 1844, 2, S. 106; nach Leitzmann undatierbar. – *Corona civica:* Lat. ›Bürgerkrone‹; ein Kranz aus Eichenlaub, der bei den Römern für die Errettung eines Bürgers in der Schlacht verliehen wurde. – *Debauche:* Frz. ›Ausschweifung‹.

161 VS 1844, 2, S. 108; nach Leitzmann undatierbar. – *zum Hospitalplaneten:* Vgl. J 668 und III, S. 1055.

162 VS 1844, 2, S. 109; nach Leitzmann undatierbar.

163 VS 1844, 2, S. 109; nach Leitzmann undatierbar. – *mal de midi:* Frz., wörtlich ›Mittags-Übel‹. – *Sie:* In der Textvorlage *So.*

164 VS 1844, 2, S. 116; nach Leitzmann undatierbar.

165 VS 1844, 2, S. 166; von Leitzmann den Sudelbüchern G/H zugeschrieben. – *Warum schielen die Tiere nicht:* Womöglich wurde L. zu seiner Bemerkung angeregt durch »J. N. Fischer's Theorie des Schielens etc. nebst 4 andern witzigen Schriften. Ingolst. 1781–84«, das BL, Nr. 1402 verzeichnet.

166 VS 1844, 2, S. 108; nach Leitzmann undatierbar. – *Der Esel ... ein Pferd ins Holländische übersetzt:* Fast wörtlich kehrt dieses Bonmot in einem Brief an Johann Friedrich Blumenbach nach dem 4. September 1787 wieder.

Als »Verhanswurstetes Deutsch« bezeichnet L. das Holländische in einem Brief an Hindenburg vom 3.(?) Januar 1779.

167 VS 1844, 1, S. 131; von Leitzmann dem Sudelbuch K zugeschrieben. – *Wenn man jemanden bezahlt:* Vgl. L.s »Nachricht von einer neuen und fürchterlichen Krankheit« im GTC 1789, S. 124–128, wo es heißt: »daher die großen Herren die Ducaten, die sie verschenken wollen, sorgfältig in Dosen stecken müssen, ... und selbst das verdiente Geld muß bekanntlich manchen Leuten in Papierchen beygebracht werden«. Entgegen Mautner (S. 310, Fußnote), für den der Aufsatz »ein so herz- und geschmackloser Bericht über eine ›Seelenkrankheit‹ ist, daß auch ihn Lichtenberg kaum geschrieben haben kann«, ist an der Verfasserschaft L.s wohl kaum zu zweifeln. Vgl. G 240.

168 VS 1844, 1, S. 41; von Leitzmann dem Sudelbuch H zugeschrieben. – *Daher fallen mir beim Disputieren oft die besten Argumente nicht ... bei:* Vgl. GH 63.

169 VS 1844, 1, S. 41; von Leitzmann dem Sudelbuch K zugeschrieben.

170 VS 1844, 1, S. 24; von Leitzmann dem Sudelbuch K zugeschrieben. – *In meinem sechsundvierzigsten Jahre:* Also 1788, wenn sich L. nicht um 2 Jahre jünger gemacht hat, wie er es einmal vorhatte.

171 VS 1844, 1, S. 24; von Leitzmann dem Sudelbuch K zugeschrieben. – *Als ich 27 ... Professor in Göttingen:* L. wurde am 31. März 1770 in Göttingen zum außerordentl. Professor für Philosophie ernannt. – *Als ich Hofrat war:* L. wurde am 5. September 1788 zum Hofrat ernannt.

172 VS 1844, 1, S. 81; von Leitzmann den Sudelbüchern G/H zugeschrieben. – *Was bin ich ... hoffen?:* Vgl. Kants »Kritik der reinen Vernunft«, Akademieausgabe, B 833. – *alles ... in einer Schrift ... gleich anfangs so entwerfen:* Womöglich der von L. jahrelang verfolgte Plan eines eigenen Kompendiums; vgl. Brief an Karl Friedrich Hindenburg, 25. Dezember 1786.

173 VS 1844, 2, S. 129; von Leitzmann den Sudelbüchern G/H zugeschrieben.

174 VS 1844, 2, S. 134; nach Leitzmann undatierbar. – *denken, wie man allem eine bessere Einrichtung geben kann:* Diesen Vorsatz greift L. wieder auf. Vgl. J 1634. – *über alles, auch die gemeinsten Dinge ... schreiben:* Ähnlich äußert sich L. J 1334.

175 Ph+M 4, S. 133 f.; die Bemerkung wird dort unter dem 1. Kapitel aufgeführt: »Bemerkungen, das Compendium betreffend«. – *die meisten Handbücher der Physik zu weitläuftig:* Von dem geplanten »eigenen nicht gar weitläuftigen Handbuche« macht L. dagegen Karl Friedrich Hindenburg am 14. Mai 1791 Mitteilung. – *Ein zu einer Grundlage brauchbares Lehrbuch:* Zu L.s Plan, ein eigenes Kompendium zu schreiben, s. zu H 172.

176 Ph+M 4, S. 136: »Bemerkungen, das Compendium betreffend«. – *Undurchdringlichkeit:* Eine der Grundbestimmungen im philosophischen Begriff der Materie. Vgl. Kant, »Träume eines Geistersehers« (1766), 1. T., 1. H. (V 2, 9): Alle Materie »widersteht in dem Raume ihrer Gegenwart und heißt darum undurchdringlich. Daß dieses geschehe, lehrt die Erfahrung, und die Abstraktion von dieser Erfahrung bringt in uns auch den allgemeinen Begriff der Materie hervor.« – *Kantische Darstellung:* »Diese Notiz geht zweifellos auf das Erscheinungsjahr der Metaphysischen Anfangsgründe oder die Zeit knapp nachher zurück«, urteilt Mautner, S. 318. »Ich schreibe

jetzt an einem eignen Compendio ..., und da denke ich in den *allgemeinen Betrachtungen von Anfang* Herrn *Kant* gänzlich zu folgen«, äußert L. in einem Brief an Christian Wilhelm Büttner vom 7. Juli 1787. – *Es könnte also der Anfang einer Naturlehre ... gemacht werden:* S. zu diesem Vorsatz L 799. Zu L.s Plan, ein eigenes Kompendium zu schreiben, s. zu H 172. – *Meditandum et tentandum:* Man muß darüber nachdenken und es prüfen. S. zu F 75.

177 Ph + M 4, S. 136; »Bemerkungen, das Compendium betreffend.« – *neuen Physik:* Über L.s Plan, ein eigenes Kompendium zu schreiben, s. zu H 172.

178 Ph + M 4, S. 139. – *in der Physik fast alles neu untersucht:* Die gleiche Forderung erhebt L. schon in einem Brief an Johann Andreas Schernhagen vom 22. Juni 1780; ähnlich auch an Friedrich Wilhelm Herschel, 12. Januar 1783, und vor allem an Christoph Wilhelm Hufeland vom 25. Oktober 1784. – *Entsteht das Licht nicht erst auf unserer Erde:* Diese Frage führt L. in J 2116 weiter aus.

179 Ph + M 4, S. 140.

180 Ph + M 4, S. 140. – *Montgolfiers Erfindung war in meiner Hand:* Josèphe Michel Montgolfier (1740–1810), frz. Papierfabrikant in Annonay, konstruierte mit seinem Bruder Jacques Etienne (1749–1799) den ersten Warmluft-Ballon.

181 Ph + M 4, S. 146f.

182 Ph + M 4, S. 149. – *Vitriolöl:* Oleum, rauchende Schwefelsäure. – *Lackmustinktur:* Zur Feststellung der sauren, neutralen oder alkalischen Reaktion dienende Tinktur mit dem aus Flechten hergestellten Farbstoff Lackmus, der sich je nach Beschaffenheit des Stoffes rot oder blau färbt.

183 Ph + M 4, S. 161.

184 Ph + M 4, S. 244. – *Gemisch von Salpeter und Salmiakpulver:* S. zu GH 89.

185 Ph + M 4, S. 244.

186 Ph + M 4, S. 244. – *Äolipile:* Windkugel, Dampfkugel. »Ein hohles metallnes Gefäß in Gestalt einer Kugel oder Birne, woran sich eine lange, bisweilen umgebogne, Röhre oder Schnabel mit einer engen Oefnung befindet.« Mit Wasser gefüllt und erhitzt, verursacht der aus der engen Öffnung des Schnabels dringende Wasserdampf »einen sehr lebhaften und anhaltenden Wind« (Gehler, Bd. 4, S. 771).

187 Ph + M 4, S. 244f. – *untersuchen, was ... bei den stark erwärmten Metallen eigentlich riecht:* Diese Frage, speziell in Bezug auf Blei, stellt sich L. auch J 1747.

188 Ph + M 4, S. 246f. – *Lambert hat ... gezeigt:* In seiner »Pyrometrie oder vom Maaße des Feuers und der Wärme«, Berlin 1779, § 389, S. 215f. L. zitiert Lamberts Werk auch J 1791, 1880.

189 Ph + M 4, S. 247.

190 Ph + M 4, S. 254.

191 Ph + M 4, S. 254f. – *so genannten schwedischen Ofens:* L. besaß selbst um 1787/1788 einen solchen »ganz aus Baksteinen« aufgeführten Ofen auf seiner Stube, wie aus einem Brief an Johann Joachim Eschenburg vom 7. Dezember 1795 hervorgeht, in dem er seine Vorzüge rühmt.

192 Ph + M 4, S. 255.

193 Ph + M 4, S. 255f. – *Dr Gehler im Art. Eis sagt:* Johann Samuel Trau-

gott Gehler (1751–1795), Privatdozent der Mathematik in Leipzig, Herausgeber der »Sammlungen zur Physik und Naturgeschichte«, Leipzig 1778 ff.; Übersetzer von Deluc, Faujas und Fourcroy, verfaßte ein von L. häufig zitiertes »Physikalisches Wörterbuch oder Versuch einer Erklärung der vornehmsten Begriffe und Kunstwörter der Naturlehre ... in alphabetischer Ordnung«, Leipzig 1787–1791 (4 Teile; ein Supplementband erschien 1797). Mairans »Abhandlung von dem Eisse« erschien Leipzig 1752. – *die alte Meinung:* Vgl. H 192. – *Zu andern Zeiten ... nicht gelingen:* Laut den Herausgebern der Ausgabe von 1809 späterer Zusatz L.s.

194 Ph + M 4, S. 256 f.

195 Ph + M 4, S. 257.

196 Ph + M 4, S. 257.

197 Ph + M 4, S. 276. – *Deluc ... in seiner Meteorologie:* Gemeint sind die »Nouvelles Idées sur la Météorologie«, erschienen London 1786–1787 in 3 Bdn. von Jean-André Deluc (BL, Nr. 704).

198 Ph + M 4, S. 276.

199 Ph + M 4, S. 285–287. – *Bennetischen Elektrometers:* Abraham Bennet (1750–1799), engl. Pfarrer, konstruierte ein Goldblattelektrometer. – *Kalch:* In der Handschrift Kalk.

200 Ph + M 4, S. 303. – *Cassini:* Giovanni Domenico Cassini (1625–1712), ital. Astronom, Direktor der Sternwarte in Paris. – *Bailly:* Jean Silvain Bailly (1736–1793, hingerichtet), bedeutender frz. Astronom und Politiker der frz. Revolution; 1783 Mitglied der Akademie der Wissenschaften in Paris; erster Präsident der frz. Nationalversammlung; veröffentlichte u. a. 1775–1783 »Histoire de l'astronomie« in 5 Bdn.

201 Ph + M 4, S. 304–306.

202 Ph + M 4, S. 346–348; wiederabgedruckt in VS 1844, 2, S. 142 f.; von Leitzmann dem Sudelbuch K zugeschrieben. Die frühere Zuordnung wird daraus abgeleitet, daß L. bei den *wichtigen* Kalender-Systemen nicht den Revolutions-Kalender erwähnt, den er im GTC alljährlich aufführt. – *Ein ... Taschenbuch für Physiker könnte noch ein nützliches Buch werden:* Der Gedanke ist nicht ausgeführt worden. – *die Zeichen:* Astronomische Zeichen für Sonne (Sonntag, Gold), Mond (Montag, Silber), Mars (Dienstag, Eisen). – *Anstalt der großen Herren:* Den GTC eröffnete alljährlich ein »Genealogisches Verzeichnis der vornehmsten jetztlebenden hohen Personen in Europa«.

203 Ph + M 4, S. 354; wiederabgedruckt in VS 1844, 2, S. 186; nach Leitzmann undatierbar. – *warum die Nasen gesunder Hunde so kalt sind:* Über physiologische Besonderheiten des Hundes reflektiert L. auch J 1270.

204 Ph + M 4, S. 354; wiederabgedruckt in VS 1844, 2, S. 186 f.; nach Leitzmann undatierbar. – *Hat man ... Versuche darüber, daß Milch bei einem Donnerwetter gerinnt:* Eine Erklärung dieses Phänomens versucht L. in J 1656.

205 Ph + M 4, S. 355.

Goldpapierheft (GH)

Erstveröffentlichung des »Goldpapierhefts« durch Erich Ebstein: Georg Christoph Lichtenberg als Naturforscher (in: Archiv für die Geschichte der Naturwissenschaften und der Technik, Bd. 4, 1912–1913, S. 218–231). Aus diesem Notizheft hatte Ebstein schon vorher einzelne Bemerkungen mitgeteilt: Aus den ungedruckten Tagebüchern G. C. Lichtenbergs. Mitgeteilt von Erich Ebstein in Leipzig (in: Süddeutsche Monatshefte, Jahrgang 9, 1911–1912, S. 354–357).

Es handelt sich bei diesem Text um ein 24 Seiten umfassendes, 9 cm breites und 18,5 cm langes, eng beschriebenes Heft, dessen Umschlag ein Stück Goldpapier bildet, daher die für diese Ausgabe gewählte Bezeichnung »Goldpapierheft« (GH). Es befand sich seinerzeit im Besitz von Karl Wolfskehl, München, heute in der Staats- und Universitätsbibliothek Göttingen (Signatur: Ms. Lichtenberg, IV, 36). Der Abdruck folgt der Handschrift.

Anmerkungen (Band II)

S. 214 Dieser Seite entspricht im Original die Innenseite des vorderen Umschlagblattes. – *Fu[rcht]:* Die in dieser Notiz aufgeführten Symptome (25. und 26. November 1789) stehen in Zusammenhang mit der lebensgefährlichen Erkrankung, die L. am 5. Oktober 1789 befiel; vgl. SK 14 und den Brief an Friedrich August Lichtenberg, 26. Dezember 1789. – *Compendium:* Johann Christian Erxlebens »Anfangsgründe der Naturlehre«, deren fünfte, von L. bearbeitete Auflage 1791 erschien.

1 Diese Notiz, von L. durchgestrichen, ist nicht restituierbar.

3 *Richters Vorstellung von der Bewegung des Herzens:* August Gottlob Richter (1742–1812), Sohn von Georg Gottlob Richter; 1771 Prof. der Medizin und Chirurgie in Göttingen; 1776 Mitglied der Sozietät der Wissenschaften; 1780 königlicher Leibarzt; Begründer der deutschen Chirurgie; neben Stromeyer L.s Hausarzt während seiner Krankheit. Die Notiz bezieht sich vermutlich auf eine mündliche Äußerung Richters.

4 *Bastillensasse Lenglet du Fresnoy:* Nicolas Lenglet Dufresnoy (1674–1755), frz. Abbé, Literat und Bibliograph, wegen seiner theologischen Schriften mehrmals eingekerkert. L. wiederholt diese Notiz fast unverändert J 631. Vgl. auch Henry Masers de Latude, Fünfunddreißig Jahre im Kerker (1790), München 1981. – *Bastille:* Die in Paris am Tor St. Antoine gelegene achttürmige, 1368–1382 erbaute Festung; seit Richelieu Staatsgefängnis; am 14. Juli 1789 von Revolutionären gestürmt und zerstört.

5 *Ehre ... Ehrenstellen:* Dieser Gedanke wird in den Hogarth-Erklärungen verwertet (III, S. 851, 867); vgl. auch K 211.

6 *Unter die Bastarte gehört ...:* Andere Bastarde der Weltgeschichte nennt L. in J 606, 841; L 48, 80, 248. Aus L 48 geht hervor, daß er diese Sammlung für die Erklärung zu Hogarths »Heirat nach der Mode« zu verwerten gedachte, vgl. auch D 630. – *Jephtha Buch der Richter:* Vgl. Buch der Richter 11, 2: »Jephthah, ein Gileabiter, war ein streitbarer Held, aber ein Hurenkind,

Gilead aber hatte Jephthah gezeuget.« Jephthah, einer der großen Richter Israels, verteidigte das ostjordanische Gilead gegen die Ammoniter.

7 *Jomberts Tables Log[arithmiques]:* Charles-Antoine Jombert (1712–1784), frz. Literat, Bibliothekar und Buchhändler, widmete sich später mit Erfolg der Mathematik und Architektur; »Les Tables des sinus et des logarithmes... avec la Trigonométrie qui est à la tête«, Paris 1765. – *Hutton's Log. Tables:* »Mathematical tables: containing common hyberbolic, and logistic logarithms... With the compleat description and use of the tables«, London 1785, von Charles Hutton (1737–1823), Prof. der Mathematik zu Woolwich; bestimmte 1774 zusammen mit Maskelyne die Erddichte; Korrespondent Herschels. Unter anzuschaffenden Büchern notiert L. am 1. Januar 1789 zu J_1 S. 649 auch »Tables Logarithmiques par Mr. Callet«.

8 *David Stuart:* David Stuart Erskine, 11th Earl of Buchan (1742–1829), Begründer der Society of Antiquaries of Scotland (1780), schrieb literarische Biographien und Essays. Vielleicht entnahm L. den Hinweis auf die Biographie Napiers, »die gemeinschaftliche Arbeit des *Buchem* und des *Dr. Minto*«, der »Geschichte der Englischen Literatur, vom Jahr 1789« von Georg Forster (in: Georg Forsters Werke, Bd. 7, Berlin 1963, S. 94), wo als Erscheinungsort und -jahr Edinburgh 1787 angegeben wird.

9 *Naturheiliger Zar Peter:* Als »den großen überwichtigen Zögling der Natur« apostrophiert L. Peter I. in der »Erklärung der Monats-Kupfer« von Chodowiecki (GTC 1790, S. 205), die unter Jakob von Stählins Motto »Züge aus dem Charakter Peter des Großen« stehen. Peter I., der Große (1672–1725), seit 1682 Zar von Rußland, versuchte durch Reformen im Sinne der Aufklärung die neuzeitlichen Errungenschaften auf Rußland zu übertragen; machte Rußland durch den Sieg über Karl XII. bei Poltawa 1709 endgültig zur europäischen Großmacht. L. gebraucht den Ausdruck »Naturheiliger« auch in den Hogarth-Erklärungen (III, S. 1012).

10 Die Bemerkung ist von L. durchgestrichen, da er sie J 632 abermals notiert.

11 *ad fatim:* Lat. ad fatim ›bis zur Ermüdung‹.

13 *Kohlreifs durchsichtigen Spiegel zu gedenken:* In der Neuauflage von Johann Christian Erxlebens »Anfangsgründe der Naturlehre« ^{6}1794, S. 463. Gottfried Albert Kohlreif (1749–1802) aus Lübeck, Prof. der medizinischen Elektrizität beim Stadthospital und der Physik bei der chirurgischen Schule in Petersburg; 1795 amtsenthoben.

14 *Forster ... in Wilsons Pelew Islands:* Gemeint ist »An account of the Pelew Islands situated in the western Part of the Pacific Ocean composed from the journals and communication of Captain Henry Wilson«, London 1788. Henry Wilson (1750–1810), engl. Kapitän im Dienst der Ostindischen Kompanie, hatte 1783 bei den Palau-Inseln Schiffbruch erlitten. Dessen Erlebnisse brachte George Keate (1729–1797) zu Papier, ein engl. Schriftsteller, Maler und Freund Voltaires; stellte 1766–1789 an der Royal Academy und der Society of Artists aus; publizierte 1781 seine »Poetical Works«, darin das Gedicht »The Alps«, das er Young zueignete, und das Voltaire gewidmete Gedicht »Ferney«; 1787 veröffentlichte er »The distressed Poet« und einen Bericht über Genf, den er ebenfalls Voltaire dedizierte, welchen er dort getroffen hatte. Georg Forster übersetzte den Bericht, der 1789 in Hamburg als 1. Bd. der »Neueren Geschichte der See- und Landreisen« erschien. In den

zu GH 4

GGA, 11. Dezember 1788, zeigte Forster das engl. Original, und unter dem 5. Dezember 1789 seine Übersetzung an. L. spielt auf die Übersetzung auch in einem Brief an Samuel Thomas Sömmerring vom 19. Dezember 1788 an; s. auch J 633. – *Fallaciis:* Lat. fallacia ›Fehlschlüsse‹; vgl. auch F 649.

15 *Dauer:* Vgl. L.s Brief an Wolff, 4. Mai 1789.

16 *u.s.v.:* Abkürzung für lat. ut sit venia ›mit Verlaub‹. – *Voigts Argument:* L. bezieht sich auf Voigts »Nachschrift des Herausgebers über diesen Gegenstand« im »Magazin«, Gotha 1788, S. 143–155, die sich ihrerseits bezieht auf den Aufsatz »Über die Frage: Wie es komme, daß wir die Gegenstände als aufrecht stehend sehen, da sie sich doch umgekehrt auf der Retina abbilden?« (ebd., S. 140–143, unterschrieben: C. W. S.). Johann Heinrich Voigt (1751–1823), Gymnasiallehrer in Gotha, dann Prof. der Mathematik und Physik in Jena; Freund Ludwig Christian Lichtenbergs, mit dem er gemeinsam das »Magazin für das Neueste aus der Physik und Naturgeschichte« herausgab. – *Es muß . . . ausgeholt werden:* Womöglich handelt es sich um eine Notiz für Johann Christian Erxlebens »Anfangsgründe der Naturlehre«, 5. Aufl. 1791 vgl. noch GH 17, 25. – *Tunika retina:* Lat. ›Regenbogenhaut‹ des Auges.

17 *Für das Compend:* S. zu GH_{II} S. 214. – *Haarlemer Societät . . . Preisfrage:* Eine ähnliche Eintragung findet sich in J_I S. 832.

18 *Elektrizität . . . Pflanzen:* Die Forscher des 18. Jh.s, insbesondere Bertholon und d'Ormoy (s. zu GH 21), versuchten, überzeugt vom Einfluß der Elektrizität auf alles organische Leben, in zahlreichen Experimenten nachzuweisen, daß diese das Wachstum der Pflanzen fördere. Zu diesem Thema vgl. auch GH 13, 20, 21. In dem – allerdings ironisierenden – Aufsatz »Was vermag Elektrizität nicht?« im GTC 1791, S. 179, führt L. als Nummer 13 auf: »Das Wachsthum der Pflanzen«. Skeptisch äußert sich L. bereits im GTC 1790, S. 136. – *Ingenhouß:* Jan Ingenhouß (1730–1799), holl. Leibarzt in Wien und bedeutender Biologe, entdeckte 1779 die Photosynthese der Pflanzen; »Sur la matière verte de Mr. Priestley«, 1784; »Vermischte Schriften phisisch-medizinischen Inhalts«, übers. von Molitor, Wien 1782; »Anfangsgründe der Elektrizität«, 1781. – *Schwankhards Brief an Ehrmann. Journ. de Phys.:* Die Notiz bezieht sich auf eine Fußnote in dem Artikel »Lettre de M. Ingen-Housz, . . . A M. Molitor, . . . Au sujet de l'influence de l'Electricité atmosphérique sur les Végéteaux« im »Journal de Physique«, Bd. 32, Part. I, 1788, S. 321–337. Herausgeber der Zeitschrift ist François Rozier (1734–1793), Dr. theol., Abbé; Direktor der königlichen Veterinärschule zu Lyon; später Prior zu Nanteuille-Haudouin und zuletzt Pfarrer in Lyon.

19 *Duvarnier:* Die Notiz bezieht sich auf den zu GH 18 nachgewiesenen Aufsatz, S. 326 Fußnote. Im »Journal de Physique«, Bd. 28, S. 93 findet sich Duvarniers »Observation relative à la lettre de M. Schwankhardt, au sujet de l'influence de l'électricité sur la Végétation, insérée dans le Journal de Physique, Décembre 1785, page 462; Par M. Duvarnier, D. M.«.

20 *Ingenhouß . . . in einem Brief an Molitor:* Nikolaus Karl Molitor (1754–1826), Hauslehrer in Wien, dann Prof. der Medizin und Chemie in Mainz; Übersetzer der Werke Ingenhoußens. – *Gardini:* Giuseppe Francesco Gardini (1740–1816), ital. Arzt, Lehrer der Physik und Naturgeschichte zunächst in Alba, dann zu Asti in Piemont, veröffentlichte u. a. »De influxu electricitatis atmosphaericae in vegetantia«, Turin 1784. – *Bertholon[s] . . . Electricité:* Pierre Abbé Bertholon (1742–1800), frz. Arzt und Prof. der Physik

in Lyon; mit Franklin befreundet; beschäftigte sich intensiv mit den Phänomenen der Elektrizität; »De l'Electricité des Végétaux«, Paris 1783; »De l'Electricité des Météores«, Paris 1787, dt. Liegnitz 1792.

21 *Carmoy ... an den Marquis de Vichi:* »Lettre de M. Carmoy, docteur en Médecine, Sur l'action de l'électricité sur la végétation«, in: »Journal de Physique«, Bd. 33, Part. II, 1788, S. 339–343. »M. Carmoy glaubte bei seinen Versuchen zu beobachten, daß beide Arten von Elektrizität das Pflanzenwachstum befördern, und, daß dabei die negative Elektrizität die positive um einen spürbaren Grad übertrifft. Ich wollte wissen, ob nicht meine eigenen Beobachtungen meine Meinung befestigen könnten, die durch die Menge an widersprüchlichen Fakten ins Wanken geraten war. Ein Entscheid dieser Frage schien mir mittels der neuen Experimente einfach, insofern diese sehr sorgfältig durchgeführt worden waren, vor allem was die Auswahl der Pflanzen betraf ...« (Observations et Mémoires sur la Physique, sur l'Histoire Naturelle et sur les Arts et Métiers. Lettre de M. Rouland, Professeur et Démonstrateur de Physique expérimentale en l'Université de Paris, A M. de la Métherie sur l'électricité appliquée aux végéteaux, Paris, juillet 1789, S. 3–8). Gilbert Carmoy (1731–1815), frz. Arzt und vielseitiger naturwissenschaftlicher Schriftsteller in Montpellier. Im GTC 1790, S. 136, schreibt L.: »Der Abbé Bertholon und Hr. Carmois sind noch immer sehr für die Vegetation befördernde Kraft der Elektricität. Der letztere glaubt sogar, die negative sey besonders wirksam. Was das durcheinander geht! Vermuthlich ist von allem kein Wort wahr«. – *Rouland:* Rouland (gest. um 1820), Prof. der Physik in Paris, dann Prof. der Mathematik in Fontainebleau, erst an der Ecole Centrale (1805) und darauf an der Militärschule. – *la Métherie:* Jean Claude de La Métherie (1743–1817), frz. Mediziner und Naturwissenschaftler. – *Abbé d'Ormoy in Rozier:* Gemeint ist das von Rozier herausgegebene »Journal de Physique« (s. zu GH 18); »De l'influence de l'électricité sur la végétation, prouvée par de nouvelles expériences; par M. l'Abbé d'Ormoy, P. D. L. M«., in: »Journal de Physique«, Bd. 35, Part. II, 1789, S. 161–176.

22 *Keate nennt sehr schön ...:* Der von Rousseau beeinflußte Satz ist der zu GH 14 nachgewiesenen Übersetzung der Reisebeschreibung, S. 445, entnommen. Die Bemerkung ist von L. gestrichen, da er sie J 633 ausführlicher wiederholt und in den Hogarth-Erklärungen (III, S. 887) verwertet.

23 *Rezension von Roden's Anmerkungen über Karsten:* In der »Allgemeinen Literaturzeitung«, Nr. 320, 14. Oktober 1789, Sp. 121–124, erschien unter dem Stichwort »Mathematik« von einem unbekannten Rezensenten eine Besprechung von Rohdes »Erläuterungen über Hn. Karstens mathematische Analysis und höhere Geometrie«, die 1789 in Berlin erschienen waren. Johann Philipp von Rohde (1759–1834), Mathematiker und Physiker, Schüler L.s. – *Karsten:* Wenceslaus Johann Gustav Karsten (1732–1787), Prof. der Mathematik und Physik in Greifswald, wo seine Schrift 1786 erschienen war, und Halle. – *steht:* In der Handschrift *stehen.* – *Literatur-Zeitung:* »Allgemeine Literaturzeitung«, Jena und Leipzig 1785–1803, Halle und Leipzig 1804–1849. Nicht zu verwechseln mit der »Jenaischen Allgemeinen Literaturzeitung« (Jena 1804–1848).

24 *meine Gewohnheit ... die Hunde ... redend einführte:* Diese Bemerkung, von L. gestrichen, wird modifiziert J 634 wiederaufgegriffen. – *Roman-Ingredienz:* Zu L.s Romanplan vgl. H 136 und die Anm. dazu.

25 *Aërologie:* Griech. ›Lehre von der Luft‹. Dieser Begriff ist im »Compendium« 1791 (5. Aufl.) nicht verwertet, lediglich *Aräometer* wird erklärt. – *Compend:* S. zu GH$_{II}$ S. 214.

26 *Cotte:* Louis Cotte (1740–1815), Abbé und Meteorologe; Prof. erst der Philosophie, dann der Theologie am Kolleg zu Montmorency, Kustos der Bibliothek von Sainte-Geneviève und der zu Montmorency; Korrespondent der Pariser Société d'Agriculture. – *Saussure . . . bemerkt:* Von L. in den »excerpta physica«, S. 16 der Handschrift unter »Atmosphärische Elektrizität« notiert. – *Col du Géant:* Berg der Montblanc-Gruppe. S. auch »Beobachtungen auf dem Col du Géant«, veröffentlicht im »Journal der Physik«, Bd. 1, H. 2, S. 443–473. – *Erscheinung des Nordlichts:* Zu diesem Phänomen s. zu A 222. – *Cotte . . . voraus gesagt:* Im »Journal de Physique«, Bd. 35, S. 39. – *die tägliche:* In der Handschrift *die die.* – *Niemand . . . nicht:* Diese Passage ist eine freie Übersetzung L.s von Cotte, a.a.O., S. 39. – *Abhandl. . . . van Swinden:* »Recherches sur les aiguilles aimantées et sur leurs variations régulières«, veröffentlicht in den »Mémoires des savans étrangers«, Bd. 8, 1780. Jan Hendrik van Swinden (1746–1823), holl. Physiker, Prof. in Amsterdam, befürwortete 1795 L.s Berufung nach Leiden. Cotte zitiert diese Arbeit van Swindens in dem »Journal de Physique«, Bd. 35, 1789, S. 39.

27 *Beschreibung einer . . . Luftpumpe von . . . Cazalet:* »Nouvelle Machine Pneumatique«, erschienen in den »Observations sur la physique . . .«, Bd. 34, Part. I, Paris 1789, S. 334–336; s. auch Journal der Physik, Bd. 1, S. 478–481. Jean André Cazalet (1750–1821), Chemiker und Physiker; Prof. zu Bordeaux. – *Aufsatz . . . von Hervieu:* »Lettre de M. l'Abbé Hervieu, professeur de Philosophie à Falaise, à M. de La Métherie, Sur une Nouvelle Machine Pneumatique« (a.a.O., Bd. 35, Part. II, S. 60–62). Jean-Louis-François Hervieu (1764–1847), Abbé, frz. naturwissenschaftlicher Schriftsteller, emigrierte während der Revolution nach England.

28 *Broussonet:* Pierre Marie Auguste Broussonet (1761–1807), Arzt und Naturforscher; Prof. der Medizin in Montpellier; Mitglied der Akademie der Wissenschaften zu Paris. Flüchtete während der Revolution nach Spanien und Marokko; nach seiner Rückkehr Prof. der Botanik in Montpellier. – *Rozier. Julius 1789:* Bezieht sich auf den Aufsatz »Mémoire sur la régénération de quelques parties du corps des poissons; par M. Broussonnet« im »Journal de Physique«, Bd. 35, Part. II, 1789, S. 62–65. – *Kröten so lange eingesperrt leben:* Darüber berichtet L. in dem Artikel »Das Neueste von den Kröten« im GTC 1797, S. 188–197, einige Beispiele in Nacherzählung Murhards und Townsons; s. zu K$_I$ S. 838; vgl. auch RA 66 und die Anm. dazu. – *Crawfordischer Prozeß:* Crawfords »Experiments and Observations on Animal Heat, and the inflammation of combustible bodies. Being an attempt to resolve the phänomena into a general law of nature«, London 1779. Adair Crawford (1748–1795), engl. Naturwissenschaftler; Arzt am St. Thomas Hospital in London und Prof. der Chemie an der Militärakademie zu Woolwich; Mitglied der Royal Society. L.s positives Urteil über ihn geht aus den Briefen an Georg Heinrich Hollenberg vom 12. Oktober 1777 und an Johann Albert Heinrich Reimarus vom 18. Oktober 1781 hervor.

29 *Esame . . . par M. Leopold Vacca Berlinghieri:* Gemeint ist »Esame della teoria del calore del celebre Inglese Crawford con alcune nuove congetture sopra la medesima materia di Leopoldo Vacca Berlinghieri«, erschienen Pisa

1787. Dieses Buch ist unter »Nouvelles Littéraires« im »Journal de Physique«, Bd. 35, Part. II, 1789, S. 77 ff. vermerkt. Leopoldo Vacca Berlinghieri (1768–1812) aus Pisa, entstammt einer bedeutenden ital. Gelehrtenfamilie, trat nach naturwissenschaftlichen Studien in Paris mit dem genannten Werk erstmals wissenschaftlich hervor. Mitbegründer der »Société Philomatique« in Paris; in den Revolutionskriegen Brigadegeneral in der frz. Armee.

30 Die Bemerkung ist von L. gestrichen, da er sie nach J 636 übertrug. – *Das Königreich Granada . . .:* Ehemaliges maurisches Königreich in Spanien, umfaßte den südöstlichen Teil Andalusiens. Nach der Eroberung durch die Mauren unterstand das Land zunächst dem Kalifat Cordoba, ab 1238 war es selbstständiges Königreich. Die Könige von Granada waren den Königen von Kastilien gegenüber tributpflichtig; als König Muleh Hacem 1246 die Entrichtung verweigerte, brach zwischen den Beherrschern von Granada und Ferdinand dem Katholischen der elfjährige Krieg aus, in dem der letzte maurische König Boabdil besiegt und die maurische Herrschaft vernichtet wurde.

31 *katholische Religion . . . in Spanien:* Vgl. auch GH 33.

33 Die Bemerkung ist von L. gestrichen, da er den Gedanken in J 651 weiter ausführte. – *die katholische schwerlich eine christliche:* Vgl. dazu GH 31.

35 *Wie wenig Ehre es einem Maler macht . . .:* Diese Bemerkung ist von L. gestrichen, da er sie nach J 637 übertrug und in dem Artikel »Das Gemählde ohne gleiches« im GTC 1794, S. 160 verwertete: »Zeuxis soll durch ein Gemählde die Vögel des Himmels betrogen haben, und man bewundert den Mann deswegen in der Schule. Ich muß gestehen, daß meine hohe Idee von dem Kennerblick der Vögel, den man mir in meiner Kindheit beygebracht hatte, gar sehr gesunken ist, seit dem ich aus meiner eigener Stube und mit meinen eigenen Augen gesehen habe, daß ein sonst schlaues Rothkehlchen, ein Paarmahl des Tages ein Schlüsselloch für eine Fliege hielt und mit großer Gewalt zustieß.« Vgl. auch C 214; G 92.

36 *Über das Feuer . . . von Joseph Weber:* »Ueber das Feuer; ein Beytrag zu einem Unterrichtsbuch aus der Naturlehre«, Landshut 1788 (eigentlich 1787). Joseph Weber (1753–1831), Geistlicher, Prof. der Physik in Dillingen, dann in Ingolstadt und zuletzt in Landshut. BL, Nr. 560, 670 vermerkt zwei andere Titel dieses Autors in L.s Besitz.

37 *Blumenbach merkt an:* Im »Handbuch der Naturgeschichte«, Göttingen 1788 (3. Aufl.), S. 420, schreibt Blumenbach: »... obgleich einzelne Bienen so wenig Wärme haben als andere kaltblütige Thiere; so erhitzen sie doch im Stock, zuweilen bis zur Wärme des menschlichen Körpers.«

38 *Williams (Philos. Transact. of the American Society . . .):* Der Aufsatz »Experiments on Evaporation, and Meteorological Observations made at Bradford in New-England, in 1772« von Samuel Williams, erschienen in den »Transactions of the American Philosophical Society«, 1786, Bd. 2, Nr. IX, S. 118–141. Die von L. übersetzte Passage findet sich ebd. S. 121 f. Die »Transactions of the American Philosophical Society, hold at Philadelphia, for Promoting Useful Knowledge« erschienen zu Philadelphia 1771–1809 (gegründet 1769). Samuel Williams (1743–1817), Geistlicher, Prof. der Mathematik und Philosophie zu der Universität zu Cambridge in Massachusetts.

38 ☐ *Zoll:* Kubikzoll.

39 *Zug der Heringe von Gilpin:* Der Aufsatz »Observations on the annual

Passage of Herings« von John Gilpin, erschienen in den zu GH 38 nachgewiesenen »Transactions of the American Philosophical Society«, Bd. 2, 1786, S. 236–239.

42 *Schnupftabak:* Vgl. D 209, 256.

43 *bürgerliche Verbesserung der Sperlinge:* Diese Formulierung bezieht sich womöglich auf den Titel: »Über die bürgerliche Verbesserung der Juden« von Christian Wilhelm von Dohm, Berlin 1783. L. besaß dieses Buch (BL, Nr. 1117, S. 193). – *Sperlinge:* Zur verächtlichen Verwendung dieses Wortes s. DWB 10, 1, Sp. 2163–2167.

44 *12 der größten Begebenheiten dieses Jahrhunderts:* Diese Idee wurde im GTC 1792, S. 211–213 durch sechs Monatskupfer realisiert, auf denen »große Begebenheiten des vorletzten Decenniums vorgestellt werden«. – *Voyage du jeune anacharsis:* »Voyage du jeune Anacharsis [sic] en Grèce dans le milieu du 4ᵉ siècle avant l'ère vulgaire«, Hervé 1789, 6 Bde. mit Atlas. Der Atlas enthält eine kritische Analyse der Karten von Barbié du Bocage. Verfasser ist Jean Jacques Barthélemy (1716–1795), frz. Archäologe und Direktor des königlichen Münzkabinetts zu Paris. – *Komödien der Kaiserin von Rußland:* Die Zarin Katharina II. schrieb mehrere Theaterstücke im Sinne der Aufklärung. Bei Friedrich Nicolai in Berlin erschienen 1788 in einem Band »Drey Lustspiele wider Schwärmerey und Aberglauben« (Der Betrüger. Der Verblendete. Der sibirische Schaman). Dieser Vorschlag wurde im GTC nicht verwertet. – *Der Familienzwist:* Das Lustspiel »Der Familien-Zwist, durch falsche Warnung und Argwohn«, das 1788 in Petersburg erschien, besaß L. in einer Übersetzung aus dem Russischen (BL, Nr. 1783).

45 *Lorenzens . . . Untersuchung des Feuers:* L. besaß die »Chemisch-physikalische Untersuchung des Feuers« von Friedrich August Lorenz, Kopenhagen und Leipzig 1783, persönlich (BL, Nr. 550, S. 104). Über L.s Beschäftigung mit dem Phänomen des Feuers s. zu KA 93 und J 1259, 1748.

46 *Wenn ich nur einen rechten Entschluß . . .:* Diese Notiz, unwesentlich abgeändert, ist erstveröffentlicht in VS 1844, 1, S. 25; vgl. auch UB 47. – *valere aude:* Entschließe dich zur Gesundheit. Über L.s Krankheit vgl. KA 195, J 223, 273, 275, 337, 495. – *sapere aude:* Entschließe dich zur Weisheit! Horaz, »Episteln«, 1, 2, 40; vgl. auch Kant, »Die Beantwortung der Frage: Was ist Aufklärung«, 1784: »Sapere aude! Habe den Mut, dich deines eigenen Verstandes zu bedienen, ist also der Wahlspruch der Aufklärung« (Akademieausgabe, 4H, 35).

47 *Nicholson's Treatise . . .:* Bezieht sich auf Nicholsons Abhandlung »Introduction to Natural Philosophy« (London 1781), die unter dem Titel »Einleitung in die Naturlehre«, von August Friedrich Lüdicke übersetzt und mit Zusätzen und Anmerkungen versehen, Leipzig 1787 in 2 Bdn. erschien. Ein 3. Bd. erschien 1788. L. besaß diese persönlich (BL, Nr. 523). William Nicholson (1753–1815), engl. Ingenieur und Naturwissenschaftler, der elektrische Phänomene auf dem Gebiet der Chemie erforschte; erfand eine Elektrisiermaschine, entdeckte mit Carlisle 1800, daß der elektrische Strom das Wasser zersetzt; Herausgeber des »Journal of natural Philosophy, Chemistry and the Arts«, das seit 1796 in London erschien; verfaßte »The first principles of chemistry« (London 1790). – *Crawford. p. 205 der neuen deutschen Übersetzung:* Das zu GH 28 nachgewiesene Werk von Adair Crawford erschien in der Übersetzung von Wilhelm Borger (unter der Aufsicht von

Lorenz Florens Friedrich Crell) unter dem Titel: »Versuche und Beobachtungen über die Wärme der Thiere und die Entzündung der verbrennlichen Körper; ein Versuch, alle diese Erscheinungen auf ein allgemeines Naturgesetz zurück zu bringen; zweyte ganz umgearbeitete und vermehrte Ausgabe; aus dem Engl. (von Crawford). Mit Kupfern und Anmerkungen«, Leipzig 1789; der Hinweis auf den »Treatise on natural philosophy« findet sich ebd., S. 205.

49 *Kampfer-Baum:* In Südostasien heimischer, bis zu 50 m hoher, dickstämmiger Baum, den Marco Polo ausführlich beschrieben hat.

51 *Higgins's comparative View:* Higgins' »A comparative view of the phlogistic and antiphlogistic theories with induction«, London 1789. Das Werk wurde im »Journal der Physik«, Bd. 1, 1790, S. 348–354 besprochen; s. auch zu GH 87; die gleiche bibliographische Eintragung macht L. in Sudelbuch J₁ S. 649 innerhalb der Liste anzuschaffender Bücher; das Werk ist in BL nicht angeführt. William Higgins (gest. 1825), Prof. der Chemie und Mineralogie am Repository der Dublin Society; Mitglied der Irish Academy.

52 *Diese Krankheit ... Ziel meines bisherigen Lebens:* S. zu GH 46.

53 *Wenn unser ganzer Erdball aus Wasser bestünde ...:* Eine ähnliche Frage stellt L. in einem Brief an Karl Friedrich Hindenburg vom 10. Mai 1794.

54 *Form ... die Art etwas zu denken; Materie das ... Gegebene:* Vgl. auch J 646, K 64, L 811; auch zu H 19. Vgl. Kant, Kritik der reinen Vernunft, Akademieausgabe A 19, 20.

55 *Lavater ... gegen mich äußerte:* Zu persönlichen Begegnungen zwischen L. und Lavater kam es 1786 in Göttingen; vgl. dazu die Berichte in den Briefen an Johann Daniel Ramberg vom 3. Juli und 6. August 1786, wo über Lavaters sonderbare Äußerung allerdings nichts verlautet.

56 *Lehrbuch:* Vermutlich ist damit L.s geplantes Kompendium gemeint; s. zu H 172. – *Viele Sachen in den wenigsten Worten:* Zu dieser Maxime vgl. G 215.

58 *Inniges Gefühl von Glückseligkeit ...:* Die Passage ähnelt im Tenor dem von Spinoza beeinflußten Aufsatz »Amintors Morgen-Andacht« im GTC 1791, S. 81–89. – *Gott der Christen oder der des Spinoza:* Ein Bericht über L.s Diskussion mit Lavater zum Thema Spinozismus findet sich im Brief an Johann Daniel Ramberg vom 3. Juli 1786.

60 *Zersetzt:* Danach in der Handschrift *wird*.

61 *Finnenwürmer:* Diese Bemerkung bezieht sich auf die Rezension von Franz von Paula Schranks »Verzeichniß der bisher hinlänglich bekannten Eingeweidewürmer, nebst einer Abhandlung über ihre Anverwandtschaften«, München 1788. Franz von Paula Schrank (1747–1835), Jesuit in Passau, dann Prof. der Physik und Mathematik in Augsburg, seit 1784 Prof. der Landwirtschaft und Botanik in Ingolstadt, später in Landshut, 1809 Direktor des Botanischen Gartens in München; naturwissenschaftlicher Schriftsteller und Herausgeber. – *allgem. d. Biblioth.:* In AdB 89, S. 139, heißt es: »Bey dem allen vermissen wir doch unter den Blasenwürmern den Finnenwurm, der nunmehro in Schweinen, und auch im Menschen gefunden wird.« – *Blumenbach. p. 463:* Die Bemerkung über ›Würmer in Menschen‹ stammt nicht aus der Rezension, sondern von L. Der Seitenangabe nach handelt es sich um das »Handbuch der Naturgeschichte«, 3. Aufl., Göttingen 1788, wo Blumenbach schreibt: »Solium. Der langgliedrige Bandwurm ... Diese Gattung ist

in Deutschland die gemeinste. Findet sich so wie die folgende im dünnen Darme beym Menschen.«

63 *brauchbarsten Wahrheiten . . . fallen mir beim Disputieren nicht ein:* S. auch H 168.

64 *Werner vom Feuer:* Gemeint ist Werners »Entwurf einer neuen Theorie der anziehenden Kräfte, des Aethers, der Wärme und des Lichts«, erschienen Erfurt und Leipzig 1788. Georg Friedrich Werner (1754–1798) aus Darmstadt, Vorkämpfer für die Lehre vom Lichtäther; 1778 Ingenieurleutnant und Prof. der Meßkunst und Fortifikation in Gießen; 1790 Ingenieurhauptmann und Prof. der Kriegswissenschaften, 1795 Ingenieurmajor. 1788 geriet er wegen seiner antinewtonischen Äther-Theorie mit L. in Streit; vgl. auch Brief an Georg Friedrich Werner vom 29. November 1788; Wolfgang Schimpf, Lichtenberg-Jb. 1990, S. 58–59. – *rezensiert allg. d. Biblioth.:* Die Rezension, unterzeichnet »Pz.«, findet sich in der AdB 1789, Bd. 89, S. 143–149.

65 *allg. d. Bibl. 89ten Band:* In der AdB 89, S. 150–151 erschien die Rezension (Verfasser: »Ar«) von Engelmanns »Gründliche Anweisung, Vögel auszustopfen, und besonders gut zu conservieren«, Leipzig 1788. – *Engelmann:* Aedituus Engelmann (gest. 1789), Jäger und praktischer Naturforscher, Besitzer eines berühmten Vogelkabinetts. – *Kampfer:* Vielseitiges, synthetisch herstellbares Produkt des japan. Kampferbaumes; unter anderem zur Erhaltung von organischen Stoffen und als Schutz vor Ungezieferbefall verwendet.

66 *Liste von alten Menschen . . . im Whitehurst:* John Whitehurst (1713–1788), engl. Uhrmacher; beschäftigte sich 1736–1775 in Derby mit der Anfertigung von Uhren und wissenschaftlichen Instrumenten; wurde zum Eichmeister für Münzgewichte ernannt und zog 1775 nach London; 1779 Mitglied der Royal Society. Neben seinem Hauptwerk »An Attempt towards obtaining invariable Measures of Length, Capacity, and Weight, from the Mensuration of Time« (London 1787) veröffentlichte er unter anderem »Inquiry into the original state and formation of the earth«, London 1778, in dt. Übersetzung unter dem Titel »Untersuchung über den ursprünglichen Zustand und die Bildung der Erde«, Leipzig 1788. L.s Information stammt aus einer Rezension in der AdB 89, S. 159–162, wo S. 162 auf eine Liste hingewiesen wird, die »ein Verzeichniß von Personen von Adam an enthält, die zu einem hohen Alter gelanget sind«; im GTC nicht verwertet.

67 *Gaudin:* Jacques Maurice Gaudin (ca. 1740–1810), frz. Abbé auf Korsika, Mitglied der Akademie zu Lyon; seine Abhandlung »Voyage en Corse et vues politiques sur l'amélioration de cette isle, suivi de quelques pièces relatives à la Corse« (Paris 1788) erschien 1788 in der Übersetzung von Heinrich August Ottocar Reichard in der Weygandschen Buchhandlung in Leipzig. – *Weygand:* Johann Friedrich Weygand (1743–1806), Verleger des »Werther«, vieler Schriften der Mitglieder des Göttinger Hains und von Boies »Deutschem Museum«; über ihn s. Reinhard Wittmann, Der Verleger Johann Friedrich Weygand in Briefen des Göttinger Hains, in: Börsenblatt für den Deutschen Buchhandel, Nr. 25, vom 28. März 1969, S. 632–644. Die Information ist einer Rezension in der AdB 89, S. 168–173, entnommen.

69 *Walkers Haupt-Abhandlung:* Richard Walker, engl. Apotheker in Oxford. – *Philos. Transact. . . . for the Year 1788:* Der Titel des Aufsatzes lautet:

»Experiments of the Production of artificial Cold. By Mr. Richard Walker, Apothecary to the Radcliffe Infirmary at Oxford. In a letter to Henry Cavendish, Esq. F. R. S. and A. S.«, a.a.O., S. 395–402. L. bezieht sich auf die Beschreibung eines Experimentes zur Kältegewinnung durch Zusetzung von pulverisitierten Salpeter und Ammoniak (ebd., S. 400). Das »Journal der Physik« veröffentlichte Walkers »Versuche über die Hervorbringung einer künstlichen Kälte« im Bd. 1, H. 2, S. 419–428; vgl. auch J 1790, 1801. – *Salp.:* Salpeter. – *Salmiak aa:* Ammoniumchlorid. – ▽: Chemisches Zeichen für Wasser.

71 *Späth über die Fehler beim Winkelmessen:* Die Information ist einer Rezension in der AdB 89, S. 124 ff. entnommen: »Abhandlung zu Berechnung des Grades der Genauigkeit, mit welcher auf einen Mauerquadranten nach Johannes Bürdes und Georg Friedrich Branders Theilungsmethode die Abtheilung der Theilkreise vor die 90 und 96 Theilung vollführt werden kann«, Leipzig 1788. Vgl. auch »Analytische Versuche über die Zuverlässigkeit, womit ein Landmesser mittelst verschiedener geometrischen Werkzeuge, Winkel und Linien abmessen kann«, Nürnberg 1789. Johann Leonhard Späth (1759–1842), 1788–1809 Prof. der Mathematik und Physik in Altdorf, danach in München.

72 *Herzogs von Gotha:* Ernst Ludwig II. (1745–1804), seit 1772 Herzog von Sachsen-Gotha, Förderer der Astronomie und Liebhaber der Experimentalphysik, richtete auf dem Seeberg bei Gotha ein Observatorium ein, dessen Direktor Freiherr von Zach war. Vgl. auch Brief an Franz Ferdinand Wolff, 10. Februar 1785. – *Toise:* In der zu GH 73 nachgewiesenen Rezension heißt es: »Erst vor einigen Jahren bey einer Durchreise durch Gotha hatte er Gelegenheit diejenige Toise bey seiner Durchlaucht, dem Hern. Herzog zu sehen, die derselbe mit aus Paris gebracht hatte, so mit einem Micrometer versehen, und mehr als 1000 Liv. gekostet hatte, er verglich den vom Hrn. Lambert erhaltenen Pariser Fuß, und fand nicht die mindeste Übereinstimmung«. – *Livres:* Frz. Währungseinheit bis 1796.

73 *Gerhardt:* Markus Rudolph Balthasar Gerhardt (1735–1805), Handlungsdiener, später Hauptbankbuchhalter; neben anderen kaufmännischen Büchern verfaßte er das 1788 in Berlin erschienene »Handbuch der teutschen Münz-, Maaß- und Gewichtskunde für Kaufleute und andere, welche von der ehemaligen und gegenwärtigen teutschen Münzverfassung, den Wechselcoursen und ihrem Pari in Silber, desgleichen von Maassen, Gewichten, nebst anderen dazu nöthigen Dingen Nachricht haben wollen, gesammelt und bearbeitet«. Die Information ist einer Rezension in der AdB 89, S. 286–289, entnommen.

75 *The botanic garden:* Verfasser Erasmus Darwin (1731–1802), engl. Arzt, Naturforscher und Dichter, Großvater von Charles Robert Darwin; lebte ab 1756 als praktischer Arzt in Lichfield, seit 1781 in Derby. Er war Präsident eines der bedeutendsten gelehrten Zirkel des 18. Jh.s, der Lunar Society of Birmingham. Seine botanischen Studien beeinflußten seine allegorischen Lehrgedichte (»The botanic garden«, 1789–1793). Wissenschaftlich am bedeutendsten war sein Werk »Zoonomia, or the laws of organic life« (1794–1796), in welchem er eine Evolutionstheorie der Arten entwickelte, die mit der Lamarcks vergleichbar ist.

76 *Mehlkleister:* Buchbinderkleister; wird aus Weizenstärke hergestellt,

indem man sie mit etwas kaltem Wasser zu einem Brei anrührt und diesen unter starkem Rühren in heißes Wasser gießt, bis der Kleister die richtige Konsistenz angenommen hat.

77 *so wurden Städte:* Woher L. die Notiz entnahm, war nicht zu ermitteln. Die Abhandlung »Ueber die Erbauung der Dörfer« von Rudolf Eickemeier (BL, Nr. 930), die 1786 von der Sozietät der Wissenschaften preisgekrönt wurde und 1787 in Frankfurt erschien, enthält sie ebensowenig wie Spittlers Akademie-Vortrag »De origine et incrementum urbium Germaniae«, gehalten am 12. Dezember 1787, abgedruckt in: Commentationes Societatis ... Gottingensis ad annum 1787 et 1788, Göttingen 1789, S. 82–107.

78 *Kenntnisse umzurühren:* S. zu diesem Gedankengang J 247, 342, F 489.

79 *Rezensionen ... keine Gottesurteile:* Vgl. D 286, 389, 498.

80 *Wenn noch ein Messias geboren würde ...:* Vgl. auch D 372, K 201.

83 *Mit der Elektrizität verhält ...:* In der Handschrift *dem Feuer*.

85 *Crawford lehrt:* Zu L.s Crawford-Rezeption vgl. J 1457, 1462, 1481, 1796, 1822. – *Kapazität:* Fähigkeit etwas in sich aufzunehmen, z. B. Wärmekapazität, elektrische Kapazität eines Leiters; die Leitungsleistung verschiedener Stoffe wurde zurückgeführt auf die Fähigkeit, Elektrizität aufzunehmen.

87 *dephlog. Luft:* Auch Feuerluft, reine Luft: Sauerstoff; 1771/72 von Scheele (aus Salpeter) und unabhängig von ihm 1774 von Priestley (aus Mercurius praecipitatus per se, d. h. Quecksilberoxyd) entdeckt; vgl. L 676. – *Verkalchung der Metalle:* Metalloxydation.

88 *Säule des Antonius:* Die Säule des Antoninus Pius (oder Antoniussäule) mit einer Apotheose des Kaiserpaares Antoninus und Faustina auf ihrem Sockel wurde 161 n. Chr. von Marcus Aurelius und Licius Verus auf dem Marsfeld errichtet. Der schmucklose Monolith trug ein Standbild des Kaisers mit den Attributen Jupiters.

89 *Brand-Terp.:* Terpentinöl. – *Sp[iritus] Nitri fum[ans]:* Salpetersäure. – *Crawford 2^d Ed.:* Das zu GH 28 nachgewiesene Werk ist 1788 in London in 2. Auflage »with very large additions« erschienen.

90 *der tierische Magnetismus:* Lebensmagnetismus, Mesmerismus; einflußreiche Lehre, derzufolge Heilung durch bloßes Handauflegen ohne direkte Berührung erreicht werden sollte, indem so der magnetischen Kraft vergleichbare Heilungskräfte aktiviert würden. Franz Anton Mesmer (1733–1815), Theologe, Naturwissenschaftler und Mediziner in Wien, München, Paris; »Sendschreiben an einen auswärtigen Arzt über die Magnetkur«, Wien 1775. – *extra et intra[muros] ... prostituieren:* Anspielung auf: »Iliacos intra muros peccatur et extra«; sie treiben's arg in Trojas Mauern, arg treiben sie's vor Trojas Mauern. Zitat aus Horaz' »Episteln« 1, 2, 16; ähnlich schrieb L. im GTC 1790, S. 137: »O! durch die ganze Physik wimmelt es von Geschwätz, wie das über thierischen Magnetismus«.

91 *Abnahme des Meerwassers:* Vgl. auch J 1347.

92 *La Theorie du Feu ...:* Das von L. korrekt zitierte Werk ist in Avignon 1788 erschienen. – *Du Tarta Lasarre:* Offenbar Arzt in Avignon; Lebensdaten und Vornamen nicht überliefert.

93 *alles ins Große:* Maxime, die im gleichen Sinne oder abgewandelt in Aufsätzen und Sudelbuchbemerkungen der neunziger Jahre immer wiederkehrt. So schreibt L. in bezug auf Rumford in dem Artikel »Über Ernährung, Kochen und Kost-Sparkunst« im GTC 1797, S. 138: »Seine Vermögens-

Umstände so wohl, als übrige glückliche Lage in der Welt, setzten ihn in den Stand, seine Speculationen nicht allein wo es nöthig ist, mit Aufwand zu verfolgen, sondern, wenn sie zur Reife gediehen sind, im Großen anzuwenden, und so nachher das Ganze, zugleich mit dessen Rechtfertigung zur Seite, bekannt zu machen«. Diese Bemerkung ist in der Handschrift von L. in Antiqua geschrieben; ähnliche Hervorhebungen von ›Leibsätzen‹ finden sich, zum Teil notiert für das eigene Compendium oder für eine Methodik des Forschens, auch J 1254.

S. 226 Dieser Seite entspricht in der Handschrift die Innenseite des hinteren Umschlags. – *Argandsche Lampe:* Aimé Argand (1750–1803) aus Genf, Physiker, Schüler De Saussures; ging später nach England, starb in London; berühmt durch seine Erfindung des Lampenbrenners mit doppeltem Luftzug (1785). Diese erwähnt L. in dem Aufsatz »Über einige wichtige Pflichten gegen die Augen«, (III, S. 86).

J

Die Bezeichnung J trägt ein Foliobuch in starker Pappe, das zugleich von vorn und von hinten mit doppelter, von vorn arabischer und von hinten römischer Paginierung versehen und zweispaltig beschrieben ist; die beiden Gruppen von Einträgen stoßen in der Mitte zusammen, so daß die linke Spalte der letzten arabisch paginierten Seite zur vorderen, die rechte zur hinteren Gruppe gehört. Die vordere Hälfte enthält auf 143 Seiten die allgemeinen, die hintere auf 133 Seiten (die Zählung geht nur bis CXXXII, aber die Zahl CXVII ist aus Versehen doppelt verwendet) die wissenschaftlichen Bemerkungen. Ein Vorder- und ein Schlußblatt stehen außerhalb der Paginierung.

Auf der Innenseite des vorderen Deckels ist ein von Heynes Hand geschriebenes Schema zu einer Quittung über ein Quartal der Leibrente vom Sommer 1789 eingeklebt: nach einer am 22. Mai jenes Jahres vorgeworfenen, am 8. Oktober vollzogenen Übereinkunft hatte die hannöversche Regierung Lichtenbergs Instrumentenapparat als Grundlage eines physikalischen Kabinetts gegen Leibrente in Staatsbesitz übernommen. Unter dem eingeklebten Zettel findet sich eine Tabelle Lichtenbergs, wie oft er im Januar 1789 das Klistier bekam. Demnach hatte er sich am 7.–16., 21. und 26. Januar täglich ein- bis zweimal behandeln lassen.

Als Satzvorlage für die in Band I abgedruckten Bemerkungen (1–1253) diente Albert Leitzmanns »Georg Christoph Lichtenbergs Aphorismen. Viertes Heft«, Deutsche Literaturdenkmale des 18. und 19. Jahrhunderts. No. 140, Berlin 1908. Die Bemerkungen in Band II (1254–2166) wurden nach der Handschrift ediert, die sich heute in der Staats- und Universitätsbibliothek Göttingen (Sign. Ms. Lichtenberg IV, 31) befindet.

Zur Chronologie von Sudelbuch J

Allgemeine Notizen
vor 1: 1. Januar 1789;
4: 2. Januar 1789;
10: 3., 4. Januar 1789;
11: 4., 10. Januar 1789;
23: 17. Januar 1789;
29: 25., 27. Januar 1789;
33: 2. Februar 1789;
35: 3.–8. Februar 1789;
39: 11., 15. Februar 1789;
47: Erwähnung des »British Mercury« vom 21. Feburar 1789;
63: 24. März 1789;
127: 1. Juni 1789;
143: 24. Juni 1789;
186: 23. Dezember 1789;
190: 24. Dezember 1789;
196: 28. Dezember 1789;

240: 3. Januar 1790;
242: 19. Januar 1790;
249: 24., 25. Januar 1790;
318: Erwähnung der GGA vom 27. März 1790;
374: Erwähnung der Lektüre Levaillants, begonnen 26. Juni 1790;
400: Erwähnung der »Allgemeinen Literaturzeitung« vom 22. Juli 1790;
429: Erwähnung der GGA vom 9. September 1790;
445: Erwähnung Baaders, sein Besuch 2.–8. Oktober 1790;
450: Erwähnung der Lektüre Crébillons, 16. Oktober 1790;
474: 28. November bis 1. Dezember 1790;
512: Erwähnung des »Staatskalenders« für 1791, erhalten am 20. Januar 1791;
548: 22. Februar 1791;
556: Zitat aus Thümmel, Lektüre 6., 7. März 1791;
572: Brief an Sömmerring, 14. März 1791;
577: 19. März 1791;
623: Erwähnung der GGA vom 16. April 1791;
639: 22. April 1791;
673: Erwähnung der »Blauen Bibliothek«, erhalten am 10. Mai 1791;
706: 14. Juni 1791;
720: Erwähnung von Archenholz' Schriften, erhalten am 16. Juni 1791;
728: 21. Juni 1791;
732: 27. Juni 1791;
756: 9. Juli 1791;
771: Ewähnung von Bürgers Gedicht auf Michaelis, Ende August 1791;
776: 11. September 1791;
779: Zitat aus Boswell, erhalten am 17. September 1791;
792: 24. September 1791;
839: 25. November 1791;
863: 8. Februar 1792;
870: Erwähnung von Smeatons Werk, erhalten am 11. Feburar 1792;
881: 19. Februar 1792;
889: 29. Februar 1792;
927: 7. April 1792;
931: 8., 9. April 1792;
961: Erwähnung Cornaros im Tagebuch (SK) vom 29. April 1792;
997: Erwähnung Holcrofts im Tagebuch (SK) vom 18. Mai 1792;
1012: Erwähnung des »Neuen Hannoverischen Magazins« vom 1. Juli 1792;
1056: Erwähnung der »Allgemeinen Literaturzeitung« vom 4. August 1792;
1060: Erwähnung der Rezension von Ireland im Tagebuch (SK) vom 4. September 1792;
1061: Lektüre Bacons laut Tagebuch (SK) vom 6. Oktober 1792;
1089: 15. Oktober 1792;
1092: Erwähnung Malones im Tagebuch (SK) vom 20. Oktober 1792;
1137: Erwähnung der »Allgemeinen Literaturzeitung« vom 21. Dezember 1792;
1150: 12. Januar 1793;
1166: Besuch Meißners am 4. Feburar 1793;
1193: Erwähnung der »Allgemeinen Literaturzeitung« vom 6. März 1793;

1223: Erwähnung der »Allgemeinen Literaturzeitung« vom 18. und 23. März 1793;
nach 1253: 26. April 1793.

Notizen zu Physik und Mathematik
1260: 3. Januar 1789;
1267: 9. Januar 1789;
1282: 18. Januar 1789;
1285: 30. Januar 1789;
1286: 31. Januar 1789;
1289: 31. Januar, 1. Februar 1789;
1295: 1., 7. Februar 1789;
1298: 8. Februar 1789;
1299: 14. Februar 1789;
1301: 25. Februar 1789;
1305: 18. April 1789;
1307: 25. April 1789;
1308: 26. April 1789;
1315: 2. Juni 1789;
1324: 15. August 1789;
1325: 20. August 1789;
1334: 18. Dezember 1789;
1390: 2. Mai 1790;
1391: 3. Mai 1790;
1392: 8., 9. Mai 1790;
1413: 23. Juni 1790;
1429: 27., 28 Juli 1790;
1431: 30. Juli, 23. August 1790;
1453: 27. August 1790;
1494: 28. September 1790;
1499: 29. September 1790;
1519: 18. September 1790;
1527: 13., 14. Oktober 1790;
1542: 21. Oktober 1790;
1596: 20., 21. Dezember 1790;
1608: 7. Januar 1791;
1627: 12. Februar 1791;
1652: 28., 29. April 1791;
1656: 1. Mai 1791;
1662: 15. Mai 1791;
1698: 13. August 1791;
1738: 26. Dezember 1791;
1754: 21. Januar 1792;
1772: 15. Februar 1792;
1785: 26. Februar 1792;
1803: 5. März 1792;
1859: 21. April 1792;
1860: 18.–21. April 1792;
1902: 19. Mai 1792;

1903: 19. Mai 1792;
2088: 25. März 1793;
2152: 20. April 1793;
2159: 25. April 1793;
nach 2166: 26. April 1793.

Anmerkungen
zu den Nummern in Band I

S. 648 *Diese Schrift* . . .: Die Notiz bezieht sich vermutlich auf den S. 649 erwähnten »Zuruf an die Naturforscher« im »Leipziger Magazin zur Naturkunde, Mathematik und Ökomomie«. – *Naturforscher:* Die Bemerkung findet sich auf der Innenseite des vorderen Deckels von Sudelbuch J.
S. 649 Dieser Seite entspricht im Original die vordere Seite des Vorderblatts, dessen Rückseite leer ist. – *Bücher anzuschaffen oder . . . zu lesen:* Zu diesen Vermerken L.s s. zu B_l S. 45. – *Zum Kalender:* Die Notiz ist von L. gestrichen. – *Siebenkees neues juristisches Magazin:* Die Zeitschrift erschien seit 1784 in Ansbach; aus dem zweiten Bd., 1785, S. 228, hat L. im GTC 1790, S. 103 f., unter der Überschrift »Gelinde Strafe im Ehebruch ertappter Personen, bey unsern Vorfahren« ein längeres Zitat abgedruckt. Johann Christian Siebenkees (1753–1841), seit 1776 Prof. der Rechte in Altdorf, später Landshut. Hrsg. juristischer Zeitschriften, fruchtbarer Schriftsteller. – *Mudge respirateur, inhaler:* John Mudge (1721–1793), engl. Arzt und Physiker in Plymouth. – *Hayes ernstlicher Warnung vor . . . Katarrhe:* Thomas Haye, engl. Arzt. »A serious address on the dangerous consequences of neglecting common coughs and colds, containing a simple, efficacious and domestic method of cure«, erschien London 1783 anonym. – *Michälis:* Christian Friedrich Michaelis (1754–1814), einziger Sohn aus der ersten Ehe von Johann David Michaelis und Johanna Christina Friederike Schachtrup (gest. 1759); Arzt bei den hessischen Truppen in Nordamerika, 1784 Prof. der Medizin und Leibarzt in Kassel als Nachfolger Sömmerrings, dann Hofrat in Marburg. – *Tables Logarithmiques par . . . Callet:* Die »Tables portatives des logarithmes« erschienen Paris 1795 und wurden mehrfach wiederaufgelegt. Jean-François Callet (1744–1798/99), frz. Mathematiker, seit 1768 in Paris, später Vannes und Dünkirchen. – *Astronomie par Cousin. auch . . . Leçons de Calcul:* Die »Introduction à l'étude de l'astronomie physique« erschien Paris 1787, die »Leçons de Calcul différential et de Calcul intégral«, ebd. 1777. Jacques-Antoine-Joseph Cousin (1739–1800), namhafter frz. Mathematiker. – *Vega's Vorlesungen:* Die »Vorlesungen über die Mathematik« erschienen Wien 1784–1802 (in mehreren Aufl. erschienen). L. erwähnt die »Vorlesungen« auch im Brief an Dieterich vom 26. Mai 1791. Georg von Vega (1754–1802), österr. Mathematiker, Offizier, Prof. der Mathematik in Wien. – *Natur und Gott . . . von M. Heydenreich:* Dieser Titel von Heydenreich ist unter BL, Nr. 1405 notiert. Karl Heinrich Heydenreich (1764–1801), 1789–1798 Prof. der Philosophie in Leipzig, Ästhetiker und Dichter, Anhänger Kants. – *Heppens Physik:* »Lehrbuch einer Experimentalnaturlehre für junge Personen und Kinder zu eigenen Vorlesungen bestimmet«, erschienen Gotha 1788. Johann Christoph Heppe (1745–1806), Mathematiker in Nürn-

berg. – *Ja zu lesen:* Diese Notiz ist von L. gestrichen. – *Zuruf an die Naturforscher:* »Ein Zuruf an die Naturforscher« findet sich im »Leipziger Magazin zur Naturkunde, Mathematik und Ökonomie«, hrsg. von einer Gesellschaft von Gelehrten, 1786, S. 129. – *Leske:* Nathanael Gottfried Leske (1751–1786), Prof. der Kameralwissenschaften in Leipzig; Mitherausgeber der oben genannten Zeitschrift, die 1786–1788 als Fortsetzung des von Funck, Hindenburg und Leske 1781–1784 hrsg. »Leipziger Magazin zur Naturkunde, Mathematik und Ökonomie« erschien. – *Das Äther-Feuerwerk nicht zu vergessen:* L. hat diese Notiz im GTC 1790, S. 144, unter: »Neue Entdeckungen, physikalische und andere Merkwürdigkeiten« aufgeführt. – *Zur Zeichnung:* L.s Konstruktion besteht darin, über einen mit Ätherdampf – vermutlich Wasserstoffgas – gefüllten Hohlkörper Luft zu blasen, um dieses hochexplosive Gemisch dann am Ventil zu entzünden. Nach Johann Friedrich Gmelin, »Geschichte der Chemie«, Göttingen 1799, Bd. 3, S. 377 handelt es sich bei Diller um einen Feuerwerker, der sich die neugewonnenen Kenntnisse über die Reaktion von Wasserstoff zunutze machte. Vgl. ferner den Brief von Philipp Engel Klipstein vom 1. März 1789 (Briefwechsel III, S. 666). – *meine Kondensier-Pumpe:* Kondensationsapparat, bestehend aus einem geschlossenen Hohlzylinder, in dem der Dampf niedergedrückt wird, und einer oder mehreren Pumpen, die das Kühlwasser herein- und herauspumpen sowie das im Kondensator sich ansammelnde Gemenge aus Luft und nicht kondensiertem Dampf entfernen. – *dephlogistierte Luft oder inflammable:* Darüber s. zu GH 87. Inflammable Luft wurde 1766 von Henry Cavendish entdeckt; heute Wasserstoff. – *Cäsars Denkwürdigkeiten:* Dieses Werk erschien Leipzig 1784–1788. Verfasser ist Karl Adolph Caesar (1744–1810), Prof. der Philosophie in Leipzig. – *The poetry of the world:* Dieses Werk hrsg. von Edward Topham (1751–1820) erschien London 1788. – *Bell:* John Bell (1745–1831), Publizist und Buchhändler; »Bell's British Poets« 1777–1782, »Johnson's Poets« 1779. – *price 7 s:* Sieben Pfund Sterling. – *Higgins's comparative View:* S. zu GH 51. William Higgins (1762/63–1825), irischer Chemiker, Bibliothekar der Royal Dublin Society 1795. – *Praktische Grammatik ... Bröder:* Die Notiz ist von L. gestrichen, da er das Werk angeschafft hat (BL, Nr. 1549). Christian Gottlob Bröder (1745–1819), Theologe und Pädagoge. – *Crusius:* Siegfried Lebrecht Crusius (1737–1824), Buchhändler in Leipzig. – *supinum:* Ein Verbalsubstantiv der lat. Sprache, das nur in zwei Kasusformen vorkommt (Supin auf -um endend bezeichnet einen Akkusativ der Richtungsangabe, auf -u meist einen Dativ des Zwecks.) – *pronomina reciproca:* Gemeint sind die sog. Korrelativa, in denen ein Demonstrativ- und ein Relativpronomen zueinander in Beziehung treten. – *Handbuch der Mythologie ... von ... Herrmann:* »Handbuch der Mythologie aus Homer und Hesiod«, Berlin und Stettin 1787–1795. Martin Gottfried von Hermann (1754–1822), Theologe, Pädagoge, Philologe. – *Hesiodus:* Hesiodos aus Akra (um 700 v. Chr.), ältester als Person verbürgter Dichter des Abendlandes, verfaßte u. a. das Epos »Theogonia«, das als erste systematische Darstellung des griech. Götterglaubens gilt.

1 *Cul de Lampe:* Frz. ›Lampensteiß‹. – *Fleuron:* Frz. ›Blumenschmuck, -zierat‹.

2 *Meister:* Gemeint ist Albrecht Ludwig Friedrich Meister, vgl. auch Brief an Friedrich August Lichtenberg von Ende Dezember 1788. L.s Notiz

erinnert an Charakteristika, die er auch anderen Göttinger Kollegen zuschrieb (vgl. UB 1, 2). – *dachte sehr:* Danach von L. etwas gestrichen.

3 *Kompilator:* Verfasser eines literarischen Werkes, das zum Großteil aus Werken anderer Autoren zusammengetragen ist.

4 *Den 2ten Jänner dauert mein Husten . . . fort:* Zu L.s Krankheit und Selbstbeobachtungen vgl. SK 14, 16, 20, 29, 326, 337, 771 mit Anmerkungen; zu seiner schweren Erkrankung im Winter 1789 s. zu J 252.

5 *Hofschatzgräber:* Zu L.s beliebten Wortbildungen mit *Hof:* Vgl. A 79.

6 *Schelwig:* Samuel Schelwig (1643–1715), Gymnasialdirektor, Prediger und Bibliothekar in Danzig. – *Calvin:* Jean Calvin (1509–1564), Reformator, Begründer des Calvinismus; lehrte in Straßburg und Genf.

7 *Neujahrswünschen . . . nicht schlafen kann:* Auch die im Jahre 1772 gedichteten Neujahrswünsche verfaßte L. in einer schlaflosen Nacht, vgl. zu C 63.

8 *Mayer die Farben so schön gezählt:* Tobias Mayers Abhandlung ist zu D 330 nachgewiesen. – *Florens Reichtum:* Lat. Flamen Floralis ›Priester des Schutzgottes der Pflanzen‹. – *Saepe…erat:* Oft habe ich versucht, die auftretenden Farben zu zählen; / Und vermochte es nicht: die Zahl war größer als ihr Reichtum (Ovid, »Amores« V, 213).

10 *Deltoideo:* Deltamuskel (musculus deltoides) ist der rückseitige Oberarmmuskel. Zu L.s Krankheitsaufzeichnungen s. zu J 4.

11 *Therm[ometer]. R[éaumur]:* Das nach René Antoine Ferchault De Réaumur (1683–1757) benannte Weingeistthermometer, das eine neue Skala von achtzig Gradabstufungen ermöglichte und auch nach Einführung der Quecksilbersäule beibehalten wurde.

12 *Mutter unser:* Vgl. L 220.

14 *Ananas Troglodytes die Kartoffel:* Griech. Troglodytes ›Höhlenbewohner‹; im Altertum Name eines in Erdhöhlen wohnenden äthiopischen Volksstammes. L. verwertet diese Benennung in den Hogarth-Erklärungen (III, S. 784). Im Brief an Georg Forster vom 25. September 1789 stellt L. dem »Geschenck von Ananas« das »Paar Suppen-Cartöffelchen von Calendern« gegenüber; eine weitere Gegenüberstellung findet sich auch im Brief an Meister vom Frühjahr 1779 (IV, S. 1019) und J. G. Müller von 17. Juli 1794.

15 Die Bemerkung ist von L. gestrichen. – *Arreté statt arrêt:* Frz. arrêt ›Haltestelle, Stillstand‹, arrêté ›angehalten‹. – *steht zweimal im Hamb. Correspond.:* In der Zeitung »Hamburgischer unpartheyischer Correspondent«, Nr. 3, 6. Januar 1789 (unpaginiert) ist zu lesen: »Das Parlement machte am 20sten ein Arreté in seiner Versammlung, dessen Hauptinhalt dahin gieng, daß das Arreté vom 5ten von ihm bestätigt ward, nach welchem der König gebeten werden soll, gleich bey der Versammlung der allgemeinen Stände die Aufhebung aller distinctiven Auflagen mit dem Stande, der sie allein trägt, zu verabreden, und nachher selbige unter alle 3 Stände auf eine gleiche Art zu vertheilen. Hiedurch werde die Nation überzeugt werden, daß das Parlement die gänzliche Aufhebung aller Ausnahmen in Geldsachen feyerlich wünsche«.

16 *der Krieg zwischen der Insel Tongatabu, und Bolabola:* Zwei Inseln in Polynesien; Tongatabu ist die Hauptinsel der sog. Freundschaftsinseln im Tonga-Archipel, Bolabola (Borabora) gehört zur Gruppe der sog. Gesellschaftsinseln; beide waren durch Cooks zweite Reise und Forsters Beschreibung bekannt geworden.

17 *die Bibel . . . ein Buch von Menschen geschrieben:* Vgl. J 269 und Anm.

18 *Beilage zum Freimüthigen:* »Der Freimüthige« erschien in vier Bdn., Ulm 1782 bis 1788, denen drei Beilagen 1786–1787 folgten; hrsg. von Kaspar Ruef. Die von L. zitierten Sätze sind fast wörtlich zwei Stellen der Beilagen (S. 266, 155) entnommen, deren zweite und dritte vom »Gebrauch der Vernunft und der Entbehrlichkeit oder Unentbehrlichkeit eines unfehlbaren Richters in Religionssachen« handelt. Nach Lauchert, Euphorion 17, 1910, S. 384, kann L. seine etwas frei wiedergegebenen Gedanken aber durchaus auch in den längeren wörtlichen Auszügen innerhalb der rühmenden Besprechungen der AdB 83, S. 610f. gefunden haben. – *Glaubens-Sklave:* Diesen Ausdruck gebrauchte L. auch J 446.

20 *Kometen; erst 1835, und 1848 wieder einer:* 1835 sollte der periodische Halleysche Komet wieder erscheinen; der von 1848 ist nicht genauer bestimmbar. – *unser Hainberg . . . wieder mit See übergossen:* Der Hainberg wird auch J 292, 939 und in Ph + M 2, S. 218 in urgeschichtlichem Zusammenhang genannt; vgl. F 1044. – *Deluc . . . den schnellen Abfluß zu erweisen:* Darauf kommt Deluc an verschiedenen Stellen seiner »Nouvelles Idées sur la météorologie« (s. zu H 197) zu sprechen; L. hat das Buch in den GGA 1788, S. 417, 705 besprochen; unter dem Titel »Neue Ideen über die Meteorologie« erschien es, übersetzt von J. H. Wittkopp und mit einer Vorrede von L., Berlin und Stettin 1787–1788.

21 *Caesars Wahlspruch:* »Sed Caesar in omnia praeceps, nil actum credens, cum quid superesset agendum, instat atrox«, schreibt Lucan, Pharsalia 1, 656. Aber Caesar, der in allen Dingen unbesonnen ist, und etwas für nicht getan erachtet, solange noch etwas zu tun übrigbleibt, ist ein gefährlicher Gegner. – *agendum:* Danach von L. gestrichen *ist wohl öffter.*

23 *κερας:* Griech. ›Horn‹; L.s Umschreibung für Alkoholkonsum; zu L.s Verhältnis zu Alkohol vgl. J 616, 639. – *new slippers . . . 89.):* Neue Hausschuhe am selben Tag Samstag, dem 17. Januar 89. Diese Sätze stehen oben über der Notiz.

24 *In den Mémoires von Paris . . . Eloge de M. de Linné:* Die anonyme Gedenkrede auf Linné findet sich in der »Histoire de l'académie royale des sciences«, 1778, S. 66f. – *qu' il . . . isolées:* Daß er über die geistige Kraft verfügte, die nötig ist, um einzelne Fakten derart zusammenzubringen, daß sich die eine große Wahrheit aus der Menge an isolierten Wahrheiten gewinnen läßt.

25 *Schnürbrüste überall:* Der GTC 1789 hatte S. 162–166 einen Aufsatz Forsters über die Schädlichkeit der Schnürbrüste – wie man im 18. Jh. das Korsett nannte – gebracht; vgl. auch Brief an Georg Forster, Juli/August 1788; zum ersten Satz vgl. Brief an Georg August Ebell, 19. Januar 1789. – *eine herrliche Kalender-Abhandlung:* Nicht ausgeführt; vgl. aber Promies: Über Schnürbrüste, Forster und Lichtenberg. Ein Paradigma für Aufklärung. In: Aufklärung über L., Göttingen 1974, S. 1–20. – *Hogarth Schnürbrüste . . . Analysis of Beauty:* Die ersten sieben Randfiguren auf der ersten Platte von Hogarths »Analysis of beauty« stellen Schnürleiber verschiedener Wölbung dar.

26 *Wenn ich einen Sohn hätte:* Diese Wendung läßt, da L. seit 1786 einen Sohn hatte, darauf schließen, daß die ganze Bemerkung für die Öffentlichkeit bestimmt war. – *Punctum saliens:* Dazu s. zu F 636.

27 *Josua sah das Wasser wie Mauern:* »Da stund das Wasser, das von oben hernieder kam, aufgerichtet wie ein einziger Wall«, heißt es Josua 3, 16. Vgl. J 1052. Josua, im A. T. Nachfolger des Moses, Führer der israelit. Stämme bei der Landnahme in Palästina. – *sehn:* Von L. verbessert aus *thun.*

28 *Die Kantische Philosophie:* Zu L.s Verhältnis zu Kant und seiner kritischen Beurteilung der zeitgenössischen Kant-Rezeption vgl. auch den Brief an Christian Wilhelm Büttner (?), vom 7. Juli 1787 und den Brief an Christian Gottlob Heyne vom 27. April 1788, sowie die Briefe an Christian Gottlieb Jachmann (?), vom 14. Januar 1795 und an Abraham Gotthelf Kästner, vom 26. September 1798. L. bezieht sich vermutlich auf folgende Stelle des kantischen Paralogismuskapitels: »Es mag also wohl etwas außer uns sein, dem diese Erscheinung, die wir Materie nennen korrespondiert; aber in derselben Qualität als Erscheinung ist es nicht außer uns, sondern lediglich als ein Gedanke in uns, wiewohl dieser Gedanke durch genannten Sinn es als außer uns befindlich vorstellt.« (»Kritik der reinen Vernunft«, Akademieausgabe, Transzendentale Dialektik, A 385, 386).

29 *böse Empfindung auf der Brust:* Zu L.s Krankheitsbeobachtungen s. zu J 4.

30 *Mausfalle ... von ... Voigt gebraucht:* Gemeint ist vermutlich Johann Heinrich Voigt oder nach dem Brief an Abraham Gottlob Werner vom 14.(?) August 1789 (IV, S. 1021) auch Carl Wilhelm Voigt. – *die Bologneser Flaschen zu erklär[en]:* Anderer Name für das sog. Galvanische Element: ein Apparat, der chemische Energie in elektrische umwandelt. Stellt man eine Zink- und eine Kupferplatte in verdünnte Schwefelsäure, so lädt sich die Zinkplatte negativ, die Säure und die Kupferplatte laden sich positiv auf; verbindet man beide Platten mit einem Draht, so tritt durch den Spannungsausgleich im Draht galvanischer Strom auf; bei dieser Stromentladung springt mit lautem Knall ein Funke auf.

32 *Warum warnt die eiternde Lunge so wenig, und das Nagelgeschwür so heftig:* Zu L.s Krankheitsbeobachtungen s. zu J 4.

33 *Die Welt ... erschaffen, wie ... Lesage:* Gemeint ist der Akademie-Vortrag »Lucréce Newtonien« von George Louis Lesage, erschienen in den »Mémoires de l'Académie royale des Sciences et Belles-Lettres de Berlin pour 1782«, veröffentlicht 1784. – *Argumentum indolentiae:* L. spielt auf die Einteilung der klassischen Argumenttypen an und fügt dieser, in kritischer Absicht, das ›Argument, das auf die geistige Trägheit des Opponenten setzt‹, hinzu; zu diesem Gedanken vgl. J$_{II}$ 1484. – *vernünftige Religionspolizei:* Vgl. J 125, 269. – *gut abgefaßt:* Von L. verbessert aus *einschränkend abgefaßt.* – *Mandate und Edikte:* L. denkt vermutlich an das preußische Religionsedikt Wöllners vom 9. Juli 1788; s. auch zu J 52. – *allgemeine Befehle:* Zu L.s Regelbegriff s. auch J 279.

34 *Kohäsion:* Der Widerstand, den ein Körper gegen jede Art von Zerstörung zu leisten imstande ist, wird dessen Kohäsionskraft genannt. – *Kristallisation:* Die Kristallbildung durch Erkalten, bzw. Erstarren des Dampfes kristallisierbarer Stoffe. – *Dianenbaum:* Arbor Dianae, nach der Göttin der Jagd und des Mondes; auch das Silber, das mit dem Zeichen des Mondes bezeichnet wird: der Silberbaum, ein gewächsförmiger Niederschlag des Silbers, wenn es, in Salpetersäure aufgelöst, durch Quecksilber wieder ausgefällt wird.

35 *Drücken ... unter den kurzen Rippen:* Zu L.s Krankheitsbeobachtungen s. zu J 4. – *des Ältesten Geburtstage:* Gemeint ist Georg Christoph Lichtenberg junior (1786–1845), Generalsteuerdirektor im Königreich Hannover, heiratete Maria Le Long (1794–1830) und in zweiter Ehe Ida Dieterich, die jüngste Enkelin Johann Christian Dieterichs (gest. 1858), mit der er eine Tochter Anna (1853–1916) hatte. – *ich schreibe diese Dinge auf um andere zu trösten:* Da L. die Sudelbücher nicht für eine Veröffentlichung vorgesehen hatte, kommt wohl nur eine geplante, aber nicht ausgeführte Publikation im GTC in Betracht. – *Hogreve:* Johann Ludwig Hogrewe (gest. 1814), Chef der königlich-kurhannöverischen Pontonnier- und Pionier-Compagnie, korrespondierendes Mitglied der Sozietät der Wissenschaften in Göttingen, Ingenieurmajor in Hannover, unterrichtete nach Meisters Tod seit dem 6. Februar 1789 die drei engl. Prinzen in Artillerie, Kriegsbaukunst und praktischer Geometrie.

36 *Man muß die Kinder in einen Korb sperren ...:* Zu L.s pädagogischen Ansichten vgl. J 26.

37 *Kinder mit 2 Köpfen:* Vgl. E 177, F 268.

38 *Sanssouci:* S. zu F 985. – *Hosen des Ritter von Meywerk:* Die Satire »Über Friedrich Wilhelm den Liebreichen und meine Unterredung mit Ihm; von J. C. Meywerk, Churf. hannöverschen Hosenmacher« (Frankfurt und Leipzig 1788), eine witzige, von Knigge verfaßte Persiflage auf Zimmermanns, im gleichen Jahr erschienene Schrift, über seine Unterredungen mit Friedrich dem Großen; vgl. zu der ganzen Angelegenheit, die auch in den Briefen an Friedrich August Lichtenberg von Ende Dezember 1788 und an Gottfried August Bürger vom 8. November 1788 erwähnt wird, ferner Ischer, Johann Georg Zimmermanns Leben und Werke, S. 187, 352. – *Knigge:* Adolf Franz Friedrich Freiherr von Knigge (1752–1796) aus Bredenbeck bei Hannover, studierte 1769–1772 Jura in Göttingen, 1771 Hofjunker und Assessor bei der Kriegs- und Domänenkammer Kassel, 1777 weimaranischer Kammerherr in Hanau und 1780 in Frankfurt, 1783 Schriftsteller in Heidelberg, dann Hannover, 1790 Oberhauptmann der braunschweigisch-lüneburgischen Regierung in Bremen; satirischer und politisch-pädagogischer Schriftsteller der Aufklärung, gab dem Illuminatenorden die Form der Freimaurerlogen. »Über den Umgang mit Menschen« Hannover 1788, vollständig 1790. – *Ritter:* Anspielung auf Zimmermann.

39 *inflammabeln Luft:* S. zu J_1 S. 649.

40 *Larrey:* Friedrich Wilhelm Baron von Larrey (gest. 1789) aus Dillenburg in Nassau, immatrikulierte sich am 21. Oktober 1788 als stud. jur. an der Georgia Augusta in Göttingen.

41 *versorgen:* Von L. verbessert aus *besorgen*. – *Das Kastrieren zum Singen gehört schon hieher:* Besonders in Italien bis ins 18. Jh. verbreitet, um für Kirche und Oper Diskantsänger zu haben, die über ein größeres Volumen als Frauenstimmen verfügten.

43 *Der Katholike ... in dieser Rücksicht billiger als wir:* Danach steht in der Handschrift mitten im Satz *34*.

44 *Si...errat:* »Si veteres ita miratur laudatque poetas, ut nihil anteferat, nihil illis comparet, errat.« (Horaz, »Episteln« 2, 1, 64f.) Wenn sie [die Menge] die älteren Dichter so schwärmerisch preist, / daß sie nichts Höheres, nichts Vergleichbares kennt, so greift sie fehl.

45 *Auf Flügeln der Lunge:* Zu L.s Verwendung von Zusammenstellungen mit »Flügel« in seiner Kritik an Lavater vgl. auch E 295, 318; vgl. Hogarth-Erklärungen (III, S. 678, 680, 1012).

47 *Im British Mercury ... wird ... gesagt:* »The british Mercury« Nr. 8, S. 232, 21. Februar 1789; hrsg. von Johann Wilhelm von Archenholz, laut Taufbuch Johann Daniel (1743–1812), bedeutender Historiker und Publizist in Hamburg. »England und Italien« (1785), »Geschichte des Siebenjährigen Krieges« (1789), »Kleine historische Schriften« (1791). Obengenannte Zeitschrift wird auch in den Briefen an Georg Forster vom 25. November 1787, 4. Juni 1788 und August oder September 1788 und an Friedrich Kries, vom 17. Juni 1792 erwähnt. – *Dank-Adresse an Pitt:* William Pitt, der Jüngere (1759–1806), 1783–1801 Premierminister Englands, Führer der europäischen Koalition gegen Frankreich.

48 *(med):* Zu dieser Floskel s. zu F 75.

49 *in Rousseau's Emil gelesen:* Die Angaben über Alter und Lebensweise des Patrick Oneil, die Rousseau im ersten Buch des »Emile« (Stuttgart 1963, S. 145) in einer Note mitteilt, hat er engl. Zeitungen aus dem Jahr 1760 entnommen.

51 *Zensur-Edikt:* Am 19. Dezember 1788 hatte Wöllner seinem Religionsedikt ein Zensuredikt für Preußen folgen lassen; vgl. noch J 52, 54, 57, 61, 817. – *Palliative:* Heilart, Kur, die nur gegen die Symptome, nicht gegen die Krankheit selbst gerichtet ist. – *An Anfang schuf der Pabst Himmel und Erde:* Dieser Satz kehrt J 236 wieder. – *Mutter unser ... im Himmel:* Vgl. J 12. – *Gedike und Biester ... von Zimmermann angefochten:* Über Zimmermanns Fehde mit den Herausgebern der »Berlinischen Monatsschrift« orientiert Ischer, Johann Georg Zimmermanns Leben und Werke, S. 365. Friedrich Gedike (1754–1803), Schulmann und pädagogischer Schriftsteller in Berlin; mit Biester, Hrsg. der »Berlinischen Monatsschrift«. Zu Gedike und L. sei hier folgendes mitgeteilt: »Der Oberkonsistorialrat Gedike unternahm im Sommer 1789 eine Rundreise an deutsche Universitäten mit dem Zweck Erkundigungen einzuziehen über jene Professoren, die etwa einmal in Frage kommen könnten für eine Berufung an eine preußische Universität.« (Fester, der Universitätsbereiser Friedrich Gedike und sein Bericht an Friedrich Wilhelm II.; Archiv für Kulturgeschichte, Ergänzungsheft I 1905, S. 23). Bei seinem Besuch in Göttingen hörte Gedike eine Vorlesung L.s und schilderte ihn dann wie folgt: »Der Hofrat Lichtenberg ist eigentlich Professor der Physik, sowie Kästner, Professor der Mathematik wiewohl auch jener mathematische Kolleghien liest. Sein Vortrag ist ganz frei ohne Heft, aber eben darum nicht immer ganz planmäßig. Auch verwikelt er sich zuweilen in seinen Perioden und bringt sie nicht zu Ende. Übrigens aber ist sein Vortrag gerade so natürlich und ungezwungen, wie er im gemeinen Leben spricht und allerdings sehr lehrreich.« Mitgeteilt von H. Huth, Lichtenberg-Miszellen, in: Zeitschrift für Bücherfreunde NF 15, September–Dezember 1923, Sp. 244 f. (Beiblatt). – *Biester:* Johann Erich Biester (1749–1816), Bibliothekar in Berlin, seit 1783 Mitherausgeber der »Berlinischen Monatsschrift«, dem Organ der Berliner Aufklärung. – *sind:* In der Handschrift *sind angefochten worden.* – *Schriften:* In der Handschrift *Ausfälle.*

52 *Zensur-Edikt ... im ersten §:* Vgl. noch J 51, 57.

53 *könnnte eine vortreffliche Allegorie werden:* Vgl. auch J 50 und Anm.

54 *Zensur-Edikt . . . No III:* S. zu J 51. – *hier fiel mir die Heilung des Membri Virgilii ein:* Lat. ›des Gliedes Virgils‹, Anspielung auf membrum virilis ›männliches Glied‹. In »Eine kleine Palinodie, in einem Sendschreiben an den Herausgeber des neuen Hannoverischen Magazins«, 89. Stück, 7. November 1794, Sp. 1410, schreibt L.: »Habe in einem gedruckten Zettel, worin große Kuren verkündigt wurden, von Krankheiten am *membro Virgili* gelesen«. – *Das katholische Hornvieh:* Diesen Ausdruck gebraucht L. im Brief an Georg August Ebell vom 2. März 1789. – *NB:* Zu diesem Kürzel s. zu F 803.

55 *Herr Klindworth zu machen:* Aufschlußreich, daß L. auch in der Zeit des Verkaufs seiner Apparate-Sammlung weiterhin Apparate bauen läßt! Im Staatskalender für 1790 findet sich auf einer der unbedruckten Seiten nach dem vorderen Umschlag folgende Eintragung L.s: »Neue Instrumente angeschafft: Argands Lampe 12 Thaler, DeLucs Hygrometer 13 weniger 2 Groschen, Die Große Waage 20 Thaler, Den Spiegel Octanten 16 Thaler 24 gl., Den Cometen Sucher 16 thaler, Die Taschen Magnet Nadel 1 Ducaten. Maschine zu den Haar Röhrchen, Das Ohr. DeLuc's hohle Kugeln.« Die Eintragungen sind von *Argands Lampe* bis zu *Haar Röhrchen* quer durchgestrichen. – *Eine . . . vollkommene Waage:* »Hr. Ramoden hat eine Wage verfertigt, die den zehnmillionsten Theil des Gewichts womit sie beschwert ist, angiebt. Es ist wahrscheinlich, das die Verfeinerung der Wagen uns große Aufschlüsse geben wird, so wie die Mikroskope und die herschelschen Teleskope.« (GTC 1790, S. 143) – *Eine Maschine, die . . . Luft speit:* Zu dieser Konstruktion vgl. auch J₁ S. 649 und die Anm. dazu.

56 *Speziff[ische] Schwere:* Die Dichte oder das spezifische Gewicht eines Körpers wird bestimmt durch die Zahl, die angibt, wieviel mal schwerer ein bestimmter Körper ist als ein gleiches Volumen Wasser von 4 °C. – ☿: Mercurius war das alchimistische Symbol für Quecksilber und quecksilberhaltige Präparate. – *Muschenbroek Int. T. II. p. 539:* Gemeint ist »Introductio Ad Philosophiam Naturalem«, Tomus II, Leiden 1762, wo Peter van Muschenbroek unter dem Stichwort Mercurius (S. 539) schreibt: »cum Auro purissimo unitus et centensis vicibus destillatus 13. 550 – cum Plumbo unitus, in pulverem mutatus, dein resuscitatus 13. 550 – vicibus ☿ destillatus 14. 110«. – *Brisson . . . in seinem weitlauftigen Werk:* Gemeint ist »Poids spécifique des Corps«, Paris 1787 (dt. von Blumhof Leipzig 1795, »Die spezifischen Gewichte der Körper«, BL, Nr. 383). Mathurin Jacques Brisson (1723–1806), frz. Prof. der Physik in Paris. – *Aycke:* Johann Christian Aycke (1766–1854) aus Danzig, in Göttingen immatrikuliert am 9. Oktober 1788 als stud. jur., Schüler und Freund L.s, 1792–1793 in England, später in Danzig. – *Das Delucsche Therm[ometer]:* »Recherches sur les modifications de l'atmosphère, ou théorie des baromètres et des thermomètres«, Genf 1772, dt. von Stehler, Leipzig 1776. – *Das Fahrenheitische auf 68. Barom. 27″ 8,6 Zoll Paris:* Ungefähr 20 °C; die Temperaturangabe bezieht sich auf die Lufttemperatur zur Zeit der Barometermessung (sog. Beibarometer); je nach der Einteilung des Abstandes zwischen Gefrier- und Siedepunkt in 80, 100 oder 180 Teile spricht man von Thermometern nach Réaumur, Celsius oder Fahrenheit; die letztgenannte ist die älteste (um 1714), und bestimmt als Nullpunkt eine Mischung aus Schnee und Salmiak bei −32 °C.

57 *Das Lächerliche in dem Verbot heimlich zu verkaufen:* Vgl. J 52. – *jemanden eine Faust in der Tasche zu machen:* Zu dieser Wendung vgl. G 178 und Anm.

58 *Spandau:* Die Festung Spandau diente zu Internierungszwecken.

59 *Der schwächste:* Von L. verbessert aus *Die Schwächsten.* – *ist:* Von L. verbessert aus *sind.* – *sowohl als der:* Von L. verbessert aus *und.* – *Bethruder:* Zu diesem Ausdruck s. F 1133. – *einem so hurenden Könige und Minister:* Gemeint sind Friedrich Wilhelm II. und Wöllner, die J 885 direkt genannt werden. Friedrich Wilhelm II. (1744–1797), 1786–1797 König von Preußen, förderte Wirtschaft, sowie Künste und Wissenschaften; Mitglied des Rosenkreuzer-Ordens; hatte zahlreiche Mätressen. Johann Christoph von Wöllner (1732–1800), 1788 Justizminister und Minister des geistlichen Departements; 1788 Wöllnersches Religionsedikt (Glaubens- und Gewissensfreiheit), 1798 Entlassung durch Friedrich Wilhelm III.

60 *Nach § VII. ist der Verfasser . . .:* Gemeint ist das zu J 51 nachgewiesene preußische Zensur-Edikt.

61 *§ VIII:* Gemeint ist nochmals das zu J 51 nachgewiesene preußische Zensur-Edikt.

62 *wie selbst Friedrich der II^{te} bemerkt:* Gemeint ist »Hinterlassene Werke Friedrichs II. Königs von Preussen«, Bd. 1, Frankfurt und Leipzig 1788, S. 55 f.: »Peter I. hatte sich ein Projekt entworfen, das vor ihm noch nie ein Fürst gefaßt hatte. Statt daß die Eroberer nur immer beschäftigt sind, ihre Gränzen auszudehnen, dachte er darauf, die seinigen einzuschränken; weil er sah, daß seine Staaten, in Vergleich gegen ihre große Ausdehnung, sehr schlecht bevölkert waren. Er wollte die 12 Millionen Einwohner, die in diesem Kaiserthume aus einander gestreut sind, zwischen Petersburg, Moskau, Kasan und der Ukraine zusammenziehen, um diesen Theil gut zu bevölkern und anzubauen; zu vertheidigen würde derselbe leicht geworden sein durch die Wüsteneien, welche ihn dann umgeben, und von den Persern, Türken und Tataren getrennt hätten. Dieses Projekt, wie mehrere andere, unterblieb durch den Tod dieses großen Mannes«. – *moderandum:* Lat. ›zur Mäßigung‹. – *Wie Tempelhof sagt:* Die Stelle aus Lloyd-Tempelhoffs »Geschichte des siebenjährigen Kriegs in Teutschland« 1783–1794; Bd. 1, 1783, konnte nicht aufgefunden werden. Georg Friedrich von Tempelhoff (1737–1807), preuß. Generalmajor, seit 1791 auch Direktor der Artillerie-Akademie zu Berlin; Instruktor in der Mathematik bei den königlichen Prinzen von Preußen; Verfasser mathematischer Schriften.

63 *kein honettes Feuer in 18 Jahren:* S. darüber den Brief an Georg August Ebell vom 30. März 1789. – *kein honettes:* Gemeint ist Brandstiftung. – *Schneider Müller:* L. erwähnt ihn in Zusammenhang mit einem Feuer in Bossiegels Haus im Brief an Schernhagen vom 17. September 1778. – *Heyer . . . Halfpape . . . Guden:* Vermutlich Nachbarn Bossiegels und L.s in Göttingen. – *Piper . . . Weender Straße:* Diese Bemerkung ist nach SK 4 auf den 24. März zu datieren. – *auch der:* In der Handschrift *dem.*

64 *Pesseräh:* S. zu RA 186.

65 *Bayern, sagt der König:* »Baiern . . . ist das irdische Paradies, von Tieren bewohnt« (Friedrich II., Hinterlassene Werke, Bd. 1, S. 66). S. zu J 62. Zu L.s Abneigung gegenüber dem Katholizismus, die sich seinem aufklärerischen Impetus verdankte, vgl. GH 33, J 111, 137, 236, 260, 957, 1223, L 47.

67 *Magister a latere:* Lat. ›von der Flanke‹. Leitzmann (Anm. zu J 55 seiner Zählung, a.a.O., S. 240) vermutet, daß eine Wendung in Friedrichs II. »Hinterlassenen Werken«, Bd. 1, S. 220: »Feldmarschall Königseck, der

dieses Heer a latere befehligte«, diesen Satz angeregt hat. »Vortrinker a latere« begegnet auch in den Hogarth-Erklärungen (III, S. 693).

68 *Er verlor das Vertrauen auf eigene Kraft ... ein Ausdruck Friedrichs II.:* Friedrich verwendet die zitierten Worte in bezug auf die österr. Reiterei (Hinterlassene Werke, Bd. 1, S. 235); s. zu J 62.

69 *In Wahrheit, sagt eben dieser ... König:* Vgl. Friedrich II., Hinterlassene Werke, Bd. 1, S. 240.

70 *Vortrinker:* Zu diesem Ausdruck vgl. KIII, S. 339.

72 *Die Träume können dazu nützen ...:* Zu L.s Reflektionen über den Traum s. zu A 33.

74 *Maultrommeln:* Zu L.s Einschätzung dieses Instrumentes vgl. J 859, L 167; vgl. auch Alexandrinergedicht, III, S. 422, »Verzeichnis einer Sammlung von Gerätschaften«, III, S. 456, und die Hogarth-Erklärungen (III, S. 792, 960). – *Marrowbones und Cleavers:* Engl. ›Markknochen und Hackmesser‹, Katzenmusik. Vgl. L.s Beschreibung in den Hogarth-Erklärungen (III, S. 1042f.).

76 *Kantonierungs-Quartiere:* Leitzmann (Anm. zu J 64 seiner Zählung, a.a.O., S. 241) vermutet, daß L. das Wort von Friedrich II. entlehnt hat (Hinterlassene Werke, Bd. 1, S. 90).

77 *Der Verfasser der Histoire secrete sagt:* Als Verfasser der »Histoire secréte de la cour de Berlin ou correspondance d'un voyageur françois, depuis le 5 Juillet 1776 jusqu'au 19 Janvier 1787. Ouvrage posthume«, erschienen 1789 in zwei Bdn., galt im ausgehenden 18. Jh. Mirabeau. »Le seul article qu'il n'ait pas passé, est une fantaisie bizarre que le feu Roi avoit eue pour son corps; il vouloit être enterré près de ses chiens. Telle est la dernière marque de mépris qu'il a jugé à propos de donner aux hommes«. (Bd. 1, S. 67). Honoré Gabriel de Riqueti, Graf von Mirabeau (1749–1791), frz. Politiker, gefürchteter Publizist; Vertreter des Dritten Standes in der Nationalversammlung von 1789, deren Präsident er 1791 wurde. – *Telle ... hommes:* Darin äußerte sich ein letztesmal die Verachtung, mit der er die Menschen bedachte.

78 *daß:* Danach von L. gestrichen *so oft auch*. – *wird:* Von L. verbessert aus *ist*. – *Die Lehre über die Unsterblichkeit der Seele:* Vgl. E 30 und die Anm. dazu. – *Leben:* Von L. verbessert aus *Tode*. – *triebmäßiger:* Zu L.s Wertschätzung des Instinktes vgl. auch den Brief an Georg August Ebell vom 30. März 1789.

79 *List, deren sich der König von Preußen bedienen mußte:* Zu den Maßnahmen, die Friedrich II. vor der Schlacht bei Roßbach ergriff, vgl. seine »Hinterlassenen Werke«, Bd. 3, S. 191.

80 *Es ... Monsieur:* Diese Bemerkung ist von L. gestrichen. – *der König ... nennt den Prinzen Soubise ... Monsieur:* Friedrich spricht gewöhnlich von Herrn Soubise (vgl. Hinterlassene Werke, Bd. 3, S. 188–211); Prinz von Soubise nennt er ihn nur ausnahmsweise (ebd. S. 193 f). *Soubise:* Charles de Rohan, Fürst von Pair und Marschall von Frankreich (1715–1784), Günstling der Pompadour, später der Dubarry. – *Dieses ... gewöhnlich sein:* Späterer Zusatz L.s.

82 *Er suchte ... wie ... Menonville die Cochenille:* Nach der Vorrede des Übersetzers Heinrich August Ottokar Reichard zu Thierry de Menonvilles »Reise nach Guaxaca in Neu-Spanien«, Leipzig 1789, deren frz. Original unter dem Titel »Traité de la culture du nopal et de l'éducation de la cochenille, précédé d'un voyage à Guaxaca«, Cap François 1787 erschienen

war, war der Hauptzweck seiner Expedition, für die frz. Kolonien echte Cochenille-Insekten zu beschaffen. Vgl. Fromm (Nr. 25373). – *de Menonville:* Nicolas Joseph Thiery de Menonville (1739–1780), frz. Botaniker. – *Cochenille:* S. zu A 78, KA 216.

83 *Ex Voto's:* Lat. ›Auf Grund eines Gelöbnisses‹, ein Inschriftentext, den viele mittelalterliche Votiv-Tafeln in Mitteleuropa tragen; gab der volkstümlichen Gattung ihren Namen.

84 *junge Katzen ... anschaffen:* Zu diesem »Tip« s. zu B 185. – *Ziegen:* Vgl. F 1210. – *weichsten:* Von L. verbessert aus *ju[ngen]*.

85 *futuris contingentibus:* Lat. ›ungewisse Zukunft‹, s. zu F 694.

87 *Die Histoire secrete des Grafen von Mirabeau ...:* S. zu J 77. – *Räderwerk:* L. spielt mit diesem Ausdruck vermutlich auf Voltaires deistisches Konzept von Gott als ›großem Uhrmacher‹ an, der zwar die Welt erschaffen hat, sich aber nicht weiter um sie bekümmert.

88 *à la Paläphatus:* S. zu E 205. – *erklären:* In der Handschrift *zu erklären*.

90 *das ewige Stützen des Untersuchten auf das Ununtersuchte:* Vgl. E 196. – *Hoenns Betrugslexikon:* »Betrugs-Lexicon, worinen die meisten Betrügereyen in allen Ständen entdeckt«, Koburg 1721, vgl. darüber Nachlaß, S. 229. Georg Paul Hoenn (1662–1747), Rats- und Amtmann in Coburg, Verfasser volkstümlicher und satirischer Schriften, sowie geistlicher Lieder. – *Don Zebra:* L.s Umschreibung für Zimmermann; s. zu F 1197.

92 *solche ... Werke der Finsternis:* Gemeint ist Mirabeaus zu J 77 nachgewiesenes Werk. – *Werke der Finsternis:* Diese Worte gebrauct Segiuer, S. 306. – *Leuten:* Von L. verbessert aus *He[rren]*. – *insinuieren:* Lat. se insinuare ›sich einschmeicheln‹. – *Pinsel:* Ein von L. gern benutztes Schimpfwort. – *Seguiers Schrift:* »Requisitorialien des königl. Advocaten Herrn Antoine Louis Seguier, die Histoire secrete de la Cour de Berlin ou Correspondance d'un Voyageur François betreffend, nebst dem Arret des Parlaments zu Paris, wodurch dieß Werk von Büttel zerrissen und verbrannt zu werden verurtheilet wird«. Die Anklageschrift erschien in dt. Übersetzung in »Historisch-politisches Magazin, nebst litterarischen Nachrichten«, Dritter Jahrgang, Bd. 5, 3. Stück, Hamburg 1789, S. 304–319. Auf Urteil des Parlaments wurden die beiden Bände der Druckschrift, deren Verfasser noch nicht bekannt war, am 10. Februar 1789 öffentlich zerrissen und verbrannt. Antoine Louis Seguier (1726–1792); seit 1755 Avocat général beim Parlament zu Paris; eingefleischter Reaktionär, floh nach Ausbruch der Revolution als einer der ersten nach Tournay, wo er starb. – *zitiert ... den Procopius:* Seguier sagt (S. 313): »Was für einen Begriff kan man sich von dieser geheimen Geschichte machen, die noch abscheulicher ist, als die geheime Geschichte des Procopius, welcher sich erlaubte, für und wider denselben Kaiser zu schreiben?« – *Procopius:* Gemeint ist die anonym verfaßte »Historia arcana, Anekdota« von Prokopios von Kaisareia, der Kaiser Justinians I. Bautätigkeit in dessen Auftrag in sechs Büchern beschrieb, während die »Historia arcana« ein Pamphlet gegen Justinian und Theodora, Belisar und Antonina darstellt. Prokopios von Kaisareia (ca. 500 bis nach 562), byzantinischer Geschichtsschreiber, machte als Beirat Belisars Kriege gegen Wandalen, Goten und Perser mit, die er in acht Büchern beschrieb. – *bekenne mir vor Gott, wolltest du deinen Briefwechsel drucken lassen:* Vgl. J 90. –

Historisch-Politisches Magazin . . . nebst dem Umschlage: Der Umschlag des am Schluß der Bemerkung erwähnten Heftes des in Hamburg erscheinenden »Historisch-politischen Magazins« bringt Zimmermanns Erklärung gegen Gedike und Biester vom 27. Februar 1789 (vgl. Ischer, Johann Georg Zimmermanns Leben und Werke, S. 368); vgl. J 51.

93 *Mirabeau Lettre XLIX nennt . . .:* Gemeint ist die zu J 87 nachgewiesene »Histoire secréte«, Bd. 2, S. 76: »Un coup d'autorité peut disposer de moi et de mes papiers en un instant, et je serois perdu ici et là pour avoir eu un zele inconsidéré«. Ein kurzer Befehl kann über mich und meine Schriften etwas verfügen, und ich wäre hier und jetzt wegen eines unbedachten Übereifers verloren.

94 *Zimmermanns neuere Schriften:* Gemeint sind wohl vor allem die beiden Schriften über Friedrich II. »Über Friedrich den Grossen und meine Unterredungen mit ihm kurz vor seinem Tode« (Frankfurt und Leipzig 1788) und »Verteidigung Friedrichs des Grossen gegen den Grafen Mirabeau nebst einigen Anmerkungen über andre Gegenstände« (Hannover 1788); vgl. Ischer, Johann Georg Zimmermanns Leben und Werke, S. 342, 365. – *Philosophie für das Ohr:* Vgl. F 1014. – *Melographien:* Ein Melograph war eine Vorrichtung an Klavieren, mit der versucht wurde, Improvisationen in einer bestimmten Lautschrift zu notieren; die Versuche blieben jedoch weitgehend erfolglos, weil die Qualität und Dechiffrierbarkeit der Notate sehr zu wünschen übrigließen.

95 *Gegen Werner . . . genützt:* Abraham Gottlob Werner (1750–1817), berühmter Mineraloge und Geologe, 1775 Prof. für Mineralogie und Bergbaukunde an der Bergakademie Freiberg, Lehrer Alexander v. Humboldts, Franz von Baaders; Begründer der wissenschaftlichen Geologie, von ihm Geognosie genannt; entwickelte die Lehre vom Neptunismus; Mitglied vieler wissenschaftlicher Gesellschaften. – *Fichtenholz unter dem Wasser zu Kohle gebrannt . . . ob sich gleich die . . . Farbe des Holzes nicht verändert:* Werner teilte alle Prozesse, die an der Erdformation beteiligt waren in entweder neptunische oder vulkanische ein; letztere, denen er nur eine untergeordnete Rolle zusprach, leitete er von brennenden Kohlenflözen und sich zersetzenden Schwefelverbindungen her; die ersteren waren für ihn die wesentlichen Bestandteile der Erdrinde, danach besteht die Erdrinde zum Großteil aus Wasser oder dieses hat zu der jeweiligen Gesteinsformation in bestimmten Erdzeitaltern beigetragen. Gegen diese Ansicht wurde in den achtziger Jahren des 18. Jh.s vorgebracht, daß die Entstehung bestimmter Gesteinsarten nur durch feurig-flüssige Prozesse erklärt werden könne (Plutonismus, Vulkanismus, James Hutton, »Die Theorie der Erde«, 1795). L.s Einwand bezieht sich wahrscheinlich auf Elektrizitäts-Experimente mit sog. Leidener Flaschen (Galvani), in denen bei ausreichender Ladung auch unter Wasser ein Funkensprung beobachtet werden konnte, oder auf den vulkanischen Effekt der Selbstentzündung des Alaunschiefers wie er von L. im Brief an Abraham Gottlob Werner vom 14.(?) August 1789 (IV, S. 1021) erwähnt wird. L. argumentiert mit einer Entdeckung Tobias Lowitz', der 1785 die Farbveränderungen der Kohle erstmals beschrieben hatte. Versuche elektrische Funken durch Gase durchzuschlagen gehören nach Gmelin, »Geschichte der Chemie«, Göttingen 1799, Bd. 3, S. 370ff. in den Umkreis von Experimenten zur Isolation von Wasserstoff. – *212:* Ohne Angabe der Wärmeeinheit, vermut-

lich Fahrenheit; gemeint ist wohl, daß der Siedepunkt von Wasser relativ niedrig liegt.

96 *meines ältesten Jungen:* Georg Christoph Lichtenberg. – *Wagenmeister:* Gemeint ist Carsten Bruns (1729–1782), Wagenmeister in Göttingen.

97 *darunter:* L.s Notiz bricht danach ab.

98 *Betbruder:* Zu diesem Ausdruck vgl. F 1133.

99 *Sie glauben, daß es Menschen gegeben ... die Gottes Sohn waren:* Zu L.s Auffassung s. zu J 269. – *dein Geschenk:* Von L. verbessert aus *deine Vernunft.*

100 *Ehre... halben Zoll vom Arsch:* Vgl. Brief an Wolff 26.(?) Februar 1787.

102 *NB.:* Zu diesem Kürzel vgl. F 803.

103 *Die Mathematik ... die gewisseste und zuverlässigste aller menschlichen Wissenschaften ... auch gewiß die leichteste:* Zu L.s kantischer Einschätzung der reinen Mathematik, vgl. die zweite Aufl. der »Kritik der reinen Vernunft« (Akademie-Ausgabe, B 14–18); nach Kant gehört die Mathematik als apriorische und synthetische Wissenschaft zur theoretischen Erkenntnis; vgl. auch J 938. – *47$\underline{ten}$ Satz im ersten Buch des Euklid:* Gemeint ist der Pythagoreische Lehrsatz. – *NB.:* Vgl. auch F 803.

104 *gaudet ... canibus:* »Inberbus juvenis tandem custode remoto gaudet equis canibusque et aprici gramine campi« (Horaz, De arte poetica, 161). Der bartlose Jüngling, der – endlich – des Hüters ledig ward, hat sein Vergnügen an Pferden und Hunden, am grünen Rasen des sonnigen Marsfeldes. – *triebmäßig:* S. zu J 78. – *einerweitiges:* »Einerweitig« nach dem Muster von »anderweitig« gebildet, fehlt in Grimms und Heynes Wörterbüchern.

105 *da ... hat:* Von L. verbessert aus *nöthig hat da oben zu hängen.* – *(tun):* In der Handschrift ohne Klammern über *hängen.* – *geben:* Danach von L. gestrichen *am besten wäre es, es unserer Nachbarin der Clausberger Kirche zu schencken, die einen offt beschauten Thurm haben aber keine Glocken.*

106 *des Königs Krankheit:* König Georg III. von England hatte seit 1788 heftige Anfälle von Geistesstörung gezeigt, die Regentschaft des Kronprinzen wurde durch Pitt bis zur Genesung des Königs hinausgezögert. – *erwählen:* Danach von L. gestrichen *Jedoch muß dabey in Betracht gezogen werden, daß.*

107 *Tunica retina:* S. zu GH 16.

108 *Panegyristen:* Griech. Panegyrikus ›Lobrede preisenden Inhalts, vornehmlich auf eine Person‹.

110 *Das Huren-Lied Salomonis:* Gemeint ist zweifellos das »Hohe Lied Salomonis«, vgl. auch J 660.

111 *Die Katholiken verbrannten ehmals die Juden ...:* S. zu J 33, 65, 125, 128.

112 *Paradigma:* Griech. ›Beispiel‹. L. nimmt auf diese Methode oftmals Bezug; vgl. auch J_{II} 1361, 1362, K 312, 313; im Brief an Georg August Ebell vom 18. Oktober 1792, im »Orbis Pictus« (III, S. 398) und in den »Geologisch-meteorologischen Phantasien« (GTC 1798, S. 93).

113 *Pepusch, hätte der Kronprinz antworten müssen:* Pepusch hatte, als Kronprinz Friedrich sich über seine »Schweinemusik« beschwerte, entgegnet, es fehle noch ein Notenpult für das neu hinzugekommene Ferkelchen (vgl. Nicolai, »Anekdoten von König Friedrich dem Zweiten von Preußen und von einigen Personen, die um ihn waren, nebst einigen Zweifeln und Berichtigungen über schon gedruckte Anekdoten«, Heft 2, 1789, S. 153 f.).

Pepusch wird auch in den Hogarth-Erklärungen (III, S. 932) erwähnt. Johann Christoph Pepusch (1667–1752), namhafter Musiker, gründete in London die »Academy of Ancient Music« zur Pflege der alten Chormusik und schrieb als Theaterkapellmeister (seit 1715) die Musik zu dem Singspiel »The beggars opera«. Eine Bemerkung zur Güte von Anekdoten findet sich im Brief an Johann Friedrich Blumenbach vom 5. Mai 1789. – *dem:* Von L. verbessert aus *zum.*

114 *Sammlungen zu Meisters Charakter:* S. zu J 2. – *Betbruder:* Zu diesem Ausdruck s. zu F 1133. – *(kostete ihn):* In der Handschrift ohne Klammern über *machte.* – *verseufzen, versingen und verbeten:* Vgl. J 102.

115 ⟨*Voß*⟩: Der Name von L. durch Kringel unleserlich gemacht; die Beziehung auf Johann Heinrich Voß kann nicht mehr nachvollzogen werden. – *im Siebenjährigen Kriege . . . unter . . . Werner:* Die tragikomische Geschichte, wie General von Werner am 18. September 1760 vor Kolberg mit einigen Schwadronen Husaren die vereinigte Flotte in die Flucht schlug, erzählt Friedrich II. in den »Hinterlassenen Werken«, Bd. 4, S. 139. Über dieses Werk s. zu J 62. – *Eskadrons:* Frz. ›Schwadron‹, die kleinste taktische Einheit der Kavallerie. – *Werner:* In der Handschrift *Wedel.* Johann Paul von Werner (1707–1785), preuß. Generalleutnant, befreite 1760 die durch eine russisch-schwedische Flotte von See und Land belagerte Stadt und Festung Kolberg.

116 *Meisters Freude:* Vgl. J 2 und die Anm. dazu.

117 *Man tut manches auf dem Todbette:* Anspielung auf Meisters Furcht vor dem Lebend-Begrabenwerden? Vgl. J 2. – *vorher:* Danach von L. gestrichen *nicht gethan haben.*

118 *Skylla und Charybdis:* Im griech. Mythos zwei sich gegenüberliegende furchtbare Meeresstrudel in der Meerenge von Sizilien. – *Bay of Biscay:* Lagunenartiges Küstengewässer, südöstlich von Florida, das durch eine Nehrung und Inselreihe vom offenen Atlantik getrennt ist, und flachgehenden Schiffen die Durchfahrt nach Key West ermöglicht. – *da:* In der Handschrift *daß.*

120 *einen Fluß fangen:* Zu diesem Anglizismus s. zu D 409.

121 *Nichts als einen Fluß:* S. zu J 120.

122 *eau benite de la cour:* Weihwasser vom Hofe, vgl. auch E 340.

124 *Lyoner Zeugwürker:* Zeug ist ein mittelalterlicher Ausdruck für Rüstung, später Geschütze und Zubehör der Artillerie; ein Zeugwerker ist für die Instandhaltung und Verwaltung des Waffenlagers zuständig.

125 *Ich glaube, sehr viele Menschen vergessen über ihrer Erziehung für den Himmel die für die Erde:* Zu L.s religiöser Einstellung s. zu J 269. – *nicht durch Offenbarungen blenden:* Dieser Gedanke ist etwas variiert verwertet in »Geologische Phantasien«, III, S. 115 (s. dazu KIII, S. 51). – *Palliative:* S. zu J 51. – *Menschen . . . die alle Sonntage in die Kirche . . . gingen:* Vgl. J 102, 114. – *S.pag.24:* Gemeint ist J 137.

126 *(Meister):* Vgl. J 2.

127 *Das Streben nach Entdeckung dem Vogelschießen vergleichen:* Zum Umfeld dieses Gedankens s. auch zu J 23.

128 *meiner Vergleichung der Juden mit den Sperlingen:* Die erste Stelle, die L.s Antisemitismus explizit macht; vgl. auch J 111; der Vergleich mit den Sperlingen wird J 742 weitergeführt; weitere antisemitische Zeugnisse finden sich in der Antiphysiognomik (III, S. 292), in den »Briefen aus England« (III,

S. 366) und in den Hogarth-Erklärungen (III, S. 699, 803). – *Hier ... angemerkt:* Demnach plante L. eine Veröffentlichung im GTC. – *Handel wegen Aladdins Teller:* In der 324. Nacht wird erzählt, wie der Jude, dem Aladdin seine silbernen Gefässe verkauft, diesen hinterlistig um ihren wahren Wert betrügt. Aladdins Geschichte wird auch J 743 und schon E 383, H 121 erwähnt. Zu »Tausendundeine Nacht« s. zu E 257.

129 *Rezension von Dedekinds Buch:* »Über die menschliche Glückseeligkeit, in Verbindung der höheren Glückseeligkeit unter der moralischen Regierung Gottes«, Braunschweig 1789, von Christoph Levin Heinrich Dedekind (1732–1814), seit 1788 Superintendent in Seesen, theol. und populäraufklärerischer Schriftsteller. Die Rezension von Müller erschien in den GGA 1789, 84. Stück, S. 847f. – *menschliche Glückseligkeit:* Vgl. J 125. – *dem Rezensenten:* Leitzmann vermutet Gottfried Leß; Fambach (S. 154) führt ausgerechnet für diese Besprechung keinen Namen an; im Exemplar der Göttinger Bibliothek ist notiert: Dr. Müller. – *die Notwendigkeit einer Dazwischenkunft Gottes ... Ordnung:* Verkürztes Zitat aus der oben nachgewiesenen Rezension (S. 847). – *Großer:* Von L. verbessert aus *Gerechter.* – *S. pag. 24:* Gemeint ist J 137.

130 *Dieterich ... eine Makulaturei ... anlegen:* Gemeint ist L.s bester Freund, der Verleger Johann Christian Dieterich; Anlaß zu dieser Bemerkung gab wohl ein Versprecher Dieterichs.

131 *Lustbarkeit:* In der Handschrift *Lustbarkeiten.*

132 *Die Bauern ... beschneit nach Göttingen kommen:* Zu L.s Verhältnis zum Bauernstand vgl. auch E 131. – *beschneit:* Nach DWB 1, Sp. 1588 sowohl in der Bedeutung von ›beschneite Berge‹, wie auch ›mit Ungeziefer beschneit‹.

133 *(besser):* Zu dieser Floskel vgl. D 246.

134 *in den Anekdoten ... im 18ten Stück einige Beispiele:* L. las damals die letzten Stücke der Berlin 1788–1792 in 19 Sammlungen von Nicolai hrsg. »Anekdoten und Charakterzüge aus dem Leben Friedrichs des Zweiten«. (S. 18, 65, 72, 103). Vgl. J 298.

137 *pag. 22 und 23:* Gemeint sind J 125, 129. – *Gott dazwischen hätte kommen müssen:* Zu diesem Gedanken s. zu J 129. – *dazwischen und:* Danach von L. gestrichen *Künsteln.*

138 *Nach Begerts Erzählung:* Gemeint ist »Nachrichten von der amerikanischen Halbinsel Californien«, Mannheim 1772, S. 119; ein Auszug daraus erschien »Berlinischen Literarischen Wochenblatt« 1777, 2. Bd., S. 625 ff. Jakob Begert (1717–1772), Jesuit und Missionar in Kalifornien 1751–1768. – *und so:* Danach von L. gestrichen *6.*

140 *die Armee verlieferantieren:* Diese Wendung gehört zu den von L. gern notierten Sprachschnitzern, s. zu C 378.

141 *das: es werde, über toden Stoff auszusprechen:* »Es werde Licht!« (Genesis, 1. Buch Mose, 3); vgl. auch L 265. – *ich:* Von L. verbessert aus *er.* – *sich:* In der Handschrift *ich.*

143 *das kleine Mädchen geboren:* Christine Louise Friederica Eckhardt (1789–1802), genannt Wiese; laut Kirchenbuch Albani getauft am 1. Juli 1789, »angebl. Vater Ludwig Christian Eckhard Soldat (gestr.: »Studiosus«). Der Aussage der Bademutter zu Folge ist der HE. Hofrath Lichtenberg der rechte Vater. Keine Taufpaten.« Zit. nach Ulrich Joost (Hrsg.): Der Briefwechsel zwischen Johann Christian Dieterich und Ludwig Christian Lichtenberg, Göttingen 1984, S. 111. Vgl. auch SK 11. – *Johannis-Tage:* Augustinus legte

den 24. Juni (nach Lukas 1, 36) als Geburtsfest von Johannes, dem Täufer fest; das Hauptfest für den Wegbereiter Christi wird seit dem 6. Jh. mit Feuer aus gesammeltem Reisig begangen. – *scharfen rheumatischen Schmerz:* Zu L.s Krankheitsbeobachtungen s. zu J 4. – *grünes Wachstuch:* Gegen chronischen Rheumatismus empfiehlt Osiander noch 1826 in »Volksarzneymittel«, das schmerzende Körperteil »mit Wachsleinwand« zu bedecken (S. 85). Vgl. auch J 1913, L 743, SK 698 und den Brief an Johann Friedrich Blumenbach, vermutlich von Dezember 1793 oder spätestens 1794.

144 *Jacobi über die Lehre des Spinoza:* Die zweite, stark umgearbeitete Aufl. von Jacobis Werk »Über die Lehre des Spinoza, in Briefen an den Herrn Moses Mendelssohn« war Breslau 1789 (BL, Nr. 1406) erschienen (Werke Bd. 4, nachgedruckt Darmstadt 1980, S. 51–74). L.s Spinozaverständnis verdankt sich weitgehend seiner eingehenden Lektüre Jacobis. Vgl. auch J 280, 282, 292, 295 mit Anmerkungen. Jacobi beabsichtigte mit dieser Veröffentlichung dem Spinozismus, der für ihn auf Atheismus und Skeptizismus hinauslief, durch Rekurs auf einen unbegründbaren Glauben an einen persönlichen, verständigen Gott eine nicht-deterministische Philosophie entgegenzusetzen. Das große Aufsehen, daß seine »Anschuldigung«, Lessing sei ein Spinozist gewesen, erregte, bewirkte letztlich das Gegenteil und gab den jungen dt. Idealisten in der Kurzformel ἕν καὶ πᾶν das Stichwort für ihr Interesse an der spinozistischen Philosophie. – *Vorrede . . . Lessing sagt:* »Werden Sie lieber ganz sein Freund. Es giebt keine andere Philosophie, als die Philosophie des Spinoza« (a.a.O., S. 54). – *ibid. Der bündige Determinist . . . Jacobi:* »Denn der Determinist, wenn er bündig seyn will, muß zum Fatalisten werden: hernach giebt sich das übrige von selbst.« (ebd.) – *XXI . . . Jacobis Schriften über Idealismus:* Gemeint ist »David Hume über den Glauben oder Idealismus und Realismus. Ein Gespräch«, Breslau 1787. L. besaß die Schrift (BL, Nr. 1320). – *Jacobi hält für den ganzen Geist des Spinozismus:* »Lessing. Ich merke wir verstehen uns. Desto begieriger bin ich, von ihnen zu hören: was Sie für den Geist des Spinozismus halten; ich meyne den, der in Spinoza selbst gefahren war. Ich. Das ist wohl kein anderer gewesen als das Uralte: a nihilo nihil fit . . .« (ebd. S. 55). – *a nihilo nihil fit:* S. zu E 222. – *a:* Von L. verbessert aus *Ex.* – *πμ:* Zu diesen Buchstaben s. zu A 70.

145 *Kalender. Bei der Dampfmaschine kann gesagt werden:* Die hier und J 146 geäußerten Gedanken über die Dampfmaschine sind mit Ausnahme des Vergleichs mit der polygraphischen Kunst im GTC 1790, S. 137–139 unter: »Neue Entdeckungen, physikalische und andere Merkwürdigkeiten« verwertet worden. – *polygraphische Kunst:* Von L. verbessert aus *Polygraphie.* – *Prozeß:* Danach von L. gestrichen *(Note) Diese Kunst ist also sehr von der.* – *Vielschreibekunst:* Darüber mokiert sich L. auch F 996 und Anm.

146 *Der tierische Körper . . . Maschine dieser Art:* S. zu J 145.

147 Die Notiz ist von L. quer durchgestrichen. – *Die schnelle Bleiche Rozier:* Die Mitteilung über das »acide marin déphlogistiqué« de la Métheries innerhalb seines »Discours préliminaire« (S. 3–55 der »Observations sur la physique, sur l'histoire naturelle et sur les arts«, Januar 1789), S. 45 f., hat L. in dem Aufsatz »Anweisung Leinewand in wenigen Minuten zu bleichen« im GTC 1790, S. 129–132, verwertet. Vgl. auch die Briefe an Georg August Ebell vom 19. Januar 1789 und vom 2. März 1789. – *Riché Hygrometer. ibid.:* S. zu D 116. Über den von Rozier verbesserten Saussureschen Hygrometer berich-

tet de la Métherie in den »Observations sur la physique ...«, a.a.O., S. 18, 58f. »Lettre de M. Sage, à M. de la Métherie sur l'hygrométre de M. Riché.« L. erwähnt ihn unter »Neue Entdeckungen, physikalische und andere Merkwürdigkeiten« im GTC 1790, S. 143. Gaspard-Clair-Francois-Marie Prony, Baron Riché (1755–1839), Ingenieur und Mathematiker, Prof. der Mathematik am Polytechnicum in Paris; Mitglied der Académie des Sciences in Paris. – *Dampfmaschine ibid.:* Über die Dampfmaschine von Boulton und Watt berichtet de la Métherie in den »Observations sur la physique ...«, a.a.O., S. 46 f. Im übrigen s. zu J 145.

149 *Ein Brauthemd am Morgen nach der Hochzeit:* Womöglich ist L. durch Grellmanns Aufsatz »Was es eigentlich mit dem Geschenke der Bräutigamhemden und des Schlafrocks bey Hochzeiten für eine Bewandtniß habe« (GTC 1790, S. 92–101) zu dieser Notiz angeregt worden; im übrigen vgl. J 100. – *vulva ... sculpsit:* Die weibliche Scham hat es bemalt, das männliche Glied geformt.

150 *getan:* Danach von L. gestrichen *so wüste ich doch daß mir we[gen].*

151 *in England des Jahres noch einmal so viel Portwein getrunken:* Vgl. auch GH 48.

152 Die beiden ersten Zeilen von L. gestrichen. – *Kästners Anfangsgr[ünde]:* Gemeint ist »Anfangsgründe der Arithmetik, Geometrie, ebenen und sphärischen Trigonometrie« 1758 von Abraham Gotthelf Kästner.

153 *Warum:* Davor von L. gestrichen *Der Mann.* – *Mann und Frau, das Zwei verdient Aufmerksamkeit ... Leib und Seele eben so?:* Diesen Gedanken führt L. in dem Aufsatz »Daß du auf dem Blocksberge wärst« (III, S. 470) weiter aus. Nach Leitzmann (Anm. zu J 138 seiner Zählung, a.a.O., S. 246) gehört diese Betrachtung in den Motivkreis von L.s geplantem Roman vom Doppelten Prinzen, über den zu J 1142, 1144 gehandelt ist. Vgl. an Ramberg, 3. Juli 1786.

155 *Dampfmaschinen:* S. zu J 147.

156 *Zwölflötiger Rheinwein:* Nach DWB 16, Sp. 1443 zwölflötig ›echt, vollwertig‹; vielleicht auch Anklang an »zwölfbötig« (DWB 16, Sp. 1438), in Anlehnung an die zwölf Apostel ›apostolisch‹.

157 *Branntewein aus Sperlingen brennen:* Zu L.s antisemitischer Verwendung s. zu GH 43 und zu J 128.

159 *Der Sporn des Talents ... Hoffnung nützlich zu sein:* Der Satz konnte nicht wörtlich in Mme de Staëls Paris 1788 erschienenen »Lettres sur les écrits et le caractère de Jean Jacques Rousseau« (Œuvres complètes 1, 1) aufgefunden werden. Anna Louise Germaine Baronne de Staël Holstein (1766–1817), frz. Schriftstellerin schweizer. Herkunft; »De l' Allemagne« 1810. – *Rousseau habe sich vergiftet:* Darüber handelt eine längere Abhandlung in der obengenannten Schrift, 1, S. 96.

160 *Das Donnerwetter ... so fürchterlich im Anzuge:* Über die häufigen und heftigen Gewitter des Jahres 1789 schreibt L. im Brief an Johann Friedrich Pfaff(?) vom 2. August 1789. – *Cherubims-Köpfe und Posaunen heraus gucken sehen:* Nach der Symbolik des Alten Testamentes halb menschliche, halb tierische Engel höherer Ordnung, die als Repräsentanten und Wächter der Herrlichkeit der Schöpfung auftreten und in Psalmen meist in Zusammenhang mit den Gewittern des richtenden Gottes erscheinen.

161 *Not- und Hülfs-Büchlein für Schriftsteller:* Anspielung auf den »Bestsel-

ler« der Goethezeit, das »Noth- und Hülfsbüchlein, oder lehrreiche Freuden- und Trauergeschichte des Dorfs Mildheim«, (Gotha 1787/88) von Rudolf Zacharias Becker: »Der Merkur würde mit Vergnügen die Ankündigung des zweyten Theils des Noth-und Hülfsbüchleins, von Hrn. R. Becker in Gotha, überall, wohin sein Flug reicht, auszustreuen und der Aufmerksamkeit seiner Freunde und Freundinnen zu empfehlen suchen, wenn wir nicht überzeugt wären, daß er damit jetzt schon zu spät käme, und daß jeder Beförderer wahrer praktischer Aufklärung unter dem Stande, der die Basis der Staaten und in unsern Tagen das Zünglein in der Waage ausmacht, worin die alten Staatsverfassungen gewogen und nicht selten zu leicht befunden werden, der Fortsetzung einer Volksschrift, deren erster Theil 16 rechtmäßige Auflagen erlebte, und 130 000mal verkauft wurde, mit Verlangen entgegen sehen, sie auch, wenn sie erschienen ist, nach Vermögen ausbreiten und vertheilen werde. Unseres Orts wird gewiß geschehen, was recht ist, und auch das zu gleicher Zeit angekündigte Mildenheimische Liederbuch von 400 lustigen und ernsthaften Gesängen so gern, als irgend ein Kranz, auf Heliconischer Aue gepflückt, und von Melpomenens eignen Händen gewunden, aufgenommen und zur Erwerbung ächter Tugend, die den Kopf nicht hängt, benutzt werden« (Neuer Teutscher Merkur, Weimar 1789, Bd. 1, S. 462). L. benutzt den Titel auch L 27, 211. Rudolf Zacharias Becker (1752–1822), Volksschriftsteller, studierte in Jena Theologie, später Lehrer in Dessau und Gotha, Hrsg. und Gründer einiger Zeitschriften.

163 *Bei:* In der Handschrift *bey*.

164 *Sonnenstäubchen... Dreckstäubchen:* Vgl. an Blumenbach, 15. Juni 1786.

165 *Der Ibis ... Selbst-Klistierer:* Diese Notiz entstammt Johann August Ephraim Goezes Leipzig 1789–1790 in sechs Bdn. erschienenem Buch »Natur, Menschenleben und Vorsehung, für allerlei Leser«; in einem Aufsatz »Von seltsamen Handlungen einiger Thiere« wird dort (Bd. 1, S. 190) berichtet, die Klistierkunst hätten die ägyptischen Ärzte dem Ibis abgesehen, der im geeigneten Falle den Schnabel voll Wasser ziehe und dieses sich selbst in den After einspritze. Zu L.s Verwendung dieses Ausdrucks vgl. auch KIII, S. 375. Johann August Ephraim Goeze (1731–1793), seit 1762 Prediger in Quedlinburg; autodidaktischer Zoologe und Verfasser naturkundlicher Schriften. – ἑαυτον κλυστηρουμενος: L.s Übersetzung ins »Griechische« ahmt den Lustspieltitel »Heauton Timorumenos« (Der Selbstquäler) von Terenz (190–159 v. Chr.) nach.

166 *Das Baldingersche fecundat et ornat bei Büttner:* Es konnte kein Zusammenhang zwischen Baldinger, Büttner und dem lat. Zitat, das sich auch auf den Titelvignetten der GGA findet, nachgewiesen werden. *– fecundat et ornat:* Lat. ›befruchtet und schmückt‹.

167 *Essai sur l'origine de la population de l'Amérique:* Diese Schrift wird vermutlich in dem Aufsatz »Von den grossen Knochen und Zähnen am Ohioflusse in Nordamerika«, der sich in dem zu J 165 nachgewiesenen Werk findet, zitiert. – *132:* Von L. verbessert aus *231.*

168 *D... spricht zuweilen so einfältiges Zeug:* Gemeint ist Dieterich.

169 *Bei den Heimchen steigt das Weibchen auf das Männchen:* Nach DWB 10, Sp. 868 ist Heimchen das althochdt. Wort für Grille. Auch dieser Notiz liegt ein Aufsatz Goezes »Über die Hausgrillen« (a.a.O.) zugrunde, der die Begattung der Heimchen eingehend schildert; s. zu J 165.

171 *Wenn ich im Traum mit jemanden disputiere . . .:* Zu L.s Traum-Reflexionen s. zu A 33. – *daß man:* Von L. verbessert aus *ein dritter.*

172 *Die Holländischen Spückpöttchen:* Diese Notiz ist in den Hogarth-Erklärungen (III, S. 799) verwertet. Über die für Holland im 18. Jh. offenbar charakteristischen Spucknäpfe in Verbindung mit der Sitte des Pfeiferauchens s. Gumbert, Lichtenberg und Holland, Utrecht 1973, S. 42–45.

173 *Alles:* Davor von L. gestrichen *Fast so schwer zu fassen als zu vergessen.*

174 *Flögels Geschichte der Hof-Narren . . . der 2te Teil . . . des Grotesk-Komischen:* Karl Friedrich Flögels »Geschichte des Grotesk-Komischen. Ein Beitrag zur Geschichte der Menschheit«, 1788. Für den GTC ist aus Flögels Buch nichts verwertet worden.

175 *proprio marte:* Lat. ›auf eigene Faust, aus eigener Kraft‹. – *gefehlt, gefressen:* Möglicherweise spricht L. von sich. Vgl. SK 25.

176 *Das Te deum . . . essen:* Zu diesem Scherz s. zu F 1071.

178 *ein denkendes Wesen möglich dem das Zukünftige leichter zu sehen wäre als das Vergangene:* Zu L.s Auffassung von Vergangenheit und Zukunft vgl. A 112, E 512, J 1219. – *Vorgefühl:* Von L. verbessert aus *A[hndung].*

180 *casus accidit:* Lat. ›der Fall tritt ein‹.

181 *Der Mann machte . . . viel Wind . . . wehendes Vakuum:* Wortbildungen mit ›Vakuum‹ verwertet L. auch in den Hogarth-Erklärungen (III, S. 879, 888, 1029), L 407. Zu L.s Neigung, naturwissenschaftliche Begriffe in anderen Kontexten zu verwenden, s. zu A 1.

182 *Bei dem ist Hopfen und Malz verloren:* Nach DWB 4,2, Sp. 1795 altes dt. Sprichwort; erster Nachweis Ende des 17. Jh.s, später Goethe und Kotzebue.

185 *Das Buch muß . . . ausgedroschen werden:* Der Gedanke ist J 194, 376, L 679 fortgesetzt worden. – *ausgedroschen:* Von L. verbessert aus *gedroschen.*

186 *T.:* Gemeint ist Georg Ernst Tatter (1756?–1805), 1776–1778 Student der Theologie in Göttingen, Ostern 1787 Lehrer der drei engl. Prinzen ebenda; Legationssekretär, 1791 Dr. phil. h.c. der Universität Göttingen; Rezensent der GGA. SK vermerkt am 23. Dezember 1789: »Morgens Herr Tatter bei mir«. – *die berühmte Mamsell S.:* Gemeint ist Dorothea Schlözer (1770–1825), Tochter des berühmten Göttinger Historikers und Publizisten, die 1787 im Alter von 17 Jahren an der Georgia Augusta promoviert wurde; vgl. B. Kern/H. Kern: »Madame Doktorin Schlözer«, München 1988.

188 *aus den kleinsten . . . Handlungen der Menschen sehen wo es ihnen sitzt . . . zumal aus dem Urin:* L. verzeichnet im Krankheitsmonat Dezember 1789 Urinbeobachtungen: s. SK 29, 32, 33.

190 *Abschrift eines Briefs den . . . Stromeyer . . . erhalten:* Vgl. SK 32. Johann Friedrich Stromeyer (1750–1830) aus Göttingen, Bruder von Sophie Juliane Stromeyer, die 1770 Erxleben heiratete; 1776 Stadtphysicus, 1784 Prof. der Medizin in Göttingen, heiratete 1775 Maria Magdalena Johanna von Blüm (1756–1848). Neben Richter L.s Hausarzt während seiner Krankheit 1789.

191 *Friedrich II. glaubte einen . . . Gott:* Vgl. »Beyträge zu den Anekdoten und Charakterzügen aus dem Leben Friedrichs des Zweiten«, Bd. 3, S. 23, 63–65. – *dem Prinzen von Bevern sagte er:* Friedrich Karl Ferdinand, Herzog von Braunschweig-Bevern (1729–1809), 1756 im Dienst König Friedrich II. von Preußen, 1760 als Generalleutnant in Dänemark.

192 *Einen Charakter wie den vorhergehenden betenden Freigeist . . . zu schildern:* Gemeint ist vermutlich Friedrich II.

193 *Es:* Danach von L. etwas gestrichen.

194 *Expostulatory Odes ...:* Engl. ›Ermahnende Oden oder Briefe‹. – *durchgedroschen:* Zu diesem Ausdruck vgl. J 185.

195 *Esprit des Journaux ... p. 418:* Die Rezension findet sich in »L'Esprit des journaux François et Etrangers«, 1789, S. 418f.; L. notierte diese Kuriosität wohl, weil in dieser Rezension der Name Kant durchgängig falsch geschrieben wird: »Du sort de la philosophie de Kanut«; par Charles-Léonard Reinhold. Jesen, 1789, in 8-vo. de 68 pages, chez Jos. Michael Mauke. On peut considérer cet écrit comme une histoire & comme une apologie: car l'auteur ne raconte pas seulement les divers destins qu'a eu jusqu'a présent le systéme de Kanut ...« Die monatlich erscheinende Zeitschrift erschien dt. Lüttich 1772–1818 in 487 Bdn., hrsg. zunächst von Abbé Coster (1722–1793), danach von dem Arzt De Légnac; eine literarische Monatsschrift, die Artikel veröffentlichte, die in ausländischen Zeitschriften und fremder Sprache erschienen waren. Vgl. BL, Nr. 17. Zu L.s Urteil über Karl Leonhard Reinhold, Briefe über die kantische Philosophie, 1786 vgl. im »Deutschen Merkur«, 1790 bei Dieterich in Mainz. – *Reinholds Schicksale:* »Über die bisherigen Schicksaale der Kantschen Philosophie«, erschienen Jena 1789 von Karl Leonhard Reinhold (1758–1823), Prof. der Philosophie in Wien, Kiel und Jena, konvertierte zum Protestantismus; einflußreicher, zeitgenössischer Kant-Kritiker; »Versuch einer neuen Theorie des Vorstellungsvermögens«, Prag und Jena 1789 (BL, Nr 1393); zu L.s Auseinandersetzung mit der Philosophie Reinholds vgl. auch J 234.

196 *Darstellung eines bekannten Gedankens:* S. zu H 138.

197 *Drehbasse:* Ein früher gebräuchliches, leichtes Schiffsgeschütz, das in einem gabelförmigen Eisen so aufgehängt war, daß seine Schußrichtung rasch verändert werden konnte.

198 *Kalender:* Gemeint ist der Staatskalender für 1791, s. SK 60. – *Adams on Vision:* George Adams' »An essay on vision, briefly explaining the fabric of the eye and the nature of vision, intended for the service of those whose eyes are weak or impaired« erschien London 1789. Auf diesem Werk (BL, Nr. 437) beruht im wesentlichen L.s im GTC 1791 erschienener Aufsatz »Über einige wichtige Pflichten gegen die Augen« (III, S.80). – *The Universal Magazine:* »The Universal Magazine of Knowledge and Pleasure«, September, London 1789, Nr. 592, Bd. 85, S. 145–148: »Rules for the Preservation of the sight (From ›An Essay on Vision, by George Adams, Mathematical Instrument Maker to his Majesty‹)«: im August ist von Adams nichts erschienen. – *Magazine:* Von L. verbessert aus *Museum;* – *Magazine*: Danach gestrichen *Julius und.* – *Priestleys Optik:* Joseph Priestleys »The History and present state of discoveries relating to Vision, Light, and Colours« war London 1772 erschienen, ebd. findet sich ein Kapitel über »Miscellaneous affections of the Eye« (ebd., S. 660–673). L. besaß die dt. Übersetzung (BL, Nr. 459). – *Richters Chirurgie:* Der ganze dritte Teil von August Gottlob Richters »Anfangsgründen der Wundarzneykunst« (in 7 Bdn. Göttingen 1782–1804 erschienen), ist ophthalmologischen Inhalts. (BL, Nr. 886).

199 *Hogarth ... Pastor in der Punschgesellschaft:* Über ihn vgl. »A Midnight Modern Conversation« in den Hogarth-Erklärungen (III, S. 689–702). – *Ford:* Cornelius (Parson) Ford (1694–1731), Reverend, Cousin Johnsons. – *Hawkins ... in Johnson's Leben sagt:* John Hawkins, »The life of Samuel

Johnson«, in 2. verb. Aufl., London 1787 erschienen. L. zitiert das Werk auch III, S. 692, 701, 846. – *a man ... manners:* Ein Mann mit viel Witz und erstaunlichen Fähigkeiten, aber ein Verschwender großen Stils; in den Hogarth-Erklärungen (III, S. 692 Fußnote) teilt L. eine Variante dieses Johnson-Worts aus Boswells »Life of Dr. Jonson« mit, die er im übrigen J 812 notiert. – *He was ... hypocrisy:* Er war Kaplan des Lords von Chesterfield, während dieser in Den Haag residierte, aber wegen seiner Laster, namentlich seiner Heuchelei, nahm ihm seine Lordschaft jede Hoffnung auf Beförderung. – *his resistence at the Hague:* Philip Dorner Stanhope, Earl of Chesterfield, war 1728–1732 brit. Gesandter in Den Haag.

201 *Geschichte der vereinigten Provinzen von ... Martinet:* »Het vereenigd Nederland«, Amsterdam 1788 von Johannes Florentinus Martinet (1729–1795), Prof. der Philosophie in Zutphen. – *Zütphen:* Zutphen, Stadt in der niederl. Provinz Gelderland, alter Hauptort der ehemaligen Grafschaft Zutphen und Handelsstadt an der Ijssel. – *Streitigkeiten zwischen den Hoecks und Cabillaux:* Holl. ›die Ecken‹, auch die Haken zum Fischfang; Hoecksche war der Name adligen Anhänger der Gräfin Margarete von Hennegau, die gegen ihren eigenen Sohn Wilhelm V. (um 1350) um die Herrschaft in Holland kämpfte. Die Mitstreiter Wilhelms V. wurden ›Kabeljaus‹ genannt; diese Namen sind erstmals 1428 verbürgt. Der Streit konnte erst Ende des 15. Jh.s beigelegt werden.

202 *desultorische Lektüre:* Von L. verbessert aus *desultorisches Leben;* desultorisch ›sprunghaft, flüchtig‹. – *mein größtes Vergnügen:* Interessant, daß Hawkins, S. 90 (s. zu J 199), wie Samuel Johnson schreibt: »The intense application with which he was obliged to pursue his work, deprived Johnson of many of the pleasures he most delighted in, as namely, reading in his desultory manner ...« Daß er von seiner Arbeit so sehr in Anspruch genommen war, brachte ihn um viele von den Vergnügungen, die ihm am meisten Freude machten, insbesondere um das ziellose Herumstöbern beim Lesen.

203 *Johnson sagte einmal:* Samuel Johnson hatte religiöse Betrachtungen von Moses Browne (1704–1787), mit dem Titel »Sunday Thoughts« gelesen und erklärte, da ein Tag sich so gut für religiöse Beobachtungen eigne als der andere, »he had a great mind to write and publish Monday Thoughts« (Hawkins, S. 46, Anm.) – *aus Montags-Andachten etwas recht Gutes gemacht:* Vgl. auch K 4. Erst im GTC 1796, S. 197–201, hat L. einen Aufsatz »Etwas Stoff zu Montags-Andachten« (III, S. 492) erscheinen lassen. Der Ausdruck »Montags-Andachten« begegnet auch in »Ein neuer Damen-Anzug, vermuthlich in Indien« (GTC 1796, S. 149).

204 *wahre Bemerkung von ... Hawkins:* Die Stelle steht bei Hawkins, S. 53. L. hat sie in der Erklärung von Hogarths »Biergasse« (GTC 1795, S. 213) verwertet. – *They ... merit:* Sie schienen beide der gemeinen Meinung zuzustimmen, daß die Welt in zwei Klassen einzuteilen sei, in die verdienstvollen Menschen ohne Reichtümer und in vermögende Menschen ohne Verdienste. – *Savage:* Gemeint ist Richard Savage.

205 *Folgende Gedichte ... Johnson vorgenommen zu schreiben:* Vgl. Hawkins, S. 84, Anm. – *a Hymn ... a vision:* Eine Hymne auf die Unwissenheit, der Palast der Faulheit – eine Vision; Coluthus, zu übersetzen; Vorurteil, ein poetischer Essay; der Palast des Unsinns – eine Vision. – *Coluthus:* Kollu-

thos, griech. schreibender Dichter um 500 n. Chr. aus Lykopolis in Ägypten, schrieb das Kurzepos »Der Raub der Helena«.

206 *Johnson pflegte . . . zu sagen:* Vgl. Hawkins, S. 87. – *that . . . felicity:* Daß ein Kneipenstuhl der Thron menschlicher Glückseligkeit wäre.

207 *Journal de Physique . . . wird gesagt:* Die zitierten Stellen lauten: »Nous ne verrons peut-être plus des despotes féroces employer la force publique dont ils sont dépositaires, à faire égorger leurs concitoyens pour soutenir leurs prétentions odieuses«; »Je ne conçois pas comment on peut encore servir du terme de sujets: nul homme ne peut être sujet d'un autre homme; on n'est sujet que de la loi«. Eine der seltenen Anspielungen L.s auf den durch die Frz. Revolution eingeleiteten politischen Bewußtseinswandel; vgl. auch SK 12. – *Zeiten:* In der Handschrift *Zeit.* – πμ: Zu diesen Buchstaben s. zu A 70.

208 *Schuldtürme:* Davor von L. gestrichen *englische.*

209 *Reden, die Johnson dem Lord Chesterfield in den Mund legt:* Die Bemerkung bezieht sich auf Chesterfields Rede bei Hawkins, S. 114. – *(tories):* In der Handschrift ohne Klammern über *Commons.*

210 *Die Reden die Johnson im . . .:* Vgl. Hawkins, S. 124; Johnson veröffentlichte seine fingierten Parlamentsreden von 1738 bis 1743. – *unterschob:* Danach von L. gestrichen *machten dem.* – *Voltaire . . . sagen gemacht:* »Les membres du Parlament d'Angleterre aiment à se comparer aux anciens Romains autant qu'ils le peuvent« schreibt Voltaire in den »Lettres philosophiques écrites de Londres sur les Anglais« (London 1733, frz. Ausgabe 1734) im achten Brief, S. 37–42. – *pp . . . Hawkesworth:* Die Fußnote bei Hawkins, S. 132.

211 *Büschings Leben:* »Eigene Lebensgeschichte«, erschien Halle 1789, in vier Stücken, S. 151, von Friedrich Anton Büsching (1724–1793), Theologe und Geograph, Prof. in Göttingen, vielseitiger Schriftsteller.

212 *Urteil des großen Turenne:* Die Worte finden sich bei Mercier, S. 312. L. hat sie im GTC 1794, S. 148, verwertet. – *Mercier. Neues Gemälde . . .:* Von Merciers vierbändigem »Nouveau tableau de Paris« (Paris 1787–1789) erschien Leipzig 1789–1790 ein zweibändiger Auszug von Reichard unter dem Titel »Mercier's neuestes Gemälde von Paris. Für Reisende und Nichtreisende«, den L. damals las. Louis-Sébastien Mercier (1740–1814), frz. Dramatiker, veröffentlichte theoretische Schriften gegen Geist und Form der klassischen frz. Tragödie, die große Beachtung im Ausland fanden, besonders einflußreiche Rezeption im dt. Sturm und Drang: »Als im Jahre 1780 Mercier's Tableau de Paris zuerst erschien, wurden in kurzer Zeit im Auslande mehrere Nachdrücke davon veranstaltet und viele 100 Exemplare verkauft. Gegen Einen Pariser, der sich selbst in diesem Spiegel sehen mochte, konnte man tausend Ausländer rechnen, die nicht satt werden konnten, dieß absichtlich im Dunkel gehaltene, vorsätzlich gebräunte Nachtstück mit Wohlgefallen zu betrachten. (Fußnote: Es ist eine bekannte Sache, daß Mercier vor der Revolution in Paris selbst fast gar nicht gekannt und gelesen wurde. Auch jetzt wird sein nouveau tableau de Paris, wovon wir einige ludende Proben im Journale Frankreich und in den neuesten Stücken von Röderers Journal d' une économie politique lesen, nicht in Paris, sondern in einer der ansehnlichsten Buchhandlungen von Berlin gedruckt.) Und doch war es Mercier bloß um Effekt und auffallende Kontraste, weniger um Besserung und Abstellung der von ihm selbst als unheilbar beschriebenen

Gebrechen und Misbräuche zu thun« (»Über Colquhouns wichtiges Werk: die Policey von London«, in: »Der Neue Teutsche Merkur«, Bd. 1, Weimar 1798, S. 22f.). – *wäre:* Danach von L. gestrichen *1*). – *um:* Danach von L. gestrichen *2*).

213 *Nivet:* ›Berühmter‹ frz. Straßenräuber. – *ibid. p. 96:* Gemeint ist das zu J 212 nachgewiesene Werk von Mercier.

214 *In Frankreich macht [man] kleines Scheitholz aus Ton nach:* Die Stelle findet sich in Merciers »Neuestes Gemälde von Paris«, Bd. 2, S. 134; über rationelles Heizen vgl. auch den Brief an Georg August Ebell vom 18. Oktober 1792.

215 *Hat:* Von L. verbessert aus *Ist.* – *unsere Gesangbuch-Verbesserung ... Ähnliches mit dem Ausweißen der ... gotischen Kirchen:* In der zweiten Hälfte des 18. Jh.s gab Gellert »Geistliche Oden und Lieder« heraus, und Klopstock arbeitete alte lutherische Kirchenlieder im Geiste der Aufklärung um, was eine ausführliche bis ins 19. Jh. reichende Diskussion um Gesangbücher einleitete; vgl. auch Brief an Friedrich Nicolai vom 2. Juni 1787. – *Mercier sagt ... eben so etwas:* Mercier hat ein besonderes Kapitel »Geweisste Kirchen« (»Neuestes Gemälde von Paris«, Bd. 2, S. 167), in dem er sich gegen das Ausweißen ausspricht, weil dies jede andächtige Stimmung vernichten würde.

216 *Brunoi ... als seine Mutter starb:* Über den Ursprung dieser Anekdote konnte nichts festgestellt werden.

217 *Sie aber dafür auch:* Von L. verbessert aus *Und sie dafür* aus *So wie sie.*

218 *abwarten:* Von L. verbessert aus *abpa[ssen?].*

219 *Briefe so kopiert ... daß sie die Blinden mit den Fingern lesen könnten:* Der erste Blindenschriftdruck war 1786 von Hauy erfunden worden.

221 *Sir:* Von L. verbessert aus *Dr.* – *Hawkins schimpft ... auf Dr Richardsons oder Fieldings ...:* Hawkins sagt von Fielding: »His morality, in respect that it resolves virtue into good affections, in contradiction to moral obligation and a sense of duty, is that of Lord Shaftesbury vulgarized, and is a system of excellent use in palliating the vices most injurious to society. He was the inventor of that cant phrase, goodness of heart, which is every day used as a substitute for probity, and means little more than the virtue of a horse or a dog; in short he has done more towards corrupting the rising generation than any writer we know of« (Hawkins, S. 215; s. zu J 199). Seine Moralvorstellung vulgarisiert Shaftesbury, insofern als sie den Tugendbegriff zu bloßem moralischen Gefühl aufweicht und damit in Gegensatz zu moralischer Verpflichtung und einem Gefühl der Schuld bringt, und ist ein System, das der Beschönigung der schlimmsten Vergehen an der Gesellschaft Vorschub leistet. Er hat das Schlagwort von der Herzensgüte erfunden, das jeden Tag als Ersatz für Redlichkeit gebraucht wird, und wenig mehr bedeutet als die Tugend eines Pferdes oder Hundes; alles in allem hat er mehr als irgendein anderer Autor dazu beigetragen, die heranwachsende Generation zu verderben. – *Dr Richardson:* Samuel Richardson (1689–1761), einflußreicher engl. Dichter moralischer Romane in Anlehnung an die anglikanischen Erbauungsbücher: »Pamela« (1741), »Clarissa Harlowe« (1748).

222 *die Mittelmäßigen sagen nur, was jeder würde gesagt haben:* Vgl. auch J 515.

223 *lag:* Von L. verbessert aus *war.* – *Krämpfen im Unterleibe ... nach dem*

Zeugnis der besten Ärzte: Zu dieser selbstironisierenden Beschreibung seiner Leiden vgl. J 4 und die Anm. dazu, 10, 29, 32, 35, 143, 188. – *marasmus senilis:* Altersschwäche. – *46 Jahr alt:* L. war, als er diese Notiz niederschrieb 47½. – *Wasser-Sucht.* Bis ins 19. Jh. Bezeichnung für Krankheitsbilder, deren Symptomatik Ansammlungen wasserähnlicher Flüssigkeit aufweist; ursächlich mit Herz- und Nierenleiden in Zusammenhang gebracht. – *konvulsivisches Asthma:* Vgl. Brief an Friedrich August Lichtenberg, 2. Weihnachtsfeiertag 1789. – *Apoplexie:* Gehirnschlag. – *Paralysin:* Lähmungserscheinungen. – *Arterien . . . verknöchert:* Arteriosklerose. – *Polypus im Herzen:* Kleine Geschwüre.

225 *Paxwax . . . prone:* Paxwax, ein umgangssprachlicher Name für jenes starke Muskelgewebe oder Aponeurosis, das Vierbeiner besitzen (als Art von Korsettband), um zu verhindern, daß der Kopf zur Erde sinkt, wozu er nach seiner natürlichen Stellung sehr geneigt sein muß. Die Quelle dieser Notiz war nicht zu ermitteln. Zum Gedanken vgl. J 226, 229. – *name for:* Von L. verbessert aus *appellation of.*

227 *irgendwo gelesen:* Die Quelle dieses Satzes war nicht zu ermitteln.

228 *Die christliche Moral . . . Supplement der Gesetze:* Gemeint ist vermutlich Rousseaus Religionskonzeption, derzufolge in der »religion de citoyen« die Identifikation von Individuum und Staat gewährleistet werden soll, die allererst ermöglichen könnte, daß der Staat dem Menschen zur »zweiten Natur« würde; der Glaube an ein höchstes Wesen, an ein ewiges Leben und Gerechtigkeit, sollte die Gültigkeit des Gesellschaftsvertrages, der auf der »volonté générale« basiert, festschreiben; vgl. auch Jean-Jacques Rousseau, »Du Contrat Social ou Principes du Droit Publique«, erschienen 1762, »Emile ou de l'éducation«, erschienen 1762, Immanuel Kant, »Die Religion innerhalb der Grenzen der bloßen Vernunft«, 1793; vgl. auch J 269 und die Anm. dazu.

229 *Das Os sublime . . . über alle sich zu geben wissen:* S. zu J 230.

230 *sublime:* Danach von L. gestrichen *coelumque.* – *Pronaque . . . vultus:* »Pronaque cum spectent animalia cetera terram, os homini sublime dedit, caelumque videre iussit et erectos ad sidera tollere vultus« (Ovids »Metamorphosen« 1, 84). Während die übrigen Wesen gebeugt zur Erde hin sehen, gab er dem Menschen ein aufrecht Gesicht und hieß ihn den Himmel schauen, aufwärts den Blick empor zu den Sternen erheben. Vgl. J 226, 229. L. gebraucht den Ausdruck auch in den Hogarth-Erklärungen (III, S. 802).

231 *Zimmermanns Geographische Geschichte:* »Geographische Geschichte des Menschen, und der allgemein verbreiteten vierfüßigen Thiere, nebst einer hieher gehörigen zoologischen Weltcharte«, 3 Bde., Leipzig 1778, 1780, 1783. Eberhard August Wilhelm von Zimmermann (1743–1815), ab 1766 Prof. der Physik in Braunschweig, unternahm mehrere wissenschaftliche Reisen nach England, Italien, Frankreich, Rußland und Schweden. – *soll:* Von L. verbessert aus *sagt.* – *Unterschied von 153 000 Pfunden:* Zimmermann, a.a.O., Bd. 1, S. 46, gibt den Unterschied des Luftdrucks für den Tal- und Bergbewohner tatsächlich mit 15 300 Pfund an.

232 *Marivaux:* Von L. verbessert aus *Der Abbt Terasson.* Pierre Carlet de Chamblain de Marivaux (1688–1763), frz. Schriftsteller und Lustspieldichter, Vorläufer der Empfindsamkeit.

233 *sagte auch Priestley von Bewley:* William Bewley (gest. 1783), engl. Arzt

in Massingham, veröffentlichte viel im »Monthly Review Enlarged«. – *seine Geschichte der Elektrizität:* Gemeint ist die »History and present state of electricity«, erschienen London 1767–1770.

234 *Jede Vorstellung ... sich auf das von ihr unterschiedene Objekt bezieht:* Dieser Gedanke ist vorformuliert in Reinholds berühmtem »Satz des Bewußtseins«: »die Vorstellung [wird] im Bewußtseyn durch das Subjekt vom Objekt und Subjekt unterschieden, und auf beyde bezogen« (»Über das Fundament des philosophischen Wissens, nebst einigen Erläuterungen über die Theorie des Vorstellungsvermögens«, Jena 1791, nachgedruckt Hamburg 1978, S. 78). – *Reinhold:* Zu L.s Wertschätzung Reinholds vgl. auch L 259. – *Erbsünde der bisherigen Philosophie:* Reinhold versuchte über seine sog. »Elementarphilosophie« der kantischen Philosophie ein festes, unumstößliches Fundament zu schaffen, das nach seiner Einschätzung bisher noch nicht aufgefunden war, weil Kant zwar eine Begründung der Metaphysik, nicht aber der Philosophie überhaupt geleistet habe, und demnach eine Begründung der »Prämissen« der kantischen Vernunftprinzipien fehle; durch seinen »Satz vom Bewußtsein« glaubte Reinhold dieses Desideratum der »ganzen, bisherigen« Philosophie einlösen zu können; insofern vgl. auch J 224.

235 *die Ausdrücke Christi so beschaffen, daß man ... das Beste wird hinein tragen können:* Zu L.s Religionsverständnis vgl. auch E 387, J 33, 125, zu 269.

236 *Ich möchte wohl wissen ... wenn ganz Europa ... erzkatholisch wäre:* Zu L.s verächtlicher Verwendung dieses Ausdrucks vgl. auch J 65 und Anm. – *wäre:* Danach von L. gestrichen *ich glaube.* – *Am Anfang schuf der Pabst:* Zu dieser Wendung vgl. J 51.

237 *Sakristei-Meubeln:* Diesen Ausdruck verwertet L. in den Hogarth-Erklärungen (III, S. 823).

238 *Du sollst nicht stehlen:* Zu L.s Auffassung des Gesetzescharakters der zehn Gebote vgl. auch J 33. – *versteht:* Von L. verbessert aus *faßt.* – *was:* Danach von L. gestrichen *Gott.* – *wie ... dem Volke geschwinder Ehrfurcht gegen dieses Wesen beibringen als wenn ich es ihm personifiziere:* Zu L.s Religionsverständnis s. zu J 269. – *was ... Necker gesagt:* Jacques Necker, »De l'importance des opinions réligieuses«, Paris 1788; in dt. Übersetzung von Fr. Jacob Ströhlin unter dem Titel »Über die Wichtigkeit der religiösen Meinungen«, Stuttgart 1788. Jacques Necker (1732–1804), frz. Staatsmann, seit 1768 Gesandter der Republik Genf, erfolgreicher Bankier, 1777 an die Spitze der Finanzverwaltung berufen; 1788 Finanzminister unter Ludwig XVI., 1789 Entlassung; populärster Staatsmann des ausgehenden »Ancien Régime«.

239 *conf.:* Lat./Frz. conferatur, confer ›vergleiche‹. – *H. p. 44:* Zu dieser verschollenen Seite s. das Vorwort zu Sudelbuch G; eine sich auf Lessings Grabmal beziehende Notiz ist nicht erhalten. – *Im November 1789 des Journals des Luxus und der Moden ... Grabschrift auf Lessing:* Zur Sache vgl. noch J 313 und L.s Aufsatz »Noch eine angebliche Aufschrift auf Lessings Grabmal« im »Neuen Hannoverischen Magazin« von 1793, 9. St., Sp. 129–134, und »Warum hat Deutschland noch kein großes öffentliches Seebad«, III, S. 95 und Anm. Außer den beiden hier zitierten Stellen im »Journal des Luxus und der Moden« 4, S. 482 und in der AdB 61, S. 422 wird dort noch ein dritter, fast gleichlautender Vorschlag zu einer Grabschrift aus dem »Schleswigschen, ehemals Braunschweigischen Journal« 1792, 3. St., S. 262, Anm. angeführt; vgl. auch Danzel-Guhrauer, Gotthold Ephraim Lessing 2, S. 626.

Im »Braunschweigischen Journal«, 3. St., 1790, S. 388, ist folgende Mitteilung zu lesen: »Auf die im Journal des Luxus und der Moden geschehenen Subscriptionsanzeige zur Errichtung eines unserm unvergeßlichen Lessing geweihten Denkmals, wobei man die Beförderer dieses Vorhabens mit ihren etwanigen Beiträgen an mich hat verweisen wollen, - eine Ehre, die ich gern und mit Erkenntlichkeit angenommen habe - sind bis jetzt bei mir eingelaufen: Von dem Herrn Consistorialsecretair Wolf in Hannover 5 Rthlr.

Ich wünsche zur Ehre meines Vaterlandes, daß dies der Anfang zu einer recht zahlreichen und ergiebigen Subscription seyn möge; und ich werde den fernern Erfolg in diesem Journal anzuzeigen nicht ermangeln. Braunschweig, den 10. Febr. 1790. Campe.«

Campe berichtet im nächsten Jahrgang regelmäßig über den Fortgang des Subskriptionsunternehmens zur Errichtung eines Denkmals für Lessing: s. »Braunschweigisches Journal«, 6. St., 1791, S. 255f.; 8. St., 1791, S. 127f. - *wo Kleist in der Schlacht fiel:* Ewald Christian von Kleist (1715-1759), studierte Jura, Philosophie und Mathematik; 1740 Eintritt in die preußische Armee, 1757 Major, Beginn der Freundschaft mit Lessing; fiel 1759 in der Schlacht bei Kunersdorf.

240 *Als Murray am 3ten Jänner 1790 bei mir war:* Johann Andreas Murray (1740-1791), seit 1764 außerordentl., ab 1769 ordentl. Prof. der Medizin in Göttingen; 1781-1782 Prorektor der Georgia Augusta.

241 *Die Mythen der Physiker:* Vgl. dazu Jost Andreas Müller, Anmerkungen zu einigen Aphorismen Lichtenbergs, in: »Neue Züricher Zeitung« Nr. 109, vom 23. April 1967.

242 *Seyffer:* Karl Felix von Seyffer (1762-1821), 1789-1804 außerordentl. Prof. der Astronomie in Göttingen, Freund L.s, reiste 1791 nach England und Frankreich, las nach 1799 Physik; später Direktor des topographischen Büros in München.

243 *(Lioness):* Wohl L.s Umschreibung für seine Ehefrau.

244 *Mictum teneatis amici:* Abwandlung des bekannten: »spectatum admissi risum teneatis, amici« aus Horaz »De arte poetica«, 5. Ihr Freunde wärt zur Schau geladen: würdet ihr euch des Lachens erwehren?

245 *das Tages-Licht, in einer solchen Feuerkugel, an einer einzigen Stelle hervorströme:* Anspielung auf Emanations- oder Korpuskulartheorie, nach der das Licht aus Stoffteilchen besteht, die von einem leuchtenden Körper mit ungeheurer Geschwindigkeit herausgeschleudert werden; Widersprüche, insbesondere die Beobachtung von Interferenzerscheinungen zwangen zur Aufgabe dieser Theorie.

246 *Aufklärung in allen Ständen . . . richtigen Begriffen von unsern wesentlichen Bedürfnissen:* Zu L.s Einschätzung der politischen Bedeutung der Aufklärung vgl. auch J 885, 971, K 257.

247 *Mayer:* Tobias Mayer. - *Die gewöhnlichen Gelehrten treiben die Wissenschaft als einen Zweck:* Zu L.s kritischem Verhältnis zum Gelehrten vgl. auch E 235. - *Integrationen:* Zu diesem Begriff s. zu A 16. - *der Teufel hole alle Gelehrsamkeit:* Diesen Ausspruch Cooks zitiert L. auch in dessen Lebensbeschreibung (III, S. 60). - *und die:* Danach von L. gestrichen *Welt.*

248 *Superklugheit:* Zu diesem Ausdruck s. zu D 445.

249 *Als ich mich . . . auf den Namen . . . Gjörwell besann . . . bemerkte ich folgendes:* Ähnliche psychologische Erfahrungen teilt L. J 474 mit. Carl

Christoffer Gjörwell (1731–1811), schwed. Buchhändler und Publizist, druckte in der 1776–1778 erschienenen und von ihm hrsg. »Allmänna Bibliteket« L.s »Briefe aus England« ab. – *Buchhändlers:* Danach von L. gestrichen *und Schr[iftstellers]*. – *Auch:* In der Handschrift *aus*. – *Was mein Aberglaube dabei für eine wichtige Rolle spielte:* Zu L.s eigenem Aberglauben und seinem durchaus zwiespältigen Verhältnis zum Aberglauben in Vernunftdingen, vgl. auch E 52; F 413, 440, 1217; J 228, 353, 715. L.s Analyse des Aberglaubens gehört wohl in den Kontext seiner »Analysis der Empfindung« (E 411). – *der Körper meiner Philosophie:* L.s Verwendung dieses Begriffs bezieht sich vermutlich auf das lat. in corpore ›in seiner Gesamtheit, im Ganzen‹, im Sinne von ›das, was meine Philosophie ausmacht, die Grundfeste meiner Philosophie‹.

250 *Die gewöhnliche ... Philosophie ... der Körper der Kantischen:* Zu dieser Wendung vgl. J 249, ähnlich auch 1223.

251 *Kantische Philosophie sprechen zu lernen ... im Alter geht es nicht mehr gut an:* Zu L.s Verständnisschwierigkeiten der kantischen Philosophie vgl. auch J 270, 472, 1168.

252 *meiner Nerven-Krankheit:* Anspielung auf L.s schwere Erkrankung im Winter 1789, s. zu GH$_{II}$ S. 214, SK 14, vgl. J 289, 337, L 152; vgl. auch Ph + M 2, S. 228; sowie ferner den Brief an Friedrich August Lichtenberg vom 26. Dezember 1789 und an Immanuel Kant vom 30. Oktober 1791. – *Als Dieterich einmal sagte:* Ärger mit seinem Freund notiert L. auch E 421, J 168.

253 *sie:* In der Handschrift *es*.

254 *Johnson führt öfters ... an die Neigung zu betäubenden Getränken:* »The frequent reflection thereon brought in him a persuasion, that the evils of human life preponderated against the enjoyments of it: and this opinion he would frequently enforce by an observation on the general use of narcotics in all parts of the world« (Hawkins, S. 320; s. zu J 199). Über Johnson s. zu C 119. – *relief ... necessary:* Mittel gegen Schlaflosigkeit, aber später als er sich daran gewöhnt hatte, nahm er es, um sich in eine angenehme Stimmung zu versetzen, und sprach diesem [dem Opium] deshalb so zu sobald es eine Gemütsverstimmung notwendig machte. – *Die ... so:* In der Handschrift nach *pleasure*, aber durch Zeichen bereits umgestellt. – *His ... down:* Er nahm es in stofflicher Form ein, d. h. er zerdrückte ein halbes Korn davon mit dem Löffel am Rand einer halbgefüllten Tasse, wobei die Flüssigkeit als Vehiculum [s. zu B 195] diente. – *Johnson merkte ... an:* Gemeint ist Hawkins, S. 320, Anm. (s. zu J 199): »He has been heard to remark, that since the disuse of smoking among the better sort of people suicide has been more frequent in this country than before«. Dieses Zitat ist in den Hogarth-Erklärungen (III, S. 703) verwertet. – *Opium:* Vgl. auch J 907. – *Tabakrauchen unter der besseren Klasse ... aufgehört:* Vgl. auch H 135.

255 *D$\underline{r}$ Bentley ... himself:* Richard Bentley (1662–1742), bedeutender engl. Altphilologe. Zitat aus Hawkins, S. 348. Dr. Bentley antwortete, als ihm einer androhte ihn abzuschreiben, daß kein Autor jemals abgeschrieben worden sei außer von ihm selbst. – *author:* Von L. verbessert aus *man*.

256 *To ... take:* Unempfindlichkeit und Gelassenheit gegenüber Neid und Mißgunst anderer ist einer der stärksten Beweise für einen bedeutenden Kopf, und zudem die härteste, weil die am meisten gerechtfertigte, Rache, die man nehmen kann (Zitat aus Hawkins).

258 *Feders Rezension:* Die Rezension zu Reinholds »Versuch einer neuen

Theorie des menschlichen Vorstellungsvermögens«, Prag, Jena 1789, findet sich in den GGA 1790, S. 129.

259 *Adams in seinen Astronomical Essays:* Eine Stelle dieses Inhalts konnte in George Adams' »Astronomical and geographical essays: containing I. A comprehensive view of the general principles of astronomy II. The use of the celestial and terrestial globes III. The description and the use of the armillary sphere planetarium, telluriam and lunarium IV. An introduction to practical astronomy«, erschienen London 1789, nicht aufgefunden werden. L. gibt dieselbe Schätzung in »Amintors Morgen-Andacht« (III, S. 77) an. – *Herschelschen Beobachtungen:* Friedrich Wilhelm Herschel (1738–1822) aus Hannover, seit 1757 in England, entdeckte 1781 den Planeten Uranus, war ab Juli 1786 in Göttingen; der berühmteste Astronom seiner Zeit, Mitglied der Royal Society und der Sozietät der Wissenschaften in Göttingen, legte mit seinen sensationellen Entdeckungen und Schriften den Grund der neuzeitlichen Himmelskunde. – *nach einer:* Von L. verbessert aus *auf eine.*

260 *Die gemeinen Leute unter den Katholiken beten lieber einen Heiligen an:* Zur Katholizismuskritik L.s vgl. auch J 51, zu J 65.

261 *Ergreifung des Cubachs:* Michael Kuhbach (um 1630), Erbaungsschriftsteller, Verfasser eines verbreiteten Gebet- und Gesangbuches, auf den L. ironisch wegen seines Namens anspielt; vgl. auch die Briefe an Friedrich August Lichtenberg, Ende Dezember 1788 und Johann Christian Dieterich, vom 19. Mai 1793.

262 *Vorstellung ... Empfindung ... Anschauung:* Zu diesen Begriffen der Philosophie Reinholds s. zu J 234; zu L.s Idee einer »Analysis der Empfindung« vgl. E 411, auch J 249 und die Anm. dazu. – *Subjekt:* Von L. verbessert aus *Object.*

263 *Richardson ... hat geschrieben:* Gemeint ist »Essays on Shakespeare's dramatic character of Sir John Falstaff and on his imitations of female characters«, erschienen London 1789. William Richardson (1743–1814), Prof. der Geisteswissenschaften in Glasgow. – *Coward:* Engl. ›Feigling‹. – *Morgan:* Maurice Morgann (1726–1802), Botschaftssekretär, »Essay on the dramatic Character of Sir John Falstaff«, 1777. – *Unterschied zwischen Witz und Laune:* Die von L. ziemlich wörtlich übersetzte Stelle findet sich bei Richardson, a.a.O., S. 30. – *setzt den:* In der Handschrift *setzt das den.* – *der:* Von L. verbessert aus *den lezten aber.* – *laughter or Tendency to laughter:* Engl. ›Gelächter oder Tendenz zum Gelächter‹. – *hervorbrächte:* Danach von L. gestrichen *Laune besteht in.*

265 *Aufsatz von Herrn Niebuhr:* Niebuhrs Aufsatz führt den Titel »Bemerkungen über die Schriften des Herrn von Peyssonnel gegen den Baron von Tott und Herrn von Volney« (»Neues deutsches Museum« 1, 1790, S. 598). – *Zwei Schriften:* Von L. verbessert aus *eine Schrift.* –*Peyssonnel:* Charles Comte de Peysonnel (1700–1757), frz. Archäologe, Advocat, Konsul von Smyrna und Reiseschriftsteller. Peyssonel wird auch im GTC 1790, S. 117, zitiert. – *Tott:* François Baron von Tott (1730–1793), geb. in Ungarn; Feldmarschall im Dienst des Sultans von Konstantinopel; floh später nach Ungarn. »Memoires sur les Turcs et les Tartares«, Amsterdam 1784, Paris 1785. – *Guerre actuelle:* Gegen Katharina II., die 1783 die Krimländer mit den Kubanländern vereinigte, und Österreich zogen 1788 die Türken in den Krieg, konnten aber gegen das Vordringen Österreichs und Rußlands, obwohl sie diesen emp-

findliche Verluste beibrachten, nichts ausrichten; Frieden von Sistova 1791, Frieden von Jassy 1792. – *Volney:* Constantin-François Comte de Volney (1757–1820), frz. Schriftsteller und Politiker; »Considérations sur la guerre des Turcs et de la Russie«, 1788. – *Sie besäßen mehr persönliche Tapferkeit als . . . irgend ein Volk auf der Welt:* Vgl. Niebuhr, a.a.O., S. 598.

266 *Wenn der Frost des Todes meine Wange bereift:* Das für L. ungewöhnliche Pathos erinnert an den Anfang der Tags-Zeiten in den Hogarth-Erklärungen (III, S. 703).

267 *Johnson's Entschlüsse:* Vgl. Hawkins, S. 447 (s. zu J 199); L. erwähnt sie auch in »Trostgründe für die Unglücklichen, die am 29ten Februar geboren sind« (GTC 1793, S. 112) und L 646. – *To conquer . . . Worship:* Gewissenhaftigkeit erlangen; dieses Jahr die Bibel zu lesen, früher aufzustehen versuchen, die Göttlichkeit studieren, methodisch leben, der Gleichgültigkeit entgegentreten, häufig die heilige Messe zu besuchen.

268 *Titul Speccius . . . geben:* Speccius war Verfasser seinerzeit vielbenützter lat. Elementarbücher. Christoph Speccius (1585–1639), Schulmann, Verfasser lat. Schauspiele. »Praxis declinationum«, Nürnberg 1633.

269 *Offenbarung . . . Autorität . . . Vernunft:* L. bezieht eindeutig die aufklärerische Position, die mit dem Schlagwort »Vernunftreligion« gegen die »Offenbarungsreligion«, d. h. die Überzeugung, daß Gottes Wort nicht rational zugänglich sei, antrat; in der heftig geführten Religionsdebatte des 18. Jh.s versuchten die Aufklärer ausgehend von Rousseau und Kant, Religion so zu bestimmen, daß ihr eine tragende Funktion in der Moralphilosophie zugemutet werden kann; vgl. auch L.s scharfe Kritik am Katholizismus J 33; im übrigen vgl. E 387, J 99, 125, 228 und Anm., 235, 238, 295. – *daß die Bibel Gottes Wort ist . . . haben Menschen gesagt:* Vgl. J 17.

270 *Kant . . . sein Werk so geschrieben . . . daß man es studieren muß wie ein Werk der Natur:* S. zu J 251. – *Jacob-Böhmismus:* Zu L.s Urteil über den Mystiker Böhme vgl. D 163. – *Begriffe, wie den von Vorstellung . . . aus wiederholter Lesung des Buchs kennen lernen:* Gemeint ist sicherlich Kants »Kritik der reinen Vernunft« (1781, 1786), deren Erscheinen eine heftige Diskussion auslöste. L.s Interesse am Vorstellungsbegriff rührt wahrscheinlich aus seiner Beschäftigung mit Reinholds Kantinterpretation her, s. auch zu J 234 und 262.

271 *Vermenschlichung . . . dessen, wovon wir nichts wissen . . . können:* Vgl. J 269 und Anm.

272 *Ein Bedienter schreibt: Pabstdumm:* Dieser Lapsus linguae für: Papsttum steht in Zusammenhang mit L.s Aversion gegenüber der katholischen Kirche (vgl. J 236, s. zu J 269), aber auch mit seinem Vergnügen an derartigen ungewollten Sprach-Scherzen: s. zu C 378.

273 *einen herrlichen Charakter gibt der ab der überall Krankheiten in seinem Leibe sieht:* Vgl. J 223 und Anm. – *verständlich:* Danach von L. etwas gestrichen. – *malade imaginaire:* Anspielung auf das berühmte Lustspiel von Molière: »Le Malade imaginaire«, 1673.

274 *Vorteil, welchen die Lesung schlechter Bücher gewährt . . . eine sehr nützliche Lektüre:* Vgl. auch K 196. – *Claproths Makulatur:* Justus Claproth hatte »Eine Erfindung, aus gedrucktem Papier wiederum neues Papier zu machen und die Druckerfarbe völlig herauszuwaschen«, Göttingen 1774 veröffentlicht. Justus Claproth (1728–1805), seit 1761 Prof. der Rechtswissenschaft in Göttingen. – *Denkmäler aus papier maché:* Zu diesem Gedanken vgl. D 578. – *Herbert*

... *die schlechten Predigten verteidigt:* Das engl. Zitat stammt aus George Herberts Gedichtsammlung »The temple. The curch militant. Miscellaneous poems Parentalla. Musae responsoriae &c. Epigrammata apologetica pro disciplina Ecclesiae nostrae. Inventa Bellica«, London 1633, S. 437. L. zitiert nach Hawkins, S. 453 (s. zu J 199). George Herbert (1593–1633), seit 1626 Geistlicher; Verfasser schlichter und doch kunstvoller religiöser Dichtung; »The temple« (1633), »A priest to the temple« (1652). – *The worst ... patience:* Auch das Schlechteste hat sein Gutes; wo alle nach Sinn suchen, fällt Gott uns ins Wort und gebietet Geduld.

275 *Wie mechanisch der Mensch in ... seinen sogenannten freien Handlungen:* Dieser Gedanke L.s steht im Kontext der Diskussion um die Willensfreiheit, die sich exemplarisch an dem durch Jacobi wiederbelebten Streit um den Spinozismus ablesen läßt; auf der einen Seite begünstigt die monistische Substanzlehre des Spinoza den Fatalismus, der der menschlichen Vernunft keinen Raum zuerkennt, auf der anderen Seite kommt ein rationaler Beweis für die Existenz der Willensfreiheit, der auf mehr als bloßem Glauben fußt, nicht ohne die methodische Strenge aus, die Spinoza dazu führte, die Willensfreiheit als solche zu leugnen: »Wenn es lauter wirkende und keine Endursachen giebt, so hat das denkende Vermögen in der ganzen Natur bloß das Zusehen; sein einziges Geschäft ist, den Mechanismus der wirkenden Kräfte zu begleiten ... Der Erfinder der Uhr erfand sie im Grunde nicht; er sah nur ihrer Entstehung aus blindlings sich entwickelnden Kräften zu.« (Friedrich Heinrich Jacobi, »Über die Lehre des Spinoza in Briefen an Herrn Moses Mendelssohn«, 1. Aufl. 1785, 2. Aufl. 1789, S. 56). Zu L.s Diskussion dieses viel diskutierten Problemkreises vgl. auch J 144, 276, 278, 279, 280, 281, 282, 322, 790, 811, 1491. – *Genii ... aliorumque:* Des Genius eines Sokrates und Keplers und anderer. – *frei:* Danach von L. gestrichen *hand[eln].*

276 *Begriff von Freiheit ... ein großer Gedanke:* S. zu J 275.

277 *Unsere Theologen ... aus der Bibel ein Buch machen, worin kein Menschen-Verstand:* Vgl. J 269 und Anm. – *ist:* Danach von L. gestrichen *es soll.*

278 *zuweilen eine falsche Hypothese der richtigen vorzuziehen:* Vgl. auch J 274. – *Lehre von der Freiheit des Menschen:* S. zu J 275. – *zu welchem unter:* Von L. verbessert aus *unter dem.*

279 *machen wir General-Regeln:* Vgl. auch J 33 und Anm. – *nennen:* Danach von L. gestrichen *grade.*

280 *der Spinozist, und der Deist nur differieren wie der Newtonianer und Eulerianer:* Vgl. auch J 87, zu J 144, 275 und die Anm. dazu. – *Farbentheorie:* »Leuchtende Körper können eine gewisse Farbe zeigen, wenn sie der Newtonischen Theorie zufolge nur eine Art von Lichtstrahlen allein, wenigstens nicht alle sieben zugleich ausstrahlen, als in welchem Falle sie dem Auge weiß erscheinen würden. Nach der Eulerischen Theorie hängt die Farbe eines leuchtenden Körpers davon ab, ob seine Teilchen dem Äther Schläge von einerlei bestimmten oder von verschiedenen Geschwindigkeiten eindrücken« (Erxleben, »Anfangsgründe der Naturlehre«, S. 373). L. selbst war Newtonianer, Erxleben dagegen Eulerianer.

281 *Der Glaube an einen Gott ... Instinkt:* Bezieht sich vermutlich auf Jacobis in seiner Auseinandersetzung mit Spinoza gewonnenen Überzeugung, daß nur der Glauben an einen persönlichen Gott verbürgt, daß dem Denken die Emanzipation aus der Unterwerfung der rein mechanischen

Ursachen–Wirkungsverknüpfung, die die Körperwelt beherrscht, gelingt. S. zu 275. – *wie das Gehen auf 2 Beinen:* Zu diesem Vergleich vgl. J 226.
282 *Beide Systeme führen . . . auf Eins hinaus:* Vgl. J 280. – *Probe:* Von L. verbessert aus *Correcktur*.
283 *getroffen haben:* Von L. verbessert aus *tre[ffen]*. – *auf den ersten Wurf so zu schreiben wie . . . Tacitus:* Zu L.s Wertschätzung dieses Autors vgl. auch E 17, 161, 180, 181. – *Absüßen:* Nach DWB 1, Sp. 136 Begriff aus der Chemie »Quecksilber, Schwefelsäure absüszen« in der Bedeutung von ›einen reinen Stoff gewinnen oder destillieren‹. – *die Ausgabe des Abbé Brotier:* Sie erschien unter dem Titel »Réflexions ou sentences et maximes morales avec des observations«. Abbé Charles Brotier (1751–1798), frz. Schriftsteller, Prof. der Mathematik, Hrsg. der »Œuvres morales de la Rochefoucauld«, Paris 1789. – *liest, und:* Danach von L. gestrichen *daß man*. – *Corneille . . . chaleur:* Corneille, Bossuet, Bourdalue, Lafontaine und La Rochefoucauld haben gedacht, und wir denken mit ihnen, ohne mit dem Denken aufzuhören, und jeden Tag versorgen sie uns mit neuen Gedanken: lesen wir Racine, Fléchier, Neuville, Voltaire, die zweifellos viel gedacht haben, stellen wir fest, daß nach ihnen nicht viel zu denken bleibt. So verhält es sich auch mit der Kunst eines Raphael oder Michelangelo, die alle Künstler inspirierten und noch heute inspirieren, während Guido Reni und Bernini gefallen, ohne daß aus ihren Werken irgendein Funken Feuer überspringt, der Licht und Wärme tragen würde. – *Bossuet:* Jacques Bénigne Bossuet (1627–1704), frz. Theologe und Kanzelredner, 1670 mit der Erziehung des Dauphins beauftragt; versuchte den Protestantismus zu widerlegen; »Discours sur l'histoire universelle« (1681), »Politique tirée de l'écriture sainte« (Venedig 1730). – *Bourdaloue:* Louis Bourdaloue (1632–1704), Prof. der Rhetorik, Philosophie und Moraltheologie in Rouen; Berufung nach Paris. Neben Bossuet der größte Prediger. – *Lafontaine:* Jean de Lafontaine (1621–1695), frz. Dichter, seit 1684 Mitglied der Académie Française; erhob die Fabel zum Kunstwerk; »Fables« (1668–1694), Idylle »Adonis« (1658), »Les amours de Psyché et de Cupidon« (1668). – *Fléchier:* Valentin-Esprit Fléchier (1632–1710), seit 1685 Bischof von Lavaur, 1687 von Nîmes; berühmter Kanzelredner, seit 1673 Mitglied der Académie Française. – *Neuville:* Anne-Joseph-Claude Frey de Neuville (1692–1775), Jesuit, Prediger; verfaßte zahlreiche religiöse Schriften. – *Guide:* Gemeint ist Guido Reni (1575–1642), ital. Maler; in Rom und Bologna tätig. In seinen Bildern verbindet sich klassische Einfachheit mit frühbarockem Bewegungsdrang. In seiner bolognesischen Spätzeit gelangt er zu einem kühlen, eleganten Stil von glatten Formen und konventioneller Schönheit. – *Bernin:* Gemeint ist Giovanni Lorenzo Bernini (1598–1680), ital. Architekt, Bildhauer und Maler in Rom, Oberaufseher des Baues der Peterskirche, 1663 auf Einladung Ludwig XIV. in Paris zur Beaufsichtigung des Louvrebaus. – *Pruritus lucendi:* Lat. puritus lucendi ›Reinheit des Leuchtenden‹.
284 *deutlich:* Von L. verbessert aus *begreiflich*. – *will:* Von L. verbessert aus *muß*.
285 *Die Hildesheimer . . . die Franzosen auch bekommen:* Anspielung auf die ›Franzosenkrankheit‹, die Syphilis (s. zu F 366) und zugleich auf die Frz. Revolution und ihre Auswirkungen in Deutschland. Über die »Hildesheimer Revolution im Wasserglas« (Gebauer), die von den Hut- und Weideherren am 28. August 1789 initiiert, gegen das Stadtregiment gerichtet war, das die

Rechte der Bürger zu wenig berücksichtigte; vgl. Johannes Heinrich Gebauer, Geschichte der Stadt Hildesheim, Bd. 2, S. 153–155, Hildesheim und Leipzig 1924. Schlözer berichtet über die »Hildesheimische[n] Unruhen«, die im Oktober 1790 durch Eingreifen der kurhannoveranischen Landesregierung beendet wurden, in den »Staats-Anzeigen« 1791, Bd. 16, 61, S. 32 f.: »Hieraus wird das Publikum abnehmen, daß viele von den öffentlichen Blättern anonymisch von Hildesheim verbreitete Nachrichten (auch z. Ex. daß hier eine epidemische Seuche herrsche, die die Menschen zu hunderten wegraffe u. u.) grundfalsch sind.« Im übrigen ist diese Bemerkung L.s eine der wenigen, die direkt auf politische Vorkommnisse in Zusammenhang mit der Französischen Revolution Bezug nimmt. – *Freiheits-Influenza:* Diesen Ausdruck gebrauchte L. auch im Brief an Georg Forster vom 30. September 1790 bezüglich Mainz.

287 *Schlüsse aus der Geschichte der Bastille devoilée auf die Zuverlässigkeit der Geschichte:* »La bastille dévoilée ou recueil de pièces authentiques pour servir à son histoire«, erschienen Paris 1789–1790, von Charpentier. – *Apud Herodotum ... fabulae:* Bei Herodot, dem Vater der Geschichtsschreibung, gibt es unzählige Märchen (Cicero, von den Gesetzen, 1, 5).

288 *Sich der unvermuteten Vorfälle im Leben so zu seinem Vorteil ... bedienen ... macht den Mann in der Welt:* Dieser Gedanke begegnet auch A 36, K 122, L 815. – *Stärkung:* Danach von L. gestrichen *wenigstens der Aufmercksamkeit.* – *Nach ... haben:* Diese Passage, in der Handschrift zwischen J 284 und J 285, ist von L. durch Zeichen hierher verwiesen. – *La Rochefoucauld's Urteil:* La-Rochefoucauld sagt in seinem »Portrait du cardinal de Retz«, 1675, (Œuvres 1, Paris 1874–1923, S. 20): »Il a une grande présence de l'esprit et il sait tellement tourner à son avantage les occasions que la fortune lui offre, qu'il semble qu'il les ait prévues et désirées«. Er verfügt über große Geistesgegenwart, und er weiß die Gelegenheiten, die das Schicksal ihm bietet, so gut zu seinem Vorteil zu wenden, daß es scheint, als habe er sie vorausgesehen und sich gewünscht.

289 *Ich glaube Nerven-Krankheiten können dienen, allerlei Verwandtschaft zu entdecken:* Bemerkenswert und bezeichnend für L., daß er selbst seine Krankheit zu wissenschaftlicher Beobachtung nutzt; vgl. J 252 und die Anm. dazu. – *z. E.:* In der Handschrift *z. E. Exempel.* – *Spalten:* Von L. verbessert aus *hacken.*

290 *bei den Deutschen nur suchen Dinge Mode zu machen:* Zu diesem Gedanken vgl. D 156.

291 *Walpole ... pflegte zu sagen:* Von L. zitiert nach Hawkins, S. 515 (s. zu J 199); dort »depravity« statt »depravation«. – *kannte:* Danach von L. gestrichen *pfleg[te]. – that ... secret:* Die Verderbtheit des menschlichen Herzens ist so groß, daß die Minister, die sie einzig kennen können, aus Liebe zur Menschheit dazu gezwungen waren, ein Geheimnis daraus zu machen. – *Heav'ns ... heart:* Der Herr im Himmel erlöst alle Wesen, nur nicht sich selbst, / Was für ein schrecklicher Anblick, ein nacktes menschliches Herz. Die Verse Edward Youngs stehen in »The Complaint, or Night thougts on Life, Death and Immortality«, London 1742–1745, 3. Gesang, S. 226.

292 *die ... sein:* Von L. verbessert aus *für mich keine Zeit mehr seyn.* – *und:* Von L. verbessert aus *oder.* – *als der Hainberg angespült wurde:* S. zu J 20. – *Spinoza den größten Gedanken dachte der ... in eines Menschen Kopf gekommen:*

Gemeint ist Spinozas »Deus sive substantia sive Natura«, die Idee, einer »inwohnende[n], ewig in sich unveränderliche[n] Ursache der Welt, welche mit allen ihren Folgen zusammengenommen – Eins und dasselbe wäre« (Jacobi, a.a.O., S. 52; s. zu J 275). S. auch zu J 144.

293 *Dietrich ... Makulatur-Magazin:* Vgl. J 130. – *Piperariis ... Piperario:* Gepfeffertes und Apollinisches, Musen und Pfeffer, Pfeffermeister Merkur.

294 *lyrischen Gedichten ... Nonsense mit Null anzeigte:* Dieser Gedanke wird J 887 wieder aufgenommen; vgl. auch J 298.

295 *Ich glaube ... die Lehre Christi ... das vollkommenste System ... Glückseligkeit ... zu befördern:* Vgl. J 235. – *gesäubert von dem ... Pfaffen[ge]schmier:* Vgl. J 269 und Anm. – *befördern:* In der Handschrift *befördern ist.* – *daß es noch ein System gibt, das ganz aus der reinen Vernunft erwächst:* Dieser Gedanke verbindet L.s Rezeption von Jacobis Spinoza-Interpretation (s. zu J 144 und 181) mit Reinholds Elementarphilosophie (s. zu J 234). – *gibt, das:* Danach von L. gestrichen *am Ende.* – *Atheist:* Gemeint sind die Anhänger Spinozas. – *Was die Menschen leiten soll muß ... allen verständlich sein. Wenn es ihm auch in Bildern beigebracht wird:* Vgl. auch J 238. – *S. p. 47:* Gemeint ist J 302.

296 *Johnson ... hielt ... Cowley für das beste:* Vgl. Hawkins, S. 538 (s. zu J 199); als Grund führte Johnson an: »as containing a nicer investigation and discrimination of the characteristics of wit, than is elsewhere to be found.« – *Lives of the poets:* Von diesem Werk, das Johnson berühmt gemacht hat, erschienen die ersten vier Bde. 1779 und die letzten sechs 1785. – *Cowley:* Abraham Cowley (1618–1667), bedeutender engl. Lyriker und Essayist nach dem Vorbild Montaignes; Mitglied der geheimen königlichen Kanzlei; widmete sich später den Naturwissenschaften; Johnson nannte ihn den letzten ›metaphysischen Dichter‹.

297 *Hell ... seine bekannte Nordschein-Historie:* S. zu A 222. – *Pfaff zu Helmstedt:* Gemeint ist Johann Friedrich Pfaff (1765–1825) aus Stuttgart, immatrikulierte sich am 25. November 1785 an der Georgia Augusta, die er 1787 wieder verließ; Schüler Kästners und L.s, mit dem er später befreundet war; Prof. der Mathematik in Helmstedt. Verfasser der Preisschrift »Commentatio de ortibus et occasibus siderum apud auctores classicos commemoratis« (Göttingen 1786). Vgl. auch die Briefe an Johann Daniel Ramberg vom 10. April 1786 und Friedrich Nicolai vom 2. Juni 1787.

298 *Ein Kastellan ... bezeichnete die Prinzen mit 1 und die Prinzessinen mit 0:* Vgl. »Anekdoten und Charakterzüge aus dem Leben Friedrichs des Zweiten« 19 (1789), S. 12, die zu J 134 nachgewiesen sind. Diese Anekdote ist in den »Anfangsgründen der Naturlehre«, ^{6}1794, S. XXXVII verwertet. S. auch Brief an Georg Forster vom 27. Mai 1792. Zu dem Ziffern-Spiel vgl. J 294.

299 *Pitts Demant ... verkauft:* Diese Notiz entnahm L. Hawkins, S. 550 (s. zu J 199). Vgl. auch F 518 und die Anm. dazu. – *225 000 Pfund wert:* Nach Bertram H. Davis, »Hawkins, Sir John: The life of Samuel Johnson«, 1961, S. 301, Anm. 8 wurde der Diamant für 114 000 Pfund verkauft.

301 *Nachrichten ... von ... Anderson:* Andersons Reisebeschreibung, die London 1785 erschien, ist im GTC nicht verwertet. James Anderson (1739–1808), Nationalökonom, engl. Reiseschriftsteller; »An Account of the Present State of the Hebrides and Western Coasts of Scotland«, 1785. – *Zumal vom Hering:* Vgl. auch GH 39.

302 *ad pag. 45:* Gemeint ist J 295. – *Schmerz:* Von L. verbessert aus *Empfindung.* – *kann offenbarte Religion fühlbar machen, was durch Spinozismus zu berechnen zu schwer wäre:* S. zu J 144, 275, 295.

303 *Der berühmte Campe:* Während Leitzmann (a.a.O., S. 259, zu J 288 seiner Zählung) nicht ausschließt, daß sich L. und Campe auf dessen Reise nach Süddeutschland im Sommer 1785, die ihn auch nach Göttingen führte, kennenlernten, geht aus Campes Beschreibung dieser Reise und seines Aufenthalts in Göttingen eindeutig hervor, daß er L. nicht gesprochen hat (vgl. Kinder- und Jugendliteratur der Aufklärung, hrsg. von Ewers, Stuttgart 1980, S. 406). Möglicherweise ist der Holländer Camper gemeint.

304 *weniger:* Von L. verbessert aus *mehr.* – *πμ:* Zu diesen Buchstaben s. zu A 70.

305 *bei Gelegenheit der Rezension eines Erziehungs-Buches gesagt:* Die Bemerkung findet sich in einer Rezension der Schrift »Eine gute Absicht für Esth- und Liefland«, deren ›Sw.‹ zeichnender Verfasser nach Parthey, Die Mitarbeiter an Nicolais Allgemeiner deutschen Bilbliothek, S. 13, 69, Hupel ist. – *Zimmermann ... über die Einsamkeit aus ... Montaigne entlehnt:* Für Johann Georg Zimmermanns Hauptwerk ist literarhistorisch noch alles zu tun; in Ischers Biographie wird Montaigne nicht genannt; beschäftigte sich als Schriftsteller mehrfach mit den baltischen Verhältnissen.

306 *Wendeborn im 4ten Teil ... Urteil über Gibbon:* Die Stelle findet sich wörtlich bei Wendeborn, »Der Zustand des Staats, der Religion, der Gelehrsamkeit und der Kunst in Grossbritannien« gegen Ende des 18. Jahrhunderts« (4 Bde., 1785–1788), Bd. 4, S. 112. Gebhard Friedrich August Wendeborn (1742–1811), Prediger, seit 1767 in England, einer der besten Englandkenner seiner Zeit; kehrte 1794 nach Deutschland zurück, wo er in Hamburg als Privatgelehrter lebte. Über ihn und sein Werk vgl. Michael Maurer, Gerhard Friedrich August Wendeborn (1742–1811): Ein Aufklärer von kulturgeschichtlicher Bedeutung, in: Euphorion 82, 4. Heft, 1988, S. 393–423. – *Gibbon:* Edward Gibbon (1737–1794), berühmter engl. Historiker; »History of the decline and fall of the Roman Empire« (1776–1788).

307 *Cheiranthus Cheiri ... gelbe Viole:* S. zu L.s botanischer Einteilung J 397. Im antiken Griechenland war das Veilchen Symbol der jährlich wiederauflebenden Erde und der Jungfrauenschaft; die Tochter des Atlas wurde, als sie sich vor Apollon verbarg, in ein Veilchen verwandelt.

308 *Tackius ... Abhandlung geschrieben:* Friedrich Peter Tacke (1686–1745), protestantischer Theologe, 1733 Pfarrer in Mönchhof im Wolfenbüttelschen, 1737 Magister an der Universität Göttingen. »Diss. epistolaris de eruditis quibus dies natalis fuit fatalis + ultimus«, 1736. – *de Eruditis ... fuit:* Über Gelehrte, deren Geburtstag zugleich ihr Sterbetag war.

309 *Steckenpferde ... dienen nicht zum Pflügen:* Zu L.s Verwendung dieses Bildes vgl. auch D 610 und Anm., E 251. – *πμ:* Zu diesem Kürzel s. zu A 70.

312 *Chénier ... mit seinem Trauerspiel Karl IX.:* Chéniers Tragödie »Charles IX« erschien Paris 1790, nachdem sie im Revolutionsjahr wegen ihres leidenschaftlichen Inhalts und Stils auf der Bühne rauschenden Beifall geerntet hatte. Der GTC 1791 brachte zwölf Szenen aus dem Drama als Monatskupfer, nebst einer Einleitung L.s über das Stück und seine Beziehungen zur Revolution (ebd., S. 210; vgl. Lauchert, S. 125); im übrigen s. zu J 345. – *Chénier:* Marie-Joseph Chénier (1764–1811), Mitglied des Jakobiner-Klubs

und der Gesetzgebenden Versammlungen bis 1804, Generalinspektor des Unterrichts; der große frz. Dramatiker der Revolution. – *Karl IX.:* (1550–1574), seit 1560 König von Frankreich; seine Mutter, Katharina von Medici, erlangte sein Einverständnis zur Bluttat in der Bartholomäusnacht. – *qui put . . . cocus:* Was direkt auf den Magistrat, die Finanzleute und auf betrogene Ehemänner bezogen werden könnte. – *Siehe . . . p. 51:* Gemeint ist J 345.

313 *Die schlechte Grabschrift auf Lessing:* S. zu J 239. – *nicht . . . lapidarisch, sondern . . . lignös:* Lapidarisch ›in Stein gehauen‹; im übertragenen Sinn ›kurze und ausdrucksvolle Inschriftensprache‹; lignös ›holzig‹. – *jung:* Von L. verbessert aus *junge*. – *Entschlafene:* Danach von L. gestrichen *Gattin*. – *Immatura . . . meos:* Die röm. Grabschrift, aus der das lat. Zitat entnommen ist, lautet (Burmann, Anthologia veterum latinorum epigrammatum et poematum, Amsterdam 1759–1773 in zwei Bdn; Bd. 2, S. 141): »Quid gemis heu tanto felicia funera luctu? / turbantur lacrimis gaudia postra tuis. / parce, precor, questus tristes effundere. vixi: / non erat in fatis longior hora meis. / immatura peri: sed tu diuturnior annos / vive meos, conjux optime, vive tuos«. Was seufzt du in Trauer an der glücklichen Grabstelle? Durch deine Tränen wird die Freude getrübt. Halte dich, ich bitt dich darum, mit dem Vergießen trauriger Wehklagen zurück, ich habe nur die Seiten gewechselt: in meinen Stunden wird es nicht länger Ermüdung geben, ich habe zu früh sterben müssen: aber du, der du länger lebst, lebe meine Jahre, bester Gemahl, lebe deine!

314 *Prosektoren:* Vorschneider, Vorzergliederer menschlicher Körper; der zweite Lehrer der Anatomia auf Hochschulen. – *Hebenstreit . . . Dissertation geschrieben:* Johann Ernst Hebenstreit (1703–1757), Arzt und Botaniker, Prof. in Leipzig, Collegiatus des Fürstencollegs im Immerwährenden Reichstag, überdies wegen seiner lat. Dichtungen als »Deutscher Lukrez« gefeiert. Die Dissertation schrieb er 1741 für den Kandidaten August Traugott Troppanneger. In Göttingen war sie 1751 in dem Sammelwerk von Haller, »Dispositiones anatomicae« erschienen. – *De . . . administris:* Über die Hilfschmarotzer in der Anatomie. Mit Hilfschmarotzer wird eine Milbenart bezeichnet, die ihrem Wirt insofern von Nutzen ist, als sie ihn von anderen Parasiten befreit.

315 *Digby:* Sir Kenelm Digby (1603–1665), Schiffskommandant und Diplomat.

316 *Howard . . . für die Wirtshäuser:* Dieser Gedanke kehrt J 327 wieder und ist in den Hogarth-Erklärungen (III, S. 720) verwertet.

317 *Säulen an Carlton House:* Im Londoner Stadtbezirk Westminster gelegener Herrschaftssitz der Witwe Frederik Louis', des Prinzen von Wales, Augusta von Sachsen-Gotha. – *paßt:* In der Handschrift *passen*. – *Grätzels Säulen:* »Unter den ansehnlichen Gebäuden, womit die Allée zu beyden Seiten angebaut ist, nimmt sich rechter Hand gleich beim Uebergang über die Leinebrücke, das Grätzelsche große Wohnhaus prächtig aus.« (Rintel, S. 12). Besitzer war zu dieser Zeit längst Johann Heinrich Grätzel jun. (1736–1820), Tuchfabrikant in Göttingen. – *Care . . . verita:* Pasquino: Liebe Säulen, was macht ihr da? Säulen: Wir wissen es wahrlich selber nicht. – *Pasquino:* Ital. ›Schalknarr, bösartiger Witzling‹; ursprünglich der Name eines witzig-spöttischen Schuhmachers aus Rom; die Bezeichnung für eine beschädigte Bildsäule an der Ecke des Palastes Orsini (wo die Bude dieses Schuhmachers

gestanden haben soll), an welche Schmäh- und Spottschriften angeschlagen wurden.

318 *Meierotto . . . Exempelbuch . . . geschrieben:* In der Tat stammen beide von L. genannten Bücher von Johann Heinrich Ludwig Meierotto und sind 1790 zu Berlin erschienen. »Gedanken über die Entstehung der Baltischen Länder, vorgelesen den 1. Okt. 1789 in der öffentlichen Versammlung der K. Akademie der Wissenschaften«, Berlin 1790; Johann Heinrich Ludwig Meierotto (1742–1800), Schulmann in Berlin, Historiker und Schriftsteller. L. besaß von ihm »Ueber Sitten und Lebensart der Römer«, Berlin 1776, 2 Bde. (BL, Nr. 971). – *Forster . . . in seiner Rezension:* Georg Forsters Rezension der »Gedanken über die Entstehung der baltischen Länder« findet sich in den GGA 1790, S. 508–512; vgl. auch Brief an Georg Forster vom 30. August 1790.

319 *Der verstorbene Moors:* Friedrich Maximilian Moors aus Frankfurt, Studienfreund L.s., studierte ab Oktober 1765 Jura an der Georgia Augusta; Bruder von Goethes Jugendfreund. Vgl das Stammbuchblatt, III, S. 651. – *bona fide:* Lat. ›gewissenhaft, treulich‹.

320 *In einem theologischen Werk . . . allerauferstandenteste Heiland:* Zu L.s Sammlung von Versprechern auf religiösem Gebiet s. auch zu J 272. – *Lavater . . . in seiner Monatsschrift:* Lavaters Monatsschrift »Antworten auf wichtige und würdige Fragen und Briefe weiser und guter Menschen«, Berlin 1790, 2 Bde. zu je 6 Stücken.

322 *Wenn wir würklich die freien Wesen wären . . .:* Zu dieser Reflexion s. zu J 275. – *Wir müßten Donnerwetter durch ernstliches Wollen aufhalten können:* Vgl. J 775.

323 *Hier wo die Krankheiten so wohlfeil . . .:* Der Gedanke ist in »Das Luftbad« (III, S. 125) verwertet, Leitzmann (a.a.O., S. 261 zu J 308 seiner Zählung) vermutet, *Hier* bedeute Göttingen, wozu aber kein zwingender Grund vorliegt.

324 *Kühn: Von Deutschland . . . schlechte:* Karl Gottlob Kühn (1754–1840), Prof. der Medizin zu Leipzig, zahlreiche medizinische und auch physikalische Veröffentlichungen; er hatte in der Vorrede zu seiner Übersetzung von Brooks »Vermischten Erfahrungen über die Electricität, die Luftpumpe und das Barometer«, Leipzig 1790, S. XIV, die hier zitierten Sätze ausgesprochen, gegen die sich L. dann in den »Anfangsgründen der Naturlehre«, S. 38 eingehend erklärte; vgl. auch Brief an Karl Friedrich Hindenburg vom 14. Mai 1791. L. besaß das Werk von Brook in dt. Übersetzung (BL, Nr. 385); Abraham Brook, engl. Buchhändler und Elektrophysiker, dessen Werk Norwich 1789 erschienen war; Erfinder eines exakten Elektrometers. – *Das Beispiel von meinem Freunde Tralles:* Johann Georg Tralles (1746–1822) aus Hamburg, am 7. Oktober 1783 als Student der Mathematik in Göttingen immatrikuliert; Schüler L.s, ab 1785 Mathematik- und Physikprof. in Bern; seit 1786 Hrsg. des »Physicalischen Taschenbuches«, Göttingen; seit 1804 in Berlin. – *Deluc . . . läßt . . . seine Hygrometer von Haas machen:* Jakob Bernhard Haas (gest. 1840?) aus Biberach in Schwaben, Instrumentenmacher in London, später in Lissabon. – *S. unten p. 60:* Gemeint ist J 430.

327 *bereiste die Wirtshäuser so wie Howard:* Zu diesem Gedanken vgl. J 316 und Anm.

330 *Sonnenschein aus der zweiten Hand:* Diese Wendung ist in den Hogarth-Erklärungen (III, S. 702) verwertet.

331 *Kühn. Wieviel Mühe . . . Instrumente komparabel zu machen:* Vgl. auch J 324. – *Hygrometer:* S. zu D 116. – *Eudiometer:* Instrument zur Bestimmung des Sauerstoffgehaltes in der Luft. Über seine eudiometrischen Beobachtungen berichtet L. in der »Nachricht von einigen allhier angestellten Eudiometrischen Beobachtungen« im »Göttingischen Magazin«, 2.Jg., 6. St., 1782.

333 *Aus meiner Erde die zu einer Kugel . . . wird könnte ein guter Traum gemacht werden:* Dieser Gedanke ist im GTC 1794 ausgeführt worden (III, S. 107–111); vgl. auch KIII, S. 47. – *Turmalin:* Darüber s. zu D 729. – *Hälfte von Afrika:* Von L. verbessert aus *gantze Lombardey*.

336 *Narzisse mit verbundenem Hals:* Bezieht sich möglicherweise auf J 291.

337 *in meiner Krankheit . . . die Dinge nicht mehr denke und fühle ohne mich . . . mit zu fühlen:* Zu L.s Krankheit s. zu J 4. – *alles wird subjektiv bei mir:* Vgl. auch J 252, 289. – *Differential:* Zum diesem Begriff s. zu F 793. – *wer setzt dem Menschen Ehrensäulen, der sich aus einem alten Weibe zum Manne macht:* Ähnlich schreibt L. im Brief an Georg Forster vom 1. Juli 1791.

339 *Übe, übe deine Kräfte . . . endlich maschinenmäßig werden:* Zu L.s Notierung von Maximen für das eigene Arbeiten s. zu D 53.

340 *Menagerie von Spitzbuben und Huren:* Vgl. in diesem Zusammenhang auch J 352.

341 *Ich glaube nicht, daß es . . . unmöglich wäre daß ein Mensch ewig leben:* Zu L.s Reflexionen über das Alter vgl. auch J 928, 961, 1013, 1215.

342 *Hypothesen und Theorien haben um seine Kenntnisse zu organisieren:* S. zu J 278, 373, 387.

343 *Dieses drückt meinen Zustand . . . aus:* Zu L.s Krankheit s. zu J 4 und zu J 252.

344 *Milchstraße von Einfällen:* Diese Wendung kehrt auch J 437 wieder. – *von:* Danach von L. gestrichen *funckelnden*.

345 *Von Karl dem IX . . . die Treuttelsche Übersetzung:* Über Chéniers Tragödie s. zu J 312. Die Übersetzung erschien Straßburg 1790 im Verlag von Treuttel, der im »Intelligenz-Blatt« des »Journals des Luxus und der Moden«, 1790, Nr. 3, S. 30 folgende »Ankündigung« veröffentlichte: »Ankündigung, Karl der Neunte, Trauerspiel, aus dem französischen des Herrn von Chenier übersetzt. Der Ruhm dieses Trauerspiels ist entschieden. Noch nie hat ein Schauspiel so ganz geradezu die religiöse Schwärmerey, die Tyranney, den Hofdepotismus in Frankreich angegriffen, wie dieses; es ist das erste, welches in Wahrheit ein Nationalschauspiel und die Zierde und das Siegel der französischen Freyheit genannt werden kann. Umsonst war es, daß die hohen Geistlichen bey dem Könige um dessen Unterdrückung anhalten wollten, er wies sie ab. Der blutgierige Verfolgungsgeist, der zu Zeiten Karls IX. am französischen Hofe regierte, wird hier in seiner Blöße aufgedeckt; der Kardinal von Lothringen wird ohne Scheu in seiner priesterlichen Kleidung auf die Bühne gebracht, wie er bey der sogenannten Pariser Bluthochzeit den schändlichsten Befehl zum Mord ertheilte, und durch das dumpfige Signal der Sturmglocke den Bürgern das Zeichen geben ließ, ihren Brüdern den Dolch ins Herz zu stoßen. Im gegenseitigen Falle erfreut man sich der Person des schätzbaren Kanzlers de l'Hopital, welcher unstreitig die schönste Rolle in diesem Stücke spielt. Dieses Trauerspiel wurde zu Paris in fünf Tagen viermal und in einem Monat neunzehnmal aufgeführt, und noch immerfort ist der Zulauf bey dessen Vorstellungen ausnehmend groß. Ganz Frankreich erwar-

tet dessen Bekanntmachung mit der größten Ungeduld – es ist zu vermuthen, Teutschland werde mit Vergnügen vernehmen, daß gegenwärtig eine kraftvolle teutsche Uebersetzung, durch einen in Paris wohnenden Gelehrten bearbeitet, unter der Presse ist, die zur nämlichen Zeit als das französische Original, erscheinen wird. Die Herrn Buchhändler sind gebeten, ihre Bestellungen sobald als möglich einzusenden, damit solche in der ersten Neuheit erfüllt werden können. Straßburg den 10ten Hornung 1790. Treuttel Buchhändler.« Jean George Treuttel (1744–1826), einer der führenden Verleger in Straßburg.

346 *In England heißen die Buchhändler ...:* Im Roten Buch, S. 132, notiert L.: »Leichensteine (Tombstones) große Folianten.« – *(Grabsteine):* In der Handschrift ohne Klammern unter *Leichensteine*.

347 *Von einem Kind ... die kleine Brief-Taube:* Womöglich Eintrag zu dem geplanten Roman; auf einem Oktavblatt findet sich eine andere Version: »Die Taube bringt offizielle Nachricht.« (s. Joost, Verstreute Notizzettel Lichtenbergs, in: Photorin 2, 1980, S. 41–44). – *billet doux:* Frz. ›Liebesbrief‹.

348 *Im Adreß-Kalender stehen die Professoren ... nach der Land-Miliz:* In dem »Königlich Grossbritannischen und Churfürstlich Braunschweig-Lüneburgischen Staatskalender«, den L. stätestens seit 1789 als Tagebuch (SK) benutzte, folgt das Personalverzeichnis der Universität Göttingen unmittelbar auf die Anciennitätsliste des Militärs (BL, Nr. 42); vgl. auch J 512, SK 121, 1014.

350 *parallelen Augen-Axen:* Zu dieser Wendung vgl. E 216. – *Axen:* Danach von L. gestrichen *schräg aufwärts voll sonst.* – *Strahl:* Danach von L. etwas gestrichen.

351 *In England wurde bei einem politischen Frauenzimmer-Club festgesetzt:* Diese Anekdote ist in der Erklärung von Hogarths »Das Hahnen-Gefecht« im GTC 1791, S. 195, verwertet.

352 *Lukian:* Gemeint ist Lukians Roman »Lukios oder der Esel«, der durch Apulejus bearbeitet wurde und seinerseits auf der älteren Dichtung eines gewissen Lukius beruht. Lukian aus Samosata (um 120–185), griech. Schriftsteller, hielt Vorträge als Wanderlehrer; später kaiserlicher Sekretär in Ägypten; kritisiert mit den Mitteln der Satire, Parodie und Ironie die Gebrechen seiner Zeit. – *Heliodor:* Gemeint ist »Theagenes und Chraikleia« des Heliodoros von Emesa in Syrien (3. Jh. n. Chr.), griech. Schriftsteller, dessen »Äthiopische Geschichten um Thaagenes und Charikleia« auf Tasso, Cervantes, Calderon und den Roman der Barock-Zeit gewirkt haben. – *Ariosto:* Gemeint ist der »Rasende Roland«. – *Spenser:* Gemeint ist die »Fairy queen« von Edmund Spenser (ca. 1552–1599), engl. Lyriker. – *Lesage:* Alain-Réne Lesage; gemeint ist der »Gil Blas«; s. zu F 69.

353 *Nachhallen eines schweren Donnerschlags des Aberglaubens:* S. zu J 249.

354 *Die unnützesten Schriften in unsern Tagen ... die moralischen:* Zu L.s Auffassung der christlichen Lehre vgl. auch J 235, 295. – *Bemerkung eines Unbekannten:* Der hier und J 355, 356 zitierte, T. H. W. unterzeichnete Brief findet sich in »The Gentleman's Magazine« 1789, 1, S. 413: »Many learned men have idly wasted much time and ingenuity, while they amused themselves with composing refined treatises on morality, which are in fact little more than gaudy decorations and ornamental appendages to the ten commandments« (ebd., S. 415); kurz darauf folgt der Ausspruch Omars. – *Omar:* Omar

I. (um 592–644) aus Medina, Kalif von 634–644; Mitbegründer des islam. Kalifats. – *Brand der Alexandrinischen Bibliothek:* Name der beiden von Ptolemaios II. Philadelphos (283–246 v. Chr.) gegründeten Bibliotheken in Alexandria, der neuen ägypt. Hauptstadt, dem Zentrum der griech. Kultur als Weltmacht; ihr Bestand von ungefähr 700 000 Buchrollen wurde im alexandrinischen Krieg 47 v. Chr. durch Brand vernichtet. – *dann muß man sie verbrennen:* Zum Verbrennen von Büchern vgl. E 309 und Anm., J 328.

355 *Shadwell schrieb ... the Virtuoso:* Thomas Shadwell (um 1642–1692), engl. Dramatiker. – *wie Aristophanes den Sokrates:* Aristophanes (um 445 v. Chr. bis um 385), griech Dramatiker; von 44 Werken in der Alexandrinischen Bibliothek sind 11 erhalten; gilt als Vollender der alt-attischen Komödie. – *T. H. W. nennt ... coarse trash:* Die Stelle findet sich in dem zu J 354 nachgewiesenem Journal, S. 416.

356 *T. H. W. verteidigt den Sokrates sehr gut:* Bezieht sich auf das zu J 354 nachgewiesene Journal, S. 416 und Anm., die dem letzten Satz von L.s Notiz entspricht. – *Sternseher:* Von L. verbessert aus *Astronomen.* – *Theophrastus und Aristoteles ... physikalische Werke hinterlassen:* Theophrastos von Eresos (371–287 v. Chr.), griech. Philosoph, Logiker und Naturforscher, Schüler von Aristoteles und dessen Nachfolger an der peripatetischen Schule.

357 *Wörter-Welt:* Vom »niedrigen Bezirk der französischen Buch- und Wörterwelt« spricht L. im GTC 1791, S. 211, in der »Erklärung der Monats-Kupfer« zu Chéniers »Bartholomäus-Nacht«; hierzu s. auch zu J 312 und 345. Im übrigen vgl. Jost Andreas Müller, Anmerkungen zu einigen Aphorismen Lichtenbergs, in: Neue Zürcher Zeitung Nr. 109, vom 23. April 1967.

358 *viele rechtschaffene Christlichen ... in corpore ... nie viel wert gewesen:* Zu diesem Gedanken vgl. J 425. – *in corpore:* Lat. ›in seiner Gesamtheit, im Ganzen‹; s. zu J 249.

359 *Ein solches Tier ... der Despotismus:* Zu L.s politischer Auffassung gegen Monarchie und zur Frz. Revolution s. auch zu J 207, 285, 364. – *Kinder:* Von L. verbessert aus *Mensch[en].* Dieser Gedanke wird J 360 weitergeführt.

360 *die Hunde ... Wespen und die Hornisse ... könnten ... sich vielleicht der Welt bemächtigen:* Vgl. auch J 359.

361 *Gentleman's Magazine:* Vgl. »The Gentleman's Magazine« 1789, 1, S. 421 f.; die Notiz ist einem »Retrospector, The etymon of Signs« unterzeichneten Brief entnommen.

362 *Als die ersten Kartoffeln nach England kamen und auf ... Raleighs Gütern gebaut:* Sir Walter Raleigh (um 1552–1618), engl. Seefahrer und Schriftsteller. Beute- und Entdeckungszüge nach Übersee; wandte sich gegen die Weltmachtstellung Spaniens. Unter Jakob I. wurde er zum Tode verurteilt und 1618 hingerichtet. Kriegerisch wie kaufmännisch unternehmungslustig, wissenschaftlich wie künstlerisch interessiert, ist Raleigh eine charakteristische Gestalt des Zeitalters Elisabeths I. – *ibid. p. 437:* Die Bemerkung aus dem »Gentleman's Magazine« 1789, S. 437 ist einer anonymen Rezension von Holts »Characters of the Kings and Queens of England« entnommen.

363 *Zimmermann buhlt um:* Zu dieser Wendung vgl. J 374. – *Jupiter um ... Europen buhlte:* Zu diesem Bild aus der griech. Mythologie s. zu C 93.

364 *in Frankreich entstandene Freiheit:* Zu L.s Auffassung von der Frz. Revolution s. zu J 359 und 380. – *das Tier in Gevaudon:* Dazu s. zu C 362.

366 *Raynal:* Guillaume Thomas François Raynal (1713–1796), frz.

Schriftsteller, Prediger und Freigeist; widmete sich philosophischen und historischen Studien; »Histoire philosophique et politique des establissements et du commerce des Européens dans les deux Indes« (Amsterdam 1771). S. auch zu J 380.

367 *Dieterich beinah ... erschlagen:* Über diesen Vorfall berichtet L. auch im Brief an Friedrich Ludwig Wilhelm Meyer vom 16. März 1789. – *Worten aus dem Haller:* Der dem Horaz entliehene Gedanke Albrecht von Hallers findet sich fast wörtlich in seiner Ode »Die Tugend« (in dem zu D 132 nachgewiesenen Werk, S. 51). Auch im GTC 1797, S. 128 Anm., wird in »Ein Paar vulcanische Producte für den Menschenbeobachter« diese Stelle zitiert und in »Über Gewitterfurcht und Blitzableitung« (III, S. 131) darauf angespielt.

368 *Extractum ... inspissatum:* Das Extrakt aus dem Stengel und der Wurzel des Taraxacum in einer Salzlösung bereitet und bis auf die Konsistenz von Honig eingedickt. – *Taraxaci:* Lat. Taraxacum: Botanische Gattungsbezeichnung für Kräuter mit grundständigen, ganzrandigen, gezahnten, buchtigen oder schrotsägeförmigen Blättern, blattlosen, meist einköpfigen Blütenschächten und länglichen Achänen mit feinen Pappushaaren; z. B. gemeiner Löwenzahn, Butterblume.

369 *die katholische Religion die Gottfresserin:* Zu diesem Gedanken vgl. J 926. Den Ausdruck »Gottfresser« gebraucht L. auch im Brief an Johann Friedrich Blumenbach vom 7. Februar 1799 bezüglich Fichtes Atheismus. Anspielung auf die katholische Abendmahlspraxis; s. a. an Forster, 18. Februar 1788.

372 *Hier verfällt ... in seine Muttersprache:* Zu dieser Wendung vgl. J 371. – *Don Zebra:* S. zu F 1197.

373 *die Taubstummen:* S. zu F 373. – *in Hypothesen unter fremden Bildern die Wahrheit reden:* Vgl. auch J 278. – *Lesage's Theorie:* In »Lucrèce Newtonien«, Berlin 1784, versucht Lesage in Auseinandersetzung mit den antiken atomistischen Philosophen zu beweisen, daß die Newtonische Philosophie mit einem atomistisch-mechanischen Weltbild zu vereinbaren sei. Lesage nimmt insofern eine Sonderstellung ein, als er, entgegen der vorherrschenden Meinung, ohne Newtons »absoluten Raum« und dessen theologische und antimechanistische Konnotationen eine rein materialistische Substanzlehre ableitet.

374 *Levaillant in seinen Reisen:* Von Levaillants »Voyages dans l'intérieur de l'Afrique, par le cap de Bonne Espérance, dans les années 1780, 81, 82, 83, 84 et 85« erschienen die ersten beiden Bde. Paris 1790 (in dt. Übersetzung von Reinhold Forster, Berlin 1794, Bd. 2, S. 198). L. begann ihre Lektüre laut Tagebuch am 26. Juni 1790. Auszüge daraus veröffentlichte er in dem Aufsatz »Auch unter den Hottentotten gibts ganze Leute« im GTC 1791, S. 125. François Le Vaillant (1753–1824), frz. Naturwissenschaftler und Afrikareisender. – *bemerkt daß die Adler auch Aas fressen:* Vgl. Le Vaillant, a.a.O., S. 299. – *Jupiter ... buhlte um Europens Beifall:* Vgl. auch J 363 und zu C 93. – *Hörner:* Danach von L. gestrichen *Und so we[iter].*

375 *Herrn Z.:* Gemeint ist Zimmermann. – *Wenn es I schlägt soll er bedenken:* S. zu C 210; zu ergänzen: »Du bist ein Mensch«.

376 *Zimmermanns Fragmente:* Gemeint sind die »Fragmente über Friedrich II. zur Geschichte seines Lebens, seiner Regierung und seines Charakters«, erschienen in 3 Bdn. Leipzig 1790. – *das Buch ... gedroschen ... gesichtet ...*

geworfelt werden: Zu diesem Bild vgl. J 185. – *eigentlich:* Von L. verbessert aus *noch besser.*

377 *Z. sagt immer nie keinen ... daß ich sehe anstatt sähe:* Gemeint ist das zu J 376 nachgewiesene Werk von Zimmermann. – *übersetzte er Hertzbergs Worte:* Vgl. Zimmermanns »Fragmente«, Bd. 3, S. 276. Ewald Friedrich Graf von Hertzberg (1725–1795), 1763–1791 preuß. Staats- und Kabinettsminister. – *Mirabeau ... puerilement:* Mirabeau drohte kindisch. – *ist:* Danach von L. gestrichen *wo nicht.* – *Hasenfuß:* Zu diesem Schimpfwort vgl. auch F 500. – *Gecken:* Von L. verbessert aus *Buben.* Zimmermann bezeichnet in den »Fragmenten«, Bd. 3, S. 276, so die Berliner Aufklärer.

379 *Non ... sunt:* Sie denken nicht, also existieren sie nicht. Abwandelnde Anspielung auf den berühmten Satz von Descartes, den L. in J 380 zitiert.

380 *Die französische Revolution das Werk der Philosophie:* Daß Montesquieu und Voltaire die geistigen Urheber der Frz. Revolution seien, ist ein Gedanke, über den sich Zimmermann, »Fragmente«, Bd. 1, S. 275 eingehend verbreitet. Vgl. auch J 366. – *was für ein Sprung ...:* Diesen Gedanken verwertet L. im GTC 1791, S. 212 in »Erklärung der Monats-Kupfer« zu Chéniers »Bartholomäusnacht«. – *cogito, ergo sum:* Ich denke, also bin ich. S. zu J 379. – *Schall der letzten Posaune:* Zu dieser Wendung s. zu D 530.

381 *Rosenkranz Methode kann ... nicht schaden:* Anspielung auf das katholische Rosenkranz-Beten. Vgl. Brief an Georg August Ebell, spätestens Februar 1783. (Briefwechsel II, S. 542).

383 *Levaillant ... Guguck ... Didric heißt:* Das zu J 374 nachgewiesene Werk in der Forster-Übersetzung, S. 183; von L. wegen der Anspielung auf Dieterich notiert.

384 *in den Kuhstall einmietet:* Zu diesem Gedanken vgl. J 385. Die Kuhstalltherapie, die im 18. Jh. tatsächlich ärztlich empfohlen wurde, erwähnt L. auch in den Hogarth-Erklärungen (III, S. 1052).

385 *Logis im Kuhstall parat:* S. zu J 384.

387 *Hypothesen dienen ... Menge von factis zu behalten ... dem, der sie erfindet, eine Menge anzubringen:* Vgl. auch J 392. – *die Geogonien:* Geogenie ist der Fachausdruck für Theorien, die sich mit der Entstehung der Erde beschäftigen; vgl. zu den zeitgenössischen Theoriemodellen auch J 95.

389 *zerschnitt ... Gesicht:* Von L. verbessert aus *brachte ich ihn ums Leben.*

391 *Oben ... die Zeile:* Gemeint ist J 389.

392 *Sinn ist Ordnung und Ordnung ... Übereinstimmung mit unserer Natur:* L. gibt eine psychologische Erklärung für einen der Grundgedanken der kantischen Philosophie, daß der Verstand »der Ursprung der allgemeinen Ordnung der Natur [sei], indem er alle seine Erscheinungen unter seine eigenen Gesetze faßt und dadurch allererst Erfahrung ihrer Form nach a priori zustande bringt, vermöge deren alles, was nur durch Erfahrung erkannt werden soll, seinen Gesetzen notwendig unterworfen wird« (Kant, »Prolegomena zu einer jeden künftigen Metaphysik, die als Wissenschaft wird auftreten können«, 1783, §38). Vgl. auch J 387. – *Um:* Danach von L. gestrichen *etwas zu.* – *Genera und Species bei Pflanzen und Tieren:* S. auch zu C 292. – *Die Frage aber ist, ob alles für uns lesbar:* S. zu F 694. – *für uns:* Danach von L. gestrichen *lesbar ist.* – *nicht die Absicht dieser Lagen:* Vgl. dazu E 469. – *wir:* Von L. verbessert aus *ma[n].*

393 *Die Versuche ... des Lesage die Schwere, Attraktion und Affinitäten*

mechanisch zu erklären: S. zu J 373. Attraktion und Affinität sind Begriffe mittels derer die physikalische Theorie des 18. Jh.s versuchte, das dynamische Verhältnis zwischen Körpern zu beschreiben; während Attraktion lediglich das Faktum der Anziehung bezeichnet, sollte über das Begriff der Affinität erklärt werden, warum bestimmte Körper in einem bestimmten Verhältnis zueinanderstehen. Zu Attraktion s. auch zu A 170. *– gehört . . . hieher:* Vgl. J 392. *– Wenn jemand eine Uhr machen könnte . . . Rechenmaschine:* Zur Schreibweise s. zu D 53. *– was ist der Calcul anders, als etwas dieser Maschinerie Ähnliches:* Bezieht sich auf Lesage's Theorie, der über die Anwendung mathematischer Prinzipien, den Einfluß der Gravitationskraft auf Körper bestimmen wollte. Vgl. Lesage, »Lucrèce Newtonien«, Berlin 1784, S. 27–31.

394 *In Frankreich . . . Pensions-Anstalten für Pferde:* Vgl. auch J 447. *– Pferde:* Von L. verbessert aus *Hen[gste].*

396 *Bei Franklins Tod . . . Flöre an die Blitzableiter hängen:* Benjamin Franklin, der Erfinder des Blitzableiters, war am 17. April 1790 gestorben.

397 *Blumen zu pflanzen:* Zu L. als Blumen- und Gartenfreund vgl. z. B. die Briefe an Friedrich August Lichtenberg vom 16. April und 21. Juni 1790, an Johann Christian Dieterich vom 7. Mai 1790 und 14. Mai 1791. *– Fraxionelle:* Fraxionatus, Gattung der Oleazeen, z. B. Esche. *– Ocimastrum:* Ocimum, Gattung der Labiaten, z. B. Basilikum. *– Sturmhut:* Gattung der Ranunkulizeen, z. B. Eisenhut. *– Sinngrün:* Immergrün. *– Convolvulus non convolvulus:* Gattung der Convolvulus, aufrechte oder niederliegende, meist windende Halbsträucher, z. B. Kornwinde. *– Mäuseohren:* Gattung der Voraginazeen, z. B. Vergißmeinnicht. *– Lavatera:* Gattung der Malvazeen, z. B. Staudenpappel. *– Modejournal:* L. notierte sich diese Blumen aus dem Aufsatz »Über Englische Garten-Anlagen auf beschränkten Plätzen« im »Journal des Luxus und der Moden«, Bd. 5, Juni 1790, S. 314–316. Vgl. auch J 577.

398 *Ein Pabst . . . tat die Leute in den Bann, welche an Antipoden glaubten . . . :* Diese Sätze hat L. fast wörtlich zu einer Miszelle im GTC 1791, S. 183 f., verwertet. Zu L.s Kritik am Papst vgl. auch J 137, 272 und Anm. *– Antipoden:* Die Annahme, daß die Erde eine Scheibe sei, warf die Frage nach der Existenz von Menschen auf der unteren Seite der Scheibe auf (griech. Antipode ›Gegenfüßler‹; im theologischen Disput in Zusammenhang von Universalität der Erbsünde und Erlösung diskutiert; Papst Zacharias verurteilte im Jahre 748 n. Chr. Virgilius, später Erzbischof von Salzburg wegen seines Glaubens an Antipoden. S. auch J 1451 und Anm. *– Zacharias:* Grieche aus Unteritalien, 741–752 Papst, bedeutender Kirchenpolitiker. *– wenn:* Von L. verbessert aus *weil.* *– haben:* In der Handschrift *verschenckten.*

400 *bei Gelegenheit von Feders und Meiners philos. Bibliothek . . . gesagt:* Die Rezension des ersten, Göttingen 1788 erschienenen Bandes der »Philosophischen Bibliothek« von Feder und Meiners, von der bis 1791 vier Bde. erschienen, findet sich in der »Allgemeinen Literaturzeitung« 1790, 3, S. 207 ff.; der wörtlich zitierte Schlußsatz ebd., S. 224. *– Feders Abhandl. über den Begriff einer Substanz:* »Philosophische Bibliothek«, hrsg. von Johann Georg Heinrich Feder und Christoph Meiners, Bd. 1, Göttingen 1788. Zu Spinoza s. zu J 275, 292. *– beleuchtet wird:* Danach von L. gestrichen *gesagt.* *– πρῶτον ψεῦδος:* Griech. ›Falscher Grundgedanke, falsche Voraussetzung‹.

401 *Die Deutschen Gesellschaften setzen Preise auf das beste Trauerspiel:* Zu L.s

Kritik an den sog. »Gesellschaften« vgl. auch B 306. – *philosophisches Gedicht, wie das des Lukrez:* Gemeint ist dessen philosophisches Lehrgedicht »De rerum natura«, das die Poesie zu Aufklärungszwecken der Naturlehre unterstellt. L. spielt hier sicherlich auf Lesages »Lucrèce Newtonien« an; vgl. auch J 392, 393 und Anm. – *da könnte man wagen, was man in einem philosophischen Traktat nicht wagen könnte:* Zu L.s Meinung zu spaßigen Lehrgedichten vgl. »Von dem Nutzen, den die Mathematik einem Bel Esprit bringen kann«, III, S. 314; vgl. auch K 201, 202. – *Die Spanier sollen schon aires fijos haben:* Lat. aer fixus ›fixe Luft‹; s. zu F 1115. José de Viera y Clavigo (1731–1831), span. Geistlicher und vielseitig gelehrter Schriftsteller, veröffentlichte 1780 in Madrid eine Abhandlung über »Los Ayres Fixos – Poema didactico, en quatro lautos«.

404 *Med.:* S. zu F 75.

405 *Gott ... unbekannten Obern ... dessen Jesuiten die Theologen:* Zu L.s Kritik am Katholizismus vgl. auch J 235, 238 und Anm. zu J 269.

406 *Molé ... hat erwiesen:* Eduard François Matthieu Molé de Champlatreux (1760–1794), 1788 Parlamentspräsident. – *Kardinal de Lorraine:* Charles de Lorraine, genannt Kardinal von Lothringen; Gegner der Hugenotten, von politischem Einfluß auf Franz II. – *Bluthochzeit:* Bartholomäusnacht, vgl. auch zu J 312, 345, 357. – *Mercure de France:* Das erste und bedeutendste literarische Periodikum Frankreichs, 1672–1935. – *Auszug ... in dem Esprit des Journaux:* »Précis historique sur le cardinal de Lorraine, addressé au redacteur de l'année littéraire; par m. l'abbé de S. Lo^{xxx}«, erschienen in »L'esprit des Journaux«, Februar 1790, S. 220–227; L. zitiert S. 222. Zum Vergleich s. auch Chéniers zu J 297 genanntes Drama und L.s Darlegung im GTC 1791, S. 213. – *intolerant:* Von L. verbessert aus *tolerant.* – *Laplace:* Pierre de Laplace (1520–1572), Jurist, Moralist und Historiker: »Commentaires de l'état de la religion et de la republique sous les rois Henri II, Francois II, Charles IX«, 1565. – *1565:* Von L. verbessert aus *1567.* – *Bien ... l'evangile:* Gleichwohl war er der Ansicht, sagt Laplace, daß die, welche unbewaffnet und aus Angst verdammt zu werden, zwar in die Kirche gingen, die Psalmen sängen, aber nicht an der Messe teilnähmen, und zudem andere Eigenarten aufweisen würden; und da die Strafen bis jetzt keine Wirkung gezeigt hatten, müßte sich der König dafür einsetzen, daß man sie nicht mehr strafrechtlich verfolgt; er war entsetzt über die Härte, mit der Hinrichtungen ausgeführt wurden; und wenn sein Leben oder sein Tod diesen armen Menschen in irgendeiner Weise nützen könnte, dann würde er sehr viel Mut und Liberalität beweisen; aber die Bischöfe und andere ehrwürdige Persönlichkeiten sollten daran arbeiten, sie zurückzugewinnen und ihre religiösen Überzeugungen gemäß der heiligen Schrift zu korrigieren. – *Corripe ... ipsum:* Tadle deinen Nächsten zwischen dir und ihm selbst. – *Coligny:* Danach von L. gestrichen *war so.* Gaspard de Coligny, (1519–1572), frz. Heerführer und Staatsmann, 1552 unter Heinrich I. Admiral von Frankreich, Führer der Hugenotten, 1572 erstes Opfer der Bartholomäusnacht. – *allein er:* Danach von L. gestrichen *gründete sich.* – *er haßte ihn nicht ... aus christlicher Liebe:* Zu dieser Wendung vgl. GTC 1791, S. 216: »So hat auch immer der eigentliche Mensch gedacht, bis Pfaffen ihn lehrten ... seinen Nächsten aus christlicher Liebe zu hassen.«

407 *Das Journal, Deutsche Monatsschrift betitult:* Die Zeitschrift erschien in Berlin ab 1790. – *Vieweg:* Hans Friedrich Vieweg (1761–1835), gründete 1786

in Berlin Verlag und Buchdruckerei; später Zusammenschluß mit Campes Verlag.

408 *Sarpi sagt ...:* Welche Quelle L. vor Augen hatte, läßt sich nicht ausmachen. In der lat. Ausgabe von 1621 heißt die betreffende Stelle (»Historia concilii tridentini«, S. 763): »Cum manifestum esset permisso presbyterorum conjugio futurum, ut omnes affectum et amorem suum in uxorem et liberos adeoque in familiam et patriam convertant ... ut matrimonium presbyteris concedere non aliud sit quam hierarchiam ecclesiasticam destruere et pontificem redigere ad Romae solius episcopatum.« Sobald das Manifest den Geistlichen die Heirat gestatten würde, würden alle ihr Gefühl und ihre Liebe ihren Frauen und Kindern und sogar der Familie und dem Vaterland zuwenden ... den Geistlichen die Heirat zuzugestehen würde nichts anderes bedeuten, als die kirchliche Hierarchie zu zerstören und den Papst zum bloßen Bischof von Rom herabzuwürdigen. Paolo Sarpi (1552 bis 1623), ital. Geschichtsschreiber, Gegner des Papstes Paul V. – *Tridentinischen Kirchen-Versammlung:* Das Tridentinische Konzil tagte von 1542 bis 1563, um die durch die lutherische Kirchenreformation entstandenen fundamentalen Streitfragen, besonders die der Episkopal- versus der Papstgewalt beizulegen, beschloß aber die endgültige Trennung von protestantischer und katholischer Kirche. – *Pabst:* Von L. verbessert aus *Bisch[of]*. – *Haupt:* Von L. verbessert aus *alle*.

409 *non liquet:* Lat. ›es ist nicht klar‹; historische Formel, abgekürzt N. L., womit ein Richter auf dem Stimmtäfelchen erklärte, daß er über Schuld oder Unschuld eines Angeklagten nicht entscheiden wolle.

410 *Katachresen:* Katachrese; rhetorischer Kunstausdruck, bezeichnet einen Verstoß des Redners oder Dichters gegen die Einheit des gebrauchten Bildes. – *Vir ... caper:* Zitat aus Vergils »Eklogen« 7, 7, das auf Theokrits »Idyllen« (VIII, 49) zurückgeht: »compulerantque greges Corydon et Thyrsis in unum / Thyrsis ovis, Corydon distentas lacte capellas / ... / huc mihi, dum teneras defendo a frigore myrtos / vir gregis ipse caper deerraverat« Corydon und Thyrsis hatten ihre Herde an die gleiche Stelle geführt / Thyrsis Schafe, Corydon vor Milch schwellende Ziegen / ... / Dahin war mir, als ich die empfindlichen Myrten vor dem Nachtfrost zudeckte, / der Mann der Herde, ja der Bock, weggelaufen (übersetzt nach F. Klinger, Virgil, Zürich 1967).

411 *accidens praedicabile ... praedicamentale:* Anspielung auf Aristoteles Kategorienlehre, die zwischen Prädikamenten, den eigentlichen Kategorien und den Prädikabilien, Kategorien zweiter Ordnung, wie Gegensatz, Gleichzeitigkeit, Folge usw. unterscheidet.

412 *Vestra Salus, nostra Salus:* Lat. ›Euer Heil, unser Heil‹.

413 *Achilles, das Hauptargument einer Sekte:* Held der griech. Sage aus Phytia in Thessalien, Sohn des Myrmidonenkönigs Peleus und der Thetis. L.s Bemerkung bezieht sich vermutlich auf das berühmte Paradoxon von Achill und der Schildkröte, das Zenon von Elea als Argument dafür verwandte, daß es keine Bewegung gebe.

416 *Ainsworth's ... Wörterbuch:* Der »Thesaurus linguae latinae compendarius; or, a compendious Dictionary of the Latin Tongue« von Robert Ainsworth (1660–1743), engl. Lexikograph, erschien London 1736. – *Tuliphurdum:* S. zu K 10; vgl. auch Deneke, Göttingen heißt Tuliphurdum?, in:

Deneke, Aus Göttingen und Weimar. Kleine Funde und Geschichten, Göttingen 1937.

417 *sind:* Danach von L. gestrichen *so m[üste]. – Gänse-Spiel:* S. zu D 381. – *Lesage's Theorie:* S. zu J 374. – *schlimmsten:* Von L. verbessert aus *simpelsten*.

418 *Allgemeines Lesebuch . . . von G. F. Seiler:* Das »Allgemeine Lesebuch für den Bürger und Landmann vornehmlich zum Gebrauch in Stadt- und Landschulen« erschien Erlangen 1790. Georg Friedrich Seiler (1733–1807), seit 1770 Prof. der Theologie in Erlangen, 1775 Konsistorialrat in Bayreuth und Dezernent für das gesamte Schulwesen des Fürstentums Bayreuth; Verfasser zahlreicher Schul- und Volksschriften religiösen Inhalts.

419 *Drurylane Ague:* Drurylane-Fieber; eine hübsche Beschreibung dieser Londoner Theaterstraße und eine Erklärung des Fiebers gibt L. in den Hogarth-Erklärungen (III, S. 758 Fußnote). – *Claps:* Engl. ›Applaus‹.

420 *Die holländische Übersetzung . . . :* »De levens van doorluchtige brieken, onderling vergeleeken door Plutarchus«, erschienen Amsterdam 1789–1809 in 13 Bdn., übersetzt von E. Wasserberg und H. Bosscha.

421 *the universal Conchologist by . . . Martyn:* Thomas Martyn (um 1760–1816), engl. Naturwissenschaftler; »Universal Conchologist« London 1784. – *Konchyliologie:* Die Lehre von den Konchylien (Schnecken und Muscheln), speziell der Gehäuse dieser Tiere.

422 *daß mich der berühmte Howard auf meine Stube besuchte:* Vgl. J 501 und Anm.

425 *Corporation . . . der City of London:* L.s Einfluß auf Goethes und Schillers »Xenien« diskutiert Richard M. Meyer, Nicht mehr als sechs Schüsseln, in: Euphorion 8 (1901), S. 708 in Zusammenhang mit diesem Eintrag L.s. – *in corpore . . . einfältige Streiche:* Zu diesem Gedanken vgl. J 358.

426 *Roger Bacons Schriften zu lesen:* Die Ausführung dieses Vorsatzes ist nicht nachweisbar; vgl. auch J 589.

428 *Portulanen:* Auch Portolane, Schifferhandbücher des Mittelalters mit Küstenbeschreibungen in fortlaufender Beschreibung; zuerst von Italienern gefertigt, bis ins 16./17. Jh. gebräuchlich.

429 *Kantischen Philosophie . . . Feder Gött. Zeit:* Feders Rezension von Jakob Humes Übersetzung in den GGA 1790, S. 1441 beschäftigt sich hauptsächlich mit Humes und Kants Kausalitätsbegriff; es liegt kein wörtliches Zitat aus ihr vor. – *Principio der Kausalität:* Gegen Hume hatte Kant eingewandt, daß Kausalität als Kategorie zu den Bedingungen von Erfahrung überhaupt gehört; daß Prinzip der Kausalität – daß alles verursacht sei – ist deshalb als allgemeine Denkrelation a priori, der Ursache-Wirkungszusammenhang in speziellen Fällen dagegen erfahrungsabhängig.

430 *Lavoisierschen Eisapparat:* Antoine Laurent Lavoisier (1743–1794), frz. Chemiker, seit 1768 Mitglied der Akademie der Wissenschaften; während der Frz. Revolution hingerichtet; löste die Phlogistontheorie durch die richtige Deutung der Verbrennung als Sauerstoffaufnahme (Oxydation) ab. – *Unvollkommenheit der Ausführung:* Vgl. auch J 331. – *wie Wedgwood gezeigt:* Wedgwood verbesserte durch Temperaturmessung die Keramikherstellung; vgl. auch J 1942. – *Elatrometre:* Vermutlich Gerät zur Messung von Elaterit: Bezeichnung für natürlich vorkommenden Kohlenwasserstoff. – *Manometre:* Gerät zur Druckmessung von flüssigen oder gasartigen Substanzen.

431 *Opinions . . . established:* Meinungen schwanken immer dort, wo wir

die Natur der Dinge nicht mit mathematischer Klarheit fassen können; und sie müssen schwanken. Dieses Schwanken ist auch durchaus nicht sinnlos, weil es eine gründlichere Diskussion hervorruft, wodurch Irrtümer vermieden werden, das wahre Wissen vermehrt wird und seine Prinzipien besser verstanden werden und eine gewissere Grundlage erhalten. L. unterschlägt in seinem Zitat zwei Kommata: »... dissipated, ... encreased, and ...«. — *Franklin's Letters:* »Experiments and Observations on Electricity, made at Philadelphia in America, by Benjamin Franklin, L. L. D. and F. R. S. To which are added, Letters and Papers on Philosophical Subjects. The whole corrected, methodized, improved, and now first collected into one volume, and illustrated with Copper Plates.«, London 1769, S. 408.

432 *Franklin in eben diesem Brief, da er seine Meinung vom kalten Schmelzen zurücknimmt:* S. die zu J 431 nachgewiesene Sammlung von Franklins Briefen (S. 411), die L. hier nur ungenau zitiert. — *I was ... cards:* Ich habe mich allzuleicht von Berichten darüber in die Irre führen lassen, die man selbst in philosophischen Büchern, und zwar seit alters her, finden kann, daß Geld in Portemonnaies, Schwerter in der Scheide usw. schmelzen könnten, ohne die leicht entzündlichen Stoffe zu verbrennen, die sich doch so nah bei diesen geschmolzenen Metallen befinden. Aber die Menschen sind im allgemeinen so nachlässige Beobachter, daß ein Philosoph nicht vorsichtig genug sein kann, bevor er ihren Erzählungen von ungewöhnlichen Dingen Glauben schenkt, und eine Hypothese auf nichts anderes als auf klare Fakten und Experimente gründen sollte, denn sonst besteht die Gefahr, daß sie, wie diese hier, wie ein Kartenhaus zusammenfällt.

433 *Rousseau sagt:* »L'enfant qui ne connait que ses parents, ne connait guère ceux-ci« heißt es im fünften Buch von Rousseaus »Emile«. Dasselbe Zitat kehrt auch J 860 wieder.

434 *Schraube ohne Anfang:* Diese Wendung begegnet auch K 243 und III, S. 456.

436 *Bemerkung Rousseau's:* »C'est une des singularités de ma mémoire qui mérite d'être dite: quand elle me sert ce n'est qu'autant que je me suis reposé sur elle; sitôt que j'en confie le dépot au papier, elle m'abandonne, et dès qu'une fois j'ai écrit une chose, je ne m'en souviens plus du tout« sagt Rousseau im Eingang des 8. Buchs der »Confessions« (BL, Nr. 1691) — *von Leibnizen ... das Gegenteil gelesen:* S. zu E 370.

437 *Milchstraße von Betrachtungen:* Zu dieser Wendung vgl. J 344.

439 *Das Wahrheits-Gefühl:* Dazu vgl. Jost Andreas Müller, Anmerkungen zu einigen Aphorismen Lichtenbergs, in: Neue Zürcher Zeitung Nr. 109, vom 23. April 1967.

440 *Zu lesen die Memoires ... de Richelieu:* Sie erschienen, hrsg. von Soulavie, 1790 zu Paris. Louis François Armand du Plessis, Herzog von Richelieu (1696–1788); Großneffe des Kardinal Richelieu; seit 1748 frz. Marschall, erfolgreicher Heerführer in zahlreichen Kriegen, gilt als Prototyp des aristokratischen »Libertin« des 18. Jh.s; vgl. auch J 655. Laut Ankündigung im »Intelligenz-Blatt« des »Journals des Luxus und der Moden«, Nr. 5, Mai 1790, erschien bei Johann Michael Maucke in Jena 1790 der erste Bd. der »Memoiren des Marschalls, Herzogs von Richelieu, Pairs von Frankreich und Ober-Kammerherr des Königs, zur Enthüllung der geheimen Geschichte des Französischen Hofes unter Ludwig XIV, der Regentschaft des

Herzogs von Orleans, Ludwig XV, und in den ersten 14 Jahren Ludwigs XVI; in der Bibliothek und unter den Augen des verstorbnen Hrn. Marschals bearbeitet. Mit Portraits, Plans und Kupfern«.

441 *das Buch des Abbé Hauy:* Hauys »Exposition raisonnée de la Théorie de l'électricité et du magnétisme d'après les principes d'Aepinus« erschien Paris 1787. L. entnahm den Titel aus Prévosts Arbeit »De l'origine des forces magnétiques«, Genf und Paris 1788 (BL, Nr. 655). Wahrscheinlich ist Prévost ebenfalls die Quelle für L.s Hauy-Zitat im GTC 1799, S. 215. René Juste Hauy (1743–1822), Physiklehrer an verschiedenen Schulen Frankreichs, ab 1802 Prof. der Mineralogie am Musée d'Histoire naturelle, sowie an der Faculté des Sciences; Mitglied der Akademie der Wissenschaften. Pierre Prévost (1751–1839), schweizer. Jurist, Prof. der Philosophie in Berlin, später in Genf; arbeitete als Physiker über das Sonnensystem (BL, Nr. 333) und zum Magnetismus. Vgl. auch Brief an Abraham Gotthelf Kästner von März oder April 1784 und an Johann Hieronymus Schröter vom 17. November 1791.

442 *Die Barbierer sind alle weich:* Zu L.s Betrachtungen über diesen Berufsstand s. zu C 224.

443 *viel Weisheit darin . . . wie in den Sprüchwörtern:* Vgl. aber F 852.

444 *In Schlözers Staatsanzeigen:* »Staatsanzeigen«, hrsg. von August Ludwig Schlözer, Bd. 1–18, Göttingen 1783–1793. – *steht eine Korrespondenz:* Die »Staatsanzeigen« 14, 1790, S. 290ff. bringen die »Hofkorrespondenz zwischen Rußland und Schweden vom Jahre 1573 bis 1790«; der zitierte Kraftausdruck, durch den sich L. an Zimmermanns Grobheit erinnert fühlte, findet sich dort S. 311 in einem Brief des schwedischen Königs. – *Zwar Iwan Wassiljewitsch:* Iwan IV. (1530–1584), genannt »Der Schreckliche«, kam 1533 auf den Thron; ab 1560 leitete er selbst die Regierungsgeschäfte, reformierte Staat und Adel, führte mehrere Kriege; nahm 1547 als erster Moskauer Herrscher den Zarentitel an. – *König Johann von Schweden:* Johann III. (1537–1592), König von 1569–1592; zweiter Sohn Gustav Wasas; außenpolitisch setzte er die schwed. Ostexpansion erfolgreich fort. – *tout craché:* Frz. ›alles ausgespuckt‹; figurativ ›ausgepackt‹.

445 *Baaders [unterscheiden] schön:* Leitzmann (a.a.O., S. 269 zu J 426 seiner Zählung) nimmt an, daß Franz von Baader und sein Bruder Josef gemeint sind, wenn nicht der Schlußbuchstabe versehentlich angefügt ist, in welchem Falle es sich nur um ersteren handeln würde. Franz Xaver v. Baader (1765–1841), katholischer Philosoph und Theologe, seit 1826 Prof. in München, lehrte die Selbstbefreiung Gottes im Menschen als Selbstbefreiung aus dunklem Urgrund; hatte großen Einfluß auf Schelling und die Romantik; von einem Besuch bei seinem Bruder aus England heimkehrend, hatte er L., wie im Tagebuch vermerkt, am 2., 3., 4. und 8. Oktober 1790 besucht und wohl im Gespräch jene politische Frage behandelt. – *good . . . strong constitution:* Gute und starke Verfassung. – *good:* Von L. verbessert aus *strong*.

446 *Glaubens-Sklave:* Zu diesem Ausdruck vgl. J 18.

447 *In dem Journal von und für Deutschland . . . Plan von einer Pferde-Sterbe-Kassen-Gesellschaft:* Die »Fragmente eines Plans zu einer Pferdsterbe-Cassen-Gesellschaft« finden sich im »Journal von und für Deutschland« 1790, 4. St., S. 326–330. Verfasser des Aufsatzes ist Heinrich August Raabe (1760–1841), Postdirektor, Bier-, Steuer- und Acciseeinnehmer; gab pädagogische und historische Schriften heraus; vgl. auch J 394. – *im 5. St. eine Schrift . . . von*

einem gewissen Meerwein: Gemeint ist der Aufsatz »Über Lysanos kosmologische Fragmente an Ywanna in dem fünften, sechsten, siebenten Stück des Journals von und für Deutschland 1788« (ebd. 7, 1, S. 415 ff.). Die Erörterungen über die Schwere, die L. im Artikel »Bedlam für Meinungen und Erfindungen« im GTC 1792, S. 132, und in Ph+M 2, S. 104 ironisiert, stehen bei Meerwein, ebd. S. 422; vgl. auch J 454 und III, S. 123. – *Meerwein:* Karl Friedrich Meerwein (1773–1810), kurfürstlicher Kammerrat. »Die Kunst zu fliegen, nach Art der Vögel erfunden«, Frankfurt und Basel 1784. – *die mit:* In der Handschrift *das mit.*

448 *eine:* In der Handschrift *oder eine.*

450 *wie ... Crébillon sagt:* »Je savois que ces Ames que l'on croit si parfaites, ont toujours un vice favori, souvent combattu, mais presque toujours triomphant; qu'elles paroissent sacrifier des plaisirs; qu'elles n'en goûtent quelquefois qu'avec plus de sensualité; & qu'enfin qu'elles font souvent consister les vertus moins dans la privation que dans le repentir« (Crébillon, »Le Sopha. Conte moral«, Bd. 1, La Haye 1742, S. 10 f.). Ich wußte, daß die Seelen, die man für vollkommen hält, stets ein Lieblingslaster haben, das oftmals bekämpft wird, das aber stets triumphiert; daß sie dem Anschein nach auf Lustbarkeiten verzichten, um sie zuweilen mit umsomehr Sinnlichkeit zu genießen, und schließlich, daß die Tugend für sie nicht so sehr im Entsagen als im Bereuen besteht. Vgl. auch Rotes Buch, S. 132. Claude Prosper Jolyot Crebillon (1707–1777), frz. Autor erotischer Romane und Erzählungen, wichtiger Vorläufer des analytischen Romans. »Le Sopha« knüpft an die arabische Erzähltradition an und war in Frankreich sehr beliebt. Das Tagebuch verzeichnet L.s Lektüre des Buches für den 16. Oktober 1790.

451 *s'arrêter ... créer:* Sich genau dann zu beherrschen, wenn es angebracht ist, ist vielleicht noch schwieriger als sich etwas auszudenken. Zitat aus Crébillons »Le sopha«, a.a.O., S. 15.

453 *Golgatha:* Die Kreuzigungsstätte Jesu nahe bei Jerusalem; vgl. auch D 214. – *The Golgatha of sculpture ... Westminster abbey genannt:* Vgl. auch D 578.

454 *einem Deutschen:* Vgl. J 447 und Anm. – *Cunningham:* John Cunningham of Deptford, veröffentlichte London 1789 »An Inquiry into the Copernican system respecting the motions of the heavenly bodies«. – *derselbe sei:* Von L. verbessert aus *ist.* – *im vorigen Amerikanischen [Krieg]:* Gemeint ist der Befreiungskrieg 1783 der engl. Kolonien in Nordamerika und Kanada. – *das Paquetboot unter ... Captain Story ... weggenommen:* Im GTC 1792, S. 133, schreibt L. »Storey«; vgl. auch TB 1. – *Zwischen Harwich und Helvoet:* Harwich, Seestadt in der engl. Grafstadt Esser. – *Hospital für Meinungen:* Der Gedanke ist im GTC 1792, S. 128–136, in dem Aufsatz »Bedlam für Meinungen und Erfindungen«, der nach dem Tagebuch am 2. August 1791 geschrieben ist, ausgeführt worden. Von den allgemeinen Erörterungen dieser Notiz ist dort allerdings nur weniges übernommen worden; dagegen hat die Darlegung der sonderbaren Gegner des kopernikanischen Systems fast wörtlich den Ausführungen S. 374 als Grundlage gedient. Den Namen des Deutschen – Meerwein – und das Journal, in dem sein Aufsatz erschien, unterdrückt L. dort »aus landsmannschaftlicher Liebe«. Weitere Namen für dieses Hospital notiert L. in J 1451. – *Der*

Deutsche sagt: Von L. verbessert aus *glaubt. – unüberschwänglicher:* Zu diesem Ausdruck vgl. F 848, und den Brief an Johann Albert Heinrich Reimarus vom 2. Mai 1782. – *(Elend):* In der Handschrift ohne Klammern unter *Kränklichkeit. – Volk:* Danach von L. gestrichen *sie wollen.*

456 *verschnapsen:* Nach DWB 12,1, Sp. 1129 ›durch schnapstrinken aufbrauchen, viel Geld verschnappsen‹.

457 *Probierstein-Probe:* Zu diesem Ausdruck vgl. D 745.

458 *Birch. History of the Royal Society:* Zitat aus Thomas Birch, »The History of the Royal society of London, for improving of natural knowledge from its first rise. In which the most considerable of those Papers communicated to the society, which have hitherto not been published, are inserted in their proper order, as a supplement to the philosophical transactions«, London 1756–1757, in 4 Bdn. Vgl. auch III, S. 119. L. zitiert es auch Ph + M 2, S. 91, Ph + M 4, S. 302. Thomas Birch (1705–1766), Sekretär der Royal Society in London; Reverend und Schriftsteller vor allem im biographischen Fach. – *M^r. Oldenburg . . . with:* Nachdem Mr. Oldenburg erwähnt hatte, daß Mr. Newton angedeutet habe, er befände sich zur Zeit in solchen Umständen, daß er von den wöchentlichen Zahlungen gerne freigestellt werden würde, stimmte der Rat zu, sodaß ihm diese erlassen werden sollten. – *Oldenburg:* Henry Oldenburg (1615?–1677) aus Bremen, seit 1663 der erste Sekretär der Royal Society in London, gab seit 1664 die »Philosophical Transactions« heraus.

459 *zuweilen nicht im Stande zu sagen ob ich krank oder wohl:* Zu L.s Krankheit s. zu J 4.

461 *Leute die:* Danach von L. gestrichen *leben a*[*ls*].

462 *Repetier-Ohren:* Dieser Ausdruck ist in den Hogarth-Erklärungen (III, S. 761) verwertet. – *Wie Tiere auf 3 zählen können:* Vgl. L.s Miszelle »Wie weit manche Vögel zählen können« (GTC 1792, S. 168–171); abgedruckt in K. Lerbs, Die deutsche Anekdote, Berlin 1943. – *meine Nachtigall:* Vgl. GTC 1792, S. 168 f. – *Die Eule in der Höhle:* Vgl. ebd., S. 170.

463 *das Fontenellische J'ai . . . m'entendre:* Ich habe immer danach gestrebt, mich zu verstehen. Nach dem Brief an Abraham Gottlob Werner vom 14?. August 1789 zu urteilen, L.s Maxime für das eigene Schreiben.

464 *Man fragte einmal den Fontenelle:* S. zu J 465. – *par . . . raison:* Wegen dieser beiden Axiome: alles ist möglich und alle Welt hat recht.

465 *Man betrachtet einmal ein bijou in Fontenellens Gegenwart:* Diese Andekdote, deren Quelle nicht ermittelt werden konnte, findet sich fast wörtlich unter dem Titel »Ein Compliment dergleichen wenige gemacht werden« im GTC 1793, S. 136. – *Pour . . . Madame:* Ich kann alles, wovor man große Achtung haben soll, nicht ausstehen . . . Ich sage das nicht zu ihnen, Madame. – *Marquise von Flamarens:* Elisabeth Olympe Félicité Louise Armanda Du Vigier (1732–1818), heiratete 1767 Agésilas Joseph de Grossolos de Flamerans.

466 *Ich bin der Herr euer Doktor . . . :* Der Scherz kehrt J 949 in Beziehung auf Zimmermann wieder, der auch hier gemeint sein könnte.

467 *Konventions-Köpfe:* Zu L.s Wortbildungen mit ›Konvention‹ vgl. das Wortregister.

470 *Makulatur-Ausschneiden:* S. zu D 578.

471 *Exzerpten-Buch Sparbüchse:* Zu L.s Verwendung des Ausdrucks ›Spar-

büchse‹ vgl. auch den Brief an Georg Heinrich Hollenberg von Ende September 1781.

472 *glauben ... manche ... Kant habe recht weil sie ihn verstehen:* Zu diesem Gedanken s. zu J 251, 475. – *da er:* In der Handschrift *da es.*

473 *Sonderbar, wenn das wahre System der Philosophie, sowie des Weltgebäudes ... aus Preußen gekommen:* Die beiden Preußen Kant und Copernicus werden auch im Brief an Immanuel Kant vom 30. Oktober 1791 nebeneinandergestellt und VS 6, S. 149, wo ihnen noch Friedrich II. als Erfinder der »wahren Taktik« angereiht wird. – *Epicycli:* Unter Epizykel versteht man einen Kreis, auf dem sich ein Punkt mit gleichbleibender Geschwindigkeit bewegt, während der Mittelpunkt des Kreises wiederum auf einem anderen Kreis läuft; mit Hilfe der Epizyklen versuchte die ptolomäische Astronomie die Planetenbahnen zu beschreiben und zu erklären; Copernicus vereinfachte dieses sehr komplizierte System, indem er die Sonne als Zentrum annahm; aber erst Kepler entfernte dieses Erklärungsmodell aus der Astronomie.

474 *Pritzelwitz:* Georg Ernst von Pritzelwitz (1726–1773), Oberst der Infanterie von Sachsen-Gotha. – *Ich stellte dergleichen Übungen oft an:* Darüber vgl. J 249 und Anm. – *Villars:* Johann Josua de Villars, kurhannöverischer Major im Regiment Zastrow. – *dreitägiger:* Danach von L. gestrichen *bester.*

475 *nichts gewöhnlicher, als daß man sich von der Wahrheit einer Sache überzeugt hält ...:* In diesem Zusammenhang vgl. auch J 472. – *Tychonianischen Systems:* Um 1585 stellte Tycho Brahe ein Planetensystem auf, das die Erde in das Zentrum stellte. – *Epizyklen:* Zu diesem Begriff s. zu J 473.

476 *synkretischen Freidenker:* Griech. Synkretismus, nach Plutarch – im positiven Sinne – das Zusammenhalten Streitender gegen einen gemeinsamen Feind; mit negativer Bedeutung gebraucht, um eine opportunistische Angleichung gegensätzlicher Parteien zu brandmarken. – *Große generelle Ideen überall anzugeben:* Vgl. auch GH 93.

477 *Epitaph:* Über satirische Grabschriften s. B 399 und zu B 90. – *Hatte:* Davor von L. gestrichen *Der.*

478 *Schriftsteller in eben diesem Stück:* Johann Wilhelm von Archenholz, »The british mercury« 15, S. 257 enthält einen Aufsatz »Some outlines of the character of Dr. Swift«, in dem sich die zitierte Stelle S. 263 findet. – *I cannot ... name:* Ich kann, nach meinem eigenen Begriff von ›Genie‹, sagt er, nicht mehr als zwei oder drei Namen finden, zu denen er paßt; und wenn ich Aristoteles, Bacon und Newton genannt habe, bin ich schon am Ende meiner Liste. Allein ein allwissender Verstand, der jeden Gegenstand von jeder Seite sieht, der die verschiedenen (und für den normalen Beobachter widersprüchlichen) Beziehungen sieht, in denen dieser zu anderen Dingen steht, welche wir betrachten, scheint mir diesen Namen zu verdienen.

480 *Verachtung womit Dieterich ... angesehen wird:* Zu Kritik an seinem Freund Dieterich vgl. auch J 252 und Anm.

481 *Kategorien ... nach Herrn Kant:* Die Kategorientafel ist wörtlich Kants »Kritik der reinen Vernunft« (Akademie-Ausgabe, A 80, B 106) entnommen. – *einzeln:* Danach von L. gestrichen *seyn.*

482 *Aggregatzustand:* Zu L.s Verwendung wissenschaftlicher Begriffe s. zu A 1; vgl. auch J 481. Aggregat war in der philosophischen Diskussion der gebräuchliche Gegenbegriff zu System.

483 *Piron sagte von dem Misanthrop des Molière:* Vgl. auch J 273.

485 *Ein Journal des Luxus und der Moden für Ärzte . . . selbst Philosophie:* Vgl. auch J 769 und die Notiz im Roten Buch, S. 51: »Beytrag zu einem Journal des Luxus und der Moden in der Philosophie«.

486 *Blumauer sagt vom Winde:* Die Verse bilden mit leichten Änderungen (»löscht« statt »bläst«, »verzehren« statt »verheeren«) die 6. und 7. Strophe von Blumauers Gedicht »An den Wind«. Alois Blumauer (1755–1798), österr. ehemaliger Jesuit, später Freimaurer, Schriftsteller und Satiriker (Aeneis-Travestie).

487 *Lobredner:* Von L. verbessert aus *Schrifft[steller]*.

488 *Der berühmte Geizhals . . . Elwes:* Balthasar Gerhard Schuhmacher, »Johann Elwes. Der größte Geizhals unseres Jahrhunderts«, Danzig 1791 (aus dem Englischen übersetzt). Johann Elwes (geb. 1755) aus Kiel, Zollverwalter zu Neustadt, 1770 Vikar des Hochstifts in Lübeck. Vgl. auch SK 178. – *muß:* Von L. verbessert aus *kan*.

489 *ihren:* Danach von L. etwas gestrichen.

490 *ein recht bestimmter:* Von L. verbessert aus *der*. – *für:* Von L. verbessert aus *bey*. – *Hedwig:* Gemeint ist Hedwigs Abhandlung »Versuch zur Bestimmung eines genauen Unterschiedkennzeichens zwischen Thier und Pflanze« im Leipziger »Magazin zur Naturkunde, Mathematik und Ökonomie« 1784, S. 215; vgl. besonders S. 234. Johann Hedwig (1730–1799), Doktor der Medizin, Prof. d. Botanik in Leipzig. Einer der bedeutendsten Botaniker des 18. Jh.s; »Theoria generationis et fructificationis plantarum crytogamicerum«, 1781. Zum »Leipziger Magazin«, vgl. auch J_1 S. 649.

494 *Kein Fünkchen Wasser:* L. zitiert diese Worte seines ehemaligen Bedienten im Brief an Johann Friedrich Blumenbach vom 23. Februar 1791; s. auch zu C 378.

495 *Londonschen Mortalitäts-Tabellen:* Diese Notizen sind im GTC 1792, S. 177f. in dem Artikel »Ein Paar neue Schlüsse aus alten Londonschen Mortalitätstabellen« verwertet; hierzu s. zu E 68. – *das Alter eine der . . . gefährlichsten Krankheiten:* S. zu J 4, 341. – *es:* In der Handschrift *sie*.

497 *Man kann von keinem Gelehrten verlangen . . . sich in Gesellschaften überall als Gelehrter zeige:* Vgl. auch J 493, 640.

500 *Benediktiner-Museums:* »Benedictiner Museum. Den Herren Prälaten und ihren Mitbrüdern zum Neujahrsgeschenk, geweiht von den Mitbrüdern des nämlichen Ordens«, Erstes Heft, Augsburg und München 1790; L. bezieht sich auf das V. Kapitel »Fortsetzung der nämlichen Materie. Parallelen zwischen der Moral Benedicts und den heutigen Asketen«. – *S. allgemeine deutsche Bibliothek:* Die Rezension des »Benediktiner Museums«, der das Zitat entnommen ist, findet sich in der AdB 96, S. 288.

501 *Howard besuchte mich bei seiner Durchreise:* John Howard (1726–1790), engl. Arzt und Philanthrop, der sich auf Reisen durch Europa um die Verbesserung der Krankenhäuser und Gefängnisse bemühte; vgl. J 422.

502 *Militärische Präzision:* Vgl. auch J 528 und Anm.

503 *Mit antediluvianis gepflastert:* Vermutlich eine Wortbildung L.s aus lat. ante ›vor‹, diluvius ›Überschwemmung‹, wohl in der Bedeutung von ›vorsintflutlich‹.

506 *Man bitte die Musen, sagt Shenstone:* William Shenstone (1714–1763), engl. Dichter, schrieb Essays über literarische Themen, elegische Verserzäh-

lungen und Naturgedichte. »Ask to borrow sixpence of the muses, and they tell you at present they are out of cash, but hereafter they will furnish you with fivethousand pounds.« (»The Works, In Verse and Prose, of William Shenstone«; London 1791, Bd. 2 der 6. Aufl., S. 189 unter dem Obertitel »Essays on Men and Manners«, ebd. S. 3–284)

508 *Meiners:* Von L. durch Kringel unleserlich gemacht; zu L.s Einschätzung seiner Person vgl. F 741, 802.

509 *Wein auf Bouteillen ziehn:* Zu L.s Verbindung von Alkohol und Schriftstellerei vgl. auch B 77, C 209; zu diesem Ausdruck vgl. auch J 547 und an Sömmerring, 18. Januar 1791.

510 *Mississippi:* Dieses Wort hat L. in einem Rätsel verwertet; vgl. GTC 1794, S. 157; GTC 1795, S. 166, und den Brief an Johann Joachim Eschenburg vom 25. Januar 1794. Zu L.s Vergnügen an Rätseln vgl. auch J 599 und Anm., sowie zu SK 582.

511 *Jemand der ... Gedanken eines alten Schriftstellers plünderte:* Vgl. auch J 509.

512 *Der Uranus steht noch nicht im ... Staats-Kalender:* Nach einer Notiz im Tagebuch erhielt L. den »Staatskalender« für 1791 erst am 20. Januar. Der Planet Uranus, bereits 1781 durch Herschel entdeckt, war tatsächlich noch nicht in die dortige Planetentafel aufgenommen; zu Uranus vgl. auch GTC 1793, S. 129–135. – *als:* Von L. verbessert aus *wie*. – *von Zimmermann:* Johann Georg Zimmermann war 1780 das Adelsprädikat von den Prinzen Hessen-Kassel verliehen worden. Zimmermanns Name findet sich im »Staatskalender« für 1791, S. 35 ohne diese Auszeichnung.

513 *apokryphisch:* Griech. Apokryphen, Bücher, die wegen ihres Inhalts oder ihres Ursprungs, im Unterschied zu den in den christlichen Kanon aufgenommenen, geheimgehalten wurden.

514 *Der Liebe und Mode Beflissene:* Vgl. Komposita-Bildungen L.s: »des Aberglaubens Beflissene« im GTC 1790, S. 207; »der Liturgie Beflissener« in den Hogarth-Erklärungen (III, S. 813).

515 *In den Schriften berühmter Schriftsteller aber mittelmäßiger Köpfe:* Vermutlich eine Anspielung auf Zimmermann; zu L.s Kritik an Autoren s. J 222. – *Schriften des systematischen Denkers:* Zum Verhältnis von systematischem Denken und Erfindungsgeist in der Wissenschaft vgl. auch C 209. – *die andern ein Licht anzünden, das sich über alles erstreckt:* Zu diesem Gedanken vgl. auch J 283.

516 *Träume, wie Lesage's:* S. zu J 393. – *Träumen Leibnizens:* L.s angedeutete Leibniz-Kritik bezieht sich wohl eher auf die dogmatische Interpretation der Leibnizschen Philosophie durch die Wolffsche Schule als auf von Leibniz geäußerte Traumvorstellungen (»Essais de Théodicée sur la bonté de Dieu, la liberté de l'homme et l'origine du mal«, 1710, § 405–417); L. schloß sich wohl Voltaire und d'Alembert an, die Leibniz' systematische Konstruktionen bedenklich fanden.

517 *Öfterer, das so viele schreiben:* Die Bemerkung ist in den »Miscellaneen« des GTC 1794, S. 147, verwertet: »Man findet täglich, und sogar in einigen unserer besten Schriftsteller das Wort *öfterer* als Adverbium gebraucht, d. i. den Comparativ von *öfter*, das selbst der Comparativ von oft ist, und also völlig das lateinische saepiusius. Man sollte denken *öfter* wäre an sich schon oft genug. Daß übrigens das Wort als Adjectiv vorkommen kann, z. B. bey

öfterer Wiederhohlung etc. wenn doch nun einmahl etwas öfter als oft wiederhohlt werden soll, versteht sich von selbst und war kaum einer Erinnerung werth.«

518 *meinem Religions-Triangel:* Zu diesem Ausdruck s. zu D 330.

520 *Man kann ... nicht wissen ob man nicht jetzt im Tollhaus sitzt:* Zu diesem Gedanken vgl. J 878 und Hogarth-Erklärungen (III, S. 906).

521 *Die meisten Glaubens-Lehrer verteidigen ihre Sätze ... weil sie die Wahrheit derselben einmal behauptet:* Ähnlich auch J 475.

523 *Spinoza ... für einen bösen nichtswürdigen Menschen und seine Meinungen für gefährlich gehalten:* Zur Spinozismus-Debatte im 18. Jh. s. zu J 144, 275, 292.

525 *Spinoza's Ethik:* »Ethica, ordine geometrico demonstrata«, Amsterdam 1677, Frankfurt/M. und Leipzig 1744 auf deutsch. – *1) De Deo ... humana:* 1) Über Gott; 2) Über die Natur und den Ursprung des Geistes; 3) Vom Ursprung und der Natur der Affekte; 4) Über die menschliche Knechtschaft oder über die Kärfte der Affekte; 5) Über die Macht des Verstandes oder über die menschliche Freiheit.

526 *eine Art von Peter Newton ...:* Dieser Satz beziehet sich auf Jacques Henri Bernardin de St. Pierre und dessen »Etudes de la nature«, denen L. einen Platz in seinem »Bedlam für Meinungen und Erfindungen« einräumt, wo er schreibt: »Dieser St. Peter hat viel Lustiges, er ist aber nicht einmahl ein solcher *Peter Newton,* als Woolcot ein Peter Pindar« (GTC 1792, S. 134). – *der bekannte Pasquillant ein Peter Pindar:* Pseudonym von Dr. John Wolcot (1738–1819), engl. Satiriker und Dichter.

527 *Die Ideen in meinem Kopf ... gehen mehr wie Ratzen und Mäuse umher:* Vgl. auch K 308. – *Pelisson:* Paul Pellisson (1624–1693), frz. Schriftsteller, Berater des Königs; 1661 in Ungnade gefallen, bis 1666 in der Bastille inhaftiert. – *Ratzen wie de Latude in der Bastille:* In den »Cahiers de lecture« 1790, 3, S. 377, findet sich ein Aufsatz »Fragments tirés des nouveaux mémoires de monsieur de Latude, prisonnier pendant 35 ans«; aus diesem ist L.s Notiz entnommen. Henry Masers de Latude (1725–1805), Pseudonym: Danry, eigentlich Jean Henry Aubrespy, auf Veranlassung von Mme. de Pompadour verhaftet, saß 35 Jahre u. a. in der Bastille, worüber er Paris 1790 nach seiner Befreiung »Le despotisme dévoilé, ou mémoires de Henri Masers de Latude, détenu pendant trente-cinq ans dans diverses prisons d'Etat« veröffentlichte, eine Autobiographie, die von Karl Friedrich August Hochheimer übersetzt, Leipzig 1791 in 3 Bdn. erschien. – *Cahiers de lecture:* »Cahiers de Lecture«, hrsg. von Heinrich August Ottokar Reichhard, Gotha 1784–1794.

528 *Vor 20 Jahren wohnte ich einem freien Platze gegenüber:* Die vielen Korrekturen L.s deuten darauf hin, daß er diese Notiz für eine Veröffentlichung im GTC vorgesehen hatte; der Tenor erinnert an J 532, was nahelegt, daß L. die Notiz ebenfalls auf dem Krankenlager verfaßt hat. – *gut sein:* Danach von L. gestrichen *sich.* – *zwei:* Von L. verbessert aus *bei[den].* – *Seiten:* In der Handschrift *von Seiten.* – *fanden sich:* Danach von L. gestrichen *kühner die.* – *mehrenteils:* Von L. verbessert aus *beständig.* – *war, oder:* Danach von L. gestrichen *die weder das ein[e].* – *gefallen war:* Danach von L. gestrichen *Ich sah.* – *weder:* Von L. verbessert aus *nicht.* – *öfter:* Von L. verbessert aus *gewöhnlich.* – *schmal:* Danach von L. gestrichen *da ich.* – *Damals dachte ich schon etwas über*

Gleise zu schreiben: Im Roten Buch, S. 50 notiert L.: »Ein Capitel über die Gleisen (ornieres) im moralischen Sinn. Dabey etwas von dem Schnee Pfad auf dem Jacobi Kirchhof.« Vgl. auch J 1603 und den Brief an Albrecht Ludwig Friedrich Meister, um den 16. September 1788.

529 *Das ist ein närrischer Einfall:* Zu diesem Gedanken vgl. C 225 und Anm. *– das Unerwartete und ... Seltsame in der Verbindung der Ideen ... dergleichen man bei närrischen Leuten ... findet:* Diese Maxime ist für L. auch in den Wissenschaften relevant, vgl. F 865, J 373, sowie seine Bemerkungen zu Nervenkrankheiten J 289, 337, 343 und Anm., 344.

531 *Garve ... in seinen Anmerkungen zu Fergusons Moral-Philosophie:* »Grundsätze der Moralphilosophie«, aus dem Engl. übersetzt und mit einigen Anmerkungen versehen von Christian Garve, Leipzig 1772. *– Ferguson:* Adam Ferguson (1723–1816), schott. Geschichtsschreiber und Philosoph; zunächst Geistlicher, seit 1759 Prof. der Naturphilosophie und 1764 der Moralphilosophie in Edinburgh. »Institutes of moral philosophy«, Edinburgh 1769. *– der:* Von L. verbessert aus *jener.*

532 *meiner Krankheit im Januar und Februar 1790:* Zu L.s Krankheit s. zu J 4. *– betrachtete ich ... den Himmel meiner Bettlade:* S. zu A 35. *– Zitz:* Nach DWB 15, Sp. 1714, die Bezeichnung für einen in Ostindien hergestellten mehrfarbigen Baumwollstoff; seit dem Ende des 18. Jh.s verwendet für alle maschinell gearbeiteten, feineren Stoffe. *– Rhombus:* Danach in der Handschrift *verwandelt.* Ein gleichseitiges Parallelogramm. *– Rhomboiden:* Ein Parallelogramm mit schiefen Winkeln, dessen Seiten nicht alle gleich lang sind. *– also:* Danach von L. gestrichen *subje[ctive].* Zu subjektiv vgl. J 337. *– So ließe sich in der größten Unordnung Ordnung sehn, so wie Bilder in den Wolken:* Vgl. J 392 und die Anm.

533 *Flatt:* Gemeint ist wohl Johann Friedrich von Flatt (1759–1821), Prof. der Philosophie in Tübingen, der 1789 »Briefe über den moralischen Erkenntnißgrund der Religion überhaupt, und besonders in Beziehung auf die kantische Philosophie« veröffentlichte. *– Schwab ... die Dreieinigkeit ... zu erklären:* Gemeint ist der Aufsatz »Neues Gleichniss von der Dreieinigkeit« in der »Berlinischen Monatsschrift« 16, S. 280. Johann Christoph Schwab (1743–1821), seit 1794 württembergischer Regierungsrat und Mitglied der Oberstudiendirektion in Stuttgart; Vater des Dichters Gustav Schwab.

536 *Witte ... erwiesen:* »Über den Ursprung der Pyramiden in Egypten und der Ruinen von Persopolis«, erschienen Leipzig 1789, von Samuel Simon Witte (1738–1802), seit 1789 Prof. an der Universität Rostock für Natur- und Volksrecht, zuvor in Bützow. *– Ruinen von Persepolis:* Griech. ›Perserstadt‹, antike Königspfalz nordöstl. von Schiras, von Dareios I. gegründet (Hauptbauzeit 518 bis etwa 460 v. Chr.); die Pfalz, 330 v. Chr. von Alexander dem Großen erobert und in Brand gesteckt, wurde 1930–1940 freigelegt. *– Glicker:* Klicker ist eine andere Bezeichnung für Schusser, Murmeln; kleine Kugeln aus Marmor oder Ton zum Spielen für Kinder. *– Niebuhr ... im Museum:* Niebuhrs Abhandlung, die den gleichen Titel wie Wittes Schrift trägt, findet sich im »Neuen deutschen Museum« 3, 1790, S. 1179 ff. *– Schild des Achilles:* Schutzschild des Achill, der ihm auf Bitten der Thetis von Hephaistos geschmiedet wurde, nachdem Hektor Patroklos, dem Achill seine Rüstung geliehen hatte, getötet und beraubt hatte.

537 *In den Transactions ... Abhandlung über das Lächerliche:* Die Abhandlung

»Essay on ridicule, wit and humour« findet sich in den »Transactions of the Royal Irish academy« 2, 2, S. 69 ff.; Verfasser William Preston (1742–1818), engl. Drucker, Freimaurer. – *Ridicule . . . ridiculous:* Spott erzeugt Fröhlichkeit durch das Lächerliche. Vgl. ebd., S. 69.

538 *vormeint:* Zu dieser Wortbildung vgl. F 734.

539 *tut:* Von L. verbessert aus *ist.* – *weh:* Von L. verbessert aus *lei[d].*

540 *führt der Sinn auf die wahre Bedeutung der Worte in einer Periode:* Zu Bedeutung von Worten vgl. auch A 93.

541 *daß man mit Gänse-Federn so viel einfältiges Zeug machen könnte:* Bezieht sich vermutlich auf die in »Von den Kriegs- und Fast-Schulen der Schinesen, nebst eineigen anderen Neuigkeiten von daher« berichteten chinesische Brauch, mit Gänsefedern Rauch zu erzeugen, um Ohnmächtige wiederzubeleben.

542 *Seyde:* Johann Hermann Seyde (gest. 1813) aus Hamburg, Student der Theologie; wegen Armut und Würdigkeit am 2. Mai 1789 an der Georgia Augusta gratis immatrikuliert, 1791 Magister und vom gleichen Jahr an Assistent L.s als Nachfolger Klindworths und Unteraufseher des physikalischen Kabinetts in Göttingen; s. auch zu SK 950.

543 *Die Stadt-Uhr . . . rheumatische Zufälle:* Zu Uhren und Krankheitszuschreibungen L.s vgl. G 180.

544 *Hure . . . Betschwester zu werden:* Zu diesem Gedanken vgl. E 448, J 545 und Hogarth-Erklärungen (III, S. 745). – *Hure* Danach von L. gestrichen *zu der Zeit.* – *Alters wegen:* Von L. verbessert aus *durch Alter.*

546 *Connoissance . . . celestes:* Das seit 1679 erscheinende, vom Pariser »Bureau des longitudes« herausgegebene astronomisch-nautische Jahrbuch führte den Titel »Connaissance des temps ou des mouvements célestes«. Die Übersetzung von *scelestes* ergibt ›Kenntnis der verruchten Bewegungen‹ statt ›des Himmels‹. L. macht dieses zweideutige Wortspiel auch im Brief an Abraham Gotthelf Kästner, der vor den 16. August 1798 zu datieren ist.

547 *Eine Welt, wo die Menschen als Greise geboren . . . in eine Bouteille sperrt:* Vgl. Hogarth-Erklärungen (III, S. 1014). – *Ketschigkeit:* Nach DWB 5, Sp. 629 ist Ketscher ein ›Schlepper, Träger‹; in der Bedeutung von ›Himmelsstürmer‹ verwendet. – *Alexander auf einem Butterbrod verschlingen:* Zu diesem Bild vgl. den Brief an Samuel Thomas Sömmerring vom 20. April 1791. – *Alte auf Bouteillen zu ziehn:* Vgl. auch J 509.

548 *Wilkens . . . Brief:* Der Brief ist in SK nicht vermerkt und im Nachlaß nicht erhalten; vgl. aber SK 132, 137. Heinrich David Wilckens studierte seit 1788 Mathematik in Göttingen, 1790–1792 dort Privatdozent, danach in Wolfenbüttel, später Prof. der Forstwirtschaft in Schemnitz (Ungarn). Joost, Briefwechsel III, Nr. 1828, S. 855 bezieht auch J 549–553, 560 auf Wilckens.

549 *sogenannten Gottseligen:* Nach DWB 4,1,5, Sp. 1402 ff. eine Wortbildung Luthers, die sich im Protestantismus schnell verbreitete; in der Bedeutung von ›fromm‹ seit dem 17. Jh. geläufig. – *für sich:* Von L. verbessert aus *zu seinem Dienst.*

550 *Gotthard:* Johann Zacharias Gotthard (1750–1813), als Nachfolger Baumanns seit 1782 Universitätsoptiker in Göttingen und Assistent an der Sternwarte unter Kästner.

551 *Scharteke:* Nach DWB 8, Sp. 2225 verächtlicher Ausdruck für ein unnützes und wertloses Schriftstück. – *ein geborner Leipziger:* Gemeint ist

Kästner, der in einem selbststellten Gutachten an die Regierung seine Verwaltung der Sternwarte mit dem zitierten unzulänglichen Argument verteidigt hatte; vgl. zur Sache auch den Brief an Johann Gottlob Heyne vom 2. Juli 1782; vgl. auch J 552, 553.

552 Diese Notiz ist von L. durch Kringel unleserlich gemacht. – *Oppermann:* Heinrich Oppermann (1750–1804), aus Göttingen, Student der Mathematik, immatrikuliert am 18. Oktober 1771, seit 1777 Privatdozent der Mathematik in Göttingen und Assistent Kästners am Observatorium; Collaborator an der Göttinger Stadtschule, wo er Mathematik lehrte.

553 *Gesandte:* Von L. verbessert aus *abgesandte.* – *beilegen:* In der Handschrift *beilegen hintergehen.*

554 *In einer Gesellschaft, wo Voltaire zugegen . . . Anekdoten von Spitzbuben erzählt:* Die Anekdoten, auf die L. anspielt, stammen aus dem zu K 186 nachgewiesenen »Vademecum für lustige Leute«.

555 *was man wahr empfindet auch wahr auszudrücken . . . macht . . . den großen Schriftsteller:* In diesem Zusammenhang vgl. L.s Wertschätzung Wielands B 322. – *gemeinen:* Von L. verbessert aus *ander[n].*

556 *Schauer der Vorwelt:* Diese Worte sind ein Zitat aus Thümmels »Reise in die mittäglichen Provinzen von Frankreich«, in 10 Bdn., Leipzig 1791–1805, Bd. 2, S. 38; L. las die beiden ersten Bände nach einer Notiz im Tagebuch am 6. und 7. März 1791, s. SK 140, 141; vgl. auch den Brief an Samuel Theodor Sömmerring vom 14. März 1791. Moritz August von Thümmel (1738–1817), von Wieland und Sterne beeinflußter Schriftsteller, stand 1768–1783 als Minister und Geheimer Rat in Diensten des Herzogs von Sachsen-Coburg und Gotha.

558 *Die schlechten Dichter und Romanschreiber . . . geben die bloßen Erfahrungen, die der eigentliche Kenner des menschlichen Herzens erklärt:* Vgl. J 555 und Anm.

559 *Epigramme schreibenden:* Von L. verbessert aus *epigrammati[schen].* – *meine Indolenz:* Zu diesem Charakterzug L.s s. zu F 365. – *Schmierbuch:* Vgl. auch E 46, 150.

560 *Bengelei:* Zu diesem Ausdruck vgl. auch J 648.

561 *wo man mir einen Gedanken abborgte:* Vgl. auch Brief an Johann Friedrich Blumenbach, wohl vom Juli 1788 und an Georg Forster, ebenfalls Juli 1788.

562 *Einer will in einem Wörterbuche etwas nachschlagen und such . . . den Namen seines Mädchens:* Vermutlich Eintrag im Kontext des Romanprojekts »Der doppelte Prinz«.

563 *Vortrefflich sagt . . . Thümmel:* S. zu J 556. – *Ihr Herz besaß:* Von L. verbessert aus *Sie besassen.* – *Gabe:* Danach von L. gestrichen *zu.*

564 *Wie B. mit Lucrezien:* Quintus Servilius Brutus (85–42 v. Chr.), Mörder Caesars, Zeitgenosse Ciceros und Lukrez'. L. spielt vermutlich auf eine Schrift des Brutus an, die aber nicht aufgefunden wurde. – *Machts:* Von L. verbessert aus *Wolt.* – *Ludwig:* Gemeint ist Ludwig XVI. (1754–1793), König 1774–1792, verheiratet mit Marie Antoinette; während der Frz. Revolution wurde er abgesetzt und hingerichtet. – *Lutezien:* Lat. Name für Paris. – *Wie:* Davor von L. gestrichen *Gebt acht, sie erstickt sich noch.* – *fast:* Von L. verbessert aus *jezt.* – *ist wohl:* Von L. verbessert aus *hat man.*

565 *(besser):* Dazu s. zu F 279.

567 *Reinhold ... halb mal halb ein Viertel ist:* Gemeint ist dessen »Nützliche Lese-, Schreibe-, Brief- und Rechenbuch«, erschienen Münster 1791. Über Christian Ludolf Reinhold und L.s über die Jahrzehnte hinweg dauernde Antipathie s. zu C 55 und E 86.

568 *Vorstellung:* In der Handschrift *Vorstellungen*. – *bloß Bild ... ein dem Menschen angeborenes Erfindungsmittel sich alles unter diesen Formen zu denken:* S. zu J 392.

569 *Wir finden keine Ursache in den Dingen, sondern ... nur das, was in uns herein korrespondiert:* S. Vorrede zur »Kritik der reinen Vernunft«, Riga 1787[2], S. VII–XLIV. Vgl. J 392 und Anm., J 568.

570 *Ich verstehe mich:* Diese Floskel begegnet auch J 715, 1008; K 271; L 192, 247, 710, 790, 831, 840, 875; MH 36. – *Thümmel ... ein großer Meister:* Über sein Werk s. zu J 556; vgl. auch den Brief an Samuel Thomas Sömmerring vom 14. März 1791.

571 *Bethesda:* Es handelt sich um eine Anspielung auf den biblischen Teich.

572 *Begebenheit ... an Sömmerring:* Dieser Satz findet sich in L.s Brief an Sömmerring vom 14. März 1791. Samuel Thomas Sömmerring (1755–1830), 1779–1784 Prof. der Chirurgie und Anatomie in Kassel, dann in Mainz, später praktischer Arzt in Frankfurt; berühmter Arzt, Freund Jacobis; »Über die Schädlichkeit der Schnürbrüste«, Mainz 1788, »Vom Baue des menschlichen Körpers«, Mainz 1791. Vgl. auch Gunter Mann, Samuel Thomas Sömmerring. Der Arzt und Naturgelehrte der Goethezeit, in: Forschungsmagazin der Johannes Gutenberg-Universität Mainz, 1986, 2. Heft, S. 41–46.

573 *Vere ... scire:* Wahres Wissen ist Wissen durch Ursachen. – *Baco:* Zitat nach Francis Bacon, »Novum organum« 2, 2 (»The Works«, Bd. 1, S. 228), wo »esse« statt »est« steht; vgl. auch J 1023. L. hat diesen Satz verschiedentlich in Stammbücher eingetragen, so z. B. im Februar 1794 in das von Matthisson (III, S. 654).

574 *Instrumenta ... perficiunt:* Nicht die größten, sondern die geeignetsten Werkzeuge bringen das Werk zustande. Zitat nach Bacon, »Novum Organum«, a.a.O., S. 230.

575 *Tò μὲν ... κινῆσαι:* Das Feuer nämlich bewirkt, daß alles sich fortwährend bewegt. Zitat aus Hippokrates, »Opera omnia« 1 (Kühn-Ausgabe), S. 630.

576 Diese Notiz ist von L. durch Kringel unleserlich gemacht.

577 *Den 19. März. Anemonen gepflanzt:* Zum 19. März 1791 notiert L.: »Die osnabrücksche Bohnen gelegt. Türckischen Waizenfeld. Die Anemonen. Den Mohn gesäet. Etwas Convolvulus. Der kleine Junge die Kresse gesäet. abends.« Vgl. auch J 397. – *Herzog von Braunschweig:* Erbprinz Karl Wilhelm Ferdinand (1735–1806), seit 1780 Herzog von Braunschweig; 1792 Oberbefehlshaber der preuß. Interventionstruppen im ersten Koalitionskrieg gegen das revolutionäre Frankreich; sein berüchtigtes Manifest vom 25. Juli 1792 veranlaßte die Volksmassen von Paris am 10. August 1792, die Monarchie zu stürzen. – *Prinz Condé:* Louis-Joseph Prinz von Condé (1736–1818), organisierte ein Emigrantenheer, mit dem er von 1792–1796 unter österr. Oberbefehl Frankreich bekämpfte. – *Bellisle:* Charles Louis Auguste Fouquet de Bellisle (1648–1761), Graf von Pair und Marschall von Frankreich.

579 *Gesetze:* Von L. verbessert aus *Regeln*.

580 *Uhren, die das Datum ... repetieren:* Vgl. J 1335, 1856.

581 *Ein Geschöpf höherer Art läßt die ganze Geschichte . . . repetieren, so wie man die Uhren repetieren läßt:* Eine ähnlicher Gedanke findet sich in »Von den Kriegs- und Fast-Schulen der Schinesen« (III, S. 447).

583 *sentinelles:* Frz. sentinelle, ital. sentinella, der unterste Schiffsraum, welchen der Sentinator wegen der Gefahr eindringenden Meerwassers beständig überwachen mußte; später in übertragener Bedeutung ›Schildwache‹.

584 *sind:* In der Handschrift *sind in.*

585 *Flieh den Diogenes . . . sagt Haller:* Der Vers findet sich in Hallers Gedicht »Die Falschheit der menschlichen Tugenden«, Z. 244; zu diesem Gedicht s. zu D 132.

586 *Ich möchte wohl das rote Buch mancher Familie sehen:* L. selbst führte in den neunziger Jahren ein Notizbuch, das er wegen des Umschlages Rotes Buch nannte; auch spielt er auf folgenden Revolutions-Brauch an: Custine ließ in Mainz zwei Bücher öffentlich auslegen und forderte die Einwohner auf, sich zu erklären, »ob sie sich lieber freie Menschen oder Sklaven seyn wollen«. Das Rote Buch »das Buch des Lebens ist in rothen Saffian gebunden mit der Freiheitsmütze und am Rande mit den Nationalfarben geziert . . . Das andere Buch ist in schwarzes Papier gebunden, mit Ketten umwunden und enthält die Ueberschrift: Sklaverei« (Mainzer National Zeitung, Nr. 1776, 7. November 1792). – *Titul:* In der Handschrift *Titul werden.* – *die roten Bücher der Könige:* Wohl Anspielung auf »Le livre rouge ou liste des pensions secrètes sur le trésor public, contenant les noms et qualités des pensionnaires«, erschienen Paris 1790, ins Englische übersetzt London 1790.

587 *Der Rheinwein . . . der beste, in welchen . . . Rhein und . . . Mosel gar nicht geflossen ist:* Dieser Gedanke kehrt J 748 wieder.

588 *Was hätte Blanchard nicht tun können . . . Luftblase wäre:* Dieser Vergleich kehrt auch Ph + M 3, S. 96 wieder.

589 *friar:* Engl. ›Mönch, Bettelmönch‹. – *Jones . . . sagt:* »Physiological disquisitions or discourses on the natural philosophy of the elements« von William Jones, London 1781. L. erwähnt das Werk auch in dem Aufsatz »Von der Aeolus-Harfe« im GTC 1792, S. 139, 143.

592 *Schreibfedern:* Von L. verbessert aus *Gänsefedern.*

593 *Die Barbierer . . . tragen die kleinen Stadtneuigkeiten in die . . . Häuser:* Vgl. auch J 16. – *Samen:* Von L. verbessert aus *Körn[er].*

596 *Dietrichs Leichtsinn . . . in einem Roman:* Vgl. auch J 168, 480.

597 *wovon:* Danach von L. gestrichen *jeder schöne[r].*

598 *bunte Verwirrung:* Zu diesem Ausdruck vgl. J 597.

599 *Epitaph:* S. zu B 399. – *Arlington near Paris:* François d'Arlincourt, frz. Freimaurer im 18. Jh. – *Yet but . . . clear:* Und doch liegen hier nur sechs Leichen begraben, alle legitim geboren und offenbar dem Inzest entsprungen. – *sons:* Von L. verbessert aus *brothers.* – *corpse:* Danach von L. gestrichen *in.* – *Dieses Rätsel:* Zur Auflösung des Rätsels vgl. auch J 884 und Anm. In dt. Fassung hat es L. unter dem Titel »Auch einmahl ein Räthsel« im GTC 1792, S. 176f., veröffentlicht. Zu L.s Vergnügen an Rätseln vgl. auch J 510. – *Söhne:* Danach von L. gestrichen *und 2 Enckelinnen haben.* – *Bruder:* Danach von L. gestrichen *so brauchten auch die Mädchen nicht einmal Schwestern gewesen zu seyn.*

600 *wenigen Übereinstimmung, die das Innere des Menschen mit seinem Äußern hat:* Vgl. auch J 392. – *Denn:* Danach von L. etwas gestrichen. – *der esoterische*

... *exoterischen:* Exoterisch ›nach außen stehend‹, esoterisch ›nach innen stehend‹.

601 *weisliche Einrichtung unserer Natur, daß wir so viele ... gefährliche Krankheiten gar nicht fühlen:* Zu L.s Krankheitsreflexionen s. zu J 4, 223. – *so viele:* Von L. verbessert aus *ein[ige].*

602 *Gotthard:* Johann Zacharias Gotthard. – *Klein-Paris:* So wurde in Göttingen ein Armenviertel nahe der Sternwarte an der Stadtmauer genannt.

604 *Denatus ... als De natus ... übersetzt:* Lat. nasci, natum ›geboren werden‹; denatus ›von Geburt her‹; lat. demortuus ›vom Tode her‹. Vgl. auch F 1016, K 104.

606 *Homer ... ein Bastart:* Zu L.s Notizen über Bastarde in der Weltgeschichte s. D 630 und zu GH 6. – *Weikard in seinem philosophischen Arzt:* Weikards Periodikum »Der philosophische Arzt« erschien in 4 Stücken Frankfurt, Hanau und Leipzig 1775–1777. »Homer, der aus einem Umgange seiner Mutter mit einem Vormunde das Sein erhielt, ein trefflicher Umstand, sagt Huarte, um einstens ein Genie zu werden« (ebd., Stück 3, S. 11). Melchior Adam Weikard (1742–1803), 1783 Hofrat und Prof. der Medizin in Fulda, ab 1784 zeitweise am Hofe Katharinas II.; von kirchlicher Seite angefeindet wegen »Freigeisterei«. »Biographie des Doktors M. A. Weikard. Von ihm selbst herausgegeben«, Berlin und Stettin 1784, »Denkwürdigkeiten aus der Lebensgeschichte des kaiserlich russischen Statsrath M. A. Weikard. Nach seinem Tode zu lesen«, Frankfurt und Leipzig 1802. – *Huarte:* Juan Huarte de San Juan (1529–1588), 1572 Amtsarzt in Baeza (Spanien); Philosoph mit pädagogisch-soziologischer Zielsetzung; orientierte sich an der Antike. 1752 von Lessing übersetzt (»Examen de Ingenios« 1775, dt. »Prüfung der Köpfe«). – *p. 93:* Gemeint ist J 841.

607 *was Weikard ... sagt:* Vgl. Weikard, a.a.O., 3. St., S. 34. – *Huygens:* Christiaan Huygens (1629–1695), niederl. Physiker und Mathematiker; 1663 Mitglied der Royal Society, 1665 Mitglied der frz. Akademie der Wissenschaften; Erfinder der Pendeluhr und der Federuhr, Entdecker des Saturnmondes und des Orionnebels. »Horologium osallatorium«, 1673; »Fractatus de Lumine« 1690.

609 *Der Dachdecker ...:* Eine ganze Reihe Tagebuchnotizen deuten darauf hin, daß L. die damaligen Renovierungsarbeiten am Dache des Jakobikirchturms interessiert verfolgte. Vgl. die Hogarth-Erklärung »Columbus breaking the Egg« im GTC 1793, S. 172: »Ein Freund von mir, dem der Schwindel sehr unterworfen war, gestand mir, er bewundere den Schieferdecker, der an der dünnen Spitze eines 200 Fuß hohen Thurms hinan klettern und oben auf die Gesundheit des Landes trinken könne, so sehr, als den Mann, der die entstehende Bresche zu flicken, oder das Feuer eines vom Blitze rauchenden Pülverthurms zu dämpfen unternehme. Eines Tages, da er ein Paar Dachdecker, nicht ohne eigenen Schwindel, in jenem ersten Unternehmen beobachtet hatte, ließ er sie zu sich kommen. ›Ums Himmels willen‹, sagt mir, ihr Leute, wie ist es möglich, daß ihr solche Dinge ausrichten könnt, wie fangt ihr es an? Ich, sagte der eine, ein gesetzter guter Mann, stärke mich allemahl erst durch ein Gebet, und ich, versetzte der andere mit einem breiten Sandsteingesicht, nehme vorher immer ein Quentchen gebranntes Katzenhirn.«

611 *die Druckerei die Nervenschwäche vermehrt ... sagt Weikard:* Vgl. Weikard, a.a.O., Stück 3, S. 34; s. zu J 606.

612 *Schreibtisch, den ... Röntgen ... für die Kaiserin von Rußland verfertigt:* Kommerzienrat David Röntgen war ein berühmter Mechaniker und Ebenist, dessen kunstvoller Schreibtische selbst Goethe in den »Unterhaltungen deutscher Ausgewanderten« und in den »Wanderjahren« (Werke Bd. 18, S. 148; Bd. 25, S. 159) gedenkt. David Röntgen (1743–1807), entwickelte die 1772 von seinem Vater Abraham übernommene Werkstatt in Neuwied zu einem Unternehmen von internationalem Ruf; zu seinen Kunden gehörten alle europäischen Fürstenhöfe und Katharina von Rußland. Vgl. auch Josef Maria Greber, Abraham und David Röntgen. Möbel für Europa, Starnberg 1980. – 25 000 *Rubel:* Der sogenannte ›Apolloschreibtisch‹ für Katharina die Große befindet sich heute in der Eremitage in St. Petersburg. Aus Begeisterung über die Arbeit von Röntgen soll die Zarin dem ausgemachten Preis von 20 000 Rubeln noch 5000 hinzugefügt haben. Vgl. auch Dietrich Fabian, Röntgenmöbel aus Neuwied. Leben und Werk von Abraham und David Röntgen, Bad Neustadt 1986, S. 23.

615 *Ein Charakter:* Ähnliche Charakter-Zeichnungen finden sich auch J 223 und Anm.; vgl. auch J 630. – *Gesundheit ... Zustand ... da man seine Krankheit nicht fühlt:* Vgl. auch J 601.

616 *Z. E. mein ... nicht Trinken bei Tische:* Vgl. J 639.

617 *Sie bekam eine Guinea des Tags:* Ein Guinée, eine zuerst 1662 aus afrikanischem Gold geprägte engl. Münze im Sollwert von 21 Schilling, nach 1816 aus dem Verkehr gezogen.

618 *beim Pharao:* Das Pharaospiel, benannt nach dem auf einem Kartenblatt abgebildeten ägypt. Herrscher, war im 18. Jh. in den höheren Kreisen sehr beliebt; vgl. Winkle, Struensee, S. 195, Anm. 17.

620 *die Philosophie wird sich noch selbst fressen:* Zu dieser Wendung vgl. F 1117. – *Die Metaphysik hat sich ... schon selbst gefressen:* Dieser Satz ist in den Hogarth-Erklärungen (III, S. 1053) verwertet.

621 *meschante:* Frz. méchant ›böse, schlecht‹. – *petitio principii:* Logischer Fehler, der in der Verletzung des Satzes vom zureichenden Grund besteht: zur Begründung einer These wird eine angeführt, die selbst der Begründung bedarf; im schlechtesten Fall ein Zirkelschluß.

622 *aut, aut:* Lat. ›entweder, oder‹. – *sic ... amicos:* So führt eine Seite [bzw. ein Feld] Freunde zusammen. Vgl. Horaz, »Satiren« I, 3, 54: »opinor, haec res et jungit iunctos et servat amicos«. Ich meine, so kann man Freundschaft knüpfen, so die Freundschaft wahren. Vgl. auch J 911, 913.

623 *Linné ... Instructionem peregrinatoris geschrieben:* Diese Abhandlung von 1762 findet sich in Linnés »Amoenitates academicae«, Leiden 1749–1785 in neun Bdn., Bd. 5, S. 298. – *Essay ... by ... Berchtold:* Graf Leopold Berchtold (1759–1809), Fachautor und Beamter. »An essay to direct and extend the inquiries of patriotic travellers«, London 1789, erschien Braunschweig 1791 in dt. Übersetzung von P. F. Brunn unter dem Titel »Anweisung für Reisende«. – *direct:* Danach von L. gestrichen *Travellers.* – *in median 8vo:* In mittlerem Oktavformat. – *rezensiert Göttingische Zeitungen:* Die Rezension in den GGA 1791, S. 617 ist von Georg Forster.

624 *wie man [mit] den Kinnladen nachhilft wenn man mit einer ... Schere Papier schneidet:* Diese Bemerkung ist im GTC 1789, S. 202 verwertet.

625 *Der Burtscheidische Nadeler:* Das Bild entstammt der Lektüre des ersten Bd.s von Forsters »Ansichten vom Niederrhein«, den L. laut Tagebuch am

5. April erhielt und sicherlich bald las; Forster schildert dort im zehnten Brief, die Nadelfabrik in Burtscheid (Sämtliche Schriften, Bd. 3, S. 101); vgl. auch den Brief an Samuel Thomas Sömmerring vom 20. April 1791 und an Georg Forster vom 1. Juli 1791.

626 Zur handschriftlichen Schreibweise dieser Bemerkung s. zu D 53. – *gebraucht:* Zu dieser Floskel vgl. D 46.

629 *Schmids Versuch:* Carl Christian Erhard Schmid (1761–1812), Mediziner und Philosoph, Anhänger Kants, Prof. in Gießen und Jena. – *Litteratur-Zeitung:* Die Rezension findet sich in der »Allgemeinen Literaturzeitung« Nr. 108, 8. April 1791, Sp. 57–64. Die beiden längeren wörtlichen Zitate stehen dort Sp. 59 und 61. Der Rezensent konnte nicht ermittelt werden. – *Objekt:* Von L. verbessert aus *objectiv.* – *Philosophie:* Von L. verbessert aus *Vernunfft.* – *Je gründlicher ... Notwendigkeit:* Hier heißt es wörtlich in der Rezension: »Je richtiger und gründlicher Rec. dieses alles durchdacht fand, um desto mehr mußte er durch die folgenden Behauptungen des Vf. (S. 209, § 255 ff.) überrascht werden.« – *Eben die Unrichtigkeit ... Sinn gibt:* Fast wörtliches Zitat von Sp. 61. Zur Diskussion der Willensfreiheit im 18. Jh. s. auch zu J 275.

630 *Charakter:* Vgl. J 615.

631 *den Lenglet ... Bastillensassen nennen:* Dieser Gedanke ist zuerst in GH 4 notiert; vgl. auch die Anm. dazu.

632 *das Gras hinwachsen lassen:* Diese Wendung ist zuerst in GH 10 notiert.

633 *Keate ... nennt sehr schön:* Diese Bemerkung ist zuerst in GH 22 notiert. – *Wilson über die Pelew Islands:* Über dieses Werk s. zu GH 14.

634 *Ein Charakter:* Vgl. auch J 615, 630. – *Ein Mann, der ... immer statt des Hundes spricht:* Auch diese Bemerkung ist zuerst in GH 24 notiert.

635 *Einer präsentiert dem Charon sein Stammbuch:* Im griech. Mythos ist Charon, Sohn des Erebos und der Nyx, der greise Fährmann der Unterwelt, der die Schatten der beerdigten Toten übersetzt. In der Kunst wird Charon meist als finsterer Alter oder schwarzer Vogel, der auf seine Opfer niederstößt, dargestellt. – *Bagnio:* Bordell; zu diesem Ausdruck vgl. auch Hogarth-Erklärungen (III, S. 724).

636 *In Spanien, wo die Königreiche gemeiner sind:* Zu dieser Bemerkung vgl. GH 30 und Anm.

637 *Wie wenig Ehre es einem Maler macht:* Diese Bemerkung ist zuerst GH 35 notiert. – *Fliege:* Von L. verbessert aus *Flügel.*

638 *Ich habe mir zur Regel gemacht:* Vgl. auch J 49, 707; zu L.s Maximen für das eigene Leben s. zu D 53. – *Es:* Von L. verbessert aus *Das.*

639 *daß das Trinken bei Tisch schädlich ist:* Zu dieser Maßregel vgl. J 616. – *22. April 91:* Vgl. SK 161.

641 *Thermophorus:* ›Wärmeträger‹, Wortbildung L.s aus dem Griechischen; vgl. J 642, 644, 645.

642 *Vossen's Schrift gegen Heyne:* Gemeint ist Vossens versteckte, aber scharfe Polemik gegen Heyne in der Einleitung zu seinem Aufsatz »Über die Gestalt der Erde nach den Begriffen der Alten« (»Neues deutsches Museum«, 1790, 3, S. 821). – *Vossphorus:* Zu dieser Wortbildung s. zu J 641. – *Harnphosphorus:* S. zu J 641.

643 *Daß es Wesen praeter nos gibt, daran zweifelt nur ... der Egoist und Idealist:* Zu diesem Gedanken s. auch zu J 1532, 1537. – *halten:* In der Handschrift

verwandeln; danach von L. gestrichen *scheint von.* – *Form der Sinnlichkeit:* Zu Raum und Zeit als Anschauungsformen der Sinnlichkeit s. zu H 19. – *das praeter me* ... *Form des Empfindungs-Vermögens:* Zu L.s Überlegungen im Kontext einer »Analysis der Empfindung« vgl. schon E 411 und Anm.

644 *Erophorus:* Wörtlich ›Liebesträger‹. Zu dieser Wortbildung s. zu J 641.

645 *Hygrophorus:* Wörtlich ›Feuchtigkeitsträger‹; im übrigen s. zu J 641. – *Hydrophorus:* Wörtlich ›Wasserträger‹.

646 *für die Kantische Lehre vom Raume* ... *daß wir die Körper für ins Unendliche teilbar halten müssen:* Zu Ḳants Argumentation im Hinblick auf den Raum als reine Anschauung vgl. »Kritik der reinen Vernunft«, Akademie-Ausgabe, A 21–31, B 37–47. – *Undurchdringlichkeit:* Die Kraft, mittels derer ein Körper einem anderen widersteht, der in den von jenem beanspruchten Raum eindringen will. – *Form der sinnlichen Anschauung:* S. zu H 19.

647 *Gleichnisweise:* Vgl. J 626. – *Sporen:* Danach von L. gestrichen *er.*

648 *Zimmermanns Deklaration wider Mauvillon:* Über Zimmermanns Erklärung gegen Mauvillon, die im April und Mai 1791 als Flugblatt und in mehreren Zeitungen und Zeitschriften erschien, vgl. Ischer, Johann Georg Zimmermanns Leben und Werke, S. 412. Die zitierten Sätze der Rezension finden sich in den »Gothaischen gelehrten Zeitungen« 1791, Bd. 1, S. 304. Der Kritiker ist unbekannt. Jacob Mauvillon (1743–1794), volkswirtschaftlicher Schriftsteller, Ingenieur, Lehrer und Offizier; Anhänger der Physiokraten; übersetzte Turgot und Mirabeau. – *Wie Bahrdt sagt:* »Hören Sie mich kaltblütig, Ritter, und bemerken Sie es mit Wohlgefallen, dass ich die Kunst verstehe, den Leuten in den Magen zu sehen« (Bahrdt, »Mit dem Herrn von Zimmermann ... deutsch gesprochen«, Magdeburg, 1790, S. 101. Dieses Zitat kehrt J 1218 wieder. – *Der:* Von L. verbessert aus *Dieser.* – *ein unverdautes* ... *Exzerpt:* Danach von L. gestrichen *ein nicht.* – *Bengelei:* Zu diesem Ausdruck vgl. J 560.

649 Diese Notiz ist, vermutlich wegen ihres politischen Gehalts, von L. durch Kringel unleserlich gemacht.

650 *dumb Bells:* Engl., wörtlich ›taube Glocken‹; Hanteln, die von Turnvater Jahn, der diesen plattdeutschen Ausdruck einführte, nur in England gebräuchlich waren. – *muß:* Von L. verbessert aus *müssen.*

651 *mit geometrischer Schärfe:* Von L. verbessert aus *geometrisch.* – *erweisen, daß* ... *die katholische Religion* ... *keine christliche:* Zu dieser Bemerkung vgl. GH 33. Zu L.s Haltung gegenüber Christentum und Katholizismus s. zu J 65.

653 *Regenbogen auf dem trocknen Wege:* Ein Aufsatz L.s mit diesem Titel erschien im GTC 1794, S. 176–178. – *trocknen Wege:* Stoffverbindungen wurden nach der alchimistischen Nomenklatur, die im 18. Jh. noch verbreitet war, entweder auf ›nassem Wege‹ in Flüssigkeiten gelöst hergestellt oder auf ›trockenem Wege‹, d. h. durch Schmelzen (vgl. Gehler, Bd. 1, S. 179); der Ausdruck kehrt auch J 907 und in abweichender Bedeutung »Dritte Epistel an Tobias Göbhard« (III, S. 540) wieder.

654 *Die Chausseen* ... *Kanäle* ... *die Verleumdungen nach Hannover fließen:* Vgl. auch J 538, 608.

655 *Empfehlung meiner Erziehungs-Regel:* Die hier gemeinte Erziehungsregel ist nicht bekannt und stand wohl in einem der beiden verlorenen Sudelbücher; vgl. auch J 26. – *Richelieu ein Sieben-Monats-Kind:* Gemeint ist Kardinal

Richelieus Großneffe Louis François Armand du Plessis, der im Siebenjährigen Krieg den Herzog von Cumberland zur Convention von Zeven zwang (7. September 1757). Seine »Mémoires«, 1790 von Soulavie in neun Bdn. hrsg., sind nur zum Teil authentisch.

656 *Die praktische Vernunft oder der moralische Sinn* ...: Bezieht sich auf Kants »Kritik der praktischen Vernunft«, 1788; während der Begriff »praktische Vernunft« einer streng theoretischen Disziplin zugeordnet wird, die die ideal-zeitlosen Begriffe, die unser Handeln und Wollen bestimmen sollen, zum Gegenstand hat, ist mit »moralischem Sinn« das subjektiv-intuitive Urteilsvermögen gemeint.

659 *mich:* Danach von L. gestrichen *noch einmal*.

660 *Hohenlieder-Dichter Salomon:* Vgl. J 110. – *Bürger:* Anspielung auf dessen Gedicht »Das hohe Lied von der Einzigen, in Geist und Herzen empfangen am Altare der Vermählung«.

661 *wie sehr das Wort unendlich gemißbraucht wird:* Vgl. auch E 518.

662 *Rezension von Zimmermanns Buch:* Die Rezension von Zimmermanns zu J 376 nachgewiesenem Buch füllt in ihrer hier gemeinten ersten Hälfte das ganze zweite Stück des 99. Bd.s der AdB. Die zweite Hälfte erschien erst später als 2. St. des 105. Bd.s. Auf diese bezieht sich die Tagebuchnotiz vom 20. März 1791 (SK 299). – *Seneca ... sagt:* Gemeint ist »De tranquillitate animi« 11, 11. – *Exekution des Sejanus:* Lucius Aelius Sejan (20/16 v. Chr. bis 31 n. Chr.), röm. Prätorianerpräfekt, auf Betreiben von Tiberius vom Senat in Rom zum Tode verurteilt; nach seiner Hinrichtung wurde seine Leiche vom Volk in Stücke gerissen und in den Tiber geworfen. – *Nihil ... traheret:* Es blieb nichts übrig, was der Henker hätte wegschleifen können. – *blieb:* Von L. verbessert aus *ist*.

663 *Ktesias:* Geboren um 400 v. Chr. auf Knidos, griech. Historiker, in persischer Kriegsgefangenschaft Leibarzt der Königin Parysatis und des Königs Artaxerxes II. von Mnemon. Seine historischen Werke sind nur in Bruchstücken erhalten. – *the lying Physician:* Der lügnerische Arzt. L. spielt gewiß auf Zimmermann an. – *Seinen Charakter gibt Vossius:* »De historicis graecis« 1, 5. Gerarcius Joannis, eigentlich Gerrit Jansz Vos (1577–1649), niederl. Reformtheologe, Prof. der Rhetorik, der Chronologie und der griech. Sprache. Seit 1631 am Athenaeum illustre in Amsterdam.

665 *No crab ... advance:* Keine Krabbe ist aktiver in dem schmutzigen Tanz, nach unten steigend und rückwärts fortschreitend. Zit. nach Pope, »The Dunciad« 2, 319.

666 *zu lesen: Ob und wiefern die Cantzel der schickliche Ort zur Aufklärung sey:* Verfasser dieser Schrift, deren Titel vollständig lautet: »Ob und in wiefern die Kanzel der schickliche Ort zur Aufklärung sey? Eine nöthige Pastoralfrage für unsere Zeiten«, erschienen Berlin und Stettin 1789, ist nach Holzmann/ Bohatta, Dt. Pseudonymenlexikon (1902–1911) Ernst Friedrich Ockel (1742–1816), Dr. theol. und Superintendent in Kurland. – *Maurer:* Friedrich Maurer (1749–1825), Stadtrat, Buchhändler, Freimaurer in Berlin.

667 *Friederich machte dem Lamettrie die Grabschrift:* Vgl. auch F 741, wo L. Lamettrie und Lavater polemisch in Zusammenhang bringt. – *Petit ... fou:* Kleiner Philosoph, mittelmäßiger Arzt und großer Narr. – *ich kenne einen Arzt:* Gemeint ist abermals Zimmermann.

668 *Sie machten gerne die Welt zum Hospital-Planeten:* Zu diesem Gedanken vgl. auch H 161.

669 *Wolke von angezeigten Druckfehlern beschattet den Beschluß:* Vgl. auch D 580, J 71. Bezieht sich vermutlich auf die neue Auflage von Erxlebens »Naturlehre«; vgl. Brief an Immanuel Kant vom 30. Oktober 1791. *– angezeigten Druckfehlern:* Von L. verbessert aus *Druckfehler Anzeigen.*

670 *Ich habe immer gesagt, die Mechaniker gedeihen am besten . . . Stämme von Uhrmachern propft:* Gemeint ist vermutlich der Kupferstecher Johann Christian Riepenhausen, der seit 1749 in Göttingen ansässig war und zunächst als »Uhr- und Spritzenmeister« arbeitete; vgl. Behrendsen, S. 95.

671 *Er war in der Zeugungs-Gegend ein . . . Presbyt:* Presbyterier sind die Ältesten, bzw. die Vorsteher der christlichen Gemeinde; im 18. Jh. gebräuchliche Bezeichnung für katholische Geistliche. *– für jenen Sinn Brillen schleifen:* Zu dem Zusammenhang Presbyter und »Brillen für die übrigen Sinne« vgl. auch Hogarth-Erklärungen (III, S. 764).

672 *I saw . . . winds:* Ich sah eine Harfe, ganz mit silbernen Fäden bespannt, / die ganz aus dem Fluß gehoben, / unter die Wolken getragen und so verherrlicht wurde; / während dabei das himmlischste Geräusch zu hören war, / von den Saiten, die von den singenden Winden angeschlagen wurden. Zit. nach Spenser, »The ruines of time«, 604, 610–613. L. zitiert die Verse auch in dem Aufsatz »Von der Aeolus-Harfe« im GTC 1792, S. 138. Den Hinweis auf sie erhielt er wohl durch die »Physiological disquisitions or discourses on the natural philosophy of the elements« von William Jones (s. zu J 589). Vgl. auch Hogarth-Erklärungen (III, S. 709). *– about:* Bei Spenser *above. – noise:* Danach von L. gestrichen *it made. – winds:* Bei Spenser *wind.*

673 *blauen Bibliothek:* Im »Intelligenz-Blatt des Journals des Luxus und der Moden« 1790, Nr. 2, S. IX–XV, erschien dazu folgende Verlagsanzeige: »Die Blaue Bibliothek aller Nationen. / Si Peau-d'Ane m'etoit conté / l'y prendrois un plaisir extréme. / Lafontaine. / Es ist gewiß ein gewagtes Unternehmen, unserm teutschen Publico, daß sich seit einigen Jahren her, mit einer Art von Heißhunger auf politische, statistische, oder mit Einem Worte, sogenannte Journal-Lectüre geworfen, und darüber den Geschmack an den schönen Künsten der Musen verlohren zu haben scheint, jezt eine amüsante Unterhaltung von andrer Art darzubieten. Fern sey es von mir hierdurch einen abwürdigenden Blick auf jene höchst wichtige und interessante Wissenschaften und Materien zu werfen. Niemand kann sie höher schätzen als ich selbst. Ich spreche hier von Uebertreibung und Mißbrauche, und bemerke nur (was auch gewiß jeder aufmerksame Beobachter des Geistes der Zeit, und der Nation mit mir bemerkt haben wird, daß bey unserer jezt so allgemein Mode gewordenen politischen Kannegieserey, und dem falschen Aufklärungs- und Reformen-Drange, der gerade in den hohlsten Köpfen am meisten spuket, die Nation den Geschmack an Kunst des Dichters und Schriftstellers, d. h. an Schönheit und Reichthum seiner Compositionen, Leben und Natur seiner Darstellung, Feuer seiner Imagination, Eleganz und Wohlklang seines Styls, und Reinheit seiner Sprache verliehrt, die Lectüre, sonderlich der weiblichen Welt und der Jugend, für die doch obgedachte Geistes-Kost offenbar zu hart und unverdaulich ist, schlechter wird, und der feinere Welt-Ton der sogenannten guten Gesellschaft, dem allein Cultur des Geistes und Geschmack an Künsten und schönen Wissenschaften die Politur

giebt, zugleich mit herabsinkt. Indessen so wenig es auch bey solch einer allgemeinen Stimmung der Köpfe thunlich ist, gerade gegen den Strom zu schwimmen, so ist doch wenigstens ein Versuch möglich, das zu erhalten, was wir schon haben, und dem verwöhnten Kinde ein nützlicheres, wenigstens unschädlicheres Spielzeug in die Hände zu geben.« Vgl. an Meister, ca. 16. September 1788. – *neuen 1001 Nacht:* Im Tagebuch (SK) heißt es unter dem 10. Mai 1791: »Die neue 1001 Nacht«. – *Chavis:* Chavys, Don Denys, Mönch arab. Herkunft. – *Cazotte:* Jaques Cazotte (1719–1792), frz. Schriftsteller, beschäftigte sich mit orientalischen Märchen; Vorläufer der Romantik, Anhänger einer religiösen Geheimlehre; seine Übersetzung »Les mille et une fantaisies« erschien 1742; »Le diable amoureux« (1772). – *Contes des Fées:* Feenmärchen. Zu L.s Interesse an Märchen vgl. J 711, 713, 714 727 und den Brief an Georg Forster vom 1. Juli 1791.

674 *dafür:* Von L. verbessert aus *gemeiniglich.*

675 *Man kann würklich, wenn man in einem schlechten Wagen sitzt, ein ... Gesicht machen:* Dieser Gedanke ist in den Hogarth-Erklärungen (III, S. 1058) verwertet.

676 *Jedermann ... bereitwillig durch Schaden klug zu werden:* Vgl. auch J 499.

677 *Die meerschaumene Göttin:* Bezieht sich vermutlich auf die nachstehende Notiz.

678 *Ein Pfeifenkopf aus derselben Materie:* Vgl. J 677.

679 *Pro rege ... pro grege:* Für den König ... für die Herde; vgl. auch Hogarth-Erklärungen (III, S. 1037).

681 *Die Dinge außer uns ... nichts anders als wir sie sehen:* Zu L.s Reflexionen über das »außer uns« s. zu J 1532.

684 *ex officio:* Lat. ›von Amts wegen‹; L. gebrauchte den Ausdruck auch L 41, 42, MH 11 und III, S. 183, 1001, 1057.

685 *Meares ... Voyage:* Die Reisebeschreibung »The voyage made in the years 1788 and 89 from Canton to the north west coast of America« von John Meares erschien London 1790, eine Übersetzung von Georg Forster in Berlin 1791. L.s Notizen sind Forsters Einleitung entnommen. John Meares (1756–1809), engl. Kapitän. »Geschichte der Reisen, die Sir Cook an der Nordwest und Nordostküste von Amerika ... von Meares, Dixon, Portlock, Cox, Long u. a. m. unternommen worden sind ... I–III a. d. E ... ausgearbeitet von Georg Forster«, Berlin 1791. – *Inlets:* Engl. ›Einbuchtung, Meeresarm‹. – *die nordwestliche Durchfahrt:* Vgl. auch J 700 und den Brief an Samuel Thomas Sömmerring vom 9. Oktober 1786. – *Weder die Hudsonsnoch die Baffins-Bay ... bisher genau untersucht:* Der Bay of Hudson ist ein großes Binnenmeer an der Nordostseite von Nordamerika, durch die 120 km lange Hudsonstraße mit dem Atlantik verbunden; 1610 von Henry Hudson entdeckt. Der Bay of Baffin ist ein Teil des Nördlichen Polarmeeres zwischen Grönland und Baffinland, vom amerikanischen Kontinent durch die Hudsonstraße getrennt; 1562 von Bears entdeckt, aber nach William Baffin (1584–1622) benannt, der 1615/16 die nordwestliche Durchfahrt erforschte. – *Duncan damit beschäftigt, die westliche Küste zu untersuchen:* Adam Duncan (1731–1804), 1$\underline{\text{st}}$ Viscount of Cumberland (1797), engl. Admiral, schlug die span. Flotte 1780, besiegte 1797 die Niederländer in der großen Seeschlacht bei Kamperduin.

686 *Das Register vox humana bei der Orgel:* Der Gedanke ist in den Hogarth-Erklärungen (III, S. 1012) verwertet.

687 *Wir sind ... am Ende nichts weiter als eine Sekte von Juden:* Zu L.s Antisemitismus vgl. auch J 128 und Anm.

688 *Sehr viele:* Von L. verbessert aus *Manche.*

690 *sehen, so:* In der Handschrift *sehen, zu.*

693 *Krankheiten ... Hypochondrie:* Vgl. auch J 223, 601, 615.

694 *In Toto ... nihil:* Etwas im Ganzen und nichts aus allem. Vgl. auch den Brief an Friedrich Christian Lichtenberg vom 13. August 1773, wo L. das Gegenstück zu dieser philosophischen Maxime zitiert: »ex omnibus aliquid«; etwas aus allem. Der Gegensatz bezieht sich auf den zwischen Einheit und Vielheit; wäre uns ein oberstes Prinzip zugänglich, aus dem sich alles deduzieren ließe, wären wir nicht auf die ungewisse Erkenntnis aus der Erfahrung, aus dem Vielen, angewiesen.

698 *Berechnungen:* Danach von L. gestrichen *12781788 □ Werste das oder. – Werste:* Russ. Wegmaß; ein Werst entsprach (bis 1835) ungefähr 1077 m. – *geographische Meilen:* Auch Deutsche Meile genannt, ein von der Länge des Äquators abgeleitetes Entfernungsmaß; eine geographische Meile mißt 7420,439 m. – *S. p. 84 Col. I:* Gemeint ist J 721.

699 *de Langle:* Jean Marie Jérôme Fleuriot de Langle (1749–1807), frz. Schriftsteller und berüchtigter Plagiator; ließ eine große Zahl von Personen auf ein Buch mit dem Titel »Tableau de la Suisse« subskribieren, das nie erschien; veröffentlichte 1790 zu Paris ein »Tableau pittoresque de la Suisse«. Der von L. zitierte Satz findet sich ebd., S. 58. – *Vive ... Protestants:* Es lebe der Tod in den Ländern der Protestanten.

700 *Die Kosmographen ... die Pelzhändler:* In Georg Forsters Einleitung zu seiner Übersetzung von Meares, die zu J 685 nachgewiesen ist, wird gezeigt, daß die geographischen Entdeckungen in Nordwest- und Nordostamerika wesentlich dem Pelzhandel zu verdanken waren. Vgl. an Sömmerring, 9. Oktober 1786 und GTC 1790, S. 133.

701 *Es sah in seinem Garten elend aus:* Zu L. als Gartenliebhaber vgl. auch J 397, 577, 494.

702 *Welt:* Von L. verbessert aus *Natur.*

703 *quantum sufficit:* Lat. ›wieviel genügt‹.

705 *kömmt:* Von L. verbessert aus *wird.*

706 *den Stuhl schlägt an dem es sich stößt:* Dieser Gedanke begegnet auch J 1666. Merkwürdigerweise äußert ihn auch Georg Forster in den »Parisischen Umrissen«, 5. Brief, erschienen (vgl. Rödel, S. 178): »O über die Kinder, die sich die Nase an einer Stuhlecke stoßen, und den Stuhl dafür peitschen!« (Sämtliche Schriften, Bd. 5, S. 334). Vgl. auch L 880.

707 *Heute ... der Sonne erlaubt früher aufzustehen als ich:* Zu L.s Vorsatz vgl. J 638 und Anm. – *nicht πμ:* In der Handschrift ⊖ πμ. – *what ... expressed:* Was oft gedacht, doch nie so gut ausgedrückt wurde.

708 *Böttcher:* Schneider aus Göttingen. – *Snäpschen:* Nach DWB 15, Sp. 1176 schnappsen, oder niederdt. snappsen »Schnaps oder Branntwein trinken«. – *gepuzzelt:* Schambach, »Wörterbuch der niederdeutschen Mundart der Fürstentümer Göttingen und Gruebenhagen ...«, Hannover 1858, S. 161 führt ein »pusseln« mit der Bedeutung »geschäftig sein, kleine Arbeiten tun, meist mit dem Nebenbegriff ohne etwas Rechtes auszurichten« an.

709 *Die Kugelfläche . . . nach Kästner:* In den GGA 1791, S. 929–936, hat Kästner eine Selbstanzeige seiner »Geometrischen Abhandlungen, Zweyte Sammlung«, Göttingen 1791, veröffentlicht, die L. auch SK 178 erwähnt. – *Meilen:* S. zu J 698.

711 *eine Art von Feen-Märchen auf Kantische Philosophie bauen:* Vgl. auch J 673, 713, 727. – *Hamiltons Märchen:* Die »Feen-Märchen« von Antoine d'Hamilton waren Gotha 1790 im zweiten Bd. der »Blauen Bibliothek aller Nationen« erschienen. Das »Intelligenz-Blatt des Journals des Luxus und der Moden« 1790, Nr. 5, S. 58, zeigte an: »Von der Blauen Bibliothek aller Nationen ist der Iste und IIte Band, oder die Monate Jänner und Februar, März und April, in unserm Verlage erschienen, und wird bereits versendet. Der erste Band enthält I. Ankündigungen und Plan des Werks. II. Abhandlung über die Litertur der Feen-Mährchen; III. Einleitung zu gegenwärtigem Bande; IV. Ammen-Mährchen von Charles Perrault, nemlich Rothkäppchen; die Feen; Blaubart; die schlafende Schöne; die gestiefelte Katze; Fräulein Aschenbrödel oder das Glas-Pantöffelchen. Der Zweyte Band, liefert die Feen-Mährchen des Grafen Antoine Hamilton.« L. erwähnt die Lektüre der Märchen SK 176. Antoine Comte d'Hamilton (1646–1720), frz. Schriftsteller schott. Herkunft; »Contes de féeries«, 1715.

712 *in Vergleich mit dem Engländer, die Vernunft bei dem Deutschen mehr vertuscht:* Zu L.s Vergleich von Engländern und Deutschen vgl. auch E 36, 37, 69. – *Lachen:* Von L. verbessert aus *Lächer[liche].*

713 *also auch Feenmärchen:* Zu L.s Reflexion darüber vgl. J 711; im übrigen s. zu J 673.

714 *mein Auktions-Catalogus:* Damit kann wohl nur der (allerdings erst 1798 erschienene) Aufsatz, »Verzeichniß einer Sammlung von Geräthschaften, welche in dem Hause des Sir H.S: künftige Woche öffentlich verauctionirt werden soll« (GTC 1798, S. 154–169; III, S. 451), gemeint sein. – *Menschen, an denen eine Art von Guckuck:* Gemeint ist sicherlich Dieterich; s. J 383. – *auch die Übersetzer-Maschine:* Vgl. J 1659.

715 *Einer der merkwürdigsten Züge in meinem Charakter ... der seltsame Aberglaube:* Zu diesem Charakterzug s. zu J 249. – *ich mich hier nur allzu wohl verstehe:* Zu dieser Wendung vgl. J 570 und Anm.

716 *Das Sakrament der roten Halsbinde ...:* Diese Bemerkung ist von L. quer durchgestrichen. Der Ausdruck begegnet auch im Brief an Friedrich August Lichtenberg vom 8. März 1784 und ist in den Hogarth-Erklärungen (III, S. 717) verwertet.

719 *Sklave seines Worts ... Despotie über seinen Versprechungen:* Griech. despotes ›Herr‹, insbesondere über Sklaven; die Regierungsform in den meisten dt. Territorien des 17. und 18. Jh.s wird als ›patriarchalischer Despotismus‹ charakterisiert.

720 *Schwein- und nachherige Seelenhirt Sixtus der V.:* Archenholzens »Geschichte des Papstes Sixtus V.« bildet die zweite Hälfte des ersten Bandes seiner »Kleinen historischen Schriften«, der Berlin 1791 erschien und L. vom Verfasser zugesandt wurde (vgl. die Briefe an Johann Wilhelm von Archenholz vom 16. Juni 1794 und 3. Juli 1794). Das Tagebuch gibt folgende Notizen: 17. Juni: »Sixtus V. Vivat der Schweinhirte!«; 18. Juni: »In der Laube Sixtus V. geschlossen«; vgl. auch SK 176. Pabst Sixtus V., vorher Felice Peretti (1521–1590), aus armer Familie stammend, trat früh in den Orden der

Franziskaner-Konventualen ein, wurde Ordensgeneral, Bischof, Kardinal und 1585 Papst; gilt als Hauptvertreter der katholischen Gegenreformation.

721 *Er meinte die Russische Kaiserin ... einige von ihren Ländereien vermieten:* Vgl. auch J 698.

722 *Die Wünsche der ... Franziskaner ... könnten ... genützt werden:* Archenholzens Buch ist zu J 720 nachgewiesen. An der zitierten Stelle wird erzählt, wie der Papst beim Besuch eines Franziskanerklosters alle ihm vorgetragenen Bitten, bis auf eine einzige, abschlägig beschied, da sie ihm alle egoistisch erschienen.

723 *Der Bann ... eine Art sublimer Schwerenot:* Zu diesem Ausdruck vgl. auch KA 8 und den Brief an Georg Heinrich Hollenberg vom 25. Mai 1783. Nach DWB 9, Sp. 2543 bezeichnete »Schwerenot« schlimme körperliche Schmerzen. – *den:* Von L. verbessert aus *seinen* aus *den.*

724 *die Philosophie mikroskopisch behandelt sagen:* Zu L.s Verwendung dieses Ausdrucks vgl. auch F 1204, J 693. – *Herschelsche Teleskope:* Vgl. auch J 1507, 1583.

725 *Wir sind ... selten gültige Richter dessen ... was uns nützlich ist:* Vgl. auch J 713. – *Wen Gott lieb hat, den züchtiget er:* Vgl Brief an die Hebräer, 12, 6: »Denn welchen der Herr liebhat, den züchtigt er, und er straft einen jeglichen Sohn, den er aufnimmt.«

726 *sich zum Deputierten bei der National-Versammlung wählen ... lassen ... besser für ihn:* Andere Überlegungen L.s zu Ludwig XIV. begegnen J 649; vgl. auch SK 182.

727 *Feerei:* Zu L.s Reflexion über das Feenmärchen vgl. J 711; im übrigen s. zu J 673.

728 *Könen oder Rönen:* Johann Leonhard Koenen aus Düren im Jülischen schrieb sich am 21. April 1790 an der Georgia Augusta als stud. jur ein.

729 *Let ... own:* Laß die Finger von jeder fremden Sprache, bis Du deine eigene buchstabieren und lesen kannst. – *Dr Watt's berühmtes Distichon:* Isaac Watts (1674–1748), berühmter engl. Dichter. Das von l. zitierte Distichon war nicht auffindbar.

730 *Menschen, Kotzebue und Rehe:* L. verachtete Kotzebue, insbesondere wegen seines unter Knigges Namen veröffentlichten Pamphlets für Zimmermann; vgl. auch J 794, 847, 867, 872, 873, 1231 und den Brief an Franz Ferdinand Wolff vom 5. April 1792. Nach Leitzmann (J 708 seiner Zählung) soll die Namensreihung den Titel einer Satire darstellen, die Goethes »Götter, Helden und Wieland« und Hottingers »Menschen, Tiere und Goethe« nachgebildet ist. August von Kotzebue (1761–1819), Theaterdirektor und Schriftsteller, Aufenthalte in Rußland; Verbannung, diplomat. Mission in Deutschland, ermordet von K. L. Sand; Dramatiker, Librettist, Erzähler. – *die Indianer in England:* Kotzebues »Die Indianer in England« war 1790 erschienen.

731 *nur Ableger von Romanen und Komödien:* Vgl. auch E 152.

732 *Der Rezensent von Heydenreichs Ästetik:* Die Rezension des Leipzig 1790 erschienenen 1. Bd.s von Heydenreichs »System der Ästhetik« findet sich in der »Neuen Bibliothek der schönen Wissenschaften und der freien Künste« 1791, Bd. 43, S. 186. – *en face:* Danach von L. gestrichen *fassen.*

733 *eigenliche christliche:* Von L. verbessert aus *die eigentlich Christlichen.*

734 *Er liebte das Rezensieren:* Vgl. auch den Brief an Johann Wilhelm Archenholz vom 16. Juni 1794.

735 *eine ganz artige Geschichte:* Vgl. auch J 834. – *Werthern:* S. zu E 70, 245. – *das Regenspurger Fräulein:* Über ein ›Regensburger Fräulein‹ konnte nichts ermittelt werden; vielleicht denkt L. aber an das ›Augsburger Fräulein‹ Agnes Bernauer, die schöne Tochter eines Baders, mit der sich Herzog Albrecht III. von Bayern 1432 heimlich vermählte; 1435 wurde sie als angebliche Zauberin in der Donau ertränkt; A. von Törring gab diesem Stoff 1780 erstmals dramatische Gestalt.

736 *K's Sticheleien auf mich und andere:* Vgl. SK 175; *K* ist Kästner. – *guter:* Von L. verbessert aus *rechtschaffener.*

737 *So:* Danach von L. gestrichen *reift.*

739 *retirieren:* Von L. verbessert aus *stellen.*

740 Die Bemerkung ist von L. quer durchgestrichen. – *Jedes Männchen von Gedanken fand sein Weibchen:* Vgl. D 417. – *Kalender 1795:* Diese Worte sind späterer Zusatz. L. hat den Gedanken in dem Aufsatz »Geologische Phantasien« (III, S. 113) verwertet.

741 *synkretistischer Grundsätze:* S. zu J 476.

742 *Sperlinge und Juden:* Zu diesem Vergleich s. zu J 128. – *Den Tempel Salomons . . . die Gottes-Börse nennen:* S. zu KA 226. – *Gottes:* Von L. verbessert aus *Religions.*

743 *Argands Lampe:* S. zu GH$_{II}$ S. 226. – *Aladdins Lampe:* S. zu E 383.

744 *Fächer:* Danach von L. gestrichen *denen sie nicht gewachsen sind, weil man.*

745 *Crells Titulatur mit: Die Fortsetzung folgt:* Auf dem Titel seiner »Chemischen Annalen« läßt Crell beim Jahrgang 1792 seinem Namen 18 Zeilen Titulaturen folgen. Lorenz Florens Friedrich von Crell (1744–1816), Prof. der Chemie und Mineralogie, Doktor der Philosophie und Medizin, seit 1810 Prof. der Chemie an der Universität von Göttingen. Die von ihm hrsg. »Chemischen Annalen für die Freunde der Naturlehre, Arzneygelahrtheit, Haushaltungskunst, und Manufakturen« erschienen in Helmstedt 1784–1803.

747 *Ramsden:* Gemeint ist Jesse Ramsden.

748 *Wenn die Rhein- und Mosel-Weine gut sein sollen:* Zu diesem Gedanken s. J 587.

749 *Die Form des Schachspiels . . . gut, aber die Materie taugte nicht viel:* L. konnte, überzeugt davon, daß wir in erkenntnisrelevanten Zusammenhängen letztlich immer auf uns selbst verwiesen sind, nicht viel von der ›Objektivität‹ rein formaler Gedankenspiele halten, deshalb klagte er stets »Beobachtungs-Geist« (E 430) ein. – *Talmuds:* Hebr. ›Studium, Lehre, Belehrung‹; ist die Hauptquelle des rabbinischen Judentums aus den ersten fünf Jhn. n. Chr., die den gesamten religionsgesetzlichen Stoff der jüdischen Tradition in ausführlichen, unsystematischen Diskussionen enthält; streng logische Gedankenführung findet sich in der ›Halacha‹ (Bezeichnung für sämtliche Satzungen des jüdischen Gesetzes in der Mischna und den beiden Talmuden).

750 *Vergnügen an dem Anblick unnützer algebraischer Rechnungen, die man selbst gemacht:* Vgl. auch J 749.

751 *Neue Bäder heilen gut:* Dieser Satz ist in dem Aufsatz »Warum hat Deutschland noch kein großes öffentliches Seebad?« im GTC 1793, S. 92–109 (III, S. 95) verwertet.

752 *Dem Büchelchen die Pocken inokulieren:* ›Einimpfen‹; zu dieser Wendung vgl. G 96.

753 *blaue Bibliothek:* S. zu J 673. Den 7. Bd. besaß L. als einzigen Teil persönlich (BL, Nr. 1688).

754 *Cette Galère ambulante:* Diese wandernde Galeere; im Sinne von ›dieser geschundene Haufen‹. – *Quintus Icilius:* Unter diesem Namen schrieb Carl Gottlieb Guichard (1724–1775), Militärschriftsteller; seit 1757 im Gefolge Friedrichs II.; Obristleutnant, führte im Siebenjährigen Krieg ein Freibataillon; Mitglied der Berliner Akademie der Wissenschaften; den Namen Quintus Icilius erhielt er 1759 bei einem Namensstreit mit Friedrich II. über einen Centurio der Zehnten Römischen Legion.

755 *Der Gedanke des seltsamen Schusters in Archenholz . . .:* Die von Archenholz 1787–1791 hrsg. Zeitschrift »Neue Literatur- und Völkerkunde« 1791, Jahrgang 1, S. 433 ff., bringt einen Aufsatz »Besuch eines Zigeunerpaars bei einem ungewöhnlichen Schuster«, der sich als Fragment eines englischen Werks von Thomson »Mammut or human nature displayed on a grand scale« (London 1789) ausgibt. Die zitierten Stellen finden sich S. 435, 437, 459. John Thomson (1765–1846), Arzt, Prof. in Edinburgh; bereiste verschiedene medizinische Schulen in Europa.

756 *auf dem Garten:* Zu dieser Floskel vgl. auch J 732. – *Einige kommen auf einen Gedanken . . . nach dem Gedanken hinbegeben:* Zu L.s Reflexionen im Garten vgl. auch J 23. – *via regia:* Lat. ›Königsweg‹.

757 *Der Satz des zureichenden Grundes, als ein bloß logischer Satz . . . ein notwendiges Gesetz des Denkens:* Darüber s. zu F 694.

759 *Alle großen Herrn sollten . . . eine Kunst lernen:* Vgl. auch A 119 zu Ludwig XV.; vgl. auch J 867. – *Der vorige türkische Kaiser schnitzte Bogen und Pfeile . . . der jetzige malt:* Gemeint sind die Sultane Abdul Hamid I. (1774–89) und Selim III. (1789–1807).

760 *zur Ehre von ‹K.› . . .:* Gemeint ist Kästner, dessen Initial von L. durch Kringel unleserlich gemacht wurde; über den Hintergrund vgl. J 736, SK 175. – *zu einem bloßen Literator zusammenschmelzen:* »Literator« verwendet L. als Bezeichnung für Kästner auch im Brief an Christian Gottlob Heyne vom 17. Februar 1789. Pikanterweise schreibt Kästner in der zu J 709 nachgewiesenen Selbstanzeige, S. 931: »Wer die Geschichte einer Wissenschaft schreiben will, sollte die Bücher selbst kennen, Litteratoren, Bibliothekschreiber u. d. gl. nur zum Nachweisen brauchen«.

761 *Vaillant gibt . . . Beispiele von dem Verhalten der Tiere bei Herannahung des Löwen:* Über Le Vaillants Reisebeschreibung s. zu J 374; L. bezieht sich vermutlich auf S. 188 der Übersetzung. – *sogar fast:* In der Handschrift *sogar hat sie fast.* – *die Furcht vor dem Tode:* Von L. verbessert aus *den Tod.*

762 *Reise nach den Quellen des Herrn Bruce:* Die Bemerkung ist von L. quer durchgestrichen; der Scherz ist im GTC 1793, S. 145 Anm., verwertet. James Bruce (1730–1794), erforschte als erster Abessinien und entdeckte die Quelle des Blauen Nils; seine Reisebeschreibung »Travels to discover the sources of the Nile« war London 1790 erschienen. Die Volkmannsche Übersetzung unter dem Titel »Reisen zur Entdeckung der Quellen des Nils in den Jahren 1768–73«, erschienen Leipzig 1790–1792, hat Blumenbach mit Anmerkungen versehen.

763 *Wenn Nickel von Nicolaus herkömmt . . . durch Volkssiegerin übersetzt:*

Diese Bemerkung ist von L. quer durchgestrichen; vgl. auch D 544; verwertet in den Hogarth-Erklärungen (III, S. 806).

765 *Was Duclos von Ludwig XIV. sagt:* Duclos' »Memoires secrètes sur les règnes de Louis XIV et de Louis XV« erschienen Paris 1791. Der zitierte Satz findet sich dort Bd. 1, S. 119. Charles Pinot Duclos (1704–1772), frz. Schriftsteller; ständiger Sekretär der Académie Francaise; verfaßte moralische Romane und geschichtskritische Arbeiten. – *les choix . . . applaudis:* Die Entscheidungen des Königs waren nicht immer gebilligt worden, aber man hatte ihnen immer Beifall gespendet.

766 *von Lackierbildchen gesagt:* Vgl. auch F 737.

768 *des Brockens Stammbuch drucken lassen:* Die »Jahrbücher des Brockens von 1753 bis 1790« erschienen Magdeburg 1791; vgl. hierzu Jost Hermand, Erschließung und Nationalisierung des Harzes, in: Reise und soziale Realität am Ende des 18. Jh.s, Heidelberg 1983, S.177.

769 *Deutschland . . . fehlt . . . noch an einem des Luxus und der Mode in der Philosophie:* Zu diesem Gedanken vgl. J 485 und Anm.

770 *Die Hermeneutik der Hypochondrie:* Vgl. J 693.

771 *Ein Mechanikus (Seyde):* Über ihn s. zu J 542. – *Bürgers Gedicht auf Michaelis:* Ende August 1791 erschien Gottfried August Bürgers »Totenopfer, den Manen Johann David Michaelis' dargebracht von seinen Verehrern« (Sauer, S. 359). Johann David Michaelis war am 22. August 1791 gestorben; vgl. SK 204.

772 *in usum Delphini:* Latinisierende Umschreibung von ›für den Gebrauch des Dauphins bestimmt‹, also ›kindgerecht gemacht‹.

773 *Die Geschichte mit dem alten Fuhrmanne . . . bei Wunstorf:* Die hier erwähnte Szene, über die sonst nichts bekannt ist, könnte sich am ehesten bei der Reise von Hannover nach Osnabrück im September 1772 ereignet haben; vgl. auch den Brief an Johann Christian Dieterich vom 7. September 1772.

774 *Steube in seiner Reise:* »Wanderungen und Schicksale«, erschienen Gotha 1791, von Johann Caspar Steube (1747–1795), ursprünglich Schuster, dann Soldat, schließlich Sprachlehrer für Italienisch in Gotha. Die von L. angeführte Stelle findet sich dort S. 132; (BL, Nr. 1906).

775 *Meine . . . sehnlichster Wunsch ist nicht im Stand . . . Donnerwolke aufzuhalten:* Zu diesem Gedanken s. J 322. – *Der Mensch . . . nicht in den Erdball einorganisiert, sondern bloß in seinen Körper:* Dieser Satz steht in der Handschrift nach J 776, ist aber durch Zeichen hierher verwiesen.

776 *Der selig zerplatzte Bödiker, sagte . . . Voigt:* Auch diese Notiz fällt unter die »Henrikodulien«; s. zu C 129. – *Voigt:* L.s Barbier.

777 *tussilatio:* Lat. ›Gehüstel, Hüsteln‹. – *Hannah:* Gemeint ist wohl Johanna Dorothea Luise Braunhold, geb. 1772 als älteste Tochter des Gastwirts und Brauers Heinrich Jacob Braunhold, die vom 21. Dezember 1790 bis zum 2. Oktober 1792 bei L. als Dienstmagd tätig war (vgl. SK 109).

779 *On . . . visits:* An dem Tag, an dem er ein sauberes Hemd anlegte, ging er aus und machte Besuche. Zitat nach Boswells »The life of Samuel Johnson«, London 1791 in 2 Bdn., Bd. 1, S. 31. – *out:* Im Original *abroad*.

780 *das Filtrum der Konvenienz:* Vgl. auch L 977 und Anm.

782 *Non ulla . . . mentem:* Keine Seite ist den Musen zu mehr Dank verpflichtet als die, die es versteht, durch Strenge Kurzweil hervorzubringen und durch diesen nützlichen Unsinn den ermüdeten Geist zu erfrischen. –

Johnson ad Urbanum. (Cave): Die Strophe ist einem Gedicht Johnsons in sechs Stanzen (1738) an Edward Cave entnommen, s. hierzu zu A 55; vgl. Boswell, »The life of Samuel Johnson«, S. 34 (s. zu J 779).

783 *Gentlemans Magazin:* Ebd. London 1739, Vol. IX, S. 37 f. Vgl. Boswell, »The life of Samuel Johnson«, S. 44.

784 *Ich verkaufte . . . mein Geburts-Recht, in die Fakultät zu tretten, gegen etwas Ruhe:* »Nach Michaelis Tod wurde mir die Stelle in der Fakultät angetragen, ich habe sie aber ausgeschlagen« (Brief an Friedrich August Lichtenberg vom 9. September 1791); vgl. auch den Eintrag im »Staatskalender« vom 23. August 1791: »Die Herren Hofräthe Blumenbach und Gmelin sind in die Facultät eingerückt, mit der Nutzung des dritten Theils der Facultätssporteln«. So vermeldet Grüners »Almanach für Ärzte« für das Jahr 1792, S. 277. – *wie Esau:* Erstgeborener Sohn Isaaks und Rebekkas, Zwillingsbruder Jakobs, Stammvater der Edomiter; trat zunächst das Erstgeburtsrecht gegen ein Linsengericht an seinen Bruder Jakob ab, verfolgte diesen aber kurz darauf und trieb ihn für zwanzig Jahre in die Verbannung; versöhnte sich mit ihm bei dessen Rückkehr; in der mittelalterlichen neuhebräischen Poesie die Bezeichnung für das judenfeindliche Römische Reich. – *Fakultät:* Von L. verbessert aus *Soci[etät].*

785 *Im biographischen Fach übertraf nach Boswells Urteil Johnson alles vor ihm:* »In biography there can be no question that he excelled beyond all who have attempted that species of composition«, urteilt Boswell in »The life of Samuel Johnson«, S. 85 (s. zu J 779); diesem Satz geht die Notiz über Caves Leben unmittelbar voran; s. Gentleman's Magazine 1754, Vol. XXIV, S. 55–58.

786 *defensiver Stolz:* Die Anregung zu diesen Worten gab Johnsons »defensive pride« bei Boswell, »The Life of Samuel Johnson«, S. 88.

787 *Vom Wahrsagen läßt sichs wohl leben . . . nicht vom Wahrheit sagen:* Dieser Satz ist in der Hogarth-Erklärung »Columbus breaking the Egg« im GTC 1793 verwertet.

788 *Johnson besitzt . . . eine Stärke Dinge durch Gleichnisse zu erläutern:* Diese Bemerkung ist ein Reflex der Lektüre von Boswells Biographie Johnsons, in der viele Gespräche mit Johnson mitgeteilt werden.

789 *Bär . . . Johnson:* Daß Johnson vielfach mit einem Bären verglichen wurde, erzählt Boswell, »The life of Samuel Johnson«, S. 196 (s. zu J 779); vgl. auch VS 6, S. 64.

790 *Wir wissen mit . . . mehr Deutlichkeit, daß unser Wille frei ist, als daß alles . . . eine Ursache haben müsse:* Vgl. auch zu J 275, 629 und Anm. – *geschieht:* Von L. verbessert aus *ist.*

792 *Die Beschreibung des Tempels in Congreve's Mourning Bride:* Vgl. Boswell, »The life of Samuel Johnson«, S. 202 (s. zu J 779). William Congreve (1670–1729), engl. Dramatiker, verfaßte witzige Komödien, die den Höhepunkt der damals beliebten Sittenkomödie (»comedy of manners«) bilden. »The mourning bride«, London 1697.

793 *Demantstaub, der . . . dient andere . . . zu schleifen:* Vgl. auch J 781. – *not quite:* Engl. ›nicht ganz‹.

794 *Kotzebue . . . seiner sterbenden Frau ein Klistier gesetzt:* Die zitierte Stelle findet sich in Kotzebues Leipzig 1791 erschienener Schrift »Meine Flucht nach Paris« (»Ausgewählte prosaische Schriften«, Bd. 9, S. 18); zu L.s Verachtung

Kotzebues vgl. auch J 730 und Anm. Friederike von Essen (gest. 1790) heiratete 1785 August von Kotzebue. – *berechtigt:* Danach von L. gestrichen *zu sage[n].*

795 *eine Lieb- und Leibrente:* Diese Wendung ist in den Hogarth-Erklärungen (III, S. 753) verwertet.

796 *pattern:* Engl. ›Muster‹; Franz Heinrich Mautner vermutet in »Lichtenbergs ›PM‹« (in: Dichtung und Volkstum, 1936, S. 516), daß L. sich das »Dialogbruchstück« zum Muster nehmen, »also auch nachahmen wollte«.

798 *Serviendum et laetandum:* Man muß dienen und sich freuen. Diese Worte sind einem Gebetbuch Johnsons entnommen; vgl. Boswell, »The life of Samuel Johnson«, S. 391 (s. zu J 779).

799 *Der Januarius . . . da man seinen guten Freunden Wünsche darbringt:* Vgl. J 7. – *Der:* Danach von L. gestrichen *Monat.*

800 *Versuch . . . die Charakter hiesiger Professoren . . . mit Versen aus dem Horaz zu geben:* Zu diesem Vorhaben vgl. J 838. – *Im Englischen hat man ein solches:* Bei Boswell, »The life of Samuel Johnson«, S. 391 (s. zu J 779) erwähnt. – *Integer . . . purus:* Wer unbescholten lebt und frei von Schuld ist; Horaz, »Oden« I, 22, 1.

801 *Mein Kopf . . . Schöpfungs-Tage erlebt, aber den von der Sonne noch nicht:* Zu L.s Vergleich der menschlichen Phantasie mit der Schöpfung vgl. auch J$_{II}$ 1854.

803 *S. tat selten Unrecht, aber was er tat . . . zur unrechten Zeit:* Vermutlich ist Johann Heinrich Seyde gemeint, vgl. auch J 542.

805 *die Redekunst . . . vor der Überzeugung einhertritt . . .:* Zu L.s Überlegungen zur Rhetorik vgl. auch H 65.

806 Die Bemerkung ist von L. quer durchgestrichen.

807 *Johnson unterscheidet sehr schön zwischen Charakteren der Natur und . . . der Sitten:* »There is all the difference in the world between characters of nature and characters of manners: and there is the difference between the characters of Fielding and those of Richardson. Characters of manners are very entertaining, but they are to be understood by a more superficial observer than characters of nature, where a man must dive into the recesses of the human heart. . . There was as great a difference between them as between a man who knew how a watch was made, and a man who could tell the hour by looking on the dial-plate« (Boswell, »The life of Samuel Johnson«, S. 189; s. zu J 779). – *Letzteres:* Von L. verbessert aus *Ersteres.* – *ersteres:* Von L. verbessert aus *lezteres.* Vgl. J 833.

808 *Foote . . . everybody:* Foote ist insofern ziemlich unparteiisch als er Lügen über jedermann erzählt (nach Boswell, »The life of Samuel Johnson«, S. 334 zitiert). Samuel Foote plante zeitweise, eine Johnson-Satire auf die Bühne zu bringen; s. zu Foote auch Hogarth-Erklärungen (III, S. 872 Anm.); im übrigen vgl. Hawkins, S. 194 f.; s. zu J 199.

809 *An dem Ufer des mittelländischen Meeres . . . die 4 größten Reiche:* »The grand object of travelling is to see the shores of the mediterranea: on those shores were the four great empires of the world, the assyrian, the persian, the grecian and the roman« (Boswell, »The life of Samuel Johnson«, Bd. 2, S. 365). – *4:* Von L. verbessert aus *fün[f].*

810 *Einer überhüpft bei Vorlesung der Messiade immer eine Zeile . . . doch bewundert:* Zu Klopstocks »Messias« s. B 63 und Anm., 81, 132; zu L.s Geringschätzung dieses Autors vgl. auch D 610, E 195.

811 *Misdemeanour . . . court:* Schlechtes Benehmen ist eine Art von beständi-

gen Verbrechen, nicht sehr schwerwiegend, aber doch nach Ermessen eines Gerichts unter Strafe zu stellen. Dieser Satz stammt aus Johnsons »Dictionary of the English Language«, London 1755; vgl. Hogarth-Erklärungen (III, S. 769). – *All ... it:* Alle Theorie spricht gegen das Vorhandensein von Willensfreiheit, alle Erfahrung dafür (Boswell, »The life of Samuel Johnson«, Bd. 2, S. 412; s. zu J 779). Zum Thema vgl. J 275 und Anm. – *To look at Johnson[s] definition of excise and transpire ...:* Johnsons Definitionen von Erregung und Transpirieren nachsehen. Für diesen Satz gibt Boswell in »The life of Samuel Johnson«, Bd. 2, S. 489, die Anregung: »What do you think of his definition of excise? Do you know the history of his aversion to the word transpire?« Was denken Sie von seiner Definition von Erregung? Kennen Sie die Geschichte seiner Abneigung gegenüber dem Wort ›Transpirieren‹?

812 *Hogarth's parson Ford:* Vgl. auch Hogarth-Erklärungen (III, S. 692) und J 199.

813 *Ein guter Gedanke von Johnson:* »Indeed if a young man is wild and must run after women and bad company, it is better this should be done abroad, as on his return he can break off such connexions and begin at home a new man with a character to form and acquaintances to make«. Der Ausspruch ist in den Hogarth-Erklärungen (III, S. 859) verwertet.

814 *Burke ... Junius:* Burke stritt spontan die Autorschaft für ... »Junius« ab. Vgl. hierzu Boswell, »The life of Samuel Johnson«, S. 502. – *Junius:* Bezeichnung für eine Reihe zeitkritisch-satirischer Briefe, die unter dem Pseudonym ... »Junius« zwischen 1769 und 1772 erschienen und für großen Aufruhr sorgten. Zu den mutmaßlichen Autoren dieser einflußreichen Schriften werden Sir Philip Francis, Edmund Burke, Lord Chesterfield, und Edward Gibbon gezählt; die tatsächliche Autorschaft ist aber bis heute ungeklärt.

816 *Eine Kutsche von 6 Phönixen gezogen:* Nach Boswell, »The life of Samuel Johnson«, S. 502 zitiert (s. zu J 779).

817 *Johnson distinguierte ... in der Tat recht:* Die betreffende Stelle findet sich bei Boswell, »The life of Samuel Johnson«, S. 609: »If you have children whom you wish to educate in the principles of the church of England, and there comes a quaker who tries to pervert them to his principles, you would drive away the quaker«. Wenn man seine Kinder nach den Prinzipien der Kirche von England erziehen will, und ein Quäker sich einmischt, der versucht sie auf seine verkehrten Prinzipien einzuschwören, dann würde man den Quäker zum Teufel jagen. – *Liberty ... teaching:* Gewissensfreiheit und Lehrfreiheit. – *Ich würde nicht zugeben, daß ein Hofmeister ... Herrnhuterische Principia beibrächte:* Bezeichnung für eine 1772 in Herrnhut gegründete Brüdergemeinde, einer aus dem Böhmisch-Mährischen stammenden, eigenständigen protestantischen Religionsgemeinschaft. Zu L.s Überlegungen zu Pädagogik vgl. auch J 26, 36, 547. – *Now ... state:* Nun, sagt er, die vulgären Menschen sind die vom Staat erzogenen Kinder (nach Boswell, »The life of Samuel Johnson«, S. 453 zitiert). – *das Beste was sich für das Religions-Edikt sagen läßt:* Darüber s. zu J 33 und Anm.

818 *Busts ... steal:* Büsten haben keine Hände und können darum nicht stehlen.

819 *Johnson ... written:* Johnson hatte gleichfalls ein Werk geplant, in dem er zeigen wollte, wie klein der Anteil an wirklicher Erfindungsgabe in der Welt ist, und daß von allen Autoren, die jemals geschrieben haben, die

immergleichen Bilder, nur ein wenig variiert, benützt würden (nach Boswell, »The life of Samuel Johnson«, S. 463 zitiert).

820 *Leben des D.̲ Abernethy in der Biographia Britannica:* John Abernathy (1680–1740), irischer Theologe und geistlicher Schriftsteller. Die Biographia Britannica wird auch im Brief an Christian Wattenbach vom 14. April 1794 erwähnt und einige Bände derselben befanden sich wohl in L.s Besitz (BL, Nr. 1885). – *To deny ... of it:* Zu leugnen, daß sich die Ausübung einer bestimmten Vorsehung in Gottes Weltherrschaft zeigt, ist sicherlich ehrfurchtslos: doch nichts dient den Zwecken eines Religionsspötters mehr, als ein vorschneller, unbedachter Eifer in der Bestimmung besonderer Beispiele derselben. – *Goeze ... überall die ... Hand Gottes erblicken:* Vgl. auch B 290 und Anm.

821 *Über:* Von L. verbessert aus *Von.* – *Butler in seinem Hudibras:* Das Zitat aus Samuel Butler's »Hudibras« (8, 175; der Text dort hat »shin'd« statt »shone«) entnahm L. aus Boswell, »The life of Samuel Johnson«, S. 639. – *True ... upon:* So treu, wie sich das Zifferblatt zur Sonne verhält, obwohl es nicht von ihr beschienen wurde.

822 *Das Wort Lich in Johnson's Dictionary nachzusehen:* S. zu J 811. – *Lich:* Schott. Dialekt ›Leiche‹.

823 *Who ... fat:* Wer über Freie herrscht, sollt' selber frei sein, Wer fette Ochsen treibt, sollt' selber fett sein. Der erste Vers ist aus Brooke's »Earl of Essex«, der zweite Johnsons Parodie davon; beide stehen bei Boswell, »The life of Samuel Johnson«, Bd. 2, S. 646 (s. zu J 779).

824 *Tipula polygama:* Die Schnake oder Bachmücke. – *begattet sich ... mit 3 Männchen zugleich:* Zu L.s Interesse am Sexualverhalten der Pflanzen und Tiere s. zu KA 73. Vgl. auch Carl von Linné, »Systema Naturae«, 10. Aufl. 1758, Fasciculum 1, S. 585 und den Brief an Johann Friedrich Blumenberg vom 2.–5. Mai 1789.

825 *Im Ossian fehlt der Wolf ...:* »An internal objection to the antiquity of the poetry said to be Ossian's, that we do not find the wolf in it, which must have been the case, had it been of that age« (Boswell, »The life of Samuel Johnson«, S. 302, s. zu J 779; Hawkins, S. 215–217, s. zu J 199). Ein interner Einwand gegen das hohe Alter der Dichtung Ossians ist der Umstand, daß wir den Wolf in ihr nicht erwähnt finden, was der Fall sein müßte, wenn sie aus dieser Zeit stammte. – *Batrachomyomachie:* Griech. ›Froschmäusekrieg‹; Titel eines fälschlich Homer zugeschriebenen komischen Heldengedichts – eine Parodie auf die »Ilias« –, das kaum vor dem 3. Jh. v. Chr. entstanden ist; vgl. auch L 151. – *Erwähnung des Hahns:* »Da lag ich nun schlaflos / Und vom Kopfschmerz geplaget, / bis ich den Hahn krähen hörte«, sagt Pallas Athene (S. 23 der Petersburg 1771 erschienenen Übersetzung von »Batrachomyomachie, oder Krieg der Frösche und Mäuse. Ein komisches Heldengedicht von Homer«). L.s Interpretation ist nicht einsichtig, da der Hahn bei den Griechen sowohl dem Hermes, der die Seelen der Verstorbenen in die Unterwelt geleitete, wie auch dem Sonnengott Helios heilig war.

826 *Juden zanken sich bei einem vielfachen Echo:* Diese Situation wird auch J 1174 erwähnt. – *ka:* Von L. verbessert aus *kein.*

827 *Nach M.̲ Piozzi Bericht:* L. las die Reisebeschreibung »Observations and reflections made in the course of a journey through France, Italy and Germany« von Hester Lynch Piozzi in Georg Forsters Übersetzung, die

Frankfurt und Mainz 1790 unter dem Titel »Bemerkungen auf der Reise durch Frankreich, Italien und Deutschland« in 2 Bdn. erschienen war. Hester Lynch Piozzi (1741–1821), in erster Ehe mit Henry Thrale verbunden, der 1781 starb, 1784 heiratete sie den ital. Musiker und Sänger Gabriel Mario Piozzi (1740–1809); die gelehrte Freundin Samuel Johnsons erwähnt L. auch in einem Brief an Johann Friedrich Blumenbach, der nach dem 23. Januar 1795 zu datieren ist. Vgl. auch J 828, 831, 832, 835.

828 *Nach Smeathman's Bericht:* »Some account of the Termites, which are found in Africa and other hot climates . . .«, London 1781; »Sendschreiben an Joseph Banks . . . über die Termiten Afrika's, und anderer heißen Klimate«. Aus dem Englischen übersetzt und mit einigen Zusätzen herausgegeben von Friedrich Albrecht Anton Meyer, Göttingen 1789 bei Dieterich (BL, Nr. 895). Henry Smeathman (ca. 1750–1786), engl. Naturforscher. Auch diese Bemerkung ist Piozzis »Bemerkungen«, T. 1, S. 131, entnommen. L. berichtet die »Geschichte von dem Elefanten« im Brief an Johann Daniel Ramberg vom 8. Juni 1794, allerdings nach einer anderen Quelle.

829 *Theriak-Stil:* S. zu F 239.

831 *Nach Mrs Piozzi . . . die Madonna schwarz:* Vgl. Piozzi, »Bemerkungen«, Bd. 1, S. 270 (s. zu J 827). Anläßlich der schwarzen Madonna in der St. Luca in Bologna schreibt Piozzi: »Ich weiß nicht, warum alle die sehr alten Bildnisse der Jungfrau, und zum Theil die unsers Erlösers selbst, aus den ersten Zeiten der Christenheit, schwarz, oder wenigstens braun sind; auch haben mir Gelehrte und Kenner nie die Ursache angeben können.« *– Madonna schwarz:* Bennenung, die aus der barocken Volksfrömmigkeit entstand und auf die Schwärzung eines alten und verehrten Marienbildes durch Ruß oder Oxydation hinweist. *– wie Heynens Amme:* Diese Anspielung L.s konnte nicht aufgeklärt werden.

832 *Piozzi sagte . . . ihr Brenn-Eisen . . . an der Sonne heiß mache:* Vgl. Piozzi, »Bemerkungen«, Bd. 1, S. 281 (s. zu J 827): »daß ich, um mein Brenneisen heiß zu machen, es blos aus einem Fenster nach Süden zu halte, mit dem Griff inwendig, und mit heruntergelassenen Vorhängen, um nicht selbst in ihren Stralen zu versengen«.

833 *nicht Kenntnis der menschlichen Natur sondern der Sitte:* Zu diesem Gegensatz vgl. J 807. *– jeder:* In der Handschrift *zu jeder.*

834 *Zwei Personen . . . schreiben einander Briefe . . .:* Zu diesem Schreib-Plan vgl. J 735.

835 *Piozzi sagt . . . the Idle apprentice sei . . . Caracalla ähnlich:* Vgl. Piozzi, »Bemerkungen«, Bd. 1, S. 400 (s. zu J 827): »Ehe ich den Circus des Caracalla verlasse, darf ich nicht vergessen, der Büste des Kaisers zu erwähnen, die Hogarths liederlichem Lehrburschen so ähnlich sieht. Warum sollten sie sich auch nicht ähnlich seyn? Der Pöbel in jeder Klasse ist sich gleich.« L. verwertet diese Stelle in den Hogarth-Erklärungen (III, S. 998). *– Caracalla:* Eigentlich Lucius Septimius Bassianus (188–217 n. Chr.), seit 196 Marcus Aurelius Antoninus, röm. Kaiser 211–217, wurde ermordet; vernichtete alle, die seinem Terrorregiment im Weg standen, einschließlich seines Bruders und seiner Gattin; erfolgreicher Heerführer. *– shrewd reflexion:* Engl. ›treffliche Überlegung‹.

836 *il est . . . sur un aigle:* Er ist zu Pferd auf einem Adler; d. h. er reitet, fliegt auf einem Adler; vermutlich belustigte L. die ungewollte Komik dieser frz.

Redewendung des 17. und 18. Jh.s, die er auch in den Hogarth-Erklärungen (III, S. 962) verwertet.

837 *Stelle des Plutarch:* Plutarch, »De facie in orbe lunae«, Die Schrift über das Gesicht im Mond; nach Der kleine Pauly 4, Sp. 947, eine von Plutarchs zahlreichen, naturwissenschaftlichen Schriften, die auf dilettantische Art wissenschaftliche Beobachtungen mit religiösen Spekulationen vermischt. L. zitiert diese Stelle auch im »Leben des Copernicus« (III, S. 183). – ἀσεβείας: Griech. ›Gottlosigkeit‹. – *die die:* In der Handschrift *der die.* – *hielten:* In der Handschrift *hielt.*

838 Diese Bemerkung führt den J 800 skizzierten Gedanken aus. Die von L. angegebenen Stellen beziehen sich auf Horaz' »Oden«. – *Böhmer Integer . . .:* Vgl. J 800 und Anm. – *Me . . . superis:* Mich eint Epheu, der Schmuck kundiger Dichterstirn, / Mit den Himmlischen. Bei Horaz *hederae* statt *ederae.* – *Impatiens . . . pati:* »Indocilis pauperiem pati« (Horaz, »Oden« I, 1, 18). Er lernt nimmer genügsam sein. – *Aequo . . . Turres:* S. zu H 6. Bei Horaz *turris* statt *turres.* – *Miseri . . . nites:* Wehe einem, der ungewarnt / Deinem Glanze verfiel. Bei Horaz *Intemptata* statt *intentata.* – *Conamur . . . grandia:* Für so Großes zu zart. – *Pulchra . . . vidua:* Schöne Witwe. Leitzmann (a.a.O., S. 296 zu J 816 seiner Zählung) vermutet Caroline Böhmer, die zu dieser Zeit von Marburg nach Göttingen zurückgekehrt war. Caroline Dorothea Albertine Michaelis (1763–1809), heiratete 1784 den Bergarzt Johann Franz Wilhelm Böhmer in Clausthal, der schon 1788 starb; befreundet mit Bürger und August Wilhelm Schlegel; kehrte im Herbst 1788 ins göttingische Elternhaus zurück, lebte vom Sommer 1789 bis Herbst 1791 in Marburg bei ihrem Bruder Fritz, der dort Medizinprof. war, kehrte nach dem Tode ihres Vaters (22. August 1791) nach Göttingen zurück, ging im März 1792 nach Mainz. – *I. 7. 31:* In der Handfschrift *I. 7. 30.* – *Mecum . . . viri:* Mit mir oft Männer. L. klittert sich hier ganz deutlich den horazischen Sinnzusammenhang dieser Zeile für seine Zwecke zurecht, denn dort heißt es: Tapfere Brüder, wir haben zusammen / Härteres oft schon erduldet. – *Micat . . . minores:* Doch hervor aus allen / Strahlt der Stern der Julier wie der Mond aus / Kleineren Lichtern. – *velut . . . minores:* Diese Zeilen zitiert L. auch in den Hogarth-Erklärungen (III, S. 673). Bei Horaz *omnis . . . ignis* statt *omnes . . . ignes.* – *I. 12. 46:* In der Handschrift *I. 12. 45.* – *Perlucidior vitro:* Leicht zu durchschaun wie Glas. Zur Charakteristik Dieterichs vgl. auch J 200, 480. – *Ah, miser . . . Charibdi:* Du, Armer, ach, / Mit welchem Unheilstrudel ringst du. Bei Horaz *laborabes* statt *laboras.* – *Charibdi:* Zu Charybdis s. zu C 168. – *I. 27. 18:* In der Handschrift *I. 27. 19.* – *stat . . . omnes:* Nicht starret sie Mond für Mond / Von Eises Last. – Bei Horaz *mensis . . . omnis* statt *menses . . . omnes.* – *II. 9. 5:* In der Handschrift *II. 9. 4.* – *puellis de popularibus:* Ob ihrer Heimat Freundinnen. – *II. 13. 25:* In der Handschrift *II. 13. 24.* – *Weishaupt:* Adam Weishaupt (1748–1830), Jurist, seit 1772 Prof. der Philosophie in Ingolstadt; Freidenker, gründete 1776 den Illuminatenorden und lebte seit seiner Amtsenthebung 1785 unter dem Schutz des Herzogs Ernst II. in Gotha (BL, Nr. 1418). – *patriae . . . fugit:* Entfliehst du, vom Hause scheidend, / Auch vor dir selber? – *pauperemque . . . petit:* Mich Armen / sucht der Reiche auf. – *II. 18. 10:* In der Handschrift *II. 18. 9.* – *jaculator . . . aegida:* Der kühne Schleuderer / Wider den dröhnenden Heerschild der Pallas. – *III. 4. 56:* In der Handschrift *III. 4. 55.* – *Moeretque . . . orcum:* Und betrauert die Söhne, vom Blitz geschickt / Zum fahlen Orkus.

Bei Horaz *Maeretque* statt *Moeretque*. – *ad Imperatorem:* Auf den Kaiser. Vermutlich Leopold II. (1747–1792), Sohn Kaiser Franz I. und Maria Theresias, seit 1790 als Nachfolger Josefs II. dt. Kaiser (Krönung in Frankfurt 9. Oktober 1790). – *Dis ... exitum:* Dein ist, so du den Göttern dich beugst, das Reich: / Das Erste laß sie, laß sie das Letzte sein! – *Magnas ... inops:* Reich an Schätzen und doch so arm.

839 *sagte Voigt:* Zu Johann Hermann Voigts Wort-Spielen s. zu D 500. – *Bäcker Tollens:* Johann Heinrich Tolle (1740 bis 20. April 1793), Bäckermeister und Brauer in Göttingen. – *Luffenstuterei:* Der »Luffe«, »Luffen« bezeichnet in einigen Gegenden von Niedersachsen, so im Göttingischen, eine längliche Brötchenart von ungebeuteltem Weizenmehl (vgl. DWB 6, Sp. 1236). Bei Stuterei ist wohl weniger an Gestüt, sondern an den »Stuten« zu denken: Weißbrot, ein niederdt. Wort, ebenfalls im Göttingischen gebräuchlich (s. DWB 10,4, Sp. 730).

840 *Kaninchen-Stuterei:* Bezeichnend, daß L. das in J 839 mitgeteilte ungewollte Wort-Spiel sogleich bewußt variiert.

841 *Karl Martell ... ein Bastard:* Charles Martell (altfrz. ›Hammer‹), Sohn Pippins des Mittleren (ca. 676–741), seit 714 Hausmeier, Begründer der fränkischen Großmacht; gewährte Bonifatius aus politischen Gründen Unterstützung; entstammte der Verbindung Pippins mit dessen Konkubine Alpaïde. – *Auch ... Bonifacius:* Bonifatius, ursprünglich Winfried (ca. 672–754), engl. Benediktiner und Missionar, seit 719 vom Papst mit der Germanenmission betraut, erhielt 723 einen Schutzbrief von Karl Martell. – *S. p. 75:* J 606; vgl. die Anm. dazu.

842 *Die Menschen, die ... die Vergebung der Sünden durch lateinische Formeln erfunden ... sind an dem größten Verderben in der Welt schuld:* Zu L.s Stellung gegenüber dem Katholizismus s. auch zu J 65.

844 *Gedanke ... im Braunschweigischen Journal:* »Wäre die Bibel ordentlich und deutlich abgefasst, so hätte auch dieses alle Verbesserungen unsres Zustandes verhindert« heißt es im »Braunschweigischen Journal«, 1791, Nr. 3, S. 143, in einem anonymen »Schreiben des jetzigen Thorschreibers zu G.«, vormaligen Kandidaten der Theologie, an den jungen Selbstdenker, über dessen Aufsatz, betreffend des Herrn Dr. Leß Entwurf eines philosophischen Kursus der christlichen Religion« (ebd. S. 129 ff.). Das »Braunschweigische Journal philosophischen, philologischen und pädagogischen Inhalts«, hrsg. von E. Chr. Trapp, Joh. Stuve, Konr. Heusinger und H. J. Campe, Bd. 1–3. Braunschweig 1788–1791; bis 1793 fortgesetzt als »Schleswigsches Journal« in Altona; eine der wichtigsten fortschrittlichen Zeitschriften der dt. Aufklärung. – *deutlich:* Von L. verbessert aus *deutsch.* – *Nathan der Weise:* Einflußreiches Versdrama in fünf Akten von Gotthold Ephraim Lessing, erschien 1779, 1783 in Berlin uraufgeführt.

845 *Von der Luft kann man nicht leben ... aber ohne Luft auch nicht:* Diesen Scherz macht L. auch im Brief an Johann Albert Heinrich Reimarus vom 2. Dezember 1792.

846 *Wir Deutschen ... eine Art von Mestizenstil:* Mestizen werden Mischlinge zwischen Indianern und Weißen genannt; L. spielt hier vermutlich auf den Einfluß engl. und frz. Literatur und Philosophie an, vgl. auch E 69.

847 *Rotzbubens Bildnis:* Gemeint ist Kotzebue; vgl. SK 286.

848 Die Bemerkung ist von L. durch Kringel unleserlich gemacht. – *à haut:* Frz. ›oben‹.

850 *nennte:* Danach von L. gestrichen *Ich meine.* – *sonnenbepuderten:* Der Ausdruck »sonnenbepudert« ist Miltons »powderd with stars« (»Paradise lost«, 7, V. 579 f.) nachgebildet; vgl. auch VS 6, S. 297. – *sonnen* Danach von L. gestrichen *Puder.* – *Infusions-Ideechen:* L.s Wortbildung spielt auf die sog. Infusionstierchen an, die der Klasse der Protozoen angehören; diese waren als Kleinstlebewesen im Hinblick auf Art und Schnelligkeit ihrer Fortpflanzung, sowie ihrer Nahrungsaufnahme ein Studienobjekt von größtem Interesse, weil sie als Modell für den Aufbau von komplexeren Organismen und die Urzeugung dienten; auch von Laien wurden im 18. Jh. zahllose Versuche mit diesen Tierchen angestellt, weil sie leicht in abgestandenem Wasser zu »züchten« waren: »Bei dieser Gelegenheit war mir ein grünes flockiges Wesen merkwürdig welches sich in einem starken Alaunwasser welches den ganzen Sommer in einem offnen Gläschen mit engem Halse an der Sonne gestanden hatte erzeugt hatte und bei Mangel der Sonne auf den Boden sank sonst aber oben auf schwebte ich brachte davon einen Tropfen auf das Mikroskop und es zeigten sich solche Gestalten wie in der Tremella nur bei ebenderselben Vergrößerung um so vieles kleiner.« (Goethe, Münchner Ausgabe, 1987, Bd. 2.2, S. 563). S. auch zu A 109.

851 *Mundus ... opilionibus:* Die Welt wird von Schafhirten regiert. Vgl. J 720. – *Seelen-Schäfer:* S. auch zu J 269, 842.

852 *Vize-Gemahlin vom Landgrafen:* Wohl Anspielung auf Ludwig IX. von Hessen-Darmstadt, der 1775 die in Paris geborene Französin Marie Adelaide Cheirouze (geb. 1752) zu seiner morganatischen Gattin erhob; Ludwig IX. (1719–1790), seit 1768 Landgraf von Hessen-Darmstadt, verheiratet mit der »Großen Landgräfin« Henriette Karoline, die 1774 starb; ging als Soldatenlandgraf in die Geschichte seines Landes ein. – *Die Pompadour Vizekönigin von Frankreich:* Jeanne Antoinette Poisson, Marquise de Pompadour (1721–1764), die Geliebte König Ludwigs XIV. von Frankreich, von großem politischen Einfluß. L. verwertet dieses zweideutige Wortspiel mit Vice (frz./engl. ›Laster‹) und Vize auch in den Hogarth-Erklärungen (III, S. 757, 833).

853 *Biographia:* Zu L.s Plan einer Selbstbeschreibung s. zu F 811. – *Garten-Treppe:* Erinnerung an L.s Geburtshaus in Ober-Ramstadt. Abgebildet in Gravenkamp/Joost, »Es sind das fraglich Schattenspiele«. Eine Lichtenberg-Topographie in Bildern, Göttingen 1990, S. 15. – *Meine Seelenwanderung:* Zu L.s System s. zu A 87, 91. – *Glaser Schwarz seinem Sohn:* Vgl. F 1217. – *Verliebtwerden in ... Schmidts Sohn in D.:* Vgl. F 1220. – *Superstition beim Licht-Ausgehen:* Zu L.s Aberglauben vgl. J 259 und die Anm. dazu.

854 *die die:* Von L. verbessert aus *die alle.* – *durch eigene Urteile ... inokulieren:* Vgl. J 752; zu der Wendung s. zu G 96.

855 *Eine der schwersten Künste ... sich Mut zu geben:* Vgl. auch J 68. – *gehen:* Danach von L. gestrichen *uns.* – *so ist die Religion vortrefflich:* Vgl. auch J 295. – *Mittel:* Danach von L. gestrichen *sich.*

859 *Nach:* Davor von L. gestrichen *Die 30 000 Maultrommeln die der.* – *authentischen:* Von L. verbessert aus *gegründeten.* – *Maultrommeln zu Schwabach:* S. zu dieser Notiz das Rote Buch, S. 44: »Nachzusehen Unser Tagebuch, oder Erfahrungen und Bemerkungen eines Hofmeisters und s. Zöglinge. Auf einer Reise durch einen großen Theil des Fränk. Kreises. I. II. III.

Theile enthält zumal von Fürth gute Nachricht. Der Goth. Rezensent traut ihm weniger bey Schwabach und erinnert daß zu Schwabach jährlich für 30 000 S. L. Maultrommeln verfertigt werden.« Verfasser dieses Erlangen 1787–1791 erschienenen Werkes ist nach Holzmann/Bohatta, IV, Nr. 4581, Johann Michael Füssel. Tatsächlich aber rangiert nach dem von Karl August von Hardenberg erstatteten Rechenschaftsbericht von 1797 die Herstellung von Maultrommeln in der »Industriestadt« Schwabach nur als 18. und viertletzter Fabrikationszweig mit einem Maultrommelmacher und drei beschäftigten Arbeitern und einem jährlichen Umsatz von 400 Gulden (s. Heinrich Schlüpfinger, Schwabach, die bedeutendste Industriestadt im Fürstentum Ansbach um 1800, in: Schwabacher Heimat. Blätter für die Geschichtsforschung und Heimatpflege. Heimatkundliche Beilage zum Schwabacher Tagblatt. 3. Jg., Nr. 3, Juni 1958, S. 23). Vgl. im übrigen auch KA 184; über Maultrommeln s. zu J 74. – *sind:* Von L. verbessert aus *ist.*

860 *Rousseau hat ... gesagt:* S. zu J 433.

861 *was Leibniz geweissagt:* S. zu KA 257.

862 *Meiners:* Von L. durch Kringel unleserlich gemacht. Zu L.s in den neunziger Jahren negativ werdenden Meinung über ihn vgl. J 508; L 313, 470.

863 *Johnson's Wörterbuch:* S. zu J 811. – *Predilection ... decompose:* Vorliebe, angesehen, beschreibend, mürrisch, nachahmend, isoliert, feindlich, zerlegt.

864 *von [den] meisten ... bloß die Korrektur besorgt:* Ähnliche Wortspiele, aus der Sprache der Buchherstellung auf die der Menschenproduktion übertragen, begegnen auch B 204, J 868.

866 *Chladni bei den Tönen:* Ernst Florens Friedrich Chladni (1756–1827), Jurist und Physiker, entdeckte die nach ihm benannten Klangfiguren; hielt in ganz Europa Vorlesungen; »Entdeckungen über die Theorie des Klanges«, Leipzig 1787; erntete den Spott seiner Zeitgenossen für seine kosmische Theorie über die Entstehung von Eisen und Meteoriten, die heute als im Kern richtig angesehen wird.

867 Die Bemerkung ist von L. quer durchgestrichen, der Name *Kotzebue* durch Kringel unleserlich gemacht. – *der Schurke Kotzebue:* Dieses Schimpfwort gebrauchet L. auch J 872, 873. – *wie der chinesische Kaiser das Pflügen ... die Hunde das Grasfressen:* Die Vergleiche hat L. in den Hogarth-Erklärungen (III, S. 780) verwertet.

868 *Man klagt über die ... Menge schlechter Schriften die jede Ostermesse heraus kommen:* Diese umfangreiche Niederschrift liest sich wie ein von L. bereits ins Reine geschriebener satirischer Artikel, der für eine Veröffentlichung bestimmt war. – *Wenn ... Kirschenbäume Makulatur drucken, wer will es den Menschen wehren:* Eine ähnliche Verbindung begegnet auch E 158. – *wer:* Danach von L. gestrichen *Teufel.* – *ihr:* Danach von L. gestrichen *denn.* – *geboren wird:* Von L. verbessert aus *geboren ist.* – *Makulatur* Danach von L. gestrichen *wird.* – *Deutschland ... das wahre Bücher-Beet für die Welt:* L.s häufiger Vergleich der Produktion von Büchern mit landwirtschaftlichen Tätigkeiten findet sich auch J 185, 376. – *die Treibhäuser:* Vgl. auch E 152, 169. – *Gärtner:* Von L. verbessert aus *Buchhändler.*

869 *Der Landbote:* Von den Wählern eines Landes entsandter Vertreter zu einem Landtag, in Polen seinerzeit ein Bevollmächtigter einer polnischen Provinz auf dem Reichstag. – *Jablkowsky:* Über ihn konnte nichts in Erfah-

rung gebracht werden. – *Siehe Frankfurter Ristretto:* »Frankfurter Staats-Ristretto: oder kurzgefaßte Erzählung der neuesten und merkwürdigsten Nachrichten und Begebenheiten der europäischen Staaten, wie auch der Wissenschaften, Künste und nützlichen Erfindungen«, erschien 1772–1818 hrsg. von Benedictus Schiller in Frankfurt; ab 1787 war der Sohn des Begründers, Georg Ludwig Schiller, der Redakteur, »der der Zeitung eine solche Einteilung zu geben wußte, daß sie geradezu als eine authentische Quelle galt« (Ludwig Salomon, Geschichte des dt. Zeitungswesens, Oldenburg und Leipzig 1900, Bd. 1, S. 139). Die damals verbreitete Zeitung erwähnt L. auch in den Briefen an Johann Andreas Schernhagen vom 3. April 1783, an Gottfried Hieronymus Amelung vom 5. März 1784, an Friedrich August Lichtenberg vom 27. Juni 1788 und 2. Februar 1793 und an Friedrich August Ebell vom 12. Februar 1795. Die Anekdote ist in den Hogarth-Erklärungen (III, S. 801) verwertet. – *Ristretto:* Kurzer Auszug, oder auch der billigste Preis einer Ware. – *polnischen Reichstage:* Der Sejm, seit 1493 ein aus der »Landboten-Stube« und dem, die Bischöfe und höchsten Beamten umfassenden Senat zusammengesetzter Reichtag, der seit 1505 die gesetzgebende Gewalt hatte. Die am 3. Mai 1791 beschlossene Verfassung, die erste geschriebene Verfassung Europas, beseitigte das ›liberum veto‹ und die freie Königswahl.

870 *Der Turm von Edystone . . . Lighthouse:* Der Leuchtturm, von John Smeaton 1756–1759 errichtet, befand sich bei den Edystone Rocks, etwa 14 Meilen vom Hafen Plymouth; er galt als eines der ›artificial wonders of the kingdom‹. – *Abbildung dieses Phänomens:* Original: 17,5 cm hoch, 24 cm lang. Das Bild trägt die Unterschrift »The Morning after A STORM at S. W. 2nd edition London 1813«. – *Smeaton:* John Smeaton (1724–1792), berühmter engl. Mechaniker und Ingenieur. Der Titel lautet: »Narrative . . . stone: to which is subjoined an Appendix, giving some account of The Lighthouse on the spurn Point, Built upon a Sand«.

871 *Einer von den Neger-Sklaven in den Plantagen der Literatur:* S. auch zu J 868.

872 *Marcard im Hamburgischen Correspondenten:* Die Erklärung Marcards, daß er und Kotzebue Verfasser der Schmähschrift »Bahrdt mit der eisernen Stirn« seien, findet sich in der Beilage zu Nr. 21 des »Hamburgischen Unparteyischen Korrespondenten« vom 7. Februar 1792; einen Auszug daraus gibt Ischer, Johann Georg Zimmermanns Leben und Werke, S. 415. Zu L.s Beurteilung der Angelegenheit vgl. SK 286 und den Brief an Franz Ferdinand Wolff vom 5. April 1792. Über L.s Stellung zu Kotzebue vgl. J 730 und Anm. Heinrich Matthias Marcard (1747–1817), hannoverscher Arzt und Hofrat, 1773 in London, später in Stade, Heirat 1782 mit Fräulein Hedemann. Schüler und Freund Zimmermanns; berühmter Brunnenarzt in Bad Pyrmont, veranlaßte den Bau des dortigen Solbadehauses; »Beschreibung von Pyrmont« (1784–1785). – *Schurke:* Zu diesem Schimpfwort für Kotzebue vgl. J 867. – *Pinsel:* Dieses Schimpfwort gebraucht L. auch im Brief an Franz Ferdinand Wolff vom 5. April 1792 im gleichen Zusammenhang; vgl. auch D 158. – *Das:* Danach von L. gestrichen *ductile Deutschland.* – *duktile:* Lat. ›streckbar, hämmerbar, leicht verformbar‹; hier wohl in der Bedeutung von ›leicht beeinflußbar‹. – *leuchtet jedem Christ-Gärtchen williglich:* Nach DWB 14,2, Sp. 186 in der Bedeutung von ›mit willen, gern‹ gebräuchlich. –

zu J 870

Menschen: Von L. verbessert aus *Hasenfuß.* – *alte Weib:* Diese Worte, auf Zimmermann gemünzt, gebrauchte L. auch im Brief an Franz Ferdinand Wolff vom 5. April 1792. – *Er nennt Heyne den König der Gelehrten:* Vgl. auch J 838. – *zu . . . Stegreif:* Von L. verbessert aus *ins Deutsche zu übersetzen.* – *Krankheiten:* Von L. verbessert aus *Charactere.*

873 *Schurke:* Zu diesem Schimpfwort für Kotzebue vgl. J 867. – ϰατ ἐξοχην: Griech. ›vorzugsweise, überhaupt‹, im Sinne von ›par excellence‹. – *der Mitauische Schurke:* Diese Bezeichnung verwendet L. auch im Brief an Franz Ferdinand Wolff am 5. April 1792.

874 *die langen Silben mit – und die kurzen mit ᴗ bezeichnet:* Den Gedanken verwertet L. in den Hogarth-Erklärungen (III, S. 873); vgl. auch J 294. – *Weg:* Danach von L. verbessert *und das.* – *Erfinder:* Von L. verbessert aus *Find[er].*

875 *Leuchtturm von . . . Edystone:* Vgl. J 870 und die Anm. dazu. – *S. die vorige Seite:* J 870. – *ausdrücklich . . . festgesetzt keinen sogenannten Architekten . . . sondern . . . ein mechanisches Genie:* Vgl. Smeaton, Bd. 2, S. 38 (vgl. J 870): ». . . rather one from natural genius had a turn for contrivance in the mechanical branches of science«. Eher hat ein Naturtalent die Begabung in den mechanischen Wissenschaftszweigen erfinderisch tätig zu sein.

876 *Da der Mensch toll werden kann, so sehe ich nicht ein, warum es ein Weltsystem nicht auch werden kann:* Vgl. auch J 520, 878. – *Dieses paßt . . . auf Dolomieu's Hypothese:* Déodat-Guy-Silvain-Tancrède Gratet de Dolomieu (1750–1801), frz. Geologe und Mineraloge; nach ihm wurden die Dolomiten benannt; er beschrieb 1791 das Gestein Dolomit; L. besaß das Werk (BL, Nr. 714). Zu Dolomieus Thesen vgl. auch Ph + M 2, S. 66. »Voyage aux isles de Lipari«, Paris 1783, in dt. Übersetzung von Lichtenberg, Leipzig 1783.

877 *Schwiegervater:* Sollte Johann Andreas Kellner (1739–1793), der Vater Margarethe L.s, gemeint sein, der als Weißbindergeselle sehr arm wahr?

878 *Eine der sonderbarsten Einbildungen . . . man glaubte man . . . säße im Tollhause, übrigens aber ganz vernünftig handelte:* Zu diesem Gedanken vgl. J 520, 876.

879 *kompläsante:* Frz. complaisant ›willfährig, gefällig‹.

880 *Außer der Zeit . . . noch ein anderes Mittel große Veränderungen hervorzubringen . . . die – Gewalt:* Zu L.s Einschätzung der Frz. Revolution vgl. auch J 207, 285, 359, 364, 366, 380.

881 *Bei der heutigen Kälte freut mich . . . der Eis-Segen:* Das Tagebuch (SK) vom gleichen Tag – 19. Februar 1792 – bringt die Notiz: »Kälte – 15 R. Mich freut nur der Eissegen für den Sommer«. Vgl. auch SK 230. – *Eis-Segen:* Nicht im DWB; Wortprägung L.s?

882 *Refraktions-Edikt:* Gemeint ist vermutlich das preußische Religions- und Zensuredikt von 1788; vgl. auch J 33, 51 und Anm., 59; zu Refraktion s. zu D 766; hier könnte L. aber auch auf Refraktär, frz. réfractaire ›Widerspenstiger, Ungehorsamer gegen die Konskription‹, anspielen.

883 *Nach der Lehre der Grönländer . . . der Mond ein Mann:* Der Satz findet sich bei Egede, »Nachrichten von Grönland«, Kopenhagen 1790, S. 75. – *auch bei den Alten einen Lunus:* Als männliche Mondgottheit bei den Einwohnern von Karrö verehrt. Diese Bemerkung ist von L. hinzugefügt. – *Bischofs Egede Nachrichten . . .:* Paul Egede (1709–1789), Sohn des norwegisch-dänischen Grönlandforschers und »Apostels der Eskimos« Hans Egede (1686–1758);

Paul Egede führte das Werk seines Vaters fort, machte sich um die grammatikalische und lexikalische Bearbeitung der grönländ. Sprache verdient, in die er 1766 das Neue Testament übersetzte. »Nachrichten von Grönland. Aus einem Tagebuche, geführt von 1721 bis 1788«, aus dem Dänischen, Kopenhagen 1790. – *Ähnlichkeit haben die Deutschen ... mit den Grönländern:* Vgl. E 105, 169.

884 *Auflösung des Rätsels im Taschen-Kalender für 1792:* Das Rätsel findet sich J 599. Die hier gegebene Auflösung hat L. unter dem Titel »Auflösung des im Taschen Calender vom vorigen Jahre S. 176 aufgegebenen Räthsels« im GTC 1793, S. 120–122, veröffentlicht; auch die Figur findet sich dort wieder. Auf dieses Rätsel beziehen sich noch folgende Tagebuchnotizen: SK 261, 25. Februar 1792: »Nachmittags Herr Balser bei mir, Auflösung des Rätsels an ihn«; 28. Februar: »Balsers Zweifel gegen die Auflösung des Rätsels«; 16. März (SK 297): »Rätselauflösung an Feder.« – *Gegen ... verboten:* Diese Passage, in der Handschrift nach J 886, ist von L. durch Zeichen hierher verwiesen.

885 *Ein König, der eine Diana ... aufhält, soll andeuten:* Vielleicht Anspielung auf Johann Carl Enslens arostatisches Figuren-Kabinett, zu dem auch eine Diana gehörte. – *Diana:* Altital. Göttin des Waldes; das Attribut der Jägerin wurde ihr erst später beigelegt. – *par force-Jagd:* Hetzjagd; frz. par force ›mit Gewalt‹. – *Bartels sah zu Syrakus ... :* S. »Briefe über Kalabrien und Sizilien«, 3 Tle., Göttingen bei Dieterich 1787–1792, Bd. 3, S. 202 Anm., von Johann Heinrich Bartels (1761–1850); studierte Theologie, dann Jura in Göttingen; später Bürgermeister von Hamburg; auch von Goethe geschätzter Reiseschriftsteller. Über ihn s. »Auch ich in Arcadien. Kunstreisen nach Italien 1600–1900«, Ausstellungs-Katalog Nr. 16 Marbach 1966, S. 87, 123. L. besaß das Werk (BL, Nr. 1077); er erwähnt die Prozession auch L 7. – *Josua's:* Danach von L. etwas gestrichen. – *Der jetzige König [von] Preußen:* Friedrich Wilhelm II. – *die Sonne der Aufklärung stille stehen heißt:* Zu L.s Einschätzung von Friedrich Wilhelm II., s. zu J 59.

887 *paginam:* Lat. ›die Seite‹ (Akkusativ). – *dann das ... Nonsens[e]:* Zu diesem Gedanken vgl. J 294.

889 *Die Bildung des menschlichen Geschlechts ... einer ... Vergleichung mit der Entstehung unseres Globi terraquei fähig:* Vgl. auch J 95 und Anm. – *Mikrokosmus ... als heuristisches Mittel:* Vgl. auch J 1518. – *Granit-Block ... Porphyr, Gneis, Tonschiefer, einfacher Kalkstein:* Vgl. auch J 1624, 1756. – *con amore:* Ital. ›mit Liebe‹, eigentlich ein Künstlerausdruck, der um 1777 von Lavater (Bd. 3, S. 95) eingeführt und bald auch für nichtkünstlerische Tätigkeit gebraucht wird, angeblich von Wieland in Mode gebracht. – *den 29. Februar 92:* Hängt die Hervorhebung des Datums mit dem Schalttag zusammen oder bezieht L. sich auf SK 291: »Morgens halb 1 Uhr ♀ 15«?

891 *Strange ... too:* Es klingt komisch, ist aber wunderbarerweise wahr, daß selbst Schatten ihre eigenen Schatten werfen. – *Churchill:* Die Verse sind Charles Churchills »The Rosciad«, London 1761, Vers 411 entnommen. Diese Verssatire auf Schauspieler und Schauspielkunst erregte großes Aufsehen, rief zahlreiche Pamphlete gegen Churchill hervor, dem zum besonderen Vorwurf gemacht wurde, daß er Garrick glorifiziere. S. auch zu F 975.

892 *vor der Revolution die Jagdhunde des Königs ... mehr Gehalt:* Vgl. J 940. – *als die Akademie der Inschriften:* Die »Académie des Inscriptions et Médailles«, wie sie ursprünglich hieß, wurde 1663 von Ludwig XIV. in Paris gegründet;

ihre anfangs auf vier begrenzte Mitgliederzahl hatte die Aufgabe, die Inschriften der von Ludwig XIV. errichteten Denkmäler und der zu seinen Ehren geschlagenen Medaillen zu entwerfen. Erst später ging die Akademie an ernsthafte wissenschaftliche Arbeiten auf dem Gebiet der Belles Lettres, Geschichte und Archäologie; vgl. auch J 892. – *Inschriften:* Von L. verbessert aus: *Wissenschaften.* – *neue Bibliothek der schönen Wissenschaften:* Die zitierte Notiz, auf die J 940 zurückkommt, ist ebenso wie J 893, 894 einem Auszug aus Meusels »Museum für Künstler und Kunstliebhaber, oder Fortsetzung der Miscellancen artistischen Inhalts«, Mannheim 1787–1790, in der »Neuen Bibliothek der schönen Wissenschaften und der freyen Künste«, Bd. 44, S. 220–243, 1791 entnommen.

893 *zweifelhaft . . . ob Raffael je in Öl gemalt:* »Es ist noch sehr zu bezweifeln, ob dieser Meister je in Oel gemalt habe, indem er behauptete, die Oelmalerei sey nur eine Arbeit für Frauenzimmer« (Meusel, a.a.O., S. 240).

894 *In der Hauptkirche . . . das jüngste Gericht vorgestellt:* Gemeint ist die St. Georgskirche in Nördlingen. – *Der Maler . . . L. H.:* Lucas (Laux) Herlin (gest. 1521), aus einer Nördlinger Malerfamilie; ob das 1503 vollendete Jüngste Gericht in der St. Georgskirche in Nördlingen von ihm oder seinem Bruder Jesse (gest. 1510) stammt, ist strittig.

895 *Auktion des Herzogs von Cumberland . . .:* Diese Notiz findet sich unter »Kunstnachrichten« in der »Neuen Bibliothek der schönen Wissenschaften und der freyen Künste«, 1791, Bd. 44, S. 310f. (s. zu J 892). Henry Frederick, Duke of Cumberland and Strathearn (1745–1790), Bruder Georgs III., berühmt wegen seiner Sammlung von Musikinstrumenten, Musikalien und Büchern, die nach seinem Tode am 17. Februar 1791 versteigert wurde. Die Stainersche Violine wurde von Herrn Beadyll »für nicht mehr denn 130 Guineen« erstanden. – *Stainersche Geige:* Jacob Stainer (um 1617–1683) aus Tirol, gilt als der bedeutendste Geigenbauer außerhalb Italiens; Gründer der »Tiroler Schule«. Über ihn s. Walter Senn, Jakob Stainer der Geigenmacher zu Absam. Die Lebensgeschichte nach urkundlichen Quellen, Innsbruck 1951. Hinweise auf die Violine in England werden darin nicht gegeben.

896 *Die Kunst Menschen mit ihrem Schicksale mißvergnügt zu machen . . . heutzutage so sehr getrieben:* Der Fortgang dieser Bemerkung zeigt, daß es L. um eine ironische Verherrlichung des angeblich Goldenen Zeitalters, ehemals unschuldiger, paradiesischer Zustände geht. Womöglich zur Veröffentlichung geplant. – *Otaheite wo man für einen eisernen Nagel haben kann:* Zu dieser Wendung s. zu D 458. – *Tabatieren:* Im späten 17. Jh. aus frz. tabatière entlehnt: (Schnupf-)Tabaksdose. – *gilt, und:* Von L. verbessert aus *gilt, oder.* – *wo man bei völliger Gleichheit der Menschen das Recht hat seine Feinde aufzufressen und von ihnen gefressen zu werden:* Vermutlich Anspielung auf Hobbes'»Homo homini lupus est«; vgl. auch E 226, K 224.

897 *Das Buch: Erscheinungen und Träume zu lesen:* »Erscheinungen und Träume von Mercier und einigen teutschen Gelehrten«, erschienen Leipzig 1791, von Georg Schatz, auch Schaz (1763–1795), Schriftsteller und Übersetzer. – *Der Traum des Empedokles von Manso:* »Der Traum des Empedokles, oder über die Erkennbarkeit der Natur« ist in der Sammlung von Schatz, Bd. 2, S. 295–307, enthalten. – *Manso:* Johann Kaspar Friedrich Manso (1760–1826), Historiker, Übersetzer und vielseitiger schöngeistiger Schriftsteller in Breslau. – *dem schönsten Traum in unsrer Sprache, dem des Galiläus:* Der

»Traum des Galilei« von Johann Jacob Engel wurde zuerst 1777 in dessen »Der Philosoph für die Welt«, zweiter Theil, S. 1-17, veröffentlicht. Johann Jacob Engel (1741-1802), Schriftsteller, Lehrer des späteren Königs Friedrich Wilhelm III., 1786-1794 Direktor des Berliner Nationaltheaters, führende Gestalt der Berliner Aufklärung. Sollte L. durch diese Traum-Fiktionen zu seinem »Traum des Naturforschers« (III, S. 108) angeregt worden sein?

898 *eine Kantische Idee:* L. bezeichnet diesen Gedanken wohl insofern als kantische Idee, weil nach Kant die Welt, begriffen als ein Totum, der menschlichen Erkenntnis nicht zugänglich ist, bzw. der Welt als transzendentaler Idee kein objektiver Gegenstand gegeben werden kann; aber den reinen Vernunftideen, sofern sie regulativ gebraucht werden, in der Moralphilosophie große Bedeutung zukommt.

899 *Rancé:* Armand-Jean Le Bouthillier de Rancé (1626-1700), Gründer des Ordens der Trappisten, wurde nach weltlicher Lebensführung 1664 Abt des Zisterzienser-Klosters La Trappe im frz. Département Orne und begann mit der asketischen Reform der Zisterzienser, die 1678 und 1705 von der Kurie bestätigt wurde. Die Trappisten kennzeichnete stetes Stillschweigen, vegetarische Nahrung, harte Feldarbeit. Vgl. L 78 und »Daß du auf dem Blocksberge wärst« (III, S. 478). *– seine Geliebte die Herzogin von B.:* Marie de Bretagne (1612-1657), Tochter des Claude de Bretagne, Comte de Vertus, heiratete mit 16 Jahren Hercule de Rohan, Duc de Montbazon, der 1644 im Alter von 86 Jahren starb. Nach seinem Tode wurde die als große Schönheit gepriesene Mme de Montbazon die Geliebte Rancés. Ihr plötzlicher Tod soll seine Konversion verursacht haben. Daß er sie mit abgeschlagenem Kopf vorgefunden habe, weil die Schreiner die Maße des Sarges falsch genommen hatten, ist eine erstmals 1685 in einem Pamphlet kolportierte Legende; nach einer anderen Legende aus der Feder des Père Rapin in seinen »Mémoires« (1657) hat der Arzt der Herzogin den Kopf abgeschlagen, um ihren Körper leichter einbalsamieren zu können. Vgl. auch Henri Bremond, »L'Abbé Tempête. Armand de Rancé Réformateur de la Trappe«, Paris 1929, S. 24-34.

900 *Zu Braunschweig ... in einer Auktion ein Hut ... verkauft, der aus dem heimlichsten Haar von Mädchen verfertigt:* Aus der Zeitung hat L. von dieser Auktion schwerlich erfahren; gehört diese Notiz schon zu dem Plan eines ›Auktions-Katalogs‹ (vgl. J 714)?

901 *Das Mißverständnis ... meines Kästchens:* Kästchen statt Käthchen oder Schätzchen? S. zu E 46.

903 *Freund von Blumenbach:* Blumenbach befand sich 1791/1792 für zwei Monate in England. Diese Notiz dürfte wie auch J 904 seinen Briefen entnommen sein, deren das Tagebuch (SK) mehrere erwähnt. *– Pickpockets:* Engl. ›Taschendiebe‹.

904 *Pitt:* William Pitt der Jüngere. *– Herzogin von Dorset:* Wohl Arabella Diana Cope, die 1790 John Frederick Sackville (1745-1799), 3rd Duke of Dorset, geheiratet hatte. *– Diner ... um 10 Uhr ... um 9 zum Souper:* Die Anekdote ist in den Hogarth-Erklärungen (III, S. 691) verwertet.

905 *Gräfin von Salmour ... :* Catharine Comtesse de Salmour, über sie s. J. Friedländer, Markgraf Karl Philipp von Brandenburg und die Gräfin Salmour, Berlin 1881. L. notiert diesen »Zug« der Gräfin in den »Romagnoli« zu seinem Romanplan vom »Doppelten Prinzen« (III, S. 616). –

Korrespondenz mit dem Markgrafen von Brandenburg: Karl Philipp Markgraf von Brandenburg-Schwedt, welcher heimlich mit der später dem kursächsischen Feldmarschall Graf Wackerbarth vermählten Gräfin Salmour verheiratet war und am 23. Juli 1693 zu San Germano bei Casale in Piemont starb.

906 *Musiv-Gold:* Lat. musivum, musaicum ›Mosaik‹; kristallisiertes, goldfarbenes Zinnsulfid, diente früher als Malerfarbe und zum Bronzieren.

908 *Mongez:* Jean André Mongez (1751–1788), frz. Naturwissenschaftler, langjähriger Mitherausgeber des »Journal de Physique«. – *le hasard ... decouvertes:* Der Zufall [ist] der blinde Vater der schönsten Entdeckungen.

910 *und:* Danach von L. etwas gestrichen.

911 *In Göttingen ... Schindanger, Judenkirchhof und Galgen nahe beisammen:* Vgl. J 622. – πμ: Zu diesen Buchstaben s. zu A 70. – *Jakob:* Zweiter Sohn Isaaks, auf den die zwölf Stämme Israels zurückgeführt werden; s. zu J 784. – *Sic ... amicos:* S. zu J 622.

912 *was [die] Klerisei für eine Pest für die Welt ist:* In den »Annalen der Geographie und Statistik«, 3. Bd., 2. Jahrgang, 2. St., Braunschweig 1792, S. 97–111, findet sich eine Rezension von Galantis Werk, 4. T. (vermutlich L.s Quelle): »In der Kleinen Stadt Aversa sind jetzt 21 Klöster. Man braucht sich also nicht zu wundern, sagt der unchristliche Galanti, wenn man den größten Theil des dortigen herrlichen Landes mit Sümpfen bedeckt sieht« (S. 103). »Der Verf. unterläßt nicht, diese alles verzehrende Mönchs- und Nonnen-Menge häufig anzumerken« (S. 103). »... alles wird von Kirchen und Mönchen verschlungen; denn diese begreifen in sich ma passiamo oltro« (S. 106). – *Galanti's descrizione geografica ... delle Sicilie:* Das Werk erschien Neapel 1787–1793 in 4 Tln. Giuseppe Maria Galanti (1765–1830), ital. Geograph, Prof. in Neapel. – *descrizione:* In der Handschrift *descrizioni.* – *in fidem:* Zur Beglaubigung. – πμ: Zu diesen Buchstaben s. zu A 70.

913 *Riepenhausen:* Ernst Ludwig Riepenhausen (1762–1840), bedeutendster Göttinger Universitäts-Kupferstecher, der u. a. die Nachstiche zu L.s Hogarth-Erklärungen schuf. Er wohnte Paulinerstr. 20 in einem früher Dieterich gehörenden Haus, das auf dem Hof des ehemals Schlözerschen Grundstücks stand und damit an den Hof des Dieterichschen Hauses an der Prinzenstraße grenzte. Über ihn s. Otto Deneke, in: Göttinger Nebenstunden Nr. 14, 1936, S. 65–85. – *Prospekt auf den Galgen, den Schindanger und den Juden-Kirchhof:* Vgl. J 622. – *Sic ... amicos:* Zu diesem ›Motto‹ s. zu J 622.

914 *Undertakers:* Engl. ›Leichenbestatter‹. – *im Hogarth:* »The Company of Undertakers«, Radierung und Kupferstich 1736; Hogarths Satire auf die praktischen Ärzte seiner Zeit. – *der Großvatter des berühmten ... Gascoyne:* Bamber Gascoyne (1725–1791), Lord der Admiralität und receiver-general of customs; sein Großvater, Dr. med. John Bamber (gest. 1753), wohlhabender Arzt in Mincing Lane. – *Akzise:* Von L. verbessert aus *Zoll.* – *Gentleman's Magazine:* Die Notiz ist dem »Obituary of considerable persons with biographical anecdotes« im »Gentleman's magazine« 1791, S. 1066 entnommen.

915 *beförderndes Vorbeugen:* Der Ausdruck kehrt J 1054 wieder.

916 *geschehen:* Von L. verbessert aus *geschieht.*

918 Zur Schreibweise dieser Bemerkung s. zu D 53. – *Gespräch mit der Arnstadterin während ... Fritze im Bette liegt:* Dieterichs Köchin Marie (über sie s. zu F 523) aus Arnstadt und Friederike (Fritze) Dieterich. Arnstadt, thüringische Barockstadt in der Nähe Erfurts.

919 *Ora & non labora:* Bete und arbeite nicht; zu diesem Scherz vgl. K 256 und Hogath-Erklärungen (III, S. 822, sowie KIII, S. 384).

920 *Jäger-Wörterbuch anzuschaffen:* Das im 18. Jh. am weitesten verbreitete Wörterbuch »Einheimisch- und ausländischer Wohlredender Jäger oder nach alphabetischer Ordnung Gegründeter Rapport derer Holz-Forst- und Jagd-Kunstwörter nach verschiedener teutscher Mundart und Landesgewohnheit«, Regensburg 1763, von Christian Wilhelm von Heppe (1717–1791).

921 *Discite ... plebem:* Lernet Gerechtigkeit, laßt euch warnen, und achtet das Volk. Zit. nach Vergils »Aeneis« 6, 620, wo es wörtlich heißt: »Discite justitiam moniti et non temnere divos [Götter]«.

923 *Im 27. St. des Hannöverschen Magazins ... die Frage erörtert ... wenn man den 29. Februar geboren:* Der Aufsatz »Ein paar Worte über das Schaltjahr, und über die darin fallenden Geburtstage« von dem Kandidaten Müller aus Echem steht im »Neuen Hannoverischen Magazin«, 2. April 1792, Sp. 429–432. Gegen ihn wendet sich L.s eigene Ausführung »Trostgründe für die Unglücklichen, die am 29ten Februar geboren sind« im GTC 1793, S. 110–119. Vgl. J 889.

924 *besaß:* Von L. verbessert aus *hatte*. – *wohl:* Danach von L. gestrichen *seyn kan, ohne M*.

926 *Neuseeländer:* S. zu D 653; im GTC 1791, S. 218, spricht L. von dem »unendlich christlicheren Neuseeländer«. – *ihr seid Gottfresser ihr Pfaffen:* Vgl. J 369 und die Anm. dazu.

927 *Mein am 7ten April 92 über das Grund-Eis gegebenes Gutachten:* L. notiert es auch SK 308. – *Existenz des Hagels ... dessen Entstehung noch gar nicht erklärt:* L. äußert sich dazu öffentlich in einem »Schreiben an den Herausgeber des neuen hannoverischen Magazins« 2 (1792), Stück 93 vom 19. November, Sp. 1473–1476, und in »Einige Bemerkungen über die Entstehung des Hagels«, erschienen im »Neuen Hannoverischen Magazin« 3 (1793), Stück 10 vom 4. Februar, Sp. 145–160; 11. St. vom 4. Februar, Sp. 161–170. Ferner vgl. auch J 1711, 1990.

928 *Tue es ihm nach wer kann:* Dieser Bericht hat in Verbindung mit J 961 das Material zu der im GTC für 1793, S. 137–143, erschienenen Miszelle »Hupazoli und Cornaro, oder: Thue es ihnen nach wer kann« geliefert, in den er fast wörtlich aufgenommen worden ist. L. entnahm ihn einem Aufsatz »Hupazoli« im »Neuen Hannoverischen Magazin« 1787, 38. St. vom 11. Mai, Sp. 605–608, der einer Fußnote zufolge dem »Neuen Berliner Intelligenzblatt« entnommen ist. Im übrigen s. KIII, S. 225–227. Zu L.s Beschäftigung mit altgewordenen Menschen vgl. KA 72. – *Hupazoli:* Francesco Hupazoli (1587–1702), anfangs ein Geistlicher, später venezianischer Consul in Smirna. – *Bastarte:* Vgl. D 630. – *Skorzoner Wurzel:* Schwarzwurzel.

929 *Wenn er eigne Meditationen schrieb ... in seinem Schlafrock:* Gewiß Selbstbeschreibung der Arbeitsweise L.s. Zu seinem Schlafrock s. zu C 47. – *Exzerpte aus Reise-Beschreibungen:* Vgl. F 958.

931 *träumte mir, ich sollte lebendig verbrannt werden:* Zu diesem Traum vgl. SK 309; zu L.s Träumen s. zu A 33.

932 Παντα ... γιγνομενα: Das griech. Epigramm, als dessen Verfasser Glykon überliefert wird, findet sich in der »Anthologia graeca« 2, 254 Jacobs. Glykon, nach Hephestion griech. Dichter und Epigrammatiker, der das nach ihm benannte Versmaß erfunden haben soll. – *All ... joke:* Alle Dinge

entsprangen dem Nichts, aus Rauch oder Staub, / bar der Vernunft alle Dinge – alles ein Spaß.

933 *Iliade im VI[ten] Buch:* Homer, »Ilias« 6, 86. – *Hektor:* Sagenhafter Held von Troja, Sohn von Priamos und Hecuba, im Kampf von Achilles getötet. – *Helenus:* Helenos, Sohn von Priamos und Hecuba, Zwillingsbruder Kassandras, der ebenfalls die Gabe der Vorhersehung besaß. – *nach:* Von L. verbessert aus *zu*. – *seiner Mutter:* Hecuba, Gattin des trojan. Königs Priamos und Mutter von Hektor, Paris, Helenos und Kassandra. – *πμ:* Zu diesen Buchstaben s. zu A 70.

934 *sehr gute Bemerkung des Herrn Schmid:* Schmids »Empirische Psychologie« erschien Jena 1791; die von L. genannte Stelle findet sich S. 84. Carl Christian Erhard Schmid (1761–1812), Mediziner und Philosoph, Kantianer, seit 1791 Prof. in Gießen, seit 1793 in Jena.

936 *Kartoffeln-Ophir:* Ophir ist im Alten Testament das Land, aus dem Salomo Edelsteine und Gold holen ließ (I Könige 9, 26–28; 10, 11); es lag wahrscheinlich an der südlichen Westküste des Roten Meeres. Zu L.s Reflektion über die Kartoffel vgl. C 272; zu seinen Wortbildungen vgl. E 267.

938 *Ökonomie:* Von L. verbessert aus *Hauß[haltung]*. – *die Zeit ... zu glauben anfing, daß die Muscheln in den Bergen gewachsen sein könnten:* Die Erklärung der im Hochgebirge gefundenen versteinerten Muscheln hat L. schon sehr früh beschäftigt; s. zu C 178. Vom Anfang der neunziger Jahre stammen die Erörterungen dazu: Ph + M 2, S. 64.

939 *Zum Teil zum Vorhergehenden gehörig:* Vgl. J 938. – *Hainberg:* Vgl. J 20.

940 *sagt Friedrichs in seinen Briefen:* Im 47. Brief der »Briefe über die Belagerung von Gibraltar, an einen Freund in Hannover geschrieben« von C. Friedrichs, veröffentlicht im »Neuen Hannoverischen Magazin«, 23. St., 19. März 1787, Sp. 353–368. Die von L. angeführte Stelle findet sich dort Sp. 364. – *Dabei denke man an die Jagdhunde des Königs von Frankreich:* Vgl. J 892.

942 *principii contradictionis:* Der Satz des Widerspruchs ist das logische Denkgesetz, daß zwei einander kontradiktorisch entgegengesetzte Urteile nicht zugleich, im gleichen Sinne und in der gleichen Beziehung von der gleichen Sache ausgesagt werden dürfen, bzw. gelten können. – *contradictionis:* Von L. verbessert aus *rationis*.

943 *Kant sagt auch so was irgendwo:* L. denkt wohl an die Ausführungen Kants darüber, daß Sein kein ›reales Prädikat‹ sei (Abschnitt über den ontologischen Gottesbeweis in der »Kritik der reinen Vernunft«, Akademie-Ausgabe, A 591–A 603, B 619–631).

947 *πμ:* Zu diesen Buchstaben s. zu A 70.

949 *der politische Pabst gefallen:* Ludwig XVI. – *Dalai Lama ... Auswürfe Krankheiten [heilte]:* S. zu D 398. – *ich bin der Herr Euer Doktor:* Zu diesem Scherz vgl. J 466.

950 *Zug: Jemand zerreißt ein Papier ... Dinten-Rezept:* Vgl. dazu L 169; L. notiert diesen Zug auch im »Doppelten Prinzen« (III, S. 616). – *indem:* Von L. verbessert aus *während*.

952 *Ultracrepidamie:* Das Wort ist nach dem vielzitierten Satz »Ne sutor supra crepidam« gebildet: »Was über den Schuh hinausgeht, muß der Schuster nicht beurteilen« (zit. nach Büchmann, S. 344). Wie Plinius d. Ä. in seiner »Naturalis historia« §12 berichtet, pflegte Apelles – hinter den von ihm

vollendeten Gemälden versteckt — die Urteile der Vorübergehenden zu hören. Einmal tadelte ein Schuhmacher, daß die Schuhe auf einem Bild eine Öse zu wenig hätten, und Apelles brachte dieselbe an. Als der Schuster aber auch den Schenkel zu bemängeln wagte, tat Apelles den obengenannten Ausspruch. L. zitiert ihn auch in den Hogarth-Erklärungen (III, S. 756, 826 und 1040).

953 *Literatoren:* Vgl. F 707.

955 *Das Zucker-Rohr ... Produkt der alten Welt (Gmelin ad Bruce):* Zu James Bruces Reisebeschreibung in der Übersetzung von E. W. Cuhn mit dem Titel »Reisen in das Innere von Africa nach Abyssinien an die Quelle des Nils aus dem Englischen mit nöthiger Abkürzung« ließ Gmelin Rinteln und Leipzig 1791 einen »Anhang« erscheinen. Die Stelle findet sich dort S. 9 (rez. in »Annalen der Geographie und Statistik»«, Braunschweig 1792, S. 187f.). Johann Friedrich Gmelin (1748–1804), aus Tübingen, wo er 1769 promovierte und 1772 Prof. der Medizin wurde; 1775 als Prof. für Philosophie und Medizin nach Göttingen berufen. Gehörte zu den »Sieben Schwaben« der Göttinger Universität, deren erstes Chemisches Institut er 1783 in der Hospitalstraße 7 begründete. L., der eine Reihe seiner Publikationen besaß (BL, Nr. 492, 728, 729, 762, 763, 770, 829, 840, 934), pflegte in den neunziger Jahren regen Umgang mit ihm.

958 *Der Himmel führt seine Heiligen wunderlich:* Diesen Satz verwertet L. in »Hupazoli und Cornaro« (III, S. 487). Er geht auf Psalm 4, 4 zurück: »Erkennet doch, daß der Herr seine Heiligen wunderlich führet«.

959 *Waagen (wieder Witz):* Ein ähnliches Bild begegnet im Brief an Joel Paul Kaltenhofer vom 31. Dezember 1772.

961 *à la Cornaro gegessen:* Diese Wendung begegnet auch SK 320 und wird in »Hupazoli und Cornaro« (III, S. 487) verwendet. Die Notizen über Cornaro, deren Verwertung unter J 928 abgehandelt wurde, sind einem Aufsatz Hufelands »Über die Verlängerung des Lebens« im »Neuen teutschen Merkur«, 3. St., März 1792, S. 256–259, entnommen (s. III, S. 486); vgl. auch Brief an Christoph Wilhelm Hufeland vom 9. Januar 1797. Lodovico (Alvisa) Cornaro (1467–1566), ital. Patrizier aus Venedig, gab 1558 in seinen »Discorsi della vita sobria« eine Darstellung maßvoller Lebensweise, die 1797 von F. Schlüter ins Deutsche übersetzt wurde. – *Hufeland:* Christoph Wilhelm Hufeland (1762–1836), 1781 Student der Medizin in Göttingen, Schüler Richters und Blumenbachs, Hörer in L.s Experimentalphysik; promovierte 1783 mit der Dissertation »de usu vis electricae in asphyxia«; 1783–1793 Arzt in Weimar, dann bis 1801 Prof. in Jena, danach Leibarzt und Direktor der Charité in Berlin. »Mesmer und sein Magnetismus« (1785); »Makrobiotik« (1796). Seit 1795 gab er das »Journal für die praktische Arzneikunde und Wundarzneikunst« heraus. – *6o:* Von L. verbessert aus *26*.

962 *Folgendes Sinngedicht ... im gemeinen Berg-Kalender:* Vgl. »Bergmännischer Kalender« für 1792, S. 72. Der »Bergmännische Kalender« erschien, von Alexander Wilhelm Köhler hrsg., 1790–1791 in Freiberg und Annaberg.

963 *zu:* Von L. verbessert aus *entgegen*. – *glänzte:* Von L. verbessert aus *glühte*. – *Munde:* Von L. verbessert aus *Zahn*. – *beiden:* Danach von L. etwas gestrichen.

964 *Buchstaben:* Von L. verbessert aus *Buchstabens*.

965 *erhellt:* Von L. verbessert aus *sieht man aus ist.* – *Abschaben:* Danach von L. gestrichen *der Unreinigkeiten.*

966 *Eine goldne Regel . . . aus ihnen machen:* Diese Sentenz ist im GTC 1793, S. 173, innerhalb der Hogarth-Erklärung »Columbus breaking the Egg« verwertet.

967 *wernerisch gesinnt:* Georg Friedrich Werner; s. zu GH 64.

969 *zumal der 26te und 29te Brief:* Stolzens »Briefe« erschienen Winterthur 1789–1790. Der 26. Brief (Bd. 2, S. 87) führt den Titel: »Über gemeine Charaktere«. Im 29., »An einen Leidenden«, werden die wohltätigen Folgen des Krankseins und Sterbens geliebter Personen behandelt und folgende tröstliche Gedanken beim Leiden entwickelt: Leiden schwächt den Leichtsinn, treibt an zum Gebet, macht menschlicher, erhebt über das Vergängliche, erhöht die künftige Seligkeit usw. Johann Jacob Stolz (1753–1821) aus Zürich, seit 1784 reform. Prediger in Bremen, 1798 Dr. theol., Geistlicher und Schriftsteller.

970 *Christus . . . nennt Herodes einen Fuchs und die Pharisäer Ottergezücht:* Vgl. Lukas 13, 32; Matthäus 3, 7; 12, 34; 23, 33.

972 *handeln:* Danach von L. gestrichen *heißt einen Versuch.*

975 *Domus . . . odore:* Das Haus hat von angenehmem Geruch gelächelt. – *sagt Tibull:* Nicht Tibull, sondern Catull ist der Verfasser dieser Zeile (»Carmina« 64, 284), die sich in dem Gedicht »Peliaco quondam prognatae vertice pinus . . .« findet. Gaius Valerius Catullus (ca. 87–54 v. Chr.), röm. Dichter. – *Rosengeruch:* DWB 8, Sp. 1198 führt nur Stieler und zwei weitere Belege an.

976 *Randels Annalen . . .:* Randels »Annalen der Staatskräfte von Europa nach den neusten physischen, gewerblichen, wissenschaftlichen und politischen Verhältnissen der sämtlichen Reiche und Staaten in tabellarischen Übersichten« erschienen Berlin 1792 (1. T.). Vgl. auch J 1189. Johann Adolph Friedrich Randel (1738–1793), königl. preuß. Kriegsrat, nach 1786 schriftstellerisch vor allem auf dem Gebiet der Statistik tätig.

977 *Capita jugata:* Die miteinander verbundenen Köpfe.

978 *Kollektaneen:* »Gotthold Ephraim Lessings Collectaneen zur Literatur«, hrsg. und weiter ausgeführt von Johann Joachim Eschenburg, erschienen Berlin 1790 in 2 Bdn. (I: A–J; II: K–Z).

979 *Lessing . . . merkt an:* S. zu J 978. – *nach dem Plutarch:* »Lebens-Beschreibungen der berühmtesten Griechen und Römer« (aus dem Griechischen übersetzt von Johann Christoph Kind, 8 Bde., Leipzig 1745–1754). – *Aristophanes:* ». . . Aristophanes. Wer seine Verteidigung in Ansehung des Sokrates übernehmen wollte, müßte nicht vergessen, daß M. Cato Censorinus eben so von dem Sokrates gedacht und geredet habe als der Komödienschreiber. S. den Plutarch in desselben Leben.« S. zu J 355.

980 *Stelle aus dem Morhof:* Vgl. Morhof, »Polyhistor sive de notitia auctorum et rerum commentatio« (1688), T. I, Lib. I, cap. 11. Daniel Georg Morhof (1639–1691), Literarhistoriker und Dichter. – *Petrus Arlensis de Scudalupis:* Nach Lessing ein Spanier, laut Jöcher und Adelung ein Italiener Ende des 16. Jh.s; sein Werk »Sympathia septem metallorum ac septem selectorum lapidum ad planetas« (1609) kam zuerst in Rom heraus und wurde 1602 zu Madrid wieder aufgelegt. – *Lessingen an das höllische Feuer erinnert:* Vgl. VS 15, S. 147.

981 *Ceva kam … auf eine sehr simple Auflösung des Problems[s] von der Trisectio anguli:* Der sogenannte Cevasche Satz über die Eckenlinien eines Dreiecks, fälschlich Tommaso Ceva (1648–1737) zugeschrieben, wurde 1678 von dessen Bruder, dem ital. Mathematiker Giovanni Ceva (ca. 1647–1734), aufgestellt. – *Trisectio:* Von L. verbessert aus *Tripart[itio]*.

982 *Exclusor … Künstler der in Metall gießt:* Genauer: Silberschmied; vgl. auch das zu E 67 nachgewiesene Glossar von Du Cange, Bd. 2, S. 346, der u. a. einen Beleg aus Augustinus gibt. – *gießt:* In der Handschrift *gießen*. – *unter:* Von L. verbessert aus *über*. – *Statue Peter des I.:* L. denkt an die berühmte Kolossalstatue Peters des Großen zu Pferde von Etienne Maurice Falconet (1716–1791), der 1766–1778 in St. Petersburg lebte, wo er das Reiterstandbild schuf. L. widmete ihm im GTC 1790, S. 205 f. bei der »Erklärung der Monats-Kupfer« mit dem von L. gewählten Thema »Züge aus dem Charakter Peter des Großen« eine begeisterte Lobrede: »Ich verehre daher innigst den Geist des Mannes, der die Statue dieses Kaisers auf einen Granitfelsen stellte, und sie denselben bergan galoppiren ließ. Dieser Gedanke ist gewiß aus Begeisterung erwachsen, und durch unmittelbare Berührung eines großen unbefangenen Genies mit einem großen Gegenstand, ohne irgend etwas von conventioneller Vermittelung. Ein polirtes, marmornes Postament mit Atheniensischen Hohlkehlchen und Riemchen in weichlichem Ebenmaaß, hätte den großen überwichtigen Zögling der Natur nicht getragen. Sein Fußgestell mußte der Fels seyn, auf den die Erde gegründet ist, und diesen mußte er kühn hinan reiten mit Ausdruck hohen innigsten Gefühls eigner Stärke bey jedem Tritt. Wie viel Helden der alten und neuern Zeit möchte es wohl geben, deren Bildsäule ein solches Postament ertrüge ohne lächerlich zu werden? Peters Bildsäule gibt selbst diesem Postament noch Würde.« – *Die:* Danach von L. etwas gestrichen.

983 Ἰχϑύς: Griech. ›Fisch‹; Erkennungszeichen der Frühchristen; die Initialen dieses Wortes standen für »Jesus Christus Gottes Sohn Heiland«.

984 *der Herma … der Herme:* Hermes hieß in der Antike jede Büste, die in einen viereckigen Fußpfeiler oder in eine Säule auslief.

985 *Matthäus … nachzusehen:* Joannes Matthäus, ital. Poet; lebte Anfang des 16. Jh.s. »Libellus de Rerum Inventoribus«, zuerst Paris 1520; Hamburg 1613.

987 *Eschenburg (Lessing Kollektaneen …):* S. zu J 978. – *d'Ancarville[s]:* Pierre François Hugues, genannt d'Hancarville (1719–1805), frz. Abenteurer und Archäologe. – *Lamberg … Memorial:* In der Handschrift *Lambert*. Verfasser des zuerst 1774 anonym erschienenen »Mémorial d'un mondain«, das G. L. Wagner 1775 ins Deutsche übersetzte, war Graf von Lamberg. Auch in einem Brief an Karl Friedrich Hindenburg von September 1776 nennt L. ihn fälschlich Lambert. Maximilian Joseph Graf von Lamberg (1729–1792), österr. Diplomat, Reisender, Schriftsteller. – *Je remarquerai … Religieuses:* Ich möchte nebenbei bemerken, daß in der Galerie des Großherzogs ein kolossaler Priap aus weißem Marmor zu sehen ist: das männliche Glied, vier Fuß lang, ruht auf gemeißelten Löwenfüßen. 1749 entdeckte man deren sechzehn von gleicher Größe in einem Nonnenkloster. – *Leopold II.:* Der dt. Kaiser folgte seinem Vater Franz I. 1765 als Großherzog Leopold I. in die Toscana, wo er bis 1790 residierte.

988 *Toden-Uhr:* Der wie eine Uhr tickende und dadurch dem Volksglau-

ben nach einen Todesfall anzeigende Holzwurm (DWB 11,1,1 Sp. 624). – *Nacht:* Danach von L. gestrichen *zog er.*

989 *Mureti Variarum lectionum:* Marc-Antoine Muret (1526–1585), berühmter frz. Humanist; seine »Variae lectiones«, erschienen Venedig 1559 in 8 Bdn., sind eine Sammlung von Verbesserungen und Erläuterungen über eine große Zahl von Textstellen antiker Autoren. Hrsg. der von L. notierten neuen Ausgabe des Muretus war Friedrich August Wolf.

991 *Ihm fehlt ... Cervantes, der ihn kennt:* Dieser Gedanke kehrt J 1132 wieder.

992 *das Register der Krankheiten:* Vgl. J 223.

993 *Einem seinen ehrlichen Namen abschneiden ...:* Diesen Scherz hat L. zu einem Rätsel verwertet: s. GTC 1795, S. 168: »Das gegenwärtige Fiat soll seine Erfüllung in einem Paar Zeilen erhalten; ›In welchem Falle ist es erlaubt einem ehrlichen Manne seinen ehrlichen Nahmen ohne Gefahr, und folglich ohne Beleidigung, getrost abzuschneiden?‹«; GTC 1796, S. 188 f.: »Ueber das im vorigen Jahre aufgegebene Raethsel. / Von dem im letzten Jahrgange des Taschenbuchs aufgegebenen Räthsel, sind mehrere sehr sinnreiche Auflösungen eingelaufen, die aber aus einem Versehen von unserer Seite, das wir erst gewahr wurden, als es zur Verbesserung zu spät war, die Wahrheit nicht erreichen konnten. Das Räthsel sollte nämlich so lauten: In welchem Falle ist es möglich, einem Manne seinen ehrlichen Nahmen abzuschneiden, mit Vortheil für sich selbst und ohne des Mannes Ehre zu nahe zu treten? Zu diesem Räthsel gab folgende Geschichte Anlaß. An einem Frühlings Abende von 1794 sah ein Mann durch das Fenster seines Gartenhauses eine junge Dame, die zum Besuch da war, beschäftigt, mit einer Schere seinen Nahmen, den er mit Kressen gesäet hatte, für ein Butterbrod abzuschneiden, das auf dem Teller neben ihr auf der Erde stund. Was machen Sie da, rief er, indem er das Fenster aufriß: Schneiden Sie mir meinen ehrlichen Nahmen nicht ab, das will ich mir verbitten. Das Frauenzimmer, ohne sich im mindesten in ihrer Arbeit stören zu lassen, antwortete vortrefflich: Ihrer Ehre thut dieses keinen Schaden, und für mich ist es ein kleiner Gewinn. Da dieses Räthsel schon selbst in der Aufgabe mißlungen war: so geben wir hier ein neues auf, wozu ebenfalls eine wahre Geschichte Veranlassung gab, und das im strengsten Verstande richtig abgefaßt ist.« – *der Oberförster:* Zu der Figur des Oberförsters s. zu D 633.

994 *Vergelder:* Vergelter; DWB 12,1 Sp. 410, bringt Belege von Gotter und Hebel. Der Ausdruck begegnet auch in den Hogarth-Erklärungen (III, S. 937).

997 *road to ruin:* Die London 1792 erschienene und in Coventgarden aufgeführte Komödie »The road to ruin« von dem engl. Dramatiker Thomas Holcroft (1745–1809). Vgl. SK 326 (18. Mai 1792) und Hogarth-Erklärungen (III, S. 894). – *Hayet ... Horns:* Hayet,/ Das ist Dein Los, / Die Grünschnäbel betrügen. »Hayait« ist der Ausruf von Goldfinch (3. Akt, S. 30 f.; 5. Akt, S. 90), der Jockey-Englisch spricht, »That's your sort« seine ständige Redensart; »Pigeoning the Green-horns«: 5. Akt, S. 94.

998 *vierblättrigen Kleeblätter:* Vgl. C 275.

999 *Raffineuren:* Danach von L. gestrichen *ist das.*

1000 *Rowley hat geschrieben:* Rowleys Werk führt den Titel: »A treatise on the principal diseases of the eye and eyelids«; die Anzahl der Krankheiten hat

L. dem Buch selbst entnommen. William Rowley (1742–1806), engl. Arzt in London und medizinischer Schriftsteller.

1001 *Kannegießern:* Den durch Holbergs Komödie »Den poliske Kandestöber« eingeleiteten Bedeutungswandel im Sinn von ›schwätzen‹ belegt DWB 5, Sp. 167, durch Rabener, Hamann, Jacobi, Goethe, Kant, Claudius, Jean Paul.

1002 *Padua la dotta:* Das gelehrte Padua.

1003 *Er war Professor und handelte zugleich mit Holz:* Sicherlich Anspielung auf Friedrich Taubmann (1565–1613), Prof. der Poesie und Beredsamkeit in Wittenberg, neulatein. Dichter; L. besaß von ihm die von August Wilhelm Meyer hrsg. »Taubmann's Leben, Anekdoten, wizzige Einfälle und Sittensprüche, neu erzählt von Simon von Cyrene«, Paris [i. e. Leipzig] 1797 (BL, Nr. 1907). – *wie der Herzog von Piemont den König von Sardinien:* Die Herzöge von Piemont (eigentlich Savoyen) führten seit 1720, als Österreich an Viktor Amadeus II. (1675–1730) Sardinien abtrat, den Titel eines ›Königs‹ von Sardinien.

1004 *bei der großen Mühle:* Die Große Mühle (auch Stokeleffsmühle) lag an der Neuen Leine am seinerzeit so genannten Mühlenweg, heute: Am Leinekanal. Sie bestand vermutlich von 1492 bis 1888. – *ein schlecht geblasener halber Mond:* Hornähnliches Instrument. Den Ausdruck gebraucht L. auch VS 12, S. 262. – *6) ... 7) ... 8):* In der Handschrift *7), 8)* und *9).*

1006 *Aenesidemus ... soll gut sein:* Schulzes »Aenesidemus oder über die Fundamente der von Reinhold gelieferten Elementarphilosophie nebst einer Verteidigung des Skeptizismus gegen die Anmassungen der Vernunftkritik« erschien Helmstedt 1792. Gottlob Ernst Schulze (1761–1833), seit 1788 Prof. der Philosophie in Helmstedt, Gegner Kants.

1008 *durch:* Danach von L. gestrichen *besondere.* – *ein Mädchen von 4 Jahren:* Vielleicht Christine Louise Friederica Lichtenberg, die 1792 allerdings erst drei Jahre alt war. – *herzlich:* Danach von L. gestrichen *über des Knaben Possen lachte, s[o].* – *Anstand:* Danach von L. gestrichen *lachte.* – *fand:* Danach von L. gestrichen *Es war nicht.*

1012 *Galium aparine L ... zu Kaffee empfohlen:* »Inländischer Kaffee und Zucker« ist ein Aufsatz von Wehrs aus Hannover im »Neuen Hannoverischen Magazin«, 44. St., 1. Juni 1792, Sp. 689–702, betitelt. L.s Notizen beziehen sich auf Sp. 692, 694. Georg Friedrich Wehrs (1754–1818), Advokat in Hannover und Redakteur des »Neuen Hannoverischen Magazins«. – *Zaunrübe:* Im Linnéschen Pflanzensystem ›Klebraute‹ genannt; Kletterpflanze mit roten oder schwarzen Beeren. – *Sporonella:* Rittersporn (Delphinium). – *Grateron:* Klebkraut, Kletterndes Labkraut. – *In Ostfriesland ... Tüngel-Kaffee:* In J. ten Doornkaat Koolman, Wörterbuch der Ostfriesischen Sprache, 3. Bd., Norden 1884, S. 447, ist lediglich das Verbum »tüngeln« aufgeführt: hängend sich hin und her bewegen; bei Wiard Lüpkes, Ostfriesisches Wörterbuch, 3. Bd., Aurich 1980, S. 862 »tüngel«: Klebkraut (talium aparine).

1013 *Hupazoli (S. p. 103) 22 Bände ... geschrieben:* Vgl. J 928 und die Anm. dazu. – *Männer nach der Uhr:* Den Ausdruck »Mann nach der Uhr« hat Hippel im Titel eines Königsberg 1760 erschienenen Lustspiels gebraucht. L. verwertet ihn in »Hupazoli und Cornaro« (III, S. 487). – *Nervenspiel:* Zu diesem Ausdruck vgl. J 775.

1015 *König von Portugal ... European Magazine:* König Joseph I. von Portugal (1714–1777), Sohn Juans V., seit 1750 König von Portugal, Werkzeug in den Händen des Marqués de Pombal. »The European Magazine und London Review«, hrsg. von The Philological Society of London, erschien 1782–1826. L. zitiert die Zeitschrift auch GTC 1795, S. 86 und 158. L. entnahm die Anekdote »The European Magazine«, Januar 1792, S. 6 f.: »Anecdotes of the late King of Portugal« (ohne Angabe des Verf.).

1017 *Psyche ... von Schaumann:* Der genaue Titel lautet: »Psyche, oder Unterhaltungen über die Seele für Leser und Leserinnen«. Johann Christian Gottlieb Schaumann (1768–1821), Prof. der Philosophie in Gießen. L. besaß das Werk (BL, Nr. 1398). – *Im Waisenhause:* Danach von L. gestrichen *(gut)*. – *Derselbe Verfasser ... über transzendentale Ästhetik:* Schaumanns Schrift »Über die Transzendentalästhetik« war Leipzig 1789 erschienen.

1018 *Portchäse:* Sänfte; eine dt. Wortbildung aus frz. porter ›tragen‹ und chaise ›Stuhl‹. Das Wort kam zu Beginn des 18. Jh.s in dt. Höfen und in vornehmen Kreisen auf und verbreitete sich rasch.

1019 *Abhandlung ... Beweises vom Dasein Gottes aus bloßer Vernunft:* Der Verfasser war nicht zu ermitteln; L. besaß das Werk (BL, Nr. 1239). – *Felsecker:* Buchdruckerfamilie in Nürnberg; 1766 geschäftliche Trennung von Verlag und Druckerei durch die Brüder Paul Jonathan und Carl Felsecker.

1020 *N. vermählte sich ... mit der Gosse, nur mit dem Unterschiede von dem Doge zu Venedig ...:* Dieser Gedanke ist in den Hogarth-Erklärungen (III, S. 813) verwertet. Die alljährliche Vermählung des Dogen mit der Adria fand am Himmelfahrtstag statt; s. auch an Dieterich, 7. Mai 1790.

1021 *notwendig:* Von L. verbessert aus *absolut*. – *wir haben ... von der wahren Beschaffenheit der Außenwelt ... keinen Begriff:* Hierzu s. auch zu J 1532. – *was er suchte:* In Höhe dieser Zeile ist in der Handschrift am Rande vermerkt *S.K 53*. – *Schleswig-Braunschweigischen Journal:* Die fast wörtlich zitierte Abhandlung steht im »Schleswigschen ehemals Braunschweigischen Journal« 1792, 2, 86–110; der Passus ebd., S. 101 f. Das »Schleswigsche ehemals Braunschweigische Journal« erschien 1792 und 1793 in dem seinerzeit dänischen und zensurfreien Altona bei Hemmerich. – *Reimarus natürliche Religion:* Über dieses Werk s. zu B 50.

1022 *verbrauchte er ... alle 3 Wochen ein Pfund Schnupftabak:* In L.s Tagebüchern (SK) finden sich die Daten genau verzeichnet, zu denen er Schnupftabak kaufte; diese liegen meist drei Wochen auseinander. Im übrigen s. zu J 148.

1023 *Priestley ... in seiner Optik:* Das Werk ist zu E_1 S. 344 nachgewiesen. – *Vere scire ... sagt Baco:* S. zu J 573. L. hatte am 6. September 1792 »L[ord] Francis Bacon's works T. I–IV« (London 1740) aus der Göttinger Bibliothek entliehen (vgl. Benutzerbuch, »Ostern-Michaelis 1792«, Bl. 10^r im Handarchiv der Staats- und Universitätsbibliothek Göttingen).

1024 *Faisceaux de causes sagt Deluc:* Zu dieser Wendung vgl. E 475.

1025 *Die allgemeine deutsche Bibliothek und das Braunschweigische Journal haben flüchten müssen:* Nicolais AdB erschien seit 1792 in Kiel, Campes »Braunschweigisches Journal« seit demselben Jahr in Altona unter dem Titel »Schleswigsches ehemals Braunschweigisches Journal«. S. zu J 1021. – *ins Dänische:* Schleswig-Holstein einschließlich Altona gehörte seinerzeit zu Dänemark, das eine größere Pressefreiheit gewährte. Nach J 1025 ist folgender Anfang einer Bemerkung gestrichen: *Wie verträgt sich die ungewöhn[liche]*.

1027 *Vergötterung:* Von L. verbessert aus *Idolisirung*. – *vergötzt:* Zum Götzen machen. DWB 12, Sp. 483, gibt nur einen Beleg aus Klopstock. – *Bengelholz:* Bengel: Prügel, Knüttel; wichtiger Teil der Druckpresse; Bengelholz wird im DWB nicht aufgeführt. – *(besser):* Vgl. D 246.

1028 *Anekdoten-Spediteur:* Zu diesem Ausdruck vgl. »Für das Göttingische Museum« (III, S. 574) und die Hogarth-Erklärungen (III, S. 950).

1029 *The poems of ... Smart:* Diese Sammlung enthielt nicht den bei den Zeitgenossen berühmten »Song to David«. Christopher Smart (1722–1771), engl. Lyriker, der geisteskrank und in materieller Not endete. – *Power and Co.:* Angaben zu diesem Londoner Verlag konnten nicht ermittelt werden.

1031 *The british Plutarch:* »The british Plutarch, or biographical entertainer« ist zuerst London 1762 in 12 Bdn., hrsg. von Thomas Mortimer, erschienen und beständig erweitert worden. – *Dilly:* Charles Dilly (1739–1807), Londoner Buchhändler und Verleger u. a. von Boswells »The life of Samuel Johnson« (1791).

1032 *Sprüchwörter Salomonis ... eine demokratische Stelle:* Die Stelle lautet: »Gehe hin zur Ameise, du Fauler, siehe ihre Weise an und lerne. Ob sie wohl keinen Fürsten noch Hauptmann noch Herren hat, bereitet sie doch ihr Brot im Sommer und sammelt ihre Speise in der Ernte.«

1035 *Eine Buchdruckerei auf dem ... Sinai anzulegen:* Zu diesem Gedanken vgl. L 180 und 517 sowie den Brief an Abraham Gotthelf Kästner vom 16. August 1798. L. verwertet ihn in der »Rede der Ziffer 8« (III, S. 458), erschienen im GTC 1799.

1036 *Art schwimmender Philosophie:* Das Bild ist von den ›schwimmenden Batterien vor Gibraltar‹ (III, S. 427) hergenommen; vgl. J 940.

1038 *scharfsinniger Beweis von Kant:* Kants Aufsatz »Von der Unrechtmäßigkeit des Büchernachdruks« steht in der »Berlinischen Monatsschrift« 1785, 5. Bd., S. 403–417. Die »Berlinische Monatsschrift« wurde herausgegeben von Friedrich Gedike und Johann Erich Biester, Berlin (Dessau) 1783–1796, und 1797–1798 unter dem Titel »Berlinische Blätter« fortgesetzt. – *den:* In der Handschrift *die.*

1039 *Als Johnson die M̄ṣ Siddons fragte ...:* Vgl. Boswell, »The life of Samuel Johnson«, S. 618 (s. zu J 779). – *Siddons:* Sarah Siddons (1755–1831), berühmte engl. Schauspielerin, wirkte 1782 bis 1812 am Londoner Drury Lane und Covent Garden Theatre, galt als die bedeutendste Tragödin ihrer Zeit (Lady Macbeth). L. erwähnt sie auch in einem Brief an Johann Friedrich Blumenbach, ca. 2.–5. Mai 1789. – *Favorit-Charakter:* Zu dieser Wortbildung vgl. B 72. – *Königin Katharina:* Katharina von Aragonien (1485–1536), erste Frau Heinrichs VIII. (1509), der 1526 den Ehescheidungsprozeß anstrengte, welcher die Trennung von der katholischen Kirche veranlaßte. – *Henry VIII.:* (1491–1547), seit 1509 König von England, berühmt wegen seiner sechs Frauen und der Lösung Englands von der röm. Kirche; Shakespeares Drama entstand 1612/13.

1040 *Die Maschine ... heißt Guillotine:* Joseph-Ignace Guillotin (1738–1814), frz. Arzt, Mitglied der von Ludwig XVI. eingesetzten Kommission zur Prüfung des tierischen Magnetismus (Mesmer), schlug als Abgeordneter der Nationalversammlung eine ›humane‹ Enthauptungsmaschine vor, die zu seinem Leidwesen nach ihm benannt wurde. Im GTC 1795, S. 157–163, hat L. dann eine Miszelle »Ein Wort über das Alter der Guillotine« erscheinen lassen (III, S. 488). – *Dillon:* Théobald-Hyacinthe Dillon

(1745–1792), frz. Feldmarschall, von meuternden Soldaten seiner fliehenden Truppen getötet; sein Leichnam wurde verstümmelt und verbrannt.

1041 *abandon:* Engl. ›aufgeben, verlassen‹. – *credulity:* Engl. ›Leichtgläubigkeit‹. – *cruelty:* Engl. ›Grausamkeit‹.

1042 *Croft:* Sir Herbert Croft (1751–1816), engl. Schriftsteller und Herausgeber. Aus Mangel an Subskribenten teilte Croft im »Gentleman's Magazine« 1793, S. 491, mit, daß er vom Druck von Johnsons Wörterbuch absehe.

1044 *Des Zopfprediger Schultzens Religion:* Johann Heinrich Schultz (1739–1823) in Gielsdorf, genannt der Prediger des Atheismus und des zureichenden Grundes; sein Beiname Zopfprediger ergab sich aus der Tatsache, daß Schultz – angeblich aus Gesundheitsgründen – nicht in der geistlichen Amtstracht mit Perücke, sondern mit Haarzopf predigte. Seine letzte Schrift »Über Religion, Deismus, Aufklärung und Gewissensfreiheit« war Berlin 1788 erschienen; 1791 wegen seiner »Irrlehren« vor Gericht gestellt. – *die Asymptote:* Über diesen Begriff s. zu F 489. – *Moses . . . ein Betrüger genannt:* Dazu s. G. Frank (AdB 32, S. 746).

1049 *a Clergyman's wig:* Eines Geistlichen Perücke. Dieser Scherz ist in den Hogarth-Erklärungen (III, S. 736) weiter ausgeführt.

1050 *Er verlangte Steine und sie gaben ihm Brod:* S. zu J 1051.

1051 *Give . . . bread:* Gib ihnen Hagelsteine für Brot. Die Wendung geht zunächst auf Matthäus 7, 9 zurück: »Welcher ist unter euch Menschen, so ihn sein Sohn bittet um Brodt, der ihm einen Stein biete?« Vgl. auch Matthäus 4, 3; Lucas 4, 3. L. zitiert die Wendung auch im Brief an Christian Gottlob Heyne vom 6. Mai 1782, sowie in »Über Gewitterfurcht und Blitzableitung« (III, S. 133) und in den Hogarth-Erklärungen (III, S. 847), woraus hervorgeht, daß er nach Händel zitiert, der dieses Bibel-Zitat in dem Oratorium »Israel in Egypt«, Chorus Nr. 5 (der berühmte Hagel-Chor), und in »Occasional Oratorio« verwendet, aber mit der Formulierung: »He gave them hailstones for rain«. – *Hinze:* Vielleicht Heimbert Johann Hinze (1730–1803), Präbendarius und Lektor der Kameralwissenschaft und Ökonomie in Helmstedt, dann Privatgelehrter in Braunschweig, u. a. Mitarbeiter am »Göttingischen Magazin«. – *soli mihi:* Lat. ›mir allein, für mich‹.

1052 *Klapperrosen:* Feldmohn und andere, meist ähnliche Feldblumen. – *Das Rote Meer . . . wie Mauern:* »Und die Kinder Israel gingen hinein, mitten ins Meer auf dem Trockenen; und das Wasser war ihnen für Mauern, zur Rechten und zur Linken.« (2. Mose 14, 22). Vgl. J 27.

1053 *perfice te:* Über diesen Grundsatz s. zu A 36.

1054 *Aufsatz des Herrn . . . Goßler:* Gosslers Aufsatz steht in der »Berlinischen Monatsschrift« 19, S. 424–437, der zitierte Passus ebd., S. 437. Christoph Gossler (ca. 1752–1816), Kammergerichtsrat in Berlin und juristischer Schriftsteller. – *das Vorbeugen nicht von der befördernden Art:* Zu dieser Wendung vgl. J 915.

1055 *Kempelens . . . Beschreibung seiner Sprechmaschine:* Das Werk »Mechanismus der menschlichen Sprache nebst der Beschreibung seiner sprechenden Maschine«, erschienen Wien 1791, befand sich in L.s Besitz (BL, Nr. 938). L. zitiert es auch L 411, in den Hogarth-Erklärungen (III, S. 875) und in der Miszelle »Mechanische Theorie des Kusses nach Hrn. Hofr. v. Kempelen« (GTC 1799, S. 212–214), wo er in einer Fußnote S. 212 anmerkt: »S. Wolfg. von Kempelen Mechanismus der menschlichen Sprache, nebst der Beschreibung seiner Sprachmaschine, Wien 1797. Eine Schrift, voll der trefflichen Bemerkungen, die aber, ich weiß nicht warum, nicht so sehr bekannt geworden ist, als sie es verdiente. Vielleicht hat die vorläufig allzu bekannte Schachspieler-Geschichte dem Verfasser etwas geschadet. Ein solcher Schluß aber wäre hier eben so ungerecht als übereilt. Der Verfasser war ein Freund des unvergeßlichen v. Born, mit dessen wohl gerathenem Bildnisse die Schrift geziert ist. Daß er auch von Seiten seiner Kenntnisse ein würdiger Freund desselben war, bezeugt das Werk selbst hinreichend.« Mit der Sprechmaschine befassen sich ferner L 729 und 844; vgl. K_1 S. 838. Wolfgang Ritter von Kempelen (1734–1804), österr. Ingenieur, der berühmte Automaten erfand: z. B. den Schachautomaten (1768) – vgl. neuerdings: Der Schachautomat des Baron von Kempelen, in: Die bibliophilen Taschenbücher 367, Dortmund 1983 –, von dem der Mathematiker Hindenburg restlos überzeugt war, und die Sprechmaschine (1778). Theodor Benfey nannte Kempelens Abhandlung das »erste wirklich bedeutende Werk über die Bildung der menschlichen Sprachlaute« (vgl. Jung, Sprachauffassung, S. 14). – *Campern tut er Unrecht . . .:* Vgl. Kempelen, S. 94: »Dem Affen sprechen einige Gelehrte alle Stimme ab. Camper behauptet, die Natur hätte den Affen dadurch zur Sprache ungeschickt gemacht, daß sie Seitensäcke an seine Luftröhre hieng (Abhandlung von den Sprachwerkzeugen der Affen Philos. Transactions 1779. vol. I). Herder sagt: ›der Affe ward stumm, stummer als andere Thiere, wo ein jedes bis zum Frosch und zur Eidexe hinunter seinen eigenen Schall hat‹ (Herder, Ideen zur Philosophie der Geschichte der Menschheit, I. Teil. S. 223). Vermuthlich haben sie nie Gelegenheit gehabt Affen genauer zu beobachten«.

1056 *Der schwerste Anker, der zu Söderfors . . . geschmiedet worden:* Die Notiz findet sich in der »Allgemeinen Literaturzeitung« vom 4. August 1792, Nr. 210, Sp. 311 f., in einer Rezension von Johan Lundströms »Söderfors Ankar-Bruks Historia författad af J. L.«, erschienen Upsala 1791 (Geschichte der zu Söderfors angelegten Ankerschmiede). Söderfors, auf der 14 Meilen von Stockholm entfernten Insel Jortsö gelegen; die berühmten Eisenhammerwerke mit der in Schweden seinerzeit einzigartigen Ankerschmiede existieren seit 1676. – *Schiff-Pfund:* Seinerzeit Massemaß in den dt. Staaten, Österreich und den baltischen Provinzen Rußlands für Schiffs- und Landfrachten, z. T. unterschiedlich berechnet; 1 Schiffspfund = 20 Lipspfund = 135–168 kg. – *Lispfund:* Lispund: skandinavisches Massemaß; 1 Lispund = 16 Pfund = 8 kg.

1057 Zur handschriftlichen Schreibung dieser Bemerkung s. zu D 53.

1060 *Die Rezension von Irelands Hogarth:* Der erste Band von Irelands »Hogarth illustrated«, erschienen London 1791 in zwei Bdn. (vgl. noch J 1104), ist in der »Allgemeinen Literaturzeitung« Nr. 229, 27. August 1792, Sp. 460–464, besprochen. Das Tagebuch hat unter dem 4. September 1792 die Notiz: »Irelands Recension in der Allg. Litt. Zeitung . . . Die Recension steht im 229 St. 1792. Ja wegen einiger Notizen nachzusehen. Sie ist vermuthlich von Eschenburg.« Diese Vermutung trifft zu. Irelands Werk selbst sah L. nach dem Tagebuch am 30. Juni 1792 durch (SK 347; BL, Nr. 1864). Vgl. Brief an Johann Friedrich Blumenbach vom 30. Juni 1792. John Ireland (gest. 1800), engl. Schriftsteller und Kupferstecher.

1061 *Baco hat Blätter . . . Charta suggestionis, sive Memoria fixa genannt:* Die vielen Auszüge aus Bacon, welche hier beginnen, gehören in den Oktober

1792; am 6. heißt es im Tagebuch: »Viel im Baco gelesen«. Die zitierten Worte stehen in der Überschrift von Bacons auch J 1062 genanntem Aufsatz »Calor et frigus« (Bacon, »The Works« 3, S. 644). – *Charta:* Von L. verbessert aus *Chartes.*

1063 *S. K . . . s, des Banditen:* Wohl Christian Andreas Käsebier (geb. um 1713) aus Halle, berüchtiger Dieb und Einbrecher, der 1748 in Brandenburg ergriffen und zu lebenslänglicher Haft verurteilt wurde. L. erwähnt ihn auch III, S. 222, 240 und 720 sowie im Brief an Johann Daniel Ramberg vom 8. April 1782.

1064 *nennt Baco . . . anticipationem naturae . . . interpretationem naturae:* Vorwegnehmen der Natur . . . Interpretation der Natur. Obwohl er nicht als Begründer der empirischen Methode gelten kann, hat Bacon als einer der ersten gefordert, die Erfahrung, das Beobachten und Experimentieren zur Grundlage aller Wissenschaften zu machen.

1065 *Baco . . . hat auch Idola specus:* Begriff aus Bacons Methodologie des »Novom Organum«: Der erste Schritt zur Grundlegung aller Wissenschaften, v. a. aber der Naturwissenschaften, besteht in der Befreiung von allen falschen Vorstellungen oder Vorurteilen (Trugbilder), die aus der Natur des Menschen und nicht aus der Natur des zu erkennenden Objektes herrühren. – *Öl-Götze:* Ein mit Öl gesalbtes oder mit Ölfarben angestrichenes Götzenbild; seit dem 16. Jh. Spottwort gegen die Holzbilder der Katholiken (DWB 7, Sp. 1278). Die Etymologie dieses Wortes hat nichts mit Bacons »idola specus« zu tun.

1066 *Privat:* Von L. verbessert aus *Taschen.* – *in minoribus . . . communi:* In kleineren Welten und nicht in der größeren und allgemeinen. Denselben Satz zitiert L. nebst den einleitenden Worten in Erxlebens »Anfangsgründen der Naturlehre«, 6. Aufl., S. XXIVf. Vgl. Bacon, The Works 1 (»Novum Organum«), s. S. 164. – *wie schon Heraklit sagte:* Herakleitos von Ephesos (um 500 v. Chr.), der bedeutendste der ionischen Naturphilosophen.

1068 *Herrlich was Baco sagt:* »Intellectus humanus ex proprietate sua facile supponit majorem ordinem et aequalitatem in rebus, quam invenit« (Bacon, »The Works« 1, S. 165). Der menschliche Verstand neigt wegen seiner Eigentümlichkeit dazu, in den Dingen eine größere Ordnung und Gleichförmigkeit anzunehmen, als er vorfindet.

1069 *In den neuen Geographien von Frankreich . . . die alten 41 Departementen in 83 . . . umgeschaffen:* Die Assemblée constituante beschloß am 22. Dezember 1789 auf Vorschlag von Sieyès und Thouret eine neue territoriale Aufteilung Frankreichs in 83 Departements. – *Chymie:* Anspielung auf die Revolution in der Chemie durch Lavoisier und die Antiphlogistiker und deren neue Nomenklatur, der L. sehr skeptisch gegenüberstand.

1070 *Ireland . . . der Hogarthische:* Hier irrt L.; die London 1790–1800 erschienenen »Tours and views on Great-Britain and the continent« sind nicht von John (s. zu J 1060), sondern von Samuel Ireland. Samuel Ireland (gest. 1800), seinerzeit geschätzter engl. Kupferstecher, auch Schriftsteller. Seine »Picturesque Views on the River Thames« erschienen London 1792 in 2 Bdn. (BL, Nr. 1865).

1072 *an:* Danach von L. etwas gestrichen. – *Generale:* Lat./frz. ‹Allgemeine Landordnung›. – *p. 117 . . .:* J 1064.

1073 *So machte es sogar der Polygraphe Johnson:* Von den »Adversaria«

Johnsons sagt Hawkins, S. 8 (s. zu J 199): »as is generally the case with young students, the blank far exceed in number the written leaves«; wie es im allgemeinen bei jungen Studenten der Fall ist, überschreitet die Anzahl der leeren bei weitem die der beschriebenen Blätter.

1074 *Baco ... Aphor 73:* »Itaque mirum non erat, apud Aegyptios ... plures fuisse brutorum animalium imagines quam hominum, quia bruta animalia per instinctus naturales multa inventa pepererunt, ubi homines ex sermonibus et conclusionibus rationalibus pauca aut nulla exhibuerint« (Bacon, »The Works« 1, S. 183). Deshalb war es nicht verwunderlich, daß es bei den Ägyptern ... mehr Bilder von wilden Tieren als von Menschen gab, da die wilden Tiere durch natürliche Instinkte viele Erfindungen gemacht haben, wo die Menschen durch Reden und rationale Schlußfolgerungen wenige oder gar keine hervorgebracht haben. – $\pi\mu$: Zu diesen Buchstaben s. zu A 70.

1075 *Quae ... augentur:* Die von der Natur erzeugt worden sind, wachsen und vermehren sich: die dagegen von der Einbildung hervorgebracht wurden, verwandeln sich, vermehren sich nicht. Vgl. Bacon, »The works 1, S. 183.

1076 *Sequacitatem ... habent:* Sie halten Feindlichkeit und Komplott für Übereinkunft. Vgl. Bacon, »The Works« 1, S. 185: »Ut sequacitas sit potius et coitio quam consensus«. Daß Feindlichkeit und Komplott mehr ausrichten können als die Übereinstimmung.

1077 *mock windows:* Engl. ›Scheinfenster‹.

1078 *Ad paedagogicam ... melius:* Was die Pädagogik angeht, läßt sich über den Rat in den Schulen der Jesuiten am kürzesten sagen: keiner, der befolgt wird, könnte besser sein als ihrer.

1079 *Sorgen-Messer:* Vgl. L 38.

1081 *Philosophie ... Zusammenhangs der Dinge:* Das erste Stück von Fülleborns »Beyträge zur Geschichte der Philosophie«, erschienen Züllichau und Freystadt (i. e. Jena) 1791, beginnt (S. 5) mit einer Vorlesung Reinholds »Über den Begriff der Geschichte der Philosophie«, in der sich S. 13 die von L. notierte Definition der Philosophie findet. Im übrigen vgl. J 234 und Anm. – *Eine der besten Vorstellungen von Kants Kritik der reinen Vernunft ...:* Den Beschluß von Fülleborns »Beyträgen«, 1. St., S. 111, macht »Eine kurze Vergleichung der Kritik der reinen Vernunft und der Theorie des Vorstellungsvermögens nach ihren Hauptmomenten« vom Herausgeber. – *Fülleborn:* Georg Gustav Fülleborn (1769–1803), Philosoph und Philologe, Prof. am Elisabethanum in Breslau. L. besaß die von ihm hrsg. »Beyträge zur Geschichte der Philosophie«, 1. und 3. St. (1791–1793), (vgl. BL, Nr. 1296).

1082 *Die doppelte Leidensche Flasche ... gut beschrieben in Bohnenbergers 3ten Forts.:* »Fortgesetzte Beschreibung einer sehr wirksamen Elektrisir-Maschine von ganz neuer Erfindung«, erschienen Stuttgart 1786–1791 in sechs Fortsetzungen. L. besaß die erste Fortsetzung, falls sie nicht ohnehin alle zusammengebunden waren (BL, Nr. 609). Die dritte Fortsetzung war 1788 erschienen. Gottlieb Christian Bohnenberger (1732–1807), Pfarrer in Simmozheim und Physiker. Die Leidener Flasche – ein Vorläufer der Batterie – wurde von Ewald Georg Kleist 1745 in Kammin und Cunnäus 1746 in Leiden erfunden; sie besteht aus einem Glasgefäß, das innen wie außen bis auf einige Zentimeter mit Stanniol beklebt ist; der unbedeckte Teil wird ebenso wie der Deckel gefirnißt; durch den Deckel geht ein oben mit einer Kugel versehener Messingstab, der mit dem Flascheninnern in leitender Verbindung steht. – *S. unten p. CIII. col. I:* J 2000.

1083 *Methodus ... nulla:* Eine Methode führt zu Wiederholungen und Weitschweifigkeit, wenn sie übertrieben ist, ebenso wenn sie wertlos ist. (Bacon, »The works« 1, S. 395).

1084 *Facessant ... autorum:* Wörtlich heißt es bei Bacon, »De conficienda historia prima«: »Primo igitur facessant antiquitates, et citationes, aut suffragia authorum«. Vor allem also sollen sie Altertümlichkeiten und Zitate oder Urteile von Autoren beiseite lassen. (Bacon, »The works« 1, S. 396).

1085 *Non ... invenitur:* Man darf die Welt nicht einschränken auf die Enge der Erkenntnis (was bisher geschehen ist), sondern muß die Erkenntnis ausweiten und erweitern, das Bild der Welt zu erfassen, wie es gefunden wird. L. schrieb diese Worte am 31. März 1793 in das Stammbuch von Johann Binder, einem seiner Schüler (abgedruckt von Joost, Kleine Lichtenberg-Funde, in: Göttinger Jahrbuch 1978, S. 147). Zitat aus Bacon, »De conficienda historia prima« (Opera T. 2, S. 4, Aph. III). Derselbe Satz wird in Erxlebens »Anfangsgründen der Naturlehre«, 6. Aufl., S. XXIV zitiert; vgl. auch J 2116. – *Ad ... addidi:* Zu dem Verstandesmäßigen habe ich einiges Willkürliche hinzugetan. Vgl. auch Bacon, »The Works« 1, S. 403.

1086 *No popery:* Engl. ›kein Papismus‹. »No popery riot« hieß der von Lord Gordon erregte Aufruhr in London vom 2. bis 8. Juni 1780, der gegen eine katholikenfreundliche Staatsakte von 1778 gerichtet war. Vgl. Hogarth-Erklärungen (III, S. 1044). George Lord Gordon (1750–1793), engl. Politiker, Parlamentsmitglied in London; des Hochverrats angeklagt, 1781 freigesprochen, 1786 exkommuniziert, 1787 zum jüdischen Glauben übergetreten. – *Es gibt Päbste überall:* Vgl. J 949, zur Redewendung J 25.

1087 *½ πμ:* Demnach zur Hälfte von L. (s. zu A 70).

1089 *Voltaire's Merope:* Der von L. zitierte Zweizeiler bildet den Schluß des zweiten Akts der Tragödie »Mérope« von Voltaire, uraufgeführt 1743, die als sein dramatisches Meisterwerk gilt. – *Werthern:* Johann Georg Heinrich Reichsgraf von Werthern (1735–1790), preuß. Geheimer Staatsminister, seit 1770 Gesandter in Paris. – *Prinzen August von Gotha:* (1747–1806), Bruder des Herzogs Ernst II. Ludwig von Sachsen-Gotha. – *den 15. Oktober 1792:* In SK 391 wird vom gleichen Tag wird von dem Billet nichts erwähnt.

1090 *Fetische ... aus dem Portugiesischen entlehnt:* Die Etymologie ist korrekt. – *Fetisso:* Korrekt feitiço. – *gefêtetes:* In der Anmerkung Biesters »gefeiertes«. – *sagt Biester:* Die wörtlich zitierte Anmerkung (S. 213f.) Biesters gehört zu einem Aufsatz von Vogel »Über den Gang des menschlichen Geistes in der Ausbildung seiner Religionsbegriffe«, veröffentlicht in »Berlinische Monatsschrift«, 20. Bd., 1792, S. 203–229. Paul Joachim Siegmund Vogel (1753–1834), seit 1793 Prof. der Theologie in Altdorf, vielseitiger Schriftsteller der Aufklärung.

1091 *Tübinger gelehrten Zeitung ... wird angemerkt:* Die Stelle, die kein wörtliches Zitat ist, findet sich in einer anonymen Rezension von Johann August Eberhards »Philosophischem Magazin« in den »Tübingischen gelehrten Anzeigen«, 78. St., vom 27. September 1792, S. 619. Die »Tübingischen gelehrten Anzeigen« erschienen 1783–1807, herausgegeben von Christian Friedrich Schnurrer und später Johann Friedrich Gaab, in 25 Bdn. –

Triangel ist: Danach von L. gestrichen *zugleich.* – *Kant sagt . . .:* Vgl. Kant, »Kritik der reinen Vernunft«, Akademie-Ausgabe, A 47f., B 65f. – *Wird:* Von L. verbessert aus *Ist.*

1092 *Shakspear schreiben mit M. Malone:* Diese Notiz ist im GTC 1794, S. 147f. (»Miscellaneen« 5) verwertet. Der erste Band von Malones zehnbändiger Shakespeare-Ausgabe »The Plays and Poems of William Shakespeare« war London 1790 erschienen. Das Tagebuch meldet am 20. Oktober 1792: »Die drei ersten Teile von Malones Shakspere«. Edmund Malone (1741–1812), engl. Schriftsteller und Herausgeber.

1093 *Wenn der Schlaf ein Stiefbruder des Todes . . .:* Zu dieser Wendung vgl. Hogarth-Erklärungen (III, S. 926 und 1011).

1095 *Maria von Schottland:* Maria Stuart (1542–1587), nach dem Tode ihres Vaters 1542–1568 Königin von Schottland, 1586 in England verhaftet und am 8. Februar 1587 hingerichtet. – *O Domine . . . me:* O Herr Gott, ich habe auf Dich gehofft! / Sei gegrüßt, mein Jesus, befreie mich nun! / In harter Kette / In elender Strafe / Mein Jesus, begehre ich Deiner! / Ermattend, / Seufzend, / Kniefällig, / bete ich, flehe ich, / befreie mich. – *Harrington . . . in Musik gesetzt:* Harringtons Vertonung des von L. notierten Textes ist in »The European Magazine«, August 1792, S. 143f., unter der Überschrift »The latin prayer of Mary Queen of Scots before her execution« mitgeteilt. Henry Harrington (1727–1816), engl. Musiker und Schriftsteller, 1762 Dr. med., Arzt in Wells und Bath, wo er die »Bath Harmonic Society« gründete.

1096 *die Titel Magister, Doktor . . . zu Taufnamen erhoben:* Zu diesem Gedanken vgl. K 210 und 216; L. verwertet ihn 1794 in den Hogarth-Erklärungen (III, S. 747).

1097 *Im Gentleman's Magazine . . . Anspielung auf diesen Gebrauch, wodurch ein Zug im Hogarth erklärt:* Im Anschluß an ein Zitat aus Nichols' Buch über Hogarth heißt es in einem Brief in »The Gentleman's Magazine« 1792, S. 687: »The glove was thus used by old men who had become bald to supply the place of a hat or cap«. So wurde der Handschuh von alten Männern, die eine Glatze hatten, anstelle eines Huts oder einer Mütze benutzt. – *werden:* Danach von L. gestrichen *sollen.*

1098 *Die Schranken der menschlichen Natur . . . daraus verdrängt:* Die Notiz ist einem anonymen Aufsatz »Bemerkungen über Reimarus Wahrheiten der natürlichen Religion, nach den Grundsätzen der kritischen Philosophie« im »Schleswigschen, ehemals Braunschweigischen Journal« 1792, 2. Bd., 7. St., Juli, S. 257–294, entnommen und findet sich ebd., S. 281–283. Der Text dort hat »Daseyn haben müsse« statt »Wesen sei«, »Ganz anders ist die Schlußfolge in der Anmerkung: sie nimmt« statt »andere nehmen«, »Beschränkung« statt »Beschränktheit«, »kennen« statt »erkennen«. Im übrigen s. zu B 50. – *πμ:* Zu diesen Buchstaben s. zu A 70. – *Lion:* Zu diesem Namen s. zu F 249. Seine Bedeutung im Zusammenhang dieser Notiz ist unklar.

1100 *Valli:* Eusebio Valli (1755–1816), ital. Arzt, der in Pisa Medizin studierte (besonders Physiologie und Chemie), dann in Smyrna und Konstantinopel praktizierte; zeichnete sich auf dem Gebiet der Seuchenbekämpfung aus (Pest, Gelbfieber, Pocken). – *ist:* Von L. verbessert aus *lebt.* – *Galvani:* Luigi Galvani (1737–1798), ital. Arzt und Naturforscher, seit 1775 Prof. für Anatomie und Gynäkologie in Bologna; entdeckte 1780 die Kontraktion präparierter Froschmuskeln beim Überschlag elektrischer Funken, eine Erscheinung, die er fälschlich für tierische Elektrizität hielt und deren Forschungsergebnisse er 1791 in einer medizinischen Zeitschrift veröffentlichte. Eine dt. Übersetzung von D. J. Mayer erschien Prag 1793 unter dem Titel »Abhandlung über die Kräfte der thierischen Elektrizität auf die Bewegung der Muskeln«. Über die Auswirkungen dieser Entdeckung berichtet Du Bois-Reymond noch 1848: »Der Sturm, den das Erscheinen des Commentars in der Welt der Physiker, der Physiologen und Ärzte erregte, kann nur mit dem verglichen werden, der zu derselben Zeit am politischen Horizont Europas heraufzog. Man kann sagen, wo es Frösche gab, und wo sich zwei Stücke ungleichartigen Metalls erschwingen ließen, wollte Jedermann sich von der wunderbaren Wiederbelebung der verstümmelten Gliedmaßen durch den Augenschein überzeugen; die Physiologen glaubten ihren hergebrachten Traum einer Lebenskraft mit Händen zu greifen; den Ärzten, denen Galvani selbst bereits mit Erklärungsversuchen von allerlei Nervenkrankheiten, Ischias, Tetanus und Epilepsie nur allzu leichtfertig vorangegangen, schien keine Heilung mehr unmöglich und zum wenigsten scheintodt konnte niemand mehr begraben werden, der zuvor galvanisiert worden war.«

Die Veröffentlichung wurde aber auch zum Anlaß für Forschungen über Berührungselektrizität und die chemischen Wirkungen der Elektrizität. Neben Volta und Davy leistete auch Johann Wilhelm Ritter wichtige Beiträge. S. auch zu SK 362, 599.

1101 *Beauchamp . . . Nachricht von Babylon:* Die Stelle findet sich in den »Nachrichten von den Ruinen der Stadt Babylon und von den Jeziden« in der von Archenholz hrsg. Zeitschrift »Minerva« 1792, 3, S. 396. Joseph de Beauchamp (1752–1801), frz. Entdeckungsreisender, der vor allem in den Vorderen Orient Expeditionen durchführte; verfaßte nur kurze Reiseberichte. – *Archenholz Minerva:* Die Zeitschrift »Minerva. Ein Journal historischen und politischen Inhalts«, hrsg. von Archenholz, erschien 1792–1857 (BL, Nr. 31). L. zit. die »Minerva« auch in den Hogarth-Erklärungen (III, S. 937) und im Brief an Johann Wilhelm von Archenholz vom 3. Juli 1794. – *Makloube im Arabischen: Überpurzelt:* Korrekter wäre ›umgestülpt, umgewälzt‹. Maccalubba, richtiger: Maccaluba, auch Le Macalube, sind kleine Schlammvulkane im mittleren Sizilien, wenige Meter hoch, aus Tonerde gebildet, aus denen Sumpfgase explosionsartig in kleinen Kratern ausbrechen.

1103 *circenses . . . pane:* Lat. ›Spiele . . . Brot‹. Der Ausdruck »circenses« begegnet auch in den Hogarth-Erklärungen (III, S. 684).

1104 *European Magazine . . . Ireland's Hogarth:* In der von L. mitgeteilten Ausgabe dieser Zeitschrift findet sich S. 209–212 eine anonyme Rezension von John Irelands »Hogarth Illustrated«; die von L. notierten Sätze ebd., S. 209f. – *Hudibras . . . Gray's:* Zachary Grey (1688–1766), engl. Altertumsforscher, der 1744 Butlers »Hudibras . . . corrected and amended, with large annotations and a preface« mit Stichen von Hogarth herausgab. – *Wilks:* Robert Wilks (ca. 1665–1732), berühmter engl. Schauspieler in Drury Lane und Haymarket, der seine größten Triumphe in der Komödie von Farquhar feierte. – *Das Immergrün in der Kirche bei Rakes progress:* Vgl. Hogarth-Erklärungen (III, S. 881); s. zu E 299. – *the date:* Engl. ›das Datum‹. – *the winter bloom . . . actor:* Die winterliche Blütezeit in der Verfassung dieser

Dame. Mr. Addison hätte sie unter die Immergrünen ihres Geschlechts eingereiht. Das Porträt von Garrick in »Richard III.« wird mehr gelobt, als es verdient, es war des Autors und des Schauspielers nicht würdig. – *The portrait of Garrick in Richard III.:* »Garrick in the Character of Richard III.« (Ireland, Bd. 1, S. 186–203; s. zu J 1060), ein riesiges Gemälde von Hogarth 1745, für das er den höchsten Kaufpreis der Zeit erzielte (200 £), Kupferstich 1746. Mit Shakespeares »Richard III.« begann am 19. Oktober 1741 Garricks Aufstieg zum bedeutendsten Schauspieler Englands in der zweiten Hälfte des 18. Jh.s. Zur ästhetischen Qualität des Porträts vgl. »William Hogarth 1697–1764«. Ausstellungs-Katalog NGBK Berlin, Anabas: Gießen 1980, S. 79. Vgl. auch L 704. – *Dialog zwischen Garrick und Lord Orrery:* Vgl. Ireland, Bd. 1, S. 190–194, Fußnote. – *Orrery:* John Boyle, 5th Earl of Orrery (1707–1762), befreundet mit Swift, Pope und Johnson. – *Branville in The discovery:* »The discovery« ist der Titel einer Komödie von Frances Sheridan (1724–1766), Dramatikerin und Erzählerin aus Dublin. Das Stück wurde 1763 in Drury Lane mit großem Erfolg uraufgeführt; Garrick spielte die Rolle des Sir Anthony Branville. – *Wellbore Ellis:* 1st Baron Mendip (1713–1802), engl. Politiker von geringer Reputation, von Zeitgenossen wie Walpole und Junius gern satirisiert.

1105 *Otto Abriß ...:* »Abriß einer Naturgeschichte des Meeres. Ein Beitrag zur physischen Erdbeschreibung«, erschienen Berlin 1792–1794 in 2 Tln., von Johann Friedrich Wilhelm Otto (1743–1814), Kanzleidirektor in Berlin und naturhistorischer Schriftsteller. L. besaß dieses Werk (BL, Nr. 689).

1106 *Fülleborns Beiträge ...:* S. zu J 1081.

1108 *Luftarten:* Gase; vgl. L.s »Zusätze über die verschiedenen Luftarten« in Erxlebens »Anfangsgründen der Naturlehre«, 6. Aufl., S. 199–216. – *Macquer in seinem Wörterbuch ... Gas:* »Chimisches Wörterbuch oder Allgemeine Begriffe der Chimie nach alphabetischer Ordnung«, aus dem Französischen nach der 2. Auflage übersetzt und mit Anmerkungen und Zusätzen versehen von D. Johann Gottfried Leonhardi, Leipzig 1781.

1112 *Lusus ingenii ... Seybold:* In L.s Besitz (BL, Nr. 1695). David Christoph Seybold (1747–1804), Doktor der Physik, Prof. der Philosophie in Jena, später der Altphilologie in Tübingen. – *ein elendes Produkt:* Von L. mit Bleistift nachgetragen.

1113 *Die gemeinnützigsten Vernunftkenntnisse von Klügel:* »Die gemeinnützigsten Vernunftkenntnisse oder Anleitung zu einer verständigen und fruchtbaren Betrachtung der Welt«, erschienen Berlin und Stettin 1791 (BL, Nr. 1337).

1114 *Äskulap ... zu lesen:* »Aesculap, eine medicinisch-chirurgische Zeitschrift von einer Gesellschaft praktischer Ärzte« erschienen Leipzig 1790, hrsg. von Markus Philipp Ruhland und F. A. Weber.

1118 *Siehe S. 126:* J 1131.

1119 *Knallsilber:* Von L. verbessert aus *Knallpulver.*

1120 *Hube'ns ... Naturlehre:* Das Buch »Vollständiger und faßlicher Unterricht in der Naturlehre in Briefen« erschien Leipzig 1793–1794 in drei Bdn. Johann Michael Hube (1737–1807), Physiker, Direktor des Kadettenkorps in Warschau. – *sehr elend:* Von L. mit Bleistift nachgetragen. Er erwähnt das Buch, das er besaß (BL, Nr. 411) auch im Brief an Johann Albert Heinrich Reimarus vom 20. Januar 1799.

1122 *Schützen:* Von L. verbessert aus *Hunde.*

1124 *Man erzählt von Chateauneuf ...:* L. hat diese Anekdote, deren Quelle nicht ermittelt werden konnte, im GTC 1794, S. 145, veröffentlicht. Charles de Pierre-Buffiere, seit 1615 Marquis de Chateauneuf, Deputierter der Generalversammlung der Protestanten in Loudun; unterzeichnete 1621 die »Déclaration des Eglises réformées«. – *unruhigen Minorennität Ludwig XIII.:* Ludwig XIII. (1601–1663), nach der Ermordung seines Vaters Heinrich IV., 1610 unter der Vormundschaft seiner Mutter Maria de Medici König von Frankreich, 1614 für mündig erklärt.

1125 *immergrünen Menschen ... nimmergrünen:* Der Pope nachgebildete Ausdruck »Nimmergrün« begegnet schon E 299; vgl. die Anm. dazu.

1126 *Eigentlich:* Davor von L. gestrichen *Die. – er ... Messe:* Von L. verbessert aus *blos Lieferant bey dem Departement.*

1127 *Intellectus ... veritas:* Der Verstand urteilt und gibt Ideen, die Vernunft schlußfolgert, d. h. verfährt nach den Regeln der Syllogistik. Lion. Wie wahr! – *Lion:* S. zu F 249. – *F..s:* Lesbar auch als »F..l«.

1128 *Herder sagt ...:* Das Zitat ist wörtlich den »Ideen zur Philosophie der Geschichte der Menschheit«, 2. T., 3. Buch, Kap. IV, S. 257, entnommen; über dieses Werk s. zu H 55. – *kein Volk unterdrückt ... als das sich unterdrücken lassen will:* Ergänze nach Herder *das also der Sklaverei werth ist.*

1129 *retailers:* Engl. ›Klein-, Einzelhändler‹; vgl. an Friedrich Ludwig Wilhelm Meyer, 16. März 1789.

1130 *Der Hauptsatz ... der Satz des Widerspruchs:* S. zu J 942.

1131 *ad 125. Col. 2:* J 1118.

1132 *Die gegenwärtigen ... Zeiten für einen Cervantes:* Vgl. J 991.

1133 *In dem alten verfallenen Gesicht ... die Spuren einer glücklichen Vorwelt:* Diese Bemerkung wirkt wie eine Vornotiz zu der Beschreibung der alten Jungfer in den Hogarth-Erklärungen (III, S. 704).

1135 *Osteologie:* Knochenkunde.

1136 *Der Roman muß ... der zusammengewachsene Mensch werden:* Gemeint ist L.s Romanprojekt »Der Doppelte Prinz«, s. hierzu KIII, S. 295, vgl. auch SK 420.

1137 *Anzuschaffen das neue Voigtische Mineralien-Cabinet:* Das von L. genau mitgeteilte Werk ist 1792 in Weimar erschienen. Die »Allgemeine Literaturzeitung« zeigte es am 21. Dezember 1792, Nr. 336, Sp. 623 f., an. Johann Carl Wilhelm Voigt (1752–1821), Jurist, Mineraloge, Herzogl. Sächs.-Weimarischer Bergrat. L. besaß von ihm die »Praktische Gebirgskunde. Mit: General-Tabelle über sämtliche jetzt bekannte Gebirgs-Arten«, Weimar 1792 (BL, Nr. 752). – *daß der dichte Kalkstein ... angeführt werden:* Diese Passage ist eine nicht ganz wörtliche Notiz der kritischen Anmerkungen in der »Allgemeinen Literaturzeitung«, a.a.O., Sp. 624. – *Teschnitz:* Gemeinde in Böhmen, Bezirk Saaz. – *Grauwacke:* Dunkelgraues, sandsteinartiges Sedimentgestein; neben Tonschiefer und Kalkstein das Hauptgestein paläozoischer Formationen. – *uranfänglichen:* Voigt unterschied sog. uranfängliche Gebirgsarten wie Granit, Gneis, Glimmerschiefer, dann Flözgebirgsarten und vulkanische Gebirge wie Basalt und Lava und schließlich sog. aufgeschwemmte Gebirgsarten; vgl. auch den Brief an Abraham Gottlob Werner vom 14.(?) August 1789 (IV, S. 1021). – *Mandelstein:* Amygdaloid: blasige Ausbildung von Ergußgesteinen, deren oft mandelförmige Hohlräume ganz oder zum Teil mit fremden Mineralien gefüllt sind. – Im übrigen s. auch zu J 1320.

1138 *Doppelter Prinz:* S. zu J 1136.

1139 *Sinngedichte von Friedrich H . . .:* Das von L. zitierte Epigramm findet sich in der angeführten Sammlung S. 110. Verfasser ist Friedrich Haug (1761–1829), nach dem Studium der Jurisprudenz 1783 Kabinetts-Sekretär und Schriftsteller in Stuttgart.

1140 *Zu lesen . . . Luthers Lehren . . . von Thieß:* Der genaue Titel lautet »D. Martin Luthers Lehren, Räthe und Warnungen für unsere Zeiten gesammelt und herausgegeben«, Hamburg und Kiel 1792. Johann Otto Thieß (1762–1810), Theologe und philosophischer Schriftsteller.

1141 *er F . . .:* Von L. verbessert aus *ich*.

1142 *Doppelter Prinz:* S. zu J 1136.

1143 *Die Abhandlungen . . . zu lesen:* »Einige Betrachtungen über den Gang der sich entwickelnden Empfindungsarten«, deren Verfasser sich nicht nennt,. finden sich im »Neuen teutschen Merkur« 1792, 3, S. 166–225. – *den Gang:* Von L. verbessert aus *die Entstehung.* – *manches gefunden, was sich an meine Seelenwanderung anschließt:* Zu L.s Seelenwanderungstheorie s. zu A 87.

1144 *Doppelter Prinz:* S. zu J 1136.

1145 *West-Göttingen, Südgöttingen:* Vermutlich auch Notiz zu dem geplanten Roman »Der doppelte Prinz« in Zusammenhang mit dem Plan der Duplizität; vgl. J 1125.

1146 *Chaise per se statt percée:* Frz. chaise percée ›Nachtstuhl‹; lat per se ›an sich‹.

1147 *Wenn jemand in Cochinchina sagt doii:* Kotschinchina, ehemals chin. Vasallenstaat, gehörte zu Kambodscha, später frz. Kolonie und seit 1888 Teil von Frz.-Indochina; seit 1949 Teil Vietnams.

1149 *Das herannahende Alter und die Furcht davor recht auszumalen:* In dem geplanten Roman »Der doppelte Prinz«? Vgl. J 1136.

1150 *Am 12ten Januar 1793 las ich in einem politischen Journal:* Das Tagebuch meldet am 8. Januar 1793 (SK 422): »Girtanners Journal erstes Stück gelesen«, also die in Berlin 1793–1794 in monatlich zwei Stücken erscheinenden »Politischen Annalen«, hrsg. von Christoph Girtanner. L. bezieht sich auf die »Verhandlungen der Französischen Republik, mit der Republik der vereinigten Helvetischen Staaten«, S. 50–76; 136–165. Christoph Girtanner (1760–1800), aus St. Gallen, promovierte 1783 in Göttingen zum Dr. med.; führte als Mediziner das Brownsche, als Chemiker das System Lavoisiers in Deutschland ein; Anhänger der Frz. Revolution, Freund Fischers und L.s. Vielseitiger Schriftsteller, Mitarbeiter am »Göttingischen Magazin«. Nach L.s Tod erster Fortsetzer des GTC. Über ihn vgl. Hans-Peter Tränkle, Der rühmlich bekannte philosophische Arzt und politische Schriftsteller Hofrath Christoph Girtanner. Untersuchungen zu seinem Leben und Werk. Diss. med. Tübingen 1986. – *Residenten:* Danach von L. gestrichen *pro m[emoria].* Der frz. Resident in Genf war seinerzeit de Chateauneuf. – *Franklins Jugend-Jahre . . . Bürger:* Das Buch war 1792 in Berlin erschienen. Das Tagebuch notiert seine Lektüre erst am 13. Januar 1792. Der hier gemeinte Sohn ist William Franklin (1731–1813), uneheliches Kind, später der letzte königl. Gouverneur von New Jersey. – *unter:* In der Handschrift *und.* – *Schickte der liebe Gott . . . eine Kommission von Engeln . . .:* Dieser Gedanke wird J 1151 wieder aufgenommen.

1151 *Ich möchte wohl wissen was geschehn würde . . .:* Zu diesem Gedanken vgl. J 1150. – *in Europa:* Von L. verbessert aus *auf der Erde*. – *wie die Richter in England:* Vgl. J 1150. – Diese Passage, in der Handschrift nach J 1152, ist von L. durch Zeichen hierher verwiesen.

1152 *geistliche Überschattung:* Laut DWB 11,2, Sp. 491 f. auch in bildlicher Verwendung für Schwängerung in der biblischen Formel »Überschattung durch den heiligen Geist« (vgl. Lukas 1, 35), so etwa bei Angelus Silesius und Herder; aber auch nur im Sinne von Verdeckung.

1153 *eine Nase holen:* Laut DWB 7, Sp. 407 »seines suchens oder hoffens verfehlen«.

1154 *am Ende des Jahres ein Gericht über die Zeitungen:* Zu L.s Kritik an der politischen Journalistik s. zu J 1150. Interessant, daß der unbekannte Pariser Korrespondent der Zeitschrift »London und Paris«, in 17. Bdn., Halle 1806, S. 118 f., in einer Fußnote zu seiner Beurteilung der aktuellen Pariser Presse L. zitiert. – *Politische Journal:* Das »Hamburgische Politische Journal, nebst Anzeige von gelehrten und andern Sachen« kam unter Schirachs Redaktion 1781–1804 in Hamburg heraus. Die Zeitschrift bestand bis 1839. L. erwähnt sie auch im Brief an Georg August Ebell vom 12. Februar 1795. Gottlob Benedict von Schirach (1743–1804), 1771 Prof. der Moral und Politik in Helmstedt; Historiker und Publizist. Das »Politische Journal« fand seinerzeit weite Verbreitung. – *Correspondent:* Der »Hamburgische unpartheyische Correspondent«; s. zu F 12. – *Moniteur:* Die »Gazette nationale ou Moniteur universel«, am 24. November 1789 von Charles-Joseph Pancoucke begründet, war wegen ihrer ›objektiven‹ Berichterstattung die führende frz. Zeitung während der Revolutionszeit (vgl. Presse Française, 487–489). – *Sie könnten als ... Contrebandiers arretiert werden:* Der Gedanke erinnert vorahnend an die »Xenien«. – *Contrebandiers:* Schleichhändler.

1155 *Eine:* Davor von L. etwas gestrichen. – *das Kompilieren:* Zu L.s Urteil vgl. D 506. – *Exzerpten-Sammeln:* Zu L.s Urteil vgl. G 181. – *Hugenus:* Christian Huygens hat 1656 die Pendeluhr erfunden. – *Hooke:* Robert Hooke (1635–1702), berühmter engl. Experimentalwissenschaftler auf dem Gebiet der Physik und Chemie wie auch der Astronomie; wandte als erster die Spiralfeder zum Regulieren von Uhren an.

1158 *Attorney general:* Engl. ›Generalstaatsanwalt‹; im Prozeß gegen Paine war dies Sir Archibald MacDonald (1747–1826). – *Paine ... Trial: p. 26:* Am 18. Dezember 1792 wurde Paine in London wegen der Veröffentlichung und Verbreitung seines Buches »The Rights of Man« in Abwesenheit – Paine war nach Paris geflohen – der Prozeß gemacht. Thomas Paine (1737–1809), engl. Schriftsteller und Politiker, veröffentlichte 1791–1792 als Entgegnung auf Burkes gegenrevolutionäre »Reflexions on the Revolution« (1790) die berühmten »Rights of Man«; der einzige engl. Schriftsteller, der für die Frz. Revolution und ihre polit. Ideen eintrat. – *An author ... just:* Ein heute nicht mehr gelesener Autor, Hobbes, äußert folgende Gedanken zur Demokratie: »Eine Demokratie ist eine Aristokratie von Rednern, bisweilen unterbrochen von der Monarchie eines Redners.« – *Hobbes:* Die Stelle findet sich in »De corpore politico« 2, 2 (The English Works 4, S. 141). L. zitiert sie auch VS 6, S. 480. – *S. K. p. 5:* Bemerkung aus Sudelbuch K.

1160 *Meinungen:* Danach von L. gestrichen *über Menschen nicht gern auf.* –

dabei: Danach von L. gestrichen *auf seine Menschenkenntniß.* – *Halbwissen:* Zu dieser Wortbildung vgl. D 503.

1161 *alles:* In der Handschrift *alles was.* – *versteht:* Von L. verbessert aus *verstund.*

1163 *Schreiben das Leib-Medicus Z... nebst seiner Majestät Antwort darauf:* Satirische Anspielung auf den Briefwechsel, den Zimmermann mit Leopold II. führte. – *Faulfieber:* S. zu E 450.

1164 *Ritter von Z.:* Zimmermann. – *an den:* Von L. verbessert aus *des.* – περι εαυτον προς εαυτον: Der griech. Titel ahmt den Titel der Bekenntnisse Marc Aurels, »Selbstbetrachtungen«, nach.

1165 *in linea ... descendente:* In aufsteigender und absteigender gerader Linie. Diese lat. Wendung begegnet auch VS 6, S. 271 und in den Hogarth-Erklärungen (III, S. 707 und 1023). – *der Sohn des berühmten Howard:* Über ihn s. zu F_1, S. 458. – *Hieb gehabt:* Zu dieser Wendung s. zu D 539.

1166 *Architekten Meißner:* Wohl Georg Ernst Wilhelm Meißner (1770–1842) aus Ilfeld, studierte 1787 in Göttingen Mathematik und Bauwesen, erhielt für den Sommer 1791 ein Rom-Stipendium der Hannoverischen Regierung, leitete nach seiner Rückkehr den Umbau der Gothaer Sternwarte (mit Zach befreundet), übernahm 1793 den Umbau der Michealiskirche in Lüneburg, 1796 auf Zachs Empfehlung Landbaumeister in Bückeburg. Verfaßte Schriften zum Bau von Mahlmühlen und zum Wasserbau. Vgl. SK 430. – πμ: Zu diesen Buchstaben s. zu A 70.

1169 *Zimmermannische Ausdrücke ... vereiterte Herz:* Die »Wiener Zeitschrift« enthält 1792, 11. Heft, S. 168–175, einen anonymen, gegen eine Note Schubarts zum schwed. Königsmord in seiner »Deutschen Chronik«, 13. April 1792, 30. St., gerichteten Aufsatz »Denunciation eines fanatischen Calumnianten, bei Deutschlands Fürsten und Adel«, in dem Schubart S. 168 »Schmierer eines deutschen Käseblatts« und S. 171 »der Verfasser jener Note am Herz und Kopfe durcheitert« genannt wird. – *Käseblatt:* In den einschlägigen Wörterbüchern findet sich kein Hinweis darauf, seit wann dieses Wort in Gebrauch und von wem es geprägt ist. – *Zum Nachahmen:* Zu dieser Floskel vgl. F 333. – *Wiener Zeitschrift:* Leopold Alois Hofmann (1748–1806), österr. Publizist, 1790 Prof. der Rhetorik an der Universität Wien, 1792 wegen mangelnder Lehrfähigkeit amtsenthoben; gefürchteter Denunziant, der sich vorübergehend der Gewogenheit der gegenrevolutionären Kräfte in Deutschland und Österreich sicher sein konnte. Die »Wiener Zeitschrift«, die er mit Unterstützung Leopold II., der ihren Kurs bis zu seinem Tod bestimmte, vom 10. Dezember 1791 bis Mitte 1793 (I–III, Nr. 1–6) in Wien herausgab, war sein Sprachrohr. Mitarbeiter dieser Zeitschrift waren u. a. Kotzebue, Alxinger, Schreyvogel, Möser und Johann Georg Zimmermann, der für die Denkschrift »Über den Wahnwitz des Zeitalters« von Leopold II. eine kostbare edelsteinbesetzte Dose empfing. Über Hofmann und seine Zeitschrift vgl. insbesondere Ingrid Fuchs, Leopold Alois Hofmann 1760–1806. Seine Ideen und seine Bedeutung als Konfident Kaiser Leopold II. Diss. Wien 1963. – *der Autor ... von schwedischer Abkunft:* Der Verfasser schreibt ebd., S. 170, daß er selbst dem schwed. Adel entstamme, »obschon ich nie schwedische Luft athmete«. – *so ist es doch Zimmermann:* Worauf L. diese Annahme stützt, ist nicht erfindlich; der Artikel ist unterschrieben »Ein deutscher Reichsbürger«.

1171 *Wirkung der Gnade oder der Mondsucht:* Vgl. J 2055.

1172 *das infame Insekt, das Herr von Born ... beschrieben:* Ignaz von Borns berühmte Satire »Joannis Physiophilii specimen monachologiae methodo Linnaeana« war Wien 1783 erschienen (BL, Nr. 1707). L. erwähnt sie auch VS 12, S. 171 und 250. Ignaz Edler von Born (1742–1791), Bergrat in Wien, Schriftsteller, Hauptvertreter der Josephinischen Aufklärung. – *zusammengeschwefelt:* Diese Wortbildung fehlt im DWB; vermutlich herzuleiten von dem Verfahren, Bienen zu schwefeln, d. h. durch Schwefeldampf zu ersticken.

1174 *Meine Betteljuden im Echo:* Zu diesem Gedanken vgl. J 826.

1175 *Der Mann, der seine Agonie de 38 heures ... beschrieben:* Jourgniac St. Méards Buch, das Paris 1792 erschienen war, mit dem Titel »Mon agonie de trente-huit heures, ou Récit de ce qui m'est arrivé, de ce que j'ai vu et entendu pendant ma détention dans la prison de l'Abbaye Saint-Germain, depuis le 22 Avril jusqu'au 4 septembre 1792«. François Jourgniac de St. Méard, Kommandant des frz. königlichen Regiments.

1178 *In Franklins Leben von Milon wird gesagt ...:* Milons »Denkwürdigkeiten zur Geschichte Benjamin Franklins« erschienen Petersburg 1793. Die Stelle über Kinnersley steht S. 9, die über Deane S. 72, der »glückliche Coup« ist das Bündnis der Vereinigten Staaten mit Frankreich. Es ist nicht auszumachen, ob Charles Milon – wohl identisch mit dem frz. Historiker und Prof. zu Paris, Charles Millon (1754–1839) – der Verfasser des Originals oder der Übersetzung ist (vgl. BL, Nr. 1093). – *Kinnersley:* Ebenezer Kinnersley (1711–1778), Prediger und Lehrer, Freund Franklins in Boston und dessen Mitarbeiter bei der Entwicklung der Plus- und Minus-Elektrizität im Winter 1745–46. – *habe:* Danach von L. gestrichen *hingegen.* – *Silas Deane:* Amerik. Politiker und Schriftsteller (1737–1789), war 1776 der erste amerik. Repräsentant der Vereinigten Kolonien in Frankreich, das er zu Waffenlieferungen bewegte.

1179 *Marschall, den Westfeld übersetzt hat:* Marshall-Westfelds Buch »Über das Haushaltsvieh als Pferde, Hornvieh, Schafe und Schweine und über die Vervollkommnung dieser Vieharten nach dem gegenwärtigen Verfahren in den mittelländischen Grafschaften in England« war Göttingen 1793 in Dieterichs Verlag erschienen; darin werden auch die Prinzipien der rationellen Pferdezucht eingehend abgehandelt. L. besaß das Werk persönlich (BL, Nr. 864). William Marshall (1745–1818), engl. Philologe und Agronom. – *gerät:* Von L. verbessert aus *gerathen.* – *Pferdezucht:* Von L. verbessert aus *Fohlen.*

1181 *Polemokratie:* ›Kriegsherrschaft‹; Wortbildung L.s?

1182 *wider Polen:* Bezieht sich wohl auf den Bürgerkrieg, den Katharina II. – gestützt auf die von Reaktionären gebildete Konföderation von Targowica – entfachte und der zur zweiten Polnischen Teilung führte.

1186 *Vernunft:* Danach von L. gestrichen *bewegen soll[en].*

1187 *Z... läßt jetzt alles unter sich gehen:* Zimmermann fiel gegen Ende seines Lebens in Trübsinn und geistige Umnachtung.

1188 *Man sollte sagen Vervollkommnerung ...:* Zu diesem Gedanken vgl. J 1212. – *(nicht)πμι):* Zu den Buchstaben s. zu A 70. – *man:* In der Handschrift *mit.* – *Siehe ... p. 137:* J 1212.

1189 *Randel nennt Büschingen ...:* Im zu J 976 nachgewiesenen Werk S. 14.

1190 *Smeaton ... im November 1792 ... verstorben:* John Smeaton war am 28. Oktober 1792 gestorben.

1192 *sie schränkten sich:* Von L. verbessert aus *es hatte.* – *bloß:* Von L. verbessert aus *bei der bloßen.*

1193 *In der Litteratur-Zeitung wird gesagt:* Die Bemerkung findet sich in der »Allgemeinen Literaturzeitung« 1793, Nr. 64, vom 6. März, Sp. 508, in einer Rezension des zweiten Teils von Jagemanns »Dizionario italiano-tedesco e tedesco-italiano«, das Weissenfels und Leipzig 1790 in zwei Tln. erschien; seinerzeit als das beste Wörterbuch gerühmt. Die Rezension des ersten Teils in der »Allgemeinen Literaturzeitung« 1792, Nr. 106, Sp. 161–166. – *Color d'arancio:* Orangenfarbe. – Christian Joseph Jagemann (1735–1804), 1775 Bibliothekar der Privatbibliothek der Herzogin von Weimar; hielt sich fünfzehn Jahre in Italien auf und erwarb sich große Verdienste als Übersetzer und durch seine Studien zur ital. Literatur und Kunst.

1194 *Cambon ... in dem Rapport vom 15. Dezember, worauf das berüchtigte Dekret gebaut:* Über Cambons Bericht im frz. Nationalkonvent vom 15. Dezember 1792 vgl. Girtanner, »Historische Nachrichten und politische Betrachtungen über die Französische Revolution«, 1795, Bd. 10, S. 255. Joseph Cambon (1756–1820), bedeutender frz. Revolutionspolitiker, letzter Präsident der Assemblée législative und vom 10. Juli 1793 an eine Art Finanzminister. Auf ihn ging das Dekret zurück, das den Verkauf der Krondiamanten und Edelsteine regelte. – *der Graf ... im Collegio an einem besondern Tische sitzt:* Über die Grafenplätze in den Göttinger Hörsälen vgl. Xenion 426 und Christoph Friedrich Rinck, Studienreise 1783/84 [9. Februar 1784], Altenburg 1897, S. 196: »In den Collegiis ist ein besonderer Tisch für die Graven, ganz nahe beym Professor, davor zalen sie auch alle Collegia doppelt, ein Prinz zalt 4fach.«

1195 *In England ... Literatoren wenig geachtet:* Zu L.s Urteil über sie s. zu F 707.

1196 *bedarf:* Von L. verbessert aus *braucht.*

1197 *das kleine Töchterchen:* Margarethe Elisabeth Louise Agnese *Wilhelmine,* die am 1. März 1793 geboren wurde (gest. 30. September 1820), genannt »Mimi«; zur Taufe am 17. April 1793 vgl. auch SK 442 und Anm. (vgl. Joost, Dieterich, S. 111). – *Antwort ... ausblieb:* L. hatte laut Tagebuch (SK 444) am 4. März 1793 einen Brief an seinen Bruder Ludwig Christian in Gotha geschickt, am 22. heißt es dann: »Betrübt, weil ich keine Antwort von meinem Bruder habe, welches mir sehr empfindlich ist«, am 26.: »Endlich Brief von meinem Bruder!! und auch diese Angst ist gehoben.« Vgl. SK 444, 471, 479, 493. – *(sehr fein):* Demnach als Nuance für den geplanten Roman »Vom doppelten Prinzen« notiert.

1198 *In der Stadt ... glückliche Stumpfheit des Geistes endemisch:* Ist Göttingen gemeint?

1199 *(ὀπμι):* Zu diesen Buchstaben s. zu A 70. – *(sehr wahr):* Auch in Hinblick auf den geplanten Roman gesagt?

1200 *Es könnte gut genützt werden:* Für den geplanten Roman »Vom doppelten Prinzen«. – *Brief von Professor B. aus Stuttgart:* Der hier gemeinte Brief Gottfried August Bürgers an Dieterich ist nicht bekannt; vermutlich ist es der in den Briefen von und an Bürger, Berlin 1874, Bd. 4, S. 83 erwähnte vom 11. Oktober 1790. Bürger war seit 1789 außerordentl. Prof., aber ohne Gehalt. – *seine liebe Neuvermählte:* Maria Christiane Elisabeth (genannt Elise) Hahn (1769–1831) aus Stuttgart, heiratete Oktober 1790 Gottfried August

Bürger; nach der Scheidung am 31. März 1792 – aufgrund mehrerer von ihr in einem Prozeß zugegebenen Ehebruchsvergehen – war sie als Schauspielerin, u. a. in Hannover und Altona, als Deklamatorin und auch schriftstellerisch tätig. L.s Tagebuch bietet in bezug auf Bürgers eheliche Katastrophe nur die Eintragungen in SK 283 und 284; vgl. auch den Brief an Christian Gottlob Heyne vom 14. Juni 1794. – *Unordnung in:* Danach von L. gestrichen *den Briefen.*

1201 Das Wort ist durch Bleistiftkringel von L. gestrichen. – *Sansculottismus:* ›Sansculottes‹, zu Anfang der Frz. Revolution Benennung der Proletarier und der radikalen Revolutionäre.

1206 *Marat:* Jean-Paul Marat (geb. 1744–1793), einer der Führer der Frz. Revolution; 1792 Konventmitglied und einer der Urheber der Septembermorde; Arzt und Physiker, eine Zeitlang Arzt der Leibgarde des Grafen von Artois; wurde am 13. Juli 1793 von Charlotte Corday ermordet. Er veröffentlichte Paris 1779 »Recherches physiques sur le feu«, 1782 »Découvertes sur la lumière«, Schriften, in denen er gegen Newton auftrat. – *Über Feuer und Licht geschrieben:* »Découvertes sur le feu, l'électricité et la lumière constatées par une suite d'expériences nouvelles ...«, Paris 1779 (BL, Nr. 520). – *Grafen von Artois:* Charles-Philippe (1757–1836), später Charles X., König von Frankreich, vierter Sohn des Dauphin Louis und Bruder Ludwigs XVI.; Ludwig XV. hatte ihm den Titel eines Comte d'Artois verliehen. Skandalumwittert war er 1789 die Hauptzielscheibe der Revolutionäre in Paris; floh in der Nacht vom 16. zum 17. Juli 1789 nach Belgien, hielt sich 1791 in Koblenz auf, um eine Armee von Emigranten aufzustellen. Vgl. den Brief an Johann Andreas Schernhagen vom 28. Oktober 1782. – *dessen Buch ... rezensiert:* L.s Rezension der »Recherches physiques sur le feu« steht in GGA 1781, 12. St., Zugabe S. 177–187. – *umständlich in Archenholz Minerva:* Die Stelle aus der »Minerva« 1793, S. 337, ist dem 34. der »Historischen Briefe über die neuesten Begebenheiten in Frankreich« (ebd., S. 332–348, Verf. C. E. O.) entnommen; vgl. Hogarth-Erklärungen (III, S. 937); vgl. auch J 1213. – *Sein Buch über Elektrizität habe ich selbst:* »Physikalische Untersuchungen über die Electricität. Aus dem Französischen übersetzt mit Anmerkungen von Christian Ehrenfried Weigel«, Leipzig 1784 (BL, Nr. 658).

1207 *D... überhäuft mich:* Vgl. Brief an Johann Christian Dieterich vom 19. Mai 1793. – *Geschenke:* Danach von L. gestrichen *zu erhalten die.*

1209 *substances ... surcaloriquées:* Substanzen mit übermäßigem Anteil an Wasserstoff, an Kohlenstoff, an Kalorien.

1211 *Diskant:* Seit dem 16. Jh. gebräuchlich für Sopranstimme.

1212 *ad p. 134:* J 1188. – *dem Wort vollkommen einen Komparativ zu geben:* Mit dem Gebrauch eines falschen oder unsinnigen Komparativs beschäftigt sich L. auch J 320. – *Ens perfectissimum:* Lat. ›das vollkommenste Wesen, Gott‹.

1213 *Im Februarstück der Minerva ... sehr lustig gesagt ...:* Die Quelle ist zu J 1206 nachgewiesen; L. verwertet sie in den Hogarth-Erklärungen (III, S. 938). – *Charles:* Jacques-Alexandre-César Charles (1746–1823), frz. Physiker, vervollkommnete die Montgolfière, indem er zum Füllen des Ballons Wasserstoff verwendete; 1785 Mitglied der Académie des Sciences in Paris. Der mit Marat, den er eines Irrtums überführt hatte, auf offener Straße ausgetragene Disput, in dessen Verlauf Marat seinen Degen zückte, den

Charles zerbrach, ist verbürgt: »So suchte er einigen Journalisten Prozesse an den Hals zu werfen, weil sie seine vorgeblichen En[t]deckungen entweder nicht lobten, oder: anzuzeigen weigerten, und zog eines Tages beym Herausgehn aus einer Vorlesung des Professor Charles, der seine physikalischen Abgeschmacktheiten widerlegt hatte, den Degen gegen ihn. Die Scene fiel in der Strasse de l'arbre sec vor; Professor Charles, auf diese Provocation keineswegs gefaßt, hatte von allen physischen Instrumenten nur gerade das simpelste zur Hand; indeß da er an keinen grossen Aparat gewöhnt ist, und Marat das Experiment auf der Stelle verlangte, so gab er es ihm zwischen die Ohren mit solcher Kraft und Geschicklichkeit, daß Marat wahrscheinlich da auf seine neue Theorie des Lichtes gerieth.« – *die Straße . . . genannt:* Gemeint ist die ›Rue de l'arbre sec‹.

1214 *bei Streitigkeiten so zu machen wie . . . Fourcroy:* Diesen Ausspruch des Chemikers Fourcroy zitiert und kritisiert L. auch in Johann Christian Erxlebens »Anfangsgründen der Naturlehre«⁶1794, S. XXV. Antoine-François de Fourcroy (1755–1809), frz. Naturforscher, 1784 Prof. der Chemie in Paris (Jardin du roi) als Nachfolger Macquers, arbeitete 1782 mit Lavoisier zusammen an der neuen chemischen Nomenklatur; spielte eine politische Rolle während der Frz. Revolution.

1216 *Manna:* Das Wunderbrot, das für die Kinder Israels auf ihrem Zug durch die Wüste vom Himmel fiel (2. Mos. 16, 4–35; 4. Mos. 11, 6–9).

1217 *In Göttingen . . . neben der Linnen- auch eine Bücher-Legge anzulegen:* Im »Staatskalender« findet sich eine besondere Rubrik »Bediente bei den angeordneten Linnenleggen«, eine davon befand sich in Göttingen. Unter »Legge« wurde ein gesetzlich bestimmtes Leinwandmaß verstanden.

1218 *Voltaire sagt an einem Ort:* »Voltaire, wenn er seinen Landsleuten derbe Wahrheiten zu sagen hatte, nannte sie die Welschen. Sie wären, sagte dann der von ihnen verfolgte große Mann: Moitié tigres, moitié agneaux.« Zit. aus Gleim, Anmerkung zu seinem Gedicht »An die Welschen . . .«, veröffentlicht im Vossischen »Musen-Almanach für 1792«, S. 117 f. L. zit. die Stelle auch in den Hogarth-Erklärungen (III, S. 924). – *wie . . . Bahrdt sagte:* Das Zitat ist zu J 648 nachgewiesen.

1220 *In . . . Connerts Stammbuch schrieb Kästner:* Stephan Connert aus Ungarn, immatrikulierte sich am 3. Mai 1791 als stud. math. an der Georgia Augusta; Hörer L.s und Kästners, erscheint in dieser Zeit mehrfach im Tagebuch. Dieses Epigramm Kästners ist offenbar zuvor nicht gedruckt worden.

1221 *Für den:* Von L. verbessert aus *Bey dem.* – *unser:* Von L. verbessert aus *das.*

1222 *Girtanners Chemie:* »Anfangsgründe der antiphlogistischen Chemie« von Christoph Girtanner, erschienen Berlin 1792. L. besaß es (BL, Nr. 760) als Geschenk des Verfassers. – *eine gewissere . . . also gewisser als gewiß:* Zu L.s Empfindlickkeit gegenüber dem falschen Komparativgebrauch vgl. auch J 320, 1212.

1223 *In der . . . Litteratur-Zeitung . . . angemerkt:* Diese Bemerkung wird zitiert von Hans-Werner Schütt, Lichtenberg als »Kuhnianer«, in: Südhoffs Archiv 63 (1979), S. 88 f. Die angeführte Stelle findet sich in einer Rezension der »Encyclopédie méthodique«, Bd. II (Beaux Arts), Paris 1791, in der »Allgemeinen Literaturzeitung« vom 18. März 1793, Nr. 78, Sp. 620 ff.:

»Wäre es zum Vortheil der Kunst denn nicht besser gewesen, jene trefliche Bildsäule u. d. gl., wenn sie nun einmal an öffentlichen Plätzen, in öffentlichen Gebäuden nicht mehr geduldet werden sollten, in irgend ein dazubestimmtes Gebäude, unter welchen Umständen es geschehen seyn möchte, zu *verschließen*, – als sie zu *zertrümmern*, und so der Kunst einen unersetzlichen Schaden zuzufügen?«. – *an einem andern Ort:* Die Rezension von James Mackintosh's »Vindiciae Gallicae. Defence of the french Revolution, and its English Admirers, against the accusations of the Right Hon. Edmund Burke ...«, London 1791, in der »Allgemeinen Literaturzeitung« vom 23. März 1793, Nr. 85, Sp. 673–677, wo es Sp. 675 heißt: »Das Feudalsystem mußte aufgehoben werden, weil es für die Zeiten nicht mehr paßte (Mußte diess so gewaltsam geschehen?)«. – *abtretten:* Von L. verbessert aus *übertra-[gen]*. – *Ich sollte denken ...:* Zu diesem Gedanken vgl. K 16. – *Städte in Kalabrien:* Anspielung auf das verheerende Erdbeben vom 5. Februar 1783. – *Cartesianischen Physik:* »*Des Cartes* ging von der *Aristotelischen* Ansicht der unbegrenzten Teilbarkeit der Materie aus, er hielt einen leeren Raum für unmöglich, gleichwohl sollte seine Lehre eine Hauptstütze der Bestrebungen werden, die die Lehre des *Epikuros* wieder zu Ehren zu bringen gedachten. Denn da er unter Körpern nur das gleichzeitig Bewegte verstand, einer vorhandenen Bewegung aber eine ewige Dauer zuschrieb, so mußte er die Körperwelt als in fortwährender Bewegung begriffen ansehen. Dies aber konnte nur möglich sein, wenn stets ein zweiter Körper sogleich den Raum wieder einnahm, den ein anderer verlassen hatte, eine sich so ergebende ununterbrochene Reihe bewegter Körper war aber nur denkbar, wenn ihre Bewegung im Kreise erfolgte, d. h. wirbelförmig war.« Zit. nach E. Gerland, Geschichte der Physik, München und Berlin 1913, S. 451. – *an den Wirbeln gedreht:* In den »Principia Philosophiae«, Amsterdam 1692, Teil III, §XXX, S. 58, äußert Descartes, er glaube, »daß die ganze Materie des Himmels, in welcher die Planeten sich drehen, nach Art eines Wirbels, in dessen Mittelpunkt sich die Sonne befindet, ohne Unterlaß sich im Kreise bewegt, und daß ihre der Sonne näheren Teile sich rascher bewegen als die entfernteren, alle Planeten aber (zu deren Zahl die Erde gehört) zwischen eben diesen Teilen der Himmelsmaterie immer im Kreise herumgeführt werden.« Zit. nach E. Gerland, a.a.O., S. 452. – *allgemeine Schwere:* Von L. verbessert aus *Attraction*; s. zu KA 303. – *herrscht:* Von L. verbessert aus *beherrscht*.

1224 *Sagen der Vorzeit von Veit Weber:* Sie erschienen in sieben Bdn. Berlin 1787–1798. Veit Weber war das Pseudonym des Dramatikers (»Tell«, 1804) und Historikers Georg Philipp Leonhard Wächter (1762–1837), studierte 1783–1786 in Göttingen Theologie, Geschichte und Literatur, gründete hier eine lit. Gesellschaft, deren Ehrenmitglied Gottfried August Bürger war, der ihn zur Sammlung und Herausgabe der »Sagen der Vorzeit« anregte, die bis ins 19. Jh. beliebt waren. 1792–1793 kämpfte Wächter als Rittmeister im Heer der Frz. Republik, lebte und arbeitete dann in Hamburg. – *Unsere Zeitungen ... Sagen der Zeit:* Dieser Gedanke kehrt auch J 1238, im Brief an Georg August Ebell vom 19. September 1793 und in den Hogarth-Erklärungen (III, S. 697) wieder. – *nennen:* Danach von L. gestrichen *Jedes Blatt enthält 3/4 Lügen und 1/4 Berichtigungen.* – Siehe S. 141: J 1238.

1225 *Die Ursache der Seekrankheit ... wie Brissot de Warville sagt ... nicht recht bekannt:* Brissots Reisebeschreibung »Nouveau voyage dans les Etats-

Unis de l'Amérique Septentrionale, fait en 1788« erschien in dt. Übersetzung Berlin 1792 unter dem Titel »Neue Reise durch die Vereinigten Staaten von Nordamerika in dem Jahre 1788« innerhalb des »Magazin von merkwürdigen neuen Reisebeschreibungen ...«, 7. Bd. Die zitierte Stelle findet sich ebd. 1, S. 68. Vgl. auch J 1228. Die Reisebeschreibung ist eines der bedeutendsten Werke der Rezeption der amerik. Revolution in Europa im ausgehenden 18. Jh. Jacques Pierre Brissot (geb. 1754) aus Warville bei Chartres, engagierter Jurist und Advokat, gründete 1788 eine »Société des amis des noirs«, in deren Auftrag er nach Nordamerika ging, spielte in der Frz. Revolution eine bedeutende Rolle als Führer der Girondisten, 1793 hingerichtet.

1227 *jedermann sein eigner Arzt:* Vgl. »Das Luftbad« (III, S. 129). – *Arzt: Danach von L. gestrichen seyn darf.* – *daß:* Von L. verbessert aus *warum*.

1228 *in:* In der Handschrift *der in.* – *wie Brissot erzählt:* In seiner zu J 1225 nachgewiesenen Reisebeschreibung, Bd. 1, S. 100. – *ein gewisser Pope:* Lebensdaten und Vornamen unbekannt. – *Vaucansons Flötenspieler:* S. zu D 116. – *Einfall des Bauren ... beim Shakespear ... den Mondschein vorzustellen:* Shakespeares »Sommernachtstraum«. – *die großen Herrn ... die Rolle der Sonne selbst spielen:* Zu diesem Gedanken vgl. J 1229.

1229 *Dieses Planeten-Spiel könnte genützt werden:* L. notiert es unter seinen »Romangnoli« für den »Doppelten Prinzen« (III, S. 616); im übrigen vgl. J 1228. – *Longe:* Frz. ›Leine‹.

1231 *In der neuen allgemeinen deutschen Bibliothek ... Kotzebues edle Lüge ... rezensiert:* Der zitierte Satz findet sich in der »Neuen allgemeinen deutschen Bibliothek«, 1793 2. St., S. 63. Verf. der mit »H.« unterzeichneten Rezension ist – nach Parthey, Die Mitarbeiter an Fr. Nicolais allgemeiner deutscher Bibliothek, S. 25 – Schatz in Gotha. Kotzebues Schauspiel »Die edle Lüge«, die Fortsetzung von »Menschenhass und Reue«, erschien Leipzig 1792. Georg Schatz (1763–1795), Schriftsteller und Historiker in Gotha.

1232 *17 Übersetzungen der Äneide ... in dem Intelligenzblatt der neuen allgemeinen deutschen Bibliothek:* An der zitierten Stelle des Intelligenzblatts wird eine Prosa-Übersetzung der »Aeneis« von Henrici angekündigt. »Es ist zu wünschen,« heißt es dort, »daß diese Arbeit glücklicher ausfallen möge als die früheren, schon siebzehnmal wiederholten und immer mehr oder weniger mißlungenen Versuche.«

1235 *Varland im Westindier:* »Were I assured that Dudley would give me half the money for producing this will, that lady Rusport does for concealing it, I would deal with him and be an honest man at half price«, heißt es in Cumberlands »The West Indian« 4, 2. Richard Cumberland (1732–1811), engl. Bühnenschriftsteller, von dem L. »The Brothers« besaß (BL, Nr. 1770a). »The West Indian«, geschrieben 1770 und von Garrick 1771 herausgebracht, gilt als sein bestes Stück.

1236 *Stärke ... Feinde:* »Stärcke und Schwäche derer Feinde der göttlichen Offenbahrung von ihrem ersten Alter bis auf das Fünfte Jahrhundert nach unsres göttlichen Erlösers Gebuhrt aus gehörigen Gründen untersucht und bewiesen von M. Friedrich Christian Koch Pred. zu Schwabhausen und Petriroda« von Friedrich Christian Koch (1718–1784), theolog. Schriftsteller, 1772 Superintendent in Ohrdruf. – *Dieterich ... verlegt:* Hier irrt L.: das Buch erschien Gotha 1753, 1754 und 1756 bei Dieterichs Schwiegervater Joh. Paul Mevius. – *der:* In der Handschrift *und*.

1238 *Zeitungen besser Sagen der Zeit so wie man Sagen der Vorzeit hat:* Zu diesem Gedanken vgl. J 1224 und die Anm. dazu.
1240 *stiller:* In der Handschrift ohne Klammern über *milder.*
1242 *Bacon's Organon ... ein heuristisches Hebzeug:* Dieser Satz ist in den »Geologischen Phantasien« im GTC für 1795 (III, S. 113) verwertet; vgl. auch K 312.
1244 *D.:* Dieterich.
1246 *Hahnengefechtes ... der taube Mann:* L. bezieht sich auf die »Erklärung Hogarthischer Kupferstiche. Das Hahnen-Gefecht«, veröffentlicht im GTC 1791 (S. 193–206), wo er S. 199 f. den Kopf des tauben Zuschauers – »unstreitig einer der besten in Hogarths Werken« – beschreibt.
1247 *Preßbengel:* Hebel zum Anziehen der Schraube über der Druckerpresse. Der Begriff begegnet auch in »Auffrischung eines veralteten Gemähldes« (GTC 1790, S. 166; VS 5, S. 308).
1249 *In Frankreich gärt es . . .:* Zu diesem Gedanken vgl. Hogarth-Erklärungen (III, S. 774).
1250 *herrliche Bemerkung:* Das »Schleswigsche Journal« 1793, 1, S. 459–480, bringt einen anonymen Aufsatz »Macht es einen Unterschied in der Moralität einer Handlung, ob sie von Hohen oder Niedern begangen wird?« Die beiden Sätze finden sich dort S. 472 f. – *Hof, der . . . seinen Helden den Namen ... gab ... roués:* Laut Littré gab man unter der Régence den Namen ›roué‹ Kumpanen des Herzogs von Orléans bei seinen Ausschweifungen; rouable: frz. ›wert, gerädert zu werden‹.
1251 *Roués ... rouables:* S. zu J 1250. Diesen Gegensatz verwertet L. in den Hogarth-Erklärungen (III, S. 740).
1253 *eadem die:* Lat. ›am selben Tage‹; gemeint ist, wie aus J_{II}, S. 397 hervorgeht, der 26. April 1793. So steht es laut Handschrift auf der linken Kolumne der literarischen Bemerkungen, deren rechte die »Continuation« von S. 132 darstellt.
S. 832 *Crell Annal ... 1789:* »Chemische Annalen für die Freunde der Naturlehre, Arzneygelahrtheit, Haushaltungskunst und Manufacturen«, Helmstedt und Leipzig 1784–1803. 1778 gab Lorenz von Crell (1744–1816), Bergrat und Prof. für Chemie und Medizin in Helmstedt und Göttingen, sein erstes »Chemisches Journal« heraus. Es wurde 1781 mit »Die neuesten Entdeckungen in der Chemie« fortgesetzt, die 1784 in die »Chemischen Annalen« übergingen. Neben dieser der unmittelbaren Forschung dienenden Zeitschriftenfolge gab Crell 1789–1798 eine Archiv-Zeitschriftenreihe heraus, die ältere chemische Schriften der naturwissenschaftlichen Akademien den Chemikern vergegenwärtigen sollte. Crell hatte die unbegrenzten Entwicklungsmöglichkeiten der Chemie erkannt und wollte mit seinen chemischen Periodika zum Erkenntnisfortschritt beitragen und die Chemie auf eine breite Basis stellen. Charakteristisch ist, daß diese Zeitschrift nicht nur in ganz Deutschland, sondern auch in anderen europäischen Ländern gelesen wurde. Vgl. Dietrich von Engelhardt, Die chemischen Zeitschriften des Lorenz von Crell, Stutgart 1974. – *Le ... armes:* Am 12. Juli hat die Revolution in Paris begonnen: Gegen 7 Uhr abends versammelte man sich in verschiedenen Vierteln, und man trägt Waffen. – *Le:* In der Handschrift *La.* – *Campens Betragen zu Paris:* Campe war im Juli 1789 mit Wilhelm von Humboldt nach Paris gereist; er hat zwei Beschreibungen dieser Reise veröffentlicht, an die hier wohl gedacht ist. – *Günther Wahl:* Samuel Friedrich

Günther Wahl (1760–1834), 1788 Prof. der orientalischen Sprachen an der Universität Halle (an der auch Sprengel lehrte); bedeutender Orientalist. – *Madan's Translation* ...: Madans »A new and literal translation of Juvenal and Persius« erschien London 1789. Martin Madan (1726–1790), engl. Schriftsteller und Übersetzer. – *Atwoods Experimental-Physik* ... *Fontanas Übersetzung:* Atwoods »A description of the experiments, intended to illustrate a course of lectures, on the principles of natural philosophy, read in the observatory at Trinity College, Cambridge«, erschien London 1776; Fontanas Übersetzung »Compendio d'un corso di Lezioni di Fisica sperimentale« ist Pavia 1781 erschienen. George Atwood (1745–1807), engl. Prof. der Physik und Mathematik in Cambridge; L. erwähnt ihn auch in einem Brief an Franz Ferdinand Wolff vom 4. Mai 1789. Gregorio, Bruder von Felice Fontana (1735–1803), berühmter ital. Abbé, Mathematiker und Physiker in Pavia, Prof. an der dortigen Universität. – *Goth. M[agazin]:* Ludwig Christian Lichtenbergs »Magazin für das Neueste aus der Physik und Naturgeschichte, herausgegeben von dem Legationsrath Lichtenberg zu Gotha« (Gotha seit 1781). Vom vierten Bd. an war Johann Heinrich Voigt Hrsg. der Zeitschrift, die bis 1799 in vierzehn Bdn. erschien. Die mit S. unterzeichnete Rezension findet sich ebd., Bd. 1, 1781, 4. St., S. 197–200. – *Haarlemer Preisfrage:* »Magazin für das Neueste aus der Physik und Naturgeschichte«, 6. Bd., 2. St., Gotha 1790, S. 148–155: Preisaufgaben. Unter den zahlreichen hier abgedruckten Preisfragen der »Holländischen Akademie der Wissenschaften zu Harlem« interessierte L. wohl die erneute Ausschreibung der Preisfrage »wegen der Crawfordischen Theorie von Feuer und Wärme«, die folgenden Wortlaut hat (S. 148): »Bis wie weit kann man eine gegründete Theorie über die Natur des Feuers und über die Ursache der Wärme nach wohlgegründeten und entscheidenden Versuchen, die bis jetzt gemacht werden, entwerfen? und was muß man bey dieser Materie noch als unentschieden ansehen? Einzureichen bis 1. November 1791 bei dem Sekretär der Sozietät, Herrn C. C. H. van der A«. Über ihn s. zu KA 173. – *einiges hieher Gehörige in Gött. gel. Anz.:* Mitteilungen von der Holländ. Akademie der Wissenschaften zu Haarlem (GGA, 130. St., 14. August 1790, S. 1312). – *Experiments ... by S. Johnson:* »Experiments and observations on light and colours; to which is prefixed the "Analogy between heat and motion"«. Das Werk, anonym London 1786 erschienen, ist nach James Kennedy, Dictionary of Anonymous and Pseudonymous English Literature, von John Elliott (1736–1786), einem engl. Mediziner und Naturwissenschaftler, verfaßt worden. Kästner besprach das Werk in den GGA, 170. St., 25. Oktober 1788, S. 1701–1704; L. besaß von Elliott zwei Werke in dt. Übersetzung (BL, Nr. 197, 198). Warum er hier *S. Johnson* schreibt, ist nicht geklärt.

S. 833: Diese Seite entspricht im Original der Innenseite des hinteren Deckels von Sudelbuch J. – *Sommer 4–5:* Derartige Eintragungen von Studenten, die sich – frühzeitig – zu den Lichtenberg-Collegs anmeldeten, begegnen regelmäßig in SK. – *Schulte:* Wohl Bodo Casper Ludwig Schulte von der Lühe, genannt: von Schulte aus Bremen; immatrikulierte sich am 24. Oktober 1789 als Student der Forstwissenschaft an der Georgia Augusta. – *Reden:* Friedrich Otto Burchard von Reden (1769–1836) aus Clausthal, Sohn Claus Friedrich von Redens aus dessen erster Ehe; immatrikulierte sich am 26. Oktober 1790 als stud. jur. an der Georgia Augusta, nachdem er zuvor in

Edinburgh studiert hatte; 1815 Berghauptmann. – *Wilson:* John Wilson aus England, zuvor Universität Edinburgh, immatrikulierte sich am 26. Oktober 1790 als stud. jur. an der Georgia Augusta. – *Tuttenberg:* Vermutlich Johann Carl Tuttenberg aus Göttingen, der sich am 3. Mai 1775 als stud. theol. eingeschrieben hatte (»Ob notam paupertatem gratis«). Seit 1799 sächs. Zolleinnehmer zu Golssen in der Niederlausitz, zuvor Hauslehrer und Hofmeister in Hamburg, Altona und Göttingen; schriftstellerisch tätig »Vermischte Gedichte«, 1782. – *Bulow:* Am 30. Oktober 1790 haben sich an der Georgia Augusta eingeschrieben: Christian Conrad als stud. politic. und Ernst Friedrich Freiherr von Bulow als stud. cam., beide aus Kopenhagen und von der Univ. Kiel. – *Werkmeister:* Georg Heinrich Werkmeister aus Lüneburg, schrieb sich am 20. April 1789 als stud. jur. an der Georgia Augusta ein, zuvor Student in Jena. – *Seebeck:* Am 30. April immatrikulierten sich an der Georgia Augusta Thomas Johann und Christoph Seebeck, vermutlich Brüder. Ersterer irrtümlicherweise als Jurastudent, letzterer als Medizinstudent (Matr. Nr. 15190, 15191). Infrage kommt Thomas Johann Seebeck, Physiker aus Reval (1770–1831), 1802 Dr. med. in Göttingen, 1802–1810 in Jena, bekannt mit Knebel, Hegel, Ritter und Goethe. 1810 in Bayreuth, wo er Jean Paul kennenlernte. Wegen Entdeckungen auf dem Gebiet der Optik 1818 korrespondierendes und 1819 ordentliches Mitglied der Akadamie der Wissenschaften in Berlin. Ermittelte 1813, daß Spannungszustände im Glas zur Entstehung der sog. entoptischen Figuren führen. Entdecker des Thermo-Magnetismus (Thermo-Elektrizität). – *Conring:* Friedrich Heinrich Conring aus Lüneburg, immatrikulierte sich am 19. Oktober 1789 als stud. jur. an der Georgia Augusta. – *Saß:* Friedrich August von Saß aus Livland, immatrikulierte sich am 19. Oktober 1790 als stud. jur. an der Georgia Augusta. – *Höpfners Magazin ... Widenmanns und Voigts ... Preisschriften:* Der vierte und letzte Bd. von Höpfners »Magazin für die Naturkunde Helvetiens«, das Zürich 1787–89 erschien, enthält die folgenden Arbeiten: Widenmanns gekrönte Preisschrift »Beantwortung der Frage: Was ist Basalt? ist er vulkanisch? oder ist er nicht vulkanisch?« (S. 135–212); Voigts »Beantwortung der Preisfrage: Was ... vulkanisch?« (S. 213–232); Werners »Versuch einer Erklärung der Entstehung ... Steinkohlenschichten als ein Beitrag zu der Naturgeschichte des Basalts« (S. 239ff.). – Johann Georg Albrecht Höpfner (1759–1813), schweizer. Apotheker und Arzt, wissenschaftlicher Publizist. – Johann Friedrich Wilhelm Widenmann (gest. 1798), 1790 Bergrat und Prof. der Bergbaukunde an der Karlsschule in Stuttgart; mineralog. Schriftsteller.

Anmerkungen
zu den Nummern in Band II

1254 Erstveröffentlicht: Ph + M 4, S. 140. Zur handschriftlichen Schreibweise dieser Bemerkung s. zu D 53. – *gleich ... auf das Ungemeine ... gehen:* Vgl. zu diesem Vorsatz auch J 1261 und MH 33. – *Sexus plantarum:* Carl von Linnés Petersburger Preisschrift von 1760 entnommen, vgl. Philip C. Ritterbush, Overtures to Biology, New Haven, London 1964; vgl. auch J 1319.

1255 *Esprit des Journaux:* Die monatlich erscheinende Zeitschrift »L'Esprit des Journaux, français et étrangers. Par une société de gens-de-lettres«. Sie erschien 1772–1818 in 487 Bdn. in Paris, zuerst hrsg. von Abbé Coster. Die Zeitschrift brachte in frz. Übersetzung Artikel, die in fremder Sprache erschienen waren. Zwischen 1775 und 1793 war der Arzt de Lignac Hrsg. der Zeitschrift, die L. auch J 1409, 1423 zitiert. – *eines Schweden:* Danach in der Handschrift gestrichen *(sein Name endigt sich in gren)*. – *Haggren Abhandlung über das Phosphoreszieren einiger Blumen:* Die Abhandlung, in der Haggren seine Beobachtungen von 1783 mitteilt, führt den Titel: »Mémoire sur des fleurs donnant des éclairs, traduction du suédois de M. Haggren, lecteur d'histoire naturelle; par M. Gevalin«. (In: L'Esprit des Journaux, Oktober 1788, Bd. 10., 17. Jahr, S. 332–334. Die Abhandlung wurde zuvor in Roziers »Journal de Physique« 33, 1788, S. 111 f. abgedruckt. Lars Christopher Haggren (1751–1809), schwed. Botaniker. – *Calendula:* Ringelblume; vgl. Brief vermutlich an Johann Friedrich Pfaff vom 2. August 1789. – *die gelbe Lilie:* Haggren (a.a.O., S. 333) spricht von der »lys rouge (lilium bulbiferum)«. – *Man müßte Blumen von . . . Bändern und Sammet machen . . .:* Ähnlich äußert sich L. in dem oben genannten Brief. L. beschäftigt sich übrigens auch im GTC 1790, S. 134f., unter »Neue Entdeckungen, physikalische und andere Merkwürdigkeiten« (geschrieben Ende Juli 1789) mit Haggrens Beobachtungen. – *das Nasturtium indicum, wobei es die Tochter des Linné bemerkte:* Die Indische Kresse, aus der Gattung der Kreuzblütler, mit meist gelben Blüten. Elisabet Christina Linné (1743–1782) berichtete über ihre Beobachtungen in dem Aufsatz »Om Indianska Krassens blickande« in den »Konigl. Vetenskaps Acad. Handlingar« 23, S. 284–287, Stockholm 1762. »The explanation for this surprising report lies in the way a coloured image at dusk may be fleetingly focused on the macula of the retina, causing a sensation of bright light apparently located on the image of the flower« (Philip C. Ritterbush, Overtures to Biology, New Haven, London 1964, S. 31 (Fußnote). – *Ist es etwas Elektrisches:* Haggren vermutete »quelque chose d'électrique dans ce phénomène« (a.a.O., S. 333). – *isolierten Töpfen:* »Vielleicht ließe sich die Sache geschwinder ausmachen wenn man die Blumen in Töpfe pflanzte, an heitern Tagen der Sonne aussetzte, und dann in finstern Zimmern beobachtete«, schrieb L. im o. g. Kalender-Artikel S. 135. – *Bennets Elektrometer:* S. H 199.

1257 Erstveröffentlicht: Ph + M 4, S. 328.

1260 Erstveröffentlicht mit geringen Abweichungen: Ph + M 4, S. 249. Eine Thermometer- und Barometer-Beobachtung notiert L. auch am 4. Januar 1789 (J 11).

1261 Erstveröffentlicht: Ph + M 4, S. 140. Zur handschriftlichen Schreibung dieser Bemerkung s. zu GH 93.

1262 *hervor zu bringen:* Danach von L. gestrichen *und doch ist man noch nicht sehr weit darin.* – *Kunst, in großer Hitze Kälte hervorzubringen:* Ähnlich schreibt L. in einem Brief an Georg August Ebell vom 19. Januar 1789; vgl. auch J 1380 und GTC 1790, S. 145.

1265 *Landriani sagte, daß die Platina . . .:* Marsiglio Graf Landriani (1756–1815), ital. Physiker in Mailand; besuchte L. am 15./16. Dezember 1788 in Göttingen; über diesen Besuch und L.s Wertschätzung berichtet L. in einem Brief an Samuel Thomas Sömmerring vom 19. Dezember 1788. Am 17. Dezember 1788 schrieb L. ein Empfehlungsschreiben für Landriani an Hindenburg.

1266 Zur handschriftlichen Schreibung s. zu D 53. – *Der Sache einen andern Namen zu geben:* Diesen Vorsatz notiert L. MH 42. Kritisch äußert L. jedoch in einem Brief an Franz Ferdinand Wolff vom 4. Mai 1789, »daß jeder elende inventuriens seiner alten Sache einen neuen Nahmen giebt ...«.

1267 Erstveröffentlicht: Ph + M 4, S. 249 ff. Auf diesen Versuch vom »Auftauen des Reifs auf den Metallen« kommt L. J 1313 zurück. – *das Stängchen:* In der Handschrift *die.* – *Ingenhouß ... S. 330:* Ingenhouß' »Vermischte Schriften phisisch-medizinischen Inhalts«. Übersetzt und hrsg. von Niklas Karl Molitor, erschienen Wien 1782 (1 Bd.). Die angegebenen Stellen sind in dem Kapitel »Von dem Unterschiede der Geschwindigkeit, mit welcher die Hitze durch verschiedene Metalle geht« (S. 323–336) zu finden. L. besaß die zweibändige 2. Aufl. von 1784 (BL, Nr. 211). Von Ingenhouß' »schönen« Versuchen »über die Wärme-leitende Kraft der ganzen Metalle« berichtet L. im GTC 1790, S. 139 f., unter »Neue Entdeckungen, physikalische und andere Merkwürdigkeiten«.

1268 *Kalender-Artikel über die Taktik der Tiere:* Ausgeführt im GTC 1792, S. 116–128, von F. Meyer; vgl. auch J 1269. – *meine Herde Schafe:* Von ihr und ihrer »Schaftaktik« berichtet L. in einem Brief an Albrecht Ludwig Friedrich Meister vom ca. 16. September 1788; vgl. auch J 1269. – *Wie die Vögel ... fliegen:* Diese Bewegung der fliegenden Vögel und eine demonstrierende Zeichnung berichtet L. in Zusammenhang mit der Brachystochrone in A 211.

1270 Erstveröffentlicht: Ph + M , S. 356–357. – *Hunde nicht schwitzen:* Über physiologische Besonderheiten des Hundes sinniert L. auch H 203.

1271 Erstveröffentlicht: Ph + M 4, S. 270. – *Wenn [ich] ... die Augen schließe:* Eigenbeobachtungen bei geschlossenem Auge stellt L. bereits A 169 an.

1273 *der Art:* In der Handschrift *die.*

1274 *Hooke:* Robert Hooke.

1275 *Hamb. Correspond.:* Fast wörtliches Zitat aus dem »Hamburgischen unpartheyischen Correspondenten«; die gleiche Nummer zitiert L. auch J 15, im übrigen s. zu F 12.

1276 Zur handschriftlichen Schreibung s. zu D 53.

1277 *Amontonsischen See-Barometer:* Guillaume Amontons (1663–1705), frz. Physiker, Mitglied der Académie des Sciences in Paris; experimentierte seit 1702 mit einem Luftthermometer, dessen Angaben er als abhängig vom Luftdruck erkannte und zu korrigieren versuchte. Das führte ihn zu dem Hinweis auf die Möglichkeit eines absoluten Nullpunkts der Temperatur. – *Wallisischen Versuch im Collegio:* John Wallis (1616–1703), berühmter engl. Mathematiker, Vorläufer und Anreger Newtons, 1649 Prof. in Oxford. – *im Barometer:* In der Handschrift *Brometer.* – *Die Auflösung ... p. VII:* J 1290.

1278 Zur handschriftlichen Schreibung s. zu D 53. – *Idées sur la Meteorologie:* Das bedeutende Werk von Jean André Deluc ist zu H 197 nachgewiesen.

1280 *Das hohe Alter mancher Mathematiker ...:* Darüber reflektiert L. auch in einem Brief an Dieterich vom 21. Mai 1789 und Kästner vom 14. Februar 1799. – *Fontenelle, Euler, Leibniz:* Fontenelle wurde fast 100, Euler 76 und Leibniz 70 Jahre alt.

1281 *Amontons[s]che Barometer:* S. zu J 1277. – *caeteris paribus:* S. zu D 79. – *kalibrieren:* Nach dem gehörigen Maß einrichten.

1282 *Unzen:* Altes Apothekergewicht für Arzneimittel; eine Unze entsprach etwa 30 Gramm. – *Drachmen:* Altes Apothekergewicht. Die Unze hatte 8 Drachmen, die Drachme 60 Gran, eine Drachme (abgekürzt »Dr.«) entsprach etwa 3,75 Gramm. – *Gran:* S. zu F 792.

1284 Erstveröffentlicht: Ph + M 4, S. 358. – *auf die Form der Kometenschweife angewandt:* DWB 5, Sp. 1624 gibt lediglich Belege von L. Gemeint ist wohl der schwächer leuchtende Lichtschweif, der Kometen anhängt. L. verwendet auch ›Kometenschwanz‹.

1285 *Gips:* Versuche »Über die Wärme, die der Gips bei der Erhärtung äußert«, führt L. schon 1788 durch, wie er im Brief an Samuel Thomas Sömmerring vom 19. Dezember 1788 mitteilt – in Zusammenhang mit dem Besuch Landrianis. Weitere Versuche notiert L. in J 1286, 1295, 1298, 1299, 1347. – *3 Dr. 2 gr.:* S. zu J 1282.

1286 *Gips:* Zu L.s Versuchen damit s. zu J 1285. – *NB:* Die folgende Passage wurde von L. durch Zeichen nach hier verwiesen.

1287 *Cartesianische Teufel:* Physikalisches Spielwerk und beliebtes Kinderspielzeug mit gläsernen Puppen zur Demonstration der Komprimierbarkeit der Luft, beschrieben in Erxlebens »Naturlehre«, 6. Aufl. von 1794, S. 224, §245. Vgl. auch den Brief an Johann Andreas Scharnhagen vom 6. Januar 1773.

1288 *Das Amontons[s]sche ... Barometer:* S. zu J 1277.

1289 *Dietrichs:* Johann Christian Dieterich.

1290 *ad. pag. V:* J 1277; in der Handschrift *ad pag. VII.* – *Zum Amontons[s]chen Barometer ... die ganze Frage:* S. zu J 1277.

1291 *erhitzen können:* In der Handschrift *kennen.*

1292 *neusten Ausgabe von Chambers Encyclopädie:* Ephraim Chambers (1680–1740), engl. Schriftsteller, gab 1728 das erste enzyklopädische Wörterbuch (2 Bde.) heraus: »Cyclopaedia or an universal dictionary of arts and sciences«. Es erlebte viele Neuauflagen. Der Auftrag eines Verlegers an Diderot, eine frz. Ausgabe dieses Werkes vorzubereiten, gab Anstoß zur Entstehung der frz. »Encyclopédie«. – *bent timber:* Engl. ›gebogenes Holz‹.

1293 *Eudiometer:* S. zu J 391. – *Im Hindenburgischen Magazin:* Das »Leipziger Magazin für reine und angewandte Mathematik«, das 1786–1788 von Johann Bernoulli und Hindenburg herausgegeben wurde. Carl Friedrich Hindenburg (1741–1808) aus Dresden, Begründer der kombinatorischen Schule in Deutschland. 1763 als Hofmeister von Schönbergs in Göttingen, dann in Leipzig, 1771 Magister, immatrikulierte sich 24. Oktober 1777 in Göttingen, Schüler Kästners und Freund L.s, mit dem eine umfangreiche Korrespondenz existiert. 1781 Prof. der Philosophie, 1786 ordentl. Prof. der Physik in Leipzig, wo er die von Winkler 1785 an die Universität übergebene Sammlung physikal. Geräte erweiterte. – Dr *Ludwig:* Christian Ludwig (1749–1784), Dr. phil. und Dr. med., Privatdozent der Physik in Leipzig, hielt ab 1774 Vorlesungen »nach dem Erxleben« über Experimentalphysik; erwarb die Sammlung physikalischer Geräte aus der Hinterlassenschaft Johann Heinrich Winklers. Über die Geschichte des Physikalischen Instituts in Leipzig vgl. Wissenschaftliche Zeitschrift der Karl-Marx-Universität Leipzig, Mathematisch-Naturwissenschaftliche Reihe, 34. Jg. (1985).

1294 *Bei der großen Kälte in diesem Monat:* Vgl. J 1260.

1295 *Zweiter Versuch mit Gips:* Über diese Versuchsreihe s. zu J 1285. – ℥: Altes Apotheker- und chemisches Zeichen für Unze; s. zu J 1282. – *gr.:* Abkürzung für Gran, s. zu F 792. – *er gnau:* L. wiederholte versehentlich die beiden Worte; sie wurden hier gestrichen. – ʒ : Altes Apotheker- und chem. Zeichen für Drachme; s. zu J 1282. – *Krystallisations-Wasser:* Ist die Bezeichnung für das in kristallisierbaren Stoffen enthaltene Wasser. – *Verhältnis wie 16:3:* Danach in der Handschrift zweieinhalb Zeilen gestrichen.

1296 *Elektrizität des Turmalins:* Über den Turmalin und seine Eigenschaften s. zu D 729. – *Bernoullische Luftthermometer:* Gemeint ist »Hydrodynamica seu de viribus et motibus fluidorum commentarii« (1738) von Daniel Bernoulli, der in Seltio X, § 8, über das Thermometer handelt. Daniel Bernouilli (1700–1782), Sohn Johann Bernouillis, Dr. med, 1725 Prof. in Petersburg, 1733 in Basel, 1750 dort auch Prof. der Physik und der spekulativen Philosophie.

1297 *Ilsemann:* Johann Christoph Ilsemann (1727–1822), Ratsapotheker zu Clausthal, chem. Schriftsteller.

1298 *2 Unzen Gips:* Zu L.s Gips-Versuchen s. zu J 1285.

1299 *der obige Gips:* S. J 1298; zu L.s Gips-Versuchen s. zu J 1285. – ʒ ... ʒ : Zu diesen Zeichen s. zu J 1295. – *gr.:* Gran; s. zu F 792. – *als am 7ten Febr.:* Der J 1295 beschriebene Versuch.

1300 *Auch Cardan S. unten p. LXXXIII.:* S. zu J 1875, wo das Werk nachgewiesen ist; die Zeilenzahl ist In der Handschrift *LXXIII.* – Über Geronimo Cardano s. zu KA 47.

1301 *Herr Klindworth*: S. zu F 457.

1302 *eine artige Erscheinung ... der Heber:* Vgl. J 1301; s. auch zu K 333.

1303 Diese Bemerkung ist von L. gestrichen; im übrigen vgl. J 1301.

1304 *Ein Spielwerk ... hierauf gründen:* Auch diese Bemerkung bezieht sich auf J 1301.

1305 *Zum ersten Mal auf dem Garten:* Vgl. SK 5; gemeint ist L.s, ehemals Volborths, Garten an der Weender Landstraße 37 neben dem Bartholomäus-Friedhof, den er seit 1787 von Dieterich gemietet hatte. Dort und im Wohnhaus in der Gotmarstraße hielt sich L. im letzten Jahrzehnt seines Lebens während der schönen Jahreszeit abwechselnd auf. – *Beobachtung mit dem Schall:* Schall-Beobachtungen notiert L. auch J 1307, 1308, 1309, 1325, 1390–1392; s. auch an Heinrich Oppermann, Sommer 1788 (?).

1306 *Phlogiston:* Zu diesem Begriff s. zu D 316.

1307 *Am 25ten April:* Zu dem Datum vgl. auch SK 6. – *auf den Garten:* S. zu J 1305. – *großen:* von L. doppelt unterstrichen. – *beobachtete ich den Schall wieder:* Vgl. J 1305.

1308 *Dankfest:* Vgl. J 1307. Über L.s Schall-Beobachtungen vgl. J 1305. – *Tertien-Uhr:* Instrument zur Messung sehr kleiner Zeitabschnitte, v. a. in der Ballistik gebräuchlich (vgl. K 344): Das Chronoskop – eine Vorform der Stoppuhr – besitzt für Minuten, Sekunden und eine noch kleinere Einheit ($^1/_{100}$ Sekunden) eigene Zeitanzeigen und wird per Knopfdruck in Gang gesetzt und gestoppt.

1309 *Beobachtungen über den Schall:* Vgl. J 1305.

1310 *Eine Maschine wo man ... schmelzen kann:* Diese Maschine will sich L., wie aus J 55 hervorgeht, von Klindworth bauen lassen.

1311 Diese Bemerkung ebenso wie J 1312 steht wohl in Zusammenhang mit L.s Colleg über die Lehre vom Licht, das er am 11. Mai 1789 begann (vgl. auch Brief an Blumenbach vom 5. Mai 1789).

1312 Auch diese Bemerkung steht wohl in Zusammenhang mit L.s Colleg über die Lehre vom Licht; s. zu J 1311. – *Chaptals Versuche:* Jean Antoine Claude Chaptal (1756–1832), frz. Staatsmann und Chemiker, Leiter der Salpeterfabrik in Grenoble, wo er die Fabrikation des Salpeters vereinfachte und die der Schwefelsäure förderte. – *Dizé Brief darüber:* »Lettre de M. Dizé, de la Société Royale de Vergara, et élève de M. d'Arcet au Collège Royal, à M. de la Métherie«, erschienen im »Journal de Physique«, Bd. 34, Teil I, Februar 1789, S. 105–108. Michel Jean Jacques Dizé (1764–1852), frz. Apotheker, 1784–1791 Präparator bei d'Arcet.

1313 *was ich S. II . . . gesagt:* J 1267.

1315 *auf dem Garten:* S. zu J 1305. – *Eines war . . . NB NB:* Diese Passage wurde von L. nachträglich hinzugefügt.

1317 Zur handschriftlichen Schreibung s. zu GH 93.

1318 *Devaporation:* Der Aufsatz »Frigorific Experiments on the mechanical Expansion of Air, explaining the Cause of the great Degree of Cold on the Summits of high Mountains, the sudden Condensation of aerial Vapour, and of the perpetual Mutability of atmospheric Heat« von Erasmus Darwin, erschien in den »Philosophical Transactions«, London 1788, Bd. 78, Teil I, S. 43–52. Von »The Devaporation of aerial Moisture« schreibt Darwin ebd. S. 49–51; s. auch J 1380. Erasmus Darwin (1731–1802), engl. Arzt und naturwiss. Schriftsteller; Mitglied der Royal Society in London.

1319 *Sexus Electricitatum:* Zu dieser Formulierung vgl. J 1254 und die Anm. dazu.

1320 *Werners Abhandlungen:* Der Basaltstreit wurde entfacht durch eine Veröffentlichung Werners über seine Beobachtungen am Basaltvorkommen des Scheibenberges im Sächsischen Erzgebirge (Intelligenzblatt der Allgemeinen Literaturzeitung, Nr. 57, 1788, S. 485f.). Johann Carl Wilhelm Voigt trat dieser Deutung in polemischem Tone entgegen (ebd. Nr. 60, 1788, S. 510f.), was Werner zu einer Erwiderung veranlaßte (ebd. Nr. 23, 1789, S. 179f.). Darauf antwortete Voigt noch einmal in zwei ausführlichen Abhandlungen (»Schreiben eines unparteiischen Beobachters über die jetzige Streitigkeit wegen der Entstehung des Basalts«, in: »Mineralogische und Bergmännische Abhandlungen«, 1789, I. Heft, und »Erklärung gegen des Herrn Inspektors Werner Antwort«, ebd., II. Heft). Im Bergmännischen Journal I. Heft, 9. Stück, Dezember 1788 veröffentlichte Werner die drei oben genannten Publikationen von ihm und Voigt in der Literaturzeitung unter dem Titel: »Werners Bekanntmachung einer von ihm am Scheibenberger Hügel über die Entstehung des Basaltes gemachten Entdeckung, nebst zweyen zwischen ihm und Herrn Voigt darüber gewechselten Streit; alle dreye aus den Intelligenzblättern der allgemeinen Literaturzeitung genommen, und von ihm noch mit einigen erläuternden Anmerkungen, wie auch einer in den noch besonders angehängten Schlußanmerkungen enthaltenen weitern Ausführung seiner letztern Schrift begleitet«. Dort finden sich Werners erste »Bekanntmachung«, S. 845–855, Voigts »Berichtigung«, S. 856–871, Werners »Antwort auf Herrn Bergsekretärs Voigt . . . Berichtigung . . .«, S. 871–887, Werners »Schlußanmerkung«, S. 887–907. Die weiteren von L. in J 1320 zitierten Aufsätze Werners: »Herrn Dr. Fausts Nachricht von dem auf dem Meißner in Hessen über Steinkohlen und bituminösem Holze liegenden Basalte«, in: Bergmännisches Journal II. Heft, 3. Stück, März 1789, S. 261 f.; »Auszug einer wichtigen Stelle über die Beschaffenheit und Entstehung einiger böhmischer Basaltberge in der Gegend von Bilin«, in: Bergmännisches Journal II. Heft, 5. Stück, Mai 1789. (Es handelt sich um einen Auszug aus Reuß, »Beitrag zur Geschichte der Basalte« im 3. T. der Abhandlungen der böhmischen Gesellschaft der Wissenschaften). Eine weitere Schrift Werners zu diesem Thema notiert L. J₁, S. 833. Im übrigen s. auch zu J 1137. – *Bergmännischen Magazin:* Das »Bergmännische Journal«, das von 1788–1816 in Freiberg erschien und von Alexander Wilhelm von Köhler und Christian August Siegfried Hoffmann herausgegeben wurde. L. besaß Jahrgang 1792, Heft 1–2, dieser Zeitschrift (BL, Nr. 64). – *Aus einem MS. das er mir ... mitteilte:* Dieses Manuskript erwähnt L. in einem Brief an Werner um den 14. August 1789, der sich ähnlich dieser Bemerkung mit Werners Basalt-Theorie auseinandersetzt. – *daß die Vulkane:* In der Handschrift Komma nach *daß.* – *hiergegen ließe sich ... einwenden:* Derartige Einwände erhebt L. in dem oben zitierten Brief. – *Morands Abhandlung:* Jean François Clément Morand (1726–1784), frz. Naturwissenschaftler, Dr. med., Prof. der Anatomie und Geburtshilfe in Paris. – *Mem(oires) de Paris:* Über diese Zeitschrift s. zu KA 44, G 1. – *Crell Annalen ... 1788:* S. zu J 745. – *entzündet sich die Alaun-Erde ... von selbst:* Auch diesen Hinweis bringt L. in dem oben genannten Brief an Werner an. – *Lachter:* Klafter, früheres deutsches Längenmaß im Bergbau; 1 Lachter = rd. 2 Meter. Vgl. III, S. 44, 48. – *(Nur begreife ich noch nicht was das Feuer unterhält):* Auch diese Notiz bringt L. in dem oben zitierten Brief an Werner zur Sprache. Danach von L. gestrichen *Was wird nun aus dem geschmolzenen Basalt? Er ist doch wohl schwerer als die leichte brenn[ende] Steinkohle. Dieses Argument ist gar nichts wenn.* – *Werner erzählte mir auf dem Garten:* Einen Besuch Werners notiert L. für den 15. August 1789 (J 1324, SK 13).

1324 *Am 15(ten) Aug ... Werner auf dem Garten:* Zu dieser Eintragung vgl. SK 13, s. zu J 1320.

1325 *Erbprinz von Oranien:* Wilhelm Friedrich (1772–1843), Sohn von Wilhelm V. Batavus, Prinz von Oranien und Erbstatthalter der vereinigten Niederlande, aus dem Hause Nassau-Diez, das 1702 seit Johann Wilhelm Friso von Nassau-Diez (gest. 1711) in den Besitz des niederl. Besitzes der Oranier gelangte und seitdem den Titel Prinz von Oranien führte. Wilhelm Friedrich, preuß. Generalleutnant, seit 1815 König der Niederlande. – *Stammford:* Unterm 17. März 1792 notiert L.: »kan mich [auf] den Nahmen des Obristen v. Stamford nicht besinnen, welches meinen Kopf noch wüster macht. Ich habe ihn auch nicht gefunden endlich im Meusel.« Nach Meusel 7, 609, handelt es sich um Franz Karl von Stamford (geb. 1742) in Bourges/Frankreich, seit 1792 Oberhofmeister der Erbprinzessin von Braunschweig, geb. Prinzessin von Nassau-Oranien; zuvor holländ. Obrist, Kammerherr bei dem Prinzen Erbstatthalter, Erzieher der beiden Prinzen von Oranien, Ingenieurhauptmann zu Potsdam und Lehrer der Mathematik beim preußischen Offizierskorps in Halberstadt; auf mathematischem und belletristischem Gebiet schriftstellerisch tätig. Möglicherweise verwechselt Meusel diesen Stamford mit Heinrich Wilhelm von Stamford (1740–1807), Militärschriftsteller und Lyriker, der in der Matrikel der Georgia Augusta aber nicht geführt wird (»Entwurf einer Anweisung den Kavalleristen in Friedenszeiten den ganzen Felddienst zu lehren«, Berlin 1794)). – *Beob[achtung]. über den Schall:* S. J 1305.– *Tertien-Uhr:* Vgl. J 1308. – *Herrn Oppermanns:* Heinrich Oppermann (s. zu J 552). – *Volborthischen Garten:* Johann Karl Volborth (1748–1796), 1782 Prof. der Theologie, speziell für alttestamentarische Wissenschaft, und erster Universitätsprediger in Göttingen, dann Superintendent in Gifhorn; auch als Lyriker produktiv. L. erwähnt seinen Garten auch andernorts als ›Bagnio‹ der Madame Volborth. Er hatte den Garten 1787 gemietet, s. zu J 1305. Von »Volborths-Ruhe« spricht er in einem Brief an Blumenbach um den 7. Juli 1787.

1326 Zur handschriftlichen Schreibung hier und J 1327 s. zu D 53. – *Ist es ... würklich so ausgemacht:* Ähnlich auch J 1331, 1458.

1328 *ansetzte:* In der Handschrift *ansetzten.*

1329 Zur handschriftlichen Schreibung s. zu D 53. – *die meisten Erfindungen durch Zufall ... gemacht:* Ähnlich vgl. auch J 908, L 806.

1331 Zur handschriftlichen Schreibung s. zu D 53. – *Verlasse ... die Landstraße:* Ähnlich formuliert L. auch J 1603, 1633; K 312, 384; vgl. J 528. – *du bist ein Mitglied des Rates:* Eine ähnliche Wendung findet sich bereits A 136, C 194, D 79. Vgl. auch den Brief an Christoph Friedrich Nicolai vom 21. April 1786.

1334 *in meiner Nerven-Krankheit:* S. zu GH_{II}, S. 214, J 252 und 289. – *das kränkliche Sausen in meinen Ohren:* Davon berichtet L. auch GH_{II} S. 214, für den 26. November 1789.

1335 *Repetier-Uhr:* Taschenuhr mit Repetition, die auf Knopfdruck die Stunden- und Viertelstunden anschlug, zuerst 1687 von Thomas Tompion und Daniel Quare hergestellt, in England und auf dem Kontinent rasch verbreitet. In dem »Inventarium« von L.s Hinterlassenschaft vom 7. August 1799 (vgl. Joost, Dieterich, S. 112) sind unter Nr. 2, 3, 4 lediglich aufgeführt: »Eine goldene Taschen Uhr«, »Eine Toiletten Uhr«, »1. Astronomische Stuben Uhr«.

1336 Zur handschriftlichen Schreibung s. zu D 53. – *über die gemeinsten Sachen ... schreiben:* Diesen Vorsatz äußert L. schon H 174.

1339 *Gewächslaugen-Salz:* Auch ›Vegetabilisches Laugen-Salz‹, nach Lavoisiers und Girtanners Nomenklatur: Potasse, Pottasche. – *alkalinischer Luft:* Nach Lavoisiers und Girtanners Nomenklatur: Gas Ammoniaque; Ammoniakgas (NH_3). – *S. Seite XVIII:* J 1345; diese Passage durch Zeichen von L. hier angeschlossen. – *physischer Dynamik nach v. Swinden vorgetragen:* Vgl. J 1345 und die Anm. dazu.

1340 Erstveröffentlicht: Ph + M 4, S. 193. – *Begriff von Latent-werden:* Zu L.s Reflexion vgl. J 1330. – *die Kanonen-Kugel, die sich schnell um ihre Axe dreht:* Zu diesem Beispiel vgl. J 1330..

1341 Zur handschriftlichen Schreibung s. zu D 53. – *Nil admirari:* Nichts anstaunen: die ersten beiden Worte der »Epistulae« I, 6,1 von Horaz. Die beiden Wörter sind von L. gestrichen. In »Kohlengruben unter der See, und Etwas von negativen Drücken« (GTC 1799, S. 207; VS 6, S. 282) führt L. aus: »Mit seinem *Nil admirari,* mit dem einem zuweilen bey solchen Gelegenheiten begegnet wird, hätte der große Mann gewiß nicht geantwortet, denn er verstand seinen Horaz besser, als mancher Neuere den so genannten ihrigen; er bewundert ja den ersten Schiffer selbst. (...) Da es sich denn finden wird, daß, so wie der letzte Satz eine der größten moralischen Wahrheiten, so der erste eine der größten Aufmunterungen für den menschlichen Geist zu Muth und Thätigkeit enthält.«

1342 *med.:* meditandum; zu dieser Formel s. zu F 75.

1343 Erstveröffentlicht: Ph + M 4, S. 219f. – *bei dem Gehör sehr viel Aktives:* Vgl. auch J 1344.

1344 Erstveröffentlicht: Ph + M 4, S. 220. Zu dieser Bemerkung vgl. J 1343. – *Caligare ... artus:* »Dunkel beziehet das Aug, es gellen die Ohren, das Knie sinkt«, übers. von Karl Ludwig von Knebel. Exempla Classica 1960, S. 89. Das Zitat stammt aus »De rerum natura« von F. Lucretius Carus.

1345 *Ad S. XVII:* J 1339. – *Swinden in seinen Positionibus Physicis:* Jan Hendrik van Swinden veröffentlichte seine »Positiones physicae« 1786 zu Harderwyk in zwei Bdn.; der von L. hier angekündigte dritte Bd. erschien erst Utrecht 1797 (vgl. L 231). L. erwähnt das Werk auch in einem Brief an Dieterich vom 3. Mai 1798 als Desiderat. – *Newton Opt. Quaest:* Die Anspielung wird in J 1350 weiter ausgeführt.

1346 *meiner jetzigen Nerven-Krankheit:* S. zu GH_{II}, S. 214, vgl. J 252, 289.

1347 *Abnahme des Seewassers:* Ähnlich reflektiert L. GH 91. – *wie etwa der Gips:* Über L.s Gips-Versuche s. zu J 1285.

1348 *Argandsche Lampe:* Über Argands Lampe s. zu GH_{II}, S. 226.

1349 *Glühendes Wasser ... wie schon Leidenfrost sagte:* Johann Gottlob Leidenfrost (1715–1794), 1743 Prof. der Medizin an der Universität Duisburg; über ihn vgl. Willy Thönnessen, in Photorin 3/1980, S. 43 f. L. bezieht sich auf das »herrliche Büchelchen« (vgl. Brief an Christian Heinrich Pfaff von Ende 1794): »De aquae communis nonnullis qualitatibus tractatus«, erschienen Duisburg 1756. Eine Ausgabe seiner »Opuscula physicochemica et medica, antehac scorsim edita, nunc post eius obitum collecta«, erschienen Lemgo 1796–1797 in zwei Bdn., wurde in den GGA, 73. Stück, 8. Mai 1797, S. 726–728, besprochen.

1350 *Dynamik, von der ich oben geredet:* Vgl. J 1339, 1345. – *Newton sagt ... am Ende seiner Optic:* Die auch J 1345 von L. notierte 31. Query am Ende des Dritten Buches der »Optic«. – *wo er schreibt:* Wörtl. Zitat liegt nicht vor. – $\pi\mu$: Zu diesen Buchstaben s. zu A 70. – *Salz das anschießt:* S. zu A 216.

1351 *gut:* Danach von L. etwas gestrichen. – *jede Religion ... ein künstliches System von Bewegungsgründen:* Über Bewegungsgründe reflektiert L. auch J 1354. – *Der:* Danach von L. gestrichen *Mensch.* – *dasjenige:* Von L. verbessert aus *das.*

1352 Zur handschriftlichen Schreibung s. zu D 53. – *verschafft:* Von L. verbessert aus *giebt.*

1353 *Sehen:* Von L. in der Handschrift doppelt unterstrichen.

1359 Zur handschriftlichen Schreibung s. zu D 53.

1361 Zur handschriftlichen Schreibung s. zu D 53. – *Transzendentmachung:* Zu diesem Ausdruck vgl. F 72 und die Anm. dazu.

1362 Zur handschriftlichen Schreibung hier, J 1363, J 1364 und J 1365 s. zu D 53.

1365 *So behauptete Meister ...:* Der Ausspruch von Albrecht Ludwig Friedrich Meister wird auch J 1516 angeführt. Vgl. D 266.

1370 *was ... Deluc sagt:* Vermutlich »Idées sur la Météorologie«, London 1787, Bd. 2, Kap. V: De l'air atmosphérique. Section II. Examen de la question, si l'air atmosphérique est un mélange de deux airs, S. 277, wo es heißt: »Je suis donc porté à croire, que l'*air atmosphérique* est un fluide expansible *homogène*, dont chaque particule contient tous les ingrédiens que nous en séparons, et probablement bien d'autres qui nous sont encore inconnus. Jamais nous ne pouvons être absolument sûrs, qu'il n'y ait aucune différence, entre nos compositions et les substances naturelles que nous cherchons à imiter.« Ich bin also geneigt zu glauben, daß die Luft ein homogenes dehnbares Fluidum ist, deren Partikel alle Elemente beinhalten, die wir heraustrennen, und vermutlich viele andere, die uns noch unbekannt sind. Wir können niemals absolut sicher sein, daß es zwischen unseren Zusammensetzungen und den natürlichen Substanzen, die wir nachzumachen suchen, keinen Unterschied gibt. – *Cavendishische Verwandlung der phlog. Luft in Salpetersäure:* Cavendish entdeckte, daß sich beim Durchschlagen elektrischer Funken durch Luft Salpetersäure bildet. Henry Cavendish (1731–1810), engl. Privatgelehrter und Chemiker; entdeckte das Knallgas (s. zu J 1745); Anhänger der Phlogistontheorie; »Electrical Researches« (1771–1781).

1371 Zur handschriftlichen Schreibung hier und J 1372 s. zu D 53.

1373 *Terr. foliat. Tart.:* Terra foliata Tartari: blättrige Weinsteinerde. Durch Glühen von Weinstein wurde Pottasche hergestellt und diese dann mit destilliertem Essig neutralisiert. Das erhaltene Kaliumacetat reinigte man durch Eindampfen, Lösen in Wasser, Filtrieren und wieder Eindampfen.

1375 *Sollten sich:* In der Handschrift *Sollte es.*

1376 *Bruce beschreibt sie:* Der Aufsatz »An Account of the sensitive Quality of the Tree Averrhoa Carambola«, erschienen in den »Philosophical Transactions«, London 1785, Bd. LXXV, Part II, S. 356–360. Robert Bruce, engl. Arzt. – *Botan[isches] Magazin:* Das »Magazin für die Botanik« erschien, hrsg. von Johann Jacob Römer und Paulus Usteri, in zwölf Stücken Zürich 1787–1790. Das »Botanische Magazin« hat den Aufsatz von Bruce als »Nachricht von der Empfindlichkeit des Baumes Averrhoa Carambola« 1787, 1. Stück, S. 96–103, in Übersetzung abgedruckt.

1377 *wie sich Teile des Körpers durch Reiz in Eiter-Organe verwandeln, nach ... Grasmeyer:* Grasmeyers »Abhandlung vom Eiter und den Mitteln, ihn von allen ihm ähnlichen Feuchtigkeiten zu unterscheiden«, Göttingen 1790. Paul Friedrich Hermann Grasmeyer (1756–1825) aus Hannover, immatrikulierte sich am 28. Oktober 1787 an der Georgia Augusta, wo er 1789 promovierte, später Arzt in Hamburg. L. besaß das Werk (BL, Nr. 841).

1378 *Tart. Vitriol.:* Tartarus vitriolatus; s. zu KA 119.

1380 *Darwin glaubt ... den Wind werde machen lernen:* In dem zu J 1318 nachgewiesenen Aufsatz, a.a.O., S. 52, schließt Erasmus Darwin: »and if it should ever be in the power of human ingenuity to govern the course of the winds, which probably depends on some very small causes; by always keeping the under currents of air from the S. W. and the upper currents form the N. E. I suppose the produce and comfort of this part of the world would be doubled at least to its inhabitants, and the discovery would thence be of greater utility than any that has yet occurred in the annals of mankind«. – *wie ich vom Verfrieren der Städte:* Zu diesem Gedanken vgl. J 1262 und die Anm. dazu.

1381 Zur handschriftlichen Schreibung s. zu D 53. – *monströser Gedanke:* Vgl. J 1380.

1382 *(etwas monströs):* Vgl. J 1380.

1386 Zur handschriftlichen Schreibung s. zu D 53.

1387 *Lahire zweifelte ... daran:* »M. de la Hire a été un de ceux qui n'a pas voulu reconnoître pour des yeux nos masses de cristallins; ayant observé qu'entr'elles deux il y avoit sur la tête des mouches trois petits corps spheriques, brillants et transparents, disposés en triangle; il crut que c'étoient-là les vrais yeux des mouches, et qu'elles n'en avoient point d'autres: il s'imagina leur avoir trouvé tous les caracteres des yeux, jusqu'aux paupieres.« In: »Mémoires pour servir à l'Histoire des Insectes« von Réaumur, 1. Bd. »Sur les Chenilles et sur les Papillons«, Paris 1734, S. 213. Philippe de Lahire (1640–1718), frz. Mathematiker. – *Réaum. Hist. des Insect[es.]:* Das Werk ist 1737 erschienen (zu D 690 nachgewiesen). A.a.O, S. 215f. schreibt Réaumur: »Dans quelques insectes, et sur-tout dans quelques especes des papillons, chacun des gros globes de ceux qui sont un assemblage de tant de milliers de cristallins, sont extrêmement chargés de poils: des poils semblent mal placés sur une cornée; ceux qui ont eu peine à regarder ces globes comme les organes de la vision, en ont tiré une objection assés forte. Il est vrai aussi que tant de poils troubleroient absolument la vision si chaque globe n'étoit qu'un seul œil; mais dès que le globe est un paquet d'yeux posés les uns auprès des autres, alors les poils tiennent peut-être lieu de paupiere à chaque œil; ces poils qui s'élèvent perpendiculairement sur les globes, n'empêchent pas des rayons d'arriver à chaque petit œil, à chaque cristallin: ils arrêtent pourtant un grand nombre de ceux qui y arriveroient, mais la constitution foible de ces yeux exige peut-être que cela soit ainsi.«

1388 *Das seltsamste amphibische Insekt beschreibt Réaumur Mem de Paris 1714:* »Observation sur une petite Espèce de vers Aquatiques assêz singuliere«, in: »Histoire de l'Académie Royale des Sciences«, Année 1714, S. 203–208, wo es S. 203 heißt: »Celui-ci a les deux extrémités de son corps aquatiques; sa tête et sa queue sont toûjours dans l'eau, et le reste de son corps est toûjours sur terre. Pour concevoir comment cela se fait, il faut connoître sa figure.«

1390 *Den 2ten Mai 1790 zum erstenmal mit meiner Frau auf den Garten gefahren:* Vgl. SK 42. Margarethe Elisabeth Lichtenberg, geb. Kellner (1760–1848) aus Nikolausberg, Haushälterin und spätere Frau L.s (verheiratet seit dem 5. Oktober 1789).

1392 *Den 8ten Mai wieder auf dem Garten:* Vgl. SK 44.

1393 Zur handschriftlichen Schreibung s. zu D 53. – *Deiman mit Recht sagte:* Johan Rudolph Deiman (1743–1808), holländ. Mediziner und Naturforscher, Arzt in Amsterdam, als Chemiker Anhänger Lavoisiers, entdeckte 1790 zusammen mit Paets van Troostwyck die Zersetzung des Wassers durch Reibungs-Elektrizität.

1396 *Scheele das Feuer, für eine Zusammensetzung von dephlog[istisierter] Luft und Phlogiston hielt:* Die »Chemische Abhandlung von Luft und Feuer. Nebst einem Vorberichte von Torbern Bergmann« von Karl Wilhelm Scheele erschien Leipzig 1782 in zweiter verbesserter Auflage; darin §75 (S. 92): Das Feuer; speziell S. 94–97. Karl Wilhelm Scheele (1742–1786), entdeckte als Apotheker den Sauerstoff und verschiedene wichtige Säurearten, zerlegte die atmosphärische Luft, das Ammoniak und den Schwefelwasserstoff. – *mit Kirwan:* Gemeint ist »An Essay on Phlogiston and the Constitution of Acids«, London 1787, wo Kirwan S. 25–27 »Of the Composition and Decomposition of Water« handelt. Richard Kirwan (1735–1812), irischer

Naturwissenschaftler, führte die chemische Zusammensetzung als Klassifikationsschema in die Mineralogie ein; Mitglied und Präsident der Royal Irish Academy; »Elements of Mineralogy«, 1784. – *Ciceros Bemerkung:* Cicero, De natura deorum, 1. Buch, 5. Teil. – *Opiniones ... sit:* Meinungen sind so verschieden und so von einander abweichend, daß es fürwahr einerseits möglich ist, daß keine, andererseits sicherlich unmöglich ist, daß mehr als eine wahr ist.

1397 *Könnte nicht der Diabetes, die Brustwassersucht, und die Wassersucht ... aus einer Verdorbenheit der Einatmungs-Werkzeuge herrühren:* S. auch zu J 223.

1399 *auch das Barometer bei der Wilckeschen Luftpumpe anbringen:* Zu diesem Versuch vgl. J 1398.

1401 *Tromsdorf. Göttlings Almanach:* Trommsdorff veröffentlichte im »Taschen-Buch für Scheidekünstler und Apotheker«, das Göttling 1780–1809 in Weimar herausgab, 1790, S. 120–124, »Kleine vermischte Bemerkungen«, wo es S. 123 heißt: »Herr Westrumbs Bemerkung, daß der Phosphorus in der Dünsthöle zu Pyrmont leuchte, zog meine Aufmerksamkeit auf sich. Ich vermuthete, den Grund davon in der vielleicht noch darinn befindlichen atmosphärischen Luft, suchen zu können, und um mich davon zu versichern, setzte ich 12 Gran Phosphorus unter eine Glocke, die mit reine Luftsäure angefüllt war, und fand zu meiner nicht geringen Verwunderung, daß auch hier der Phosphorus lebhaft leuchtete, wenn ich aber brennend hinein tauchte, so verlöschte er augenblicklich. Nach welcher Theorie, will man nun diese Erscheinung erklären, und wie stimmt sie mit Herrn Prof. Grens Begriffen von Phlogiston überein?«. Johann Friedrich August Göttling (1755–1809), Chemiker, Schüler und Freund L.s, später Prof. in Jena. L.s Wertschätzung geht aus Briefen an Martinus van Marum vom 26. Mai und 14. Juni 1787 hervor. L. besaß Jahrgang 7–11 des »Almanachs« (BL, Nr. 48). Johann Bartholomäus Trommsdorff (1770–1837), Apotheker in Erfurt und seit 1795 dort Prof. der Chemie; vielseitiger naturwiss. Schriftsteller, Herausgeber und Übersetzer, gab Göttlings Almanach ab 1820 unter dem Titel »Trommsdorffs Taschenbuch für Chemiker und Apotheker« heraus.

1404 *Ursachen der Influenza:* S. J 1293. – *der Nebel 1783:* S. J 1369.

1406 *Unsere Erde ... unter den Geschöpfen die im Meer der Himmel um die Sonne herum spielen die Zitter-Rochen:* »Um 1773 ward es endlich durch Walsh (On the electric property of the Torpedo in Philos. Trans. Vol. LXIII, p. 461) ausser Zweifel gesetzt, daß die Eigenschaften dieses Fisches ganz von der Elektricität abhängen ... Allem Ansehen nach wird sich die Zahl dieser Thiere, welche elektrische Wirkungen hervorbringen, in Zukunft noch weiter vermehren. Merkwürdig ist inzwischen, wie Herr Hofrath *Lichtenberg* erinnert, daß sie sich bisher nur unter den Fischen gefunden haben, also gerade unter derjenigen Classe von Geschöpfen, die in einem Fluido leben, das der Erweckung künstlicher Elektricität unter allen am meisten entgegen ist.

D. *Ingenhouß* bemerkt, das Beyspiel der elektrischen Fische begünstige den Gedanken, daß sich vielleicht in allen Thieren ein elektrisches Vermögen, wovon die thierische Haushaltung zum Theil abhänge, befinden möge ... Er werde es, sagt er, nicht unerwartet finden, wenn man darthun werde, daß die Wirkung unsers Gehirns Aehnlichkeit mit der Elektricität habe ... Wenn man gleich diese Lehre noch auf keine unmittelbaren Beweise stützen kan, so könnten doch die Zergliederungen des Zitteraals und Zitterrochens einigen Schein der Wahrheit auf dieselbe werfen. Diese Zergliederungen haben gelehrt, daß die elektrischen Organe dieser Thiere mit einer erstaunlichen Menge Nerven versehen sind, daß ihre Erschütterungen aufhören, wenn man diese Nerven zerschneidet u.s.w. Nun wissen wir aber auch aus andern Gründen, daß die Nerven unter allen Theilen des thierischen Körpers die besten Leiter der Elektricität und für alle elektrische Wirkungen am empfänglichsten sind, welches sich mit der erwähnten Hypothese sehr wohl vereiniget.« (Gehler, Bd. 4, S. 880–885).

1407 Zur handschriftlichen Schreibung s. zu D 53. – *alles was künftig gebraucht werden kann ... gleich einzeln auszuarbeiten:* Vgl. J 1422. – *im compendio:* Der Notiz ist nicht zu entnehmen, ob es sich dabei um L.s Schreibplan eines eigenen Kompendiums oder um Überlegungen zu einer Neuauflage der »Anfangsgründe« handelt. – *wie Seekatz:* Die Arbeitsweise dieses Malers wird J 1422 weiter ausgeführt. Johann Conrad Seekatz (1719–1768), seit 1753 Hofmaler des Landgrafen Ludwig VIII. von Hessen-Darmstadt, Vertreter der »holländischen Mode« in der dt. Malerei des 18.Jh.s, von Goethe in »Dichtung und Wahrheit«, Drittes Buch beschrieben.

1408 *das Auge ... ein Verdauungs-Werkzeug für das Licht:* Vgl. Brief an Johann Albert Heinrich Reimarus vom 20. Januar 1799. – *Was für eine Menge von sanften Erschütterungen entgeht dem Tauben:* Vgl. F 685. – *die uns:* In der Handschrift *den uns*. – *Richter in ... de insolatione veterum:* Die zu A 174 genauer nachgewiesene Dissertation. – *Man solle um die Augen zu stärken zuweilen in die Sonne sehen:* Hierzu vgl. KA 77.

1409 *Aufsatz im Esprit des Journaux:* Aus dem »Giornale enzyclopedico di Vicenza« übersetzte »Lettre du P. Jean-Baptiste de Saint-Martin, lecteur capucin, au P. D. François-Marie Stella, professeur de philosophie au collège des pères barnabites d'Udine ...«, veröffentlicht in »L'Esprit des Journaux, français et étrangers«, avril 1790, S. 361–372. – *etwas aus dieser Abhandl. in meine[n] neue[n] Exzerpten S. 31:* In seinen »Exzerpta mathematica et physica«, S. 31–32, gibt L. unter dem Stichwort »Ausdünstung« eine längere Zusammenfassung des Aufsatzes von Saint-Martin. »Exzerpta mathematica et physica« überschrieb L. ein Notizheft, das er in den neunziger Jahren angelegt und unregelmäßig geführt hat. Es ist offenbar nicht mehr vollständig. Die Handschrift befindet sich in der Staats- und Universitätsbibliothek Göttingen (Sign. Ms. Lichtenberg VI, 55).

1411 Zur handschriftlichen Schreibung s. zu D 53. – *lassen sich schickliche Zeichen gebrauchen:* Wie zum Beispiel + und – für die Elektrizität.

1412 *Hellwag ... Erklärung des vielfachen Regen-Bogens:* Der Aufsatz »Vom vielfachen Regenbogen« erschien im »Neuen deutschen Museum«, 2. Bd., 1790. S. 420–447; L. bezieht sich wohl auf S. 432f. Christoph Friedrich Hellwag (1754–1835), 1784 in Göttingen zum Dr. med. promoviert, 1788 Hofrat in Eutin, 1800 Stadtphysicus und Landphysicus des Fürstentums Lübeck; vielseitig gebildeter Gelehrter mit Veröffentlichungen auf philosophischem, physikalischem und mathematischem Gebiet. – *Mir ist folgende Erklärung wahrscheinlicher:* Vgl. auch J 1415. – *sphär. Tröpfchen ... sphäroidischen:* In der alten Geometrie, der durch Umdrehung einer Ellipsenfläche um eine der beiden Rotationsachsen entstehende Körper. Wie schon

Archimedes bewiesen hatte, hängt der Rauminhalt des Körpers nicht von den Größenverhältnis der beiden Rotationsachsen ab.

1413 *Am 23ten Jun. 1790 ... die Gewitter allhier:* Im Tagebuch (SK) vom gleichen Tag notiert L.: »Um 9 Uhr erhebt sich ein Südwestwind die Hitze schon um 10 Uhr sehr stark. Thermometer Reaum. im Schattichen Zimmer +22. In der Sonne aber bey beträchtliche[m] Lufftzug 25. Nachmittags um 1 Uhr das Pickelsche Therm. in der ☉ 37 (muß mit andern verglichen werden) in Saussüres Kasten 56°. an diesem Tage wenigstens 8 bis 9 Gewitter, um 6 Uhr schlug es in Göttingen ein, das lezte kam den 24 Morgens um 2 Uhr. Wenig und schlecht geschlafen.«

1414 *Hube in seiner Schrift über die Ausdünstung:* »Über die Ausdünstung und ihre Wirkung in der Atmosphäre«, erschienen Leipzig 1790, von Johann Michael Hube; über ihn s. zu J 1120. L., der das Werk besaß (BL, Nr. 699) bot Christoph Friedrich Nicolai am 2. Oktober 1790 an, das Buch in der AdB zu besprechen (vgl. Brief an Christoph Friedrich Nicolai vom 20. Oktober 1790), ebenso für die »Allgemeine Literaturzeitung« (vgl. Brief an Johann Friedrich Hufeland vom 2. Juli 1792 und SK 349); die Rezensionen sind nicht erschienen. – *Ingenhoußens Versuch über die leitende Kraft der Metalle:* Das Werk ist zu J 1267 genauer nachgewiesen.

1415 *Aus dem Regenbogen erkennt man daß der größte Teil der Regentropfen ... rund sein müsse:* Vgl. J 1412. – *Eine kleine Veränderung in einem Dinten-Fleck ... dadurch sehr merklich werden, wenn ich mir ein Gesicht darunter gedacht:* Vgl. J 392. – *Seite XXX. Kol. 2 oben von den Farben der Körper gesagt:* J 1417.

1416 *Traum ... der größte ... der je ist geträumt worden:* Vgl. J 516. – *der Taubstumme lernt in Tönen sprechen die er selbst nicht hört:* S. zu F 373.

1417 *Schon die Farben der Körper verraten eine gewisse Regelmäßigkeit, die das Auge ... nur dunkel erkennt:* Vgl. J 1415.

1418 *Mahon ... in seinem Werk über Elektrizität:* »Principles of Electricity, containing divers new Theorems and Experiments, together with an Analysis of the superior Advantages of high and pointed Conductors«, erschienen London 1779. Charles Stanhope Lord Mahon, seit 1786 Earl of Chesterfield (1753–1816), engl. Physiker und Mathematiker; Erfinder. Zu L.s Urteil über ihn und sein Werk vgl. den Brief an Johann Albert Heinrich Reimarus vom 18. Oktober 1781. – *das Werk ... rezensiert:* L.s Rezension erschien in den GGA vom 1. Juni 1782, 22. Stück, S. 337–346. – *Die Seegersche Übersetzung anzuschaffen:* »Grundsätze der Elektrizität«, erschienen Leipzig 1789, aus dem Englischen von Johann Friedrich Seeger (geb. um 1760), württemberg. Artillerie-Leutnant. L. besaß die Übersetzung (BL, Nr. 657).

1419 *aus der Lesageïschen Theorie dartun ... daß die Corpuscules gravifiques die Ursache aller Bewegung in der Natur:* Vgl. RA 151. – *fluides discrets:* Expansible Flüssigkeiten, in der Physik des 18. Jh.s Name für diejenigen »flüssigen Materien, welche sich in dem Raume, der ihnen dazu verstattet wird, nach allen Seiten ausbreiten« (Gehler Bd. 5, S. 377).

1420 *Lukrez ... Lib. I. V. 329:* »De rerum natura«, V. 325. L. zitiert die Zeile und übersetzt sie in den »Geologischen Phantasien« (III, S. 121). – *Corporibus ... res:* Durch unsichtbaren Stoff führt die Natur ihr Werk (nach L.s Übersetzung). Danach etwas gestrichen.

1422 Zur handschriftlichen Schreibung s. zu D 53. – *Seekatz Manier zu folgen:* Vgl. J 1407 und Anm. – *in keinem guten Gedicht ... der erste Vers zuerst gemacht:* Anspielung auf Boileau, vgl. H 75; vgl. auch J 1671.

1423 *Finery Cinder:* Schlacke bei der Verhüttung. – *Morveau in einer Note zu Kirwan sur le phlogistique:* »An Essay on Phlogiston and the Constitution of Acids«, London 1787. L. besaß das Werk (BL, Nr. 771). Louis Bernard Guyton de Morveau (1737–1816), frz. General-Advokat am Parlament zu Dijon, daneben Prof. der Chemie (1774–1787) und Mitglied der dortigen Académie; richtete 1783 die erste frz. Sodafabrik ein; 1794 Prof. der Chemie an der Ecole Polytechnique in Paris; vielseitiger naturwiss. Schriftsteller, vertrat eine Mittelstellung zwischen der Phlogistontheorie und der Lehre Lavoisiers. – *une ... libre:* Ein reiner Eisenkalk oder Schlacke, ganz ähnlich den Blättchen von an der Luft verbranntem Eisen. – *Fraisil:* Schlacke, Schmiedeasche. – *Im Esprit de Journaux ...:* Gemeint ist das Referat über »Experiments and observations on animal heat« von Crawford, erschienen in »L'Esprit des Journaux«, April 1790, Tome IV, S. 65–76

1424 *Martinichow ... Versuche:* Gemeint ist der Aufsatz »Versuche über das Knallgold«, erschienen im »Taschenbuch für Scheidekünstler«, Weimar 1790, S. 104–114, von Ignaz Joseph Martinovicz (gest. 1795), Prof. der Experimentalphysik und Mechanik in Lemberg. – *Phosphor-Luft:* Phosphorwasserstoff, 1786 von Gengembre entdeckt, von L. auch als Pyrophor oder luftiger Phosphor bezeichnet.

1425 *Neues Compendium:* Von L. doppelt unterstrichen. – *viel schönes ... in der franz. Übersetzung von Kirwan:* Vgl. J 1423.

1426 *Gegen Hube:* S. zu J 1414.

1427 Zur handschriftlichen Schreibung s. zu D 53. – *In allen Stücken zu sammeln ... Wendungen und Ausdrücke für gewisse Gelegenheiten:* Vgl. J 1422.

1428 Zur handschriftlichen Schreibung s. zu D 53.

1429 *Am 27ten und 28ten Julii 1790 stellte ich wieder den Goezischen Versuch mit dem Aale an:* Auf einem Brief von v. Spangenberg vom 28. Dezember 1785 notierte L. übrigens: »Götze leugnet sie [die Essigaale] im Bier. N. B. in dem durch Kochen. Aus dem Eisen des Eßigs. Die Erzeugung gehe im Julius an u daure bis in den spätesten Herbst.« Mitgeteilt von Joost, Photorin 2/80, S. 42. Bezieht sich 1785 wohl auf »Nützliches Allerley aus der Natur und dem gemeinen Leben für allerley Leser«, erschienen 1785–1788. – *Aycke:* Im Tagebuch (SK) vom 27. Juli 1790 notiert L.: »HE. Ayke mit dem Aal auf dem Garten.« Unterm 28. Juli 1790: »Die Versuche mit dem Magneten am Aale wiederholt und nichts gefunden.«

1430 Zur handschriftlichen Schreibung s. zu D 53.

1431 *Am 30ten Julii ... bemerkt, daß bei der Paarung der Fliegen das Männchen unten sitzt ...:* Im Tagebuch (SK) nicht vermerkt. – *Den 23. August ...:* Dieser Satz ist von L. nachträglich hinzugefügt. – *zuverlässig:* Von L. doppelt unterstrichen.

1432 *Beccaria hat mit der Elektrizität geschossen vermittelst des Wassers:* S. zu D 687.

1433 *Wie müßte ein Metrometer aussehen:* Zu dieser Wortbildung vgl. J 457.

1435 Zur handschriftlichen Schreibung s. zu D 53. – *eine neue und große Idee hierüber:* Vgl. GH 93.

1436 *Kometen-Schwänze:* Vgl. J 1284 und Anm.

1439 *Kiesel-Erde:* Kieselsäureanhydrid (SiO_2), feuerbeständig, wird aber in der Hitze von Alkalien angegriffen, von Kupferoxid oberhalb 96 °C.

1440 *Mein +E und −E ... ebenfalls angenommen:* Vgl. »Von einer neuen Art die Natur und Bewegung der elektrischen Materie zu erforschen« (III, S. 30), und Gehler Bd. 1, S. 724.

1441 *Differenzieren:* In der Handschrift *differentiiren. − Exzerpte p. 41:* In den »Excerpta mathematica et physica« – über dieses Notizbuch s. zu J 1409 – schreibt L. im Anschluß an Überlegungen Delucs unter anderem: »Mischung ist gantz etwas anderes als chemische Verbindung. Die Natur bedient sich der mechanischen Mischungen blos zu andern Mechanischen Verbindungen, so sind die Schichte[n] der Flötzgebürge erzeugt worden, die [In der Handschrift *der*] chemische Verbindungen aber zu höheren Zwecken. [...] Der Mensch kan mischen aber die Natur verbindet.« *− H. p. 6:* Diese Bemerkung ist nicht überliefert.

1443 *Wie hängt eigentlich das Röten der Krebs-Schalen mit den chemischen Grundsätzen zusammen:* Der graubraun bis grünschwarze Panzer des Flußkrebses bekommt beim Kochen eine »krebsrote« Farbe, weil die Schale aus zwei verschiedenfarbigen Schichten besteht, deren obere sich beim Kochvorgang ablöst. Im übrigen entspricht diese Notiz L.s Vorsatz, auch und gerade nach dem Selbstverständlichen zu fragen. *− Versuche hierüber:* Noch in L 743 stellt L. dieselbe Frage.

1444 *Zimmer schwarz tapeziert ... sich besser heizen lassen:* Zu diesen Überlegungen eines Zusammenhangs zwischen der Farbe Schwarz und ihrer Fähigkeit Wärme zu speichern vgl. J 1539, 1670. *− Pictet. Essais:* Die »Essais de physique«, Bd. I (nur ein Band erschienen): »Essai sur le feu«, Genf 1790. Das Werk, das L. besaß (BL, Nr. 555), ist von ihm in den GGA 1790, St. 147/148 vom 13. September, S. 1473–1486, besprochen worden; vgl. SK 73, 74, 112. Marc-Auguste Pictet (1752–1825), schweizer. Naturwissenschaftler, Professor in Genf. *− S.p. LVIII. Kol. II.3:* J 1670.

1445 *Am 20ten August ... sahe ich auf der Chaussee einen Wagen mit Blei vorbeifahren:* Beispiel für L.s Fähigkeit aus alltäglichen Beobachtungen wissenschaftliche Schlüsse zu ziehen; im Tagebuch (SK) nicht vermerkt. *− Chaussee:* Die Heerstraße nach Weende, an der L.s Gartenhaus lag.

1446 Zur handschriftlichen Schreibung s. zu D 53.

1448 *Knalluft:* Knallgas, Hydrooxygengas, Gemisch von Sauerstoff und Wasserstoff, das bei Entzündung durch einen elektrischen Funken oder durch eine Flamme unter Explosion zu Wasser verbrennt, am heftigsten bei einem Verhältnis der Volumina von Wasserstoff und Sauerstoff von 2:1. *− Gren:* Friedrich Albert Karl Gren (1760–1798), Prof. der Chemie und Medizin in Halle, der erste Apotheker auf einem Lehrstuhl der Medizinischen Fakultät Halle. Herausgeber des »Journals der Physik« (Leipzig 1790–1794), darauf des »Neuen Journals der Physik« (1795–1798). Über ihn vgl. Werner Piechocki, Der Pharmazeut Friedrich Albert Karl Gren (1760–1798) als Hallescher Ordinarius, in: Veröffentlichungen der Internationalen Gesellschaft für Geschichte der Pharmazie, III, 8, Stuttgart 1972, S. 209–212. S. zu SK 396. *− fixe Luft:* S. zu D 761.

1449 *Bleton:* Barthélemy Bleton (geb. 1738), ein ungebildeter frz. Bauer, dessen Fähigkeit als Quellensucher 1778 entdeckt und 1781 durch den Arzt Thouvenel publik gemacht wurde. Das »Magazin für das Neueste aus der

Physik und Naturgeschichte« veröffentlichte Gotha 1781, I. 2., S. 100f. eine kurze Besprechung des »Mémoire physique et medicinal, montrant des rapports évidens entre les phénomènes de la baguette divinatoire, du magnétisme et de l'electricité . . .« von Thouvenel.

1450 *P. Cotte . . . Goth. Magazin . . . Versuche über die Ausdünstung:* Louis Cottes »Versuche über die Stärke der Ausdünstung, in Rücksicht auf die Höhe und den Durchmesser der Gefäße, die zum Maase gebraucht werden«, erschienen im »Magazin für das Neueste aus der Physik und Naturgeschichte«, 1. Bd, 3. Stück, Gotha 1783, S. 36–42.

1451 *Werners Äther:* S. zu GH 64. – *Carra's gefälligem Agens:* »In Nro 4 haben wir Hrn. Carra's *Agent* eingesperrt. Dieses Agent ist äußerst gefällig, und übertrifft darin den Aether der Physiker bey weitem. Wir setzen den Charakter desselben mit des Vaters eigenen Worten her: *C'est un fluide élémentaire, immatériel, insolide, indivisible, sans parties, sans forme & sans pesanteur & cependant compressible et élastique à l'extrême*. Dieses *Agent* erklärt alles, was man will; wenn es unter einer Form widerlegt ist, so zieht es sich einen Augenblick zurück und kömmt unter einer anderen wieder. Es ist unüberwindlich, bloß weil es Alles ist; und weil es überall ist, so sitzt es auch hier in Nro 4.« (GTC 1792, S. 134f.). »In Nro 6 sitzt wieder ein junger Carra (S. Nro 4), der alle Wände mit einem Beweise beschmiert, daß die Erde inwendig Quecksilber enthalte, und daß der Mond in 25½ Tag um die Erde laufe, er beruft sich auf seine Nouveaux principes de Physique T. III. à Paris chès l'auteur &c.« (GTC 1792, S. 136). Jean Louis Carra (1743–1793), frz. Journalist und Verfasser naturwissenschaftlicher und historischer Schriften, Anhänger der Frz. Revolution. Die »Nouveaux Principes de Physique«, Paris 1782 in zwei Bdn. erschienen, wurden im »Gothaischen Magazin« 1782, S. 133f., besprochen, wo der Name übrigens *Cara* geschrieben wird. – *Rabiqueau's Sonne:* Angezeigt im »Gothaischen Magazin« 1783, S. 131f., »um die Leser für Schaden zu warnen«. L. schreibt GTC 1792, S. 135f.: »Nro 5 enthält einen ansehnlichen aber sehr erbarmungswürdigen Patienten: *Le Microscope moderne, pour débrouiller la nature par le filtre d'un nouvel alembic chymique, ou l'on voit un nouveau mécanisme universel par M. Charles Rabiqueau Avocat au Parlement, Ingenieur-Opticien du Roi &c.* [Paris 1781] Hier ist die Sonne ein Hohlspiegel, von der vordern Seite erleuchtet (wodurch?) und von der hintern dunkel. Die erste giebt den Tag, die andere die Nacht. Die Erde ist nicht rund, sondern platt und ohne Gegenfüßler. Bloß der Academie hat man ihre Rundung zu danken, und dieses aus keinem andern Grunde, als weil sie rund seyn muß. Daß die Sonne von ihrem Aufgange bis zum Niedergange einen Bogen beschreibt, ist bloß ein optischer Betrug, denn sie bewegt sich in einer geraden Linie: hieraus folgt, daß die Erde feststehet, und keine Gegenfüßler statt finden. Der Mond und die Sterne sind keine Körper, sondern Blasen, (also wohl Geister wie die Seifenblasen auch) die in dem großen Destillirkolben der Welt unaufhörlich aufsteigen, und sich an dem innern Theile des Helms anhängen. Die Sonne läuft nicht um die Erde herum, sondern ungefähr 30 lieues über ihr weg. Geboren 1781.« Fast wörtliches Zitat aus dem »Gothaischen Magazin«. Charles Rabiqueau (1753–1783), frz. Naturwissenschaftler und Autor; »Le microscope moderne«, Paris 1781. – *Ein physikalisches . . . Bedlam . . . könnte eine Abteilung in einem phys. Journal werden:* L. verwirklicht diesen Gedanken im GTC 1792: vgl. »Bedlam für

Meinungen und Erfindungen« (GTC 1792, S. 128–136). – *Bicêtre:* Im Südwesten von Paris gelegenes Hospital, von Ludwig XIII. 1634 als Asyl für invalide Offiziere und Soldaten errichtet, im 18. Jh. bereits Synonym für Irrenanstalt und Zuchthaus, wo Tausende unter menschenunwürdigen Bedingungen eingesperrt wurden. – *Auch Harrington ibid.:* »A philosophical and experimental Enquiry into the first and general principles of animal and vegetale Life: likewise into Atmospherical Air ...« von Robert Harrington, London 1781, angezeigt im »Gothaischen Magazin« 1782, S. 145 f. Robert Harrington, engl. Chemiker, Anhänger der Phlogistontheorie (»Letter addressed to Joseph Priestley et al. endeavouring to prove that their newley adopted opinions of inflammable and dephlogisticated airs, forming water and the acids being compounded of the different kinds of air are fallacious«, London 1788; »Some new experiments, with observations upon heat, clearly showing the erraneous principles of the French ...«, London 1798). – *auch Vialon ibid.:* »Philosophie de l'univers ou Théorie philosophique de la nature«, Brüssel 1782, von Jean Marie Viallon, angezeigt im »Gothaischen Magazin« 1783, S. 205 f.: »Alles neue in diesem Werke besteht in Träumereyen. Was kann man wohl von einem Manne halten, der alle Stellen der heiligen Schrift, die seinem System widersprechen, für verfälscht ausgiebt, und die Arche Noah für 10mal größer hält, als ein Linienschiff?« – *Lyon ibid.:* »Farther Proofs that Glass is permeable by the electric Effluvia and that the electric Particles are possessed of a polar Virtue, with Remarks on the Monthly Reviewers Animadversions on a late Work intituled: Experiments and observations &c.«, London 1782, angezeigt im »Gothaischen Magazin« 1783, S. 202 f. John Lyon, engl. Reverend in Dover und naturwiss. Schriftsteller. L. rezensierte seine »Experiments and Observations; made with a view to point out the errors of the present recieved theory of electricity ...«, London 1780, in GGA 1780, Zugabe, 45. Stück vom 4. November, S. 705–714 (Jung Nr. 99). – *Carra noch einmal:* Gemeint sind die »Nouveaux principes de Physique«, Bd. 3, Paris 1783, angezeigt im »Gothaischen Magazin« 1783, S. 210 f. – *Auch Goth. M[agazin] III.I.159.160:* Anzeigen von Veröffentlichungen Rabiqueaus im »Magazin für das Neueste aus der Physik und Naturgeschichte«, 3. Bd., 1. Stück, Gotha 1785, S. 159–160: »Le respectable du feu élémentaire, ou Cours d'Electricité expérimentale où l'on trouve l'explication la cause et le mécanisme du feu dans son origine, de-la dans les corps, son action sur la bougie, sur le bois et successivement sur tous les phénomenes électriques; ou l'on dévoile l'abus des pointes pour detruire le tonnerre, on y explique en outre la cause de la chute des corps au centre de la terre, celle de l'ascension de l'eau dans les tuyaux capillaires, etc. que le feu et le ressort, l'air, l'agent du mécanisme de l'univers. Par M. Rabiqueau, Avocat. I. vol. 8. avec 10. Figures en taille douce: Prix 4. liv. broch: A Paris chez Belin, libraire, rue S. Jacques, près S. Yves. Ingleichen. Le microscope moderne, pour debrouiller la nature par le filtre d'un nouvel alembic chymique. Ou l'on voit un nouveau mécanisme physique universel, par M. Rabiqueau. A Paris 1785. gr. 8 avec la Carte et 4 planches broch: 4.1.10.f. Das grose Agens dieses Schwärmers aus der physischen Classe, heißt: Esprit de feu, Esprit d'air, globules pointes et parcelles d'esprit de feu et d'air, poudre d'esprit de feu etc. Bey dem ersten Werke finden wir nöthig zu erinnern, daß der Verfasser am Schluße desselben bittet, nach gelesener Vorrede, das ganze

Buch zu überschlagen, und erst das Register zu lesen um sich einen deutlichern Begriff von seinem System zu machen.« Auf Rabiqueau und seine Sonnentheorie spielt L. auch in der Hogarth-Erklärung »Die Vorlesung« (GTC 1793, S. 175) an.

1452 *Pelletier . . . im Dunkeln umrührte:* Bertrand Pelletier (1761–1797), frz. Apotheker in Paris, seit etwa 1795 Prof. der Chemie an der Ecole polytechnique; vielseitiger Verfasser chemischer Abhandlungen. L. schreibt »Über Hrn. Pelletir's Anwendung der Electricität zur Erkennung mineralischer Körper« in den »Chemischen Annalen« 3 (1786), Bd. 1, S. 508–515 (Jung Nr. 214). – *Goth. Mag. I.4.40:* »Auszug aus einem Schreiben des Hrn. Pelletier über einige Erscheinungen bey dem Löschen des lebendigen Kalchs« in dem »Magazin für das Neueste aus der Physik und Naturgeschichte«, Gotha 1783, 1. Bd., 4. Stück, S. 38–40.

1453 *am 27. Aug[ust]:* Im Tagebuch (SK 75) nicht vermerkt, lediglich heftiger Regen. – *Hetjershausen:* Dorf westlich von Göttingen, berühmt durch den von Barthold Kastrop 1509 geschaffenen Marien-Altar.

1454 *Lesage's:* Über seine Theorie vgl. J 1415, 1416, 1418, 1419; im übrigen s. zu J 373..

1455 *was geschehen würde wenn ich in den Mittelpunkt eines sphärischen leeren Raums . . . gösse:* Diesen Gedanken verwertet L. in den »Geologischen Phantasien« (III, S. 118f.). Vgl. auch J 1469. – *Distanz des Sirius:* 8,5 Lichtjahre. Der Sirius, ägypt. Sothis, hellster Stern im Sternbild des Großen Hundes. – *Knall ☉ oder ☽:* Knallgold oder -silber. – *lesen was Goth. M.V.4.50 steht:* Der Artikel VII: »Nachricht von einem neuen Knallsilber«, ein Hinweis auf die Erfindung Berthollets, veröffentlicht in dem »Magazin für das Neueste aus der Physik und Naturgeschichte«, 5. Bd., 4. Stück, Gotha 1788, S. 48–52. Berthollet hatte entdeckt, daß Knallsilber (Silberoxyd) in Verbindung mit Ammoniak oder eine ausgefällte Lösung von Silberchlorid mit Kali eine schwarzes, kristallines Silberamid ergibt, das selbst in feuchtem Zustand sehr leicht und heftig explodiert. – *schon die Berührung so gar von Wasser bewürkt die heftigste Explosion:* Endlich, ein Tropfen Wasser der von oben her auf dieses Knallsilber fiel, verursachte eine Detonation.« (a.a.O., S. 50).

1457 *Gren's Meinung:* S. zu J 1448. – *Macquer:* Das »Chymische Wörterbuch«, dessen 2. T. Leipzig 1781 erschien, enthält S. 222–265 den Artikel: *Feuer* (nachgewiesen zu J 1108). – *Gehler:* Vgl. »Physikalisches Wörterbuch«, 2. T., Leipzig 1789, S. 207–232. – *Wieglebs Geschichte . . .:* »Geschichte des Wachsthums und der Erfindungen in der Chemie in neueren Zeiten«, zwei Bde., Berlin und Stettin 1790–1791. Johann Christian Wiegleb (1732–1800), Apotheker und Chemiker in Langensalza, verfaßte u. a. »Die natürliche Magie« (1779); vgl. die Briefe an Gottfried Hieronymus Amelung vom 28. April 1788 und an Karl Friedrich Hindenburg vom 10. Mai 1794.

1458 Zur handschriftlichen Schreibung hier und J 1459 s. zu D 53. – *Was ist hierüber ausgemacht . . . und dennoch nützlich:* Zu dieser Fragestellung vgl. K 49, 305, 312.

1460 *Also sind unsere Nerven keine Schwingungszähler für das zitternde Feuer:* Über diesen Gedanken s. zu J 1406. – *Beseke . . . Goth. M.IV.I.125:* Im »Magazin für das Neueste aus der Physik und Naturgeschichte«, 4. Bd., 1. Stück, Gotha 1787, wird unter »Anzeigen neuer Schriften und Auszüge« S. 122–126 angezeigt: »Über Elementarfeuer und Phlogiston als Uranfänge der Körperwelt, insbesondere über elektrische Materie, in einem Schreiben an den Hrn. Direktor Achard in Berlin, von J. M. G. Beseke, Prof. in Mitau«, Leipzig 1786. Auf S. 125 dürften L. vor allem diese Sätze interessiert haben: »12. Die verschiedenen Modifikationen der Atmosphäre. 13. Das Licht. 14. Die Farben. 15. Die Wärme.« Johann Melchior Gottlieb Beseke (1746–1802), nach dem Studium der Philosophie und Jurisprudenz 1774 Prof. an dem neu errichteten Gymnasium Illustre in Mitau; Verfasser philosophischer und juristischer Schriften sowie solcher aus dem Bereich der Naturwissenschaften, mit denen er sich von 1783 an eingehend beschäftigte.

1466 *Die vis antigrave, die Pictet beim Feuer bemerkt:* S. zu J 2038.

1467 *wie das Sonnen-Licht weggeht so verliert sich auch die Wärme, und . . . am Ende alles Licht:* Zu diesen Gedanken vgl. J 1454.

1468 *Untersuchung über die Fortpflanzung des Schalles unter dem Wasser:* Über L.s Schall-Versuche vgl. J 1305. – *der See zu Seeburg:* Ca. 100 ha großer See nordöstl. von Göttingen, größte natürliche Wasserfläche in Südniedersachsen. – *Monro soll Versuche darüber haben in seinem Buch über die Fische:* Alexander Monro (1733–1817), Prof. der Anatomie und Chirurgie in Edinburgh; »Structure and physiology of fishes, explained and compared with those of man and other animals«, 1785; »Vergleichung des Baues und der Physiologie der Fische mit dem Bau der Menschen und den übrigen Thieren«, Leipzig 1787. – *So sagte mir . . . Townson im Aug. 1792:* Vgl. SK 364, 365, 370. Robert Townson (1762–1827), engl. Student in Göttingen; Naturhistoriker, Reisender und Mineraloge; promovierte 1794 in Göttingen mit den »Observationes physiologicae de amphibiis«.

1469 Die ausführliche Notiz ist wohl Entwurf zu der geplanten Preisschrift vom Feuer. – *Feuer . . . Qualitas occulta:* Verborgene Qualität: Nach den Lehren der Scholastiker liegen den sinnlich wahrnehmbaren Qualitäten verborgene, als Kräfte wirkende Qualitäten zugrunde. L. gebrauchte die Worte bezüglich Gott auch J 1485. Zu L.s Gedanken über das Feuer s. zu J 1457. – *Vorstellung, daß sich ein Drachme Pulver . . . bis an den Sirius ausbreiten sollte:* Zu dieser Vorstellung vgl. J 1455 und die Anm. dazu. – *welches:* Danach von L. versehentlich nicht gestrichen *so.* – *es ihm für Trägheit . . . oder Unfähigkeit auslegen, oder gar neidischen Eigendünkel:* Vgl. J 1416. – *apodiktischer Beweis der Unmöglichkeit, oder besser machen:* Von L. doppelt unterstrichen. Vgl. J 1416. – *Sollte dieses jemand für einen Traum halten:* Zu L.s Auffassung von wissenschaftlichen Träumen vgl. J 516. – *hier besonders auseinander gesetzt . . . was man Beruhigung nennt:* S. zu D 670. – *eigendünkelvolles Erwarten:* Vgl. F 1018. – *Hier von der falschen Scham bei gewissen Jahren seine Meinung zu ändern:* Vgl. K 82. – *Hier Newton, Franklin, Meister:* Über L.s Wertschätzung von Franklin vgl. Linde Katritzky, »A Model Scientist: Lichtenberg's Views on Franklin«, in: »Yearbook of German-American Studies«, Bd. 24, 1989, S. 115–129. Über Albrecht Ludwig Friedrich Meister vgl. L.s Urteil J 2.

1470 *Wenn ein elastisches Fluidum entwickelt wird . . .:* Auch diese Notiz gehört zu L.s Gedanken über das Feuer; vgl. 1469. – *wie bei Pictets Wärme:* S. zu J 1444.

1471 *Daß [das] Latent-Werden des Feuers . . .:* Auch diese Notiz gehört zu L.s Gedanken über das Feuer; s. zu J 1455. – *zeigt Landriani:* Im »Magazin für das Neueste aus der Physik und Naturgeschichte«, 3. Bd, 4. Stück, Gotha 1786, S. 20–37, erschien eine Zusammenfassung »Ueber das gebundene

Feuer, vom Hr. Ritter Landriani«, eine komprimierte Übersetzung seiner Fontana gewidmeten Abhandlung: »Sur la chaleur latente des corps«, in: »Journal de physique«, Bd. XXVII, 1785. An der von L. zitierten Stelle S. 32 f. heißt es: »Nach einer Menge anderer Versuche, die Hr. L. in der Folge ebenfalls bekannt machen wird, ergab sich, daß die metallischen Substanzen um so viel leichter vom Feuer konnten durchdrungen werden, je schmelzbarer sie waren; und gleichwohl kam bey den vorerwehnten Versuchen das Thermometer des schmelzbarern Metalls später, nemlich erst in 45 Sekunden auf eben den Gr. 45, als das des weniger schmelzbaren, das nemlich nur 35 Sek. brauchte, um ebenfalls auf 45° zu kommen. Es kann also die mehr und wenigere Durchdringlichkeit nicht an den Erscheinungen der Versuche Ursache seyn, sonst hätten sie vielmehr auf die entgegengesetzte Art ausfallen müssen, und bleibt demnach nichts übrig, als sie aus einer Fixirung des Feuers zu erklären.« S. auch J 1474.

1472 *Preisschrift vom Feuer, wenn ich mich je daran mache:* S. zu J 1457. – *gegen Hube gezeigt:* Vgl. J 1471, ferner J 1414 und Anm., 1426.

1473 *Der Gedanke . . . geltend gemacht . . . daß latente Wärme von kombinierter, dadurch unterschieden . . .:* S. zu J 1457.

1474 *Landriani hat eine Wärme gefunden:* »Alles dies gilt auch nicht blos vom Festwerden des Wassers, sondern auch von geschmolzenen Metallen und andern Körpern, die sich unter ähnlichen Umständen befinden, nemlich, daß sie beym Uebergang von Flüssigkeit zur Festigkeit eine Menge vorher unbemerkbarer Wärme von sich lassen«. So heißt es in dem zu J 1471 nachgewiesenen Aufsatz.

1475 *Ebells Tief-Frieren:* Der »Beitrag über den Grad der Kälte des letzteren Winters hier in Hannover, und besonders über das Eindringen derselben in den Erdboden«, von Georg August Ebell, erschienen im »Hannoverischen Magazin« 45. Stück, vom 5. Juni 1789, Sp. 705–716. L. spielt auf Sp. 712–714 an: »Die Frage: wie es aber zugehe, daß unter dem Steinpflaster der Straßen der Frost so unerwart[e]t tief eindringe? ist nicht so garleicht zu beantworten. – Solte wohl die Bedeckung von Kieseln, solten wohl die mehrentheils zu beiden Seiten tief ausgegrabene Keller, von diesem Phänomen die Veranlassung seyn? Ich glaube beides nicht; sondern erkläre mir die Sache dahin. Bekantlich wird ein künstlicher sehr hoher Grad der Kälte dadurch zuwege gebracht, wenn man das Gefäß mit dem Fluido, was frieren soll, in ein Gemisch von Schnee oder zerstoßnes Eis mit Salzen, Salzsäuren, und vorzüglich mit animalischen und vegetabilischen Salzen setzt, oder dieses in jenes, und dann dieses Gemisch von Eis und Salze immer bewegt. – Auf unsern Straßen scheint durch Zufall etwas Aehnliches vorzugehen; das beständige Rollen des Fuhrwerks in einer volkreichen Stadt, erschüttert gar beträchtlich den Erdboden, und setzt also die mit Eis und Schnee bedeckten Salia in Bewegung, welche sich in den Gossen der Straßen, und in der mit salpetrigen und andern animalischen und vegetabilischen Theilen sehr geschwängerten Straßenerde, die unter dem Sande, der die Kieselsteine hält, und über den Röhren sich findet, und so theilen diese in Bewegung gesetzte Salze die Kälte, so sie von dem aufliegenden Schnee und von der gefrornen Oberfläche des Steinpflasters erhalten, in verstärkter Maaße dem in den Röhren im Erdboden befindlichen Wasser mit, und zwar in einer Tiefe, in welcher ohne diese Salze und ohne diese Bewegung der Frost nie dringen würde.« Vgl. J 1970 und

Brief an Georg August Ebell vom 18. Oktober 1792. In »Excerpta mathematica et physica« S. 15 notiert sich L. in Zusammenhang mit dem Grundeis: »könten nicht Saltze am Boden der Flüsse Ursache seyn? Wie nach Ebels artiger Bemerckung die BrunnenRöhren in Hannover in Beträchtlicher Tiefe froren? πμ.«

1476 *Aut ... proxime:* Entweder exakt oder was dem am nächsten [kommt]. − *ou ... sensiblement:* Entweder genau oder nach Gefühl.

1477 Auch diese Notiz gehört zu L.s Gedanken über das Feuer; s. zu J 1471.

1478 S. zu J 1457. − *so entstehet Hitze beim Feuerschlagen:* Vgl. J 1479, 1481.

1481 S. zu J 1457. − *Crawfordischen Darstellung:* Vgl. GH 85.

1482 *vorhergehenden §:* J 1481.

1483 *zu Lesage:* Vgl. insbesondere J 373, 1416, 1502 mit Anm.

1484 *in der Natur im Großen:* Vgl. auch J 1488; zu L.s Überlegungen hinsichtlich einer Naturerforschung ›im Großen‹ vgl. auch GH 93, J 1644 mit Anm., J 1653, L 711, 724. − *das Solve et coagula der alten Chemisten:* Löse auf und vereinige (lasse gerinnen); Formel der Alchemisten. Vgl. auch »Geologische Phantasien« (III, S. 121). − *Subtilität ohne Grenze:* »Descartes gab einer eignen im Welttraume [sic!] vorhandnen Flüßigkeit den Namen der *feinen* oder *subtilen Materie*« (Gehler Bd. 2, S. 175). − *Simplicium:* Der einfachen (Substanzen); vgl. Gehler, Bd. 5, S. 34. − *Der Webstuhl:* Zu diesem Bild vgl. J 1416. − *wie ein Würfel entstehen könnte:* Vgl. dazu »Vom Würfel« (GTC 1793, S. 146−149). − *Ruinen von Palmyra:* S. zu F 1123. − *Chladnis Figuren:* S. zu J 866. − *Schnee-Figuren:* Vgl. A 237. − *Ich habe ein[en] Bossierer gekannt ...:* Vielleicht der Bildhauer Möller aus Hannover, der um 1783 für die Fürstenberger Porzellanmanufaktur ein Lichtenberg-Medaillon anfertigte (Abb. vgl. Promies, S. 91). − *Bossierer:* Wachsbildner.

1485 *Gott ... Qualitas occulta:* Zu dieser Wendung vgl. J 1469 und Anm.

1487 *großen Glocke zu Darmstadt:* S. zu G 3.

1488 *Wenn ... der Turmalin zur Erde würde:* Diesen Gedanken hat L. in »Einige Betrachtungen über vorstehenden Aufsatz, nebst einem Traum« im GTC 1794, S. 134−145, ausgeführt; vgl. »Über vorstehenden Aufsatz« (III, S. 107−111). Vgl. F 470; vgl. auch SK 221, 222. − *Bau wie die Nessel:* Vgl. L 457. − *Wenn wir die Bücher chemisch zerlegten:* Vgl. »Über vorstehenden Ausatz« (III, S. 111). − *regelmäßige Lage der Poren:* Vgl. J 1470. − *gehechelt ... gewurfelt ... getröpfelt:* S. zu J 376. − *kein Gegenstand für die Waage:* Vgl. »Über vorstehenden Aufsatz« (III, S. 109).

1490 *Gebrauch des Firnis-Häutchens ... Spiritus-Firnis auf Wasser gießt:* Spiritus- oder Weingeist-Firnis ist eine Lackart, die hauptsächlich für Holz-, Papier- und Buchbindearbeiten gebraucht und durch Lösen der gepulverten und mit Glaspulver vermischten Harze in 90% Alkohol hergestellt wird. Spiritusfirnis ist der am wenigsten haltbare Lack; er trocknet sehr rasch und gibt einen stark glänzenden Überzug, wird aber auch leicht rissig.

1491 *der Mensch ... bei allem Determinismus glaubt er agiere als freies Wesen:* Zu L.s Beschäftigung mit dem Problem der Willensfreiheit s. zu J 275.

1493 *Die Natur ... Wärme zu isolieren:* Zu L.s Theorie über Feuer und Wärme s. zu J 1457, vgl. 1469 und Anm., 1471−1474, 1477.

1494 *28ten 7bris 1790:* Vgl. SK 84. − *Türk. Weizens:* S. zu KA 229.

1495 Die Bemerkung ist von L. durchgestrichen. − *Schurers Bericht:* Friedrich Ludwig Schurer (geb. ca. 1760), 1789 Dr. med. in Straßburg; Prof. der Chemie und Physik an der dortigen Artillerieschule; naturwiss. Schriftsteller (BL, Nr. 514). – *schmelzte Paets van Troostwyk Metall in dephl. Luft:* Adriaan Paets van Troostwijk (1752–1837), holl. Kaufmann in Amsterdam und Physiker, beobachtete mit Deiman 1789 die erste eindeutige Zerlegung eines zusammengesetzten Stoffes durch die Wirkung der Elektrizität (Elektrolyse), indem sie Wasser in »brennbare Luft« und »Lebensluft« schieden; vgl. J 2023, 2036. – *die Salzsäure wird dephlog. und er erhält inflamm. Luft:* Vgl. J 1975.

1496 Die Bemerkung ist von L. durchgestrichen.

1497 *Dire ... générale:* Zu sagen, daß die Phänomene durch Gesetze hervorgebracht werden, heißt, daß sie durch sich selbst hervorgebracht werden, denn die Gesetze sind nur die Phänomene selbst, ausgedrückt unter einer allgemeinen Form.

1498 *der Geognostische Charakter der Steinarten:* Geognostik: Die Lehre von der Zusammensetzung und dem Bau der festen Erdrinde; Gebirgskunde (s. auch zu Abraham Gottlob Werner J 95). – *mehr auf die Natur im Großen Rücksicht nehmen:* Vgl. J 1484.

1499 *Das Mikrometer das ... Vay am 29ten 7bris 1790 mir zeigte:* Unterm 29. September 1790 notiert L. im Tagebuch (SK): »Baron von Vay mit den Mikrometern bey mir.« Unterm 30. September 1790: »Baron von Vay noch einmal bey mir auch im Collegio.« – *Mikrometer:* »Werkzeuge zu Abmessung kleiner Größen. Man bringt sie insgemein bey Fernröhren und Vergrößerungsgläsern an, um die Größe des Bildes zu messen, welches durch das letzte Augenglas betrachtet wird.« (Gehler Bd. 3, S. 207). Gascoigne um 1640 und Huygens 1659 stehen am Anfang der Entwicklung dieses Instruments.

1500 *Ramsden, der dieses Mikrometer gemacht:* S. zu J 1499. »Herr de Lüc (An Essay on Pyrometry and aerometry and on physical in general in den Philos. Trans. Vol. LXVIII. for 1778. P. I. n. 20) ward durch einen Gedanken von Ramsden veranlasset, bey der Ausmessung der relativen Ausdehnungen fester Körper das Mikroskop zu gebrauchen.« (Gehler Bd. 3, S. 572) – *Pyrometrie:* »Unter diesem Namen kan man alle Anwendungen der Mathematik auf die Lehre vom Feuer und der Wärme zusammenfassen, und daraus eine Wissenschaft alles desjenigen bilden, was beym Feuer und der Wärme meßbar ist. Lambert (Pyrometrie, oder vom Maaße des Feuers und der Wärme, Berlin, 1779. gr. 4.) hat mit dem ihm eignen Scharfsinne diesen Lehren zuerst die Form einer Wissenschaft gegeben, die er, weil sich hiebey auch Kräfte gedenken lassen, nach Art der mechanischen Wissenschaften in Pyrostatik, Pyraulik und Pyrodynamik abtheilt.« (Gehler Bd. 3, S. 573).

1503 *Patent shot:* Patent-Schrot; L.s Erläuterung vgl. »Geologische Phantasien«, III, S. 121 Fußnote.

1507 *Gregorianischen Teleskop:* James Gregory (1638–1675), schott. Prof. der Mathematik in Edinburgh, erfand um 1660 das nach ihm benannte Gregorysche Spiegelteleskop. Herschels erste Teleskope waren nach dem System Gregorys gebaut.

1509 *Wenn unsere Erde noch mehr erkaltete ...:* Vgl. »Geologische Phantasien«, III, S. 122. – *ein Gedanke Newtons ... Swinden Oratio:* Vgl. »Oratio de hypothesibus physicis, quomodo sint e mente Newtoni intelligendae«, Amsterdam 1785, von Jan Hendrik van Swinden, Fußnote S. 55 f., wo er Newton zitiert: »Perhaps the whole frame of nature may be nothing but various contextures of some certain aethereal spirits, or vapours, condensed as it were by precipitation, much after the manner that vapours are condensed in to water or exhalations in to grosser substances, though not so easily condensible: and after condensation wrought in to various forms; at first by the immediate hand of the Creator, and ever since by the power of Nature ... Thus perhaps may all things be originated by Aether.« Vielleicht ist das ganze Gefüge der Natur nichts anderes als verschiedene Verbindungen von einigen aetherischen Gasen oder Dämpfen, die sich durch Ausfällung verdichteten (so wie Dampf zu Wasser kondensiert und Rauch sich in gröberen, aber nicht so leicht zu verdichtenden Stoffen niederschlägt): und danach in verschiedene Formen gebracht wurden; zunächst unmittelbar durch die Hand des Schöpfers und seither durch die Kraft der Natur ... So ist vielleicht alles aus dem Äther entstanden. L. besaß das Werk als Geschenk des Verfassers (BL, Nr. 236).

1511 *katoptrische Würkung:* Das katoptrische Fernrohr funktioniert durch Reflexion des Lichtes an Hohlspiegeln, wie etwa die Spiegelteleskope von Gregory und Herschel (s. zu J 1507), im Gegensatz zum dioptrischen Fernrohr, das auf der Brechung des Lichtes durch Glaslinsen beruht.

1515 *Macquer ... beim Trudänischen Brennglase ...:* Im Artikel »Brennglas« seines »Chymischen Wörterbuches« I, 1781, S. 454–520, wo Macquer S. 479, 483–520 über Trudaine handelt. Von den Schwierigkeiten, die L. erwähnt, redet Macquer S. 480f. Jean Charles Philibert Trudaine de Montigny (1733–1777), frz. Generalintendant der Finanzen und vielseitiger wissenschaftlicher Dilettant auf dem Gebiet der Chemie und Physik, Ehrenmitglied der Académie des Sciences in Paris; errichtete Oktober 1774 im Jardin de l'Infante zu Paris eine Hohllinse von vier Fuß Durchmesser, über die Brisson der Pariser Académie am 12. November 1774 Bericht erstattete.

1516 *Je länger die Welt steht ... sagte schon Meister:* Vgl. J 1365.

1517 *Leidenfrosts Versuche ... in Gefäßen von Platina anzustellen:* Vermutlich spielt L. auf folgendes Phänomen an: ein Gemisch von fester Kohlensäure und Äther behält in einem glühenden Platintiegel, in dem es einen Leidenfrostschen Tropfen bildet, eine so tiefe Temperatur, daß hinzugefügtes Quecksilber im glühenden Tiegel sofort gefriert.

1518 Zur handschriftlichen Schreibweise dieser Bemerkung s. zu D 53.

1519 *ich schreibe dieses aus dem Almanach ab:* Gemeint ist der »Staatskalender« 1790, in dem L. unterm 18. September notiert: »Georg zündet wieder 2 Canonen Schläge an, die Beobachtung ist ohne Tadel, der Schall des ersten kam in 4″.15‴, der zweite in 4″.14‴, als der 2te schon brannte, kam HE. *Ben David* herein ich sagte ihm er solte warten, und er laß die 4″14‴ selbst, und sah hernach die 4″15‴ die ich für den ersten aufg[e]zeichnet hatte.« Unterm 19. September: »Georg auf dem Schuhuberg. Erste Beobachtung des Schalls, giebt 8″35‴ ist aber auf alle Weiße ungewiß wegen der Ungewohnheit. Die 2te 8″20‴. Die 3te 8″.15‴«. L. hat den Nachtrag zwischen dem 28. September und 13. Oktober 1790 niedergeschrieben. In einer Einlage zu S. XLI (J 1519) liest man folgende »Note von HE. Major Hogrewe«: »Die Entfernung Ihres Gartenhauses von der Villa HE. Feders betraegt nach meinem Riß, nemlich auf den Horizont – 1830 Schritt = 4880′ Calenb[ergisch] = 4392′ Par: 1038: 1 S = 4392: 4 S 14t: – etwa ⅑. Daß ist doch sehr genau.« Von L.s Hand darunter: »ad pag. XXI unten am 18. 7bris 1790 pp. HE. Hogrewe rechnet

Paris ':Calenb': = 10:9; Lond':calenb' = 25:24. Die Verhältniß des L:C folgt auch gnau aus der ersten, wenn man L:C = 15:16 sezt. Was er oben einen Schritt nennt ist = 2'8" Calenberger. « – *Georg:* Johann Georg Ludolph Rogge (1767–1837), 17 Jahre lang Diener L.s, später Stadtgerichtsdiener in Göttingen. – *Feders Villa:* Feders Landhaus, 1788 errichtet, lag am Hainberg am Weg nach Roringen (s. Brief an Albrecht Ludwig Friedrich Meister, ca. 16. September 1788) – *Bendavid:* Lazarus Bendavid (1762–1832), Philosoph und Mathematiker, Schüler L.s in Göttingen, 1794 in Wien, Direktor der jüdischen Freischule in Berlin, Anhänger Kants, seit 1802 Schriftleiter der Spenerschen Zeitung. – *Volborths' Garten-Haus:* L.s Gartenhaus, das ehemals Volborth gehört hatte.

1521 *Turenne:* Ist das: Henri de Latour d'Auvergne, Vicomte de Turenne (1611–1675), Marschall von Frankreich. – *L'hombre:* Im 14. Jh. in Spanien erfundenes kompliziertes Kartenspiel.

1522 *könn[t]e:* In der Handschrift *können.* – *Eigenschaften des Turmalins:* S. zu D 729. – *größten Teil:* In der Handschrift *grösten theils.* – *Jeder Teil der Physik hat seinen Sphärischen ...:* Zu diesem Satz vgl. J 1386.

1523 *der Bewegung:* Von L. doppelt unterstrichen.

1524 Zur handschriftlichen Schreibweise dieser Bemerkung s. zu D 53. – *Über alles große Ideen ...:* Zu diesem Gedanken vgl. GH 93.

1525 *Elektrophors:* Griech. Elektrophor ›Elektrizitätsträger‹; Apparat zur wiederholten Aufladung eines elektrischen Leiters durch Influenz eines geriebenen Nichtleiters. Eine Scheibe von Harz oder Hartkautschuk, der Kuchen, ist in eine metallene Form gegossen oder in eine metallenen Teller gelegt.

1527 *Georg:* Johann Georg Ludolph Rogge.

1528 Zur handschriftlichen Schreibweise dieser Bemerkung s. zu D 53.

1530 *Wärmestoff:* Grundstoff der »antiphlogistischen« Chemie von Lavoisier. Vgl. Gehler, Supplementeband, S. 32 zum »Antiphlogistischen System«: »Das ganze System geht von den Wirkungen des Wärmestoffs (Calorique) aus, der durch seine Elasticität die kleinsten Theile (molécules) der Körper trennt, und sie in den Zustand der tropfbaren, oder wenn die Elasticität den Druck der Atmosphäre überwindet, in den Zustand der elastischen Flüssigkeit versetzen, in welchem letztern man sie Gas (Gaz) nennt.«

1531 Zur handschriftlichen Schreibweise dieser Bemerkung s. zu D 53.

1532 *Wie gelangen wir zu dem Begriff des: außer uns:* Zu L.s zahlreichen Reflexionen über das »außer uns«, auch »praeter nos« vgl. auch H 19, 150, 151, J 643, 1021, 1537, K 64, 77, 85, L 277, 740, 811, 867 mit Anmerkungen. Im Ausgang von der kantischen Philosophie, wo der Begriff des »außer uns« in zweierlei Hinsicht bestimmt ist – erstens als im Raume, der äußeren Erscheinungswelt zugehörig, und zweitens als Ding an sich, das streng von uns unterschieden ist – bemüht sich L. um eine Beschreibung der erkenntnistheoretischen Relation zwischen vorstellendem Subjekt und Außenwelt. – *in:* In der Handschrift *auf.* – *auf:* In der Handschrift *in.*

1534 Zur handschriftlichen Schreibweise dieser Bemerkung s. zu D 53.

1535 *Cartesianischen Teufel:* S. zu J 1287.

1537 *Außer uns:* S. zu J 1532. – *man sollte sagen praeter nos, dem praeter substituieren wir die Präposition extra:* Vgl. auch H 150. – *verwebt ist:* In der Handschrift *verwebt zu seyn.* – *Form der Sinnlichkeit:* S. zu H 19.

1538 *Daß wir glauben wir handeln frei, wenn wir Maschinen sind . . . nicht auch Form des Verstandes:* Zur Frage der Willensfreiheit s. zu J 275.
1540 *den Bäumen schon fremde Wurzeln angepropft:* Vgl. J 1986.
1542 *etwas in dem 6ten Stücke seiner Annalen . . . vorkommen:* Die »Annalen der Geographie und Statistik«, hrsg. von Eberhard August Wilhelm Zimmermann, erschienen Braunschweig 1790–1792 in 3 Bdn.
1544 *Réaumurs Beispiel mit dem Zitterrochen:* Gemeint ist wohl die 1715 veröffentlichte Abhandlung »L'action singulière de la torpille, et l'organe au moyen duquel elle l'excerce«. Über den Zitterrochen s. zu J 1406.
1545 *usurers:* Engl. usurer ›Wucherer‹.
1547 Zur handschriftlichen Schreibweise dieser Bemerkung s. zu D 53. – *In der Gabe alle Vorfälle des Lebens zu . . . seiner Wissenschaft Vorteil zu nützen . . . großer Teil des Genies:* Vgl. GTC 1793, S. 149. – *Franklin mit den Fliegen im Madeira:* »Herr Fränklin hat in Amerika Fliegen in Madeira-Wein ertränkt und in Europa wieder aufgeweckt. Wie gern würde sich mancher, um das Atlantische Meer so ruhig und wie in einem Augenblick zu durchkreuzen, in Madeira ertränken, wenn er am andern Ufer wieder aufwachen könte!« So berichtet L. im GTC 1780, S. 86, unter »Neue Erfindungen, physikalische und andere Merkwürdigkeiten«. Im GTC 1793, S. 149–151, greift L. unter »Einige physikalische Merkwürdigkeiten« dieses Experiment, nachgeprüft durch eigene Versuche, wieder auf: »Es ist bekannt, daß Franklin, als er einmahl in America eine Bouteille Madeira öffnete, die er mit aus England gebracht hatte, in derselben einige ertrunkene Fliegen fand. Die meisten Menschen würden sie weggeworfen haben. Allein diesen außerordentlichen Menschen verließ sein Beobachtungsgeist, der Schutzgeist der wahren Naturlehre, nie, auch selbst nicht beym Oeffnen einer Weinbouteille. Er nahm sie auf, legte sie auf ein feines Sieb und setzte sie der Sonne aus. Nach einiger Zeit kamen alle wieder zum Leben bis auf eine. Ich nahm mir vor, den Versuch zu wiederholen, allein ehe ich ein Paar Fliegen auf diese Weise eine Tour mit vielen Unkosten durch Deutschland machen ließ, wollte ich erst versuchen, ob sie den Tod im Madeira ohne Reise überstehen würden. Denn wenn sie, dachte ich, alsdann nicht wieder zum Leben kommen, so wird es noch viel weniger geschehen, wenn sie acht Tage auf einem deutschen Postwagen zugebracht haben. Ich ertränkte also am 27. August 1791 zwölf Stubenfliegen, eine große blaube Schmeißfliege, und, als diese bereits untergegangen waren, auch noch eine Wespe, in einer halben Quartierbouteille, die über die Hälfte mit Madeira angefüllet war, verkorkte sie, und ließ sie auf einem Gartenhause in einem verschlossenen Schranke stehen. Am 4ten September [SK 208], also am neunten Tage nachher, als die Sonne warm und angenehm schien, nahm ich sie heraus, legte sie auf feines Fließpapier und setzte sie so der Sonne aus. Dieses geschah ungefähr um 9 Uhr des Morgens, allein ob ich sie gleich den ganzen Tag über in diesem Zustand erhielt, so kam doch nicht eine einzige wieder zum Leben. Ob irgend eine Ungeschicklichkeit von meiner Seite Schuld daran war, oder ob sie den Göttingischen Madeira nicht haben vertragen können, weiß ich nicht. Es will überhaupt mit dem Wiedererwecken der Ertrunkenen in Deutschland noch nicht recht fort.«

1550 *Durch . . . die planlosen Streifzüge der Phantasie wird . . . das Wild aufgejagt, das die planvolle Philosophie . . . gebrauchen kann:* »Lichtenb. vergleicht immer die Phantasie mit einem *Spürhunde*, der allerhand Bilder und Ideen aufsucht, unter welchen dann der *Jäger* oder der Verstand wählen muß, welche er festzuhalten und zu schiessen hat. Verstehen beyde ihr Handwerk gut, dann geht die Jagd glücklich von Statten« (Gamauf, Astronomie, S. 455 f.). Vgl. etwa III, S. 113.

1551 *Der Mensch ... Ursachensucher:* Zu diesem Gedanken vgl. J 1826.

1552 *Chauvin:* Etienne Chauvin (1640–1725) aus Nimes, flüchtete nach dem Religionsedikt von Nantes nach Rotterdam, später in Berlin protestantischer Pfarrer, Prof. der Philosophie, widmete sich besonders naturwissenschaftlichen Studien und der experimentellen Physik; Mitglied der preuß. Akademie der Wissenschaften.

1553 Zur handschriftlichen Schreibweise dieser Bemerkung s. zu D 53.

1555 *Bengels:* S. zu J 1027. – *den 26ten Okt. 90:* Im Tagebuch (SK) darüber nichts vermerkt.

1556 *Ein[e] Gewitter-Wolke Torpedo zu nennen:* Wegen ihrer Elektrizität, vergleichbar dem Torpedo-Fisch Zitterrochen. Über ihn s. zu J 1406. Im übrigen ist diese Bemerkung ein Beispiel mehr für das, was L. in J 1553 fordert. – *nebula ... Torpedo:* Lat. ›Torpedo-Nebel, Torpedo-Regen, Torpedo-Wolke‹.

1557 Zur handschriftlichen Schreibweise dieser Bemerkung s. zu D 53.

1558 *Hooke Birch T. III p. 4 ...:* Vgl. Thomas Birch, »The History of the Royal Society of London«, Bd. III, London 1757, S. 4 (18. Januar 1671). – *night glass:* Engl. ›Nachtglas‹; L.s Übersetzung von Skotoskop, von griech. σκότος ›Dunkelheit, Finsternis‹. – *Dr Hooke ... diaphanous:* Dr. Hooke versprach, auf der nächsten Sitzung etwas zu zeigen, was weder Reflexion noch Refraktion habe und doch durchsichtig sei.

1561 *Versuch vom Inspektor Köhler:* Johann Gottfried Köhler (1745–1801), Inspektor des mathematischen Salons und der Kunstkammer in Dresden.

1562 *Ray ... schöne Beispiele Birch:* Birch, Bd. III (s. zu J 1558), S. 162–173, bringt von Ray unter dem Datum vom 17. Dezember 1674 zwei Diskurse, »one on the seeds of plants« und »another on the specific differences of plants«. L. bezieht sich auf S. 163. John Ray (1627–1705), der ›Vater der engl. Naturgeschichte‹, berühmt wegen seiner dreibändigen »Historia Plantarum« (1686, 1688, 1704).

1563 *Aufsatze eines Herrn Henshaw Birch III.:* »Account of his observations made in Denmark and in his voyage thither«, vorgetragen am 11. Februar 1765, Birch, Bd. III, S. 181–190. Thomas Henshaw (1618–1700), engl. wissenschaftlicher Schriftsteller, Mitglied der Royal Society seit ihrer Gründung 1663. – *Büschs Beob.:* Johann Georg Büsch (1728–1800), Schriftsteller und Nationalökonom, seit 1756 Prof. der Mathematik und Direktor der von ihm gegründeten Handelsakademie in Hamburg; gehörte zum Freundeskreis Klopstocks.

1564 Zur handschriftlichen Schreibweise dieser Bemerkung s. zu D 53. – Zu *Schrittzähler* s. zu J 1565.

1565 *Schrittzähler:* Nach Adelung ein »Werkzeug gemachte Schritte zu zählen; an Wagen angebracht die Länge der Wege nach Schritten zu bestimmen«.

1566 Zur handschriftlichen Schreibweise dieser Bemerkung s. zu D 53.

1568 *das Kontinuierliche ... bloße Form der Anschauung:* Nach der atomistischen Hypothese kommt nur dem Raum und der Zeit Stetigkeit zu, den materiellen Körpern dagegen nur scheinbar, da ihre kleinsten Teilchen durch Zwischenräume (Molekularintersitien) getrennt sind.

1571 Zur handschriftlichen Schreibweise dieser Bemerkung s. zu D 53.

1575 *noch einen ... für das Wasser ... müßten wir haben:* Vgl. J 1580.

1577 *Rozier:* Gemeint ist die Zeitschrift »Observations sur la physique ...«.

1578 *1720 deutsche Meilen dicken Kessel:* S. zu B 114.

1579 *auf einen Newton oder ... Herschel:* Die gleiche Namenszusammenstellung begegnet J 1672.

1580 *Wasser anmachen lernen so wie wir Feuer anmachen:* Vgl. J 1575.

1581 *Mastix, womit die Juweliere die Brillanten polieren:* Harz, gewonnen aus dem strauchartigen Baum Pistacia Lentiscus, besonders auf Chios. – *Wovon ... Cassini sagt:* Die Notiz ist einem Beitrag mit dem Titel »Astronomische Beobachtungen, auf der königlichen Sternwarte zu Paris im Jahr 1787 angestellt, nebst einigen Bemerkungen«, a.a.O., S. 123–132, entommen. Jacques Dominique Cassini, Comte de Thury (1748–1845), Urenkel G. D. Cassinis, Leiter der Pariser Sternwarte. – *Bodens Jahrbuch 1792:* Erschienen Berlin 1789. Gemeint ist das »Astronomische Jahrbuch, nebst einer Sammlung der neuesten in die astronomischen Wissenschaften einschlagenden Abhandlungen, Beobachtungen und Nachrichten«, das Bode seit 1774 jährlich für das drittfolgende Jahr herausgab. L. besaß das Jahrbuch vollständig (BL, Nr. 60).

1582 Diese Notiz ist von L. durchgestrichen; vgl. SK 105.

1583 *Herrenschneider:* Johann Ludwig Alexander Herrenschneider (1760–1843), Dr. phil., Prof. der Mathematik, Physik und Astronomie zu Straßburg. Vgl. SK 105. Zum Urteil Abraham Gotthelf Kästners über ihn vgl. den Brief an L. vom 24. Mai 1792. – *von Herschel und seiner Schwester:* Karoline Lucretia Herschel (1750–1848), Schwester des Astronomen, der sie 1772 nach England holte, wo sie zur Konzertsängerin ausgebildet wurde, aber ihre Karriere aufgab, um Herschels astronomische Assistentin zu werden. Sie entdeckte acht Kometen, eine Anzahl Nebelflecken und gab einen Supplement-Katalog zu Flamsteeds Atlas heraus. 1822 kehrte sie nach Hannover zurück; sie erhielt eine Reihe wissenschaftlicher Ehrungen. – *der neue Spiegel zum großen Teleskop:* Zum Spiegelteleskop s. zu J 1511.

1584 *Flintglas:* Auch Kieselglas, weißes Kristallglas, eine »Glasart, welche unter diesem Namen in den englischen Glashütten bereitet wird, und sich durch vorzügliche Weisse und Reinigkeit unterscheidet. Sie ist in der Dioptrik sehr berühmt geworden, seitdem der ältere Dollond durch ihre Verbindung mit dem Crownglase Mittel gefunden hat, die Abweichung wegen der Farbenzerstreuung in den Fernröhren zu vermeiden.« (Gehler Bd. 2, S. 315)

1585 *Rayons gravifiques:* Frz. ›Schwerkraft-Strahlen‹.

1586 *Rigel:* Einer der zwei Sterne 1. Größe (β) im größten Sternbild am nördlichen Himmel, dem Orion.

1588 *was Leibniz von Auge herleitet:* »Œuvres philosophiques«, S. 239; zu A 12 nachgewiesen. – *Zöllner ... in der Note:* Vgl. Zöllners »Ueber speculative Philosophie. Für Liebhaber der Philosophie und für Anfänger in derselben aus den wöchentlichen Unterhaltungen über die Erde und ihre Bewohner besonders abgedruckt«, Berlin 1789 (BL, Nr. 1422). Johann Friedrich Zöllner, preußischer Oberkonsistialrat und Probst in Berlin (1753–1804); pädagogischer und philosophischer Schriftsteller. Das Werk sollte der Verbreitung der Sätze und Ideen Kants dienen. S. 61–63, innerhalb einer längeren Fußnote, die sich auf Leibniz' Sprachuntersuchungen (»Œuvres philosophiques«, S. 239f.; s. zu A 12) bezieht, schreibt Zöllner: »Die Abstammung des französischen Wortes: Œil, und seine Verwandtschaft, so wie Leibnitz solche a.a.O. darstellt, ist so reich an schönen Bemerkungen, daß ich sie meinen Lesern unmöglich vorenthalten kann. ›Ich muß damit,‹ sagt er, ›ein wenig weit ausholen.‹ Zu dem ersten Buchstaben des Alphabet's A darf man nur am Ende ein H setzen (Ah), so entsteht ein gelinder Hauch, der Anfangs stärker ist, und am Ende allmählig verschwindet. Kein Wort ist von Natur bequemer, zum Zeichen eines gelinden Hauches zu dienen, als eben dies Ah. Eben darum wird auch dies Ah in verschiedenen Sprachen, mit geringerer oder größerer Abänderung, gebraucht, um das Hauchen auszudrücken, z. E. in ... Hauch, ... Athem. Da aber auch das Wasser, gleich der Luft, flüssig ist, so scheint man eben den Ton auch für dies Element gebraucht zu haben; nur daß man ihn verstärkt hat, um dem größeren Geräusche des Wassers näher zu kommen: Aha, Ahha. ... Die Franzosen haben aus aqua, aigues, auue, endlich eau, gemacht, welches sie O aussprechen, so daß nichts mehr von dem alten Ursprung merklich bleibt. Aue, Auge heißt bei den Deutschen jetzt ein Ort, den das Wasser häufig überschwemmt, und der dadurch zur Viehweide geschickt wird; aus wasserreicher Ort, eine Weide; aber insbesondere versteht man darunter eine Insel, wie im Namen des Klosteres Reichenau und vielen anderen. Und dies muß bei vielen Altdeutschen und Celtischen Völkern Statt gefunden haben, denn daher ist es gekommen, daß alles, was in einer Art von Fläche abgesondert liegt, ein Auge, (oge) oculus heißt. So nennt man die einzelnen Oeltropfen, die auf dem Wasser schwimmen, Augen; und bei den Spaniern heißt Ojo ein Loch. Aber Vorzugsweise hat man das Wort Auge, Ooge, occhio, oculus ... von dem menschlichen Auge gebraucht, weil dies ein auffallendes, reizendes Loch im Angesichte ist; und ohne Zweifel kommt auch das Französische Œil daher, nur daß man dessen Abstammung nicht wieder erkennt, wofern man nicht die Geschlechtstafel so weit hinauf verfolgt, wie ich es hier gethan habe«.

1589 *Phlogiston:* S. zu D 316. – *Pflanzen-Säure:* Im Gegensatz zu den Mineralsäuren; Verbindung aus Kohlenstoff, Wasserstoff und Sauerstoff. – *Luftsäure:* In der Terminologie Bergmanns soviel wie mephitisches Gas oder fixe Luft: Kohlendioxyd. – *Phosphorsäure:* Knochensäure, in Form phosphorsaurer Salze in vielen Mineralien, besonders als phosphorsaurer Kalk (Hauptbestandteil der Knochenasche). – *Gewächs-Al[kali], Mineral-Alk[ali], flücht[iges] Alk[ali]:* Die Oxyde und Hydroxyde der Alkalimetalle Kali und Natron wurden im 18. Jh. nach ihrer Gewinnung aus Pflanzen (kohlensaures Kali) und aus Mineralien (kohlensaures Natron) als vegetabilisches und mineralisches Alkali unterschieden, bis Klaproth 1796 Kali auch in Mineralien fand. Die Unterscheidung dieser beiden feuerbeständigen Stoffe als fixe Alkalien einerseits und dem kohlensauren Ammoniak als flüchtigem Alkali andererseits geht bis auf die Araber zurück. – *Kalk-Erde:* Calciumoxid.

1590 *Dunstbläschen könnte[n] so erklärt werden:* Vgl. hierzu Gren/Karsten, »Anfangsgründe der Naturlehre« (s. zu J 1591), S. 597, Neunzehnter Abschnitt (437 §i):»Mehrere ältere Naturforscher nahmen zur Erklärung des

Aufsteigens der Dünste in der Luft, und ihres geringen spezifischen Gewichts an, daß sie die Gestalt von Bläschen hätten, die mit einer verdünnten Luft, oder mit einer feinen Materie angefüllt, oder auch leer wären. Dahin gehören Halley (philosophic. Trans. No. 192), Chauvin (nova circa vapores hypothesis, in den misc. berolinens T. I. S. 120), Leibnitz de elevatione vaporum et de corporibus, quae ab inclusam cavitatem in are natare possunt, ebendas. S. 123).«

1591 *Herr Gren Karsten ... glaubt:* »Anfangsgründe der Naturlehre, mit Anmerkungen vermehrt herausgegeben von Friedrich Albert Carl Gren«, erschienen Halle 1790, von Wenceslaus Johann Gustav Karsten. Auf den von L. angegebenen Seiten schreibt Gren: »Manche Materien werden in der Hitze oder Wärme und zwar beym gänzlichen Ausschluß der atmosphärischen Luft, in elastische Flüssigkeiten verwandelt, die durch die Kälte oder Entziehung der Wärme nicht wie die eigentlichen Dünste und Dämpfe zu einem tropfbar flüssigen oder festen Körper zusammentreten, sondern ihren Aggregatzustand behalten. Sie unterscheiden sich also durch die Permaneität ihrer Elastizität. Sie werden in der Folge unter den Namen der luftförmigen Flüssigkeit, der Luftarten, der künstlichen Luftarten, vorkommen. Der einzige Unterschied, den ich zwischen diesen und den Dämpfen finden kann, beruht in der verschiedenen Menge des Wärmestoffs und der verschiedenen Stärke der Vereinigung. In den Luftarten ist der Wärmestoff in größerer Menge und inniger mit den Grundtheilen vereiniget, als in den Dünsten; und mehrere der letztern werden durch eine stärkere Erhitzung auch völlig luftförmig und permanent elastisch, so wie hinwiederum verschiedene Luftarten bey Berührung der atmospährischen Luft zu Dünsten niedergeschlagen werden, wovon Beyspiele in der Folge vorkommen. 437. § 1. Wenn wir auf die erhitzen Körper genau acht geben, so finden wir, daß sie rund um sich her die Wärme verbreiten, und daher ein Thermometer afficiren, man mag es ihnen, von welcher Seite man will nähern; daß jeder erhitzte Körper seine Hitze nach und nach wieder verliert, wenn er nicht von anders her neue Hitze empfängt; und daß selbst die dichtesten Körper, die wir kennen, nicht vermögend sind, die Wärme in einem Körper zurückzuhalten. Dieser Ausfluß des Wärmestoffes aus einem erhitzten Körper befolgt keinesweges die Gesetze der Ausbreitung des Lichts, und die Aehnlichkeit, welche der Hr. Verf. §409 und 410 erwähnt, paßt zwar aufs Feuer, aber nicht auf die Wärmematerie.«

1592 *Phlogiston:* S. zu D 316.

1593 *Fourcroy gibt ... Verfahr[en] an auf ... Eiweißstoff in den Pflanzen zu gelangen:* »Mémoire sur l'Existence de la matière Albumineuse dans les végétaux«, erschienen in den »Annales de Chimie«, Bd. 3, Paris 1789, S. 252-262. – *Annales de Chimie:* Die bedeutende wissenschaftliche Zeitschrift »Annales de Chimie ou Recueil de Mémoires concernant la Chimie et les Arts, qui en dépendent«, herausgegeben von De Morveau, Lavoisier, Mongé, Berthollet, de Fourcroy, Baron de Dieterich, Hassenfratz und Adet. Sie erschien 1789–1793 in Paris und nach einer Unterbrechung 1797–1945. L. zitiert die Zeitschrift auch III, S. 103. – *Materiam Albuminosam:* Eiweißstoff.

1596 *Am 20ten Dez. 90 ... auf dem Garten:* Im Tagebuch (SK) notiert L.: »Morgens die Sonne auf dem Garten aufgehen sehen. Nachricht davon in J. pag. L.« – *Den 21ten ... Herzklopfen:* Vgl. SK 109.

1598 Zur handschriftlichen Schreibweise dieser Bemerkung s. zu D 53. – *Lamberts Cosmologische Briefe:* S. zu A 252.

1600 *Harmonika:* Zur Glasharmonika s. zu G 196. – *Röllig ... in seinem Buche:* Laut Gerber[2], Carl Leopold und nicht J. E. (Lichtenberg) oder (nach Meusel, Lexikon) J. B. Röllig (1761–1804), in Wien, Komponist, Musiktheoretiker, Virtuose auf der Harmonika; in Hamburg, seit 1783 in Berlin, ab 1797 Official an der Hofbibliothek in Wien. »Im Febr. 1787 giebt uns Herr Biester in der Berliner Monatsschrift die Nachricht, daß dieser Künstler durch Hinzufügung einer Tastatur dies Instrument zur möglichsten Vollkommenheit gebracht habe. Nach dem dabey befindlichen Kupfer, hängt die linke, schwere Seite des Kastens, wo sich die Baß-Schalen befinden, in seidenen Schnüren. Die Schalen selbst hängen auf einer und derselben Welle, so daß man sie auch mit den bloßen Fingern, nach Franklinscher Art, spielen kann. Die Töne der obern Tasten haben vergoldete Ränder. Ihr Umfang beträgt 3 und eine halbe Oktave, vom ungestrichenen c bis zum dreygestrichenen f. Er hat, um die Schalen in ihrer höchsten Volkommenheit hierzu zu erhalten, die meisten Glashütten in Ungarn, Böhmen und Deutschland besucht. Und wo er einen geschickten Arbeiter fand, sich Jahre lang aufgehalten. Die Harmonika liebt übrigens eine langsame, gebundene und harmonische Spielart, wo durch unerwartete Resolutionen der Dissonanzen, die Harmonie eine täuschende Wendung nimmt. Besser, ohnen genaues Zeitmaas. ... Zu Berlin gab er 1787 auf 4 Bogen in 4 heraus: Ueber die Harmonika ein Fragment, worinne er ganz erstaunende Wunder von der Harmonika deklamirt. Unter allen diesen bewundernswürdigen Würkungen der Harmonika, soll ihm, nach den Bemerkungen über Berlin. Musik vermittelst seines eigenen Spiels, diejenige am ersten gelingen: Die Zuhörer durch lauter verminderte Septimen und unzusammenhängede Akkorde, zu zwingen, daß sie davon laufen müssen. s. auch Allgem. Litterat. Zeitung, in einem Briefe an Hannover. Mehrere Gerechtigkeit läßt ihm Herr Kapellmeister Naumann in seinem Aufsatze, s. Num. 149 der allgem. Litterat. Zeitung von 1788, in Ansehung seines Spielens wiederfahren. Auch in Ansehung des Rölligschen Instruments, versichert er seine Erwartung weit übertroffen gefunden zu haben. Und Naumanns Zeugniß muß uns destomehr gelten, da er eben so sehr Kenner der Harmonie als der Harmonika ist, und seinen Namen unterzeichnet hat.« – *in den Exzerpten p. 72 angeführt:* Auf der angegebenen Seite seiner »Excerpta physica« (s. zu J 1409) notiert L.: »Ueber die Harmonika. Ein Fragment von J. E. Röllig Berlin 1787. 4$^{\underline{to}}$ 32 Seiten. Er zieht seine mit der Tastatur vor, spricht sehr von der Schädlichkeit des Spielens der gewöhnlichen Art, die der erste Verfasser für blose Einbildung hält«. Der erste Verfasser ist Johann Christian Müller, dessen Leipzig 1788 »mit D$^{\underline{r}}$ Franklin's Bildniß auf dem Titelblatt« erschienene »Anleitung zum Selbstunterricht auf der Harmonika« L. ebenda verzeichnet. – *Groschke:* Johann Gottlieb Groschke (1760–1828), Dr. med. Göttingen 1794, danach Prof. der Naturgeschichte zu Mitau. – Zu *Mesmer* s. zu GH 90.

1602 *Natur:* Danach von L. gestrichen *von dem was die.*

1603 Zur handschriftlichen Schreibweise dieser Bemerkung s. zu D 53. – *Ist dieses nicht ein Gleis ...:* Zu L.s Verwendung ähnlicher Bilder vgl. J 528, 1331, 1633, K 312, 384. – *ornière:* Frz. ›Wagenspur‹.

1604 *meiner Regel ... alles in allem:* Vgl. F 147.

1608 *Am 7ten Jan. 91:* Im Tagebuch (SK) nicht vermerkt.

1609 *dephlogistisierte Luft:* Reiner Sauerstoff; s. zu GH 87.

1612 *Watson das Wasser im Sommer ... gefrieren machte:* William Watson (1715–1787), engl. Arzt, Naturwissenschaftler, Physiker; 1741–1787 Herausgeber der »Philosophical Transactions of the Royal Society of London«; Dr. der Physik an den Universitäten Halle und Wittenberg. 1746 erschienen seine »Experiments on the Nature ... of Electricity« (über Eis-Wasser). – *Walker eine Methode gefunden das Quecksilber ... gefrieren zu machen:* S. zu GH 69, vgl. auch den Brief an Georg August Ebell vom 19. Januar 1789. – *Amalgama:* Verbindungen oder Mischungen von Quecksilber mit anderen Metallen. »Amalgame, elektrisches ... Ein Amalgama, dessen sich die Physiker bedienen, um das Reibzeug der Elektrisiermaschinen, oder auch das zu reibende Glas selbst, zu bestreichen, und dadurch die Erregung der Elektricität zu befördern.« (Gehler Bd. 1, S. 95)

1614 *Kondensation:* S. zu K 381.

1615 *Man hat jetzt 22 Mineral-Systeme ... Bergman par Mongez:* Vgl. das »Manuel du minéralogiste, ou sciagraphie due règne minéral distribué d'après l'analyse chimique ... mise au jour par Johann Jacob Ferber et traduit et augmenté de notes par Jean André Mongez le jeune«, erschienen Paris 1784; in L.s Besitz (BL, Nr. 723).

1616 *Werner ... in seinem Mineralsystem die Farbe zum Charakter annimmt:* Gemeint ist wohl »Von den äußerlichen Kennzeichen der Foßilien« von Abraham Gottlob Werner, erschienen Leipzig 1774; auf S. 128 befindet sich eine Tabelle »Von den Farben der Foßilien«. – *Mayerscher Farbentriangel:* S. zu D 330.

1617 *Bei den Schichten ... das System der Übergänge nicht ganz zu vernachlässigen, wie ... Link ... bemerkt:* In dem »Versuch einer Anleitung zur Geologischen Kenntniß der Mineralien«, erschienen Göttingen 1790 bei Dieterich, schreibt Heinrich Friedrich Link in seiner unpaginierten Vorrede: »Unter den vielen Systemen, über die Entstehung der Mineralien, die sich in drey Hauptclassen, in die Systeme der Vulcanisten, der Neptunisten, und in das System der Übergänge theilen lassen, bin ich dem letztern am öftersten gefolgt ... Weiter sagt aber das System der Übergänge nichts, als: die Mineralien sind nicht mehr, was sie damals waren, als sie sich zuerst bildeten, sie haben ihren jezigen Ort, ihre jezigen Eigenschaften, durch noch würkende Kräfte, nicht durch Revolutionen erlangt. Dieses System, das uns von nüchternen Hypothesen zum Studium der Natur führt, ist wohl mehr verschrien, als widerlegt«. Von *Schichten* handelt er in § 8, S. 50–53. L. besaß das Werk (BL, Nr. 747). Heinrich Friedrich Link (1767–1851), Naturwissenschaftler, studierte in Göttingen, seit 1792 Prof. der Chemie in Rostock, später der Chemie und Botanik in Breslau und Berlin. – *Werner stimmt darauf:* In der Dresden 1787 erschienenen »Kurzen Klassifikation und Beschreibung der verschiedneen Gebirgsarten« heißt es § 4 (S. 5): »Nach den Entstehungsarten dieser Gebirgsarten, die sich in dem ungeheuren Zeitraume der Existenz unserer Erde wohl meist unmerklich eine in die andere umänderten, ist es auch nicht anders möglich, als daß solche Uebergänge bey diesen Gesteinarten statt finden müssen.« Werner unterscheidet ebd. vier Hauptabteilungen unter den Gebirgsarten: »1. uranfängliche, 2. Flötz-, 3. vulkanische-, 4. aufgeschwemmte Gebirgsarten«.

1619 Zur handschriftlichen Schreibweise dieser Bemerkung s. zu D 53. – *an dem:* Von L. verbessert aus *am*.

1621, 1622 Zur handschriftlichen Schreibweise s. zu D 53.

1625 *gut Tabellen über Dinge zu haben:* Vgl. auch J 1564. – *die Remlerische über den Gehalt der Steine:* Johann Christian Wilhelm Remler (geb. 1759) aus Naumburg an der Saale; Apotheker und Chemiker; hier vermutlich gemeint: »Tabelle, welche das Verhältniß und die Menge der in neuern Zeiten genauer untersuchten Stein- und Erdarten in 100 Granen bestimmt; zur bequemen Uebersicht für Naturforscher, Mineralogen, Technologen und Naturliebhaber«, Erfurt 1790 (BL, Nr. 750). – *Trommsdorf über die Luftarten:* »Tabelle über alle jetzt bekannten Luftarten«, erschienen Weimar 1791, von Johann Bartholomäus Trommsdorff (BL, Nr. 517).

1627 *am 12ten Febr[uar] 91:* Unterm 11. Februar 1791 notiert L. in SK: »Auf dem Garten mit den Purschen«.

1629 *stünde eine auf Halley's unbeweglichen Pol ... in 700 Jahren herum kommen:* Vgl. Halleys »An Account of the cause of the change in the Variation of the Negative Needle; with an hypothesis of the structure of the internal parts of the Earth«, in: »Philosophical Transactions of the Royal Society« 17, 1692, S. 536–578. Einigermaßen zuverlässige Beobachtungen über den Erdmagnetismus hatte er von fünf Stationen, dazu kamen Angaben in Reisebeschreibungen aus verschiedenen Jahren seit 1600. Aus diesen Daten entwickelte er ein Modell, das die Variation der Magnetnadel erklären sollte: Die beiden magnetischen Pole (amerikanischer Nord- und asiatischer Südpol) wandern um die durch den geographischen Nord- und Südpol festgelegte Erdachse westwärts herum, wodurch die Magnetnadel von ihrer Ausgangsposition abgelenkt wird. Die Zeit, bis die Nadel wieder ihre Ausgangsposition erreicht – wie die Umdrehung eines Uhrzeigers in einer Stunde –, berechnete Halley auf 700 Jahre.

1630 *dephlogistisierte Salz-Säure:* Chlor (aus: Salzsäure = Chlorwasserstoff).

1632 Zur handschriftlichen Schreibweise dieser Bemerkung s. zu D 53.

1633 *nicht auf der Chaussee bleiben ... über die Hecken springen:* S. zu J 1603.

1634 Zur handschriftlichen Schreibweise dieser Bemerkung s. zu D 53.

1635 *subjektiven Fortschritte:* Danach von L. gestrichen *der Wissenschafft selbst.*

1636 *Gewitter-Ableiter:* Im Roten Buch, S. 50f., notiert L.: »Die erste Abhandlung könte dieses mal über die *Blizableiter* gehen. Nothwendig als [von L. gestrichen *Rechtfertigung me*] Erfüllung meines Versprechens. Ja im Gantzen Buch J nachzusehen. Die Vergleichung daß es immer donnern würde, wenn es bey Feuers Gefahr donnerte. Der Aufsatz muß heißen [in der Handschrift *heißt*] über das Gewitter und die Blitzableiter.« Vgl. J 1650. – *Wenn man die Feuers-Gefahr ... etwa durch ein Donnerwetter ausdrückte ... :* Vgl. hierzu auch J 1638, 1639.

1638 Zur handschriftlichen Schreibweise dieser Bemerkung s. zu D 53.

1641 *Hadleyscher Oktant:* John Hadley (1682–1744), engl. Mechaniker und Optiker, berühmter Teleskopbauer und Spiegelschleifer, Mitglied der Royal Society in London. – *Alidade:* Alhidade (arab. ›Zähler‹), Teil an Meßinstrumenten, z. B. am Theodoliten, welcher den Bewegungen des messenden Fernrohrs folgt und zum Ablesen der Winkel am Kreise dient.

1643 Zur handschriftlichen Schreibweise dieser Bemerkung s. zu D 53.

1644 *Alles zu vergrößern ... neuer Gedanken:* Zur handschriftlichen Schreibweise dieser Sätze s. zu D 53. Zum Gedanken vgl. J 1653, 1665, 1719, 1727.

1645 *Verkleinerung der Erdkugel ...:* Zu diesem Gedanken s. zu F 470. – *Also mit der Größe ... nicht allein ausgemacht:* Vgl. J 1644.

1646 Zur handschriftlichen Schreibweise dieser Bemerkung s. zu D 53.

1647 *Aphorismen über die Physik zu schreiben:* Das einzige Mal, daß L. in seinen Sudelbüchern diesen Begriff – im strengen wissenschaftlichen Sinne – gebraucht; vgl. auch H 175.

1648 φλόγγος: Griech. ›Schall, Ton, Laut, Stimme‹.

1649 Zur handschriftlichen Schreibweise dieser Bemerkung s. zu D 53. – *Den optischen Nerven ... probiert:* Vgl. J 1652. – *an ... probiert:* Danach von L. der Anfang einer neuen Bemerkung gestrichen *Will man den Versuch.*

1650 *Den Donner auf Noten zu setzen ... vielleicht nützlich:* Im Roten Buch, S. 57, schreibt L.: »Den Donner auf Noten zu setzen. Jedermann hört seinen eignen Donner, wie er sein[en] eignen Regen bogen sieht cum grano Salis«.

1652 *Am 28ten und 29ten April 91. brachte mich die Sonne ... auf den opt. Nerven:* Im Tagebuch (SK) nicht vermerkt. Vgl. J 1649. – *Die Einzige Art dieses ... auszurichten ... in dem roten Buch p. 14 angezeigt:* »HE. Elliot stellt Versuch[e] mit seinen Augen an, die ihm niemand leicht nachmachen wird. Er drückte sein Auge so lange bis alle die Erscheinung[en] von Licht verschwanden, die bekannt sind, und kein Druck mehr im Stand war, ein Licht hervor zu bringen als er die Augen auf that hatte er die Satisfacktion zu finden daß er gäntzlich Blind war. Ja er konte die Sonne nicht einmal mehr sehen.« Diese Notiz auf S. 10 des Roten Buchs findet ihre Fortsetzung ebd., S. 15: »Endlich aber kam nach und nach die Empfindung wieder. Er hat seine Versuche in einem eignen Werck beschrieben. Er nennt den Versuch sehr schmerzhafft. Er hat doch Töne in seinem Ohr hervorgebracht gantze Octaven durch, eine Music die niemanden incommodirt. Hiervon steht auch etwas in dem Esprit des Journaux Juin 1780 p. 74 aber nur aus dem Critical Review.« Vgl. J 1660. – *roten Buch:* Ein in der Universitäts- und Staatsbibliothek Göttingen verwahrtes Notizheft L.s, in das er vor allem Notizen zu Kalender-Artikeln eintrug, von ihm so nach dem roten Umschlag genannt, vielleicht aber auch in Anspielung auf das ›livre rouge‹ der frz. Könige (s. J 586) oder das Rote Buch des engl. Landschaftsgärtners Humphrey Repton, der zur Begründung seiner Projekte ein solches Buch vorzulegen pflegte, das neben einer Beschreibung und theoretischen Untermauerung des Vorhabens eine Skizze der bestehenden Anlage sowie ein Ausschneidebild enthielt.

1653 *Was Versuche im Großen vermögen:* S. zu J 1644. – *Leichname, die in Frankreich ... in eine Art von käsigter Materie übergingen:* Vgl. »Nachricht von einer Walrat-Fabrik« (III, S. 103), zuerst erschienen im GTC 1794, S. 125–134; vgl. auch KIII, S. 44 f. S. ferner zu J 2064. Vgl. den »Discours Préliminaire« von De la Métherie in den »Observations sur la physique«, Tome XL, Part. I, Januar 1792, S. 20. – *wie wenig wir der Natur ... nacharbeiten können:* Vgl. J 1644.

1655 *Vielleicht meinte auch Ljungberg dieses:* Möglicherweise mündliche Äußerung während seines Studienaufenthalts in Göttingen.

1656 *am 1ten Mai 91:* Im Tagebuch (SK) nicht vermerkt.

1661 Zur handschriftlichen Schreibweise dieser Bemerkung s. zu D 53. – *schlechteste:* Danach von L. gestrichen *That.*

1662 *Am 15ten Mai 91. sah ich mit dem Tubo* ...: Im Tagebuch (SK 165) nicht vermerkt. – *auf dem Kirchhofe:* Gemeint ist der Bartholomäus-Friedhof neben L.s Gartenhaus.

1665 *Was von der Quantität bei Versuchen abhängt* ...: S. zu J 1644.

1666 *alles:* In der Handschrift *allem.* – *tut, tut:* Von L. verbessert aus *tut, kömmt.* – *der Mann:* Von L. verbessert aus *dem Manne.* – *Wir schlagen zwar den Tisch nicht mehr, an dem wir uns stoßen* ...: Zu diesem Bild vgl. auch L 798.

1667 *Woltmann ... die Geschwindigkeit des Windes mißt:* 1790 war von Reinhard Woltman in Hamburg bei Benjamin Gottlob Hoffmann die Schrift erschienen: »Theorie und Gebrauch des Hydrometrischen Flügels oder eine zuverlässige Methode die Geschwindigkeit der Winde und strömenden Gewässer zu beobachten«. Woltman erwähnt die Schrift in einem im Lichtenberg-Nachlaß Göttingen erhaltenen Brief an L. vom 27. Mai 1790 (Briefwechsel III, S. 753) und kündigt darin an, L. ein Exemplar der Schrift zu übersenden. Das Buch (BL, Nr. 564) enthält gedruckte Anmerkungen von L. selbst. Reinhard Woltman (1757–1837), Hydrophysiker und -techniker, Kondukteur beim Wasserbauwesen zu Ritzebüttel; assoziiertes Mitglied der Hamburgischen Gesellschaft der Künste und für nützliches Gewerbe; ordentliches Mitglied der Hamburgischen mathematischen Gesellschaft. – *In Röhls gesammelten Schriften:* Lampert Hinrich Röhl (1724–1790), Prof. der Astronomie und Mathematik in Greifswald.

1669 *Hieraus die Bauchrednerei:* Im Roten Buch, S. 44, notiert L.: »Bauchredner umständlich. S. J. p. LVIII. Jede Person, die ich im Spiegel [von L. gestrichen *sehe*] Zimmer sehe spricht auch.« Vgl. G 32.

1670 *zu vergleichen mit p. XXXIII. Kol. II.3.:* Gemeint ist J 1456.

1671 Zur handschriftlichen Schreibweise dieser Bemerkung s. zu D 53. – *Boileau's zweiter Vers zuerst:* Vgl. auch den Brief an Samuel Thomas Sömmerring vom 14. März 1791.

1672 *Newton und Herschel:* Diese Namenszusammenstellung begegnet auch J 1579.

1673 *Die Apotheker:* Hier abschätzig als Umschreibung für die antiphlogistischen Chemiker gebraucht (s. zu D 316). – *Die elektrische Materie haben sie gar nicht:* Gemeint sind die Anhänger der antiphlogistischen Chemie; vgl. auch J 1682. – *warum nennt Gartanner das Wasser* ...: S. Gartanners Schrift »Neue chemische Nomenklatur für die deutsche Sprache«, erschienen Berlin 1791, S. 12 unter »Verbindungen mit dem Sauerstoff«; vgl. auch J 1675. – *oxygène:* Sauerstoff (vgl. Girtanner, S. 11). – *Calorique:* Wärmestoff, hypothetischer Stoff zur chemischen Erklärung der Wärme; die mechanische Wärmetheorie wurde erst im 19. Jh. entwickelt. S. zu J 1530. – *dephlogistisierte Luft:* Den bis dahin gebräuchlichen Begriff ersetzt Girtanner S. 12 unter »Verbindungen mit dem Wärmestoffe« nach dem frz. gas oxygène durch ›Sauerstoffgas‹ oder ›Lebensluft‹. – *hat:* In der Handschrift *haben.*

1675 *Das Wasser ... genannt werden:* Vgl. J 1673.

1676 *Einen Namen für ... Schießpulver zu erfinden ad modum der Franzosen:* Zu L.s Vorbehalt gegenüber der neuen Nomenklatur der frz. antiphlogistischen Chemie vgl. J 1673. – *ad modum:* Lat. ›nach Art‹.

1678 *dephlog. Luft mit infl.:* Zur dephlogistisierten Luft s. zu GH 87; zur inflammablen s. zu J₁ S. 649. – *Leidenfrosts Versuch . . . ob man nicht aus Wasser Ruß erhalten kann:* Vgl. Johann Gottlob Leidenfrosts »De aquae communis non nullis qualitatibus«, Duisburg 1736, vierter Abschnitt: »De conversione aquae in fuliginem«. Vgl. auch Brief an Christoph Heinrich Pfaff, Ende 1794 (IV, S. 907).

1680 *so lange Ihnen die elektr. Materie unbekannt:* Vgl. J 1673, 1682.

1681 *Phlogiston:* S. zu D 316. – *Agtstein:* Oder Agstein: aus dem Mittelalter stammende Bezeichnung für Bernstein. – *Agtstein-Kräftigen des sel. Hemmer:* Vgl. § 1 von Hemmers Schrift »Anleitung, Wetterleiter an allen Gattungen von Gebäuden auf di sicherste art anzulegen«, Manheim 1786, S. 1: »Die elektrizität, oder agtsteinkraft, ist eine Kraft der Körper, wodurch si allerhand andere leichte Körper anzihen und zurük stosen. Di benennung komt von *elektrum*, deutsch agtstein, her, an dem man diese Kraft zu erst war genommen hat.« (S. zu A 194). Johann Jacob Hemmer (1733–1790), kurpfälzischer geistlicher Rat und erster Hofkapellan; war außer auf physikalischem Gebiet auch auf dem Gebiet der Rechtschreibung aktiv, über die er mehreres veröffentlichte, und ging mit Klopstocks »Ortografi« konform.

1682 *Hinter dem Nebel der elektrischen Mysterien . . . Feind der franz. Nomenklatur:* S. zu J 1673. – *Man sagt eine Retorte sei leer wenn nichts als atmosphärische Luft darin ist:* Zu dieser Wendung vgl. J 2066.

1683 *Was hat man nicht für Eigenschaften vom Dampf entdeckt, ohne deswegen seinen Namen zu ändern:* Zu L.s Vorbehalten gegenüber der neuen frz. chemischen Nomenklatur s. J 1673. – *Eau surcaloriquée:* Frz. wörtl. ›überwarmes Wasser‹. Von L. ad modum der Franzosen ironisch geprägter Begriff.

1684 *Salpeter-Luft:* Nach der frz. Nomenklatur »Gas nitreux«: Salpeter halbsaures Gas (Girtanner, S. 15; s. zu J 1673). – *van Marum:* Martinus van Marum (1750–1837), holl. Arzt und Physiker, Direktor des Teylerschen physikalischen Kabinetts zu Haarlem; veröffentlichte 1785 »Beschryving eener ongemeen groote Electrizeer-Machine«, 1787 das von L. rezensierte Werk »Eerste Vervolg der Proefneemingen gedaan met Teyler's Electrizeer-Machine«. – *oxygène:* S. zu J 1673. – *Wie . . . eine Nomenklatur an[zu]nehmen:* Vgl. J 1673. – *Schröter:* Johann Hieronymus Schröter (1745–1816), Jurist, Oberamtmann in Lilienthal bei Bremen, wo er sich eine Privatsternwarte baute, die mit hervorragenden Instrumenten (auch einem Herschelschen Reflektor) ausgestattet war; unternahm vor allem topographische Planeten- und Mondbeobachtungen. Korrespondent Herschels; gab einem Mondkrater den Namen L.s. »Selenotopographische Fragmente« (s. zu SK 67). – *Mare imbrium:* Auf der Vorderseite des Mondes befindliches dunkles Tiefland, das im Gegensatz zu den relativ hell gefärbten Hochländern (Terrae) die Bezeichnung Mare trägt. Vgl. auch J 1686.

1685 *bei dem Verbrennen der Uhrfedern in dephlog. Luft:* L. beschreibt sein eigenes Experiment ausführlich im Brief an Franz Ferdinand Wolff vom 10. Juni 1782 und erwähnt es in den Briefen an Johann Daniel Ramberg und an Wolff vom 20. Mai 1782, an Wolff vom 30. Juni 1782, an Christoph Heinrich Pfaff, Ende 1794 (IV, S. 906). Vgl. auch J 1410, »Neue Erfindungen und andere Merkwürdigkeiten« im GTC 1783, S. 90 und III, S. 63 (Z. 25 f.).

1686 *so barbarisch . . . die Nomenklatur:* Vgl. J 1673. – *Existenz des Phlogistons:* Darüber s. zu D 316. – *Mare Crisium:* S. zu J 1684. – *Sylva Hercynia:* Lat.

›Harz‹. – *nicht Philosophie, sondern Eitelkeit:* Vgl. J 1700, K 20. – *Castor und Pollux:* Der Stern 2. Größe α und der Stern 1. Größe β im Sternbild Gemini (Zwillinge). In der griech. Mythologie zwei Heroen, die Dioskuren, Zwillingssöhne der Leda, die von Zeus für ihre Bruderliebe als Sterne an den Himmel versetzt wurden.

1687 *Bennetschen Elektrometern:* S. zu H 199.

1688 *Alkalinische Luft:* Auch: alkalische Luft, nach Girtanners Nomenklatur (S. 12; s. zu J 1673) Ammoniakgas. – *Kiesel-Erde:* S. zu J 1439.

1690 *die Leidenfrostische Versuche über den Ruß ... wiederholen:* Vgl. J 1678 und die Anm. dazu.

1691 *Lebensluft:* Nach Lavoisiers »air vital« das Sauerstoffgas (dephlogistisierte Luft). – *infl.:* S. zu inflammable J_1 S. 649. – *Wärmestoff:* S. zu J 1673. – *das ganze unnütze Wörter-Gehäuse:* Zu L.s Vorbehalt gegenüber der neuen chemischen Nomenklatur vgl. J 1673. – *Es muß am Ende dazu kommen:* Zur handschriftlichen Schreibweise dieses Satzes s. zu D 53. – *Hypothesen ... Gutachten ... Namen ... Dekrete:* Ähnlich schreibt L. in K 20. S. auch Briefwechsel III, Nr. 2033, S. 1052.

1692 *Der Bleikalch ... keine Säure ... keine halbe:* Girtanners Nomenklatur führt unter »III. Verbindungen mit dem Sauerstoffe«, S. 12–15 (s. zu J 1673), Bleikalch nicht auf, wohl aber u. a. Zinkkalch, Kupferkalch, Bleiweiß, Bleiglas, die als Halbsäuren genannt werden.

1693 *Glas-Galle:* Verunreinigung, meist von Natrium- und Calciumsulfat, die sich beim Schmelzen auf der Glasmasse ablagert. – *Abichs:* Rudolf Adam Abich (gest. 1809), Bergrat und Obersalzinspektor der Saline in Schöningen; zahlreiche chemische Abhandlungen.

1694 *Bergmans Feder-Kiele:* Vgl. J 1728.

1695 *Si donc ... exellence:* So ... muß man also zu dem Schluß kommen, daß die Lebensluft, das Sauerstoffgas, der brennbare Körper überhaupt ist. – *l'air vital:* S. zu J 1691.

1697 *Deluc schon den Herrn Libes ... widerlegt:* »Quinzième Lettre de M. De Luc à M. Delamétherie, Pour servir d'Introduction à quelques considérations météorologiques, auxquelles donnent lieu la formation et la naissance de nos Continens«, erschienen in den »Observations sur la physique ...«, Bd. XXXVIII, Paris 1791, S. 378–394. In den »Excerpta physica«, S. 149 (s. zu J 1409), notiert L.: »HE Libes vertheidigt seine Theorie des Regens gegen HE. DeLuc im Rozier 40te Band«. – *Libes:* Antoine Libes (1752–1832), frz. Physiker, der vor allem mit Arbeiten zur Reibungselektrizität hervortrat. »Leçons de physique chimique« (1796).

1698 *merkwürdige ... heiße und schwüle Tage:* Vgl. SK 194. – *leichten Donnerwettern oder ... sanften Regen:* Vgl. SK 199. – *heute den 13ten August:* Vgl. SK 197. – *gegen Northeim zu:* Von Göttingen aus in nördlicher Richtung gelegen.

1699 *Die franz[ösische] Nomenklatur ... lasse ich als versus memoriales gelten:* Zu L.s Vorbehalt gegenüber der neuen chemischen Terminologie s. J 1673. In Zusammenhang mit dem relativen Nutzen der antiphlogistischen Chemie schreibt L. in »Bemerkungen über einen Aufsatz des Herrn Hofr. Mayer ... « (in den »Annalen der Physik« 2, 1799, Sp. 73): »so wie etwa manche Versus memoriales immer ihren Wert haben können, ob sie gleich prosidisch unrichtig sind«. – *Barbara Celarent:* »Nein, wenn dann doch die Canonen Nahmen haben sollen, so nenne man sie lieber Barbara, Celarent etc., so lästert man doch wenigstens die Bibel nicht, sondern bloß die Logik ...«, schreibt L. in der Miszelle »Ein Wort über die höchste Bergvestung, und den Mont Rose« (GTC 1791, S. 172). – *versus memoriales:* Lat. ›Merksprüche‹.

1700 *Die Versuche ... Werk des Genies, ... Namen ... Werk der Eitelkeit:* Zu L.s Vorbehalt gegenüber der neuen chemischen Terminologie vgl. J 1673; von Eitelkeit in diesem Zusammenhang redet L. auch J 1686, s. die Anm. dazu. Die Würdigung der frz. Chemie findet sich ebd.

1701 *Was für große Männer ... die Wirbel des Cartesius zu verteidigen:* Zu diesem Gedanken vgl. J 1223.

1708 Zur handschriftlichen Schreibweise dieser Bemerkung s. zu D 53.

1711 *Daß Hagel entsteht ...:* S. zu J 927; vgl. auch J 1990.

1715 *eine gute Sozietäts-Abhandlung ... die Lehre von den Tropfen vorzunehmen:* Dieser Plan ist nicht zustandegekommen. – *Siehe Gehler Tropfen:* Gemeint ist das zu H 193 nachgewiesene »Physikalische Wörterbuch ...« von Gehler, Bd. 4, S. 396–400; insbesondere S. 397. – *Speeches ... by Sir John Riggs Miller:* Sir John Riggs Miller, »Equilization of the weights and measures of Great Britain«, London 1790. – *Rezension dieser Schrift im Monthly Review enlarged:* »The Monthly review or literary journal enlarged. A periodical work giving an account from the new books« erschien London 1749–1845. L. erwähnt die Zeitschrift auch im Brief an Jeremias David Reuß vom 13. Juli 1797. – *ausdünstig:* Dieses Wort von L. doppelt unterstrichen.

1716 *Als ich noch zu Hause war ... mir schon die Frage aufgeschrieben:* Also spätestens 1761, 1762 in Darmstadt; möglicherweise führte L. damals bereits Tagebuch. Die genaue Frageform spricht dafür, daß L. diese Aufzeichnung 1791 noch vorlag. Vgl. auch L 683.

1717 *Affinitäten:* S. zu J 393.

1719 *Schlüsse hieraus auf Modelle und Versuche im kleinen:* S. zu J 1644.

1720 *Die antiphlog. Theorie ... Geschwindwisser:* Vgl. 1725; vom »Wert der Bequemlichkeit«, »daß man vieles geschwind zusammen lernt«, schreibt L. im gleichem Zusammenhang im Brief an Christoph Heinrich Pfaff, Ende 1794 (IV, S. 905). – *alles ... sehr schön ... nur schade, daß es nicht wahr:* Dieser Gegensatz begegnet auch J 1721, 1843; vgl. die ähnliche Formulierung im Brief an Christoph Heinrich Pfaff, Ende 1794 (IV, S. 905).

1721 *nicht die Frage, ob die Theorie schön ... ob sie wahr ist:* Zu diesem Gegensatz vgl. J 1720. – *Deluc nennt sie ... Theorie der Professoren:* Vgl. Brief an Christoph Heinrich Pfaff, Ende 1794 (IV, S. 905); vgl. auch J 1748.

1722 *Das Fechten mit Auctoritäten ... dieses Argument die Katholiken gebraucht:* Hier aber wohl in Zusammenhang mit der Autoritätsgläubigkeit der zeitgenössischen Wissenschaft gebraucht. – *in die Mauern von Wittenberge zurückgetrieben:* Nach Wittenberg, wo der Protestantismus mit Luthers Anschlag der 95 Thesen an der Schloßkirche am 31. Oktober 1517 seinen Ausgang nahm.

1723 *Kirwan übergetreten:* Zur antiphlogistischen Chemie Lavoisiers.

1724 *elastischer Dampf:* S. zu A 226.

1725 *Geschwindwisser:* S. zu J 1720.

1727 *Seite LXIV:* Gemeint ist J 1719. – *Hindernis bei chemischen Versuchen im kleinen:* S. zu J 1644.

1728 *Bergman will gefunden haben ...:* Vgl. J 1694.

1729 *Gibt es nicht Körper die an einander gerieben beide kalt werden?:* Diese

Bemerkung schließt sich fragend an J 1728 an. – *Erkältungsmittel:* Vgl. KA 105 und die Anm. dazu.

1732 *Wetterweisen:* Meteorologen.

1733 *Papinianischen Topf:* S. zu KA 95.

1734 *menstruis:* Lat. menstruum ›das Monatliche‹. In der Chemie jede als Lösungsmittel dienende Flüssigkeit, benannt nach den Alchimisten, die glaubten, daß eine vollständige Lösung einen ›philosophischen‹ Monat, d. h. 40 Tage, dauere.

1735 *Asklepius Versuche:* Giuseppe Asclepi (1706–1776), Jesuit, Lehrer der Philosophie zu Perugia, der Physik zu Siena und der Mathematik in Rom.

1737 *erzählte, daß:* Danach von L. gestrichen *ein Prof. in Edinburgh.* – *d'Arcet wollte gefunden haben:* Jean d'Arcet (1725–1801), berühmter frz. Chemiker. – *Papinianischen Topf:* S. zu KA 95.

1738 Zur handschriftlichen Schreibweise dieser Bemerkung s. zu D 53. – *sehr:* In der Handschrift *sehr und.* – *Gambol:* Engl. ›Luftspringer‹. Leitzmann vermutet einen von L.s Zuhörern. Das Tagebuch nennt ihn an dem angeführten Tage allerdings nicht, und die Matrikel führt diesen Namen nicht; vermutlich L.s Umschreibung für sich selbst: »Etwas Gambol« notiert das Tagebuch (SK) unterm 23. Dezember 1795.

1741 *Gablers kleine Nadeln:* »Herr Gabler (Naturlehre, München, 1778. 8. ingleichen Theoria magnetis, explicauit Matth. Gabler. Ingolst. 1781. 8.) bringt die Theorie des Magnets auf den Satz, daß alle Eisentheilchen, jedes für sich, wahre Magneten sind, und im Eisen nur wegen ihrer unordentlichen Lage keine magnetischen Erscheinungen äussern können. Dies ist sehr sinnreich ausgedacht, und es läßt sich ungemein viel daraus erklären« (Gehler, Bd. 3, S. 124f.). In L. besaß dessen »Naturlehre« (BL, Nr. 652). Matthias Gabler (1736–1805), Physiker, Prof. in Ingolstadt.

1742 *die Zersetzungen der alkalinischen Luft, und der schweren inflammabeln, von Austin:* William Austin (1754–1793), engl. Arzt und Physiker in London, veröffentlichte »Heavy inflammable air« (1788–1789). In den »Philosophical Transactions« 1790, S. 51 ff. erschienen seine »Experiments on the analysis of the heavy inflammable air«; zu L.s Urteil vgl. den Brief an Karl Friedrich Kielmeyer vom 12. Dezember 1791 und an Christoph Heinrich Pfaff von Ende 1794 (IV, S. 907); vgl. ferner den Brief an Christian Gottlob Heyne vom 17. November 1791 und Briefwechsel III, S. 1037, 1053. – *alkalinischen Luft:* S. zu J 1688. – *schweren inflammabeln:* Von engl. heavy inflammable air ›schwere brennbare Luft‹; in Lavoisiers Terminologie: Gas hydrogène carboné; Girtanners Übersetzung: Gekohltes Wasserstoffgas (Girtanner, S. 21; s. zu J 1673).

1743 *die v. Humboldtischen Kugeln:* Friedrich Heinrich Alexander von Humboldt (1769–1859), berühmter Naturforscher; Student der Naturgeschichte, Technologie und des Maschinenwesens in Göttingen (immatrikuliert 25. April 1789), wo er bis Ostern 1790 bei Heyne, Glumenbach, Kästner, Gmelin, L. und Spittler hörte; anschließend auf der Handelsakademie in Hamburg und der Bergakademie in Freiburg, wo er Schüler Werners war. 1792 bis 1797 Mitarbeiter Hardenbergs als Assessor im Bergdepartment von Brandenburg-Ansbach-Bayreuth. Im Herbst 1789 unternahm er eine Rheinreise, dessen Ergebnis die Georg Forster gewidmete Schrift war: »Mineralogische Beobachtungen über einige Basalte am Rhein« (Braunschweig 1790);

März bis Juli 1790 mit Georg Forster an den Niederrhein, nach Flandern, Holland, England und Frankreich. – *Konduktor:* Hauptleiter in einer Elektrisiermaschine.

1745 *Bennetschen Elektrometer:* S. zu H 199. – *Knall-Luft:* S. zu J 1448.

1748 Die Bemerkung insgesamt macht den Eindruck einer durchgearbeiteten Passage, die womöglich in Zusammenhang mit der von L. offenbar geplanten »Abhandlung über die Vernachlässigung der Elektrizität bei chemischen Versuchen« zu lesen ist: vgl. J 1749, 1750, 1753, 1757. – *so viel elektrische Spielwerke:* Noch 1787 begann Georg Heinrich Seiferheld in Nürnberg eine »Sammlung Electrischer Spielwerke für junge Electriker« in mehreren Bdn. herauszugeben (bis 1808 zehn Bände; BL, Nr. 1446). Darüber vgl. Fritz Fraunberger, Elektrische Spielereien im Barock und Rokoko. Deutsches Museum Abhandlungen und Berichte, München 1967, H. 1, S. 11 f. – *en Professeur denken:* S. zu J 1721. – *Was wäre das Wasser, wenn man es bloß im Trinkglas kennte:* Zu diesem Gedanken vgl. J 1777. – *die magnetische Materie kann davon modifiziert werden:* Der Elektromagnetismus wurde 1820 von Hans Christian Örsted entdeckt.

1749 *schweren inflammabeln:* S. zu J 1742.

1750 *Auch kömmt hierbei . . .:* Schließt inhaltlich an J 1749 an.

1751 *hat:* In der Handschrift *haben*.

1752 *Bei der chem. Elektrizität . . . Schmidts Abwiegen derselben:* Georg Gottlieb Schmidt (1768–1837), Prof. der Mathematik in Gießen. Vgl. Brief von Georg Gottlieb Schmidt an L., 6. Januar 1792 (Briefwechsel III, Nr. 1999, S. 1014 f.), und J 1798.

1753 *kann auch nicht allein vorgestellt werden:* Vgl. J 1748 und an Unbekannt, Februar (?) 1792 (Briefwechsel III, Nr. 2033).

1754 *Etwas davon . . . an Professor Schmidt . . . geschrieben:* In SK 272 (21. Januar 1792) notiert L. lediglich: »Luftbälle an Prof. Schmidt«. L.s Brief ist nicht erhalten; zu Schmidts Antwort vgl. dessen Brief vom 28. Februar 1792 (Briefwechsel III, Nr. 2030, S. 1045–1048).

1756 *Könnte[n] nicht in den Bergen Muscheln entstanden sein:* Vgl. dagegen J 938. – *generationem aequivocam:* Urzeugung; vgl. J 1824 und die Anm. dazu.

1757 *Cavendish . . . durch Elektrizität Salpeter-Säure erhalten:* S. zu J 1370.

1758 *Man kann die Natur erklären so wie Minellius den Virgil:* Anspielung auf die gelehrt pedantisch kommentierte Edition von »Vergilius. Opera omnia cum annotationibus Ioanni Min-Ellii«, Hafniae 1694. L. besaß diese Ausgabe (BL, Nr. 1540); zuerst erschienen Rotterdam 1674. Ähnlich abschätzig äußert sich L. auch zu der Horaz-Edition von Minellius in L 191 (BL, Nr. 1517). Joannes (Jan) Minellius (ca. 1625 bis ca. 1683), holl. Schulmann und Altphilologe in Rotterdam, verfaßte eine Reihe eselsbrückenartiger Kommentare zu antiken Autoren; vgl. auch »Von dem Nutzen, den die Mathematik einem Bel Esprit bringen kann« (III, S. 315). Auf einem Oktavblatt, mitgeteilt von Joost, Photorin 2, 1980, S. 41, notierte L.: »ad modum minellii, wenn es verlangt wird (Vorrede)«. – *wie Heyne:* Heynes berühmte vierbändige Vergil-Ausgabe »P. Virgilii Maronis opera varietate lectionis at perpetua adnotatione illustrata« war Leipzig 1767–1775 erschienen. Der Vergleich zwischen Minellius und Heyne findet sich auch in dem wohl L. zuzuschreibenden Artikel »Etwas für das Wort *Entsprechen*« im »Hannoverischen Magazin«, 60. Stück vom 28. Juli 1777, S. 953–960 (Lichtenberg-Jb 1989, S. 80). –

Apotheker-Blick: L.s abschätzige Meinung über diesen Berufsstand, mit dem er die neuen Chemiker umschrieb, findet sich auch J 1673.

1759 *nicht eigentlich Wahrheit:* Vgl. J 1720 und die Anm. dazu.

1769 *Vitriolöl:* Oleum, rauchende Schwefelsäure.

1771 *Untersuche[n] warum es an gewissen Orten gar nicht regnet:* Vgl. J 1762.

1772 *Lentin:* August Gottfried Ludwig Lentin (1764–1823), 1795–1801 Privatdozent und Magister der Chemie in Göttingen, Freund L.s. Später Salzinspektor in Salzderheiden. »Über das Verkalken der Metalle ...« (1795). – *Inspektor Bauer aus Osterwalde:* Christian Georg Heinrich Bauer, Oberfaktor bei der Berghandlung und Rechnungsführer beim Osterwalder Steinkohlenberg- und Glashüttenwerk.

1773 Zur handschriftlichen Schreibweise dieser Bemerkung s. zu D 53.

1775 *Im Großen müssen wir das Kleine kennen lernen:* In der Handschrift doppelt unterstrichen. Vgl. hierzu auch zu J 1644, 1653, L 711. – *als Atomisten:* Vertreter der in der modernen Physik und Chemie vorherrschenden Auffassung, nach der die Körper aus diskreten Bestandteilen zusammengesetzt sind, die unzerstörbar, in ihren Beschaffenheiten unveränderlich und einfach durch ihre verschiedene räumliche Anordnung und ihre Bewegungen alle Erscheinungen der Körperwelt hervorbringen. Der Atomismus geht auf die griech. Philosophen Leukippos, Demokrit und Epikur zurück.

1776 *die Luftarten und das Verbrennbare gehen fort, wie Dolomieu ... bemerkt:* In dem »Mémoire sur les pierres composées et sur les roches«, erschienen in den »Observations sur la physique ...«, Bd. 39, 2. T., November 1791, S. 374–407, schreibt Déodat de Dolomieu S. 376 bezüglich des Feuers; »puisqu'il a l'inconvénient de dissiper des fluides élastiques, de consommer & de détruire les substances inflammables, souvent nécessaires pour faire contracter certaines unions qui sans elles ne peuvent s'opérer«. Dann hat es [das Feuer] die unangenehme Eigenschaft, die elastischen Flüssigkeiten zu verflüchtigen, die inflammablen Substanzen zu verzehren und zu zerstören, die oft zur Herstellung bestimmter Verbindungen notwendig sind, die ohne diese nicht eingegangen werden. Vgl. auch J 1778.

1777 *Wir kennen das Wasser im gemeinen Leben nur in dem Zustand ...:* Womöglich ist diese Bemerkung durch die Lektüre Dolomieus – s. zu J 1776 – veranlaßt, der S. 377 Fußnote schreibt: »On voit, par exemple, l'eau communiquer sa fluidité à une masse d'argile, à un tas de sable, & l'idée de la mobilité & du peu de cohèsion de ses molécules suit par-tout celle de son existence. Cependant l'air, l'eau & les autres fluides, bien loin de relâcher l'adhésion des corps, sont les causes de la solidité de la plupart des substances du règne minéral; presque toutes perdent une partie de leur dureté par la soustraction de ces fluides, plusieurs même ne sauroient être concrètes sans eux; la pierre calcaire cesse d'être un corps solide lorsqu'elle est privée d'air & d'eau; la zéolite, les sélénites se réduisent en poudre lorsque leur eau se dissipe.« Wie man sieht, gibt Wasser zum Beispiel seine Flüssigkeit an Tonerde, an einen Haufen Sand weiter, und die Vorstellung der Beweglichkeit und der geringen Kohäsion seiner Moleküle folgt durchaus der seiner Existenz. Dagegen sind Luft, Wasser und die anderen Flüssigkeiten, die keineswegs die Adhäsion der Körper lockern, die Ursache für die Festigkeit der meisten Substanzen aus dem Reich der Mineralien; fast alle büßen einen Teil ihrer Härte durch den Entzug dieser Flüssigkeiten ein, mehrere können sogar ohne diese gar nicht hart werden; der Kalkstein verliert seine Festigkeit, sobald ihm Luft und Wasser entzogen werden; der Zeolith, die Seleniten reduzieren sich zu Pulver, wenn sich ihr Wasser verflüchtigt.

1778 Dolomieu ... sagt er zweifele nicht: An der von L. angegebenen Stelle in dem zu J 1776 nachgewiesenen Aufsatz schreibt Dolomieu nicht in Note 2, sondern 1: »Je ne doute pas qu'on ne parvint à obtenir de petits cristaux de roche par un mêlange de limaille de fer & de sable quartzeux que l'on humecteroit de tems en tems. Ma vie errante & toutes les circonstances qui l'ont agitée m'ont empêché de faire cette expérience, que je projette depuis long-tems, & dont je crois pouvoir promettre le succès à ceux qui voudront la tenter; elle seroit hâtée par une eau gazeuse qui mettroit d'autant plutôt le fer en état de chaux. « – *vie errante:* Frz. ›unstetes Leben‹.

1780 Libavii: Andreas Libavius, eigentlich Libau (ca. 1560–1616), dt. Arzt, Chemiker und Lehrer an höheren Schulen. Seine »Alchymia ... collecta« (1595) war das erste richtige Lehrbuch der Chemie. Er entdeckte den nach ihm genannten »spiritus fumans Libavii« (was wohl mit dem »liquore Libavii« gemeint ist): das Zinnchlorid, beschrieben in »Praxis alchymiae« (1605). Über ihn vgl. Owen Hannaway, The Chemists and the Word, Baltimore/London 1975. – *S. unten p. CVIII:* Gemeint ist J 2020. – *Lassone:* Joseph Marie François de Lassone (1717–1788), Regens der medizinischen Fakultät in Paris, Leibarzt Ludwig XVI.; Mitglied der Akademie der Wissenschaften und der Medizin zu Paris.

1781 Nichts hindert den Fortgang der Wissenschaft mehr, wie schon Baco ... gesagt: S. zu C$_1$ 209 (S. 199).

1783 Grens Journal: Das »Journal der Physik«, die erste deutsche physikalische Fachzeitschrift, 1790 von Friedrich Albert Karl Gren gegründet und Halle und Leipzig 1790–1794 herausgegeben; L. zitiert es auch GTC 1795, S. 187. Die Fortsetzung erschien unter dem Titel »Neues Journal der Physik« 1795–1798. Sie erscheint mit ihren Nachfolgern bis heute mit kurzen Unterbrechungen im Verlag Ambrosius Barth, Leipzig. Nach den Vorstellungen des Herausgebers sollte die Zeitschrift folgende Teile enthalten: 1. Originalbeiträge von Naturforschern; 2. Auszüge der physikalischen Abhandlungen der Akademien und Gesellschaften der Wissenschaften; 3. Auszüge aus ausländischen Zeitschriften; 4. Hinweise auf neuerschienene Bücher. Verzichtet wird ausdrücklich auf populärwissenschaftliche Beiträge. Das Abonnentenverzeichnis des 1. Bandes umfaßt 81 Namen, darunter L. (BL, Nr. 62). – *S.S. LXXIII. Kol. 2:* Gemeint ist J 1790.

1784 Anprobieren: Zu L.s Verwendung dieses ›Herzwortes‹ vgl. auch J 2043.

1785 Am 26. Febr. 92: Townsons Besuch in SK 289 vermerkt. – *Bemerkte Herr Townson ... sehr gut:* Dessen Gedanken notiert L. auch J 1736, 1803, 1949. – *Hutton:* James Hutton (1726–1797), vermögender Privatmann, der in Edinburgh und Leiden Medizin studierte, 1749 in Leiden promovierte; lebte in Berwickshire und später in Edinburgh.

1786 Bartels redet ... von dem Maccalubba: »Briefe über Kalabrien und Sizilien«, 3 Tle., Göttingen bei Dieterich 1787, 1789, 1791 erschienen. Der 3. T. trägt den Titel: »Briefe über Sizilien« und schildert die »Reise von Katanien in Sizilien bis zurück nach Neapel«, wo Bartels im 31. Brief, S. 481–487 eine ausführliche Beschreibung des Maccaluba gibt. L.s »Auch«

bezieht sich vermutlich auf J 1101, s. die Anm. dazu. Johann Heinrich Bartels (1761–1850), studierte Theologie, später Jura in Göttingen, Dr. jur.; über 25 Jahre Bürgermeister von Hamburg, Assessor der Sozietät der Wissenschaften und außerordentl. Mitglied des Historischen Instituts in Göttingen.

1789 *in den Exzerpten. p. 12. von Hopson gesagt:* Auf S. 12–15 der »Excerpta mathematica et physica« (s. zu J 1409) notiert L. kommentarlos den Text einer Rezension über Hopsons »General System of Chemistry. Taken chiefly from the German of Wiegleb«, London 1789, die im »Monthly Review«, November 1789, S. 413 erschien. Auf S. 13 f. der »Excerpta« heißt es zur »composition of water«: »In like manner *water* is conceived to be composed of air united, not to the whole substance of inflammable gas (for it is inconceivable how water, which is absolutely incombustible should have so combustible a body in its composition) but to one of its principles; a principle which forms inflammable gas with phlogiston and water with air. To this principle the D<u>r</u> has given the name of Hydrophlogium to express the two substances formed by it in the different circumstances of combination. He accounts, very satisfactorily for the heat, which accompanies the production of water from the two elastic fluids from the phlog. of the infl. gas being liberated and decomposed into its principles, heat and light – This Theory is certainly ingenious and far more plausible than that of M. Lavoisier; nor should we hesitate to adopt it if D<u>r</u> Priestley's late experiments did not persuade us to refrain for the present from adopting *any* theory respecting the composition of water –« Ebenso wird angenommen, daß *Wasser* aus Luft besteht, die nicht mit dem ganzen Stoff des inflammablen Gases verbunden ist (denn es ist nicht vorstellbar, daß solch ein leicht entzündbarer Körper ein Bestandteil des Wassers sei, welches vollkommen unbrennbar ist), wohl aber mit einem seiner Grundstoffe; ein Grundstoff, der mit Phlogiston inflammables Gas und mit Luft Wasser ergibt. Diesen Grundstoff hat der Dr. Hydrophlogium genannt, um damit die zwei Stoffe auszudrücken, die er in den verschiedenen Verbindungen ergibt. Die Hitze, die bei der Herstellung von Wasser aus den beiden elastischen Flüssigkeiten auftritt, erklärt er sehr zufriedenstellend damit, daß das Phlogiston des inflammablen Gases freigesetzt wird und in seine Bestandteile, Hitze und Licht, zerfällt – Diese Theorie ist sicherlich genial und sehr viel einleuchtender als die von Herrn Lavoisier; und wir würden auch nicht zögern, sie zu übernehmen, wenn Dr. Priestleys neue Experimente uns nicht nahelegen würden, vorläufig von der Übernahme *jeder* Theorie über die Zusammensetzung des Wassers abzusehen. Charles Rivington Hopson (gest. 1796), Arzt am Finsbury Dispensary in London, naturwissenschaftlicher Schriftsteller. »Essay on fire« (1781).

1790 *ad p. LXXII. Kol. 2:* Gemeint ist J 1783. – *Blei und Zinn schlechte Leiter:* Vgl. J 1783. – *vieles hieher Gehörige in dem Buche H:* S. hierzu das Vorwort zu Sudelbuch H. Von diesen Notizen ist nichts erhalten; vgl. aber J 1809. – *Meine Sozietätsabhandlung:* Vgl. auch J 1898. – *Auch Elektr[izität]. muß versucht werden. Laden und mit Schmidts Versuch vergleichen:* Vgl. J 1752.

1791 *Achard S. pp. LXXV:* Gemeint ist J 1805. Franz Carl Achard (1753–1821), Direktor der physikalischen Klasse der Akademie der Wissenschaften zu Berlin. Seine Abhandlung erschien in den »Nouvelles Mémoires de l'académie de Berlin pour l'année 1786«, Berlin 1788.

1792 Zur handschriftlichen Schreibweise dieser Bemerkung s. zu D 53.

1798 *da Herr Schmidt meine Weissagung wegen seiner Schwere der elektrischen Materie wahr befunden:* Vgl. J 1752, 1754. – *manometrischen Versuchen:* S. zu J 430.
1802 *das Fallen der Meereswellen durch Öl:* Vgl. D 741 und die Anm. dazu, F 594.
1803 *Den 5ten März las mir Herr Townson seine Gedanken ...:* Im Tagebuch (SK) notiert L. unter diesem Datum: »Abends Townson bey mir und seine Gedanken von dem Gefühl der Pflantze[n] vorgelesen.«
1805 *Achards Abhandlung über die wärmeleitende Kraft:* Vgl. J 1791 und die Anm. dazu.
1807 *bei diesem Versuche die Argandische Lampe sehr gebraucht:* Vgl. J 1813. Zur Argandischen Lampe s. zu GH_{II} S. 226.
1808 *Wenn sich das violette Licht ... verschiedene Farben zeigen:* Eine ähnliche Hypothese findet sich in Thomas Melvilles »Essays and Observations on Light and Colours«, Edinburgh 1756, S. 51 f. – *Aberration:* Die Erscheinung, daß wir einen Stern statt an seinem wahren Ort an einer in Richtung der Erdbewegung verschobenen Position sehen. – *Doppelsterne:* Sterne, die scheinbar oder wirklich nahe benachbart sind. Hinter der Bemerkung in der Handschrift ein Verweisungszeichen: (#), dem aber keine Notiz zukommt.
1809 *Leitung S. H. p. XLIII.:* Diese Notiz zur Leitung der Wärme aus dem Sudelbuch H ist nicht erhalten, vgl. aber J 1790.
1813 *Die Argandsche Lampe ... bei diesen Versuchen anzuwenden:* Vgl. J 1807 und zu GH_{II} S. 226.
1816 *Bononiensischen Stein ... elektrisiert:* Über diesen Leuchtstein s. zu A 220. – *Lichtmagneten:* Im 18. Jh. gebräuchlicher Name für den Bononiensischen Stein. Vgl. Brief an Johann Friedrich Blumenbach, 5. Mai 1789.
1817 *Drell:* Drillich; Gewebe aus Leinen und Baumwolle, häufig mit Fischgrat- und Karomusterung. S. auch J 1818.
1818 *vorhergehenden Abschnitt:* Gemeint ist J 1817. S. auch an Friedrich Christian Lichtenberg, 9. September 1791.
1820 *S. p. LXX. Kol. 1.:* Gemeint ist J 1756 (p. LXIX). – *ob die Muscheln nicht in den Bergen entstanden:* Vgl. J 938, 1756.
1823 *Rozier 1792 ... Billiard des Prof. Charles:* Die Nachricht über das von Charles zur Darstellung von Bewegungsabläufen angefertigte Billard steht in den »Observations sur la physique ...«, S. 19 f., innerhalb des »Discours Préliminaire« von La Métherie, Tome XL, Paris 1792, Januar, Part. I; s. auch K_I S. 838: offenbar als Kalender-Artikel gedacht.
1824 *Im Rozier ... Entdeckung des Herrn Coulomb von einer grünen Materie:* Charles Augustin Coulomb (1736–1806), frz. Ingenieur, Oberst-Leutnant, später General-Inspektor der Universität. Mitglied der Pariser Akademie der Wissenschaften und des späteren Instituts. – *Rozier Jan[vier] 92. p.10 ...:* Ebenfalls Nachricht innerhalb des »Discours Préliminaire«, wo es an der genannten Stelle wörtlich heißt: »M. Coullomb nous a donné des observations intéressantes sur une nouvelle matière verte qu'il a vu se produire plusieurs fois dans de l'eau très-pure, & il a assez bien établi qu'on ne pouvoit en expliquer l'origine que par une génération spontanée. C'est une idée à laquelle il faudra toujours revenir dans tout système philosophique.« Herr Coulomb hat uns interessante Beobachtungen über eine neue grüne Materie mitgeteilt, wie er sie sich mehrmals in sehr reinem Wasser hat herstellen

sehen, und er hat hinreichend nachgewiesen, daß man ihren Ursprung nicht anders erklären kann als durch eine Urzeugung. Das ist eine Idee, auf die man in jedem philosophischen System stets wird zurückkommen müssen. – *generation spontanée:* Urzeugung, Generatio aequivoca; die hypothetische Entstehung von Lebewesen unabhängig von bereits vorhandenen, ähnlichen Organismen. – *C'est ... système:* Sperrung von L.

1826 *den Menschen so den Ursachen-Bär, so wie den Ameisen-Bär nennen ... Das Ursachen-Tier:* Zum Gedanken vgl. J 1551.

1828 *sinking fund (Tilgungs-Fond):* Ein im 18. Jh. (1716 in England) in mehreren Staaten gebildeter Kapitalfonds zur allmählichen Tilgung der Staatsschulden. – *fund:* Danach von L. gestrichen *der Religion.*

1829 *unter der:* In der Handschrift *unter dem.* – *Bewegung in Ellipsen um eine Sonne:* Bewegung der Planeten nach dem ersten Keplerschen Gesetz, formuliert in Keplers »Astronomia nova«, Prag 1609.

1830 *Der Rezensent von Hermbstädts Systematischem Grundriß ... merkt ... an:* Die Rezensionen befinden sich in der »Allgemeinen Literaturzeitung« 1792, N° 73, 17. März 1792, Sp. 577–584; N° 74, 19. März 1792, Sp. 585–589. Die erste Anspielung findet sich ebd., Sp. 584; die zweite Sp. 586 oben. »Systematischer Grundriß der allgemeinen Experimentalchemie zum Gebrauch seiner Vorlesungen entworfen« erschien Berlin 1791 in 3 Bdn.; L. besaß das Werk (BL, Nr. 767), das er bei Dieterich bestellt hatte (vgl. den Brief an Dieterich, 13. August 1791). Sigismund Friedrich Hermbstädt (1760–1833), Arzt, Apotheker, Prof. der Chemie und der Pharmazie in Berlin. – *Braunstein:* Magnesia nigra, nach Girtanners Nomenklatur (S. 14; s. zu J 1673) oxide de Manganèse noir: Schwarze Magnesium Halbsäure. Verwitterungsprodukt manganhaltiger Mineralien (Manganoxyde). – *Luftsäure:* S. zu J 1589. – *Das erste behauptet auch Westrumb:* Johann Friedrich Westrumb (1751–1819), Apotheker und naturwissenschaftlicher Schriftsteller. Bergkommissär und Senator in Hameln.

1831 *wie Baader anmerkt:* In den »Ideen über Festigkeit und Flüssigkeit zur Prüfung der physikalischen Grundsätze des Herrn Lavoisier«, veröffentlich in Grens »Journal der Physik« Bd. 5, 2. Heft, 1792. L. besaß die handschriftliche Fassung des Aufsatzes (BL, Nr. 377).

1832, 1833, 1836 Zur handschriftlichen Schreibweise dieser Bemerkungen s. zu D 53.

1838 *Wenn der Himmel nur bedeckt wäre ...:* Zu diesem Bild vgl. J 1834, 2040.

1839 Zur handschriftlichen Schreibweise dieser Bemerkung s. zu D 53.

1841 *für den Menschen nur eine einzige Wissenschaft ... reine Mathematik ... auch eine Idee von Kant:* Zu L.s Ansicht über Mathematik im Rahmen des physikal. Lehrvortrags s. seinen Brief an Kästner [?] oder Johann Beckmann [?] von Anfang November 1784 [?] und Anm.; s. zu J 103; vgl. L 306.

1842 *Ich muß notwendig schreiben ... schätzen zu lernen:* Dieser Satz folgt in der Handschrift innerhalb J 1841 nach dem Wort *Allein,* das von L. durch Punkte mit *zu glauben ...* verbunden wurde.

1843 *trotz ihrer Schönheit ... nicht wahr:* Zu diesem Gegensatz vgl. J 1720 und die Anm. dazu.

1845 *im:* In der Handschrift *ihm.*

1846 *Was würde wohl eine Glocke so groß wie Göttingen . . . für einen Ton geben:* Zu L.s Überlegungen für Versuche im Großen s. zu J 1644. – *Jacobi-Turm:* Er ist 72 m hoch.

1847 *auch auf das regelmäßige Knacken der geheizten Öfen zu achten . . . auch beim Erkalten:* Vgl. J 1859.

1849 Zur handschriftlichen Schreibweise dieser Bemerkung s. zu D 53. – *Kolumbus . . . überall:* Vgl. zu dieser Maxime, nach der alles auf Entdecker wartet, L.s Ausruf J 25.

1850 *Wie hängt Ausdehnbarkeit mit der Leitung der Wärme zusammen:* Vgl. J 1917.

1851 *Argandsche Lampen:* S. zu J 1807.

1853 *planetary nebulas:* Engl. ›planetarische Nebel‹; von Herschel so genannt, weil sie im Fernrohr ähnlich wie die Planeten als matte, nicht sehr große Scheiben erscheinen. Er entdeckte 1782 den Nebel im Sternbild Wassermann.

1854 *ist?:* Danach von L. gestrichen *Was ist.*

1855 Zur handschriftlichen Schreibweise dieser Bemerkung s. zu D 53.

1856 *Repetier-Uhr:* S. zu J 1335. – *Platten:* Danach von L. etwas gestrichen *von* [?]. – *teilen:* Von L. verbessert aus *feilen.*

1857 *Die Kraft die dazu gehört . . . :* Vgl. J 1856.

1859 *Am 21ten April 92:* Im Tagebuch (SK) notiert L. unter diesem Datum: »Sehr kalt, schade daß ich kein Thermometer habe. Die Fenster in der Stube sind gefroren völlig heiter, auch kein Wölckchen, wieder Neumond«. Vgl. J 1860. – *das Knacken . . . den Takt . . . hielt:* Vgl. J 1847.

1860 *Den 18[ten]und 19ten April . . . Gewitter:* Im Tagebuch (SK) notiert L. unterm 18. April 1792: »HE. Lentin hat starck donnern gehört, welches ich auf dem Garten wegen des Brausens des Windes nicht gehört habe.« S. auch SK 314. – *Den 20ten . . . Schnee:* Im Tagebuch (SK) notiert L. unter diesem Datum: »Früh Regen, kalt um 8 Uhr förmlich *Schnee* nicht Graupenhagel . . . es schneyt so, daß ich kaum den Jacobithurm vom Garten sehen kan.« – *den 21ten die Kälte:* S. zu J 1859.

1861 *Einer großen flüssigen Masse . . . kann keine Rotation mitgeteilt werden:* Gemeint ist der Aufsatz »Dix-neuvième Lettre de M. De Luc, à M. De la Métherie, sur l'Anneau de Saturne«, erschienen in den »Observations sur la physique . . .«, 1792, S. 101–116, datiert: »Windsor, le 23 Janvier 1792«. Auf S. 103 schreibt Deluc: »Enfin, que ce mouvement [de rotation] ne pouvoit être imprimé à une masse déjà *molle,* où *liquide,* par aucune cause physique connue.« – Vgl. auch J 1862, 1866, 1867.

1862 *Bei Betrachtung des Innern der Kruste . . . Deluc so etwas gedacht:* S. zu J 1861.

1865 *Regula Coeci:* S. zu SK 310.

1866 *Deluc sagt . . . :* Vgl. J 1861 und die Anm. dazu. – *nach Leidenfrost dreht sich der Tropfen in dem weißglühenden Löffel . . . :* Das ›Leidenfrostsche Phänomen‹, das auf dem geringen Wärmeleitvermögen des Wasserdampfs beruht: »Ein auf eine über 100 °C erwärmte Metallplatte gebrachter Wassertropfen schwebt längere Zeit über der Platte, anstatt sofort zu verdampfen. Denn er wird zunächst durch ein sich sofort bildendes Polster von Wasserdampf gegen Wärmezufuhr vom Metall her weitgehend geschützt. Nur langsam erwärmt er sich auf 100° und zerplatzt plötzlich erst in dem Augenblick, wo dies erreicht ist« (Wilhelm H. Westphal, Physik, Berlin 1941, S. 250). S. auch J 1868.

1867 *Ring des Saturn:* S. zu A 255 – *Ich meine die Frage* ...: Diese Frage wirft L. erstmals GH 53 auf.

1868 *der Tropfen im weißglühenden Löffel:* Vgl. J 1866 und die Anm. dazu.

1869 Diese Bemerkung ist von L. durchgestrichen, da sie, wie er vermerkt, nicht hierher gehört. – *Werner schreibt in seiner neuen Theorie über Gänge* ... *Seegen Gotteser Stollen:* Gemeint ist die Freiberg 1791 erschienene »Neue Theorie von der Entstehung der Gänge, mit Anwendung auf den Bergbau besonders den freibergischen« von Abraham Gottlob Werner, der S. 74 »Hilfe Gotteser Ganges«, S. 87, 88 »die Seegen Gotteser Gänge« zu Gersdorf schreibt.

1870 Diese Bemerkung ist von L. durchgestrichen, da sie, wie er vermerkt, nicht hierher gehört. – *Lasciamo* ... *stanno:* Lassen wir die Dinge so wie sie sind. – *Titul eines berühmten* ... *katholischen Buches:* »Lasciamo stare le cose come stanno. Ossia dissertazione sulla mutabilità poco intesa dai più, della disciplina ecclesiastica«, Archi 1787. Nach Gaetano Melzi, »Dizionario di opere anonime e pseudonime di scrittori italiani ...«, Milano 1852, II, S. 67 f., ist der Verfasser Franceso Antonio Zaccaria Faenza.

1872 *den:* Von L. verbessert aus *als* aus *den.*

1873 *was Herr Deluc über die Mitteilung der Feuchtigkeit gesagt:* In den »Observations sur la Physique ...«, Bd. 15, 1. T., 1792, Januar, S. 19, heißt es: »M. de Luc a insisté dans plusieurs de ses Mémoires sur les phénomènes que présente la *Chimie atmosphérique;* & il a fait voir que c'est un des points les plus intéressans à discuter, & qu'on néglige trop aujourd'hui. Il faudroit, dit-il, rechercher comment l'eau se trouve dans l'air atmosphérique, comment elle s'en précipite; qu'est-ce qui tient cet air à l'état de fluide élastique; comment s'y trouvent mêlangés les différens fluides qui le composent ... C'est pour lors que nous pourrons dire si l'eau qu'on obtient par la combustion de l'air pur & de l'air inflammable, est produite ou dégagée.« Herr Deluc hat in einigen seiner Schriften die Erscheinungen hervorgehoben, mit denen sich die atmosphärische Chemie beschäftigt; und er hat klar gemacht, daß diese einen der interessantesten Diskussionspunkte darstellt und daß man sie heutzutage zu sehr vernachlässigt. Man müsse untersuchen, sagt er, wie das Wasser in der atmosphärischen Luft enthalten sei, wie es sich darin niederschlägt; was diese Luft im Zustand eines elastischen Gases hält; auf welche Weise darin die verschiedenen Gase vermengt sind, aus denen sie besteht ... Und zwar, damit wir sagen können, ob das Wasser, das man durch Verbrennung der reinen Luft oder der inflammablen Luft erhält, erzeugt wird oder frei wird.

1875 *Cardan* ... *p.IX.:* Gemeint ist J 1300. In »De rerum varietate«, erschienen Basel 1557, gibt Cardano Liber III, caput 14, ein System von Gerüchen. – *Er* ... *est:* Wörtliches Zitat aus Lessing. – *quicquid* ... *est:* Wovon andere die Finger lassen, das packen wir, gleich einem neuen Herkules, an. – *Lessings Kollektaneen:* In den »Kollektaneen zur Literatur« – das Werk ist zu J 978 nachgewiesen – findet sich der Artikel »Cardanus« in Bd. 1, S. 151–156.

1876 *Megalissus* ... *in seinem undeutschen Catholiken:* »Der Undeutsche Catholik Oder Historischer Bericht von der allzu großen Nachläßigkeit der Römisch-Catholischen, in sonderheit unter der Clerisey der Jesuiten, In

Verbesserung der deutschen Sprache und Poesie Wobey Die Ursachen solcher Nachläßigkeit angezeiget, die eifrige Bemühungen und Verdienste der Protestanten zur Nachfolge vorgeleget, und sichere Mittel zu einer allgemeinen Sprach-Verbesserung vorgeschlagen werden durch Megalissus«, Jena 1731 (die von L. angegebene Jahreszahl entspricht Lessings Notiz). Georg Lizel (nicht: Litzel; 1694–1761) aus Ulm, protestantischer Pfarrer und Conrector, vielseitiger Schriftsteller (Pseudonym: Megalissus). – *der Donnersberg ein feuerspeiender Berg:* »Es ist aber dieser Donnersberg, welcher nicht weit von Darmstadt gegen dem Rhein liegt, mehr ein Gebürge, als ein Berg zu nennen, weilen viele hohe und breite Berge an einander stossen und zusammen hangen«, schreibt Megalissus in der (unpaginierten) »Vorrede An den deutschgesinten Leser«, wo ihm der *deutsche* Vulkan als Gleichnis für die Schätze und Attraktionen steht, die der Deutsche an seinem eigenen Land und an *seiner* Sprache habe. Tatsächlich ist aber wohl nicht der Donnersberg nahe Darmstadt, sondern der im Nordpfälzer Bergland gelegene Donnersberg (687 m hoch) gemeint, ein Porphyr-Gebirgsstock. – *Kollektaneen ... p. 197:* Gemeint ist Lessings Artikel »Donnersberg« (s. zu J 978). – *eine Fabel ... Eschenburgs Anmerkungen:* In den »Zusätzen von dem Herausgeber« in Lessings »Kollektaneen zur Literatur« (s. zu J 978) (Eschenburg, a.a.O., S. 442–444) schreibt Eschenburg (S. 443): »Schlimm nur, daß auch diese ganze Erzählung gleichfalls offenbar auf lauter Fabeln hinausläuft.« Übrigens korrigiert Eschenburg (S. 442) das Erscheinungsjahr in 1731.

1877 *Bei dem Geruch ...:* Offenbar plante L. einen Kalender-Artikel darüber, wie aus K_1 S. 838 hervorgeht. – *Lessings Artikel Rüchen:* So überschreibt Lessing seinen Artikel über den Geruchssinn in Bd. 2 der »Kollektaneen zur Literatur«, S. 329 f. (s. zu J 978). Lessing führt Digby, Morhof und das »Journal des Savans« 1684 an und nennt Johannes Leodinensis als Exempel eines außerordentlichen Geruchssinns: vgl. »Digbaeus de natura corporum et Morhof de Paradoxis sensuum«, sowie einen Geistlichen in Prag, »welcher die Leute durch den Geruch zu unterscheiden wußte, und eine neue Wissenschaft des Geruchs schreiben wollte, worüber er aber starb s. Journal des Savans ão. 1684 p. 66.« Morhofs »Dissertatio De Paradoxis Sensuum« erschien Kiel 1685, wo in Kap. IV »De Paradoxis Odoratus et Gustus« gehandelt wird; Lessing bezieht sich auf Morhofs »Dissertationes Academicae et Epistolae«, Hamburg 1699, S. 322. Vgl. auch K_1 S. 838. Zur Wortwahl »Rüchen« statt »Riechen« merkt Eschenburg (a.a.O., S. 329) an: »Die Rechtschreibung welche L. hier für dieß Wort gewählt hat, wäre, wenn sie der Gebrauch eingeführt hätte, wohl die bessere, da das Wort *riechen*, wie auch Hr. *Adelung* bemerkt, von *rauchen* nur in der Mundart verschieden ist«. – *Siehe ... vorhergehende Seite:* Gemeint ist J 1875.

1878 *auf dessen:* Davor von L. gestrichen *zu dem*.

1879 *Zu meinen Versuchen:* Gemeint sind L.s thermagogische Experimente.

1880 *in der Lehre von der Leitung der Wärme so sehr viel Schönes von Richmann, Mayer ... Lambert getan:* Vgl. J 1791.

1881 *schwarz angemalt:* Zum Einfluß der Farbe Schwarz auf die Leitung der Wärme vgl. J 1444, 1670.

1884 Zur handschriftlichen Schreibweise dieser Bemerkung s. zu D 53.

1885 *Zitterfisch:* S. zu J 1406.

1886 Zur handschriftlichen Schreibweise dieser Bemerkung s. zu D 53. – *Noch mehr Sachen so wie Chladni . . .:* Anspielung auf Chladnis von L. sehr gerühmte Figuren (s. zu J 866).

1889 Zur handschriftlichen Schreibweise dieser Bemerkung s. zu D 53. – *Hygrometer:* S. zu D 116.

1892 *Die bleierne Kugel:* Vgl. H 188.

1893 *Eine silberne Kugel . . . gemacht:* Vgl. SK 376.

1894 *Kienruß:* Ruß mit sehr wenig Teerbestandteilen, der bei der Verbrennung von Harzen, Fetten und harzreichem Holz entsteht.

1896 *Argandsche Lampe:* S. zu GH$_{II}$ S. 226. – *mit . . . gefüllt:* Mit rektifiziertem Weingeist (Spiritus vini) gefüllt: seinerzeit gebräuchliches Apotheker- und Chemikerzeichen. – *Dieses könnte ein eigener Abschnitt . . . werden:* Vgl. J 1889.

1898 *Vielleicht . . . auch die Abhandlung betitult:* Gemeint ist L.s geplanter Sozietäts-Vertrag über die Leitung der Wärme; vgl. J 1790.

1899 *Der Mathematik in die Hände zu arbeiten . . . Absicht des Physikers:* Über das Verhältnis der Physik zur Mathematik reflektiert L. auch J 103; s. die Anm. dazu.

1901 *daß bei der Argandsche[n] Lampe mit Weingeist ein[e] Destillation von Wasser vorgehen wird:* Vgl. J 1896 und die Anm. dazu; ferner vgl. SK 326. – *tentandum:* S. zu H 176.

1902 *Am 19ten Mai . . . sahe ich wenigstens sieben Bilder:* Im Tagebuch (SK) nicht vermerkt.

1903 *Doppel-Spat:* Wasserheller Kalkspat, Mineral mit ausgezeichneter doppelter Strahlenbrechung. Vgl. J 1932. – *Neben-Sonnen:* Durch Brechung der Lichtstrahlen an Eiskristallen entstehendes Phänomen.

1906 *Vorschlag den Segner . . . tut:* Wohl »De speculis Archimedis tentamen«, Jena 1732 (BL, Nr. 462) von Johann Andreas von Segner (1704–1777), kam 1735 als Prof. der Mathematik und Physik nach Göttingen, folgte aber 1755 einem Ruf nach Halle; erster Leiter des Göttinger Observatoriums; u. a. bekannt durch seine Erfindung des Wasserrades (Vorläufer der Turbine), das bei Nörten in einer Mühle ausprobiert wurde. – *Chor[i]oidea:* S. zu KA 255.

1907 *aus Wasser dephl. und infl. Luft werden kann, ohne . . . daß es daraus zusammengesetzt:* Vgl. J 1789 und die Anm. dazu.

1908 *alle Anwendung der Mathematik auf Physik:* Vgl. J 1841, 1899. – *Die Vorstellungen des Mathematikers . . . reine Vorstellungen, die gewiß in der Natur nicht so statt finden:* Zu L.s kantischer Einschätzung der Mathematik s. zu J 103.

1909 *Gersten-Zucker:* Hustenmittel aus einer Bonbonmasse aus Gersten- oder Malzauszug, nach dem Ausgießen in Streifen geschnitten, die mehrmals um sich selbst gedreht wurden.

1911 *Joseph Jackson:* Engl. Schriftgießer (1733–1792), Schüler Caslons d. Ä., seit 1765 selbständig. – *der verstorbene Herzog von Norfolk:* Charles Howard, 10th Duke of Norfolk (1720–1786). – *Caslon:* Gemeint ist wohl William Caslon (1720–1778), ältester Sohn William Caslons d. Ä. (1692–1766), berühmte engl. Schriftgießer. – *Was das:* In der Handschrift *das das.* – *das hohle Quadrat:* Vgl. L.s Miszelle »Vom Würfel« im GTC 1792, S. 146–149, veranlaßt durch die »wirklich besondere Unbestimmtheit, womit man sich im gemeinen Leben ausdrückt wenn man von ihm [dem geometrischen Würfel] spricht, und die vielleicht den Psychologen wichtig werden kann«. – *den Würfel ein solides Quadrat genannt:* »Ein junger Engländer, den ich unterrichtete, nannte ihn zum Ersten Mahl a solid square, *ein solides Quadrat*«, schreibt L. in dieser Miszelle, S. 146. – *Goeze mit den 4 Wänden:* »... ein berühmter deutscher Schriftsteller von sonst großen Verdiensten in der Naturgeschichte, spricht sehr deutlich von den vier Seiten eines Würfels, und meint unstreitig damit alle«, schreibt L. in seiner Miszelle (S. 146f.). – *Der Würfel ... worden:* Dieser Satz, in der Handschrift nach J 1922, ist von L. durch Zeichen hierher verwiesen.

1912 *Auch Senebier glaubt ...:* In den »Lettere fisicometeorologiche de' celleberrimi fisici Senebier, de Saussure, et Toaldo con le riposte di Anton-Maria Vassalli«, Turin 1789, sagt Senebier S. 170: »Quand on y reflechit bien l'électricité que vous paroisses aimer par préférence aux autres branches de la physique est encore une science tout a fait au berceau; quelques faits isolés mal liés entre eux attendent encore quelques decouvertes capitales pour les réunir«. Wenn man gut darüber nachdenkt, ist die Elektrizität, die sie den anderen Zweigen der Physik vorzuziehen scheinen, eine Wissenschaft, die gerade erst in ihren Anfängen ist: Manche vereinzelte, unzusammenhängende Tatsachen warten noch auf grundlegende Entdeckungen, um miteinander verknüpft zu werden. – *neuer Weg:* Zu dieser Wendung vgl. K 312, 314, 316; L 913. – *Vasalli:* Antonio Maria Vassalli-Gandi (1761–1825), Abate, Prof. d. Philosophie in Tortona, dann Prof. der Physik in Turin, Direktor der Sternwarte. Mitglied der Akademie der Wissenschaften in Turin. L. erwähnt ihn auch GTC 1794, S. 193 und GTC 1799, S. 196–198, 214f. – *im Erxleben 4ᵗᵉ Auflage ... angeführt:* Gemeint sind die von L. fortgesetzten »Anfangsgründe der Naturlehre«, deren 4. Aufl. Göttingen 1787 erschien. In der von L. angegebenen 4. Aufl. findet sich kein Hinweis auf ein Buch von Vassalli; vermutlich handelt es sich um einen handschriftlichen Zusatz in seinem eigenen Exemplar. In der 5. Aufl. (1791) findet sich im gleichen Abschnitt (erweiterte Aufl., S. 712, nach § 758) der Buchhinweis: »Vorzüglich sind hier zu empfehlen ... Lettere fisicometeorol. de' cel. fisici Senebier, de Saussure e Toaldo con le risposte di Antonio Maria Vasalli, Turin 1789. 8.«.

1914 *Argandschen Lampe:* S. zu GH$_{II}$ S. 226.

1915 *Stangen ... besser:* Vgl. J 1914.

1916 *Planis inclinatis:* Lat. ›geneigten Ebenen‹.

1917 *S. LXXX angemerkt:* Gemeint ist J 1850.

1918 *meiner Abhandlung über die Wärme-Leitung:* Vgl. J 1790, 1889.

1920 *Teller und Stangen bei meinen Versuchen:* Vgl. auch J 1915.

1922 *latente Wärme:* In der Wärmestofftheorie die beim Schmelzen gebundene Wärme, die beim Erstarren wieder frei wird; entspricht der Schmelzwärme, d. h. der Wärme, die in einem nach Erreichen des Schmelzpunktes weiter erhitzten Körper zu innerer Arbeit umgesetzt wird und erst beim Erstarren wieder als Wärme erscheint. – *Drachme:* Über dieses Apotheker-Gewicht s. zu J 1282. – *wie Dr Black:* Joseph Black (1728–1799), schott. Chemiker, Prof. in Glasgow, entdeckte 1757 die Kohlensäure und 1762 die latente Wärme in der Materie.

1924 *Eine Unze Weingeist ... verkochen?:* Zu L.s Versuchen über die spezifische und latente Wärme vgl. J 1922. – $\bar{a}\bar{a}$: Alchemistisch-chemisches Kürzel; Ana: gleich viel von jedem.

1926 *Hexenmehl:* S. zu D 257.
1930 *hat man auch theoretische Pflanzen?:* Nach dieser Bemerkung sind zwei Notizen von L. durch Kringel unleserlich gemacht.
1931 *Doppelspat:* S. zu J 1903.
1933 *fixe Luft:* S. zu J 1448.
1935 *Priestley sagt . . . Optik:* Die Übersetzung dieses Werks ist zu E_1 S. 344 nachgewiesen.
1937 *deren:* In der Handschrift *dessen* (vielleicht dachte L. an: fluidum).
1939 *Mineral-Alkali:* Natron.
1940 *Präzipitationen:* Lat. praecipitatio ›Fällung‹, ›Niederschlag‹; in der Chemie der Prozeß der Abscheidung eines Stoffes aus einer Lösung nach Zusatz eines Fällungsmittels. – *par accès:* Frz. ›durch Zugang‹.
1941 *Menstruum:* S. zu J 1734.
1942 Die ganze Bemerkung hat L., geringfügig verändert, unter »Einige physikalische Merkwürdigkeiten« im GTC 1793, S. 153 f., veröffentlicht. – *welches ich schon vor mehr als 10 Jahren beobachtet:* In der Miszelle im GTC 1793 schreibt L.: »Der Herausgeber des Almanachs hat dieses letztere schon vor zehn Jahren, wo er nicht irrt, entdeckt, und seine Versuche damals in dem Göttingischen Magazin zwar bekannt gemacht, sie sind aber nicht sehr bekannt geworden. Von England aus werden sie es nun mehr werden.«
1943 *Brechung beim Doppelspat:* S. zu J 1903.
1944 *wie ich schon öfters angemerkt . . . alles in allem ist:* Vgl. F 147.
1945 *Warum gibt das Blei nicht auch seinen eigenen Teilen . . . Wärme ab:* Vgl. J 1887.
1946 *Im Intell. Blatt der Lit. Zeit[ung] 1792 . . .:* Innerhalb der Rubrik »Literarische Anzeigen« erschien unter dem Titel »Antikritik« im »Intelligenzblatt« der »Allgemeinen Literaturzeitung«, Nr. 71, 16. Juni 1792, Sp. 573–576, eine Entgegnung Wilds, unterschrieben »Bex Canton Bern den 20$\underline{\text{ten}}$ April 1792. Wild, Ob. Berghpt.« auf die Rezension seines »Essai sur la montagne salifère du Gouvernement d'Aigle, situé dans le Canton de Berne«, der 1788 in Genf erschienen war und 1793 in Nürnberg übersetzt wurde. Franz Samuel Wild (1743–1802), schweizer. Oberbergingenieur der bernischen Salzbergwerke, Oberberghauptmann; veröffentlichte mehrere Schriften zur Bergwerkskunde. – *eine Rezension:* Sie erschien unter »Vermischten Schriften« in der »Allgemeinen Literaturzeitung«, Nr. 310, 22. November 1791, Sp. 361–368. – *Was Herr Rez. . . . Erklärung auffallend:* L.s wörtliches Zitat bildet einen Absatz auf Sp. 575 f. – *unbestimmten Bedeutung:* Bei Wild steht *Unbestimmtheit.* – *finden:* Bei Wild steht *sich überzeugen.* – *an einem Ende:* Von L. hinzugefügt. – *Unterdessen . . . Einfluß haben:* L.s wörtliches Zitat bildet einen Absatz auf Sp. 575–578. – *müsse:* Bei Wild steht *müßte.* – *Bei Herrn Rez[ensent]:* Bei Wild steht *Bey H. R. Erfahrungen.* – *Hygrometers:* S. zu D 116.
1947 *Paulus Memorabilien:* Heinrich Eberhard Gottlob Paulus (1761–1851), bedeutender Prof. der Theologie – der »Rationalist« – in Jena, zuletzt in Heidelberg, fruchtbarer philosophisch-theologischer Schriftsteller, gab seit 1791 die Zeitschrift »Memorabilien« heraus. – *Fulda über Kosmogonie:* Friedrich Karl Fulda (1774–1847), Student in Göttingen, Schüler L.s, dann Prof. der Kameralwissenschaften in Tübingen.
1949 *Townson . . . bei Erklärung anderer Erscheinungen bei den Pflanzen bedient:* Vgl. auch J 1803 und Anm.

1951 *Leidenfrosts Versuche mit dem Nagel:* S. zu J 1678. – *siehe oben S. LIX:* Gemeint ist J 1678.

1953 *Girtanners Worte (Chimie p. 40):* Das Werk ist zu J 1222 nachgewiesen.

1955 *Crells Annalen:* Zu der Zeitschrift s. zu J 745.

1956 *das Wasser ... inflammable und dephlogist. Luft:* Vgl. dagegen zu L.s eigener Einschätzung der Theorien über die Komposition des Wassers J 1907 und zu J 1789.

1958 *wenn ... wird:* Dieser Satz von L. nachträglich hinzugefügt.

1959 *Vitriol-Säure:* Schwefelsäure. – *Lackmus-Tinktur rot zu färben:* S. zu H 182. – *ist hinreichend:* In der Handschrift *färbt*; entsprechend Ph + M 4, S. 194, verbessert. – *elastischen Dunst:* S. zu A 226. – *S. XCV:* Gemeint ist J 1967.

1960 *Crells Chemischen Annalen:* S. zu J 745. – *Berthollet:* Claude Louis Graf von Berthollet (1748–1822), Mitglied der Akademie der Wissenschaften (1780) und des Instituts, Prof. an der Normalschule und der polytechnischen Schule; Mitglied der Pairskammer. Zu dessen Entdeckung – »Bertholletsches Salz« – s. zu J 1455.

1962 *Schwefelleber:* Verbindung zwischen einem Akalimetalls (insbesondere Kalium) und Calcium mit Schwefel.

1963, 1965 Zur handschriftlichen Schreibweise dieser Bemerkungen s. zu D 53.

1967 *ad XCIV:* Gemeint ist J 1959.

1969 *Take care:* Engl. ›Vorsicht, aufgepaßt!‹ Vgl. auch L 42, MH 20.

1970 *Ebells Beobachtung über das Gefrieren der Brunnen-Röhren ...:* S. zu J 1475.

1971 *alkalinische Luft:* S. zu J 1688. – *posaunte:* Zur übertragenen Bedeutung von ›posaunen‹ im Sinne von ›großes Aufheben machen‹ vgl. DWB 7, Sp. 2010; vgl. ferner auch D 610.

1972 *Bennetsche Elektrometer:* S. zu H 199.

1973 *Knall-Luft:* S. zu J 1745.

1977 *Argandschen Lampe:* S. zu GH_{II} S. 226. – *Etwas hieher Gehöriges von Landriani H. p. LV.:* Diese Notiz aus Sudelbuch H ist nicht überliefert.

1979 *Konstruktion von der Sache, wie ich bei Delucs Hygrometer vorgeschlagen:* Vgl. J 1889.

1980 *Frosch-Geschichte:* Galvanis Entdeckung (s. zu J 1100) erstmals als Untersuchungsgegenstand L.s genannt; im übrigen s. auch zu SK 599. – *Amalgama:* S. zu J 1612. – *11):* In der Handschrift *10*; die folgenden Ziffern entsprechend verändert. – *Gymnotus:* »Zitteraal, Zitterfisch, Drillfisch, Gymnotus electricus, Gymnotus tremulus, Anguille tremblante ou électrique. Ein Fisch aus Surinam und Cayenne, der, so lang er lebt, eine besondere sehr starke Elektricität besitzt, mittelst deren er Menschen und Thieren, die sich ihm nähern, einen betäubenden Schlag mittheilen kan. Menschen, die ihn im Wasser berühren, werden dadurch ungemein erschüttert, und Fische, die ihm zu nahe kommen, sogar getödtet. Diese Elektricität scheint im Schwanze des Fisches am stärksten zu seyn, und pflanzt sich, wenn er sich schnell im Wasser bewegt, bis auf eine Entfernung von 15 Fuß fort. Man fühlt die Erschütterung am heftigsten, wenn man ihn mit Leitern, z. B. mit Eisen oder einem mit Metall beschlagnem Stabe, vornehmlich mit einem metallnen Ringe, berührt« (Gehler, Bd. 4, S. 875). Die erste gedruckte Nachricht vom Surinamischen Zitteraal (gymnotus electricus) hat angeblich Adrian von Berkel in seiner »Reise nach Rio de Berbice und Surinam von 1670 und 80« (in dt. Übersetzung Memmingen 1789) gegeben (GGA, 86. Stück, 30. Mai 1789, S. 859). S. auch zu J 1406. – *phalangiums:* Phalangium, Weberknecht, Schneider: Gattung aus der Ordnung der Gliederspinnen mit langen Beinen, die sich vom Körper abgetrennt noch lange zuckend bewegen. – *die Danziger Aal-Geschichte oben p. XXXI.:* Gemeint ist J 1429; s. die Anm. dazu. – *den Magneten bei dem Zitteraal:* »D. Schilling, Arzt der Colonie zu Surinam, hatte der Berliner Akademie der Wissenschaften (Nouv. mém. de l'acad. de Berlin, 1770. p. 68. ingl. Obs. physica de torpedine pisce in Diatribe de morbo in Europa pene ignoto, quem Americani Jaws vocant. Traj. ad Rhen. 1770.) Nachricht von einigen Versuchen gegeben, welche eine Verbindung der Eigenschaften dieses Fisches mit dem Magnete zu beweisen schienen. Bey der Annäherung eines armirten Magnets ward der Fisch zuerst unruhig, und bey der Berührung mit demselben stark erschüttert. Legte man den Magnet ins Wasser, so ward der Fisch nach einiger Zeit ganz still, und kam von selbst an den Magnet heran, als ob er von dem umgebenden Wasser angezogen und zurückgehalten würde. Nach einer halben Stunde zog er sich sehr geschwächt vom Magneten wieder zurück, hatte aber nun alle Erschütterungskraft verlohren, so daß man ihn ohne Schaden berühren und in die Hände nehmen konnte. Die beyden Pole des Magnets schienen wie mit Feilspänen überzogen.« (Gehler, Bd. 5, S. 876f.). – *Siehe auch CIII. N° 4:* Gemeint ist J 2003.

1981 *Herr da Camara:* Den Besuch dieses Brasilianers notiert L. am 1. September 1792 (SK 374). Manoel Ferreira da Camara Bittencourt e Sá (1762–1835), brasilianischer Naturforscher und Verf. zahlreicher wissenschaftlicher Schriften.

1983 *die Barometer zwischen den Tropicis:* In »Geologische Phantasien« notiert L.: »Warum steigen aber und fallen die Barometer nicht unter dem Äquator oder nahe dabei?« (III, S. 122).

1984 *Leipziger Sammlungen:* Die »Sammlungen zur Physik und Naturgeschichte von einigen Liebhabern dieser Wissenschaften« erschienen, herausgegeben von J. S. T. Gehler, Leipzig 1778–1792 in 4 Bdn. erschienen. – *achromatische Augen:* Griech. achromos ›farblos‹; vollkommen farbenblind.

1985 *Morrison:* Edward Morrison.

1986 *Mein Wurzelnpropfen:* Zu diesem Gedanken vgl. J 1540. – *schlägt schon Baco vor . . .:* Francis Bacon in »De dignitate et augmentis scientiarum« (s. zu C 209).

1987 *S. unten p. CXXIII und CXXIV:* Gemeint ist J 2122.

1988 *nach Pictet:* Gemeint ist der zu J 1444 nachgewiesene »Essai sur le feu«.

1989 *Baco's vortreffliche Regel:* »Gleichwohl ist es ein auffallender Beweis von Unverstand, wenn jemand die Natur eines Dinges lediglich an ihm selbst erfassen will; da doch dieselbe natürliche Einrichtung, welche sich in dem einen Gegenstand zu verbergen und zu verheimlichen scheint, in einem andern offenbar und handgreiflich da liegt, und da wir in jenem mit Bewunderung anstaunen, was wir in diesem kaum einmal flüchtig bemerken. Das geschieht z. B. mit der Natur des Zusammenhangs, den man an Holz und

Stein gar nicht besonders bemerkt, sondern mit der bloßen Benennung des Vesten abfertigt, ohne daß man sich weiter darum bekümmert, wenn das Stetige der Trennung und Auflösung entweicht. Aber an den Wasserblasen kommt uns eben dieselbe Erscheinung feiner und schwieriger vor, wenn sich diese in kleinen Häuten von regelmäßiger Halbkugelgestalt bilden und den unzusammenhängenden Zustand des Stetigen auf einen Augenblick verlassen.« (Francis Bacon, »Novum organon«, Bd. I, London 1740, S. 296; übers. von George Wilhelm Bartoldy, Berlin 1793, 2 Bde., S. 115).

1990 *Vom Hagel:* Zum Thema vgl. »Neues Hannoverisches Magazin«, 93. Stück, 19. November 1792, Sp. 1473–1476: »Schreiben an den Herausgeber des neuen hannoverischen Magazins«; Vorrede zu dem Aufsatz »Einige Nachrichten und Bemerkungen über die Gewitter vom dritten September dieses Jahres« von Lampadius, »Neues Hannoverisches Magazin«, 93. Stück, Sp. 1475–1486; 94. Stück, Sp. 1489 ff. L., der mit den falschen Initialen »J. C.« geführt wird, schreibt im letzten Absatz seiner Vorrede (Sp. 1476): »Einige Anmerkungen, womit ich nachstehenden Aufsatz zu begleiten willens war, sind etwas groß gerathen. Ich will sie also lieber zu einem Ganzen vereint Ihnen [Eisendecher] nächstens besonders mittheilen.« Vgl. SK 397. Im »Neuen Hannoverischen Magazin«, 10. Stück vom 4. Februar 1793, Sp. 145–160, und 11. Stück vom 8. Februar 1793, Sp. 161–170, veröffentlichte L. »Einige Bemerkungen über die Entstehung des Hagels«; s. auch zu SK 397. – *Kiesel-Erde:* S. zu J 1439. – *Knalluft:* S. zu J 1745. – *verlieren sich selten aus dem Gleise:* Zu diesem Bild vgl. J 1603. – *Betancourt:* Augustin de Betancourt (1760–1826), Generalinspektor beim span. Straßen- und Kanalbauwesen, 1808 in russ. Dienste tretend, Generalleutnant.

S. 358 *bereits präzipitierten Dämpfen:* S. zu J 1940. – *unter:* Von L. verbessert aus *über.*

S. 359 *de Laplace:* Pierre Simon de Laplace (1749–1827), frz. Astronom, Prof. an der Ecole normale in Paris, bedeutendster Vertreter der klassischen Himmelsmechanik. Seine Hauptwerke: »Le système du monde« (1796) und »Mécanique céleste« (1825). – *Beverungen:* Kleinstadt im Hochstift Paderborn, am Solling gelegen, zwölf deutsche Meilen von Göttingen entfernt. – *wurde es am Tage Nacht:* Vgl. den Wetter-Bericht von Lampodius in »Neues Hannoverisches Magazin« 1792, Sp. 1473 ff.

1991 Zur teilweise handschriftlichen Schreibweise dieser Bemerkung s. zu D 53. – *Baco N. O. I. aph.100:* Vgl. Francis Bacons »Novum organum«, Liber I, Aphorismus 100 (s. zu J 1989): »At non solum copia major experimentorum quaerenda est et procuranda atque etiam alterius generis, quam adhuc factum est; sed etiam methodus plane alia et ordo et processus continuadae et provehendae experientiae introducenda«.

1992 *Bennetsche Elektrometer:* S. zu H 199.

1993 *gemalte Fenster:* Diese Wendung begegnet auch J 1077. – *Es mag noch manches Polarisch sein in der Natur:* Zu diesem Gedanken vgl. J 1784.

1994 *wahrscheinlich auch macht daß die Pflanzen aufwärts wachsen:* Vgl. J 1628.

1995 *Baco ... N. O.:* Francis Bacon in seinem »Novum Organon«.

1996 *calx ... retinet:* Kalk behält latente Reste der früheren Wärme in sich.

1997 *Caphora? richtig Camphora:* In Liber II, Aphorismus XIII, Nr. 21 seines »Novum Organon« schreibt Bacon: »Sehr starke Hitze geben Pech und Harz, noch stärker Schwefel, Kampfer, Erdöl, Steinöl und gereinigte Salze«.

2000 *artiger Versuch von Bohnenberger:* Vgl. das zu J 1082 nachgewiesene Werk von Gottlieb Christian Bohnenberger.

2001 *Sollte sich ... der Eisendraht besser durch den ... Erschütterungs-Kreis schmelzen lassen?:* Zu der Erschütterungstheorie, die sowohl Wärme wie Kältephänomene erklären sollte, s. zu J 1475.

2002 *den ... Troostwykischen Versuch mit dem ... Erschütterungs-Kreis:* Vgl. auch J 1495 und Anm, J 1742.

2003 *Man müßte bei dem Frosch den Leiter mit der Zunge unterbrechen:* Zu L.s Versuchen in Zusammenhang mit Galvanis Entdeckungen vgl. J 1980 und Anm., s. zu J 1100, SK 362. Man machte sich von elektrolytischen Vorgängen die Vorstellung, daß in jedem Molekül beide Zersetzungsbestandteile elektrisch geladen seien, der eine positiv, der andere negativ, und daß durch die anziehende, bzw. abstoßende Kraft der Elektroden auf die Bestandteile der nächstliegenden Moleküle diese zerstört würden. Wäre diese Vorstellung richtig, so könnte die Elektrolyse erst eintreten, wenn die von den Elektroden ausgeübte Kraft größer wäre als die gegenseitige Anziehung der beiden Teile eines Moleküls.

2004 *Efficiens ... formae:* Die Wirkursache (Wirkende) wird immer gesetzt als etwas, was nicht anderes sei als der Träger und das Bestimmende / Bedingende der Form. »Das Wirkende ist doch immer nur das Gefährt oder der Vermittler der Form«, schreibt Bacon im »Novum Organon« an der von L. angegebenen Stelle.

2005 *Die Ähnlichkeit der südlichen Spitzen ... beim Baco:* »Die gleichförmigen Fälle bei der Gestaltung der Erde im größeren dürften auch nicht vernachlässigt werden. So sind Afrika und das Land Peru mit dem bis nach der Magelhaesstraße sich hinstreckenden Erdteil zu betrachten. Beide Gebiete haben nämlich ähnliche Meerbusen und Vorgebirge. Das ist kein Zufall.« So schreibt Bacon an der von L. angegebenen Stelle im »Novum Organon«.

2007 *Baco ... wirft die Frage auf:* An der von L. angegebenen Stelle im »Novum Organon« schreibt Bacon: »Die Kreuzfälle bei dieser Frage – falls es überhaupt hier welche gibt – würden zeigen, daß die Strahlen auch von einem lockeren Körper, wie es ja die Flamme ist, zurückgeworfen werden, wenn er nur Dichte genug hat«. – *Wie würde sich die Flamme im Foco des Brennglases verhalten?:* Vgl. auch J 2008. – *Im Lichtkegel des ☉ Mikrosk[ops]. könnten ... Versuche hierüber angestellt werden:* Vgl. auch J 1761.

2008 *Wie sieht d. Flamme der elektrischen Lampe im Lichtkegel des Mikroskops aus?:* Vgl. J 2007. – *Argandische Lampe:* Hierzu vgl. J 2109, s. zu GH_{II} S. 226.

2009 *Alle künstlerische Versuche ... Monstra:* Zu dieser Wendung vgl. auch Rainer Baasner, ›Phantasie‹ in der Naturlehre des 18. Jh.s. Zu ihrer Beurteilung und Funktion bei Wolff, Kästner und Lichtenberg, in: Lichtenberg-Jb. 1988, S. 9–22.

2010 *Auch die Ziegel werden beim Brennen rot wie die Krebse beim Kochen:* Darüber vgl. J 1443. – *hat schon Baco. Vol. 2. p.6:* Ausgabe von A. Mallet Bd. 3, 1753? – *Karpfen und Hechte von heißem Essig blau:* Vgl. auch L 743.

2011 *Das Wasser verbindet sich mit den Salzen, (Krystallisations-Wasser.):* S. zu J 1295. – *aufhört ein Gegenstand des Hygrometers zu sein:* S. zu D 116, J 147 und Anm. – *fast:* Danach von L. gestrichen *auf eine Art.* – *wie ... Mayer mutmaßen:* Bezieht sich vermutlich auf L.s Abhandlung »für Gren gegen Meyer« (SK 390), in der L. als Anhänger der Phlogistontheorie versucht gegen die von Lavoisier ausgehende Antiphlogistik, die von Mayer in Deutschland vertreten wurde, zu argumentieren. Die Diskussion um das Phlogiston wurde anhand der chemischen Bestimmung von Luft und Wasser geführt: entweder machen Eigenschaften, die in chemischen Reaktionen zu beobachten sind, oder die Art der stofflichen Zusammensetzung, wofür die Antiphlogistiker votierten, die richtige chemische Beschreibung aus (S. J 2025); s. auch zu SK 269, 584. Hierzu vgl. Uwe Pörksen, Lichtenberg, das Phlogiston und die neue Chemie Lavoisiers, in: Lichtenberg-Jb. 1988, S. 86–103. Zu L.s Abhandlung gegen Mayer vgl. auch Johann Tobias Mayer, Etwas über den Regen und Hrn. de Luc's Einwürfe gegen die franz. Chemie, im Journal der Physik 5, 1792, S. 371–383, und L.s postum publizierte Replik in Gilberts Annalen der Physik 2, 1799, S. 121–153: »Bemerkungen über einen Aufsatz des Hrn. Hofr. Mayer zu Erlangen: über den Regen und Hr. de Lüc's Einwürfe gegen die französische Chemie«. Vgl. auch den Brief an Johann Friedrich Blumenbach vom 15. Oktober 1792. Zur Sache vgl. auch den Brief von Friedrich Albert Karl Gren an L. vom 27. Juni 1792 und den Brief von Johann Tobias Mayer an L. vom 30. April 1792; vgl. auch J 2016. – *daß ... Form:* Diese Passage ist zu lesen *das* [in der Handschrift *daß*] *durch ein[en] Stoff der ebenfalls imponderabel sein kann in dieser festen Form [gebunden wird?].* – *imponderabel:* Imponderabilien nannte man die hypothetisch angenommenen materiellen Grundlagen zur Erklärung der Erscheinungen, die Licht, Wärme, Elektrizität und Magnetismus zeigen und die auf Molekülbewegungen in den Körpern oder Zustandsänderungen des Äthers zurückgeführt wurden.

2012 *Zu meiner Erklärung des Hagels:* Vgl. J 1990. – *warum es in manchen Gegenden nicht regnet:* Zu dieser Beobachtung vgl. J 1762.

2013 *chemische Verschluckung:* Offenbar Wortprägung L.s. – *Anprobierung:* Zu diesem Ausdruck s. zu J 1784. – *quoad celeritatem:* Was die Geschwindigkeit angeht.

S. 363 *Ehe wir versuchen ob Elektr[izität] Wärme weg nimmt ... versuchen, ob es Lufterzeugung nicht sehr viel mehr tut:* Bezieht sich auf Experimente mit flüssiger Luft, – eine durch Druck und Kältezufuhr gewonnene, schwach himmelblaue Flüssigkeit – mit der ohne weiteres Temperaturen von – 191 °C erzeugt werden können.

2014 *Leipziger Sammlung:* Gemeint ist wohl »Recherches sur les modifications de l'atmosphère, ou théorie des baromètres et de thermomètres«, Genf 1772 in zwei Bdn., dt. von Gehler, Leipzig 1776. – *Ich habe schon lange einmal ein Beispiel gegeben, bei dem Aufbau- und Gefrierpunkt:* Vgl. auch J 1790.

2015 *Ich glaube an die Komposition des Wassers nicht:* Zu diesem Thema s. auch zu J 1789 und Anm., 1873, 1907, 1956, 2011 und Anm., 2018. – *Man muß:* Danach in der Handschrift *sich.* – *was uns Reisende von den Versuchen in Paris erzählen:* Bezieht sich vermutlich auf Girtanner.

2016 *Der Stand der Frage zwischen mir und Mayer:* S. zu J 2011. – *Dann ... die Vorstellung von der Knall-Luft-Atmosphäre:* Vgl. auch J 1745 und Anm.

2017 *In der Atmosphäre ... die Elektrizität von ... ungeheuerer Wichtigkeit:* S. auch zu J 2018. – *Solche Versuche im Großen ... Mikroskope für die Neben-*

Umstände: Vgl. hierzu auch K 316. – *Die Luft im glücklichen Arabien:* Vgl. dazu schon KA 59. – *Petersburg für die Elektrizität:* Vgl. auch den auf September 1784 datierten Brief eines unbekannten Verfassers an L. (Briefwechsel II, S. 911–920).

2018 *Daß das Wasser aus zwei . . . Materien zusammen gesetzt sein könne . . .:* S. auch zu J 2011. – *animalischen Magnetismus:* Darüber s. zu GH 90. – *Erklärung des Phänomens der Torricellischen Röhre:* Andere Bezeichnung für Barometer. Evangelista Torricelli (1608–1647), Mathematiker und Physiker, 1628 nach Rom, Nachfolger Galileis in Florenz. – *Krystallisations-Wasser:* S. zu J 1295. – *mit . . . Girtanner einmal Eis nennen:* Vgl. auch J 2019.

S. 365: $\varkappa\alpha\tau\,\dot{\varepsilon}\zeta o\chi\eta\nu$: S. zu J 873. – *sauren Luftarten:* Kohlensäure oder Salzluft; Chlorwasserstoff. – *Einige wollen . . . Eis immer mehr wiegend gefunden haben, als das Wasser woraus es entstanden:* Vgl. J 1983. – *die eine ganze Materie noch nicht gebrauchen die elektrische:* Zu diesem Vorwurf L.s an die antiphlogistische Chemie vgl. auch dessen Aufsatz gegen Mayer (nachgewiesen zu J 2011).

S. 366 *daß die elektrische Materie uns überall umgibt ist wohl gewiß . . . in den chemischen Prozessen der Atmosphäre eine sehr große Rolle spielt:* Dazu vgl. J 2017, 2022. – *Versuche im Großen . . . Mikroskope zur Erkenntnis der Natur:* Zu dieser Wendung vgl. auch J 2017.

2019 *wie . . . Girtanner getan:* Vgl. J 2018.

2020 *Lasson will entdeckt haben . . . S. mein Taschen Calender:* Im GTC 1780, S. 86–87, berichtet L. unter »Neue Erfindungen, physikalische und andere Merkwürdigkeiten« folgendes: »Daß zähe Materien, wenn sie über das Feuer gebracht werden, zu schmelzen und sich zu verdünnen anfangen, davon liefert die Chymie und das gemeine Leben Beyspiele genug, allein daß eine klare, sehr flüssige Materie sich beym Feuer zu verhärten und undurchsichtig zu werden anfängt, aber ihre erste Flüssigkeit und Durchsichtigkeit wieder erhält, so bald sie erkaltet, ist eine sehr merkwürdige Eigenschaft einer Mischung aus einer Auflösung von Seignette-Salz und Kalkwasser, die Hr. Lassone entdeckt hat. Daß die Verhärtung nicht von einem Verrauchen der Feuchtigkeit, die Schmelzung hingegen bey der Erkaltung von einem Ersatz derselben aus der Luft herrührt, wird jeder glauben, der des Erfinders Abhandlung in den Pariser Memoiren nachlesen will. Wer sich indessen mit Schwefel-Abgüssen beschäftigt hat, wird ohnfehlbar bemerkt haben, daß der Schwefel über dem Feuer auch oft eine Fähigkeit erhält, die ihn zum giessen untauglich macht, aber seine Flüssigkeit bald wieder erlangt wenn man ihn vom Feuer abnimmt«. – *Seignette-Salz:* Polychrestsalz oder Sodaweinstein, aus Weinsteinlauge und kohlensaurem Natron bereitet; benannt nach seinem Erfinder, dem frz. Arzt und Apotheker Pierre Seignette (1660–1719). – *Siehe . . . p. LXXII. Girtanner:* Gemeint ist J 1780.

2021 *Im Compendio . . . nicht mehr das Wort Theorie zu gebrauchen . . . Sondern . . . Vorstellungs-Art:* Auch diese Bemerkung gehört in den Umkreis von L.s Aufsatz gegen Mayer; vgl. Ph+M 4, S. 134. – *das Wort:* In der Handschrift *die Worter.* – *Facta und Mutmaßungen:* Vgl. auch J 2093, 2122, 2128.

2022 *Hat Lavoisier . . . die Entstehung der Knall-Luft . . . erklärt?:* Vgl. Gehler, Bd. 2, S. 361 ff., 371 ff. – *die ich gefunden . . . mir zugehörte:* Vgl. auch J 2018. – *Habel:* Wohl Jacob Christian Friedlieb Habel (geb. 1773) aus Nassau, zunächst Universität Marburg, immatrikulierte sich am 23. Oktober 1782 für Kameralwissenschaften an der Georgia Augusta; veröffentlichte Göttingen

1793 »Kritik der Wissenschaften; nur dem Denker zur Prüfung.« (BL, Nr. 1301).
2023 *meine Abhandlung an Gren:* S. zu J 2011. – *den Ausdruck, daß der Amsterdamische Versuch ... unerklärlich sei, so entschuldigen:* S. zu J 1495, vgl. J 2036. – *Antiphl[ogistischen]. Chemie:* Darüber s. zu J 2011.
2024 *Mayers Theorie:* S. zu J 2011. – *daß er Aneignungs-Mittel annimmt:* S. zu J 2028. – *Ziehkraft der Luft:* Andere Bezeichnung für Schwerkraft. – *Oxygène:* Frz. ›Sauerstoff‹.
2025 *Der Aufsatz gegen Mayer kann dadurch sehr kurz werden ...:* S. zu J 2011. – *beide reden von Verschwinden für das Hygrometer:* Gemeint sind Mayer und Deluc. – *der eine sagt:* Vgl. J 2024. – *atmosphärische Luft:* Die Luftzusammensetzung der Erdatmosphäre.
2026 *Nach Dr Harrington's Versuchen ... Gentleman's Mag.:* Robert Harrington schrieb gegen Lavoisiers Theorie, für die Phlogistiker: »A treatise on air: containing experiments and thaights on Combustion, a full investigation of M. Lavoisier's System ...«, London 1791.
2028 *Gibt es wohl außer der Temperatur noch ein Mittel die Affinitäten zu verstärken [in] der Chemie:* Diese Bemerkung bezieht sich auf den Umstand, daß chemische Reaktionen nur unter Energiezufuhr, bzw. Wärme ausgelöst werden können; unter sog. Aneignungsmitteln sind solche zusammengefaßt, die den Ablauf chemischer Reaktionen beeinflußen; vgl. auch J 2036. – *Laugensalz vermehrt die Affinität des Wassers zum Öl:* S. zu J 393. – *worüber Herr Kant einige schöne Gedanken beibringt:* L. bezieht sich auf die kantische Bestimmung, daß die Chemie eine rein empirische Wissenschaft ohne apodiktische Prinzipien sei, und deshalb mehr »systematische Kunst« (Kant, »Methaphysische Anfangsgründe der Naturwissenschaft«, 1786, Akademie-Ausgabe, Bd. 7, S. 190), denn strenge Wissenschaft sei. Vgl. auch K 325.
2029 *Es scheint fast als wenn Herr Mayer unter Natur verändern, Dekomposition verstehe:* Zersetzung in die Bestandteile; gemeint ist die heute gängige These, daß chemische Stoffe anhand ihrer Molekülstruktur identifiziert und klassifiziert werden. – *ich glaub daß Wasser, das nicht mehr naß macht, seine Natur verändert hat:* Vgl. auch J 2033. – *Die Würkung des Wassers ... immer haarröhrchenartig:* Anspielung auf die chemischen Eigenschaften von Wasser, das in Haarröhrchen – sehr kleinen Reagenzgläsern mit einem Durchmesser von 2,5 mm – erst bei −13 °C gefriert; vgl. auch J 1274.
2030 *Volta's ... Theorie des Hagels ... in ... bibliotheca fis[ica] d'Europa:* Gemeint ist Voltas neunter Brief über die elektrische Meteorologie in Bd. 14 der »Biblioteca fisica d'Europa, ossia Raccolta di osservazioni sopra la fisica, matematica, chimica, floria naturale, medicina ed arti«, 1788–1791 in 20 Bdn. – *Brugnatelli:* Ladovigo Gasparo Brugnatelli (1761–1818), Dr. der Medizin und ab 1796 Prof. der Chemie an der Universität zu Pavia. – *Toisen:* In der Rezension Sp. 214 steht *Klafter.* – *Hagelwetter:* In der Rezension steht *Hagelwolken.* – *Dieses wäre nun fast gänzlich meine Theorie:* Darüber vgl. J 1990 und Anm. – *Volta's Aufsatz ... Lit. Zeitung:* Innerhalb der Rezension der »Biblioteca fisica d'Europa ...«, in »Allgemeine Literaturzeitung«, Nr. 285, 31. Oktober 1792, Sp. 209–216, Fortsetzung in Nr. 286, Sp. 217–219.
2031 *Die Akad. der Wiss[enschaften] zu Paris setzt für 1793 einen Preis auf die Theorie der Feuer-Maschine:* Gemeint ist die Dampfmaschine (frz. ›Pompe à feu‹); vgl. Gehler Bd. 1, S. 561–568. – *für 1794 auf die Theorie des Kometen von*

1770: Charles Messier entdeckte am 14. April 1770 in Paris einen Kometen, dessen Bahn A. J. Lexell im Sommer 1770 berechnete und zu dem Ergebnis kam, die Periode betrage nur 5 oder 6 Jahre. – *woher es komme daß dieser Komet eine Umlaufszeit von 5 Jahren zu haben schien:* Erst nach der Jahrhundertwende konnte Laplace nachweisen, daß der Komet Lexell 1767 durch Jupiterstörungen in seine kurzperiodische Bahn gelenkt wurde, daß Jupiter ihn aber bei der nächsten Annährung 1779 auch wieder aus der Bahn verdrängte. Vgl. Seggewiß, in: Photorin 10/86, S. 60–61.

2032 *Zur Vergleichung von Mayers und Delucs Theorie:* S. auch zu J 2011. – *ein permanent elastisches Fluidum:* Vgl. auch J 2036. – *Das Experimentum Crucis:* Entscheidendes Experiment, dessen Ergebnisse eine Hypothese endgültig bestätigen oder widerlegen. – *[?]men Apparat:* In der Handschrift wegen eines Flecks unlesbar.

2033 *Ich verstehe nicht recht was ... Mayer damit sagen will:* Vgl. auch J 2011 und Anm., 2029.

2034 *ein Arisations-Wasser ... wie es Krystallisations-Wasser gibt:* Vgl. auch J 2018.

2035 *Hofmann zu Mainz:* Gemeint ist vermutlich Johann Andreas Hofmann (1716–1795), Prof. des Naturrechts und der Philosophie in Mainz. – *Schwalben-Luft des Marcard:* Vgl. auch J 2037; gemeint ist vermutlich Mathias Marcard.

2036 *Wenn ich sage bei dem Amsterdamischen Versuch ...:* Zu diesem Versuch s. zu J 1495, vgl. J 2036. – *Der eine nannte denn infl. Luft das Phlogiston, und der andere die dephlog. Luft Feuer-Luft:* Feuerluft nannte Scheele den Sauerstoff (vgl. GTC 1783, S. 81). – *das aneignende dritte:* Vgl. auch J 2028.

S. 372 *bekannten Versuch mit dem Flintenlauf und den Wasserdämpfen:* Vgl. auch K 315, L. erwähnt diesen Versuch auch in der Vorrede zur 6. Aufl. zu Erxlebens Naturlehre. – *Geschichte der Dekomposition des Wassers:* S. auch zu J 1673, 1776, 2011. – *Die elektrische Materie ist allgegenwärtig:* Vgl. auch J 2017, 2018. – *kleistischer Schlag:* Ewald Georg Kleist (gest. 1748), Landrat, Domdechant, Präsident des königlichen Hofgerichts zu Cösslin; Mitglied der Akademie der Wissenschaften zu Berlin; Erfinder der Leidener Flasche (s. zu J 1082). – *was ist denn Faktisches in der Behauptung der franz. Chemisten daß das Wasser aus oxygène und hydrogène zusammen gesetzt:* Vgl. auch J 2021. – *Zeit:* Danach von L. gestrichen *Aber daraus folgt nicht daß sich das Wasser selbst zersetzt habe.*

2037 *in dem Streit:* Zwischen Mayer und Deluc; vgl. darüber zu J 2011. – *die große Rolle der Luft-El[ektrizität]. urgiert:* Vgl. L.s Hageltheorie J 1990 und Anm. – *Das sind Mikroskope:* Zu diesem Bild vgl. J 2017, 2018. – *Schwalben-Luft:* S. zu J 2035.

2038 *antigraves:* Gemeint sind solche Phänomene, die nicht von der Schwerkraft regiert zu werden scheinen und im Kontext der Phlogistontheorie mit der qualitativen Bestimmung ›Leichtigkeit‹ oder ›negative Größe‹ belegt wurden; vgl. auch J 1466.

2039 *Kometen-Scheife:* S. zu J 1284.

2040 *Da wir kein Gefühl für die magnetischen Wirkungen haben:* Vgl. die Ähnlichkeit der Argumentation mit L.s Standpunkt in der Phlogistondiskussion und seiner Auffassung von Elektrizität als Materie; S. zu J 2011, 2018, 2036. – *Hier von dem verteilten Sonnenlicht:* Vgl. auch J 1834.

2041 Zur handschriftlichen Schreibweise dieser Bemerkung s. zu D 53. – *Erweiterung der Grenzen der Wissenschaft:* Zu dieser Maxime vgl. auch J 1515; zugleich Anspielung auf Kants »Kritik der reinen Vernunft«, deren Aufgabe explizit die Bestimmung der Grenzen der Vernunft sein sollte, und damit aufschlußreich für L.s Verhältnis als Naturwissenschaftler zur kantischen Philosophie.

2042 *Conus:* Lat. ›Kegel‹.

2043 *Meine ... Seelenwanderung:* Darüber s. F 1217 und Anm.; J 705, 853.
– *der Kantischen Philosophie anzuprobieren:* Zu L.s Verwendung in Hinsicht auf Theorien, Träume oder Ideen vgl. auch J 1784.

2044 *Wegen Asclepii Versuche mit der Barometer-Röhre:* Vgl. auch J 1735.

2046 *Es verdiente ... untersucht zu werden, in wie fern der Druck der Atmosphäre ... beiträgt, die Glas- und andere Platten auf den Flüssigkeiten anhangen zu machen:* Vgl. auch J 2044, 2051. – *S. Erx[leben]. IV^{te} Ausgabe ... am Rande:* Handschriftlicher Eintrag L.s im eignen Exemplar.

2047 *der Hydraulische Ventilator ... in Mem. de la Société de Lausanne ... beschrieben:* »Mémoires de la Société des Sciences physiques«, Lausanne 1784–1790 in drei Bdn; L. erhielt Bd. 1 zur Besprechung, vgl. den Brief von François Verdeil vom 20. November 1784 an L. (BL, Nr. 71). – *Castelli:* Benedetto Castelli (1577–1644), Benediktiner, Professor der Mathematik in Rom.

2048 *Gedanke des Magellan ... Goth. M[agazin]:* »Beobachtungen über die polypenartigen Insekten, die den Weinstein an den Zähnen verursachen« (Goth. Mag. II, 2, 1783, S. 27–29). Joao Hyazint de Magelhaens (Magellan) (1722–1790), Augustinermönch zu Lissabon, 1764 nach England, Übertritt zum Protestantismus; Mitglied der Royal Society in London.

2050 *Chladni sagte mir:* Chladni befand sich vom 25. Januar bis 8. Februar 1793 in Göttingen, wo er L. mehrfach aufsuchte (SK 425, 427, 429, 433, 434).

2051 *Chladni's Verfahren:* Vgl. den Brief an Heinrich Wilhelm Mathias Olbers vom 8. Februar 1793.

2052 *der Beweis ... von der Umdrehung der Planeten um die Axe:* Franz Hemsterhuis (1721–1790), holl. Philosoph; wie aus SK 427 hervorgeht, hatte L. die »Schriften« am 28. Januar 1793 von Friedrich Heinrich Jacobi erhalten; vgl. auch den Brief an Friedrich Heinrich Jacobi vom 6. Februar 1793.

2053 *das rote Präcipitat per se:* Nach Girtanners »Nomenklatur« (a.a.O., S. 15) »Rothe Quecksilber Halbsäure (Oxide de mercure rouge)«. Mercurius praecipitatus ruber, rotes Quecksilberoxyd, nach Weisenberg, S. 326: »eine Verbindung des Quecksilbers mit Sauerstoff, bestehend aus 100 Gewichtstheilen Quecksilber und 8 Gewichtsth. Sauerstoff. Es war schon im 8. Jahrhundert bekannt. Dasselbe hat gelbrothe Farbe, ist in Wasser auflöslich und gehört zu den heftigen und fast ätzend wirkenden Quecksilberpräparaten und erregt leicht Erbrechen und Koliken und nicht allein Speichelfluss, sondern auch üble Zufälle ... Aeusserlich wird er bei schlecht und schwach eiternden, venerischen und nicht venerischen Geschwüren zu ½ Scrup. bis ½ Drachme und auch mehr auf die Unze Fett und bei sehr reizlosen Geschwüren und vergifteten Wunden als Streupulver angewendet.«

2054 *des Silhouetteur Borns Schwager:* »En Miniatur und Pastel mahlt Born, welcher aus Silhouetten en Büste und in Lebensgröße auf Papier, blas und Elfenbein mahlt; auch giebt er Untterricht im Zeichenen« (Rintel, S. 200).

2055 Diese Bemerkung ist von L. gestrichen, da er sie J 1171 notiert hat. – *Würkung der Gnade ... auch der Mondsucht:* Vgl. auch 1171.
2056 *Durch das Bertholletsche Salz ... der elektrischen Funken schlagen ... lassen:* Zum Knallsilber, das Berthollet erfand, s. zu J 1455, SK 436.
2058 *Wenn ich dephlog. Luft mit Salp. Luft vermische ... Salpeter-Säure:* Diese Versuche gehören sicherlich in den Umkreis von L.s Argumenten gegen Mayer und die antiphlogistische Chemie, s. zu J 211, 2036.
2059 *Erst ein Jahr nach meiner großen Krankheit:* Also nach Oktober 1790; zu L.s Erkrankung s. zu J 4. – *fing ich an auch an der linken Seite älter zu werden:* Dazu vgl. SK 439 und den Brief an Samuel Thomas Sömmerring vom 20. April 1791.
2060 *Meine Luft-Pumpe:* Vgl. Anton Flammersfeld, Lichtenbergs physikalische Apparate, in: Ausstellungskatalog zum 175. Todestag des Göttinger Physikers, Schriftstellers, Philosophen Lichtenberg, Dokumente, Bilder, Geräte, Städtisches Museum Göttingen 1974, S. 52–67: Das Glanzstück in L.s Gerätesammlung ist die Luftpumpe, die er »1782 von Nairne und Blunt, London, bezogen hat, ... Sie lieferte ein Vakuum von ca. 0,4 Torr und diente zum Auspumpen aufgesetzter weiterer Apparate ... An der Pumpe befindet sich unten ein Quecksilber-Barometer mit einer Einteilung in Zoll ... Ferner gehören zur Luftpumpe noch ein elektrisches Vakuumrohr für Entladungen in verdünnten Gasen ... Weiter ein Paar Magdeburger Halbkugeln und eine Glocke zum Nachweis, daß es im Vakuum keine Schallentwicklung gibt ... Die Luftpumpe konnte auch zum Komprimieren von Gasen, z. B. »dephlogisierter Luft« benutzt werden. Lichtenberg gibt mehrfach an, daß die Luftpumpe mit dem Zubehör 450 Taler gekostet hat.« (ebd. S. 56).
2061 *Man müßte von dem Chemischen das Hyperchemische unterscheiden:* Diese Unterscheidung gehört ebenfalls in den Umkreis von Argumenten, die L. gegen die Antiphlogistiker aufwendet; s. zu J 2011. Vgl. auch III, S. 108. – *das zerlegen wir hyperchemisch:* Vgl. auch J 2029.
2062 *Argument gegen die antiphlog. Chemie, daß ... Eisenkalche so schlecht vom Magneten gezogen werden:* S. auch zu J 2011, 2036.
2063 *Ingenhouß ... redet von einer Luft:* Gemeint ist das von L. korrekt zitierte Werk »Versuche mit Pflanzen«, Wien 1786–1788 in drei Bdn. (BL, Nr. 494). – *Troostwyk gefunden ... in einer Preisschrift:* »Verhandelingen van het bataafsch Genoot schap der proefondervindelijke Wijsbegeerte«, Rotterdam 1774–1798. Die Batavische Gesellschaft der Experimentalphilosophie zu Rotterdam wurde 1769 gegründet.
2064 *Man bedenkt nicht wie die Natur im Großen zusammensetzen könne:* Zu diesem Gedanken vgl. auch J 1644, 1653, 2017, 2018, 2037. – *Klipstein ... in der See Salz bearbeitet wird:* Philipp Engel Klipstein (1747–1808) aus Darmstadt, dort 1772 Kammerrat und 1803 Geheimrat in Gießen; Mineraloge (vgl. auch BL, Nr. 743); Freund Mercks. – *Seitdem man sich des Wachstums der Pflanzen bedient ...:* Vgl. auch J 2061. – *Die Leichen-Geschichte ... auch in Crells Annalen:* Gemeint sind die »Chemischen Annalen für die Freunde der Naturlehre, Arzneygelahrtheit, Haushaltungskunst und Manufakturen« 1792 hrsg. von Crell; zu dieser Zeitschrift s. auch zu J 745. – *Kirchhofe des Innocens zu Paris:* Der Kirchhof der ›unschuldigen Kinder‹ in Paris wurde 1785 aufgelassen und die Gebeine von 1 200 000 Skeletten in die Katakomben

überführt. Diese Begebenheit findet sich ebenso aus Crells Annalen zitiert, in »Nachricht von einer Walrat-Fabrik«, III, S. 103 f. – *Die Veränderung in den tierischen Körpern:* »Bei den Grabungen auf dem Innocents-Friedhof hatte M. Thouret beobachtet, daß mehrere Leichen eine Art Fett gebildet hätten, das er mit dem Weißen vom Wal verglich. Aus verschiedenen Beobachtungen schloß er, daß dieser Stoff im Lebewesen in dieser Form existiert und eine bestimmte Funktion zu übernehmen scheint: daß er sich aus den Säften löse, die mit ihm das Gehirn nähren und aufbauen, dessen Substanz er bildet; daß es sich in den Lebergängen absetzt, durch die er nach außen geführt wird, sobald er schädlich ist, und daß so dem Lebewesen eine neue Art der Absonderung und besondere Ausscheidung ermöglicht wird, die bisher unbekannt war, und die dazu herangezogen werden kann, das bis zu dieser Zeit völlig geheimnisvolle Wesen des Gehirns zu ergründen.« (»Discours préliminaire« von De La Methrie in den »Obsérvations sur la physique«, 1792, Bd. 11, S. 20); vgl. auch J 1653.

2066 *Fehler der gemeinen Leute, die von leeren Trinkgläsern … sprechen:* Zu diesem Gedanken vgl. J 1682.

2067 *Wenn wir ein magnetisches Fluidum hätten … um die Magnetische Pole bilden:* Zu magnetischen Polen s. zu J 1629. – *Wie hangt das mit unserm Nordlicht zusammen:* Vgl. auch J 2083.

2068 *Ich sehe nicht ein warum die Sonne nicht gewisse Materie abstoßen könne die ein andrer Körper zieht:* Vgl. auch J 2024. – *so die Kometen-Schwänze entstehen:* S. zu J 1284, vgl. auch J 2039.

2069 *Selbst die Salzgruben bei Bochnia und Wielitschka enthalten Versteinerungen:* Wieliczka und Bochnia, Städte in deren Nähe sich die bedeutendsten Steinsalzbergwerke Galiziens befinden. – *Hube Briefe:* Gemeint ist das Werk »Vollständiger und faßlicher Unterricht in der Naturlehre in Briefen«, das zu J 1120 genauer nachgewiesen ist.

2070 Zur handschriftlichen Schreibweise dieser Bemerkung s. zu D 53. – *Wenn du ein Buch oder eine Abhandlung gelesen … abstrahiere dir immer etwas … für deine Schriftsteller-Ökonomie:* Vgl. auch J 471; L 75. – *Oder:* Danach von L. gestrichen *Schri[ffsteller]*.

2071 *La Métherie … sagt mit Recht:* Das wörtliche Zitat ist der »Réponse à M. de Luc, sur la Théorie de la Terre«, S. 437–457, der »Observations sur la physique …«, Paris 1792, Bd. 16, entnommen. Vgl. auch J 2073. – *La question … l'appercevons:* Die Frage nach dem ersten Grund der Materie und der Bewegung gehört zur hohen Philosophie. Der Physiker sieht, ohne sich allzu weit dort hinaufzuwagen, daß die Materie existiert, sich bewegt: er sieht in dem sinnlich – wahrnehmbaren Universum nichts anderes als Materie in Bewegung. Er sucht nach den Gesetzen der Bewegung, die die Organisation dieser Materie derart bestimmt haben, daß aus ihr ein Universum entstehen konnte und es in dem Zustand, in dem wir es wahrnehmen, aufrechterhalten werden kann.

2072 *Einen Klotz der auf der Erde liegt … kann ich … heben; wenn er schwimmt:* Diese Bemerkung beschreibt den Umstand, daß alle Körper unter Wasser leichter erscheinen, weil nach dem Gravitationsgesetz die Anziehungskraft, die auf den Körper einwirkt, durch die von der Masse des Wassers ausgehende Kraft vermindert wird.

2073 *Bei der Abnahme des Meerwassers ist mir öfters eingefallen:* Vgl. auch

J 1347, GH 91. – *Zu Marseille stund das Wasser . . . La Métherie gegen Deluc:* Vgl. das zu J 2071 nachgewiesene Werk, Bd. 16, S. 437–457. – *atterissements:* Frz. ›Anlandungen‹. – *Zu vergleichen mit Mayer . . . P.CXX:* Gemeint ist J 2100.

2074 *Könnte . . . das Leuchten der See auch etwas von Pickels Salzprozeß sein:* Johann Georg Pickel (1751–1838), Dr. der Medizin, Prof. der Chemie und Pharmazie an der Universität Würzburg. »Über das Bleichen mit dephlogisierter Salzsäure« in Grens »Journal der Physik«, 1791, Bd. 4, S. 30 ff.; vgl. auch D 690 und Anm. – *der Tartarus vitrolatus der sich ihm mit Licht auflösete:* Vgl. auch J 1378 und Anm., 2073.

2075 *Hat wohl . . . jemand bei Gärungen Licht bemerkt? bei der faulen gewiß:* Vgl. auch J 2061.

2076 Zur handschriftlichen Schreibweise dieser Bemerkung s. zu D 53. – *Was haben wir getan? . . . noch tun?:* Zu diesen drei Fragen vgl. H 172 und Anm.

2078 *gut im Anfang unserer physischen Lehrbücher das Allgemeine von unsern Sinnen beizubringen:* Zu diesem Gedanken vgl. auch J 2017, 2018. – *Würkungen . . . in der Natur . . . deren Ursachen nicht in die Sinne fallen:* Dieses Argument ist gegen die Antiphlogistik gerichtet; s. auch zu J 2011.

2080 *wahrscheinlich, daß es sehr mannichfaltige Arten und Stufen von Zersetzung gibt:* Zu L.s Auffassung der Dekomposition vgl. auch J 2036 und Anm. – *Stufen:* In der Handschrift *Stuffen.* – *Was mich von allen chemischen Theorien abschreckt . . . keine Grenze zwischen den gewöhnlichen chemischen Operationen und den hyperchemischen der freien Natur:* Zu L.s Begriff ›hyperchemisch‹ s. zu J 2061.

2081 *Was Herr Klügel . . . für eine mit Brechung verbundne Beugung des Lichts hält . . .:* In Gehlers Übersetzung von Priestley's »Geschichte der Optik«, s. zu H 193.

2083 *Daß sich Nordlicht und Magnet so nahe an den Polen der Erde halten könnte . . . von der Sonne her kommen:* S. zu J 1629, 2067. – *könnte:* In der Handschrift *konte.*

2084 *ob da auch Wärme durch Reiben entsteht. Dieses verdiente Untersuchung:* Vgl. auch J 2122.

2087 *virgulae divinatoriae:* Latinisiert für ›Wünschelrute‹.

2088 *Abt Sextroh:* Heinrich Philipp Sextro (1746–1836) aus Osnabrück; studierte seit 1765 in Göttingen; 1767 Konrektor der Stadtschule in Hameln, 1772 Rektor des Lyceums in Hannover, 1779 Prediger an St. Albani in Göttingen, 1784 außerordentl. Prof. der Theologie an der Georgia Augusta, 1788 ordentl. Prof. für Theologie an der Universität Helmstedt. Zugleich wurde er Abt des Klosters Marienthalt, sowie General-Superintendent und Pastor primarius an der Stephanikirche zu Helmstedt; 1798 Konsistorialrat und Erster Hof- und Schloßprediger in Hannover; begründete die Industrieschulbewegung in Deutschland: »Über die Bildung der Jugend zur Industrie. Ein Fragment«, Göttingen 1785; schrieb seinen Namen in den letzten Jahren des Göttinger Aufenthalts ohne »h«; befreundet mit den Brüdern Wagemann in Göttingen. – *am 25ten März 93:* »Unvermutheter Besuch von Abbt Sextroh« notiert L. im Tagebuch unterm gleichen Datum.

2090 *Wenn der Wärmestoff eine elastische Flüssigkeit . . .:* Diese Bemerkung gehört in den Umkreis der Argumente gegen die antiphlogistische Chemie, die L. hier angreift, indem er eine Verbindung von Wärmestoff und Elektrizität nahelegt. – *ob er nicht ... in eine zitternde Bewegung gesetzt werden kann:* Vgl. auch J 1885.

2091 *Barneveld ... über die Zusammensetzung des Wassers ... geschrieben:* Gemeint ist die Schrift »De Zamenstelling van het water op Lavoisiaansche gronden proefondervindelyk verklaard«, erschienen Amsterdam 1791, von Willem van Barneveld (1747–1826), niederl. Naturforscher und Apotheker in Amsterdam.

2092 Die handschriftliche Schreibweise richtet sich in diesem Fall nach L.s Gewohnheit, Fremdwörter und fremdsprachige Zitate in Antiqua zu schreiben. – *surhydrogené ... surazotiqué:* Nomenklatur Lavoisiers oder Girtanners oder aber Parodie L.s?

2093 *Nicht zu sagen Hypothese ... sonder[n] Vorstellungs-Art:* Zu diesem Gedanken vgl. J 2021 und Anm.

2095 *Der Ring des Saturns könnte ... in den zerborstenen Bomben entstanden sein:* S. zu A 255.

2096 *Alle die wider die Einwürkung des Feuers bei Formierung unserer Erdkruste geschrieben ... disputieren ... mehr gegen Brand als gegen Feuer:* S. zu J 95. – *S. von der Lava ... S. CXIX:* Gemeint ist J 2094, 2097. – *Etwas Zusammenhängendes über die Bilder zu schreiben, die man sich von Zahlen macht:* Zu L.s Versinnlichung von Abstrakta s. zu F 381.

2098 *Bei Tieren es zu versuchen, ob sie schwer[er] werden wenn sie verkalcht werden, vererdet:* Nach DWB 12, Sp. 284 »solche Körper des Pflanzenreiches, welche in der Erde weder versteinet noch ganz im natürlichen Zustande erhalten sind«; Kunstausdruck in Hüttenbau und Chemie.

2099 *Frage ob alle Materie gegen alle schwer ist:* L. fragt nach der universellen Gültigkeit des Gravitationsgesetzes. – *So ließe sich das Steigen und Fallen des Barometers erklären, das von Veränderungen innerhalb unsrer Erde abhängen könnte:* Vgl. auch J 2073.

2100 *Hannöverschen nützl. Sammlungen:* »Versuch einer Erklärung des Erdbebens«, ebd. 19. Stück, März 1756, S. 289–296. Das »Hannoverische Magazin«, das seit 1750 herauskam, erschien zuerst unter dem Titel: »Sammlungen kleiner Ausführungen«, seit 1755–1759 als »Hannöverische nützliche Sammlungen«. – *Der Magnetische Schwerpunkt der Erde verändert sich ... beständig:* Vgl. auch J 2104. – *S. oben CXVII:* Gemeint ist J 2083.

2101 *inwendig glühen?:* Zu L.s Überlegungen hinsichtlich des Glühens und Schmelzens vgl. auch J 2094. – *Es ... NB:* Dieser Satz ist von L. gestrichen.

2102 *merkwürdig daß das Glas in dem Augenblick, da es das Licht nicht mehr durchläßt (wenn es glüht) die Elektr[izität]. leitet:* Vgl. auch J 2103, 2111.

2105 *Durch Abspiegelung sehen ... Oberfläche der Körper durch Farbe ... Teil des Innern:* Zu der Oberflächenmessung von Körpern vgl. auch J 2049.

2107 Zur handschriftlichen Schreibweise dieser Bemerkung s. zu D 53.

2109 *Argandsche Lampe im Lichtkegel des Sonnen-Mikroskops auch wegen Leitung der Wärme ... oben CIII:* Gemeint ist J 2008, vgl. auch GH_{II}, S. 226.

2110 *Einige sehr gute Bemerkungen über ... die fairy rings ... in Gren's Journal:* L. bezieht sich vermutlich auf das Phänomen der sog. Hexenringe; kreisförmige Stellen auf Wiesen und feuchten Waldböden, auf denen der Graswuchs ganz fehlt, oder üppiger auftritt als ringsumher; nach engl. und dt. Aberglauben durch Hexen- und Feentänze erzeugt; die Hexenringe rühren von Blätterpilzen her, welche die Eigentümlichkeit haben, sich kreisförmig auszubreiten: je nachdem der von ihnen durchwucherte Nährboden sich erschöpft, erscheint er erst pflanzenlos, später, durch die abgestorbenen Pilze gedüngt, üppig grünend; besonders häufig kommen diese Pilze in den feuchten engl. Parklandschaften vor; s. auch an Reimarus, 2.–7. Dezember 1792. – *fairy rings:* Engl. ›Zauberringe‹.

2111 *Daß nicht jede Glut eine Zersetzung der reinen Luft . . . sieht man an dem Glase, das zu Grünenplan unter dem Wasser glühte:* Auch diese Bemerkung gehört in den Umkreis von L.s Versuchen die Antiphlogistik zu widerlegen; Grünenplan ist eine 1744 gegründete Spiegelglashütte, seinerzeit von A. C. F. Amelung geleitet.

2112 *Sollte es nicht möglich sein den Quecksilber-Kalch im Vacuo zu reduzire[n]?:* Unter Reduktion versteht man in der Chemie das Verfahren, mittels dessen aus Stoffverbindungen die einzelnen Elemente in reiner Form gewonnen werden; die Oxyde von Quecksilber werden schon durch hohe Temperaturen zerlegt, während andere Elemente nur durch Zusetzung von reduzierenden Mitteln wie Kohle und Wasserstoff aus ihren Verbindungen gelöst werden können. – *Vielleicht fände es sich . . . so wie kein Quecksilber ohne Beitritt der Luft verkalkt, auch keins . . . reduziert werden kann:* Dieses von L. angedeutete Versuchsergebnis würde insofern ein Argument gegen die Antiphlogistik liefern, als Sauerstoff nicht gleichzeitig an Reduktions- und Verbrennungsprozessen beteiligt sein könnte, und demnach die Verbrennung oder Verkalkung von Quecksilber ohne Sauerstoff von statten gehen müßte.

2113 *Undurchdringlichkeit bleibt noch wenn die Trägheit auf Null abnimmt:* Vgl. auch J 2130.

2114 *nicht bloß auf die Abwesenheit der Wärme der Sonne . . . auch des Lichts:* Vgl. auch J 2116. – *beim Tau:* Vgl. auch J 1791, 1802, 1873.

2115 *Das Zerteilen des Terpentinöls durch Spitzen:* Vgl. auch J 2164.

2116 *Bacon's Regel (S. oben p. 120):* S. zu J 1085. – *S. CII aus Baco angemerkt:* Gemeint ist J 1991. – *ganz neue Wege versuchen, und nicht bloß die alten verbessern:* Vgl. auch J 2041 und Anm., 2130.

2117 *Wir haben 2 Worte für Feuer und Elektrizität, und glauben . . . daß beide in den Operationen der Natur getrennt sein:* S. zu diesem Gedanken zu J 2011. L. als Anhänger der Phlogistontheorie votiert dafür, daß, wenn Elektrizität nur durch zu Hilfenahme einer hypothetischen, elektrischen Materie befriedigend zu erklären ist, und solange keine scharfe Trennung zwischen Phänomenen der Elektrizität und des Feuers gezogen werden kann, weiter am Phlogiston festgehalten werden sollte; vgl. auch J 1878, 2090, 2131.

2119 *Girtanner . . . 31 Versuche an:* Dieses Werk Girtanners ist zu J 1222 genauer nachgewiesen; zu L.s Beurteilung dieser Versuche vgl. den Brief an Karl Friedrich Kielmeyer vom 12. Dezember 1791.

2120 *Wenn der Demant, wie Herr Girtanner glaubt reiner Kohlenstoff ist:* Girtanner, der Lavoisier's Chemie ins Deutsche übersetzt hatte, bezieht sich auf dessen Versuch, der 1773 nachgewiesen hatte, daß Diamanten zu Kohlensäure verbrennen. – *was sind andere Steine der Quarz:* Vgl. auch J 2023.

2122 *Prevost's Theorie vom Feuer:* S. zu J 1444. – *etwas Gutes für das Glühend-Schmieden sagen:* Darüber s. zu J 1988. – *Pictetschen Versuch durch Reiben im Vacuo:* Vgl. auch J 2084. – *Vorstellungs-Art:* Darüber s. J 2021 und Anm.

2123 *Frage, ob nicht durch das vorhergehende strahlende und nicht strahlende Feuer allerlei bei Elektrizität und Verkalchung erklärt:* Vgl. auch J 2117 und Anm. – *andern Phänomenen anzupassen:* Vgl. auch J 2124.

2124 *Prevosts Theorie vom Feuer:* Darüber vgl. J 2122, 2123.

2126 *Kurze Darstellung des Glühend-Schmiedens:* Darüber s. J 1988.

2127 *strahlenden Feuers ... nicht strahlendes:* Zu diesen Begriffen vgl. J 2122.
– *Dieser Mechanismus ... nicht ... wunderbarer, als der ... beim Elektrisieren:* S. zu J 2117.

2128 *Sollte nicht überhaupt alle innere Erhitzung bei chemischen Prozessen so entstehen ...:* Vgl. auch J 2122–2129.

2130 *Selbst die Undurchdringlichkeit der Körper würden wir nicht kennen, wenn sie nicht träg wären:* Vgl. auch J 2116.

2131 *Feuerwesen, Lichtstoff ... elektrische Materie und die magnetische ... allgegenwärtig:* S. zu J 2117; vgl. auch J 2113, wo L. von der Allgegenwärtigkeit der Schwerkraft spricht, was darauf hinweist, daß auch diese Bemerkung hier in den Umkreis einer Argumentation für die Phlogistontheorie gehört; vgl. auch die Analogie zur Definition des Phlogistons als imponderablen Stoff; vgl. auch J 2011 und Anm. L. versucht über eine komplexe Konstruktion ein stichhaltiges Argument gegen die Antiphlogistik vorzubringen: Gelingt der Nachweis, daß Feuer (Theorie Prevosts) wie Elektrizität nur über einen Rekurs auf allgegenwärtige imponderable Stoffe zu erklären sind, gewinnt das in Verruf geratene Phlogiston wieder an Plausibilität. – *Durch das Hämmern wird die ... freie strahlende Wärme gehemmt:* Vgl. auch J 2122–2129.

2133 *Jeder Mensch der stocktaub ist ... seine Ohren der Anatomie vermachen:* Zu diesem Gedanken vgl. auch J 1984.

2135 *der Versuch mit der gebogen[en] Pfeife und phlog. Luft:* Phlogistisierte Luft, auch ›verdorbene Luft‹ oder ›phlogistisiertes Gas‹ genannt ist Stickstoff, der 1772 von Dr. Rutherford entdeckt wurde.

2136 *Einrichtungen zu treffen glühend heiße Dämpfe über glühenden Braunstein glühenden Quecksilber-Kalch gehen zu lassen:* Vgl. auch J 2112.

2137 *am 16ten April 1793 sah ich dem Dachziegel an Poppens Hause zu:* Im Tagebuch (SK) nicht notiert. Bezeichnendes Zeugnis von L.s genauer Beobachtung ›alltäglicher Begebenheiten‹. Heinrich Balthasar Poppe (1725–1818), Uhrmacher und Mechanicus in Göttingen, Universitäts-Verwalter mit der Erlaubnis, Studenten Unterricht »in mechanicis« zu erteilen; war seit 1769 Bürger von Göttingen und wohnte L. gegenüber.

2138 Zur handschriftlichen Schreibweise dieser Bemerkung s. zu D 53. – *Kempelens Maschine:* Wohl die von Gehler, Bd. 1, S. 567–568, beschriebene Erfindung einer neuen Dampfmaschine. – *Pyrometers:* »Diesen Namen, der eigentlich ein Maaß des Feuers bedeutet, gab Musschenbroek einem von ihm erfundenen Werkzeuge, welches bestimmt war, die Ausdehnungen verschiedener Metalle bey bekannten Graden der Wärme zu vergleichen.« (Gehler 3, S. 565). – *Pockholz:* Auch Franzosenholz genannt, Holz des Guajakbaums, das als Syphilisheilmittel und wegen seiner Härte für Tischler- und Drechslerarbeiten Verwendung fand.

2139 Zur handschriftlichen Schreibweise dieser Bemerkung s. zu D 53. – *Ferner meine ... Sammlung ...:* Vgl. J 2138.

2140 *Reibzeuge:* Vgl. auch J 2150. Nach DWB 8, Sp. 572 ›reibzeug der elektrisiermaschine; reibzeug, elektrisches‹.

2141 *Jungfern-Wachs:* Cera virginea, das ungebrütete, ungebleichte weiße Wachs junger Bienenschwärme; Ingredienz magischer Rezepturen und Praktiken, aber auch normaler Heilsalben.

2143 *Spießglanz:* Nach DWB 10,1, Sp. 2464 natürlich vorkommendes Blei und Erz.

2144 *Wenn es ... Verschiedenheit in den Kapazitäten für El[ektrizität]. gibt ... ein solcher Fall möglich:* Unter elektrischer Kapazität versteht man diejenige Elektrizitätsmenge, die ein isolierter Leiter bei der Spannung von 1 Volt aufnimmt. Verbindet man zwei isolierte Leiter von verschiedener elektrischer Spannung durch einen Draht, so strömt positive Elektrizität in Richtung auf den Körper mit dem niedrigeren Potential, bis sich beide ausgeglichen haben. Die elektrische Kapazität eines Leiters hängt ab von seiner Größe und Gestalt, nicht aber von seiner stofflichen Beschaffenheit; sie wird aber beeinflußt von der Gegenwart anderer Leiter im elektrischen Feld und durch die ideoelektrische Polarisation des isolierenden Mediums.

2146 *man denke ... an die Kiesel-Erde in der Flußspat-Luft:* Flußspat ist ein Fluorcalziumhaltiges Mineral, das als Verflüssigungsmittel beim Schmelzen von Kupfer-, Silber- und Eisenerzen verwandt wird; entwickelt beim Zerschlagen und Zerreiben einen auffallenden Geruch nach unterchloriger Säure; Flußspatluft ist Flußspatgas; vgl. auch GTC 1783, S. 75–77.

2147 *transszendentale Affinitäten:* In der Handschrift danach *sein. – wie Gegenstände außer mir mein Erkenntnis-Vermögen affizieren weiß ich nicht:* Zu L.s Reflexionen über das ›außer uns‹ s. zu J 1532, 1535.

2148 *Philosophie ist immer Scheidekunst:* Anspielung auf Philosophie als Wissenschaft der Analyse von Begriffen; vgl. auch J 1340. – *Der Bauer gebrauchet alle die Sätze der abstraktesten Philosophie nur eingewickelt:* S. zu A 10. – *latent, wie der Physiker und Chemiker sagt:* Zu diesem Begriff vgl. J 1330.

2149 *In die gewöhnliche Physik gehören ... außer den Betrachtungen der allgemeinsten Eigenschaften der Körper als Ausdehnung, Trägheit ...:* Vgl. auch J 2113, 2130 und Anm. – *Ätzbarkeit von der Macquer ... handelt:* Vgl. Macquer, »Chymisches Wörterbuch« Bd. 2, S. 38–91 (nachgewiesen zu J 1108). – *Auflösung:* Vgl. Maquer, Bd. 4, S. 261–267. – *Schmelzung:* Vgl. Macquer, Bd. 4, S. 686. – *Vaporisation:* Verdampfung.

2150 *Wenn ich das Reibzeug elektrisieren will ...:* S. zu J 2140.

2151 *Die Verwandtschaft der Körper ...:* Vgl. auch J 2147.

2152 *Am 20ten April sah ich eine weiße Taube ...:* Diese Beobachtung ist nicht im Tagebuch notiert.

2153 *die Zitterer:* L.s Umschreibung für die Anhänger der Theorie Eulers.

2154 *Wir sehen in der Natur nicht Wörter sondern immer nur Anfangsbuchstaben von Wörtern:* Zu L.s Metapher der Lesbarkeit der Natur vgl. auch J 392 und Anm.

2155 *der Versuch mit dem Frosche:* S. zu J 1980, vgl. auch J 2003. – *die Natur der Belegungen an den Leidenschen Flaschen:* S. zu J 1295.

2158 *Die Schwere reguliert das Weltgebäude im Großen:* Vgl. auch J 2113. – *System im Großen:* Vgl. auch J 2017. – *ziehn:* In der Handschrift *zieht.*

2159 *Am 25ten April 93 ... Moser ... und Creve ... bei mir:* Diesen Besuch notiert L. in SK 455 und 458; Carl Caspar Creve (1769–1853), Prof. der Medizin in Mainz und später in Frankfurt; verfaßte Beiträge zu den galvanischen Elektrizitätsversuchen; über ihn vgl. auch Rudolf und Edith Pfaffenberg, Carl Caspar Creve: Zeit, Leben, Leistung, in: Hessisches Ärzteblatt, Heft 4, 1978 (unpaginierter Druck). – Joseph Nikolaus Moser (1762–1795) aus Mainz, promovierte 1792 über die Hypochondria zum Dr. der Medizin; Schüler Sömmerings; Mitglied der Naturforschenden Gesellschaft zu Halle; Moser und Creve wurden 1794 von der Kurmainzischen Akademie der Wissenschaft zu Erfurt aufgenommen. – *Versuche nach Galvani's Art:* Zu der von L. sog. ›Froschgeschichte‹, vgl. auch J 1100, 1252, 1980 mit Anm. zu SK 362. – *Crural-Nerve:* Von lat. cruralis ›das Schienbein‹.

2160 *Bei meinen Versuchen über die Leitung der Wärme:* Vgl. auch J 2122–2129.

2161 *Wegen der Frosch-Versuche:* Vgl. auch J 2159 und Anm. – *Zinnbäume . . . Silberbäume:* S. zu J 34.

2162 *Froschhistorie:* S. zu J 1980, 2159–2161.

2163 *möglich, daß allen Körpern ein Grad von Elektrizität anhinge, den keines unsrer Instrumente angibt:* Vgl. auch J 2117 und Anm. – *die Erklärung des Herrn Reil:* »Wir sehen nämlich, daß noch Mangel an electrischem Gleichgewicht zwischen Körpern statt finden kann, die kein Electrometer der Welt, aber der Nerve angibt, bald als Empfindung von Geschmack und bald von Licht, oder wenn er zur Bewegung dient, durch Zuckungen. Diesen schönen Gedanken hat, soviel ich weiß, Hr. Prof. Reil zu Halle wenigstens in Deutschland zuerst geäußert.« (GTC 1794, S. 186). Johann Christian Reil (1758–1813), seit 1787 Prof. der Medizin in Halle, ab 1810 in Berlin; führte den Begriff ›Psychiatrie‹ in die medizinische Forschung ein. – *der Versuch mit dem bloßen Berühren:* S. zu GH 90.

2164 *meine Terpentinölgeschichte (Verdampfung gegen die Nadel):* Vgl. auch J 2115, s. auch zu L 752. – *Blagden:* Sir Charles Blagden (1748–1820), Arzt in der engl. Armee; Mitglied der Royal Society in London. – *Versuchen mit Fröschen:* S. zu J 2159–2165 mit Anm.

2166 *Sollte wohl bei der Wärme etwas Ähnliches mit dem Lichte auch darin sein:* S. zu J 2117, 2122–2129. – *die Körper . . . die die Wärme am stärksten leiten . . . am stärksten reflektieren:* Vgl. auch J 2140, 2144. – *Lat. Seite Zahlen geschlossen . . . :* So steht es in L.s Handschrift unter den beiden Spalten, deren linke die Seite 143 der literarischen Bemerkungen, deren rechte die »Continuation« von S. CXXXII darstellt. Die Seiten der »Vermischten Anmerkungen für Physik und Mathematik« des Sudelbuch J sind mit römischen Ziffern paginiert. – *26. Apr. 1793:* Zu diesem Datum vgl. J₁ S. 831.

K

Die Bezeichnung K trägt ein Foliobuch in starker Pappe, das wie die Sudelbücher J und L zugleich von vorn und hinten mit doppelter Paginierung, arabischer und römischer, zweispaltig beschrieben war. Der größte Teil des Buches ist ausgerissen und handschriftlich jetzt nicht mehr vorhanden. Außer den beiden Buchdeckeln, die auf ihren Innenseiten von Lichtenberg beschrieben sind, haben sich lediglich vier Blätter erhalten, die die Seitenzahlen 7 und 8 (K 1–16) sowie I bis VI aufweisen, wobei die Seiten mit römischer Paginierung die wissenschaftlichen Notizen enthalten haben: K 17–21.

Als Textvorlage für die 21 in der Handschrift erhaltenen Bemerkungen diente: »Georg Christoph Lichtenbergs Aphorismen.« Nach den Handschriften herausgegeben von Albert Leitzmann. Fünftes Heft: 1793–1799. Deutsche Literaturdenkmale des 18. und 19. Jh.s. No. 141, Berlin 1908. Die Ausgabe Leitzmanns wurde mit der Handschrift in der Staats- und Universitätsbibliothek Göttingen (Sign. Ms. Lichtenberg IV, 32) verglichen. Als Textvorlage für die Bemerkungen 22–305 dienten VS 1844, 1 und 2, für die Bemerkungen 306–417 Ph + M. Die Textvorlage wird jeweils zu Beginn der Anmerkung angegeben. Die Hinweise auf Leitzmanns Zuordnungen beziehen sich auf die bei der Einführung zu Sudelbuch G genannte Tabelle.

Der Verlust der *vollständigen* Sudelbuchhandschrift ist um so bedauerlicher, als allem Anschein nach das Sudelbuch K von allen Sudelbüchern am umfangreichsten gewesen ist. Während das umfangreichste der überlieferten Sudelbüchern: Sudelbuch J, das insgesamt 2163 Nummern umfaßt, 143 Seiten arabischer, 133 römischer Paginierung aufweist, geht aus mehreren Verweisungen Lichtenbergs hervor, daß das Sudelbuch K mindestens 176 Seiten arabischer – s. L₁ 268 – und zumindest 71 Seiten römischer Paginierung – s. K₁ S. 838 – aufgewiesen hat. Weitere Verweisungen sind im Register der Titel und Pläne Lichtenbergs mitgeteilt.

Die Ursache für diesen Verlust kann nur gemutmaßt werden. Nach den gleichzeitig geführten Tagebüchern (SK) wäre es denkbar, daß Lichtenberg im Sudelbuch K ebenso persönliche Intimitäten mitgeteilt hat, wie es Franz H. Mautner für die Sudelbücher G und H annimmt, die ja gleichfalls in der Handschrift verschollen sind. Natürlich könnte man auch einen leidigen Zufall dafür verantwortlich machen, daß dieses Sudelbuch in der zweiten Hälfte des 19. Jh.s zerstört worden ist; denkbar wäre aber auch, daß Lichtenberg in seinem eisten zwischen 1793 und 1796 geführten Sudelbuch sich zur Zeitgeschichte wesentlich parteiischer geäußert hat, als es die überlieferten Bemerkungen glauben lassen. Die eine und die andere Notiz läßt wenigstens den Schluß zu, daß Lichtenbergs private Stellungnahme zur Französischen Revolution beziehungsweise zur deutschen Reaktion unverblümter gewesen ist, als es die Polizei oder die Herausgeber seiner »Vermischten Schriften« erlaubten. Ich denke insbesondere an Bemerkungen aus seinem Tagebuch im »Staatskalender«.

Wie dem auch sei: Tatsache ist, daß den ersten Herausgebern der »Vermischten Schriften« Lichtenbergs die Sudelbücher G, H und K noch vollständig vorgelegen haben müssen. Aus der von ihnen getroffenen Auswahl, die nirgends mitteilt, welchem Sudelbuch sie entnommen ist, wurden soweit möglich jene Bemerkungen restituiert, die mit einiger Wahrscheinlichkeit oder zuverlässig dem Sudelbuch K entnommen worden sind. Dabei wurde versucht, bei Beibehaltung der fortlaufenden Numerierung die klare Scheidung zwischen allgemeinen und wissenschaftlichen Bemerkungen durchzuführen. Wenngleich Irrtümer in der Rubrizierung nicht auszuschließen sind, wird hiermit erstmals die Möglichkeit gegeben, von gewissen Themen des Sudelbuchs K und von ihm überhaupt einen zusammenhängenden Eindruck zu gewinnen.

Zur Chronologie von Sudelbuch K

Vor 17: 27. April 1793;
Bd. I, S. 845: 23. Juli 1794;
48: 10. Oktober 1793;
146: 1793;
162: August 1795;
164: 1795;
289: Erwähnung des Winters 1794/95 und 1795/96
339: 26. Juli 1793.

Anmerkungen
zu den Nummern in Band I

S. 837 Diese Seite entspricht der Außenseite des Deckels von Sudelbuch K, auf dem von L. geschrieben das Initial *K.* steht.

S. 838 *Kalender:* Auf der Innenseite des vorderen Deckels notierte L. Ideen zu Artikeln für den GTC 1797 bzw. 1798. – *Französischer Kalender erklärt:* Diese Notiz steht in der Handschrift oben rechts neben der Eintragung *Stein-Regen zu Siena*. Der Kalender der Französischen Republik wurde am 5. Oktober 1793 eingeführt, das erste Jahr begann am 22. September 1792, jedes folgende Jahr sollte mit der astronomisch berechneten Tag- und Nachtgleiche im September beginnen. Er teilte das Jahr in 12 Monate zu 30 Tagen, jeden Monat in 3 Dekaden zu 10 Tagen; die notwendigen Ergänzungstage hießen ›Sansculottides‹. Der Kalender wurde am 1. Januar 1806 wieder abgeschafft. S. zu dieser Notiz den »Reichsanzeiger« vom 5. Juli 1796, N⁰ 152, S. 5221–5228, unterzeichnet: a+b (Zach?), und L.s Aufsatz »Vergleichung der Tage des neu-französischen Kalenders mit dem Gregorianischen, für das Fünfte laufende Jahr der Republik. – Ein nöthiger Mode-Artikel« im GTC 1797, S. 198–206. Auf S. 199 daselbst erwähnt L. den »sehr lehrreichen Aufsatz« im »Reichsanzeiger«. L. brachte den ›Mode-Artikel‹ auch im GTC 1798 und 1799. – *Reichs-Anzeiger:* »Der Reichs-Anzeiger oder Allgemeines Intelligenz-Blatt zum Behuf der Justiz, der Polizey und der bürgerlichen Gewerbe im Deutschen Reiche, wie auch zur öffentlichen Unterhaltung der Leser über gemeinnützige Gegenstände der Art«, seit 1791 bis zu seinem Tode 1822 hrsg. von Rudolf Zacharias Becker. – *Stein-Regen zu Siena:* Die Notiz ist von L. gestrichen, da er sie in dem gleichnamigen Aufsatz im GTC

1797, S. 161–169, verwendet. – *Neuer Richmann. K. LXXI:* Diese Bemerkung und Seite aus Sudelbuch K ist nicht erhalten, aber womöglich identisch mit der kurzen Notiz, die L. im GTC 1797, S. 160 f., unter der Überschrift »Ein neuer Märtyrer der Meteorologie« veröffentlichte: »Am 30 September 1795 wurde ein Herr Brown, der auf dem Felde, in der Gegend von Hammersmith, einem Flecken bey London, mit einem Drachen Versuche über die Gewitter-Electricität anstellen wollte, zugleich mit seinem Pferde von dem Blitze erschlagen. Durch einen Zufall war der Apparat, der die Schnur mit der Erde verbinden sollte, in Unordnung gerathen. Gentlemans Mag. 1795. October S. 881.« – *Garrets Telegraph:* Die Notiz ist von L. gestrichen, da er sie für die »Miscelle« unter dem Titel »Der einfachste Telegraph« im GTC 1797, S. 181–185 verwertet hat. Wohl John Garnett (1748–1813), immatrikulierte sich am 8. November 1778 an der Georgia Augusta in Philosophie; Dean of Exeter. »Etwas über Telegraphen« schreibt L. auch im GTC 1799, S. 192–194. – *Der neue Brod-Erwerb . . . :* Diese Notiz ist von L. gestrichen, da er sie in der »Miszelle« mit dem Titel »Ein großer Waghals« im GTC 1797, S. 169–171, verwertet hat. – *Kröten von Murhard und Townson:* Diese Notiz ist von L. gestrichen, da er sie in der »Miszelle« mit dem Titel »Das Neueste von den Kröten« im GTC 1797, S. 188–197, verwertet hat. Friedrich Wilhelm August Murhard (1778–1853) aus Kassel, Mathematiker und vielseitiger Wissenschaftler, Schüler L.s in Göttingen, wo er sich am 20. Oktober 1795 für Physik und Mathematik einschrieb; später Privatdozent. L. erwähnt seiner als »eines hoffnungsvollen unermüdlichen unermüdeten jungen Naturforschers« (GTC 1797, S. 191); Murhard entdeckte am 26. Dezember 1795 in einem Steinbruch bei Kassel in einem großen Stein, der geteilt wurde, drei lebendige Kröten; Kästner gab davon eine kurze Nachricht in den GGA, 43. Stück, 1796. Über Robert Townson s. zu J 1468. – *K p. XLIX:* Diese Bemerkung und Seite aus dem Sudelbuch K ist nicht erhalten. – *der neue Geyser:* Im Roten Buch, S. 99 schreibt L.: »Eine neue sehr schöne Beschreibung vom Geyser in Island findet sich in den Transact. of the Roy. Soc. of Edinburg Vol[ume] III. sie ist von einem Herrn John Thomas Stanley. Vielleicht sind sie schon auf der Bibliothek ein Auszug daraus steht im Monthly Review. April 96. In Sanders Gesellschafft mit N⁰ 171 bezeichnet Der neue Geyser springt auf 132 Fuß hoch, die Röhre ist 6 Fuß im Durchmesser.« – *Count Rumford's Preis:* Diese Notiz ist von L. gestrichen, da er sie für die »Miszelle« mit dem Titel »Vom Feuer« im GTC 1797, S. 157–160, verwertete; S. 160 dieses Kalenders schreibt L.: ». . . er hat, wie ich höre, in England so wohl als America, (seinem Vaterlande, wo ich nicht irre), Capitalien niedergelegt, von deren Ertrag jeder belohnt werden soll, der die Lehre vom Feuer und dessen Behandlung zum Nutzen des gemeinen Lebens mit neuen Entdeckungen bereichern wird.« Benjamin Graf von Rumford (1753–1814) aus North Woburn in Massachusetts, amerik. Physiker, floh während des Unabhängigkeitskampfes 1776 nach England und trat 1784 in bayerische Dienste; Staatsrat und Generalleutnant in München; führte die Kartoffel in Bayern ein, gründete Arbeitshäuser, erfand 1797 die »Rumfordische Suppe«; für die Physik wurden seine Untersuchungen über die Entstehung der Reibungswärme (1797) bedeutsam. »Essays political, economical and philosophical«, London 1796–1803. L. verwertete Forschungsergebnisse von Rumford, der ihn am 29. September 1795 in Göttingen besuchte, außer in dem obengenannten Artikel auch für folgende Kalender-Aufsätze: »Über Ernährung, Kochen und Kost-Sparkunst« im GTC 1797, S. 137–156; »Über öconomische Behandlung der Wasserdämpfe« im GTC 1798, S. 190–195. In dem Roten Buch, S. 99 notiert L.: »Count Rumford's Erfindungen ibid. [K] p. L XXI.«– *Das Blasen der Flamme:* Diese Notiz ist von L. nicht verwertet worden. – *Lösung des Rätsels K. p. 104.:* Diese Bemerkung und Seite aus dem Sudelbuch K ist nicht erhalten; die Notiz bezieht sich auf die Miszelle »Ein neues Räthsel« im GTC 1796, S. 189f.: »Am 4ten Jenner 1739 war in der Gegend von Bristol und Bath ein schweres Donnerwetter mit einem ausserordentlichen Hagel und Regen begleitet. Es verursachte große Ueberschwemmungen. Blos durch eine von diesen Wasserfluthen wurde zu Bath ein neues Haus gezündet, und brannte völlig ab. Wie ist dieses zugegangen? Das Factum ist buchstäblich wahr und richtig. Im künftigen Taschenbuche wollen wir unsern Lesern das Buch anzeigen, wo der Vorfall, nicht als Räthsel, sondern als Merkwürdigkeit erzählt wird.« Die »Auflösung des Räthsels im Taschenbuche vom vorigen Jahre« erfolgte im GTC 1797, S. 185f.: »Das neue Gebäude zu Bath brannte durch Veranlassung einer Ueberschwemmung ab, weil das Wasser in ein Zimmer drang, worin viele Säcke mit ungelöschtem Kalk aufbewahrt waren. Die Auflösung des Räthsels war also sehr leicht, und es selbst, als Räthsel, von geringem Werth. Der, den es noch hat, hat es bloß der Geschichte zu verdanken, auf die es sich gründet, die nicht erdichtet und immer merkwürdig genug ist. Wie viele Menschen mögen wohl das seltsame Unglück erlebt haben, daß ihre Häuser abbrennen, in dem Augenblick, da sie dieselben durch Wasser zu verlieren fürchten müssen, und daß das Wasser, wodurch sie sie zu verlieren fürchten, die Ursache ist, das sie abbrennen? Die Geschichte steht als Neuigkeit des Tages im Gentleman's Magazine für 1739, S. 45.« Über L.s Spaß an Rätseln vgl. J 510. – *Das englische ä:* Im Roten Buch, S. 32, notiert L.: »vielleicht etwas über das ä der Engländer.« Der Kalenderartikel ist nicht zustande gekommen. Vielleicht angeregt durch die »Anweisung zur Englischen Aussprache« von K. F. Chr. Wagner, Göttingen 1789, rezensiert in den GGA vom 30. Mai 1789, 86. Stück, S. 857ff. – *Das neue Federharz:* Die Notiz wurde von L. nicht verwertet. Im übrigen s. zu C 145. – *Exzerpte. p. 149:* »In Madagaskar hat sich ein neues Federharz gefunden, das Goldgelb aussieht, und an dem Saffte der sogenannt[en] Vonana gemacht werden soll. (S. darüber Neue Abhandlungen der Böhmischen Gesellschaft der Wissensch. 2ter Band. Abhandl. zur Naturgeschichte und Chemie. Prag.)« L. notiert am Rande *p. 32. 106.* Zu den »Excerpta mathematica et physica« s. zu J 1409. – *Mühle in Livland ... Nachricht vom Grafen Mellin:* Vgl. die Aufsätze »Das perpetuum mobile zu Lemsal in Liefland« und »Über das Perpetuum mobile zu Lemsal in Liefland« im GTC 1797, S. 171–180, und 1798, S. 138–154, wo L. ein an ihn gerichtetes Schreiben Mellins vom 10./21. Januar 1787 abdruckt. Der Satz wurde von L. gestrichen. – *Mellin:* Ludwig August Graf von Mellin (1754–1835), livländ. Landespolitiker, Kreisrichter in Riga 1786–1795, Schriftsteller und Kartograph, Mitglied zahlreicher gelehrten Gesellschaften. Seine Nachricht erschien in den »Neuen Nordischen Miscellaneen« 1795, 1. Bd., S. 508ff.; 6. Bd., S. 522ff. (1795). – *Taube Personen K. p. XXV:* Diese Passage aus Sudelbuch K ist nicht erhalten, falls nicht K 351, 414, 415 dafür in Frage kommt. Zum Phänomem der Taubheit s. zu F 373. – *Hausbuch:* Ist damit der

»Staatskalender« gemeint? Vgl. auch SK 569. – *Den neuen Anstrich:* Womöglich ist damit die Erfindung des in Paris lebenden Deutschen Dihl gemeint, über die L. unter dem Titel »Neue Schmelz-Mahlerey« im GTC 1799, S. 201–205, berichtet. – *Der Anfang des Jahrhunderts:* Über dieses Thema läßt L. sich ausführlicher L 441 und 460 aus. Der Kalender-Gedanke wurde nicht mehr verwirklicht. Im Roten Buch, S. 77 schreibt L.: »Daß man das 19te Jahrhundert nicht mit dem Jahr 1800 anfangen muß. Darüber hält sich schon [ein M.] der Verfasser eines sonderbaren Buchs auf, das ich selbst besitze: Die verschlemmerte Thee und Caffee-Welt [s. BL, Nr. 1821]. Vermuthlich hat man den Anfang des 18ten Jahrhunderts auch mit Anfang von 1700 gefeyert. Bey der Gelegenheit könte etwas von dem Astron. Tag gesagt werden. Henry Cavendish. S. Excerpte S. 138«. – *rote Buch:* S. zu J 1652. – *Ersticken in mephitischer Luft. G. S. 1:* Gemeint ist sicher VS 1844, 1, S. 207, hier als G 1 eingeordnet. Im Roten Buch, S. 75 schreibt L.: »Vielleicht etwas von der Empfindung wenn man in meph. Luft erstickt. G. S. 1«. – *Prophet Reader:* Die hier genannte Passage aus Sudelbuch G ist nicht erhalten, auch nicht im Kalender verwertet. Im Roten Buch, S. 75 notiert L.: »Etwas vom Prophet Reader in G. 51«. – *vom Feuerfresser Exzerpte p. 110:* Diese Notiz, in den »Excerpta mathematica et physica« nicht überliefert, ist im Kalender nicht verwertet. Im Roten Buch, S. 62 notiert L.: »Vom Feuerfresser Richardson Exca[r]pt. p. 110. vielleicht noch mehr aus Leßings Collectaneen.«. – *die Schwierigkeit Kupferstiche zum Kalender zu wählen:* Diese Notiz ist von L. gestrichen, da er sie im GTC 1797, S. 207–210, verwertet; Kupfer-Motive zum Kalender notiert L. auch GH 44. – *Vom Riechen Lessings Kollektaneen:* Die Stelle ist zu J 1877 nachgewiesen; L. hat das Thema im Taschen-Kalender nicht verwertet. – *J. p. LXXIV:* Gemeint ist J 1877; die von L. irrtümlich so angegebene Seitenzahl ist zu verbessern in *LXXXIV.* – *die andre Stelle:* Gemeint ist entweder J 1300 oder J 1875. – *Morhof de Paradoxis sensuum:* S. zu J 1877. – *Charles's Billiard J. p. LXXVII:* Gemeint ist J 1823; L.s Seitenangabe ist irrig. – *Kaminfeuer zu färben:* Diese Notiz ist von L. gestrichen, da er sie für die gleichnamige Miszelle im GTC 1797, S. 186–188, verwertete. – *Kartoffel-Kochen durch Dämpfe:* L. führt diesen Gedanken in der Miszelle »Über öconomische Behandlung der Wasserdämpfe« im GTC 1798, S. 190–195, aus. Über seinen gelungenen Versuch, Kartoffeln in einem hölzernen Eimer in einer halben Stunde gar zu kochen, berichtet L. in einem Brief an Johann Christian Dieterich vom 19. Mai 1797. – *Herschels Fixstern-Licht:* Der Gedanke wurde nicht in einem speziellen Aufsatz ausgeführt, sondern innerhalb der »Geologisch-Meteorologischen Phantasie« im GTC 1798, S. 83–120, verwertet. L. bezog sich dabei auf den Aufsatz »On the method of observing the changes that happen to the fixed stars; with some remarks on the stability of the light of our sun. To which is added, a catalogue of comparative brightness, for ascertaining the permanency of the lustre of stars«, gelesen am 25. Februar 1796 vor der Royal Society, veröffentlicht in den »Philosophical Transactions« 1796, S. 166–226. – *Die Sprechmaschine . . . schon nachgemacht:* S. zu J 1055. Über Kempelen s. daselbst; s. auch J 2138 und L 411.

1 *Durch . . . Belohnen:* Diese Passagen, die in der Handschrift fehlen, wurden nach VS 1844, 1, S. 232, ergänzt. – *Ermordung Ludwigs XVI:* Seine Hinrichtung fand am 21. Januar 1793 statt. – *fränkischen Vandalen:* So tituliert L. die Vertreter des revolutionären Frankreich auch im Brief an Friedrich

August L. vom 20. Februar 1795. – *Der Untertan tut . . . für einen guten König:* Diesen Gegensatz reflektiert L. auch K 3. – *Der Himmel hat so wenig auf unsern Verstand ankommen lassen:* Zu L.s Erörterung von Verstand und Gefühl vgl. eine ähnliche Wendung J 439, K 63. – *Was . . . Reiz hat:* Diese Passage steht in der Handschrift nach K 2, von L. aber durch Zeichen hierher verwiesen. – *Gesetz . . . kalter Körper:* Gegen die Abstraktheit in politischen Dingen spricht sich L. auch L 403 aus; vgl. auch K 3. – *Sie würden:* In der Handschrift *Er würde.*

2 *Ich habe jemanden gekannt:* L. selbst, der am 12. Juli 1790 in SK 58 notiert: »sich in 8nehmen« und auf einem Brief von C. G. S. Heun vom 18. April 1795 festhielt: »Nimm dich in 8. Ver8tung«. S. Joost, Unveröffentlichtes von und an L.. Verstreute Notizzettel L.s, in: Photorin 2/80, S. 43. Allerdings bediente sich auch Schlözer privat solcher Kürzel. Vgl. auch J 96.

3 Zu dieser Bemerkung vgl. K 1 und die Anm. dazu. – *Regenten:* Danach in der Handschrift etwas gestrichen.

4 *Montags-Andachten:* S. zu J 203. – *aus dem Englischem:* Diesen Kunstgriff wendet L. nicht bei dieser Miszelle, wohl aber bei folgenden Kalender-Artikeln an: »Von den Kriegs- und Fast-Schulen der Schinesen« (III, S. 440); »Ein neuer Damen-Anzug, vermutlich in Indien« (GTC 1796, S. 146 ff.); »Verzeichnis einer Sammlung von Gerätschaften« (III, S. 451).

5 *Konstitution entworfen . . . sich zum Handeln zu bringen:* Selbstkritik L.s, der sich selbst häufig der Indolenz und Unentschlossenheit zieh; s. J 559.

6 *Phaetone:* Eigentlich Beiname des Sonnengottes, ›der Leuchtende‹, in der griech. Mythologie; nach dem Wagen des griech. Sonnengottes benannter leichter vierrädriger Kutschwagen. S. auch L 489, RA 39 und Hogarth-Erklärungen (III, S. 71, 798). – *Mittelpunkt der Schwere:* Über diesen Begriff s. zu J 2104.

8 *Siberien angelegt:* Darüber s. zu KA 242; zu dem Gedanken, der wohl durch K 9 angeregt wurde, s. zu K 5.

9 *Aloysius Hoffmann schlägt . . . vor:* Über Alois Hoffmann und seine »Wiener Zeitschrift« s. zu J 1169. – *dem Kaiser:* Franz II. – *Neu-Holland:* Bis 1814, als Flinders für den von den Holländern im 17. Jh. entdeckten Erdteil den Namen Australien vorschlug, die von den Holländern eingeführte Bezeichnung jenes Kontinents. – *nova Siberia:* Neu-Sibirien; die erste Strafkolonie in Australien wurde 1788 von Kapitän Arthur Phillip in der Nähe des heutigen Sidney gegründet. S. darüber Watkin Tench, A narrative of the expedition to Botany-Bay; with an account of new South Wales, its productions, inhabitants etc. to which is subjoined a list of the civil and military establishments at Port Jackson, London 1789. Im Auszug veröffentlicht in: Göttingisches Historisches Magazin, 5. Bd., 2. Stück, Hannover 1789, S. 245–299. Reprint: Staats- und Universitätsbibliothek Göttingen 1988. Zur Schreibweise s. zu KA 242. – *Z.:* Johann Georg Zimmermann; einer der prominentesten Mitarbeiter an der »Wiener Zeitschrift«. Vgl. J 1169.

10 *Ainsworth's englisch und lateinischem Wörterbuch:* Darüber s. zu J 416. – *Tuli furtum:* Diebstahl des Tula-Silbers (Silbergerät aus der sibirischen Stadt Tula). – *wegen der Silberstufe:* Die größte und schönste Silberstufe, eine Schenkung Georgs III. 1777 im Rahmen der Schlüterschen Mineraliensammlung aus der Bibliothek in Hannover an das Akademische Museum in Göttingen, war in der Nacht vom 15. auf den 16. Januar 1783 gestohlen und nicht wieder aufgefunden worden; vgl. den Brief an Johann Andreas Schern-

hagen vom 16. Januar 1783 und folgende desselben Frühjahrs; s. Otto Deneke, Aus Göttingen und Weimar. Kleine Funde und Geschichten, in: Göttinger Nebenstunden 17, Göttingen 1938, S. 29–31.

11 *Kartoffel-Gesichtern:* Zu der Wortbildung mit *Kartoffel* s. zu E 267 sowie das Wortregister, zu *Gesicht* s. zu F 939.

13 *in Kupfer stechen lassen:* Der Gedanke kehrt auch L 682 wieder.

14 *Er trank die Kur in Phantasien:* L. selbst; der Gedanke kehrt auch L 228 und 671 wieder, vgl. aber J 343.

15 *das Verse-Machen . . . eine Entwicklungskrankheit:* Ähnlich negativ äußert sich L. schon in Zusammenhang mit den Lyrikern des »Göttinger Hain«. Vgl. L 542 und III, S. 114.

16 *Weg:* In der Handschrift *Wege. – die . . . gehen:* In der Handschrift *der . . . geht. – Der Mensch ist . . . da die Oberfläche der Erde zu bauen:* Dieser Satz und die Folgesätze sind etwas verändert in den Aufsatz »Einige Betrachtungen über die physischen Revolutionen auf unsrer Erde« in GTC 1794, S. 83, aufgenommen; s. auch J 1223. – *am Ende . . . werden können:* Diese Passage, die in der Handschrift nicht erhalten ist, wurde nach VS 1844, 1, S. 235 f. ergänzt. – *Reformationsrevolutionen und dreißigjährige Kriege:* Diesen Gedanken spricht L. auch in K 142 aus.

17 Zur handschriftlichen Schreibung dieser Bemerkung s. zu D 53. – *den 27. April 1793:* Unter diesem Datum setzen in der Handschrift die wissenschaftl. Bemerkungen auf den römisch paginierten Seiten ein. – *zu untersuchen, warum so wenig mit den . . . Erfindungs-Regeln ausgerichtet wird:* Zu diesem Gedanken vgl. D 639; s. auch K 314, L 806.

18 *Wenn uns einmal ein höheres Wesen sagte . . . auf Gegenstände an sich angewendet:* Darüber s. zu J 392.

19 *Man schreibt sehr viel jetzt über Nomenklatur:* An Literatur wäre zu nennen: Girtanners »Neue chemische Nomenklatur« (s. zu J 1673) und Alexander Nicolaus Scherers »Versuch einer neuen Nomenclatur für deutsche Chymisten«, Wien 1792. Beide Werke wollte L. besprechen, wie aus einem Brief an Christoph Wilhelm Hufeland vom 2. Juli 1792 hervorgeht. Von L.s Interesse an diesem ›Disput‹ zeugen einschlägige Werke in seiner Bibliothek (BL, Nr. 784–789). – *Das beste Wort ist . . . das jedermann gleich versteht:* Zu dieser Auffassung L.s vgl. J 1686. – *Zeichen für die Sache:* Vgl. L 278. – *Metall-Kalch:* Darüber vgl. GH 87. – *freilich:* In der Handschrift *freilich sie. – Parabel:* In der Geometrie ein Kegelschnitt ohne Mittelpunkt, die Menge aller Punkte einer Ebene, die von einem festen Punkt und von einer festen Geraden gleich weit entfernt sind. – *Muschel-Linie:* Griech. Konchoide, eine von dem griech. Geometer Nikomedes um 150 v. Chr. erfundene Linie vierter Ordnung, die Newton zur graphischen Lösung von Gleichungen dritten und vierten Grades anwandte. – *puristischen Bemeühungen der . . . Orthographen:* Anspielung auf Klopstock, Campe und Hemmer (vgl. J 1681). – *Regeln . . . versteht:* Durch Zeichen von L. hierher verwiesen. – *gut den Dingen griechische zu geben:* Ähnlich äußert sich L. in J 1681. – *zu geben:* In der Handschrift *gegeben*.

20 *Nomenklatur:* S. zu K 19 und J 1673. – *eingeschränkte Monarchie . . . vorzuziehen:* Was L. hier im übertragenen Sinne meint, teilt er andernorts als seine politische Meinung mit; vgl. L 34. – *geschnitzte Heiligen richten mehr aus . . . :* Der Satz begegnet auch in einem Einzelblatt zum »Doppelten Prinz« (s. III, S. 616); vgl. auch »Nicolaus Copernicus« (III, S. 162). – *mehr Eitelkeit*

als Nützlichkeit: Zu dieser Einschätzung vgl. J 1686 und 1700. – *Hypothesen sind Gutachten ...:* Zu dieser Wendung vgl. J 1691. – *Nomenklaturen sind Mandate:* Ähnlich schreibt L. in »Einige Betrachtungen über die physischen Revolutionen auf unsrer Erde« im GTC 1794, S. 102, von »luftigen Nomenclaturen«, »die nicht Thatsachen ausdrücken, sondern Meinungen, welchen man diesen Namen gegeben hat«. Vgl. auch J 1691.
21 *Nomenklatur:* S. zu K 19 und J 1673.

S. 845 Dieser Seite entspricht in der Handschrift die Innenseite des Hinterdeckels von Sudelbuch K. – *Annals of Horsemanship:* Erschienen Dublin 1792 mit Karikaturen Bunburys; als Verfasser galt fälschlich Francis Grose. – *Gambado:* Geoffrey Gambado alias Henry William Bunbury, auch Verfasser der »Academy for grown horsemen«. – *Versuche über verschiedene Gegenstände ... von Garve:* Gemeint sind die »Versuche über verschiedene Gegenstände aus der Moral, der Literatur und dem gesellschaftlichen Leben«, 5 Bde., Breslau 1793–1805. L. zitiert das Werk auch L 704. – *Versuche über die Unentschlossenheit:* Die Abhandlung findet sich in Garves »Versuchen«, Bd. 1, S. 453 ff. – *Defoe's Schriften zu lesen:* Von Defoe besaß L. nur eine engl. »Robinson«-Ausgabe von 1766 (BL, Nr. 1640). – *the European Magaz[ine]:* Der Nachweis in den von L. angegebenen Nummern des Jahrgangs 1793 war nicht zu ermitteln. – *Keplers Briefe von Hansch:* »Epistolae ad Joannem Kepplerum Mathematicum Caesareum scriptae, insertis ad easdem responsionibus Keppleranis ...« Anno Aerae Dionysianae MDCCXII, hrsg. von Michael Gottlieb Hanschius, ohne Ortsangabe [Leipzig]. Der Band enthält 407 Briefe an und 77 von Kepler. Hansch, der beabsichtigte, den handschriftlichen Nachlaß Keplers herauszugeben, hatte ihn von dem Danziger Ratsherrn Lange, dem Schwiegersohn Hevels, 1707 erworben; s. »Bibliographia Kepleriana«, S. 114–115. Vgl. auch L 170. Michael Gottlieb Hansch (1683–1749), Mathematiker und Philosoph, lebte seit 1726 in Wien. – *a simple story:* Unter den Titeln von Frances Burney nicht ermittelt. Margarete Liebeskind (Meta Forkel) hat 1791 von Elizabeth Inchbald (1753–1821), engl. Romanschriftstellerin, Dramatikerin und Schauspielerin, den vierbändigen Roman »Eine einfache Geschichte« übersetzt. – *Burney's Tochter:* Frances Burney, (1752–1840), seit 1793 Madame d'Arblay, engl. Romanschriftstellerin, schrieb seinerzeit beliebte Gesellschaftsromane. – *Mayers Sammlung:* Mayers »Sammlung Physikalischer Aufsätze, besonders die Böhmische Naturgeschichte betreffend, von einer Gesellschaft Böhmischer Naturforscher« erschien Dresden 1791–1798. Aus dieser »Sammlung«, 1793, 3. Bd., S. 388 zitiert L. im GTC 1794, S. 165 f., über »Magnetnadeln aus Kobolt-König«. – *Mayers:* Joseph Mayer (1752 bis nach 1814) aus Prag, Magister der Philosophie und Prof. der Naturgeschichte an der Universität Prag. – *Elektrometer von D. Gardini:* Innerhalb der Rubrik »Kurze Auszüge und Nachrichten aus Briefen an den Herausgeber« in der »Sammlung Physikalischer Aufsätze«, Dresden 1793, 3. Bd., S. 393–402, befindet sich die »Beschreibung eines sehr empfindlichen Elektrometers, von Dr. Anton Gardini in Mantua«. Antonio Gardini, wohl Verwechslung mit Giuseppe Francesco Gardini (über ihn s. zu GH 20), dessen Dissertation »De natura ignis electrici« 1788 von der Akademie zu Mantua gekrönt und 1792 veröffentlicht wurde. – *Herr zur Heiden:* L. notiert den Besuch auch SK 506 (23. Juli 1793); laut Matrikel der Universität Göttingen kommt in Frage: »Herrn. Heinr. Alb. Ludew. zur Heyden, aus

Cleve in Westphalen, jur. imm. 19. April 1793 in Gött.« Die Notiz ist von L. gestrichen, vermutlich weil er den Studenten als Nr. 67 im SK 1794 für das Physik-Colleg Sommersemester 1794 einschrieb. – *d. d.:* Abk. für lat. donum didit ›er hat bezahlt‹. – *Bahrdt System . . . anzuschaffen:* Gemeint ist das »System der moralischen Religion zur endlichen Beruhigung für Zweifler und Denker, allen Christen und Nichtchristen lesbar«, Berlin 1787, 3. Aufl., und Halle 1791, von Carl Friedrich Bahrdt. – *Über die Syrische Seidenpflanze:* Der Aufsatz »Die syrische Seidenpflanze«, verfaßt von C. Schnieber, Liegnitz, erschien im »Neuen Hannoverischen Magazin«, 4. Stück, Sp. 49–64, 13. Januar 1794; 5. Stück, Sp. 65–80, 17. Januar 1794; 6. Stück, Sp. 81–86, 20. Januar 1794; 7. Stück, Sp. 97–106. – *Thompson:* Wohl ein Kaufmann in London. – *Etwas über Wetterparoskope:* Diese Worte sind von L. gestrichen; der anonyme Aufsatz steht in dem von L. zitierten Stück, Sp. 1197–1200, 19. September 1794. Es behandelt ein von dem Nürnberger Physikus Joseph Barth erfundenes Barometer. L. entgegnet mit einer »Antwort auf die Frage über Wetterparoskope, im 75ten Stück des neuen hannov. Magazins von diesem Jahre«, erschienen im »Neuen Hannoverischen Magazin«, 85. Stück., 24. Oktober 1794, Sp. 1345–1352; s. auch SK 701, 706. – *Wetterparoskope:* Über die Unsinnigkeit dieser hybriden Wortbildung, die so viel wie Wettervorherschauer bedeuten soll, belustigt sich L. in dem Aufsatz »Eine kleine Palinodie, in einem Sendschreiben an den Herausgeber des neuen Hannöverischen Magazins«, 89. Stück, 7. November 1794, Sp. 1409–1412: er schlägt ironisch »Wetterprophet« vor. S. auch SK 715. – *Chappe Ingenieur Telegraphe:* Claude Chappe (1763–1805), frz. Abbé, erfand 1791–1792 einen optischen Flügel-Telegraphen; die erste staatliche Telegraphenlinie seines Systems von Paris nach Lille (270 km) wurde 1794 in Betrieb genommen. Wie sehr L. diese Erfindung beschäftigte, beweisen der zu K, S. 838 (Garnets Telegraph) nachgewiesene Kalender-Aufsatz und der Artikel »Etwas über Telegraphen« im GTC 1799, S. 192–194, wo L. übrigens Chappe als den »ersten Erfinder« der Telegraphie bezeichnet.

Anmerkungen
zu den Nummern in Band II

22 VS 1844, 1, S. 14; von Leitzmann dem Sudelbuch G zugeschrieben. – *Ich habe die Hypochondrie studiert:* Diese Bemerkung bezieht sich wie K 23 sicherlich auf L.s ›Nerven-Übel‹; s. zu GH$_{II}$ S. 214.

23 VS 1844, 1, S. 17; von Leitzmann dem Sudelbuch G zugeschrieben. – *Meine Hypochondrie:* S. zu GH$_{II}$ S. 214. – *Gift . . . auszusaugen:* Die gleiche Wendung gebrauchte L. auch K 43 und 55.

24 VS 1844, 1, S. 17; nach Leitzmann undatierbar. – *mein eintretendes Alter:* Über sein Altern spricht L. zuerst H 170; s. die Anm. dazu. – *Abnahme des Gedächtnisses:* Davon schreibt L. bereits J 133; vgl. K 162, 175, L 12.

25 VS 1844, 1, S. 19; nach Leitzmann undatierbar. – *Fehler bei meinem Studieren in der Jugend:* Diese Bemerkung ist vermutlich den Materialien seiner selbstkritischen Autobiographie zuzurechnen; vgl. auch K 28.

26 VS 1844, 1, S. 19f.; nach Leitzmann undatierbar. – *Der Procrastinateur . . . Thema zu einem Lustspiel:* Lat. procrastinere ›aufschieben‹. Der Gedanke

ist von L. nicht verwertet worden; eine philosophische Betrachtung über dieses Thema schlägt L. bereits F 276 vor. – *Aufschieben ... mein ... Fehler von jeher:* S. dazu das Wortregister.

27 VS 1844, 1, S. 20; nach Leitzmann undatierbar. – *die Psalmen Davids:* Auf Grund seiner Leichenlieder auf Saul, Jonathan und Abner schrieb die spätere Zeit König David die Mehrzahl der Psalmen zu. – *nach seinem großen Leiden... für Errettung dankt:* Gemeint ist 2. Sam. 22, 1–51: Lobgesang Davids für die Errettung von seinen Feinden. Die Bemerkung kann nur in Zusammenhang mit L.s eigenem großen Leiden stehen; vgl. K 34.

28 VS 1844, 1, S. 21; nach Leitzmann undatierbar. – *in meinen Universitätsjahren:* L. immatrikulierte sich am 21. Mai 1763 an der Göttinger Universität, wo er bis 1767 studierte. Auch diese Bemerkung steht wohl in Zusammenhang mit L.s geplanter – selbstkritischer – Autobiographie; vgl. auch K 25. – *schob... immer auf:* Zu dieser Schwäche L.s s. zu D 20. – *in der kurzen Zeit, die ich noch zu leben habe:* Vgl. SK 541.

29 VS 1844, 1, S. 22; von Leitzmann dem Sudelbuch K zugeschrieben. – *beim Aufgange der Sonne ... die Sonne öfter aufgehen sah:* Vgl. J 638. Zum ersten Mal notiert L. einen Sonnenaufgang in SK am 29. Juli 1790. – *Freunde, zumal die letztverstorbenen:* Zwischen 1793 und 1796 starben Bürger und Georg Forster. – *meine Frau und Kinder:* Über Margarethe Elisabeth L., geb. Kellner, s. zu J 1390; L. hatte mit ihr bis 1796 fünf Kinder.

30 VS 1844, 1, S. 22f.; von Leitzmann dem Sudelbuch K zugeschrieben. – *Wenn ich doch Kanäle in meinem Kopfe ziehen könnte:* Zu dieser Wendung vgl. K 308.

31, 32 VS 1844, 1, S. 23; von Leitzmann dem Sudelbuch K zugeschrieben. – *Getöse ... verliert ganz seinen widrigen Eindruck:* Diese Notiz hat L. im GTC 1795, S. 198, in dem Artikel über einen »Neuen Gebrauch der Hunde« innerhalb von »Neue Entdeckungen, physicalische und andere Merkwürdigkeiten« verwertet; bezüglich des nächtlichen Gebells der Göttinger Hunde schreibt er dort: »Ich tadle dieses keineswegs, eben weil ich es für nichts weiter ansehe, als für dringende Bitte um Brod und Beförderung bey unleugbarem Verdienst und folglich für ein Getöse, das sich auf Recht gründet, und so hat es durch eine Vorstellung gedämpft, nichts Widriges für mich«.

33 VS 1844, 1, S. 23; von Leitzmann dem Sudelbuch K zugeschrieben.

34 VS 1844, 1, S. 23f.; von Leitzmann dem Sudelbuch K zugeschrieben. – *Freudentränen geweint:* Dazu vgl. K 29. – *Dank gegen meinen gütigen Schöpfer:* Vgl. dazu K 27.

35, 36 VS 1844, 1, S. 24; von Leitzmann dem Sudelbuch K zugeschrieben.

37 VS 1844, 1, S. 24f.; von Leitzmann dem Sudelbuch K zugeschrieben.

38 VS 1844, 1, S. 25; von Leitzmann dem Sudelbuch K zugeschrieben.

39 VS 1844, 1, S. 26; von Leitzmann den Sudelbüchern G/H zugeschrieben.

40 VS 1844, 1, S. 26; von Leitzmann den Sudelbüchern G/H zugeschrieben. – *L.:* Vermutlich für ›Lion‹, s. zu F 249. – *im Herzen gut:* Auch diese Bemerkung kann mit der geplanten Autobiographie in Zusammenhang gebracht werden.

41 VS 1844, 1, S. 26; von Leitzmann den Sudelbüchern G/H zugeschrieben. – *Die Erinnerung an meine Mutter:* Über Henrike Catharine Lichtenberg s.

zu F 486; L. gedenkt ihrer und ihres Todestages regelmäßig in den Tagebüchern der neunziger Jahre. Vgl. auch SK 49, 173, 336, 487, 652, 786, 917. – *Cordial:* Lat. -frz. ›Herzstärkungsmittel‹. Vgl. zu dieser Äußerung SK 1000.

42 VS 1844, 1, S. 26; von Leitzmann den Sudelbüchenr G/H zugeschrieben. – *Ich konnte mich ehemals:* Diese Wendung, die K 38 ähnlich wiederholt, entspricht L.s Vergangenheitskult und Reflexion der neunziger Jahre. – *Nachtleiche:* Beerdigungen fanden im 18. Jh. noch des Nachts statt (s. DWB 13, Sp. 196).

43 VS 1844, 1, S. 30; von Leitzmann dem Sudelbuch K zugeschrieben. – *seit meiner Krankheit 1789:* S. zu GH_{II} S. 214. – *Gift für mich selbst ... zu saugen:* Zu dieser Wendung vgl. K 23 und 55.

44 VS 1844, 1, S. 30; von Leitzmann dem Sudelbuch K zugeschrieben. – *Gedankenbücher:* Das einzige Mal, daß L. für seine ›Sudelbücher‹ diesen Begriff verwendet. – *meinem System:* Zu L.s Gedankensystem s. zu B 262. – *wie über einen Gedanken eines meiner Vorfahren:* Zu L.s Altersreflexionen vgl. H 170 und Anm.

45 VS 1844, 1, S. 30f.; von Leitzmann dem Sudelbuch K zugeschrieben. – *Euler sagt in seinen Briefen:* Gemeint sind die »Lettres à une princesse d'Allemagne sur quelques sujets de physique et de philosophie«, deren 1. und 2. T. 1768, der 3. T. 1772 zu Petersburg erschien. 1768 erschienen T. 1 und 2 in Leipzig unter dem Titel »Briefe an eine deutsche Prinzessin über verschiedene Gegenstände der Physik und Philosophie«; der 3. T. 1773 in Petersburg, Riga und Leipzig. L. besaß sowohl eine frz. Ausgabe von 1770–1774 (BL, Nr. 200) wie eine Übersetzung von Friedrich Kries, deren 3 Bde. unter dem Titel »Briefe über verschiedene Gegenstände aus der Naturlehre ...« 1792–1794 bei Dyck in Leipzig erschienen waren. L. notiert den Empfang von Bd. 2 dieser »Briefe« in SK 485. Leonhard Euler schrieb die Briefe während seines Berliner Aufenthalts in den Jahren 1760–1762; äußerer Anlaß war die Fortführung des Unterrichts, den er seit 1759 der ältesten Tochter des Markgrafen Friedrich Heinrich von Brandenburg-Schwedt, der Prinzessin Sophie Friederike Charlotte Leopoldine Louise, erteilt hatte. – *der Begriff sein etwas von unserem Denken Erborgtes:* Vgl. auch K 76. – *meiner Seelenwanderung:* Darüber s. zu A 87.

46, 47 VS 1844, 1, S. 31; von Leitzmann dem Sudelbuch K zugeschrieben.

47 *kommt Zeit, kommt Rat:* Zu diesem verbreiteten Sprichwort s. Wander V, Sp. 540, Nr. 370–375.

48 VS 1844, 1, S. 31; von Leitzmann dem Sudelbuch K zugeschrieben. – *Am 10. Oktober 1793:* Die gleiche Geste notiert SK 542. – *meiner lieben Frau:* L.s stereotype Formel in den Tagebüchern und Briefen der neunziger Jahre.

49 VS 1844, 1, S. 32; von Leitzmann dem Sudelbuch K zugeschrieben. – *meine Philosophie ... das längst Geglaubte für unausgemacht zu halten:* Vgl. J 1458.

50, 51 VS 1844, 1, S. 32; von Leitzmann dem Sudelbuch K zugeschrieben. – *gute Zeiten, da ich noch alles glaubte, was ich hörte:* Vgl. auch E 52.

52 VS 1844, 1, S. 32; von Leitzmann dem Sudelbuch K zugeschrieben. – *dem gröbern Druck meines Hogarths:* Die seit 1794 erscheinenden »Ausführlichen Erklärungen der Hogarthischen Kupferstiche« (III, S. 657–1060) waren gesetzt. Den Ausdruck »gröberen Druck« gebrauchte L. schon in der Antiphysiognomik (III, S. 257).

53 VS 1844, 1, S. 32; von Leitzmann dem Sudelbuch K zugeschrieben. –

jede Handschrift ... eine Art von Übersetzung: Vielleicht Anspielung auf Alexander von Humboldt, von dessen Handschrift L. im Brief an Johann Friedrich Blumenbach vom 16. März 1796 bemerkt: »Herrn von Humboldts Brief ausgenommen, dessen Tironische Noten so merklich von meinen abweichen, daß ich mir erst ein Alphabet darüber entwerfen muß, um den Brief lesen zu können«. Tironische Noten: Von Marcus Tullius, röm Grammatiker (um 94–5 v. Chr.), Erfinder der altröm. Kurzschrift.

54 VS 1844, 1, S. 32f.; von Leitzmann dem Sudelbuch K zugeschrieben. – *Ich kann den Gedanken nicht los werden ...:* Über L.s Reflexion zur Seelenwanderung vgl. A 87 und die Anm. dazu. Sollte die L 958 zitierte Stelle aus »K. pag. 18. Kol. l« bzw. »pag. 24« mit dieser Bemerkung identisch sein?

55 VS 1844, 1, S. 33; von Leitzmann dem Sudelbuch K zugeschrieben. – *Gedanke, daß man älter wird:* Diesen Gedanken reflektiert L. bereits H 170; vgl. auch K 24 und Anm. – *gehört mit:* In der Satzvorlage *mir.* – *Giftsaugen:* Zu dieser Wendung s. zu K 23.

56 VS 1844, 1, S. 33; von Leitzmann dem Sudelbuch K zugeschrieben.

57 VS 1844, 1, S. 33; von Leitzmann dem Sudelbuch K zugeschrieben. – *zwei Tage in der Woche, im Freien sammeln:* L. pflegte im letzten Jahrzehnt seines Lebens fast regelmäßig den Samstag und Sonntag auf seinem Garten vor der Stadt zuzubringen: »Auf meiner Villa bin ich regulariter von Freytag Abends 6 Uhr bis Sonntag um 9 oder 10 des Nachts, nur bey gutem Wetter, wenn die innere Witterung schlecht ist, ist aber diese leidlich, auch bey schlechtem«. So L. an Beckmann Juli/August (?) 1795.

58 VS 1844, 1, S. 40; nach Leitzmann undatierbar. – *wie ein Talglicht geputzt werden:* Diesen Gedanken greift L. in L 271 wieder auf.

59 VS 1844, 1, S. 41f.; von Leitzmann dem Sudelbuch K zugeschrieben. – *meine Frau:* Margarethe L. – *Wir zanken ... im Scherz:* Häufige Verstimmungen und Kräche notiert L. im Tagebuch (SK); von einem Scherz berichtet L. unterm 9. Januar 1794: »Ich und meine l. Frau Scherzen nach der Stunde von 4.–5. Ich nehme sie für todt an und spreche, was ich thun will.«

60 VS 1844, 1, S. 42; von Leitzmann dem Sudelbuch K zugeschrieben. – *meinem Leben:* In der Textvorlage *meinen.* – *Blame:* Frz. ›Tadel, üble Nachrede‹.

61 VS 1844, 1, S. 42; von Leitzmann dem Sudelbuch K zugeschrieben.

62 VS 1844, 1, S. 52; nach Leitzmann undatierbar. – *Industrie:* Im 18. Jh. im Sinne von ›Fleiß‹ gebräuchlich. – *Seid munter und wachet:* Abgewandeltes Zitat aus Matthäus 26, 41 oder Markus 14, 38: »Wachet und betet, daß ihr nicht in Anfechtung fallet.«

63 VS 1844, 1, S. 74; von Leitzmann den Sudelbüchern G/H zugeschrieben. – *eine meiner Lieblingsbeschäftigungen:* Über Verstand und Gefühl reflektiert L. auch E 411, K 1. – *Verstand ... ratifiziert:* Zu dieser Wendung vgl. C 20.

64 VS 1844, 1, S. 85–87; von Leitzmann dem Sudelbuch K zugeschrieben. Vgl. Hahn, Lichtenberg und die exakten Wissenschaften, S. 68–71 (Nachlaß, VII E 7, Bll. 20–22). Auch diese Bemerkung gehört in den Umkreis der Reflexionen über Kant. – *Daß sich aber dieses praeter nos in ein extra nos verwandelt:* S. zu J 1532; vgl. J 643. – *Satz von aller Erfahrung unabhängig ... der von der Ausdehnung der Körper:* Dazu vgl. J 646. – *Hier entsteht ... die Frage ...:* Die Frage nach der objektiven Realität und der Beschaffenheit der Dinge

außer uns beantwortet L. in L 277. — *harmonia praestabilita:* Begriff von Leibniz, der in seiner »Monadologie« zwischen den endlichen Monaden eine von Gott im voraus angelegte harmonische Ordnung annahm. — *Diese ganze Frage ... Anthropomorphismus:* Zur Verwendung dieses Begriff in L.s Gedankensystem vgl. H 18, K 83.

65 VS 1844, 1, S. 87f.; von Leitzmann dem Sudelbuch K zugeschrieben.

66 VS 1844, 1, S. 88; von Leitzmann dem Sudelbuch K zugeschrieben. — *Wert des Nichtseins:* Darüber reflektiert L. auch K 54.

67 VS 1844, 1, S. 89; von Leitzmann dem Sudelbuch K zugeschrieben.

68 VS 1844, 1, S. 89f.; von Leitzmann dem Sudelbuch K zugeschrieben.

69 VS 1844, 1, S. 90; von Leitzmann dem Sudelbuch K zugeschrieben. — *Schon vor vielen Jahren habe ich gedacht:* Die Stelle ist nicht nachweisbar. — *die Nebelsterne, die Herschel gesehen:* Gemeint ist die Abhandlung »On nebulous stars, properly so called«, erschienen in den »Philosophical Transactions« Vol. 81, 1791, S. 71–88. Nach Herschels Theorie des Milchstraßensystems 1784 und 1785 »ergibt sich, daß unser Nebelfleck ... eine sehr ausgedehnte und verzweigte Anhäufung von vielen Millionen Sternen ist« (Zit. nach Günther Buttmann, Wilhelm Herschel. Leben und Werk, Stuttgart 1961, S. 211). Darüber s. auch GTC 1790, S. 110–114, vgl. J 1853. — *dieses ... die beste Welt ... wie auch schon häufig gelehrt worden:* So von Leibniz, der in seiner »Théodicée« (1710) aus dem allmächtigen, allweisen und allgütigen Wesen Gottes folgert, daß diese Welt ›die beste aller möglicher Welten‹ sei.

70 VS 1844, 1, S. 90f.; von Leitzmann dem Sudelbuch K zugeschrieben. — *spicken:* ›Abgucken, abschreiben‹. DWB 10,1, Sp. 2220 nennt diese Stelle bei L. als Beleg für das Wort und erklärt es wie Adelung als Intensivbildung zu ›spähen‹.

71 VS 1844, 1, S. 91; von Leitzmann dem Sudelbuch K zugeschrieben. *Sätze ... auf bloßem Glauben schweben:* S. zu F 1042.

72 VS 1844, 1, S. 91; von Leitzmann dem Sudelbuch K zugeschrieben. — *Prärogativen:* S. zu F 809.

73 VS 1844, 1, S. 91f.; von Leitzmann dem Sudelbuch K zugeschrieben. — *fallacia causae:* Logischer Fehler, der darin besteht, daß die Beweisführung auf einem falschen Urteil aufbaut. Den gleichen Ausdruck gebrauchte L. auch K 117. — *Nutzen der christlichen Religion:* Vgl. dazu auch K 117.

74 VS 1844, 1, S. 97; nach Leitzmann undatierbar. — *Stützen für die Kantische Philosophie:* Zu L.s Beschäftigung und Auseinandersetzung mit Kant s. zu J 392, zu J 1532, 1535, K 77. — *tabula rasa:* Lat. ›glatte, abgeschabte [Wachsschreib]-tafel‹; im übertragenen Sinn: Unbeschriebenes Blatt. — *wie bei dem Stoß, tätig und leidend:* S. zu A 170.

75 VS 1844, 1, S. 97; nach Leitzmann undatierbar. Diese Bemerkung entstammt offenbar dem Notizheft »Noctes«, S. 34, geschrieben etwa Ende 1796. Auch wenn es denkbar wäre, daß L. diese Bemerkung in das Sudelbuch K überschrieben, ins Reine geschrieben hätte — wie er es im Falle von GH zu J nachweislich getan hat —, so ist auf Grund der Verbesserungen von seiner Hand davon auszugehen, daß »Noctes« die erste Niederschrift darstellt, wo *Unrat* statt *Vorrat* zu lesen ist. — *Nutritionsgeschäft:* Nutrition ›Ernährung, Nahrung‹. — *primis viis:* Lat. primae viae: In der Heilkunde die ersten Wege der Absonderung aus dem Körper, nämlich Magen und Gedärme. — *zu bringen:* Danach folgt in der Handschrift der Satz *So etwas leisten*

die Systeme allerdings (NB. Ernst); ohne Absatz folgt darauf die Bemerkung, die als G 31 eingeordnet wurde.

76 VS 1844, 1, S. 99; nach Leitzmann undatierbar. Auch diese Bemerkung gehört in den Umkreis der Reflexionen über Kant. – *Es denkt . . . sagen, so wie man sagt: es blitzt:* Diesen Gedanken greift L 806 wieder auf. Über die Geschichte des »Es« und L.s Vordenkerrolle, inzwischen ein Schlüsselbegriff der Metapsychologie, s. Psyche. Zeitschrift für Psychoanalyse und ihre Anwendungen, Heft 2, 39. Jg., Stuttgart 1985. Übrigens geht auch Ludwig Feuerbach in »Wider den Dualismus von Leib und Seele, Fleisch und Geist«, 1846 (Werke, Bd. 3, Frankfurt 1975, S. 170f.) auf diesen Lichtenberg-Satz ein. – *cogito:* Lat. ›ich denke‹; Anspielung auf den berühmten Satz von Descartes.

77 VS 1844, 1, S. 101; von Leitzmann dem Sudelbuch L zugeschrieben. – *die Dinge . . . außer uns:* S. zu J 1532.

78 VS 1844, 1, S. 103; nach Leitzmann undatierbar.

79 VS 1844, 1, S. 108; von Leitzmann dem Sudelbuch K zugeschrieben. – *Pope . . . so etwas gesagt:* »And reason raise o'er instinct as you can: in this 't is god directs, in that 't is man«, schreibt Alexander Pope in dem »Essay on man« 3, 97. Und erhebe die Vernunft über den Instinkt, soweit du kannst: in jener ist Gott der Lenker, in dieser der Mensch.

80 VS 1844, 1, S. 108; von Leitzmann dem Sudelbuch K zugeschrieben. – *Glaube stärker werden kann als die Vernunft:* Über das Verhältnis von Glaube (Herz) und Vernunft reflektiert L. auch L 775. S. zu J 281, 295.

81 VS 1844, 1, S. 108; von Leitzmann dem Sudelbuch K zugeschrieben. – *Fortschreiten der Menschheit zu größerer Vollkommenheit:* Dieser pessimistischen Bemerkung steht die ›Fortschrittsgläubigkeit‹ L.s andernorts gegenüber; vgl. etwa G 44.

82 VS 1844, 1, S. 120; von Leitzmann den Sudelbüchern G/H zugeschrieben. – *in ältern Jahren nichts mehr lernen können . . .:* Zu diesem Gedanken vgl. J 1469.

83 VS 1844, 1, S. 121; von Leitzmann dem Sudelbuch K zugeschrieben. – *so beklagte jemand eine Huasuhr:* Wohl L. selbst, s. zu E 97; vgl. Hogarth-Erklärungen (III, S. 763). – *wie seit sich Anthropomorphismus erstrecken kann:* Zu L.s Reflektion darüber vgl. H 18, K 64. – *so beklagte jemand eine Hausuhr:* Vermutlich L. selbst.

84 VS 1844, 1, S. 121 f.; von Leitzmann dem Sudelbuch K zugeschrieben. – *mit jemanden im Traume von einem Dritten spricht:* über L.s Traum-Reflektionen s. zu A 33.

85 VS 1844, 1, S. 122; von Leitzmann dem Sudelbuch K zugeschrieben. – *im Traume . . . seine eigenen Einwürfe für die eines andern hält:* Über L.s Traum-Reflexionen s. zu A 33. – *mit jemanden disputiert:* Vgl. J 171. – *das in uns und außer uns:* S. zu J 1532.

86 VS 1844, 1, S. 122 f.; von Leitzmann dem Sudelbuch K zugeschrieben. – *Warum den Schlaf nicht abgewöhnen:* Die Frage eines Experimental-Physiologen. – *Meisterstück der Schöpfung:* Zu diesem Bild s. zu J 1491.

87 VS 1844, 1, S. 127; nach Leitzmann undatierbar. – *Überzeugung, daß man könnte, was man wollte:* Umkehrung des Satzes von Helvetius, den L. D 134 und 653 notiert.

88 VS 1844, 1, S. 128; nach Leitzmann undatierbar.

89, 90 VS 1844, 1, S. 130; von Leitzmann dem Sudelbuch K zugeschrieben.

91 VS 1844, 1, S. 131; von Leitzmann dem Sudelbuch K zugeschrieben.

92, 93, 94 VS 1844, 1, S. 132; von Leitzmann dem Sudelbuch K zugeschrieben.

93 *Jedes Dorf... seine Pyramide, den Kirchturm:* Vgl. UB 8. – *die ägyptischen ... Pyramiden:* Vgl. KA 245, D 355.

95 VS 1844, 1, S. 132; von Leitzmann dem Sudelbuch K zugeschrieben. – *Esel... für eine Demütigung ansah:* Über L.s Parteinahme für dieses Tier s. zu A 26.

96 VS 1844, 1, S. 134; nach Leitzmann undatierbar. – *Brillen für die Seelenkräfte:* Zu diesem Bild vgl. Hogarth-Erklärungen (III, S. 764). – *Wenn der Witz mit dem Alter schwach wird:* Zu L.s Altersreflexionen s. zu H 170, J 341.

97 VS 1844, 1, S. 135; nach Leitzmann undatierbar. – *warum die kleinen Kinder nicht eben so beständig lachen:* Vgl. dazu J 96.

98 VS 1844, 1, S. 135; nach Leitzmann undatierbar. – *gesunder Menschenverstand... halbe Gelehrsamkeit:* Eine Definition der »Halbgelehrsamkeit« gibt L. in den Hogarth-Erklärungen (III, S. 603).

99 VS 1844, 1, S. 143 f.; von Leitzmann den Sudelbüchern G/H zugeschrieben.

99 *das Rad eines Krans tritt:* Vgl. F 596.

100 VS 1844, 1, S. 148; von Leitzmann dem Sudelbuch K zugeschrieben. – *an Kenntnissen überlegen:* zu diesem Gedanken vgl. K 61.

101 VS 1844, 1, S. 148; von Leitzmann dem Sudelbuch K zugeschrieben. – *gegen seine Gesundheit Tabak raucht:* Über dieses ›Laster‹ s. zu J 254.

102 VS 1844, 1, S. 148; von Leitzmann dem Sudelbuch K zugeschrieben.

103 VS 1844, 1, S. 148; von Leitzmann dem Sudelbuch K zugeschrieben. – *Bekehrungen unter dem Galgen:* Vgl. L 227.

104 VS 1844, 1, S. 148 f.; von Leitzmann dem Sudelbuch K zugeschrieben. – *Repositorien:* Repositorium: größeres Gestell für Bücher, Akten; vgl. K 201 und L 360. – *reponere:* Lat. ›aufbewahren‹. – *repos:* Frz. ›Ruhe‹.

105 VS 1844, 1, S. 149; von Leitzmann dem Sudelbuch K zugeschrieben.

106 VS 1844, 1, S. 152; von Leitzmann dem Sudelbuch K zugeschrieben.

107 VS 1844, 1, S. 169; von Leitzmann den Sudelbüchern G/H zugeschrieben. – *Der Mensch liebt die Gesellschaft... von einem brennenden Rauchkerzchen:* Diesen Satz verwertet L. in der Miszelle »Caminfeuer zu färben« im GTC 1797, S. 186: »ich habe einen Mann gekannt, der so gar ein neben ihm brennendes Räucherkerzchen für keine schlechte Gesellschaft hielt, wenn er einsam studierte.«

108 VS 1844, 1, S. 175; von Leitzmann dem Sudelbuch K zugeschrieben. – *Tropf:* Zu diesem Schimpfwort vgl. D 453. – *die eisernen Nägel in Otaheite:* Darüber vgl. D. 458 und die Anm. dazu. – *Etwas gemildert... dieses alles:* Zu dieser Floskel vgl. J 62 »moderandum«. Dachte L. an eine Veröffentlichung?

109 VS 1844, 1, S. 165–166; von Leitzmann dem Sudelbuch K zugeschrieben.

110 VS 1844, 1, S. 176; von Leitzmann dem Sudelbuch K zugeschrieben. – *ich habe sehr häufig gefunden:* Vgl. dagegen L.s wohlmeinende Schilderung in H 135.

111 VS 1844, 1, S. 176f.; von Leitzmann dem Sudelbuch K zugeschrieben. – *Rochefoucauld glaubt daher:* Das Zitat konnte nicht ermittelt werden. – *Portion Indolenz:* Darüber vgl. H 180.

112 VS 1844, 1, S. 177; von Leitzmann dem Sudelbuch K zugeschrieben.

113 VS 1844, 1, S. 177; von Leitzmann dem Sudelbuch K zugeschrieben. – *Wenn man selbst anfängt, alt zu werden:* Zu L.s Altersreflexionen, s. zu H 170, J 341. – *Goldschmied K ...:* Gemeint ist der Göttinger Goldschmied Knauer. – *sein Vater:* Heinrich Christian Knauer; bei ihm in der Paulinerstr. 3 wohnte der Student L. von Ostern 1764 bis Sommer 1767.

114 VS 1844, 1, S. 177f.; von Leitzmann dem Sudelbuch K zugeschrieben. – *sich erst über die Sache beschlafen:* Vgl. dazu »Daß du auf dem Blocksberge wärst. Ein Traum wie viele Träume« (III, S. 482), wo dieser Satz als Sprichwort bezeichnet wird. Von Lipperheide, S. 60 wird K 114 als einziger Beleg angegeben.

115 VS 1844, 1, S. 178; von Leitzmann dem Sudelbuch K zugeschrieben. – *Wird man ... rot im Dunkeln:* L. notiert diesen Satz auch MH 8 und verwertet ihn in den Hogarth-Erklärungen (III, S. 1040); vgl. ähnlich auch E 489.

116 VS 1844, 1, S. 178; von Leitzmann dem Sudelbuch K zugeschrieben.

117 VS 1844, 1, S. 178; von Leitzmann dem Sudelbuch K zugeschrieben. – *frommen Leute ... fromm, weil sie gut sind:* Zu diesem Gedanken vgl. K 73.

118 VS 1844, 1, S. 178f.; von Leitzmann dem Sudelbuch K zugeschrieben. Die Bemerkung findet sich auch im Notizheft »Noctes«.

119 VS 1844, 1, S. 179; von Leitzmann dem Sudelbuch K zugeschrieben.

120 VS 1844, 1, S. 191; von Leitzmann den Sudelbüchern G/H zugeschrieben. – *Einer von denen, die alles besser machen wollen:* Vgl. D 23; s. auch J 803. – *abscheuliche Eigenschaft in einem Bedienten:* Vgl. III, S. 353.

121 VS 1844, 1, S. 191; von Leitzmann den Sudelbüchern G/H zugeschrieben. – *listige Lenkung seines Aberglaubens:* Über den Aberglauben des ›gemeinen Mannes‹ s. F 681; vgl. auch A 29. – *Wir schrecken ... die Kinder ... mit dem schwarzen Manne:* Dieses Beispiel führt L. auch G 233 an. – *Der heilige Januarius zu Neapel:* Nach der Überlieferung Bischof von Benevent und Märtyrer unter Diokletian; nach der Legende im Jahre 305 in der nahe Neapel gelegenen Ortschaft Pozzuoli enthauptet; seine Reliquien befinden sich in Neapel, dessen Stadtpatron er ist; seit dem Spätmittelalter vollzieht sich bis zum heutigen Tag im Dom von Neapel das sog. Blutwunder: das in zwei Glasgefäßen befindliche eingetrocknete Blut des Januarius wird an dessen Festtagen, dem 19. September, Anfang Mai und dem 16. Dezember, in der Nähe seines Hauptes flüssig. – *Hier ist wieder die Reihe ...:* Zu dieser Wendung vgl. F 1205. Ähnlich formuliert L. auch K 301 und 315.

122 VS 1844, 1, S. 194; nach Leitzmann undatierbar. – *Gabe, alle Vorfälle des Lebens ... Vorteil zu nützen:* Ähnlich formuliert L. schon A 36; s. auch J 288 und L 815.

123 VS 1844, 1, S. 197; von Leitzmann dem Sudelbuch K zugeschrieben.

124 VS 1844, 1, S. 197; von Leitzmann dem Sudelbuch K zugeschrieben. – *was der Mensch tun könnte, wenn er wollte:* Zu diesem Gedanken s. zu D 134; vgl. auch K 87. – *Personen ..., die sich aus Gefängnissen gerettet:* Wie Casanova, Trenck, Benjowski.

125 VS 1844, 1, S. 197; von Leitzmann dem Sudelbuch K zugeschrieben. – *Leute, die niemals Zeit haben, tun am wenigsten:* Womöglich bezieht sich dieser Satz auf L. selbst; vgl. K 164.

126 VS 1844, 1, S. 197f.; von Leitzmann dem Sudelbuch K zugeschrieben. – *Man wird grämlich, wenn man alt wird:* Zu L.s Alters-Reflexionen vgl. J 48.

127 VS 1844, 1, S. 198; von Leitzmann dem Sudelbuch K zugeschrieben. – *Wenn man ... großen Taten ... nachspüren könnte:* Vgl. K 116. – *wie Hyazinthenzwiebeln über Bouteillenhälsen stehen:* Vgl. A 235. – *Der Feige holt da seinen Mut:* Vgl. K 132.

128 VS 1844, 1, S. 198; von Leitzmann dem Sudelbuch K zugeschrieben. – *Die Vorgriffe des Genies..kühn und groß:* Vgl. J 1889. – *triebmäßiger:* Zu diesem Ausdruck s. zu J 78.

129 VS 1844, 1, S. 198f.; von Leitzmann dem Sudelbuch K zugeschrieben. – *Mathematiker von Profession ... Kredit von Tiefsinn:* Ähnlich skeptisch äußert sich L. auch K 185; zu der Wendung vgl. F 348 und den Brief an Carl Friedrich Hindenburg vom Sommer [?] 1779 (Briefwechsel I, S. 971f.).

130 VS 1844, 1, S. 199; von Leitzmann dem Sudelbuch K zugeschrieben. – *Chamfort:* Sébastien Roch Nicolas Chamfort (1741–1794), frz. Schriftsteller, dessen »Maximes et pensées, caractères et anecdotes«, die ihn berühmt machten, erst nach seinem Tod veröffentlicht wurden. Übrigens wurde L. französischerseits der »Chamfort allemand« genannt.

131 und 132 VS 1844, 1, S. 199; von Leitzmann dem Sudelbuch K zugeschrieben.

132 *Der Mensch kann sich alles geben, sogar Mut:* Vgl. K 127.

133 VS 1844, 1, S. 200; von Leitzmann dem Sudelbuch K zugeschrieben. – *auf meinem Garten die Reisenden vorbeifahren sah:* L.s Gartenhaus lag an der Straße nach Hannover.

134 VS 1844, 1, S. 200; von Leitzmann dem Sudelbuch K zugeschrieben. – *ein Los in Compagnie:* Dieterich und L. selbst. – *habe ich so etwas einigemal erlebt:* Im Tagebuch (SK) schreibt L. am 23. Juni 1793: »m. l. Frau und die D[ieterichsche]. Familie sprechen was sie anfangen wolten, wenn sie das große Loos gewönnen u.s.w. es wird viel gelacht.«.

135 VS 1844, 1, S. 200; von Leitzmann dem Sudelbuch K zugeschrieben. – *Erst müssen wir glauben, und dann glauben wir:* Dazu vgl. F 1042.

136 VS 1844, 1, S. 200; von Leitzmann dem Sudelbuch K zugeschrieben.

137 VS 1844, 1, S. 211f.; nach Leitzmann undatierbar. – *wie die Hunde, ... Trüffeln zu finden:* Diese Fähigkeit notiert L. in »Neuer Gebrauch der Hunde« (GTC 1795, S. 196, 198 unter »Neue Entdeckungen ...«). Vgl. K 416.

138 VS 1844, 1, S. 212; nach Leitzmann undatierbar. – *Es gibt wenig Menschen ...:* Diesen Satz hat L. in den Hogarth-Erklärungen wörtlich verwertet (III, S. 719). – *nach der Sonne sahen:* Vgl. J 1902.

139 VS 1844, 1, S. 222; von Leitzmann dem Sudelbuch K zugeschrieben. – *Wenn das Ungefähr nicht ... in unser Erziehungswesen:* Ähnlich skeptisch äußert sich L. im GTC 1790, S. 212, bei Gelegenheit Peters des Großen.

140 VS 1844, 1, S. 226; von Leitzmann den Sudelbüchern G/H zugeschrieben. – *Projektmacher:* Zu diesem Ausdruck vgl. D 23. – *Menschen ... mit Güte ... geleitet sein wollen:* Vgl. K 1.

141 VS 1844, 1, S. 236; von Leitzmann dem Sudelbuch K zugeschrieben. –

bei dem Deutschen die Nachahmung überall: Von diesem angeblichen Nationalcharakter schreibt L. auch C 343.

142 VS 1844, 1, S. 236f.; von Leitzmann dem Sudelbuch K zugeschrieben. – *ich ... den Tod Ludwigs XVI ... geweissagt:* Vgl. dazu Briefe an Friedrich Heinrich Jacobi vom 6. Februar 1793 und an Heinrich Wilhelm Matthias Olbers vom 8. Februar 1793. – *Was die französische Revolution für Folgen:* Aus der räumlichen Distanz gehen die deutschen Reisenden mit den Jahrhunderten großzügig um und schreiben der Revolution den Effekt zu, den die Deutschen mit der Reformation im 16., die Engländer mit der Glorious Revolution und die Niederländer mit ihrem Freiheitskampf im 17. Jh. sich errungen hatten. Fast alle deutschen Beobachter bringen fast unwillkürlich die Frz. Revolution in Beziehung zur Reformation, die damit in ein bisher ungewohntes politisches Licht getaucht wird. Vgl. K 150. – *Hus:* Jan Hus (um 1370–1415), tschech. Kirchenreformer, 1411 vom Papst exkommuniziert, als Ketzer auf dem Konzil von Konstanz verbrannt. – *dreißigjähriger Krieg, und nun steht die Reformation da:* Vgl. dazu K 16.

143 VS 1844, 1, S. 237; von Leitzmann dem Sudelbuch K zugeschrieben. – *jetzigen Anarchie in Frankreich:* Vermutlich Anspielung auf die Aufstände in der streng kathol. und königstreuen Vendée und in der Bretagne, die Erhebungen in Marseille, Bordeaux, Lyon. – *Nationalkonvent:* Am 21. September 1792 wurde in Paris der Nationalkonvent (Convention nationale) eröffnet, der, aus allgemeinen Wahlen hervorgegangen, die Gesetzgebende Versammlung ablöste. Der Konvent, in dem sich Girondisten und die Bergpartei sowie die Sansculottes gegenüberstanden, schaffte am 22. September 1792 das Königtum ab und rief die Republik aus. Nach Annahme der Direktorialverfassung am 23. September 1795 löste sich der Konvent Ende Oktober 1795 auf. – *wie viel gehört ... davon den Emigranten zu:* Darüber spricht L. noch – ironisch – L 240 und 454; s. auch »Daß du auf dem Blocksberge wärst. Ein Traum wie viele Träume« (III, S. 474). Das Emigrantenheer organisierte der Prinz von Condé, mit dem er 1792–1796 unter österr. Oberbefehl gegen das republikanische Frankreich kämpfte. Vgl. K 154.

144 VS 1844, 1, S. 237f.; von Leitzmann dem Sudelbuch K zugeschrieben. – *Streitigkeit ... über Freiheit und Gleichheit:* S. dazu Gonthier-Louis Fink, Von den Privilegien des Adels zu den Vorrechten des Bürgertums. Die Debatte über die Gleichheit und ihr Echo in der deutschen Publizistik (1788–1792); in: Recherches Germaniques 1973. Vgl. K 153, 160, 290, 296. – *die Begriffe ... verstellt:* Ähnlich schreibt L. in K 152. – *sogar berühmte Schriftsteller in diesen ... Ton einstimmen:* Wohl Anspielung auf Zimmermann, Georg Brandes und Burke. – *Hospitäler der Namenlosen:* Anspielung auf die an Syphilis Erkrankten; s. auch in den Hogarth-Erklärungen (III, S. 758, 762, 1055). – *Ihr Toren, möchte ich sagen, so lernt uns doch verstehen!:* Die Emphase läßt darauf schließen, daß L. an eine Veröffentlichung dieser Bemerkung dachte. – *deraisonniert:* Frz. ›unvernünftig reden, schief urteilen‹. – *Mittelzustände:* Zu dem Ausdruck vgl. K 145 und III, S. 609; auch in naturwissenschaftlichen Auseinandersetzungen plädiert L. für den ›Mittelweg‹, vgl. J 1592.

145 VS 1844, 1, S. 238–239; von Leitzmann dem Sudelbuch K zugeschrieben. – *der goldene Mittelzustand:* Diese Bemerkung schließt sinngemäß unmittelbar an K 144 an.

146 VS 1844, 1, S. 239; von Leitzmann dem Sudelbuch K zugeschrieben. – *Sieyès:* Emmanuel Joseph Sieyès (1748–1836), berühmter frz. Politiker und Schriftsteller; seine Schrift »Qu'est-ce que c'est le Tiers-Etat?« (Januar 1789) übte eine gewaltige Wirkung aus; seine Schrift »Reconnaissance et exposition des droits de l'homme et du citoyen« (Juli 1789) war der Vorläufer der Erklärung der Menschenrechte; Mitglied der Nationalversammlung, des Konvents, im Rat der Fünfhundert. S. Oelsner, Notice sur la vie de Sieyès, Paris 1795. – *Triebfeder:* Zu diesem Wort s. zu A 88. – *1793 geschrieben:* Dieser Hinweis stammt vermutlich nicht von L. selbst, sondern von den ersten Herausgebern seiner »Vermischten Schriften«.

147 VS 1844, 1, S. 239; von Leitzmann dem Sudelbuch K zugeschrieben.

148 VS 1844, 1, S. 239f.; von Leitzmann dem Sudelbuch K zugeschrieben. – *Man hat sich über Könige weggesetzt:* Vgl. K 156.

149 und 150 VS 1844, 1, S. 240; von Leitzmann dem Sudelbuch K zugeschrieben. – *Der höchste Grad von politischer Freiheit liegt unmittelbar am Despotismus:* Vgl. K 153. – *englischen Constitution:* Vgl. aber RA 121.

150 *Das Traurigste, was die französische Revolution für uns bewirkt:* Vgl. K 142 und Anm.

151 VS 1844, 1, S. 240; von Leitzmann dem Sudelbuch K zugeschrieben. – *wie sich Spanien . . . rühmte:* L. führt das geflügelte Wort auch in den Hogarth-Erklärungen (III, S. 986) an. Der Gedanke, der sich ähnlich schon bei Herodot in Bezug auf Xerxes findet, wurde 1660 von Balthasar Schupp auf den span. König gewendet (s. Büchmann, S. 242).

152 VS 1844, 1, S. 240f.; von Leitzmann dem Sudelbuch K zugeschrieben. – *Verwirrung der Begriffe:* Ähnlich formuliert L. in K 144.

153 VS 1844, 1, S. 241; von Leitzmann dem Sudelbuch K zugeschrieben. – *Eine Gleichheit und Freiheit festsetzen . . .:* Zu diesem Streitpunkt vgl. K 144.

154 VS 1844, 1, S. 241; von Leitzmann dem Sudelbuch K zugeschrieben. – *venerischen Krankheiten:* Darüber vgl. J 88. – *quid dignum . . . hiatu:* »Ein vielversprechendes Wort! Wird er auch bieten, was dem Mundwerk ganz entspricht?« Zitat aus Horaz, »De arte poetica«, 138, wo *feret* statt *tulit* steht. – *Sein Plan . . . nicht Schuld, sondern . . . die Schulmeister, mit ihren Gegenarbeiten:* Ohne Zweifel handelt es sich um ein Bekenntnis L.s zur politischen Revolution im Bilde der Pädagogik; vgl. K 143.

155 VS 1844, 1, S. 242; von Leitzmann dem Sudelbuch K zugeschrieben. – *man nimmt die Meinung mitsamt dem Kopf weg:* Anspielung auf die 1792 eingeführte Guillotine.

156 VS 1844, 1, S. 242; von Leitzmann dem Sudelbuch K zugeschrieben. – *Was die Großen jetzt zu bedenken haben:* Zu L.s Antifeudalismus vgl. A 79. – *ihrem Könige den Kopf abgeschlagen:* S. zu K 1.

157 VS 1844, 1, S. 242; von Leitzmann dem Sudelbuch K zugeschrieben. – *das heilige Grab der französischen Monarchie:* Zu dieser Wendung vgl. F 387 und die Anm. dazu. Anspielung auf den ersten Koalitionskrieg.

158 VS 1844, 1, S. 242f.; von Leitzmann dem Sudelbuch K zugeschrieben. – *diese Bücher . . . nicht für abstrakte Vernunft geschrieben, sondern für konkrete Menschen:* Vgl. K 1.

159, 160 VS 1844, 1, S. 243; von Leitzmann dem Sudelbuch K zugeschrieben. – *nichts . . . Arges, daß man in Frankreich der christlichen Religion entsagt:* Vgl. schon E 387.

160 *bei aller Ungleichheit der Stände, die Menschen alle gleich glücklich sein können:* Vgl. K 99, 152.
161 VS 1844, 1, S. 252; nach Leitzmann undatierbar. Diese Bemerkung ist offenbar dem Notizheft »Noctes« (1797/98) entnommen.
162 VS 1844, 1, S. 33; von Leitzmann dem Sudelbuch K zugeschrieben. – *So lange das Gedächtnis dauert:* Über Gedächtnisschwund klagt L. auch K 24 und L 12. Die gegenteilige Meinung äußert L. in K 175. – *die ganze Generation von Ichs:* Zu diesem Gedankengang vgl. K 38. – *August 1795:* »Ich verfalle sehr«, schreibt L. in SK 819.
163 VS 1844, 1, S. 23; von Leitzmann dem Sudelbuch K zugeschrieben. Diese Bemerkung ebenso wie K 164 und 165 sind offenbar dem Notizheft »Noctes« entnommen. – *Witz aufs Profitchen zu stecken:* Zu dieser Wendung vgl. K 164 und 165. Auch in den Hogarth-Erklärungen macht L. von dieser Wendung Gebrauch (III, S. 828). – *Profitchen:* »Lichtsparer, Lichtendchen auf Stacheln (Profitchen heißt man sie in einigen Gegenden Deutschlands)« schreibt L. in »Hogarths Leben des Liederlichen«, Erstes Blatt, im GTC 1785, S. 129.
164 VS 1844, 1, S. 23; von Leitzmann dem Sudelbuch K zugeschrieben. – *aufs Profitchen stecken:* S. zu dieser Wendung K 163 und die Anm. dazu. – *hatte ich aber keine Zeit:* S. zu dieser paradoxen Wendung K 125.
165 VS 1844, 1, S. 23; von Leitzmann dem Sudelbuch K zugeschrieben. – *Ich stecke . . . aufs Profitchen:* S. zu dieser Wendung K 163 und die Anm. dazu.
166 VS 1844, 1, S. 252; nach Leitzmann undatierbar. Diese Bemerkung ist wohl dem Notizheft »Noctes« entnommen. *Die an den Untertanen meistern wollen:* Zu L.s Antifeudalismus vgl. schon A 79.
167 VS 1844, 1, S. 253; von Leitzmann dem Sudelbuch K zugeschrieben. – *eine Republik zu bauen aus den Materialien einer niedergerissenen Monarchie:* Vgl. dagegen K 140.
168 VS 1844, 1, S. 282; von Leitzmann dem Sudelbuch K zugeschrieben. – *wenn er nicht so viel gelesen hätte:* Über den Unterschied zwischen wahrem Denker und Büchergelehrsamkeit, über das Problem des Viellesens reflektiert L. schon B 204; s. die Anm. dazu.
169 VS 1844, 1, S. 282; von Leitzmann dem Sudelbuch K zugeschrieben. – *Stoff . . . der . . . auch zu Gewürzduten gebraucht:* Vgl. H 125, J 293. Notiz zum Plan der »Bibliogeniea? S. zu K 201.
170 VS 1844, 1, S. 283; von Leitzmann dem Sudelbuch K zugeschrieben. – *Was mir an der Art, geschichte zu behandeln, nicht gefällt:* Vgl. K 174.
171 VS 1844, 1, S. 283; von Leitzmann dem Sudelbuch K zugeschrieben. – *Leben von Johnson durch Boswell:* Die Johnson-Biographie von Boswell ist zu J 779 nachgewiesen.
172 VS 1844, 1, S. 283; von Leitzmann dem Sudelbuch K zugeschrieben. – *Eine seltsamere Ware, als Bücher:* Notiz zur »Bibliogenie«? S. zu K 201.
173 VS 1844, 1, S. 283; von Leitzmann dem Sudelbuch K zugeschrieben. – *Priester der Minerva:* Die Gelehrten; Minerva, röm. Göttin, die Beschützerin des Handwerks und der gewerblichen Kunstfertigkeit, wurde später mit Athena gleichgesetzt, der griech. Göttin der Gelehrsamkeit. – *berühmten Vogel derselben:* Die Eule.
174 VS 1844, 1, S. 284; von Leitzmann dem Sudelbuch K zugeschrieben. – *wie die Menschen Geschichte schreiben:* Vgl. K 170.

175 VS 1844, 1, S. 284–285; von Leitzmann dem Sudelbuch K zugeschrieben. – *selbst bei abnehmendem Gedächtnis … noch immer gut schreiben:* Die entgegengesetzte Meinung und Befürchtung äußert L. K 162. Über Gedächtnisschwund reflektiert L. auch J 133, K 24. Rahel Varnhagen schrieb am 12. Mai 1825 an Ludwig Robert (Varnhagen, Gesammelte Werke, 3. Bd. München 1983, S. 196): »Lichtenberg hat Recht: man sollte unaufhörlich schreiben aufschreiben (ein Sonnenkuk), so rückt man, sagt er, die Lücken zusammen, in denen einem nichts einfällt: usw. sehr schön. Lies einmal wieder seine Aphorismen. Sie lagen in der Gartenstube; ich habe einen Theil durch.«.

176 VS 1844, 1, S. 285; von Leitzmann dem Sudelbuch K zugeschrieben. – *bei seiner Lektüre oder seinen Meditationen … immer niederschreibt, zu künftigem Gebrauch:* S. zu J 2070. – *proprium locum:* Lat. ›angemessener Ort‹. – *durch Wein angespornt:* Zu L.s Einschätzung von Kreativität durch Alkoholeinfluß vgl. B 77 und Anm.

177 VS 1844, 1, S. 285–286; von Leitzmann dem Sudelbuch K zugeschrieben. – *Monden:* Monate. – *Diesen Menschen hat sich … Hogarth gewählt:* Die einzige einschränkende Beurteilung L.s; vgl. aber Hogarth-Erklärungen (III, S. 667, 690).

178 VS 1844, 1, S. 286; von Leitzmann dem Sudelbuch K zugeschrieben.

179 VS 1844, 1, S. 286; von Leitzmann dem Sudelbuch K zugeschrieben. – *die … Schwätzer Montaigne … vom Tode:* L. zitierte nach Johann Joachim Christoph Bodes, Berlin 1793–1795. 1799 (Bd. 7), in 7 Bdn. erschienener Übersetzung von »Michael Montaigne's Gedanken und Meinungen über allerley Gegenstände«. L. besaß den 1. bis 6. Bd. (BL, Nr. 1369). Vgl. dazu Gumberts Anm. (BL, S. 226). Das 19. Kapitel im 1. Bd., 1. Buch, S. 118–154, ist überschrieben: »Philosophiren heißt, sterben lernen«.

180 VS 1844, 1, S. 286f.; von Leitzmann dem Sudelbuch K zugeschrieben.

181 VS 1844, 1, S. 287; von Leitzmann dem Sudelbuch K zugeschrieben. – *Untersuchungen … bei einem Räuschgen:* Vgl. B 77 und Anm. – *bei kaltem Blute vollenden:* Vgl. K 225.

182 VS 1844, 1, S. 287f.; von Leitzmann dem Sudelbuch K zugeschrieben. – *auf Erweiterung zu denken:* Diese Wendung gebraucht L. auch in einem Brief an Georg August Ebell vom 30. Mai 1793. Vgl. auch K 188. – *Klaprothe:* Heinrich Martin Klaproth (1743–1817) aus Wernigerode, zunächst Apotheker, 1792 Prof. an der Artillerieschule in Berlin, 1810 an der Universität Berlin; berühmter Chemiker, der neben Hermbstädt entscheidenden Anteil daran hatte, daß die Phlogistontheorie in Deutschland von der antiphlogist. Lehre Lavoisiers abgelöst wurde; untersuchte die meisten damals bekannten Minerale und entdeckte mehrere Oxyde (Zirkon, Titan) und 1789 das von ihm nach dem Planeten Uranus so genennte ›Uranit‹ (Uran). – *Die Engländer bekümmern sich wenig darum, was andere mögen gewußt haben:* Ähnlich äußert sich L. K 188.

183 VS 1844, 1, S. 288; von Leitzmann dem Sudelbuch K zugeschrieben. – *mit dem Studieren … wie in der Gärtnerei:* Zu diesem Bild vgl. D 214. – *Beobachtungen … enthält Montaigne:* Bodes Montaigne-Übersetzung ist zu K 179 nachgewiesen. L. bezieht sich auf den 3. Bd., 2. Buch, 6. Kapitel, S. 90–116: »Ueber Geistesübungen etc.«, wo Montaigne S. 105f. schreibt:

»Es sollte scheinen, diese Fürsorge wäre das Werk einer wachenden Seele gewesen; und doch war ich dabey ganz und gar nicht gegenwärtig. Es waren Schattenbilder von Gedanken, die von den Sinnen des Gesichts und des Gehörs erregt wurden. Sie kamen nicht von mir her. Ich wußte die ganze Zeit über nicht, weder woher ich kam, noch wohin ich ging, und war nicht fähig, über das, was man mich fragte, nachzudenken, oder Ueberlegung anzustellen. Es waren leichte Wirkungen, welche die Sinne allein und von sich selbst hervorbrachten, nach ihrem gewöhnten Gange; was die Seele dazu lieh, das geschah im Traume, durch einen gar leisen Stoß, oder gleichsam von einem weichen Druck der Sinne nur angetickt oder angesprützt. Unterdessen war mein innerer Zustand wirklich sehr behäglich und ruhig.«

184 VS 1844, 1, S. 288; von Leitzmann dem Sudelbuch K zugeschrieben.

185 VS 1844, 1, S. 288 f.; von Leitzmann dem Sudelbuch K zugeschrieben. – *mit der Mathematik, wie mit der Theologie:* Ähnlich negativ gegen die professionellen Mathematiker, die er mit Theologen vergleicht, äußert sich L. K 129. – *Kredit von Heiligkeit:* Eine ähnliche Wendung gebraucht L. K 129. – *Mathematiker für einen tiefen Denker gehalten:* Vgl. K 129. – *Plunderköpfe:* Zu diesem Schimpfwort vgl. E 504.

186 VS 1844, 1, S. 295; von Leitzmann dem Sudelbuch K zugeschrieben. – *die meisten Bücher von Leuten geschrieben . . . die sich zu dem Geschäft erheben:* Zu dieser Kritik L.s vgl. schon »Von den Charakteren in der Geschichte« (III, S. 499 f.); s. auch III, S. 382. Das Wortspiel mit *erheben* und *herablassen* begegnet auch F 614. – *Vademecum für lustige Leute:* Gemeint ist das »Vademecum für lustige Leute, eine Sammlung angenehmer Scherze, witziger Einfälle sc. Mit Zueignungen von Sim. Ratzeberger (Fr. Nicolai)«, 10 Tle., Berlin 1764–92. – *Wer . . . alles sagt, was er weiß, schreibt . . . schlecht:* In den Hogarth-Erklärungen »Die Parlaments-Wahl, Vierte Scene« im GTC 1788, S. 169, schreibt L. ähnlich: »Der mittelmäßige Kopf klebt sein Bischen Goldschaum auf jeden Heller, den er ausgiebt; der schwere Mann verliert auch wohl einmal einen Louis-d'or ohne es zu merken. Es behagt immer dem, der ihn findet, und ihm selbst ist er kein Verlust.«

187 VS 1844, 1, S. 295 f.; von Leitzmann dem Sudelbuch K zugeschrieben. – *Prediger . . . der das Klatschmagazin . . . anlegen will:* Nichts ermittelt. – *studiosis non studentibus:* Lat. ›von nicht studierenden Studenten‹.

188 VS 1844, 1, S. 296 f.; von Leitzmann dem Sudelbuch K zugeschrieben. – *Literator:* Zu L.s negativer Einschätzung vgl. schon F 707. – *wissen, wie andere Menschen räsoniert haben:* Diesen Vorwurf macht L. K 182 mit anderen Worten den deutschen Gelehrten im Gegensatz zu den Engländern zum Vorwurf. – *Kraft zur Erweiterung der Wissenschaft abnimmt:* Zu dieser Wendung vgl. K 182. – *aufblähen läßt:* In der Druckvorlage *lassen.* – *odiös:* Frz. ›verhaßt, abscheulich, verdrießlich‹.

189 VS 1844, 1, S. 297; von Leitzmann dem Sudelbuch K zugeschrieben.

190 VS 1844, 1, S. 297; von Leitzmann dem Sudelbuch K zugeschrieben. – *wenn ich eine gewisse Materie in der Physik . . .:* Zu dieser Äußerung vgl. K 309.

191, 192, 193, 194 VS 1844, 1, S. 311; von Leitzmann dem Sudelbuch K zugeschrieben. – *Leichenpredigten auf Bücher:* Zu dieser Wendung vgl. F 543. Notiz zur geplanten »Bibliogenie«? S. zu K 201.

192 *durch Nachschlagen etwas zu machen:* Zu L.s kritischem Wortgebrauch s. zu E 317.

194 *nicht schwer eine Sache zu Papier zu bringen, wenn man sie . . . in der Feder hat:* Vgl. H 129 und III, S. 528.

195, 196 VS 1844, 1, S. 312; von Leitzmann dem Sudelbuch K zugeschrieben. – *manchen neuen Geschichtsbüchern . . . ein Roman:* Vgl. auch K 217.

196 *Vielleicht leistet manches schlechtes buch..dereinst einem guten eben den Dienst:* Vgl. J 274.

197 VS 1844, 1, S. 312; von Leitzmann dem Sudelbuch K zugeschrieben. – *Vielfraß:* Über dieses Tier s. zu KA 98.

198 VS 1844, 2, S. 31; von Leitzmann dem Sudelbuch K zugeschrieben. – *B . . . großes Dichtertalent:* Aus L.s persönlicher Bekanntschaft kommen lediglich Boie und Bürger infrage; vermutlich ist aber letzterer gemeint.

199 VS 1844, 2, S. 32; von Leitzmann dem Sudelbuch K zugeschrieben.

200 VS 1844, 2, S. 32 f.; von Leitzmann dem Sudelbuch K zugeschrieben. – *Eine gute Bemerkung über das sehr Bekannte . . . was den wahren witz ausmacht:* Vgl. dazu H 77. – *diese Art von Einfällen . . . gesucht und weit hergeholt:* Zu dieser Wendung vgl. die Hogarth-Erklärungen (III, S. 665, 770 und 994).

201 VS 1844, 2, S. 33; von Leitzmann dem Sudelbuch K zugeschrieben. – *daß noch niemand eine Bibliogenie geschrieben:* L. selbst plante ein solches humoristisches ›Lehrgedicht‹, wie er ausführlich in einem Schreiben an Wilhelm Gottlieb Becker von 19. April 1795 berichtet. Der Plan, den L. in L 6 wieder aufgreift, gelangte nicht zur Ausführung. Ernst Volkmann hat 1924 unter dem Titel »Die Bibliogenie oder die Entstehung der Bücherwelt« Bemerkungen L.s zu diesem Thema und zur Bücherwelt überhaupt zusammengestellt und im Verlag der »Gesellschaft der Bibliophilen« veröffentlicht. Eine Auswahl daraus erschien 1966 in München als Jahresgabe, mit einem Nachwort von Jost Perfahl. – *Lehrgedicht:* Über L.s Vorliebe für diese Gattung vgl. J 401 und Anm. sowie K 202. – *Repositorio:* S. zu K 104.

S. 437: *Makulaturs:* Über L.s Reflexion, das Ende von Druckerzeugnissen betreffend, s. zu D 578. – *Pfefferduten:* Darüber s. zu E 312. – *Büchertitel:* Darüber vgl. D 122.

202 VS 1844, 2, S. 34; von Leitzmann dem Sudelbuch K zugeschrieben. – *ein Gedicht auf den leeren Raum einer großen Erhabenheit fähig:* S. zu J 461.

203 VS 1844, 2, S. 39; nach Leitzmann undatierbar. – *Wenn man Rape of the Lock durch »Lockenraub« übersetzt:* Womöglich meint L. die Übersetzung Garlieb Merkels, die 1797 (1796) unter dem Titel »Der Lockenraub, ein scherzhaftes Heldengedicht von A. Pope, frey und metrisch übersetzt« in Leipzig erschien. In der Beschreibung der Szene Canto IV, v. 121 durch Hogarth, die L. in »Ein Blättchen von Hogarth« im GTC 1796, S. 202–204, vorstellt, schreibt er übrigens selbst von »Pope's Lockenraub« (S. 202). S. auch L 97.

204 VS 1844, 2, S. 40 f.; von Leitzmann dem Sudelbuch K zugeschrieben. – *In allen werken Hogarths . . . kein Esel:* Nicht ermittelt.

205 VS 1844, 2, S. 65 f.; von Leitzmann den Sudelbüchern G/H zugeschrieben. – *französischen Sprachmeister L . . .:* Vermutlich Marie Maurice Lamy, 1797 als Lektor für Französisch an der Georgia Augusta geführt. – *Vous . . . ducat:* Sie können es für einen Dukaten haben. – *Vous . . . sou:* Sie können es für einen Taler haben. Ich habe keinen Pfennig. – *Hofrat H . . .:* Heyne. – *für das Cabinet:* Hier ist wohl nicht L.s Physikalische Sammlung, sondern das ›Akademische Museum‹ der Georgia Augusta gemeint, das, 1793 begründet,

1796 am Papendick, Ecke Prinzenstraße etabliert wurde und u. a. Blumenbachs Schädelsammlung enthielt.

206 VS 1844, 2, S. 68; von Leitzmann den Sudelbüchern G/H zugeschrieben. – *Hochzeiten . . . Fleischspeisen, da . . . in den Fasten verboten:* Diesen Satz verwertet L. in den Hogarth-Erklärungen (III, S. 1043).

207 VS 1844, 2, S. 68; von Leitzmann den Sudelbüchern G/H zugeschrieben. – *Die metallischen Alter . . .:* Diese Wendung verwertet L. in den Hogarth-Erklärungen (III, S. 895). – *verkalcht:* Vgl. GH 87.

208 VS 1844, 2, S. 68; von Leitzmann den Sudelbüchern G/H zugeschrieben. Diese Bemerkung ist offenbar dem Notizheft »Noctes« (1797/8) entnommen.

209 VS 1844, 2, S. 69; von Leitzmann den Sudelbüchern G/H zugeschrieben. Diese Bemerkung findet sich auch in dem Notizheft »Noctes«. – *Wenn die Menschen nicht nach den Uhren:* Diese Wendung verwertet L. in den Hogarth-Erklärungen (III, S. 854). Dieser Satz wird in der »Bibliothek des Frohsinns«, Neue Folge, V. Section, 2. Bändchen, S. 87, Stuttgart 1842, zitiert.

210 VS 1844, 2, S. 70; von Leitzmann den Sudelbüchern G/H zugeschrieben. – *Doktor und Magister . . . Taufnamen gediehen:* Darüber s. zu J 1096.

211 VS 1844, 2, S. 71; von Leitzmann den Sudelbüchern G/H zugeschrieben. – *Titel ihren Wert verlieren:* Vgl. GH 5.

212 VS 1844, 2, S. 72; von Leitzmann den Sudelbüchern G/H zugeschrieben. – *das herrliche Sprichwort:* Nach Lipperheide, S. 380. Reimspruch aus dem 16. Jh. – *Mit Vielem hält man Haus . . .:* Diese Wendung verwertet L. in den Hogarth-Erklärungen (III, S. 692).

213 VS 1844, 2, S. 73; von Leitzmann den Sudelbüchern G/H zugeschrieben. – *der Herr Leibarzt war ein vortrefflicher Mann:* Der Titel, die ironische Wendung sowie das Horaz-Zitat lassen auf Zimmermann schließen, der 1795 gestorben war. – *was Horaz von . . . Augusts Leibarzt sagt:* In den »Oden«, I, 4, 14 redet Horaz Sestius an: den Anhänger des Brutus, der, 23 v. Chr. Konsul, zu Octavianus überging. – *aequo . . . turres:* Diese Zeilen werden auch J 838 auf Zimmermann gemünzt; zu dem Zitat s. zu H 6.

214 VS 1844, 2, S. 74; von Leitzmann den Sudelbüchern G/H zugeschrieben. – *Während man über geheime Sünden öffentlich schreibt:* Womöglich Anspielung auf den Titel: »Ist es recht, über die heimlichen Sünden der Jugend öffentlich zu schreiben?« von Christian Gotthilf Salzmann, erschienen Leipzig 1785, und: »Über die heimlichen Sünden der Jugend«, erschienen Leipzig 1787. – *mir vorgenommen, über öffentliche Sünden heimlich zu schreiben:* Dieser Satz ist in »Das Luftbad« (III, S. 129) verwertet.

215 VS 1844, 2, S. 76 f.; von Leitzmann dem Sudelbuch K zugeschrieben. – *Lechevalier:* Jean Baptiste Lechevalier (1752–1836), frz. Abbé und Altertumsforscher; L. lernte ihn 1793 persönlich kennen: s. SK 474; seines widrigen Emigranten-Schicksals gedenkt L. in einem Brief an Georg August Ebell vom 30. Mai 1793: »Ich habe den braven Einsichtsvollen Mann lange gekannt, der jezt in Deutschland behandelt wird, wie die Juden an manchen Orten. In Dresden durfte er nur 2 mal 24 Stunden bleiben. Fuimus Tros könten wohl die Franzosen jezt überhaupt, besonders aber der gute Le Chevalier sagen«. – *mutmaßte:* Vermutlich in dem persönlichen Gespräch am 17. Mai 1793. – *in usum Delphini:* S. zu J 772.

216 VS 1844, 2, S. 77; von Leitzmann dem Sudelbuch K zugeschrieben.
– *natürliche Magistri:* Der Magister-Titel führte die Abkürzung M.; im übrigen vgl. C 256 und J 1096.

217 VS 1844, 2, S. 77; von Leitzmann dem Sudelbuch K zugeschrieben.
– *Der herrschende Geschmack an Halbromanen ...:* Von »Halb-Romanen« spricht L. auch in den Hogarth-Erklärungen (III, S. 792). Garlieb Merkel etwa nannte sein Werk »Eine Reisegeschichte« im Untertitel: »Ein Halbroman«, erschienen allerdings erst Berlin 1800. Den Vergleich zwischen Roman und politischer Zeitgeschichte macht L. in K 195.

218, 219, 220 VS 1844, 2, S. 77; von Leitzmann dem Sudelbuch K zugeschrieben. – *wie Ihre Frau Mutter, und heirateten ... nicht:* Von »Jungfer Mutter« (bezüglich Henriette Koch) spricht L. im Brief an Georg Heinrich Hollenberg vom 30. Oktober 1776.

221 VS 1844, 2, S. 84; von Leitzmann den Sudelbüchern G/H zugeschrieben. – *So wie es Tiere gibt ...:* Dieser Satz ist in den Hogarth-Erklärungen verwertet (III, S. 701).

222 VS 1844, 2, S. 85; von Leitzmann den Sudelbüchern G/H zugeschrieben. – *So wie man andern Leuten ...:* Dieser Gedanke ist in den Hogarth-Erklärungen verwertet (III, S. 690).

223 VS 1844, 2, S. 87; von Leitzmann den Sudelbüchern G/H zugeschrieben. – *Das Buch ... Risse auszustopfen:* Ähnlich schreibt L. in einem Brief an Karl Friedrich Hindenburg vom 14. Mai 1791 bezüglich des Erxlebenschen Compendiums: »Ich habe ... in einige Risse Lappen gestopft ...«. – *Kalfaterns:* Das Abdichten der Beplankungsfugen bei Holzschiffen mit Werg und Pech. DWB 5, Sp. 64 bringt diese Stelle bei Lichtenberg neben Goethe als Beleg für den Gebrauch des Worts im übertragenen Sinn.

224 VS 1844, 2, S. 88; von Leitzmann den Sudelbüchern G/H zugeschrieben – *Wir fressen ... nicht, wir schlachten uns bloß:* In einem Brief an Johann Daniel Ramberg vom 10. Juli 1794 schreibt L.: »Daß doch noch niemand im Convent den Vorschlag getan die Guillotinierten zu essen. Ich glaube, das kömmt noch ...«. Vgl. auch J 896.

225 VS 1844, 2, S. 94; von Leitzmann dem Sudelbuch K zugeschrieben.
– *zwei Arten, eine Sache zu untersuchen:* Von der ›kaltblütigen‹ Art schreibt L. in K 181.

226 VS 1844, 2, S. 94; von Leitzmann den Sudelbüchern G/H zugeschrieben. – *Der Korrektor ... der Kritiker:* Vielleicht Notiz zu der geplanten »Bibliogenie«; s. zu K 169.

227 VS 1844, 2, S. 94; von Leitzmann dem Sudelbuch K zugeschrieben.
– *gut, wenn es keine Selbstmorde gäbe:* Zu L.s Reflexionen über den Selbstmord s. zu A 126.

228 VS 1844, 2, S. 94; von Leitzmann dem Sudelbuch K zugeschrieben.
– *Hexe:* Dieses Wort gebrauchte L. gern für Mädchen; s. zu D 667. – *Gruppe des Laokoon:* Darüber s. zu A 18.

229 VS 1844, 2, S. 94; von Leitzmann dem Sudelbuch K zugeschrieben.
– *So gehts an der Leine ...:* D. h. in Göttingen. – *Jordan:* Der längste und wasserreichste Fluß Jordaniens und Israels.

230, 231, 232, 233 VS 1844, 2, S. 95; von Leitzmann dem Sudelbuch K zugeschrieben. Diese Bemerkung ist auch in dem Notizheft »Noctes« enthalten. – *Pächter der Wissenschaften:* Diese Bemerkung ist auch in dem Notzheft »Noctes« enthalten.

231 *heutzutage so viele Genies:* Vgl. MH 9.

234 VS 1844, 2, S. 96; von Leitzmann dem Sudelbuch K zugeschrieben. – *Religion ... Christen:* Einen ähnlichen Gegensatz formuliert L. auch H 131, GH 33.

235 VS 1844, 2, S. 96; von Leitzmann dem Sudelbuch K zugeschrieben.

236 VS 1844, 2, S. 99; von Leitzmann ebenso wie K 237 und 238 dem Sudelbuch L zugeschrieben, vermutlich weil diese Bemerkung in den VS zwischen L-Notizen gruppiert waren.

237 VS 1844, 2, S. 101; von Leitzmann dem Sudelbuch L zugeschrieben.

238 VS 1844, 2, S. 101; von Leitzmann dem Sudelbuch L zugeschrieben.

239 VS 1844, 2, S. 104; nach Leitzmann undatierbar. – *einschläfriger Kirchstuhl:* Als »zweischläfriges Bett« bezeichnet L. einen Kirchenstuhl in den Hogarth-Erklärungen (III, S. 881).

240 VS 1844, 2, S. 105; nach Leitzmann undatierbar. – *Wir von Gottes Ungnaden:* Diese antifeudalistische Zeile dürfte in den Jahren der Reaktion gegen die Französische Revolution geschrieben worden sein.

241 VS 1844, 2, S. 107; nach Leitzmann undatierbar. – *Frauenzimmer mit Paradiesvögeln vergleichen:* Diesen Vergleich verwertet L. in den Hogarth-Erklärugen (III, S. 788). Die Paradiesvögel, Neuguinea, Ostaustralien und die Molukken bewohnende Singvögel, galten europäischen Weltumseglern und Wissenschaftlern seit dem 16. Jh. bis ins 18. Jh. als fußlose Vögel, da sie ständig in der Luft weilten. Noch Linné gab dem Großen Paradiesvogel den wissenschaftlichen Namen ›Paradisea apoda‹ (der Fußlose).

242 VS 1844, 2, S. 108; nach Leitzmann undatierbar. – *geschärfte Sokratische Methode:* »Sokratische Tortur« bildet L. in einem Brief an Paul Christian Wattenbach vom 6. Juni 1796 und in den Hogarth-Erklärungen (III, S. 970).

243 VS 1844, 2, S. 109; nach Leitzmann undatierbar. – *Eine Schraube ohne Anfang:* Zu dieser Wendung vgl. J 434.

244 VS 1844, 2, S. 110; nach Leitzmann undatierbar. – *Augen wie ein Stilet:* Diese Wendung verwertet L. in den Hogarth-Erklärungen (III, S. 1021).

245 VS 1844, 2, S. 110; nach Leitzmann undatierbar. – *wie ein ausgebranntes Räucherkerzchen:* Diesen Vergleich verwertet L. in den Hogarth-Erklärungen (III, S. 697).

246 VS 1844, 2, S. 112; von Leitzmann dem Sudelbuch L zugeschrieben – *Er handelte mit anderer Leute Meinungen:* Diese Wendung greift L. in L 686, 974 und MH 10 wieder auf.

247 VS 1844, 2, S. 116; nach Leitzmann undatierbar. – *Hunger und Elend ... in Garnison:* Vgl. B 199. »Sinnbild des Hungers und der Schwindsucht« formuliert L. in den Hogarth-Erklärungen im GTC 1788, S. 120; »Emblem des Jammers und der Dürftigkeit« in der Hogarth-Erklärung »Die Biergasse und das Branntwein-Gäßchen« im GTC 1795, S. 214.

248 VS 1844, 2, S. 216; nach Leitzmann undatierbar. – *Spadille der Gesellschaft:* Einen ähnlichen Vergleich stellt L. in den Hogarth-Erklärungen (III, S. 813) an; »Spadille der Schinesen« formuliert er in dem Aufsatz »Von den Kriegs- und Fast-Schulen der Schinesen« im GTC 1796, S. 127 (III, S. 442). – *Spadille:* Von span. espadilla ›kleiner Degen‹, im L'hombre-Spiel Pik-As, das stets höchster Trumpf ist.

249 VS 1844, 2, S. 116; nach Leitzmann undatierbar. – *Das Musenbrot . . . schwärzer als das Kommißbrot:* Diese Wendung verwendet L. 1795 in den Hogarth-Erklärungen (III, S. 895).

250 VS 1844, 2, S. 116; nach Leitzmann undatierbar. – *Er glich gewissen Blumenblättern . . .:* Auf diesen Satz bezieht sich vermutlich MH 5.

251 VS 1844, 2, S. 117; nach Leitzmann undatierbar. – *Kaum zwölf Moden:* Vermutlich ist diese Zeile, wie Horst Gravenkamp (Jung 3319) nachgewiesen und ausführlich im Lichtenberg-Jb 1989, S. 161–175, dargestellt hat, durch die Inschrift auf dem Grabstein Charlotte Dieterichs auf dem Bartholomäusfriedhof in Göttingen angeregt worden: »Kaum zwölf *Moden* vereint«, wie der Steinmetz anstelle von »Monden« geschrieben hatte. Charlotte Dieterich, geb. Michaelis, die Heinrich Dieterich am 3. Juni 1792 geheiratet hatte, war am 2. April 1793 im Kindbett gestorben; vgl. auch SK 696 und 700.

252 VS 1844, 2, S. 120f.; von Leitzmann dem Sudelbuch K zugeschrieben. – *Wo die gemeinen Leute Vergnügen an Wortspielen finden . . .:* Diesen Gedanken verarbeitet L. in den Hogarth-Erklärungen (III, S. 833). – *Calenberger Bauern:* S. zu E 157 und III, S. 322.

253 VS 1844, 2, S. 131; von Leitzmann den Sudelbüchern G/H zugeschrieben. – *Ängstlich zu sinnen . . . was man hätte tun können:* Zu L.s Reflexion über das Problem der Untätigkeit, Indolenz und Unentschlossenheit vgl. K 5 und Anm.

254 VS 1844, 2, S. 133; von Leitzmann dem Sudelbuch K zugeschrieben.

255 VS 1844, 2, S. 139; von Leitzmann den Sudelbüchern G/H zugeschrieben. – *Särge von Korbwerk:* »Er . . . hat die Leichname in einem Korbe, in einer Art von Sarge, neben sich stehen«, schreibt L. in der Hogarth-Erklärung »»Die Biergasse und das Branntwein-Gäßchen« (GTC 1795, S. 210).

256 VS 1844, 2, S. 144; von Leitzmann dem Sudelbuch K zugeschrieben. – *die menschliche Gesellschaft in drei Klassen teilen:* Diesen Gedanken verwertet L. in den Hogarth-Erklärungen (III, S. 822); vgl. auch J 919. – *neque . . . labora:* Bete weder noch arbeite (Feudalklasse), bete und arbeite nicht (Geistlicher Stand); bete und arbeite (Bürgerliche Klasse). Eine bezeichnende Säkularisation der mittelalterlichen Benediktiner-Regel!

257 VS 1844, 2, S. 145; von Leitzmann dem Sudelbuch K zugeschrieben. – *Vorteile und Schaden der Aufklärung . . . in einer Fabel vom Feuer darstellen:* Zu diesem Gedanken vgl. J 971.

258 VS 1844, 2, S. 145; von Leitzmann dem Sudelbuch K zugeschrieben. – *über die Namen von Hunden:* Der Gedanke ist nicht verwirklicht worden. – *Mélac:* Ezéchiel Comte de Mélac (gefallen 1709 bei Malplaquet), frz. General, verwüstete 1689 im Auftrag Ludwigs XIV. die Pfalz. – *Custine:* Adam-Philippe Comte de Custine (1740–1793), frz. General, 1792 Befehlshaber der Truppen am Mittelrhein, Mai 1793 Oberbefehlshaber der Nordarmee; nahm Speyer, Frankfurt und Mainz, mußte aber bald vor den Preußen zurückweichen. Angeklagt, in geheimem Einverständnis mit der antifrz. Koalition gestanden zu haben, wurde er am 27. August 1793 in Paris guillotiniert.

259 VS 1844, 2, S. 145; von Leitzmann dem Sudelbuch K zugeschrieben.

260 VS 1844, 2, S. 145; von Leitzmann dem Sudelbuch K zugeschrieben. – *die . . . natürlichen Dinge aufzuzählen:* Zu L.s Reflexion über den Wortge-

brauch von ›natürlich‹ und ›unnatürlich‹ vgl. schon D 630 und die Anm. dazu. – *was sich die unnatürliche nicht . . . träumen läßt:* Anspielung auf »Hamlet« I, 5: »There are more things . . . than are dreamt of in your philosophy.«
261 VS 1844, 2, S. 163; von Leitzmann den Sudelbüchern G/H zugeschrieben. – *gewisse Kollisionen . . . wie bei den Physiognomien:* Zu diesem Begriff vgl. F 942; s. auch die Antiphysiognomik (III, S. 266) und L 682.
262 VS 1844, 2, S. 169; von Leitzmann den Sudelbüchern G/H zugeschrieben. – *Nachrichten von Patienten, denen gewisse Bäder . . . nicht geholfen:* »Bei den jetzigen so sehr häufigen, ich mögte fast sagen, so sehr überhand nehmenden Besuchen der Brunnen und Bäder Deutschlands, um von da die verlohrne Gesundheit wieder zu holen, scheint es keine unnütze Arbeit zu seyn, die Ursachen aufzusuchen, warum so oft Kranke ungeheilt zurückkommen, warum ein sonst für würksam gehaltener Brunnen plötzlich allen Ruhm verliert«, heißt es anfangs des Aufsatzes: »Über die Ursachen der öftern Unwürksamkeit der Brunnenkuren« im »Neuen Hannoverischen Magazin« 6. Jg., 26. Stück, 28. März 1796, Sp. 403.
263 VS 1844, 2, S. 169; von Leitzmann den Sudelbüchern K zugeschrieben. – *so kann ichs auch:* »Mit einem Wort ich lese gar keine Bücher, wo ich noch beim dritten oder 4ten Bogen sagen kann: *das kann* ich *auch*«, schreibt L. in einem Brief an Goethe vom 15. Januar 1796. L. verwertet die Wendung in den Hogarth-Erklärungen (III, S. 1029).
264 VS 1844, 2, S. 176; von Leitzmann dem Sudelbuch K zugeschrieben.
265 und 266 VS 1844, 2, S. 177; von Leitzmann dem Sudelbuch K zugeschrieben.
266 *die Zeitungen vom vorigen Jahr binden lassen:* Vgl. J 1224; L 301.
267 VS 1844, 2, S. 177; von Leitzmann dem Sudelbuch K zugeschrieben. – *die Fische stumm . . . Verkäuferinnen desto beredter:* Ähnlich schreibt L. in den Hogarth-Erklärungen (III, S. 752 Fußnote); vgl. auch »Die Biergasse und das Branntwein-Gäßchen« (GTC 1795, S. 212).
268 VS 1844, 2, S. 177; von Leitzmann dem Sudelbuch K zugeschrieben. – *ein Narr viele Narren . . . macht:* Zu diesem Sprichwort s. Wander III, Sp. 895 (Nr. 331).
269 VS 1844, 2, S. 177f.; von Leitzmann dem Sudelbuch K zugeschrieben. – *Newtons Grabmal:* Vgl. D 579 und die Anm. dazu. – *Westminsterabtei:* S. zu KA 149 und zu E 192. – *Shakespears Denkmal:* Von L. im übrigen nicht erwähnt. – *der Eindruck sehr gemischt:* Vgl. dazu E 192. – *als ständen diese Denkmäler, die übrigen zu ehren:* Zu diesem Gedanken s. zu SK 424. – *Pantheon der Deutschen:* Bezieht sich wohl auf den Artikel »Sollte nicht Deutschland Etwas für seine großen Männer thun? Ein patriotischer Vorschlag von dem Herrn Reichsgrafen von Soden«, erschienen in Girtanners »Politischen Annalen«, 1793, 4. Bd., S. 89–94 (mit Nachtrag Girtanners S. 94–96); nachgedruckt in der »Neuen Monatsschrift von und für Mecklenburg«, 1796. Zur Diskussion der Sodenschen Vorschläge vgl. »Glossen über den Vorschlag des Hrn. Reichsgrafen von Soden zu einem deutschen Pantheon. Von Hrn. Dokt. Seidensticker (»Politische Annalen«, 1794, 5. Bd., S. 527–551) und Sodens »Schreiben des Herrn Reichsgrafen von Soden an den Herausgeber über das Deutsche Pantheon« (»Politische Annalen« 1794, 6. Bd., S. 347–349.) Friedrich Heinrich Julius Graf von Soden (1754–1831), vielseitiger Schriftsteller. Diesen Gedanken variiert L. satirisch in den Hogarth-Erklärungen (III,

S. 720). – *Luthern in einem deutschen Pantheon aufzustellen:* Interessant ist, daß Karl Gottlieb Hofmann im 1. T. seines papierenen »Pantheon der Deutschen«, der Chemnitz 1794 erschien, neben Friedrich II. Luther vorstellte.

270 VS 1844, 2, S. 178; von Leitzmann dem Sudelbuch K zugeschrieben. – *so müssen Männer aufgestellt werden ... die sich bloß durch Handeln ein Vaterland und Nebenmenschen verdient gemacht:* S. zu D 20. L.s Urteil über Johann Ludolf Grisebach.

270 *Verstümmelung ... von großem Nutzen:* Zu diesem Gedanken vgl. J 41 und die Anm. dazu. – *epinösen:* Kitzlig, dornig. L. gebraucht das Adjektiv auch in den Hogarth-Erklärungen (III, S. 678, 765 und 1031) sowie im GTC 1787, S. 240. – *Perfektibilitätstrieb:* Zu diesem Begriff s. E 359 und die Anm. dazu.

271 VS 1844, 2, S. 178; von Leitzmann dem Sudelbuch K zugeschrieben. – *spezifische Gewicht ... der Talente eines Menschen:* Vgl. J 2098. – *verständlich für mich wenigstens:* Zu dieser Floskel vgl. J 570.

272 VS 1844, 2, S. 179; von Leitzmann dem Sudelbuch K zugeschrieben.

273 VS 1844, 2, S. 179; von Leitzmann dem Sudelbuch K zugeschrieben. – *Minorennität:* Minderjährigkeit. – *Abnahme des Gedächtnisses:* Über diese Alterserscheinung vgl. J 133, K 24. – *Lob der Zeiten ...:* Diese Wendung wirkt wie eine Anspielung auf das von L. im letzten Jahrzehnt seines Lebens gern zitierte Wort von Horaz: »Laudator temporis acti«; s. zu E 68, vgl. auch L 377.

274 VS 1844, 2, S. 179 f.; von Leitzmann dem Sudelbuch K zugeschrieben. – *Cartesius ... an Balzac:* Gemeint ist der »Letter from Descartes to M. Balzac, describing Amsterdam (From the Latin)«, erschienen in »The European Magazine« 1795, S. 85 f., wo es S. 85 heißt: »However perfect your hermitage was, yet there were several things wanting to it, which are only to be found in great cities.« Wie vollkommen ihre Einsiedelei auch war, es fehlte ihr doch einiges, was man nur in großen Städten findet. Jean Louis Guez de Balzac (1597–1654), frz. Schriftsteller. – *Amsterdam ... Börsengesumse:* L. erwähnt es auch in »Daß du auf dem Blocksberge wärst« (III, S. 479). – *Börsengesumse:* Zu diesem Ausdruck vgl. J 128. – *Rauschen des Eichenwaldes:* Zu diesem Bild s. zu E 245 (S. 400).

275 VS 1844, 2, S. 180; von Leitzmann dem Sudelbuch K zugeschrieben. – *Bitten ... Befehle:* Vgl. E 164.

276 VS 1844, 2, S. 180; von Leitzmann dem Sudelbuch K zugeschrieben. – *modern, einen Aschenkrug oben über ein Grab zu setzen:* Vgl. dazu »Urnen und Aschenkrüge von einer neuen Art« im GTC 1794, S. 178–181.

277 VS 1844, 2, S. 193 f.; von Leitzmann dem Sudelbuch K zugeschrieben. – *Wenn der Mensch ... 100 Jahre alt geworden, wieder ausgesendet werden könnte ...:* Vgl. J 547.

278 VS 1844, 2, S. 194; von Leitzmann dem Sudelbuch K zugeschrieben.

279 VS 1844, 2, S. 49; von Leitzmann den Sudelbüchern G/H zugeschrieben. – *In dem Roman ...:* Gemeint ist ohne Zweifel das langjährige Projekt »Der doppelte Prinz«, das L. erstmals H 1 notiert. – *Grammatica marchica:* Wohl Anspielung auf die »Vollständige lateinische Grammatica marchica«, erschienen Erfurt und Leipzig 1751, die L. besaß (BL, Nr. 1554).

280 VS 1844, 2, S. 49; von Leitzmann den Sudelbüchern G/H zugeschrieben. – *Im Roman:* Zu dem Romanprojekt »Der doppelte Prinz« (III, S. 615) s.

zu H 1, 73. – *Chenius ... sehr gutes Subjekt:* Mit diesem Wort und der sicher dialektbedingten Aussprache von ›Genius‹ könnte L. Dieterich bezeichnet haben; vgl. L 390 und »Der doppelte Prinz« (III, S. 615). – *Lion ... in geschwätziger Gefälligkeit:* L. selbst; s. zu F 249.

281 VS 1844, 2, S. 49; von Leitzmann den Sudelbüchern G/H zugeschrieben. – *In dem Roman:* Darüber s. zu H 73. – *Lager der Sachsen bei Pirna:* Im Siebenjährigen Krieg eroberten die Preußen 1758 diese sächs. Stadt. – *großer Verehrer des Königs von Preußen:* Gemeint ist Friedrich II.; da er erst 1786 gestorben ist, ist eine Zuordnung zu H ausgeschlossen, andernfalls hätte L.s Gedanke nicht den geringsten Witz.

282 VS 1844, 2, S. 49; von Leitzmann den Sudelbüchern G/H zugeschrieben. – *Zwei in die Insel Otaheiti und deren Sitten verliebte junge Leute vertauschen ihre Namen:* Im GTC 1779, S. 71, schreibt L. in dem Artikel »Nachtrag von minder wichtigen Moden«: »Auf den gesellschaftlichen Insuln des stillen Meers und in Otaheite herrscht ein Gebrauch, der von den sanften Empfindungen jener Menschen zeugt. Personen von einerley und verschiedenem Geschlecht, die sich lieben, vertauschen ihre Namen: *Ich nenne mich wie du, und du nennst dich wie ich.* Aus diesem kleinen Zug werden Seelen von Empfindung ohne weitere Hinweisung fühlen und erkennen, was aus jenen Menschen werden könnte.«

283 VS 1844, 2, S. 51; von Leitzmann dem Sudelbuch K zugeschrieben. – *In dem Lande des doppelten Prinzen:* Notizen zum »Doppelten Prinzen« in K belegt L 300. – *gesetzt:* Vermutlich zu lesen *gehetzt*.

284 VS 1844, 2, S. 51; von Leitzmann dem Sudelbuch K zugeschrieben. – *Zweieiniger, Höchstdero Zweieinigkeit:* Auch diese Bemerkung rechnet zu den Roman-Notizen vom »Doppelten Prinzen«, wie aus »Daß du auf dem Blocksberge wärst« (III, S. 470 f.) hervorgeht.

285 VS 1844, 2, S. 51; von Leitzmann dem Sudelbuch K zugeschrieben. – *Nur eine Amme:* Eine ähnliche Wendung, auf englisch, steht L 607.

286 VS 1844, 2, S. 52; von Leitzmann dem Sudelbuch K zugeschrieben. – *Statue nach dem Tod:* In der Textvorlage *Statur*.

287 VS 1844, 2, S. 52; von Leitzmann dem Sudelbuch K zugeschrieben. – *Doppelter Prinz:* Zu dem Romanprojekt s. zu H 1, 73. – *Syony:* Entsprechend Nicolais Zusätzen *Szony*. – *des Herrn von Windischen Geographie:* Gemeint ist die »Geographie des Königreichs Ungarn«, deren 1. T. Preßburg 1780 erschien. Karl Gottlieb von Windisch (1725–1793) aus Preßburg, 1768 Senator, dann Bürgermeister daselbst; Schriftsteller besonders auf dem Gebiet der Geschichte und Landeskunde Ungarns, aber auch belletristisch produktiv; Hrsg. von Zeitschriften. In der »Geographie des Königreich Ungarn«, §22, S. 40–42, berichtet W. von 1701 geborenen Zwillingsschwestern Helena und Judith einer Bauersfrau, die an den Lenden zusammengewachsen waren und, als sie sechs Jahre alt waren, für Geld zur Schau gestellt wurden, ehe man sie in ein Kloster zu Preßburg gab, wo sie auch gestorben sind. Dr. Just Johann Torkosch zu Preßburg hat eine Nachricht über diese Mißgeburt 1751 der Royal Society übersandt.«. – *Nicolai Reisen, B. XII Zusätze:* Gemeint ist die »Beschreibung einer Reise durch Deutschland und die Schweiz, im Jahre 1781. Nebst Bemerkungen über Gelehrsamkeit Industrie, Religion und Sitten« von Friedrich Nicolai, deren 1. Bd. 1781, der 12. Bd. Berlin und Stettin 1796 erschien (BL, Nr. 1092). Nicolais Zusatz bezieht sich auf Bd. 6,

S. 388. L.s Lektüre dieser Reisebeschreibung bezeugt der Brief an Johann Friedrich Blumenbach vom 1. Juli 1796.
288 VS 1844, 2, S. 92 f.; von Leitzmann dem Sudelbuch K zugeschrieben.
– *Heydenreichs Briefe über den Atheismus:* Erschienen Leipzig 1796, verfaßt von Karl Heinrich Heydenreich. – *dein Glaube hat dir geholfen:* Vgl. Markus 5, 34. – *Beweis für die Existenz Gottes:* Vgl. E 518 und die Anm. dazu. – *der Unsterblichkeit:* S. zu E 30.
289 VS 1844, 1, S. 108 f.; von Leitzmann mit Fragezeichen dem Sudelbuch K zugeschrieben. – *die Franzosen Holland ... erobert:* Die Eroberung der Vereinigten Niederlande durch Frankreich Anfang 1795 wurde durch den starken Frost des Winters 1794/95 begünstigt, der eine Verteidigung zu Wasser unmöglich machte.
290 VS 1844, 1, S. 243–246; von Leitzmann dem Sudelbuch K zugeschrieben. Die promonarchistische Bemerkung wirkt wie fertig für eine Veröffentlichung. – *Milton ... nicht unter die Königsmörder selbst gehört:* L. bezieht sich auf Johnsons »The Works of the English Poets. With Prefaces, biographical and critical«, deren erster, Milton gewidmeter Bd. 1784 bei Dieterich in Göttingen erschien. Johnson schreibt ebd., S. 43: »... the parliament doomed none to capital punishment but the wretches who had immediately cooperated in the murder of the King. Milton was certainly not one of them; he had only justified what they had done.« – *Carl I. auf das Schafott brachten:* Der »Revolutionsalmanach« 1793 brachte »Carl I. Bruchstücke aus der Englischen Geschichte, sonderlich in gegenwärtigen Zeiten lesenswürdig« (a.a.O., S. 153–184). – *a popular ... wealth:* Eine Regierung des Volkes wäre am frugalsten; denn der Zusammenbruch einer Monarchie würde einen gewöhnlichen Wohlstand herstellen. Das Zitat lautet im Zusammenhang: »His [Miltons] notions were those of an acrimonious and surely republican, for which it is not known that he gave any better reason than that a popular government was the most frugal; for the troppings of a monarchy would set up an ordinary common wealth.«
S. 449 *Ramifikationen:* Verästelungen.
S. 450 *Mrs. Macaulay:* Catherine Macaulay (1731–1791), geb. Sawbridge, später Macaulay Graham; engl. Historikerin und Publizistin; schrieb gegen Burke 1790 »Observations on the Reflections of the R. H. E. Burke on the Revolution in France«. Die Anekdote berichtet Boswell in dem zu J 779 nachgewiesenen Werk »The life of Samuel Johnson«, S. 153. – *Herzog von Richmond ... Verteidiger der amerikanischen Freiheit:* Charles Herzog von Richmond und Lennox (1731–1806), engl. Oppositionspolitiker gegen die amerikafeindliche Regierung von Lord North; über sein Auftreten im Parlament berichtet L. in einem Brief an Christian Gottlob Heyne vom 6. März 1775. – *Milton ... hatte drei Weiber ... und drei Töchter:* John Milton heiratete 1643 die siebzehnjährige Mary Powell, die ihn nach wenigen Wochen verließ, aber 1645 zu ihm zurückkehrte: sie gebar 1646 die debile Anna, 1648 Mary, 1651 John, der 1653 stirbt, und 1652 Deborah Milton. Nach ihrem Tode 1652 heiratet er Katharine Woodcock, die wie ihre gleichnamige Tochter 1658 stirbt. 1663 schließlich heiratet Milton die fünfundzwanzigjährige Elisabeth Minshul. L. gehorchte in seinem Vorurteil gegenüber der Privatperson Miltons einer sich seit Ende des 17. Jh.s ausbildenden Meinung über einen Autor, der es gewagt hatte, öffentlich für Polygamie und gesetzliche Schei-

dung einzutreten; s. darüber Leo Miller, John Milton among the polygamophiles, New York 1974, aber auch Allan H. Gilbert, Milton on the Position of Women, in: Modern Language Review XV, 1920, S. 7–27, 240–264. – *kleinen monarchischen Staates:* Auch L 106 vergleicht L. die Ehe und Familie mit einem monarchischen Staatswesen.

291 VS 1844, 1, S. 246; von Leitzmann dem Sudelbuch K zugeschrieben. – *Menschen vom dritten Stande . . . Art von Biber:* Diese Bemerkung hält Schneider, I, I. 237 für die mögliche Keimzelle des Aufsatzes »Von den Kriegs- und Fast-Schulen der Schinesen« (III, S. 440–450), wo L. den Menschen ebenfalls mit dem Biber vergleicht (a.a.O. S. 447). Über »die große Abrichtungsfähigkeit« der Menschen reflektiert L. auch L 100; zu dem Biber vgl. D 335. – *matrimonial:* Spätlat. ›eheliche‹.

292 VS 1844, 1, S. 246; von Leitzmann dem Sudelbuch K zugeschrieben. – *für wen . . . die Taten . . . für das Vaterland getan worden:* Zu diesem Gedanken vgl. H 47. Karl Kraus zitiert die Bemerkung in seiner polemischen Satire »Dritte Walpurgisnacht« (1933, aus dem Nachlaß veröffentlicht 1952) gegen den Nationalsozialismus.

293 VS 1844, 1, S. 246; von Leitzmann dem Sudelbuch K zugeschrieben. – *Ich kann freilich nicht sagen . . . :* Dieser Satz ist in der Einleitung zu »Neue Entdeckungen, physicalische und andere Merkwürdigkeiten, Anekdoten etc.« im GTC 1798, S. 171, verwertet.

294 VS 1844, 1, S. 246–247; von Leitzmann dem Sudelbuch K zugeschrieben. – *Bedienten . . . reduziert . . . sobald es Krieg wird:* Zu diesem Gedanken vgl. auch L 58.

295 VS 1844, 1, S. 247; von Leitzmann dem Sudelbuch K zugeschrieben. – *jetzige Verfassung (1796):* Gemeint ist die am 23. September 1795 vom Konvent angenommene Direktorialverfassung, die mit dem Zensus-Wahlrecht die Rückkehr zu einer bürgerlichen Klassenherrschaft und an der Spitze des Staates das aus fünf Direktoren gebildete kollegiale »Directoire« vorsah, das von Bonaparte am 9. November 1799 gestürzt wurde. – *Robespierre's Tyrannei:* Maximilien de Robespierre (1758–1794), einer der führenden Poltiker der Französischen Revolution, Mitglied des Jacobinerklubs, seit Juli 1793 Mitglied des Wohlfahrtsausschusses, in dem er eine fast unumschränkte Machtstellung erlangte; bekannte sich zur »Terreur« als Mittel zur Überwindung der Krise von 1793 und ließ seine radikalen (Hébert) und gemäßigten (Danton) Gegner im Frühjahr 1794 hinrichten. Die Verschärfung der Schreckensherrschaft im Juni 1794 führte am 27. Juli 1794 zum Sturz Robespierres, der am 28. Juli 1794 guillotiniert wurde.

296 VS 1844, 1, S. 247; von Leitzmann dem Sudelbuch K zugeschrieben. *sonderbares Argument . . . zur Verteidigung der Ungleichheit . . . die Menschen würden mit ungleichen Kräften geboren:* Burke verfocht die Ungleichheit der Stände mit dem Hinweis auf das christliche Mittelalter.

297 VS 1844, 2, S. 132 f.; von Leitzmann dem Sudelbuch K zugeschrieben. – *nicht schlafen legen, ohne sagen zu können, daß man an dem Tage etwas gelernt:* Zu diesem Vorsatz vgl. J 1619. – *deutliche Begriffe von dem, was uns undeutlich war: deutliche* in der Handschrift *deutlich;* ähnlich äußert sich L. schon D 267.

298 VS 1844, 2, S. 133; von Leitzmann dem Sudelbuch K zugeschrieben.
299 VS 1844, 2, S. 133; von Leitzmann dem Sudelbuch K zugeschrieben. –

Man hüte sich ... vor ... Kompilatoren: S. zu D 506, E 370. — *der allzu literärischen Schriftsteller:* Zu L.s Abneigung gegenüber dem »Literator« vgl. F 7. — *musivische Arbeit:* Darüber vgl. GH 78.

300 VS 1844, 2, S. 134; von Leitzmann dem Sudelbuch K zugeschrieben.

301 VS 1844, 2, S. 134f.; nach Leitzmann undatierbar. — *Bei großen Dingen frage man ...:* Eine ähnliche Forderung erhebt L. schon GH 93; s. die Anm. dazu. — *Reihe, deren äußerste Glieder:* Zu dieser Wendung vgl. schon F 1205.

302 VS 1844, 2, S. 135; nach Leitzmann undatierbar.

303 VS 1844, 2, S. 136; nach Leitzmann undatierbar. — *Zweifle an allem ...:* Zu L.s grundsätzlichem Zweifel an allem, was ohne Untersuchung geglaubt wird, s. zu F 262. S. auch den Brief an Johann Andreas Schernhagen vom 22. Juni 1780; zur Wendung vgl. B 242.

304 VS 1844, 2, S. 137; nach Leitzmann undatierbar.

305 VS 1844, 2, S. 137; nach Leitzmann undatierbar. — *Keine Untersuchung ... für zu schwer gehalten ... ausgemacht:* S. zu J 1458.

306 Ph + M 4, S. 341; wiederabgedruckt: VS 1844, 2, S. 143; von Leitzmann dem Sudelbuch K zugeschrieben. — *in ein so tiefes Geleise ... geraten:* Zu diesem Gedanken und Bild vgl. J 1603.

307 Ph + M 4, S. 343; wiederabgedruckt: VS 1844, 2, S. 143; von Leitzmann dem Sudelbuch K zugeschrieben. — *historiam ... inertiae:* Geschichte der Trägheit oder von der Kraft der Trägheit.

308 Ph + M 4, S. 137f. — *Wie viel Ideen ... zerstreut in meinem Kopf:* Das Bild von den getrennten Ingredienzien des Schießpulvers verwertet L. in dem Aufsatz »Geologische Phantasien« im GTC 1795, S. 83 (III, S. 112f.) im übrigen vgl. K 30. — *Ostindischen Salpeter:* Salpetersaures Kali, Kaliumnitrat, das zur Herstellung von Schießpulver importiert und in Europa in Salpeterplantagen erzeugt wurde. — *aqua regis:* Königswasser, durch Mischen von einem Teil Salmiaksalz und sechs Teilen Scheidewasser erhalten; s. auch III, S. 942. — *über einzelne Dinge Fragen aufzusetzen:* Zu diesem Vorsatz vgl. H 174; s. auch K 310.

309 Ph + M 4, S. 138f. — *Das beste Mittel neue Gedanken ... zu finden:* Dazu vgl. K 190.

310 Ph + M 4, S. 340; wiederabgedruckt VS 1844, 2, S. 143; von Leitzmann dem Sudelbuch K zugeschrieben. — *Fragen über Gegenstände:* Zu diesem Vorsatz s. H 174 und die Anm. dazu; vgl. K 308.

311 Ph + M 4, S. 147f. — *Wir sollten ... suchen zu vereinigen:* Ähnlich schreibt L. auch in der »Vorrede« zu Erxleben [6]1794, S. XXXIV: »Lieber gestehe man offenherzig: Unsere ganze Naturlehre besteht nur aus Bruchstücken, die der menschliche Verstand noch nicht zu einem einförmigen Ganzen zu vereinigen wisse. Vor Gott ist nur *Eine* Naturwissenschaft, der Mensch macht daraus isolierte Capitel und muß sie, nach seiner Eingeschränktheit machen«. In den »Geologischen Phantasien« im GTC 1795, S. 95 (III, S. 118) schreibt L. ferner: »Der Beobachtungsgeist steht nicht immer bey der Fähigkeit zu verbinden und alles zu einem Ganzen zusammen zu hängen«. — *Refraktion:* Zu diesem Begriff s. zu D 766. — *Inflexion:* Zu diesem Begriff s. zu D 760. — *Brougham's Experiments ... on the Inflection:* Lord Henry Brougham and Vaux (geb. um 1779), engl. Advokat und Staatsmann, Mitglied der Royal Society in London, naturwiss. Schriftsteller. »Experiments and observations on the inflection, reflection and colours of light«, in

»Philosophical Transactions« 1796 und 1797. – *Dioptrik:* Teilbereich der Optik, der die Brechung von Lichtstrahlen, insbesondere durch Linsengläser, behandelt. Vor allem von Descartes (1639), Newton (1704) und Euler (1769–1771) erarbeitet.

312 Ph + M 4, S. 152 f. – *heuristischen Hebezeugen:* Zu dieser Wendung s. zu J 1242. – *was ich Paradigmata genannt:* S. J 112 und die Anm. dazu. – *Lehre vom Verkalchen der Metalle:* Darüber s. zu GH 87. – *Newtons Optik:* Das Werk ist zu C 303 nachgewiesen. – *auch bei den ausgemachtesten Dingen . . . ganz neue Wege zu versuchen:* Zu dieser Wendung vgl. J 1458 und 1912. – *Die Gleise . . . etwas sehr Gutes:* Zu diesem Bild s. J 528 und die Anm. dazu. – *Der Reisende bleibt auf der Heerstraße:* Das Bild vom Reisenden gebraucht L. auch F 96; J 623; L 856, das Bild von der Straße schon J 1631.

313 Ph + M 4, S. 153. – *Paradigma:* S. J 112 und die Anm. dazu.

314 Ph + M 4, S. 153 f. – *Erfindungsregel durch Paradigmata:* S. J 112 und die Anm. dazu. – *um etwas Neues zu sehen:* Zu dieser Wendung vgl. J 1770. – *etwas Neues auf neuen Wegen:* Zu dieser Wendung vgl. J 1912.

315 Ph + M 4, S. 154. – *Versuch mit dem Flintenlauf und Wasserdampf:* S. J 2036 und die Anm. dazu.

316 Ph + M 4, S. 154. – *Mikroskope überall . . . erfinden:* Zu diesem Gedanken vgl. J 2017. – *Versuche im Großen:* Darüber s. zu GH 93. – *Weg . . . zum Neuen zu gelangen:* Zu dieser Wendung vgl. J 1912.

317 Ph + M 4, S. 155 f. – *Ehe sie [nicht] so gelehrt wird:* Ähnlich schreibt L. in K 344.

318 Ph + M 4, S. 156.

319 Ph + M 4, S. 172–174. Diese Bemerkung findet sich auch in dem Notizheft »Noctes«. – *actio et reactio sunt aequales:* Wirkung und Gegenwirkung sind einander gleich. Dieser Satz wurde durch Newton als Axiom in die Naturlehre eingeführt (s. Principia philos. nat., Axiom 3). L. erläutert ihn bereits in einem Brief an Franz Ferdinand Wolff vom 4. Mai 1789. – *Gehlers Wörterb. Art. Gegenwirkung:* Der Artikel findet sich in Gehler, Bd. 2, S. 442–444, und Bd. 5 (Supplementband, erschienen 1795), S. 475–477. Zu dem Thema vgl. auch III, S. 200 f. – *Newton . . . den Satz auf die Attraktion von Erde und Mond ausgedehnt:* Gemeint ist »Prinicipia« Liber. III. prop. 5. Coroll. I. Gehlers Einwände finden sich im Bd. 2, S. 444. – *Stoß und Attraktion:* S. zu A 170. – *völlig einerlei, ob der Stein gegen die Erde oder die Erde gegen den Stein gestoßen:* Diesen Gedanken, auf die Billardkugel bezogen, nimmt L. in L 807 wieder auf. – *Mittelpunkt ihrer Schwere . . . Mittelpunkt ihrer Trägheit:* Zu diesen Begriffen s. zu KA 303. – *ein Hirsekorn an Größe übertrifft:* Zu diesem Bild vgl. den Brief an Franz Ferdinand Wolff vom 4. Mai 1789. – *Kant hat für diese Idee . . . tief ausgeholt:* Bezieht sich vermutlich auf die »Metaphysischen Anfangsgründe der Naturwissenschaft« 1786, vgl. hierzu III, S. 200 f.

320 Ph + M 4, S. 183. – *Mitteilung der Bewegung . . . eine der dunkelsten Materien:* Darüber s. Gehler, Bd. 1, S. 322.

321 Ph + M 4, S. 183 f. – *Undurchdringlichkeit . . . unter die allgemeinen Eigenschaften der körper gehöre:* »Das allgemeine Phänomen der Körper, nach welchen sie den Raum erfüllen, d. i. verhindern, daß da, wo ein gewisser Körper ist, nicht zu gleicher Zeit ein anderer sein kann« (Erxleben, [6]1794, S. 29). Vgl. J 2116, 2130. – *helfen wir uns mit Poren:* In der Physik der 18. Jh.s

Begriff für Zwischenräume der Körper: »Räume, welche innerhalb der Grenzen eines Körpers von der ihm eigenen undurchdringlichen Materie nicht ausgefüllt werden, sondern zwischen den materiellen Theilen leer bleiben.« (Gehler, Bd. 4, S. 939).

322 Ph + M 4, S. 188 f. – *die Luft zu chemischen Versuchen ... austrocknen:* »Ich möchte wohl wissen was aus unserer Luft-Chemie werden würde, wenn man jede Luftart die man braucht, selbst die zum Feuer anblasen nicht ausgeschlossen, Wochen lang wie de Luc bey seinen Hygrometern thut, über Austrocknungs-Mitteln hätten stehen lassen«, schreibt L. in der »Vorrede« zur sechsten Auflage des Erxlebenschen Compendiums, Göttingen 1794, S. 35. Vgl. J 1372. – *Hygrometers:* S. zu D 116.

323 Ph + M 4, S. 189. – *Komposition des Wassers:* Darüber vgl. J 1691. – *Newtons Werke ... Lumpenpapier und Druckerschwärze:* »Der Inhalt eines Buchs ist ja sein Sinn, und chemische Analyse wäre hier Analyse von Lumpen und Druckerschwärze«, schreibt L. in »Einige Betrachtungen über vorstehenden Aufsatz, nebst einem Traum« im GTC 1794, S. 144 (III, S. 111).

324 Ph + M 4, S. 190 f. – *dephlogistisierter Salzsäure:* Chlor. – *Luftarten:* S. zu J 1108. – *Phlogiston:* S. zu D 316.

325 Ph + M 4, S. 191. – *Auflösung:* Auch Solutio, dissolution; diesen Namen führte in der Chemie des 18. Jh.s »die Verbindung der Grundstoffe zweener Körper von verschiedener Natur, aus welcher eine Trennung der vorigen Verbindung ihrer Theile, und eine neue Verbindung derselben, mithin ein neuer anders, als beyde vorige, zusammengesetzter Körper entsteht« (Gehler, Bd. 1, S. 178). S. auch Erxleben ^{6}1794, § 136. – *Auflösung ... Durchdringen der Wesen:* Vgl. J 2028. – *Attraktion:* Zu diesem Begriff s. zu A 170.

326 Ph + M 4, S. 192. – *Nach der antiphlogistischen Hypothese:* Vgl. J 2026 und Erxleben ^{6}1794, § 553 Anm.

327 Ph + M 4, S. 197.

328 Ph + M 4, S. 198. – *Papinianische Maschine:* Über Papinus (Denis Papin) und seinen Dampfkochtopf s. zu KA 95. – *Erden:* So nannte man in der Chemie des 18. Jh.s die Minerale; s. Gehler, Bd. 2, S. 10–11. Mit dieser neuen Materie befaßte sich Bergmann in der »Anleitung zu Vorlesungen über die Chymie«, Stockholm und Leipzig 1779. – *Kieselerde:* S. zu J 1439.

329 Ph + M 4, S. 198 f. – *fortleiten:* Zu diesem Begriff vgl. J 1887.

330 Ph + M 4, S. 202. – *Haarröhrchen:* S. zu J 2029. – *Lalande's Theorie:* »Dissertation sur la cause de l'élévation des liqueurs dans les tubes capillaires«, Genf 1770. L. zitiert ihn auch in seiner Streitschrift gegen Zylius, Göttingen 1800, S. 97.

331 Ph + M 4, S. 204. – *Affinität:* S. zu J 393. – *Attraktion:* S. zu A 170.

332 Ph + M 4, S. 204 f. – *Haarröhrchen:* S. zu J 2029; vgl. K 330. – *Adhäsionisten:* Zum Begriff der Adhäsion s. zu A 170. – *Nach de Lalande's Theorie:* S. zu K 330. – *System der Attraktionisten:* Lalande hatte in dem zu K 330 angeführten Aufsatz geschrieben: »L'élévation du fluide qu'on observe dans ces tuyaux me paroit de tous les phénomèmes de la physique expérimentale celui, qui prouve le mieux l'attraction; elle s'y manifeste, pour ainsi dire, comme dans les révolutions des planètes, et dans leurs *inégalités*«. Der Hub der Flüssigkeit, den man in diesen Röhrchen beobachtet, scheint mir von

allen Erscheinungen der experimentellen Physik diejenige zu sein, die am meisten für die Attraktion spricht; sie zeigt sich darin sozusagen wie in den Umlaufbahnen der Planeten und ihren Abweichungen.

333 Ph + M 4, S. 205 f. – *ein Heber:* Laborgerät: eine gebogene Röhre mit zwei ungleich langen Schenkeln, die dazu dient, eine Flüssigkeit aus einem Gefäß mit Hilfe des Luftdrucks, der sie über den Gefäßrand hebt, ausfließen zu lassen.

334 Ph + M 4, S. 206. – *Es wäre doch möglich, daß einmal unsere Chemiker... Luft... zersetzen:* Diese Stelle läßt Jean Paul seinen »Schmelzle« (1809) am Ende lesen; zur ›Zersetzung‹ der Stickluft vgl. L 816.

335 Ph + M 4, S. 190. – *eigne Chemie für die Dämpfe ... etablieren:* Zu diesem Gedanken vgl. J 1755. – *Mischung von Dämpfen:* Zum Thema ›Dämpfe‹, das die Physiker des 18. Jh.s stark beschäftigte, s. Gehler, Bd. 1, S. 556–561, und Erxleben ^{6}1794, § 434. Unter »permanent elastischen Flüssigkeiten« verstand man Gasarten, die auch nach ihrer Erkaltung weiterhin elastisch bleiben.

336 Ph + M 4, S. 199. – *Beifall ... womit sie von einigen Leuten beehrt worden:* Darauf spielt L. auch in den »Geologischen Phantasien« im GTC 1798, S. 95 (III, S. 123) an.

337 Ph + M 4, S. 207.

338 Ph + M 4, S. 207 f. – *Da so vieles von der Auflösung des Wassers in Luft gesprochen wird:* »En Allemagne on ne parle que des dissolutions ou solutions de l'eau dans l'air, sans pourtant s'entendre soi même« (In Deutschland spricht man immer nur von Auflösungen oder Lösungen von Wasser in Luft, ohne selbst zu wissen, was man meint), schreibt L. im Brief an Alessandro Volta vom 12. Januar 1795. – *das reine Menstruum:* S. zu J 1734. – *wie Prony untersuchen:* Pronys Untersuchungen finden sich in der »Nouvelle architecture hydraulique«, erschienen Paris 1790, übersetzt von K. C. Langsdorf unter dem Titel: »Neue Architektura Hydraulika« Frankfurt 1794. L. zitiert das Werk auch in dem Artikel »Das Perpetuum mobile zu Lemsal in Liefland« im GTC 1797, S. 179–180. Gaspard-Clair-François-Marie Riche, Baron de Prony (1755–1839), bedeutender frz. Wasserbau-Ingenieur, 1798 Direktor der Ecole des Ponts et Chaussées in Paris.

339 Ph + M 4, S. 211 f. – *Bretter auf dem Johannisturm-Dache angenagelt:* Arbeiten an der Johanniskirche in Göttingen erwähnt L. in SK 507 und 512, nicht aber unter dem 26. Juli 1793.

340 Ph + M 4, S. 211.

341 Ph + M 4, S. 212 f.

342 Ph + M 4, S. 213. – *Büsch ... Aerometrie:* Vgl. Johann Georg Büsch, »Mathematik zum Nutzen und Vergnügen des bürgerlichen Lebens«, 2. T., Zweyte vermehrte und verbesserte Auflage, Hamburg 1799: »Man erklärt das Entstehen des Donners durch Wiederhall, welchen die durch den Blitz plötzlich erschütterte Luft durch ihr Rückprallen von denen Gegenständen verursacht, welche sich unterhalb der Stelle befinden, wo der Blitz aus den Wolken hervorbricht. Diese Erklärung ist die einzige wahre, und bestätigt sich durch die Erfahrung, wenn man Geschütz gegen Wälder und Gebirge löst. Meinen Lesern aus dieser Gegend kann ich erzählen, daß ich dieselbe in der grösten Vollkommenheit gemacht habe, als bei der Ankunft der unglücklichen Königinn Karoline Mathilde ein Schiff, auf etwan 1500 Fuß von der

Stadt Altona ab, in den Strom gelegt war, hinter welchem hinaus ich mich etwan andere 1500 Fuß entfernt befand. Das Schiff feuerte seine Kanonen ab: ein einfacher Wiederhall gab uns den Knall zurück. Aber nach einem kleinen Zwischenraum folgte ein langer rollender Donner, der uns so sehr täuschte, daß wir alle uns nach der Gewitterwolke umsahen, aus welcher dieser vermeinte Donner herkäme. Aber wir suchten nicht länger, als jeder der folgenden Schüsse einen gleichen Donner zur Folge hatte. Doch setzen solche Erfahrungen, wenn sie so vollkommen gelingen sollen, ein sehr stilles Wetter voraus« (S. 231 f.). »Wiederhall hat allenthalben Statt, wo ein Schall erregt wird, und gegen einen Körper anfällt, der ihn an seiner Oberfläche zurückwerfen kann. Doch scheint es nicht sowol auf die Oberfläche anzukommen, ob sie eben, ob sie elastisch genug sei, um auf der fallenden Luft die Erschütterung, mit welcher sie auffällt, wieder zu geben, oder sie in ihr zu erneuern ... Es scheint vielmehr, als wenn der Wiederhall schon von der Luft erregt werde ...; denn er hat bei starkem Winde nicht Statt. Es scheint, als wenn diese Luft mit einer gleichförmigen Wirkung, als die an Körpern selbst Statt haben könnte, die durch einen starken Schall an sie gelangende Erschütterung zurückzukehren nötige« (S. 228). – *Inflexion ... Refraktion:* S. zu D 760. – *Deflexion:* Beugung oder Ablenkung der Lichtstrahlen von ihrem geraden Weg.

343 Ph + M 4, S. 214. – *Mozarts Ohr:* In einer Note zu dem »Protokoll des Sekretärs der Königl. Societät der Wissenschaften zu London, über Dr. Burneys Bericht von William Crotch dem musikalischen Kinde«, veröffentlicht im GMWL, 1. Jg., 2. Stück, 1780, S. 206–215, schreibt L. bezüglich des jungen Mozart, der in dem Bericht erwähnt worden war: »Von diesem S[ubjekt]. die sehr unterhaltende Erzählung des Hrn. Daines Barrington in den Philos. Transact. Vol. 60. S. 54. Auch Händel war frühzeitig taub. S. Manwaring Memoirs of Handel. L.« Über den Bericht von Barrington in den »Philosophical Transactions« vgl. O. John, W. A. Mozart, Bd. I, S. 46, neue Ausgabe 1889. Wolfgang Amadeus Mozart (1756–1791) wird von L. nur an diesen beiden Stellen erwähnt, wenn man den Aufsatz »Verschiedene Arten von Gemütsfarben« (III, S. 577) wegen der ungesicherten Verfasserschaft außer acht läßt. – *notwendig sezieren:* Zu diesem Gedanken vgl. J 1984.

344 Ph + M 4, S. 214–218. – *Ehe man aber [nicht] so mit Physik verfährt:* Ähnlich schreibt L. K 317. – *Terzienuhr:* S. zu J 1308.

345 Ph + M 4, S. 218 f. – *würde das Ohr ... den Schall später hören:* Die gleiche Frage stellt L. auch K 346. – *Aberration:* S. zu J 1808.

346 Ph + M 4, S. 219. Vgl. K 345.

347 Ph + M 4, S. 219.

348 Ph + M 4, S. 221.

349 Ph + M 4, S. 221 f. – *Archenholz ... in seiner italienischen Reise:* Gemeint ist »England und Italien«, erschienen Leipzig 1785 in 2 Bdn. (Bd. 2, Italien). L. besaß die zweite Auflage von 1787 (BL, Nr. 994). Er rezensierte den England-Teil (III, S. 188–198). – *Opernhaus zu Parma:* »Das so berühmte große Opernhaus allhier ist das Studium aller Baumeister, weil es die ganz besondere Eigenschaft hat, daß selbst die in größten Entfernung dieses ungeheuern Umfangs gesprochene Worte allenthalben sehr genau verstanden werden. Die uns noch ziemlich unbekannten Gesetze des Schalles haben dem Baumeister dieses Schauspielhauses nicht zur Richtschnur dienen können,

daher man füglich annehmen kann, daß eine noch nicht entdeckte zufällige Ursache diese Wirkung hervorgebracht habe« (a.a.O., S. 103). – *Sixtinischen Kapelle:* »Die sixtinische und paulinische Kapelle sind beide im Vatican, und würden anderswo geräumige Kirchen vorstellen. In der ersten ist das berühmte Gemälde des jüngsten Gerichts von Michael Angelo, in dieser wird auch in der Charwoche das so bekannte und unnachahmliche Miserere gesungen ... Man schreibt es der Banart zu, allein diese hat nichts äußerlich auszeichnendes. Diese Kapelle ist daher ein wahrer Pendant zum Theater von Parma, das auch bis jetzt allen Baumeistern ein Räthsel geblieben ist. Die Entzifferung von beiden ist unsern Nachkommen vorbehalten, wenn sie mit den Gesetzen des Schalls bekannter als wir seyn werden« (a.a.O., S. 60). – *Miserere:* ›Erbarme dich‹; in der lat. Liturgie einer der meistverwendeten Buß-Psalmen (Ps. 51/50), benannt nach seinem Anfangswort in der Vulgata; es spielt in der Musikgeschichte vom 16. Jh. an eine Rolle, besonders in der Sixtinischen Kapelle zu Rom. – *caeteris paribus:* Zu dieser Floskel s. zu D 79.

350, 351 Ph + M 4, S. 223.

352 Ph + M 4, S. 225 f. – *inflammable Luft:* S. zu J_1 S. 649.

353 Ph + M 4, S. 226 f. – *dephlogistisierten Luft:* S. zu GH 87. – *der inflammabeln ... phlogistischen ... fixen ... Luftarten:* S. zu J_1 S. 649, zu J 2135 und zu J 1448. – *Hydrogen:* Wasserstoff. – *Azote:* Nach Girtanners zu J 1673 nachgewiesener »Nomenklatur« (S. 11) zählt dieser Stoff zu den unzersetzten Körpern und wird von ihm als ›Salpeterstoff‹ oder ›Stickstoff‹ übersetzt.

354 Ph + M 4, S. 227–230. – *Oxygens:* S. J 2024 und die Anm. dazu. – *Salpeterluft:* S. zu J 1684. – *Acide nitrique ... nitreux:* Nach dem Lavoisierschen System innerhalb der Verbindungen mit dem Sauerstoff die Salpetersäure bzw. das Salpetersaure (s. Girtanner, a.a.O., S. 12).

355, 356 Ph + M 4, S. 230. – *Haarröhrchen:* S. zu J 2029.

356 *untersucht zu werden:* Zu dieser Floskel s. zu A 262. – *Lowitz nicht daran gedacht:* Johann Tobias Lowitz (1757–1804), Direktor der Hofapotheke in Petersburg, Mitglied der dortigen Akademie der Wissenschaften; bedeutender Chemiker. »Dem berühmten Hrn. Lowitz zu Petersburg ist es geglückt, nicht allein die feuerbeständigen ätzenden Laugensalze, sondern selbst das ätzende flüchtige zur Crystallisation zu bringen. Mit dem so bereiteten Gewächslaugen-Salze und frischem, vollkommen trockenen Schnee gemischt, hat er selbst in geheizten Zimmern das Quecksilber in beträchtlichen Quantitäten gefrieren gemacht«, schreibt L. in »Künstliche Kälte« (GTC 1794, S. 164).

357 Ph + M 4, S. 230 f. – *Eudiometer:* S. zu J 331.

358 Ph + M 4, S. 245 f. – *Entstehung der tierischen Wärme:* Vgl. J 78.

359 Ph + M 4, S. 248. – *daß sie uns:* In der Textvorlage *daß sich.* – *Vitriol-Äther:* Äthyläther, der aus Alkohol und Schwefelsäure hergestellt wurde.

360 Ph + M 4, S. 258. – *medium tenuere beati:* Die Glücklichen halten die Mitte. – *Wie wäre es ... beide Theorien des Lichts, die Newtonische und die Eulerische, zu vereinigen:* Erst 1923 hat Louis-Victor de Broglie den Wellenmit dem Korpuskelstandpunkt verbunden und verkündet, daß gerade diese Zweiheit für das Licht wie für die Materie kennzeichnend sei. Vgl. K 361.

361 Ph + M 4, S. 260. – *Streite ... über die Theorie des Lichts:* S. zu K 360.

362 Ph + M 4, S. 261. – *Refraktion:* S. zu D 766. – *Inflexion:* S. zu D 760.

363 Ph + M 4, S. 261. – *Phänomene des Doppelspats:* S. zu J 1903.

364 Ph + M 4, S. 262. – *Lichtspießen, die Meister den Augenwimpern zuschrieb:* Albrecht Ludwig Friedrich Meister; s. Erxleben ⁶1794, § 328. – *Vieth in seinen mathematischen Abhandlungen:* Gemeint sind die »Vermischten Aufsätze für Liebhaber mathematischer Wissenschaften« von Gerhard Ulrich Anton Vieth, deren erstes Bändchen Berlin 1792 erschien. L. besaß es persönlich als ein Geschenk des Verfassers. Gerhard Ulrich Anton Vieth (1763–1836), Mathematiker und Schulmann. – *Rezensent:* Die Rezension, erschienen in der »Neuen Allgemeinen deutschen Bibliothek«, Kiel 1793, 3. Bd., S. 41–44, unterzeichnet: Wu., ist von Gustav Schadeloock (1732–1819), Prof. der Metaphysik und Mathematik in Rostock.

365 Ph + M 4, S. 262.

366 Ph + M 4, S. 263–265. – *Die gefärbten Schatten:* Diese Bemerkung ist ohne Zweifel durch Goethes Aufsatz »Von den farbigen Schatten« angeregt, den er am 11. August 1793 an L. geschickt hatte und nie veröffentlicht hat. L. las die Abhandlung am 21. September 1793 (vgl. SK 533). Womöglich handelt es sich bei dieser Bemerkung um das Konzept zu dem am 7. Oktober 1793 an Goethe gerichteten Antwortschreiben. Zu diesem Thema vgl. auch K 367, 368, 372 und 373. – *Ein Hauptbuch:* »Observations sur les ombres colorées, contenant une suite d'expériences sur les différentes couleurs des ombres, sur les moyens de rendre les ombres colorées, et sur les causes de la différence de leurs couleurs«, erschienen Paris 1782. L. zitiert das Werk auch in dem obengenannten Brief an Goethe. Der Verfasser ist Jean Henri Hassenfratz (1755–1827), frz. Mineraloge und Physiker, Prof. an der Bergschule von Paris, Hrsg. der »Annales de Chimie«. Goethe bespricht das Werk in seiner »Geschichte der Farben«. – *Gehler in seinem Wörterbuch:* Gehler führt das Werk in Bd. 3, S. 826, innerhalb des Artikels »Blaue Schatten« an. L. gibt denselben Hinweis in seinem oben zitierten Brief an Goethe. – *wir korrigieren ... Empfindungen immer durch Schlüsse:* Zu diesem Gedanken vgl. L 798.

367 Ph + M 4, S. 265. – *Die gefärbten Schatten:* S. zu K 366.

368 Ph + M 4, S. 266. – *bunten Schatten:* S. zu K 366.

369 Ph + M 4, S. 267. – *Goethe und der französische Verfasser:* Vgl. K 366 und die Anm. dazu.

370 Ph + M 4, S. 267f. – *Achromatismus:* S. zu J 1984.

371 Ph + M 4, S. 268. – *humor vitreus und aqueus:* Der gallertartige Glaskörper des Auges zwischen Linse und Netzhaut und die wässerige Flüssigkeit in den Augenkammern. – *Krystall-Linse:* Die Linse des Auges.

372 Ph + M 4, S. 268f. – *weißen Farbe bei meiner Schattenlehre:* Vgl. K 366 und die Anm. dazu.

373 Ph + M 4, S. 269. – *Verwandtschaft mit dem Geschmackswesen in den Galvanischen Versuchen mit der Zunge:* Darüber s. zu J 1100. – *Man schmeckt ... wenn das andere da ist:* Diese Bemerkung ist in der Nähe der Goetheschen Idee von der Rolle der Polarität und der Aktivität des Sinnesorgans beim Wahrnehmungsprozeß angesiedelt.

374 Ph + M 4, S. 269.

375 Ph + M 4, S. 270.

376 Ph + M 4, S. 275. – *schon daran gedacht, daß der Sonne etwas von uns zuströmen könnte:* Zu diesem Gedanken vgl. A 254.

377 Ph + M 4, S. 275. – *nicht eher deutliche Begriffe von Licht und Feuer . . . im Dunkeln:* Zu diesem Gedanken vgl. J 2157.

378 Ph + M 4, S. 275.

379 Ph + M 4, S. 276f. – *Daß man alles grünlich sieht . . . und umgekehrt:* Zu diesem Phänomen vgl. KA 222.

380 Ph + M 4, S. 283. – *versuchen, ob sich der Phosphor nicht auch an ausströmenden Spitzen entzündet:* Dazu vgl. J 2000.

381 Ph + M 4, S. 283. – *Kondensators:* Von Volta 1783 mitgeteiltes Gerät, »wodurch man die allerschwächsten Grade der natürlichen und künstlichen Electricität merklich machen kann« (Gehler, Bd. 1, S. 533). L.s eigene Vorschläge zur Nutzung von Kondensatoren, die auf Volta, der zur Beobachtung der Luftelektrizität das Saussuresche Elektrometer mit einem Kondensator ausstattete, zurückgehen, referiert Gehler, Bd. 5, S. 199f. Vgl. auch Erxleben, »Anfangsgründe der Naturlehre«, ⁶1794, § 538, S. 505.

382 Ph + M 4, S. 288. – *neuen Weg . . . sie zu erwecken:* Alessandro Volta hat 1800 die Batterie als neue Stromquelle erfunden, worin der Strom tatsächlich durch chemische Zersetzung (von Metallen) entsteht. Vgl. K 383.

383 Ph + M 4, S. 288f. – *durch chemische Operationen . . . Elektrizität auf eine solche Weise . . . erhalten:* S. zu K 382. – *Kapazität:* S. zu GH 85.

384 Ph + M 4, S. 289f. – *Musiv-Gold:* S. zu J 906. – *an der Heerstraße nichts mehr zu gewinnen:* Zu diesem Bild s. zu J 1603. – *querfeldein marschieren, und über die Gräber setzen:* Zu dieser Wendung und ›unmethodischen‹ Methode vgl. J 1633.

385, 386, 387 Ph + M 4, S. 290.

388 Ph + M 4, S. 287. – *Schlag durch . . . Klaviersaite gehen zu lassen:* Zu diesem Gedanken vgl. K 395. – *Infusionstierchen:* S. zu A 109.

389 Ph + M 4, S. 287f. – *Elektrophor-Teller . . . geriebenen Kuchen:* S. zu J 1525. – *Konduktor:* S. zu J 1743.

390 Ph + M 4, S. 291.

391 Ph + M 4, S. 291. – *Da es . . . beim Vesuv blitzt, wenn er speit:* Über den Ausbruch des Vesuvs 1794, auf den L. hier wohl anspielt, veröffentlichte er im GTC 1797, S. 111–126, eine »Kurze Zusammenstellung der vorzüglichsten Ereignisse bey dem ungewöhnlichen Ausbruche des Vesuv im Sommer 1794«, wiederabgedruckt bei Helmut Hirsch (Hrsg.), Viel Wasser rund ums Feuer fließt. Dichter über Naturereignisse, Berlin 1986, S. 59–67; vgl. auch SK 672.

392 Ph + M 4, S. 291.

393 Ph + M 4, S. 291. – *Sollte die . . . magnetische Materie nicht leiten:* Dazu vgl. K 390.

394 Ph + M 4, S. 292. – *wenn man stark elektrisiert . . . pißte:* »Zum Beschluß merke ich noch an, daß Hr. Volta den Versuch des Abbe Vassali, den dieser etwas mystisch beschrieben, nachgemacht und ganz richtig befunden, nämlich daß Urin in metallene isolirte Gefäße, vermuthlich auch von isolirten Personen gelassen, oft eine starke Elektricität zeigt. Seit einiger Zeit wollte es ihm aber nicht wieder gelingen. Er wünscht mehr Versuche ehe er zu entscheiden wagt, ob dieses eine neue eigentliche thierische Electricität sey, oder ob sie zu den bereits bekannten, der Verdampfung u.s.w. gehöre.« So L. in »Das Neueste von der so genannten thierischen Electricität« (GTC 1794, S. 193). – *Erschütterungskreis:* Über diesen Begriff s. zu J 2001.

395 Ph+M 4, S. 292 f. – *den Schlag durch Saiten gehen . . . lassen:* Zu diesem Gedanken vgl. K 388. – *Tetrachord:* Griech. ›Viersaiter‹, der Inbegriff von vier Tonstufen, Grundform des griech. Tonsystems; auch viersaitiges Instrument. Vgl. Gehler, Bd. 4, S. 382 f.

396 Ph+M 4, S. 293.

397 Ph+M 4, S. 293. – *Leidner Flasche:* S. zu J 1082.

398 Ph+M 4, S. 297 f. – *Brugmans . . .:* Antony Brugmans (1732–1789), holl. Physiker, Prof. in Groningen. L. nannte ihn einen »Schriftsteller, der für den Magneten das ist, was Franklin für die Electricität« (Brief an Christoph Wilhelm Hufeland vom 25. Oktober 1784). Vgl. »Herrn Anton Brugmans, Doctors der Weltweisheit, und öffentlichen Lehrers der Naturwissenschaft auf der hohen Schule zu Gröningen, Beobachtungen über die Verwandtschaften des Magnets. Aus dem Lateinischen übersetzt und mit einigen Anmerkungen vermehrt von M. Christian Gotthold Eschenbach«, Leipzig 1781, S. 108–110. – *Bernstein gab . . . Elektrizität den Namen:* S. zu A 194. – *Turmalin:* S. zu D 729.

399 Ph+M 4, S. 294. – *möglich, daß der Magnetismus allen Steinen . . . zukäme . . . Spezifischer Magnetismus:* L.s Vermutung wurde 1845 durch Faradays Nachweis des Dia- oder Paramagnetismus aller Stoffe bewiesen.

400 Ph+M 4, S. 301.

401 Ph+M 4, S. 301 f. – *cartesianischen Teufel:* S. zu J 1535. – *Den Gedanken . . . hatte auch Dr. Hooke:* »Mr. Hooke suggested, that the best dipping-needles may be made in water, because the water takes off the gravity; as also, that a pipe of iron should be made of equal gravity with water dipping«. Mr. Hooke meinte, daß schwimmende Kompaßnadeln am besten in Wasser gemacht werden können, denn das Wasser nimmt ihnen die Schwere; wie man auch eine Eisenröhre von gleicher Schwere wie das Wasser machen sollte. – *Birch Vol. III. p. 134:* »History of the Royal Society«, Bd. 3, S. 134, 30. April 1674.

402 Ph+M 4, S. 308 f. – *Es ist noch die Frage:* Vgl. zu dieser Frage L 884. Über L.s Beschäftigung mit dem Phänomen der Kometen s. zu A 220.

403 Ph+M 4, S. 327. – *wie mein Hagel:* S. zu J 927; vgl. J 1990.

404 Ph+M 4, S. 327 f.

405 Ph+M 4, S. 336 f.

406 Ph+M 4, S. 337. – *Die Lehre vom Hagel . . . eine von den schwersten in der ganzen Physik:* S. zu J 927; vgl. J 1990.

407 Ph+M 4, S. 337. – *Hygrometer:* S. zu D 116.

408 Ph+M 4, S. 337–339. – *Calorique:* Nach Girtanners zu J 1673 nachgewiesener »Nomenklatur« (S. 11): Wärmestoff; s. darüber zu J 1530.

409 Ph+M 4, S. 302. – *Wenn man Spiegel von eigentlichem Stahl verfertigte . . .:* Die Wirkung des Magneten auf das Licht erkannte Faraday 1845, nämlich die Drehung der Polarisationsebene des Lichts im Magnetfeld; 1896 wies Pieter Zeeman die Aufspaltung der Spektrallinie im Magnetfeld nach. – *Reflexion:* Vgl. D 766.

410 Ph+M 4, S. 302. – *Eisenvitriols:* Schwefelsaures Eisenoxyd.

411 Ph+M 4, S. 349.

412 Ph+M 4, S. 350. – *Grosett's Kanone:* Sollte der engl. Real-Admiral Walter Grosett (1767–1847) gemeint sein? C. W. Grosett, der sich 1783 bei L.

in Göttingen aufhielt und von dem ein Brief an L. vom 10. April 1798 überliefert ist, kommt wohl nicht in Frage. – *Nairne's Zylinder:* Edward Nairne (1726–1806), berühmter engl. Instrumentenmacher und naturwissenschaftlicher Schriftsteller.

413 Ph + M 4, S. 353.

414 Ph + M 4, S. 353 f; wiederabgedruckt VS 1844, 2, S. 186; nach Leitzmann undatierbar. – *manche Taube besser im Lärm hören:* Mit dem Phänomen der Taubheit beschäftigt sich L. auch K 351 und 415; vgl. K_I S. 838.

415 Ph + M 4, S. 354; wiederabgedruckt VS 1844, 2, S. 186; nach Leitzmann undatierbar. – *Beispiele von taubgeborenen Tieren:* Zu L.s Beschäftigung mit dem Phänomen der Taubheit s. das Wortregister.

416 Ph + M 4, S. 355 f.; wiederabgedruckt VS 1844, 2, S. 187; nach Leitzmann undatierbar. – *Ob wohl ein Hund . . . Der Gebrauch von der Hundesnase:* »Erweiterter Gebrauch der Hunds Nasen. Etwas davon in K. XII. Trüffelpropheten; auch s. XI. oxygène.« So die von L. gestrichene Notiz im Roten Buch, S. 73. Vgl. »Neuer Gebrauch der Hunde« (GTC 1795, S. 195–198, innerhalb der »Neuen Entdeckungen, physicalische und andere Merkwürdigkeiten«, S. 182–203) und H 203.

417 Ph + M 4, S. 356; wiederabgedruckt VS 1844, 2, S. 187. – *Wozu ist das Stroh gut?:* Zu L.s Fragen nach dem scheinbar Selbstverständlichen vgl. J 1445.

L

Die Bezeichnung L führt ein Foliobuch in starker Pappe mit braunem Lederrücken. Es befindet sich heute in der der Staats- und Universitätsbibliothek Göttingen (Sign. Ms. Lichtenberg IV, 33). Wie H, J und K ist es zugleich von vorn und hinten mit doppelter Paginierung, arabischer und römischer, zweispaltig beschrieben. In der Mitte sind eine Menge leerer Blätter geblieben, die etwa den halben Umfang des ganzen Buches ausmachen. Die vordere Hälfte, arabisch paginiert, enthält auf 94 Seiten die allgemeinen Bemerkungen: die von Leitzmann so genannten ›Aphorismen‹. Diese insgesamt 707 Bemerkungen, von denen Leitzmann 703 in seine Textausgabe aufnahm, sind in Bd. I dieser Ausgabe abgedruckt. Als Textvorlage diente: Georg Christoph Lichtenbergs Aphorismen. Nach den Handschriften herausgegeben von Albert Leitzmann. Fünftes Heft: 1793–1799. Deutsche Literaturdenkmale des 18. und 19. Jahrhunderts. No. 141. Berlin 1908. Die Ausgabe Leitzmanns wurde mit der Handschrift verglichen und verschiedentlich korrigiert.

In seiner hinteren Hälfte enthielt das Sudelbuch L auf ursprünglich LXXXII Seiten Lichtenbergs wissenschaftliche Eintragungen zu den mannigfaltigsten Themen. Ich habe ihnen den Titel: *Physikalische und philosophische Bemerkungen* gegeben. Von dieser Abteilung sind die Seiten I–II, V–X und LV–LXX ausgerissen; von den Seiten III und IV enthält das Sudelbuch in seiner jetzigen Gestalt lediglich die oberen Hälften. Albert Leitzmann hat von den insgesamt 204 handschriftlich erhaltenen Bemerkungen 49 ausgewählt und in seine Ausgabe des Sudelbuches L aufgenommen. Ein weitaus größerer Teil der wissenschaftlichen Eintragungen aus L ist 1806 in den neunten Band der »Vermischten Schriften« Lichtenbergs, wenngleich vielfach überarbeitet, aufgenommen und seitdem nicht wieder gedruckt worden. Darunter befinden sich auch Bemerkungen, die nach dem wissenschaftlichen Gegenstand, den sie behandeln, nach Zeitangabe und Namensnennung dem Sudelbuch L zugerechnet werden können und deshalb auf den verschollenen Seiten gestanden haben dürften. Aus diesem Grund berücksichtigt die hier vorliegende Ausgabe der physikalischen und philosophischen Bemerkungen des Sudelbuches L neben den handschriftlich erhaltenen Bemerkungen, die hier erstmals veröffentlicht werden, auch jene Bemerkungen, die mit großer Wahrscheinlichkeit, wenn nicht gar mit Sicherheit zu L gehören. Diese Zusammenstellung bietet insofern die vollständigste Rekonstruktion der von L erhaltenen wissenschaftlichen Bemerkungen.

Zur Chronologie von Sudelbuch L

Allgemeine Bemerkungen

1: 19. Oktober 1796.
34: 28. Oktober 1796.
64: Erwähnung des Vertrags von Tolentino (19. Februar 1797)

171: Erwähnung der »Allgemeinen Literaturzeitung« vom 29. April 1797.
188: 4. Juni 1797.
195: Erwähnung des »Reichsanzeigers« vom 13. Juni 1797.
206: Erwähnung des »Reichsanzeigers« vom 28. Juni 1797.
212: 24. Juli 1797.
216: 30. Juli 1797.
230: Mitte August 1797.
262: Erwähnung der »Allgemeinen Literaturzeitung« vom 16. September 1797.
263: Erwähnung des »Reichsanzeigers« vom 25. September 1797.
272: 22. Oktober 1797.
273: Erwähnung der »Allgemeinen Literaturzeitung« vom 2. Oktober 1797.
298: 28. Oktober 1797.
306: Erwähnung der GGA vom 9. Dezember 1797.
340: Erwähnung des »Reichsanzeigers« vom 9. Januar 1798.
373: Erwähnung des »Reichsanzeigers« vom 19. Januar 1798.
418: Erwähnung der GGA vom 24. März 1798.
449: April 1798.
482: Ende Juni 1798 (vgl. die Anm.).
490: Vor dem 13. Juli 1798 (vgl. die Anm.).
567: 15. und 16. September 1798.
576: 18 Fructidor 1798 (4. September).
581: Erwähnung der »Gothaischen gelehrten Zeitungen« vom 15. September 1798.
583: Erwähnung der »Allgemeinen Literaturzeitung« vom September 1798.
587: Ende September 1798.
637: 8. November 1798.
654: Erwähnung des »Reichsanzeigers« vom 22. November 1798.
684: Erwähnung der GGA vom 12. Januar 1799.
695: Erwähnung des »Hamburgischen Correspondenten« vom Januar 1799.
707: 9. und 10. Februar 1799.

Physikalische und philosophische Bemerkungen

709: Erwähnung des »Neuen Hannoverischen Magazins« vom 4. und 7. November 1796.
724: Erwähnung der GGA vom 20. Mai 1797.
728: 31. Mai 1797.
731: 6. Juni 1797.
747: Erwähnung der »Allgemeinen Literaturzeitung« vom 24. Juni 1797.
753: 5. August 1797.
754: Erwähnung des Intelligenzblattes der »Allgemeinen Literaturzeitung« vom 19. Juli 1797.
763: 12. September 1797.
787: 24. Oktober 1797.
797: Erwähnung der »Neuen allgemeinen deutschen Bibliothek« von 1797.
808: Winter 1797.
810: Erwähnung des »Monthly Magazine« vom Dezember 1797.

826: Erwähnung der »Allgemeinen Literaturzeitung« vom 17. Januar 1798.
830: Erwähnung der »Allgemeinen Literaturzeitung« vom 17. Januar 1798.
837: 15. Februar 1798.
846: Erwähnung des »Frankfurter Ristretto« vom Februar 1798.
853: 11. März 1798.
888: 16. Mai 1798.
890: 19. Mai 1798.
891: Mai 1798.
899: 16. Juni 1798.
909: 7. Juli 1798; 28. Juli 1798.
915: Juli-August 1798.
949: 1799.
960: Erwähnung des »Monthly Magazine« vom Oktober 1798.
968: Erwähnung des »Monthly Magazine« vom Oktober 1798.
978: Erwähnung des »Reichsanzeigers« vom 21. Januar 1799.

Anmerkungen
zu den Nummern in Band I

S. 849 Diese Seite entspricht in der Handschrift der Außenseite des vorderen Deckels von Sudelbuch L.

S. 850 Diese Seite entspricht in der Handschrift der Rückseite eines Vorsetzblattes. – *Anzuschaffen:* Ähnliche Bücherlisten weisen auch die Sudelbücher B, E, F, J und K auf. – *Übersicht der Fortschritte . . .:* »Uebersicht der Fortschritte verschiedener Theile der geographischen Wissenschaften seit dem letzten Drittheile des jetzigen Jahrhunderts bis 1790«. Von Abraham Gotthelf Kästner, Paul Jacob Bruns und Eberhard August Wilhelm Zimmermann, Braunschweig 1795. – *Bruns:* Paul Jacob Bruns (1743–1814), zunächst Prof. für Literaturgeschichte, ab 1796 für morgenländische Sprachen (bedeutender Bibelkritiker) in Helmstedt; beschäftigte sich auch mit Geographie und allgemeiner Literaturgeschichte. – *Goth[aischen]. Mag[azins] . . . elekt[rischen] Figuren:* Im »Magazin für das Neueste aus der Physik und Naturgeschichte«, Bd. 10, 2. Stück, Gotha 1795, S. 1–15, heißt es unter der Rubrik ›Neue Beobachtungen‹ in dem Artikel »Separation verschiedener Pulvergemische durch electrische Affinität, und Untersuchung der Electricität von einer Anzahl Pulver« von Karl Kortum aus Warschau (S. 1 f.): »Die Leser dieses Magazins werden sich aus des 5. B. 4. St. S. 176 unter der Rubrik vermischter Nachrichten der Anzeige eines elektrischen Versuchs des Hrn. Villarsy aus Chalons sur Marne erinnern, zufolge welchem ein Gemisch aus Mennige und Schwefelblumen, die durch Hrn. H[ofrat]. Lichtenberg in Göttingen zuerst bemerkten Staubfiguren, in gelber oder in rother Farbe zum Vorschein bringt, je nachdem sie mit dem Haken einer +E, oder -E geladenen Flasche, auf einen Electrophor gezeichnet worden. Die Wiederhohlung des Versuchs wollte nach obiger Anleitung mir durchaus nicht gelingen.« (ebd., S. 1 f.) – *Becks erläuternder Auszug:* Das Werk »Erläuternder Auszug aus den critischen Schriften des Herrn Prof. Kant auf Anrathen desselben« erschien Riga 1793, 1795 und 1796 in drei Bdn. – *Lectures on Electricity by . . . Morgan:* Das Werk erschien 1795 in Norwich und London. »Dieses wichtige

Buch möchte ich recensiren«, schreibt L. im Brief an Jeremias David Reuß vom 12. Juli 1797, und teilt diesem einen Tag später mit, daß er das Buch »aus dem »vorlezten Stück des monthly Review enlarged« kennengelernt habe. Die Rezension kam nicht zur Ausführung. – *Morgan:* George Cadogan Morgan (1754–1798), engl. Lehrer der Naturkunde in Southgate. Die irrigen Initialen J. O. gehen auf L.s Quelle zurück. – *Schraders Büchelchen:* »Versuch einer neuen Theorie der Electrizität«, erschienen Altona 1796 (1797), von Johann Gottlieb Friedrich Schrader (1763–1821), Prof. der Physik in Kiel. Vgl. auch SK 497, woraus hervorgeht, daß L. dieses Werk, das auf den Prinzipien der antiphlogistischen Chemie Lavoisiers beruht, zusammen mit einem Brief von Paul Christian Wattenbach erhalten hat (BL, Nr. 665). Vgl. SK 947. – *Langsdorfs Handbuch . . .:* Gemeint ist das »Handbuch der Maschinenlehre für Praktiker und akademische Lehrer«, Bd. 1, erschienen Altenburg 1797 (Bd. 2, 1799), von Karl Christian Langsdorf (1757–1834), Mathematiker und Technologe; studierte 1774–1776 in Göttingen; 1796 Prof. der Maschinenkunde in Erlangen. – *etwas von Vera's Maschine:* S. das oben nachgewiesene »Handbuch«, Kapitel 19, § 149, S. 283: »Von der Veraschen wasserhebenden Seilmaschine«: »Die Verasche Maschine ist eine Abänderung der Kastenkunst, die sich auf den Gedanken gründet, daß die Kästen wegbleiben können, wenn man sich statt der Kettenstücke eines oder mehrerer Seilen ohne Ende bedient, weil sich unten, beym Durchgang durch das Wasser, das Wasser an die Seilen anhängt und so mit in die Höhe geführt wird. Oben und unten dürfen die Seilen nur über Rollen gehen, da sich dann das Wasser oben abstreift. / Wenn der Gang dieser sehr simplen Maschine erst anfängt, so hängt sich freylich nur wenig Wasser an die Seilen an; indem aber der zuerst benetzte Theil eines solchen Seils aufwärts steigt, sinkt das daran befindliche Wasser allmählig tiefer und vereinigt sich mit den tiefer unten am Seil befindlichen Wassertheilen. Die hierdurch vergrößerte Wassermasse am Seil kommt nun wieder während dem Steigen des nassen Seilstücks immer höher und fliest am Seil selbst wieder zum Theil herab, wodurch es sich aufs Neue mit dem unten am Seil anhängenden Wasser vereinigt u.s.f. / Auf solche Art legt sich nach und nach rings um das Seil herum eine ziemlich starke cylindrische Wasserwand an, und die ganze Maschine kommt bald in den Beharrungszustand, wobey jedes Seil oben beym Umgang über die Rolle soviel Wasser in jeder Sek. fahren läßt als sich in ebender Zeit unten anhängt. Die Theorie dieser Maschine ist, ungeachtet des von der Ak. d. W. zu Göttingen schon vor mehreren Jahren darauf gesetzt gewesenen Preises, bis jetzt noch ganz unbearbeitet geblieben. Inzwischen haben Versuche im Kleinen die Brauchbarkeit derselben bewiesen.« Vgl. auch den Brief an Johann Friedrich Blumenbach vom 15. Juni 1786 sowie SK 187, 260. Es handelt sich bei dieser von Vera (Verat?), einem ital. Physiker, konstruierten Maschine um eine sog. Wassersäulenmaschine, die um die Mitte des 18. Jh.s erfunden wurde und hauptsächlich in Bergwerken als Wasserpumpe genutzt wurde, aber auch die Energiegewinnung aus hohen Wassergefällen ermöglichte. – *De la Métherie's Theorie der Erde . . .:* »Théorie de la terre«, erschienen Paris 1795 von Jean Claude de la Métherie; das Werk erschien übersetzt und mit einigen Anmerkungen von Christian Gotthold Eschenbach, nebst einem Anhang von Johann Reinhold Forster in 3 Teilen, Leipzig 1797–1798. – *Eschenbach:* Christian Gotthold Eschenbach (1753–1831), Prof. der Chemie in Leipzig, Übersetzer bedeutender naturwissenschaftlicher

Werke (Priestley, Fourcroy). – *Jenisch über Grund und Wert* ...: Vollständig lautet der Titel: »Über Grund und Werth der Entdeckungen des Herrn Prof. Kant in der Metaphysik, Moral und Ästhetik. Ein Akzeßist der Königl. Preuß. Akademie der Wissenschaften. Nebst einem Sendschreiben des Verfassers an Herrn Kant über die bisherigen günstigen und ungünstigen Einflüße der Kantischen Philosophien«, erschienen Berlin 1796. Daniel Jenisch (1762–1804), Prediger und Schriftsteller in Berlin. – *Poli's Elemente der Physik:* »Elementi di fisica sperimentale«, das zuerst Neapel 1787 erschien. Giuseppe Saverio Poli (1746–1825), ital. Arzt und Naturforscher, Prof. der Physik am Collegio Medico degl' Incurrabili in Neapel. – *worüber Volta lieset:* L. hat davon vermutlich nicht aus einem Brief, sondern aus dem »Intelligenzblatt der Allgemeinen Literatur-Zeitung Numero 68. Sonnabends den 27ten May 1797« erfahren, wo auf Sp. 561 unter der Rubrik ›Literarische Nachrichten‹ als erstes eine »Universitäten-Chronik« mit einer »Übersicht von den diesjährigen Vorlesungen der Universität Padua ...« gegeben wird. Volta las demnach über »Physicam specialem universam tam explanando lectiones Cl. Poli (Elementi di Fisica sperimentale T. 5. Venezia 1795) ...«. – *Deutscher Merkur* ... *Z. 9:* Die Anspielung ist unklar; an der von L. notierten Stelle beginnt der Aufsatz: »Von den verschiedenen Arten des Stils in den schönen Künsten überhaupt.«

S. 851 *Den 19ten Okt. 1796.:* Dieses Datum bezeichnet wahrscheinlich den Beginn der Sudelbuchführung.

1 *Nicht intolerant, aber intolerabel:* Über diese Bemerkung s. Jost Andreas Müller, Anmerkungen zu einigen Aphorismen Lichtenbergs, in: Neue Zürcher Zeitung Nr. 109, vom 23. April 1967. – *Herr S.:* L.s Assistent Seyde, über den er auch andernorts abfällig redet, möglicherweise aber auch Professor Seyffer oder Savage (Wildt).

2 *Der Weisheit erster Schritt* ...: Die Herkunft dieses Zweizeilers nicht ermittelt; womöglich ist L. selbst der Verfasser.

3 *Andreasberg* ... *abbrannte:* Auf dieses Ereignis im Oktober 1796 spielt L. auch L 903 an. S. Abb. S. 774. Vgl. auch SK 951. – *Weil er ein Bösewicht sein müsse:* Beispiele dieses Volksglaubens gibt L. mehrfach in seinen Briefen: vgl. den Brief an Johann Andreas Schernhagen vom 5. Juni 1780 und an Hjette Koch vom 15. Juni 1780.

4 *Marriage:* Zur Entstehung von L.s Erklärungen zu Hogarths Bilderzyklus vgl. KIII, S. 410. Der hier ausgeführte Gedanke ist in den Hogarth-Erklärungen nicht verwertet. – *alte Philosophie:* Diesen Ausdruck gebraucht L. auch in der »Rede der Ziffer 8« (III, S. 459); gemeint ist die vorkantische Philosophie, wie sie in Göttingen von Feder und Meiners vertreten wurde. *(besser):* Zu dieser Floskel s. zu D 246. – *mit modischer Auszierung der Köpfe beschäftigen:* Zu diesem Satz vgl. F 393 und Anm.

5 *Agio:* Ital. aggio ›Aufgeld‹; der über den Nennwert hinausgehende Ausgabebetrag eines Wertpapiers oder der Kurswert einer Geldsorte. L. verwendet den Begriff auch im Brief an Franz Ferdinand Wolff vom 3. Februar 1785.

6 *Bibliogonie* ... *Zensur oder der Zensor:* Zu der von L. geplanten, aber nicht ausgeführten »Bibliogonie« vgl. K 201 und Anm. – *im vorigen Bande:* Sudelbuch K; gemeint ist K 201. – *Swift sagt:* Das Zitat konnte nicht ermittelt werden. – *Papiermühle:* S. zu SK 72.

7 *Josua . . . Apollo beim Kragen faßt:* Vgl. J 885 und Anm. – *Bartels Reisen:* S. zu J 885.

8 *Un soldat . . . un bataillon:* Ein Soldat kann sehr wohl seinen General kritisieren, ohne deshalb fähig zu sein, ein Bataillon zu kommandieren. Das Zitat konnte nicht ermittelt werden.

10 *Sömmerrings vortrefflicher Schrift:* Samuel Thomas Sömmerring, »Über das Organ der Seele. Nebst einem Schreiben von Immanuel Kant«, erschienen Königsberg 1796 (BL, Nr. 896). Vgl. hierzu auch Peter Mc Laughlin, Soemmerring und Kant: Über das Organ der Seele und den Streit der Fakultäten, in: Soemmerring-Forschungen I, Stuttgart und New York 1985, S. 191–201. Sömmerring glaubte, das Organ im Liquor cerebro spinalis entdeckt zu haben, war weder bei den Fachkollegen noch bei Kant, dem die Abhandlung gewidmet war, eine günstige Aufnahme fand. – *Rings des Saturns:* S. zu A 255, J 2095. – *Das Ding dem:* In der Handschrift *Ding das.* – S. unten S. 46: L 311.

11 *qui certis . . . defendere:* wörtlich: »Qui certis quibusdam destinatisque sententiis quasi addicti et consecrati sunt eaque necessitate constricti, ut etiam, quae non probare soleant, ea cogantur constantiae causa defendere«, Cicero, »Quaestiones tusculanae« 2, 5. Denn dies ertragen mit unduldsamem Geiste nur jene, die gewissen bestimmten und fixierten Ansichten sozusagen verkauft und verschworen sind und durch solche Notwendigkeit gezwungen werden, auch das, was sie sie nicht zu billigen pflegen, um der Konsequenz willen zu verteidigen. (zit. nach Marcus Tullius Cicero: Gespräche in Tusculum. Lateinisch-deutsch mit ausführlichen Anmerkungen neu herausgegeben von Olaf Gigon, Darmstadt 1984⁵, S. 119). Die ungenaue Form des Zitats in L.s Text stammt wörtlich aus Bodes Montaigne-Übersetzung IV, S. 5, die zu K 179 nachgewiesen ist.

12 *Montaigne klagt über sein Gedächtnis:* L. notiert diese und wohl auch die andere Stelle, weil es sich um seiner Person wohlbekannte Schwächen handelt: »Es ist eine gar herrliche Sache ums Gedächtniß, ohne welches der Verstand kaum seine Dienste thun kann; mir fehlt es ganz und gar daran. Was man mir begreiflich machen will, das muß man mir in Stückchen vorlegen; denn auf einen Satz, der aus verschiedenen Gliedern besteht, zu antworten, das steht nicht in meinen Kräften. Ich muß immer meine Schreibtafel zur Hand nehmen, wenn man mir eine Commission aufträgt, und wenn ich einen etwas bedeutenderen Vortrag zu halten habe, der nur von einiger Länge ist, so bin ich zu dem elenden jämmerlichen Behelfe genöthigt, alles was ich zu sagen habe, von Wort zu Wort auswendig zu lernen: sonst hätte ich weder Anstand noch Dreistigkeit, und müßte immer fürchten, daß mir mein Gedächtniß einen hämischen Streich spielte. Aber auch dies Mittel wird mir nicht wenig sauer; ich brauche drey Stunden um nur drey Verse auswendig zu lernen, und nun kommt bey einem Aufsatze noch die Macht und die Freyheit hinzu, die Ordnung umzukehren, ein Wort zu verändern, mit den Materien abzuwechseln, wodurch es dem Verfasser immer schwerer ist, ihn recht ins Gedächtniß zu fassen. Je weniger ich ihm zutraue, je mehr verwirrt es sich. Zuwelen thut es mir zufälliger weise bessere Dienste. Nur muß ich es nicht mit Gewalt zwingen wollen, sonst wird es gar stutzig; und seitdem es angefangen hat zu schwanken, wird es immer blöder und eigensinniger, je mehr ich es anstrengen will. Es ist mein gewärtig nach seiner, aber nicht nach

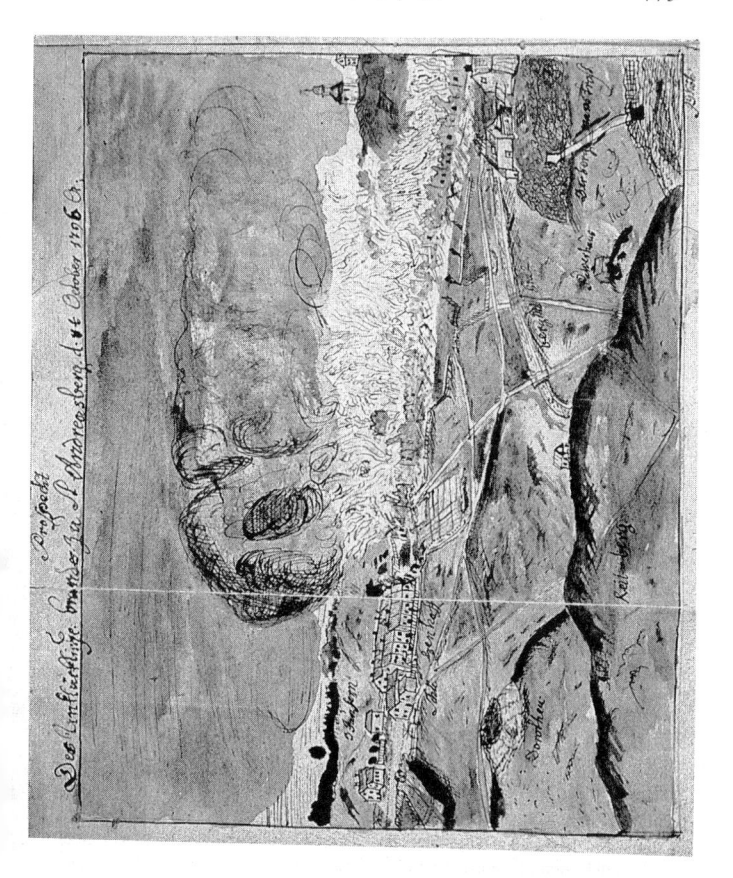

zu L 3

meiner Stunde. So wie es mir mit dem gedächtniß geht, geht es mir noch mit verschiedenen Sachen.« (zit. nach Bodes Montaigne-Übersetzung, 2. Buch, 17. Kap., S. 231 f., Berlin 1794 die zu K 179 nachgewiesen ist; vgl. auch ebd. S. 234–237). Über Gedächtnisschwund klagt L. etwa: J 273; s. die Anm. dazu. – *Er könne nicht rechnen:* »Bey alledem kann ich nicht rechnen, weder mit Zahlpfennigen noch mit der Feder« (ebd. S. 239). L. greift dies L 471 wieder auf. Montaignes Werk ist zu K 179 nachgewiesen.

13 *Haberechterei:* Charaktereigenschaft derjenigen, die ›immer Recht haben wollen‹; DWB 4, Sp. 81 führt lediglich Belege von Brockes und Bürger an; unter ›haberechten‹ wird ein Beleg aus Bodes »Tristam Shandy«-Übersetzung, angegeben. Das Wort konnte an der von L. angegebenen Stelle nicht nachgewiesen werden. – *Zungendrescherei:* DWB 15, Sp. 612, gibt zwei Belege von L.

14 περὶ 'απίστων: Über des Grammatikers Palaiphatos Schrift »Über die Ungläubigen« und L.s Plan eines neuen Palaephatus s. zu E 205.

15 *Marriage:* S. zu L 4. – *Weg in das bezauberte Schloß des Ehestands:* Dieser Satz ist in den Hogarth-Erklärungen nicht verwertet.

17 *Herrliche ... sammeln:* Dieser Satz, in der Handschrift nach L 20, ist durch Zeichen hierher verwiesen. – *Wenn aber einmal ein Linné:* Der Gedanke ist in den Hogarth-Erklärungen, III, S. 980 verwertet (vgl. auch KIII, S. 424). – *Merkels Geschichte der Letten:* Garlieb Merkels Schrift führt den Titel »Die Letten vorzüglich in Liefland am Ende des philosophischen Jahrhunderts. Ein Beitrag zur Völker- und Menschenkunde«, erschienen Leipzig 1797 (eigentl. 1796); vgl. auch L 23. Garlieb Merkel (1769–1850), Schriftsteller und Publizist, aus Lodiger in Livland gebürtig, gründete mit Kotzebue die Zeitschrift »Der Freymütige« (1808–1836); sein Werk über die Letten war eine Anklageschrift gegen Leibeigenschaft und Feudalismus. – *Müller-Esel:* Nach DWB 6, Sp. 2655 ein Esel, der die Mühle treibt und die Mahlsäcke tragen muß. – *Jagdhunde:* S. auch J 892. – *Graeff:* In der Handschrift *Gräf*; Heinrich Graeff, Verleger in Leipzig.

18 *Weder leugnen noch glauben:* Über diese Bemerkung s. Jost Andreas Müller, Anmerkungen zu einigen Aphorismen Lichtenbergs, in: Neue Zürcher Zeitung, Nr. 109, vom 23. April 1967.

19 *Geschichte von Arndts Paradies-Gärtchen:* Johann Arndts vielverbreitetes Gebetbuch »Paradeißgärtlein Voller christlichen Tugenden« erschien zuerst Leipzig 1612: »wie dieselbige in die Seele zu pflantzen, durch andächtige, lehrhafte und tröstliche Gebete, zur Ernewrung des Bildes Gottes, zur Übung deß waren lebendigen Christenthumbs und zu Erweckung des newen geistlichen Lebens«. Die Hessische Landes- und Hochschulbibliothek in Darmstadt, ehemals Groß Herzogliche Hessische Hof-Bibliothek, besitzt ein Exemplar von Nürnberg 1630. Auf dieselbe Anekdote wird auch im Brief an Johann Christian Dieterich und Frau vom 19. März 1772 angespielt. Johann Arndt (1555–1621), volkstümlicher Erbauungs-Schriftsteller, Vorbote des Pietismus.

20 Zur handschriftlichen Schreibung der Bemerkung s. zu D 53.

21 *Marriage:* S. zu L 4. – *Beim Stammbaum:* Der Gedanke ist in den Hogarth-Erklärungen, III, S. 917 verwertet; vgl. auch L 30. – *Mehltau:* Weißlicher Schimmelüberzug, der Pflanzen befällt und zerstört (DWB 6, Sp. 1870).

23 *Merkel in seiner ... Geschichte der Letten:* Vgl. L 17 und Anm. – *echappieren:* Frz. échapper ›entkommem, entrinnen‹. – *Das Gedicht:* Die zitierte Strophe steht bei Merkel, a.a.O., S. 373; der Text dort hat »ihren«. Das Merkels Buch angehängte Gedicht »Elegie auf einem Feste zu Warschau« ist von Johann Gottfried Seume, der 1794 als Offizier Katharinas II. die Schrecknisse der polnischen Erhebung gegen die russische Belagerung in Warschau miterlebte, die zur dritten Teilung Polens führte.

24 *Gilden-Geist:* Svw. ›Zunftgeist‹.

25 *eine Barbarei einzuführen:* Zu dieser Wendung, die L. Liscow (nachgewiesen zu KA 141) entnahm, vgl. F 528 und Anm. – *Jetzt im Herbst 1796 rüstet sich Rußland:* Gegen das revolutionäre Frankreich; s. auch den Brief an Jeremias David Reuß vom 9. November 1796 betreffs Meißner.

26 *Sperma ceti:* Walrat, bzw. Walfett, eine ölige, helle Masse, die sich im Kopf und der Wirbelsäule des Wales findet, jedoch früher für den Samen des Pottwals gehalten wurde (vgl. DWB 13, Sp. 4325). Vgl. den Brief an Johann Friedrich Blumenbach vom 7. November 1796; »Nachricht von einer Walrat-Fabrik« (III, S. 103); s. auch J 2064 und Anm. – *Schmeisser:* Johann Gottfried Schmeißer (1767–1837), bekannter Physiker und Chemiker, Hausgenosse Voghts in Flottbek, dann Apotheker in Altona. Von der »Schmeißerschen Maske« und einer »Sperma Ceti-Grube«, wohl eine Umschreibung L.s für dessen Fettleibigkeit, ist auch in dem oben nachgewiesenen Brief an Blumenbach die Rede.

27 *Not- und Hülfsbüchlein:* Zu dem Ausdruck, der auch L 211 begegnet, s. zu J 161.

28 *Schnitzer der Konzilien:* Womöglich spielt L. hier auf die von Papst Pius VI. 1786 einberufene Reformsynode in Pistoia an, in der sich die Kurie streng gegen das josephinische Reformprogramm aussprach, welche erst in der Bulle »Auctorem Fidei« vom 28. August 1794 verworfen wurde.

29 *Wie geht es, fragte ein Blinder einen Lahmen:* Der Scherz begegnet schon E 385.

30 *Marriage:* S. zu L 4. – *Bei dem Stammbaum nicht zu vergessen:* S. zu L 21.

31 *Ob der Mond bewohnt ist:* Vgl. L 30.

32 *Diezens Geschichte:* Vermutlich Reminiszens an Johann Andreas Dieze. – *Mediceische Venus:* Zur Venus von Medici vgl. auch L 625.

33 *Phantasie und Wein:* Darüber vgl. B 77 und Anm. – *vitiosior progenies:* Ein verderbteres Geschlecht; das Zitat stammt aus Horaz, »Oden« 3, 6, 48. L. zitiert dieses horazsche Wort auch im Brief an Friedrich Wilhelm Strieder vom 1. Januar 1787 und an Georg August Ebell vom 27. Dezember 1792. – *Produkt:* In der Handschrift *Producte*.

34 *den 28ten Okt. 96:* In der Handschrift *20ten*. – *Der politische Tierkreis:* Verfasser von »Der politische Thierkreis in seinem ganzen Umfange oder die Zeichen unserer Zeit«, erschienen Straßburg 1796, war Andreas Georg Friedrich Rebmann, später von Friedrich Ernst Albrecht (BL, Nr. 1109). L. bespricht diese Zeitschrift auch in einem Brief an Jeremias David Reuß vom 9. November 1796. Lektüre des »Politischen Tierkreises« vermerkt SK 953–955. – *Georg König:* Verleger in Straßburg. – *Asymptote:* S. zu F 489. – *sic in infinitum:* Und so in alle Ewigkeit.

36 *Nam ... Venus:* Mehrer des Reiches ist Mars anderen, Venus nur dir. Dieser Pentameter gehört zu dem bekannteren Hexameter »Bella gerant alii: tu, felix Austria, nube!« Verfasser des Distichons ist angeblich Matthias Corvinus, König von Ungarn (gest. 1490).

38 *irgendwo in meinen Büchern:* S. J 191.

39 *Leviathan:* Im Alten Testament der von Jehova überwundene Drache in Schlangengestalt; in der Apokalypse eine Erscheinungsform des Teufels; der Titel des staatspolitischen Werkes von Hobbes (1751) dürfte hier von L. schwerlich gemeint sein.

40 *vid.:* siehe.

41 *ex officio:* S. zu J 684.

42 *take care:* S. zu J 1969. *– langen Latte:* Auch Long lat, long lat, longlatend. Keine sexuelle Anspielung, sondern Umschreibung für jede Art von selbstverschuldetem Lapsus, abgeleitet von Long[itude] und Lat[itude]. Womöglich hat L. sie einmal gegenüber von Zach verwechselt. Vgl. auch SK 591, 594, 600, 641, 877, 889, 912, 913, 1000 und Tagebuch vom 13. Februar 1795: »Finde einen gestrigen bößen Eudiometer Streich, schrecklich, fast wie Long. lat.«; vom 11. Januar 1796, 9. März, 11. April, 31. Mai, 2. Juni und 5. juni 1796. Der gleiche Ausdruck begegnet auf der Innenseite des hinteren Deckels von L₁ S. 949.

43 *Postscriptum vacat:* Die Nachschrift fehlt.

44 *Traumbuch, ich glaube so etwas könnte ein guter Kalender-Artikel werden:* Dieser Gedanke ist nicht ausgeführt worden. Über L.s Beschäftigung mit dem Phänomen des Traums s. A 33 und Anm.; zur Idee eines »philosophischen Traumbuchs« vgl. schon F 684. *– weggeworfen:* S. zu F 860.

45 *Theater-Direktor von Ahlefeldt:* Ferdinand Anton Christian Graf von Ahlefeldt (1747–1815), dän. Hofmarschall, 1792–1794 Leiter des königlichen Theaters in Kopenhagen, Diplomat. *– Quid juris:* Was Rechtens ist. *– Klingberg:* Christian Klingberg (1765–1821), dän. Advokat und Schriftsteller, veröffentlichte 1794 in Kopenhagen die satirische Flugschrift »Quid juris«. *– die rote Mütze:* Gemeint ist das Singspiel »Das rothe Käppchen« (1788) von Karl Ditters von Dittersdorf (1739–1799), österr. Komponist unter Einfluß Glucks und Haydns; seine Singspiele, besonders »Doktor und Apotheker« (1786), waren bei den Zeitgenossen berühmt. *– freien Bemerkungen über Kopenhagen:* Die »Freien Bemerkungen über Kopenhagen in Briefen« von Anton Otto Schellenberg, Unteroffizier in Kopenhagen, erschienen Gotha 1796.

46 *Magister der Rechtschaffenheit:* Studierte Juristen.

47 *Die schändliche Geschichte:* Der Aufsatz »Verwahrungsanstalten der katholischen Kirchenobern in Hildesheim gegen Aufklärung und Kirchenverbesserung; oder Verbannung des Capuziner-Predigers, Xaverius Krass« findet sich im »Archiv für die neueste Kirchengeschichte« Bd. 3, 4. Stück, Weimar 1796, S. 568–608, hrsg. von Heinrich Philipp Conrad Henke. Die zitierte Stellen stehen dort S. 583 Anm., 585 Anm. *– Kraß:* Franz Xaver Kraß, bis 1795 Kapuziner-Prediger in Hildesheim; nach seiner Verbannung, in die er ohne Gründe zu erfahren, geschickt wurde, studierte er 1796 Medizin in Helmstedt, promovierte und praktizierte später in Bodenburg und Lichtenberg. *– Hildesheim:* Danach von L. gestrichen *Mich frappierte dieses so als wenn*

ich läse, daß Henkens: Heinrich Philipp Konrad Henke (1752–1809), Prof. der Philosophie und evangelischen Theologie in Helmstedt, 1786 Abt von Michaelstein; theologischer Schriftsteller und Kirchenhistoriker; Hrsg. des »Archiv für die neueste Kirchengeschichte«, Bd. 1–7, Weimar 1794–1798. – *viehmäßigen Stupidität des . . . katholischen Pfaffen-Pöbels:* Zu L.s Antikatholizismus s. zu C 223. – *Meerstern ich dich grüße:* Gemeint ist der Polarstern, an dem sich die Seefahrer orientierten; im Mittelalter bildlich auf die Jungfrau Maria bezogen. Das »Ave maris stella« ist ein seit dem 9. Jh. belegter Vesperhymnus der meisten Marienfeste, sein Verfasser unbekannt. L. war dieser Hymnus offenbar nicht unbekannt. – *ein Elefant . . . oder Pudel habe den Gedanken gehabt:* S. zu der Zusammenstellung E 113 und Anm. – *mitten unter Protestanten:* Der katholische Bischofssitz Hildesheim wird zur Mehrzahl von Protestanten bewohnt. – *Lumpenhund Bernhard von Offida:* L. bezieht sich auf den Aufsatz »Ein neuer Heiliger, Bernhard von Offida« im »Archiv für die neueste Kirchengeschichte«, ebd., S. 608–630. Bernhard von Offida, Domenico Peroni (1604–1694), ital. Geistlicher in Offida, der angeblich die Gabe zu Wundertaten, der Weissagung und des Rates besaß; am 25. Mai 1795 von Pius VI. seliggesprochen (Festtag ist der 1. September).

48 *Marriage:* S. zu L. 4. – *William Conquerer . . . ein Bastard:* Wilhelm der Eroberer war der »natural son« Roberts II., des Herzogs der Normandie. Die beiden Wendungen sind in der »Ausführlichen Erklärung« nicht verwendet. – *Bastard:* Über L.s Notizen von Bastarden in der Weltgeschichte s. zu D 630.

49 *Privat-Kannengießerei:* Zu L.s Abwandlung des ›geflügelten Wortes‹ von Holberg vgl. J 1001.

51 *Boltens Instrumente:* Joachim Friedrich Bolten (1718–1796), seit 1754 Physicus in Hamburg, ein an Physik interessierter Arzt, Medizinschriftsteller und Besitzer eines einzigartigen Conchylienkabinetts. L., der ihn persönlich kannte, erwähnt ihn auch im Brief an Johann Andreas Schernhagen vom 19. Juni 1778.

52 *Gabory:* Mechaniker in Hamburg.

53 *Göttingische Chronik von Bunting:* Gemeint ist die »Newe/Volstendige/ Braunschweigische und Luneburgische Chronica . . .«, Magdeburg 1620, zuerst erschienen 1584. – *Bunting:* Heinrich Bunting (1545–1606), Pfarrer in Lemgo, Gronau; Superintendent in Goslar; 1600 wegen abweichender Lehrmeinungen amtsenthoben, privatisierte er bis zu seinem Lebensende in Hannover. – *im Hannöverschen Magazin:* Die Angabe findet sich in dem von L. genannten Jahrgang und Stück des »Neuen Hannoverischen Magazins« vom Montag, den 14ten November 1796, innerhalb des von Pastor Rotermund aus Horneberg verfaßten Aufsatzes »Beiträge zur Geschichte der strengen und lang anhaltenden Winter der vorigen Zeiten«, Sp. 1457–1472. Buntings Werk wird hier allerdings nur einmal in den Fußnoten als »Goettingische Chronik« (Sp. 1463 t), aber korrekt angeführt.

54 *Aufsatz über das Einatmen:* Im »Journal der Erfindungen, Theorien und Widersprüche in der gesammten Natur- und Arzneiwissenschaft, herausgeben von Freunden der Wahrheit und Freimütigkeit«, Gotha 1796, 8. Bd., S. 1 ff., steht ein Aufsatz »Neuste Geschichte des Sauerstoffgas (der dephlogistisierten Luft) als Heilmittel betrachtet, veranlaßt durch den Streit zwischen Ferro und Scherer über diesen Gegenstand.« – *etwas von mir:* L.s Name kommt dem Aufsatz nicht vor. – *Die Verfasser:* August Friedrich Hecker

(1763–1811), Arzt und medizinischer Schriftsteller; Hrsg. der oben genannten Zeitschrift von 1792–1809 in Gotha.

55 *Wegen des Mineralien-Kabinetts . . . nach Freiberg zu schreiben:* An Abraham Gottlieb Werner? Zu Mineraliensammlungen L.s s. zu J 1137, SK 592.

56 *Altstadt:* L. verwendet das Wort in dem hier gegebenen Sinne in den Hogarth-Erklärungen, III, S. 914, vgl. hierzu KIII, S. 412.

57 *Greatheed:* Bertie Greathead besuchte L. laut SK am 2. September 1797 in Göttingen und fuhr mit ihm am 16. Oktober 1797 »auf den Garten«.

58 *In einem Lande . . . über einer Pulvertonne schlafen:* Vgl. auch K 294. Diese Bemerkung zit. Karl Kraus in seiner polemischen Satire »Dritte Walpurgisnacht« (verf. 1933, aus dem Nachlaß veröffentlicht 1952) gegen den Nationalsozialismus.

59 *(S. M. C. S. 13 Lion):* Die Initialen weisen zweifellos auf eine Eintragung L.s in eines seiner Hefte hin; welches gemeint ist, war nicht zu identifizieren.

60 *imit.:* Imitandum, zu dieser Floskel s. zu B 13.

61 *Eine Schicht utile und . . . dulce:* Das Zitat von Swift ist zu D 666 nachgewiesen.

62 *pp:* In der Handschrift *pp aus.*

63 *Ius Manium:* Das Recht der Manen. »De jure manium sive de ritu, more, & legibus prisci funeris libros III« von Gutherius war Leipzig 1671 erschienen; zur Sache vgl. W. H. Roscher, Ausführliches Lexikon der griechischen und römischen Mythologie, Leipzig 1894–1897, Bd. 2, Sp. 2321–2323. Jacques Guthierres (gest. 1638), frz. Parlamentsadvokat in Paris; machte sich durch sein Werk »De veteri jure pontifico« so beliebt, daß ihm vom Papst in Rom das römische Bürgerrecht verliehen wurde.

64 *der Pabst:* Pius VI. – *Pontinischen Sümpfe:* 40 km südöstlich von Rom gelegene, stark versumpfte Lagune, um deren Entwässerung sich Caesar, Augustus und nicht weniger als sechzehn Päpste, unter diesen auch Pius VI., vergeblich bemühten; die Urbarmachung gelang erst 1928. – *il seccatore:* Wörtl. der Austrockner; im übertragenen Sinne: jemand, der einen durch trockenes, langweiliges Zeug nervt; vgl. D 666. – *den Vatikanischen Apoll, den Laokoon, den Torso . . . verabfolgen lassen:* Im Friedensvertrag von Tolentino (19. Februar 1797) hatte sich Papst Pius VI. verpflichten müssen, eine Anzahl der hervorragendsten römischen und im Vatikanstaat befindlichen Kunstwerke, darunter den Apollo von Belvedere, Laokoon, den Torso des Herkules, Raffaels Transfiguration, an Frankreich auszuliefern. Diese durch den Vertrag von Tolentino erbeuteten Kunstwerke wurden »an Zahl und Bedeutung zu einem Meilenstein in der Entwicklung des Louvremuseums« (Paul Wescher, Kunstraub unter Napoleon, Berlin 1978, S. 66). Vgl. zu den frz. Requisitionen noch L 240, 426, 459. – *Laokoon:* Danach von L. etwas gestrichen.

65 *die Franzosen im Herbst 1796:* Napoleon, der im März 1796 den Oberbefehl über das frz. Heer übernommen hatte, gelang es die Koalitionsarmee (Sardinier und Österreicher) in Oberitalien zu schlagen und die Österreicher im Frühsommer bis hinter die Etsch zurückzudrängen; als die Österreicher unter General Wurmser versuchten Italien zurückzuerobern, wurden sie in Castiglione und Bassano (August/September) ebenso vernichtend geschlagen wie in Arcole (November 1796) und in Rivoli (Januar 1797). Nach dem

Frieden von Tolentino marschierte Napoleon über Kärnten bis in die Steiermark vor und erschreckte dadurch den Wiener Hof so, daß dieser bereits am 18. April 1797 dem Präliminarfrieden von Leoben zustimmte, der schon – wie auch der definitive Frieden von Campo Formio – von Österreich gewaltige Gebietsabtretungen an Venetien verlangte.

68 *Epaminondas:* Thebanischer Feldherr (ca. 420–362 v.Chr.), verfocht die Einheit Böotiens unter Thebens Führung; fiel in der Schlacht gegen Sparta in Mantineia. – *Kartoffeln-Luft:* Zu L.s Wortbildungen mit ›Kartoffel‹ vgl. E 267. – *Böotien:* S. zu D 416.

69 *Man hat heutzutage eine Kunst berühmt zu werden:* Diese Bemerkung schließt an die kritischen Notizen an, in denen sich L. mit Vielleren und Büchergelehrsamkeit, sowie dem Geniebegriff auseinandersetzt: s. zu B 204, E 157, F 216, J 145 – *Pasten:* Abdrücke alter, geschnittener Steine in einem Teig von Siegellack, Schwefel, Gips oder Glas. – *die Poesie des Cicero:* Von Ciceros poetischen Versuchen und metrischen Übersetzungen sind zu nennen: ein Epos zum Ruhme des Merius, ein Gedicht über sein Konsulat (63 v.Chr.) und eines über seine Verbannung (nach 57 v.Chr.).

71 *In transzendentem Verstand:* Zu diesem Ausdruck vgl. F 72.

73 *Hexameter... Pentameter:* Das erinnert an Goethes und Schillers berühmten Merkspruch in den Distichen aus den Jahren 1795–1796: »Im Hexameter steigt des Springquells silberne Säule, / Im Pentameter drauf fällt sie melodisch herab.«

75 *Schriftstellern von Profession:* Zu ähnlichen Wendungen vgl. F 348. – *Philosoph von Profession:* Diese Wendung begegnet auch III, S. 190. – *Hume... in seiner Geschichte von England:* Die Anekdoten über Hume entstammen einem Aufsatz über ihn in »The European Magazine and London Review: Containing the Literature, History, Politics, Arts, Manners & Amusements of the Age. Vol. 30. From July to Dec. 1796. For August.«, 1796, 2. Stück, S. 82: »Hume having asserted in his History of England, that if ever the National debt came up to *one hundred millions* this country would be ruined, was asked by a friend, how he could make such a mistake, seeing that a debt was then far above that sum, and likely to be much more? ›Owing to a mistake, Sir (says he), common to *writers by profession*, who are often obliged to adopt statements on the authority of other people«; er ist Teil einer sich durch mehrere Bde. hindurchziehenden Rubrik mit dem Titel »Table talk of characters, anecdotes etc. of illustrious and celebrated british characters during the last fifty years«. S. auch L 77, 118, 186. Humes Geschichte von England ist zu F 118 nachgewiesen. – *sobald:* In der Handschrift *sobald sich.* – *It is owing ... other people:* Dies ist ein verbreiteter Fehler unter professionellen Schriftstellern, die oft gezwungen sind, Aussagen auf Grund der Autorität anderer Leute zu übernehmen.

76 *Sachen ... Wörter:* L.s alte Kritik, wie auch G 40 artikuliert.

77 *Hume:* In dem zu L 75 nachgewiesenen Magazin (S. 82) heißt es: »When Hume was complimented by a Noble Marquis now living, on the correctness of his stile, particulary in his History of England – he observed, ›If he had shewn any peculiar correctness, 'twas owing to the uncommon care he took in the execution of his work, as he wrote it over *three times* before he sent it to the press.« – *Lansdowne:* Sir William Petty first Marquis von Lansdowne (1737–1805), einer der unpopulärsten Politiker seiner Zeit. – *Geschichte von England:* S. zu F 118. – *Buffon tat es auch:* Zu dem Nachweis s. zu L 75.

78 *umständlich erzählt:* Vgl. das »Frankfurter Staatsristretto«, 186. Stück, vom Samstag, den 26. November 1796, S. 930 f., unter der Rubrik ›Vermischte Nachrichten‹. – *Orden La Trappe:* S. zu J 899; der Orden wurde während der Frz. Revolution aus Frankreich vertrieben. – *Freiherrn von Droste:* Kaspar Maximilian Freiherr von Droste-Vischering (1770–1846), seit 1795 Bischof von Münster. Die Ansiedelung der Trappisten in dt. Gebiet begann in Darfeld, Kreis Coesfeld. – *Paderborn:* Für L. Inbegriff des Erzkatholizismus und der Gegenaufklärung; s. auch zu E 336. – *Beschreibung der Lebensart der Ordensgeistlichen . . . von La Trappe:* L. zitiert fast wörtlich den »Ristretto-Artikel«; der Verfasser der Schrift ist unbekannt.

79 *da man noch nicht denkt, wie alt man ist:* Zu L.s Altersreflexionen s. H 170.

80 *Marriage I.:* S. zu L 4. – *Bastard:* S. zu L 48. – *Dartmouth:* Kleine Hafenstadt in der Grafschaft Devon südlich von Torquay im Südwesten Englands. – *Edmund Bastard:* Wahrscheinlich ist John Pollexfen Bastard (1756–1816) gemeint, der seit 1784 Parlamentsmitglied für Devon war.

81 *William Mellish:* Vater von Joseph Charles Mellish (gest. 1796). – *Grimsby:* Früher ›Great Grisby‹ genannt, Stadt in Lincolnshire, vormals bedeutender Seehafen. – *mein Korrespondent:* Joseph Charles Mellish (1769–1823), engl. Diplomat; Übersetzer Goethes und Schillers; lebte seit 1797 in Weimar und Dornburg. Ein Empfehlungschreiben für ihn ist als undatierbarer Brief an Jeremias David Reuß (IV, Nr. 782, S. 1018) überliefert. – *Es war . . . tod:* Die Bemerkung wurde von L. nachträglich hinzugefügt.

82 *Marriage I.:* S. zu L 4. – *Etwas über die Stellungen worin man sich malen läßt:* Dies Motiv ist in den Hogarth-Erklärungen nicht verwertet.

83 *Büsch's Bemerkung von der Lage der Handelsstädte:* In C. D. Ebelings und Büschs »Handelsbibliothek«, Hamburg 1786, Bd. 2, 1. Stück, S. 52–89: »Noch ein Wort über den Zwischenhandel, insonderheit in dem nördlichen Europa, und über den Unterschied der Niederlagen, Stapelstädte und Marktplätze«. – *transzendent machen:* Zu dieser Wendung vgl. F 72.

84 *Marriage I.:* S. zu L 4. – *Alderman:* Nach DWB 1, Sp. 203 ›Primarius, Senator‹, im 18. Jh. nach dem engl. ›alderman‹ ins Deutsche übertragen; vgl. auch Hogarth-Erklärungen, III, S. 914, 986, 1056. – *große Schnallen . . . kleine:* Dieses Motiv ist in den Hogarth-Erklärungen nicht verwertet.

86 *Rhaeticus:* Georg Joachim von Lauchen (1514–1576) aus Graubünden, daher Rhaeticus genannt, Prof. der Mathematik in Wittenberg; Zeitgenosse von Luther und Melanchthon. L. nennt ihn mehrfach im »Leben des Copernicus« (III, S. 142; s. auch KIII, S. 64). – *physische Pandekten:* Der Gedanke kehrt auch L 129 wieder. »Pandekten des Whistspieles« kommen in den Hogarth-Erklärungen, III, S. 927 vor. Über Pandekten s. zu B 36.

87 *Verfasser des Hesperus:* Jean Paul (Johann Paul Friedrich Richter; 1763–1825), dt. Dichter, der mit dem Erscheinen seiner Romane »Die unsichtbare Loge«, Berlin 1793, und »Hesperus«, Berlin 1795, ersten Ruhm erlangte; besuchte 1796 auf Einladung von Charlotte von Kalb Weimar, wo er – wie auch 1798 in Leipzig – begeistert aufgenommen wurde; 1799 Legationsrat in Berlin, ab 1803 wieder in seinem Geburtsort Bayreuth ansässig. Die anderen hier genannten Werke des schwer einzuordnenden Dichters erschienen Berlin 1796 und nehmen den später in »Die Vorschule der Ästhetik« (Hamburg 1805) theoretisch entwickelten Begriff des Humors und des Komischen vorweg. Zu L.s außerordentlich hoher Schätzung Jean

Pauls vgl. L 581, 592, und den Brief an Johann Friedrich Benzenberg vom Juli 1798. Über die geistige Verwandtschaft beider Männer handelt Hans Esselborn, Jean Paul als Leser Lichtenbergs. Zum Verhältnis von Naturwissenschaft und Dichtung, In: Lichtenberg-Jb 1988, S. 129–152. L. besaß den Roman »Hesperus, oder 45 Hundsposttage«, T. 1–3, Berlin 1795 (BL, Nr. 1614). – *Siehe unten p. 70:* Gemeint ist L 514.

88 *Taxe:* Die im 18. Jh. übliche Bezeichnung für Steuern.

89 *Editio princeps:* Erstausgabe. – *Siehe S. 13.:* Gemeint ist L 92.

90 *Bergers Aphorismen:* Der genaue Titel ist »Aphorismen zu einer Wissenschaftslehre der Religion von D. Berger«, Leipzig 1796. L. zitiert das Buch auch L 905. In seiner Vorerinnerung, S. VII, nennt Berger »Kants Religionsphilosophie und Fichtes Offenbarungskritik« als die von ihm vorzüglich benutzten Werke. Bewußt nimmt Berger den Terminus »Wissenschaftslehre« auf, denn wie Fichte die wissenschaftliche Grundlegung der Philosophie zum Ziel hatte, so wollte Berger die der Religion leisten. – *Berger:* Immanuel Berger (1773–1803), Magister und theologischer Repetent in Göttingen; Mitarbeiter an den GGA; 1802 Oberpfarrer in Schneeberg. – *S. 17 . . . Zeile 7:* Bei Berger *und dieses.* – *S. 20 . . . Zeile 1:* Bei Berger irrtümlich *Der theologische Beweis.* – *S. 24:* L.s Korrektur bezieht sich auf die kantische Definition vom ›Willen‹ als dem Vermögen, sein Begehren durch Begriffe, bzw. Vernunft bestimmen zu können, das streng von der der Sinnlichkeit, d. h. dem Vermögen durch Gegenstände affiziert zu werden, geschieden ist. »Er darf sich nicht von einem Gegenstande, den er sich als groß und erhaben denkt, schwach affiziren lassen, oder seinen Willen in einem geringen Grade durch ihn affiziren lassen.« – *S. 151 Note Z. 9: ungebildeten* statt *wahren* bezieht sich dort auf Abrahams Nachkommen. – *S. 167. Zeile 17:* Eigentlich Zeile 16; im Exemplar der Landesbibliothek Hannover ebenfalls handschriftlich korrigiert, wie auch *theologische.*

91 *La Sainte Pucelle:* Frz. ›Die Heilige Jungfrau‹; Jeanne d'Arc, die Jungfrau von Orléans. – *vierge:* Frz. ›Jungfrau‹. – *Voltaires Übersetzung von Gesners:* S. zu F 467.

92 *ad p. 12.:* L 89, an den der Satz unmittelbar anschließt. – *ad:* In der Handschrift *ad..*

93 *meinen Knaben George:* L.s 1786 geborener, ältester Sohn Georg Christoph, genannt George. – *Auswahl der besten Briefe Cicero's:* Die hier genannte Ausgabe von Ciceros Briefen ist Teil der von Johann Heinrich Campe in Braunschweig bei Vieweg (Berlin) von 1790–1800 hrsg. »Encyclopädie der lateinischen Klassiker« für den Schulgebrauch. – *Weiske:* Benjamin Weiske (1748–1809), Altphilologe und Pädagoge; seit 1795 Konrektor der Schulpforta zu Naumburg.

94 *Marriage I.:* S. zu L 4. – *Physische . . . Kräfte:* Dieser Ausdruck ist ähnlich in den Hogarth-Erklärungen, III, S. 914 verwertet.

95 *Müller in seiner ersten Anmerkung zu Kopernikus Revolution:* »Rogatus quidam, ut deum definiret, hinc inscite respondit: deum esse sphaeram, cujus centrum sit ubique, superficies nusquam«; Mulerius, »Copernici astronomia instaurata cum notis«, Amsterdam 1617, S. 1. L. zit. das Buch mehrfach in seinem »Leben des Copernicus« (III, S. 168). – *Müller (Mulerius):* Nicolaus Mulerius (1564–1630), Prof. der Medizin und der Mathematik in Groningen; Direktor der Ostindischen Gesellschaft.

96 *Ziska's:* Johann Ziska von Trocnow (um 1370–1424 zu Trocnow im Budweiser Kreis), für seine Grausamkeit berüchtigter Feldherr der Hussiten, verteidigte nach Wenzels Tod Prag gegen das dt. Kreuzheer, siegte in der Schlacht bei Deutsch-Brod 1422 entscheidend gegen Siegmund.– *goldnes Vlies:* Um das Goldene Vlies zu holen, brechen in der griech. Sage die sog. Argonauten von Pelion – die Helden um Jason, den sein Oheim durch diese sinnlose Reise ins Verderben stürzen wollte – nach Kolchis auf und kehren erst nach zahlreichen Abenteuern nach Hause zurück. Vgl. auch Hogarth-Erklärungen, III, S. 922.

97 *Pope's Lockenraub:* Darüber s. zu K 203.

99 *Marriage I.:* S. zu L 4. – *Etwas über die Baufälligen:* Dieser Gedanke ist in den Hogarth-Erklärungen nicht verwertet. – *rudera:* Lat. rudus ›Schutt‹.

100 *das Apportieren beibringt:* Von L. verbessert aus *apportieren lehrt.* Dieser Gedanke ist in den Hogarth-Erklärungen, III, S. 980f. verwertet. – *das eigentliche Genie:* Hier nimmt L. Gedankengänge der siebziger und achtziger Jahre auf; vgl. C 194, D 530, E 157, 504, 505.

101 *glücklich sind:* In der Handschrift *ist.* – *Spitzen der Armeen ... Ist im Hogarth genützt:* Spätere Hinzufügung L.s; gemeint sind die Hogarth-Erklärungen (III, S. 924).

102 *Freimütige Gedanken ...:* Die »Freymüthigen Gedanken über die allerwichtigste Angelegenheit Teutschlands, seinem und anderen Fürsten ohrerbietig zur Prüfung und Beherzigung vorgelegt von einem Freunde des Vaterlandes« erschienen Germanien (Zürich) 1794 in 1., 1796 in 3.Aufl.; Verfasser ist Franz Joseas von Hendrich (geb. 1752), Regierungsrat in Meiningen.

103 *Cellini macht die vortreffliche Bemerkung:* »Zwar sagt man: Du wirst nun lernen ein andermal klüger sein; aber ich finde den Spruch nicht richtig, denn was uns begegnet, kommt immer auf eine so verschiedene Weise, wie wir uns nicht haben einbilden können«, sagt Cellini in seiner »Selbstbiographie« nach Goethes Übersetzung (Münchner Ausgabe, Bd. 7, S. 289). L. las sie mit Begeisterung in den »Horen«; vgl. seinen Brief an Johann Wolfgang Goethe vom 17. September 1796. – Benvenuto Cellini (1500–1571), ital. Goldschmied und Bildhauer, dessen Lebensbeschreibung (»Vita«, erste lückenhafte Ausgabe 1728 in Italien), die zu den wichtigsten Denkmälern der ital. Sprache gehört, übersetzte Goethe 1796. Mit seinem Schreiben vom 15. Januar 1796 hatte L. diesem selbst das ital. Exemplar der Autobiographie aus der Göttinger Bibliothek zugeschickt.

105 *Marriage:* S. zu L 4. – *der Herr scheint ... Stunden:* Diese Motive sind in den Hogarth-Erklärungen nicht verwertet.

106 *bestehen:* In der Handschrift *giebt.* – *in den Familien ... wie ... in den größten Staaten:* Vgl. K 290. – *mutatis mutandis:* Lat. ›mit den notwendigen Abänderungen‹. – *Lettres de Cachet:* Frz. ›Verhaftungsbefehle‹.

107 *Subtilis im Lateinischen:* Zu L.s Aversion gegen Subtilität und Superklugheit vgl. D 445. – *dicendi genere:* Lat.›auf den Stil bezogen‹. Lat. *subtilis* ›1. fein, 2. scharfsinnig, 3. schlicht, einfach‹.

108 *Schattenbilder (idola):* Vgl. dazu J 1065 und Anm.

109 *Bei den Alten dienten die Silenfiguren:* Diese Notiz ist einem Aufsatz Morgensterns »Ueber des Herrn Grafen Fr. Leop. zu Stolberg Uebersetzung auserlesener Gespräche Platon's« in der »Neuen Bibliothek der schönen

Wissenschaften und der freyen Künste«, 1797, Bd. 59, S. 3–54 entnommen; L. bezieht sich auf S. 51. Johann Karl Simon Morgenstern (1770–1852), 1797 Prof. der Philosophie in Danzig, 1802 in Dorpat, vielseitiger Schriftsteller, Mitarbeiter an Wielands Merkur und anderen Zeitschriften. – *imit:* Imitandum; zu dieser Floskel s. zu B 13.

110 *Stedman (Narrative . . .):* Stedmans Buch führt den Titel »Narrative . . . the revolted negroes of Surinam in Guiana on the wild coast of South America from the year 1772 to 1777«, London 1796. Vgl. noch L. 359, 428–431. Die hier notierte Stelle, die L 429 wiederholt ist, findet sich dort Bd. 2, S. 198. Sie liegt L.s Miszelle »Jüdische Industrie neben holländischer Frugalität« im GTC 1799, S. 210f., zu Grunde. Der »Neue Teutsche Merkur«, Bd. 1, Weimar 1798, S. 236, empfiehlt die von Kries und Jakobs in Gotha unternommene »Zweckmäßige Bearbeitung« dieses Werks, die 1797 bei Hofmann in Hamburg unter dem Titel herauskam: »Stedmann's Nachrichten von Surinam, Auszug aus dem englischen Original«, mit einer Karte und Kupfern: »ein wahrer Gewinn der nützlichen und unterhaltenden Reiselektüre«. – *Stedman:* John Gabriel Stedman (1745–1797), engl. Captain. – *Herrn Reinsdorf:* In der Handschrift des oben zitierten Kalender-Artikels wie auch L 429 schreibt L. *Reynsdorp.* – *einen portugiesischen Juden:* Zu L.s Antisemitismus vgl. auch zu J 128. – *(Siehe unten p. 60 Kol. 2):* Gemeint ist L 429. – *Col.:* Kürzel für Kolumne.

111 *Marriage:* S. zu L 4. – *Die Katzen-Uhren . . . Hunde-Uhr . . .:* Diese Motive sind in den Hogarth-Erklärungen, III, S. 932 verwertet.

112 *Treatise on the Police of the Metropolis:* »A treatise on the police of the metropolis containing a detail of the various crimes and misdemeanors – and suggesting remedies for their prevention«, London 1797. Eine lobende Besprechung in dem »Neuen Teutschen Merkur« 1798, Bd. 1, S. 23 nennt das Werk eine »moralische Nosologie« und stellt es über Merciers »Tableau de Paris« (s. zu J 212). – *Colquhoun:* Patrick Colquhoun (1745–1820), 1792–1818 Vorsteher des städtischen Polizeimagistrats von London. – *Deprädation:* Gallizismus; frz. déprédation ›Plünderung, Raub‹.

113 *Gott katholisch ist:* Zu L.s Anti-Katholizismus s. zu C 223.

114 *Joseph Anton Weißenbach:* (1734–1802), Jesuit, Dr. der Theologie, Lehrer in Luzern; Kanonikus zu Zurzach; verfaßte zahlreiche religiöse Schriften; »Neue durchaus verbesserte Monachologie aus ächten Urkunden und historischen Quellen« 1796 (eigentlich 1705). – *Monachologie:* Lehre vom Mönchswesen. – *gegen Herrn von Born:* Zu dieser Anspielung s. zu J 1172; s. auch den Brief an Johann Andreas Schernhagen vom 1. September 1783.

115 *gegen 9000 Schriftsteller:* Diese Notiz ist einer Rezension der fünften Auflage des ersten Bandes von Hambergers und Meusels »Gelehrtem Deutschland« (AdB 29, S. 159) entnommen.

118 *Hogarth. March to Finchly:* »The March to Finchley«, Kupferstich und Radierung 1750; das Gemälde wurde in einer Lotterie verlost und gelangte so in das Londoner Waisenhaus, dem Hogarth die nicht verkauften Lose überlassen hatte. L. besprach den »Ausmarsch der Truppen nach Finchley« im GTC 1789, S. 177–205. S. im übrigen zu KA 277. – *Finchley:* »Ein Flecken 12 englische Meilen von London auf der nördlichen Heerstraße« (GTC 1789, S. 177 Fußnote). – *European Magazine's:* Die hier berichtete Anekdote findet sich in »The European Magazine« 1796, Bd. 2, S. 246 (s. zu L 75), in dem

Georg II. betreffenden Kapitel unter der Rubrik »Table Talk or Characters, Anecdotes, of illustrious an celebrated British Characters, during the last fifty years. (Most of them never before published)«: »When the Guards returned from Germany in 1745 (where they behaved with great gallantry), fresh troops were necessary to be sent against the Rebels, who had landed the latter end of the same year in Scotland, and the King, though he always respected and depended upon the Guards, had a delicacy in applying so recently after their campaigns. He applied to a confidential General-officer for advice, who gave it as his opinion, that he should call a military levée by way of experiment. The levée was accordingly announced, and all the officers attended, when the King, coming into the Circle, thus addressed them: ›Gentlemen, You cannot be ignorant of the present precarious situation of our country, and though i have had such recent instances of our exertions, the necessity of the times, and the knowledge i have of our hearts, induce me to demand your services again; so that all of you that are willing to meet the Rebels, hold up your right hands all those who may, from particuliar reasons, feel it an inconveniance, hold up your left.‹ On the instant all right hands in the room were up, which so affected the King that, in attempting to thank them, he shed tears and retired. / The Guards next morning marched to Finchley, and were accompanied with the prayers, the acclamations, and the bounties of the Public. / When Hogarth, some years afterwards, made a sketch of this march to Finchley, it was shewn to the King, who did not seem pleased with the idea, and said, He would not have his brave soldiers turned into ridicule. Hogarth, who had, previous to this, ment to dedicate it to the King, took the hint, and dedicated it to the late King of Prussia ...«. – *Als im Jahr 1745:* Das Heer, das an der Spitze der sog. ›pragmatischen Armee‹ in Deutschland gegen die spanisch-französische Koalition auf Seiten Österreichs gekämpft hatte, kehrte 1745 zurück und mußte sogleich gegen den Aufstand der Jakobiten, der, angeführt durch den in Schottland gelandeten Prätendenten Karl Eduard 1746 niedergeschlagen wurde, geschickt werden. – *der König:* Georg II. von England. – *military Levee:* Militärische Aushebung. – *verlangen Sie:* In der Handschrift *daß sie.* – *dedizierte es dem Könige von Preußen:* Friedrich II. – *vor dem Gebrauch:* L. notierte sich die Anekdote wohl für die geplante ausführliche Erklärung des »March to Finchley«, die aber nicht zur Ausführung gelangte.

119 *Apogeo:* Vgl. F 246

120 *Reichs-Anzeiger:* Im »Reichs-Anzeiger« Nr. 36, Sonnabends. 11. Februar 1797, Sp. 380, steht unter der fettgedruckten Überschrift »Allerhand« folgende Notiz: »Auf die Aufforderung in Nr. 185 d. R. A. v. J. wegen öffentlicher Bekanntmachung der schlechten Wege. Einer der schlechtesten Wege ist die Straße von Zeiz nach Pegau. Es ist ein schwarzer lockerer Boden, so bald als es daher nur etwas stark regnet, so ist er kaum mehr befahrbar.« – *Zeitz ... Pegau:* Zeitz, an der weißen Elster im ehemaligen Regierungsbezirk Merseburg gelegene Kreisstadt; Pegau war Amtsstadt in der Goldenen Aue an der Elster im Kreis Leipzig.

121 *Marriage:* S. zu L. 4. – *Gicht- und bank-brüchig:* Die hier angeführten Ausdrücke sind in den Hogarth-Erklärungen, III, S. 914 verwertet.

122 *Elektion:* Bezieht sich auf Hogarth' »Election entertainment«, von der L. schon im GTC 1787, S. 232–244, eine kurze Erklärung gegeben hatte; offenbar plante er auch hierfür eine »Ausführliche Erklärung«.

123 *Marriage:* S. zu L 4. – *Apotheker-Szene ... in einem Dialog ausgeführt:* Diese Gedanken sind nicht in den Hogarth-Erklärungen verwertet.

124 *Amici fures temporis:* Freunde stehlen die Zeit. Diesen Ausspruch Samuel Johnsons entnahm L. aus Boswell, »The life of Samuel Johnson«, London 1791 (dt. Ausgabe des 1. Bd. 1797), S. 606. Das Werk ist zu J 779 nachgewiesen.

125 *Adjutant des Todes:* Vgl. auch L 101, 117.

128 *Hic jacet Scaligeri (Julii Caesaris) quod fuit:* Scaligers, »Julii Caesaris Scaligeri Poetices libri septem.« (Faksimile-Neudruck der Ausgabe Lyon 1561 mit einer Einführung von August Buck. Verlag Frommann-Holzboog 1970) beeinflußte die dichterische Theorie und Praxis von Opitz bis Klopstock. – *Hic ... fuit:* Hier ruht von Scaliger, was er gewesen. Julius Caesar Scaliger (1484–1558), frz. Philologe, Humanist und Dichter, Vater von Joseph Justus Scaliger.

129 *Der Titul Pandekten:* S. L 86 und Anm.

130 *Ew. Hochedelgeboren:* Zu dieser Titulatur vgl. auch L 145.

131 *Marriage:* S. zu L 4. – *Nach dem Frankfurter Ristretto:* Im »Frankfurter Staats-Ristretto«, 34. Stück vom 28. Februar 1797, S. 169, unter der Rubrik »London, vom 14. Febr.« Die Notiz wurde in den Hogarth-Erklärungen, III, S. 989 verwertet.

131 *Angerstein:* John Julius Angerstein, begründete die Versicherungsgesellschaft Lloyd in ihrer heutigen Form; die Bilder gingen 1824 mit dem Rest der Sammlung in den Besitz der Londoner National Gallery über; vgl. auch Hogarth-Erklärungen, III, S. 989.

133 *ihr H. H.:* Hochwohlgeborene (?) Herren.

134 *Marriage:* S. zu L 4. – *Braut und das alles gehört ihr:* Die hier notierten Ausdrücke sind in den Hogarth-Erklärungen nicht verwertet.

139 *Taxus-Bäume:* Eibenbäume. Man benutzt die meist strauchförmig kultivierte Eibe zu Lauben, Hecken, und namentlich zu Ludwigs XIV. Zeiten spielte sie eine große Rolle in Gärten.

141 *das Wort unvergleichlich im Deutschen:* Diesen Gedanken greift L. L 288 wieder auf; s. auch J 661.

142 *[62]erlei Arten:* L.s Fehler in der Numerierung – es folgt 4) unmittelbar auf 2) – wurde nicht verbessert, weil ansonsten auch seine Berechnung der 62 Arten hätte verändert werden müssen. – *Schlaf:* Schläfe. – *fast zugedrückt:* In der Handschrift *zugedrückt wird*.

143 Die Bemerkung, von L. gestrichen, stellt die erste Fassung des Anfangs von L 144 dar.

144 Ein ähnlicher Gedanke findet sich in den Hogarth-Erklärungen, III, S. 1041, 1044 verwertet. – *gewidmet sind:* In der Handschrift *ist*. – *das Carmen und das Gedicht:* Diese Unterscheidung trifft L. auch in dem Aufsatz »Trostgründe für die Unglücklichen, die am 29ten Februar geboren sind« im GTC 1793, S. 111. – *Wolff:* Wohl Anspielung auf Christian Wolffs »Elementa Chronologie«, Halle 1714. – *Conditio sine qua non:* Unerläßliche Bedingung; etwas, ohne das etwas anderes nicht erfolgen kann.

145 *Hoch- ... Edelgeborner:* Vgl. auch L 130, sowie ähnlich in den Hogarth-Erklärungen, III, S. 1046.

146 *Doppelter Prinz:* S. zu dieser Roman-Idee L.s zu H 1; vgl. auch III, S. 615.

147 *Interjektions-Zeichen haben . . . zugenommen:* S. dazu L. selbst in D 114; vgl. auch SK 395.

148 *Ox Noble:* Engl. Kartoffel-Art, wörtl. edler Ochse.

149 *Der Vernunft und der Wahrheit Huldiger:* Womöglich ist dieser Satz eine Anspielung auf die Formulierung des Zeitschriften-Titels in L 54.

150 *Pomona, Potatona:* Pomana, römische Göttin des Obstes, bei Ovid die Geliebte des Vertumnus, bei anderen Gemahlin des Laurenterkönigs Picus. In Analogie hierzu meint L.s Wortspiel wohl die Göttin der Kartoffel; zu L.s Wortspielen s. zu B 156.

151 *Noch kein Rab . . .:* Die Verse finden sich in Georg Rollenhagens »Froschmeuseler« (BL, Nr. 1621); vgl. auch Hogarth-Erklärungen, III, S. 975 Fußnote. – *Rollenhagen:* Georg Rollenhagen (1542–1609), Rektor in Halberstadt, Hofmeister in Wittenberg, seit 1575 Rektor in Magdeburg, wurde durch den fälschlich Homer zugeschriebenen Hymnenzyklus »Batrachomyomachie« angeregt. – *neuen Magazin für vaterländische Alterthümer:* Gemeint ist »Braga und Hermode«, vormals »Bragur«. Magazin für die vaterländischen Alterthümer der Sprache, Kunst und Sitten«, ab 1796 bei Heinrich Gräff in Leipzig unter dem Titel »Braga und Hermode oder Neues Magazin für die vaterländischen Alterthümer der Sprache, Kunst und Sitten«. L.s Zitat findet sich ebd., Bd. 1, 2. Abteilung, S. 72 unter »Sentenzen aus dem Froschmäuseler« (S. 68–72); der Text dort hat *Ja* statt *Noch, hunger* statt *Hunger, Gsang* statt *Gesang*.

152 *Mein Nerven-Übel:* S. zu J 252.

153 *Braga und Hermode:* Diese Notizen sind wörtlich einem Aufsatz »Erklärung altteutscher Worte« in Gräters zu L 151 nachgewiesener Zeitschrift, S. 166–167 entnommen. Friedrich David Gräter (1768–1830), Germanist, nord. Altertums- und Mundartforscher, gab die ersten germanistischen Zeitschriften heraus: »Bragur« (1791–1793), 3 Bde., fortgesetzt als »Braga und Hermode« (1796–1802), 4 Bde. – *(Hämling) . . . Kastrat:* Darüber vgl. F 30 und Anm.

155 *es gebe eine Menge Dinge im Himmel und auf der Erde:* Anspielung auf »Hamlet« I, 5: »There are more things in heaven and earth, Horatio, than are dreamt of in our philosophy.« – *aber dafür stehn aber auch:* Abweichend von Leitzmann entsprechend der Handschrift restituiert.

157 *Wispre . . . unsterbliche Muse:* Nach Leitzmann spielt L. auf den Anfang von Klopstocks »Messias«: »Sing, unsterbliche Seele, der sündigen Menschen Erlösung, / Die der Messias auf Erden in seiner Menschheit vollendet«; für L. bemerkenswert ist aber seine Übertragung ins Politische.

160 *Mr. Hotham, . . . hot ham:* Mr. Hotham, darf ich Ihnen eine Scheibe heißen Schinken reichen? – *Geschichte des Mannes . . . , der seinen Kindern abends Fixsterne schenkt:* Dieser Gedanke kehrt auch L 175, 541 wieder.

161 *Ireland der Betrüger:* William Henry Ireland (1777–1835), engl. Schriftsteller, berüchtigt durch seine Shakespeare-Fälschungen (1796), die von E. Malone aufgedeckt wurden.

162 *Werk von Gregory:* Gemeint sind wohl Gregorys London 1793 erschienenen »Lessons astronomical and physical« oder das in L.s Besitz befindliche Werk (BL, Nr. 1299) »The Economy of Nature explained and illustrated on the Principles of modern Philosophy«, erschienen London 1796 in 3 Bden, von George Gregory (1754–1808), engl. Theologe und Schriftsteller.

163 *Bebrillte Kritiker:* Wortspiel mit dem engl. spectacle, das sowohl ›Brille‹, als auch ›Schaustück, Spektakel‹ bedeuten kann.

166 *Meine Fragen über die Physik:* Erstveröffentlicht in Ph + M 4, S. XIII. Dieses auch L 233, 764 erwähnte physikalische Werk ist nicht zur Ausführung gekommen.

167 *Harmonika:* S. zu G 196.

168 *Nach Lagrange:* Zur Sache vgl. »Anfangsgründe der Naturlehre«, ^{6}1794, §612. Josèphe Louis Lagrange (1736–1813), frz. Mathematiker und bedeutender astronomischer Theoretiker; Nachfolger Eulers als Präsident der mathematischen Klasse der Akademie der Wissenschaften in Berlin; nach dem Tode Friedrichs II. in Paris tätig. »Mécanique analytique« (1788). – *Es steht ... in den neusten Bodischen Jahrbüchern:* Der Berliner Astronom Bode gab seit 1774 jährlich ein »Astronomisches Jahrbuch« für das zweitfolgende Jahr heraus, s. auch zu J 1581.

169 *Zusammensetzung eines zerrissenen Zettels:* Vgl. J 950 und Anm.

170 *Briefe von Kepler ... in Paula Schranks Sammlung:* In der »Bibliographica Kepleriana«, hrsg. von Max Caspar, München 1936, als Nr. 106 aufgeführt, S. 118: »Vier merkwürdige Briefe von Johann Kepler« [an Herwart] hrsg. von Franz von Paula Schrank in seiner »Sammlung naturhistorischer und physikalischer Aufsätze«. Nürnberg 1796, S. 233–301. Die Handschriften befinden sich in der Universitätsbibliothek München. Keplers Briefe werden auch in »Nicolaus Copernicus« (III, S. 141) gerühmt. Eine weitere Briefsammlung notiert L. auch K_1 S. 845.

171 *Elemens de Geometrie:* Die »Eléments de Géométrie« erschienen Paris 1794, von Adrien Marie Legendre (1752–1833), Prof. an der Ecole Normale in Paris, bedeutender frz. Mathematiker, der mit diesem weitverbreiteten und vielfach übersetzten Werk eine Rückwendung zu Euklid im geometrischen Unterricht anstrebt. Die Rezension in der »Allgemeinen Literaturzeitung« erschien Sonnabends, den 29. April 1797, Nr. 135, Sp. 257–263.

172 *Erinnerungen aus meinen Reisen nach England:* Verfasser dieses auch L 230 genannten Buches ist Jacob Heinrich Meister (1744–1826) aus Bückeburg, Schriftsteller und Publizist; 1763 aus Zürich vertrieben, dann in Paris tätig, 1789–1798 in England; veröffentlichte nach seiner Rückkehr nach Zürich seine Reisebeschreibungen zunächst auf französisch unter dem Titel »Souvenirs de mes voyages en Angleterre« in zwei Bdn.; dann 1795 unter dem von L. korrekt angegebenen Titel von Johann Wilhelm von Archenholz, Zürich 1796 übersetzt (BL, Nr. 1064). Hans Rudolf Füßli (1737–1806) aus Zürich, Zeichner und Kupferstecher in Wien, später Geometer in der ungarischen Staatskanzlei, Oberingenieur und Steuerkommissar der Syrmier Gespanschaft.

174 *Voltaire in seinem Candide:* Die Stelle steht in Voltaires »Candide«, Kap. 3 am Ende; L. zitiert ungenau.

175 *Verschenken der Fixsterne:* Vgl. L 160.

176 *Kuhreigen zu gebrauchen:* Schweizer. Bezeichnung für die Musikweise, die traditionell den Almabtrieb begleitet; s. auch L 463, 464, 558; ferner DWB 5, Sp. 2581.

177 *Rittenhouse:* David Rittenhouse (gest. 1796), Mechaniker in Philadelphia, langjähriger Schatzmeister der Vereinigten Staaten und Präsident der »American Philosophical Society«.

178 *Kopernikus gewidmet:* Baczkos Abhandlung »Nikolaus Copernicus« (Kleine Schriften 2, S. 135), die schon vorher im siebten Jahrgang des »Preussischen Archivs« erschienen war, zitiert L. im »Leben des Copernicus« (III, S. 138), wo ebenfalls über das Schicksal des »geheimen Denkmals« berichtet wird. Ludwig Adolf Franz Joseph von Baczko (1756–1827), Schriftsteller und Historiker in Königsberg.– *Fleischerschen Buchhandlung:* Berühmte Buchhändlerfamilie in Frankfurt a. Main und später in Leipzig. Gerhard Fleischer (geb. 1770). – *neuen Leipziger Zeitung:* Die »Neue Leipziger Zeitung von gelehrten Sachen«, gegründet 1715, erschien 1792–1797 unter dem Titel »Literarische Denkwürdigkeiten«, hrsg. von Christian D. Beck. – *Fürst Jablonowski:* Joseph Alexander Fürst von Jablonowski (1712–1777), 1743 Reichsfürstenwürde über das Herzogtum Nowogradek, poln. Mäzen; 1768 Übersiedlung nach Leipzig, 1774 Gründung der »Fürstl. Jablonowskische Gesellschaft der Wissenschaften«, die zahlreiche Preisfragen ausschrieb. – *Mitzuwürken:* In der Handschrift mit unterstrichenem *ü*.

180 *Druckt es auf dem Berg Sinai:* Zu dieser Wendung s. zu J 1035, s. auch L 517.

182 *Marriage VI:* S. zu L 4. – *Aus manchen Köpfen:* Die hier notierten Betrachtungen sind in den Hogarth-Erklärungen, III, S. 979 verwertet.

184 *Theonomie:* ›Gottes-Gesetzgebung‹. Vgl. hierzu die Debatte um Vernunft- versus Offenbarungsreligion in der Aufklärung; s. zu J 228, 269.

186 Am Rande dieser Notiz steht in der Handschrift *Buffon K. p. 165:* Diese Bemerkung ist nicht erhalten. – *Aufsatz für Herrn Reinhard:* Gemeint ist der »Göttinger Musenalmanach«, den Reinhard nach Bürgers Tod von 1795 bis 1802 herausgab. L. hat die Idee nicht verwirklicht. Karl von Reinhard (1769–1840), nach dem Studium der Rechte in Helmstedt 1792–1807 Privatdozent der Philosophie in Göttingen, später in Berlin. Vielseitiger Schriftsteller, befreundet mit Bürger und Hrsg. von dessen Schriften. – *Butlern:* Samuel Butler. – *Johnson . . . sagt:* Die Quelle des Ausspruchs von Johnson ist zu J 779 nachgewiesen. – *such is . . . immortality:* Solcherart ist die Mühe derer, die für die Unsterblichkeit schreiben. – *S. oben Hume p. 10:* Gemeint ist L 75; vgl. L.s Begründung für das Anlegen eines Sudelbuchs E 46, 150.

187 *Moorcroft:* William Moorcraft (1765–1825), Tierarzt und Reisender, bereiste Indien und überquerte den Himalaya; seine Reisebeschreibungen wurden 1841 veröffentlicht.

188 *Loder:* Justus Christian Loder (1753–1832), Dr. med. in Göttingen, seit 1778 Prof. der Anatomie in Jena; häufig Gast seines Schwiegervaters Richter in Göttingen; wo er auch L. besuchte. – *Nicolai ein Sinngedicht auf die Schillerischen Xenien:* Nicolais Antixenion war bisher nicht bekannt. S. auch SK 988.

191 *die Noten des Minellius:* Darüber s. zu J 1758 (BL, Nr. 1517, 1540).

192 *ich verstehe mich:* S. zu J 570. – *sammelt man die Bemerkungen:* S. zu J 223, 334.

193 *Kirchhofe . . . nicht mehr gehenkt:* Zu diesem Gedanken vgl. L 360.

195 *Prinzipien der Moral:* Die Aufzählung ist wörtlich einem Aufsatz »Über Principien der Moral« im »Allgemeinem Reichsanzeiger« vom Dienstag, den 13. Juni 1797, Sp. 1439–1440 entnommen. L. überträgt den fremden Gedanken in L 330 auf Seelenarten.

196 *Königsbergische Bratwurst:* Den Gedanken dieser grotesken Prozession

führt L. in dem Aufsatz »Das war mir einmahl eine Wurst. Ein Beytrag zur Theorie der Processionen« (GTC 1798, S. 121-131) aus. – *roten Kalenderbuche:* Im Roten Buch, S. 102, findet sich die von L. durchgestrichene Notiz: »Die herrliche Nachricht von der großen Wurst steht in dem Gelehrten Preussen Theil 2. p. 190. Doch ist das nur aus einer Anzeige von Lilienthals Erlauterten [sic!] Preussen, wo die Sache im ersten Stück erzählt wird.« Zum Roten Buch s. zu K$_I$, S. 838. – *Wer je eine Prozession gesehen:* Der Vergleich mit der Perlenschnur ist fast wörtlich in dem oben genannten Aufsatz verwertet.

197 *Schnirkel:* Veraltete Form für Schnörkel. – *Didotischen Lettern:* Die neben Baskerville und Bodoni berühmteste Schrifttype im 18.Jh., die von François Ambroise Didot (1730-1804) entwickelt und der von seinem Sohn Firmin Didot (1764-1836) die endgültige, als Didot-Antiqua bekannte Gestalt gegeben wurde. L. erwähnt den »Didotschen Druck« auch in Zusammenhang mit Georg Forsters »Ansichten vom Niederrhein« in einem Brief an Georg Forster vom 27. Mai 1792. Im »Intelligenzblatt« des »Journal des Luxus und der Moden«, Bd. 5, 1790, macht Johann Friedrich Unger mit Datum vom 12. November 1789 bekannt, »daß Herr Firmin Didot in Paris mir den Debit seiner Lettern für ganz Teutschland übertragen hat«.

200 *Marriage:* S. zu L 4. – *Der Bediente . . . :* Die erste Hälfte dieses Satzes ist in den Hogarth-Erklärungen, III, S. 980, verwertet. – *Orateur du genre humain:* Wortführer des Menschengeschlechts; diese Bezeichnung legte sich Anacharsis Cloots in seinen Reden und Schriften bei. – *Cloots:* Jean-Baptiste du Val-de-Grâce, Baron von Cloots (1755-1794), ehemals preuß. Freiherr, Anhänger der Frz. Revolution, gehörte zum radikalen Hébert-Flügel im Convent; frz. Ehrenbürger; starb auf dem Schafott. Der »Revolutions Almanach« für 1793, S. 258-261, brachte über Cloots einen ausführlichen, polemischen Bericht.

201 *in meinen Büchern vieles über Gellerts alten General:* Gemeint ist Gellerts Erzählung »Der fromme General«, in der dieser dem Prinzen, der ihm die mögliche Nichtexistenz Gottes vorhält, antwortet: »So hätt' ich Lust, ein Bösewicht zu sein, und würde, wär' kein Gott, auch keinen König scheun!« In den erhaltenen Sudelbüchern behandelt L. die Stelle nicht. – *gesagt:* Danach in der Handschrift eine Klammer mit leerem Raum. – *Antwort des alten Generals:* Dieser offenbar im 18.Jh. geflügelte Satz wird auch im »Neuen Hannoverischen Magazin«, 1794, Sp. 88 innerhalb des Aufsatzes »Noch einige Gedanken zur Verhütung des Meineids« zitiert.

202 *Fouquet:* Nicolas Fouquet, Vicomte de Veaux, Marquis de Belle-Isle (1615-1680); unter Mazarin 1653 Finanzminister; von Louis XIV. in den Staatsrat berufen; 1664 von seinem Rivalen Colbert denunziert, zu lebenslanger Haft verurteilt. – *Chamillard:* Michel Chamillard (1652-1721), frz. Staatsmann, Rechtsanwalt, 1686 »Maître des requêtes«, Staatsminister und Kanzler. – *Colbert:* Jean-Baptiste Colbert (1619-1683), frz. Staatsmann; schuf die materiellen Grundlagen für die Außenpolitik unter Louis XIV.; Vertreter des klassischen Merkantilismus; schuf die Akademie der Wissenschaften und der Künste.

204 *Truism:* Engl. ›Gemeinplatz‹. L. las das Wort laut Leitzmann bei Boswell, »The life of Samuel Johnson«, S. 220. S. zu J 779.

206 *Im Reichs-Anzeiger . . . lese ich:* L.s Notizen sind einem Aufsatz »Was hat der Aberglaube für Einfluß auf Eides-Leistungen?« im » Allgemeinen

Reichsanzeiger«, Nr. 146, vom 28. Juni 1797, Sp. 1575–1576, entnommen. Der Artikel ist unterzeichnet: G-s-r.

209 *Marriage IV:* S. zu L 4. – *für den Magen und ... Kopf ... Franzosen:* Dieser Gedanke ist zusammen mit L 210 in den Hogarth-Erklärungen, III, S. 950 verwertet.

210 *Franzosen:* S. zu L 209.

211 *Directions ... von Fénélon:* Fénélons 1734 in Amsterdam erschienene Schrift »Directions pour la conscience d'un roi, composées pour l'instruction de Louis de France, duc de Bourgogne« war von Kardinal Fleury unterdrückt und erst 1774 von Ludwig XVI. freigegeben worden. Auf dt. war 1751 in Ulm und Stettin die erste Übersetzung unter dem Titel »Über die Kunst, glücklich zu regieren« erschienen; 1756 erschien eine andere Übersetzung zu Berlin, 1777 zu Basel. – *Not- und Hülfs-Büchlein:* Zu dem Ausdruck s. zu J 161. – *Was Herder daraus anführt:* Herder spricht von Fénélons Schrift in der Nachschrift zum 115. der »Briefe zur Beförderung der Humanität« (1793–1797).

212 *mein siebentes Kind:* Friedrich Heinrich Lichtenberg, genannt »Henry« (1797–1839); getauft am 3. September 1797; s. SK vom gleichen Tag: »der kleine Junge getauft Friedrich Heinrich Gesellschaft auf dem Garten«; Taufpaten: Leibmedicus Johann Friedrich Strohmeyer, Stallmeister Johann Heirnich Ayrer, Friedrich August Lichtenberg. Nach einer Notiz im Schreibkalender (SK) wäre er am 23., nicht am 24 Juli geboren; SK 993 gibt den 24. Juli an. Vgl. auch den Brief an Margarethe Lichtenberg vom 30. Juli 1797 und an Friedrich August Lichtenberg vom 24. November 1797. – *Vaters Sterbe-Tag:* Johann Conrad Lichtenberg (1689–1751) aus Darmstadt; dort erster Stadtpfarrer und Definitor, 1733 Metropolit der Diozöse, 1749 Superintendent; geistlicher Lyriker, Architekt und Physikliebhaber. Wie des Todestages seiner Mutter, gedenkt L. auch dessen seines Vaters am 17. Juli alljährlich (SK 190). Über diese bemerkenswerte Gestalt der Frühaufklärung s. Ernst Friedrich Neubauer, »Nachricht von den itztlebenden Evangelisch-Lutherischen und Reformirten Theologen in und um Deutschland ...«, Züllichau 1743, Bd. 1, S. 227–237; Bd. 2 (1746), S. 744; vgl. auch Friedrich Wilhelm Strieder, »Grundlage zu einer Hessischen Gelehrten und Schriftsteller Geschichte«, 1787 Bd. 8, S. 11–22; Promies, Johann Conrad Lichtenberg, in: Graupner Musiktage, Festschrift für Darmstadt 1983, S. 34–37.

213 *Conradi:* Peter Conradi (1746–1797), der Konditor und Branntweinschenk in Göttingen starb am 24. Juli.

214 *Mutatis mutandis:* S. L 106.

215 *türkische Bohnen-Blüte:* Da die Feuerbohne (Phaseolus coccineus) im 17. Jh. aus Amerika eingeführt wurde, kommt wohl die in den Mittelmeerländern heimische Dicke Bohne, auch Ackerbohne (Vicia vaba) infrage; vgl. hierzu Körber-Grohne, S. 115–130.

216 *we know it very well:* Wir wissen es sehr wohl; ähnlich verzweifelt schreibt der ›Hausvater‹ L. häufig in sein Tagebuch dieser Jahre.

218 *Jemanden mit ... Tränen-Fläschchen ... vergleichen:* Zu diesem Gedanken vgl. schon D 634 und Anm.

219 *ein Leben doppelt oder dreifach zu beschreiben:* Zu L.s langjähriger Absicht einer Heautobiographie vgl. schon B 81 und Anm.

221 *so viele Bildchen:* Die Absicht, den Gedanken in einer Vorrede zu der Hogarth-Erklärung »Marriage à la mode« zu verwerten, ist nicht zur Ausführung gekommen. – *Leser und Nichtleser:* Zu dieser negativen Einschätzung vgl. auch E 266.

222 *Herrlich ist die Bemerkung:* Die von L. zitierte Passage steht bei Emanuel Foderé, S. 88 der dt. Übersetzung. – *Foderé:* Emanuel Foderé (1764–1835). frz. Arzt und medizinischer Wissenschaftler; Nestor der Gerichtsmedizin in Frankreich; studierte in Turin Medizin, wo er zu Studienzwecken 1787 heimlich die Leiche eines Kretins ausgrub. Seine erst 1790 erschienene Dissertation »Traité du goître et du crétinisme, précédé d'un discours sur l'influence de l'air humide sur l'entendement humain« erregte großes Aufsehen. Berlin 1796 erschien die dt. Übersetzung unter dem Titel »Über den Kropf und den Kretinismus, für Ärzte und Philosophen«. – *Lindemann:* Hermann Wilhelm Lindemann (geb. um 1760), Doktor der Medizin in Göttingen, praktischer Arzt in Lowiez (Südpreußen) und moderner Schriftsteller. – *herrliche Bemerkung für Marriage I.:* Nämlich in Zusammenhang mit dem Ahnenstolz des bankrotten und senilen Grafen; aus dieser Äußerung L.s, die auf April 1797 zu datieren ist, geht hervor, daß das Erste Blatt der »Marriage à la mode« (III, S. 913) bereits gedruckt war.

224 *Flüche für Kinder ... pp.:* Zu diesem Gedanken vgl. den Aufsatz »Daß du auf dem Blocksberge wärst« (III, S. 470), die im GTC 1799, S. 150–180 erstveröffentlicht wurde; ferner den undatierten Brief an Margarethe Lichtenberg aus dem Jahre 1797 oder 1798 (IV, S. 1017).

225 *Manche Lehren der Kantischen Philosophie von niemand ganz verstanden:* Zu L.s Kantrezeption s. zu J 28, 195, s. auch 251 sowie Arno Neumann, Lichtenberg als Philosoph und seine Beziehungen zu Kant. Zur Feier seines hundertjährigen Todestages, in: Kant-Studien 4 (1900), S. 68–93.

226 *(moderandum):* S. zu J 62.

227 *Vorausgegangen sind:* In der Handschrift *ist.*

228 *Phantasien-Kur:* Zu diesem Ausdruck vgl. K 14, L 671. – *53 Jahr 1½ Monat:* L.s Geburtstag war der 1. Juli 1742, da er jedoch 1744 als sein Geburtsjahr ausgab (s. F 1217), führt die Angabe auf Mitte August 1797.

229 *vorzüglich guter Roman:* Der von L. korrekt angegebene Roman, der 1795–1796 in Berlin erschien, ist von August Heinrich Julius Lafontaine (1758–1821), Feldprediger, einem der einflußreichsten und populärsten Schriftsteller der Spätaufklärung verfaßt. – *Voß:* Christian Friedrich Voß (1722–1791); die berühmte Voßsche Buchhandlung wurde von Christian Heinrich Voß in Lübben gegründet, dann nach Potsdam und zuletzt 1748 nach Berlin verlegt.

230 *Erinnerungen aus meinen Reisen in England ... :* Über dieses Buch s. zu L 172. – *Orell:* Schweizer. Verlagsunternehmen, zu dem sich 1770 Conrad Orell, Hans Rudolf Füßli und der Idyllendichter Salomon Geßner zusammengeschlossen hatten.

231 *van Swinden[s] Positionibus:* Von Jahn Hendrik van Swindens »Positiones physicae« erschienen die ersten beiden Bände Harderwyk 1786, der dritte Utrecht 1797. L. bat im Frühjahr 1798 Johann Christian Dieterich in einem Brief vom 3. Mai 1798, ihm den dritten Band von der Leipziger Messe mitzubringen.

232 *Marriage IV:* S. zu L 4. – *die Visiten-Karten mit Lomber- und Pharao-*

Karten zu vergleichen: Dieser Gedanke ist in den Hogarth-Erklärungen nicht verwertet.

233 *meine Fragen über Physik:* S. zu L 166. – *Hildebrandt:* Georg Friedrich Hildebrandt (1764–1816), Arzt und Chemiker, Prof. in Erlangen. – *Scherer:* Alexander Nicolaus Scherer (1771–1824), Chemiker in Jena, dann Bergrat in Weimar; 1798–1803 Hrsg. des »Allgemeinen Journals der Chemie«.

234 *Das Klosterleben zu gebrauchen:* L.s Antipathie gegen die Mönche s. auch C 2, L 47, 114.

235 *(Savage):* Engl. ›wild‹; L.s Umschreibung (vgl. SK 600) für Johann Christian Daniel Wildt (1770–1844); zu L.s Urteil über ihn s. den Brief an Johann Friedrich Blumenbach vom 27. Mai 1794.

237 *Biographical curiosities:* »Biographical Curiosities, or various Pictures of Human Nature, containing original and authentic Memoires of Daniel Dencer esqu., an extraordinary miser«, 1797. »Strange and unaccountable Life of Daniel Dancer esqu.«, 1801« – *Dancer:* Daniel Dancer (1716–1794). – *the most . . . Misers:* Vielleicht der außergewöhnlichste von allen Geizhälsen. – *John Elwes's Leben steht auch darin:* Ebenfalls ein »berühmter Geizhals«; s zu J 488.

238 *Simplex munditiis:* »Cui flavam religas comam / Simplex munditiis« (Horaz, Oden, 1, 5, 5). Wem knüpfst Du so reizend schlicht / dein goldlockiges Haar. – *übersetzt Milton durch plain in its neatness:* Einfach in seiner Zierlichkeit; der Text bei Milton hat *thy* statt *its.* – *Warton in seiner Ausgabe von Miltons poems:* Wartons Ausgabe von Miltons »Poems upon several occasions« war 1785 in London erschienen. – *Warton:* Thomas Warton (1728–1790), engl. Reverend, Historiker der engl. Poesie.

240 *Die Emigranten Laokoon und Apollo:* S. zu L 64. Zu »Emigrant« s. zu K 143. – *Belvedere:* Ital. ›schöner Blick‹; der an hoch gelegener Stelle des Vatikangeländes, im 15. Jh. errichtete Bau beherbergte nach einer Umgestaltung durch Brumante Skulpturen wie Laokoon und Apollo.

242 *Drill husbandry:* Exaktes Wirtschaften; engl. drill hat aber auch die Bedeutung ›Furche‹, auf die L. wohl anspielt.

243 *des Grafen von Rumford Essays:* Rumfords »Experimental essays political, economical and philosophical« erschienen London 1796–98, die dt. Übersetzung von K. S. Kramer unter dem Titel »Kleine Schriften politischen, ökonomischen und philosophischen Inhalts«, Weimar 1797–1804. Über L.s Haltung gegenüber physikalischen Dilettanten informieren die Briefe an Georg August Ebell vom 28. November 1798 und an Alexander Nicolaus Scherer vom 28. November 1798, sowie ferner auch der Brief an Jeremias David Reuß vom 13. Juli 1797.

244 *Im Cosmopoliten . . . wird von . . . Heatley . . . viel Übles gesagt:* Ein Aufsatz »Tyrannei des Abts des Klosters Lamspringe, Maurus Heatley, im Hochstifte Hildesheim gegen einen ihm untergebenen Mönch« steht im »Cosmopoliten« 1797, Bd. 2, S. 50. Vgl. auch L 499. – *Cosmopoliten:* »Der Kosmopolit, eine Monatsschrift zur Beförderung wahrer und allgemeiner Humanität«, in drei Bdn., 1797–1798, hrsg. von Christian Daniel Voß. – *Heatley:* Maurus Heatley (gest. 1802), geb. in England, Dr. der Theologie und Abt des Benediktinerklosters Lamspringe im Hildesheimischen.

245 *Savage:* Über Wildt s. zu L 235, vgl. auch SK 600. – *Hugenus:* Huygens.

246 *Lachstoff, ad modum Sauerstoff:* L.s Neologismus soll den aus der antiphlogistischen Chemie der Franzosen entstandenen Neologismus parodieren; vgl. auch Hogarth-Erklärungen, III, S. 953.

248 *Bonaparte:* Von L. verbessert aus *Buonaparte;* vgl. zu dieser Schreibweise auch L 314, 517; ferner die »Rede der Ziffer 8 ...« (III, S. 458) im GTC 1799 und die Briefe an Friedrich August Lichtenberg vom 24. November 1797 und Johann Friedrich Blumenbach vom 9. Dezember 1797; schließlich an Abraham Gotthelf Kästner vom 16. August 1798; Napoleon Bonaparte (1769–1821), aus Ajaccio auf Korsika, focht 1781–1793 in Korsika als Artilleriehauptmann gegen die Aufständischen, entschied 1793 die Einnahme von Toulon, 1796 Oberbefehlshaber in Italien, eroberte die Lombardei, schloß mit Österreich 1797 den Frieden von Campo Formio, landete am 1. Juli 1798 in Ägypten, nach dem Sieg bei den Pyramiden durch die Niederlage in der Seeschlacht bei Abukir abgeschnitten, eilte er nach Frankreich, stürzte am 9. November 1799 das Direktorium und ließ sich auf zehn Jahre zum Konsul wählen. Aus L.s Briefen erhellt die große Faszination, die von der Persönlichkeit Bonapartes ausging. – *Bastart:* S. zu D 630, vgl. auch L 48. – *Marbœuf:* Napoleons Vater Carlos Bonaparte war ein Günstling des frz. Gouverneurs Marbœuf, woraus die hier erwähnte falsche Genealogie entstand. Louis-Charles-René Comte de Marbœuf (1712–1786), frz. General, militärischer Kommandant in Korsika. – *(Dieses ist falsch):* Das Eingeklammerte von L. nachträglich hinzugefügt.

251 *Lehrbuch der Metaphysik:* Platners Buch führt den Titel »Lehrbuch der Logik und Metaphysik«, 1795. – *Platner:* Ernst Platner (1744–1818), Dr. der Philologie und der Medizin, seit 1780 Prof der Physiologie; las auch über Logik, Metaphysik, Ästhetik.

253 *die sie:* In der Handschrift *ihn.* – *Dasein eines höchsten Wesens:* Die Gottesbeweise spielten in der zeitgenössischen philosophischen Diskussion sowohl theoretisch wie moralphilosophisch eine bedeutende Rolle, s. zu J 269, 943, 1019, 1532.

254 *sagte das Mädchen:* S. zu L 253.

256 *The second sight der Hochländer:* Das zweite Gesicht der schottischen ›Highlander‹ ist in den Hogarth-Erklärungen, III, S. 972 verwertet; vgl. auch L 309. – *fore Knowledge of future events:* Vorhersehen zukünftiger Ereignisse.

257 *A Tax upon taxes:* Eine Steuer auf die Steuern.

258 *Bechtold in Altona:* Friedrich Bechtold, Stiefsohn Friedrich Wilhelm von Schütz'; Buchführergeselle des jakobinischen Buchhändlers Gottfried Leberecht Vollmer, den ihn zu seinem Associé in der von ihm 1794 gegründeten »Verlagsgesellschaft von Altona« machte. Die Pressefreiheit im dänischen Altona erlaubte die Publikation wichtiger jakobinischer Literatur, unter anderem von Rebmann und Schütz. S. Walter Grab, Demokratische Strömungen in Hamburg und Schleswig-Holstein zur Zeit der ersten französischen Republik, Hamburg 1966, S. 169.– *Neues Archiv der Schwärmerei und Aufklärung:* »Neues Archiv der Schwärmerei und Aufklärung, den Bedürfnissen des Zeitalters angemessen und in willkürlichen Heften herausgegeben«, die von März 1797 an Altona und Leipzig herauskam und etwa ein Jahr bestand; vier Bde. sind erschienen. Herausgeber war Friedrich Wilhelm von Schütz, der von 1787–1791 bereits das »Archiv der Schwärmerei und Aufklärung« in Altona herausgegeben hatte. Friedrich Wilhelm von Schütz (1756–1834), Dr.

jur., jakobinischer Schriftsteller und Publizist in Altona, wo er ›die Zentralfigur der revolutionären Demokraten‹ (Grab, ebd., S. 38) war. – *Grosetts Arretierung:* Der Aufsatz »Über des königlich preußischen Geheimrats von Grosetts Verhaftnehmung und Verbannung aus den preußischen Staaten« steht im »Neuen Archiv der Schwärmerei und Aufklärung« Bd. 1, S. 114.

259 *Hochfürstliche Theorie vom Vorstellungs-Vermögen:* Der Titel ist Reinholds »Versuch einer neuen Theorie des menschlichen Vorstellungs-Vermögens«, Prag und Jena 1789 (s. zu J 234), nachgebildet. – *Fürsten G.:* Ist der Fürst Gallitzin gemeint?

260 *Gumal und Lina:* »Gumal und Lina. Eine Geschichte für Kinder, zum Unterricht und Vergnügen, besonders, um ihnen die ersten Religionsbegriffe beizubringen« erschien Gotha 1795–1800 in drei Tln. von Friedrich Kaspar Lossius (1753–1817), Diakon und Religionslehrer in Erfurt, vielgelesener Jugendschriftsteller. – *Perthes in Gotha:* Justus Johann Goerg Perthes (1749–1816), Verlagsbuchhändler in Gotha; Onkel des berühmten Verlegers Friedrich Perthes.

262 *das astronomische Werk von Parrot:* Parrots »Neue vollständige und gemeinfassliche Einleitung in die mathematisch-physische Astronomie und Geographie«, erschienen Hof 1797 ist in der »Allgemeinen Literaturzeitung« Sonnabends, den 16. September 1797, Nr. 295, Sp. 709–712, besprochen. Nachdem unter den Quellen des Verfassers Erxlebens »Anfangsgründe« genannt sind, heißt es (Sp. 710): »Im Werke selbst glaubt man sich in die Zeit vor sechzig Jahren versetzt, wo Hevels Beobachtungen zu den neuen ... gehörten.« – *Parrot:* Christoph Friedrich Parrot (1751–1812), Magister der Philosophie, Prof. an der Universität Erlangen, Kanzleirat. – *Erxlebens Physik:* Das von L. nach Erxlebens Tode fortgeführte Compendium, s. darüber zu E 451. – *Hevels Beobachtungen:* Gemeint ist die »Selenographia sive Lunae Descriptio« (1647) von Johannes Hevelius; s. zu D 738.

263 *Im Reichs-Anzeiger ... wird gerügt:* Die Notiz findet sich unter der Überschrift: »Über öffentliche Anzeigen« im »Allgemeine Reichsanzeiger« Nr. 202, den 1. September 1797, Sp. 2166–2168, unterzeichnet mit ›A.D.W.‹: »Außer den Todesanzeigen giebt es aber auch noch Geburtsanzeigen in öffentlichen Blättern, die so äußerst lächerlich ausfallen, daß man wohl darüber ein Wort sagen, und was dabey zu rügen ist, rügen kann. Eine solche Geburtsanzeige fand ich im 33sten Stück der diesjährigen Leipziger Zeitung, sie lautet wie folget: ›Heute früh um 9 Uhr ward die hochgeborne Gräfin und Frau, Frau N. N. gebohrne von N. von zwey jungen Grafen glücklich entbunden.‹«. Die allerersten Geburtsanzeigen tauchten in der »Vossischen Zeitung« vom 29. Mai 1790 in Berlin auf; zu dieser Zeit bedienten sich ausschließlich Angehörige der gesellschaftlichen Oberschicht dieser Art der Verbreitung privater Nachrichten; vgl. hierzu Karin Frese, Wie Eltern von sich reden machen. Sprachliche Analyse von Geburtsanzeigen in Tageszeitungen zwischen 1790 und 1985, Diss. Darmstadt 1986, S. 61. – *Lynar:* Friedrich Ulrich Graf zu Lynar (1754–1807), königlich dän. Kammerherr, wohnhaft in Gera, Schloß Lübbenau die Vornamen seiner 1797 geborenen Neffen konnten nicht ermittelt werden. – *(Siehe Reichs-Anzeiger No. 222):* In dieser Nummer, erschienen Montags, den 25. September 1797, befindet sich Sp. 2383–2385 unter »Berichtigungen und Streitigkeiten« Lynars Brief an Becker und in einer Anmerkung dessen demütige Entschuldigung.

264 *doppelter Louisd'or* . . .: Ähnlich formuliert L. MH 6; s. auch L 323.
265 *Es werde:* S. zu J 141.
266 *Graf aller Grafen:* S. zu L 141. – *aut aut:* Lat. ›entweder . . . oder‹.
267 *wie bei der Menge:* In der Handschrift *in bey.*
268 *Bendavid:* Das Tagebuch nennt ihn mehrfach in der Zeit zwischen dem Juni 1790 und dem April 1791; s. die Einträge im Tagebuch unterm 5. und 18. Februar 1791; s. auch L 661. – *Leidner Kasten:* Gemeint ist eine Art Leidener oder auch Bologneser Flasche, s. zu J 30. – *die Sie zum Eingange machen:* Die Anredeform, die L. mehrfach gebraucht, spricht dafür, daß es sich bei dieser Bemerkung um das Konzept zu einem Brief oder einer öffentlichen Entgegnung handelt, die aber nicht zustandekam. – *Skaphien der Vestalinnen:* Die sechs Priesterinnen der Vesta, Vertreterinnen der Hausfrau am römischen Staatsherd; zu den strengen Kriterien für die Aufnahme gehörten makellose Körperbeschaffenheit und Abstammung von freien, noch lebenden und in Italien ansässigen Eltern; neben der Verrichtung von Priesterdiensten führten sie juristische Funktionen aus, da sie als unverletzliche Personen vor Gewalt Zuflucht bieten und durch ihr Erscheinen Verbrecher begnadigen konnten. L. spielt mit ›Skaphie‹ wohl auf deren weißes Gewand, zu dem eine weiße Stirnbinde gehörte, an. – *Archimedes Brennspiegel:* Nach Plutarch bedienten sich die Vestalinnen, ebenso wie Archimedes, der nach der Legende damit die römischen Schiffe entzündet haben soll, der Brennspiegel, die seit Euklid bekannt waren.– *Elias in einer Montgolfiere aufgefahren:* Israel. Prophet in der ersten Hälfte des 9. Jh.s v. Chr., der in einem Feuerwagen gen Himmel gefahren sein soll (2. Buch der Könige, 2). L. gebraucht ein ähnliches Bild auch in den Briefen an Johann Andreas Schernhagen vom 18. Juli 1782 und an Georg August Ebell vom 26. Oktober 1782. – *Montgolfiere:* Darüber s. zu H 180. – *Bendavids Brief an mich:* Sein hier genannter Aufsatz im »Berlinischen Archiv der Zeit« 1797, Bd. 2, S. 328, führt den Titel: »Über die innere Einrichtung der Stiftshütte, ein Beitrag zur Geschichte der Elektrizität, an Herrn Hofrat und Professor Lichtenberg in Göttingen.« – *Berlinischen Archiv der Zeit:* Das »Berlinische Archiv der Zeit und ihres Geschmacks«, Berlin 1795–1800, zunächst hrsg. von Friedrich Ludwig Wilhelm Meyer, ab 1799 von Rambach und Feßler. – *Den Paschius nachzulesen:* »Schediasma de curiosis hujus saeculi inventis . . .«, Erstausgabe Kiel 1695, in der zweiten Aufl. hrsg. von Theodor Janson von Almeloveen (1657–1712), heißt es nur noch »De novis inventis . . .«, Leipzig 1700, was mit dem von L. angeführten Titel identisch ist. Georg Pasch (1661–1707), Theologe, 1689 Prof. der Moral in Kiel. Im Roten Buch, S. 18 schreibt L.: »Vom fliegen und fliegenden Schiffen bey Gelegenheit der Blanchardischen Maschine. Alles aus dem Paschius inventa nov-antiqua Journal de Paris 1782, № 94.« – *Die Bundes-Lade . . . (2. Mose XXI. 10,31):* Gemeint sind die Verse 10: »Machet eine Lade aus Akazienholz. Zwei und eine halbe Elle soll die Länge seyn, anderthalb Ellen die Breite«, und anderthalb Ellen die Höhe« und 31: »Du sollst auch einen Leuchter aus feinem dichtem Golde machen; Fuß und Schaft in getriebener Arbeit, mit Kelchen, Knäufen und Blumen.« – *3 Fuß hoch:* Danach in der Handschrift gestrichen *noch oben drein den Vortheil daß die 135 Flaschen aus denen sie bestand in 9 Batterien jede zu 15 Flaschen abgetheilt und jede besonders geladen und nachher zusammen gefügt werden konten.* – *Haarlemische Batterie . . . die Teylersche:* Vgl. »Anfangsgründe der Naturlehre«, ⁶1794,

§ 500. Die 1785 mit einer Batterie von 125 Flaschen unter Leitung von van Marum in Teylers Museum zu Harlem von Cuthbertson gebaute Elektrisiermaschine war die größte ihrer Zeit. Georg Forster besichtigte sie 1790 auf seiner Reise durch die Niederlande: s. »Ansichten vom Niederrhein« (Georg Forsters Werke, Berlin 1958, 9. Bd., S. 325). Van Marums Werk »Beschryving eener ongemeen groote Electrizeer-Machine geplaatst in Teyler's Museum te Haarlem on van de Proefneemingen met dezelve in't werk gesteld«, Harlem 1785, wurde von L. in den GGA 1785 vom 1. Oktober rezensiert: s. auch den Brief an Christian Gottlob Heyne vom 11. September 1785. Peter Teyler van der Hulst (gest. 1798), war Seidenfabrikant zu Haarlem.

S. 891 *Wiedeburg ... aus den ... Pyramiden Erdbeben-Ableiter:* »Über die Erdbeben und den allgemeinen Nebel 1783«, Jena 1784, S. 59–62. Johann Ernst Basilius Wiedeburg (1733–1789), Physiker und Astronom zuerst in Erlangen, später in Jena. – *Herodotus sagt:* »Die gemeine Meinung setzt ihr Alter noch über die Zeiten der Sündfluth hinaus. Herodot der doch vor nun 2300 Jahren lebte, konnte keine Nachricht von der Zeit ihrer Erbauung erhalten, und Diodrus Siculus, welcher doch auch vor unsrer Zeitrechnung lebte, sagt selbst, daß sie wenigstens 1000 Thl. vor seiner Zeit erbaut seyn müsten« (zit. nach Wiedeburg, ebd., S. 60 Fußnote, Liber II). – *Enzelen:* Johann Carl Enslen (1759–1848) aus Stuttgart, seinerzeit berühmter Erbauer und Schausteller von Aerostatischen Figuren, Heißluftballons, Automaten und Panoramamalereien; am 18. August 1796 führte Enslen mit großem Erfolg in Berlin seine »Luftjagd« vor, die in Seyfrieds »Meine Berliner Peitsche«, Nr. 45, vom 17. September 1796, S. 321–322, so beschrieben wird: »Kaum hatte der Hammer fünf geschlagen, so schickte der Künstler einen kleinen Ballon voraus, und zwar aus diesem Grunde, sich von der Stärke und der Richtung des Windes genauer zu überzeugen. Unsere liebenswürdige Kronprinzessin hatte die Gnade eben diesen Ballon selbst abzuschneiden. Kaum hatte er sich aus unserm Gesichtskreise verloren, so begann der Hirsch mit zwei Jagdhunden seine Luftreise. Ersterer war mit dem Geweihe zwölf Fuß hoch und fünfzehn Fuß lang. Mit dem Gewichte, welches denselben in aufrechter Stellung erhalten sollte, wog er zwei Pfund und zehen Loth, die brennbare Luft, womit er angefüllt war, hätte ohne Widerstand zwei Pfund und vier und zwanzig Loth empor heben können. Er stieg folglich mit einer vierzehen löthigen Kraft. Als er in die Luft geschickt ward, so stieg er nicht gerade, sondern mit etwas gesenktem Haupte. Doch konnte dieses dem Künstler nicht zur Last gelegt werden, denn in ebendemselben Augenblicke, als der Hirsch die Luftreise antreten sollte, brach der Stab, welcher dem Hirsche zum Gegengewichte diente: daher kam es ganz natürlich, daß er etwas aus dem Gleichgewichte kam, und mehr mit dem Winde kämpfen mußte. Indessen hatte dieser unangenehme Vorfall eine andere angenehme Folge. Der Wind ging noch etwas stark. Die Hunde verfolgten ihren Feind. Und gerade gerieth mehrmals einer der Hunde gegen den Kopf des Hirsches, und es schien, als wenn sich das Thier wegen neige, sich gegen den Hund zu wehren und ihn mit seinem Geweihe weiter zu schleudern. In der Tat nahm sich diese Gruppe trefflich aus. 16–20 Minuten konnte man sie noch bemerken.« Vgl. auch SK 240 und Anm. – *Dutens:* Gemeint sind die »Recherches sur l'origine des découvertes attribuées aux modernes, où l'on démontre que nos plus célèbres philosophes ont puisé la plupart de leurs connoissances dans les ouvrages des anciens«, Paris 1766. In der Übersetzung von Johann Lorenz Benzler erschien das Werk Leipzig 1772 unter dem Titel: »Untersuchungen über den Ursprung der Entdeckungen, die den Neuern zugeschrieben werden.« L. kritisiert es in dem Artikel »Eine moderne Entdeckung des Herrn Dutens« im GTC 1798, S. 176–179. Er bezieht sich darin auf die 1796 in London erschienene »neue Quartausgabe seines Werks«. Vincent Louis Dutens (1730–1812), frz. Schriftsteller, zeitweise in Italien und London lebend. – *Bailly's Lettres sur l'atlantide:* Gemeint ist das Werk »Lettres sur l'Atlantide de Platon«, erschienen 1779 in Paris. – *Hutchinson Buch K. p. 176:* Die Bemerkung über Hutchinson im Sudelbuch K ist verloren. L. meint vermutlich den engl. Schriftsteller John Hutchinson (1674–1737), der in zahlreichen Schriften die Bibel gegen die Erkenntnisse der ›modernen‹ Naturwissenschaften zu verteidigen versuchte; »Moses's Principia«, London 1724, »Glory Mechanical ... with a Treatise on the Columns before the Temple«, 1748, »Glory in Gravity, or Glory Essential and the Cherubim explained«, 1733–1734.

269 *Si Dieu ... l'inventer:* Wenn Gott nicht existierte, müßte man ihn erfinden. (»Epître à l'auteur du nouveau livre des trois imposteurs«, (Vers S. 22, 1769) wo es *foudrait* statt *falloit* heißt.

270 *Kant sagt irgendwo:* L. bezieht sich wahrscheinlich auf Kants Erörterung in der »Kritik der reinen Vernunft«, welche Haltung die Vernunft im Streit um unentscheidbare Themen wie Unsterblichkeit der Seele und der Existenz Gottes einzunehmen habe. Die Vernunft nämlich ist nach Kants Analyse gar nicht im Stande, stichhaltige und gültige Beweisgründe pro oder contra beizubringen: während der Dogmatiker letztlich gegen den Grundsatz verstößt, daß sich die Vernunft jederzeit der Kritik auszusetzen habe, gebührt dem Polemiker zwar das Verdienst, diesen rechtmäßig im Interesse der Vernunft als Prüfstein hochzuhalten, doch da er nichts zur endgültigen Beilegung der Streitigkeiten beitragen kann, weil er ein sinnloses ›Luftgefecht‹ ohne praktische Bedeutung provoziert, gelingt nur dem kantischen Kritiker die Formulierung einer vernünftigen Position.

271 *der das Licht zuweilen putzte:* Diese Wendung notiert L., auf sich selbst bezogen, bereits K 58.

272 *Thibaut:* Bernhard Friedrich Thibaut (1775–1832) aus Hameln, immatrikulierte sich am 24. Oktober 1791 als stud. jur. an der Georgia Augusta; wurde 1796 Privatdozent für Mathematik, 1805 Prof., Nachfolger Kästners in Göttingen. Über seine Lehrbefähigung s. Conrad Heinrich Müller, Studien zur Geschichte der Mathematik in Göttingen, insbesondere des mathematischen Unterrichts an der Universität im 18. Jahrhundert«, Leipzig 1904, S. 138–140.

273 *Batschs Umriß:* Die Rezension von »Umriß der gesammten Naturgeschichte«, Jena und Leipzig 1796, steht in der »Allgemeinen Literaturzeitung« vom 2. Oktober 1797, Nr. 313, Sp. 6–8. Der Rezensent rühmt das »Werk, das wir ungern von so vielen Druckfehlern befleckt sehn.« (ebd. Sp. 8) – *Batschs:* August Johann Georg Carl Batsch (1761–1802), Prof. der Naturgeschichte, dann für Medizin und Philosophie in Jena; stiftete 1793 die ›Naturforschende Gesellschaft‹.

274 *Epilepsie das böse Wesen:* Die Krankheit Epilepsie wurde im Volksmund auch mit ›Böses Wesen, Fallsucht, Böse Staupe‹ bezeichnet.

275 *Kants Satz:* Gemeint ist Kants Kategorischer Imperativ. – *erkennt unser Herz einen Gott:* Vgl. K 80, L 276; s. ferner zu J 144, L 270. – *S. Pascal. K. p. 174:* Die Stelle über Pascal im Sudelbuch K ist verloren.

276 *bloße Vernunft ohne das Herz . . . auf einen Gott verfallen:* Vgl. L 275. – *wie Bürger die Gespenster:* Erich Ebstein stellt L.s zwischen dem 22. und 28. Oktober 1797 notierte Äußerung in Zusammenhang mit einem Brief von Ludwig Christoph Althof an Boie vom 23. Oktober 1797, wo es heißt: »So besteht zum Beispiel Lichtenberg darauf, ich soll, mit Berufung auf ihn, anführen, daß Bürger Gespenster geglaubt habe.« (Erich Ebstein, Literaturhistorische Miszellen. I. Der Philosoph Feder über G. A. Bürger. In: Zeitschrift für Bücherfreunde. NF 5, 1914. Beilage S. 517).

277 *Siehe unten was Kant sagt L p. XIX:* Gemeint ist L 740. Zu L. s ausführlicher Auseinandersetzung mit dem kantischen Begriff des »Außer uns« s. auch J 1532 und Anm. – *Hierüber doch den Theätet zu lesen:* Gemeint ist Tiedemanns 1794 in Frankfurt am Main erschienener »Theätet oder über das menschliche Wissen, ein Beitrag zur Vernunft-Kritik«. Das Buch wird auch L 836 erwähnt. – *Tiedemann:* Dietrich Tiedemann (1748–1803), seit 1786 Prof. der Philosophie in Marburg, eklektischer Philosoph und Geschichtsschreiber seines Fachs.

278 *Abhandlung von Deluc über Hygrometrie:* S. zu SK 146. – *Leroy's Abhandlung:* »Mémoire sur l'élévation et la suspension de l'eau dans l'air, et sur la rosée«, erschienen in der »Histoire de l'Académie Royale des Sciences. Année 1751«, Paris 1755, S. 481–518. – *Leroy's:* Charles Le Roy (1726–1779), frz. Apotheker und Prof. der Medizin in Montpellier, später Arzt in Paris.

279 *ich halte aber:* In der Handschrift *habe.* – *in einem Roman genützt:* Zu L.s Romanplan s. zu H 1; vgl. H 136. – *schicken sie ein paar Puppen ab:* Zu diesem Gedanken vgl. H 138.

281 *Selections from the french Ana's:* »Selections from the French ana's: containing remarks of eminent scholars on men and books. Together with anecdotes and apophthegms of illustrious persons. Interpersed with pieces of poetry . . .« Herausgeber unbekannt. – *Ana's:* S. zu F 958. – *Cadell junior:* Thomas Cadell (1742–1802), engl. Verleger und Buchhändler in London. – *Crisp on Vision:* Crisps »Observations on the nature and theory of vision, with an inquiry into the cause of the single appearance of objects with both eyes« erschien London 1796. Zu L.s Beschäftigung mit der Sehkraft vgl. »Über einige wichtige Pflichten gegen die Augen« (III, S. 80; sowie KIII, S. 37). – Die Lebensdaten und Biographie von John Crisp nicht ermittelt. – *Excerpta physica p. 182:* Darüber s. zu J 1409. S. 182 f. zitiert L. aus Crisp zum Stichwort »Einfaches Sehen mit beyden Augen«.

282 *Te deum laudamus:* Herr Gott dich loben wir; das von Graun 1758 auf die Schlacht von Prag komponierte berühmte Tedeum; L. erwähnt es auch L 456 und in »Über Gewitterfurcht und Blitzableitung« (III, S. 130). – *Te Diabolum damnamus:* Teufel wir verwünschen dich.

284 *Quaesivi . . . reperta:* Ich suchte das Licht und seufzte, da ich's gefunden; nach Vergil, »Aeneis« 4, 692, wo es richtig heißt: Quaesivit coelo lucem ingemuitque reperta.

285 *Beim Meilhan:* »Œuvres philosophiques et littéraires«, Paris 1795, Bd. 2, S. 42, von Sénac de Meilhan. Unter dem Titel »Des Herrn v. Meilhan vermischte Werke« erschien 1795 bei Campe in Hamburg eine Übersetzung

von Johann Joachim Eschenburg. Gabriel Sénac de Meilhan (1736–1803) frz. Schriftsteller, emigrierte 1792 nach London, und später nach Wien. – *quand je songe ... anciennes histoires:* Wenn ich bedenke, daß das, was ich sehe, Geschichte sein wird, dann bin ich es leid, die alten Geschichten zu lesen. L. bezieht sich auf diesen Satz auch L 301.

288 *Das Wort: unvergleichlich:* S. schon L 141 und Anm.

290 *Das Gedicht ist ... :* Der Ursprung dieser Definition ist unbekannt.– *but backed:* Aber gebessert; diese Floskel begegnet häufig in Sudelbuch L.

292 *Kants frühere noch nicht gesammelte Schriften:* Im Titel des hier genannten Buches heißt es »Kleine Schriften«. Gemeint sind folgende Schriften Kants: »Geschichte und Naturbeschreibung der merckwürdigsten Vorfälle des Erdbebens, welches an dem Ende des 1755. Jahres einen großen Theil der Erde erschüttert hat«, Königsberg 1756; »Gedanken von der wahren Schätzung der lebendigen Kräfte und Beurtheilung der Beweise, derer sich Herr von Leibnitz und andere Mechaniker in dieser Streitsache bedienet haben, nebst einigen vorhergehenden Betrachtungen, welche die Kraft der Körper überhaupt betreffen«, Königsberg 1746.

293 *Übersicht der Natur:* Sulivan-Hebenstreits 1795–1800 erschienene »Übersicht der Natur in Briefen eines Reisenden nebst einigen Bemerkungen über den Atheismus und dessen Verbreitung im neueren Frankreich«; engl.: »View of Nature«, London 1794. Richard Joseph Sulivan (1752–1806), irischer Publizist und Reiseschriftsteller. Ernst Benjamin Gottlieb Hebenstreit (1758–1803), Sohn von Johann Ernst Hebenstreit, Prof. der Medizin und Direktor des Klinischen Instituts in Leipzig. – *Dyck:* Johann Gottfried Dyck (1850–1815), Buchhändler und Schriftsteller in Leipzig; vgl. auch Adalbert Brauer, Johann Gottfried Dyck, Verleger von Winckelmann, in: Börsenblatt Nr. 52, vom 28. Juni 1968, S. 1553–1558.

294 *Sammlung ... von Lampadius:* Die »Sammlung practisch-chemischer Abhandlungen und Bemerkungen« erschien Dresden 17995–1797 in zwei Bdn. (BL, Nr. 773). 1800 erschien ein dritter Bd.; vgl. auch L 795. – *Lampadius:* Wilhelm August Eberhard Lampadius (1772–1842), Pharmazeut in Einbeck, immatrikulierte sich am 26. August 1792 an der Georgia Augusta, Schüler L.s; seit 1794 Prof. der Chemie und der Hüttenkunde an der Bergakademie Freiberg. L. schreibt ihn übrigens *Lapacius*.

295 *merkwürdiges ... Buch:* Das von L. genau zit. Buch erschien 1797. – *Pestalozzi:* Johann Heinrich Pestalozzi (1746–1827), einflußreicher schweizer. Pädagoge. – *Zürich bei Geßner:* Gemeint ist der bekannte Verlag Orell, Füßli und G., s. zu L 230.

298 *Erfindung ... Himmels:* Vgl. L 275, 276.

299 *Über den Geist des Zeit-Alters:* Der Hamburg 1790 erschienene »Versuch über das politische Gleichgewicht der europäischen Staaten« ist nach Holzmann/Bohatta 4, S. 306 von Gaspari, also wohl auch das dort fehlende, hier genannte Werk, das in Leipzig herauskam. Adam Christian Gaspari (1752–1830), Prof. der Philosophie in Jena, Oldenburg und Dorpat, seit 1810 in Königsberg; Verf. geographischer und statistischer Schriften und Lehrbücher. – *enthält ganz meine Gesinnungen:* S. auch den Brief an Friedrich August Lichtenberg vom 23. Dezember 1796: »Im 5ten Stück des Staats-Archivs von Häberlin wirst Du einiges finden.«

300 *Doppelter Prinz S. K. p. 144:* Zu dem Romanplan L.s s. zu H 1. Die

hier notierte Stelle aus K ist vermutlich verloren, falls sie nicht mit den Bemerkungen K 283, 287 identisch ist.

301 *alte Zeitungen:* Über den relativen Wahrheitsgehalt der Tagespresse reflektiert L. auch K 266. S. ferner J 1154, 1224, 1238. – *Aussage der Dame oben S. 43. Kol. 2:* S. L 285.

305 *Sind wir nicht auch ein Weltgebäude:* Der Satz kehrt nahezu wörtlich L 804 wieder.

306 *Bei den ... Erklärungen des Sehens bemerkt K.:* Die Stelle findet sich in einer Selbstrezension Kästners über den zweiten Band seiner »Geschichte der Mathematik« in den GGA 1797, S. 1945. Zum von L. mehrfach durchdachten Verhältnis zwischen Mathematik und Physik s. auch J 103, 553, 938.

308 *Benediktion:* Segnung, Weihe, in der katholischen Kirche besonders die Einsegnung einer Sache oder Person, wobei Gebetsformeln, Besprengung mit Weihwasser, den Ritus ausmachen. Die Benediktion unterscheidet sich von der Konsekration und tritt als Amtsweihe da ein, wo mit dem Amt kein heilsvermittelnder, sondern nur ein kirchenregimentlicher Charakter verbunden ist. – *Bertuchs spanisches Magazin:* Bertuchs »Magazin der spanischen und portugiesischen Literatur«, Bd. 2, 1. Stück, S. 74 bringt eine Übersetzung von Quevedos »Geschichte der Gran Tacaño oder Leben und Taten des Erzschalks«. Friedrich Justin Bertuch (1747–1822), Großverleger, Schriftsteller und Buchhändler in Weimar, der 1780–1782 obengenanntes Magazin herausgab.

309 *hingeworfen:* Zu diesem Wort in L.s positiver Bedeutung s. zu D 213, 313. – *Schnürbrust ... second sight:* S. zu J 25. Die in diesem Satz erwähnten Stellen finden sich in den Hogarth-Erklärungen, III, S. 967–972; im allgemeinen s. zu L 4. Diese Bemerkung ist neben L 332 die letzte der Arbeits-Notizen L.s zur Hogarth-Erklärung »Heirat nach der Mode«, geschrieben etwa Ende Dezember 1797. – *Moll Flanders:* Anspielung auf die berühmt berüchtigte Londoner Dirne, die Daniel Defoe 1722 zur Heldin seines moralischen Roman »The fortunes and misfortunes of the famous Moll Flanders ...« gemacht hat. Vgl. über sie auch III, S. 971, 1002. – *second sight:* S. zu L 256.

311 *ad p. 2. L.:* Gemeint ist L 10.

312 *Lord Mansfield:* William Murray 1st Earl of Mansfield (1705–1793), Richter, einer der größten engl. Rechtsgelehrten und Richter seiner Zeit. – *funded property ... without interest:* In Aktien angelegtes Vermögen bringt Zinsen ohne Kapitalzuwachs, Grundeigentum Kapital ohne Zinsen.

313 *Die Xenie mit M^{--} überschrieben:* Xenion 431. In dem von Schiller herausgegebenen »Musenalmanach« erschienen 1797 die von Schiller und Goethe gemeinsam verfaßten »Xenien«, die in der Form des antiken Distichons über die Literatur der Zeit Gericht hielten. L. erhielt diese laut seinem Brief an Johann Friedrich Cotta vom 19. Mai 1797 zugesandt.

314 *Franzosen ... stark in der ... Telemachie:* Bezieht sich wahrscheinlich auf Napoleons beispiellosen Eroberungszug Ende der neunziger Jahre, s. zu L 65, 248. – *Bonaparte:* Von L. verbessert aus *Buonaparte.* Zur Schreibweise s. zu L 248.

315 *Persius kreierte ihn ... zum Magister Artium:* »Magister artis ingenique largitor venter« (Persius, »Prolog« 10). Der Bauch verleiht den Magister der Kunst und der Phantasie.

317 *Danziger Goldwasser:* Gewürzlikör mit Blattgoldflittern. S. auch SK 288, 291 sowie den Brief an Johann Christian Dieterich vom 13. Juni 1782.

319 *Peter Pindar sagte:* Nach Lauchert, Euphorion 17, 1910, S. 384, ist ein Gedicht von Peter Pindar die Quelle: »Lyric Odes for 1785« Ode V, in: »Peter Pindars's Works«, London 1809, Bd. 1, S. 60: »Thou really dost not equal Derby Wright / The Man of night! / O'er woollen hills, where gold and silver moon / Now mount sixpences, and new balloons; / Where seareflections, nothing nat'ral tell / So much like fiddle-strings, or vermicelli.« Du reichst tatsächlich nicht an Derby Wright heran, / Den Mann der Nacht! / Über wollenen Hügeln, wo der Gold- und Silbermond wie Sixpence-Stücke und neue Ballons aufsteigt; / Wo die Wasserspiegelungen nichts Natürliches an sich haben, so sehr ähneln sie Geigensaiten oder Fadennudeln. – *Wright:* Joseph Wright of Derby (1734–1797), berühmter engl. Porträt- und Landschaftsmaler.

320 *Mondlicht:* Von L. verbessert aus *Mohnlicht*.

321 *auf K's Anraten:* Abraham Gotthelf Kästner.

322 *Experimental-Politik:* Der Ausdruck ist in der »Rede der Ziffer 8«, III, S. 463 vewertet.

323 *Gespräch zwischen 2 einfachen und einem doppelten Louisd'or:* Ähnlich heißt es auch L 264 und MH 6. Der Gedanke ist nicht ausgeführt worden.

327 *ein Glück, daß die Gedanken-Leerheit:* Der Gedanke kehrt auch L 407 wieder.

328 *Klavier spielen:* Zu dieser Betrachtung von dem gedankenlosen, dem intuitiv richtigen Tun des Menschen vgl. auch L 911. Im Widerspruch dazu steht L.s Äußerung in der Miszelle »Mechanische Theorie des Kusses, nach Hrn. Hofr. v. Kempelen« (GTC 1799, S. 212): »Sie werden finden, daß so wie eine gründliche Kenntniß der Muskeln der Beine, Arme und des Halses, dem Tänzer und die der Hand und Finger dem Clavierspieler unendlichen Vortheil gewährt, ...«. Vgl. ferner J 78 und Anm.

329 *Das Populär-Machen:* Bezieht sich auf die selbstgesetzte Aufgabe der Aufklärung, ihre Ergebnisse und Ziele den ›Unmündigen‹ zugänglich zu machen; ab Mitte des 18. Jh.s ermöglicht die Vergrößerung des Buchmarkts und des lesenden Publikums erstmals die Umsetzung dieser Absicht: Schriftsteller wie Christian Garve in Leipzig oder Georg Heinrich Feder in Göttingen trieben die Popularisierung der Philosophie in Form von unterhaltsamen »philosophischen Essays« voran, so daß bald von der Popularphilosophie als einer Gattung gesprochen werden kann, der Themen von allgemeinem politischen oder moralischen Interesse vorbehalten waren. Ende des Jh.s erregte der schulphilosophische Ton zunehmend Kritik, weil dieser letztlich zu einer Trivialisierung des aufklärerischen Programms führe; vgl. Gert Ueding, Popularphilosophie, in: Hansers Sozialgeschichte der deutschen Literatur vom 16. Jh. bis zur Gegenwart, Bd. 3, S. 605–634, München 1980.

330 *(S. oben p. 27):* L 195.

331 *Laplace rechnet Keplern zu jenen seltnen Menschen:* In seiner Paris 1796 erschienenen »Exposition du système du monde«, Bd. 5, S. 4 nennt Laplace den Astronomen Kepler »un de ces hommes rares que la nature donne de temps en temps aux sciences, pour en faire éclore les grandes théories

préparées par les travaux de plusieurs siècles«. Das Werk erschien unter dem Titel »Darstellung des Weltsystems durch Peter Simon La Place« in dt. Übersetzung von Johann Karl Friedrich Hauff 1797 in Frankfurt am Main in zwei Bdn. L. lobt das Werk auch L 764.

332 *Meritenmesser:* Ähnlich bildet L. in den Hogarth-Erklärungen, III, S. 983 »ein Familien-Meridometer«, ein, wie er in der Note erklärt: »Portionenmesser«.

335 *verkuxt:* S. zu H 56.

337 *Der Mann ... R, U – RU in Ruh übersetzte:* Vgl. auch Notizen zum »Doppelten Prinz« (III, S. 616).

338 Zur handschriftlichen Schreibung dieser Bemerkung s. zu D 53. *immer individuell:* S. zu KA 261. – *et sic in infinitum:* Und so in alle Ewigkeit.

340 *im Reichs-Anzeiger:* Im »Allgemeinem Reichsanzeiger«, Nr. 233, vom 7. Oktober 1797, Sp. 2514, wird ein Manuskript »Das sechste und siebende Buch Moses als Beförderung zum Wohl der Menschheit herausgegeben von zween Menschenfreunden« zum Verlag angeboten; ebd., Nr. 7, Dienstags, den 9. Januar 1798, Sp. 74, meldet sich unter der Rubrik ›Gelehrte Sachen‹ dafür ein Käufer. Beide Anzeigen sind anonym. Übrigens wird im »Allgemeinem Reichsanzeiger«, Nr. 53, vom 4. März 1799, Sp. 605–607, eine Sammlung magischer Schriften nebst dazu gehöriger Apparate zum Verkauf angeboten, darunter auch das Sechste und Siebte Buch Mosis: »Mit vielen schwarz und roth gedruckten Siegeln und einem mit magischen Figuren bezeichneten Kreis von Menschenhaut« (Sp. 605).

344 *Herzog von Grafton:* Augustus Henry Fitzroy.

345 *(extend):* Engl. ›erweitern, ausdehnen‹; hier wohl in der Bedeutung ›ausarbeiten‹ gebraucht, vgl. auch L 379.

347 *D$\underline{r}$ Alymer Bischof von London:* John Aylmer (1521–1594), Bischof von London; geachteter, aber wegen seiner strengen Kirchenordnung und seiner Einstellung gegenüber Puritanern und Nonkonformisten unbeliebter Gelehrter.

349 *cum grano salis:* Lat. ›mit einem Körnchen Salz‹; im weiteren Sinne, mit Einschränkung.

351 *Gefahr von der Wut:* Zur Tollwut von Hunden vgl. auch L 382, SK 806, zum Abrichten von Hunden vgl. auch F 981.

352 *infibuliert:* Infibulation nennt man eine bei Völkern der Antike und Naturvölkern belegte Operation zur Verhinderung des Geschlechtsverkehrs, wobei die jungfräulichen Schamlippen durch Draht oder Einziehen eines Ringes geschlossen werden.

353 *wie Staunton bemerkt:* Staunton hatte London 1797 seinen »Authentic account of the Earl of Macartney's Embassy from the king of Great-Britain to the emperor of China« veröffentlicht. In Hüttners dt. Übersetzung (Zürich 1798–99) steht die Stelle Bd. 1, S. 445. Siehe auch L 820, 822; ferner L.s Brief an Johann Friedrich Blumenbach vom 9. Dezember 1797. Das zweite Heft der von Zach hrsg. »Allgemeinen geographischen Ephemeriden« (1798) gibt eine Besprechung und den Abdruck der Karte von China; Besprechungen erfolgten auch in den GGA 1798, S. 125 f., und im »Neuen Teutschen Merkur«, Weimar 1798, Bd. 1, S. 235–236. – *Staunton:* Sir George Leonhard Staunton (1737–1801), engl. Diplomat, 1792 auf Gesandtschaftsreisen in China.

355 *Kunrädchen zu Darmstadt:* Im Hessischen Staatsarchiv konnte nur folgender Conrad ermittelt werden: Conrad Boutell, 24 Jahre alt, wegen vielfach verübten Diebstahls am 16. September 1747 gehenkt.

356 *Über den Aberglauben . . . etwas sehr Gutes schreiben:* S. auch J 249 und Anm.; der Plan ist jedoch nicht ausgeführt worden. – *Ich mit meinen Lichten:* Vgl. dazu auch H 2. – *Peucer de praecipuis divinationum:* Peucers »Commentarius de praecipuis generibus divinationum« erschien Wittenberg 1572. – *Peucer:* Kaspar Peucer (1525–1602), Schwiegersohn Melanchthons, Arzt, Polyhistor, Dichter und Kirchenpolitiker. – *Kepler Harmonices:* »Harmonices Mundi Libri V«, erschienen Linz 1619; Das vierte Buch, in dem Kepler auch vom Aberglauben handelt, ist überschrieben: »Quartus Metaphysicus, Psychologicus et Astrologicus«. Dieses Werk, das Kepler selbst für sein größtes Werk hielt und das den innersten Kern seiner Natur- und Weltschau enthüllt, wurde am 27. Mai 1617 vollendet. In ihm verkündete er sein sog. Drittes Gesetz, den von ihm entdeckten Zusammenhang zwischen den Umlaufzeiten und den mittleren Abständen der Planeten. Vgl. »Bibliographia Kepleriana«, Hrsg. Max Caspar, München 1936, S. 76–79. – *Harmonices:* In der Handschrift *Harmonice.*

357 *Leckerhaftigkeit Dinge zu wählen:* Die Wiederholung von *Dinge* entsprechend der Handschrift vom Hrsg. restituiert.

358 *Die Juden . . . das Ungeziefermäßige:* Ein weiterer Beleg nach J 128 und L 110 für L.s im letzten Jahrzehnt seines Lebens aufbrechenden Antisemitismus; s. auch L 547, 570, 593, 661, 696; ferner der Brief an Johann Daniel Ramberg vom 18. März 1795, sowie VS 6, S. 33.

359 *Stedmann in seiner Reise:* Die Reisebeschreibung ist zu L 110 nachgewiesen.

360 *Industry and Idleness:* Die Erläuterung von Hogarths Bilderzyklus »Fleiß und Faulheit« (III, S. 993) sollte die Fünfte Lieferung der Ausführlichen Erklärung L.s bilden, war aber bei seinem Tode nur bis zur sechsten Platte gediehen und fast zu Ende gedruckt; sie erschien mit einer Vorrede Dieterichs Ostern 1799. – *Kirchhof-Szene:* Vgl. Hogarth-Erklärungen, III, S. 1018. – *Hier lieget Sylvius . . . von Hensler dem Jüngern:* Henslers Epigramm, das zuerst im »Göttinger Musenalmanach« für 1772, S. 70, erschienen war, ist in den Hogarth-Erklärungen (III, S. 1020) ungenau zitiert. – *Hensler:* Peter Wilhelm Hensler (1742–1779), immatrikulierte sich am 22. April 1760 als stud. jur. an der Georgia Augusta; Lyriker und Epigrammatiker; Mitarbeiter an Boris' Göttinger und an Vossens »Musenalmanach« und am »Deutschen Museum«; Landsyndikus in Stade, dann in Altona; seine Gedichte gaben aus dem Nachlaß 1782 Voß und sein Bruder Philipp Gabriel Hensler (1733–1805) heraus; vgl. auch den Brief an Johann Christian Dieterich vom 28. Januar 1787. – *Major André:* John André (1751–1780), engl. Major des Geheimdienstes, von den Amerikanern als Spion gehenkt. »André war einer der vortrefflichsten Menschen, die mir vorgekommen sind, rechtschaffen im höchsten Grad, von einer fast jungfräulichen Bescheidenheit, einem lebhaften Gefühl für das Schöne und einem durchdringenden Verstand« sagt L. in seiner Schrift gegen Voß, der ihm 1772 eine Abschiedsode gewidmet hatte. Dieses Gedicht und Andrés Monument in der Westminsterabtei sollten wohl erwähnt werden. – *Repositorium:* S. zu K 104.

361 *Vaurien . . .:* Verfasser von »Vaurien: or, Sketches of the times: exhibi-

ting views of the philosophies, religions, politics, literature, and manners of the age«, London 1797 in zwei Bdn. erschienen, ist Isaac D'Israeli (1766–1848), seinerzeit populärer engl. Schriftsteller jüdischer Herkunft. – *Kihdusch:* Hebr. Keduscha ›Heiligung‹, jüdisches Gebet, das bei der Wiederholung des Achtzehngebets (Schmone esre) durch den Vorbeter in die dritte Benediktion eingeschaltet wird; gehört zu den wichtigsten Elementen des jüdischen Gottesdienstes. Über L.s Stellung zum Judentum s. zu J 128, L 358.

362 *I love a good hater:* Ich schätze einen guten Hasser. Die Quelle des Ausspruchs von Johnson ist zu J 779 nachgewiesen.

363 *bezaubert wie die Klapperschlange:* Vgl. auch L 882 und Anm.

366 *Anrede an die ... Ziffern ... Kalender-Artikel:* Der Aufsatz »Rede der Ziffer 8, am jüngsten Tage des 1798. Jahres im großen Rat der Ziffern gehalten« erschien bereits im GTC 1799 (III, S. 458). Die hier aufgeführten Motive sind zum großen Teil dort verwertet. – *Kalender von 1800:* In der Handschrift *1780*. – *auf 888 gesehen:* In der Handschrift *geschehen*.

367 *Ut ... aggrediuntur:* Die Stelle steht bei Tacitus, Annalen 16, 22; der Text dort hat »praeferunt« und »perverterint, libertatem ipsam adgredientur«. Wenn sie eine Macht stürzen, tun sie das im Namen der Freiheit; wenn sie den Umsturz vollbracht haben, greifen sie die Freiheit selbst an.

368 *Religion ... Sonntags-Affaire:* Dieser Gedanke ist in den Hogarth-Erklärungen, III, S. 1016 verwertet. S. zu L 360.

370 *Populäre Abhandlungen ... von Greiling:* Das von L. genannte Werk erschien Züllichau 1797. – *Greiling:* Johann Christoph Greiling (1765–1840), Student der Theologie in Jena, Hofmeister in Kursachsen, 1797 Pastor in Schoschwitz, 1805 Oberhofprediger in Aschersleben; fruchtbarer Schriftsteller auf dem Gebiet der praktischen Philosophie und Theologie.

371 *Die bekannte Geschichte von dem Major von Kaufmann:* Möglicherweise handelt es sich um den im »Staatskalender« 1790 als Capitaine in der hannöverschen Armee geführten von Kaufmanns. Die Anspielung ist aber unklar.

372 *füsilieren:* Standrechtlich mit der Flinte erschießen; L.s Redeweise ist vielleicht von der Kaufmanns beeinflußt.

373 *Reichs-Anzeiger:* »Allgemeine Reichsanzeiger«, Nr. 16, vom Freitag, den 19. Januar 1798, Sp. 166–167; der überschriftslose Artikel ist unterzeichnet: M. J. – *Buoch:* In früheren Jh.en führte die Rems relativ schnell Hochwasser, und Buoch, das im Bereich des Keuberglandes westlich von Waiblingen etwa 275 m über der Rems auf einer Restdecke des Lias (Schwarzer Jura) liegt, war wegen dieses Untergrundes, der aus wasserführenden und wasserstauenden Schichten besteht, weshalb bei Hochwasser oberflächennahes Grundwasser leicht in die Keller von Häusern ohne Drainage eindringen konnte. (Nach Auskunft von Oberlandesgeologe Dr. Helmut Wild, Waiblingen) – *Frage im Reichs-Anzeiger 1797:* Im »Allgemeinen Reichsanzeiger« Nr. 237, vom Donnerstag, den 12. Oktober 1797, Sp. 2550–2551, findet sich die von L. angespielte »Frage an die Naturforscher«. – *eine Stelle ... aus dem Taschen-Kalender für 1797:* Die zitierte Stelle aus dem GTC 1797 steht im Aufsatz »Steinregen zu Siena«, wo L. (S. 163) schreibt: »So hat man sich z. B. sehr gequält zu erklären, wie das Wasser auf die Spitze des Felsens von Cintra, fünf Meilen westlich von Lissabon komme, eines Felsens der allen Schiffern,

als das westlichste Ende von Europa bekannt ist. Man hat auf allerley gerathen, so gar auf einen besonderen magnetischen Zug des Felsens gegen das wasser. Das Phänomen ist nunmehr höchst vortrefflich erklärt: Nämlich es ist nicht wahr, daß Wasser auf die Spitze des Felsens quillt«; s. auch die Kalender-Notiz in Sudelbuch K₁ S. 838. – *die Erscheinungen der Haar-Röhrchen:* S. zu J 2029. Kapillaranstieg ist nur in Feinlehmen möglich.

374 *die großen Herren ... wenig vom Kriege zu fürchten:* S. L 101.

375 *Nadel-Geld:* Nach DWB 7, Sp. 254 »das für den einkauf von nadeln gegebene und bestimmte geld, sodann das jahrgeld vornehmer frauen zu putz und kleinen bedürfnissen«.

377 *das Horazische: Laudator temporis acti ...:* S. zu E 68. – *rückwärts erziehn:* Ähnlich L. in dem Aufsatz »Von den Kriegs- und Fast-Schulen der Schinesen« (III, S. 440) *rückwärtserfinden;* vgl. auch L 100.

379 *nach Gefühlen:* In der Handschrift ohne Klammern über *mit dem Herzen.* – *Herzen ... Vernunft:* Über diese Antithese grübelt L. auch andernorts, vgl. F 1047, L 275, 276, 403, 878. – *Rat der 500; Rat der Alten:* Die beiden Kammern der frz. Direktorialverfassung von 1795. – *K ...:* Kästner, dessen mathematische Fähigkeiten L. ebenso kritisiert wie einen überzogenen Anspruch von Mathematikern auf ›Weisheit‹, s. J 553, 760. – *Extend:* S. zu L 345.

380 *Aorabanu:* L. entnahm die Notiz folgendem Werk: »An Historical Journal of the Transaction at Port Jackson and Norfolk Islands, with the discoveries which have been made in New South Wales and in the Southern ocean, since the publication of Phillip's Voyage ..., including the journals of Governors Phillip and King and Ball; and Voyages from the first Sailing of the Sirius in 1787, to the Return of that Ship's Company to England in 1792« von Hunter, London 1793. Die zitierte Stelle findet sich in der dt. Übersetzung Forsters in dessen »Magazin von merkwürdigen neuen Reisebeschreibungen«, Hamburg 1794, Bd. 11, S. 62. Vgl. noch L 381. – *Neu-Südwallis:* An der Ostküste Australiens gelegener Bundesstaat, 1770 von James Cook entdeckt, seit 1788 britische Kolonie. – *Hunter:* John Hunter (1737–1821), engl. Kapitän, hatte Phillip als Kommandant der ›Sirius‹ 1787 nach Australien begleitet; 1795 zweiter Gouverneur der ältesten britischen Kolonie in Australien. – *Ban ally:* Verbündeter in der Verbannung.

381 *Welt in 168 Tagen:* L.s Quelle ist wiederum das »Magazin von merkwürdigen neuen Reisebeschreibungen«, ebd., S. 166. S. zu L 380 und Anm.

382 *Matthieu:* Vermutlich handelt es sich um Benedictus Theodorus Mathieu aus Trier, der sich am 6. November 1790 als stud. jur. an der Georgia Augusta immatrikulierte. – *Hundswut:* Gemeint ist die Tollwut; vgl. auch L 351.

385 *Ideen; Gefühle:* S. zu L 379.

386 *Finsternis-Handel:* Im Gegensatz zu ›Aufklärung‹ gebildet und vermutlich auf die »Obskuranten« und ihre publizistischen Parteigänger gemünzt.

387 *Schlacht bei Rivoli am 14. Januar 1797:* S. zu L 65. – *Schlacht bei Actium:* L. spielt entweder auf die Seeschlacht am 2. September 31 v.Chr. in Aktion (Vorgebirge der griech. Landschaft Akarnien) an, in der sich Oktavian, der spätere Kaiser Augustus, siegreich gegen die Truppen von Antonius und Kleopatra durchsetzten, und damit die Herrschaft Roms über den Orient begründete oder auf die Schlacht am 28. September 1538, die Barbarossa an

dieser Stelle gegen die Flotten der Spanier, des Pabstes und Venetiens für sich entschied.

389 *for drunk or for dry:* Zum Betrinken oder zum Ausnüchtern. – *mit Gefühlen oder mit Vernunft:* Zu dieser Antithese s. zu L 379.

390 *im Alter ... Empfindsamkeit der Jugend:* S. zu L 377. – *Chenius:* S. zu K 280. – *Horazischen: Laudatur temporis:* S. zu E 68.

393 *Cis-judäische Religion:* Über L.s Stellung zum Judentum s. zu J 128, L 358.

395 *Linné sagt:* S. L 17.

396 *Die Zahl der legislativen Glieder am physischen Staate ...:* Auch eine Alters-Reflexion unter Anspielung auf schwindende sexuelle Potenz, diesmal in dem beliebten Bilde des Staatskörpers und -wesens, übertragen auf Individuum und Familie; vgl. etwa J 227; L 106.

397 *Roger Paine:* Roger Payne (1739–1797), berühmter engl. Buchbinder. L. entnahm die Details dieser Notiz dem Korrespondentenbericht: »Auszüge aus Briefen. I. Auswärtige Korrespondenz. 1. London, d. 1. Dezember 97« im »Teutschen Merkur« 1798. – *dem Zeitalter:* In der Handschrift *Zeitalter* richteten. – *ein Aeschylus:* Die Übersetzung der Tragödien von Aeschylos durch Robert Potter 1721–1804), die zuerst 1777 erschien und seinerzeit als beste Übertragung ins Englische gefeiert wurde, erschien, gedruckt zu Glasgow 1795, in blauem Marocco-Leder gebunden und gilt als Meisterwerk Paynes. – *Spencer:* George Spencer (1766–1840), 5th Duke of Marlborough; berühmter engl. Bibliophile und Kunstsammler; vgl. auch L 580. – *a low mechanic:* Ein schlechter Handwerker.

398 *Büchse der Pandora:* Griech. Mythos, der die Entstehung des Bösen in der Welt erklärt: Zeus schickte Pandora zu den Menschen mit einer Büchse, worin alle Übel eingeschlossen waren. Als Pandora die Büchse öffnete, flogen alle Übel bis auf die trügerische Hoffnung heraus und verbreiteten sich unter den Menschen. – *eine Fama nach Butler's Idee:* »Two trompets she does sound at once, but both of clean contrary tones; but whether both with the same wind or one before and one behind, we know not« (Butler, »Hudibras«, T. 2, 1, S. 69; nachgewiesen zu B 49). Sie klingt wie zwei Trompeten auf einmal, aber beide klaren, entgegengesetzten Tons; aber ob beide mit dem gleichen Wind oder eine mit Wind von vorn und eine mit Wind von hinten [bespielt werden], wissen wir nicht. L. spielt darauf auch III, S. 596, an. – *Ananas auf Torpfosten:* Diese Anregung gibt L. auch für das Weender Stadttor in Göttingen in einem Brief an Albrecht Ludwig Friedrich Meister vom Frühjahr[?] 1779.

399 *Das magische Dintenfaß:* Vgl. L 398.

401 *Brillen mehr Nutzen gestiftet:* Vgl. L 163. – *transzendent gemacht:* S. zu F 72.

403 *Monarchie der reinen Vernunft:* Hier die typische Antithese des späten L., der sich aus psychologischen Gründen gegen die frz. Republik als strikte Schülerin der Aufklärung ausspricht; vgl. auch L 379 und Anm. Die Wendung begegnet ähnlich in »Geologische Phantasien« (III, S. 113). – *Rewbell:* Jean-François Rewbell (1747–1807), frz. Revolutionspolitiker, 1791 Präsident der Nationalversammlung, von 1795–1799 Mitglied des Direktoriums; auf den L. als Repräsentanten der neuen eleganteren Modetrachten anspielt, die sich von Sansculotten bewußt absetzten und zu den Karikaturen des

Incroyable und der Merveilleuse führten. – *ignoto Deo:* »Praeteriens enim et videns simulacra vestra inveni et aram, in qua scriptum erat: Ignoto deo« (Acta apostolorum – Apostelgeschichte 17, 23): »Ich bin hindurchgegangen und habe gesehen eure Gottesdienste und fand einen Altar, darauf war geschrieben: Dem unbekannten Gott.«

404 *vernünftelte:* Nach DWB 12, Sp. 936f. im Sinne von ›unrichtigem, unpassendem Vernunftgebrauch‹ abwertend gebraucht. – *pity:* Engl. ›schade‹.

406 *Die Vernunft ... wie die Alpen-Spitzen ... kalt und unfruchtbar:* Ähnlich formuliert auch MH 16; auf diese kritische Einschätzung der Möglichkeiten von Vernunft wird gern von Interpreten Bezug genommen, die den späten L. als Vorläufer der Romantik sehen wollen, obwohl L. vielmehr auf die Grenzen der Vernunftleistung in bestimmten Kontexten wie dem der Religionsbegründung (s. L 379 und Anm.) anspielt. – *So hervor:* In der Handschrift *jetzt so hervor.*

407 *Gedanken-Vakuum:* Zum Gedanken vgl. L 327; zum Ausdruck s. zu J 181.

409 *ein Spiel:* Danach in der Handschrift etwas gestrichen.

411 *Kempelens Maschine spricht ... Papa und Roma:* Über Kempelen und seine Sprachmaschine s. zu J 1055; zu den angeführten Worten vgl. auch L.s nur ungenau datierbaren Brief an Johann Christian Dieterich (IV, S. 980) aus dem Jahre 1798. Tatsächlich schrieb Kempelen in der »Vorerinnerung« zu seinem Werk: »Ich habe es mit derselben ⟨der Maschine⟩ doch immer schon so weit gebracht, daß ich sie alle lateinische, französische und italiänische Wörter ohne Ausnahme, wie man sie mir vorsagt, auf der Stelle nachsprechen mache, freylich manche besser und verständlicher als andere, aber doch immer eine Anzahl von mehreren hundert Wörtern ganz vollkommen und klar, z. B. Papa, Maman, Marianna, Roma, Maladie, Santé und Astronomie.« (S. 4). S. dazu Joachim Gessinger, Sprechende Maschinen. Physik und Physiologie des Sprechens im 18. Jh., Berlin 1990.

413 *den Mondschein vorzustellen:* Anspielung auf Shakespeares »Sommernachtstraum«.

416 *Morgenstern:* Stangenwaffe mit meist rundlichem oder eckigem Kolben am Ende, der sternförmig mit Stachelspitzen besetzt war; eine vom Mittelalter bis ins 15. Jh. hinein in Europa gebräuchliche Waffe.

418 *Mythus ist eigentlich Sage, so sagt Heyne:* Das Zitat entstammt dem Bericht über eine Vorlesung Heynes »De fide historica aetatis mythicae« in den GGA 1798, S. 465.

421 *Wahrheit finden:* Vgl. auch L 54, wo sich L. weniger positiv zu dieser Grundeinstellung äußert.

423 *Christian der II*[te] *König von Dänemark:* Christian II. (1481–1559), 1513–1523 König von Dänemark, ab 1520–1523 auch von Schweden; mußte wegen eines dän. Aufstandes 1523 dem Thron entsagen. – *Derham über das Weinen der Kinder ...:* Derhams Abhandlungen »Part of a letter from the reverend Mr. W. D. to Dr. Hans Sloane, giving an account of a child crying in the womb« und »A short discussion concerning the childs crying in the womb« finden sich in den »Philosophical Transactions«, Bd. 26, S. 485, 487. – *Derham:* William Derham (1657–1735), Geistlicher; »Physico-Theology«, 1713; »Astro Theology«, 1714.

424 *der lächerlichen ... Titulaturen:* Vgl. L 130, 145. – *die Reimarussche Blitzableitung:* Vgl. den Brief an Johann Albert Heinrich Reimarus vom 21. November 1792.

425 *Blätter vermischten Inhaltes:* Die »Oldenburgischen Blätter vermischten Inhalts« erschienen 1787–1797, hrsg. von Christian Kruse zusammen mit G. A. von Halem und G. A. Gramberg. Christian (Karsten) Kruse (1753–1827); nach dem Studium der Theologie in Halle Subconrector an der Lateinschule in Oldenburg; historisch-politischer Schriftsteller.

426 *Kabinett zu Paris:* Anspielung auf die Requisitionen der frz. Armee in den besiegten Ländern, von denen besonders Italien und Österreich betroffen waren; vgl. L 65 und Anm. – *Marienbild von Loreto:* Das Statue der schwarzen Madonna mit Kind, die, angeblich von Apostel Paulus geschnitzt, die Wallfahrttradition in Loreto begründete, wurde 1798 mit anderen Gegenständen aus der Schatzkammer von den Franzosen geplündert. – *die Bären von Bern:* In der Schlacht am 5. März 1798 im Grauholz verloren die Berner gegen Frankreich, dessen Regierung vor allem an dem großen Staatsschatz interessiert war. – *der Pantoffel des Pabstes:* S. L 64. – *Dalai Lama:* Oberster Priester der lamaistischen Buddhisten, die in diesem nach einer in Tibet im 15. Jh. gebildeten Tradition die Reinkarnation des Glaubensstifters Bodhisattva Avalokitecvara sehen; seit dem 17. Jh. war der Dalai Lama auch weltlicher Herrscher von Tibet, seit Mitte des 18. Jh. kontrollierte jedoch China die Dalai-Wahl, die jeweils nach Ableben des letzten unter tibetanischen Kindern getroffen wurde, was den Regenten eigentlich zur machtlosen Marionette machte.

428 *Stedman Narrative:* S. zu L 110.

429 *Sieh oben p. 15:* L 110 und Anm. – *Reynsdorp:* Während L. in L 110 *Reinsdorf* schrieb, hält er sich hier an Stedmans Schreibweise. – *befinden:* Danach in der Handschrift *S.p.61* und ein Verweisungszeichen; das weitere folgt mit: *zu S. 60* nach L 429. – *Kaffee-Plantage ... Banden usw.:* Wörtliches Zitat aus Stedman und der zu L 110 genauer nachgewiesenen Miszelle (GTC 1799, S. 211).

430 *Guiana:* Guayana; auch diese Anekdote ist Stedmans zu L 110 nachgewiesenem Werk entnommen, »Narrative« 2, S. 247.

431 Auch diese Anekdote ist Stedmans zu L 110 nachgewiesenem Buch entnommen: »Narrative« Bd. 2, S. 329. – *Yorica, Yorica:* L. fand vermutlich die Assoziation zu Yorick und Teufel bemerkenswert.

433 *Ein Lombardisches Gespräch:* Dieser Satireplan ist nicht ausgeführt worden. L. gebraucht den Begriff wortspielerisch auch L 521. – *Lombard:* Abgeleitet von den im 13. Jh. nach Frankreich geflüchteten Lombarden, bedeutete das Wort im 18. Jh.: Pfandleihhaus. – *ad modum:* Lat. ›nach Art, wie‹. – *Swifts Bücherstreit:* Swifts Pamphlet gegen den Philologen Bentley, »Battle of the Books«, erschien London 1697.

434 *Foote's dramatische Werke bei Nicolai:* Diese Übersetzung der Dramen Footes erschien Berlin und Stettin 1796–98.

435 *Werdet wie die Kindlein:* »Es sei denn, dass ihr euch umkehret und werdet wie die Kinder«: Matthäus 18, 3; vgl. auch L 880 und den Brief an Friedrich Nicolai vom 8. Juni 1798.

437 *Annales de Chimie:* Bd. 21 der »Annales de chimie ou recueil de mémoires concernant la chimie et les arts qui en dépendent« erschien Paris,

den 31. Januar 1797. – *Tiedemanns Speculative Philosophie:* Tiedemanns »Geist der spekulativen Philosophie von Thales bis Sokrates« erschien Marburg 1791–97.

438 *Horeb und Sinai:* Im Alten Testament ist Horeb der Gipfel des Sinai-Gebirges, auf dem Moses die Gesetzgebung Gottes erhält.

440 *einen Streich auf den Backen:* S. Matth. 5,39; Lukas 6,29.

441 *Jubelfeiern:* Die Bemerkung steht offenbar in Zusammenhang mit den Überlegungen, wann das Jahrhundert eigentlich endet und gefeiert werden muß; den ersten Gedanken dazu notiert L. bereits K_1 S. 838. Ein vermutlich geplanter Kalender-Artikel kam nicht zustande; vgl. aber den Aufsatz: »Rede der Ziffer 8« (III, S. 458) und »Trostgründe für die Unglücklichen, die am 29ten Februar geboren sind«, GTC 1793, S. 110–119. S. auch L 366, 460. – *Die Zahlen ... anfangen und:* Diese Sätze sind von L. mit Kringeln unleserlich gemacht.

442 *J'ai bati sans echafaud:* Ich habe ohne Plan (Gerüst) gebaut; in der Handschrift *echaffaut*.

443 *Böttchers Garten:* Wohl Johann Julius Bödeker, Schneider in Göttingen, gest. nach 1800.

447 *nach 25 Jahren:* Seit 25 Jahren wohnte L., unterbrochen von Reisen, im Hause Dieterichs, Gotmarstr. 1; vgl. SK 467.

448 *Pretty ... there:* Schön! im Bernstein die Gestalt / von Haaren, oder Strohhalmen, oder Schmutz, oder Raupen oder Würmern zu betrachten! / Die Dinge sind, das wissen wir, weder wertvoll noch selten, / Aber wir wundern uns, wie zum Teufel sie da hineingekommen sind. Die Verse sind Popes »Epistle to Arbuthnot«, 169, entnommen.

449 *Das Sprüchwort:* L. spielt darauf an, daß Napoleon, den erkrankten Papst Pius VI. Ende Februar aus Rom wegbrachte, weil dieser sich weigerte auf seine Souverainität zu verzichten; über den zeitgenössischen Hintergrund, vgl. auch L 64, 248. Nach Lutz Röhrich, Lexikon der sprichwörtlichen Redensarten, Bd. 2, 1973, S. 776, ist dieses Sprichwort seit einem Fastnachtspiel von 1457 gebräuchlich; wurde dem ital. ›essere stato a Roma senza aver veduto il Papa‹ nachgebildet.

450 *Sperlinge ... Erbsen-Feldern:* Zu L.s Verhältnis zu Sperlingen, vgl. J 128 und Anm., L 372.

451 *Heuschreckenzüge Baschan-Uli:* Quelle nicht ermittelt.

452 *Clitia:* Clytia; nach der griech. Sage Tochter des Oceanus und der Thetis, Geliebte des Sonnengottes, der aber Leucothoe ihr vorzog; verriet diese aus Eifersucht an deren Vater, der sie lebendig begräbt; Clytia dagegen wird in die Blume Heliotrop verwandelt (Ovid, Metamorphosen IV, 206–270).

454 *Der Franke:* Neufranken nannte man im 18. Jh. das republikanische Frankreich. – *der Emigrierte:* S. zu K 143.

455 *Lein-Athenienserinnen:* Ironische Anspielung auf die weibliche Bevölkerung des an der Leine gelegenen Göttingen – so wie man Leipzig das Pleiß-Athen nannte.

456 *Grauns Te Deo ... Vade meco:* L. belustigt sich über den scheinbar gebildeten, eigentlich aber falschen Dativgebrauch in den beiden lateinischen Wörtern; s. zu L 282. – *Vade meco:* Vademecum, s. zu K 186.

457 *Nesseln ... Zeder:* Vgl. Sprüche Salomonis, 24, 31; Jesajas 34, 13.

458 *dreifarbige Nase:* Dieser Ausdruck begegnet auch in den Hogarth-Erklärungen, III, S. 1000.

459 *Maultier des Pabstes ... nach Paris gebracht:* S. zu L 64, 426, 449.

460 *Über den Anfang des Jahrhunderts:* Vgl. K$_1$ S. 838 und L 441. – *Aufsätze im Allgemeinen litterarischen Anzeiger:* »Allgemeiner litterarischer Anzeiger, oder: Annalen der gesammten Litteratur für die geschwinde Bekanntmachung verschiedener Nachrichten aus dem Gebiete der Gelehrsamkeit und Kunst«, erschien von Juli 1796–1801 in Leipzig, hrsg. von Johann Christian Friedrich Roch. Im Jahrgang 1798, Nr. 10, Dienstag, vom 16. Januar 1798 finden sich folgende Aufsätze: »Das XIX. Jahrhundert können wir nicht eher als den 1. Januar 1801 anfangen«, Sp. 99–100; »Bemerkung über den Allgemeinen litterarischen Anzeiger«, Sp. 439–440 (15. März 1798); »Letztes Wort über die Grenzlinie des XVIII. und XIX. Jahrhunderts«, Sp. 463–64. Den »Allgemeinen litterarischen Anzeiger« erwähnt L. in gleichem Zusammenhang auch in der »Rede der Ziffer 8« (III, S. 462); vgl. auch den Brief an Johann Friedrich Benzenberg vom Juli 1798. – *Dissertation ... von Abicht:* Abichts Dissertation führt den Titel »Annus 1700 ex hypothesi vulgari saeculi XVII ultimus et ex hypothesi Scaligeri saeculi XVII secundus«, erschienen 1700. Johann Georg Abicht (1672–1740), evangelischer Theologe und vielseitiger Schriftsteller. – *Fabri's Europäischer Staats-Kanzlei:* In Fabers »Europäische Staats-Cantzeley«, erschienen von 1697–1803, findet sich an der angegebenen Stelle ein Aufsatz »Genaue Untersuchung und Auflösung dieser jetzigen Zeit schon zum öfteren vorgefallenen Streitfrage, so nämlich 1700 oder 1701 für das erste Jahr des künftigen Saeculi zu halten seye«. Christian Leonhard Leucht (1645–1716), Publizist, Jurist und Geheimrat, veröffentlichte unter dem Pseudonym Anton Faber oder Sigismund Ferrarius. – *Hamburger historische Remarken:* Die »Historischen Remarques über die neuesten Sachen in Europa« kamen in Hamburg jährlich seit 1699–1707, verfaßt von Peter Ambros Lehmann (1663–1729), heraus (BL, Nr. 37, Jahrgang 1699).

462 *Maler, der ... Charakter der Menschen in den Mienen malt:* Ähnlich äußert sich L. in seinem Brief an Chodowiecki vom 23. Dezember 1776, vgl. F 898. – *Draperie-Maler:* Maler, der die Gewandung der dargestellten Personen malt.

463 *Kuhreigen ... Rene de vache:* S. zu L 176. – *Nun laßt uns den Leib begraben:* Das Kirchenlied, das L. auch RA 94 zitiert, ist von Michael Weisse (gest. 1534) aus Neiße in Schlesien, in Neutomischl Vorsteher der Böhmischen Brüder; dort verfaßte und bearbeitete er viele von deren Liedern; Hrsg. ihres ersten dt. Gesangbuches.

464 *Der Pabst und der Kuhreigen:* S. zu L 64 und 176. – *Die Bären von Bern:* S. zu L 426.

465 *Monboddo in Ancient Metaphysics:* Monboddos berühmtes Werk »Ancient metaphysics or the science of universals« erschien London 1779–84. L. nennt ihn auch in »Das Luftbad« (III, S. 126). James Burnett Lord Monboddo (1714–1799), schott. Richter und wissenschaftlicher Schriftsteller, der sich mit der Antike beschäftigte.

468 *gelehrtes Kindbett-Fieber:* Vgl. E 251 und Anm., F 92, 93.

469 *Pflänzchen ... beschnitten:* Zu dieser Formulierung vgl. J 696 sowie den Brief an Ludwig Christian Lichtenberg vom 15. Juni 1795.

470 *M . . . und seine Frau:* Sollte Christoph Meiners gemeint sein? Er war verheiratet mit der ältesten Tochter Achenwalls, Christina Magdalena Eleonora (geb. 1754), vgl. auch den Brief an Johann Andreas Schernhagen vom 7. November 1776.

471 *wie Alexander . . . wie dem Cervantes:* Eine ähnliche Zusammenstellung begegnet schon F 214. – *wie Montaigne . . . nicht rechnen:* S. zu L 12.

472 *Man spricht viel von Aufklärung:* L.s pessimistische Einschätzung des Erfolgs der Aufklärung spielt auf Kants berühmte Definition in »Was ist Aufklärung?« von 1784 an: »Aufklärung ist der Ausgang des Menschen aus der selbstverschuldeten Unmündigkeit . . . Selbstverschuldet ist diese, wenn die Ursache derselben nicht am Mangel des Verstandes, sondern der Entschließung und des Mutes liegt, sich seiner ohne Leitung eines anderen zu bedienen«.

473 *ein Gedicht ohne R:* S. zu F 383.

475 *Leipziger Messen:* Gleichzeitig mit dem Entscheid den Buchhandel nicht mehr als Tausch-, sondern als Rechnungsgeschäft zu organisieren, fällten die norddt. Buchhändler wegen des zu gedrängten Messeaufkommens 1764 den Entschluß, künftig nurmehr die Leipziger, nicht mehr die Frankfurter Buchmessen zu besuchen; neben der größeren Liberalität in Zensurfragen, verfügte Kursachsen zudem als erstes Land über eine geeignete Rechtsprechung gegen das Erstellen von Raubdrucken. – *backed:* S. zu L 290.

477 *Pantoffeln Namen gegeben:* Das ist wohl L. selbst, der die Angewohnheit hatte auch ungewöhnlichen Dingen ungewöhnliche Namen zu geben: so nannte er z. B. seinen Ofen Sibylle, seine Katze Miß Abington.

478 *merkwürdigen Schrift:* Verfasser der »Biographical Anecdotes of several of the most eminent persons of the present age«, London 1797, ist John Almon (1737–1805), engl. Verleger und Journalist. – *Verfasser der Briefe des Junius:* S. zu B 374.

479 *Quintenmacher:* Zu diesem Ausdruck vgl. DWB 7, Sp. 2374. Ein Flausenmacher, Ränkeschmied. – *Quinte:* Quinte heißt in der Fechtkunst die fünfte Stoßart, im übertragenen Sinne ›Fechterstreiche, Kniffe, Finten‹. – *Voigt:* L.s Friseur in Göttingen. – *Advokat Quentin:* Johann Otto Quentin (1727–1805), Notar in Göttingen.

480 *dreifarbigen Kokarden:* L. erwähnt sie auch in den »Vier Tags-Zeiten« (III, S. 712). – *Germinal-Bier . . . Hasen:* Germinal, frz. ›Keimmonat‹, der siebente Monat im Kalender der ersten Frz. Republik; dauerte in den ersten sieben Jahren vom 21. März bis zum 19. April; in den darauffolgenden sechs Jahren vom 20. März bis 20. April des Gregorianischen Kalenders. – *Floreal-Kätzchen:* Floréal, frz. ›Blütenmonat‹, der achte Monat im Kalender der ersten Frz. Republik; zählte vom 20. April bis 19. (20.) Mai.

482 *Bürger . . . in der Beichte:* Gemeint ist die »Beichte eines Mannes, der ein edles Mädchen nicht hintergehen will«, geschrieben Februar 1790. Die zitierte Stelle findet sich in den »Briefen von und an Bürger« 4, S. 23. – *seine Schwäbische Elise:* S. zu J 1200. – *Lebensbeschreibung von Althof:* Althofs Schrift »Einige Nachrichten von den vornehmsten Lebensumständen Gottfried August Bürgers, nebst einem Beitrag zur Charakteristik desselben« erschien Göttingen 1798. L. dankt dem Verfasser für die Übersendung des Buches im Brief vom 30. Juni 1798. Ludwig Christoph Althof (1758–1832), 1784 Privat-

dozent, 1794–1798 Prof. der Medizin in Göttingen, dann in Wetzlar; Arzt, Freund und erster Biograph Gottfried August Bürgers.

483 *Wenn sich das Alter einstellt:* Zu L.s Reflexion über das Altern zu H 170, J 2059, L 79, L 390. – *Krankheit eine Art von Gesundheit:* Ähnlich formuliert L. J 495, 615. – *ein Auster-Leben:* Diese Metapher gebrauchte L. von der eigenen Existenz im Brief an Gottfried Hieronymus Amelung vom 21. April 1786.

484 *Annalen der deutschen Universitäten:* Das Buch erschien Marburg 1798. – *Justi:* Karl Wilhelm Justi (1767–1846), Prof. der Theologie in Marburg; Mitarbeiter am »Göttinger Musenalmanach« und Wielands »Teutschem Merkur«, Lyriker. – *Mursinna:* Friedrich Samuel Mursinna (1754–1805?), nach dem Studium in Halle seit 1783 privatisierender Gelehrter und Schriftsteller in Halle und Berlin.

486 *Rezeß:* Lat. recessus ›Auseinandersetzung, Vergleich, Rücktritt‹. – *hoffen in Gnaden:* Diese Notiz gehört wohl zu L.s Aversion gegen die brieflichen Titulaturen; vgl. hierzu L 145.

489 *ein Phöbus:* Beiname des Apollon; im Frz. gleichbedeutend mit ›Schwulst, Bombast‹. – *Phaetone:* S. zu K 6.. – *not quite:* nicht ganz.

490 *Works of John Milton . . . by William Hayley:* Hayley's Milton-Ausgabe, auf die auch L.s Brief an Jeremias David Reuss vom 13. Juli 1798 unter Berufung auf die gleiche Quelle hinweist, erschien London 1796. – *Hayley:* William Hayley 1745–1820), engl. Dichter und Hrsg.; publizierte Bücher über Milton (1794), Cowper (1803) und Romney (1805).

491 *distressed poet:* Leidender Dichter. Zu diesem Bilde vgl. auch die kurze Erklärung L.s im GTC 1790, S. 201–203.

493 *Gainsborough:* Thomas Gainsborough (1727–1788), engl. Maler, der neben Reynolds der begehrteste Porträtmaler des zeitgenössischen Adels war. Die Quelle der Anekdote wurde nicht ermittelt.

494 *Freiheitsbaum:* Darüber s. J 1148.

495 *Galgen Freiheitsbaum:* Dieser Scherz ist in den Hogarth-Erklärungen, III, S. 1035 verwertet.

497 *Thé pensant:* Dieser Ausdruck ist in der »Erklärung der Kupferstiche. 9) Die Frau. (Viel zu viel.)« im GTC 1799, S. 224, verwertet.

499 *Annalen der leidenden Menschheit:* Hrsg. von August von Hennings, Altona 1795–1801. August von Hennings (1746–1826), 1763–1766 Student in Göttingen, Studienfreund L.s, Schwager von Reimarus; 1787 Amtmann von Plön und Ahrensbök, 1807 Administrator der Grafschaft Ranzau; nationalökonomischer Schriftsteller und Hrsg. des »Genius der Zeit« (1796–1803), den die Xenien verspotteten. – *die Geschichte des Abts zu Lamspringen:* Der Aufsatz »Verfahren des Abts des Klosters Lamspringe Maurus Heatley im Hochstift Hildesheim gegen einen ihm untergebenen Mönch« steht in Hennings »Annalen der leidenden Menschheit« Bd. 5, S. 188. Vgl. auch L 244.

500 *Mutter des Fleißes oder der Erfindung:* Zum Gedanken vgl. auch L 524.

501 *Zapfenstreich-Gebet der Juden:* Zu L.s Haltung zum Judentum s. zu J 128.

502 *In der deutschen Türkei (genützt):* Der Ausdruck ist in dem Aufsatz »Daß du auf dem Blocksberge wärst . . .« (III, S. 470) im GTC 1799, S. 158, in einer Fußnote verwertet; daher ist die Bemerkung von L. durchgestrichen.

504 *Fleisch . . . mit der Schere geschnitten:* Derselbe Gedanke begegnet MH 15; vgl. auch Hogarth-Erklärungen, III, S. 1025.

505 *Polizei-Anstalten in einer gewissen Stadt:* Gemeint ist Göttingen.
506 *sehen können:* In der Handschrift *könnte*.
508 *dolce far niente:* Dieser Ausdruck ist im GTC 1799, S. 221 verwertet.
509 *incontinens ... in continenti:* Unenthaltsam, aber nicht im Enthaltsamsein, oder unenthaltsam im Enthaltsamsein. Ein ähnliches Wortspiel, eigentlich eine Figur der klass. Rhetorik, findet sich im Brief an Johann Friedrich Blumenbach, der wahrscheinlich auf Ende 1790 zu datieren ist.
511 *iocoserio dictum:* Wortspiel aus lat. iocus und serius ›scherzhaft-ernst gesagt‹. Vgl. die Titelseite von Sudelbuch B.
512 *Die Mainzer und Wormser Schafe ... den Straßburger Wölfen:* L. spielt auf die bekannte Fabel von Äsop/Phaedrus an, nach der die Wölfe die Schafe, die aus dem gleichen Wasser trinken, bezichtigen, es zu trüben, damit sie einen Vorwand haben, sie zu bekriegen; und politisch auf die frz. Eroberungszüge unter Napoleon an; s. zu L 65, 314; vgl. III, S. 894.
513 *Dumoulin:* Jacques Molin, bekannt unter dem Namen Du Moulin (1666–1755), Prof. der Anatomie in Paris und Leibarzt Ludwigs XV. – *sagt Faujas St. Fond:* Faujas de Saint-Fonds Reisebeschreibung erschien in James Macdonalds und C. R. W. Wiedemanns Übersetzung unter dem Titel »Reise durch England, Schottland und die Hebriden in Rücksicht auf Wissenschaft, Künste, Naturgeschichte und Sitten« Göttingen (1798) 1799, bei Dieterich (BL, Nr. 1053); S. 202; vgl. noch L 518. Barthélémy Faujas Saint-Fond (1741–1819), Prof. der Geologie, verfaßte Reisebeschreibungen; »Voyage en Angleterre, en Ecosse et aux Iles Hébrides«, Paris 1797.
514 *Jean Paul Friedrich Richter:* Über L.s Stellung zu Jean Paul s. zu L 87. – *S. oben p. 12:* Gemeint ist L 87. – *Verzeichnis seiner Schriften ... im deutschen Magazin ... von Schütze:* Schützes Aufsatz »Jean Paul Friedrich Richter« im »Deutschen gemeinnützigen Magazin« 1798, Bd. 1, S. 97. Hrsg. dieser Zeitschrift, die seit 1788 erschien, war Christian Ulrich Detlev von Eggers (1758–1813), seit 1787 Prof. der politischen, ökonomischen und der Kameralwissenschaften, ab 1788 auch für Staatsrecht. Johann Friedrich Schütze (1758–1810) aus Altona, studierte in Leipzig Jura, 1793 Kanzleisekretär beim Lotto in Hamburg, dann 1797 Generaladministrator, der erste Verfasser einer Gesamtwürdigung Jean Pauls. – *Grönländische Prozesse ...:* »Grönländische Processe oder satyrische Skizzen« erschien anonym Berlin 1783 in zwei Bdn. S. auch KA 232. – *Auswahl aus des Teufels Papieren:* »Die Teufelspapiere«, 1783/84 verfaßt, fanden zunächst keinen Verleger, erschienen 1789 in Gera. – *Die unsichtbare Loge:* S. zu L 87. – *Leben des Quintus Fixlein:* »Das Leben des Quintus Fixlein, aus funfzehn Zettelkästen gezogen; nebst eienm Mussteil und einigen Jus de tablette«, 1796. – *Biographische Belustigungen:* S. zu L 87. – *das Campaner Thal:* »Das Kampaner Thal, oder über die Unsterblichkeit der Seele; nebst einer Erklärung der Holzschnitte unter den zehn Geboten des Katechismus«, Erfurt 1797. – *gelobt von Wieland:* Ein Urteil Wielands über das »Kampanertal« konnte nicht ausfindig gemacht werden. Die Referate im »Teutschen Merkur«, an die L. vielleicht denkt, sind von Böttiger. – *der Jubel-Senior:* Erschienen 1797. – *Er soll ... 30 Jahre alt sein:* Jean Paul, 1763 geboren, war 1798 schon 35 Jahre alt. – *Vogtlande:* In der Handschrift *Voigtlande*. – *Journal Deutschland:* Die Zeitschrift »Deutschland« erschien, hrsg. von Johann Friedrich Reichardt, in zwölf Stücken (Bd. 1–4) Berlin 1796, wurde 1797 unter dem Titel »Lyceum der schönen Künste« fortgesetzt. – *Briefe*

eines Reisenden: Die »Briefe auf einer Reise durch Franken im Julius und August 1796 geschrieben« (»Deutschland«, Bd. 3, 2. Stück, S. 33 ff.) schildern S. 37 ein Zusammentreffen des unbekannten Verfassers mit Jean Paul in Hof.

515 *J.G. Müller:* Johann Georg Müller (1759–1819), jüngerer Bruder des Historikers Johannes von Müller, schweizer. Theologe, Prof. der griech. und hebräischen Sprache, Abgeordneter in der Nationalversammlung von 1798; vielseitiger Schriftsteller. – *Johannes Müllers, des Geschichtschreibers der Schweiz:* Johannes von Müller (1752–1809), zeitweise als größter dt. Geschichtsschreiber gefeiert, stand im Dienste der Fürstenhöfe von Kassel, Mainz, Wien und Berlin; von 1807 Generaldirektor des Unterrichtswesens im Königreich Westfalen.

516 *Compendia ... keine hölzerne Schemelchen ... Herder:* Die Stelle war bei Herder unauffindbar. Über L.s Meinung vom Compendien-Schreiben s. E 232, 235, 447.

517 Die Bemerkung ist von L. durchgestrichen, da er den Gedanken in der »Rede der Ziffer 8« (III, S. 461) verwertet hat. – *Buonaparte:* S. zu L 248. – *Buchdruckerei auf dem Berge Sinai:* S. zu J 1035.

518 *Faujas ... im Kalender zu nützen:* An der angeführten Stelle bei Faujas de St. Fond (s. zu L 513) wird eine schott. Kohlengrube ausführlich beschrieben. L. hat die Schilderung wörtlich seinem Aufsatz »Kohlengruben unter der See, und Etwas von negativen Brücken« im GTC 1799, S. 206–207, eingefügt. – *zu nützen:* Zu dieser Floskel s. zu C 96. – *Basalt-Kugel ... Saturn:* Die Beschreibung einer riesigen, eigenartig geborstenen Basaltkugel erinnerte L. an den Planeten Saturn und sein Ringsystem, vgl. auch zu E 368.

519 *Pleureusen-Gesicht (Idleness):* Die Wendung ist in den Hogarth-Erklärungen zu »Fleiß und Faulheit« nicht verwertet; im »Eilften Blatt«, wofür die Notiz wohl bestimmt war, heißt es im GTC 1792 (III, S. 1059) lediglich: »die Mutter des Helden mit verhülltem Gesicht im tiefsten Schmerz«; zu »Fleiß und Faulheit« s. zu L 360. – *Pleureusen:* Frz. ›Traueraufschläge, Trauersäume‹.

520 *Schimmelpenning zu nützen:* In der »Ausführlichen Erklärung« von Hogarths »Fleiß und Faulheit«? – *zu nützen:* Zu dieser Floskel s. zu C 96. – *Schimmelpenning:* Rütger Jan Schimmelpenninck (1765–1825), holl. Staatsmann, vertrat als Botschafter in Paris die Interessen der Niederlande in den schwierigen Jahren der »Batavischen Republik« nach 1795; stand bei Freund und Feind in hohem Ansehen.

521 *Bonaparte ... aus der Lombardei ein Lombard gemacht:* L. spielt auf den von Napoleon geführten Blitzkrieg 1796/97 in Oberitalien an, s. zu L 65; zu dem Wortspiel vgl. auch L 433. – *Lombard:* S. zu L 433.

522 *(Idleness) auf dem 11ten Blatt:* Die Bemerkung spielt auf folgenden Bildinhalt an: »(5) ist ein Kerl der einen lebendigen Hund beim Schwanze hält, und im Begriff ist ihn voll gerechten Unwillen nach dem Missetäter zu schleudern.« (III, S. 1058); im übrigen s. zu L 360. – *Katze werfen wegen Whittington:* Das Märchen von Whittington und seiner Katze erzählt L. ausführlich in den Hogarth-Erklärungen, III, S. 1002f.; s. auch MH 2. Richard Whittington (gest. 1423), Bürgermeister von London; war ein liberaler Wohltäter, der zahlreiche soziale Einrichtungen schuf. Die popu-

läre Legende von Whittington und seiner Katze wird erst 1605, nachdem eine dramatische Version und eine Ballade gedruckt worden war, bekannt.

524 *Not die Mutter der Erfindung:* Ähnlich notiert L. schon L 500.

525 *Carnot der Directeur:* Das im Text korrekt nachgewiesene Werk von Carnot erschien Paris 1797. L. zitiert in dem Artikel »Vergleichung der Tage des neu-französischen Kalenders mit dem Gregorianischen; für das Fünfte laufende Jahr der Republik. Ein nöthiger Mode-Artikel« im GTC 1797, S. 206, ein weiteres Werk dieses Autors »Exploits des Français ... par le Citoyen Carnot, à Bâle (Basel) 1796« (BL, Nr. 1129). Lazare-Nicolas-Marguerite Carnot (1753–1823), frz. Staatsmann und Mathematiker, Schöpfer der frz. Revolutionsheere, 1795 Mitglied des Direktoriums, floh 1797 nach Deutschland. – *Duprat:* Verleger in Paris. – *Magasin encyclopédique:* Das »Magasin encyclopédique, ou Journal des sciences, des lettres et des arts ...«, erschien Dezember 1792 (1793) und 1795–1816 in Paris. – *fructidor:* Nach dem frz. Revolutionskalender der zwölfte Monat (›Fruchtmonat‹), der vom 18. August bis 16. September ging.

526 *Miserere:* Kotbrechen. Von dem mißverständlichen Namen dieser Krankheit handelt L. im GTC 1788, S. 181–182 (VS 6, S. 459); unter den »Verbesserungen einiger populairen Irrthümer«.

527 *Wohlfahrts-Zeitung:* Die »Wohlfahrtszeitung der Teutschen«, erschien Leipzig 1798, dann Jena 1799, hrsg. von Christian Gottlieb Steinbeck (1766–1831), Theologe, Volksschriftsteller.

528 *Das Hand-Gelenk ... bei den Juden:* Zu L.s Alters-Antisemitismus s. zu J 128, L 358.

529 *Verminderung der Bedürfnisse:* Vgl. auch L 390.

530 *Quartbände in den Foliantenstand erhoben:* Ähnlich formuliert L. auch L 534.

531 *Cassini IV:* Die vier Cassini, Großvater, Vater, Sohn und Enkel, die einander seit 1669 in der Direktion der Pariser Sternwarte nachfolgten, werden allgemein mit Ziffern nach Art von Monarchen bezeichnet. – *Ephem. Mai (oder April?) 1798. p. 611:* Im Aprilheft den »Allgemeinen Geographischen Ephemeriden. Verfasset von einer Gelehrten Gesellschaft und herausgegeben von F. von Zach« stehen unter »Correspondenz-Nachrichten« 1798, S. 603–613, »Auszüge aus drey Briefen des Br. La Lande. Paris, den 17. 23. und 29. März 1798«, wo er S. 611 schreibt: »Ich habe meine Direction der National-Sternwarte ausgezeichnet, denn weder *Cassini IV*, noch sein Vater *Thury*, noch die *Brigans*, die ihnen gefolgt sind, haben einen Mauer-Quadranten erhalten können, und ich habe ihn durch Buonaparte erhalten.« Die »Allgemeinen Geographischen Ephemeriden. Verfasset von einer Gesellschaft Gelehrten und herausgegeben von F. von Zach«, erschienen seit 1798 bei Bertuch in Weimar; sie vereinigten, wie der »Neue Teutsche Merkur«, 1798, Bd. 1, S. 232, rühmte, »alles Neue, was sowohl in der Astronomie und den damit verwandten mathematischen Wissenschaften, als auch in der mathematischen, füsischen und politischen Weltkunde literarisch wichtiges in Europa verhandelt wird.« L. zitiert die monatlich erscheinenden »Ephemeriden« auch im GTC für 1799, S. 114, 121. Franz Xaver Freiherr von Zach (1754–1832), ab 1792 Direktor der ersten modernen Sternwarte Deutschlands in Seeberg bei Gotha; die 1788–1791 angelegt wurde; stand mit L. in regem Briefkontakt. Vgl. Peter Brosche, Franz Xaver von Zach und die Gründung

der Seeberg-Sternwarte bei Gotha 1788, in: Jahrbuch der Coburger Landesstiftung 1988, S. 173–204. Vgl. ferner zu L_I, S. 949.

532 *Geschichte des berühmten Hengstes von König August II.:* »Eine der merkwürdigsten Seltenheiten in der Thierkunde ist der isabellgeschäckte, langgeschweifte Hengst König Augusts des Zweiten, dessen ausgestopfter Rumpf noch auf der Rüstkammer in Dresden stehet, welchen der so berühmte Pferdemaler, Lieutnant Berggold, mit der möglichsten genauigkeit ganz getreu nach der Natur in dieser Zeichnung dargestellet hat. Der Zopf

desselben ist uneingeflochten drei und eine halbe Elle, die Mähnen neun Ellen und der Schweif zwölf Ellen. Der König ritt ihn nur bei großen Feierlichkeiten des Hofes, wo der Zopf und die Mähnen von Pagen, und der Schweif von Stallbedienten getragen wurde. Im Stalle waren die Mähnen und die Zopfhaare, so wie der Schweif, in Beutel eingeschlossen. Auf der linken Seite ist das Merseburger Gestütezeichen gebrannt, wiewohl er zufolge aller Nachrichten von einem Herzoge von Zeitz an den Hof geschenkt worden seyn soll«. Bei dem Brand der Pavillonbauten des Zwingers im Mai 1849 wurde auch das ausgestopfte Pferd zerstört. – *König August II.:* Friedrich August I., Kurfürst von Sachsen, König von Polen August II., genannt August der Starke, (1670–1730), unter ihm hielt der fürstliche Absolutismus Einzug in Sachsen; wurde 1697 zum König von Polen gewählt; seine Gegnerschaft zu Karl XII. von Schweden verursachte die Nordischen Kriege um Polen (1699–1719); trat zum Katholizismus über; prägte den baulichen Charakter von Dresden. – *Tenneker:* Christoph Ehrenfried Seyfert von Tenneker (1770–1839), namhafter Pferdekenner und -händler, Arzt für Pferdeheilkunde und Verf. zahlreicher hippologischer Schriften. Das im Text korrekt zitierte Werk erschien 1798–1799. – *Theodor Seeger:* Verleger in Leipzig. – *isabell-gescheckt:* Isabellfarbe: ein lichtes Gelb bis Graugelb, genannt nach der Erzherzogin von Österreich Isabella Clara Eugenia (1566–1633), der Tochter Philipps II. von Spanien.

534 *mein Duodez-Bändchen in den Oktav-Stand erheben:* Vgl. L 530.

535 *die Erinnerung an die Jugend:* Auch diese Bemerkung gehört zu L.s Reflexion über das Phänomen des Alters; s. H 170, L 390, 529.

537 *Essentia miraculosa coronata:* ›Gekrönte Wunderessenz‹; über dieses seinerzeit angepriesene wundersame Heilmittel belustigt sich L. auch in dem Artikel »Löschanstalten« (GTC 1799, S. 181, Ph + M 2, S. 383).

539 *Nogaischen Steppen:* Von L. verbessert aus *Taurischen.* Die Nogaier-Steppe ist eine rund 25 000 Quadratkilometer große Halbwüste im östl. Kaukasusvorland, die von weiten Sand- und Salztonflächen sowie Salzseen unterbrochen wird.

540 *ein närrischer Gedanke des Hofrat Herz zu Berlin:* Herz hat die Krankengeschichte von Karl Philipp Moritz unter dem Titel »Etwas Psychologisch-Medizinisches« in Hufelands »Journal der praktischen Arzneikunde und Wunderarzneikunst«, Bd. 5, S. 259 ff., ausführlich behandelt. Die zitierte Stelle steht dort S. 295. Marcus Herz (1747–1803), bekannter jüdischer Arzt, Hofrat; verheiratet mit Henriette Herz, die einen berühmten Salon in Berlin führte. – *Närrischer Einfall:* Vgl. C 225.

541 *Verschenken der Fixsterne:* Zu diesem Motiv s. zu L 160.

542 *inokulieren:* S. zu J 752, vgl. auch K 15 und Anm.

544 *Garnerin:* L. denkt wohl an dessen Ballonaufstieg vom 22. Oktober 1797, bei dem er als erster mit einem Fallschirm absprang; zu dem Faszinosum Ballonfahrt s. auch zu L 268, SK 240. André Jacques Garnerin (1769–1825), berühmter frz. Luftschiffer. – *Die ... Dame (?) hieß Henry Célestine:* Vgl. den Brief an Abraham Gotthelf Kästner vom 16. August 1798.

545 *ad modum:* S. zu J 1676. – *Junkers Blattern-Ausrottung:* Johann Christian Wilhelm Junker (1761–1800), Arzt, seit 1788 außerordentl. Prof. der Medizin in Halle, verfaßte zahlreiche medizinische Arbeiten, darunter waren »Gemeinnützige Vorschläge und Nachrichten über das beste Verhalten der Menschen in Rücksicht der Pockenkrankheit; erster Versuch für die mittlern Stände, nebst einem Anhange für Aerzte«, die Halle 1792 erstmals erschienen und bis 1796 fortgesetzt wurden; war mit L. verwandt.

547 *Das Verfahren der Hannöverschen Regierung gegen die Juden:* L. kommt auf den Vorgang ausführlich L 593 zu sprechen. Im übrigen s. zu L.s Stellung zum Judentum zu J 128, L 358. – *Friedländer und Herz:* David Friedländer (1750–1834), Bankier, Schriftsteller, Philosoph, ein Freund Mendelssohns und der Brüder Humboldt, später Berlins erster jüdischer Stadtrat, war einer der Vorkämpfer der Judenemanzipation. Mit dem Arzt und Physiker Markus Herz in Berlin stand L. in Korrespondenz, die aber nicht erhalten ist; vgl. den Brief an Daniel Ramberg vom 18. März 1795. – *S. unten p. 88:* Gemeint ist L 661.

548 *neuste Staatsanzeigen:* »Neueste Staats-Anzeigen«, erschienen Hamburg 1796–1800. – *der Franziskaner-Pater Guido Schultz:* Der Aufsatz »Lebensskizze des ausgetretenen Franziskaners Pater Guido Schultz« findet sich in den »Neuesten Staats-Anzeigen«, 1797, Bd. 4, S. 137. – *zu einer nützlichen Dich-*

tung Anlaß geben: L. verwertet diese Anekdote in einer Anm. seines Aufsatzes »Daß du auf dem Blocksberge wärst. Ein Traum wie viele Träume« im GTC 1799 (III, S. 470; s. S. 473).

552 *backed:* Zu dem Wort s. zu L 290.

553 *die Sägespäne meiner Divisionen:* Zu diesem Gedanken vgl. die ähnliche Formulierung in MH 14.

556 *Luther sagt bekanntlich:* Daß diese Verse ohne jede Gewähr immer wieder auf Luther zurückgeführt werden, zeigt Büchmann, S. 141.

557 *ehe man nach Duderstadt reist:* Die Wege über das Eichsfeld galten damals als besonders schlecht; vgl. E 152 sowie den Brief an Johann Christian Friedrich Benzenberg vom 17. März 1798 und an Ludwig Christian Lichtenberg vom 18. Februar 1799. Vielleicht dachte L. auch an den in der Nähe von Duderstadt am 6. März 1798 vorgefallenen Erdrutsch, über den er einen Bericht seines Schülers Benzenberg veröffentlicht hat (vgl. Ph + M 3, S. 139). *Duderstadt* von L. verbessert aus *Hei[ligenstadt]*. – *Zu gebrauchen:* Zu dieser Floskel s. zu D 46.

558 *Kuhreigen:* Zu diesem Ausdruck s. zu L 176.

559 *er schliff immer an sich:* Dieselbe Formulierung begegnet MH 13.

561 *Bernhardi's Gemeinfaßlicher Darstellung der Kantischen Lehre:* »Gemeinfaßliche Darstellung der kantischen Lehren über Sittlichkeit, Freyheit, Gottheit und Unsterblichkeit« in zwei Tln. erschien Freiberg 1796–1797. – *Bernardi:* Ambrosius Bethmann Bernardi (1756–1801), Gelehrter und Buchhändler zu Freiberg, von 1786–1795 Hofmeister in Riga.

562 *Racknitz Darstellung:* »Darstellung und Geschichte des Geschmacks der vorzüglichsten Völker in Beziehung auf die innere Auszierung der Zimmer und auf die Baukunst« erschien Leipzig 1796–99. Joseph Friedrich Freiherr zu Racknitz (1744–1818), Kursächsischer Haus- und Hofmarschall. – *Friedrichsd'or:* Preußische Goldmünze zu 5 Talern, geprägt zwischen 1740 und 1855. – *Göschen:* Georg Joachim Göschen (1752–1818), für seine Goethe- und Wielandausgaben berühmter Buchhändler; 1787 Gründung der Verlagsbuchhandlung in Leipzig, später in Grimma; ab 1797 Buchdruckerei.

563 *die großen Feldherrn ... gerne entbehren:* Gegen Militarismus und Heldenverehrung äußert sich L. auch L 37, 58, 101. – *Kalender 1800:* Von L. verbessert aus *1700*. Den GTC für 1800 hat L. nicht mehr schreiben können, da er schon am 24. Februar 1799 starb; vgl. noch L 564, 565, 641, 706.

564 *(1800):* S. zu L 563. – *Nachzusehen Stöver:* Stövers Werk »Unser Jahrhundert. Oder Darstellung der interessantesten Merkwürdigkeiten und Begebenheiten und der größten Männer desselben. Ein Handbuch der Geschichte« erschien Altona 1795–1800, wurde im »Politischen Journal«, 1798, Bd. 2, S. 802–804 besprochen. – *fortgesetzt von Voß:* Von 1798–1800 von Christian Daniel Voß (1753–1821), histor. Schriftsteller 1798–1800 Redakteur von »Unser Jahrhundert«. – *Dr Stöver:* Dietrich Heinrich Stöver (1769–1822), 1793 Dr. der Philosophie in Hamburg, Hrsg. des »Hamburgischen Correspondenten«. – *Politisches Journal:* S. zu J 1154; war in den neunziger Jahren die Zeitschrift mit der höchsten Auflage Deutschlands.

565 *Ibid.p.807:* Im »Politischen Journal«, 1798, Bd. 2,. 8. Stück vom August befindet sich unter Korrespondenten-Berichten aus »Berlin« auf S. 807 folgende Rubrik: »Gegen die große Anzahl der Spieler von Profession, die sich hier eingeschlichen hatten, ist die Aufmerksamkeit der Policey so

geschärft worden, daß wir dieser Leute, die gefährlicher als Straßenräuber sind, nun entledigt werden. Diejenigen von Königlichen Bedienten, oder Officieren, welche an dergleichen Hazard-Spielen Theil nehmen, sollen ohne weiters mit der Cassation bestraft werden.« – *(1800):* S. zu L 563. – *also die Juden?:* Bezeichnend, daß L. der Nachricht diese Spitze gibt; über seinen Alters-Antisemitismus s. zu J 128, L 358. – *auch Spieler:* In der Handschrift *auch ein.*

566 *Schafs-Kleid des goldnen Vlieses:* S. zu L 96.

567 *Coccinella 7 (septem-) punctata:* Lat. Name für: Marienkäfer. Das ›Einnehmen‹ dieses Insekts gehörte im 18. Jh. zum Arzneischatz der Ärzte.

568 *Lincks Grundriß der Physik:* Der »Grundriß der Physik für Vorlesungen« erschien Hamburg 1798; L 849 bestätigt, daß L. es inzwischen »angesehen« hat. – *Lincks:* Heinrich Friedrich Link.

569 *Titular-Lieblings-Dichter:* Der Gedanke wird L 571 weiter ausgeführt; im übrigen s. zu B 77.

570 *Als Bonaparte in Ägypten landete:* 1798 erhält Napoleon den Oberbefehl gegen England, und fällt unter dem Vorwand, die engl. Armee im Mittelmeer zu stellen, in Ägypten ein; die frz. Vorherrschaft kann sich zwar bis 1802 behaupten, ist aber von Frankreich abgeschnitten. – *ein solches Volk:* Über L.s Antisemitismus s. zu L 358. – *eo ipso:* Lat. ›eben dadurch‹.

571 *Titulär vortrefflich:* Zum Gedanken vgl. L 569.

573 *Ein . . . Spitzbuben-Gesicht:* Möglicherweise wurde diese Bemerkung für die Hogarth-Erklärungen zu »Fleiß und Faulheit« (III, S. 1032–1038) notiert.

574 *Die Corps-Invaliden bei den Soldaten:* Vielleicht Motiv für »Philipp in the tub« (III, S. 1045 f.) in den Hogarth-Erklärungen; vgl. ferner L 101. – *Validen:* Gesunde.

575 *Gilrey, der berühmte Karikaturist:* Er heißt in Wirklichkeit weder Gilrey noch Gillroy, sondern James Gillray (1757–1815), engl. Zeichner, der als der erste Großmeister der politischen Karikatur in England gilt; in Deutschland wurde er durch die Berichte des Korrespondenten von »London und Paris« und seine dort zahlreich enthaltenen kolorierten Kupferstiche bekannt. Vgl. über ihn den vorzüglichen Ausstellungs-Katalog »James Gillray. Meisterwerke der Karikatur«, Verlag Gerd Hatje, Stuttgart 1986. – *London und Paris:* Herausgeber der in Weimar seit 1798–1810 erscheinenden Zeitschrift »London und Paris« war Friedrich Justin Bertuch, »spiritus rector« Karl August Böttiger (1760–1835), Konsistorialrat und Gymnasialdirektor in Weimar, Schriftsteller und Herausgeber; vgl. Ernst Friedrich von Sondermann, Karl August Böttiger. Literarischer Journalist der Goethezeit in Weimar, Bonn 1983.

576 *Feier des 18 Fructidor (1798):* Der 18. Fructidor (4. September) 1798 war der erste Jahrestag des Staatsstreichs der Direktorialregierung gegen die Royalisten.

577 *Es gibt jetzt der Vorschriften . . .:* Derselbe Gedanke kehrt auch MH 12 wieder.

578 *Mein Disput mit dem ältern Talbot zu Margate:* Die Brüder Charles und William Talbot (1750–1793) gehörten zu dem Kreise engl. Studenten, mit denen L. Anfang der siebziger Jahre in Göttingen freundschaftlich verkehrte; vgl. auch den Brief an Heinrich Christian Boie vom 31. Dezember 1770. –

nach 22 Jahren: Korrekter wäre nach 23 Jahren, da L. 1775 in Margate war. Über Margate und L.s Badeaufenthalt dort s. zu E 200.

579 *die Anekdote in D̲r̲ Brocklesby's Leben:* Der Aufsatz »Memoirs of the late Richard Brocklesby« findet sich in »The European Magazine« Mai 1798, 1, S. 291–296. Die Anekdote wird auf der von L. angegebenen Seite in einer Fußnote mitgeteilt. – *D̲r̲ Brocklesby's:* Richard Brocklesby (1722–1797), berühmter engl. Arzt, u. a. Johnsons. – *Impostor:* Lat. Betrüger; besonders in Bezug auf ›impostores docti‹, Gelehrte, die mit Vorsatz eine Stelle falsch zitieren oder falsch auslegen, Schriften andern unterschieben. – *Psalmanaazar:* George Psalmanaazar (ca. 1679–1763), ein Franzose, der vorgab, von der Insel Formosa zu stammen und zum Christentum übergetreten zu sein, lebte in Ironmonger, Middlesex, hatte Umgang mit Johnson und Hawkesworth, veröffentlichte ein Bekenntnis seiner Sünden und war einer der Autoren der »Universal History«. – *Mead:* Richard Mead (1673–1754), berühmter engl. Arzt in London, mit vielen Gelehrten und Dichtern seiner Zeit befreundet, hinterließ bei seinem Tod eine der berühmtesten Privatbibliotheken Englands mit mehr als 10000 Bdn.

580 *Spencer zu gebrauchen:* Womöglich bezieht sich die Notiz auf folgenden Satz aus dem zu L 397 nachgewiesenen Korrespondentenbericht: »Die Erfindungen, diesen Tragiker [Äschylus] tragisch einzubinden, verdienten eine eigene Beschreibung.«

581 *Urteil über Jean Pauls Romanen in der Gothaischen gelehrten Zeitung:* Die bis auf Unwesentlichkeiten genau zitierte Stelle ist einer Besprechung von Jean Pauls »Quintus Fixlein« in den »Gothaischen gelehrten Zeitungen« 15. September 1798, 14. Stück, S. 658–660, entnommen. Die Rezension, deren Verf. unbekannt ist, im Jean Paul Jahrbuch 1981, S. 35–38 nachgedruckt. Über L.s Stellung zu Jean Paul s. zu L 87. – *Gothaischen gelehrten Zeitung:* Die Zeitschrift erschien seit 1774 bei Carl Wilhelm Ettinger in Gotha.

583 *Schrift . . . von K. Weiller:* Die Rezension des Buches von Weiller steht in der »Allgemeinen Literaturzeitung« 1798, Nr. 259, Sp. 449–450. Cajetan von Weiller (1761–1826), Prof. der Philosophie am Lyceum in München; 1807 Mitglied der Akademie; philosophisch-pädagogischer Schriftsteller. – *Montag und Weiß:* Verleger in Regensburg.

585 *Voltaire in seiner Henriade:* Die Originalverse aus »Henriade« 6, 75 notiert L. in L 589; über das Werk s. zu C 197. – *Potier's Beredsamkeit:* Robert Josèphe Pothier (1699–1772), Rat von Orléans und Prof. der Rechte; arbeitete über das römische Rechtswesen; bekannt für sein außerordentlich gutes Gedächtnis. – *Murmurs . . . again:* Murmeln, Verwirrung und Lärm füllen den Versammlungssaal, / Sie rennen – drängen sich – sie hören – und alles ist still. / Dem Ozean gleich, wenn die Winde zu brausen aufgehört haben, / Wenn keine lärmenden Matrosen mehr zu hören sind, / Dann streift der Klang des verläßlichen Ruders, das das Schiff durch die beruhigte See führt, / Wieder unser Ohr. – *meinem Exemplar:* L. besaß das Werk (BL, Nr. 1700). – *Übersetzung . . . Von wem:* Der Übersetzer ist John Lockman (1698–1771), Verf. von Miscellaneen, Lyriker; übersetzte aus dem Frz., veröffentlichte im »Gentlemen's Magazine«. – *S. unten p. 79:* L 589; s. auch L 690. Nach L 585 ist folgender Anfang einer Bemerkung gestrichen *Wie hängt ein bekan.*

587 *Gräfin Hardenberg:* Wohl Eleonore Johanna von Uslar-Gleichen

(geb. 1776), die am 19. November 1796 Friedrich August Burkhard Graf v. Hardenberg geheiratet hatte. In »Das Geschlecht von Hardenberg 1139–1983«, Wolbrechtshausen 1983, wird das Todesdatum irrtümlich mit 9. November 1797 angegeben (Tafel 7, XVIII). – *ihren Gemahl, einen meiner fleißigsten Zuhörer:* Friedrich August Burkhard Graf von Hardenberg (1770–1837) studierte 1796/97 an der Georgia Augusta; kaufte 1800 Rettkau in Schlesien (Hinterhaus-Linie), heiratete 1800 zum zweiten Mal. L. notiert in SK unter dem 9. September 1797: »Gräfin v. Hardenberg stirbt« und am 12. September 1797: »Gräfin abends abgeführt« – *sapienti sat:* Dem Verständigen genügt's! Geflügeltes Wort aus Terenz »Phormio« III, Vers 3, 8.

588 *Menechmen:* Die berühmte Komödie »Menaechmi« (Die Zwillinge) von Plautus. – *Dieses schließt ... an den doppelten Prinzen an:* Zu diesem Roman-Projekt s. zu H 1, L 146.

589 *ad pag. 77:* Gemeint ist L 585; über Pothiers Rede vs Voltaires »Henriade« vgl. die Anm. dort; im übrigen s. zu C 197. – *Il eleve ... sa voix:* Er erhebt seine Stimme, man murmelt, drängelt, / Man umringt ihn, hört ihm zu und der Tumult legt sich. / So wie man auf einem Schiff, das die Fluten durchgeschüttelt haben, / Wenn die Luft nicht mehr vom Schreien der Matrosen erfüllt ist, / Nur das Geräusch des schäumenden Bugs hört, / Der auf einem glücklichen Kurs die beruhigte See zerteilt. / So erschien Pothier, wenn er seine gerechten Gesetze diktierte, / Und bei seinen Worten verstummte die Unruhe.

590 *Seelen-Versteinerung:* Zu dieser von L. im Alter gern gebrauchten Vokabel vgl. KIII, S. 67; vgl. auch Hogarth-Erklärungen, III, S. 995, wo L. von der griech. Kunst als von einer Versteinerung der Natur spricht.

591 *Butler nennt den Reim ...:* »For rhime the rudder is of verses, with which like ships they steer their courses« Butler, »Hudibras«, T. 1, 1, S. 463. Denn der Reim ist das Steuer-Ruder der Verse, mit dem sie wie Schiffe ihren Kurs halten. Das Werk ist zu B 49 nachgewiesen.

592 *Jean Paul ... zuweilen unerträglich:* Über L.s Stellung zu Jean Paul s. zu L 87. Den gleichen Tadel, nur in anderer Formulierung, erhebt L. im Brief an Johann Friedrich Benzenberg vom Juli 1798 gegen den Dichter. – *was ich einst Sprengeln weissagte:* Über Sprengel und L.s Verhältnis zu ihm s. zu D 280.

593 *Juden. Daß man einige Familien aus Göttingen verbannt:* Zu dem Vorgang vgl. L 547 und Anm. – *Empfindlichkeit gegen den Zustand der Juden bei uns:* L. stellt sich damit eindeutig gegen die von der Aufklärung eingeleitete Emanzipation und Toleranz den Juden gegenüber, wie sie in Lessings »Nathan der Weise« ihren literarischen Ausdruck gefunden hatte; zu L.s Antisemitismus vgl. insgesamt zu J 128, L 358. – *Mendelssohn ist viel zu viel erhoben worden:* Diese Äußerung kontrastiert scharf mit L.s früherer Wertschätzung; vgl. L.s Brief an Christoph Friedrich Nicolai vom 21. April 1786.

594 *verbitte:* Die Handschrift läßt auch die Lesart erbitte zu. Zu diesem philologischen Problem, das auch eins der Ideologie ist, s. Ulrich Joost, ›erbitte‹ oder ›verbitte‹? Ein editorisches Problem und seine Weiterungen, in: Photorin 2/80, S. 29–35. – *ins Hebräische:* Dabei war L. des Hebräischen mächtig und übersetzte sogar in diese Sprache wie aus einem Brief an Johann Friedrich Blumenbach vom 15. Oktober 1792 hervorgeht.

595 *Die Lusiaden des Camoens:* Luis Vaz de Camões (1524/5–1580), port.

Dichter; verfaßte 1572 das bedeutsame Epos »Os Lusiades« in zehn Gesängen, Gedichte und Komödien. Die Lusiaden waren bekanntlich eines der ›romantischen‹ Modell-Bücher für August Wilhelm Schlegel. – *Lozetto:* Ephraim Luzetto (Luzatto) (1729–1792), Dr. der Medizin, Dichter und Übersetzer; promovierte 1751 in Padua; ging 1763 als Arzt in das Spital der port. Judengemeinde nach London.

596 *Williams Tour in Switzerland:* Das Werk erschien 1798 in Dublin; *Switzerland:* In der Handschrift *Swisserland.* – *Williams:* Helen Maria Williams (1762–1827), engl. Schriftstellerin. – *pour la Religion de nos peres:* Für die Religion unserer Väter. – *das Gouvernement de nos peres:* L. spielt hier auf die von der Kirche und den Feudalstaaten betriebene Restauration an, die dann das 19. Jh. prägen sollte.

598 *Kalender 99:* Gemeint ist der GTC für 1800; s. zu L 563. – *Dominik Vandelli:* Domenico Vandelli (1730?–1816), ital. Botaniker und Chemiker. – *Repertory of arts and manufactures:* Diese Zeitschrift erschien unter diesem Titel London 1794–1802; L. erwähnt sie auch in einem Brief an Johann Beckmann vom 13. Juli 1795.

601 *die Äsopischen Fabeln durch Tier-Marionetten vorzustellen:* Aesop (6. Jh. v. Chr.), sagenhafter griech. Fabeldichter; Anspielungen auf aesopische Fabeln finden sich auch im Brief an Johann Andreas Schernhagen vom 23. August 1773 und in dem auf das Frühjahr 1779 datierten Brief an Albrecht Ludwig Friedrich Meister.

602 *Fielding hat ... Vorrede zu einer Dedikation geschrieben:* Fieldings Drama »The historical Register for the year 1736« geht eine »Dedication to the public«, dieser ein »Preface to the dedication« vorher. Vgl. auch L 606. L. besaß die London 1775 erschienene Ausgabe der »Works« in 12 Bdn. (s. BL, Nr. 1643). »The historical register« erschien in Bd. 4 dieser Ausgabe.

603 $\frac{nicht\ \pi\mu}{2}$: Soll heißen, nur zur Hälfte von L. selbst; zu den beiden griech. Buchstaben s. zu A 70.

604 *etwas gegen die jetzige Art die Astronomie zu behandeln:* Dieser Vorsatz wird auch L 954 ausgeführt; bezüglich L.s eigenem Compendium oder für die Vorlesung notiert? – *Abrichtung von Tischler-Gesellen:* Vgl. auch L 600.

605 *Schillers und Goethens Theorie:* Walter Matz, Goethes Verhältnis zu L. (Germanisch-Romanische Monatsschrift, 1915, S. 132) vermutet eine Anspielung auf die »Xenien«, die 1797 erschienen waren: »Lichtenberg sieht nicht mit Unrecht in den Xenien eine Theorie der Poesie niedergelegt; nun war seit längerer Zeit nichts größeres von beiden veröffentlicht worden, daß der Fernerstehende denken mußte, die Schöpferkraft habe sich bei beiden erschöpft. Er meint, da Schiller und Goethe nicht mehr frei schaffen könnten, ergingen sie sich in theoretischen Erwägungen über die Poesie. In bezug auf Schiller, der hier schon der Stellung nach im Vordergrunde steht, trifft diese Deutung der Stelle umso mehr zu, als von Schiller damals all die ästhetischen Schriften erschienen waren.« – *Fielding's Schauspiele:* Nachdem Fielding sein Studium der Rechte in Leiden wegen Geldmangels aufgegeben hatte, verfaßte er an die 22 Lustspiele und Komödien in London zur Sicherung seines Lebensunterhaltes. »Die tragischste aller Tragödien, oder Leben und Tod Tom Thumbs des Großen«, Dublin 1731.

606 *Under the rose:* Sub rosa: unter der Rose, dem Bild der Vertraulichkeit,

d. i. ›im Vertrauen, insgeheim‹. Der Ausdruck findet sich in dem zu L 602 genauer zitierten Stück, Fielding, »Works«, Bd. 4, S. 189.

607 *Hieb ordentlicher Menschen:* Über diesen Ausdruck s. zu D 539. – *in einer französischen Ode:* Der Verfasser war nicht zu ermitteln. – *Nous verrons ... leurs peines:* Wir werden neue Silenen sehen / Deren heiter unvollkommene Schritte / uns das Vergessen ihrer Schmerzen schildern. – *old Nurse:* alte Amme; vgl. auch K 285. – *Illa ... anili:* Gleich eilt mühsam von dannen die Alte; der lateinische Vers ist aus Vergils »Aeneis« 4, 641; gemeint ist Didos Amme Barce.

608 *praeter propter:* Lat. ›ungefähr, etwa‹.

611 *Sonntags-Launen des ... Tobias Lausche:* Verfasser dieses 1799 anonym erschienenen Romans ist Johann Gottlieb Münch (1774–1837), nach dem Theologiestudium 1796 Prof. der Philosophie in Altdorf; fruchtbarer Schriftsteller.

614 *freundschaftlichen Inseln:* S. zu J 16, zu F_1 S. 457 unter dem Stichwort *Tongatabu*.

615 *Jean Paul sucht ...:* Über L.s Stellung zu Jean Paul s. zu L 87. – *coup de main:* Frz. ›Handstreich‹.

616 *Descroizilles:* François-Antoine-Henri Descroizilles (1751–1825), frz. Naturwissenschaftler; Prof. der Chemie zu Rouen und Direktor einer Bertholletschen Bleicherei in Lescure bei Rouen. – *Journal des arts:* »Journal des arts et manufactures. Publ. sous la direction de la Commission exécutive d'agriculture et des arts«, Paris 1795–1797. – *Flußspat-Säure:* Fluorwasserstoffsäure. – *Salzsäure (dephlogistisierter):* Chlor, von Scheele entdeckt. – *Berthollet ... Berthollerie ... Berthollimeter:* S. »Beschreibung des Bleichens der Leinwand und Garne durch dephlogistisierte Salzsäure, von Herrn Berthollet«, in: »Journal der Physik«, 1790, Bd. 1, Heft 3, S. 482–489. Vgl. auch L 777. – *S. neueste Beschäftigungen ...:* In dem zitierten, 1797 erschienenen Heft von Bourguet, das auch L 706 genannt wird, findet sich Descroizilles' Aufsatz »Beschreibung und Gebrauch des Berthollimeters nebst Bemerkungen über die Kunst mit Flußspatsäure in Glas zu ätzen«, S. 25. – *Bourget:* David Ludwig Bourget (1770–1801), Dr. med. und Prof. der Chemie am Collegium medico-chirurgicum in Berlin; Verf. naturwissenschaftlicher Schriften, u. a. eines »Chemischen Handwörterbuchs«, Berlin 1798–1799; seit 1797 gab er die »Neuesten Beschäftigungen der neufränkischen Naturforscher; den Liebhabern der Naturwissenschaft und des Fabrikwesens mitgetheilt« heraus; s. auch L 706. – *nachzuahmen:* Zu dieser Floskel s. zu E 46.

617 Zur handschriftlichen Schreibweise s. zu D 53.

618 *wie ich bei den Planeten gesagt:* Vgl. die Bemerkungen über die Planetenbahnen in Erxlebens »Anfangsgründe der Naturlehre«, ⁶1794, § 622.

619 *Probatum est:* Lat. ›es ist bewährt, geprüft‹.

620 *Die Magd, die ... sagte:* Diese Notiz erinnert an L.s Sammlung ähnlicher Sprachschnitzer im »Orbis pictus«, Erste Fortsetzung (III, S. 395).

622 *Zeit des Laudator temporis acti ...:* Das lat. Zitat von Horaz ist zu E 68 übersetzt und genauer nachgewiesen. Auch diese Bemerkung gehört in den Umkreis von L.s Reflexionen über das Alter; s. zu H 170.

623 *Beschneiden der Bäume zu nützen:* Zu L.s Verwendung dieses Bildes mit antisemitischer Konnotation s. auch J 696, L 469. – *zu nützen:* Zu dieser Floskel s. zu C 96.

624 *Hogarth (Idleness) Kirchhof ...:* Zu »Fleiß und Faulheit« im allgemeinen s. zu L 360. Die Notiz zielt auf die Dritte Platte (III, S. 1017), die zum Teil auf dem Kirchhof spielt. Destillier-Kolben, Bücher, Verleger sind darin allerdings nicht verwertet.

625 *Mediceischen Venus:* S. zu L 32.

629 *Beitrag zur Zeit-Meßkunst ...:* Das Buch erschien 1797. – *Schmidt:* Friedrich August Schmidt, Verfasser mehrerer Uhrenbücher.

630 *zinnernen Tellern:* Vgl. F 34 und die Anm. dazu.

631 *Hahnemann:* Christian Friedrich Samuel Hahnemann (1755–1843) aus Meißen, erwarb 1779 den Doktorgrad in Medizin, veröffentlichte zunächst zu den Themen Hygiene, Psychiatrie und Pharmazie und Übersetzungen; 1794 in Göttingen (s. SK 653); 1810 legte er mit dem »Organon der rationellen Heilkunde« den Grund zu seiner neuen Lehre, die er seit 1807 Homöopathie genannt hat.

633 *geistisch:* Zu diesem Ausdruck und seiner Schreibweise s. zu A 139, E 236.

634 *Beschreibung des Dintenflecks ... in Kunkels Ehrengedächtnis:* Über L.s lange geplantes, teilweise ausgeführtes, aber nicht vollständig erhaltenes »Leben Kunkels« s. zu B 102. Die hier zitierte Stelle ist in den vorhandenen Bruchstücken (III, S. 585) nicht enthalten. Vgl. im übrigen die Antiphysiognomik (III, S. 256): »in jedem Dintenfleck ein Gesicht«.

635 *Das große Los in der Erfindungs-Lotterie ...:* Dieser Gedanke kehrt auch L 675 und MH 37 wieder. – *Konstabler:* Mitsoldat, Feldgendarm.

636 *Kleider abtakeln:* »Abtakeln« im übertragenen Sinne, im DWB ohne Beleg.

637 *Ciarcysche Barometer:* In der »Antwort auf die Frage über Wetterparoskope ...« und im »Neuen Hannoverischen Magazin«, 85. Stück, Sp. 1348, teilt L. das Prinzip dieses Instruments mit: »Man löset nemlich in rektificirtem Weingeiste, dem man eine größere Hitze, als unsere Sommerwärme, ich will setzen von 96 Fahrenheitischen Graden giebt, Kampher auf, und läßt die Auflösung sehr allmählig erkalten; zeigen sich bei 86, als einer schon beträchtlichen Sommerhitze, noch keine Crystalle, so tropft man sehr allmählig etwas destilirtes Wasser zu, bis sie sich nach vorhergegangener Wiedererhitzung, beim Wiedererkalten, etwa bei 86, als kleine, sehr zerstreuete Sternchen zu zeigen anfangen. Zeigen sich diese kleinen Crystalle früher, so ist dieses ein Zeichen, daß man zu viel Wasser hinzugethan habe, und man tropft wieder Weingeist zu.« In einer Fußnote auf Sp. 1347–1348 des genannten Aufsatzes schreibt L. über Chiarcy: »Da dieser vorzügliche Künstler, der sich gegenwärtig hier aufhält, nächstens einen Theil von Niedersachsen bereisen wird: so ergreife ich mit Vergnügen diese Gelegenheit, ihn mit völliger Überzeugung zu empfehlen. Er hat durch seine Kunst im Glasblasen unter andern das Fahrenheitische Aräometer zur Bestimmung des specifischen Gewichts der Flüssigkeiten, zu einem Grad von Vollkommenheit gebracht, der kaum etwas ferner zu wünschen übrig läßt.« Giuseppe Ciarcy (gest. 1805), ital. Mechaniker, stammte aus der Gegend um den Gardasee; Hofmechanicus in Darmstadt, zuletzt in Gießen, arbeitete eng mit Georg Gottlieb Schmidt zusammen. – $\frac{S}{V}$: ›Spiritus vini‹; Zeichen für Weingeist.

638 *Schneeberger Schnupftabaks-Dose:* Zum Schneeberger Schnupftabak s. auch B 319 und Anm.

640 *(Lion) ... in seinem Alter:* Zu L.s Alters-Reflektionen s. zu H 170, L 79, 390, 483. – *ein geliebtes Rotkehlchen:* L. erwähnt sein zahmes Rotkehlchen auch GH 35.

641 *1800 Kalender:* Darüber s. zu L 563. – *Busch Almanach der Fortschritte:* Buschs »Almanach oder Übersicht der Fortschritte in Wissenschaften, Manufakturen Handwerken und Künsten« erschien in Erfurt 1795–1810. – *Busch:* Gabriel Christoph Benjamin Busch (1759–1823), Theologe, Technologe; zunächst Hofmeister der Barone von Beust zu Eisenach, seit 1793 Pfarrer zu Arnstadt, 1806 Superintendent, Kirchen- und Konsistorialrat in Arnstadt. »Handbuch der Erfindungen in alphabetischer Ordnung«, 1790.

644 *Damnatus in metalla:* Lat. ›zur Arbeit in den Bergwerken verurteilt‹ (belegt bei Plinius d. Ä.).

645 *Hogarth Bureau de Longitude:* Für welche Platte und Szene der Hogarth-Erklärungen zu »Fleiß und Faulheit« L. diesen Gedanken notierte, ist nicht feststellbar. Im allgemeinen s. zu L 360.

646 *Johnson ... die Neujahrs-Tage zu Entschließungen genützt:* Über Johnsons Neujahrsentschlüsse s. J 267 und die Anm. dazu.

648 *Olla potrida:* Span. eigentlich ›Faultopf‹; ein Gericht aus verschiedenen Fleischsorten.

651 *ein Lehn:* In der Handschrift *ein von.*

652 *Magellanischen Meer-Enge:* Die nach ihrem Entdecker benannte Meeresenge ›Magalhaesstraße‹ (1520) scheidet das südamerikanische Festland vom Feuerland-Archipel und verbindet den Atlantischen mit dem Stillen Ozean.

653 *ohne Lieb und ohne Wein:* Der Anfang einer damals beliebten Arie aus Weisses Singspiel »Die Liebe auf dem Lande«; L. erwähnt sie auch im Brief an Johann Christian Dieterich vom Ende September 1773.

654 *In No 272 des Reichs-Anzeigers ... etwas von der ... hermetischen Gesellschaft:* Gemeint ist der Aufsatz »Die hermetische Gesellschaft ans Publikum und an ihre Correspondenten« im »Allgemeinen Reichsanzeiger«, Nr. 272, Donnerstags, den 22. November 1798, Sp. 3111–3117. Diese beschäftigte sich mit Alchemie auf scheinbar wissenschaftlicher Grundlage und hat von 1796 bis 1820 bestanden, eine Zeitlang unter Leitung Kortums, des Verfassers der »Jobsiade«. Seit 1796 trat die Hermetische Gesellschaft im »Allgemeinen Reichsanzeiger« in Erscheinung, um »die Hermetik zur Sprache zu bringen«. S. im Jahrgang 1798 auch die Nrn. 70, Sp. 805; 80, Sp. 925; 106, Sp. 1245; 113, Sp. 1327, sowie die Register von 1797. Dem »Internationalen Freimaurerlexikon« 1932 (Nachdruck 1980, Sp. 690) zufolge propagierte die Hermetische Freimaurerei eine im 18. Jh. namentlich in Frankreich aufgekommene Methode, nach der die alchemistischen Prozesse der Metallverwandlung auf die Wandlung des Individuums zum geläuterten Menschen übertragen wurden.

655 *Die Karschin ... war er ab:* Anna Luise Karschin.

656 *Munken oder munkeln:* Diese Bedeutungsentwicklung von »munkeln« ist wohl unrichtig; weder DWB 6, Sp. 2696, noch der »Versuch eines bremisch-niedersächsischen Wörterbuchs«, Bd. 2, 203 führen das Wort als Bezeichnung eines Spieles auf. – *dignus ... micetur:* »Dignum esse dicunt, quicum in tenebris mices« führt Cicero, »De officiis« 3, 19, 77 als Sprichwort der Bauern an. Würdig sagen sie, ist der, mit dem du im Dunkeln losen kannst.

657 *Chorister:* Engl. ›Chorsänger‹.

658 *sagte Andres (Lion):* Vermutlich ist jener Andres gemeint, der im Hause L.s in Darmstadt bedienstet war. L. schreibt ihm am 28. Oktober 1787 und erwähnt ihn in den Briefen an Friedrich August Lichtenberg vom 16. September 1788, 4. Oktober und 29. November 1790; überdies ist Andres Gegenstand der Briefe von Ludwig Christian Lichtenberg vom 5.? August 1790 und von Friedrich August Lichtenberg vom 10.? Dezember 1790.

659 *Gradus ad patibulum:* Gang zum Galgen; L. gebraucht diese Wendung auch in den Hogarth-Erklärungen, III, S. 1009.

660 *der Dichter Lebrun:* Charles Lebrun. – *Ce Genie . . . point d'égaux:* Dieses Genie hat sich seine Kunst und seine Rivalen geschaffen; / Er hatte kein Vorbild, und es wird nicht seinesgleichen geben.

661 *ad pag. 73 Col. I.:* Gemeint ist L 547. – *über die Juden:* Zu L.s Antisemitismus s. zu L 358. – *Ein Berlinischer Jude (Bendavid):* Lazarus Bendavid. – *bei seinem Besuch:* Bendavid war laut Staatskalender mehrmals im Jahre 1791 bei L. zu Besuch, vgl. SK 127, 129, 131.

662 *An Deluc:* L.s nicht erhaltener Brief an Deluc, aus dem diese Sätze ausgezogen sind, war wohl die Antwort auf dessen im Brief an Abraham Gotthelf Kästner vom 26. September 1798 mitgeteilten Äußerungen über Kant. – *What right . . . existence:* Welches Recht haben wir vorauszusetzen, daß unsere Empfindungen irgendetwas mehr sein könnten als unsere Empfindungen. Was ist Realität für (vielleicht zu uns), was ist Existenz. – *Faculty of cognition:* Erkenntnisvermögen.

663 *As tho' . . . mid-air:* Als ob ein Engel beim Hinauffliegen, / seinen Mantel in der Luft schwebend zurückgelassen habe. – *How . . . tears:* Wie fest er seinen Blick auf mich heftete, / seine dunkeln Augen hinter vergessenen Tränen schimmernd. – *a series of Plays:* Herausgeber der Sammlung »A series of plays, in which is attempted to delineate the stronger passions of the mind« ist Joanna Baillie, schott. Dichterin und Dramatikerin (1762–1851). Die Stellen finden sich in der Tragödie »Count Basil« (Erscheinungsdatum nicht ermittelt).

666 *ein Aufsatz von Garve:* Garves Aufsatz »Über die Laune, das Eigentümliche des englischen humour und die Frage, ob Xenophon unter die launigen Schriftsteller gehöre« findet sich in der »Neuen Bibliothek der schönen Wissenschaften und der freyen Künste«, 1798, 61. Bd., S. 51.

667 *Die Buchdruckerkunst . . . eine Art von Messias:* Diesen Gedanken formuliert in abgewandelter Form bereits GH 80.

668 *animo-corde von Christmann:* Gemeint ist »Nachricht von dem Schnellschen Animocorde«, in: »Allgemeine musikalische Zeitung«, 1798, Bd. 1, S. 39. Johann Friedrich Christmann (1752–1817), Pfarrer zu Heutingsheim im Württembergischen; Schriftsteller, Komponist und Musikliebhaber. – *Orchestrion von Kunz:* Gemeint ist »Beschreibung des Orchestrions«, ebd. Bd. 1, S. 88. Thomas Anton Kunz (1756–1830), böhmischer Komponist und Erfinder von Musikinstrumenten, u. a. seinem Claviorganum (1791), einem Orchestrion (1796–1798 durch Thomas Still und Karl Schmidt erbaut) und einem Streichklavier (1798). – *Haertel und Breitkopf:* Buch-, Kunst- und Musikalienverlag; Kommisionsgeschäft, Musikgroßsortiment, Buch- und Notendruckerei, sowie Buchbinderei in Leipzig, gegründet 1719 von Bernhard Christoph Breitkopf (1695–1777). Unter Johann Gottlieb Immanuel Breitkopf (1719–1794), seit 1745 Besitzer der Druckerei, erlangte die Firma

Weltruf. 1795 ging sie an Gottfried Christoph Härtel (1763–1827) über. Er begründete die »Allgemeine musikalische Zeitung« 1798 in Leipzig, die bis 1827 unter Johann Friedrich Rochlitz (1769/70–1842), Dichter und Komponist, später unter Gottfried Wilhelm Fink herausgegeben wurde. – *zu transferieren:* Zu übertragen; ähnlich schreibt L. in L 978 und MH 35 von *Transferring*.

669 *Ein Stückchen auf der Gittith:* Althebräisches Musikinstument. L. spielt vermutlich auf Psalm 81, 1. 84, 1 an: »Auf der Gittith vorzusingen«.

671 *meine Gedanken- und Phantasie-Kur:* Zu dem Ausdruck vgl. K 14.

673 *Muscheln bei denen der Darm-Kanal durch das Herz geht:* Dieselbe Bemerkung begegnet auch MH 18. – *Cuvier:* Georg Leopold Christian Friedrich Dagobert Cuvier (1769–1832), frz. Naturforscher aus dem seinerzeit schwäbischen Mömpelgard (Montbéliard), besuchte seit 1784 die Karlsakademie in Stuttgart, hielt ab 1788 am Militärhospital zu Fécamp Vorlesungen über Botanik; 1795 Prof. an der Zentralschule des Panthéon in Paris, begann am Jardin des Plantes eine anatomische Sammlung anzulegen, die die größte in ganz Europa wurde; machte die vergleichende Anatomie zur Grundlage der Zoologie; Mitschöpfer der Paläontologie. – *Bulletin des Sciences:* Das »Bulletin des sciences. Par la Société philomatique« erschien Paris 1797–1805; 1814–1824. L. besaß Bd. 1 dieser Zeitschrift (s. BL, Nr. 57).

674 *Unglaube ... blinden Glauben:* Derselbe Gedanke begegnet auch MH 20.

675 *Los in der großen Lotterie der Erfindungen:* Zum Gedanken s. zu L 635.

676 Diese Zusammenstellung von Gedenktagen ist in den Hogarth-Erklärungen, III, S. 1038 verwertet. – *1759:* In der Handschrift *1760.* – *bei Minden ... bei Abuki geschlagen:* Zu der Schlacht bei Minden s. zu D 19, sowie SK 807, zu Napoleons Niederlage in Abukir s. zu L 248.

677 *Der Engländer ... heißt Thellusson:* Peter Thellusson (1737–1797) aus Paris, Kaufmann, seit 1762 in London; berühmt wegen seines exzentrischen Testaments.

678 *Kant (wie mir Herr Lehmann erzählte):* Lehmanns gedenkt L. auch in seinem letzten Brief an Immanuel Kant vom 9. Dezember 1798. Johann Heinrich Immanuel Lehmann (1769–1808) aus Vorpommern, hatte sich am 1. Oktober 1798 als stud. jur. an der Georgia Augusta immatrikuliert; zuvor in Königsberg.

679 Zur handschriftlichen Schreibung s. zu D 53; zum Gedanken J 185.

680 *ça ira:* Anspielung auf den Schlachtruf während der Frz. Revolution. – *Kahira Kairo:* ›Misr al-Kahiro‹ arab. Bezeichnung für Kairo; Anspielung L.s auf Napoleons Ägyptenfeldzug 1798/1799.

682 *Mein Herr Dr Jürgens:* Die offenbar schon älteren, hier aus dem Gedächtnis gegebenen Verse finden sich mit kleinen Abweichungen VS 1844, 2, S. 67. – *Dr Jürgens:* Falls L. nicht nur um des Reimes willen den Namen Jürgens gewählt hat, käme infrage: Johann Friedrich Jürgens (1755–1814), seit 1785 Pastor in Luthe bei Wunstorf. – *Meusels Deutschland:* Meusel setzte von 1796 an Hembergers biographisch-bibliographisches Lexikon »Das gelehrte Deutschland, oder Lexikon der jetzt lebenden deutschen Schriftsteller« fort. – *die Kollisions-Geschichten:* Die Anspielung ist nicht klar; vgl. auch K 261 und Anm.. – *in Kupfer gestochen:* Vgl. zu dieser Wendung K 13.

683 *Heautobiographia:* Über L.s Plan einer Selbstbiographie s. zu F 811. – *den Graupnerschen Boden:* L. erwähnt ihn auch im Brief an Friedrich August Lichtenberg vom 2. Februar 1793. Christoph Graupner (1683? bis 1760), Komponist und Begründer der musikalischne Tradition Darmstadts, Schüler Kuhnaus, 1709 Vizekapellmeister am Hofe des Landgrafen Ernst Ludwig von Hessen-Darmstadt, 1711 Hofkapellmeister. Fast alle Texte zu Graupners Kantaten, von den 1400 erhalten sind, wurden nach Texten seines Schwagers Johann Conrad Lichtenberg komponiert. Graupner hatte 1711 die Pfarrerstochter aus Bischofsheim bei Mainz Sophie Elisabeth Eckard (1693–1742), die ältere Schwester von Catherina Henrica (die L. heiratete) geehelicht. Seine Wohnung in Darmstadt lag in der heutigen Luisenstraße, der damaligen ›Neuen Vorstadt‹; unweit des ehemaligen Standorts, an dem alten HEAG-Haus, ist eine Gedenktafel für den Musiker eingelassen.

684 *Rezensiert Göttingische Anzeigen:* Die Rezension des von L. korrekt nachgewiesenen Werks stammt von Heyne; s. Fambach, S. 224. – *herausgegeben von Ludwig Tieck:* Aus dem Nachlaß von Wackenroder gab Tieck die »Phantasien über die Kunst« heraus, die sie bekanntlich zusammen verfaßt haben. Johann Ludwig Tieck (1773–1853), Dichter der romantischen Schule und Übersetzer, studierte in Halle, Göttingen und Erlangen, arbeitete schriftstellerisch eng mit seinem Schul- und Studienfreund Wackenroder zusammen; nach Berlin zurückgekehrt, veröffentlichte er bei Friedrich Nicolai, zu dem er später als ›Genie der Romantik‹ in schroffen Gegensatz geriet; weilte 1799–1800 in Jena, wo er sich den Freundeskreisen um die Gebrüder Schlegel, Novalis und Fichte anschloß, lernte Goethe und Schiller kennen, zog sich aber mit August Wilhelm Schlegel 1801 erst nach Dresden, dann nach Frankfurt an der Oder zurück; bis 1819 längere Italien- und Londonaufenthalte, dann wohnhaft in Dresden, wo er seit 1825 Dramaturg am Hoftheater war; dort übernahm Tieck auch die Herausgabe der von August Wilhelm Schlegel begonnenen Shakespeare-Übersetzung (Berlin 1825–1833 in neun Bdn.). Wilhelm Heinrich Wackenroder (1773–1798), einflußreicher Dichter und Theoretiker der Frühromantik.

685 *Man sagt von den Sperlingen:* S. zu L 450. – *back'd:* Zu diesem Wort s. zu L 290.

686 *(bequemer):* In der Handschrift ohne Klammern über *großer.* Der Gedanke kehrt L 974 und MH 10 wieder; s. auch H 113. – *handelt mit anderer Leute Meinungen:* Zu diesem Gedanken s. zu K 246.

688 *Cherubs-Fältchen:* S. zu J 160.

689 *Kantische Philosophie ohne Kants Ausdrücke:* Zu L.s Kritik an der begrifflichen Unzugänglichkeit der kantischen Philosophie vgl. auch zu J 251 und 270. – *S. Seite 93:* Gemeint ist L 698.

690 *die Stelle aus Voltaire's Henriade ... S. 77 und 79:* Gemeint ist L 585, 589.

692 *antrappiere:* Eine ähnliche volkstümliche Umbildung notiert L. J 142.

693 *akkommodieren:* Lat. ›anbequemen, anpassen, sich fügen‹.

694 *Avers und Revers ... Münz und Letter:* »Münze« und »Letter« in diesem Sinne fehlen im DWB; wohl in dem Sinn von Zahl- und Kopfstück einer Münze gebraucht. – *Bode in seinem Montaigne:* 1. Buch, 9. Kapitel, S. 61; die Übersetzung ist zu K 179 nachgewiesen.

695 *Ignatius Maurice Spillard:* Lebensdaten unbekannt.

696 *(Juden)*: Der Vergleich der Juden mit exotischen Tieren beweist L.s antisemitische Einstellung; s. auch im allgemeinen s. zu J 128, L 358.

697 *Klugheit* ... *Tapferkeit (Mut)*: Diese Aufzählung führt die vier antiken Kardinaltugenden auf.

698 *ad p. 92:* Gemeint ist L 689. – *Albanus:* Johann August Leberecht Albanus (1765–1839), pädagogischer Schriftsteller aus dem Baltikum. – *mit jenem Geist geschriebenes Buch:* Nämlich mit kantischem Geist, aber nicht den Worten Kants, wie aus L 689 hervorgeht.

700 *One science ... one Genius fit:* Nur eine Wissenschaft steht einem Genie an. Das Zitat ist Popes »Essay on criticism«, 1716, S. 60, entnommen.

703 *Hogarths Schwärmern (methodists):* Vermutlich das Blatt »Leichtgläubigkeit, Aberglauben und Fanatismus«, das L. im GTC 1787, S. 212–232, erklärt: »Man glaubt Hogarth habe durch dieses Blatt die Methodisten lächerlich, oder wohl noch mehr, verabscheuungswürdig machen wollen« (S. 213). – *backed:* Zu dieser Floskel s. zu L 290.

704 *im Hogarth bis auf seinen Garrick kommen:* S. zu J 1104. – *Garve in seinen Versuchen:* Christian Garves Abhandlung »Über die Rollen der Wahnwitzigen in Shakespears Schauspielen, und über den Charakter Hamlets ins besondere« findet sich in seinen »Versuchen über verschiedene Gegenstände aus der Moral, der Litteratur und dem gesellschaftlichen Leben«, Breslau 1796, 2. T., S. 431 ff., die zu K_1 S. 845 nachgewiesen sind; s. auch zu L 666. – *Goethe in Wilhelm Meister:* Der Rezension entnommene Notiz, wo es S. 88 f. heißt: »Recensent hat bey dieser Gelegenheit dasjenige wieder gelesen, was Göthe in seinem Wilhelm Meister im 4ten Buche S. 201 und S. 271 und f. über Hamlets Charakter sagt.« Gemeint sind die Erörterungen über Hamlet im 3. und 13. Kapitel des vierten Buchs (Johann Wolfgang Goethe, Münchner Ausgabe, Bd. 5, S. 214–216; S. 242–246). – *neuen Bibliothek der schönen Wissenschaften:* In Bd. 62, 1. Stück, S. 69–93, der »Neuen Bibliothek der schönen Wissenschaften und der freyen Künste«, Leipzig 1799, findet sich eine Besprechung von Garves »Versuchen«, die S. 70 Garves Auffassung vom »verstellten Wahnwitz« Hamlets (»Versuche«, S. 469) kritisiert.

705 *Vorschriften leben:* Danach von L. gestrichen *zumal da das Fechten für dieselbe, wer das leben für sie, aber der.*

706 *Für 1800:* Darüber s. zu L 563. – *Beschäftigungen ... von D$^\mathrm{r}$ Bourguet:* S. zu L 616.

707 Dieses Traum-Referat ist L.s letzte Eintragung der nichtwissenschaftlichen Abteilung in Sudelbuch L. – *träumte mir:* Zu L.s Träumen und seiner Beschäftigung mit Traum und Schlaf s. zu A 33. – *eine lange, hagere Frau und strickte:* Es liegt nahe, hier an die Parze zu denken.

S. 949 Diese Seite gibt die Innenseite des hinteren Deckels von Sudelbuch L wieder. – *Beiträge zur langen Latte:* S. zu L 42. – *Ephemeriden 1798 ... p. 671:* Gemeint sind die »Allgemeinen Geographischen Ephemeriden. Verfasset von einer Gesellschaft Gelehrten und herausgegeben von F. von Zach«, Weimar 1797 ff. Vgl. L 531, SK 1046. – *Länge von Vörden:* L. bezieht sich auf die Rubrik »Karten-Recensionen« (S. 668–673), und zwar auf die Rezension der »Geographischen Karte von dem Niederstift Münster nebst den angränzenden Ländern. Entworfen und zusammengetragen im Jahr 1796 von C. Wilkens, Churhannöv. Ing. Lieut. gestochen von J. F. Salzenberg in Hannover«, die kritisiert, daß einige Hauptpunkte nicht astronomisch bestimmt wurden, so daß die Ortslagen unzuverlässig sind. Im Vergleich dazu wird die Karte des Bistums Osnabrück von Busche und Benoit hervorgehoben: »In selbiger ist Osnabrück selbst durch Lichtenbergs astronomische Beobachtungen bestimmt, und wenn zwar die zur Bestimmung der übrigen Ortslage beobachtete Methode vielleicht nicht die größte Richtigkeit gewähren sollte, so trauen wir dieser doch in der That mehr Wahrheit in diesem Puncte zu, als der *Wilkenschen.* Nun liegt der Gränzort *Vörden* in der *Buschischen* Karte 52° 28′ 20″ der Breite und 25° 40′ 30″ der Länge, in der *Wilkenschen* hingegen 52° 27′ 15″ der Breite, 25° 44′ der Länge.« Vgl. auch L 604. – *Länge von Leipzig:* »IV. Correspondenz-Nachrichten. 1. Auszug aus Briefen des Br. La Lande. Paris, den 6. und 20. April 1798« (S. 674–683) 1. Bd. 6. Stück. Junius 1798 (S. 675): »In meinem Buche, wo ich die Längen und die Verbesserungen eintrage, welche ich von Zeit zu Zeit erfahre, fand ich 39′ 55″ das Mittel aus 4 Resultaten eingeschrieben; unser Freund *Burckhardt* sagt, sie wäre 40′ 13″, was halten Sie davon?« – *Ephem. Jan. 1799. p. 94:* Gemeint ist »IV. Correspondenz-Nachrichten. 1. Auszug aus zwey Briefen von La Lande. Paris, den 22. Novb. und 5. Dec. 1798« (S. 89–96), wo Zach in einer längeren Fußnote mitteilt: »Mit Verwunderung muß man es in der That bemerken, daß diese Längen [die geographischen Längen der unter dem Aequator und unter dem Pol gemessenen Meridian-Bogen] nichts weniger als genau bekannt sind.« Im folgenden bringt Zach Beispiele dafür bei. S. ferner zu L 531.

Anmerkungen
zu den Nummern in Band II

Mit Nummer 708 beginnt der von L. mit römischen Ziffern paginierte Teil der Bemerkungen des Sudelbuchs L., soweit er erhalten ist: die Seiten I und II fehlen zur Gänze, die Seite III ist zur Hälfte abgerissen; daraus resultiert die fragmentarische Fassung dieser und der folgenden Bemerkung.

708 *Sonne:* Zu L.s Sonnenbeobachtungen vgl. J 1596. – *Hainberg vom Garten aus:* So die Umschrift L.s zur Zeichnung; zu L.s Garten s. zu J 1305.

709 Nach dem Text im »Neuen Hannoverischen Magazin« 1796, 89. Stück, Sp. 1419, wurde der Eintrag um *[Herr . . . Letter]* ergänzt. – *Nieuve . . . Letter]bode:* Die niederl. Zeitschrift »Algemene Konst- en Letter-Bode, voor meer-en mine geöffenden; behelzende berigten, uit de geleerde waereld van alle landen« erschien wöchentlich seit Juni 1788 bis 1798 in Harlem. – *Akensche Löschungsmittel:* Unter dem Titel »Das schwedische Löschungsmittel des Assessors von Aken leistet bei Feuersbrünsten nicht so große Wirkung wie gemeines Wasser« nimmt im 89. Stück, Sp. 1417–1424, vom Freitag, dem 4. November 1796, und im 90. Stück, Sp. 1425–1438, vom Montag, dem 7. November 1796, des »Neuen Hannoverischen Magazins« ein Ungenannter gegen die von Blumhof aus dem Schwedischen übersetzten Ausführungen von Akens Stellung, die im 50. und 51. Stück des »Magazins« Juni 1796 zum Abdruck gekommen waren; die Gegendarstellung beruft sich auf Untersuchungen, die Martinus van Marum mit diesem Löschmittel – die er übrigens tatsächlich auf Geheiß von Ernst II. Ludwig, Herzog von Sachsen-Gotha und Altenburg unternommen hat – angestellt hat. – *Aken:* Franz

Joachim Aken (1738–1798), schwed. Apotheker in Örebro; seit 1774 Assessor. – *Beim Löschen kommt in Betracht:* Die drei Gesichtspunkte sind in dem genannten Aufsatz auf Sp. 1421 genannt und auf Spalte 1422, 1423 und 1427 weiter ausgeführt. – *Grens neuem Journal:* »Neues Journal der Physik«, Bd. 3, Leipzig 1796, 2. Heft, S. 134–149: »Bericht über die Untersuchung und Versuche mit dem Schwedischem Löschungsmittel, vom Herrn Dr. van Marum in Haarlem. In zwei Vorlesungen, am 3ten und 17ten Januar 1795 bey der Teylerschen Stiftung«. Im Bd. 4, 2. Heft desselben Jahrgangs findet sich S. 152 ff. der »Entwurf zur Verbesserung der Einrichtung beym Brandlöschen, von Herrn van Marum« und ebd. S. 164 ff. der »Bericht des Herrn van Marum, betreffend den Gebrauch einer tragbaren Brandsprütze, um damit aufs schleunigste Feuer zu löschen«. Das »Neue Journal der Physik« erschien Leipzig 1795–1798 in 4 Bdn., s. zu J 1783.

710 *Auripigment-Staubes:* Goldstaub. – *Ich verstehe mich:* Zu dieser Wendung s. zu J 570.

711 Erstveröffentlicht: Ph + M 4, S. 186. – *die neuren Chemisten:* S. zu J 2011. – *Chemia comparata:* Vergleichende Chemie. Diese Wendung nimmt L. L 737 wieder auf.

713 *Fourcroy's Chemie philosophique ... von Gehler übersetzt:* »Philosophie chimique, ou vérités fondamentales de la chimie moderne«, Paris 1792; dt. unter dem Titel: »Chemische Philosophie, oder Grundwahrheiten der neuern Chemie auf eine neue Art geordnet«. Übersetzt von Johann Samuel Traugott Gehler. Leipzig 1796, ein Standardwerk der neueren Chemie, s. auch L 768, 777. – *Scherer in Jena verspricht ein anderes:* »Nachträge zu den Grundzügen der neuern chemischen Theorie, nebst Nachricht von Lavoisier's Leben«, Jena 1796; 1795 waren dort »Grundzüge ... mit Lavoisier's Bildnisse« erschienen (BL, Nr. 794).

714 *gewonnen:* Nach diesem Wort bricht in der Handschrift die Bemerkung ab; sie wurde von mir nach Ph + M 4, S. 232–234, ergänzt. – *fürwahr nötig:* Der Abschnitt bis *daran zweifeln* folgt wieder der Handschrift; das übrige wurde wie oben ergänzt. – *Wärmestoff und Lichtstoff ... dieselbe Sache:* Der Eintrag bezieht sich auf die Preisfrage der Königlich Dänischen Sozietät, ob Licht und Wärme aus einem Grundstoff entspringen. Eine Antwort ist laut GGA 1797, S. 796 im 7. Stück, 1796, von Jeremias Benjamin Richters »Über die neun Gegenstände der Chymie« (s. L 724) veröffentlicht. Im übrigen s. zu J 1530, 1673. – *Deluc's Gedanke:* Steht vermulich in Zusammenhang mit L 784, s. auch die Anm. dazu. – *[mit] einer Krücke forthelfen:* Zu diesem Bild vgl. L 982. – *Pictets Versuche:* S. zu J 1444. – *mechanische System der Atomisten, wie Lesage:* S. zu J 393. – *Elastizität:* S. zu A 8.

715 Erstveröffentlicht: Ph + M 4, S. 243. – *Wenn ich meine Hand in den Ofen stecke:* Diese Beobachtung verwertet L 875.

716 Erstveröffentlicht: Ph + M 4, S. 294–295. Diese Bemerkung befindet sich in der Handschrift bereits auf S. XI: die Seiten V-X einschließlich fehlen. Die Notiz steht möglicherweise in Zusammenhang mit L 723. – *Um in der Lehre vom Magnetismus weiter zu kommen ...:* Ähnlich schreibt L. in dem Aufsatz »Geologisch-meteorologische Phantasien« im GTC 1798, S. 116–117 (wiederabgedruckt in: G. C. Lichtenberg, Vermächtnisse, Reinbek 1972, S. 217–219, vgl. KIII, S. 50). – *müßte man Magnete machen:* Solche Magnete (Elektromagnete) konnten erst, nachdem Michael Faraday 1831 die

elektromagnetische Induktion entdeckt hatte, hergestellt werden. – *Taschen-Perspektiv:* Kleines Fernrohr, z. B. Opernglas. – *Herschels großes Teleskop:* S. zu J 1507, 1511.

717 Erstveröffentlicht: Ph + M 4, S. 295. Auch diese Notiz steht möglicherweise in Zusammenhang mit L 723. – *Knights magnetische Magazine:* S. zu D 696.

718 *ein Mensch:* In der Handschrift *es einem Menschen.*

719 Erstveröffentlicht: Ph + M 4, S. 295–296. Auch diese Notiz steht möglicherweise in Zusammenhang mit L 723. – *Serpentin:* Metamorphes Gestein, häufig eingelagert in Gneisgebieten. – *Baste im Harzeburger Forst:* S. auch L 728. – *Eisenkalch:* Eisenoxid.

720 Erstveröffentlicht: Ph + M 4, S. 296. Auch diese Notiz steht möglicherweise in Zusammenhang mit L 723. – *Muscheln . . . vom Magnet gezogen:* Zu L.s Reflexionen über den Ursprung des Magnetismus vgl. K 398. – *Phosphorsäure:* Entsteht bei langsamer Oxydation des Phosphors und bei Zersetzung von Phosphorchlorid mit Wasser. Sie bildet farblose Kristalle, löst sich leicht in Wasser, absorbiert in dünner Lösung schnell Sauerstoff, zersetzt sich in konzentrierter Lösung beim Erhitzen in zwei Arten von Salzen. – *Kalch-Erde:* Kalziumoxid. – *Phosphate de fer:* Eisenphosphat.

721 Erstveröffentlicht: Ph + M 4, 296. Auch diese Notiz steht möglicherweise in Zusammenhang mit L 723. – *Kobolt-Metall:* Metallart, in Verbindung mit Eisen als Kobaltkies, Kobaltglanz und Kobaltmanganerz vorkommt. Zur Gewinnung von Kobaltpräparaten verarbeitet man meist arsenhaltige Kobalterze, die in Porzellan- und Glasherstellung als Farbmaterial zur Blaufärbung benutzt werden. Zudem ist Kobalt ebenso magnetisch wie Eisen.

722 Erstveröffentlicht: Ph + M 4, S. 296. Auch diese Notiz steht möglicherweise in Zusammenhang mit L 723. – *Cobaltum:* S. zu L 721.

723 *Ehe ich über alles dieses schreibe:* Zur Schreibweise dieser Bemerkung s. zu D 53. L. bezieht sich wohl auf den 2. Bd. der »Philosophischen Abhandlungen der baierischen Wissenschaften«, München 1780: »Johann Heinrich van Swinden, Dissertatio de Analogia Electricitatis et Magnetisimi«, S. 1–226; Coelestin Steiglehner, Beantwortung der Preisfrage über die Analogie der Electricität und des Magnetismus, S. 227–350; Lorenz Hübner, Abhandlung über die Analogie der elektrischen und magnetischen Kraft, S. 351–384. Vgl. L 716–722. – *Bayrische Preisschriften über den Magnet:* Bezieht sich auf die »Philosophischen Abhandlungen der baierischen Akademie der Wissenschaften«, die 1779–98 in sieben Bdn. erschienen. Der zweite Bd., 1780, ist der Lehre von der Elektrizität und des Magnetismus gewidmet.

724 Erstveröffentlicht: Ph + M 4, S. 141–142. – *Newtons allgemeine Schwere:* Darüber vgl. KA 303, vgl. auch K 314. – *Richter über die neuern Gegenstände der Chemie:* Diese Abhandlung erschien mit korrektem Titel »Über die neuern Gegenstände der Chymie« in elf Stücken, Breslau und Hirschberg 1791–1802. Jeremias Benjamin Richter (1762–1807), Bergsekretär beim Oberbergamt in Breslau; vielseitiger naturwissenschaftlicher Schriftsteller, Anhänger der Phlogistontheorie. – *das 6te Stück:* Gmelin, der Verfasser der Rezension dieses Stückes, das 1796 erschien, brachte in den GGA, 80. Stück, S. 793–798, unter dem 20. Mai 1797 folgende handschriftliche Eintragung in dem Exemplar der GGA der Göttinger Bibliothek an:

Dieses 6. Stück handelt »von der *Neutralitäts-Ordnung verbrennlicher Säuren*, nebst chymischen, insbesondere pharmaceutischen und metallurgischen, Handgriffen ... auf 224 S.« (Fambach, S. 212).

725 Erstveröffentlicht: Ph + M 4, S. 313. – *Kugel ... Meilen dick:* S. zu B 114. – *Wie ... das Leichtere über uns:* Dieser Satz ist unwesentlich verändert in den Aufsatz »Geologisch-meteorologische Phantasien« im GTC 1798, S. 119, aufgenommen worden. S. zu L 716.

726 Erstveröffentlicht: PH + M 4, S. 298–299. Die Notiz gehört vielleicht in den Umkreis von L 723. – *Brugmanssche Methode:* S. zu K 398.

727 *meinen Gedanken auszuführen mit künstlichen Magneten:* Auch diese Notiz gehört wohl in den Umkreis von L 723. – *zu machen:* In der Handschrift irrtümlich wiederholt, daher im Text gestrichen.

728 Erstveröffentlicht: Ph + M 4, S. 299. – *Serpentinstein aus dem Harzeburger Forst:* Vgl. L 719 und die Anm. dazu. – *Lasius № 61.:* Gemeint sind die »Beobachtungen über die Harzgebirge, nebst einer petrographischen Charte und einem Profilrisse, als ein Beytrag zur mineralogischen Naturkunde«, Hannover 1789 in 2 Tln. (BL, Nr. 744), von Georg Sigmund Otto Lasius (1752–1833), nach dem Studium 1780 Hauptmann im hannöv. Ingenieurcorps; im Rahmen der allgemeinen Landvermessung oblag ihm die Vermessung des Harzes. Interessant sein Hinweis im 1. T., S. 3: »Die geographische Lage des Harzes ist nach einer gemeinen topographischen Vermessung bestimmt, die sich über sämtliche zum Churfürstenthum Hannover gehörigen Provinzen erstreckte. Bey dieser Vermessung sind die Oerter, Hannover, Stade und Osnabrück von Herrn Hofrath G. C. Lichtenberg zu Göttingen, durch astronomische Beobachtungen festgelegt, und vereint mit der vom sel. Professor Tobias Meyer bestimmten Lage von Göttingen, als feste Puncte angenommen.« Im »Verzeichniß derer Herren Beförderer dieses Werks« führt Lasius aus Göttingen außer Prof. Pepin und dem Akad. Museum nur »Hofrath Lichtenberg« auf, der demnach »1 Cabinet, 1 Buch und 1 petrographische Charte erhalten« hat. Und er erwähnt im 2. T., S. 409: »Nach Versuchen aber, die ich in Gegenwart des Herrn Hofraths Lichtenberg in Göttingen wiederholt mit der größten Vorsicht angestellet, ist nicht das geringste von der electrischen Eigenschaft des Turmalins an diesen Schörlcristallen zu bemerken.« Die von L. notierte № 61 bezieht sich auf das in T. 2, S. 467–497, mitgeteilte »Verzeichniß derer im Cabinet der Harzischen Gebirgarten befindlichen Sachen, nach der Ordnung der Nummern«; zu Nr. 51 (a.a.O., S. 483) heißt es: »Serpentinfels mit einzelnen großen Hornblendeflecken, von der Baste in der Harzeburger Forst. S. 162. 165. 173.« – *Polarität gegeben:* Auf derartige Versuche – wie aus L.s Brief an Johann Friedrich Blumenbach vom 24. März 1796 hervorgeht – spielt Alexander von Humboldt offenbar an, wenn er im »Intelligenzblatt der Allgem. Literatur-Zeitung Numero 68, Sonnabends den 27ten May 1797«, Sp. 565, in Zusammenhang mit seiner Entdeckung eines großen geologischen Phänomens, nämlich der Polarität des Basalts, in dem Magneteisen nicht auffindbar war, schreibt: »Ich kann mich deshalb noch besonders auf das Zeugniß der Herren Blumenbach und Lichtenberg zu Göttingen, auch des Herrn Prof. Voigt zu Jena berufen ...«. S. auch zu L 754.

729 Erstveröffentlicht: Ph + M 4, S. 350. – *Maschine die wispern könnte:* Zu Sprechmaschinen s. zu J 1055.

730 Erstveröffentlicht: Ph + M 4, S. 350–351; wiederabgedruckt: VS

1844, 2, S. 185 (nach Leitzmann undatierbar). – *Klindworth könnte es ... machen:* Vorschläge für physikalische Apparate notiert L. auch J 55.

731 *Yarmatti:* Samauel von Gyarmathi (1751–1830), Arzt aus Ungarn, 1797 Lektor für Ungarisch an der Göttinger Universität, später Klausenburg in Siebenbürgen. L. verfaßt am 6. April 1797 für ihn ein Empfehlungsschreiben an Reinhard Woltmann und spricht von »Dr. Gyarmati« als »ein[em] Mann von sehr vielen Kenntnissen und mein[em] Freund«. Vgl. auch L 732. – *Knitter-Golde:* Ein dünnes, hartgeschlagenes, daher knitterndes Messingblech. – *Vergrößerung, von der ich so oft geredet:* Gemeint sind wohl L.s Überlegungen zur Herstellung stärkerer Magnete, vgl. L 716–732.

732 Zur Schreibweise dieser Bemerkung s. zu D 53. – *Knittergold:* S. zu L 731. – *Die Riesenharfe ... eine Aeolus-Harfe:* Anspielung auf berühmte Sänger aus dem Gebiet Aiolis, wie Sappho, Alkaios u. a., deren Gesang mit Harfenbegleitung gegenüber der härteren dorischen Tonart milder, einschmeichelnder und gefälliger war. Zu der Bedeutung, die die Harfe im 18. Jh. wiedererlangte, vgl. DWB 4, Sp. 475.

733 Erstveröffentlicht: Ph + M 4, S. 319. – *Luft-Arten:* Im 18. Jh. üblicher Terminus für Gase. Im GTC 1783, S. 48–77, berichtet L. darüber. – *Blitz und Donner zu erklären:* S. KIII, S. 56f., sowie L 756.

734 *Das Erwärmen ... Geschmier verursachen:* Von L. nachträglich angefügt.

735 Erstveröffentlicht: Ph + M 4, S. 235. – *Wäre es nicht möglich:* In der Handschrift gestrichen *Es wäre ja möglich.*

736 Erstveröffentlicht: Ph + M 4, S. 299. Auch diese Notiz gehört wohl in den Umkreis von L 723. – *Friktion:* Reibung.

737 *Chemiam Comparatam:* Zu dieser Formulierung vgl. L 711. Zur Schreibweise der Bemerkung s. zu D 53.

738 Erstveröffentlicht: Ph + M 4, S. 299. Auch diese Bemerkung gehört zu L.s Reflexion über Magnetismus; s. zu L 723. – *Attraktabilität:* S. J 393.

739 *Steinwehrs Übersetzung der Mem. de Paris:* Gemeint ist »Der Königl. Akademie der Wissenschaften in Paris Physische Abhandlungen, Siebenter Theil, welcher die Jahre, 1723, 1724, 1925 u. 1726 in sich hält«, Breslau 1751 (s. BL, Nr. 45). – *Steinwehrs:* Wolf Balthasar Adolf von Steinwehr (1704–1771), Prof. der Philosophie in Göttingen, später Prof. in Frankfurt an der Oder. – *eine Art Feuer-Hose:* »Der Herr von Jüssieu hat Folgendes, das aus Bocanbrey in der Normandie vom Herrn von Bocanbrey geschrieben worden, erzählet. Am 30sten May war des Morgens ein großer Nebel. Nachdem er vergangen, setzte es am Mittage Sturm und etliche Donnerschläge, und zwischen 3 und 4 Uhr heftige Sonnenstiche. Um drey Viertheil auf 5 Uhr hörte man ein unordentliches Geräusche, welches die Aufmerksamkeit des Herrn von Bocanbrey vermehrete. Es war, als wenn es auf der Erde rollete, und nach einer Vierthelstunde wie wenn eine Kutsche auf dem Pflaster führe; aber stoßweise und etliche mal. Die Ursache des Getöses war, nach seinem Urtheile, 300 Toisen von ihm gegen Osten, und gieng gen Norden und Süden sehr langsam; denn er hörete wohl drey Vierthelstunden, ohne etwas zu sehen. Endlich kam die Ursache zum Vorschein. Es war ein *Feuerwirbel,* der mit erschreckendem Getöse auf der Erde fortrollete. Aus ihm gieng ein rother Rauch, der in der Mitte heller, und wie er stieg, immer klärer ward. Er mochte wohl anderthalb Fuß breit seyn, und stieg im Kochen ungemein

schnell bis zu einer darüber stehenden schwarzen wolke. Als er sie berührete, trat er wirbelnd zurück, als wenn der Rauch Widerstand findet. Dieser Dampfzug war nicht immer gleich. Er nahm oft ab, und sodann das Getöse auch; er ward stärker, und das Getöse auch. Zuweilen krümmete er sich unterweges, als gäbe er dem Winde nach, der doch gar schwach war. Er war wellenförmig, und gewunden wie ein Jagdhorn; unten weit schneller als oben, im Ganzen aber immer gleich schnell. Als sich dieses Schauspiel vom Zuschauer etwan ein Vierthelstunde entfernet hatte, geschah ein großer Donnerschlag von Nordnordost mit starkem Regen. Die Erscheinung hörete auf, das getöse gleichfalls, und es blieb nirgends eine Spur davon.« (Der mit IV überschriebene Artikel aus dem Berichtsjahr 1725 steht unter der Rubrik »Unterschiedene Beobachtungen aus der allgemeinen Physik«, a.a.O., S. 458f. – *Erklärung der Wasserwindhose:* Über die Ende des 18.Jh.s gängigen Hypothesen informiert der Aufsatz des L.-Schülers Johann Georg Ludolf Blumhof »Etwas von Wasserhosen und Wetterwirbeln. Vorgelesen in der physikalischen Gesellschaft zu Göttingen, am 24$\underline{sten}$ Januar 1788«, abgedruckt im »Neuen Hannoverischen Magazin«, 14. Stück, 18. Februar 1799, Sp. 209–214; 15. Stück, 22. Februar 1799, Sp. 225–228.

740 *Kant sagt eigentlich:* L. bezieht sich wahrscheinlich auf das Amphibolie-Kapitel in Kants »Kritik der reinen Vernunft«: »Was die Dinge an sich sein mögen, weiß ich nicht, und brauche es auch nicht zu wissen, weil mir doch niemals ein Ding anders, als in der Erscheinung vorkommen kann ... daß, obgleich Erscheinungen nicht als Dinge an sich selbst unter den Objekten des reinen Verstandes mit begriffen sein, sie doch die einzigen sind, an denen unsere Erkenntnis objektive Realität haben kann, nämlich, wo den Begriffen Anschauung entspricht.«(Akademieausgabe, A 277–279, B 333–335). Vgl. auch L 277 und Anm. Auf die Kantstudien dieser Zeit bezieht sich auch folgende Tagebuch-Notiz aus dem Jahre 1796: 15. Dezember »Kant metaphysische Anfangsgründe viel LL«; 16. »Kant noch einmal und zum endlichen Schluß. Nachmittags von 2 bis 3 endlich über disen salto mortale glücklich weg.« – *backed:* S. zu L 290.

741 Erstveröffentlicht: Ph+M 4, S. 174–181. – *neusten Ausgabe seiner Naturlehre:* »Grundriß der Naturlehre in seinem mathematischen und chemischen Theile, neu bearbeitet«, Halle 1797, 38. Aufl. Die erste Aufl. war 1788, die zweite 1793 erschienen (BL, Nr. 405). – *fallende Ball[es]:* L. hatte zunächst *dem* ... *Ball* geschrieben. – *gegeben werden sollte:* Daran schließt sich – entgegen der Handschrift – in Ph+M 4, S. 180, die Notiz von L pag. XXVIII an, während laut Handschrift die Notiz von L pag. XVII anzuschließen ist. – *Gren ... Körper sie nicht drücke:* Von L. durch Zeichen hier angeschlossen (entspricht pag. XVI unten). – *der Körper sie nicht drücke:* Danach in der Handschrift *(S.S. XVII.).* Der betreffende Text, der in der Handschrift mit *ad p. XVI Col. 2 unten* beginnt, wurde hier angeschlossen. – *Contra Gren S. unten p. XXVIII Kol. 2 oben:* S. L 801.

742 Erstveröffentlicht: Ph+M 4, S. 300. Auch diese Notiz steht womöglich in Zusammenhang mit L 723. – *Kobolt:* S. zu L 721. – *was ich ... Humboldt geschrieben:* Dieser Brief, wohl die Antwort auf Humboldts Schreiben vom 16. Juni 1797 (abgedruckt bei R. Zaunitz, Briefe A. von Humboldts an G. C. Lichtenberg in: Sudhoffs Archiv der Geschichte der Medizin und der Naturwissenschaften, Bd. 32, Heft 6, 1940, S. 407–408), ist nicht erhalten,

auch nicht in SK notiert. – *daß die magnetische Kraft eben so allgemein mitteilbar wäre, als die elektrische:* Zu Magnetismus und Elektrizitätsversuchen vgl. auch J 1980 und Anm.

743 Erstveröffentlicht: Ph + M 4, S. 351; wiederabgedruckt in VS 1844, 2, S. 185–189 (nach Leitzmann undatierbar). – *Hechte ... blau ... Krebse ... rot:* Zu dieser Frage vgl. J 1443, 2010 und die Anm. – *grüne Wachstuch unter Wasser heller:* Zu dieser Frage s. J 1913; vgl. auch SK 698.

744 Erstveröffentlicht: Ph + M 4, S. 283–284. – *Humboldts Versuche:* Gemeint sind Alexander von Humboldts Untersuchungen zum Galvanismus, die er in »Versuche über die gereizte Muskel- und Nerven-Faser, nebst Vermuthungen über den chemischen Prozeß des Lebens in der Thier- und Pflanzenwelt«, in 2 Bdn., Berlin und Posen 1797 zusammenfaßte. L. erwähnt das Werk auch L 746, 753, 873. – *ol. Tart. per deliq.:* Oleum Tartari per deliquium; von selbst zerflossenes Weinstein-Öl. – *Schwefel-Leber:* ›Sulfure alcalin‹; geschwefelte Pottasche, Soda, Ammoniak. – *Leidensche Flaschen:* S. zu J 30. – *V.V.:* Lat. vice versa ›umgekehrt‹.

746 *Froschgeschichten:* Gemeint sind die zu L 744 angeführten Versuche Humboldts über den Galvanismus; vgl. ferner zur »Froschgeschichte« zu J 1980.

747 *Gallitzin Schrift über die Vulkane:* »Lettre sur les Volcans à Mr. de Zimmermann par le Prince Dimitri de Gallitzin« ist der vollständige Titel des Braunschweig 1797 erschienenen Werkes, das in der von L. erwähnten Nummer der »Allgemeinen Literaturzeitung«, 24. Juni 1797, Sp. 775–776 besprochen wurde. Die Schrift ist übrigens auch in den GGA 1797, 72. Stück, vom 6. Mai, S. 720, angezeigt.

748 *Gegen Zylius:* Gemeint ist die Preisschrift der Berliner Akademie der Wissenschaften »Prüfung der Theorie des Herrn Deluc vom Regen und seiner daraus abgeleiteten Einwürfe gegen die Auflösungstheorie«, Berlin 1795, von Johann Diedrich Otto Zylius (BL, Nr. 7126). Nach SK 804 wurde L. im Juli 1795 von seinem Bruder Ludwig Christian auf das Buch aufmerksam gemacht. Er bestellte es, ließ es binden (SK 808) und las es intensiv (SK 811, 812, 831, 834). Er verfaßte zur Verteidigung Delucs gegen den »erbärmlichen Zylius« (Brief an Blumenbach vom 10. Juni 1798) eine Antwort (SK 839, 844, 847), die aber erst nach L.s Tod unter dem Titel »Verteidigung des Hygrometers und der Delucschen Theorie vom Regen« Göttingen 1800 erschien. Vgl. hierzu den Brief an Blumenbach vom 24. März 1796; s. auch L 749. – *Zylius:* Johann Diedrich Otto Zylius (1764–1820), Hauslehrer aus Mecklenburg, verfaßte metereologisch-physikalische Schriften; Rezensent. – *hygroskopischen Substanzen:* Solche Stoffe, deren Feuchtigkeitsgehalt sich mit dem der Luft ausgleicht, ohne eine chemische Verbindung mit dem aufgenommenen Wasser einzugehen; in gewissem Maße sind alle Körper und Stoffe hygroskopisch, einige jedoch besonders stark, so daß diese Eigenschaft experimentell genutzt werden kann: Die starke Hygroskopizität von Schwefelsäure benutzt man zum Austrocknen der Luft, und wenn man z. B. unter einer Glasglocke ein flaches Gefäß mit konzentrierter Schwefelsäure aufstellt und auf einem Dreifuß ein Schälchen mit Salzlösung, so entzieht die Säure letzterer allmählich das Wasser, die Lösung verdampft, und das Salz kristallisiert.

749 *bei Herrn Zylius scheint die Akademie, wie Rezensenten, dünkt:* S. zu L 748.

750 *Bemerkung von L. durch Kringel unleserlich gemacht.* – *Phlogiston:* S. zu D 316.

751 *wovon ich im Kalender für 1798 geredet:* Gemeint ist der Aufsatz »Geologisch-meteorologische Phantasien« im GTC 1798. S. zu L 716. – *Gehört zu den Fragen über die Physik:* S. zu L 166.

752 *Galvanismus:* S. zu J 1980. – *an mein Terpentin-Öl zu denken:* Über diesen Versuch berichtet L. im Brief an Alessandro Volta vom 12. Januar 1795: »J'ai fait quelques recherches sur une évaporation singulière de l'huile de Térébenthine en cuticule sur l'eau, et la propagation de la chaleur, mais non pas assez mures encore pour vous les comuniquer.« Ich habe einige Versuche über eine einzigartige Verdampfung von Terpentinöl auf Wasser angestellt und die Ausdehnung der Wärme angestellt, aber um sie Ihnen mitzuteilen, sind sie noch nicht weit genug gediehen. – *Verdampfen in der Haar-Nadel:* S. J 2115, vgl. ferner SK 672.

753 *Sein vortreffliches Buch:* Der Titel ist zu L 744 nachgewiesen.

754 *Humboldt . . . vermöge eine Nachricht:* Die Nachricht steht unter »Literarische Nachrichten« mit der Überschrift: »V. neue Entdeckungen«, Sp. 722, des von L. korrekt zitierten Intelligenzblattes der »Allgemeinen Literaturzeitung« vom Mittwoch, dem 19. Juli 1797: »In meiner letzten Anzeige über den großen Magnetberg am Fichtelgebirge (Intelligenzblatt. Nr. 65. S. 565.) habe ich bereits angeführt, daß Stücke in denen kein eingesprengtes Magnet-Eisen bey den stärksten mikroskopischen Vergrösserungen sinnlich wahrgenommen werden kann, vollkommene Polarität zeigen. Neuerlichst habe ich einen Versuch angestellt, welcher noch deutlicher beweiset, wie wenig jenes zufällig eingemengte Magnet-Eisen als Ursach des grossen Phänomens betrachtet werden kann. Von der wirksamsten Kuppe des Magnetberges wurden, in geringer Entfernung, zwey Stücke abgeschlagen, welche der grosse Freiberger Mineraloge, Herr *Werner,* beide für *Serpentinstein* und, nach äusseren Kennzeichen, für völlig übereinstimmend erkannte. Das eine derselben ist stark polarisirend, das andere ist so unwirksam, dass es die Boussole auch nicht einmal beunruhiget. Von beiden Stücken habe ich 470 Gr. gepülvert und mittelst eines Magnetstabes und oftmaligen Schlemmens, nicht nur in *beiden* wirksamen Magnet-Eisenstaub entdeckt, sondern auch gefunden, dass die Menge desselben im wirksamen Stücke nur 1, 5. im unwirksamen fast 5 pro Cent des Ganzen betrug. Marienberg, den 28. Jun. 1797. F. A. v. Humboldt.« Diese Notiz steht in Zusammenhang mit der Entdeckung der starken Polarität von Gesteinsstücken der Serpentinkuppe des Heidberges bei Gefrees im Fichtelgebirge, die Alexander von Humboldt im Herbst 1796 gemacht hatte. Er setzte in das Intelligenzblatt der »Allgemeinen Literaturzeitung Numero«, Nr. 169 vom 14. Dezember 1796, Sp. 1447 f. eine »Anzeige für Physiker und Geognosten«, datiert vom November 1796, und veröffentlicht im »Neuen Journal der Physik«, Bd. 4, 1797, S. 136–140, einen Brief »Über die merkwürdige magnetische Polarität einer Gebirgskuppe von Serpentinstein«. Damit begründete Humboldt die Wissenschaft vom Gesteinsmagnetismus. S. auch L 742. – *Granen:* Kleine Gewichtseinheit im Bereich von mg, Maßeinheit der Apotheker. – *Nach meiner Theorie erklärbar:* Vgl. L 742; womöglich ist aber jene »Schöne Vermutung« gemeint, von der Humboldt sowohl in seinem Brief an L. (s. zu L 742) wie in seiner zu L 728 nachgewiesenen Mitteilung macht, wo er schreibt: »Wie wenn jener

große Magnetberg seine poralisierende Eigenschaft einer *Erderschütterung* verdankte? Diese Vermuthung, welche einer unserer ersten Physiker [Lichtenberg] geäußert, gewinnt noch dadurch an Wahrscheinlichkeit, daß Erdstöße am Fichtelgebirge gar nicht so überaus selten und ungewöhnlich sind.« (a.a.O., Sp. 566).

755 *Macquer T. I. p. 462 unten:* In dem zu J 1108 nachgewiesenen »Chymischen Wörterbuch« von Macquer heißt es Bd. 1, S. 462–463: »Alle Metalle verglasen sich auf einer Porzellanplatte; das Gold bekömmt bey seiner Verglasung eine schöne Purpurfarbe ... Nur Schade, daß keine umständlichere Nachricht davon gegeben worden ist.« S. 466 erwähnt Macquer die Versuche, die Homberg mit dem Tschirnhausschen Brennglas zur Beschreibung des Verglasungsprozesses von feinem Gold und Silber 1702 unternommen hatte. Macquer stimmt nach eigenen Experimenten zwar dessen Versuchsergebnissen zu, hegt aber noch einige Zweifel, die er im Artikel »Gold« (Bd. 1, S. 693–734) darlegt. Vgl. zudem den Artikel »Brennglas« (Bd. 2, S. 693–734), auf den L. schon J 1515 hinweist; in L 838 greift L. dieses Thema nochmals auf. – *die neue Chemie:* S. zu J 2011. – *radförmigen Bewegung:* In Bd. 1, S. 467, spricht Macquer von der »radförmigen Bewegung des geschmolzenen Korns von diesem Metalle«. – *wie Leidenfrost von seinem Wasser:* S. zu J 1349; ferner auch L 838. – *Trudainischen Glase:* S. zu J 1349.

756 Erstveröffentlicht: Ph + M 4, S. 319–320. – *Wenn man mit Deluc annimmt:* Zur Sache s. zu L 733.

757 Erstveröffentlicht in Frageform Ph + M 4, S. 351; wiederabgedruckt in VS 1844, 2, S. 186 (nach Leitzmann undatierbar).

758 Erstveröffentlicht: Ph + M 4, S. 300–301. Auch diese Notiz gehört wohl in den Umkreis von L 723. – *Wir sind der Sache zu nah:* Diese Bemerkung gehört zu dem Komplex der Versuche im Großen; s. zu GH 93, J 1653, L 711, 724.

759 *Es läßt ... möglich:* Dieser Satz ist von L. in der Handschrift durch Zeichen von der Kolumne rechts oben hierher verwiesen.

760 *Yelin:* Julius Conrad Yelin (1771–1826), Physiker; 1793 Magister, 1794 Dr. phil. in Erlangen mit der »Dissertatio inauguralis mathematica de superficie coni scaleni determinanda«, dann Prof. der Mathematik und Physik am Alexandrinum zu Ansbach. »Lehrbuch der Experimental-Naturlehre, in seinem chemischen Theile nach dem neuen System bearbeitet«, erschienen Ansbach 1796 (BL, Nr. 565; Geschenk des Verf. mit Dedikation an L.). – *Gaz azotique hyperoxygené:* Wasserstoffhaltiges Stickstoffgas. – *Vorrede S. 17:* In der »Voreinnerung«, S. XVII heißt es: »Ich habe gefunden, daß, wenn, man durch eine stark verkalkte eiserne glühende Röhre Wasserdämpfe streichen läßt, man anfangs schlechte brennbare Luft, zulezt ein dem Stikgas ganz ähnliches Gas bekomme. Ein Gemenge aus etwa 11 Unzen Wasserstoffgas und einer Unze Säurestoffgas, wurde in einem gläsernen starken Kolben mittelst des elektrischen Funkens zur Entzündung gebracht, und in dem Rückstande verlöschte ein Licht, auch brannte er nicht mehr, wie Wasserstoffgas bey Berührung mit der atmosphärischen Luft«. – *Lehre vom Feuer:* Vgl. auch L 764. – *Versuch ... in den Erlanger Zeitungen:* In der »Erlangischen gelehrten Zeitung«, 80. Stück, 7. Oktober 1794, S. 633–638, teilt Yelin unter der Überschrift »Physikalisch-chemische Nachricht« zwei Versuche zum Stickgas mit. Die »Erlangische gelehrte Zeitung« erschien

Erlangen 1790–1798, zuvor 1788 unter dem Titel »Annalen der gesammten Litteratur«.

761 Erstveröffentlicht: Ph + M 4, S. 224–225. – *oxide gazeux d'azote ... acide nitrique:* Oxydiertes Stickstoffgas, salpeterhaltiges Gas und salpeterhaltige Säure, Salpetersäure. – *Yelins Gedanke:* Vgl. L 760 und die Anm. dazu. – *gas azotique:* Stickstoff.

762 Erstveröffentlicht: Ph + M 4, S. 225.

763 *granweise:* S. zu L 754. – *capillary End:* Haarröhrchenende. – *Haarröhrchen:* S. zu J 2029. – *Wärmestoffs:* S. zu L 714. – *Theorie ... Wirkungsart hygroskopischer Substanzen* S. zu L 748. – *auxiliary Tables:* Engl. ›Hilfstafeln‹. –

Watt: James Watt (1736–1819), Techniker, arbeitete seit 1757 als Univeritätsmechaniker in Glasgow, wo seine Werkstatt bald zu dem wissenschaftlichen Treffpunkt avancierte, seit 1756 in London, bis 1774 auch Feldmesser und Zivilingenieur; 1765 erfand er den getrennten Kondensator mit Luftpumpe; Neben der Erfindung des Paralleogramms 1784, die der Dampfmaschine durch Kolbenübertragung ihre heutige Form verleiht, entdeckte Watt einen Apparat zum Trocknen von Geweben mittels eingeschlossenen Wasserdampfes.

764 *Physik:* In der Handschrift doppelt unterstrichen. Gemeint ist vermutlich L.s Plan eines eigenen Compendiums, s. zu L 166. – *Laplace I. p. 264:* Der Titel ist zu L 331 nachgewiesen. – *Yelin in seiner Physik:* S. zu L 760.

765 Erstveröffentlicht: Ph + M 4, S. 235–236. – *Bernardi Schwimmkunst:* Gemeint ist »Vollständiger Lehrbegriff der Schwimmkunst auf neue Versuche über die spezifische Schwere des menschlichen Körpers gegründet« von Oronzio de Bernardi. Aus dem Italienischen mit Anmerkungen von Friedrich Kries in 2 Tln., Weimar 1797 (BL, Nr. 1809; Geschenk des Übersetzers). Bernardis »Versuche über die Kunst zu schwimmen« finden sich auch im »Gothaischen Magazin« Bd. 11, 4. Stück, S. 42 ff. Das Werk wird von Friedrich Ludwig Jahn in »Die Deutsche Turnkunst«, Berlin 1816, S. 256, ausdrücklich erwähnt. – *Bernardi:* Oronzio de Bernardi (1735–1806), ital. Theologe, Jurist und Mathematiker. – *Verfahren der Russen:* »Daß die Russen bey dem Gebrauch ihrer Dampfbäder aus der heißen Badstube ins eiskalte Wasser oder in den Schnee springen, ohne daß es ihnen etwas schadet, ist bekannt« (Bernardi, a.a.O., S. 231, Fußnote). Das »Neue Hannoverische Magazin«, 1796, 39. Stück, vom 13. Mai 1796, Sp. 619–622; 40. Stück, vom 16. Mai 1796, Sp. 623–638, druckte eine »Abhandlung über die rußischen Dampfbäder, als Mittel zur Erhaltung der Gesundheit« ab, auf die L. womöglich anspielt.

767 *Demant ... reiner Kohlenstoff:* Zu dieser Frage s. L 873, 965.

768 *Fourcroy in seiner Philosophie der Chemie:* S. zu L 713.

771 *gewöhnliche Pyrometer:* S. zu J 2138.

772 *Kompensations-Pendel:* Da die Schwingungsdauer eines Pendels bei seiner Verlängerung sich vergrößert, so muß eine mit einem gewöhnlichen Pendel versehene Uhr bei hoher Temperatur zu langsam, bei niedriger Temperatur zu schnell gehen. Bei dem Rost- oder Kompensationspendel wird diese den gleichmäßigen Gang der Uhr störende Einwirkung ausgeglichen, indem die kürzeren, aber stärker sich ausdehnenden Zinkstangen die Pendellinie ebenso weit nach oben schieben, als sie durch die längeren, aber weniger ausdehnbaren Eisenstangen nach unten gezogen werden. – *Dampf*

nimmt wieder weg was das Feuer zugeführt: Ähnlich schreibt L. auch in dem Artikel »Über öconomische Behandlung der Wasserdämpfe« im GTC 1798, S. 191; s. auch L 763.

773 Erstveröffentlicht: Ph + M 4, S. 236–237. – *Denn ... verlöre:* Dieser Satz wurde von L. in der Handschrift durch Zeichen von S. XXIII, rechte Kolumne, hier angeschlossen. – *Camphers:* Zu L.s Versuchen mit Kampfer vgl. auch L 795 und Anm.

774 Erstveröffentlicht: Ph + M 4, S. 181–182. – *Bestünde unsere Erde ganz aus Wasser:* Vgl. auch L 775; überspitzt formuliert L. die Hypothese in L 929. *Saturn mit seinem Ring:* S. zu E 368.

775 Erstveröffentlicht: Ph + M 4, S. 351; wiederabgedruckt VS 1844, 2, S. 186. – *wie oben gedacht:* Die Bemerkung greift die Hypothese aus L 774 auf. – *Würde ein Öltropfen auf unsere Kugel fallen ...:* Zu dem Gedanken und der Formulierung vgl. den Brief an Karl Friedrich Hindenburg vom 10. Mai 1794.

776 Erstveröffentlicht: Ph + M 4, S. 351–352. – *Wirkung des Pulvers:* Darüber handelt Rumford in dem Aufsatz »Experiments to determine the Force of fired Gunpowder« in den »Philosophical Transactions« 1797, S. 222–292; ein Referat davon in dem »Neuen Hannoverischen Magazin«, 1798, 27. Stück, 2. April 1788, Sp. 427–432.

777 *Fourcroy sagt irgendwo:* Der Titel des Werks ist zu L 713 genauer nachgewiesen. – *Berthollet:* Fourcroy bezieht sich zweifellos auf Berthollets Werk über die Färbekunst: »Eléments de l'art de la teinture«, 2 Bde., Paris 1791. – *dephlog. Salzsäure:* S. zu L 616. Im »Neuen Hannoverischen Magazin«, 71. Stück, vom Montag, dem 4. September 1797, veröffentlichte Lentin übrigens »Etwas zur Warnung gegen den Mißbrauch der dephlogistisirten Salzsäure« (Sp. 1121–1126).

779 *Braunstein:* Verwitterungsprodukt verschiedener manganhaltiger Mineralien; jetzt technische Bezeichnung für Manganoxyol-Mineralien. – *Hildebrandt:* Wohl Anspielung auf dessen Aufsatz »Ueber die Scheidung des Eisens von der Thonerde« in Crells »Chemischen Annalen« 1797, 1. Bd., 3. Stück, S. 207–213.

780 Zur handschriftlichen Schreibung dieser Bemerkung s. zu D 53. – *Physik. Comp.:* Über das von L. geplante eigene Lehrbuch s. zu H 172. – *Überall auf allgemeine Begriffe ...:* Ähnlich die letzte Bemerkung in GH 93.

781 *Zachs Problem mit dem Rössel:* Herzog Ernst II. von Sachsen-Gotha und Altenburg ließ 1798 eine Antwort auf die Fragestellung von Zach drucken (Einzelblatt Forschungs- und Landesbibliothek Gotha, Sign. Chart. B 1071): »Auflösung einer systematischen Aufgabe des sogenannten Rösselsprungs auf dem Schachbrete«. Er fand die gleiche Lösung wie L.

782 *Stegmann:* Johann Gottlieb Stegmann (1725–1795), 1751 Prof. an der Universität Rinteln; widmete sich der Experimentalphysik, von Landgraf Wilhelm VIII. an das Collegium Carolinum in Kassel berufen; erfand und verbesserte viele physikalische und mathematische Instrumente; seit 1786 in Marburg. Vgl. auch Strieder, Hessische Gelehrtengeschichte Bd. XV, S. 267–278 (wo die von Stegmann erfundenen Instrumente zusammengestellt sind); Michael Conrad Curtius, Memoria Joannis Gottlieb Stegmanni, Marburg 1795 (mit Schriftenverzeichnis).

783 *Perp. mob.:* Perpetuum mobile. Darüber s. zu C 142. – *was Langsdorf von einer ... Kraft sagt:* L. bezieht sich auf Langsdorfs Übersetzung von

Pronys »Architecture hydraulique«, Frankfurt 1794, S. 265; die Stelle wird in den »Excerpta mathematica et physica« S. 143 referiert und ebd., S. 154 f. im Zusammenhang mit L.s Reflexionen über das Perpetuum mobile zitiert.

784 *Delucs Theorie der Elektrizität:* Gemeint sind die »Idées sur la météorologie« (nachgewiesen zu H 197), die im ersten Teil eine neue Theorie von der Elektrizität enthalten; s. zu J 1370.. – *Fluidum, das:* In der Handschrift *daß*.

785 *aurum fulminans:* Lat. ›Knallgold‹. – *Hutton:* Diese Information stammt wohl aus Charles Huttons »A mathematical and philosophical dictionnary: containing an explanation of the terms, and an account of the several subjects, comprized under the heads mathematics, astronomy, and philosophy both natural and experimental: with an historical account of the rise, progress and present state of these sciences: also memoirs of the lives and writings of the most eminent authors, both ancient and modern, who by their discoveries or improvements have contributed to the advancement of them ... With many cuts and copper-plates«, London 1795 in 2 Bdn.

786 *Zahnischen Spiegeln:* Gemeint ist »Oculus artificialis teledioptricus sive telescopium«, Herbipolis [Würzburg] 1685 (BL, Nr. 303). – *Zahn:* Johannes Zahn (1641?–1707?), Physiker und Mathematiker, Kanonikus in Würzburg. S. auch den Brief an Johann Heinrich Lambert vom 1. März 1774.

787 *Beckmann:* Johann Beckmann (1739–1811), Philosoph und Ökonom, Schüler Linnés, vorübergehend in St. Petersburg tätig, seit 1766 außerordentl., 1770 ordentl. Prof. der Ökonomie in Göttingen; begründete die wissenschaftliche Technologie als Hochschulfach; Mitglied der Göttinger Sozietät der Wissenschaften; »Die Grundsätze der teutschen Landwirtschaft« 1769; »Anleitung zur Technologie«, 1777. – *Doppelspat:* S. zu J 1903; über L.s Versuche damit vgl. auch L 792.

788 *Musiv-☉:* Musivgold; s. zu J 906.

789 *Pflanzen zeigen ... eine Art von Eifersucht:* Zu L. als Garten- und Pflanzenliebhaber s. zu J 701, auch 1803. – *Grasgärten:* In der Handschrift *Grasgarten.* – *Fürstin Esterhazy:* Wohl Maria Josephe Hermenegildis Fürstin von Liechtenstein (1768–1845), seit 1783 verheiratet mit Nikolaus Fürst Esterhazy von Galántha. – *nach Sanders Erzählung:* Heinrich Sander (1754–1782), 1775 Prof. am Gymnasium in Karlsruhe, bereiste 1780–1782 mehrere europ. Länder. »Beschreibung seiner Reise durch Frankreich, die Niederlande, Holland, Teutschland und Italien, in Beziehung auf Menschenkenntniß, Industrie, Litteratur und Naturkunde insonderheit«, 2 Tle., Leipzig 1783. L. notiert in den »Excerpta mathematica et physica« S. 5 daraus 2 Notizen. – *Pflanzen ... hoch zu treiben:* S. auch L 806.

790 *Quaestio:* Lat. ›Frage‹. – *Das Zurückgehen der Schüsselchen aus Papier:* Ähnlich fragt L. in L 927. – *Ich verstehe mich:* Zu dieser Formulierung s. zu J 570.

791 *Quaest:* Quaestio; s. zu L 790. Als Frage formuliert, wurde diese Bemerkung erstveröffentlicht in Ph+M 4, S. 352.

792 *Q.:* Quaestio; s. zu L 790. – *Nachrichten von solchen Sternen:* L. bezieht sich auf Brückmanns »Beytrag zu den Edelsteinen, welche bey Sonnen- und Licht-Strahlen einen Stern bilden« (»Chemische Annalen«, 1797, S. 138 f.) und den »Beytrag zu den Nachrichten über einige Edelsteine, welche bey den Lichtstrahlen einen Stern bilden« (»Chemische Annalen«, 1797, S. 480 f.). – *Brückmann:* Urban Friedrich Benedict Brückmann (1728–1812), Prof. der Medizin am anatomisch-chirurgischen Collegium und Leibarzt in Braunschweig,

berühmt wegen seiner Sammlung von Edelsteinen. – *Verdoppeln des Doppelspats für die Refraktion:* Über L.s Versuche mit dem Doppelspat s. zu J 1901.

793 *das erst durch unsre Organe werden: – durch unsre:* Danach in der Handschrift etwas gestrichen. – *Impenetrabilität:* Vgl. K 321.

794 *Physik der Ebne:* Ähnlich spricht L. in einem Brief an Johann Friedrich Benzenberg vom 3. November 1798 von »unserer warmen Talchemie«. Die Bemerkung gehört in den Umkreis der Überlegungen und Forderungen L.s, entweder im Großen oder im ganz Kleinen zu experimentieren; s. auch zu L 758. – *Affinitäten:* S. zu J 393.

795 *prakt. chemischen Abhandlungen:* Im ersten Bd., S. 235, seiner Dresden 1795 veröffentlichten »Sammlung practisch-chemischer Abhandlungen« schreibt Lampadius: »Wenn man auf eine mit Wasser angefeuchtete Platte höchstrektifizirten Weingeist tropfenweise bringt, so bemerkt man, daß das Wasser in einem großen Umkreise von den Weingeisttropfen zurückgestossen wird.« Interessant ist, daß Lampadius eine Seite vorher »Ueber die freiwillige Bewegung einiger Körper« auf L. zu sprechen kommt: »Die besondere Bewegung des Kamphors auf heissem Wasser, hat der Herr Hofrath Lichtenberg der schnellen Verdampfung des erstern daselbst zugeschrieben. Wenn man unter einer mit Wasser gesperrten und mit Lebensluft gefüllten Klocke Kamphor verbrennt, so wird derselbe auf ähnliche Art auf dem Wasser umher getrieben. Ist diese Erscheinung einer ähnlichen Ursache zuzuschreiben? Flüssiges Alkali mit Oel getränkt, zeigt dieselbe Erscheinung auf heissem Wasser wie der Kamphor; bloßes flüchtiges Alkali aber nicht, weil es vom Wasser sehr angesogen und aufgelöst wird.« (ebd., S. 234). – *Versuch an:* In der Handschrift *an an.* – *höchst rektifizierten Weingeist:* Rektifikation bedeutet in technischen Zusammenhängen die wiederholte Destillation bereits destillierter Flüssigkeiten; besonders in der Spiritusherstellung üblich. – *Zu untersuchen:* Zu dieser Floskel s. zu A 262.

796 *äußeren . . . inneren Sinn:* Vgl. auch K 64, L 798, 811.

797 *Bülow's Buch:* »Der Freystaat von Nordamerika in seinem neuesten Zustande« von Dietrich Christian von Bülow (1757–1808); eines der bedeutendsten dt. Werke über die Vereinigten Staaten in den neunziger Jahren des 18. Jh.s. – *Unger:* Johann Friedrich Unger (1753–1804), berühmter Buchdrucker, Schriftgießer und Verlagsbuchhändler in Berlin. – *nach dem Urteile der neuen allgemeinen d. Bibl.:* »Neue Allgemeine deutsche Bibliothek«, Bd. 33, 2. Stück, 8. Heft, Intelligenzblatt Nr. 42, Kiel 1797, S. 487–501 unter der »zweyten Abtheilung. Das Land«, 6. Abschnitt: »Wahrscheinliche Erdrevolutionen in vergangener Zeit. Die S. 284 [in Bülows Buch] erzählte Erfahrung des Hrn. Mühlenbergs ist sehr merkwürdig. Hingegen ist es S. 285 ein sehr unphilosophisches Vielleicht: ›Daß die Welt von ihrem Regierer so geordnet sey, daß ganze Nationen, wenn sie so durchaus verderbt waren, daß eine Besserung nicht mehr möglich war, durch eine Naturrevolution vernichtet wurden‹. Das folgende Vielleicht, Burnet's aufgewärmte Meinung von der Abwesenheit aller Meere auf der Oberfläche der Erde vor der Sündfluth, ist nicht weiser. Wenn man nun mit diesem fehlervollen Buche hier fertig ist, und dann in der Nachschrift diejenigen, die nicht des Hrn. v. B. Meinung sind, als Leute beschrieben lieset, die ›mit schäumendem Munde, wildem Blicke, und durch emporstehendes Haar empor gehobener Perrücke, (weil Alter der Thorheit nicht schade) auf ihn losfahren‹: so muß das Ganze

wohl allerdings Unwillen, oder eine andere, den Verf. noch weniger ehrende Empfindung, erregen«. Rezensent ist Julius August Remer (1738–1803), Prof. der Geschichte in Helmstedt. Bülows Buch wird übrigens auch im »Neuen Teutschen Merkur«, Bd. 1, Weimar 1798, S. 236–237, besprochen: »Das freymüthige, aber noch nicht widerlegte Werk Hrn. v. Bülows Freystaat von Nordamerika wird hierbey gewiß auch nicht übersehen werden, so schmerzhaft es auch dem wahren Kosmopoliten sein muß, daß diese fröhlichknospende, so schön sich entwickelnde Blüthe der Humanität so bald der Mehlthau niedriger Erwerbsucht vergiftete, und die hoffnungsvollen Mitbürger eines *Franklin* und *Washington* so schnell, der großen Masse nach, in a vile, monny-making tribe ausarteten.« – *Erzählung eines Herrn Mühlenbergs:* Heinrich Melchior Mühlenberg (1711–1781) aus Einbeck, Geistlicher, seit 1742 in Philadelphia: Das »Amerikanische Magazin«, Bd. 4, 3. Stück, S. 129–136, enthält »Dr. Mühlenbergs, Predigers in Lancaster, Bemerkungen auf einer Reise von Lancaster nach Philadelphia«, die großteils botanische Beobachtungen zusammenstellen. – *Ebelings Amerik. Magazin:* Christoph Daniel Ebeling und Dietrich Hermann Hegewisch gaben 1796 bis 1797 in Hamburg das »Amerikanische Magazin oder authentische Beiträge zur Erdbeschreibung, Staatskunde und Geschichte von Amerika, besonders aber der vereinten Staaten« heraus. Ebeling (1741–1817) aus Garmissen bei Hildesheim, studierte seit 1763 in Göttingen Theologie, dann Geschichte und Schöne Redekünste; 1770 mit Büsch Aufseher der »Handlungs-Akademie« in Hamburg, 1784 Prof. der Geschichte und der griech. Sprache am Gymnasium in Hamburg; bedeutendster europ. Amerikanist seiner Zeit; Ebeling hinterließ eine große Landkartensammlung.

798 *Vorstellung des Kindes:* Dieses Bild begegnet bereits J 706; s. die Anm. dazu. – *Mischung von Gefühl und Schließen:* Zu diesem Gedanken vgl. K 366. – *so viele:* Danach von L. gestrichen *denn der formale Idealismus ist im Grunde doch selbst.*

799 *Anfang:* Danach in der Handschrift gestrichen *Da Wir, der Mensch, das Wesen ist.* Dieser Anfang sollte wohl das geplante eigene Kompendium einleiten; s. zu H 172. – *Innere und äußere Gegenstände:* Womöglich führt diese Antithese L 811 aus; vgl. auch J 1532.

800 Erstveröffentlicht: Ph + M 4, S. 237.

801 Erstveröffentlicht: Ph + M 4, S. 180–181, ab *denke.* – *Contra Gren:* Vgl. L 741.

802 *Fragen für die Königliche Sozietät:* Gemeint sind die alljährlich ausgeschriebenen Preisfragen der Göttinger Sozietät der Wissenschaften, deren Mitglieder in den einzelnen Klassen Vorschläge zu unterbreiten hatten. – *Fluiditätsmesser:* Flüssigkeitsmesser. – *Le Monnier's des Arztes:* Louis-Guillaume Lemonnier (1717–1799), Bruder von Pierre-Charles Lemonnier; frz. Arzt und Naturforscher. »Leçon de physique expérimentale sur l'équilibre des liqueurs . . . «, 1742. – *Intensität der magnetischen Kraft:* Über L.s Beschäftigung mit diesem Phänomen vgl. L 723 und die Anm. dazu. – *L. XVIII . . . S. unten p. XXXIV.:* Gemeint sind L 741 und L 832.

803 *ad K. p. X.:* Diese Seite und Bemerkung aus dem Sudelbuch K ist nicht erhalten. – *Mariottischen Gesetz:* Edme Mariotte (1620–1684), frz. Physiker, entdeckte 1679 das nach ihm benannte Gesetz über die Abhängigkeit von Volumen und Druck in Gasen (17 Jahre später von Boyle reformu-

liert); von ihm stammt der Name Barometer. Vgl. auch Gehler, Bd. 2, S. 613 und Bd. 3, S. 9 ff. S. auch L 839. – *Dieses gehört zu meinem Gedanken über die Schwere des Öls:* Vgl. auch L 775.

804 Zur handschriftlichen Schreibung s. zu D 53; zum Gedanken vgl. L 305. – *sind wir:* In der Handschrift ist wir zweimal unterstrichen.

805 *über unsere Gedanken hinaus ... keine Brücke:* Das Bild von der Brücke begegnet auch L 811, 836. – *nicht πμ:* L. zit. demnach hier einen fremden Autor: Kant oder Tiedemann? Zu den beiden griech. Buchstaben s. zu A 70.

806 *nach gewissen Regeln erfinden lernen:* Vgl. auch K 17. – *Loci topici:* Lat. ›allgemeine Gesichtspunkte‹, auch ›loci communes‹, so genannt nach der »Topik« des Aristoteles, in der die ›Topoi‹ als Leitfaden für die Auffindung und Wahl zweckmäßiger Beweisgründe systematisch zusammengestellt sind. – *Sträuche zur Größe von Eichbäumen auszudehnen:* Vgl. L 789. – *Entdeckungen einer Art von Zufall:* Ähnlich schreibt L. auch L 866. – *Ich verstehe mich:* Zu dieser Wendung s. zu J 570. – *was ich an einem andern Ort gesagt:* Gemeint ist K 76. – *Hieher ... blitzt:* Diese Zeilen wurden von L. durch Zeichen von S. XXX, Kolumne II, hierher verwiesen.

807 *in der Bewegung so viel Unbegreifliches:* Vgl. auch L 741. – *Quantität Motus:* Bewegungsgröße. – *Billard-Kugel gegen die Erde zu stoßen:* Den gleichen Gedanken formuliert L. im Bilde des Steins K 319.

809 *Rüdiger in seinem Taschenbuch:* Johann Christian Christoph Rüdiger (geb. 1751), seit 1791 Prof. an der Universität Halle; Kameralwissenschaftler; gab 1796 in Halle das »Taschenbuch der Haus- Land- und Staatswirtschaft für Männer, Weiber und Kinder auf das Jahr 1797« heraus. – *seinem:* In der Handschrift seines.

810 *Marums Beobachtung:* Erwähnt unter dem Titel »Varieties, Literary and Philosophical; Including Notices of Works in Hand, Domestic and Foreign« in »The Monthly Magazine«, September 1797, S. 219, wo die ungewöhnliche Erscheinung nach van Marum folgendermaßen erklärt wird: » ... the cotton which surrounds the phosphorus ... accumulates the caloric, or matter of heat, in its immediate neighbourhood, while, at the same time, the exhalations which phosphorus is constantly giving out when exposed to the air, can no longer rise, on account of its rarity, and thus the temperature ist elevated to the degree at which phosphorus combines with the oxygene of the atmosphere, and inflammation take place«. Die Baumwolle um den Phosphor ... sammelt den Wärmestoff in seiner unmittelbaren Umgebung, während zugleich die Ausdünstungen, die der Phosphor unentwegt abgibt, wenn er der Luft ausgesetzt ist, aufgrund deren Knappheit nicht mehr aufsteigen können, und so steigt die Temperatur bis zu dem Grad, an dem Phosphor sich mit dem atmosphärischen Sauerstoff verbindet und die Verbrennung stattfindet. L. kommt auf van Marums Entdeckung L 950 zurück. – *Monthly Magaz.:* »The Monthly magazine, and British register« erschien von Februar 1796 bis Januar 1826 zu London in 60 Bdn.; für L. eine der besten engl. Monatsschriften; vgl. hierzu den Brief an Johann Friedrich Cotta vom 3. Januar 1798. – *Eiderdunen:* Eiderdaunen; die Daunen der Eiderente, die als hochwertige, weil leichteste und wärmste Bettfüllung galt und gilt.

811 *innerhalb und außerhalb:* Möglicherweise schließt diese Bemerkung an den letzten Satz in L 799 an und ist die Fortsetzung des Anfangs des geplanten Kompendiums. Zu der philosophischen Frage des »außer uns« s. zu J 1532,

L 277, 740. – *von unseren Vorstellungen zu den Ursachen keine Brücke:* Zu dieser Feststellung vgl. L 805 und die Anm. dazu. – *wie recht Herr Kant hat:* Zu Raum und Zeit s. zu H 19, vgl. auch J 643.

812 Erstveröffentlicht: Ph + M 4, S. 352–353; wiederabgedruckt in VS 1844, 2, S. 186. – *Hirnhöhlen . . . durch Zersetzung der Dämpfe:* Vgl. L 854.

813 *Versuche . . . von Rumford über die Farben:* »An Account of some Experiments on coloured Shadows«, in »Philosophical Transactions« 1794, S. 107–118. – *Farben-Musik:* »Farbenclavier, Clavecin oculaire. Ein vorgeschlagnes aber noch nie ausgeführtes Werkzeug zur Hervorbringung einer sogenannten Farbenmusik, wobey das Auge durch die Mannigfaltigkeit von Farben eben so ergötzt werden sollte, wie das Ohr bey einer Muyik durch die Mannigfaltigkeit der Töne . . . Castel . . . glaubte in dieser Ähnlichkeit der Farben mit den Tönen den Grund zu einer Farbenmusik zu finden. Unter dem Titel: Clavecin Oculaire gab er im Jahre 1725 eine Schrift heraus, in der er dieses System mit vielem Witze und einer feurigen Einbildungskraft ausschmückt, und in den Farben harte und weiche Tonarten, Consonanzen und Dissonanzen, Melodie und Harmonie, diatonisches, chromatisches und enharmonisches Genus finden will« (Gehler, Bd. 2, S. 162f.).

814 Zur handschriftlichen Schreibung s. zu D 53. – *Il faut . . . on peut:* Man muß die Kausalketten zurückverfolgen, soweit man kann. – *reculer:* In der Handschrift zweimal unterstrichen.

815 Zur handschriftlichen Schreibung s. zu D 53. – *mir . . . Vorteil verschaffen:* Ähnlich fragt L. schon A 36, J 288 und K 122.

816 Erstveröffentlicht: Ph + M 4, S. 225.

817 *Die Berge haben ihre Spitzen oben . . .:* Der Gedanke wird L 857, 858 wieder aufgenommen.

818 *Newtonschen Parallelogramm:* Newtons Parallelogramm der Kräfte und der Bewegung: Zwei Kräfte, die unter irgendeinem Winkel an einem Punkt angreifen, können ersetzt werden durch eine resultierende oder Mittelkraft, die ihrer Größe und Richtung nach gleich ist der Diagonale des aus den Seitenkräften und dem von ihnen eingeschlossenen Winkel konstruierten Parallelogramms.

819 *der bekannte Satz:* Vgl. L 823.

820 *Chinesen zeichnen ihre Seekarten auf Kürbisse:* Bezieht sich auf Stauntons zu L 353 nachgewiesenes Werk: »Jeder von ihnen [den Chinesen] hatte einen kleinen Schiffs-Compaß, aber weder See-Charten noch irgend ein Hülfsmittel zu Bestimmung der Polhöhe bey sich. Zwar kann sich, auch bey uns, ein Lootse ohne das Alles behelfen, wenn er nur in seinem Sprengel die Lage der Küste und die Beschaffenheit der See ganz genau kennt; indeß pflegen doch die chinesischen Seefahrer, anstatt einer See-Charte, wohl einen Kürbiß bey sich zu führen, auf dessen äußere Schaale die Gestalt der Küste, längs welcher die Fahrt gehen soll, nach den hervorragenden Landspitzen und Vorgebirgen, zwar unförmlich genug, aber doch nothdürftig richtig, eingeschnitten ist. Die Wölbung des Kürbisses kommt ihnen hierbey zu Statten, in so fern sie mit der runden Gestalt der Erde einige Aehnlichkeit hat; gleichwohl bleibt es immer nicht viel mehr als ein glückliches Ohngefähr, wenn die Steuerung eines Schiffes nach einer solchen Charte zutrifft, denn die Astronomen und die Schifffahrtskundigen glauben, hier zu Lande, noch ziemlich so wie ihre Ur-Ur-Aelterväter, daß die Erde rund und flach, wie eine Scheibe, gestaltet

sey, und daß China im Mittelpunkt dieser Scheibe liege« (ebd., S. 317f.). – *Bei dem Kompaß ... der Nadel:* S. Staunton, 1. Bd., S. 321–323.

822 *irgendwo in Staunton's Reisen gelesen:* Das Buch ist zu L 353 nachgewiesen. Die Stelle, auf die L. anspielt, findet sich 1. Bd., S. 308: »Laternen sind hier zu Lande ein so unentbehrliches Stück des Hausraths, und sie werden zu Ausschmückung der Häuser und der Tempel, bey öffentlichen Freudenbezeigungen und bey feyerlichen Aufzügen, so allgemein und in so unglaublicher Menge gebraucht, daß man an Verfertigung derselben hier mehrern Fleiß verwendet und es daher auch darin weiter gebracht hat, als irgend sonst wo. Zu denen von Horn nimmt man gewöhnlich Schaaf oder Ziegenhörner; diese werden in siedend heißem Wasser erweicht, dann aufgeschlitzt, flach gedrückt und hierauf in dünne Scheiben oder Blätter gespalten. Um aus diesen Blättern sodann große gleichförmige Tafeln zu machen, werden sie durch den Dampf von siedendem Wasser zu einer fast breyartigen Substanz aufgelöset, und in diesem Zustande die zuvor dünn geschabten Ränder sehr eben auf einander gelegt, und durch einen gelinde angebrachten Druck dergestalt in einander geschmolzen, daß der Ort der Verbindung gar nicht zu bemerken ist. Durch dieses Verfahren können Tafeln von allen beliebigen Größen gemacht werden. Diese Methode scheint außerhalb Chinas nirgends bekannt und benutzt zu seyn.«

823 *Sehen mit zwei Augen:* Vgl. L 819.

824 Erstveröffentlicht: Ph + M 4, S. 358.

826 *Langsdorfs Abhandlung:* Gemeint ist die »Physisch-mathematische Abhandlung über Gegenstände der Wärmelehre, welche mit der Ausübung in der nächsten Verbindung stehen«, Marburg 1796, von Karl Christian Langsdorf. Die Abhandlung ist in der »Allgemeinen Literaturzeitung« vom 17. Januar 1798, Nr. 20, Sp. 153–158, in der Sparte »Physik« besprochen. L. kommt auf die Rezension L 830 zurück. – *von dem Abstande:* In der Rezension *über den Abstand.* – *Kälte:* Danach in der Rezension *vom Frostpunkte.* – *Wärmestoff:* Darüber s. zu J 1530, vgl. auch L 714 und Anm. – *Eine ... Nutzen sein:* Dieses Zitat aus der Rezension ist von L. genau wiedergegeben bis auf *Über den Abstand* der absoluten Kälte *von dem Frostpunkte.* – *Diesen Mann möchte ich kennen:* Der Rezensent ist unbekannt.

827 Erstveröffentlicht: Ph + M 4, S. 237–238. – *Frage über das Phlogiston:* Möglicherweise ist diese Notiz noch beeinflußt von der Lektüre der L 826 erwähnten Rezension, in der es (»Allgemeine Literaturzeitung«, a.a.O., Sp. 157) heißt: »Die Zunahme der Metallkalke an Gewicht sieht doch der Vf. auch als eine große Schwierigkeit des phlogistischen Systems an«. Zum Phlogiston s. zu D 316; s. auch den Brief an Christoph Heinrich Pfaff, der auf Ende 1794 datiert (IV, S. 904f.). – *verkalchende Körper:* Zu Verkalchung s. zu GH 87.

828 Erstveröffentlicht: Ph + M 4, S. 129. – *Erxlebensche Compendium:* S. zu GH$_{II}$ S. 214.

829 *Wie viele Fälle ... möglich:* Ähnlich fragt L. MH 21–34; gehört in den Umkreis der Fragen des von L. geplanten Kompendiums, vgl. L 166 und Anm., L 856 und Anm.; zur handschriftlichen Schreibung dieser Frage s. zu D 53.

830 *Rezension von Langsdorf's Buch:* Die Rezension ist zu L 826 genauer nachgewiesen. Wörtliches Zitat bis auf *des* statt *eines* Körpers. – *die gegründete Anmerkung:* Die von L. in indirekter Rede wiedergegebenen vier Sätze des

Rezensenten stehen ohne die Ziffern auf Sp. 156 der zu L 826 nachgewiesenen Rezension angeführt. – *vor 3 Jahren ... Gedanken über diese Materie:* Demnach in Sudelbuch K, ca. 1795. Die entsprechenden Bemerkungen sind nicht erhalten. – *4) das:* In der Handschrift *4) und das.*

831 *der Heber mit Quecksilber:* S. zu K 333; der Niveauunterschied des Flüssigkeitsspiegels im Gefäß und der Mündung des Hebers bewirkt das Auslaufen der Gefäßflüssigkeit; deshalb darf der höchste Punkt des Hebers nicht höher über dem Flüssigkeitsspiegel liegen, als die Höhe der Flüssigkeitssäule beträgt, die dem jeweiligen Luftdruck das Gleichgewicht hält; für Quecksilber darf also bei normalem Luftdruck die Biegung höchstens 760 mm über dem Niveau des Gefäßes liegen. – *Ich verstehe mich:* Zu dieser Wendung s. zu J 570.

832 *ad p. XXVIII oben Sozietätsfragen:* Gemeint ist L 802. – *Atmidodynamische Frage:* Die Lehre von den Kräften und den durch diese bewirkten Bewegungen im Verdunstungsprozeß. – *Drewsens:* Friedrich Christian Drewsen (1757–1831), Jurist und Papierfabrikant, Regierungsbeamter in Stade; beschäftigte sich seit 1797 mit verschiedenen Technologien der Papierbleiche. – *Frage[n] über die Leitung der Wärme:* Vgl. L 830. – *Continuat p. XXXVI:* Fortsetzung der Fragen L 844. In der Handschrift *XXVI.*

834 Erstveröffentlicht: Ph + M 4, S. 357–358; wiederabgedruckt in VS 1844, 2, S. 187–188 (nach Leitzmann undatierbar).

835 Erstveröffentlicht: Ph + M 4, S. 259. – *Wir sehen alles ... projiziert:* Zu L.s optischen Versuchen vgl. A 164.

836 *Theätet:* In der Handschrift *Theätät.* Das Werk von Tiedemann ist zu L 277 nachgewiesen. Dort heißt es in der Vorrede, S. XIV f.: »Aus der Natur des Denkens folgen gewisse Gesetze, so daß dem Verstande unmöglich ist, etwas, anders als ihnen gemäß zu denken. Sie haben in dem Verstande Nothwendigkeit. Diese nemlichen Gesetze aber sind zugleich Gesetze der Gegenstände selbst, und haben in diesen, dieselbe Nothwendigkeit. Daraus begreift sich, wie unserer Erkenntniß Nothwendigkeit ist, und zwar eine Nothwendigkeit, die auch in den Gegenständen der Erfahrung angetroffen wird.« Vgl. L 811. – *etwas über die Brücke gesagt ... von der ich öfters rede:* S. L 805 und Anm.; Reflexionen über das Problem von Subjekt (Vorstellung) und Objekt finden sich auch L 277.

837 *Gärung:* Ein chemischer Prozeß, bei dem höher zusammengesetzte stickstoffreie organische Verbindungen unter der Einwirkung eines Ferments in einfachere Körper zerfallen; Lavoisier stellte zuerst fest, daß Zucker bei der Gärung in Alkohol und Kohlensäure zerfällt; zur Erklärung des Gärungsprozesses hatte Liebig 1839, anknüpfend an ähnliche Ideen des Begründers der Phlogistontheorie Stahl, die Fermente als in Zersetzung begriffene Körper definiert, welche die »innere Bewegung« auf die gärungsfähigen Stoffe übertragen und deren Zersetzung veranlassen könnten. – *Gärungs-Bläschen ... erstes Tierchen:* L. greift den Gedanken L 876 wieder auf; im übrigen s. auch an J 850. – *Eber:* Johann Heinrich Eber aus Schweinfurt, immatrikulierte sich am 4. Mai 1796 als stud. med. an der Georgia Augusta, zuvor in Jena. – *Mein Verdampfungsspiegel mit dem Terpentinöl:* Vgl. L 752.

838 *Nach Macquer drehen sich die geschmolzenen Goldklümpchen:* Das Zitat ist zu L 755 nachgewiesen. – *Leidenforst ... bei den Wassertröpfchen:* S. zu J 1349.

839 *Mariottischen Versuch mit den Augennerven:* »Aber Mariotte (Oeuvres de

Mariotte, p. 496) untersuchte die Stelle, wo der Sehnerve ins Auge eintritt, und welche nicht der Pupille gerade gegenüber, sondern etwas höher und seitwärts nach der Nase zu liegt, genauer, und fand an derselben die Netzhaut unempfindlich. Der Versuch, der dieses lehrt, und der 1668 vor dem Könige von England angestellt ward, ist folgender. An einer dunkeln Wand wird in der Höhe des Auges ein rundes Papier befestiget. Rechter Hand desselben, etwa 2 Fuß weit, aber ein wenig niedriger, befestigt man ein anderes Papier, stellt sich dem erstern gerade gegen über, sieht dasselbe mit dem rechten Auge, indem man das linke schließt, unverwandt an, und geht nach und zurück, so wird, wenn man etwa 10 Fuß weit gegangen ist, das zweyte Papier plötzlich und völlig verschwinden. Picard und Le Cart haben diesen Versuch noch auf mehrere Arten sinnreich abgeändert.« (Gehler, Bd. 4, S. 24). Die »Oeuvres« Mariottes sind in 2 Bdn., La Haye 1740 erschienen. Gehler und L. beziehen sich auf die »Lettres de Monsieur Mariotte à Monsieur Pecquet« (a.a.O., S. 496 ff.).
– *Im Kalender vielleicht:* Im GTC 1799 ist darüber nichts erschienen.

840 *Huths Betrachtungen über Alexanders Horn:* Gemeint ist »J.H. Lamberts Abhandlung über einige akustische Instrumente. Aus dem Französischen übersetzt nebst Zusätzen über das so genannte Horn Alexanders des Großen, über Erfahrungen mit einem elliptischen Sprachrohre von Gottfried Huth und über die Anwendung der Sprachröhre zur Telegraphie«, Berlin 1796 (BL, Nr. 372). In der genannten Übersetzung bildet Huths Abhandlung »Von dem so genannten Horne Alexanders des Großen« den »Ersten Zusatz«, S. 71–90, wo es S. 71 f. heißt: »Man erinnert sich aus Herrn Beckmanns Geschichte des Sprachrohres, daß Kirchner in seiner *Ars magna lucis et umbrae*, und in seiner *Phonurgia* erzählet: ›Er habe in einem sehr alten auf der Vaticanischen Bibliothek vorhandenen Manuscripte, betitelt *Secreta Aristotelis ad Alexandrum magnum*, unter andern die Nachricht von einem auffallend großen Horne, dessen sich Alexander der Große auf seinen Feldzügen bedient haben solle, gefunden. Es soll nämlich dieses Horn den Schall so verstärkt haben, daß Alexander damit seine Armee, wenn sie zwei und eine viertel Deutsche Meile von ihm her zerstreuet gelegen hätte . . ., zusammengerufen habe. Was die Größe desselben betrifft, so soll es fünf cubitos im Durchmesser (wahrscheinlich im innern) enthalten haben«. Johann Sigismund Gottfried Huth (1763–1818), Prof. der Mathematik und Physik in Frankfurt an der Oder; Begründer der ersten dt. Architekturzeitschrift 1789. – *A und B wären:* In der Handschrift *waren*. – *Ich verstehe mich:* Zu dieser Wendung s. zu J 570. – *Schall:* Zu L.s Beschäftigung mit dem Phänomen des Schalls und des Echos s. zu J 1305.

841 *Séjour:* Achilles Piere Denis du Séjour (1734–1794), frz. Parlamentsrat, Astronom und Mathematiker; Mitglied der Göttinger Sozietät. – *Herschel sprach mit mir einmal:* Vermutlich während seines Aufenthaltes in Göttingen 1786.

842 Erstveröffentlicht: Ph+M 4, S. 209. Dort werden L 842 und 843 übrigens als *eine* Bemerkung geführt. – *Transversal- und Longitudinal-Schwingungen:* Ein an einer Seite befestigter Stahlstab mit rechteckigem Querschnitt schwingt, falls er schief zu den Querschnittseiten angestoßen wird, gleichzeitig in den zwei den Querschnittseiten parallelen Ebenen und zwar der verschiedenen Elastizität entsprechend mit verschiedener Schwingungsdauer und Amplitude, welche sich nach dem Kräfteparallelogramm zerlegen und

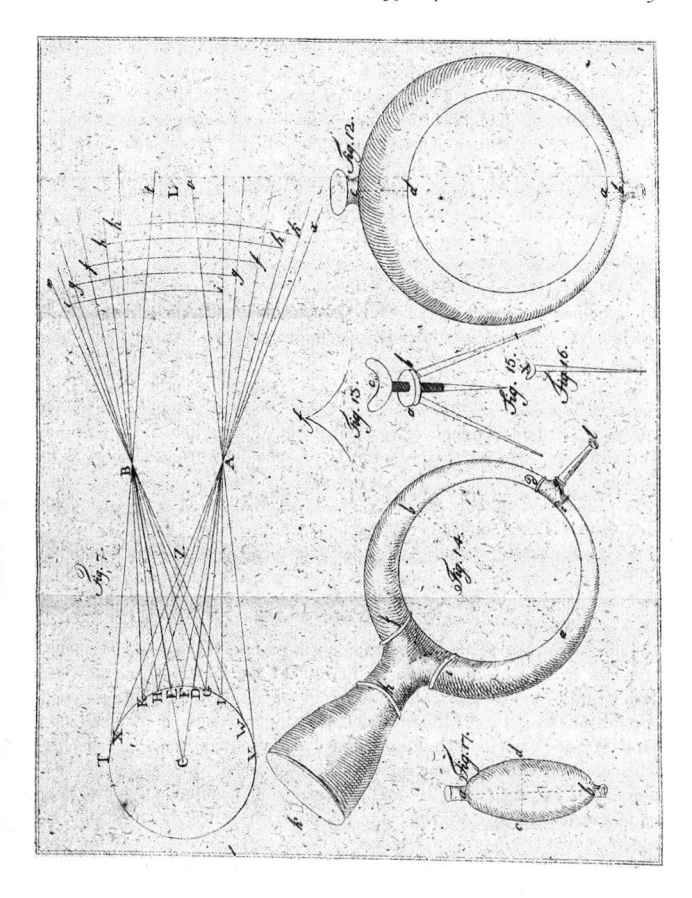

zu L 840

berechnen läßt. Das freie Ende des Stabes beschreibt infolge dieses doppelten Schwingungszustandes eigentümliche Figuren, ebenso wie ein Doppelpendel. Bei longitudinalen oder Längsschwingungen eines Stabes bewegen sich die Teilchen in der Längsrichtung, d. h. in der Reihe, in der sie stehen hin und her, so daß Verdichtungen und Verdünnungen der Masse entstehen, bei transversalen oder Querschwingungen erfolgt die Bewegung der Teilchen senkrecht zur Längsrichtung, so daß keine Dichteänderungen auftreten.

843 Erstveröffentlicht: Ph + M 4, S. 209; im übrigen s. zu L 842. – *wie de Lahire glaubte:* »Expériences sur le ton«, veröffentlicht in den »Mémoires de l'académie royale des sciences«, Paris 1716, S. 262–264.

844 Erstveröffentlicht: Ph + M 4, S. 209–210, wo L 844 eine Bemerkung für sich bildet, während sie in der Handschrift – sicherlich irrtümlich – anschließt. – *Fragen:* In der Handschrift doppelt unterstrichen. – *ad Sozietäts-Fragen p. XXXIV:* Gemeint ist L 832.

845 *Longitudinal, transversal:* S. zu L 842.

846 *Meines l. Bruders Bemerkung von einem Sonnenflecken:* Gemeint ist Ludwig Christian Lichtenberg in Gotha; die offenbar brieflich gemachte Mitteilung ist nicht erhalten. – *anno:* In der Handschrift *ao.* – *Longlatische Schlinge:* S. zu L 42.

847 Erstveröffentlicht: Ph + M 4, S. 211. – *Wool saks:* L. meint wohl: wool-pack (clouds) ›Schäfchen-Wolken‹.

848 *Spring-Gläser:* Gläserner Tropfen, der nicht im Kühlofen allmählich abkühlt, sondern im kalten Wasser plötzlich gehärtet wird; äußerst spröde, zerspringt leicht zu feinem Staub; s. DWB 10,2, Sp. 110. – *Slickensides:* S. zu SK 148. – *Nachricht in Whitehursts Untersuchung:* »Über die Bildung der Erde« von John Whitehurst (BL, Nr. 693); im übrigen s. zu GH 66. – *Brief an Troil:* Uno von Troil (1746–1803), schwed. Erzbischof, machte 1772 u. a. eine Reise nach Island. »Bref rörande en Resa til Island 1772«, Upsala; dt. Übersetzung von Johann Georg Peter Möller: »Briefe welche eine von Herrn Dr. Uno von Troil im Jahr 1772 nach Island angestellte Reise betreffen. Aus dem Schwedischen übersetzt und mit Anmerkungen herausgegeben. Mit vielen Kupfern«, Upsala und Leipzig 1779. Die von L. erwähnten Stellen finden sich im »Fünf und zwanzigsten Brief. Von Herr Professor und Ritter Bergman. Stockholm, den 12. Juni 1776. Von den Wirkungen des Feuers, sowohl bey den feuerspeyenden Bergen als den heißen Quellen, wie auch den Basalten«: »Daß diese Pfeiler mit den Wirkungen eines unterirdischen Feuers in einer Verbindung gestanden haben, kann man wohl nicht leicht in Zweifel ziehen, da man sie an Orten antrift, wo die Merkmale der Feuerausbrüche noch in Augenschein genommen werden können, ja da man sie oft mit Lava, Tuff und andern Geburten des Feuers vermengt findet« (S. 318 f.). »Aus dem, was ich bisher gesagt habe, werden Sie sehen, m. H., wie ich dafür halte, daß die Basalte mit Hülfe eines unterirdischen Feuers entstanden sind, daß es aber noch nicht allerdings ausgemacht sey, ob sie nach dem Flusse oder durch Trocknen, gerissen sind, welches letztere mir jedoch in Ansehung der angeführten Gründe, wahrscheinlicher zu seyn scheinet. Nach aller Strenge beweisen die darinn eingeschlossene Stoffe, wenn sie auch vulkanisch wären, eine vorhergegangene Schmelzung noch mit keiner Gewißheit, denn ein durchs Wasser erweichter Brey kann dazu eben so geschickt seyn, als eine durchs Feuer flüßig gewordene Materie. Indessen bin ich weit davon ent-

fernt, meine Meynung weiter zu behaupten, als sie mit zuverläßigen Versuchen und Erfahrungen übereinstimmt. die Wahrheit kommt doch einmal früh oder spät ans Licht, und ich weis nicht, ob die Ehre eines Naturkündigers ärger beschimpft werden könne, als wenn er ihr wissentlich widersteht.« (S. 335 f.).

849 *In Links Beiträgen:* »Beyträge zur Physik und Chemie«, Stücke 1, 2, erschienen Rostock und Leipzig 1795–1796, ein drittes 1797 (BL, Nr. 227). – *Grenzen der Physik:* S. zu diesem Thema L 850, 852.

850 Zur handschriftlichen Schreibung s. zu D 53, zur Thematik vgl. L 849 und 852. – *Schellings Ideen zu einer Philosophie der Natur:* L. besaß die Leipzig 1797 in 2 Büchern erschienene Schrift selbst (BL, Nr. 754), auch »Von der Weltseele«, Hamburg 1798 (BL, Nr. 1400). Die »Ideen zu einer Philosophie der Natur« galten als Schellings erster, von Fichte weitgehend unabhängiger Entwuf einer systematischen, an erkenntnistheoretischen Problemstellungen orientierten Naturphilosophie, die sich um die Einbindung der avanciertesten, naturwissenschaftlichen Theorien Ende des 18. Jh.s in ein romantisches Naturkonzept bemüht. – *Schellings:* Friedrich Wilhelm Joseph Schelling (1775–1854), berühmter Philosoph des dt. Idealismus, studierte in Tübingen und Leipzig, wurde 1798 auf Fichtes und Goethes Betreiben Prof. der Philosophie in Jena, folgte 1803 einem Ruf nach Würzburg; 1806 zum Generalsekretär der Akademie der bildenden Künste in München ernannt, dann dort 1827 Prof. der Philosophie.

852 Erstveröffentlicht: Ph + M 4, S. 129–133. – *Leitfaden bei einem:* Von L. verbessert aus *dem.* – *gemeinnütziger.* Danach von L. gestrichen *Wahrheiten.* – *der Titel eines Compendii über die Physik:* Zu L.s Schreibplan eines eigenen Kompendiums s. zu H 172. – *Der gemeine Menschen-Sinn:* S. zu E 371; s. zu L.s Wertschätzung des Instinktes als Ausgangspunkt aller Philosophie schon E 427. – *Euklid ... Axiomata:* S. zu E 29; Der Aufbau der euklidischen »Elemente« aus Definitionen, Postulaten und nicht weiter zu beweisenden Axiomen erlaubte erstmals eine streng logische Darstellung der Mathematik. – *Daß zwischen zwei Punkten nur eine gerade Linie möglich ist:* S. zu A 240. – *Abszissen:* Die X-Achse im Koordinatensystem; in der Geometrie wird der 0-Punkt, nach dem sich alle Punkte auf einer Geraden oder, im Koordinatensystem, einer Ebene vollständig bestimmen lassen, willkürlich festgesetzt.

853 *Herr v. Trebra:* Friedrich Wilhelm Heinrich von Trebra (1740–1819), Vizeberghauptmann in Zellerfeld; Freund und Korrespondent L.s; besuchte ihn im April 1786 in Göttingen. – *Ja auf:* In der Handschrift ein zweites *auf.* – *Benzenberg ... wird mir Nachricht verschaffen:* Johann Friedrich Benzenberg (1777–1846), 1796–1798 Student der Physik und Mathematik in Göttingen, Schüler Kästners und L.s; führte mit seinem Freund Brandes 1798 die ersten Meteorbeobachtungen durch; später Prof. der Physik und Mathematik in Düsseldorf; Erbauer der Sternwarte Bilk. – *Benzenberg:* In der Handschrift *Bensenberg.*

854 *Theorie der Dämpfe:* Vgl. auch L 812.

854 Erstveröffentlicht: Ph + M 4, S. 133. Zur handschriftlichen Schreibung s. zu D 53. – *Bei dem Compendio:* Zu L.s Schreibplan eines eigenen Kompendiums s. zu H 172.

856 Zur handschriftlichen Schreibung s. zu D 53. – *Fragen für alle Reisende:* Das Bild des Reisenden als des Naturforschers begegnet auch J 1631, K 312;

auch diese Bemerkung gehört selbstverständlich in den Umkreis von L.s Schreibplan eines eigenen Kompendiums, das er zuletzt in Form von 300 Fragen konzipierte; vgl. L 166 und die Anm. dazu.

857 *Die Berge ... oben spitz:* Vgl. zu dieser Notiz L 817; s. auch L 858.

858 *ein heurist. Mittel:* Vgl. auch J 889, 1518.

859 Erstveröffentlicht: Ph + M 4, S. 157–160. – *Gedanke von Fischer: Artikel Chymie:* »Physikalisches Wörterbuch oder Erklärung der vornehmsten zur Physik gehörigen Begriffe und Kunstwörter so wohl nach atomistischer als auch nach dynamischer Lehrart betrachtet, mit kurzen beygefügten Nachrichten von der Geschichte der Erfindungen und Beschreibungen der Werkzeuge, in alphabetischer Ordnung«, von Johann Carl Fischer. 1. T. (A–Elektr.), Göttingen bei Dieterich 1798. L. bespricht das Werk in den GGA 1798, 124. Stück, Den 4. August, S. 1225–1232 (III, S. 198 ff.). Der Artikel »Chymie, Chemie«, in dem Fischer S. 554 L. erwähnt, findet sich ebd., S. 552–576. Johann Carl Fischer (1760–1833), Prof. für Physik und Mathematik in Jena, später in Dortmund und Greifswald. – *meine Einschränkung auf die Weltmaschine:* Vgl. auch J 1228. – *Versuche ... mit der Natur im Großen:* S. zu L 758. – *Refraktion:* S. zu D 766. – *Grenzen festsetze:* In der Handschrift *festsetzt.* – *opera supererogationis:* Werke, die über das Erforderliche hinausgehen: Streitpunkt zwischen der kathol. Glaubenslehre und Luther; den Ausdruck gebrauchte L. auch in der Vorrede zu Erxleben ⁶1794. – *Reisenden und Reise-Beschreibungen:* Vgl. L 856. Im übrigen vgl. auch L 852 und Anm. – *Lehre vom Räderwerk:* Gegen eine mechanistische Naturkonzeption. – *Lehre von den Kräften:* S. zu L 818. – *Als ... werden:* Dieser Satz fehlt in Ph + M 4, S. 160.

860 Erstveröffentlicht: Ph + M 4, S. 238. – *Schwefel:* Vgl. auch L 877. – *Wärmestoff:* S. zu J 1530.

861 Erstveröffentlicht: Ph + M 4, S. 259–260. – *Aufsummen:* In DWB, Sp. 756 ohne Belege im Sinne von lat. susurrare ›summen‹; L. gebrauchte es wohl für: aufzählen. – *entfernt sind:* In der Handschrift *ist.* – *medit.:* Kürzel für ›meditandum‹; zu dieser Floskel s. zu F 75.

862 Erstveröffentlicht: Ph + M 4, S. 166–167. – *beide Parteien:* Gemeint ist der Streit zwischen Attraktionisten und Impulsionisten: Kant und Lesage. – *parties honteuses:* Frz. ›Schamteile‹.

863 *Die berühmten Eisenmassen:* Wohl die von Pallas in Sibirien entdeckte Masse meteorischen Eisens; vgl. K 398.

864 Erstveröffentlicht: Ph + M 4, S. 310–311. – *Basalte:* Über die Entstehung des Basalts s. zu L 728. – *sondern nur:* In der Handschrift *nur nur.*

865 *Vor-Dauer:* In der Handschrift doppelt unterstrichen.

866 Erstveröffentlicht: Ph + M 4, S. 142. – *der Zufall ... etwas entdeckt:* Vgl. dazu L 806; im übrigen auch L 861.. Nach *Zufall* von L. gestrichen *Etwas entdeckt hat.* – *Medit.:* Zu dieser Floskel s. zu F 75.

867 *Die Vorstellung des Außer uns seins:* S. zu J 1532, vgl. auch L 811.

868 *medit.:* Zu dieser Floskel s. zu F 75.

869 Erstveröffentlicht: Ph + M 4, S. 284.

870 Erstveröffentlicht: Ph + M 4, S. 184. – *die Kraft des Magnets verstärken:* Vgl. auch L 723–727. – *so etwas für die Schwere tun:* Zu L.s Reflexionen über die Bedeutung und Funktion der Schwerkraft vgl. auch L 801, 802, 803. Zu Schwerkraft im allgemeinen s. zu KA 303.

871 *Ebben und Fluten:* Vgl. die Rezension von Fischers »Wörterbuch« (s. zu L 859), III, S. 199.

872 *Donner:* In der Handschrift doppelt unterstrichen; über das Phänomen des Donners vgl. L 733 und Anm. – *Fischer . . .:* S. zu L 859. Fischer erwähnt T. I, S. 961 f. Galvanis Schrift »De viribus electricitatis in motu musculari commentarius«, Bologna 1791, und die zu J 1100 nachgewiesene Übersetzung und weist auf Galvanis Beobachtung hin, daß bei der Untersuchung der Wirkung der »Elektricität der Wolken auf die präparierten Gliedmaßen« von Tieren »sich die Gliedmaßen nicht bey jedem Donnerschlage ein Mahl zusammengezogen, sondern mit . . . auf einander folgenden Verzuckungen befallen wurden, welche der Zahl nach dem wiederhohlten Getöse des Donners gleich waren, ein Beweis, daß das Rollen des Donners von keinem Echo, wie man sonst glaubte, herrühre«. – *Baumanns . . . Cavallo:* Tiberio Cavallo, »Vollständige Abhandlung der theoretischen und praktischen Lehre von der Elektrizität nebst einigen Versuchen«, aus dem Englischen übersetzt von Joachim Moritz Wilhelm Baumann, 4. Aufl. Leipzig 1797.

873 *den Diamant . . . probiert:* Vgl. auch L 965. – *seinem Buche:* Gemeint ist das oben zu L 744 nachgewiesene Werk.

874 Erstveröffentlicht: Ph + M 4, S. 203. – *Wärmestoff:* S. zu J 1530.

875 Erstveröffentlicht: Ph + M 4, S. 284–285. – *Galvanischen Schlag:* S. zu J 30, 1100. – *irgendwo in diesen Büchern:* Gemeint ist die von mir als L 715 eingeordnete Bemerkung aus: Ph + M 4, S. 243, die in der Handschrift verschollen ist und zwischen den Seiten V und X gestanden haben muß. – *(Ich verstehe mich):* Zu dieser Wendung s. zu J 570.

876 Zur handschriftlichen Schreibung dieser Bemerkung s. zu D 53. – *das letzte Infusions-Tierchen . . . dem ersten Gärungs-Bläschen:* Vgl. dazu L 837 und die Anm. dazu.

877 Erstveröffentlicht: Ph + M 4, S. 238–239. – *Wenn man Schwefel anbrennt:* Vgl. L 860. – *Vitriol-Säure:* S. zu J 1959.

878 Erstveröffentlicht: VS 1844, 1, S. 103. – *Diktat des Herzens:* Vgl. L 975. – *von Seiten des Herzens oder der Vernunft:* Auch diese Bemerkung gehört in den Umkreis der Reflexion L.s über Verstand und Gemüt; vgl. E 411 und Anm., K 1, K 63.

879 Erstveröffentlicht: Ph + M 4, S. 353. – *Schneelinie:* Die Grenze ewigen Eises; auf sie spielt auch L 933 an.

880 *Werdet wie die Kindlein:* Vgl. L 435 und Anm.. – *dem Falle mit dem Stoße am Stuhle:* Vgl. zu diesem ›Fall‹ J 706 und die Anm. dazu. – *Ptolemäische System:* Claudius Ptolemäus (2. Jh. nach Chr.), bekanntester Astronom des Altertums, lebte in Alexandrien; Begründer der Epizykeltheorie der Planetenbahnen und des geozentrischen Weltbildes. Sein »Almagest«, eine Art Lehrbuch der Astronomie, enthält den ersten erhaltenen Sternkatalog der Antike. Vgl. L 963.

882 *Bezauberung der Tiere durch die Klapperschlange . . . (S. Exzerpt. p. 184):* Zum Stichwort: »Zauberkrafft der Schlangen« notiert L. in den »Excerpta mathematica et physica«, S. 184: »Obgleich Le Vaillant (neue Reisen in das innere von Afrika. 1 B.) und der gelehrte Forster in seinen Anmerckungen dazu sehr für diese Zauberkrafft sind so läugnet sie doch Dr Barton zu Philadelphia aus vortefflichen Gründen (S. Ebelings Amerik. Mag. 1 Band. 4tes Stück) Er glaubt die bezauberten Thierchen wolten eigentlich bloß ihre

Jungen oder ihre Eyer vertheidigen. Eben diese Abhandlung soll auch in den Berliner Blättern Jul–Dec 1797 (S. steht in diesen Blättern November S. 201. u.s.f. [auch bis in das December Stück.]) übersezt und mit Anmerkungen versehen stehen. Auch Stedman in s. Surin[am] Reisen läugnet die Zauberkrafft der Schlangen.« Als Randbemerkung notiert L. ferner: »S. eine Anmerckung von mir hierüber in L. p XLVII. Co. 2.« Vgl. auch L 363.

884 *Meine Frage von Kometen:* Diese Frage, in der Handschrift nicht überliefert, ist als K 402 eingeordnet worden. – *im Taschen-Kalender für 1797:* Gemeint ist der von L. geschriebene Kalenderartikel »Das Neueste von der Sonne; größtentheils nach Herschel« (GTC 1797, S. 83–111), wo er S. 103–104 in Klammern anmerkt: »Ob man wohl ein solches Ding sehen würde, wenn man sich nahe dabei oder gar selbst darin befände?«

885 Erstveröffentlicht: Ph + M 4, S. 321. – *im Mundo elementari:* »Vier Flüßigkeiten von verschiednen Schweren, z. B. Quecksilber, zerfloßnes Weinsteinsalz, Weingeist und Bergöl, zusammen in eine verschloßne Glasröhre gefüllt, machen das aus, was man ein Elementenglas oder eine *Elementarwelt* nennt. Diese Materien durch einander geschüttelt, bilden das Chaos: sobald sie aber in Ruhe kommen, scheiden sie sich allmählig, und treten, wie die vier Elemente der Alten, nach ihrer specifischen Schwere über einander« (Gehler, Bd. 3, S. 944). – *Höhung (looming):* Der Schein der Erhebung und senkrechten Vergrößerung entfernter Gegenstände auf See. – *Hellwag ... in Voigts neuem Magazin:* Johann Heinrich Voigt veröffentlichte in dem von ihm hrsg. »Magazin für den neuesten Zustand der Naturkunde mit Rücksicht auf die dazu gehörigen Hülfswissenschaften«, Jena 1797, S. 120, »Herrn Hofraths Hellwag Versuch, die sogenannte Erhebung zu erklären«; ein Auszug aus dessen im »Genius der Zeit«, Juli 1797, erschienenen Aufsatz zum sogenannten ›Seegesicht‹.

886 Zur handschriftlichen Schreibung s. zu D 53. – *Irrtümer zu erfinden:* Vgl. L 887.

887 *alle neue Erfindungen:* Danach von L. gestrichen *neue Irrthüm[er]*.

888 *wieder in die untergehende Sonne ... gesehen:* Vgl. auch J 1596 1902, K 374. – *auf der Retina:* Zu L.s Interesse an Versuchen mit dem Sehnerv vgl. L 839 und Anm., sowie J 1817, 1818.

889 Erstveröffentlicht: Ph + M 4, S. 210.

891 *Huber aus Basel:* Wohl Daniel Huber (1768–1829); seit 1791 Prof. der Mathematik an der Universität Basel. Infrage kommt aber auch Melchior Huber, Sohn eines Apothekers aus Basel, der sich am 2. *Mai* 1797 als stud. med. an der Georgia Augusta immatrikulierte. – *sondern mit:* In der Handschrift *mit mit*. – *die Chladnischen Figuren:* S. zu J 866.

892 Erstveröffentlicht und Textvorlage: Ph + M 4, S. 210.

893 *Daß Lesage einen primus Motor und Materie forderte:* Über Lesage und seine Theorie s. zu J 33. – *nach Kant schon enthalten gedacht:* Vgl. auch L 894; Kant hatte gegen die Atomisten die sog. Kontinuitätsthese, d. h. die Auffassung einer den Raum stetig ausfüllenden Materie, eingewandt.

894 Erstveröffentlicht: Ph + M 4, S. 161–162; wiederabgedruckt bei Leitzmann (L 729). – *Atomisten ... eine Materie postulieren:* S. zu J 1775, s. zu L 893.

896 Erstveröffentlicht in Leitzmann (L 730) bis *nachzusehen.* – *Hutton in dem Artikel Attraction:* Huttons »Dictionnary« ist zu L 785 nachgewiesen.

897 Erstveröffentlicht: Ph + M 4, S. 162–165. – *anziehende Kraft:* Zum

Begriff der Attraktion s. zu J 393. – *man sagt: die Materie erfülle den Raum durch bloße Existenz (Die Fortsetzung folgt):* Vermutlich ist L 917 gemeint. – *was ist existieren:* Vgl. auch J 943, L 662.

898 *Bei unsern Versuchen ... zu wenig Rücksicht auf die Zeit genommen:* L. greift den Gedanken L 900 wieder auf. – *Versuche im Großen:* Vgl. hierzu J 2017, 2018, K 316. – *Eudiometer:* S. zu J 331.

900 Erstveröffentlicht: Ph + M 4, S. 150. – *Die Dauer der Zeit ... ein wichtiges Hindernis:* Vgl. L 898. – *Année des Hannetons:* S. zu B 185. – *Zinnbaum:* Taucht man eine Zinnstange in eine gesättigte Lösung von Zinnchlorid und schichtet vorsichtig Wasser darauf, so entstehen auf dem Zinn, an den Berührungsstellen beider Flüssigkeiten, die durch ihre Berührung ein galvanisches Element bilden, glänzende Zinnkristalle, die ›Zinnbaum‹ oder auch ›arbor Jovis‹ genannt werden. – *Der Anfang:* Gemeint wohl der Anfang des von L. geplanten eigenen Kompendiums; s. zu H 172.

902 *Drehbasse:* Darüber s. zu J 197. – *hörten wir erst:* Zu L.s Beschäftigung mit dem Phänomen des Schalls s. zu J 1305; vgl. auch L 840.

903 *An den Prediger zu St. Andreasberg zu schreiben:* Im SK des Jahres 1798 ist ein solcher Brief nicht notiert. Von 1796–1816 war dort Johann Heinrich Christoph Deichmann (gest. 1816) Pfarrer. Auf das Unwetter, das St. Andreasberg verheerte, spielt L. auch L 3 an; vgl. die Anm. dazu. – *Donner ... auf eine Art entstehen:* Vgl. auch L 733 und Anm.

904 *Ein vortreffliches Werk ... soll sein:* Werk und Autor konnten nicht ermittelt werden.

905 *Nach Herrn Berger:* S. zu L 90, wo auch das Werk nachgewiesen ist.

906 Erstveröffentlicht: Ph + M 4, S. 321–322. – *Lehre von Gewittern:* Vgl. auch L 733 und Anm., sowie L 756. – *auf gut Delücisch:* Diese Wendung gebrauchte L. auch L 966. – *Natur im Großen:* Vgl. zu dieser Forderung L.s J 2017 und Anm., L 724, 898. – *Begegnung:* Anstelle des von L. gestrichenen Wortes *Vereinigung*.

907 Erstveröffentlicht: Ph + M 4, S. 323. – *Beobachter, die die Reise zu Fuß machen:* Vgl. L 856 und Anm.

908 *besser:* Zu der Floskel s. zu D 246.

909 *meine liebe Frau:* Margarethe Lichtenberg. – *mit der bekannten Gesellschaft:* Für gewöhnlich Dieterich und Frau, Madame Köhler und Mlle. Ranchat. – *Adelebsen:* Fleckengemeinde im Schwülmetal; 19 km westlich von Göttingen, mit malerischen alten Ortskern, überragt von Burganlagen und Schloß; Frau Hachfeld stammte von dort; Patrimonialgericht mit dem Recht, Hinrichtungen abzuhalten. Vgl. SK 679. – *hörte ich die Nachtigall wieder:* Zu L.s wissenschaftlichem Interesse an der akustischen Leistungen dieses Vogels vgl. auch L 889, 930.

910 In der Handschrift steht am Rand oben neben der ersten Zeile die Ziffer 99. – *was Herr Kant lehrt, zumal in Rücksicht auf das Sittengesetz:* Diese Bemerkung zeigt L. erstmals in einer kritischen Distanz zu Kant; vgl. auch L 911. – *Folge des Alters:* Kant war bereits 73 Jahre alt, als er die »Metaphysik der Sitten« (1797) schrieb. Zu L.s Reflexion über sein Alter s. zu H 170.

911 *ibid.:* Steht in der Handschrift am Rand neben der ersten Zeile; bezieht sich auf Kants zu L 910 nachgewiesenes Werk. – *als wenn der Beifall:* In der Handschrift *er durch den Beifall.* – *sein Werk:* Die »Kritik der reinen Vernunft«

ist zu H 19 nachgewiesen. – *nachher zu weit geführt:* Zu L.s Kritik an Kant vgl. auch L 910.

912 Erstveröffentlicht: Ph + M 4, S. 323–324. – *die Gewitter alle aus ... Süden und Westen:* Zu dieser Beobachtung vgl. D 733 und die Anm. dazu. – *mehrere [Regen ... Norden.]:* Nach *mehrere* endet in der Handschrift die Seite LIV; der Text innerhalb der eckigen Klammern wurde nach Ph + M 4, S. 323–324, ergänzt. Es folgen in der Handschrift die ausgerissenen Blätter bis Seite LXX einschließlich. Die Bemerkungen L 913–933, die mit einiger Wahrscheinlichkeit dem Sudelbuch L entstammen, sind hier eingeordnet worden.

913 Erstveröffentlicht und Textvorlage: VS 1844, 2, S. 300; nach Leitzmann undatierbar.

914 Erstveröffentlicht und Textvorlage: Ph + M 4, S. 135. – *meinem Compendium:* Darüber s. zu H 172. – *Licht ... als etwas Mehreres ... als Ursache der Hellheit oder ... Wirkung der Wärme:* Zu L.s Licht- und Wärmetheorie vgl. »Geologisch-metereologische Phantasien«, GTC 1798.

915 Erstveröffentlicht und Textvorlage: Ph + M 4, S. 142–143. – *Ritter:* Johann Wilhelm Ritter (1776–1810), Physiker, zeigte durch Versuche, daß chemische und galvanische Vorgänge aneinander gebunden sind, und wurde so zum Begründer der Elektrochemie; mit Novalis und den Gebrüdern Schlegel befreundet. – *Titel seiner Schrift:* Die von L. korrekt zitierte Schrift erschien Weimar 1798. - *Galvanismus:* S. zu J 1100. – *Satzes, den ich immer predige:* Vgl. L 916. – *Modifikation der Ursache:* Vgl. L 916.

916 Erstveröffentlicht und Textvorlage: Ph + M 4, S. 144. – *Verhältnisse in den Ursachen:* Vgl. L 915. – *meinem alles in allem:* S. zu F 48.

917 Erstveröffentlicht und Textvorlage: Ph + M 4, S. 165–166. In Sudelbuch L eingeordnet, da die Bemerkung unmittelbar an Ph + M 4, S. 162–165 (L 897) anschließt. – *atomistische System:* S. zu J 1775, vgl. auch L 862, 893 und 894. – *Trägheit:* Vgl. J 2113. – *die beiden Systeme:* Vgl. auch L 893 und Anm. – *cum grano salis:* Lat. ›mit einem Korn Salz‹, d. h. mit Witz und Urteilskraft.

918 Erstveröffentlicht und Textvorlage: Ph + M 4, S. 167. – *die beiden Systeme der Attraktionisten und Impulsionisten:* Vgl. L 741, 893, 917.

919 Erstveröffentlicht und Textvorlage: Ph + M 4, S. 167–168. – *Anziehen und Anstoßen:* Auch diese Bemerkung setzt sich mit den ›beiden Systemen‹ auseinander; s. zu L 917.

920 Erstveröffentlicht und Textvorlage: Ph + M 4, S. 210–211. *Réaumur über das Klingen des Bleies:* Der von L. erwähnte Aufsatz »Von dem Klange, den das Bley in gewissen Umstanden giebet vom Herrn Réaumur«, 1726, S. 576–581, dazu gehört ein kleiner Vorspann (möglicherweise vom Herausgeber oder Übersetzer) auf S. 574, den L. wohl gelesen hat, weil er sich auch *S. 574ff.* notiert. Er ist überschrieben mit »Historie«, in: »Der Königl. Akademie der Wissenschaften in Paris Physische Abhandlungen, Siebenter Theil, welcher die Jahre, 1723, 1724, 1725 und 1726 in sich hält. Aus dem Französischen übersetzet von Wolf. Balth. Adolph von Steinwehr«, Breslau 1751, S. 576–581: L. bezieht sich auf folgende Beobachtung Réaumurs: »Bley, wenn es bloß geschmolzen ist, hat eine Geschicklichkeit zum Klingen: Sie gehet aber verlohren, wenn man es zu sehr schläget, und mit dem Hammer ausdehnet; sodann eine gewisse form ist die Töne des Bleyes fein und hell zu machen, geschickter als die andern« (S. 581). Réaumur, der

feststellt, daß das Blei in Form einer halben Linse am besten klingt, meint, daß man künftig die Glocken nicht in der traditionellen Form gießen soll, sondern in Form seiner klingenden, auf dem Löffel geschmolzenen Bleistücke. L. mag in Réaumurs Überlegungen Anhaltspunkte für eine Glasglocke gefunden haben. – *Harmonika:* S. zu G 196.

921 Erstveröffentlicht und Textvorlage: Ph + M 4, S. 282. – *Goldschmelzen durch Elektrizität:* Vgl. auch L 838 und Anm. – *Fulhame's Versuche:* In den »Excerpta mathematica et physica«, S. 147, notiert L. zum Stichwort »Neue Zeuge aus Silber und Gold«: »Im Gentleman's Mag. 1793. June p. 501 wird eine Schrift einer gewissen Madame Fulhame angezeigt *An Essay on combustion with a view to a new art of dying and painting wherein the phlogistic an antiphlogistic Hypotheses are proved erraneous.* Diese Dame hat wie versichert [wird] die Entdeckung gemacht aus Gold und Silber und andern Metallen Zeuge zu verfertigen, durch einen chemischen Proceß auf welchen sie im Jahr 1790 verfiel. Sie soll es wirklich aus [?] und verfertigte eine Wand [?] solchen Zeugs und Landcharten worauf die Flüsse von Silber und die Städte von Gold war[en]. Es scheint ernstlich zu seyn (s. unten p. 161.)« Erschienen 1794. Die Lebensdaten der Verfasserin konnten nicht ermittelt werden. Ihre Schrift »Über die Wiederherstellung der Metalle ...« erschien, übersetzt von Lentin, 1798. L. besaß das Werk (BL, Nr. 759).

922 Erstveröffentlicht und Textvorlage: Ph + M 4, S. 282–283. – *Draht, den man schmelzen will:* Vgl. J 1267 und Anm. – *Franklin-Ingenhouszschen Versuche über die Leitung der Wärme:* Vgl. den Artikel »Von dem Unterschiede der Geschwindigkeit, mit welcher die Hitze durch verschiedene Metalle geht« in »Johann Ingen-Houßz vermischte Schriften physisch-medizinischen Inhalts. Übersetzt und herausgegeben von Niklas Karl Molitor«, Wien 1782, S. 325–336; darin die Versuchsbeschreibung S. 332 ff.: »Die Geräthschaft besteht in sieben Drähten, jeder von einem verschiedenen Metalle, und alle durch das nemliche Loch gezogen, so daß sie alle genau die nemliche Dicke haben ... Diese selben Metalldrähte schraubte ich ungefär auf einen Zoll gleich weit von einander abstehend zwischen zwei Holzbalken fest ein, so daß ihre Länge von dem Holze bis an ihr Ende genau dieselbe war. Die Holzbalken fasten die Drähte in der Mitte, so daß ein jeder Arm einen Schuhe in der Länge hatte. Ich schmolz weißes Wachs in einem töpfernen Geschirre, dessen Rand durchaus eben gemacht war. In dieses geschmolzene Wachs senkte ich die ganze Reihe der Drähte ein«. Daraufhin erhitzt Ingenhousz in einem Topf »Oel« bis zum Siedepunkt, dann steckt er die Drähte hinein. »Die Wachslage schmolz zwar auf jedem Metalldrahte, aber die Geschwindigkeit, mit welcher die Hitze durch die verschiedenen Metalle sich fortpflanzte, in einem geraden Verhältnisse. Ich konnte den Unterschied der Geschwindigkeit, mit welcher diese Schmelzung durch jedes Metall sich vorgedrungen, recht deutlich sehen.« S. auch zu J 1267.

923 Erstveröffentlicht und Textvorlage: Ph + M 4, S. 315–316. – *Fischer im Artikel: Atmosphärisches Gas:* Physikalisches Wörterbuch 2, S. 600 ff.; das Werk ist zu L 859 nachgewiesen. – *Luftarten:* Vgl. auch L 733.

924 Erstveröffentlicht und Textvorlage: Ph + M 4, S. 341. – *Crell's chem. Ann. Bd. I. St. 10:* Hildebrandts Aufsatz konnte unter den von L. angegebenen Ziffern nicht ermittelt werden.

925 Erstveröffentlicht und Textvorlage: Ph + M I4, S. 342, wiederabge-

druckt in VS 1844, 2, S. 188. Nach Leitzmann undatierbar. – *eine Sekunde Zeit ... zu ... Minute ... machen:* Zu L.s Reflexionen über die Zeit vgl. auch L 900 und Anm.

926 Erstveröffentlicht und Textvorlage: Ph + M 4, S. 346.

927 Erstveröffentlicht und Textvorlage: Ph + M 4, S. 346. – *Ursache des Zurückgehens der Papierchen:* Vgl. zu diesem Experiment L 790. – *Anwendung im Großen:* Vgl. J 2017, 2018, L 898.

928 Erstveröffentlicht und Textvorlage: Ph + M 4, S. 356; wiederabgedruckt in VS 1844, 2, S. 187.

929 Erstveröffentlicht und Textvorlage: Ph + M 4, S. 356; wiederabgedruckt in VS 1844, 2, S. 187. Nach Leitzmann undatierbar. – *In der Welt ... anders als Wasser:* Als Hypothese formuliert L. den Gedanken schon L 774, 775.

930 Erstveröffentlicht und Textvorlage: Ph + M 4, S. 357; wiederabgedruckt in VS 1844, 2, S. 187. – *Nachtigall:* Vgl. L 909 und Anm.

931 Erstveröffentlicht und Textvorlage: Ph + M 4, S. 324–325. – *Ich glaube, daß man die Sternschnuppen viel zu sehr vernachlässigt hat:* Diese Bemerkung sowie L 932, 933 sind aufgrund des Briefwechsels zwischen L. und Benzenberg über diesen Gegenstand Sudelbuch L zugeordnet worden. L.s Schüler Benzenberg und Brandes hatten vom 11. September bis 4. November 1798 in Göttingen Sternschnuppen beobachtet; sie verfaßten darüber eine Abhandlung »Versuche, die Entfernung, die Geschwindigkeit und die Bahnen der Sternschnuppen zu bestimmen«, die Hamburg 1800 erschien; Kästner referierte darüber in den GGA 1800, vom 24. März, S. 829f. 1802 erschien in Hamburg »Ueber die Bestimmung der geographischen Längen durch Sternschnuppen«, wo die Verfasser S. 9 mitteilen: »Lichtenberg, dem wir diesen Plan mittheilten, interessirte sich sehr für diese Beobachtungen. Er überliess uns sein Gartenhaus und seine Instrumente, damit wir desto bequemer diejenigen vorläufigen Bestimmungen machen könnten, welche zu diesen Beobachtungen erforderlich waren.«

932 Erstveröffentlicht und Textvorlage: Ph + M 4, S. 325–326. – *Sternschnuppen-Geschichte:* Dazu s. zu L 931. – *Brandes:* Heinrich Wilhelm Brandes (1777–1834) aus Hamburg, studierte seit dem 13. April 1796 bis 1798 in Göttingen Physik, Astronomie und Mathematik; Schüler L.s und Kästners, später Prof. der Mathematik in Breslau und 1824 der Physik in Leipzig; bedeutender Forscher auf dem Gebiet der Sternschnuppen und Kometen; führte 1798 mit seinem Freund Benzenberg die ersten wissenschaftl. Meteorbeobachtungen durch. L.s Wertschätzung bezeugt das Empfehlungsschreiben für ihn an Johann Albert Heinrich Reimarus vom 20. Januar 1799. – *Höhe ..., wo ... Quecksilber ein fester Körper sein würde:* Ähnlich schreibt L. an Johann Friedrich Benzenberg am 5. November 1798 und an Johann Albert Heinrich Reimarus am 20. Januar 1799. – *unsere warme Tal-Chemie:* Diese Formulierung hat L. wörtlich in den oben zit. Brief an Benzenberg aufgenommen. – *ein Favorit-Gedanke von mir:* Die gleiche Formulierung und der gleiche Gedanke finden sich in dem oben zit. Brief an Benzenberg, wo er darüberhinaus auf die letzte Vorrede zu Erxleben ^{6}1794, S. XXXV, und »einige Kalender-Artikel« verweist. – *Könnten wir Kälte anmachen ...:* Auch diese Formulierung und der Gedanke finden sich in dem oben zit. Brief an Benzenberg. – *Chemie im Vacuo:* Auch diese Formulierung findet sich in dem oben zit. Brief an Benzenberg.

933 Erstveröffentlicht und Textvorlage: Ph + M 4, S. 326. – *untersuchen, wie tief... Sternschnuppen entstehen:* Zu der »Sternschnuppen-Geschichte« s. zu L 931. Auch in dem Brief an Johann Friedrich Benzenberg vom 5. November 1798 verlangt L. die Grenze zu wissen, »unter welche die Sternschnuppen nicht fallen«. – *so etwas wie Schneelinie:* Die gleiche Formulierung gebrauchte L. in dem oben zit. Brief an Benzenberg; im übrigen s. zu L 879.

934 Erstveröffentlicht: Ph + M 4, S. 261. – *[Das Licht ... wo Er]:* Diese Passage, die in der Handschrift fehlt, wurde nach Ph + M 4, S. 261, ergänzt. Danach beginnt Seite LXXI.

935 Erstveröffentlicht (unvollständig): Ph + M 4, S. 151–152. – *was ich in diesem Buche (p. LII.) von der Zeit gesagt:* Gemeint ist L 898. – *eine ... Hindernis:* Im 18. Jh. wie ›Verhältnis‹ als femininum geschrieben. – *Hauptbemühung der Physiker Nutzen für das menschliche Geschlecht:* Vgl. L 852. – *nisi ... facimus:* Wenn nicht nützlich ist, was wir tun. – *Humboldts Kugeln mit Wasserdämpfen aufgeblasen:* Darüber vgl. J 1743 und die Anm. dazu. – *die Weine zu merken:* Vgl. L 971.

936 Erstveröffentlicht: Ph + M 4, S. 206–207. – *ad pag. LXX:* Diese Seite und Bemerkung ist nicht erhalten. – *bei den Haarröhrchen:* S. zu J 2029.

937 Erstveröffentlicht: Ph + M 4, S. 239–240. – *in der Kälte etwas Positives:* Zu Theorien über die Entstehung von Kälte vgl. auch KA 105. – *Wärmestoff:* S. zu J 1530, vgl. auch L 714 und Anm. – *Hagel-Wetter zwischen den Tropicis gehörte mit unter die Fragen:* Zu L.s Plan eines Kompendiums in Frageform s. zu L 751. Zu L.s ausführlicher Beschäftigung mit dem Phänomen des Hagels vgl. J 1990, 2030, L 941.

938 Zur handschriftlichen Schreibung s. zu D 53. – *Über meinen Fragen-Plan etwas zu schreiben:* Gemeint ist L.s Plan eines Kompendiums in Frageform; s. zu H 172; der hier ausgeführte Gedanke ist nicht zur Ausführung gelangt. – *für Prof. Voigt:* Gemeint ist das von Johann Heinrich Voigt hrsg. »Magazin für den neuesten Zustand der Naturkunde«. – *Archiv der Zeit:* S. zu L 268.

939 *Konduktoren:* S. zu J 1743.

940 Erstveröffentlicht: Ph + M 4, S. 226.

941 Erstveröffentlicht: Ph + M 4, S. 326. – *Bei dem Hagel:* Zu L.s Beschäftigung mit dem Phänomen des Hagels vgl. J 1990; s. auch zu L 937.

942 Erstveröffentlicht: Ph + M 4, S. 200–201. – *die Nadeln in den Gablerschen Versuchen:* S. zu J 1741.

943 *auf Polarität der Teile Rücksicht genommen:* Vgl. L 942.

944 *Glas-Galle:* Bei der Glasherstellung anfallendes Produkt, das aus Sulfaten und Chloriden der Alkalimetalle besteht und während des Schmelzvorganges ausgeschieden und abgeschöpft wird.

946 Erstveröffentlicht: Ph + M 4, S. 241.

947 Erstveröffentlicht: Ph + M 4, S. 184–185. – *Semen Lycop:* S. Lycopodii, mit der volkstüml. Bezeichnung: Hexenmehl; der sprossende Bärlapp; seine Sporen spielten im Volksglauben und Volksmedizin eine Rolle.

948 *Der junge Herr Ilsemann:* Julius Christoph Ilsemann (1780–1828) aus Clausthal, immatrikulierte sich am 22. April 1798 als stud. med. an der Georgia Augusta; später Bergkommissar in Clausthal. – *übersauren Kochsalz-Kalch (muriate de chaux oxygené):* L. benutzt hier die neue antiphlogistische Terminologie.

949 Erstveröffentlicht: Ph + M 4, S. 241–242. – *an einem Talglicht bemerkt:* Beobachtungen dieser Art notiert L. auch J 1289.

950 Erstveröffentlicht: Ph + M 4, S. 349–350. – *(S. oben S. XXX):* Zu der Entdeckung van Marums s. L 810 und Anm. Laut SK war van Marum übrigens am 12. Juni 1798 bei L.

951 Erstveröffentlicht: Ph + M 4, S. 326–327. – *Gebrechen aller unseren meteorologischen Beobachtungen:* Zu L.s eingehender Beschäftigung mit der Metereologie als Disziplin in der Auseinandersetzung mit Deluc's »Idées« (s. zu J 20) und Wetterbeobachtungen vgl. das Wortregister.

952 *seine Ideen:* In der Handschrift *nicht seine.* – *wie die Spinne ihr Netz zum Fliegenfang:* Dieses Bild gebraucht L. auch F 78; vgl. auch L 56. – *Seidenwurm:* Die Raupe des Seidenspinners, vgl. auch SK 501.

953 *unser Begriff von Gott:* Zu L.s Haltung gegenüber der Vermenschlichung Gottes vgl. auch D 201, J 295.

954 *Die Astronomie wird übertrieben:* Zu diesem Vorwurf vgl. L 604 und die Anm. dazu.

955 *In der Geometrie ... der Mensch Biene:* Dazu s. zu D 621; vgl. auch L 956. – *Kunsttrieb:* Zu diesem Begriff s. zu A 58.

956 Zur handschriftlichen Schreibung dieser Bemerkung s. zu D 53. – *das Bienenartige ... im Menschen:* S. zu D 621. – *das Spinnen ... artige:* Vgl. L 930 und Anm.

957 Erstveröffentlicht: Ph + M 4, S. 186. – *Chemische Operationen mit Schwungkräften:* Gemeint sind chemische Versuche mit Zentrifugalkraft.

958 *Über meine Seelenwanderung:* S. zu A 87, 91.. – *einiges in K ...:* Nicht erhalten; möglicherweise ist aber VS 1, S. 32–33, eine der Bemerkungen, auf die hier angespielt wird; sie ist als K 45 eingeordnet worden.

959 *die Empfindung ... wenn ich mit etwas Spitzigem:* Diese Sinneswahrnehmung notiert L. bereits A 107; s. auch L 976. – *S.p. LXXXI.:* Gemeint ist L 976.

960 *Wärmestoff:* Zu diesem Begriff s. zu J 1530. – *Imponderabilität:* S. zu J 2011.

961 Erstveröffentlicht: Ph + M 4, S. 186–187. – *vielen neuen Erden:* Vgl. auch L 962.

962 Erstveröffentlicht: Ph + M 4, S. 187–188. – *Entdeckungen von neuen Erden:* Vgl. L 961. – *die Epicykloiden in der Astronomie:* Epizykel wird ein Kreis genannt, auf dem sich ein Punkt mit gleichbleibender Geschwindigkeit bewegt, während der Mittelpunkt dieses Kreises auf einen anderen Kries (circulus deferens) fortrückt. Mittels der Epizyklen versuchten die Astronomen bis Kepler die von der Kreisbahn abweichendenden Planetenbewegungen auf eine gleichförmige Kreisbewegung zurückzuführen. – *Kopernikus bei sein[en] Irrtümern:* Kopernikus hielt noch daran fest, daß die Planeten sich in Kreisen oder zumindest aus Kreisen zusammengesetzten bahnen bewegen. – *die Chemie ... einen Kepler:* S. zu A 6; Kepler entdeckte die drei Gesetze der Planetenbewegung, die eine exakte Beschreibung der Planetenbewegung ermöglichten. – *alles einfacher aussieht:* Diese Erwartung erfüllte das Periodische System, das 1869 von Mendelejeff und Lothar Meyer aufgestellt wurde.

963 Erstveröffentlicht: Leitzmann (L 743) bis *zu finden.* – *schöner Gedanke von Herrn Schubert:* Schubert sagt in seiner Petersburg 1798 in 3 Tln. erschienenen »Theoretischen Astronomie« T. 2, S. 4 der Einleitung, das ptolemäi-

sche System sei nicht ein System wie das kopernikanische, sondern nur eine hypothetische Fiktion zur Erleichterung der Rechnungen. Über das kopernikanische System ebd. T. 2, S. 69–81, S. 102–104. Friedrich Theodor Schubert (1758–1825), Astronom, seit 1780 in Rußland. – *(ich besitze sie selbst)*: L. besaß das Werk; ein Geschenk des Verfassers (BL, Nr. 353).

964 Erstveröffentlicht: Ph + M 4, S. 243.

965 *Meine Frage ob der Diamant ein Leiter:* Vgl. dazu L 767. – *von Guyton beantwortet:* Im Anschluß an die Abhandlung »Ueber die Natur des Diamants«, a.a.O., 1798, S. 287–293, wird auf S. 294 ff. auf die »Versuche des Bürgers Guyton« eingegangen. – *Scherer All. Journ. der Chem.:* Das »Allgemeine Journal der Chemie«, das Alexander Nicolaus Scherer Leipzig 1798–1803 in zehn Bdn. herausgab. L. besaß Bd. 1, Heft 1–3 (BL, Nr. 63).

966 *Humboldt sagt:* »Ueber das Salpetergas, und seine Verbindungen mit dem Sauerstoff, von Hrn v. Humboldt, königl. Preuß. Ober-Bergrath«, in: »Allgemeines Journal der Chemie. Hrsg. v. D. Alexander Nikolaus Scherer«, 1. Bd., Leipzig 1798, S. 263–269: »Bildet sich dagegen Wasser aus Luft im Dunstkreise, Schnee oder Regen, so zeigen meine Eudiometer gleich weniger Lebensluft.« – *ganz Delücisch:* Diese Wendung gebrauchte L. auch L 906. – *quod probe notandum:* Lat. ›Was ordentlich/gut festzuhalten ist‹. L. gebraucht diese Wendung auch L 974.

967 *was S. LXXVII... vom Ptolemäischen System gesagt:* Gemeint ist L 963.

968 *Priestley hat gefunden:* In seinen »Experiments and Observations on different kinds of Air, and other branches of Natural Philosophy, connected with the subject. In three Volumes; Being the former six volumes abridged and methodized with many Additions«, Birmingham 1790: »Inflammable air was produced from most substances that contain phlogiston. Inflammable air was produced, when to this acid air I put spirit of wine, oil of olives, oil of terpentine, charcoal, phosphorus, bees-wax, and even sulphur.« (S. 281) Wasserstoffgas wurde von den meisten Substanzen, die Phlogiston enthalten, produziert. Wasserstoffgas wurde produziert, sobald ich zu dieser säurehaltigen Luft Weingeist, Olivenöl, Terpentinöl, Holzkohle, Phosphor, Bienenwachs oder sogar Sulphat gab. – *by a slow supply of water:* Durch einen langsamen Wasserausgleich. – *reine inflammable Luft:* Lavoisiers ›gaz hydrogène‹; Wasserstoff. – *Wasser aus bloßem Hydrogen:* Wasserstoff. – *neuen Ausgabe von Observations on air:* Gemeint ist das oben nachgewiesene Werk von Priestley, a.a.O., S. 284. – *Watt bestätigt dieses:* Watt stellte ähnliche Versuche wie Priestley an: »Hr. Watt hat ein paar neue Gasarten entdeckt und beschrieben. er brachte zwei Unzen mageres Rindfleisch in eine Röhre, welche er über das Feuer setzte, und erhielt, durch bloße Hitze, 250 Kubikzolle eines abscheulich stinkenden Gas, welches mit blauer Farbe brannte und vom Kalkwasser nur wenig vermindert wurde, also fast keine Luftsäure enthielt. Der bloße Geruch dieses Gases machte ihn krank.« (»Magazin für das Neueste aus der Physik und der Natur-Geschichte«, Bd. 10, 3. Stück, S. 84 ff., »Nachricht von einigen Versuchen des Herrn D. Beddoes über die Wirkungen der künstlichen Luftarten auf den menschlichen Körper, S. 86). »Seit jener Zeit nahm sich Hr. W. vor, dergleichen Untersuchungen thierischer Theile ganz aufzugeben. Denn sagte er, man könne einmal zufällig das Gas entdecken, welches das Faulfieber, oder eine noch schlimmere Krankheit verursacht... Da jetzt alle berühmten Aerzte und Wundärzte in Grosbrittan-

nien sich mit Hrn. Beddoes vereinigt haben, um die Heilkräfte der künstlichen Luftarten gegen verschiedene Krankheiten zu untersuchen; ...« (GGA 1795, S. 185) – *refrigeratorium:* Nach latinisierter Form refrigerare ›abkühlen, erkalten‹. – *description of a pneumatical Apparatur ... p: 34:* Beschreibung eines pneumatischen Apparates. – *Beddoes Considerations on the medicinal use of factitious airs:* »Considerations on the medicinal use and on the production of factitious airs«, London 1794, ³1796, hrsg. von Thomas Beddoes (Part I) und James Watt (Part II). Thomas Beddoes (1760–1808), engl. Physiker und wissenschaftlicher Schriftsteller, 1786–1792 Prof. der Chemie in Oxford; besuchte Paris, traf mit Lavoisier zusammen; arbeitete für eine »pneumatic institution«, die sich die Erforschung von Heilungsmethoden durch Inhalation verschiedener Gase zur Aufgabe gemacht hatte. Vgl. auch Dorothy Stansfield, Thomas Beddoes M. D. 1760–1808, Chemist, Physician, Democrat. Dordrecht 1984 – *roten Präcipitats:* S. zu J 2053. – *Lehre, das Wasser befände sich in allen Luftarten:* Hierzu vgl. L 940.

969 *In eben diesem Magazin-Stück:* Gemeint ist das »Monthly magazine«; s. zu L 968. – *Mr Davy ... subject:* Herr Davy hat eine Versuchsreihe über die Chemie des Lichts und der Wärme abgeschlossen, die im ersten Band der »West-Country Contributions« veröffentlicht und, wie ich glaube, einen großen Schritt dazu beitragen wird, viele wichtige Fragen hinsichtlich dieses schwer verständlichen Gebietes zu entscheiden. – Humphry Davy (1778–1829), einer der berühmtesten engl. Chemiker und glänzender Experimentator; benutzte als erster den galvanischen Strom zur chemischen Zerlegung; Superintendent an der »pneumatic institution«, an der auch Beddoes beschäftigt war. – *West-country contributions:* Diese wiss. Zeitschrift ist offenbar nicht erschienen.

970 Zur handschriftlichen Schreibung dieser Bemerkung s. zu D 53.

971 *Rheinwein zu machen:* Über Wein und Zeit reflektiert L. auch L 935. – *So wie der Mensch ... besser:* Diese beiden Sätze sind von L. durch Sternchen hierher verwiesen.

973 *Fichte[s] und Niethammers philosoph. Journal ... verboten:* »Das Philosophische Journal einer Gesellschaft teutscher Gelehrten«, das Fichte und Niethammer 1795–1800 in Jena und Leipzig zusammen herausgaben; mit Churfürstlich Braunschweig-Lüneburgischer Landesherrlicher Verordnung vom 14. Januar 1799 in den »Hannoverischen Anzeigen« von 1799, 7. Stück, wurde untersagt, »das sogenannte philosophische Journal, welches die Professoren in Jena Fichte und Niethammer herausgeben, bey funfzig Thaler Strafe zu führen, zu verkaufen, oder kommen zu lassen«. Johann Gottlieb Fichte (1762–1814), Prof. der Philosophie in Jena, 1799 wegen seiner Äußerungen im Atheismus-Streit amtsenthoben. L. spielt darauf auch L 980, 982 und in den Briefen an Johann Friedrich Blumenbach vom 1. Juni 1796 und vom 7. Februar 1799 sowie an Ludwig Christian Lichtenberg vom 18. Februar 1799 an. Friedrich Immanuel Niethammer (1766–1848), zunächst Dozent der Philosophie in Jena, seit 1808 bedeutender Pädagoge in Bayern; vgl. auch den Brief an Karl Wilhelm von Ibell vom 2. März 1798. Vgl. auch Frank Böckelmann (Hrsg.), Die Schriften zu J. G. Fichtes Atheismus-Streit, München 1969, und neuerdings Werner Röhr (Hrsg.), Apellation an das Publikum ... Dokumente zum Atheismus-Streit um Fichte, Forberg, Niethammer. Jena 1798/99, Leipzig

1987. – *im 2ten Heft* . . . *Theorie des Feuers von Sauer:* »Transcendentale Ansicht der Theorie des Feuers. Von Herrn Candidat Sauer« (»Philosophisches Journal, 1798, 8. Bd., 2. Heft, S. 91–127).

974 *große Lichter sind es nicht, aber große Leuchter zuweilen die mit anderer Leute Meinungen handeln:* Zu diesem Satz vgl. L 686; die letzte Wendung begegnet bereits K 246. – *Tant mieux:* Frz. ›um so besser‹. – *quod probe notandum:* S. zu L 966.

975 *Die Lehren von einer unmittelbaren Offenbarung, von der Genugtuung:* S. zu J 269.– *Frei-Corps* . . . *Haupt-Armee:* Zu diesem Gedanken und seiner Formulierung vgl. H 152. – *am Ende bei einer bloßen Vernunft-Religion stille stehen werden:* S. zu J 269. – *getrauen uns:* In der Handschrift *getrauen wir*. – *Der Staat . . . unser vergrößerter Körper:* Zum Staat als Organismus vgl. auch L 396. – *Diktate der Vernunft:* Diesen Ausdruck verwendet L. in »Daß du auf dem Blocksberge wärst« (III, S. 470) und in der »Erklärung der Kupferstiche« (GTC 1799, S. 226); vgl. auch L 878.

976 *Perkin's metallic Tractors:* Jacob Perkins (1766–1849), erst Kupferstecher in Philadelphia, dann Zivil-Ingenieur in London; Erfinder u. a. einer neuen Dampfmaschine (1827); zu den »metallic tractors« konnte nichts ermittelt werden. – *Remnant in Hamburg:* Nichts ermittelt. – *mein Berühren . . . mit etwas Spitzigem gegen die Nase:* Vgl. L 959 und schon A 107. – *Nadel gegen Terpentin-Öl:* S. zu J 2164, L 752.

977 Erstveröffentlicht: Ph + M 4, S. 355. – *Grenze der Filtrorum:* Filtrieren, bzw. Filterpresse, Vorrichtung zur Trennung feinpulveriger, fester Stoffe von Flüssigkeiten, bei der das Gemisch in mit Filtertüchern allseitig umschlossene enge Räume gepreßt wird. – *Auflösung:* S. zu J 1734.

978 *Nach Herrn Hildebrandts Ausdruck:* L.s Notiz bildet das fast wörtliche Zitat des Schlußsatzes von Friedrich Hildebrandts Aufsatz »Ueber den Papiermangel« im »Allgemeinen Reichsanzeiger« Nr. 17, Montags, den 21. Januar 1799, Sp. 189–192. – *der vegetabilische Faserstoff:* Nach Hildebrandt das Wesentliche im Papier. – *Lein-Pflanze:* Flachs; schon im alten Ägypten zur Gewinnung der Flachsfaser angebaut. Das Rotten, der erste Schritt zur Faserherstellung, geschieht durch eine Gärung des Flachses in Wasser. – *Es ist also hier wie mit dem Zuckerstoffe:* Zusatz L. s. – *Transferring:* Zu dieser Floskel s. zu L 668.

980 *ein Fichtianer:* Gemeint ist ein ›Atheist‹; s. zu L 973. – *ein großer Vorteil:* In der Handschrift *eine große*. – *die tugendhaftesten Menschen kaum . . . sagen können, warum sie tugendhaft sind:* Ähnlich schreibt L. in L 194.

981 Erstveröffentlicht: VS 1, S. 102. – *Alles . . . auf einfache Prinzipien zurückbringen zu wollen:* Vgl. A 17.

982 Erstveröffentlicht: VS 1, S. 102. – *Fichte scheint nicht zu bedenken . . . :* Die Rücksicht auf das Volk setzt L. Fichte auch in seinem Brief an Ludwig Christan Lichtenberg vom 18. Februar 1799 entgegen.

983 *Das Löffelchen von Platina, beim Landriani:* Wohl Anspielung auf Versuche Landrianis bei seinem Besuch bei L. in Göttingen; vgl. den Brief an Martinus van Marum vom 10. April 1789.

MH

Miszellen-Heft

Erstveröffentlicht und Textvorlage: Eduard Grisebach, Die deutsche Literatur seit 1770. Gesammelte Studien, Stuttgart 1877, S. 68–72.

Die dort mitgeteilten Bemerkungen Lichtenbergs stellen, wie Grisebach, S. 67 angibt, den von ihm ausgewählten »interessantesten inhalt« eines 25 Blätter starken Quartheftes dar, »welches sich im nachlass des bekannten professor Bouterweck zu Göttingen vorgefunden und jedenfalls bei herausgabe des gedruckt vorliegenden nachlasses ganz unberücksichtigt geblieben ist« (S. 67f.).

So bedauerlich es ist, daß Grisebach lediglich eine Auswahl aus dem neben Sudelbuch L spätesten Notizheft von Lichtenberg veröffentlichte, so wünschenswert erschien die Aufnahme dieser Auswahl in die vorliegende Ausgabe: das Miszellen-Heft, in das Grisebach in den siebziger Jahren des neunzehnten Jahrhunderts Einsicht nehmen konnte, war bis 1985 verschollen. Albert Leitzmann konstatierte 1908 im Vorwort zum fünften Heft seiner Aphorismen-Ausgabe, daß die Handschrift aus Bouterweks Nachlaß nicht aufzufinden sei: »alle dahingehenden Bemühungen erwiesen sich als vergeblich« (S. V).

Am 27. März 1985 wurde das Miszellen-Heft überraschend auf einer Auktion von »Valuable Autograph Letters, Historical Documents and Music Manuscripts« (Auktions-Katalog Nr. 143, S. 50–52) angeboten und von der Niedersächsischen Staats- und Universitätsbibliothek Göttingen erworben (vorläufige Signatur: Access. Ms. 1985. 3). Demnach umfaßt das Heft 48 Seiten, von denen 21 unbeschrieben sind: außer der Titelseite 21 Seiten Notizen zu »Fleiß und Faulheit« und 5 Seiten vermischte Bemerkungen; zusätzlich eingelegte Blätter, die gesondert versteigert wurden und in unbekannten Privatbesitz übergegangen sind. Zu der Wiedergabe Grisebachs, der etwa zehn Prozent des Textbestandes mitteilte, s. jetzt Ulrich Joost, Vermischte Notizen Lichtenbergs IV, in: Lichtenberg-Jb 1989, S. 198–199.

Übrigens macht die Auswahl, die in unserer Ausgabe zu bequemerer Benutzung durchnumeriert worden ist, nicht den Eindruck, als handele es sich bei dem Heft ausschließlich um ein, wie Leitzmann in dem obengenannten Vorwort meinte, »Studienheft zu *Hogarths Industry and idleness*«. Nur zu einem Teil – Grisebach zufolge bis Blatt XII – trifft diese Bezeichnung zu. Im übrigen aber enthält das Heft witzige Stenogramme, die womöglich in Hinblick auf Kalenderartikel notiert wurden. Besonders aufschlußreich sind die Bemerkungen Nr. 21 bis 43, die den Schluß nahelegen, daß Lichtenberg hier abermals in den methodischen Umkreis seines seit Jahren konzipierten *eigenen* Kompendiums gerät, beziehungsweise der »300 Fragen an junge Physiker« (J 1531), wie er das Projekt am Schluß bündig zu nennen pflegte.

Das Miszellen-Heft aus dem Jahre 1798 hat, ungeachtet seiner Kürze, den gleichen hinreißend buntscheckigen Charakter, der Lichtenbergs Sudelbücher auszeichnet.

Anmerkungen (Band II)

S. 539 *Miszellen-Heft:* Zur Kennzeichnung dieses Hefts schlage ich den für den Zwischentitel verwandten Begriff und dementsprechend die Abkürzung MH vor.

S. 541 *Industry and Idleness:* Nach Grisebach, a.a.O., S. 66, trägt das Heft auf der ersten Seite diesen Titel. Weitere Arbeitsnotizen L.s zur Ausführlichen Erklärung von Hogarths »Fleiß und Faulheit«, die er nur bis zur Sechsten Platte ausführte und die durch seinen Tod unvollendet blieb (III, S. 993), finden sich zuvor in L 360, 519, 522, 624, 645.

Auf der Titelseite befinden sich nach Grisebach außerdem die Jahreszahl *1798* und die meteorologische Eintragung der Wintersonnenwende. Beide Notizen erlauben den Schluß, daß »dies heft unmittelbar vor des autors tode begonnen war« (Grisebach, a.a.O., S. 66).

S. 542 *Hogarth geboren 1698:* Diese Eintragung befindet sich laut Grisebach auf der Rückseite des Titelblatts. William Hogarth wurde tatsächlich am 10. November 1698 geboren.

1 *Stelle von der Allgemeinheit Pistols . . . Fielding works IV:* L.s bibliographischer Hinweis bezieht sich auf die 12bändige Ausgabe der »Works« von Henry Fielding, erschienen London 1775; *Pistol* ist eine Figur aus Fieldings Farce »The historical register for the year 1736«, wo er I, 1 Medley an der von L. angegebenen Stelle (Bd. 4, S. 187) über Pistol sagen läßt: »My Lord, Pistol is every insignificant fellow in town, who fancies himself of great consequence, and is of none; he is my Lord Pistol, Captain Pistol, Counsellor Pistol, Alderman Pistol, Beau Pistol, and – and – Odso, what was I going to say? Come, go on.« Mein Herr, Pistol ist jeder unbedeutende Kerl in der Stadt, der sich für sehr wichtig hält, ohne es zu sein; es ist der Lord Pistol, Hauptmann Pistol, Rat Pistol, Alderman Pistol, der Beau Pistol und – und – was wollte ich sagen? Kommen Sie, fahren Sie fort. Die Stelle ist in den Hogarth-Erklärungen nicht verwertet.

2 *Turn again Whittington:* Turn again, Whittington, / Thrice Lord Mayor of London! / Kehre um, Whittington, / Dreimal Mair' von London! Diesen Zweizeiler nebst Übersetzung teilt L. in den Hogarth-Erklärungen, wo er die Lebensgeschichte Richard Whittingtons erzählt (III, S. 1004) mit. – *Ut re mi fa sol la:* Tonsilben, die den Halbzeilenanfängen eines Johannes-Hymnus entsprachen und die Stufen der mit G beginnenden Sechstonreihen bezeichneten; die Solmisation genannte Methode wurde angeblich von Guido von Arezzo um 1026 eingeführt. L. hat diesen Zug in den Hogarth-Erklärungen (III, S. 1004) verwertet. – *Einen solchen Ruf gehört . . .:* L. hat die hier notierten Züge in seinen Hogarth-Erklärungen nicht verwertet; an ihrer Stelle steht eine Digression über Aberglauben (III, S. 1005f.). – *Alphabet:* Vielleicht Anspielung auf die Alphabetrechnung in den Buchdruckereien, die frz. Ursprungs ist: die Berechnung des Schriftsatzes, der die Kleinbuchstaben des Alphabets zugrunde gelegt sind.

3 *Blatt III. Man sage was man wolle . . .:* »Im Reiche der Lumpen machen schon bloß die ganzen Kleider Leute«, schreibt L. in den Hogarth-Erklärungen (III, S. 1021). – *wenn Kleider . . . nicht Leute machen:* »Der ausserordentliche Einfluß der Kleider auf das Urtheil der Leute ist bei allen Völkern sprichwörtlich anerkannt« (Wander II, Sp. 1377, Nr. 140–143).

4 *Blatt VI. Wenn das Söhnchen gehenkt* ...: Diesen Satz hat L. bei der – unvollendet gebliebenen – Erklärung des Sechsten Blattes von »Fleiß und Faulheit« nicht verwertet. – *dic cur hic:* Sag, weswegen.

5 *Hier die konkaven Blumenblättchen:* Gemeint ist vermutlich K 250.

6 *Doppelter Louisd'or wiegt noch einmal so viel:* Zu diesem Satz vgl. L 264, 323.

8 *Im Dunkeln rot werden:* Diese Notiz bezieht sich zweifellos auf K 115; vgl. die Anm. dazu.

9 *Genie so allgemein ... Mutterwitz immer seltener:* Vgl. K 231.

10 *Mit anderer Leute Meinungen handeln:* Zu dieser Wendung s. zu K 246. – *Kein großes Licht ... großer Leuchter:* Dieser Satz geht auf L 686 zurück.

11 *ex officio:* S. zu J 684.

12 *Prinzipien ... was man sein soll:* Diese Notiz nimmt einen Gedanken von L 577 wieder auf. S. auch L 981. – *swinish multitude:* Engl. ›Säuische Masse‹. Das Oxford English Dictionary gibt als Beleg Burke, French Revolution, 117 (1790).

13 *Mensch schleift ... an sich:* Mit dieser Notiz greift L. eine Bemerkung von L 559 wieder auf.

14 *Ohne Sägespäne ... kaum eine Distinktion möglich:* Vgl. L 553.

15 *Wieviel auf Vortrag ankommt ... (L 69):* Diese Notiz ist das Stenogramm von L 504, in der Handschrift die dritte Bemerkung auf der linken Kolumne, S. 69, geschrieben zwischen dem 13. Juli und 15. September 1798. – *Butterbrod:* S. zu D 69.

16 *Alpen-Spitzen näher der Sonne ... L 58:* Diese Notiz ist das Stenogramm von L 406, in der Handschrift die dritte Bemerkung auf der linken Kolumne unten und rechts oben, S. 58, geschrieben zwischen dem 19. Januar und 24. März 1798. – *näher der:* In der Handschrift *reinere*.

17 *im Ringe:* In der Handschrift *in Ringen*.

18 *Eine Art Muscheln ... L. p. 90.:* Stenogramm von L 673, in der Handschrift die erste Bemerkung auf der rechten Kolumne oben, S. 90, geschrieben zwischen dem 22. November 1798 und dem 12. Januar 1799. Vgl. auch MH 19.

19 *bei denen der Darm-Kanal durch das Herz geht:* Vgl. MH 18 und L 673. Nach Mitteilung von Joost, Lichtenberg-Jb 1989, S. 199, fehlen in der Handschrift die Bemerkungen MH 19–24: »da diese sonst komplett scheint, hat Grisebach entweder die betreffenden Nummern willkürlich einsortiert, oder er konnte auf eingelegte Zettel zurückgreifen«.

20 *Der Unglaube in einer Sache ...:* Fast wörtliche Übernahme von L 674. – *ibid.:* Abk. für lat. ibidem ›ebendort‹; gemeint ist L. p. 90 (L 674). – *take care:* Vgl. J 1969. – *nicht πμ:* Zu diesen Buchstaben s. zu A 70.

21 *Fragen aufzusetzen über ... die gemeinsten Dinge:* Diese Bemerkung wie die folgenden Sätze MH 22–36 und auch MH 37–43 erinnern an L.s Fragestellungen KA 296–342 und an L.s Plan der »300 Fragen an junge Physiker«.

33 *Etwas noch nie Erhörtes ... zu denken und zu sagen:* Vgl. J 1254 und 1261.

35 *Etwas ... transferieren:* Zu dieser Wendung vgl. L 668.

36 *Hierüber eine besondere Abhandlung ... schreiben:* L. hat den Plan nicht ausgeführt; es ist wohl auszuschließen, daß mit dieser besonderen Abhandlung die »300 Fragen an junge Physiker« gemeint sind. – *(Ich verstehe mich):* Zu dieser Floskel vgl. L 570.

37 *Das große Los ... nicht gezogen:* Ähnlich schreibt L. in L 635 und 675; geschrieben zwischen dem 8. November 1798 und dem 12. Januar 1799.
38 *nachzuahmen:* Zu dieser Floskel s. zu E 46.
40 *nicht mit dem Anfang anzufangen:* Vgl. L 186.
41 *Remote but kindred objects:* Entfernte, aber verwandte Gegenstände.
42 *K. p. 140.:* Die Bemerkung aus Sudelbuch K ist nicht überliefert; vgl. aber J 1266. Womöglich gehört der Hinweis auf das Sudelbuch K in der Handschrift noch zu MH 41, wo sich eine dieser Nummer ähnliche Version findet: »Ueberall remote but kindred objects aufzusuchen ferner K. p. 140.« Kontamination Grisebachs?

UB

Undatierbare und verstreute Bemerkungen

In dieser Abteilung, für die das Kürzel UB gewählt wurde, sind Bemerkungen Lichtenbergs zusammengefaßt worden, die sich aus unterschiedlichen Gründen einer anderen Rubrizierung entziehen.

Zunächst haben in dieser Abteilung sämtliche Bemerkungen aus den »Vermischten Schriften«, auch die wissenschaftlichen, Aufnahme gefunden, die zwar den verschollenen Sudelbüchern G, H oder K, bzw. L entnommen sein können, aber keinerlei Anhaltspunkte für eine zuverlässige Einordnung darbieten.

Einen zweiten Komplex – den umfangreicheren – stellen Bemerkungen, die von Lichtenberg nicht in Sudelbüchern notiert worden sind, sondern von ihm willkürlich da und dort aufgezeichnet wurden, auf Zetteln, innerhalb seiner Vorlesungsskripte.

Ulrich Joost hat in »Vermischte Notizen Lichtenbergs« I–III (Photorin 2, 1980, S. 41–44; 4, 1981, S. 49–59; 7–8, 1984 S. 66–89) und IV (Lichtenberg-Jb 1989, S. 194–201) ›Einfällsel‹ mitgeteilt; s. auch Werner Preuß, Zwei neuentdeckte Fragmente Georg Christoph Lichtenbergs über Physiognomik, in: Perspektiven Kritischer Theorie. Eine Sammlung zu Hermann Schweppenhäusers 60. Geburtstag, hrsg. von Christoph Türcke, Lüneburg 1988, S. 237–246.

Die hier abgedruckten Bemerkungen stammen größtenteils aus den »Vermischten Schriften« und aus Ernst Paul Heinrich Magin, Über Georg Christoph Lichtenberg und seine noch unveröffentlichten Handschriften, Hamburg 1913. Der Ort der Erstveröffentlichung einer Bemerkung und die Textvorlage werden jeweils zu Beginn der Anmerkung angegeben.

Anmerkungen (Band II)

1 Die handschriftliche Fassung dieser Notiz befindet sich im Besitz der Universitätsbibliothek Leipzig, erstveröffentlicht in Leitzmann/Schüddekopf (Hrsg.), Lichtenbergs Briefe, Leipzig 1901, Anm. zu Nr. 67. – *Der Mann hat vieles gelesen:* S. zu B 204.

2 Die handschriftliche Fassung dieser Notiz befindet sich im Besitz der Universitätsbibliothek Leipzig; erstveröffentlicht in: Briefe 1, S. 404. – *Kulenkamp:* Lüder Kulenkamp (1724–1794), Dr. theol., seit 1764 Prof. der Philosophie und Prediger der Reformierten Gemeinde in Göttingen. – *unserm jetzigen Prorektor:* Lüder Kulenkamp war vom 2. Januar 1778 bis 2. Juli 1779, ferner 1786 und 1792 Prorektor der Göttinger Universität. – *von mir sehr übel geredet:* Darüber ist aus den Briefen und Sudelbüchern L.s kein Aufschluß zu erhalten; die einzige Apostrophe gegen Kulenkamp findet sich in einem Brief an Albert Ludwig Friedrich Meister vom Frühjahr 1779. – *als ich in England war:* Also 1774/75 oder schon 1770? – *a Jolly fellow:* Engl. ›ein fröhlicher Bursche‹.

3, 4 VS 1844, 1, S. 190.

5 VS 1844, 2, S. 43 f. – *Anweisungen, den Wein ... recht zu trinken:* Ähnlich schrieb L. in den Hogarth-Erklärungen »Die Biergasse und das Branntwein-

(Genever-)Gäßchen« im GTC 1795, S. 204 f.: »so wollte ich hundert Theile meines ganzen Vermögens darum geben, wenn ich das Trinken in manchen Gegenden in Deutschland auf einen bessern Fuß bringen könnte«.

6 VS 1844, 2, S. 44.

7 VS 1844, 2, S. 106.

8 VS 1844, 2, S. 106. – *Kirchtürme, umgekehrte Trichter:* Vgl. K 93.

9 VS 1844, 2, S. 106. – *Hofblitzableiter:* Wie sehr das Wort ›Blitzableiter‹ L. zu witzigen Neuschöpfungen angeregt hat, geht aus der Zusammenstellung im Wortregister hervor.

10, 11 VS 1844, 2, S. 106.

12 VS 1844, 2, S. 106. – *perpetuum nobile:* S. zu C 142. Zu L.s Wortspiel s. zu B 156.

13 VS 1844, 2, S. 106. – *accessit:* S. zu B 343.

14 VS 1844, 2, S. 106. – *Theatro anatomico zu G ...:* »Zur Anatomie ist ein eigenes Gebäude von zwey Geschoßen in der Caßpüle [neben dem Botanischen Garten] angelegt, und ganz seinem Zweck eingerichtet. Auch sind solche Veranstaltungen getroffen, daß es nicht leicht an Kadavern fehlen kann. Nebst einer ansehnlichen Sammlung von anatomischen Präparaten ist auch ein ziemlicher Vorrath anatomischer und chirurgischer Instrumente vorhanden« (Rintel, S. 64). Das Theatrum Anatomicum, das zunächst auf einem Turm am Albaner Tor installiert war, wurde auf Drängen Albrecht von Hallers 1738 von der hannöverischen Regierung errichtet.

15 VS 1844, 2, S. 107. – *wie Kolumbus das Ei:* Vgl. L.s Kalender-Erklärung von Hogarths »Columbus breaking the Egg. Eigentlich, Columbus wie er ein Ey auf die Spitze stellt« im GTC 1793, S. 165–173.

16 VS 1844, 2, S. 107. – *Hündchen:* In der Textvorlage *Hündlein.* Entsprechend Lauchert verbessert. – *Daniel in der Löwengrube:* Daniel, nach jüdischer und christlicher Überlieferung der Name des Weisen und Propheten am babylonischen Hof im 6. Jh. v. Chr., der angeblich das Buch Daniel verfaßt hat, das aber erst zwischen 167 und 164 v. Chr. entstanden ist und auf Grund älterer Legenden in seinem erzählenden Teil auch die Geschichte von Daniel in der Löwengrube enthält (Daniel 6, 17–24), die zum geflügelten Wort wurde.

17 VS 1844, 2, S. 107.

18 VS 1844, 2, S. 108. – *papier velin:* Pergamentpapier, hergestellt aus der Haut neugeborener Lämmer oder Kälber. – *papier vilain:* Schurkenpapier.

19, 20 VS 1844, 2, S. 108.

21 VS 1844, 2, S. 109.

22 VS 1844, 2, S. 110.

23 Erstveröffentlicht in: VS 1844, 2, S. 110. – *Eselsmilch ... trinken:* Sie wurde früher, da leicht verdaulich und nährend, oft bei Krankheiten verordnet, wo Störungen der Verdauungsfunktionen vorlagen.

24 VS 1844, 2, S. 110.

25 VS 1844, 2, S. 111. – *Das neue Testament, von neuem ... übersetzt, vermehrt und verbessert:* Die »Bibliotheca Lichtenbergiana« weist 3 Titel auf (BL, Nr. 1257–1259).

26 VS 1844, 2, S. 115. – *Neujahrswünsche:* Zu L.s selbstverfaßten ›Neujahrswünschen‹ s. den Brief an Anton Matthias Sprickmann vom Dezember (?) 1772.

27 VS 1844, 2, S. 115. – *Halsgerichtsordnung:* Halsgerichtsordnungen wurden die im 15. und 16. Jh. in Deutschland erlassenen Gesetze über das Strafrecht und Strafverfahren genannt; vgl. UB 33 und III, S. 218, 456.

28 VS 1844, 2, S. 115. – *Ein Haus, worin der Körper . . . Witwensitz erhalten:* Umschreibung für Irrenanstalt; L. kannte Bedlam in London und die in Celle.

29, 30, 31, 32 VS 1844, 2, S. 116.

33 VS 1844, 2, S. 116. – *Halsgericht:* S. zu UB 27. – *Concilio medico:* »Das Collegium medicum (Consultation of Physicians)« ist ein satirisches Blatt auf die Ärztezunft, die »Leichenbesorger-Gilde« von Hogarth betitelt, das L. im GTC 1789, S. 208–218, kommentierte.

34 VS 1844, 2, S. 117.

35 VS 1844, 2, S. 117. – *Adlerauge der Kritik:* Ähnlich schreibt L. von dem »Falkenauge der Vernunft« in den »Geologischen Phantasien« im GTC 1795, S. 82. – *Hundsnase der Kritik:* Unter »Neue Entdeckungen, physicalische und andere Merkwürdigkeiten« äußert sich L. im GTC 1795, S. 195–198, über die Findigkeit der Hundenasen (Neuer Gebrauch der Hunde).

36 VS 1844, 2, S. 117.

37 VS 1844, 2, S. 117. – *großen Prospekt in M.:* Welcher Ort ist gemeint? – *spanischer Reuter:* Span. Reiter; militärisch ein bewegliches Drahthindernis von etwa 2 Meter Länge, aus einem Holzgestell, über das Stacheldraht gespannt ist. – *Kriegableiter:* Zu Wortbildungen mit *-ableiter* s. das Wortregister.

38 VS 1844, 2, S. 185.

39 VS 1844, 2, S. 193.

40 Magin, S. 30. – *aus dieser Begierde oft in London an Orten zugedrängt . . . Versuche mit der Gewitter-Elektrizität:* Vgl. F 804.

41 Magin, S. 30.

42 Magin, S. 31. – *Ein Mann der ein Compendium schreibt . . .:* S. zu C 346.

43 Magin, S. 31. – *Wenn ein Buch und ein Kopf zusammenstoßen:* Vgl. D 399 und die Anm. dazu. – *die Zeit . . . das Stundenglas ins Gesicht schmeißt:* Vgl. D 253. – *sich in einen Ochsen verwandeln . . . kein Selbstmord:* Vgl. D 165. – *wachender Gelehrsamkeit und schlafender Menschenverstand:* Vgl. D 325.

44 Magin, S. 31. – *Was hilft aller Sonnenaufgang wenn wir nicht aufstehen:* S. J 638 und die Anm. dazu.

45 Magin, S. 31. – *Fehler, die die Damen beim Sprechen machen . . .:* Vgl. dazu H 127.

46 Magin, S. 31.

47 Magin, S. 55. – *Wenn ich nur:* In der Vorlage *mir.* – *Entschluß fassen . . . gesund zu sein:* Diesen Satz notiert L. bereits GH 46. Zu Übersetzung und Nachweis des lat. Zitats vgl. die Anm. dazu. – *aude:* In der Vorlage *ande.*

48 Aus L.s Nachlaß, S. 74–79. Diese und die folgenden Bemerkungen bis einschließlich UB 55 sind von Leitzmann unter der Überschrift »Physiognomische Bemerkungen« in: Aus Lichtenbergs Nachlaß, S. 74–83, erstmals veröffentlicht worden; es handelt sich dabei, wie Leitzmann, S. 215, mitteilt, um eine Auswahl von Bemerkungen aus einer großen Zahl physiognomischer Notizen und Entwürfe. Sie sind teils ohne Überschrift wie Nr. 48, teils unter verschiedenen Titeln wie »Vermischte Gedanken zur Abhandlung« und »Einzelne Anmerkungen und Ausdrücke« auf einzelnen Bogen und in kleinen schmalen Heften überliefert. Selbstverständlich stehen alle diese

Notizen in Zusammenhang mit L.s antiphysiognomischen Streitschriften gegen Lavater.

S. 556 *Fässer visiert:* Visieren: den Inhalt eines Fasses mit dem Visierstab untersuchen und messen. – *Graf Tessin:* Carl Gustav Graf von Tessin (1695–1770), bedeutender schwed. Staatsmann, Erzieher des Kronprinzen, des späteren Königs Gustaf III. von Schweden und Gründer der schwed. Akademie der Wissenschaften; Anhänger und Freund Lavaters. Seine physiognomische Routine wird auch in der »Antiphysiognomik« (III, S. 261) erwähnt. – *von einem sehr glaubwürdigen Schweden gehört:* Vermutlich L.s Freund Jens Matthias Ljungberg. – *auram Seminalem:* Lat. aura seminalis ›der befruchtende Lufthauch‹; Anspielung auf Zeus und Danaë. – *was man . . . von roten Haaren, Habichts-Nasen . . . gesagt:* Betrifft L. selbst! Vgl. F 84.

S. 557 *Die Regeln, die uns Winckelmann, Wille, Hagedorn . . . über die Beurteilung der Werte der Kunst gegeben:* Über Winckelmann s. zu B 16; über Wille s. zu B 170; über Hagedorn s. zu B 17.

S. 558 *die bekannte Regel des Seneca: Qui sciret . . . desperaret:* Wer wüßte, was ein guter Mann ist, würde noch nicht glauben, daß er es sei, er würde vielleicht sogar die Hoffnung aufgeben, es werden zu können. »Episteln«, 42, 4. – *bonus doctus:* Gut gelehrt.

49 Aus Lichtenbergs Nachlaß, S. 79. – *Lavaters Stirnmesser:* Darüber s. zu F 1063. – *Perikles hatte . . . einen spitzen Kopf:* S. zu D 181. – *der . . . Zeitung:* Welche ist gemeint? – *Berliner Bibliothek:* Gemeint ist die AdB.

50 Aus Lichtenbergs Nachlaß, S. 80. – *Lavaters Unterschied zwischen häßlicher und leidender Tugend:* Vgl. Lavater, Physiognomische Fragmente, Bd. 4, S. 10, sowie »Wider Physiognostik« (III, S. 559). – *wie sich Haller ausdrückt:* S. zu D 132. – *ankünsteln:* Vgl. D 668 (S. 340).

51 Aus L.s Nachlaß, S. 80-81. – *so müssen wir alle Gebrechlichen hängen lassen:* Ähnlich F 521. – *hatte Lykurg so was im Sinn:* Vgl. F 672.

52, 53 Aus L.s Nachlaß, S. 81.

54 Aus L.s Nachlaß, S. 81 f.

55 Aus L.s Nachlaß, S. 82 f. – *der meinige bei Zeichnung des Nachtwächters:* Vgl. E 377 und die Anm. dazu.

56 Ph + M 4, S. 277. – *Augenlider:* In der Textvorlage *Augenlieder.*

57 Ph + M 4, S. 340.

58 Ph + M 4, S. 341 f. – *Borstorfer Apfel:* Aus dem sächsischen Dorf Borstorf stammende, wohlschmeckende Apfelsorte.

59 Ph + M 4, S. 342. – *semen Lycopodii:* Bärlapp-Samen oder Hexenmehl.

60 Ph + M 4, S. 343.

61 Ph + M 4, S. 343; wiederabgedruckt in: VS 1844, 2, S. 188. – *weise, daß die Fische stumm sind:* Hier irrt L. zwar, s. aber sein hübsches Wortspiel mit den Fischweibern von Billingsgate in den Hogarth-Erklärungen (III, S. 752). – *eines der größten Unglücke, das die Welt befallen könnte:* Dieses ›Unglück‹ ist bekanntlich mittlerweile eingetroffen.

62 Ph + M 4, S. 344. – *Ähnlichkeiten . . . aufzusuchen:* Die von L. propagierte und zeitlebens geübte wissenschaftliche Methode!

63 Ph + M 4, S. 345.

64 Ph + M 4, S. 356.

65, 66 Magin, S. 55.

67 Magin, S. 55. – *im . . . Sommer verfrieren zu machen:* S. zu GH 69.

68 Magin, S. 55. – *der Mond ... ein Tropfen im Weltmeer:* Zu diesem Bild s. zu E 257 (S. 405). – *ohne bewohnt zu sein:* Zur Annahme von ›Mondbürgern‹ noch im 18. Jh. s. zu C 342.

69, 70 Magin, S. 56.

71 Magin, S. 56. – *vor dem Blitz ... durch einen Ableiter schützen:* »... denn einen guten Blitz-Ableiter anzulegen, erfordert nicht mehr Kunst und Arbeit, als ein guter Regenschirm«, schreibt L. in seinem Artikel »Neueste Geschichte der Blitz-Ableiter« im GTC 1791, S. 38. – *Paraplüe:* Frz. ›Regenschirm‹.

72 Magin, S. 56.

73 Magin, S. 56. – *Daß die Würfel 6 Seiten haben lernt man sehr früh:* Über die landläufige Verwechslung von Würfel und Quadrat läßt sich L. aber noch in der Miszelle »Vom Würfel« (GTC 1793, S. 146–149) aus.

74 Magin, S. 56.

75 Magin, S. 56. – *die Cartesianischen Teufel:* Vgl. J 1287 und Anm.

76 VS 1844, 2, S. 185; wiederabgedruckt: Magin, S. 56.

77 Magin, S. 56. – *Zeichnen an der Tafel ... vermeiden ... lieber schlechte Modelle:* Wohl L.s Forderung an sich selbst, die er nach Berichten zeitgenössischer Hörer – aus Gründen seiner Mißbildung? – befolgte.

78 Magin, S. 56.

79 Magin, S. 56. – *der plausible Irrtum:* Im GTC 1788 spricht L. innerhalb des Artikels »Verbesserungen einiger populären Irrthümer«, S. 185, von einer »Plausibeln Lüge«, von der man sagen könne: »sie habe das Gepräge der Wahrheit«.

80 Magin, S. 56.

81 Magin, S. 56. – *der Name etwas sehr Uninteressantes:* ›Sachen‹ statt ›Worten‹ war des Wissenschaftlers L. beständige Forderung!

82 Magin, S. 56. – *Kautschuk ... in England gesehen:* L. notiert in RT (Gumbert, LiE, T II 27) lediglich die Herstellung von Radiergummis aus Federharz (s. zu C 145).

83 (Nachtrag; s. nächste Seite.) Notiert auf einem abgerissenen Tagebuchblatt L.s (4°, Wasserzeichen: Posthorn mit Rankenumrahmung); im Besitz der Autographensammlung der Veste Coburg. Mitgeteilt von H. Huth, Lichtenberg-Miszellen, in: Zeitschrift für Bücherfreunde, NF 15, September bis Dezember 1923, Sp. 244 (Beiblatt).

84 (Nachtrag; s. nächste Seite.) VS 1844, 2, S. 5.

Nachträge

Es ist überhaupt ein Satz, den alle guten Köpfe mit auf die Welt bringen: man muß sich durch keines Menschen Meinung *überzeugen* lassen, aber durch jedes Menschen Gründe er sey auch wer er wolle. Es ist eine große Naturgabe, diese Unbiegsamkeit gegen Meinungen ohne Vernunftgründe. Es ist eigentlich das was man Stärcke des Verstandes nennen sollte. [83]

Man glaube nicht, daß eine Bemerkung für ein Schauspiel zu fein oder zu tief sei. Was der Kenner in der Natur zu finden im Stande ist, entdeckt er auch hier wieder. Vielleicht wäre es nicht gut, einen gar zu subtilen Satz zum Hauptgegenstand des Stücks zu machen; aber den Hauptsatz zu stützen, ist alles Wahre gut; und ist es sehr tief, so dient es dem Stück noch zu einer Stütze und, wenn ich so reden darf, zu einem Nothpfennig, wenn die witzigen Einfälle und die Situationen längst nicht mehr halten wollen. [84]

Mat I

Materialheft I

Als Materialheft I (Mat I) wird ein im Lichtenberg-Nachlaß der Staats- und Universitätsbibliothek Göttingen befindliches Heft ohne Umschlag bezeichnet, das von Lichtenberg mit Ausnahme der vorderen Außen- und Innenseite von 1 bis 22 paginiert wurde und demnach 24 Seiten umfaßt. Format: 21 × 8,5 cm; Heftung an der Längsseite, also Hochformat; kein Deckel. Signatur: Ms. Lichtenberg IV, 34. Die hier notierten 175 Bemerkungen, die durchnumeriert wurden, sind nur zum geringsten Teil in den »Vermischten Schriften« abgedruckt worden. Leitzmann führt dieses Heft als »Materialheft zu den Briefen aus England«, vermutlich verleitet durch die ›Überschrift‹ *Boies Briefe*.

Tatsächlich finden sich in dem Heft, das wohl auf 1778 zu datieren ist, lediglich einige Arbeitsnotizen zu den »Briefen aus England III«, im übrigen aber diverse Bemerkungen im Hinblick auf den »Orbis pictus«.

Anmerkungen (Band II)

1 *unsern dramatische[n] Mordgeschichte[n]:* L. hatte zunächst geschrieben *Eine dramatische Mordgeschichte*; zu der Wendung vgl. auch Mat II 30.

2 *Boies Briefe:* Hinter den beiden Wörtern befindet sich in der Handschrift ein eingeklammertes Fragezeichen, mit anderem Stift geschrieben, von dem fraglich ist, ob es von L.s Hand stammt.

3 *Der Mensch ... wie ein Bratenwender zu einer Repetier-Uhr:* Zu diesem Gegensatz vgl. III, S. 375. Zu *Bratenwender* s. zu D 757; zu *Repetier-Uhr* s. zu J 1335.

4 Die Bemerkung ist von L. gestrichen, da er sie im »Orbis Pictus« (III, S. 387) verwertet hat. – *haben:* Danach von L. gestrichen *verwenden*.

5 *wie Fielding sagt:* Die Stelle wurde nicht ermittelt; vgl. D 455.

7 *Barbier von Bagdad:* Über diese Gestalt aus »Tausendundeine Nacht« s. zu F 809; über die Märchensammlung s. zu E 257. – *Rebhuhn:* Partridge; Figur aus Fieldings »Tom Jones«; s. zu F 1096. Die beiden Figuren setzt Fielding in der Überschrift von »Tom Jones«, Buch VIII, Kap. 4 miteinander in Beziehung.

9 *Kunst ... Nebenmenschen zu reiten:* Zu dieser Wendung vgl. B 396.

10 *Was den schlechten Schriftsteller den ... Stoß ... gibt:* Zu dem Gedanken vgl. schon B 404.

11 *Sichwärts. Gottwärts. Swift sagt Godward:* Zu dieser Formulierung vgl. B 371 und die Anm. dazu.

12 *Kerl der unter dem Galgen ... 7 warf:* Vgl. E 36.

13 *eliquare verba. Persius:* Den gleichen Ausspruch von Persius zitiert L. in D 505; vgl. die Anm. dazu.

14 *Art von plattphilosophisch:* Diese Wendung notiert L. auch D 521.

15 *Die Bediente gehen ... liederlich einher:* Vgl. III, S. 386, 391.

16 *die Bedienten ... an gelehrten Zeitung[en] arbeiten:* Vgl. III, S. 402, 530–532.

18 *Garrick... in Don Felix beschrieben:* Nicht geschehen. – *Don Felix:* Figur aus dem Trauerspiel »The perjured husband« (1700) von Susannah Centlivre (1667–1723), engl. Schauspielerin und Komödiendichterin.

19 Diese Bemerkung ist von L. gestrichen, da er sie in den »Briefen aus England« (III, S. 353) verwertet hat. – *Weston:* Thomas Weston.

20 Diese Bemerkung ist von L. gestrichen, da er sie in den »Briefen aus England« (III, S. 356) verwertet hat.

21 Diese Bemerkung ist von L. gestrichen, da er sie in den »Briefen aus England« (III, S. 356) verwertet hat; die Notiz bezieht sich ebenfalls auf Garrick. Ähnlich schreibt L. F 326.

22 Diese Bemerkung ist von L. gestrichen, da er sie in den »Briefen aus England« (III, S. 356) verwertet hat. – *Mittag:* Danach von L. gestrichen *und erst;* er wollte schreiben *und erst nach eilf Uhr zu Abend.* – *ließ mich:* In der Handschrift *von,* das L. versehentlich hier bereits geschrieben hat (bezüglich *Ellenbogen).*

23 *etwas aus der retaliation:* Auch diese Zeile bezieht sich auf Garrick und die »Briefe aus England«, wie aus D 625, Fußnote, hervorgeht: »Hier kann angeführt werden, was Dr. Goldsmith in seiner retaliation von ihm sagt«; vgl. die Anm. dazu. L. erwähnt Goldsmith in den »Briefen aus England« (III, S. 355).

24 *Tassie's Paste:* James Tassie (1735–1799), berühmter schott. Modelleur, seit 1766 in London, erfand eine weiße Paste, mit der er antike Gemmen nachbildete und Porträt-Medaillons nach dem Leben modellierte.

26 *Was Deluc sagt:* Delucs Äußerung ist vermutlich mündlich gegenüber L. getan worden.

27 Diese Bemerkung ist von L. gestrichen, da er sie in den »Briefen aus England« (III, S. 357) ausführlich verwertet. – *That one ... smile:* »That one may smile and smile and be a villain«: Daß einer lächeln kann und immer lächeln und doch ein Schurke sein. Zitat aus »Hamlet« (I, 5); s. auch RT 11.

28 Diese Bemerkung ist von L. gestrichen. – *Mrs. Barry:* Ann Barry (1734–1801), geb. Street, verheiratet mit dem Schauspieler Spranger Barry; eine der größten engl. Tragödinnen, deren Theaterkarriere 1736 in Portsmouth begonnen hatte. Zu L.s Urteil vgl. »Briefe aus England« (III, S. 357) und den Brief an Ernst Gottfried Baldinger vom 10. Januar 1775. – *lange Buch p. 44:* Gemeint ist das Reise-Tagebuch (RT).

29 *Bürstet einen Ärmel ... Aufschlag des andern:* Verwertet in »Orbis pictus« (III, S. 388); vgl. auch Mat I 47.

30 *alles wie Brei und L aussprechen:* Diese Bemerkung kehrt wörtlich in E 292 wieder, bezieht sich aber, wie aus D 625 hervorgeht, zunächst auf Garricks Darstellung des Sir John Brute.

31 *Virgil patriam fugimus:* Vgl. E 354 und Anm.

33 *Knaben-Stolz großer Männ[er] Fehler anzuzeigen:* Vgl. D 416.

34 *Vaudevilles:* Frz. ›Volkslied, Gassenhauer‹; erst im 19. Jh. Bühnenstück mit Couplets.

35 *Gabrielli:* Caterina Gabrielli (1730–1796), ital. Sängerin; Star des Rauzzinischen Ensembles in London, die am 4. November 1775 zum ersten Mal auftrat. L. beschreibt sie in den »Briefen aus England« (III, S. 362–365). S. auch Brief an Dieterich, 12. November 1775.

36 *Bacelli:* Giovanna Zanerini Baccelli (gest. 1801), ital. Ballettänzerin aus

Venedig, die 1774 am Haymarket Theatre in London debütierte; tanzte Ballette u. a. von Noverre und wurde von Gainsborough und Reynolds gemalt. L. war von ihr entzückt, wie aus den »Briefen aus England« (III, S. 365) hervorgeht.

37 Diese Bemerkung ist von L. unterstrichen. – *Äquationen:* Gleichungen. Diesen Ausdruck gebraucht L. auch in den »Briefen aus England« (III, S. 340); vgl. Mat I 110.

38 *für den Autor:* Mit dieser Eintragung folgt L. erstmals dem Schema seines »Orbis pictus«; vgl. auch Mat I 46. – *Bedient sich oft hoher Ausdrücke ... falsch:* Vgl. III, S. 386f.

39 Diese Bemerkung ist von L. gestrichen, da er sie zum Teil im »Orbis pictus« verwertete. – *Trepfe statt Treppe:* Vgl. III, S. 382. – *Mumschel:* Mademoiselle? – *Socinität ... sagte einer:* Vgl. III, S. 387.

40 *Fehler in Redens-Arten ... bei der Herrschaft:* Vgl. III, S. 386.

41 Diese Bemerkung ist von L. gestrichen, da er sie im »Orbis pictus« verwertete (III, S. 387). – *sagte ich ... zu eine[m]:* Braunhold?

42 Diese Bemerkung ist von L. gestrichen, da er sie im »Orbis pictus« verwertete (III, S. 387).

43 Diese Bemerkung ist von L. gestrichen, da er sie im »Orbis pictus« verwertete (III, S. 386).

44 Diese Bemerkung ist von L. gestrichen, da er sie im »Orbis pictus« verwertete (III, S. 387). – *will ich sagen ... sagt ich:* Diese Bemerkung ist von L. gestrichen, da er sie im »Orbis pictus« verwertete (III, S. 387).

45 Diese Bemerkung ist von L. gestrichen, da er sie im »Orbis pictus« verwertete (III, S. 387). – *Says I und says he:* Diese Bemerkung ist von L. gestrichen, da er sie im »Orbis pictus« verwertete (III, S. 387).

46 Diese Bemerkung ist von L. gestrichen, da er sie im »Orbis pictus« verwertete (III, S. 388). – *muß:* Von L. offenbar verbessert aus *darf.*

47 Diese Bemerkung ist von L. gestrichen, da er sie im »Orbis pictus« verwertete (III, S. 388). – *bürstet ... Ärmel mit dem andern:* Vgl. Mat I 29.

48 Diese Bemerkung ist von L. gestrichen, da er sie im »Orbis pictus« verwertete (III, S. 388).

49 Diese Bemerkung ist von L. gestrichen, da er sie im »Orbis pictus« verwertete (III, S. 388).

50 Diese Bemerkung ist von L. gestrichen, da er sie im »Orbis pictus« verwertete (III, S. 388).

51 Diese Bemerkung ist von L. gestrichen, da er sie im »Orbis pictus« verwertete (III, S. 386). – *zumal:* In der Handschrift *zum mal.*

52 *bringt desto mehr französisch an:* Diese Bemerkung wird im »Orbis pictus« verwertete (III, S. 387).

53 *Der Herr ... im Bedienten abscheinen:* Vgl. III, S. 386. – *Bedienten:* Danach von L. gestrichen *sichtbar sein.* – *in einer:* In der Handschrift *von einer.*

54 *halten ... auf ihre Beine:* Vgl. III, S. 388. – *Kopf, denn:* Danach von L. gestrichen *sie stehen meistens im [Glauben].*

55 Diese Bemerkung ist von L. gestrichen, da er sie im »Orbis pictus« verwertete (III, S. 388).

56 Diese Bemerkung ist von L. gestrichen, da er sie im »Orbis pictus« verwertete (III, S. 388).

57 Diese Bemerkung ist von L. gestrichen, da er sie im »Orbis pictus« verwertete (III, S. 388).

58 *Ich ... das Pillen-Zeichen:* Vgl. D 379 und die Anm. dazu.

59 Diese Bemerkung ist von L. gestrichen, da er sie im »Orbis pictus« verwertete (III, S. 384). – *Heimlichkeiten sagen:* S. zu D 419.

60 Diese Bemerkung ist von L. gestrichen, da er sie in den »Briefen aus England« (III, S. 350) verwertete. Die Einträge 60–67 beziehen sich auf diese Schrift.

61 Diese Bemerkung ist von L. gestrichen. – *Foote ... seinen Minor:* Footes bestes Theaterstück, eine Satire auf die Methodisten, wurde 1760 zum ersten Mal aufgeführt.

62 Diese Bemerkung ist von L. gestrichen, da er sie ähnlich in den »Briefen aus England« (III, S. 350) verwertete. – *Jerry Sneak im Mayor of Garret:* Diese Komödie von Samuel Foote wurde 1764 in London uraufgeführt.

63 *Foote ... eignen Theater:* Ähnlich schreibt L. auch RT 4. – *Bannister:* Charles Bannister (1738–1804), engl. Sänger und Komödiant, trat zuerst 1762 in Foote's Haymarket Theatre auf; von seinem Imitationstalent schreibt L. auch RT 4.

64 Diese Bemerkung ist von L. gestrichen, da er sie in den »Briefen aus England« (III, S. 354) verwertete. – *Richard der III[te] ... Give me another ass:* Parodie der berühmten Zeile aus Shakespeares Tragödie (V, 4): »A horse! a horse! my kingdom for a horse!« – *Affen-Laokoon:* Eine Karikatur Tizians der berühmten hellenistischen Gruppe; s. auch III, S. 354, 677. Vgl. Mat I 82.

65 *Ein Foote fehlt ... Deutschland:* Vgl. dazu D 648.

66 Diese Bemerkung ist von L. unterstrichen. – *Leoni:* Michael Leoni (ca. 1755–1797), engl. Tenorsänger, der als Arbaces in »Artaxerxes« am 25. April 1775 im Covent Garden Theatre debütierte und seinen größten Erfolg als Don Carlos in »The Duenna« hatte.

67 *Miß Brown:* L. erwähnt die Sängerin, deren Lebensdaten nicht ermittelt wurden, auch RA 175, 203 und Mat I 140. – *E. LXXXIII:* Gemeint ist E 270.

68 *Lydische Töne:* S. zu D 35.

69 Diese Bemerkung ist von L. gestrichen. – *ohne ... viel Witz so schreiben ...:* Zu dieser Wendung vgl. D 332.

70 *subtilere Babel:* Zu dieser Wendung s. zu D 157.

71 *Orbis pictus ein Zeichenbuch ...:* Vgl. III, S. 381.

72 Diese Bemerkung ist von L. gestrichen, da er sie im »Orbis pictus« (III, S. 386) verwertete. – *Exempta:* Dieses Wort ist in der Handschrift schwer lesbar. – *sondern ... vielmehr:* Vgl. III, S. 386. – *Gradation:* Frz. ›Steigerung‹ (Begriff der Rhetorik).

73 *Brod gen Ruhm:* S. zu D 370.

74 *Bischofs von London Rede:* Anspielung auf die RA 11 von L. notierte Unterhaus-Debatte über die Rede des Bischofs von London Dr. Richard Terrick (1710–1777). L. schreibt, wohl ein Hörfehler, Jerrick.

75 *Periculosum ... vivere:* Es ist gefährlich, inmitten so vieler menschlicher Irrtümer allein in Unschuld zu leben.

76 *lebendig von unten herauf ... rezensieren:* Zu dieser Wendung vgl. D 383.

77 *Farben nach Lamberts Pyramide ...:* Gemeint ist die »Beschreibung einer mit Calauischem Wachse ausgemalten Farben-Pyramide ...«, die zu D 356 genauer nachgewiesen ist.

78 *dieses biegsamen Mannes:* Garrick; s. »Briefe aus England«. – *ich hätte zu viel gesehn:* Vgl. Mat I 101, 136.

79 *Originalen zu unsern Versteinerungen:* Zu dieser Wendung vgl. D 280; L. verwertet sie im »Orbis pictus« (III, S. 383).

81 *Gespenster wegen ...:* Diese Bemerkung hat L. in D 292 notiert.

82 Diese Bemerkung ist von L. gestrichen. – *Savil Carey:* George Saville Carey (1740–1808), engl. Schauspieler, berühmt als Imitationskünstler zeitgenössischer Persönlichkeiten auch aus der Londoner Theaterwelt. »Lectures upon Mimicry« (1770). L. erwähnt eine Aufführung in einem Brief an Dieterich vom 30. Oktober 1774. – *Vernon:* Thibaud de Vernon, frz. Dichter des 11. Jh.s; machte die Legende des heiligen Alexius zum Volksmärchen. – *Dibdin:* Charles Dibdin (1745–1814), engl. Bühnenschriftsteller, Liederkomponist und Schauspieler. Verfaßte »The Cobler or the wife of ten thousand«. Von Besuchen der Aufführung von »The waterman« und »Harlequin restored« berichtet L. an Baldinger am 8. Oktober 1774. – *Miß Catley:* Anne Catley (1745–1789), engl. Schauspielerin und Sängerin in London (zuerst 1762 in Vauxhall), gehörte in den siebziger Jahren dem Covent Garden Theatre an. Von seiner Begeisterung für das »schwarzhaarige, flinke, mutwillige Mädchen«, das, wie er Dieterich mitgeteilt hatte, nicht den besten Ruf genoß, macht L. in dem Brief an Ernst Gottfried Baldinger vom 8. Oktober 1774 durchaus keinen Hehl. L. erwähnt die Sängerin auch häufig in den »Briefen aus England« (III, S. 359). – *Jerry Sneak:* S. zu Mat I 62. – *Richard the Third:* S. zu Mat I 64. – *Shylock in Macbeth:* Anspielung auf Macklin, der mit seiner Darstellung des Shylock in Shakespeares »Merchant of Venice« berühmt wurde, mit seiner Altersdarstellung des »Macbeth« beim Publikum durchfiel.

85 *auf und ab:* Zu dieser Wendung s. zu D 668.

86 Diese Bemerkung ist von L. gestrichen, da er sie im »Orbis pictus« (III, S. 378) verwertete. – *Mit etwas Witz ...:* Zu dieser Passage vgl. D 246 sowie Mat I 69.

87 *Das Stehen auf einer höhern Stufe ...:* Zu dieser Wendung vgl. F 1074.

88 *die Zeit ... das Stunden-Glas an Kopf schmisse:* Zu dieser Wendung vgl. D 253 und die Anm. dazu.

89 *Sterne ... Wegwerfen von ... Disputationen:* S. zu D 313.

90 *Zaunköniglich:* Vgl. auch C 299. – *In einem der nächsten Stücke:* L.s »Orbis pictus. Eine Fortsetzung« erschien erst 1784 (s. KIII, S. 183).

91 *Mrs. Barry bekommt jährlich ...:* Diese Bemerkung hat L. in den »Briefen aus England« (III, S. 358 f.) verwertet; s. auch RT 23. – *wie mir ein Mann gesagt:* Gemeint ist, wie aus RT 23 hervorgeht, vermutlich Isaac Ramus, Page am engl. Hof, gest. 1779. – *1800 Pfund ... Benefiz-Abend:* Vgl. RT 23. – *Ihr Mann:* Spranger Barry (1719–1777), engl. Schauspieler. – *Revenüs:* Frz. ›Einkünfte‹.

92 *Der Starstech[er] ... sagt humerus aqueus und humerus vitreus:* Korrekt wäre: humor aqueus (die wässrige Feuchtgkeit) und: humor vitreus (die Glasfeuchtigkeit im Auge). – *Casus declinationum:* Lat. ›die Fälle der Deklinationen‹. Danach in der Handschrift *Fortsetzung p. 16.*

93 Diese Bemerkung ist von L. gestrichen; vgl. »Orbis pictus« (III, S. 381). – *Orbis pictus:* Wörtlich ›gemalte Welt‹; vgl. auch KIII, S. 176.

94 *In London ... mir ein Augenarzt empfohlen:* Vermutlich der berühmte

›Okulist‹ Wenzel sen. in London; vgl. noch III, S. 88. – *Carrunculum lachrymalem:* Richtig *caruncula lachrymalis*; die Tränen-Carunkel; ein Häufchen von Talgdrüsen im inneren Augenwinkel. ›Küchen-Latein‹ notiert L. auch L 456 und in einem Brief an Dieterich vom 17. Juli 1772. Vgl. Mat I 92.

95 *ziehen ... die Worte wie Seiden-Fäden ... aus dem Mund:* Zu dieser Wendung vgl. D 164. – *Mund:* Danach in der Handschrift *p. 17.*

96 *Barbierer ... Fledermäuse, die sich unter die Vögel rechnen:* Vgl. D 65. – *Weisen Frau:* Frz. sage femme: Hebamme; s. zu A 3.

97 *Viel zu einem solchen Orbis pictus gesammelt:* Vgl. III, S. 381. – *Chodowiecki zu Haus:* Vgl. L.s Brief an Chodowiecki vom 13. November 1779.

98 *Beobachten können wenig[e]:* Ähnlich schreibt L. E 203.

99 Diese Bemerkung ist von L. gestrichen, da er sie im »Orbis pictus« (III, S. 378) verwertete.

100 Diese Bemerkung ist von L. gestrichen. – *viel zu lesen:* Zu L.s Vorbehalt s. zu B 204. – *besser:* Zu dieser Floskel s. zu D 246. – *Lessing sagt:* S. zu F 114.

101 Diese Bemerkung ist von L. gestrichen, da er sie in »Briefe aus England« (III, S. 354) zum Teil verwertete. – *Verantwortung wegen des Zuviel-Sehens:* S. zu Mat I 78.

102 *periorieren:* Von L. deutlich so geschrieben. Wohl Wortspiel mit lat. peior ›schlimmer‹ und perorieren: vortragen.

103 *ersten Borten-Hut ... Leib durch fühlen:* Zu dieser Wendung s. zu F 90. Vgl. ferner Mat I 171 und Mat II 50.

104 Diese Bemerkung ist von L. gestrichen, da er sie wie Mat I 39 zum Teil im »Orbis Pictus« (III, S. 382) verwertete.

105 Diese Bemerkung ist von L. gestrichen.

106 Diese Bemerkung ist von L. gestrichen. – *Cacali[bri]:* Zur Erklärung dieses Ausdrucks s. zu D 557.

107 *Schönheits-Linie ... Hogarth:* Gemeint ist Hogarths »Analysis of Beauty«; s. zu B 131.

108 *Die Regel F. 36, N° I.:* Gemeint ist F 293.

109 Diese Bemerkung ist von L. gestrichen. – *wenn man in London die Zehn Gebote ... aufhübe:* Diesen Gedanken notiert L. auch F 301, am 21. Dezember 1776 eingetragen.

110 Diese Bemerkung ist von L. gestrichen, da er sie im »Orbis pictus« (III, S. 383) verwertete. – *Horazens difficile est ...:* Über diesen Ausspruch s. zu KA 275. – *Äquationen ... in meinem letzten Brief genannt:* Demnach war diese Reflexion zunächst für die »Briefe aus England« (vgl. hierzu KIII, S. 158) bestimmt; vgl. auch Mat I 37. – *Grab der schönen Künste zu besehen F 56.4:* Gemeint ist F 387, Februar 1777; vgl. auch Mat I 119.

111 *Keine Leute ... Beschreiber ihrer Empfindungen:* Diese Passage notiert L. auch E 190. – *Bedlam:* S. zu A 4.

112 Der erste Satz dieser Bemerkung ist von L. gestrichen, da er diesen in »Von ein paar alten deutschen Dramen« (III, S. 376) verwertet hat. – *Systole und Diastole der Nasenlöcher:* Dazu vgl. E 193 und die Anm. dazu. – *übersetzt:* Danach von L. gestrichen *Hier fällt mir das alte Sprüchwort ein.* – *Anglia ... fiuntur:* Dazu s. zu E 198. – *John Bull:* Über diese Satire von John Arbuthnot vgl. E 68. – *Die Hälfte des Guten und Bösen ...:* Diesen Satz zitiert L. auch E 199.

113 *wie ein Dorf-Friseur mehr um Härchen:* Diese Wendung gebraucht L. auch E 206.

114 *Preis-Frage an den Himmel:* Diese Wendung notiert L. auch E 350.

115 *Wohlgeboren und Wohlgestorben:* Diese Wendung gebraucht L. auch E 372.

116 *Nemo ... censendus:* Vor seinem Tod ist niemand glücklich zu schätzen. Die lat. Abkürzung der Worte Solons bei Herodot, »Historien« I, 32: »vor dem Tode aber muß man sich im Urteil zurückhalten – darf niemanden glücklich nennen, sondern nur vom Schicksal begünstigt.«

117 Diese Bemerkung ist von L. gestrichen, da er sie zum Teil in »Briefen aus England« (III, S. 360) verwertete.

118 *Gottes Wort vom Lande:* Vgl. F 224.

119 *Grab der schönen Künste ... besuchen:* S. zu Mat I 110.

120 *Schlüssel-Löcher des Herzens:* Zu dieser Wendung vgl. B 140.

121 *Das Volk sieht das alles, nur nicht deutlich ...:* Vgl. Mat II 51 und III, S. 382.

122 *Allotria:* Nach dem Griech.: nicht zur Sache gehörige Dinge, Nebensachen; die Bedeutung ›Unfug‹ ist neueren Datums. – *Wirtshaus zu Stratford:* Gegen Ende seines Aufenthalts in England 1775 besuchte L. im Anschluß an die Reise nach Birmingham auch den Geburtsort Shakespeares; vgl. L.s Brief an Dieterich vom 18. Oktober 1775. – *aus dem Milton:* »L'Allegro« (1632), Z. 128 f. – *Here ... wild:* Hier hat der süße Shakespeare, Kind der Phantasie, / Kunstlos geträllert in wilder Waldesmelodie (übersetzt von Christian Enzensberger). S. auch Brief an Johann Friedrich Blumenbach, Ende März (?) 1787.

123 *Shakespears Flüchen. F.p. 23:* Gemeint ist F 569, Mai–August 1777.

124 *Garrick betrachtet ... wie ein Schachspiel:* Verallgemeinert findet sich die Formulierung dieses Eintrags auch F 291 wieder.

125 *Damnation der merry Coblers:* Das Singspiel »The Cobler or a wife of ten thousand« von Dibdin fiel bei der Erstaufführung am 9. Dezember 1774 beim Publikum durch; vgl. RT 11. – *langen Buch p.23:* Gemeint ist RT 11 (Gumbert, LiE, T II 23).

126 *Nachricht von Sterne ... p. 31.32:* Gemeint ist RT 13 (Gumbert, LiE, T II 31–32; S. 76–77).

127 Diese Bemerkung ist von L. gestrichen. – *In England ... sonderbare Köpfe ... Wir hingegen:* Zu diesem Gegensatz vgl. E 36, 37 und Mat I 12.

128 Diese Bemerkung ist von L. gestrichen. – *Wir kennen ... Spitzbuben der Engländer besser als sie unsere Gelehrte:* Vgl. auch Mat I 156 und Brief an Heyne, 15. Dezember 1776.

129 *schlecht und recht ...:* Vgl. E 125.

130 Diese Bemerkung ist von L. gestrichen. – *Fortrücken der Essens-Zeit. E XX:* Ähnlich auch E 117, 119.

131 *Von Sterne E CXV:* Gemeint ist E 430.

132 *Geben:* Von L. verbessert aus *hinwerfen.*

133 *Sterne ... deutsches Grabmal:* Dazu vgl. RT 13.

134 *Religion-Triangel:* Diese Wendung notiert L. auch D 330, J 518.

135 *in die Oper geschleppt worden:* Zu L.s Aversion vgl. »Briefe aus England« (III, S. 362–366).

136 Diese Notiz ist von L. unterstrichen. – *zu viel Sehen:* S. zu Mat I 78.

137 *traurig wenn man alles aus Überlegung tun soll:* Vgl. F 259.

138 *General Burgoyne ... Lady Derby:* General Burgoyne hat »The Maid of the Oaks« als Huldigung an seine Nichte Lady Derby geschrieben. Diese Information verwertet L. in den »Briefen aus England« (III, S. 361). – *Burgoyne:* John Burgoyne (1722–1792), engl. Lustspieldichter und General im amerik. Unabhängigkeitskrieg, kapitulierte am 27. Oktober 1777 bei Saratoga mit 5000 Mann vor den Amerikanern. Sein Lustspiel »The Maid of the Oaks« wurde 1774 uraufgeführt. L. erwähnt ihn auch in den Briefen an Ernst Gottfried Baldinger vom 10. Januar 1775 und an Johann Andreas Schernhagen vom 12. Januar 1778. – *Lady Derby:* Lady Elizabeth Derby (ca. 1759–1829), geb. Farren.

139 *Shakespears Cliff:* Eine über hundert Meter hohe, steile Felswand an der Küste wenige Kilometer von Dover; sie verdankt ihren Namen der Schilderung in Shakespeares »King Lear« (IV 2 und 6). – *Adams:* Charles Adams. Offenbar besuchte L. mit seinem früheren Zögling Shakespeare Cliff, obwohl diese Reise sonst nirgends erwähnt ist. Unterm 28. November 1775 (RA 202) erscheint Adams abermals als Reiseführer.

140 *Miß Browns Ode in Duenna:* Gemeint ist die E 270 mitgeteilte Arie; über Sheridan und seine Oper »The Duenna« s. zu E 262. L. sah die Aufführung am 28. November 1775 in London; vgl. RA 203.

142 *like ... Testament:* Wie das leere Blatt zwischen dem alten [und] neuen Testament; Zitat aus Sheridans Oper »The Duenna« I, 3. S. zu E 262.

143 Erstveröffentlicht in VS 1844, 1, S. 193. – *Es gibt Zeichen-Meister ...:* Ähnlich schreibt L. E 396.

146 *die Frösche der Fabel ... Klotz dem ersten:* Ähnlich schreibt L. F 97; vgl. die Anm. dazu.

147 *Apis:* S. zu F 192.

148 *Rosenstock im Herbst gezeichnet:* Diese Wendung notiert L. auch F 275; vgl. F 218.

149 *Die Erkenntnis unserer selbst:* Vgl. F 248. – *Kaminfeuer ... dunene Bett-Decken:* Englische Besonderheiten.

151 *Zerknickt ... wie ein Mädchen in Mannskleider[n]:* Diese Wendung notiert L. auch F 314; vgl. Mat I 161.

152 *das Genie lobende ... Leute:* Diese Wendung notiert L. auch F 405.

153 *unmöglich die Fackel der Wahrheit ... zu tragen:* Zu dieser Wendung vgl. F 404 und die Anm. dazu. Die Bemerkung ist von L. gestrichen.

154 *mit einer Wollust ... wollüstigen Gänsehaut überzog:* Vgl. E 192.

155 *Regeln-Krieg, Sprüchwörter-Krieg:* Diese Wendung begegnet auch E 352.

156 *Kennen ihre Spitzbuben besser als sie unsere Gelehrte[n]:* Dazu vgl. Mat I 128.

157 *Weende ... Trabanten von Göttingen:* Diese Wendung begegnet auch E 392.

158 *Ein weißer Bogen Papier ... mehr Respekt:* Diese Wendung begegnet auch E 406; vgl. Mat I 159.

160 *Das Lachen machende Arcanum E CX:* Gemeint ist E 408.

161 Diese Bemerkung ist von L. gestrichen. – *Zerknickt, wie ...:* Vgl. F 314.

162 *Ingredienzien der Mitscham ... Mitfreude:* Diese Wendung begegnet ähnlich auch E 498.

163 *Plunder- und Schwindelkopf:* Zu dieser Wendung s. zu E 504.

164 *Etruskische Tränen-Fläschgen ... Lauensteiner Bierkrug:* Diese Wendung begegnet schon D 634.

165 *einen weit standhafteren Mann bewegen können ...:* Diese Wendung begegnet schon D 655.

167 *Genera Poetarum ... Linnaeus:* Den satirischen Gedanken, nach dem Linnéschen System für die Pflanzenwelt die Gattungen der Poeten in ein System zu bringen, hat Ignaz von Born in seiner von L. hochgeschätzten »Monadologie« zumindest für die Gattung ›Mönch‹ verwirklicht.

168 *Journal im Choral-Buch-Format:* Gemeint ist das Reise-Tagebuch (RT); vgl. auch Mat I 28, 125.

169 Diese Zeile ist von L. gestrichen.

172 *Radix mit der roten Nase:* Die Anspielung ist unklar; lat. radix ›Wurzel, Rettich‹.

173 *Pomona (lache):* Die Anspielung ist unklar, ebenso, ob es sich hier um den Namen für die Hauptinsel von Orkney, Mainland (s. RT 26), oder die altröm. Göttin der reifenden Früchte Pomona (L 150) handelt.

174 *Bild von Weston ... auf dem Doppelmayerschen Atlas:* Vgl. B 195 und Anm; dort liest L. das Bild Kunkels aus den Doppelmayrschen Himmelskarten.

175 *der gemeine Mann ...:* Eine ähnliche Reflexion findet sich in »Daß du auf dem Blocksberge wärst« (III, S. 474). – *eine höhere Wahrheit ... in gemeine Begriffe gehüllt:* Zu diesem Gedanken vgl. III, S. 474 (Fußnote).

Mat II

Materialheft II

Als Materialheft II (Mat II) wird ein Notizheft bezeichnet, das sich in der Staats- und Universitätsbibliothek Göttingen befindet (Signatur: Ms. Lichtenberg IV, 35). Es hat das Format 14 × 10 cm, also Längsformat, und Heftung an der Schmalseite; die unpaginierten Seiten (17) besitzen keinen Umschlag oder Deckel.

Lichtenbergs Eintragungen, größtenteils Arbeitsnotizen für »Orbis pictus« und »Von ein paar alten deutschen Dramen«, sind vermutlich in das Jahr 1778 (und 1779) einzuordnen. Aufschlußreich, daß die Notizen nur die männlichen Bedienten betreffen; die Fortsetzung des »Orbis pictus« mit den weiblichen Bedienten ist demnach gesondert und wahrscheinlich auch später notiert worden.

Die Bemerkungen Lichtenbergs wurden vom Herausgeber durchnumeriert.

Anmerkungen (Band II)

1 *Vokalen-Mord muß herein:* Vgl. F 1170.

2 *Orbis pictus . . . dem Menschen verständlicher als die Welt in natura:* Vgl. III, S. 381.

4 *zog:* Von L. verbessert aus *knackte mit.*

5 *Interessantigkeit:* S. zu F 101. – *Duodrama . . . in Mutterleibe:* Vgl. F 1003 und die Anm. dazu. – *Blutdürstig geschlagen:* S. zu F 1001.

6 *ein Imperativus . . . recht vorgestellt:* Zu diesem Gedanken s. »Von ein paar alten deutschen Dramen« (III, S. 376). – *Herrn Wolfram:* Die Lebensdaten dieses Holländers aus Den Haag konnten nicht ermittelt werden; vgl. auch III, S. 376.

7 *Billet doux:* S. zu J 347. – *hineingeknüpft:* Danach von L. gestrichen *die Ehre einer Fürstin steckt.* – *apportieren lernt:* Vgl. »Orbis pictus« (III, S. 385).

8 *Die Bedienten besehen sich . . . die Beine:* Vgl. III, S. 388.

9 *Die Bedienten . . . nicht die letzten Menschen . . .:* Vgl. III, S. 385. – *bekommen:* Von L. verbessert aus *kriegen.* – *nur:* Von L. verbessert aus *noch keine.* – *eine einzige gelehrte Zeitung woran Bediente arbeiten:* Vgl. Mat I 16 und die Anm. dazu. – *kleine Anzeige von einem Werkchen von mir:* Fingiert?

10 *Gradus ad Parnassum:* Darüber s. zu E 142.

11 *mittelmäßiger:* Von L. verbessert aus *ausserordentlicher.*

12 *jedermanns Heimlichkeit zu sagen weiß:* S. zu D 419; vgl. Mat I 59. – *weibische:* Danach von L. gestrichen *Empfindsamkeit.*

13 *Singen aus der Fistel . . .:* Vgl. F 1068.

14 *blütdürstig schlagen:* S. zu F 1001, vgl. auch Mat II 5.

15 *in allen Künsten und Wissenschaften eine Gradus ad Parnassum-Methode:* Vgl. Mat II 10. – *auf diesem Weg:* Danach von L. gestrichen *und daß sind unsere so genannte prächtige.* – *Unsterblichkeit nie:* Danach von L. gestrichen *stehen nicht auf der können auf dieser Leiter nicht erstiegen werden.* – *Lambert:* Von L. verbessert aus *Leibnitz.* – *Kindermann:* Eberhard Christian Kindermann führt

L. in einer Wertskala auch F 793 an. – *Lamberte:* In der Handschrift *Leibnitze*. – *die oberste:* Danach von L. gestrichen. *Mit einem Wort Es giebt Schrifftsteller Selbst die Seichtigkeit.* – *Witzenhäuser:* S. zu SK 89. – *Capwein:* Wein (hauptsächlich Weißwein) von der Südwestküste Südafrikas, dessen Anbau 1653 von den Hugenotten eingeführt wurde.

16 *Ein Chor von Interjektionen:* L. verwertet diesen Satz in »Von ein paar alten deutschen Dramen« (III, S. 376).

17 *ehrliche Teufel die ihren Borten-Hut kaum bis an die Schultern fühlen:* Zu dieser Wendung s. zu F 90; vgl. auch Mat II 50. – *kaum:* Von L. verbessert aus *nicht.* – *mit parallelen Füßen einhergehen:* Diese Wendung ist im »Orbis pictus« (III, S. 328, 389) verwertet. Vgl. auch KIII, S. 153.

18 *vestalisches Küchen-Feuer:* Die Vestalinnen, jungfräuliche Priesterinnen der röm. Göttin Vesta, die für die Erhaltung des ewigen Feuers in deren Tempel zu sorgen hatten; Verlöschung des heiligen Feuers wurde mit Geißelhieben geahndet. »Armuth, wo das Küchenfeuer mit vestalischer Sorgfalt gehütet wird«, schreibt L. in »Wohfeiles Mittel, sich im Sommer, da, wie im vergangenen, das Eis rar ist, kühles Getränke und Gefrornes zu verschaffen« im GTC 1791, S. 191.

20 *in allen . . . Bedienten Manieren ihrer Herrschaft:* Vgl. III, S. 386.

21 *Ohne allen Respekt zu sprechen:* Diese Wendung ist im »Orbis pictus« (III, S. 387) verwertet.

22 *Da nun, so Gott für sei, der Fall geschehen:* Diese Wendung ist im »Orbis pictus« (III, S. 387) verwertet.

23 *sie sagen Mitleidigkeit, Interessantigkeit, Melancholichkeit . . . :* Der Satz findet sich fast wörtlich im »Orbis pictus« (III, S. 387); s. auch F 101 und Mat II 5.

25 *Shakespear und Fielding fingen an . . . :* Zu diesem Satz vgl. »Orbis pictus« (III, S. 385). – *gewiß:* Danach in der Handschrift *(Siehe die 3te Seite nach dieser).* – *die großen Städte . . . nicht die Asyle der Philosophen:* Wie etwa Amsterdam für Descartes. – *Berlin ausgenommen:* Mendelssohn und der Berliner Aufklärer eingedenk. – *die mit:* In der Handschrift *die die mit.* – *so genannten gebürsteten Autor:* Von L. verbessert aus *schlechten Schrifftsteller.* – *besser:* Zu dieser Floskel s. zu D 246. – *Schreiben . . . der Maßstab von Verdienst . . . geworden:* Zu dieser Wendung vgl. C 61 und die Anm. dazu.

26 *Übersetzungen:* Danach von L. gestrichen *Ich mögte wohl wissen wie viel darunter dauern und zu dauern verdienen.* – *ihren Wert einer Epidemie zu danken:* Vgl. »Orbis pictus« (III, S. 379).

28 *Der Kopf . . . keine Portion zum Körper:* Zu dieser Wendung s. zu C 217; L. hat sie im »Orbis pictus« (III, S. 387) verwertet; vgl. auch Mat II 45.

29 *Natur und Kunst haben bei uns:* Von L. verbessert aus *Was ehmals natü das Natürliche und Künstliche haben die.* – *Wir schreiben . . . von Natur künstlich:* Zu diesem Gedanken s. zu A 77; vgl. »Von ein paar alten deutschen Dramen« (III, S. 375). – *Ein Mensch kann das im 25$\underline{ten}$ jetzt . . . werden . . . :* Zu diesem Gedanken vgl. »Orbis pictus« (III, S. 378). – *geworden ist:* Danach von L. gestrichen *Hier ist es nicht anders möglich.* – *gehen:* Danach in der Handschrift *ct. 2$\underline{te}$ Seite). ct.:* Lat. continuat ›fährt fort‹: Fortsetzung. – *nicht, allein:* Danach von L. gestrichen *die beste Erziehung.* – *aufs Erfinden:* Danach von L. gestrichen *sondern aufs wissen.* – *current:* S. zu E 251. – *Orbis pictus für Schauspieler und Dichter:* Vgl. III, S. 381.

30 *dramatische Mordgeschichte:* Zu diesem Ausdruck vgl. Mat I 1.

31 *Theophrast war 90 ... als er sein Werk über die Charakter unternahm:* Aufschluß erteilt ein knapper Extrakt aus La Bruyères »Discours sur Théophraste«. Dieser Beitrag steht am Beginn der »Caractères« (Paris 1765, S. 1–18) und macht nicht nur mit Leben und Werk des Theophrast vertraut, sondern gibt eine Anweisung zum Verständnis der spätantiken, von La Bruyère übersetzten Texte an die Hand. Auf folgende Stellen des »Discours« könnte L. sich bezogen haben: »Le projet de ce Philosophe ... étoit de traiter de toutes les vertus, & de tous les vices; & comme il assure lui-même dans cet endroit, qu'il commença un si grand dessein à l'âge de quatre-vingt-dix-neuf ans, il y a apparence qu'une prompte mort l'empêcha de le conduire à sa perfection« (S. 4). Die Absicht dieses Philosophen ... war es, alle Tugenden und alle Laster zu behandeln; und da er an dieser Stelle selbst versichert, daß er eine so große Aufgabe mit neunundneunzig Jahren in Angriff nahm, hat es den Anschein, daß ein plötzlicher Tod ihn daran hinderte, sie zu Ende zu führen. Die Stelle enthält den Hinweis auf das hohe Alter des Theophrast. Das folgende Zitat gibt – mit Berufung auf Diogenes Laërtius – die Anzahl der Werke des Theophrast wieder: »Mais si nous parlons de ses ouvrages, ils sont infinis; & nous n'apprenons pas que nul Ancien ait plus écrit que Theophraste. Diogene Laërce fait l'énumération de plus de deux cens Traités différens, & sur toutes sortes de sujets qu'il a composés.« (S. 9f.). Aber um von seinen Werken zu sprechen: die sind unendlich; und wir hören von keinem unter den Alten, der mehr als Theophrast geschrieben hätte. Diogenes Laërtius zählt mehr als zweihundert von ihm verfaßte Abhandlungen auf, über alle Arten von Gegenständen.

33 *Bruyère p. 84 feu gregeois:* Die Stelle findet sich in der zu Mat II 31 nachgewiesenen Ausgabe, wo es auf der von L. angegebenen Seite heißt: »Montrez-leur un feu gregeois qui les surprenne, ou un éclair qui les éblouisse, ils vous quittent du bon et du beau« – Zeigt ihnen [dem saturierten Publikum] ein griechisches Feuer, das sie überraschte, oder einen Blitz, der sie blendete, und sie verlassen euch gutgelaunt. Jean de La Bruyère (1645–1696), berühmter frz. Moralist; sein Hauptwerk »Les Caractères de Théophraste, traduits du grec, avec les caractères ou les mœurs de ce siècle« (1688). L. erwähnt ihn in seinen Schriften nur einmal (III, S. 501). – *feu gregeois:* Frz. ›griechisches Feuer, Bengalisches Feuer‹.

35 *Flick-Sentenzen:* Über diese Prägung vgl. C 21 und die Anm. dazu.

36 *Man halte keine Bemerkung für zu fein ...:* Erstveröffentlicht in VS 1844, 2, S. 5 f.

37 *C. 64. von der Theocrine genützt:* Gemeint ist C 239, vgl. auch die Anm. dazu. – *genützt:* Zu dieser Floskel s. zu C 96.

38 *Germanien, weiß nicht wo sie der Kothurn drückt:* Vgl. zu dieser Wendung C 200 und die Anm. dazu. – *Kothurn ... Soccus:* S. zu C 200.

39 *Blut gerochen, statt Pulver:* Diese Wendung ist im »Orbis pictus« (III, S. 387) verwertet.

40 *Ich bekümmere mich nicht so viel darum und zeigt am Stock ...:* Diese Wendung ist B 215 entnommen.

41 *vitulierende Fröhlichkeit:* S. zu F 1118.

44 *(Gil Blas):* S. zu F 69.

45 *Unterleib keine Portion zum übrigen:* Diese Wendung ist C 217 entnommen; s. die Anm. dazu.

47 *Auch tun die großen Herrn kaum so viel Schaden:* Diese Bemerkung findet sich ähnlich auch E 349.

48 *rule a wife and have a wife:* Von Sir Francis Beaumont (ca. 1548–1616) und John Fletcher (1579–1625), engl. Dramatiker, die seit etwa 1608 zusammen arbeiteten und über 50 Theaterstücke schrieben. L. besaß das 1772 in London erschienene Exemplar (BL, Nr. 1765a); vgl. Mat II 53. L. sah Garrick in der Rolle des Don Leon am 5. Dezember 1775 und beschreibt ihn im »Orbis pictus« (III, S. 389–391).

49 *auf der Schule, wo ich war:* Gemeint ist das Pädagogium in Darmstadt. – *dragonermäßigen Ritter-Anstand:* Zu L.s Wortbildungen mit *Dragoner* s. zu F 260. – *Festtags-Prose:* Zu diesem Ausdruck vgl. B 178 und die Anm. dazu.

50 *fühlen den ersten Borten-Hut durch den ganzen Leib:* S. zu F 90.

51 *Die gemeinsten Menschen ... sehn und fühlen doch alles:* Erstveröffentlicht in VS 1844, 1, S. 153. – *Art von Apperzeption oder in der Kunst, zu Buch zu bringen:* Erstveröffentlicht in VS 1844, 2, S. 31 f.

52 *Vornehme Gedanken, gravitätische Redens-Arten, reputatische Wörter:* S. zu E 323.

53 *Garrick in rule a wife ... geschildert:* S. zu Mat II 48.

54 *Chapeau:* Hauptrolle in William O'Brien's 1772 in Coventgarden uraufgeführter Farce »Cross purposes«. William O'Brien (Obreen; gest. 1815), engl. Schauspieler. L. beschreibt den Schauspieler Charles Lee Lewes in dieser Rolle im »Orbis pictus« (III, S. 389–391); vgl. auch RT 19.

55 *acquainted ... family:* Zitat aus O'Briens zu Mat II 54 nachgewiesener Farce, wo Robin, S. 2 sagt: »I am acquainted with the family, but I have not the honour of knowing her.« Ich bin mit der Familie bekannt, aber ich habe nicht die Ehre, sie zu kennen.

56 *Der Herr heißt meiner:* Diese Wendung ist im »Orbis pictus« (III, S. 387) verwertet.

TB

Tagebuch

Mit TB wird ein Buch in Folio mit Umschlag von starker Pappe bezeichnet, das sich heute in der Staats- und Universitätsbibliothek Göttingen befindet (Signatur: Ms. Lichtenberg IV, 7). Auf der ersten Seite außen befindet sich die Eintragung von Lichtenbergs Hand: *Heinichen heißt der Ort [auf] dem Eichsfeld, wo die kleine Bötcherin her ist 3 Stunden von Mühlhausen*. Auf der Innenseite des ersten Blatts notierte Lichtenberg die *Stationen von Göttingen nach London*. Dieses erste erhaltene Tagebuch Lichtenbergs beginnt mit dem Abreisedatum von Göttingen nach England: 25. März 1770. Mit der Ankunft in London am 10. April 1770 (TB 1) bricht die Reisebeschreibung ab. Von seinem Aufenthalt in London berichten drei Briefe: an Christian Gottlob Heyne vom 17. April 1770, an Abraham Gotthelf Kästner vom 17. April 1770 und an Johann Christian Dieterich vom 19. April 1770; vgl. ferner den Brief an Rudolf Erich Raspe vom 20. September 1770. Erst am 15. Juni 1770 nimmt Lichtenberg seine Eintragungen in Göttingen wieder auf. Sie reichen bis zum 25. August 1770. Dann folgt unmittelbar eine Notiz vom 1. Juli 1771 (TB 2). Mit dem 22. August 1771 (TB 26) und dem ein Jahr später hinzugefügten Nachtrag bricht das Tagebuch erneut ab. »Die folgenden Lagen des Buches enthalten teils englisch, teils deutsch geschriebene Erörterungen über astronomische Ortsbestimmung und die Handhabung und den Bau der dazu zu verwendenden Instrumente«, wie Leitzmann in seinem Vorwort zu: Aus Lichtenbergs Nachlaß, Weimar 1899, S. XVII, mitteilt. Die Tagebuchaufzeichnungen setzen mit dem 2. Juli 1772 (TB 27) wieder ein und werden bis zum 1. Februar 1773 fortgeführt, eingeleitet durch eine wohl auf Informationen Rambergs beruhende Notiz »Etwas vom Abgießen der geschnittenen Steine«; ausführlich wird die königliche Bibliothek und die Andreäsche Naturaliensammlung in Hannover beschrieben, über ein Gespräch mit Zimmermann und einen Besuch bei dem Juden Raphael, dem berühmten mathematischen Autodidakten, berichtet, die Festung Wilhelmstein im Steinhuder Meer eingehend geschildert. Kurze Notizen aus Göttingen vom 14. und 17. Februar und 17. bis 19. April 1774, die sich unmittelbar anreihen, bilden den Schluß. Der Rest des Buches ist bis auf ein paar geschäftliche Notizen leer (Leitzmann, a.a.O., S. XVII–XVIII).

Der Inhalt dieses Tagebuchs wird so ausführlich erwähnt, weil unsere Ausgabe lediglich eine Auswahl daraus gibt, die gleichwohl umfänglicher ist als die bislang abgedruckten Partien: so wird die Reisebeschreibung der England-Reise 1770 erstmals vollständig wiedergegeben; desgleichen werden die Notizen von 1771 vervollständigt. Leitzmann hatte in: Aus Lichtenbergs Nachlaß, S. 137–139, nur Auszüge daraus mitgeteilt; ein anderer Auszug war in den VS 1844, 3, S. 271–275, enthalten; in den Anmerkungen werden die entsprechenden Verweise darauf gegeben. Übrigens erwähnt Lichtenberg in einem Brief an Christiane Dieterich vom 15. März 1772 »das Journal, das ich führe«. Die an dieser Stelle mitgeteilte Eintragung vom 27. Februar beziehungsweise 15. März 1772 findet sich in TB nicht, so daß der Schluß nahe liegt, daß Lichtenberg ein weiteres Tagebuch geführt hat, das offenbar verschollen ist.

Als Textvorlage für die Auswahl aus dem Tagebuch (TB) diente grundsätzlich die Handschrift.

Anmerkungen (Band II)

1 *Wallmödische Sammlung von Statuen:* Vgl. den Brief an Joel Paul Kaltenhofer vom 14. Mai 1772, wo er mitteilt, daß er die Sammlung nun zum drittenmal besichtigt habe, und den an Johann Christian Dieterich vom 8. April 1772; vgl. auch TB 27 und 28. Johann Ludwig Graf von Wallmoden (1736–1811), natürlicher Sohn des Königs Georg II. und der Lady Yarmouth; Kammerherr, später hannoverscher Feldmarschall mit dem Titel Reichsgraf von Wallmoden-Gimborn; Schwiegervater des Freiherrn von Stein; die Skulpturen mit Gemälden seiner berühmten Sammlung hatte er von seinen Reisen in Italien und Frankreich um 1765 mitgebracht und in seinem Landhaus an der Herrenhäusener Allee (heute Wilhelm-Busch-Museum) in Hannover, aufstellen lassen. Sein Hofmeister war übrigens Georg Friedrich Brandes. – *Andromeda und ... Perseus ... von Cavaceppi:* Vgl. den Brief an Joel Paul Kaltenhofer vom 14. Mai 1772, in welchem der Kopf einer der Töchter Niobes, von einem sehr berühmten Italiener kopiert, hervorgehoben wird. In einem weiteren Brief an Kaltenhofer vom 26. August 1772 erwähnt L. den Abguß eines vortrefflichen Kopfes des Cäsar. Bartolomeo Cavaceppi (1716–1799), ital. Bildhauer; Winckelmanns Begleiter auf seiner Todesreise, gab sich besonders mit der Restaurierung antiker Statuen ab; zu seinen internationalen ›Kunden‹ gehörte auch Wallmoden. – *was ... Raspe darin gesehen:* Gemeint ist dessen Aufsatz in der »Neuen Bibliothek der schönen Wissenschaften und der freyen Künste«, Bd. 4, 1767, S. 204ff., S. 239ff. – *Der kleine Atys:* Attis, der sterbende und wiederauferstehende Gott im Kult der Kleinasiatischen Göttin Kybele, nach der Sage ein Hirt, der von Kybele in Raserei versetzt, sich entmannte. – *Wundsdorf ... 2ten April:* Diese Passage hatte Leitzmann nicht in seine Auswahl aufgenommen. – *Stolzenau:* Niedersächs. Flecken im Kreis Nienburg an der Weser. – *Bomde:* Gemeint ist Bohmte, eine kleine Gemeinde im Kreis Wittlage, am rechten Ufer der Hunte. – *passierte:* In der Handschrift *passirten;* L. wollte zweifellos ergänzen *wir.* – *die große Eiche ... wie Herr Jacobi zu besingen:* In seiner »Winterreise« hatte Johan Georg Jacobi 1769 geschrieben: »Indem zeigte der Postillon mir einen ungeheueren Eichbaum am Wege, den die Reisenden zu messen pflegten und den ich schon einmal gemessen hatte. Jetzt war mir die Dicke des Baums weniger wunderbar als sein Alter ehrwürdig. Ohne mich darum zu kümmern, wie alt eine Eiche werden könne, setzte ich die Jugend von dieser in die Zeit unserer ältesten Vorfahren – wie freute ich mich so sehr ein Deutscher zu sein. Hier saßen Helden einst im Schatten ...« (zit. nach Deneke, S. 100f.). – *der Kayser ... das beste Wirtshaus:* Gemeint ist der »Römische Kaiser« zu Osnabrück, in dem L. 1772 abermals wohnte; vgl. den Brief an Johann Christian Dieterich vom 7. September 1772: »Noch zur Zeit logire ich im römischen Kayser auf dem Marckt ...«. – *Ipenbüren:* Gemeint ist Ibbenbüren, im Kreis Tecklenburg am Südhang der Schafberge; erhielt 1721 Stadtrechte. Von dem »Chaisen-Bruch« berichtet L. auch im Brief an Abraham Gotthelf Kästner vom 17. April 1770. – *noch einmal so teuer als im*

Hannöverischen: Auf der Innenseite des ersten Blatts schreibt L., daß die Post »bisher nur 1 Thaler und 4 gute Ggr. kostete«; laut »Postkutschen-Reglement« in den »Hannoverischen Anzeigen«, 101. Stück, 17. Dezember 1770, Sp. 1373, zahlt »eine in der Kutsche reisende Person« für jede Meile 6 Ggr. und laut Sp. 1374 6 Pf. pro Meile an Trinkgeld für den Postkutscher; 1 Ggr. erhielt der Wagenmeister bei jeder Abfahrt. – *Bentheim:* Niedersächs. Stadt in der Grafschaft Bentheim nahe der niederl. Grenze.

S. 600 *Reinlichkeit und Betrügereien der Holländer:* Zu L.s Urteil und Vorurteil über Land und Leute Hollands vgl. KA 68 und noch seinen Brief an Amelung vom 21. April 1786; s. auch Hans Ludwig Gumbert, Lichtenberg und Holland, Utrecht 1973. Wesentlich ausgewogener ist Klockenbrings Urteil in seinem Aufsatz »Einige Anmerkungen über Holland«, erschienen im »Hannoverischen Magazin«, 92. Stück vom 17. November 1769, Sp. 1457–1472; 93. Stück vom 20. November 1769, Sp. 1473–1484. – *Deventer:* Niederl. Stadt in der Provinz Overijssel, schon im Mittelalter wichtige Handelsniederlassung. – *Hier habe ... von Rechts wegen:* Diese Passage hat Leitzmann nicht in seine Auswahl aufgenommen. – *ungerändete Dukaten:* Seit der Jahrhundertmitte beherrschte man die Kunst der Randprägung; sie diente in erster Linie, Münzen vor dem Abfeilen zu schützen. – *Die berühmten Deventerischen Kuchen:* Deventer Koek, Honigkuchen. Diese Spezialität wird bis heute hergestellt. – *Utrecht ... Ort:* Unter dieser Zeile steht im Tagebuch am Rand *Utrecht.* – *Obelet:* Gastwirt in Utrecht. – *König von Dänemark:* Wohl Christian VII. (1749–1808), seit 1766 König von Dänemark und Norwegen. – *Paoli:* Pasquale Paoli kam im Herbst 1769 auf seiner Reise nach England durch Utrecht. – *Hahn:* Johann David Hahn (1729–1784), holl. Prof. der Physik und Astronomie in Utrecht.

S. 601 *Saxe:* Christophorus Saxe, auch Saxius, Sachsius (1714–1806), in Eppendorf, Sachsen, gest. in Utrecht, wo er Prof. für Altertumskunde und Literatur war. – *Hennert:* Johann Friedrich Hennert (1733–1813), holl. Prof. der Mathematik und Astronomie in Utrecht, Leiter des Observatoriums daselbst. Die Beschreibung des Observatoriums übernimmt L. fast wörtlich in seinen Brief an Abraham Gotthelf Kästner vom 17. April 1770. – *Azimutal-Quadranten:* Astronomisches Instrument zur Bestimmung von Gestirnhöhen. – *Hartsoeker:* Nicolaas Hartsoeker (1656–1725), niederl. Gelehrter, Mikroskopist, Instrumentenmacher und Linsenschleifer. – *für Eulern eingenommen:* Über Leonhard Euler, dessen Schüler Hennert gewesen war, und seine Theorie vom Licht s. zu A 166. – *Kästners Optik:* Gemeint ist vermutlich »Vollständiger Lehrbegriff der Optik, nach Herrn Robert Schmiths Englischem mit Anmerkungen und Zusätzen ausgearbeitet«, Altenburg 1755. – *Zimmermann in Braunschweig:* Eberhard August Wilhelm von Zimmermann. – *Treckschuite:* Trekschuiten; 20 bis 50 Meter lange flachbodige, auf den Kanälen der Niederlande gebräuchliche Fahrzeuge, die von am Ufer des Kanals entlang gehenden Personen oder Pferden gezogen (getreckt) werden. – *Lugduni Batavorum:* Der lat. Name für Leiden, seit dem Ende des 16. Jh.s berühmt als Druckort wissenschaftlicher Werke. – *Haag ist derjenige:* Am Rande dieser Zeile steht von L.s Hand *Haag.* – *Ort wo ich leben würde:* Was L. hier von Den Haag sagt, äußert er später von Hamburg. – *an den Fenstern ... Spiegel:* Spione, wie sie auch an deutschen Bürgerhäusern bis in dieses Jh. gebräuchlich waren.

S. 602 *Kamtschatka:* S. zu KA 97. – *Schevelingen:* Scheveningen. – *dieses Schauspiel:* Den einmaligen Anblick des Meeres von diesem Ort aus beschwört L. noch am 21. April 1786 in einem Brief an Gottfried Hieronymus Amelung. – *König von Dänemark:* Christian VII. von Dänemark. – *Herzog von York, und Gloucester:* William Henry (1743–1805), Sohn Friedrich Ludwigs, Prinzen von Wales, Bruder Georgs III. – *Helvoetsluis:* Abgangsort der Paketboote nach Harwich. – *nicht so schön:* In der Handschrift *nicht zu schön.* Danach endet Leitzmanns Auswahl aus dem Tagebuch 1770. – *Jagd:* Jacht; zu diesem luxuriösen holl. Bootstyp s. Gumbert, Lichtenberg und Holland, a.a.O., S. 32–34. – *Rotterdam:* In der Handschrift *Roterdam.* – *Das beste Wirtshaus . . . Marschall von Turenne:* Der »Maréchal de Turenne« war seinerzeit das beste Haus in Rotterdam; auch Klockenbring erwähnt es in seinem zu TB 1 (S. 600) nachgewiesenen Aufsatz (Sp. 1460). – *verlangen konnte:* In der Handschrift *konten.* – *Sonnabend als:* Hiermit beginnt der – ungenaue – Auszug aus dem Tagebuch 1770 in den VS 1844, 3, S. 271–275: »Bruchstücke aus dem Tagebuch von der Reise nach England«. – *Wood:* Engl. Gastwirt in Helvoetsluis.

S. 603 *Paquetboot:* Der Überfahrtdienst zwischen Holland und England wurde von zweimal wöchentlich verkehrenden Einmastern versehen, die im Dienst der engl. Regierung fuhren. – *Story:* S. zu J 454. – *vornehmsten Zimmer:* Auf Seite 10 seines Tagebuchs notiert L.: »Captain Douglas geht mit kurze Schritten auf und nieder auf dem Verdeck und hernach in der Stube, so klein auch immer der Platz sein mochte.« – *uns dreien:* L. und seine engl. Zöglinge Irby und Swanton. – *Durchgang der Venus:* Am 3. Juni 1769 fand ein Durchgang der Venus durch die Sonne statt, was für die europ. Astronomen eines der wichtigsten Mittel zur Berechnung der Entfernung der Erde von der Sonne war. L. hatte in Göttingen ebenfalls Beobachtungen durchgeführt. – *Anhänger von Wilkes:* John Wilkes. – *unsere Bedienten:* L. reiste mit seinem Diener Heinrich Braunhold. – *Harwich:* Engl. Hafenstadt an der Mündung der Stour und Orwell in die Nordsee; Seebad und von alters Schiffsverbindung nach Holland. – *der Zustand:* Über seine Seekrankheit berichtet L. auch im Brief an Abraham Gotthelf Kästner vom 17. April 1770.

S. 604 *Weit unangenehmer . . . der Sturm:* Ausführlich beschreibt L. die Vorgänge auf See in dem oben genannten Brief an Kästner. – *Yarmouth:* Engl. Hafenstadt in der Grafschaft Norfolk, auf einer Halbinsel zwischen der Nordsee und der Mündung von Yare, Bure und Waveney gelegen. – *den 9ten April nach zehn Uhr:* Die Überfahrt hatte als 48 Stunden gedauert, während die normale Fahrzeit damals 20 bis 36 Stunden betrug. – *Die Zollhaus-Bedienten:* Über die strenge Kontrolle der engl. Zöllner klagen auch andere zeitgenössische Reisende. – *verbotene Sachen bei uns:* L. meint zwei Gemälde von J. H. Tischbein aus Kassel, die er beziehungsweise Irby im Auftrag Rudolf Erich Raspes für William Faucitt in London besorgen wollte; vgl. L.s Brief an Rudolf Erich Raspe vom 20. September 1770. – *die Menge schöner Mädchen:* Über die – gefährliche – Schönheit der Engländerin läßt sich L. ähnlich, wenngleich ausführlicher, im Brief an Johann Christian Dieterich vom 19. April 1770 aus. Vgl. auch Hogarth-Erklärungen (III, S. 703, 811 und 855). Auch in den Reisebeschreibungen von Küchelbecker, Nemeitz und Archenholz findet sich dieser Lobpreis. – *74 englische Meilen:* Etwa 110 km. – *Die Postillons fahren mit solcher Geschwindigkeit:* Im Unterschied zu den deutschen; vgl. E 152, 169; F 96.

S. 605 *Colchester:* Engl. Stadt in der Grafschaft Essex. – *look there is a bullock:* Guck, da ist ein Ochse. – *Grobheit meines Vaterlandes:* Gemeint ist Darmstadt und das Hessenland (Odenwald). – *Lord Bostons Haus in Lower Grosvenor Street:* William Irby Lord Boston. Die heutige Grosvenor Street ist der östlichste Teil der Straße, die New Bond Street mit Park Lane verbindend Grosvenor Square (einer der größten und elegantesten Plätze Londons) im Süden begrenzt; Bostons Haus steht noch heute. – *die eigentliche Nachtessens-Zeit:* Zu den L. irritierenden Eßgewohnheiten in den gehobenen Londoner Kreisen s. zu E 116; vgl. noch die Hogarth-Erklärungen (III, S. 690 f.). – *diejenigen Klassen von Handel ... getrieben:* Anspielung auf Straßenprostitution und Kriminalität in London. – *Fortgang haben würden:* Folgende Bemerkungen sind am Ende des ersten Englandaufenthalts eingetragen worden, nach dem Besuch in Richmond am 22. April 1770: »Ein Hygrometer von Mahogany Holtz in Richmond«. »Der weise Strich auf dem Meer der sich von Südwest nach Nord Osten erstreckte und die Gräntze der Fluth war«. »Die von Herrn Hewson injicirte Vasa Lymphatica einer Wasser Schildkröte.« Die vierte Notiz ist zu Captain Douglas (TB 1, S. 603) mitgeteilt.

2 *Kaltenhofers Garten:* Im Kopf des Briefes an Joel Paul Kaltenhofer vom 31. Mai 1772 vermerkt L.: »Morgen ein Jahr, daß wir zum erstenmal beisammen im Garten waren«.

3 Erstveröffentlicht in: Aus Lichtenbergs Nachlaß, S. 140. – *besuchte mich Herr Gleim:* Johann Wilhelm Ludwig Gleim hielt sich im Juni 1771 einige Tage in Göttingen auf. – *das sanfte Trübe:* Ähnlich schreibt L. von Pasquale Paoli RT 22.

4 *Herrn Talbots Geld:* Vgl. L 578. Oder ist der Jüngere gemeint? Vgl. D 593. – *Scipio der Große:* Zu Scipio Aemilianus s. zu F 442. – *Laelius der Weise:* Gaius Laelius Sapiens (geb. um 186 v. Chr.), gehörte zum Freundeskreis des jüngeren Scipio Africanus, in dessen Heer er 146 an der Eroberung Karthagos teilnahm; röm. Konsul. Er erscheint als Freund Scipios in mehreren Dialogen Ciceros: »De re publica« und »Cato minor«; besonders in »Laelius oder über die Freundschaft« (Laelius, de Amicitia). In »De oratore« II, 6, 22 erzählt Cicero, daß sich Scipio und Laelius am Meeresstrand unglaublich kindisch aufführten und Muscheln und Kieselsteine aufzusammeln pflegten. – *Mr Kaltenhofer ... know:* Herr Kaltenhofer speiste mit mir zu Nacht. Er wirkte den ganzen Abend sehr mißgestimmt, nur weil ihm das Kalbfleisch nicht genug durchgebraten war, wir unterhielten uns kaum, bis Herr Adams ins Zimmer trat, was kurz nach dem Nachtmahl geschah, doch ist Kaltenhofer einer [der] ehrlichsten Männer die ich kenne. – *Adams:* Charles Adams, Sohn des Lord Chief Baron of the Exchequer, engl. Student aus London, stud. math. imm. 2. Juni 1770 in Göttingen, bis Sommer 1772 Schüler und Zögling L.s.

5 Erstveröffentlicht z. T. in: Aus Lichtenbergs Nachlaß, S. 140. – *I read ... know:* Ich las den dritten Band des Findlings und einen Teil des vierten. Ich kenne kein englisches Buch aus dem Genre der ›belles lettres‹, dessen Autor ich lieber wäre, als Tom Jones, Herr Adams hätte den Spectator vorgezogen. Herr Adams hat Fiedlings Sohn in der Schule gekannt, er hat mir erzählt, er sei ein begabter Kopf gewesen und habe immer schmutzig ausgesehen. – *the foundling:* Einen Reflex seiner Lektüre bieten die gleichzei-

tigen Eintragungen aus Fieldings »Tom Jones« in B 384, 385. – *Adams:* Charles Adams. – *good genius:* L. gebraucht den Ausdruck ähnlich auch TB 11.

6 *the 2ⁿᵈ . . . Cheries:* Den 2ten schlechtes Wetter, feierte den berühmten Tag, aß die ersten Kirschen. – *the famous day:* L.s Geburtstag.

7 Erstveröffentlicht bis auf den ersten Satz in: Aus L.s Nachlaß, S. 140. – *the 13th . . . o'clock:* Den 13. klarte es auf. Wir aßen in Herrn Kaltenhofers Garten zu Abend, Ich und der Komet waren sehr vergnügt miteinander. Ich laß mich hängen, wenn Du es begreifst. Kam um ein Uhr nach Hause. – *the comet:* Wahrscheinlich L.s ›dritte Liebe‹ Marie Sachse – vgl. F 1220 –, wie Albert Schneider, G.-C. Lichtenberg. Précurseur du Romantisme. L'homme et l'œuvre, Nancy 1954, I, S. 42 nachzuweisen sucht. An Joel Paul Kaltenhofer schreibt L. am 22. August 1772: »Daß der Schneider Sachs gestorben ist, da zu sag ich Amen. Ich habe ihn nicht gekannt, seine Tochter aber um ein oder zwey Äßgen (wie man nun rechnen will) mehr als der gemeine Hauf sie kennt, ich habe nun in einem halben Jahr nicht an sie gedacht, nun aber mögte ich doch einmal sehen, wie ihr die Trauer zu Gesicht steht.« L. gab ihr vermutlich den Beinamen, weil seine Liebesgeschichte mit der Beobachtung des von Messier entdeckten Kometen zusammenfällt; vgl. hierzu seine Briefe an Abraham Gotthelf Kästner vom 16., 22., 23., ca. 24., und 27. Mai 1771.

8 Erstveröffentlicht in: Aus Lichtenbergs Nachlaß, S. 140. – *Lockt up . . . fine weather:* 14ter Abgeschlossen in meinem Zimmer, Joseph Andrews fertiggelesen, kam mit meinen Überlegungen nicht ganz ins Reine über den tieferen Wert von gestern abend, brachte es ungefähr um 6 Uhr zur Entscheidung, die Schöffen trugen ihren Schiedsspruch vor: gut gemacht mein Junge. Danach seufzte ich – nein soviel doch nicht – ich holte tief Atem, wollte ich sagen und schaute aus dem Fenster, sah den Kometen, aber kaum, so dunkel war es. schönes Wetter. – *Joseph Andrews:* Über diesen Roman von Henry Fielding s. zu A 99. – *the comet:* S. zu TB 7.

9 Erstveröffentlicht bis *Charming one it was* in: Aus Lichtenbergs Nachlaß, S. 140. – *At noon . . . temporal:* Den 15. mittags um 11 Uhr sah ich ihn (den Kometen nämlich), ich hätte ihn gar nicht besser sehen können, er schien die Beobachtung vom letzten Samstag gutzuheißen, und die war ja auch sehr reizend. Um 5 Uhr gingen ich und Herr Browne nach Kerstlingerode. Vergnügen (gleichgesetzt mit) +3, müde fast +8. Nachtessen – 5 ganz abscheulich, doch stieg beim Essen das Vergnügen einmal bis +8 blitzartig, aber fiel dann auf 5. Herr Browne hat mit einer unerwarteten Bemerkung meine moralische Konstitution an dem Punkt berührt, der mir mehr Schmerz und Freude bereitet als jede andere an meinem ganzen Leibe, dem geistigen wie dem zeitlichen. – *the comet:* S. zu TB 7. – *last saturday:* Gemeint ist der 13. Juli 1771. – *Browne:* Henry Perryn Browne, engl. Student der Mathematik in Göttingen; immatrikulierte sich am 14. September 1770, Zögling L.s bis zu seinem Weggang im Frühjahr 1772. – *Kerstlingrode:* Von dem »entfernten, bergigten Purschenholtze zu Kerstlingeröder Felde«, das er, »wie Sie wissen, vorigen Sommer so sehr suchte«, schreibt L. an Joel Paul Kaltenhofer am 14. Mai 1772.

10 *Had . . . satisfaction:* Bekam von Dietz einen Brief, der mir sehr gut tat. – *letter from Dietz:* Die Korrespondenz zwischen Dietz und L. ist nicht erhalten. Johann Ludwig Dietz (1744–1808) aus Darmstadt, Sohn eines Apothekers,

vermutlich Schulfreund L.s, immatrikulierte sich am 22. April 1765 als Student der Medizin in Göttingen, wohnte im WS 1765/1766 mit L. beim Goldschmied Knauer; ging im Herbst 1766 von Göttingen nach Berlin, dann auf Reisen; 1770 Promotion in Gießen; 1775 Prof. der Medizin dasselbst.

11 *the 17ᵗʰ hot . . . guns:* Den 17ᵗᵉⁿ heiß. Herr Browne und ich gingen auf Jagd, liefen zuletzt wieder bis Kerstlingerode, wo wir zur Nacht aßen. Ganz überraschend müde fast 9. Bekam von Kometen, oder Steinen nicht zu sehen. Auf dem Heimweg trug Herr Browne sehr zuvorkommend auch mein Gewehr, wir sprachen wenig miteinander, obwohl ich zeit und Gelegenheit hatte, über etwas Besseres nachzudenken, dachte ich fast an nichts anderes, als mir einen Hund zu halten, und zwar einen großen, sobald ich aus Tompsons Haus weg bin. Herr Riemenschneider zeigte mir einen Brief von seinem Sohn aus Wien, der Arme tut mir leid wegen dieses Briefs, der Schreiber ist bloß ein kleiner Geist, obwohl der Vater überaus erfreut schien über alles, was er schrieb. Ich konnte es nicht länger aushalten und fragte ihn, wieviel seiner Meinung nach mein Gewehr wert sei, und so verlegte sich die Unterhaltung auf Gewehre. – *Kerstlingerode:* Dazu s. zu TB 9. – *comets:* Dazu s. zu TB 7. – *Tompsons house:* Johann Tompson (1693–1768) aus London, seit 1735 Lehrer für Englisch und Italienisch, 1751 außerordentl., 1762 ordentl. Professor für Englische Philologie; L. wohnte von Juni 1767 bis März 1772 in dessen Weender Straße Nr. 54 gegenüber der Jacobikirche gelegenen Haus, das die Schwestern Marie und Angelika Connor führten. – *Riemenschneider:* L. erwähnt ihn auch im Brief an Joel Paul Kaltenhofer vom 12. November 1772. – *poor genius:* Zu diesem Ausdruck s. zu TB 5.

12 Erstveröffentlicht ab *I wrote to M.r Dietz* in: Aus Lichtenbergs Nachlaß, S. 141–143. – *I am . . . same time:* Ich bin ganz abscheulich müde, ich hätte heute früh Vorlesungen gehalten, wenn ich sie hätte im Bett halten können. Ich schrieb an Herrn Dietz und schickte ihm eins meiner Gedichte auf die Hochzeit Justinens der Ionierin. Auch er hat sie gekannt, wie gut weiß ich nicht, aber er weiß aufs Haar genau, wie gut ich sie kannte. Ich habe ihn darum umso lieber, und meine Briefe an ihn schlagen einen ganz anderen Ton an als alle übrigen an meine Freunde, denn warum sollte ich mich schämen, vor jemand zu pissen, der mich 100 mal ohne Hemd gesehen hat. Eymes weiß mehr von mir als Dietz, aber Dietz weiß es genauer, seine Gedanken haben einen Hang ins Empfindsame, und wenn solche Leute etwas anschauen, sind auch die anderen vier Sinne daran beteiligt. Ljungberg ist schlauer als die beiden, und was keine sehr gute Eigenschaft ist, er verwendet mehr als die eine Hälfte, um das ganze zu verstecken, oder wenigstens die andere Hälfte. Und sicherlich wenn ich es mir nicht zur Hauptbeschäftigung meines Lebens gemacht hätte, anderer Leute Gesichter zu studieren, hätte ich manchmal nicht gewußt, was ich von ihm halten soll. Aber ich bin zuletzt doch hinter ihn gekommen, denn ich wollte bei Gott lieber mit vermuteten Dieben reden als mit einem Mann, den ich nicht kenne, Gesicht, Hintern und alles, ich meine nicht seinen Charakter im Sonntagsstaat, nein in Hauskleidern oder was er anhat, wenn er im Bett liegt, das Gesicht zur Wand gekehrt, den geheimen Staatsrat in sich befragend, da hat man den Mann und seinen Charakter. Wenn ich ihn dort kenne, dann sage ich, ich sei hinter ihn gekommen, und hoffentlich zu recht. Was ich bei der Beobachtung meiner drei Freunde herausfand, will ich versuchen so kurz wie möglich niederzulegen.

Dietz ist heftig in seinen Leidenschaften und gleichzeitig unstet, was selten in einer Person vereint zu finden ist, beobachtet viel, und ich kenne niemand, der die Fehler wie die Vorzüge anderer so schnell wie er herausgefunden, und weniger geirrt hätte in seinem Urteil über sie, das er selten kundtat, außer auf wiederholte Bitten hin, und dann sagte er seinen Freunden, was er an ihnen beobachtet hatte, mit äußerster Rückhaltlosigkeit, so daß einige gegen ihren Willen beleidigt waren von seinen Reden. Sein Gedächtnis ist schrankenlos, ebenso wie sein Humor. Im Nachäffen schlägt er weit alle meine anderen Bekannten, und dabei verläßt ihn ganz seine natürliche Unbeholfenheit. Er mag wohl sein, was man allgemein einen gelehrsamen Mann nennt, aber Erfindungskraft ist nicht seine Gabe.

Eymes ist Dietz in allem unterlegen außer an Witz, an Blick für die Malerei, und offener Ehrlichkeit des Herzens, er hält große Stücke auf seine Begabung, und deswegen ist sein Umgang nur für die angenehm, die er für ebenbürtig oder höherstehend hält, denn das zügelt ihn in seiner Meinung, den Überlegenen zu spielen, wenn diese sicherlich auch ganz unschuldig und von der harmlosesten Art ist. Seine Begabung anzuzweifeln ist, was er andern besonders übelnimmt, aber er gibt sich mit der geringsten Erklärung zufrieden, daß sie sich getäuscht hätten, obwohl ich selbst gestehen muß, daß er sehr wenig Urteil hat. Sein Witz ist reichlich ungezügelt, und seine Aussprüche sind meistens an den Haaren herbeigezogen, aber unter 20 ist immer wenigstens ein guter und eigentümlich gewendeter, der im besten Buche glänzen könnte.

Ljungberg, ein Schwede von größerer Begabung als alle Freunde, die ich jemals hatte, ein überlegendes Urteil geht bei ihm zusammen mit gediegenem Witz, und er ist wahrhaft ein Genie. Wenn sich seine Umstände aufs Maß seiner Verdienste einrichten, wird er ganz sicherlich in der gelehrten Welt noch einmal glänzen. Seine Unterhaltung bereitete mir unendliches Vergnügen, und unsere Beziehung ist jetzt so eng, die Bande zwischen uns so fest geworden, daß sie sich nie mehr lösen werden. Auch er ist heftig in seinen Leidenschaften, hat viel genau unterscheidenden Ehrgeiz, den er verbirgt, ist äußerst argwöhnisch, scheint einem immer zu glauben, aber glaubt selten, scheint einem immer zuzustimmen, aber stimmt selten zu. Was man ihm auch sagt, legt er seinem geheimen Staatsrat vor, wo er zum Gehörten hinzufügt oder davon abstreicht, je nach der Meinung, die er sich vom Sprecher gemacht hat. Und doch gibt es Augenblicke, in denen er sich vergißt, worüber man sich bei einem Mann seines Alters (er war nicht viel über 21 oder 22, als wir miteinander Umgang hatten) nicht verwundern kann. Aber wenn er bei seiner Arbeit bleibt, so wird, was seine Schlauheit betrifft, nicht einmal der geheime Staatsrat von Schweden hinter ihn kommen. Er hat eine außergewöhnliche Ader für die Mathematik, und außerdem noch zwei mathematische Hände und Augen, die den meisten unserer algebraischen Taschenspieler abgeht. In der Philosophie ist er ein erklärter Skeptiker, und bezweifelt nicht nur, ob er tatsächlich zweifelt, sondern ist außerdem im Zweifel ob er nicht tatsächlich zur selben Zeit zweifelt und nicht zweifelt.

– *poëms upon the marriage of Justina:* Diese Gedichte sind nicht erhalten; daß L. als Student gegen Honorar Hochzeitscarmina verfertigt hat, geht aus dem Brief an Johann Christian Kestner vom 30. März 1766 hervor. Über den

»Poeten« L. vgl. KIII, S. 299. – *Justina:* S. zu B 171. – *Jonian girl:* Gemeint ist wohl ›klassisch-üppige‹ Schönheit; vgl. B 154. – *my letters . . . to my friends:* Die Briefe an Dietz sind – wie zu TB 10 erwähnt – ebenso wenig erhalten wie die an Ljungberg und Eymes.

S. 608 *chief employment . . . observe peoples faces:* Eines der frühesten Selbstzeugnisse L.s über seine Neigung zur Physiognomik. – *examining my three friends:* Dieses Unternehmen erinnert an die – fiktive – Charakteristik L.s durch seine Freunde in B 257, niedergeschrieben 1769.

S. 609 *a declared sceptick:* »Ljungberg ist ein einziger Denker«, schreibt L. in seinem nicht genau datierbaren Brief von Ende November 1779 an Georg Heinrich Hollenberg Ende November 1779 (?).

13 *M.r Poyntz . . . him:* 19ter Herr Poyntz ist heute von hier aus nach London abgereist, er war ein sehr fleißiger junger Mann, der seine Zeit aufs Beste verwendete, hervorragend deutsch sprach, und sehr viel Geist und Stolz hatte, und zwar nicht jenen Nationalstolz, von dem jeder Engländer im allgemeinen besessen ist. Er war ein guter Mann im Ganzen gesehen. Gott mit ihm. – *Poyntz:* William Deane Poyntz, engl. Student der Sprachen aus Oxford, immatrikulierte sich am 17. September 1770 an der Universität Göttingen.

14 *M.r Baumann . . . earth:* 20ter Herr Baumann und ich gingen nach Kerstlingerode, wo es ein wenig geregnet hatte; auf dem Heimweg war es sehr schmutzig, Herr Baumman fiel hin, wir trafen Dietrich und seine ganze Familie, die gerade aus Gotha kamen, zehnmal so schmutzig wie wir, obwohl sie nur zweimal so weit gekommen waren, und zum größten Teil in der Kutsche. Am selben Tag sah ich einen Mann dicht neben dem Wetterhahn auf unserem Kirchturm von Sankt Jacobi stehen, ich beobachtete sein Gesicht mit einem Dollondischen Teleskop, und er sah so kühl drein wie ich, oder vielleicht kühler, denn ich hatte wahrscheinlich mehr Angst, er könnte herunterfallen, als er selbst. Herr Baumann und ich beobachteten eine Wolke, die von A nach B zog, obwohl sie sich sehr rasch bewegte, schien es aus ihr senkrecht nach unten zu regnen, was ein Zeichen war, daß der Wind stärker unter der Wolke und nah über dem Erdboden geweht haben muß. – *Kerstlingrode:* Darüber s. zu TB 9. – *where:* In der Handschrift *were*. – *Dietrich and his whole family:* Auf diese feuchte Rückkehr aus Gotha spielt L. im Brief an Heinrich Christian Boie vom 22. Juli 1771 an: »Dietrich ist mit seiner Frau, 5 Kindern und einer neuen Aufwärterin am Sonnabend angekommen, heute soll er wieder, wie ich höre, ganz trocken sein.« – *our St James's church steeple:* Mit der Anspielung auf die höchste Londoner Kirche meint L. den Jacobi-Kirchturm in Göttingen, dem er seinerzeit gegenüber wohnte. Dachdeckerarbeiten beobachtet L. noch TB 21; s. ferner TB 22, SK 153. – *Dollond-Telescope:* Über John Dollond und sein berühmtes Fernrohr s. zu D 748.

15 Erstveröffentlicht in: Aus Lichtenbergs Nachlaß, S. 144. – *An amazing . . . Not I:* Eine erstaunliche Veränderung habe ich an dem Kometen beobachtet, für die ich keine Erklärung habe, es scheint, alles ist aus. Aber das heißt nicht, daß alles nur ein Traum ist, denn gewiß ist der Mensch nicht nur für den Genuß gemacht, wie das Auge fürs Sehen oder das Ohr fürs Hören, denn wenn das der Fall wäre, dann steht es zehn zu eins, daß die Dinge aus den Fugen sind, und wer wollte sie dann wieder zurechtrücken? Ich nicht. – *comet:* Zu dieser Umschreibung s. zu TB 7. – *things are out of Joint:* »The time is out

of joint: o cursed spite, that ever I was born to set it right!« (Die Zeit ist aus den Fugen: Schmach und Gram, daß ich zur Welt, sie einzurichten, kam!), heißt es in »Hamlet« 1, 5.

16 Erstveröffentlicht in: Aus Lichtenbergs Nachlaß, S. 144. – *Still ... indeed:* Noch übler in jeder Beziehung. Seelenruhe weit unter – 4, verdammt niedrig in der Tat. – Vom gleichen Tag ist ein Brief an Heinrich Christian Boie datiert.

17 Erstveröffentlicht in: Aus Lichtenbergs Nachlaß, S. 144f. – *Today ... with me:* Heute ziemlich genau eine halbe Stunde nach 12 ist sie auf – 6 gesunken, doch um 2 Uhr lachte ich. Wie ich mich selbst belügen kann, eine Hälfte von mir kann ein frohes Gesicht machen, um die andere zu täuschen, existiert in der Schöpfung noch ein solches Wesen wie der Mensch. Ich habe mich in einem schrecklichen Ausmaß betrogen, gelacht zu einer Zeit, in der 98 von 100 Leuten geweint oder sich getötet hätten. Den ersten Gedanken mich umzubringen hatte ich in Darmstadt im Winter 1758, als ich auf einem Tisch in dem Raum stand, wo sich die 4te Knabenklasse versammelt, und einige Wörter durchlas, die an die Tafel geschrieben waren, welche weiß ich jetzt nicht mehr, aber ich glaube, es hatte mit der Deklination von domus zu tun. Danach schrieb ich etwas zur Rechtfertigung des Selbstmordes, und gab es unserem Rektor Wenck, der meine Zweifel gründlich genug beruhigte, aber seitdem muß ich an Selbstmord denken. Es klarte auf. Ich machte einen Besuch bei Dietrich, aber weder er noch seine Frau schienen besonders erfreut von meiner Gesellschaft, kein Wunder, denn ich konnte mich ja kaum selbst ertragen, wie düster ein klarer Himmel aussieht, wenn es in uns stürmt, das weiß ich jetzt. Dann ging ich zu Kaltenhofer, oh Gott, alles in mir ging mit. – *wrote ... in defence of selfmurder:* Diese Schrift ist nicht erhalten. – *Rector Wenck:* Johann Martin Wenck (1704–1761), Rektor des Pädagogiums in Darmstadt, namhafter Schulmann der Aufklärung; L. erwähnt ihn auch in einem Brief an Gottfried Hieronymus Amelung vom 3. Juni 1782. – *thinking of selfmurder:* Zu L.s Beschäftigung mit dem Selbstmord vgl. A 126 und die Anm. dazu. – *his Wife:* Christiane Dieterich.

18 Erstveröffentlicht in: Aus Lichtenbergs Nachlaß, S. 145. – *Very ... well:* Sehr wenig wohler heute, nicht von Natur, nur durch Kunst, und ich glaube nicht, daß es gut ausgehen wird.

19 Erstveröffentlicht z. T. in: Aus Lichtenbergs Nachlaß, S. 145–146. Zwischen TB 18 und TB 19, dem 24. Juli und 12. August 1771, hat L. keine Tagebucheintragungen gemacht. – *Not ... Kaltenhofer at 9 ½:* Kein Deut besser. Kometen haben den Teufel glaub ich. Ich habe sie gesehen, die Weiße, und die braune Flache auch. Bin die ganzen letzten vierzehn Tage nicht zu Kaltenhofer gegangen. Eine Schande, aber zum Henker! ich kann das Loch nicht zustopfen, durch das alle meine Narrheiten den Leuten immer wieder ins Gesicht fliegen, ich wollte ich wäre tot, denn ich bin über die Grenze hinaus, und danach kommt nichts mehr. Wenn ich nur Herr meiner selbst wäre, aber warte, wer wäre dann der Sklave? ich selbst, oh! zur Hölle denn mit allen Herren. Beim Nachtmahl hat Boie *big with child* [hochschwanger] so ähnlich ausgesprochen wie *bich wis scheild,* oder wie man als Deutscher lesen würde, *bich wis scheild,* was mich zum Lachen gebracht hat, zum ersten Mal heute und sehr wahrscheinlich auch zum letzten, obwohl es erst 4 Uhr ist, ich lache sehr selten nach fünf, in den Hundstagen, und besonders in diesen, die

mich noch verrückt machen werden. Gott verzeih mir, ich habe noch nie so große Schmerzen in mir gehabt, und doch glauben die Leute, daß es mir gut geht, lieber Himmel wie dumm die Leute sind. Wozu sind Augen gut, oder der Verstand, wenn ein so unerfahrener Bursch wie ich sie lenken kann, wohin er nur will. Der innere Schmerz, das Ungeheuer, das in meinen Eingeweiden und in meinem Gehirn nagt, und von dem man meinen müßte, es könnte niemandes Blick entgehen; wegen seiner riesigen Größe, läßt sich gleichwohl zudecken mit einem Lächeln und kann unbemerkt lauern hinter dem durchsichtigen Schleier eines Gesichts. Erhielt um 6 Uhr einen Brief von meinem Bruder, ging Baumann um sieben besuchen, und Kaltenhofer um ½10. − *comets:* Zu dieser Umschreibung s. zu TB 7. − *the brown flat one:* Vermutlich die Freundin von Marie Sachs. − *my brother:* Gemeint ist vermutlich der Gothaer Bruder Ludwig Christian.

20 Erstveröffentlicht ab *I marched cooly* in: Aus Lichtenbergs Nachlaß, S. 146. − *Last night . . . out:* Vergangene Nacht war ein furchtbarer Sturm, heute früh um 7 stand das Barometer auf 27" 2'" Paris. Sehr tief, um 11 Uhr steht es 1'" höher. Ich bin kaltblütig gegen drei oder vier fruchtbare Gedanken anmarschiert und heil herausgekommen, nur durch Kunst, der Urfehler liegt sehr tief. Herz, Hirn und alles angesteckt, wo soll ich hin? Es gab einmal eine Zeit, wo ich mich in meinen Kopf hätte zurückziehen können, aber jetzt würde mir nicht im mindesten wohler durch einen solchen Rückzug. Die Hundstage von 1771 soll die Hölle holen. Das ist eine grobe Zeile, aber ich will sie nicht auskratzen, denn das kann ich mit der andern auch nicht, ich meine mit der Ursache, die sie mich schreiben ließ. Ich bin entschlossen, diesem Buch niemals eine Unwahrheit zu sagen, ich werde es zu einem Spiegel machen, der mir in künftigen Zeiten mich selbst zurückspiegelt, und wenn es so kommen sollte, daß ich mich dann noch schlechter befinde, dann werde ich diese Hundstage segnen und das Blatt herausreißen. − *Paris.:* Gemeint ist ›Pariser Fuß‹. − *in future times:* Danach von L. gestrichen *my present mys[elf]*.

21 Erstveröffentlicht in: Aus Lichtenbergs Nachlaß, S. 146−148. − *Now . . . apprentices head:* Nun habe ich es endlich heraus. Ich weiß, was es mit dem weißen Kometen auf sich hat. Er ist für immer verloren. Jetzt ist Hoffnung auf Genesung. Nicht zu wissen wo eine Sache ist, ist zehnmal schlimmer, als sie ganz zu verlieren. Oder nicht? Aber er hatte ein zartes Herz, und meiner Seel eine ebenso zarte Haut, jedesmal wenn ich den Milton von Baskerville anfasse, werde ich an dich denken, liebster Stern, gesegnet der Ort, an dem ich dich zum ersten Mal sah in deiner Mittagshöhe. Alles was ich jetzt tun kann, ist meinen alten Lion wieder zu päppeln. Er enttäuscht mich nie und ist der gutmütigste Teufel, der je einen Menschenwicht in Stücke riß. Wenn ich nur die eine Hälfte verwinden könnte, die erste nämlich, ließe ich mir die andere gern gefallen. Aber wenn ich es ruhig bedenke, war es keine Enttäuschung, ich hatte das Ziel wohl anvisiert, aber hatte ich nicht schon längst die Zündpfanne weggenommen, und so wenig Absicht abzudrücken wie mich selbst zu töten? Ich schreibe es hin − keine Enttäuschung − ein einziges Glas Wein würde meinem Widersacher sehr zuhilfe kommen. Deswegen nimm dich in acht vor Wein und Wahnsinn, sonst wird dies Blatt noch vor Michaelis herausgefetzt.
Herr Adams hat vom General einen Hund geschenkt bekommen, das Vieh hat ein Paar schöne klare Augen, ich glaube es wird wohl auch treulos sein.
Ich bekam einen Brief von Herrn Jeanneret mit den Büchern, die ich bestellt

hatte, es war ein Almanach darunter. Es ist sonderbar, daß ich immer nachschauen muß, auf welchen Tag der erste Juni fällt, und dabei ist es weder mein Geburtstag noch der meiner Mutter. Meine Mutter starb am 11. Juni, welch ein Unterschied in den Zufällen. Ich mag Fielding dafür, daß er irgendwo im Findling den ersten Juni lobt. Ich beschließe dies mit der Bestätigung, zufriedenen Herzens, daß der Komet richtig gehandelt hat, daß er schuldlos ist, und unmöglich etwas anderes tun kann. Jetzt lasse das und richte dich auf einem andern Quadratfuß Boden ein, aber passe auf, daß er trägt. Nachdem ich dies geschrieben hatte, ging ich ins Vorderzimmer und sah etwas, was ich nicht erwartet hatte, und entdeckte, daß ich etwas anderes nicht gesehen hatte, was ich nie geglaubt hätte zu verpassen. Ich sah den Komet auf eine Weise, die vielleicht gut ausgegangen wäre, wenn sie (ihm) gefallen hätte, und sah zu meinem größten Erstaunen, daß der Wetterhahn aufgerichtet war, zu meinem höchsten Mißvergnügen, denn danach hatte ich die ganzen letzten vierzehn Tage Ausschau gehalten, und den angenehmen Anblick verßpaßt, weil ich mich in meine Zelle eingesperrt hatte, nur um irgendeinen Unsinn zu schreiben. Kaltenhofer erzählte mir später, daß der Meister, um den Wetterhahn aufzurichten, sich dem Lehrling auf den Kopf gestellt hatte.

– *the white comet:* Zu dieser Umschreibung s. zu TB 7. – *worse than:* Danach von L. gestrichen *not to know where it is.* – *Baskerville's Milton:* Über John Baskerville s. zu B 222, wo L. dessen Milton-Ausgabe ebenfalls mit der Haut eines Mädchens vergleicht. – *Lion:* S. zu F 249. – *good naturedest devil:* Als Teufel apostrophiert sich L. auch in Briefen an Dieterich und seine Frau. – *Michaelmass:* Der Michaelistag, gefeiert am 29. September, galt in verschiedenen Gegenden als Sommerende und Ernteschluß und verschmolz vielfach mit der Kirchweihe. – *Adams:* Charles Adams. – *my mothers . . . my birthday:* L.s Mutter hatte am 1. November Geburtstag; L. selbst am 1. Juli. – *June the 11$^{\underline{th}}$:* Am 10. Juni 1771 erschlägt L. eine Kröte, wie er am 11. Juni – B 381 – schreibt. – *Fielding . . . commending the first of June . . . in the foundling:* Eine solche Passage kommt in »Tom Jones« nicht vor. – *the first of June:* Der 1. Juni 1771 fiel auf einen Samstag: Beginn der Liebesaffaire mi Marie Sachs oder deren Geburtstag? Vgl. TB 2. – *the weather cock:* Vgl. TB 14.

22 Erstveröffentlicht bis *never have a wife* in: Aus L. Nachlaß, S. 148. – *The master . . . at Twickenham:* Der Meister kam zu mir. Ich bewunderte diesen Mann und ließ deswegen nach ihm schicken. Er trank ungefähr 6 Gläser Wein aus und sagte mir, daß er bei dem tauben Schüler in Darmstadt in die Lehre gegangen sei, so daß ich ihm gleich noch ein Glas Wein einschenkte. Ich mochte den Burschen schon vorher, und das hat ihn mir ganz nahe gebracht. Er hat etwas im Gesicht, daß ich mit 20 Louis d'or in der Tasche auf der Landstraße nicht gerne sähe, kurz etwas von einem aut Caesar pp, das durch eine verkehrte Erziehung in die falsche Bahn gelenkt worden war. Aber, so sagt mir doch, ist einer, der auf Zehenspitzen auf einem Kirchturm 225 Fuß über die Erde stehen kann und sich dabei nur mit den Knien festhält, nicht ein großer Mann? Warum macht er es nicht wie andere Leute, es ist keine Kleinigkeit. Was tut denn mancher große Minister oder General, anderes, als daß er ein paar hundert Fuß über die gewöhnliche Höhe hinaufklettert, nur um sich beim Heruntersteigen dann den Hals zu brechen. Ich habe noch nie so gelacht, um 4 Uhr hat man mir ein Päckchen gebracht. Es war eine Einladung

im Befehlston, wozu meint ihr wohl? Einer Gesellschaft beizutreten von jenen Leuten, die einen Louis d'or im Jahr zahlen, den ihre Witwen genießen sollen, wenn sie selbst einmal jenseits allen Genusses sind, weil es im Befehlston war, habe ich nicht gehorcht. Ich werde nie eine Witwe hinterlassen, weil ich nie eine Frau haben werde. Auch Köhler hat nicht gezeichnet. Ich kenne seine Meinung Wenn sich meine Witwe mit einer Kleinigkeit von 60 Talern trösten läßt, will ich sie auch nicht zur Frau. Ein anderer Professor dachte: die Witwe, die ich hinterlasse, wenn ich eine hinterlasse, kann unmöglich die 60 Taler einfordern, denn niemand außer mir wird wissen, daß sie jemals Witwe sein kann, deswegen bin ich der einzige Mensch, der sie entlohnen kann, was zu meinen Lebzeiten geschehen muß, und deswegen stecke ich mein Geld wieder in den Sack. Das Wetter ist sehr klar. Der Wetterhahn, sagt mir der Mann, wiegt dreißig Pfund. Schrieb einen Brief an Herrn Poyntz, einen an Lord Coleraine und einen an Herrn Jeanneret in Twickenham. – *The master:* S. zu TB 21. – *aut Caesar pp:* »Aut Caesar, aut nihil«: Entweder Caesar oder nichts; die unter einem Kopf des röm. Caesar angebrachte Devise Cesare Borgias. Vgl. auch III, S. 534, 913. – *a great man:* Darüber reflektiert L. auch B 408. – *which their widows will enjoy:* Über die Einrichtung der Witwen-Kassen unterhält sich L. mit Oeder in Bad Rehburg (vgl. den Brief an Joel Paul Kaltenhofer vom 20. September 1772); vgl. auch in GMWL, 20. Jg., 3. Stück, 1781, S. 358–190: »Aufklärung der Berechnungen der Witwen- und Todtencassen für diejenigen, die sich in der Buchstabenrechnung nicht geübt haben« und Wilhelm Ebel, Die Professoren-Witwen- und Waisenkasse, in: ders., Memorabilia Gottingensia, Göttingen 1969, S. 73–100. – *reward her:* Danach von L. gestrichen *as a widow in the person of the wife.* – *Lord Coleraine:* Wohl der Vater von George Hanger.

23 Erstveröffentlicht ab *Last night* in: Aus Lichtenbergs Nachlaß, S. 149. – *Rainy ... seen:* Verregnetes, kaltes und unangenehmes Wetter der Wind drehte von West nach Süd. Gestern abend verbrannte ich etwas, was ich vor vier Jahren gegen M ... s geschrieben hatte, es war erschreckend, welche Ausdrücke ich gebraucht hatte, sie waren mir kaum erträglich, ich mag den Mann jetzt. Wo liegt der Grund, daß manche Leute dazu neigen, einander ein Leben lang zu hassen, und daß andere kaum fähig sind, ihren Haß einen Winter wachzuhalten. Was es wohl für Ähnlichkeit gäbe zwischen den Charakteren der Menschen, wenn wir sie sehen könnten wie ihre Körper. Höhere Wesen achten vielleicht überhaupt nicht auf die Körper, die nur die organa sensoria des Hauptgegenstands der Betrachtung sind, und mittels derer sie die Geschöpfe auseinanderhalten wie die Entomologen die Insekten mittels ihrer Fühler. Und wie Lady Montague sagt, daß das Gesicht kein Schönheitskriterium wäre, wenn die Menschen nackt gingen, so würde vielleicht der Körper verschwinden vor der Summe der Vollkommenheiten oder Unvollkommenheiten des einzelnen in den Charakteren, wenn deren Ebenmaß oder Verzerrtheit sichtbar wäre. – *M ... s:* Wen L. gemeint hat, ist nur zu vermuten; Johann David Michaelis oder Christoph Meiners? – *Lady Montague:* L. schreibt *Mountague.* Mary Wortley Montague (gest. 1762); die 1763 in London veröffentlichten Reisebriefe erschienen im gleichen Jahr in Füßlis (anonymer) Übersetzung in Leipzig unter dem Titel: »Briefe der Lady Marie Wortley Montague, während ihrer Reisen in Europa, Asien und Afrika, an Personen vom Stande, Gelehrte etc. in verschiedenen Teilen von

Europa geschrieben«. Die Stelle gehört in einen Brief der Lady Montague, in dem sie ihren Besuch in einem türkischen Badehaus beschreibt (1. April 1717). In Reisekleidern (einem Reitdress) betritt sie die Baderäume, in denen sich etwa zweihundert völlig unbekleidete Frauen aufhalten. Die ungezwungene, von Peinlichkeiten freie Atmosphäre, in der sie dort empfangen wird, ist der Anlaß für ihre von L. zitierte Bemerkung: »I was here convinced of the truth of a reflection I have often made, that if it were the fashion to go naked, the face would be hardly observed.« Zit. aus den mit unkenntlichem Autorennamen erschienenen »Letters of the Right Honourable Lady ... Written, during her Travels in Europe, Asia and Africa, To Persons of Distinction, men of Letters, & c. in different Parts of Europe. Which contain, Among other Curious Relations, Accounts of the Policy and Manners of the Turks; Drawn from Sources that have been inaccessible to other Travellers. The Second Edition« in drei Bdn., Bd.1, London 1763, S. 162.

24 Erstveröffentlicht ab *I saw the comet* in: Aus Lichtenbergs Nachlaß, S. 149. – *This day ... reach:* 18ter. Heute hat mir Kästner sein Bild mit Rahmen und Glas zum Präsent gemacht, es kam gerade, als Herr Cronebold und Musäus bei mir waren. Ich habe den Kometen verschiedene Male gesehen, aber jetzt seit der notwendigen Veränderung sehe ich ihn mit den Augen eines Schulknaben, bloßes Abbild, nichts findet innen mehr statt, um die Opposition auf der tunica retina aufzuhöhen. O Gott wie bin ich kleingemacht, zweimal so nah, daß ich darüber hätte hinausgreifen können, und jetzt so fern, daß ich nicht hinreichen könnte und wäre mein Arm hundertmal so lang. – *Kastner:* Abraham Gotthelf Kästner. – *Cronebold:* Georg Nikolaus Andreas Cronenbold, Student in Göttingen. – *the comet:* Zu dieser Umschreibung s. zu TB 7.

25 Erstveröffentlicht ab: *Began to write* in: Aus Lichtenbergs Nachlaß, S. 150. – *21:* In der Handschrift *22.* – *The first ... of him:* 21 Der erste Komet bei Herrn Browne, ich ging Kaltenhofer bei den Meisters besuchen. Fing wieder an, an meinem Kunkel zu schreiben, ich kann meinen armen hinkenden Freund nicht vergessen, ich glaube ich werde eines Tages ⅔ von Deutschland von ihm reden machen. – *first Comet:* Im Unterschied vermutlich zu *the brown flat one* (TB 19); s. zu TB 7. – *M.͟r Browne's:* Henry Perry Browne. – *at Meisters:* Albrecht Ludwig Friedrich Meister. – *write my Kunkel:* Über ihn und L.s Schreibplan s. zu A 57. Die Notiz bezieht sich vermutlich auf die Einfälle in B 408 bis womöglich B 421.

26 Erstveröffentlicht ab *My Head aches* in: Aus Lichtenbergs Nachlaß, S. 150. – *Today ... people:* Heute war das Wetter überaus schön. Hanger ist außer Haus. Fanshawes Diener kam gestern an, er selbst wird erwartet. Mein Kopf tut weh, und mein Herz, ach es wird nie mehr gesund werden, solange ich lebe. Ich fiel auf die Knie eine halbe Stunde nach sieben und dankte Gott nochmals, daß er mich in diesem Jahr zweimal glücklich gemacht hat. Ich schaute meine Fingerspitzen an und rief laut: es sind nicht mehr dieselben, ich glaube ich war wahnsinnig in diesem Moment. Aber ich bin schuldig, nein es gibt sicherlich einen Gott, es muß einen geben, ich fühle jedesmals die Strafe, die auf meine Bosheit folgt, wenn ich die Geschichte meines privaten Lebens veröffentlichen könnte, würden Millionen zur Tugend bekehrt werden, aber warum dann nicht ich selbst. Nein ich halte es für unmöglich, daß man mich festlegt. Ich schlage alle Philosophie in den Wind. *Genau ein Jahr später.* Gott

sei Dank mein Herz ist wieder ganz gesund nach einer grundlegenden Kur. Ja es gibt einen Gott, ich kann darauf schwören, ich weiß es. Ich war nie ruhiger in meinem Leben als dieses letzte Jahr und sehr selten glücklicher, denn ich kann glücklich und beunruhigt zugleich sein. Ich habe nie mehr als in diesem Jahr gezweifelt. Ich weiß nicht, ob es mein schwacher oder mein scharfer Blick ist, der mich die Dinge anders sehen läßt, als sie anderen Menschen erscheinen. – *Hanger:* George Hanger Baron Coleraine (1751–1824), engl. Student der Mathematik in Göttingen, immatrikulierte sich am 16. November 1770; Freund L.s; 1802 erschien in Leipzig die Übersetzung von »Leben und Abentheuer des Obristen Georg Hanger, von ihm selbst beschrieben«, eine Art Gegenstück zu Trencks Leben. – *Fanshawe's:* Harriet? Fanshawe, engl. Student in Göttingen; in der Matrikel nicht aufgeführt; L. erwähnt ihn auch im Brief an Heinrich Christian Boie vom 22. Juli 1771. – *publish the history of my private life . . .:* Vgl. G 83. – *Exactly a Year after:* Dazu vgl. TB 7 und Anm. Mit diesem Nachsatz enden die Eintragungen des Jahres 1771.

27 Erstveröffentlicht in: Aus Lichtenbergs Nachlaß, S. 151–152. – *2ten Julii 1772:* L. hielt sich seit März 1772 zu astronomischen Ortsbestimmungen in Hannover auf. – *Haus des Kammerherrn von Wallmoden:* Gemeint ist dessen Kunstsammlung; vgl. TB 1 und die Anm. dazu. – *Boucher:* François Boucher (1703–1770), frz. Maler des Rokoko; Direktor der Pariser Akademie und erster Hofmaler. – *Oudry:* Jean Baptiste Oudry (1686–1755), frz. Maler und Radierer, Prof. an der Pariser Akademie. – *Gräfin Yarmouth:* Mätresse König Georgs II. (gest. 1767), deren Verbindung Johann Ludwig Graf von Wallmoden entstammte. – *dem Könige:* Georg II. von England. – *Carracci:* Annibale Carracci (1560–2609), ital. Maler aus Bologna. – *Vanloo:* Jakob van Loo. – *Schütz:* Christian Georg Schütz (1718–1792), der Ältere; Landschaftsmaler. – *Dufresnoy:* Charles Alphonse Dufresnoy (1611–1665), frz. Maler und Kunsthistoriker. – *Van Dyck:* Anthonis van Dyck. – *Teniers:* David Teniers (1610–1690), der Jüngere; flämischer Genremaler. – *Sammlung des Herrn von Grote:* Die bedeutende Gemäldesammlung des Reichsfreiherrn zu Schauen, Herrn zu Neuhof und Kurhannoverschen Kammerherrn F. G. von Grote (1725 bis 29. November 1776) wurde am 29. März 1776 bei Christie's in London versteigert. Grote, ein ›Weiberfeind‹, starb unverheiratet und hochverschuldet. – *Lingelbach:* Jan Lingelbach (1623–1674), holl. Maler; Schüler Wouwermans. – *Frau des Rembrandt:* Er heiratete 1634 Saskia van Uijlenburgh (Bildnisse in Kassel und Dresden, 1641), die verwaiste Tochter eines Rechtsgelehrten, die 1642 starb. – *Ramberg:* Johann Daniel Ramberg. – *Holbein:* Hans Holbein (ca. 1497–1543), der Jüngere; 1536 Hofmaler König Heinrichs VIII. in London; neben Dürer und Grünewald der größte deutsche Maler seiner Zeit, vor allem als Bildnismaler. – *Salvator Rosa:* Ital. Maler und Radierer, Dichter und Musiker (1615–1673), schuf Bilder biblischen und historischen Inhalts, romantische Landschaften und Schlachtenbilder. – *Rosa di Tivoli:* Beiname des Landschaftsmalers Philipp Peter Roos (1651–1705). – *Netscher:* Kaspar Netscher (1639–1684), holl. Genremaler nach dem Vorbild Terborchs. – *Van der Neer:* Aart van der Neer (1603–1677), holl. Maler, dessen Spezialität Kanallandschaften in Mondbeleuchtung waren.

28 Erstveröffentlicht in: Aus Lichtenbergs Nachlaß, S. 153. *[11. August]:* Im Tagebuch heißt es *Nach meiner Zurückkunft nach Hannover den 11. Aug. 1772.* – *meinem Urteil:* Vgl. TB 1. – *Bacchus in der Wallmodischen Sammlung:*

»Wenn mich mein Gedächtnis nicht trügt, sah ich einen schönen jungen Bacchus in dieser Sammlung«, schreibt Georg Forster (Forster, Briefwechsel I, S. 243). – *der Barberinischen:* Francesco Barberini (1597–1679), ital. Kardinal und Fürst in Rom, gründete die Bibliothek Barberini und die berühmte Kunstsammlung ebenda.

29 Erstveröffentlicht in: Aus Lichtenbergs Nachlaß, S. 153f. – *In Bückenburg:* Vgl. den Brief an Johann Christian Dieterich vom 7. September 1772 und an Joel Paul Kaltenhofer vom 20. September 1772, der seit 1766 Rektor der Stadtschule in Bückenburg war. – *was hernach Sitz wird:* Die deutlich so geschriebenen Worte sind nicht zu deuten.

30 Erstveröffentlicht ab *Herr Möser, den ich* in: Aus Lichtenbergs Nachlaß, S. 154f. – *Herrn von Ende:* Leopold Nikolaus von Ende (1715–1792), hannöverscher Minister in Osnabrück. – *den berühmten Yorick:* Gemeint ist Laurence Sterne; Möser wird ihn während seines Englands-Besuchs 1763 kennengelernt haben. – *Fürstenberg:* Franz Friedrich Wilhelm von Fürstenberg (1729–1810), leitender Minister des dem Kölner Kurfürsten unterstehenden Bistums Münster; besonders verdient um das Schulwesen, gründete 1773 die Universität Münster, deren Kurator er bis 1805 blieb; befreundet mit der Fürstin Galitzin, mit der er den Mittelpunkt des Münsterschen Kreises bildete. – *God damn ye:* Auf diesen Fluch und seine verfehlte Eindeutschung kommt L. F 569 abermals zu sprechen. – *Herders Schrift vom Ursprung der Sprache:* S. zu D 689; vgl. auch TB 29. – *Abbt:* Thomas Abbt.

31 Erstveröffentlicht in: Aus Lichtenbergs Nachlaß, S. 155. – *Im Deutschen gefällt ihm das r ... nicht:* Vgl. die »Klage über den Buchstaben R« in Mösers »Sämtlichen Werken«, Patriotische Phantasien, IV, S. 91–93 (Historisch-Kritische Ausgabe, Bd. 7, Oldenburg o. J.). L. notiert Mösers Antipathie über das R auch F 25. – *er glaube nicht daß es in den Minnesingern vorkomme:* Und doch kannte Möser Bodmers Ausgabe der Minnesänger nachweislich recht gut. – *Lessing ... [meint]:* Seine Ausführungen im fünften Gespräch von »Ernst und Falk. Gespräche für Freymäurer«, Frankfurt 1780; die ersten drei Gespräche erschienen 1778 bei Dieterich in Göttingen. – *so viel:* In der Handschrift *zu viel.*

RT

Reise-Tagebuch

Mit RT wird das Reise-Tagebuch bezeichnet, das Lichtenberg aus Anlaß seines zweiten England-Aufenthaltes geführt hat. Es umfaßt den Zeitraum: 25. September 1774 (Tag der Ankunft in Harwich) bis 14. April 1775. Danach folgen die von Lichtenberg so genannten »Reise-Anmerkungen« innerhalb des Sudelbuches E.

RT, das Leitzmann seinerzeit vorlag, war zwischenzeitlich im Besitz von Hans Ludwig Gumbert, Utrecht, der dieses 60 Seiten umfassende Tagebuch 1977 erstmals vollständig nach der Handschrift ediert hat (LiE 1, S. 29–119). Es befindet sich in der Staats- und Universitätsbibliothek Göttingen (Signatur: Ms. Lichtenberg IV, 8). Da Gumberts Edition bei Erscheinen der Textbände unserer Ausgabe noch nicht vorlag, erschien es sinnvoll, darin wenigstens alle jene Notizen zu vereinigen, die bislang verstreut veröffentlicht worden sind: insgesamt 27 Nummern.

Als Textvorlage diente daher: VS 1844, 3, S. 275–282: »Bruchstücke aus dem Tagebuche von der Reise nach England«; Aus Lichtenbergs Nachlaß, Weimar 1899, S. 157–167; ferner Albert Leitzmann, Notizen über die englische Bühne aus Lichtenbergs Tagebüchern, in: Shakespeare-Jahrbuch, Jg. 42, 1906, S. 158–178 (abgekürzt als: Jahrbuch; mit der jeweiligen Seitenzahl und Nummer der Bemerkung). Der Ort der Erstveröffentlichung einer Bemerkung wird jeweils zu Beginn der Anmerkung angegeben.

Die Reihenfolge der Bemerkungen unserer Auswahl entspricht der Anordnung in der Handschrift.

Amerkungen (Band II)

1 Erstveröffentlicht und Textvorlage in: VS 1844, 3, S. 275. – *Von Göttingen reisete ich ab . . . vormittags:* Dieser Satz ist D 746 entnommen. – *in Essex ans Land:* Gemeint ist in Harwich, dem in der Grafschaft Essex gelegenen Ankunftshafen. – *Oxford-Street:* Dort wohnte L.s Freund, Sir Francis Clarke, zu dem er am 29. September 1774 zog, wie aus L.s Brief an Johann Christian Dieterich vom 30. September hervorgeht.

2 Erstveröffentlicht und Textvorlage in: Jahrbuch, S. 159, Nr. 1 + 2. Nach der Handschrift, S. 1 f., handelt es sich jedoch um eine einzige fortlaufende Bemerkung. – *Coventgarden:* S. zu D 610 (S. 323). – *Love in a village:* Verfasser dieser 1762 in Coventgarden mit Erfolg uraufgeführten komischen Oper ist der irische Dramatiker Isaac Bickerstaff (ca. 1735–1812). Auf diesen Theaterbesuch am 28. September 1774 bezieht sich L. in seinem Brief an Johann Christian Dieterich vom 30. September 1774. – *Miss Catley:* Anne Catley. – *Shuter:* Edward Shuter (1728–1776), berühmter engl. Schauspieler in London; spielte in »Love in a village« den Justice of peace Woodcook. L. sah ihn abermals in »Love à la mode« von Charles Macklin; vgl. RA 17. – *Es wurde fast bei allem gelacht . . . zu natürlich machte:* Die beiden Sätze finden sich etwas erweitert und nüanciert in L.s Brief an Ernst Gottfried Baldinger vom 8. Oktober 1774 wieder. – *Drurylane:* Dieses traditionsreiche Londoner Thea-

ter wurde 1663 eröffnet. – *den 29. in Drurylane ... lächerlich gemacht:* Diese Passage wurde erstveröffentlicht in: VS 1844, 3, S. 275. – *The fair Quaker:* Das Stück ist eine Bearbeitung des Lustspiels »The Fair Quaker of Deal or the Humours of the Navy« von Thomas Shadwell (ca. 1642–1692), engl. Dramatiker. L. erwähnt ihn und seine Komödie »The Virtuoso« auch J 355. – *the Elopment:* Eine der damals üblichen pantomimischen Harlekinaden als Nachspiel zum eigentlichen Theaterstück; Verf. unbekannt (Harvard zugeschrieben). – *Naval Review:* Gehörte zum Genre der in England beliebten Wasser-Spiele mit Ballett und Gesang; Verf. unbekannt. Vgl. L.s Brief an Baldinger vom 8. Oktober 1774. – *Moody:* John Moody (1726–1796), engl. Schauspieler in London. Am 5. Dezember 1775 sah ihn L. in der Aufführung von »Rule a wife and have a wife«; vgl. RA 205. – *Wagenmeister in Göttingen:* Gemeint ist Carsten Bruns, dem L. in einem Brief an Johann Andreas Schernhagen vom 18. Juli 1782 einen rührenden Nekrolog geschrieben hat. – *Weston ... sehr drolligt:* Thomas Weston (1737–1776), berühmter engl. Schauspieler im komischen Fach; L. behandelt den »drolligen« – so sein ständiges Epitheton – Schauspieler ausführlich in den »Briefen aus England« (III, S. 349–355). Von seiner Wertschätzung zeugen auch häufige Erwähnungen in seinen Briefen. – *Nach Sir Francis Aussage:* Gemeint ist Sir Francis Clerke. – *der Gesang Britannia rule the Main:* »Rule, Britannia«, vaterländisches Lied aus Thomas Arnes Oper »The Masque of Alfred« nach dem Text von James Thomson (1740 erstaufgeführt). Thomas Augustin Arne (1710–1778), engl. Komponist von Opern, Oratorien und Singspielen. – *Französischer Macaroni:* Zu diesem Ausdruck s. zu E 68 (S. 357).

3 Erstveröffentlicht und Textvorlage in: VS 1844, 3, S. 275f. – *Bunbury:* Henry Williams Bunbury (1750–1811), neben Rowlandson und Gullray der berühmteste engl. Zeichner von gesellschaftlichen Satiren im 18. Jh.

4 Erstveröffentlicht in: VS 1844, 3, S 275. – *sah ich die Beggars opera:* Vgl. den Brief an Ernst Gottfried Baldinger am 8. Oktober 1774. John Gay (1685–1732), engl. Lyriker und Dramatiker in London, befreundet mit Pope und Swift, unsterblich durch »The Beggar's Opera« (1728), von Swift angeregte Satire auf die ital. Oper, die die neue Gattung der »balladopera« einleitete. Theatermanager war John Rich (ca. 1682–1761). Übrigens fand die von L. erwähnte Aufführung nicht am 3., sondern am 5. Oktober 1775 und im Covent Garden Theatre statt (Gumbert, LiE 2, S. 31). – *Haymarket:* Heumarkt; zwischen Suffolk Street und James Street gelegen; dort befand sich das dritte, 1720 eröffnete Londoner Theater, das seit 1747 unter dem Einfluß und der Leitung von Samuel Foote stand. Vgl. »Briefe aus England« (III, S. 362 und KIII, S. 167). – *Mrs Thompson:* Jane Thompson war in den sechziger und siebziger Jahren eine beliebte Sängerin in den Londoner Vergnügungsparks, meist zusammen mit Charles Bannister auftretend. – *Foote:* Die gleiche Mitteilung macht L. Mat I 63.

5 Erstveröffentlicht und Textvorlage in: VS 1844, 3, S. 275f. –*Pferderennen zu Epsom:* In Epsom, in der Grafschaft Surrey südwestlich Londons, fanden und finden traditionell Derby-Rennen statt. L. kommt auf seinen Besuch in Epsom – Oktober 1774 – noch in den Hogarth-Erklärungen (III, S. 842) zu sprechen. Über die Spielleidenschaft der Engländer spricht L. auch im Schreiben an Johann Christian Dieterich vom 28. Januar 1775;

über engl. Pferderennen und Rennpferde vgl. ferner die Briefe an Dieterich vom 13. Oktober und 30. Oktober 1774 sowie D 750.
6 Erstveröffentlicht in: Aus Lichtenbergs Nachlaß, S. 157. *Ich habe Garrick . . . gesehen:* Vgl. den Brief an Johann Christian Dieterich vom 30. Oktober 1774. An Ernst Gottfried Baldinger schreibt L. am 10. Januar 1775, daß er Garrick fünfmal gesehen hat. Vgl. auch den ersten der »Briefe aus England« (III, S. 326 f.). – *im Alchymisten:* Das Lustspiel »The Alchymist« von Ben Jonson, dessen Aufführung L. am 24. Oktober 1774 sah. Ben Jonson (1572–1637), berühmter engl. Dramatiker. Garrick in der Rolle des Abel Drugger wird ausführlich im ersten der »Briefe aus England« (III, S. 326) behandelt. – *The beaux strategem:* »Die Stutzerlist«, berühmte Restoration-Komödie von George Farquahr, deren Aufführung L. am 3. November 1774 sah. Farquahr (1678–1707), engl. Schauspieler und Bühnenschriftsteller, der seinen größten Erfolg mit »The Beaux Stratagem« (1707) hatte. Vgl. insbesondere »Briefe aus England« (III, S. 351–353). – *provoked wife:* Das Theaterstück von John Vanbrugh, dessen Aufführung L. am 16. November 1774 sah, ist zu D 625 nachgewiesen. – *Constant:* Figur aus dieser Komödie. – *wear . . . Sir:* »Wear a sword, Sir! And what, then, sir?« Trage ein Schwert, Sir! Und was dann, Sir! Zit. aus »The provok'd wife«, IV, 6. – *Mr Barry:* S. zu Mat I 28. – *seine Stimme ist . . . pelzigt:* Diese Charakteristik geht in den dritten der »Briefe aus England« (III, S. 350) ein. – *The maid of the oaks:* Der Verfasser des am 5. November 1774 uraufgeführten Stücks ist John Burgoyne; s. zu Mat I 138. – *wurde darüber ein unbeholfener Acteur:* L.s hier geäußertes negatives Urteil steht in seltsamem Widerspruch zu der begeisterten Schilderung, die er von Weston in der gleichen Rolle am 10. Januar 1775 in einem Schreiben an Ernst Gottfried Baldinger gibt. – *Binnacle in The fair Quaker:* Über dieses Stück von Thomas Shadwell s. zu RT 2. – *Miss Catley . . . boxt sich . . . als Juno mit Jupiter:* Im Stück »The Golden Pippin« von Kane o'Hara (ca. 1714–1782), das L. am 28. September 1774 gesehen hatte.
7 Erstveröffentlicht und Textvorlage in: Jahrbuch, S. 162, Nr. 5. *Mr Turnstall:* Gehörte wohl zur königl. Hofhaltung. L. befand sich seit etwa dem 25. Oktober 1774 in dem damals etwa 8 km von London entfernten königlichen Schloß zu Kew – vgl. den Brief an Johann Christian Dieterich vom 30. Oktober 1774. – *Bath:* Stadt und Grafschaft im südwestl. England. – *sie las beständig Komödien:* Ähnliche Angaben bringt L. im dritten der »Briefe aus England« (III, S. 358) an; vgl. auch Mat I 28. – *perorierte:* Perorieren: eine Rede, bes. Schulrede halten.
8 Erstveröffentlicht in: Aus Lichtenbergs Nachlaß, S. 158–161. – *Den 2ten Dezember:* Nach der Handschrift verbessert aus *24*, was zweifellos ein Druckfehler ist; vgl. RT 11. – *spielte Garrick die Rolle des Hamlet:* Entwurf für L.s Beschreibung in den »Briefen aus England« (III, S. 335 f.). – *kein Kompliment, wie Smith einmal machte:* Diese Anekdote berichtet L. in den »Briefen aus England« (III, S. 337). William Smith (1730–1819), namhafter engl. Schauspieler, von 1753 bis 1774 an Covent Garden Theatre, danach am Drury Lane Theatre. – *speak . . . lets me:* Sprich, sprich (Hamlet zum Geist seines Vaters); den mach' ich zum Gespenst, der mich zurückhält (Hamlet zu seinen Begleitern). »Hamlet« I, 4. – *Regulus:* Über ihn s. zu D 666 (S. 337).

S. 626 *Garrick und Shakespear . . . im Menschen einander erkannt:* Zu diesem Urteil vgl. »Briefe aus England« (III, S. 336). – *das aufgehobene Haupt:* In der

Handschrift *aufgehabene*. – *Saul, Saul was verfolgst du mich:* Zitat aus Apostelgeschichte 22, 7. – *Wir haben* ... *Schauspieler in Deutschland:* Darüber s. »Briefe aus England« (III, S. 336–338). – *sich in jedem Muskel zu fühlen scheint:* Vgl. III, S. 331. – *Die Art seinen Hut zu setzen* ...: Vgl. III, S. 332. – *To be* ... *a sea of troubles* ... *assailing troubles:* Sein oder Nichtsein, oder sich waffnend gegen ein Meer aus Plagen (Hamlet, III, 1); gegen anstürmende Plagen. Diese Lesart haben die meisten damaligen Ausgaben, z. B. auch Johnson und Rowe. Vgl. »Briefe aus England« (III, S. 342).

S. 627 *in meinem Leben nur einen einzigen Mann gekannt:* Gemeint ist Ernst Ludwig Partz, wie aus L.s Brief an Nicolai vom 25. Oktober 1781. – *Mrs Younge:* 1744 (?) bis 1797, führende Schauspielerin in Garricks Ensemble. – *die beiden Dem[oiselleuJ Ackermann:* Gemeint sind Dorothea Ackermann (1752–1811) – die Schauspielerin ging am 19. Juni 1778 vom Theater ab, um Johann August Unzer in Altona zu heiraten – und ihre Schwester Charlotte (1757 bis 10. Mai 1775), geniale Schauspielerin. L. erwähnt letztere in den »Briefen aus England« (III. S. 337) und im Brief an Heinrich Christian Boie vom 19. Mai 1773, erstere auch im Brief an Christian Dieterich vom 6. Juni 1778. L. sah sie in Hamburg 1773 als »Emilia Galotti« und in »Romeo und Julia«. – *Borchers:* David Borchers (1744–1796), ehem. Theologe, gefeierter Schauspieler und Mitglied der Ackermannschen Theatertruppe. – *Schröder:* Friedrich Ludwig Schröder (1744–1816), berühmter dt. Schauspieler, Mitglied der Ackermannschen Truppe in Hamburg; Theaterschriftsteller. – *Brockmann:* Johann Franz Hieronymus Brockmann (1745–1812), der erste *deutsche* Hamlet. Sämtliche hier genannten Schauspieler kannte L. aus Vorstellungen 1773 und 1776 in Hamburg. – *in Drurylane* ... *brillieren:* Vgl. III, S. 337. – *Ekhof* ... *in Göttingen gesehen:* Konrad Ekhof (1720–1778), der bedeutendste dt. Schauspieler im 18. Jh. und Theoretiker der Bühnenkunst, Theaterdirektor in Gotha. Ackermanns Truppe spielte 1764 vom 13. Juni bis 11. Juli in Göttingen und führte am 19. Juni 1764 Lessings »Miß Sarah Sampson« auf. – *Ackermann:* Konrad Ernst Ackermann (1712–1771), Schauspieler und Theaterleiter; wirkte mit seiner Truppe seit 1764 in Hamburg.

9 Erstveröffentlicht und Textvorlage in: VS 1844, 3, S. 275f. – *London durch ein Erdbeben untergehen:* Diese Anekdote vom April 1750 berichtet L. in der Erklärung von Hogarths »Leichtgläubigkeit, Aberglauben und Fanatismus« im GTC 1787, S. 216. – *Der verstorbene Prinz von Wallis:* Frederick Louis, Prince of Wales (1707–1751), ältester Sohn Georgs II., Vater Georgs III.; lebte nicht am Hofe seines Vaters, sondern in Norfolk House am St. James Square; sein Landsitz war von 1739 an Cliveden. L. erwähnt ihn auch in den Hogarth-Erklärungen (III, S. 1060). – *Cliffden:* Heute Cliveden, ausgedehnte Besitzung am rechten Ufer der Themse; das Schloß wurde zwischen 1665 und 1730 erbaut.

10 Erstveröffentlicht in: Jahrbuch, S. 165, Nr. 7. – *Much ado about nothing:* Komödie von William Shakespeare; der Benedick war eine von Garricks Lieblingsrollen. – *Lee:* John Lee (gest. 1781), engl. Schauspieler; vgl. auch III, S. 337. – *Die Szenen in den Druiden:* »The Druids«, ein Stück mit Pantomime nach Ben Jonsons »Maske« und der Musik von Fisher. – *Miss Wilde:* Engl. Schauspielerin, debütierte als Schauspielerin und Sängerin in Marylebone Gardens und kam in der Saison 1774/75 an Garricks Drury Lane Theatre.

11 Erstveröffentlicht bis einschließlich *Ophelia nicht gesehen.* in: Aus Lich-

tenbergs Nachlaß, S. 162–164. – *Garrick zum zweitenmal als Hamlet:* Vgl. RT 10 und III, S. 335 f. – *Hochheimer:* Die Bemerkung bezieht sich auf »Hamlet« I, 4: »Und wie er Züge Rheinweins niedergießt«; nach der Stadt Hochheim am Main genannter berühmter Wein, der schon im 16. Jh. nach den Niederlanden, Nordeuropa und England exportiert wurde. Daher nennen die Briten noch heute alle Rheinweine »Hock«. – *Look, Mylord, it comes:* »O seht, mein Prinz, es kommt!«, »Hamlet« 1, 4. – *Angels . . . and ministers of grace defend us:* »Engel und Boten Gottes, steht uns bei!«, »Hamlet« I, 4; L. zitiert den Satz auch in den »Briefen aus England« (III, S. 335). – *my fate . . . Gentlemen:* »Mein Schicksal ruft und macht die kleinste Ader dieses Leibes so fest als Sehnen des Nemeer-Löwen. (Der Geist winkt). Es winkt mir immerfort: Laßt los!« Zitat aus »Hamlet« I, 4. – *können Sie sich leicht denken:* Hier wie im dritten- und viertnächsten Absatz geht die Bemerkung in die Form des geplanten »Sendschreibens« an Boie über.

S. 629 *wie ich oben erwähnt:* Gemeint ist RT 10. – *Bei der ersten Vorstellung:* Am 2. Dezember 1774, vgl. RT 10. – *that one may smile . . . a villain:* S. zu Mat I 27. – *Primanermäßiges:* S. zu D 238. – *der denkende Leser:* Auch diese Formulierung steht im Hinblick auf das geplante »Sendschreiben« an Boie. – *Mrs Smith:* Engl. Schauspielerin, geb. Harris, verheiratet mit dem Schauspieler William Smith; ihr Auftreten im Drury Lane Theatre ist für 1772 verbürgt. – *ihr ganzes Tun in der Raserei ist sanft . . .:* Dieser Satz wird fast wörtlich in »Briefe aus England« (III, S. 342) übernommen. – *Die ganze Szene ist . . . rührend:* Der ganze Satz ist fast wörtlich in »Briefe aus England« (III, S. 342) übernommen.

S. 630 *eine Wehmut in der Seele:* In den »Briefen aus England« (III, S. 342) ersetzt L. Wehmut durch »Wunde«. – *fortschmerzen:* Nach der Handschrift verbessert aus *fortschmelzen.* – *Das Nachspiel . . . wiederum aufgeführt:* Diese Passage ist in VS 1844, 3, S. 276 f., abgedruckt worden.

12 Erstveröffentlicht in: Aus Lichtenbergs Nachlaß, S. 165. – *Von Garrick:* Dieser Nachtrag ist in die »Briefe aus England« (III, S. 334) eingearbeitet. Vgl. auch KIII, S. 155. – *ein Grausen . . . dessen ich mich fast nicht mehr fähig glaubte:* Vgl. III, S. 335. – *4000 Menschen . . . still:* Vgl. III, S. 335.

13 Erstveröffentlicht in: VS 1844, 3, S. 277 f. – *mit Herrn Irby:* William Henry Irby wird in den Tagebüchern der Englandreise und in den Briefen aus dieser Zeit häufig als Begleiter L.s und als Gewährsmann für Londoner Anekdoten genannt. – *Kensington-Garden:* In Kensington, damals ein Dorf westlich in unmittelbarer Nähe von London, lag eine königl. Sommerresidenz, deren Gartenanlagen öffentlich zugänglich waren. – *Kirchhof, auf welchem Sterne begraben:* Gemeint ist der St. Georges' Friedhof in London. – *sein Grab . . . mit einem armseligen Stein:* Vgl. Mat I 133 und RA 54. – *Freimaurer W. und S.:* Die Namen sind unbekannt. – *Die poetische Inschrift:* Die Inschrift ist bei Gumbert, LiE 1, S. 77 f., mitgeteilt.

14 Erstveröffentlicht in: Aus Lichtenbergs Nachlaß, S. 166. – *Montezuma:* Gemeint ist die Oper gleichen Titels von Giovanni Paisiello (1740–1816), ital. Komponist, 1763–1771 Konversatoriumsdirektor in Venedig, kam über München und Stuttgart nach London, seit 1782 in Paris; schrieb etwa 60 Opern. Vgl. auch »Briefe aus England« (III, S. 365). Montezuma: Verballhornt aus Motecuh-Zoma, Herrscher der Azteken. Hier gemeint: Moctezuma II. (ca. 1466–1520); dehnte, despotisch regierend, das Aztekenreich aus;

von den Spaniern unter Cortez gefangengenommen. – *Rauzzini:* Venanzio Rauzzini (1747–1810), vielseitig begabter ital. Sänger, Komponist und Musiklehrer, der in London mit seinem Ensemble große Erfolge feierte. – *ein junger Verschnittener:* L.s Aversion gegen singende Kastraten geht noch 1798 aus der Hogarth-Erklärung »Heirat nach der Mode« (III, S. 955f.) hervor. – *Nonsense:* Zu L.s Urteil über die ital. Oper s. »Briefe aus England« (III, S. 362–366). – *Signora Schindlerin:* Anna Maria Schindler (1757–1779) aus München, Schülerin Rauzzinis und Mitglied seines Ensembles 1774/75 am King's Theatre, wo Catterina Gabrielli ihre Nachfolgerin wurde; verheiratet mit dem Schauspieler Joseph Lange.

15 Erstveröffentlicht in: Jahrbuch, S. 169, Nr. 11. Leitzmann faßt Nr. 15 und 16 zu einer Bemerkung zusammen, nach Gumberts Edition macht L. nach *Candidates* einen Absatz. – *the rival candidates:* Von Henry Bate (1745–1824), engl. Geistlicher und Journalist, Mitbegründer der »Morning Post« und ihr Hrsg. bis 1780. Sein Erstlingsstück, das Garricks Frau, Eva Maria (1724–1822) gewidmet war, wurde 1775 uraufgeführt. – *M$^{\underline{r}}$ Yates in the Distressed mother:* Mary Ann Yates, geb. Graham (1737–1787), bekannte engl. Schauspielerin, verheiratet mit Richard Yates; Tragödin am Drurylane Theatre, berühmt vor allem in antiken Rollen und in Shakespeare-Dramen. »The distressed mother«, in der Antike spielende, auf Racines »Andromaque« zurückgehende Tragödie, 1712 uraufgeführt, von Ambrose Philips (1675–1749). – *Weston mit seinem Hund*: Die Hundegeschichte erzählt L. ausführlich in den »Briefen aus England« (III, S. 354), wo allerdings von Epilog die Rede ist. – *the Rival Candidates:* Erstlingsstück von Henry Bate (1745–1824), engl. Geistlicher und Journalist, Mitbegründer der »Morning Post«; uraufgeführt 1775, der Frau Garricks gewidmet. S. auch »Briefe aus England« (III, S. 354) und RA 184.

16 Erstveröffentlicht in: Jahrbuch, S. 169, Nr. 11. – *Braganza von Herrn Jephson:* Das Theaterstück »Braganza« von Robert Jephson (1736–1809) wurde am 17. Februar 1775 uraufgeführt.

17 Erstveröffentlicht in: VS 1844, 3, S. 278. Das Datum ist nach Gumberts Edition hinzugefügt worden. – *M$^{\underline{r}}$ de Grey:* Thomas de Grey (1748–1818), 2$^{\underline{nd}}$ Baron Walsingham, Schwiegersohn Lord Bostons; bekleidete hohe Staatsämter. Vgl. den Brief von William Henry Irby an L. vom 30. September 1781 (Briefwechsel II, S. 254f.), sowie den Brief L.s an Johann Andreas Schernhagen vom 30. September 1784. – *Yorick ein sehr plagender Besucher:* Die erste negative Notiz L.s über den von ihm verehrten Schriftsteller Sterne; vgl. G 2.

18 Erstveröffentlicht in: Aus Lichtenbergs Nachlaß, S. 166f. – *Dieser ... spielte:* Dieser Satz, von Leitzmann als separate Nummer aufgeführt, schließt nach Gumberts Edition ohne Absatz – ja ohne Interpunktion – an die folgende Partie an. – *die Rolle der buona figliuola:* »La Cecchina, ossia La buona figliuola«, nach einem Text von Carlo Goldoni 1760 uraufgeführte Oper von Nicola Piccini (1728–1800), ital. Komponist, einer der gediegensten Vertreter der ital. komischen Oper; schrieb über 120 Opern. – *Sestini:* Giovanna Sestini, »eine vorzügliche italiänische Sängerin an dem Londoner Opern-Theater« (Gerber, Altes Tonkünstler Lexikon II, Sp. 504), nachweisbar 1775 bis 1789 am King's Theatre in London, zuvor in Lissabon tätig. – *Lovattini:* Giovanni Lovattini (geb. 1730), berühmter ital. Sänger, der zunächst in

Venedig, Bologna, Rom und Mailand, 1766, 1769 und seit 1773 in London Triumphe feierte. – *Fochetti:* Vincenzo Fochetti, ital. Sänger, der 1775–1776 am King's Theatre in London nachweisbar ist. – *in Kassel ... liest:* Landgraf Friedrich II. von Hessen-Kassel, der seit 1760 regierte, eröffnete 1764 im Palais des Prinzen Maximilian, das 1769 nach den Plänen des Hofbaumeisters Simon Louis de Ry zum damals modernsten und größten Theaterbau in Deutschland umgebaut wurde, die neue Italienische Oper in Kassel, die unter Leitung des Hofkapellmeisters Ignatio Fiorillo stand. L. hat demnach Opernaufführungen in Kassel besucht.

19 Erstveröffentlicht in: Jahrbuch, S. 169f., Nr. 14. – *Miss Jarrat:* Engl. Schauspielerin, die wohl in der Spielzeit 1774/75 zuerst am Drury Lane Theatre auftrat. – *Miss in her teens:* Das Stück ist 1747 von Garrick geschrieben; vgl. auch Hogarth-Erklärungen (III, S. 733). – *Aldridge:* Robert Aldridge (ca. 1738–1793), irischer Ballettänzer; leitete in Dublin eine berühmte Tanzschule, komponierte Ballette in London, wo er 1773–1776 dem Ballettensemble des Covent Garden Theatre angehörte. – *merry sailors:* Für Robert Aldridge 1767 kreierte Tanzeinlage. – *Cross Purposes:* Über dieses Stück von O'Brien (Obreen) s. zu Mat II 54. – *Lewis als Chapeau:* S. zu Mat II 54. Charles Lee Lewes (1740–1803), engl. Schauspieler, bis 1783 am Coventgarden Theatre.

20 Erstveröffentlicht in: VS 1844, 3, S. 278. – *Wychstreet:* Diese Londoner Straße führte von Drury Lane in östl. Richtung zu Butchers Row: die direkte Verbindung von Westminster zur City über Temple Bar und Fleet Street. – *Fielding:* John Fielding (gest. 1780), engl. Jurist, berühmt als Friedensrichter in Bow-Street, London, Halbbruder Henry Fieldings.

21 Erstveröffentlicht in: VS 1844, 3, S. 278. – *Burrows:* Reuben Burrow (1747–1792), engl. Mathematiker und Assistent Maskelyes in Greenwich. – *Den 9. März:* Nach der Handschrift verbessert aus *Den 19. März.* – *Altane:* Ital. ›Söller‹, offene, im Obergeschoß ins Freie führende Plattform. – *Newington Green:* Ungefähr fünf bis sechs Kilometer nördlich von London, ein ehemals beliebter Ausflugsort. – *2 Pipes ... 240 Gallons:* Gallon: engl. Flüssigkeitsmaß, etwa 573 l; ein Pipe entspricht etwa 105 Gallons.

22 Erstveröffentlicht in: VS 1844, 3, S. 279. – *General Paoli:* Zu Pasquale Paoli vgl. auch den Brief an Johann Christian Dieterich vom 31. März 1775. – *Alvensleben:* Johann Friedrich Karl von Alvensleben (1714–1795), 1770 kurhannov. Geheimrat, seit 1772 Chef der Geheimen Kanzlei in London, die die hannöversche Regierung unterhielt. – *etwas Sanftes in seinem Auge:* Ähnlich schreibt L. bezüglich Gleim TB 3. – *pertinente:* Von lat. pertinere abgeleitet ›treffend, passend‹.

23 Erstveröffentlicht in: Jahrbuch, S. 170, Nr. 15. – *Ramus glaubt ...:* Ohne seinen Namen zu nennen, zitiert L. diese Angabe in den »Briefen aus England« (III, S. 359); über Ramus s. zu Mat I 91. – *Mrs Barry:* Vgl. Mat I 91. – *Benefit:* »Eines Schauspielers benefit heißt bekanntlich diejenige Vorstellung eines Stücks, wovon er die Einnahme bezieht und worin er auch gewöhnlich seine Haupt- und Favoritrolle hat. Vermuthlich sind aber diese benefits nicht alle gleich unbeschränkt, so daß der Schauspieler zuweilen noch manche Kosten aus der Einnahme bestreiten muß, dahingegen *clear benefit* dasjenige genannt wird, wo die ganze Einnahme klarer, reiner Profit für ihn, und also eine besondere Begünstigung ist. Ich sage vermuthlich, weil ich selbst

hierbey nicht ganz sicher bin. Diese Ungewißheit über die eigentliche Bedeutung eines Englischen Worts ist wohl einem Deutschen zu verzeihen, da sie einer der zwölf Richter von England nicht wußte und Garrick in der Definition derselben stecken blieb« (GTC 1794, S. 156 Fußnote, Miscellaneen).

24 Erstveröffentlicht in: Leitzmann, Anm. zu F 740 seiner Zählung. – *M*<u>rs</u> *Hook:* Die Lebensdaten konnten nicht ermittelt werden. – *Whitefield ... predige in einer so sonderbaren Sprache:* Die Äußerung der Mrs. Hook notiert L. auch F 746.

25 Erstveröffentlicht in: VS 1844, 3, S. 279f. Die Herausgeber der »Vermischten Schriften« machen aus Nr. 25 und 26 eine einzige, nur durch Absatz nach *Erde kam* getrennte Bemerkung; in der Handschrift befindet sich jedoch an dieser Stelle eine größere Unterbrechung. – *Solander ... präsentiert:* Daniel Solander. – *auf dem Museo:* Gemeint ist das »British Museum«, wo Solander Universitätsbibliothekar und Leiter der naturhistorischen Abteilung war. – *Omai:* S. zu F 733. – *das ... Hervorstehende der Neger:* Zu dieser Charakteristik vgl. RA 181, 182. – *Planta:* Joseph Planta. – *mit blauen Flecken:* Vermutlich Tätowierungen. – *bemerkt:* Nach der Handschrift verbessert aus *bedeckt*.

26 Erstveröffenticht in: VS 1844, 3, S. 280–282. Zur Anordnung s. zu RT 25. – *Den 25*<u>sten</u> *frühstückte ich ...:* Vgl. den Brief an Johann Christian Dieterich vom 31. März 1775. – *belebt:* Gumbert deutet in LiE 2, S. 78 (zu T II 52) dieses Wort, das im DWB nicht aufgeführt ist, nach dem Holländischen als ›höflich‹. – *Zeichnungen von Island:* Wohl Zeichnungen, die Banks von seiner Forschungsreise nach Island mitgebracht hatte. – *Pomona:* Gemeint ist die Insel; s. zu Mat I 173. – *Sadler's Wells:* Vgl. die schöne Beschreibung in den Hogarth-Erklärungen (III, S. 716). – *Furneaux:* Tobias Furneaux, auch Fourneaux (1735–1781), Kapitän der »Adventure« auf Cooks zweiter Reise um die Welt; brachte Omai nach England.

27 Erstveröffentlicht in: Jahrbuch, S. 170, Nr. 16. – *Garrick ... im Februar 1716 geboren:* Die Angaben dieser Bemerkung sind korrekt. – *Sein Vater:* Peter Garrick (1685–1735), aus einer frz. Hugenottenfamilie in Bordeaux, engl. Captain. – *seine Mutter:* Arabella, geb. Clough, gestorben 1740.

RA

Reise-Anmerkungen

Lichtenbergs zweites Tagebuch von seinem zweiten Englandaufenthalt, von ihm selbst »Reise-Anmerckungen« überschrieben, wird hier erstmals vollständig abgedruckt und erhält die Abkürzung RA. Lichtenberg hat es vom 15. Januar bis zum 5. Dezember 1775 geführt. Das Tagebuch bildet den vorderen Bestandteil von Sudelbuch E und ist im Gegensatz zu den von hinten beginnenden und römisch numerierten Eintragungen des eigentlichen Sudelbuches arabisch paginiert. Die Handschrift befindet sich in der Staats- und Universitätsbibliothek Göttingen (Signatur: Ms. Lichtenberg IV, 29).

Die Anmerkungen Hans Ludwig Gumberts in »Lichtenberg in England«, Bd. 2, 1977, zu diesem Tagebuch wurden dankbar genutzt.

Anmerkungen (Band II)

S. 639 *salutem plurimam dicit:* Es wünscht Heil und Segen; gebräuchliche Grußformel in lateinischen Briefen. – *Die Anmerkungen ... in dem mit Lösch-Papier durchschossenen Buch in ... Oktav:* Gemeint ist RT, das L. von 25. September 1774 bis etwa 15. April 1775 führte. – *Buch in folio, worin die Betrachtungen:* Gemeint ist wohl D, das vier unpaginierte Seiten (D 749–759) mit Reiseanmerkungen aus England enthält; vgl. aber Gumbert, LiE 2, S. 20. – *Zu lesen:* Zu L.s Lektüre- und Bücherlisten s. zu B_1 S. 45. – *Robinets Schriften:* S. zu C 289. – *Feder nennt ihn flüchtig:* Feders sehr scharfes Urteil über den »kühnen, aber seichten Raisonneur, der paradoxe Meinungen andrer zusammenrafft und sie auf die unüberlegteste Art übertreibt«, findet sich in seiner zu E 487 nachgewiesenen Abhandlung im »Deutschen Museum« 1776, 1, S. 112. – *Pascals pensées:* »Pensées de M. Pascal sur la religion, et sur quelques autres sujets, qui ont esté trouvées après sa mort parmy ses papiers«. Das Werk von Blaise Pascal (1623–1662), eine Apologie des Christentums, an dem der frz. Philosoph seit 1654 arbeitete, blieb unvollendet und erschien postum 1669. – *Hume's Abriß:* Gemeint ist wohl die Kopenhagen 1767 ohne Nennung des Übersetzers erschienene Übertragung einer Kompilation von Humes Werk, deren vollständiger Titel lautet: »Abriss von dem gegenwärtigen natürlichen und politischen Zustand von Grossbritannien; ein Handbuch für Reisende nebst einer Nachricht von der Handlung, den Staatsverhältnissen und dem Interesse dieses Reiches«. Vgl. Price, S. 99. – *Instruction ... par Mr Nicolas Fuss:* Detaillierte Anweisung von Mr Nicolas Fuss, um die Brillen der verschiedensten Arten mit dem höchsten Grad an Perfektion zu tragen. Nach *perfection* folgt im Orginaltitel: »dont elles sont susceptibles, tirée de la théorie dioptrique de monsieur Euler«; dessen sie fähig sind, abgeleitet aus der dioptrischen Theorie von Monsieur Euler. – Nicolas Fuss (1755–1826), Prof. der Mathematik und Sekretär der Akademie der Wissenschaften zu Petersburg; Schwiegersohn Johann Albrecht Eulers. Zu L.s Augenleiden und über seine Angst zu erblinden s. zu D 635. – *Omai Letter:* Der Verf. dieses fingierten Textes ist nicht nachweisbar. *Omai* von L. verbessert aus *Omiahs*. –

Sterne's Letters: Das Werk ist zu D 756 nachgewiesen. – *a letter to Dr Priestley:* Von Leitzmann nicht nachweisbar. – *Seton:* Nicht ermittelt. – S. 640 *the brunt . . . retired:* Die engl. Redewendungen stehen auf einem Blatt, das auf die Rückseite des Titelblatts von RA aufgeklebt ist. Vgl. auch D 630. – Der Eifer des Gefechts / Diese Farbe ist zwei Nuancen heller. Ich stelle mir vor / Zehn zu eins falls sie fort sind / Taufpatin, Taufpate / es schmeckt bitter beim Abschied / das Budget ist eingebracht worden / Ich habe mit ihm Wurfscheiben gespielt. / Rückfall. Erbfolge, Erbanspruch, der Zustand der künftigen Inbesitznahme nach dem Tod des gegenwärtigen Besitzers. / dafür gibt es keinen Anlaß / Ich muß sagen, ich habe es immer für selbstverständlich gehalten. / einander, der Tod von einem von beiden / du lieber Himmel / ein Moos – Das Solwayer Moos liegt auf einem ziemlich hohen Hügel. / Quodlibet, Totenklage, Seidenhändler / Land in der toten Hand besitzen. / als Folge davon, daß ich mich zurückzog ... weil ich mich zurückzog. – *at Quoits:* S. zu RA 22. – *Solway Moss:* Dazu s. zu RA 22. – *mort main:* Mit ›Main morte‹ wird ein unveräußerliches Grundeigentum bezeichnet.

1 *Den 15ten April:* Zu dieser Schilderung, die von L.s üblichem Tagebuch-Stil empfindlich abweicht, vgl. Gumbert, LiE 2, S. 90. – *Piccadilly:* Schon im 18. Jh. eine der Haupt- und Geschäftsstraßen Londons, die sich zum Wohnort der Hofgesellschaft enwickelte. – *Heumarkt:* Haymarket. – *Whitehall:* Bis 1697 die Königliche Residenz; der einzige nach einem Brand erhalten gebliebene Teil ist das so genannte Banqueting House. – *Statüe Karls des Ersten:* Das Reiterstandbild von Hubert Le Sueur wurde 1675 an der Spitze von Whitehall errichtet; vgl. Hogarth-Erklärungen (III, S. 723). – *Orgeln mieten:* Über die Popularität der Drehorgel im 18. Jh. vgl. Helmut Zeraschi, Drehorgel, Leipzig 1976, S. 84–88; S. 86 wird RA 1 zitiert. Vgl. zu dieser Szene die Beschreibung L.s, wie er in Hamburg »nach einem Kerl mit einer englischen Orgel«, schickte, um sich aufheitern zu lassen (vgl. den Brief an Johann Christian Dieterich von Ende September 1773); vgl. D 646. – *Sixpence:* Von L. verbessert aus *ein[en] Sixpencer*. Engl. Silbermünze im Wert eines halben Schillings oder sechs Pence, die in der Regierungszeit König Eduards VI (1547–1553) eingeführt wurde. – *Fußbänken:* Im 18. Jh. eine Art Bürgersteig, um trockenen Fußes über die unbefestigten Straßen zu gelangen; vgl. B 49 und die Anm. dazu; s. auch III, S. 703. – *In allen meinen Taten:* Dieser Choral von Paul Fleming ist zu B 97 nachgewiesen. – *meine entfernten Freunde:* Zu denken ist an Dieterich, Baldinger, Kaltenhofer, Meister in Göttingen, Schernhagen in Hannover. – *Mittlers:* Christus. – *künftig diese Gedanken weiter ausführen:* Leitzmann vermutet in den Anmerkungen zu F, S. 532: »Eine weitere Ausführung dieser Gedanken war vielleicht für die geplante Autobiographie beabsichtigt«; näher liegt jedoch eine Notiz zu den »Briefen aus England«; vgl. E 192 und G 15.

2 *Sir Francis:* Gemeint ist Sir Francis Clerke. – *Wrest in Bedfordshire:* In Wrest befand sich L. vom 26. Mai bis 6. Juli 1775. Eine der schönsten Besitzungen in der Grafschaft Bedfordshire, Wrest, vormals im Besitz der Herzöge von Kent, war durch Erbschaft an die Schwiegermutter von Lord Polmark übergegangen, die sie ihrer Tochter, Lady Bell, und ihrem Schwiegersohn übereignete. Im übrigen vgl. Gumbert, LiE 2, S. 108. – *Lord Bute's Park:* John Stuart, 3rd Earl of Bute (1713–1792), einflußreicher engl. Staats-

mann, 1762 First Lord of Treasury. – *Brown:* Lancelot Brown, gen. Capability (1715–1783), engl. Gartenarchitekt, schuf neben William Kent den romantisch-sentimentalen Gartenstil, der nach 1760 den europäischen Kontinent eroberte. – *Wrest . . . steht:* Dieser Abschnitt wurde erstveröffentlicht in: VS 1844, 3, S. 283–284. – *dessen Erbin:* Lady Jemima Campbell, Marchioness de Grey, verheiratet mit Alexander Lord Hardwicke. – *Lord Hardwycke:* Philip Yorke, 2nd Earl of Hardwicke (1720–1790), Schwiegervater von L.s Freund Lord Polwarth; als junger Student in Cambridge Mitverf. der »Athenian Letters«; seinerzeit High Stewart der Universität Cambridge; verheiratet mit Lady Jemima Campbell, Marchioness de Grey. Am 22. September 1775 war L. in seinem Haus in Richmond zu Gast. – *Tochtermann Lord Polwarth:* Alexander Lord Polwarth heiratete 1772 Annabel Baroness Lucas, die Tochter von Hardwicke (»Lady Bell«). – *In dem Haus . . . eine vortreffliche Bibliothek:* Vgl. Gumbert, LiE, S. 161.

3 *Prozeß um Herrn Macklin:* Vgl. die »Briefe aus England« (III, S. 366), s. zu F 942. L. irrt hier: Macklin hatte einen Prozeß gegen Colman, den Manager des Drury Lane Theaters, angestrengt, weil ihm die Rolle des »Kaufmanns (Shylock) von Venedig« entzogen worden war, die ausschließlich Smith sprechen durfte, der zwanzig Jahre lang auf dem Theater die Hauptrollen im tragischen Fach innehatte. Vgl. John Alexander Kelly, German Visitors to English Theaters in the Eighteenth Century, Princeton 1936, S. 48 (Fußnote). – *Coventgarden:* In der Handschrift *Covengarden.* – *Shylock in The merchant of Venice:* Vgl. die »Briefe aus England« (III, S. 366) und RA 17 sowie Mat I 82. – *Sir Archy Mac Sarcasm:* Macklins Hauptrolle in der von ihm verfaßten zweiaktigen Farce »Love à la Mode«, die am 12. Dezember 1759 in Drury Lane uraufgeführt wurde; die vielleicht populärste engl. Farce des späten 18. Jh.s, die bis ins 19. Jh. hinein gespielt wurde. L. schrieb *M'* statt *Mac.* – *Kings Bench:* Königlicher Gerichtshof. – *seiner Tocher:* Maria (1733–1781), uneheliche Tochter der Schauspielerin Ann Grace, die Macklin 1739 heiratete. Maria Macklin war selbst eine Schauspielerin von einigem Ruf. – *seines großmütigen Verfahrens:* Vgl. F 942. – *that . . . day:* Daß er ungeachtet seiner anerkannten Fähigkeiten als Schauspieler in seinem Leben nie besser agiert habe als an jenem Tag.

4 *Sisson:* Jeremiah Sisson (1736–1788), engl. Mechaniker in London, der zwischen 1736 und 1788 Teleskope, Mikroskope und Quadranten verfertigte; Nachfolger seines berühmten Vaters Jonathan (gest. 1749); vgl. auch RA 114, sowie den Brief an Franz Ferdinand Wolff vom 4. Mai 1789, der Sisson als Techniker ausweist. – *Fleet:* An der Fleet Market genannten Straße zwischen Holborn Road und Fleet Street lag das damals neu erbaute berüchtigte Londoner Schuldgefängnis.

5 *Museum:* »Deutsches Museum« oder »British Museum«? – *Hans Sloane . . . Sammlung:* Sir John Sloane. – *die Harleyanischen Mss:* Robert Harley (1661–1724), 1st Earl of Oxford, einflußreicher engl. Politiker in hohen Staatsämtern und leidenschaftlicher Büchersammler, besaß bei seinem Tod über 6000 Manuskripte und 14500 Urkunden. – *Dr Maty:* Dr. Matthew Maty. – *Major Edwards:* Arthur Edwards (gest. 1743), machte dem »British Museum« eine Schenkung auf Grund der Brandschäden, die die Cottonsche Handschriftensammlung 1731 erlitten hatte. – *die Cottonianische:* Sir Robert Bruce Cotton (1570–1631), engl. Historiker und Politiker; vor allem aber

Begründer der Handschriftensammlung, die seinen Namen trägt und die sein Urenkel für alle Zeiten dem engl. Volk vermachte. Cotton wurde so *ein* Begründer des »British Museum«. – *Kings Library:* Die »Old Royal Library«, die ihre Entstehung Heinrich (1594–1612), dem Sohn Jakobs I., verdankt; untergebracht im »British Museum«.

6 *von diesen:* In der Handschrift irrtümlich zweimal geschrieben. – *Lord Leigh:* Sir Egerton Leigh, 2nd Baronet (Lebensdaten unbekannt).

7 *Die Gesichter der gemeinen Leute ... eines meiner größten Vergnügen:* Vgl. F 804 und UB 40. – *Zauberlaterne:* Laterna magica.

8 *O ... Christian:* O, sagte sie, Gott sei Dank, daß es kein Christ ist.

9 *Im Mai sah ich wiederum Sadlers Wells:* Varietétheater im nördlichen Londoner Vorort Islington; über L.s Besuche s. seinen Brief an Baldinger vom 8. Oktober 1774; vgl. RA 37; vgl. GTC 1790, S. 189, und Hogarth-Erklärungen (III, S. 716). – *Terzi ... der Seiltänzer:* Vgl. E 431. – *Richter ... Leitertänzer:* Lebensdaten unbekannt. Vgl. RA 134.

10 *Irby erzählte mir:* Diese Anekdote teilt L. auch in den »Briefen aus England« (III, S. 354) mit; vgl. Mat I 64. – *Richard den III^{ten}:* Die Vorstellung fand am 30. September 1774 statt; vgl. die »Briefe aus England« (III, S. 337, 354). – *Leppert im Grafen von Essex zu Göttingen:* Johann Martin Lepper, Schauspieler vor allem im komischen Fach, und Direktor einer Wandertruppe. Nach Thomas Corneilles (1625–1709) Trauerspiel »Le comte d'Essex« (1678) lagen unter dem Titel »Der Graf von Essex« zwei dt. Übersetzungen von 1747 und 1760 vor. Lepperts Schauspielgesellschaft hatte 1766 und 1767 in Göttingen gespielt. Kästner spielt auf ihn als Essex-Darsteller im folgenden Sinngedicht an: »Das historische Institut in Göttingen / Ich tadle nicht das Institut: / Es ist zum Unterricht für junge Leute gut; / Es macht zur Autorschaft den jungen Leuten Muth. / Doch zeigt es sich in academ'scher Pracht, / So fällt mir *Lepper* ein, wie der den Essex macht.« (Gesammelte Poetische und Prosaische Schönwissenschaftliche Werke, Erster Theil, Berlin 1841, S. 68, Nr. 225). Dazu notiert Kästners folgende Fußnote: »Ein guter komischer, aber schlechter tragischer Acteur«. – *Give me ... another horse:* Gib mir einen anderen Esel, ein Königreich für einen Esel ... gib mir ein anderes Pferd. Vgl. »Briefe aus England« (III, S. 354) und Mat I 64.

11 *I am ... theatre:* Ich bin, Mylords, kein starrer Gegner aller theatralischen Lustbarkeiten: ich halte die Einrichtung von Theatern in der Hauptstadt für passend, aber ich denke, sie sollten auf die Hauptstadt beschränkt bleiben: dort, unter den gebildetsten Augen, ist die Bühne am wenigsten verderblich: und ich will frei heraus bekennen, Mylords, daß ich, als unser großer englischer Roscius einige seiner großen und edlen Rollen dargestellt hat, gerne an dieser Lustbarkeit teilgehabt hätte, wenn ich es für der Würde eines Bischofs angemessen gehalten hätte, im Theater anwesend zu sein. – *our ... english Roscius:* Gemeint ist Garrick; über Roscius s. zu D 666. – *die Beggars Opera:* Darüber s. zu RT 4. – *Drurylane:* S. zu RT 4. – *Lord Carlisle:* Frederick Howard (1748–1825), 5th Earl of Carlisle, engl. Staatsmann und Kunstsammler. – *Sir John Brute:* Zu dem Stück »The provoked Wife« von John Vanbrugh s. zu D 625. – *Erzbischof von Canterbury:* Frederick Cornwallis (1713–1783), 1750 Kaplan Georgs II. in Lichfield, 1768 Erzbischof von Canterbury. – *Gower:* Granville Leveson (1721–1803), 2nd Earl Gower, engl.

Staatsmann und Kunstsammler. – *Birmingham ... einkommen würde:* Vgl. RA 126.

12 *Shorts Telescope:* James Short (1710–1768), engl. Mathematiker und Mechaniker, bedeutendster Teleskopbauer und Spiegelschleifer vor Herschel, konstruierte Reflektoren von bis dahin unerreichter Qualität und verhalf dem Spiegelteleskop bei Optikern und Astronomen zu allgemeiner Anerkennung. – *bei Christi verauktioniert:* Das noch heute bestehende Londoner Auktionshaus war 1766 von James Christie (1730–1803) begründet worden. – *Cassegrain:* Frz. Gelehrter, vermutlich Prof. in Chartres; erfand 1672 ein Spiegelteleskop, dessen Strahlengang vom Newtonschen abweicht.

13 *Lord Boston:* Frederick Irby, 2nd Lord Boston (1749–1825), ältester Sohn William Irbys, 1st Baron of Boston; er trat, wie sein Vater, in den Hofdienst und wurde einer der Lords of the Bedchambre Georgs III. 1775 heiratete er Christiane Methuen, die siebzehnjährige Tochter von Paul Methuen in London, Grosvenor Street, dessen Gemäldesammlung berühmt war. – *Dean von Chichester:* Sir William Ashburnham (gest. 1798), seit 1754 Bischof von Chichester. – *The devil upon two sticks:* Zu diesem Stück von Foote vgl. auch »Briefe aus England« (III, S. 329, KIII, S. 152).

S. 647 *Museum Lottery:* Vgl. RA 5. – *Die trials without a Jury:* Prozeß ohne Geschworenengericht. – *Methodisten:* Vgl. RA 11. – *Cadwallader:* Hauptrolle in »The author« von Samuel Foote. – *Ab Priest ein Wälschmann:* Ap-Rice, ein enger Freund Footes, gab das Vorbild für Cadwallader ab. – *he made ... suppose:* Er hat um mich geworben (auch: er machte Liebe mit mir) ... Auf welche Weise? ... Er wollte, daß ich ein Hase bin ... Was? Ein Hase? Ein Hase? Und wohl noch mit einer Süßspeise im Bauch. – *der König selbst:* Gemeint ist Georg III. – *Hill ... für 1000 Taler Bücher geschrieben:* Hawkins, S. 94 (zu J 199), bemerkt, daß Hill in einem Jahr die Summe von 1500 Pfund verdient habe. – *Reynolds:* Sir Joshua Reynolds (1723–1793), berühmter engl. Maler, erster Präsident der 1768 gegründeten Royal Academy of Painters.

14 *die Zeit der Gemälde-Ausstellungen:* Vgl. RA 159. – *Bildsäule der Venus von Bacon:* John Bacon (1740–1799), engl. Bildhauer. S. auch RA 159. – *Büste des Königs:* Vgl. Brief an Schernhagen, 11. April 1776(?). – *Königin:* Sophie Charlotte; ihr Palast: Buckingham Palace.

15 *Hellins:* John Hellins (gest. 1827), Mathematiker und Astronom, war 1775 Assistent Maskelyes an der Sternwarte zu Greenwich. Ein Brief von Hellins an L. vom 13. Mai 1775 ist erhalten; Antwort auf das Schreiben L.s vom 6. Mai 1775. – *Arnold ... Pendulstange von drei Stäben:* S. zu F$_1$ S. 642.

16 *he ... drudgery:* Er macht nur die Dreckarbeit. – *Lord Mansfield:* Über ihn s. zu L 312. Im Gegensatz zu dieser negativen Notiz äußert L. im GTC 1789, S. 203 f.: »Neben dem letzten [dem Dorf Hampstead] liegt das verewigte Caënwood, worin jetzt einer der größten Männer die England, und vielleicht einer der größten die die neuern Zeiten hervorgebracht haben, Lord Mansfield, sein otium cum dignitate [seine Muße mit Würde] genießt.« – *Die jetzige Stimme des Parlaments:* Über L.s politische Haltung gegenüber England und Amerika vgl. Hans Ludwig Gumbert, Das politische Denken des jungen Lichtenberg, in: ders., London-Tagebuch September 1774 bis April 1775, Hildesheim 1979, S. 21–50. – *Bestechung ist allgemein:* Vgl. Gumbert, LiE 2, S. 101 (Anm. 12); s. auch RA 23. – *Tommy:* Gumbert, LiE 2, S. 102, vermutet Thomas Swanton. In Frage käme aber auch eine Person, die L. nicht

denunzieren wollte, weil sie »hochgestellt« ist, z. B. Thomas Gage; vgl. RA 76. – *Üppigkeit und Verschwendung . . . nie höher gestiegen:* S. dazu Gumbert, LiE 2, S. 102–103, und den Brief an Johann Christian Dieterich vom 28. Januar 1775. – *wie Dr. Price bemerkt:* Gemeint ist wohl das zu E_I S. 344 nachgewiesene Werk »Observations on the nature of civil liberty«. – *Ruin des Landes . . . die Stütze:* Die Luxus-Theorie des 18. Jh.s. – *Maskeraden:* Maskeraden waren im 18. Jh. beliebte Unterhaltungen der noblen und reichen Londoner Gesellschaft. Vgl. Gumbert, LiE 2, S. 102 (Anm.). – *Pantheon:* Berühmtes Londoner Vergnügungszentrum an der Oxford Road (heute Oxford Street), 1770–1772 von James Wyatt erbaut. – *Cypriani:* Giovanni Battista Cipriani (1727–1785), ital. Zeichner und Maler, der seit 1754 in London arbeitete. – *Bartolozzi:* Francesco Bartolozzi (1728–1813), ital. Kupferstecher, von 1764 bis 1805 in London, wo er sehr geschätzt war.

17 *die Wieder-Auferstehung eines so würdigen Schauspielers:* Nach seinem Prozeß; vgl. RA 3. Über Macklin als Shylock vgl. »Briefe aus England« (III, S. 366f.). – *sein eigennütziges:* In der Handschrift *seinen eigennützigen.* – *bond:* Engl. ›Schuldschein‹. – *three thousand Ducats:* Dreitausend Dukaten. Zitat aus Shakespeare, »Der Kaufmann von Venedig« I, 3. – *Sir John Brute:* Zu Garricks Darstellung dieser Rolle in »The provoked wife« von John Vanbrugh vgl. D 625 und die Anm. dazu.– *Love à la mode:* S. zu RA 3. – *Squire Groom:* Jockey, Pferdeknecht, Rolle aus »Love à la Mode«. – *Turf macaroni:* S. zu E 68 (S. 357). – *Quick:* John Quick (1748–1831), namhafter engl. Schauspieler vor allem in komischen Rollen, 1767 am Haymarket Theatre engagiert, später am Coventgarden Theatre. – *Woodward:* Henry/Harry Woodward (1714–1777), engl. Schauspieler, berühmt durch seine Pantomimen, in denen er die zentrale Rolle des Harlekin spielte. – *Macklin . . . ein Ireländer:* Charles Macklin, über ihn s. zu F 942, vgl. auch RA 3.

18 *Stromeyer:* Ernst August Stromeyer (gest. 1775), Proviantkommissar bei der Regierung in Hannover, Liebhaber der Astronomie. – *Capt. Blake . . . Der Bruder dieses Mannes:* Über Capt. Blake nichts ermittelt; sein Bruder: John Bradby Blake (1745–1773), engl. Botaniker, Angestellter der East India Company in Canton. – *pistillum:* Lat. ›Fruchtknoten‹. – *stamina:* Lat. ›Staubblätter‹. – *als ich meine Schreibtafel herauszog:* Wörtlich gemeint oder Sudelbuch E? – *Talgbaum:* Tropischer Baum der Gattung Shorea und Vateria, der ein talgartiges Fett liefert. – *strawberry trees:* Erdbeerbäume; Arbutus, baumartiger, immergrüner Strauch der Macchie des Mittelmeergebiets. – *Leechee:* Nephelium Lit-Chi; Zwillingspflaume aus der Gattung der Seifenbaumgewächse. – *Moxa-Pflanze:* Artemisia-Kraut, aus Japan und China, früher zu Heilzwecken auf der Haut verbrannt. – *Indigo:* Der älteste organische Farbstoff, schon im Altertum in Indien und China zum Blaufärben von Baumwolle und Wolle verwendet, kam Anfang des 16. Jh.s nach Europa.

19 *Quin:* Diesen Ausspruch zitiert L. auch in der Antiphysiognomik (III, S. 271). Im übrigen s. zu F 975. – *Well . . . hand:* Nun, wenn dieser Bursche kein Schurke ist, schreibt Gott der Allmächtige keine leserliche Hand.

20 *Lady Bell erzählte mir:* Gemeint ist Amabel Baroness Lucas, Tochter von Philip Yorke, Earl of Hardwicke, und Lady Jemima Campbell, später Marchioess Grey; heiratete 1772 Lord Polwarth; besaß aus der Erbschaft ihrer Mutter den Landsitz Wrest in Bedfordshire, wo L. im Sommer 1775 wochenlang zu Gast war. – *Chaplain:* Richard Walter (1716?–1785), engl. Marine-

pfarrer, nahm an Ansons erster Weltreise 1740–1742 teil. – *Titul von Ansons Reisen:* Ansons »Voyage around the World« ist zu B₁ S. 45 nachgewiesen. – *Robins:* Benjamin Robins.

21 *Hamilton der in Göttingen studiert hat:* Über ihn konnte nichts ermittelt werden. – *des bekannten M͞r Bruce:* Womöglich James Bruce.

22 *Reise von London nach Wrest im Mai:* Vom 26. Mai bis Anfang Juli 1775 hielt sich L. in Wrest auf. Vgl. RA 2 und die Anm. dazu. – *at quoits:* »Quoit« ist der Ring, der bei diesem uralten Ringwerfspiel geworfen wird; vgl. RA$_{II}$ S. 640.

23 *die Engländer... Charakter... von John Bull:* Spottname für die Engländer zur Kennzeichnung ihres grobschlägigen Charakters; die »History of John Bull« von John Arbuthnot ist zu E 68 nachgewiesen. – *vid. p. 17:* Gemeint ist RA 42. – *des Königs:* Gemeint ist Georg III. – *Königs:* Von L. verbessert aus *Parlament[ts]*. – *Bestechung der Mitglieder des Parlaments:* Vgl. RA 16. – *die Stimme[n], anstatt sie zu zählen, wägen:* Zu dieser Wendung s. zu F 389. Gumbert (Anm. 13 zu LiE T III 13) faßt diese Bemerkung als das »stärkste Argument gegen die Demokratie« auf; tatsächlich beklagt L. die Bestechlichkeit der engl. Parlamentarier, die der Stimme des Volkes zuwider Krieg gegen die Kolonien führen.

24 *Edmund Trope (Burke)... Verfasser der Briefe des Junius:* Über diese Schrift und das Problem ihrer Verfasserschaft vgl. B 374 und Anm.

25 *drought... never brings death:* Engl. Sprichwort ›Dürre bringt niemals den Tod‹.

26 *Herzog von Dorset:* Lord John Frederick Sackville, 3rd Duke of Dorset. – *Cricketspieler:* Das Cricketspiel, das in Kent schon vor der Mitte des 17. Jh. heimisch gewesen sein soll, wurde im 18. Jh. das Modespiel der engl. Oberklassen. Im übrigen vgl. Gumbert, LiE 2, S. 105–106 (Anm.).

27 *Luton Hoo (Lord Bute's Seat in Bedfordshire):* S. zu RA 2. – *Nomo Lexicon:* »Nomo-Lexikon: A Law Dictionary... and Etymologies«, London 1691, 2. Aufl., von Thomas Blount (1618–1679), engl. Rechtsanwalt und Schriftsteller: »Glossographia« (1656). – *a small... the North:* Ein kleines Landstück, das in Kent so genannt wird... in einer alten Bittschrift, die Feversham in Kent betraf, wurde ›Haws‹ als Bezeichnung für herrschaftliche Häuser verstanden. Cambden sagt, daß das im Norden gebräuchliche ›Hawgh‹ oder ›Howgh‹ ein grünes Stück Land in einem Tal bezeichnet. – *Cooke:* Sir Edward Coke (1552–1634), berühmter engl. Richter und Jurist. Schriftsteller; veröffentlichte London 1628 »The First Part of the Institutes of the Laws of England, or a Commentary upon Littleton«. – *Littleton:* Sir Thomas Littleton (1422–1481), bedeutender engl. Richter und Jurist. Schriftsteller. – *Cambden:* William Cambden (1551–1623), engl. Altertumsforscher und Historiker. »Britannia«, London 1586.

28 *Rochefoucauld:* Seine Maximen sind zu E 218 nachgewiessen. Das Zitat ist die 241. Maxime La Rochefoucaulds (Œuvres 1, S. 251). – *Dans l'adversité... deplait pas:* Im Ungemach unserer besten Freunde finden wir immer etwas, das uns nicht mißfällt.

29 *Der Engländer kocht seine Suppen im Magen...:* Vgl. Mat I 149.

30 *x's Hauptfehler:* Gemeint ist Georg III.; vgl. auch RA 87. – *Anbringer:* S. zu E 274. – *Lord M..:* Mansfield? – *meine Mutter:* Auguste (1719–1772), Tochter des Herzogs Friedrich II. von Sachsen-Gotha, seit 1736 verheiratet mit Friedrich Ludwig Prinz von Wales (gest. 1751). – *y:* Die engl. Königin Charlotte.

31 *das Wegwerfen gewisser Sätze:* S. zu D 213. – *Klopstock mit seiner Republik:*

Das Urteil stammt von Justus Möser, wie aus D 594 hervorgeht. – *Stück in einem Zuschauer:* In einer Monatsschrift ähnlich wie Addisons »Spectator«.

33 *Greaves:* Samuel Graves (1713–1787), engl. Vize-Admiral, bis zum Februar 1776 Kommandant der in den amerikanischen Gewässern operierenden engl. Flotte. – *Boston bombardiert:* Die Stadt Boston, Hort des amerik. Widerstands, stand im Juni 1775 im Mittelpunkt der Ereignisse: die Aufständischen versuchten die engl. Truppen zu isolieren; General Howe verhindert das in der Schlacht bei Bunker Hill am 17. Juni 1775. – *Adams:* Samuel Adams (1722–1803) aus Boston, ursprünglich Kaufmann, einer der Führer des Widerstandes gegen England; 1774 Abgesandter Massachusetts' zum Kongreß der Kolonien und später Gouverneur dieses Staates.

35 *sagt Chaucer:* Wohl Geoffrey Chaucer (ca. 1340–1400), bedeutendster engl. Dichter des Mittelalters; an seinem Fragment gebliebenen Hauptwerk, den »Canterbury Tales«, begann er 1387 zu arbeiten.

36 *Mason . . . Gray's Leben und Briefe herausgegeben:* Darüber s. zu F 860. – *Elfrida:* Dieses Drama von William Mason erschien 1752. – *Caractacus:* Dieses Drama von William Mason erschien 1759. – *Hartley:* Elizabeth Hartley (1751–1824), eine wegen ihrer Schönheit gerühmte engl. Schauspielerin, das bevorzugte Modell von Sir Joshua Reynolds. – *Poems by . . . Mason:* Erschienen Harsfield 1764; vgl. F 1192, 1193. – *On Gardening:* »The English Gardner, a Poem«, London 1772.

37 *den lustigen Tag . . . in Sadlers Wells:* S. zu RA 9.

38 *Hamptoncourt:* Das größte der engl. Schlösser, etwa 22 km von London an der Themse gelegen, enthielt eine berühmte Gemäldesammlung. – *Bushy park:* So wurde der Komplex von Gartenanlagen genannt, der sich unmittelbar an den Park von Hamptoncourt anschloß. – *dem bekannten Wellbore Ellis gehört:* Ellis hatte 1747 Elizabeth, die einzige Tochter Sir William Stanhopes, geheiratet, der nach Popes Tod 1744 dessen Landsitz in Twickenham gekauft hatte. – *Strawberry Hill:* Das berühmte Landhaus Horace Walpoles, das er 1753–1776 in neogotischem Baustil umbauen ließ; s. jetzt Norbert Miller, Strawberry Hill, München 1986. Horace Walpole (1717–1797), 1st Earl of Orford, lebte seit 1757 in Strawberry Hill; berühmter Bücher- und Kunstsammler, auch schriftstellerisch tätig.

39 *Phaeton:* Leichter offener, hochrädriger, meist von zwei Pferden gezogener Wagen mit ein oder zwei Sitzen, nach dem Lenker des Sonnenwagens in der griech. Mythologie genannt. S. auch Hogarth-Erklärungen (III, S. 798). – *in St. Albans im Weißen Hirsch:* Engl. Kleinstadt in Herefordshire. Der Name des Hotels, in dem L. übernachtete, war nicht »The White Hart«, sondern »The White Heart« (s. Gumbert, LiE 2, S. 107, Anm. 15). – *Lady Grosvenor:* Henrietta Vernon (gest. 1826), heiratete 1764 Richard, 1st Baron Grosvenor of Eaton; hatte 1769 eine Liebesaffäre mit dem Herzog von Cumberland – über ihn s. zu J 895 –, mit dem sie im »Weißen Herzen« logierte und dort überrascht wurde. Baron Grosvenor reichte daraufhin eine Scheidungs- und Schadensersatzklage ein; der Prozeß war das Londoner Stadtgespräch.

40 *eine Beschreibung davon . . . an einem andern Ort geben:* S. das Konzept zu einem vermutlich an Boie gerichteten Brief aus Wrest (?) von Juni 1775 (?), Briefwechsel I, Nr. 282.

41 *Gatzert:* Christian Hartmann Samuel Gatzert (1739–1807), 1764 nach der Promotion zum Dr. jur. in Göttingen Prof. der Rechte, danach gelehrte

Reisen nach Holland und England, seit 1767 Prof. in Gießen, später hess. Minister (geadelt). Die einzige Landesuniversität der Landgrafschaft Hessen-Darmstadt wurde 1607 gegründet. Vgl.: Die Universität Gießen von 1607 bis 1907. Festschrift zur dritten Jahrhundertfeier, hrsg. von der Universität Gießen, zwei Bde., Gießen 1907. – *sein bekannter Freund ... mir ... erzählt:* Raspe oder Johann von Uslar aus Hannover, dessen Hofmeister Gatzert 1761 bis Ende 1763 war.

42 *ad pag. 13:* Gemeint ist RA 23. – *alles auf John Bulls Charakter hinausläuft:* Zu diesem Urteil s. zu E 68. – *Lord Nottingham:* Daniel Finch, 2nd Earl of Nottingham (1647–1730), engl. konservativer Politiker; wegen seiner melancholischen, südländ. Erscheinung ›Don Dismallo‹ genannt. – *Lord Oxford:* Robert Harley.

43 *Fähigkeit[en] sie:* In der Handschrift *die, sie.*

44 *Elefanten und Pudelhunde ... das können:* Zu dieser Wendung s. zu E 113.

45 *Montaigne ... Essais:* Montaignes Hauptwerk »Les Essais«, geschrieben 1580-1588, begründete im Anschluß an antike Traditionen den neuzeitl. Skeptizismus. S. zu F 1216. – *Dr Slop:* Figur aus Sternes »Tristram Shandy«: Karikatur Dr. John Burters (1710–1771), eines berühmten engl. Gynäkologen. Über den Roman s. zu B$_I$ S. 45.

46 *Gordon ... Discourses upon Tacitus:* »Discours historiques, critiques et politiques sur Tacite«, Amsterdam 1742. Über Gordon s. zu E 178. – *His English ... and false:* Sein Englisch ist fast über jedes, wenn nicht über alle Vorbilder hinaus schön: nichts kann feiner sein als seine Art des Gedankenausdrucks: sein Stil ist so einzigartig gut, bezaubernd und klar, wie viele seiner Grundsätze gefährlich und falsch sind.

47 *Magen-Pillen die Herr Speediman:* Über ihn wurde nichts ermittelt; zu der in England üblichen Werbung für ›Heilmittel‹ aller Art vgl. KA 91. – *Fordyce erfunden:* Gemeint ist vermutlich David Fordyce (1736–1802), engl. Arzt, seit 1770 am St. Thomas's Hospital in London.

48 *Kriterion von einem großen Schriftsteller:* Vgl. RA 127. – *Tacitus und Sterne ... Muster hiervon:* Vgl. F 1 und Anm.

49 *Landschaften von Woolletts:* William Woollett (1735–1785), engl. Kupferstecher, wegen seiner Landschaftsstiche nach William Pars berühmt. – *Pars:* William Pars (1742–1782), engl. Porträt- und Landschaftsmaler, Illustrator.

50 *Capt. Watson:* Über ihn nichts ermittelt. – *dem großen Erdbeben:* Vielleicht Anspielung auf das Erdbeben in Guatemala 1773. – *im Sack und in der Asche:* Nach Buch Esther 4, 1. – *á la campagne:* Frz. ›ländlich‹.

51 *Lord Mayors:* Der Bürgermeister von London. – *City:* Die Altstadt, der Kern von London. – *Commoner:* Mitglied des engl. Unterhauses.

52 *Bücher ... die ich ... gelesen:* Vgl. auch RA 72. – *A view ... bay Henry Pemberton:* Henry Pemberton (1694–1771), Dr. engl. Arzt, Mathematiker und Schriftsteller, gab 1726 die dritte Aufl. der »Principia« Newtons heraus. – *Glover:* Richard Glover (1712–1785), engl. Lyriker und Bühnenschriftsteller. – *Philosophical account ...:* Der genaue Titel dieses Werks, das L. in RA 56–71 exzerpiert, lautet: »A philosophical account of the Works of Nature. Endeavouring to set forth the several Gradations Remarquable in the Mineral, Vegetable, and Animal Parts of the Creation Tending to the Composition of a Scale of Life. [...]«, London 1721. – *Bradley:* Richard Bradley (1688–1732), bedeutender engl. Physiologe, seit 1724 Prof. der

Botanik in Cambridge. Sein »Philosophical account of the works of nature« ist das am meisten ausgearbeitete spekulative Werk über Naturgeschichte in der 1. Hälfte des 18. Jh.

53 *Ein Nachtwächter nach der Stimme gezeichnet ...:* Zu diesem physiognomischen Experiment s. zu E 377.

54 *Sendschreiben:* Gemeint sind die an Boie gerichteten und im »Deutschen Museum« veröffentlichten »Briefe aus England«. – *Garricks Charakter im Hamlet:* Vgl. »Briefe aus England« (III, S. 357). – *Weston:* Von ihm handelt L. in den »Briefen aus England« (III., S. 349–355). – *Yates:* Vgl. über sie »Briefe aus England« (III, S. 358). – *Abington:* Vgl. über sie »Briefe aus England« (III, S. 359). – *Dodd:* James Williams Dodd (1740? bis 1796), engl. Schauspieler. Über ihn s. III, S. 337, 353. – *Yoricks Grabmal ... wie ... in Deutschland:* Über das Grabmal, das Lawrence Sterne gesetzt wurde, berichtet L. nicht in den »Briefen aus England«, vgl. aber Mat I 126 und Briefentwurf an Boie (?), spätestens Frühjahr 1776 (Briefwechsel I, Nr. 311, S. 616). – *Macklin im Shylock:* Vgl. »Briefe aus England« (III, S. 366); vgl. auch RA 17.

55 *Sommersetchire:* Somersetshire; Grafschaft im Südwesten Englands.

56 *Bradleys ... account of the Works of Nature:* Zu diesem Werk s. zu RA 52. – *strata:* Lat. ›(Gebirgs-)Schichten‹. – *er schreibt den Mineralien eine Art von Leben und Wachstum zu:* Vgl. A 22 bezüglich Linné.

57 *In Frankreich zieht man die Champignons in Mistbeeten:* Auch diese Bemerkung ist Bradley – s. zu RA 52 – entnommen.

58 *In der Feige liegen die Zeugungsteile innerhalb der Frucht:* Diese Bemerkung ist ebenfalls Bradleys zu RA 52 nachgewiesenem Werk entnommen. Zu L.s Beschäftigung mit der Sexualität der Pflanzen s. zu KA 73. – *Geoffroy Mem. de Paris 1712:* Über die »Mémoires de l'académie Royale des sciences des Paris« s. zu KA 44.

59 *Colchester:* Zu den Austernbänken von Colchester vgl. TB 1.

60 *Die Orange-Blätter ... geben leicht Bäume:* Auch diese Bemerkung ist Bradleys zu RA 52 nachgewiesenem Werk entnommen.

61 *Caprifolium:* Geißblatt.

62 *p. 72:* Gemeint ist Bradleys zu RA 52 nachgewiesenes Werk, wo es an der von L. zitierten Stelle heißt: »The learned Dr. Tyson tells us in his Account of the Dissection of a Rattle-Snake, Phil. Trans. No. 144, that the Male Viper has four Penes, agreeing in most Particulars with the Penes of the Male Rattle-Snake, which are likewise four in number, altho' the Females of both Kinds have each of them only two Uteri for receiving them.« – *Tyson. Phil. Transact. N° 144:* »Vipera Candi-Sona Americana, Or the Anatomy of a Rattle-Snake, Dissected at the Repository of the Royal Society in January 1682/3«, ebd. 1682/3, S. 25–54. Edward Tyson (1650–1708), engl. Arzt, der sich besonders mit der vergleichenden Anatomie beschäftigte, schrieb u. a. eine Anatomie des Orang Utang (Waldmenschen), die er genau mit der des Menschen verglich. Tyson wird in diesem Zusammenhang von Sömmerring in seinem Kalender-Artikel »Etwas vernünftiges vom Orang Utang« (GTC 1781, S. 42) erwähnt; vgl. auch B 12.

63 *p. 78:* Gemeint ist Bradleys zu RA 52 nachgewiesenes Werk, das L. fast wörtlich zitiert; nach *where* im Original *on the other hand.* – *Brids ... hedges:* Vögel und Federvieh sind in vielen Hinsichten von einander verschieden, z. B. bringen Vögel immer ihren Jungen das Futter, Federvieh führt seine

Jungen zum Futter hin. Alles Federvieh baut seine Nester auf der Erde, während Vögel meistens in Bäumen, Hecken pp. nisten.

64 *p. 93:* Gemeint ist Bradleys zu RA 52 nachgewiesenes Werk, wo es an der angegebenen Stelle heißt: »It is remarkable in this Creature, that the Joints in the *hind Legs* are disposed for kneeling, as well as those in the *fore Legs*, which is contrary to other *Animals*«. – *Blair ... Philos. Trans. № 326.327:* Dieser Hinweis stammt von Bradley, a.a.O., S. 93; Patrick Blair (gest. 1728), engl. Biologe und Gegner Bradleys; veröffentlichte in den »Philosophical Transactions« 1710, S. 53–116; 117–153 »Osteographia Elephantina: Or A full and exact Description of all the Bones of an Elephant ...«.

65 *p. 115:* Gemeint ist Bradleys zu RA 52 nachgewiesenes Werk, wo es an der angegebenen Stelle heißt: »The Ear Leaves, or those next the Root, as I have already hinted, doing the same Office to the Virgin Plant, as the Breasts or Dugs of the Mother Animals do to their Young, i.e. to furnish them with their first Nourishment, and support them till they can find a suitable Food in the Earth; and this is so certain, that if we take away the Ear Leaves of a Plant, soon after it has made its first Shoot from the Seed, the Plant will die in a short time.«

65 *Samen-Blätter (Ear leaves):* Vgl. auch RA 70. – *Eiters:* Mundartlich für: Euter.

66 *Der Frosch ... knöpftigt:* Auch diese Bemerkung ist Bradleys zu RA 52 nachgewiesenem Werk entnommen.

67 *Die Regenwürmer begatten sich ... wie die Schnecken:* Auch diese Bemerkung ist Bradleys zu RA 52 nachgewiesenem Werk entnommen.

68 *Gieseke zuerst gesehen zu haben glaubte:* Vermutlich Paul Dietrich Gieseke (1745–1796) aus Hamburg, Student der Medizin in Göttingen, immatrikulierte sich am 7. Mai 1764, dann Prof. der Physik am Gymnasium in Hamburg. Mit L. gut bekannt.

69 *p. 137:* Gemeint ist Bradleys zu RA 52 nachgewiesenes Werk, wo es an der angegebenen Stelle heißt: »The Manner of their Generating is equally performed by Coupling; but Mr. Dandridge makes this Remark of the Method of Coupling in Insects, that the Female always enters the Body of the Male, contrary to all Creatures of other Kinds, which he says is the same with the common Fly, that we may more easily observe it.« – *Ist das so ausgemacht:* Vgl. dazu noch J 1431.

70 *Bradley. p.189 seq:* In dem zu RA 52 nachgewiesenen Werk heißt es S. 189 f.: »But to make good the Title of this Chapter, I come now to speak of Fruit-Trees; and first of all of the Orange, which this Year my worthy Friend Mr. Curtes of Putney has treated in a very particular manner, and has had that Success, that I have learnt it is possible to have a graffed Tree or Plant of that kind in five or six Months, from the Seed or Kernel.« Um aber dem Titel dieses Kapitels gerecht zu werden, werde ich jetzt auf die Obstbäume zu sprechen kommen; und vor allem auf den Orangenbaum, den mein werter Freund Mr. Curtes of Putney dieses Jahr auf eine ganz besondere Art und Weise behandelt hat, und er hatte solchen Erfolg damit, daß ich seither weiß, daß man einen gepfropften baum oder eine gepfropfte Pflanze von dieser Art in fünf oder sechs Monaten aus dem Samen oder Kern heranziehen kann. – *Samen-Blättern (Ear leaves):* S. zu RA 65.

71 *Bradley versichert ... wie eine Kröte aus einem Eichbaum sei ausgeschnitten worden:* In dem zu RA 52 nachgewiesenen Werk. Eine ähnliche Geschichte

von der ›Unsterblichkeit‹ der Kröten beschreibt L. im GTC 1797, S. 188. – *verlutierte:* Verlutieren: ein Gefäß mit einem genau passenden Deckel verschließen und verkleben.

72 *eine Fortsetzung von Gullivers Reisen:* Gemeint ist Bd. 3 der »Travels into several remote Nations of the World«, London 1727, dessen letzter Teil aus Denis Vairasse d'Allais' »Histoire des Sévarambes« übernommen ist. – *Brobdignac:* In »Gullivers Reisen« das Land der Riesen. – *in Wrest:* L. verbrachte 1775 auf dem Landsitz von Lord Polwarth in Bedfordshire einige Frühjahrs- und Sommerwochen; vgl. RA 94, Ph + M3, S. 221.

73 *political history . . . of the Devil:* »Political History of the Devil, as well ancient as modern«, London 1726, von Daniel Defoe.

74 *Erzählung, die Mary Tabor . . . von der Sache machte:* Die Quelle dieser Erzählung sind vermutlich die »Old Bailey Trials«, die L. wohl in Wrest gelesen, aber auch in Göttingen zu Gemüte führte; s. zu E 36. L.s Interesse an Kriminalfällen geht auch aus der »Bibliotheca Lichtenbergiana« hervor (s. BL, Nr. 1235–1238a). Nach *Erzählung* ergänze: [wiedergegeben]. – *Old Bailey:* S. zu E 36. – *Where . . . water with:* Wo bist du gewesen, Schlampe, sag ich. Naja, sagt sie, ich bin bei unserem Schneider auf dem Ladentisch gesessen. Sonst hat sie mir damals nichts erzählt; aber am Montag hat sie über schlimme Schmerzen geklagt, und daß sie kein Wasser lassen könnte (mit Verlaub Eurer Gnaden), und da wollte ich gern wissen was zum Henker mit ihr los war, obwohl ich nicht im Traum daran dachte, was man mit der Armen angestellt hatte. Jedenfalls ging es ihr dann am Dienstag noch schlechter, und ich machte mich daran, den Fall zu untersuchen, und fand sie sehr schlimm dran: du kleines Weibstück du, sag ich, wie ist das denn zugegangen – Naja, sagt sie, unser Schneider William hat seinen Finger hineingesteckt wo ich Wasser lasse. Und sonst hat er nichts hineingesteckt, Schlampe? sag ich. Doch, sagt sie, das Ding mit dem er sein Wasser läßt.

75 *Newgate:* S. zu B 399. – *culprits . . . hold:* Verurteilten . . . im Todeskerker. – *All . . . o'clock:* Ihr alle dort im Todeskerker drin, / Macht euch bereit, denn morgen sterbt ihr hin. / Die Stund ist nah – so wachet im Gebet –, / Da ihr vor des Allmächtigen Throne steht. / Prüfet euch wohl, bereut, bevor ihr scheidet, / Daß ihr nicht ewigen Flammentod erleidet. / Und morgen wenn Sankt Pulchers Glocke schallt: / Daß Gottes Mitleid über eure Seele walt'. / nach 12 Uhr. – *S.t Pulchre's Bell:* St. Sepulchre, eine der ältesten (vermutlich aus dem 11. Jh. stammend) Kirchen Londons an der Nordseite von Snow Hill. Über den Brauch, die größte Glocke von St. Sepulchre zu läuten, wenn die Hinrichtung vollstreckt wird, vgl. Gumbert, LiE 2, S. 111, Anm. 5.

76 *Gage:* Thomas Gage (1721–1787), engl. General, 1763–1772 Oberkommandierender der engl. Truppen in Amerika, 1774–1775 Gouverneur von Massachusetts, abgelöst von William Howe. – *mit einer Neu-Engländischen Dame vermählt:* Gage heiratete Margaret Kemble, die Tochter des Präsidenten der Ratsversammlung von New Jersey, Peter Kemble. – *Dartmouth:* William Legge (1731–1801), 2nd Earl of Dartmouth, engl. Staatsmann, 1772–1775 Staatssekretär für die amerik. Kolonien, Anhänger Rockinghams, abgelöst von Lord Sackville Germain. – *die drei neue Generale:* Gemeint sind Sir William Howe, John Burgoyne und Sir Henry Clinton (ca. 1738–1795). – *die Sachen anders gehen werden:* Danach von L. gestrichen *and to terminate this [?]*.

78 *Als Franklin hinüber ging:* Benjamin Franklin, der seit 1757 die Kolonie

Pennsylvania, später auch andere, in London vertrat, kehrte im März 1775 wegen der Spannungen zwischen England und den amerik. Kolonien nach Amerika zurück.

79 *Peers:* In Großbrittanien die Mitglieder des hohen Adels, die seit Teilung des Parlaments Anfang des 14. Jh.s das Oberhaus bilden.

80 *Stempel-Akte:* Britisches Steuergesetz von 1765, dessen Einführung in den amerik. Kolonien auf heftigen Widerstand stieß (›no taxation without representation‹) und zum Boykott brit. Einfuhren führte. 1766 hob das Parlament die Steuer auf. Vgl. auch RA 93 und 124.

81 *Calembour:* Frz. ›Wortspiel, schlechter Witz, Kalauer‹; vielleicht abzuleiten von dem Pfaffen von Kalenberg. – *pun:* Engl. ›Wortspiel‹.

82 *Gottingen ... Saussage:* Göttingen hat der Künste zwei: Zivilrecht und die Wursterei. Der Zweizeiler ist L.s englische Version aus seinem »Schreiben an einen Freund« (III, S. 621); vgl. auch B 176.

83 *Wimple:* Wimple Hall in Essex, unweit Cambridge: Landsitz des Earl of Hardwicke, des Schwiegervaters von Lord Polwarth. – *Miss Gregory:* Über sie konnte nichts ermittelt werden.

84 *Mrs de Grey:* Augusta Georgina Elizabeth Irby, die einzige Tochter Lord Bostons, hatte 1772 Thomas de Grey geheiratet. – *Osborne:* Sir George Osborne (1742–1818), 4th Baronet Osborne, am Hofe Georgs III. – *Chucksand:* Gemeint ist Chicksand Priory in Bedfordshire. Im 12. Jh. als Kloster des Gilbertiner-Ordens – des einzigen engl. Klosterordens – gegründet, im 16. Jh. eine Kongregation von Nonnen, Laienbrüdern und Laienschwestern.

85 *divine stone:* Göttlicher Stein. – *Dictionarium domesticum:* Das Werk erschien, von Nathaniel Bailey verfaßt, London 1736. – *Take ... redness, etc.:* Man nimmt zwei Unzen Zyprusvitriol, die gleiche Menge Salpeter und die gleiche Menge Plötzen-Alaun; diese zerreibt man zu Pulver, gibt sie in ein glasiertes Tongefäß und schmilzt sie anfangs nur langsam über schwachem Feuer, das man dann verstärken muß, bis das Ganze in heißem Wasser eingeschmolzen oder aufgelöst ist; dann wirft man in die sehr heiße Mischung ein Quentchen Kampfer, rührt sie gut mit dem Holzlöffel durch, und wenn der Kampfer gut aufgelöst und von den anderen Bestandteilen aufgenommen ist, deckt man den Topf oder die Pfanne mit ihrem Deckel zu und verklebt ihn gut mit Mehlpaste; man läßt das Ganze 24 Stunden abkühlen, zerschlägt dann den Topf und findet darin einen grünen Stein, der sich von den Topfstücken ablöst; man bewahrt ihn in einer gutverpfropften Glasviole auf, damit er nicht verdunstet. Der Stein wird angewandt wie folgt: man zerreibt ein halbes Quentchen dieses ›göttlichen Steins‹ zu Pulver, schüttet es in einen halben Sester Quellwasser; zur Anwendung erwärmt man das Wasser und träufelt einen Tropfen ins Auge. Dies geschieht morgens, mittags und abends. Dieses Wasser verhilft zu klarer Sicht, stärkt und reinigt das Auge, indem es darin wachsende Flecken oder Makel entfernt, heilt Blutergüsse, läßt Rötungen verschwinden, usf. – *setier:* Lat. sextarius (⅙), dt. Sester. Getreide-, Flüssigkeitsmaß (ca. 7,5 l).

86 *Granville:* John Carteret (1690–1763), 2nd Earl Granville, engl. Politiker, Hofmann und Gelehrter, vertrat die hannov. Interessen in England. – *dem vorigen König:* Georg II.

87 *schwer eine gewisse Meinung in dem gegenwärtigen Streit ... zu fassen:* Zu L.s politischer Haltung im nordamerik. Unabhängigkeitskrieg vgl. Edith Braemer/Ursula Wertheim, Studien zur deutschen Klassik, Berlin 1960;

darin: Ursula Wertheim: Der amerikanische Unabhängigkeitskampf im Spiegel der zeitgenössischen deutschen Literatur, S. 71–114. – *nie die Repräsentation zum streitigen Punkt angenommen:* Vgl. RA 124. – *die Citizens:* Der sich aus Handel und Gewerbe rekrutierende, größtenteils in Gilden organisierte Mittelstand der Londoner City; vgl. RA 104. – *Amerika . . . im vorigen Krieg in Deutschland erobert:* England, im Siebenjährigen Krieg 1756–1763 mit Preußen verbündet, eroberte Kanada, und der Pariser Frieden 1763 sicherte die engl. Machtstellung in Nordamerika. – *Lord Chatham:* William Pitt (1708–1778), 1st Earl of Chatham, einer der bedeutendsten engl. Staatsmänner des 18. Jh. – *X:* Zu dieser Umschreibung für König Georg III. vgl. RA 30. – *als bis . . . würde:* Von S. 25 der Handschrift hierher verwiesen. Nach *würde* in der Handschrift *p. 25.* – *Rochford:* William Henry Zuylestein (1717–1781), 4th Earl of Rochford, engl. Diplomat und Politiker, 1768 bis Oktober 1775 Staatssekretär unter Premierminister Duke of Grafton. – *Suffolk:* Henry Howard (1739–1779), 14th Earl of Suffolk, seit 1771 Staatssekretär.

88 *an meinem Geburtstag:* Also am 1. Juli 1775. – *Sir Francis:* Gemeint ist Sir Francis Clerke.

89 *Harcourt:* William 3rd Earl of Harcourt (1743–1830), engl. Feldmarschall, 1768–1774 im engl. Parlament. – *jetzigen Lord Lieut. von Irland:* Simon, 1st Earl of Harcourt (1724–1777), Vizekönig von Irland.

90 *Copyhold:* Engl. Lehnrecht, entstanden aus der Gewohnheit, daß die Landarbeiter, die für den Grundbesitzer arbeiteten, berechtigt wurden, auch für ihre eigenen Bedürfnisse Land zu bebauen.

91 *Engrossing:* Schreibweise in großen Buchstaben, etwa bei Dokumenten. Vgl. auch RA 98. – *aus einem Buch genommen:* Der Teil ist von L. fast wörtlich wiedergegeben; es handelt sich um die 2. Aufl. »with Additions and Improvements«. – *Markham:* William Markham.

93 *Sudelbuch:* Zu diesem Ausdruck vgl. D 668, E 46. – *meine Meinung heute . . . allein:* Danach von L. gestrichen *allein in allen übrigen Stücken haben sie gewiß.* – *Act of navigation:* Die seit der Mitte des 17. Jh.s verkündeten Navigations Acts, Ausdruck der Außenhandelsgesetzgebung des Merkantilismus, dienten dem Schutz der engl. Handelsmarine und der Importeure von Erzeugnissen aus den Kolonien. – *Hannover:* L. denkt wohl an den Einsatz hannov. Truppen in Amerika. – *bei der Rebellion 1745 als der Prätendent bis Derby kam:* Prinz Charles Edward (1720–1788), ältester Sohn des letzten Kronprätendenten James Edward (gest. 1766) aus dem Hause Stuart, der sich James III. nannte; war 1745 mit seinen Truppen von Schottland aus bis fast nach London vorgedrungen, ehe er in der Schlacht bei Culloden 1746 geschlagen wurde.

94 *Traum von meiner Mutter:* Vgl. F 684. – *Garten von Wrest:* Darüber vgl. RA 2. – *Nun laßt uns den Leib begraben:* Anfangszeile des berühmten geistlichen Begräbnisliedes, das Michael Weiße nach dem lat. »Jam moesta quiesce querela« des Aurelius Prudentius (348 bis nach 405) verfaßt hat. L. erwähnt es auch L 463.

94 *gesungen:* Von L. verbessert aus *ausgesungen.* – *Du unbegreiflich höchstes Gut:* Anfangszeile eines zuerst 1679 veröffentlichten evangelischen Kirchenlieds von Joachim Neander (1650–1680), Pastor in Bremen und evang. Kirchenlieddichter. Es entstand nach dem Psalm 42, 2: Wie der Hirsch schreiet nach frischem Wasser.

96 *Venetian lacca . . . cakes:* Venezianischer Lack (lacca) wird aus dem

Rückenschild des Tintenfisches hergestellt, den man zermahlt und einfärbt mit einer Tinktur von Cochenille und brasilianischem Holz, die man in einer Lauge von gebrannten Alaun, Natriumarsen oder Kalisalz kocht, zu einem Brei eindickt und zu Preßkuchen formt. Den taubengrauen Lack bereitet man aus Krümeln, Flocken oder Spänen von Scharlach, die man in der gleichen Lauge kocht, durchseiht und auf gemahlenen Kalk oder Alaun gießt, und diesen dann zu Preßkuchen formt.

97 *the clock . . . 1775:* Die Uhr schlug 9 Uhr abends in Wrest. 4ter Juli 1775. – *O:* Welches Wort L. fortsetzen wollte, ist nicht zu ermitteln.

98 *engrossing:* Zu dieser Schreibart s. zu RA 91. – *vid[e] p. 24:* Gemeint ist RA 91.

99 *Am 6ten Julii verließ ich . . . Wrest:* L. war dort seit dem 26. Mai 1775 zu Gast; er hat es in der Tat nicht wiedergesehen. – *Sir Francis:* Clerke. – *ich . . . dicken bösen Backen:* Vgl. RA 88. – *Mountstreet-Coffee house:* Eines der bekanntesten Londoner Kaffeehäuser am Grosvenor Square in unmittelbarer Nähe des Hauses von Lord Boston.

100 *keine Wissenschaft:* Von L. verbessert aus *kein Fach von Wissenschafften.* – *nützen und:* Danach von L. gestrichen *mehr gläntzen kan.* – *dieses Wort:* Von L. verbessert aus *die Geschichte.* – *einschläfernd unmaßgeblich:* Von L. verbessert aus *mit einer einschläfernden Unmaßgeblichkeit.* – *schaffen:* Von L. verbessert aus *machen.*

101 *Hardwicke . . . die Athenian Letters . . . geschrieben:* »Athenian Letters, or The epistolary Correspondence of an Agent of the King of Persia residing at Athens during the Peloponnesian War«, erschienen London 1741 in vier Bdn.: Gemeinschaftswerk von vierzehn Autoren, die fast alle Studenten in Oxford waren. – *einem seiner Brüder:* Charles Yorke. – *P:* Griech. Großbuchstabe: Rho (R).

102 *jetzt:* In der Handschrift *jezt wo.* – *Caesars Zeiten neben denen von Franz des Ersten:* Eine ähnliche Gegenüberstellung begegnet E 357. L. meint es bildlich: ›Alte Germanen‹ vs. Zeitgenossen aus dem ›polierten‹ 18. Jh.

103 *allodial possession:* Uneingeschränktes, nicht durch Dienstleistungen belastetes Eigentum. – *beneficium:* Grundbesitz ohne Eigentumsrecht, aber mit der Pflicht zu Dienstleistungen.

104 *das Verfahren des Lord Mayors . . . bei den jetzigen Amerikanischen Unruhen:* Vgl. L.s Urteil über die politische Rolle der Londoner Bürger RA 87. – *Common Council . . . Livery:* Die jährlich aus den Mitgliedern der Zünfte (Gilden) in London gewählten 236 Mitglieder wählten die »aldermen« für die 26 Stadtbezirke. Die ›Livery‹, die aus den Mitgliedern der Gilden bestanden, wählten jährlich den Lord Mayor von London. – *Freemen:* Die Einwohner Londons, die Bürgerrecht und damit Stimmrecht hatten; s. auch RA 118. – *Harley:* Thomas Harley (1730–1804), Alderman in London; zur Sache vgl. E 72. – *Committee von New York:* Die Vertretung der nordamerik. Kolonien. – *Marquis von Rockingham:* Charles Watson-Wentworth (1730–1782), 2nd Marquis of Rockingham, einflußreicher engl. Politiker und Gegner der gewaltsamen Unterdrückung der Unabhängigkeitsbestrebungen Nordamerikas. Vgl. auch RA 118. – *schöppenstädtisch[e] Bemerkung:* S. zu D 618. – *Stavely:* Alderman in London; Lebensdaten nicht ermittelt.

106 *schicken keine Deputierte nach dem Parlament:* Fünfzig von den 558 Mitgliedern des Unterhauses waren gewählte Vertreter des Städte.

109 *Mogul:* Vom 16. bis zum Ende des 18. Jh.s die Herrscher des mohammedanischen Reichs in Indien. – *Suba:* Anglo-indische Bezeichnung für die Provinzen des Mogulreichs. – *Nabob:* Ursprünglich Titel der Provinzgouverneure, später Bezeichnung für die in Indien reich gewordenen Europäer. – *Lord Clive:* Robert, 1st Baron Clive (1725–1774), ursprünglich kaufmännischer Angestellter der East India Company, dann ihr Leiter; Begründer der engl. Macht in Indien; nutzte seine Machtstellung zum Erwerb eines legendären Vermögens; als er sich wegen des Vorwurfs der Bereicherung vor dem engl. Parlament verantworten sollte, machte er seinem Leben am 22. November 1774 ein Ende. – *Marathen:* In der Handschrift *Maratten.* Ind. Volk im Dekkan; der Name tritt erst im 17. Jh. auf. Die Marathen besaßen Mitte des 18. Jh.s die Vorherrschaft in Indien. Erster Marathenkrieg (1779–1781) unter Einmischung der Franzosen und Engländer.

111 *Heinrich der IV.te ... schickte nach der Entdeckung von Amerika ... Schiffe aus:* Tatsächlich war es nicht Heinrich IV., sondern Heinrich VII. (1457–1509), der den aus Genua stammenden Seefahrer Giovanni Caboto unterstützte, der von England aus 1497 das amerik. Festland (Labrador) entdeckt und für England in Besitz genommen hatte. – *Die älteste Kolonie ... heißt Virginia:* Unter Elisabeth I. landete Sir Walter Raleigh 1584 dort und gab dem Land den Namen zu Ehren der »jungfräulichen« Königin. Die erste engl. Kolonie wurde dort erst 1607 gegründet. – *Nonkomformisten:* So wurden seit dem 17. Jh. die von der engl. Staatskirche abweichenden ›Dissenters‹ genannt. – *Neu Jersey:* Wurde um 1620 von den Holländern und 1664 von den Engländern besetzt. – *Neu York:* Die Niederlassung wurde 1612 als Nieuw Amsterdam von Holländern gegründet. – *Georgien:* 1732 von Engländern zuerst besiedelt, wurde es um 1750 engl. Kolonie.

113 *Kongreß zu Philadelphia:* Dort hatten sich seit September 1774 die Vertreter der dreizehn amerik. Kolonien versammelt. – *Dickinson:* John Dickinson (1732–1808), hatte in England die Rechte studiert, konservativer Politiker in Pennsylvania. – *Spitzbuben:* Erstmals bezieht L. Partei gegen die Amerikaner, die er in den Briefen an Johann Andreas Schernhagen vom 22. August 1776 und vom 16. Januar 1777 als »Smuggler« und »Gesindel« bezeichnet.

114 *Sisson ... aus dem Fleet:* Vgl. RA 4.

115 *Linien auf Glas:* Bezieht sich vermutlich auf die Mikrometer des Augsburger Instrumentenmachers Georg Friedrich Brander (1713–1783). – *dipping needles:* Die Magnetnadel im Kompaß, ›Neigungsnadel‹.

116 *Ferguson:* James Ferguson (1710–1776), schott. Astronom und Instrumentenmacher, ursprünglich Schäfer, widmete sich später wissenschaftlichen Studien; hielt seit 1743 in London naturwissenschaftliche Vorlesungen. L. besaß von ihm sein London 1756 erschienenes Hauptwerk »Astronomy explained upon Sir Isaac Newton's Principles« in dt. Übersetzung (BL, Nr. 276) und die »Lectures on select subjects in Mechanics, Hydrostatics, Pneumatics, and Optics ...«, London 1776 (BL, Nr. 35). – *Bleak ... Dunstkessel vorgeschlagen:* L. meint vermutlich Sir Francis Blake (1708–1780), der in den »Philosophical Transactions« Beiträge über die Dampfmaschine veröffentlichte. – *Syrakuser Flaschen:* Darüber vgl. Julia Hoffmann und Horst Zehe, Syrakuser und andere Flaschen, in: Lichtenberg-Jahrbuch 1989, S. 212–213.

117 *Aubert:* Alexander Aubert (1730–1805?), einer der bedeutendsten Privat-Astronomen des 18. Jh.s, dessen Sternwarte auf Lampithall in Kent

unweit Greenwich gelegen war, wo er eine Anzahl hervorragender Teleskope besaß; Mitglied der Royal Society, Freund Herschels. – *Die Vervollkommnung des Menschen (Perfektibilität)* ... *Favorit-Meinung des Herrn Deluc:* Auch L.s Überzeugung; vgl. E 431 und zu E 359. – *Torricellianischen Leeren:* Torricellis Quecksilber- und Vacuum-Versuche, die zur Erfindung des Barometers führten. – *Werkzeugen die größte Vollkommenheit zu geben suchen:* Auberts Grundsatz übernimmt L. bei der Einrichtung seines eigenen physikalischen Apparats! – *korrespondierenden Sternenhöhen:* »Gleich große Höhen eines Sterns vor und nach seinem Durchgange durch den Mittagskreis [Meridian]« (Gehler, Bd. 2, S. 611). – *Passagen-Instrument:* Um die Zeit der Kulmination eines Gestirns durch Beobachtung zu finden, bedienen sich die Astronomen sogenannter Durchgangsfernrohre oder Passagen-Instrumente (s. Gehler, Bd. 1, S. 545). – *Tubis:* Fernrohren. – *Bird ... Quadranten:* John Bird (1709–1770), berühmter engl. Mechaniker; seine Quadranten hatten Weltruhm. Georg III. schenkte der Georgia Augusta in Göttingen einen Birdschen Quadranten, den Tobias Mayer bei seinen Mondbeobachtungen benutzte. – *Dollonds:* Gemeint ist entweder John – s. zu D 748 – oder dessen weit weniger berühmte Sohn Peter Dollond (1730–1820). – *Flintglases:* Flintglas in Verbindung mit Crownglas zur Verhinderung der Farbränder bei Fernrohren, von Euler theoretisch entwickelt, wurde von John Dollond bei seinen achromatischen Fernrohren zur Anwendung gebracht.

118 *Taxation no Tyranny:* Verfasser dieses 1775 in London erschienen Pamphlets mit dem Untertitel »An answer to the resolution of the American Congress« ist Samuel Johnson. – *Bernard's Letters:* Verfasser der »Select Letters on the trade and government of America; And the principles of law and polity applied to the American colonies«, London 1763–1768, war Sir Francis Bernard (1712–1779), 1758–1760 engl. Gouverneur von New Yersey, 1760–1770 von Massachusetts' Bay; Anhänger der Regierungspolitik. – *Dr Tunck's Tracts:* Wohl die »Four tracts, on political and commercial subjects«, erschienen London 1774, von Josiah Tucker (1711–1799), Dean of Glocester. 1775 erschien übrigens »Tract V ...«. – *Remarks ... reconciliation:* »Remarks on the principal Acts of the thirteenth Parliament of Great Britain. By the author of Letters concerning the present state of Poland. Vol. I. Containing remarks on the Acts relating to the Colonies. With a plan of reconciliation«, erschienen London 1775, von John Lind (1737–1781). Vgl. RA 123. – *Ich habe nur ... in das letztere hineingesehen:* Ich beziehe die im Text folgenden Passagen L.s auf diesen Titel, während Gumbert ihn nach Buchtitel 9 einordnet (LiE 2, S. 215). Die Nummer 5–9 sind von L. nachträglich hinzugefügt worden. – *Die Freimänner ... nicht Repräsentanten des Volks:* Zu den »Freemen« s. zu RA 104.– *im Jahr 1701:* Möglicherweise Anspielung auf den Widerstand gegen die 1696 erlassene ›Navigation Act‹, die Englands Kolonialhandelsmonopol bestätigte und verschärfte. – *in any ... whatsoever:* In welcher Hinsicht auch immer. – *Pownalls administration ...:* »The Administration of the Colonies«, erschienen London 1764, von Thomas Pownall (1722–1805), 1757 brit. Gouverneur von Massachusetts' Bay und 1759 South-Carolina, Lieutenant-Governor von New-Jersey. Als einer der besten engl. Kenner der amerikan. Verhältnisse regte Pownall schon früh eine Vereinigung der dreizehn Kolonien an. Sein Werk erschien, ergänzt und überarbeitet, zwischen 1764 und 1777 in sechs Auflagen. L. stand vermutlich die Aufl. von 1774 zur Verfü-

gung. – *The true Sentiments:* »The true sentiments of America, contained in a collection of letters sent from the House of Representation of the Province of Massachusetts Bay to several Persons of high Rank in this kingdom; together with certain papers relating to a supposed libel on the governor of the province, and,a dissertation on the canon and feudal law«, erschienen London 1768, von Thomas Hollis (1720–1774). – *Considerations on the measures:* Das von L. korrekt zitierte Werk war London 1774 erschienen; der Verf., Mathew Robinson, 2nd Baron Rokeby (1713–1800) warnt darin vor der restriktiven Politik Lord North', plädiert für den Frieden mit den Kolonien, kritisiert aber auch Franklins Verhalten. – *Mauduit Short View ...:* »A Short view of the history of the Colony of Massachusetts Bay, wiht respect to their charters and constitution«, London 1774, 3. Aufl. von Israel Mauduit (1708–1787), der darin nachzuweisen versucht, daß die Charter von Mauduit auch die Befehlsgewalt des engl. Parlaments beinhaltet. Danach in der Handschrift *seq. S. 39* (= RA 9). – *Select Dissertations ...:* Vielleicht meint L. die »Four dissertations, on the reciprocal advantages of a perpetual union between Great-Britain and her American colonies. Written for Mr. Sargent's prize-medal. To which (by desire) is prefixed an eulogium, spoken on the delivery of the medal at the public commencement in the College of Philadelphia, May 20th, 1766«, erstveröffentlicht in Philadelphia, 1769 in London neuaufgelegt.

119 *Exekution zu Tyburn:* Darüber s. zu C 75. – *Oxford street ... Snowy thill:* Diese Londoner Straßennamen bezeichnen in umgekehrter Richtung den Weg von Newgate zur Hinrichtungsstätte Tyburn. S. auch III, S. 192. – *Smithfield:* Unmittelbar nördl. von Newgate. S. auch III, S. 1002.

120 *Vauxhall:* Damals ein Dorf an der Themse unweit Londons, wo sich der große und elegante Vergnügungspark gleichen Namens befand.

122 *Non-voters:* Die große Masse der Nichtstimmberechtigten, weil ohne Grundbesitz, in England. – *Copyholders:* S. zu RA 90. – *Building leases:* Pachtgüter. – *dealers in stocks:* Aktienhändler: »die Reichen, zum Beispiel Bankiers, die Wahlen durch Bestechung beeinflussen konnten« (Gumbert, LiE 2, S. 125, Anm. 1).

123 *Des Verfassers des Buch[es] ... № 4) Meinung:* John Lind; s. zu RA 118.

124 *Brief von G. Grenville ... an den Gouverneur Pownall:* Die Schrift konnte nicht nachgewiesen werden. – *Aufhebung der Stempel-Akte:* Vgl. RA 80, 93 und Anm. – *they ... disdained it:* Sie verschmähten es ausdrücklich. – *wie ich schon oben gesagt:* Vgl. RA 87.

125 *Savery ... nahm das Geheimnis aus diesem Buch:* Thomas Savery (um 1650–1715), engl. Bergwerksingenieur, konstruierte eine Dampfmaschine, die das Wasser aus den Bergwerken pumpen sollte. L. erwähnt ihn auch im Brief an Georg August Ebell vom 26. Oktober 1782. – *wie Desaguliers erzählt:* Jean Théophile Desaguliers (1683–1744), frz. Physiker und Mathematiker in London, Mitglied der Royal Society; seit 1717 rechte Hand Newtons in der Royal Society; Verf. zahlreicher wissenschaftlicher Werke von allerdings geringem Wert, u. a.: »Fires improved« (1716); »A system of experimental philosophy« (1719); »Dissertation sur l'électricité« (1742). Über Worcester und Stavely handelt Desaguliers in »Physico-mechanical experiments«, London 1717.

126 *Der Komödien-Zettul von Birmingham am 17. Julii:* Vgl. RA 11. – *The whole ... dark lanthorns:* Das Ganze aufgelockert mit Tänzen, Liedern und Chorgesang. Mit einer Darstellung von der Belagerung des Parnaß und von

dem vollständigen Sieg des unsterblichen Shakespeare über Harlekin, Pierrot, Scaramouche, Hanswurst pp durch Sturm und Schiffbruch. Neue Szenerien, Maschinen, durchsichtig werdende Bilder, Flüge, Untergänge, höllische Geister, Donner, Blitz, Regenschauer, Trommeln, Trompeten, Kanonen, Geschütze, flachbödige Boote, Sturmleitern, dunkle Laternen etc.

127 *wünschen,* ... *daß Deutschland gute Geschichtschreiber haben möge:* Vgl. RA 100. – *in einer Zeile hinzuwerfen:* Zu dieser Forderung an den Schriftsteller s. zu D 313; vgl. E 860, F 106. – *kurze:* Danach von L. gestrichen *reichhaltige*. – *wie Sterne sagt:* Dem Zitat scheint eine ungenaue Erinnerung an eine Stelle von Sternes Brief an Eustace vom 9. Februar 1768: »A true feeler always brings half the entertainment along with him« zugrunde liegen. – *Kurz, bündig:* L.s Stilideal. Vgl. E 17, 39, 130, 161; F 714. – *am Tisch:* Von L. verbessert aus *in seinen Tischreden*. – *zwingen:* Danach von L. etwas gestrichen. – *Gesichter annehmen:* Vgl. E 218. – *lassen:* Danach von L. gestrichen *Der Stubengelehrte, dem*. – *Lesung des Tacitus, Robertson:* Zu dieser Zusammenstellung vgl. RA 100, s. zu E 161. – *jüdische Feinheit:* Vgl. E 181.

128 *englischen und deutschen Gelehrten:* Von L. verbessert aus *Engländer und Deutschen*. – *Durch das entsetzliche:* Von L. verbessert aus *Unser entsezliches*.

130 *geschniegelt:* Friedrich Nicolai gebraucht diesen Ausdruck in seinem »Sebaldus Nothanker«, Bd. 2, S. 137, der zu D 668 nachgewiesen ist. – *Kalottchen:* Calotte; ein Scheitelkäppchen, etwa der kathol. Geistlichen. DWB 5, Sp. 74 nennt »Nothanker« 2, S. 92 als erste Quelle. L. gebraucht das Wort selbst in »Über die Kopfzeuge« (GTC 1780, S. 127; VS 5, S. 274). Die folgenden Worte und Wendungen finden sich in »Seabaldus Nothanker«, Bd. 2, S. 157ff., 211. – *Im Tambour arbeiten:* Im Tretrad arbeiten (Mensch oder Tier). – *dähmisch aussehen:* Schon im 17. Jh. gebräuchlicher Ausddruck.

131 *Cockney:* Verächtliche Beziehung für einen in der City von London Lebenden, später auch für den dort gesprochenen Dialekt. – *Hark ... neighs:* Horch, wie dieser Hahn wiehert.

132 *Refraktion:* Vgl. RA 117.

133 *The Elements of Clock ...:* Gemeint sind »The Elements of Clock and Watchwork adepted to Practice«, London 1766, von Alexander Cumming (1732–1814). – *boards:* Engl. ›kartoniert‹.

134 *der Leiter-Tänzer in Sadlers Wells:* Gemeint ist Richer, den L. Mai 1775 in London gesehen hatte. Vgl. RA 9.

135 *der Ebellsche:* Georg August Ebell befaßte sich mit den Versteinerungen von Muscheln in den Alpen; s. L.s Brief an ihn vom 18. März 1795. – *zu der:* In der Handschrift *zu denen*. – *Terebratula:* Eine Gattung der Armfüßer, sehr häufig von der Trias bis zur Gegenwart, mit vielen, als Leitfossilien wichtigen Arten. S. a. III, S. 456.

136 *bei Adams:* Gemeint ist George Adams jr.

137 *Otahitischen Täubchen:* Von Cooks Weltumsegelungen wurden u. a. auch Tauben von Tahiti nach England mitgebracht. – *Mamsell Schwellenberg:* Die erste Hofdame der engl. Königin.

138 *Rufs und Reeves:* Namen der Hähne und Hennen des Kampfhahns. – *Madem: Hagedorn:* Vermutlich Hofdame der engl. Königin.

140 *Walpole, Noble Authors:* Gemeint ist der »Catalogue of the royal and nobel Authors of England, Scotland and Ireland«, erschienen London 1758, von Horace Walpole.

141 *Lord ...:* Gemeint ist Norborne Berkeley, Lord Bottetourt, 1768–1771 Gouverneur von Virginia. Zu Virginia vgl. auch RA 111, 112. – *Lady Beaufort:* Elisabeth Berkeley (gest. 1799), die Schwester Norborne Berkeleys, heiratete 1740 Charles Noel, 4th Duke of Beaufort (gest. 1756).
142 *Capt. Phipps:* Über Constantine John Baron Phipps s. zu D 692. – *Leroy:* Pierre Leroy (1717–1785), berühmter frz. Urmacher und Mechaniker, besonders im Bau von Marinechronometern; die Chronometerhemmung mit Feder ist seine Erfindung; schrieb u. a.: »Exposé succinct des travaux de Harrison et de Leroy dans la recherche des longitudes en mer ...«, 1767. – *Refraktion:* Vgl. RA 117. – *Sheppey:* Insel in der Themsemündung, etwa 45 km Luftlinie von Margate entfernt. – *Margate:* S. zu E 200.
143 *Cook ... auf seinen letzten Reisen:* Cooks zweite – vorletzte – Weltumseglung hatte von Juli 1772 bis Juli 1775 gedauert. – *Harrisonischen Uhr:* Darüber s. zu F 595. – *Mudge ... Verbesserung angebracht:* Thomas Mudge (1717–1794), engl. Uhrmacher und Mechaniker, erst in London, seit 1771 in Plymouth. Er verbesserte Harrisons Uhr wesentlich.
144 *Rheinfall ... die Größe die rührt:* Zu L.s Urteil vgl. F 1123 und den Brief an Meister Anfang oder Mitte September 1782.
145 *Tausend und eine Nacht:* Darüber s. zu E 257.
146 *and ... exspectation:* Und der Erfolg des Experiments blieb hinter meiner Erwartung zurück. Vgl. E 331.
147 *oculum mundi:* ›Weltauge‹; Hydrophan, der Wassernebelstein, eine Variante des Opals, die Wasser ansaugt und dadurch durchsichtiger und farbenspielend wird. – *mundi der:* In der Handschrift *der der.* – *Chrysolithen-Farbe:* Chrysolith, eigentlich Goldstein; ein grüner Edelstein. – *Pococke:* Richard Pococke (1704–1765), gelehrter engl. Reisender, vor allem im Nahen Osten.
148 *klagen wie die Württemberger:* Die Württembergischen Stände hatten Herzog Karl Eugen wegen seiner verschwenderischen, das Land ausbeutenden Willkürherrschaft beim Reichshofrat in Wien verklagt und 1770 einen Teilerfolg erzielt.
150 *Ich traf bei Herrn Adams ...:* Über George Adams jr. s. zu D 758. – *Henley:* William Henley (gest. 1779), engl. Physiker, Mitglied der Royal Society, beschäftigte sich u. a. mit dem Phänomen der Elektrizität. – *Torpedo:* Gemeint ist der Torpedofisch (Zitterrochen). – *Walsh:* John Walsh (1725–1795), Privatsekretär Robert Clives, seit 1770 Mitglied der Royal Society. Bekannt geworden durch seine Experimente mit dem Torpedofisch, den er mit der Leidener Flasche verglich, die er 1773 in den »Philosophical Transactions«, Bd. 63, S. 461–477, veröffentlichte: »On the electric Property of the Torpedo«. Ebenda S. 478–480 folgte von ihm eine »Explanation of the Plate of the Male and Female Torpedo, or Electric Ray«. – *Platina del Pinto:* Span. Platin.
151 *Chymie mécanique:* Gemeint ist der »Essai de chimie mécanique« von George Louis Lesage, erschienen Genf 1758. – *Guerickischen Leeren:* Otto von Guericke (1602–1686), Bürgermeister von Magdeburg und Physiker, erfand um 1650 eine Luftpumpe, stellte Versuche mit den ›Magdeburger Halbkugeln‹ an, veröffentlichte Amsterdam 1672 seine »Experimenta nova (ut vocantur) Magdeburgica de vacuo spatio«.
152 *Deluc schreibt die große Ordnung in einem chinesischen Staat ...:* Vgl. RA 168.

153 *Whang at Tong:* L. hatte den Chinesen offenbar bei Kapitän Blake in Parlament Street kennengelernt (vgl. RA 18); vgl. auch III, S. 442. – *beigeklebtem Zettul:* Das Original des Zettels mit der Schrift des Chinesen und Lichtenbergs Probe ist in dem Tagebuch nicht mehr vorhanden; stattdessen ist in der Handschrift der RA zwischen S. 39 und 40 folgender Zettel eingeklebt, der wohl von Ludwig Christian Lichtenbergs Hand ist:

車
前
馬
下

156 Gumbert vermutet ohne Angabe von Gründen (LiE 2, S. 132), daß Deluc die Literaturliste für L. zusammengestellt hat. – *Mathon or Cosmotheria puerilis:* Zu diesem Werk von Andrew Baxter s. zu KA 31. – *sur la pluralité des mondes:* Gemeint sind die »Entretiens sur la pluralité des mondes« von Bernard le Bouvier de Fontenelle, erschienen Paris 1686. – *Derhams Astrotheologie:* »Astro-Theology, or Demonstration of the Being and Attributes of God, from a Survey of the Heavens« von William Derham, erschienen London 1714. – *Cosmologische Briefe von Lambert:* Zu diesem Werk s. zu A 252. – *Mayers Buch vom Durchgang der Venus:* »Expositio de transitu Veneris per discum solis«, Petersburg 1769 (BL, Nr. 314) von Christian Mayer (1719–1783), Jesuit, Prof. der Mathematik und Physik in Heidelberg, auch kurpfälz. Hofastronom in Mannheim; errichtete dort und in Schwetzingen im Auftrag des Kurfürsten eine Sternwarte; widmete sich als erster der Erforschung der Doppelsterne, deren Begleiter er als »Fixsterntrabanten« bezeichnete. Zur Beobachtung des Venusdurchgangs war er von der russ. Zarin nach Petersburg berufen worden. – *Voltaire Philosophie Newtonienne:* Gemeint sind die »Eléments de la philosophie de Newton«, Paris 1738. – *Hugenii Cosmotheoros:* Gemeint ist das Werk »Kosmotheoros« von Christian Huygens, erschienen 1698. – *Das Buch von Kant:* Vermutlich die »Allgemeine Naturgeschichte und Theorie des Himmels«; s. zu F_1, Seite 644. – *Lamberts Photometrie:* Das Werk ist zu D 170 nachgewiesen.– *Maupertius de la figure des astres:* Gemeint ist der »Discours sur les différentes figures des astres où l'on essaye d'expliquer les principaux phénomènes du ciel«, erschienen Paris 1742, wiederabgedruckt in Maupertuis, »Œuvres« III, Lyon 1768, S. 81–170.

158 *mein Auge ... Cabani in Genf empfehlen:* François David Cabanis (1727–1794), schweizer. Augenarzt und Chirurg in Genf.

159 *befand, der:* Danach von L. gestrichen *alles schlechterdings bewunderte was alt war und.* – *Bacon's Venus:* Vgl. RA 14. – *Lärm:* Danach von L. gestrichen *nach Rom zu.* – *dem Vatikanischen Apoll zu Füßen:* Vgl. E 191.

160 *Die Erde wird dichter:* Vgl. D 740. – *vid. p. 43:* Gemeint ist RA 163.

161 *Jemand in den Osnabrücksch. Anzeigen ... im nächsten Stück:* Die Artikel sind zu D 553 genauer nachgewiesen. – *entsprechen ... entsagst:* Zu diesem Wortspiel s. zu D 552.

162 *Das ist es ... wofür die Könige 'Geld haben:* Zu L.s antimonarchischer Haltung s. zu A 119.

163 *sich die Höhlen von dem Mittelpunkt der Erde entfernen:* Zu diesem Gedanken vgl. RA 160 und D 740. – *Jupiter hat ... einen Planeten in sich:* Zu diesen ›Träumen‹ vgl. L.s Brief an Hell vom 1. Juli 1776. – *Wie der Ring des Saturns einen in sich hat:* Vgl. A 255.

164 *1771 brach Solway-Moss ... durch ...:* Diese Katastrophe beschreibt Volkmann Bd. 4, S. 417 ff. Bei Solvey Moss ergab sich 1542 die schottische Armee den Engländern; einige flüchtende Soldaten kamen im Moor ums Leben. Im übrigens. zu RA$_{II}$, S. 640. – *Sinclair's:* Oliver Sinclair (ca. 1537–1560), schott. General bei Solway Moss. – *königlichen Observatorii:* In Richmond.

166 *königl. Observatorio:* Vgl. RA 164.

167 *Schiefer:* Vgl. Brief an Schernhagen, 17. Oktober 1775.

168 *rührt von dem großen Ansehen der Eltern her ... Deluc glaubt:* Vgl. RA 152. – *Pauw zu lesen:* Gemeint ist das zu F 1216 nachgewiesene Werk von Corneille de Pauw.

171 *Eine französische Dame fragt ... Fontenelle:* Die Quelle der Anekdote wurde nicht ermittelt. – *mais ... matin:* Aber, mein Herr, haben Sie keine Lust zu heiraten? Doch, erwidert er, ab und an des Morgens.

172 *Gefecht bei Kew Green:* Zu diesem Boxkampf s. Brief an Dieterich, 28. September 1775.

173 *Mißgeburten, die aus zwei zusammengewachsenen Kreaturen bestehn:* Zeitgenössisch interessant, daß die »Mémoires de l'Académie Royale de Paris«, Année 1776, erschienen Paris 1779, S. 697–699, einen Vortrag veröffentlichen mit dem Titel »Description d'un enfant monstrueux, né à Terme, Ayant deux visages sur une seule tête, et deux corps réunis supérieurement, l'un bien et l'autre mal conformés« gehalten von M. Bordenave am 20. Dezember 1775.

174 *Am 21ten September sah ich Herrn Forster:* Mit dieser Eintragung beginnen L.s Tagebuch-Notizen über das, was er von Johann Reinhold Forster über die zweite Weltumseglung Cooks erfährt.

175 *Verzeichnis ... in den ambulator:* Gemeint ist wohl eines der meist 32 Seiten umfassenden Notizhefte, die L. führte, wie etwa das Mat I, das aber ein Stückverzeichnis nicht enthält. – *love à la mode:* Von Charles Macklin; s. zu RA 3. – *The devil upon two sticks:* Zu diesem Theaterstück von Samuel Foote s. zu RA 13. – *the Author:* Zu diesem Theaterstück von Samuel Foote s. zu RA 13. – *Covent Garden:* S. zu RT 11. – *Lewis:* William Thomas Lewis (1748?–1811), engl. Schauspieler walisischer Abkunft, seit 1778 am Coventgarden Theatre, dessen stellvertretender Direktor er 1782 wurde. – *St. Patricks day:* »S. Patrick's Day, or the scheming Lieutenant« von Richard Brinsley Sheridan, erschienen London 1775. – *Jane Shore:* »The tragedy of Jane Shore«, uraufgeführt 1714, von Nicholas Rowe (1674–1718); engl. Schriftsteller, der Lukian übersetzte und Shakespeares dramatische Werke 1709 herausgab. – *the rival candidates:* S. zu RT 15. – *a new actrice:* Eine neue Schauspielerin. – *The wonder:* »The Wonder, or: a Woman keeps a secret«, erstaufgeführt London 1776, von Susannah Centlivre. – *Orpheus and Euridice:*

Berühmtes Ausstattungstück von John Weaver (1673–1760), engl. Theaterautor und Pantomimentänzer. – *vid. p. 48:* Gemeint ist RA 184.

176 *incurable:* Engl. ›unheilbar‹. – *Garret window:* Engl. ›Dachfenster‹.

177 *Die Uhr von welcher . . . Bernoulli erzählt:* Gemeint ist Johann Bernoulli, der unter anderem England bereiste und in Cambridge Antony Shepherd besuchte; er berichtet darüber in »Lettres astronomiques ou l'on donne une idée de l'état actuel de l'astronomie pratique dans plusieurs villes de l'Europe«, erschienen 1771, S. 117f. – *Shepherd:* Antony Shepherd (1721–1796), engl. Prof. der Astronomie in Cambridge. – *Ludlams Uhr:* William Ludlam (1717–1788), engl. Geistlicher, Mathematiker und Astronom. – *Palates:* L. schreibt dies wohl irrtümlich für ›pallets‹.

178 *Björnståhl . . . erzählt:* S. dessen »Briefe auf seinen ausländischen Reisen . . .«, 24. Brief, S. 422 der dt. Übersetzung (s. zu F_1 S. 457). Über einen Besuch L.s in Bath ist sonst nichts bekannt. S. auch Brief an ihn vom 6. Dezember 1775.

180 *Lyons Disputation über die Gewichte!:* Im Lichtenberg-Nachlaß der Staats- und Universitätsbibliothek Göttingen findet sich ein Manuskript von John Lyon, betitelt »Dissertation on the Standard for Weights and Measures« (1775).

181 *Einig[e] Versuch[e] ein Gesicht zu zeichnen das ich in London gesehen:* Dieser Versuch steht zweifellos in Zusammenhang mit L.s Reflektion über Physiognomik. Vgl. C 107.

182 *das Gesicht im Lavater . . . nur dicke Lippen:* Erste Erwähnung Lavaters im England-Tagebuch. Zu Lavaters »Physiognomischen Fragmenten«, wo nach Chodowiecki das »Mohren-Gesicht«, Bd. 1, 1775, S. 208, abgebildet ist; s. zu D 593. – *Backen stachen hervor:* Zu dieser Beobachtung vgl. RT 25.

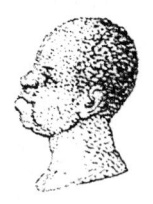

183 *Wynn:* Sir Watkin Williams Wynn (1749–1789), 4$^{\underline{th}}$ Baronet of Wynn. – *durch Ihre Hände Kröpfe . . . bestreichen:* Verbreiteter Volksaberglauben.

184 *p. 47:* Gemeint ist RA 175. – *Zara:* Schauspiel von Aaron Hill (1685–1750), engl. Dichter und Bühnenschriftsteller; eine Bearbeitung von Voltaires »Zaire« (1732), die 1736 in London uraufgeführt wurde (vgl III, S. 326). – *den 25. Okt.:* Also am Tag der Hinrichtung in Tyburn ging L. anschließend ins Theater; vgl. Brief an Dieterich, 31. Oktober 1775. – *The Rival candidates:* Zu diesem Stück von Henry Bate s. zu RT 15. – *tags darauf in eben dem Haus:* Am 26. Oktober 1775 im Drury Lane Theatre. – *the Provoked husband:* »The provoked Husband« von Colley Cibber (1671–1757), engl. Schauspieler und Verf. zahlreicher bühnenwirksamer Stücke. Das hier genannte Stück, das Vanbrughs unvollendete »Journey to London« zu Ende führte, wurde 1728 in London uraufgeführt. – *Yates:* Richard Yates (1706–1796), berühmter engl. Schauspieler, vornehmlich in komischen Rol-

len (Shakespeares Narren); verheiratet mit der Schauspielerin Mary Ann Graham. – *the Bon Ton:* Die Farce »Bon Ton or high life above Staires« war von David Garrick verfaßt. – *King:* Thomas King (1730–1805), engl. Schauspieler, trat 1748 zuerst in Drury Lane Theatre auf; eines der hervorragendsten Mitglieder in Garricks Ensemble. – *Parsons:* William Parsons (1735–1795), engl. Schauspieler.

185 *Am 7ten Nov. sah ich Garrick ... als Benedick:* Das Shakespeare-Stück »Much ado about nothing« wurde tatsächlich am 6. und 8. November 1775 aufgeführt; im übrigen s. zu RT 10. – *May-Day ...:* »May-Day or the little gipsy«, eine ›Opéra comique‹ in einem Akt, verfaßt von David Garrick, vertont von Thomas Arne, uraufgeführt am 28. Oktober 1775. – *wo ein junges Frauenzimmer sehr artig sang:* Gemeint ist Harriet Abrams (geb. ca. 1760), für die das Stück geschrieben worden war.

186 *Auf Mallikollo fanden sie die Affengesichter:* S. zu F 942. – *Contrary ... conspicuous:* Entgegen unserer Erwartung fanden wir die Bewohner gänzlich verschieden von allen Stämmen, die wir bisher in der Südsee angetroffen hatten. Ihre Statur ist im allgemeinen klein, selten über fünf Fuß vier Zoll, ihre Gliedermaßen sind sehr dünn und mißgestaltet, ihre Hautfarbe ist ein schwärzliches Braun, im Gesicht und auf großen Teilen des Körpers noch mit schwarzer Farbe vertieft; ihre Züge sind häßlich, denn ihr Kopf ist sonderbar geformt, indem er oberhalb der Nase weiter zurückflieht als bei anderen Menschen, das sie den Affen so nah erscheinen läßt, daß wir einhellig unser Erstaunen bei diesem Gedanken aussprachen. Ihre Nasen und Lippen sind aber nicht dicker und ungestalter als bei anderen Südseevölkern. Ihr Haar ist schwarz, gekräuselt und wollig, ihr Bart dicht und gut bewachsen mit schwächer gekräuseltem Haar als das Haupthaar. Sie binden sich ein Seil so eng um den Leib, daß es sie entzweizuschneiden scheint, tragen aber sonst, soweit wir sahen, keine Bedeckung, außer etwas, was, weit entfernt dasjenige zu verbergen, das die meisten Völker sozusagen instinktiv verhüllen, es nur noch umso auffallender macht. – *Der junge Forstero ... in seiner Reise-Beschreibung:* Johann Georg Adam Forster veröffentlichte anstelle seines Vaters, Johann Reinhold Forster, dem eine Publikation unter seinem Namen offiziell verboten war, London 1777 »A Voyage round the World on His Britannic Majesty's Sloop Revolution commanded by Captain James Cook«, den Bericht von der zweiten Weltumseglung Cooks. Der Text, den L. hier wiedergibt, stammt vermutlich aus Forsters Notizen (Abschrift oder Zusammenfassung), die Forster ihm 1775 zur Verfügung stellte. Alle Details in L.s Text finden sich auch in Forsters »Voyage ...«, S. 163 f., ebenso RA 187, 188, 192. – *Tanna:* S. zu F 534. – *Pecherais heißen die elenden Menschen auf Tierra del fuego:* ›Feuerland‹, Inselgruppe an der Südspitze Südamerikas. Vgl. auch RA 193, 199; F 1204; J 64 und III, S. 808. Im »Deutschen Museum« 1777, 2. Stück, S. 190–192, gab L. Beschreibungen solcher Köpfe nach Zeichnungen von Hodges.

187 *Das Schiff resolution:* Eines der beiden Schiffe, mit denen Cook die zweite Weltumseglung 1772 bis 1775 unternahm; L. besichtigte das Schiff am 30. November 1775 (vgl. RA 204). – *verlor nur ein[en] einzigen Mann ... an einer Schwindsucht:* Gemeint ist: nicht am *Skorbut* wie auf den vorhergehenden Seereisen. – *Herr Forster hat in Neu-Seeland Söhne ihre Mütter prügeln sehen:* Gemeint ist Johann Reinhold Forster, der Vater.

188 *nahm:* In der Handschrift *nahmen*. – *dieser glücklichen Insel:* Tahiti.

189 *Betsy:* Vermutlich eine weibliche Bekanntschaft L.s in London.

190 *Bei Herrn Forster:* Gemeint ist Johann Reinhold Forster. – *ein gewisser Comte de Bourbon:* Nicht ermittelt. – *Aoturu:* Über ihn s. zu D 441.

191 *Man hat das Eis von Seewasser süß gefunden:* Auch diese Notiz beruht wohl auf Forsters Berichten.

192 *Tetrodon:* Kugelfisch (Tetraodon).

193 *Hodges:* William Hodges (1744–1797), engl. Landschaftsmaler und Zeichner, der die 2. Weltumseglung Cooks im Auftrag der brit. Admiralität mitgemacht hatte; die wissenschaftlichen Illustrationen der »Reisebeschreibung« Cooks sind von ihm angefertigt und finden sich auch in Forsters »Voyage . . .«. Vgl. auch RA 199. – *Pimlico:* Londoner Wohnviertel südwestlich im Anschluß an Westminster. – *Pecherais:* Vgl. RA 186.

194 *besuchten wir die Elefanten:* Im Queen's Palace (Buckingham Palace), wo L. sie schon einmal besichtigt hatte; s. Gumbert, LiE 1 (T II 34). – *Septum:* Med. Bezeichnung für Nasenscheidewand. – *Hunter:* Wohl John Hunter, der in London ein ›anatomisches Cabinet‹ hatte.

195 *Den Abend:* Gemeint ist der 11. November 1775. – *beiliegenden Zettul:* Von Gumbert (LiE 1, S. 202) wiedergegeben. – *Signora . . . Evening:* Signora Gabriela, die von der jüngst so weitverbreiteten Erkältung nicht verschont geblieben und besonders darauf bedacht ist, einer Nation gleichermaßen von Richtern und Förderern wahren Verdienstes bei ihrem ersten Auftreten zu gefallen, sucht Erlaubnis, um Nachsicht bitten zu dürfen, wenn ihre Vorstellung heute abend nicht so brillant ausfallen sollte, wie sie es wünscht, obzwar sie ihnen versichert, daß sie es an keiner Anstrengung von ihrer Seite fehlen lassen wird. Signor Rauzzini, der sich an der grassierenden Erkältung angesteckt hat, bittet das Publikum um Nachsicht, wenn er heute abend nicht in der Lage sein sollte alle seine Arien zu singen.

196 *The man is the master:* Eines der letzten Bühnenstücke von Sir William Davenant (1606–1668), engl. Dramatiker. – *Midas:* Beliebtes Theaterstück von Kane O'Hara, veröffentlicht 1766 (3. Aufl.), eine Parodie auf die ital. Oper. – *Cross keys:* Vermutlich Cross Keys Tavern and Coffee House in Wood Street gemeint, das seit 1677 bestand.

198 *Hereford Girl:* Wohl Andeutung eines erotischen Erlebnisses; vgl. RA 189.

199 *Morrison:* George Morrison (ca. 1704–1799), engl. Offizier, seit 1772 Colonel; Vater von Edward Morrison, der Anfang Dezember 1775 mit L. nach Göttingen ging und sich dort am 2. Januar 1776 immatrikulierte. – *Zum zweitenmal nach Herrn Hodges:* Vgl. RA 193. – *die Ihr patrimonium in einer Binde tragen:* D. h. das männliche Glied. – *Die elende Einwohner von Terra del Fuego:* Die Pecherais; vgl. RA 186. – *in Newzealand . . . gefressen zu werden:* Zu dieser Sitte s. zu D 653.

200 *stationer:* Engl. ›Papierhändler‹. – *Dusch:* Tusche.

202 *Adams:* Vermutlich Charles Adams, der ehem. Student aus Göttingen. – *Lever . . . Sammlung von Vögeln:* S. zu F 110. – *im Hawkesworth beschrieben:* John Hawkesworth veröffentlichte London 1773 den offiziellen Bericht über Cooks erste Weltumseglung 1771–1772: »An Account of the Voyage undertaken by the Order of the present Majesty for making Discoveries in the Southern Hemisphere«.

203 *An demselben Abend:* Gemeint ist der 28. November 1775. – *The*

Duenna: Singspiel von Richard Brinsley Sheridan, s. zu E 262. – *der berühmte Jude Leoni:* S. zu Mat I 66. – *Miss Brown sang . . . vortrefflich Arien:* Vgl. E 270. – *Miss Lenley:* Elisabeth Linley (1754–1792), Tochter des Komponisten Thomas Linley d. Ä. (1725–1795); berühmte engl. Sängerin, heiratete 1773 Sheridan. – *heute zum 8ten mal aufgeführt:* Laut Gumbert, LiE 2, S. 149, Anm. 7 war es die sechste Aufführung.

204 *Deptford:* Vgl. RA 117. – *Culloden:* Benannt nach Culloden Muir, einer Heide nordöstl. von Inverness in Schottland, wo die Engländer 1746 die Schotten besiegten. – *das Schiff Resolution:* Dazu vgl. RA 187.

205 L. hat der vorletzten Seite (bei S. 51 in RA) folgenden Zettel beigefügt: *Plays I saw Garrick in.*

Alchemist	Abel Drugger
Beau stratagem	Archer
Hamlet	Hamlet
Hamlet	Hamlet
provoked wife	Sir John Brute
Zara	Lusignan
much ado about noth[ing]	Benedick
rule a wife and have a wife	Don Leon.

– *rule a wife and have a wife:* Eine Beaumont und Fletcher zugeschriebene Komödie, s. zu Mat II 48. – *The Devil to pay:* Populäres Theaterstück von Charles Coffey (gest. 1745), das im 18. Jh. auch in Deutschland sehr verbreitet war. – *Wrighten:* Ann Matthews Wrighten, verheiratet mit dem Schauspieler James Wrighten; beide gehörten zu Garricks Ensemble.

SK

Mit SK werden Lichtenbergs Tagebuchaufzeichnungen aus den Jahren 1789 bis 1799 bezeichnet. Sie befinden sich in dem »Königl. Groß-Brittanischer und Churfürstl. Braunschweig-Lüneburgscher Staats-Kalender auf das Jahr ..., worin das Staats-Verzeichniß der Königl. Regierungen, und übrigen Hohen Civil- und Militair-Bedienten in den Deutschen Ländern, nebst einem Genealogischen Verzeichniß aller Durchlauchtigsten Hohen Häuser in Europa, befindlich«, seit 1736 gedruckt und hrsg. von dem Königl. Hofbuchdrucker Johann Christoph Berenberg (gest. 1795) in Lauenburg, fortgesetzt von dessen Sohn Johann Georg Berenberg. Die Handschrift befindet sich heute in der Staats- und Universitätsbibliothek Göttingen (Signatur: Ms. Lichtenberg IV,9); die elf Pappbände in Oktavformat (175 × 105 mm) sind mit Schreibpapierdoppelblättern durchschossen. Von Ende November 1789 bis Ende Februar 1797 und vom 1. Januar bis zum 16. Februar 1799 hat Lichtenberg den Schreibkalender fast täglich geführt, die übrigen 30 Monate nur gelegentlich. Zur Publikationsgeschichte und zur Textanordnung s. II, S. 862 f. Aus Gründen der Platzersparnis wurde darauf verzichtet, in den Anmerkungen jeweils zu vermerken, welche Briefe von und an Lichtenberg, die er im Tagebuch verbucht, nicht erhalten sind.

Anmerkungen (Band II)

2 *an ... Meyer ... geschrieben:* Vgl. Brief vom 16. März 1789. Friedrich Ludwig Wilhelm Meyer (1759–1840), der sog. »Harburger Meyer«, einst Student in Göttingen, 1785–1788 dort Prof. der Philosophie und der dt. Literatur, Kustos der Bibliothek; 1786 Rheinreise, 1788–1789 in England, 1790–1791 in Italien, später Bramstedt in Holstein; Freund Karoline Michaelis' und Therese Heynes; Erzieher der engl. Prinzen in Göttingen.

4 *Feuer auf der Weender Straße:* Vgl. J 63.

5 *auf dem Garten:* S. zu J 1305. – *dem kleinen Jungen:* Georg Christoph jr.

6 *erste Schwalbe gesehen:* Zu dieser Beobachtung vgl. SK 158, 626, 896, 897. Im übrigen s. zu F 416.

8 *erste Nachtigall:* S. zu F 523.

9 *um den Turm:* Der Kirchturm von St. Johannis.

10 *Wendt:* Friedrich von Wendt (1738–1808), bedeutender Mediziner und medizinischer Schriftsteller; seit 1778 Prof. der Medizin in Erlangen, wo er das klinische Institut gründete; schlug 1786 einen Ruf nach Göttingen aus. – *die ersten Erdbeern ausrufen hören:* Zu dieser Eintragung vgl. SK 178, 336, 487, 634; Reminiszenz an die erste Begegnung mit der Erdbeerverkäuferin Stechard? – *Faß auf dem Schützenhof:* Möglicherweise der Bieranstich? Allerdings fand das Schützenfest alljährlich im Juli statt.

11 *das kleine Mädchen geboren:* Christine Louise Friederica Lichtenberg.

12 *Pariser Revolution:* Sturm auf die Bastille; die Eintragung muß von L. nachträglich vorgenommen worden sein.

13 *Werner aus Freiberg:* Zu dessen Besuch vgl. J 1320, 1324 und den undatierten Brief an Abraham Gottlob Werner (IV, S. 1021–1023).

14 *meiner Krankheit:* Über L.s Leiden s. zu GH$_{II}$ S. 214; vgl. SK 85. Vgl. auch Horst Gravenkamp, Geschichte eines elenden Körpers. Lichtenberg als Patient, Göttingen 1989. – *mit Margarethen kopuliert:* S. zu J 1390, vgl. auch SK 85. – *Pastor Kahle:* Conrad Walther Kahle (1738–1812), seit 1773 Zweiter Pfarrer an der St. Johannis-Kirche in Göttingen, 1790 Nachmittags-Prediger zu St. Johannis, auch Pastor zu St. Crucis; 1804 Stadtsuperintendent.

15 *Stromeyer . . . Richter:* L.s Hausärzte; zu L.s Urteil über diese vgl. den Brief an Friedrich August Lichtenberg vom 26. Dezember 1789.

18 *Jahrmarkt:* Dieses Ereignis notiert L. auch in anderen Jahren: vgl. SK 233, 394, 437, 508, 676, 953. In Göttingen fanden jeweils drei Tage lang jährlich fünf Jahrmärkte statt: am Donnerstag nach Estomihi, am Donnerstag nach Ostern, am Donnerstag vor Jacobi, am Donnerstag vor Simon Judä und am Donnerstag nach Neujahr (Rintel, S. 133 f.). Zu L.s Interesse am Jahrmarkt s. zu B 302.

19 *Dornford:* Josiah Dornford (1764–1797), studierte zwei Jahre in Göttingen (immatrikuliert am 11. August 1786) als stud. linguae, war aber offenbar an der Jurisprudenz orientiert; übersetzte Pütters »Historische Entwicklung der heutigen Staatsverfassung des Teutschen Reichs« 1790 ins Engl.

26 *Selzer-Wasser:* S. zu B 176.

27 ⊡ *:* Das Zeichen findet sich in »Alchemistische und chemische Zeichen«, Tafel 62 für Urina, Mel (Honig). Am 3. Dezember 1789 begann L. die Beschaffenheit seines Urins im Tagebuch fast regelmäßig zu notieren. Über seinen Gesundheitszustand geben diese Notizen jedoch keinen Aufschluß.

28 *fumaria:* Fumaria officinalis, der gemeine Erdrauch; lange Zeit als Arznei, besonders als Augen- und Blutreinigungsmittel, verwendet.

29 *Krämpfe:* Vgl. J 223.

32 *Komischen Brief:* Der Brief ist J 190 wiedergegeben. – *Halbstiefel auch viel Orgelton:* Über L.s Geräuschempfindlichkeit vgl. Brief an Johann Friedrich Blumenbach vom 5. Februar 1791. – *Vogt:* Johann Hermann Voigt, L.s Barbier und Wundarzt in Göttingen.

33 *Millefolium:* Schafgarbe; zur medizin. Anwendung vgl. Weisenberg, S. 405–406: »Die Schafgarbe bietet ein gelindes, nicht erhitzendes stärkendes Mittel und ist vom Volke und von den älteren Aerzten immer als ein wirksames Mittel geachtet gewesen. Sie wird bei reizbaren Subjecten vertragen, wo man stärkere bittere Mittel nicht reichen mag. Seine Hauptwirkung ist auf die Vegetationsorgane des Unterleibs gerichtet und hebt im milden Grade deren Thätigkeit. Sie vereinigt stärkende und krampfstillende Wirkung und nimmt ihre Richtung besonders auf die schleimabsondernden Organe nach den Blutgefäßen des Unterleibs und der Lungen.« – *Arnica:* Heilpflanze aus der Gattung der Korbblütler; seit alters in der Volksmedizin verwendet, wirkt anregend auf die Durchblutung, wurde im 16. Jh. von K. Gesner in die Heilpraxis eingeführt. – *felle Tauri:* Lat. ›Rindsgalle‹; zur medizin. Anwendung vgl. Weisenberg, S. 242–243: »Fel Tauri, Rindsgalle, stellt im frischen Zustand eine gelblichbraune oder vielmehr grüne, schleimige Flüssigkeit von widerlichem Geruch und unangenehmem, bitterm Geschmack dar und lässt sich nicht selten in Fäden ziehen . . . Als bitteres Mittel wirkt die Ochsengalle besonders säuretilgend und wird darum auch

bei Säure der ersten Wege bei Erwachsenen innerlich in Verbindung mit bittern Extracten, mit Asa foetida [Stinkasant; persisch-indisches Gewürz und Heilmittel aus dem Milchsaft der Ferula-Wurzel] und andern Mitteln angewendet. Sie wirkt als seifenartig-bitteres Mittel auf die Darmausleerung und gewöhnlich schneller als diese bei chronischer Verschleimung, Hartleibigkeit und Stuhlverhaltung, selbst auch hartnäckiger Stuhlverhaltung und wird zuweilen mit Nutzen beim Ileus, welchen Zuständen natürlich keine Entzündung zu Grunde liegen darf, innerlich in Klystiren oder als Einreibung angewendet.« – *Sago-Suppe:* Aus der Sagopalme gewonnenes Stärkemehl, hauptsächlich zu Mehlspeisen und Suppen verwendet.

34 *ausgefahren:* Vgl. Brief an Georg August Ebell vom 29. März 1790.

37 *Feders Garten:* S. zu J 1519.

40 *Rasenmühle:* »Etwa eine Stunde von Grohnde, queer über die Heerstrasse gegen Süden hin, findet man zwischen einigen kleinen Anhöhen an einem Teiche von klarem Wasser eine Mühle, die den Namen der Rasemühle führt [nach der Rase, an der sie liegt], und groß und wohl gebauet ist, seit einiger Zeit aber etwas baufällig zu werden angefangen hat. Sie wurde ehemals fleißig, und oft von ganzen Gesellschaften beyderley Geschlechts besucht, die hier zu Mittage speiseten, auch zuweilen tanzten ...« (List 1784, S. 24). Heute Nervenheilanstalt. – *Lud[wig] IX:* Über Landgraf Ludwig IX. von Hessen-Darmstadt s. zu J 852; vgl. Brief an Friedrich August Lichtenberg vom 16. April 1790.

41 *Dietrich nach Leipzig:* Zur Leipziger Frühjahrs-Buchmesse.

42 *dem Jungen:* Georg Christoph jr. – *auf den Garten gefahren:* S. zu SK 34. – *göttliche Baum-Blüte:* L. vermerkt sie auch SK 156.

43 *türkschen Weizen:* S. zu KA 229, vgl. auch den Brief an Johann Christian Dieterich vom 7. Mai 1790.

44 *säte ... Schnitt-Kohl und die Spelz:* Vgl. Brief an Johann Christian Dieterich vom 7. Mai 1790. Schnittkohl (Scherkohl), früher in der gemüsearmen Zeit im April/Mai ein beliebtes Gemüse. Spelz, auch Dinkel genannt, der nächste Verwandte des Weizens, im Mittelalter die Hauptgetreideart im alemannischen Siedlungsgebiet, heute geringer Anbau. Spelz wurde für Brot, Brei und Teigwaren verwendet. Aus dem Grünkern, der unreif geernteten und gedorrten Ähre des Dinkels, wurde und wird Grütze oder Mehl für Suppen bereitet.

45 *Driburger Brunnen:* Driburg, Stadt im Kreis Höxter am Ostabhang des Eggegebirges, berühmt wegen ihrer kohlensäurehaltigen Eisenquellen und Sol-, Schwefelmoor- und Kohlensäurebäder. Der Versand von Driburger Brunnenwasser erfolgte schon im 18. Jh.

46 *General-Revüe:* Allgemeine Truppenparade, Manöver.

47 *Nüßchen:* Möglicherweise die Schweizer Bohne (Brechbohne, phaseolus vulgaris)? Im DWB 9, Sp. 2473 bei Nemnich nachgewiesen.

48 *Prof. Jacob:* Wohl Ludwig Heinrich (von) Jacob (1759–1827), 1789 Prof. der Philosophie in Halle; vielseitiger philosoph. Schriftsteller, Anhänger Kants. Über ihn vgl. Zehe, Lichtenberg und James, in: Photorin 11–12/87, S. 86f.

49 *Sterbetag meiner ... Mutter:* Dieses Tages gedenkt L. regelmäßig.

50 *Prinzen:* Die engl. Prinzen: Ernst August (1771–1851), fünfter Sohn Georgs III., Herzog von Cumberland, seit dem 6. Juli 1786 in Göttingen, wo

er sich am 10. Juli 1786 immatrikulierte und bis zum 7. Januar 1791 blieb; 1837 nach Beendigung der Personalunion König von Hannover; in dieser Eigenschaft hob er das 1833 erlassene Staatsgrundgesetz auf und entließ die »Göttinger Sieben«. August Friedrich (1773–1843), sechster Sohn Georgs III., Herzog von Sussex, immatrikulierte sich am 10. Juli 1786 an der Georgia Augusta; Herbst 1788 bis Mai 1789 zur Kur in Hyères, Frühjahr 1790 in Venedig; später Großmeister der engl. Logen und Präsident der »Royal Society« in London. Adolph Friedrich (1774–1850), siebter und jüngster Sohn Georgs III., Herzog von Cambridge, immatrikulierte sich am 10. Juli 1786 in Göttingen, wo er bis zum 7. Januar 1791 blieb; 1816 Militärgouverneur, dann Generalgouverneur von Hannover, 1831 Vizekönig von Hannover; seit 1802 auch Ehrenpräsident der Göttinger Sozietät der Wissenschaften. Über den Aufenthalt der engl. Prinzen in Göttingen und L.s Umgang mit ihnen vgl. Ferdinand Frensdorff, Die englischen Prinzen in Göttingen, in: Zeitschrift des Historischen Vereins für Niedersachsen 1905, S. 421–481. – *den Hogarth zugeschickt:* Sicherlich nicht L.s Kalender-Hogarth, sondern das graphische Werk, das L. 1782 an die Göttinger Bibliothek verkauft hatte; vgl. den Brief an Christian Gottlob Heyne vom 6. Mai 1782. – *nach der Kastration:* D. h. nach Selektion der ›anstößigen‹ Blätter, vor allem aus dem »Weg der Buhlerin«. – *stivotel:* S. zu F 249. – *Spittler[s]:* Ludwig Thimotheus Freiherr von Spittler (1752–1810), 1779–1797 Prof. der Philosophie (Geschichte) in Göttingen, später Kurator der Universität Tübingen.

51 *Die ☉ ging . . . auf:* S. zu J 638. – *am bekannten Fenster:* In L.s Gartenhaus. – *Oberamtmanns von Weende:* Anton Gabriel Christian Cleve, der von 1765 bis 1795 Klosterbeamter für Weende und Reinboldshausen war.

52 *Der schönste Morgen . . . :* »Der sehr gelinde Winter von 1789/1790, da die Eiskeller leer stehen blieben, hat der leckerhaften Üppigkeit noch selbst die warmen Tage des Junius 1790 nicht wenig dadurch verleidet, daß er ihr die kleine Zufuhr von künstlicher Kühlung auf dem gewöhnlichen Wege gänzlich abgeschnitten hat.« So der Anfang von L.s Artikel »Wohlfeiles Mittel, sich in Sommern, da, wie im vergangenen, das Eis rar ist, kühle Getränke und Gefrorenes zu verschaffen« im GTC 1791, S. 187. – *An . . . Schröter . . . geschrieben:* Brief an Johann Hieronymus Schroeter vom 21. Juni 1790. – *meinen Bruder:* Vgl. Brief an Friedrich Christian Lichtenberg vom 21. Juni 1790. – *an Herrn Gütle:* Johann Conrad Gütle (1747 bis nach 1821), Mechanicus; seit 1790 Privatlehrer der Mathematik, Naturlehre und Mechanik in Nürnberg, wo er die ersten Blitzableiter installierte. Er veröffentlichte eine »Beschreibung verschiedener Elektrisiermaschinen zum Gebrauch für Schulen«, Leipzig und Nürnberg 1790, und »Kunstkabinett verschiedener mathematischer und physikalischer Instrumente und anderer Kunstsachen«, Nürnberg 1792. – *Tour nach Reinhausen:* Malerisches, an senkrechte Sandsteinfelswände gelehntes Dorf südlich von Göttingen; über dem Dorf befinden sich die Gebäude des ehemaligen Klosters mit der doppeltürmigen romanischen Kirche.

53 *Schnittkohl:* S. zu SK 44. – *Luckner:* Möglicherweise Nikolaus Graf von Luckner.

54 *Geburtstag . . . angebunden:* Zum Geburtstag beschenken (»Angebinde«); im 18. Jh. offenbar eine allgemein übliche Formulierung; vgl. DWB 1, Sp. 338: das Geburtstagsgeschenk wurde um den Hals oder den

Arm gebunden. – *Pyrmont:* Niedersächs. Kurort im Weserbergland; seit 1668 existierte ein Brunnenhaus über der Hauptquelle; im 18. Jh. ein beliebter Kuraufenthalt, nicht nur für das wohlhabende niedersächs. Bürgertum. L. hat das Bad nie besucht, wohl aber den »Plan von der Neustadt Pirmont mit ihrem Mineral-Brunnen und der umliegenden Gegend«, 1790, in den GGA, 101. Stück vom 25. Juni 1795, S. 1014 f., rezensiert. – *Butterbrod:* S. zu D 69.

55 *Alvensleben:* Wohl Johann Friedrich Karl von Alvensleben (1714–1795); L. notiert unterm 30. Mai 1795: »Nachricht von Alvenslebens Tod«; im übrigen s. zu RT 22.

56 *Schrotteringk:* Martin Hieronymus Schrötteringk (1768–1835) aus Hamburg, immatrikulierte sich am 2. Mai 1789 als stud. jur. an der Georgia Augusta, wo er 1791 zum Dr. jur. promovierte; 1807 Senator, später Bürgermeister in Hamburg. – *die Schrift von s. Vater:* »Demonstratio Theorematis parallelarum«, Hamburg 1790, von Martin Wolder Schrötteringk (1728–1803), Senator in Hamburg, 1752 in Göttingen als stud. jur. immatrikuliert. L. besaß das Werk (BL, Nr. 160). – πρῶτον ψευδος: S. zu J 400. – *Prinzen:* Die engl. Prinzen.

57 *Martens zu Weende:* Georg Friedrich von Martens (1756–1821) aus Hamburg, immatrikulierte sich am 10. Oktober 1775 als stud. jur. an der Georgia Augusta; Schüler Pütters; 1780 Privatdozent, 1783 Prof. der Jurisprudenz, speziell für Naturrecht und Völkerrecht, in Göttingen, einer der angesehensten Lehrer der Georgia Augusta; 1808 hannov. Bundestagsgesandter in Frankfurt am Main. Berühmt sein »Recueil des principaux traités ...«, Göttingen bei Dieterich 1791–1800: grundlegendes Sammelwerk für das Völkerrecht. Er besaß nahe Weende eine Tabakfabrik (vgl. Rintel, S. 198). Befreundet mit Dieterich, der den fruchtbaren und erfolgreichen Autor verlegte. – *Dem Kleinen:* Georg Christoph jr.

58 *in 8 nehmen:* S. zu K 2. – *Bogen B und C von Erxleben:* Die Seiten 17–48 der 5. Aufl. von Erxlebens »Anfangsgründen der Naturlehre«, die Göttingen 1791 mit Zusätzen von L. erschienen.

59 *An Seyffer ... Billet:* Das Schreiben steht möglicherwweise in Zusammenhang mit L.s Tagebuch-Notiz vom 6. Juli 1790: »Seyfer wegen des Observatorii auf dem Hainberg.« – *ostensible:* Frz. ›vorzeigbar, deutlich‹; vgl. auch Brief an Johann Georg Forster vom 30. August 1790. – *dem Hofrat Mahner:* Das Schreiben ist erhalten (Briefwechsel III, S. 761 f.). Johann Paul Mahner (1735–1795), Geheimrat in Braunschweig und Prof. der Jurisprudenz in Helmstedt. – *Wittekop:* Jacob Heinrich Wittekopp (1764–1799) aus Braunschweig, immatrikulierte sich am 14. Oktober 1785 als stud. jur. und für Kameralwissenschaften an der Georgia Augusta; seit 1793 Geheimer Kanzleisekretär des Herzogs von Braunschweig; Übersetzer naturwissenschaftlicher Schriften. – *Wilke[ns]:* Heinrich David Wilckens aus Wolfenbüttel, immatrikulierte sich am 22. April 1788 als stud. math. an der Georgia Augusta; Magister der Philosophie, 1790–1792 Privatdozent, dann in Wolfenbüttel, später Prof. der Forstwissenschaft in Schemnitz (Ungarn). – *Die Prinzen:* Die engl. Prinzen in Göttingen. – *Catelnburg:* Katlenburg, niedersächs. Gemeinde im Kreis Northeim, beherrscht von dem 1558 entstandenen Grubenhagenschen Schloß, später Domäne. – *Bruder:* Christian Friedrich Lichtenberg, der am 15. Juli 1790 in Darmstadt gestorben war; die Nachricht wurde L. vorsorglich erst am 23. Juli durch Dieterich mitgeteilt; vgl. SK 61.

60 *Dem Kleinen:* Georg Christoph jr. – *Erstes Mspt zum Kalender in die Druckerei:* Der GTC 1791; vgl. SK 61. – *Leg. Sekr.:* Legationssekretär Tatter. – *Blumenbach ... von Pyrmont:* Vgl. SK 54. – *Heinemann, der Jude:* Salomon Heinemann (gest. 23. Mai 1792) aus Rathenau, immatrikulierte sich am 26. April 1790 in Medizin an der Georgia Augusta.

61 *erste Korrektur vom Kalender:* S. zu SK 60. – *Nachricht vom Tode meines ... Bruders:* Vgl. SK 59, 62.

62 *Tumult der Handwerkspursche:* 25. Juli 1790: »Den Abend Lärm in der Stadt unter den Purschen, wegen einem Handwerckspurschen.« – 27. Juli: »Die Pursche sind noch nicht wieder da, obgleich nun die Dragoner Ruhe gestiftet haben.« – 28. Juli: »Die Pursche sind beynah alle zu Kerstlingerode und den benachbarten Dörfern, und Göttingen wie ausgestorben an Purschen. Sie ziehen nicht ein, wie man glaubte, vielmehr entfernen sich nun alle für die Nacht wenigstens.« – 29. Juli: »Den Abend die Pursche mit Music eingezogen.« – 30. Juli: »Die Tischler wolln wieder verbleuen [?], werden aber ergriffen und eingesteckt. Es rücken Soldaten von Nordheim ein.« – 31. Juli: »den Nachmittag das Reskript von Hannover wegen des Aufruhrs gelesen.« – 2. August: »Ich zum erstenmal wieder nach dem Tumult gelesen. ... Illumination verboten. Commissair angekommen.« – 3. August: »Ich an der Fischherberge vorbey gefahren um die zerbrochene Stange zu sehen.« – 4. August: »HE. v. Beulwitz angekommen.« Vgl. SK 66. – *An den Neveu ... Trauerbrief:* Vgl. Brief an Friedrich August Lichtenberg vom 26. Juli 1790 zum Tode von dessen Vater Christian Friedrich Lichtenberg. Friedrich August Lichtenberg (1755–1822), Neffe L.s, der »Vetter«, immatrikulierte sich am 26. April 1773 in Göttingen und blieb bis Ostern 1777; Hessen-Darmstädtischer Legationssekretär, 1782 in Wien, nahm 1797/98 am Kongreß zu Rastatt teil, 1798 am preußischen Hof zu Berlin; später geadelt, hess. Staatsminister. – *an ... Gleim:* Vgl. das Blitzableiter-Gutachten im Brief an Johann Wilhelm Ludwig Gleim vom 26. Juli 1790.

63 *Stallmeister:* Johann Heinrich Ayrer (1732–1817), seit 1760 Stallmeister und Reitlehrer an der Georgia Augusta im Range eines ordentl. Prof. der philos. Fakultät; ein guter Freund Dieterichs und L.s. – *Nachricht von Gotha:* Vermutlich ein Brief von Ludwig Christian Lichtenberg. – *Andres:* S. zu L 658. – *Brief des Landgrafen an den Vetter:* Brief an Friedrich August Lichtenberg, vermutlich ein Kondolenzschreiben aus Anlaß des Todes von Christian Friedrich Lichtenberg. Ludwig X. (1753–1830) war seit 1790 Landgraf von Hessen-Darmstadt. – *Stockfisch:* Getrockneter Dorsch oder Kabeljau (Gadus morrhua L.); seit dem Mittelalter beliebte Fastenspeise.

64 *Hartmanns Kind getauft:* Maria Christina Elisabeth Hartmann (1. August 1790 bis 18. September 1790); ihr Vater Johann Christian Hartmann (Kirchenbuch St. Albani) war wohl Korrekturträger Dieterichs. Die Mutter stirbt am 27. Februar 1797. – *Humboldt bei mir:* Alexander von Humboldt. – *von s[einer] Reise erzählt:* Alexander von Humboldt hatte soeben mit dem Holländer van Geuns eine wissenschaftliche Reise in das Vogelsgebirge und die Rhön beendet und ging auf die Handelsakademie nach Hamburg. – *Mad[am] Ritz:* Göttinger Bürgerin oder Zweideutigkeit?

65 *Schwenterlein ... mich gemalt:* Johann Heinrich Christian Schwenterley (1749–1814), eigentlich Schwenderlein, Kupferstecher und Miniaturbildnismaler, war in Göttingen seit 1791 als Universitäts-Kupferstecher tätig. Die

Lichtenberg-Porträts von Schwenterley (1790 und 1791) gehören neben dem Abel-Strecker-Porträt und dem des Gothaer Hofmalers Specht zu den besten überhaupt (abgebildet bei Promies, Lichtenberg, ³1987, S. 108 f.); vgl. auch SK 71 und Otto Deneke, Schwenterley, in: Göttinger Künstler (Göttingische Nebenstunden, Nr. 14, 1936), S. 111–115.

66 *Seyffer . . . wegen der Rezens. von Brook:* Über Abraham Brooks Werk s. zu J 324. In den Jahrgängen 1790, 1792, 1793 der GGA ist keine Rezension erschienen. – *Hahnensporn:* Fumaria bulbosa; Bezeichnung für Mottenkraut, Schaben-Königskerze oder andere Pflanzen, die wegen ihres Geruchs angeblich Motten vertreiben. S. auch an Blumenbach am 19. August 1790. – *Abbildungen von Streitsachen:* Auch sie beziehen sich vermutlich auf die Auseinandersetzung zwischen Studenten und Handwerksburschen; s. zu SK 62.

67 *Die Fremden mit Iffland:* Möglicherweise August Wilhelm Iffland (1759–1814), berühmtester dt. Schauspieler der Goethezeit und Theaterschriftsteller; ging nach Anfängen bei Ekhof in Gotha 1779 nach Mannheim, 1796 Direktor des Nationaltheaters in Berlin. Die Matrikel verzeichnet übrigens Christian Philipp Iffland aus Hannover (immatrikuliert 1769), Ludowig Rudolf Iffland (immatrikuliert 1771) und Johann Carl Philipp Iffland (1754–1815), immatrikuliert 1771 als stud. Theol., nachmals Pfarrer in Banteln. Von ihnen kommt wohl niemand in Frage. – *Weizen:* Türkischer Weizen; s. zu KA 229. – *Erdäpfel:* Im Mittelalter verstand man darunter eine gereifte und eßbare Gurken- oder Melonenart; erst nach Einführung der Kartoffel in Europa Ende des 16.Jh.s erfolgte der Bedeutungswandel. – *Schröter[s] Selenographie:* »Seleno-Topographische Fragmente zur genaueren Kenntnis der Mondfläche, ihrer erlittenen Veränderungen und Atmosphäre«, erschienen Göttingen 1791 in zwei Tln., von Johann Hieronymus Schröter (BL, Nr. 352); ein dritter Bd. erschien 1802. Offenbar handelt es sich hier noch um das Manuskript (vgl. SK 68), das L. dem Verfasser gegenüber im Brief vom 21. Juni 1790 sehr lobt, während sein Urteil Kästner gegenüber – im Brief vom 18. August 1790 – mäßigег war. L. subskribierte das Werk (vgl. Brief an Johann Hieronymus Schröter vom 17. November 1791) und behandelte es im GTC 1792, S. 90–116.

68 *englischen Bier:* Dem Porter, »dem wahren Nahrungssaft der [engl.] Nation« war L. selbst zugetan; er verherrlicht dieses Getränk in der Beschreibung von Hogarths »Biergasse« im GTC 1795, S. 204–213. – *Faktor von Schorborn:* Kapmeyer, der Geschäftsführer der Glashütte in Schorborn (Kirchdorf und Glashüttenort im Kreis Holzminden, Amt Stadtoldendorf, ehemals zum Herzogtum Braunschweig gehörig), von der L. häufig Glaswaren für seine physikalischen Versuche bezog. Die Spiegelglashütte in Grünenplan wurde 1744, die Hohl- und Tafelglashütte am Schorbornstein 1745 gegründet; unter der Leitung von Georg Christoph Seebaß (gest. 1806) wurde Schorborn eine der vorzüglichsten Glashütten Deutschlands. Vgl. Otto Bloß, 800 Jahre Schorborn, Eschershausen 1950; Wilhelm Becker, Die fürstlich-braunschweig. Glashütten, Diss. 1925. – *Faktor:* Aufseher, Vorsteher einer Handlung oder eines Werks. – *an Kästnern:* Brief an Abraham Gotthelf Kästner vom 18. August 1790. – *Schröterschen Mspten:* S. zu SK 67. – *Linsingen:* Friedrich Wilhelm Albrecht von Linsingen (1748–1813) aus Eichsfeld, Rittmeister; Hofmeister der engl. Prinzen in Göttingen, immatrikuliert

am 10. Juli 1786, gehörte zum Stab der Prinzen neben Malortie, von Uslar und Tatter; verließ Göttingen am 7. Januar 1791. – *Pfeffer-Infusion:* »Piper nigrum L., Pfeffer, schwarzer Pfeffer, eine kletternde Pflanze in Ostindien, besonders in Java, Borneo, Ceylon u.s.w. angebaut. Die bei der Reife rothbraunen Beeren werden vor der Reife gesammelt, wobei sie schwarz und runzelig werden und unter dem Namen Pfeffer oder schwarzer Pfeffer allgemein bekannt sind ... Der Pfeffer wird im Allgemeinen als ein balsamisch tonisches Mittel benutzt und kann da angewendet werden, wo die Verdauungsorgane an habitueller Atonie, an torpidem Zustand leiden, bei träger Darmaussonderung und Flatulenz ...« (Weisenberg, S. 465). Infusion hat hier nicht die heutige Bedeutung intravenöser Zufuhr, sondern meint einen Infus, Aufguß, wässrigen Drogenauszug.

69 *M.:* Margarethe Lichtenberg. – *Den kleinen Jungen:* Georg Christoph jr. – *Brief von Forster:* Georg Forster hatte am 19. August von L. einen älteren Brief über Brüssel zurückverlangt, um ihn bei der Ausarbeitung seiner »Ansichten vom Niederrhein« zu benutzen; möglicherweise ist der Brief über Köln ein anderer von 1789? Vgl. Brief an Johann Georg Forster vom 30. August 1790. – *Bruce:* Das Werk von James Bruce ist J 762 nachgewiesen. – *Versuchs mit dem Talglicht:* Vgl. SK 70. Über den Versuch berichtet L. an Blumenbach am 19. August 1790 – *Das dritte Stück von Gren:* Das »Journal der Physik«, dessen erster Bd., von Gren hrsg., Halle und Leipzig 1790 erschien; das dritte Heft des ersten Jahrgangs umfaßt die Seiten 357–512; monatlich erschien ein Heft, drei Hefte machten einen Band. Nach dem »Abonnenten-Verzeichnis« gehörte L., nicht aber Kästner zu den Beziehern (vgl. aber BL, Nr. 62). – *Blumen-Infusion:* Zu Heilzwecken; s. zu SK 68.

70 *Ende der Beschreibung der Hogarth. Kupfer in die Druckerei:* Im GTC 1791 erschienen »Das Hahnen-Gefecht« und »Finis« (S. 193–210). – *Übele Nachricht von dem Prinzen August:* Laut Tagebuch am 8. Oktober 1790 abgereist.

71 *Kegelbahn:* Vgl. SK 86 und Anm.– *Hygrometer:* S. zu D 116. – *Landgraf von Rotenburg:* Carl Emanuel (1746–1812), seit 1778 Landgraf von Hessen-Rheinfels-Rotenburg, Kaiserl. General-Feldmarschall-Lieutenant; im übrigen s. zu SK 207. – *Prinz Ernst:* Über ihn s. zu SK 50. – *Wedgwoodschen Katalog:* Wohl der London 1788 erschienene »Catalogue de Camées, Intaglios, Medailles ...« von Josiah Wedgwood. Die Göttinger Bibliothek verzeichnet zwei weitere Kataloge von 1779 und 1787. – *Butterbrod:* S. zu D 69. – *Ich sitze Schwenterlein zum 2ten Male:* Vgl. SK 65 und Anm. – *fixe Luft:* S. zu F 1115.

72 *Bahrdts ... Schrift gegen Zimmermann:* Die Schrift ist zu J 648 nachgewiesen. – *Den Kalender ... vollendet:* Der GTC 1791 umfaßt 138 Textseiten. – *Der kleine Junge:* Christoph Georg jr. – *Georg:* Johann Georg Ludolph Rogge. – *Papiermühle:* Vgl. Eberhard Tacke, Die Papiermacherei in Weende im Rahmen der südniedersächsischen Papiergeschichte, in: Das tausendjährige Weende. Hrsg. von der Stadt Göttingen 1966, S. 90–108. Die erste Papiermühle wurde 1605 unter dem Hagen bei dem Leinesteg zwischen Weende und Göttingen errichtet, später am Weendespring. Durch Heinrich Georg Rusteberg (1725–1789), 1768 Papiermüller in Weende, wurde die nahe einer »angenehmen romantischen Quelle« gele-

gene Mühle, wo er eine kleine Wirtschaft unterhielt, zu einem Ausflugsziel für »ganze Caravanen von Musensöhnen, Professoren und Frauenzimmern«. Nach Rustebergs Tod wurde die Mühle und Wirtschaft von 1789 bis 1800 an Johann Ephraim Stahl verpachtet (List, S. 28–29).

73 *fixen Luft:* S. zu F 1115. – *Rezension von Pictet:* »Essais de physique« von Marc Auguste Pictet; das Werk ist zu J 1444 nachgewiesen. L. rezensierte es in den GGA, 147/148. Stück vom 13. September 1790, S. 1473–1486 (vgl. auch Jung, S. 269); die Rezension der dt. Übersetzung »Versuch über das Feuer« findet sich in GGA 1791, 13. Stück vom 22. Januar, S. 128.

74 *die Rezension von Pictet:* S. zu SK 73. – *Frau Hachfeldin bei mir:* Wegen des Darlehens? Vgl. Brief an Johann Beckmann vom 18. März 1794 und SK 136, 450, 487, 802. Dorothea Luise Friderike Hachfeld, geb. Sommer (9. Juli 1751 bis 6. April 1829) aus Adelebsen, Tochter von Johann Jacob Sommer und Marie Margaretha Ernst, heiratete am 5. August 1775 in Adelebsen Johann Levin Hachfeld aus Heckenbach, Amt Gandersheim; war offenbar schon 1777/78 als Dienstmagd bei Dieterich und für L. als Aufwärterin tätig. Sie starb an Altersschwäche, laut Kirchenbuch Adelebsen »eine treu verdiente Hebamme«.

75 *Halberstadt:* Heinrich Christian Friedrich Halberstadt (1746–1800), Schreibwarenhändler in Göttingen. – *Lektions-Catalogus:* Das zu Anfang der beiden Universitäts-Halbjahre erscheinende Vorlesungsverzeichnis.

76 *An Forster . . . geschrieben:* Vgl. Brief an Johann Georg Forster vom 30. August 1790. – *uxorem esse ducendam:* Eine Gattin muß geführt werden. Abwandlung des geflügelten Cato-Worts: »Ceterum censeo Carthaginem esse delendam«, s. Schluß des erwähnten Briefes. – *Stechard:* Christoph Wilhelm Stechard, Leinweber in Göttingen, Vater der kleinen Stechardin, laut Kirchenbuch Albani gest. am 1. Juli 1793 im Alter von 58 Jahren an der Schwindsucht. Seine Ehefrau Margareta Henrietta Catharine war am 31. Mai 1790 verstorben: »alt 58 J 4 M.«. – *Lutter:* Rechter Nebenfluß der Leine, der im Göttinger Wald unweit Herberhausen entspringt und nahe dem Holtenser Berg in die Leine mündet; seinerzeit war das Luttertal eine beliebte Landpartie.

77 *Rez. von Deluc's Briefen:* Jean André Delucs »Letter to Dr. James Hutton concerning the theory of rain«, London 1789, von L. rezensiert in den GGA, 161. Stück vom 9. Oktober 1790, S. 1613–1615. – *Blumenbachs Bruder:* Friedrich Wilhelm Carl Ernst Blumenbach, Beamter und Aufseher des Naturaliencabinetts zu Gotha. – *die 2 Schweizer Vögel:* Samuel Vogel (gest. 1808) aus Mühlhausen in der Schweiz, der am 19. Oktober 1789 als stud. med. an der Georgia Augusta immatrikulierte, und sein Bruder Johannes Vogel (1758–1814), als stud. theol. am gleichen Tag immatrikuliert. – *Kupferstich vom Einzug der Purschen:* S. zu SK 62. – *Die ersten Pfirsiche gegessen:* Vgl. SK 208.

78 *Der kleine Junge:* Georg Christoph jr. – *auf der Plesse:* Burgruine, nördlich von Göttingen nahe Eddigehausen, – die »Königin des Leinetals« – beliebtes Ausflugsziel der Studenten und Bürger Göttingens; 1776 besuchte und besang Hölty, 1789 Gottfried August Bürger die Plesse. – *Platz:* Jakob Platz gründete 1756 die erste große Erfurter Samenexportfirma. Zu L.s Bestellung vgl. SK 128, 139, 193. – *Graf v. Salis:* Hieronymus Graf von Salis-Soglio (gest. 1836) aus Graubünden, dessen Geschlecht durch Heirat nach

England übersiedelte; immatrikulierte sich am 3. Mai 1790 an der Georgia Augusta zusammen mit Christoph Conrad Wilhelm Erythropel und blieb bis September 1792 in Göttingen (vgl. SK 386).

79 *Prinz von Oranien der 2te:* Vgl. J 1325 und Anm. – *Kohlreif:* Bis 1795 Prof. der Physik in Petersburg.

80 *Pollution:* Die nächtliche Samenentladung umschrieb L. andernorts mit *Pollux;* SK 98, 241, 850, 872; s. zu SK 479. – *Böhmer zu gratulieren:* Am 17. September 1790 fand das Stiftungsfest der Georgia Augusta statt, das mit einer besonderen Feierlichkeit verbunden war: »Böhmer hatte zu gleicher Zeit sein Jubiläum als Lehrer zu Göttingen erlebt. Die ganze Universität nahm hieran lebhaften Antheil, und bezeigte ihre Freude auf alle mögliche Weise.« So Heyne in GGA; 160. Stück vom 7. Oktober 1790, S. 1601; Heyne hielt auch die Festrede (ebd., S. 1606). – *Weichs:* Max Friederich von Weichs aus Westfalen, immatrikulierte sich am 5. November 1788 als stud. jur. an der Georgia Augusta.

81 *Brief von Kant:* Brief, den Jachmann überbracht hat; s. zu SK 82. – *Der kleine Junge:* Georg Christoph jr. – *Eichel-Kaffee:* Nach schwachem Rösten im Kaffeebrenner und Zerstoßen ergeben die Eicheln den Eichelkaffee (Semen Quercus tostum), dessen wäßriger Aufguß als Kaffeeersatz verwendet wird.

82 *meine Figuren:* Vgl. J 1817. – *Jachmann:* Reinhold Bernhard Jachmann (1767–1843), Anhänger und Freund Kants, der sich diesen selbst zum Biographen wünschte; bedeutender Pädagoge. An Kant schreibt Jachmann am 14. Oktober 1790: »Denselben Tag gab ich auch den Brief an Lichtenberg und Kaestner ab. Herr Hof. R Lichtenberg hielt eben Vorlesungen und da es mitten in der Stunde war, wollte ich ihn nicht stöhren ließ daher den Brief und meine Adresse zurük. Er fährt gleich nach geendigten Vorlesungen nach seinen Garten ausserhalb der Stadt, schikte mir aber sogleich seinen Bedienten zu, dessen ich mich bedienen sollte, um mich allenthalben herumführen zu lassen. Er selbst hofte mich den folgenden Tag zu sehen. Ich besuchte ihn daher auch den andern Morgen sobald er nur in die Stadt gekommen war. Ich glaube Sie wissen es, daß er ein kränklicher buckligter Mann ist, der schon mehrmalen seinem Tode nahe gewesen, jetzt hatte er sich wieder etwas erhohlt. Seine Freude über Ihren Brief war sehr groß. Er sprach mit großer Wärme, wobey seine geistreichen und lebhaften Augen strahlten, wie sehr, und wie lange er Sie schon schätze, wie sehr er Sie ihm schon aus Ihren ältesten Abhandlungen bekannt wären. Er sagte, daß er sich äusserst freuen würde, Ihnen oder mir irgend einen Dienst erweisen zu können. Er bot mir sogleich an seine Vorlesungen zu besuchen, so oft ich Vergnügen finde. Den folgenden Tag zeigte er mir seine Instrumentensammlung, ich brachte den ganzen Nachmittag bey ihm zu und trank Coffée bey ihm. Ich wohnte alle seine Vorlesungen bey, so lange ich in Göttingen war, er war eben mit der Electricität beschäftigt. Er bot mich nochmals von seinem Bedienten Gebrauch zu machen, so viel ich wollte. Ich habe ihn alle Tage besucht und gesprochen, weil er so ein äusserst liebenswürdiger und artiger Mann ist. Er wird nächstens durch die Post an Sie schreiben. Ich habe auch von anderen Professoren gehört, daß er sich so sehr gefreut hat, einen Brief von Ihnen erhalten zu haben. Er sagt, er habe durch mich einen Brief von dem Propheten aus Norden erhalten.« Zit. nach Jürgen Zehbe (Hrsg.), Briefe an Kant, Göttingen 1971, S. 99 f. (Nr. 54). – *Brief von Andres:* Vgl. Brief an Friedrich August Lichtenberg vom 4. Oktober 1790.

83 *Bar.*: Barometer. – *Hygr.*: Hygrometer; s. zu D 116. – *Der kleine Junge:* Georg Christoph jr. – *Jachmann . . . bei mir:* S. zu SK 82. – *Friedländer:* S. zu L 547. – *Neue silberne Kaffeelöffel:* In dem von Dieterich nach L.s Tod aufgesetzten »Inventarium«, das den Gerichtsvermerk vom 7. August 1799 trägt, sind als Nr. 10 aufgeführt: »24. silbernen Thee löffel« (Ulrich Joost, Der Briefwechsel zwischen Johann Christian Dieterich und Ludwig Christian Lichtenberg, Göttingen 1984, S. 112). – *Magnet Gabler:* S. zu J 1741.

84 *Hygr.*: Hygrometer; s. zu D 116. – *Brief von Greatheed, Parsons, Planta:* Die Empfehlungsbriefe für Parsons sind nicht erhalten; vgl. aber Brief an Friedrich Nicolai vom 2. Oktober 1790. William Parsons (1735–1795), engl. Wissenschaftler, Freund Bertie Greatheeds (1759–1826), Mitglied der ›English Della Cruscans‹. – *Goldschmelzen:* Vgl. L 921. – *künstl. Mag[neten]*.: S. zu J 55.

85 *Hygr.*: Hygrometer; s. zu D 116. – *Bar.*: Barometer. – *Heute ein Jahr . . .:* Vgl. SK 14; vgl. auch den Brief an Friedrich August Lichtenberg vom 4. Oktober 1790. – *Marezoll Hochzeit:* Johann Gottlieb Marezoll (1761–1828), 1789–1794 Zweiter Universitätsprediger, von 1790–1794 Prof. der Theologie in Göttingen, dann Konsistorialrat in Jena; heiratete am 5. Oktober 1790 in St. Jacobi Dorothea Philippine Caroline Meyenberg, die Tochter des Oberkommissars und Bürgermeisters Meyenberg in Göttingen. Marezolls Predigten sind bei Dieterich erschienen. – *Baaders Buch:* Wohl die »Beschreibung eines neu erfundenen Gebläses« von 1788, erschienen Göttingen 1794 bei Dieterich durch Vermittlung L.s (BL, Nr. 914 und Anm.). Joseph (von) Baader (1763–1835), Bruder von Franz Xaver Baader, studierte in Ingolstadt erst Medizin, dann Mathematik und Physik, hielt sich 1786 in Göttingen auf, wo er Kontakt zu L. hatte; bereiste 1787–1795 England, 1798 Direktor der Maschinen und des Bergbaus in Bayern, später Prof. in München. – *Engel aus Hungarn:* Johann Christian Engel (1770–1814) aus Leutschau in Ungarn, immatrikulierte sich am 16. April 1788 als stud. polit. an der Georgia Augusta; in lebenslangem Briefwechsel mit Heyne; seit 1791 in Wien, u. a. Sekretär bei der Siebenbürg. Hofkanzlei, wegen seiner Verdienste geadelt. Berühmter Historiograph des Ungar. Reiches; Mitglied u. a. der Göttinger Akademie.

86 *gekegelt:* Zu L.s lebenslanger Begeisterung am Kegelspiel vgl. das Wort-Register. – *Bohnenblättchen:* Volkstümliche Bezeichnung für sedum telephium: Fette Henne und für Menyanthes trifoliata: Bitterklee, Fieberklee. – *maceriert:* Macerieren: einweichen, einwässern. – *Barbier:* Johann Hieronymus Voigt. – *Der katholische Geistl. aus Dillingen:* Der Name des Geistlichen war nicht zu ermitteln. Dillingen an der Donau, Stadt in Schwaben, war Sitz einer 1551 gegründeten katholischen Universität, die ein Hort der Gegenreformation in Süddeutschland war; nach dem Verbot des Jesuitenordens 1773 erlebte sie zwischen 1786 und 1793 dank eines Reformkonzepts und hervorragender Prof. wie Joseph Weber, Joseph Michael Sailer und Benoit Zimmer ihre Blütezeit; 1803 wurde die Universität Dillingen geschlossen. – *Das Buch von Göttingen gelesen:* Vermutlich »Göttingen. Nach seiner eigentlichen Beschaffenheit zum Nutzen derer, die daselbst studiren wollen, dargestellt von einem Unpartheyischen«, erschienen Lausanne [Leipzig] 1791. Verf. dieser anonym erschienenen Schrift ist Carl Friedrich August Hochheimer (1749–nach 1831) aus Kirchberg an der Jaxt, der sich am 2. Januar 1788 als

stud. phil. an der Georgia Augusta immatrikulierte; 1789–1794 Privatdozent der Philosophie in Göttingen, danach privatisierender Gelehrter und Autor in Leipzig. Von L.s Vorlesungen handeln die Seiten 43–46: »Lichtenbergs Vortrag ist zwar nicht für Anfänger; er ist zu abgebrochen. Der Mann ist zu reich an Ideen. Kaum hat er angefangen, eine zu entwickeln, so drängen sich in ihm schon wieder eine Menge anderer Ideen zusammen, die fast alle zu gleicher Zeit entwickelt seyn wollen, und dadurch verliert der Anfänger den Faden. Indessen wird er durch die häufigen Experimente, die doch immer einen tiefern Eindruck machen, als der trockene Vortrag, reichlich schadlos gehalten, und derjenige, welcher schon einen guten Grund in der Physik gelegt hat, sammlet sich eine Menge von Ideen, die ihm Stoff zu neuen Bemerkungen geben. Lichtenberg ist anbey der feinste und gefälligste Mann. Seine Güte aber wurde bisher sehr gemißbraucht. Sein Auditorium ist beständig von Zuhörern voll gepfropft. Die wenigsten aber bezahlten ihn, ob er gleich nicht mehr als einen Louisd'or nimmt, und die meisten besuchten seine Collegia ohngefähr so, wie man die Kirche besucht; sie thaten ihm nicht einmahl die Ehre an, ihn nur um einen freyen Zutritt zu bitten. Dadurch hatte der gute Mann, statt der wohlverdienten Belohnung für seinen Eifer und für seinen Kostenaufwand, den ihm täglich seine Experimente verursachen, offenbaren Schaden. Diese Indiscretion der Studenten wurde nach und nach so unerträglich, daß er bey aller seiner Gefälligkeit neuerlich nicht umhin konnte, ihr Grenzen zu setzen, und hierbey ist weiter nichts zu erinnern, als daß er es nicht schon längstens gethan habe. Sein physikalischer Apparat ist von einem sehr großen Werth; er scheuet keine Kosten, und wendet, ausser einer gewissen Nebenausgabe, sein ganzes Vermögen darauf, um ihn so vollständig, als möglich, zu machen. Neuerlich gieng das Gerüchte, als ob er denselben unter gewissen Bedingungen an die Universität vermacht habe. Für die Wahrheit dieses Gerüchts aber kann ich nicht stehen. Ueber die Experimentalphysik lieset er alle halbe Jahre. Weil aber ein halbes Jahr für den Reichthum der Materie zu kurz ist, so trägt er die Astronomie, mathematische Geographie, die Theorie der Erde und die Meteorologie in einem besondern Collegio vor. Ausser diesem lieset er auch über Mathematik und einige specielle Materien. – Beckmann, der berühmte Oeconome, hat ehemahls auch ein Collegium über die Physik angeschlagen. Allein wenn auch weiter nichts wäre, als Lichtenbergs Apparat, so würde dieser schon hindern, daß kein anderer ein physikalisches Collegium zu Stande brächte.« Ebstein, Ein Beitrag zu Georg Christoph Lichtenbergs Aufenthalt in Göttingen (1770–1779), in: Hannoversche Geschichtsblätter Nr. 8, 3. Jg., 1900, S. 57, Fußnote, schreibt jedoch: »Nach einer handschriftlichen Notiz, die sich in dem auf der Universitätsbibliothek zu Göttingen befindlichen Exemplar findet, heißt der Verfasser: Mochheimer.« Lesefehler Ebsteins oder Druckfehler.

86a (Nachtrag II, S. 868) *Settele:* Über ihn nichts ermittelt. – *Hauptmann Müller:* Gotthard Christoph Müller. – *Fischer:* Wohl Johann Heinrich Fischer. – *Sopha:* Zu diesem Werk von Claude de Crébillon s. zu J 450.

87 *das Campische Teleskop:* Gottlieb Wilhelm Campe (Kampe; 1747–1807), Mechaniker und Optiker in Göttingen, wo er nach dem Tode seines Vaters Franz Leberecht Campe (1712–1785) – einem der fähigsten Göttinger Mechaniker – das Geschäft, »wie es scheint, ohne jede Bedeutung« (Behrendsen,

S. 104) fortführte; seinen Besuch notiert L. unter dem 15. Oktober 1790. – *an Heyne . . . wegen Kästnern und Seyffer:* Der Anlaß des Schreibens ist unbekannt. – *die Listen:* Die Lotterie-Listen; vgl. E 235. – *Ribini:* Johann Daniel Ribiny (1760–1820) aus Preßburg in Ungarn, immatrikulierte sich am 1. Juni 1779 als stud. math. an der Georgia Augusta; nach Reisen im Ausland 1798 Hofsekretär in Wien; schriftstellerisch tätig, als hochgebildeter Mann gerühmt; Schüler L.s und Kästners in Göttingen. – *Zulehner:* Johann Anton Zulehner (gest. 17. August 1795) aus Mainz, immatrikulierte sich am 18. Oktober 1788 als stud. philos. an der Georgia Augusta, wo er Schüler von Kästner und L. war; später Magister und seit 1792 ordentl. Prof. der Physik in Bonn, nicht zuletzt durch ein Gutachten von L.; Verf. von Werken zur Philosophie und Naturlehre. – *Schlegel:* Carl Wilhelm Friedrich Schlegel (1772–1829) aus Hannover, immatrikulierte sich am 26. April 1790 als stud. theol. an der Georgia Augusta. – *Landgrafen von Philippsthal:* Wilhelm Landgraf von Hessen-Philippsthal (1726–1810), seit 1770 Landgraf; holl. General; heiratete 1755 Ulrike, Prinzessin von Hessen-Philippsthal-Barchfeld (1732–1795).

88 *Hußmann:* Vermutlich nicht Hausmann, sondern ein Hörer, den L. in seiner Colleg-Liste für das Wintersemester 1790 aufführt. – *Juvenal:* Wohl die 1789 in London erschienene Übersetzung der »Satyrae singulae separatim editae« von Madan; L. besaß zwei frühere Ausgaben (BL, Nr. 1728, 1729). Eine Rezension von Heyne in den GGA 1790, S. 1809. – *Naturgeschichte:* S. zu GH 37.

89 *Zimmermann aus Braunschweig:* Eberhard August Wilhelm von Zimmermann. – *der junge Dietrich:* Heinrich Dieterich. – *Siemers:* In Frage kommt Leutnant Siemers, 1790 im Hamelnschen Land-Regiment geführt; L. führt ihn in seiner Hörerliste für das Wintersemester 1790 auf. – *Reise nach Witzenhausen:* »Ein artiges Heßisches Städtchen an der Werre. Die Weinberge und vielen Garten, mit den der Ort umgeben ist, verschaffen der Gegend ein reizendes Ansehen.« (Rintel, S. 141 f.).

90 *Wilke[ns] . . . Buch:* »Aufsätze mathematischen, physikalischen und chemischen Inhalts«, Heft 1, Göttingen 1790 (BL, Nr. 250). – *Heyne das Reskript:* Der Anlaß für das Schriftstück war nicht zu ermitteln. – *Reskript:* Verfügung, Anordnung einer vorgesetzten Behörde. – *an Wilke[ns] geschrieben:* Vgl. den Brief an Heinrich David Wilckens vom 30. Oktober 1790.

91 *L.:* Louisdor. – *ich ihm . . . geantwortet:* Vgl. den Brief an Heinrich David Wilckens vom 31. Oktober 1790. – *IHS:* In hoc signo [vinces], lat. ›in diesem Zeichen wirst du siegen‹; der Überlieferung nach eine Himmelserscheinung (Kreuz und Worte), die Kaiser Konstantin im Jahr 312 n. Chr. vor der entscheidenden Schlacht gegen Maxentius hatte. – *An meinen Bruder die Vollmacht:* Vermutlich Vollmacht zur Regelung der Erbschaftsangelegenheiten nach dem Tode Christian Friedrich Lichtenbergs; vgl. den Brief an Friedrich August Lichtenberg vom 29. November 1790.

92 *Kubik-Ruten:* S. zu E 320.

93 *W.:* Wilckens.

94 *K.:* Kästner.

95 *Gmelins Kinder:* Eduard (1786–1873) und Leopold Gmelin (1788–1853), die Söhne Johann Friedrich Gmelins. Eduard wurde Oberjustiz-Procurator in Tübingen, Leopold Prof. der Chemie in Heidelberg. – 9tes *und* 10tes *St. von Crells Annalen:* Das neunte und zehnte Stück der »Chemischen Annalen«,

Bd. 2, S. 193–376, erschienen November 1790 in Helmstädt und Leipzig, enthielten folgende Artikel: von Ruprecht, Über die metallische Natur der ... Kieselerde; Martinovich, Versuche über das Knallgold; Westrumb, Untersuchung des Mondsteins; Heyer, Zergliederung des Thausalzes; Link, Glas auf den Basalten; Kaustischer Salmiakgeist; Chemische Bemerkungen von Macie, La Métherie, Klaproth, Westrumb, Stucke, Tuhten; Tingry, Schotengewächse; Anzeige chemischer Schriften: Vogler, Biblioteca fisica d'Europa (Brugnatelli); Schurer, Macri Chemische Neuigkeiten. Bd. 10 enthält Artikel von Ruprecht, Vogler, Klaproth, Hofmann, chemische Untersuchungen über Benzoesäure und Indigo und Chemische Bemerkungen von Herrmann, Kirwan, Hacquet, Winterl, Rückert, Tingry und Fourcroy.

96 *Rackebrands Pumpe:* Johann Heinrich Rackebrand (1728 bis 11. Mai 1796), reicher Bäcker in Göttingen, wie L. wohnhaft in der Gotmarstraße. – *Wolff:* Franz Ferdinand Wolff (1747–1804) aus Hannover, immatrikulierte sich am 21. April 1766 als stud. jur. an der Georgia Augusta; Konsistorialsekretär in Hannover, Freund L.s und Mitarbeiter am »Göttingischen Magazin«; Physikliebhaber, verfaßte ein »Compendium zum Vortrage über die Experimentalnaturlehre für die höhern Classen der Schulen«, Göttingen 1791 (BL, Nr. 563).

97 *Die Tonne ... zersprengt:* S. zu SK 10. – *Lessens purschikoser Disputation:* Vielleicht das »Programm über Philosophie und Christenthum; Vorschlag eines philosophischen Kursus der christlichen Religion, vorzüglich für Nicht-Theologen«, das Göttingen 1790 erschien. Gottfried Leß war vom 3. Juli 1790 bis 2. Januar 1791 Prorektor; vgl. auch den Brief an Johann Friedrich Blumenbach vom 5. Januar 1791. – *purschikoser:* Burschenhaft, studentenmäßig. – *Holm:* Edward Holme (1770–1847) aus Kendal, Westmoreland; immatrikulierte sich am 28. Oktober 1790 als stud. med. an der Georgia Augusta; promovierte 1793 in Leiden zum Dr. med., praktizierte dann in Manchester; Mitglied medizin. Gesellschaften.

98 *Campe das Teleskop:* S. zu SK 87. – *Lange sich ... zur Deklamation gemeldet:* Vgl. auch SK 99, 102. Wohl Karl Julius Lange, eigentlich Alexander Davidson (1755–1813) aus Braunschweig; Kunsthändler, Englandreisender, Schriftsteller. – *Pollux:* S. zu SK 479. – *Der Höhin Vater begraben:* Heinrich Christoph Höhe (1736–1790), Buchdruckergeselle in Göttingen, der am 20. November verstorben war. – *die Höhin ... ein Mädchen:* Sophia Maria Höhe gebar laut Kirchenbuch von St. Nicolai am 23. November 1790 eine uneheliche Tochter, die am 25. November auf den Namen Sophia Christina Elisabeth getauft wurde. Angeblicher Vater war Dr. med. Georg Friedrich August Buchholz aus Mecklenburg.

99 *Bouterwek:* Friedrich Ludewig Bouterwek (1766–1828), Student der Jurisprudenz, immatrikuliert am 29. April 1784 an der Georgia Augusta, nahm 1787 Abschied; dann Advokat in Hannover; 1791 Privatdozent, 1797 Prof. der Philosophie in Göttingen, wo er Weender Straße 8 wohnte (Gedenktafel); heiratete 1806 die Tochter des Oberamtmanns Westfeld in Weende; bedeutender Literarhistoriker, der Vorlesungen über Ästhetik und Kant hielt. »Geschichte der Poesie und Beredsamkeit seit dem Ende des 13. Jahrhunderts« (in 12 Bdn., Göttingen 1801–1819), auch belletristisch tätig (»Graf Donamar«). – *v. Westphals:* In Frage kommt nach der Matrikel (falls es

sich um einen Studenten handelt) höchstens Ludwig von Westphalen, »liber baro« aus Braunschweig, Sohn Christian Heinrich Philipp von Westphalens; Geheimer Sekretär des Herzogs Ferdinand von Braunschweig und herzogl. braunschweigischer Landdrost. Er immatrikulierte sich am 16. Oktober 1789 als stud. cam. an der Georgia Augusta.

101 *Kalender an den Vetter:* Vgl. den Brief an Friedrich August Lichtenberg vom 29. November 1790. – *two ... Andrews:* Zwei Guineen für Joseph Andrews. Aus dem Brief geht hervor, daß L. nicht für Fieldings Roman, sondern für Andrews Geld schickt! Zu L.s häufig übertrieben anmutender Camouflage vgl. Ulrich Joost, Lichtenbergs »geheime« Tagebücher, in: Jahrbuch für Internationale Germanistik 1987, Reihe A, Bd. 19, S. 219–241.

102 *Rapp:* Gottlob Christian Rapp (1763–1794), Theologe und philosophischer Schriftsteller; seit 1784 Magister der Philosophie zu Tübingen. L. besaß von ihm ein Werk (BL, Nr. 1388). – *Herrn Lange ... geschrieben:* Wohl Antwort auf dessen Brief vom 28.(?) November 1790, zu dem L. notiert: »Ein Billet mit HE. Lange mit der Abhandlung über Declamation.«

103 *Kirsten:* Johann Friedrich Adolph Kirsten (1755–1833), seit ca. 1790 Privatdozent für Philosophie und Mathematik an der Georgia Augusta; Konrektor der Stadtschule in Göttingen; Lehrer für Geschichte und Geographie.

104 *Hamilton:* Joseph Hamilton (1754–1828) aus Gibstown, Schottland; 1777 zum Priester geweiht; Dr. phil., dann Prof. der Physik und Mathematik in Erfurt; wirkte weiterhin als Prediger und Seelsorger. Am 29. Oktober 1790 bei L. zu Besuch. – *Laffert:* Friedrich Johann von Laffert (1769–1841) aus Lüneburg, immatrikulierte sich am 2. Mai 1789 als Student der Kameralwissenschaften an der Georgia Augusta; heiratete 1799 Emma Freiin von Dörnberg, die Tochter des preuß. Etats-Ministers, und wurde im gleichen Jahr zum Kämmerer der Stadt Lüneburg gewählt. 1803 schied er aus dem Amt, trat in den Staatsdienst, wurde 1819 infolge der Karlsbader Beschlüsse Bevollmächtigter der hannov. Regierung für der Universität Göttingen. 1830 Hoheits-Commissarius der Grafschaft Hohenstein und Stiftsamtmann in Ilfeld, wo er auch starb; vgl. Kurt von Laffert, Geschichte des Geschlechts v. Laffert, Dannenbüttel 1957. – *Deiman:* Wohl Simon Albertus Deiman, Vetter von Johann Rudolph Deiman, immatrikulierte sich am 25. Oktober 1788 als Stud. jur. an der Georgia Augusta, wo er bis 1791 blieb; vgl. SK 205. – *Dortchen:* Wohl Dienstmagd Margarethe Lichtenbergs; der in L.s Tagebüchern häufig und in sexuellem Zusammenhang erscheinende Vorname ist nur vermutungsweise mit Dorothea Braunhold zu identifizieren; zudem L. im Verlauf der neunziger Jahre den Namen abgewandelt in *Dolly,* umschrieben mit *Devil, Düvel, Satan* wiederholt, wobei es sich keinesfalls um eine und dieselbe Person handeln kann. – *an Wolff wegen des Pelzes:* Der Pelz war ein Weihnachtsgeschenk für Margarethe Lichtenberg, vgl. SK 107. – *Brodhagen:* Peter Hinrich Christoph Brodhage (1753–1807) aus Hamburg, immatrikulierte sich am 4. Mai 1779 in Philosophie an der Georgia Augusta, später Lehrer an der Handelsakademie zu Hamburg; naturwiss. Schriftsteller.

105 *Ramsden, Röhren ziehen:* Vgl. J 1582. – *Würste:* S. zu B 176.

106 *Haus-Saloppe:* Morgenrock, ursprünglich Schmutzmantel. – *Prof. Bürgerin:* Elise Bürger. – *Nachricht von Don Zebra:* Johann Georg Zimmermann, den L. schon F 1197 ähnlich tituliert; s. auch die Anm. dazu. –

Hauptmann Müller: In der Handschrift *Müller Hauptmann.* Gotthard Christoph Müller (gest. 1803), Ingenieur-Major und seit 1790 außerordentl. Prof. für Philosophie (speziell für Mathematik und Militärwissenschaft) an der Georgia Augusta. – *intermittierenden Puls:* Aussetzender oder unterbrochener Pulsschlag. – *Niewald:* Georg Heinrich Niewald (1741 bis 7. Dezember 1790), Bürger und Schuster in Göttingen.

107 *Barbier:* Wohl Voigt. – *Persoon:* Christiaan Hendrik Persoon (1761–1836) aus Kapstadt, holl. Arzt und Wissenschaftler, immatrikulierte sich am 8. Oktober 1787 an der Georgia Augusta als stud. med.; zuvor in Leiden; Begründer der modernen Mykologie. – *Christ-Geschenks von Wolff:* Vgl. SK 104, 110.

108 *ad interim:* Lat. ›vorübergehend‹. – *Meyer wird Doktor:* Friedrich Albrecht Anton Meyer (1769 bis 29. November 1795), Dr. med., seit 1792 Privatdozent der Medizin in Göttingen und Unteraufseher am Akademischen Museum (Naturalienkabinett). – *Lüder:* August Ferdinand Lüder (1760–1819), nach dem Studium in Göttingen 1786 Prof. der Geschichte am Carolinum in Braunschweig; ab 1810–1814 der Philosophie und Geschichte in Göttingen, 1817 Honorarprof. in Jena.

109 *Die Braunholzin angetretten:* Johanna Dorothea Luise Braunhold oder ihre jüngere Schwester Dorothea Henriette Luise Braunhold. Die Anstellung erfolgte nicht als Amme, sondern offenbar als Dienstmagd. – *Herzklopfen:* Vgl. J 1596. – *Cosmologische Briefe:* Über dieses Werk s. zu A 252. – *gratuliert:* In der Handschrift *gratuliren.* – *Carriole:* Aus dem Frz. entlehnt und im 18. Jh. in Deutschland gebräuchlich für ›leichte Kutsche‹.

110 *Baader:* Benedict Franz Xaver [von] Baader. – *Freiberg:* Von 1787–1792 studierte Baader an der Bergakademie bei Werner. – *Die Pelz-Saloppe kömmt ... an:* Vgl. SK 104, 107.

111 *Ipecacuanha:* Brechwurzel aus Brasilien; auswurfbeförderndes Mittel bei Bronchitis.

112 *sehr krampfig:* S. zu J 223. – *Riecher von Riepenhausen geätzt:* Franz Siegfried Georg Rieche (1742–1790), der 1790 den Gerichtshalter Bündell in Linden bei Hannover meuchlings erschossen hatte, wurde am 23. Februar 1791 in Hannover hingerichtet (vgl. Andreae, Chronik der Residenzstadt Hannover, Hildesheim 1859, S. 277). Akten über den Mordfall und die Hinrichtung sind nach Auskunft des Stadtarchivs Hannover nicht mehr vorhanden. Die Radierung von Riepenhausen ist nach Auskunft des Städt. Museums in Göttingen nicht nachweisbar. Das »Neue Hannoverische Magazin«, 21. Stück, Montag, den 14. März 1791, Sp. 321–330, veröffentlichte eine »Aktenmäßige Nachricht von dem Mörder des beim gräflich Plateschen Gerichte Linden gestandenen Gerichtshalters Bündell«. – *Dr Wolff:* Gysbert Jacob Wolff (1770–1804), Sohn August Ferdinand Wolffs, holl. Arzt aus Utrecht, in Göttingen immatrikuliert am 26. Oktober 1790; Freund L.s, der diesen im Brief an Samuel Thomas Sömmerring vom 19. Januar 1791 rühmend empfahl. Die wichtigsten, aus seiner dreißigjährigen Praxis gewonnenen Beobachtungen August Ferdinand Wolffs finden sich in der Dissertation seines Sohnes: »Analecta quaedam medica August Ferdinand Wolffii de phosphori virtute medica observationes duodecim«, erschienen Göttingen 1790. – *Rezension von Wilkens Schrift:* Kästners Rezension erschien in den GGA, 203. Stück, vom 20. Dezember 1790, S. 2033–2037. Wilckens' Schrift

zu SK 112

ist zu SK 90 nachgewiesen. Kästner wischte Lesage (S. 2034f.) – nebenbei auch L. selbst – eins aus, da er in Zusammenhang mit einem Lob der »Beyträge zur Elektrizität« von Wilckens, in Klammern anmerkt: »Versuche, die 47., 48. Seite als Hrn. Hofr. L.s˙ aus desselben Ausgabe von Erxlebens Naturlehre 1787. 436 S. angeführt werden, sind nicht vom Hrn. Hofr. L. selbst.« (S. 2037). Dagegen Kästners überschwengliches Urteil über Wilckens (S. 2037): »Wie Hr. M. W. mit Experimentalphilosophie und Chemie, was jetzt selten mit ihnen verbunden ist, mathematische, auch höhere, Kenntnisse verbindet, zeigt er nicht öffentliche Proben, welche immer die besten und sichersten Empfehlungen eines jungen Gelehrten sind.« – *deutsche Übersetzung von Pictet rezensiert:* Der »Versuch über das Feuer« (s. zu J 1444) von Marc Auguste Pictet, übersetzt von M. J. Kapf, Tübingen 1790; L. rezensierte das Werk in den GGA, 13. Stück vom 22. Januar 1791, S. 128 (Jung, S. 282). – *Seyffer nach Gotha:* Zu Zach und seinem Observatorium?

113 *Gütle Zeit gegeben:* Vermutlich für die Lieferung des von L. bestellten Apparats; vgl. SK 52. – *Rhabarber . . . Tinktur:* S. zu F 201. – *Lot:* Massemaß; 1 Lot = 10 Quentchen = 16, 667 g (Hessen). – *Malortie:* Carl Gabriel Heinrich von Malortie (1734–1798) aus einem aus der Normandie stammenden Adelsgeschlecht, das seit 1685 in braunschweig.-lüneburgischen Diensten stand; Dragoneroberst; General-Major; immatrikuliert am 10. Juli 1786, Oberhofmeister der engl. Prinzen in Göttingen.

S. 713: *Tu . . . dabis?:* Du, der du schon zweimal sechs Monate die Mathematik anreißt, / Wann wirst Du, strenger Gelehrter, jener [scil. Mathematik] Licht geben? Das Distichon bezieht sich vermutlich auf Wilckens, der seit 1790 Privatdozent war, s. auch SK 132. Der Verf. – gewiß ein Göttinger Kollege – ist unbekannt; vielleicht Seyffer? Kästner kommt nicht in Frage, da er Wilckens protegierte. Für L., der sich nur einmal an lateinischen Merkversen (vgl. F 944) versucht hat, spräche sein Ärger über Wilckens und die Tatsache, daß das Distichon das Tagebuch 1791 wie eine Devise eröffnet. Übrigens gibt es zwei Fassungen von Januar 1791; die erste, mit der Devise, notiert L. in SK 1790 vorne, die andere findet sich in SK 1791 vorn, aber ohne die Devise. Den hier ausgewählten Tagebuch-Notizen liegt die zweite Fassung zugrunde.

114 *rote Augensalbe:* Unter dem 3. Januar 1791 notiert L.: »Augenweh«. – *Ohne Klindworth gelesen:* Daß Klindworth krank war, teilt L. am 5. Januar 1791 Johann Friedrich Blumenbach mit. – *Seyffer . . . von Gotha erzählt:* Vgl. SK 112.

115 *Der alte Krohne Abschied:* Vermutlich Johann Heinrich Wilhelm Krohne, Kellerknecht im Weinkeller des Hof-Kellers zu Hannover; gehörte wohl zum Hofstaat der engl. Prinzen in Göttingen. – *Blumenbach bei mir . . . die spez[ifischen]. Gewichte . . . untersuchen:* Die Einladung spricht L. in seinem Brief an Johann Friedrich Blumenbach vom 5. Januar 1791 aus. Über weitere Untersuchungen, das spezifische Gewicht u. a. von Zirkonen betreffend, informiert L. Blumenbach am 11. Januar 1791. Vgl. auch SK 116, 132. – *Erden:* S. zu K 328.

116 *Hollenberg geschrieben:* Vgl. den Brief an Georg Heinrich Hollenberg vom 10. Januar 1791. – *Kopfweh:* Vgl. SK 114. – *die Köche ab:* Die Köche der drei engl. Prinzen in Göttingen. Der Hof-Küche in Hannover standen

seinerzeit vor: Friedrich Ludewig Cumme und Johann Carl Düring. – *Klindworth die spez. Schweren repetiert:* S. zu SK 115.

117 *das kleine Mädchen:* Christine Louise Friederica Lichtenberg. – *der Faktor:* Andreas Heinrich Greuling, Faktor der Dieterichschen Buchhandlung und Universitäts-Verwandter, Sohn des Regiments-Tambours Georg Heinrich Greuling bei der Garnison in Jena. – *Faktor:* S. zu SK 68. – *wegen MS. gemahnt:* Vermutlich das Manuskript zu Erxlebens Compendium, 5. Aufl., von 1791. – *Der neue Barbier:* Vgl. SK 108.

118 *Rackebrands Haus:* Gotmarstraße. – *Der kleine Junge:* Georg Christoph jr.

119 *zum erstenmal Wasserbrei:* Vgl. SK 120. – *Amtsverwalter zu Weende:* Cleve; s. zu SK 51. – *Abends . . . mit Klindworth hydros[atische]. Versuche:* Vgl. J 1301.

120 *An Sömmerring . . . wegen D<u>r</u> Wolff:* Vgl. Brief an Samuel Thomas Sömmerring vom 18. Januar 1791. – *List . . . wegen Witwen-Kasse:* Gottlieb Christian Heinrich List (1752–1821) aus Göttingen, immatrikulierte sich am 11. März 1769 als stud. jur. an der Georgia Augusta, 1784 Amtsnachfolger Bürgers in Altengleichen, später Procurator bei dem akademischen Gericht der Universität Göttingen. Verf. der »Beyträge zur Statistik von Göttingen«, Berlin 1785. S. Wilhelm Ebel, Die Professoren-Witwen- und Waisen Kasse, in: ders., Memorabilia Gottingensia. Göttingen 1969, S. 73–100. – *Rockenbrei:* Vgl. SK 119.

121 *Staatskalender erhalten:* S. zu J 348. – *Sextanten:* Winkelmeßgerät besonders der Nautik und der Geodäsie, hauptsächlich zur Bestimmung des Elevationswinkels bekannter Planeten; von Newton 1742 erdacht, 1751 von John Hadley technisch verwirklicht.

122 *Frese begraben:* Johannes Frese (1770–1791) aus Reval, immatrikulierte sich als stud. theol. am 6. Oktober 1788 an der Georgia Augusta. Laut Kirchenbuch starb er am 18. Januar an Auszehrung. – *Salband:* Das natürliche Ende des Tuchs, das Zettelende: Saum. – *Seebassens Faktor:* Kapmeyer, Geschäftsführer der Glashütte in Schorborn, die Georg Christoph Seebass aus Wernigerode seit 1768 bis zu seinem Tode 1806 leitete. – *Ribini the flattering letter:* Johann Daniel Ribinis »schmeichelhafter Brief« vom 21. Januar 1791.

123 *Aussöhnung:* Unterm 23. Januar 1791 notiert L.: »† an Mittag nicht bey Tisch«. – *Tatter geschrieben:* Dieser Brief an Georg Tatter ist nicht erhalten; Tatters Antwort datiert vom 12. Januar 1791.

124 *Schmidt:* Wohl Karl Friedrich Wilhelm Schmid (1761–1821), Rechtsgelehrter und Jurist. Schriftsteller, seit 1795 Syndikus zu Frankfurt am Main, zuvor Hofgerichtsassessor und Prof. der Rechte zu Tübingen. – *Jacobi:* Johann Georg Arnold Jacobi (1768–1845), der zweite Sohn Friedrich Heinrich Jacobis, immatrikulierte sich am 26. April 1790 als Student der Philosophie an der Georgia Augusta; zuvor schon einmal inskribiert am 27. April 1787.

125 *Manthey:* Johann Georg Ludwig Manthey (1769–1842) aus Glückstadt, immatrikulierte sich am 28. Oktober 1790 als stud. chem. an der Georgia Augusta; namhafter dän. Chemiker und Techniker, legte 1789 in Kopenhagen sein Kandidatenexamen ab und reiste anschließend mit einem Stipendium ins Ausland; Direktor der kgl. dän. Porzellanfabrik. – *Rinmans Wörterbuch:* Das »Bergwerkslexicon«, erschienen Stockholm 1788 (1. Bd.) und 1789 (2. Bd.) von Sven Rinman (1720–1792), schwed. Bergrat und

Ritter, bedeutender Bergwerkskundler. In den GGA, 55. Stück vom 4. April
1791, S. 551–552, wurde von Gmelin die baldige Übersetzung durch Manthey vorangekündigt: »einen jungen Gelehrten, der mit Sache und Sprache
genau bekannt ist.« Eine Übersetzung ins Deutsche ist erst 1808 zu Leipzig
herausgekommen. – *Mad. Köhler: Luisa* Sophia Henrietta Dieterich, geb.
3. Dezember 1757, heiratete 1781 den Göttinger Buchhändler Johann Christian Friedrich Köhler (1751–1787); lebte 1816 noch in Hildburghausen.

126 *schreckliche Nachricht von Prof. Pfaff:* Offenbar Anfälle geistiger Verwirrung Johann Friedrich Pfaffs; vgl. SK 147, 150.

127 *Das Chartchen für den Uranus:* Vgl. J 1627 und SK 130, 135. – *Bendavid
erzählt mir das bon mot . . . über den Baron Nesselrode:* L. berichtet die Anekdote
Blumenbach in einem nach dem 5. (am 15.?) Februar 1791 geschriebenen
Brief; s. auch SK 131. – *Friedrich von Braunschweig:* Friedrich August Prinz
von Braunschweig-Wolfenbüttel (1740–1805), Bruder Karl Wilhelm Ferdinands von Braunschweig, Lieblingsneffe Friedrichs II., erbte 1792 durch die
1768 geschlossene Heirat mit Friederike von Württemberg-Oels (1751–1789)
das schlesische Fürstentum Oels, lebte nach dem Tode seiner Frau in Berlin,
bekannt für seinen schlagfertigen Witz: »Viele Geschichten von ihm, z. T.
etwas kräftiger Art, halten das Andenken an ihn noch heute lebendig.« (Paul
Zimmermann, Der Schwarze Herzog Friedrich Wilhelm von Braunschweig,
Hildesheim und Leipzig 1936, S. 29). – *Nesselrode:* Wohl Franz Leopold Baron
zu Nesselrode, Herr zu Hugenpoet, Königl. preuß. Hofmarschall.

128 *Graf von Stolberg:* Heinrich Graf von Stolberg-Wernigerode
(1772–1854), der sich am 15. Januar 1791 an der Georgia Augusta immatrikulierte. – *dem Obristen:* Casimir August Alexander von Marconnay, ehem.
Major in preuß. Diensten, der sich am 15. Januar 1791 als stud. jur. an der
Georgia Augusta immatrikulierte. Er nimmt am 17. April 1792 Abschied.
Von 1783 bis 1792 Hofmeister des Grafen von Stolberg-Wernigerode.

129 *Kupferplatte korrigiert . . . : Für die Neuauflage des Erxleben? – Hogreve:*
Johann Ludwig Hogrewe; s. zu J 35. – *Backhausin:* Margaretha Sophia,
Tochter des Göttinger Kantors Friedrich Schweinitz, hatte am 17. Februar
1760 Paul Ludwig Backhaus (1728–1802) geheiratet (St. Johannis). – *der
Prinzen Haus:* Dieterichs Haus, in dem die engl. Prinzen während ihres
Aufenthalts in Göttingen wohnten; Rintel nennt 1794 bereits die Straße:
Prinzenstraße, und dabei ist es bis heute geblieben.

130 *kleine Charte:* Vgl. SK 127. – *Ware von Schorborn:* S. zu SK 68. – *Graf
Rantzow:* Laut Matrikel der Georgia Augusta schrieben sich am 27. April
1790 Christian Detlev Carl und Carl Emil Graf von Rantzau-Ascheberg
(gest. 1857) aus Holstein an der Göttinger Universität ein. Welcher von
beiden L. besuchte, ist nicht feststellbar. Christian Detlev Carl von Rantzow
(1772–1812), Politiker, Historiker, Universitätskurator. Allerdings hat sich
bereits am 26. Oktober 1789 August Wilhelm Franz Graf von Rantzow
(1761–1849) vom Hause Breitenburg in Holstein immatrikuliert, später
großherzogl. holstein.-oldenburgischer Kammerherr. – *Knigges Noldmann:*
»Benjamin Noldmann's Geschichte der Aufklärung in Abyssinien, oder
Nachricht von seinem und seines Herrn Vetters Aufenthalte an dem Hofe des
großen Negus, oder Priesters Johannes«, erschienen Göttingen bei Dieterich
1791 in 2 Bdn. L. besaß den Roman (s. BL, Nr. 1154).

131 *Heynens Hause:* Heyne erwarb 1774 das dem Kommerzienrat Scharff

gehörende Haus Papendiek 16, in dem er bis zu seinem Tode wohnte. – *Sinngedicht ... auf ... Nesselrode:* S. zu SK 127.

132 *Für Blumenbach spezif. Schweren untersucht:* Vgl. SK 115, 116. – *Epigramme ... auf Wilkens:* S. zu SK$_{II}$, S. 713 (vor SK 114). – *Wuth:* Wohl Friedrich Ernst Conrad Wuth (1760–1847), Sohn des Rektors und Küsters an der Aegidienkirche in Hannover Georg Adam Wuth; Student der Theologie in Göttingen (immatrikuliert am 20. April 1779), 1785 Pastor in Roringen, 1795 in Großen Goltern.

133 *von Brodhagen:* Brief von Peter Hinrich Christoph Brodhagen vom 16. Februar 1791. – *Georg zurück:* Rogge war am 16. Februar 1791 nach Hannover gefahren.

134 *dem kleinen Jungen:* Georg Christoph jr. – *atra cura:* Finstere Sorge. Zitat aus Horaz, »Oden« III, I, 40; s. auch SK 135.

135 *aterrima cura:* Schwärzeste Sorge. Vgl. SK 134 und Anm. – *Must ... this:* Muß es dahin kommen. – *Uranus gesehen:* S. zu SK 127. – *der Frau:* Margarethe Lichtenberg. – *l'hombre:* Über dieses Spiel s. zu J 1521. – *arm[en] Jungen:* Georg Christoph jr. – *Riecher ... hingerichtet:* S. zu SK 112. – *Die Zirkone mit dem Magneten gezogen:* Vgl. L.s Brief an Johann Friedrich Blumenbach vom 23. Februar 1791 (?). Zirkon (Hyazinth), Mineral, das Hauptträger der Radioaktivität von Gesteinen ist; Klaproth isolierte 1789 aus dem Edelstein das Zirkondioxyd und nannte es Zirkonerde. Gmelin hielt 1791 vor der Göttinger Sozietät der Wissenschaften einen Vortrag über seine Versuche mit dem Zirkon (s. GGA 1791, S. 1817). – *Hackfeldin ... Konzept zur Verschreibung:* S. zu SK 74. Unterm 10. Februar 1791 notiert L.: »Die Hachfeldin da wegen des Geldes«.

137 *Sinngedichte auf W.:* Vgl. SK 132 und zu SK$_{II}$, S. 713 (vor SK 114). Läßt das auf die Verfasserschaft von Althof oder seinem Freund Bürger schließen? – *Brief von Rottmann:* Brief von Heinrich August Rottmann, Buchhändler in Berlin, vom 19. Februar 1791. – *Wilkens:* Heinrich David Wilckens. – *An Wolff:* Brief an Franz Ferdinand Wolff vom 24. Februar 1791. – *Nöbeling:* Johann August Christian Nöbeling (1756–1800), Rektor des Gymnasiums in Soest, 1783 Magister der Theologie, seit 1789 Privatdozent der Theologie und Prediger an der Albanikirche in Göttingen. L. erwähnt ihn auch schon im Brief an Albrecht Ludwig Friedrich Meister vom 10. Februar 1783.

138 *Privet:* Abtritt, heimliches Gemach. – *holländischen Almanach:* Vielleicht der »Almanach ten dienste der Zeelieden voor het jaar 1791«, erschienen Amsterdam 1788 (s. BL, Nr. 49). – *Pastor Häcker:* Johann Friedrich Häcker (1755–1827), seit 1788 Pfarrer in Behringersdorf bei Nürnberg, ab 1795 Diakon in Wöhrd, wo er als »bestverdienter Pfarrer an der hiesigen Kirche und Lokalschulinspektor allhier« verstarb.

139 *An Platz:* Unterm 26. Februar 1791 notiert L.: »Blumensaamen von Erfurt.« – *Paulsen:* Entweder Peter Paulsen aus Holstein, stud. cam., immatrikuliert am 20. Oktober 1789, oder Jacob Paulsen aus Husum, am 9. Mai 1791 als stud. jur. an der Georgia Augusta immatrikuliert. – *Graf Rhedey:* Adam Graf Rhédei zu Kis-Rhéde (gest. 1849) aus Ungarn, immatrikulierte sich am 8. Oktober 1789 an der Georgia Augusta; aus altem siebenbürgisch-ungar. Adelsgeschlecht.

140 *Schäfer 4:* Laut Tagebuch stellt er sich L. am 26. Februar 1791 vor; am

3. März notiert L.: »zum erstenmal elecktrisirt«. Vielleicht Georg Benjamin Schäfer, 1790 Stadtphysikus in Northeim, 1795 Hofmedicus. – *Bohnen von Osnabrück:* L. hatte sie am 10. Januar 1791 bei Hollenberg bestellt (Brief an Georg Heinrich Hollenberg vom 10. Januar 1791). Am 19. März 1791 notiert L.: »die osnabrückschen Bohnen gelegt.« Für das Ergebnis bedankt L. sich am 25. September 1791. – *m. l. Frau:* Von L. verbessert aus *Margarethe*. – *Redhead:* Joseph Redhead aus Edinburgh (geb. auf Antigua), Dr. med. 1789 über »De adipe«, immatrikulierte sich am 20. Mai 1790 an der Georgia Augusta für Medizin. – *Weber:* Georg Michael Weber (geb. 1768, gest. nach 1827) aus Bamberg, immatrikulierte sich am 18. Oktober 1790 als stud. jur. an der Georgia Augusta. Er promovierte 1793 in Bamberg zum Dr. jur.; dort ordentl. Prof. der Jurisprudenz und Hof- und Regierungsrat; 1814 Vice-Präsident des Appellations-Gerichts in Amberg; jurist. Schriftsteller. – *v. Thümmels Reise:* Das Werk ist zu J 556 nachgewiesen. L.s Begeisterung spiegelt auch der Brief an Samuel Thomas Sömmerring vom 14. März 1791 wider.

141 *Thümmels Buch:* S. zu J 556. – *Pfaff:* Wohl Johann Friederich Pfaff; sein Bruder Christoph Heinrich war – offiziell – erst 1793 in Göttingen.

142 *Canzler:* Vermutlich Friedrich Gottlieb Canzler (1764–1811), 1787 bis 1800 Privatdozent für Geschichte in Göttingen, wo er auch ein Zeitungs-Kolleg abhielt; dann Prof. in Greifswald. – *Müller ... sein Programm:* »Ueber militärische Encyclopädie für verschiedene Stände, und deren Grundriß zu seinen künftigen Vorlesungen ...«, Göttingen: Dieterich 1791, von Gotthard Christoph Müller, der damit seine Vorlesung im Sommersemester 1791 ankündigte. Kästner zeigte das Programm, das bereits um Ostern 1791 erschienen war, in den GGA, 172. Stück, vom 27. Oktober 1791, S. 1721–1722, an. – *Französin:* Mademoiselle Ranchat?

143 *Wolff wegen Sömmerring gesprochen:* Zum Inhalt des Gesprächs vgl. Brief an Samuel Thomas Sömmerring vom 14. März 1791. – *neue ... Strümpfe:* »Neue Strümpe gekauft«, notiert L. unter dem 12. März 1791.

144 *An Sömmerring:* Vgl. Brief an Samuel Thomas Sömmerring vom 14. März 1791. – *Lüder:* Von L. verbessert aus *Schlüter*. – *Stammbuch:* Wolff reiste am 13. April 1791 ab (s. Brief an Samuel Thomas Sömmerring vom 14. März und vom 20. April 1791 sowie SK 155).

145 *Kattona:* Sigismund Katona von Sáros-Berkecz aus Ungarn, immatrikulierte sich am 5. Oktober 1789 als stud. jur. an der Georgia Augusta. – *den letzten Deluc:* Wohl »Idées sur la Météorologie«, Paris 1787.

146 *Abhandl. über das Hygrom.:* 1791 wurde in den »Philosophical transactions« von Deluc abgedruckt: »A second paper on hygrometry« (vgl. L 278); 1788 war im »Journal de Physique« ein Aufsatz mit dem Titel: »Sur l'hygromètre de baleine« erschienen. – *Sandart:* Im 18. Jh. noch gebräuchlich für: Sander, Zander, den Hechtbarsch. – *die 3 Frauenzimmer:* Frau Dieterich, Frau Köhler und Mlle Ranchat? – *wegen Pe[rpetuum].mob.:* Am 19. März 1791 notiert L.: »Mein Bruder Perpetuum mobile«, am 25. März 1791: »Brief von meinem Bruder von der Post ad Pe mob. pertinentem«. Zur Sache s. zu C 142.

147 *Oppermanns Zeugnis:* Wie aus SK vom 15. März 1791 hervorgeht, der Collaborator an der Göttinger Stadtschule Heinrich Julius Oppermann, den L. mit dem Göttinger Baukommissar gleichen Namens verwechselt. – *Pfaff*

... *wieder ganz toll:* Darüber s. zu SK 126. – *Brief von Kapmeyer:* Vom 20. März 1791.

148 *Blumenbach über die Aeolian Harp:* Blumenbach hatte L. die »Physiological disquisitions or discourses on the natural philosophy of the elements«, London 1781, von Jones zugesandt, die L. in seinem Artikel »Von der Aeolus-Harfe« (GTC 1792, S. 140) erwähnt. Äolsharfe, Windharfe: ein Saiteninstrument, dessen Saiten nicht durch Menschenhand zum Ertönen gebracht werden, sondern durch die Einwirkung eines natürlichen Luftstroms. Form und Einrichtung dieses Instruments hat Athanasius Kircher in seiner »Phonurgia nova« zuerst beschrieben; im 18. Jh. wurde es durch Pope populär. – *Slickensides:* Vgl. den Brief an Blumenbach vom 26. März 1791, wo L. erklärt, die Slickensides (in den Bergwerken von Derbyshire) »soll aus Flußspat mit Bleyglantz bestehen«; s. auch L 848 und an Blumenbach nach dem 23. Januar 1795.

150 *Frau von Blumenthal:* Louise Johanna Leopoldine von Blumenthal (1742–1808), geb. von Platen; Schwester der zweiten Frau Hans Joachim von Zietens, starb als Oberhofmeisterin der Prinzessin Heinrich von Preußen. – *Kalender:* GTC 1791. – *Mad. Spittler:* Christiane Friederike Elisabeth Spittler, geb. Eisenbach; Spittler hatte sie gegen den Widerstand ihres Vormunds 1782 geheiratet.

151 *Lowitz:* Tobias Lowitz. – *An Gmelin:* Johann Friedrich Gmelin verweist in seinem Brief vom 1. April 1791 betreffend »Streken des Zinns« auf Lorenz Florenz von Crells »Neueste Entdeckungen in der Chemie« (1781/ 82), Bd. 1, S. 47, Bd. 3, S. 270 und Bd. 4, S. 94. – *Der Höhin ihrer Freundin Kind stirbt:* Catharine Wilhelmina Bauer; ihr laut Kirchenbuch von St. Nicolai »uneheliches, aber legitimirtes Kind« Sophia Johanna Auguste starb am 1. April 1791 im Alter von 1 Jahr und 6 Wochen; begraben wurde es am 3. April 1791.

152 *Forsters Ansichten:* S. zu J 625. – *Lesage:* Doch wohl nicht der Romancier, sondern der Physiker George Louis Lesage.

153 *An Tatter:* Tatters Antwort auf diesen nicht erhaltenen Brief ist wohl sein Brief vom 12. Mai 1791. – *geholfen:* Danach von L. gestrichen *Der Barbier sagt er habe eine Schwalbe am Walle gesehen.* – *Arbeiter an der Spitze des Jac[obi-]. Turms:* Vgl. SK 160, 164, 168, 169, 171, 172, 178, 181, 195, 196, 203, 205, 210. Die Dachdecker-Arbeiten faszinierten L. auch andernorts: vgl. Schreibkalender April 1791, 8 und J 1527.

154 *Flies Abschied:* Isaak Flies aus Den Haag, immatrikulierte sich am 19. April 1790 als stud. med. an der Georgia Augusta. – *An Sprengel:* Bezieht sich wohl auf die Notiz nach J 1253 (J$_1$ S. 832). – *Eisendecher:* Wilhelm Christian Eisendecher (ca. 1741–1804), Registrator der Calenbergischen Witwen-Verpflegungs-Gesellschaft und Revisor des Armen-Collegiums zu Hannover, auch Witwen-Cassen-Registrator. – *Chir[urg]. Dieterich:* Barbier und Wundarzt in Göttingen (Diederichs). – *botan. Garten:* Der Botanische Garten der Universität Göttingen wurde am 8. Mai 1738 in der Karspüle an der Innen-(Süd-) Seite des Stadtwalles als »Hortus medicus« eröffnet. Erster Direktor war bis 1753 Albrecht von Haller; seine Nachfolger im 18. Jh.: Johann Zinn, David Büttner, Johann Murray, Georg Hoffmann. 1792 wurde die Gartenfläche erweitert, indem der nördlich des Walles gelegene, völlig versumpfte Stadtgraben dem Botanischen Garten zur Verfügung gestellt

wurde. Diese Zweiteilung ist bis heute erhalten geblieben. – *Karte an ...
Junker:* Vermutlich Sitzplatz in L.s Colleg für Johann Christian Wilhelm
Junker. – *Dietrich ... Rückschmerzen:* Über Dieterichs ernste Erkrankung s.
auch L.s Brief an Blumenbach vom 15. April 1791 und an Sömmerring vom
20. April 1791.

155 ⟩⟩ *Charte:* Vgl. Brief an Johann Hieronymus Schröter vom 21. April
1791.

156 *Das Ohr kömmt von Mainz:* Das Modell eines Ohres, das L. mit
Schreiben vom 18. Januar 1791 bei Sömmerring bestellt hatte. – *Graf v.
Einsiedel:* Nach der Matrikel kommen in Frage: Heinrich Graf von Einsiedel
aus Sachsen (immatrikuliert am 25. April 1789), und Carl Graf von Einsiedel
(1770–1841) aus Wolkenburg im Marktgraftum Meißen (immatrikuliert am
20. April 1790); später Königl. sächs. Geheimer Rat und Domherr zu Meißen. – *mit Herrn Dietrich:* Da Johann Christian Dieterich krank ist, wohl der
Student Christoph Dietrich aus Groß Olbersdorf in Meißen, Theologiestudent, immatrikuliert am 21. April 1790. – *Prof. Hufeland:* Wohl Gottlieb
Hufeland (1760–1817), Prof. der Rechte in Jena, 1788–1799 Herausgeber der
»Jenaer Allgemeinen Literatur-Zeitung« zusammen mit dem »alten« Christian Gottfried Schütz. – *Schütz:* Friedrich Karl Julius Schütz (1779–1844), der
älteste Sohn von Christian Gottfried Schütz, studierte 1799 in Göttingen,
1801 Promotion, 1804 Prof. der Philosophie in Halle. – *Melm:* Christian
Friedrich Melm aus Bremen, der sich am 21. April 1789 als stud. theol. an der
Georgia Augusta immatrikuliert und am 1. Oktober 1791 Abschied nimmt
(s. SK 222). – *Dietrich schlechter:* Vgl. SK 154. – *Embryo von Sömmerring
besehen:* Vgl. die Briefe an Johann Friedrich Blumenbach vom 15. und
25. April 1791 und an Samuel Thomas Sömmerring vom 20. April 1791; s.
auch dessen Antwort vom 25. April 1791.

157 *Dieterich ... nicht besser:* Vgl. Brief an Samuel Thomas Sömmerring
vom 20. April 1791. – *Blumenbach ... nach Gotha:* Blumenbachs Geburtsort,
wo sein Bruder lebte. – *Ellershäuser Holz:* Ellershausen, westlich von Göttingen gelegenes Dorf mit kleiner Waldung; seinerzeit beliebtes Ausflugsziel
(¼ Stunde zu Fuß): »Als die neue Strasse bis dahin fertig war, wurde ein
Wirthshaus vorn am Dorfe neu erbaut ... Vermuthlich that man es des guten
Coffee und der Augenweide wegen; denn der Wirth hat oben im Hause einen
Saal angelegt, worinn zwar die Stuccaturarbeit niemals fertig werden wird,
woraus man aber Göttingen mit seinen ganzen umliegenden Gegenden
übersehen kann.« (List 1785, S. 22).

158 *Nachtigallen:* L. vermerkt sie in seinem Schreibkalender am 17. und
19. April 1791. – *Baumblüte:* Vgl. SK 43. – *Noch ... keine Schwalben ...
gesehen:* Vgl. SK vom 3. April 1791: »der Barbier die erste Schwalbe«. S. zu
SK 153.

159 *An Sömmerring:* Brief an Samuel Thomas Sömmerring vom 20. April
1791. – *Donamar:* »Graf Donamar. Briefe geschrieben zur Zeit des siebenjährigen Krieges in Deutschland«, Göttingen 1791–1792 in 2 Bdn., von Friedrich Ludewig Bouterwek (BL, Nr. 1573); ein 3. Bd. erschien 1793. Bouterwek machte das Buch L. mit Schreiben vom 20. März 1791 zum Geschenk.
Der Roman wurde unter anderem deshalb zu einer Sensation, weil Bouterwek darin seine Studentenliebe von 1787 – Emilie von Berlepsch – in der
Gestalt Laurettes von Wallenstedt verewigte. Vgl. Erich Ebstein, Friedrich

Bouterwek und Emilie von Berlepsch. Vergessenes aus beider Liebesleben. In: Zeitschrift für Bücherfreunde. NF 15, 1923, S. 129–135, und A. Gillies, A Hebridean in Goethe's Weimar. Oxford 1969, S. 101 f.

160 *badwarm:* Zu L.s Interesse an originellen Wortschöpfungen »aus dem Volke« s. zu C 378. – *Jacobi-Kirchturm:* Über die Dachdeckerarbeiten an der Kirche vgl. SK 153 und Anm.

161 *Asboth:* Johann Asbóth aus Ungarn, immatrikulierte sich als Theologiestudent am 1. November 1788 zusammen mit Schedius an der Georgia Augusta; er nahm am 21. März 1795 Abschied. – *Schedius:* Johann Ludwig (Lajos) von Schedius (1768–1847), entstammt einer adeligen und ursprünglich deutschen Familie in Raab; Gründer der lutherischen Mittelschule in Pest, immatrikulierte sich am 1. November 1788 in Göttingen, wo er bis 1791 Theologie studierte; danach mehrere Reisen nach Paris und Italien; 1792 Prof. der Philologie und Ästhetik an der Universität Pest. Arbeitete an einer Erdbeschreibung für Ungarn, unterstützte die geographischen Arbeiten von und für Ungarn; seit 1794 Mithrsg. des lit. Journals »Urania«; 1798–1799 Hrsg. des »Literarischer Anzeiger für Ungarn«; 1802–1804 »Zeitschrift von und für Ungarn«. Korrespondierte mit Zachs. Vgl. Peter Brosche/Magda Vargha (Hrsg.), Briefe Franz Xaver Zachs in sein Vaterland, Budapest 1984, S. 9 f.

162 *Blumenbach . . . Retour von Gotha:* Vgl. SK 157. – *an Hogreve:* Brief an Johann Ludwig Hogrewe vom 2. Mai 1791.

163 *Billet an Murray:* Vgl. Brief an Johann Karl Wilcke vom 10. Januar 1792: »er schrieb noch wenige Tage vor seinem Tode an mich und bat sich ein angenehmes Buch zum lesen aus . . .«. – *Forsters Ansichten:* Das Werk ist zu J 625 nachgewiesen.

164 *Persky:* Nicolaus von Persky aus Rußland, immatrikulierte sich am 11. Mai 1791 an der Georgia Augusta als stud. jur., wo er bis September 1792 blieb (vgl. SK 379). – *Brief von Planta, Hindenburg:* Der Brief von Planta ist nicht erhalten, aber vermutlich identisch mit dem Empfehlungsschreiben für Persky vom 24. März 1791; Brief von Carl Friedrich Hindenburg vom 10. Mai 1791. – *Tatter:* Brief von Georg Tatter vom 12. Mai 1791. – *Kressenbruch:* Die Kerssenbruchs aus der Grafschaft Lippe, von denen vier Familienmitglieder in Göttingen Jura studiert haben: Gottlieb Friedrich Achatz von Kerssenbruch (1763–1842), immatrikuliert am 20. Oktober 1783, war 1790 Auditor beim Amtmann in Lauenau; August Wilhelm Heinrich von Kerssenbruch, immatrikuliert am 7. Mai 1787; Ernst Wilhelm Friederich von Kerssenbruch, immatrikuliert am 21. April 1788; Ernst Bernhard Wilhelm Ludwig von Kerssenbruch, immatrikuliert am 21. April .1788. – *Testimonii:* S. zu C 330. – *Jacobi-Turm . . . beschlagen:* S. zu SK 153. – *an Hindenburg:* Vgl. Brief an Carl Friedrich Hindenburg vom 14. Mai 1791. – *Chodowiecki bei mir:* Nicht der Künstler, sondern der Theologiestudent Isaac Heinrich Chodowiecki aus Berlin, an der Georgia Augusta immatrikuliert am 28. April 1789.

165 *Dietrich nach Leipzig:* Zur Frühjahrs-Buchmesse; s. auch Brief an Carl Friedrich Hindenburg vom 14. Mai 1791; vgl. SK 172. – *m. l. Frau . . . Schwester:* Johanna Christine Kellner, geb. 1777 in Nikolausberg. S. auch SK 179. – *Ich wieder über Parrot an Heyne:* Vielleicht die Erlangen 1791 erschienene »Theoretische und praktische Anweisung zur Verwandlung einer jeden Art von Licht in eines das dem Taglicht ähnlich ist« von Georg

Friedrich Parrot (1767–1852) aus Mömpelgard; vielseitiger naturwissenschaftlicher Schriftsteller zwischen 1788 und 1792 in Karlsruhe; auch Instrumentenbauer. Eine Rezension ist in den GGA nicht erschienen; die Universitätsbibliothek Göttingen enthält nur nach 1791 erschienene Werke.

166 *Erskine:* John Thomas Erskine, schott. Edelmann, immatrikulierte sich am 20. Mai 1791 an der Georgia Augusta; s. auch Brief an Johann Christian Dieterich vom 26. Mai 1791. – *Deluc:* Jean André Deluc (1763–1847) aus Genf, Neffe des Physikers gleichen Namens und auch naturwissenschaftlich interessiert; Sohn von Guillaume-Antoine Deluc (1729–1812), immatrikulierte sich am 20. Mai 1791 als stud. jur. an der Georgia Augusta; Hofmeister Erskines? – *Höherauch:* Auch Hahlrauch, Heiderauch: trockene Nebel, verursacht durch vulkanische Staubmassen, die bei Vulkanausbrüchen bis in die hohe Atmosphäre gelangen können. L. äußert sich darüber im Brief an Gottfried Hieronymus Amelung vom 3. Juli 1783; Vgl. Otto Mäussnest, Die isländische Vulkaneruption 1783 und das Geheimnis des Hahlrauchs, in: Photorin 9, 1985, S. 53. – *Meyenberg stirbt:* Georg Philipp von Meyenberg (1732 bis 21. Mai 1791), Oberpolizeikommissar, Bürgermeister von Göttingen; L. erwähnt dessen Sterben und Tod auch im Brief an Johann Christian Dieterich vom 26. Mai 1791. Das Begräbnis war am 24. Mai 1791. Unterm 20. Mai 1791 notiert L.: »Obercomissarius Meyenberg sehr schlecht, auch Murray.« – *Driburger Brunnen:* S. zu SK 45.

167 *Murray stirbt:* Über Krankheit, Tod und Begräbnis von Johann Andreas Murray berichtet L. im Brief an Dieterich vom 26. Mai 1791; s. auch SK 168; zu seiner Wertschätzung vgl. Brief an Johann Karl Wilcke vom 10. Januar 1792. – *Klindworths Gevatterschaft:* Dem herzoglich gothaischen Hofmechanicus und Uhrmacher Klindworth war am 6. Mai 1791 in Göttingen ein Sohn geboren worden, der am 14. Mai 1791 auf die Namen Ludwig Carl August getauft wurde. Paten waren, neben anderen, der Göttinger Professor Seyffer und der Gothaer Legationsrat Ludewig Carl [!] Lichtenberg, den Klindworth sicherlich aus seiner Gothaer Zeit persönlich kannte (St. Nicolai). Ludwig Carl August Klindworth ging bald nach dem Tode des Vaters nach Hannover, assoziierte sich dort mit dem Mechaniker Gumprecht und begründete ein sich recht günstig entwickelndes Geschäft (Behrendsen, S. 120). – *Dietrichs Kutscher:* Wohl Georg Heinrich Ehrhardt; s. zu SK 277; s. auch Brief an Carl Friedrich Hindenburg vom 14. Mai 1791.

168 *Dietrichs Geburtstag:* Vgl. L.s Brief an Johann Christian Dieterich nach Leipzig vom 26. Mai 1791. – *Murray begraben:* Vgl. den genannten Brief. – *Gerüste um den Jacobi-Turm:* S. zu SK 153.

169 *neuen Compendio:* Die damals soeben erschienene 5. Aufl. der »Anfangsgründe der Naturlehre« von Erxleben; s. zu GH$_{II}$ S. 214. – *Gothaischen Pastor:* Möglicherweise Johann Volkmar Sickler? L. notiert unterm 30. Mai 1791 seinen Besuch im Colleg. – *⅛ des Jac[obi-]. Turms ... beschlagen:* S. zu SK 153.

171 *An Weichsel:* L.s nicht erhaltener Brief ist wohl die Antwort auf das Schreiben Johann Samuel Weichsels aus Schönberg vom 10. Mai 1791, vermutlich Schulfreund L.s. – *4tel-Glocke am Turme aufgehenkt:* Über die Dachdecker-Arbeiten am Jacobi-Turm s. zu SK 153. – *Professorin Grellmann:* Anne Christine Caroline Grellmann (geb. 1770), Tochter des Gymnasialdirektors Heintze in Weimar; s. auch zu SK 266. – *Gerichtsschulzin:* Gerichts-

schulz und Gräfe in Göttingen war bis 1792 Carl Bernhard Compe; sein Nachfolger laut SK 1793 Friedrich Wilhelm Christian Zachariae. – *Dietrichs Garten:* Hausgarten; vgl. Briefe an Johann Christian Dieterich vom 26. Mai 1791 und an Christian Gottlob Heyne vom 6. Juni 1791.

172 *Jacobi-Turm . . . geendigt:* S. zu SK 153. – *Erste Kirschen:* Das notiert L. auch SK 337, 492, 641. – *Dietrich . . . eintraf:* Von der Leipziger Messe, vgl. SK 165.

173 *Sterbetag meiner . . . Mutter:* Zu dieser Eintragung vgl. SK 49 und Anm. – *Zietens Leben:* Hans Joachim von Zieten (1699–1786), preuß. Reitergeneral, der seit 1741 als Chef des Leibhusarenregiments die preuß. Reiterei reorganisierte, die im Siebenjährigen Krieg an den Siegen von Leuthen, Liegnitz und Torgau maßgeblichen Anteil hatte. Louise Johanna Leopoldine von Blumenthal hat eine »Lebensbeschreibung Hans Joachims von Zieten«, Berlin 1797, verfaßt (BL,»Nr. 1016). Laut Georg Winter, Hans Joachim von Zieten, Leipzig 1886, Bd. VII, S. 7, handelt es sich bei dieser »mehr als zweifelhaften Quelle« um Memoiren, die, »ausschließlich im Zietenschen Sinne gehalten, gleichsam eine Familientradition über den großen General darstellen.« – *von Bendavid:* Vgl. Brief an Lazarus Bendavid vom 22. Mai 1791.

174 *Heyne . . . nach Ilfeld:* Gemeinde im Kreis Nordhausen, Bezirk Erfurt (Grafschaft Hohnheim); gehörte damals zum Kurfürstentum Hannover. Heyne war seit 1770 Inspektor des aus der 1546 gestifteten Klosterschule hervorgegangenen Ilfelder Gymnasiums, der seinerzeit einzigen staatlichen Lehranstalt in Kurhannover. – *Schützenfest zu Clausberg:* Über Clausberg s. zu E 443. Vgl. List, S. 13, 16.

175 *der gute Junge:* Georg Christoph jr. – *Kästners Sticheleien auf Lesage:* »Euklid hätte Hrn. l. S. belehren können, daß ihrer [scil. points quarrément rangés auf einer Kugelfläche] nie mehr als sechs sind, er giebt ihrer aber so viel an, soviel die Kugelfläche Quadrate von Graden, Minuten oder Secunden enthält. Es hängt mit Hr. l. S. Vorstellungen von mechanischer Ursache der Schwere und Attraction zusammen, deren geometrische Richtigkeit man auch hieraus mit beurtheilen kann.« GGA, 93. Stück.; Den 11. Juni 1791. S. 934, innerhalb der Selbstrezension von Kästner: Geometrische Abhandlungen, Zweyte Sammlung, Göttingen 1791. Vgl. auch SK 178 und J 709.

176 *der kl. Junge:* Georg Christoph jr. – *Feen-Märchen . . . von Hamilton:* S. zu J 711. – *Fakardine:* Hamiltons Märchen »Die vier Facardins« nannte Wieland in der Vorrede zu »Idris und Zenide« (Wien 1801, aber eigentlich 1767), Bd. 32, S. 9, »eine Art Gegenstück«. – *Einige der Gräfin d'Aulnoy:* Marie-Catherine Le Jumel de Barneville, Baronne d'Aulnoy (ca. 1650–1705), frz. Schriftstellerin; ihre »Contes de fées« (1697) wurden nach den Märchen von Charles Perrault zur frz. Modelektüre. Ob L. sie im Original oder in dt. Übersetzung las, ist unbekannt, da BL keine Ausgabe aufführt. Vermutlich las er die »Feen-Mährchen der Frau Gräfin von Aulnoy« in Bertuchs »Blauer Bibliothek aller Nationen«, Bd. 3 und 4., 1790, Bd. 9, 1791; Vgl. J 673, 753. – *Brief von Archenholz nebst seinen kleinen Schriften:* Brief an Johann Wilhelm von Archenholz vom 11. Juni 1791; der Titel der Schriften ist zu J 720 genauer nachgewiesen.

178 *Elwes:* Die Schrift über den engl. Geizhals John Elwes ist zu J 488 genauer nachgewiesen. – *Schiefer-Dach am Jacobi-Turm angefangen:* S. zu

SK 153. – *Kästner ... Abhandlungen:* »Geometrische Abhandlungen, zweyte Sammlung« von A. G. Kästner, Göttingen 1791. Über Kästners Selbstrezension dieses Werks in den GGA, 93. Stück, S. 923–936, vom 11. Juni 1791, vgl. SK 175 und J 709. – *Grafen Kendeffi:* Johannes Graf Kendeffi von Malomviz aus Ungarn, an der Georgia Augusta immatrikuliert am 29. September 1789. – *erste Erdbeeren:* S. zu SK 10.

179 *Eisendecher:* S. zu SK 154. Am 7. Juli 1791 im Tagebuch: »An HE. Eisendecher die Quittung eingesandt.« – *Buch an Wolff:* Wohl das Compendium. – *Sondershauser Schwester:* Möglicherweise Margarethes Schwester; s. zu SK 165.

180 *Chaussee:* Die befestigte Landstraße nach Weende. »Der Weg ist zu beyden Seiten, theils mit Gärten, theils mit Lindenbäumen besetzt, und mit verschiedenen Lauben versehen.« (Rintel, S. 135). Seinerzeit beliebter Spaziergang und Gelegenheit zu »Lustfahrten«. – *Weender Tor:* Eines der vier Stadttore Göttingens, in nördlicher Richtung, auf Weende zu. Auf den zwei Pfeilern, aus denen das Tor besteht, »ruhen zwey steinerne Löwen, der eine hält ein Schild mit einem gekrönten und vergoldeten G., der andere aber mit einem vergoldeten Löwen als das hiesige Stadtwappen.« (Rintel, S. 5 Anm.). – *Stallmeister:* Johann Heinrich Ayrer. – *v. Horst:* Vielleicht Erdwien von der Horst aus Bücken im Amt Hoya, der sich am 14. April 1799 als stud. jur. an der Georgia Augusta immatrikulierte; 1790 Forst- und Amtschreiber zu Verden; Mitarbeiter am »Hannoverischen Magazin«, in dem er 1793 über das Nichtverwesen animalischer Körper einen Beitrag zu dem Aufsatz von Dr. Seidenstücker lieferte. – *die Alte Michälis:* Louise Philippine Antonette Michaelis, Tochter des Oberpostcommissarius Johann Eberhard Schröder zu Göttingen, war die zweite Frau Johann David Michaelis', die er am 17. August 1759 heiratete. In seiner »Lebens-Beschreibung«, S. 144 äußert er: »von ihr habe ich neun Kinder gehabt, von denen nur noch ein Sohn, Gottfried Michaelis, der Medicin studirt hat, und drei Töchter am Leben sind.« – *Rhabarber-Tinktur:* S. zu F 201.

181 Das Datum dieser Bemerkung notiert L. am Ende von J 732. – *Eisendecher die Leibrenten-Quittungen:* 1789 erwarb die hannöv. Regierung für die Universität Göttingen L.s physikal. Apparate-Sammlung gegen eine Leibrente von jährlich 200 Talern, die seiner Witwe noch bis 1848 (ihrem Todesjahr) unverkürzt ausgezahlt wurde. – *Gerüst am Jacobiturm:* S. zu SK 153.

182 *im Cabinet:* L.s physikalische Apparate-Sammlung, die er in seiner Wohnung – Gotmarstraße 14 –, in der er auch seine Vorlesungen abhielt, aufgestellt hatte. 1789 erwarb sie die hannöversche Regierung für die Universität gegen eine Leibrente von 200 Talern, die seiner Witwe noch bis 1848 (ihrem Todesjahr) unverkürzt ausgezahlt wurde. 1799, nach dem Tode L.s, wurde die Sammlung in dem Parterregeschoß eines damals angekauften und dem Museum angegliederten Gebäudes untergebracht: das erste Physikalische Institut in Göttingen (Behrendsen, S. 96). – *Der junge Baron Dietrich:* Wohl Jean-Albert-Frédéric Dietrich (1773–1806), ältester Sohn des 1790 gewählten Bürgermeisters von Straßburg und namhaften Mineralogen Philippe-Frédéric de Dietrich (1748–1793), der vier Söhne hatte. Der älteste Sohn wurde Kavallerieoffizier bei der Moselarmee, Inspektor der Wasser und Wälder am Niederrhein. Der jüngere Sohn Albert Gustave immatrikulierte

sich am 3. Mai 1791 an der Georgia Augusta als stud. philos. – *Flucht und Gefangennehmung des Königs von Frankreich:* Am 20. Juni 1791 unternahm Ludwig XVI. mit seiner Familie einen vorbereiteten Fluchtversuch in Richtung deutsche Grenze; unterwegs erkannt, wurde die königl. Familie in Varennes am 21. Juni festgesetzt und am 25. Juni nach Paris zurückgebracht. – *kleinen Jungen:* Georg Christoph jr. – *in den Garten:* Dieterichs Garten? – *Grens Journal 3ter B. 3te Heft:* Reihenfolge der Artikel im 3. Bd., 3. Heft: »1. Beobachtungen und Versuche über farbiges Licht, Farben und ihre Mischung, von Johann Gottfried Voigt (S. 235–298). – 2. Versuche über das Anhängen des Wassers an verschiedene Holzarten, von Herrn Professor Huth zu Frankfurt an der Oder (S. 299–303). – 4. Vermischte chemisch-physikalische Beobachtungen, von Herrn D. Scheerer in Jena (S. 307–314). – 5. Über die von Herrn Prof. Schmidt in Gießen gemachten Bemerkungen zu den Richterschen Alkoholometern (S. 315–317). – 6. Beschreibung eines neuen Eudiometers, von dem Bürger Guyton Merveau zu Paris (S. 318–321).«

183 *Voigt . . . nach Hannover:* Voigt unternahm die Reise »treuloser Schuldner wegen« (vgl. Brief an Franz Ferdinand Wolff vom 2. Juli 1791); kehrte am 12. Juli 1791 zurück. – *Briefe . . . an . . . Wolff:* Empfehlungsschreiben L.s mit der Bitte »um ein Schulmeister-Dienstchen *ohne Orgel*« (ebd.). »Voigt mir den verdrüßlichen Antrag wegen der Recommendation« (SK 1. Juli 1791). – *an . . . Seebaß nach Schorborn:* Vermutlich handelt es sich um die Bestellung von Dr. Wolffs »Präparaten Glas« (vgl. Brief an Samuel Thomas Sömmerring vom 1. Juli 1791). – *Mein Compendium nach Gotha:* An Ludwig Christian Lichtenberg; die 5. Aufl. der »Anfangsgründe der Naturlehre« von Erxleben. – *Bruder meiner l. Frau:* Wohl der am 12. Februar 1771 in Nikolausberg geborene Andreas Christoph Kellner, möglicherweise Barbier. Vgl. SK 208. In Frage käme auch der 1774 geborene Johann Justus Kellner.

184 *Kohl-Dekokt:* Abgekochter Trank aus Kohle; carbo medicinalis wird wegen ihrer Adsorptionswirkung bei Vergiftungen und Durchfallerkrankungen verwendet. Der Stuhlgang wird durch Einnahme von carbo medicinalis intensiv schwarz gefärbt; vgl. SK 185. – *Keir's Abhandlung:* »Experiments and Observations on the Dissolution of Metals in Acids, and their Precipitations, with an Account of a new Compound Acid Menstruum, useful in some technical Operations of parting Metals«, 1790, von James Keir (1735–1820), engl. Chemiker. Der Titel, ein Sonderdruck aus den »Philosophical Transactions«, wurde Göttingen 1792 von Lentin ins Deutsche übersetzt (BL, Nr. 769). Der Aufsatz erschien unter dem Titel »Über die Salpetersäure« im »Journal der Physik«, Bd. 1, S. 431–443.

185 *An . . . Eisendecher die Quittung:* Für die Leibrente. – *Rha[bar]bertinktur:* S. zu F 201; vgl. SK 180. – *Landmarschall von Hahn:* Friedrich von Hahn (1742–1805), geboren in Neuhaus (Holstein), aus altem mecklenburgischen Adelsgeschlecht, erhielt durch Erbschaft das Landmarschallsamt in Stargard, das er aber nie wahrgenommen hat; studierte seit 1760 in Kiel Mathematik und Astronomie, richtete um 1793 in einem ehemaligen Gartenhaus seines Schlosses in Remplin, zwischen Malchin und Teterow im Bezirk Neubrandenburg gelegen, eine Sternwarte ein, deren Spiegelteleskope nach denen von Schröter in Lilienthal und Schrader in Kiel die größten auf dem europäischen Kontinent gewesen sind. Die Rempliner Sternwarte war das erste astronomische Observatorium Mecklenburgs. Von Hahns wissenschaftlicher Tätigkeit

zeugen zwanzig Publikationen; die Fachgelehrten erkannten den adeligen »Dilettanten« im Sinne L.s und der Aufklärung als ernstzunehmenden Forscher an (Vorgänger Dopplers). L. würdigte ihn ausführlich in seiner Vorlesung über Astronomie (Gamauf, Astronomie, S. 394, 401). Über ihn s. Dietmar Fürst/Jürgen Hamel: Friedrich von Hahn und die Sternwarte in Remplin (Mecklenburg), in: Die Sterne 59 (1983) 2, S. 89–99. In Bodes »Astronomischem Jahrbuch« für 1793, S. 248 erschien eine Arbeit von ihm über die Sonnenfinsternis von 1787 (Gamauf, Astronomie, S. 394); hat sich Verdienste um die Erforschung des Mondes erworben.

186 *Blumenbach nach Pyrmont:* Vgl. SK 54. – *Nachricht von der Arretierung des Königs:* S. zu SK 182. – *Hemmelmanns ... Mohnfeld:* Friedrich Wilhelm Hemmelmann (1738–1792), Hauptmann in Göttingen, verheiratet mit Justine Friederike, geb. Zindel.

187 φ: L.s Zeichen für Beischlaf. – *Lawrence and his son:* Richard James Lawrence, Esqr., engl. Geistlicher aus Fairfield, Jamaica, der sich zusammen mit seinen Söhnen James und Charles am 17. Juli 1791 an der Georgia Augusta in Jura immatrikulierte; offenbar war er der Überbringer der Briefe von Irby, Calvert, Dornford. James Henry Lawrence (1773–1840), studierte zuvor in Eton, engl. Schriftsteller, veröffentlichte 1791 das Gedicht »The Bosom Friend«. – *Emmert:* Johann Heinrich Emmert (1748–1830), Lehrer der frz. und engl. Sprache in Tübingen; 1776 Privatdozent für Deutsche Klassische Philologie in Göttingen; auch Schriftsteller. L., der ihm Lawrence offenbar zum Haus- und Sprachlehrer seiner Söhne vorschlug, besaß von ihm zwei Werke (BL, Nr. 1438, 1771). – *Betrübnis über einige Ausdrücke im Compendio:* Darüber läßt sich L. in einem Brief an Christoph Girtanner vom 14. Juli 1791 genauer aus; grundsätzliche Kritik an der Machart der 5. Auflage der »Anfangsgründe der Naturlehre« übt er im Brief an Karl Friedrich Hindenburg vom 14. Mai 1791. – *Leiste:* Wohl Anton Friedrich Wilhelm Leiste aus Wolfenbüttel, immatrikulierte sich am 20. Oktober 1788 als stud. theol. an der Georgia Augusta; Sohn des Rektors Christian Leiste (1738–1815) in Wolfenbüttel. – *Vera's Maschine:* S. zu L₁ S. 850.

188 *Das kleine Männchen!:* Vermutlich Neckname L.s aus dem Munde Luise Dieterichs. – *Mad[am] Köhler:* Luise Dieterich. – *Compendium an Girtanner:* Vgl. L.s Brief an Christoph Girtanner vom 14. Juli 1791. – *Braunholz zu Lawrence:* Vermutlich ist Johann Heinrich Braunhold gemeint, den L. als Diener zu Lawrence geschickt haben könnte. – *Schützenhof:* Das alljährliche Schützenfest in Göttingen.

189 *Briefe und Compendia an ... Hindenburg:* Vgl. L.s Brief an Karl Friedrich Hindenburg vom 14. Mai 1791. – *Speckter:* Wohl Johann Michael Speckter (1764–1845), besuchte in Hamburg die Handlungsakademie von Büsch, machte nach Abschluß seiner Studien 1789 eine Reise durch Deutschland und die Schweiz, danach Kaufmann in Hamburg und Gründer der ersten Steindruckerei in Norddeutschland. – *Sterbetag meines Bruders:* Christian Friedrich Lichtenberg. – *Brief von Girtanner:* Gemeint ist dessen nicht erhaltener Antwortbrief auf L.s Präsent vom 14. Juli 1791.

190 *große Tour:* Vgl. Sk 179. – *Stallmeister:* Johann Heinrich Ayrer. – *Mauktsch:* Tobias Samuel Manksch aus Ungarn, immatrikulierte sich am 28. April 1791 als stud. med. an der Georgia Augusta und blieb bis 18. September 1791 (vgl. SK 214). – *die 4 Damen:* Frau Dieterich, Frau Köhler, Frau

Lichtenberg, Mademoiselle Ranchat? – *Meines Vaters* ☐ *Tag:* Johann Conrad Lichtenbergs Todestag notiert L. auch SK 353, 502, 802, 930; im übrigen s. zu L 212.

191 *Fürst Poniatowsky:* Infrage käme von den drei Brüdern, die 1764 in den poln. Fürstenstand erhoben wurden, Michail Poniatowsky (1736–1794), der Anfang der neunziger Jahre Italien, Frankreich und England bereiste. – *Lentiń die Retorte . . . :* Zu L.s Versuchen mit Ölzusätzen s. J 1772 und Anm., 2028, 2115, 2164.

192 *Schwebbe aufs Rathaus gebracht:* Friedrich Schweppe aus Celle, Oberbereiter bei Stallmeister Ayrer, der am 14. August 1787 sechsundzwanzigjährig Dorothea Philippine Henriette Ayrer geheiratet hatte. Unterm 18. Juli 1791 notiert L.: »Voigt die Nachricht, daß Schwebbe toll geworden sey. Es zeigt sich aber bald, daß er Schulden halber arretirt sey oder wohl gar falscher Wechsel wegen.« Und unterm 1. August 1791: »Vorige Nacht um 1 Uhr passirt Schwebbe mit 5 Mann Dragoner Wache vorbey«. – *Briefe an Büttner Göttling, Voigt:* Vgl. den Brief an Christian Wilhelm Büttner vom 22. Juli 1791; die nicht erhaltenen Briefe an Göttling und Johann Heinrich Voigt enthielten wohl ebenfalls das neue Kompendium von Erxleben als Präsent. – *dem kl. Jungen:* Georg Christoph jr. – *Gloutier:* Alexis Gloutier (1758–1800) aus Paris, immatrikulierte sich am 3. Mai 1791 als Student der Philosophie an der Georgia Augusta; Präzeptor der Söhne Dieterichs und auch dessen Freund; am 17. Juni 1790 zum Präsidenten der Société des amis de la constitution in Straßburg gewählt; 1791 Administrateur du Bas-Rhin; nahm an der frz. Expedition nach Ägypten teil. – *Dieterichs:* Jean Albert Frédéric (1773–1806) und Albert Gustave Dietrich aus Straßburg, die sich wie Gloutier am 3. Mai 1791 in Philosophie immatrikulierten. – *die Karikaturen:* Vermutlich von der Gefangennahme Ludwigs XVI.; vgl. SK 182.

193 *Christelchen . . . Geburtstag: Christiane* Louise Sophie Köhler (geb. 24. Juli 1782), Tochter Luise Köhlers, geb. Dieterich. – *Erfurter Mohn blüht:* S. zu SK 78. – *Meine . . . Erbschaft erhalten:* Wohl nach dem Tode Friedrich Christian Lichtenbergs von Friedrich August Lichtenberg übersandt; vgl. den Brief an letzteren vom 9. September 1791.

194 *Mad. Bürger einen Sohn:* Am 1. August 1791 wurde Agathon Bürger (1791–1813), erstes und einziges Kind aus der Ehe Gottfried August Bürgers mit seiner Frau Elise, geboren; s. SK 200. – *Bedlam geschrieben:* S. zu J 1451. – *Braunhold von den Engländern . . . erzählt:* Gemeint sind Vater und Söhne Lawrence; vgl. SK 188. – *Pudding gebracht:* Plumpudding (s. zu B 60); s. auch SK 201, 206.

195 *Sterbetag der . . . Stechardin:* Vgl. zu dieser Eintragung SK 358, 809, 933. – *die Dachdecker . . . Knopf zu stecken:* Über die Arbeiten am Turm der Jacobi-Kirche s. zu SK 153. – *Reuß bei mir:* Steht in Zusammenhang mit L.s Brief an Reuß vom 23. Juli 1791. Jeremias David Reuß (1750–1837), seit 1785 Prof. für Gelehrtengeschichte in Göttingen, seit 1812 Direktor der Universitätsbibliothek als Nachfolger Heynes; verheiratet mit Marianne, der Tochter aus Heynes erster Ehe.

196 *6'.4" 10''' Pariser Maß:* L. teilt seine Berechnungen Abraham Gotthelf Kästner im Brief vom 7. Oktober 1791 mit. – *Uffenbachischen Sachen:* Johann Friedrich Armand von Uffenbach (1687–1769), seit 1762 Bürgermeister in Frankfurt, seit 1744 Ratsherr; berühmt wegen seiner Sammlung physikali-

scher und mathematischer Geräte, die er noch zu Lebzeiten größtenteils der Universitätsbibliothek in Göttingen vermachte; Mitglied der Göttinger Sozietät der Wissenschaften. – *640 Taler:* L. erwähnt diese Tatsache gegenüber Kästner am 7. Oktober 1791. – *Pariser Zoll:* 2,706995 cm; Zoll war ursprünglich als Länge des ersten Daumengliedes definiert. – *Der Knopf ... glücklich gesteckt:* Dieses Ereignisses gedenkt L. noch am 5. August 1792 (SK 359)! – *dem kleinen Jungen:* Georg Christoph jr.

197 *herrlicher Morgen:* Vgl. den Brief an Johann Christian Dieterich vom 13. August 1791. – *Feldscher Dietrich:* Nachdem L. unterm 8. August 1791 eine »Böse Zähe« notiert, heißt es am 9. August: »Meine Zähe sehr schlimm, und noch ein kleines Geschwür an der rechten Fußsohle. Feldscher Dietrich dazu gerufen.« Ähnliche Notiz unterm 10. August. – *Szabo bei mir:* David Szabó von Bartzafalva (1762–1828) aus dem Zempliner Comitat in Ungarn, immatrikulierte sich am 30. April 1791 als stud. math. an der Georgia Augusta; Lehrer der Mathematik und Physik, wissenschaftlicher Schriftsteller; übersetzte den »Siegwart« ins Ungarische. – *Sehr heiß:* Vgl. J 1698. – *Billet an Dietrich wegen der engl. Naturhistorie:* Vgl. den Brief an Dieterich vom 13. August 1791; danach handelt es sich um Raffs »Naturgeschichte für Kinder«, die Dieterich offenbar auf englisch herausgeben wollte. Georg Christian Raff (1748–1788) aus Stuttgart, studierte in Göttingen, seit 1775 Privatdozent und Konrektor an der Stadtschule zu Göttingen, bedeutender Pädagoge und Jugendschriftsteller der Aufklärung; er entwickelte eine neue Methodik des Sachunterrichts, besonders in der Naturgeschichte; am verbreitetsten war die »Naturgeschichte für Kinder«, die, 1778 bei Dieterich in Göttingen erstveröffentlicht, 1792 in 5., 1793 in 6. Aufl. erschien (BL, Nr. 1443). Sie gehörte zu den beliebtesten Kinderbüchern des ausgehenden 18. Jh.s und erlebte bis 1861 16 Auflagen. – *Gedikes ABC-Buch:* Das »Kinderbuch zur ersten Übung im Lesen ohne ABC und Buchstabiren«, Berlin 1791, von Friedrich Gedike, der mit diesem Lesebuch, das er für seine fünfjährige Tochter schrieb, einen neuen Typus für den Anfangsunterricht geschaffen hat (s. Brüggemann S. 904–907). L. fragt Dietrich nach diesem Buch in seinem Brief vom 13. August 1791. – *List:* Vermutlich ist Gottlieb Christian Heinrich List gemeint.

198 *25½ R.:* Réaumur. – *Höpfner:* Ludwig Julius Friedrich Höpfner (1743–1797) aus Gießen; 1767 Prof. der Rechte am Carolinum zu Kassel, 1771 in Gießen, einen Ruf nach Göttingen lehnte er 1777 ab; 1782 Rat am Oberappellationsgericht in Darmstadt; einer der bedeutendsten Zivilrechtler und gefeierter juristischer Schriftsteller seiner Zeit; mit Merck und Goethe befreundet. – *Wenck:* Helfrich Bernhard Wenck (1739–1803), Schulmann und Landeshistoriker, seit 1769 als Nachfolger seines Vaters Johann Martin Wenck Rektor des Pädagog in Darmstadt; er schrieb 1797 seinem Freund Höpfner die Biographie; vgl. den Brief an Friedrich Ludewig Bouterwek vom 21. August 1797. – *Baron Absatz:* So wurde der Göttinger Schutzjude Gumprecht genannt (s. Carl Haase, Ernst Brandes 1758–1810, Hildesheim 1974, Bd. II, S. 123). – *Adams Hausmanns Stief-Sohn:* Friedrich August Daniel, der 1772 geborene uneheliche Sohn von Charles Adams; seine Mutter Marie Dorothea Schulpe heiratete 1778 Johann Georg Hausmann, Gastwirt in Göttingen und Münden.

199 *Rudloff:* Wohl nicht Ernst August Rudloff aus Hannover, der sich am

15. Oktober 1785 als stud. jur. an der Georgia Augusta immatrikulierte, sondern Wilhelm August Rudloff (1747–1823), 1767–1768 Privatdozent der Rechtswissenschaft in Göttingen, später Geheimer Kanzleisekretär und Geheimer Kabinettsrat in Hannover; hatte großen landespolitischen Einfluß; maßgeblicher Gegner von Berlepschs. – *Höpfner und Wenck bei mir:* L.s begeistertes Urteil über ihren Besuch findet sich im Brief vom 9. September 1791 an Friedrich August Lichtenberg. – *Brief vom Vetter:* L.s Antwort auf den Brief von Friedrich August Lichtenberg erfolgte am 9. September 1791.

200 *Dietrich zu Gevattern von Bürger:* Außer Dieterich waren bei der Taufe von Agathon Bürger am 21. August 1791 laut Kirchenbuch St. Johannis Paten: Frau Gmelin und Dr. med. Althof; vgl. SK 194. – *Florettseide:* Sericum tenuis, frz. fleuret ›Seide feinster Qualität‹. – *Verbesserungen in die Druckerei:* Bezieht sich auf den GTC 1792. – *Müller:* Carl Wilhelm Christian von Müller (1755–1817) aus Homburg vor der Höhe, 1772 stud. med. in Gießen, 1774 in Göttingen, wo er 1777 promovierte; 1779 Prof. der Medizin und Naturlehre; vielseitiger medizinischer Schriftsteller.

201 *Kind:* Vermutlich nicht Georg Christoph jr., sondern Christine *Louise* Friederica Lichtenberg. – *Bürgers Kind getauft:* S. zu SK 200. – *Planta . . . bei mir:* Vgl. Plantas Brief an L. vom 20. August 1791; Planta hat den zweiten Sohn Lord Eardleys nach Göttingen begleitet. S. auch SK 205. – *Krambambuli:* Wacholder- oder Kirschbranntwein, in einem Danziger Haus »zum Lachs« bereitet, daher veritabler Danziger, echter doppelter Lachs; in Lessings »Minna von Barnhelm« 1, 2 im Lied verewigt. – *am Hogarth angefangen zu erklären:* »Die Folgen der Emsigkeit und des Müssiggangs« erschienen im GTC 1792, S. 185–211, 12 Tafeln; vgl. auch SK 206. – *Braunhold . . . den Plumbpudding:* Vgl. SK 194 und Anm.

202 *blauen Zylinder:* Bestellung aus Schorborn, eingetroffen am 20. August 1791. – *Baron Absatzens Steckbrief:* Vgl. SK 198. – *wegen der Fakultät:* Vermutlich über die Frage, ob L. als Nachfolger des verstorbenen Michaelis in die Fakultät eintreten wolle (seine abschlägige Antwort an Friedrich August Lichtenberg vom 9. September 1791; s. auch J 784). – *Turner:* Thomas Turner (ca. 1776–1685), engl. Student, immatrikulierte sich am 24. August 1791 in Philosophie an der Georgia Augusta. – *Brief von Greatheed:* Vgl. Greatheeds Brief an L., ein Empfehlungsschreiben für Turner, vom 2. August 1791.

203 *Klindworth . . . auf dem Cabinet:* S. zu SK 182. – *den Zylinder besehen:* Vgl. SK 202. – *Abreise . . . nach Kassel:* Besuch der dortigen Messe. – *Der Turm . . . frei:* Über die Dachdeckerarbeiten am Jacobikirchturm s. zu SK 153.

204 *nach Kassel:* Vgl. SK 203. – *Kovacz:* Joseph Kováts, ungar. Student, immatrikulierte sich am 13. April 1790 in Theologie an der Georgia Augusta. – *Hausmann . . . den Brief den s. Stiefsohn übersetzt haben soll:* An seinen leiblichen Vater; s. SK 205. – *Gleichen:* Altengleichen und Neuengleichen, zwei durch einen Sattel getrennte Berge mit Burgruinen nahe Gelliehausen, seit dem 13. Jh. im Besitz der Familie von Uslar-Gleichen; beliebtes Ausflugsziel der Göttinger Bürger. – *Windbüchse:* Mit ihr pflegt L. auf Sperlinge zu schießen. – *Büchsenschäfter:* Laut Rintel, S. 211 (nachgewiesen zu F 74) gab es 1794 zwei Büchsenmacher in Göttingen. – *Michälisens Sarg vorbei:* Vgl. SK 205. – *artifizielle Betrachtungen:* Vgl. hierzu auch B 171.

205 *Michälis ... Trauermusik im Hause:* Johann David Michaelis kaufte 1764 das Haus Prinzenstraße 21, ehemals die 1737 erbaute »London-Schenke«, wenige Meter von L.s Wohnung entfernt. Nach Michaelis' Tod wurde das Haus an den Prof. der Medizin Justus Arnemann verkauft. – *Adams bei mir:* Wegen des Briefes an seinen Vater in England, den Planta mitnimmt; s. SK 26. August 1791. – *Deiman ... Abschied:* S. zu SK 104. – *Balken ... um den Turm:* Über die Dachdeckerarbeiten am Jacobikirchturm s. zu SK 153. – *Lawrence invitiert:* Vgl. SK 208. – *Planta ... Abschied:* Zu seinem Aufenthalt in Göttingen s. zu SK 201.

206 *Schall. aus zwei Observ. zusammen gezählt:* S. zu J 1305. – *Lawrence ... Pudding:* Vgl. SK 194, 201. – *Viel Hogarth:* S. zu SK 201.

207 *Brief an Wrisberg wegen Klindworth:* Vgl. den Brief an Wrisberg vom 3. September 1791. Heinrich August Wrisberg (1739–1808), seit 1764 außerordentl., 1770 ordentl. Prof. der Medizin und Geburtshilfe in Göttingen; Schüler Hallers; 1785 Hofrat; Mitglied der Sozietät der Wissenschaften; vom 3. Juli 1791 bis 2. Januar 1792 Prorektor der Georgia Augusta. Klindworth, der ein Angebot aus Gotha hat und den die hannöv. Regierung in Göttingen halten will, wird in dem Schreiben vernichtend beurteilt, während Kraut gelobt wird. Vgl. SK vom 1. und 2. September 1791. – *Landgraf von Rotenburg ... seine Gemahlin:* Prinzessin Marie Leopoldine von Liechtenstein (1754–1823), heiratete 1771 Carl Emanuel Landgraf zu Hessen-Rotenburg. – *zurück nach Bovenden:* In Bovenden war der Sommeraufenthalt des Landgrafen von Hessen-Rotenburg, dessen »neuerbautes Landhaus gleich beym Eingang im Flecken befindlich ist« (Rintel, S. 136). – *Zietens Leben:* S. zu SK 173. – *Brief von Dornford:* Vgl. den Brief von Josiah Dornford vom 22. August 1791.

208 *die ertränkten Fliegen ... kommen nicht zum Leben:* Unter dem 27. August 1791 hat L. notiert: »Fliegen in Madeira ertränkt.« Über den Franklins Behauptung testenden Versuch s. GTC 1793, S. 150; s. zu J 1547. – *Pfirsich:* S. zu SK 77. – *in:* Ergänze danach *ein*. – *Der kl. Junge:* Georg Christoph jr. – *Der Schwager:* Über ihn s. zu SK 183. – *ø:* Verbessere in *φ*. – *Haases Brief:* Wohl der SK 203 erwähnte Brief von Haas aus London; Johann Heinrich Haas (1758–1810), hess.-darmstädt. Pionieroffizier, zeichnete eine Karte der Landgrafschaft. – *Lawrence und Sohn bei mir:* Vgl. SK 205.

209 *Brief von Weichsel:* Vgl. den Brief von Johann Samuel Weichsel vom 30. August 1791. – *Duburgh:* Herrmann Duburgh, aus Reval immatrikulierte sich am 12. Oktober 1789 als stud. cameralis an der Georgia Augusta; vermutlich ein Sohn des Revaler Großkaufmanns Peter Duburgh (1732–1787). – *das Göttingische Magazin:* S. zu G 35.

210 *Werners unsinnige Anzeige:* Im Intelligenzblatt der »Allgemeinen Literaturzeitung«, Nr. 105, den 27. August 1791, Sp. 863–864, zeigte Georg Friedrich Werner den ersten Teil seines philosophischen Systems an, mit dem Titel: »Erste Linien einer allgemeinen philosophischen Naturlehre«, das zum Herbst 1791 erscheinen sollte: »Ich habe nunmehr den ersten Theil meines philosophischen Systems, welches Hr. Wekhrlin im 1ten Bändchen seiner *Paragrafen* – vielleicht mit etwas zu viel Wärme – angekündiget hat, ausgearbeitet – so gut, als es meine Zeitraubenden, ermüdenden und verdrussvollen Amtsgeschäfte nur immer erlauben wollten. Es enthält dieser erste Theil die Auseinandersetzung der bis jetzt dunkel gewesenen Lehren: von Kraft,

Ursache, Wirkung, Folge, Substanz und von dem im Menschen wohnenden denkenden Princip. Ferner: die Theorie der Sinne, womit die Lehren von Raum, Zeit, Wärme und Licht verflochten sind, und wo ich in Ansehung der letzteren das Nichtseyn der bisher so beliebten Wärme- und Lichtmaterie a priori erweise. Ihnen folgt die Theorie der Vorstellung und des Verstandes. Eine Abhandlung über die Wahrheit macht den Beschluss. Im zweyten Theil soll die aus den – im ersten Theil aufgestellten – festesten Principien des Bewustseyns und der Erfahrung hergeleitete Lehre von der unorganisirten Materie vorgetragen werden. Diese (Lehre) wird die theoretische physische Chemie in sich fassen; aber freylich eine andere, als die bisherige, welche – ohne irgend einem grossen Mann hiemit zu nahe tretten zu wollen, – doch wohl nicht vielmehr, als ein Spinnengewebe von Hypothesen war. Die hier vorgetragene physikalische Theorie wird sich auf die ewige Wahrheit *lebender empfindender Elemente* gründen. Im dritten Theil werde ich die vorhergehenden Lehren auf Menschenwerdung, Weltwerdung, Naturrecht, Moral und vernünftige Theologie anwenden, wenn mich anders das Schicksal in einer Lage erhält, wo ich meine Kräfte zu solch grossen Zwecken verwenden kann; ohne sie an Gegenstände verschleudern zu müssen, die – ihrer nicht werth sind. Alle drey Theile werden ein zusammenhängendes festes, vollkommen erwiesenes – also wahres System ausmachen. Das Werk wird den Titel haben: Erste Linien einer allgemeinen *philosophischen Naturlehre*. Der erste Theil wird wahrscheinlich – auf meine eigenen Kosten – gedruckt werden, und zu Michaeli dieses Jahres erscheinen. Giessen, am 11ten August 1791.« – *Dachdecker fällt ...:* Über die Dachdeckerarbeiten am Jacobikirchsturm s. zu SK 153. – *Beyer:* Nach der Göttinger Matrikel kommt nur Johann Christoph Wilhelm Beyer (1769–1821) aus Wunstorf bei Hannover in Frage, der sich am 20. Oktober 1788 als stud. theol. an der Georgia Augusta immatrikulierte; 1799 Pastor in Gielde. – *Der kleine Lawrence:* Wohl Charles Lawrence; über ihn s. zu SK 187. – *Ich Schweizerkäse ... zum erstenmal ... in fast 2 Jahren:* Diese Tatsache erwähnt L. auch im Brief an Friedrich August Lichtenberg vom 9. September 1791. – *Brandes* □*:* Georg Friedrich Brandes (1709–1791), Student der Jurisprudenz in Leiden, seit 1770 neben Schernhagen vortragender Rat in den Angelegenheiten der Universität Göttingen; Hofrat und berühmter Kunstsammler in Hannover; Schwiegervater Heynes und Blumenbachs. Die Notiz ist von L. nachgetragen; die Nachricht vom Tode erhielt er laut Tagebuch am 8. September 1791.

211 *Erxleben an Feder:* Die 5. Aufl. der »Anfangsgründe der Naturlehre«. – *Grönder Tor:* Eines der vier Stadttore von Göttingen, gegen Westen in Richtung auf das Dorf Gronde gelegen. – *der kl. Junge:* Georg Christoph jr. – *An ... meinen Vetter:* Vgl. den Brief an Friedrich August Lichtenberg vom 9. September; L.s unverzügliche Antwort auf des Vetters Brief, den er am gleichen Tag erhielt.

212 *M. l. Frau leidet ... am Finger:* »M. l. Frau klagt am Finger«, notiert L. unterm 15. September 1791. – *Den göttlichen Shakespear gesehen:* »The dramatic Works of Shakespeare revised by George Steevens. Printed by W. Bulmer and Co. Shakespeare Printing Office for John and Josiah Boydell and George Nicoll; from the types of W. Martin. London 1791. gr. Fol.«; Geschenk des engl. Königs an die Göttinger Bibliothek; Heyne berichtet darüber in den GGA, 179. Stück vom 7. November 1791, S. 1793–1795: »Da das Werk als

Nationalwerk zu betrachten ist, das der Nachwelt den Beweis darlegen soll, wie hoch unter Georg III. sowohl die typographische Kunst, als die Kupferstecherkunst gebracht sey ...«. Vgl. den Brief an Jeremias David Reuß vom 16. September 1791. George Steevens (1736–1800), engl. Shakespeare-Kommentator, der in Zusammenarbeit mit Samuel Johnson 1773 eine zehnbändige Ausgabe der Stücke von Shakespeare herausgab.

213 *Johnson's Leben ... angefangen:* L. hatte es am 16. September 1791 von Reuß aus der Bibliothek entliehen; vgl. den Brief an Jeremias David Reuß vom 16. September 1791; das Werk ist zu J 779 nachgewiesen. – *Anniversarium:* Der 54. Jahrestag der Gründung der Universität Göttingen, der alljährlich feierlich begangen wurde.

214 *die gewöhnliche Gesellschaft:* Wohl L.s Frau und die Familie Dieterich sowie Mademoiselle Ranchat. – *Mauktsch Abschied:* S. zu SK 190. – *Major Müller ... Schall-Beob.:* S. zu J 1305.

215 *Bleche zum Gefrieren-machen:* Zu L.s Versuchen, Kälte mittels Elektrizität bzw. Schütteln zu erzeugen, s. auch zu J 1612. – *Eichhorns Apokalyp[se]:* Der »Commentarius in apocalypsin Ioannis«, erschienen bei Dieterich, Göttingen 1791 in zwei Bdn., von Johann Gottfried Eichhorn (1752–1827), Prof. für orientalische Sprachen und Bibelexegese in Jena, seit 1788 in Göttingen, trat an Michaelis' Stelle, vollendete die wissenschaftliche Säkularisation der literarischen Bibelkritik. L. besaß das Werk (BL, Nr. 1283). – *Briefe von ... Späth:* S. den Brief an Johann Leonhard Späth vom 2. September 1791. – *Gefrier-Versuch:* S. zu J 1612. – *Hofmeister von Herrn v. Hanstein:* Carl Philipp Emil von Hanstein (1772–1861), immatrikulierte sich am 14. April 1790 als stud. jur. an der Georgia Augusta; später kurfürstlich hess. Staatsminister. Unmittelbar nach Hanstein, am gleichen Tage, hat sich August Christian Ludwig Wittrock aus Lüneburg als stud. theol. eingeschrieben – sollte er Hansteins Hofmeister sein?

216 *Die Uffenbachischen Sachen abgeliefert:* »Die Uffenbach. Sachen werden von der Bibliothek für das Cabinet von HE. Seyde in Empfang genommen, und vermuthlich morgen abgeliefert werden«, heißt es unterm 21. September 1791; s. zu SK 196. – *blauen Scheibe:* Scheibe einer Elektrisiermaschine; im ›Katalog der Physikal. Apparate‹ von L. unter E 13 verzeichnet. Vgl. SK 288, 301. – *Heyne ... wegen der Societät:* Vielleicht erfolgte der Brief in Hinblick auf die feierliche Zusammenkunft der Sozietät der Wissenschaften am 19. November 1791 aus Anlaß ihres 40. Stiftungstages (s. GGA 1791, S. 1977), oder wegen der Preisaufgabe; vgl. J 1715 und SK 284 (Jung, S. 296).

217 *Ammen melden sich:* Vgl. SK 222. – *Deluc Klage wegen Erskine:* Vgl. SK 253. – *Hollenbergs Geometrie:* Die »Vorübungen zur praktischen und theoretischen Geometrie für Kinder«, erschienen Göttingen 1791 bei Dieterich (BL, Nr. 1440). L. bedankt sich dafür im Brief an Georg Heinrich Hollenberg vom 25. September 1791.

218 *Brief an Hollenberg:* Vgl. Brief an Georg Heinrich Hollenberg vom 25. September 1791. – *mit dem Lineal:* L. schenkt Hollenberg von dem deutschen Mechaniker Ehrhard erfundenes und bei Dollond gekauftes Parallel-Lineal. – *Eardley:* William Eardley (1774–1805), irischer Student, Sohn eines reichen Peers und Commoners, schrieb sich zusammen mit Thomas Turner am 23. August 1791 an der Georgia Augusta in Philosophie ein. Planta hatte ihn L. empfohlen, vgl. den Brief von Joseph Planta vom 20. August

1791. Eardley starb als Oberst. – *Gatterer:* Der Notiz ist nicht zu entnehmen, ob es sich um Gatterer sr. oder jr. handelt. Johann Christoph Gatterer, seit Michaelis 1791 als Nachfolger Kästners Direktor der historischen Klasse der Sozietät der Wissenschaften, hielt am 19. November 1791 an deren 40. Stiftungstag den Festvortrag »Ob die Slaven von den Goten oder Daciern können abgestammt haben?« (GGA, 198. Stück vom 10. Dezember 1791, S. 1977). Eventuell ist aber auch Gatterers Sohn Johann Georg Wilhelm (geb. 1769) gemeint, der sich am 28. Juni 1783 als stud. math. an der Georgia Augusta immatrikuliert hatte, oder auch Christoph Wilhelm Jacob Gatterer (1759–1838), bzw. Carl Heinrich Gatterer (geb. 1772). – *Der ... kleine Junge:* Georg Christoph jr. – *Miß Kneisel singt noch einmal:* »Mamsell *Kneisel* ein Concert«, notiert L. unterm 21. September 1791. Thekla Kneisel, geb. Demmer (gest. 1832), seinerzeit gefeierte Sängerin. – *Brief von meinem sel. Bruder über den Merck:* Von wem L. diesen Brief Christian Friedrich Lichtenbergs erhielt, ist zweifelhaft. Näher liegt Friedrich August Lichtenberg, wahrscheinlicher ist aber Ludwig Christian Lichtenberg, der offenbar den Nachlaß verwaltete und dem L. am gleichen Tage schreibt. Johann Heinrich Merck, geb. 1741, Schulkamerad L.s, Schriftsteller und Kriegsrat in Darmstadt, hatte am 27. Juni 1791 Selbstmord begangen. – *Hof ... Abschied:* Karl Ernst Adolf von Hof (1771–1837) aus Gotha, der sich am 27. Oktober 1790 in Göttingen als Jurastudent immatrikulierte; 1791 Legationssekretär, später Kurator der Sternwarte Seeberg, Regierungsbevollmächtigter für die Universität Jena, Direktor des Oberkonsistoriums in Gotha; hervorragender Geologe und Geograph; vgl. auch Photorin 4, 1981, S. 36. – *Kästner ... die Preis-Abhandlung:* Wohl die für den November 1791 von der Sozietät der Wissenschaften aufgegebene Frage: »Was für ein Verhalten ist bey schiefem Widerstande, zwischen der Größe desselben, und deren Neigungswinkel? Wie findet man den Widerstand auf krumme Flächen?« Laut GGA 1791, S. 1979, ist eine einzige Schrift eingereicht worden: »Abhandlung vom Widerstande und Stoße, der Flüßigen, sowohl dem schiefen als geraden. Ratione et experientia«, die aber nicht für preiswürdig befunden wurde, wie Kästner ausführt (GGA, 198. Stück vom 10. Dezember 1791, S. 1979–1985). S. auch SK 231 und L.s Brief an Kästner vom 6. Oktober 1791 und an die Göttinger Sozietät der Wissenschaften vom 21. Oktober 1791. – *beim Kirchhofe:* Wohl der in der Nähe von L.s Gartenhaus gelegene Friedhof.

219 *Louisd'or an Klindworth:* Vgl. den Brief an Karl Friedrich Hindenburg vom 14. Mai 1791. – *Brief an Kästnern:* Ging es um die Preisabhandlung? S. zu SK 218. – *zu den 3 Toren hinaus begraben:* Göttingen verfügte im 18. Jahrhundert über drei, außerhalb der Stadtmauern gelegene Friedhöfe: an der Chaussee vor dem Weender Tor (der jetzige Bartholomäus-Friedhof, auf dem L. begraben ist), außerhalb des Albanertors und vor dem Gronertor rechts der Chaussee: »linker Hand das Hochgericht; und etwas weiter hinauf der Begräbnißplatz der Juden«. (Rintel, S. 10).

220 *jungen Zieten:* Friedrich Christian Ludwig Aemilius Zieten (1765–ca. 1840); am 23. Dezember 1764 hatte Hans Joachim Zieten die 26jährige Hedwig Elisabeth Albertine von Platen, die Schwester Frau von Blumenthals, geheiratet, mit der er 1773 noch eine Tochter hatte; Zietens Brief steht vermutlich in Zusammenhang mit dem Plan der Zieten-Biographie. – *Das Plattdeutsche Gedicht auf den Hamburger Tumult:* Das Gedicht konnte nicht

ermittelt werden; über den Aufstand der Hamburger Schlossergesellen im August 1791, dem sich am Ende 7000 Streikende anschlossen, s. Walter Grab, Demokratische Strömungen in Hamburg, Hamburg 1966, S. 33–36: »Der große Ausstand aller Gewerke in Hamburg war der erste Generalstreik auf deutschem Boden und gleichzeitig der letzte große Kampf der Zünfte.« (S. 35)

221 *Bornemann:* In Frage käme, falls es sich um einen Studenten handelt, Johann Wolrath Bornemann aus dem Lauenburgischen, am 12. Oktober 1792 an der Georgia Augusta als Student der Theologie immatrikuliert, oder Adolph Ferdinand Bornemann aus dem Lippischen, stud. jur., der sich am 23. Oktober 1786 immatrikulierte. – *Turmalin von ... Blumenbach:* Vgl. SK 222.

222 *auf der Brücke:* Gemeint ist die von der Prinzenstraße zur großen Allee führende Brücke über den Leinekanal. – *Deluc und Bornemann das Geld wieder abgeholt:* Vgl. SK 221. – *kommen zu Weende unter die Schafe:* Vgl. SK 211. – *Hartmann ... Korrekturträger:* S. zu SK 64. – *die Hebamme:* »Die Schmalkalder Amme quasi angenommen«, vermerkt L. unterm 29. September 1791. – *Die beiden:* Zu streichen *beiden.* – *Turmaline ... an Blumenbach zurück:* Vgl. L.s Brief an Johann Friedrich Blumenberg vom 1. Oktober 1791; vgl. SK 221.

223 *The ... me:* Der kleine Tölpel lachte über mich. Gemeint ist vermutlich der »närrische« Wilhelm Dieterich oder ein Dienstmädchen? – *das Dietrichsche Haus:* Dieterich und Frau, Madame Köhler, Mlle Ranchat. – *jungen Medikus aus Manheim:* Wohl Ludwig Wallrad Medicus (1771–1850) aus Mannheim, Sohn des Dr. med. F. Casimir Medicus, studierte 1789–1791 in Heidelberg und an der Handlungsakademie in Hamburg; 1785 außerordentl. Prof. in Heidelberg, 1804 ordentl. Prof. in Würzburg; Verf. grundlegender Schriften zur Forst- und Landwirtschaft. – *Keplers und Hevels Hand:* Vgl. den Brief an Abraham Gotthelf Kästner vom 6. Oktober 1791; s. auch Kästners Aufsatz »Etwas über Keplers Glücksumstände« im »Göttingischen Magazin«, 1781, des Zweyten Jahrgangs, 4. Stück, S. 1–21.

224 *Plan zu Zietens Leben angefangen:* Also erst der Entwurf zu der von Frau von Blumenthal geplanten Zieten-Biographie? S. zu SK 173. – *Mus gekocht:* Vgl. an Margarethe Elisabeth Lichtenberg vom 5. Oktober 1791. – *Meckelnburg:* Dietrich Friederich Wilhelm von Meckelnburg aus Mecklenburg, immatrikulierte sich am 18. Oktober 1788 als stud. jur. an der Georgia Augusta. – *Quittung nach Hannover:* An Eisendecher für die Leibrente. – *Dimensionen des Herschelschen Teleskops:* Im Juli 1786 reiste Herschel nach Göttingen und überreichte der dortigen Akademie im Auftrag Georgs III. einen von ihm gebauten 10-Fuß-Reflektor. S. darüber den Brief an Johann Daniel Ramberg vom 6. August 1786. – *Gildentag:* »Den Montag nach Michaelis [erster Montag im Oktober] ist Gildenwahl. Auf dem Rathhause werden der Stadt-Magistrat und die neugewählten Gildemeister vom Königlichen Gerichtsschulzen Vormittags um 11½ Uhr öffentlich beeydigt. Auch wird mit Trompeten und Pauken vom Johannisthurm herabmusicirt.« (Rintel, S. 133). Diese Tradition ist seit 1497 urkundlich erwähnt; an diesem Tag wurden die Gildemeister – die Vorstände der einzelnen Handwerksgilden – gewählt und durch den Bürgermeister vereidigt; diese Veranstaltung wurde in Göttingen mit Predigten an das »Regiment der Stadt«,

einem Empfang im Rathaus, einer Morgenansprache und Speckkuchenverzehr begangen und hat sich bis heute als Brauch erhalten.

225 *Kästner das Cabinet sehen will:* S. dazu die Briefe an Abraham Gotthelf Kästner vom 2. Juli 1791 und 7. Oktober 1791. – *Preisfragen an Kästner:* Vgl. dazu den Brief an Kästner vom 2. Juli 1791; s. auch SK 227.

226 *Seyffer . . . lange bei mir:* Vermutlich wegen seiner geplanten England-Reise; vgl. den Brief an Abraham Gotthelf Kästner vom 2. Juli 1791 und SK 229. – *Brief an Kästner:* Vgl. den Brief an Abraham Gotthelf Kästner vom 7. Oktober 1791.. – *Druckfehler im Kalender:* Im GTC 1792; L. zählt die Druckfehler in dem obenstehenden Brief an Kästner auf. – *der kleine Junge:* Georg Christoph jr.

227 *Kupferdrucker-Firnis gesotten:* Dieterich besaß neben sieben Buchdrukker- auch drei Kupferpressen. Unterm 29. September 1790 notiert L. im Tagebuch (SK): »Die Drucker kochen Firniß;«, unterm 30. September 1790 »Buchdrucker wieder Firnis«. – *Kästner . . . die Preisfragen:* Vgl. SK 225 und Anm. – *Blumenbach verkündigt . . . Reise nach England:* Blumenbach hielt sich zum Jahreswechsel 1791/1792 für zwei Monate in London auf. – *Johnson's Leben . . . geendigt:* Über die Lektüre von Boswells Biographie s. zu SK 213. – *Szilagy:* Franz Szilágyi (1762–1828), ungar. Student aus Somlýo-Ujlak im Krasneuer Comitat, schrieb sich am 4. Mai 1791 an der Georgia Augusta in Theologie ein; studierte in Leiden und Göttingen; 1797 Prof. für Geschichte am Collegium in Klausenburg, 1821 dort Prof. der Theologie; Verf. von theologischen und pädagogischen Schriften.

228 *Briefe an Blumenbach:* Vermutlich Empfehlungsschreiben L.s an seine engl. Freunde, vgl. den Brief an Johann Friedrich Blumenbach vom 12.(?) Oktober 1791.

229 *An . . . Höpfner:* Vermutlich handelt es sich bei der Sendung um die von L. in seinem Brief an Friedrich August Lichtenberg am 9. September 1791 erwähnten »5 Bennetischen Elektrometer«. – *Seyffer ab:* Nach England; L.s Urteil über ihn s. im Brief an Abraham Gotthelf Kästner vom 6. Oktober 1791; s. zu SK 225.

230 *Fortsetzung an Blumenbach:* Weitere Empfehlungsschreiben für die geplante Englandreise; vgl. SK 228. – *das schwarze Pflaster:* Nach Weisenberg, S. 314 vielleicht das Emplastrum mercuriale, Quecksilberpflaster, das u. a. bei Gelenkgeschwülsten, Knochenschmerzen und gegen gichtische und rheumatische Schmerzen angewandt wurde, oder Pix liquida, Holzteer, flüssiges Pech, u. a. bei chronischem Lungenkatarrh als Pflaster in Gebrauch (Weisenberg, S. 468). – *Gerüste am Albaner Turm:* Über die Albaner Kirche s. zu B 237, über L.s Interesse an den Dachdeckerarbeiten s. zu SK 153.

231 *meine Beurteilung der Preisschrift an Kästner:* S. zu SK 225.

232 *Meine l. Frau noch recht wohl:* Margarethe Lichtenberg hatte am 22. Oktober 1791 Wilhelm Christian Thomas Lichtenberg zur Welt gebracht; s. zu SK 233. – *Hansteins Hofmeister:* S. zu SK 215. – *Ulrich:* Wohl Peter Joseph Ulrich aus Westfalen, immatrikulierte sich am 30. Oktober 1786 als stud. cam. an der Georgia Augusta. – *Tatter:* Von L. in der Handschrift doppelt unterstrichen. – *Wad:* Gregorius Wad (1755–1832) aus Kopenhagen, immatrikulierte sich am 22. Oktober 1791 für Philosophie an der Georgia Augusta; namhafter dän. Mineraloge und Geologe. – *an meinen Bruder . . . Gevattern-Brief:* S. zu SK 233.

233 *Tatter... vom Prinzen Ernst erzählt:* In seinem Brief vom 12. Mai 1791 berichtet Tatter (Briefwechsel, III, S. 897f.): »Prinz Ernst ist jetzt mit Leib und Seele – leichter Dragoner! Das bevorstehende Lager, wo er eine Schwadron commandiren soll, beschäftigt so sehr seine Seele, als nun schon seit langem aller Menschen Mäuler«. – *Balser angekommen:* Friederich August Balser (gest. nach 1810) aus Darmstadt, immatrikulierte sich am 31. Oktober 1791 als stud. jur. an der Georgia Augusta, wo er bis 1792 blieb (SK 302). L. hatte für diesen Verwandten ein standesgemäßes Quartier besorgt (s. den Brief an Friedrich August Lichtenberg vom 9. September 1791) und äußerte sich seinem »Vetter« gegenüber am 29. November 1791 äußerst negativ über dessen Betragen und offenbare Protektion. – *Kind gemessen:* Den am 22. Oktober 1791 geborenen *Wilhelm* Christian Thomas Lichtenberg (gest. 1860), genannt »Will«, der William Irby, Thomas Swanton, Johann Christian Dieterich und Ludwig Christian Lichtenberg als Paten hatte. Die Taufe fand, unter anderem wegen Dieterichs Erkrankung, erst am 4. Dezember 1791 statt. Wilhelm Lichtenberg war später Steuerdirektor und Bevollmächtigter des Zollvereins in Stettin. – *1 Elle lang:* In Hannover betrug die Elle seinerzeit 58,42 cm.

234 *Rauschenwasser:* ». . . ein einzeln stehendes Haus, dessen Besitzer die Wirthschaft treibt. Im Winter wird bey solennen Schlittenfahrten hieher gefahren« (Rintel, S. 136–137). Rauschwasser liegt über Bovenden, 1¼ Stunde Fußwegs von Göttingen entfernt. – *Willich:* Friedrich Christoph Willich (1745–1811), Dr. jur. und Vice-Syndikus der Universität Göttingen; 1769–1787 Privatdozent der Rechtswissenschaft. – *Kampenhausen:* Wohl Balthasar von Campenhausen (1772–1823) aus Livland; immatrikulierte sich am 6. November 1790 als stud. jur. in Göttingen, wo er bis 1792 blieb; machte eine bedeutende politische Karriere in russischen Diensten; seit 1811 Reichskontrolleur. – *Die Herrn Weichsel kommen an:* Die Brüder Friedrich Carl (geb. 1773) und Carl Friedrich Weichsel (geb. 1774), sowie deren Vetter Ferdinand Weichsel (geb. 1774) aus Erbach, die sich am 30. Oktober 1791 an der Georgia Augusta für Jura einschrieben und bis September 1792 in Göttingen blieben (SK 377). – *Rinderwurst:* Über die Göttinger Spezialität s. auch B 176.

235 *An Kant geschrieben:* Vgl. den Brief an Immanuel Kant vom 30. Oktober 1791. – *Jachmann:* Vgl. hierzu den obenstehenden Brief an Kant. – *Kalender geschickt:* Den GTC 1792.

236 *M. l. Frau . . . Fieber:* Milchfieber (laut SK vom 24. Oktober 1791). – *Sander mit s. 2ten Frau:* Sophie Amalie Sander, geb. Hagen, Tochter Johann Arnold Hagens, Oberst bei dem Churhannöverischen Artilleriecorps; Sanders erste Frau Marie Magdalene, geb. Degener, war am 6. April 1791 im Alter von 40 Jahren gestorben. – *Sander bezahlt:* Johann Carl Wilhelm Sander (ca. 1749–1798), seit 1775 Pächter der Universitätsapotheke, die 1737 eingerichtet wurde; unterhielt eine Lesegesellschaft, deren Teilnehmer für fünf Reichstaler jährlich zweimal wöchentlich periodische Schriften ins Haus geliefert bekamen (Rintel, S. 101). – *meines Bruders Brief:* Vgl. SK 235. – *Vicegevatterin:* S. zu SK 232; zur Formulierung s. zu J 852.

237 *Viole d'amour:* Liebesgambe; eine in England entstandene Sonderart der Altgambe, oft mit einem Amorköpfchen gekrönt. – *Neue Impertinenz der Amme:* »Die Tollin schwänzt des Abends, ohne absagen zu lassen«, vermerkt

L. unterm 28.Oktober 1791 und bereits am 26. Oktober: »Amme beweißt sich etwas impertinent«. – *Blumenbach Abschied:* Nach England. – *Dr Dann:* Johann Friederich Dann (1759–um 1821) aus Tübingen, Hofmeister des Barons von Thüngen, schrieb sich am 19. Oktober 1791 in Jura an der Georgia Augusta ein. – *mit trauriger Nachricht von Pfaff:* Vgl. SK 147.

239 *An . . . Kästner über Preisfragen:* S. zu SK 225. – *mein Bein heil:* Bei dem Beinleiden wird es sich nach den Krankheitsnotizen in SK um ein Ulcus cruris, Unterschenkelgeschwür oder »offenes Bein« gehandelt haben, denn die eingeschlagene Behandlung spricht zumindest nicht dagegen.

240 *Blanchard steigt zu Hannover auf:* Am 8. November 1791 stieg Jean Pierre Blanchard mit seinem Ballon von dem Platz hinter dem Königlichen Reithaus zu Hannover in die Luft auf und landete anschließend in dem Dorf Herrenhausen. Nach umfangreichen Vorbereitungen gaben am 5. November 1791 der Bürgermeister und der Rat der Stadt Hannover eine Bekanntmachung heraus, in der die Einwohner aufgefordert wurden, am Tage der »Blanchardschen Auffahrt« in ihren Häusern und Wohnungen zuverlässige Obacht und Fürsicht anzuwenden, wegen des Gedränges nach Möglichkeit wenig Bargeld bei sich zu haben und dem Künstler Blanchard da, wo er sich niederlassen werde, allen geneigten Willen zu beweisen, Ballon und Fahrzeug zu schonen und nicht anders als auf dessen Verlangen dabei Hand anzulegen. Bürgermeister und Rat der Residenzstadt waren von dieser Luftfahrt, »einem Beweis seiner [Blanchards] Erfahrung und ungemeinen Geschicklichkeit«, so beeindruckt, daß sie ihm »freywillig und ohne sein Gesuch« urkundlich das Ehrenbürgerrecht der Stadt Hannover verliehen. Was sich die Stadtväter sonst noch von dieser Sensation erhofften, ging in Erfüllung: Für die Veranstaltung wurden durch einen gut organisierten Vorverkauf Eintrittskarten in Bremen, Nienburg, Pyrmont, Hameln, Celle, Hildesheim, Northeim, Göttingen, Rehburg und in den Königlichen Ämtern der näheren Umgebung verkauft. Durch den Zustrom der Fremden rechnete man mit »8tägiger starker Nahrung und Consumation für die hiesigen Haus-, Gast- und Speise-Wirthe, Herberger und Vermieter einzelner Zimmer«. Die Einnahmen wurden auf 10 000 bis 12 000 Reichstaler geschätzt. Vgl. den Brief an Friedrich Ferdinand Wolff vom 1. Januar 1792. Zu L.s Beschäftigung mit den Anfängen der modernen Luftschiffahrt s. auch L 268 und Anm.

242 *Arznei wider die Milch nahm ich:* Gegen das Milchfieber seiner Frau; vgl. SK 235, 236. – *Briefe von Schröter:* Vgl. den Brief von Johann Hieronymus Schröter vom 3. November 1791. – *seinem Kupferstich:* Zu Schröters Porträt s. den Brief an Johann Hieronymus Schröter vom 17. November 1791. – *Mond-Charten:* Die Rede ist von den »schönen Abdrücken zu Ihrer Selenotopographie« (Zitat aus dem obenstehenden Brief). – *Rechenmaschine von . . . Gruson:* Johann Philipp Gruson (1768–1857), Mathematiker in Magdeburg, wo er 1790 eine Rechenmaschine entwickelte, die Beifall fand; ab 1794 in Berlin als Prof. der Mathematik an der Kadettenschule; vgl. den Brief von Abraham Gotthelf Kästner vom 10. November 1791, auch GGA 1791, S. 367f. In den GGA, 21. Stück vom 6. Februar 1792, S. 208, teilt Kästner mit, daß Gruson weitere Exemplare seiner Rechenmaschine angefertigt habe: einen Kupferstich und die »Beschreibung und Gebrauch einer neuerfundenen Rechenmaschine« (1 Bogen). – *Berliner Jahrbuch für 1793:* Gemeint ist das von Bode herausgegebene »Astronomische Jahrbuch», das Berlin 1790 erschien.

243 *mit allen vieren:* Margarethe Lichtenberg, Dieterich, Mad. Dieterich, Frau Köhler.

244 *Bartholdi:* Gottlieb Adolph Bartholdi aus Wismar, immatrikulierte sich am 23. April 1789 als stud. theol. an der Georgia Augusta. – *der alte Holländer:* Gottlob Theodor Vloemen, Dr. jur., Hofmeister, immatrikulierte sich am 7. Oktober 1791 an der Georgia Augusta. – *Borheck:* Georg Heinrich Borheck (1751–1834), von 1780 bis 1805 Privatdozent der Philosophie an der Georgia Augusta; Oberbaukommissar und seit 1781 Universitätsarchitekt und Klosterbaumeister. – *Die Französin:* Vermutlich die Gouvernante Mlle Ranchat, die sich zwischen 1791 und 1797 in Göttingen aufhielt, wo sie offenbar im Hause Dieterichs wohnte. – *Beob. des Phänomens:* Der Aufsatz »Beobachtung eines schönen Meteors«, der im »Neuen Hannoverischen Magazin«, 1791, 102. Stück, Sp. 1625–1629, erschien; die »Nachschrift« (des Briefes an den Herausgeber des Hannoverischen Magazins), ebd., Sp. 1629–1632, trägt das Datum: »den 15. Nov.«. S. auch den Brief an Friedrich Ferdinand Wolff vom 1. Januar 1792. Der Aufsatz ist wiederabgedruckt bei Helmut Hirsch (Hrsg.), Viel Wasser rund ums Wasser fließt. Dichter über Naturereignisse, Berlin(-Ost) 1986, S. 55–59. – *an Kästner:* In seinem Aufsatz »Beobachtung eines schönen Meteors«, a.a.O., Sp. 1627–1628, schreibt L.: »Weil es gerade während der Erscheinung auf unserm Jakobithurm halb sieben schlug, so ersuchte ich den Herrn Hofrath Kästner um eine Vergleichung dieser Stadtuhr mit der wahren Zeit, und erfuhr von dem Herrn Optikus Gotthard, dem der Herr Hofrath die Beobachtung aufgetragen hatte, daß diese Stadtuhr am wahren Mittage nach der Erscheinung um 9 Min. 1½ Sec. zu spät gegangen war.«

245 *Aufsatz über das Phänomen:* S. zu SK 244.

246 *Cassamünze:* Die deutschen Staatskassen rechneten nach dem Leipziger Fuß (ab 1738 Reichsfuß), so daß die Münzen im Kurfürstentum Hannover als Kassengeld – im Gegensatz zu den sogenannten Conventionsmünzen von 1753 – bezeichnet wurden. – *Whist:* (Engl. ›pst, still‹). Im 18. Jh. beliebtes Kartenspiel für vier Personen mit frz. Karten (52 Blätter); die ersten Whistregeln formulierte E. Hoyle 1742; aus dem Whist ist Bridge hervorgegangen. – *Heynen:* Vgl. den Brief an Christian Gottlob Heyne vom 17. November 1791. – *Oppen[heim]:* Seeligmann Joseph Oppenheim aus Frankfurt, immatrikulierte sich am 28. April 1789 als stud. med. an der Georgia Augusta.

247 *an Swanton und Irby wegen Gevatterschaft:* S. zu SK 233. – *Hausmann ... gesagt ... von Adams:* L.s Auskunft bezieht sich auf Charles Adams' Schreiben vom 9. November 1791. – *Prof. Reuß ... grob gegen mich:* War der Anlaß die Bücherausleihe? Vgl. SK 248, 251 und den Brief an Friedrich August Lichtenberg vom 29. November 1791. – *Brunsing:* Gemeint sein könnte Justus Ludewig Theodor Friedrich Brunsich aus Hannover, Capitaine im 1. Infanterie-Regiment, immatrikulierte sich am 27. April 1792 als stud. jur. an der Georgia Augusta. – *Heimbruch:* C. W. H. von Heimbruch aus Varste in der Grafschaft Hoya, 1791 Kapitän im 12. Infanterie-Regiment, immatrikulierte sich am 20. Oktober 1795 als stud. jur. an der Georgia Augusta. – *Dietrich zu Gevattern gebeten:* S. zu SK 233. – *painted ... violently:* Bemalte meine Hosen sehr heftig.

248 ♃ *und* ♀ *nahe beisammen:* Jupiter und Venus. Vgl. SK 252. – *Brief von meinem Vetter:* Vgl. den Brief von Friedrich August Lichtenberg vom

18.(?) November 1791. – *an Reuß:* Gemeint ist ein nicht erhaltener, zorniger Brief L.s. – *Rehbein:* In Frage käme, falls es sich um einen Studenten handelt, lediglich Johann Heinrich Ernst Rehbein (1768–1797) aus Westfalen, der sich am 11. Mai 1784 als stud. math. an der Georgia Augusta immatrikulierte und, empfohlen von Feder, aus Mittellosigkeit Gebührenfreiheit erhielt; 1795 veröffentlichte er in Göttingen den »Versuch einer neuen Grundlegung der Geometrie«.

249 *Kybus:* Lat. cubus ›Würfel‹. – *booby:* S. zu SK 223. – *Porträt Schröters:* Vgl. SK 242. – *der Kleinen:* Christine Louise Friederica Lichtenberg. – *Pochen gespielt:* Im 18. Jh. beliebtes Familienglücksspiel mit 32 deutschen Karten und dem Pochbrett, auf dessen acht oder neun Vertiefungen die Einsätze der Spieler verteilt werden. Die Spielregeln sind nicht einheitlich festgelegt. – *Dem kleinen Kinde:* Wilhelm Lichtenberg. – *Brief an Dr Geyer:* Vgl. den Brief an Johann Georg Geyert vom 24. November 1791. Johann Georg Geyert (1754–1816), studierte seit 1774 in Göttingen, 1785 Doktor beider Rechte und Privatdozent der Rechtswissenschaft; später kurmainz. Regierungs-Assessor und Regierungsrat in Heiligenstadt; heiratete Christine Charlotte Willig, die Tochter des Göttinger Brauers und Universitätspedells Jobst Christoph Willig; 1792 wurde ihm übrigens von Johanna Sophie Regine Louise Herzberg ein unehelicher Sohn geboren. – *Phoronomie:* Wohl Johann Anton Zulehners Dissertation »Versuch eines neuen Beweises der ersten statischen Gründe«, mit der er 1791 promovierte. Phoronomie: Wissenschaft von der Bewegung fester und flüssiger Körper. »Da der größte Theil dieser Lehre Kenntnisse voraussetzt, welche über die Grenzen der Elementarmathemathik hinausgehen, so rechnet man sie zur höhern Mechanik, in welcher besonders die Betrachtungen der Bewegungen allein, wobey auf die hervorbringenden Kräfte, nicht gesehen wird, zur Phoronomie gehören. Bisweilen heißt auch wohl die ganze höhere Mechanik Phoronomie.« (Gehler, III, S. 475) – *Handwerkspursch an Thümmels Tür geschlagen:* Zu den Unruhen der Göttinger Handwerksgesellen s. zu SK 62.

250 *Scheel:* Paul Scheel (1773–1811) aus Itzehoe, immatrikulierte sich am 4. Mai 1791 als stud. med. an der Georgia Augusta; 1798 Dr. med. in Kopenhagen, wo er 1802 zum Prof. der Geburtshilfe ernannt wurde; medizinischer Schriftsteller und Hrsg. naturwissenschaftlicher Zeitschriften. – *Schnäpel:* Auch Schnepel, aus dem Niederdt. übernommen: salmo lavaretus, der Salm, bzw. Lachs. – *Märksche Rüben:* Die berühmten Teltower Rüben; in »Neues Hannoverisches Magazin«, 1791, 88. Stück, Sp. 1393–1408, findet sich der Aufsatz eines ungenannten Verf. »Etwas über den Teltower Rübenbau«, wobei er sich auf C. L. Sannows »Praktische Anleitung zum Teltower Rübenbau, nebst Beleuchtung einiger dabei eingeschlichenen Mißbräuche«. Berlin 1791. bezieht. – *Amme:* Frau Tolle. – *Reichards Brief an Dietrich:* Heinrich August Ottokar Reichard (1751–1828), Schriftsteller in Gotha, Hrsg. des »Revolutions-Almanachs« (1792–1802) bei Dieterich in Göttingen. Seine »Selbstbiographie«, hrsg. von Hermann Uhde, erschien Stuttgart 1877.

251 *darkness visible:* »A dungeon horrible, on all sides round / As one great furnace flam'd; yet from those flames / No light, but rather darkness visible / Serv'd only to discover sights of woe, / Regions of sorrow, dolefull shades, where peace / And rest can never dwell, hope never comes / That comes to

all« (John Milton, Paradise Lost, 1. Buch, Vers 70ff.) Entsetzliches Gefängnis rundumher, / Wie Feueressen lodernd, doch nicht Licht, / Vielmehr sichtbares Dunkel wirkend, welches / Nur Klagenswertes zu entdecken half, / Des Grams Regionen, weherfüllten Schatten, / Wo Ruh und Frieden nimmer weilen mag, Die Hoffnung nicht, die sonst zu allen kommt. (Übersetzt nach Hans Heinrich Meier, Das verlorene Paradies, Stuttgart 1968). – *Reuß nach dem Streit ... bei mir:* Vgl. SK 247. – *Nachricht von des Königs in Fr. Flucht:* Irrige Nachricht; vgl. Brief an Friedrich August Lichtenberg vom 29. November 1791.

252 *Brief an meinen Vetter:* Vgl. Brief an Friedrich August Lichtenberg vom 29. November 1791. – *nebst Kalendern:* Vgl. in dem vorstehend nachgewiesenen Brief. – *Nachricht für den Prinzen:* Gemeint ist Prinz Friedrich Ludwig, Bruder des Landgrafen Ludwig X. von Hessen-Darmstadt (1759–1802). – *Durchgang der Venus:* S. zu B 166; vgl. auch SK 248.

253 *Brief an Feder wegen Seyde:* L.s Antwort auf den »Brief von Feder über Seydens Catholicismus«, den er laut Tagebuch am 30. November 1791 erhalten hatte. – *Deluc wieder mit Erskine entzweit:* Vgl. SK 217. – *annual Register:* »The Annual Register, or a view of the history, politics, and literature«, das Dodley seit 1758 herausgab und das bis ins 19. Jh. fortgesetzt wurde; es erschien jährlich in zwei Bdn., wobei der erste Teil »History of Europe«, der zweite »Chronicle, State Papers, Characters« enthielt; angesichts der Fülle des versammelten Materials erschien übrigens das »Register« für das Jahr 1792 erst London 1798; 1791 hat Lawrence L. daher wahrscheinlich das für das Jahr 1786 überreicht. – *Harzgulden:* Gängige Währung, auch »braunschweig. Gulden« des 16. bis 18. Jhs. aus Harzsilber; meist mit dem Bild eines Wilden Mannes oder des Heiligen Andreas. – *Touched ... it:* Berührte den kleinen Pfirsich mit dem dafür geeignetsten Werkzeug. Vgl. auch SK 414.

254 *Falckmann:* Ferdinand Heinrich Conrad Falckmann aus Osnabrück, schrieb sich am 22. April 1790 als stud. jur. an der Georgia Augusta ein. – *Biblioth.-Zettuln:* Die Studenten der Georgia Augusta konnten sich die Bücher der Göttinger Bibliothek ausleihen, »so fern sie nur einen mit der Unterschrift eines der hiesigen Professoren versehenen Zettel über jedes Buch abgeben.« (Pütter, Versuch 1, 1765, S. 219) – *Dumont:* Johann Peter Dumont (1728–1796), Weinschenk und Händler mit Spezereien und Kolonialwaren in Göttingen und seit 1789 Universitäts-Verwandter. – *wegen Girtanner und Fischer:* Der Anlaß war nicht zu ermitteln. Vermutlich Johann Heinrich von Fischer (1759–1814) aus Coburg, stud. med. in Göttingen (immatrikuliert am 20. April 1779), zuvor Würzburg, Schüler und Freund L.s und Girtanners; promovierte 1781, danach auf Reisen in Holland und Frankreich, 1782 zum außerordentl., 1786 zum ordentl. Prof. der Medizin in Göttingen ernannt, wo er bis 1792 blieb; erbaute 1785 das erste Entbindungsheim Göttingens; Herbst 1788 bis Mai 1789 mit Prinz August von England zur Kur in Hyères; Mitglied der »Deutschen Union«. – *Trauerbrief von Wachter:* Vermutlich von Ludwig Wachter (1740–1810) aus Darmstadt, immatrikuliert am 7. November 1761 als stud. jur. an der Georgia Augusta; Patenkind von Johann Conrad Lichtenberg; später fürstlicher Regierungs-Sekretär in Darmstadt; sein Brief zeigte den Tod seiner Mutter Maria Elisabeth Wachter, der einzigen Tochter Christoph Graupners (1713–1791)

an; L.s Anteilnahme am Tode der über Graupners Frau Sophie Elisabeth (1693–1742), geb. Eckard, – der Schwester von Henrike Catherine Lichtenberg – mit der Familie Lichtenberg verwandten »Frau Kammerrätin« geht aus seinem Brief an Friedrich August Lichtenberg vom 29. November 1791 hervor. Marie Elisabeth Graupner hatte 1737 den verwitweten Kammerrat Johann Georg Wachter (gest. 1791) in Darmstadt geheiratet, mit dem sie zehn Kinder hatte. – *die Französin:* Mlle Ranchat?

255 *Mad. Blumenbach:* Louise Amalia Blumenbach, geb. Brandes (1752–1837), Tochter von Friedrich Georg Brandes in Hannover, heiratete 1779 Johann Friedrich Blumenbach; aus ihrer Ehe gingen vier Kinder hervor. – *Packet von ihrem Manne an mich:* Aus England.

256 *mit Geld:* Für das Band? (SK 253). – *meinen Bruder:* Leider ist L.s »politischer Brief« nicht erhalten. – *Unsere Kinder:* Wohl Georg Christoph jr. und Louise Lichtenberg. – *φ:* Unterm 10. Dezember 1791 notiert L.: »Diesen Morgen um 4 Uhr φ sehr starck. nicht sonderlich geschlafen. (Die φ zusammen gezählt in diesem Jahr bis hieher 39).«

257 *nimis:* Lat. ›zu viel‹. – *Mad. Vogel:* Die Frau Samuel Gottlieb Vogels? Er hatte am 24. Juni 1794 Dorothea Catherina Bassewitz, eine Tochter des Kammerherrn von Bassewitz zu Güstrow, geheiratet. Oder handelt es sich um die Witwe von Rudolf Augustin Vogel, Sophie Kirchmann? – *D.r Koch:* Julius August Koch (1752–1817) aus Osnabrück, immatrikulierte sich am 5. Mai 1772 als stud. med. an der Georgia Augusta, studierte zuvor in Straßburg; Arzt in Osnabrück und unter Anleitung L.s Astronom, 1792 auf dessen Empfehlung Leiter des neueröffneten Observatoriums in Danzig (vgl. den Brief an Johann Karl Wilcke vom 10. Januar 1792), Freund Hollenbergs; Mitarbeiter am »Göttingischen Magazin« und an Bodes Berliner Jahrbuch. – *Porträt des Mohren Gustav Wasa:* »Olaudah Equiano's oder Gustav Wasa's, des Afrikaners merkwürdige Lebensgeschichte von ihm selbst geschrieben. Aus dem Englischen übersetzt«, erschienen Göttingen 1792 bei Dieterich (BL, Nr. 1124). Verf. ist Olaudah Equiano oder Gustavus Vassa (geb. 1745), Führer einer Neger-Befreiungsbewegung. Auf englisch erschien das Original 1789 zu London unter dem Titel »The interesting narrative of the life of Olaudah Equiano or Gustavus Vassa the African. Written by himself«; drei Auflagen und auch eine holländische Übersetzung erschienen in kurzer Zeit; als Übersetzer der deutschen Version firmiert B.: In Frage käme Blumenbach, der in seinen »Beyträgen zur Naturgeschichte«, 1. T., Göttingen 1790, S. 107–118, Gustav Vassa ausführlich und positiv behandelt. Hrsg. von Paul Edwards erschien im Insel Verlag Frankfurt/M. 1990 in dt. Übersetzung die »Merkwürdige Lebensgeschichte des Sklaven Olaudah Equiano von ihm selbst veröffentlicht im Jahre 1789«.

258 *Diss. de Hymenibus:* Abhandlung über Hochzeiten; L. meint wohl keine Schrift, sondern umschreibt den ehepflichtigen Streitpunkt. – *Brief von Szabo dem Plager:* S. den Brief von David Szabó de Bartzafalva vom 13. Dezember 1791. – *an Kielmeyer wegen Erlangen:* S. den Brief an Karl Friedrich Kielmeyer vom 12. Dezember 1791. Kielmeyer wollte sich um eine nach dem Tod von Heinrich Friedrich Delius 1791 vakante Professur für Chemie an der Universität Erlangen bewerben, worin ihn L. unterstützte. Der Ruf kam nicht zustande. Karl Friedrich Kielmeyer (1765–1844), immatrikulierte sich am 28. Dezember 1786 als stud. med. an der Georgia Augusta, später Prof.

Olaudah Equiano

zu SK 257

der Medizin an der Karlsschule in Stuttgart, Freund Johann Friedrich Pfaffs, Schüler L.s. – *I am determined:* Ich bin fest entschlossen.

259 *Townson einen Brief von Andreä:* Vgl. den Brief von Johann Gerhard Reinhard Andreae vom 11. Dezember 1791. Johann Gerhard Reinhard Andreae (1742–1793) aus Hannover, Chemiker und Mineraloge. – *der Sohn soll sich scheiden lassen:* Weil seine Frau Katholikin und er konvertiert war? – *Brief an Kielmeyer ... Bühler gegeben:* S. zu SK 258. Carl Heinrich Bühler (1770–1839) aus Stuttgart, zuvor an der dortigen Carlsschule (Akademie) studiert hatte, immatrikulierte sich am 20. Mai 1791 als stud. jur. an der Georgia Augusta; Hörer L.s; später Bezirksgerichtshauptmann zu Stäfa. – *Münzmeisterin:* Da es in Göttingen keine Münzen gab, käme vielleicht die Frau des Münzguardein Christian Rudolf Gottlieb Seidensticker bei der Lauterberger Kupferhütte in Frage.

260 *Vera's Maschine:* S. zu L_I, S. 850. – *Bei Frau Hofr. Blumenbach nach dem Päckchen fragen lassen:* Vgl. SK 255. Die Familie Blumenbach wohnte seit 1785 im Hause Neustadt 12 in Göttingen; Hofrat war Blumenbach 1788 geworden. – *Hanne:* L. beschäftigte laut Tagebuch zu verschiedenen Zeiten zwei Dienstmägde namens »Hanna«: Johanna Eleonore Rogge (geb. 1769), die jüngere Schwester von Johann Georg Ludolf Rogge, und Hanna Braunhold; es ist nicht zu entscheiden, welche von beiden hier gemeint sein könnte.

261 *Wildts Auflösung des Rätsels:* Das von L. im GTC 1792, S. 176f.,

aufgegebene Rätsel, dessen Auflösung er in GTC 1793, S. 120–122, mitteilte: s. hierzu J 884 und SK 297. – *it must be so:* Es muß so sein. – *Stallmeister:* Johann Heinrich Ayrer.

262 *Mad. Richter nebst Töchter:* Die Frau August Gottlob Richters, Henriette Elisabeth, geb. Hoop, gebar nach dem Kirchenbuch St. Marien am 17. Mai 1773 Charlotte Louise Augusta Richter, die 1792 Justus Christian Loder heiratete. – *Der kl. Junge:* Georg Christoph jr. – *im Zeughause:* Seinerzeit in der Barfüsserstraße in Göttingen gelegen. – *Czerny:* »Lufftballonist« (so die Eintragung vom 16. Dezember 1791) aus Wien: »Er scheint mir doch etwas von einem Windbeutel, kleines Testimonium für ihn«. Unterm 2. April 1792: »Ciegansky von dem Betrug des Czerny erzählt«. Matthias Czerny, Instrumentenbauer und Luftschiffer in Wien; 1789 ließ der »aerostatische Maschinenverfertiger« in Wien und Prag Luftschiffe aufsteigen.

263 *André's ... Hypothese:* Christian Karl André (1763–1831), dt. Pädagoge und Schriftsteller, errichtete 1785–1788 mit C. G. Salzmann in Schnepfenthal eine Mädchenerziehungsanstalt; leitete seit 1790 eine solche in Gotha. André hatte 1790–1792 in 3. Bdn. Raffs »Geographie für Kinder« in Dieterichs Verlag fortgesetzt; vgl. den Brief an Johann Albert Heinrich Reimarus vom 20. Januar 1799. In Bd. 2, S. 336, 1790 handelt André von den Jahreszeiten. S. auch Kästners Brief an L. vom 26. Dezember 1791. Unterm 25. Dezember 1791 notiert L.: »Gebe Dietrich die Critick von Andrés erbärmlicher Erklärung des Ab und zu nehmens der Tage.« – *Brief an ...:* Vielleicht handelt es sich bei diesem Brief um L.s Antwort auf ein Schreiben von August Ferdinand Wolff aus Utrecht, dessen Empfang er unterm 20. Dezember 1791 notiert. – *Eisendecher:* Die allmonatliche Quittung für die Leibrente.

264 *Letztes Wort über Göttingen gelesen:* »Letztes Wort über Göttingen und seine Lehrer« mit dem Untertitel: »Mit unter wird ein Wörtchen raisonnirt«, 1791 anonym zu Leipzig erschienen. Nach einer handschriftlichen Notiz in dem Exemplar Ebsteins ist der Verfasser Wilhelm Friedrich August Mackensen (1768–1798) aus Wolfenbüttel; er studierte in Helmstedt und Göttingen, wo er sich am 21. April 1788 als stud. theol. immatrikulierte; danach in Leipzig und Kiel; Magister der Philosophie und Privatdozent in Kiel 1795; psychologischer Schriftsteller. Im Exemplar der Universitätsbibliothek Göttingen steht folgende Notiz: »Nach Heyne soll der Verfasser dieses ... ein Ungar Namens Ribini sein der als Hofmeister dreier Herr von Grassow in G. war.« Zit. nach Ebstein, Ein Beitrag zu G. C. Lichtenbergs Aufenthalt in Göttingen (1770–1799), in: Hannoversche Geschichtsblätter Nr. 8, 3. Jg., 1900, S. 58 (erschien als Nachdruck mit einem Nachwort und Anmerkungen von Ulrich Joost, Göttingen 1987): »Hierin unterscheidet er [Kästner] sich sehr von Lichtenbergen. Bey diesem großen Kopfe ist Witz die Grundlage aller übrigen Seelenkräfte, worin sich jede seiner Denkkräfte, wenn man ihr nachgeht, endlich auflöst. Ich will nicht sagen, daß man bey ihm weiter nichts höre, als Epigramme, und weiter nichts sähe, als einen zum Lachen verzogenen Mund, ich behaupte nur, daß er mit der Kraft der Seele, die man Witz nennt, allein studirt zu haben scheint. Dieß giebt seinem Vortrage keinen vortheilhaften Anstrich. Wenn man ihn von den tiefsinnigsten Erfindungen Kepplers oder Newtons reden hört, so fühlt man sich ziemlich geneigt, alle diese hohen Schlüsse der tiefsten Vernunft für artige ganz allerliebste Einfälle

zu halten. Man sagt gemeiniglich, daß man bey ihm statt Physik zu hören, ein Collegium über Experimente höre, und er hat daher, eigentlich zu reden, nicht sowol Zuhörer als Zuschauer. Es ist wahr, daß er sich aus den Beweisen und Erklärungen nicht viel Angelegenheit macht, er bringt sie nur fast als gelegentlich an, und als wäre es, weil er doch gerade des Weges ginge. Allein er kennt den großen Haufen, und weiß, daß nur wenige fähig sind, oder wenigstens Geduld genug haben, mathematische Untersuchungen anzuhören. Er sieht ja, wie gegähnt wird, wenn er in den ersten Stunden des Collegii ein wenig von Mechanik spricht. Hierin wollte ich ihn also wol eher entschuldigen, als in einem andern Vorwurfe, den man ihm macht, daß er nemlich verwirrt in seinem Vortrage sey. Man antwortet gemeiniglich gleich selbst darauf, daß er von zu vielen Ideen bestürmt werde. Allein dieß sollte wol zur Entschuldigung nicht hinreichen. Es kann bey einem Gelehrten nicht fehlen, daß sich ihm nicht eine Menge von Ideen aufdrängen sollte, aber die Kunst ist, sie abzuwehren. Die Kunst sich gefangen zu nehmen, ist oft größer, als die Kunst frey zu seyn.

Er wirft in seinen Vorlesungen schon mehr mit Witz um sich als Kästner. Es ist zu bedauren, daß dieser sonst so vortrefliche Mann ein wenig zu sehr am Sinnlichen hängt. Ich kenne Keinen, der das so seltene Talent der Laune, von dem Kant selbst sagt, daß es eben so selten, als das Talent kopfbrechend, halsbrechend und herzbrechend zu schreiben, gewöhnlich sey, sich im höhern Grade zu eigen machen könnte. Wäre sein Körper immer gesund, und seine Organe immer in raschen ungehinderten Spiele; so wäre er ohne Rival der witzigste Kopf unserer Nation. Da aber sein Körper selten in seiner natürlichen Elasticität ist; so hat er selten die Kraft, die Bilder, die ihm dann nur verworren vorschweben, in Licht und Fülle gleichsam herauszustoßen. Da nun aber seine Denkkraft einmal die Tendenz hat, von seinem Körper ihr aber nicht nachgeholfen wird; so kömmts, daß dieses Gefühl von Gehemmtseyn, seinem Aeußern und seinem Vortrage einen so unangenehmen Anstrich giebt, daß es sich dem Hörenden auf eine merklich unangenehme Weise mittheilt.

Man hat so viel von seiner Liebe zum schönen Geschlechte gesagt! Jeder Mann von Geist liebt das schöne Geschlecht mehr oder weniger, und die witzigen Leute sollen diesem Uebel am meisten ausgesetzt seyn. Der Franke (oder war es vielleicht der eisenstirnigte Verfasser von Bahrdt m. d. e. St.?) hat Ihnen eine scandalöse Geschichte davon erzählt. Ich weiß nicht, ob er auch noch hinzugesetzt hat, daß L. seine Geliebte, wovon er spricht, geheirathet habe. Es sey mir erlaubt eine minder scandalöse aber lustigere Geschichte zu erzählen, die sich während meines hiesigen Aufenthalts zutrug. Ein Ankömmling wollte L. die Aufwartung machen. Er trifft in der Küche eine Person, die er für eine Haushälterin hält, und frägt sie, ob er die Ehre haben könne, den Herrn Hofrath zu sprechen? Die Antwort ist: »Nee«. – Ob er denn, fährt der Student dringend fort, nicht das Glück haben könne, der Frau Hofräthin aufzuwarten? Schmunzelnd erwiedert hierauf die vermeynte Haushälterin mit einem tiefen Knicks: »dat sin ek« (die bin ich).« (ebd., S. 66–69). – *Schrecken der Hannah über . . . Angora-Muffe:* »Mad. Köhlerin Ihre Angora Muffe wird gekauft«, notiert L. unterm 16. Dezember 1791; s. zu SK 260. – *Billet von Kästner:* Vgl. den Brief von Abraham Gotthelf Kästner vom 26. Dezember 1791. – *wegen André:* Vgl. SK 263. – *Klockenbring:* Friedrich Arnold Klockenbring (1742–1795), geheimer Kanzlei-Sekretär in Hannover und Redakteur des »Hannoverischen Magazins«; vgl. auch Wolfgang Stammler, Friedrich Arnold Klockenbring. Ein Beitrag zur Geschichte des geistigen und sozialen Lebens in Hannover, in: Zeitschrift des historischen Vereins für Niedersachsen, 1914, Heft 3, S. 187–219.

265 *Brief an Euler:* Der Brief an Johann Albrecht Euler vom 29. Dezember 1791 ist zuerst von Dieter B. Herrmann, Petersburger Aktennotizen über Georg Christoph Lichtenberg, in: Forschungen und Fortschritte 39 (1965), S. 330–334, mitgeteilt worden. Johann Albrecht Euler (1734–1800), Sohn Leonhard Eulers, seit 1769 Sekretär der Akademie in Petersburg, seit 1776 Studiendirektor des Kadettencorps; arbeitete vor allem über Astronomie und Schiffahrtskunde. – *Kosizky:* Karl Ernst Kosizky (gest. um 1819), Sekretär der Naturforschenden Gesellschaft zu Danzig; vgl. den Brief an Johann Karl Wilcke vom 10. Januar 1792. Die Naturforschende Gesellschaft in Danzig, 1743 gestiftet, hatte sich an Euler in Petersburg mit der Bitte gewandt, einen Vorschlag für die Besetzung der Stelle eines Observators ihrer Sternwarte zu machen; Euler bat daraufhin seinerseits L. um Rat; dessen Vorschlag war Julius August Koch, der am 7. August 1792 angestellt wurde. S. Schimmelpfennig, Ein Stück Geschichte der naturforschenden Gesellschaft zu Danzig. In: Altpreußische Monatsschrift. Neue Folge, Bd. 6, Königsberg 1869, S. 53–72. – *Receipt . . . pies:* Rezept für Pasteten (aus gehacktem Fleisch). – *Stallmeister:* Johann Heinrich Ayrer.

266 *Grellmann:* Heinrich Moritz Gottlieb Grellmann (1756–1804), seit 1787 außerordentl., seit 1794 ordentl. Prof. für Philosophie und Statistik in Göttingen; verheiratet mit der jüngsten Tochter Johann Michael Heintzes aus Weimar, Christine Heintze (geb. 1770); er starb in Moskau, wohin er einen Ruf erhalten hatte. – *Ruprecht:* Carl Friedrich Günther Ruprecht (1730–1816), seit 1748 Lehrling, 1751 Geschäftsführer, dann Kompagnon der Witwe Vandenhoeck, nach ihrem Tode 1787 Erbe und Inhaber der Vandenhoeckschen Buchhandlung in Göttingen und seit 1788 Universitätsverwandter; hielt seit 1781 einen Zeitschriften-Zirkel. Vgl. über ihn den Brief an Leopold Friedrich Günther von Goecking vom 25. Juni 1781; er heiratete 1788 Friederike Dorothea Heintze (1754–1797), Tochter des Gymnasialdirektors Johann Michael Heintze in Weimar. – *cum suabus:* Mit den ihrigen [Frauen].

267 *Die Kinder:* Georg Christoph jr., Louise Lichtenberg. – *Heynes . . . Programm:* Von den mehreren Programmen, die er im Laufe des Jahres 1791 vorgetragen hat, kommt seines aktuellen politischen Zeitbezugs wegen folgendes Programm in Frage, das bei Dieterich 1791 gedruckt erschien: »Reges a suis fugati, externa ope in regnum reducti«, geschrieben – wie Heyne in der Selbstanzeige (GGA, 193. Stück vom 3. Dezember 1791, S. 1929–1930) mitteilt – »in den Tagen, da, seit der unglücklich versuchten Flucht des Königs von Frankreich, alles in der ungewissen Erwartung war, ob es zum bürgerlichen Krieg kommen, oder ob der König die Constitution annehmen würde«. Vermutlich ist jedoch *das* Programm gemeint, das Heyne aus Anlaß des Prorektor-Wechsels am 2. Januar 1792 öffentlich vortrug: »Iudiciorum de universitatibus litterariis recognitio«, gedruckt bei Dieterich 1792. Sein Thema ist die Darstellung der Universitäten aus der Feder zeitgenössischer Autoren, speziell ehemaliger Studenten – vermutlich veranlaßt durch das »Letzte Wort über Göttingen«! (S. GGA, 10. Stück vom

19. Januar 1792, S. 89–92). Das Programm ist auf deutsch in dem »Neuen Hannoverischen Magazin«, 1792, 21. Stück, vom 12. März, Sp. 321–336, und ebd. im 22. Stück, vom 16. März, Sp. 337–348, unter dem Titel »Beurtheilung und Characterisirung einiger Urtheile über Universitäten« veröffentlicht worden. – *letzten Wort über Göttingen:* Über diese Schrift s. zu SK 264. – *rote Dinte:* L.s Umschreibung für Menstruation.

268 *Kulenkamp Prorektor:* Seine Amtszeit war vom 2. Januar bis 31. August 1792. – *einen Louisd'or:* Seydes Monatssalär; vgl. SK 281. – *rot:* S. zu SK 267.

269 *Brief an . . . Trebra:* Antwort L.s auf Friedrich Wilhelm Heinrich von Trebras Schreiben, das er laut Tagebuch am 8. Januar erhielt, vom 11. Januar 1792. – *wegen der Medaille:* »Medaille von Reden« notiert L. unterm 8. Januar 1792. Wohl Claus Friedrich von Reden, Berghauptmann in Clausthal. – *des Meteors:* L.s zu SK 244 nachgewiesener Aufsatz. – *Brief v. Klügel:* S. den Brief von Georg Simon Klügel vom 5. Januar 1792. – *Preisfragen:* Die Preisfrage der mathematischen Klasse lautete für 1794 »Über die Zusammensetzung des Wassers«. Der von L. formulierte Text ist in den GGA, 37. Stück vom 5. März 1792, S. 364–366, auf lat. – von Heyne korrigiert – und dt. abgedruckt: »Da die Lehre von der Zusammensetzung des Wassers, des großen Beyfalls ungeachtet, womit man sie an den meisten Orten aufgenommen hat, dennoch allen, denen es mehr um gründliche Kenntniß der Natur, als bloß um eine gewisse in die Augen fallende Zusammenstellung mancher Phänomene oder um gefällige Leichtigkeit beym Vortrage derselben zu thun ist, noch großen Zweifeln unterworfen zu seyn scheint: so wünscht Königliche Societät neue, einleuchtende und durchaus auf genaue Messungen gegründete Versuche angestellt zu sehen, wodurch diese Lehre entweder widerlegt, oder völlig bestätigt werden könnte.

Damit aber dieser Zweck desto sicherer und leichter erreicht und zugleich alles sorgfältig vermieden werden möge, was neuerlich hierüber von beyden Seiten fast zum Ueberdruß oft gesagt und wiederholt worden ist: so hat Königl. Soc. nicht für undienlich erachtet, einiges voraus zu erinnern und der Aufmerksamkeit derer zu empfehlen, die sich mit diesen Untersuchungen zu befassen willens sind.

1) Jedermann weiß, wie viel bey Erklärung der Erscheinungen in der Natur, vorzüglich derer, die uns die verschiedenen Luftarten darbieten, dem Feuer, oder der Ursache der Wärme, sowohl in seinem freyen als seinem gebundenen Zustande zugeschrieben wird; und doch giebt es noch immer Naturforscher, die jene Ursache in keiner eigenen Materie, sondern bloß in einer Modification der bereits vorhandenen Körper suchen. An die elektrische Materie hingegen, die eben so stark verbreitet ist, als die Ursache der Wärme, die jedermann für ein eignes Wesen seiner Art ansieht, welches alle Körper umgebe und sich in allen befinde, das sich allen unsern Sinnen darstelle, das sich bey der Zersetzung so vieler Körper, in denen es vorher gebunden lag, offenbare, an diese hat noch kein Anhänger der neuen Chemie bey Erklärung dieser Erscheinungen je gedacht. Es kann also nicht anders als höchst wichtig seyn, einmal ernstlich zu untersuchen, was nicht bloß das Feuer, sondern auch dieses allgemein verbreitete Fluidum beytrage, die Körper, und vorzüglich das Wasser, in luftartiger Gestalt darzustellen. Denn so lange die Naturforscher bey ihren Theorien über die Entstehung der Luftarten hierauf keine Rücksicht nehmen, so laufen sie Gefahr in den Fehler derjenigen Chemiker zu

verfallen, die bey ihren Versuchen nicht auf die Beschaffenheit ihrer Schmelztiegel gesehen, und daher für neue Entdeckungen ausgegeben haben, was bloß die Frucht ihrer eignen Unachtsamkeit war.

2) Durch die Beobachtungen sowohl als die Versuche einiger der erster [sic!] Physiker scheint es nunmehr ausgemacht zu seyn, daß der gemeine Regen sowohl als der Platzregen weder ein Niederschlag eines in der Luft aufgelösten oder an derselben klebenden Wassers, noch auch das Product einer mit dephlogistisirter Luft verbrannter unflammabeln seyn können, sondern daß beyde eine Zersetzung der atmosphärischen Luft sind, in welche die Wasserdämpfe vorher übergangen seyn müssen. Auf diese Weise hätten wir also ebenfalls sowohl eine Zersetzung des Wassers in phlogistische und dephlogistische Luft (weil die atmosphärische Luft entweder aus beyden besteht, oder doch ihre Bestandtheile enthält), als auch Wasser, das durch Zersetzung phlog. und dephlog. Luft entstanden ist.

3) Auch scheinen die Versuche, da man durch Verbrennung der inflammabeln Luft mit dephlogistischer, zuweilen Wasser mit Salpetersäure gemischt und zuweilen bloß Ruß erhalten hat, noch immer einer neuen und wiederholten Prüfung werth zu seyn, und dabey vorzüglich den Ursachen dieser Erscheinungen nicht mit bloßem Räsonnement und Muthmaßungen nachzuspüren, sondern durch genaue und zuverlässige Versuche auszumachen und zu bestimmen.

4) Auch wäre es wohl nicht überflüssig zu untersuchen, was geschehen wird, wenn die Luftarten, deren man sich bey obigem Versuch bedient, nicht bloß über Wasser, welches gewöhnlich der Fall ist, sondern über Quecksilber und andern Flüssigkeiten aufgefangen würden; wenn sie vorsätzlich mit andern versetzt würden u.s.w.

5) Da es endlich bey genauer Untersuchung dieser Frage sehr auf den Grad der Wärme der Luftarten, der freyen sowohl als der gebundenen und der specifischen; auf ihr specifisches, sowohl einzeln genommen als im vermischten Stande, und auf die Grade der Trockenheit und des eudiometrischen Gehalts derselben ankömmt, so wünscht Königl. Soc., daß alle, die ihren Forderungen Gnüge zu leisten gedenken, zu dem Ende die Luftarten sorgfältig mit den gehörigen Instrumenten prüfen, und was der deutlichen Beobachtung entgeht, durch Rechnung weiter verfolgen mögen.

Der für die Einsendung der concurrirenden Schriften festgesetzte äußerste Termin ist der letzte September des Jahres 1794.« – *Stallmeister:* Johann Heinrich Ayrer.

270 *Brief von Pöllnitz:* S. den Brief von Ludwig Friedrich von Pöllnitz vom 10. Januar 1792 und den Brief an Julius Friedrich Höpfner vom 26. März 1792. Ludwig Friedrich Christian von Pöllnitz (1743–1822) aus Reinheim, immatrikulierte sich am 25. November 1763 als stud. jur. an der Georgia Augusta; Kammerherr und Oberamtmann in Darmstadt. – *Deluc ... Ihre Klagen:* »Abends De Luc schwach wie sein großer Onkel sagt«, notiert L. unterm 31. Dezember 1791. – *21 Dutzend gewonnen:* Beim Pochen? – *wegen des van Swinden:* Vielleicht die zu J 1345 nachgewiesenen »Positiones physicae«. S. auch SK 279.

271 *Quittung wegen der Tische an Eisendecher:* Wohl im neuen Hörsaal; vgl. den Brief von Wilhelm Christian Eisendecher vom 9. Juli 1791, SK 276, 277. – *Wildt ... Uranus:* Vgl. dazu L.s Artikel »Wie man in diesem Jahre den

Georgs-Planeten (Uranus) ohne viele Mühe finden kann« im GTC 1793, S. 129–135.

272 *an Prof. Schmidt:* Vgl. J 1754. – *infl. Luft durch den Flintenlauf:* Vgl. J 2036 und Anm., SK 515. – *30-Sols-Stück:* Ursprünglich war der Sol (Sou) eine mittelalterliche frz. Rechnungsmünze, die in den Jahren vor der Frz. Revolution zur reinen Kupfermünze wurde. – *Stellation Uranus . . . gewiß:* S. zu SK 271. – ☿ *Waage:* Quecksilber-Waage. »Herr Keith, Mitglied der königlichen Gesellschaft der Wissenschaften zu Edinburgh (Transact. of the Royal Society of Edinb. Vol. II. 1790) hat sehr glücklich statt des Wassers Quecksilber gewählt, und ein brauchbares Werkzeug unter dem Namen der Quecksilberwaage (Mercurial-level) ausgegeben.« (Gehler, Bd. 5, S. 999).

273 *Fataler Brief von meinem Bruder wegen des Haushalts:* Also wegen Margarethe? – *Klindworth schickt Kielmeyers Thermometer:* Vgl. den Brief an Karl Friedrich Kielmeyer vom 12. Dezember 1791.

274 *Brief an Klockenbring:* Das »Schreiben des Herrn Hofr. Lichtenberg, an den Herausgeber des neuen hannoverischen Magazins« (»Neues Hannoverisches Magazin«, 1792, 16. Stück, Sp. 241–244). – *Abhandlung von Schröter:* Das »Schreiben an den Herrn Hofrath Lichtenberg«, das J. H. Schröter aufgrund von L.s »Beobachtung eines schönen Meteors« an diesen gerichtet hatte und das L. zusammen mit drei weiteren Mitteilungen in einem Bericht im »Neuen Hannoverischen Magazin« 1792, 16. St., Sp. 243–250, vollständig veröffentlichte. Wie sehr L.s Aufsatz weiter wirkte, geht auch aus dem Brief an Franz Ferdinand Wolff vom 5. April 1792 hervor, wo L. die Zuschrift des ihm damals noch unbekannten Blumhof erwähnt, in der eine Beobachtung des Meteors mitgeteilt wird. – ♀: Seit dem 17. Januar 1792 gebraucht L. das astronomische Zeichen für Venus zur Zählung seiner Kopulationen. – *ombres chino[ise]s:* Frz. ›chinesische Schatten‹; chinesisches Schattenspiel. S. auch SK 279.

275 *Ruhländer bezahlt:* Für Weinlieferungen oder als Traiteur? – *Buhle:* Johann Gottlieb Buhle (1763–1821) aus Braunschweig, 1783 stud. phil. in Göttingen, 1786 Magister, seit 1787 außerordentl., 1794–1804 ordentl. Prof. der Philosophie und Jurisprudenz in Göttingen, dann in Moskau; 1789 außerordentl. Mitglied der Göttinger Sozietät der Wissenschaften; er gab seit 1798 zusammen mit Bouterwek bei Dieterich das »Göttingische Philosophische Museum« heraus. – *Mspt zu den Preisfragen verloren:* S. zu SK 269; vgl. SK 276, 277. – *Frau Amtmännin:* Sophie Dorothea Lichtenberg (1722–1792), geb. Wißmann, Frau des Amtmannes Gottlieb Christoph Lichtenberg zu Seeheim.

276 *Amme:* Frau Tolle. – *Sozietätsfragen an Kästner:* S. zu SK 269. – *Es zirkuliert eine Anfrage wenn man vorlesen will:* Sie bezieht sich auf Sozietätsvorträge; s. den Brief an die Göttinger Sozietät der Wissenschaften vom 25. Januar 1792. – *Geld von Eisendecher für die Tische:* Vgl. SK 271.

277 *Dietrich für die Tische bezahlt:* S. zu SK 271. – *An Klockenbring:* Vgl. den Brief an den Herausgeber des »Hannoverischen Magazins« vom 23. Januar 1792. – *Finde das verlorene Konzept wieder:* Vgl. SK 275. – *Wollaston:* Francis Wollaston (1731–1815), engl. Gelehrter, Verf. astronomischer Schriften. Die Bibliothek in Göttingen besitzt von ihm zwei Schriften; in Frage kommt, da die andere London 1800 erschien, nur »Specimen of a general Astronomical Catalogus«, London 1789; s. auch SK 280. – *Kutscher bittet . . . zu Gevattern:*

Geburt von Margarethe Louise Juliane Ehrhardt (geb. 11. Januar 1792), Tochter des Kutschers bei Buchhändler Dieterich, getauft am 28. Januar 1792. Taufpaten: Margarethe Elisabeth Lichtenberg, Louise Köhler und Sophie Juliane Erxleben (Kirchenbuch zu St. Jacobi). S. auch SK 278. – *zu:* In der Handschrift zweimal geschrieben.

278 *Becque[s] Witwe begraben:* Maria Magdalene Becke (1729–1792), geb. Konntz, war am 26. Januar 1792 verstorben (St. Jacobi). Ihr Ehemann Johannes Becke (gest. 1770), war seit 1768 Syndicus der Universität und wohnte gegenüber dem Zeughaus. Zur Charakterisierung s. den Brief an Johann Friedrich Pfaff (?) vom 2. August 1789. – *kleine Wrisberg:* Wohl Philipp Johann Friedrich Wrisberg (geb. 1778), Sohn Heinrich August Wrisbergs, am 11. Juli 1785 als stud. med. an der Georgia Augusta immatrikuliert. – *Kutschers Kind getauft:* S. zu SK 277.

279 *Brief an ... Wolff:* Vgl. den Brief an Franz Ferdinand Wolff vom 29. Januar 1792. – *Klockenbring:* S. ebd. – *ombres chinoises:* S. zu SK 274. – *Heinrich Dietrich will sich erschießen ...:* Wahrscheinlich wegen der Weigerung seines Vaters, in die Heirat mit Charlotte Michaelis einzuwilligen. »Der arme Dietrich muß sich wohl endlich zu der Heyrath seines [Sohnes] bequemen«, schreibt L. unterm 23. Dezember 1791. – *Scheuchzers Bilderbibel:* Das Werk ist zu E 465 nachgewiesen. – *Szabo ... das Geld für die Schriften ... Swinden:* Vgl. SK 270 und Anm. – *caust. Alk.:* Alcalia caustica, pura: nach Blacks Unterscheidung zwischen milden und kaustischen Laugensalzen, die ätzend sind (s. Gehler, Bd. 2, S. 865).

280 *Tode meiner ... Schwägerin:* S. zu SK 275 und den Brief an Friedrich August Lichtenberg vom 1. Februar 1792. – *Wollaston:* Vgl. SK 277. – *die verstellte Geschichte der Prinzessin von Preußen gelesen:* Wohl Sophia Friderica Wilhelmine (1709–1758), die Schwester Friedrichs II. und spätere Markgräfin von Bayreuth; führte einen bei Zeitgenossen berüchtigten Lebenswandel; sie schrieb 1748–1758 »Denkwürdigkeiten ihres Lebens«. Bei Dieterich ist nichts dergleichen erschienen.

281 *rot:* S. zu SK 267. – *Die Fabrin:* Unterm 8. Januar 1792 notiert L.: »Jungfer Fabrin Hochzeit.« – *die beiden Kinder:* Georg Christoph jr. und Louise Lichtenberg. – *ombres Chinoises:* S. zu SK 274. – *Feuerwerk:* »Czerny bittet um ein Zeugniß bey Stock, daß seine Feuerwerckereyen nicht schaden«, notiert L. unterm 8. Januar 1792.

282 *Geburtstag des ... Ältesten:* Georg Christoph jr. – *Die Papiere des ... Schafskopf ... gelesen:* Den politisch-satirischen Roman »Des seligen Herrn Etatsraths Samuel Conrad von Schaafskopf hinterlassene Papiere, von seinen Erben herausgegeben«, erschienen Breslau 1792, von Adolph Franz Friedrich von Knigge. – *Heber im Vacuo:* Vgl. K 333 und Anm. – *Greiling:* Gemeint ist Andreas Heinrich Greuling. – *Lodemann:* Wohl Johann Georg Lodemann (1762–1846) aus Celle, immatrikulierte sich am 26. Oktober 1789 als stud. med. an der Georgia Augusta (1781 schon einmal inskribiert); promovierte 1792 zum Dr. med.; 1797 Hofmedicus, 1815 Königlicher Leibarzt in Hannover; offenbar besorgte er den Auktions-Katalog von Murrays Bibliothek. – *Murrayschen Auktion:* Johann Andreas Murrays Auktions-Katalog trägt den Titel: »Verzeichniß einer auserlesenen Sammlung Medicinischer, Chirurgischer, zur Naturhistorie gehöriger, Botanischer, Chemischer, und anderer Bücher, welche am 13 und folgenden Tagen des Febr. 1792, in der Wohnung

des Professors der Botanik [der Name wird nicht genannt!], Nachmittags von 6 bis 8 Uhr, sollen verkauft und dem Meistbietenden zuerkannt werden. Göttingen, gedruckt bey H. M. Grape 1791«. – *Richters Bibliothek:* Der Registerband zu der »Chirurgischen Bibliothek«, die August Gottlob Richter in Göttingen und Gotha bei Dieterich in 15 Bdn., nebst zweier Register-Bände, herausgab (BL, Nr. 888). Das »Allgemeine Register« über die ersten 6 Bde. erschien Göttingen 1794, über die zweiten 6 Bde. Göttingen 1796.

283 *Ombres Chinoises:* S. zu SK 274. – *Laterne . . . von Frankfurt:* »Nachricht von Knoop wegen der Laterne und den Spiegel« verzeichnet L. unter dem 3. Februar 1791; über die Laterna magica vgl. SK 284, 286, 287.

284 *Übersetzung der Fragen für die Societät:* Die alljährliche Preisfrage der Göttingischen Sozietät der Wissenschaften, veröffentlicht in den GGA, 37. Stück vom 5. März 1792, S. 364–366; der lat. Text stammt von Heyne. S. zu SK 216; s. ferner SK 291 vom 29. Februar 1792. – *seiner infamen Frau:* S. Bürger an August Wilhelm Schlegel am 30. Juli 1792; vgl. J 1200. – *Major Müller:* Gotthard Christoph Müller. – *Laterne ausgepackt:* S. zu SK 283.

285 *Rodens Buch:* Vielleicht »Erläuterungen über Hn. Karstens mathematische Analysis und höhere Geometrie«, erschienen Berlin 1789, von Johann Philipp von Rohde; s. zu GH 23. Zeitlich näher läge die Potsdam 1791 erschienene Abhandlung »Über die Schrift des k.k. Obristlieutenants, Herrn von Lindenau, betreffend die höhere Preussische Taktik, deren Mängel und zeitherige Unzweckmäßigkeit«. – *Seyffers Observation zu Slough:* Seyffer hielt sich zu der Zeit bei Herschel in Slough auf (s. L.s Brief an Schröter vom 16. Februar 1792); er berichtet über die Beobachtung des neuen Kometen, den Caroline Herschel am 15. Dezember 1791 entdeckt hatte, in den GGA, 14. Stück vom 26. Januar 1792, S. 136. – *in den Zeitungen revidiert:* S. GGA, 14. Stück vom 26. Januar 1792, S. 249, 441. Kein Artikel L.s, sondern wohl seine Vermittlung und Korrektur der Seyffer-Beobachtung für die GGA; s. auch SK vom 10. März 1792: »Abends im Bette noch die Correctur von Seyffers Beobachtungen in den Zeitungen.«

286 *Schnupftabak ängstlich erwartet:* S. zu D 209. – *Laterne . . . aufgehenkt:* S. zu SK 283. – *Marcards Geständnis:* S. zu J 872. – *Rotzebue:* So schreibt L. Kotzebue auch J 847. – *Edystone Lighthouse:* Das Werk von Smeaton ist zu J 870 genauer nachgewiesen; s. auch SK 287. – *Pawloff:* Grigorius Pawloff aus Rußland, immatrikulierte sich am 13. August 1785 als stud. math. an der Georgia Augusta.

287 *Long:* Robert Ballard Long (1771–1825), engl. Student der Mathematik, immatrikulierte sich am 28. Oktober 1791 an der Georgia Augusta, nahm dort am 17. April 1792 Abschied; er machte Karriere im Militärdienst und brachte es zum Rang eines »Lieutenant-General«. – *Gevatterschaft mit Evchen:* »Abends Gmelin und Evchens zu Gotha Gevatterschafft«, notiert L. unterm 19. Februar 1792 und am 28. Juni 1795: »Evchens Tod!!!«. Worum es im einzelnen ging, konnte nicht ermittelt werden; stand Evchen in verwandtschaftlicher Beziehung zu Margarethe Lichtenberg? – *ø:* In diesem Zusammenhang wohl Zeichen für: meine Frau. – *Nachricht von Klockenbring:* Vgl. den Brief an Johann Hieronymus Schröter vom 16. Februar 1792. – *Edystone Lighthouse:* Das Werk ist zu J 870 genauer nachgewiesen. – *den Kindern:* Georg Christoph jr. und Louise Lichtenberg. – *die Laterna magica:* S. zu SK 283.

288 *Billet an . . . von Fischer:* Da die Schreiben nicht erhalten sind, läßt sich

nur mit Gewißheit sagen, daß der Adressat in Göttingen wohnt. In Frage kommen: Johann Carl Fischer aus Lüneburg, stud. math., immatrikuliert am 6. Mai 1787; Friedrich Albrecht von Fischer aus Bern, stud. jur., immatrikuliert am 12. Oktober 1789; Christian Ernst Fischer aus Lüneburg, stud. med., immatrikuliert am 28. Oktober 1790; Conrad Fischer aus Halberstadt, stud. jur., immatrikuliert am 21. Oktober 1791. Vielleicht ist aber auch an Johann Heinrich Fischer zu denken. – *Brandes Ideen gelesen:* Wohl die »Politischen Betrachtungen über die französische Revolution«, Jena 1790, von Ernst Brandes, oder »Über einige bisherige Folgen der französischen Revolution in Rücksicht auf Deutschland«, Hannover 1792, rezensiert durch Spittler in den GGA, 81. Stück vom 21. Mai 1792, S. 809–816. Ernst Brandes (1758–1810), Sohn von Georg Friedrich Brandes aus Hannover, 1775–1778 Jurastudent in Göttingen, Geheimer Kanzleisekretär in Hannover; seit 1791 Geheimer Kabinettsrat und Nachfolger seines Vaters in der Besorgung der Expedition der Universität Göttingen; 1805 Kommerzrat; philosophischer Schriftsteller; Freund Burkes und Rehbergs, Schwager Blumenbachs und Heynes. – *Ciechansky:* Nicolaus Bogislas von Ciechansky (1737–1828) aus Sluzk in der Woiwodschaft Smolensko, immatrikulierte sich am 26. Oktober 1767 als stud. math. an der Georgia Augusta, Mechanicus und Universitätsverwandter, ab 1770 Aufseher der Modell- und Maschinenkammer der Georgia Augusta; seit 1774 verheiratet mit Caroline Dorothea, geb. Stein, aus Dassel (gest. 1794). – *blaue Scheibe:* S. zu SK 216. – *von Ayckens Schnaps getrunken:* »Ayke drey Bouteillen Schnapps«, notiert L. unterm 17. Februar 1792. (Danziger Goldwasser?)

289 *wegen des Grund-Eises:* S. zu J 927, SK 308. – *Ballons an ... Wolff:* Der einzige überlieferte Brief an Franz Ferdinand Wolff, in dem L. »6 Ballons« annonciert, ist vom 5. April 1792 datiert. – *Bouterwek ... den 2. Teil von s. Donamar:* Das Werk ist zu SK 159 genauer nachgewiesen. – *Amme:* Frau Tolle.

290 *Pastor Sattler:* Georg Anton Friedrich Sattler (gest. 1837), seit 1785 Pastor in Ostenholz im Cellischen Amt Fallingbostel, ab 1806 Pastor in Varrel bei Hoya; schickte zu der Meteor-Beobachtung L.s eine Nachricht; s. Dieter B. Herrmann, Unbekannte Briefe von Johann Hieronymus Schroeter an Georg Christoph Lichtenberg, Berlin-Treptow (Archenhold-Sternwarte) 1965, S. 10.

291 *Goldwasser:* S. zu SK 288. – *Observatorium:* Die Universitäts-Sternwarte, 1751 von Segner auf einem alten Festungsturm, nördlich der Nicolaistraße, im sog. »Klein-Paris« eingerichtet. – *An Heynen die Korrektur:* Zu L.s Korrektur der jährlichen Preisfrage vgl. den Brief an Christian Gottlob Heyne vom 29. Februar 1792. – *Mad. Hausmann:* Marie Dorothea Schulpe, die Mutter von Friedrich August Daniel Adams, seit 1778 mit Johann Georg Hausmann verheiratet; s. auch zu SK 198.

292 *Rot:* S. zu SK 267. – *Zach mir die Tafeln:* Vermutlich astronomische Tabellen. – *Korrespondenz zwischen Dietrich und Buhle:* Vgl. SK 275; s. auch SK 293. – *Auktions-Katalog von Michälis:* »Bibliotheca J. D. Michaelis ... quae publicae auctionis lege inde Ad VII. MAII MCCLXXXXII Horis VI–VIII Pomeridianis divendetur. Gottingae, Typis Joannis Georgii Rosenbuschii. 1792«. L. war übrigens nicht unter den Käufern.

293 *Rechenmaschine an Prof. Schmidt:* Die von Gruson. – *wegen Warnecke:*

Hat L. den Wundarzt empfohlen? – *Justel ... verloren:* Beim Pochen? Georg August Julius Köhler (geb. 1. Mai 1785), Sohn von Johann Christian Friedrich und Luise Köhler, genannt Justel; laut Kirchenbuch St. Johannis Taufpaten: Dieterich senior, Richter, Dorothea Juliane Ayrer, Georg Philipp Meyenberg. – *Dietrich kauft Buhlens Uhr:* S. zu SK 275. – *Brief von ... Blumhof:* Vgl. den Brief von Johann Georg Ludolf Blumhof vom 1. März 1792. Johann Georg Ludolf Blumhof (1774–1825), Sohn eines Gärtners aus Hannover, immatrikulierte sich am 30. Oktober 1792 als stud. math. an der Georgia Augusta; Schützling und Schüler L.s.; später Metallurg, 1819 außerordentl. Prof. der Technologie in Gießen. Zur Wertschätzung L.s vgl. die Briefe an Georg August Ebell vom 18. Oktober und 1. November 1792.

294 *die Licht-Magnete:* S. zu J 1816; vgl. SK 300. – *Kaiser:* Franz II.; Josephs II. Tod notiert L. im Tagebuch am 8. März 1792.

295 *dem kleinen Jungen:* Georg Christoph jr. – *Ku[r]zmann:* L. hatte *Kuzmann* geschrieben. Johann Philipp Kurzman (1768 bis 10. April 1794) aus Mühlhausen in Thüringen, immatrikulierte sich am 13. Oktober 1788 als stud. theol. an der Georgia Augusta; erhielt am 4. Juni 1792 den Preis der Theologischen Klasse der Göttinger Sozietät.

296 *Amme:* Frau Tolle? – *el[ektrische]. Versuche:* Im Colleg; vgl. SK 295.

297 *Rätselauflösung an Feder:* S. zu SK 261. – *Schwert im Orion:* Sternbild am Äquator mit den Sternen Beteigeuze und Rigel sowie drei Sternen, die den Gürtel des Orion bilden; die drei Gürtelsterne wurden damals als Jakobsstab bezeichnet. – *Nachricht von den Blattern:* 1792 herrschte offenbar eine Epidemie in Göttingen. – *Gmelins Kinder:* Über Gmelins Kinder s. zu SK 95. »Gmelin bey mir und von der Inoculation seiner Kinder erzählt«, notiert L. unterm 8. April 1792.

298 *Major Müller ... sein Programm:* Die »Beschreibung eines neuen vorzüglich gemeinnützigen und bequemen Werkzeugs zum Nivelliren oder Wasserwägen. Nebst Anzeige seiner nächsten Vorlesungen«, erschienen Göttingen 1792 bei Dieterich, angezeigt von Kästner (GGA, 52. Stück vom 31. März 1792, S. 513–514). – *Binder:* Johann Binder (1767–1805) aus Siebenbürgen, immatrikulierte sich am 9. November 1789 als stud. theol. an der Georgia Augusta; erhielt 1791 das Akzessit zu dem Preis über die Frage »De politia veteris urbae Romae«, erschienen Göttingen 1791 mit einer Vorrede Heynes; später Rektor des evangelischen Gymnasiums in Hermannstadt; wiss. Schriftsteller; Mitarbeiter der GGA; Schüler L.s, der sich am 31. März 1793 in Binders Stammbuch eintrug (s. Joost, Kleine Lichtenberg-Funde, in: Gött. Jahrbuch 1978, S. 147). S. auch zu J 1085. – *Magister Carus:* In Frage kommt Friedrich August Carus (1770–1807) aus Bautzen/Lausitz, der sich am 2. Mai 1791 in Theologie an der Georgia Augusta immatrikulierte; 1805 Prof. der Philosophie in Leipzig; Verf. philosophiegeschichtlicher Werke. – *Dietrich trotzt:* Vgl. SK 299. – *Möckert begraben:* Johann Nikolaus Möckert (1732 bis 15. März 1792), 1764 Prof. der Rechtswissenschaft zu Rinteln, seit 1784 Prof. und Hofrat in Göttingen. – *Herr Major bei Herrn Hanstein:* L. wollte vermutlich schreiben: Herr Major Hanstein bei mir. – *Pedell:* ›Fußbote‹; Hochschuldiener, Gerichtsbote. 1792 waren die Universitätspedellen Johann Christoph Fricke (auch Schreibmeister der Universität) und Jobst Friedrich Willig. – *verklagt Georg:* »Georg [Rogge] vor Gericht«, notiert L. unterm 8. Mai 1792.

299 *Die Kinder:* Georg Christoph jr. und Louise Lichtenberg. – *Dietrich trotzt fort:* Vgl. SK 298. – *Rezension von Z's Fragmenten . . . von Nicolai:* Diese Schrift von Johann Georg Zimmermann ist zu J 376 nachgewiesen.

300 *Mamsell Michälis:* Louise Michaelis. – *Niersteiner:* Wein aus Nierstein, der größten deutschen Weinbaugemeinde im Kreis Mainz-Bingen, Rheinland-Pfalz, links des Rheins. Ein Geschenk von Zulehner aus Mainz. – *Licht-Magnete:* S. zu J 1816.. – *Brief von . . . Harding:* Vgl. den Brief vom 17. März 1792. Karl Ludwig Harding (1765–1834), Mitarbeiter Schröters in Lilienthal, später Prof. der Astronomie in Göttingen, entdeckte den Planetoiden Juno.

301 *an Höpfner:* Vgl. Brief an Ludwig Julius Friedrich Höpfner vom 26. März 1792. – *Meines Schwagers:* Margarethes Bruder. – *Möhrensaft gegessen:* Eingekochter Karottensaft, eßlöffelweise als Mittel gegen Verstopfung und trägen Stuhlgang eingenommen (Johann Friedrich Osiander, Volksarzneymittel, Göttingen 1826, S. 73). – *die blaue Scheibe:* S. zu SK 216. – *am bekannten Fenster:* Vgl. SK 299. – *Grätzels Tannenbaum:* S. zu J 317. – *Carcer:* Das Gefängnis für Studenten, im Dachgeschoß des Concilienhauses an der Prinzenstraße gelegen; heute der Hauptbau der Niedersächs. Staats- und Universitätsbibliothek. – *Pereat piano:* Sie möge leise untergehen.

302 *Dortchen vor dem concilio:* Wohl in Zusammenhang mit ihrer Schwangerschaft; am 21. Februar 1792 notiert L.: »Dortchens Schwangerschaft gemuthmaset«; am 8. März 1792: »Die Schwangerschafft der Dortchen bricht aus. Sie giebt unsern Georg an, der es läugnen soll«; am 9. März 1792: »Georg vorgehabt, er läugnet, aber etwas verdächtig«. Nach dem Kirchenbuch von St. Crucis wurden 1790/1791 mit Kirchenbuße belegt: Dorothee Rüdel, Dorothee Sophie Kühnen, 1792 Dorothee Totten. – *concilio:* Concilium: Hochschulgericht. – *Balser . . . Abschied:* Zu L.s schließlich positivem Eindruck von Balser s. den Brief an Ludwig Julius Friedrich Höpfner vom 26. März 1792. – *Brief von Rode:* S. den Brief von Johann Philipp von Rohde vom 19. März 1792.

303 *Deutsch:* Christian Friedrich [von] Deutsch (1768–1843) aus Westfalen, immatrikulierte sich am 24. Oktober 1791 als stud. med. an der Georgia Augusta; zuvor Universität Halle; 1792 Promotion zum Dr. med., 1804 Prof. der Geburtshilfe in Dorpat. – *Arenhold:* Adolph Johann Gustav Arenhold (1768–1854), immatrikulierte sich am 23. Oktober 1786 als stud. jur. an der Georgia Augusta; Kanzleirat in Hannover, 1792–1794 Auditor in Göttingen. – *Barometer-Messungen:* Vgl. SK 306. – *Barometer* Hefte angefangen«, verzeichnet L. unter dem 2. April 1792. – *im Traum:* Über L.s Träume s. zu A 13. – *vocativi:* Eigentlich Anrede-, Ruffall; scherzhaft auch ein Schalk, loser Vogel. – *Ziegler:* Werner Karl Ludwig Ziegler (1763–1809), 1791–1792 Prof. der Theologie in Göttingen, danach Rostock; theologischer Schriftsteller.

304 *Link:* Heinrich Friedrich Link, 1791/92 Privatdozent der Arzneiwissenschaften in Göttingen, erhielt einen Ruf als Prof. der Naturgeschichte und Chemie an der Universität Rostock. – *Szabo:* Emmerich Szabó von Bartzafalva aus Ungarn, immatrikulierte sich am 4. Mai 1791 als stud. theol. an der Georgia Augusta. – *Gruber:* Albrecht Franz von Gruber (1767–1827), immatrikulierte sich am 22. Oktober 1791; hatte sich zuerst am 25. September 1787 als stud. math. an der Georgia Augusta eingeschrieben; 1798 Kantonsförster, 1806 Oberforstmeister des Kantons Bern; große Vedienste um die Forstwirtschaft. – *Kölner (Chur):* Wohl Max Fritz Ostler aus Köln, der sich am

22. Oktober 1791 zusammen mit Gruber in Philosophie an der Georgia Augusta immatrikulierte.

305 *rot:* S. zu SK 267. – *Potenzen-Maschine:* Nach Gehler, Bd. 3, S. 550, verstand man im 18. Jh. darunter Modelle zur Lehre von den einfachen Maschinen, die alle fünf oder sechs Potenzen (Hebel, Radwelle, Scheibe, Schraube, Keil und schiefe Ebene) »entweder in einer aus allen zusammengesetzten Maschine, oder wenigstens in einem einzigen Stücke des Apparats N vereinigen«. – *Croneberg:* Nicolaus Johann Croneberg (Kronberg), Schuhmacher und von 1791 bis 1804 Pächter des Universitäts-Bier- und Branntweinschanks in Göttingen. – *Czerny's Mädchen:* Seine Tochter? – *Kästners Bemerkungen über Seyff[ers] Astronomische Nachrichten:* S. zu SK 285. – *Voigts Cabinet:* Vielleicht die »Generaltabelle der sämmtlichen jetzigen Gebirgsarten«, Weimar 1792 (BL, Nr. 752), oder »Erklärendes Verzeichniß von Gebirgsarten«, ebd. 1792; vgl. J 1137. Voigt, seinerzeit Bergrat in Ilmenau, war berühmt durch seinen Streit mit seinem ehemaligen Lehrer Werner, in dem er gegen dessen neptunistische Theorie die vulkanische Entstehung des Basalts zu beweisen suchte.

306 *Brief an meinen Vetter:* Vgl. den Brief an Friedrich August Lichtenberg vom 4. April 1792; vgl. SK 310. – *Dietrich ... Rinman wegen Manthey:* Zu diesem Verlagsprojekt s. zu SK 125. – *Colleg über ... Höhenmessung der Berge beschlossen:* Vgl. SK 303.

307 *Lasius Sammlung:* S. zu L 728. »Townson zum 2ten Mal wegen Lasius Cabinet«, notiert L. unterm 6. April 1792. – *Brief an ... Arenhold:* S. den Brief an Adolph Johann Gustav Arenhold vom 5. April 1792. – *Gladbachs Freiheits-Entschluß:* Friedrich Christian Gladbach (1763–1845), Advokat und Notar, Konsistorialsekretär in Hannover; am 19. Oktober 1792 machte die Regierung in den »Hannoverschen Anzeigen«, 85. Stück, bekannt, »daß dem ohne Abschied aus dem Dienst verwichenen ›Gladbach‹ der Aufenthalt in hiesigen Landen nicht gestattet werden solle«. »Das Verhalten des extraordinairen Consistorialsecretarius Friedrich Christian Gladbach, der im März 1792 freiwillig – nach Meinung seiner Vorgesetzten auf eine höchst ungebührliche und pflichtwidrige Weise – seinen Dienst verließ und nach Frankreich ging, zeigt deutliche Züge jugendlichen Überschwangs. Seine öffentliche Erklärung, in der er sich auf das Studium der alten Römer beruft und sich selbst mit der Geschichte in der einen Hand und mit der Fackel der Vernunft in der anderen sieht, klingt reichlich pathetisch. Man spürt darin aber auch, wie der Druck einer stumpfsinnigen juristischen Routine, für welche die Rechtsuchenden zum Objekt des Aussaugens wurden, einem Menschen unerträglich geworden war, der in Frankreich beobachtete, daß sich die Welt noch ändern konnte. Mit humorloser Strenge drohte die Regierung hinter ihm her. Sie erklärte Gladbach für ohne Abschied entlassen und verbot ihm den künftigen Aufenthalt in den Kurlanden. Gladbachs romantische Ideen hielten übrigens der Wirklichkeit nicht stand. Nach wechselvollen Jahren, die er teilweise in französischen Diensten verbracht hatte, wurde er im Jahre 1809 in Hessen-Darmstadt an das Ministerium des Äußeren berufen. Nach zwanzigjährigem Dienst wurde er 1829 pensioniert; er starb 1845.« (Zit. aus Reinhard Oberschelp, Niedersachsen 1760–1820, Bd. 2, S. 298–299, Hildesheim 1982; s. auch: Joachim Kühn, Ein hannoverscher Jakobiner: Friedrich Christian Gladbach, in: Kühn, Romantische Porträts aus Niedersachsen, Hannover 1916,

S. 109–122). – *An van Marum:* Der Brief, datiert vom 3. April 1792, ist erstveröffentlicht in: Gumbert, Lichtenberg und Holland, S. 79–80. – *Wolff:* Vgl. Brief an Franz Ferdinand Wolff vom 5. April 1792.

308 *Gutachten wegen des Grund-Eises:* Vgl. J 927 und die Anm. dazu; im übrigen den vermutlich an Gottlieb Friedrich Achatz von Kerssenbruch adressierten Brief vom 7. April 1792. – *Graf Schulenburg Abschied:* Albert Achaz Gebhard Graf von Schulenburg-Wolfsburg (1769–1794) aus Hannover, immatrikulierte sich nach dem Studium an der Ritterakademie in Lüneburg und an der Universität Jena am 14. Mai 1791 an der Georgia Augusta; seit 1793 Auditor bei der Justiz-Kanzlei in Hannover. – *Wirth:* Vielleicht Georg Wirth aus Göttingen, der sich am 22. Juli 1784 an der Georgia Augusta als stud. med. immatrikulierte.

309 *Blumenbach . . . zu Hannover eintreffen:* Von seiner Englandreise; s. auch SK 310. – *Vergangene Nacht träumte mir:* Diesen Traum reflektiert L. in J 931; zu seiner Beschäftigung mit dem Phänomen des Traums s. zu A 33.

310 *Der kl. Junge hört . . . schwer:* Georg Christoph jr.; vgl. 12. April 1792: »Muthmaßung daß der Kl. Junge nicht gut hört!«; s. auch SK 311, 315, 319. – *Major Müller . . . rekommandiert . . . Franz zum Hofmeister:* Als Erzieher für L.s Kinder? In Frage käme Friedrich Christian Franz (1766–1847) aus Schleiz, der sich am 31. Oktober 1789 als stud. jur. an der Georgia Augusta immatrikulierte; gräflich-lynarischer Kanzleisekretär, sächs. Hofrat und Sekretär der Ökonomischen Gesellschaft zu Dresden; Verf. ökonomischer Schriften. – *Kästner . . . Vorlesung:* Am 14. April 1792 hielt Kästner vor der Sozietät der Wissenschaften eine Vorlesung über »Neuern geographischen Gebrauch des Polarsterns« (Selbstanzeige GGA, 70. Stück vom 3. Mai 1792, S. 697–700). Vgl. den Brief von Abraham Gotthelf Kästner vom 13. April 1792. – *Blumenbach kömmt an:* S. zu SK 309. – *Regula Coeci:* Blindregel, Willkürregel, eine Art der Gesellschaftsrechnung; vgl. J 1865.

311 *die erste Nachtigall:* S. zu F 532. – *Viele Soldaten:* Zum Manöver. – *Townson . . . Harzreise:* S. auch SK 315. – *Brief von Dr Werne:* Vgl. den Brief von Heinrich Philipp Werne vom 7. April 1792. Heinrich Philipp Werne aus Osnabrück, immatrikulierte sich am 17. Oktober 1780 an der Georgia Augusta; ehemaliger Schüler L.s. – *der kl. Junge:* Georg Christoph jr. – *sein Gehör:* Über seine Erkrankung s. zu SK 310.

312 *Lawrence mit s. neu angekommenen Sohn:* Wohl Charles Lawrence, der sich am 22. Dezember 1791 abermals einschrieb. – *Brief an . . . Deluc:* Wohl Empfehlungsschreiben für Aycke hinsichtlich seiner Englandreise; s. SK 388. – *spiritus universalis:* Universalgeist; in der Alchemie Synonym für Spiritus mundi: ›Weltgeist, Lebendiges Wasser‹. Nach Ernstling wird darunter »diejenige Feuchtigkeit« verstanden, »welche in der Luft sich findet und überall um den Horizont oder über den Erdball herumstreicht«; nach Geßmann »dasselbe, was in der hermetischen Kunst als »Mercurius« bezeichnet ist« (Wolfgang Schneider, Lexikon alchemistisch-pharmazeutischer Symbole, Verlag Chemie, Wiesbaden 1962). – *Der jüngste Dietrich:* Emanuel *Wilhelm Christian* (1770–1813), Sohn Dieterichs, offenbar geistesgestört.

313 *Brief an meine . . . Frau:* Vgl. den Brief an Margarethe Lichtenberg vom 16. April 1792. – *Blumhof:* Vermutlich Antwort auf das klärende Schreiben, das L. unterm 10. April 1792 notiert. – *Die beiden kleinen Lawrence's:* James und Charles Lawrence? – *Alexanders Kopf:* Büste Alexanders des Großen?

S. aber den Brief an Johann Georg Forster vom 24. Dezember 1787 und den Brief an Samuel Thomas Sömmerring vom 20. April 1791. – *Seyde . . . das Hannöversche Magazin:* Das 30. Stück des »Hannoverischen Magazins«, das Freitag, den 13. April 1792, erschien, enthält lediglich die »Beschreibung der ersten Baurenhandwerksschule zu Trnowa in Böhmen.« Das 31. Stück erschien am Montag, dem 16. April 1792. – *Feders Villa:* S. zu J 1519. – *Ich male ein Kalb ø und bete es an:* Das der Bibel entnommene Bild (nach 2. Moses 32, 4), verbunden mit dem Zeichen ø, ist vermutlich die Anspielung auf die Zeichnung einer nackten Frau; s. auch SK 314, 461, 462, 478.

314 *das güldne Kalb:* S. zu SK 313.

315 *Townson vom Harz zurück:* Vgl. SK 311. – *Der kl. Junge:* Georg Christoph jr. – *sein Gehör besser:* S. zu SK 310. – *Pfaff wieder . . . hergestellt:* Vgl. SK 147. – *die Situations-Charte von Darmstadt:* Gesandt von Friedrich August Lichtenberg, vgl. den Brief an Georg Forster vom 27. Mai 1792. – *Brief von v. Marum:* Der Brief vom 17. April 1792 ist in: Gumbert, Lichtenberg und Holland, S. 81, erstveröffentlicht worden (vgl. Briefwechsel III, Nr. 2073).

316 *Resolviert den 7<u>ten</u> anzufangen:* Gemeint ist das akademische Sommerhalbjahr. »Collegium angefangen 82 Pursche!!!«, notiert L. unterm 7. Mai 1792. – *anzufangen:* Danach zu ergänzen *Abend dem kleinen den* ☽ *gezeigt.*

317 *Fr. v. Blumenhagen:* Nichts ermittelt, falls es sich nicht um eine Namensverwechslung L.s mit Frau von Blumenthal handelt; s. zu SK 150.

318 *Brief an Kästner:* Wohl Antwort auf Kästners Schreiben vom 26. April 1792. – *Goniometer:* Winkelmesser. – *Bülow aus Helmstedt:* Gottfried Philipp von Bülow (1770–1850) aus Braunschweig, studierte seit 1789 in Helmstedt Jura; 1793 Assessor an der Justizkanzlei in Wolfenbüttel; jurist. und histor. Schriftsteller. – *Ruhmanns Garten:* Hildebrand Heinrich Rumann (um 1699–1787), Göttinger Patrizier, wohnhaft Barfüßer Straße.

319 *Brief von Seyffer:* Vgl. den Brief von Karl Felix Seyffer vom 20. April 1792. – α *Lyra:* Leier, nördl. Sternbild mit Zwergstern und Stern α 1. Größe Wega. »Billet von Heynen über etwas was ich schon lange wuste, nemlich daß der Hertzog von Marlborough α Lyrae 12″ jährlich fortgehend befunden« (2. April 1792). – *An Dietrich:* Vgl. den Brief an Johann Christian Dieterich vom 28. April 1792. – *wegen Morse:* Jedadiah Morse (1761–1826), amerikan. Geograph, »Vater der amerikanischen Geographie«, der 1789 »The American Geography«, 1793 »The American universal Geography« veröffentlichte. Vermutlich sollte Dieterich auf der Leipziger Messe Werke von Morse besorgen. – *der Ireländer Clarke:* Wohl Thomas Brook Clarke (zwischen 1760 und 1766 bis ca. 1812) aus Irland, Magister Artium, zuvor in Dublin, immatrikulierte sich am 1. Oktober 1787 an der Georgia Augusta. – *Der kl. Junge hört . . . übel:* Über das Ohrleiden von Georg Christoph jr. s. zu SK 310.

320 *ich . . . abfällig:* Laut DWB 1, Sp. 232, gibt es für dieses Adjektiv in der Bedeutung von ›abmagern‹ nur wenige Belege; L. wird nicht angeführt. – *Dieterich . . . nach Leipzig:* Zur Buchmesse. – *à la Cornaro:* Vgl. J 961. – *Allzfort:* Eine in der Familie Lichtenberg übliche Verballhornung von ›Alles fort?‹.

321 *alle 9 geworfen:* Ein hübscher Beleg dafür, welch ein ernsthafter Kegelbruder L. gewesen ist! – *Der . . . kleine Junge sehr taub:* Über das Ohrleiden des Georg Christoph jr. s. zu SK 310.

322 *Te Deum:* S. zu F 1071. – *Justels Geburts-Tag:* S. zu SK 293. – *die Kühe . . . auf dem Masche:* Vgl. C 135. – *Die Soldat[en] feuern:* Manöver; vgl. auch

SK 325, 326. – *mein Gutachten!!* an *Kästnern:* S. den Brief von Abraham Gotthelf Kästner vom 4. Mai 1792. – *Fechtmeisters Garten:* Fechtmeister der Universität Göttingen war 1791–1794 Carl Friedrich Günther Rommel (1765–1794).

323 *außerordentlich elend, kalte Füße, Schwindel:* Nach den Eintragungen im Tagebuch litt L. den ganzen Mai über an diesen Symptomen. – *Brief von . . . Jacobi:* Vgl. den Brief von Friedrich Heinrich Jacobi vom 18. April 1792. – *Schläger . . . aus Hannover:* Heinrich Ludwig Schläger (1773–1817), immatrikulierte sich am 20. Oktober 1791 als stud. theol. an der Georgia Augusta; 1807–1811 Pastor in Darrigsdorf, danach in Essenrode bei Lüneburg. – *Wilhelm . . . ganz verwirrt:* Vgl. zu Wilhelm Dieterichs Verwirrung SK 312. »Morgens halb 7 Wilhelm Wilhelm Dieterich bey mir, sehr gestört«, notiert L. 7. Mai 1792. – *Ahn:* Otto von Ahn (1768–1841) aus Bremen, immatrikulierte sich am 16. April 1792 als stud. jur. an der Georgia Augusta; zuvor Universität Kiel; später Advokat in Drochtersen bei Hannover. – *besser gelesen:* »gewaltig schlecht gelesen«, notiert L. tags zuvor (8. Mai 1792).

324 *Abt zu Loccum:* Johann Christoph Salfeld (1750–1829), zuvor Hofprediger und Konsistorialrat in Hannover, wurde am 23. Dezember 1791 durch den engl. König zum Abt von Loccum ernannt und am 4. Januar 1792 als Abt Christoph II. in sein Amt eingeführt; bedeutender Neuerer des protestantischen Klosters und Predigerseminars; bekannt wegen seiner tätigen Nächstenliebe. Das Kloster Loccum unterhielt eine Freitischstelle an der Universität Göttingen. Ob Voigt in Loccum unterzukommen suchte, läßt sich nur vermuten.

325 *Revüe der Weißen:* Manöver; s. zu SK 322. – *v. Böhmer . . . von Schlüter:* Wohl keine Studenten (in der Matrikel nicht geführt), sondern Offiziere: K. F. von Böhmer (gest. 1807), Brigademajor; in den neunziger Jahren Verf. mineralogischer und bergmännischer Schriften. Ein Kapitän von Schlütter diente seinerzeit im 12. Kurhannöv. Infanterieregiment, ein Leutnant von Schlüter im 4. Garde-Infanterieregiment, ein Fähnrich gleichen Namens im Hoyaschen Regiment. – *Aller Mut ist weg:* »Muth Muth und Hofnung fehlen mir fast gantz«, notiert L. unterm 5. Mai 1792. – *der Kriegs-Kommissarius:* Johann Friedrich Wilhelm Rente.

326 *Revüe der Grünen:* Manöver; s. zu SK 322. – *Elberfelds Garten:* Berthold Friedrich Johann Heinrich Elberfeld (1725–1797), Kaufmann und Spezereihändler in Göttingen; L.s Nachbar. – *The way to Ruin . . . angefangen:* Das Werk von Thomas Holcroft ist zu J 997 nachgewiesen.

327 *Landwehrschenke:* Einzeln stehendes Wirtshaus an der Chaussee außerhalb des Geismartors, eine halbe Stunde von Göttingen, seinerzeit beliebtes Ausflugsziel (Rintel 7, S. 141). – *Brief von Forster:* Vgl. den Brief von Georg Forster vom 10. Mai 1792.

328 *Renard seine Therm. gezeigt:* Mechaniker aus Metz, der laut Tagebuch am 26. Mai 1792 Abschied nimmt. – *Blumenbach . . . nach Gotha:* Seinem Geburtsort, wo sein Bruder wohnt. – *Kästner . . . ang. Math.:* Die »Mathematischen Anfangsgründe«, deren zweiter Teil die »Anfangsgründe der angewandten Mathematik« betraf; das Werk erschien in vier Tln. und zehn Bden. Göttingen 1791–1799 (BL, Nr. 126). – *Horvath:* Die »Elementa physica«, erschienen Budapest (Budae) 1792 in zweiter Aufl., von Johann Baptist Horvath (1732–1799), ungarischer Jesuitenpater und Physiker, Mit-

glied der Sozietät der Wissenschaften in Göttingen. L. besaß das Werk (BL, Nr. 410).

329 *Göthens Kasten kömmt an:* Betreffs seiner Farb-Experimente; s. Goethes Brief an L. vom 11. Mai 1792 (Briefwechsel III, Nr. 2092 und Anm.). – *Brief von Irby:* S. William Henry Irbys Brief vom 11. Mai 1792; es handelt sich um die sehnlich erwartete Zusage zur Gevatternschaft für Christian Wilhelm Lichtenberg. – *Der Jude . . . begraben:* »Der gelehrte Jude Heinemann stirbt«, notiert L. unterm 23. Mai 1792. – *Renard . . . kaufe die Thermometer:* S. zu SK 328.

330 *Dietrich Messer unter die Kinder ausgeteilt:* Seine Leipziger Meßgeschenke; er war am 26. Mai zurückgekehrt. – *Graf von Sternberg:* Joachim Graf Sternberg (1755–1808) aus Böhmen; widmete sich nach seiner militär. Dienstzeit ausschließlich naturwissenschaftlichen Studien und Veröffentlichungen; Mitglied der böhmischen Gesellschaft der Wissenschaften zu Prag. – *Dobrowsky:* Joseph Abbé Dobrowsky (1753–1829), bedeutender böhmischer Geschichts- und Sprachforscher; trat am 15. Mai 1792 in Gesellschaft des Grafen Joachim von Sternberg eine Forschungsreise nach Schweden an, von der er im März 1793 nach Prag zurückkehrte. – *an Forster:* Vgl. den Brief an Georg Forster vom 27. Mai 1792. – *Sömmering:* Vgl. den Brief an Samuel Thomas Sömmerring vom 27. Mai 1792.

331 *die Blattern nicht:* Diese Eintragung bezieht sich auf SK vom 31. Mai 1792: »Der arme Schelm [Georg Christoph jr.] weiß nicht, daß vielleicht die Blattern ihn nach Hauße treiben!!« – *nach dem Holz:* Wohl das Ellershäuser Holz; s. zu SK 157. – *An Klügel:* Vermutlich Dankbrief für das Schreiben von Georg Simon Klügel vom 18. Mai 1792.

332 *die große Tour:* S. zu B 117. – *Heute die Vermählung:* Von Heinrich Dieterich und Charlotte Wilhelmine Michaelis (1766–1793), jüngste Tochter des Göttinger Orientalisten Johann David Michaelis; sie starb am 2. April 1793 im Kindbett. – *Kornmutter:* Regional svw. Kornmuhme (DWB 5, Sp. 1829). L. meint hier aber sicher nicht das weibliche Gespenst im Kornfeld, sondern die prachtvolle Bewegung des Korns bei lebhaftem Wind. – *Gronde:* Seinerzeit Dorf, eine halbe Stunde von Göttingen entfernt, »zwischen anmuthigen Feldern« (Rintel, S. 139) gelegen.

333 *Geburtstag des Königs . . . Feuerwerk:* Der Geburtstag des engl. Königs wurde alljährlich feierlich von der Georgia Augusta begangen: an diesem Tag wurden die vom Georg III. gestifteten jährlichen Preise unter den Studierenden verteilt (s. GGA, 103. Stück vom 30. Juni 1792, S. 1025). »Mittags Musik mit Trompeten und Pauken vom Johannisthurm« und abends »gewöhnlich Ball der Honoratioren« (Rintel, S. 132). – *von Werner:* Wohl »Erster Versuch einer allgemeinen Aetiologie«, erschienen Gießen 1792, von Georg Friedrich Werner (BL, Nr. 1419). – *Brief v. Breitinger:* Vgl. den Brief von David Breitinger jr. vom 26. Mai 1792. Wohl David Breitinger (1737–1811), Prof. der Mathematik und Naturgeschichte an der Kunstschule zu Zürich.

334 *kalte Schale:* Vgl. den Brief an Georg Forster vom 27. Mai 1792.

335 *der kleine Junge:* Georg Christoph jr. – *Rauschenwasser:* S. zu SK 234. – *Herschel wegen des 5ten Trabanten:* Vgl. den Brief an Friedrich Wilhelm Herschel vom 24. September 1792. Er veröffentlichte in den »Philosophical Transactions«, 1792, S. 1–22, vom 15. Dezember 1791, die Abhandlung »On the ring of Saturnus, and the rotation of the fifth satellite on its axis«, in der er

bei Japetus auf ein Zusammenfallen von Rotations- und Umlaufzeit schloß. Vgl. SK 380. – *Exekution über Amme und Hannah:* »Nachmittag Dieterich wegen des Zancks zwischen Amme und Hanne«, notiert L. unterm 9. Juni 1792.

336 *Sterbetag meiner ... Mutter:* S. zu SK 49. – *wie ich vornen angemerkt:* »Den 1ten Junii dieses Jahres lauft die Erde wieder auf den Mond zu; auch den 25ten Nov.« – *Ich ... nichts verspürt:* »Wenn nun die himmlischen Körper sich in einem Aether bewegen, der ebenfalls seine Affinitäten hätte, so wäre es doch wohl möglich, daß der Mond nicht alles mit sich fort genommen, sondern, wie etwa die Cometen, etwas zurück gelassen hätte, was nun auf die Erde wirkte. In dieser Rücksicht merkte ich mir, weil man das Probiren umsonst hat, im Jahr 1792 ungefähr die Zeiten an, wann der Mond im letzten Vierthel seinem Knoten nahe stund. Das war der 11. Junius und der 6. December. An ersterm bemerkte ich nichts Sonderliches; im zweyten in der Nacht aber einen sehr heftigen Sturm, wie sie aber, um diese Jahrszeit wenigstens, nicht selten sind. Alles dieses aber wurde aus Nachlässigkeit mehr nach der Hand aus einem, in einer ganz andern Absicht geführten Tagebuche ersehen, als an dem Tage selbst, mit Bewußtseyn dieser Absicht, angemerkt. Desto besser, wird man sagen, und mit Recht. Aber nun! Ich suchte diese Tage wiederum für das Jahr 1793, und da war der erste, der 1. Junius, den ich daher mit Begierde, wie ich nicht läugnen kann, erwartete. Es war ein Sonnabend, an dem ich mich im Sommer gewöhnlich auf einem Garten vor der Stadt befinde. Ich stund ein Vierthel nach vier Uhr auf, und fand, (in dieser Jahrszeit gewiß ungewöhnlich!) den ganzen Garten bereift und das Reaumur. Thermom. auf 0, und siebenviertel Stunden nach Sonnenaufgang stund es erst auf + 4. Ich bitte alle Witterungsbeobachter, diesen Tag in ihren Journalen nachzusehen. War das nicht eine Entdeckung? Sicherlich nicht. Die Beobachtung steht hier bloß zur *Warnung und zur Lehre.* Der [sic!] 25. November, wo diese Lage des Mondes wieder eintrat, bemerkte ich gar nichts.« (GTC 1795, S. 201–203); vgl. SK 411, 482. – *Die ersten Erdbeeren ausgerufen:* S. zu SK 10.

337 *Spruce beer:* »Beer from Prussia«, Sprossenbier. – *Die ersten Kirschen:* S. zu SK 10.

338 *Der junge Dietrich ... weg:* Über Wilhelm Dieterich s. zu SK 312. – *Arenhold das Mspt.:* Vgl. den Brief an Adolph Johann Gustav Arenhold vom 14. Juni 1792; um welches Manuskript es sich handelt, war nicht zu ermitteln; vielleicht L.s Entwurf über die Leitung der Wärme; vgl. hierzu den Brief an Georg August Ebell vom 18. Oktober 1792.

339 *Cuirassier von Ilau:* Otto Friedrich von Ilow (1725–1792), preuß. Generalmajor und Chef eines Kürassier-Regiments. – *Kirsten und Frau:* Johann Friedrich Adolph Kirsten hatte am 27. Dezember 1789 in St. Nicolai Catharine Hedwig Koch geheiratet, die 1762 geborene uneheliche Tochter des frz. Mineurlieutenants Trousson und der Haushälterin Kästners; angeblich jedoch Kästners Kind (s. den Brief an Johann Christian Dieterich vom 27. April 1796), auf das dieser folgendes Sinngedicht geschrieben hat: »In ein Stammbuch eines jungen Frauenzimmers. Ein größer Wohl, als Rang und Gold gewähren, / Hat dir die Huld der Vorsicht zugedacht: / Ein fröhlich Herz, genügsam im Begehren, / Für dessen Glück Verstand und Tugend wacht.« Zit. nach Kästner, »Gesammelte Poetische und Prosaische Schön-

wissenschaftliche Werke«, Berlin 1841, Nr. 278, S. 82. – *Mamsell Schröder:* Wohl eher Elisabeth Susanne (geb. 1769), als Amalia Henriette (1771–1807) Schröder. – *sel. Leib-Med.:* Philipp Georg Schröder (1729–1772), seit 1764 Prof. der Medizin und Leibarzt in Göttingen; Freund L.s. – *Gmelin ... Frau:* Rosine Louise Gmelin (1755–1828), geb. Schott aus Nürtingen, seit 1779 mit Gmelin verheiratet. – *3 Preußen zu Clausberg durch das kleine Perspektiv:* Es handelte sich um Deserteure; s. Tagebuch vom 24. Juni 1792. – *Der junge Rousseau ... tod:* Ernst Emil Heinrich Rousseau (gest. 16. Juni 1792) aus Gotha, immatrikulierte sich, nachdem er zuvor in Jena studiert hatte, als stud. jur. am 22. April 1792 an der Georgia Augusta. In den Göttinger Kirchenbüchern nicht geführt.

340 *den Schröter:* Entweder sind Schröters »Selenotopographie« oder die 1792 übersandten »Observations on the Atmosphere of Venus ...« gemeint (BL, Nr. 350). – *wieder eine Compagnie Ilauischer Cuirassier:* Vgl. SK 339 und Anm. – *Müller aus Kopenhagen:* Frantz Henrich Müller (1732–1820), dän. Chemiker und Mineraloge; 1775 Fabrikationsmeister, dann Inspektor der ersten dän. Porzellanmanufaktur, die 1779 der dän. König übernimmt; immatrikulierte sich am 16. Januar 1792 an der Georgia Augusta für Naturgeschichte; 1801 General- Postdirektor. Müller schenkt L. auch die Vase mit dem Schwenterley-Porträt L.s, (vgl. Promies, Lichtenberg, ³1987, S. 6), ausgeführt von dem dän. Porzellanmaler Frederik Christian Camradt (1762–1844); vgl. Otto Weber, Eine Vase mit dem Bildnis von Georg Christoph Lichtenberg. In: Informationen für die Lichtenberg-Freunde I/75, Ober-Ramstadt 1975, S. 3–7. – *das vortreffliche Geschenk:* Laut Weber, a.a.O., S. 6, lassen sich der Isländische Spat, der Grönländische Schörl und der Hydrometer in der Liste physikalischer Geräte nachweisen, die von L.s Nachfolger Tobias Mayer jr. angefertigt wurde. – *Isländischen Spat:* Vgl. den Brief an Abraham Gottlob Werner vom 1. September 1792. Im übrigen s. zu J 1931 (Doppelspat). – *Grönländischen Schörl:* Schwarzer Turmalin. – *Hydrometer:* Anderer Name für das Aräometer; s. zu SK 647. – *die Hausgesellschaft:* Dieterich und Frau, Frau Köhler, Mlle Ranchat. – *Kries:* Friedrich Christian Kries (1768–1849) aus Thorn, immatrikulierte sich am 30. April 1787 als stud. philolog. und philos. an der Georgia Augusta; Schüler L.s, dessen Schriften »physikalischen und mathematischen Inhalts« er in vier Bdn. nach dessen Tod 1803–1806 herausgab. 1789 übernahm er, durch Heyne empfohlen und durch L. ermutigt, an Stelle des nach Jena berufenen Johann Heinrich Voigt das Amt eines Collaborators am Gymnasium zu Gotha, 1819 erhielt er die erste Professur; Verf. mathematischer Lehrbücher und populärwissenschaftlicher Schriften. – *Schröter:* Vermutlich der Gothaer Mechaniker Johann Friedrich Schröder.

341 *in unserer Straße:* Gotmarstraße. – *stivotel:* S. zu F 249.

342 *Bataillons ... auf 2400 Mann:* Im 18. Jh. die wichtigste taktische Truppeneinheit. – *Esquadrons:* Unterste Kavallerie-Einheit, seinerzeit 100 bis 150 Mann stark.

343 *Marschall:* Ernst Marschall von Bieberstein (1771–1792) aus Burgdorf, Amtsauditor in Gifhorn, starb an den »Folgen einer im Duell erhaltenen Wunde« (laut Kirchenbuch St. Johannis); s. auch SK 346. – *Leibrente:* S. zu SK 181. – *Hufeland:* Gottlieb Hufeland. – *Mitarbeiter an der Literatur-Zeitung:* Beiträge hat L. offenbar nicht geliefert. – *Chodowiecki Kupfer:* Im GTC 1793,

S. 197–200, erschienen sechs Blätter zum Thema: Aktuelle Ereignisse und eine »kurze Erklärung der Monathskupfer«.

344 *Der kleinste Junge:* Christian Wilhelm Thomas Lichtenberg.

345 *Mein Backen immer dicker:* Vgl. SK 346, 347 und den Brief an Johann Friedrich Blumenbach vom 30. Juni 1792. – *Blumenbach schickt mir die Sachen:* Vgl. den Brief an Johann Friedrich Blumenbach vom 30. Juni 1792. – *das kleine Kind ... Blattern:* Christian Wilhelm Thomas Lichtenberg; über seine Krankheit vgl. SK 347. – *Rittmeister v. Voss ... mit dem jungen Estorff:* Bei dem letzteren handelt es sich womöglich um Hermann August Segeband Friedrich von Estorff (gest. 1827); er immatrikulierte sich am 23. Oktober 1797 an der Georgia Augusta; später Rittmeister; sein Vater war der General-Leutnant Emmerich Otto von Estorff (1722–1796) in Northeim. Ist Rittmeister v. Voss August Friedrich von Voß, der 1790 Oberforstmeister zu Nienburg war?

346 *dicken Backens:* Vgl. SK 345. – *um:* In der Handschrift *und.* – *die Preußische Artillerie passieren zu sehen:* Vgl. Briefe an Johann Friedrich Blumenbach vom 29. Juni 1792 und vom 30. Juni 1792. – *Pontons:* Frz. ›Brückenboote‹; militärisch zur Errichtung von Schiffbrücken verwendet. – *Marschall ... begraben:* S. zu SK 343. – *Blumenbach ... bei mir:* Vgl. den Brief an Johann Friedrich Blumenbach vom 29. Juni 1792. – *mein Geschwür aufgeschnitten:* Über L.s Zahnleiden s. zu SK 345.

347 *Diachylon-Pflaster:* Im Volksmund Diakel oder Diakonuspflaster; Bleiglättepflaster, die zur Behandlung von Geschwüren benutzt wurden. – *Wilhelmchens Blattern trocknen ab:* S. zu SK 345. – *Irelands Hogarth:* Das Werk ist zu J 1060 nachgewiesen; vgl. auch den Brief an Johann Friedrich Blumenbach vom 30. Juni 1792: Erster Hinweis auf L.s Absicht, Hogarth ausführlich zu erklären.

348 *dem kleinen Jungen:* Wilhelm Christian Thomas Lichtenberg. – *Herzog von Braunschweig:* Karl Wilhelm Ferdinand auf der Fahrt nach Koblenz begriffen, wo das Koalitionsheer gegen Frankreich, dessen Oberbefehlshaber er war, zusammengezogen wurde. – *Bovenden Schützenfest:* Vgl. List, S. 16. – *Luisgen die Blattern:* Christine Louise Friederica Lichtenberg; s. auch SK 350, 351. – *Braunholds Kindtaufe:* Philipp Ernst Daniel Braunhold (15. Juni 1792 bis 14. Mai 1793); s. zu SK 473. – *Mein Backen schmerzt:* S. zu SK 345.

349 *Ich ... noch nicht lesen:* Wegen des Zahngeschwürs; s. zu SK 345. – *Brief an Prof. Hufeland:* S. den Brief an Gottlieb Hufeland vom 2. Juli 1792; vgl. SK 343. – *Blumenbach ... die künstl. Ericas:* Vgl. den Brief an Johann Friedrich Blumenbach vom 30. Juni 1792.

350 *Das kleine Mädchen ... voller Blattern:* Christine Louise Friederica Lichtenberg; vgl. SK 348. – *Rieck von Münden:* Nichts ermittelt. – *Mad. Köhler entgegen:* »Mad. Köhler mit Mamsell [Rauchat] und Kindern nach Goslar«, notiert L. unterm 3. Juli 1792.

351 *Mad. Michälis vorbei:* »Madam Michälis reiset die Nacht nach Lüneburg«, notiert L. unterm 13. Juli 1792. – *Seyde akad. Bürger:* Vgl. den Brief vom 5. Juli 1792, den L. vermutlich an den Senat der Universität Göttingen richtete. – *Luischen ... kratzen:* S. zu SK 348. – *die Gleichen:* S. zu SK 204. – *am Seebad geschrieben:* Im GTC 1793, S. 92–109, veröffentlichte L. den Artikel »Warum hat Deutschland noch kein großes öffentliches Seebad?« (III, S. 95; vgl. KIII, S. 41 f.). S. Promies, Der Deutschen Bade-Meister: Georg Chri-

stoph Lichtenberg und die Wirkungen aufgeklärten Schreibens, in: Photorin 4, 1981, S. 1–15. Vgl. auch SK 352 und die Briefe an Reinhard Woltmann vom 14. Juli 1788 und 23. Juli 1789. – *Heute Kaiser-Krönung ... und Franz. National-Fest:* Man beachte die von L. hervorgehobene Zusammenstellung!

352 *dem kleinen Jungen:* Georg Christian jr. – *Matthiä aus Leiden:* H. C. Carl Matthiae aus Blankenburg, der sich am 21. Oktober 1792 als stud. jur. an der Georgia Augusta immatrikulierte und zuvor in Leiden studiert hatte. – *am Kalender geschrieben:* GTC 1793. – *Seebad:* S. zu SK 351. – *Stallmeister:* Johann Heinrich Ayrer. – *jährig, daß Schwebbe arretiert:* Vgl. SK 192. Schwebbe war der Schwiegersohn Ayrers. – *dem ungeachtet Feuerwerk:* Der Anlaß ist unbekannt.

353 *Sterbe-Tag meines ... Vaters:* S. zu L 212. – *Luischen ... außer Gefahr:* Vgl. noch SK 350, 354. – *Herr Schleusen-Commissair:* Wohl Johann Christian Dammert (1773–1828), Weser-Schleusenmeister zu Hameln, später Oberdeichgräfe zu Hoya. – *George:* Georg Christoph jr. – *Wendisch:* Johann Gottlob Wendisch (1750 bis 30. Juni 1795), Kupferschläger in Göttingen. – *Rot ... ausgeblieben:* Zu dieser Umschreibung s. zu SK 267. Im Schreibkalender vermerkt L. zum 25. Junius 1792: »Hier hätte ///// heraldisch seyn müssen, aber nichts!!!« Mit anderen Worten: Margarethe ist wieder schwanger. Vgl. L.s Notiz auf der vorderen Innenseite des Deckblatts von SK 1792: »Der *20.* Juni muß es gewesen seyn, weil am 25ten zum erstenmal keine Heraldik gelesen wurde. Der dritte Jul. kan es nicht seyn. Die Lava wird die Frühlings Tag und Nachtgleichen [21. Juli 1793] ausbrechen.«

354 *Luischen lauft ... herum:* Nach den Blattern; vgl. SK 353.

355 *Kassenmünze:* S. zu SK 246. – *Der große Junge:* Georg Christoph jr. – *Der kleine Junge:* Wilhelm Lichtenberg. Offenbar grassierten im Sommer 1792 in Göttingen die Blattern: »die Kinder sterben noch immer an den Blattern«, notiert L. unterm 3. August 1792.

356 *Der kleine Junge:* Wilhelm Lichtenberg. – *Beulwitz hier:* Ludwig Friedrich von Beulwitz (1725 bis 19. September 1796), Großvogt und Geheimrat in Hannover, seit 1783 als Nachfolger von Gemmingens Kurator der Universität Göttingen. – *wegen der Vorlesung:* Ging es um eine Vorlesung vor der Sozietät der Wissenschaften? In GGA 1792 ist von L. jedenfalls nichts vermerkt.

357 *Die Blattern schwören gut:* Zu der Erkrankung Wilhelm Lichtenbergs s. zu SK 355. – *schwören:* ›Schwären, eitern, schwellen‹; nach DWB 9, Sp. 2282 nur im Präteritum ›schwor, geschworen‹ gebräuchlich. – *Seyffers Mspt.:* Außer den astronomischen Nachrichten (GGA, 45. Stück vom 19. März 1792, S. 136, 249, 444) ist in diesem Jahrgang der GGA von Seyffer nichts mitgeteilt. S. aber BL, Nr. 354. – *2ten Bogen zum Kalender korrigiert:* GTC 1793. – *Richter ... zurück:* Richter war vermutlich in Jena bei Loder gewesen, um die Hochzeitsvorbereitungen für seine Tochter zu treffen.

358 *Vor 10 Jahren Στεχαρδιν:* Zu dieser Eintragung s. zu SK 195. – *Warnecke besucht mich:* Des vereiteten Backens wegen, wie aus dem Tagebuch 25. und 27. Juli 1792 hervorgeht. – *Verfertigung der dephlog. Luft:* S. zu GH 87, vgl. SK 359. – *Leeser der Jude:* Joseph Leeser aus Lippe, immatrikulierte sich am 26. Oktober 1791 als stud. med. an der Georgia Augusta. – *Manifest des Herzogs von Braunschweig:* Darin drohten die Verbündeten Preußen und Österreich der Stadt Paris in schroffer und verletzender Sprache den

Untergang an, falls sie nicht dem Gebot der alliierten Herrscher gehorche. Das Manifest führte zu einer Solidarisierung des frz. Volkes und beschleunigte den Sturz der Monarchie in Frankreich. Karl Wilhelm Ferdinand hat das Manifest, das von Limon, einem fanatischen Gegner der Revolution, entworfen und vom frz. Königspaar angeregt worden war, selbst nicht gebilligt, sich aber durch Unterschrift zum Urheber erklärt. Vgl. Selma Stern, Karl Wilhelm Ferdinand. Herzog zu Braunschweig und Lüneburg, Hildesheim und Leipzig 1921, S. 198–199. L. urteilt wie die meisten dt. Zeitgenossen. Das »Manifest des Herzogs von Braunschweig an die Bewohner Frankreichs« ist wiedergegeben in: Claus Träger (Hrsg.), Mainz zwischen Schwarz und Rot, Berlin 1963, S. 92–97. – *Felsenwolken:* Der Begriff ist in der Geschichte der Meteorologie nicht überliefert; vermutlich meint L. in vertikaler Mächtigkeit aufgetürmte Wolkenmassen, die nach der heutigen Klassifikation Cumulonimbuswolken (Gewitterwolken) heißen.

359 *Dephlog. Luft . . . gemacht:* S. zu GH 87, vgl. SK 358. – *Savoyer Kohls:* Auch Welschkraut, Mailänder Kohl genannt: Wirsingkohl, eine Kulturform des Kopfkohls. – *Breiger:* Gottlieb Christian Breiger (1771–1854) aus Hannover, immatrikulierte sich am 21. April 1790 als stud. theol. an der Georgia Augusta; 1805–1809 Pastor in Celle-Blumlage, danach in Rehberg und schließlich 1827 Superintendent in Harburg. – *Harrison:* John Harrison, Dr. der Medizin, engl. Student der Medizin in Göttingen (immatrikuliert am 1. Mai 1792, zuvor in Edinburgh; promovierte 1793 in Göttingen, nahm seinen Abschied am 31. Juli 1793). – *Madame Kirsten ihr Kind betrauern:* Gotthelf Kirsten (4. Oktober 1790 bis 22. Juli 1792): »Des guten M.[agister] Kirstens Kind wird begraben«, notiert L. unterm 25. Juli 1792. Kästner schrieb auf seinen Tod zwei Sinngedichte (Abraham Gotthelf Kästners »Gesammelte Poetische und Prosaische Schönwissenschaftliche Werke«, Berlin 1841, S. 86, Nr. 291, 292): »Grabschrift Gotthelf Kirstens. / Das Bäumchen, dessen Blühn uns hoffnungsvoll ergetzt, / Ward früh in's Paradies versetzt.« »Auf Denselben. / So bald genoß das Kind der Lehrbegierde Lohn! / Drey Sprachen lallt' es hier, und spricht mit Engeln schon.« – *An meinen Bruder:* Der Brief könnte wegen seines politischen Inhalts vernichtet worden sein. – *Manifest des Herzogs von Braunschweig:* S. zu SK 358. – *Heute ein Jahr, daß der Knopf gesteckt:* Die Dachdeckerarbeiten am Jacobi-Kirchturm! S. zu SK 153; vgl. 196.

360 *den kleinen Jungen:* Wilhelm Lichtenberg. – *Mamsell Richter mit Loder versprochen:* Vgl. SK 416 und zu SK 262.

361 *wieder* † : Unterm 7. August 1792 notiert L.: »Abends † stark über Emmerts Geldbeutel.« – *Brief an . . . Fuchs:* Unterm 7. August 1792 notiert L.: »HE. Poselger bey mir wegen des Briefs an HE. Prof. Fuchs nach Elbing.« Michael Gottlieb Fuchs, immatrikulierte sich am 3. Oktober 1780 als stud. theol. an der Georgia Augusta; zuvor Königsberg, daher wohl mit L. bekannt; Prof. am Gymnasium in Elbing. – *Elbing:* Stadt in Westpreußen, die ab 1772 unter preuß. Herrschaft stand.

362 *Klage wegen Wilhelm:* Unterm 13. August 1792 notiert L. von Wilhelm Dieterich: »Abends um 10 Wilhelm an der Thür.« – *Burnaby:* Wohl Andrew Burnaby (1732–1812), engl. Reisender und Reiseschriftsteller; Dr. der Theologie, ehemals Vikar in Leghorn und Greenwich, kam mit Empfehlungsschreiben Maskelynes am 13. August 1792 zu L.; vgl. Plantas lobendes Urteil

über Barnaby in seinem Brief an L. vom 16. November 1792. – *s. 2 Söhnen:* Sherrard Beaumont Burnaby, immatrikulierte sich am 15. August 1792 als stud. jur. an der Georgia Augusta, zuvor in Cambridge; John Dick Burnaby, immatrikulierte sich am gleichen Tag für Kriegskunst (Ars Militaris) an der Georgia Augusta. – *Morgens:* Danach in der Handschrift fast unleserlich ½ 4 [?]. – *Brief von Sömmerring über ... Reizbarkeit in Fröschen:* Über seine Beschäftigung mit dem Galvanischen Phänomen, s. Werner F. Kümmel, Alexander von Humboldt und Soemmerring: Das galvanische Phänomen und das Problem des Lebendigen. In: Gunter Mann/Franz Dumont (Hrsg.), Samuel Thomas Soemmerring und die Gelehrten der Goethezeit, Stuttgart/ New York 1985, S. 78: »Humboldt erfuhr im Herbst 1792 in Wien von Galvanis erster Publikation. Wie viele Naturforscher der Zeit war er davon fasziniert und begann sogleich mit eigenen Versuchen, beflügelt von der Hoffnung, auf diese Weise endlich das Rätsel des Lebens lösen zu können. Die rund 4000 Experimente an etwa 3000 Tieren, dazu Versuche an Pflanzen und etliche Selbstversuche, die er in den folgenden Jahren anstellte, bildeten die Grundlage für das Soemmerring gewidmete Werk über die gereizte Muskel- und Nervenfaser. Anders als Humboldt hatte sich Soemmerring schon lange vor Galvanis Entdeckung für elektrische Erscheinungen interessiert: Während seines Aufenthaltes in London 1778 zogen ihn Beerenbroeks Versuche mit der Elektrisiermaschine an, und er korrespondierte mit Lichtenberg über Probleme der Elektrizität. Galvanis erste Veröffentlichung dürfte er noch vor Humboldt bereits im August 1792 kennengelernt haben, als sein Mainzer Fakultätskollege Jacob Fidelis Ackermann darüber und über eigene Versuche in der Salzburger Medicinisch-chirurgischen Zeitung berichtete. Beide, Ackermann wie Soemmerring, aber auch ihr Schüler und Kollege Créve sowie zwei Doktoranden Soemmerings und Créves befaßten sich in der Folgezeit mit galvanischen Untersuchungen. Mainz wurde für einige Jahre zum Zentrum elektrophysiologischer Forschung in Deutschland. Zu Humboldts Bedauern veröffentlichte allerdings Soemmerring über seine Experimente nichts, und da Soemmerrings Briefe fehlen, wissen wir kaum etwas über seine galvanischen Arbeiten.« S. auch SK 371.

363 *verfluchten Amme:* Frau Tolle? Unterm 16. August 1792 notiert L.: »Amme unerträglich grob.« – *die van Swindenschen Bücher:* Wohl folgende Werke: »Dissertation sur la comparaison des thermomètres«, Leiden 1792, 2. Aufl. (1. Aufl. 1778; BL, Nr. 559); »Mémoire sur les observations météorologiques faites à Francker en Frise pendant le courant de l'année 1779«, 2. Aufl. Leiden 1792 (BL, Nr. 709); »Observations sur le froid rigoureux du mois de Janvier 1776«, 2. Aufl. Leiden 1792 (BL, Nr. 710). – *Mad[ame] Köhler besser:* Laut Tagebuch vom 16. August 1792 an der Ruhr erkrankt. – *Abnahme an Gedächtnis:* S. zu K 24.

364 *Burnaby ... zum Frühstück:* »Ich invitire Dr Burnaby zum Frühstück auf den Sonnabend«, notiert L. unterm 15. August 1792. – *Brief von Schrader:* Vgl. den Brief von Johann Gottlieb Friedrich Schrader vom 12.(?) August 1792 (Briefwechsel III, S. 1138 f.). Im GTC 1793, S. 160–162, schreibt L.: »So eben (Mitte August 92), da ich mit diesem Artikel beschäftigt bin, meldet mir Hr. Prof. Schrader der jüngere zu Kiel, aus Lilienthal bey Bremen, wo er sich diesen Sommer über bey dem Hrn. Oberamtmann Schröter aufgehalten hat, eine Neuigkeit, die gewiß eine Menge unserer Leser interessieren wird.

Bey seinem bekannten Enthusiasmus für Naturlehre und seinen Talenten zur practischen Mechanik ist es ihm nach vielen Versuchen geglückt, Herschelsche Telescope von hoher Vollkommenheit zu verfertigen. Dem Spiegel eines siebenfüßigen hat er genau die Parabolische Form gegeben, und dadurch eine sehr große Wirkung hervor gebracht. Ein 12füßiges ist ebenfalls bis auf das Maschinenwerk vollendet, und einen andern Spiegel von gleicher Brennweite wird er in diesen Tagen poliren, alsdenn wird er sich an einen vier und zwanzig füßigen von 19 Zoll Oeffnung machen, dessen Spiegel 200 Pfund wiegen wird. Von den Einsichten und der Thätigkeit dieses jungen Mannes läßt sich sehr vieles erwarten, und da die Nachfragen nach Telescopen dieser Art immer häufiger werden, so ist zu hoffen, daß er bald kräftige Unterstützung erhalten wird. Hr. Oberamtm. Schröter hat hierüber einen Bericht an Hrn. Hofrat Kästner übersandt, und alles dieses völlig und noch mit mehreren Umständen bestätigt, die von einem solchen Kenner bezeugt, dem Herrn Professor zur größten Ehre gereichen.«

365 *die Müllersche Buchhandlung . . . Leipzig:* Handelte es sich bei dem nicht erhaltenen Brief L.s um eine Buchbestellung? – *Maskelynes Buch gegen Mudge:* »Answer to a Pamphlet lately published by Thomas Mudge relating to some Time-Keepers«, London 1792, von Nevil Maskelyne (BL, Nr. 571). S. zu SK 372. – *spricht:* Von L. verbessert aus *schreibt*.

366 *Nachrichten vom Könige von Frankreich:* »Die schrecklichen Nachrichten vom Könige von Franckreich. Absetzung, Blutbad in den Thuillerien«, notiert L. unterm 21. August 1792. – *Schreibe . . . am Hogarth:* Zweifelhaft, ob L. diese Erklärungen in GTC 1793 zu veröffentlichen gedachte, der folgendes zu Hogarth enthielt: »Columbus breaking the egg (Eigentlich, Columbus wie er ein Ey auf die Spitze stellt)«, »The Lecture (Die Vorlesung)«, »Southwark-Fair. Der Jahrmarkt von Southwark« (GTC 1793, S. 165–196), oder ob es sich dabei bereits um Vorarbeiten zu der »Ausführlichen Erklärung« handelt, deren Erste Lieferung 1794 erschien.

367 *an . . . Hogarth gearbeitet:* S. zu SK 366. – *flecken:* ›Von der Hand gehen, vom Fleck gehen‹; DWB 3, Sp. 1744, bringt Belege u. a. von Schiller, Niebuhr, Arnim. – *Buhle liest . . . in der Societät:* Nach den GGA, 177. Stück vom 5. November 1792, S. 1769, hielt Buhle am 25. August 1792 vor der Societät der Wissenschaften eine Vorlesung über »die Geschichte der Entstehung und Ausbildung der Logik unter den Griechen: Antiquorum philosophorum graecorum ante Aristotelem conamina in arte logica invenienda et perficienda«.

368 *Dünert:* Nichts ermittelt. – *Brief von Altenburg von meinem Bruder:* Zweck der Reise nach Altenburg? Unterm 19. August 1792 notiert L.: »lezten Brief von meinem Bruder vor der Reise nach Altenburg«. – *the bosom friend:* »The bosom friend«, erschienen London 1790, von James Henry Lawrence: »written in praise of a modern article of a lady's dress« (Monthly Review). – *Adelungs Wörterbuch:* Wohl das »Neue grammatisch-kritische Wörterbuch der englischen Sprache für die Teutschen vornehmlich aus dem grössern Werke des Herrn Samuel Johnson nach dessen 4. Ausgabe gezogen und mit vielen Wörtern, Bedeutungen und Beyspielen vermehrt«, Leipzig 1783–1793, 2 Bde. (BL, Nr. 1453); vgl. auch Brief an Johann Christian Dieterich vom 3. Mai 1798.

369 *Dietrich der Strohwitwer:* Frau und Tochter waren mit Justel und

Wilhelm am 22. August 1792 nach Gotha gereist. – *Revolut.-Alm[anach].:* Bei Johann Christian Dieterich in Göttingen erschien 1793–1802 der »Revolutions-Almanach«, herausgegeben von Heinrich August Ottokar Reichard; ein klug gemachtes Organ der deutschen Gegenrevolution, das 1803 unter dem Titel »Friedens-Almanach«, 1804 als »Kriegs- und Friedens-Almanach« weiter herauskam. Über diese Zeitschrift s. Norbert Oellers, in: Aufklärung 1, H. 2 (1986), S. 25–41. – *Engelhardin:* Magdalene Philippine Engelhard, geb. Gatterer (1756–1831), Tochter Johann Christoph Gatterers, heiratete 1780 den Kriegssekretär Johann Philipp Engelhard (gest. 1818) in Kassel; bei den Zeitgenossen beliebte Lyrikerin, mit Bürger befreundet; die erste und zweite Sammlung ihrer Gedichte erschien – bei Dieterich – Göttingen 1778 und 1782. – *Saite:* Mit dem tatsächlich so geschriebenen Namen kann wohl nur Seyde gemeint sein; vgl. SK 377.

370 *Koch ... ans Observatorium zu Danzig:* Vgl. SK 265. – *an Trebra:* S. zu SK 374.

371 *das Gemälde aufgeschlagen:* Das Gemälde wurde nicht ermittelt. Vgl. SK 372. – *Lampadius ... Versuch über die Wiederherstellung der Reizbarkeit:* Vgl. zu diesem galvanischen Versuch den Brief an Johann Friedrich Blumenbach vom 31. August 1792; s. auch SK 372. S. zu J 1980. – *Sömmerring ... lange berichtet:* Vgl. den obenstehenden Brief an Blumenbach und zu SK 362. – *der Französin:* Mademoiselle Ranchat?

372 *Mad. D. und ... Köhler von Gotha zurück:* S. zu SK 369. – *Lampadius ... Versuch mit dem Frosch:* S. zu SK 371. – *Lentin ... gebleichtes Werg:* Vgl. SK 379. Vielleicht Versuch auf der Grundlage von L.s Artikel »Anweisung Leinewand in wenigen Minuten zu bleichen« im GTC 1790, S. 129–132. – *Werg:* Svw. ›Hede‹; s. zu SK 379. – *Kästner ... Mudges reply:* Mudge war Mitglied der zur Prüfung des Chronometers von Harrison eingesetzten Kommission. Als 1774 durch parlamentarische Verordnung abermals ein Preis auf die Lösung des Problems ausgesetzt wurde und Mudge sich bewarb, geriet er darüber mit Maskelyne in Streit. Letzterer antwortete auf die Schrift von Mudge (»A Narrative of Facts relating to some Timekeepers constructed by Mr. T. Mudge for the Discovery of the longitude at Sea, together with Observations upon the Conduct of the Astronomer Royal respecting them«, London 1792) mit »An Answer to a Pamphlet entitled A Narrative of Facts ...«. Die Kontroverse endete mit: »Reply to the Answer ... to which is added ... some Remarks on some Passages in Dr. Maskelyne's Answer by his Excellency the Count de Bruhl« (1792). Wie wichtig Zeitgenossen diese Kontroverse nahmen, geht aus den »Annalen der Geographie und Statistik« 1792, S. 502–504, hervor:

»1) A Narrative of Facts, relating to some Timekeepers, constructed by Mr. Thomas Mudge, for the discovery of the longitude at Sea, together with Observations upon the conduct of the Astronomer Royal, respecting them. By Thomas Mudge Jun. of Lincoln's Inn. Lond. 1792. 94 Octavs.

2) An Answer to a pamphlet intitled »A Narrative of Facts« ... by Nevil Maskelyne, F. R. S. and Astronomer Royal. Lond. 1792. 168 Octavs.

3) A Reply to the Answer of the rev. Dr. Maskelyne ... By Th. Mudge Jun. Lond. 1792, 188 Octavs.

Ein vorzüglicher Uhrmacher, Hr. Th. Mudge, hatte Uhren verfertigt, die, von einem Orte zum andern gebracht, ihren Gang gleichförmig behalten sollten, und so Unterschiede des Mittags anzugeben dienten. Die Commission wegen der Länge trug dieser Uhren Prüfung dem königl. Astronomen, Hrn. Maskelyne, auf. Dessen Berichte [sic!] gemäß erhielt Hr. Mudge nicht die Belohnung, die er erwartet hatte.

In N. I. erzählt Hrn. Mudge Sohn, Hr. Maskelyne habe weder die Prüfung gehörig angestellt, noch die Uhren, wie sie gesollt, behandelt. Hr. M. sey Uhren dieser Art zuwider, weil er glaube, sie vermindern den Werth der astronomischen Methode, den Unterschied des Mittags durch den Mond zu finden. Mudge beruft sich auf das, was der herzogl. Gothaische Astronom, Hr. v. Zach, in Hrn. Bodes Ephemeriden für 1794, über diesen Gegenstand, und Chronometer überhaupt, gesagt; auch auf des Chursächs. Gesandten in England, Grafen Brühl, Beyfall.

In N. 2. vertheidigt Hr. Maskelyne sich gegen diese Vorwürfe. Aus Parteilichkeit für astronomische Methoden sey er den Uhren nicht entgegen, weil jede Methode ihren eignen Preis erwarten dürfe. Er stellt dar, wie er die Uhren geprüft habe, und versichert, sie seyen nicht auf eine ihnen nachtheilige Art behandelt worden.

N. 3. ist Mudge's Gegenantwort. Nur ein Stück zur Probe aus dieser Streitigkeit. Mudge hatte gesagt, eine Uhr sey stehen geblieben, weil sie zur Vergleichung mit der Pendeluhr beym Fernrohre in der Mittagsfläche, Treppen auf und nieder getragen worden. Maskelyne antwortet, es sey nur eine einzige bequeme Treppe gewesen, wo der Uhr keine Gewalt habe geschehen können. Die Replik ist: Das Tragen sey queer über einem Hof durch freie Luft geschehen, wo man auf und niedersteigen müsse, und gar nicht so bequem, wie Maskelyne melde.

Eine unparteiische Darstellung dieser Schriften erfordert, sehr viel einzelne Thatsachen, wie die angeführten, umständlich zu erzählen. Hier ist wol der Raum nicht dazu. Für die Wissenschaft gehören darin Bemerkungen über Prüfung und Behandlung der Uhren, die lassen sich aber nicht abkürzen. Bey N 3. ist ein lehrreicher Aufsatz des Hrn. Grafen Brühl über die bequemsten Methoden, den mittlern täglichen Gang von Uhren zu berechnen, mit einigen Anmerkungen über Stellen aus Hrn. Maskelyne Antwort. Man wird hieraus urtheilen, auf welcher Seite der Herr Graf steht.« S. auch SK 365, 374.

373 *Kreuzwege vor Rackebrands Hause:* S. zu SK 118. – *der kleine Junge:* Wilhelm Lichtenberg. – *Seyde . . . mir das Sinngedicht auf die Revolution:* Von Kästner? Vgl. SK 374. – *Blumenbach . . . Kupferstich und . . . den Frosch:* S. zu L.s Antwort den Brief an Johann Friedrich Blumenbach vom 31. August 1792.

374 *Mudge's Reply:* S. zu SK 372. – *das Sinngedicht:* S. zu SK 373. – *Brief von . . . Trebra:* Vgl. den Brief von Friedrich Wilhelm Heinrich von Trebra vom 30. August 1792. – *d'Andrada:* José Bonifacio de Andrada y Silva (1763–1838), brasilian. Wissenschaftler und Politiker, Prof. der Metallurgie an der Universität Coimbra, kehrte 1819 nach Brasilien zurück. – *Townson . . . Abschied:* Um nach Freiberg (Bergakademie) und Wien zu reisen; L. gibt ihm ein Empfehlungsschreiben an Abraham Gottlob Werner mit, vgl. den Brief an Abraham Gottlob Werner vom 1. September 1792. – *Grafen von Harrach:* In Frage käme Johann Nepomuk Ernst Graf Harrach (1756–1829), der nach beendeten juristischen Studien in den österreich. Staatsdienst trat; 1785 zum Reichshofrat ernannt wurde und in dieser Eigenschaft 1792 den Kaiser

zur Krönung nach Frankfurt begleitete; im gleichen Jahr trat Harrach aus dem Staatsdienst und widmete sich fortan ausschließlich den Wissenschaften, der Kunst und der Verwaltung seiner Ländereien und Industrieanlagen. In Frage kommt aber eher Karl Borromäus Graf von Harrach zu Rohrau und Bruck (1761–1829) aus einem der vornehmsten Adelsgeschlechter des österr. Kaiserreichs, der auf eine Karriere im Staatsdienst zugunsten wissenschaftlicher Studien verzichtete; ging 1793 auf gelehrte Reisen nach Deutschland, Frankreich und England, 1803 in Wien zum Dr. med. promovierte und als Armenarzt tätig war. Vgl. dessen Brief vom 8. Februar 1792. (Briefwechsel III, Nr. 2022).

375 *dem Kleinen:* Wilhelm Lichtenberg – *die Hausgesellschaft:* Herr und Frau Dieterich, Frau Köhler, Mlle Ranchat. – *Frau Stallmeisterin:* Juliana Dorothea Wilhelmina Ayrer (1741 bis 10. November 1794), geb. Papen aus Pyrmont, hatte am 22. Oktober 1765 Johann Heinrich Ayrer geheiratet. – *Mad. Schweppe:* Dorothea Philippine Henriette Ayrer (geb. 1766), älteste Tochter des Göttinger Stallmeisters, hatte am 14. August 1787 den sechsundzwanzigjährigen Oberbereiter bei Stallmeister Ayrer, Friedrich Schweppe aus Celle, geheiratet (laut Kirchenbuch St. Albani). – *und Schwester:* Charlotte Johanna Ayrer. – *Kalender geendigt:* Der GTC 1793.

376 *Knauer mit der silbernen Kugel:* Vgl. H 188, J 1893, SK 369. – *Koch geschrieben:* Vgl. SK 370. – *Schmidt zu Wernigerode:* Friedrich Georg August Schmidt (geb. 1766), immatrikulierte sich am 2. Mai 1786 als stud. jur. an der Georgia Augusta. – *Brief von ... Ebell:* Vgl. den Brief an Georg August Ebell vom 18. Oktober 1792.

377 *ähnliche Antwort:* Vgl. den Brief von Abraham Gotthelf Kästner vom 10. September 1792. – *Seyde ... silberne Kugel:* S. zu SK 376. – *Schenk:* Karl August Schenk aus Darmstadt, immatrikulierte sich am 26. April 1792 als stud. jur. an der Georgia Augusta. – *Blizzard:* Orkan in Nordamerika, verbunden mit starken Schneefällen und Kälte. – *Die Herrn Weichsel ... Abschied:* S. zu SK 234.

378 *Lampadius Eisendechers Antwort vorgelesen:* Vermutlich handelt es sich um »Einige Nachrichten und Bemerkungen über die Gewitter vom dritten September dieses Jahres« von W. A. Eisendecher mit einer Vorrede L.s, erschienen in dem »Neuen Hannoverischen Magazin« 2 (1792), Stück 93, Sp. 1475–1486, und Stück 94, Sp. 1489–1494. Eisendecher war der Nachfolger Klockenbrings als Redakteur des »Hannoverschen Magazins«. – *Dietrich ... das Memorial wegen des Gothaischen Boten:* Der Sachverhalt ist unklar. »Kein Gothaischer Bothe«, notiert L. unterm 30. September 1792. – *Memorial:* Anfrage, Erinnerung; bei Kaufleuten: Merkbuch.

379 *Blumhof unvermutet:* Vgl. den Brief an Georg August Ebell vom 18. Oktober 1792. – *Hede:* ›Werg‹; kurze, verworrene Bastfasern, die sich beim Hecheln des Flachses oder Hanfs ansammeln und zu Gespinsten geringerer Güte versponnen werden. Im übrigen s. zu SK 372. – *Dietrich groß Traktamen:* Für Persky? – *Traktamen:* Neulat. tractamentum ›Ehrengastmahl‹.

380 *daß das:* In der Handschrift *das das.* – *Der junge Westfeld:* Wohl Friedrich Wilhelm Christian Westfeld, immatrikulierte sich am 20. April 1793 als stud. cam. an der Georgia Augusta; sein Vater befand sich offenbar zu der Zeit in England. – *Abhandlung von Herschel:* Die zu SK 335 nachgewie-

sene Abhandlung. – *Briefe von Westfelds Vater:* Vgl. den Brief an Friedrich Wilhelm Herschel vom 24. September 1792.

381 *ältesten Jungen:* Georg Christoph jr. – *die ganze Gesellschaft:* Dietrich, seine Frau, Frau Köhler, Mlle Ranchat. – *Wilhelmchen krank:* Vgl. SK 384, 385. – *Briefträger Breithaupt:* Johann Georg Heinrich Breithaupt (1758–1831), »Briefbesteller bey dem hiesigen Königlichen Postamte« in Göttingen.

382 *Diarrhee:* Vgl. SK 24. – *Quittungen an Eisendecher:* Leibrente.

383 *Lampadius* ... *sein Buch:* Wohl »Versuche und Beobachtungen über Electricität und Wärme der Atmosphäre, angestellt im Jahre 1792 nebst der Theorie der Luftelectricität nach den Grundsätzen des Hrn. de Luc und einer Abhandlung über das Wasser«, erschienen Berlin und Stettin 1793 (BL, Nr. 648) oder »Kurze Darstellung der vorzüglichsten Theorien des Feuers, dessen Wirkungen und verschiedenen Verbindungen«, Göttingen bei Dieterich 1793 (also Herbst 1792 erschienen); s. auch SK 397, 398. – *das gebleichte Wachs:* S. zu SK 372. – *Höpfner:* Christoph Karl Ludwig Höpfner (1748–1801), Geheimer Kanzleisekretär, Kommerzrat in Hannover, seit 1792 Leiter des Intelligenzcomtoirs; neun Jahre besorgte er auch die Direktion des »Hannoverischen Magazins« und war selbst schriftstellerisch tätig. Nachruf von Ernst Brandes im »Neuen Hannoverischen Magazin« 1801, 29. Stück, Sp. 449–480.

384 *Bußtag:* Bis zu Beginn dieses Jahrhunderts wurde der Buß- und Bettag in der evangelischen Kirche nicht einheitlich am Mittwoch vor dem letzten Sonntag im Kirchenjahr begangen; noch 1875 gab es in 26 deutschen Ländern 47 Bußtage an 24 verschiedenen Tagen. – *die Gesellschaft:* Dietrich, dessen Frau, Frau Köhler, Mlle Ranchat. – *Blumenbach* ... *nach Gotha:* S. zu SK 157. – *über s. Brief von Deluc:* Vgl. den Brief an Johann Friedrich Blumenbach vom 15. Oktober 1792. – *Wilhelmchen* ... *besser:* Vgl. SK 381. – *Rosenthal:* Gottfried Erich Rosenthal (1745–1814) aus Nordhausen, vielseitiger naturwissenschaftlicher Schriftsteller, Mitarbeiter an Ludwig Christian Lichtenbergs »Magazin für das Neueste aus der Physik«; veröffentlichte Gotha 1794 eine »Encyklopädie aller mathematischen Wissenschaften ...« mit einer Vorrede Kästners.

385 *Der kleine Junge:* Wilhelm Lichtenberg. – *Brief an* ... *Herschel:* Vgl. den Brief an Friedrich Wilhelm Herschel vom 24. September 1792. – *Wagemann:* Ludwig Gerhard Wagemann (1753–1804), seit 1773 Prediger an St. Marien (früher auch ›Unserer lieben Frauen‹ genannt) in Göttingen, taufte 1786 L.s unehelichen Sohn Georg Christoph, begann Mitte 1784 mit sechs Kindern in seiner Pfarre die Göttingische Industrieschule aufzubauen; 1785 als Nachfolger Sextros, mit dem er befreundet war, Göttinger Armenadministrator, später Superintendent; 1804 erschien im »Hannoverschen Magazin« der »Versuch einer Lebensgeschichte des Superintendenten L. G. Wagemann«. – *v. Ende:* Carl Wilhelm Adolph Freiherr von Ende aus Osnabrück, immatrikulierte sich am 1. Mai 1792 als stud. jur. an der Georgia Augusta.

386 *die Kalender-Sammlung:* Die alljährlichen Versandexemplare des GTC. – *Stromeyers Söhne:* Nach dem Kirchenbuch von St. Jacobi kommen in Frage: Carl Friedrich Wilhelm (geb. 9. April 1782), getauft am 17. April, Paten: Hofmedicus Johann Friederich Schröder, Prof. Carl Chassot von Florencourt und Friedrich Georg Wilhelm von Blum; ferner: Philipp August Ludwig Stromeyer (geb. 21. Dezember 1785), getauft am 4. Januar 1786, Paten:

Dorothea Eleonore Wrisberg, Oberkommissar Georg Philipp Meyenberg und Licentinspector Friederich Ludewig Reinbold. Johann Friedrich Stromeyer war verheiratet mit Marie Magdalena Johanne von Blum. – *Erxleben:* Johann Heinrich Christian Erxleben (1753–1811), Bruder Johann Christian Polycarp Erxlebens, Prof. der Jurisprudenz in Marburg, ab 1795 Vizekanzler der Universität Marburg, heiratete 1783 Friederike Charlotte Amalie Hombergk. – *Teschner:* Wohl Friedrich Deschner aus Danzig, immatrikulierte sich am 9. Oktober 1788 als stud. theol. an der Georgia Augusta. – *Brief an Aycke:* Nach London.

387 *Versuch mit Blei . . . an der Zunge:* Vgl. den Brief an Johann Friedrich Blumenthal vom 15. Oktober 1792. – *Damen unten:* Frau Dieterich, Frau Köhler, Mlle Ranchat. – *gute Elektrizität:* Experiment im Rahmen meteorologischer Studien des Kollegs? S. auch zu SK 383, 397, 398.

388 *Meister:* Georg Jakob Friedrich Meister (1755–1832), Jurist in Göttingen.

389 *Jordan:* Johann Ludwig Jordan (Ende 17. Jh.) aus Göttingen, immatrikulierte sich am 25. Oktober 1791 als Student der Philosophie und Bildenden Künste an der Georgia Augusta. – *Reskript . . . wegen des Niveaus:* Vgl. den Brief von dem Geheimen Rats-Kollegium vom 9. Oktober 1792; das an Major Müller gerichtete und in Kopie an L. verschickte Schreiben betrifft die Auszahlung des Betrags für ein von dem Mechanikus Johann Gerhard Drechsler angefertigtes Nivellier-Instrument. »Wasserwägen, Nivelliren, Libellatio, Nivellement. Diesen Namen führt jede Operation, durch welche man findet, um wieviel der eine von zween entlegnen Punkten über oder unter der verlängerten Horizontalebne des andern liegt, oder wie weit die zwo Horizontalebnen, welche durch beyde Punkte gehen, lothrecht von einander abstehen« (Gehler, Bd. 4, S. 668). – *Madam Waldeck:* Charlotte Auguste Wilhelmine Wynecke, verheiratet mit dem Göttinger Universitätsprofessor Johann Peter Waldeck. – *Die beiden kleinen Lawrence:* S. zu SK 313. – *wegen des v. Knebelschen Teleskops:* Vgl. SK 407. Christoph Johann Wilhelm von Knebel (1741–1799), Legationsrat in Heilbronn, Hannöverscher Gesandter am Schwäbischen Kreis und Herzogl. Württembergschen, auch Markgräflich Badenschen und Herzogl. Pfalz-Zweibrückenschen Hof; Bruder des »Urfreundes« von Goethe.

390 *Perückenmacher-Frau:* Voigts Frau? Wohl Catharine Henriette, geb. Warnecke. – *Brief und Abhandlung für Gren gegen Mayer:* Die Abhandlung, die L. wenig später zurückzog (SK 401), erschien postum 1799 in Gilberts »Annalen der Physik« Bd. 2, S. 121–153, unter dem Titel: »Bemerkungen über einen Aufsatz des Hrn. Prof. Mayer zu Erlangen: über den Regen, und Hrn. de Luc's Einwürfe gegen die französische Chemie«. Vgl. den Brief an Johann Friedrich Blumenbach vom 15. Oktober 1792 und den Brief an Johann Albert Reimarus vom 7. Dezember 1792. – *Brief von . . . Ebell mit s. Magazin-Stücken:* Im Jahrgang 1792 des »Neuen Hannoverischen Magazins« hat Ebell folgende Beiträge veröffentlicht: »Warum heitzen wir unsre Kirchen nicht?« (72. Stück, Sp. 1137–1152; 73. Stück, Sp. 1153–1164); in einer Fußnote Sp. 1153–1154 merkt er an: »Ich habe seit etwa 14 Jahren unzählige Versuche, von bester Anlegung der Heitzöfen gemacht . . .«); »Von den Thüren und Eingängen der Kirchen, Opernhäuser, Kommödien- und Redoutensäle, Börsen, u. dgl. m.« (73. Stück, Sp. 1163–1168); »Noch etwas

über Heitzung der Kirchen, Opern- und Kommödienhäuser« (79. Stück, Sp. 1249–1258; eingangs schreibt er: »Der gütige Beifall, den mir verschiedene Gelehrte über den Aufsatz von Heitzung unserer Kirchen, bereits bezeugt haben, ...«); in der Fußnote Sp. 1249–1250 erwähnt er übrigens das mit 16 Öfen beheizte Exerzierhaus in Darmstadt; »Von dem gefahrvollen Baden in Flüssen« (82. Stück, Sp. 1297–1310); »Von Anlegung der Brunnen, damit sie mehr Wasser geben« (83. Stück, Sp. 1313–1322); »Mittel, Brunnen mit klarem hellem Wasser in Gegenden zu erhalten, wo dieses selten ist« (83. Stück, Sp. 1321–1322). Vgl. den Brief an Friedrich August Ebell vom 18. Oktober 1792.

391 *Die geflüchteten Juden ... wieder ab:* »Nachricht, daß die Frantzosen in Franckfurt seyn sollen. Flucht der Casellaner aber blos Juden«, notiert L. unterm 8. Oktober 1792. Die Beweggründe für die Flucht speziell der hessenkasselschen Juden vor den frz. Revolutionstruppen konnten nicht ermittelt werden; das Hessen-Kassel Landgraf Wilhelms IX. galt allerdings als Bollwerk gegen die Französische Revolution. – *Blumenbach ... Jacobiner-Mütze:* Der Brief ist nicht erhalten; vgl. jedoch den Brief von Johann Friedrich Blumenbach vom 15. Oktober 1792, wohl aber L.s launige Antwort vom gleichen Tag an Johann Friedrich Blumenthal; vgl. J 1089. – *Mad. Böhmer:* Caroline Michaelis. – *ihre Schwester:* Charlotte Dieterich, geb. Michaelis.

392 *Die beiden Lawrence schreiben sich auf:* Laut SK (Colleg-Liste) für »Physik Winter 1792« als Nr. 38 und 39. – *Pollet:* Karl George von Pollet (1768 bis 31. Mai 1793) aus Zweibrücken, königlich schwed. Major und Capitain bei der Artillerie-Brigade in Stralsund, immatrikulierte sich am 3. Oktober 1792 als stud. math. an der Georgia Augusta, wo L. und Major Müller »seine vorzüglichsten Lehrer« (Schlichtegroll, 4. Jg., 2. Bd. 1795, S. 333) wurden; auch schriftstellerisch tätig. – *National-Coquarde:* Bandschleife, in Form einer Rosette, die am Hut oder an der Mütze getragen wurde; kommt zuerst als Erkennungszeichen politischer Parteien in Frankreich vor und wird nach der Frz. Revolution Nationalabzeichen. Die ursprüngliche Farbe der frz. Kokarde war weiß; am Beginn der Frz. Revolution kamen die Farben Blau und Rot der Stadt Paris hinzu. Der Student Oppenheim aus Frankfurt hatte sie am 17. Oktober 1792 L. gebracht, der sie am gleichen Tag noch Dieterich und Elberfeld schickt. Die Verbreitung der frz. National-Coquarde auf kurhannöv. Boden ist insofern bemerkenswert, als am 8. November 1792 ein Erlaß der Hannöverschen Regierung folgenden Wortlauts erging: »§ 1. Es ist bemerklich geworden, daß verschiedentlich von fremden Personen weisse und bunte Cocarden getragen werden, ohne daß sie sich zu dieser Tracht durch ihre etwanige specielle militärische und andere Dienstverhältnisse gehörig zu legitimiren vermögen. I. Da dergleichen Abzeichen blos unnöthiges und schädliches Aufsehen erregen; so ist überhaupt sowohl Fremden als Einheimischen das Tragen weisser und bunter Cocarden, in so fern sie sich nicht durch etwanige specielle Dienstverhältnisse dazu gehörig legitimiren können, bei Zehn Rthlr. Strafe zu untersagen.« – *Brief an ... Ebell:* Vgl. den Brief an Friedrich August Ebell vom 18. Oktober 1792.

393 *Nachricht, daß Mainz beschossen wird:* »Erste Nachricht, daß die Frantzosen Mayntz eingenommen haben«, notiert L. unterm 24. Oktober 1792. – *Niewlandt:* Pieter Nieuwland (1764 bis 14. November 1794), holländ. Prof.

der Physik und Mathematik in Leiden, der nach dem allgemeinen Urteil genialste Mathematiker und Physiker seiner Zeit in Holland. L. sollte 1795 Nachfolger dieses Wissenschaftlers werden. – *Bertuch:* Heinrich Friedrich Christian Bertuch (1771–1828) aus Gotha, immatrikulierte sich am 10. Mai 1791 als stud. jur. an der Georgia Augusta; 1793 Amtsadvokat in Gotha und schließlich Landkammerrat; auch schriftstellerisch tätig.

394 *Jahrmarkt:* Am Donnerstag vor Simon Judä begann der vierte Göttinger Jahrmarkt, diesmal mit der Attraktion einer Riesin (laut Tagebuch vom 24. Oktober 1792). – *Mad[ame] Hausmann bei mir:* Wegen der Alimente von Adams? – *Die Juden von Kassel flüchten von neuem:* S. zu SK 391; s. auch den Brief an Friedrich August Lichtenberg vom 16. November 1792. – *Gatterer junior:* Wohl Christoph Wilhelm Jacob Gatterer (1759–1838), immatrikulierte sich am 3. Januar 1778 als stud. jur. an der Georgia Augusta; 1787 Prof. der Kameralwissenschaften, der Technologie und Ökonomie in Heidelberg. – *mit den Franzosen sehr ernst:* Vgl. SK 395. – *Mejer:* Ludewig Johann Georg Mejer (1731–1802), Geheimer Kammersekretär bei der Regierung in Hannover, später Hofrat, Bruder von Dorothea Elisabeth Mejer, die mit Georg Ludwig Böhmer in Göttingen verheiratet war; Cousin Luise Mejers. – *Die ersten englischen Zeitungen:* Von Sander?

395 *Immer ernstlicher mit den Franzosen:* Vgl. SK 394. – *Landgrafen von Kassel:* Wilhelm IX. von Hessen-Kassel (1743–1821), 1785 Landgraf, seit 1764 mit Caroline, Prinzessin von Dänemark (1747–1820), verheiratet. – *Brief an Gren:* S. zu SK 390. – *So viele Interjektions-Zeichen . . .:* Vgl. L 147. – *Sancte . . . nobis:* Heiliger Leo, bete für uns! In der Handschrift doppelt unterstrichen. Der Löwe ist übrigens seit dem Mittelalter das hessische Wappentier; beachte auch L.s Kürzel Lion. – *Westrumb . . . dephlog. Luft aus den ☿-Kalch:* Westrumbs Versuche finden sich in dem Aufsatz »Fortgesetzte Nachrichten in Betreff des Streits, ob der reine Kalk des Quecksilbers die Basis der Lebensluft enthalte« in Grens »Journal der Physik«, 1793, Bd. 7, S. 148 ff. Vgl. den Brief an Sigismund Friedrich Hermbstädt vom 8. April 1793.

396 *Borch:* Wilhelm Friedrich Baron von der Borch (geb. 1771), aus Westfalen, immatrikulierte sich am 28. April 1792 zusammen mit Richard für Kameralwissenschaften an der Georgia Augusta; später königl.-bayer. Kämmerer und Forstmeister zu Gunzenhausen. – *Richard:* Anton Heinrich Richard aus Hannover, immatrikulierte sich am 28. April 1792 für »Studia militaria« an der Georgia Augusta. – *Grens Journal, worin etwas gegen mich:* Grens »Journal der Physik«, Bd. 6, Heft 2, Leipzig 1792, S. 195–205, enthielt das »Schreiben an den Herausgeber, über einige vom Hrn. Hofrath Lichtenberg gemachte Einwürfe gegen das antiphlogistische System, und gegen die Auflösung des Wassers in der Luft, von Herrn Zylius in Rostock«. Gren replizierte ebd., S. 205–212, mit einer »Antwort des Herausgebers auf vorstehendes Schreiben«, in dem er äußert: »Es könnte zwar anmassend scheinen, daß ich jenem hochachtungswürdigen Gelehrten in der Vertheidigung seiner Sätze vorgreifen will . . .« Zu L.s Streit mit Zylius s. zu L 748. – *Forsters Erinnerungen:* Die »Erinnerungen aus dem Jahr 1790 in historischen Gemälden und Bildnissen von D[aniel] Chodowiecki, D[aniel] Berger, Cl[emens] Kohl, J[ohann] F[riedrich] Bolt und J[ohann] S[amuel] Ringk« von Georg Forster, erschienen Berlin bei Voß 1793 (recte 1792).

397 *Abich:* Heinrich Carl Wilhelm Abich (um 1770–nach 1814) aus Braun-

schweig, immatrikulierte sich am 21. Oktober 1791 als stud. jur. an der Georgia Augusta; Abschied 14. April 1793. – *die Herzogin:* Herzogin Auguste Friederike Karoline von Wales (1737–1818), Prinzessin von Sachsen-Gotha und Schwester Georgs III., heiratete 1764 in London den Herzog Karl Wilhelm Ferdinand von Braunschweig. – *Schmid aus Marpurg:* Wohl Jacob Andreas Friedrich Schmitt aus Hessen, zuvor Universität Marburg, immatrikulierte sich am 22. Oktober 1791 als stud. jur. an der Georgia Augusta. – *die Franzosen bis Nauheim gekommen:* Vgl. den Brief an Friedrich August Lichtenberg vom 16. November 1792. – *Brief an Eisendecher:* S. den Brief »An den Herausgeber des Hannoverischen Magazins« vom 31. Oktober 1792, abgedruckt im »Neuen Hannoverischen Magazin« vom 19. November 1792, 93. Stück, Sp. 1473 ff. (Briefwechsel III, Nr. 2161). – *Lampadius vom Hagel:* »Einige Nachrichten und Bemerkungen über die Gewitter vom dritten September dieses Jahrs«, die, eingeleitet durch L.s oben genannten Brief (»Schreiben an den Herausgeber des neuen hannoverischen Magazins«), im »Neuen Hannoverischen Magazin« 2, 1792, 93. Stück, Sp. 1473–1476, Sp. 1475–1486, und im 94. Stück, Sp. 1489–1494, erschienen. S. zu J 1990. Unterm 22. September 1792 notiert L.: »Nachricht von einem schlimmen Wetter zu Beverungen. Lampadius entschließt sich hin zu gehen.« Unterm 23. September 1792: »Lampadius nach Beverungen.« Unterm 26. September 1792: »HE. Lentin erzählt Wunder von dem was Lampadius zu Beverungen gesehen.« Unterm 29. September 1792: »Lampadius bringt mir seinen Aufsatz ...«; unterm 30. September 1792: »Morgens lese ich Lampadius über das Donnerwetter.«

398 *Ich übersetze für Deluc und lese die Reise mit der Jacobiner-Mütze:* Wohl Friedrich Lehne, »Die Reisen der roten Kappe«, erschienen in dessen »Versuche republikanischer Gedichte«, Straßburg 1792 (im dritten Jahr der fränkischen Republik, abgedruckt bei Engels, Gedichte und Lieder deutscher Jakobiner. Stuttgart 1971, S. 113: die Übersetzung des frz. Freiheitsliedes »Le bonnet de la liberté«). – *dickem Backen:* Vgl. SK 399. – *Radziwills Brummen. Brief:* Der Sachverhalt ist unklar. Unklar ist auch, welcher Radziwill gemeint ist: der Vater oder der älteste der vier Radziwills, die sich am 15. Oktober 1792 an der Georgia Augusta für Sprachen einschrieben: Nicolaus Louis de Radziwill (1736–1813) aus Polen, zuvor Universität Leipzig und Krakau; Henri Antoine de Radziwill (1775–1833); Michel de Radziwill (1778–1850); Valentin André de Radziwill (1780–1838). – *Ebell:* Vgl. den Brief an Friedrich August Ebell vom 1. November 1792. – *Brief von Justel:* Aus Gotha, wo sich August Köhler seit dem 22. August 1792 aufhielt; s. zu SK 369. – *kleinen George:* Georg Christoph jr.

399 *Martine:* Sollte es sich bei dem Namen um einen Lese- oder Hörfehler L.s handeln und Nicolas Louis de Mathis gemeint sein? Der Franzose Mathis, zuvor Universität Paris, hatte sich am 15. Oktober 1792 zusammen mit den Prinzen Radziwill als deren Hofmeister an der Georgia Augusta als stud. jur. eingetragen. – *Backen ... dick:* Vgl. SK 398. – *Jahrbuch für 1795:* Bodes »Astronomisches Jahrbuch«, erschienen Berlin 1792.

400 *Zimmermann aus Bickenbach:* Christian Heinrich Zimmermann (1740–1806), Sohn eines Gerichtssekretärs in Darmstadt, Schüler am Pädagog unter Wenck, seit 1759 Student an der Universität Gießen; 1765 Informator der Söhne des Landgrafen von Hessen-Darmstadt, 1769 Prediger

in Allendorf, 1770 nach Bickenbach an der Bergstraße versetzt, 1800 in Pfungstadt, 1802 Superintendent des Fürstentums Starkenburg. Übersetzer Martials und Epigrammatiker; enger Freund Höpfners und L.s. Von ihrem Briefwechsel ist nur erhalten, was Leitzmann in »Neues von Lichtenberg. III« in der »Zeitschrift für Bücherfreunde« NF IV, 1912, S. 179–180, mitteilt. – *die Zettul zum Colleg:* Betreffen die Sitzverteilung der eingeschriebenen Zuhörer in L.s Colleg. – *Custine's Salvegarde für die Universität:* Der vom 2. November 1792 datierte Schutzbrief für die Göttinger Universität, der durch Custines Sekretär, Georg Wilhelm Böhmer, veranlaßt wurde, wird seiner Seltenheit wegen hier mitgeteilt (im Besitz des Niedersächsischen Hauptstaatsarchivs Hannover, Original 43 cm lang, 36 cm breit). – *Brief an Eisendecher:* Betreffs Leibrente. – *3$^{\underline{ter}}$ Brief an Gren:* S. zu SK 396. – *Versuch mit dem ☿-Kalch:* Vgl. SK 395.

401 *Mamsell Scherfin:* Caroline Scharff aus Gerbershausen gebar am 4. Mai 1790 ein uneheliches Kind von Wilhelm Wiederholt, Bauernknecht. – *Firnismacher Brunschweigel:* Über ihn konnte nichts ermittelt weden. Firnis benötigte Dieterich regelmäßig für die Kupferstichproduktion. Zu Firnis s. zu J 1490. – *Der Preußische Resident:* Vermutlich ist der SK 408 erwähnte Offizier Voß gemeint; s. zu SK 408. – *Bouterweks Colleg:* Bouterwek las im Winterhalbjahr, das offiziell am 14. Oktober 1792 begonnen hatte, über Ästhetik (neben Bürger) und Rhetorik (offenbar in L.s Hörsaal). Unterm 6. November 1792 notiert L.: »Boutterweck schlägt an die Thüre an.« Unterm 8. November: »Abends Boutterweck angefangen und sehr gut gelesen; ich gehorcht.« Unterm 12. November: »Horche Boutterweck eine geschlagene Stunde zu.« Unterm 20. November: »Grellmanns Betrübniß, über das Zudringen der Pursche in Boutterwecks Colleg. Georg rückt die Tische vor, um die Pursche abzuhalten«. – *Gren schickt zurück:* L.s Abhandlung gegen Mayer; s. zu SK 390.

402 *Der kleine Junge:* Wilhelm Lichtenberg. – *Zweifel wegen der Zunge-Belegung:* Über L.s Beschäftigung mit dem Phänomen des Galvanismus s. zu J 1980, vgl. SK 362. – *kranken Mad. Köhler:* »... Madame Köhler wird kranck« notiert L. unterm 10. November 1792.

403 *Der Firnismann:* Brunschweigel; s. SK 401. – *Brief vom Vetter:* Vgl. den Brief an Friedrich August Lichtenberg vom 16. November 1792. – *Kästners Verteidigung:* In einer »Beylage« zum 184. Stück der GGA vom 17. November 1792 gab Kästner »Eine Erklärung« ab, in der er sich dagegen verwahrt, in der »Mainzer Zeitung« (und denunziatorisch in Aloys Hoffmanns »Wiener Zeitung«) als Verf. eines profranzösischen, revolutionsfreundlichen Epigramms bezeichnet zu werden. Die betreffenden Materialien sind im Lichtenberg-Jb 1989, S. 49–69 abgedruckt. – *Scheffel:* Dt. Hohlmaß für trockene Schnittgüter, v. a. Getreide; regional stark abweichende Maßeinheiten; in Hannover entsprach ein Scheffel zwei Himten oder acht Metzen.

404 *Vorstellung der Frankfurter an Custine:* Vermutlich »Zwei Anreden wirklich freier Deutschen an den Franken-General Custine«, datiert vom 5. November 1792, in den »Hamburgischen Addreß-Comtoir-Nachrichten«, 96. Stück, Montag, den 6. Dezember 1792, S. 761–763: »I. Zuruf eines frankfurter Bürgers an den Führer der Neufranken, General Custine. – Der Führer eines freien Volkes soll Wahrheit hören, die er als Mensch und Bürger zu achten verpflichtet ist. Dem Mann, der nach Grundsätzen handeln soll, muß es erlaubt seyn, Gründe entgegen zu stellen, ohne zu befürchten, daß er

SAUVE-GARDE.

Au quartier Générale de Mayence, le ~~22 Xbre~~ 1792, (2 Xbris)
L'an 1er de la République Française.

NOUS ADAM PHILIPPE CUSTINE, Citoyen Français, Général des Armées de la République;

ORDONNONS à tous Commandans de Postes & de Troupes, à tout Soldat & Citoyen Français,

De respecter & faire respecter : *L'abbaye d'Asschatenbourg, les appartements De Postingen et tous les lets appartenants et dependants (à Mr l'abbé Gelies et autres etc).*

Rendant tous Commandans de Troupes & de Postes, responsables de toutes Violences qui pourroient être commises sur *qui susit*, et les personnes qui l'habitent,

Déclarant que tout Soldat ou Citoyen Français qui deshonnoreroit ce beau titre, en se permettant ces violences, sera regardé & traité comme ennemi de la République.

Custine

die Gewalt einer edlen Nazion mißbrauche. Ich schätze und ehre Sie als Soldat, und möchte Sie auch gerne als Mensch und Bürger lieben; diese reinen Gesinnungen sind die Triebfedern meines Schreibens; hören Sie also ein Glaubensbekenntniß, daß ich zuerst vor Ihnen, und dann vor Ihrer ganzen Nazion ablege. Ich liebe mein Vaterland, wie Sie das ihrige, ich hasse jede Unterdrückung, welche die individuelle Freiheit mehr einschränkt, als es die gesellschaftlichen Verhältnisse des Menschen erfordern; ich liebe diese Freiheit, wo sich der Kopf des Reichen und Bettlers unter die Herschaft guter Gesetze beugt; aber ich hasse die zügellosen Auftritte, die ein zerrüttetes Reich, das in konvulsivischen Schmerzen seiner Wiedergeburt liegt, unsern Augen darbietet; ich hasse Staatsumwälzungen, wenn sie nicht die eiserne Notwendigkeit erfordert. / Wir sind frei! wir tragen keine entehrende Fesseln raubsüchtiger Tirannen! Wir lieben unsern Magistrat nicht aus sklavischer Furcht, sondern weil er mit väterlicher Liebe für das Wohl seiner Bürger sorgt. / Warum wollen Sie uns also von Fesseln befreien, die wir nicht tragen? Warum wollen Sie uns Wohlthaten aufdringen, deren wir nicht bedürfen? Warum wollen Sie eine Verfassung erschüttern, die nicht ihr Alter, sondern ihre Güte ehrwürdig macht? / Warum die Ruhe eines Volkes stören, das im Schooße der Freiheit glücklich lebt? Nicht zufrieden, Ihre eigenen Freunde zu brandschatzen wollen Sie eine Stadt entzweien, deren Einigkeit unerschütterlich ist, wollen Sie allen Greueln der bürgerlichen Zwietracht Preisgeben. – Sie fordern 2000,000 Gulden! Eine Nazion, die nach moralischen Grundsätzen handelt, deren Panier Gerechtigkeit und Menschenliebe ist, die sich den Wahlspruch: Krieg den Schlössern, Frieden den Hütten, wählt, einer solchen Nazion ziemt es nicht, zu brandschatzen, weil eben diese Brandschatzung eine heillose Erfindung des gierigen Despotismus ist, eine regelmäßige Plünderung, die immer zulezt den Nacken des Bürgers drückt. Aber von wem fordern Sie diese ungeheure Summe? Von einer Stadt, der die vorige Nazional Versamlung selbst das Lob der Anhänglichkeit beilegte, die damals dem Condé ihre Kanonen versagte, die den Emigrirten nicht mehr Schutz verlieh, als die Menschlichkeit erforderte. Und warum fordern Sie sie? Weil Einzelne die Emigranten gehegt, weil Kaufleute denen Vergnügen machten, welche sie bereicherten, weil Einzelne Frankreich das baare Geld entzogen, um, wie Sie sagen, es in die Kästen der Prinzen zu werfen, weil Einzelne falsche Assignaten in Umlauf gebracht haben sollen, weil endlich eine Zeitung aristokratische Besinnungen auskramte, die niemand las – weil in Geselschaften übel von der Nazion gesprochen wurde – O Custine, bedenken Sie, daß Sie jezt an der Scheidewand Ihres Ruhms stehen – daß dieser Schritt Sie mit ewiger Schande bedecken muß. Wenn Einzelne an der Güte der Sache der Freiheit zweifelten; wenn einzelne den Emigrirten Schutz und Wohnung darboten; wenn Einzelne der Prinzen Assignaten in Umlauf bringen halfen, das baare Geld aus Frankreich zogen, so überlegen Sie wohl, daß Ihre glücklichen Massen die ärgste Marter ihrer Feinde sind, wenn Sie ihre Gäste vom Vaterland verstoßen, von ganz Europa verachtet, im Elend herumirren sehen; daß Sie gebrandmarkt sind, wenn sie ihre Namen und Verbrechen dem Publikum laut sagen, daß nachtheilige Gespräche einer Zeitung und Geselschaft nur durch Thaten Ihrer Nazion vernichtet werden können; daß endlich Plünderungen kein Mittel sind, wodurch ein edles Volk sich rächen muß. / Hier ist keine Kontribuzion denkbar, die nicht nach Verhältniß auf jeden

Bürger fallen müßte. Die reichen Kaufleute, denen Sie den Untergang drohen, drücken niemand, und können niemand drücken; sie ernähren Hunderte von Menschen, die ohne sie brodlos wären; von ihrem Luxus lebt der Handwerker, der in einer Stadt ohne Ackerbau nicht bestehen könte. Das größte Lob eines Staats ist, wenn er wenig unzufriedene Bürger zählt; Sie fanden hier keinen, und alle Ihre Anschläge bewirkten auch keinen. Ihre sogenante Vertheilung der Kontribuzion erregte algemeines Mißvergnügen, so daß an jedem Heller, den Sie als Kontribuzion aus Frankfurt führen, der Schweiß des Taglöhners, der ihn willig reicht, damit seine Ernährer nicht zu Betler werden, hängt, und solange hängen muß, als Sie uns nicht aus allem Verhältniß mit dem Reich zu reissen vermögen. – Und Sie solten das können? Ihre große Nazion solte das billigen? Nein, gewiß nicht, oder sie müßte den Grundsätzen entgegen handeln, die sie so laut predigte; – müßte zeigen, daß sie in Deutschland Geld, aber keine Freunde suchte – müßte zeigen, daß ihr das Eigenthum der Bürger eben so heilig sei, als das Wohl einer ruhigen Stadt, da sie um Meinungen, Bürger und Familien, ihres Vermögens und Glücks berauben können, daß sie Kinder um ihres Vaters willen elend machen, mit einem Wort, daß sich eine ganze Nazion an einzelne Bürger rächen wolle. – Ihnen, Custine, muß die Liebe der Deutschen angenehmer seyn, als eine gewonnene Schlacht, aber dieses können Sie so nicht verlangen. – Wir lieben mehr schöne Handlungen, als schöne Reden; ja, ich kenne viele, die gerne Summen hingäben, wenn sie der französischen Nazion die Schande, ihre Freunde gebrandschazt zu haben, ersparen könten. / Daher die Kälte der Bürger gegen die Soldaten der Freiheit, die sie einzeln ihres guten Betragens wegen lieben; daher dieses Misvergnügen, das jeden Bürger beseelt. Die Bürger Frankfurts tragen die Freiheit im Herzen, aber nicht auf dem Huth. Von einem wahren Freunde der Freiheit.

II. Die Bürger von Frankfurt an den fränkischen Bürger und General, Herrn Cüstine. / Herr General! / Sie haben in Ihren erlassenen Manifesten zu uns gesprochen, und haben darin alzu deutlich erklärt, daß Sie es mit der geringern Klasse von Bürgern besonders gut meinen, als daß uns dieses nicht ein volkommenes Zutrauen zu Ihnen einflößen solte. / Sie erlauben uns also, daß wir auch einmal öffentlich, nach unserer Empfindung, zu Ihnen reden dürfen! Sie wollen uns vor Bedrückung schützen, von der Frankfurts Bürger, Gottlob! nichts wissen, und noch weniger sie fühlen; Sie wollen uns eine Freiheit versichern, die wir schon genießen. Wenn Sie also glauben, Herr General, daß wir bisher unterm Druck gestanden, Erpressungen ausgesezt, oder sonst übel dran gewesen seyen; so müssen Sie offenbar von Feinden unsers Wohlstandes durch solche Vorstellungen hintergangen worden seyn. / Unsere Vorgeszte sind unsere Mitbürger; der Magistrat wird selbst aus unsrer Mitte mit Handwerkern besezt, die sogar ein Dritttheil des ganzen Raths ausmachen. Bei Verwaltung der öffentlichen Kassen stehen Bürger zur Seite, und es wird über deren Zustand auch von Zeit zu Zeit der gesamten Bürgerschaft Rechenschaft geben. / Die Magistratpersonen tragen die gemeinen Lasten so guth wie wir; sie haben keine andere Vorzüge, als dasjenige Ansehen, welches zur Führung ihres obrigkeitlichen Amts erforderlich ist. / Die Reichern unter uns haben nie eine besondere Klasse ausgemacht. Ihr Wohlstand verbreitet sich auf alle Nahrungszweige, und der blühende Handel macht uns alle glücklich, – wer nur arbeiten will und kann, findet sein

Auskommen in jeder Gewerbart. Von jedem Nahrungsstand treten hier Wohlhabende auf, um dieses zu bestärken. Arme giebts allenthalben. Die Unsrigen finden bei den vielen öffentlichen und Privatstiftungen (deren Daseyn wir dem Vermögen und der Mildthätigkeit unserer Vorfahren, und deren Erhaltung wir dem algemeinen Wohlstand zu verdanken haben) so viele Unterstützung, daß sich unser kleiner Staat darin vor vielen weit größern und blühendern auszeichnet. Was die Reichern aber ausserdem noch den Dürftigen im Stillen Gutes thun, wird uns täglich laut gepriesen; wir schweigen aber davon, weil jene keinen Dank verlangen. / Indem Sie, Herr General! Sich als einen Vertheidiger der Freiheit, als einen Beschützer der öffentlichen Wohlfahrt darstellen, würden Sie Ihren eigenen Grundsätzen zuwider handeln, wenn Sie uns nicht bei der unsrigen ließen, und wenn Sie nicht von aller Kontribuzion abstünden, die wenig, als unsere reichern Mitbürgern verschuldet haben, und welche unsern bis daher glücklichen Staat zu Grunde richten muß. / Uebrigens wüßten wir nicht, womit wir unsern Eifer für die fränkische Republik lebhafter an den Tag legen könten, als durch den aufrichtigsten Wunsch, daß die fränkische Nazion mit Ihrer neuen Verfassung so glücklich seyn möge, als wir bisher mit der unsrigen waren. – / Also erwarten wir von Ihnen, Herr General!, daß uns bei dem für uns unschäzbaren Gut, unsrer bisherigen Verfassung und unserm davon abhangenden Wohlstand unverrückt lassen, und Sie dadurch Ihren Ruhm, unsern lauten Dank und algemeines Lob, als den herlichsten Schmuck in der unverwelklichen Bürgerkrone, sich erhalten möge. Die Bürger von Frankfurt.« S. auch SK 407.– *an Kästner:* Zur Sache s. zu SK 403. – *von Zinserling von Radolfshausen:* Gottlieb Wilhelm Zinserling aus Weimar, immatrikulierte sich am 9. Mai 1791 für Philologie an der Georgia Augusta. In Frage käme, da der Brief aus Radolfshausen abgesandt wurde, aber auch Christian Carl August Zinserling (geb. 1769) in Hardisleben, der sich am 20. Oktober 1789 für Philologie an der Georgia Augusta immatrikuliert hatte. – *Von Partz:* Zur Sache vgl. SK 406, 407. – *Versuch von Trew:* Darüber s. den Brief von Viktor Lebrecht von Trew vom 12. November 1792. Viktor Lebrecht von Trew, General-Major der Artillerie und Leiter der Geschütz-Gießerei in Hannover.

405 *Das kleine Mädchen:* Louise Lichtenberg. – *Brief an meinen Vetter:* S. den Brief an Friedrich August Lichtenberg vom 16. November 1792. – *Trew's Beobachtung:* S. zu SK 404.

406 *Bouterweks Gedicht:* Vgl. den Brief an Christiane Dieterich und Luise Sophie Henriette Köhler nach dem 18. November 1792. Bouterwek veröffentlichte im »Göttinger Musenalmanach« für 1793, S. 267f., das Gedicht »Huberulus Murzuphlus oder der poetische Kuß«; darüber s. auch »Briefe von und an Bürger« Bd. 4, S. 215, und Caroline. Briefe aus der Frühromantik, hrsg. von G. Waitz, 2 Bde., 1871, I, S. 104, 105, 106. – *Huberulus:* Kleiner Huber; Anspielung auf Ludwig Ferdinand Huber (1764–2804), sächs. Resident in Mainz, Geliebter und nachmals Ehemann von Therese Forster; er hatte in der »Allgemeinen Literaturzeitung« 1791 Bouterweks Roman »Graf Donamar« (s. zu SK 159) vernichtend besprochen. – *Responsiv wegen der Bleihistorie zu Hannover:* Vgl. SK 407. – *Kindtaufe:* Louise Caroline Friederica Marezoll (geb. 1792), getauft am 18. November 1792 (laut Kirchenbuch St. Jacobi), Tochter von Johann Gottlieb Marezoll und Dorothea Philippine Caroline, geb. Meyenberg, die am 5. Oktober 1790 geheiratet hatten.

407 *an Schrader wegen des Knebelschen Teleskops:* Zur Sache s. SK 404. – *an Partz:* Der Brief an Ernst Ludwig Partz vom 19. November 1792 ist zuerst abgedruckt bei Werner Deetjen, Die Geschichte eines Teleskops. Mit ungedruckten Dokumenten von Lichtenberg, Kästner und Goethe, in: Hannöversche Geschichtsblätter 19, 1916, S. 412–413 (Briefwechsel III, S. 1174). – *Gutachten über den Blei-Prozeß:* Vgl. SK 406. – *Kraut:* Wohl Johann Justus Kraut, der sich am 25. Mai 1791 an der Georgia Augusta immatrikuliert, wo vermerkt ist: »Hannover, Dahlerodensis, Mechanic., ex commendatione ill. Collegae Lichtenberg gratis«. Weshalb der Schützling L.s ›echappierte‹, war nicht zu ermitteln. – *Adresse der Frankfurter Bürger an Custine:* S. zu SK 404. – *die Erxleben den Leß heiraten:* Wohl Stadtratsch. Philippine Juliane Henriette Erxleben (1774–1838), drittes Kind des Göttinger Professors, heiratete 1795 Johann Carl Fürchtegott Schlegel in Hannover, den Bruder von August Wilhelm und Friedrich Schlegel.

408 *Kälte in den Füßen:* S. zu SK 410. – *Arsch-Krankheit:* Diarrhoe? – *Die Vota wegen Erbrechung der Packete:* Ein umfassender Regest ist zu Briefwechsel III, S. 1179–1182, zusammengestellt. – *Diez:* Stadt an der Lahn unterhalb Limburg.

409 *erzdummen Befehl:* »Lentin weiß es auch schon daß Freytag und Samstag an dem dummen Befehl schuld sind«, schreibt L. am 24. November 1792 ins Tagebuch; darüber s. SK 407. – *Brief von Dr Reimarus:* Vgl. den Brief von Johann Albert Heinrich Reimarus vom 21. November 1792; s. auch zu L 424.

410 *kalte Füße:* Im Brief an Johann Albert Reimarus vom 2.–7. Dezember 1792 schreibt L.: »schwitze immer bei eiskalten Füßen«; s. auch SK 319. – *fing an Reimarus zu schreiben:* S. den oben nachgewiesenen Brief.

411 *Todeskälte in den Füßen:* Vgl. SK 410. – *vorige Nacht fürchterlicher Wind:* S. zu SK 336. – *Traum ... zu dem gehenkten Kerle ins Bette legen:* Zu L.s Träumen s. zu A 33. Unterm 8. Dezember 1792 notiert L.: »vorige Nacht elende Traum von Halb Mensch halb Kohl«.

412 *von Ende mit Commissionen von s. Bruder:* Vermutlich Karl Wilhelm von Ende, Sohn oder Bruder des Ferdinand Freiherrn von Ende, immatrikulierte sich am 1. Mai 1792 an der Georgia Augusta. – *Einfeld:* Carl Julius Einfeld, immatrikulierte sich am 21. April 1790 als stud. jur an der Georgia Augusta.

413 *Bettsise:* ›Bettlise, Betti‹ sind Umschreibungen L.s für Lisbeth, womöglich eine Verwandte seiner Frau, die vorübergehend als Magd im Hause L.s tätig war. Unterm 7. Februar 1791 notiert L.: »traurige Nachricht von Lisbet, gestern ihre Eltern zurück.« Unterm 22. Oktober 1792: »Die Lisbet betrinckt sich wird schwartz gemalt und schläft unten«. Unterm 3. Januar 1793: »Vorige Nach[t] Bettsise ins Bett geschissen«. Unterm 4. Januar 1793: »Bettsise zum 2ten mal vorige Nacht«. Unterm 5. Januar: »Bettsise zum drittenmal unartig wie wohl nur wenig, daher Revolution mit den Betten, Schranck auf den Gang.« Unterm 16. Februar 1793: »Bettsise spricht von heyraten.« Unterm 6. März 1793: »Betsise das Glas bezahlt.« Unterm 7. März 1793: »Ein neues Mädchen gemiethet.« S. auch L.s Billet an Margarethe Lichtenberg vom 10. August 1793 (Briefwechsel IV, Nr. 2288). – *Jacobi:* Im Jahr 1791 hatte Georg Arnold Jacobi an einer großen Schweiz-Italien-Reise des Grafen Friedrich Leopold Stolberg teilgenommen. S. auch zu SK 909. – *Christelchen und August:* Die Kinder von Luise Köhler. – *Mamsell:*

Mlle Ranchat. – *Wilhelm der Tolle:* Wilhelm Dieterich. »Dietrich will s. Sohn wegbringen lassen«, notiert L. unterm 21. Dezember 1792. – *Hinze:* Wohl Wilhelm Johann Heinz (1767–1832), Kaufmann und Kommerzienrat in Göttingen, Sohn des Gymnasialdirektors Heinze in Weimar.

414 *Unruhe zu Springe:* Anlaß war der allein für die Feldmark Springe beträchtliche Wildverbiß, der einen Schaden von 1000 Reichstalern anrichtete: »Am Ende des Jahres 1792 riß den Bauern in Springe die Geduld. Mit Prügeln und Knüppeln, auch einigen Gewehren bewaffnet, schritt verschiedene Male im Aufgebot im Namen der ganzen Bürgerschaft zur Selbsthilfe, um das Wild von der Wintersaat zu vertreiben; nur ein Hase wurde dabei erlegt. In Berichten aus dem benachbarten Amte wurde dieser ›tumultarische Unfug‹ als Vorbote dafür angesehen, daß die Springer Bürger ihre Drohung wahrmachen würden, im Frühjahr alles Wild totzuschießen« (Heiko Leerhoff, Friedrich Ludwig v. Berlepsch, hannoverscher Hofrichter, Land- und Schatzrat und Publizist 1749–1818, Hildesheim 1970, S. 26). – *little peach:* S. zu SK 253.

415 *Nürnberger Häusgen:* Die traditionellen Nürnberger Lebkuchenhäuser.

416 *Brief an Trebra und Dank für die Kaninchen-Handschu[h]e:* Mit dem Schreiben vom 24. Dezember 1792, das L. am 25. erhielt, hatte Friedrich Wilhelm Heinrich von Trebra ein Paar Handschuhe übersandt: »Meine Frau schickt Ihnen in demselben [scil. Päckchen] ein paar Handschue, von dem Haar der Angorakaninchen, Seidenhasen in hiesiger Gegend genannt. Sie erzieht diese Thierchen hier unter eigner Aufsicht, kämmt sie selbst, spinnt die Haare selbst, und strickt dann auch mit eignen Händen diese Handschue.« (Briefwechsel III, S. 1240). S. Hermann Trommsdorff, Berghauptmann von Trebra und Georg Christoph Lichtenberg, in: Nachrichten von der Grätzel-Gesellschaft zu Göttingen, H. 1, 1925, S. 27–54 (Göttingsche Nebenstunden 2). – *Hochzeit der Mamsell Richter:* S. zu SK 262.

417 *An ... Ebell:* Vgl. den Brief an Georg August Ebell vom 27. Dezember 1792. – *Avis nach Berlin:* Die Geldanweisung für Lampadius zu seiner Reise nach Moskau; vgl. SK 418 und den Brief an Friedrich Nicolai vom 30. Dezember 1792. Unterm 28. Dezember 1792 notiert L.: »Wechsel nach Berlin geschrieben und das Geld für Lampadius empfangen«. – *Pocher:* Wohl ein frz. Emigrant; L. erwähnt ihn auch unterm 18. Februar 1794. – *Livrons:* Gaston de Livron aus Béarn, »Capitain du roi de France«, und deshalb wahrscheinlich Emigrant, immatrikulierte sich am 20. November 1791 für Philosophie an der Georgia Augusta.

418 *Deluc an Zimmermann gelesen:* Die Schrift »De Luc in Windsor an Zimmermann in Hannover. Aus dem Französischen übersetzet«, Leipzig 1792. Jean André Deluc verurteilt in diesem offenen Brief Knigges politische Anschauungen aufgrund einiger dürftiger Zitate, die ihm von Zimmermann aus Hannover zugesandt worden waren. Er vergleicht darin Knigge mit Thomas Paine, dem berühmten Vorkämpfer der damaligen republikanischen Bewegung:

»Es scheint der Volksaufwiegler Thomas Paine sey das Modell des Churbraunschweigischen Herrn Oberhauptmanns Knigge. Beyde kommen miteinander in Absicht auf ihre gesellschaftlichen und politischen Begriffe überein; beyde bauen diese Begriffe auf einen einzigen Grundstein; beyde führen das nemliche, kurze und entweder für nicht aufmerksame oder durch

Erfahrung wenig unterrichtete Leser höchst verführerische Losungswort im Munde; das ist, beyde sprechen von Menschenrechten! Dieses einzige Wort enthält den ganzen Plan des Amerikaners Paine und des Hannoveraners Knigge.« (»Ob Baron Knigge auch wirklich todt ist?« Ausstellungskatalog Wolffenbüttel 1977, S. 118f.). Auf diese konterrevolutionäre Schrift antwortet Heinrich Christoph Albrecht mit »Erläuterungen über die Rechte des Menschen. Für Deutsche«, Hamburg 1793. Vgl. SK 421. – *Mamsell Ciechansky bei mir!!:* Von den vier Töchtern Ciechanskys, die der Ehe mit Caroline Dorothea entstammten, kommen in Frage: Charlotte Dorothea Christine Elisabeth Ciechansky (geb. 1775), getauft am 3. September 1775 (laut St. Marien Kirchenbuch), oder Engel Adelhait Friederica Ciechansky (geb. 1777), während Wilhelmine Christine Ciechansky (geb. 1780) und Dorothee Caroline Ciechansky (geb. 1784; St. Johannis) ausscheiden. L.s Ausrufungszeichen signalisieren als Grund für den Besuch eher einen Bittgang um finanzielle Unterstützung als die Heiratsabsichten von Kraut gegenüber der Mamsell Ciechansky. – *An Nicolai:* Vgl. den Brief an Friedrich Nicolai vom 30. Dezember 1792, der ein Empfehlungsschreiben für Lampadius zum Inhalt hatte. – *die Berliner Kaufleute:* Strieker und Reinhardt, wie aus dem oben nachgewiesenen Brief an Friedrich Nicolai hervorgeht. – *Preuß. Offizier:* Voß? Vgl. SK 401.

419 *Lampadius Abschied:* L.s Brief an Friedrich Nicolai vom 30. Dezember 1792 ist zu entnehmen, daß Lampadius auf ein Angebot des Grafen von Sternberg hin als dessen Sekretär nach Petersburg, bzw. Moskau reisen wollte. – *an den Grafen von Sternberg:* Ein ›Verteidigungsschreiben‹ für Lampadius wird in demselben Brief an Nicolai erwähnt. – *Lowitz ... Kohlreif:* Wahrscheinlich ebenfalls Empfehlungsschreiben für Lampadius. – *Dengel ... Hogarth:* Karl Gottlob Dengel aus Preußen, immatrikulierte sich am 18. September 1792 für Kameralwissenschaften an der Georgia Augusta. Dengel kommt in L.s Ausleihverzeichnis viermal vor, allerdings nur als Entleiher von Fachbüchern; er bringt nicht, wie Gumbert vorschlägt, die Sammlung der Hogarthschen Stiche (die L. 1782 an die Göttinger Bibliothek verkauft hatte, allerdings unter der Bedingung, sie weiterhin daheim benutzen zu dürfen), sondern, wie SK 435 anzeigt, »Ireland's Hogarth«.

420 *Karauschen-Gräte:* Abgeleitet aus russ. Karas, litauisch Karosas, mittelniederdt. Karusse: eine Karpfenart. – *An den doppelten Prinzen gedacht:* Gemeint ist L.s Romanprojekt »Der doppelte Prinz« (III, S. 615).

421 *Deluc an Zimmermann:* S. zu SK 418.

422 *die Schradersche Preise:* Vermutlich Preisliste für physikalische Geräte. – *Hackfelds Junge:* Georg Christoph Hachfeld (geb. 1780), Patenkind L.s; Sohn Johann Levin Hachfelds (1752–1828) aus Heckenbach, der zunächst Hutstaffierer, dann Bier- und Branntweinschenk in Göttingen war, bis er die Konzession verlor und nach Adelebsen, dem Geburtsort seiner Frau zog; vgl. auch den Brief an Johann Beckmann vom 18. März 1794. – *Girtanners Journal:* Die »Politischen Annalen«; s. zu J 1150.

423 *Georgs Schwester:* Unterm 9. Januar 1793 notiert L.: »Georgs Schwester Abends eine junge Tochter.« Am 12. Januar: »Hannahs Kindtaufe«. Johanna Eleonore Rogge gebar laut Kirchenbuch St. Jacobi am 9. Januar 1793 eine uneheliche Tochter, die am 12. Januar 1793 auf den Namen Johanne Elisabeth Magdalene getauft wurde. Vater war Andreas Wilhelm Friedrich

Detlev von Schrader (1769–1793) aus dem Hannöverschen, der sich am 28. April 1789 als stud. jur. an der Georgia Augusta immatrikulierte. Am 8. November 1795 gebar sie aus der Verbindung mit dem Buchdruckergesellen Johann Friedrich Ahlborn aus Göttingen eine uneheliche Tochter namens Charlotte. Vgl. SK 260. – *Prinzen Radziwill:* S. zu SK 398.

424 *Untersuchung mit Betsise:* Verdacht auf Schwangerschaft? S. SK 413 und Anm. – *der Hachfeldin das Geld ... zurück:* S. zu SK 74; vgl. Brief an Johann Beckmann vom 18. März 1794. – *Abhandlungen für das Hann. Magazin:* Die Aufsätze »Noch eine angebliche Aufschrift auf Lessings Grabmal« (»Neues Hannoverisches Magazin« 3, 9. Stück vom 1. Februar 1793, Sp. 129–134) und »Einige Bemerkungen über die Entstehung des Hagels« (ebd., 10. Stück vom 4. Februar, Sp. 145–160; 11. Stück vom 8. Februar, Sp. 161–170).

425 *Brief von Nicolai:* Vgl. hierzu den Brief an Friedrich Nicolai vom 30. Dezember 1792.

426 *Lettsom:* John Miers Lettsom (1771–1799) aus England, immatrikulierte sich am 22. Oktober 1792 als stud. med. an der Georgia Augusta; er war der älteste Sohn des berühmten engl. Arztes John Coakley Lettsom (1744–1815) und selbst ein vielversprechender Mediziner. – *der kleine Runde:* Von den drei Söhnen Justus Friedrich Rundes aus erster Ehe kommt wohl nur Johann Georg Runde aus Kassel in Frage, der sich am 27. Juni 1789 als stud. jur. und math. an der Georgia Augusta immatrikulierte.

427 *3 Prinzen:* Nach Rintel, S. 151 waren »die drey königl. Prinzen« in Göttingen neben der »Krone«, der »Stadt London« und dem »König von Preußen« eine der »vornehmsten hiesigen Aubergen«. Vermutlich handelt es sich dabei um den wegen des Göttinger Aufenthalts der drei engl. Prinzen umbenannten »Kronprinz« an der Weender Straße. – *seinen Versuchen:* Vgl. den Brief an Heinrich Wilhelm Matthias Olbers vom 8. Februar 1793. – *Hemsterhuis Schriften:* »Œuvres philosophiques«, erschienen Paris 1792 in 2 Bdn. (BL, Nr. 1307).

428 *Chladni läßt sich ... öffentlich hören:* Vgl. den Brief an Heinrich Wilhelm Matthias Olbers vom 8. Februar 1793. – *der König von Frankreich ... enthauptet:* Vgl. K 1, SK 578; s. auch den Brief an Friedrich August Lichtenberg vom 2. Februar 1793. – *Luftpumpe auseinander:* Vgl. J 2060.

429 *Marsch aller Truppen:* Vgl. den Brief an Friedrich August Lichtenberg vom 2. Februar 1793. – *Mein Aufsatz über Lessings Grabschrift:* S. zu SK 424. – *Wilhelm fort:* Wilhelm Dieterich; s. auch SK 430–433. – *Kalender an meinen Vetter:* Vgl. den Brief an Friedrich August Lichtenberg vom 2. Februar 1793; mit dem Kalender ist der GTC 1793 gemeint.

430 *Kleinen Jungens Geburtstag:* Georg Christoph jr. – *Meißner aus Lüneburg:* In Frage käme, falls es sich um einen Studenten handelt, Georg Meisner aus Ilfeld, der sich am 24. April 1792 als stud. jur. an der Georgia Augusta immatrikulierte. – *Heber im Vacuo:* Vgl. auch K 333 und Anm. – *Der älteste Dietrich:* Heinrich Dieterich.

431 *Wendisch ... das Monochord:* S. auch SK 433. – *Betsise macht in die Stube:* S. zu SK 413. – *Walchs Geographie:* Die »Ausführliche mathematische Geographie. Ein Lesebuch für die Jugend«, das, »Herrn Hofrath Kästner in Göttingen« gewidmet, Göttingen bei Dieterich 1783 in erster, 1794 in 2. Aufl. erschien (BL, Nr. 1450). Albrecht Georg Walch (1736–1822), Rektor

und Professor am Gymnasium in Schleusingen, Jugendbuchautor. S. auch SK 508.

432 *An Jacobi:* Vgl. den Brief an Friedrich Heinrich Jacobi vom 6. Februar 1793. – *Richters Beobachtungen:* Die »Medicinischen und chirurgischen Bemerkungen« von August Gottlieb Richter, deren erster Band in Göttingen 1793 erschien (BL, Nr. 887).

433 *Chladni . . . Aufsatz:* Der Titel des Aufsatzes war nicht zu ermitteln; die GGA teilen nur mit, daß Chladni im Februar 1793 zum Korrespondierenden Mitglied der Göttinger Sozietät der Wissenschaften ernannt worden ist; vermutlich steht der Aufsatz jedoch in Zusammenhang mit den Chladnischen Figuren (L 891) oder dem ›Chladnischen Verfahren‹; vgl. hierzu den Brief an Heinrich Wilhelm Matthias Olbers vom 8. Februar 1793. – *Wendisch repariert das Monochord:* Vgl. SK 431. – *Wilhelm:* Wilhelm Dieterich.

434 *Der kleine Wilhelm:* L.s am 22. Oktober 1791 geborener Sohn. – *Brief an Ramberg und Olbers:* Vgl. zu dem an Ramberg gerichteten Empfehlungsschreiben für Chladni den Brief an Heinrich Wilhelm Matthias Olbers vom 8. Februar. Heinrich Wilhelm Matthias Olbers (1758–1840), stud. med. in Göttingen, immatrikuliert 17. Oktober 1777, dann Arzt und Astronom in Bremen; einer der erfolgreichsten Amateur-Astronomen, entdeckte sechs Kometen und die Planetoiden Pallas und Vesta.

435 *Irelandischen Hogarth:* S. zu SK 419 und J 1060. – *Sander:* S. zu SK 146; »Sander von Heinburg«, notiert L. unterm 9. Februar 1793. – *wegen des Kindes der Hannah:* S. zu SK 423.

436 *Kniggens Verteidigung . . . gelesen:* Wohl die anonym erschienene Schrift »Rettung der Ehre Adolphs, Freyherrn Knigge, welchen der Herr Hofrath und Ritter von Zimmermann in Hannover als deutschen Revolutionsprediger und Demokraten darzustellen versucht hat«, Hamburg 1793, von Heinrich Christian Albrecht (1752–1800), republikanischer Schriftsteller in Hamburg. In L.s Besitz (BL, Nr. 1156). Im übrigen s. zu SK 421. – *Schröters Geschenk:* Die »Observations on the Atmospheres of Venus and the Moon, their respective Densities, perpendicular Heights and the Twilight occasioned by them. Translated from the German«, erschienen in den »Philosophical Transactions«, London 1792, S. 309 ff. S. auch den Brief an Johannes Hieronymus Schroeter vom 16. Februar 1792. – *Berthollets Salz:* Vgl. auch J 2056. – *ältesten Jungens:* Georg Christoph jr. – *en silhouette:* Im Umriß.

437 *Brief an . . . Brande:* Vermutlich L.s Antwort auf August Eberhard Brandes Schreiben vom 10. Januar 1793. – *Partz wegen Schrader:* S. zu SK 407.

438 *Bilderhändler:* Unter den Universitäts-Verwandten ist als »Kunst- und Landcharten-Händler« Johann Caspar Fernsemmer aufgeführt; sollte er gemeint sein? – *Coniglobia:* Koniglob: Landkartennetz, womit Kegelformen, als geometrische Figuren gedacht, überzogen werden können. – *Brief von Westfeld:* Dieser vom 10. Februar 1793 datierte Brief ist aus der Feder von *Frau* Westfeld (s. Briefwechsel IV, Nr. 2228). – *Einladung:* Nach Wülfinghausen, wo Westfeld seinerzeit noch Amtmann war. – *Knigge contra Zimmermann:* S. zu J 38 und SK 436.

439 *Ich werde immer älter an der linken Seite:* S. den Brief an Sömmerring vom 20. April 1791: »Mein Kopf, mein Kopf. Er wird nur auf einer Seite alt.« S. auch J 2059 und Anm. – *Bischof getrunken:* S. zu B 61. – *Blumenbach . . . die Venus . . . geschickt:* Schröters Abhandlung; s. zu SK 436. – *Zimmermanns*

Gedicht: Zimmermann aus Hannover oder aus Bickenbach? – *Blumenbach den Uranus:* Vgl. SK 441. – *Mad. Tychsen:* Am 15. April 1792 heiratete Thomas Christian Tychsen laut Kirchenbuch St. Johannis Wilhelmine Johanna Elberfeld, die jüngste Tochter des Göttinger Kaufmanns Johann Heinrich Elberfeld.

440 *Poselger:* Friedrich Theodor Poselger (1771–1838) aus Elbing, immatrikulierte sich am 27. April 1792 als stud. jur. an der Georgia Augusta, zuvor Universität Halle. S. auch SK vom 22. Februar 1793. – *Soldaten marschieren aus:* S. auch SK 342, 346.

441 *Uranus gesehen:* Uranus-Beobachtungen notiert L. auch unterm 16. und 18. Februar 1793; im GTC 1793, S. 129–135, veröffentlichte L. die Miszelle »Wie man in diesem Jahre den Georgs-Planeten (Uranus) ohne viele Mühe finden kann«. S. auch SK 444.

442 *filia nata:* Margarethe Elisabeth Louise Agnese *Wilhelmine* Lichtenberg; getauft am 17. April 1793 (SK 455); Taufpaten laut Kirchenbuch St. Johannis: Luise Köhler und Christiane Marie Agnese Wendt, die Tochter des Professors Friedrich von Wendt in Erlangen. S. auch den Brief an Friedrich von Wendt vom 18. März 1793. – *Mercurium Cinereum:* Aschfarbiges Quecksilber.

443 *Amalgama:* S. zu J 1612.

444 *An meinen Bruder:* Vermutlich Geburtsanzeige seiner Tochter.

445 *Großmann:* Gustav Friedrich Wilhelm Großmann (1746–1796), Dichter und Schauspieler, 1784 in Göttingen. »Nicht mehr als sechs Schüsseln« (Frankfurt und Leipzig 1780), seinerzeit berühmtes Familiengemälde mit antihöfischer Tendenz. – *Schrader:* Vermutlich wegen des Knebelschen Teleskops; s. zu SK 389. – *Christiani:* Johann Wilhelm Christiani (1771–1838) aus Kiel, immatrikulierte sich am 8. Mai 1791 als stud. math. an der Georgia Augusta (zuvor an der Universität Kiel); erhielt laut Tagebuch vom 6. Juni 1792 den Preis der Sozietät der Wissenschaften; nahm am 8. März 1793 Abschied. 1793 Privatdozent an der Universität Kiel; verfaßte »Anfangsgründe der Staatsrechenkunst« (1798). – *Wendeborn:* Wohl der Bürgermeister von Münder, Georg Andreas Wendeborn.

446 *Turmalin:* S. zu D 729. – *Brief an Seyde über s. Katholizismus:* S. Seydes Brief an L. vom 11. März 1793; vgl. auch SK vom 20. März, 26. März 1793. – *Ehmbsen:* Johann Gottlieb Ehmbsen (1773–1827) aus Osnabrück, immatrikulierte sich am 26. April 1792 als stud. jur. an der Georgia Augusta; Dr. jur., Advokat und seit 1807 Stadtrichter von Osnabrück.

447 *an Eisendecher:* Wegen der Leibrente. – *an Wendt:* S. den Brief an Friedrich von Wendt vom 18. März 1793. S. auch SK vom 28. März 1793. – *Junge Mad. Dietrich macht Lärm:* Charlotte Dieterich befindet sich in Kindsnöten; s. auch SK 448, 449, 450. Am 27. März 1793 gebar sie eine Tochter.

448 *Brief von Pawloff:* S. Briefwechsel IV, Nr. 2246: ein Bittbrief um finanzielle Unterstützung.

449 *Brief von Heyne wegen Osiander und Seyde:* Der Brief bezieht sich wahrscheinlich auf den Tod der Wöchnerin Dieterich, deren Geburtshelfer Osiander gewesen war, und Seydens Katholizismus. – *Osiander:* Friedrich Benjamin Osiander (1759–1822), Dr. der Medizin, 1792 ordentl. Prof. in Göttingen; einer der ›Sieben Schwaben‹ an der dortigen Universität; be-

deutender Frauenarzt, vor allem auf dem Gebiet der Geburtshilfe; »Lehrbuch der Entbindungskunst«, 1799. S. auch zu SK 459.

450 *Mad. Dietrich . . . seziert:* Darüber berichtet ausführlich Osianders zu SK 459 nachgewiesenes Programm. – *an Westrumb:* Unterm 2. April 1793 notiert L.: »Brief von . . . Westrumb, über die Reduction des Kalchs.« – *wieder:* In der Handschrift *wieder wieder.* – *Notarius Müllers Hause:* Christian Günther Müller, immatrikulierter Advokat und Notar, Senator der Stadt Göttingen. – *Interessen:* Zinsen. Im Schreibkalender notiert L. unterm 4. März 1793: »Hachfelds Termin«; s. zu SK 74. – *Mad. Dietrichs Sarg:* Charlotte Dieterich wurde am 6. April 1793 begraben; nach dem Kirchenbuch St. Johannis war sie im Wochenbett an einer »Inflammation« gestorben.

451 *an Hermbstädt:* Vgl. den Brief an Sigismund Friedrich Hermbstädt vom 6. [8.] April 1793; s. zu SK 395. – *Seyffer . . . nach Gotha:* Vermutlich zum Astronomen von Zach. – *Mr Herbert . . . und Mr Abney bei mir:* Aus der Matrikel geht nicht hervor, ob es sich bei L.s Besuchern um Studenten oder Reisende gehandelt hat. Zu Abney konnte nichts ermittelt werden. Henry George Herbert (gest. 1833), 2nd Earl of Carnavaron, Sohn von Henry Herbert (1741–1811), seit 1780 Lord Porchester und 1793 Earl of Carnavaron. – *Brief von . . . Brandes:* S. Briefwechsel IV, Nr. 2243, von Ernst Brandes, datiert vom 29. März 1793.

452 *Die Engländer:* Gemeint sind Herbert und Abney; s. zu SK 451. – *Schönemann:* Carl Traugott Gottlob Schönemann (1765–1802), Dr. phil., seit 1799 außerordentl. Prof. für Geschichte an der Georgia Augusta und Sekretär an der Göttinger Universitätsbibliothek. – *Klosterbergen:* Kloster Berge, wohl 968 gegründetes Benediktinerkloster bei Magdeburg, seit der Reformation bis 1810 bedeutende Klosterschule. – *Muster-Charte von Backhaus:* Georg Friedrich Backhaus; vgl. auch SK 453. – *Ein junger Böhmer bei mir:* In Frage käme Justus Henning, der sich am 9. Mai 1789 als stud. jur. an der Georgia Augusta immatrikulierte.

453 *Billet von Kästner:* S. Briefwechsel IV, Nr. 2250. – *Sinngedicht auf die Franzosen:* Gewiß handelt es sich dabei um folgendes Epigramm, das sich auf einem Quartblatt von Kästners Hand im Nachlaß von Heyne fand und so eingeleitet und ausgeführt wird: »Statt eines elenden Sinngedichts, das mir, der Dummkopf Böhmer, und der noch schlechter als Dummkopf Aloys Hofmann schuld gaben, habe ich eins gemacht zu dem ich mich allemahl bekennen will / Des Franzen muntres ça ira / Verkehrt sich nun in ça s'en va / Ganz Deutsch / S'wird geh'n, sang der Franze das vorige Jahr / Weg geht es; das wird er im jezgen Gewahr / Kästner.« Vgl. Erich Ebstein, a donc, Sadon usw., in: Archiv für das Studium der neueren Sprachen und Literaturen, Bd. 120, 1908, S. 421; s. zu SK 403; ferner Wolfgang Promies, Über das Vermögen deutscher Schriftsteller, Unruhe zu stiften. Eine Bagatelle zur Französischen Revolution, in: Lichtenberg-Jb 1989, S. 49–69 (insbesondere S. 68 f.). – *Ich suche mir Knöpfe aus:* Zu L.s Bestellung bei Backhaus vgl. SK 452. – *Lentin zurück vom Harz:* Vgl. SK 259; vgl. den zu SK 416 nachgewiesenen Brief an Trebra. – *Brief an Schrader:* S. zu SK 407.

454 *Schrader . . . mit dem Instrument:* Das von Knebel bestellte Teleskop; s. zu SK 407. – *Riepenhausen aus Bovenden:* Gemeint ist vermutlich der Instrumentenbauer Johann Franz Riepenhausen (geb. vor 1767); vgl. den Brief an Johann Franz Riepenhausen vom 8. April 1791. – *Partz:* Vgl. SK 404, 407.

455 *Kindtaufe bei mir:* S. zu SK 442. – *Händel wegen Schrader:* Betrifft Bezahlung und Preis des Teleskops! Vgl. auch SK 16. April 1793. – *Arenhold ... gut gesagt:* Für Schrader! Vgl. auch SK 24. April 1793. – *Westrumbs Abhandl. von ihm geschenkt:* Wohl der »Versuch eines Beytrages zu den Sprachbereicherungen für die deutsche Chemie«, erschienen Hannover 1793 als Bd. 3, H. 2, der »Kleinen physikalisch-chemischen Abhandlungen« von Johann Friedrich Westrumb (BL, Nr. 789).

456 *China:* Cortex China, auch Fieberrinde genannt, laut Weisenberg, S. 153–171, »die allgemeine Benennung mehrerer amerikan. Rinden, die ihrer Heilkräfte wegen einen hohen Rang in der pharmaceutischen Waarenkunde und pharmaceutischen Botanik einnehmen« (Weisenberg, S. 171); 1640 erstmals nach Europa gekommen. Von Interesse in Zusammenhang mit L.s Notiz, daß auch in China ein Kräutergürtel um den Leib mit radix Calami als fiebervertreibendes Mittel benutzt wurde. – *lapis calamin[aris]:* Galmei; Zinkcarbonat; sicherlich ein Irrtum L.s, es wird sich um »radix Calami« (Kalamuswurzel) handeln, deren äußerliche Anwendung in Kombination mit der Chinarinde Weisenberg, S. 171 erwähnt. – *Digestiv:* Mittel zur Verdauungsförderung, auch Eiterung förderndes Mittel. – *Thätjenhorst:* Johann Friedrich Thätjenhorst aus Hoya, immatrikulierte sich am 24. April 1790 als stud. jur. an der Georgia Augusta. – *Schwenghelm:* Peter von Schwengelm aus Livland, immatrikulierte sich am 7. Oktober 1790 als stud. jur. an der Georgia Augusta. – *bezahlt:* Kollegeld.

457 *das kleinste Kind:* Wilhelmine Lichtenberg. Vgl. auch SK 23. April 1793. – *Lentin ... Nachricht von ... der Glashütte:* Vgl. J 1772 und Anm. – *Riepenhausen das erste Hogarthische Kupfer:* Wohl »The Strolling Actresses«, die erste Platte zur Ersten Lieferung der »Ausführlichen Erklärung der Hogarthischen Kupferstiche«. – *Dietrich nach der Messe:* Frühjahrsbuchmesse in Leipzig; vgl. SK 458.

458 *Johnston:* Alexander Johnston (1775–1849) aus England, immatrikulierte sich am 20. Oktober 1792 als stud. jur. an der Georgia Augusta; schrieb sich am 30. Oktober 1794 in L.s Colleg ein. Er reorganisierte später das Government of Ceylon. – *Zum Mitglied der Soc. zu London ernannt:* Die Ernennungsurkunde für ›Gottfried Charles‹ L. ist vom 11. April 1793 (s. Promies, Lichtenberg, ³1987, S. 117). Unterm 9. Juli 1793 notiert L.: »Diplom der Londonschen Societät erhalten!!« Vgl. das vom Sekretär der Royal Society, Charles Peter Layard, vom 27. Juli 1793 datierte Begleitschreiben (Briefwechsel IV, Nr. 2278). – *Brief an ... Trebra:* Wohl Antwort auf Trebras Brief vom 15. Januar 1793 (Hermann Trommsdorf, Berghauptmann von Trebra und Georg Christoph Lichtenberg, in: Göttingische Nebenstunden 2, Göttingen 1925, S. 41–42).

459 *Osianders Kind:* Wohl Christiane Friderica, geb. 27. Januar 1793, getauft am 9. Februar im Hause. – *Osianders Programm:* Friedrich Benjamin Osiander, »Das Neueste aus meiner Göttingischen Praxis«, Göttingen 1793. Die von ihm selbst aufgesetzte Anzeige in den GGA, 73. Stück vom 9. Mai 1793, S. 729 f., ist vielsagend genug: »Göttingen. / Unser Hr. Prof. Osiander hat seine Vorlesungen für dieses Sommerhalbjahr durch ein besonderes Programm angekündigt, wozu ihn mehrere ungünstige Gerüchte, die über seine Praxis hier ergiengen, veranlaßten. Es hat daher die Aufschrift: ›Das Neueste aus meiner Göttingischen Praxis‹, und enthält 40 Seiten in Octav. In

dem Eingange verspricht er die merkwürdige Geschichte einer im königl. clinischen Institut von ihm, unter den Augen glaubwürdiger Zeugen, behandelten Frauensperson, die mehrerley Insecten und Gewürme durch Erbrechen und Stuhlgang von sich gab, bald bekannt zu machen, welches Insectenvonsichgeben hier hin und wieder bezweifelt und für Betrug erklärt wurde, und daher viel Gerede über, für und gegen ihn erregte. Das Programm selbst enthält eine umständliche Entbindungsgeschichte einer hiesigen Dame, welche an einer Milchversetzung in den Unterleib am 6ten Tage nach der Entbindung starb. Er machte nur den Geburtshelfer, nicht den Hausarzt, dieser Dame, und widerlegt durch eine umständliche und freymüthige Erzählung dessen, was vor, bey und nach der Entbindung dieser Dame vorgieng, alle dießfalls über ihn ausgestreute ungünstige Gerüchte. Aus den Anzeigen selbst ersehen wir, daß in vorigem Winter 44 Personen in dem königl. Gebärhause entbunden, und 129 Kranke im königl. clinischen Institute besorgt wurden.«

460 *Bischoff:* Johann Carl Bischoff, Violoncellist, Mitglied einer im 18. Jahrhundert namhaften Nürnberger Musikerfamilie; fürstlich Dessauischer Kammermusiker, als Virtuose bekannt durch zahlreiche Konzertreisen; s. auch SK 463, 464. »HE. Cammer Musikus Bischoff läßt sich bey mir mit seinem Harmonicello hören«, schreibt L. unterm 1. Mai 1793. – *Harmonicello:* Laut Gerber, Lexikon der Tonkünstler, Sp. 417, ein »mit 5 Darm- u. unter diesen mit 10 harmonisch gestimmten Drahtsaiten« bezogenes Instrument, »welche letztere auf einem besondern Griffbrete auch allein gespielt werden könnten«. – *Woltmann seinen Aufsatz über das Seebad:* Vgl. den Brief an Reinhard Woltmann vom 12. Dezember 1793 und KIII, S. 41 f. – *Hermbstädt . . . seinen Quecksilber-Kalch:* Vgl. den Brief an Sigismund Friedrich Hermbstädt vom 6. April 1793; s. zu SK 395 und 451.

461 *Quensel:* Carl Quensel (1739–1793), Major beim 9. Infanterie-Regiment; gestorben an »Engbrüstigkeit«, begraben am 28. April 1793 (St. Johannis). – ο στονό: ›Keine Studenten‹, die sich eingeschrieben haben, und deshalb keine Kolleggelder. – *goldne Kälber gemalt:* S. zu SK 313.

462 *güldne Kalb . . . verbrannt:* S. zu SK 313. – *oo Lud.:* Keine Louisdors. – *an Partz:* Vgl. SK 404, 407.

463 *Der Virtuos:* Bischoff. – *das Kind:* Wilhelmine Lichtenberg.

464 *Freibittern:* Oder *gratisser* Studenten, die L.s Colleg ohne Bezahlung des Colleg-Gelds hören wollen, vgl. auch SK 467. – *Wilhelm raset:* Wilhelm Dieterich. – *An meinen Bruder:* L. war beunruhigt, weil er keine Nachricht von ihm erhielt; vgl. SK 471 und den Brief an Johann Christian Dieterich vom 11. Mai 1793.

465 *die Pyramiden blühen:* Die Pyramidenglocke (Campanula pyramidilis).

467 *Heute 30 Jahre hier:* L. ist in der Tat am 6. Mai 1763 in Göttingen eingetroffen, wo er sich am 21. Mai immatrikulierte. – *gratisser:* Vgl. SK 464. – *Der kleine Wilhelm:* Wilhelm Lichtenberg; über seine Erkrankung vgl. den Brief an Johann Christian Dieterich vom 11. Mai 1793. – *Der kleine George . . . zu Seyden:* Seit 1792 (vgl. SK 268 und Anm.) nimmt Georg Christoph jr. bei Seyde Privatunterricht.

468 *Der kl. Wilhelm:* Wilhelm Lichtenberg. – *Herrn Gerichtsschulz:* Friedrich Wilhelm Christian Zachariae, Vorsitzender des Königl.-Churfürstl. Kriminal- und Civilgerichts in Göttingen, auch Gräfe des Königl.-Chur-

fürstl. Gerichts Leineberg. Laut DWB 4,1, Sp. 3674 ist der Gerichtsschulze »der schultheisz, welcher im namen des fürsten oder des adlichen gerichtsherrn das richteramt verwaltet«. Adelung vermerkt zusätzlich: »auf den dörfern giebt es zuweilen gerichtsschultheiszen, zusammengezogen gerichtsschulzen, welche in geringfügigen sachen recht zu sprechen haben.«

469 *Wilhelmchen:* Wilhelm Lichtenberg. – *Blüten-Schnee:* Vgl. F 994.

470 *Anschel:* Theodor Salomon Anschel (1771–1814) aus Bonn, Dr. med., 1798 Prof. an der Zentralschule, ab 1803 am Lyceum in Mainz, wo er, zum Christentum übergetreten, gestorben ist. Über ihn s. Wolfgang Promies, Wo ist Anschel? Rekonstruktion eines jüdischen Lebenslaufes am Ende der Aufklärung, in: Lichtenberg-Jb 1990, S. 159–179. – *an Partz:* Vermutlich geht es noch immer um das Schradersche Teleskop; vgl. auch SK 404, 407.

471 *settled:* Engl. ›beständig‹. – *wegen (o ♀):* Den ersten Geschlechtsverkehr seit dem 16. Februar 1793 verzeichnet L. unterm 5. Juni 1793. – *Mein Bruder . . .:* S. zu SK 464.

472 *an Dietrich:* Vgl. den Brief an Johann Christian Dieterich vom 11. Mai 1793. – *Grätzels Mühle:* S. zu B 49.

473 *Mamsell:* Mademoiselle Ranchat. – *Herr Brand:* Thomas Brand aus England, immatrikulierte sich am 17. April 1793 für Philosophie an der Georgia Augusta; blieb bis zum 7. Oktober 1793 in Göttingen. – *Braunhold* †*:* Johann Heinrich Braunhold, laut Kirchenbuch St. Albani »Gastwirt aufm Zimmerhofe vor dem Geismarthor«, Alter: 46 J. 8 M. 1 Woche, gestorben an der Rose. »NB Soll nicht an der Rose sondern an Fleckfieber gestorben seyn«. Darunter: »Philipp Ernst Daniel Braunhold †, dessen jüngstes Kind 14. Mai 1793, Alter: 11 Monate«. Anmerkung des Pfarrers: »ein Jammer. Sind in einem Sarge begraben«.

474 *der berühmte Trojaner Lechevalier:* Vgl. den Brief an Georg August Ebell vom 30. Mai 1793. – *nach dem Holze:* Gemeint ist das Ellershäuser Holz.

476 *Pfingstprogramm über Keplers Religion:* »Johann Kepplers Theologie und Religion und den Schicksalen seiner astronomischen Entdeckungen bey seinen theologischen Zeitgenossen«, Göttingen 1793, von Karl Friedrich Stäudlin; s. GGA, 170. Stück vom 26. Oktober 1793, S. 1697. Karl Friedrich Stäudlin (1761–1826) aus Stuttgart, Theologe, Konsistorialrat und Prof. in Göttingen. – *Dietrich schickt . . . L.dose:* Lorenzodose; Schnupftabaksdose; L.s Reaktion auf Dieterichs Spendabilität geht aus dem Brief an Johann Christian Dieterich vom 19. Mai 1793 hervor. Vgl. J 1207. – *Lisbet noch hier:* S. zu SK 413.

477 *Hechte:* Vgl. den Brief an Johann Christian Dieterich vom 19. Mai 1793. – *an . . . Ebell:* Vgl. den Brief an Georg August Ebell vom 20. Mai 1793.

478 *Brief an Partz:* Vgl. SK 404, 407. – *Güldne Kalb verbrannt:* S. zu SK 313. – *Sperlings-Eier und Junge ausgerissen:* Über L.s Aversion gegen diese Vogelart und seine Verwendung in antisemitischen Äußerungen s. zu J 128.

479 *Castor and . . .:* Zu ergänzen: Pollux. Dieses Begriffspaar wird von L. offenbar in sexueller Bedeutung für Pollution und Hoden gebraucht; s. zu SK 80. Im Brief an Franz Ferdinand Wolff vom 10. Februar 1785 schreibt er in einem »Intermezzo«, offensichtlich auf eine frivole Frage Wolffs hin: »Welches ist der lustigste Ort an einem Frauenzimmer? Hm. O ich weiß es . . . Nein das kann es nicht sein, sonst wär's Rätsel gar zu leicht. Vielleicht der andere, verbotene Fleck, vor welchem Kastor und Pollux tanzen, wenn oben

drüber gegeigt wird? Hab ichs getroffen?« Nach dem von Ernest Borneman hrsg. »Lexikon der Liebe«, Frankfurt, Berlin, Wien 1978, Bd. 1, S. 161, hießen im Pariser Volksmund Mitte des 18. Jh.s die Prostituierten, die in den Galerien des Palais Royal ihrem Gewerbe nachgingen, ›Castors‹ (frz. Biber). Bezeichnend auch das Gemälde des Surrealisten Max Ernst mit dem Titel: »Castor et Pollution«. – *Paradigmen-Methode:* S. zu J 112. – *viel zu Buch gebracht:* Also in Sudelbuch K. – *Mein Bruder verstockt:* Vgl. SK 464 und Anm., 471.

480 *Das Teleskop geht ab:* Abschluß der Knebel-Bestellung, s. zu SK 407. – *Brief an Ebell:* Vgl. den Brief an Georg August Ebell vom 30. Mai 1793.

481 *Ilmen:* Mundartlich gebräuchlich für Ulmen (DWB 11,2, Sp. 755). – *rotes Präcip[itat]. auf mein Bein:* S. zu J 2053. – *der kleine George:* Georg Christoph jr.

482 *die ⊙ zum zweitenmal in diesem Jahre aufgehen:* Vgl. SK 479. – *Heute . . . der Tag da die Erde auf den Mond . . . zu segelt:* S. zu SK 336. – *Jürgens:* Georg Heinrich Bernhard Jürgens aus Jever, immatrikulierte sich am 15. April 1793 als stud. jur. an der Georgia Augusta; zuvor Universität Erlangen.

483 *Brief an D^r. Meyer:* L.s Antwort auf das laut Tagebuch am 4. Juni 1793 eingegangene Schreiben von Johann Heinrich Meyer, vgl. den Brief an Johann Heinrich Meyer vom 6. Juni 1793. Johann Heinrich Meyer (1766–1807), Privatdozent der Philosophie in Kiel. – *Hartigs Instrument:* Ein Meßinstrument, das Georg Ludwig Hartig (1764–1836) konstruiert hatte und mit L.s Empfehlung, ohne dessen Einverständnis eingeholt zu haben, öffentlich anpries. Georg Ludwig Hartig aus Darmstadt, seinerzeit Forstmeister in Hungen, später preuß. Oberforstmeister. – *Johannis-Turmspitze . . . mit Brettern beschlagen:* S. auch zu SK 153. – *im Garten unten:* Dieterichs Hausgarten.

484 *an Tatter:* In seinem Schreiben aus Rom vom 9. Februar 1793 bittet Tatter: »Wenn Sie mich durch einen Brief von Ihrer Hand glücklich machen wollen, so bitte ich ihn nach Frankfurt an den Herrn General von Gmelin zu couvertiren.« – *Generalmajor Gmelin:* Georg Adam von Gmelin (1721–1799), Reichsoffizier, zuletzt Generalmajor der oberrheinischen und kurrheinischen Kreise in Frankfurt. – *Repetent:* In Hochschulen eine untergeordnete Lehrkraft, die für das Wiederholen der Lektionen und Collegien zuständig war. – *Kapf:* Es könnte sich um Johann Friedrich Melchior Kapff (1763–1847), Oberjustizrat in Stuttgart, handeln oder um Sixt Jakob Kapff (geb. 1765), Dr. und Diakon in Göppingen; hielt sich vorübergehend in Göttingen auf. – *pro hospite:* Lat. ›als Gast(hörer)‹. – *Johannisturm-Spitze . . . mit Brettern beschlagen:* Vgl. SK 483 und Anm.

485 *Landgräfin von Kassel:* Wilhelmine Caroline Landgräfin von Hessen-Kassel (1747–1820), Tochter König Friedrichs V. von Dänemark, seit 1764 mit Wilhelm IX. von Hessen-Kassel verheiratet. – *Eulers Brief[e]:* S. zu K 45.

486 *Pastor Gladbach:* Georg Ludwig Gladbach (1727 bis nach 1803) aus Hannover, 1766 Pastor zu Hemmendorf, danach in Völksen in der Inspektion Münder; lebte seit 1794 in Hildesheim, seit 1803 als Privatmann in Hannover; Verf. theologischer Schriften. – *Pastor Bein:* Christian Friedrich Bein, Pfarrer in Winzigerode, zwischen Duderstadt und Worbis gelegen, wohl Station auf der Reiseroute von Lampadius. – *Gerichts-Schulz:* Zu dem Besuch bei Zachariae mit Arenhold vgl. den Brief an Adolph Johann Gustav Arenhold vom

11. Juni 1793. Zachariae ist in der Hörer-Liste für das Sommersemester 1793 neben Arenhold notiert. – *Ranchard:* Mademoiselle Ranchat. – *Kellners Garten:* »Dieser Garten, welcher nahe am Albanerthor liegt, ist von ansehnlicher Größe mit schönen Gängen, darin Lauben angebracht sind, und mit einem kleinen Bosket versehen. In dem Gartenhause sind einige ansehnliche Säle vorhanden, und überhaupt ist alles zur Wirthschaft gut eingerichtet.« (Rintel, S. 142). – *den de Lalande:* Wohl dessen »Astronomie«, die zuerst 1764 in 2 Bdn. erschien (BL, Nr. 308). – *Huetius:* Petrus Daniel Huetius (1630–1721), berühmter frz. Theologe; eine von ihm selbst geschriebene Lebensdarstellung erschien unter dem Titel »Huetii Commentarius de rebus ad eum pertinentibus. Huetiana. Histoire littéraire de l'Europe«, Den Haag 1718.

487 *Mutter Sterbe-Tag:* S. zu SK 49.– *Hachfel[din] die 200 Rt.:* S. zu SK 74. – *Erste Erdbeeren rufen hören:* S. zu SK 10.

488 *Faktor:* Vgl. den Brief an Adolph Johann Gustav Arenhold vom 11. Juni 1793. – *Mad. Heyne und Mamsell:* Ernestine Georgine Heyne, geb. Brandes (1753–1834), zweite Tochter von Friedrich Georg Brandes in Hannover, die Christian Gottlob Heyne 1777 in zweiter Ehe geheiratet hatte; wahrscheinlich ist es ihre erste Tochter Wilhelmine (1779–1861), die 1796 den Göttinger Historiker Arnold Hermann Ludwig Heeren heiratete. – *Mad. Seyde:* Maria Elisabeth Seyde, geb. Gaßmann (1770–1806); laut Matrikel der Universitäts-Verwandten von 1800 von der Universität zugelassene Hebamme.

489 *tretscht:* Tratschen, trätschen: klatschen, spritzen, in Strömen regnen (s. DWB 11,1, Sp. 1276f.). – *Majorin Quensel:* Melusina Therese Quensel (1743–1805), verheiratet mit Carl Quensel, Major beim 9. Infanterie-Regiment. – *Brief von Lampadius aus Moskau:* Über die Reise s. zu SK 488. – *Der junge Kahle:* Heinrich Christoph Kahle (geb. 1778), Sohn des Göttinger Pfarrers Conrad Walther Kahle, immatrikulierte sich am 24. Oktober 1792 als stud. math. an der Georgia Augusta. – *Rotznase:* Nach DWB 8, Sp. 1330f. »weitverbreitetes scheltwort, aber mehr scherzhaft«. – *Madam Förster:* Therese Forster?

490 *An Madame Lampadius:* Wilhelmine Henriette Lampadius, geb. Dietscher. – *Plan von Mainz und Königstein:* Vgl. SK 501; unterm 13. Mai 1793 notiert L.: »Das Trauerspiel von Königstein gelesen.« Es ist aufschlußreich, wie genau L. die aktuellen militärischen Auseinandersetzungen zwischen der Koalitionsarmee und der frz. Armee verfolgt. Die von einer frz. Garnison gehaltene Bergfestung Königstein/Taunus wurde seit Dezember 1792 belagert und beschossen und fiel am 8. März 1793. Nach der Wiedereroberung von Mainz wurden die gefangengenommenen Mainzer Clubbisten (Caroline Böhmer u. a.) eingekerkert. – *Journal von Gren mit Mayers Theorie:* Die Abhandlung »Ob es nöthig sey, eine Zurückstoßende Kraft in der Natur anzunehmen« von Johann Tobias Mayer, erschienen im »Journal der Physik«, 1793, 7. Bd., 2. H., S. 208–237.

491 *Blumhof:* In der Handschrift von L. über *Lampadius* geschrieben. – *Übersetzung von Brisson:* »Die specifischen Gewichte der Körper. Aus dem Französischen übersetzt von Johann Georg Ludolph Blumhof. Mit Zusätzen von Abraham Gotthelf Kästner«, erschienen Leipzig 1795 (BL, Nr. 383): »Herr Blumhof ... übersezt jezt auf mein Anrathen Brisson über die specifische Schwere der Körper, ein gar herrliches Werck ...«, schreibt L. an Georg

August Ebell am 16. September 1793. – *Zweiter Brief an Nöhden:* Vgl. den Brief an Georg Heinrich August Nöhden vom 19. Juni 1793; der erste Brief ist vom 17. Juni 1793 datiert: die Antwort auf Nöhdens Billet vom 16. Juni 1793 »wegen Ascanius Flämmchen«. Georg Heinrich August Nöhden (1770–1826) aus Göttingen, immatrikulierte sich am 15. März 1788 als stud. philolog. an der Georgia Augusta. Vgl. SK 557.

492 *Gil Blas angefangen:* Über den Roman von Alain-René Lesage s. zu F 69. – *Erste Kirschen rufen hören:* S. zu SK 172. – *Brunner . . . bei mir:* Emanuel Alexander Ludwig Brunner aus Bern, immatrikulierte sich am 12. April 1785 als stud. med. an der Georgia Augusta und nahm laut Tagebuch am 23. Juni 1793 Abschied. – *Herr:* In der Handschrift *M*. – *Rauten:* Die Raute war schon in der Antike ein geschätztes Gewürz und Arzneimittel bei Ansteckungen und Vergiftungen; die Blätter wurden auch als Verdauung und Appetit fördernd verschrieben.

493 *Johannis:* Seit Augustinus ist nach Lukas 1, 36 der 24. Juni als Geburtsfest Johannes des Täufers ein Hauptfest, seit dem 6. Jh. mit einer Vigilfeier ausgestaltet; übrigens auch Bundesfest der Freimaurer, die Johannes den Täufer als ihren Schutzpatron erkoren hatten. – *Endlich Brief von meinem . . . Bruder:* S. zu SK 464, 471. Vgl. auch L.s Notiz unterm 22. Juni 1793: »Ich wegen Gotha und Kinder nieder geschlagen«. – *Kunstreitern:* S. auch SK 18. Juni 1793: »Die Kunstreiter reiten in den Strassen herum.«

495 *Hofrat Mayer:* Gemeint ist ein nicht erhaltener Brief an Johann Tobias Mayer jr. – *Tobiesen . . . seine Dissertation:* Ludolph Hermann Tobiesen (1771–1839), Schüler Kästners, veröffentlichte Göttingen 1793 seine Dissertation »Principia atque historia inventionis Calculi differentialis et integralis, nec non methodi fluxionum«. – *Die Kunstreiter . . . zum letzten Male:* Vgl. SK 493.

496 *Raitoffizier:* Rechnungsbeamter; raiten: alt- und oberdt. für ›rechnen‹. – *7kirchen:* Der Ort war ebensowenig zu ermitteln wie der Adressat. Der böhmische Mathematiker Joseph Hantschl (1769–1826) scheidet sicher aus, da er in Wien tätig war; und ein Schreibfehler L.s für Neunkirchen (9kirchen) – einem Ort zwischen Wien und Graz – ist schwerlich anzunehmen. Allerdings notiert L. unterm 16. Mai 1793: »Brief aus 5Kirchen, wegen der Electrisir Maschine«. Zur Schreibweise s. zu K 2. – *Voigts Buch angefangen:* Der »Versuch einer neuen Theorie des Feuers«, erschienen Jena 1793, von Johann Heinrich Voigt (BL, Nr. 247); s. auch SK 498, 499. Über L.s Rezension s. Ulrich Joost/Horst Zehe in: Lichtenberg-Jb 1988, S. 40–72. Vgl. auch SK 30. Juni 1793.

497 *Mad. Suchfort:* Johanna Gertruda Christiana, geb. Scharff, dritte Tochter des »Fabricanten« Johann Georg Scharff in Göttingen, heiratete am 16. Januar 1776 in St. Johannis Johann Andreas Suchfort (1747–1824) aus Hessen, der sich am 1. Oktober 1764 als stud. phil. immatrikulierte; zunächst Subkonrector an der Lateinschule in Göttingen, später Rektor und Privatdozent für griech. und lat. Philologie (1776–1806) an der Georgia Augusta. – *Rapp stirbt:* Wohl der Traiteur in Göttingen Johann Ernst Rappe (1727 bis 30. Juni 1793), der am 3. Juli 1793 begraben wurde. – *kleine Jung[e]:* Wilhelm Lichtenberg.

498 *Postmeisters Garten:* Ober-Postmeister in Göttingen war seit 1792 Major Christian Carl von Hinüber (1759–1825); vgl. den Brief von Georg

Tatter vom 12. Januar 1791; es könnte aber auch Postmeister Philipp Mylius gemeint sein. – *Voigts Widerlegung:* S. zu SK 496 und den Brief an Johann Friedrich Blumenbach vom 2. Juli 1793.

499 *der Junge:* Georg Christoph jr.

500 *Brief an . . . Timme:* S. SK 480 und den Eintrag im Tagebuch unterm 18. September 1793: »Ich lese den elend geschrieben[en] Brief von Christian Timme«.

501 *Seidenwürmer von Vogt:* Vgl. SK 519, 563. Wohl in Zusammenhang mit der Ausschreibung des hannöverschen Commerz-Collegs in den »Hannoverschen Anzeigen«, 24. Stück, vom 12. März 1792, mit der Verteilung von Maulbeerbäumen im Fürstentum Calenberg den Anfang zu machen. – *Plan von Mainz:* S. zu SK 490. – *Mad[ame] Krischin:* Wahrscheinlich ist die Frau des Metzgers Krische in Göttingen gemeint, der am 13. Mai 1793 stirbt; seine Frau Sophia Margrethe, geb. Tolle (1746–1808), war als Amme tätig. Unterm 27. August 1793 notiert L. »seltsamerweise: »Krischin ertränckt sich«, unterm 21. November 1793: »Frau Krischin kömmt, das Kind zu gewöhnen«. – *Hofr. Rundes:* Justus Friedrich Runde (1741–1807), seit 1784 Prof. der Rechtswissenschaft in Göttingen; später Hofrat.

502 *Sterbe-Tag meines l. Vaters:* S. zu L 212. – *Brief an . . . Reuß:* Zu diesem Brief vgl. das Antwortschreiben L.s an Jeremias David Reuß vom 19. Juli 1793. – *Catalogo SStorum:* Der »Catalogus sanctorum et gestorum eorum«, erschienen Vicenza 1493, von Petrus de Natalibus aus Venedig, der Ende des 14. Jh.s. Bischof in Isola war. – *Guillotine:* L.s Anfragen an Reuß stehen in Zusammenhang mit seinem Kalender-Artikel »Ein Wort über das Alter der Guillotine« im GTC 1795, S. 157–165 (III, S. 488). S. auch zu J 1040.

503 *Hofgeismar:* Der im Dreißigjährigen Krieg entdeckte, jedoch erst im 18. Jh. zum Badeort aufgestiegene ›Gesundbrunnen‹ zu Hofgeismar gehörte durch die Landgrafen von Hessen-Kassel zu den berühmtesten ›Baderesidenzen‹, bzw. Sommerresidenzen überhaupt; vgl. Gerhard Pott, Der Gesundbrunnen zu Hofgeismar, München-Berlin 1967. S. Georgius Schultze, »Gründliche und unverfängliche Beschreibung: Wie auch Der natürliche Ursprung / Eigenschafft / Würckung / Gebrauch und vermuthliche Bedeutung eines Heyl-Brunnens . . .«, Erfurt 1639 und Kassel 1682 (Reprint Städt. Sammlungen Hofgeismar, Heft 2, o. J.). Demnach ist der Brunnen 1639 eröffnet worden.

504 *schreibe am Kalender:* GTC 1794; s. auch SK 505 und den Eintrag im Tagebuch unterm 16. Juli 1793: »Ich will am Calender schreiben es geht aber nicht.«

507 *Christelchens Geburtstag:* Christina Köhler. – *Der Kerl . . . am Johannis-Turm:* Über die Dachdeckerarbeiten an der Johanniskirche s. zu SK 153. – *Wattenberg . . . Reise nach England:* Paul Christian Wattenbach (gest. 1824) aus Tönningen, immatrikulierte sich am 20. März 1793 als stud. theol. an der Georgia Augusta; 1794 in England; später Kaufmann in Hamburg. – *Mainz über:* S. zu SK 490.

508 *Faktor:* Johann Heinrich Greiling. – *Walchs Mspt.:* S. zu SK 431. – *Dietrich[s] Seitenbau abzubrechen:* S. SK 509 und Anm. –

509 *Cronebergs Haus . . . angefangen:* Wohl in Zusammenhang mit dem SK 508 notierten Abbruch des Dieterichschen Seitentrakts. Gemeint ist wohl Johann Nicolaus Kronberg (Cronenberg).

511 *Dolly's side:* Zum ersten Mal Erwähnung der neuen Magd, die am 30. Juni 1793 ihren Dienst angetreten hatte. – *Silchmüller:* Johann Ludwig Silchmüller aus Meiningen, immatrikulierte sich am 21. März 1780 als stud. jur. an der Georgia Augusta. – *Marx der Jude:* Elieser Marx aus Hannover, immatrikulierte sich am 17. Oktober 1792, empfohlen durch den Gesandten von Lenthe, als stud. med. an der Georgia Augusta.

512 *meine Schriften drucken:* Vgl. hierzu Joost, Notizen zur Druckgeschichte der ›Vermischten Schriften‹ Lichtenbergs, in: Photorin 3, 1980, S. 47. Vgl. auch SK 525. – *Der Knopf von der Johanniskirche* ...: S. zu SK 483; vgl. auch SK 31. Juli 1793: »Der Knopf auf der Johannis Kirche wird gesteckt, das sehr gefährlich aussah.« – *Dietrich ... von Hofgeismar zurück:* Vgl. SK 503. – *Hofmann ... Programm:* Georg Franz Hoffmann (1760–1826), 1792–1804 Prof. der Medizin und Botanik in Göttingen, seit 1791 Direktor des Botanischen Gartens der Universität; dann Hofrat und Prof. in Petersburg. »Hortus Gottingensis, quem proponit simulque orationem inchoandae professioni sacram indicit«, Göttingen und Leipzig 1793 (BL, Nr. 848). Hoffmanns Selbstanzeige erschien in den GGA, 144. Stück vom 9. September 1793, S. 1441 f. – *Verordnung wegen Kassen-Münze:* Wohl die Landesherrliche Verordnung, »wodurch wegen der Convent. Münze, leichten Goldes und auswärtiger Pfennige Vorschrift ertheilet worden«, die aber erst am 18. Juli 1793 verkündet wurde.

513 *Sárváry:* Paul Sárvári (1765–1846) aus Debreczin in Ungarn, immatrikulierte sich am 25. November 1792 in Philosophie an der Georgia Augusta; hervorragender Schulmann am Gymnasium in Debreczin und gelehrter Schriftsteller. – *Mainzer Clubbist:* S. zu SK 490. – *Suter:* Johann Rudolff Suter (1766–1827) aus Zofingen in der Schweiz, studierte vom 14. Oktober 1785 bis 1787 in Göttingen Jura und schöne Wissenschaften, danach in Mainz Medizin; während der Mainzer Revolution Mitarbeiter an der von Georg Wedekind hrsg. Zeitschrift »Der Patriot«; Verf. republikanischer Gedichte und Lieder; seit 1794 Arzt in Zofingen; spielte eine wesentliche Rolle in der helvetischen Revolution; 1798 Präsident des Helvetischen Großen Rats. – *bot. Garten:* S. zu SK 154. – *Gilblas:* Über den Roman von Lesage s. zu F 69. – *Lettres persanes:* Titel des satirischen Briefromans von Montesquieu, der 1721 anonym in Amsterdam erschien (BL, Nr. 1685); Charles-Louis de Secondat, Baron de Montesquieu (1689–1755), Jurist, berühmter frz., philosophisch-politischer Schriftsteller; 1716 Ratspräsident des Parlamentes zu Bordeaux; Mitglied der »Académie française«.

514 *Ompteda:* S. Omptedas Schreiben vom 27. Juli 1793 (Briefwechsel IV, Nr. 2284). Ludwig Karl Georg von Ompteda (1767–1854), seit Oktober 1791 bis 1794 Legationssekretär in Dresden, Diplomat in hannöv. Diensten. – *Brief an Schmidt:* Es handelt sich um einen nicht erhaltenen Brief von Georg Gottlieb Schmidt.

515 *infl. Luft ... durch den Flintenlauf:* Vgl. J 2036 und Anm., SK 272.

516 *Brief an Banks:* Datiert vom 2. August 1793. – *Prospekt von Mainz ... beobachtet:* S. zu SK 490. – *Mandelmilch:* Weißer Saft aus Mandelkernen; zu Emulsionen und zarten Salben benutzt.

518 *Tal Josaphat:* Das vom Kidron durchflossene Tal zwischen dem Tempel- und dem Ölberg, östlich von Jerusalem, wohin Juden, Christen und Moslems das Weltgericht verlegen. – *Lämmersprung:* Vgl. SK 311. – *Heute*

vermutlich Lärm in Paris: Vgl. Brief an Margarethe Lichtenberg vom 10. August 1793. – *Phosphor-Luft:* S. zu J 1424. – *dephlog. Salzsäure:* Chlor; 1774 von Scheele entdeckt.

519 *therefore... night:* Deshalb diese Nacht zweimal. – *Knopf... des Königs von Frankreich:* In »Urnen und Aschenkrüge von einer neuen Art« im GTC 1794, S. 180 schreibt L.: »ich habe untern andern ein solches Knöpfchen gesehen, das die Silhouette Ludwig des XVI. vorstellte, das sehr gut gearbeitet war«. – *Peter Layard:* Daniel Peter Layard (1721–1802), engl. medizinischer Schriftsteller und Arzt (Geburtshilfe) in London; Mitglied der Royal Society und der Sozietät in Göttingen. – *Seidenschmetterlinge kriechen aus:* S. zu SK 501.

520 *Voigt:* Johann Heinrich Voigt. – *nebst Buch:* S. zu SK 496. – *Stock:* Wohl Georg Moritz Stock (1728–1807), langjähriger Erster Bürgermeister in Göttingen, Oberpolizei-Commissair und Inspektor der Freitische.

521 *An... Wolff wegen Burztag:* Vgl. den Brief an Franz Ferdinand Wolff vom 22. August 1793; gemeint ist der Geburtstag Margarethe Lichtenbergs am 31. August. – *Zimmerhof:* Gasthof vor dem Geismartor in Göttingen, dessen Wirt Johann Heinrich Braunhold war; s. zu B 165.

523 *Stallmeister:* Johann Heinrich Ayrer. – *An Arnemann:* Der Adressat des Briefs ist Justus Arnemann (1763–1806), von 1792 bis 1803 Prof. der Chirurgie und Physiologie in Göttingen; dann in Hamburg.

524 *Geburtstagsfeier:* Der Geburtstag Margarethe Lichtenbergs wurde erst am Sonntag gefeiert; unterm 31. August 1793 schreibt L.: »meiner l. Frau Geburtstag, wird aber erst morgen gefeyert, viele Anstalten. Blumen, Kuchen, Champagner Goldne Ohrringe.« – *Thimoth[e]os 3:* Timotheus aus Lystra in Lykaonien, Schüler des Paulus, nach der Überlieferung der erste Bischof von Ephesos, wo er als Märtyrer unter Domitian starb. An ihn sind die beiden Timotheus-Briefe gerichtet. Worauf L. anspielt, ist unklar: Timotheus 1, Kap. 3, 3 oder Timotheus 2, Kap. 3, 6? – *Billet an Wolff:* S. zu SK 521.

525 *An... Diehl:* Offenbar L.s Antwort auf ein Schreiben, dessen Empfang er unterm 27. August 1793 notiert. Friedrich August Diehle (1729–1805) aus Bardowick, seit 1763 Amtsschreiber, ab 1782 Amtmann beim Michaeliskloster zu Lüneburg, am 29. September 1793 wegen Unregelmäßigkeiten in Ruhestand versetzt; starb verschuldet. – *Hollenberg:* Vgl. den Brief an Georg Heinrich Hollenberg vom 2. September 1793. – *Prorektorwahl:* Zum Prorektor für das nächste Halbjahr wurde August Gottlieb Richter gewählt.– *Dietrich... an Herrn Schiff:* Vermutlich Hinweis auf Dieterichs Rechte an L.s Schriften; vgl. SK 512 und Anm.

527 *Wieschen:* Louise Lichtenberg. – *Mad[ame] La Porte:* Anne de la Porte (1706–1796), Witwe eines Sprachmeisters in Göttingen. Offenbar erhielt die vierjährige Louise bei ihr Privatunterricht.

528 *Kalender geendigt:* »Heute meinen Calender geschlossen. 81 Seiten neu sind noch zurück. die Cal. Kupfer bey denen ich mich aber nicht viel aufhalten will«, notiert L. unterm 11. September 1793. – *83 folio-Seiten:* Der Textteil des GTC 1794 hatte einen Umfang von 140 Seiten.

529 *An Ebell:* Vgl. den Brief an Georg August Ebell vom 16. September 1793.

530 *Nachricht von den Hannoveranern bei Warmhout:* Im Kampf gegen die

französische Republik, die Anfang 1793 England, den Niederlanden und Spanien den Krieg erklärt hatte, entsandte Georg III. neben einem englischen Truppenkontingent ein hannoversches Armeekorps von ungefähr 13000 Mann nach Holland unter der Führung von Freytags, das in den erbitterten Kämpfen bei der Belagerung von Dünkirchen vom 6. bis 9. September 1793 85 Offiziere und 2500 Soldaten verlor; s. Wilhelm von Wersebe, Geschichte der Hannoverschen Armee, Hannover 1928, S. 217–219. Vgl. die Nachbemerkung im Brief an Georg August Ebell vom 19. September 1793. – *Brief von Ebell:* Laut Tagebuch ist der erste am 14. September eingetroffen.

531 *Antwort an Seyde:* Auf ein Schreiben von Johann Hermann Seyde, dessen Eingang L. unterm 18. Juli 1793 verzeichnet. – *ihm:* In der Handschrift *im.* – *Billet von Benecke:* Vgl. hierzu den Brief an Georg August Ebell vom 19. September 1793. George Friedrich Benecke (1762–1844), 1813–1844 Prof. für Engl. und Altdt. Philologie in Göttingen, 1838–1844 Direktor der dortigen Universitätsbibliothek; einer der Begründer der Germanistik. – *An Ebell mit Blumhofs Testim.:* Vgl. den Brief an Georg August Ebell vom 19. September 1793.

532 *Das Programm von Hofmann:* S. zu SK 512.

533 *Wassernüsse:* S. zu F 53. – *Aufsatz von Göthe gelesen:* Goethe hatte L. am 11. August 1793 seine Abhandlung »Von den farbigen Schatten« übersandt; zu L.s Antwort vgl. den Brief an Johann Wolfgang von Goethe vom 7. Oktober 1793. Vgl. auch SK 540.

534 *Blumhof Abschied nach Hannover:* Vgl. hierzu den Brief an Georg August Ebell vom 19. September 1793. – *Schlosser Koch:* Peter Koch, wohnhaft in der Jüdenstraße in Göttingen.

535 *stivotel:* S. zu F 249. – *Pastor Sickler:* Johann Volkmar Sickler (1742–1820), seit 1770 Pfarrer zu Kleinfahnern bei Gotha; bedeutender Pomologe (Wissenschaft vom Garten- und Obstanbau); Mitarbeiter am »Neuen Hannoverischen Magazin«.

536 *für Renard geschrieben:* Empfehlungsschreiben. Unterm 25. September 1793 notiert L.: »M. Renard bey mir viel von Seyde gesprochen, es ist nichts mit ihm«. – *Scheel:* Paul Scheel. – *Wattenbach ... Abschied:* Aufbruch zur Englandreise; vgl. SK 507. – *Kayser:* Karl Philipp Kayser (1773–1827) aus Enzheim in der Pfalz, immatrikulierte sich am 14. Oktober 1790 als stud. theol. an der Georgia Augusta; Altphilologe, seit 1794 Lehrer am Reformierten Gymnasium in Heidelberg; Schriftsteller. – *Pimpel:* Anglizismus: engl. pimple ›Pustel‹.

537 *im Reitstall:* S. zu B 124. – *Gesellschaft:* Frau Dieterich, Frau Köhler, Mademoiselle Ranchat. – *Dolly:* Der Name ist in der Handschrift unleserlich gemacht.

538 *Westfeld:* Friedrich Wilhelm Christian Westfeld. – *Endens Hofmeister:* Vermutlich Anton Eberhard Hugo aus Münden, der sich am 30. April 1792 als stud. jur. an der Georgia Augusta immatrikulierte, während sich Carl Wilhelm Adolph von Ende aus Osnabrück am 1. Mai 1792 als stud. jur. einschrieb.

539 *Der kleine Wilhelm:* Wilhelm Lichtenberg.

540 *närrischen Wilhelms:* Wilhelm Dieterich. – *Loder ... die anatomische Tafel:* Loders »Anatomische Tafeln zur Beförderung der Kenntniss des menschlichen Körpers« über Osteologie, Syndesmologie, Myologie«, er-

schienen bis 1796 in Weimar in drei Heften (BL, Nr. 863). – *an Göthe geschrieben:* Vgl. den Brief an Johann Wolfgang von Goethe vom 7. Oktober 1793.; s. zu SK 533.

541 *Zernecke das Geld ausgezahlt:* Unterm 2. Oktober 1793 notiert L.: »Brief von Aycke mit dem Gelde für Herrn Zerneke.« Paul Henrich Zernecke aus Danzig, Cousin von Aycke, immatrikulierte sich am 15. Oktober 1793 als stud. jur. an der Georgia Augusta; zuvor Universität Halle. – *MATT:* In der Handschrift doppelt unterstrichen. – *Niemals ... mehr an meinen Tod gedacht als jetzt:* Vgl. auch SK 542.

542 *Ich sehe den Uranus neben dem Regulus:* »Diesen Morgen um 4 Uhr den Uranus im großen Teleskop gesehen«, notiert L. unterm 15. Oktober 1793. L. verwertete seine Beobachtungen des Uranus im GTC 1793, S. 129–135; s. auch zu J 512. – *schicke meiner l. Frau eine Blume aus ... Herbst-Blättern:* Vgl. K 48.

543 *Hübner:* In der Handschrift *Hüfer.* – *beim Firniskochen:* S. zu SK 227.

544 *Veit:* David Joseph Veit (1771–1814) aus Breslau, immatrikulierte sich am 17. Oktober 1793 als stud. med. an der Georgia Augusta; 1797 Dr. med., seit 1799 Arzt in Hamburg; verkehrte im Hause Reimarus-Sieveking; witziger Schriftsteller; bedeutend ist sein Briefwechsel mit Rahel Varnhagen. »Ich bin von den Professoren allgemein und auf eine in Göttingen seltne Art gut aufgenommen worden. Blumenbach und Lichtenberg haben mir sogleich ihre Kollegia frei angeboten, und besonders der letztere mit einer sehr feinen Art.« (David Veit im Brief an Rahel Varnhagen vom 9. Februar 1794. In: Varnhagen, Gesammelte Werke, Bd. 7, München 1983, S. 161). – *Jude:* L. vermerkt die Glaubenszugehörigkeit seiner *jüdischen* Besucher und Hörer sehr genau. – *Briefe von ... Humboldt:* Humboldts Brief ist nicht erhalten; Veit widmete übrigens 1797 seine Dissertation Alexander von Humboldt. – *Voigts angewandte Mathematik:* Die »Grundlehren der angewandten Mathematik. Abtheilung 1, welche die Lehren der Dynamik ... enthält«, erschienen Jena 1794, von Johann Heinrich Voigt (BL, Nr. 543). Vgl. auch den Brief an Oluf Christian Olufson vom 18. April 1794. – *o o :* Kürzel für: keine Studenten (heißt: keine Colleg-Gelder). – *Firnis zum letztenmal:* Vgl. SK 227 und Anm. sowie SK 543.

545 *Wilhelmchen ... Gedicht von mir:* L.s Gedicht zum Geburtstag seines dreijährigen Sohnes ist III, S. 646 abgedruckt. – *Mathis:* S. zu SK 399 unter Martine. – *K.:* Bei dem engl. Lektor dürfte es sich um Christian Christiani (gest. 1803) aus Bremen handeln, der sich am 16. September 1793 als »Linguae Anglicae Lector« an der Georgia Augusta einschrieb und dort bis 1797 als Sprachmeister tätig war. – *Blumhof kömmt an:* Vgl. SK 531, 534. – *Verordnung wegen Personal-Steuer:* Von L. verbessert aus *Licents-Steuer.* Die Landesherrliche Verordnung vom 20. September 1793, wonach im Fürstentum Calenberg und Göttingen eine »classificirte Personen-Steuer« eingeführt und vorgeschrieben wurde, die am 19. Oktober 1793 an die Obrigkeiten erlassen wurde; demnach zahlten Professoren ab dem 1. Dezember 1793 monatlich pro Person über 14 Jahre statt bisher drei in Zukunft vier Mariengroschen Personal-Steuer (s. Landes-Gesetze und Verordnungen Supplement II, Göttingen 1801, S. 222–225). Vgl. auch E 368.

546 *Nephomètre:* ›Nebelmesser‹. – *das Ohr:* Vgl. SK 156 und Anm. – *Schriften von ... Wilkens:* Wohl »Über eine portugiesische [astronomische]

Handschrift der Wolfenbütteler Bibliothek und einige Worte über den polnischen Mathematiker Johann Broscius (Broski). Ein zweyter historischer Versuch«, erschienen Wolfenbüttel 1793, und »Über einige Gegenstände der Physik«, Wolfenbüttel 1793 (BL, Nr. 366). Beide Werke wurden von Kästner in den GGA, 176. Stück vom 4. November 1793, S. 1761–1763 und GGA, 179. Stück vom 9. November 1793, S. 1795–1796 rezensiert.

547 *die Königin von Frankreich hingerichtet:* Marie-Antoinette (1755 bis 16. Oktober 1793), Tochter Kaiser Franz' I. und der Maria Theresia, heiratete 1770 den späteren Ludwig XVI.; die Halsbandaffaire untergrub ihr öffentliches Ansehen; ihre Mitwirkung bei den Plänen einer Gegenrevolution trug dazu bei, daß ihr vor dem Revolutionstribunal der Prozeß gemacht und sie am 14. Oktober zum Tod durch die Guillotine verurteilt wurde. Unterm 16. Oktober 1793 trägt L. in Klammern nach: »Königin von Franckreich enthauptet«. Vgl. den Brief an Margarethe Lichtenberg vom 28. Oktober 1793. – *Jahrbuch:* S. zu J 1581.

548 *Morini Astrologia gallica:* Jean-Baptiste Morin (1583–1656), einer der letzten Vertreter der wissenschaftlichen Astrologie in Frankreich; seine »Astrologia gallica« erschien postum 1661 in Den Haag. – *Girtanner:* Die »Anfangsgründe der antiphlogistischen Chemie«; darüber s. zu J 1222; zu L.s Urteil vgl. den Brief an Christoph Girtanner vom 1. November 1793.

549 *Billet an Girtanner:* Vgl. den Brief an Christoph Girtanner vom 1. November 1793. – *Morinus:* Über dieses Buch s. zu SK 548; unterm 3. November 1793 schreibt L.: »Abends Prof. Reuß wegen der Astrologia gallica. Also völlige Satisfaction«. – $\Sigma\tau$.: L.s Kürzel für Studenten. – *Pol:* Politik? – *Tsach:* Unterm 25. November 1793 schreibt L.: »viel Zack prost«, unterm 30.: »zumal macht mir Sacko prost entsezlich viele Sorgen«. Sollte Zach gemeint sein? Vgl. SK 594. – *Heaven . . . US:* Der Himmel steh' uns bei. – *US:* In der Handschrift dreimal unterstrichen.

550 *Runde:* Johann Georg Runde.

551 *die Gesellschaft:* Dieterich und Frau, Mad. Köhler, Mademoiselle Ranchat. – *Mad. Forster:* Therese Heyne (1764–1829), Tochter Christian Gottlob Heynes aus erster Ehe, seit 1785 mit Georg Forster verheiratet.

552 *an Buhle wegen Zimmermann:* Wohl der Braunschweiger Eberhard August Wilhelm von Zimmermann. – *die Encyclop.:* Wohl die von Georg Simon Klügel herausgegebene »Encyclopädie oder Zusammenhängender Vortrag der gemeinnützigsten Kenntnisse«, in 4 Bdn., Berlin und Stettin 1782–1784 erschienen (BL, Nr. 1890). – *Buhle . . . seinem Aristoteles:* »Aristoteles, Opera omnia. Recensuit, annotationem criticam et novam versionem latinam adiecit Johannes Theophilus Buhle«, Bd. 1–4, Biponti [Zweibrücken] 1791 (BL, Nr. 1243).

553 *Fischer aus Kopenhagen:* Georg Christian Fischer aus Dänemark, immatrikulierte sich am 4. November 1793 als stud. jur. an der Georgia Augusta und blieb bis September 1794 in Göttingen. L.s Wertschätzung geht aus dem Brief an Johann Joachim Eschenburg vom 12. April 1794 hervor. – *Bücher von . . . Bötcher:* Gemeint ist wahrscheinlich »Den Physicalske Aarbog«, hrsg. von Nicolai Bötcher (1756–1821), dän. Physiker. L. besaß den ersten Bd., erschienen Kopenhagen 1793 (BL, Nr. 44). – *Regen:* Danach von L. gestrichen *Hachfel[d]*.

554 *die Gesellschaft:* Dieterich und seine Frau, Mad. Köhler, Mademoiselle

Ranchat. – *Eau de Noyaux:* »Nußwasser«; frz. Likör, zu dessen Herstellung die Kerne von Pfirsichen verwendet werden.

555 *Olufsen:* Oluf Christian Olufson (1764–1827), dän. Prof. der Nationalökonomie, immatrikulierte sich am 17. Oktober 1793 an der Georgia Augusta; bis April 1794 in Göttingen, dann in England. Verf. des Lustspiels »Gulddosen« (Kopenhagen 1793). Zu L.s Wertschätzung vgl. den Brief an Johann Wolfgang von Goethe vom 18. April 1794. – *Mayers Atlas:* Wohl nicht die Mondkarte, sondern der »Mathematische Atlas« (1745) von Johann Tobias Mayer.

556 *Rat Bouterwek:* Angeblich hatte Emilie von Berlepsch bei dem Herzog von Weimar 1791 für ihn den Titel eines Rats erwirkt (s. Friedrich Schlegels Briefe, hrsg. von Oskar Walzel, 1890, S. 13).

557 *Brief an Ramberg:* Vgl. den Brief an Johann Daniel Ramberg vom 18. November 1793. – *Nöhdens Virgil:* »Virgils Aeneis. Herausgegeben von Georg Heinrich Nöhden«, Braunschweig 1793–1794, erschienen in der von Campe hrsg. »Encyclopädie der lateinischen Classiker mit erklärenden Anmerkungen«, Teil 5 (BL, Nr. 1543). Vgl. SK 491 und den Brief an Georg Heinrich August Nöhden vom 20. November 1793.

558 *Castor und Pollux:* S. zu SK 479. – *Billet an Nöhden:* Vgl. den Brief an Georg Heinrich August Nöhden vom 20. November 1793. – *Blumhof . . . Taschenkalender:* Jahrgang 1794. – *Hogarth Kupferstiche . . . bei Riepenhausen:* Die Stiche gehören vermutlich zur Ersten Lieferung, die für 1794 geplant war.

559 *Schabbes-Abend:* Schabbes: Sabbath (Samstag). – *Brief von . . . Becker aus Dresden:* Wilhelm Gottlieb Becker (1753–1813), Prof. an der Ritterakademie und Direktor der Kunstsammlungen in Dresden; Dramatiker, Mitarbeiter am »Göttingischen Magazin«, Hrsg. des »Taschenbuch zum geselligen Vergnügen« (1791–1813) und der Zeitschrift »Erholungen« (1796–1810). Vgl. die Briefe an Johann Andreas Schernhagen vom 22. März 1781 und 26. März 1781, sowie den Brief an Johann Friedrich Blumenbach, Ende Oktober 1781 und den Brief an Wilhelm Gottlieb Becker selbst vom 18. April 1795.

560 *Ich an den Exped[itions-] Rat:* Gemeint ist Friedrich August Lichtenberg, wie aus dem Brief an ihn vom 26. November 1793 hervorgeht. – *Zimmermann:* Christian Heinrich Zimmermann in Bickenbach. – *Lentin . . . arretiert . . . wegen Demokratischen Reden:* Vgl. SK 445.

561 *M. l. Frau . . . Zahnweh:* S. auch SK 562, 563, 564. – *Halstuch für Mad[ame] Köhlern:* Unterm 27. November 1793 notiert L.: »Bänder holen lassen wegen Mad. Köhlers Geburtstag«. – *Brief an Pastor Stolz:* S. Briefwechsel IV, Nr. 2324 (wegen der Lösung des Rätsels). Vgl. den Brief an Johann Joachim Eschenburg vom 25. Januar 1794 und SK 564.

562 *Heynes Programm:* Laut GGA, 55. Stück vom 6. April 1793, S. 545: »Leges agrariae, pestiferae et execrabiles« (die Agrargesetze sind verderblich und fluchwürdig); GGA, 108. Stück vom 8. Juli 1793, S. 1083: »Tranquilla sine armis Otia Musarum« (ruhige den Musen gewidmete Stunden ohne Waffen), Vortrag vor der Göttinger Sozietät am 17. August 1793; GGA, 140. Stück vom 2. September 1793, S. 1401: »De interitu operum cum antiquae tum ferioris artis, quae Constantinopoli fuisse memorantur, eiusque caussis et temporibus« (vom Niedergang, der zunächst die Werke der Alten

und dann die niederen Künste [ereilte], die man mit Konstantinopel erinnert, dessen Gründe und Zeiten), Vortrag zum 56. Jahresfest der Universität am 2. September 1793; GGA, 149. Stück vom 19. September 1793, S. 1489: »Libertatis et aequalitatis civilis in Atheniensium rep. ex delineatio Aristophane« (Freiheit und Gleichheit des Bürgers in der attischen Republik an Beispielen aus Aristophanes). – *Kalender:* GTC 1794. – *Reise nach Adelebsen:* Anscheinend wurde die Reise zur Teilnahme an einer Hinrichtung unternommen, denn unterm 27. November 1793 notiert L.: »Voigt erzählt von den Delinquenten in Adelebsen, daß sie einander sprechen können.« Unterm 29. November 1793: »Mit Dietrich wegen der Fahrt nach Adelebsen ein bisgen XX.«, und schließlich unterm 3. Dezember 1793: »Execution zu Adelebsen.«

563 *Der dicke Backen von m. l. Frau:* Vgl. SK 561. – *Dr Pfaff . . . bei mir:* Vermutlich der Antrittsbesuch Christoph Heinrich Pfaffs (1773–1852); der jüngere Bruder des Helmstedter Prof. Johann Friedrich Pfaff hatte sein medizinisches Studium bereits mit der Promotion abgeschlossen, als er nach Göttingen ging, wo er sich am 3. Dezember 1793 immatrikulierte, um sich weiterzubilden, wobei er Physik nur als Lieblingsstudium betrieb. Über ihn und L. vgl. Ebstein, Christoph Heinrich Pfaff in Göttingen (1793–94), in: Janus 9 (1904), S. 555–556, und Pfaffs »Lebenserinnerungen«, Kiel 1854, S. 68 f. – *Wurzeln der Seidenpflanze kommen:* S. zu SK 501. – *Brief an Ramberg:* Vgl. den Brief an Johann Daniel Ramberg vom 4. Dezember 1793.

564 *Backen . . . gut:* Vgl. SK 561. – *Brief von Pastor Stolz mit dem Rätsel:* Bezieht sich auf die von L. im GTC 1794, S. 157 f. mitgeteilten Rätsel: »Es gibt ein Wort, und zwar ein ziemlich bekanntes Nomen proprium, das folgende merkwürdige Eigenschaften hat: Es besteht aus eilf, und doch nur viererley Buchstaben: Zwey nähmlich kommen jeder viermahl vor, einer zweymahl und einer einmahl. 2) Es gibt ein Wort, das nur aus drey Buchstaben besteht, dieses Wort ist Deutsch, rückwärts gelesen Lateinisch; den ersten Buchstaben weggestrichen, Englisch; den letzten weggenommen, Französisch und Deutsch, und den mittelsten, Englisch und Lateinisch.« S. hierzu GTC 1795, S. 166–168. Vgl. den Brief an Johann Joachim Eschenburg vom 25. Januar 1794.

565 *Mein . . . Backen schmerzt:* Vgl. SK 567, 569. – *Schnäpel:* S. zu SK 250. – *die Encyclopädie:* S. zu SK 552. – *die neuen Bilder:* »Wir waschen und plätten Kupferstiche, sie werden in Rahmen gefaßt«, notiert L. unterm 30. November 1793. Vgl. SK 569. – *Spükerei:* »Diese Nacht fällt große Kälte an, es spückt daher gar sehr auf der Gesind Stube und der Frau Krischin«, notiert L. unterm 6. Dezember 1793. – *Brief von Deluc:* Vom 18. November 1793 (s. Briefwechsel IV, Nr. 2317).

566 *Dortchen verschlafen:* Gemeint ist wohl die neue Dienstmagd, s. zu SK 511. – *adulatorisch:* Lat. ›schmeichlerisch‹. »Ich viel adulatory. mit Erfolg«, notiert L. unterm 11. Dezember 1793. – *Jette klagt sich:* Jette (Henriette) Sommer, die Schwester der Frau Hachfeld und weitere Dienstmagd L.s? »Abschied von Jette«, notiert L. unterm 22. April 1794 und unterm 24. April 1794: »Jette trocknet Wäsche zum leztenmal.« – *Schwarzkopf:* Wohl Joachim von Schwarzkopf (1766–1806) aus Lauenburg; er immatrikulierte sich am 8. Mai 1783 als stud. jur. an der Georgia Augusta, wo er bis 1786 blieb; danach hannöv. Geheimer Legations-Sekretär am Hof zu Berlin; 1792 gelehrte Reise

durch Deutschland und die Schweiz, 1793 Geschäftsträger, 1794 Minister-Resident in Frankfurt am Main; auch schriftstellerisch tätig: »Über Staats- und Addreßkalender« (1792); »Über Zeitungen« (1795). Auf den ersten Seiten (unpaginiert) von SK 1795 notiert L.: »s. Schwarzkopf über Zeitungen. NB«; unterm 11. Dezember 1793: »Dietrich tractirt wegen Schwarzkopf, der aber vorher abreißt«.

567 *Ich ... Zahnweh:* Vgl. SK 565, 569.

569 *Zahnweh:* Vgl. SK 565. – *schreibe viel in das gelehrte Hausbuch:* Das zum großen Teil verschollene Sudelbuch K. – *Der Junge:* Georg Christoph jr. – *beim Bilder-Mann:* Wohl Fernsemmer; s. zu SK 438. – *Kinde:* Wilhelmine Lichtenberg.

570 *Dolly's Fußsohle geklappt:* »Ich Abends mit Doll gesprochen«, notiert L. unterm 16. Dezember 1793. – *Brief von ... Landsberg ... über die Rätsel:* Johann Franz Matthias von Landsberg zu Erwitte (1734 bis nach 1811), Domkapitular in Münster, Paderborn und Osnabrück; hervorragender Mathematiker. Zu den Rätseln s. zu SK 564. In der Miszelle »Von Räthseln« im GTC 1795, S. 166–168, äußert sich L. zu Landsberg und Auflösung des Rätsels: »Die im vorigen Jahrgange des Taschenbuchs aufgegebenen Räthsel sind von vielen Personen, auch zum Theil in öffentlichen Blättern aufgelöset worden. Aber ganz vorzüglich zeichnet sich eine Auflösung aus, die ich aus Münster erhalten habe. Sie rührt von einem Mathematiker her, den ich hier nennen würde, wenn ich nicht fürchtete, den, den ich leicht bey größern Dingen nennen könnte, durch Anführung seines Nahmens bey einer Sache zu compromittiren, die unter seiner Würde scheinen könnte; so sehr es mich auch gefreut hat, daß Er sie seiner Aufmerksamkeit werth geachtet hat. Was diese Auflösung Schönes hat, ist ganz independent vom Werthe des Räthsels selbst. Es betraf das Wort *Mississippi*. Er ging nicht durch tasten, sondern gerade darauf zu durch Combinationen von Buchstaben, und fand so die Auflösung. Ich statte ihm hiermit öffentlich meinen Dank für das Vergnügen ab, das sie mir gewährt hat, und es war bloß dieser Vorsatz, ihm öffentlich danken zu wollen, der bisher meine private Erkenntlickeit zurückgehalten hat. Das Verfahren ist vortrefflich und von großem Steganographischen Gebrauch, und Steganographie ist, wo ich nicht irre, sogar eine Brodwissenschaft. Nun noch ein Paar Worte über jenes Räthsel. Man hat mir eingewendet, Mississippi werde nur mit drey S geschrieben. Dieses ist nun gewiß falsch. In den öffentlichen Englischen Acten, die ich gesehen habe, finde ich es immer mit vieren. Aber gesetzt, es würde mit dreyen geschrieben: so würde gerade dadurch das Räthsel an Schönheit gewinnen. Es würde nämlich so lauten. Ein Nomen proprium besteht aus zehn Buchstaben, darunter kömmt Einer Einmahl; Einer Zweymahl; Einer Dreymahl und Einer Viermahl vor, wo also die Zahl der gleichen Buchstaben nach der Ordnung der natürlichen Zahlen fortgeht, welches vorher nicht Statt fand. – So weit vom alten Räthsel.« – *Heute rot:* S. zu SK 267.

571 *Dolly many:* Viel Dolly. – *Kalender an Wendt:* GTC 1794, wie jedes Jahr. – *Brief von ... Kapf:* Gemeint ist Sixt Jakob Kapffs Schreiben vom 12. Dezember 1793 (Briefwechsel IV, Nr. 2330). – *Brief vom Prinzen Coburg:* Friedrich Josias Prinz von Sachsen-Coburg-Saalfeld (1737–1815), österr. Militärangehöriger und seit 1789 Feldmarschall, 1792 Reichs-General-Feldmarschall an der Spitze der Koalitions-Armee gegen Frankreich; nahm am

9. August 1794 seinen Abschied. Der in Dieterichs Verlag erscheinende »Revolutions-Almanach« für 1794 brachte ein Porträt des Prinzen, das Riepenhausen gestochen hatte.

572 *Bohnenberger:* Johann Gottlieb Friedrich Bohnenberger (1765–1831), Sohn Gottlieb Christian Bohnenbergers, stud. theol. in Tübingen, 1789 Magister, 1793 Reisen nach Gotha zu Zach und nach Göttingen; 1798 außerordentl. Prof. der Mathematik und Astronomie in Tübingen, ab 1803 ordentl. Prof.; verfaßte ein viel benutztes Lehrbuch »Anleitung zur geographischen Ortsbestimmung« (1795). Zu L.s Wertschätzung vgl. den Brief an Abraham Gottlob Werner vom 1. September 1792. Über ihn s. B. Zimmermann, J. G. Friedrich Bohnenberger als Geodät und Kartograph, in: Vermessungstechnik, 38. Jg. (1990), H. 6., S. 201 f. – *[Haßler]:* Ferdinand Rudolf Haßler (1770–1843) aus Aarau, immatrikulierte sich am 2. Mai 1794 als stud. math. an der Georgia Augusta. Laut dem Brief an Christian Gottlob Heyne vom 14. Juni 1794 reisten Bohnenberger und Haßler zusammen; 1805 ging er nach Amerika und arbeitete dort als Vermessungsingenieur im Auftrag der Regierung. – *Lessings Leben beschlossen:* »G. E. Lessings Leben, nebst seinem noch übrigen litterarischen Nachlasse«, 3 T., Berlin 1793–1795, hrsg. von dessen Bruder Karl Gotthelf Lessing (1746–1812), Übersetzer und Dramatiker. – *die Guillotine, womit ich mir in den Finger haue:* Kinderspielzeug in Nachahmung des frz. Hinrichtungsapparates?

573 *die mürben Wecke von Darmstadt:* L. hatte sie bei Friedrich August Lichtenberg am 26. November 1793 brieflich bestellt. – *Blumenbachs Buch:* Vgl. den Brief an Friedrich August Lichtenberg vom 26. November 1793.

574 *Woltmann:* Wahrscheinlich handelt es sich um den Brief an Reinhard Woltmann vom 12. Dezember 1793. – *Amme:* Frau Krische? – *Dangerous pull:* Gefährlicher Griff; vgl. zu Dolly auch die ähnlich lautenden Einträge im Tagebuch unterm 24. Dezember 1793, 1. und 15. Januar 1794 (SK 576). – *fällt:* In der Handschrift *fährt.* Vgl. aber SK 28. Dezember 1793: »Es fährt in der Lufft wie Schnee.«

575 *Bremer:* Philipp Bremer (1727–1794), Zeitungsträger in Göttingen; laut Kirchenbuch Johannis gest. am 22. Januar 1794 an der Auszehrung im Alter von 67 Jahren und am 25. Januar begraben.

576 Die Eintragungen vom 1. bis 23. Januar 1794 finden sich noch im Staatskalender von 1793. – *Schlüter:* Caspar Heinrich Georg Schlüter aus Hamburg, immatrikulierte sich wie Wattenbach am 20. März 1793 als stud. jur. an der Georgia Augusta (vgl. SK 4. Januar 1794). – *Lentin ... Licht-Magnete:* Vgl. den Brief an Christoph Heinrich Pfaff vom 16. März 1794 und J 1816 mit Anm. – *Dolly pully:* Vgl. SK 574.

577 *Brief von Zimmermann:* Es ist nicht zu entscheiden, ob der aus Bickenbach oder der aus Braunschweig gemeint ist. – *Prof. Lange:* Vielleicht Samuel Gottlieb Lange (1767–1823), 1796 außerordentl. Prof. der Philosophie in Jena, 1798 ordentl. Prof. der Theologie in Rostock; Anhänger Kants. – *An Hofrat Vogel:* Wohl Antwort auf Vogels Brief vom 22. November 1793 (Briefwechsel IV, Nr. 2320) bezüglich des von Vogel geplanten Seebads Doberan, das auch Grund des Besuchs bei L. in Göttingen war (vgl. den Brief an Reinhard Woltmann vom 12. Dezember 1793).

578 *Heute ein Jahr ...:* Vgl. SK 428.

579 *a seeming ... person:* Anscheinend eine Doll-Entdeckung durch eine

gefährliche Person. Zu Doll s. zu SK 511; vgl. auch SK 580; sollte die »gefährliche Person« Margarethe Lichtenberg sein? – *Mad. Dietrich besser:* Dies vermerkt L. auch unterm 26. Januar 1794. – *Brief von meinem Bruder:* Das Tagebuch vermerkt unterm 27. Januar 1794: »Brief von meinem Bruder mit den Sansculottes«. – *Sansculottes:* S. zu J 1201. – *an Eschenburg:* Vgl. den Brief an Johann Joachim Eschenburg vom 25. Januar 1794.

580 *je ne sais quoi:* S. zu F 829. – *Die discovery:* Vgl. SK 579 und den Eintrag unterm 1. Februar 1794: »Die Discovery hat alles verdorben.«

581 *Ende bei mir:* Wohl Ferdinand Adolf von Ende (1760–1817); s. dessen Ankündigung eines Göttingen-Besuchs in seinem Schreiben vom 8. November 1793 (Briefwechsel IV, Nr. 2310) und sein Dankschreiben vom 25. Februar 1794 (Briefwechsel IV, Nr. 2348). Ebenso laut Tagebuch am 1. Februar 1794. – *Nachricht von Forsters Tod:* Vgl. hierzu auch den Brief an Johann Wilhelm von Archenholz vom 16. Juni 1794.

582 *die ☉ finsternis:* Über die Sonnenfinsternis vgl. SK 581. – *Brief an den Reichs-Anzeiger:* Bezieht sich auf folgende, von L. gestrichene Notiz auf den Leerseiten des »Staatskalenders« für 1794: »Reichsanzeiger No 1. 1794. gelesen d. *30ten* Jan. Ein deutsches Wort, das sich rückwärts / und vorwärts lesen läßt ohne die Be / deutung zu ändern, und dessen erste / Sylbe eben das im Spanischen / was die zweyte im Franz. bedeutet. Addresse: Für den Reichsanzeiger in Gotha«. L.s Notiz bezieht sich auf den »Reichsanzeiger«, Nr. 1, vom 2. Januar 1794, Sp. 8: »Allerhand. Mit aller Achtung für den Oedipus [vgl. den »Reichsanzeiger« 1793, 2, Sp. 1358–1359; der »Ödipus« war ein »fränkisches Frauenzimmer«], der die aus dem Göttingischen Taschencalender bekannten zwey Lichtenbergischen Räthsel in Nr. 153 des R. Anz. entziffern wollen, bin ich der Meinung, daß er keines von beyden getroffen habe. Denn es ist die Rede von *Einem* nomen proprium, und *Anna Susanna* sind zwey Vornahmen, ob schon meine Magd sie beyde führt: und auf Mus passet der letzte Charakter des Räthsels gar nicht. Ich halte vielmehr dafür, daß das erste Wort *Mississippi* ist, und das Zweyte die deutsche Partikel *aus.* Die Probe wird zeigen, daß bey diesen alle angegebenen Charactere zutreffen. Zur Erkäntlichkeit für das Vergnügen, das mir Hr. Hofr. Lichtenberg mit diesen Räthseln gemacht hat, gebe ich ihm nun folgendes zu knacken.« Es folgt der von L. notierte Text. Im »Reichsanzeiger« 1794, Sp. 280, erfolgte die »Auflösung eines Räthsels«, unterschrieben »Göttingen, den 31. Jan. 94. G. C. Lichtenberg«. L.s Auflösung: Elle. Zu seinem Vergnügen an Rätseln s. zu J 510.

583 *Packete von Ebell:* Laut Tagebuch vom 2. Februar 1794 hatte Ebell Bücher gesandt. – *Akten von Osiander gelesen:* Worauf L. anspielt, ist unklar: entweder könnte eine Untersuchung gegen Osiander in Zusammenhang mit dem Tod von Charlotte Dieterich angestrengt worden (s. zu SK 459) oder die Selbstanzeige Osianders betreffend seiner »Denkwürdigkeiten für die Heilkunde und Geburtshilfe«, 1. Bd., 2. Stück, Göttingen 1794, gemeint sein (s. GGA, 195. Stück vom 6. Dezember 1794, S. 1945–1947). – *Mamsell Wendt:* Agnese Wendt, Tochter von Friedrich von Wendt, Patentante von Wilhelmine Lichtenberg.

584 *großen Jungens Geburtstag:* Georg Christoph jr. – *Canitz:* Friedrich Freiherr von Canitz aus Kassel, immatrikulierte sich am 25. August 1793 für »Economia et res saltuaria« (Forstwirtschaft) an der Georgia Augusta. Vgl.

auch den Vermerk im Tagebuch vom 5. Februar 1794. – *beiden ältesten Kindern:* Georg Christoph und Louise Lichtenberg. – *Link contra me gelesen:* »Herrn Lavoisier ... physikalisch-chemische Schriften. Aus dem Französischen gesammlet und übersetzt, mit Anmerkungen«, Bd. 5, Greifswald 1794, von Heinrich Friedrich Link (BL, Nr. 226), wo sich im »Anhang des Uebersetzers. Ueber einige Grundlehren der Chemie« Link mit Gegnern der antiphlogistischen Chemie wie Gren und Deluc auseinandersetzt, und S. 277–283 L.s Position im § 438 der »Naturlehre« Erxlebens diskutiert: »Ein sehr wichtiges Argument gegen die neuere Theorie hat Hr. Hofr. Lichtenberg nach De Luc in der Vorrede zur fünften Auflage der Erxlebenschen Naturlehre aufgestellt. Es ist folgendes: ›Es steigen beständig Dämpfe von der Erde auf, oft in ungeheurer Menge viele Tage hinter einander, ohne daß es deswegen regnet oder trübe wird. Was wird aus diesem Wasser? In der Höhe, wo es sich nach der gemeinen Meinung hinzieht, findet es sich nicht, gegentheils je höher man steigt, desto trockner wird die Luft, ja sie erreicht oft bei immer fortdaurender Evaporation in der Ebene öfters einen Grad von Trockenheit auf den Bergen, der sich in der Ebene nie findet; und doch ist noch dazu die Luft in der Höhe kalt. Man weiß aber, daß selbst eine sehr trockne Luft, wenn sie kälter wird, Feuchtigkeit zeigt. Wo also die Luft zugleich kalt, und beträchtlich trocken ist, da ist gewiß wenig Wasser in ihr. Und in dieser so äußerst trocknen Luft entstehen plötzlich Wolken, und aus diesen öfters Platzregen, die viele Stunden anhalten, das Land überschwemmen, und wann sie vorüber sind, so findet man den Zustand der Luft in Rücksicht auf Feuchtigkeit wenig oder gar nicht verändert. Woher kommt auf einmal diese ungeheure Menge Wasser, die sich durch die gewöhnliche Auflösungstheorie schlechterdings nicht erklären ließe, selbst wenn die Luft auf den Bergen warm und saturiert gewesen wäre? Woher kommt es, daß nicht sehr große Gewitterwolken auf ihrem Zuge ganze Districte verhagelen und verschwemmen, während die Luft rings um sie her, und gewiß auch über ihnen sehr trocken ist? Alles führt auf den Satz hinaus: Aller Regen ist zwar von der Erde aufgestiegen, aber zwischen diesem Aufsteigen und Herabfallen befand sich dieses Wasser in einem Zustande, worin es kein Gegenstand für das Hygrometer, das ist, kein Wasser mehr war, und da wir an den Stellen, wo es verschwindet, blos Luft finden, so ist es in einen luftartigen Zustand übergegangen, und der Regen ist der umgekehrte Proceß, er ist kein Niederschlag aus der Luft, sondern die Luft selbst wird bei dessen Erzeugung auf irgendeine Weise wieder zersetzt. Wer sicht nicht das seine gänzliche Bestätigung ein tödlicher Streich für die neuere französische Chemie seyn würde, bei welcher sich alles um die Zusammensetzung des Wassers aus oxygene und hydrogene dreht? Hier entsteht Wasser aus atmosphärischer Luft nicht durch Verbrennung inflammabler mit dephlogisticscher; und von diesem Wasser nicht etwa ein paar Pfunde, wie bei jenem Verbrennen, sondern Tausende von Centnern, deren Entstehung unerklärt bleibt, wenn man nicht annimmt, auch die Basis der atmosphärischen Luft sey Wasser, so gut als die der inflammablen und der dephlogisisirten‹‹. Zu L. Argumentationsanstrengungen gegen die Antiphlogistik s. auch zu J 2011, 2036, 2062. – *Kotzebue's erbärmliche Reue:* Die Flugschrift »An das Publikum«, die Kotzebue 1793 »in allen Buchhandlungen Teutschlands gratis« ausgeben ließ; er versuchte darin, sein Pamphlet »Doktor Bahrdt mit der eisernen Stirn, oder Die deutsche

Union gegen Zimmermann«, das er unter dem Namen Knigges veröffentlichen ließ, als jugendliche Verirrung und »literarische Unbesonnenheit« hinzustellen. – *Schwalheimer:* Schwalheim, hess. Dorf bei Dorheim im Kreis Hanau, das über eine erdig-muriatische Sauerquelle verfügt.

585 *bei Mad. Dietrich gewacht:* »M. l. Frau bey Elberfelds. Beym zu Hauße gehen fällt Mad. Dietrich Elberfelds Straßen treppe herab, und lag ohne Empfindung«, notiert L. unterm 5. Februar 1794. Den Unfall und seine Folgen vermerkt L. auch am 6.,7.,8.,9.,10.,11.,25. Februar 1794. – *fabelliert:* Wohl abgeleitet von ›fabulieren‹, im Sinne von ›schwätzen‹. – *Poppens Ofen ...:* Poppe wohnte L. gegenüber; vgl. den Brief an Franz Ferdinand Wolff vom 19. Juli 1793, auch L 376. – *Werners Brief:* Unterm 7. Februar 1794 verzeichnet L. den Erhalt des hier erwähnten Briefes von Georg Friedrich Werner.

586 *Präparationen zum Luftmachen:* Vgl. auch J 2013 und Anm., 2060. – *Mad. Dietrich ... besser:* S. zu SK 585.

587 *Mad. D. wieder schlimmer:* S. zu SK 585. – *Astronomie geschlossen:* Von L. unterstrichen.

588 *reveil:* Vgl. J 128. – *Etwas früh Griff:* Anspielung auf Dolly und pull. – *viel für Hogarth gesammelt:* Ähnlich auch unterm 12. und 18. Februar 1794 im Tagebuch vermerkt.

589 *Freicorporal Wolff kömmt an:* Der Sohn Franz Ferdinand Wolffs, der laut Tagebuch am 5. März 1794 Abschied nimmt und mit den Truppen abzieht; s. den rührenden Brief seiner Mutter Dorothea Wolff an L. vom 17. Februar 1794 (Briefwechsel IV, Nr. 2344). – *Düvl:* Diese Umschreibung für Dolly gebraucht L. hier zum erstenmal. – *Ich schreibe viel am compendio:* Gemeint ist Erxleben ⁶1794. – *zumal franz. Chemie:* S. zu J 2011 und SK 584.

590 *sauern Luftarten:* Dazu zählten in der Nomenklatur des 18. Jahrhunderts Essigsaure Luft (Schwefeldioxyd), Salpetersaure Luft (Stickstoffdioxyd), Salzsaure Luft (Chlorwasserstoff). – *bœuf à la mode:* Eingelegtes Rindfleisch mit essigsaurer Sauce; vgl. auch Hogarth-Erklärungen, III, S. 913.

591 *Longlatend:* »Diesen Morgen fürchterl. End lat, End long. und Zakaus – Heaven assist me!!«, notiert L. unterm 17. Februar 1794; vgl. von Zachs Brief an L. vom 12. März 1794 (Briefwechsel IV, Nr. 2351). S. zu L 42. – *Gleichnis mit dem Blase-Balg:* Vgl. J 1609.

592 *Der Braunholzin ... geliehen:* Auf den unpaginierten Seiten des »Staatskalenders« für 1794 vermerkt L.: »den 22ten Februar 1794. haben wir der Witwe Braunholtz 50 rh. gegen eine Hypothek von 70 geliehen.« Lucia Philippina Braunhold, geb. Herrenkind (1745–1819). – *bei mir ... Matthisson gewesen:* Zu der kuriosen ersten Begegnung vgl. L.s Brief an Matthisson vom 22. Februar 1794. Friedrich von Matthisson (1761–1831), sentimentalischer klassizistischer Dichter, seinerzeit sehr beliebt und selbst von Wieland und Schiller gelobt. »Lieder« (1781; 1787). Vgl. auch den Stammbuchspruch von L. für ihn (III, S. 654, KIII, S. 315). – *das Lasiussche Cabinet:* Mineraliensammlung in L.s Besitz; s. zu L 728. – *Dr Meiers:* Wohl Friedrich Albrecht Anton Meyer.

593 *der Mathem. Bartels:* Johann Martin Christian Bartels (1769–1836) aus Braunschweig, Prof. der Mathematik zu Reichenau in Graubünden, dann in Kasan und Dorpat; 1792 korrespondierendes Mitglied der Göttinger Sozietät, immatrikulierte sich am 25. Oktober 1793 als stud. jur. an der Georgia

Augusta. – *Langsdorf:* Wohl Carl Friedrich Langsdorf aus Nidda, immatrikulierte sich am 1. Juni 1793 als stud. math. an der Georgia Augusta; zuvor Universität Gießen. – *Meißner:* Wohl Georg Meisner aus Ilfeld, der sich am 24. April 1792 als stud. jur. an der Georgia Augusta immatrikulierte. – *Düvl sehr gut, du:* Das letzte, schlecht leserliche Wort könnte in der Handschrift auch *au* lauten.

594 *Dem jungen Wolff 2 Louisd'or:* S. zu SK 589. – *Longlat:* Vgl. SK 591. Zu L.s Umschreibung s. zu L 42.

595 *Eberhards holl. Wörterbuch:* Johann Paul Eberhard (1723–1795), Magister in Göttingen, seit 1753 Privatdozent für Angewandte Mathematik; Sprachmeister für Italienisch (1759–1780) und Spanisch (1755–1791) an der Georgia Augusta. Über das genannte Wörterbuch war nichts zu ermitteln. Vgl. auch den Brief an Johann Friedrich Blumenbach vom 9. Dezember 1797. Unterm 27. Februar 1794 notiert L.: »Borge das holländische Wörterbuch von D<u>r</u> Meyer«.

596 *Minchens Burztag:* Wilhelmine Lichtenberg. – *wegen Aristoteles:* Das Buch ist zu SK 552 nachgewiesen. – *Richter nach Mainz:* Zweck der Reise? – *von den schwimm[en]d[en] Batte[rien.]:* Vgl. J 940. – *Ende Ende:* Offenbar nachträgliche Einfügung zu und vor *v. Stück*; s. Ferdinand Adolf von Endes Brief an L. vom 25. Februar 1794 (Briefwechsel IV, Nr. 2348).

597 *Düvl's:* S. zu SK 589. – *strongest ... bedside:* Stärkster Griff an der Bettkante. – *Mad. Dieterich nicht zum besten:* S. zu SK 585. – *Abends Mettwurst:* In seiner Club-Rede über die beste Form der Göttinger Stadttore schlägt L. als ein Emblem auch »Mettwürste« vor; vgl. hierzu den Brief an Albrecht Ludwig Friedrich Meister vom Frühjahr 1779. Über diese Göttinger Spezialität s. zu B 176. – *strolling actresses:* Der Kupferstich zur Ersten Lieferung der Hogarth-Erklärungen, die Göttingen 1794 erscheint. S. III, S. 669–688.

598 *Madam Dietrich ... übler:* S. zu SK 585.

599 *die andre Kreuzin ... auch tod:* Unterm 9. März 1794 notiert L.: »Jungfer Creutzin stirbt.« Dorothea Margarethe Kreitz (1730-1794), »eine unverheiratete Frauensperson«, die am 9. März 1794 im Alter von 64 Jahren an Auszehrung starb (St. Johannis). Ihre Schwester Maria Catherina (geb. 1733), der Vater war der Soldat Johann Heinrich Kreitz. – *Bohnenberger und Haßler wegen des Schallversuchs:* Vgl. zu L.s Schallversuchen J 1307–1309. – *die Gesellschaft:* Dieterich und Frau, Mad. Köhler, Mademoiselle Ranchat. – *Wernecke:* Anton Heinrich Wernecke aus Preußen, immatrikulierte sich am 18. September 1792 in Kameralwissenschaften an der Georgia Augusta, wo er bis zum 26. April 1794 blieb; zuvor Universität Halle. – *Pfaff die Froschversuche:* Vgl. dazu den Brief an Christoph Heinrich Pfaff vom 16. März 1794; SK 605. In seinen »Lebenserinnerungen«, erschienen Kiel 1854 schreibt Christoph Heinrich Pfaff bezüglich L.: »Dem vortrefflichen Manne, schon durch meinen Bruder, der während seines Aufenthalts in Göttingen ihm nahe befreundet wurde und gegen den er die grösste Hochachtung hegte, empfohlen, brachte mich der Galvanismus näher und zu einem öfteren wissenschaftlichen Verkehr. Ich beschäftigte mich grade damals mit den Vorarbeiten zu meiner weiteren Ausführung meiner Dissertation in einem grösseren Werke und meine Versuche, die ich zu diesem Behuf anstellte, machten mich mit neuen interessanten Thatsachen bekannt. Lichtenberg zeigte ein grosses Interesse an mehreren Versuchen die ich unter seinen Augen anstellte, und er

widmete den Resultaten derselben einen eigenen Artikel in seinem jährlich erscheinenden Almanache. Ich verdanke seiner lebhaften Teilnahme an diesem Gegenstande, sowie einigen Aufsätzen von meiner Seite, namentlich über Delucs' electrische Theorie manche, theils kleinere, theils grössere schriftliche Zusendungen von seinem Gartenhause aus, das er im Sommer bewohnte, und ich bedaure nur, sie nicht benutzen zu können, da ich sie seinem Sohne für die neue Herausgabe der Schriften seines Vaters auf dessen Bitte überlassen habe, für welche sie aber zur Aufnahme kaum geeignet seien dürften.« Zit. nach Erich Ebstein, Christoph Heinrich Pfaff in Göttingen (1793–1794), in: Janus 9 (1904), S. 555–556. Zu L.s Beschäftigung mit dem Phänomen des Galvanismus s. zu J 1100, 1980.

600 *Kummer über Savage:* L.s Umschreibung für Johann Christian Wildt. Unterm 10. März 1794 notiert L.: »M. Wild bey mir. Doppelt Lat = Gramlang!!!« Der Grund seines Grams ist nicht ersichtlich. S. Ulrich Joost, Zwei rätselhafte Bemerkungen Lichtenbergs, in: Photorin 4, 1981, S. 63. – *long lad:* Zu dieser Umschreibung L.s s. zu L 42; vgl. auch SK 591. – *Der junge Dietrich ... erfreut zurück:* Aus Gotha, wo er sich mit Johanna Friedheim verlobt hatte. »Dietrich erzählt mit Thränen daß er eine große Freude habe, über s. Sohn, der in Gotha heyrathen wird. Abends kommt er mit der Bouteille, ich kan aber nicht daran profitiren«, notiert L. unterm 11. März 1794; »Dietrich bekömmt Gewißheit wegen der Verlobung seines Sohnes. Es ist große Freude« unterm 11. März 1794. – *Brief... von Herrn v. Zach:* Vom 12. März 1794 (Briefwechsel IV, Nr. 2351). Vgl. SK 591. – *Billet an ... D̲r̲ Pfaff:* Vgl. den Brief an Christoph Heinrich Pfaff vom 16. März 1794.

601 *an Beckmann ... wegen Hachfeldin:* L. verwendet sich bei Beckmann für die zehnköpfige Familie, der man die einzige Erwerbstätigkeit, den Bier- und Branntweinschank, nehmen will (vgl. den Brief an Johann Beckmann vom 18. März 1794). – *das Unglück im Saal:* Vgl. den Brief an Johann Daniel Ramberg vom 8. Juni 1794. – *viel Hogarth:* Für die Erste Lieferung der »Ausführlichen Erklärung«; s. auch SK 602, 606.

602 *Dr. Willich:* Friedrich Christoph Willich. – *Carl:* Conrad Ludewig Karl aus Osnabrück, immatrikulierte sich am 13. November 1793 als stud. math. an der Georgia Augusta. Seinen Antrittsbesuch notiert L. unterm 29. Dezember 1793. – *Viel Hogarth:* S. zu SK 601. – *gedüvelt:* Mit dem Düvel, bzw. Dolly gesprochen.

603 *Breeches ... devil:* Breschen in das Ofenloch für den armen Teufel. – *Breeches:* Engl., korrekt: breaches. – *baciament ... diabolico:* Küssen der teuflischen Hand; ital., korrekt: baciamano; diabolica. In der Handschrift basiament. – *Pollux:* S. zu SK 479. – *vehementissimo:* Sehr heftig. – *Braut und Schwiegervater:* Christian Friedheim in Gotha, und dessen Tochter Johanna, genannt Jeannette, die am 12. August 1794 Heinrich Dieterich heiratete. – *Barbier:* Vgl. SK 604. – *Mattier:* Münze mit geringem Kupfergehalt, deren Namen vom Goslaer Matthias-Groschen entlehnt war; ein Mattier entsprach ungefähr vier Pfennigen.

604 *Der neue Barbier:* Vgl. SK 603.

605 *D̲r̲ Pfaff Versuche mit den Fröschen und Schwamm:* S. zu SK 599. – *Knoopens Mädchen gemietet:* Neben Dolly die zweite Dienstmagd? Johann Friedrich Knoop (1761–1793), Buchdrucker bei Dieterich in Göttingen. – *Brief von Wattenbach:* Aus London.

606 *Der Pasquillantische Brief an Schlözer:* In Zusammenhang mit seiner in den »Staatsanzeigen« öffentlich gemachten Kontroverse mit dem Northeimer Posthalter Diezel? – *Hogarth rückt nicht vor:* S. zu SK 601. – *Hackfeldin ... Attestaten:* Vermutlich handelt es sich um die Hypotheken-Überschreibung und die Bittschrift an die hannoverische Regierung, vgl. SK 608, 632. – *Knoopin:* Vgl. SK 605. – *Duvel tacet:* Düvel schweigt. L. hat unter *tacet* eine gepunktete Linie zu dem Wort *Tacet* in der Eintragung unterm 25. März 1794 gemacht. – *Brief an ... Ende:* L.s Antwort auf dessen am 23. März 1794 eingegangenes Schreiben »über GrundEis und du bößes Longlad«.

607 *Bologneser Flasche:* S. zu J 30. – *Lottchens Geburtstag:* Der erste Geburtstag von Charlotte Cecilie Dieterich, nach deren Geburt ihre Mutter Charlotte, geb. Michaelis, gestorben war (s. zu SK 449, 459). Kindtaufe war in St. Johannis am 13. April 1793 gewesen (Paten Johann Christian Dieterich und Luisa Michaelis); sie stirbt nach schwerer Krankheit bereits am 20. September 1795, begraben am 24. September 1795. – *Bürger sehr übel:* Vgl seinen verzweifelten Brief an Heyne vom 16./17. März 1794. – *Würste an Wolff ... nebst Brief:* Unterm 25. März 1794 notiert L. »Brief von Wolff wegen W. und der Würste«. – *Hachfeld ein Attestat:* S. zu SK 606.

608 *No ... more:* Nie mehr Bettmachen. Anspielung auf Devil/Dolly, zu der L. unterm 29. März 1794 notiert: »Morgens 1/4 auf 3 I added one to the number properly a *Jota* only.« Ich fügte der Zahl lediglich ein Jota hinzu. – *die Friedheims kommen:* Die künftigen Schwiegereltern Heinrich Dieterichs, die bis zum 7. April 1794 bleiben (vgl. SK 613). Die Braut kommt am 4. April 1794. – *durch die Hachfeldin:* Laut Eintragung vom 28. März 1794 fuhr sie nach Hannover.

609 *Madam Wiß begraben:* Clara Catharina Wiß, geb. Muhlert (1743 bis 26. März 1794, begraben am 31. März 1794), Frau des Pfarrers Christoph Ludewig Wiß in Göttingen. – *Brief an Zach:* Vermutlich Dankschreiben für das am 28. März 1794 eingetroffene »Porträt von Zach«, die von diesem am 12. März 1794 (Briefwechsel IV, Nr. 2351) angekündigte Kopie des Porträts von Tobias Mayer. – *the devil ... unexpectedly:* Der Düvel unvermutet im großen Saal.

610 *Schmeißer:* In der Handschrift doppelt unterstrichen; vgl. den Brief an Paul Christian Wattenbach vom 14. April 1794. – *Provisor:* Davor von L. gestrichen *Prof.* – *Goth. gel. Zeit.:* »Gothaische gelehrte Zeitungen«, 14. Stück vom 5. April 1794, S. 104. – *Quarrelled with the devil:* Mit dem Düvel gestritten. – *Dietrich bessert sich:* Unterm 1. April 1794 notiert L.: »Dietrich legt sich von einem bösen Hals.«

611 *Viel Hogarth:* Arbeit an der Ersten Lieferung zu den Hogarth-Erklärungen; hier wohl insbesondere der Kommentar zur »Punschgesellschaft«; s. KIII, S. 324. – *Werner:* Unter dem 4. April 1794 notiert L.: »Der junge Werner bey mir Ein herrlicher Kerl. Viel Demokratie!« – *Brief von Zimmermann:* Aus dem Zusammenhang ist nicht zu entnehmen, ob es sich um den Braunschweiger oder den Bickenbacher handelt. – *Der junge Dietrich:* Heinrich Dieterich. – *Braut:* Johanna Friedheim. Unter dem 4. April 1794 notiert L.: »Die Braut kommt an von Gotha.« – *Devil ... innocence:* Düvel beinah der Zahl [hinzugefügt]. Hernach Zank darüber. Beleidigte Unschuld. Vgl. SK 4. April 1794; s. zu SK 612.

612 *Bischof:* Heinrich Bischoff aus Württemberg, immatrikulierte sich

am 17. April 1792 als stud. med. an der Georgia Augusta. – *Much ... pleasing:* Viel gesprochen, mehr denn je, sehr angenehm. Gemeint: Düvel. Unter dem 4. April 1794: »The good devils reconciliation soon.«

613 *a Pull ... window:* Ein Griff von hinten am Fenster. – *Dietrich ... schlechter:* Vgl. SK 615.

614 *Reinhold von Jena:* Karl Leonhard Reinhold (1758–1825) aus Wien, 1787 Prof. der Philosophie in Jena, 1793 nach Kiel; die Hinreise erfolgte Ostern 1794. Philosoph. Schriftsteller. Vgl. SK 8. April 1794. – *Faktor:* Greiling. – *das erste Mspt zum Hogarth:* Vgl. den Brief an Johann Joachim Eschenburg vom 12. April 1794. – *bad ... devil:* Schlimmer Streit mit Düvel.

615 *Erster Bogen von Hogarth aus der Druckerei:* 16 Seiten. – *Brief an Eschenburg:* Vgl. den Brief an Johann Joachim vom 12. April 1794. – *durch Herrn Fischer:* Vgl. den oben nachgewiesenen Brief. – *Dietrich bessert sich:* Vgl. SK 613.

616 *Colleg geschlossen:* Danach von L. eine Notiz gestrichen, die er unter dem 15. April wiederholt: »Two guldens story before the stove«. – *Brief an Göttling:* Bezieht sich wohl auf dessen Schrift »Beytrag zur Berichtigung der antiphlogistischen Chemie auf Versuche gegründet«, Weimar 1794, deren Empfang L. unterm 5. April 1794 notiert. – *Roose:* Theodor Georg August Roose (1771–1803) aus Braunschweig, immatrikulierte sich am 25. Oktober 1792 als stud. med. an der Georgia Augusta, zuvor Univ. Helmstedt; Dr. med., Anatom und Physiologe. Prof. der Medizin in Braunschweig, Korrespondierendes Mitglied der Göttinger Sozietät der Wissenschaften. »Über die Gesundheit des Menschen« (Göttingen 1793); offenbar mit L. befreundet. Vgl. Brief an diesen vom 14. April 1794. – *Dietrich besser:* Vgl. SK 615. – *Der junge Dietrich:* Heinrich Dieterich.

617 *Viel Hogarth:* S. zu SK 611. – *Entzweiung mit the devil:* Vgl. SK 610, und den Eintrag unterm 13. April 1794. – *So eben:* In der Handschrift zweimal unterstrichen. – *auf dem Garten:* Vgl. SK 15. April 1794: »Vorgenommen auf den Garten zu gehen, es ist aber nichts.«

618 *Falkenberg:* Wohl Johann Alexander von Falkenberg aus Münden, stud. jur., immatrikuliert am 22. Oktober 1768; Chef des Grubenhagenschen Regiments zu Osterode, Eisenhütten-Registrator beim Bergamt zu Clausthal. – *Gersdorf:* Adolf Traugott von Gersdorf (1744–1807), dilettierender Naturforscher besonders auf dem Gebiet der Elektrizität, Forschungsreisender, 1779 Stifter der Oberlausitzer Gesellschaft der Wissenschaften; war im Juni 1783 in Göttingen, wo er mit L. zusammentraf und seit dieser Begegnung mit ihm in Korrespondenz stand, von der aber offenbar nichts überliefert ist; vgl. Dorothea Goetz, Die Beziehungen zwischen Georg Christoph L. und Adolf Traugott von Gersdorf, in »Wissenschaftliche Zeitschrift der Pädagogischen Hochschule Potsdam«, Jg. 11, H. 4, 1967, S. 417–422. – *Olufsen Abschied:* Zur England-Reise mit Abstecher in den Harz (Clausthal) und nach Gotha und Weimar vgl. den Brief vom 18. April an Johann Wolfgang von Goethe und an Oluf Christian Olufsen vom 18. April 1794, sowie SK 19. April 1794; Rückkehr am 16. November 1794. – *in the Garden room:* Dolly war also mit draußen.

619 *Göthe:* Vgl. den Brief an Johann Wolfgang von Goethe vom 18. April 1794. – *Voigt:* Die Begründung für dieses Empfehlungsschreiben findet sich im Brief an Oluf Christian Olufsen vom 18. April 1794.

620 *a ... day:* Eine ganze Flasche pro Tag.

621 *Tandem ... ever:* Dennoch, dennoch den armen Teufel trotz allen Widerstands der Zahl hinzugefügt. Schrecklich zornig aber bald ausgesöhnt und so freundlich wie immer. L. reminisziert diese Eroberung noch zwei Jahre später (SK 900). Vgl. SK 611. – *Veitsbohnen:* S. zu F 45.

622 *and ... well:* Und dennoch sehr wohl. – *Royal Reflections gelesen:* Titel und Verfasser konnten nicht ermittelt werden.

623 *Conscience:* ›Gewissen‹; vgl. zur ›Düvelgeschichte‹ auch SK 621. – *Mad. Dietrich lahm:* Vgl. SK 20. April 1794: »Madame Dietrich die lahme gute Frau heraus zu mir, mit allen übrigen ...«; vgl. auch L.s Brief an Christiane Dieterich vom 19. April 1794 (Briefwechsel IV, Nr. 2365). – *She ... yet:* Sie wittert etwas von der Düvel-Affaire, aber bis jetzt nichts Genaues.

624 *Korrektur:* Zur Ersten Lieferung von Hogarth; s. zu SK 611.– *Mienchen:* Wilhelmine Lichtenberg. – *über mein Porträt:* Vgl. Brief an Johann Friedrich Bause vom 18. April 1794 und Photorin 1, 1979, S. 29–31.

625 *Dengel ... Abschied:* Zur Reise nach England. – *Briefe ... an Planta und D*ᴿ *Brande:* Empfehlungsschreiben. – *Dreffein:* In der Handschrift *Dreffer*. Ernst Heinrich Dreffein (1771–1815) aus Hitzacker, immatrikulierte sich am 23. April 1794 als stud. theol. an der Georgia Augusta; Dr. phil., 1808 Rektor zu Ebstorf, 1810 Kapellenprediger zu Hagen, 1811–1814 Pfarrer in Wesermünde, danach Feldprediger bei der Landwehr in Amerika, auf einer Reise nach Hamburg ertrunken. – *Niete:* Holl. ›das Nichts, die Null‹, im 18. Jh. mit dem Lotteriespiel ins Deutsche übernommen (DWB 7, Sp. 842).

627 *100 Taler praenumerando:* Vorschuß auf Hogarth; Dieterich hatte 400 Taler Honorar versprochen. – *she ... matter:* Sie scheint von der Affaire nichts zu wissen; vgl. SK 621 und Anm.

628 *Meine liebe Frau ... Zahnweh:* Vgl. den Brief an Margarethe Lichtenberg vom 9. Mai 1794. – *Kummer über OOO!!!:* Kein Geld. Vgl. SK 3. Mai 1794 und den Brief an Margarethe vom 9. Mai 1794.

629 *Zachs Porträt kommt:* S. darüber Wolfgang Gresky, Ein Brief des Gothaer Hofmalers Specht an Ludwig Christian Lichtenberg. Ein Beitrag zur Lichtenberg-Ikonographie, in: Photorin 1, 1979, S. 29f. und 3, 1980, S. 62f. Wohl von Ernst Christian Specht gemalt und an L. übersandt. – *an Hindenburg:* Vgl. den Brief an Karl Friedrich Hindenburg vom 10. Mai 1794.

630 *reist ... Dietrich ab:* Zur Leipziger Frühjahrsmesse. – *Mienchen ... krank:* Wilhelmine Lichtenberg.

631 *Hogarth ... vollendet:* Erste Lieferung. – *Manikofsky angefangen:* Neuer oder weiterer Diener L.s? Vgl. auch den Eintrag unterm 6. Mai 1794: »HE. Manikofsky angenommen«, sowie den vom 11. Juli 1794.

632 *Hachfeldin abschlägige Antwort:* S. zu SK 601.

633 *Dietrichs Pferde ... müde:* Nach der Rückkehr von Leipzig. – ♄ *Ring horrid:* Saturn-Ring schrecklich. Wildt hatte am 17. Mai 1794 der Sozietät aus seiner Schrift »De rotatione annuli Saturni« vorgelesen (GGA, 93. Stück, 12. Juni 1794, S. 932). – *Gerson:* Alexander Hirsch Gerson (1772–1809) aus Hamburg, immatrikulierte sich am 7. Mai 1794 als stud. med. an der Georgia Augusta; zuvor Universität Kiel; später Dr. med. in Hamburg.

635 *Hogarth an Kästner und Blumenbach:* Die Erste Lieferung der Hogarth-

Erklärungen; die Begleitschreiben L.s sind nicht erhalten. – *Brief von . . . Murr:* Christoph Gottlieb von Murr (1733–1811), vielseitig gebildeter Jurist und Historiker; Schriftsteller, von dem L. mehrere Werke besaß.

636 *Schwefelleber:* Verbindung des Schwefels mit alkalischen Metallen. – *Fiorillo:* Johann Dominikus Fiorillo (1748–1821), Historienmaler, seit 1781 Universitäts-Zeichenlehrer in Göttingen, 1785 Aufseher über die Gemälde- und Kupferstichsammlungen der Universitätsbibliothek, über die er ein Verzeichnis anfertigte; 1799 Prof. für Kunstgeschichte in Göttingen. Lehrer Wackenroders und Rumohrs, Freund Heynes; »Vater der deutschen Kunstwissenschaft«.

637 *Hogarth an . . . Ende:* Das Begleitschreiben L.s ist nicht erhalten; s. zu SK 635. – *an Ramberg:* S. Brief an Johann Daniel Ramberg vom 22. Mai 1794. – *Traurige Nachricht von den Armeen:* S. auch oben genannten Brief an Ramberg. – *Ameisen-Bad:* Warmes, über Ameisen und Ameisenhaufen bereitetes Heilbad.

638 *Alter vielleicht:* Vgl. den Brief an Johann Daniel Ramberg vom 8. Juni 1794. S. zu H 170.

639 *Fulda bei mir:* Friedrich Karl Fulda (1774–1847), immatrikulierte sich am 12. Mai 1794 als stud. math. an der Georgia Augusta Universität. – *the little . . . Devil:* Die kleine Witwe etwas à la Düvel. – *widow:* Frau Köhler? – *meine Mitteilung an Blumenbach:* Vgl. SK 635. – *voller Verachtung gegen die Franzosen:* Vgl. den Brief an Johann Daniel Ramberg vom 8. Juni 1794.

640 *Der kleine Wilhelm:* L.s Sohn. – *Faktor:* Greiling. – *Bohnenberger . . . bei mir:* Über den Inhalt des Gesprächs und L.s Urteil über Bohnenberger vgl. den Brief an Johann Friedrich Blumenbach vom 27. Mai 1794.

641 *mit etwas guter Langen Latte:* S. zu SK 606; s. zu L 42. – *Brodfrucht in Spiritus:* »Their arrival (particularly the Breadfruit's) excited the universal curiosity of our little Town (remote in the heart of the continent where such exotic Rarities so seldom arrive –) that I may say there was in the first fortnight a kind of pilgrimage to my house, to see them, & above all that fruit so famous since Your voyage round the world & so inestimable for the benefit of mankind« (Ihre Ankunft, insbesondere die der Brotfrucht, erregte in unserer kleinen Stadt – die weitab im Landesinnern liegt, wo solche exotischen Raritäten selten hingelangen – allgemeine Neugierde, so daß in den ersten vierzehn Tagen die Leute sozusagen zu meinem Hause pilgerten, um sie zu sehen und vor allem diese Frucht, die seit Ihrer Reise um die Welt so berühmt ist und von so unschätzbarem Wert für das Wohl der Menschheit), schreibt Johann Friedrich Blumenbach am 29. Juni 1794 an Joseph Banks nach London, der ihm diese Rarität offenbar im Mai 1794 für sein Naturalien-Kabinett geschickt hatte. Vgl. »Commercium Epistolicum J. F. Blumenbachii«, Göttingen 1984, Nr. 136, S. 117. Vgl. auch E 450. – *Nachricht von Wildts Collegium:* Wildt kündigte für das Sommerhalbjahr 1794, das am 5. Mai begann, ein Kolleg nach Kästner an; sein Programm: »Gedanken über Inhalt und Anordnung mathematischer Vorlesungen«. Vgl. L.s Brief an Johann Friedrich Blumenbach vom 27. Mai 1794 und SK 642. – *Taraxacum:* Darüber s. zu J 368. – *Billet an Blumenbach:* Vgl. den oben erwähnten Brief. – *Reimarus Rezension angefangen:* Die Besprechung von »Neuere Bemerkungen vom Blitze, dessen Bahn, Wirkung, sichere und bequeme Ableitung, aus zuverlässigen Wahrnehmungen von Wetterschlägen dargelegt«,

Hamburg 1794, die in den GGA, 119. Stück vom 26. Juli 1794, S. 1192–1199 erschien.

642 *Wildts Anzeige:* Vgl. SK 641. – *Billet von Blumenbach:* Vgl. Brief an Johann Christian Dieterich vom 14. Juni 1794. – *das Buch mit den franz. Grausamkeiten:* Titel und Verfasser konnten nicht ermittelt werden, falls es sich nicht um folgendes, Göttingen 1794 bei Dieterich erschienene Werk handelt: »Adam Philippe Comte de Custine's Zeugenverhör, Aussagen und Tod. Aus den gerichtlichen Acten des Revolutions-Tribunals.« Vgl. auch SK 404 und Anm., 643.

643 *Brief an ... Becker:* S. Briefwechsel IV, Nr. 2386. Wilhelm Gottlieb Becker (1753–1813), Prof. an der Ritterakademie in Dresden, Mitarbeiter am »Göttingischen Magazin«. – *gegen M. Wildt ... wegen des französ. Buchs:* S. zu SK 642.

645 *dennoch:* Danach von L. gestrichelte Linie zu SK 646.

646 *Familie unten:* Dieterich und Frau, Madame Köhler. – *Savage:* Wildt. Dieser hatte Herschels Saturntrabanten-Entdeckungen in einem Aufsatz (vgl. SK 633) angezweifelt; L. gibt in seinem Brief an Heyne vom 1. Juni 1794 (Briefwechsel IV, Nr. 2388) sein negatives Urteil darüber ab. – *Koch:* Fuhrmann in Göttingen. – *Junger Elberfeld* †*:* Georg Heinrich Elberfeld (1761–1794) aus Göttingen, immatrikulierte sich am 21. April 1781 als stud. theol. an der Georgia Augusta; gestorben an einem »hitzigen Fieber« als Kandidat der Theologie (St. Johannis). Vgl. auch SK 648.

647 *Aräometer:* Auch Hydrometer, Gravimeter: hydrostatische Waage zur Bestimmung des spezifischen Gewichts von Flüssigkeiten. S. auch zu L 637. – *Brief an Reimarus:* Dieser Brief, von der Forschung bis 1971 für verschollen gehalten, wurde von Rudolf Jung in seiner Miszelle »Marginalien zu einer neuen Ausgabe der Briefe Georg Christoph Lichtenbergs« (Euphorion Bd. 65, 1971, S. 316) neu abgedruckt, nachdem er erstmals in D. Veit, Johann Albert Reimarus nach zurückgelegten Funfzig Jahren seiner medizinischen Laufbahn, Hamburg 1807, S. 121 f., erschienen war (s. Briefwechsel IV, Nr. 2389).

648 *mit dem Devil ... alles vorbei:* Vgl. aber SK 658. – *stinkenden Nebel gerochen wie 1783:* Vgl. den Brief an Gottfried Hieronymus Amelung vom 3. Juli 1783 und an Wolff vom 13. Juli 1783 sowie SK 6. Juni 1794: »Diesen Morgen um 2 Uhr rieche ich den Nebel wieder.«

650 *Levi:* Joseph Levi aus Norden in Ostfriesland, immatrikulierte sich am 27. April 1793 als stud. med. an der Georgia Augusta; er nahm am 28. September 1794 Abschied. – *Bürger stirbt:* Laut Kirchenbuch St. Johannis starb der »Professor hieselbst und ein berühmter Dichter« an der »Hectic«.

651 *Den Kindern:* Georg, Louise, Wilhelm, Wilhelmine. – *die Gesellschaft:* Frau Dieterich, Madame Köhler, Mademoiselle Ranchat. – *nach dem Hardenberge:* Die Ruine der Doppelburg Hardenberg nahe Nörten-Hardenberg, mit einem zwischen 1780 und 1790 angelegten Englischen Garten; seit 1287 im Besitz der Familie derer von Hardenberg; schon im 18. Jh. beliebtes Ausflugsziel der Göttinger Bürger. – *Laqueta:* Die Lebensdaten dieses portugiesischen Predigers konnten nicht ermittelt werden.

652 *Sterbetag meiner ... Mutter:* Vgl. SK 49. – *Mamsell:* Ranchat. – *Dietrich von der Messe zurück:* Aus Leipzig.

653 *Bürger auf dem Kirchhof:* Zur Beschreibung des Begräbnisses auf dem

Bartholomäus-Friedhof an der Weender Landstraße, wo auch L. begraben ist, vgl. Brief an Christian Gottlob Heyne vom 14. Juni 1794; im übrigen s. zu J 1662. – *Hahnemann:* Zu Hahnemanns Besuch in Göttingen vgl. Christoph Heinrich Pfaff in seinen »Lebenserinnerungen«, Kiel 1854: »Dies leitet mich auf meine damals gemachte Bekanntschaft des berühmten Hahnemann's, des von den gläubigen Homöopathen hochgefeierten Reformators der praktischen Medizin. Er war in einer Art von Emigranten Wagen mit seiner ziemlich zahlreichen Familie in Göttingen angelangt. Ich lernte ihn zuerst bei seinem Besuche im Accouchier-Hospital kennen. Er machte auf mich den Eindruck eines Herrenhuters und Mystikers, und sein Mysticismus verriet sich auch dadurch, dass er die Läden seiner vorderen Zimmer immer verschlossen hielt. Ich besuchte ihn öfters, ohne dass sich damals noch etwas von der Homöopathie an ihm verriete, sondern er vielmehr von den chemischen Eigenschaften der Arzneimittel ihre Heilkraft erwartete. Eines seiner Kinder wurde auch von der Ruhr befallen, und Hahnemann hoffte, durch antiseptische Kohle den Feind zu bekämpfen; das Uebel verschlimmerte sich, und da ich ihm versichern konnte, dass nach meiner Erfahrung bei den vielen Kranken, die ich zu behandeln hatte, meine Methode vortrefflich angeschlagen, so übergab er mir den kleinen Kranken, welchen ich glücklich durchbrachte.« Zit. nach Ebstein, Pfaff, in: Janus 9, 1904, S. 554 f. Hahnemann hat sich übrigens am 23. Juni 1794 als Dr. med. an der Georgia Augusta eingeschrieben.

654 *Heyne ... Nachricht von seinem Chronometer:* Vgl. den Brief an Christian Gottlob Heyne vom 14. Juni 1794. – *nach dem Holze:* Ellershäuser Holz; vgl. dazu L.s Brief an Johann Christian Dieterich vom 14. Juni 1794. – *Dietrich mir noch 100 Taler bezahlt:* Weiterer Vorschuß auf Hogarth. – *Crusen:* Wohl Johann Friedrich August Cruse aus Braunschweig, der sich am 19. April 1793 als stud. jur. an der Georgia Augusta immatrikulierte.

655 *Dicke Mann von Nicolai:* Der Roman »Geschichte eines dicken Mannes, worin drey Heurathen und drey Körbe nebst viel Liebe«, erschienen Berlin 1794 in zwei Bdn.; ein Geschenk des Verfassers; vgl. den Brief an Christoph Friedrich Nicolai vom 29. März 1795. – *Stallmeisters Anteil:* Demnach teilten sich Ayrer und L. das Gartengrundstück?

656 *M. l. Frau und ich fahren durch das Korn:* Vgl. den Brief an Johann Christian Dieterich vom 14. Juni 1794. – *Danziger:* Danziger Goldwasser, vermutlich Geschenk von Aycke; L.s Lieblings-Schnaps. – *die Familie:* Dieterich und Frau, Madame Köhler. – *Heirats-Geschichte mit Ludw[ig?]:* Der Name in der Handschrift schlecht leserlich: *Luce?* Dann käme in Frage: Johann Wilhelm Ludewig Luce aus Braunschweig, der sich nach 1774 und 1789 am 22. Dezember 1791 zum dritten Mal als stud. med. an der Georgia Augusta immatrikulierte. Zur »Heirats-Geschichte« konnte nichts in Erfahrung gebracht werden.

657 *an Archenholz:* Vgl. den Brief an Johann Wilhelm von Archenholz vom 16. Juni 1794. – *das neue Whist:* S. zu SK 246.

658 *Wassermeyer:* Falls es sich um einen Studenten handelt, käme in Frage: Heinrich Christoph Wassermeyer aus Göttingen, immatrikulierte sich am 28. April 1791 als stud. jur. an der Georgia Augusta, oder Johann Andreas Wassermeyer aus Göttingen, der sich am 18. November 1794 als stud. oecon. an der Georgia Augusta einschrieb. – *Gewitter:* 1794 war ein Gewitterjahr;

vgl. Briefe an Reimarus vom 4. Juni, an Ramberg vom 19. Juni und an Christian Gottlob Heyne vom 12. Juli 1794 sowie SK 19. Juni und 24. Juni 1794: »So eben um VI Uhr abends schlägt das Gewitter hier auf der kleinen Mühle ein, und tödet 2 Menschen und 2 Pferde; ein Mensch ist wieder zu recht gebracht, wie ich so eben höre.« – *es war nicht fehl:* In der Handschrift durch Zeichen hier angeschlossen.– *Sperling geschossen:* Vgl. SK 51 und 659. – *ein:* In der Handschrift *eins*. – *Duvels reconciliation:* Aussöhnung mit Düvel. – *Tom Jones:* Der Roman von Fielding ist zu KA 256 nachgewiesen; vgl. auch SK 666 und 667.

659 *Brittische Annalen 9ter Band:* »Annalen der Brittischen Geschichte des Jahrs 1792. Als eine Fortsetzung des Werks England und Italien« 9. Bd., Hamburg 1794, hrsg. von Archenholz. Laut Vorbericht hat Eschenburg anstelle von Georg Forster die darin befindlichen Literatur- und Kunst-Abschnitte übernommen. Darin enthalten: Geschichte der Nation; Tribunal-Vorfälle; Geschichte der Literatur; Sittengeschichte. Vgl. den Brief an Johann Wilhelm von Archenholz vom 3. Juli 1794. – *Sperlinge geschossen:* Vgl. SK 51. – *Brief v. Wattenbach aus London:* Vgl. Brief L.s an Paul Christian Wattenbach vom 14. April 1794. – *Brief von Ramberg:* Antwort auf L.s Schreiben vom 19. Juni 1794? – *Rekruten frei gemacht:* Unter dem 19. Juni 1794 notiert L.: »Ein Erdbeerjunge wird mit Gewalt unter die Soldaten genommen.« Vgl. auch SK 744.

660 *Savage:* Wildt. – *die Hachfeldin ... wegen Höpfner:* Wohl der hannöversche Justizsekretär Karl Ludwig Höpfner; s. Brief an Johann Daniel Ramberg vom 10. Juli 1794. Gesuch an die Regierung in Hannover, das L. aufsetzen soll. Vgl. SK 662.

661 *Lentin ... angebrannte Splitter von dem bidental:* D. h. von dem Blitzeinschlag in der Kleinen Mühle, von dem L. unterm 24. Juni 1794 berichtet. – *bidental:* Lat. ›Blitzmal‹, ein vom Blitz getroffener Ort. Vgl. auch den Brief an Johann August Heinrich Reimarus vom 18. August 1794. – *Wieder ... Gewitter:* Bezieht sich auf die Gewitter-Notiz vom 24. Juni 1794. – *Billet an Kästner:* Vermutlich wegen des Blitzschlags und Donners; vgl. oben erwähnten Brief an Reimarus.

662 *nach Hofgeismar:* In das Kurbad; s. SK 503. Die Abfahrt mit Familie Dieterich erfolgte am 28. Juni 1794. – *Kniep, der der Mühle gegenüber wohnt:* Bezieht sich auf den Blitzeinschlag vom 24. Juni 1794; s. zu SK 661. – *Höpfner wegen der Hachfeldin:* S. zu SK 660.

663 *An die Gesellschaft in Geismar:* S. zu SK 662. – *Dr Weinhold:* Wohl Arnold Wienholt (1749–1804), Dr. med., Stadtphysicus in Bremen und medizin. Schriftsteller. – *Heeren:* Arnold Hermann Ludwig Heeren (1760–1842), Student der Theologie und Philosophie (immatrikuliert 11. Oktober 1779) in Göttingen; Schüler Heynes, dessen Schwiegersohn er wurde; 1784 Privatdozent; seit 1787 außerordentl., 1794 ordentl. Prof. der Geschichte in Göttingen; 1789 außerordentl. Mitglied der Sozietät der Wissenschaften. Galt, besonders im Ausland, lange als erster Historiker Deutschlands; Lehrer Otto von Bismarcks. – *pro hospite:* S. zu SK 484. – *Assessor Meyer:* Wohl Sigismund von Meyer aus Hessen, der sich als »Assessor Camerae Hasso Cassel.« am 19. Oktober 1793 an der Georgia Augusta für Kameralwissenschaften einschrieb; zuvor Marburg. – *Klindworth ... Instrumente ... für Herrn von Gersdorf:* »Verschiedene Instrumente ließ sich Gersdorf auch von dem Göttinger Mechaniker Klindworth anfertigen, z. B. Voltasche

Strohhalmelektrometer, Luftpumpen u. a. In einem Brief an Charpentier [14. November 1796] betonte er, daß er sich gern von Klindworth elektrische Gerätschaften senden ließe, da er ihn unter der Aufsicht von Lichtenberg weiß.« Zit. nach Dorothea Goetz, Die Beziehungen zwischen Georg Christoph Lichtenberg und Adolf Traugott von Gersdorff, in: Wiss. Zeitschrift der Päd. Hochschule Potsdam 1967, S. 420. Vgl. SK 618, sowie J 707.

664 *Mein Geburtstag:* Unterm 27. Juni 1794 notiert L.: »Wegen der Reise nach Hofgeißmar werde ich heute angebunden.«

665 *at... num[ber].:* Um zwei Uhr morgens Ennah der Zahl hinzugereiht. Welche Hanne sich hinter der simplen Buchstabenumstellung verbirgt, ist schwer zu sagen: Johanne Rogge, Hanna Sommer oder Hanna Braunhold? Vgl. J 1216. – *Silber ... zwischen Sennickerode und Bischhausen gefunden:* Gemeinden südöstlich Göttingen, ehemals im Amt Altengleichen und Witzenhausen gelegen. – *Billet von Heyne wegen Murr:* Vgl. den Brief an Christian Gottlob Heyne vom 12. Juli 1794. – *ältesten Jungen:* Georg Christoph jr.

666 *before ... Jones:* Vor Düvels Bett. Viel Kitzeln danach. Aber nicht ein bißchen näher. Viel von Tom Jones. – *Tom Jones:* S. zu KA 256; vgl. SK 658 und 667. – *Brauns:* Heinrich Albrecht Brauns aus Lüneburg, immatrikulierte sich am 14. November 1793 als stud. math. an der Georgia Augusta.

667 *durch ... v. Molke:* In der Matrikel der Georgia Augusta sind zwei v. Molke verzeichnet: Adam Theophil Graf Molke aus Kopenhagen, immatrikuliert 18. Oktober 1787, und Otto Joachim Graf von Molke (1770–1853), aus Kopenhagen, immatrikuliert 13. Oktober 1788. – *Buch von ... Kohlreif mir dediziert:* Die »Abhandlungen von der Beschaffenheit und dem Einfluß der Luft auf Leben und Gesundheit der Menschen«, Weissenfels und Leipzig 1794. – *Servin:* Friedrich Severin, Buchhändler in Weissenfels. – *lese im Fielding:* »Tom Jones«; s. zu SK 658.

668 *Der junge Dietrich:* Heinrich Dieterich – *Christelchen:* Christina Köhler.

669 *Blumhof ... 2 Taler versprochen:* Für Assistenz oder Privatunterricht von Georg Christoph jr.? – *Briefe von Höpfner und Ramberg:* In den Briefen ging es vermutlich um das Gesuch der Hachfeldin: vgl. Brief an Johann Daniel Ramberg vom 10. Juli 1794. – *am Blitzableiter gearbeitet:* Von der Errichtung eines Blitzableiters berichtet L. auch unterm 9. und 11. Juli 1794, an Reimarus am 18. August 1794 und im GTC 1795, S. 127–144: »Über Gewitterfurcht und Blitzableitung. Auf Verlangen« (III, S. 130–137).

670 δυβελς βεδ: Düvels Bett; vgl. SK 666. – *crinitsche:* Vom lat. crinis ›Haar‹. – *Faktor:* Greiling. – *an der alten Stelle:* Wo sie sich kennengelernt haben? – *Brief an Ramberg:* Vgl. den Brief an Johann Daniel Ramberg vom 10. Juli 1794.

671 *Rezension von Reimarus:* S. zu SK 641. Vgl auch »Über Gewitterfurcht und Blitzableitung« (III, S. 136) und den Brief an Johann August Heinrich Reimarus vom 18. August 1794. – *Billet damit an Heyne:* Vgl. den Brief an Christian Gottlob Heyne vom 12. Juli 1794. – *Hachfeldin mit ihrem Reskript:* »Hachfeldin dringt durch«, notiert L. unterm 6. Juli 1794, und unterm 15. Juli: »Nachricht von dem verfluchten Verfahren des Magistrats gegen die Hachfeldin«. Vgl. SK 676 und den Brief an Johann Daniel Ramberg vom 10. Juli 1794.

672 *Doktorin Böhmer bei Dietrich:* Caroline Böhmer aus Mainz. Sie war offenbar von Gotha aus, wo sie sich 1794 vorübergehend aufhielt, nach

Göttingen gereist. Eine Anspielung auf ihren Besuch enthält ihr Brief an Friedrich Ludwig Wilhelm Meyer, Gotha den 7. Juni 1794, Nr. 145, in: Caroline. Briefe aus der Frühromantik, hrsg. von G. Waitz, 2 Bde., 1871, Bd. 1, S. 346 und S. 350. Mit Reskript des Hannov. Universitäts-Kuratoriums an Prorektor Feder vom 16. August 1794 wird Caroline der Aufenthalt in Göttingen untersagt, vgl. hierzu ebd., Bd. 1, Nr. 146, S. 346 f. – *Townson's Versuche gehen fort:* Vgl. SK 15. Juli und 17. Juli 1794. – *Terpentin-Öl:* S. zu J 2115. – *Brief an Müller zu Itzehoe:* Vgl. den Brief an Johann Gottwerth Müller vom 16. Juli 1794. – *Mamsell Wiederholz:* Christina Helena Wiederhold (1773–1833), Tochter des Buchbinders Johann Carl Wiederhold in Göttingen; zu L.s Urteil über die »Mamsell« vgl. den Brief an Karl Friedrich Kielmeyer vom 12. Dezember 1791, der während seines Göttinger Aufenthalts im Hause Wiederholds, Prinzenstraße [14] wohnte. – *Lärmen der Pursche:* Feiern sie das frz. Föderationsfest (14. Juli 1790 erstmals auf dem Marsfeld zu Paris) nach? – *Vesuv ... vielen Schaden getan:* Zu dem Vulkanausbruch 1794 vgl. Plantas Brief an L. vom 30. Juli 1795, wo er auf die »pretty prints« in den neuesten »Philosophical Transactions« hinweist (Briefwechsel IV, Nr. 2557). S. auch zu K 391.

673 *Gildemeister:* Johann Friedrich Gildemeister (1750–1812) aus Bremen, seit 1776 dort Syndicus des Collegium Seniorum; auch schriftstellerisch tätig. In Frage käme allerdings auch Johann Gildemeister (1753–1837), Kaufmann und Ratsherr in Bremen. – *Düvel-talk:* Gespräch mit dem Teufel (Dolly).

674 *Am Erxleben gearbeitet:* Die sechste (und letzte von L. veröffentlichte) Aufl. der »Anfangsgründe der Naturlehre«, die noch 1794 erschien. – *v. Knorring:* Vielleicht Karl Georg von Knorring (1773–1841), geb. in Reval, aus altem estländischen Adelsgeschlecht, gest. in Paris; er immatrikulierte sich am 19. Oktober 1792 als stud. phil. an der Georgia Augusta. Allerdings gab es auch einen Karl von Knorring (1774–1817), Generalleutnant und Chef des Tatarischen Ulanenregiments. – *Heineke:* Johann Heineken (geb. 1761), Dr. med., Professor und Stadtphysikus in Bremen; medizin. Schriftsteller. – *Kielmeyer lange bei mir:* Karl Friedrich Kielmeyer war laut Tagebuch am 9. Juli 1794 in Göttingen eingetroffen.

675 *Viel Erxleben:* S. zu SK 674. – *Hochzeit-Reise:* Die Hochzeit von Heinrich Dieterich und Johanna Friedheim fand am 12. August 1794 in Gotha statt; vgl. SK 686. L.s Frau nahm an der Reise nach Gotha teil. – *Seebing:* S. zu J 1468.

676 *2ten Siegs der Hachfeldin:* 2ten von L. zweimal unterstrichen; vgl. SK 601. – *Traurige Nachrichten von den Armeen am Rhein:* Vgl. SK 18. Juli 1794: »Nachricht von der Niederlage des General Möllendorf.« Richard Joachim Heinrich Graf Möllendorf war seit 1794 Oberbefehlshaber der preußischen Armee am Rhein. – *Kutscher nach Gotha Meubel zu holen:* Das Mobiliar der Braut Heinrich Dieterichs.

677 *Kalender ... angefangen:* Den GTC für 1795. – *die Kinder:* Georg Christoph, Louise, Wilhelm, Wilhelmine.

678 *Kalender-Mspt nach der Druckerei:* S. zu SK 677. – *Mad. Elberfeld:* Catharine Wilhelmine Elberfeld, geb. Heinrichs aus Kassel, verheiratet mit dem Göttinger Handelsmann Barthold Friedrich Elberfeld (1764–1827); gebar laut Tagebuch am 12. Dezember (Kirchenbuch: 11. Dezember) 1794 einen Sohn, August Heinrich. Da sie L. in seinen Tagebüchern in der Regel

als die *junge* Madame Elberfeld kennzeichnet, käme hier auch ihre Schwiegermutter Sophia Margarethe Elberfeld, geb. Bornemann (1738–1819) in Frage, die 1755 Johann Heinrich Elberfeld geheiratet hatte.

679 *Erste Kalender-Korrektur:* S. zu SK 677. – *Brief von Ebert:* L. antwortet Johann Arnold Ebert am 31. Juli 1794. – *der Älteste:* Georg Christoph jr. – *nach Adelebsen, den Wiegand hinrichten zu sehen:* Johann Andreas Wiegand aus Adelebsen war Förster in Wibbecke und wurde wegen Holzdiebstahls und fortgesetzter Unterschlagung am 23. Mai 1791 von seinem Posten suspendiert. Nachdem er seine Strafe abgesessen hatte, bat seine Frau am 9. Februar 1792 den Gerichtsherrn, ihren Mann wieder als Förster in den Dienst zu nehmen, damit sie mit ihren vier kleinen Kindern nicht hungern müßte. Der Major August Georg Franz von Adelebsen lehnte aber ab und schrieb lediglich ein unverbindliches Zeugnis für Wiegand. Einige Monate darauf erschoß Wiegand dann seinen Nachfolger in Wibbecke, den Förster Bergmann, in dessen Wohnung. Da der Amtmann Capelle mit Wiegand verschwägert war, wurde die Untersuchung vom Kriminalgericht in Göttingen geführt. Auf dem Transport dorthin hatten die Wärter Mitleid mit dem Gefangenen und gaben ihm reichlich Branntwein, so daß er betrunken im Göttinger Gefängnis ankam. Die Hinrichtung fand am 30. Juli 1794 in Adelebsen statt und lief recht undramatisch ab. Der Scharfrichter enthauptete den Verurteilten gleich mit dem ersten Hieb. (Nach Auskunft von Peter Graf Wolff-Metternich, Adelebsen). Im übrigen vgl. zu ›Exekutionsreisen‹ L.s nach Adelebsen auch SK 562 und Anm.

680 *meines Zahnwehs:* Vgl. den Brief an Johann Arnold Ebert vom 4. oder 5. August 1794, wo L. in doloribus ›unter Schmerzen‹ unterschreibt. – *Rezens. in allg. Lit. Zeitung ... No 253:* L. meint sicher Nr. 235, Freitags, den 18. Juli 1794, Sp. 162–168: »G. C. Lichtenbergs ausführliche Erläuterung der Hogarthischen Kupferstiche Erste Lieferung«, besprochen von Eschenburg; vgl. oben genannten Brief an Ebert. – *Rot:* S. zu SK 267.

681 *Specht bei mir:* Christian Ernst Specht (gest. 1806), seit 1771 Hofmaler in Gotha, malte im Auftrag von Zachs für das Observatorium in Gotha ein Portrait L.s; laut Tagebuch war er am 2. August 1794 angekommen. S. auch SK 682, 683, 684, von Zachs Brief an L. vom 12. März 1794 (Briefwechsel IV, Nr. 2351) und Wolfgang Gresky, Ein Brief des Gothaer Hofmalers Specht an Ludwig Christian Lichtenberg. Ein Beitrag zur Lichtenberg-Ikonographie, in: Photorin 1, 1979, S. 29–31. – *Reise nach Gotha beschlossen:* Zur Hochzeit von Heinrich Dieterich. – *Rot:* S. zu SK 267. – *Duvel abandoned:* Düval aufgegeben (oder: aufgekündigt). Vgl. SK 705.

682 *Carl nach Braunschweig:* Vgl. den Brief an Johann Arnold Ebert vom 4. oder 5. August. – *Archenholz Rezension gelesen:* Vermutlich die Rezension von Heyne über »Die Annalen der brittischen Geschichte des Jahres 1792«, 9. Bd., Hamburg 1794, in GGA, 122. Stück, vom 2. August 1794, S. 1223 f.

683 *rot:* Bezieht sich in diesem Fall auf κερας: Rotwein?

684 *der Brautigam:* Heinrich Dieterich.

685 *Viel Ruhr:* Vgl. Brief an Johann Christian Dieterich vom 11. August 1794 und »Über Gewitterfurcht und Blitzableitung« (III, S. 130). – *Brief an Dietrich nach Gotha:* Vgl. den Brief an Johann Christian Dieterich vom 11. August 1794. – *an meine ... Frau:* Vgl. den Brief vom 11. August 1794; Margarethe Lichtenberg war laut Tagebuch am 9. August nach Gotha abge-

reist. – *Kulenkamp . . . an der Ruhr tod gesagt:* Vgl. den Brief an Johann Daniel Ramberg vom 25. August 1794. Über diese im 18. Jh. grassierende Seuche s. Stefan Winkle, Die Ruhr als Kriegsseuche während der Campagne in Frankreich 1792 in den Aufzeichnungen von Goethe und Laukhard, in: Hamburger Ärzteblatt 42 (1987), S. 13–20.

686 *Aussöhnung mit Düvel:* Vgl. SK 658.– *Liønowifo:* Lion no wife; L. unbeweibt.

687 *Robespierre's Fall:* Vgl. den Brief an Johann Daniel Ramberg vom 25. August 1794. – *Fabricius:* Johann Christian Fabricius (1743–1808), seit 1775 Prof. der Naturgeschichte, Ökonomie und Kameralwissenschaften an der dän. Universität Kiel.

688 *Graf Harrach lange bei mir:* Vgl. auch SK 13., 15., 17. August 1794, über ihn s. zu SK 374. – *wieder Liøn:* Vgl. SK 15. August 1794: »Morgens 3 Uhr Düvel bed handed horribly und dann Maculator Liøne.«

689 *M. l. Frau . . . zurück:* Aus Gotha.

690 *Bilder von Ramberg:* Vgl. den Brief an Johann Daniel Ramberg vom 25. August 1794. – *Specht ab:* S. zu SK 681. – *Schall angefangen:* Im Colleg.

691 *Stallmeister:* Johann Heinrich Ayrer. – *big doing nothing:* Großes Nichtstun. – *Kulenkamp †:* Vgl. den Brief an Johann Daniel Ramberg vom 25. August 1794 und SK 685.

692 *Minchens Ruhr:* Wilhelmine Lichtenberg; zur Ruhrepidemie in Göttingen s. zu SK 685. – *Stallmeister:* Ayrer.

693 *Ramberg:* Vgl. den Brief an Johann Daniel Ramberg vom 25. August 1794.

694 *Ciarcy . . . auf dem Garten:* Zum Besuch des Darmstädter Mechanikers in Göttingen und bei L. vgl. SK 31. Juli, 1. September und 23. September 1794. Er reiste am 24. September 1794 ab.

695 *κεϱας matut[inum]:* Morgenschnaps. – *Wundram:* Johann Heinrich Wundram aus Herrenhausen bei Hannover, immatrikulierte sich am 17. Oktober 1793 als stud. math. an der Georgia Augusta. – *Junge Mad. D.:* Johanna Dieterich, geb. Friedheim. – *das Kind:* Vermutlich Charlotte Dieterich.

696 *veil Kalenderwesen:* Für GTC 1795. – *Grabschrift der Lotte:* Charlotte Dieterich, geb. Michaelis. Zu der Grabinschrift s. zu K 251; vgl. SK 449, 699, 700, auch SK 14. September 1794: »Mad. Köhler schreibt die Grabschrifft ab.«

698 *Willich . . . das Bürgersche Dintenfaß:* Vgl. den Brief an Johann Wilhelm Ludwig Gleim vom 31. Mai 1795. – *Weichsel bei mir:* Vgl. den undatierten Brief an Johann Friedrich Blumenbach von Mitte September (?) 1794 (IV, S. 863 f.). – *Ich lege den Wachstuch-Gürtel an:* Vgl. den oben genannten Brief an Blumenbach, s. im übrigen zu J 143; unterm 1. Oktober 1794 notiert L.: »Vogt das grüne Wachstuch um den Hals empfohlen und gegeben.« – *Stallmeisters Jagd:* Ayrer. Vgl. SK 18. September 1794.

699 *Grabschrift:* S. zu SK 696.

700 *Brief an den kleinen Jungen und . . . Sickler:* Laut Tagebuch war Sickler aus Gotha mit Georg Christoph jr. am 9. September 1794 über Nordhausen nach Gotha gereist, von wo L. am 16. September einen Brief erhalten hatte. Es handelt sich hier wohl nicht um den Pastor Sickler, sondern um dessen Sohn Friedrich Karl Ludwig Sickler (1773–1836) aus Gräfentonna, der sich am 9. Mai 1794 als stud. phil. an der Georgia Augusta immatrikuliert hatte,

wo er bis März 1795 blieb (vgl. SK 757). Der Sohn Johann Volkmar Sicklers war ein bedeutender Pädagoge und humanist. Schriftsteller, Direktor des Gymnasiums in Hildburghausen. Vgl. Gerhard Steiner, Die Sphinx zu Hildburghausen. Friedrich Sickler. Ein schöpferischer Geist der Goethezeit, Weimar 1985. – *nebst der Grabschrift:* S. zu SK 696.

701 *Eisendecher we[gen] des Wetter-Paroskops:* Schreiben an den Hrsg. des »Neuen Hannoverischen Magazins«; am 24. Oktober 1794 erschien darin, 85. Stück, Sp. 1345–1352, von L. eine »Antwort auf die Frage über Wetterparoskope im 75. Stück des neuen Hannoverischen Magazins von diesem Jahre«; vgl. auch SK 706.

702 *für ... Weichsel:* Empfehlungsschreiben nach Hamburg. – *Minchen ganz wohl:* Von ihrer Krankheit schreibt L. unterm 18., 21. September 1794. – *Dietrich will für uns Bürgers Mädchen mieten:* Dies ist offenbar geschehen; vgl. SK 705. Name und Lebensdaten dieses Dienstmädchens nicht ermittelt; es ist wohl auszuschließen, daß es sich um Bürgers Tochter aus erster Ehe, Marianne Friederike (1778–1862), handelte.

703 *kleinen Jungen:* Georg Christoph jr. – *werden(?):* Das Fragezeichen ist von L. gesetzt.

704 *Apotheker Heyn ... Abschied:* Christian Friederich Heyn aus Bremen, immatrikulierte sich am 21. April 1793 als stud. med. an der Georgia Augusta. – *Brief[e] ... an Reimarus:* Vgl. den Brief an Johann Albert Heinrich Reimarus vom 2. Oktober 1794. – *für ... Fischer:* Empfehlungsschreiben.

705 *Porzellan von Gleim:* Vgl. Brief an Johann Wilhelm Ludwig Gleim vom 6. Oktober 1794, auch SK 707. – *Brinken:* G. C. von der Brinken aus Dänemark, immatrikulierte sich am 9. Mai 1794 als stud. jur. an der Georgia Augusta; sein Vater Adolf Rudolf von der Brinken, Rektor zu Hadersleben, war ein Freund Müllers von Itzehoe. Vgl. den Brief an Johann Gottwerth Müller vom 16. Juli 1794. – *Neue Magd:* Bürgers ehemalige Magd? Vgl. SK 702 und Anm.

706 *letztes Mspt von der Vorrede in die Druckerei:* Die Vorrede zur sechsten Aufl. von Erxlebens »Anfangsgründe der Naturlehre«. – *Wagemann:* Wohl Arnold Wagemann, Buchhändler in Göttingen und Universitäts-Verwandter. – *Abhandlung über das Baroskop:* S. zu SK 701.

707 *Brief ... an Faktor Vogt:* Vgl. SK 29. November 1794. – *an Gleim:* Vgl. den Brief an Johann Wilhelm Ludwig Gleim vom 6. Oktober 1794. – *letzte Korrektur zum Compendio:* Die sechste Aufl. von Erxlebens »Anfangsgründe der Naturlehre«. – *Liste von Klindworth für ... Gersdorf:* S. zu SK 663.

708 *meine l. Frau ... wahrscheinlich wieder guter Hoffnung:* Der 13. Juni 1795 bestätigt L.s Verdacht. – *Heaven assist us:* Der Himmel steh' uns bei; ähnlich formuliert L. auch SK 549. – *Gröning:* Henrich Gröning (1774–1821) aus Bremen, später Bürgermeister von Bremen, Sohn des Bürgermeisters Georg Gröning (1745–1825), immatrikulierte sich am 24. Oktober 1791 als stud. jur. an der Georgia Augusta.

709 *Vorige Nacht äußerst übel:* Vgl. SK 14. Oktober 1794: »Die Nacht vom ☽ auf ♂ [Montag auf Dienstag] eine der fürchterlichsten die ich seit 20 Jahren hatte, wegen des damned Scopparo.« S. zu SK 710.

710 *Scopparo-Kopf:* Typische Mystifizierung L.s: *Paroscop* ist gemeint und die L. offenbar tief beschämende Tatsache, daß er in seinem Aufsatz (s. zu K₁ S. 845) Baroskop statt Paroskop als korrekt bezeichnet hatte. Vgl.

SK 17. Oktober 1794: »Voller Unmuth und Furcht, nicht vor den Franzosen; sondern etwas gantz anderes. Billet an Kästner (Scopparo)«. S. auch SK 712. – *an Eisendecher:* S. Briefwechsel IV, Nr. 2447. L. hatte *an* doppelt geschrieben.

711 *Billet von Dietrich, wegen des Flüchtens:* Die Anspielung ist unklar. – *Brief von D. Pfaff über Deluc[s] Theorie der El[ektrizität]:* Vgl. Briefe an Christoph Heinrich Pfaff vom 12. September und vom 16. Oktober 1794.

712 *Scopparo:* S. zu SK 710. – *Lektor Langstedt:* Friedrich Ludwig Langstedt (1750–1804), seit 1794 Sprachmeister für Engl. an der Georgia Augusta, nachdem er zwischen 1781–1787 als Feldprediger des kurhannöverschen 15. Infanterieregiments nach Ostindien gegangen war; verfaßte mehrere Schriften über seine Reiseerlebnisse. – *Brief von Gleim:* Vgl. den Brief an Johann Wilhelm Ludwig vom 6. Oktober 1794.

713 *Vice-König von Korsika ... Elliot:* Sir Gilbert Elliot (1751–1814), 1$^{\underline{st}}$ Earl of Minto, seit dem 1. Oktober 1794 bis zum 26. Januar 1796 Vicekönig von Korsika mit der Aufgabe, Korsika zum Mittelpunkt des brit. Einflusses gegen Frankreich zu machen. – *Korsika:* Von L. verbessert aus *Portu[gal]*.

714 *Geld für Bode:* Vermutlich für das von Johann Elert Bode herausgegebene »Astronomische Jahrbuch«. Vgl. SK 27. Oktober 1794. – *Buch an Gotthard:* Wohl Johann Zacharias Gotthard; sollte Bodes Jahrbuch gemeint sein?

715 *Das dumme Magazin mit Palinodie:* Darüber s. zu K, S. 845.

717 *Brief an ... Stolz:* Vgl. SK 28. Juli 96.

718 *Wein von ... Trebra:* Tokaier. Vgl. auch SK 719. – *Kalender an ihn:* Das alljährliche Weihnachts-Präsent.

719 *Morelli:* Luigi Morelli (gest. 1825) aus Siena, ital. Arzt, Schüler Johann Peter Franks, Prof. für Medizin an der Universität Pisa; seit 1795 korrespondierendes Mitglied der Göttinger Sozietät der Wissenschaften, hatte sich am 15. November 1794 als Aloysius Morelli »Jenensis, med. ex. ac. Jenensi« an der Georgia Augusta immatrikuliert. Vgl. SK 26. Dezember 1794. – *Mocchetti:* Francesco Mocchetti (1766–1839), ital. Arzt und Physiker aus Como, immatrikulierte sich am 15. November 1794 als stud. med. an der Georgia Augusta. – *Ungarischen Wein:* Trebras Geschenk; vgl. SK 718.

720 *Compendium an Blumenbach:* Die sechste Aufl. von Erxlebens »Anfangsgründe der Naturlehre«. – *Gesundheits-Chokolade:* Vgl. auch SK 7. und 14. Dezember 1794.

721 *Brief an Snetlage:* Leonhard Wilhelm Snetlage (1743–1812), seit 1793/94 bis 1803/04 Lektor für Französisch an der Universität Göttingen. – *Eimer:* Altes Volumenmaß für Flüssigkeiten; in Hannover entsprach 1 Eimer gleich 16 Stübchen gleich 62,303 Litern. – *Metze:* Altes Volumenmaß, meist für Getreide; in Braunschweig, auch im Kurfürstentum Hannover eingeführt, entsprach 1 Metze 1,947 l, in Preußen 3,435 l. – *Will:* Wilhelm Lichtenberg.

722 *Olufsen:* Wieder zurück von seiner Reise. – *Brief an Trebra:* Vermutlich Empfehlungsschreiben für Morelli und Mocchetti. S. auch 12. Dezember 94. – *Rantzau:* Vgl. SK 6. und 26. Dezember 1794.

724 *an Eisendecher Leib-Rente:* S. zu SK 181.

725 *Riepenhausen mit Dietrich ... Über die Erklärungen gesprochen:* Die zweite Lieferung der Hogarth-Erklärungen, den »Weg der Buhlerin« betreffend, von dem Riepenhausen am 19. Dezember 1794 die 3. Platte abgeliefert

hatte. Vgl. den Brief an Friedrich August Lichtenberg vom 22. Dezember 1795. – *gesprochen:* Danach von L. gestrichen *Barbier 257 Schnitte.*

726 *Billet an Mad. D. und Mad. Köhler:* Betraf offenbar den Kauf von Weihnachtsgeschenken für Margarethe Lichtenberg.

727 *Sandart:* S. zu SK 146. – *durch Knorring:* Vgl. SK 674. – *Abschied von Krausköpfchen:* Vgl. auch SK 4. September 1794.

728 *Welscher Hahn:* Vgl. H 101. – *Markbrunner:* Württembergischer Wein aus Markbronn, zwischen Blaubeuren und Blaustein gelegen. – *Dietrich mit m. l. Frau umgefallen:* Margarethe Lichtenberg war im vierten Monat schwanger. – *Bücher an Klügel ... Mayern:* Exemplare der sechsten Aufl. von Erxlebens »Anfangsgründe der Naturlehre«. – *Trebra ... letzten Hogarth:* Die erste Lieferung der Hogarth-Erklärungen. – *an Mylius:* Wegen Schnupftabak.

729 *an Hogarth geschrieben:* »Der Weg der Buhlerin«, vgl. SK 731, 733, 735 und Anm.

730 *Martens:* Georg Ludwig Martens, Oberdeichsgräfe in Osterholz bei Bremen, der mit L. über das Grundeis korrespondierte. – *Heiligenstein die Nachricht von der Einnahme der Rheinschanze:* Conrad Heiligenstein (1774–1849), immatrikulierte sich am 10. Mai 1794 als stud. jur. an der Georgia Augusta, später Hofgerichtsrat in Mannheim und Amateurastronom.

732 Die Notizen vom 1. Januar bis 2. Februar 1795 stehen im Staatskalender 1794 am Anfang und Ende; nach L.s Eintragung erhielt er den Staatskalender 1795 erst am 3. Februar 1795. – *ein Pursch aus Berlin:* Nicht zu ermitteln.

733 *viel Hogarth rein geschrieben:* Vgl. SK 731 und 735. – *belDü:* Dübel.

734 *grand ... humiliation:* Große, große, große Demütigung; vermutlich durch den Düvel. – *Finis:* Schluß. – *Brief an Ebell:* Vgl. den Brief an Georg August Ebell vom 5. Januar 1795.

735 *Brief an Ebert:* Vgl. den Brief an Johann Arnold Ebert vom 8. Januar 1795. – *Erster Bogen von Hogarth aus der Druckerei:* Harlot's Progress. Vgl. den Brief an Christoph Heinrich Pfaff vom 16. Oktober 1794. – *Versuch mit dem Quecksilber in der Röhre:* Vgl. den Brief an Alessandro Volta vom 12. Januar 1795.

736 *Argandsche Lampe:* S. zu GH, S. 226.

737 *Brief an Volta:* Vgl. den Brief an Alessandro Volta vom 12. Januar 1795.

738 *RUF NACH LEIDEN:* In der Handschrift zweimal unterstrichen; s. Johann Peter Gumbert, Lichtenbergs Ruf nach Leiden, in: Photorin 3, 1980, S. 49–61. Vgl. auch SK 739, 740, 741, 743. – *Meermann:* Johann Meerman (1753–1815), Heer van Dalem en Vuuren, holl. Staatsmann, studierte 1769–1771 in Göttingen (vgl. den Brief an Johann Christian Dieterich vom 28. Januar 1775); vor und nach der revolutionären Periode Mitglied der Stadtverwaltung von Leiden. Unter König Ludwig trat er in den Staatsdienst. – *die Gesellschaft:* Dieterich und Frau, Madame Köhler, Mademoiselle Ranchat.

739 *Brief an und von Heyne:* S. zu SK 738.

740 *Billet an Heyne:* S. zu SK 738. – *Die jungen Leute ... von Gotha:* Heinrich Dieterich und dessen junge Frau Johanna, geb. Friedheim.

741 *Morgens gefunden gut:* Vgl. SK 18. Januar 1795: »Abend. Duvel ge-

mahlt. und vor Hellgate gehängt«. – *Tnne:* Tonne? Anspielung unklar. – *m. l. Frau sieht außerordentlich gut aus:* Margarethe Lichtenberg ist im vierten Monat schwanger; die Geburt erfolgte am 13. Juni 1795. – *an Heyne und meinen Bruder:* S. zu SK 738.

742 *Blumenbach . . . den dicken Antiquarius:* Vgl. den Brief an Johann Friedrich Blumenbach vom 25.(?) Januar 1795 (Briefwechsel IV, Nr. 2485). Verf. und genauer Titel dieses »ehrliche[n] alte[n] Buch[es]« waren nicht zu ermitteln. – *Westfeld nach Weende als Amtmann:* Als Nachfolger Cleves; zuvor in Wulfinghausen bei Hannover.

743 *Colom* †: Vgl. auch SK 10. und 20. Juli 1793, sowie 29. Januar 1795. – *Brief von Mellish aus Weilburg:* S. Briefwechsel IV, Nr. 2480. Was Weilburg betrifft, schreibt Mellish: »I have resided here some Months for the purpose of studying your noble Language.« (Ich habe hier einige Monate verbracht, um Ihre edle Sprache zu studieren.) Mellichs Aufenthalt in Weilburg hängt vielleicht auch mit L.s Tagebuch-Eintragung vom 27. Februar 1795 zusammen: »Mikroskope von Herrn Wimpfen aus Weilburg«.

744 *Rekruten gepreßt:* Vgl. SK 659.

746 *Ebell:* Vgl. den Brief an Georg August Ebell vom 12. Februar 1795. – *κεϱας Dantiscum:* Danziger Schnaps: Goldwasser. Vgl. auch SK 13. Februar 1795. – *Brief an Demoiselle Wendt:* Vgl. den Brief an Agnes Wendt vom 12. Februar 1795.

747 *Townsons Schrift . . . contra Bl . . . ch:* »Observationes Physiologicae de Amphibiis. Pars Prima de Respiratione« von Robert Townson, erschienen Göttingen 1794 bei Dieterich. Der zweite T. erschien 1795. Gewidmet Alexander Monro, das Vorwort ist datiert auf Vindobonae [Wien] 18. März 1793 (s. zu SK 374). Auf dem dritten (unpaginierten) Blatt vor SK 1795 notiert L. eine Rezension aus GGA, Nr. 119, 25. Juli 1795, S. 1099–1120 von Gmelin. Townsons Kritik an Blumenbach findet sich im ersten Teil, S. 15–17. Über Experimente mit Baumkröten (ranis arboreis) hat Townson im August 1792 Tagebuch geführt. Vgl. auch SK 749.

748 *Jeannette:* Johanna Dieterich, geb. Friedheim. – *Stallmeister:* Ayrer.

749 *Billet an Townson:* S. zu SK 747. – *wegen der Eidechse:* Davon handelt u. a. Townsons Abhandlung; s. zu SK 747.

750 *Darmstädtischen Adreß-Kalender:* Der »Hessisch-Darmstädtische Staats- und Adress-Calender«, von dem L. jedenfalls die Jahrgangsbände 1795–1797 besaß; L. erwähnt ihn auch in den Briefen an Friedrich August Lichtenberg vom 20. März 1786 und vom 2. Februar 1793. – *Morgens:* Danach von L. gestrichen ♀ *12.* Die Notiz gehört zum 24. Februar 1795: »Morgens entsezlich ♀ *12*«.

751 *[Georg] . . . vom Carcer los:* Über Rogges Einsitzen notiert L. unterm 24. Februar 1795: »Georg wird zum Carcer verdammt und geht den Abend hin.« Unterm 25. Februar 1795: »Georg sizt den gantzen Tag.« – *Brief an . . . Ebell:* Vgl. den Brief an Georg August Ebell vom 26. Februar 1795.

752 *Waldeck Prorektor:* Johann Peter Waldeck (1751–1815); seit 1784 Prof. der Rechtswissenschaft in Göttingen; vom 2. März bis 1. September 1795 Prorektor der Georgia Augusta. – *Breslauer κεϱας:* Vgl. SK 24. Februar 1795.

753 *an Wolff:* Vgl. SK 7. März 1795. – *Ebell:* Vgl. den Brief an Georg August Ebell vom 9. März 1795.

754 ♀ *13:* L. hat sich verzählt: Nr. 13 fand am 4. März 1795 statt. S. zu

SK 471. – *Korrespondenz mit Prof. Arnemann:* Von Arnemann liegen drei Briefe vom 12. und 13. März 1795 vor (s. Briefwechsel IV, Nr. 2502, 2503 und 2504).

755 *Brief an ... Hofmann:* Vermutlich geht es um den »Copernicus«-Schreibplan, s. zu SK 865. – *Constantias:* Wer und was ist gemeint? – *Bussche:* Clamor D. E. G. von dem Busche aus Osnabrück, immatrikulierte sich am 9. November 1794 als stud. math. an der Georgia Augusta. – *Jäger:* Carl Christoph Friedrich Jäger (1773–1828) aus Stuttgart; Dr. med. und medizin. Schriftsteller, immatrikulierte sich am 27. Oktober 1794 an der Georgia Augusta. Laut Tagebuch schrieb er sich am 12. April 1795 für L.s Colleg ein und nahm am 5. September 1795 Abschied. – *Sárváry ... Abschied:* Vgl. SK 779.

756 *Brief an den Drost[e]:* Drost: in Niedersachsen frühere Bezeichnung für den Verwalter einer Vogtei, adliger Amtmann. Wie aus SK vom 17. März 1795 hervorgeht, ist hier der Drost Friedrich Ludewig von Hardenberg (1756–1818), der Bruder Karl August von Hardenbergs, Oberhauptmann und Licent-Commissair zu Grohnde an der Weser gemeint, von dem L. unter diesem Datum einen Brief empfängt. – *an Ramberg wegen Anschel:* Vgl. den Brief an Johann Daniel Ramberg vom 18. März 1795. – *mit einer Schrift:* Der Titel der Schrift war nicht zu ermitteln.

757 *Quittung:* Für die Leibrente, s. zu SK 181. – *Das Pfälzische Gedicht an Martens:* Der Titel und Hintergrund waren nicht zu ermitteln.

758 *gewiß:* Vgl. SK 25., 27., 28. und 29. März 1795.

759 *Will:* Wilhelm Lichtenberg. – *Mimi:* Wilhelmine Lichtenberg. – *von Berg:* Philipp Ludwig von Berg (1769–1817) aus Reval, immatrikulierte sich am 26. August 1794 an der Georgia Augusta; Offizier in russ. Diensten, seit 1792 in Schweden, zuvor hessen-kassel. Oberst und Kammerherr; 1813 schwed. Hofmarschall. – *Rohde:* Wohl Erhard Anton Rode aus Ulm, immatrikulierte sich am 18. Februar 1784 als stud. math. an der Georgia Augusta. – *die Wesemüllern:* Catharina Elisabeth Wesemüller, geb. Heise (1747–1808) aus Uslar, verheiratet mit dem Traiteur Johann Georg Wesemüller (1699–1783) in Göttingen, dessen Speisewirtschaft sie nach seinem Tode weiterführte (heutige Lange Geismarstraße 51). – *Brief von Bause:* Vgl. L.s Antwort vom 18. April 1795. Johann Friedrich Bause (1738–1814), bekannter Kupferstecher, seit 1766 Lehrer an der Kunstakademie in Leipzig, berühmt durch seine Bildnisstiche nach Gemälden bedeutender Zeitgenossen.

760 *Ciarcy wieder da:* Vgl. SK 694. – *Mimi:* Wilhelmine Lichtenberg. – *Blumenbachs Sohn mit dem Stammbuch:* Johann Friedrich Blumenbachs ältester Sohn Georg Heinrich Wilhelm (1780–1855), der sich am 26. Juli 1794 als stud. philos. an der Georgia Augusta immatrikulierte; später Geheimer Regierungsrat in Hannover. – *Nachrichten vom Friede:* Vgl. SK 11. und 15. April 1795 sowie Brief an Johann Christian Dieterich vom 30. April 1795.

761 *viel Hogarth:* Harlot's Progress. S. zu SK 733.

762 *Endige das 5$\underline{te}$ Blatt von Harlot:* S. zu SK 733. – *Rupsche no:* Keine Pursche. Vgl. auch SK 764, 769, 770; 8., 15., und 28. April 1795, sowie den Brief an Johann Christian Dieterich vom 30. April 1795. – *they ... it:* Sie haben es entdeckt. Die Tatsache, daß L. seine Collegs ausfallen läßt?

763 *Riemer:* Johann Andreas Riemer (1746–1804), Dr. med., Oberfeldarzt und seit 1791 preuß. Generalfeldstabsmedicus zu Berlin; medizin. Schriftsteller. – *Hogarth ... geendigt:* Rechtzeitig zur Frühjahrsmesse in Leipzig!

764 *Hahn:* Carl Baron von Hahn aus Kurland, Studiosus in Göttingen, gest. am 27. Dezember 1797 »an einer Verwundung«, begraben am 31. Dezember 1797 (Kirchenbuch St. Jacobi), Alter: 19¼ Jahre. »Große Tracktament bey Dieterich wegen Hahn«, notiert L. unterm 20. April 1795. – *Rupsche no:* S. zu SK 762.

765 *an ... von Heyne:* Vermutlich ging es um Seydes finanzielle Situation; s. zu SK 950. – *Graf Lüttichow:* Christian Dithlew Theocar von Lüttichau, Graf (1766–1809) aus Jütland (Dänemark), immatrikulierte sich am 23. April 1795 an der Georgia Augusta. – *Erste Platte von Rake:* Vgl. den Brief an Johann Joachim Eschenburg vom 10. Mai 1795.

766 *Dietrich nach Leipzig:* Zur Buchmesse bis zum 23. Mai; vgl. SK 780. – *Lottchen:* Charlotte Dieterich, Heinrich Dieterichs Tochter aus erster Ehe; vgl. den Brief an Johann Christian Dieterich vom 30. April 1795: Offenbar war sie krank.

767 *Es fällt sich ein Kind tod:* Aus dem Brief an Johann Christian Dieterich vom 30. April 1795 geht hervor, daß es sich um das einzige Kind des Buchbinders Bruns (Beuns) handelte: Hanne Dorothea (geb. 1794, gest. am 20. April 1795), begraben am 22. April 1795 (St. Jacobi). – *Der junge Lentin:* Wohl Jacob Friedrich Ludwig Lentin (gest. 1803), Sohn Leberecht Friedrich Benjamin Lentins, geb. in Clausthal, immatrikulierte sich am 17. Oktober 1794 als stud. med. an der Georgia Augusta; 1798 Promotion, danach Arzt in Hannover und medizin. Schriftsteller. – *viel Kant:* Vgl. SK 775 und 28. April 1795. – *Brief an Brandes mit Seyde:* Vgl. auch SK 3. Mai 1795.

768 *Lentin ... seine Schrift:* »Über das Verhalten der Metalle, wenn sie in dephlogistisirter Luft der Wirkung des Feuers ausgesezt werden«, erschienen Göttingen 1795. L. besprach sie in GGA, 93. Stück vom 11. Juni 1795, S. 929–933. Vgl. den Brief an Alessandro Volta vom 12. Januar 1795.

769 *Brief an Dietrich:* Vgl. Brief an Johann Christian Dieterich vom 30. April 1795. – *Oldershausen Abschied:* August Friedrich Wilhelm Burchard Georg von Oldershausen aus Hannover, immatrikulierte sich am 5. Mai 1794 als stud. cam. an der Georgia Augusta; 1800 Oberforstamts-Auditor am Göttinger Ober-Forstamt.

770 *oo Rupsche:* Keine, keine Pursche; vgl. SK 761 und 769. – *Georgsplaneten:* Uranus. – *in Frugality:* Engl. ›in Kargheit, Dürftigkeit‹; die Anspielung ist unklar.

771 *Hock:* L.s Kürzel für Hogarth; er sitzt bereits an der Dritten Folge. – *v. Buch:* Leopold Christian von Buch (1774–1853), immatrikulierte sich am 4. Mai 1795 als stud. cam. an der Georgia Augusta; zuvor Univ. Halle und Bergakademie in Freiberg. Nach Alexander von Humboldt der »größte Geognost in unserer Zeit«. – *Brief von Forster:* Johann Reinhold Forster in Halle. – *Eichhorn:* Johann Gottfried Eichhorn (1752–1827), Prof. für orientalische Sprachen und Bibelexegese in Jena, seit 1788 in Göttingen, 1798 Prorektor.

772 *SCHNEIT:* In der Handschrift doppelt unterstrichen. – *Eberhard ... begraben:* Johann Paul Eberhardt war am 6. Mai 1795 an Marasmus gestorben (St. Johannis). – *Sárváry disputiert:* Über »De summis cognitionis humanae principiis«, erschienen Göttingen 1795. – *Goldschmied Meißner stirbt:* Johann August Meisner (1735–1795), laut Kirchenbuch St. Johannis »am Schlage« gestorben; am 12. Mai 1795 begraben. Vgl. auch SK 12. Mai 1795.

773 *Hogarth an Eschenburg:* Die zweite Folge der Hogarth-Erklärungen »Der Weg der Liederlichen«; vgl. den Brief an Johann Joachim Eschenburg vom 10. Mai 1795.
774 *an Ebell über Townson:* S. L.s Brief vom 11. Mai 1795. Vgl. Townsons Schilderung von Ebell in seinem Schreiben an L. vom 6. Juni 1795 (Briefwechsel IV, Nr. 2536). – *Briefe . . . von Theissing und Müller aus Stade:* Vgl. SK 20. Mai 1795. – *Dekokt von Taraxacum und Millefol.:* Vgl. J 368 und SK 33. – *wegen einer Amme gesprochen:* Margarethe Lichtenberg steht einen Monat vor der Entbindung. Vgl. SK 12. Mai 1795: »Die Amme die wie eine Jüdin aussieht meldet sich«; und unterm 5. Juli 1795: »Die Amme tritt an.«
775 *La Roche's Sohn:* Falls Sophie von la Roche gemeint ist, deren Mann 1788 gestorben war, käme von ihren drei Söhnen nur der 1766 geborene Carl in Frage, Beamter der preuß. Bergverwaltung. – *Viel Kant:* Vgl. SK 767 und Anm.
776 *Brief an . . . Bruder:* Vgl. SK 16. Mai 1795. – *Müller aus Itzehoe:* Wohl Johann Friedrich Müller, der sich am 18. Mai 1795 als stud. jur. an der Georgia Augusta immatrikulierte. Vgl. auch SK 20. Mai 1795: »Müller der jung[e] Itzehoer früh bey mir.« Mit Johann Gottwerth Müller von Itzehoe offenbar nicht verwandt.
777 *die Porzellan-Schlacht:* Vgl. SK 824. – *Rezensionen an Heynen:* In den GGA 101. St., 25. Juni 1795, S. 1014 f., erschien L.s Rezension von: »Plan von der Neustadt Pirmont mit ihrem Mineral-Brunnen und der umliegenden Gegend, aufgenommen im Jahr 1790«, Hannover 1795. Hübsch ist L.s Hinweis auf einen seiner guten Bekannten: »Die Zeichnung ist von der Meisterhand des Hrn. Schleusen-Commissarius Dammert zu Hameln.« Zur anderen Rezension s. zu SK 768. – *Jänisch . . . Diss. de pollutione nocturna:* Die Dissertation dieses Titels erschien Göttingen 1795; Christian Rudolph Jaenisch aus Wiburg in Finnland, immatrikulierte sich am 19. Oktober 1791 als stud. med. et chir. an der Georgia Augusta.
778 *Jänisch Abschied. An Planta:* Aus Plantas Antwortschreiben vom 30. Juli 1795 (Briefwechsel IV, Nr. 2557) geht hervor, daß es sich bei L.s Brief um ein Empfehlungsschreiben für Jaenisch gehandelt hat: »Dr. Jänish I have seen often, and have made him free of our Museum«.
779 *Briefe an v. Zach, Bode und Planta:* Empfehlungsschreiben für Sárváry nach Gotha, Berlin und London.
780 *Dietrich zurück:* Vgl. SK 766. – *Tonne auf dem Schützenhofe:* S. zu SK 10. – *Dintenfaß von Gleim:* Dankschreiben L.s an Johann Wilhelm Ludwig Gleim vom 31. Mai 1795; vgl. SK 698.
781 *Gedicht für Will gemacht:* Ein wohl von Wilhelm Lichtenberg zum Geburtstag Dieterichs vorzutragendes Carmen. – *Stallmeisters:* Ayrers. – *Dr Meyer bei mir:* Vermutlich Friedrich Albrecht Anton Meyer.
782 *Brief an Wolff wegen der Instrumente:* Vgl. SK 753. – *Ich träume . . .:* Über L.s Träume s. zu A 33.
783 *Dr Köhler:* Friedrich Ludwig Andreas Köhler (1773–1836), 1794–1795 Privatdozent der Medizin in Göttingen, dann Medizinalrat in Halle. – *Reichsanzeiger:* In den Juni-Heften dieser Zeitschrift war nichts auszumachen, was L. persönlich hätte interessieren oder irritieren können.
784 *Eschenburg:* Vgl. den Brief an Johann Joachim Eschenburg vom

4. Juni 1795. L. schrieb irrtümlich *Ebert*, von dessen Tod er – vermutlich durch Eschenburg – erfahren hatte.

785 *Geburtstag des Kindes zu Gotha:* Johanna (Jeanette) Sophie Christiane Friederike Dieterich, das erste Kind aus der Ehe Heinrich Dieterichs mit Johanna Friedheim, geboren am 7. Juni 1795 in Gotha; vgl. auch Brief an Ludwig Christian Lichtenberg vom 15. Juni 1795. Bei ihrer Taufe standen L. und Frau Schrepfer Gevatter (vgl. SK 801 und 802). Sie starb am 1. Juni 1796.

786 *Sterbetag:* Der Mutter L.s; vgl. SK 49 und Brief an Ludwig Christian Lichtenberg vom 15. Juni 1795. – *Driburger Brunnen:* S. zu SK 45. – *An Townson geschrieben:* Wohl Antwort auf Townsons Schreiben vom 6. Juni 1795 aus Hamburg (Briefwechsel IV, Nr. 2536).

787 *KLEINE TOCHTER:* In der Handschrift zweimal unterstrichen. Auguste *Friederike* Henriette Lichtenberg (13. Juni 1795–15. Dezember 1837), genannt »Fritzchen«. Sie wurde am 19. Juli 1795 getauft, vgl. SK 799, 800, 801, 802; ihre Paten: Auguste Sophie von Trebra, Friederike Schrepfer aus Gotha, Heinrich Dieterich. Vgl. Brief an Ludwig Christian Lichtenberg vom 15. Juni 1795 und SK 19. Juli 1795: »Kindtaufe und große Gesellschafft bis um 11 Uhr des Nachts.« – *Dr Hempel:* Adolph Friedrich Hempel (1767–1834), seit 1789 Privatdozent der Medizin und Arzneiwissenschaft an der Georgia Augusta, Prosektor bei der Anatomie in Göttingen; 1819 Professor. – *Wehrs:* Vermutlich Johann Friedrich Wehrs, der in der Göttinger Licentstube als Kontrolleur tätig war; Hempel hatte dessen Tochter Louise geheiratet (gest. 1799). – *elektrisiert werden:* »H. Wehrs zum ersten Mal elektrisiert und ich Dr Hempels Tropfen zum ersten male genommen«, notiert L. unterm 30. Juni 1795. Vgl. auch SK 806. »Um die Ausdünstung bey einem Kranken zu befördern, muß man ihn in der bequemsten Stellung isoliren, mit dem Leiter der Maschine verbinden und ihn so lange und so oft electrisirt erhalten, als sein Arzt für gut findet. Das Funken ziehen ist dabey nicht nöthig. Bey Stockungen in einzelnen Theilen des Körpers, bey rheumatischen Schmerzen, und in andern ähnlichen Fällen, muß man starke Funken aus dem leidenden Theile ziehen: bisweilen sind schwach erschütternde Schläge, auch wohl in einigen wenigen Fällen, besonders bey Lähmungen, stärkere Erschütterungen sehr dienlich. Dergleichen Schläge leitet man allemal soviel möglich nur durch die kranken Glieder. Eine ziemliche Menge hieher gehöriger Nachrichten hat Herr Hartmann gesammlet unter dem Titel; Die angewandte Electricität bey Krankheiten des menschlichen Körpers Hannover 1770« (Karsten-Gren, Anfangsgründe der Naturlehre, Halle 1790, § 509, S. 802–804).

788 *Quassia-Wein:* Die Quassie, tropischer Bitterholzbaum, aus dessen Holz das Quassiin gewonnen wird; als Bittermittel wie Enzian und Fieberklee medizinisch verwendet; 1730 erstmals nach Amsterdam gebracht. Vgl. SK 16. Juni 1795. – *wegen Hogarths:* Vgl. den Brief an Ludwig Christian Lichtenberg vom 15. Juni 1795; Zweite Lieferung. – *an ihn:* Vgl. den oben genannten Brief an L.s Bruder. – *Wolff:* Vgl. 14. Juni 1795: »Instrumente von Wolff kommen an.« Unterm 30. Juni 1795: »Der elecktrische Cylinder von Wolff kömmt an.«

789 *Tumult in Jena:* Im Mai 1795 kam es unter den Studenten der Universität Jena nach Unruhen im Jahr 1790 und 1792, verursacht durch die fortbestehende überholte Gesetzgebung und die Verfolgung der studentischen Or-

densverbindungen, zu einem großen Tumult, nachdem durch das unüberlegte Handeln des Prorektors Militär gegen die Studenten eingesetzt wurde. S. darüber Richard und Robert Keil, Geschichte des Jenaischen Studentenlebens von der Gründung der Universität bis zur Gegenwart (1548 bis 1858), Leipzig 1858, und die ungedruckte Dissertation von Ehrentraut Matz, Die Studentenunruhen an der Universität Jena im letzten Jahrzehnt des 18. Jahrhunderts. Diss. phil. 1957. Dieterich hatte vermutlich von seinem Sohn Heinrich davon erfahren, der laut Tagebuch am 18. Juni 1795 von seiner Reise zurückgekehrt war. – *Ich lasse meiner lieben Frau Geld zu Hause:* S. Billet an Margarethe Lichtenberg vom 20. Juni 1795.

790 *Der älteste Junge:* Georg Christoph jr. – *Georg:* Rogge. – *Stallmeister:* Ayrer.

791 *an ... Prof. Becker:* Vgl. den Brief an Wilhelm Gottlieb Becker vom 19. April 1795. – *von Linsingen:* Hofmeister der engl. Prinzen in Göttingen.

792 *über Lesage gelesen:* Vgl. auch SK 2. und 16. Juli 1795. – *An Trebra den Hogarth geschickt:* Zweite Lieferung. – *Gevattern-Brief:* S. zu SK 787, vgl. SK 800. – *Wieschen ... zu Gevattern gebeten:* Louise Lichtenberg sollte wohl Patin von Johanna Dieterich werden.

793 *Brief an meinen Bruder:* Vgl. SK 28. Juni 1795. – *Zeugnis für Bartels:* Vgl. SK 26. Juni 1795. – *how ... knows:* Wie lange, weiß Gott. – *Billet von ... Buch:* Von Leopold Christian von Buch (s. Briefwechsel IV, Nr. 2543).

794 *Der älteste Knabe:* Georg Christoph jr. – *Will:* Wilhelm Lichtenberg. – *Kunstreitern:* Vgl. SK 3. Juli 1795; vgl. schon SK 493, 495. – *Wehrs:* Vgl. SK 787 und SK 1., 2. und 3. Juli 1795.

795 *Paket von Herrn v. Zach:* Mit Schreiben vom 29. Juni 1795 übersandte von Zach seine Übersetzung der Lobrede auf Bailly (Briefwechsel IV, Nr. 2544). – *Der älteste Knabe:* Georg Christoph jr. – *die Schreibstunde ... angefangen:* Vgl. SK 20. April 1795. – *Londes:* Johann Christoph Londes, Schreib- und Rechenmeister in den beiden Klassen der Göttinger Bürger-Schule.

796 *Sibthorp:* John Sibthorp (1758–1796), bedeutender engl. Naturforscher, Dr. med. in Göttingen, Prof. der Botanik in Oxford, immatrikulierte sich am 21. September 1784 an der Georgia Augusta.

797 *Die Löwen am Gröner Tor ... aufgesetzt:* Die Löwen – Stadtwappen Göttingens – auf den zwei Pfeilern des neuen Groner Tors, fertiggestellt 1785, entsprechend denen des neuen Weender Tores, wurden von dem Kasseler Hofbildhauer Heidt (Heid) angefertigt; vgl. SK 211. – *Am Kalender angefangen zu schreiben:* Vgl. auch SK 798–800, 805, 807 und 822. – *Bürgers Brief im Genius der Zeit:* In »Der Genius der Zeit. Ein Journal« erschien im Mai-Stück Altona 1795, S. 41–52, ein »Merkwürdiger, lezter, und unvollendeter Brief des verewigten Bürgers, an den ★★«, datiert Göttingen, den 14. März 1794, in dem der Verf. seine Krankheitsgeschichte ausführlich beschreibt. Auf diesen Brief hin erschien in der gleichen Zeitschrift im August-Stück 1795, S. 565–568 eine Gegendarstellung »Aus einem Schreiben an den Herausgeber des Genius der Zeit; von dem Herrn Doctor Karl Reinhard«, datiert Göttingen vom 9. Juli 1795, worin die Authentizität des Bürger-Briefes bezweifelt wird. »Der Genius der Zeit. Ein Journal« erschien, hrsg. von August von Hennings, 1794–1800 in Altona.

798 *Das Petersburgische Diplom:* Urkunde, die L. zum auswärtigen Mit-

glied der Akademie der Wissenschaften in Petersburg ernannte. Das Protokoll der Akademie vermerkt dazu (zit. nach Dieter B. Herrmann, Petersburger Aktennotizen über Georg Christoph Lichtenberg. Mit zwei unbekannten Lichtenberg-Briefen, in: Forschungen und Fortschritte 39, 1965, S. 333): »A. 1794. 28. Juillet. Vendredi. 108) Le Secrétaire présenta à S. A. Madame la Princesse de Daschkoff, conformément au 105e article, les noms des savans étrangers que divers Académiciens avoient proposés en Conférence pour être reçus unanimement au nombre des Membres ou Correspondants externes, suivant le choix que S. A. Madame la Princesse Directeur voudra bien en faire. Ces savans sont: Messieurs: ... II) Georges Christophe Lichtenberge, Conseiller de Cour et Professeur ordinaire en philosophie à l'Université de Göttingue ... S. A. Madame la Princesse reconnaissant la célébrité et les mérites distingués de tous ces savans, décida que les treize premiers soient reçus membres externes et le quatorzième (le Grand Baillif Schröter) Correspondant titré de l'Académie. Elle ordonna en conséquence de leur en expédier tout de suite les diplomes, pour qu'elle puisse les signer encore avant son départ.« A. 1794. 28. Juli. Dienstag. 108) Der Sekretär legte S. A. Madame la Princesse de Daschkoff, gemäß Artikel 105, die Namen der ausländischen Gelehrten vor, die in der Versammlung von verschiedenen Mitgliedern der Akademie für die Aufnahme als ordentliche oder auswärtige korrespondierende Mitglieder vorgeschlagen wurden, der Auswahl entsprechend, die S. A. Madame la Princesse Directeur freundlicherweise getroffen hat. Es sind dies die folgenden Gelehrten: Die Herren ... II) Georg Christoph Lichtenberg, Hofrat und ordentlicher Professor der Philosophie an der Universität Göttingen ... In Anerkennung der Berühmtheit und der herausragenden Verdienste aller dieser Gelehrten beschloß S. A. Madame la Princesse, daß die ersten dreizehn unter die auswärtigen Mitglieder aufgenommen werden und dem vierzehnten (Oberamtmann Schröter) von der Akademie der Titel eines korrespondierenden Mitglieds verliehen wird. Sie ordnete folglich an, daß die Diplome umgehend ausgefertigt werden, damit sie sie noch vor ihrer Abreise unterzeichnen kann. L. beantwortete die Übersendung mit einem Schreiben an Johann Albrecht Euler, den Sekretär der Petersburger Akademie, vom 5. August 1795. Vgl. SK 817, sowie SK 16. August 1795. – *Beckmann bei mir:* Vgl. L.s Brief an Johann Beckmann vom 13. Juli 1795. Vgl. SK 18. Juni 1795. – *Ich schreibe am Kalender:* Vgl. SK 797; gemeint ist der GTC 1796.

799 *viel am Kalender:* S. zu SK 797. – *Hirsch:* David Michael Hirsch aus Hildburghausen, immatrikulierte sich am 10. Mai 1795 als stud. philos. an der Georgia Augusta. – *Mad. Schröpfer:* Friederike Schrepfer, geb. Kauffmann (1730–1811) aus Stuttgart, Gattin des Herzogl. Gothaischen Küchenmeisters, Mutter der Frau Friedheim (gest. 1809). Sie war wegen der Kindstaufe von Friederike L. nach Göttingen gekommen; s. zu SK 792 und vgl. SK 802. Am 21. Juli reiste sie laut Tagebuch nach Gotha zurück.

800 *Pursche feiern den Konstitutions-Tag:* Den Frz. Nationalfeiertag, der 1790 erstmals auf dem Marsfeld in Paris gefeiert wurde. – *Dippoldshausen:* Deppoldshausen, Amt Bovenden, nahe Eddigehausen, gehörte seinerzeit zu Hessen-Kassel. – *Gevatterschaft:* Betrifft Friederike L.s Taufe; s. zu SK 792. – *Rufs Zweifel gegen Bruchhausen[s] Physik:* Wendelin Ruf (1774–1808) aus Mainz, immatrikulierte sich als stud. med. am 3. November 1794 an der

Georgia Augusta; später Dr. med. und Geburtshelfer in Mainz. Antonius Bruchhausen (1735–1815), Prof. der Physik in Münster. Seine »Institutiones physicae« erschienen in drei Bdn., Münster 1778–1785. – *KALENDER* ... *DRUCKEREI:* In der Handschrift zweimal unterstrichen; s. zu SK 797.

801 *Junge Dietrich bei mir, Gevatterschafts wegen:* Heinrich Dieterich war Pate von Friederike Lichtenberg, im Gegenzug L. von Johanna Dieterich. – *Billet an Ruf:* Vgl. SK 800 und Anm. – *Die Gothaische Gesellschaft:* Vermutlich Frau Schrepfer und die junge Frau Dieterich. – *Stallmeister:* Ayrer.

802 *Sterbe-Tag meines ... Vaters:* S. zu L 212. – *mein Bidet:* Frz. ursprünglich ›Pferdchen‹. Vermutlich umschreibt L. damit seinen Nachtstuhl, da die in Deutschland nie heimisch gewordene hygienische Einrichtung, die seit 1751 in Frankreich lexikalisch nachweisbar ist, auch in Göttingischen Professorenhaushalten nicht ganz vorstellbar ist. Vgl. L.s Eintragung vom 25. Juli 1795: »Viel ausgeritten, spanisch Trott und little Bidet, den Abend Liøn!!« – *Wir taufen den Sonntag:* 19. Juli. – *Hackfeld ... mit seinen Papieren:* Vermutlich wegen Darlehen und Verzug. Unterm 18. März 1797 notiert L.: »Hackfeld da!! Concurs!!!« und am 17. August 1798: »An eben dem Tage habe ich die Klage gegen Hachfeldt zu Adelebsen HE. D<u>r</u> Winnicker, eigentlich dessen Sohne übertragen, die Schuld beträgt 320 Thaler Capital und mit dem Interesse von den bezahlten 1000 Thaler[n] 477 Thaler 17 mgl.«

803 *cum pertinentiis:* Lat. ›mit Zubehör, allem Drum und Dran‹. – *Der Kutscher ... von Hofgeismar zurück:* Er hatte Frau Dieterich und Frau Köhler am 22. Juli 1895 ins Bad nach Hofgeismar gefahren. – *Kisten von Wolff mit dem Sarg:* Von dem Hannoveraner oder von Odin Wolff in Kopenhagen? – *Heynens Papiere an M. Seyde:* In welcher Angelegenheit? – *Pastorin von Rohringen:* Bis 1795 war Friedrich Ernst Konrad Wuth Pfarrer in Roringen, einem Dorf in der Nähe von Göttingen; im gleichen Jahr folgte ihm Johann Heinrich Hoffmann (1760–1851) nach. Womöglich handelte es sich um den Abschiedsbesuch der scheidenden Pastorin.

804 *Mienchen:* Wilhelmine Lichtenberg. – *George:* Georg Christoph jr. – *Ohrenzwang:* Heftiger Ohrenschmerz; DWB 7, Sp. 1261, gibt Belege von Reuter, Stieler, Lessing, Wieland, Thümmel, Gotthelf. »Der arme Junge Ohrenzwang« notiert L. unterm 25. Juli 1795. – *setze wegen Liøn aus:* Für was steht Liøn hier eingesetzt? – *Berliner Preisschrift:* Darüber s. zu L 748; vgl. auch SK 808, 811, 812, 834, 839, 844, 847. – *Seeger:* Ernst Jacob Seeger, Kaufmann in Hannover.

805 *Eimbke:* Georg Eimbke (1771–1806), Dr. med., Prof. der Medizin in Kiel, naturwiss. Schriftsteller. »Versuch einer systematischen Nomenklatur für die phlogistische und antiphlogistische Chemie«, Halle 1793. – *3<u>ter</u> Bogen vom Kalender zur Korrektur:* S. zu SK 797.

806 *Heber im Vacuo:* Vgl. K 333 und Anm. und SK 22. Juli 1795. – *Odin Wolff:* Odin Wolff (1760–1830), dän. Schriftsteller und Publizist, laut Dansk Biografisk Leksikon, 1984, 16. Bd., hat Wolff für von ihm eingesandte Arbeiten in Göttingen den Titel eines Dr. phil. erhalten. Unterm 21. Juli 1795 notiert L.: »Paket von Odin Wolff«. – *Wehrs ... elektrisiert:* S. zu SK 787.

807 *die Schlacht bei Minden:* S. zu D 19, vgl. auch SK 676; was erscheint L. daran so denkwürdig? – *schreibe viel am Kalender:* S. zu SK 797. – *Tsin-*

glong: Anspielung auf L.s Kalender-Artikel »Von den Kriegs- und Fast-Schulen der Schinesen« (III, S. 442). – *Unsere Amme:* S. zu SK 774. – *jungen Madame:* Johanna Dieterich. – *Mary's chink:* Maries Spalte.

808 *Zül[ius] zum Buchbinder:* Die Abhandlung von Zylius ist zu L 748 nachgewiesen; s. auch zu SK 804.

809 *Der Kutscher nach Hofgeismar:* Um Frau Dieterich und Frau Köhler abzuholen. Vgl. SK 5. August 1795. – *Sterbetag:* Der Stechardin. Vgl. SK 5. August 1795.

810 *Georg:* Rogge. – *Pyram:* L.s Hund; unterm 5. August 1795 notiert L.: »Lärmen mit dem Pyram Abends.« In den Tagbüchern vermerkt L. seinen Hund auch unterm 12. Februar, 17. Juni, 9. und 18. Juli sowie 5. August 1796.

811 *Zyl[ius].:* S. zu SK 804. – *Fritzchen:* Friederike Lichtenberg.

812 *siegreich über Zyl[ius].:* S. zu SK 804. – *Meine . . . Block:* Von L. als gereimter Zweizeiler untereinander geschrieben. – *solvatur:* Es möge gelöst werden.

813 *Stallmeister:* Ayrer. – *Westfeld:* Vgl. SK 19. Juli 1795.

814 *Brief an Eisendecher mit den Rechnungen:* Die Rechnungen beziehen sich auf Anschaffungen für das Physikalische Cabinet. – *Lolo sehr krank:* Gemeint ist Heinrich Dieterichs Tochter aus erster Ehe, Charlotte; vgl. auch den Brief an Johann Christian Dieterich vom 30. April 1795, SK 5., 13., 15., 16. September 1795, sowie SK 823 und 825. – *pro hospite:* S. zu SK 484.

815 *wegen der Ilfeldischen Instrumente:* Heyne wollte für die Lehranstalt in Ilfeld physikalische Geräte anschaffen. Vgl. SK 22. Juli 1795.

817 *Der Masch . . . überschwemmt:* Vgl. SK Juli 1795. – *Brief an Euler:* S. zu SK 798.

818 *Brief an Seeger:* Vgl. den Brief an Friedrich Christoph Seeger vom 17. August 1795. – *Bouttatz . . . Abschied:* Wohl Franz Bouttatz aus Moskau, der sich am 13. Mai 1794 als stud. med. an der Georgia Augusta immatrikulierte; veröffentlichte 1800 bei Rosenbuschs Witwe in Göttingen als »der Chirurgie und Arzneywissenschaft Doktor« die Schrift »Über den Phosphor als Arzneymittel«, die dem russ. Botschafter in London gewidmet ist; das Vorwort ist datiert vom Januar 1800. – *Frantzen:* Wohl Frans Michael Franzén (1772–1847), seinerzeit berühmter schwed. Lyriker und Schriftsteller, der sich auf einer Reise durch Europa befand. – *Fejes:* Johan von Fejes (1764–1813), slowak. Schriftsteller, immatrikulierte sich am 3. August 1795 als Student der polit. Wissenschaften (Politica) an der Georgia Augusta; gründete wissenschaftliche Vereine für slowak. Lehrer und Seelsorger.

820 *heute die Lotterie zu Hannover:* Vgl. SK 795. – *ersten Pfirsich:* Vgl. SK 77.

821 ♀ *. . . 23:* Von L. zweimal unterstrichen: das Resultat der Geburtstagsfeier von Margarethe; s. zu SK 471. – *mit dem gezeichneten Zelt:* Ist das SK 822 erwähnte »Muskito«-Netz gemeint?

822 *Gallitzin:* Dimitri Alexewitsch Fürst von Gallitzin (1738–1803), 1738 bis 1782 russ. Botschafter in Den Haag, dann als Privatmann daselbst und in Braunschweig, wo er starb. – *Savaresi:* Andrea Savaresi (1762–1810) aus Neapel, ital. Arzt, der auf Staatskosten Mineralogie in Freiberg studierte, mineralog. Schriftsteller; später Administrator der Pulverfabrik zu Torre dell' Annunziata. Vgl. auch SK 1., 3., 6., 13. September 1795, sowie

SK 825. – *Kalender geendigt:* S. zu SK 797. – *der arme Pyram:* L.s Hund; s. zu SK 810. – *hell:* Schwer leserlich. – *Muskito-Netz:* S. zu SK 821.

823 *Lolo sehr schlecht:* S. zu SK 814. – *Juden-Neujahr:* Rosch-ha-Schana, hebr. Haupt des Jahres; das jüd. Neujahrsfest am 1. und 2. Tischri (Sept./Okt.), auch als Tag des Posaunenschalls bezeichnet, da er als himmlischer Gerichtstag galt.

824 *Lose zur Porzellan-Lotterie:* S. SK 820. – *Zeichnungen an Carl:* Worum es sich dabei handelte, ist nicht feststellbar; vgl. auch SK 828.

825 *Lolo ... Ende gewartet:* Charlotte Cecilie Dieterich starb am 20. September 1795 an der »Auszehrung«. Nach Auskunft von Dr. Horst Gravenkamp muß »Auszehrung« nicht »Schwindsucht« im Sinne von TBC bedeuten, sondern kann sich auf jeden Zustand von körperlichem Verfall mit starker Abmagerung beziehen. Am Fehlen einer Amme kann es bei der kleinen Charlotte D. nicht gelegen haben, da jene laut Tagebuch (SK) schon seit dem 30. März 1793 im Einsatz war. Vielleicht ist die Kleine aber bereits bei der offenbar komplizierten Geburt (s. zu SK 449, 459) geschädigt worden. Bei perinatal hirngeschädigten Säuglingen kann ein fehlerhafter Saugreflex mit Saugschwäche eintreten, was damals – ohne die heute gebräuchliche Sondenernährung – zur »Auszehrung«, also zum Tode, führen mußte.

826 *L'huilier:* Simon Antoine Jean L'Huillier (1750–1840), schweiz. Mathematiker, 1795–1823 Prof. der Mathematik an der Akademie in Genf; Verf. mehrerer Bände über Algebra und Geometrie. Unterm 8. September 1795 notiert L.: »L'huilier wird Correspondent [Korrespondierendes Mitglied der Göttinger Sozietät der Wissenschaften]«. – *Cotta:* Vermutlich L.s Schreiben vom 18. September 1795. Johann Friedrich Cotta (1764–1832), berühmter Verlagsbuchhändler, übernahm 1787 die von Johann Georg Cotta gegründete Buchhandlung in Tübingen; Verleger der Werke von Schiller und Goethe; bei ihm erschienen auch die »Horen«, der Schillersche »Musenalmanach«, die »Europäischen Annalen« und die »Allgemeine Literaturzeitung«. – *Carpenter Abschied:* Joseph Mason Carpenter aus England, immatrikulierte sich am 14. Januar 1795 als stud. med. an der Georgia Augusta. – *Ingversen:* Martin Heinrich Ingwersen aus Fridericia in Dänemark, immatrikulierte sich am 20. Juli 1795 in Chemie an der Georgia Augusta. – *Oppermann:* Henrich Julius Oppermann (1752–1811), Baukommissar in Göttingen und seit 1787 Dozent für Mathematik an der Georgia Augusta. – *Zeugnisses für ... Canitz:* Vgl. SK 584. – *Lolo ... geöffnet:* Wohl Obduktion zur ›genauen‹ Feststellung der Todesursache; begraben am 24. September 1795; vgl. auch SK 825 und Anm.

827 *für Savaresi:* Offenbar beabsichtigte Savaresi, der am 24. September Abschied nahm, nach England zu gehen. Vgl. Plantas Brief an L. vom 30. Juli 1795 (Briefwechsel IV, Nr. 2557). – *Stolle ... fort gejagt:* Diener Dieterichs? Nicht ermittelt.

828 *Brief von Wolff:* S. Franz Ferdinand Wolffs Brief vom 28. September 1795 (Briefwechsel IV, Nr. 2577). – *Graf Wittchenstein:* Ist Graf Christian Heinrich von Sayn-Wittgenstein-Berleburg (1753–1800) gemeint? Dieser hatte sich 1771 an der Georgia Augusta immatrikuliert. Im Göttinger ›Logis-Verzeichnis‹ wird von Ostern 1771 bis Michaelis 1772 ein Graf Wittgenstein als stud. jur. geführt, der in Dieterichs Haus logierte. Erst 1800 immatrikuliert sich Johann Franz Ludwig Karl Graf von Sayn-Wittgenstein-Hohenstein

(1779–1815), der wohl nicht in Frage kommt. – *schließe das Colleg:* L.s Physik-Vorlesung des Sommerhalbjahrs 1795, das offiziell am 20. April 1795 begonnen hatte.

829 *Gärtner* ... *Abschied:* Carl Friedrich Gaertner (1772–1850) aus Calw, immatrikulierte sich am 22. April 1795 als stud. med. an der Georgia Augusta; 1796 Dr. med. in Tübingen; bedeutender Botaniker. – *Gilden-Tag:* S. zu SK 224.

830 *Endige die Defension:* Unterm 7. Oktober 1795 notiert L.: »Lese Herrn von Mecklenburgs Defension.« Gemeint ist »Meine im Hannöverischen Dienst erlittene Behandlung; an das unpartheiische und gerechte Publikum«, Rostock und Leipzig 1795, von Karl von Mecklenburg, damals Hauptmann bei der kurhannöv. Garde zu Fuß. – *kühl:* Danach von L. gestrichen *Die Meubel des neuen Pedellen [kommen an].* Der Eintrag gehört zu SK 10. Oktober 1795. – *Mit* ... *Ingversen Versuche mit dem Granit und Magneten:* Vgl. den Brief an Blumenbach vom 2. November (Briefwechsel IV, Nr. 2582). – *Willich's Hochzeit:* Von L. zweimal unterstrichen. Friedrich Christoph Willich, Universitäts-Vice-Syndicus, Dr. jur., Witwer, heiratete am 8. Oktober 1795 Dorothee Elisabeth Hüpeden, die Tochter des Pastors in Scheuern, Ludolph Wilhelm Hüpeden (St. Johannis).

831 *Reisen nach dem südlichen Frankreich:* Das Werk von Moritz August von Thümmel ist zu J 556 nachgewiesen; vgl. auch SK 833. – *gegen Zylius befestigt:* S. zu L 748.

832 *der Junge:* Georg Christoph jr.? – *Lüte:* Plattdt. ›Leute‹. – *Lentinischen Druck:* Lentin hatte in seiner Schrift »Beyträge zur ausübenden Arzneywissenschaft«, Leipzig 1789, S. 330 empfohlen, Fontanellen an den Stellen des Brustkorbs anzulegen, an denen die Kranke eine »drückende Empfindung« beim tiefen Einatmen und beim Husten verspürt (s. Gravenkamp, S. 129). Lebrecht Friedrich Benjamin Lentin (1736–1804), Hofmedikus und Stadtphysikus in Lüneburg. Vgl. auch den Brief an Friedrich August Lichtenberg vom 18. Dezember 1788. – *Prof. Hufeland bei mir:* Christoph Wilhelm Hufeland war seit 1793 Professor in Jena; s. auch Brief an Johann Wolfgang von Goethe vom 12. Oktober 1795. – *Brief an Göthe:* Vom 12. Oktober 1795. – *mit dem Hogarth:* Die Zweite Lieferung: »Der Weg der Buhlerin«.

833 *Reisen nach* ... *Frankreich:* S. zu J 556; vgl. auch SK 831. – *Mienchen besser:* Vgl. SK 15. Oktober 1795: »Mienchen in der Stadt sehr kranck.«

834 *Viel Preisschrift:* Wohl Zylius; s. zu L 748.

835 *die beiden Dienstmädchen:* Die Namen der Mägde im Hause Dieterich konnten nicht ermittelt werden. – *mit dem Holländer:* Unterm 13. September 1795 vermerkt L. den Besuch eines Holländers van Zoeleren aus Rotterdam. – *Jeannette:* Johanna Dieterich. – *Ich* ... *nicht mehr anhaltend schreiben:* Vgl. SK 836.

836 *Mimi:* Wilhelmine Lichtenberg.

837 *Kalender von Becker:* »Taschenbuch und Almanach zum geselligen Vergnügen«, erschien, hrsg. von Wilhelm Gottlieb Becker, 1791–1833 in Leipzig. – *gelacht über die Schwere Not:* In Beckers »Taschenbuch« für 1796, S. 271 (Nr. 65), erschien: »Ein Schwank. / Bitte der Bürger der Reichstadt N. N. / Wir bitten von den verbotenen Schwüren, / Damit wir nicht als Herren im Haus / Den nöthigen Respect verlieren, / Zum Fluche nur das Donnerwetter aus. / Resolution des Magistrats. / Zwar bleibt im Ganzen das Ver-

bot; / Doch, euch mit Ansehn zu begaben, / Sollt ihr das Donnerwetter haben, / Und, hälf' es nicht – die schwere Noth.« Unterschrieben: »Lep«. Vgl. den Brief an Blumenbach vom 2. November 1795. – *Schwere Not:* S. zu KA 8.

838 *Richter kauft Riepenhausens Garten:* Vgl. den Brief an Justus Christian Loder vom 20. November 1795: »Ihr Herr Schwiegervater hat einen Garten angekauft, und geht, wie ich höre, schon jetzt, (4 Wochen vor dem kürtzesten Tage) 4 mal hin. Bravo.« – *Purgstall:* Gottfried Wenceslaus Graf von Purgstall (1772–1812) aus Graz, immatrikulierte sich am 29. Oktober 1795 an der Georgia Augusta; der hochgebildete Aristokrat stand mit vielen Geistesgrößen seiner Zeit in persönlicher Verbindung und Korrespondenz.

839 *Dietrich das erste Mspt ... v. Zylius:* S. zu L 748.

840 *Kindtaufe:* Am 8. November 1795 wurde laut Kirchenbuch St. Johannis Heinrich Carl Nöhden getauft, der am 29. Oktober 1795 geborene Sohn von Johann Christoph Nöhden und Margarethe Elisabeth Caroline, geb. Ludwig. – *La Boulaye:* Pierre Charles de la Boulaye aus Mons in der Auvergne, immatrikulierte sich am 16. Oktober 1795 als Student der Physik an der Georgia Augusta; 1797 Lektor für Französisch; Besuche von ihm notiert L. unterm 20. und 22. Oktober 1795. – *Boerhaavens atroces morbos:* Das Werk ist zu KA 125 nachgewiesen.

841 *Seyde ... endlich:* »Astronomie angefangen. Seyde noch nicht an«, notiert L. unterm 5. November 1795. – *Pomeranzen-Liqueur:* Pomeranzenblütenwasser, Nebenprodukt bei der Bereitung des Pomeranzenblütenöls, wird zur Herstellung likörartiger Getränke benutzt. – *wegen Mainz:* Unterm 4. November 1795 notiert L.: »Erste Nachricht von der Niederlage der Frantzosen bey Maintz.« – *Bodens Jahrbuch und Supplement:* Das »Astronomische Jahrbuch« für 1799, erschienen Berlin 1795 [1796]; außer dem Jahrbuch erschien Berlin 1795 auch eine »Sammlung astronomischer Abhandlungen, Beobachtungen und Nachrichten nebst Register über die astronomischen Jahrbücher von 1776 bis 1798 und zwey Supplement-Bänden«.

842 *Nachricht von dem Könige:* Vgl. SK 841. – *Aussöhnung:* Der Grund des Streits war nicht zu ermitteln. – *Mimi:* Wilhelmine Lichtenberg.

843 *Gehler tod:* Gehler starb am 6. Mai 1795. – *Grossen Goltern:* Niedersächs. Gemeinde, Inspektion Ronnenberg.

844 *Amme klagt sich:* Dortchen? Vgl. SK 845 und 846. – *Korrektur Anti-Zyl[ius]:* S. zu L 748.

845 *Dortchen ... legt sich:* S. auch SK 846 und 16. November 1795: »Dortschen liegt den gantzen Tag«, 17. November 1795: »Dortschen erscheint wieder.« – *Mienchen hustet sehr:* Wilhelmine Lichtenberg. – *Fulda:* Womöglich nicht Friedrich Karl, sondern Friedrich Carl Aemil Fulda aus Kassel, der sich am 20. Oktober 1795 als stud. jur. an der Georgia Augusta immatrikulierte.

847 *Mspt von Bouterwek:* Vgl. SK 401. – *Seyde ... nach Heiligenstadt:* Vgl. auch SK 851 und SK 17., 21. November 1795. – *Goldhagen:* Vgl. SK 17., 29. November und 1. Dezember 1795: »Monsieur Goldhagen nimmt Abschied, ein schlechter Mensch.« – *Studnitz:* Johann Albert von Studnitz aus Gotha, immatrikulierte sich am 4. November 1795 als stud. jur. an der Georgia Augusta; nahm am 19. März 1796 von L. Abschied (SK 881). Vgl. SK 21. Oktober 1795. – *Das neue Papier zum Zyl[ius]:* S. zu L 748.

848 *Niemeyer:* Friedrich Rudolph August Niemeyer, Deich-Conducteur

in der Grafschaft Hoya; am 26. Oktober 1795 hatte sich Georg Friedrich Niemeyer aus Hoya an der Georgia Augusta immatrikuliert: dessen Sohn? – *Brief an Loder:* Vgl. den Brief an Justus Christian Loder vom 20. November 1795, sowie KIII, S. 382 f. – *Nachricht von dem Kometen, den ... Carl entdeckt:* Tatsächlich ist der Komet von 1795 wohl zuerst von Caroline Herschel in Slough am 7. November 1795 gesehen worden. Johann Elert Bode hat den Kometen auf der Berliner Sternwarte am 11. November 1795 »in Gesellschaft eines Liebhabers der Sternkunde, des Herrn Carl aus Osnabrück« entdeckt. Die Details beschreibt Bode in dem von ihm hrsg. »Astronomischen Jahrbuch für das Jahr 1799«, Berlin 1796, S. 231–233. Dieser Komet, der dem Halleyschen Kometen an Berühmtheit in nichts nachsteht, ist der Komet mit der kürzesten bekannten Umlaufzeit von nur 3,31 Jahren (ca. 1200 Tagen). – *D.:* Dieterich. – *Pyram:* S. zu SK 810.

849 *Klindworth ... assistiert:* In Abwesenheit von Seyde, vgl. SK 847. Unterm 23. November 1795 notiert L.: »*Klindworth* zum ersten mal im Colleg geholfen.« – *die Gesellschaft:* Dieterich und Frau, Madame Köhler, Mademoiselle Ranchat, Jeannette? – *Stallmeister:* Ayrer. – *Beneckens Hochzeit:* George Friedrich Benecke heiratete am 22. November 1795 Marie Louise Dumont aus Göttingen, die Tochter Johann Peter Dumonts, in dessen Haus, Weenderstraße 4, er von 1795 bis 1797 auch wohnte. Vgl. SK 850.

850 *Benecke ... s. Frau:* S. zu SK 849. – *Pollux:* S. zu SK 80. – *Tychsen einen ... Sohn:* Am 24. November 1795 wurde Johann Adolph Heinrich Tychsen geboren; getauft am 20. Dezember 1795 (St. Johannis). Vgl. Brief an diesen vom 21. November 1797.

851 ♀ *34:* Die Ziffer ist in der Handschrift zweimal unterstrichen. – *in lectulo hortulano:* Im Bett auf dem Garten. – *wegen des Punsches:* Vgl. SK 29. November 1795: »Abends Punsch getruncken, den mir Dieterich brachte.« – *5ten Platte von Hogarth Rake:* »The Rake's Progress«, die 1796 unter dem Titel »Der Weg des Liederlichen« als Dritte Lieferung erschien. Zur Fünften Platte s. III, S. 870–882. – *Seyde erscheint:* S. zu SK 847.

852 *Dr Meyer ... begraben:* Friedrich Albrecht Anton Meyer war am 29. November 1795 gestorben. Den Tod des 26jährigen notiert L. unterm gleichen Datum und unterm 1. Dezember 1795: »Bey Tisch etwas starck † wegen Dr Meyers Begräbniß ...«

853 *Stoß-Maschine:* »Diese Maschine macht gewöhnlich einen Theil der physikalischen Experimentalgerätschaft aus, und hat die Absicht, die Gesetze des Stoßes durch Versuche zu erläutern, und zu bestätigen.« (Gehler, Bd. 3, S. 435). – *Prorektor Gmelin:* Gmelin war vom 2. September 1795 bis zum 1. März 1796 Prorektor der Georgia Augusta. – *Töpfen-Braten:* Laut DWB 11,1, Sp. 839 Topfbraten im Ostthüringischen wie Töpfenbraten im Westthüringischen: »herz, schlund und niere des schweines, mit dem kesselfleisch gekocht«. – *Brief [von] Eschenburg wegen schwed[ischer]. Öfen:* Vgl. den Brief an Johann Joachim Eschenburg vom 7. Dezember 1795.

854 *Brief an Eschenburg:* Vgl. den Brief an Johann Joachim Eschenburg vom 7. Dezember 1795. – *an Ebell:* Vgl. oben genannten Brief. – *Mamsell:* Ranchat?

855 *an ... Ende, wegen der Hachfeldin:* Der Anlaß war nicht zu ermitteln. – *wegen gestern:* Unterm 9. Dezember 1795 notiert L.: »Jeannettens Geburtstag. und abend der fatale Vorfall Mad. Gnul auf der Treppe. † etwas tief aber still.

Hachfeldin Abends.« Die in lat. Buchstaben geschriebene Madame Gnul war nicht zu ermitteln. Buchstaben-Verstellung?

856 *Told ... starch:* Erzählte Düvel vom Steifen. – *Der junge Blumenbach mit dem Mumien-Kopf:* Vgl. Brief an Johann Friedrich Blumenbach vom 11. Dezember 1795; im übrigen auch SK 857. – *Hannah Braunhold einen Jungen:* Am 11. Dezember 1795 gebar Hanna Louisa Breithaupt, geb. Braunhold, einen Sohn, Johann Georg Ludewig, getauft am 30. Dezember 1795; Vater: Andreas Gustav Breithaupt, Goldschmied in Göttingen (Kirchenbuch St. Johannis), den sie am 4. November 1794 in St. Albani geheiratet hatte.

857 *Mad[ame] Klindworth ... Mädchen:* Am 11. Dezember 1795 gebar Friederica Eleonora Klindworth, geb. Diedrich (gest. 1846) ein Mädchen, das am 13. Januar 1796 auf die Namen Dorothea Caroline Friederica getauft wurde; es starb an Stickhusten am 29. Oktober 1796 (St. Nicolai). Friederica Eleonora Diedrich hatte 1785 Johann Andreas Klindworth geheiratet. – *Billet von Blumenbach über die Mumie:* S. zu SK 856.

858 *Klosterbaumeisters:* Georg Heinrich Borheck. – *Will:* Wilhelm Lichtenberg. – *Neunauge:* Fischähnliches Wirbeltier; durch Zusammenzählen der sieben runden Kiemenspalten mit dem Auge und der Nasenöffnung entstand der Name; das Fluß-Neunauge galt seinerzeit als Delikatesse.

860 *Kalender an meinen Bruder:* Der GTC 1796. – *Jeremias:* Wohl Herz Alexander Jeremias Stern, geb. 1766 in Göttingen, verheiratet mit Betty Gumprecht; seit 1796 Handlungsdiener im Geschäft seines Vaters, 1806 Schutzjude. Vgl. SK 927. – *Colleg ... wider Vorsatz geschlossen:* Krankheitshalber?

861 *a + b gegen den Kalender:* Unter »Berichtigungen und Streitigkeiten« erschien im »Reichsanzeiger«, Nr. 296, Dienstags, den 22. Dezember 1795, Sp. 3023–3024, unterschrieben: a + b, ein Artikel zur »Vertheidigung des geographischen Artikels im gothaischen Kalender« als Replik auf Herrn von M–r. und zugleich eine Abqualifizierung des GTC in diesem Punkt. Am 1. Juli 1796 schreibt L. an Reuß: »Der a + b (im Vertrauen) ist Herr von Zach selbst. Er schickte mir vor einigen Jahren einmal einen Aufsatz im Reichsanzeiger zu, der von ihm war, und der zur Unterschrift a + b hatte.« S. zu SK 864. – *Dietrich wieder krank:* Vgl. auch SK 862, 863, 864 und 867.

862 *nichts κερας:* Vgl. SK 2. Januar 1796: »Nach wie vor viel κερας.« – *Jungfer Krischin Hochzeit:* Am 5. Januar 1796 heiratete die älteste Tochter des Göttinger Brauers und Knochenhauermeisters Johann Heinrich Arnold Krische, Christina Elisabeth Krische (1775–1831), den Brauer und Knochenhauermeister Johann Andreas Pflock in Göttingen (St. Johannis). – *Wurmser wieder bei Manheim:* Dagobert Siegmund Graf von Wurmser (1724–1797), österr. Feldmarschall, erhielt 1795 neben Clerfayt den Oberbefehl am Rhein und entriß den Franzosen am 22. November 1795 Mannheim; 1796 Oberbefehlshaber in Oberitalien.

863 *Pyramchen:* L.s Hund; s. zu SK 810. – *Trinke ... Franzwein:* Vgl. E 169.

864 *Dietrich ... besser:* S. zu SK 861. – *Abermals Spargel:* Unterm 13. Januar 1796 notiert L.: »Spargel gegessen«. – *für den Reichs-Anz[eiger]:* Im »Reichsanzeiger« vom 12. Februar 1796, Nr. 36, Sp. 369–372, veröffentlichte L. unter »Berichtigungen und Streitigkeiten«, unterschrieben: »Göttingen im Jan. 96 G. C. Lichtenberg«, seine Antwort auf den Hinweis eines Herrn von M–r., der im »Reichsanzeiger« vom 16. Dezember 1795, Nr. 291,

Sp. 2969–2970, »eine Vergleichung zwischen den geogr. Längen und Breiten einiger Oerter nach deren Angaben im Gothaischen und Göttingischen Taschencalender« angestellt hatte und dabei Fehler entdeckte, die L. auf mehreren Spalten entschuldigt: er lese nicht die Korrektur der Tabellen, die seit Erxleben unverändert, unrevidiert geblieben sind. Vermutlich beziehen sich folgende Eintragungen im »Staatskalender« auf diese L. beschwerende Angelegenheit: »Dietrich mit dem bösen Halse bringt den Reichs Anzeiger« (22. Dezember 1795) und: »Brief von meinem Bruder über Long Lat¡!« (11. Januar 1796). Vgl. auch SK 861; s. zu L 42. – *rot:* S. zu SK 267.

865 *Cellinis Buch:* »Due trattati dell' orificeria e della scultura«, von dem die Göttinger Universitätsbibliothek die Ausgaben Firenze 1568 und 1731 besaß. – *an Goethe:* Vgl. Brief an ihn vom 15. Januar 1796; Goethe hatte am 7. Dezember 1795 um Übersendung des Göttinger Bibliothekarsexemplars von Cellinis Buch über die Goldschmiedekunst gebeten; er sandte das Buch mit Schreiben vom 30. März 1796 zurück. – *an Hofmann:* Vgl. SK 9. Januar 1796. – *wegen Kopernikus:* Der Plan, im Rahmen des von Hofmann herausgegebenen »Pantheon der Deutschen« den Lebenslauf von »Nicolaus Copernicus« zu verfassen (III, S. 138–188 und KIII, S. 60–63).

866 *Georg:* Rogge. – *wegen der Amme:* Der Grund ist nicht zu ermitteln, höchstens zu erahnen. – *SCHREIBE ... HOGARTH:* In der Handschrift zweimal unterstrichen. Die dritte Lieferung; vgl. auch SK 867 und 868. – *Excr. yellow:* Exkremente gelb.

867 *Viel Hogarth:* S. zu SK 765. – *Dietrich ... ein wenig auf:* Zu Dietrichs Krankheit s. zu SK 861. – *Die Einatmungs-Maschine im Colleg:* Vgl. SK 19. Januar 1796.

868 *Mspt z. Hogarth in die Druckerei:* S. zu SK 765; vgl. SK 866 und 867. – *Klindworth mit dem Ohr:* Vgl. SK 156.

871 *Ompteda:* Johann Friedrich von Ompteda, Drost zu Burgdorf, Ritterschaftsdeputierter der Hoyaschen Landschaft. – *rot zu Ende:* S. zu SK 267.

872 *Brera's Mspt.:* Valeriano Luigi Brera, Dr. med. aus Pavia (1772–1840), hatte sich am 26. November 1795 an der Georgia Augusta eingeschrieben; 1804 Prof. der Medizin in Bologna, danach in Padua; bedeutender medizin. Schriftsteller, 1796 zum Korrespondierenden Mitglied der Göttinger Sozietät ernannt. Unterm 6. Dezember 1795 notiert L. den Besuch von Brera zusammen mit Snetlage, unterm 14. Juni 1796 einen weiteren Besuch. Der Titel des Manuskripts war nicht in Erfahrung zu bringen.

872 *IV^{te} Platte angefangen:* Die Dritte Lieferung von Hogarth; s. zu SK 765; vgl. SK 875. – *Pollux:* S. zu SK 80.

875 *Mimi's Geburtstag:* Wilhelmine Lichtenberg. – *Meiners Prorektor:* Christoph Meiners war vom 2. März bis 1. September 1796 Prorektor der Georgia Augusta. – *IV^{te} Platte von Hogarth geendigt:* S. zu SK 872.

876 *Vte Platte von Hogarth vollendet:* Die dritte Lieferung von Hogarth; s. zu SK 765. – *auf [den] Garten:* Zu Sternbeobachtungen mit den Studenten? – *Aussöhnung Dietrichs:* Unterm 10. März 1796 notiert L.: »Dietrichs Versohnungs Schmauß bey Stallmeister«. Der Grund des Streits mit Ayrer ist nicht bekannt. – *Stallmeister:* Ayrer.

877 *Rudorfs Konzert:* Carl Friedrich Rudorf (gest. 13. Juli 1796), Cantor an der Mittel-Schule in Göttingen. – *ignoramus:* Wir wissen [es] nicht. – *stinky:* Engl. ›stinkig‹. – *long lat:* S. zu L 42. –$\zeta \upsilon \lambda zak$: ›Zyl-Sache‹: L.s

Auseinandersetzung mit der Preisschrift von Zylius; s. zu L 748. – *Hock:* Hogarth.

878 *Sömmerring:* Vgl. den Brief an Samuel Thomas Sömmerring vom 14. März 1796.

879 *Madam Flock:* Wohl Christina Elisabeth Pflock, s. zu SK 862. – *Wicklow:* Irische Grafschaft in der Provinz Leinster, nahe Dublin, und die gleichnamige Hafenstadt. Die Landschaft wird von einer Bergkette aus Granitgestein beherrscht. In den Kiesbänken nördlich von Croghan Kinshela wurde bemerkenswert viel Gold geschürft. – *Federmesser:* Messer, um Schreibfedern zuzuschneiden. – *Wootz:* » ... apparingly orig. misprint for wook: a crucible steel made in southern India by fusing magnetic iron ore with carbonaceus matter« (Oxford Dictionary). Als Beleg werden die »Philosophical Transactions« 1795, Bd. 85, S. 322 angeführt: »Doctor Scott ... has sent over specimens of a substance known by the name of wootz; which is considered to be a kind of steel.« Dr. Pearson hatte darüber in den »Philosophical Transactions« 1795, Bd. 2, S. 322–346, berichtet, wie Planta in seinem Brief an L. vom 30. Juli 1795 mitteilt. Vgl. auch Brief an Johann Friedrich Blumenbach vom 11. Dezember 1795.

880 *Brief ... an ... Steinmetzen:* Georg und Carl von Steinmetzen schrieben sich am 21. Oktober 1777 als stud. jur. an der Georgia Augusta ein, zuvor Universität Erfurt; sie stammten aus dem Eichsfeldischen Siemerode.

881 *Billet an ... Saxtorph:* Johann Sylvester Saxtorph (1772–1840) aus Kopenhagen, immatrikulierte sich am 1. November 1795 in Medizin an der Georgia Augusta; 1795 Dr. med., 1805 Prof. der Medizin in Kopenhagen, machte 1795–1798 eine Studienreise u. a. nach Wien und Paris. – *Stieler:* Heinrich Friedrich Adolph Stieler aus Gotha, immatrikulierte sich am 5. November 1795 als stud. jur. an der Georgia Augusta; nahm am 30. September 1796 Abschied von L. S. auch 6. Dezember 1795.

882 *VII[tᵉ] Platte angefangen:* Die dritte Lieferung von Hogarth; s. zu SK 765. – *neuen Diener:* Dieterichs Diener? – *Gut wegen Deluc:* Wohl L.s Schrift für Deluc und gegen Zylius.

883 *Grüner Donnerstag:* Vgl. den Brief an Johann Friedrich Blumenbach vom 24. März 1796.

884 *Billet an Kästner und ... von ihm:* Vgl. SK 30. März 1796. – *κvλ:* Umschreibung für: Zylius. – *assist ... so:* Steh mir bei, es muß so sein; ähnlich formuliert L. schon SK 549, 708.

885 *Hogarths 8ᵗᵉˢ Blatt angefangen:* Dritte Lieferung von Hogarth; s. zu SK 765; vgl. auch SK 886. – *No Rupsche:* Keine Pursche. – *assist us:* S. zu SK 884.

886 *Stark:* Wohl Johann Christian Stark (1769–1837), 1793 Dr. med., danach bis 1796 auf Bildungsreise, später Prof. der Medizin in Jena; vgl. auch SK 896. – *Gatterers Erkern:* Johann Christoph Gatterer wohnte in der »Allee« (heute: Gotheallee) im Eckhaus linker Hand gegenüber Grätzel. – *Brief von Louise Michälis gesehen:* Louise Friederike Michaelis (1770–1846), dritte und jüngste Tochter von Johann David Michaelis, heiratete 1796 den Arzt Christian Rudolf Wilhelm Wiedemann, Mediziner am Anatomisch-Chirurgischen Kollegium in Braunschweig. Wie L. an den Brief gelangte, war nicht zu ermitteln. – *An Bedlam von Hogarth gearbeitet:* Das Londoner

Irrenhaus – s. zu C 75 – bildet den Schauplatz der achten und letzten Platte von »The Rake's progress«, L.s dritte Lieferung; s. zu SK 765; vgl. SK 885.

887 *in der Straße:* Gotmarstraße 1, wo L. wohnte. – *Richters Haus:* August Gottlob Richter wohnte spätestens ab 1774 im Hause der Erben von Georg Gottlob Richter, Paulinerstraße, heute südl. Teil der Universitätsbibliothek. – *o !!!:* Umschreibung für ›keine Studenten, kein Collegeld‹. – *Der junge Richter:* In der Matrikel ist nur dieser Sohn August Gottlob Richters verzeichnet: Georg August Richter (1778–1832), der sich am 6. Dezember 1787 als stud. med. immatrikulierte, 1799 Dr. med., 1814 Prof. der Medizin in Berlin, 1821 in Königsberg.

889 *Mad. Böhmer ... begraben:* Laut SK am 6. April 1796 gestorben, unterm 7. April notiert L.: »der Tod von Mad. Böhmer wird angesagt.« Henriette Philippine Elisabeth Böhmer geb. Meyer (geb. 1732), wurde am 12. April 1796 in der Universitätskirche begraben (St. Jacobi). – *Hogarth!!:* Danach ergänze *schweres Herz.* Vgl. auch SK 765. – *Long lat.:* S. zu L 42. – ζυλ: Über L.s Plan einer Entgegnung auf die Preisschrift von Zylius s. zu L 748. – *Hock:* Hogarth. – *Bethlen:.* Alexius Graf von Bethlen (1777–1841) aus einem ungar. Adelsgeschlecht, immatrikulierte sich am 2. Mai 1796 als Student der Kameralwissenschaft an der Georgia Augusta; sein Begleiter und Arzt war Dr. Gyarmathi. Bethlen trat später als Historiker hervor. Vgl. den Brief an Reinhard Woltmann vom 6. April 1797.

890 *Langsdorf:* Wohl Gottlieb Langsdorf aus Nidda in Hessen, der sich am 18. April 1796 als stud. math. an der Georgia Augusta immatrikulierte. – *Hogarth fertig:* S. zu SK 765. – *Zul:* Zylius; s. zu L 748.

891 *Sekretär Bause:* Wohl Johann Gottlieb Bause aus Braunschweig, der sich am 15. April 1796 als stud. jur. an der Georgia Augusta immatrikulierte.

892 *Rot:* S. zu SK 267. – *Georg:* Rogge. – *Mägdchen:* Marie und ? – *Das 3<u>te</u> Heft von Hogarth gebunden:* Rechtzeitig zur Leipziger Frühjahrsmesse (vgl. SK 894); im übrigen s. zu SK 765. – *An Kästner Hogarth:* Die Dritte Lieferung.

893 *mit 2 Landsleuten:* Also Litauern. – *Scherer:* Unterm 16. April 1796 notiert L.: »D<u>r</u> Scherer den Morgen mit dem Diplom«. – *Brief an Hofmann:* S. zu SK 865.

894 *Dietrich nach Leipzig:* Zur Frühjahrsmesse; vgl. Brief an Johann Christian Dieterich vom 27. April 1796.

895 *Der junge Herder:* Siegmund Wolfgang August Herder (1776–1838) aus Weimar, immatrikulierte sich am 18. April 1796 als Student der Bergwerkswissenschaft an der Georgia Augusta; zuvor Universität Jena; seit 1797 an der Bergakademie in Freiberg. Sohn Johann Gottfried Herders. 1826 Oberberghauptmann in Sachsen und Direktor der Freiberger Bergakademie. Bedeutender Montanist. – *Stallmeister schickt sauern Kohl:* Über diese Gabe von Ayrer vgl. den Brief an Johann Christian Dieterich vom 27. April 1796.

896 *Madame Kirsten stirbt im Wochenbette:* Katharina Hedwig Kirsten. Sie starb laut Kirchenbuch St. Johannis »an Krämpfen im Wochenbette« am 20. April 1796 und wurde am 24. April begraben. Kästner widmet ihr das Sinngedicht: »Eine Mutter, die neben ihrem Sohn begraben ward. Noch klagte sie um den, der früh gegangen: Als Engel sollt' er sie empfangen.« (Abraham Gotthelf Kästners gesammelte Poetische und Prosaische Schönwissenschaftliche Werke, Berlin 1841, Nr. 307, S. 90). Vgl. auch SK 898 und

den Brief an Johann Christian Dieterich vom 27. April 1796. – D⁻ *Stark* . . . *Abschied:* Wohl identisch mit SK 886. – *Der älteste Knabe:* Georg Christoph jr. – *eine Schwalbe gesehen:* S. zu SK 897.

897 *Zanthier:* Ludewig Diedrich Philipp von Zanthier (1758–1830) aus Ilsenburg, Hauptmann und seit 1792 Hofmeister unter anderem des Grafen Ferdinand von Stolberg-Wernigerode, mit dem zusammen er sich am 18. April 1796 für Kameralwissenschaft einschrieb; 1802 Generalbevollmächtigter des Grafen zu Stolberg-Wernigerode über die Besitzung Gedern im Hessen-Darmstädtischen. – *Schwalben eher gehört als gesehen:* Vgl. den Brief an Johann Christian Dieterich vom 27. April 1796. – *Schwalben:* In der Handschrift zweimal unterstrichen. – *Heerens Hochzeit:* Am 22. April 1796 heiratete der Göttinger Historiker Arnold Hermann Ludwig Heeren Wilhelmine Heyne (1779–1861), die älteste Tochter aus der Ehe zwischen Christian Gottlieb Heyne, dessen späterer Biograph Heeren war, und Georgine Brandes. – *um halb 9 nach dem Garten in Stromeyers Kutsche:* Vgl. Brief an Johann Christian Dieterich vom 27. April 1796.

898 *Madam[e] Kirsten begraben:* Vgl. den Brief an Johann Christian Dieterich vom 27. April 1796; s. zu SK 896.

899 *Wanzen auf dem Garten:* Dazu vgl. den Brief an Johann Christian Dieterich vom 27. April 1796. – *Lautz:* F. C. Lautz (Lauts) aus Usingen, schrieb sich am 5. April 1796 als Student der Mathematik an der Georgia Augusta ein; Freund Carl von Ibells. Vgl. Ebstein, Ein Beitrag zu G. C. Lichtenbergs Aufenthalt in Göttingen (1770–1799); in: Hannoversche Geschichtsblätter Nr. 8, 3. Jg. 1900, S. 58. – *Ide:* Johann Joseph Anton Ide (1775–1806) aus Braunschweig, immatrikulierte sich am 23. April 1796 als stud. math. an der Georgia Augusta; 1801 Magister zu Helmstedt, 1802 Privatdozent in Göttingen, 1803 Prof. der Mathematik in Moskau. – *George:* Georg Christoph jr. – *Georg:* Rogge. – *Marie:* Die neue Magd. – *Mamsell:* Ranchat; vgl. SK 904. – *der kleinen Jeannette:* Johanna Dieterich. – *nach Gotha:* Zu den Großeltern Friedheim.

900 *heute 2 Jahre Dolly's touch:* Vgl. SK 621. – *no more:* Nie mehr. – *erst Nachtigall:* Vgl. den Brief an Johann Christian Dieterich vom 27. April 1796.

901 *an Dietrich geschrieben:* Vgl. den Brief an Johann Christian Dieterich vom 27. April 1796.

902 *Colleg angefangen gegen 70:* Vgl. den Brief an Johann Christian Dieterich vom 27. April 1796. – *Gauß:* Johann Friedrich Carl Gauß (1777–1855) aus Braunschweig, immatrikulierte sich am 15. Oktober 1795 als Student der Mathematik an der Georgia Augusta; seit 1805 Prof. der Mathematik in Göttingen.

903 *Christina:* Wohl Christiane (Christelchen) Köhler. – *Will Will:* Wilhelm L.

904 *Isengard:* Johann Conrad Isengard, Capitaine in der königl. kurhannöverischen Armee, um 1800 Pensionär in Dransfeld; heiratete 1759 in St. Jacobi die Witwe Catharina Magdalena Carstens, geb. Irsengard. – *Ranchard . . . von Gotha wieder:* Vgl. SK 899. – *anguish . . . conscience:* Qualen wegen Herrn Sumarongi's Gewissen. – *Sumarongi's:* Mystifikation L.s: ein Anagramm, das rückwärts gelesen »Ignoramus« ergibt; vgl. SK 877 sowie den Brief an Johann Joachim Eschenburg vom 8. Mai 1796.

905 *Hogarth:* Dritte Lieferung; vgl. auch den Brief an Johann Joachim Eschenburg vom 8. Mai 1796.

906 *Knorring wegen seines cons[ilium]. abeundi:* Vgl. den Brief an die Göttinger Universitätsgerichtsdeputation von Anfang Mai 1796.

907 *viel Bedlam:* Wohl keine Anspielung auf Hogarth, sondern Umschreibung für das polit. Tollhaus der Zeit. – *Mad[ame] La Porte stirbt:* Am 14. Mai 1796 starb Anne de la Porte (geb. 1706), Witwe eines Sprachmeisters, laut Kirchenbuch an Marasmus im 89. Lebensjahr; »mad. La Porte begraben«, notiert L. unterm 18. Mai 1796.

908 *Die Hachfeldin mich ... gequält:* Unterm 1. Juni 1796 notierte L. noch: »Hachfeldin hat gute Nachricht von Celle.« – *Billet an Wagemann:* Vermutlich Ludwig Gerhard Wagemann.

909 *Reise von Jacobi:* Die »Briefe aus der Schweiz und Italien von Georg Arnold Jacobi in das väterliche Haus nach Düsseldorf geschrieben«, 2 Bde., Lübeck und Leipzig 1795–1796. In L.s Besitz (BL, Nr. 1083); vgl. SK 413. – *von Nicolai gegen die Kantianer:* Vgl. den Brief an Johann Friedrich Blumenbach vom 1. Juni 1796. – *Wenner und Sohn:* Martin Ludwig Wenner aus Stockholm, Dr. med., und dessen Bruder Gustav Magnus Wenner, Dr. med., die sich am 13. Juni 1798 für Chirurgie an der Georgia Augusta immatrikulierten. Vgl. SK 21. Mai 1796. – *Jägersche Familie:* S. zu SK 755.

910 *Brief an ... Großkopf für Justinens Bruder:* Wohl nicht Friedrich Christian Großkopf aus Hannover, der sich am 16. Oktober 1792 als Medizinstudent an der Georgia Augusta immatrikulierte, sondern Johann Gottfried Großkopf aus Ratzeburg, der sich am 8. Oktober 1784 als stud. chirurg. an der Georgia Augusta immatrikulierte und 1790 als Militärarzt bei dem 13. kurhannöv. Infanterie-Regiment geführt wurde. – *Wise:* Louise L. – *Brief von Hofmann:* S. zu SK 865. – *Herr Stallmeister:* Ayrer. – *die ganze Gesellschaft:* Familie Dieterich und Mademoiselle Ranchat. – *Mamsell Ayrer:* Infrage kommen Johanna Sophia (geb. 1768) und Charlotte Johanna Ayrer (geb. 1772). – *die kleine Jeannette:* Johanna Dieterich; s. zu SK 912.

911 *St Martin:* Carl Theodor Immanuel Graf von Saint-Martin (1776–1796) aus Mannheim, immatrikulierte sich am 5. November 1794 an der Georgia Augusta, zuvor Würzburg; vgl. auch SK 913. Sein Nekrolog – auf lateinisch – von Heyne und von Prorektor Meiners am 11. Juni 1796 gehalten, erschien am 2. Juni 1796 bei Dieterich (VIII Seiten). S. GGA, 103. Stück vom 27. Juni 1796, S. 1025 f. – *Thisben:* Vermutlich Hundename, als Pendant zu Pyram!

912 *Langlatte End:* Zu dieser Umschreibung s. zu L 42; ob L. an dieser Stelle auf Zylius und seine eigene Erwiderung anspielt, ist nicht auszumachen; »Düvel« dürfte kaum gemeint sein. Vgl. auch SK 913. – *Blumenbach ... Brief von Deluc:* Vgl. den Brief an Johann Friedrich Blumenbach vom 1. Juni 1796. – *Schrecken wegen des Meilen-Messers:* Weshalb? – *Kleine Jeannette:* Johanna Dieterich, die laut Kirchenbuch St. Johannis am 1. Juni 1796 starb – »an Zahnen« – und am 4. Juni begraben wurde. Das Zahnen kann von Speichelfluss, Unruhe und allenfalls leicht erhöhter Körpertemperatur begleitet sein. Ernste oder gar tödliche Begleiterscheinungen des Zahnens gibt es nicht. Sie spielen aber im Volksglauben auch heute noch eine Rolle.

913 *Granit von den Schnarchern:* Schnarcher-Klippen in der Nähe des Ortes Schierke im Harz, südöstlich am Brocken: hohe Granitfelsen, die wie andere

Felspartien im Harz die abweichende Deklination der Magnetnadel zeigen, was offenbar von dem dort in Granit eingesprengten Magneteisen herrührt; vgl. L 848 und Anm. – *wegen der langen Latte Kummer:* S. zu SK 912. – *Heaven assist me:* S. zu SK 549 und 884. – *Jeannette die Mutter:* Johanna Dieterich, geb. Friedheim. – *Stallmeister:* Ayrer.

914 *Minchen ... krank:* Wilhelmine L.; s. auch SK 915, 916 und 917. – *Brief an Wattenbach:* Vgl. den Brief an Paul Christian Wattenbach vom 6. Juni 1796. – *Persoon bei mir:* Vgl. auch SK 23. Mai 1796: »HE. Persoon des Abends redet von seiner Flora Gottingensis«. – *Rehbein bei mir:* Vgl. auch SK 11. Mai 1796: »Seltsamer Besuch von *Rehbein* der glaubt er würde bald sterben.«

915 *wegen Crell:* Unterm 16. Mai 1796 notiert L.: »... und HofR. Gmelin mit einem Briefe von Crell.« – *Mimi:* Wilhelmine L.; s. SK 914.

916 *Mimi:* Wilhelmine L.; vgl. SK 914. – *Mühri:* Georg Friedrich Mühry (1774–1848) aus Hannover, 1796 Dr. med. in Göttingen; nach einer Studienreise niedergelassener Arzt in seiner Heimatstadt, Hofmedicus und Obermedicinalrat; geachteter medizin. Schriftsteller. Vgl. auch SK 7. Juni 1796. – *Dr Heyne tod:* Karl Wilhelm Ludwig Heyne (1762–1796), Heynes Sohn aus seiner ersten Ehe mit Therese, geb. Weiß; er studierte in Kassel Medizin und promovierte auch dort. – *Pontac:* Vgl. Hogarth-Erklärungen (III, S. 853) und KIII, S. 393 f.; die Umschreibung bleibt dennoch unklar. – *Mimi:* Wilhelmine L.; s. SK 914.

917 *Sterbetag:* S. zu SK 49. – *Mimi:* Wilhelmine L. – *Fritzchen:* Friederike L. – *Sparbüchse des Prinzen von Oranien:* Vermutlich Fürst Wilhelm von Nassau-Diez (geb. 1748), der seit 1751 das Fürstentum regierte; im übrigen s. zu J 1325. Vermutlich brachte er die Staatskasse vor den Franzosen in Sicherheit.

918 *Die Fußbank ... erhöht:* Vor den Häusern in Göttingen befanden sich für die Fußgänger seinerzeit Fußbänke von breiten Steinen, die Fahrwege selbst waren gepflastert, in den Gossen zwischen Straße und Fußbänken floß Wasser. Unterm 13. Juni 1796 notiert L.: »Die neue Gosse über die Straße angefangen«, unterm 15. »Brücke über die Straße vollendet«. – *Gamauf:* Gottlieb Gamauf (1772–1841) aus Güns in Ungarn, immatrikulierte sich am 8. September 1792 als stud. theol. an der Georgia Augusta, wo er bis 1796 blieb; 1803 Prediger in Oedenburg; naturwiss. Schriftsteller und Hrsg. der »Erinnerungen aus Lichtenbergs Vorlesungen«, erschienen Wien 1808–1818. – *Kröncke:* Claus Kröncke (1771–1843) aus Kirch-Osten im Bremischen, immatrikulierte sich am 21. Oktober 1796 als stud. math. an der Georgia Augusta; 1798 Prof. der Philosophie in Gießen und Inspektor über sämtliche Chausseen- und Wasser-Baumeister in Hessen-Darmstadt. – *Hogarth:* Dritte Lieferung.

919 *Medaille von Kant von Abramson gekauft:* Abraham Abramson (1754–1811), bedeutender Medailleur und Stempelschneider in Berlin; bekannt durch seine Medaillons auf deutsche Gelehrte (seit 1774). Die Kant-Medaille schuf Abramson zum 60. Geburtstag des Philosophen (1784). In Carl Heinz Clasen, Kant-Bildnisse, Königsberg 1924, wird Abramson nicht aufgeführt. Die Medaille ist wiedergegeben in: Photorin 2, 1980, S. 45; über die von Abramson angefertigte Lichtenberg-Medaille vgl. ebd., S. 46–47: Bernd Achenbach, Noch einmal: Lichtenberg pictus. Im übrigen s. Tassilo

Hoffmann, Jacob Abraham und Abraham Abramson, 55 Jahre Berliner Medaillenkunst 1755–1810, Frankfurt am Main 1927, S. 131 (Nr. 236). Abramsons Besuch notiert L. auch unterm 14. und 17. Juni 1796. – *Schni Schna:*

zu SK 919

Schnickschnack, vermutlich mit dem Düvel. – *Die Farce Germania gelesen:* Nach Leitzmanns Vermutung (Aus L.s Tagebüchern, S. 20) »Germania II. über die deutsche Postwelt«, erschienen Hamburg 1798, von Freiherr von Imhoff-Spielberg. Sollte es sich 1796 noch um das Manuskript gehandelt haben? – *Faktor:* Dieterichs Faktor oder der Firnismacher? – *Tallowiano:* Diese Wortbildung konnte nicht entschlüsselt werden: not allow (nicht erlauben)? – *Brief von Ingversen:* Vgl. den Brief aus Berlin vom 11. Juni 1796 (Briefwechsel IV, Nr. 2642).

920 *Französin:* Mademoiselle Ranchat? – *Deponentium ... fundamentis:*

»Perscrutatis fundamentis stabilitur veritas«. Durch Erforschung der Grundlagen wird die Wahrheit befestigt: die von Moses Mendelssohn formulierte Umschrift der Kant-Medaille, die L. am 18. Juni 1796 für 3 Reichstaler erworben hatte.

921 *Musterung der Truppen durch den Prinzen:* Prinz Adolph Friedrich von England. Vgl. SK 21. Juni 1796.

922 *an Eisendecher wegen Seyde:* Vgl. SK 950.

923 *schreibe am Kalender:* GTC 1797. – *Wise:* Louise Lichtenberg. – *Will:* Wilhelm Lichtenberg.

924 *Natalis dies:* Geburts-Tag. – *scarce pardonable:* Engl. ›kaum zu entschuldigen‹.

925 *Die Gesellschaft:* Dieterich und Frau; Frau Köhler. – *Jeannette:* Johanna Dieterich, geb. Friedheim. – *ihrer Schwester:* Wohl die Frau Johann Christian Madelungs, eines Kabinettsrats in Gotha. – *Rot:* S. zu SK 267. – *Thanks... Almighty:* Dank dem Allmächtigen Gott.

926 *Mad. Gatterer:* Helena Barbara geb. Schubart aus Nürnberg, heiratete 1753 Johann Christoph Gatterer. – *Brief an Kries:* S. Briefwechsel IV, Nr. 2651. Vgl. den Brief an Jeremias David Reuß vom 1. Juli 1796.

927 *zweite Judenhochzeit:* Vgl. auch SK 6. Juli 1796: »Juden hochzeit bey Meyer«; s. auch SK 928. – *Am Kalender geschrieben:* GTC 1797.

928 *Kalender-Mspt in die Druckerei:* GTC 1797. – *Die Juden-Vermählten:* S. zu SK 927. – *Redness ceases:* Röte hört auf; zu L.s Umschreibung s. zu SK 267.

929 *Rosenblenderin:* Wohl Christine Elisabeth Rosenplänter, die am 16. April 1789 in St. Nicolai den Witwer und Camelottmacher-Gesellen Anton Schöpfel in Göttingen heiratete. Laut DWB 2, Sp. 106, bedeutet *blendern* forstmännisch »die bäume hier und da aushauen, lichten«. – *Klindworth ... Nachricht von Münden:* Vgl. SK 12. Juli 1796: »Klindworth geht nach Münden« (zur Glashütte). – *Erste Korrektur vom Kalender:* GTC 1797.

930 *Sterbetag meines ... Vaters:* S. zu L 212. – *Kantor Rudorf begraben:* Rudorf war im Alter von 47 Jahren an »Hämorrhoidalischen Krämpfen« (St. Johannis) am 13. Juli 1796 gestorben und am 16. Juli begraben worden. Vgl. SK 877. – *Die Gesellschaft:* Familie Dieterich und Mademoiselle Ranchat.

931 *m. l. Frau etwas besser:* Vgl. SK 933, 934. – *für Crell an Gmelin:* Bezieht sich auf Crells Brief an L. vom 11. Juli 1796 (Briefwechsel IV, Nr. 2654). Unterm 23. Juli 1796 notiert L.: »Abends Gmelin mit einem Briefe von Crell.« – *Zahn binden:* Vgl. SK 200.

932 *Die jungen Leute ... von Kassel zurück:* Heinrich und Johanna Dieterich, die am 31. Juli 1796 nach Kassel gefahren waren.

933 *Sterbetag:* Der Stechardin. – *Bumpernickel:* Mundartlich für Pumpernickel: Westfäl. Schwarzbrot; »die benennung scheint hervorgegangen zu sein aus der gestalt des dicken, langen, vierkantigen, oft bis zu 60 pfund schweren laibes sowie aus der harten rinde desselben (DWB 7, Sp. 2231, wo ein Beleg aus »Sendschreiben der Erde an den Mond«, III, S. 410, angeführt wird). – *Gerichtsschulzen:* Friedrich Wilhelm Christian Zachariae. – *Stallmeister:* Ayrer.

934 *Neufville:* J. A. Fr. W. R. Freiherr von Neufville aus Dillenburg, immatrikulierte sich am 14. April 1796 als stud. jur. an der Georgia Augusta. Mit Brandes zusammen machte er am 4. November 1798 Sternschnuppen-

Beobachtungen. – *Hassel:* Wohl Friedrich Wilhelm von Hassel (1752–1827), Obristleutnant des 5. kurhannöv. Infanterieregiments in Stade; veröffentlichte Hannover 1792 »Briefe aus England«. – *wegen Wencker:* Unterm 6. August 1796 notiert L.: »Des Musketir Wenckers Frau [bei mir].« – *an D*ᵣ *Lentin:* Unterm 9. August 1796 notiert L.: »Dᵣ Lentin schickt die dephlog. Saltz Saure.«

936 *an Wattenbach geschrieben:* Vgl. den Brief an Paul Christian Wattenbach vom 29. August 1796.

937 *for ... purpose:* Für absichtliche Befleckung. – *Kalender geschlossen:* GTC 1797. – *Die Monatskupfer:* »Die zwölf Blätter stellen in drey Quaternen die vier Tagszeiten im Leben des Landmanns, des Städters und der feinen Welt vor« (GTC 1797, S. 211).

938 *von meinem eignen Hogarth gelesen:* Vermutlich die Dritte Lieferung.

939 *geantwortet:* Der politische Dissens der beiden Brüder über die Frz. Revolution und Zeitpolitik geht aus vielen Andeutungen im Tagebuch hervor; bedauerlicherweise oder bezeichnenderweise sind gerade diese »politischen« Briefe nicht überliefert. Vgl. auch SK 941. – *die Kunstreiter:* Die Notiz durch Zeichen vom 6. September 1796 hierher verwiesen. Unterm 7. September notiert L.: »Die Kunstreiter heute zum lezten male wie es heißt.« Unterm 8. September: »Sie reiten heute zum zweyten mal zum lezten mal.«

940 *Georg:* Rogge. – *viel Kopern[ikus].:* S. zu SK 865.

941 *Brief... von meinem Bruder:* S. zu SK 939. – *Hofmann nach Chemnitz:* Am 8. September 1796 datiert (Briefwechsel IV, Nr. 2670).

942 *Dietrichs Weinrechnung θ:* Das Zeichen hinter dem letzten Wort bedeutet ›nichts‹. – *Will:* Wilhelm Lichtenberg. – *Christian:* Diener Dieterichs?

944 *Der ... Kriegsrat ... elektrisiert:* Laut Tagebuch vom 6. September 1796 Keller aus Glogau, der am 24. September Abschied nahm. – *Dietrich ... Bürgers Lenore:* »Lenore. Eine Ballade. In drey englischen Übersetzungen (von W. R. Spencer, H. J. Rye, J. T. Stanley) nebst dem Original-Texte«, erschienen bei Dieterich Göttingen 1797; unterm 6. September 1796 notiert L.: »Neue Ausgabe von Leonoren englisch«. Vgl. auch SK 945.

945 *Bußtag:* S. zu SK 384. – *mit Bürgers Lenore abgegeben:* S. zu SK 944. – *Nachricht, daß die Jourdansche Armee ... an der Sieg ruiniert sei:* Jean Baptiste duc de Jourdan (1762–1833), Marschall von Frankreich seit 1804, im gleichen Jahr von Napoleon in den Grafenstand erhoben; in den Koalitionskriegen Oberbefehlshaber der frz. Moselarmee; wurde bei Würzburg am 3. September 1796 geschlagen und zog sich unter großen Verlusten nach Düsseldorf zurück.

946 *v. Studnitz[ens] Bruder ... sehr schlecht:* Johann Albert von Studnitz. Unterm 23. September 1796 notiert L.: »HE v. Studnitz soll die Blattern haben.« Am 24. September: »Es ist gewiß, daß v. Studnitz die Blattern hat.« Studnitz wird am 30. September begraben.

947 *wegen des Logarithmen:* L.s Schreiben an Kästner und Gmelin beziehen sich auf eine Rezension eines gegen Lavoisier gerichteten Aufsatzes von Crell, die Gmelin verfaßt hat (GGA, 151. Stück vom 19. September 1796, S. 1505–1508; die Logarithmen-Rechnung findet sich S. 1506). – *Brief von Wattenbach:* Datiert von Hamburg, 24. September 1796 (Briefwechsel IV, Nr. 2676). – *Programm von Schrader:* Der »Versuch einer neuen Theorie der

Elektricität, welche auf Grundsätzen des neuen Systems der Chemie beruhet«, Altona 1796, von Johann Gottlieb Friedrich Schrader; von Wattenbach mit Brief vom 24. September 1796 übersandt. – *Gefecht zwischen Kübler und ... Lange:* Wohl Johann Friderich Petrus Kübeler, Sohn des Buchhändlers Johann Friderich Daniel Kübeler (geb. am 28. April 1755) in Göttingen (St. Jacobi). Der Anlaß des »Gefechts« ist unerfindlich. Kübler heiratete am 4. November 1795 Dorothee Margarethe Bossiegel, geb. Engelhardt (St. Johannis).

949 *der Franzose:* Vgl. auch SK 7. Oktober 1796: »Unser sans culotte macht Holtz.« – *Gildentag:* S. zu SK 224. – *Brief . . . an D<u>r</u> Mehlburg:* Johann Christoph Mehlburg (geb. 1748) in Hanau, immatrikulierte sich am 25. April 1785 für Kameralwissenschaften an der Georgia Augusta; Magister der Philosophie in Göttingen. Meusel führt folgende Veröffentlichungen von ihm auf: »Dissertatio de felicitate reipublicae . . .«, Leipzig 1786; »Les principaux défauts de l'état militaire . . .«, Göttingen 1792, und die »Dissertatio de principio onerum publicorum«, Göttingen 1793. Von den drei Veröffentlichungen weist die Universitätsbibliothek Göttingen lediglich die zweite Schrift auf. Er las im Winterhalbjahr 1796/97 an der Göttinger Universität über »Sämmtliche Cameral-Wissenschaften«, in frz. Sprache über »Die gesammte Politik«, im SS 1796 über Warenkunde nebst der Commerz-, Forst- und Polizeywissenschaft. Der »Catalogus Professorum Gottingensium« (Ph 7, 57) läßt ihn in Verwechslung mit Johann Friedrich Mehlburg bereits 1795 sterben. – *Mspt:* L. hatte es am 30. September 1796 mitsamt einem Billet von Kästner erhalten.

950 *Die Kinder . . . vom Garten:* Unterm 29. September 1796 notiert L.: »Kinder auf den Garten Transportirt, wegen der Leiche [v. Studnitz] Morgens und des Geruchs.« – *Reskript über Seydens Zulage von 10 Rt.:* Bezieht sich auf das Schreiben des Geheimen Rats-Kollegiums in Hannover vom 7. Oktober 1796 (Briefwechsel IV, Nr. 2687). Dazu vgl. das von Behrendsen in »Zur Geschichte der Entwicklung der mechanischen Kunst. Neue Beiträge der Mechaniker Göttingens im 18. und in der ersten Hälfte des 19. Jahrhunderts« in: Deutsche Mechaniker-Zeitung, H. 12, 1907, 15. Juni, S. 116, erstmals mitgeteilte »Pro-Memoria« L.s aus den Kuratorialakten: »Die häuslichen Umstände des Unteraufsehers unsers physikalischen Apparats, des Mag. Seyde, sind nie sehr sonderlich gewesen, und ohne die Gnädigsten Geschencke, welche Königliche Regierung auf mein unterthänigstes Ansuchen ihm zu Zeiten hat angedeihen lassen, und den Genuß des Freytisches, der indessen einige Zeit hindurch unterbrochen wurde, würde er sich nicht haben halten können. Nunmehr aber, da der Preiß mancher Lebensmittel um ein merckliches gestiegen ist, fällt es ihm unmöglich, länger zu subsistiren. Niemand in unserer Stadt kan dieses so leicht beurtheilen, als ich, dem seine traurigen Umstände am besten bekannt sind und [der] sehr wohl weiß, was für Aufopferungen es ihn kostet sich, blos um seinem doppelten Titul als Magister der Philosophie und Unteraufseher des physikalischen Cabinets keine Schande zu machen, reinlich zu kleiden. Der Grund davon liegt freylich in einem kleinen Stoltze, den ich aber unmöglich tadeln kan, so sehr er jezt auch das Mitleid gegen ihn bey manchen Personen schwächen mag, die ihn nicht so nahe kennen als ich. In einer besseren Lage würde man so etwas entweder nicht bemerken, oder gar respectabel finden.

Ich habe ihn bisher für seine mir geleisteten treuen Dienste zwar nach Vermögen unterstüzt, aber ich gestehe gerne, nicht völlig nach Verdienst. Ich gebe ihm jährlich 50 rth. und habe ihm außerdem bey schweren Vorfällen kleine Geschencke gemacht an Geld sowohl, als zuweilen auch mit Naturalien so weit es die Unterhaltung meiner eignen starcken Familie verstattete. Mehr zu thun bin ich schlechterdings nicht im Stand. Dafür ist er mir mit unermüdetem Fleiße nicht allein in den Vorlesungen zur Hand, sondern zeigt auch jeden Sonntag des Vormittags nach den Kirchen, demjenigen meiner Herrn Zuhörer, die es verlangen, die in der Woche gebrauchten Instrumente in der Nähe vor, beantwortet Fragen und Zweifel und wiederholt, was nicht recht gefaßt worden war. Die physikalische Sammlung hält er in untadelhaffter Ordnung und Reinlichkeit, welches in der That keine geringe Arbeit ist, da die Instrumente nicht blos zum Anschauen da stehen, sondern sehr ernstlich gebraucht werden und zu dieser Absicht über einen langen Gang eine Treppe hinab und eine herauf nach meinem Auditorium gebracht und am Ende der Woche mit eben diesen Umständen zurückgetragen gereinigt und gestellt werden müssen. Alles dieses thut er ohne Murren mit immer gleicher Willigkeit und einer Präcision, die gewiß das größeste Lob verdient. Freylich wirckte wohl hierbey vorzüglich die Hofnung auf ihn, dereinst die Aufmercksamkeit Königlicher Regierung ferner auf sich zu lencken. Da ich nun allein der Beständige Zeuge seines unermüdeten Diensteifers bin, so habe ich es auch für meine Pflicht geachtet der Ausleger seiner Wünsche zu seyn und eine Gnädigste Königliche Regierung unterthänigst zu bitten diesen in der That brauchbaren und höchst armen Menschen mit einem kleinen fixen Gehalt zu unterstützen. Ich bin überzeugt es wird von dem besten Erfolg seyn und ihn gewiß ermuntern, künfftig von seinen Kenntnissen, die nicht gering sind, anderweitige Proben abzulegen. Göttingen den 29. Sept. 1796 G. C. Lichtenberg Hofrath und Prof. der Philosophie.« (Briefwechsel IV, Nr. 2682) Vgl. auch J 542. – *Brief an Eisendecher:* Vgl. SK 14. Oktober 1796.

951 *Bouterwek nach seiner Retour bei mir:* Bouterwek war 1794 bis 1796 auf Reisen, u. a. in der Schweiz. »Prof. Seyffer und Boutterweck lezterer nimt Abschied«, notiert L. unterm 23. September 1796. – *Schillers Musen-Almanach:* Musen-Almanach für das Jahr 1796/1798/1800, hrsg. von (Friedrich von) Schiller, Neustrelitz: Michaelis. – *Bastholm:* Johannes Bastholm (1774–1856), dän. Theologe, immatrikulierte sich am 4. November 1794 als stud. theol. an der Georgia Augusta. – *Ölssen:* Johann von Oelssen (1775–1848) aus Kurland, immatrikulierte sich am 16. April 1796 als stud. jur. an der Georgia Augusta. – *Nachricht, daß in Andreasberge . . . :* S. zu L 3. Unter dem 8. Oktober notiert L.: »Abends plötzlich hefftiger Regen mit Hagel der Blitz schlägt zu Andreasberg ein und der Ort brennt großentheils ab.« – *Dr Tomsen konfirmiert:* Vielleicht Johann Wilhelm Thoms (1765–1826), der 1787–1816 Privatdozent der Rechtswissenschaften an der Universität Göttingen, 1797 dort als Advokat immatrikuliert und später Advokat in Northeim war. Confirmatio judicialis nannte man die gerichtliche Bestätigung.

952 *Wichmann:* Sollte der von L. unterm 24. März 1797 als Besucher notierte »Collaborator« Wichmann gemeint sein? Der Matrikel zufolge kommt Franz Christoph Ernst Wichmann aus Celle in Frage, der sich am 12. Mai 1794 als stud. theol. und phil. an der Georgia Augusta immatrikulierte. – *Brief . . . an . . . Hanstein:* Es war nicht zu ermitteln, ob der zu SK 215

nachgewiesene von Hanstein der Briefempfänger ist oder dessen Vater E. C. F. G. von Hanstein, Oberforstmeister in Kassel. – *für Voigt:* Offenbar handelt es sich um Schulden des Studenten von Hanstein; unterm 21. Oktober 1796 notiert L.: »Vogt bringt die Schrifften zu seiner Mündenschen Schuldforderung.«

953 *Informator Müller:* Johann Nikolaus Müller? Unterm 9. Mai 1796 notiert L.: »Die Kinder fangen die Stunde mit Herrn Müller des Abend[s] an. dem ich 1 Louisd'or gebe.« – *Hansemann:* Wohl Otto Carl Gottlieb Daniel Hansemann (1757–1858) aus Lüneburg, immatrikulierte sich am 23. April 1795 als stud. theol. an der Georgia Augusta; 1810 Pfarrer in Heiligenrode, zuletzt in Hamburg-Altenwerder. – *Graf von Hardenberg:* Friedrich August Burchard Reichsgraf Hardenberg wurde unterm 16. Oktober 1796 als immatrikuliert eingetragen mit dem Vermerk: M[ichaelis].96–O[stern].97. Vgl. L 587. – *Mimi gefällt mir sehr:* Wilhelmine Lichtenberg; vgl. des Vaters enthusiastisches Urteil an die Patentante Agnese Wendt im Brief vom 23. Dezember 1796. – *Politischer Tierkreis:* Über die von Rebmann hrsg. Zeitschrift s. zu L 34; vgl. SK 954 und 955.

954 *Viel Politischer Tierkreis:* S. zu L 34; vgl. SK 953.

955 *Noch immer politischer Tierkreis:* S. zu L 34; vgl. SK 953. – *Flatt:* Carl Christian Flatt – von L. *Fladt* geschrieben – (1772–1843) aus Stuttgart, immatrikulierte sich am 10. Juni 1796 als stud. theol. an der Georgia Augusta; zuvor in Tübingen, ab 1804 Prof. der Theologie dort.

956 *Buch von Böttiger:* »Entwicklung des Ifflandischen Spiels in vierzehn Darstellungen auf dem Weimarischen Hoftheater im Aprilmonath 1796«, erschienen Leipzig 1797; von Carl August Böttiger; vgl. auch SK 968 und den Brief an Friedrich Ludewig Bouterwerk vom 26. November 1796. – *Grellmann liest im Saal:* Vgl. auch SK 957 und den Brief an Johann Christian Dieterich vom 15. November 1796. Grellmann las im Winterhalbjahr 1796/97 über Staatengeschichte um 8 Uhr, die Geschichte des Deutschen Reichs um 15 Uhr, die Lebensgeschichte Peters des Großen (Montag und Donnerstag 13 Uhr), die Statistik von Deutschland und den einzelnen deutschen Staaten um 16 Uhr.

957 *Dietrich ... toll, wegen Grellmann:* S. zu SK 956.

958 *Murhard:* Friedrich Wilhelm August Murhard las im Winterhalbjahr 2 Stunden wöchentlich Algebra um 11, Analysis 6 Stunden wöchentlich um 8, Höhere angewandte Mathematik 5 Stunden wöchentlich um 16 Uhr. – *Dietrichs Unwillen:* S. zu SK 957.

959 *Brief von Hofmann:* S. zu SK 865.

960 *Loders Präparate:* Wer ist gemeint? – *Die jungen Leute ... von Gotha zurück:* Heinrich und Johanna Dieterich. – *Blumenbach mit der Sternschnuppe bei mir:* Vgl. den Brief an Johann Friedrich Blumenbach vom 7. November 1796.

961 *Langsdorf ... zurück:* Vgl. den Brief an Johann Christian Blumenbach vom 7. November 1796.

962 *Meine ... lustig:* Dieser Satz wurde von L. in SK 961 nach *Bruder* gestrichen.

963 *wegen ... Rumford:* Sollte eine Rezension gemeint sein? In den GGA erschien 1796, 61. Stück vom 16. April, S. 601, lediglich die Nachricht, daß Rumford für seine Aufsätze über Eigenschaften und Mitteilung der Wärme die Copley-Medaille für 1792 erhalten habe, und GGA 65. Stück vom

23. April 1796, S. 645, bringt die Anzeige eines Artikels von Rumford in den »Philosophical Transactions« für 1794 über eine »Methode, die Stärke des Lichts zu vergleichen«, und über »Merkwürdige Erfahrungen von gefärbten Schatten«. Vgl. L 813. – *Dumont* †: Der Kaufmann Johann Peter Dumont starb laut Kirchenbuch St. Johannis am 10. November an einer »Apoplexie«; begraben wurde er am 12. November 1796.

964 *Graf Rhedey:* Wohl Ladislaus Graf Rhedey aus Ungarn, der sich am 14. Oktober 1796 als stud. jur. an der Georgia Augusta immatrikulierte. – *Dr Berger bei mir:* L.s Hörerliste für Physik 2. Teil Winter 1798 führt ihn als Nr. 7, eingetragen am 28. August. – *die beiden . . . Neurath:* Constantin von Neurath aus Wetzlar, der sich am 24. Oktober 1796 als stud. jur. an der Georgia Augusta immatrikulierte. Der von L. erwähnte andere Neurath kann nur Friedrich Carl von Savigny aus Frankfurt sein, der sich nach Constantin von Neurath am gleichen Tag immatrikuliert und Johann Friedrich Albrecht Wilhelm von Neurath (1739–1816), Assessor am Reichskammergericht in Wetzlar, als Vater angibt. Friedrich Carl von Savigny (1779–1861) aus Frankfurt, Sohn des Geheimen Regierungsrats in fürstlich Isenburg-Birsteinischen Diensten Christian Carl Ludwig von Savigny (1726–1791); nach dessen Tod – und dem Tod der Mutter (1792) –, der Freund des Vaters, von Neurath, bis zum 16. Lebensjahr Savignys die Vormundschaft übernahm und ihn in seinem Hause unterhielt. Savigny hatte Ostern 1795 sein Jurastudium an der Universität Marburg aufgenommen, wohin er nach dem Semester in Göttingen zurückkehrte; 1800 Dr. jur. – *Dietrich schickt das Los:* Vgl. den Brief an Johann Christian Dieterich vom 15. November 1796.

965 *Hachfeld angefangen:* Beschäftigt L. Frau Hachfeld aufgrund des drohenden Konkurses? Unterm 17. November 1796 notiert er jedenfalls: »Hachfeldin Umschläge.« – *an D.:* Vgl. den Brief an Johann Christian Dieterich vom 15. November 1796.

967 *Kästner 50 Jahre Professor:* Aus diesem Anlaß veröffentlichte Heyne in GGA 5. Stück vom 9. Januar 1797, S. 41 f., eine Würdigung; im 203. Stück vom 19. Dezember 1796, S. 2025 f., war bereits eine Dankadresse Murhards an Kästner erschienen. – *Heyne . . . Brief von Dornford:* Josiah Dornford ist während seiner Göttinger Studentenzeit auch zu Heyne in Beziehungen getreten; in der Vorrede zu der Sammlung akademischer Reden »Prolusiones nonnullae academicae«, die Heyne 1790 in London erscheinen ließ, wird Dornfords anerkennend gedacht (S. VIII). – *Murhard mißhandelt:* Von Dieterich wegen der Benutzung des Hörsaals von L.? In dessen Tagebuch ist unterm 16. November 1796 nur notiert, daß Murhard zum drittenmal gelesen habe, und unter dem 30. November: »Furcht wegen Murhards Lesen. Murhard hört auf zu lesen.« In den GGA 165. Stück vom 15. Oktober 1796, S. 1641–1645, hatte übrigens eine Anzeige seiner Vorlesungen gestanden.

968 *Bouterwek wegen Böttigers Buch:* Vgl. den Brief an Friedrich Ludewig Bouterwek vom 26. November 1796; s. zu SK 956.

969 *wegen Fischers:* Wohl Johann Nepomuk Fischer (1749–1805), Prof. der Mathematik in Ingolstadt, dann Astronom in Mannheim. – *Kein Rot:* S. zu SK 267.

970 *Brief an Mad. Engelhard:* Vgl. SK 969, auch SK 973. – *Brief von Prof. Schmidt:* Vom 26. November 1796 (Briefwechsel IV, Nr. 2701). – *seinem Compendio:* Die »Anfangsgründe der Mathematik«, Bd. 1, erschienen Frank-

furt am Main 1797, von Georg Gottlieb Schmidt (BL, Nr. 159); vgl. auch SK 971.

971 *Billet an Kästner:* Vgl. auch SK 972, 974. – *Schmidts Compendium:* S. zu SK 970. – *ein katholischer Geistlicher begraben:* »Den 30ten Nov. gest. den 3ten Dec. begraben, der sich hier aufhaltende Pater *Wenceslaus*, Augustinermönch aus Erfurth, geborner *Küppert*, aus Mainz gebürtig. Alt 55 Jahre« (Kirchenbuch St. Jacobi).

972 *Jeannette:* Johanna Dieterich. – *Sorgen wegen Kästner:* Vgl. SK 971. – *Betschwester:* S. zu F 1133. – *Franzosen-Hure, in seinem Hause:* Wohl Anspielung auf Kästners Haushälterin Philippine Henriette (Hjette) Koch (1744–1819), aus deren Liaison mit einem frz. Offizier 1762 Catharine Hedwig Koch hervorging, die spätere Frau Kirsten. L.s Aversion ist nach den Briefen schwer verständlich.

973 *Veltheim:* August Ferdinand von Veltheim (1741–1801), Mineraloge. – *den alten Gatterer:* Den Vater von Philippine Engelhard; vgl. SK 974.

974 *Billet von Kästner:* Vgl. SK 971. – *Billet von Gatterer:* Briefwechsel IV, Nr. 2706; vgl. SK 973.

975 *Klindworths:* Davor von L. gestrichen *vorige Nacht entsetzlich.* – *Meiner lieben Frau ... übel:* Margarethe Lichtenberg ist wieder schwanger; vgl. SK 969, 993.

976 *Fulda bei mir:* Unterm 4. Oktober 1796 notiert L.: »HE. Fulda bringt s. Mspt über Ebbe und Fluth.« Und unterm 7. Oktober: »Ich viel Ebbe und Fluth!!!« Vgl. SK 639. – *Thornschen Chronik:* Die »Thornsche Chronika« von Zernecke, Berlin 1725 erstschienen: eine der Quellen für L.s »Copernicus«-Artikel (III, S. 143, 144, 174, 175, 176, 180, 181); er benutzte übrigens die zweite Aufl. von 1727. Johann Heinrich Zernecke (1672–1741), Bürgermeister und Vice-Präsident von Thorn bis 1724, danach in Danzig.

977 *Kant[s] metaph[ysische]. Anfangsgründe:* Vgl. SK 176 und 978. – *Riepenhausen ... das zweite Blatt von Marriage:* Die aus sechs Platten bestehende Folge der »Marriage à la mode« von Hogarth, die L. unter dem Titel »Die Heirat nach der Mode« ausführlich erklärte, aber erst 1798 als Vierte Lieferung veröffentlichte (III, S. 925–933 und KIII, S. 410f.).

978 *Kant ... zum endlichen Schluß:* Vgl. SK 977. – *Berlepschens Abschied gelesen:* Vgl. SK 986; s. Brief an Blumenbach vom 10. März 1797. – *Berlepsch:* Friedrich Ludwig von Berlepsch (1749–1818), seit 1772 verheiratet mit und 1795 geschieden von Emilie von Berlepsch, geb. von Oppel (1755–1830), Schriftstellerin, die von Bouterwek in »Graf Donamar« (1791–1793) verewigt wurde. In zweiter Ehe heiratete er Anna Dorothea Sievers (1767–1811), das Kammermädchen seiner Frau; lebte auf Burg Berlepsch in der Nähe Göttingens am rechten Werraufer, studierte 1766–1769 in Göttingen Jurisprudenz (immatrikulierte sich am gleichen Tag wie sein entfernter Vetter Carl August von Hardenberg, mit dem ihn zeitlebens Freundschaft verband). 1769–1771 Auditor der Justizkanzlei bei der Stader Regierung, danach Regierungsrat in Ratzeburg, 1783 Hofrichter in Hannover und damit Präsident des für die Fürstentümer Calenberg und Grubenhagen sowie die Grafschaft Hoya zuständigen Hofgerichts, 1788 von der Calenbergischen Ritterschaft zum Land- und Schatzrat des hannoverschen Quartiers gewählt. Sein entschiedenes Eintreten für die Rechte der Stände gegenüber Willkürmaßnahmen der Regierung, die durch den Koalitionskrieg bedingt waren, führte am 3. Juni 1796 zu seiner Entlassung aus dem Staatsdienst, was erhebliches Aufsehen

und Empörung verursachte; der Helmstedter Staatsrechtler Carl Friedrich Häberlin übernahm seine Verteidigung. Dazu s. Heiko Leerhoff, Friedrich Ludwig v. Berlepsch, Hildesheim (Lax) 1970. – *Berlepschens Abschied:* Vermutlich das Entlassungs-Dekret der Regierung in Hannover vom 3. Juni 1796, abgedruckt in Häberlins »Staats-Archiv« 1796, Bd. 1, S. 482.

979 *Holz sehr teuer und allgemeine Klage:* Vgl. den Brief an Friedrich August Lichtenberg vom 23. Dezember 1796. In den Staatskalendern für 1796, 1797, 1798 führt L. genau Buch über Zeitpunkt, Menge und Kosten des Holzkaufs.

980 *Diarrhoe:* Unterm 20. Dezember 1796 notiert L.: »Kaum Ruhe des Nachts und Diarrhoe so schlimm, daß Strohmeyer kommen muß ich setze aus und lasse bis auf den 4$\underline{\text{ten}}$ Januar absagen.« Am 21. Dezember: »fast den gantzen Tag gelegen«.

981 *Muffe gekauft:* Für Margarethe Lichtenberg; vor *Muffe* von L. gestrichen *Des Morgens die Maus im Bette von meiner lieben Frau.* – *Der junge Lautz:* F. C. Lautz. – *Sachen vom Bildermann:* Vgl. SK 569. – *Wolke:* Christian Hinrich Wolke (1741–1825), Reformpädagoge, immatrikulierte sich am 4. Oktober 1763 als stud. jur. an der Georgia Augusta; Mitarbeiter Basedows am Philanthropin, 1776 Prof. in Dessau. – *Brief an ... Vetter:* Vgl. Brief an Friedrich August Lichtenberg vom 23. Dezember 1796. – *seine Töchter:* Agnese Wendt; vgl. L.s Brief an sie vom 23. Dezember 1796.

982 *Amtmann Hüpeden:* Ludwig Anton Hüpeden aus Hoya, immatrikulierte sich am 14. Oktober 1763 als stud. jur. an der Georgia Augusta; Amtmann in Erichsburg bei Dassel; vgl. auch Brief an Ludwig Anton Hüpeden von Mai 1797. – *die Gesellschaft:* Familie Dieterich und Mlle Ranchat.

983 *Brausen im Kopfe:* Unterm 31. Dezember 1796 notiert L.: »vorige Nacht fürchterliches Braußen in den Ohren«. – *viel Kopern[ikus]:* S. zu SK 865. Unterm 22. Dezember 1796 notiert L.: »Sehr matt, viel Sorgen und Kummer wegen Coppe.« Unterm 3. Januar 1797: »viel Cop.«, unterm 12. Januar: »Außerordentlich aus einander wegen Cop. Hog. und 1000 andre Dinge. nicht gut.« – *Brief von Göthe:* Vom 26. Dezember 1796 (Briefwechsel IV, Nr. 2715). – *Meister IV. Band:* Vgl. L 704.

985 *Hufelands Dedikation:* »Die Kunst das menschliche Leben zu verlängern«, erschienen Jena 1797, von Christoph Wilhelm Hufeland, der dem Werk (s. BL, Nr. 850) diese Widmung voranstellte: »Dem Herrn Georg Christoph Lichtenberg. Königl. Grossbrittan. Hofrath und Professor zu Göttingen etc. Seinem verehrtesten Lehrer und Freunde zum öffentlichen Zeichen der aufrichtigsten Hochachtung und Dankbarkeit gewidmet vom Verfasser.« Vgl. auch den Brief an Christoph Wilhelm Hufeland vom 9. Januar 1797.

986 *Berlepsch[s] Verteidigung:* Vielleicht Berlepschs Entgegnung an das Ministerium in Hannover vom 30. Juni 1796, abgedruckt in Häberlins »Staats-Archiv« Bd. 2, 1796, S. 96–104. Näher liegt es aber, an Carl Friedrich Häberlins Verteidigungsschrift »Über die Rechtssache des Herrn Hofrichters, auch Land- und Schatzraths von Berlepsch« zu denken, die er zu Beginn des Jahres 1797 in Berlin veröffentlichte und die die allgemeine Aufmerksamkeit auf den Fall Berlepsch lenkte (Leerhoff 114); vgl. auch den Brief an Johann Friedrich Blumenbach vom 10. März 1797; im übrigen s. zu SK 978. Mit dem 12. Januar 1797 schließen die Eintragungen in SK 1796; sie beginnen SK 1797 ab dem 6. Februar.

987 *wieder gelesen:* Am 4. Januar 1797 hatte L. seine Collegs wieder aufgenommen, am 7. Januar erneut ausgesetzt. Unterm 6. Februar 1797 notiert er: »Am 13[.Januar] legte ich mich und lag fast beständig, an Seitenstich Fieber und Husten. Erst heute fieng den 8$^{\underline{\text{ten}}}$ Februar wieder an zu lesen.« Vgl. auch den Brief an Johann Friedrich Cotta vom 19. Mai 1797. – *Kop. Kop.:* L.s Kürzel für die Arbeit an seinem »Copernicus«-Aufsatz; s. zu SK 865; vgl. auch den Brief an Johann Christian Dieterich vom 19. Mai 1797. – *Heaven . . . me:* S. zu SK 549.

988 *Schierling-Dekokt:* Schierling, conium maculatum; aus dem frischen Kraut der in Europa heimischen giftigen Doldenpflanze wird laut Weisenberg, S. 206 »das Schierlingextract« bereitet; es gehört zu den »wirksamen scharfen narcotischen Mitteln«, die bei verschiedenen Krankheiten zu verabreichen sind; im Falle L.s offenbar gegen Zahnschmerz: »bekomme Zahnweh und eine verschwollene Kinnlade«, notiert L. unterm 11. Februar 1797. – *Nicolais Anhang:* »Anhang zu Friedrich Schillers Musenalmanach für das Jahr 1797«, erschienen Berlin und Stettin 1797: Nicolais Entgegnung auf die »Xenien«. Vgl. auch L 188 und Brief an Johann Friedrich Cotta vom 19. Mai 1797.

989 *Rehearsal:* Engl. ›Probe, Wiederholung, Vortrag‹. Was ist gemeint? »The rehearsal« lautete der Titel eines Theaterstücks des Herzogs von Buckingham.

990 *annual motion:* Alljährliche Bewegung. Den gleichen Ausdruck gebraucht L. auch in einem Brief an Jeremias David Reuß vom 12. Juli 1797. – *Koniglobien:* Sternkegel. Vermutlich handelt es sich um die Formulierung der Preisfrage der Göttinger Sozietät; in GGA 1797 konnte nichts ermittelt werden.

992 L.s Eintragungen enden mit dem 27. Februar und setzen erst am 18. März 1797 wieder ein. Nach dem 24. März beginnen die Eintragungen erst am 8. Juli 1797 und werden unregelmäßig fortgeführt. – *Mspt. an Hofmann:* Der »Copernicus«-Aufsatz; s. zu SK 865; vgl. auch den Brief an Johann Friedrich vom 19. Mai 1797. – *m. l. Frau etwas besser:* Unterm 18. März 1797 hatte L. notiert: »m. l. Frau großes Zahnweh. Blasen.« Am 21. März: »M. l. Frau leidet sehr an den Folgen der Blasen.«

993 *Den 24. mir ein Sohn geboren:* Friedrich Heinrich; s. zu L 212 – *Conradi ertrinkt:* Über Petr Conradis Unfall liest man im Kirchenbuch St. Jacobi »Den 24$^{\underline{\text{ten}}}$ Juli auf eine unglückliche Art zu Tode gekommen, den 26$^{\underline{\text{ten}}}$ Juli begraben«.

994 *mein[em] Vetter geantwortet:* Vgl. den Brief an Friedrich August Lichtenberg vom 24. November 1797 und SK 23. November 1797.

995 Das Tagebuch (SK) 1798 setzt am 5. April ein; den vier Eintragungen im April folgen drei im Mai, drei im Juni, zwei im Juli, neun im August und vier im September. Von Oktober bis Dezember 1798 hat L. kein Tagebuch geführt. – *Mimi:* Wilhelmine Lichtenberg.

997 *Seyffer nach Gotha zu Lalande:* Über den ersten Kongreß europäischer Astronomen, an dem siebzehn Naturwissenschaftler teilnahmen und der in der ersten Augusthälfte auf Initiative von Zachs und Lalandes in Gotha stattfand, s. Peter Brosche, Photorin, 5/82, S. 38–59. Vgl. Briefe an Abraham Gotthelf Kästner vom 16. August 1798, vom 23. August und vom 26. September 1798.

998 *Das erste ... Gewitter:* Vgl. Brief an Margarethe Lichtenberg vom 10. August 1798.

999 *Heute:* Ein Donnerstag; diese Notiz ist die letzte Tagebuch-Eintragung in SK 1798. – *Kalender geendigt:* Der letzte Kalender, den L. geschrieben hat. – *Folio-Seiten:* Der gedruckte GTC 1799 umfaßt in dem von L. geschriebenen Teil 145 Seiten (S. 83–227).

1000 Die Eintragungen vom 1. bis 15. Januar 1799 finden sich auf den hinteren 2½ Seiten des Staatskalenders für 1798. – *lange Latte:* S. zu L 42. – *Mutter wird helfen:* Zu dieser Formel vgl. K 41; über L.s Gesundheitszustand vgl. den Brief an Johann Albert Heinrich Reimarus vom 20. Januar 1799.

1001 *Schriften:* Vielleicht handelt es sich um die dt. Übersetzung von v. Zachs »Tabulae motuum solis ...«, die Gotha 1799 unter einem Pseudonym erschien und von der L. drei Exemplare besaß. – *Benzenberg:* Johann Friedrich Benzenberg; offenbar war er in Gotha und bei v. Zach gewesen; vgl. L.s Brief an Benzenberg vom 2. Januar 1799. – *Bischof:* Über dieses Getränk s. zu B 61. – *caught ... trap:* Gefangen in des Teufels (Düvels) Falle.

1002 *I write ... well:* Ich schreibe dies in großer Angst. Himmel steh' mir bei. Der Himmel stand mir wirklich bei alles gut. – *Heaven assist me:* Zu dieser Formel vgl. schon SK 549 und Anm.; vgl. SK 884. – *Benzenberg mit allerlei Erläuterungen:* Vgl. den Brief an Johann Friedrich Benzenberg vom 4. Januar 1799.

1003 *all ... god:* Alles völlig gut!!! Gott sei dank. – *die Krischin:* Hier wohl Mutter, nicht Tochter Krische; s. zu SK 501.

1004 *Ball bei Dachenhausen in Weende:* Johann Levin von Dachenhausen, Generalmajor, Chef des 6. Dragoner-Regiments zu Göttingen.

1005 *arbeite noch immer an der dritten Platte von Industry und Idleness:* Über die Fünfte Lieferung von Hogarth s. zu L 360. – *No ... temptations:* Keine Versuchungen mehr.

1006 *of ... strong:* Von sehr geringer Konsequenz. Schmerzen in meiner Seite nicht ganz so stark. Vgl. SK 1004, 1005. – *Mimi:* Wilhelmine Lichtenberg.

1007 *Barbier Dietrichs Sohn ... zu Northeim gewählt:* Christian Friedrich Diederichs (Diedrichs), Sohn des Barbiers und Chirurgen Diedrichs in Göttingen; immatrikulierte sich am 12. Oktober 1787 als stud. chir. an der Georgia Augusta; wurde im SK 1800 als Stadtphysicus von Northeim aufgeführt. – *Schni Schna:* S. zu SK 919; auch hier wohl Anspielung on the devil. – *die letzten Blätter zur 3ten Platte:* S. zu L 360; vgl. SK 1005.

1008 *Bechstadt:* Lieutnant Bechstatt – so der Eintrag in der Matrikel der Georgia Augusta – hat sich demnach am 8. Oktober 1798 als Student des Kriegswesens eingeschrieben. Weitere Angaben zur Person: »Buchsweiler in Unterelsass, Kriegsw[aise]. V[ater]: in Darmstadt«. Karl Friedrich Bechstatt (1775–1799) war hess. darmstädt. Leutnant. In L.s Hörerliste für Physik Winter 1798 als Nr. 37 notiert. – *die Franzosen von neuem in Gießen eingerückt:* Vgl. den Brief an August Friedrich Lichtenberg vom 23. Dezember 1796. – *Szczytnícki:* Xaverius von Szczytnicki (laut Matrikel) aus Südpreußen, hat sich am 5. Oktober 1798 an der Georgia Augusta für Jurisprudenz immatrikuliert. L. notiert ihn in der Hörerliste für Physik Winter 1798 als Nr. 35: »vortrefflich«. – *Fürsten Radziwill aus Berlin:* Nicolaus Louis de Radziwill. – *jungen Madame:* Johanna Dieterich. – *bei Ruprechts:* Da Friederike Dorothea Ruprecht 1797 gestorben war, kann es sich nur um Marianne Ruprecht (geb.

1736), verwitwete Hellbach, handeln, die nach dem Tod ihres Mannes ca. 1787 in Göttingen wohnte und nach dem Tod Dorotheas in das Haus ihres Bruders zog, um seine Kinder und den Haushalt zu betreuen. – *Der Großvater:* Dieterich; vgl. auch SK 1009. – *der junge Stromeyer:* Vermutlich Carl Friedrich Wilhelm Stromeyer (geb. 1782), Sohn des Göttinger Leibmedicus, der sich am 19. Februar 1798 als stud. med. an der Georgia Augusta immatrikulierte.

1009 *Brief von . . . Feder:* Vom 5. Januar 1799 (Briefwechsel IV, Nr. 2957). – *Wassermeyer gratuliert zum Garten:* Wohl Heinrich Christoph Wassermeyer (1773–1851) aus Göttingen, immatrikulierte sich am 28. April 1791 als stud. jur. an der Georgia Augusta; später Advokat und Stadtrichter in Göttingen. Hatte L. den Garten käuflich erworben? Vgl. auch SK 1013 und Brief an Johann Christian Dieterich vom 3. Mai 1798. – *Der alte D.:* Dieterich; vgl. SK 1008.

1010 *Stallmeister:* Ayrer. – *Junger Herr Dietrich:* Heinrich Dieterich oder der Hauslehrer?

1011 *Schachtel von Sondershausen:* Von der Schwester Margarethens? – *Nachricht von . . . Pasquill zu Hannover:* Dazu konnte nichts ermittelt werden.

1012 *2 Grafen von Bückeburg:* In der Matrikel nicht verzeichnet; in L.s Hörerliste für Physik Winterhalbjahr 1798 notiert als Nr. 30, 31: »Grafen von der Lippe«. Infrage käme Georg Wilhelm Graf von Schaumburg-Lippe (geb. 1784), seit 1787 unter der Vormundschaft des Grafen von Wallmoden-Gimborn. – *2 von Teleki:* Nach der Matrikel der Georgia Augusta vom 22. Oktober 1797: Joseph Reichsgraf Teleki von Szék (1777–1817), Sohn des Obergespans von Ugocsa und Kronhüters von Ungarn Joseph Teleki (1738–1796), und dessen Adoptivsohn Joseph Reichsgraf Teleki von Szék (1778–1818), Sohn des Grafen Ludwig Teleki, Gubernialrat in Siebenbürgen. S. auch Peter Brosche/Magda Vargha, Briefe Franz Xaver von Zachs in sein Vaterland, Budapest 1984, S. 78. – *von Reden:* Wohl Friedrich Clamor August Franz Ernst von Reden (1778–1847) aus Hannover, der sich am 30. April 1797 für »schöne Wissenschaften« an der Georgia Augusta immatrikulierte; später kurhanov. Kammerherr, Land- und Schatzrat beim Calenbergischen Landtag. Allerdings hat sich am 21. April 1787 Friedrich Wilhelm von Reden für »schöne Wissenschaften« an der Georgia Augusta eingeschrieben. Ihr Vater war Hofjunker in Chur-Braunschweig-Lüneburgischen Diensten, Landdrost in Franzburg bei Hannover. L.s Hörer-Liste in Physik für das Sommerhalbjahr 1799 führt unter Nr. 8 und 9 »Cammerjunker« von Reden und dessen Bruder auf. – *Versicherung vom Teufel:* Anspielung auf Devil.

1013 *Mad. Greiling:* Anna Catharine Sophie Kohler, einzige Tochter des Korporals des in Göttingen stationierten Regiments, Johann Andreas Kohl, heiratete am 31. Januar 1797 Andreas Heinrich Greuling, den Faktor der Buchdruckerei von Dieterich. – *brought to bed:* Ins Bett gebracht. – *Mit dem Garten alles richtig:* Vgl. SK 1009. – *Die Stunde mit dem jungen Dietrich . . . bezahlt:* Es handelt sich wohl um den Privatlehrer von Georg Christoph L. jr. und nicht um Heinrich Dieterich; falls jener ein Student war, kämen nach der Matrikel in Frage: Christoph Dietrich aus Groß Olbersdorf in Meißen, stud. theol., immatrikuliert am 21. April 1790; Johann Albert Friederich Dietrich aus Straßburg, stud. philos., immatrikuliert am 3. Mai 1791; Albertus Gustavius Dietrich aus Straßburg, stud. philos., immatrikuliert am

3. Mai 1791. – *An Feder nach Hannover:* Feder war seit 1797 Bibliothekar in Hannover.

1014 *Rheumatismus:* S. auch SK 1015 und 1016. – *Geschichte mit Pyram:* L.s Hund. – *Adreß-Kalender von 1799 erhalten:* Vor der Eintragung des 16. Januar schreibt L. im SK für 1799: »Gestern den 15^(ten) erhielt erst diesen Calender vom Buchinger. Die 15 ersten Tage des Monates stehen am Ende des Calenders für 1798.«

1017 *Georgen:* Rogge.

1018 *von der Beck:* Johann Karl von der Becke (1756–1830) aus Iserlohn, nach dem Studium in Göttingen 1776 Dr. jur., 1782 Regierungsrat in Gotha, 1815 dort Kanzler und Minister. – *Stüler aus Gotha:* Heinrich Friedrich Adolph Stüler (1775–1836), 1797 Advokat, dann im gothaischen Ministerium, 1829 Regierungsrat; durch von Zach angeregt, hervorragender Kartograph. Womöglich identisch mit Stieler SK 881. – *die K. von Po. rasen soll:* Marie I. (1734–1816), seit 1777 Königin von Portugal; wegen ihrer Geisteskrankheit übernahm 1792 ihr Sohn Johann Marie Joseph (1767–1826) die Leitung der Staatsgeschäfte. – *Brief von Rode:* Vom 12. Januar 1799 (Briefwechsel IV, Nr. 2958).

1019 *Brief an Reimarus an ... Brandes:* Vgl. den Brief an Heinrich Wilhelm Brandes vom 20. Januar 1799, der L. um ein Empfehlungsschreiben an Reimarus gebeten hatte.

1020 *Landgraf von Kassel hier durch:* Wieder auf der Flucht vor den Franzosen?

1021 *Staats-Bettler:* Vgl. E 209.

1022 *die Frauenzimmer von unten:* Christiane Dieterich, Johanna Dieterich, Luise Köhler.

1024 *Mad[ame] Volborth:* Da Volborths erste Frau Christiane (geb. 1756), bereits 1789 gestorben war, kommt nur Sophia Louise Becké, (geb. 1771), in Frage, mit der sich Volborth 1789 verlobte und am 11. Oktober 1789 verehelichte. Sophia Louise Becké war die jüngste Tochter des Syndicus bei dem Göttinger Universitätsgericht Johann Becké. – *Gevatterin m. l. Frau:* Vgl. SK 1028.

1025 *Kalender an Mamsell Wendt:* GTC 1799. – *Stockschnupfen:* Schnupfen, der nicht fließen will. – *Röber:* Zu diesem Namen konnte nichts ermittelt werden, falls es sich nicht um einen Schreibfehler L.s für *Roeder* handelt: Johann Jacob Roeder aus Frankfurt, der sich am 21. November 1798 als stud. med. an der Georgia Augusta immatrikulierte. – *Sandart:* S. zu SK 146. – *Großvater:* Dieterich.

1026 *Großvater:* Dieterich. – *Jeannette:* Johanna Dieterich. – *Höpfner:* Wohl Ernst Georg Philipp Höpfner (1780–1845) aus Gießen, Sohn des Tribunalrats Ludwig Julius Friedrich Höpfner; immatrikulierte sich am 15. Oktober 1798 als stud. jur. an der Georgia Augusta; später Ober-Appellations-Gerichtsrat zu Darmstadt und Entomologe. – *Reimer:* Nicolaus Theodor Reimer (1772–1832) aus Rendsburg, immatrikuliert am 7. Oktober 1793; seit 1797 Privatdozent für Mathematik in Göttingen, verfaßte 1798 eine Dissertation über die Geschichte des Problems der Duplikatur des Würfels (BL, Nr. 154); 1804 Prof. der Mathematik in Kiel. – *Kantor:* Kantor an der Mittelschule in Göttingen war 1798 Böttcher. – *Nelsons Portrait:* Horatio Lord Nelson (1758–1805), berühmter engl. Admiral, verlor in der Schlacht bei Teneriffa

1797 den rechten Arm, besiegte in der Seeschlacht bei Abukir nordöstlich von Alexandria am 1. August 1798 die frz. Flotte; fiel in der Schlacht bei Trafalgar. L. erwähnt ihn im Brief an Abraham Gotthelf Kästner vom 23. August und vom 26. September 1798 und in der »Rede der Ziffer 8...« (III, S. 461).

1027 *Schni:* S. zu SK 919.

1028 *m. l. Frau ... Gevatterin:* S. zu SK 1024. – *Die 5te Platte ... vollendet:* Von Hogarths »Fleiß und Faulheit«; s. zu L 360.

1030 *D.:* Dieterich. – *für ... Hogarth:* Die fünfte Lieferung der »Ausführlichen Erklärung der Hogarthschen Kupferstiche«; s. zu L 360. – *Sämereien-Listen nach Hannover:* An Gärtner Landvoigt; vgl. SK 1041.

1031 *Möseler:* Vielleicht Johann Christoph Mösler aus Sangerhausen, immatrikulierte sich am 10. Dezember 1796 als stud. theol. an der Georgia Augusta; schrieb sich am 2. Februar 1799 für das Sommerhalbjahr 1799 bei L. ein. Oder sollte der Advokat Johann Gottfried Mössler gemeint sein? – *casum:* Fall (acc.); was ist gemeint? Vgl. SK 1041, 1044, 1048. – *Darmstädt[er] Mspte zerrissen:* Ob sich diese Notiz auf Tagebücher aus der Darmstädter Zeit, auf Erbschaftspapiere oder Manuskripte seines Darmstädter Bruders bezieht, war nicht zu ermitteln.

1032 *Abt Kegel:* Wohl Johann Christoph Kegel, Prediger zu Havelburg in der Mark Brandenburg; theologischer Schriftsteller. – *Maitlands:* William Maitland (um 1693–1757), engl. Topograph von ephemerem Ruf, veröffentlichte London 1756 in zwei Bdn.: »The History of London from its Foundation to the Present Time«. L. las das Werk am 2. Februar 1799 und verarbeitete es in der fünften Lieferung der Hogarth-Erklärungen (III, S. 1050f., KIII, S. 438f.). – *phosphure de Chaux:* Vgl. SK 1017.

1033 *Jeannette:* Johanna Dieterich.

1034 *Georgens Geburts-Tag:* Georg Christoph jr.

1035 *Sillem:* Wohl Johann Sillem (1777–1845) aus Hamburg, immatrikulierte sich am 30. April 1796 als stud. jur. an der Georgia Augusta; später Postdirektor in Hamburg.

1036 *Ball:* Vgl. SK 1035. – *meinem Auditorio:* L.s Hörsaal. – *Schnick Schnack:* S. zu SK 919. – *diable:* ›Düvel‹.

1037 *Riepenhausen ... Porträte aus den Magazinen:* Die Notiz ist unklar: für Hogarth? – *Vittie der Franzose:* In der Matrikel der Georgia Augusta nicht geführt: Hörfehler L.s für *Villers*? Charles François Dominique de Villers (1765–1815) aus Bolchen in Lothringen, floh 1793 nach Deutschland, immatrikulierte sich am 28. November 1796 als stud. jur. an der Georgia Augusta; vor Madame de Staël einer der wichtigsten Vermittler deutscher Philosophie (Kant) und Literatur in Frankreich. Vgl. den Brief an Ludwig Christian Lichtenberg vom 18. Februar 1799. – *werden:* In der Handschrift *wird*.

1038 *beim Alten:* Dieterich sen. – *Weißer Bischof:* Vgl. B 61.

1039 *Gotthard:* Unter dem 21. Mai 1798 notiert L.: »den 21. fing George bey Herrn Gotthard an.« Unter dem 2. Juli 1798: »den 2ten dieses hat George die lateinisch Griechische Stunde zugleich mit dem jungen Botticher angefangen.« Unter dem 17. August 1798: »Heute wurde der Informator der Kinder (Dieterich) bis zum 12. Aug. inclusive bezahlt (3 Thaler für das viertel Jahr. (den 12ten November bekömmt er wieder 3 Thaler.« Es ist kaum denkbar, daß Gotthard mit dem Universitätsoptikus Johann Zacharias Gotthard identisch ist. Unter den Göttinger Studenten dieses Namens käme höchstens

Johann Gottfried Gotthardt aus Ungarn infrage, der sich als stud. theol. am 22. April 1777 an der Georgia Augusta immatrikulierte.

1040 v. Lehmann: Johann Matthaeus von Lehmann aus Darmstadt, immatrikulierte sich am 21. Oktober 1797 als stud. jur. an der Georgia Augusta; Sohn des Geheimen Rats und Ministers von Lehmann in Darmstadt. – *Hauber:* Karl Friedrich Hauber (1775–1851) aus Schorndorff in Württemberg, immatrikulierte sich am 1. Dezember 1798 als stud. math. an der Georgia Augusta; zuvor Tübingen, wo er 1794 die Magisterwürde erlangte. 1798–1799 Studienreise durch Deutschland; 1802 Prof. in Denkendorf; vorzüglicher mathematischer Schriftsteller.

1041 *Geld an ... Landvoigt:* Wegen der Bestellung von Sämereien; vgl. SK 1030. – *bei Herrn Dietrich den Prozeß ... anhängig gemacht:* Der Sachverhalt ist so wenig klar wie der von L. genannte Name; Heinrich Dieterich ist schwerlich gemeint; ein Advokat Dietrich ist in Göttingen nicht nachweisbar; es existieren zu der Zeit ein Heinrich Conrad Diedrich, Polizeidiener, und ein David Heinrich August Dieterici, Gerichtsvogt. – *contra R...r:* Wer ist gemeint? Besteht ein Zusammenhang mit SK 1031, 1047, 1048?

1042 *Gruber ... hingerichtet:* »Am 12. Februar 1799 wurde der Soldat Friedrich Christian Grube, in Folge Erkenntnisses der Juristenfacultät zu Rostock durch Keulenschlag hingerichtet, und sein Körper auf's Rad geflochten. Im Mai des vorhergegangenen Jahres hatte er im s. g. Cantonirungs-Quartier zu Jeinsen den Compagnie-Chirurgen Karsten aus Hoya gebürtig, meuchelmörderischer Weise mit einem starken Weidenknüppel, der dem Erkenntnisse zufolge mit dem Körper auf's Rad geflochten wurde, außerhalb des Dorfes, wohin er ihn gelockt, Abends zwischen 9 und 10 Uhr erschlagen und ihn beraubt, indem er ihm seine Uhr und 21 Gulden abnahm.« (Friedrich Wilhelm Andreae, Chronik der Residenzstadt Hannover von den ältesten Zeiten bis auf die Gegenwart, Hildesheim 1859, S. 277).

1044 *Brief an Kästner:* Vgl. den Brief an Abraham Gotthelf Kästner vom 14. Februar 1799. – *auf dem Club:* Vgl. SK 1009. – *Brief von meinem Bruder:* Vgl. den Brief an Ludwig Christian Lichtenberg vom 18. Februar 1799: L.s letzter Brief.

1046 *Ich lese das I^{te} St. von v. Z[achs]. Ephemeriden für 99!!!:* Worauf sich die drei Ausrufungszeichen beziehen, ist schwer zu sagen. Das Januar-Stück (III, 1. Stück, S. 3–120) enthielt in der Einleitung, S. 12–14, Hinweise auf einen Lichtenberg-Brief; unter »Vermischte Nachrichten« findet sich Zachs Hinweis auf ein Porträt Tobias Mayers, das ihm L. geschenkt hatte (S. 116f.); aus einem Schreiben Blumenbachs »O Mai's Gemählde« (vgl. den Brief an Johann Friedrich Blumenbach vom 16. Dezember 1798). – *Mayers Bild von ... Zach:* Vgl. Wolfgang Gresky, Ein Brief des Gothaer Hofmalers Specht an Ludwig Christian Lichtenberg. Ein Beitrag zur Lichtenberg-Ikonographie, in: Photorin 1, 1979, S. 30.

1047 *Verdruß † wegen Ringernotes:* Anspielung auf SK 1041? »Ringernotes« war nicht aufzulösen. – *Carl betrunk[en]:* Der neue Diener Dieterichs aus Gotha.

1048 *Junger Dietrich:* Heinrich Dieterich? – *der bewußten Sache:* S. zu SK 1041. – *Mad. Richter bei uns:* Vgl. den Brief an Ludwig Christian Lichtenberg vom 18. Februar 1799.

WORTREGISTER

Das Wortregister verzeichnet auch Orts- und Ländernamen und davon abgeleitete Begriffe.
Kursiv gesetzt sind Stellen, an denen das Stichwort nicht explizit vorkommt (also nur als Schlagwort aufgefaßt wird).
Erläuterungen und Ergänzungen zu Lichtenbergschen Begriffen und stark variierende Schreibweisen stehen in eckigen Klammern [...]. Bei nicht einheitlicher Schreibweise wurde die modernste Form zugrundegelegt.
Die Einträge bei Erweiterungen eines Stichwortes sind jeweils alphabetisch innerhalb folgender Gruppierung:
– Erweiterungen mit Verben/Partizipien
– Erweiterungen mit Substantiven
– Substantivierungen.
Zusammengesetzte Begriffe werden als eigenes Stichwort behandelt.
Im übrigen vgl. auch J_I 50, 311; K_{II} 96.

A
– bis Z F_I 287
a+b SK_{II} 861
– und G F_I 287
– und non A D_I 433; E_I 514
a und o E_I 108
Aachen KA_{II} 184
Aal
   Versuch mit dem – J_{II} 1429, *1980*
Aas J_I 374
   Schind-Aas D_I 667
ab-
   Wörter mit – D_I 668
abacus pythagoricus A_{II} 157
abandoned SK_{II} 681
abbrennen SK_{II} 165
ABC E_I 162, 446
ABC-Buch F_I 116
abdenken
   sich – E_I 157
Abdruck
   erste Abdrücke des Kummers J_I 565
Abend J_{II} 1619
Abend-Essen zu Fuß L_I 523
Abendmahl J_I 125
Abend-Versammlung von Manns-Personen F_I 631
Aberglaube A_I 29, 136; B_I 319, 321; C_I 154, 178, *180*, 193, 281; KA_{II} *139*; D_I 404; E_I 52; F_I *413, 440*, 681, 1217; G_{II} 38, 233; H_{II} 1, 2, 42, *43*; J_I 228, 249, 715, 1101; K_{II} 93, 121; L_I 275, 356
   – par complaisance B_I 321
   – aus Leichtsinn B_I 321
   – [gemeiner Leute] A_I 29; C_I 219; F_I 681; H_{II} 1; K_{II} 121
   feinerer – C_I 125
   individueller – H_I 42
   verfeinerter – B_I 319
   Donnerschlag des –ns J_I 353
   haut goût des –ns H_{II} 159
   s. a. Superstition
Aberlist C_I 281
Aberration J_{II} 1808; K_{II} 345; L_{II} 841
Aberwitz C_I 281
abfällig SK_{II} 320
Abgabe J_I 1194
   20 Prozent – C_I 256
   s. a. Gönner-Abgabe
abgeschieden
   Recht der Abgeschiedenen L_I 63
Abgießen in Gips oder Gold D_I 666
Abgott junger Zeitungsschreiber F_I 1
Abhandlung D_{II} 682; L_I 598; SK_{II} 390
   – schreiben MH_{II} 36
   – von den Gärten D_I *214, 215,* 301, *342, 346*
   –en vom Genie F_I 132

moralische –en B_I 65
s. a. Kalender-Abhandlung, Merkur-Abhandlung, Sozietäts-Abhandlung, Taschen-Kalender-Abhandlung
abjagen E_I 455
abkürzen
  Gedanken – E_I 278
Ablaß L_I 47
Ablaßkrämerei K_{II} 103
Ableger J_I 731
ableiten
  das Ableiten des Wetterstrahls F_I 695
Ableiter
  – für den Bannstrahl D_I *60*, 539
  – für die Damen-Köpfe D_I 511
  s. a. Blitzableiter, Erdbeben-Ableiter, Gewitter-Ableiter, Hofblitzableiter, Kälte-Ableiter
ablernen C_I 340
Abnahme an Gedächtnis SK_{II} 363
Abnehmen des Seewassers F_I 1009
Abneigung H_{II} 140
Abrichtungsfähigkeit L_I 100
abriffeln D_I 668
Abrolhos KA_{II} 213
Absatz
  – von 4 Fingern KA_{II} 261
  hoher – F_I 515; UB_{II} 6
abscheinen Mat I_{II} 53
Abscheulichkeit
  häusliche – L_I 614
Abschied
  Reichs-Abschied C_I 72; F_I 162
Abschiedsreise C_I 378
abschreiben L_I 77
Absicht A_I 45, C_I 196; KA_{II} 281; H_{II} 68; K_{II} 170
  –en der Natur F_I 960
  – [und Zufall] E_I 44
  chronostichische – F_I 469
  nützliche – KA_{II} 281
  s. a. Favorit-Absicht
Absiden-Linie B_I 167
absolut
  –er Raum K_{II} 319
  das Absolute F_I 766
Abspannung D_I 381, 446
abstoßen K_I 21
Abstoßung L_{II} *919*
Abstracta F_I 172

in abstracto A_I 79; B_I 33, 270
abstrahieren D_I 356; E_I 410; J_{II} 2070
  abgestrahiert D_I 568
abstrakte Vernunft K_{II} 158
Abstraktion A_I 11, 16; F_I 1040
absüßen J_I 283
Absurdität E_I 418
  himmelschreiende –en E_I 1094
Abt SK_{II} 324
abtakeln L_I 636
Abteilung J_{II} 1889
abtragen E_I 365; F_I 7
abtretten J_I 1223
Abtritt D_I 256; F_I 1123
Abukir L_I 671
aburteilen
  schnelles Aburteln J_I 967
abwärts gekommen L_I 453
abwaschen J_I 283
Abweichung
  – der Leidenschaften D_I 77
  –en von der Natur B_I 287; KA_{II} 329; D_I 77, 357
Abwesenheit C_I 378; Mat I_{II} 41
Abwiegen J_{II} 2049
abwimmern E_I 365
Abyssinien KA_{II} 107
Abzehrung SK_{II} *586*, 596, 615
Acacia F_I 1123
Acapulco D_I 598
accessit UB_{II} 13
accidens
  – praedicabile J_I 411
  – praedicamentale J_I 411
  – eines Dings B_I 343
Achprosch en J_I 300
Achromatismus K_{II} 370
Achse [Axe] A_{II} 229,233; C_I 303; KA_{II} 299; D_{II} 727, 728, 748; J_{II} 1296, 1412, 1811; L_{II} 957
  s. a. Augenachsen
[acht] 8 K_I 2; L_I 366
Acht
  in die – erklären E_I 156
  Von –s Erklärung D_I 497
Achtung J_I 1194
  – fürs Gesetz L_I 195
  s. a. Hochachtung
Acker F_I 262
  eingehägte Äcker F_I 1230
  väterlicher – C_I 142
  s. a. Universitäts-Acker

Ackerbau E₁ 189; F₁ *262*, 545
Ackerknecht F₁ 645
Ackermann L₁ 481
Acta pacis D₁ 593
Acteur RT₁₁ 2, 6
Actium L₁ 387
Actrice B₁ 230; F₁ 631; RT₁₁ 19
Adam J₁ 962
 –s Fall F₁ 49
 alter – B₁ 95, 321; E₁ 209
Adel C₁ 256; D₁ 45; J₁ 946; L₁ *263*
 – konstituieren L₁ 547
 – im Kopf D₁ 45
 – der englischen Pferde C₁ 256
 – der Seele B₁ 284; F₁ 498
 eigentlicher – L₁ 334
 s. a. Seelenadel
Adelebsen L₁₁ 909; SK₁₁ 562, 679
Adelsbrief C₁ 26; L₁ 222
Adept B₁ 195, 322; D₁ 132
 denkende –en E₁ 109
Ader KA₁₁ 35
 kritische – C₁ 209
 zur – lassen E₁ 439
 Schläuche seiner –n B₁ 354
 s. a. Puls-Ader
Adhaesio A₁₁ 170
Adhäsionisten K₁₁ 332
ad interim SK₁₁ 108
Adjectivum KA₁₁ 282
 Adjektiva durch Bilder KA₁₁ 261
adjungieren L₁ 117
Adjutant
 Hermanns –en F₁ 1123
Adler A₁₁ 220; B₁ 257; E₁ 318, 501;
  J₁ 374
 –s Augen F₁ 358
 doppelter – F₁ 419; J₁ 1144
 vierbeinigter – ohne Flügel E₁ 295
 s. a. aigle, Darmstadt
Adler-Flug von Vernunft E₁ 282
[adlig] adlich
 –es Blatterngift E₁ 449; F₁ 323
 –e Buben J₁ 90
 –e und bürgerliche Knochen B₁ 56
 –er Stil L₁ 366
 Adlicher E₁ 209; J₁ 946
 s. a. Adel
ad modum J₁₁ 1676; L₁ 246, 545
Adreß-Kalender J₁ 348; SK₁₁ 750,
  1014
Adriatisches Meer J₁ 1020

adulatorisch SK₁₁ 566
Advokat C₁ 279; D₁ 20; E₁ 189, 209,
  455, 515; F₁ 17; J₁ 1227; L₁ 681
Äffgen E₁ 355
 s. a. Affe
Ägidien-Tor *s.* Hannover
Ägypten E₁ 67; L₁ 268, 570
Ägypter E₁ 24; F₁ 402, 416; J₁ 1074
ägyptisch J₁ 536; K₁ 93
 –e Pyramiden D₁ 355; H₁₁ 125
 –er Staat A₁ 10
 –er Wind C₁ 333
ähnlich D₁ 454
 Ähnliches denken und sagen A₁ 76
Ähnlichkeit C₁ 149, *150*, 214; D₁ 445;
  F₁ 106; G₁₁ 240; H₁₁ 72; J₁ 404, 959
 –en aufsuchen A₁ 17; J₁₁ 1566
 –en finden D₁ 414; GH₁₁ 86
 – der Kinder E₁ 468
 Ausfinden von –en J₁₁ 1646
ältlicher Stil E₁ 375
ängstlich SK₁₁ 109, 172, 191, 300,
  323, 331, 460
Ängstlichkeit
 passive – J₁ 1176
Aeolian Harp SK₁₁ 148
Aeolipila J₁₁ 1552
Äpfelabmachen E₁ 152
Äpfelchen J₁ 362
Äquation F₁ 205, 208; Mat I₁₁ 37
Äquator KA₁₁ 52, 57; F₁ 41; J₁₁ 1726,
  1815, 2099; K₁₁ 36; L₁₁ 825
ärgern
 sich – J₁ 1176
 sich auf Anraten – L₁ 321
Ärgernis F₁ 230
Aërisations-Wasser J₁₁ 2034
Aërisier-Stoff J₁₁ 2025
Ärmel bürsten Mat I₁₁ 29, 47
Äßgen D₁ 83
Ästhetik F₁ 498
 praktische –en A₁ 18
Ästhetiker L₁ 457
ästhetische Kenntnis F₁ 767
Äther A₁₁ 255; D₁₁ 708; F₁ 34, 195;
  J₁₁ 1451, 1937; L₁₁ 773
 bewegter – E₁ 452
 kompläsanter – J₁ 879
 moralischer – B₁ 128
 s. a. Oden-Äther
Äther-Dampf J₁ 611
Ätna C₁ 163, 164; D₁₁ 737; J₁ 1607

Ätzbarkeit J$_{II}$ 2149
äugeln D$_I$ 610
Äußerungen F$_I$ 20; K$_{II}$ 260
Affaire D$_I$ 19
– s d'Etat B$_I$ 225
– s de guerre B$_I$ 38
auswärtige –n E$_I$ 147
s. a. Sonntags-Affaire
Affe B$_I$ 171, 306, 341; D$_I$ 335;
E$_I$ 215, 288; F$_I$ 110, 112, 150, 363,
860; G$_{II}$ 168; J$_I$ 613, 1055, 1218;
L$_I$ 17
– [und] Engel E$_I$ 96, 147
– [und] Mensch B$_I$ 107, 341;
F$_I$ 535, 713
– und Pudel D$_I$ 344
– in Spiritus B$_I$ 306
ewige –n E$_I$ 209
Vetter – D$_I$ 436; E$_I$ 162
s. a. Äffgen
Affekt A$_I$ 47, 116; KA$_{II}$ 39, 227;
E$_I$ 468; F$_I$ 84, 710; UB$_{II}$ 54
–en ausreuten oder vergeistlichen
D$_I$ 31
tierischer – B$_I$ 141
Affektation B$_I$ 22; F$_I$ 774
affektieren D$_I$ 287, 610
affektiert D$_I$ 210; Mat II$_{II}$ 49
– aussprechen D$_I$ 505
–e Aufmerksamkeit G$_{II}$ 63
–e Ernsthaftigkeit D$_I$ 210
–es Neue D$_I$ 230
– im Stil B$_I$ 95
–e Zerstreuung E$_I$ 370
Affektiertes [als] Quelle des Lächerlichen A$_I$ 99
Affengesicht D$_I$ 667; E$_I$ 255;
RA$_{II}$ 186
Affenkopf
Cherub mit einem – E$_I$ 295
Affen-Laokoon Mat I$_{II}$ 64
affenmäßig F$_I$ 535
Affenseil
herumführen am – D$_I$ 668
Affinität J$_I$ 393; J$_{II}$ 1717, 1748, 1811,
1851, 1969, 1974, 2028, 2036, 2158;
K$_{II}$ 331, 354; L$_{II}$ 710, 794
–en der Geister- und der Körperwelt H$_{II}$ 147
– mit dem Pinsel L$_{II}$ 710
transzendentale –en J$_{II}$ 2147
affirmative nescire A$_I$ 5

Afrika KA$_{II}$ 78, 107; C$_I$ 268; J$_I$ 333,
374, 383, 1090; J$_{II}$ 1493
Afrikaner J$_{II}$ 1514
afrikanisch J$_I$ 1090; RT$_{II}$ 25
agendum J$_I$ 20
Aggregatzustand J$_{II}$ 2076
– [der] Empfindungen J$_I$ 482
Agio L$_I$ 5
Agonie J$_I$ 1175
Ahlefeldt L$_I$ 45
Ahnung K$_{II}$ 63
Aide de camp G$_{II}$ 8
aigle J$_I$ 836
s. a. Adler
aile de pigeon B$_I$ 158
aimer par compagnie A$_I$ 106
Akademie B$_I$ 390; E$_I$ 368; H$_{II}$ 15;
J$_I$ 892
– zu Berlin F$_I$ 242
– zu Harlem KA$_{II}$ 173, 206,
F$_I$ S. 455
– der Wissenschaften D$_I$ 116; F$_I$ 72
Ausspruch einer – B$_I$ 244
s. a. Perückenmacher-Akademie
akademisch
–er Bürger SK$_{II}$ 351
Akademist J$_I$ 892, *940*
[Akazie] Acacia F$_I$ 1123
akkommodieren L$_I$ 693
akkouchieren J$_I$ 995
Akten B$_I$ 297; C$_I$ 108; E$_I$ 515
Aktien auf Reichtümer der Südsee
C$_I$ 142
Aktion der Materie K$_{II}$ 319
Aktivität B$_{II}$ 321, 398; D$_I$ 20
Geistern – geben B$_I$ 398
Aktiv-Visiten D$_I$ 98
Aktrice B$_I$ 230; F$_I$ 631
Akzent E$_I$ 174
– setzen F$_I$ 1167
– [als] Seele der Rede A$_I$ 21
– der Wahrheitsliebe E$_I$ 387
s. a. Pasquillen-Akzent
Akzise B$_I$ 136
Alaun-Erde KA$_{II}$ 119; J$_{II}$ 1320
Alaun-Erz KA$_{II}$ 119
albern D$_I$ 630
Albernheit F$_I$ 1207, 1208
berüchtigte – F$_I$ 793
Alcantara C$_I$ 3
Alchymist J$_{II}$ 1421

Aldermann D_I 444, 483; E_I 68, 72; L_I 84; RA_{II} 5, 104
Aldgate pump D_I 666
ale E_I 68, 118
Ale und Syllogismen D_I 643
alemanisch
  oberdeutsches – F_I 26
Alexandria E_I 355; J_I 354
Alexandriner E_I 38
Alexandrinische Bibliothek E_I 355
Alfanzerei E_I 209
Algebra E_I 335
  allgemeine – F_I 838
algebraisch J_I 553, 750
Algebraist A_I 113; C_I 33; E_I 472, 485
Alkali J_{II} 1382, 1821, 1830; K_I 19; L_{II} 851
  caustisches – SK_{II} 279
  flüchtiges – J_{II} 1589
Alkohol J_{II} 1733
  caust[ischer] – SK_{II} 279
Allegorie C_I 75; F_I 491, 630, 910; J_I 53; L_I 611; MH_{II} 26
  – auf den gegenwärtigen Zustand der Kritik D_I 214
allegorisch L_I 433
  –e Gespräche D_I 85
allegorisieren D_I 74
Alleinherrschaft L_I 387
allemand E_I 355, 339
Allerheiligste
  das – F_I 1152
  das – der innersten Seelen-Ökonomie L_I 38
Allerräuchrichste
  das – F_I 1152
alles in allem F_I 48, 147, 369, 694; L_{II} 915, 916
Allgemein-Begriff F_I 11
Allianz
  Of- und Defensiv-Allianz F_I 1214
Allmächtiger
  Erkenntnis des Allmächtigen E_I 368
  Fußtritte des Allmächtigen E_I 505
  Tritte des Allmächtigen E_I 192
  Wille des Allmächtigen D_I 539
Allongen-Periode
  deutsche – E_I 161
alltägliche Dinge B_I 22
Alltags-Bemerkung D_I 90
Alltags-Empfindung C_I 330

Alltagsware F_I 106
allzufein
  nicht – tun C_I 124
Almanach F_I 737; SK_{II} 138
  – der Parzen F_I 458
  s. a. Ketzeralmanach, Musen-Almanach, Revolutions-Almanach
Almerode KA_{II} 119
Almosen B_I 253; F_I 664, 741, 802, 1214; J_I 791; K_{II} 103
Almosenartiges [und] Mitleid F_I 1214
almosensuchende Demütigung D_I 460
Alpen C_I 178; D_I 670; D_{II} 693, 737; J_{II} 1939; L_I 406; MH_{II} 16
Alpen-Spitzen L_I 406; MH_{II} 16
Alp-Geschichte F_I 1083
Alphabet KA_{II} 175
Alphabets-Verwandter D_I 307
alt K_{II} 277; L_I 79, 247
  – werden KA_{II} 72; D_I 226; J_I 84, *928*, *961*, 1013, 1215; J_{II} *2059*; K_{II} 55, 113, 126, *162*; L_I 194, 483; L_{II} 718; SK_{II} *439*, *595*, *638*, *819*
  jung [und] – L_I 117, 247
  zwölf Moden – K_{II} 251
  –er Adam B_I 95, 321
  –e Gesetze, –e Gebräuche und –e Religion D_I 369
  –e teure Köpfe E_I 247
  –e bittere Stämme D_I 384
  –e deutsche Worte E_I 28
  das Alte schön erklären J_{II} 1463
  der Alte G_{II} 213; L_I 535
  die Alten A_I 18, 82, *95*; B_I 20, 22, 25, *94*, *95*, 353, 365; C_I 168, 364; D_I 116, 264, 286, 616; E_I 34, 257, 261, 265, 355, 370, 466, 470; F_I 11, 215, 402, 591, 595, 860; G_{II} 108, 110, 117; H_{II} 62; J_I 661; K_{II} 180, 193; L_I 63, 69, 109, 197, 278, 315, 398, 622; L_{II} 974; RA_{II} 128, 159
  Alte erziehen L_I 377
  Alte auf Bouteillen ziehen J_I 547
  die Alten unerreichbar fein E_I 470
  die Alten lesen B_I 20
  die pockengrübigen Alten L_{II} 718
  Lesen der Alten B_I 365
  elende Nachahmungen der Alten E_I 197
  Rat der Alten L_I 379, 622
  Studium der Alten L_I 275

Verständnis der Alten K$_{II}$ 193
Werke und Geistesgaben der Alten
  E$_I$ 466
Altaigebirge J$_I$ 20
Altane RT$_{II}$ 21
Altar
  – des Apoll F$_I$ 184, 737
  Hörner des –s KA$_{II}$ 142
altbritische Wörter F$_I$ 1123
altdeutsch A$_{II}$ 239
Altenburg SK$_{II}$ 368, 375, 381, 388
Alter D$_I$ 168; F$_I$ 126, 723; H$_{II}$ 170;
  J$_I$ 48, 49, 495, 1149; J$_{II}$ 1280; K$_{II}$ 24,
  96, 109; L$_I$ 185, 192, 390, 424, 483,
  535, 640; L$_{II}$ 718, 910, 971; SK$_{II}$ 638
  läppisches – J$_I$ 23
  reiferes – J$_I$ 104
  s. a. Porzellan-Alter
Altertum B$_I$ 20; J$_{II}$ 1758
  unbrauchbare Altertümer F$_I$ 695
Altertums-Kenner D$_I$ 614
altfränkisch J$_I$ 1115
Alt-Geselle der Philosophie L$_I$ 297
Altona L$_{II}$ 902
Altranstädt B$_I$ 23
Altstadt L$_I$ 56
Amalgama J$_{II}$ 1612, 1980; SK$_{II}$ 443
amalgamiert KA$_{II}$ 153
Amazonas KA$_{II}$ 1
amboinisch D$_I$ 455
Amboß F$_I$ 59
Ameise J$_I$ 828
  –n laufen sehen E$_I$ 273
Ameisen-Bad SK$_{II}$ 637
Ameisen-Bär J$_{II}$ 1826
Ameisenfresser A$_{II}$ 191
Amen-Gesicht F$_I$ 939
Amerika KA$_{II}$ 4, 78, 126, 248;
  D$_I$ 390, 585; E$_I$ 154, 226, 335? 339;
  F$_I$ S. 644; G$_I$ 6, 168, 196; GH$_{II}$ 38;
  J$_I$ 167, 685; L$_I$ 34; TB$_{II}$ 1; RA$_{II}$ 33,
  87, 102, 110, 111, 112, 118, 182,
  186
s. a. Nordamerika
Amerikaner KA$_{II}$ 4, 233, 234, 235;
  E$_I$ 72; F$_I$ 1216; G$_{II}$ 183; RA$_{II}$ 16, 34,
  76, 87, 92, 93, 104, 112
amerikanisch F$_I$ 794, 802; J$_I$ 138, 454;
  K$_{II}$ 290; RA$_{II}$ 33, 104
Amerikanischer Krieg F$_I$ 794, 802;
  J$_I$ 454; RA$_{II}$ 104
amicus F$_I$ 1072

Amme K$_{II}$ 285; H$_{II}$ 181; SK$_{II}$ 217,
  237, 250, 276, 289, 296, 335, 363,
  574, 774, 807, *845*, 866
Ammoniak J$_{II}$ 2119
amore
  con – J$_I$ 889
Amoretten B$_I$ 364
Amputation D$_I$ 112
Amsterdam C$_I$ 129, 289; D$_{II}$ 675;
  F$_I$ 861; J$_{II}$ 2023, 2036; K$_{II}$ 274;
  TB$_{II}$ 4; SK$_{II}$ 480, 500
Amsterdamischer Versuch J$_{II}$ 2023,
  2036
Amt
  – bekleiden F$_I$ 426
  – [und] Fähigkeiten D$_I$ 92
  Lebens-Art und – A$_I$ 23
  s. a. Predigtamt
Amtleute E$_I$ 455
Amtmännin SK$_{II}$ 275
Amtmann B$_I$ 321; KA$_{II}$ 292;
  SK$_{II}$ 742, 982
Amtmanns-Bauch F$_I$ 224
Amulett J$_I$ 854
ana F$_I$ 958; L$_I$ 281
anaglypha B$_I$ 134
  s. a. diaglyptica
Anagramm J$_I$ 6, *550*
anagrammatisch J$_I$ 209
anakreontischer Dichter A$_I$ 59
Analogie KA$_{II}$ 17; E$_I$ 368; G$_{II}$ 73;
  J$_{II}$ 1446, 1483, 1488, 1520, 1522;
  K$_{II}$ 81
  Schlüsse aus der – KA$_{II}$ 17, J$_{II}$ *1259*
Analyse E$_I$ 236; J$_I$ 114; J$_{II}$ 1351
  – der Steine L$_I$ 10
  chemische –n J$_{II}$ 1441
  Sieb der – F$_I$ 1
Analysis A$_I$ 118; E$_I$ 31
  – der Empfindung E$_I$ 411
  – der Gedanken A$_I$ 76
  – infinitorum B$_I$ 145
Analyst J$_I$ 124
  –en des menschlichen Kopfs G$_{II}$ 43
analytisch
  – [und] synthetisch J$_I$ 1091
  –er Sprachmeister J$_I$ 924
Ananas KA$_{II}$ 248; E$_I$ 73; J$_I$ *1062*;
  L$_I$ 398; SK$_{II}$ 405
  – ziehen lernen D$_I$ 214
  – Troglodytes J$_I$ 14
anarrivieren J$_I$ 142

Anatomen des menschlichen Herzens
B$_I$ 321
anatomicus
  Theatro anatomico UB$_{II}$ 14
Anatomie A$_I$ 66; B$_I$ 145; E$_I$ 418, 489;
  J$_I$ 449; J$_{II}$ 2133
  – des Gedanken-Systems B$_I$ 290
Anatomiam comperatam L$_{II}$ 711
Anbauer
  ruhige – L$_{II}$ 894
anbeten E$_I$ 231
  –des Erstaunen E$_I$ 169
  Furze – E$_I$ 24
Anbetung E$_I$ 355; F$_I$ 1217; G$_{II}$ 84
anbinden SK$_{II}$ 54, 348, 484, 493, 596
Anblick J$_I$ 680
Anbringer B$_I$ 354; E$_I$ 274; RA$_{II}$ 30
Andacht
  – [im] Korn L$_I$ 390
  –en über eine Schnupftabaks-Dose
  D$_I$ 610
  eingepflanzte – C$_I$ 91
  s. a. Feiertags-Andacht, Montags-
  Andacht, See-Andacht
andächtig
  –er Schauer RA$_{II}$ 1
Andächtiger F$_I$ 898; L$_I$ 702
Andes [Andes] D$_{II}$ 693
Andreasberg L$_I$ 3; L$_{II}$ 903; SK$_{II}$ 951
Aneignungs-Mittel J$_{II}$ 1990, 2016,
  2024, 2028; K$_{II}$ 322
Anekdote D$_I$ 2
  – für die alten Weiber J$_I$ 648
Anekdoten-Spediteur J$_I$ 1028
Anemone J$_I$ 577
Anfall SK$_{II}$ 20, 23, 25, 28, 29, 391,
  731
anfallen
  alles – F$_I$ 876
Anfang KA$_{II}$ 324, 338; F$_I$ 747;
  J$_I$ 1098; L$_I$ 186; MH$_{II}$ 40
  von – nehmen E$_I$ 31
anfangen
  tief unten – KA$_{II}$ 307
Anfangsbuchstabe J$_{II}$ 2154
anfassen [und] begreifen C$_I$ 277
anflammen D$_I$ 19; J$_I$ 97
anführen D$_I$ 376, 377, 628
Anführer J$_I$ 300
angegossen
  sitzt wie – E$_I$ 204

Angelegenheit
  Matrimonial-Angelegenheit J$_I$ 683
Angelopolis F$_I$ 1006
Anglais [Anglois] D$_I$ 672
Anglomanie in den Gärten H$_{II}$ 1
Angora-Muffe s. Muffe
angreifen
  sich – D$_I$ 47
Angst SK$_{II}$ 1002
angulus contactus A$_{II}$ 148
anhaken
  sich an die Welt – B$_I$ 262
animalcula infusoria A$_I$ 109
  s. a. Infusionstierchen
animo-corde L$_I$ 668
Anjou E$_I$ 66
Anker J$_I$ 1056
Ankergrund C$_I$ 320
ankünsteln D$_I$ 668; UB$_{II}$ 50
Anlage J$_I$ 973, 1165
  –en [des Menschen] D$_I$ 454;
  L$_{II}$ 799, 916
  – der Natur C$_I$ 324
  – [eines Werks] D$_I$ 190; K$_{II}$ 302
  berechnete – des Menschen J$_I$ 87
  gesunde – D$_I$ 571
  s. a. Geistes-Anlage
anlaufen
  härter an andere – D$_I$ 247
Annalen D$_I$ 256; J$_{II}$ 1542
  – der Klatschkünste J$_I$ 594
  – vorzüglicher Menschen J$_I$ 26
  – der leidenden Menschheit L$_I$ 499
  – deutscher Universitäten L$_I$ 484
Annalist
  trockener – F$_I$ 460
année des hannetons B$_I$ 185; L$_{II}$ 900
annehmen
  etwas – J$_{II}$ 1819
Anniversarium SK$_{II}$ 213
annuel motion SK$_{II}$ 990
Anomalien K$_{II}$ 177
anonym D$_I$ 214; F$_I$ *934*
anonymisch F$_I$ 94
anpfuien D$_I$ 162
anpissen
  gegen einander – L$_I$ 344
anplacken B$_I$ 285; D$_I$ 213
anprobieren J$_{II}$ 1649, 1784, 2043
Anprobierung J$_{II}$ 2013
Anrede B$_I$ 380; L$_I$ 267
  – eines Deutschen an seine Landes-

Leute B_I 366
 —n seiner Helden C_I 47
 — eines Professors an die leeren Bänke J_I 81
anrufen der Muse J_I 275
anschaffen [Bücher] L_I S. 850; L_{II} 713
anschauend
 — erkennen F_I 106
 —e Erkenntnis F_I 56
anschaulich darstellen J_{II} 1559
Anschauung J_I 262, 711; J_{II} 1568; L_{II} 811
 sinnliche — J_I 646
Anschießen K_{II} 408
 — der Salze A_{II} 216, 217; KA_{II} 218; J_{II} 1350
anschwärzen E_I 395
ansehen
 den vollgestirnten Himmel lange — UB_{II} 56
 einen Stern recht starr — A_{II} 246
Ansehen E_I 430; F_I 434, 441; J_{II} 1469
ansetzen
 sich — D_I 459
Anspannung D_I 446
anspeien E_I 231
Anspielung
 unfreundliche —en F_I 954
 unnütz-frömmelnde —en J_{II} 1856
Anstalt
 Hospital-Anstalt L_I 369
 Pensions-Anstalt J_I 394
 Polizei-Anstalt L_I 505
 Schul-Anstalt L_I 604
Anstand B_I 367; D_I 593; F_I 804; Mat I_{II} 49; Mat II_{II} 49
 Hosen des guten —es B_I 78
 Sekundenzeiger des —es UB_{II} 31
anstauen J_{II} 1341
ansteckend J_I 495, 496
Anstoß
 Anstöße summieren D_I 433
anstoßen D_I 539; E_I 419
Antagonist J_{II} 1569, 1585
 —en auffressen D_I 653
Antecessor C_I 77
antediluvianum J_I 503
antephysica B_I 148
Anthraskop L_{II} 873
Anthropologie L_I 59
Anthropomorphismus J_I 944; K_I 18; K_{II} 64, 83

anthropozentrisch F_I 146
Antichambre von 2 bis 3 Öfen E_I 152
Antichrist B_I 16
Antigrave J_{II} *1466*, 1994, 2038
Antiken
 kostbare teure — E_I 165
Antikritikus B_I 16, 102, 150
Antimonium KA_{II} 94
Antiperistasis J_{II} 1541
antiphlogisch
 —es System J_{II} 1982
 antiphlogistische Hypothese K_{II} 326
 s. a. Chemie, Luft
Antiphlogistiker J_{II} 1685, 1701
Antiphysiognomik F_I 934, 942
Antipoden J_I 398
antipodisch J_I 399
Antiquarius B_I 103, 142
Antiquismus
 sinnlicher — D_I 612
antiskorbutisch
 —es Kraut KA_{II} 111
antragen SK_{II} 574
antrappieren L_I 692
antretten J_I 528, 806
Antwort F_I 42; SK_{II} 378
Anwendungen [des Gelesenen] J_{II} 1855
Anziehung J_{II} 1784; L_{II} 919
Anziehungskraft der Erde A_{II} *195*; J_{II} *1419*, *1533*
Anzug L_I 403
aparte E_I 282
Apfel UB_{II} 58
 Äpfel stehlen E_I 297
 faule Äpfel schmeißen D_I 214
 aus Äpfeln Körper schneiden J_I 1016
 s. a. Äpfelabmachen, Äpfelchen
Apfel-Mädchen B_I 372
Aphelium A_{II} 229, 253
 — unsrer Materie D_I 489
Aphorismus
 Aphorismen über die Physik J_{II} 1647
 aphoristische Kürze H_{II} 175
apis L_{II} 955
 Ut apes Geometriam D_I 621
Apis F_I 192; Mat I_{II} 47
apodiktisch J_I 1098
Apogäum F_I 246; L_I 119

apokryphisch J_I 513
Apollo [Apoll]
 – in Belvedere L_I 240
 Vatikanischer – B_I 16; E_I, 165, 191; L_I 64; RA_{II} 159
Apoplexie J_I 223
Apostel B_I 330, 358; D_I 337; E_I 215; F_I 112, 860; J_I 18; J_{II} 1968
 – zu Pferd B_I 58
 deutsche – E_I 209
 physiognomische – F_I 666
 steinerner – E_I 104
Apostille B_I 358
Apostrophe KA_{II} 335
 – [an den Schlaf-Rock] C_I 47
 starke –n D_I 49
Apotheker C_I 256; E_I 273; J_I 1210; J_{II} 1673; L_I 182
 s. a. Stadt-Apotheker
Apotheker-Blick J_{II} 1758
Apotheker-Szene L_I 123
Apotheker-Zeichen D_I 114
 s. a. Pillenzeichen
Apotheosis B_I 188
Apparat
 Eisapparat J_I 430
 Fang-Apparat L_I 409
apparences
 contraire aux – D_I 507
Apperzeption Mat II_{II} 51
Appetit B_I 3; F_I 499
 – zu essen [bzw.] zu lesen J_I 690
 gesunder – F_I 875
 leckerer – F_I 490
apportieren C_I 178; E_I 284, 345; F_I 730; G_{II} 60; L_I 100
a priori J_I 429; K_{II} 86; SK_{II} 377
Apsiden-Linie B_I 167
Apulier A_{II} 172
aqua regis K_{II} 308
Araber C_I 187, 188, 189, 190; D_I 667; J_I 673
Arabien KA_{II} 59; C_I 188, 191, 269; D_I 56; F_I 699; J_{II} 2017
arabisch C_I 285; D_I 562; E_I 257; F_I 371; J_I 673, 1101; K_I 19
 –e Dichter D_I 395
 –e Literatur D_I 529
Arbeit F_I 262; J_I 470; K_{II} 302
 zur – gewöhnen F_I 262
 Marsch-route der – J_{II} 1428

 s. a. Tischler-Arbeit, Vorbereitungsarbeit
arbeiten D_I 47; F_I 188; J_I 123, *919;* J_{II} 1422; K_{II} 163, *256*
 das langsame und stete Arbeiten F_I 72
Arbeiter J_I 827, 1014
Arbeitstisch
 chemischer – J_{II} 1687
arbiter KA_{II} 209
arcanum D_I 593; E_I 72; RA_{II} 127
 lachen machendes – E_I 408; Mat I_{II} 160
Archäologie F_I 188
Arche Noah J_I 66
-archien und -kratien K_I 16
Architekt J_I 875
Archiv
 Familien-Archiv J_I 26
 Geheim-Archiv F_I 525
Archivarius
 Herzens-Archivarius F_I 657
Aräometer SK_{II} 647
Argandsche Lampe *s.* Lampe, Argandsche
Argument C_I 332; KA_{II} 258; D_I 353; H_{II} 80
 Formen der –e E_I 70
 ein Maulvoll –e E_I 96
Argumentum indolentiae J_I 33
Arie E_I 270; RT_{II} 18
Arimathias F_I 1217
Aristokrat J_I 946
Aristokratie K_I 20
aristokratisch J_I 1163
Arithmetik D_I 212; E_I 368; L_I 272
Arkadien D_I 196
arkadisch B_I 33
Arkanum *s.* arcanum
Arlington J_I 599
arm
 –e Leute C_I 264
 –er Mann J_I 877
 –er Teufel *s.* Teufel
 der Arme B_I 252; J_I 1202
 Armen etwas geben J_I 804
Arm J_I 143; Mat II_{II} 4
 –e stärken J_I 650
 aufgestreifter gesunder – B_I 263
 aufgestreifter weißer – D_I 54
 künstlicher – KA_{II} 185

lange [und] kurze –e E_I 349;
Mat II_II 47
Armatur L_II 727
Armee KA_II 140; J_I 804; SK_II 637, 676
 –e Armee RA_II 164
 – verlieferantieren J_I 140
 Kommando von –n J_I 1241
 Spitzen der –n L_I 101
 s. a. Haupt-Armee
Arme-Sünder-Glöckchen J_I 105
Armut D_I 616
 s. a. Geistes-Armut
Arnica SK_II 33
Arnstadt J_I 918
Arques C_I 360; D_I 4
Arrest
 Hausarrest B_I 143, 278
arretieren SK_II 352
Arreté statt arrêt J_I 15
arrivieren
 er ist anarriviert J_I 142
ars
 artem inveniendi lehren D_I 639
Arsch J_I 48, 100
Arsch-Krankheit SK_II 408
Arschwische E_I 11
Arse F_I 1104
Arsenik D_I 149, 340
Art
 – zu betrachten B_I 20
 – zu kritisieren B_I 16
 – von Kavalier-Perspektiv B_I 7
 Ovids – D_I 65
Artefakt L_I 69
Arterien J_I 223
 – und Venen des Handels J_I 691
artifiziell
 – lieben B_I 171
 –e Betrachtungen SK_II 204
 –es Gewäsch E_I 149
 –er Mensch B_I 321
 –er Narr F_I 549
Artigkeit gegen Gäste L_I 614
Artikel Nonsense B_I 108
Artillerie
 Preußische – SK_II 346, 758
Artischocke B_I 36
Artist L_I 415
Arznei E_I 241, 271; F_I 789; J_I 323, 337, 368, 639; J_II 1342; SK_II 326
 – wider die Milch SK_II 242

Arzenei-Gelahrtheit D_I 198
Arzeneikunst KA_II 188
Arzneigläser J_II 1336
Arzt B_I 129; C_I 279; KA_II 39; D_I 271, 633, 654; E_I 209; F_I 30; J_I 88, 275, 485, 663, 990, 1210, 1227; J_II 1827; RA_II 13
 – und Pastor H_II 88
 Praxis des –es J_I 948
 s. a. Augenarzt, Hofmedicus, Leibarzt, Leib-Medicus, Mühlarzt
asa foetida F_I 1099; SK_II 33
Asche J_I 243, 313
Aschenkrug K_II 276
asiatisch F_I 893, 1123; S. 644; J_I 766
Asien KA_II 86; B_I 408; F_I S. 644; J_I 333
asininisch F_I 315
assassinisch F_I 315
Assekuranz
 gelehrte –en C_I 307
Assemblee B_I 81, 204; E_I 68, 89, 500
Assimilation F_I 683
Assoziation E_I 460, 467, 469, 489, 497; F_I 6, 36, 75, 86, 299; G_II 1, 138
 s. a. Ideenassoziation
Assoziations-System E_I 469; F_I 35
assoziieren E_I 501, 503; F_I 9
assyrisch J_I 809
Ast D_I 110
 – eines Dings D_I 202
Asthma J_I 223
asthmatisch H_II 164
Astrognosie H_II 10
Astrologe F_I 824
Astrologie F_I 654; J_I 534; L_I 184
Astronom D_I 74; E_I 117, 331, 368; F_I 645, 1063; J_I 449, 527; L_I 31; L_II 799, 931; RA_II 117
 alte –en D_II 717
 seefahrende –en B_I 321
 verwegene Aussichten der –en B_I 106
Astronomie A_II 242;225; C_I 183; KA_II 127; D_I 282; E_I 368; F_I 17, 66, 654, 821; J_I 1138; J_II 1386, 1522, 1657; K_II 317; L_I 184, 262, 604; L_II 897, 954, 963; SK_II 240, 403, 587, 721
 – in Versen E_I 169
 populäre – D_II 728; F_I 28
astronomisch

–er Ausdruck F_I 208
–e Rechenmaschine D_I 288, E_I 368
–er Verstand F_I 205
Asymptote A_{II} 155; F_I 489; J_I 1044; L_I 34
– der Psychologie F_I 489
Ataven E_I 314
atemlich F_I 27
Atheis
  allen – und Atheabus F_I 1034
Atheismus J_I 531; K_{II} 288
Atheist B_I 290; KA_{II} 47; E_I 252; J_I 238, 295
  französischer – E_I 342
  den –en spielen H_{II} 9
Atheisterei E_I 342
Athen C_I 182, 314, 330; D_I 70, 637; F_I 225; K_{II} 177; RA_{II} 101
Athenienser B_I 200; C_I 314
Athos F_I 419
Atlas F_I 47; L_I 462
  physiognomischer – D_I 593
Atmosphäre A_{II} 253; J_{II} 1577, 1578, 1587, *1749*, 1787, 2017, 2018; K_{II} 331; L_{II} 725, 885
  elastische – L_I 392
  s. a. Knall-Luft-Atmosphäre
Atom J_{II} 1775; L_{II} 894
  moralische –e B_I 119
Atomist J_{II} 1775; L_{II} 714, 894, *917*
Attacke
  planmäßige – L_I 615
Attention
  hypochondrische – J_I 996
Attestat SK_{II} 606, 607
attischer Witz B_I 374
Attraktabilität der Körper L_{II} 738
Attractio A_{II} 170
Attraktion D_I 178; E_I 278, *472*; J_I 393; J_{II} 1484, 1803; K_{II} 325, 331; RA_{II} 117, 155
  – und Selbstliebe D_I 178
  Stoß und – L_I 319
Attraktionist K_{II} 332; L_{II} 918
Auctoritäten J_{II} 1722
Auditor C_I 282; E_I 515
Auditorium C_I 220; SK_{II} 1036
Auer A_{II} 143
Auerbach A_{II} 143
Auerdichter H_{II} 96
Auerstedt A_{II} 143
Auerochse E_I 464; H_{II} 96

auf und ab E_I 209; G_{II} 189; Mat I_I 85
Aufbaupunkt J_{II} 2014
Aufbrausung J_{II} 1673
aufdunsten B_I 263
auferstehen C_I 376
  schon einmal auferstanden D_I 254
Auferstehung
  Zeichen der – E_I 247
auffressen D_I 653
aufgeben
  mit der flachen Hand eins – D_I 56
aufgelegt
  wieder – werden B_I 400
  zu gar nichts recht – B_I 106
aufhängen
  in effigie – lassen F_I 517
aufhenken
  Uhr – E_I 486
[aufhören]
  s'arrêter précisément où il faut J_I 451
aufklären J_I 290
Aufklärung H_{II} 52; J_I 246, 844; K_{II} 257; L_{II} 472
  Fenster der – L_I 88
  Sonne der – J_I 885
  Zeichen für – J_I 971
aufknüpfen
  – lassen J_I 935
  unter die Sterne – D_I 665; F_I 430
Auflage
  zweite –n der Menschen MH_{II} 5
auflösen
  aufgelöste Fluida A_I 178
  aufgelöstes Wasser A_I 178
Auflösung A_I 27; J_{II} 1455, 1734, 2028, 2149; K_{II} 308, 325, 326, 408; L_{II} 977
  – eines Problems D_I 104
  – des Wassers in der Luft L_I 278
Auflösungs-Mittel J_{II} 1590
aufmerksam D_I 366
Aufmerksamkeit C_I 233; E_I 440; F_I 675; G_{II} 207; J_{II} 1353; RA_{II} 127
  – stärken F_I 473
  affektierte – G_{II} 63
  ungeteilte – L_I 278
  Frucht [der] – G_{II} 209
  Mangel der – F_I 308
aufp[f]ropfen J_I 670
aufputzen F_I 151
aufrecht stehen F_I 643

Aufrichtigkeit F_I 811, 1217, 1220
Aufsatz F_I 215
aufsausender Schwung E_I 501
aufschieben D_I 20; F_I 276, 327; G_{II} 78; H_{II} 34, 63; K_{II} 26
aufschnaubender Freiheits-Ton F_I 204
aufschneiden
   Geschwür – SK_{II} 347
Aufschneider F_I *1138*
aufschreiben J_{II} 1352; K_{II} 181
aufsparen
   aufgespart zu einer großen Schandtat D_I 560
Aufstand L_I 257
aufstehen C_I 363
   früh – F_I 188
Aufsteigen der Atmosphäre K_{II} 331
aufsummen L_{II} 861
Auftaupunkt J_{II} 2014
aufwachsen F_I 102
Aufwärterin A_{II} 199; B_I 171, 181, 263; E_I 151, 371, 375
   katholische – J_I 319
Aufwärterinnen-List B_I 263
Aufwand E_I 396
   – [und] Vorrat E_I 424; F_I 178
aufzeichnen F_I 34, 36
aufziehen C_I 354; D_I 600
Auge A_I 57, 70, 107; A_{II} 166, 169, 231, 246; B_I 17, 54; C_I 326; D_I 170, 176, 212, 520; E_I 451, 455; F_I 228, 288, 369, 415, 582, 1064, 1072, 1080, 1209; H_{II} 116, *196*; GH_{II} 16; J_I 198, 284, 563, *1000*, 1168; J_{II} 1271, 1343, 1344, 1408, 1532, 1588, 1660, 2078; K_{II} 341, 369, 370, 371; L_I 403, 472; L_{II} 798, 819, 823, 835, 959; TB_{II} 29; SK_{II} 125
   – drücken C_I 331; D_I 170; D_{II} 724; F_I 607; J_{II} 1817, *1818*; L_{II} 823, 888
   –n stärken KA_{II} 77
   –n verschließen C_I *331*, F_I *752*; G_{II} 221, 226; J_{II} 1271; L_I 472
   – zuhalten F_I 512
   –n zuschließen E_I 320; F_I 752
   –n eines Frauenzimmers G_{II} 16
   –n des Geistes B_I 267
   –n nach dem Himmel richten J_I 534
   –n des Igels K_{II} 371
   –n [der] Insekten J_{II} 1387
   –n der Juno B_I 17
   – [des] Maulwurfs KA_{II} 71
   –n [als] Perspektiv [bzw.] Mikroskop B_I 54
   –n wie ein Stilet K_{II} 244
   achromatische –n J_{II} 1984
   ausgelaufne –n F_I 1204
   mit –n besetzen D_I 196; L_I 348
   blaues – J_I 386
   blinzende –n F_I 898, 1137
   mit bloßem – C_I 303, 313
   bloßes – J_I 724
   böse –n SK_{II} 125
   entstartes – E_I 368
   das höchste forschende – J_I 33
   katoptrische –n J_{II} 1511
   kritisches – C_I 641
   künstliches – SK_{II} 438
   [leuchtende] –n G_{II} 155
   mikroskopische –n D_I 230
   die schönsten –n F_I 1204
   stumpfes – F_I 848
   verschlossene –n A_{II} 169; C_I 331; D_I 123, 170; KA_{II} *222*
   Adlers –n F_I 358
   Bau des –s K_{II} 370
   Fell auf dem – F_I 495
   Galgen in den –n D_I 27
   Himmel in den –n B_I 17; C_I 23
   Ringe um die –n MH_{II} 17
   s. a. Augenmaß, Hasen-Auge, Hühner-Auge, Katzen-Auge
Augenachsen
   parallele Augen-Axen E_I 216, 355; J_I 350
Augenarzt Mat I_{II} 94
Augenblick
   – nützen A_I 36, 44
   helle –e E_I 245
Augenbrauen [Augenbraunen] B_I 157, 158; F_I 810
Augendiener der Mode E_I 162
Augenknochen F_I 810
Augen-Krankheit RA_{II} 85
Augenlid F_I 644
Augenmaß A_I 74; J_I 282
Augennerv L_{II} 839
Augensalbe SK_{II} 114
Augen-Wimper K_{II} 364
Augenwinkel E_I 147; F_I 830
Augsburg KA_{II} 32, 33; B_I 16, 65, 197; D_I 16; F_I 364, 1036; J_I 500

Augsburger Währung B$_I$ 65
Augsburger KA$_{II}$ 33
Augur F$_I$ 648
Auktion B$_I$ 235; SK$_{II}$ 282
Auktions-Catalogus J$_I$ 714
Auktions-Katalog SK$_{II}$ 292
Aurum musicum/musivum KA$_{II}$ 153
Auripigment-Staub L$_{II}$ 710
ausarbeiten J$_{II}$ 1407
Ausarbeitung D$_I$ 176; J$_{II}$ 1422;
  K$_{II}$ 302
ausbessern E$_I$ 162
Ausbesserer
  involuntäre triebmäßige Ausbesser
  E$_I$ 162
  schmieriger – F$_I$ 436
Ausdehnbarkeit J$_{II}$ 1850
Ausdehnung D$_I$ 435, 529; J$_I$ 55;
  J$_{II}$ 1809, 1850, 1917, 2149; L$_{II}$ 793
  – im Raum [und] in der Zeit
  B$_I$ 121
Ausdehnungskraft K$_{II}$ 338
Aus-dem-Sinne-schlagen
  das künstliche – J$_I$ 349
ausdreschen J$_I$ 185
Ausdruck A$_I$ 138; B$_I$ 294; KA$_{II}$ 275;
  D$_I$ 54; E$_I$ 38, 40, 197, 204, 208,
  381; F$_I$ 183, 730; H$_{II}$ 55; J$_I$ 1011;
  J$_{II}$ 1352, 1422, 1427; K$_{II}$ 181;
  Mat I$_{II}$ 145
  – schattieren E$_I$ 150
  – beim Wort fassen KA$_{II}$ 282
  – durch Gesten A$_I$ *34, 93, 135*
  – des Natürlichen A$_I$ 77
  – und Sinn E$_I$ 381
  astronomischer – F$_I$ 208
  dithyrambischer – F$_I$ 185
  dunkel im – F$_I$ 48
  erbettelter – L$_{II}$ 867
  geräumige Ausdrücke D$_I$ 668
  gesunder – E$_I$ 368
  metaphorische Ausdrücke D$_I$ 515;
  F$_I$ 896
  natürlichster – C$_I$ 209
  philosophischer – E$_I$ 331; RA$_{II}$ 146
  schöne Ausdrücke E$_I$ 194
  [sprachlicher] – A$_I$ *65, 83,* 138;
  F$_I$ *709;* K$_I$ *19*
  vernünftig gewählte Ausdrücke
  K$_I$ 20
  verstimmter – F$_I$ 414

Zimmermannische Ausdrücke
  J$_I$ 1169
Ausdrücke veralten D$_I$ 362
Ausdrücke verteidigen E$_I$ 419
Empfindung [und] – A$_I$ *65, 83;*
  B$_I$ 322; Mat II$_{II}$ 19
Gedanke [und] – D$_I$ 96, 529;
  E$_I$ 204, 270, 276, 324; F$_I$ 293, 860;
  J$_I$ 283; L$_I$ 385
Goldregen von Ausdrücken E$_I$ 109
Lessingscher – E$_I$ 204
Neuigkeit des –s E$_I$ 195
das Poetische eines –s F$_I$ 1223
s. a. Ausdrückung, Gedanke, Kraft-
  Ausdruck, Kunstausdruck, Miene,
  Sprache
ausdrücken [ausdrucken] A$_I$ 83;
  B$_I$ 86; KA$_{II}$ 285, 292, 297; E$_I$ 324;
  J$_I$ 951; K$_{II}$ 283, 450
  kurz – E$_I$ 39
  sonderbar – KA$_{II}$ 285
  wahr empfinden [und] wahr –
  J$_I$ 555
  frachtbriefmäßige Art sich auszudrücken E$_I$ 43
  Zeit durch Raum – J$_{II}$ 1871
Ausdrückung
  stärkstindividualisierende – G$_{II}$ 207
ausdünstig J$_{II}$ 1715
Ausdünstung A$_{II}$ 195; J$_{II}$ 1414, 1450
ausführen
  unvermerkt weiter – D$_I$ 58
ausfüllendes Geschlecht B$_I$ 321
Ausfüll-Teile A$_I$ 90
Ausgabe
  – und Einnahme F$_I$ 463
  erste – L$_I$ 92
ausgehen D$_I$ 661
ausgewachsene Personen B$_I$ 54
ausgießen L$_I$ 346
Aushändigen
  geschicktes Aus- und Ein-händi-
  gen C$_I$ 319
ausholen
  zu tief – L$_{II}$ 967
auskleiden
  sich um die Wette – E$_I$ 78
ausklopfen
  das Kleider-Ausklopfen F$_I$ 213
auskünsteln D$_I$ 124
auslachen D$_I$ 491
Ausländer C$_I$ 209; E$_I$ 13, 157, 321;

F$_I$ 161, 262, 402, 569, 955; J$_I$ 414, 524; RA$_{II}$ 100, 127
- nachahmen F$_I$ 262

Auslage B$_I$ 253

ausmachen J$_{II}$ 1458

Ausnahme [und] Regel J$_I$ 279

Ausrottung der Franzosen J$_I$ 88

Ausrufer des Evangelii UB$_{II}$ 29
geheimer – K$_{II}$ 208

Ausschlag
- moralischen Gewichts B$_I$ 212
den – geben B$_I$ 322

ausschlagen B$_I$ 2

ausschweifen
im Vergnügen – B$_I$ 81

Ausschweifung F$_{II}$ 955; L$_{II}$ 859

Außenwelt J$_I$ 1021

Außer-mir-sein L$_I$ 271

außer uns L$_{II}$ 811, 867
Dinge – C$_I$ 91

außerhalb und innerhalb L$_{II}$ 811

aussetzen SK$_{II}$ 101, 102, 194, 196, 198, 268, 290, 502, 519, 569, 583, 597, 674, 721, 722, 797, 804, 851, 918, 936, 968, 1027
s. a. Colleg, Kolleg

Aussöhnung SK$_{II}$ 123, 685, 842, 876, 966

Aussprache
- bei Wörtern E$_I$ 459
englische – E$_I$ 446

aussprechen D$_I$ 505

ausspucken J$_I$ 1009, 1010

Ausstäuber C$_I$ 260

Auster J$_I$ 869; L$_I$ 483; RA$_{II}$ 59, 135; SK$_{II}$ 142, 143, 227, 612, 722
erste –n SK$_{II}$ 227

Auster-Leben L$_I$ 483

Austernschalen D$_{II}$ 737

aussterben
ausgestorbene Verabredung F$_I$ 848

austrinken
das Austrinken einer Champagner-Bouteille D$_I$ 104; L$_{II}$ 821

austrommeln D$_I$ 56

Auswahl [und] Auszug J$_I$ 1023

ausweißen
das Ausweißen der Kirchen J$_I$ 215

auswendig lernen B$_I$ 98, J$_I$ 392

auswringen C$_I$ 355

Auswuchs L$_I$ 275

auszehren B$_I$ 204

auszischen F$_I$ 1060

Auszug [und] Auswahl J$_I$ 1023

aut, aut E$_I$ 226; J$_I$ 622
gefährliches – L$_I$ 266

Autobiographie s. Heautobiographia, Selbstbiographie

[Autobiographisches] B$_I$ 81, 97, 157, 257

Autodafé
physiognomisches Auto da Fe F$_I$ 521, 524

Autor E$_I$ 209, 355, 430; L$_I$ 27; Mat I$_{II}$ 38
Autores herausgeben D$_I$ 593
gebürsteter – Mat I$_{II}$ 25
unsere großen –en B$_I$ 94
Revolutionen im Reiche der –en D$_I$ 401

Autoren-Freiheit
deutsche – D$_I$ 610

Autorität F$_I$ 1070; J$_I$ 269
mit Auktoritäten kämpfen F$_I$ 955

Aven E$_I$ 314

Aventurin-Späne GH$_{II}$ 59

Avers L$_I$ 694

Avertissement E$_I$ 271

Axe s. Achse

Axiom J$_I$ 464

Axt K$_I$ 16

Azote K$_{II}$ 353

Babel D$_I$ 157; E$_I$ 109, 169, 409 515; Mat I$_{II}$ 70
metrisches – E$_I$ 169
das subtilere – D$_I$ 157; E$_I$ 109, 409; Mat I$_{II}$ 70

Babylon E$_I$ 409; F$_I$ 525; J$_I$ 1101

babylonisch
–es Denkmal F$_I$ 525
–er Turm F$_I$ 934; J$_I$ 1101
–er Turmbau B$_I$ 190
–er Versuch F$_I$ 695

Bacchant E$_I$ 169

Bach
kleine Bäche L$_I$ 365

Bachstelzen schießen E$_I$ 292, 294

backed L$_I$ 290, 475, 552, 685, 703, 740

Backen L$_I$ 440; SK$_{II}$ 564, 565
sich den – bähen E$_I$ 152
einen dicken – haben L$_I$ 688; RA$_{II}$ 99; SK$_{II}$ 345, 346, 347, 348,

355, 357, 358, 398, 399, 530, 563, 1021, 1022
die – streicheln L_I 503
backside
moralische – B_I 78
Backstein F_I 367
Bad E_I 200; F_I 631; J_I 385; K_{II} 262
neue Bäder J_I 751
s. a. Granulier-Bad
badwarm SK_{II} 160
Bäcker B_I 410
s. a. Zuckerbäcker
Bäcker-Frau B_I 100
Bäcker-Knecht J_I 929
Bäckerschürzen G_{II} 35
bähen L_I 142
sich den Backen – E_I 152
Bändgen B_I 176
Bär KA_{II} 99; F_I 46; J_I 789
–en von Bern L_I 426, 464
gelehrter – J_I 789
wie die –en im Winter B_I 223
s. a. Ameisen-Bär, See-Bär, Ursachen-Bär
[Bärenhäuter] Bernhäuter D_I 495, 667
bärtig
die Bärtigen C_I 321
[Bäumchen] Bäumgen forcieren D_I 214
Baffins-Bay J_I 685
Bagdad D_I 391; F_I 809; Mat I_{II} 7
Bagnio J_I 635
Bahn B_I 159
–en brechen D_I 221
auf –en wälzen J_{II} 1874
auf einer großen – auf Null stehen F_I 793
eine – im Verstand zurücklassen C_I 196
[Bajazzo] Pajazzo G_{II} 216
Bajonett H_{II} 80
Bajonetten-Ruh L_I 384
Balafo C_I 16
Balancement [von] Vergnügen und Schmerz A_I 64
balancieren
das Balancieren auf der Nase A_I 79
Baldower J_I 300
Balg
verzwickte Bälge C_I 340
s. a. Schandbalg

Balken von Häusern L_I 447
s. a. Waagebalken
Balken-Einzapfung A_{II} 207
Ball [Spielzeug] C_I 178
s. a. Luftball, Schneeball
Ball [Tanzfest] F_I 165, 1017, 1105, 1120; J_I 1138; L_I 390; SK_{II} 589, 1035, 1036
– en Masque G_{II} 148
Ballade E_I 128
Balleier B_I 136
Ballast B_I 270
Ballons SK_{II} 289
Balsam
Zahnbalsam E_I 271
baltische Länder J_I 318
Bamberg F_I 634; SK_{II} 140, 223, 231, 233
Band [Buch] MH_{II} 3
Bände schreiben D_I 175
s. a. Duodez-Bändchen, Oktavbändchen, Oktav-Band, Quartband
Band [Stoffstreifen]
Knieband D_I 286
Ordensband F_I 351
Bandage F_I 195
Bandit J_I 1063; L_I 23
s. a. Hofbandit
Banditen-Gesicht F_I 942
Bandmühle J_I 155
Bandwurm RA_{II} 162
Bangigkeit SK_{II} 323
wollüstige – C_I 351; D_I 577
Bananan C_I 191
Bank [Kreditanstalt]
– sprengen D_I 610
Bank [Sitzgelegenheit]
leere Bänke J_I 81
ungelehrte [und] gelehrte Bank E_I 245
s. a. Bierbank, Gelehrten-Bank
Bankbruch für Bankrott L_I 121
bank-brüchig L_I 121
Bankert D_I 667; E_I 187
Bank-Note F_I 1170
Bankrott L_I 121
Bank[e]rottwasser UB_{II} 20
Bann B_I 290; J_I 398, 723
Bannstrahl E_I 422
Ableiter für den – D_I 60, 539
Bannstrahl-Steuer B_I 136

Baobab-Baum E_I 520
Baracke E_I 282
Barathrum B_I 9
Barbar H_{II} 16; L_I 65
Barbara Celarent E_I 96, 189; J_{II} 1699
Barbarei B_I 224, 254, 290; E_I 65, 66, 67; F_I 388, 528; H_{II} 17; J_I 1223; L_I 25
  gelehrte – F_I 1085
  stärkender Winterschlaf einer neuen – F_I 388
  Zeiten der – E_I 65, 66
barbarisch
  –e Gnauigkeit F_I 273
  –e Zeiten E_I 67
Barbier C_I 109, 224; J_I 442, 593; Mat I_{II} 96; SK_{II} 67, 107, 108, 117, 603, 604, 779
  – von Bagdad F_I 809; Mat I_{II} 7
barbrust D_I 303
Barde E_I 169, 245, 455; F_I 46, 492, 530, 758, *944*
  College Bards D_I 643
  Universitäts-Barde D_I 643
Barden-Gesang F_I 860
barfuß D_I 303
barmherziger Samariter A_{II} 185
Barometer B_I 253, 302, 414; C_I 82, 84; KA_{II} 210, 217; D_I 116, 465; D_{II} 707, 711, 725, 731, 758, 768; F_I S. 643; J_I 796, 1232; J_{II} 1260, 1277, 1281, 1288, 1290, 1399, 1769, 1994, 2099; L_I 303, 637; L_{II} 869; RA_{II} 136, 151; SK_{II} 83, 85, 86, 245
  s. a. Wasser-Barometer, Wheel barometer
Barometer-Höhe RA_{II} 139
Barometermacher F_I 74
Barometer-Messungen SK_{II} 303
Barometer-Röhre B_I 62; J_{II} 2044
Barometerstand
  der mittlere – im Paradiese L_I 560
Baron B_I 171
  – aller Barone L_I 266
  deutscher – E_I 209
Baroskop SK_{II} 706
  s. a. Wetter-Paroskop
Bart B_I 419; C_I 109; D_I 67; E_I 214; F_I 342, 1218
  – sengen F_I 404; G_{II} 13; Mat I_{II} 153
  – streicheln C_I 335; D_I 616; E_I 355

  – waschen F_I 141
  erster – B_I 132, 204
  s. a. Dreck
Bartholomäus-Tag D_I 4
bas relief B_I 134
Basalt J_{II} 1320, 1321, 1484, 1542; L_{II} 848, 864
Basalt-Kugel L_I 518
Base L_I 106
Basel D_I 328
Basilisken-Ei F_I 529
Basis B_I 158; K_{II} 352
Basnagiensis F_I 594
bas relief B_I 134
Baß J_I 1211
Baßgeige KA_{II} 152; F_I 1030; K_{II} 340
  auf der – donnern F_I 640
Baßglas B_I 353
baßschwangere Geige J_I 995
Bastard D_I 630; E_I 187; F_I 1006; GH_{II} 6; J_I 606, 841, 928; L_I 48, 80, 248
  den – reifen sehen F_I 165
  s. a. Favorit-Bastard
Bastard-Art F_I 914
Bastille J_I 287, 380, 527, 1172
  Steine von der – J_I 423
  s. a. Paris
Bastillensasse GH_{II} 4; J_I 631
Bataille J_I 888
Bataillons SK_{II} 342
Batavia KA_{II} 54, 179; C_I 187; E_I 450
Bath KA_{II} 151; J_I 914; RT_{II} 7; RA_{II} 178
Batterie J_{II} 1402, 2000; L_I 268
  –n aufwerfen E_I 292, 294
  schwimmende –en J_I 940; SK_{II} 596
Batzen D_I *382*
Bau
  – des Auges K_{II} 370
  – von 3 Jahren D_I 54
  s. a. Kellerbau
Bauch
  in den – sehen J_I 648
  s. a. Amtmanns-Bauch
Bauchrednerei GH_{II} *32;* J_{II} 1669
  s. a. Ventriloquenz
bauen
  in die Luft – D_I 304
  Republik – K_{II} 167
Bauer A_I 130; B_I 6; C_I 197; D_I 196; D_{II} 728; E_I 131, 162, 209, 227;

F$_I$ 154, 338, 1063, 1195; J$_I$ 260;
J$_{II}$ 2148; L$_I$ 692
beschneite –n J$_I$ 132
deutsche –n C$_I$ 263
niedersächsischer – B$_I$ 95
osnabrückischer – C$_I$ 77, 88
Bauer[n]junge in Livree Mat II$_{II}$ 7
Bauer[n]knecht C$_I$ 23
Bauernmädchen D$_I$ 303; E$_I$ 209;
G$_{II}$ 80
Bauern-Redens-Art F$_I$ 592
Bauernschinder E$_I$ 209
Bauernstolz [Baurenstolz] F$_I$ 1137
– des Erdenkloßes E$_I$ 162
Bauerschinden E$_I$ 131
baufällig
die Baufälligen L$_I$ 99
Bauholz
ein Stück – F$_I$ 53
Baukunst KA$_{II}$ 227
italienische – A$_I$ 122
Baum F$_I$ 548; J$_I$ 868, 1155; L$_{II}$ 962;
UB$_{II}$ 63
Bäume pflanzen D$_I$ 175
Bäume propfen J$_{II}$ 1540
immer grüne Bäume D$_I$ 214
s. a. Bäumchen, Baumblüte,
Baobab-Baum, Birkenbaum,
Brodfruchtbaum, Buchsbaum,
Dianenbaum, Eichbaum, Freiheitsbaum, Kampfer-Baum, Kirschenbaum, Lorbeerbaum, Maulbeerbaum, Orangen-Baum, Stammbaum, Taxusbaum, Tulpenbaum,
Ulmbaum, Weidenbaum, Zuckerbaum
Baumannshöhle F$_I$ 1149; G$_{II}$ 231
s. a. Harz
Baumblüte SK$_{II}$ 42, 158
Baume
La – aux chèvres F$_I$ 1149
Baumeister C$_I$ 142
Baumhaus *s.* Hamburg
Baumöl J$_{II}$ 2049
Baumwollen-Faser L$_{II}$ 949, 950, 978
Bausch
in – und Bogen D$_I$ 668
Bay of Biscay J$_I$ 118
Bayern KA$_{II}$ 178; J$_I$ 65
Bayonne D$_I$ 520
bayrisch F$_I$ 1049

bearbeiten
durchgearbeitete Materie – B$_I$ 228
Beatifikation F$_I$ 1037
beaux esprits
römische – B$_I$ 224
bebuttern
sich das Gesicht – D$_I$ 593
Becher KA$_{II}$ 283; B$_I$ 72
s. a. Klingelbecher
bedanken
sich – C$_I$ 195
bedenken D$_I$ 117
bedeuten und sein A$_I$ 114; C$_I$ 34
Bedeutung
allerlei – B$_I$ 176
besondere – B$_I$ 145
gefühlvolle – B$_I$ 82
wahre – eines Wortes A$_I$ 93
s. a. Hofbedeutung
Bedford D$_I$ 666
Bedfordshire E$_I$ 68; F$_I$ S. 458; RA$_{II}$ 2,
22, 27
Bedfort F$_I$ 1233
Bedienten-Sprache F$_I$ 735; Mat I$_{II}$ 4,
38, 43
Bediente(r) B$_I$ 165; D$_I$ 649; E$_I$ 115,
151, 165; F$_I$ 17, 795, 1002; J$_I$ 260,
272, 488, 968, 1063; K$_I$ 6; K$_{II}$ 120;
L$_I$ 200; Mat I$_{II}$ 15, 16, 54, 144;
Mat II$_{II}$ 8, 9, 50; SK$_{II}$ 693, 882
befehlender – Mat II$_{II}$ 44
gelehrter – Mat I$_{II}$ 43
Königliche Bediente E$_I$ 118
treue Bediente J$_I$ 436
weichmäulige Bediente G$_{II}$ 193
Herr [und] – E$_I$ 349; Mat I$_{II}$ 53;
Mat II$_{II}$ 20, 47
s. a. Kammerdiener, Laden-Diener,
Neger-Bedienter, Polizei-Bedienter
Bedienung B$_I$ 87; F$_I$ 1199
Maßstab der –en A$_I$ 68
Bedlam F$_I$ 721; SK$_{II}$ 294
Ton – D$_I$ 610
Bedürfnis
Verminderung der –se L$_I$ 529
beer
Spruce – SK$_{II}$ 337
Beet UB$_{II}$ 64
Bücher-Beet J$_I$ 868
Befehl J$_I$ 50
– [und] Bittschrift E$_I$ 164
generische [und] spezifische –e

J₁ 33
Bitten [und] –e K_{II} 275
befehlen D₁ 99; L₁ 424
Befestigungs-Kunst F₁ 1220
  gesunde – E₁ 58
Befestigungsmittel J₁ 957
befinden
  fragen zu lassen, wie man sich befindet C₁ 174
beflissen
  der Liebe und Mode Beflissene J₁ 514
beförderndes Vorbeugen J₁ 915, 1054
Beförderung des Romanschreibens B₁ 391
begarricken D₁ 666
begatten J₁ 824
Begebenheit B₁ 21; D₁ 19
  –en als individua B₁ 22
  –en meines Lebens K_{II} 289
  große –en K_{II} 170; L_{II} 806
  Prüfung der –en C₁ 143
  s. a. Pfennigs-Begebenheit, Weltbegebenheit
Begebenheits-Berichtiger RA_{II} 127
begehren
  – [und] haben J₁ 304
Begeisterung B₁ 106, 176
  augenblickliche – J₁ 1241
  erstimulierte – F₁ 262
begeußen s. begießen
Begierde B₁ 158
  – , andere zu tadeln D₁ 390
  – , geschwind viel wissen zu wollen A₁ 140
  böse –n D₁ 62
  gewöhnliche –n B₁ 127
  s. a. Geldbegierde, Ruhmbegierde, Wißbegierde
begießen J₁ 696; K_{II} 183; L₁ 469
Beglaubigungszüge der Selbstempfindung J₁ 555
Begräbnis
  Familien-Begräbnis G_{II} 177; J₁ 1157
begreifen [und] anfassen C₁ 277
begreiflich
  das uns Begreifliche F₁ 324
Begriff A₁ 103; D₁ 464; E₁ 440; F₁ 11, 130, 308, 1183, 1223; G_{II} 138; K₁ 19; K_{II} 308; L₁ 272
  –e formieren B₁ 145

  –e scheiden F₁ 935, 942
  –e verbinden F₁ 549
  –e verschreiben F₁ 934, 936, 946
  –e in Gang bringen L₁ 154
  – [und] Sprache A₁ 3
  allgemeine –e KA_{II} 65; L_{II} 780
  besondere –e KA_{II} 65
  deutlicher – D₁ 267; E₁ 30; F₁ 77, 934, 936, 941, 946; G_{II} 206; K_{II} 297
  dunkle –e F₁ 941
  falscher – K₁ 19
  geborgter – D₁ 212
  klare –e F₁ 77
  metaphysische –e E₁ 131
  religiöse –e H_{II} 128
  richtige –e J₁ 246
  undeutliche –e D₁ 337
  genera von –en A₁ 118
  [Ursprung der] –e A₁ 9
  Verwirrung von –en F₁ 308
  Wort [und] – B₁ 146, 365; E₁ 30; F₁ 1040
  Zusammensetzung von –en F₁ 1229
  s. a. Allgemein-Begriff, Mittelbegriff
beHallert F₁ 1170
behalten
  Gelesenes – F₁ 170
Beharren B₁ 153
behaupten ist philosophieren E₁ 146
Behaupter
  schlechte – E₁ 162
Behauptung J₁ 1005
Beherrscher C₁ 330
  – des menschlichen Geschlechts H_{II} 132
Behutsamkeit E₁ 370, 379; F₁ 324, 802, 813; J₁ 92; J_{II} 1681, 1702; L₁ 638
bei
  lieber bey als – B₁ 247
beibringen L₁ 679
beichten K_{II} 51
  s. a. Ohrenbeichte
Beifall D₁ 420, 421; F₁ 664; G_{II} 35; J₁ 180, 640, 794; K_{II} 111, 336; L₁ 267, 615
  – schätzen J₁ 47
  – und Nicht-Beifall F₁ 11
  um – buhlen J₁ 363, 374
Bein SK_{II} 239, 326, 453–457, 459,

460, 462, 472, 481, 490, 509, 523, 528, 536, 539, 543, 548, 643, 644, 658, 660, 793
eiskalte –e SK_{II} 242
Schienbein F_I 80, 311
Beinkleider F_I 1104; G_{II} 35; MH_{II} 4
s. a. Hosen
Beinkleiderchen C_I 63
Beischlaf F_I 603; J_I 1071
Beispiel J_{II} 1647
beißen C_I 59
Beiwörter B_I 132; C_I 366
bemäntelnde – E_I 82
bekannt
– werden B_I 408
–e [und] unbekannte Größe A_I 113; C_I 33
unsern Landsleuten – machen C_I 67
Bekannte
von seinen –n etwas Böses lesen J_I 628
bekehren F_I 905, 1030
sich – E_I 343
das Bekehren der Missetäter C_I 206
Bekehrung K_{II} 155
s. a. Galgenbekehrung
bekleiben C_I 322; D_I 668
bekleiden
Amt – F_I 426
beklügeln D_I 668
belachenswert
das Belachenswerte A_I 100
Belagerungskunst F_I 1220
Belehrung F_I 999; K_{II} 63
Erbauung, – und Vergnügen C_I 198
Unterhaltung und – L_I 61
Beleidigungen des Verstandes und Witzes B_I 226
belesen B_I 20
Belesenheit B_I 22; E_I 370; G_{II} 24
wenig – F_I 715
belettern D_I 611
belles lettres B_I 145, 146, 196, 297
belli taeterrima causa D_I 405
belohnen A_I 42
Belohnung J_I 1244; J_{II} 1354
– [und] Verdienst C_I 219
Belustigung A_I 78
s. a. Ungeziefer-Belustigung

bemänteln
–nde Beiwörter E_I 82
Witz der zu – weiß B_I 375
Belvedere L_I 240
bemerken F_I 224, 890
in einem Blick – D_I 252
Bemerker B_I 138
feine – F_I 1145
inspirierter F_I 569
Bemerkung E_I 257, 259, 370, 389, 402, 454, 501; F_I 613, 1049; G_{II} 112, 113; H_{II} 3, 20, 155; K_{II} 39, 137, 200, 297
–en eingetragen J_I S. 650
sehr feine falsche –en F_I 552
massiv-goldene –en F_I 860
physiognomische –en F_I 563, 664; UB_{II} 48–55
Vorrat von –en G_{II} 207
s. a. Alltags-Bemerkung, Flick-Bemerkung, Remarque
beMiltont F_I 1170
Bemühen
konvulsivisches – F_I 802
Bemühung
indirekte [und direkte] – D_I 449
puristische –en K_I 19
s. a. Privat-Bemühung
Bender B_I 412
benebeln
sich – J_I 509
Benediktion mit den Füßen L_I 308
Benefit RT_{II} 23; RA_{II} 3, 10
bene nati F_I 1016
beNewtonter D_I 666
Bengagna KA_{II} 92
Bengalen RA_{II} 109
Bengel [Mensch] D_I 667; E_I 334; F_I 1129
grobe – D_I 409
Bengel [Werkzeug] J_{II} 1555
s. a. Preßbengel
Bengelei J_I 560, 648
bengelhaft D_I 281
Bengelholz J_I 1027
Benjanen
Gottesdienst der – KA_{II} 118
Benonplust F_I 221
Bentheim TB_{II} 1
beobachten J_I 392; Mat II_{II} 49
– [und] lesen E_I 257; G_{II} 112; Mat I_{II} 98

selbst – E_I 265, 406
Kunst sich zu – B_I 46
Kunst zu – KA_{II} 173
Beobachten nach Regeln D_I 477
Beobachter F_I 1138; J_I 862; J_{II} 1620
– des Menschen Mat II_{II} 9
s. a. Gesichter-Beobachter, menschenbeobachterisch
Beobachtung A_{II} 224; E_I 257, 265, 370; F_I 409, 852, 1088; G_{II} 22; J_I 939; J_{II} 704, 1521, 1536; UB_{II} 41
– verbessern E_I 331
– des Menschen Mat II_{II} 29
meteorologische –en GH_{II} 38; J_{II} 1515; L_I 169; L_{II} 951
mikroskopische –en A_{II} 224
physiognomische –en F_I 804; UB_{II} 40
s. a. Schall-Beobachtung, Selbstbeobachtung, Wetterbeobachtung
Beobachtungs-Geist C_I 91; E_I 430, 440; F_I 208, 1217; L_I 275
bepissen
seinen Feind – wollen F_I 962
bepurpurt L_I 452
Beraubung J_{II} 1712
Bequemlichkeit B_I 279; F_I 262
berauscht C_I 209
Beredsamkeit L_I 585
[Bereiter] Bereuter F_I 618
Berg B_I 81; F_I 109; J_{II} 1756; L_I 549; L_{II} 817, 857, 923; RA_{II} 160
–e düngen L_I 647
– Athos F_I 419
sich auf hohe –e erheben L_{II} 794
feuerspeiende –e KA_{II} 56
die Herrn vom –e L_I 549
s. a. Ölberg
Bergamo KA_{II} 238
Bergen op Zoom E_I 347
Berg-Kalender J_I 962
Bergleute F_I 1004
Bergomence D_I 553
Berg-Rat L_I 190; SK_{II} 351
Bergschotten L_I 181; G_{II} 35
s. a. Hochländer Schotten
Berg Sinai L_I 517
Bergwerk J_{II} *1320, 1821*, 1856; L_{II} 776; RA_{II} 116
s. a. Kohlen-Bergwerk, Steinkohlen-Bergwerk
Bericht J_I *432*

Berkshire D_I 750
Berlin A_{II} 166; KA_{II} 27; B_I 366, 380; C_I 75; D_I 279; D_{II} 686; E_I 108, 159, 306, 376; F_I S. 458, 242, 402, 934, 935, 936, 946, 1170; G_{II} 12, 35; GH_{II} 73; J_I 301, 318, 407, 666, 896, 1105, 1113; J_{II} 1519; L_I 593; Mat II_{II} 25; SK_{II} 137, 185, 417, 544, 727, 732, 919, 1008
Berliner E_I 306, 376
– Bibliothek U 349
– Jahrbuch SK_{II} 242
– Kaufleute SK_{II} 418
– Preisschrift SK_{II} 804
Berlinisch F_I 934; J_I 928, 1038, 1054, 1090
–er Jude L_I 661
Bern J_{II} 1946
Bären von – L_I 426, 464
Bernhäuter D_I 495
Bernstein A_{II} 194; KA_{II} 302; C_I 178, 296; F_I 695, 1039; K_{II} 398
berosciussen D_I 666
berühmt
–e Schriftsteller K_{II} 112, 144, 192
– werden L_I 69
Beruf B_I 146
beruhigen D_I 670
Beruhigung J_{II} 1469
Beschäftigung
einförmige –en F_I 1021
s. a. Damen-Beschäftigung, Lieblingsbeschäftigung
Beschaffenheit L_I 277
bescheiden G_{II} 91
Bescheidenheit B_I 105, 392; D_I 270; F_I 324; G_{II} 26; GH_{II} 56; K_{II} 263
prahlende – F_I 550
unaffektierte – F_I 396
beschleinigen [beschleunigen] J_I 528
Beschleunigung J_{II} 2113
beschneiden J_I 696; L_I 469
am Herzen [bzw.] an den Ohren beschnitten H_{II} 99
das Beschneiden der Bäume L_I 623
beschreiben E_I 162
Beschreiber ihrer Empfindungen E_I 190
Beschreibung B_I 263, 403; D_I 267; J_{II} 1364
–en von –en D_I 204
–en von Bildchen D_I 448

– einer der schönsten Kreaturen B$_I$ 82
– von einer Krankheit E$_I$ 271
drollige – MH$_{II}$ 25
s. a. Lebensbeschreibung, Reise-Beschreibung, Selbst-Beschreibung
beseelen E$_I$ 406
Besen F$_I$ 165
aufgebundener – D$_I$ 95
s. a. Birkenbesen, Boessonus
Besenbinder-Staat L$_I$ 632
besessen C$_I$ 151
Besessene F$_I$ 1031
besetzter Mensch B$_I$ 56
beShakespeart F$_I$ 1170
besinnen
sich – J$_I$ 249, 474
Besinnen als Nachschlagen E$_I$ 317
besoffen B$_I$ 118; F$_I$ 95, 1019
von einer Vorstellung – D$_I$ 20
Besoldung B$_I$ 136, 137; D$_I$ 602; E$_I$ 157
Geschäfte [und] – D$_I$ 573
Besondere
das – statt des Allgemeinen KA$_{II}$ 275
Hang zum Besondern C$_I$ 125
besser F$_I$ 1105; J$_I$ 1187; L$_I$ 491
– einrichten J$_{II}$ 1634
– machen C$_I$ 67; D$_I$ 23, 53; K$_{II}$ 120; L$_I$ 42
– werden K$_{II}$ 293
Besser-, Bestgeborner Herr L$_I$ 145
Bessermachen C$_I$ 67
bessern D$_I$ 81, 539; J$_I$ 125; L$_I$ 661
sich – G$_{II}$ 54, 57; H$_{II}$ 18; J$_I$ 958; J$_{II}$ *2070, 2107*
Besserung D$_I$ 533; E$_I$ 489; J$_{II}$ 2070; L$_I$ *593*, 661
– anderer F$_I$ 353
– seines Neben-Menschen D$_I$ 140
eigene – D$_I$ 533; F$_I$ 254
s. a. Selbst-Besserung
Beständigkeit L$_{II}$ 828
bestätigen [bestättigen] C$_I$ 209; J$_{II}$ 1987
Bestätigung [Bestättigung] C$_I$ 209; J$_{II}$ 1878
beste
–r Gesichtspunkt D$_I$ 183
das allgemeine – D$_I$ 183
das gemeine – C$_I$ 256

ein Bestes A$_I$ 2; J$_{II}$ 1351
sein eignes Bestes vor Augen haben D$_I$ 350
zu dem Besten unsrer Philosophen J$_I$ 87
das Maß des Besten C$_I$ 181
bestechen KA$_{II}$ 69
Bestechung RA$_{II}$ 23
beSternt F$_I$ 1170
Bestie F$_I$ 838; J$_I$ 65
intolerante – J$_I$ 922
Bestimmtheit J$_{II}$ 1843
Bestimmung unseres Daseins D$_I$ 211
Bestreben G$_{II}$ 206
bestreichen
Büchelchen – lassen E$_I$ 259, 368
betadeln D$_I$ 668
s. a. tadeln
Besuche bezahlen J$_I$ 779
Besucher RT$_{II}$ 17
Betäsi C$_I$ 269
Betäubung J$_I$ 78
künstliche – J$_{II}$ 1574
Betbruder F$_I$ 1133; J$_I$ 59, 98, 114
Betelkauen D$_I$ 443
beten B$_I$ 81; KA$_{II}$ 66; G$_{II}$ 15, 101; J$_I$ 191, 192, 271, *919*; K$_{II}$ 256; L$_I$ 23, 38, 275, 501, 596; SK$_{II}$ 316, 526
s. a. nachbeten
Bethesda J$_I$ 571
betrachten B$_I$ 20
allgemein – KA$_{II}$ 284
Betrachtung A$_I$ 130, B$_I$ 9, 113, 321; C$_I$ 301
kalte – C$_I$ 125
moralische –en B$_I$ 119
natürliche [und] subtile –en KA$_{II}$ 276
Milchstraße von –en J$_I$ 437
s. a. Montags-Betrachtung, Selbstbetrachtung
Betrachtungsliebe
melancholische nachteulenmäßige – A$_I$ 126
betrauern SK$_{II}$ 359
betrecken
Bevern J$_I$ 191
Beverungen J$_{II}$ 1990
beziehen [und] – C$_I$ 225
Betriebsamkeit L$_I$ 110
Betroffenfinden C$_I$ 274

betrügen [betriegen] C$_I$ 225; D$_I$ 628; G$_{II}$ 118
Betrüger C$_I$ 178; D$_I$ 667; F$_I$ 9, 216, 351, 987; J$_I$ 1044
 feiner – B$_I$ 20
 solider – L$_I$ 488
Betrügerei B$_I$ 387; H$_{II}$ 73; J$_I$ 90; Mat I$_{II}$ 51
Betrug C$_I$ 91; H$_{II}$ 151
 – mit dem Mond D$_{II}$ 770
 erlaubter – F$_I$ 201
 natürlichster – K$_{II}$ *300*
 optischer – C$_I$ 180; J$_{II}$ 1255
 s. a. Priester-Betrug, Selbstbstrug
betrunken K$_{II}$ 222
 –er Kerl F$_I$ 570
Betrunkener D$_I$ 306; J$_I$ 1205
 s. a. blitztrunken, rotgetrunken, wonnetrunken
Betschwester F$_I$ 1133; J$_I$ 544, 545; SK$_{II}$ 972
Buhl- und –n E$_I$ 448
Bett C$_I$ 113, 146; J$_I$ 399, 638
 – einer untätigen Einbildung D$_I$ 391
 sich ins – legen E$_I$ 362
 das Scheißen ins – J$_I$ 117
 s. a. Kindbett, Krankenbett, Todbett, Zeltbett
Bettelbrief D$_I$ 558
Bettelei
 Reichtum und – F$_I$ 688
Betteljude J$_I$ 1174; L$_I$ 593
Betteljunge J$_I$ 1008
Bettel-Leute
 Tirolische – B$_I$ 197
Bettelstab E$_I$ 244, 387
Bettelstand
 Gleichung für den – A$_{II}$ 186
Bettelvogt F$_I$ 869
Bettlade
 Himmel meiner – J$_I$ 532
Bettler B$_I$ 286; J$_I$ 232; L$_I$ 465
 letzter – F$_I$ 759
 sich zum – suchen E$_I$ 227
 s. a. Staatsbettler
Bettlerhochzeit G$_{II}$ 224
Bettvorhang
 Beschreibung eines sonderbaren –es C$_I$ 107
Beurteiler K$_{II}$ 135
Beutel *s.* Klingelbeutel

Beutel-Perücke E$_I$ 209
Beutelschneider C$_I$ 178; D$_I$ 56
Bevollmächtigter L$_I$ 153
Bewegung A$_{II}$ 147, *156*, 201, 202, 216; C$_I$ 303; KA$_{II}$ 116, 197; D$_I$ *314;* D$_{II}$ 728; E$_I$ 32, 137, 469, 481, 482; F$_I$ 676; J$_{II}$ 1330, 1339, 1340, 1419, 1454, 1484, 1523, 2113; K$_{II}$ 319, 320; L$_{II}$ 764, 807, 837, 894, 906, 942; SK$_{II}$ 412
 – um die Axe L$_{II}$ 838
 – des Blutes J$_I$ 1225
 – in Ellipsen J$_{II}$ 1829
 – [und] Gedanke J$_I$ 531
 – [im] Sandkörnchen C$_I$ 32, 303
 – des Weltgebäudes J$_{II}$ 1314
 zirkelförmige – C$_I$ 303
 Empfindung [und] – KA$_{II}$ 81
 Stetigkeit in den –en L$_I$ 192
 Ursprung der – H$_{II}$ 183; J$_{II}$ 1483
 s. a. Gemütsbewegung, Zentral-Bewegung
Bewegungsgrund D$_I$ 370; J$_{II}$ 1351, 1354
Bewegungs-Kraft J$_I$ 531
Beweis D$_I$ 326, 353
 –e durch Exempel A$_I$ 42
 –e in der Combabischen Form E$_I$ 280
 – durch Sprüchwörter L$_I$ 524
Beweiser E$_I$ 195
bewerfen
 neu – lassen J$_I$ 75
bewitzeln
 tückisch – D$_I$ 600
Bewunderer G$_{II}$ 131; J$_I$ 522
bewundern L$_I$ 22
Bewunderung D$_I$ 337; E$_I$ 257
 – des Schöpfers L$_I$ 390
Bewußtsein H$_{II}$ 176; J$_{II}$ 1350; L$_I$ 315
 – des Menschen D$_I$ *200*
 tugendhaftes – D$_I$ 214
Bex J$_{II}$ 1946
bezahlen H$_{II}$ 167; K$_{II}$ *290*
 Besuche – J$_I$ 779
bezaubern L$_I$ 363
beziehen
 – [und] betrecken C$_I$ 225
beziffern D$_I$ 611
Bibel B$_I$ 200; KA$_{II}$ 85, 189; D$_I$ 274, 276; F$_I$ *67*, 165, 377, 428, 1035, 1166, 1217; G$_{II}$ 106, 108; J$_I$ 17, *102,*

236, 269, 277, 354, 844, 1199;
J$_{II}$ 1548; K$_{II}$ 278; L$_I$ 232
– hinter dem Schornstein
SK$_{II}$ 371
– mit geschnittenen Steinen
D$_I$ 291
Bilder in den –n A$_I$ 29
Erklärung der – J$_I$ 17, 137
s. a. Bilderbibel, Taschenbibel
Bibel-Erklärer F$_I$ 296
Bibelerklärung G$_{II}$ 231
Bibellesen J$_I$ 102
Bibelträger F$_I$ 229
Biber D$_I$ 335; K$_{II}$ 291; L$_I$ 96
Bibliogenie K$_{II}$ 201
Bibliogonie L$_I$ 6
Bibliothek B$_I$ S. 45; C$_I$ 212;
KA$_{II}$ 257; D$_I$ 224, 256, 286; E$_I$ 355;
F$_I$ 332; J$_I$ 861; L$_I$ 69
– im Narrenhause E$_I$ 245
– in einem Tollhaus D$_I$ 189
–en verwachsen B$_I$ 112, 253
alberne –en E$_I$ 355
Alexandrinische – E$_I$ 355; J$_I$ 354
blaue – J$_I$ 673, 753
Bodleianische – E$_I$ 5
[Göttinger] – B$_I$ 56, 176
kritische –en E$_I$ 335
physikalische –en E$_I$ 338
Beiträge zur klotzigen – B$_I$ 13
Nicolais – F$_I$ 741
s. a. Leih-Bibliotheken
Bibliothekenschreiber E$_I$ 333
witzige – E$_I$ 387
Bibliotheks-Zettul SK$_{II}$ 254
Bibliotheks-Zimmer L$_I$ 691
biblisch J$_I$ 553
–e Geschichten F$_I$ 165
–e Stellen F$_I$ 67
Bicêtre s. Paris
Bickenbach SK$_{II}$ 400
bidental SK$_{II}$ 661
Bidet SK$_{II}$ 802
Biedermann E$_I$ 400
biegsam D$_I$ 491
–e Gewohnheit D$_I$ 610
Biegsamkeit G$_{II}$ 203
– der Muskeln [und] der Gesinnungen D$_I$ 626
Biene GH$_{II}$ 37; J$_I$ 718; SK$_{II}$ 743
– [und] Mensch L$_{II}$ 955, 956
– und Spinne B$_I$ 119

Kasernen der –n J$_I$ 718
s. a. apis
bienenartig
das Bienenartige im Menschen
L$_{II}$ 956
Bienen-Haus A$_{II}$ 224
Bienen Zelle A$_{II}$ 224; D$_I$ 398; E$_I$ *470*;
F$_I$ 191
Bier B$_I$ 49, 176; KA$_{II}$ 199; E$_I$ *1118*;
J$_I$ 182, 1020; J$_{II}$ 1294; SK$_{II}$ 68, 251,
257, 360, 421, 427, 436, 520, 736
warmes – C$_I$ 146
s. a. beer, Doppelbier, englisches
Bier, Germinal-Bier, März-Bier
Bierbank E$_I$ 72, 314
Bierbrauer J$_I$ 1094, *1210*
Bierfiddler KA$_{II}$ 152
Bierkrug
Lauensteiner – D$_I$ 634; Mat I$_{II}$ 164
Bierschild E$_I$ 394
Biertrinken SK$_{II}$ 360
Bigamie L$_I$ 681
Bilanz E$_I$ 285
Bild D$_I$ 119, 212; E$_I$ 390; F$_I$ 731,
1080; G$_{II}$ 127; J$_I$ 295, 373, 532, 568,
819; L$_I$ 195
–er der Einbildungskraft F$_I$ 683
sich –er machen F$_I$ 627, *683*
s. a. Marienbild, Schallbild, Schattenbilder, Sonnenbild
Bildchen L$_I$ 221
Beschreibungen von – D$_I$ 448
s. a. Lackierbildchen
bilden
sich leicht nach allem – B$_I$ 25
Bilderbibel SK$_{II}$ 279
Bilder-Buch der Welt J$_I$ 702
Bilder-Mann SK$_{II}$ 569, 981
bildern D$_I$ 241
bilderreich dichten D$_I$ 395
Bilderschrift für das Ohr A$_I$ 134
Bildhauer E$_I$ 165, 167
Bildhauerkunst B$_I$ 141; RA$_{II}$ 159
bildlich
das Bildliche der Sprache G$_{II}$ 127
Bill B$_I$ 67
Bille C$_I$ 178
Billard F$_I$ 427; J$_{II}$ 1823; L$_{II}$ 741
Billard-Kugel L$_{II}$ 807
Bille C$_I$ 178
Billet SK$_{II}$ 378
– doux J$_I$ 347; Mat II$_{II}$ 7

Billigkeit
  hermeneutische – J_I 1233
Billingsgate B_I 64
  Billingsgate-language D_I 148
Bimsstein J_{II} 1322; L_{II} 848
Bindfaden B_I 185; D_I 149
Biographia J_I 853
  s. a. Autobiographisches, Heautobiographia, Lebensbeschreibung, Selbstbiographie
biographisches Fach J_I 785
Birke C_I 160; E_I *64;* L_I 632
  s. a. Pfingst-Birke
birkener Pinsel D_I 548
Birkenbaum C_I 238
Birkenbesen F_I 165
  s. a. Besen
Birken-Champagner E_I 209
Birkenholz F_I 165
Birmingham C_I 221; RA_{II} 11, 106, 126
Birn K_{II} 411
  –probe K_{II} 411
Bischhausen SK_{II} 665
Bischof [Titel] C_I 160, 171; D_I 444; F_I 631
Bischof [Getränk] B_I 61; F_I 1011; SK_{II} 439, 1001, 1038
Bisektion des Winkels B_I 363
bißchen
  ein bißgen sonderbar E_I 243
Bitten J_I 722
  – [und] Befehle K_{II} 275
bittere Heilkräfte F_I 1051
Bittschrift D_I 3; E_I 19, 58, 164, 245
  – der Wahnsinnigen E_I 53, 58
  – [der] Wörterbücher E_I 19, 28, 164
  Befehl [und] – E_I 164
Blackscheißerei J_I 184
Blame
  unverdiente – K_{II} 60
Blankenburg SK_{II} 707
Blankenburger D_I 611
Blase A_I 109; C_I 220; J_{II} 1972, 2060; SK_{II} 293
  s. a. Gärungs-Bläschen, Kalbs-Blase, Luftblase, Seifen-Blase, Windblase
Blase-Balg J_{II} 1609; SK_{II} 591
Blasröhre
  mit –n schießen D_I 214

blasse Leute F_I 311
Blatt D_I 559
  Blätter im Herbste D_I 559, 610; K_{II} *48;* SK_{II} *542*
  – vermischten Inhalts L_I 425
  Blätter des Unheils D_I 336
  Blätter zum Nutzen eines Sohnes B_I 196
  weißes – E_I 262
  Inhalt einiger Blätter B_I 196
  [Menschen als] Blätter F_I 630
  s. a. Blumenblatt, Bogen, Eichenblatt, Feigenblatt, Herbstblätter, Intelligenzblatt, Käseblatt, Kalender-Blättgen, Kartenblatt, Kleeblätter, Lorbeer-Blatt, Mohnblatt, Oktav-Blatt, Pflanzen-Blatt, Sedez-Blättchen, Titelblatt, Wochenblatt, Zeitungsblatt
Blattern J_{II} 1964; SK_{II} 297, 331, 345, 347, 348, 350, *351, 353*, 355, 357, 911, 996
Blattern-Ausrottung L_I 545
Blatterngift
  adliches – E_I 449; F_I 323
blau A_{II} 196; C_I 122; F_I 34; K_{II} 373; L_I 277
  den Buckel – bemalen D_I 548
  s. a. himmelblau
blauaugig
  eine Blauaugigte heiraten J_I 386
Blauen SK_{II} 811
Blaustrumpf D_I 668; E_I 112
Blech
  zum Gefrieren –e machen SK_{II} 215
Blechschläger J_{II} 1957
Blei KA_{II} 87, 94; J_{II} 1637, 1747, 1783, 1887, 1917, 1919, 1945, 1986, 2161
  – erhitzen H_{II} 187
  – in Gold verwandeln D_I 146
  geschmolzenes – essen L_I 592
  kalte Lötung des –es J_{II} 1608
  s. a. Schnupftabaksblei
Bleibäume J_{II} 2161
bleiben was man ist L_I 577
Bleiche
  die schnelle – J_I 147
bleichen
  gebleichte Hede SK_{II} 379
  gebleichtes Wachs SK_{II} 383
  gebleichtes Werg SK_{II} 372
Bleicherei L_I 616

Bleigewicht J_I 650
Bleihistorie SK_{II} 406
[Bleikalk] Bleikalch J_{II} 1692, 2162
Blei-Prozeß SK_{II} 407
Bleirechnung SK_{II} 668
Bleistift D_I 256, 666
blenden D_{II} 723; F_I 351
Blenheim B_I 124
Blick J_{II} 1430
  der erste – D_I 273
  kleinlicher, aber auch großer – J_{II} 1758
  neue -e F_I 879; J_{II} 1463
  s. a. Apotheker-Blick, Gnadenblick, Sonnenblick
blind D_I 639, 641, 773; F_I 1043, 1157
  – werden H_{II} 76
Blinde KA_{II} *88;* D_I 300; E_I 318; F_I 1209; J_I 219
Blinder [und] Lahmer E_I 385; L_I 29
Blindgeborner D_I 170, 296, 395; F_I 1209; J_{II} 1664
Blindheit D_I 635; F_I 493
Blitz C_I 32, 296; KA_{II} 24; D_I 168; F_I 99, 109, 125, 148, 714, *1172;* GH_{II} 59; J_{II} 1575, 1633; L_I 3; L_{II} 733, 739, 756, 907; SK_{II} 231, 675, 951
  – des Elektrophors F_I 695
  –e von der Erde aufwärts L_{II} 896
  – eines Impromptu F_I 750
  – durch den Kopf SK_{II} 411
  – der Überzeugung F_I 1008
  Licht des –es A_{II} 177
  s. a. Primus-Blitz
Blitzableiter F_I 1013; J_I 105; J_{II} *1561;* L_I 67, 550; UB_{II} *71;* SK_{II} 669
  Flöre an die – hängen J_I 396
  s. a. Gewitter-Ableiter, Hofblitzableiter
Blitzableitung L_I 424
blitzen E_I 111, 189; K_{II} 76; L_{II} 806
Blitz-Franzose B_I 200
blitztrunken F_I 65
Blizzard SK_{II} 377
Blocksberg E_I 522; L_I 548
  s. a. Brocken
Blödsichtigkeit der Bewunderer J_I 522
Blödsinn
  philosophischer – L_I 395
blödsinnig D_I 503

Blöken des Kindes F_I 520
bloods E_I 108
blühen F_I 523
Blüte J_I 658, 738; SK_{II} 321, 469, 470, 476
  s. a. Bohnen-Blüte
Blüten-Geruch SK_{II} 466
Blüten-Gesumse SK_{II} 160
Blütenschnee F_I 994; SK_{II} 469, 476
Blume KA_{II} 215; F_I 523, 1025; J_I 397
  – aus Herbstblättern K_{II} 48; SK_{II} 542
  das Phosphoreszieren einiger –n J_{II} 1255
Blumenblatt K_{II} 250; MH_{II} 5
Blumenfesseln B_I 380
Blumen-Infusion SK_{II} 69
Blumen-Körbchen J_I 1034
Blumenstaub KA_{II} 73
Blut B_I 42; D_I 610; E_I 334, 335, 439; F_I 282; Mat II_{II} 39
  – sehen E_I 75, 121; F_I 779
  – nach einer Prügelei J_I 334
  anonymisches – J_I 1102
  dickes – B_I 380
  schwarzes – E_I 439
  auf das – würken D_I 337
  Abkühlung des –es F_I 198
  katarrhalische Aufwallungen des –s D_I 571
  Bewegung des –es J_I 1225
  Fleisch und – C_I *184;* KA_{II} 263
  Schweiß [und] – E_I 131, 161, 264
blutdürstig schlagen F_I 1001; Mat II_{II} 5, 14
Bluthochzeit D_I 583; J_I 406
Blutkügelchen D_I 418
Blutsfreundschaft D_I 445
Blutvergießen J_I 125
Bochnia J_{II} 2069
Boden F_I 309; G_{II} 167
  – bearbeiten L_I 593
  auf einem schlechten – wachsen C_I 209
  s. a. Resonanz-Boden
Böhmen F_I 407
Böotien D_I 416, 610; E_I 90, 157, 228; L_I 68
böotisch
  –er Dialekt E_I 157, 245
  –e Festtags-Prose E_I 209
Börsen-Geschäft J_I 742

Börsen-Geschrei J_I 128
Börsengesumse K_{II} 274
böse
 – Tat F_I 479, 481
 das Böse D_I 182; K_{II} 254
 der Böse F_I 165
 die Bösen F_I 481
 Böses J_I 628
 Böses [und] Gutes J_I 254
 Böses tun F_I 809; L_I 9
 etwas angenehm Böses tun J_I 150
 Urheber des Bösen F_I 78
Bösewicht B_I 246; F_I 730, 1138; J_I 1203; L_I 3
 angebetete –er D_I 22
bœuf la mode SK_{II} 590
Boessonus F_I 165
Bogen [Teil einer Kurve] J_{II} 1558
Bogen [Waffe]
 – und Pfeile schnitzen J_I 759
 Mädgen gewachsen wie ein – B_I 82
Bogen [Papier] B_I 16, 92, 136; KA_{II} 175; E_I 179, 320; J_I 308; Mat I$_{II}$ 158, 159 SK_{II} 275
 – wiegen J_{II} 1461
 weißer [und bedruckter] – E_I 312
Bogen [mathemat. Begriff]
 Regeln des geschriebenen –s F_I 670
 unendlich kleiner – E_I 387
 s. a. Bausch und Bogen, Zirkel-Bogen
Bohne D_{II} 682; SK_{II} 140
 keine –n essen J_I 1010
 s. a. Fitzbohne, Veits-Bohne
Bohnenblättchen SK_{II} 86
Bohnen-Blüte L_I 215
[Bohnenflöckchen] Bohnenflöckgen D_I 30, 668
Bolabola J_I 16
Bologneser Flasche J_I 30; SK_{II} 607
Bolzena J_{II} 1320
Bombast F_I 515, 1129, 1166
Bombastkollerer D_I 56
Bombay J_I 968
Bombe J_{II} 2137
Bomde TB_{II} 1
bon
 – mot J_{II} 1671
 – sens B_I 176; F_I 56
Bondstreet s. London
bononiensisch A_{II} 220

Bononiensischer Stein A_{II} 220; C_I 305; D_{II} 687, *771*; J_{II} 1816
booby SK_{II} 223, 249
Boot J_{II} 1351
Bordell
 Phantasie-Bordell L_I 633
bordierter Sommerhut E_I 267
borgen
 lesen heißt – F_I 7
 geborgte Ideen E_I 104
Borstorf UB_{II} 58
Bortenhut B_I 171; Mat I$_{II}$ 144; Mat II$_{II}$ 17
 erster – Mat II$_{II}$ 103, 171; Mat II$_{II}$ 50
Bosheit F_I 511, 1020; J_I 741
Bossierer J_{II} 1484
Boston D_I 610; F_I 538; J_I 1228; RA_{II} 33
Bostonianer D_I 610
botanisieren J_{II} 1633
Boudeuse D_I 442
Bougre
 Socrate le Saint – L_I 91
Bourbon
 Bad zu – C_I 136
Bouteille B_I 245, 255, 259, 347, 360; D_I 61; J_I 509, 547; K_{II} 127
 – mit Wasser KA_{II} 44
 jenseit der – B_I 77; C_I 209
 s. a. Champagner-Bouteille, Wahrsager-Bouteille, Wein-Bouteille
Bovenden J_I 797; Mat I$_{II}$157; SK_{II} 56, 78, 148, 207, 208, 222, 335, 348, 350, 381, 454, 477, 1031, 1042
bowl of punch B_I 174; C_I *86*; D_I *214*
Brabander Spitze F_I 277
Brachialnerven J_{II} 2159
Brachmane KA_{II} 11
Brach-Wirtschaft L_I 242
Brachystochronae A_{II} 211, 213
Bräutigam H_{II} 87; L_I 82, 84
 s. a. Brautigam
Bramarbas
 zwei Arten von – F_I 1158
Brandeburg
 Mark – J_I 333
Brandenburgisch D_I 562
Brand-Stern K_I 19
Branntwein J_I 708; J_{II} 2019
 kein Fünkchen – J_I 494
 Obergeneral – UB_{II} 46

Branntwein-Bächlein GH$_{II}$ 48
Brannteweinbrennen C$_I$ 152
– aus Sperlingen J$_I$ 157
Brannteweinbrenner J$_I$ 1210
Branntweinschenk L$_I$ 213
Branntweintrinken J$_I$ 1150, 1180
Brasilianer SK$_{II}$ 374
brasilianisch KA$_{II}$ 213; RA$_{II}$ 96
brass E$_I$ 382
Braten
 kalter – L$_I$ 592
 verbrannte Bücher [und] ver-
  brannte – J$_I$ 328
 s. a. Kälberbraten, Teufelsbraten
Bratenwender D$_{II}$ 757, 762; E$_I$ 234;
 F$_I$ 595; J$_I$ 1228; Mat I$_{II}$ 3
 s. a. Kloster-Bratenwender
Bratwurst F$_I$ 604
 Königsbergische – L$_I$ 196
Brau-Kessel J$_I$ 1020
Braunkohl und Rheinwein D$_I$ 610
Braunschweig C$_I$ 203; J$_I$ 577, 900;
 L$_I$ S. 850; SK$_{II}$ 89, 102, 127, 308,
 348, 349, 359, 682
Braunschweigisch KA$_{II}$ 152, 170;
 J$_I$ 844, 1021, 1025, 1098, 1250
Braunstein J$_{II}$ 1830, 2136; SK$_{II}$ 294
Brausen
 – des Genies E$_I$ 109, 258, 504, *506*
 – im Kopfe SK$_{II}$ 983, 1007
 – in den Ohren SK$_{II}$ 526
Braut H$_{II}$ 87; L$_I$ 82, 134
Brauthemd J$_I$ 149
Brautigam SK 684
 s. a. Bräutigam
Brèche
 gegen eine – marschieren B$_I$ 350
brechende Mittel C$_I$ 304; D$_I$ 54
Brechmittel KA$_{II}$ 125
Brechung J$_{II}$ *1355*, 1931, *1937*, *1938*,
 1943, 1944, 2081, *2086*, *2166*
 s. a. Farben-Brechung, Lichtbrechung
Brechungs-Gesetz J$_{II}$ 1908, 1943
breeches SK$_{II}$ 247
Brei Mat I$_{II}$ 30
Breihan D$_I$ 61
breit B$_I$ 49
 –e Stirn und Schultern D$_I$ 187
 so – als ein Aber D$_I$ 209
 für einen einzigen Platz zu – werden B$_I$ 253

Breitengrad
 jenseits des 48ten Grades der Breite
 E$_I$ 108
Bremen C$_I$ 80, 89, 315; SK$_{II}$ 434,
 561, 663, 1037
Bremisches Wörterbuch D$_I$ 668
Brenn-Eisen J$_I$ 832
brennen F$_I$ 922; J$_{II}$ 1670
Brennglas A$_{II}$ 230; J$_{II}$ 1515, 2007;
 L$_{II}$ 755
Brennpunkt konvexer Gläser E$_I$ 169
Brennspiegel A$_{II}$ 177; J$_{II}$ 1906; L$_I$ 268;
 L$_{II}$ 800
Bresche s. Brèche
Breslau KA$_{II}$ 217; C$_I$ 203; F$_I$ S. 644
Breslauer SK$_{II}$ 752
Bretagne F$_I$ 46
Bridewell E$_I$ 120
Brief B$_I$ 256; C$_I$ 306; F$_I$ 1143, 1195;
 H$_{II}$ 79; J$_I$ 92, 1200; L$_I$ 169, 424
 –e kopieren J$_I$ 219
 –e unterschlagen J$_I$ 905
 – der Dienstmägden E$_I$ 323
 – an einen guten Freund C$_I$ 195
 –e an Freunde E$_I$ 419
 –e an Jedermann J$_{II}$ 1632
 –e in Knoten schicken B$_I$ 173
 – an einen Sohn C$_I$ 172
 poetischer – C$_I$ 240
 unversiegelter – J$_I$ 200
 versiegelter – C$_I$ *306*; G$_{II}$ *220*
 zu Erfurt gefundener – B$_I$ 16
 mit Kaffee [bzw.] Blut geschriebener – F$_I$ 282
 Rede [und] – A$_I$ 21
 Sinn zu einem – L$_I$ 158
 s. a. Adelsbrief, Bettelbrief, Kredit-
  Briefchen, Steckbrief
Brief-Taube J$_I$ 347
Briefträger SK$_{II}$ 381
Briefwechsel J$_I$ 92
Brillanten J$_{II}$ 1581
Brille J$_I$ 198, 671; L$_I$ 401
 –n für die Seelenkräfte K$_{II}$ 96
bringen
 Geld – UB$_{II}$ 4
Britain E$_I$ 38
Briten B$_I$ 407; F$_I$ 606
 s. a. Engländer
britisch F$_I$ 1123; J$_I$ 477, 478, 820,
 1031; RA$_{II}$ 87, 118
Britische Annalen SK$_{II}$ 659

Britischer Senat J$_I$ 210
british trade B$_I$ 419
s. a. englisch
Brocade B$_I$ 180
Brocken F$_I$ S. 457; J$_I$ 768; L$_I$ 923
s. a. Blocksberg
Brod B$_I$ 81, 87; SK$_{II}$ 442
- aufheben F$_I$ 416
- und Ehre B$_I$ 145; D$_I$ 124
- [und] Ruhm D$_I$ 370; Mat I$_{II}$ 73
- und Spiele J$_I$ *1103*
- und Steine J$_I$ 1050, *1051*
- und Unsterblichkeit D$_I$ 166
ums – schreiben D$_I$ 264
s. a. Butterbrod, Milchbrot, Musenbrot, Zuckerbrod
Brodfrucht E$_I$ 450; L$_I$ 398; SK$_{II}$ 641
Brodfruchtbaum L$_I$ 628
Brodkuchen SK$_{II}$ 575
Brosam E$_I$ 313
Brot s. Brod
Bruch
  Brüche von Gedanken F$_I$ 566
  Brüche des Gehirns F$_I$ 262
  Rechnungen mit Brüchen A$_{II}$ 159
  Satz mit einem – multiplizieren D$_I$ 466
Bruchform J$_{II}$ 1616
Bruchschneider Mat I$_{II}$ 92
Bruder
  meine Brüder B$_I$ 257
  s. a. Betbruder, Mitbruder, Stiefbruder
Bruder Naumburger D$_I$ 382, 481
Brüder-Naumburger E$_I$ 31
das Bruder-Naumburgische E$_I$ 189
Bruderliebe J$_I$ 1192
Brücke B$_I$ 124; E$_I$ 517; F$_I$ 309, 866; L$_{II}$ 805, 811, 836
  fliegende – RA$_{II}$ 94
  s. a. Schäferbrücke
Brückenpfeiler J$_I$ 302
brüderlich
  saufbrüderlich B$_I$ 415
brütend aussehen E$_I$ 506
  s. a. hinbrüten
Brugg F$_I$ 1053
bruit
  il n'y a point de – B$_I$ 207
brummen E$_I$ 103; SK$_{II}$ 398
  den Baß – E$_I$ 62

Brummerin
  gutherzige – D$_I$ 442
Brunnen L$_I$ 190
  Driburger – SK$_{II}$ 45, 166, 786
  s. a. Gesundheitbrunnen
Brunnen-Gesellschaft F$_I$ 631
Brunnenkurort G$_{II}$ 192; K$_{II}$ *262*
Brunnen-Zeit L$_I$ 228
Brunst KA$_{II}$ 63
Brust E$_I$ 239; J$_I$ 29; L$_I$ 599
  erhabne – TB$_{II}$ 29
  aus offner – schreiben F$_I$ 785
  Stechen auf der – SK$_{II}$ 1028
  s. a. barbrust, Schnürbrust
Brustkuchen E$_I$ 152
Brustwassersucht J$_I$ 223; J$_{II}$ 1397
Bube F$_I$ 500; J$_I$ 377
  böse –n G$_{II}$ 172
  gute –n G$_{II}$ 172
  s. a. Gassen-Bub, Junge, Spitzbube
Buch B$_I$ 15, 22, 41, 52, 81, 86, 131, 145, 204, 278, 321; C$_I$ 231, 233; D$_I$ 55, 123, 124, 214, 215, 262, 366, 611, 632; E$_I$ 5, 58, 66, 79, 96, 130, 151, 173, 197, 215, 222, 224–226, 232, 235, 245, 251, 255, 257, 307, 311, 320, 329, 335, 380, 447; F$_I$ 2, 5, 10, 92, 93, 112, 130, 135, 136, 330, 371, 375, 378, 734, 860, 942, 1073; G$_{II}$ 2, 113, 152, 160, 173, 205, 209, 211, 214; H$_{II}$ 54, 57, 58, 148; J$_I$ 26, 50, 101, 275, 524, 868, 886, 917, 1073, 1159; J$_{II}$ 1559, 1855, 2070; K$_{II}$ 104, 172, 191, 192, 201, 223; L$_I$ 6, 311, 475, 561, 624, 699; MH$_{II}$ 3; RA$_{II}$ 31, 100, 127
Bücher abkürzen E$_I$ 434
Bücher absetzen D$_I$ 402
Bücher anschaffen E$_I$ 455
Bücher anschließen E$_I$ 5
- ausdreschen J$_I$ 185
Bücher beurteilen G$_{II}$ 173
Bücher binden F$_I$ 135; K$_{II}$ 172
Bücher brennen E$_I$ 309; F$_I$ 234, 330
Bücher dreschen J$_I$ 376; L$_I$ 679
Bücher drucken lassen K$_{II}$ 52, 172
Bücher durchlesen B$_I$ S. 45
- halten über F$_I$ 734; L$_I$ 79
Bücher lesen K$_I$ 172
Bücher rezensieren D$_I$ 498; G$_{II}$ *173;* J$_I$ 46, *195;* K$_{II}$ 172
Bücher in die Welt schicken J$_I$ 253

Bücher schreiben B₁ 131, 132, 208, 284, 300; D₁ 448, 541, 542; D₁₁ 769; F₁ 135, 421; J₁ 26, 332; K₁₁ 172, 186
Bücher aus Büchern schreiben D₁ 541
– sichten J₁ 376; L₁ 679
– verbrennen F₁ *119;* J₁ 354
– worfeln J₁ 376; L₁ *679*
Bücher zitieren B₁ 59
Bücher über Bildchen D₁ 448
Bücher von Büchern D₁ 204, 205
– [mit] messingnen Ecken und Krappen D₁ *534,* 611; E₁ 257
Bücher statt Geld [bei Auktionen] B₁ 235
– [und] Kalfatern K₁₁ 223
– [eines Kindes] G₁₁ 213
– und Kopf D₁ 399; E₁ 104; UB₁₁ 43
Bücher in einem Narrenhause E₁ 245
– der Natur D₁ 159
Bücher [und] Natur E₁ 329
– [mit] weißem Papier F₁ 513; J₁ 1073
– ein Spiegel E₁ 215
Bücher von Stümpern D₁ 506
– von der Tanz-Kunst B₁ 28
– [und] Titel L₁ 626
– ohne Witz D₁ 79
– [und] Wort C₁ 209; E₁ 245
alchymistische Bücher L₁ 335
bayrisches – F₁ 1049
in Büchern blättern H₁₁ 173
zu – bringen D₁ 541; E₁ 162, 380; F₁ 3
gutes – D₁ 425, *611;* E₁ 129, 197, 387; F₁ 2, 860; K₁₁ 189, 196
kühlendes, weltliches – D₁ 106
langes – Mat I₁₁ 28
merkwürdiges und lesenswertes – L₁ 295
sehr nette Bücher J₁ 170
neugeborne Bücher J₁ 854
philosophisches – B₁ 92
zu Schanden rezensiertes – K₁₁ 232
rotes – J₁ 586; J₁₁ 1652, 1660
schlechtes – D₁ 376, 425; F₁ 2; J₁ 274, 674, 1157; K₁₁ 196
schmutziges – D₁ 519
schwedisches – B₁ 122
alte Bücher studieren H₁₁ 56

unnützeste Bücher J₁ 354
verbotenes – D₁ 339; G₁₁ 150
verbrannte Bücher [bzw.] verbrannte Braten J₁ 328
Bücher verkaufen K₁₁ 172
verlorne Bücher E₁ 355
[zehntes] – F₁ 178
ein Ballen Bücher D₁ 611
Entstehung des –s K₁₁ 201
Ewigkeit des –es D₁ 372
Gefühl [und] – F₁ 500
die Geschichte schließt ihre Bücher D₁ 611, 653; E₁ 62
Grabsteine für Bücher F₁ 543
Kriege gegen Bücher führen F₁ 330
Lavaters – F₁ 698, 703
Leichenpredigten auf Bücher K₁₁ 191
leute mit Büchern B₁ 239
Spiritus rector in einem – E₁ 50
Stammbaum [eines] –s F₁ 371
Superiorität im – J₁₁ 1855
Titel des letzten –es U₁₁ 39
Trieb Bücher zu zeugen B₁ 204
Umgang mit Büchern B₁ 145
Bücher [als] Ware K₁₁ 172
Wert der Bücher E₁ 58
Winke zu ganzen Büchern D₁ 313
Worte machen Bücher C₁ 209
Würkung eines –s B₁ 41; E₁ 129
Zirkel in welchem ein – gelten soll B₁ 114
s. a. Band, Büchelchen, Foliant, Gedankenbuch, Gesangbuch, Geschichtsbuch, Gesetzbuch, Glaubens-Codex, Hauptbuch, Hausbuch, Hilfsbüchlein, Hudelbuch, Kalender-Buch, Klitterbuch, Lehrbuch, Not-Büchlein, Postille, Rechenbuch, Scharteke, Schrift, Schuldbuch, Sechs-Groschen-Büchelchen, Späh-Büchelchen, Stammbuch, Sudelbuch, Taschenbuch, Werk
Buchbinder B₁ 92, 93; D₁ 372; L₁ 397
Buchdrucker-Buchstabe J₁ 964
Buchdruckerei F₁ 439; G₁₁ 151; GH₁₁ 80; J₁ 1035; L₁ 154, 517
Buchdruckerkunst L₁ 92, 154, 667
Buchdruckerstock B₁ 10, 200; J₁ 887, 890
Buche L₁ 632

Buchenholz
 Büchen-Holz in Eichen verwandeln D₁ 146
Buchhandel
 Mittelpunkt des – B₁ 185
Buchhändler B₁ 416; E₁ 137, 241; G_{II} 107; J₁ 346, 868; L₁ 354
buchhalten
 nach der italiänischen Art – E₁ 46
Buchhalter J₁ 1013
Buchmensch F₁ 113
Buchsbaum L₁ 623
Buchstabe B₁ 173; D₁ 610; F₁ 844
 s. a. Anfangsbuchstabe, Buchdrukker-Buchstabe
Buchstaben-Männchen
 – und -Weibchen D₁ 417
Buchstabenrechenkunst A₁ 103
Buchstabierstall D₁ 57
Buckel D₁ 520
 – blau bemalen D₁ 548
 – durchbläuen lassen L₁ 263
 Wahrheit mit [dem] Galgen auf dem – E₁ 209, 227
buckelig
 Bucklichte F₁ 712
Büchelchen C₁ 209; E₁ 245, 249, 251, 368; F₁ 239; J₁ 752
 – bestreichen lassen E₁ 259, 368
 – als Spiegel D₁ 617
 – an einer Uhrkette D₁ 433
Bücher-Beet J₁ 868
Bücherform F₁ 184
Bücher-Gelehrsamkeit F₁ 216
Bücher-Legge
 Linnen- [und] Bücher-Legge J₁ 1217
Büchermann D₁ 593
Bücher-Rezensent
 mutwillige –en D₁ 416
Bücherschrank D₁ 509, 528
Bücherschreiberei
 Ausrottung der – L₁ 545
Bücherschreiben B₁ 132, 284, 300; F₁ 421; H_{II} 58; K_{II} 172
[Büchertitel] Büchertitul D₁ 122; F₁ 201
 gut erfundner – L₁ 626
Büchertitul-Kenntnis F₁ 153
Bücherverzeichnis E₁ 245
Bücherwelt K_{II} 75

Büchse der Pandora L₁ 398
 s. a. Nessel-Samen-büchse, Sandbüchse, Schnupftabaks-Dose, Sparbüchse, Windbüchse
Büchsenschäfter SK_{II} 204
Büchsenschuß RT_{II} 13
Büchsenspanner L₁ 422
Bückenburg C₁ 199; D_{II} 675, 748; TB_{II} 29; SK_{II} 1012
Büet F₁ 409
Bühne C₁ 75; E₁ 209, 254; F₁ 142, 631; J₁ 312
 s. a. Schaubühne
bümmeln D₁ 433
Bündel B₁ 119
Bürger D₁ 321; E₁ 267; J₁ 1194; SK_{II} 351
 s. a. Mitbürger, Mondbürger, Staatsbürger, Weltbürger
bürgerlich D₁ 591; J₁ 910
 –e Verträge J₁ 633
 Maximum der –en Glückseligkeit D₁ 77
Bürgermeister s. Burgemeister, Burmester
Bürgerstand
 in den – erheben C₁ 256; D₁ 88; E₁ 209
Bürschchen s. Pürschgen
bürsten F₁ 141
Büschel von Ursachen J₁ 1024
Büste J₁ *818*
 – aus Makulatur D₁ 578
 bepurpurte – L₁ 452
 Kabinett von –n E₁ 247
Bützow F₁ 460; SK_{II} 852
Buhlschwester
 Buhl- und Betschwestern E₁ 448
Bulle F₁ 110
 den –n spielen D₁ 592
Bullenbeißer E₁ 132
Bumpernickel SK_{II} 933
Bunbury D_{II} 751
Bund SK_{II} 815
Bundes-Lade L₁ 268
bunt
 –er Näpp SK_{II} 938
 –er Prahler D₁ 297; E₁ 259
Buoch L₁ 373
Burgemeister
 deutsche – E₁ 209
Burgunder SK_{II} 835

burlesk
  etwas Burlesques recht ausrichten
    J_I 23
Burmester C_I 84
Bursche s. Pursch
burschikos s. purschikos
Burton [Bier] F_I S. 642
Burztag SK_{II} 521, 596
  s. a. Geburtstag
Buschmann J_I 64
Busen B_I 17, 82; F_I 299; H_{II} 84
  in seinen eignen – greifen F_I 348;
    J_I 92, 191
busts J_I 818
Buße
  Kirchenbuße E_I 157
Bußtag SK_{II} 384, 945
Butler B_I 49
Butter J_I 607
  – à l'enfant Jesus J_I 1248
Butterbrot D_I 69, 167; E_I 279; J_I 547; L_I 504; MH_{II} 15; SK_{II} 54, 71, 835
Buttervögel B_I 336
Butterweck K_{II} 205
Buxtehude L_I 564

Ça ira L_I 680
Cabillaux J_I 201
Cabinet s. Kabinett
Cabrioletchen L_I 489
Cacalibri D_I 557; F_I 117, 129, 140;
    $Mat I_{II}$ 106
Cänographie G_{II} 35
Cakan KA_{II} 107
Calais J_{II} 361
  Pas de – H_{II} 124
Caland E_I 444
Calcination KA_{II} 94; J_{II} 1772; K_{II} 322
Calcul A_I 27; J_I 393; L_{II} 866
  mathematischer – J_I 2
  philosophischer – C_I 142
Calenberger K_{II} 252
Callao C_I 203; D_{II} 716
Calorique K_{II} 408
Cambridge B_I S. 45; D_I 639, 643;
    RA_{II} 6, 177
Camera obscura A_{II} 220; KA_{II} 260;
    D_{II} 687, 739
Camera obscura-Gemälde D_{II} 771
Campus J_{II} 1623
Canaille D_I 667

Canapee SK_{II} 135, 149
  Gegickel eines –s D_I 427
Canterbury H_{II} 134; RA_{II} 11, 108
Canton J_I 685
Cantzleystiel s. Kanzleistil
Cape Horn D_{II} 692
Caprice A_I 119
Caput
  capita jugata J_I 977
  – mortum B_I 128, 136
Capwein $Mat II_{II}$ 15
Carcer SK_{II} 301
Cardington F_I S. 458
caressieren L_I 376
care take – MH_{II} 20
Carlisle RA_{II} 164
Carlota F_I 1233
Carslbad SK_{II} 664
Carmen L_I 143, 144
Carolina
  La – F_I 1233
Carriole SK_{II} 109
Carroussel SK_{II} 499
Cartesianisch A_{II} 229
  –er Teufel J_{II} 1287, 1535; K_{II} 401;
    UB_{II} 75
Cartesius Maß A_{II} 176
Casale J_I 928
Caspian Sea B_I 419
Cassamünze SK_{II} 246
  s. a. Kassenmünze
casus SK_{II} 1031
  – declinationum $Mat I_{II}$ 92
  casum setzen B_I 196
Catalogus librorum prohibitorum
    J_I 1048
  Katalogus von verbotenen Büchern
    G_{II} 150
  s. a. Meß-Catalogus
Catania C_I 163
Catches B_I S. 152
Catelnburg SK_{II} 59
Caviar KA_{II} 15
Cayenne F_I 195
  Cayennischer Pfeffer L_I 592
celer L_I 62
Celle E_I 53, 104, 499
  – Tollhaus F_I 368
Cerebellum E_I 147
ceteris paribus D_I 79; J_{II} 1281
ch
  das Schweizerische – E_I 108

Chaise A_II 234
- percée J_I 1146
s. a. Halbchaischen
Chaldäisch KA_II 120; D_I 562
Chamäleon
Fuchs und – D_I 463; E_I 250
Chamäleonism
Welt von – F_I 819
Champagner B_I 41, 61
s. a. Birken-Champagner
Champagner-Bouteille D_I 104
Champignon RA_II 57
Chaos D_I 636; J_I 850
- is come again F_I 1057
Chaos-Mischer F_I 737
Chapeaubas-Hüte UB_II 49
Charakter A_I 47, 96; B_I 133, 158, 409; C_I 180; KA_II 274; D_I 561; D_II 686; E_I 400, 402, 494; F_I 9, 101, 311, 493, 498, 683, 701, 730, 804, 835, 1137; G_II 67; J_I 615, 630, 634, 715, 800, 967; K_II 29, 47, 89, 117, 118; MH_II 7; UB_II 55; TB_II *23*
- malen L_I 462
-e sammeln B_I 391
- von Bekannten KA_II 287
- der Deutschen B_I *30;* E_I 354; Mat I_II *31*
- der Engländer D_I *588,* 596; E_I 68; RA_II *23, 42*
- des Franzosen J_I *1218*
- eines Geschichtsschreibers E_I 389
- [und] Gesicht F_I 694, 697, 1137; L_I *462;* UB_II *48,* 55
- für eine Komödie H_II 71
-e der Natur und der Sitten J_I 807
- einer mir bekannten Person B_I 81
- hiesiger Professoren J_I 800
-e fürs Theater E_I 400
abscheulicher – F_I 809
deutsche – D_I 214; E_I 154, 254
dichterische -e F_I *291*
empirischer und intelligibler – J_I 1173
gemeiner – E_I 267, 396; F_I 118
herrlicher – J_I 271
keinen – haben G_II *188*
lustiger – G_II 158
männlicher – RA_II 127
mein – B_I 257

muntere -e K_II 178
natürlicher – B_I 138
Deuten der -e E_I 156
Gang [und] – B_I 125
Knochengebäude des -s G_II 60
Physiognomien [und] -e F_I 1041; UB_II *48*
Träume [und] – A_I 33
Zeichen [des] -s E_I 426
s. a. Favorit-Charakter, National-Charakter, Original-Charakter, Studenten-Charakter
Charaktereigenschaft
Gruppierung der -en B_I *151*
Charakteristik A_I 59; KA_II 325
- [der] Schriftsteller B_I 59
allgemeine – A_I 3, 47; F_I 838
Charakteristica universalis A_I 12
s. a. Seelen-Charakteristik
Charaktersystem J_I 967
Charta suggestionis J_I 1061
Charitin B_I 380
charmant D_I 493
Charte s. Karte
Charteque s. Scharteke
Charybdis C_I 168; J_I 838
Chaussee J_I 654, 691; J_II 1633
Chek le arrus F_I 381
Chemie E_I 509; J_I 860, 1222; J_II 1370, 1371, 1374, 1377, 1484, 1575, 1593, 1705, 1717, 1776, 1777, 1971, 2028, *2061, 2063, 2064, 2080, 2117, 2128;* K_I 19; K_II 323, 326, 328; L_I *437;* L_II *711, 714,* 755, 859, 932, *957,* 962, 971
Chemia comparata L_II *711,* 737
antiphlogistische – J_II 1767, 2062; K_II 336; L_I 676
französische – J_I 1214; J_II 1691, 1746; SK_II 589
Chemiker J_II 1682, 2148; K_II 334
chemisch J_II 2061; K_II 323
-e Arbeiten J_II 1156
-es System J_I 967
-e Zerlegung J_I 967
das Hyperchemische J_II 2061
Chemnitz SK_II 755, 759, 865, 893, 910, 941
Chenius K_II 280
Cherub mit einem Affenkopf E_I 295
Cherubims-Kopf J_I 160
Cherubs-Fältchen L_I 688

Chester RA$_{II}$ 124
Chesterfield A$_I$ 551
Chicane J$_I$ 1233
Chichester RA$_{II}$ 13
children are made here C$_I$ 80
Chimborasso J$_I$ 536
China Ka$_{II}$ 111, 179; D$_I$ 52; F$_I$ 34;
  RA$_{II}$ 18, 152, 154; SK$_{II}$ 456, 942
  Sinismus G$_{II}$ 83
Chine [Heilmittel] SK$_{II}$ 456, 942
Chinesen KA$_{II}$ 43, 109, 110; B$_I$ 122,
  412; C$_I$ 194; D$_I$ 653; F$_I$ 827, 848,
  1216; L$_I$ 278, 353, 398; L$_{II}$ 820, 822;
  RA$_{II}$ 18, 153, 168, 178
chinesisch B$_I$ 122; F$_I$ 827; J$_I$ 867;
  RA$_{II}$ 152, 200
  –e Eifersucht B$_I$ 122
  –er Kaiser J$_I$ 867
  –e Küste F$_I$ 34
  –e Mauer B$_I$ 411
  –e Minister D$_I$ 373
  –e Sprache B$_I$ 122
  –er Stillstand C$_I$ 194
  –e Zeichen B$_I$ 69
  s. a. Pekingsche Journalisten
chink SK$_{II}$ 807
Chirurgus
  preußischer Oberfeld-Chirurgus
  SK$_{II}$ 763
Chocolade s. Schokolade
choleric man D$_I$ 622
Chophaus E$_I$ 265
Chor von Interjektionen Mat II$_{II}$ 16
Chorioïdea KA$_{II}$ 255; J$_{II}$ 1906
Chrestomathia B$_I$ 200
Chric B$_I$ 95
Christ KA$_{II}$ 85, 108, 189; D$_I$ 112;
  H$_{II}$ 131; K$_{II}$ 234; L$_I$ 661
  – [und] Jude C$_I$ 39; D$_I$ 539; J$_I$ 687,
  696
  –en und Non-Christen C$_I$ 201
  –en [und] Türken C$_I$ 187
  biblisch-katholischer – J$_I$ 18
  guter – E$_I$ 65; F$_I$ 348
  heiliger – L$_I$ 136
  spanischer – D$_I$ 389
  wahre –en L$_I$ 194
  s. a. Metaphern-Christ, Non-
  Christ, Schurzfell-Christ, Christianer
Christendruck L$_I$ 593

Christentum E$_I$ 131; J$_I$ 504, 651
  wahres – L$_I$ 194
Christ-Gärtchen J$_I$ 872
Christ-Glocke
  heilige – F$_I$ 632
Christianer H$_{II}$ 131
Christkind
  liebes –gen F$_I$ 659
christlich L$_I$ 440
  –e Gesinnungen J$_I$ 733
  –e Götterhistorie C$_I$ 198
  –er Künstler B$_I$ 141
  –es Leben E$_I$ 489
  –e Liebe J$_I$ 406
  –e Moral J$_I$ 228; G$_{II}$ 59
  –e Religion D$_I$ 661; E$_I$ 387; F$_I$ 333,
  348, 443; G$_{II}$ 238; J$_I$ 235, 651, 1044;
  K$_{II}$ 73, 159; L$_I$ 275, 429
  das Christliche H$_{II}$ 26
  die Christlichen J$_I$ 358
Christenheit L$_I$ 27
Christokratie K$_I$ 16
Christus-Gesicht E$_I$ 429, 489
Christ-Ware
  heilige – D$_I$ 402
Chronometer SK$_{II}$ 654
chronostichische Absicht F$_I$ 469
Chucksand [Chicksand] RA$_{II}$ 84
Chylus
  moralischer – B$_I$ 284
Cicisbeat H$_{II}$ 134
Cicisbeo B$_I$ 180; H$_{II}$ *134*
  – der Justiz B$_I$ 225
  – der Musen F$_I$ 263
Cintra L$_I$ 373
Cirencester B$_I$ S. 152
Cis-judäische Religion L$_I$ 393
cisleinanisch E$_I$ 80, 267; L$_I$ 393
city D$_{II}$ 755; E$_I$ 68
Claps J$_I$ 419
Clausberg SK$_{II}$ 174, 339
  – Kirche SK$_{II}$ 482
Clausthal J$_{II}$ 1297; SK$_{II}$ 261
Clavecin B$_I$ 97; KA$_{II}$ 152
Cliffden [Cliveden] RT$_{II}$ 9
Clophill E$_I$ 68
Closterberg B$_I$ 152
Club F$_I$ 1; SK$_{II}$ 1009, 1044
  s. a. Frauenzimmer-Club, Kegel-
  Club, Rezensenten-Club, Wein-
  Club
Clubbist SK$_{II}$ 513

Clyto und Clytunculus C$_I$ 176
coccinella septempunctata L$_I$ 567
Coccum americanum KA$_{II}$ 216
Cochenille KA$_{II}$ 216; J$_I$ 82
Cochinchina J$_I$ 1147
cockett s. coquet
Cockney RA$_{II}$ 131
Cœur-Dame B$_I$ 17
cogito, ergo sum J$_I$ 379, 380
Colchester TB$_{II}$1; RA$_{II}$ 59
Col du géant GH$_{II}$ 26
Colleg [bzw.] Collegium D$_I$ 549;
  H$_{II}$ 91; J$_I$ 1194; SK$_{II}$ 79, 82, 92, 109,
  129, 130, 180, 185, 188, 189, 203,
  221, 224, 228, 230, 232, 235, 237,
  238, 247, 249, 251, 255, 268, 276,
  280, 285, *290*, *295*, 303, 306, *316*,
  321, 322, *323*, 336, *341*, 342, *349*,
  355, 358, *361*, 377, 385, 387, 392,
  394, 399, 400, 401, 422, 423, 440,
  463, 467, 468, 483, 484, 486, 487,
  489, 493, 498, 502, 519, 521, 550,
  569, 570, 579, 583, 597, 604, 616,
  641, 660, 663, 674, 690, 700, 705,
  718, 721, 722, *734*, 806, 814, 818,
  828, *851*, 857, 860, 861, 867, 874,
  877, 893, 902, 918, 936, 948, 951,
  953, 955, 956, 957, 959, 968, 987,
  1001, 1027, 1029, 1031
  – über alte Zeitungen L$_I$ 301
  s. a. aussetzen, Kolleg
Colleg-Geld SK$_{II}$ 230
color [und] pigmentum D$_I$ 464; F$_I$ 35
Colossus E$_I$ 245
combabisch
  –e Art E$_I$ 188
  –e Form E$_I$ 280
commentarius
  Commentarios schreiben F$_I$ 272
  Kommentarien schreiben E$_I$ 257
  Göttingische Commentarii E$_I$ 108
common sense B$_I$ 205; E$_I$ 369, 371;
  F$_I$ 56
  schwacher – E$_I$ 369
Compagnie K$_{II}$ 134; SK$_{II}$ 338, 340
  s. a. Schützen-Compagnie
Compendium s. Kompendium
Complaisance B$_I$ 321; F$_I$ 785, 1213
con amore J$_I$ 889
Concilium SK$_{II}$ 302
Conclave B$_I$ 124; J$_I$ 335
confer J$_I$ 239

Conduite
  Weste und – B$_I$ 56
Coniglobia SK$_{II}$ 438
Connoisseur E$_I$ 210
Consensus variorum KA$_{II}$ 256
Conséquence
  von – sein B$_I$ 137
consilium abeundi SK$_{II}$ 906
Constantinople s. Konstantinopel
Constitutio Unigenitus B$_I$ 59
Constitution B$_I$ 374; K$_{II}$ 149;
  RA$_{II}$ 121, 122
  – [engl.] B$_I$ 374; J$_I$ 445; K$_{II}$ 149
contra G$_{II}$ 182; SK$_{II}$ 1041
Contrebande B$_I$ 284; D$_I$ 668; L$_I$ 257
Contrebandier J$_I$ 1154
Contreordre SK$_{II}$ 594
Conus J$_{II}$ 2042
Convolvulus C$_I$ 68
Copyhold RA$_{II}$ 90
Copyholder RA$_{II}$ 122
Coquarde s. Kokarde
coquet E$_I$ 375; Mat$_{II}$ 36
Coquette F$_I$ 126
Cordial K$_{II}$ 41
Corps-Invalide L$_I$ 574
Corpus L$_I$ 646
  – Juris B$_I$ 200; E$_I$ 515
  in corpore SK$_{II}$ 626
Corsika s. Korsika
Cosmopolit L$_I$ 244
Costume B$_I$ 138; L$_I$ 403
  – des natürlichen Menschen
    B$_I$ 270, 321
country-Tanz C$_I$ 95
coup de main L$_I$ 615
Coup d'Œil G$_{II}$ 39
courant D$_I$ 42, 79, 433; F$_I$ 181, 862
Courant-Sorte
  kleine –n D$_I$ 334
Coventgarden D$_I$ 610
Coventry F$_I$ 39
coxcomb B$_I$ 180
creare C$_I$ 199
Creditor B$_I$ 196
  – [und] Debitor E$_I$ 46
Crepe B$_I$ 158
Cretin L$_I$ 222
Cricket-Spieler RA$_{II}$ 26
Cries F$_I$ 969
Crimen laesae majestatis A$_I$ 56
crinitsche Berührungen SK$_{II}$ 670

Critica B_I 145; E_I 244
- gladiatorio-offensiva B_I 147
criticus
  Corpora und Theatra critica D_I 180
Cross-reading
  Nachahmung der englischen –s G_{II} 144
cryptocatholicisme GH_{II} 41
Cuba KA_{II} 64
Cucucu F_I 465
Cuirassier SK_{II} 339, 340
Cul de Lampe J_I 1
cum
  – pertinentiis SK_{II} 803
  – suabus SK_{II} 266
Cumberland RA_{II} 39
cunnus D_I 405, 428
Curva interscendens KA_{II} 36

D. B_I 206
Dabur J_I 753
Dach D_I 181; E_I 152; J_I 739; K_{II} 25
  [chinesische] Dächer L_I 353
  gebrochene Dächer D_I 553
Dachdecker J_I 609; SK_{II} 195, 210
Dachfenster D_I 149
Dachstube E_I 281
Dachstübchen K_{II} 25
Dachziegel F_I 309; J_I 941; UB_{II} 68
dähmisch aussehen RA_{II} 130
dämmernde Vernunft F_I 985
Dämmerung F_I 741; L_I 26
  weichliche – B_I 254
  s. a. Verstandes-Dämmerung
Dänemark D_I 256, 520; J_I 1025; L_I 45
Dänen C_I 308, 309; SK_{II} 704
dänisch J_I 1025
  –es Schiff D_I 50
daherplundern und -stolpern F_I 802
Dalai Lama D_I 398; F_I 191; L_I 426
  medizinischer – J_I 949
Dame B_I 367; F_I 798; SK_{II} 387
  – Wissenschaft E_I 420
  weiße Federn der –n J_I 162
  Fehler der –n beim Sprechen UB_{II} 45
  Tournuren unsrer –n B_I 169
  pour l'usage des dames B_I 16
  s. a. Cœur-Dame
Damen-Anzug
  aufgetrennter – L_I 74

Damen-Beschäftigung F_I 179
Damen-Frisur C_I 102
Damen-Kopf
  Ableiter für Damen-Köpfe D_I 511
damme's E_I 108
damn
  – it F_I 319
  – me E_I 209
  God – F_I 569
Dampf H_{II} 186; J_{II} 1509, 1591, 1631, 1674, 1683, 1724, 1751, 1755, 1768, 1990, 2018, 2050, 2077, 2132, 2136, 2157; K_{II} 335, 408; L_I 598; L_{II} 769, 772, 812, 832, 854; RA_{II} 151
  Orgel von Dämpfen J_{II} 1552
  s. a. Äther-Dampf, Wasserdampf
dampfen E_I 281
Dampfmaschine J_I 145, 147, 155, 542
Dampf-Stern K_I 19
dangerous pull SK_{II} 574
Dank H_{II} 112
  – verdienen D_I 610
  – und Verbindlichkeit B_I 252
Dank-Adresse J_I 47
Dankbarkeit [und] Offenherzigkeit D_I 119
Dankfest J_I 106
dankverdienerisch D_I 64, 539; E_I 355
Dantiscum SK_{II} 746
Danzig F_I S. 455; J_I 211; J_{II} 1429; 1980; SK_{II} 265, 370, 977
Danziger SK_{II} 656
  – Goldwasser L_I 317
darbilden F_I 324
darkness SK_{II} 257
Darm-Kanal L_I 673; MH_{II} 18, 19
Darmsaite F_I 53; K_{II} 395
Darmstadt B_I 257; C_I 144; D_I 531; F_I 684; G_{II} 3; J_I 536, 853; J_{II} 1487, 1716; K_{II} 404; L_I 355; TB_{II} 17, 22; SK_{II} 3, 40, 52, 315, 461, 573
  – Adler B_I 257
  – Felder J_I 536
  – Große Glocke F_I 686; G_{II} 3; J_{II} 1487
  – Stadtschule J_I 853
Darmstädtisch F_I 822
  –er Adreß-Kalender SK_{II} 750
  –er Bruder SK_{II} 61
  –e Justiz B_I 225
  –er Kammacher E_I 209
  –e Schloßbibliothek L_I 19

Darstellung
  emblematische – J$_I$ 454
Dartmouth L$_I$ 80
dasein A$_I$ 127
  Bestimmung unseren Daseins
    D$_I$ 211
Datum J$_I$ 580
  – berechnen F$_I$ 1097
Dauer GH$_{II}$ 15
  –, Folge, Gleichzeitigkeit K$_{II}$ 64
  Sinnbild der – F$_I$ 737
  s. a. Vor-Dauer
daunigt
  –es Hinbrüten E$_I$ 506
  – hinbrütende Wärme F$_I$ 848
  s. a. dunigt
Debauche
  Corona civica der – H$_{II}$ 160
Debitor [und] Creditor E$_I$ 46
debitum naturae reddere A$_I$ 61
Deckmantel aller Laster F$_I$ 898
Decorateur E$_I$ 522
Decouverte E$_I$ 335, 339
Dedikation B$_I$ 92, 133; C$_I$ 302;
  D$_I$ 105, 558; J$_I$ 854; SK$_{II}$ 985
  – an das deutsche Publikum
    F$_I$ 1015
  – des zweiten Stücks B$_I$ 92
Dedikations-Exemplar F$_I$ 1015
Defension SK$_{II}$ 830
defensiv
  offensiver und – Stolz J$_I$ 786
Defensiv-Allianz
  Of- und Defensiv-Allianz F$_I$ 1214
Definition J$_{II}$ 1806; K$_I$ 19
  – vom Genie E$_I$ 504, 505
  wahrhafte – A$_I$ 120
Deflexion K$_{II}$ 342
Degen F$_I$ 70, 451, 779
  – [und] Meßkette C$_I$ 105
  mit Demanten besetzte – J$_I$ 781
dehnen
  sich – B$_I$ 253
Deichbruch
  der große – D$_I$ 86
Deist H$_{II}$ 14, 42
  Spinozist und – J$_I$ 280
deistisch
  Deistische Lehre KA$_{II}$ 28
  –es System J$_I$ 282
Deklamation F$_I$ 121, 1014; SK$_{II}$ 98
deklamieren F$_I$ 1014, 1114

Deklination UB$_{II}$ 72
  – und Inklination des Hutes
    B$_I$ 294
  – und Konjugation MH$_{II}$ 2
deklinieren J$_{II}$ 1362
  philosophisch – A$_I$ 118
Dekokt SK$_{II}$ 774
Delden TB$_{II}$ 1
Delft TB$_{II}$ 1
Delicatesse
  überspannte – E$_I$ 113
Delos B$_I$ 362
Delphi C$_I$ 330; F$_I$ 737; H$_{II}$ 92
Delphinus
  in usum Delphini J$_I$ 772
delphisch F$_I$ 317
  –er Jesuiten-Schüler C$_I$ 330
Deltoideo J$_I$ 10
Delucsche Wolke K$_{II}$ 358
deluded deluders F$_I$ 920
Demant s. Diamant
Demokrat J$_I$ 946; L$_I$ 403
Demokratie J$_I$ 1158; K$_{II}$ 149; L$_I$ 403
  verfluchte – B$_I$ 334
demokratisch J$_I$ 1032; SK$_{II}$ 560
Demonstration E$_I$ 368, 496; F$_I$ 169;
  J$_I$ 238
  psychologische – G$_{II}$ 7
  Pille und – E$_I$ 241
  Schall der lautesten – C$_I$ 142
demonstrieren B$_I$ 152; J$_I$ 472
  apodiktisch – J$_I$ 460
demortuus J$_I$ 604
Demütigung K$_{II}$ 95
  almosensuchende – D$_I$ 460
Demut
  winselnde – F$_I$ 273
denatus J$_I$ 604
Den Haag D$_{II}$ 677; J$_I$ 199; TB$_{II}$ 1
Denk-Apotheke F$_I$ 386
denken B$_I$ 308, 321, 379; C$_I$ 91, 157;
  D$_I$ 255, 256, 403; E$_I$ 31, 146, 380,
  497; F$_I$ 170, *432*, 439, 441, 442, 500,
  1199; G$_{II}$ 87; J$_I$ 171, 222, 275, *283*,
  443, 481, 640, 780, 931, 1067,
  1168, 1195; J$_{II}$ 1352, 1559, 1738;
  K$_I$ 19; K$_{II}$ 45, 56, 76, 77, 86, *185*;
  l$_I$ 20, 140, *444*; L$_{II}$ 806; MH$_{II}$ 36;
  Mat I$_{II}$ 100; SK$_{II}$ 175, 326
  – können F$_I$ 812
  – lernen F$_I$ 860

- [und] lesen F$_I$ 1199; G$_{II}$ 82, 208; J$_I$ 640
- [und] sagen D$_I$ 89; G$_{II}$ 215
- [und] sein J$_I$ *379, 380,* 1021
- [und] sprechen B$_I$ 86; D$_I$ 273, 645; E$_I$ *145,* 146; H$_{II}$ 158; J$_I$ 714; J$_{II}$ *1856*
- [ohne es zu wissen] A$_I$ 130; B$_I$ 332, 376; J$_I$ 222
- wollen F$_I$ 812
- –de Familie F$_I$ 154
- –de Köpfe E$_I$ 370; F$_I$ 541, 958
- –der Leser E$_I$ 455
- –des Tier F$_I$ 424
- aus Trieb B$_I$ 308
- –des Wesen J$_I$ 178
- [und] Wiederkäuen D$_I$ 160
männlich – D$_I$ 187
natürlich als das Denken C$_I$ 157; D$_I$ 160
nicht – B$_I$ 308
selbst – D$_I$ 255, 425; F$_I$ 170, 439; H$_{II}$ 10, 177; J$_I$ 443; K$_{II}$ 188, *299*
an sich – J$_I$ 704
tiefes Denken J$_I$ 1168
Freiheit zu – B$_I$ 143, 321; F$_I$ 442, 716
Gesetz des Denkens J$_I$ 757
individua im Denken B$_I$ 95
Kunst zu – F$_I$ 442
Mann, der alles zusammen gedacht K$_{II}$ 299
Mut zu – B$_I$ 321
Ort des Denkens J$_I$ *171*
ohne Plan und Absicht – C$_I$ 54
in Worten – E$_I$ 507
ohne Worte – A$_I$ 3
s. a. abdenken, hinwegdenken, nachdenken, Selbst-Denken, überdenken, vordenken, wegdenken
Denker B$_I$ 321; D$_I$ 433; F$_I$ 84, 165, 308, 707, 741, 934, 949, 988; J$_I$ 497, 945, 953; K$_I$ 19; K$_{II}$ 128, 185
- ziehen K$_I$ 134
- bei der Lampe F$_I$ 613
aufmerksamer – F$_I$ 502
feuriger – D$_I$ 213
geübter – J$_I$ 295
größte – F$_I$ 439
langsamer – D$_I$ 38
mittelmäßiger – C$_I$ 54
schlechter – F$_I$ 1171
seichter – D$_I$ 213
systematischer – J$_I$ 515
tiefer – F$_I$ 1049; K$_{II}$ 185
tiefsinniger – D$_I$ 213
verschmitzter – L$_{II}$ 852
s. a. Freidenker, Nichtdenker, Selbstdenker, Starkdenker
Denkkraft F$_I$ 955; J$_I$ 531, 1021, 1155
Denkmal K$_{II}$ 269; L$_I$ 178
- aus papier maché D$_I$ 578; J$_I$ 274
babylonisches – F$_I$ 525
Denkungs-Art A$_I$ 51
einer – Form geben D$_I$ 506
Knochengebäude unserer – G$_{II}$ 25
s. a. Lokal-Denkungsart
Denkungsform D$_I$ 485
deos nixios C$_I$ 156
Departement
Memoires-departement E$_I$ 185
dependenter Philosoph C$_I$ 178
Dependenz UB$_{II}$ 55
dephlogistiert *s.* Luft
Deprädation L$_I$ 112
Deptford RA$_{II}$ 117, 151, 204
Deputierter D$_I$ 623; L$_I$ 344
s. a. Volks-Deputierter
deraisonnieren K$_{II}$ 144
Derby RA$_{II}$ 93
Derbyshire A$_I$ 55
desertieren G$_{II}$ 89
Desideratum J$_{II}$ 1935
Desorganisieren J$_{II}$ 1377
desperater Einfall E$_I$ 251
Desperation E$_I$ 146
Despot J$_I$ 915
Despotie J$_I$ 719
despotisch regieren B$_I$ 319
Despotismus A$_{II}$ 186; B$_I$ 297, 374; D$_I$ *99;* J$_I$ 359; K$_{II}$ 149
geistlicher – B$_I$ 290
religiöser – F$_I$ 431
Haupt-Instrumente des – J$_I$ 408
s. a. System-Despotismus
Dessau SK$_{II}$ 460
Dessauer
den – trommeln D$_I$ 39
Destillation J$_{II}$ 2117
Destillier-Kolben L$_I$ 624
Destour Destouran F$_I$ 382
Detail E$_I$ 271, 389
determined SK$_{II}$ 258

determinieren
  sich selbst – J₁ 1173
Determinismus D_II 688; J_II 1491
Determinist J₁ 144
deus B₁ 23
  – ex machina E₁ 460
  dei nixii C₁ 156
deutlich
  – wissen C₁ 232
  –e Begriffe s. Begriff
Deutlichkeit A₁ 133
deutsch A_II 184, 239; B₁ 5, 11, 16, 17, 51, 82, 96, 132, 146, 200, 385; C₁ 63, 225, 343; KA_II 49, 65; D₁ 31, 80, 172, 262, 278, 439, 444; E₁ 46, 71, 144, 189, 245, 255, 335, 339, 446; F₁ S. 455, 25, 26, 87, 141, 153, 451, 459, 484, 498, 510, 579, 607, 741, 822, 827, 860, 881,, 1015, 1049, 1058, 1098, 1111, 1114, 1119, 1123, 1233; G_II 5, 35, 107, 138, 203, 205, 214, 227; H_II 146; GH_II 47, 61, 64, 65; J₁ S. 649, 62 180, 184, 290, 303, 305, 391, 401, 407, 500, 509, 689, 859, 865, 873, 915, 952, 961, *978*, 1025, 1065, 1089, 1154, *1188*, 1195, *1212*, 1231, 1232, *1236*; J_II 1412, 1578, 1659, 1673, 1937, 2063; K_II 157, 193, 269; L₁ S. 850, 62, 85, 141, 153, 288; 502; L_II 935; UB_II 2; TB_II 19, 31; RT_II 14, 18, 19; RA_II 86, 95, 100, 128
  – schreiben E₁ 144; F₁ 860
  – verstehen E₁ 209
  –e Allongen-Periode E₁ 161
  –e Apostel E₁ 209
  –e Autoren-Freiheit D₁ 610
  –er Baron E₁ 209
  –e Bibel B₁ 200
  –e Bibliothek E₁ 321
  –es Buch L₁ 278
  –er Bürgermeister E₁ 209
  –e Charaktere D₁ 214; E₁ 154, 254
  –e Despoten J₁ 915
  –e Dichter E₁ 142; F₁ 70
  –e Eiche F₁ 1123
  –es Eichenblatt J₁ 689
  –e Eifersucht B₁ 122
  –e Entdeckungen E₁ 259
  –e Eskimos E₁ 105, 169
  –er Fleiß J₁ 1195
  –e Freiheit E₁ 114
  –er Galgen C₁ 75
  –er Gelehrter D₁ 389; E₁ 115; RA_II 128
  –es Genie C₁ 53; J₁ 953
  –e Gesellschaften B₁ S. 45, 16, *68*, 234, *266*, *270*, *271*, 297, *305*, 306; F₁ 607; J₁ 401
  –e Glaubensgenossen B₁ 5
  –es Grabmal Mat I_II 133
  –er Herkules F₁ 1058
  –er Hexameter B₁ 132; D₁ 378, 427
  –e Jugend F₁ 498
  –e Idee E₁ 335
  –e Köpfe E₁ 245
  –er Kritiker B₁ 17
  –er Leser D₁ 610
  –e Literatur F₁ 153; K_II 193
  –es Mädchen D₁ 444
  –e Meilen B₁ 114
  –e Monarchie E₁ 226
  –er Münz-, Meß- und Gewichstfuß GH_II 73
  –es Museum E₁ 487
  – e Nation B₁ 91
  –er National-Stolz C₁ 242
  –e Oden F₁ 104
  –es Ohr L₁ 263
  –e Original-Charaktere D₁ 610
  –e Parodie B₁ 179
  –er Patriot E₁ 28
  –e Pferde F₁ 459
  –er Pitschierstecher E₁ 355
  –e Poeten E₁ 21
  –er Postwagen D₁ 666; E₁ 152, 208
  –e Prahlerei G_II 5
  –es Publikum D₁ 610; F₁ 1015; J₁ 873, 953
  –e Redlichkeit C₁ 108
  –er Roman E₁ 152; J₁ 865
  –e Satire D₁ *439*; J₁ 865
  –er Satyrenschreiber B₁ 137
  –e Schriften E₁ 381
  –er Schriftsteller J₁ 509, 999
  –e poetische Schriftstellerei J₁ 859
  –e Schule E₁ 137
  –e Sitten E₁ 209
  –e Sprache B₁ *305*; D₁ 80; F₁ 25, 579, *881*, *1223*; J₁ 391
  –e Übersetzung B₁ S. 45, 44, 122; C₁ 143, 343; KA_II 65, 97, 108, 200; D₁ 389; GH_II 47; SK_II 112, 284

–e Universitäten B_I 185; L_I 484
–es Vaterland B_I 87
–e Verachtung des Galliers, Italieners B_I 379
–er Verstand E_I 339
Deutsch und Wahrheit B_I 96
–e Worte E_I 28
–e politische Zeitung J_I 1154
–e Zwirnhändler E_I 189
hölzernes Deutsch F_I 860
kräftiges Deutsch D_I 535
schweizerisches Deutsch D_I 539
seraphisches Deutsch F_I 24
germanische Wurzelwörter F_I 32
Lingua Germanica B_I 305
alemanisch *s. a.*
altdeutsch
hochdeutsch
niederdeutsch
non-Deutsch
oberdeutsch
plattdeutsch
Deutsche B_I 5, 30, 207, 379; C_I 211, 276; D_I 19, 79, 367, 377, 402, 444, 651, 653; E_I 39, 58, 69, 81, 103, 108, 114, 169, 189, 245, 264, 267, 335, 342, 354, 446; F_I 248, 262, 484, 510, 569, 1053, 1098, 1169; J_I 180, 290, 524, 690, 712, 846, 883; J_{II} 1781; K_{II} 141; L_I 145, 678; Mat II_{II} 25; RA_{II} 100, 102, 127, 148
alte – D_I 611
Charakter der –n B_I 30; E_I 354; J_{II} 1781; Mat I_{II} 31
der – trinkt gern D_I 520
– mischen Französisch ein B_I 234
Nachahmungssucht der –n D_I 179, 367, 651
Stolz der Deutschen C_I 59
Systeme von den Deutschen nehmen C_I 209
unter uns –n C_I 209
Deutschheit F_I 822
Deutschland A_{II} 184; B_I 15, 16, 22, 23, 45, 85, 87, 136, 171, 185, 224, 362, 366, 379, 380, 407; C_I 61, 73, 116, 209, 254; KA_{II} S. 42, 14, 80; D_I 55, 56, 124, 337, 503, 520, 539, 607, 610, 628, 630, 653, 661; E_I 58, 81, 111, 131, 140, 151, 152, 156, 163, 169, 187, 208, 211, 227, 245, 251, 259, 261, 267, 316, 335, 413, 455, 477, 500, 501; F_I S. 458, 4, 5, 24, 25, 26, 30, 70, 87, 93, 262, 412, 569, 794, 934, 938, 958, 985, 1050; G_{II} 2, 5, 12, 107, 123, 166, 170; H_{II} 202; J_I 324, 401, 636, 769, 868, 872, 1147, 1155, 1163, 1195; K_{II} 93, 112, 192, 404; L_I 88, 102, 115, 118, 144, 147, 266, 278, 440, 545, 548, 569, 682; L_{II} 974; UB_{II} 2, 82; Mat I_{II} 65? 145, 167; Mat II_{II} 25; TB_{II} 30; RA_{II} 54, 86, 87, 127
s. a. Germanien
Deutungs-Kunst C_I 316
s. a. Traumdeutung
Devaporation J_{II} 1318
Deventer TB_{II} 1
Devonshire D_I 496; E_I 73; RA_{II} 107
Devonshiring D_I 496
Dezennium D_I 422
unser gegenwärtiges – D_I 182
Dezimal-Brüche J_{II} 2129
dezisiv KA_{II} 300
Diabetes J_I 223; J_{II} 1397
diabolus
– familiaris F_I 251
Te diabolum (damnamus) L_I 282
Diachylon-Pflaster SK_{II} 347
Diät J_I 928, 961, 1013; SK_{II} 530, 778
Diätetik für den Verstand D_I 251
diaglyptica B_I 134
s. a. anaglypha
Diagonale J_I 528
Dialekt
böotischer – E_I 157, 245
Dialog L_I 123
– von Eidschwüren und Schimpfwörtern D_I 662
erzählender – D_I 128
Diamant D_I 99; J_I 299, 781; J_{II} 2120; L_{II} 767, 965
großer – F_I 518
Diamantstaub J_I 793
Dianenbaum J_I 34
Diarium B_I 268
Diarrhoe, Diarrhé, Diarrhee SK_{II} 24, 46, 47, 68, 185, 285, 366, 380, 382, 383, 516, 517, 568, 810, 818, 980
Diastole und Systole der Nasenlöcher E_I 193; Mat I_{II} 112
dicht
–er werden F_I 309
dichten J_I 713

Dichter A₁ 65; B₁ 6, 364; D₁ 127;
  E₁ 15, 104, 138, 189, 257, 515; F₁ 8,
  69, 471, 530, 613, 631, 751, 793,
  848, 860, 1153, 1203; G_{II} 139, 141;
  J₁ 374; K_{II} 199; L₁ 119, 255, 282,
  325, 457, 481; Mat I_{II} 99;
  Mat II_{II} 15, 25; RA_{II} 128
  – aus Dichtern D₁ 610; Mat I_{II} 99
  alte – KA_{II} 152; E₁ 437; F₁ 70, *860*
  anakreontischer – A₁ 59
  armseliger – F₁ 8
  deutsche – E₁ 142; F₁ *69, 70,* 751
  dramatische – F₁ 305, 706, 1182;
   J₁ 222
  eigentliche – D₁ 341
  englische – E₁ *515;* F₁ *751*
  erster – F₁ 884
  großer – F₁ 262, 793
  junge – D₁ 444
  komische – J₁ 312
  lebender – F₁ 1203
  philosophische – E₁ 108
  schlechte – F₁ 556, 793; J₁ 558
  unsre – E₁ 257
  [durch] Dichterlesen – werden
   D₁ 541; E₁ 104
  Fell eines armen –s D₁ 208
  Respekt gegen – A₁ 82
  Sprache der – E₁ 257
  Verteidigung unserer neuen –
   F₁ 562
  s. a. Oden-Dichter, Parodien-Dichter, Hohenlieder-Dichter, Mode-Dichter, Romanendichter, Schäferdichter, Schauspieldichter, Titular-Lieblings-Dichter, Verse-Fabrokant, Zugdichter
Dichter-Genie E₁ 501
Dichter-Genius E₁ 169
Dichterin F₁ 1086
Dichter-Lesen D₁ 541; E₁ 104
Dichter-Nulle D₁ 261
Dichter-Pförtchen rein halten D₁ 286
Dichtertalent K_{II} 198
Dichterwerden
  das – der Erde F₁ 309
Dichtigkeit A_{II} 196, 204; F₁ 175;
  J_{II} 1637, 1974; L_{II} 826, 960
Dichtkunst
  [Männliches und Weibliches] in der
   – A₁ 139
  Türchen der – D₁ 107

Dichtungs-Kraft F₁ 493
dick
  – tun F₁ 1158
  –e tun D₁ 444
  s. a. pudeldick
Dickkopf F₁ 222
dickmauligte Dummheit F₁ 569
Dickschädel E₁ 113
dickschädelig
  dick- und dünnschädelichte Landsleute E₁ 14
Dictionnaire universel B₁ 114
Dictum
  – de omni et nullo KA_{II} 89
  – de diverso KA_{II} 89
  – de exemplo KA_{II} 89
  – de reciproco KA_{II} 89
Dieb D₁ 56, 667; J₁ 1117; K_{II} 272;
  L₁ 465
  s. a. Pickpocket
Dieberei K_{II} 272
Diebs-Gesicht F₁ 222
Diebstahl KA_{II} 103; J₁ 238
  s. a. Galanterie-Diebstahl
dienen J₁ *798*
  – mit Kopf und Händen D₁ 539
Diener *s.* Bedienter
Dienst
  Frondienst E₁ 131
  Herren-Dienst E₁ 131
  Magd-Dienst F₁ 563
  Neger-Dienst J₁ 1195
Dienstfertigkeit F₁ 395
Dienstags-Vorlesungen J_{II} 1869
Dienstmädchen E₁ 151, 323, 521;
  H_{II} 39; L₁ 521; SK_{II} 835
Diez SK_{II} 408
Dieux de poche F₁ 943
Differential J₁ 337
  – [math.] F₁ 793, 800; J_{II} 1333
Differential-Rechnung A₁ 1, *48*
Digestiv SK_{II} 456
Dijon KA_{II} 126
Dilettant F₁ 354
Dillingen SK_{II} 86
Dimension
  –en von Gelehrsamkeit D₁ 433
  –en des Raumes J₁ 533
  –en [des] Witzes D₁ 180, 433
  vierte – D₁ 435
[Diminutivchen] Diminutivgen

B$_I$ 178, *185*, 254, 364
 holde – B$_I$ 197; C$_I$ 326
Diminutiv-Idee B$_I$ 254
Diner [und] Souper J$_I$ 904
Ding B$_I$ 101, 121; D$_I$ 19; J$_I$ *28*, 392, 569, 681, 953, 1168; J$_{II}$ *1532*, 1537, 1806; K$_I$ 19, 20; L$_I$ 277; L$_{II}$ 811
 –e an sich C$_I$ 196; L$_{II}$ 740; MH$_{II}$ 21, 22, 32, 39, 42
 –e außer uns C$_I$ 91
 –e betrachten B$_I$ 20
 –e vergleichen B$_I$ 101
 –e die nicht ins Auge fallen KA$_{II}$ 289
 –e in der Welt A$_I$ 19; B$_I$ 20, 77
Dinte E$_I$ 320; J$_I$ 541, 1304
 – nicht halten können K$_{II}$ 220
 – verschreiben E$_I$ 320
 – und Feder D$_I$ 653
 – mit Fingerhüten zumessen D$_I$ 653; E$_I$ 502
 – [in] Fontänen J$_I$ 216
 Gänsekiel und – D$_I$ 144
 rote – SK$_{II}$ 267
 symphatische – D$_I$ 215
Dintenfaß C$_I$ 85; D$_I$ 256; E$_I$ 157; F$_I$ 1000, 1166; L$_I$ 398
 – umwerfen B$_I$ 85
 – [und] Affe F$_I$ 363
 – von Gleim SK$_{II}$ 780
 das Bürgersche – SK$_{II}$ 698
 magisches – L$_I$ 399
Dintenfleck J$_I$ 392, 1415; L$_I$ 208
 gewöhnlicher – L$_I$ 207
 Beschreibung des –s E$_I$ 346; L$_I$ 634
Dinten-Rezept J$_I$ 950
Dintenschenke E$_I$ 185
Dioptern H$_{II}$ 199
Dioptrik K$_{II}$ 311
Diplom
 das Petersburgische – SK$_{II}$ 798
Dippoldshausen SK$_{II}$ 800
Direktorium L$_I$ 403
Disapprobation F$_I$ 279
discovery SK$_{II}$ 579, 580
Disharmonica G$_{II}$ 196
Diskant J$_I$ 1211
Diskretion
 auf – ergeben B$_I$ 363
Diskurs
 Discours E$_I$ 38
 detaillierter – C$_I$ 152
 s. a. Kaffeediscours, Witterungs-Discours
diskursiv
 das Diskursive L$_{II}$ 907
Disput
 ernsthafte –e D$_I$ 612
 gelehrte –e D$_I$ 653
 lebendiger – E$_I$ 72
 politische –e L$_I$ 389
Disputation SK$_{II}$ 97
 –en wegwerfen Mat I$_{II}$ 89
 Gedanken zu –en D$_I$ 313
 Scepter einer – F$_I$ 563
 s. a. Magister-Disputation
disputieren C$_I$ 327; E$_I$ 95; H$_{II}$ 168; GH$_{II}$ 63; J$_I$ 378, 454, 1001
 – [und] verstehen E$_I$ 56, 72; G$_{II}$ *124*
Dissertation E$_I$ 189, 320; F$_I$ 106; RA$_{II}$ 127
Dissonanz J$_I$ 737
Distanz J$_{II}$ 1532, 1677
Distichon C$_I$ 140
distinguieren D$_I$ 239
Distinktion D$_I$ 433, 464; J$_{II}$ 1965; MH$_{II}$ 14
 – des Weltweisen F$_I$ 933
 scharfe –en L$_I$ 145
 s. a. Schuldistinktion
Dithyrambe E$_I$ 169; F$_I$ 802
 physiognomische –n F$_I$ 1183
dithyrambische Ausdrücke F$_I$ 185
Divan F$_I$ 378
dividieren
 – mit zwei Zahlen D$_I$ 196
 über sich – A$_I$ 27
Division L$_I$ 553
Dockmäuser *s.* Duckmäuser
Döbeln D$_I$ 269
Dörrsucht der Seele B$_I$ 191
Doge
 Vermählung des – J$_I$ 1020
Dogmatik J$_I$ 1226
Doktor KA$_{II}$ 201; F$_I$ 19; J$_I$ 466, 949, 1096; K$_{II}$ 210
 Doctor Jubilatus B$_I$ 47
 DD. Juris F$_I$ 17
Doktor-Titul C$_I$ 256; J$_I$ *1096*
Doktor-Werden F$_I$ 19
dolce far niente L$_I$ 508
Dollar B$_I$ S. 46
Don D$_I$ 444

Donau B₁ 32; D₁ 670
Donner C₁ 178; E₁ 391; F₁ 714; J₁₁ 1650, 2097; K₁₁ 342; L₁₁ 731, 733, 739, 872, 902, 903; SK₁₁ 53, 55, 78, 194, 296, 310, 314, 348, 370
Donnerer
 unwissender prosaischer – F₁ 759
 s. a. Urteilsdonnerer
donnern E₁ 189; F₁ 640, 1039; L₁ 596; SK₁₁ 351
 mit Numerus – E₁ 189
Donnerkeil KA₁₁ 24
Donnersberg J₁₁ 1876
Donnerschlag J₁ 353; L₁ 533; SK₁₁ 72, 75
Donnerstag
 Grüner – SK₁₁ 883
Donnerstein KA₁₁ 24
Donnerwetter E₁ 342, 502, 504; H₁₁ 204; GH₁₁ *83*, 84; J₁ 160, 322, 1047; J₁₁ 1315, 1633, 1638, 1656, 1698, 1990, 2017; K₁₁ 126, 339, 391; L₁ 144; L₁₁ 885; SK₁₁ 54, 74, 159, 171, 199, 204, 229, 334, 347, 354, 374, 468, 481, 502, 641, 656, 675, 676, 777, 931
 sich bekehren bei – E₁ 342
 papiernes – F₁ 25; GH₁₁ 32
 s. a. Gewitter
Donnerwolke GH₁₁ 83; J₁ 775; SK₁₁ 510
Doppelbier B₁ 176; SK₁₁ 427
Doppelspat J₁₁ 1903, 1931, 1932, *1933*, 1943, 1944, 2082; K₁₁ 363; L₁₁ 787, 792; SK₁₁ 505
Doppelstern J₁₁ 1808; SK₁₁ 624
doppelt
 – sehen D₁ 212; F₁ 607; K₁₁ 374
 –e Menschen F₁ 714
 –er Prinz J₁ 1138
 –er Würfel B₁ 362
Doppeltes J₁ 153, 1142, 1144
Dorcester [Bier] F₁ S. 642
Dorf J₁ 856
Dorffriseur E₁ 206; Mat I₁₁ 113
Dorf-Gosse E₁ 152
Dorf-Mädgen B₁ 41
Dorf-Pädagoge F₁ 1014
Dorf-Pastor
 unverheirateter – D₁ 433
Dorf-Schulmeister C₁ 338
Dorlar A₁ 98; C₁ 30

Dorn F₁ 1025
Dorset RA₁₁ 26
downy D₁ 668
Drache E₁ 165; F₁ 1044; J₁₁ 1402
Drachen-Kopf L₁ 398
Drachenschnur J₁₁ 2150
Drachme J₁₁ 1282, 1286, 1295, 1455, 1469, 1922
dragonermäßig Mat II₁₁ 49
Dragoner-Poesie F₁ 260
Dragoner-Prose F₁ 260
Draht
 – mit Wachs überziehen L₁₁ 922
 spiralförmig gewundene Drähte L₁₁ 774
 aus den Goldkörnern – ziehen D₁ 179
 s. a. Metall-Draht, Silberdraht
dramatisch
 –er Dichter F₁ 305, 706, 1182
 –e Kunst E₁ 428
 –er Schriftsteller F₁ 17
Dramenschmierer J₁ 872
Drang
 epidemischer – Mat II₁₁ 42
Dransberg J₁₁ 1320
Draperie-Maler L₁ 462
Dreck
 – auf deinen [den] Bart C₁ 285; D₁ 56, 667; F₁ 313
 – nach Karaten J₁ 236
 s. a. Teufelsdreck
Drecksau D₁ 667
Dreckstäubchen J₁ 164
Dreckvulkan J₁ 1101
Drehbasse J₁ 197; L₁₁ 902
Drei-Eck J₁ 1091
Dreieinigkeit A₁ 63; B₁ *290*; J₁ 454, 533, 1144
 s. a. Trinitas, Viereinigkeit, Zweieinigkeit
Dreifuß H₁₁ 92
[drei] 3 Groschen E₁ 149, 209; F₁ 436
Drei-Groschen-Platz E₁ 209
Drei-Groschen-Stücke C₁ 22, 256; E₁ 298
dreinschlagen E₁ 114
Dreißigjähriger Krieg K₁ *16*; K₁₁ 142
 – mit sich selbst J₁ 535
[Drei Viertel] 3/4 E₁ 94
Drell J₁₁ 1817
Drellmuster J₁₁ 1818

dreschen J₁ 376; L₁ 679
Dresden D₁ 634; F₁ 793; L₁ 532;
    SK_II 514, 559, 643, 837
Dressierung des inneren L₁ 209
Driburger Brunnen SK_II 45, 166, 786
Dripper D₁ 30
drolligt E₁ 259; F₁ 85
Drontheim A_II 222
Drost SK_II 756, 871
Druck J₁ 1243
    s. a. Luftdruck, Nachdruck
drucken B₁ 272; K_II 52; L₁ 180
    – lassen F₁ 500, 889, 897; J_II 1352;
    L₁ 587
Drucker F₁ 737
    s. a. Nachdrucker
Druckerei J₁ 611
    s. a. Buchdruckerei
Druckerpresse B₁ 114, 296; L₁ 179,
    180
Druckfehler J₁ 71; L₁ 90, 273;
    SK_II 226
    – im Druckfehler-Verzeichnis
    D₁ 580
    – [und] gedruckte Fehler K_II 226
    Wolke von –n J₁ 669
Drücken
    – auf der Brust SK_II 199
Druckmesser J_II 1990
Drüse C₁ 226; E₁ 509
Druide E₁ 245
drunk
    for – or for dry L₁ 389
Dsjaur C₁ 187
du sagen [zu einem Hund] B₁ 338
Duc D₁ 444
Duckmäuser [Dockmäuser] D₁ 668
Dudelsäcke KA_II 152
Duderstadt L₁ 557
Dudlinsch KA_II 152
Düftler [Tüftler]
    interessierter – F₁ 827
    kleinlicher – F₁ 848
Duell B₁ 88, 171, 174; J₁ 212
Dünger J₁ 868
dünn
    –e sagen E₁ 501
    schwächlich und –e B₁ 164
dünnetun F₁ 1158
    das Dünne-Tun D₁ 460
Dünnigkeit
    pietistische – F₁ 350

dünnschädelig
    dick- und dünnschädelichte Lands-
    leute E₁ 14
dürr
    zweimal –e E₁ 479
    s. a. winddürr
Düsseldorf SK_II 432
Dukaten B₁ 113; E₁ 501; J₁ 1141;
    SK_II 91, 154
    doppelte – J₁ 1144
duktil J₁ 872
dulce [und] utile D₁ 666; L₁ 61
dulten KA_II 240
dumb Dodley KA_II 171
dumm B₁ 335; KA_II 231
    –e Miene F₁ 898, 1204
    den –en vierbeinigen Hasen
    SK_II 226
    sich – stellen H_II 38
Dummheit B₁ 51; F₁ 687, 1204;
    L₁ 654
    dickmauligte – F₁ 569
    Größe seiner nobeln – B₁ 51
    Mittel gegen die – B₁ 319
    Produkte der – J₁ 447
    mittlere Stufen der – F₁ 810
Dummkopf D₁ 667; F₁ 150, 329, 728,
    1190, 1228; G_II 19, 236; J₁ 713;
    L₁ 37, 65
    Dummköpfe in Genies verwan-
    deln D₁ 146
    aufgeputzter – F₁ 151
    gepreßter – D₁ 79
    griechische Dummköpfe F₁ 1067
    großer – E₁ 130
    subtile Dummköpfe D₁ 529
    witzloser – C₁ 100
    indirekte Bemühung des –es
    D₁ 449
Dumpfkopf J₁ 713
Dungkärrner B₁ 142
Dung-Karr[e]n D₁ 663
Dunglass RA_II 167
dunigt D₁ 668
    s. a. daunigt
dunkel E₁ 179; F₁ 48, 768, 833, 1084;
    K_II 320
    – übersehen D₁ 273
    im Dunkeln erziehen D₁ 170
Dunkelheit affektieren E₁ 197
Duns F₁ 1170
Dunst A_II 226; C₁ 178; KA_II 23, 56,

95; D_{II} 725, 731; H_{II} 194; J_{II} 1434, 1578; K_{II} 348, 408; RA_{II} 116
auflösen in Dünste B_I 164
elastische Dünste A_{II} 226; KA_{II} 95
Dunstbläschen J_{II} 1590
Dunstkreis A_{II} 195, 253
duodecimo J_I 1031
Duodez-Bändchen L_I 534
Duodrama im Mutterleibe F_I 1003, 1017; Mat II_{II} 5
Duplik G_{II} 132
Duplizität H_{II} 55; J_I 1144
durcharbeiten
    durchgearbeitete Materie B_I 228
durchblättern F_I 460
durchdenken
    Ansehen eines tiefen Durchdenkens D_I 213
durchdreschen J_I 194
Durcheinander-Lesen RA_{II} 128
Durchfahrt
    nordwestliche – J_I 685, 700
Durchgang
    – der Venus SK_{II} 252
durchgehen
    – ohne zu bezahlen F_I 498
    physisch, moralisch und metaphysisch – B_I 411
durchgreifen
    durch einen Stein – A_I 121
durchsehen [Bücher] B_I S. 45
durchseihen
    durch die Lippen – D_I 505
durchsetzen
    Idee – J_{II} 1488
Durchsichtigkeit J_{II} 1601, 1936; K_{II} *308*
Durham RA_{II} 124
dursten B_I 347
Dusch [Tusche] A_{II} 150
Dutzend SK_{II} 270
Dynamik J_{II} 1350
    physische – J_{II} 1339, 1345

E. *s.* Erfurt
East Indies *s.* Ostindien
East-Lotion RA_{II} 167
Eau de Lavende B_I 138
Eau de Luce KA_{II} 43
Eau de Noyaux SK_{II} 554
Eau de vie E_I 340

Ebbe D_{II} 721; F_I 1009; GH_{II} *91*; J_I 20; J_{II} *1347*, *2073*
Ebene L_{II} 834, 835
ecclesiola unter der Erde L_I 621
Echo E_I 501; J_I 826; J_{II} 1648; K_{II} 342
    – auf dem Theater J_I 1174
    s. a. Katheder-Echo
echoen E_I 250
Ecke B_I 56
Edelleute
    zween reiche kinderlose – C_I 136
Edelmann L_I 263
Edelstein L_I 69, 101; L_{II} 792
Edikt J_I 33
    s. a. Geschmacks-Edikt, Gesichteredikt, Nasenedikt, Refraktions-Edikt, Religions-Edikt, Zensur-Edikt
Edinburg D_I 639
Edinburgisch KA_{II} 73
Editio princeps L_I 89
Edition B_I 200; MH_{II} 5
Edystone
    Leuchtturm von – J_I 870, 875; SK_{II} 286, 287
Efeu L_I 191
Effekt L_{II} 896
effigie
    in – F_I 517
Egoist D_I 311; E_I 371; J_I 643
    pathologischer – J_I 337
Ehe F_I 287, 781; L_I 310, 405, 473; K_{II} 59
    – à l'Abisag F_I 428
    – im politischen Himmel geschlossen D_I 593
    – [zwischen] Vernunft und Einbildungskraft B_I 275
    hypothetische –n F_I 165
    unfruchtbare – L_I 470
    unheilige – G_{II} 194
    Haupt-Konvenienzen der – F_I 781
    Priester [und] – J_I 408
Ehebett SK_{II} 58
ehebrechen B_I 128
Ehebruch L_I 627
Ehegattin C_I 63
Ehe-Leute D_I 43; L_I 627
eheliche Pflicht L_I 627
eherne Mauer B_I 380
Ehescheidung
    reelle –en F_I 165

Ehestand F_I 1195; K_{II} 264
   zum –e vorbereiten KA_{II} 225
   bezaubertes Schloß des –es L_I 15
Eh[e]verlöbnis F_I 165
Eheweib D_I 544; J_I 593; Mat II_{II} 36
Ehre B_I 48, 174, 307; F_I 454, 500;
   J_I 637, 946; K_{II} 211; L_I 446;
   Mat II_{II} 7
 – [als] Besoldung A_I 79
 – und Brod B_I 145; D_I 124
 – [und] Ehrenstellen GH_{II} 5
 – [der] Frauenzimmer J_I 100
 – in Kleinigkeiten suchen D_I 427
 – und Kredit D_I 433
 – [und] Rock B_I 48
   mit –n zu melden D_I 154
   unverdiente – K_{II} 60
   vermeintlich verlorne – B_I 174
   wahre – C_I 260
   s. a. Hebammen-Ehre
Ehrengedächtnis B_I 220, 409
Ehrengeläut D_I 427
Ehrensäule D_I 611; J_I 337
Ehrenstelle L_I 261
[Ehren-Titel] Ehrentitul D_I 116
Ehrgeiz A_I 46; D_I 404; F_I 614, 1195;
   G_{II} 58; J_I 1094; L_I 283
ehrlich
   –e Haut D_I 628; F_I 181; J_I 319
   –er Mann D_I 467, 532, 576, 610;
   F_I 270, 556, 860; G_{II} 162, 236;
   J_I 114, 1235
   –er Mensch C_I 256
   –er Name B_I 417
Ehrlichkeit D_I 56; E_I 154; F_I 550
   eigne – C_I 256
   durch – versiegelt C_I 306
   Streit über die – C_I 283
Ehrlichmachung der Hurkinder C_I 72
ehrlos
 – [und] infam E_I 337
Ei E_I 265; F_I 44; J_I 982
   elektrische Versuche mit –ern
   A_{II} 175
   s. a. Basilisken-Ei, Oster-Ei
Eibe
   geheiligte – des Genies L_I 127
Eichbaum L_{II} 806
Eiche E_I 169, 355; L_I 632
   Deutsche – F_I 1123
Eichel
   Keim in der – C_I 303

Eichel-Kaffee SK_{II} 81
Eichenblatt
   deutsches – J_I 689
Eichenwald
   Rauschen des –es E_I 245, 504;
   F_I 422, 731; K_{II} 274
Eichhörnchen D_I 214, L_I 483
Eichmaß alles Schönen und Richtigen B_I 365
Eichsfeld B_I 300; D_I 224; E_I 152;
   J_I 963; K_{II} 308; L_I 443
Eichsfelder L_I 443
Eichsfeldisch J_I 963
Eid L_I 206
   falscher – J_I 319
   s. a. Supremats-Eid
Eidechse C_I 13; SK_{II} 83, 749
   Amboinische – D_I 455
Eiderdunen L_{II} 810
Eidschwur D_I 662
Eierstock der Zukunft J_I 1219
Eifersucht E_I 88
 – [zweier Ärzte] D_I 654
   deutsche [und] chinesische –
   B_I 122
eiförmige Gestalt [einer Rechnung]
   A_I 27
eigen
   etwas Eigenes haben A_I 138;
   D_I 491; J_I 87
   etwas Eigenes zeigen B_I 319
Eigendünkel
   leerköpfiger – F_I 1018
   neidischer – J_{II} 1469
eigendünkelvoll
   –es Erwarten J_{II} 1469
Eigenliebe C_I 267; E_I 278
[Eigenname]
   nomen proprium F_I 683
Eigenschaft D_I 465; K_{II} 64, 321
   –en [der] Seele A_I 118
   –en seiner Seele B_I 81
   –en der Substanzen A_I 87
   gemeinschaftliche – [zweier Dinge]
   D_I 446
   s. a. Charaktereigenschaft, Gemüts-Eigenschaft, Seelen-Eigenschaft
Eigensinn D_I 22; SK_{II} 292, 550
eigentlich
   –er Mensch B_I 35
   das Eigentliche in der Welt C_I 326
Eigentum E_I 131; L_I 312

eilen J_{II} 1963
eilfmal SK_{II} 400
Eilführchen L_I 496
Eimbeck C_I 36; GH_{II} 77; SK_{II} 416
Eimer SK_{II} 721
einatmen L_I 54
Einatmungs-Maschine SK_{II} 867
Einatmungs-Prozeß J_{II} 2146
einbalsamieren J_I 755
einbilden
   sich etwas – F_I 164
Einbildung F_I 613; J_I 878
   Bett einer untätigen – D_I 391
   Vergnügen der – C_I 264
Einbildungskraft A_I 55; B_I 81, 263, 275; F_I 656, 657, 809, 838, 1160, 1168, 1169; J_I *81*; L_I 403
   flickgewordene – D_I 631
   klare – B_I 127
   lebhafte – Mat II_{II} 12
   schöne – B_I 322
   verzärtelte – B_I 254
   Bilder der – F_I 683, 741
   Unbändigkeit der – E_I 370
einbrennen
   sich – lassen L_I 138
Eindruck G_{II} 39; K_{II} 64
   Eindrücke längst abgeschiedener Ursachen F_I 486
   – [in] Worte bringen E_I 384, 454
   erster – E_I 454
   Empfindung [und] – E_I 427
   vereinte Würkung verschiedener Eindrücke B_I 33
   s. a. Total-Eindruck
einerweitig J_I 104
einfacher werden L_{II} 825
einfältig
   –er Einfall J_I 682
   –es Zeug E_I 177
   edel – schreiben B_I 20
   würklich – F_I 555
Einfall D_I 445, 481; F_I 98, 1060, 1173; G_{II} 232; H_{II} 8; J_I 207, 682; K_{II} 200; L_I 186; SK_{II} 161
   Einfälle aufschreiben G_{II} 228
   Einfälle fischen K_{II} 33
   Einfälle sammeln G_{II} 228
   drolligter – D_I 214
   einfältiger – J_I 682
   fruchtbar an Einfällen SK_{II} 161
   mutwillige Einfälle L_I 640

närrischer – C_I 225; J_I 529; L_I 540
subtile Einfälle D_I 529
toller – C_I 373
witzige Einfälle L_I 160
Milchstraße von Einfällen J_I 344
s. a. Whim
einfallen
   natürlich – [und] künstliches Einfallen D_I 445
Einfalt
   – des Herzens B_I 297
   – und Unverstand B_I 314
   edle – B_I 20, 197; D_I 230; H_{II} 5
   s. a. Simplizität
Einfuhrzoll L_I 552
eingebildeter Brite E_I 108
eingehen
   in sein Unheil – D_I 162
Eingeweide F_I 201
einkerkern
   sich – J_I 422
Einkleidung D_I 255
einleben
   eingelebt sein L_I 443
einmal und ernstlich F_I 959
Einmaleins L_I 427
   – travestieren J_I 567
Einmaleins-Tafel D_I 528
Einnahme F_I 463
einorganisieren J_I 775
Einrichtung
   Lage, Gestalt und – D_I 447
   s. a. Seelen-Einrichtung
Einsamkeit L_I 152; K_{II} 274
einschachern
   sich – L_I 358
einschläfriger Kirchstuhl K_{II} 239
einschlafen
   Empfindungen vor dem Einschlafen D_I 528
einschmelzen D_I 334; F_I 672
einschmieren D_I 296
einschränken E_I 432; K_{II} 360
Einsichten des Verstandes K_{II} 63
Einsiedler C_I 170
einströmen lassen F_I 321
Einteilung B_I 137
Eintracht
   saufbrüderliche und kaffeeschwesterliche – B_I 415
einwickeln J_{II} 2148

Einzapfung
    Balken-Einzapfung A$_{II}$ 207
    s. a. Verzapfung
einzeln gehen L$_I$ 196
einzöllig
ein- und sechszöllig E$_I$ 250
Eis KA$_{II}$ 105; F$_I$ 383; J$_I$ 927; J$_{II}$ 1618, 1724, 1768, 1934, 2018, 2019, 2036, 2077; K$_{II}$ 408
    s. a. Frauen-Eis, Grund-Eis
Eisapparat J$_I$ 430
Eisberg F$_I$ 409
Eisblätter J$_{II}$ 2095
Eisblume J$_I$ 34; K$_{II}$ 408
Eisen A$_{II}$ 194, 196; KA$_{II}$ 87; J$_{II}$ 1571, 1637, 1693, 2101; K$_{II}$ 326, 398; L$_{II}$ 742, *863*, 870, 883
    glühendes – KA$_{II}$ 93; D$_I$ 21; J$_I$ 767
    heißes – D$_{II}$ 760
    s. a. Brenn-Eisen, Felleisen, Halseisen, Huf-Eisen
Eisenfeil J$_{II}$ 1465, 1980
[Eisenkalk] Eisenkalch J$_{II}$ 2062
Eisenstein L$_I$ 647
Eisen-Vitriol K$_{II}$ 410
eiskalt
    –e Beine SK$_{II}$ 242
Eiskügelchen J$_{II}$ 1845
Eislauf
    Ode auf den – L$_I$ 687
Eis-Segen J$_I$ 881
Eiszapfen J$_{II}$ 1526; L$_{II}$ 817, 857
eitel F$_I$ 550
Eitelkeit B$_I$ 252; D$_I$ 545, 547; F$_I$ 348, 798, 804, 934; J$_{II}$ 1686, 1700; K$_{II}$ 93
Eiweißstoff J$_{II}$ 1593
Ekel D$_I$ 230
elastisch
    – [und] unelastisch F$_I$ 53
    –e Atmosphäre L$_I$ 392
    –er Busen B$_I$ 17
    –es Dorf-Mädgen B$_I$ 41
    –e Dünste A$_{II}$ 226; KA$_{II}$ 95
    –e Flüssigkeiten K$_{II}$ 335
    –er Körper F$_I$ 53
Elastizität A$_I$ 8; J$_I$ 442; J$_{II}$ 1440, 1469, 1484; L$_{II}$ 714, 774; RA$_{II}$ 151
Elbe C$_I$ 122; E$_I$ 189; K$_{II}$ 229
Elbing SK$_{II}$ 361
Eld D$_{II}$ 742
Elefant E$_I$ 464; J$_I$ 20, 828; L$_I$ 47, 696; RA$_{II}$ 64, 194

–en [und Pudel]hunde E$_I$ 113, 179; F$_I$ 150, 890, 898; L$_I$ 47; RA$_{II}$ 44
    betrunkener – F$_I$ 265
    Mist der –en KA$_{II}$ 214
Elektion L$_I$ 122
elektrisch
    – werden A$_{II}$ 238; F$_I$ 1184
    –e Batterie K$_{II}$ 344; L$_I$ 268
    –e Erscheinungen H$_{II}$ 182
    –es Experiment B$_{II}$489, *91*
    –e Figuren J$_{II}$ 1817
    –es Fluidum F$_I$ 34
    –e Ketten F$_I$ 40
    –e Kraft C$_I$ *178, 296*; F$_I$ *1039*
    –e Materie H$_{II}$ 190; J$_{II}$ 1673, 1684, 1688, 1744, 1748, 1798, 1848, 1976, 2023, 2036; K$_{II}$ 344, 384
    –e Mühlen K$_{II}$ 386
    –e Mysterien J$_{II}$ 1682
    –e Pinsel D$_{II}$ 744
    –er Schlag KA$_{II}$ 82; J$_{II}$ 1506, 1751; K$_{II}$ 388, 395
    –e Versuche A$_{II}$ 175; K$_{II}$ 388; SK$_{II}$ 296
    –er Welt-Körper F$_I$ 109, 148
    –e Wolken L$_I$ 268
    –er Zirkel D$_I$ 308
elektrisieren A$_{II}$ 217, 238; F$_I$ 541; J$_{II}$ 1681, 1816, 1881, 1882, 2145, 2150; K$_{II}$ 385, 386, 393, 396; SK$_{II}$ 787, 806, 944
Elektrisier-Hygrometer J$_{II}$ 1490
Elektrisier-Maschine H$_{II}$ 116; E$_I$ 522; J$_I$ 55; J$_{II}$ 2000; L$_{II}$ 783, 906; SK$_{II}$ 145
Elektrizität A$_{II}$ 194; KA$_{II}$ *128*, 302; D$_{II}$ 729, 742–745, 764; F$_I$ 804, 1184; H$_{II}$ 189; GH$_{II}$ 18, *20*, 21, 60, 83, *84*; J$_I$ 441, 1135, 1178, 1206; J$_{II}$ 1257, 1264, 1265, 1272, *1273*, 1291, 1316, *1319*, 1321, 1356, 1374, 1379, 1395, 1403, 1411, 1418, 1432, 1460, 1549, 1560, 1575, 1612, 1673, 1674, 1679, 1684, 1694, 1697, *1707*, 1718, *1728*, 1742, 1748–1750, 1757, 1767, 1790, 1822, 1862, 1873, 1878, 1880, 1883, 1912, *1971*, 1973, 1974, 1982, 1990, *2001*, 2013, 2017, 2018, 2021, 2027, 2036, 2037, 2053, 2084, 2117, 2119, 2123, 2127, 2140, *2141*, 2144, 2163; K$_{II}$ 337, 344, 352, 382–385, 389, 390, 398, 407; L$_I$ 268; L$_{II}$ 782, 784, 786, 869–871, *879*, 936, 947;

UB$_{II}$ 72; RA$_{II}$ 150; SK$_{II}$ 81, 82, 219, 295, 387, 490, 603, *604,* 711, 825, 943
– des Turmalins J$_{II}$ 1296
chemische – J$_{II}$ 1752
tierische – J$_I$ *1100*
Chemie der – J$_{II}$ 1746
Gedicht über die – J$_I$ 401
s. a. Gewitter-Elektrizität
Elektrizitäts-Träger F$_I$ 407, 457
Elektrometer H$_{II}$ 199; J$_{II}$ 1255, 1687, 1704, 1745, 1972, 1992, 2159; SK$_{II}$ 605
Elektrophor D$_{II}$ 742; F$_I$ 456, 461, 695, 1184; J$_{II}$ 1525; K$_{II}$ *389;* SK$_{II}$ 149
Elementar-Geometrie J$_{II}$ 2113
Elementarische Teilchen J$_{II}$ 1415
elend G$_{II}$ 26; H$_{II}$ 137; K$_{II}$ 189; SK$_{II}$ 223, 360, 377
Elend D$_I$ 607, 624; F$_I$ 365; L$_I$ 147
Hunger und – B$_I$ 199; K$_{II}$ 247
elendig schön C$_I$ 88
Elevatio poli KA$_{II}$ 14
Eleusischer Stil F$_I$ 402
Elfenbein F$_I$ 53
elfmal s. eilfmal
eliquare verba D$_I$ 505
Elision
vogtländische –en E$_I$ 314
Elle A$_I$ 68; L$_I$ 268, 532; L$_{II}$ 783; SK$_{II}$ 233
Ellenbogen
Hühner-Augen auf dem – L$_I$ 554
von – zerknäten lassen Mat I$_{II}$ 22
das Liegen auf dem – C$_I$ 81
Ellershauser Holz SK$_{II}$ 157, 321, 331, 474, 654, 783
Ellipse J$_{II}$ 1829; K$_I$ 19, 177
–eln F$_I$ 1026
Ellwangen F$_I$ 1166
Elmsfeuer H$_{II}$ 201
Eloquenz
Professor Eloquentiae B$_I$ 290; KA$_{II}$ 225
Elster s. pica
Elsternesterstechen E$_I$ 152
Eltern G$_{II}$ 100; J$_I$ 26, 433, 454, 860, 1161; K$_{II}$ 261; J$_{II}$ 1654; MH$_{II}$ 4
Ansehen der – RA$_{II}$ 168
Willen der – C$_I$ 318
s. a. Voreltern
Elysium J$_I$ 38

Email-Böckgen E$_I$ 292
embolus A$_{II}$ 256
Embryo SK$_{II}$ 156
– im Spiritus D$_I$ 322, 347
s. a. Neger-Embryo
Emersion A$_{II}$ 242
Emigrant L$_I$ 240
emigrieren
der Emigrierte L$_I$ 454
eminent F$_I$ 824
– grob D$_I$ 471
Empfehlung D$_I$ 92
s. a. Selbst-Empfehlung
Empfindelei H$_{II}$ 1
empfinden KA$_{II}$ 205; E$_I$ 162; F$_I$ 500; J$_{II}$ 1537; K$_{II}$ 29
– [und] glauben E$_I$ 282; H$_{II}$ 181
– [und] urteilen D$_{II}$ 705
– [und] wissen E$_I$ 423
–des Geschöpf D$_I$ 314
–de Substanz A$_I$ 92, 102
sich hinauf – E$_I$ 240
lebhaft – D$_I$ 610
stark – E$_I$ 240
wahr – [und] wahr ausdrücken J$_I$ 555
Empfinder J$_I$ 78
empfindlich SK$_{II}$ 151, 172, 184, 191, 279, 280, 300, 359, 440, 443, 570
–er Mensch B$_I$ 352
–e Seelen D$_I$ 101
Empfindlichkeit A$_I$ 64; D$_I$ 321; E$_I$ 69; J$_I$ 97, 337, 343; SK$_{II}$ 21
ängstliche – SK$_{II}$ 191
kränkliche – B$_I$ 25
moralische – A$_I$ 132
sanfte – B$_I$ 347
Empfindnis KA$_{II}$ 83
empfindsam C$_I$ 209; E$_I$ 108; F$_I$ 1053, 1182
– schreiben F$_I$ 157, 338
– sprechen C$_I$ 23
–e Enthusiasten E$_I$ 240
–es Herz D$_I$ 539
–e Kandidaten C$_I$ 23
–es Prinzip L$_I$ 593
–er Schlummer C$_I$ 209
–e Schriften F$_I$ 345
–e Schwermütelei F$_I$ 1214
–e Werke E$_I$ 103
sich – trinken B$_I$ 380

unsere Empfindsamen F$_I$ 609
s. a. falschempfindsam
Empfindsamkeit F$_I$ 631
- der Jugend L$_I$ 390
epidemische - Mat II$_{II}$ 12
Kandidaten der - C$_I$ 58, 79; D$_I$ 30
Empfindung A$_I$ 52, 129; KA$_{II}$ 83;
  B$_I$ 46, 76, 82, 321, 339, 364;
  C$_I$ 125; D$_I$ 212, 541; D$_{II}$ 727;
  E$_I$ 162, 257, 268, 380, 411, 423,
  430, 442, 503; F$_I$ 3, 178, 215, 814,
  867, 961; G$_{II}$ 3, 140; GH$_{II}$ 16;
  J$_I$ 179, 262, 321, 482, 579, 1143;
  J$_{II}$ 1484, 1537; K$_{II}$ 83; L$_I$ 277, 290,
  378; L$_{II}$ 793, 798, 959; Mat II$_{II}$ 19
-en jedermann an sich selbst bemerken B$_I$ 46
-en beschreiben C$_I$ 324; E$_I$ *190,
192*, 270; F$_I$ 293
-en korrigieren E$_I$ 162
- verleugnen E$_I$ 282
- und Ausdruck A$_I$ 65, *83;* B$_I$ *322;*
Mat II$_{II}$ *19*
- [und] Bewegung KA$_{II}$ 81
- [und] Eindruck E$_I$ 427
-en beim Erwachen C$_I$ 180
- und Gedanke B$_I$ *210, 322;* D$_I$ *528*
- [und] Handlung A$_I$ 105; E$_I$ 469
-en vor dem Schlaf A$_I$ 129; B$_I$ *329;*
D$_I$ *528*
-en beim Sehen und Hören A$_I$ 70
- des Sehens K$_{II}$ 378
- [und] Sprache E$_I$ 257
- [und] Urteil D$_I$ 485; D$_{II}$ *705*, 739
- [und] Vernunft B$_I$ 211; C$_I$ 125;
F$_I$ 684
- [und] Verstand B$_I$ 321
angenehme - F$_I$ 408
noch nicht aufgeklärte - B$_I$ 321
aufgelöst in - E$_I$ 270
böse - A$_I$ 52; J$_I$ 29
nach - handeln J$_I$ 1059
innere - J$_I$ 179
lebhafte - B$_I$ 76
neue -en F$_I$ 293
aus -en räsonieren C$_I$ 218
schwache -en F$_I$ 675
sonderbare - A$_I$ 107; L$_{II}$ *959*
ohne - sprechen E$_I$ 430
starke - F$_I$ 473, 675, 684, 923
aus - tun E$_I$ 442
von - überfließen RA$_{II}$ 128

unangenehme - F$_I$ 1214
verzärtelte - B$_I$ 364
wunderbare - A$_{II}$ 158
Aggregatzustand [der] -en J$_I$ 482
Analysis der - E$_I$ 411
Aufmerksamkeit auf eigene -en
G$_{II}$ 207
Beschreiber ihrer -en E$_I$ *190;*
Mat I$_{II}$ 111
Bewegungen und -en B$_I$ 46
Facta [und] -en C$_I$ 218
Genuß seiner - B$_I$ 160, 322
Richtigkeit der - D$_I$ 530
Sänger sanfter -en B$_I$ 254
das Sprechen aus - [und] das
Schwatzen von - E$_I$ 240, 246
Stimme der - E$_I$ 423
Werke der - J$_I$ 579
s. a. Alltags-Empfindung, Ausdruck, Gedanke, Kastraten-Empfindung, Selbstempfindung
Empfindungs-Bezeugung F$_I$ 1182
Empfindungsmittel
angebornes - J$_I$ 568
Empfindungs-System B$_I$ 321
Empfindungs-Vermögen J$_I$ 643
empfohlen E$_I$ 217; F$_I$ 249, 1219
empirisch L$_I$ 306
-e Gleichungen J$_{II}$ 1760
Emsigkeit D$_I$ 504
enclosed fields F$_I$ 1230
Ende
- bedenken F$_I$ 973
- des vorigen Jahres B$_I$ 9
- der Rede B$_I$ 122
endemisch J$_I$ 1198
End-Idee D$_I$ 365
endlich
- [und] unendlich B$_I$ 50
Endiometer K$_{II}$ 357
Endursache KA$_{II}$ 337; J$_{II}$ 1514, 1518;
L$_{II}$ 858
Endzweck A$_I$ 18, 43, 46, 140; B$_I$ 284;
C$_I$ 178; D$_I$ 41, 260; E$_I$ 58; F$_I$ 291,
569, 595, 902; G$_{II}$ 107, 112; J$_I$ 125,
356, 357
s. a. Haupt-Endzweck
enfant
faire quarante -s en quinze jours
C$_I$ 287
Engel B$_I$ 242; D$_I$ 41, 172; E$_I$ 9, 133,
196, 269, 310, 357; F$_I$ 154, 191,

252, 343, 626, 983; G$_{II}$ 109; J$_1$ 16, 350; L$_1$ 683; Mat I$_{II}$ 17
- [und] Affe D$_1$ 436; E$_1$ 96, 147
- in einer Monade E$_1$ 196
heilige - J$_1$ 16
Backzähne von gefallenen –n J$_1$ 167
Gewand des –s D$_1$ 398
Kommission von –n J$_1$ 1150, 1151
Philosophie [der] - B$_1$ 242
Taxe auf die - F$_1$ 757
Vetter - D$_1$ 436; E$_1$ 162
s. a. Schaf-Engel, Würg-Engel
Engelsanlagen K$_{II}$ 116
Engelsburg *s.* Rom
Engel[s]zunge
mit –n reden F$_1$ 48
Engländer B$_1$ 30, 45, 60, 65, 117, 214, 373; C$_1$ 56, 67, 95, 109, 209, 263, 276; KA$_{II}$ 92; D$_1$ 231, 234, 424, 587, 588, 596, 599, 651, 672; D$_{II}$ 692; E$_1$ 39, 68, 71, 75, 108, 163, 209, 251, 257, 267, 271, 335, 339, 446, 456; F$_1$ S. 455, 25, 39, 58, 60, 159, 293, 308, 361, 362, 366? 371, 375, 431, 459, 540, 544, 569, 631, 680, 751, 844, 881, 969, 1204, 1212; GH$_{II}$ 35, 138, 204, 205; H$_{II}$ 61, 74; J$_1$ 712, 883, 968, 1062; J$_{II}$ 1463, 1542, 1657, 1781; K$_{II}$ 157, 182, 193; L$_1$ 163, 197, 203, 204, 307, 677, 678; UB$_{II}$ 2; TB$_{II}$ 30; RT$_{II}$ 6, 22; RA$_{II}$ 13, 16, 23, 25, 29, 34, 77, 87, 93, 95, 98, 109, 110, 111, 112, 115, 148, 156, 172; SK$_{II}$ 194, 452
Charakter der - E$_1$ 68; F$_1$ 680; RA$_{II}$ 23, 42
eingebildete - E$_1$ 108
- flucht F$_1$ 569
Laune der - L$_1$ 666
protestantischer - D$_1$ 587
s. a. Brite
Engländerin A$_1$ 119
England A$_1$ 119; B$_1$ 16, 124, 150, 179, 392; C$_1$ 209, 263; KA$_{II}$ 2, 6, 31, 34, 70, 105, 171, 179, 224; D$_1$ 19, 79, 214, 444, 520, 578, 582, 585, 587, 590, 592, 611, 630, 666, 672; D$_{II}$ 677, 749, 755, 759; E$_1$ 37, 38, 68, 72, 77, 89, 116, 119, 132, 144, 152, 165, 198, 209, 241, 265, 331, 335, 381, 477, 501, 515;

F$_1$ S. 455, 25, 39, 60, 144, 145, 159, 319, 360, 361, 362, 371, 459, 569, 654, 655, 704, 741, 804, 985, 1154, 1189, 1195; G$_{II}$ 2, 32, 98, 196; H$_{II}$ 202; GH$_{II}$ 47, 48; J$_1$ S. 649, 145, 151, 324, 346, 351, 361, 419, 730, 827, 883, 884, 1150, 1151, 1195; J$_{II}$ 1508, 1911, 1932; K$_{II}$ 272, 290; L$_1$ 75, 77, 148, 172, 230, 460, 681; UB$_{II}$ 2, 82; Mat I$_{II}$ 45, 127, 128; TB$_{II}$ 17; RA$_{II}$ 26, 36, 80, 85, 87, 93, 105, 111, 113, 118, 121, 122, 202; RT$_{II}$ 25; SK$_{II}$ 227, 474, 507, 558, 777, 841
s. a. Großbritannien
englisch A$_{II}$ 241; B$_1$ 17, 374; C$_1$ 11; KA$_{II}$ 172, 180, 2312; D$_1$ 184, 297, 593, 593, 620, 625; D$_{II}$ 693, 750; E$_1$ *71*, 183, 259, 381, 386; F$_1$ 375, 569, 734, *1072*; J$_1$ *811*, *822*, *863*, *997*, *1041*, *1042*, *1062*; K$_{II}$ 149; L$_1$ *238*, 278, 657; TB$_{II}$ 1, 19, 31; RT$_{II}$ 25; RA$_{II}$ 11, 13, 35, 39, 46, 59, 76, 87, 105, 110, 111, 115, 128, 130, 139, 166, 186, 202
–e Aussprache E$_1$ 446
–er Bauer E$_1$ 68
–es Bier SK$_{II}$ 68, 421, 436, 520, 736
–er Boden K$_1$ 4
–er Brief SK$_{II}$ 495
–e Constitution K$_{II}$ 149
–e country-Tänze C$_1$ 95
–e Cross-readings G$_{II}$ 144
–e Dame Ka$_{II}$ 172
–er Dichter C$_1$ 19
–es Epigramm L$_1$ 203
–e Festtags-Prose E$_1$ 209
–e Flüche F$_1$ 569
–e Freiheit C$_1$ 209
–er Garten C$_1$ 207; F$_1$ 1123
–er Gelehrter D$_1$ 611; RA$_{II}$ 128
–e Genies C$_1$ 53
–er Grad D$_1$ 214
–er Hanswurst E$_1$ 259
–e Hengste F$_1$ 459
–e Hengste F$_1$ 459
–er Junius F$_1$ 374
–er Käse C$_1$ 209
–e Kaffeehäuser E$_1$ 265
–es Kammermädchen L$_1$ 6
–e Karikaturen SK$_{II}$ 478

–e Kloster C$_I$ 6
–e Könige E$_I$ 142
–e Krankheit B$_I$ 17
–e Künstler J$_I$ 324
–er Kunstbereuter F$_I$ 1134
–er Lektor SK$_{II}$ 545
–es Mädchen D$_I$ 444
–e Maschinen E$_I$ 152
–er Matrose B$_I$ 412
–e Mathematiker TB$_{II}$ 1
–er Maulbeerbaum D$_I$ 214
–e Meile B$_I$ 411; KA$_{II}$ 180; D$_{II}$ 750
–e Nation B$_I$ 379
–er Nationalcharakter D$_I$ *231*; E$_I$ 68
–e Naturhistorie SK$_{II}$ 197
–es Parallel-Lineal D$_{II}$ 748
–e Pferde C$_I$ 256
–e Philosophen E$_I$ 282
–e physikalische Instrumente L$_I$ 52
–e Poltrons D$_I$ 625
–e Postkutschen E$_I$ 152
–es Räsonnieren E$_I$ 114
–e Reibe F$_I$ 86
–e Reise SK$_{II}$ 429
–e Reklame D$_I$ 590
–er Rekrut L$_I$ 645
–e Romane D$_I$ 610
–e Sachen F$_I$ 490
–er Schnee L$_I$ 339
–e Schrift D$_I$ 620
–e Seemeile D$_{II}$ 692
–e Spitzbuben E$_I$ 42
–e Sprache F$_I$ 569
– Stunde SK$_{II}$ 233
–es Wasser L$_I$ 339
– Zeitungen SK$_{II}$ 394
–er Zoll A$_{II}$ 241; TB$_{II}$ 1
–e Zusammensetzungen L$_I$ *203*
groß – nonpareille D$_I$ 297
s. a. britisch
Enkel D$_I$ 433
  Richterstuhl unserer – F$_I$ 737
ent- C$_I$ 280; D$_I$ 552; RA$_{II}$ 161
Entbindung L$_I$ 543
entdecken D$_I$ 113, 479; E$_I$ 335
  selbst – D$_I$ 536
  neue Länder – C$_I$ 231
Entdeckung KA$_{II}$ 87; C$_I$ 125, 260; D$_I$ 445, 469, 484, *536*; E$_I$ 152, 259, *335*, 339, 410, 430, 467; F$_I$ 423, 645, 1101; G$_{II}$ 88, 173; H$_{II}$ 15, 141; J$_I$ *908*; J$_{II}$ 1516, 1529, 1644, 1935;

K$_{II}$ 308; L$_{II}$ 806, 816, 866, 887
 – machen C$_I$ 260; E$_I$ 467
böse – G$_{II}$ 183
nach – streben J$_I$ 127
entfallen F$_I$ 1007; J$_I$ 180
Entfaltung und Entfältung J$_I$ 112
Entfernung K$_{II}$ 339; L$_{II}$ 798
  Quadrate der – J$_{II}$ 1585
  Sinn für – J$_{II}$ 1782
Entgeisterung B$_I$ 106
enthalten F$_I$ 42
Enthaltsamkeit J$_I$ 802
Enthauptung Karl des Ersten D$_I$ 585
Enthusiasmus C$_I$ 142; E$_I$ 442
  erstimulierter – F$_I$ 215
  fundamentloser – D$_I$ 530
Enthusiast D$_I$ 91, 364; E$_I$ 379, 427, 455; F$_I$ 400; UB$_{II}$ 41; RA$_{II}$ 159
  empfindsame –en E$_I$ 240
enthusiastisch D$_I$ 158, 337; G$_{II}$ 83
  –e Schuster und Schneider F$_I$ 780
  –er Schriftsteller E$_I$ 196
Entjungferung G$_I$ 55
entkleiden
  sich – F$_I$ 178
Entkörperung
  Anfall von – D$_I$ 433
entleiben
  sich – J$_I$ 834
Entrée L$_I$ 653
Entrée-Billet
  –s zur Ewigkeit D$_I$ 337, 611
  –s zum Tempel des Nachruhms D$_I$ 498
entsagen C$_I$ 280
  –de Bibliothek E$_I$ 245
Entschlafene J$_I$ 313
Entschließung L$_I$ 646
  –en lähmen C$_I$ 143
Entschluß C$_I$ 101, 198, 259; D$_I$ 13, 54; F$_I$ 254; J$_I$ 267; K$_{II}$ 29; MH$_{II}$ 2
 – fassen GH$_{II}$ 46, K$_{II}$ *114*; UB$_{II}$ 47
Entschlüsse ratifizieren C$_I$ 20, *125*
entschuldigen K$_{II}$ 106
Entschuldigung B$_I$ 105
 –en bei sich selbst A$_I$ 75
 –en [und] Handlungen C$_I$ 139
entsprechen D$_I$ 552; E$_I$ 245; F$_I$ 42
entstartes Auge E$_I$ 368
entstehen C$_I$ 280
Entstehung K$_I$ 18
  erste –en J$_{II}$ 1538

entweder D_I 352
entwickeln
  mehr entwickelt F_I 178
Entwicklung D_I 622
  s. a. Licht-Entwickelung
Entwicklungs-Krankheit K_I 15
Entzücken E_I 259
Entzückung
  keuscheste – C_I 326
  künstliche – B_I 170
  platonische –en B_I 323
Enzyklopädie B_I 145
  – der Spitzbubenstreiche B_I 225
Epakten-Berechnung F_I 208
Ephemern-Geschlecht F_I 634
epidemisch
  –e Empfindsamkeit Mat II_{II} 12
  –er Leichtsinn Mat II_{II} 12
  –es Pulver F_I 1077
Epidermis E_I 172
  jenseits [der] – E_I 131
Epigramm B_I 330; D_I 365; E_I 111, 164; F_I 678; J_I 559, *1220*; L_I 203; SK_{II} 132
  griechisches – J_I 932
  Striche zu einem – J_I 564
  s. a. Sinngedicht
epigrammatische Periode C_I 54
Epikuräer C_I 265
Epilepsie L_I 274
epinös K_{II} 270
Episode E_I 152
Epistles J_I 194
Epitaph B_I 399; D_I *647*; J_I 477, 599
Epizyklen H_{II} 201; J_I *473*, 475; J_{II} 1699
Epizykloid L_{II} 962
Epsom RT_{II} 5
Era, erai, erao D_I 386
erärgern
  sich – F_I 695
eräugnen s. ereignen
Erbauung, Belehrung und Vergnügen C_I 198
erbetteln L_{II} 867
Erblichkeit der Regierung L_I 403
Erbprinz C_I 50
Erbschaft SK_{II} 193
Erbse
  erste grüne – SK_{II} 333
  in die See geschossene – F_I 34
Erbsen-Feld L_I 450

Erbsünde B_I 284; J_I 234
Erdäpfel SK_{II} 67
Erdball GH_{II} 53; J_I 775
Erdbeben KA_{II} 64, 86; J_I *1223;*
  J_{II} 1405, 1990, 2017, 2100; K_I 16;
  L_I 292, 511; L_{II} 739, 812; RT_{II} 9;
  RA_{II} 50, 163
Erdbeben-Ableiter L_I 268
Erdbeben-Prophet K_{II} 416
Erdbeeren J_I 1052
  erste –n SK_{II} 10, 178, 336, 487, 634
Erdboden
  Veränderung des –s F_I *34*
Erde A_{II} 167, 181, 229, 255, 259;
  B_I 83; C_I 303, 344; KA_{II} 86; D_I 244,
  304; D_{II} 718, 722, 725, 729; E_I 469;
  F_I 148, 787, 924; H_{II} 200; J_I 333,
  454, 568, 837, 974; J_{II} 1379, 1406,
  1456, 1488, 1577, 1578, 1763, 1787,
  1819, 1835, 1861, *1862*, 1867, 1964,
  2065, 2073, 2099, 2116, 2132;
  K_I 16; K_{II} 166, 319, 384; L_I 216,
  483; L_{II} *725*, 774, *775*, 817, 861, *864*,
  865, 879, *935*, 961, 962; RA_{II} 160,
  163
  – stille steht J_I 249
  – in der Erde KA_{II} 123
  – zum Hospitalplaneten machen H_{II} 161
  – ein Schwamm A_{II} 167
  – [als] eine Turmalin-Verkleinerung F_I 470
  – ein Weibchen D_I 244
  erwärmte – F_I 1184
  um die – herumsehen F_I 645, *793*
  neue –n SK_{II} 115
  pomeranzenförmige Gestalt der –
    B_I 130
  [Anziehungskraft der] – A_{II} 195;
    J_{II} 1419, 1533
  Baracken der – E_I 282
  Dichterwerden der – F_I 309, *924*
  Erkaltung [der] – J_{II} 1509
  Firnis über die – J_I 527
  pomeranzenförmige Gestalt der –
    B_I 130
  Götter der – D_I 214, J_I 1227
  Magnet in der – J_I 568
  Mittelpunkt der – A_{II} 200; L_{II} 932
  Oberfläche der – D_I 312, *433;*
    F_I 34; GH_{II} 38; K_I 16
  Osteologie der – J_I 1135

Pole der – J$_{II}$ 2083
Schacht durch den Mittelpunkt der
– A$_{II}$ 200
Schwungkraft der – J$_{II}$ 1740
konkave Seite [der] – F$_{I}$ 596
negative Seite der – F$_{I}$ 466
Silhouette der – F$_{I}$ 917
Theorie der – J$_{I}$ 974; J$_{II}$ 1941;
L$_{I}$ 293
Veraltern [der] – J$_{II}$ 1347
böse Wetter in der – J$_{II}$ 1404
s. a. Garten-Erde, Kiesel-Erde
Erdengott D$_{I}$ *214;* J$_{I}$ 1150, *1227*
s. a. Götter der Erde
Erden
neue – SK$_{II}$ 115
Erdenkloß E$_{I}$ 162; F$_{I}$ 694
Erdenreduzierer J$_{II}$ 1680
Erdfarben K$_{II}$ 340
Erdhaufen C$_{I}$ 356
Erdichtung C$_{I}$ 198; J$_{I}$ 635
s. a. Namen-Erdichter
Erdkruste J$_{II}$ 2096; L$_{II}$ 865
Erdkugel C$_{I}$ 303; J$_{I}$ 698, *889;* J$_{II}$ 1405,
2158
Verkleinerung der – J$_{II}$ 1645
s. a. Weltkugel
Erdreicher J$_{I}$ 954
Erdwurmkriechen L$_{I}$ 603
ereignen E$_{I}$ 152
Erektion D$_{I}$ 75
erfahren J$_{II}$ 1559
– und lernen E$_{I}$ 265
der Erfahrne D$_{I}$ 503
s. a. halberfahren
Erfahrung C$_{I}$ 181, 193, *194;* D$_{I}$ 13,
15, 23, 79, 92, 229, 252, 459, 573;
E$_{I}$ 370, 430, 454, 455; F$_{I}$ 34, 106,
125, 195, 288, 308, 493, 715, 848;
G$_{II}$ 25; J$_{I}$ 20, 48, 109, 429, 558,
1098; J$_{II}$ 1450, 1602, 1666; K$_{II}$ 64,
140; L$_{I}$ 306, 424; RA$_{II}$ 127
– der Theorie entgegen gesetzt
J$_{II}$ 1450
–en erzählen C$_{I}$ 192
–en ordnen J$_{I}$ 732; J$_{II}$ 1781
–en [und] Hypothesen B$_{I}$ 281
– und Lehren D$_{I}$ 92
– [und] Notwendigkeit K$_{II}$ 64
– [und] Vernunft C$_{I}$ 125
– und Verstand D$_{I}$ 23
– und Weisheit B$_{I}$ 364

Ideen und –en J$_{I}$ 732
Luftblasen ungeprüfter –en
UB$_{II}$ 80
Schließen aus – F$_{I}$ 947
[Sonne] von – L$_{I}$ 445
Stimme unserer – E$_{I}$ 454
Erfahrungs-Satz F$_{I}$ 480
erfinden KA$_{II}$ 158; D$_{I}$ 255, 363, 390,
445, 477, 640; E$_{I}$ 235, 317, 467;
F$_{I}$ 7, 55; G$_{II}$ 185; J$_{I}$ 229, 960;
J$_{II}$ 1279, 1621, 1855; K$_{II}$ 314;
L$_{I}$ 186, 707
– [heißt] abtragen F$_{I}$ 7
– und lehren D$_{I}$ 639
nach Regeln – D$_{I}$ 477; L$_{II}$ 806
sich selbst – C$_{I}$ 196
Irrtümer – L$_{II}$ 886
Wahrheiten – B$_{I}$ 138
Erfinden [und] Umformen E$_{I}$ 317
sich auf das Erfinden legen E$_{I}$ 235
Erfinder E$_{I}$ 403; F$_{I}$ 445; J$_{I}$ 1195;
J$_{II}$ 1623
– der Abhandlungen F$_{I}$ 1007
– nützlicher Dinge E$_{I}$ 403; J$_{I}$ 1074
– von Hypothesen J$_{II}$ 1438
– aus dem Stegreif L$_{I}$ 186
schwärmerische – J$_{II}$ 1438
Erfindung KA$_{II}$ 87, 290; D$_{I}$ 266, 639;
E$_{I}$ 108, 259, 335, 418, 457; F$_{I}$ 741,
1195; H$_{II}$ 78, 180; GH$_{II}$ 86; J$_{I}$ 226,
611, 960, 1074; J$_{II}$ 1329, 1351, 1365,
1463; K$_{II}$ 181; L$_{I}$ 500, 524, 661;
L$_{II}$ 887; Mat II$_{II}$ 29
–en erzählen E$_{I}$ 488
–en herauswürfeln E$_{I}$ 134
–en die nützen E$_{I}$ 108
–en der Engländer K$_{II}$ 182
– des Himmels L$_{I}$ 298
– der Meereslänge D$_{I}$ *92,* 378
– der Wahrheiten J$_{II}$ 1672
–en [und] Zufall F$_{I}$ 1195
große – D$_{I}$ 540
halb neue – D$_{I}$ 235
Haupt-Mittel zur – F$_{I}$ 559
Lotterie der –en L$_{I}$ *635, 675;*
MH$_{II}$ 37
Messias unter den –en L$_{I}$ 667
Quell von – E$_{I}$ 152
s. a. Frei-Mäurer-Erfindung, Kalender-Erfindung
Erfindungsgenius F$_{I}$ 741

Erfindungskunst
mechanische – F₁ 434
Erfindungs-Lotterie L₁ 635, 675;
MH_{II} 37
Erfindungs-Mittel E₁ 146; H_{II} 13;
J₁ 568; J_{II} 1571
Erfindungs-Regel K₁ 17
Erfindungs-Sprung
Haupt-Erfindungs-Sprung L_{II} 806
Erfindungs-Stylus E₁ 368
Erfolg K_{II} 178
Erfurt B₁ 16, 45, 96; SK_{II} 78, 128, 139
Erfurter Mohn SK_{II} 193
ergötzen C₁ 198
erhaben
–e Dichtungs-Art E₁ 260
über andere – C₁ 339
Erhabenes F₁ 1138
[erhängen]
sich ex officio erhenken L₁ 42
s. a. henken
erheben F₁ 614
Erhitzungs-Prozeß J_{II} 1713
Erica
die künstlichen –s SK_{II} 349
Erichsburg SK_{II} 982
Erinnerung B₁ 33; D₁ 109; L₁ 483
– an die Jugend L₁ 535
– [und] Sprache A₁ 47
– [und] Vorgefühl J₁ 178
selige – E₁ 259
Erinnerungs-Stoß F₁ 771, 800
Erkältung und Erkaltung J₁ 112
Erkältungsmittel J_{II} 1729
Erkältungs-Prozeß J_{II} 1713
Erkältungs-Versuch J_{II} 1801
erkennen H_{II} 151; J₁ 898
– und [sein] D₁ 211
Erkenntlichkeit E₁ 421
Erkenntnis C₁ 40; D₁ 79; E₁ 30;
J₁ 295, 1186; K_{II} 149, 297; L₁ 195
– unserer selbst Mat I_{II} 149
– von Factis D₁ 15
– [und] Glückseligkeit F₁ 477
– von einer Substanz D₁ 211
anschauende – F₁ 56
menschliche – B₁ 145; J₁ 1160
wissenschaftliche – J_{II} 959; K_{II} 297
Honig der – B₁ 176
Wachstum an – F₁ 462
s. a. Selbst-Erkenntnis

Erkenntnis-System F₁ 511
Erkenntnis-Vermögen J₁ 258;
J_{II} 2147; L_{II} 799
sinnliches – J_{II} 1537
Natur [des] –s L₁ 662
Wohlgestaltheit des –s J₁ 281
Erkennung
geistische –en E₁ 236
erklären J_{II} 1639, 1827
– [und] beobachten D₁ 529
simpel und natürlich – KA_{II} 276
die Art, ein Ding zu – D₁ 484
sich die kleinsten Sachen –
KA_{II} 296
die gemeinsten Vorfälle – C₁ 178
Erklärung B₁ 290; D₁ 497, 507; J₁ 938
– in seiner Privat-Welt suchen
J₁ 1066
gekünstelte [und] subtile –en C₁ 54
künstliche gesuchte –en C₁ 209
künstliche [und] natürliche –en
G_{II} 24
prosaische – B₁ 197
s. a. Bibelerklärung
erkünstelt
–e Laune E₁ 417
–er Menschenkenner E₁ 196
Erlangen F₁ S. 456; G_{II} 12; J_{II} 18880;
SK_{II} 258
Erlanger Pursche SK_{II} 482
Erleuchtung J_{II} 1998
erlogen E₁ 367
ermannen
sich – J₁ 338
Ermattung F₁ 963
ermorden
sich selbst – F₁ 191, 633, 647, 767;
J_{II} 495
Ernst E₁ 370, 401, 435; F₁ 741, 759
ernsthaft E₁ 286, 408, 435; K_{II} 90
–e Sachen lächerlich machen A₁ 100
Ernsthaftigkeit E₁ 408
affektierte – D₁ 210
Ernte-Monat F₁ 1170
Eroberer E₁ 334
große – L₁ 37
Eroberungssucht J₁ 843
Erometer J₁ 644
Erophorus J₁ 644
ersäufen
neugeborne Mädchen – B₁ 382
sich – C₁ 315; H_{II} 106

Erscheinungen im Großen L$_{II}$ 711
erschießen
 sich – SK$_{II}$ 279
erschimpfen D$_I$ 668
Erschlaffung J$_I$ 931
erschrecken D$_I$ 371, 374
erschreiben E$_I$ 328
Erschütterung J$_{II}$ 1475, 1479, *1480*, 2153
Erschütterungskreis J$_{II}$ 2159; K$_{II}$ 394
Erstehung K$_{II}$ 128
Erstgeburt J$_I$ 896
Erstaunen
 anbetendes – E$_I$ 169
erstimulieren D$_I$ 530
 erstimulierte Begeisterung F$_I$ 262
 erstimulierter Enthusiasmus F$_I$ 215
Erstlinge opfern F$_I$ 418
erträumen
 vernünftig – L$_{II}$ 865
Erwachen C$_I$ 180
Erwartung J$_I$ 1088
Erweiterung
 – der Grenzen der Wissenschaft E$_I$ 418
Erz E$_I$ 257
Erz- D$_I$ 668
erzählen C$_I$ 192
Erzählung B$_I$ *204*; E$_I$ 152; F$_I$ 710
 –en gemeiner Leute Mat I$_{II}$ 45
 –en und Taten C$_I$ 343
 – ohne Urteil C$_I$ 192
 – Wahrheit geben C$_I$ 74
 comische –en B$_I$ 16
 moralische –en C$_I$ 74
Erzbösewicht
 in einen – sich umteufeln F$_I$ 1228
erzeigen [erzeugen] D$_{II}$ 733
Erzeugungstrieb A$_I$ 139; B$_I$ *127*, *204*
erziehen F$_I$ 536, 549, 981; G$_{II}$ 99; H$_{II}$ 50, 133; J$_I$ 73; L$_I$ 199, 212
 rückwärts [und] vorwärts – L$_I$ 377
 im Dunkeln – D$_I$ 170
 Philosophen – A$_I$ 11
Erziehung A$_I$ *66*, *85*; D$_I$ 278, 427, *445*, 593; E$_I$ *503*, *511*, *517*; F$_I$ 102, 477, 895, 900; G$_{II}$ 97, *99*, *100*; H$_{II}$ 46; GH$_{II}$ 78; J$_I$ 17, 417; K$_{II}$ 128; L$_I$ *214*, 631; Mat II$_{II}$ 29
 – zu einer Absicht A$_I$ 55
 – für den Himmel J$_I$ 125
 – der Individuorum F$_I$ 477
 elende – J$_I$ 163
 glückliche – F$_I$ 448
 herausgewürfelte – F$_I$ 904
 allzu sorgfältige – L$_I$ 349
 verkehrte – C$_I$ 373; D$_I$ 401
 Fehler in unsrer – A$_I$ 85
 s. a. Jesuiten-Erziehung, Pädagogik
Erziehungsbuch [und] Erziehungsbesen G$_{II}$ 9
Erziehungsplan D$_I$ 593
Erziehungs-Regel J$_I$ 655
Erziehungs-Wesen K$_{II}$ 139
erzkatholisch J$_I$ 236, 957
Erzpäbstler D$_I$ 668
Erzväter F$_I$ 296
 Frömmigkeit der – C$_I$ 256
Esel A$_I$ 26; KA$_{II}$ 131; D$_I$ 667; F$_I$ 110, 967, 1126, 1197; K$_{II}$ 95, 204; L$_I$ *17;* UB$_{II}$ 22
 – [aus] Kautschuk UB$_{II}$ 82
 – [und] Pferd G$_{II}$ 240; H$_{II}$ 166
 güldner – C$_I$ 295
 guter und schlechter – E$_I$ 67
 Beifall des –s B$_I$ 244
 s. a. Keller-Esel, Müller-Esel
Eselchen
 ein mäßiges – belasten L$_I$ 140
Eselei C$_I$ 2
Eselin UB$_{II}$ 23
Eselmühle D$_I$ 668
Eselschrei E$_I$ 466
Eselsfest E$_I$ 67
Eselsmilch UB$_{II}$ 3
Eseltreiber
 spanische – E$_I$ 169
Espagnols *s.* Spanier
Esk RA$_{II}$ 164
Eskimo *s.* Esquimaus
Esprit B$_I$ 224; D$_I$ 280; E$_I$ 335, 339, 342
 – fort E$_I$ 341; F$_I$ 263
 – foible F$_I$ 263
 – du Corps D$_I$ 367; L$_I$ 275
Esquadrons SK$_{II}$ 342
Esquimaus
 deutsche – E$_I$ 105, 169
essen B$_I$ 3; D$_I$ 494, 611; J$_I$ 133, 690
 – und verdauen D$_I$ 494
 – aus Verzweiflung SK$_{II}$ 410
 allein – D$_I$ 130
 zu Nacht – L$_I$ 513
 nichts – F$_I$ 968, 1131

Sehr viel – B$_I$ 204
mit den Bedienten – D$_I$ 193
vorgeschriebene Quantität – D$_I$ 52
Verbotenes – L$_I$ 474
Essen
– und Trinken vergessen F$_I$ 214
cürieuses – D$_I$ 252
s. a. Abend-Essen
Essenszeit
Fortrückung der – E$_I$ 117, 119;
Mat I$_{II}$ 130
Essentia miraculosa coronata L$_I$ 537
Essex KA$_{II}$ 169; RT$_{II}$ 1
Essig J$_I$ 1249
Etage D$_I$ 304
drei –n [des] Leibes B$_I$ 344
[Etikette] Etiquette
– nicht zu stehlen L$_I$ 341
moralische – G$_{II}$ 83
Siegel der – F$_I$ 1213
Sklave [der] – F$_I$ 431
Etiquetten-Insul D$_I$ 611
Etiquettenmäßiges F$_I$ 502
Etiquettenmann G$_{II}$ 83
etoile à pet D$_I$ 647
Eton E$_I$ 75; F$_I$ 58; RA$_{II}$ 39
Etrurien D$_I$ 634
Etrurisches Tränenfläschgen D$_I$ 634;
Mat I$_{II}$ 164
Etymologicum magnum F$_I$ 838
Etymologie B$_I$ 156, 202, 356–358;
D$_I$ 43, 222; E$_I$ 68, 71, 91, 123, 368,
397; F$_I$ 30, 526, 823, 1155; L$_I$ 150,
680; RA$_{II}$ 131; SK$_{II}$ 713
–n haschen F$_I$ 838
Vernunftlehre der – F$_I$ 1114
Etymologist F$_I$ 839
Eudiometer H$_{II}$ 187; J$_I$ 331; J$_{II}$ 1293,
1404
Eule F$_I$ 43; J$_I$ 462
–n nach Athen tragen D$_I$ 70
s. a. nachteulenmäßig
Eulen-Ruf MH$_{II}$ 2
Eulerianer J$_I$ 280
Eunuch J$_I$ 1014
Europa B$_I$ 414; C$_I$ 209; KA$_{II}$ 128,
131, 233, 248; D$_I$ 264, 427, 585,
653, 666; E$_I$ 16; F$_I$ 419, 628, 860,
938; G$_{II}$ 225; H$_{II}$ 53, 125; J$_I$ 236,
6512, 976, 1151, 1189; J$_{II}$ 1369,
1493; K$_{II}$ 296; L$_I$ 286

Europäer D$_I$ 142; F$_I$ 1169; G$_{II}$ 6;
J$_I$ 1125
–Kopf F$_I$ 628
europäisch F$_I$ 848; J$_I$ 1015, 1095, 1104
–e Fama C$_I$ 342
–er Kopf F$_I$ 848
–e Reiche H$_{II}$ 53
–er Schwimmer D$_I$ 131
–e Sprachen KA$_{II}$ 1
Eutychianer C$_I$ 367
Evangelischer und Unevangelischer
J$_I$ 849
Evangelist E$_I$ 355
Evangelium L$_I$ 435; UB$_{II}$ 29
reine Lehre des –s F$_I$ 608
Tag des Evangelii D$_I$ 170
everlasting H$_{II}$ 138
ewige Strafe D$_I$ 267
Ewigkeit B$_I$ 343; D$_I$ 286, 372, 610,
636; E$_I$ 245, 257, 290; F$_I$ 15, 143,
780, 953, 1147; G$_{II}$ 209L$_I$ 69, 483
– ein Bücherschrank D$_I$ 528
– von 1780 F$_I$ 953
für die – erziehen F$_I$ 789
durch die – hallen E$_I$ 505
in die – schallen F$_I$ 1147
in die – hinaus schauen F$_I$ 790
in – nicht vergessen F$_I$ 17
in die – verschießen D$_I$ 610
Entrée-Billets zur – D$_I$ 337, 611
Gang zur – E$_I$ 387
Meer der – L$_I$ 392
Narren für die – E$_I$ 292
Weg zur – B$_I$ 4
Examen E$_I$ 389; L$_I$ 261
Exantlations-Seite J$_{II}$ 2060
exantlieren J$_{II}$ 2060
excellens L$_I$ 571
excludere [und] exclusor J$_I$ 982
Excremente SK$_{II}$ 866
Exekution SK$_{II}$ 335, 497
Exempel D$_I$ 295; J$_{II}$ 1571
Exemplar B$_I$ 272; J$_I$ 31
Exempta Mat I$_{II}$ 72
Exercitium korrigieren C$_I$ 142
Existenz D$_I$ 470; L$_I$ 662; L$_{II}$ 917
s. a. Nonexistenz
Existenz-Drang F$_I$ 724, 740
existieren B$_I$ 264; E$_I$ 374; J$_I$ 320, 943;
L$_{II}$ 897
nicht – F$_I$ 506
Exjesuit H$_{II}$ 137

exkommunizieren KA_{II} 233
Ekremente G_{II} 161
ex officio J_I 684; L_I 41, 42; MH_{II} 11
Expansibilität J_{II} 1466, 1469
Expansions-Fluidum L_{II} 784
Expansiv-Kraft L_{II} 774
Expeditions-Rat SK_{II} 560
Experiment B_I 152; D_{II} 721; J_{II} 1521;
  K_{II} 159; L_{II} *900;* RA_{II} *146*
  elektrisches – B_I 89, *91*
experimental
  -e Kritik G_{II} 129
Experimental-Physik J_{II} 1393
Experimental-Politik L_I 322
experimentieren
  mit Ideen [und] Gedanken –
  K_{II} 308
Exponent
  irrationeller – KA_{II} 36
exponieren J_I 872
Expressiones
  heroische – F_I 601
extra nos
  praeter nos [und] – J_I 643; J_{II} 1537
Ex Voto J_I 83
Exzellenz J_I 211; L_I 571
  s. a. Lakaien-Exzellenz
Exzerpier-Comptoir J_I 1094
exzerpieren E_I 455; G_{II} 181
Exzerpt J_I 239, 648
  –a physica J_{II} 1409, 1441, 1600,
  1789, 1805, 2045; K_{II} S. 838; L_I 281;
  L_{II} 882
  –e aus Reise-Beschreibungen J_I 929
  –e aus den allgemeinen Reisen
  F_I 958
  in seine Excerpta steigen L_I 69
Exzerpten-Buch J_I 471
Exzerpten-Sammeln J_I 1155

Fabel C_I 262; D_I 346; F_I 967; H_{II} 121;
GH_{II} 82; J_I 588, 713, 1030; J_{II} 1738,
1876; L_I 418, 601; MH_{II} 27
  – von den Gärten D_I *214, 215, 301,
  342, 346*
Fabelhans F_I 530
Fabellehre
  heidnische – A_I 66
fabellieren SK_{II} 585
Fabrik F_I 402
  s. a. Kampfer-Fabrik
Fach J_I 744

  sich für ein einziges – ausbilden
  J_I 247
  in ein – hineinwerfen D_I 503
  s. a. Gelehrtenfach
Fackel der Wahrheit F_I 741; G_{II} 13;
  Mat I_{II} 153
Facta D_I 15, 19; J_{II} 2021
  – lernen C_I 218
  – registrieren E_I 232
  – [und] Empfindungen C_I 218
  isolierte – J_I 1023
  Kollektaneen von – J_{II} 1738
Faden
  Fäden des frömmsten Geifers
  D_I 164
  abgerissene – J_{II} 1818
  s. a. Bindfaden, Seiden-Fäden
Fächer F_I 1231
  Flut mit einem – aufhalten B_I 334
Fähigkeit D_I 131, 168, 246; F_I 730
  – [und] Amt D_I 92
  Prüfung der –en F_I 449
  s. a. Geistes-Fähigkeit
Fähndrich D_I 550
Fahne
  – eines berüchtigten Mannes
  F_I 813
  auf eine – blicken L_I 196
  weiße –n J_I 162
Fahrzeug mit unserer Glückseligkeit
  an Bord B_I 253
fairy rings J_{II} 2110
Faktor SK_{II} 68, 117, 122, 488, 508,
  614, 640, 670, 707, 919
Fakultät C_I 279; E_I 245; F_I 656;
  J_I 784; K_{II} 259; L_{II} 975; SK_{II} 202
  fünfte – C_I *79;* E_I 416
  heilende – E_I 237
  juristische – B_I *297*
  medizinische – B_I *297*
  philosophische – B_I 268, *290, 297*
  theologische – B_I *290, 297*
  vier –en E_I 245
Fakultätsgeschichte D_I 290
Fakultäts-Vetter J_I 589
fallacia F_I 649; GH_{II} 14
  – causae F_I 652; K_{II} 73, 117
Fallaciae J_{II} 2159
Falle
  Mausfalle F_I 482; J_I 30
fallen J_I 180, 756
Fallkraft C_I *91, 178*

falsch
- liegen L$_I$ 604
- sein C$_I$ 194
sehr feine –e Bemerkungen F$_I$ 552
–e Rechtschreibung G$_{II}$ 37
–e Zärtlichkeit B$_I$ 204
Falsches sagen F$_I$ 454
falschempfindsamer Unverstand
F$_I$ 848
Falschmünzer G$_{II}$ 120
Falschschreibung G$_{II}$ 37
Falten
- im Gehirn F$_I$ 105, 262, 538
besoldete und verräterische –
UB$_{II}$ 48
Theorie der – in einem Kopfkissen
L$_I$ 476
s. a. Torheits-Fältgen
Fama B$_{II}$ 24; F$_I$ 410
besoffene – F$_I$ 1019
europäische – C$_I$ 342
famae famique D$_I$ 333
Familie B$_I$ 132; J$_I$ 586; J$_{II}$ 1857
–n und Staaten L$_I$ 106
Familien-Archiv J$_I$ 26
Familien-Begräbnis G$_{II}$ 177; J$_I$ 1157
Familien-Fluch E$_I$ 208
Familien-Galgen E$_I$ 208
Familien-Geruch L$_I$ 345
Familien-Geschichten L$_I$ 106
famulus SK$_{II}$ 792
Fandango C$_I$ 12
Fang-Apparat L$_I$ 409
Farbe A$_{II}$ 196, 227; C$_I$ 66, *331*,
KA$_{II}$ 222, 269; D$_I$ 265, 293, 371,
666; D$_{II}$ 739, 769; F$_I$ 637, 733, 1024,
1221; J$_I$ 8; J$_{II}$ 1417, 1487, 1616,
1637, 1750, 1795, 1802, 1808, 1984;
K$_{II}$ *340*, 341, 366, 368, *379*; L$_I$ 277;
L$_{II}$ 777, 778, 788, 791, 793, 813,
888, 889, 891; Mat I$_{II}$ 77
–n reiben L$_I$ 186
–n scheiden C$_I$ 303
- der Hoffnung MH$_{II}$ 17
–n der Körper J$_{II}$ 1415, 1417
- des Menschen L$_I$ 428
–n der Metalle KA$_{II}$ 87
–n der Pflanzen-Blätter UB$_{II}$ 60
- und Pigment D$_I$ 464
- durch Reflexion J$_{II}$ 1703
–n des Stahls K$_{II}$ 324
schwarze – L$_{II}$ 895

weisse – K$_{II}$ 349, 372
Trennen der – KA$_{II}$ 269
s. a. color, fleischfarb, Gesichts-
Farbe, Hautfarbe, Olivenfarbe, Ro-
senfarbe
Farben-Brechung A$_{II}$ 166
Farben-Insekten KA$_{II}$ 216
Farben-Musik L$_{II}$ 813
Farben-Pyramide D$_I$ 356; J$_{II}$ *1703*
Farbentheorie J$_I$ 280
Farben-Triangel D$_I$ 330; E$_I$ 446;
J$_{II}$ 1616
Farce E$_I$ 257; F$_I$ 178
verständige – E$_I$ 111
Fasan SK$_{II}$ 230, 232
Faselei
–en eines zerrütteten Kopfes F$_I$ 215
hektische – D$_I$ 571
Faselhans F$_I$ 530
faseln C$_I$ 334; D$_I$ 658; E$_I$ 209
Faser
Baumwoll-Faser L$_{II}$ 949, 950, 978
Wurzel-Faser F$_I$ 645
Faß SK$_{II}$ 10
altes [und] neues – C$_I$ 108
Heidelberger – F$_I$ 615
Fässer mit konkaven Böden F$_I$ 258
Faßwein E$_I$ 251
Fatalismus D$_{II}$ 688
Fatalist J$_I$ 144
faul J$_I$ 232
faulenzen C$_I$ 273
Faulenzer D$_I$ 610; J$_I$ 877
Faulfieber E$_I$ 450; J$_I$ 1163
Faulheits-Trieb J$_I$ 967
Faun
mutwillige –e F$_I$ 1123
Faust
- in der Tasche J$_I$ 57
auf freier – D$_I$ 79
mit Fäusten ins Gesicht schlagen
F$_I$ 771, 800
Faust-Recht C$_I$ 76; G$_{II}$ 178
Favorit-Absicht KA$_{II}$ 287
Favorit-Bastard D$_I$ 633
Favorit-Charakter J$_I$ 1039
Favorit-Gedanke C$_I$ 218; L$_{II}$ 932
Favorit-Idee RA$_{II}$ 145
Favorit-Klage RA$_{II}$ 16
Favorit-Meinung RA$_{II}$ 117
Favorit-Neigung B$_I$ 72
Favorit-Tänze C$_I$ 12

Favorit-Vorfall E$_I$ 455
Fearnought F$_I$ 540
Februar
29. – J$_I$ 889, 923
fechten L$_I$ 454, 705
Fechtkunst L$_I$ 328
Fechtmeister E$_I$ 418; F$_I$ 916; SK$_{II}$ 322
Feder D$_I$ 208, 575, 600, 610, 612, 666; E$_I$ 171, 224, 226, 422; F$_I$ 128; K$_{II}$ 194
– kauen E$_I$ 363
–n lassen C$_I$ 241
–n schneiden D$_I$ 450; F$_I$ 900
– [und] Leder D$_I$ 225; F$_I$ 1145
gute – H$_{II}$ 129
weiße –n J$_I$ 162
arme Teufel von der – D$_I$ 653; E$_I$ 226, 234
s. a. Gänse-Feder, Original-Feder, Rennfeder, Schreibfeder, Stahlfeder, Triebfeder, Uhrfeder
Federhärte L$_{II}$ 774
Federharz C$_I$ 145; F$_I$ 195, S. 642; L$_{II}$ 935
Federharzflasche J$_{II}$ 1383, 1384, 1546
Feder-Kiel J$_{II}$ 1694
Federmesser SK$_{II}$ 879
Federstrich E$_I$ 114
Feder-Vieh A$_{II}$ 197
Fee E$_I$ 152
Feen-Märchen J$_I$ 673, 711, 713, 714; SK$_{II}$ 176
Feerei J$_I$ 727
Fegfeuer J$_I$ 271, 699
fehlen C$_I$ 345
Fehler B$_I$ 332; D$_I$ 176; F$_I$ 897; J$_I$ 382, 627, 958, 1037, 1062; J$_{II}$ 1963; K$_{II}$ 26, 37, 170; L$_I$ 395, 420
– anzeigen Mat I$_{II}$ 233
– aufdecken E$_I$ 83, 287
– ausplaudern K$_{II}$ 100, 112
– begehen C$_I$ 39
– bereuen C$_I$ 39; J$_I$ 450
– entdecken F$_I$ 828
– finden D$_I$ 416
– fischen L$_I$ 701
– suchen D$_I$ 290
– vermeiden J$_I$ 450
– verzeihn F$_I$ 631
– eines großen Mannes F$_I$ 269
– in Redens-Arten Mat I$_{II}$ 40
– beim Sprechen UB$_{II}$ 45

eigne – K$_{II}$ 102
Grenzen der – KA$_{II}$ 305
größter – K$_{II}$ 40
Entschuldigung von –n J$_I$ 487
gedruckte – K$_{II}$ 226
Fehltritt
Vergebung von –en F$_I$ 631
Feier
Jubelfeiern L$_I$ 441
Feier-Abend der Vernunft B$_I$ 347
Feiertag F$_I$ 1215
– urbar machen F$_I$ 1010
Feiertags-Andacht E$_I$ 314
feiertagsmäßig E$_I$ 218
Feiertags-Principium D$_I$ 633
Feige RA$_{II}$ 58
Feigenblatt E$_I$ 169; F$_I$ 520
Feigheit
jüdische G$_{II}$ 59
Feilstaub B$_I$ 69; F$_I$ 1120
fein B$_I$ 20, 396
– tun C$_I$ 124
– werden J$_I$ 329
–e Köpfe B$_I$ 25
die Feinen F$_I$ 581
s. a. superfein
Feind F$_I$ 962, 1072; L$_I$ 219
–e auffressen J$_I$ 896
s. a. Nachtgedankenfeind
Feinheit B$_I$ 25; G$_{II}$ 81
Feld
–er umzäunen E$_I$ 189
–er zertreten F$_I$ 501
neues – in der Chemie K$_{II}$ 328
das – der Kritik bauen D$_I$ 124
s. a. Erbsen-Feld
Felder s. Darmstadt
Feldherr
große –n L$_I$ 563
Feldhühner schießen L$_I$ 578
Feldscher SK$_{II}$ 197
Feldspat J$_{II}$ 1939
Feldzug F$_I$ 648
Fell E$_I$ 189
– auf dem Auge F$_I$ 495
– eines armen Dichters D$_I$ 208
– über die Ohren ziehen E$_I$ 314; J$_I$ 1253
adoptiertes – J$_I$ 1210
prügelfaules – D$_I$ 668
s. a. Hasenfell
Felleisen B$_I$ 202

Fels
- der Vergessenheit D_I 533; E_I 257
überhangende –en F_I 686
s. a. Granitfelsen, Nonsense-Felsen
felsenmäßige Geduld E_I 4108
Felsen-Wolken SK_{II} 358
fel Tauri SK_{II} 33
Fenster B_I 125, 168; SK_{II} 299, 301
- ausheben SK_{II} 376
- einschmeißen E_I 297, 298; L_I 446
- der Aufklärung L_I 88
- mit hygrometrischem Griff J_I 120
- auf eine enge Straße C_I 166
gemalte – H_{II} 57; J_I 1077; J_{II} 1993
hinter dem – stehen B_I 81; E_I 311
Observationen vom – B_I 125, 253
Fenster-Jalousie L_{II} 818
Fensterscheibe A_{II} 238, 244; J_I 34; K_{II} 408
Ferment K_{II} 405
Fernex KA_{II} 28; F_I 620
Fernglas D_I 212; E_I 368; L_I 401
Ferngläser auf dem Mond C_I 203
Taschen-Uhr mit – D_I 360
Fernröhre J_I 724; K_I 17
umgekehrte – F_I 209
Fern-Rohr F_I 645; J_I 1191
umgekehrtes – D_I 469
s. a. Perspektiv, Sehrohr, Teleskop
Ferro D_I S. 226
Ferrum natare docere A_{II} 183; D_I 7
Fertigkeit A_I 5; F_I 424, 433, 901, 903
blinde – A_I 11
Fertig-Sprechen
Im – ist viel Instinktmäßiges D_I 413
Fest L_I 441
–e des Himmels C_I 91
s. a. Freudenfest, Hirtenfest
Festigkeit F_I 75, 903
festlich D_I 90
- sagen D_I 90
Festtags-Prose B_I 178; E_I 209; F_I 676; Mat II_{II} 49
Englisch-Böotische – E_I 209
Fetisch J_I 1090
fett F_I 1004; J_I 823; L_I 26
das Genie mit verdorbenen Sitten
- machen B_I 361
geistlich – C_I 206
zweimal – E_I 479

Fett L_I 26
im eignen – ersticken F_I 217, 804; G_{II} 95
feu gregeois Mat II_{II} 33
Feuchtigkeit D_I 599; J_{II} 1614, 1873
Feudal-System L_I 72
Feuer KA_{II} 3, 221; D_{II} 760; F_I 2, 1122, 1217; H_{II} 182, 195; GH_{II} 60, 83; J_I 63, 333, 575, 971, 1110, 1135, 1206; J_{II} 1378, 1396, 1410, 1457, 1460, 1466, 1469, 1471, 1472, 1516, 1524, 1575, 1675, 1710–1712, 1748, 1788, 1789, 1848, 1862, 1878, 1938, 1994, 2021, 2024, 2096, 2117, 2124, 2128, 2129, 2153; K_{II} 257, 377, 383; L_{II} 760; RA_{II} 125; SK_{II} 4, 305, 900
- speien J_I 197
- unter der Erde J_{II} 1323
höllisches – J_I 980
honettes – J_I 63
latentes – GH_{II} 60; J_{II} 1509
leuchtendes – KA_{II} 221
strahlendes – J_{II} 2122, 2123, 2127
Vestalisches – B_I 297
wärmendes – KA_{II} 221
Angst wegen – H_{II} 155
Lehre vom – J_{II} 1259, 1748
Theorie des –s L_{II} 973
Versuche mit – KA_{II} 93; J_{II} *1922*
Zeichen des –s J_I 971
s. a. Fegfeuer, Fluch-Feuer, Freuden-Feuer, Küchenfeuer, Segen-Feuer, St. Elms-Feuer
Feueranbeter J_I 968
Feuerfunke F_I 724
Feuer-Glocke F_I 686
- und Christ-Glocke F_I 632
Feuerherd E_I 152
Feuerkugel C_I 178, 203; F_I 125; J_I 245; J_{II} 1658
Feuerländer F_I 1204
Feuer-Luft J_{II} 2036
Feuermaschine E_I 481; J_{II} 2031
Feuer-Meer J_{II} 1610
feuern E_I 12, 126; SK_{II} 322
Feuer-Ordnung L_I 214
Artikel aus einer – B_I 333; D_I 87
Feuerschrift F_I 848
Feuers-Gefahr J_{II} 1636, 1638
Feuerspritze C_I 204; J_I 771
Feuerstahl F_I 336

Feuersteine
 - [im] Magen B_I 284
Feuerstoff J_{II} 1469
Feuerstrom E_I 501, 504; F_I 662
Feuerwerk J_{II} 1733; SK_{II} 197, 281, 333, 352
 - abbrennen E_I 427, 455
Feuerwesen J_{II} 2131
FF D_I 333; F_I 410
Feuerzeug SK_{II} 329
Feversham RA_{II} 27
Fiber D_I 168; J_I 84
 –n des Gehirns F_I 262, 591
 –n des Ohres F_I 1024
 biegsame –n D_I 246; F_I 1066; Mat I_{II} 86
 wollüstige Abspannung der –n D_I 381
 endliches System von –n F_I 1183
 s. a. Gehirn-Fiber, Nerven-Fiber
Fichtenholz J_I 95
Fichten-Schleuder Mat I_{II} 102
Fichtianer L_{II} 980
fiddeln
 in die Höhe – E_I 303
 auf derselben Saite – F_I 338
 die Fiddelnden L_I 244
 s. a. Kirmesfiddler, Strohfiddel
fides implicita B_I 285
Fieber D_I 528; E_I 32, 438; SK_{II} 236
 faules – E_I 450
 schleichendes – J_I 223
 s. a. Faulfieber, Flußfieber, Kerkerfieber, Kindbett-Fieber
fieberhaftes Haschen D_I 530
Fieber-Rausch E_I 438
fiedeln s. fiddeln
fields
 enclosed – F_I 1230
 Leicester – D_I 627
Figur KA_{II} 89
 – des hechtes F_I 1004
 eigene – E_I 93
 elektrische –en J_{II} 1817, 1818; SK_{II} 82
 krumme –en A_{II} 150
 oratorische – B_I 321
 [weibliche] – L_I 74
 s. a. Hauptfigur, Schneefigur, Silenfigur, Wachsfigur, Zwerg-Figur
Fiktion F_I 493; J_I 1030; RA_{II} 145

Filet
 – machen E_I 209
 poetischer – C_I 329
filtrieren J_{II} 1488; L_I 701
 Worte – D_I 505
Filtrierstein K_{II} 357
Filtrum C_I 305; K_{II} 341; L_{II} 977
 – der Konvenienz J_I 780
Finanzoperationen J_I 1241
Findelhaus s. Fündelhaus
finden KA_{II} 252; E_I 48, 49; J_I 688; K_{II} 137
 selbst – KA_{II} 264; J_I 1186
 suchen [und] – F_I 826
 Neues – J_{II} 1633
Finder J_{II} 1620, 1621, 1623
Finger F_I 1128, 1144; L_I 346; 639
 – in der Optik D_I 395
 lange – F_I 311
 durch die – plaudern J_I 119
 mit subtilem – J_I 995
 zusammengewachsene – F_I 1224
 Runzeln an den –n SK_{II} 538
 Spitze des –s F_I 814
Fingerhut E_I 245
 mit Fingerhüten zumessen D_I 653; E_I 502
fingern
 das Fingern C_I 185
Finis SK_{II} 734
Fink B_I 191
Finnenwurm GH_{II} 61
finster B_I 364
 –e Zeiten C_I 148; L_I 100
Finsternis J_I 449; J_{II} 1510
 –se berechnen B_I 376; J_I 473
 –se voraussagen B_I 145
 Ketten der – E_I 345; F_I 730
 Werke der – J_I 92
 s. a. Mondfinsternis, Sonnenfinsternis
Finsternis-Handel L_I 386
Finte C_I 1
Firmament L_I 305
Firmelung F_I 521
Firnis J_I 527; J_{II} 1490; K_{II} 400; SK_{II} 544
 stinkender – D_I 668
 s. a. Leinöl-Firnis
Firnis-Häutchen J_{II} 1490
Firniskochen SK_{II} 543
Firniskocher SK_{II} 402

Firnismacher SK$_{II}$ 401
Firnismann SK$_{II}$ 403
Firnis-Sieden SK$_{II}$ *227*, 919
Fisch F$_I$ 108; J$_I$ 983; J$_{II}$ 2079; K$_{II}$ 267; UB$_{II}$ 61
  ertrunkener – J$_I$ 469
  fliegende –e L$_I$ 304
  giftiger – RA$_{II}$ 192
  säugender – L$_I$ 430
  s. a. Zitterfisch
fischen L$_I$ 701
Fischer-Idylle J$_I$ 865
Fischotter L$_I$ 96
Fischweiber B$_I$ 64
Fistel
  das Singen aus der – F$_I$ 1068; Mat II$_{II}$ 13
Fitzebohne C$_I$ 68
Fixstern C$_I$ 303; E$_I$ 139; J$_I$ 259; L$_I$ 47
  –e ausblasen F$_I$ 721
  –en drehen K$_{II}$ 166
  –e schenken L$_I$ 160, 175, 541
Fixsternen-Kugel J$_{II}$ 1480
Fixstern-Planet F$_I$ 1169
Fixstern-Staub J$_I$ 850
Flachkopf G$_{II}$ 131
Flachs SK$_{II}$ 384
Flachs-Seide D$_{II}$ 704
Fläche A$_{II}$ 142, 150, 155, 251, 257; D$_I$ 433; L$_{II}$ 868
  – [und] solidum F$_I$ 108
  – eines Würfels A$_{II}$ *152*
  unterhaltendste – F$_I$ 88
  Lage der –n A$_{II}$ 257
  Veränderung der –n J$_{II}$ 1880
  s. a. Kugelfläche
Flächengeschlecht
  seichtes – F$_I$ 734
Flageolett KA$_{II}$ 152
Flamme J$_{II}$ 1349, 1978, 2007
  s. a. Lichtflamme
Flanell F$_I$ 540
Flarchheim [Florchheim] D$_I$ 337
Flasche B$_I$ 177
  Bologneser – J$_I$ 30; SK$_{II}$ 607
  elektrische – J$_{II}$ 1464; SK$_{II}$ 806
  Leidensche – J$_I$ 1082; J$_{II}$ 2155; K$_{II}$ 397; L$_{II}$ 744; RA$_{II}$ 150
  s. a. Bouteille, Federharzflasche, Richfläschgen, Tränen-Fläschchen
Flaumfeder J$_{II}$ 2087
flecken SK$_{II}$ 367

Fleder-Maus D$_I$ 65; Mat I$_{II}$ 96
  Fleder-Mäuse fangen GH$_{II}$ 88
Fleet RA$_{II}$ 4
Flegel D$_I$ 667
Fleisch
  – an Bindfaden verschlucken J$_I$ 138
  – essen D$_I$ 134
  – im Magen kochen Mat I$_{II}$ 149
  – mit der Schere schneiden L$_I$ 504; MH$_{II}$ 5
  – und Blut C$_I$ 184, 302; KA$_{II}$ 263
  vom – fallen E$_I$ 271
  rohes – essen J$_{II}$ 982
  Geist und – C$_I$ 51
  s. a. Menschenfleisch
Fleischerknecht Mat I$_{II}$ 150
fleischfarb D$_{II}$769
Fleischscharrn D$_I$ 39
Fleiß D$_I$ 366; G$_{II}$ 139, *209;* J$_I$ *20;* L$_I$ 500
  deutscher – J$_I$ 1195
Flick-Bemerkung E$_I$ 161
Flick-Sentenz C$_I$ 21; D$_I$ 668; Mat II$_{II}$ 35
Flickwerk K$_{II}$ 103
Flick-Wort E$_I$ 161
Fliege C$_I$ 347; J$_I$ 637, 1431, 1547; L$_I$ 555; L$_{II}$ 890; RA$_{II}$ 69
  –n greifen E$_I$ 273
  –n wehren C$_I$ 260
  ertränkte –n SK$_{II}$ 208
  Spinne [und] – F$_I$ 78
fliegen A$_{II}$ 218; D$_I$ 407, 525; E$_I$ 431; G$_{II}$ 94, 139
  –de Dinge L$_I$ 400
  –de Fische L$_I$ 304
  –de Läuse L$_I$ 359
Fliegenflügel J$_{II}$ 1856
Fliegenwedel D$_I$ 105
fliehen
  im – siegen E$_I$ 327
Flinte J$_I$ 136; L$_{II}$ 776
  ungeladene – F$_I$ 681
Flintglas J$_{II}$ 1581
Flintenlauf J$_{II}$ 2036; K$_{II}$ 315; L$_I$ 598; SK$_{II}$ 89, 272, 515
Flintenschloß D$_{II}$ 681
Flitton RA$_{II}$ 2
Flöhbeutel D$_I$ 667
Flörcke F$_I$ S. 455

Flöte KA$_{II}$ 152; F$_I$ 1030, 1224; L$_{II}$ 844
- blasen B$_I$ 204
- töneschwangere – J$_I$ 995
Flöz
  Kien-Ruß-Flöz J$_I$ 527
  Kohlenflöz J$_{II}$ 1320, 1821
Flözgebirge G$_{II}$ 1756; J$_{II}$ 1624, 1756
Floh KA$_{II}$ 114; F$_I$ 1033; J$_I$ 460
  weiße Flöhe F$_I$ 1100
Flohsprung E$_I$ 282
Flor L$_I$ 551
  s. a. Silberflor
Floreal-Kätzchen L$_I$ 480
Florentinisches Thermometer D$_I$ 482
Florentinum
  Museum – B$_I$ 187
Florenz A$_{II}$ 172; D$_I$ 482; J$_I$ 832
Florettseide SK$_{II}$ 200
florissant F$_I$ 1005
- erzählen B$_I$ 410
Floßfedern A$_{II}$ 180
Flotte E$_I$ 504
  mit –n spielen E$_I$ 504
  Russische und Schwedische –
  J$_I$ 115
Fluch B$_I$ 391; F$_I$ 158, 569, 571; J$_I$ 197;
  L$_I$ 224; UB$_{II}$ 7
  Flüche auf dem Theater F$_I$ 571
  allgemeiner – E$_I$ 208
  nationaler – C$_I$ 75
  Shakespears – Mat I$_{II}$ 123
  s. a. Familien-Fluch
fluchen C$_I$ 171, *172;* D$_I$ 610
  -de Klasse der Menschen
  F$_I$ 569
- wie Shakespeare D$_I$ 610
Fluch-Feuer speien J$_I$ 197
Fluch-Psalm F$_I$ 464, 530
fluctuans sub pectore B$_I$ 158
flüchtiges Genie D$_I$ 38
Flügel J$_{II}$ 1709
- abschneiden L$_I$ 114
- des Lichts E$_I$ 344
- der Lunge J$_I$ 45
- der Morgenröte G$_{II}$ 15
- eines Schmetterlings A$_I$ 45
- der Seele A$_I$ 120
  Nase mit –n E$_I$ 364
  s. a. Fliegenflügel, Mückenflügel
Flügel-Getöne E$_I$ 318
Flügel-Mann J$_I$ 538

flügge
flickgewordene Einbildungskraft
  D$_I$ 631
flickgewordener Witzling D$_I$ 497
Flüssigkeit J$_{II}$ 1484, 1505, 2147;
  K$_{II}$ 335, 337, 352, 358, 401; L$_{II}$ 947
Flüssigkeits-Wärme der Luft K$_{II}$ 337
flüstern L$_I$ 157; L$_{II}$ 844, 845
Flug
  kühnster – C$_I$ 334
  s. a. Adler-Flug, Krähenflug, Vogel-Flug
Fluiditätsmesser L$_{II}$802
Fluidum A$_{II}$ 178, 216, 229; H$_{II}$ 190;
  J$_{II}$ 1469, 1489, 1626, 1631, 1840,
  2025
  aufgelöste Fluida A$_{II}$ 178
  elastisches – J$_{II}$ 1469, 1470, 2032;
  RA$_{II}$ 151
  expansible Fluida J$_{II}$ 1469; L$_{II}$ *784*
  heiße Fluida J$_{II}$ 1477
  magnetisches – J$_{II}$ 2067
Fluß
- fangen J$_I$ 120, 121
  Geschwindigkeit der Flüsse J$_{II}$ *1916*
  Ursprung der Flüsse C$_I$ 65
Flußfieber C$_I$ 107
Flußspat H$_{II}$ 201; J$_{II}$ 1942; SK$_{II}$ 130
Flut D$_{II}$ 721; J$_I$ 20
- mit einem Fächer aufhalten
  B$_I$ 334
- mit einem Kartenblatt zurückfächeln E$_I$ 257, 387; F$_I$ 2, 860
- der Luft K$_{II}$ 331
[Fluxions-Tierchen] Fluxions-Tiergen B$_I$ 250
focus A$_{II}$ 205; J$_I$ 387
- des Witzes B$_I$ 263
Föhren-Holz L$_I$ 268
Förster E$_I$ 209
  s. a. Oberförster
Folge J$_I$ 1144
  Dauer, –, Gleichzeitigkeit K$_{II}$ 64
Foliant C$_I$ 359; J$_I$ 346, 886
  -en langsam durchblättern F$_I$ 460
  -en voll Schwärmerei D$_I$ 539
  superfizielle -en D$_I$ 433
Foliantenstand
  in den – erheben L$_I$ 530
Folio KA$_{II}$ 230
  in folio L$_I$ 143, 144; SK$_{II}$ 72, 822
Foliobuch E$_I$ 277

folio-Seiten SK_{II} 528
Folter A_I 53
Fond A_{II} 199
 – unsrer Wissenschaft A_I 133
 moralischer – A_I 125
 s. a. Tilgungs-Fond
Fontainebleau J_I 406
fop B_I 180
Force F_I 1005
 s. a. Löwen-Force
forcieren
 Bäumgen – D_I 214
fordern [fodern] C_I 92
Form GH_{II} 54; J_I 982; J_{II} 1784; K_{II} 199; L_I 353
 – der Sinnlichkeit J_{II} 1537
 – des Verstandes J_{II} 1538
 passende –en L_I 398
 s. a. Gesichtsform, Gips-Form, Patentform
forma anaglypto-diaglyptica B_I 134
[Formel] Formul A_I 93; E_I 307
 s. a. Gebets-Formel
formell
 das Formelle F_I 502
Formosa L_I 579
Forscher K_I 19
 s. a. Naturforscher
fort E_I 341; F_I 263
fortfahren B_I 153
forthungern E_I 209
fortleiten K_{II} 329
fortpflanzen F_I 1079
Fortpflanzung C_I 91; J_I 1071
Fortpflanzungs-Einschärfung F_I 1194
Fortschritt J_{II} 1635; K_{II} 65
 Stillstand der –e K_{II} 271
Fortsätze innerer Beschaffenheit E_I 476
Fortsetzung B_I 22
 – folgt D_I 609; J_I 745
Fourier A_I 119
frachtbriefmäßig E_I 43
Frachtfuhre J_I 1126
fränkisch K_I 1
Frage J_{II} 1965, 2138, 2139
 –n aufsetzen K_{II} 308, 310; MH_{II} 21
 s. a. Kabinettsfrage, Preisfrage
fragen K_{II} 300, 301
Fragen-Plan L_{II} 938
Fraktur E_I 124
France s. Frankreich

Francfort s. Frankfurt
François s. Franzose/Französisch
Franken [Land] KA_{II} 184
Franken [Volk] L_I 454
Frankfurt B_I 117; D_I 203, 241, 400, 437, 453, 482, 530, 610; E_I 107, 169, 223, 245; J_I 869, 1139
 – Sachsenhausen D_I 214, 297; E_I 221, 259, 376; F_I 534
 s. a. Sachsenhäuser
Frankfurt an der Oder D_{II} 689
Frankfurter SK_{II} 404
 – Bürger SK_{II} 407
 – Güterwagen E_I 223
 – Jaherrn D_I 453
 – Messe E_I 107
 – Milchbrot D_I 610
 – Rezensent D_I 203, 530; E_I 245
 – Rezension D_I 437
 unerfahrene – D_I 287
Franklinscher Versuch A_{II} 260
Frankreich A_I 119; C_I 175, 209; KA_{II} 61, 160, 216; D_I 5, 553; E_I 31, 88, 152, 164, 335, 336, 503, 520; F_I S. 458, 64, 86, 107, 159, 741; G_{II} 4; H_{II} 202; GH_{II} 42; J_I 214, 285, 570, 577, 578, 649, 726, 852, 892, 935, 940, 1040, 1069, 1150, 1163, 1178, 1182, 1203, 1249; J_{II} 1653; K_{II} 143, 146, 155, 156, 158, 159, 167; L_I 78, 440, 513, 634; RA_{II} 57, 157, 162; SK_{II} 182, 251, 348, 358, 366, 428, 446? 518, 519, 547, 578, 642, 711, 831, 833
Franziskaner J_I 722
Franziskaner-Kutte L_I 548
Französin C_I 180; SK_{II} 142, 244, 254, 371, 920
französisch B_I 17, 44, 200, 234; KA_{II} 83, 173, 203; D_I 184; E_I 22, 209, 335, 446; F_I 107, 375, 490, 592, 655, 860, 1005, 1072; J_I 80, 366, 673, 689, 889, 1094, 1148, 1150, 1167, 1172, 1203, 1214; J_{II} 1673, 1674, 1681, 1682, 1691, 1699, 1746, 1759, 1956, 2036; K_I S. 838; K_{II} 104, 142, 150, 157, 180, 193, 258, 295, 366, 369; L_I 62, 278; UB_{II} 5; Mat I_{II} 52; TB_{II} 1; RT_{II} 2; RA_{II} 139, 155, 171
 –e Akademie F_I 709
 –er Atheist E_I 342

–es Buch SK$_{II}$ 643
–e Chemie J$_I$ 1214; SK$_{II}$ 589
–e Dichter C$_I$ 9
–er Draht F$_I$ 860
–er Freiheitsbaum J$_I$ 1148
–es Gala-Kleid F$_I$ 520
–er Gallapfel J$_I$ 689
–e Geschichte K$_{II}$ 180
–e Grausamkeiten SK$_{II}$ 642
–er Kalender SK$_{II}$ 567
–e Locken B$_I$ 17
–e Monarchie K$_{II}$ 157
–es National-Fest SK$_{II}$ 351
–e Ode L$_I$ 607
–e Philosophen RA$_{II}$ 155
–e Republik J$_I$ 1094; L$_I$ 419
–er Resident J$_I$ 1150
–er Sachen F$_I$ 490
–er Spottvogel D$_I$ 286
–er Verstand E$_I$ 339
–er Widder L$_I$ 65
–e Wörter E$_I$ 335, 339
–er Zindel C$_I$ 352; D$_I$ 56
stile françois B$_I$ 239
Deutsche mischen – ein B$_I$ 234
Französische Revolution J$_I$ 366, 380, 889, 892, 1172, 1203, 1223; K$_{II}$ 142, 150, 258; L$_I$ 25, 322, 458, 596
Franzosen [Volk] B$_I$ 30, 58, 200; C$_I$ 56, 67, 276; KA$_{II}$ 48, 228, 235; D$_I$ 502, 554, 651, 660; E$_I$ 58, 209, 251, 336; F$_I$ 86, 159, 308, 366, 375, 402, 544, 1204, 1212; G$_{II}$ 35, 138, 204; H$_{II}$ 163; J$_I$ 88, 285, 312, 342, 836, 883, 1012, 1192, 1194, 1218; J$_{II}$ 1657, 1676, 1686, 1968; K$_I$ 9; K$_{II}$ 157, 193, 289, 295; L$_I$ 65, 209, 210, 314, 546, 676, 678; RA$_{II}$ 87; SK$_{II}$ 394, 395, 397, 444, 445, 453, 639, 703, 712, 941, 949, 972, 1008, 1037
Franzosen [Syphilis] D$_I$ 660; F$_I$ 366; J$_I$ 285
die – haben D$_I$ 660; J$_I$ 285
Franzosen-Hure SK$_{II}$ 972
Franzwein E$_I$ 169; F$_I$ 1011; SK$_{II}$ 863
fratrimonium F$_I$ 398
Frau D$_I$ 442; E$_I$ 261; F$_I$ 287, 646, 1076; J$_I$ 104; L$_I$ 70, 73, 310, 627; L$_{II}$ 975; SK$_{II}$ 76
– Hausjungfer G$_{II}$ 10
die alte [und die] junge – F$_I$ 126

schöne – E$_I$ 152; G$_{II}$ 229
tausendzüngige – B$_I$ 24
tugendhafte – D$_I$ 478
unwissende – L$_I$ 169
die 2persönige – F$_I$ 283
Mann und – J$_I$ 153
Frauen-Eis D$_{II}$ 708
Frauenminze GH$_{II}$ 38
Frauenzimmer A$_I$ 80; KA$_{II}$ 130; D$_I$ 445, 462; E$_I$ 152; F$_I$ 85, 292, 379, 631, 1145; J$_I$ 90, 470, 1059; K$_{II}$ 115, 241; L$_I$ 352; UB$_{II}$ 2, 11; SK$_{II}$ 282, 1022
– mit Pfauenschwänzen F$_I$ 807
ausländisches – H$_{II}$ 127
schöne – D$_I$ 642; E$_I$ 152
Arbeit für – J$_I$ 893
Augen eines –s G$_{II}$ 16
Ehre [der] – J$_I$ 100
Hochachtung gegen das – F$_I$ 875
Frauenzimmer-Club
politischer – J$_I$ 351
Frauenzimmerpredigt A$_I$ 80; B$_I$ 185
freeman C$_I$ 98
Fregatte D$_I$ 50
frei J$_I$ 823, 935; K$_{II}$ 99; L$_{II}$ 972; RA$_{II}$ 148
– denken G$_{II}$ 87
– handeln J$_{II}$ 1538
– reden C$_I$ 266
– sein Mat II$_{II}$ 46
–er Mensch J$_I$ 1194
–e Wesen F$_I$ 950; J$_I$ 322; J$_{II}$ 1491
–er Wille J$_I$ 790, 811
sogenannte –e Handlungen J$_I$ 275
s. a. vogelfrei
Freiberg L$_I$ 55; SK$_{II}$ 13, 110
Freibitter SK$_{II}$ 464
Freicorporal SK$_{II}$ 589
Frei-Corps L$_{II}$ 975
Freidenker F$_I$ 263
synkretistischer – J$_I$ 476
systematischer – J$_I$ 476
freien D$_I$ 43
freigeboren
–er Mensch B$_I$ 284
Freigeborner F$_I$ 1048
Freigeist B$_I$ 81; H$_{II}$ 152; J$_I$ 192; L$_{II}$ 975
Freigeisterei D$_I$ 270
Freiheit B$_I$ 171; D$_I$ 357; E$_I$ 131, 163, 282, 503; F$_I$ 11, 431, 694, 813;

J₁ 276, 278, 364, 629, 1182; K_{II} 99, 148; L₁ 367, 561
- zu denken B₁ 143, 321; D₁ 278
- zu schreiben D₁ 278
- der Engländer C₁ 263; RA_{II} 23
- [und] Gleichheit K_{II} 144, 153
- der Kaffeemühle L₁ 498
- der Presse L₁ 498
- des Willens L₁ 275
deutsche - E₁ 114
englische - C₁ 209
holländische - C₁ 209
sich - nehmen KA_{II} 282
politische - K_{II} 149
republikanische - K_{II} 149
Schweizer - C₁ 209
wahre - L₁ 402
weichliche - D₁ 22
in Frankreich entstandene - J₁ 364
Geist der - C₁ 209
Verteidiger der - E₁ 68; K_{II} 290
s. a. Gewissensfreiheit, Lehrfreiheit, Religions-Freiheit, Vogelfreiheit
Freiheitsbaum L₁ 494, 495
französischer - J₁ 1148
Freiheits-Entschluß SK_{II} 307
Freiheits-Influenza J₁ 285
Freiheits-Ode F₁ 262
Freiheits-Ton F₁ 204
Frei-Mäurer D₁ 597; RT_{II} 13
Frei-Mäurer-Erfindung F₁ 367
Freimütigkeit KA_{II} 92
Freitisch G_{II} 238
Fremde J₁ 690
fressen L₁ 217
einander - K_{II} 224; L₁ 614
sich selbst - J₁ 620
seinen Mist - F₁ 191
seine Mitbrüder - F₁ 191
seinem Pferde das Fressen abgewöhnen J₁ 1043
s. a. Grasfressen
Fresser F₁ 203
s. a. Gottfresser, Menschenfresser, Selbstfresser
Fretum le Maire D_{II} 695
Freude B₁ 380
wenig - SK_{II} 111
Fest der - B₁ 380
Sänger der - B₁ 364
heiliger Schein der - L₁ 338
s. a. Mitfreude

Freudenfest der Seelenkräfte B₁ 347
Freuden-Feuer speien J₁ 197
Freuden-Tag B₁ 380
Freuden-Träne C₁ 376; D₁ 514; E₁ 259, 331; K_{II} 34; SK_{II} 332
Freuden-Zähre F₁ 697
Freund B₁ 81; F₁ 25, 31, 822, 1072; G_{II} 214; J₁ 600; K_{II} 130; L₁ 124; TB_{II} 31
-e haben J₁ 464
allzu warmer - L₁ 219
Liebste -e B₁ 253
verblaßter - B₁ 126
Schreiben an einen - B₁ 176
s. a. Menschenfreund
Freundin F₁ 822, 1072
Freundschaft B₁ 263; F₁ 338, 468, 660, 804; J₁ 734; K_{II} 126, 141
- [und] Interesse D₁ 22
- [und] Liebe B₁ 298; G_{II} 23
wahre - L₁ 310
Zeichen der - D₁ 141
s. a. Blutsfreundschaft, Gastfreundschaft
freundschaftliche Inseln L₁ 614
Frevel L₁ 40
Friction moelleuse F₁ 86
Frieden K_{II} 285; L₁ 282, 374; SK_{II} 469, 760
- schmecken J₁ 1181
- stiften C₁ 51
- stören F₁ 824
- strangulieren F₁ 561
- [und] Krieg B₁ 290; K_{II} 294
- der Theologen J₁ 87
Straße des -s D₁ 668
s. a. Religions-Friede
Friedens-Artikel
konferieren über die - B₁ 184
Friedensheld F₁ 929
Friedensrock D₁ 668
Friedensschluß L₁ 106
Friedensstifter C₁ 63
Friedrichshall B₁ 23
frieren KA_{II} 105; F₁ 822
s. a. Tief-Frieren
Fries-Rock
guter Wuchs im - C₁ 209
frigid E₁ 455; F₁ 436
Friktion A₁ 28, 32; A_{II} 154, 156; D₁ 160; J₁ 1277; J_{II} 2159
- der Körper A_{II} 154, 156

englische – F$_I$ 86
markigte – F$_I$ 86
moralische – A$_I$ 32
Friseur s. Barbier, Dorffriseur,
Mannsfriseur
frisieren
sich selbst – B$_I$ 288
Frisur
– à la cryptocatholicisme GH$_{II}$ 41
– [und] Gesicht B$_I$ 158
Philosophie und – L$_I$ 4
s. a. Damen-Frisur
Fröhlichkeit
vitulierende – F$_I$ 1118; Mat II$_{II}$ 41
Frömmelei RA$_{II}$ 11
frömmelnde Anspielungen J$_{II}$ 1856
s. a. wegfrömmeln
Frömmigkeit B$_I$ 314
fromm K$_{II}$ 117
–e Possen B$_I$ 209
–e Wünsche D$_I$ 214
der Fromme B$_I$ 22
Frondienst E$_I$ 131
Fronleichnam SK$_{II}$ 480
Frosch F$_I$ 97; J$_I$ 1004; Mat I$_{II}$ 146;
RA$_{II}$ 66; SK$_{II}$ 373
Versuche mit Fröschen J$_{II}$ 1980,
2003, 2155, 2159, 2161, 2162, 2164,
2165; L$_{II}$ 746; SK$_{II}$ 362, 371, 372,
599, 605
Frosch-Geschichte J$_{II}$ 1980
Frost KA$_{II}$ 105; F$_I$ 822
– der Nachschwätzerei D$_I$ 135
– des Todes J$_I$ 266
fließender – D$_{II}$ 682
Frucht J$_{II}$ 1539
gesunde [und] welke Reife einer –
B$_I$ 25
unnütze – L$_I$ 593
unreife – J$_I$ 738
Fruchtbarkeit C$_I$ 136; D$_I$ 110
Fructidor L$_I$ 525, 576
früh L$_I$ 432
Frühling J$_I$ 582
ganze –e versitzen F$_I$ 460
Frühstück E$_I$ 119; J$_I$ 1050
Frugality SK$_{II}$ 770
Fuchs C$_I$ 155; J$_I$ 970; L$_I$ 601
– tot jagen L$_I$ 578
– und Chamäleon D$_I$ 463; E$_I$ 250
Hannöverischer – B$_I$ 419
Fuder SK$_{II}$ 97

fühlen E$_I$ 141; F$_I$ 1107; H$_{II}$ 151;
J$_I$ 1168; K$_{II}$ 86; Mat II$_{II}$ 51
– ohne es zu wissen J$_I$ 222
Dinge fühlen, ohne sich hauptsächlich mit zu fühlen J$_I$ 337
Füll-Wort E$_I$ 161
Fündelhaus des Verstandes und Witzes B$_I$ 150
Fünkchen J$_I$ 494
fürchten K$_I$ 3
– [und] hoffen K$_{II}$ 43
fürchte nichts F$_I$ 540, 919
ernstlich – D$_I$ 561
die Laterne – J$_I$ 585
Fürst A$_I$ 119; F$_I$ 533; H$_{II}$ 137
kleine –en J$_I$ 945
negativer – A$_I$ 117
Fürstenberg F$_I$ 402
füsilieren L$_I$ 372
füßeln C$_I$ 185
Füßgen B$_I$ 138, 178
Füßgender B$_I$ 185
Fütterung
gelehrte Stallfütterung H$_{II}$ 118
fuga vacui D$_I$ 636
Fuhrmann J$_I$ 773
Fulda F$_I$ 1040; SK$_{II}$ 719
fumaria SK$_{II}$ 28, 154
Funchiale D$_{II}$ 692
Fundgrube des Witzes G$_{II}$ 137
Funke E$_I$ 427; J$_I$ 494
– von Neugierde B$_I$ 297
– [im] Pulver-Magazin B$_I$ 408
schmerhafter – J$_{II}$ 2150
Sonne ein – E$_I$ 296
s. a. Feuerfunke, Fünkchen
Funktion A$_I$ 24
Furcht D$_I$ 370; J$_I$ 2, 775; K$_I$ 1; L$_I$ 253,
276; SK$_{II}$ 712
– macht Götter C$_I$ 180
– vor dem Tod A$_I$ 40; J$_I$ 761
– vor der eigenen Unenthaltsamkeit [beim Streit] A$_I$ 135
Mitleid und – E$_I$ 399
s. a. Gottesfurcht, Halseisen-Furcht, Strafenfurcht
furchtorchend E$_I$ 245
Furor Wertherinus F$_I$ 232, 526
Furz E$_I$ 24
Fuß B$_I$ 125, 253, 289, 411; F$_I$ 260,
374, 900, 1014; L$_I$ 71, 268; SK$_{II}$ 480
zu – gehen F$_I$ 22, 260

Kalenberger – C_I 213
kalte Füße UB_II 59; SK_II 319, 323, 341, 361, 382, *408*, *411*, 418, 420, 446, 453, 479, 615, 650
lange Füße F_I 1087
Leipziger – B_I 65
parallele Füße Mat II_II 17
Pariser – A_II 179; KA_II 217; D_II 693, 737; J_II 1519
Rheinländischer – A_II 179
stumpfe Füße F_I 311
das Affenmäßige in den menschlichen Füßen F_I 535
s. a. Pariser Fuß, Pferdefuß, Stiefelfuß, Universitäts-Fuß
Fußbank RA_II 1; SK_II 918
Fußgänger
  großer – L_I 695
Fußmaß L_I 70, 71
Fußsohle SK_II 570
Fußsteig D_I 179
Fußtapfen D_I 179
Fußtritt E_I 505
Futter [Stoff] s. Unterfutter
futura contingentia F_I 693, 694; J_I 85

G s. Göttingen
Gabe B_I 221, 320
Gabel C_I 180
s. a. Rechengabel
Gänse-Feder J_I 541
Gänsehaut
  wollüstige – E_I 192
Gänsekiel L_I 639
  – und Dinte D_I 144
Gänse-Pastete J_I 424
Gänsespiel D_I 381; J_I 417; SK_II 240, 243
gären J_I 1249
Gärten-Historie D_I *214*, *215*, *301*, *342*, *346*
Gärtner D_I 214; J_I 868; SK_II 744
s. a. Kunstgärtner
Gärtnerei K_II 183
Gärung C_I 78; D_I 539; E_I 32; F_I 830; J_II 2061, 2075; L_II 837
Gärungs-Bläschen L_II 837, 876
gaffendes Staunen F_I 1204
Gala-Gedanke mittelmäßiger Schriftsteller B_I 286
Gala-Kleid
  französisches – F_I 520

galant
  –er Minister E_I 229
  –e Vorrede F_I 601
Galanterie-Diebstahl D_I 415
Galanterie-Prostitution D_I 415
Galgen B_I 260; C_I 75, 247; D_I 294, 610; E_I 36, 37, 121, 208, 251; F_I 166, 245, 521, 1167; H_II 92; J_I 622, 911, 913, 1247; L_I 66, 308, 495, 550
  – in den Augen D_I 27
  – auf dem Buckel E_I 209, 227
  – auf dem Rücken L_I 436
  mit Flor illuminierte – L_I 551
  unter dem – Mat I_II 12, 127
  s. a. Familien-Galgen
Galgenbekehrung K_II *103*; L_I 227
Galgenvogel D_I 667
  ausgestochener – D_I 668
Galgenschwengel D_I 667
Galeere
  vierrudrige – L_I 336
  s. a. Universitätsgaleere
Gallapfel
  französischer – J_I 689
Galle F_I 1170
  – [und] Grundsätze C_I 46
  s. a. Glas-Galle
Gallert F_I 730
Gallier B_I 379; D_I 445, 520
Gallierin C_I 239
Galvanismus K_II *373*; L_II 752, *872*, *873*, *875*, 915; SK_II *362*, *387*
Gang D_I 286; J_I 595; TB_II II 29
  sich in – setzen L_II 806
  – [und] Charakter B_I 125
gangbarer Mann F_I 335
Gang-Gebirge J_II 1756
ganz Gefühl B_I 204
gar [engl.] F_I 451
gar nicht F_I 983; J_I 947
Garde J_I 754
  s. a. Schweizer-Garde
garden J_I 23
Garküche L_II 982
Garnhändler
  westfälischer – C_I 99
Garten D_I 214; F_I 530; H_II 1, 139; J_I 701, 732, 756, 889; J_II 1325, 1390, 1392, 1431, 1475, 1596; K_II 133; L_I 360, 455
  englischer – C_I 207; F_I 1123

Abhandlung von den Gärten
D_I *214, 215*, 301, *342, 346*
s. a. Christ-Gärtchen, Paradies-Gärtchen
Garten-Erde E_I 247
Gartenfrau J_I 797
Garten-Geschichte D_I *214*, 215, *301, 342, 346*
Gartenhaus F_I 1123; SK_II 954
Gartenmauer L_I 357
Garten-Treppe J_I 853
Gartentür J_I 614
Gas J_I 1108, 1222
s. a. Wasserstoffgas
Gascogne C_I 169
Gassau KA_II 217
Gasse
Weender – B_I 124
Gassen-Bub E_I 104
Gassenjunge D_I 182, 573; E_I 162, 318, 446
Gast [und] Wirt C_I 317
Gastfreundschaft K_II 123
Gastmahl D_I 323, 337, 593
Gattung F_I 637; J_I 73
Gaza C_I 309
gebären
lange – F_I 207
Gebäude
Hintergebäude E_I 147
Weltgebäude *s. dort*
Gebet B_I 71, *81*; D_I 101; F_I 1217; H_II 43; J_I 1095; L_I 263
allgemeine –e E_I 208
s. a. Kirchengebet, Morgengebet, Zapfenstreich-Gebet
Gebets-Formel F_I 734
Gebirge
uranfängliche – J_II 1756
s. a. Flözgebirge, Gang-Gebirge
Gebirgsart J_II 1617, 1624, *1756*
Gebiß J_I 963
Gebot
zehn –e E_I 343; F_I 301; J_I 354; K_II 153; Mat I_II 109
Gebrauch
alte Gebräuche D_I 369
lächerlicher – L_I 263
s. a. Alten-Gebrauch, Leben-Gebrauch
gebrauchen C_I 65; D_I 46; E_I 481, 483; L_I 249
sich – lassen J_I 92

gebraucht D_I 648; E_I 290, 481; J_I 264
Gebrechen G_II 77, 86
gebrechlich
Gebrechlicher F_I 792, 901; UB_II 51
Gebüsch von Ausnahmen F_I 1191
Geburt B_I 132; J_I 1197; L_I 263, 403
vor der – L_II 865
s. a. Erstgeburt
Geburtsadel K_II 108
Geburts-Glied D_I 196, 428
Geburts-Recht J_I 784
Geburtstag F_I 430; L_I 551; SK_II 54, 168, 170, 192, 282, 322, 333, 348, 368, 373, 409, 430, 484, 493, 497, 507, 521, 524, 545, 584, 596, 607, 640, 649, 664, 676, 721, 781, 784, 785, 875, 924, 971, 1017, 1019, 1034
– des Ältesten J_I 35
Geburts- oder Sterbe-Tag? L_I 676
s. a. Burztag
Geburtstagsfeier SK_II 524
Geck B_I 138, 180, 191; E_I 174; F_I 321, 338, 500; J_I 377, 833; RT_II 2; RA_II 13
– der Stutzer B_I 180
zärtlicher – F_I 338
Geckerei F_I 396
Geckhaftigkeit des Geistes E_I 370
Gedächtnis A_I 55; B_I 264; C_I 233; E_I 461; F_I 170, 203, 688, 810; H_II 168; J_I 392, 436; J_II 1487, 1738; K_II 24, 162, 175, 273; L_I 12
glückliches – D_I 267
Abnahme an – K_II 24, *162, 175, 273*; L_I 12; SK_II 363
Gedächtnis-Kopf F_I 203
Gedanke A_I 111; B_I 263, 271, 284, 321, 346, 394; KA_II 339; D_I 79, 120, 134, 213, 367, 406, 516; E_I 16, 31, 173, 278, 288, 440, 488; F_I 35, 92, 106, 147, 190, 423, 727, 729, 773, 848, 1091; G_II 133, 186; H_II 107, 141; J_I 18, 33, 283, 294, 322, 559, 597, 740, 756, 931, 988, 1046, 1208; J_II 1854, 2043; K_II 44; L_II 805; MH_II 30; Mat II_II 52
–en abborgen J_I 561
–en abkürzen E_I 278
– albern wie gigantisch J_II 1964
–n [an]sehen E_I 432; K_II 100
–n anderer ausdrücken J_I *951*

mit –n experimentieren K$_{II}$ 308
–n fischen K$_{II}$ 33
– sonderbar kleiden B$_I$ 346
–n plündern J$_I$ 511
–n sammeln J$_I$ 597
–n nackend sehen B$_I$ 346
–n spalten J$_I$ 597
–n wegwerfen D$_I$ 213
– [und] Ausdruck D$_I$ 96, 529, 610; E$_I$ 204, 270, 276, 324; F$_I$ 293, 709, 860; J$_I$ 283; L$_I$ 385
–n auf die Bahn bringen A$_{II}$ 220
– [und] Bewegung J$_I$ 531
–n zu Disputationen D$_I$ 313
– und Empfindung D$_I$ 528
–n vor dem Einschlafen D$_I$ 528
–n und Entwürfe B$_I$ 295
–n und Gefühl J$_I$ 931
–n im Klingel-Beutel sammeln F$_I$ 874
–n [und] Körper A$_I$ 56
–n im Kopf herumwerfen B$_I$ 394; J$_I$ 240
–n fliehende Kraft B$_I$ 318
–n und Partikeln E$_I$ 16
– [und] Periode F$_I$ 673
Gedanken- und Phantasie-Kur L$_I$ 671
– [und] Stellung der Teile unseres Körpers A$_I$ 34
– zum Todlachen D$_I$ 137
– [und] Wort F$_I$ 496, 503
alter – J$_I$ 844; K$_{II}$ 44
ausgerechnete –n E$_I$ 323
beißender – D$_I$ 430
bekannter – J$_I$ 196
besondere –n C$_I$ 125
auf bessere –n bringen D$_I$ 500
unsere besten –n E$_I$ 438
feiner – B$_I$ 50
größter – J$_I$ 292
großer – J$_I$ 62, 276, 850; K$_{II}$ 127
guter – E$_I$ 324
monströser – J$_{II}$ 1381
natürlicher – H$_{II}$ 78
neuer – J$_{II}$ 1341, 1644, 1708; K$_{II}$ 309
schlechtester – D$_I$ 275
tiefe –n F$_I$ 1225
unangenehme –n F$_I$ 152
unschuldiger – B$_I$ 380
verwegener – F$_I$ 419

vornehme –n E$_I$ 323
witziger – C$_I$ 54; G$_{II}$ 137
zahm gemachter – D$_I$ 140
Analysis der –n A$_I$ 76
Aufmerksamkeit auf eigene –n G$_{II}$ 207
Brüche von –n F$_I$ 566
Form des – K$_{II}$ 199
Gerippe des –ns J$_I$ 1094
Männchen und Weibchen von –n J$_I$ 740
Moment [des] –n B$_I$ 271
Silbenmaß und –n F$_I$ 612
Stil und – D$_I$ 250
Ursache meiner – E$_I$ 32
Verdauung der –n H$_{II}$ 86
Versart den –en anmessen A$_I$ 23
Zoll auf –n D$_I$ 516
s. a. Favorit-Gedanke, Gala-Gedanke, Halbgedanke, Nachtgedanke
Gedankenbuch D$_I$ 366; K$_{II}$ 44
Gedanken-Inquisitor J$_I$ 312
Gedanken-Kur L$_I$ 671
Gedanken-Leere L$_I$ 407
Gedanken-Leerheit L$_I$ 327
Gedankenlosigkeit B$_I$ 380; J$_I$ 916
Gedanken-Ökonomie J$_I$ 938
Gedanken-Schwall E$_I$ 245
Gedanken-Schwindel E$_I$ 368
Gedanken-Stehlen F$_I$ 544
Gedanken-System B$_I$ 262, 285, 290; C$_I$ 181, 196; D$_I$ 491; G$_{II}$ 207, 208; K$_{II}$ 44
– und Gesinnungs-System C$_I$ 181
Gedanken-Vakuum L$_I$ 407
Gedankenvorrat K$_{II}$ 30
Gedankenwerkzeug K$_{II}$ 86
Gedanken-Zwang B$_I$ 143
Gedicht KA$_{II}$ 226; D$_I$ 610; F$_I$ 266, 295, 1086; H$_{II}$ 74; GH$_{II}$ 75; J$_I$ 1209; J$_{II}$ 1422; K$_{II}$ 203; L$_I$ 143, 144, 289, 290, 473, 659, 682; SK$_{II}$ 220, 545, 781
–e machen A$_I$ 27; L$_I$ 289
–e zum ärgern F$_I$ 230
–e [als] Komplimente B$_I$ 201
– auf [die] Magister-Promotion KA$_{II}$ 225
– über den Menschen B$_I$ 150
–e ohne r F$_I$ 383, 384; L$_I$ 473
– auf den leeren Raum K$_{II}$ 202

- auf den Hamburger Tumult
  SK$_{II}$ 220
- epische -e KA$_{II}$ 152
- lyrische -e J$_I$ 294
- philosophisches – J$_I$ 401
- volles [und] leeres – F$_I$ 860
- s. a. Epigramm, Heldengedicht, Lobgedicht, Sinngedicht, Trostgedicht

Gedichtchen für Herz [und] Kopf
  F$_I$ 104

Geduld B$_I$ 249; E$_I$ 104; F$_I$ 559; J$_I$ 703; K$_I$ 16
- reißt sich die Haare aus D$_I$ 245
- abgelaufene – aufziehen B$_I$ 249
- felsenmäßige – E$_I$ 108
- stilltätige – J$_I$ 218

Geehrte und Gelehrte L$_I$ 132

Gefährtin
  treuste – B$_I$ 81

Gefälligkeit F$_I$ 584

Gefängnis A$_I$ 4; J$_I$ 316, 327; K$_{II}$ 124; RA$_{II}$ 4, *114*

Gefäß D$_I$ 168; L$_I$ 398
  eiserne -e J$_{II}$ 1570

Gefahr
  Feuers-Gefahr J$_{II}$ 1636, 1638

gefallen
  am besten – C$_I$ 301
  sich selbst – C$_I$ 39

Gefangener E$_I$ *92*, 120
  s. a. Karrengefangener

Gefecht
  Hahnengefecht J$_I$ 1246

Gefilde geistiger Lust B$_I$ 263

geflügelter Spruch L$_I$ 400

Gefrier-Mittel J$_{II}$ 1710

Gefrierpunkt J$_{II}$ 2014

Gefrier-Versuch J$_{II}$ 1612; SK$_{II}$ 215
  s. a. Tief-Frieren

Gefühl A$_I$ 70, 126, 129; B$_I$ 264; E$_I$ 454, 456; F$_I$ 340, 1209; G$_{II}$ 1; H$_{II}$ 35, 141, *151*; J$_I$ 931, 1176; J$_{II}$ 1853; K$_{II}$ 63, 86; L$_I$ 247, 379, 385, 389; L$_{II}$ 793, 798; Mat I$_{II}$ 100
- entwickeln lernen F$_I$ 734
- vergrößern F$_I$ 500
- des neuen Künstlers A$_I$ 18
- -e von Pflicht J$_I$ 321
- mit – beurteilen F$_I$ 584
- dunkle -e B$_I$ 113; F$_I$ 500; L$_I$ 406
- feines – F$_I$ 201

- individuellem – folgen KA$_{II}$ 292
- großes – F$_I$ 390
- innere -e F$_I$ 11
- moralisches – E$_I$ 487; J$_I$ 252, 1231
- stumpfes – F$_I$ 571
- warme -e L$_I$ 406
- äußere Bezeugung innern -s F$_I$ 1182
- s. a. Pflichtgefühl, Sekretärs-Gefühl, Selbstgefühl, Vorgefühl, Wahrheits-Gefühl, Wonnegefühl

gefühlvoll
  -er Mensch B$_I$ 17
  das Gefühlvolle E$_I$ 108

Gegenstand K$_{II}$ 64; L$_I$ 278, 320
  Gegenstände an sich K$_I$ 18
  Gegenstände außer uns H$_{II}$ 150, *151*; J$_{II}$ *2147*; L$_I$ 277
- unserer Empfindung L$_I$ 277
- im Gegenwärtigen L$_I$ 483
  Gegenstände [und] Vorstellungen L$_{II}$ 811, 836
  innere und äußere Gegenstände L$_{II}$ 799
  Mittelpunkt der menschlichen Gegenstände B$_I$ 231

Gegenteil J$_{II}$ 1738

gegenwärtig
  -er Augenblick A$_I$ 36, 44
  auf das Gegenwärtige denken G$_{II}$ 153

Gegenwart B$_I$ 231; E$_I$ 160
  Mittelpunkt der menschlichen – B$_I$ 281

Gegickel eines Canapees D$_I$ 427

Gegner E$_I$ 162, 171; J$_I$ 1214

Gehäuse
  Seelen-Gehäuse E$_I$ 115
  Wörter-Gehäuse F$_I$ 848; J$_{II}$ 1691

Geheim-Archiv der Seele F$_I$ 525

Geheimnis L$_I$ 378
  -se und Wein speien C$_I$ 120
  s. a. Vertrauens-Geheimnis

Geheimrat
  würklicher Geheimder Rat C$_I$ 256

gehen
  auf allen vieren – F$_I$ 374, 583
  das Gehen auf zwei Beinen J$_I$ 226, 281
  s. a. heimgehen, Kirchengehen

Gehirn D$_I$ 19, 484; E$_I$ 31, 452, 461, 476, 495, 501, 509; F$_I$ 11, 34, 36,

105, 160, 190, 262, 349, 420, 595,
607, 672, 684, 690, 729, 808, 814,
830, 866, 900, 1109, 1159, 1171,
1183; J$_{II}$ 1854; K$_{II}$ 38; RA$_{II}$ 169
- [der] Tiere E$_I$ 495
versteinertes – K$_{II}$ 205
Beben [des] –s F$_I$ 831
Brüche des –s F$_I$ 684
Teile im – B$_I$ 54
Zerrüttung des –s E$_I$ 147
Gehirn-Fiber B$_I$ 263; F$_I$ 262, 324, 591
Gehör K$_{II}$ 350, 351; SK$_{II}$ 311, 315
Gehör-Nerv KA$_{II}$ 194
Gehör-Werkzeug D$_I$ 170
Gehorsam J$_I$ 972
Gehüstel der Selbstgenügsamkeit
J$_I$ 777
Gehwindelkopf Mat I$_{II}$ 163
Geifer
Fäden des frömmsten –s D$_I$ 164
Geige KA$_{II}$ 152; E$_I$ 157; J$_I$ 895
baßschwangere – J$_I$ 995
s. a. Baßgeige
geil
- traktieren J$_I$ 635
–er Auswachs C$_I$ 209
Geilen KA$_{II}$ 215
Geisir [Geyser] J$_{II}$ 2019; K$_I$ S. 838
Geismar s. Hofgeismar
Geißblatt C$_I$ 68
Geißel B$_I$ 290; D$_I$ 423
- des Lebens D$_I$ 403
- der Satyre F$_I$ 792
Geißelung C$_I$ 219
Geist A$_I$ 111; B$_I$ 267, 349, 361, 398;
C$_I$ 67, 91, 143, 178, 180, 200;
D$_I$ 273, 282, 296, 444; E$_I$ 161;
F$_I$ 324, 687, 813; G$_{II}$ 31; J$_I$ 33, 171,
313, 322, 522, 624; J$_{II}$ 1430, 1435,
1841; K$_I$ 18; K$_{II}$ 52, 271; L$_I$ 26, 195,
278, 536, 618; L$_{II}$ 865, 974, 975
- hungern lassen A$_I$ 89
–er sehen C$_I$ 180
- sein D$_I$ 452
–ern Aktivität geben B$_I$ 398
- aus der Asche J$_I$ 313
- und Fleisch C$_I$ 51, 63
- eines Jahrhunderts B$_I$ 18
- [und] Körper/Leib B$_I$ 377;
D$_I$ 166, 202; F$_I$ 806; J$_I$ 322; L$_I$ 37,
536
- und Materie D$_I$ 161

- des Widerspruchs L$_I$ 622
–en der abgeschiedenen Wissenschaft D$_I$ 380
- der Zeit L$_I$ 613
- die Zunge einholt E$_I$ 161
gewisser – KA$_{II}$ 67
großer – A$_I$ 116; A$_{II}$ 171; B$_I$ 22, 25,
306, 379; D$_I$ 449; F$_I$ 181, 828, 1126;
J$_I$ 256; K$_{II}$ 168; L$_I$ 37, 178
häßliche –er F$_I$ 263
heiliger – A$_I$ 63; B$_I$ 290, 297
Kantischer – K$_{II}$ 77
kautischer – K$_{II}$ 77
kleiner – B$_I$ 9, 308; D$_I$ 224
sächsischer – C$_I$ 95
schöner – B$_I$ 20, 361; D$_I$ 221;
F$_I$ 106, 203
unser sogenannter – J$_I$ 322
wider [und] durch den – B$_I$ 21
Anbetung der –er F$_I$ 1217
Entwicklungs-Krankheit des –es
K$_I$ 15
Fortschritte des –es J$_I$ 26; L$_{II}$ 913
Geckhaftigkeit des –es E$_I$ 370
Geschichte meines –es F$_I$ 811
Gesetze des menschlichen –es
J$_I$ 103
Größe des –es C$_I$ 358
Horazens – D$_I$ 54
Konfirmation des –es F$_I$ 19
Kräfte des menschlichen –es
L$_{II}$ 913
Mann von – K$_{II}$ 189
Mensch von – J$_{II}$ 1534
Muttermal am – F$_I$ 430
Raffinerie des –es H$_{II}$ 145
Stumpfheit des –es J$_I$ 1198
System der –er J$_{II}$ 1551
Verrichtungen des –es J$_I$ 624
Vervollkommnung unseres –es
K$_{II}$ 111
Wirkungen von –ern C$_I$ 178
s. a. Beobachtungs-Geist, Freigeist,
Gilden-Geist, Handwerksburschen-
Geist, Les-Geist, Marketender-
Geist, National-Geist, Partei-Geist,
Polter-Geist, Prüfungs-Geist, Ritter-Geist, Salpeter-Geist, Systems-
geist, Übersetzungs-Geist, Weingeist
Geister-Welt F$_I$ 791; H$_{II}$ 147
Geistes-Anlage J$_I$ 943

Geistes-Armut J$_I$ 516
Geistes-Fähigkeit J$_I$ 1162
Geistesgaben der Alten E$_I$ 466
Geistes-Kind L$_I$ 263
Geistes-Speise F$_I$ 968
Geistesstärke E$_I$ 402; J$_I$ 1195
Zeichen von – F$_I$ 326
geistig [geistisch] A$_I$ 139; B$_I$ 176, 177
geistische Erkennungen E$_I$ 236
geistisches Vermögen J$_I$ 1245
das Geistige in Handlungen B$_I$ 128
das Geistiche in einem Körper
A$_I$ 139
geistlähmende Bemühung J$_I$ 1195
geistlich
– fett machen C$_I$ 206
–er Despotismus B$_I$ 290
–e Herde F$_I$ 1106
–er Kontrovers-Bomben-Mörser
J$_I$ 197
–er Lumpenhund L$_I$ 47
–er Ornat E$_I$ 58
–er Papst J$_I$ 949
–e Überschattung J$_I$ 1152
–es Wonnegefühl C$_I$ 326
Geistlicher A$_I$ 38; B$_I$ 58, 406; E$_I$ 300;
F$_I$ 1035; G$_{II}$ 87, 190
katholischer – J$_I$ 190
schlechter – C$_I$ 279
Geistlichkeit E$_I$ 1
Pranger der – B$_I$ 290
geistlich-kurfürstlicher Weg zur
Ewigkeit B$_I$ 4
Geiz D$_I$ 669; K$_I$ 5
s. a. Geldgeiz
Geizhals J$_I$ 461, 488
geizig
der Geizige L$_I$ 644
Geklatsche
elendes – J$_I$ 1150
gekünstelt
–e Erklärungen C$_I$ 54
–er Unsinn D$_I$ 530
Geläute L$_I$ 632
– seiner Prose D$_I$ 153
Gelag D$_I$ 668
gelb A$_{II}$ 196; J$_I$ 930; K$_{II}$ 373
– aussehen E$_I$ 265
Gelbschnabel D$_I$ 409, 667
Gelbsucht D$_I$ 323; J$_I$ 223
Geld B$_I$ 219; D$_I$ 156, 247; F$_I$ 1166;
G$_{II}$ 227; K$_{II}$ 290; L$_I$ 465; UB$_{II}$ 4

– bringen und holen UB$_{II}$ 4
– lieben C$_I$ 267; H$_{II}$ 37
– mieten L$_I$ 371
überflüssiges – C$_I$ 378
Bücher statt – [bei Auktionen]
B$_I$ 235
s. a. Kopfgeld, Nadel-Geld, Postgeld, Zahlgeld
Geldbegierde F$_I$ 647
Geldbeutel E$_I$ 345; F$_I$ 730; K$_{II}$ 222
Geld-Cours L$_I$ 475
geldfest
–es Gewissen D$_I$ 523
–e Tasche D$_I$ 517
Geldgeiz G$_{II}$ 58
Geldpressung D$_I$ 156
[Geld]sorte D$_I$ 610
geleckter Gedanke D$_I$ 140
Gelegenheit F$_I$ 728, 730, 1195
Gelehrsamkeit B$_I$ 204; C$_I$ 196;
KA$_{II}$ 90, 195; D$_I$ 529; F$_I$ 439, 766,
796, 797, 1214; G$_{II}$ 40, 118; J$_I$ 342;
K$_{II}$ 98
– in Cours bringen F$_I$ 471
durch Lesen aufgeschossene –
B$_I$ 22
[deutsche] – K$_{II}$ 182
registerartige – D$_I$ 255
solide und superfizielle – D$_I$ 433
wachende – D$_I$ 325; UB$_{II}$ 43
jetziger Zustand der – D$_I$ 230
s. a. Bücher-Gelehrsamkeit, Wörterbücher-Gelehrsamkeit
gelehrt D$_I$ 503; E$_I$ 384
– entschuldigen J$_I$ 1062
–e Assekuranzen C$_I$ 307
–er Bär J$_I$ 789
–e Bank E$_I$ 245
–e Barbarei F$_I$ 1085
–e Dispute D$_I$ 653
–e Journale F$_I$ 797
–e Knaben F$_I$ 58
–e Kommentatoren F$_I$ 569
–er Luxus F$_I$ 303
–e Maschinen D$_I$ 529
–e Rezension D$_I$ 420
–e Sozietäten B$_I$ 188
–e Streitigkeiten D$_I$ 181; J$_I$ 1166
–e Welt J$_I$ 123, 523
–e Witterungsdiskurse D$_I$ 286
–e Zeitung D$_I$ 44, 56, 256, 345,
376; E$_I$ 138, 151, 258; F$_I$ 5, 155, 31

–e Zeitungsschreiber D₁ 337
das –e Beste F₁ 707
Gelehrten-Bank D₁ 71
Gelehrtenfach L₁ 481
Gelehrten-Geschichte D₁ 255
Gelehrten-Republik RA_II 43
Gelehrten-Zeitungs-Comptoire
  D₁ 610
Gelehrter A₁ 76, 96; B₁ 21–22, 23, 25,
  103, 223, 269, 306, 332; C₁ 67, 243
  KA_II 195; D₁ 67, 191, 387, 439,
  450, 484, 503, 541, 578; E₁ 42, 46,
  88, 189, 235, 259, 319, 370, 501;
  F₁ 93, 233, 439, 440, 715, 817, 860,
  1050, 1065, 1191, 1194, 1212;
  G_II 107, 112, 163; H_II 58; J₁ 22, 43,
  90, 238, 240, 342, 497; J_II 1872;
  K_II 110; L₁ 132, 165, 623;
  Mat II_II 51; RA_II 54, 140, 158
– vom ersten Rang D₁ 214; F₁ 1050
berühmte Gelehrte E₁ 370; L₁ 69
deutscher – C₁ 67; D₁ 389; E₁ 115;
  G_II 205; RA_II 128
eigentlicher – D₁ 255, 482
englische Gelehrte C₁ 67; D₁ 611
französische Gelehrte C₁ 67
gesunde Gelehrte D₁ 240
große Gelehrte D₁ 434; E₁ 370;
  J₁ 247
mittelmäßige Gelehrte K_II 168
die verständigsten Gelehrten
  D₁ 229
Geehrte und Gelehrte L₁ 132
König der Gelehrten J₁ 872
Leben eines Gelehrten G_II 122
Namen von Gelehrten D₁ 293
Republik der Gelehrten D₁ 483
Satyren gegen Gelehrte D₁ 633;
  E₁ 114
Stand der Gelehrten B₁ 269
Weiber der Gelehrten J₁ 592
s. a. Gottes-Gelehrter, Rechtsgelehrter
Geleise s. Gleis
Geliebte E₁ 152; F₁ 1072
Geltling L₁ 153
Gelübde K_II 105
– [und] Gitter C₁ 37
– des Professorats/der Keuschheit
  L₁ 235
Gemälde F₁ 706
– aufschlagen SK_II 371

– vervielfältigen J₁ 145
obszöne – J₁ 1058
s. a. Camera obscura-Gemälde
Gemahl
Wahl eines –s C₁ 318
Gemahlin
Vize-Gemahlin J₁ 852
gemein
–er Kopf J₁ 1241
–e Leute J₁ 692, 817
–es Leben A₁ 130
–es Mädchen J₁ 186
–er Mann D₁ 19; J₁ 102; K_II 46
–e Meinungen J_II 1365
–e Menschen A₁ 130; J₁ 173
–e Menschen-Klasse J₁ 43
–e Philosophie J₁ 417
–e Schriftsteller J₁ 555
sich nie mit sich selbst zu – machen
  B₁ 277
gemeinste Sachen J_II 1336
Gemeinort F₁ 556
abgenutzter – F₁ 569
Gemein-Wohl F₁ 533
Gemsen-Jagd B₁ 27
Gemüt F₁ 1027, 1103; J₁ 234; L_II 799
menschliches – L_II 908
Physiologie unseres –s L_II 911
Gemüts-Art A₁ 4; F₁ 550
Gemütsbewegung J₁ 289
Gemüts-Eigenschaft A₁ 116
g[e]nau A₁ 9, 13, 15, 16, 19, 22, 26,
  33, 36, 39, 50, 51, 55, 57, 64, 76,
  80, 83, 87, 91, 94, 111, 123–125,
  130, 140; A_II 162, 207; B₁ 22, 145,
  171, 249, 268, 271; D₁ 55, 116, 447,
  591, 626; D_II 682, 686, 689, 716,
  750; E₁ 165, 189, 197, 389, 506;
  F₁ 84, 737, 802, 848, 931, 1063;
  J₁ 78, 171, 316; J_II 1267, 1286, 1295,
  1374, 1390; UB_II 50; RT_II 11
G[e]nauigkeit A_II 241; D₁ 41; UB_II 1
äußerste – F₁ 460
barbarische – F₁ 273
falsche Art von – L₁ 420
Genf E₁ 469; J₁ 673; RA_II 135, 142,
  151, 158
Genealogie E₁ 420
Genera poetarum Mat I_II 167
General L₁ 8, 325
alter – L₁ 201
großer – G_II 14

Generalpächter J$_I$ 554
Generalquartiermeister UB$_{II}$ 10
General-Regel J$_I$ 279
General-Revolution C$_I$ 78
generatio
- äquivoca A$_{II}$ 160
- linearum A$_{II}$ 160
Generation J$_I$ 1165
Genie A$_I$ 116; B$_I$ 17, 54, 191, 287, 290, 361, 379, 380, 408; C$_I$ 53, 66, 209; D$_I$ 56, 112, 146, 221, 422; D$_{II}$ 686; E$_I$ 157, 245, 251, 437, 501, 504–506; F$_I$ 3, 37, 63, 69, 132, 405, 484, 662, 715, 848, 971, 1126; G$_{II}$ 19, 102, 139, 207, 228; J$_I$ 97, 478, 560, 956, 1013, 1165, 1241; J$_{II}$ 1547, 1623, 1700, 1889; K$_{II}$ 122, 128, 231; L$_I$ 69, 100, 186, 511, 660, 700; MH$_{II}$ 9; UB$_{II}$ 48; Mat I$_{II}$ 152
- fett machen B$_I$ 361
- haben D$_I$ 310
- [der] Alten B$_I$ 25
- -s [der] Bengelei J$_I$ 560
- Feuerstrom E$_I$ 501, 504; F$_I$ 662
- ein Funke B$_I$ 408
- [und] gewöhnlicher Kopf C$_I$ 194
- [und] Mißgeburt A$_I$ 116
- [und] Mode C$_I$ 53
- der Nationen L$_I$ *283*, 324
- [und] Regel C$_I$ 209
- und Spitzbube C$_I$ 66
- und Trinker C$_I$ 209
- [und] Weltkenntnis J$_I$ 97
aufblühendes – D$_I$ 135
deutsches – J$_I$ 953
englische [und] deutsche –s C$_I$ 53
großes – A$_I$ 7, 12, 67, 74, 90; B$_I$ 22; C$_I$ 194; G$_{II}$ 88; J$_{II}$ 1623
junges – B$_I$ 191; D$_I$ 217; E$_I$ 128
mechanisches – J$_I$ 875
philosophisches – RA$_{II}$ 158
poetisches – A$_I$ 27
Abhandlungen vom – F$_I$ 132
neue Art von –s L$_I$ 100
Brausen des –s E$_I$ 109, 258, 504, *506*
geheiligte Eibe des –s L$_I$ 127
Feurigkeit und Flüchtigkeit eines –s C$_I$ 227; D$_I$ *38*
sichtbare Form des –s F$_I$ 1067
Nachdenken [und] – D$_I$ 540
Sprünge des –s J$_{II}$ 1889
Vorgriffe des –s K$_{II}$ 128
daunigt hinbrütende Wärme des –s F$_I$ 848
Wankelmütigkeit [und] – D$_I$ 596
Weben des –s D$_I$ 530; E$_I$ 109, 194, *245*
Zeichen des –s B$_I$ 267
s. a. Dichter-Genie, Götter-Genie, Kriegs-Genie, Original-Genie, Schauspieler-Genie, Studenten-Genie, Urgenie
Genie-Durchschauung F$_I$ 1194
genießen F$_I$ 500
Genie-Stylus E$_I$ 368
genievoll L$_I$ 593
Genius C$_I$ 178; D$_I$ 328; E$_I$ 176, 245, 504
s. a. Dichter-Genius, Erfindungs-Genius
Gens de Loi D$_I$ 390
Genua H$_{II}$ 134
Genüge [Gnuge] D$_I$ 503
Genügsamkeit
Selbstgenügsamkeit D$_I$ *503;* J$_I$ 777
genug [gnug] J$_{II}$ 1339; K$_{II}$ 297; L$_I$ 851, 852
Genugtuung D$_I$ 357; L$_{II}$ 975
Genus A$_I$ *17*, 94, 118; B$_I$ *22;* C$_I$ 179; E$_I$ 39; F$_I$ 1190, 1196; J$_I$ 392; L$_{II}$ 806
- passerum A$_I$ 96; C$_I$ 29
- summum B$_I$ 22
Die Natur schafft keine genera A$_I$ 17
Species eine generis K$_{II}$ 319
s. a. Geschlecht
Genuß J$_I$ 179, 802
- seiner selbst B$_I$ 163
- seiner Empfindung B$_I$ 160
- des Lebens B$_I$ 364; J$_I$ 522; SK$_{II}$ 321
geistiger – B$_I$ 322
seligster – C$_I$ 326
tierischer [und] platonischer – B$_I$ 77
s. a. Selbst-Genuß
geognostisch
–er Charakter der Steinarten J$_{II}$ 1498
Geogonie J$_I$ 387
Geographie A$_I$ 66; G$_{II}$ 97; L$_I$ 175; L$_{II}$ 901, 954
Geometer L$_{II}$ 967

Geometrie A_I 10; A_{II} 166; B_I 148, 380; KA_{II} 127; D_I 433, *621;* G_{II} 220; J_{II} 1283; L_I 306, *524;* L_{II} 834, 955
- des Augenmaßes A_I 74
praktische – A_{II} 164; F_I 442; SK_{II} 350
Problem aus der – B_I 362, *363*
Proposition in der – D_I 284
geometrische Schärfe J_I 651
Georgien [Georgia] RA_{II} 111
Georgsplanet SK_{II} 770
Gepräge der Zeit D_I 79
gepuzzelt J_I 708
Gerätschaft L_I 398
geräumig
  –e Ausdrücke D_I 668
  – in der Welt F_I 344
Geräusch
  sonderbares – E_I 136
  wollüstiges – E_I 108
Gerechtigkeit B_I 200; E_I 189; J_I 395; L_I 697
  – und Schinderei C_I 249
Gerede J_{II} 1806
gereist
  Leute, die sehr – taten D_I 214
Gericht J_I 873
  –e vor Zeiten D_I 387
  jüngstes – J_I 894
  kritisches – E_I 245
  Auditors bei den –n C_I 282
  ehrwürdige Glieder des –s D_I 337
  s. a. Halsgericht, Ober-Appellations-Gericht
Gerichtsschulze SK_{II} 468, 486, 933
Gerichtsschulzin SK_{II} 171
gering D_I 434; J_I 959
  –er Mann E_I 189
Gerippe C_I 112; E_I 121, 368
Germania
  Prinzessin – F_I 1005
Germanien B_I 380; E_I 227, 229; F_I 32, 606, 661, 1005, 1170; GH 44; J_I363, 374; $MatII$ 38; SK_{II}919
Germanica lingua B_I 305
germanische Wurzelwörter F_I 32
Germinal-Bier L_I 480
Germinal-Hase L_I 480
gern
  –e sehen L_I 424
  –e tun C_I 349
Gerstenzucker J_{II} 1909

Geruch A_{II} 195; J_{II} 1465, 1747, 1810, 1875, 1877, 1904, 2153; K_I S. 838; L_{II} 757, 793
- der Hunde J_{II} 1904
Phosphorischer und Schwefel-Geruch J_{II} 1750
s. a. Blüten-Geruch, Familien-Geruch, riechen, Rosengeruch, Schwefel-Geruch, Wohlgeruch
Geruchs-Pole A_{II} 195
Gerücht B_I 160; D_I 653
Gerück E_I 162
Gerüste SK_{II} 230
gesalbtes Wesen B_I 314
Gesandte J_I 553
Gesang J_{II} 1709; L_I 556
  s. a. Barden-Gesang
Gesangbuch-Verbesserung J_{II} 215
geschacht A_{II} 227; D_I 297; E_I 259
Geschäft [und] Besoldung D_I 573
  s. a. Börsen-Geschäft
Geschäfts-Mann L_I 574
geschehen J_{II} 1538
Geschenk G_{II} *73;* J_I 1207; SK_{II} 340
Geschichte D_I 15, 19, 22, 170, *267;* E_I 62, 81, 108, 164, 389; F_I 34, 385, 460, 631; J_I 20, 89, 287, 1128; K_{II} 86, 170, 176, 180, 195; L_I *285;* L_{II} 975; RA_{II} 100
- von mir B_I 257
- schreiben E_I 232; K_{II} 174
- schließt ihre Bücher D_I 611, 653; E_I 62
- der Chineser RA_{II} 168
- meines Geistes [und] Körpers F_I 811
- von Grönland B_I 174
- der Handwerke und Künste F_I 262
- eines Jahrhunderts B_I 18
- der Kunst B_I 23
- des Marsyas B_I 10
- der Meinungen J_{II} 1990
- des Menschen D_I 280
- der Religionsstifter K_{II} 174
- der menschlichen Seele B_I 69
- der Welt J_I 581
- der Wissenschaften K_{II} 188
artige – J_I 735
biblische –n D_I 214
französische [und] alte – K_{II} 180
hebräische – E_I 209

vermeintliche [und] wahre – L₁ 301
Tor der – D₁ 107
s. a. Alp-Geschichte, Familien-Geschichte, Garten-Geschichte, Gelehrten-Geschichte, Histörchen, Historie, Kaiser-Geschichte, Kloster-Geschichte, Kollisions-Geschichte, Literärgeschichte, Märtyrer-Geschichte, Mordgeschichte, Naturgeschichte, Passions-Geschichte, Privat-Geschichte, Weltgeschichte
Geschichtenmaler F₁ 898
Geschichtsbuch D₁ 20, 92; K₁₁ 195
Geschichtschreiber C₁ 193; D₁ 19, 20; E₁ 389, 455; F₁ 1138; G₁₁ 146, 201; RA₁₁ 100, 127
 glühendes Eisen des –s J₁ 767
s. a. Natur-Geschicht-Schreiber
Geschicht[s]klauber F₁ 460
Geschichtsklaubereien D₁ 319
Geschick D₁ 79
Geschicklichkeit
 Titular-Geschicklichkeit B₁ 77
Geschlecht A₁₁ 192; F₁ 320, 637; L₁ 296
 – fortpflanzen F₁ 1079; K₁ 1
 ausfüllendes – B₁ 321
 menschliches – A₁ 90, 91; B₁ 269, 270; E₁ 108, 209; L₁₁ 906
 weibliches – G₁₁ 80; K₁₁ 290
 –er schaffen A₁₁ 192
s. a. Ephemern-Geschlecht, Flächengeschlecht, Lerchen-Geschlecht, Menschen-Geschlecht
Geschlechts-Register J₁₁ 1548
Geschlechtstrieb J₁ 448; K₁₁ 272
Geschmack A₁ 18, 77; B₁ 264, 290, 297; C₁ 233; D₁ 214; E₁ 247, 335, 339, 359; F₁ 63, 971, 1051; J₁ 1231; L₁ 104; RA₁₁ 159
 – als Gemälde D₁ 237
 – und Kräfte F₁ 490, 996
 falsch zärtlicher – B₁ 191
 feiner – A₁ 100, 101
 gemischter – F₁ 177
 guter – B₁ 23, 87, 204, 374; E₁ 251, 359; F₁ 274; UB₁₁ 31
 nach dem – illuminiert C₁ 116
 natürlicher – E₁ 503
 schlechter – D₁ 645
 seltsamer – G₁₁ 89

 Regeln des –s A₁ 102
 Sekundenzeiger des guten –s UB₁₁ 31
 Sitze des guten –s B₁ 204
 Tempel des guten –s B₁ 374
 Thron des –s G₁₁ 5
 Verfall des –s D₁₁ 686
geschmacklos J₁ 778
Geschmacklosigkeit
 laue – B₁ 15
Geschmacks-Edikt J₁ 882
Geschmacksmesser J₁₁ 1567
Geschmeidigkeit F₁ 105
Geschmeiß D₁ 668
Geschmier
 Pfaffengeschmier J₁ 295
geschniegelt RA₁₁ 130
Geschöpf A₁ 66, 94; J₁₁ 1668, 1763
 – das denkt F₁ 851
 – höherer Art J₁ 581
 –e auf der Grenze D₁ 161
 dürres – F₁ 1128
 das edelste – D₁ 331
 empfindendes – D₁ 314; K₁₁ 45
 menschliches – L₁ 600
 Stufenleiter der –e J₁ 392
s. a. Phantasiegeschöpf, Weingeschöpf
Geschrei
 – des deutschen Publikums D₁ 610
 – der Zeitungsschreiber F₁ 758
s. a. Börsen-Geschrei
Geschütz
 6 Pfunder D₁ 197
s. a. Drehbasse, Kanone, Mörser
Geschwätz E₁ 195, 242, 376; F₁ 165
 – der Schule F₁ 72
 – [und] Unterredung D₁ 80
 algebraisches – J₁ 553
 politisches – J₁ 1150
s. a. Liebes-Geschwätz, Schulgeschwätz
Geschwätzigkeit E₁ 148
geschwind L₁ 62
Geschwindigkeit A₁₁ 147, 155, 176, 190; J₁₁ 1484, 1916; L₁₁ 741
 – [des] fallenden Körpers A₁₁ 156
 – des Schalles K₁₁ 344, 345
 – des Schiffs KA₁₁ 121
 – des Windes J₁₁ 1667
Geschwindwisser J₁₁ 1720, 1725

Geschwister
Stiefgeschwister L$_I$ 183
Geschwür D$_I$ 508; L$_I$ 436; SK$_{II}$ 347
– aufschneiden SK$_{II}$ 347
s. a. Nagelgeschwür
Geselle D$_I$ 171
s. a. Alt-Geselle, Maurergeselle,
Tischler-Geselle
Gesellschaft B$_I$ 270, 271; C$_I$ 91, 219;
D$_I$ 92, 220, 267, 286, 573; E$_I$ 510;
F$_I$ 607, 613, 1153; J$_I$ 57, 196, 470,
493, 497, 538, 554, 596; K$_{II}$ 107;
L$_I$ 152, 195, 296; SK$_{II}$ 348, 381,
384, 537, 551, 554, 559, 599, 651,
663, 738, 801, 813, 849, 908, 910,
925, 930, 982
– zu Beförderung des Romanschreibens B$_I$ 391
–en de propaganda puritate linguae
germanicae B$_I$ 305
– di Santo Paolo C$_I$ 161
deutsche – B$_I$ S. 45, 16, 68, 234,
266, 297, 306; F$_I$ 607; J$_I$ 401
gute – F$_I$ 165, 860
infame hermetische – L$_I$ 654
in – G$_{II}$ 27, 69; H$_{II}$ 9, 138; J$_I$ 196;
K$_{II}$ 192; Mat I$_{II}$ 127; RA$_{II}$ 127
schlechte – F$_I$ 631, 860
Arbeit [in] – J$_I$ 470
Klassen [der] – K$_{II}$ 256
Ökonomische –en B$_I$ 16
Spadille der – K$_{II}$ 248
s. a. Brunnen-Gesellschaft, Hausgesellschaft, Konto-Assekuranz-Gesellschaft, Lese-Gesellschaft, Ordens-Gesellschaft, Pferde-Sterbe-
Kassen-Gesellschaft, Purschen-Gesellschaft, Schauspiel-Gesellschaft,
Spritzen-Gesellschaft
Gesetz A$_{II}$ 192; D$_I$ 286, 340; F$_I$ 93,
127, 787; J$_I$ 33, 207, 228, 579, 638,
1161; K$_I$ 1, 3; K$_{II}$ 148; L$_I$ 334, 424;
RA$_{II}$ 121
– der Schwere K$_{II}$ 314
alte –e D$_I$ 369
einstimmig auferlegte –e E$_I$ 33
ausgeschlafene –e L$_I$ 419
geschriebenes – F$_I$ 730
Keplerisches – H$_{II}$ 200
mathematische –e J$_{II}$ 1843
dem – unterworfen J$_I$ 207
vernünftige –e H$_{II}$ 53

weise –e J$_I$ 1054; K$_{II}$ 296
Achtung fürs – L$_I$ 195
Geist der –e RA$_{II}$ 127
Handeln nach –en L$_I$ 275
Verwalter der –e L$_I$ 275
s. a. Brechungs-Gesetz, Heirats-Gesetz, Naturgesetz, Sittengesetz,
Vollkommenheits-Gesetz
Gesetzbuch D$_I$ 183
– für mich selbst D$_I$ 66
Gesicht A$_I$ 4; B$_I$ 158, *331;* C$_I$ 166;
KA$_{II}$ 234; D$_I$ 19, 294, 573; E$_I$ 459;
F$_I$ 79, 84, 88, 89, 98, 311, 647, 727,
730, 776, 795, 819, 822, 848, 849,
1027, 1061, 1063, 1105, 1190, 1204,
1209; G$_{II}$ 30, 92, 96; H$_{II}$ 87; J$_I$ 96,
675, 1241; L$_{II}$ 793; TB$_{II}$ *23;* RA$_{II}$ 7
– beurteilen F$_I$ 651
– fühlen A$_I$ 18
–er reimen sich E$_I$ 289
– unterstützen L$_I$ 142
– zeichnen C$_I$ 107; RA$_{II}$ 181, 182
– zerschneiden J$_I$ 389
– [und] Charakter F$_I$ 694, 697,
1137; UB$_{II}$ 48, 55
–er [und] Gesinnungen D$_I$ 454
– [und] Handlung F$_I$ 9, 216
–er der Idioten H$_I$ 1224
– hat zu viel Lokales B$_I$ 17
–er [mit] Mangel von Symmetrie
B$_I$ 54
– in der Mitte E$_I$ 27
– im Mond J$_I$ 682
– [und] Seele B$_I$ 69; F$_I$ 612, 773
– [als] Sorgen-Messer J$_I$ 1079
–er [und] Sprachen F$_I$ 682
– [und] Stimme F$_I$ 819, 1068
–er [und] Vornamen F$_I$ 89
dumme –er F$_I$ 1156
ehrliches – F$_I$ 1205; L$_I$ 688
ernsthaftes – E$_I$ 286, 435
fette –er E$_I$ 172
frommes – J$_I$ 326
gescheutes – machen K$_{II}$ 138
gezeichnete –er B$_I$ 195
gutes – F$_I$ 803
häßliches – F$_I$ 1020, 1204
jovilisches – UB$_{II}$ 2
im – lesen F$_I$ 770
ruhende –er F$_I$ 987
saure –er F$_I$ 304
scharfes – G$_{II}$ 113

schläfriges – F_I 697
aus –ern schließen D_I 616; F_I 804
submisses – G_{II} 154
unähnliche –er F_I 1027
altes verfallenes – J_I 1133
vollere –er L_I 693
Farben von –ern F_I 733
Nebel auf seinem – C_I 339
s. a. Affengesicht, Amen-Gesicht, Banditen-Gesicht, Christus-Gesicht, Diebs-Gesicht, Feuerländer-Gesicht, Hausgesicht, Helden-Gesicht, Herausforderungs-Gesicht, Kartoffel-Gesicht, Modegesicht, Mohren-Gesicht, Pleureusen-Gesicht, Sandstein-Gesicht, Satyr-Gesicht, Shakespear-Gesicht, Spiegel-Gesicht, Spitzbuben-Gesicht, Steckbrief-Gesicht, Tiergesicht, Ugolino-Gesicht
Gesichtchen zum Hineinbeißen L_I 16
Gesichter-Beobachter F_I 1204
Gesichteredikt
 Nasen- und – J_I 882
Gesichter-Kenntnis F_I 656
Gesichterschneiden J_I 1008
Gesichtsbildung
 griechische – F_I 766
Gesichts-Farbe D_I 371
Gesichtsform
 asiatische – F_I 893
Gesichtskreis D_I 81
Gesichts-Muskel E_I 173
Gesichtspunkt D_I 183, 408
Gesichtszug B_I 158
Gesindel E_I 209
 giftiges – L_I 47
 s. a. Mönchs-Gesindel
Gesindestube SK_{II} 900
Gesinnung B_I 138; KA_{II} 339; D_I 19; F_I 1091; J_I 600; L_I 362
 –en eines andern B_I 366
 –en heften C_I 148
 –en [und] Gesichter D_I 454
 –en der Menschen J_I 33
 christliche –en J_I 733
 Biegsamkeit der –en D_I 626
 Gedanken und – C_I 181
 Strom der –en J_I 98
Gesinnungs-System B_I 22, *138*, 159; C_I 181; D_I *19*, 54
gesitteter Mensch D_I 659

gespannt F_I 215
Gespenst C_I 178, 180, 192, 193, 242; D_I 292, 329; E_I 211; F_I 324, 851; H_{II} 108; L_I 276; Mat I_{II} 81
 antique und moderne –er E_I 34
 s. a. Prozeßgespenst
Gespenster-Gespräch D_I 39
Gespenster-Historie C_I 178, 193
Gespenster-Idylle D_I 39; E_I 211
Gespenster-Stunde E_I 211
Gespensterweise E_I 209
Gespräch C_I 317; D_I 448; J_I 171; K_{II} 205, 233
 allegorische –e D_I 85
 s. a. Gespenster-Gespräch, Selbstgespräch
Gessengoltern SK_{II}843
Gestalt
 abschreckende – F_I 64
 eiförmige – A_I 27
 luftartige – J_{II} 1702
 pomeranzenförmige – B_I 130
 Lage, – und Einrichtung D_I 447
 s. a. Menschen-Gestalt, Wohlgestalt
Gestein E_I 257
[Gesteins]schicht J_{II} 1617
gestern
 verloren wie ein Gestern E_I 234
Gestüm E_I 159
 – von einem Wind C_I 378
gesucht
 künstliche –e Erklärungen C_I 209
 das Gesuchte B_I 20
gesund
 meine –e Lunge B_I 114
 –e Vernunft B_I 303; D_{II} 267
 Gesunde in der Einbildung J_I 193
Gesundbrunnen G_{II} 185
Gesundheit F_I 898, *1204*; J_I 126, 194, 349, 496, 615, 963; K_{II} 57; UB_{II} 19
 verlorne – E_I 200
 Gefühl von – L_I 483
Gesundheitbrunnen K_{II} 262
Gesundheits-Chokolade SK_{II} 720
Getöse J_I 128; J_{II} 1445; K_{II} 32
 s. a. Korybanten-Getöse
Getränk
 betäubende/geistige –e J_I 254
 s. a. Tränkchen
Getreuer L_I 702
Gevatter D_I 290; SK_{II} 247, 277, 792, 800

Gevatterin SK$_{II}$ 1024, 1028
Gevattern-Brief SK$_{II}$ 792
Gevatterschaft SK$_{II}$ 247, 287, 800, 801
Gevaudan
 Tier von – C$_I$ 362; J$_I$ 364
Gewächs-Alkali J$_{II}$ 1589
Gewächshaus D$_I$ 214
Gewäsch
 artifizielles – E$_I$ 149
 pflichtgemäßes – E$_I$ 454
gewahr
 sich selbst – werden A$_I$ 130
gewahren C$_I$ 165
Gewalt J$_I$ 880
Gewehr L$_I$ 506
 Mordgewehr L$_I$ 333
 Schießgewehr E$_I$ 35; L$_I$ 333
Gewicht A$_{II}$ 147; KA$_{II}$ 94; D$_I$ 460; D$_{II}$ 770; RA$_{II}$ 180
 moralisches – B$_I$ 212
 spezifisches – J$_{II}$ 1594; K$_{II}$ 271, 413; L$_{II}$ 738; SK$_{II}$ 115
 Abnahme des –s J$_{II}$ 1258
 s. a. Bleigewicht
Gewissen C$_I$ 126; D$_I$ 376; F$_I$ 101; J$_I$ 353, 948, 988
 – im Grafenstand L$_I$ 391
 – [und] Leib F$_I$ 101
 böses – C$_I$ 247; F$_I$ 328
 geldfestes – D$_I$ 523
 gutes – B$_I$ 338
 poetisches – F$_I$ 609
Gewissenhaftigkeit
 philosophische – D$_I$ 213
Gewissens-Angelegenheit J$_I$ 33
[Gewissensfreiheit]
 liberty of conscience J$_I$ 817
Gewissenspflicht J$_I$ 395
Gewißheit C$_I$ 193
Gewitter A$_{II}$ 238; C$_I$ 297; KA$_{II}$ 22, 191; D$_{II}$ 733; F$_I$ 147, 491; GH$_{II}$ 55, 83; J$_{II}$ 1257, 1413, 1636, 1860; K$_{II}$ 404; L$_{II}$ 900, 906, 912; SK$_{II}$ 72, 181, 182, *202*, 328, 502, 658, 661, 674, 797, *927*, 998
 – kommandieren G$_{II}$ 175
 s. a. Donnerwetter
Gewitter-Ableiter J$_{II}$ 1636
Gewitter-Elektrizität F$_I$ 804; UB$_{II}$ 40
Gewitter-Leiter J$_{II}$ 1561
Gewitter-Wolke J$_{II}$ 1556

gewöhnen
 hineingewöhnt werden F$_I$ 1091
Gewölbe J$_{II}$ 1829
 knöchernes – F$_I$ 814
 s. a. Knochen-Gewölbe
Gewölk
 Silber-Gewölke F$_I$ 731
Gewohnheit A$_I$ 32; KA$_{II}$ 294; E$_I$ 487; F$_I$ *259*, 434; G$_{II}$ 90; H$_{II}$ 21, 35; L$_I$ 572; Mat I$_{II}$ 137
 üble –en F$_I$ 440
Gewühl der Geschäfte und des Umgangs J$_I$ 988
Gewürzduten K$_{II}$ 169
Gewürzhandel J$_I$ 700
Gewürzkrämer F$_I$ 330
Geyser s. Geisir
Gezänk L$_{II}$ 974
 s. a. Ministerial-Gezänk
Gicht F$_I$ 249
gicht-brüchig L$_I$ 121
gickeln D$_I$ 238, 668
 s. a. zugickeln
Gießen A$_I$ 98; A$_{II}$ 215; D$_I$ 531; F$_I$ S. 644; J$_{II}$ 1754, 1988; RA$_{II}$ 41; SK$_{II}$ 200, 292, 403, 405, 515, 752, 1008
Gießkanne D$_I$ 214
Gift F$_I$ 1170; J$_I$ 48
 – säugen K$_{II}$ 23, 43, 55
 s. a. Blatterngift, Pestgift
Gilde B$_I$ 297; F$_I$ 780
 nach der – riechen L$_I$ 283
 s. a. Schneider-Gilde
Gilden-Geist L$_I$ 24
Gildentag SK$_{II}$ 224, 829, 949
Gips J$_{II}$ 1285, 1286, 1295, 1298, 1299, 1330, *1474*, 1911
gipserne Katzen und Papageien F$_I$ 74
Gips-Form C$_I$ 293
Gipsmaske KA$_{II}$ 268
Gitter und Gelübde C$_I$ 37
Gittith L$_I$ 669
Glanduln B$_I$ 61
Glanz J$_I$ 283; J$_{II}$ 1601; L$_{II}$ 788
 Glanz-Papier J$_{II}$ 1804
Glas F$_I$ 91; J$_{II}$ 1513, 2102, 2103; K$_{II}$ 413; SK$_{II}$ 159, 457, 462, 470, 679
 – entzweischlagen D$_I$ 256
 achromatische Gläser K$_{II}$ 341
 blaues – L$_{II}$ 721

böhmisches – L_I 268
gefärbte Gläser L_II 719
gefrorenes – D_II 764
geschliffenes – J_I 937; J_II 1802
gestoßenes – D_II 708, 709
grünes [und] rotes – KA_II 222; K_II 379
polyedrisches – C_I 313; F_I 72
Trudainisches – L_II 755
spezifisches Gewicht des –es K_II 413
s. a. Brennglas, Fernglas, Hohlglas, Konvex-Glas, Objektiv-Glas, Okular-Glas, Opern-Glas, Stundenglas, Vergrößerungs-Glas, Verkleinerungs-Glas
Glasgow B 261; J_I 263
Glas-Galle J_II 1693; L_II 944
Glasharmonika G_II 196
Glashaus D_I 214
Glashütte SK_II 159
Glaskugel H_II 178; J_II 1569; L_II 808
Glasplatte J_II 1795, 1796, 1844, 1891; L_II 921
Glas-Schleifen J_I 470
Glasschleif-Mühlen D_II 773
Glaube C_I 223; F_I 583; J_I 144, 281, 855, 944; K_II 288; L_II 980
 –n an Unsterblichkeit J_I 761
 – [und] Vernunft K_II 80
 blinder – [und] Unglaube L_I 674; MH_II 20
 katholischer – J_I 1240
 Befestigungsmittel im –n J_I 957
 Knochengebäude unsers –ns G_II 25
s. a. Kinderglaube
glauben B_I 285; C_I 338; KA_II 271; D_I 200; E_I 29, 248, 270, 418; F_I 348, 768, 1042, 1127; G_II 21, 79; H_II 12, 14, 181; J_I 99, 144, 938; J_II 1326; K_II 50, 62, 136; L_I 18
 – [und] empfinden E_I 282; H_II 181
 – [und] nicht empfinden E_I 282
 nicht – und doch – E_I 270
 noch [und] wieder – E_I 52
 das Gegenteil – KA_II 271
 das Gegenteil nicht – H_II 12
 einem Manne – UB_II 70
 aus Respekt – E_I 196
Glaubens-Codex D_I 592
Glaubenslehre L_II 975
Glaubens-Lehrer J_I 521
Glaubens-Sklave J_I 18, 446
 römisch-katholischer – J_I 18
glees B_I S. 152
Gleichen saversu SK_II 204, 351
Gleichgewicht J_I 1484, 1840, 2042
 – von Europa K_II 296
 – entgegensetzter Kräfte J_II 1640
 – der Stände K_II 296
 Gesetze des –s KA_II 116
gleichgültig D_I 560
Gleichgültigkeit G_II 62
Gleichheit J_I 404, 896; K_II 144
 – der Stände J_I 1194, 1202; K_II 296
 – [und] Ungleichheit K_II 144
 Freiheit und – K_II 144, 153
 Verteidiger der – K_II 290
Gleichnis A_II 185; B_I 119; D_I 463; E_I 501, 502; J_I 417, 626, 647, 788, 964, 1077; J_II 1446; L_I 585, 663; MH_II 31
 – vom Würfel F_I 888
 – des Yorick C_I 56
 gutes – E_I 501; F_I 1130
Gleichung A_II 210; KA_II 36
 – für eine krumme Linie A_II 191
 empirische – J_II 1760
 wahre – der Dinge A_I 48
Gleichzeitigkeit
 Dauer, Folge, – K_II 64
Gleis J_I 528; J_II 1603, 1990; K_II 306, 312
Gletscher F_I 409; J_I 27, 1052
Glicker J_I 536
Glied F_I 1104
 –er ohne Absicht A_I 25
 – in der Kette J_II 1748
 –er zu der Kette B_I 306
 gefährliche –er J_II 1857
 gerade –er L_I 101
 legislative [und] exekutive –er L_I 396
 weibliches – D_I 386
 Form der –er F_I 903
s. a. Geburts-Glied, Zeugungs-Glied
Gliedermann E_I 115
Globus C_I 86; D_I 288; J_I 889; SK_II 246, 438
 – terrestris C_I 86
 Theorie eines Globi C_I 167
Glocke F_I 958, 994; J_I 1222; J_II 1846; L_I 179; L_II 842

– zu Darmstadt G_{II} 3; J_{II} 1487
– mit Fenstern J_I 774
–n aus Glas L_{II} 920, *942*
s. a. Arme-Sünder-Glöckchen, Christ-Glocke, Feuer-Glocke
Glockenläuten H_{II} 103
Glorie
– der Aufrichtigkeit F_I 933
windige – F_I 759
Gloucestershire RA_{II} 107, 108
Glover RA_{II} 52
Glück A_I 72, 116; B_I 160, 364; C_I 93, 219, 244; F_I 788, 862, 907, 1220; H_{II} 43; J_I 69, 191, 288, 855; K_I 16; K_{II} 61; L_I 360; SK_{II} 175
– zu zweifeln L_I 670
– der Menschen A_I 116
langes – F_I 6
Quellen von – K_I 3
glücklich B_I 320; G_{II} 75; J_I 948; K_{II} 99, 160; L_I 101, 443, 529; RA_{II} 145
–er Mann B_I 321
vollkommen – RA_{II} 170
Glückseligkeit B_I 113; C_I 236; F_I 441, 511; G_{II} 140; GH_{II} 58; J_I 125, 129, *206*, 295, 1053; K_{II} 34, 66, 72, 99; L_I 17, 135, 195
– [und] Erkenntnis F_I 477
bürgerliche – D_I 77
häusliche – J_I 104
zeitliche [und] ewige – B_I 253; C_I 91
Glückseligkeits-Lehre J_I 125
Glücks-Kapital des menschlichen Geschlechts F_I 8
Glücks-Pfennig F_I 970
Glücks-Rad des Lotto L_I 439
Glücksspiel F_I 947
Glühend-Schmieden J_{II} 2122, 2126
Glut J_{II} 2111
– der Lüste D_I 316
Gnade D_I 101; J_I 1171; J_{II} 2055
hoffen in –n L_I 486
von Gottes –n D_I 216
Gnadenblick F_I 1005
Gnadenstoß B_I 317; D_I 383; E_I 255; L_I 439; Mat I_{II} 76
Godward B_I 371
Görlitz F_I 163, 172
Gönner-Abgabe B_I 136
Götter-Genie F_I 525

Götterhaupt F_I 848
Götterhistoire
christliche – C_I 198
Götter-Kind F_I 215
Götterspeise F_I 1099
Göttin
meerschaumene – J_I 677
Mädchen – nennen D_I 200
Göttingen A_I 71; A_{II} 197, 235, 237; KA_{II} 71, 72, 246; B_I 16, 22, 23, 49, 56, 79, 87, 88, 124, 125, 171, 172, 174, 175, 176, 200, 234, 237, 238, 289, 297, 325, 366, 373, 380; C_I 135, 350; D_I 39, 70, 179, 214, 290, 338, 482, 520, 672; D_{II} 746; E_I 99, 108, 392, 443, 522; F_I S. 457, 11, 41, 74, 99, 100, 136, 197, 213, 280, 393, 442, 519, 716, 804, 974, 1044; G_{II} 198, 235; H_{II} 28, 163, 171; GH 57, 77; J_I 2, 20, 63, 75, 105, 132, 183, 190, 308, 323, 416, 429, 622, 623, 698, 911, 939, 1004, 1145, 1217, S. 832; J_{II} 1468, 1846, 2057; K_I 10; K_{II} 229, 339, 344, 404; L_I 53, 538, 547, 587, 593; UB $_{II}$14, 75; $MatI_{II}$ 157; TB_{II} 1; RT_{II} 1, 2, 8; RA_{II} 21, 82, 104; SK $_{II}$86, 264, 267
– Albaner Kirche B_I 237
– Albaner Tor C_I 361; SK_{II} 157
– Albaner Turm SK_{II} 230
– Allee B_I 204; SK_{II} 211, 481
– Barfüßer Straße F_I 99
– [Bartholomäus-]Kirchhof J_{II} 1662
– Bibliothek B_I 56, 176; SK_{II} 227, 279, 280, 286, 605, 632
– Botanischer Garten SK_{II} 154, 514
– Burgstraße J_I 63
– Campus Martius B_I 204
– Cateer SK_{II} 301, 419, 732, 751
– Chaussee J_I 654, 691; SK_{II} 180, 208, 461, 471, 654, 671
– Claproths Weg SK_{II} 166, 211, 362, 532, 627, 910
– Clausberg E_I 443; SK_{II} 51, 174
– Collegten-Hof SK_{II} 113, 916
– Drei Prinzen SK_{II} 427
– Eberfeld Garten SK_{II} 326
– Fechtmeisters Garten SK_{II} 322
– Galgen J_I 622, 911
– Geismartor B_I 102

- Grätzels Mühle B_I 49; SK_{II} 472
- Grönder Straße J_I 63
- Grönder Tor SK_{II} 211, 344, 797
- Große Mühle J_I 1004
- Hainberg F_I 1044; J_I 20, 292, 939; J_{II} 1527; K_{II} 205, 344; L_{II} 708; SK_{II} 49, 155, 402, 927
- Hemmelmanns [Hammelmanns] Laube SK_{II} 340, 542
- Herberge SK_{II} 62
- Jacobi-Kirche B_I 325
- Jacobi-Turm J_{II} 1527, 1846; SK_{II} 92, 153, 160, 164, 168, 169, 171, 178, 181, 195, 196, 203, 205, 210
- Johannis-Turm/Johannis-Kirche B_I 124; G_{II} 38; K_{II} 339; SK_{II} 483, 484, 507, 512
- Judenkirchhof J_I 622, 911
- Kaßpühl B_I 49
- Kaufhaus F_I 210
- Kegelbahn SK_{II} 71, 313, 322, 327, 335, 339, 618, 654
- Kellners Garten SK_{II} 486
- Kirchhof J_{II} 1662; SK_{II} 218, 359, 653
- Klausberg s. Clausberg
- Klein-Paris J_I 602
- Krone B_I 171; SK_{II} 1009
- Landwehrschenke SK_{II} 327, 387, 473, 638, 732
- Leine B_I 114; J_{II} 1468; K_{II} 229
- Auf dem Masche F_I 1044; J_{II} 1655; SK_{II} 158, 162, 322, 461, 466, 594, 618, 645, 817
- Maschmühle SK_{II} 73, 179, 195, 204, 332, 360, 384, 484, 498, 537, 543, 623, 785
- Mühle SK_{II} 118, 662
- Observatorium SK_{II} 291
- Paulinerstraße B_I 79
- Papiermühle SK_{II} 72, 140, 384
- Postmeisters Garten SK_{II} 498
- Rackebrandts Haus SK_{II} 373
- Rackebrands Pumpe SK_{II} 96
- Rasenmühle SK_{II} 40
- Rathaus SK_{II} 192
- Reit-Haus B_I 124
- Reitstall SK_{II} 537, 939
- Rote Straße B_I 124
- Ruhländers Garten F_I 1151
- Ruhmanns Garten SK_{II} 318
- Scharfe Ecke B_I 56
- Schindanger J_I 622, 911
- Schmahlens Laden B_I 177
- Schützenhof B_I 114; SK_{II} 10, 59, 97, 188, 190, 211, 475, 674, 780, 929
- Schuhuberg J_{II} 1519, 1527
- Tal Josaphat SK_{II} 518, 631, 633, 639, 812
- Theatro anatomico UB_{II} 14
- Universität [Georgia Augusta] D_I 214; SK_{II} 400
- Universitätskirche J_I 105
- Wall A_{II} 245; C_I 135; E_I 443; J_I 1004; SK_{II} 95, 299, 441, 863
- Weender Gasse B_I 124
- Weender Straße J_I 63; SK_{II} 4, 984
- Weender Tor SK_{II} 180, 211, 905
- Weghaus SK_{II} 338
- Weißer Schwan J_I 708
- Zeughaus SK_{II} 262, 493
- Zimmerhof SK_{II} 521, 945

Göttingisch KA_{II} 117, 124, 131, 176, 228; B_I S. 46; D_I 495; D_{II} 688; GH_{II} 57; J_I 129
  –es Duell B_I 174
  –er Kirchhof D_I 39
  –e Kurrentschüler F_I 213
  –er Leichenwagen L_I 587
  –es Publikum B_I 290
  –er Quadrant C_I 85
  –e Scharwächter GH_{II} 57
göttlich J_I 750
  –e Schickung B_I 304
  –er Ursprung D_{II} 689
  alles Göttliche C_I 197
Götze J_{II} 2134
  Hausgötze F_I 410
  Öl-Götze J_I 1065
Gold C_I 143; KA_{II} 87; E_I 322; J_I 333, 417; J_{II} 1607, 1630, 1637, 1986; L_{II} 755
  – und Silber E_I 134, 337; J_I 1252
  s. a. Knallgold, Knitter-Gold, Musiv-Gold
golden
  –e Kälber SK_{II} 461
  –es Wolfs-Vlies J_I 1253
  s. a. gülden
Goldmacher E_I 227
Gold-Münze F_I 106

Goldpapier J$_{II}$ 1750
Goldplättchen K$_{II}$ 388
Goldregen von Wörtern und Ausdrücken E$_I$ 109
 s. a. Laburnum
Goldsamen F$_I$ 133
Goldschaum F$_I$ 1070
Goldschmelzen L$_{II}$ 921; SK$_{II}$ 84
Goldstreifen J$_{II}$ 2141
Goldstück F$_I$ 860
Goldwaage D$_{II}$ 757, 762
Goldwasser L$_I$ 317; SK$_{II}$ *288*, 291, 656, 746
Golgatha *s.* Jerusalem
Gomorrha F$_I$ 870
 Citoyen de – L$_I$ 342
Goniometer SK$_{II}$ 318
Gordonische Principia E$_I$ 178
Goslar K$_{II}$ 308; SK$_{II}$ 259
Gosse B$_I$ 56
 sich vermählen mit der – J$_I$ 1020
Goten G$_{II}$ 225; J$_I$ 498
Gotha KA$_{II}$95; B$_I$ S. 45; F$_I$ 375, 1228; GH 72; J$_I$ 1089, 1266, S. 832; J$_{II}$ 1449, 1450, 1451, 1452, 1460, 1471, 1474, 2048; L$_I$ S. 850, 212; TB$_{II}$ 14; SK$_{II}$63, 112, 114, 157, 162, 183, 328, 334, 372, 384, 444, 451, 501, 582, 603, 676, 679, 681, 685, 723, 740, 775, 785, 899, 904, 926, 960, 997, 1018
Gothaisch
 –e Gesellschaft SK$_{II}$801
 –e Lotterie SK$_{II}$102
 –er Pastor SK$_{II}$169
Gothaner SK$_{II}$393
gotisch E$_I$ 326, J$_I$ 498
 –e Kirchen J$_I$ 215
 –e Kirchenfenster E$_I$ 167
 das Gotische J$_I$ 498
Gott A$_I$ 38, 42, *132*; B$_I$ 22, *34*, 50, 97, 263, 270, 290, 353, 359, *421*; C$_I$ 91, 103, 113, 178, 213; KA$_{II}$ 86; D$_I$ 21, 101, 112, 216, 357, 398; D$_{II}$ 703; E$_I$ 252, 282, 518; F$_I$ 33, 35, 78, 191, 262, 271, 324, 417, 433, 599, 642, 644, 729, 734, 778, 793, 802, 803, 872, 887, 940, 942, 1022, *1082*, 1186, 1204, 1217; G$_{II}$ 12, 19, 119, 197; H$_{II}$ 148, 149; GH 58; J$_I$ 33, 111, 129, 137, 153, 191, 217, 238, 260, 279, 281, 405, *454*, 500, 681, 725, 742, 820, 855, 857, 934, 944, 959, 966, 994, 1019, 1021, 1047, 1071, 1098, *1099*, 1124, 1150, 1151, 1161, 1168, 1173; J$_{II}$ 1485, *1856*, 2134; K$_{II}$ 69, 79, 100, 148, 183; L$_I$ 3, 23, 47, 72, 95, 113, 195, *216*, 227, 254, 263, 266, *269*, 275, 276, 280, 348, *403*, 546; L$_{II}$ 952, 953, 975, 980; TB$_{II}$ *26*
 – darstellen wie einen Menschen L$_I$ 348
 – kennenlernen J$_{II}$ 1350
Götter der Erde D$_I$ 214; J$_I$ *1150*, 1227
 – [und] Materie A$_I$ 62, 123
 – [und] Mensch D$_I$ 201, 274, 357, 398, *412*; L$_{II}$ 952
 –es Sohn E$_I$ 429; J$_I$ 99
 –es Wort vom Lande F$_I$ *224*, *539*; Mat I$_{II}$ 118
 an – glauben D$_I$ 329; J$_I$ 281; L$_I$ 546; L$_{II}$ 980
 katholischer – J$_I$ 217; L$_I$ 113
 kleiner – F$_I$ 862
 sich Götter schaffen F$_I$ 1081
 in – verliebt J$_I$ 158
 Allmacht –es J$_I$ 1047
 Begriff von – L$_{II}$ 953
 Daseinsbeweise –es L$_I$ *253*
 Definition von – L$_I$ 95
 Ebenbild –es E$_I$ 368
 Existenz eines –es H$_{II}$ 149
 Furcht macht Götter C$_I$ 180
 Gesandte –es J$_I$ 553
 Idee von – L$_{II}$ 952
 Liebe –es J$_I$ 500
 Monarchie –es L$_I$ 72
 Seele – empfehlen L$_I$ 227
 des lieben –es Unterhaus J$_I$ 33
 Volk –es H$_{II}$ 117; J$_I$ 128
 Weisheit –es C$_I$ 103
 das Weiß – F$_I$ 569
 Werk –es J$_{II}$ 1818
 – in schlechtem Wetter kommt B$_I$ 359
 Wort –es J$_I$ 269, 1067
 s. a. Erdengott, Liebesgöttergen
Gottes-Börse J$_I$ 742
Gottesdienst KA$_{II}$ 118; H$_{II}$ 157; J$_I$ 742, 1199
Gottesfurcht J$_I$ 733
Gottesgebärerin L$_I$ 47

Gottes-Gelehrter F$_I$ 443, 631
gotteslästerlich F$_I$ 942
Gottesleugner KA$_{II}$ 47
Gottes-Urteil C$_I$ 76; D$_I$ 21
Gottes-Verehrung L$_I$ 275
Gotteswillen G$_{II}$ 197
Gotteswort D$_I$ 539
— vom Lande F$_I$ 224, 539;
   Mat I$_{II}$ *118*
Gottfresser J$_I$ 926
Gottfresserin J$_I$ 369
Gottheit L$_I$ 561
Gottinga K$_I$ 10
Gottselige J$_I$ 549
Gottwärts, Sichwärts B$_I$ 371;
   Mat I$_{II}$ 11
Gout E$_I$ 209, 267, 335, 339, 374
   hoher — E$_I$ 59
Gouvernante J$_I$ 1045
Gouvernement L$_I$ 403
— de nos peres L$_I$ 596
Gouverneur B$_I$ 241
Grab D$_I$ 143; F$_I$ 945; J$_I$ 937; K$_{II}$ 276;
   RT$_{II}$ 13
— auf meinen Wangen F$_I$ 488
   heiliges — A$_{II}$ 184
   heiliges — der schönen Künste
   F$_I$ 387; Mat I$_{II}$ 110, 119
   Lorenzo's — G$_{II}$ 2
Grabenstein B$_I$ 102
Grabmal RA$_{II}$ 54
Grabscheit D$_I$ 214
Grabschrift B$_I$ 90, 400, 401; D$_I$ *647*;
   F$_I$ 738; J$_I$ 239, 313, *477*, 599, 667,
   884; L$_I$ *128*; SK$_{II}$ 429; 696, 699, 700
Grabsteine für Bücher F$_I$ 543
Grabstichel G$_{II}$ 201
Grad KA$_{II}$ 53
— der Breite E$_I$ 108; L$_I$ 388
— von Ungleichheit K$_{II}$ 144
   englischer — D$_I$ 214
Gradation C$_I$ 289; D$_I$ 352; F$_I$ 335;
   Mat I$_{II}$ 72
Gradus
— der Menschheit J$_I$ 519
— ad Parnassum E$_I$ 142; Mat II$_{II}$ 10
— ad Parnassum-Methode G$_{II}$ 128;
   Mat II$_{II}$ 15
— ad patibulum L$_I$ 659
— von Vorfahren F$_I$ 331
Graecia C$_I$ 239

grämen
   sich — F$_I$ 989
Grätze F$_I$ 204
Gräzismus H$_{II}$ 62
Graf A$_{II}$ 171; J$_I$ 90, 1194
— aller Grafen L$_I$ 266
   junge –en L$_I$ 263
   ostfriesländischer — KA$_{II}$ 68
Gram und Leid B$_I$ 97
Grammatik D$_I$ *286*; E$_I$ 164, 245;
   J$_{II}$ 1758; L$_{II}$ 974
   Regeln der — C$_I$ 151; E$_I$ 147
Gran E$_I$ 111; F$_I$ 792; GH$_{II}$ 38; J$_I$ 1222;
   J$_{II}$ 1282, 1286, 1295, 1298, 1299
— Gold E$_I$ 49
— Wasser L$_{II}$ 763
Granada GH 30; J$_I$ 636
Granit J$_{II}$ 1624, 1756, 1939, 1940;
   SK$_{II}$ 830, 913
Granit-Block J$_I$ 889
Granitfelsen J$_I$ 1170
Granitwacken J$_I$ 536
Granulier-Bad J$_{II}$ 1297, 1693
granum
   cum grano salis L$_I$ 349
Graphit K$_{II}$ 387
Gras L$_I$ 26
— hinwachsen lassen J$_I$ 632; L$_I$ 632
— ruhig wachsen lassen GH$_{II}$ 10
Grasfressen J$_I$ 867
Gratioso C$_I$ 153
gratisser SK$_{II}$ 467
graue Tat E$_I$ 473
Grauen
   angenehmes — G$_{II}$ 15
Graupenhagel J$_{II}$ 1990
Grauwacke J$_I$ 1137
gravitätische Redens-Art E$_I$ 323
gravitieren B$_I$ 185; D$_I$ 166
Grazie B$_I$ 380; D$_I$ 593; J$_I$ 1133
   drei –n F$_I$ 853
   namenlose –n B$_I$ 185
   stille weibliche — B$_I$ 254
   Dichter der –n B$_I$ 364
   Vertrauter der –n B$_I$ 191
Grèce s. Griechenland
Greennwich C$_I$ 85; D$_{II}$ 692; F$_I$ 972;
   RA$_{II}$ 15
gregorianisch H$_{II}$ 202
greiflachend D$_I$ 668
Greifswald L$_I$ 486; SK$_{II}$304

Greis L$_I$ 167
  geboren als –e J$_I$ 547
Grenadier-Kabinett J$_I$ 717
Grenze D$_I$ 161, 312; J$_I$ 531
  –n unserer Erkenntnis K$_{II}$ 297
  –n der Wissenschaft J$_{II}$ 1643
Griechen A$_I$ 95; B$_I$ 65, 72, 141; 200
  C$_I$ 10, 310; D$_I$ 127, 611; E$_I$ 368;
  F$_I$ 146, 222, 388, 1067; G$_{II}$ 5, 138;
  H$_{II}$ 26; J$_I$ 420; L$_I$ 76, 280, 590
Griechenland C$_I$ 24; E$_I$ 245, 261, 501;
  F$_I$ 387, 595; J$_I$ 201, 210, 933;
  MatI$_{II}$ 110, 119
Großgriechenland C$_I$ 160 s.a. ionisch
griechisch B$_I$ 17, 22, 74, 200; D$_I$ 648;
  E$_I$ 245, 335; F$_I$ 122, 371, 459, 734,
  766, 797, 1067; G$_{II}$ 5, 108, 116, 118;
  J$_I$ 663, 809, 932; J$_{II}$ 1648, 1681;
  K$_I$ 19; UB$_{II}$ 25
  –e Anthologie F$_I$ 339
  –e Bücher B$_I$ 200; F$_I$ 371
  –e Dichter B$_I$ 74
  –e Dummköpfe F$_I$ 1067
  –e Gesichtsbildung F$_I$ 766
  –e Hengste F$_I$ 459
  –e Ideen E$_I$ 245
  –e Künstler L$_I$ 280
  –er und moderner Mensch B$_I$ 22
  –e Münzen G$_{II}$ 118
  –e Schriftsteller G$_{II}$ 108
  –e geschnittene Steine D$_I$ 614
  –e Stoffe C$_I$ 352; D$_I$ 56
  –e Studenten F$_I$ 485
  –er Wuchs B$_I$ 17
Griff C$_I$ 327; KA$_{II}$ 272; SK$_{II}$ 588
  –e lernen F$_I$ 1195
  politischer – A$_{II}$ 199
Grille F$_I$ 1040, 1075; J$_{II}$ 1709
Grimasse D$_I$ 462
grob
  eminent –es Verfahren D$_I$ 471
  ins Grobe arbeiten E$_I$ 185
Grobheit D$_I$ 501; E$_I$ 221
  vogelfreie – F$_I$ 986
Grönländer KA$_{II}$ 232; D$_I$ 50, 51;
  G$_{II}$ 11; J$_I$ 883
grönländisch L$_I$ 514
  –e Duelle B$_I$ 174
  –er Schörl SK$_{II}$340
Grönland KA$_{II}$ 232; B$_I$ 174; J$_I$ 883
Größe B$_I$ 160; D$_I$ 398; E$_I$ 464, 466;
  F$_I$ 191; J$_I$ 33, 103; J$_{II}$ 1853; RA$_{II}$ 144

  – eines Gegenstandes beurteilen
    A$_{II}$ 164
  – Gottes G$_{II}$ 119
  – eines Mannes D$_I$ 337
  – der Seele K$_{II}$ 116
  – ohne Stärke B$_I$ 404; KA$_{II}$ 236;
    E$_I$ 408; F$_I$ 25
  bekannte und unbekannte –n
    A$_I$ 113; C$_I$ 33
  endliche –n A$_{II}$ 261
  unbekannte – E$_I$ 485
  unbestimmte – A$_I$ 48
  veränderliche und beständige –
    A$_I$ 93
  verschwindende –n F$_I$ 793
  weltliche – RA$_{II}$ 1
größer
  ein Größeres A$_I$ 112
Grone SK$_{II}$332, 334
Groschen B$_I$ 176; E$_I$ 149, 209; F$_I$ 436;
  SK$_{II}$ 337
  Büchelchen das nur drei – kostet
    C$_I$ 209
  doppelte – L$_I$ 661
  gute – B$_I$ 198; SK$_{II}$ 97, 156, 349,
    360
Groschenmesser B$_I$ 338
Groschen-Stück L$_I$ 661
groß
  – und klein B$_I$ 195; K$_{II}$ 301
  – werden L$_I$ 100
  –e Begebenheiten J$_I$ 1094; L$_{II}$ 806
  –er Blick J$_{II}$ 1758
  –er Dichter F$_I$ 262, 793
  –e Dinge F$_I$ 1109
  –e Eroberer L$_I$ 37
  –e Feldherrn L$_I$ 563
  –er Fußgänger L$_I$ 695
  –es Gefühl F$_I$ 390
  –e Gedanken J$_I$ 850
  –er Geist B$_I$ 306; D$_I$ 449; F$_I$ 181,
    828, 1126; L$_I$ 37
  –er Gelehrter D$_I$ 434; J$_I$ 247; L$_I$ 165
  –es Genie A$_I$ 7, 12, 67, 74, 90;
    B$_I$ 22; C$_I$ 194; G$_{II}$ 88; J$_{II}$ 1623
  –e Glocke s. Darmstadt
  –er Herr C$_I$ 297; D$_I$ 256; E$_I$ 131,
    138, 332, 349, 501; F$_I$ 533; J$_I$ 759,
    1228
  –e Idee J$_{II}$ 1435
  –er Kopf J$_I$ 26
  –e Krieger J$_I$ 843

–er Künstler F$_I$ 803
–e Leute C$_I$ 345; J$_{II}$ 2054
–es Licht L$_I$ 686; L$_{II}$ 974
–es Los L$_I$ 635
–er Mann B$_I$ 321; C$_I$ 330; D$_I$ 19, 20, 22, 56, 354, 423, 527; E$_I$ 355, 402, 418; F$_I$ 38, 58, 269, 493, 499, 502, 695, 730; J$_I$ 2, 51, 475, 736, 917, 1150, 1165; J$_{II}$ 1559; L$_I$ 100, 186; RA$_{II}$ 43
–e Mathematiker J$_I$ 760, 1223
–er Mensch J$_I$ 108
–er Mogul D$_I$ 297; E$_I$ 259
–er Prinz F$_I$ 204
–e Prozesse J$_I$ 1151
–er Schriftsteller D$_I$ 19; E$_I$ 13, 157, 158, 271, 386; F$_I$ 106, 769, 793; J$_I$ 555, 868; K$_{II}$ 175; RA$_{II}$ 48
größte Schriftsteller K$_{II}$ 182
–e Stadt- und Landesherren L$_I$ 563
–er Strom L$_I$ 365
–e Taten F$_I$ 262, 479
–e Theorien L$_I$ 331
–e Veränderungen J$_I$ 880
der Große D$_I$ 406; H$_{II}$ 53; J$_I$ 858, 945, 1150; K$_{II}$ 156, 161, 290; L$_I$ 9, 24, 25, 34; RA$_{II}$ 148
ein Großer der ein Bösewicht ist B$_I$ 246
L[ichtenberg] der Große B$_I$ 326
Großes erwarten Mat I$_{II}$ 35
die Großen [und] der Pöbel B$_I$ 6; J$_I$ 1250
Wahnwitz der Großen L$_I$ 157
das Große D$_I$ 224; G$_{II}$ 234
ein Größeres A$_I$ 112
ein Größtes A$_I$ 44, 92; B$_I$ 270
das Größte und das Kleinste A$_I$ 14
Großbritannien RA$_{II}$ S. 639, 91, 113
Großgriechenland C$_I$ 160
Großmut
   Äußerungen der – F$_I$ 20
Großmutter L$_I$ 500
Großpapaschaft J$_I$ 113
Großtuer
   Kleintuer [und] – F$_I$ 350
Großvater L$_I$ 524
Grube
   Löwengrube UB$_{II}$ 16
   Mistgrube L$_I$ 648
   Salzgrube J$_{II}$ 2069
Grubstreet B$_I$ 65

Grubstreet-writer D$_I$ 148
Grübelei E$_I$ 418
   metaphysische –en E$_I$ 411
grübeln
   hypochondrisches Grübeln D$_I$ 213
Grübler
   aufmerksamer – D$_I$ 475
grün B$_I$ 159; MH$_{II}$ 17; SK$_{II}$ 326
Grünberg L$_{II}$ 708
Grünenplan J$_{II}$ 2111
Grüner Donnerstag SK$_{II}$ 883
   lebhaftes Grün C$_I$ 331
   s. a. himmelgrün, immergrün, nimmergrün, weingrün
gründlich
   das Gründliche F$_I$ 121
   das ewig absurde Gründliche D$_I$ 433
Gründlichkeit D$_I$ 230; F$_I$ 741, 759; H$_{II}$ 51; K$_{II}$ 158; L$_I$ 561
Gründonnerstag K$_{II}$ 235
Grütze D$_I$ 252
Grütze-Mühle D$_{II}$ 773
Grummet B$_I$ 228
Grund C$_I$ 332; D$_I$ 433; J$_{II}$ 1936
   Gründe angeben L$_I$ 328
   Gründe des Gegners C$_I$ 327
   Gründe wider den Selbstmord J$_I$ 1186
   gedruckte Gründe E$_I$ 171
   aus gutem – C$_I$ 234
   natürliche Gründe D$_I$ 447
   spermatische Gründe F$_I$ 446
   Satz des zureichenden –es J$_I$ 757
   s. a. Ankergrund, Bewegungs-Grund, Metaphern-Grund
Grund-Eis J$_I$ 927; SK$_{II}$ 289, 308, 793
Grundidee A$_I$ 133
Grundregel B$_I$ 277
Grundsatz
   Grundsätzen gemäß handeln J$_I$ 972
   Grundsätze verwachsen B$_I$ 253
   – der Geometrie G$_{II}$ 220
   metaphysischer – J$_I$ 757
   Galle [und] Grundsätze C$_I$ 46
Grundsprache
   orientalische –n L$_I$ 485
Grundsüppchen J$_I$ 583
Grundtrieb des Republikanismus K$_{II}$ 290
Gruppe E$_I$ 475; J$_I$ 1024
Guiana C$_I$ 13

Guaxaca J$_I$ 82
gucken C$_I$ 185
Guckkasten GH$_{II}$ 32; SK$_{II}$ 964
Guckuck s. Kuckuck
gülden
 −e Zeiten B$_I$ 380; E$_I$ 368
 das güldne Kalb SK$_{II}$ 462
 s. a. golden
Günstling
 Cytherens −e B$_I$ 171
Gürtel L$_I$ 318
Güte F$_I$ 948, 987; K$_{II}$ 140
 s. a. Herzensgüte
Guguck s. Kuckuck
Guillotine J$_I$ 1040; SK$_{II}$ 502, 572
Guinea KA$_{II}$ 246; C$_I$ 13; L$_{II}$ 430
Guinee J$_I$ 617, 964; RT$_{II}$ 5; RA$_{II}$ 16
 Geschichte einer − J$_I$ 964
Guineische Würmer KA$_{II}$ 246
Gulden
 halber − B$_I$ 195; F$_I$ 17, 144
Gunst
 Rezensenten-Gunst F$_I$ 848
Gurgel
 mit voller − D$_I$ 610
Guß
 im − verdorben D$_I$ 668
gut A$_I$ 93; C$_I$ 195
 − schreiben B$_I$ 321, 405
 −e Absicht F$_I$ 801, 809
 −er Beobachter J$_I$ 862
 −er Christ F$_I$ 348
 −er Geschmack B$_I$ 204, 374; F$_I$ 274
 −e Gesellschaft F$_I$ 165
 −es Gesicht F$_I$ 803
 −e Groschen B$_I$ 198
 −er Kopf J$_I$ 33, 746, 1156
 −er Mann J$_I$ 736
 −e Menschen J$_I$ 16, 358
 −e Regenten K$_I$ 3
 −e Schriftsteller E$_I$ 38, 39, 386, 424, 478; F$_I$ 1; J$_I$ 1005; RA$_{II}$ 100
 −e Taten F$_I$ 481
 das Gute [und] Böse E$_I$ 199, 487; J$_I$ 254; L$_I$ 9
 das Gute [und] das Schlechte C$_I$ 353; E$_I$ 359; J$_I$ 274
 das Gute und Schöne C$_I$ 181
 das Gute [und das] Wahre C$_I$ 236
 das Gute in der Welt E$_I$ 387
 das Gute in allen Wissenschaften und Künsten C$_I$ 353

Gutes lesen B$_I$ 25
Gutes schreiben L$_I$ 617
Gutes tun H$_{II}$ 22, 156; K$_{II}$ 103, 222; L$_I$ 9, 195
etwas Gutes verdammen E$_I$ 387
Maximum des Guten D$_I$ 112
 s. a. summum bonum
Gutachten J$_{II}$ 1691; K$_I$ 20; SK$_{II}$ 308, 322
Gyarus KA$_{II}$ 144
Gymnasiast B$_I$ 171
Gymnasium B$_I$ 204
Gymnosophist KA$_{II}$ 11
Gymnotus J$_{II}$ 1980

H C$_I$ 271
Haag s. Den Haag
Haar KA$_{II}$ 20, 51; F$_I$ 267, 415, 1108; Mat I$_{II}$ 19
 −e richten sich nach den Begierden B$_I$ 158
 −e [der] Weiber B$_I$ 55
 graue −e J$_I$ 1149; K$_{II}$ 273
 heimlichstes − von Mädchen J$_I$ 900
 in den −en nisteln F$_I$ 214
 rote −e A$_I$ 98; C$_I$ 30; F$_I$ 224; UB$_{II}$ 48
 s. a. Härchen, Pferdehaar
Haarbeutel E$_I$ 209; F$_I$ 58; Mat I$_{II}$ 83
Haar-Putz L$_I$ 210
Haarröhrchen J$_{II}$ 1274, 1385; K$_{II}$ 330, 332, 333, 355; L$_I$ 373; L$_{II}$ 763, 936
Haar-Röhrchen-Maschine J$_{II}$ 1735
Haar-Röhrchen-Wesen J$_{II}$ 1281
Haar-Stern K$_I$ 19
Haarlem KA$_{II}$ 173, 206; F$_I$ S. 455, 861; J$_I$ S. 832; L$_{II}$ 709
Haarlemer Societät GH 17
Haarwickel s. Papillote
Habeas Corpus anstimmen D$_I$ 499
Haberechterei L$_I$ 13
Habichts-Nase F$_I$ 84; UB$_{II}$ 48
Habit
 Ordenshabit B$_I$ 169
 Reithabit F$_I$ 1128
habitable Welt J$_I$ 264
Hackmesser J$_I$ 289
Häckerling D$_I$ 238; E$_I$ 504
hämisch E$_I$ 397
Hämling F$_I$ 30; L$_I$ 153
Händler s. Buchhändler, Garnhändler, Holzhändler, Krämer, Obsthändlerin, Zwirnhändler

hängen *s.* erhängen, hangen, henken
hängensfähig E₁ 208
Härchen E₁ 206
Härte J₁ 1162
– und Weiche L₁ 362
[Häschen] Häsgen B₁ 92
häßlich F₁ 883, 942
– [und] lasterhaft F₁ 764
–e Gesichter F₁ 1020, 1204
–er Knecht F₁ 663
–e Menschen F₁ 898
–e Züge F₁ 908
das Häßliche filtrieren L₁ 701
Häßlichkeit F₁ 765, 898, 933, 942, 1204; UB_{II} 54, 55
– [und] Kränklichkeit F₁ 1186
s. a. National-Häßlichkeit
[Häufchen] Häufgen D₁ 631
Häußlichkeit F₁ 1186
Hagedorn D₁ 334
Hagel J₁ 927; J_{II} 1503, 1504, 1575, 1711, 1712, 1941, 1990, 2012, 2030; K_{II} 403, 406; L_{II} 941; SK_{II} 397
Granitischer – J_{II} 1940, 1941
Lehre vom – K_{II} 406
Theorie des –s J_{II} 2030
hageln E₁ 111
Hagelwetter D_{II} 682; J₁ 1051; J_{II} 1990, 2017; L_{II} 937
Hahn J₁ 825
alter – F₁ 529
welscher – H_{II} 101; SK_{II} 728
s. a. Henne, Huhn, Wetterhahn
Hahnengefecht J₁ 1246
Hahnensporn SK_{II} 66
Hainberg F₁ 1044; K_{II} 344
halb ausgedachte Ideen E₁ 109
Halberstadt B₁ 47, E₁ 66
Halberstädtisch L₁ 137
–er Domherr E₁ 66
Halbchaischen L₁ 489
halberfahren
Unwissende und Halberfahrne D₁ 503
halbgar
–e Ideen E₁ 194
das Halbgare E₁ 259
Halbgedanke E₁ 501
halbieren D₁ 433
halbköpfig
Halbköpfige D₁ 530
Halbköpfigter KA_{II} 154; B₁ 192, 204

Halb-Leiter K_{II} 380
Halbmeister C₁ 98
halbneues Wort E₁ 501
Halbrind D₁ 553
Halbroman K_{II} 217
Halbstiefel SK_{II} 32
Halbwissen J₁ 1160
Halfpape SK_{II} 210
Halle B₁ 23, 366; F₁ 1116; J₁ 989, 1017; SK_{II} 303, 512, 525, 829
von Geistern bewohnte – B₁ 349
hallen
das Hallen durch die Ewigkeit E₁ 505
Hallisch KA_{II} 86, 217; B₁ 10
–e Apotheke C₁ 78
–es Waisenhaus L₁ 369
Hals
kostbarer – F₁ 580
Halsbinde
Sakrament der roten – J₁ 716
Halseisen E₁ 254
Halseisen-Furcht D₁ 14
Halsgericht UB_{II} 33
Halsgerichtsordnung der Kanzel UB_{II} 27
Halstuch E₁ 161; SK_{II} 561
undurchsichtiges – E₁ 258
verrücktes – B₁ 113
verschobenes – B₁ 322
Halsweh E₁ 433
Hamburg KA_{II} 87; E₁ 91, 210, 376; F₁ S. 644, 1010, 1016, 1123; J₁ 15, 872, 1140; K_{II} 56; L₁ 52; L_{II} 976; SK_{II} 816, 1037
Hamburger E₁ 376
– Juden E 210
– Tumult SK_{II} 220
Hamburgisches Ministerium F₁ 1125
Hameln KA_{II} 22; GH 77; SK_{II} 868
Hammelskeule C₁ 179; E₁ 66
Hammerschlag J₁ 334
Hamptoncourt RA_{II} 38
Hand F₁ 710, 847; J₁ 939; J_{II} 1817
Hände ausstrecken J₁ 1252
– auf das Herz legen G_{II} 74
– auf den Mund legen C₁ 178; J₁ 119; J_{II} 1469
– in den Ofen bringen L_{II} 715
in die – arbeiten C₁ 62, 142; D₁ 483
gefaltete Hände auf dem Titul B₁ 200

ausgestreckte nehmende und beigezogene gebende – D_I 611
keine Hände haben C_I 209; F_I 900
letzte – B_I 295; E_I 170; F_I 173
linke – B_I 1, 204; F_I 975
neugierige Hände B_I 256
rechte – B_I 1, 56, 223
schleudern mit den Händen F_I 374
verschiedene Hände schreiben C_I 48
sündlich schöne Hände C_I 162
mit der – schwänzeln K_{II} 221
mit den Händen unter Manschetten hervor sprechen Mat I_{II} 92
undeutliche – J_I 540
aus der zweiten – J_I 330, 1008
Hände und Kopf D_I 539
Kopf und nicht – [sein] D_I 452
Mischung der Hände D_I 308
Handel
– mit Hunden L_I 351
– und Wandel L_I 593
Arterien und Venen des –s J_I 691
s. a. Finsternis-Handel, Gewürzhandel, Pelzhandel
handeln B_I 210; F_I *919;* J_{II} 1664
– mit Meinungen B_I 284; K_{II} 246; L_I 686; L_{II} 974; MH_{II} 10
frei – J_{II} 1538
das Handeln K_I 5
Handelsleute J_I 1154
Handelsstadt L_I 83; RA_{II} 127
Hand-Gelenk L_I 528
Handgriff F_I 421
Handlung C_I 139; E_I 487; F_I 35; J_I 188, 480; K_{II} 80; L_I 290
– [und] Gesicht F_I 9, 216
– [und] Verbrechen A_I 84
freie Handlungen H_{II} 169; J_I 275
geringe – F_I 284
gute –en H_{II} 157; K_{II} 121
moralische – A_I 36; J_I 629
sklavische – L_I 60
strafbare –en L_I 112
tugendhafte – A_I 105
das Geistige in unsern –en B_I 128
Triebfeder mancher –en C_I 267
Triebfeder unsrer –en F_I 348
Ursachen unserer –en C_I 303
Handlungsgebrauch D_I 321
Handschlag C_I 256
Handschrift K_{II} 53; RA_{II} 98

Handschuh
– ausziehen Mat I_{II} 6
– [auf den] Scheitel legen J_I 1097
Handvoll
eine – Soldaten [und] eine – Bücher E_I 96
eine – Soldaten [und] ein Maulvoll Argumente E_I 96
Handwerk F_I 63; G_{II} 118; J_I 865
Geschichte der –e F_I 262
s. a. Schuhmacher-Handwerk
Handwerker D_I 20; E_I 521; J_I *1210;* L_I 6
Griffe der – F_I 216
Handwerksmann E_I 227
[Handwerksbursche] Handwerkspursch A_I 79; B_I 56; D_I 256; E_I 68, 314; SK_{II} *62,* 198, 249
Handwerkspurschen-Geist des Militairs L_I 24
Hang
– zum Besonderen C_I 125
– zum Mystischen D_I 25835
hangen F_I 778
hannöverisch KA_{II}130; B_I 419, 420; C_I 144, 194, 268, 355; D_{II} 675; E_I 152; J_I 456, 512, 923, 928, 940, 1012; J_{II} 1475, 2100; K_I 11, S. 845; L_{II} 709
–er Fuchs B_I 419
–e Historie C_I 194
–e Intelligenzblätter C_I 237
–e Kavallerie C_I 228
–e Lande C_I 213
–e Lotterie SK_{II} 102
–e Pferde K_I 11
–e Regierung L_I 547
–e Zeitungen SK_{II} 424
Hannover A 12; KA_{II} 22; B_I 420; C_I 36, 166, 193, 213, 228; D_I S. 226, 23, 672; D_{II} 683, 684, 747; E_I 91, 152; F_I 8, 235, 804, 977, 978, 992, 1052, 1053, 1194; G_{II} 114; H_{II} 11; J_I 456, 538, 654, 872, 896, 1197, 1237; J_{II} 1970; L_I 47, 547; TB_{II} 1, 27, 30; RA_{II} 18, 93; SK_{II} 462, 176, 183, 190, 224, 240, 253, 293, 309, 323, 383, 389, 406, 414, 462, 491, 524, 534, 631, 820, 1011, 1013, 1030, 1041, 1042
– Ägidien-Tor KA_{II} 22; D_{II} 683
– Herrenhausen B_I 169

- Marktkirche TB$_{II}$ 27
- Neues Haus D$_{II}$ 683
- Neustädter Markt D$_{II}$ 683
- Schmiedestraße TB$_{II}$ 27
Hannoveraner J$_I$ 608; SK$_{II}$ 530
Hannoversch-Münden *s.* Münden
Hanswurst G$_{II}$ 121
   geschachter – D$_I$ 297; E$_I$ 259
   seliger – F$_I$ 783
   tragischer – F$_I$ 1177
Hantel J$_I$ 650
Hanwell Park D$_{II}$ 751
Harburg E$_I$ 91, 152; K$_I$ S. 845
Hardenberg SK$_{II}$ 651, 652
Harfe KA$_{II}$ 152; E$_I$ 138; J$_I$ 74
   Aeolus-Harfe L$_{II}$ 732
   s. a. Harp
Harfenist
   blinder – KA$_{II}$ 15
Harlekin UB$_{II}$ 49
Harlem *s.* Haarlem
[Harlekin] Harlequin B$_I$ 49, 56;
   KA$_{II}$ 237–239; G$_{II}$ 157; RT$_{II}$ 2
harmonia praestabilita K$_{II}$ 64
Harmonicello SK$_{II}$ 460
Harmonie B$_I$ 221; F$_I$ 469, J$_I$ 737
Harmonika J$_{II}$ 1600; L$_I$ 167; L$_{II}$ 920
   chemische – L$_{II}$ 890
   s. a. Glasharmonika
harmonisch
   –es Kolon E$_I$ 161
   wild – E$_I$ 169
Harnphosphorus J$_I$ 642
Harp
   Aeolian – SK$_{II}$ 148
   s. a. Harfe
hartmäulig C$_I$ 298
Haruspex F$_I$ 648
Harwich J$_I$ 454; TB$_{II}$ 1
Harz KA$_{II}$ 298; B$_I$ 171; D$_I$ 224, 520;
   F$_I$ 195; J$_{II}$ 1821, 1927; L$_{II}$ 903;
   SK$_{II}$ 311, 315, 453, 616, 722
- Baumanns Höhle F$_I$ 1149;
   G$_{II}$ 231
Harzburger Forst L$_{II}$ 719, 728
Harzgulden SK$_{II}$ 253
Harzkuchen D$_{II}$ 742
Harzreise SK$_{II}$ 310
Harz-Staub J$_{II}$ 2000
Harztanne D$_I$ 520
[Hasardspiel] Hazardspiel G$_{II}$ 48;
   H$_{II}$ 1

Haschisch C$_I$ 189
Hase B$_I$ 167; D$_I$ 292; J$_I$ 1122;
   Mat I$_{II}$ 81
   dummer vierbeiniger – SK$_{II}$ 226
   Jahr der –n D$_I$ 393
   s. a. Germinal-Hase, Häschen,
   März-Hase
Haselnuß D$_I$ 214
- zerbrechen D$_I$ 529
Haselstock F$_I$ 1070
Hasen-Auge KA$_{II}$ 71
Hasenfell D$_I$ 208
Hasenfuß F$_I$ 500, 516; G$_{II}$ 204; J$_I$ 377
- und Weltweiser F$_I$ 500
Hasen-Leine F$_I$ 717
Hasentanz D$_I$ 610
hassen F$_I$ 883; J$_I$ 134, 406, 630
   sich in andern – F$_I$ 450
Haß gegen die Großen K$_{II}$ 290
   s. a. Lasterhaß, Religionshaß
Haubenstock E$_I$ 104
Haufen
   alles über den – werfen J$_{II}$ 1500
Haunts RA$_{II}$ 86
Haupt B$_I$ 153
Haupt-Armee L$_{II}$ 975
[Hauptbuch]
   Leidger E$_I$ 46
Haupt-Endzweck D$_I$ 133
Haupt-Erfindungs-Sprung L$_{II}$ 806
Hauptfarben A$_I$ 4
Haupt-Figur F$_I$ 569
Hauptfragen J$_{II}$ 1965
Haupt-Konvenienzen der Ehe F$_I$ 781
Hauptplanet C$_I$ 303; E$_I$ 368
Hauptprügel UB$_{II}$ 13
Haupt-Regel E$_I$ 460
[Haupt-Spritze] Haupt-Sprütze
   B$_I$ 354
Hauptstadt C$_I$ 116
Hauptumstand MH$_{II}$ 41
Hauptzug B$_I$ 22
Haus B$_I$ 79; D$_I$ 304; F$_I$ 110; J$_I$ 830,
   1170; J$_{II}$ 1961; K$_{II}$ 290
- bauen A$_{II}$ 193
   Häuser für einen einzigen Mann
   D$_I$ 200
   eiserne Häuser J$_{II}$ 1730
   das Irländische – der Gemeinen
   J$_I$ 424
   nicht zu –e L$_I$ 164
   niemand zu –e L$_I$ 491

tapezierte Häuser D₁ 51
s. a. Bienen-Haus, Fündelhaus, Gartenhaus, Gewächshaus, Glashaus, Hirten-Häusgen, Kaffeehaus, Kartenhaus, Kommödien-Haus, Leihhaus, Narrenhaus, Oberhaus, Posthaus, Schauspielhaus, Schnekkenhaus, Schnützelputzhäusel, Spritzen-Haus, Stockhaus, Stölzelputzhäusel, Tollhaus, Treibhaus, Unterhaus, Waisenhaus, Werkhaus, Wirtshaus, Zuchthaus

Hausarrest B₁ 143, 278
Hausbuch K₁ S. 838
  gelehrtes – SK_II 569
Haus-Garten-Feldbau H_II 139
Hausgesellschaft SK_II 340, 375
Hausgesicht
  majestätisches – B₁ 187
Hausgötze F₁ 410
Haushalt SK_II 273
Haushaltung B₁ 146, 177, 264, 270, 332; C₁ 125; D₁ 616; E₁ 235, 245, 267, 311; F₁ 386, 463, 933, 942; G_II 117; J₁ 53; J_II 1550, 1818; L₁ 38, 79, 309
  in die – räsonieren B₁ 177
Hausjungfer G_II 10
Haus-Kreuz B₁ 96
Hausmittelkenntnis C₁ 219
Haus-Saloppe s. Saloppe
Haustafel C₁ *323*; D₁ 564; F₁ S. 642, *1202*
Haus-Tier
  vierfüßiges – J₁ 1018
Haustür E₁ 152
  einer – gegenüber liegen D₁ 598
Hauswesen E₁ 476
Hauswirt
  vernünftige –e J₁ 62
Haut
  ehrliche – D₁ 628; F₁ 181; J₁ 319
  gute – B₁ 32
  menschliche – G_II 167
  s. a. Gänsehaut, Netzhaut
haut goût H_II 159
Haute-Lisse-Weberei F₁ 618
Hautfarbe J_II *1514*
Hazardspiel s. Hasardspiel
Heautobiographia F₁ *811*; L₁ 683
  s. a. Autobiographisches, Selbstbiographie

Heautophag F₁ 1117
Heaven
  – assist me SK_II 884, 913, 987, 1002
  – assist us SK_II 549, 708, 884, 885
Hebamme F₁ 804; SK_II 222
Hebammen-Ehre F₁ 660
Hebammen-Kredit F₁ 804
Hebel K₁ 17
  Gesetze [des] –s KA_II 116
Heber im Vacuo K_II *333*; SK_II 282, 430, 806
Hebrad B₁ 355
Hebräer KA_II 107
hebräisch B₁ 200; D₁ 562; E₁ 209, 216; K₁ 19; L₁ 347, 594, 595
  –e Bibel B₁ 200
  –e Geschichte E₁ 209
  das Hebräische D₁ 562; E₁ 216; L₁ 594, 595
  s. a. Taschenbibel
Hebraismus D₁ 377
Hebriden J₁ 301
Hebzeug
  heuristisches – J₁ 1242; K_II 312
Hechel H_II 201
hecheln F₁ 141; J_II 1488
Hecht F₁ 1004; J_II 2010; L_II 743; SK_II 33, 145, 256, 261, *262*, 421, 477
Hecke D₁ 631
  durch die –n brechen E₁ 501
  über die –n springen J_II 1633
  s. a. Schlehen-Hecke
Hede
  gebleichte – SK_II 379
Hedsor D₁ 593
Heerstraße K_II 312
Heft C₁ 259
heften C₁ 148
Hegira D₁ 393
Heidamacken D₁ 26
Heide E₁ 180; SK_II 303
Heidelberg F₁ 615; SK_II 829
Heidelberger Faß F₁ 615
Heidelbergisch F₁ 1209
heidnische Wische E₁ 355
heil SK_II 239
Heiland
  allerauferstandenster – J₁ 320
heilig
  –er Geist A₁ 63; B₁ 290, 297

–es Grab der schönen Künste
F₁ 387
–e Miene F₁ 898
–er Nebel E₁ 169; F₁ 640
–er Schauder E₁ 455
–e Stelle E₁ 165
Heiligenschein D₁ *337*
Heiligenstadt B₁ 124; SK_{II} 611, 790, 847, 880, 883
Heiliger B₁ 124; F₁ 167, 898; J₁ 958; K_{II} *121*; L₁ 47
 einen Heiligen anbeten J₁ 260
 unter die Heiligen erklären F₁ 755
 geschnitzte Heilige K₁ 20
 s. a. Scheinheiliger
Heiligtum F₁ 956
heim
 das Wort – E₁ 275
Heimchen J₁ 169
heimgehen E₁ 271
heimlich G_{II} 27
 laut – tun E₁ 128
 öffentlich [und] – F₁ 95; J₁ 52, 57; K_{II} 214
Heimlichkeit B₁ 257
 –en bekannt machen K_{II} 100
 –en sagen D₁ 419, 490, 610; Mat I_{II} 59; Mat II_{II} 12
 –en des weiblichen Geschlechts G_{II} 80
 –en der menschlichen Natur F₁ 1
heimreden E₁ 275
heimsagen E₁ 272
heimsuchen E₁ 275
Heimweh B₁ 46, 76
 – zum Himmel/nach der Hölle F₁ 435
heiraten F₁ 380; J₁ 386, 408; K_{II} 218; Mat II_{II} 54; RA_{II} *171*; SK_{II} *14*, *85*
 das Heiraten D₁ 25; K_{II} 161; L₁ 156
Heirats-Gesetz J₁ 1179
Hektiker
 schleichender – E₁ 345
Held D₁ 20; E₁ 108, 209; F₁ 728, 730, 898; G_{II} 59, 64, 146; J₁ 1250
 – bei Minden D₁ 19
 s. a. Friedensheld
Heldengedicht F₁ 756, 757
 geistliches – C₁ 198
Helden-Gesicht F₁ 898
Heldentat L₁ 23
Helgoland D₁ 39
 – Calf D₁ 40

hell F₁ 768
Hellebarde F₁ 929
 hölzerne – F₁ 934
 s. a. Staats-Hellebarde
Helmstedt J₁ 297; SK_{II} 296, 318
Helvetien D₁ 520; E₁ 109; J₁ S. 833; J_{II} 2017 *s.a.* Schweiz
Helvoet F₁ 34; J₁ 454 TB_{II} 1
Helvoetsluis TB_{II} 1
Hemd
 aufgestreiftes – J₁ 929
 reines – F₁ 885
 bis aufs – verkaufen E₁ 201
 s. a. Brauthemd
Hemmerad B₁ 355
Hengst J₁ 1229
 arabische –e F₁ 371
 berühmter – L₁ 532
Henkel L₁ 346
henken C₁ 259; D₁ 387; L₁ 193, MH_{II} 4; RA_{II} *183*
 die Gehenkten L₁ 355
 Noch-nicht-gehenkt-sein L₁ 360
 s. a. erhängen, hangen
Henker C₁ 98; D₁ 363, 387, 600, 610; E₁ 187
 sein eigener – B₁ 246
 zum – schmeißen D₁ 83
 des –s Zeug F₁ 401
Henker-Knecht C₁ 135
Henne
 krähende – F₁ 379
 s. a. Hahn, Huhn
Henriade C₁ 197
Henrikodoulia C₁ 378
herablassen
 das Erheben [und] das Herablassen F₁ 614
Herabsehung H_{II} 155
herabstimmen F₁ 77
Herausforderungs-Gesichter schneiden D₁ 197
herauskünsteln E₁ 357
herauswürfeln E₁ 134; F₁ 904
Herbartshausen K_{II} 344
Herbst D₁ 559, 610
Herbstblätter K_{II} 48; SK_{II} 542
Herbst-Zeitlose L_{II} 809
Herd
 geistliche –e F₁ 1106
 s. a. Feuerherd
Hereford RA_{II} 198; RT_{II} 27

herein
  nicht der kleinste Gedanke der
  riefe: herein F$_I$ 848
herholen
  das weit Hergeholte D$_I$ 445
Hering GH$_{II}$ 39; J$_I$ 301; SK$_{II}$ 360
  Glanz der –e D$_I$ 411
Herkulaneum F$_I$ 689, 984
Herkules
  Farnesischer – F$_I$ 460
herkulisch
  das irdisch Herkulische F$_I$ 1145
Herleiter
  – aus dem Griechischen D$_I$ 648
Hermaphrodit B$_I$ 364
Hermaphroditerei in der Seele B$_I$ 180
Herme J$_I$ 984
Hermeneutik der Hypochondrie J$_I$ 770
hermeneutisch
  –e Billigkeit J$_I$ 1233
  –e Kunstgriffe C$_I$ 246
hermetische Gesellschaft L$_I$ 654
heroische Expressiones F$_I$ 601
herpoltern F$_I$ 741
Herr
  – und Bedienter Mat I$_{II}$ 53;
    Mat II$_{II}$ 20, 47
  –en vom Berge L$_I$ 549
  – und Kammerdiener E$_I$ 349
  –en vom Parnaß L$_I$ 549
  –en Präceptores F$_I$ 1070
  große –en C$_I$ 297; D$_I$ 256; E$_I$ 131,
    138, 332, 349, 501; F$_I$ 533; J$_I$ 759,
    1228; L$_I$ 374
  kleine –en C$_I$ 242
  vornehme –en E$_I$ 187
  im Namen des –n J$_I$ 1099
  s. a. Landesherr, Stadtherr
Herren-Dienst E$_I$ 131
Herrenhausen s. Hannover
Herrnhuter B$_I$ 314; C$_I$ 78; J$_I$ 817
Herrenhuterisch F$_I$ 1137; J$_I$ 817
herrnhutisches Wachs-Mäskgen
  C$_I$ 78; F$_I$ 1137
herrschen B$_I$ 85
Hertfortshire RA$_{II}$ 2
herumziehen D$_I$ 610
herunterschreiben J$_I$ 255
  sich – D$_I$ 259; F$_I$ 178; J$_I$ 255
hervorfletschen D$_I$ 433
Herz B$_I$ 257; D$_I$ 256, 610; F$_I$ 262,
  337, 367, 537, 729, 793; J$_I$ 563,
  1221; L$_I$ 275, 276, 289, 315, 379,
  403; L$_{II}$ 878; UB$_{II}$ 52; Mat II$_{II}$ 19
  –en binden F$_I$ 561
  – kennen lernen F$_I$ 511; Mat II$_{II}$ 12
  – verlieren E$_I$ 200
  – des menschlichen Geschlechts
    E$_I$ 104
  – [und] Kopf C$_I$ 20; D$_I$ 191;
    E$_I$ 192, 259; F$_I$ 104, 1047; L$_I$ 182, 315
  – [und] Mund G$_{II}$ 51
  – voller sanfter Pfeile F$_I$ 1105
  – mit Testikeln F$_I$ 345, 358
  am –en beschnitten H$_{II}$ 99
  denken mit dem – F$_I$ 1047
  empfindsames – D$_I$ 539
  gutes – E$_I$ 430; F$_I$ 67, 741; K$_{II}$ 40
  ins – reden D$_I$ 54; F$_I$ 595; G$_{II}$ 108
  reines – F$_I$ 885
  ins – sehen F$_I$ 824
  stürmendes – F$_I$ 500
  vereitertes – J$_I$ 1169
  wenig – L$_I$ 582
  Bewegung des –ens L$_{II}$ 806
  Einfalt des –ens B$_I$ 297
  Güte des –ens D$_I$ 357; F$_I$ 20, 741
  Kenntnis des menschlichen –ens
    F$_I$ 1107; J$_I$ 558
  Polypus im –en J$_I$ 223
  Schlüssellöcher des –ens
    Mat I$_{II}$ 120
  Stöße nach dem –en SK$_{II}$ 600
  s. a. Narrenherz
Herzens-Archivarius F$_I$ 657
[Herzensgüte]
  goodness of heart J$_I$ 221
Herzklopfen SK$_{II}$ 109, 583, 598, 600,
  717
Hessen F$_I$ 527; RA$_{II}$ 93
hessisch E$_I$ 152; F$_I$ 1136
Hetjershausen J$_I$ 1453
Heuchler E$_I$ 400
Heumarkt RA$_{II}$ 13
heuristisch
  –es Hebezeug J$_I$ 1242; K$_{II}$ 312
  –es Mittel J$_I$ 889; J$_{II}$ 1518; L$_{II}$ 858
  Tubus Heuristicus J$_{II}$ 1622
Heuschrecke J$_{II}$ 1709
Heuschreckenzug L$_I$ 451
Hexameter L$_I$ 73
  deutscher – B$_I$ 132; D$_I$ 378, 427;
    G$_{II}$ 138
  Jahr des deutschen –s B$_I$ 132

Hexe D_I 667; E_I 152; F_I 165, 168
 –n verbrennen F_I 1143
 infame – F_I 429
 kleine – B_I 291
 schlauere – K_{II} 228
Hexenmehl D_I 257; F_I 640; J_{II} 1926
Hexenmeister
 – [und] Wundertäter B_I 70
 physiognomischer – D_I 124
Hexen-Versammlung C_I 133
Hexerei C_I 154
Hieb D_I 272; E_I 292, 294; G_{II} 222; L_I 607
 – geben E_I 162; G_{II} 222
 einen – haben D_I 539; E_I 196; J_I 1165
 derben – versetzen D_I 272
Hieroglyphe D_I 668; E_I 368; F_I 334; H_{II} 125; L_I 607
Highländer E_I 92
Hildesheim GH_{II} 77; J_I 285; L_I 47; SK_{II} 210
Hildesheimer GH_{II} 77; J_I 285
Hilfe s. Hülfe
Hilfsbüchlein
 Not- und Hülfs-Büchlein J_I 161; L_I 27, 211
Hilfs-Mittel s. Hülfs-Mittel
Himmel A_I 40; B_I 336; C_I 125; D_I 196, 469, 540; G_{II} 52; J_I 367, 534, 539, 659, 958, 1151, 1202; J_{II} 1782, 1834; K_I 1; K_{II} 69; L_I 176
 – offen sehen J_I 350
 – stürmen F_I 492
 – verdienen D_I 539; F_I 663
 – in den Augen B_I 17; C_I 23
 – [am] Bett C_I 107
 – meiner Bettlade J_I 532
 – auf der Welt F_I 498
 – [des] Zeltbettes J_I 367
 bedeckter – J_{II} 1611
 bewölkter – J_{II} 1834
 blauer – K_{II} 369
 gestirnter – D_I 469, 610; J_{II} 1660; L_I 317
 jonischer – E_I 103
 vom – kommen F_I 665, 802
 auf den – zu marschieren B_I 350
 politischer – D_I 593
 in – sprengen F_I 281
 vollgestirnter – UB_{II} 56
 Blau des –s D_{II} 734; J_{II} 1492
 Ehe im – geschlossen D_I 593
 Erfindung des –s L_I 298
 Fabeln vom – J_I 588
 Heimweh zum – F_I 435
 Kapital im – sammeln B_I 395
 Kopfsteuer im – F_I 757
 Lesen im – F_I 790
 Lieblinge des –s E_I 219
 Meisterstück des –s B_I 185
 Preisfrage an den – B_I 243; E_I 350; Mat I_{II} 114
 Sammeln des Lohns im – C_I 219
 Segen des –s K_{II} 298
 Tochter des –s F_I 765
 Weg zum – G_{II} 189
 Wege des –s J_I 560
 s. a. Heaven, Sternenhimmel
himmelblaue Tat E_I 473
himmelgrün D_I 649
Himmel-Charte B_I 195
Himmelskörper J_I 393
Himten E_I 320
Hinbrüten
 daunigtes – E_I 506
Hindernis B_I 169; L_{II} 935; TB_{II} 27
hineingewöhnen F_I 1091
hineinleben L_I 443
hinken B_I 125
Hinrichtung C_I 206, *259*; RA_{II} 75, *119*, *183*; SK_{II} 497, *679*, *1042*
hinstreichen
 an einer großen Entdeckung – F_I 423
hinten
 [Biographie] von – B_I 418
Hintergebäude der Seele E_I 147
hinwegdenken
 sich – B_I 379
hinwerfen D_I 313; E_I 455; F_I 106, 563; L_I 309
Hippagoge E_I 209
Hippopotamus E_I 464
Hirn
 Katzenhirn J_I 609
Hirsch L_I 268
 – jagen L_I 578
Hirse-Körner D_I 428; F_I 191; K_{II} 319
Hirsenkorn L_{II} 925
 – bewegen K_{II} 319
Hirt B_I 378
 s. a. Schweinehirt, Seelenhirt

Hirtenfest B$_I$ 380
Hirten-Häusgen F$_I$ 910
Histörchen E$_I$ 370; F$_I$ 165
Historie A$_I$ 66; C$_I$ 193; D$_I$ 267;
  E$_I$ 389
  –n aus unserer Religion C$_I$ 198
  schmutzige –n A$_I$ 108
  s. a. Bleihistorie, Gärten-Historie, Geschichte, Gespenster-Historie, Götterhistorie, Insektenhistorie, Kaiserhistorie, Naturhistorie, Nordschein-Historie, Schmetterlings-Historie, Universalhistorie
Historienmaler F$_I$ 362
Historienschreiber KA$_{II}$ 152
Historiker
  Stubenhistoriker E$_I$ 161
historisch
  –er Glauben C$_I$ 193
  –e Kenntnis F$_I$ 860
  – genealogische Nachrichten
    E$_I$ 347
  –es Wissen J$_{II}$ 1738
history B$_I$ S. 45, 13
Hitze B$_I$ 207; D$_I$ 489; J$_{II}$ 1670, 1814, 1990; L$_{II}$ 715, 748, 794, 875
  – [und] Kälte E$_I$ 473; J$_{II}$ 1262, 1713, 1801; Ub$_{II}$ 67
  blinde – F$_I$ 932
Hobelspäne A$_{II}$ 257; KA$_{II}$ 283;
  J$_{II}$ 1957
hoc age C$_I$ 126
Hochachtung
  unüberlegte – D$_I$ 369
Hochdeutsch D$_I$ 562; F$_I$ 24, 26
  das eigentlich –e D$_I$ 562
Hoch-Edelgeboren E$_I$ 159; L$_I$ 130, 145
Hochedelgestorbene E$_I$ 372
Hochgeöhrt
  Dero –es J$_I$ 187
Hochheim E 1; RT$_{II}$ 11; SK$_{II}$ 301
Hochheimer [Wein] RT$_{II}$ 11;
  SK$_{II}$ 301
Hochländer A$_{II}$ 180; D$_I$ 589; L$_I$ 256
  s. a. Highlander; s. a. Bergschotten, Schotten
Hochmut F$_I$ 934; K$_{II}$ 102
hochrot J$_I$ 1193
Hochverrat F$_I$ 491
Hochzeit E$_I$ 189, 209; K$_{II}$ 206;
  SK$_{II}$ 830, 849, 897
  s. a. Bettlerhochzeit, Bluthochzeit, Judenhochzeit
Hochzeit-Reise SK$_{II}$ 675
Hochzeit-Tag F$_I$ 165; SK$_{II}$ 829
Hodensack F$_I$ 338
Herz mit einem – F$_I$ 345, 358
Höchst F$_I$ 402
höchst
  –es Wesen C$_I$ 273; D$_I$ 412
  – weises Wesen B$_I$ 34
  s. a. summum bonum
höflich F$_I$ 103
Höhe über dem Meer L$_{II}$ 901
Höhenmessung der Berge SK$_{II}$ 306
Höherauch SK$_{II}$ 166, 167
höher
  – anfangen E$_I$ 418
  –es Wesen KA$_{II}$ 312; D$_I$ 256, 469
Höhle J$_{II}$ 1840; RA$_{II}$ 160, 163
  s. a. Baumanns Höhle, Räuberhöhle, Schulhöhle
Höhl'-Götze J$_I$ 1065
Höhung L$_{II}$ 885
Hölle B$_I$ 380; F$_I$ 206; G$_{II}$ 11
  Heimweh nach der – F$_I$ 435
Höllenfahrt F$_I$ 1125
Höllenstrafe G$_{II}$ 233
hören F$_I$ 288; K$_{II}$ 414; L$_{II}$ 819
  – lernen L$_I$ 198
  sich – J$_I$ 862
  nicht mit den Ohren – A$_I$ 50;
    E$_I$ 270
  schwer – SK$_{II}$ 310
  übel – SK$_{II}$ 319
  das Hören D$_I$ 314; D$_{II}$ 771
  s. a. überhören
Hör-Horn RA$_{II}$ 13
Hörrohr L$_{II}$ 982
Hörsaal
  Hör- und Plaudersäle D$_I$ 57
Hof D$_I$ 220; E$_I$ 257; J$_I$ 1250; K$_{II}$ 290;
  L$_I$ 623; RA$_{II}$ 127
  s. a. Schützenhof
Hof [Stadt] L$_I$ 514
Hofbandit J$_I$ 557
Hofbedeutung E$_I$ 335, 339
Hofblitzableiter
  Königlicher – UB$_{II}$ 9
Hofcharge K$_{II}$ 208
Hoffart J$_I$ 610
hoffen und fürchten K$_{II}$ 43

Hoffnung H$_{II}$ 145; J$_{II}$ 1435; K$_{II}$ 94;
L$_I$ 447
– schnapsen J$_I$ 456
Farbe der – MH$_{II}$ 17
Knaben der guten – L$_I$ 255
Hoffnungsspiel L$_I$ 247
Hofgeismar SK$_{II}$ 503, 504, 512, 662,
663, 664, 667, 668, 803, 809
Hof-Kalender F$_I$ 642
Hof-Kavalier A$_I$ 79; B$_I$ 41
Hof-Lakai J$_I$ 1228
dänischer – L$_I$ 263
Hofluft D$_I$ 409; E$_I$ 267
Hof-Lutheraner J$_I$ 70
Hofmann B$_I$ 61; D$_I$ 593
Hofmedicus J$_I$ 1028
Hofmeister B$_I$ 153, 171, 219, 241;
D$_I$ 135, 281; E$_I$ 142, 265; J$_I$ 817;
Mat I$_{II}$ 173; SK$_{II}$ 232, 310, 852
s. a. Pagenhofmeister
Hofnarr A$_I$ 119; J$_I$ 174
– des Publikums D$_I$ 610; E$_I$ 226
Hof-Nulle D$_I$ 261
Hof-Poet E$_I$ 355
– durch das Los D$_I$ 152
Hofrat H$_{II}$ 171
Hofschatzgräber J$_I$ 5
Hofschneider B$_I$ 16
Hof-Spinozist J$_I$ 70
Hof-stilus E$_I$ 245
[Hofweihwasser]
eau bénite de la cour J$_I$ 122
Hof-Zeitung E$_I$ 89
hohe Sachen D$_I$ 482
Hohenlieder-Dichter J$_I$ 660
hohl
–augigt F$_I$ 1117
– husten E$_I$ 237
– klingen D$_I$ 399
Hohlglas F$_I$ 453; L$_{II}$ 982
Hohlspiegel A$_I$ 49; L$_{II}$ 757
Hohn bellen [bzw.] zwitschern D$_I$ 56
Hohnvogel D$_I$ 612
Hokuspokus
transzendentes – F$_I$ 238
Holland J$_{II}$ 2017
Holländer C$_I$ 209; KA$_{II}$ 7, 182;
D$_I$ 440; J$_{II}$ 2091; K$_{II}$ 157; TB$_{II}$ 1;
RA$_{II}$ 87, 93; SK$_{II}$ 244, 835
holländisch KA$_{II}$ 125; F$_I$ 62, 709,
1233 H$_{II}$ 166; J$_I$ 172, 420; TB$_{II}$ 31;
RA$_{II}$ 111; SK$_{II}$ 104

–er Almanach SK$_{II}$ 138
–e Freiheit C$_I$ 209
–er Käse C$_I$ 109
–er Kaffee L$_I$ 496
–e Matrosen TB$_{II}$ 1
–e Schiffe D$_I$ 50
–er Schiffer H$_{II}$ 26
–es Wörterbuch SK$_{II}$ 595
Holland KA$_{II}$ 178; D$_I$ 520, 629; F$_I$ 62;
J$_{II}$ 2017; K$_{II}$ 289; L$_I$ 496; TB 1;
RA$_{II}$ 93; SK$_{II}$ 445
Holstein D$_I$ 256; E$_I$ 125
holsteinisch E$_I$ 152
Holz A$_{II}$ 196; F$_I$ 234; J$_{II}$ 1560; L$_I$ 412;
SK$_{II}$ 97, 296, 979
faules – KA$_{II}$ 93
gebogenes – J$_{II}$ 1292
in das – gehen E$_I$ 147
trockenes – J$_{II}$ 1555
s. a. Bauholz, Birkenholz, Buchen-
holz, Föhren-Holz, Kerbholz,
Klafter-Holz, Palisander-Holz,
Scheitholz, Schwefelhölzchen
Holzhändler J$_I$ 1003
Holzschnitt B$_I$ 403
Holzminden GH$_{II}$ 77
Holzwelle L$_I$ 309
Homöomerien B$_I$ 343
homozentrisch F$_I$ 146
Honig der Erkenntnis B$_I$ 176
Honigkuchen SK$_{II}$ 204, 1010
honnête criminel F$_I$ 730, 778
honette Leute E$_I$ 334
Hopfen C$_I$ 68
– und Malz J$_I$ 182
Horazier und Curiazier B$_I$ 198; D$_I$ 8
Horizont E$_I$ 368
Gassauer – KA$_{II}$ 217
unser – F$_I$ 637
horizontaler Stand J$_I$ 2
Horizontal-Reihe A$_{II}$ 157
Horn C$_I$ 63; E$_I$ 45; J$_I$ 374; L$_{II}$ 822,
840
Hörner des Altars KA$_{II}$ 142
– in Dämpfen bearbeiten L$_{II}$ 822
Hörner [und] Gehör K$_{II}$ 350
s. a. Hör-Horn
Hornisse G$_{II}$ 175; J$_I$ 360
Hornung E$_I$ 345
Hornvieh
katholisches – J$_I$ 54
Hornviehseuche F$_I$ 253

horti pensiles D_I 214
Hose L_I 403
 −n verwachsen B_I 253
 −n des guten Anstandes B_I 78
 keine −n F_I 1198; L_I 256
 lederne −n C_I 256; E_I 209
 ohne −n E_I 152
 zwei Paar −n E_I 79
 mit weiten −n D_I 658
 Abschaffung der −n G_{II} 35
 s. a. Beinkleider
Hosenhuster D_I 667
Hosenknopf F_I 214
Hosenlatz L_I 403, 471
Hosenschlitz
 Schleier [und] − C_I 5
Hospital
 − für Gebrechliche B_I 150
 − für Meinungen J_I 454
 Hospitäler der Nasenlosen K_{II} 144
Hospital-Anstalt L_I 369
Hospital-Planet H_{II} 161; J_I 668
Hostie C_I 169; J_I 1015
Hottentotten D_I 403; E_I *168*, 269; F_I 1110
hottentottisch verworren F_I 1123
Hounslow Heath D_I 570; E_I 121
Hub K_{II} 322
Hudelbuch E_I 389
 s. a. Sudelbuch
hudeln D_I 668
Hudsons-Bay J_I 685
Hühner-Auge
 −n auf dem Ellbogen L_I 554
 verdammtes − C_I 126
Hühnerbrühe E_I 203
Hülfe B_I 99
Hülfs-Kenntnisse F_I 1127
Hülfs-Mittel J_{II} 1843
Hülle
 unsre − C_I 91
Hümeur F_I 697, 707
 s. a. Humour
hüpfen F_I 162
 s. a. überhüpfen
Hütte SK_{II} 165
Huf-Eisen L_I 187
Huflattich C_I 220
Huhn F_I 240
 Hühner mit vier Füßen A_{II} 197
 s. a. Feldhuhn, Hahn, Henne, Leichhuhn

Huldiger L_I 149
Humanität und Urbanität L_I 461
humanity J_I 290
humiliation SK_{II} 734
Hummel KA_{II} 152
Humor vitreus J_{II} 1311
Humour RA_{II} 73
 − der Engländer D_I 599
 s. a. Hümeur
Hund A_{II} 256; C_I 314; E_I 115; F_I 76, 265, 416, 532, 890, 898, 981; J_I 104, 116, 360, 489, 634, 867, 922, 1122, 1163, 1229; J_{II} 1270, 1668, 1967; K_{II} 137; L_I 100, 311, 351, 522, 578, 601
 − abrichten K_{II} 416
 −e erziehen F_I 981
 − prügeln Mat I_{II} 34
 −e schwitzen nicht J_{II} 1270
 − treten D_I 653
 −e Trüffeln finden K_{II} 137
 beller − SK_{II} 815
 du sagen zum − B_I 338
 mit −en jagen L_I 578
 redende −e GH_{II} 24
 taubgeborne −e K_{II} 415
 toller − SK_{II} 806, 815
 unbrauchbare −e F_I 730
 Handel mit −en L_I 351
 Namen von −en K_{II} 258
 Nasen gesunder −e H_{II} 203
 Versuche an −en D_I 430, 497, *633*; L_{II} 765
 Vervielfältigung der −e L_I 33
 s. a. Jagdhund, Lumpenhund, Pudelhund
Hundegebell J_I 1004
Hundejunge D_I 667
Hundenase K_{II} 416
Hundsfott D_I 667
Hundsfötterei D_I 652
hundsföttisch E_I 147
 Hundsföttisches D_I 155
Hundsnase der Kritik UB_{II} 35
Hunds-Uhr L_I 111
Hundswut L_I 382
Hungarn *s.* Ungarn
Hunger K_I 1
 − vertreiben KA_{II} 86
 − und Elend B_I 199; K_{II} 247
 − und Neugierde F_I 199
 beide Arten von − D_I 141
hungern J_I 1147; K_{II} 188

hungrig
  Hungriger E$_I$ 319
hunt steeples C$_I$ 69
Hure A$_I$ 119; D$_I$ 660, 667; F$_I$ 744;
  J$_I$ 340, 544, 545; L$_I$ 112, 199, 408
  Kinder der eigentlichen –n A$_I$ 86
  s. a. Regiments-Hure
huren J$_I$ 59
  sich zu Tode – F$_I$ 191
Huren-Lied J$_I$ 110
Hurer und Betbruder J$_I$ 59
Hurkind C$_I$ 72; D$_I$ 553
[Husärchen] Husärgen B$_I$ 36
Husar D$_I$ 72; SK$_{II}$ 930
  preußische –en J$_I$ 115
  schwarzer – D$_I$ 44; E$_I$ 335, 339
husten D$_I$ 327; L$_I$ 599
  hohl – E$_I$ 237
Husten J$_I$ 4; SK$_{II}$ 409, 411
Hut J$_I$ 900; UB$_{II}$ 49; Mat I$_{II}$ 46
  – abziehen J$_I$ 1247
  – setzen D$_I$ 625
  schlecht aufgeschlagener – F$_I$ 90
  heruntergeschlagener – D$_I$ 490
  unser – E$_I$ 267; Mat I$_{II}$ 144
  wertester – L$_I$ 223
  Deklination und Inklination des
  –es B$_I$ 294
  s. a. Bortenhut, Chapeuabas-Hüte,
  Sonntagshut
Hutabnehmen F$_I$ 859
Hyazinthe A$_{II}$ 235, 244; C$_I$ 220
Hyazinthenzwiebel K$_{II}$ 127
Hydrogen J$_{II}$ 1723; K$_{II}$ 253
Hydrometer SK$_{II}$ 340, 511
Hydrophorus J$_I$ 645
hydrostatisch
  –e Gründe L$_I$ 373
  –e Versuche A$_{II}$ 198
  –e Waage D$_{II}$ 731
Hygrometer D$_I$ 116, 465; J$_I$ 147, 324,
  331; J$_{II}$ 1486, 1515, 1889, 1979;
  K$_{II}$ 322, 407; L$_{II}$ 763, 768; RA$_{II}$ 115;
  SK$_{II}$ 71, 78, 83, 84–86, 146, 203,
  204, 1023
  s. a. Elektrisier-Hygrometer
hygrometrischer Griff J$_I$ 120
Hygrophorus J$_I$ 645
Hyperbel J$_I$ 648; K$_I$ 19
Hypochondrie B$_I$ 25; G$_{II}$ 163; J$_I$ 693;
  K$_{II}$ 22, 23; SK$_{II}$ 832
  Hermeneutik der – J$_I$ 770

hypochondrisch
  –e Attention J$_I$ 996
  –es Grübeln D$_I$ 213
Hypochondrist MH$_{II}$ 19
Hypothese A$_{II}$ 144; B$_I$ 281; C$_I$ 91;
  F$_I$ 888; J$_I$ 342, 373, 387, 392, 639,
  1208, 1232; J$_{II}$ 1360, 1502, 1521,
  1602, 1691, 1738, 1865, 2093;
  K$_I$ 20; L$_{II}$ 861, 967
  –n [und] Erfahrungen B$_I$ 281
  –n in die Haushaltung machen
  B$_I$ 177
  antiphlogistische – K$_{II}$ 326
  artige –n A$_{II}$ 144
  falsche – J$_I$ 278
  feinste – C$_I$ 194
  plausible – J$_{II}$ 1483
  unter der – leben J$_I$ 639
  in –n unerschöpflich UB$_{II}$ 1
  Erfinder von –n J$_{II}$ 1438

Ibbenbüren TB$_{II}$ 1
Ibis J$_I$ 165
ich B$_I$ 240; E$_I$ 32, 452; F$_I$ 541, 734;
  K$_{II}$ 38, 66, 76, 162; L$_{II}$ 865
  – und Du E$_I$ 293
  – und mein Körper B$_I$ 263
  mein – C$_I$ 45
  Erweiterung seines –s L$_I$ 310
Ich glaube K$_{II}$ 62
-icht F$_I$ 306
Ichweißnichtwas
  ein gewisses – D$_I$ 381
  kleinstädtisches – B$_I$ 297
Icosaedrum [Ikosaedron] A$_{II}$ 258;
  F$_I$ 1209
idea rectrix B$_I$ 140; D$_I$ 504
Ideal KA$_{II}$ 288; B$_I$ 6, 133; F$_I$ 948
  –e von Mädchen A$_I$ 139
  falsches – B$_I$ 7
idealischer Mund B$_I$ 17
idealisieren B$_I$ 6, 133, 158; C$_I$ 197;
  F$_I$ 142; J$_I$ 1027
Idealismus H$_{II}$ 150; L$_{II}$ 811
Idealist B$_I$ 254; D$_I$ 470; E$_I$ 371;
  GH$_{II}$ 12; J$_I$ 643; L$_{II}$ 798
Idee A$_{II}$ 157; D$_I$ 610, 645; E$_I$ 9, 137,
  147, 501; F$_I$ 105, 216, 262, 265,
  288, 941; H$_{II}$ 174; J$_I$ 527, 740, 850;
  J$_{II}$ 1488, 1841; K$_{II}$ 308; L$_I$ 385
  –n bar liegen haben E$_I$ 104
  –n und Erfahrungen J$_I$ 732

–n [als] zweiter Körper B₁ 253
allgemeine und abstrakte –n F₁ 11
deutsche –n E₁ 335
drollige – K_II 36
dunkle – D₁ 133; F₁ 941
eigne und geborgte –n E₁ 104
mit –n experimentieren K_II 308
halb gare –n E₁ 194
griechische –n E₁ 245
große –n GH_II 93; J₁ 476; J_II 1435, 1524
klare –n F₁ 941; RA_II 128
künstliche – vom Menschen E₁ 412
läppische –n E₁ 147
neue – J_II 2014
seltsamste –n G_II 179
sichtbare –n E₁ 473
sonnhellste –n E₁ 147
verwirrte –n F₁ 813, 935
Assoziation der –n E₁ 489
Mangel an –n D₁ 363; F₁ 204
Richtung der –n D₁ 365
Träume [und] –n H_II 28
Trauben von –n E₁ 475
Verbindung von –n A₁ 130; F₁ 865; J₁ 529
Wunder in der Welt der –n D₁ 445
Wörter-Vorrat [und] –n B₁ 185
s. a. Diminutiv-Idee, End-Idee, Favorit-Idee, Grundidee, Losungs-Idee, Marzipan-Idee, Neben-Idee
Ideechen gebären F₁ 215
s. a. Infusions-Ideechen
Ideenassoziation E₁ 487; F₁ 216
Ideen-Gruppierung F₁ 300
Ideen-Körner E₁ 189
Ideen-Reihe F₁ 866
identische Sätze E₁ 146
Idiosynkrasien A₁ *49, 50;* C₁ *180*
Idiot E₁ 108, 151; F₁ 335, 866
Gesichter der –en F₁ 1224
Idiotismus
Kästnerscher – D₁ 185
Idol J₁ 1065; L₁ 108
Idylle
Fischer-Idylle J₁ 865
Gespenster-Idylle D₁ 39; E₁ 211
-ig F₁ 306
ignoramus SK_II 877, *904*
Ignorant J₁ 1002; L₁ 54

ignorantia
docta [und] indocta – E₁ 32
s. a. Pfaffen-Ignoranz
Ilan SK_II 339
–ischer Cuirassier SK_II 340
Iliade D₁ 611
Illfeld SK_II 174
–ische Instrumente SK_II 815
illuminieren L₁ 551
Ilmen SK_II 481
Ilsenburg F₁ S. 457
Imagination
Zauberstab [der] – B₁ 254
imago picta und sensibilis D₁ 170
imitate B₁ 13
imitieren B₁ 13; C₁ 356, 360, 367
Immergrün J₁ 1104
immergrüne Menschen J₁ 1125
Immersion A_II 242
[immo] imo D₁ 277
Immortalitäts-Tabelle F₁ 452
impenetrabel J_II 1484
Impenetrabilität K_II *321;* L_II 793, 917
– [und] Stoß L_II 897
Imperativus Mat II_II 6
Imperiali F₁ 1233
Impertinenz D₁ 612; SK_II 237
imponderabel J_II 2011
Imponderabilität L_II 960
impotent E₁ 455; F₁ 436
Impotenz
unheilbare – F₁ 1206
Lohn der – D₁ 268
Sprache der erzürnten – F₁ 1092
Impression F₁ 11
imprimieren B₁ 333
Impromptu D₁ 289
Blitz eines – F₁ 750
Impulsionist L_II 918
Imputation F₁ 818, 866
in abstracto A₁ 79; B₁ 33, 270
Inbrunst B₁ 81
incontinens/in continenti L₁ 509
in corpore SK_II 626
indefinieren
Wörter – C₁ 278
independent C₁ 267
– von Essen und Trinken F₁ 851
Index B₁ 255; J₁ 50; SK_II 697
Indianer B₁ 12; C₁ 13, 16, *17, 18,* 146, 187, 273; KA_II 7, 126, 247; D₁ 390; E₁ 8; H_II 121; J₁ 730

indianisch
 −e Pflanzen D_I 214
 −e Völker B_I 173
Indien KA_{II} 7; D_{II} 690; J_I 261, 730; J_{II} 1493; L_I 383, 451, SK_{II} 545
Indifferentismus C_I 143
Indigestionen des Magens [und] im Kopf L_I 210
Indigo RA_{II} 18
indirekte Bemühung des Dummkopfes D_I 449
individuell L_I 338
 −e Gesichter B_I 69
Individuum A_I 17; B_I 22, 95; D_I 79, 219
 Individuen erziehen J_I 73
 Individua im Denken B_I 95
 Begebenheiten als Individua zu sehen B_I 22
Indolenz F_I 365, 498; H_{II} 121, 180; J_I 559, 958; J_{II} 1484; K_{II} 111; SK_{II} 176
Industrie F_I 588
in effigie F_I 517
Inerz
 cisleinanische − E_I 80
Infallibilität J_I 137, 398; K_{II} 288
infam J_I 1172, 1200; K_{II} 605, 654
 ehrlos [und] − E_I 337
Infanterie F_I 1136; SK_{II} 342
infibulieren
 Ohren − L_I 352
Infinitesimal-Rechnung B_I 153
inflammabel s. Luft
Inflexion D_{II} 760; K_{II} 311, 342, 362, 365
Influenza H_{II} 171; J_{II} 1293, 1404, 1969
 s. a. Freiheits-Influenza
Informator SK_{II} 953
Infusion
 Blumen-Infusion SK_{II} 69
 Pfeffer-Infusion SK_{II} 68
Infusions-Ideechen J_I 850
Infusionstierchen A_I *109;* B_I 250; C_I 305; F_I 28; K_{II} 388; L_{II} 876
Ingatestone TB_{II} 1
[ingeniös] inscheniös E_I 159
Ingredienz E_I 498
 −ien in eins gießen F_I 942
Initial-Kräfte L_{II} 918
Inklination des Hutes B_I 294
inkommode F_I 601

Inkommodität J_I 986
Inkorrektion J_I 80
innen
 der innere Sinn D_I 173; K_{II} 64
 inneres System B_I 140
 alles Innere stark J_I 41
 das Innere der Dinge D_I 433
 das Innere des Menschen J_I 600
innerhalb und außerhalb L_{II} 811
Innung
 Rezensenten-Innung D_I 367
inokulieren KA_{II} 62; J_I 752, 854; L_I 542; SK_{II} 297
 s. a. Pockeninokulation
Inquisition C_I 242; F_I 333; H_{II} 1
 s. a. Gedanken-Inquisitor
Insekt A_{II} 175, 195, 202; KA_{II} 216; C_I 292; D_{II} 690; F_I 78, 156, 262, 632; J_I 178, 715; J_{II} 1387, 1658; UB_{II} 65, 68, 78; RA_{II} 69
 −en sammeln F_I 156
 − von einem Büchelchen D_I 433
 − auf der Nase J_I 484
 amphibisches − J_{II} 1388
 infames − J_I 1172
 überrheinisches − J_I 689
 s. a. Farben-Insekten
Insektenhistorie F_I 149
Insektensammeln F_I 153
Insel B_I 104; C_I *199;* D_I 78; F_I 851; H_{II} 53
 freundschaftliche −n L_I 614
 Insuln der Südsee F_I 1014
 s. a. Etiquetten-Insul, Paradies-Insel
In-sich-kehren der Augen des Geistes B_I 267
insinuieren J_I 92
insolvent D_I 516
Inspektion
 mündliche − L_I 173
Inspiration
 shakespearsche − D_I 530
Instinkt E_I 427, 460; F_I 614; J_I 78, 281
instinktmäßig J_I 761; L_I 309
 Instinktmäßiges D_I 413
Instituta B_I 373
Institutionum
 Lege − B_I 200
Instrument A_I 137; J_I 331, *574;* J_{II} 1533, 1557, 1889, 2138, 2139; L_I 662; L_{II} 799; MH_{II} 35; SK_{II} 253, 663, 782

musikalische –e J_{II} 1709; L_I 668
physikalische –e L_I 52
Instrumental-Musik J_I 479
insuliert D_I 367
Integral F_I 860
Integral-Rechnung A_{II} 204
Integration A_I 16; J_I 247
Intellektual-Welt D_I 469
Intelligenz-Comtoir SK_{II} 631
Interessantigkeit F_I 101, 735; Mat II_{II} 5, 23
Interesse B_I 395; C_I 193; D_I 321; F_I 397, 434; L_I 405; SK_{II} 450
Interim E_I 96
Interjektion Mat II_{II} 16
Interjektions-Zeichen L_I 147; SK_{II} 395
Interpunktionszeichen D_I *114*
intestato
  ab– B_I 251, 253
intolerabel L_I 1
intolerant L_I 1
  –e Bestie J_I 922
Intrige
  Postkutschen-Intrige E_I 152
in uns
  – [und] außer uns L_{II} 811
  [nicht] in den Dingen, sondern – J_I 392, 569
Invalide L_I 575
  s. a. Corps-Invalide
Inversion J_I 414
invitieren D_I 290
involuntär E_I 162
Inzest J_I 884
ionisch B_I 85, 154; E_I 103; F_I 1123
  s. a. griechisch
  Jonian girl TB_{II} 12
  –e Kunst B_I 185
  –e Wörter F_I 1123
  unter dem jonischen Himmel E_I 103
Ipecacuanha SK_{II} 111
Ipenbüren [Ibbenbüren] TB_{II} 1
irdisch-vergänglich
Irak D_I 391
  Genus summum des Irdisch-Vergänglichen B_I 22
Iris E_I 355
Irländer C_I 42; KA_{II} 200; J_I 105, 106, 537, 1177; L_I 478; RA_{II} 13, 17; SK_{II} 319

irländisch [irisch] J_I 106, 424, 537
Irland C_I 6; D_I 583, 585; F_I 355; G_{II} 218; J_I 424; RA_{II} 89
ironice E_I 245
Ironie B_I 311; D_I 357; E_I 122, *245*, 318, 408; F_I 180, 187, 555
  schönste Art der– KA_{II} 286
  Sinnbild für die– E_I 106
ironisch E_I 186, 245; F_I 573
irradiation F_I 115
Irrationalzahl J_I 144
irrationell KA_{II} 36
Irregularität A_{II} 259; J_{II} 1536; L_I 168
irren D_I *1*; F_I 737, 800, 824; G_{II} 85
irritieren F_I 53
Irrtum B_I 321, 332, 366; D_I 84; F_I 764, 1088, 1178; H_{II} 73; J_I 102, 942; L_I 572; L_{II} 887
Irrtümer erfinden L_{II} 886
  – [und] Wahrheit KA_{II} 49; B_I 366; D_I 79; F_I 439; Ub_{II} 79
  Geschichte der menschlichen Irrtümer C_I 178
isabell-gescheckt L_I 532
-isch F_I 306
Isländer J_{II} 1514
Isländischer Spat SK_{II} 340
Island J_{II} 1542, 1931, 2019; RT_{II} 26
Isochronus A_{II} 150
isolieren J_{II} 1493, 1575
  das Isolieren J_{II} 2142
  s. a. insuliert
Israel SK_{II} 252
Italien A_I 54; KA_{II} 14, 113, 148; D_I 553; D_{II} 752; F_I S. 458, 507; G_{II} 225; J_I 1002; L_I 387
  Reise nach – H_{II} 2
Italiener B_I 379; C_I 276; D_I 651;, 666; F_I 674, 689; J_I 961, 1012; J_{II} 1657; SK_{II} 736
italienisch KA_{II} 185; D_{II} 690; F_I 682, 1233; J_I 961, 1193; K_{II} 349
italiänisch reden F_I 682
  das Italienische J_I 651
  –e Baukunst A_I 122
  –e Buchhaltung E_I 46
  –e Dame KA_{II} 185
  –e Dichter C_I 14
  –er Name KA_{II} 15
  –e Reise H_{II} 11
  –e Übersetzung B_I S. 46
it must be so SK_{II} 261

Itzehoe SK$_{II}$ 630, 672, 776
Ivry KA$_I$ 138; B$_I$ 23

Ja
   Tcha anstatt – Mat II$_{II}$ 3
Jacobiner-Club
   antiphlogistischer – J$_{II}$ 1953
Jacobiner-Mütze SK$_{II}$ 391, 398
Jäger D$_I$ 208
   s. a. Polizei-Jäger
Jäger-Pursche B$_I$ 36
Jäger-Wörterbuch J$_I$ 920
Jagd J$_I$ 938; K$_I$ 1; L$_I$ 578
   – durch die Luft L$_I$ 268
   s. a. Maikäfer-Jagd, Parforce-Jagd
Jagdhund J$_I$ 892, 940; L$_I$ 17
Jagdjunker G$_{II}$ 26
Jagd-Lust
   Verteidigung der – C$_I$ 70
Jaherren
   Frankfurter – D$_I$ 453
Jahr C$_I$ 62; K$_{II}$ 266, 386
   das – 1777 E$_I$ 101, *170*, 225, *226*
   –e [und] Sekunden F$_I$ 175; L$_I$ 105
   in diesem –e B$_I$ 9
   alle hundert –e L$_I$ 366
   100 –e alt J$_I$ 49; K$_{II}$ 277
   jüngere –e F$_I$ 830
   neun –e E$_I$ 251; F$_I$ 92, 93, *296*, *867*
   tropisches – L$_I$ 168
   Bau von 3 –en D$_I$ 54
   Ende des vorigen –es B$_I$ 9
   [Lebens-]– B$_I$ 159, 184, 274; C$_I$ *66;*
   E$_I$ 393; F$_I$ 58; H$_{II}$ 110, 170; K$_{II}$ 128;
   L$_I$ 228
   s. a. Kornjahre, Lehrjahre, Maikäferjahr, Oden-Jahr, Pockenjahr,
   Psalm-Jahr, Schaltjahr, Schnupfenjahr, Weinjahre
Jahr[es]zahl E$_I$ *101*, 170, *225*, *226*
Jahreszeit J$_I$ 20; Ub$_{II}$ 62, 65
   Gang der Jahrzeiten J$_I$ 582
Jahrhundert D$_I$ 422; E$_I$ 127, 424;
   F$_I$ 28, 695; L$_I$ 441, 460, 646
   dieses – D$_I$ 378, 427
   unser – C$_I$ 61
   Geist dieses –s B$_I$ 18
   Vorbereitungs-Arbeiten mehrerer
   –e L$_I$ 331
Jahrmarkt B$_I$ 302; F$_I$ 691, 692, 732;
   L$_I$ 350, 351; SK$_{II}$ 18, 233, 394, 437,
   508, 676, 803, 953

Jahrtausend B$_I$ 160, 322; D$_I$ 19, 54;
   F$_I$ 695; RA$_{II}$ 127
Jahrzahl E$_I$ 170, 226
Jalappe F$_I$ 201
Jalousie
   Fenster-Jalousie L$_{II}$ 818
Jambus
   reimlose Jamben F$_I$ 1113
   wollüstige Jamben B$_I$ 380
Jammertal E$_I$ 368
Janitscharen B$_I$ 412
Januarius J$_I$ 799
Janus-Tempel F$_I$ 1000
Japan C$_I$ 117
Jena B$_I$ 16, 23, 45, 289; KA$_{II}$ 40;
   J$_{II}$ 1876; SK$_{II}$ 614, 621, 789, 890
   – und Gomorrha F$_I$ 870
Je ne sçai quoi F$_I$ 829; SK$_{II}$ 580
jenseits J$_I$ 937
Jerusalem KA$_{II}$ 40; D$_I$ 660; E$_I$ 443;
   F$_I$ 616; K$_{II}$ 177; L$_I$ 593
   himmlisches – D$_I$ 214
   – Golgatha B$_I$ 95; D$_I$ 214; F$_I$ 498;
   J$_I$ 453
   – Kalvarienberg E$_I$ 443
   – Ölberg D$_I$ 214
   – Tempel D$_I$ 234
Jesuit J$_I$ 295, 405; L$_I$ 411
   s. a. Exjesuit
Jesuiten-Erziehung J$_I$ 1078
Jesuiten-Orden D$_I$ 37, 228, *256*
Jesuiten-Schüler
   delphischer – C$_I$ 330
jetzig
   das Jetzige [und] das Künftige
   C$_I$ 195
Jockey E$_I$ 108
jocoseria B$_I$ S. 43
Jonisch s. ionisch
Jordan K$_{II}$ 229; L$_I$ 357
Joujou J$_{II}$ 1731
Journal B$_I$ 108, 185, 204, 254; D$_I$ 56,
   214, 256, 320; E$_I$ 46, 355; F$_I$ 5, 155,
   312, 704, 796, 797; J$_I$ 485, 769, 872,
   1150; L$_I$ 154, 395; Mat I$_{II}$ 168;
   SK$_{II}$ 448, 465, 504, 528, *575*, *632*,
   650
Journal-Grümchen F$_I$ 968
Journalist B$_I$ 65, 301; C$_I$ 254; D$_I$ 497;
   Mat I$_{II}$ 99
   Gastmahl der –en D$_I$ 323, 337
   Pekingsche –en B$_I$ 122

Journalleser E_I 209
Journaltitel D_I *44, 320*
Jubelfeier L_I 441
Jucken
  erstes – B_I 132
Juda KA_II 107
Judäa L_I 593
Jude B_I 48, 49, 142, 200, 284; C_I 187; KA_II 107; D_I 62, 234, 262, 539; E_I 262, 445; F_I 417, 1041, 1122; G_II 35, 45; H_II 117; J_I 111, 454, 687, 826, 873; L_I 357, 358, 361, 429, 501, 528, 544, 547, 565, 570, 593, 595, 661, 696; SK_II 60, 329, 358, 391, 394, 470, 511, 544, 650, 799, 823, 884, 927, 928, 972
  – [und] Christ C_I 39; D_I 539; J_I *687*, 696
  –n von Kassel SK_II *391,* 394
  –n in Worms F_I 616
  ewiger – F_I 274
  geflüchtete –n SK_II 390, *394*
  Hamburger – E_I 210
  optischer – SK_II 972
  getaufter – E_I 262
  portugiesischer – L_I 110, 429
  Sperlinge und –n J_I*128,* 742
  Zapfenstreich-Gebet der –n L_I 501
  s. a. Betteljude, Cis-judäisch, Jüdin, Trans-judäisches
Judenhochzeit SK_II 927
Juden-Kirchhof J_I 622, 911, 913
Juden-Neujahr SK_II 823
Judenpolizei H_II 137
Judenschule F_I 1152
Juden-Vermählte SK_II 928
Judicium K_II 68
Jüdin J_I 111
jüdisch L_I 393
  –e Feigheit G_II 59
  –e Feinheit RA_II 127
  –e Finesse E_I 181; F_I 616
  –e Spitzbuben J_I 300
  –er Staat L_I 593
Jüngling F_I 933; J_I 735, 738; L_I 535
  gefühlvoller – L_I 167
Jugend E_I 342; J_I 658, 1150; L_I 185, 192, 529, 535
  studierende deutsche – F_I *149,* 498
  Empfindsamkeit der – L_I 390
  Neugierde der – H_II 74
Jugend-Sünden J_I 1157; L_I 390

Julianisch H_II 202
jung L_I 483
  – [und] alt L_I 117,247
  – aussehen F_I *723*
  –e Leute D_I 270
  –e Katzen und Ziegen J_I 84
  jünger F_I 997
  jünger werden C_I 363
  jüngster Tag E_I 505
Junge J_I 590
  kleiner – J_I 624
  Gesicht meines ältesten –n J_I 96
  Bauerjunge Mat II_II 7
  Betteljunge J_I 1008
  Kringeljunge D_I 56
  Küchenjunge C_I 352; E_I 108
  Negerjunge L_I 431
  s. a. Gassen-Bub, Gassenjunge, Knabe
Jungfer C_I 63; G_II 10; J_I 403
  alte – E_I 218
  s. a. Staatsjungfer
Jungfern-Wachs J_II 2141
Jungferschaft G_II 55
  – verlieren F_I 513
jungfräuliche Vernunft D_I 375; E_I 368
Junker J_I 604
  s. a. Landjunker
Jupiter [Planet] A_II 245; D_II 706, 740; F_I 309; RA_II 163; SK_II 270
Jupiters-Trabant J_I 1229
Jurisprudenz J_I *145;* H_II 98
  schöne [und] häßliche – D_I 529
Jurist B_I 77, 200; G_II 131
juristisch behandeln D_I 433
Jus
  – praesentandi D_I 337
  – Manium L_I 63
  – naturae B_I 146, 195
  Professor Juris – E_I 233, 435
Justine B_I 171
Justiz B_I 225
Justiz-Kanzlei E_I 162
Juwelen RA_II 147
Juwelier J_II 1581

Kabalenschmiede F_I 334
Kabbala A_I 12
Kabinett [Cabinet] J_II 2138; SK_II 152, 156, 157, 170, 182, 185–187, 191, 195, 196, 199, 203, 225, 303, 305,

310, 328, 353, 389, 393, 449, 450, 452, 488, 501, 506–508, 516, 585, 595, 674, 797, 806, 819, 822
- zu Paris L_I 426
- [der] Seele D_I 132

s. a. Cabinet, Grenadier-Kabinett, Mineral-Kabinett

Kabinettsfrage
geheime Cabinets-Frage J_{II} 1661
Kabinetts-Sekretär D_I 116
[Kabriolett] Cabrioletchen L_I 489
Kälberbraten J_I 963
Kälte KA_{II} 105; D_I 51; D_{II} 760, 765; J_I 881; J_{II} 1477, 1487, 1510, 1575, 1790, 1859, 1990, 2013, 2125; K_{II} 356, 403, 408; L_{II} 932, 933, 937
- in den Füßen SK_{II} 408
- [und] Hitze J_{II} 1262, *1713*, *1801*; UB_{II} 67

Kälte-Ableiter D_I 682
kämmen F_I 141
Käse C_I 209
- und Brod F_I 1071
holländischer - L_I 47
s. a. Parmesan-Käse

Käseblatt J_I 1169
Käsekrämer J_I 383
Kaffee A_I 50; B_I 15, 56; C_I 269; E_I 169, 438; F_I 165, 282; J_I 1012; L_I 496; SK_{II} 699
- trinken F_I 214
- der Araber C_I 188
- aus Weingläsern L_I 504; MH_{II} 15
Bankerottwasser, der - UB_{II} 20
Sekte, die keinen - trinkt C_I 269
s. a. Eichel-Kaffee, Roggen-Kaffee, Tüngel-Kaffee, Zichorien-Kaffee

Kaffeediscours E_I 104
Kaffee-Grütze-Mühle D_I 103; D_{II} 773
Kaffeehaus E_I 68, 72
englische Kaffeehäuser E_I 265
Kaffee-Kanne
Melkerinnen der –n F_I 165
Kaffeelöffel SK_{II} 83
Kaffeemühle C_I 188; D_{II} 773; E_I 227; L_I 498
Kaffee-Plantage L_I 429
Kaffeeschwester F_I 165, 168
kaffeeschwesterlich B_I 415; E_I 156
Kaffee-Tasse F_I 341
Satz der - F_I 648

Kaffeetisch L_I 97
–e lackieren C_I 221
Kaffeetrinken D_I 256
kahler Kopf F_I 124
Kainographie *s.* Cänographie
Kairo L_I 680
Kaiser B_I 65, 200; H_{II} 156
chinesischer - J_I 867
russischer - D_I 566
Kaiser-Geschichte L_I 241
Kaiserhistorie D_I 92
Kaiserin
Russische - J_I 721
Kaiser-Krönung B_I 124; SK_{II} 351
Kaiserschnitt F_I 207
kakochymische Miene B_I 162
Kalabrien J_I 1223
Kalb E_I 284; SK_{II} 313
das güldne - SK_{II} *313*, 314, 461, 462, 478
s. a. Sonnenkälbchen

Kalbs-Blase J_{II} 1282
Kalch J_{II} 1452, 1888, 1983, 2118; K_I 19; K_{II} 322; SK_{II} 191, 395, 400, 592
s. a. Bleikalch, Eisenkalch, Kalk-Erde, Kochsalz-Kalch, Metallkalk, Quecksilber-Kalk

Kalchspat J_{II} 1933
Kalenberg
- Amt E_I 157
Kalenberger K_{II} 252
- Fuß C_I 213
Kalender E_I 162, 335; F_I 188, 303, 471, 541, 821, 912, 937, 1044; J_I 145, 146, 174, 198, 231, 265, 301, 312, 345, 381, 435, 454; L_I 162, 475, 518, 598, 609, 641; SK_{II} 60, 61, 72, 95, 101, 150, 226, 235, 245, 352, 357, 369, 375, 429, 504, 508, 512, 522, 528, *558*, 562, 567, 571, 677, *678*, 697, 718, 797, 800, 805, 807, 822, 837, 860, 861, 923, 927–929, 937, 999, 1025
- ordnen F_I 931
- [in] China RA_{II} 154
- [für] Physiker H_{II} 202
genealogischer - C_I 50
hundertjähriger - KA_{II} 137
vierteljähriger - G_{II} 219
Verteidigung eines –s F_I 942
s. a. Adreß-Kalender, Berg-Kalen-

der, Französischer Kalender, Hof-Kalender, Staats-Kalender, Taschenkalender
Kalender-Abhandlung F$_I$ 666, 933, *937*; J$_I$ 25
 s. a. Taschen-Kalender-Abhandlung
Kalender-Artikel J$_{II}$ 1268; L$_I$ 44, 366, 638, 646
Kalender-Blättgen F$_I$ 635
Kalenderbuch
 rotes – L$_I$ 196
Kalender-Erfindung J$_I$ 147
Kalender-Korrektur SK$_{II}$ 509, *510*, *515*, 679, *805*, 929
Kalender-Kupfer GH$_{II}$ 44
Kalendermacher F$_I$ 931; L$_I$ 144
Kalender-Prophezeiung KA$_{II}$ 80
Kalender-Sammlung SK$_{II}$ 386
Kalenderwesen SK$_{II}$ 696
Kalender-Zeichen J$_I$ 682
kalfatern K$_{II}$ 223
kalibrieren J$_{II}$ 1281; K$_{II}$ 411
Kalifornien J$_I$ 138
Kalifornier J$_I$ 138, 198
Kalk s. Kalch
Kalkerde J$_{II}$ 1589
 – aus Seemuscheln K$_{II}$ 389
Kalkgebirge J$_{II}$ 1509
Kalkül s. Calcul
Kalmar C$_I$ 315
Kalmücken D$_I$ 26
kalos k'agathos [καλοις κ'ἀγαθοις] D$_I$ 337
Kalottchen RA$_{II}$ 130
kalt
 –e Beine SK$_{II}$ 235, 242
 –e Füße SK$_{II}$ 319, 323, 341, 361, 382, 408, 410, *411*, 418, 420, 446, 453, 479, 494, 615, 623
 –e Schale SK$_{II}$ 47, 52, 54, 334, 453, 474, 660, 783
 bei –em Blut vollenden K$_{II}$ 181
kaltblütig GH$_{II}$ 37; J$_{II}$ 1469; K$_{II}$ 225
Kaltblütigkeit D$_I$ 22
kaltmachende Materie KA$_{II}$ 105
Kaltsinn E$_I$ 126
Kalt-Trinken L$_{II}$ 979
Kalvarienberg s. Jerusalem
Kalzination s. Calcination
Kamel E$_I$ 464
 – [und] Bucklichte F$_I$ 712
Kamele-Verschlucken D$_I$ 529

Kamerad
 Schul-Kamerad E$_I$ 219
 Spiel-Kamraden F$_I$ 58
Kameral-Wissenschaft L$_I$ 4
Kamin A$_{II}$ 174; F$_I$ 248; L$_I$ 526
Kammer B$_I$ 266
 Kunstkammer B$_I$ 72; D$_I$ 616
 Marterkammer D$_I$ 600
 Rumpelkammer E$_I$ 368
Kammerdiener A$_I$ 119; E$_I$ 349; L$_I$ 4
 gnädiger – D$_I$ 402
 regierender – D$_I$ 633; E$_I$ 187
 s. a. Bedienter
Kammermädchen Mat II$_{II}$ 8
 englisches – L$_I$ 6
Kampfer GH$_{II}$ 65; L$_{II}$ 773
Kampfer-Baum GH$_{II}$ 49
Kampfer-Fabrik J$_I$ 1014
Kampfer-Spiritus KA$_{II}$ 23
Kamtschadalen KA$_{II}$ 97, 98; 101, 102, 104
Kamtschatka KA$_{II}$ 97, 98; D$_I$ 398; F$_I$ 191
kanadisch J$_I$ 139
 –er Wilder J$_I$ 139
Kanal D$_I$ 610; J$_I$ 654; MH$_{II}$ 19; RA$_{II}$ 94
 Kanäle im Kopf K$_{II}$ 30
 s. a. Darm-Kanal, Rauch-Kanal
Kanapee
 Gegickel eines Canapees D$_I$ 427
Kanarien-Vogel B$_I$ 104, 191; G$_{II}$ 141
Kanarische Insuln B$_I$ 104
Kandidat
 –en der Empfindsamkeit C$_I$ 58, 79; D$_I$ 30
 – der Theologie E$_I$ 131; L$_I$ *485*
 empfindsame –en C$_I$ 23
 s. a. Universal-Kandidaten
Kandidaten-Prose C$_I$ 74; D$_I$ 90, 437; E$_I$ 265, 277
Kandis-Zucker L$_{II}$ 787
Kaninchen-Stuterei J$_I$ 840
Kanne
 Gießkanne D$_I$ 214
 Kaffee-Kanne F$_I$ 165
 Milchkännchen D$_I$ 634
Kannegießern J$_I$ 1001
 s. a. Privat-Kannengießerei
Kannibalism
 der kritische – F$_I$ 1101

Kanonade A_{II} 238
Kanone J_{II} 1351; K_{II} 344; L_I 576
– [für] Nessel-Samen D_I 214
–n Wasser speien sehen L_I 398
s. a. Geschütz
Kanonen-Alphabet MH_{II} 2
Kanonen-Kugel KA_{II} 25; F_I 241, 831; J_{II} 1340
kanonieren J_{II} 1669
Kanonisation bei lebendigem Leibe B_I 188
Kantischer Geist K_{II} 77
Kantonierungs-Quartier J_I 76
Kantor SK_{II} 1026
Kap D_I 55
Kap der guten Hoffnung s. Vorgebirge der guten Hoffnung
Kap Horn J_I 1151
Kanu
Canoes der Wilden D_I 197
Kanzel J_I 666
von der – verfluchen L_I 23
Halsgerichtsordnung der – UB_{II} 27
Kanzelisten-Sense F_I 1166
Kanzlei
Justiz-Kanzlei E_I 162
Kanzleistil [Cantzleystiel] RT_{II} 18
Kapaun
–en in Opern F_I 1162
Kapazität GH_{II} 85; H_{II} 188; J_{II} 1317, 1481, 1486, 1626, 1729, 1796, 1809, 1987, 2128; K_{II} 383, 384
Kapellchen
hölzernes – D_I 108
kapern F_I 1166
Kap-Horn-Luft J_I 1151
Kapital D_I 610, 616; E_I 189; L_I 312, 441
– im Himmel sammeln B_I 395
– der Wahrheiten KA_{II} 294; E_I 162
s. a. Glückskapital, Neben-Kapital
Kapitel E_I 189, 194; RA_{II} 31
– auf einmal aussprechen D_I 433
– mit drei Worten aussprechen E_I 161
Winkel eines –s D_I 313
Kapitulation J_I 126
Kapelle
– der Sorbonne C_I 138
Sixtinische – K_{II} 349
Kappe
Narrenkappe E_I 209

Karakapalken D_I 26
Kardinal E_I 441
kardinalisch
unkardinalisch B_I 126
Karikatur KA_{II} 288; L_I 601; SK_{II} 192, 478
Karikaturist L_I 575
Karlsbad F_I 370
Karpfen J_I 1222; J_{II} 2010
Karre
in der – gehen C_I 265
Karrengefangener
Gesellschaft von Karrengefangenen C_I 283
[Karte] Charte C_I 116; f_I 196; J_I 856; SK_{II} 127, 130
Charten von den entdeckten [Ländern] C_I 231
s. a. Landkarte, Mond-Charte, Muster-Charte, Seekarte, Visitenkarte
Karte [Spielkarte] KA_{II} 61
s. a. Lomber-Karte, Pharao-Karte
Kartenblatt D_I 533; E_I 257, 387; F_I 2, 860
Kartenhaus F_I 357
Karten-Künste SK_{II} 574
Kartenspiel L_I 97
s. a. Whist
Kartesianisch s. Cartesianisch
Karthago D_I 461; E_I 208
Kartoffel C_I 272; E_I 110, 227; F_I 138; G_{II} 191; J_I 14, 362; L_I 148
– ausmachen SK_{II} 224
–n hüten D_I 214
–n zu Markt bringen D_I 214
neue – SK_{II} 183
s. a. Erdäpfel
Kartoffel-Gesicht K_I 11
[Kartoffel-Mensch] Kartuffel-Mensch E_I 267
Kartoffeln-Luft von Böotien L_I 68
Kartoffeln-Ophir J_I 936
Kartoffel-Säckchen J_I 1034
Kasernen der Bienen J_I 718
Kasse
Kriegs-Kasse L_I 398
Kassel A_I 119; A_{II} 199; E_I 300; RT_{II} 18; SK_{II} 103, 186, 203, 204, 394, 395, 495, 496, 932; SK_{II} 969, 973, 1010, 1020
Kassiopeia B_I 195, 419

Kassenmünze SK$_{II}$ 354, 512
  s. a. Cassamünze
Kastellan J$_I$ 1189
Kasten aus böhmischem Glas L$_I$ 268
  s. a. Raritäten-Kasten
  Syllogismen-Kasten
Kastrat F$_I$ 505; L$_I$ 153
Kastraten-Empfindung C$_I$ 15
Kastration SK$_{II}$ 50
kastrieren
  Diebe – K$_{II}$ 272
  ein Kind – D$_I$ 170
  sich – B$_I$ 340, 349, 412; F$_I$ 191
  das Kastrieren J$_I$ 41
Katachrese J$_I$ 410
Katalogus von verbotenen Büchern G$_{II}$ 150
  Catalogus librorum prohibitorum J$_I$ 1048
  s. a. Meß-Catalogus
Katarrh G$_{II}$ 164; J$_I$ S. 649
  Katarr [bzw.] – G$_{II}$ 164
katarrhalische Aufwallung des Bluts D$_I$ 571
Katechismus B$_I$ 128; K$_{II}$ 291
  spanischer – KA$_{II}$ 108
Katechismus-Milch E$_I$ 356
Kategorie J$_I$ 481
Kater E$_I$ 152
kat' exochen [κατ' ἐξοχήν] B$_I$ 180, 290; J$_{II}$ 2018, 2019
Katheder-Echo E$_I$ 358
Katheder-Nacht E$_I$ 368
Katheder-Schall E$_I$ 302
Katholik C$_I$ 146, 223; D$_I$ 582; E$_I$ 166, 209; F$_I$ 192, 281, 361; J$_I$ 43, 111, 137, 260, 1134; J$_{II}$ 1722; L$_I$ 47; L$_{II}$ 980
  deutsche –en B$_I$ 5
katholisch J$_I$ 957; J$_{II}$ 1870; L$_I$ 113
  –˚ werden B$_I$ 23; E$_I$ 165
  –e Aufwärterin J$_I$ 319
  –er Glaube J$_I$ 1240
  –e Kirche K$_{II}$ 103
  –er Lieber Gott J$_I$ 217
  –es Hornvieh J$_I$ 54
  –e Kirche K$_{II}$ 103
  –er Kopf D$_I$ 581
  –es Mönchs-Gesindel L$_I$ 47
  –e Pfaffen J$_I$ 217
  –er Pfaffenpöbel L$_I$ 47
  –e Prediger J$_I$ 957
  –e Religion J$_I$ 369, 651
  –e Schriften J$_I$ 957
  –er Tempel E$_I$ 192
  s. a. erzkatholisch
Katholizismus J$_I$ 1134, 1223
Katoptrik D$_I$ 299
Katze F$_I$ 1031; G$_{II}$ 71; GH$_{II}$ 57; J$_{II}$ 1511; L$_I$ 522, 640
  gipserne –n F$_I$ 74
  junge –n B$_I$ 185; D$_I$ 527; F$_I$ 541; J$_I$ 84
  s. a. Floreal-Kätzchen, Kater, Mai-Kätzchen
Katzen-Auge J$_{II}$ 1906
Katzenhirn
  gebranntes – J$_I$ 609
Katzen-Uhr L$_I$ 111
Kauderwelsch D$_I$ 562, 563; J$_I$ 553
Kauderwelschland D$_I$ 562
Kaufleute E$_I$ 46, 152; F$_I$ 177
Kaufmann E$_I$ 209; J$_I$ 1194
Kaufmanns-Rechnung L$_I$ 169
Kausalität J$_I$ 429, 1173
Kautschuk
  Esel [aus] – UB$_{II}$ 82
Kavalier
  Hof-Kavalier A$_I$ 79; B$_I$ 41
Kavalier-Perspektiv B$_I$ 7; F$_I$ 57
  transzendente – F$_I$ 73
Kavallerie
  Hannöverische – C$_I$ 228
[Kaviar] Caviar KA$_{II}$ 15
Kayser s. Kaiser
Keedush L$_I$ 361
Kegel J$_I$ 1004; J$_{II}$ 1277, 1863; L$_I$ 444
Kegelbahn SK$_{II}$ 71, 313, 322, 327, 335, 339, 654
Kegel-Club C$_I$ 361
kegeln SK$_{II}$ 86, 186, 207, 319, 321, 327, 646, 652, 667, 671, 688, 812, 917
  das Kegeln J$_I$ 627
Kegelschnitt F$_I$ 860
Kehle
  – abschneiden C$_I$ 206
  – in Spiritus F$_I$ 843
  Bau einer – F$_I$ 835
[Kchricht] Kchrigt der Gesellschaft E$_I$ 259
[Kehrichthaufen] Kehrigthaufen J$_I$ 990
keichen E$_I$ 245

keilen C$_I$ 178
keinköpfig
  eure Zwei- und Keinköpfigen
  E$_I$ 293
Kelch
  – des Stolzes D$_I$ 394
  bitterer – E$_I$ 351
Kelle F$_I$ 367
Keller L$_I$ 373
  s. a. Weinkeller
Keller-Assel s. Keller-Esel
Kellerbau J$_I$ 1223
Keller-Esel E$_I$ 70; F$_I$ 971, 1126
Kellerlaus s. Keller-Esel
kennen G$_{II}$ 18, 61, 83; J$_I$ 664, 860; K$_{II}$ 112
  – lernen D$_I$ 92; G$_{II}$ 18, 207; J$_I$ 2, 433; K$_{II}$ 171
  Dinge – K$_{II}$ *304*
  par renommée – D$_I$ 150
Kenner J$_I$ 23
  – des menschlichen Herzens J$_I$ 558
  Beifall des –s D$_I$ 503
  s. a. Altertums-Kenner, Menschenkenner, Weltkenner
kennermäßige Gedankenlosigkeit B$_I$ 380
Kenntnis C$_I$ 227, 233; D$_I$ 38, 252, *298*, 349, 536; F$_I$ 383, 493, 860; G$_{II}$ 107; GH$_{II}$ 78; J$_I$ 43, 860; K$_{II}$ 99, 360; L$_I$ 457
  – anderer G$_{II}$ 120
  –se anhäufen G$_{II}$ 107
  –se aufhäufen J$_I$ 247
  – löst sich nicht in der Seele auf B$_I$ 22
  –se organisieren J$_I$ 342
  – meiner selbst J$_I$ 958
  –se verarbeiten J$_I$ 22
  anschauende – F$_I$ 37
  gründliche –se F$_I$ 489
  mannigfaltige [und] geringe – C$_I$ 233
  nützliche –se H$_{II}$ 74
  tiefe –se J$_{II}$ 1529
  Mangel an –sen B$_I$ 174; D$_I$ 573
  Verfall ernsthafter nützlicher –se F$_I$ 442
  Zirkel von –sen D$_I$ 252
  allzu schneller Zuwachs an –sen C$_I$ 196
  s. a. Büchertitul-Kenntnis, Gesichter-Kenntnis, Hausmittelkenntnis, Hülfs-Kenntnis, Menschenkenntnis, Weltkenntnis
keras [κέρας] KA$_{II}$ S. 39; J$_I$ 23, 616, 639; SK$_{II}$ 359, 582, 602, 603, 631, 633, 651, 665, 680, 683, 694, 695, 738, 746, 747, 752, 813, 821, 862, 888, 891, 903, 905, 906, 920, 938, 985
Kensington RT$_{II}$ 13
Kent F$_I$ 115, 372; RA$_{II}$ 2, 26, 27
Kerbe J$_I$ 389, 391
Kerbholz J$_I$ 389, 391
Kerker
  Stube als – J$_I$ *422, 501*
Kerker-Bereiser J$_I$ 1165
Kerkerfieber E$_I$ 152
Kerl
  dicker – K$_{II}$ 36
  feiner – Mat II$_{II}$ 7
  verteufelter – D$_I$ 625
Kermes-Korn KA$_{II}$ 216
Kernschußweite des Lichts E$_I$ 368
Kerstlingerode TB$_{II}$ 9, 11, 14
Kerze
  Rauchkerzchen K$_{II}$ 107, 245
Kessel J$_{II}$ 1578
Ketschigkeit J$_I$ 547
Kette A$_I$ 94; F$_I$ 632; L$_I$ 380
  –n der Finsternis E$_I$ 345; F$_I$ 730
  elektrische –n F$_I$ 40
  an –n liegen J$_I$ 454
  Glied in der – J$_{II}$ 1748
  Glieder zu der – B$_I$ 306
  Rasseln der –n F$_I$ 686
  s. a. Meßkette, Uhrkette
Ketzeralmanach G$_{II}$ 169
Ketzerei B$_I$ 317
[keuchen] keichen E$_I$ 245
keusch
  die –este Entzückung C$_I$ 326
Keuschheit D$_I$ 433; F$_I$ 191
  Gelübde der – L$_I$ 235
Kew E$_I$ 76; RT$_{II}$ 7; RA$_{II}$ 115, 135, 138, 145, 158, 162, 165, 166, 172
Kibitz F$_I$ 1072
Kidron D$_I$ 214
Kiel B$_I$ 293; SK$_{II}$ 224, 423, 483, 633, 687, 805
Kienruß J$_{II}$ 1894
Kien-Ruß-Flöz J$_I$ 527

Kies
  Schwefelkies J$_{II}$ 1320
Kiesel-Erde J$_{II}$ 1439, 1688, 1702, 1748, 1785, 2019, 2146; K$_{II}$ 328; L$_{II}$ 948
Kieselstein
  Maul voller –e B$_I$ 213
Kind KA$_{II}$ 65; E$_I$ 245, 511; F$_I$ 58, 134, 145, 334, 512, 981, 1020, 1150; G$_{II}$ 213; J$_I$ 75, 104, 227, 433, 513, 547, 634, 706, 742, 746, 860, 864, 974, 1008, 1044; J$_{II}$ 1666; K$_{II}$ 88, 261; L$_I$ 199, 212, 216, 377, 424, 547; L$_{II}$ 798, 975; Mat II$_{II}$ 2
  – abrichten C$_I$ 374
  – für apokryphisch halten J$_I$ 513
  –er aufhängen F$_I$ 521; L$_I$ 318
  –er aussetzen J$_I$ 1116
  –er beherrschen D$_I$ 610
  –er einschmelzen F$_I$ 672
  –er erschießen L$_I$ 506
  –er im Mutterleib erziehen E$_I$ 511
  – für etwas Originelles halten H$_{II}$ 49
  –er kuppeln G$_{II}$ 98
  – gemessen SK$_{II}$ 233
  –er in eine Bouteille sperren J$_I$ 547
  –er in einen Korb sperren J$_I$ 36
  –er verleihen D$_I$ 646
  –er zeugen D$_I$ 175, 610; K$_{II}$ 128; L$_I$ 605
  –er der Huren A$_I$ 86
  –er von mehreren Jahren J$_{II}$ 1666
  – mit 2 Köpfen J$_I$ 37
  –er anstatt Quadranten [und] Uhren C$_I$ 374
  –er des Staats J$_I$ 817
  Kinder SK$_{II}$ 330
  gelehrte –er H$_{II}$ 48; J$_I$ 454
  kluges [und] närrisches – F$_I$ 536
  neugeborne –er E$_I$ 147
  zweiköpfigte –er E$_I$ 177; J$_I$ 37
  Ähnlichkeit der –er E$_I$ 468
  Blöken des –s F$_I$ 520
  Erziehung [der] –er G$_{II}$ 97, 99, 100; H$_{II}$ 50, 133; K$_{II}$ 128; L$_I$ 214; SK$_{II}$ 665
  Gehirn der –er E$_I$ 495
  Pocken –er hinreißen B$_I$ 191
  Schreibbücher [der] –er J$_I$ 26
  Spiegel [des] –s J$_I$ 26
  eigne Tracht [für] –er F$_I$ 798
  Vergnügen an –ern J$_I$ 104
  Weinen [der] –er D$_I$ 607; K$_{II}$ 97
  s. a. Bankert, Bastard, Götter-Kind, Hurkind, Kindlein, Lieblingskind, Riesen-Kind, Schulkind, Sonntagskind, Stiefkind, Zwillingskinder
Kindbett E$_I$ 189
  – des Mannes C$_I$ 146
Kindbett-Fieber SK$_{II}$ 236
  gelehrtes – L$_I$ 468
Kinderei E$_I$ 152; F$_I$ 1136, 1164
Kinderglaube
  alter – J$_I$ 117
Kinderhäubchen J$_I$ 26
Kinderkrankheit J$_I$ 854
Kinderliebe
  Substitut für – J$_I$ 104
Kinderstimme J$_{II}$ 2054
Kindervertauschung E$_I$ 152
Kinderwärter D$_I$ 495
Kinderzucht F$_I$ 38, 1058
Kindlein
  wie die – L$_I$ 435; L$_{II}$ 880
Kindtaufe SK$_{II}$ 348, 455, 802, 840
Kinn B$_I$ 222
  – höher tragen D$_I$ 247
  s. a. Unterkinn
Kinnlade J$_I$ 624
Kinnstreicheln F$_I$ 921
Kirche G$_{II}$ 105; H$_{II}$ 91; J$_I$ 18; L$_I$ 67
  in die – gehen C$_I$ 365; J$_I$ 125
  gotische –n J$_I$ 215
  s. a. Peterskirche, Universitäts-Kirche
Kirchenbuße E$_I$ 157
Kirchengebet E$_I$ 501
Kirchengehen J$_I$ 102
Kirchenlied B$_I$ 97, 191
Kirchenschläfer J$_I$ 652
Kirchhof J$_{II}$ 1662; L$_I$ 26, 133, 193, 360, 624
  – des Innocens J$_{II}$ 2064 s. Paris
  – [und] Universität B$_I$ 56
  Nacht auf einem – J$_I$ 349
  s. a. Juden-Kirchhof
Kirchspitze UB$_{II}$ 37
Kirchstuhl
  einschläfriger – K$_{II}$ 239
Kirchturm K$_{II}$ 93; UB$_{II}$ 8, 37
  sich vom – herablassen L$_I$ 114
  Zürcher – E$_I$ 318
Kirchturmspitze C$_I$ 193

Kirm[e]sfiddler F₁ 46
Kirsche J₁ 737, 868
   erste –n SK_{II} 172, 337, 492, 641
   s. a. Schwarzkirsche
Kirschenbaum J₁ 868; L₁ 505
Kirschenstiel E₁ 302
   Betrachtungen über einen – E₁ 158
   Folianten über einen – C₁ 359
Kirschkern D₁ 55
   – voll Materie E₁ 320
   in einen – klappen D₁ 610
[Kitzel] Kützel C₁ 39, 342
kitzeln
   sich kützeln D₁ 444
Klafter KA_{II} 56; SK_{II} 149, 246
Klafter-Holz F₁ 718
Klage
   –n Germaniens B₁ *380*
   alte –n F₁ 918
   s. a. Favorit-Klage
klagen L₁ 310
Klagweib KA_{II} 130
Klang
   – der Sphären B₁ 322
   Periodenklang E₁ 147
   Prosen-Klang F₁ 773
   Übelklang KA_{II} 30
   Wörter-Klang F₁ 741
   Wohlklang F₁ 544, 673
Klappe SK_{II} 570
Klappermühle L_{II} 899
   –n auf den Kirschen-Bäumen
   L₁ 505
Klapperrose J₁ 1052
Klapperschlange L₁ 363; L_{II} 882
Klarinette K_{II} 340
klar machen E₁ 108
   das Klar-Machen in der Philosophie E₁ 81
Klasse MH_{II} 39
   –n der menschlichen Gesellschaft
   K_{II} 256
   –n in der natürlichen Ordnung
   B₁ 137
   –n [der] Schreibarten B₁ 65
   produzierende – J₁ 1129
   s. a. Menschen-Klasse, Volks-Klasse
klassisch
   –er Grund und Boden RA_{II} 159
   –es Land E₁ 165
Klatschkunst J₁ 594

Klatschmagazin K_{II} 187
Klaue E₁ 455
Klavier D_{II} 757
   – spielen D₁ 257; L₁ 328
Klavierspieler D₁ 257; L_{II} 911
Klebpflaster J₁ 51
Kleckschen L₁ 640
Kleeblätter
   4blätterigte – C₁ 275
   vierblätterige – J₁ 998
Kleid F₁ 292; L₁ 182; MH_{II} 3
   –er abtakeln L₁ 636
   – ist Hieroglyphe F₁ 334
   abgenutzte –er B₁ 252
   einziges – G_{II} 154
   s. a. Gala-Kleid, Paletten-Kleid, Schafs-Kleid
kleiden
   Gedanken sonderbar – B₁ 346
Kleider-Ausklopfen F₁ 213
Kleider-Ordnung F₁ 163
Kleidertracht L₁ 403
Kleidung B₁ *336*; F₁ 320
Kleidungsstücke der Frauenzimmer
   F₁ 292
Klei-Länder D₁ 214
klein
   – und nett D₁ 318
   –er Geist D₁ 224
   –e Herren C₁ 242
   –e Leute C₁ 345
   –e Schriftsteller F₁ 793
   –e Umstände C₁ 74
   sich –er machen mat I_{II} 48
   im Großen [und] im Kleinen
   J_{II} 1666, 1832
Kleinigkeit D₁ 20, 257, 427, 433
Kleinkünsteln E₁ 206
Kleinmeisterei D₁ 230
kleinmeisterisch B₁ 180
kleinstädtisch B₁ 297; E₁ 156, 370
   –er Shakespeare E₁ 370
Kleintuer [und] Großtuer F₁ 350
Kleister
   Mehlkleister GH_{II} 76
Klerisei J₁ 912
Klette E₁ 501
   –n in die Haare werfen D₁ 214
Klicker s. Glicker
Klima A₁ 43, 69; B₁ 276; C₁ 83
   Einfluß des –s A₁ 43
Klingelbecher D₁ 611

Klingelbeutel D$_I$ 105, *611;* F$_I$ 874
Klistier J$_I$ 794
  s. a. Selbst-Klistierer, Selbst-Klistierung
Klitterbuch D$_{II}$ 741; E$_I$ 46
klopfen SK$_{II}$ 309
Kloster B$_I$ 204; E$_I$ 152
  s. a. Nonnenkloster
Klosterbaumeister SK$_{II}$ 858
Klosterbergen SK$_{II}$ 452
Klosterbergische Versuche B$_I$ 152
Kloster-Bratenwender E$_I$ 227
Klostergeschichte
  fade –n F$_I$ 667
Kloster-Leben der spekulativen Philosophie L$_I$ 234
Klotz B$_I$ 102; D$_I$ 539; J$_{II}$ 2072
Klotzkopf D$_I$ 667; E$_I$ 209, 293
klügeln G$_{II}$ 126
klütern D$_I$ 229
klug B$_I$ 335; D$_I$ 445; L$_I$ 556
  – machen L$_I$ 103
  – scheinen GH$_{II}$ 81
  – werden G$_{II}$ 222; J$_I$ 676
  –er Kerl F$_I$ 866
  zu früh – werden J$_I$ 608
  s. a. superklug
Klugheit F$_I$ 973; J$_I$ 48; L$_I$ 697
  s. a. Superklugheit
Klug-Werden J$_I$ 1043
Klumpe[n] B$_I$ 285
Knabe D$_I$ 268; F$_I$ 110, 1217, 1218; Mat II$_{II}$ 49
  alter – F$_I$ 708
  fünfjähriger – E$_I$ 480
  fünfzehnjähriger – F$_I$ 58
  schöner – L$_I$ 663
  unschuldiger – D$_I$ 25
  vierzehnjähriger – E$_I$ 462
  vornehmer – mit Schärpe Mat I$_{II}$ 173
  s. a. Schulknabe, Waisenknabe
Knabenliebe B$_I$ *141*
Knaben-Stolz D$_I$ 416; Mat II$_{II}$ 33
Knacken J$_{II}$ 1859
Knall
  – der Flinte J$_I$ 136
  – trockenen Holzes J$_{II}$ 1555
knallen F$_I$ 1147
Knallgold J$_I$ 980; J$_{II}$ 1424, 1455; L$_{II}$ 785

Knallkugel
  Knall- und Spritzkugel-Blasen D$_I$ 482
Knall-Luft J$_{II}$ 1448, 1673, 1745, 1973, 1990, 2022
Knall-Luft-Atmosphäre J$_{II}$ 2016
Knallsilber J$_I$ 1119; J$_{II}$ 1455, 2161; L$_{II}$ 942
Knasterbart D$_I$ 667
Knecht F$_I$ 663
  s. a. Bäcker-Knecht, Bauernknecht, Fleischerknecht, Henker-Knecht, Metzger-Knecht
knicken G$_{II}$ 25, 60
Knie F$_I$ 1217; SK$_{II}$ 328, 538, 783, 791, 812
  auf die –e fallen F$_I$ 704; L$_I$ 536
Knieband D$_I$ 286
knien H$_{II}$ 66
Knitter-Gold L$_{II}$ 731, 732
Knoblauch F$_I$ 451
Knochen E$_I$ 509; F$_I$ 866
  – am Schwanz L$_I$ 311
  – und Überrock E$_I$ 217
  adliche und bürgerliche – B$_I$ 56
  Krachen in den – SK$_{II}$ 318, 328
  s. a. Nasen-Knochen
Knochengebäude
  – des Charakters G$_{II}$ 60
  – unserer Denkungsart G$_{II}$ 25
Knochen-Gewölbe F$_I$ 830
Knochen-System D$_I$ 491; L$_I$ 390
knöchernes Gewölbe F$_I$ 814
Knöspgen B$_I$ 185
Knopf
  – annähen D$_I$ 452
  Knöpfe polieren Mat I$_{II}$ 47
  – stecken SK$_{II}$ 359
  Knöpfe mit dem Buchstaben Null E$_I$ 263
  an den Knöpfen fassen Mat I$_{II}$ 50
  s. a. Hosenknopf, Mohnknopf, Stockknopf, Westenknopf
Knopfloch F$_I$ 476
Knoten B$_I$ 173; J$_{II}$ 1587
  – knüpfen E$_I$ 152
  – des Mondes J$_{II}$ 1587, 1629
  s. a. Mondsknoten
koalisieren L$_I$ 593
[Kobalt] Kobolt KA$_{II}$ 182; L$_{II}$ 742
  Cobaltum L$_{II}$ 722

[Kobalt-Metall] Kobolt-Metall
L$_{II}$ 721
Koblenz J$_{II}$ 2159; SK$_{II}$ 358
[Kobold] Kobolt D$_I$ 120; E$_I$ 165
Kochbuch K$_{II}$ 188
kochen E$_I$ 226, 234, 245; J$_{II}$ 1924;
L$_I$ 648; Mat I$_{II}$ 149; RA$_{II}$ 29
s. a. Firniskochen
Kochkunst
Pandekten der – L$_I$ 129
Kochmama
Koch- und Nähmama E$_I$ 152
Kochsalz J$_{II}$ 1693
Kochsalz-Kalch L$_{II}$ 948
Köchin J$_I$ 1063
meiner – vorlesen F$_I$ 889, 897
Koelektrizität J$_{II}$ 1707
Köln C$_I$ 144; SK$_{II}$ 943
Kölner SK$_{II}$ 304
König B$_I$ 206, 326; C$_I$ *240;* D$_I$ 99,
214; F$_I$ 3, 874; G$_{II}$ 14; H$_{II}$ 47; J$_I$ 207,
586, 1094, 1151, 1161, 1182;
K$_{II}$ 148; L$_I$ 211, 261
– von Portugal ernennen L$_I$ 175
– von Preußen E$_I$ 306; H$_{II}$ 52
– in einem Schuhflicker erkennen
F$_I$ 139
–e der Welt J$_I$ 1087
unter die –e begraben D$_I$ 20; F$_I$ 755
gute –e K$_{II}$ 152
hurender – J$_I$ 59
summende –e D$_I$ 610
rote Bücher der –e J$_I$ 586
Geschichte eines –s G$_{II}$ 223
Hinrichtung des –s K$_{II}$ *215*
Liebe gegen den – K$_I$ 1
Statüe des –s KA$_{II}$ 251
Staub der –e E$_I$ 192
Königin
Vizekönigin J$_I$ 852
Königreich KA$_{II}$ 2; J$_I$ 636
Königsberg KA$_{II}$ 88; E$_I$ 501; SK$_{II}$ 81, 82
Königsmörder K$_{II}$ 290
Königs-Platz in Herrenhausen B$_I$ 169
Königstein SK$_{II}$ 490
können [und] wollen G$_{II}$ 53; K$_{II}$ 87
Köpfchen F$_I$ 1210; K$_{II}$ 233
Köpfe-Schneiden B$_I$ 51
Körbchen
ins – wiegen D$_I$ 83
Körper A$_I$ 56, 66, 83, 139; A$_{II}$ 166,
195, 196, 216, 244; B$_I$ 17, 81, 109,
180, 253, 377; C$_I$ 23, 178; KA$_{II}$ 39,
67; D$_I$ 45, 196, 321, 760; E$_I$ 509;
F$_I$ 34, 191, 262, 267, 292, 349, 925,
987; H$_{II}$ 19; J$_I$ 193, 646, 775, 1208;
J$_{II}$ 1416, 1480, 1484, 1570, 1729,
1754, 1776, 1777, 1854, 2090, 2096,
2099, 2106, 2113, 2163; K$_I$ 1;
K$_{II}$ 320, 331, 398; L$_I$ 36; L$_{II}$ 854,
897, 919, 942975; TB$_{II}$ *23;* RA$_{II}$ 155
– bauen F$_I$ 818, 862
– nicht kennen A$_I$ 66
– kennenlernen F$_I$ 262
– im kleinen F$_I$ 690
– [und] Flächen A$_{II}$ 251
– im Fluidum L$_{II}$ 874
– [ohne] Haut F$_I$ 1204
– [und] Licht H$_{II}$ 201; J$_{II}$ 2130,
2131, 2166
– [der] Philosophie J$_I$ 249, *250*
– [und] Seele C$_I$ 178; F$_I$ 262, 1080,
1084, 1204; J$_I$ 26, *322*
– [und] Wärme H$_{II}$ 188, *189;*
J$_{II}$ 1805, 1945, 1946
– [und] Wille L$_I$ 192
sich bewegender – A$_{II}$ 176; C$_I$ 303;
D$_I$ 314
sich drehender – J$_{II}$ 2137
durchsichtiger – A$_{II}$ 166; J$_{II}$ 1569;
K$_{II}$ 308
fallender – A$_{II}$ 156, *179;* L$_{II}$ *741*
feste – J$_{II}$ 1626, 1952, 2131; L$_{II}$ 946
feuchte J$_{II}$ 1291
flüssige – J$_{II}$ 1953
fühlender [und denkender] – A$_I$ 52
geriebene – J$_{II}$ 1988
gesunder – F$_I$ 203
großer [und] kleiner – L$_I$ 37
idioelektrische – D$_{II}$ 729; J$_{II}$ 1316
innerer – F$_I$ 203
insolubeler – J$_{II}$ 1785
isolierende – J$_{II}$ 1501, 1797
kalter – K$_I$ 1
mathematischer – A$_{II}$ 153; J$_{II}$ 1908
sich penetrierende – A$_{II}$ 230
schöner – B$_I$ 73
starker und gesunder – F$_I$ 203
stereometrische – J$_I$ 1016
unser symmetrischer – D$_I$ 212
tierischer – J$_I$ 146; J$_{II}$ *1589, 2064*
unsichtbarer – C$_I$ 303
vegetabilischer – J$_{II}$ 1589
zylindrischer – A$_{II}$ *154;* F$_I$ 310

Ausdehnung der – K$_{II}$ 64; L$_{II}$ 793
Dichtigkeit [der] – A$_{II}$ 196, 204
Eigenschaften der – J$_{II}$ 2149;
  K$_{II}$ 321
Elastizität der – A$_I$ 8; F$_I$ 53; J$_{II}$ *1484*;
  L$_{II}$ *774*; RA$_{II}$ *151*
Friktion der – A$_{II}$ 154, *156*
Geist [und] – B$_I$ 377; D$_I$ 202;
  J$_I$ 322; L$_I$ 37
Lehre vom – L$_I$ 59
Modifikation der – J$_{II}$ 1784
Oberfläche der – J$_{II}$ 1754, *1797*,
  1802, *1864*, 2049; L$_{II}$ 946
Raum [und] – D$_I$ 435; K$_{II}$ *64*
Undurchdringlichkeit [der] –
  D$_I$ *435*; K$_{II}$ 321; L$_{II}$ 793, *897*, *917*
Verwandtschaft der – J$_{III}$ 2151
Widerstand des –s L$_{II}$ 741
s. a. Leib, Lichtkörper, Völker-
  Körper, Weltkörper
körperlich
  das Körperliche L$_I$ 618
Körperwelt E$_I$ 469; F$_I$ 324, 791;
  H$_{II}$ 147, 181; GH$_{II}$ 12; J$_I$ 392;
  J$_{II}$ 1524; L$_{II}$ 852
Kohäsion J$_I$ 34; J$_{II}$ 1484
Kohäsions-Glas J$_{II}$ 2044
Kohäsions-Kraft L$_{II}$ 759
Kohl D$_I$ 215
  saurer – SK$_{II}$ 108, 895
  Savoyer Kohl SK$_{II}$ 359
  s. a. Sauerkohl
Kohl-Dekokt SK$_{II}$ 184
Kohle J$_I$ 95; J$_{II}$ 1322
  –n schneiden/kauen A$_{II}$ 158
  –n an Lichtern A$_{II}$ 232
  glühende –n KA$_{II}$ 93; J$_{II}$ *1814*;
  L$_I$ 592
  tode – A$_{II}$ 158
  s. a. Steinkohle
Kohlen-Bergwerk KA$_{II}$ *6*; J$_I$ 827
Kohlenflöz J$_{II}$ 1320, 1821
Kohlen-Luft J$_{II}$ 1297
Kohlenmeiler K$_{II}$ 308
Kohlenstaub UB$_{II}$ 64
Kokarde [Coquarde] E$_I$ 209
  dreifarbige – L$_I$ 480
  weiße –n E$_I$ 121
kokett *s.* coquet
Kokette *s.* Coquette
Kolik SK$_{II}$ 101

Kolleg [bzw] Kollegium B$_I$ 253;
  E$_I$ 455; SK$_{II}$ 221, *225*
  s. a. Colleg
Kollege F$_I$ 58; J$_I$ 2, 92, 1237
Kollektane G$_{II}$ 209; J$_{II}$ 1738; L$_I$ 186
Kollekteur E$_I$ 229
Kollision F$_I$ 942, 950, 952; K$_{II}$ 261;
  L$_I$ 682
Kollisions-Geschichte L$_I$ 682
Kolon
  harmonisches – E$_I$ 161
Kolonie D$_I$ 234; RA$_{II}$ 80, 87, 93, 104,
  111, 112, 118, 124
Kolophonium F$_I$ 640
Koloration K$_{II}$ 356
Kolorit eines schlechten Malers B$_I$ 17
Komet [Comet] A$_{II}$ 220, 229, 253;
  B$_I$ 16, 297; KA$_{II}$ 60; D$_I$ 113, 385,
  404, 664; D$_{II}$ 686; E$_I$ 169, 320;
  F$_I$ 29, 148, 922; J$_I$ 20; J$_{II}$ 1658, 2031;
  K$_I$ 19; K$_{II}$ 402; L$_{II}$ 884; TB$_{II}$ 7;
  SK$_{II}$ 848
  Theorie der –en B$_I$ 263
Kometen-Schwanz E$_I$ 355; J$_{II}$ 1436,
  1604, 2068; L$_I$ 343
Kometenschweif J$_{II}$ 1284, 1530,
  2038, 2039
komischer Dichter J$_I$ 312
Komma J$_{II}$ 1963
Kommandant K$_I$ 9
Kommando von Armeen J$_I$ 1241
kommen
  so früh als möglich [und] zu spät –
  L$_I$ 1432
Kommentarien schreiben E$_I$ 257
  s. a. commentarius
Kommentator
  gelehrte –en F$_I$ 569
Kommerzien-Wesen A$_I$ 119
Kommiß-Nickel D$_I$ 544
  s. a. Regimentsnickel
Kommode J$_I$ 986
Komödie B$_I$ 297, 406; C$_I$ 96, 242;
  KA$_{II}$ 152, 189; D$_I$ 81, 275; E$_I$ 209,
  236, 244; F$_I$ 519, 1005; G$_{II}$ 143;
  J$_I$ 731, 1078; Mat I$_{II}$ 74, 135;
  RA$_{II}$ 11, *126*
  in der – B$_I$ 99
  in –n natürlich schreiben A$_I$ 77
  verständige – E$_I$ 111
  Ableger von –n J$_I$ 731

Charakter für eine – H_{II} 71
s. a. Lustspiele
Komödien-Haus E_I 209, 265;
Mat I_{II} 25; RA_{II} 11
Komorn K_{II} 287
Komparativ J_I 1188, 1212
Kompaß B_I 186, 263; L_{II} 820
Kompendienschreiben C_I 346; D_I 11
Kompendienschreibung UB_{II} 74
Kompendium D_I 132; E_I 232, 235,
447; GH_{II} 47; J_{II} 1407, 1425; L_I 155,
516; L_{II} 855, 914; UB_{II} 48;
SK_{II} 169, 183, 187–189, 589, 707,
720, 970, 971
– schreiben D_I 83; E_I 232, 235,
447; UB_{II} 42
– ein Buch E_I 232, 235
Compendia nach Göttingen tragen
D_I 70
Compendia der Physik L_I 155
Compendium über die Physik
L_{II} 852
verachtetes – UB_{II} 48
Kompendienschreibung UB_{II} 74
Kompensations-Pendel L_{II} 772
Kompilation D_I 506; E_I 235
Kompilator E_I 370; F_I 140; J_I 3, 559,
1155; K_{II} 299; L_I 635
kompilieren F_I 278
das Kompilieren J_I 1155
Kompliment B_I 201, 392; KA_{II} 197;
E_I 332; F_I 194, 514; J_I 465
Komplimentemachen K_{II} 280
Komplimenten-Macher F_I 1174
komplimentieren
sich – D_I 89
Kompressionsmaschine J_{II} 1990;
K_{II} 357
Konchyliologie J_I 421
Kondensator J_{II} 1614; K_{II} 337, 381
Kondensier-Pumpe J_I S. 649
Konditor L_I 481
Konduktor H_{II} 201; J_{II} 1743, 2140,
2150; K_{II} 389; L_{II} 939
konferieren B_I 184
Konfirmation des Geistes F_I 19
konfirmieren SK_{II} 951
– lassen J_I 75
konform C_I 194
Konfusionär J_I 559
Kongreß C_I 51
Koniglobien SK_{II} 990

konkav
das Konkave [und] das Konvexe
E_I 112
Konklave *s.* Conclave
Kompressionsmaschine K_{II} 357
Konsequenz SK_{II} 341
von Conséquence sein B_I 137
Konsequenzmacherei
Professor der – B_I 316
Konsistorium B_I 136; J_I 505; L_I 253
Konsonant F_I 845
Konsonanz J_I 84
Konspiration B_I 125
Konstabler SK_{II} 176
astronomischer – L_I 635
Konstante J_{II} 1695
Konstantinopel KA_{II} 64; B_I 23;
C_I 187; J_I 1163
Konstitution
sich eine – entwerfen K_I 5
gesunde –en F_I 1190
vierte – L_I 517
Wetterseite meiner moralischen –
J_I 388
s. a. Constitution
Konstitutions-Tag SK_{II} 800
Konstruktion F_I 202; L_{II} 963, 967
verwickelte –en J_I 570
Konsul
römische –s E_I 209
Konto
auf – D_I 611
Konto-Assekuranz-Gesellschaft
D_I 72
Kontrakunst D_I 124
Kontrast Mat I_{II} 15
dreidoppelter – Mat I_{II} 166
Kontrovers-Bomben-Mörser
geistlicher – J_I 197
Kontrovers-Prediger B_I 23
Konvenienz F_I *781*; L_I 289
Filtrum der – J_I 780
konventionell E_I 376, 386, 455;
F_I 142
–e Schönheiten E_I 386
–er Wert E_I 376
das Konventionelle F_I 502, 535
Konventions-Kopf J_I 467
konventionsmäßig K_{II} 85
Konventions-Physik J_{II} 1633
konvertieren B_I 284
konvexes Glas E_I 169

Konvex-Glas A$_{II}$ 205; F$_I$ 1080
konvulsivisches Bemühen F$_I$ 802
Konzept SK$_{II}$ 277, 324
Konzert B$_I$ 171; E$_I$ 62
Konzil
  Schnitzer der –ien L$_I$ 28
Kopenhagen A$_{II}$ 222; D$_I$ 51; GH$_{II}$ 45; J$_I$ 883; L$_I$ 45; SK$_{II}$ 232, 340, 553, 806
Kopf B$_I$ 125, 192, 204; C$_I$ 64; E$_I$ 31, 147, 184, 239, 245, 322; F$_I$ 170, 311, 448, 486, 693, 710, 729, 819, 848, 854, 906, 1014; J$_I$ 801, 924, 1013, 1094, 1195; K$_{II}$ 38, 127, 155, 265; L$_I$ 152, 209, 315, 327, 407
  – abhauen L$_I$ 378
  Köpfe abschlagen J$_I$ 1040
  Köpfe blutig schlagen E$_I$ 138
  Köpfe legen F$_I$ 857
  – schief tragen F$_I$ 214
  Köpfe schneiden B$_I$ 60
  – schütteln F$_I$ 641, 725
  – [sein] D$_I$ 452
  – auf [der] Seite tragen C$_I$ 224; L$_I$ 471
  – unterstützen L$_I$ 142
  – von innen verbessern F$_I$ 393
  Köpfe waschen K$_{II}$ 235
  Köpfe zählen und wiegen F$_I$ 736
  – zeichnen C$_I$ 107
  – unterm Arm E$_I$ 244
  Köpfe unsrer Autoren E$_I$ 355
  – zwischen die Beine nehmen B$_I$ 9
  – gegen die Erde stoßen UB$_{II}$ 15
  – mit Flügeln F$_I$ 358
  – und Füße B$_I$ 125
  – von Gips F$_I$ 1059
  Köpfe der Griechen und Römer F$_I$ 1067
  – [und] Herz C$_I$ 20; D$_I$ 191; E$_I$ 192, 259; F$_I$ 104, 1047; L$_I$ 182, 315, 403
  – im Paradies B$_I$ 343
  – ohne Portion zum Körper Mat II$_{II}$ 28
  Köpfe in Treibhäusern ziehen E$_I$ 100
  – [und] Unterleib B$_I$ 323, 344
  – der Welt F$_I$ 54
  äußerer – L$_I$ 209
  alte Köpfe E$_I$ 247
  einen – im andern F$_I$ 268

aufrührerische Köpfe J$_I$ 1094
ausschweifender – F$_I$ 898
besonderer – UB$_{II}$ 14
beste Köpfe E$_I$ 81; L$_{II}$ 894, 974
denkender – E$_I$ 370
deutsche Köpfe E$_I$ 245
eingeschränkter – F$_I$ 353
erhabene Köpfe F$_I$ 828
europäischer – F$_I$ 848
auf den – gefallen E$_I$ 147; F$_I$ 866
feine Köpfe B$_I$ 25, 54
flüchtiger – D$_I$ 38
fühlen mit dem – F$_I$ 1047
auf dem – gehen E$_I$ 259
gelernter – H$_{II}$ 141
gemeiner – J$_I$ 1241
gepuderter – F$_I$ 1037
gesunder – F$_I$ 970
gewöhnlicher – C$_I$ 194
glühender – E$_I$ 194
großer – J$_I$ 26
guter – H$_{II}$ 45; J$_I$ 33, 746, 1156; K$_{II}$ 87
guter spekulativer – L$_{II}$ 852
viel – haben L$_I$ 661
helle Köpfe F$_I$ 741
im – herumwerfen B$_I$ 394; J$_I$ 240
hohe Köpfe mit einer kleinen Basi F$_I$ 1194
katholischer [und] protestantischer – D$_I$ 581
kluge Köpfe E$_I$ 435; F$_I$ 1190; J$_I$ 236
zu – kommen E$_I$ 196
in seinen – kriechen J$_I$ 595
gefährlich lebendige Köpfe F$_I$ 1194
leere Köpfe F$_I$ 498, 848
mittelmäßiger – C$_I$ 260; D$_I$ 90, 257; F$_I$ 828; J$_I$ 515; Mat II$_{II}$ 11
munterer – F$_I$ 697
origineller – E$_I$ 259
den – passieren lassen C$_I$ 125
platte Köpfe UB$_{II}$ 49
am – pochen L$_I$ 491
rasche Köpfe F$_I$ 295
satyrischer – E$_I$ 81
vor den – schütteln E$_I$ 345
schwacher – D$_I$ 529; E$_I$ 370; F$_I$ 730, 809, 813, 1164; J$_I$ 109
seichter – C$_I$ 196; D$_I$ 364, 433; K$_{II}$ 112
sonderbare Köpfe Mat I$_{II}$ 127
spitze Köpfe F$_I$ 892, 1194; UB$_{II}$ 49

toller − E₁ 60
unruhige Köpfe K₁ 9
in seinem − verlieren D₁ 640
verrückt im − C₁ 180
verwirrter − F₁ 730, *856*
vortrefflicher − L₁ 272
witziger − C₁ 54; J₁₁ 1872
bißgen − zerbrechen D₁ 309
zerrütteter − F₁ 215
Adel im − D₁ 45
modische Ausziehrung der Köpfe
L₁ 4
falsche Bildchen in unserem −
D₁ 448
Blitz durch den − SK₁₁ 411
Brausen in meinem − F₁ 1083
Buch und − D₁ 399; E₁ 104;
UB₁₁ 43
Falte [im] − F₁ 538
Form des −es und innere Anlage
F₁ 569
Indigestionen im − L₁ 210
Kanäle im − K₁₁ 30; MH₁₁ *19*
seltene Klasse von − L₁₁ 724
Knochen des −es F₁ 830
Konklave seines −es J₁ 335
Leute von − L₁ 64
Licht im − F₁ 104
Löcher im − KA₁₁ 10
Schlag auf/an den Kopf E₁ 147,
517
Wasser im − J₁ 223
Wetter [im] − D₁ 450
Wunder in meinem − D₁ 286;
Mat I₁₁ 80
s. a. Affenkopf, Cherubims-Kopf,
Damen-Kopf, Dickkopf, Drachen-
Kopf, Dummkopf, Europäer-
Kopf, Flachkopf, Gedächtnis-
Kopf, Götterhaupt, halbköpfig,
keinköpfig, Klotzkopf, Köpfchen,
Konventions-Kopf, leerköpfig,
Menschenkopf, Mumien-Kopf,
Neger-Kopf, Ochsenkopf, Origi-
nalkopf, Pfeifenkopf, Plunderkopf,
Prinzenkopf, Pudding-Kopf, Rie-
sen-Schädel, Rotkopf, schafsköp-
fig, Schafskopf, Schwindelkopf,
siebenköpfig, Sperlings-Kopf,
spitzköpfig, Spitzkopf, Todenkopf,
Tollkopf, Trotzkopf, zweiköpfig,
Vorderkopf, Zwillings-Kopf

Kopfgeld J₁ 1159
Kopfhenker
melancholischer − B₁ 81
Kopfkissen
Theorie der Falten im − L₁ 476
Kopf-Kraft F₁ 268
Kopfnicken G₁₁ 217
Kopfschmerzen A₁ 52
s. a. Kopfweh
Kopfschütteln E₁ 147; G₁₁ 217
Kopfsteuer E₁ 368
− im Himmel F₁ 757
Kopfweg rufen L₁ 533
Kopfweh A₁ 49; L₁₁ 854; SK₁₁ 116,
197, 251, 291, 439, 498, 568, 579,
674, 714, 721, 918, 936
s. a. Kopfschmerzen
Kopfzeug F₁ 165, 1105
Kopie [und] Original A₁ 74; G₁₁ 5;
J₁ 1241
Kopist B₁ 306; E₁ 267; J₁ 1241
koppelhafte Gespräche D₁ 668
kopulieren SK₁₁ 14
Koralle J₁₁ 2073
Korallen-Inseln RA₁₁ 199
Korb
Kinder in einen − sperren J₁ 36
s. a. Blumen-Körbchen, Körbchen
Korbwerk K₁₁ 255
Kork C₁ 220; J₁ 417
Korn SK₁₁ 196, 639, 656, 812, 813
Körner eines kleinen Leichtsinns
B₁ 263
erstes − SK₁₁ 61
s. a. Hirse-Körner, Ideen-Körner,
Samen-Korn, Sandkörnchen,
Sandkorn, Senfkorn, Sense-Körner
Kornjahr
Wein- und − E₁ 501
Kornmutter SK₁₁ 332
Korrektor J₁ 253
− [und] Kritiker K₁₁ 226
Korrektur J₁ 291, 864
s. a. Kalender-Korrektur
Korrekturträger SK₁₁ 222
Korrespondenz F₁ 1052; G₁₁ 229;
SK₁₁ 292
korrespondieren J₁ 569; K₁ 18
−de Sonnen A₁₁ 241
leblose Dinge − lassen C₁ 85
Korrigierung von Schriften F₁ 867
korrosive Sachen B₁ 232

korruptibel F$_I$ 536
Korsika KA$_{II}$ 200; GH$_{II}$ 67; L$_I$ 248; SK$_{II}$ 713
Korybanten-Getöse von Prose F$_I$ 215
Kosaken D$_I$ 26; KA$_{II}$ 240
Koschenille *s.* Cochenille
kosmisch
  ins Kosmische laufen D$_I$ 438
Kosmogonie J$_{II}$ 1947
Kosmograph J$_I$ 700
kosmologisch F$_I$ 305
 –er Beweis J$_I$ 253
[Kosmopolit] Cosmopolit L$_I$ 244
Kostbarlichkeit B$_I$ 180
Kostüm *s.* Costume
Kothurn
  Soccus oder – C$_I$ 200; Mat II$_{II}$ 38
koupieren L$_I$ 97
Krabben D$_{II}$ 694
Krachen in den Knochen SK$_{II}$ 318, 328
Krachwedel D$_I$ 667
Kräfte-Maß L$_I$ 292
Krähe J$_I$ 3
Krähenflug G$_{II}$ 38
Krämer A$_I$ 113; C$_I$ 33, 67; D$_I$ 322; L$_I$ 101
  s. a. Gewürzkrämer, Händler, Käsekrämer, Zuckerkrämer
Kränke D$_I$ 667
kränklich
 –e Empfindlichkeit B$_I$ 25
 –e Vernunft B$_I$ 364
Kränklichkeit F$_I$ 705; J$_I$ 454; K$_{II}$ 29; SK$_{II}$ 215
 – und Häßlichkeit F$_I$ 1186
Kränkung D$_I$ 560
[Kränzchen] Kränzgen B$_I$ 204; E$_I$ 104, 455; SK$_{II}$ 100, 125, 252, 259, 275, 422, 517, 538, 560, 602, 852, 958, 1001
[Krätze] Grätze F$_I$ 204
Kraft F$_I$ 1195; J$_{II}$ 1595, 1640
  Kräfte erforschen KA$_{II}$ 296
  Kräfte üben J$_I$ 339, 749
  abstoßende – J$_{II}$ 1867; L$_I$ 302
  allgemeine – E$_I$ 32
  alleinseligmachende – J$_I$ 1240
  anziehende – L$_I$ 302, 897, *918*
  chemische Kräfte J$_{II}$ 1339
  [elektrische Kräfte] F$_I$ 1039
  künstliche Kräfte L$_I$ 33

lebendige Kräfte A$_{II}$ 176
magnetische – L$_{II}$ 883
physische und pekuniäre Kräfte L$_I$ 94
verkalchte Kräfte D$_I$ 316
zwei Kräfte L$_I$ 453
Abmessung der Kräfte L$_{II}$ 983
Abnahme der Kräfte L$_I$ 192; L$_{II}$ 917
Gedanken fliehende – B$_I$ 318
Geschmack und Kräfte F$_I$ 490, *996*
Mangel an – K$_{II}$ 88
Messung der Kräfte A$_{II}$ 176
Quell der Kräfte C$_I$ 291
  s. a. Bewegungs-Kraft, Fallkraft, Initial-Kräfte, Kohäsions-Kraft, Kopfkraft, Löwen-Force, Schwerkraft, Seelenkraft, Spannkraft, Stoßkraft, Unterscheidungskraft, Urteilskraft, Verstandes-Kraft, Zentripetal-Kraft
Kraft-Ausdruck F$_I$ 1164
Krake KA$_{II}$ 177
Krambambuli SK$_{II}$ 201, 206, 251
Krampf J$_I$ 223; SK$_{II}$ 29, 69, 442
krampfhaft SK$_{II}$ 300
krampfig SK$_{II}$ 112, 151, 225, 342, 460, 489, 514
Kran K$_{II}$ 99
Kranich F$_I$ 144
krank F$_I$ 316; J$_I$ 459; SK$_{II}$ 85
  moralisch – K$_{II}$ 288
Kranke in der Einbildung J$_I$ 193, 223, 273
  für Kranke beten F$_I$ 741
  s. a. sinnekrank
Krankenbett [und] königliche Tafel B$_I$ 286
Krankheit A$_I$ 54, 115; B$_I$ 17; KA$_{II}$ 195, 246; D$_I$ 658; F$_I$ 316, 705, 762, 765, 817; G$_{II}$ 163, 239; GH$_{II}$ 52; J$_I$ 213, 223, 273, 275, 323, 337, 454, 495, 532, 601, 615, 693, 872, 888, 949, 992; J$_{II}$ 1346, 1748, 1990, 2059; K$_{II}$ 43; L$_I$ 465, 483, 535; SK$_{II}$ 14, 16, 20, 29, 326, 771, 840
 –en ansehen E$_I$ 432
 –en kompilieren F$_I$ 278
 –en der Seele D$_I$ 20; F$_I$ 352
  asthmatische –en H$_{II}$ 164
  eingebildete –en J$_I$ 223, 273, 1208
  englische – B$_I$ 17

künstliche –en KA$_{II}$ 188
tödliche –en B$_I$ 29
venerische –en D$_I$ 271
wohlfeile –en J$_I$ 232
des Königs – J$_I$ 106
Register der –en J$_I$ 992
s. a. Arsch-Krankheit, Augen-Krankheit, Entwicklungs-Krankheit, Kinderkrankheit, Nerven-Krankheit, Seekrankheit
Krankheitsstoffe J$_{II}$ *1967,* 1969
Krappe D$_I$ 534, 611; E$_I$ 257
-kratie
 -archien und kratien K$_I$ 16
kratzen SK$_{II}$ 351
Krausköpfchen SK$_{II}$ 727
Kraut
 antiskorbutisches – KA$_{II}$ 111
Kreatur
 – als ein Punkt B$_I$ 28
 junge – B$_I$ 171
 Beschreibung einer der schönsten –en B$_I$ 82
Krebs [Tier] D$_I$ 125; F$_I$ 212; J$_I$ 315, 665; J$_{II}$ 1443; L$_{II}$ 743; SK$_{II}$ 153
Krebsschäden D$_I$ 358
Kredit D$_I$ 433, 467, 588; E$_I$ 175; F$_I$ 804, 1178; J$_I$ 270
 – von Heiligkeit K$_{II}$ 129
 – von Tiefsinn K$_{II}$ 129
 falscher – K$_I$ 19
 philosophischer – F$_I$ 741
 Verlust des –s E$_I$ 175
 s. a. Hebammen-Kredit
Kredit-Briefchen J$_I$ 1237
Kreditor E$_I$ 355
 s. a. Creditor
Kreide
 spanische Kreite J$_{II}$ 1662
[Kreidestrich] Kreiten-Strich E$_I$ 95
Kreis K$_I$ 19; L$_I$ 192
 – von Wörtern und Kenntnis F$_I$ 383
 s. a. Wendekreis
Kreite *s.* Kreide
Krempel-Markt F$_I$ 257
krepieren
 zum Krepieren E$_I$ 259
Kresse J$_I$ 993
[Kretin] Cretin L$_I$ 222
Kreuz J$_I$ 367
 magisches doppeltes – A$_{II}$ 208
 s. a. Haus-Kreuz

Kreuzer A$_{II}$ 199; D$_I$ 481
 sich – erschreiben E$_I$ 328
Kreuzigung B$_I$ 310, 350
 s. a. Selbst-Kreuzigung
Kreuzmachen D$_I$ 389
Kreuzweg E$_I$ 72; SK$_{II}$ 373
[Kricketspieler] Cricket-Spieler RA$_{II}$ 26
kriechender Stolz F$_I$ 500
Krieg C$_I$ 76; D$_I$ 20; E$_I$ 389; F$_I$ 438, 678, 747, 794; G$_{II}$ 204; GH$_{II}$ 77; J$_I$ 1181, 1182; K$_{II}$ 283, 294; L$_I$ 58, 106, 154, 282, 369, 374, 524, 614
 dreißigjähriger – J$_I$ 535; K$_I$ 16; K$_{II}$ 142
 großer – B$_I$ 16
 Siebenjähriger – *E$_I$ 389;* J$_I$ 115; K$_{II}$ 281
 totaler – Mat I$_{II}$ 4
 s. a. Potentaten-Krieg, Regeln-Krieg, Sprichwörter-Krieg
Kriegableiter UB$_{II}$ 37
Kriegen und Streiten L$_I$ 275
Krieger
 große – J$_I$ 843
 zugestutzte, abgerichtete – L$_I$ 283
Kriegs-Genie L$_I$ 283
Kriegs-Kasse L$_I$ 398
Kriegs-Kommissarius SK$_{II}$ 325
Kriegskunst E$_I$ 104
Kriegsrat SK$_{II}$ 944
Kriegsschiff RA$_{II}$ 144
Kriegszahlmeister A$_I$ 79
Kringeljunge D$_I$ 56
Kristall [Krystall] J$_I$ 1183; J$_{II}$ 1320, 1594, 1624, 1829, 2019; K$_{II}$ 410
 s. a. Quarz-Krystall
Kristallisation [Krystallisation] A$_{II}$ 236; J$_I$ 34; J$_{II}$ 1312, 1400, 1939, 1983, 2011; K$_{II}$ 171; L$_{II}$ 924
Kristallisations-Wasser [Krystallisations-Wasser] J$_{II}$ 1295, 1624, 1753, 1933, 2011, 2018, 2034
kristallisieren J$_I$ 532
Kristall-Linse K$_{II}$ 364, 371; L$_{II}$ 770
Kriterium D$_I$ 214, 529; E$_I$ 158, 206, 230
Kritik A$_I$ 101; B$_I$ 16, 102, *145,* 380; D$_I$ 170, 433; E$_I$ *244;* F$_I$ 63, 215; G$_{II}$ 129; L$_I$ 104
 – in Musik gesetzt F$_I$ 1030
 gegenwärtige – D$_I$ 214

offensive – B_I *147;* F_I 141
Adlerauge/Hundsnase der –
  UB_{II} 35
Feld der – D_I 124
dritter Grad der – D_I 86
Offensiv-Kritiken B_I 16
Schweine der – F_I 1170
s. a. Offensiv-Kritik
Kritiker A_I 74; B_I 287, 321; D_I 180,
  194; F_I 460, 793, 982; J_I 868
– [und] Korrektor K_{II} 226
bebrillte – L_I 163
deutsche – B_I 17
neue – B_I 20
schlechter – F_I 1078
Netze der – L_I 701
Nutzen der schlechten – D_I 449
s. a. Antikritikus
kritisch
  –e Ader C_I 209
  –er Aufstand C_I 209
  –es Auge D_I 641
  –e Bibliotheken E_I 335
  –e Chartequen C_I 11, 87
  –e Hauptstädte C_I 116
  –e Herkulesse D_I 208
  –er Kannibalism F_I 1101
  –e Richterstühle E_I 387
  –e Schwerter C_I 209
kritisieren B_I 16; L_I *8*
Kroaten J_I 62
Krönung
  Kaiser-Krönung B_I 124
krönungsmäßig G_{II} 12
Kröte B_I 381; E_I 10; RA_{II} 66, 71
  fliegende –n F_I 465
Krokodil E_I 520; F_I 193, 416
Krone B_I 171
  – abschießen J_I 127
  – unserer Damen L_I 587
  – und Kranz C_I 63
  abgeschliffene –n C_I 56
  Ehre der –n L_I 101
  s. a. Märtyrer-Krone
Kropf D_I 358
Krücke L_{II} 714, 982
krümmen
  sich – und beuteln L_I 353
Krümmung A_{II} 142; C_I 303
Krüppel L_I 101
Krug L_I 556

Krume
  Journal-Grümchen F_I 968
krumm
  –e Figuren A_{II} 150
  –e Linien A_{II} 150, 155, 161, 191,
    202; KA_{II} 37
Kruste J_{II} 1862
Kruzifix
  auf ein – blicken L_I 196
Krystall s. Kristall
Kuba KA_{II} 64
Kubik-Linie E_I 320
Kubik-Rute SK_{II} 92
  gepreßte – E_I 320
Kubik-Zoll KA_{II} 45; D_I 224
Kubus [Kybus] J_{II} 1911; SK_{II} 249
Kuchen-Zeit E_I 228
Kuckuck F_I 1072; J_I 383, 582, 714;
  SK_{II} 320, 321, 471, 473, 474, 630,
  631, 654
Küche E_I 152; L_I 526
s. a. Garküche
Küchenfeuer J_{II} 1530
  vestalisches – Mat II_{II} 18
Küchenjunge C_I 352; E_I 108
Küchen-Latein Mat I_{II} 112
Küchen-Mädchen D_I 252
Küchensalz
  dephlogistisiertes – SK_{II} 304
  Solution von – A_{II} 236
[Küchenzettel] Küchenzettul C_I 317;
  KA_{II} 134
kühmen E_I 146
kühn verschweigen E_I 368
Kümmeleckchen D_I 94; H_{II} 7
künftig
  –e Zeiten D_I 113, 170
  Künftiges E_I 512; G_{II} 52
  das Künftige im Vergangenen
    E_I 512
  das Jetzige [und] das Künftige
    C_I 195
  für das Künftige sorgen A_I 128
künsteln F_I 58; G_{II} 126
Künstler A_I 96; B_I 11; D_I 257; E_I 396;
  J_I *283,* 536, 737, 1241
  christlicher – B_I 141
  englische – J_I 324
  griechische – J_I *141;* L_I 280
  großer – F_I 803
  hungernde – E_I 209
  neuere – A_I 18; B_I 197

satyrische – K$_{II}$ 204
s. a. Meßkünstler, Tonkünstler
künstlich
–es Auge SK$_{II}$ 438
–es Einfallen D$_I$ 445
–e Entzückung B$_I$ 170
–e gesuchte Erklärungen C$_I$ 209
–e Idee vom Menschen E$_I$ 412
–e Logik C$_I$ 227
–er [und] natürlicher Mensch
B$_I$ 138, 270
auf –e Erklärungen verfallen
E$_I$ 402; G$_{II}$ 24
das Künstliche B$_I$ 95; E$_I$ 357
Kürbis F$_I$ 694; L$_{II}$ 820, 821
Instrument aus leeren –sen C$_I$ 16
Kürze F$_I$ 714; H$_{II}$ 175
küssen B$_I$ 378; C$_I$ 111; E$_I$ 169, 189;
J$_I$ 135, 1046; SK$_{II}$ 525
zum Küssen L$_I$ 16
Küster-Philosophie B$_I$ 182
Kütt H$_{II}$ 199
kützeln s. kitzeln
Kugel D$_I$ 433; E$_I$ 387; F$_I$ 228, 719;
J$_I$ 325, 333, 404; J$_{II}$ 1896; L$_I$ 95;
L$_{II}$ 801, 825, 835, 840, 942
– aus Luft J$_{II}$ 1339; L$_{II}$ 801, 803
– von Papier B$_I$ 185
–n zu beiden Seiten der Nase
F$_I$ 1017
–n aus Wachs J$_{II}$ 1879
bleierne – H$_{II}$ 188; J$_{II}$ 1892, 2160
eiserne – J$_{II}$ 1570, 1595, 1950
fallende – A$_{II}$ 179; L$_{II}$ 741
flüssige – J$_{II}$ 1866
gläserne – J$_{II}$ 1549
Humboldtische –n J$_{II}$ 1743
kokave [und] konvexe – L$_{II}$ 725
metallene – J$_{II}$ 2121
polierte – J$_I$ 1881
rollende – A$_{II}$ 258; L$_{II}$ 741
silberne – H$_{II}$ 188; J$_{II}$ 1893;
SK$_{II}$ 376, 377
zinnerne – J$_{II}$ 2160
Entstehung der –n J$_{II}$ 1484
s. a. Billard-Kugel, Blutkügelchen,
Erdkugel, Feuerkugel, Fixsternen-
Kugel, Glaskugel, Kanonen-Kugel,
Knallkugel, Manometer-Kugel,
Monds-Kugel, Quecksilber-Kügelchen, Sandkugel, Spritzkugel,
Weltkugel

Kugelfläche J$_I$ 709; K$_{II}$ 372
Kuh C$_I$ 135; L$_I$ 431; SK$_{II}$ 322
selige – G$_{II}$ 198
Zeiten der sieben mageren Kühe
F$_I$ 593
Kuhreigen L$_I$ 176, 464
– nach dem Himmel L$_I$ 463
– aus den Wolken L$_I$ 558
Kuhschwanz J$_I$ 261
Kuhstall J$_I$ 384, 385
Kultur F$_I$ 1039; K$_{II}$ 123, 252
– der Seelen J$_I$ 1180
Stufen von – F$_I$ 767
Kummer A$_I$ 132; SK$_{II}$ 628, 913
erste Abdrücke des –s J$_I$ 565
Kundschaft SK$_{II}$ 301
Kunst A$_I$ 2, 95; B$_I$ 185; C$_I$ 26, 238;
D$_I$ 229; E$_I$ 177, 431; F$_I$ 1098;
G$_{II}$ 140; H$_{II}$ 17; J$_I$ 78, 283; Ma-
t II$_{II}$ 15
– sich zu beobachten B$_I$ 46
– den Leib zu töden L$_I$ 333
– zu trinken C$_I$ 209
– seinen Nebenmenschen zu reiten
Mat II$_{II}$ 9
– die Seele zu verderben L$_I$ 333
– und Wahrheit UB$_{II}$ 48
dramatische – E$_I$ 428
eine – lernen J$_I$ 759
polygraphische – J$_I$ 145
schöne Künste – C$_I$ 125; D$_I$ 192;
F$_I$ 387, 960; Mat I$_{II}$ 15
schwarze – E$_I$ 41; D$_I$ 684
urteilen [über] – B$_I$ 254
Geschichte der Künste F$_I$ 262
Natur [und] – E$_I$ 177; Mat II$_{II}$ 29
Regeln der – D$_I$ 190
Studieren der Künste D$_I$ 448
Theorie der Künste D$_I$ 613; E$_I$ 114,
189
ins Verschlagene fallende Künste
D$_I$ 92
s. a. Arzneikunst, Deutungs-
Kunst, Erfindungskunst, Klatsch-
kunst, Kochkunst, Kontrakunst,
Kriegskunst, Meister-Kunst, Men-
schenkunst, Meßkunst, Observier-
kunst, Prophezeiungs-Kunst,
Redekunst, Regierungskunst,
Scheidekunst, Schützenkunst,
Tanz-Kunst, Taschenspieler-
Kunst, Übersetzungs-Kunst,

Verstellungskunst, Vielschreibekunst, Visierkunst
Kunstausdruck E₁ 54
Kunstbereuter F₁ 1134
Kunstgärtner A₁ 10
Kunstgriff A₁ 1, 27; B₁ 22, 268
 hermeneutische –e C₁ 246
 s. a. Schönschreiber-Kunstgriff
Kunstkammer B₁ 72
 philosophische –n D₁ 616
Kunstreiter SK_{II} 493, 495, 794, 939
Kunstrichter E₁ 357
Kunststück KA_{II} 230
Kunsttrieb H_{II} 142; L_{II} 955
 –e der Menschen A₁ 58
 –e der Tiere B₁ 34; F₁ 1081
Kunstwerk A₁ 48; B₁ 185
Kunstwort E₁ 237; F₁ 141
Kupfer KA_{II} 87; J_{II} 1637, 1693; SK_{II} 306, 343
 in – stechen lassen C₁ 114; F₁ 1098; K₁ 13; L₁ 682
 Noten in – Kupfer stechen C₁ 114
Kupferdrucker-Firnis SK_{II} 227
kupferne Formen D₁ 19
Kupferstecher B₁ 217
 s. a. Vignettenstecher
Kupferstich B₁ 197; D₁ 36, 337; F₁ 363, 805, 898; J₁ 38; SK_{II} 242, 373, 558
 – vom Einzug der Purschen SK_{II} 77
 Willischer – B₁ 170
 s. a. Kalender-Kupfer
Kuppler zwischen Geld und Mangel F₁ 564
Kur B₁ 172; K₁ 14
 sympathetische –en F₁ 652
 s. a. Gedanken-Kur, Palliativ-Kur, Pferdekur, Phantasie-Kur
Kurator D₁ 181
Kurilen KA_{II} 104
kuriös E₁ 267
Kuriosität G_{II} 184
Kurort
 Brunnenkurort G_{II} 192; K_{II} 262
Kurrende L₁ 538
kurrent [current] E₁ 251; F₁ 211
Kurrentschüler F₁ 213
Kurrent-Seufzer E₁ 219

kurz
 sich – ausdrücken E₁ 39, *150*, 222, *278*, 403, 455
 tief geprüfte Sachen – sagen E₁ 455
Kurzsichtigkeit H_{II} 59; K₁ *16*
Kuß B₁ 82
 Küsse vergiften B₁ 323
 feuriger – E₁ 108
 kalter [und] heißer – C₁ 112
Kutsche D₁ 623; E₁ 152; J₁ 816
 s. a. Landkutsche, Postkutsche
Kutscher B₁ 176; Mat II_{II} 9; SK_{II} 277, 278, 980
Kutte
 Franziskaner-Kutte L₁ 548
Kuttelfisch D_{II} 675

Laboratorium K_{II} 323, 386
Laburnum F₁ 1123
La Carolina F₁ 1233
lachen E₁ 471; H_{II} 8; J₁ 712
 – machen B₁ 404; G_{II} 159; H_{II} *6*
 Seelen der Verstorbenen – hören D₁ 607
 unter dem Speck – können E₁ 172, *173*
 das Lachen J₁ 96
 s. a. greiflachend, totlachen
Lacher L₁ 403
Lachstoff L₁ 246
Lackierbildchen F₁ 737; J₁ 766
Lackmus-Tinktur H_{II} 182; J_{II} 1959
laden L₁ 250
Laden wie die Läden an einem Mohnknopf F₁ 1069
 s. a. Metzger-Laden
Laden-Diener F₁ 66
Lächeln F₁ 79, 220, 247, 279, 730; H_{II} *6*
 maulfletschendes – Mat I_{II} 5
 s. a. umlächeln
lächerlich B₁ 311; E₁ 408; F₁ 980; J₁ 635, 735
 – machen A₁ 100; D₁ 533; H_{II} 36
 –e Situationen D₁ 311
 sich – machen F₁ 1214; J₁ 945; L₁ 310
 das Lächerliche A₁ 23, 99; KA_{II} 236; J₁ 57; RT_{II} 3
 s. a. das Belachenswerte
Lähmung D₁ 358
 – der rechten Seite SK_{II} 498

moralische – der Gesichtsmuskeln
  D_I 210
Ländereien vermieten J_I 721
läppisch
  –es Alter J_I 23
  –en Strich nehmen F_I 588
  Hang zum Läppischen D_I 160
Lärm B_I 23; D_I 380, 487; F_I 87, 121;
  K_{II} *32;* SK_{II} 738
  innerlicher – E_I 141
  Arten von – F_I 87
Lärmenmachen F_I 368
lärmmachender Effekt F_I 139
[Läufer]
  comme des Coureurs D_I *396*
Laffe D_I 667
Lage
  –, Gestalt und Einrichtung D_I 447
  geographische – L_I 604
Lager der Sachsen K_{II} 281
lahm E_I 273; K_{II} 243
  Blinder [und] Lahmer E_I 385; L_I 29
Lahn A_I 98; 119; C_I 30
Lakai
  Hof-Lakai L_I 263
[Lakaien-Exzellenz] Laquaien-Exzellenz C_I 153
Lakedämon B_I 327; C_I 182
Lakedämonier C_I 155
Lakedämonische Tugend UB_{II} 51
lallen
  kindisches Lallen B_I 364
Lamm
  unschuldiges – E_I 387
Lämmersprung SK_{II} 311, 312, 518, 619
Lampe E_I 265; J_{II} 1573, 2138; L_I 398; L_{II} 865
  – der Pädagogik D_I 170
  elektrische – J_{II} 2008
  Aladdins – E_I 383; H_{II} 121; J_I 743
  Argandsche – J_I 743; J_{II} 1348, 1807, 1813, 1851, 1896-1898, 1901, 1914, 1915, 1920, 1922, 1923, 1978, 2109; SK_{II} 326, 736
  Cul de – J_I 1
Lancashire C_I 90
Land
  Länder neu entdecken C_I 231
  Ländern Namen geben F_I 319
  adoptierte Länder J_I 1192
  Gotteswort vom –e F_I 224
  gelobtes – A_{II} 185; D_I 214
  warme [und] kalte Länder UB_{II} 63
  s. a. Kauderwelschland, Schlaraffen-
Ländgen
Landau A_I 119
Landbauer J_{II} 1775
Landesherr
  große Stadt- und –en L_I 563
Landes-Regierung L_I 424
Landesvater B_I 171; E_I 441
Landgraf SK_{II} 395
Landjunker C_I 373; E_I 209; G_{II} 68
[Landkarte] Land-Charte F_I 363
  –n an der Tapete B_I 253
Landkutsche E_I 72
Land-Miliz J_I 348
Landregen SK_{II} 489
Landschaft E_I 459; J_{II} 2051
Landshut GH_{II} 36
Landsleute C_I 67, 209; D_I 444; E_I 14, 161; F_I 138; SK_{II} 893
Landstand E_I 332
Landstraße J_{II} 1331
Landtag D_I 611
Langage obscur et grotesque F_I 243
  s. a. Sprache
Langensalza D_I 337
Langlatte SK_{II} 912
langsam J_I 603
Languedoc D_{II} 746
Lansdowne L_I 77
Lapis Calaminaris [Zinkkarbonat] SK_{II} 456
Lappen C_I 26
  – auswringen C_I 355
Lapperei J_I 28
Lappländer J_{II} 1514
Larve aus Mallikolo F_I 942
lassen
  läßt nicht J_I 466
  es läßt F_I 334
Last J_{II} 1731
Laster B_I 151; D_I 81, 140; F_I 802, 942, 1204; L_I 199; UB_{II} 50
lasterhaft F_I 802
  – [und] häßlich F_I 764
  der Lasterhafte F_I 942
Lasterhaß L_I 14
Latein B_I 8, 20, 51, 125, *196,* 200, 214; C_I 151, 209; KA_{II} 173, 225; E_I 22, 178, 197; F_I 165, 734, 797, 860, 1072, 1138, 1188; G_{II} 108;

J₁ S. 649, 67, 651, 842; K₁ 10; K₁₁ 104; L₁ 76, 206, 456; UB₁₁ 34; Mat I₁₁ 112
falsches – L₁ 456
Wein und – C₁ 209
s. a. Küchen-Latein
Lateiner B₁ 196; F₁ 1072; K₁₁ 279
lateinisch
– schreiben F₁ 899
–er Brief SK₁₁ 240, 241, 259
–e Buchstaben B₁ 200; F₁ 130
–e Bücher F₁ 371
–e Dichter E₁ 21
–e Formeln J₁ 842
–e Letter E₁ 335
–e Rede B₁ 214
–e Schriftsteller B₁ 125; G₁₁ 108
das Lateinische B₁ 200
im Lateinischen L₁ 107, 204
latent J₁₁ 1580, 2024, 2148; K₁₁ 327
– machen J₁₁ 1337, 1395
– werden J₁₁ 1330, 1340, 2078; K₁₁ 329
–e Elektrizität GH₁₁ 83
–es Feuer GH₁₁ 60
Laterna Magica B₁ 383; D₁₁ 685; L₁₁ 859; SK₁₁ 287
Laterne G₁₁ 155; L₁ 265; SK₁₁ 283, 284, 286
– fürchten J₁ 585
s. a. Zauberlaterne
Latinismus H₁₁ 62
La Trappe J₁ 899
Latte
lange – L₁ 42, S. 949; SK₁₁ 641, 913, 1000
s. a. Ende, Langlatte, long lat, longlatened
Laub
ins – treiben C₁ 196
Laubwerk
eisernes – D₁ 214
Lauenburg E₁ 99, 104; SK₁₁ 300
Lauensteiner Bierkrug D₁ 643; Mat I₁₁ 164
Lauensteiner D₁ 634
laufen
vorwärts – A₁₁ 234
Laufseil A₁ 111
Laugensalz KA₁₁ 27; J₁₁ 2028
Laune B₁ 65, 232; D₁ 69, 167, 599; E₁ 71, 417; J₁ 263; L₁ 666

– als Gemälde D₁ 237
erkünstelte – E₁ 417
natürliche – E₁ 417
witzige – D₁ 442
Witz und – B₁ 232
s. a. Whim
launigt D₁ 637; E₁ 71, 103, 259
–e Werke E₁ 103
das Launigte E₁ 108
Laus C₁ 291; F₁ 779; J₁ 460
–ebalg D₁ 667
–ewenzel D₁ 667
fliegende Läuse L₁ 359
s. a. Keller-Esel
Lausanne J₁₁ 2047
laut
– dienen D₁ 539
– heimlich tun E₁ 128
Laut F₁ 1223
–e kommandieren E₁ 446
s. a. Selbstlaut
Laute C₁ 51
Lautmalerei s. Onomatopöie
Lava D₁ 306; J₁₁ 1320, 1542, 2094
Lava-Schicht D₁₁ 736
Lavaterisch D₁ 184
lavatern D₁ 30, 91
er hat eine Seite herunter geLavatert D₁ 145
[Lawine] Lauwine F₁ 910
Lavendel-Pflanze SK₁₁ 608
Laxiertränkgen F₁ 201
Lazzaroni E₁ 68
learn F₁ 1212
leben B₁ 338; J₁ 845, 948; L₁ 705
ewig – J₁ 341
glücklich – G₁₁ 75; K₁₁ 290
lange – J₁ 1215
nach der Mode – G₁₁ 29
an drei Stellen – L₁ 483
kaum Zeit zu – KA₁₁ 190
s. a. hineinleben
Leben A₁ 64, 115; D₁ 403; E₁ 212; F₁ 441, 542, *1130*, 1202; G₁₁ 42; J₁ 154; K₁₁ 31; L₁₁ 865
– neu auflegen J₁ 659
– beschreiben D₁ 92; L₁ 219
– kommandieren B₁ 274
– verkürzen L₁ 194
– verlängern B₁ 129; F₁ 188; J₁ *961*
– [ohne] Harmonie B₁ 221
– des Königs von Preußen J₁ 89

- aufs Profitchen stecken K_{II} 164
- in einem Punkt sehen F_I 831
- in Quart B_I 155
- gewissenhafter Richter und Advokaten D_I 20
- [und] Roman B_I 29
- in einer Stunde sehen F_I 478
- und Tag D_I 322
- nach dem Tode F_I 489
- unserer Vorgesetzten F_I 1169

besseres – F_I 583
ums – bringen F_I 1217
christliches – E_I 489
frisch vom – weg denken J_I 780
erstes/zweites – J_I 948
ewiges – F_I 1081; K_{II} 66; L_I 50
gemeines – A_I 11, 37; E_I 209, 257; F_I 205; L_{II} 811
heimliches – J_I 249
künftiges – A_I 42; J_I 725
langes – J_I 928, 961, 1013
mein – B_I 157
politisches – F_I 431
seelenstärkende – F_I 667
verhaßtes – SK_{II} 464, 465
vor [und] nach dem – J_I 78; L_{II} 865
Eingießung des -s D_I 160
Rat am Ende des –s K_{II} 299
Genuß des –s B_I 364; J_I 522; SK_{II} 321
Hälfte seines –s B_I 204
Kunst des –s G_{II} 212
Lehrmeisterin des –s D_I 19
Philosophie des –s G_{II} 108
Sprache unseres –s J_I 692
Stunde, ein – wert F_I 1163
Theorie des –s G_{II} 68
Tod ist – E_I 368
Traum ist – F_I 743
Regeln zu einem beständig vergnügten – A_I 28
Verlängerung des –s J_{II} 1280
Vorbild meines –s SK_{II} 175
Vorfälle des –s J_I 692
geringster Wert [des] –s A_I 60
glückliche Zeiten des –s L_I 79
Zweck des –s D_I 255
s. a. Auster-Leben, Kloster-Leben, Mönchsleben
Leben-Gebrauch E_I 455
Lebens-Art D_I 626; D_{II} 749; E_I 152; F_I 391, 583; RT_{II} 22

Lebensbeschreibung G_{II} 83
s. a. Biographia
Lebens-Burgunder E_I 335
Lebenskraft L_{II} 906
Lebens-Linie F_I 178
Lebens-Luft J_{II} 1691
Lebens-Regel B_I 253; F_I 262, 327, 614
Lebenszeit F_I 434, 436
Leber J_I 35, 223
Leberreim E_I 260
lecker
 –er Appetit F_I 490
 –es Publikum E_I 226
Leckerbissen
 sogenannte – J_I 1207
Leckerhaftigkeit D_I 268; L_I 357
ledger s. Leidger
lectulus hortulanus SK_{II} 851
leerköpfiger Eigendünkel F_I 1018
Legestachel J_I 169
legieren B_I 51
Legion D_I 320
Lehn L_I 651
Lehrbuch H_{II} 175; GH_{II} 56; J_{II} 2078; K_{II} 311
Lehre
 – Christi J_I 295, 498
 – des Schalles K_{II} 349
 alte –n J_{II} 1635
 deistische – KA_{II} 28
 tägliche –n J_I 48
 s. a. Fabellehre, Glaubenslehre, Glückseligkeits-Lehre, Naturlehre, Schattenlehre, Sittenlehre, Tugendlehre
lehren D_I 92; G_{II} 100; L_{II} 974
 – und lernen H_{II} 61
 erfinden und – D_I 639
Lehrer B_I 314; G_{II} 100; H_{II} 51, 132; J_I 476, 1072; J_{II} 1329; K_{II} 70, 154
 s. a. Glaubens-Lehrer, Schullehrer
Lehrfreiheit J_I 817
Lehrgedicht F_I 266; J_I 401; K_{II} 202
Lehrjahre F_I 63
Lehrmeisterin des Lebens D_I 19
Leib B_I 344; D_I 78, 79; J_I 275, 390, 404, 1210; L_I 463
 – [und] Geist D_I 166; F_I 806; L_I 536
 – [und] Gewissen F_I 101
 – und Seele B_I 332; KA_{II} 193; D_I 656; E_I 96, 173, 257; J_I 153, 389,

404, 727, 1144, 1210; L_I 333; L_{II} 799
- [und] Wille C_I 311; L_I *192*
wider den – B_I 21
Etagen [des] –es B_I 344
Respekt vor Gliedern des –es
F_I 1104
gewisser Teil seines –es J_I 310
s. a. Körper, Mutterleib, Unterleib
Leibarzt H_{II} 104; K_{II} 213
Leib-Medicus F_I 1053, 1138, 1146;
J_I 1163
Leibrente SK_{II} 181, 343, 402, 491,
662, 664, 724, 791, 824, 855, 921,
980
Lieb- und – J_I 795
Leicester
- fields D_I 627
- Haus F_I 110
Leiche C_I 230; J_{II} *1653, 2064*
s. a. Nachtleiche
Leichenbegängnis E_I 209; L_I 63
Leichengeschichte J_{II} 2064
Leichenöffnung J_I 382
Leichenpredigt K_{II} 191
Leichenstein D_I 20; J_I 346; K_{II} 276;
L_I 620
Leichen-Tuch lüften L_I 612
Leichenwagen L_I 587
Leichhuhn F_I 43
Leichnam J_{II} 1653
leicht J_I 1241
- und schwer C_I 348; L_{II} 833
leichtgläubig B_I 128
Leichtgläubigkeit
unbändige – J_I 17
Leichtigkeit B_I 254
Leichtsinn D_I 22
- [und] Vorsorge K_{II} 47
Munterkeit und – B_I 81, 82
leichtsinnig
der Leichtsinnige E_I 427
Leiden KA_{II} 78; B_I 181; D_{II} 675;
J_I 1082; J_{II} 2155, K_{II} 397;
TB_{II} 1; RA_{II} 150; SK_{II} 352, 738,
739
–scher Ruf SK_{II} 741
leiden
sich – KA_{II} 225
Leiden J_I 855; K_I 16; K_{II} 27; L_I 85;
UB_{II} 50
- des Gerechten F_I 1093
sich sein eigenes – klagen L_I 310

Leidenschaft A_I 120; B_I 127; C_I 325;
KA_{II} 39; E_I 419; F_I 453, 730, 1107;
J_I 1204; K_{II} 79; L_I 267, 379; L_{II} 910
–en ermorden F_I 647
–en [und] Urteil D_{II} 705
Abweichung der –en D_I 77
Bezwingung der –en D_I 20
Vernunft und – B_I 184
s. a. Lieblings-Leidenschaft
Leidensche Flasche J_I 1082; J_{II} 2155;
K_{II} 397; L_{II} 744; RA_{II} 150
Leidger F_I 46
Leier [Instrument] J_I 74
Leier [Sternbild] A_{II} 220
leiern D_I 116, 610
Leih-Bibliothek L_I 154
Leihhaus J_I 208
Leih-Haus-Schein L_I 620
Leimrute C_I 241
Leinanis E_I 84
Lein-Athenienserin L_I 455
Leine [Fluß] B_I 114; J_{II} 1468; K_{II} 229;
SK_{II} 44, 312, 332, 483, 500
Leine B_I 114
Hasen-Leine F_I 717
Logleine KA_{II} 121
Leinen *s.* Linnen
Leineweber L_I 462
Leinöl-Firnis C_I 71
Leipzig A_{II} 221; B_I 13, 102, 185, 316,
407; C_I 75; KA_{II} 225; E_I 127, 169,
185; F_I 31, S. 644; GH_{II} 65, 67;
J_I S. 649, 82, 551, 1139; J_{II} 1984,
2014; L_I 47, S. 949; RT_{II} 8; SK_{II} 41,
165, 167, 320, 365, 464, 474, 649,
766, 769, 780, 894, 904, 992
Leipziger J_I 551
- Fuß B_I 65
- Geselle SK_{II} 184
- Messe E_I 127; L_I 475; SK_{II} 41,
457, 474, 652, 766, 780, 894
leisten F_I 1124
Leitbarkeit J_{II} 1471
Leiter D_I 278
- [und] Nichtleiter K_{II} 329
s. a. Rang-Leiter, Seitenleiter, Stufenleiter
Leitertänzer RA_{II} 9, 134
Leitung
Menschen-Leitung J_I 625
Wasserleitung C_{I3}
Leitungsvermögen J_{II} 1794

Lektions-Catalogus SK$_{II}$ 75
Lektüre F$_I$ 20, 813, 1222; G$_{II}$ 210
  desultorische – J$_I$ 202
  infame – L$_I$ 605
  kurzweilige – D$_I$ 482
  seine – sich nützlich machen
    KA$_{II}$ 296
  nützliche – J$_I$ 274
  vernünftige – D$_I$ 506
Lemgo F$_I$ 1123, 1166, 1170
lenksam E$_I$ 226
Lentinischer Druck SK$_{II}$ 832
lepus
  lepores F$_I$ 1072
Lerchen-Geschlecht J$_{II}$ 1856
lernen KA$_{II}$ 262; F$_I$ 106, 233, 591,
  671; J$_I$ 247; J$_{II}$ 1872; K$_{II}$ 82, 297
  – und erfahren E$_I$ 265
  – [und] prüfen – A$_I$ 140
  – [und] sehen F$_I$ 149
  auswendig – B$_I$ 98; J$_I$ 392
  lehren und – H$_{II}$ 61
  Neues – J$_{II}$ 1619
  mehr Sachen als Wörter – D$_I$ 264
  das Lernen auf der Stube H$_{II}$ 118
lesbar J$_I$ 392
Lesbarkeit F$_I$ 694
Lese-Gesellschaft E$_I$ 151, 258
Lese-Glas SK$_{II}$ 203
lesen B$_I$ 22, 95, 285; D$_I$ 23, 46, 110,
  363, 445, 459, 506; E$_I$ 197, 235,
  434, 467; F$_I$ 7, 114, 170, 288, 442,
  1165, 1171, 1222; G$_{II}$ 202, 211;
  J$_I$ 133, 253, 674, 690, 945, 1150,
  1195, 1241; J$_{II}$ 1559, 2070, 2154;
  K$_{II}$ 168; RA$_{II}$ 127
  – [und] beobachten E$_I$ 257;
    G$_{II}$ 112; Mat I$_{II}$ 98
  – heißt borgen F$_I$ 7
  – [und] denken E$_I$ 430; F$_I$ 1199;
    G$_{II}$ 82, 208; J$_I$ 640
  – essen und verdauen F$_I$ 203
  – [und] hersagen F$_I$ 706
  – [und] sehen D$_I$ 286; E$_I$ 203
  –des Publikums L$_I$ 447
  – und Verstand D$_I$ 19
  noch einmal – H$_{II}$ 54
  englisch/französisch/deutsch –
    L$_I$ 278
  viel – B$_I$ 204, 285; E$_I$ 276, 467;
    G$_{II}$ 110, *208*; H$_{II}$ 30; J$_I$ 1150, 1159;
    J$_{II}$ 2015; K$_{II}$ 168; Mat I$_{II}$ 100
  zuviel – F$_I$ 442
  die Alten – E$_I$ 265; F$_I$ 860
  Gutes – B$_I$ 25
  mit dem Rücken – G$_{II}$ 171
  Regel beim – F$_I$ 1222
  auf der Straße – UB$_{II}$ 3
  Wörter – E$_I$ 434
  das Lesen B$_I$ 264; E$_I$ 276; F$_I$ 321,
    439, 1085; G$_{II}$ 110; H$_{II}$ 168; J$_I$ 409,
    764; L$_I$ 152
  das Lesen der Alten B$_I$ 365; E$_I$ 257,
    265
  Lesen und Schreiben B$_I$ 81
  Lesen und Studieren F$_I$ 203, 439
  Lesen von Wortregistern K$_{II}$ 96
  frühzeitiges und zu häufiges Lesen
    B$_I$ 264
  passives und aktives Lesen E$_I$ 266
  s. a. Bibellesen, Dichter-Lesen,
    Durcheinander-Lesen, Romanen-
    Lesen
Leser B$_I$ 159; D$_I$ 610; F$_I$ 312, 375,
  802, 1141; H$_{II}$ 72, 77; J$_I$ 558, 1233;
  L$_I$ 192
  – [und] Durchblätterer C$_I$ 255
  – und Nichtleser L$_I$ 221
  – einer Satyre C$_I$ 274
  – und Verfasser C$_I$ 317; E$_I$ 104
  denkender – E$_I$ 455
  guter – B$_I$ 114
  philosophischer eigentlicher –
    F$_I$ 203
  vernünftige – E$_I$ 500
  verständiger – J$_I$ 283
  witzige – F$_I$ 428
Lesesucht L$_I$ 154
Les-Geist E$_I$ 245
Lesung L$_I$ 327
  – schlechter Bücher J$_I$ 274
letal F$_I$ 627
Letten L$_I$ 23
Letter B$_I$ S. 45; L$_I$ 180, 197
lettre
  –s de Cachet L$_I$ 106
  belles –s B$_I$ 145, 196, 297
Leuchten der See D$_{II}$ 690, 694;
  J$_{II}$ 2074
Leuchter
  großer – L$_I$ 686; L$_{II}$ 974; MH$_{II}$ 10
leugnen L$_I$ 18
Leukadische Klippen C$_I$ 262
Leute B$_I$ 239; F$_I$ 741; K$_{II}$ 114

– die Tscha sagen Mat II$_{II}$ 3
– an Höfen und in Städten G$_{II}$ 130
– von Consequence B$_I$ 137
– die Geld bringen UB$_{II}$ 4
– von Profession F$_I$ 348; H$_{II}$ 40
– die auf der Straße lesen UB$_{II}$ 3
– von wenig Talenten G$_{II}$ 24
alte/junge L$_I$ 117, *377*
arme – C$_I$ 264; SK$_{II}$ 376
blasse – F$_I$ 311
brave – E$_I$ 199
eingebildete – Mat I$_{II}$ 111
fromme – K$_{II}$ 117
gemeine – D$_I$ 352; J$_I$ 692; J$_{II}$ 2066; K$_{II}$ 137; Mat I$_{II}$ 45
große [und] kleine – C$_I$ 345
gute [und] schlechte – G$_{II}$ 67
häßliche – F$_I$ 764
honette – E$_I$ 334
junge – D$_I$ 270; E$_I$ 501; F$_I$ 149, 295, 1073; J$_I$ 813; L$_I$ 542
mutwillige – C$_I$ 178; F$_I$ 1031
offenherzige – G$_{II}$ 72
schöne – F$_I$ 395, *1204*
Schwachheiten großer – G$_{II}$ 4
s. a. Amtleute, Bergleute, Bettel-Leute, Edelleute, Ehe-Leute, Handelsleute, Kaufleute, Landsleute, Seeleute, Weibsleute, Welt-Leute, Zimmerleute
Leuthen E$_I$ 398
Levee
 military – L$_I$ 118
level speaking F$_I$ 739
Levi
 Stamm – E$_I$ 1
Leviathan L$_I$ 39
Lexidion für junge Studenten B$_I$ 171
Lexikon E$_I$ 389
 historisches – C$_I$ 66
 s. a. Betruglexikon
l'hombre J$_{II}$ 1521; SK$_{II}$ 135
 s. a. Lomber
Libanon D$_I$ 214, 530; J$_I$ 1035
libellieren D$_I$ 31, 79, 668
Liberty B$_I$ 9, 60; D$_{II}$ 757; E$_I$ 163, 274
– of conscience and of teaching J$_I$ 817
– and property B$_I$ 95
Libration KA$_{II}$ 299; D$_{II}$ 722, 727
licet mit dem indicativo D$_I$ 374
Licentstube SK$_{II}$ 153

Lichfield RA$_{II}$ 11
-licht F$_I$ 306
Licht A$_{II}$ 146, 150, 152, 206, 227, 230, 232; B$_I$ 92, 110; C$_I$ 32, 303; KA$_{II}$ 25, 123, 223; D$_I$ 170; D$_{II}$ 760; E$_I$ 51; F$_I$ 28, 34, 501; H$_{II}$ 178, 190, 194, 201; J$_I$ 515, 711, 968, 1024, 1109, 1110, 1168, 1206, 1213; J$_{II}$ 1312, 1355, 1366, 1367, 1378, 1387, 1457, 1465, 1467, 1469, 1530, 1554, 1569, *1573*, 1575, 1611, 1808, 1838, 1960, 2116, 2166; K$_{II}$ 311, 331, 342, 344, 345, 349, 362, 365, 366, 368, 377; L$_I$ *284*, 356, 472; L$_{II}$ 714, 750, 793, 914, 934
– putzen L$_I$ 271
– schneuzen J$_I$ 189
– spalten F$_I$ 470
– weg B$_I$ 56
– des Allmächtigen F$_I$ 809
– des Blitzes A$_{II}$ 177
– im Kopf F$_I$ 104
– eines Schwefelhölzchens J$_I$ 515
– der Sterne L$_{II}$ 841
– der Wahrheit F$_I$ 404
großes – L$_I$ 686; L$_{II}$ 974
rosenfarbenes – B$_I$ 159
mir verliehenes – D$_I$ 84
Aberration [des] –es J$_{II}$ *1284*, 1314, 1586, 1808; L$_{II}$ 841
Flügel des –es E$_I$ 344
Kernschußweite des –es E$_I$ 368
Lehre vom – J$_{II}$ 1259
Quelle des –s B$_I$ 322
Mücke im – E$_I$ 351
Reflexion des –es KA$_{II}$ 219; D$_I$ *299*; J$_{II}$ 1601, *1703*, *1867*, *2082*, 2130; K$_{II}$ *342*, 365, *409*
Theorie des –es J$_{II}$ 1717, 1942, 2103; K$_{II}$ 360, 361, *379*
Zersetzung des –s K$_{II}$ 378
s. a Mondlicht, Nachtlicht, Nordlicht, Sonnenlicht, Tages-Licht, Talglicht, Wachslichtchen
Licht-Ausgehen und -anzünden J$_I$ 853
Lichtbalken D$_{II}$ 707
Lichtbrechung C$_I$ *304*; J$_{II}$ *1355*, *1931*, *1937*, *1938*, *1943*, *1944*, *2081*, *2086*, *2166*
Lichtchen D$_I$ 90
Licht-Entwickelung L$_{II}$ 853

Lichterscheinungen L$_{II}$ 931
Lichterkreis J$_{II}$ 1652
Lichtflamme J$_{II}$ 1814
Lichtkegel J$_{II}$ 2008
Lichtkörper L$_{II}$ 861
negativer – K$_{II}$ 376
Lichtmagnet J$_{II}$ 1816; SK$_{II}$ 294, 300, 576
Lichtmaß C$_I$ 49
Lichtmaterie H$_{II}$ 197; K$_{II}$ 376
Lichtputze D$_I$ 653; G$_{II}$ 136
– auf Spanisch G$_{II}$ 136
Lichtquell J$_{II}$ 1588
Lichtschere L$_I$ 271
Lichtspieß K$_{II}$ 364
Lichtstoff J$_{II}$ 2131
Lichtstrahl C$_I$ 304; D$_I$ 170; J$_I$ 1024
roter – C$_I$ 304
Lichtteilchen KA$_{II}$ 220; F$_I$ 241
Liebe B$_I$ *127*, 180, 236, 323, 347, 364; C$_I$ 325; KA$_{II}$ 8; E$_I$ 419; F$_I$ 64, 396, 442, 647, 660, 804, 1145, 1220; G$_{II}$ 113; H$_{II}$ 31; J$_I$ 179, 514, 1161; K$_{II}$ 126; L$_I$ 35, 118, 635; RA$_{II}$ 158
– und Diminutivgen B$_I$ 178
– ein Embryo in Spiritus D$_I$ 347
– [und] Freundschaft B$_I$ 298; G$_{II}$ 23
– zur Veränderung L$_I$ 492
– zur Wahrheit D$_I$ 84
– Werk der Phantasie C$_I$ 325
christliche – J$_I$ 406
feine – B$_I$ 77
mißlungene – J$_I$ 735
Platonische – D$_I$ 170
sapphische – F$_I$ 1232
sinnliche – B$_I$ 141
tändelnde – B$_I$ 380
traurige – F$_I$ 945
Paroxysmus der gekrönten – L$_I$ 274
Wertherisches Schwärmen in der – F$_I$ 390
neue Welt von – F$_I$ 320
für einen Lieben halten L$_I$ 702
s. a. Betrachtungsliebe, Bruderliebe, Eigenliebe, Kinderliebe, Knabenliebe, Menschenliebe, Ordnungsliebe Schwesterliebe, Selbstliebe, Vaterlands-Liebe, Wahrheits-Liebe

lieben B$_I$ 81, *349;* E$_I$ 169; H$_{II}$ 151; J$_I$ 834; K$_I$ 3
artifiziell – B$_I$ 171
sich in andern – F$_I$ 450, 948
mit Wärme – F$_I$ 991
liebenswürdig
Merk- und Liebenswürdiges D$_I$ 472
Liebesform
Zürchische –en F$_I$ 21
Liebes-Geschwätz F$_I$ 340
Liebesgöttergen B$_I$ 185
Liebhaber B$_I$ 320; E$_I$ 152
– von der Feder / vom Leder F$_I$ 1145
Liebkosung D$_I$ 544
Lieblinge der Nation E$_I$ 389
Lieblingsbeschäftigung K$_{II}$ 63
Lieblingsbetrachtung RA$_{II}$ 1
Lieblings-Dichter *s.* Titular-Lieblings-Dichter
Lieblingskinder weicher Seelen B$_I$ 380
Lieblings-Leidenschaft D$_I$ 13
Lieblings-Neigung B$_I$ 282
Liebrente
Lieb- und Leibrente J$_I$ 795
Lied KA$_{II}$ 3; C$_I$ 350; D$_I$ 610; F$_I$ 982
–er singen L$_I$ 159
– auf den Neger-Embryo F$_I$ 1046
– auf einen Wagen E$_I$ 169
s. a. Huren-Lied, Kirchenlied, Neujahrs-Lied, Volkslied
Liedchen B$_I$ 176, 185, 197, 204, 364, 379, 380; E$_I$ 169, 342; L$_I$ 165
albernes Liedgen F$_I$ 131
holde – B$_I$ 197
unschuldige – B$_I$ 380
Liedergen B$_I$ 185
liederlich J$_I$ 813; Mat II$_{II}$ 15
Liederlichkeit Mat II$_{II}$ 49
Lieferung F$_I$ 664
liegen
in Garnison – K$_{II}$ 247
das Liegen auf dem Ellenbogen C$_I$ 81

Liegnitz J$_I$ 174
Lieutenant SK$_{II}$ 1008
lignös J$_I$ 313
Likör *s.* Liqueur
Lilie B$_I$ 380
Lilien-Stengel B$_I$ 380

Lima KA$_{II}$ 64
Limitation E$_I$ 39
Limousin E$_I$ 314
Lindisfornensi F$_I$ 594
linea
  in linea recta ascendente & descendente J$_I$ 1165
Lineal
  Parallel-Lineal D$_{II}$ 748; SK$_{II}$ 218
linear
  –e Gelehrsamkeit D$_I$ 433
  –er Witz D$_I$ 180
Linie A$_{II}$ 163, 203, 211, 237, 251; KA$_{II}$ 37; E$_I$ 473; J$_I$ 528, 532
  –n der Humanität und Urbanität L$_I$ 461
  – mit einem Pferd messen D$_I$ 74
  stark ausgezogene [und] punktierte – B$_I$ 86
  gerade – A$_{II}$ 240; B$_I$ 345; F$_I$ 377; L$_{II}$ 852
  gerade [und] krumme – B$_I$ 270; C$_I$ 303
  gezackte –n F$_I$ 995
  horizontale –n F$_I$ 1194
  krumme – A$_I$ 63; A$_{II}$ 146, 150, 155, 161, 191, 202; KA$_{II}$ 37; J$_I$ 874; L$_I$ 192
  kürzeste – D$_I$ 610
  parallele –n A$_{II}$ 231
  sich schneidende –n A$_{II}$ 248
  schöne –n F$_I$ 1221
  schwere – A$_{II}$ 161
  nicht über die – wollen F$_I$ 126
  s. a. Apsiden-Linie, Kubik-Linie, Lebens-Linie, linea, Muschel-Linie, Schlangen-Linie, Schneelinie, Vertikal-Linie, Wärmelinie, Wellenlinie
links
  sich – stellen B$_I$ 303
Linnen
  Wachslinnen F$_I$ 96
Linnen-Legge J$_I$ 1217
Linse A$_{II}$ 166; KA$_{II}$ 71
  – des Hasen-Auges KA$_{II}$ 71
Linsenbelesen E$_I$ 81
Liparische Inseln J$_I$ 1101
Lippchen
  verzierte Lippgen E$_I$ 221
Lippe F$_I$ 336, 848
  –n bewegen J$_{II}$ 1669

sich die –n trocken blättern E$_I$ 265
gewurstete – Mat II$_{II}$ 6
Form der –n F$_I$ 830
lispeln E$_I$ 446
  –des Züngelgen E$_I$ 221
Liqueur F$_I$ 1011
Liqoure Libavii J$_{II}$ 1780
Lissa [Leuthen] E$_I$ 389
Lissabon C$_I$ 6; KA$_{II}$ 64; D$_I$ 66; F$_I$ 1231; L$_I$ 292
List J$_I$ 79
  s. a. Aufwärterinnen-List
Liste
  Lotterieliste E$_I$ 235, 335
  Sterbeliste H$_{II}$ 115
  Taxen-Liste L$_I$ 176
Literärgeschichte J$_I$ 551, 1195; K$_{II}$ 188
literarisch
  –er Plunder J$_I$ 734
  –er Ruhm J$_I$ 1155
Literator F$_I$ 707; J$_I$ 953, 1195; K$_{II}$ 188
  konfuser – J$_I$ 760
  seichter – J$_I$ 559
Literatur D$_I$ 529; E$_I$ 225; F$_I$ 153, 786; J$_I$ 953; K$_{II}$ 193
  Zeit der sieben magern Kühe unserer – F$_I$ 593
  Plantagen der – J$_I$ 871
  Veränderung mit der – D$_I$ 337
  güldene Zeit unserer – F$_I$ 544
  Zustand [der] – B$_I$ 366; F$_I$ 662
Literaturkunde
  Literatur- und Völkerkunde J$_I$ 755
Lithfield RA$_{II}$ 11
Livland [Liefland] K$_I$ S. 838
Livre F$_I$ S. 456
Livree F$_I$ 344; L$_I$ 403
  – des Hungers und des Elends B$_I$ 199
  – [der] Sinne B$_I$ 346
Loampithill [Lampithill] RA$_{II}$ 117, 151
Lob E$_I$ 318; J$_{II}$ 1354
  – der Leute F$_I$ 511
  übertriebenes – E$_I$ 318
  unverdientes – KA$_{II}$ 203
  s. a. Zeitungslob
loben D$_I$ 219
  beste Art zu – J$_I$ 487
Lobgedicht F$_I$ 1025

Lobredner J₁ 487
  Pflicht eines –s B₁ 105
Lobschrift E₁ 370; F₁ 573
Loccum SK_{II} 324
Loch B₁ 123; F₁ 555, 1080; G_{II} 71
  – in einen Hut schießen D₁ 550
  Löcher zuscharren F₁ 532
  Löcher in den Stirnen F₁ 898
  alte Löcher F₁ 879
  s. a. Knopfloch, Schlüsselloch, Stoßlöcher, Wecklöcher
Locke
  französische –n B₁ 17
Lockenraub K_{II} 203; L₁ 97
Lockenwickler *s.* Papillote
locus
  – communis F₁ 734
  loci topici L_{II} 806
Lodève C₁ 169
Löffel L₁ 707
Löschpapier F₁ 1170; K₁ 7; L_{II} 748
Löschungsmittel L_{II} 709
lösen
  sich – D₁ 482
Lötung J_{II} 1608
Löwe B₁ 185; E₁ 502; J₁ 761; SK_{II} 797
Löwengrube UB_{II} 16
Löwen-Force D₁ 423
Löwenhaut D₁ 208
Löwenstein A₁ 119
[Logarithmentafel]
Logarithmiques portatives GH_{II} 7
Logica palaestrica B₁ 147
Logik B₁ *145, 147*, 186; D₁ 300; E₁ 19, 164, *368*; F₁ 802; G_{II} 43
  gesunde – E₁ 137
  recht gute –en D₁ 300
  künstliche – C₁ 227
  weltliche – F₁ 802
  Substanz der – L₁ 189
  Supremats-Eid der – F₁ 790
logisch
  –e Maxime F₁ 639
  –er Satz J₁ 757
Logleine KA_{II} 121
Lohn im Himmel sammeln C₁ 219
lokal
  Lokales [im] Gesicht B₁ 17
  Lokale des Landes J_{II} 1762
Lokal-Denkungsart B₁ 22
Lokal-Philosophie A₁ 136; B₁ 204
Lokal-Schwellung L₁ 693

Lombard L₁ 433, 521
Lombardei J₁ 333; L₁ 521
Lomber-Karte L₁ 232
London B₁ S. 45, 16, 39, 64, 230;
  C₁ 73, 80, 203, 367; KA_{II} 64, 91, 149, 179, 235, 295; D₁ 22, 458, 461, 560, 601, 610, 630, 637, 646, 647, 672; D_{II} 675, 683, 704, 752, 755;
  E₁ 53, 68, 73, 77, 101, 108, 120, 137, 144, 152, 170, 189, 255, 267, 430, 431, 439; F₁ 41 110, 206, 301, 362, 383, 518, 527, 569, 721, 927, 1005; G_{II} 50; GH_{II} 7, 8, 51;
  J₁ S. 649, 317, 419, 423, 425, 495, 623, 856, 870, 886, 903, 1000;
  J_{II} 1468, 1911, 2057; L₁ 56, 112, 347, 397, 575, 695; UB_{II} 40;
  Mat I_{II} 94, 109; TB_{II} 1, 13; RT_{II} 1, 2, 4, 6, 8, 9, 10, 11, 13, 14, 18, 19, 20, 21, 23; RA_{II} S. 639, 1, 3, 4, 5, 11, 13, 14, 22, 27, 32, 36, 37, 38, 39, 41, 51, 78, 79, 91, 99, 104, 114, 131, 144, 158, 174, 176, 181, 182;
  SK_{II} 2, 22, 266, 388, 458, 605, 659, 761, 1032
  – Admiralitäts-Straße K₁ S. 845
  – Albury Hall F₁ S. 458
  – Aldgate D₁ 666
  – Alley E₁ 77
  – B. Stortford Hert's F₁ S. 458
  – Bailey *s.* Old Bailey
  – Banqueting-Haus E₁ 192; RA_{II} 1
  – Bedlam C₁ 175; D₁ 610; E₁ 147;
    F₁ 147, 721, 964; G_{II} 50;
    Mat I_{II} 111; RA_{II} 176; SK_{II} 194, 886, 907
  – Billingsgate B₁ 64; D₁ 148
  – Billingsgate-Lnguage D₁ 148
  – Boltcourt Fleetstreet RA_{II} 16
  – Bondstreet D_{II} 755
  – Bridewell E₁ 120
  – British Museum J_{II} 2057; RT_{II} 25
  – Carlton House J₁ 317
  – Charing Cross E₁ 152
  – City E₁ 68
  – Cook's court Lincoln's inn SK_{II} 22
  – Conventgarden D₁ 619; RA_{II} 3, 36, 175, 196; RT_{II} 1, 6, 100, 11, 19, 23
  – Crane-court F₁ 1192

- Cross Kegs [Tavern and Coffee House] RA$_{II}$ 197
- Drurylane E$_I$ 441; J$_I$ 419; RT$_{II}$ 2, 6, 8, 111, 19, 23; RA$_{II}$ 11, 13
- Exeter Exchange Strand E$_I$ 131
- Fleet RA$_{II}$ 4; 114
- Fleetstreet RA$_{II}$ 116
- Grosvenor Street D$_{II}$ 753
- Grubstreet B$_I$ 64, 65; C$_I$ 75; D$_I$ 146; F$_I$ 364
- Grubstreet-writer D$_I$ 148
- Haymarket RT$_{II}$ 4, 14, 18; RA$_{II}$ 1, 13
- Holborn RA$_{II}$ 119
- Hyde Park RA$_{II}$ 1
- Hyde Park corner E$_I$ 152
- Kings Bench Ra$_{II}$ 3
- Kings Theatre RA$_{II}$ 195
- Leicester Fields D$_I$ 627
- Leicester Haus F$_I$ 110
- Lower Grosvenor Street TB$_{II}$ 1
- Moorfields F$_I$ 927
- Mountstreet [Coffee House] RA$_{II}$ 99, 114
- New Prison E$_I$ 120
- New Gate B$_I$ 399; E$_I$ 41, 120; RA$_{II}$ 75
- Newmarket KA$_{II}$ 224
- Newington Green RT$_{II}$ 21
- Old Bailey E$_I$ 36; RA$_{II}$ S. 640, 74
- Oxford Street RT$_{II}$ 1; RA$_{II}$ 119
- Pall Mall E$_I$ 77; RA$_{II}$ 159
- Pantheon D$_{II}$ 752; RA$_{II}$ 16
- Park D$_I$ 22, 610
- Parlament Street RA$_{II}$ 18
- Pauls Kirche s. St.Paul's Cathedral
- Piccadilly RA$_{II}$ 1
- Pimlico RA$_{II}$ 193
- Smithfield RA$_{II}$ 119
- Snowy Hill RA$_{II}$ 119
- St.James D$_I$ 560; E$_I$ 73; TB$_{II}$ 14
- St.James Street E$_I$ 73
- St.Paul's Cathedral RA$_{II}$ 144
- St.Pauls Churchgard J$_I$ 1029
- St.Pulchre RA$_{II}$ 75
- Strand RA$_{II}$ 8; 198
- Themse J$_I$ 1070; RT$_{II}$ 9; RA$_{II}$ 166
- Tower D$_I$ 601
- Tyburn C$_I$ 75; D$_I$ 560, 595, 610; E$_I$ 208; RT$_{II}$ 13; RA$_{II}$ 119, 183
- Vauxhall RA$_{II}$ 120
- Westminster Abtei KA$_{II}$ 149; D$_I$ 578, 579, 611; E$_I$ 192; G$_{II}$ 15; J$_I$ 215, 453; K$_{II}$ 269, RA$_{II}$ 1
- Westminster Schule F$_I$ 58
- Whitehall RA$_{II}$ 1
- Wydestreet RT$_{II}$ 20

Londonsche
- Schermesser E$_I$ 209
- Schützen-Compagnie E$_I$ 108
- Transactionen E$_I$ 108

Longitude L$_I$ 307
Bureau de – L$_I$ 645
long lat [long lad] SK$_{II}$ 594, 600, *606, 864*, 877, 889
s. a. Latte, lange
longlatened SK$_{II}$ 591, *912*
Longlatische Schlinge L$_{II}$ 846
Lorbeerbaum F$_I$ 1123
Lorbeer-Blatt D$_I$ 208
Lorchen B$_I$ 171
Lord D$_I$ 444, 759; E$_I$ 68
Loreto L$_I$ 426
Lorenzodose SK$_{II}$ 476
Lorgnette D$_I$ 617
Lork D$_I$ 667slu
Los J$_I$ 456; K$_{II}$ 134; L$_I$ 675; SK$_{II}$ 102, 795, 816, 824, 964
–e nehmen SK$_{II}$ 102
– N° 1 F$_I$ 829
großes – D$_I$ 134; K$_{II}$ 134; L$_I$ 635, 675; MH$_{II}$ 37
losschälen
sich – L$_I$ 116
Losungs-Idee E$_I$ 109
Losungswort E$_I$ 265
Lot B$_I$ 338; F$_I$ 497, 518; SK$_{II}$ 113
Lotte C$_I$ 97; D$_{II}$ 681
Lotterie A$_{II}$ 249; F$_I$ 829, 846; J$_I$ 456; SK$_{II}$ *87, 102*, 795, 820
– der Erfindungen L$_I$ 675; MH$_{II}$ 37
s. a. Erfindungs-Lotterie, Porzellan-Lotterie
Lotterieliste E$_I$ 235, 335; SK$_{II}$ 87
Lotto D$_I$ 76, 85, 156; E$_I$ 227
Glücks-Rad des – L$_I$ 439
Lotto-Fortuna E$_I$ 229
Lotto-Rad L$_I$ 398
Louisd'or B$_I$ 186, 297; KA$_{II}$ 254; D$_I$ 458, 509, 575, 748; F$_I$ 144, 937;

J_I 1144; L_I 55; UB_{II} 17; SK_{II} 91, 93, 218, 221, 267, 268, 462, 647, 1030
- auf die Brust setzen UB_{II} 17
- und Peitschen-Hiebe KA_{II} 254
doppelter – L_I 264, 323; MH_{II} 6
vergrabener Kasten von – F_I 400
Loupe s. Lupe
Louvre D_I 398; s. Paris

Lübeck A_I 12
Lüge F_I 552, 1138
alte [und] neue –n J_I 1224
Vater der –n B_I 283
s. a. Temperaments-Lüge
lügen E_I 367; UB_{II} 48
s. a. Selbstbelügen
Lügner E_I 196; L_I 479
edle – J_I 1231
solider – L_I 488
Lüneburg J_I 1074; SK 430
Lüneburger Heide F_I 1123
Lüte SK_{II} 832
Lüttich L_I 194
Luffenstuterei J_I 839
Luft A_I 64; A_{II} 209, 226, 244; D_{II} 707, 708, 725, 731, 761; GH_{II} 87; J_I 447, 454, 845, 1110; J_{II} 1310, 1370, 1373, 1377, 1404, 1405, 1437, 1447, 1455, 1460, 1478, 1577, 1580, 1609, 1610, 1705, 1718, 1742, 1749, 1762, 1787, 1858, 1862, 1958, 1966, 2013, 2016, 2018, 2024, 2025, 2026, 2032, 2033, 2099, 2111, 2117; K_{II} 337, 356, 357, 405, 407, 408; L_{II} 763, 774, 803, 923, 936, 960, 966; RA_{II} 151; SK_{II} 1019
alkalinische – J_{II} 1339, 1688, 1742, 1749, 1971, 2036; K_{II} 352
atmosphärische – J_{II} 1749, 2025, 2027; K_{II} 338, 354; L_{II} 760–762
ausgehauchte – F_I 198
in die - bauen F_I 357
dephlogistisierte – GH_{II} 60, 87; J_I S. 649; J_{II} 1310, 1448, 1495, 1496, 1673, 1678, 1742, 1757, 1830, 1987, 2018, 2019, 2026, 2036, 2052, 2058, 2063, 2136; K_{II} 332, 352, 353, 354; L_I 676; SK_{II} 63, 193, 358, 359, 395, *400*, 586, 869
elektrisierte/elektrische – F_I 1184; J_{II} 1867; K_{II} 322, 391, 392
explosive – L_{II} 964

fixe – F_I 1115; J_{II} 1443, 1448, 2026, 2027; L_I 939; SK_{II} 71, 73
fixierte – D_{II} 761
gefrorene – F_I 91
inflammable – J_I S. 649, 39; J_{II} 1297, 1310, 1426, 1455, 1495, 1693, 1697, 1744, 1745, 1749, 1757, 1767, 1962, 2018, 2036; K_{II} 352, 353, 355; SK_{II} 272, 437, 515, 812, 869, 1025
inflammable [und] dephlogistisierte – J_I 55; J_{II} 1310, 1495, 1679, 1696, 1742, 1757, 1788, 1907, 1956, 1976, 2018, 2036; SK_{II} 869
mephitische – G_{II} 1; K_I S. 838
phlogistisierte [phlogistische]– GH_{II} 87; J_{II} 2135; K_{II} 353, 354; SK_{II} 555
ruhende – K_I S. 838; K_{II} 342
verdichtete – GH_{II} 17
zusammengepreßte – KA_{II} 45
Ausdehnungskraft der – K_{II} 338
Beschlagen der – A_{II} 244
Druck der – KA_{II} 96; J_I 231, 1243; J_{II} 1274, 1990, 1991; K_{II} 370; L_{II} 794
Durchsichtigkeit der – J_{II} 1515, *1936*
Flut der – K_{II} 331
Reinigkeit der – RA_{II} 150
Zersetzung von – J_{II} 1762; K_{II} *334, 382*; L_{II} *923*
s. a. Feuer-Luft, Hofluft, Kap-Horn-Luft, Kartoffeln-Luft, Knall-Luft, Kohlen-Luft, Phosphor-Luft, Pöbels-Lüftchen, Salpeter-Luft, Stickluft

Luftart J_I 1108; J_{II} 1684, 1776, 1988, 1990, 2018, 2023, 2035, 2036, 2061, 2064, 2080; K_{II} 324, 353, 354, 357, 375, 382; L_{II} 733, 762, 923, 940, 968; SK_{II} 276, 590, 809, 1021
saure –en SK_{II} 590
Luftball J_{II} 1599; SK_{II} 272, 537
Luftballon s. Montgolfiere
Luftblase J_I 588
–n in Barometer-Röhren B_I 62
Luftdruck J_I *231, 1243*; J_{II} 1991
Lufterzeugung J_{II} 2013
Luft-gestalt J_{II} 2032
Luftleerheit L_I 327
Luftmachen SK_{II} 586
Luftprozeß L_{II} 970

Luftpumpe C$_I$ 305; D$_{II}$ 709;
E$_I$ 481;GH$_{II}$ 27; J$_I$ 329; J$_{II}$ 1274,
1398, 1399, 1689, 2060; SK$_{II}$ 360,
428, 742
Luftpumpen-Stiefel K$_{II}$ 412
Luftröhre der Schlafkammern E$_I$ 152
Luftsäure J$_{II}$ 1589, 1830
Luftschloß F$_I$ 357; K$_I$ 14; L$_{II}$ 896;
SK$_{II}$ 916
Luftschlosserei SK$_{II}$ 477
Luftspringer F$_I$ 645; G$_{II}$ 121
Luftthermometer J$_I$ 1080; J$_{II}$ 1464,
1535
Luftzersetzung J$_{II}$ 2013
Luftzug E$_I$ 482
Lugdunum batavorum [Leiden] B$_I$ 181
Lumpen E$_I$ 320
 geweihte – L$_I$ 180
 leinene – L$_I$ 354
Lumpenhund
 geistlicher – L$_I$ 47
Lumpenpapier H$_{II}$ 125
lunaticus
 genus lunaticorum E$_I$ 259
Lunge J$_{II}$ 1689
 eiternde – J$_I$ 32
 auf Flügeln der – J$_I$ 45
Lunte F$_I$ 604
Lupe SK$_{II}$ 184
Lust J$_I$ 704
 Befriedigung sinnlicher – F$_I$ 948
 Glut der Lüste D$_I$ 316
 s. a. Jagd-Lust
Lustbarkeit C$_I$ 70; J$_I$ 131
Lustrum B$_I$ 321
Lustschloß L$_I$ 384
Lustspiel C$_I$ 360; F$_I$ 546; K$_{II}$ 26
 s. a. Komödie
Lutetia E$_I$ 314
Lutheraner
 Hof-Lutheraner J$_I$ 70
Luton Hoo RA$_{II}$ 2, 27
Lutter SK$_{II}$ 76, 179, 180, 332, 822
Luxus
 gelehrter – F$_I$ 303
lydische Töne D$_I$ 35; Mat I$_{II}$ 68
Lyon C$_I$ 135; GH$_{II}$ 20
 – Rhonebrücke C$_I$ 135
 Zeugwürker in – J$_I$ 124
lyrische Gedichte J$_I$ 294
Lyra
 α Lyrae SK$_{II}$ 319

M. UB$_{II}$ 37
Maas TB$_{II}$ 1
Maccaluba J$_I$ 1101, J$_{II}$ 1786
Maccaroni E$_I$ 68, 108; RA$_{II}$ 17
Macedonien KA$_{II}$ 140
maceriert SK$_{II}$ 86
Macht über sich selbst B$_I$ 397
Machtbote L$_I$ 153
Machtspruch B$_I$ 321; C$_I$ 178
Madagaskar C$_I$ 268; F$_I$ 836
Madeira D$_{II}$ 692
Madonna
 schwarze – J$_I$ 831
Madrid E$_I$ 89; F$_I$ 1231
Madrigal B$_I$ 204
Madura KA$_{II}$ 181
mäandern C$_I$ 202
mächtig
 metaphernmächtig F$_I$ 498
Mädchen [Mädgen] A$_I$ 68, 83, 139;
B$_I$ 82, 127, 140, 141, 171, 178, 185,
254, 299, 313, 320, 349; C$_I$ 23, 51,
63, 162, 166, 318, 326; KA$_{II}$ 148;
D$_I$ 182, 200, 657; E$_I$ 258, 320;
F$_I$ 468, 621, 1070, 1120, 1166,
1204; G$_{II}$ 55, 80, 214; H$_{II}$ 38, 47,
84, 126; J$_I$ 2, 350, 547, 571, 603,
735, 772, 853, 900; K$_{II}$ 251; L$_I$ 167,
173, 254, 326, 409; Mat I$_{II}$ 171;
Mat II$_{II}$ 16; SK$_{II}$ 501
 – im Bagnio J$_I$ 635
 – in Mannskleidern E$_I$ 152; F$_I$ 314;
 Mat I$_{II}$ 151, 161
 – und Schwein D$_I$ 141
 coquette und bescheidene –
 Mat II$_{II}$ 36
 deutsches – D$_I$ 444; E$_I$ 159
 fettes gutes – E$_I$ 420
 gemaltes – A$_I$ 65
 gemeines – J$_I$ 186
 kleine – F$_I$ 541; J$_I$ 143
 langsames – J$_I$ 603
 ledige – F$_I$ 660, 804
 neugeborne – B$_I$ 382
 russisches Mädchen D$_I$ 444
 Augen [der] – G$_{II}$ 16
 Blick eines –s C$_I$ 126
 Richterstuhl der – F$_I$ 1194
 Seele eurer – C$_I$ 23
 s. a. Apfel-Mädchen, Bauernmädchen, Dienstmädchen, Dorf-Mädgen,
 Kammermädchen, Küchen Mädchen

Mägdchen B$_I$ 382; L$_I$ 409; SK$_{II}$ 892
mäkeln E$_I$ 162
Mäkler G$_{II}$ 107
Männchen B$_I$ 84
– [und] Weibchen J$_I$ 740
s. a. Buchstaben-Männchen
männlich
– denken [und] dreinschlagen D$_I$ 187
–er Charakter RA$_{II}$ 127
–e Jahre D$_I$ 268
–e Schönheit E$_I$ 429
Männliches B$_I$ 189
Männlichkeit B$_I$ 364
Märchen
Feen-Märchen J$_I$ *673*, 711, 713, 714; SK$_{II}$ 176
Märkische Rüben s. Rüben, Märkische
Märtyrer-Geschichte B$_I$ 19
Märtyrer-Krone im kleinen B$_I$ 290
Märtyrer-Wein J$_I$ 578
März-Bier L$_I$ 480
März-Hase L$_I$ 480
Märzschwalbe F$_I$ 144
Mäßigkeit J$_I$ 802; K$_I$ 5; L$_I$ 697
mäßig Mat II$_{II}$ 49
Mäßigung G$_{II}$ 62
mästen F$_I$ 713
Mästung C$_I$ 206
Mätresse B$_I$ 175; D$_I$ 633; F$_I$ 702; L$_I$ 374
Mäzen D$_I$ 207; E$_I$ 400
Mafra C$_I$ 7, 8
Magazin
– von Licht J$_I$ 1109
– von Licht, Feuer und Wasser J$_I$ 1110
s. a. Klatschmagazin, Makulatur-Magazin
Magazinsatyre D$_I$ 90, 437
Magazin-Stück SK$_{II}$ 390
Magd L$_I$ 620; SK$_{II}$ 705, 807
Magd-Dienst F$_I$ 563
Magellanische Meer-Enge L$_I$ 652
Magen F$_I$ 149, 201, 203, 631; L$_I$ 209, 388; Mat I$_{II}$ 149
in den – sehen J$_I$ 1218
Hand auf dem – F$_I$ 376
Indigestionen des –s L$_I$ 210
Stoß auf den – L$_I$ 315
Magen-Pillen RA$_{II}$ 47

Magentropfen zählen C$_I$ 257
magisch
, –e Quadrate KA$_{II}$ 231
Magister B$_I$ 11, 13, 16; F$_I$ 530; J$_I$ 1096
– a latere J$_I$ 67
– werden C$_I$ 18; K$_{II}$ 210
– der Philosophie F$_I$ 33, 265
– der Rechtschaffenheit L$_I$ 46
natürliche Magistri K$_{II}$ 216
Magister-Disputation E$_I$ 161
Magister-Promotion KA$_{II}$ 225
Magisterschmaus E$_I$ 189, 209
[Mgistertitel] Magistertitul C$_I$ 256; D$_I$ 616
Magisterwerden C$_I$ 18
Magistrats-Person J$_I$ 1194
Magnesia D$_{II}$ 761
Magnet A$_{II}$ 194, 255; B$_I$ 69; C$_I$ 312; KA$_{II}$ 218, 253; D$_I$ 378; D$_{II}$ 740, 772; E$_I$ 133, 476; F$_I$ 600, 1120; H$_{II}$ 201; J$_I$ 55, 568; J$_{II}$ 1741, 1980, 2083; K$_{II}$ 326, 398, 409, 410; L$_{II}$ 719–721, 723, 726, 727, 738, 870; SK$_{II}$ 83, 136, 294, 377, 640, 830
– in der Erde J$_I$ 568
künstlicher – J$_I$ 55; SK$_{II}$ 84
Pole der –en KA$_{II}$ 218
s. a. Lichtmagnet
magnetisch
–es Fluidum J$_{II}$ 2067
–e Materie C$_I$ 178; E$_I$ 322; J$_{II}$ 1330, 1570, 1748, 1838, 2078; K$_{II}$ 321, 390, 393
– gewordene Nähnadel B$_I$ 16
–er Stahl L$_{II}$ 726
Magnetismus A$_{II}$ *194*; J$_I$ 441; J$_{II}$ 1748, 2021, *2040*, 2065, *2067*; K$_{II}$ *398*, 399, *416*; L$_{II}$ 716, *717*, 722, *726*, 736, 742, 754, 802, *883*, 912; UB$_{II}$ 72
animalischer – J$_{II}$ 2018
tierischer – GH$_{II}$ 90; J$_{II}$ 1449
Magnetnadel A$_{II}$ 144; C$_I$ 303; D$_I$ *398*; D$_{II}$ 692, 699; F$_I$ 1175; GH$_{II}$ 26; J$_{II}$ 1570, 1629, 1740, 2057, 2073, 2100; K$_{II}$ 400, 401; L$_{II}$ 758; RA$_{II}$ 115
[magnifique] mannefick E$_I$ 159
Mahl
Mittagsmahl H$_{II}$ 163
Nachtmahl J$_I$ 797
Mahlstrom s. Malstrom

Mai E₁ 345
  erster – F₁ 165
Maidenhead D_II 750
Maikäfer B₁ 185; J₁ 359, 1194; L₁ 159, 165
Maikäfer-Jagd J₁ 1004
[Maikäferjahr]
  année des hannetons B₁ 185; L_II 900
Mai-Kätzchen L₁ 480
Mailand KA_II 160
Main E₁ 90
Mainotten D₁ 26
Mainz J_II 2035, 2159; L₁ 512; SK_II 76, 156, 330, 393, 396, 435, 455, 491, 501, 507, 516, 596, 841
Mainzer Clubbist SK_II 513, 515
Mais KA_II 229, 249
  s. a. Weizen, türkischer
Majestät C₁ 25
  Beleidigung der – B₁ 374
  Sa Majesté très Voltairienne B₁ 393
Makloube J₁ 1101
Makrochir A₁ 116; C₁ 35
Makulatur D₁ 578; E₁ 250, 406; J₁ 274, 592, 868; Mat I_II 158, 159
  Büste [aus] – D₁ 578
Makulatur-Ausschneiden J₁ 470
Makulaturei J₁ 130
Makulatur-Magazin J₁ 293
-mal A_II 159
Malaiisch RA_II 186
malen B₁ 17; E₁ 162, 197, 240; L₁ 319, 462; UB_II 54
  sich – lassen E₁ 218; F₁ 502; L₁ 82; RA_II 127; SK_II 65, 71, 682–184
  Gott – L₁ 348
  das Innere einer Gips-Form – C₁ 293; KA_II 268
  ein Kalb – SK_II 313
Maler A_II 151, 231, 233; KA_II 33, 202; F₁ 776, 803, 1137; GH_II 35; J₁ 41, 637, 894; L₁ 325, 462; UB_II 54, 55
  schlechter – B₁ 17
  Sprache des –s F₁ 898
  Süjet für einen – H_II 126
  s. a. Draperie-Maler, Geschichten-maler, Historienmaler, Porträt-maler
Malerei A₁ 65; B₁ 236; J₁ 732; RA_II 159

–en und Bildsäulen KA_II 30
 – als Spiegel D₁ 365
Ursprung der – KA_II 5
 s. a. Ölmalerei
malerische Zeichen F₁ 1137
Mallikolo RA_II 186, 199
  Larve aus – F₁ 942
Malstrom E₁ 103
Malta J₁ 365
Malter E₁ 66
Mama E₁ 152
Mamsell J₁ 648
  junge –s F₁ 798
Man RA_II 106
man [engl.] C₁ 317; L₁ 85
  men would be angels D₁ 92
  the whole – must move together B₁ 31, 321; D₁ 195
  himmlischer – C₁ 63
Manchester RA_II 11, 106
Mandat J₁ 33; K₁ 209
Mandelmilch SK_II 516
Mandel-Öl J_II 1881
Mangel B₁ 174; D₁ 427; K_II 88
  – an Menschenkenntnis L₁ 654
Mangostan F₁ 450
Manier E₁ 197; L₁ 420
 –en Ziczac B₁ 131
Manifest SK_II 358, 359
Mann A₁ 139; B₁ 85, 127; K_II 259, 299; L₁ 627
  – [als] Einmaleins-Tafel D₁ 528
  – und Frau J₁ 153
  – von Geist K_II 189
  – von dreißig, vierzig Jahren J₁ 738
  – von Kopf K_II 265
  – sans la lettre H_II 100
  – von Talent J₁ 539
  – von großen Talenten C₁ 194
  – von Überlegung F₁ 613
  Männer nach der Uhr J₁ 1013
  – der Welt F₁ 613
  – von Weltkenntnis G_II 109
  abgelebtester – K_II 319
  alte Männer E₁ 45
  angenehmer – L₁ 546
  armer – J₁ 877
  außerordentlicher – K_II 91
  berühmte Männer B₁ 23
  die berühmtesten Männer L₁ 22
  biegsamer – Mat I_II 78

brauchbarer – G$_{II}$ 208
cholerischer – D$_I$ *622*
ehrlicher – D$_I$ 467, 532, 576;
F$_I$ 270, 556, 622, 813, 860; G$_{II}$ 162,
236; J$_I$ 114, 1235
frommer – E$_I$ 196
gemeiner – B$_I$ 103; H$_{II}$ 44; J$_I$ 102;
K$_{II}$ 46, 110; Mat I$_{II}$ 175
geringer – D$_I$ 343, 482; E$_I$ 189
gesetzter – D$_I$ 612; L$_I$ 165
glücklicher – B$_I$ 321
großer – A$_I$ 4; B$_I$ 321; C$_I$ 330;
D$_I$ 19, *20, 22*, 56, 354, 423, 527;
E$_I$ 355, 402, 418; F$_I$ 38, 269, 493,
499, 502, 695, 730; J$_I$ *2*, 51, 475,
736, 917, 1150, 1165; J$_{II}$ 1559;
K$_{II}$ 27; L$_I$ 100; Mat I$_{II}$ 132; RA$_{II}$ 43
hartmäuliger – C$_I$ 298
moderner – E$_I$ 165
rechtfertiger – C$_I$ 378
rechtschaffener – E$_I$ 165; J$_I$ 1161
redlicher – C$_I$ 250; J$_I$ 967
reicher/sentimentaler – L$_I$ 466
schlechter – F$_I$ 353
schöne Männer D$_I$ 642
schwarzer – G$_{II}$ 233
standhafter – Mat I$_{II}$ 165
subtile Männer E$_I$ 418
tüchtiger – L$_I$ 475
vernünftiger – B$_I$ 191; E$_I$ 274, 418,
427, 430, 499, 513; F$_I$ 2, 5, 335,
493, 793, 1208; J$_I$ 2; RA$_{II}$ 127
verständiger – F$_I$ 1028, 1063
vornehmer – H$_{II}$ *44;* L$_I$ 383
wahrer – F$_I$ 205
weiser – C$_I$ 198; E$_I$ 240; J$_I$ 528, 713
zärtlicher – F$_I$ 338
Vergleichung berühmter Männer
B$_I$ 23
s. a. Büchermann, Buschmann,
Edelmann, Firnismann, Flügel-
Mann, Fuhrmann, Geschäfts-
Mann, Gliedermann, Handwerks-
mann, Hofmann, Kaufmann,
Weltmann
Manna C$_I$ 160; F$_I$ 201; J$_I$ 1216
Mannsfriseur UB$_{II}$ 11
Mannheim B$_I$ 54, 117; F$_I$ 1172;
J$_I$ 138; RT$_{II}$ 18; SK$_{II}$ 223, 862
Manns-Person F$_I$ 1068
Manometer SK$_{II}$ 73
Manometer-Kugel SK$_{II}$ 66

Mansa D$_I$ 553
Manschette
lange –n F$_I$ 204
s. a. Spüllumpen-Manschetten
Manser D$_I$ 553
Manserate D$_I$ 553
Mantel der Liebe B$_I$ 297
Mantua J$_I$ 774; K$_I$ S. 845
Manuskript SK$_{II}$ 338, 357
Manzerine D$_I$ 553
marasmus senilis J$_I$ 223
Marathen [Maratten] RA$_{II}$ 109
Marburg SK$_{II}$ 397
Mare pacificum J$_I$ 118
Margate E$_I$ 200; F$_I$ 83, 115; L$_I$ 578;
RA$_{II}$ 142
Marianische Inseln KA$_{II}$ 3
Marienbild L$_I$ 426, 480
Marienkäfer *s.* coccinella septem-
punctata
Marionette
Tier-Marionette L$_I$ 601
Marionettenstall E$_I$ 107
Mark F$_I$ 86
s. a. Rückenmark
Mark Brandenburg J$_I$ 333
Markbrunner SK$_{II}$ 728
Marke SK$_{II}$ 264
weiße [und] schwarze –n A$_{II}$ 252,
262
Marketender-Geist F$_I$ 504
Markt D$_{II}$ 683
stiller – SK$_{II}$ 762, 863, 884
s. a. Jahrmarkt, Krempel-Markt,
Trödelmarkt, Viehmarkt
Marktkirche *s.* Hannover
Marktschreier F$_I$ 1
Marmor B$_I$ 194; F$_I$ 1170
alter – E$_I$ 165
Werke in – L$_I$ 590
marmornes Postament D$_I$ 611
Marokko D$_I$ 587
Marpurg *s.* Marburg
Marrowbones und Cleavers J$_I$ 74
Mars L$_I$ 36
Marsch B$_I$ 23
Marschallstab C$_I$ 63; G$_{II}$ 49
marschfertig D$_I$ 610
Marschroute
– der Arbeit J$_{II}$ 1428
– des Schicksals GH$_{II}$ 50
Marseille J$_{II}$ 2073

Marsfeld s. Paris
Marterkammer D$_I$ 600
Martinique KA$_{II}$ 64
Marzipan-Idee B$_I$ 178
Masch F$_I$ 1044; J$_{II}$ 1655
Masche L$_I$ 701
Maschine D$_I$ 402, 433; F$_I$ 349, 1090;
  J$_I$ 55, 145, 146, 155, 337, 393, 1241;
  J$_{II}$ 1310, 1366, 1538, 2139; L$_I$ 268;
  L$_{II}$ 730, 906; SK$_{II}$ 52, 187, 260, 914
– mit der Kugel SK$_{II}$ 914
gelehrte – D$_I$ 529
menschliche – E$_I$ 410
sprechende – L$_{II}$ 729
zusammengesetzte – F$_I$ 846
Punctum saliens der – J$_I$ 26
Unterricht durch –en C$_I$ 196
Welt als – J$_I$ 337
s. a. Dampfmaschine, Einatmungs-Maschine, Elektrisier-Maschine, Feuermaschine, Haar-Röhrchen-Maschine, Potenzen-Maschine, Rechenmaschine, Schreib-Maschine, Sprech-Maschine, Stoß-Maschine, Trommel-Maschine, Übersetzer-Maschine, Waschmaschine, Weltmaschine
maschinenmäßig A$_{II}$ 193; F$_I$ 694;
  J$_I$ 339
Maschinen-Material F$_I$ 349
Masern SK$_{II}$ 759, 761
Maske [Masque] E$_I$ 451; L$_I$ 693
–n der Kinder D$_I$ 19
– von Speck E$_I$ 173
aus einer – hervorsehen E$_I$ 451
s. a. Gipsmaske, Wachs-Mäskchen
Maskenspiel L$_I$ 279
Maß A$_{II}$ 176
– des Besten C$_I$ 181
– des Schönen und Richtigen
  B$_I$ 365, 366
– [für] Verdienst A$_I$ 79; D$_I$ 56
– des Wunderbaren [der Mensch]
  A$_I$ 110
Pariser – SK$_{II}$ 196
volles preußisches – C$_I$ 39
s. a. Fußmaß, Kräfte-Maß, Maßstab, Silben-Maß
Massachusetts RA$_{II}$ 118
Masse J$_{II}$ 1765; K$_{II}$ 319, 362; L$_{II}$ 868
maßen D$_I$ 482, 607
Massingham J$_I$ 233

Maßstab A$_I$ 68
– des Verdienstes C$_I$ 61; D$_I$ 196;
  E$_I$ 335
Mastix J$_{II}$ 1581
Material K$_{II}$ 167
Maschinen-Materialien F$_I$ 349
Materialismus F$_I$ 425, 489
Materialist A$_I$ 56; D$_I$ 470
Materie A$_{II}$ 123, 255; E$_I$ 320; F$_I$ 34, 324, 425; H$_{II}$ 176, 179; GH$_{II}$ 54; J$_{II}$ 1400, 1533, 2099; K$_{II}$ 319–321, 384; L$_I$ 278; L$_{II}$ 759, 893, 894, 897, 908, 942; RA$_{II}$ 151
– [und] Geist D$_I$ 161
– einen derben Hieb versetzen
  D$_I$ 272
– der ganzen Welt D$_I$ 224
– der Weltkörper KA$_{II}$ 266
brechende –n A$_{II}$ 166
flüssige –n A$_{II}$ 216; J$_{II}$ 2147
dunkle unbekannte – F$_I$ 120
durchgearbeitete – B$_I$ 228
durchsichtig machende – A$_{II}$ 206
kaltmachende – KA$_{II}$ 105
leblose [und] lebendige – D$_I$ 178
mächtige – J$_{II}$ 1748
magnetische – E$_I$ 322; J$_{II}$ 1748;
  K$_{II}$ 390
organische – C$_I$ 294
schwer machende – A$_{II}$ 255
Gott [und] – A$_I$ 62
Polarität [der] – J$_{II}$ 1784
s. a. Lichtmaterie
materielle Substanz E$_I$ 31
Mathematik A$_I$ 111; B$_I$ 145, 190;
  C$_I$ 142, 143, 308; E$_I$ 335; F$_I$ 793;
  J$_I$ 9, 103, 553, 938, 1129; J$_{II}$ 1280, 1841, 1899, 1908, 1995; K$_I$ 17;
  K$_{II}$ 185; L$_I$ 70, 306, 379; L$_{II}$ 834, 866, 897, 917, 974; UB$_{II}$ 81;
  RA$_{II}$ 127
– zur Physik notwendig J$_{II}$ 1841
reine – J$_{II}$ 1841
Anwendung der – auf Physik J$_{II}$ 1908
Mathematiker D$_I$ 299, 529; F$_I$ 202;
  J$_I$ 760, 924, 1223, 1241; J$_{II}$ 1280, 1531, 1908; K$_{II}$ 129, 185; L$_I$ 306
– aus Steinen erwecken D$_I$ 151
so genannte – J$_I$ 553; K$_{II}$ 185
Mission von –n B$_I$ 16
mathematisch A$_I$ 93; J$_I$ 461
–e Gesetze J$_{II}$ 1843

–e Gewißheit C$_I$ 193
–er Kalkül J$_I$ 2
–er Körper J$_{II}$ 1908
–er Mensch J$_{II}$ 1841
–e Methode B$_I$ 190; C$_I$ 209
–er Satz E$_I$ 496
–e Sprache A$_I$ 118
Mathesis B$_I$ 145
Matin B$_I$ 56
Matratze F$_I$ 248
matrimonial K$_{II}$ 291
Matrimonial-Angelegenheit J$_I$ 683
Matrone F$_I$ 165, 933, 942, 1052
matronenmäßig F$_I$ 942, 1052
Matrose B$_I$ 412
Matrosen-Pressen D$_I$ 759
matt SK$_{II}$ 541
Mattier SK$_{II}$ 603
Mattigkeit vor Gewittern B$_I$ 15
Matz D$_I$ 667
  Scheißmatz D$_I$ 667
Mauer J$_I$ 27, 1052
  s. a. Gartenmauer, Stadt-Mauer
Maul B$_I$ 256; J$_I$ 168, 477
  – auftun E$_I$ 255
  – zustopfen D$_I$ 494, *612*
  – des Geistes B$_I$ 176
  – in der Philosophie D$_I$ 395
  menschliches – D$_I$ 256
  Schlitzung seines –s D$_I$ 455
  s. a. hartnäckig
Maul-Affe D$_I$ 667
Maulbeerbaum D$_I$ 214
Maultier
  weißes – L$_I$ 459
Maultrommel J$_I$ 74, 859; L$_I$ 167
Maulvoll
  eine Handvoll Soldaten [und] ein
  – Argumente E$_I$ 96
Maulwerk J$_I$ 973
Maulwurf KA$_{II}$ 71, 250; F$_I$ 416, 1004
Maurergeselle F$_I$ 525
Maus D$_I$ 65; E$_I$ 464; F$_I$ 1014, 1031;
  J$_I$ 527
  Mäuse anbeten F$_I$ 191
  – für heilig erklären C$_I$ 169
  Mäuse göttlich verehren D$_I$ 398
Mausfalle F$_I$ 482; J$_I$ 30
Maxime F$_I$ 14; J$_I$ 21, 173
  –n für eine Stunde B$_I$ 257
  alte logische – F$_I$ 639
  s. a. Stuben-Maxime

Maximum A$_I$ 36, 37; A$_{II}$ 162; D$_I$ 77
  – finden F$_I$ 838
  – des Guten D$_I$ 112
Meaco C$_I$ 117
Mechanik A$_I$ 28; A$_{II}$ 179, 207; B$_I$ 28;
  E$_I$ 32; J$_{II}$ 1339
Mechaniker F$_I$ 715; J$_I$ 670, *771;*
  L$_I$ 283, *397*
mechanisch J$_{II}$ 1484
  –es Genie J$_I$ 875
  –e Werke J$_I$ 1241
  Mechanisches in uns F$_I$ 349
Mechanismus E$_I$ 460
  – des Körpers F$_I$ 53
mechante Art zu räsonieren D$_I$ 213
Medaille D$_I$ 334; SK$_{II}$ 209, 269, 919
Medaillon J$_{II}$ 1484; L$_I$ 318
median J$_I$ 623
Median-Prose F$_I$ 547
medio resistente B$_I$ 405; KA$_{II}$ 298;
  D$_I$ 420
meditandum F$_I$ 75; J$_{II}$ 1342; L$_{II}$ 861
Meditation J$_I$ 929
meditieren J$_I$ 9; L$_I$ 142
Medizin B$_I$ *145;* C$_I$ 219; KA$_{II}$ 80;
  UB$_{II}$ *33*
  s. a. Universal-Medizin
Mediziner D$_I$ 529; G$_{II}$ 131
medizinisch F$_I$ 1214
  –er Dalai Lama J$_I$ 949
  –er Papst J$_I$ 949
Medulla poetica B$_I$ 63
Medusa [Qualle] D$_{II}$ 694
Meer A$_I$ 39; A$_{II}$ 167, 229; D$_I$ 610;
  D$_{II}$ *690, 694;* F$_I$ 191; J$_I$ 937; J$_{II}$ 1382,
  1405
  – der Ewigkeit L$_I$ 392
  – der Unendlichkeit L$_I$ 365
  mittelländisches – J$_I$ 1719
  Boden des –es A$_{II}$ 180
  Stilles – L$_I$ 47
  Wellen des –es RA$_{II}$ 144
  s. a. Weltmeer
Meereslänge D$_I$ 92, 378; D$_{II}$ *700*
Meereswellen J$_{II}$ 1802
Meerlinsen D$_{II}$ 676, 678, 683
meerschaumen J$_I$ 677, *678*
Meer-Wasser D$_{II}$ 690; J$_{II}$ 2073
  s. a. Leuchten der See
Mehl G$_{II}$ 40; J$_I$ 194
  s. a. Hexenmehl, Weißmehl
Mehlkleister GH$_{II}$ 76

Mehltau L$_I$ 21
mehr oder weniger D$_I$ 41
Mehrheit der Stimmen D$_I$ 212; F$_I$ 52
Meile B$_I$ 411; KA$_{II}$ 53; L$_I$ 71
 – Wegs J$_{II}$ 1871
 18 000 000 –n B$_I$ 110
 1720 deutsche –n B$_I$ 114
 englische – KA$_{II}$ 180
 geographische – J$_I$ 698
Meilenmessen C$_I$ 213
Meilen-Messer F$_I$ 894; SK$_{II}$ 462, 912
meinen C$_I$ 375; D$_I$ 121; L$_{II}$ 974
 s. a. nachmeinen, vormeinen
Meiningen J$_I$ 728
Meinung B$_I$ 284; C$_I$ 142, 302;
 KA$_{II}$ 280; D$_I$ 15, 19, 22, 121;
 E$_I$ 472; F$_I$ 436; J$_I$ *431*, 480, 651, 966,
 1072, *1084*; J$_{II}$ 1691; K$_I$ 19, 155;
 L$_I$ 11, 71, 205
 – ändern D$_I$ 612; F$_I$ *557*; J$_{II}$ 1469
 –en ausbreiten E$_I$ 96
 – contra – L$_I$ 205
 –en einbrennen F$_I$ 493
 –en anderer kennen F$_I$ 434; G$_{II}$ *115*
 –en in die Welt laufen lassen
 C$_I$ 242
 – öffentlich sagen E$_I$ 500
 –en sammeln H$_{II}$ 15
 – schreiben J$_{II}$ 1336, *1352*
 –en selbst verarbeiten D$_I$ 171
 –en verteidigen E$_I$ 419; K$_{II}$ 109
 –en [und] Natur J$_I$ *1075*
 andere –en KA$_{II}$ 280
 allgemein angenommene –en
 K$_{II}$ 280
 falsche –en J$_I$ 1160
 feste – F$_I$ 897
 gemeine – KA$_{II}$ 295; J$_{II}$ 1365
 eine – haben D$_I$ 645; G$_{II}$ 86
 keine – haben E$_I$ 63
 handeln mit anderer Leute –en
 B$_I$ 284; K$_{II}$ 246; L$_I$ 686; L$_{II}$ 974;
 MH$_{II}$ 10
 herrschende – C$_I$ 194
 Bekanntmachung eigener –en
 F$_I$ 441
 Einfluß einer Sprache auf die –
 A$_{II}$ 159
 Hospital [für] –en J$_I$ 454
 Inbegriff der –en C$_I$ 142
 Manövrieren mit –en J$_I$ 538
 s. a. Favorit-Meinung, Stadt-Meinung

Meinungen-System B$_I$ 290; C$_I$ 194;
 D$_I$ 19; E$_I$ 137; F$_I$ 1222
Meißen F$_I$ 402
Meißensches Milchkännchen D$_I$ 634
Meißner J$_{II}$ 1320
Meister-Kunst D$_I$ 195
Meisterstück J$_I$ 418; L$_I$ 605
 – des Himmels B$_I$ 185
 – der Schöpfung J$_{II}$ 1491; K$_{II}$ 86
Meisterwerk L$_I$ 186
Melancholie B$_I$ 263
Melancholichkeit Mat II$_{II}$ 23
melancholisch A$_I$ 126; B$_I$ 81; C$_I$ 47;
 RA$_{II}$ 1, 94, 158
 –e Betrachtungsliebe A$_{II}$ 126
 das Melancholische J$_I$ 179
Melange B$_I$ 204
melden
 mit Ehren zu – D$_I$ 154
Melodie C$_I$ 350
Melographie J$_I$ 94
member L$_I$ *80*, 81
 laute und stumme –s L$_I$ 122
Memme D$_I$ 667
Memoiren
 Memoires des savans etrangers
 GH$_{II}$ 26
 Pariser – G$_{II}$ 1
 s. a. versus memoriales
Memoires-departement E$_I$ 185
Memorial SK$_{II}$ 378
memorieren D$_I$ 135
[Menächmen] Menechmen L$_I$ 588
Menagerie J$_I$ 340
Menge E$_I$ 148, 157; J$_I$ 1094; L$_I$ 267
Mennoniten C$_I$ 78
Mensch A$_I$ 24, 25, 39, 41, 69, 90,
 102; A$_{II}$ 256; B$_I$ 31, 35, 56, 95, 107,
 159, 185, 270, 321, 349, 369, 388;
 KA$_{II}$ 165, 196, 255; C$_I$ 91, 178,
 183, 192, *210*, 219, 236, 326, 356,
 375; D$_I$ 20, 22, 59, 79, 89, 131,
 160, 161, 165, *168*, 195, 200, *211*,
 252, 255, 321, 331, 398, *412*, 416,
 433, 454, 476, 491, 493; E$_I$ 32, 35,
 49, 60, 96, 131, 135, 152, 173, 209,
 213, 218, 239, 257, 296, 366, 368,
 376, 387, 389, 408, 411, 412, 418,
 431, 455, 465, 466, 470, 476, 479,
 480, 490, 500, 509, *510*; F$_I$ 2, 33,
 38, 58, 78, 101, 106, 170, 191, 215,
 262, 292, 338, 341, 345, 374, 386,

402, 424, 433, 453, 460, 489, 512, 536, 549, 578, 595, 631, 633, 643, 645, 647, 693, 694, 713, 720, 727, 730, 737, 743, 744, 788, 802, 803, *816,* 817, 824, 831, 860, 864, 887, 901, 942, 983, 1023, 1027, 1039, 1209, 1224, 1225; G$_{II}$ 22, 23, 28, 29, 50, 56, 76, 89, 234; H$_{II}$ 16, 32, 34, 41–43, 98, 104, 132, 148, 151; J$_I$ 19, 33, 87, 125, 154, 155, 179, 188, 207, 218, 226, 229, 247, 275, 278, 338, 359, 613, 628, 688, 705, 738, 761, 775, 868, 876, 958, 959, 966, 1068, 1072, 1074, 1098, 1121, 1144, 1162, 1180, 1222, 1252; J$_{II}$ 1400, 1491, 1551, 1831, 1856; K$_I$ 1, 16; K$_{II}$ 79, 99, 100, 107–109, 112, 116, 118, 124, 132, 140, 147, 160, 174, 177, 277, 278, 358; L$_I$ 17, 33, 59, 114, 196, 278, 296, 328, 329, 357, 362, 483, 588, 596; L$_{II}$ 799, *804,* 811, 825, 908, *910,* 916, 952, 955, 956, 972, 981; Mat II$_{II}$ 29, 32; TB$_{II}$ *15, 17*

das Mensch [Menscher] D$_I$ 667; F$_I$ 631; J$_I$ 319; SK$_{II}$ 165
–en abrichten L$_I$ 100
–en bessern A$_I$ 80; F$_I$ *595,* 860
–en beurteilen G$_{II}$ 27
–en heraufziehen L$_I$ 329
–en kennen lernen D$_I$ 92; G$_{II}$ 18; J$_I$ 2; K$_{II}$ 171
–en ordnen J$_I$ 830, 1162
–en schätzen J$_I$ 47
–en schlachten L$_{II}$ 910
–en verbessern F$_I$ 459
–en verschönern F$_I$ 372
–en verstehen B$_I$ 262
–en verstümmeln J$_I$ 41
–en weiser und glücklicher machen F$_I$ 484
– in abstracto B$_I$ 270
– [und] Affe B$_I$ 107, 341; F$_I$ *535,* 713
– in den Augen des Weltweisen B$_I$ 194
– [ein] Barometer D$_I$ 465
–en [mit] etwas Eigenem A$_I$ 138; B$_I$ 319; D$_I$ 491
–en als Feuerung für den Teufel D$_I$ 267
– [und] Freiheit F$_I$ 431

– von Geist E$_I$ 39; J$_{II}$ 1534
– [und] Gott D$_I$ 201, 274, 357, 398, *412;* L$_{II}$ 952
– [als] Haustier C$_I$ 341
–en ums Leben bringen F$_I$ 1217
– im Schlaf K$_{II}$ 86
–en [und] Schweine F$_I$ 100
– kleiner Staat E$_I$ 60
–en [als] Stäbe D$_I$ 112; E$_I$ 267
– [ein] Thermometer E$_I$ 366
– [und] Tier A$_I$ *64;* B$_I$ 185; F$_I$ 424, 433, *767;* H$_{II}$ 142; J$_I$ 359
– [und] Triebe A$_I$ 24; B$_I$ 185
–en [und] Uhren K$_{II}$ 209
– [als] Ursachen-Sucher J$_{II}$ 1551
– [als] Ursachen-Tier J$_{II}$ 1826
– von gesundem Verstand F$_I$ 402
– [und] Welt A$_I$ 124
– der alten Zeit Mat I$_{II}$ 3
– eine Zwiebel B$_I$ 35
alte –en GH$_{II}$ 66
artifizieller – B$_I$ 321
außerordentliche –en J$_{II}$ 1529
berühmte –en J$_I$ 522
biegsame –en D$_I$ 491
doppelte –en J$_I$ 714, 1142
ehrlicher – C$_I$ 256
eigentlicher – A$_I$ 116; B$_I$ 35; F$_I$ 385
empfindlicher – B$_I$ 352
der erbärmlichste – L$_I$ 403
erste –en B$_I$ 378; J$_I$ 697; L$_I$ 470
esoterischer [und] exoterischer – J$_I$ 600
faselnder – C$_I$ 334
feige –en D$_I$ 491
freier – B$_I$ 321; J$_I$ 1194
freigeborner – B$_I$ 284
gehässige –en J$_I$ 684
gemeine –en B$_I$ *332;* J$_I$ 173; Mat I$_{II}$ 51
gesittete –en D$_I$ 659
gewöhnlicher – J$_{II}$ 1351
glückliche –en J$_I$ 609, RA$_{II}$ 145
griechischer [und] moderner – B$_I$ 22
die größten –en B$_I$ 378
großer – G$_{II}$ 93; J$_I$ 108
guter – B$_I$ 36; F$_I$ 52; J$_I$ 16, 358; K$_{II}$ 73
immergrüne/nimmergrüne –en J$_I$ 1125
jetzige –en B$_I$ 138

junger – C₁ 322; D₁ 135; E₁ 128; F₁ 3
kluger – J₁ 103
konkrete –en K_{II} 158
letzte –en J₁ 697
mathematischer – J_{II} 1841
die meisten –en B₁ 105
mittlerer – F₁ 208
natürlicher [und] künstlicher – B₁ 138, 270, 321, F₁ *142*
niederträchtiger – J₁ 455
ordentliche –en L₁ 607
rechtschaffene –en J₁ 1186; L₁ 46, 194
roher [und] gebildeter – J₁ 974
schlechte –en G_{II} 52, 93
schönste –en F₁ 1204
schwache –en L₁ 195
der schwächste aller –en J₁ 59
seltsamer – KA_{II} 187
sylphisch ausstaffierte –en B₁ 49
stumpfer – MH_{II} 13
theoretischer – J₁ 1072
verheirateter vierfüßigter – B₁ 165
vernünftiger – F₁ 618; J₁ 117, 651
verständige –en K_{II} 61
vollkommener – K_{II} 154; L₁ 457
weiseste –en J_{II} 2107; L₁ 328
weißer – L₁ 431
witziger – J₁ 684
zurückhaltende –en F₁ 1185
zusammengesetzter – B₁ 138
zusammengewachsener – J₁ 1136
berechnete Anlage des –en J₁ 87
Annalen vorzüglicher –en J₁ 26
zweite Auflagen der –en MH_{II} 5
Elend der –en D₁ 607
Farbe des –en L₁ 428
Geschichte des –en D₁ 280; RA_{II} 127
Gesinnungen der –en J₁ 33
Glauben der –en C₁ 223
Gleichheit [der] –en J₁ 896, 1194, *1202*; K_{II} 296
Größe und Glück der –en A₁ *116*; B₁ 160
Handel mit –en F₁ 589
Handlungen eines –en E₁ 476
jeder – B₁ 78
jetzige – B₁ 137
künstliche Ideen von –en E₁ 142
Kenner des –en C₁ 192, 231

Kenntnis des – F₁ 37, 755
Natur des –en F₁ *583*
Observationen vom –en D₁ 479
Perfektibilität [des] –en E₁ 359, 431, *462*; F₁ 266; G_{II} 104; RA_{II} 117
Philosophie des –en E₁ 418
Prärogativ des –en F₁ 809
großer Rat der –en C₁ 194
Schwächen der –en J₁ 109
Stimme des –en E₁ 500
Tier im –en J₁ 1074
Treulosigkeit des –en F₁ 49; J₁ 90
Versammlung von –en B₁ 69
Versuch über den –en B₁ 321
Versuche mit –en D₁ 170
s. a. Buchmensch, Kartoffel-Mensch, Leute, Nebenmensch, Romanen-Mensch, Theater-Mensch
menschenbeobachterisch J₁ 910
Menschenfleisch
– essen L₁ 579
gekochtes – F₁ 607
Menschenfresser J₁ 926
Menschenfreund F₁ 17, 728, 730; L₁ 101
menschenfreundlich D₁ 539
Menschenfreundlichkeit J₁ 460
Menschen-Geschlecht F₁ 595, 1181; J₁ 125
Menschen-Gestalt L₁ 593
Menschenkenner C₁ *192, 231*; D₁ 419, 433, 490; E₁ 196, 387, 455; F₁ 1089; G_{II} *18*; J₁ 1165; RA_{II} 127
Menschenkenntnis B₁ 364, 374; D₁ 198, 416, 490, 529, 610; E₁ 189, *218, 424*; F₁ *37*, 388, 755, 946; G_{II} 17, *18, 26*, 68; H_{II} 73; J₁ 90, 487, 1160; L₁ 198, 654
Menschen-Klasse E₁ 257; J₁ 43, 1250; K_{II} *256*; L₁ 195
Menschenkopf
Pyramiden mit Menschenköpfen KA_{II} 245; D₁ 355
Menschenkunst F₁ 898
Menschen-Leitung J₁ 625
Menschenliebe C₁ 72; D₁ 600; F₁ 338, 668, 946, 1228
Menschen-Raçe H_{II} 26; L₁ 330
Menschen-Satzung C₁ 151; J₁ 125
Menschenscheue B₁ 380

Menschen-Sinn L$_I$ 401; L$_{II}$ 852
 gerader – J$_I$ 1094
Menschen-Stimme J$_I$ 479; L$_{II}$ 844
Menschenverstand D$_I$ 364, 382;
 E$_I$ 104, 164, 169, 259; F$_I$ 56, 233,
 384, 441; J$_I$ 277, 924; L$_I$ 158
 – exkolieren D$_I$ 267
 gemeiner – E$_I$ 259, 416; L$_{II}$ 852
 gesunder – D$_I$ 133, 136; L$_I$ 627
 purer – E$_I$ 314
 schlafender – D$_I$ 325
Menschheit F$_I$ 595; K$_{II}$ 81; L$_I$ 26
 Fortgang der – G$_{II}$ 41
 Gradus der – J$_I$ 519
 Mysteria der – F$_I$ 441
 Skala der – J$_{II}$ 1856
 Verteidigung der – F$_I$ 759
menschlich
 –es Elend D$_I$ 624
 –e Erkenntnis B$_I$ 145; J$_I$ 1160
 –e Gegenwart B$_I$ 231
 –er Geist K$_I$ 15, *18*; L$_I$ 195, 618
 –es Geschlecht A$_I$ 66, 90, 91;
 B$_I$ 269, 270; C$_I$ 181, 209; D$_I$ 22,
 219, 271; F$_I$ 329; G$_{II}$ 104; H$_{II}$ 132;
 J$_I$ 20, 295, 889, 1134; K$_{II}$ 70, 176;
 L$_{II}$ 825
 –es Geschöpf L$_I$ 600
 –e Gesellschaft B$_I$ 68
 –es Herz D$_I$ 256; J$_I$ 558, 1149
 –e Irrtümer C$_I$ 178
 –er Künstler B$_I$ 11
 –e Natur B$_I$ 11, 257, 341, 343;
 C$_I$ 181; F$_I$ 1169; J$_I$ 283, *601*, 715,
 833, 1098; J$_{II}$ 1758; L$_I$ 37, 275, 309,
 457; L$_{II}$ 974, 980
 –e Torheiten C$_I$ 91
 –e Unart C$_I$ 209
 –es Verdienst und Würdigkeit
 D$_I$ 83
 –e Vernunft J$_I$ 360
 –er Verstand C$_I$ 183; D$_I$ 256
 –e Werke J$_I$ 270
 –e Würde B$_I$ 364
 s. a. übermenschlich
Menschlichkeit F$_I$ 802
Menstruum A$_{II}$ 178; F$_I$ 922; J$_{II}$ 1734,
 1941, 2024; K$_{II}$ 338
Menuett C$_I$ 95; E$_I$ 134
Menuettakt C$_I$ 153
mephitisch G$_{II}$ 1
Mequinez KA$_{II}$ 64

meretrix F$_I$ 30
Meridian F$_I$ 221, 972; L$_I$ 381
Meritenmesser L$_I$ 332
Merkur [Planet] A$_{II}$ 181; KA$_{II}$ 59
 Bewohner des – D$_I$ 172
Merkur [Gott] G$_{II}$ 220
Merkur-Abhandlungen F$_I$ 178
merkwürdig
 Merk- und Liebenswürdiges
 D$_I$ 472
Meß-Catalogus B$_I$ 16, 185; E$_I$ 36, 37;
 F$_I$ 117, 155; Mat I$_{II}$ 127
 im – glänzen J$_I$ 1155
 im – stehen G$_{II}$ 123
Messe C$_I$ 222; D$_I$ 610, 611; F$_I$ 792;
 J$_I$ 1126
 Frankfurter – E$_I$ 107
 Leipziger – E$_I$ 127; L$_I$ 475; SK$_{II}$ *41,
 457, 474, 652, 766, 780, 894*
 s. a. Ostermesse
messen
 Winkel und Zeiten – D$_I$ 314
 s. a. Geschmacksmesser, Meilen-
 messen, Meilen-Messer, Meriten-
 messer, Sorgen-Messer, Stirn-
 messer
Messer D$_I$ 149, 455; SK$_{II}$ 330
 – [und] Gabel F$_I$ 692
 – an die Kehle J$_{II}$ 1971
 – und Witz L$_I$ 160
 scharfes – A$_{II}$ 158
 s. a. Groschenmesser, Schermesser
Messerschmiede E$_I$ 209
Messiade F$_I$ 69
 Vers der – B$_I$ 132
Messias E$_I$ 445; GH$_{II}$ 80
Messiat
 physiognomisches – F$_I$ 617
Messina
 Kanal von – C$_I$ 168
Messing E$_I$ 368; J$_{II}$ 1856
Messingfeilspäne J$_{II}$ 1684
Meßkette
 Degen [und] – C$_I$ 105
Meßkünstler B$_I$ 380; C$_I$ 303; D$_I$ 225;
 E$_I$ 108
Meßkunst F$_I$ 262
Messung SK$_{II}$ 155
Mestize L$_I$ 330
Mestizenstil J$_I$ 846
Metall J$_{II}$ 1313, 1414, 1734, 1911;
 K$_{II}$ 353; L$_{II}$ 779

– schmelzen J_{II} 1495
–e verkalchen GH_{II} 87; J_{II} 1403, 1691; K_{II} 312
–e [und] Elektrizität J_{II} 1265
erwärmte –e H_{II} 187
Ausdehnung der –e D_I 529; J_I 55
Farben der –e KA_{II} 87; J_{II} 1637
Gerüche der –e J_{II} 1747
Metall-Draht J_{II} 1267
metallisch
 –e Alter der Welt K_{II} 207
 –e Solutionen D_{II} 731
[Metallkalk] Metallkalch J_{II} 1374; K_I 19; K_{II} 353
Metapher A_I 88; D_I 213, 362, 433; E_I 195, 274; F_I 116, 369, 375, 471, 569; G_{II} 127; J_I 410
 Nutzen der –n F_I 116
Metaphern-Christ F_I 375
Metaphern-Grund F_I 1166
metaphernmächtig F_I 498
Metaphern-Ordnung F_I 163
Metaphern-Placker D_I 213
metaphorisch
 –e Ausdrücke D_I 515
 –e Sprache D_I 468
Metaphysik A_I 97; B_I 145, 147, 148; E_I 19, 30, 189; J_I 507, 620, 1130, 1223
 brauchbare – A_I 97
 auf der – spielen J_I 507
Metaphysiker A_I 5
 – und Nonmethaphysiker C_I 201
metaphysisch
 –e Beweise E_I 518
 –e Grübeleien E_I 411
 –er Grundsatz J_I 757
 –e Spitzfündigkeiten E_I 131
 –e Vernünftler E_I 403
Metempsychose J_I 511
Meteor SK_{II} 269
Meteorologe J_{II} 1732; L_{II} 931
Meteorologie J_I 534; J_{II} 1278, 1369, 1577, 1579, 1644, 2017, 2114; K_{II} 367; L_{II} 954
meteorologische Beobachtungen GH_{II} 38; J_{II} 1515; L_I 169; L_{II} 951
Methode A_I 27; KA_{II} 217; J_I 1083; J_{II} 1991
 mathematische [und] natürliche – B_I 190
 Rosencranz – J_I 381

Sokratische – K_{II} 242
 s. a. Paradigmen-Methode, Schmierbuch-Methode
methodisch B_I 171
 –es Fortschreiten J_{II} 1422
 –er Waghals F_I 703
Methusalem
 ein – unter den Gehenkten L_I 355
metier
 ein – am Fuß haben C_I 378
Mètre SK_{II} 721
Metrum K_{II} 199
Metrometer J_I 457; J_{II} 1433
Metrum K_{II} 199
Mettwurst SK_{II} 597, 612
Metz [Stadt] F_I 30
Metz[e] F_I 30; SK_{II} 721, 815
Metzger F_I 289
Metzger-Knecht J_I 929
Metzger-Laden J_I 139
Meubel L_I 38, 398
 s. a. Sakristei-Meubel
Meubeln-Vorrat C_I 194
Mexikaner KA_{II} 137
Mezzetin KA_{II} 329
Miasmata J_{II} 1969
micare L_I 656
Michaelis C_I 49
mictus J_I 244
Middlesex E_I 208; L_I 235
Midnight conversation G_{II} 201
Miene F_I 1066, 1182; UB_{II} 48
 –n beobachten K_{II} 137; UB_{II} 48
 – [und] Bedeutung eines Wortes A_I 93
 – [und] Charakter L_I 462
 – [und] Seele B_I 69; F_I 898
 allgemeine – E_I 165
 dumme – F_I 898
 heilige – C_I 266
 kakochymische – B_I 162
 unschuldige – C_I 178
 sich verstehen auf –n G_{II} 20
 zärtliche – B_I 204
 s. a. Ausdruck
Mienensprache G_{II} 26
Mikrokosmus KA_{II} 177; E_I 368; J_I 889
Mikrometer J_{II} 1499, 1500
Mikrometer-Schraube F_I 115
Mikroskop A_I 78; A_{II} 187, 214; B_I 54; C_I 91, 303; KA_{II} 211;

D$_{II}$ 684; F$_I$ 453, 500, 559, 706, 864;
J$_I$ 2, 693; J$_{II}$ 1825; K$_I$ 17; K$_{II}$ 316,
388; L$_I$ 10; L$_{II}$ 859; SK$_{II}$ 108, 301,
383, 664
- auf sich selbst richten C$_I$ 91
s. a. Sonnenmikroskop
mikroskopisch F$_I$ 1204
Milbe C$_I$ 167; E$_I$ 296
Milch H$_{II}$ 204
  Gerinnen der – J$_{II}$ 1656
  Honig und – L$_I$ 357
  sanfteste – der Züchtigung D$_I$ 600
  s. a. Katechismus-Milch, Muttermilch, Nahrungs-Milch
Milchbrot
  Frankfurter – D$_I$ 610
Milchkännchen
  Meißensches – D$_I$ 634
Milchstraße B$_I$ 380; C$_I$ 303; J$_I$ 1223;
K$_{II}$ 69
  – von Einfällen J$_I$ 344
  physikalische – J$_I$ 4378
milchwarme Musik D$_I$ 172
Militair L$_I$ 24
military Levee L$_I$ 118
Miliz
  Land-Miliz J$_I$ 348
Millefolium SK$_{II}$ 33, 774
Milzkraut KA$_{II}$ 91
Milzsucht A$_I$ 54
Minden D$_I$ 19; GH$_{II}$ 77; L$_I$ 676;
SK$_{II}$ 807
Mine springen lassen E$_I$ 105
Mineral A$_I$ 17; J$_I$ 967, 1162; J$_{II}$ 1342;
RA$_{II}$ 56
  –ien sammeln B$_I$ 204
  erhitzte –ien F$_I$ 1184
  graues – J$_{II}$ 1772
Mineral-Alkali J$_{II}$ 1589
mineralisieren K$_{II}$ 326
Mineral-Kabinett J$_I$ 1050, 1137; L$_I$ 55
Mineralogie A$_I$ 17; J$_I$ 1135
Mineral-Reich A$_{II}$ 215
Mineralsystem J$_{II}$ 1615, 1616
Minierer F$_I$ 1004
Minister E$_I$ 209, 229, 267; H$_{II}$ 53;
J$_I$ *631*, 1094, 1150, 1151
  chinesische – D$_I$ 373
  eigentliche – K$_I$ 5
  hurender – J$_I$ 59
  schlechter – F$_I$ 1096
  Prose des –s F$_I$ 1166

Ministerial-Gezänk J$_I$ 1150
Ministerium F$_I$ 1124; L$_I$ 485
Ministerwechsel L$_I$ 106
Minorennität J$_I$ 1124; K$_{II}$ 273
Minorität J$_I$ 33
minus null und plus Nasen E$_I$ 293
Minute
  – [als Winkelmaß] D$_I$ 82
ein paar Dutzend Millionen –n
  D$_I$ 564
s. a. Moneten
Mischer F$_I$ 935
Mischung H$_{II}$ 182, 184–187
  – [der Weisen und der Narren]
  C$_I$ 181
s. a. Sentenzen-Mischung
miserabel SK$_{II}$ 327
Miserere L$_I$ 526
misericorde B$_I$ 65
Mißbrauch J$_I$ 410, 1172
mißbrauchte Wörter B$_I$ 347
Missetäter
  losgelassene – L$_I$ 112
Mißgeburt K$_{II}$ 287; RA$_{II}$ 173
  Genie [und] – A$_I$ 116
Mission B$_I$ 16, 87
Missions-Wesen E$_I$ 353
Mississippi J$_I$ 510
mißlingen
  bei der Zeugung mißlungen B$_I$ 217
Mißtrauen A$_I$ 46; F$_I$ 971, 1095; J$_I$ 938;
RA$_{II}$ 151
  – in eigene Kräfte Mat I$_{II}$ 21
  – gegen menschliche Kräfte F$_I$ 326
  – gegen Orakel-Sprüche F$_I$ 933
  Ehrgeiz und – A$_I$ 46
Mißverständnis J$_I$ 901
Mist fressen F$_I$ 191
Mistgrube L$_I$ 648
Mistwagen E$_I$ 152
Mitarbeiter B$_I$ 122
Mitauischer Schurke J$_I$ 873
Mitbruder
  seine Mitbrüder fressen F$_I$ 191
Mitbürger J$_I$ 207
Mitfreude E$_I$ 498; F$_I$ 1214;
  Mat I$_{II}$ 162
Mitglied B$_I$ 68
Mitleid D$_I$ 270; E$_I$ 398, 498; F$_I$ 103,
500, 595, 923, 1083, 1214; J$_I$ 909;
Mat I$_{II}$ 162
s. a. Selbstmitleid

mitleidig F$_I$ 878
Mitleidigkeit Mat II$_{II}$ 23
Mitscham F$_I$ 595, 811, 1214;
  Mat I$_{II}$ 162
Mittagsmahl H$_{II}$ 163
Mitteilung K$_{II}$ 320; L$_I$ 310
Mittel F$_I$ 1041; K$_{II}$ 357
  bekannte [und] neue – D$_I$ 252
  brechende – C$_I$ 304
  praezipitierendes – K$_{II}$ 329
Mittelbegriff B$_I$ 101
Mittel-Ding B$_I$ 126
Mittelländisches Meer J$_I$ 809;
  J$_{II}$ 1719, 1727
mittelmäßig K$_{II}$ 268
  untermittelmäßig D$_I$ 90
  Mittelmäßige J$_I$ 222
Mittelpunkt A$_{II}$ 202; C$_I$ 303; E$_I$ 469;
  J$_{II}$ 1566
  – des Buchhandels B$_I$ 185
  – der Erde A$_{II}$ 200; L$_{II}$ 932
  – der menschlichen Gegenwart
    B$_I$ 231
  – der Schwere K$_I$ 6; K$_{II}$ 319
  – der magnetischen Schwere
    J$_{II}$ 2104
  – seines inneren Systems B$_I$ 140
  – des Titel-Studii B$_I$ 185
  – der Vergnügungen B$_I$ 157
  anziehender – A$_{II}$ 201
Mittel-Weg J$_{II}$ 1592; L$_I$ 403
Mittelwissenschaft D$_I$ 457
Mittelzustand K$_{II}$ 144, 145
Mittler RA$_{II}$ 1
mittlere
  – Gleichheit K$_{II}$ 144
  –r Mensch F$_I$ 208
  – Urteile F$_I$ 205
Mittwoch D$_I$ 24; E$_I$ 390
Mixtur E$_I$ 273
Mode A$_I$ 138; B$_I$ 321; C$_I$ 194; D$_I$ 156,
  214, 301, 482, 503; F$_I$ 177, 434;
  G$_{II}$ 15, 41, 110; J$_I$ 290, 514; L$_I$ 4,
  84, 275
  zwölf –n alt K$_{II}$ 251
  hinter der – drein gehen C$_I$ 53
  vor der – her gehen C$_I$ 53
  lächerlichste –n F$_I$ 871
  neuste – E$_I$ 370
  schreiben [nach der] – C$_I$ 340;
    G$_{II}$ 134

schreiben, daß er – werden kann
  C$_I$ 340
vernünftige – E$_I$ 131
Augendiener der – E$_I$ 162
hingemoderter Prunk der – F$_I$ 848
der – die Schleppe tragen D$_I$ 79
Seele der – A$_I$ 106
Sklave der – F$_I$ 431
Mode-Dichter F$_I$ 496
Modegesicht C$_I$ 340
Modell D$_I$ 402; J$_{II}$ 1719
  –e von Republiken und Reformationen C$_I$ 142
  – der Welt E$_I$ 368
  – [und] Zeichnung C$_I$ 196, 264;
    UB$_{II}$ 77
modeln D$_I$ 491
Mode-Philosophie F$_I$ 181
Mode-Pronomen F$_I$ 500
modern F$_I$ 1011
  –er Mann E$_I$ 165
  –er [und griechischer] Mensch
    B$_I$ 22
  – schreiben D$_I$ 1
Modern
  groß/klein – B$_I$ 65
Mode-Schreib-Art D$_I$ 156
Modestil D$_I$ 90
Modesystem G$_{II}$ 110
[Modetitel] Modetitul L$_I$ 221
Modewendung RA$_{II}$ 127
Modifikation K$_{II}$ 64
modus
  ad modum J$_{II}$ 1676; L$_I$ 246, 545
Möbel s. Meubel
Möbelvorrat s. Meubeln-Vorrat
Möglichkeit F$_I$ 724, 740
Möhrensaft gegessen SK$_{II}$ 301
Mönch C$_I$ 24, 169; D$_I$ 16; G$_{II}$ 151
Möncherei H$_{II}$ 1
Mönchs-Gesindel L$_I$ 47
Mönchsleben C$_I$ 2
Mönchswesen
  Verteidigung des – L$_I$ 114
Mörder C$_I$ 129; F$_I$ 730, 1138; J$_I$ 706
  s. a. Königsmörder, Muttermörder,
    Selbstmörder, Vater-Mörder
Mörser
  Kontrovers-Bomben-Mörser
    J$_I$ 197
Mogul
  großer – D$_I$ 297; E$_I$ 259

Mohn SK$_{II}$ 193
Mohnblatt J$_{II}$ 1704
Mohnknopf F$_I$ 1069
Mohr F$_I$ 589
  foetus von einem – weiß KA$_{II}$ 78
  Weißbleichen eines –s SK$_{II}$ 494
Mohren-Gesicht RA$_{II}$ 182
Moment [der] Gedanken B$_I$ 271
Monade K$_I$ 20
Monarch B$_I$ 388; K$_I$ 20; K$_{II}$ 151
Monarchie K$_{II}$ 149, 167, 290, *295*
  – Gottes L$_I$ 72
  – der reinen Vernunft L$_I$ 403
  deutsche – E$_I$ 226
  eingeschränkte – K$_I$ 20; L$_I$ 34
  Grab der französischen – K$_{II}$ 157
  monarchisch J$_I$ 227, 858; K$_{II}$ 295
Monatskupfer SK$_{II}$ 937
Monatsschrift
  politische – H$_{II}$ 81
  Verfasser der –en D$_I$ 480
Mond [Himmelskörper] A$_I$ 130;
  A$_{II}$ 145, 229, 255, 259; C$_I$ 106, 203,
  302; KA$_{II}$ 58, 60, 120; D$_I$ 135, 469,
  625; D$_{II}$ 684, 714, 718, 720, 722,
  723, 726, 727, 735, 738; E$_I$ 71, 209,
  257, 407, 459; F$_I$ 209, 221, 1231;
  H$_{II}$ 198; J$_I$ 454, 682, 883; J$_{II}$ 1587,
  1815, 1835, 1856; K$_{II}$ 177; L$_I$ 31,
  47, *630*; L$_{II}$ 900, *951*; UB$_{II}$ 68;
  RA$_{II}$ 1; SK$_{II}$ 316, 336, 482, 526
  aufgehender – D$_{II}$ 770
  Berge im – D$_{II}$ 719, 720
  Charte vom – D$_{II}$ *712*, 717;
  SK$_{II}$ 155, *242*
  Gesicht im – J$_I$ 682
  Irregularitäten des –es A$_{II}$ 259
  Knoten des Mondes J$_{II}$ 1587, 1629
  s. a. Neumond, Vollmond
Mond [Musikinstrument]
  schlecht geblasener halber – J$_I$ 1004
Mondbürger C$_I$ 342; D$_{II}$ 721; G$_{II}$ 83
Mond-Charte D$_{II}$ 684, *712*, *717;*
  SK$_{II}$ 242
Mondesstand J$_{II}$ 1405
Mondfinsternis F$_I$ 917; J$_I$ 449;
  RA$_{II}$ 168; SK$_{II}$ *440*, 588
Mondkarte *s.* Mond-Charte
Mondlicht L$_I$ 320; RA$_{II}$ 1
Mondmanie H$_{II}$ 1
Mondschein A$_{II}$ 221; F$_I$ 157, 1231;
  L$_I$ 413

Monds-Flecken D$_{II}$ 712, *713–715*,
  716, 738
Mondsknoten J$_{II}$ 1629
Monds-Kugel D$_{II}$ 722
Mondstafel B$_I$ 380; F$_I$ *209*
Mondstheorie D$_I$ 38, 427
Mondsucht J$_I$ 1171; J$_{II}$ 2055
  s. a. lunaticus
Monds-Vulkan J$_I$ 242; J$_{II}$ 1264, 1739
Moneten [Minuten] D$_I$ 653
Monochord SK$_{II}$ 431, 433
Monolog
  Stoff für –e A$_I$ 75
Monomotapa C$_I$ 310; F$_I$ 1137
mons
  parturiunt montes F$_I$ 186
monströs J$_I$ 715; J$_{II}$ 1380–1382;
  K$_{II}$ 343
  –e Keime F$_I$ 1137
  –es Wachstum F$_I$ 789
Monstrosität F$_I$ 1137
Monstrum E$_I$ 470; F$_I$ 110, 1224;
  J$_{II}$ 2009
  künstliche Versuche [sind] Monstra J$_{II}$ 2009
Montag F$_I$ 1215
Montags-Andacht J$_I$ 203; K$_I$ 4
Montags-Betrachtung J$_I$ 203
Montblanc F$_I$ 1123; J$_I$ 536; J$_{II}$ 1657
Monte Bolca K$_{II}$ 33
Montgolfiere L$_I$ 268
Montrose J$_{II}$ 1657
Morgen B$_I$ 40
Morgenländer G$_{II}$ 127
Morgenländisch J$_I$ 753
Morgenland J$_I$ 753
Morgenröte G$_{II}$ 15; L$_{II}$ 708
Morgenstern L$_I$ 416
Moos KA$_{II}$ 19; F$_I$ 645
Moral B$_I$ 128; KA$_{II}$ *127*; J$_I$ 395, 711,
  1071; J$_{II}$ 1350; K$_{II}$ 104
  christliche – G$_{II}$ 59; J$_I$ 228
  Prinzip der – J$_I$ 1053; L$_I$ 195
moralisch F$_I$ 1158
  – krank K$_{II}$ 288
  – nackend G$_{II}$ 56
  – [und] physisch B$_I$ 125; J$_I$ 710,
  1252
  –e Atomen B$_I$ 119
  –er Äther B$_I$ 128
  –e backside B$_I$ 78
  –e Belustigungen A$_I$ *78*

–e Betrachtungen B₁ 119
–er Chylus B₁ 284
–e Empfindlichkeit A₁ 132
–e Erzählungen C₁ 74
–e Etiquette G₁₁ 83
–e Falschheiten K₁₁ 101
–er Fond A₁ 125
–e Friktion A₁ 32
–es Gefühl J₁ 252, 1231
–es Gewicht B₁ 212
–e Handlungen A₁ 36; J₁ 629
–e Konstitution J₁ 388
–e Lähmung D₁ 210
–e Observatoren B₁ 268
–er Ruhestand L₁₁ 825
–e Schönheiten A₁ 18
–e Schriften J₁ 354
–er Sinn J₁ 656
–e Scribenten KA₁₁ 152
–er Todschlag J₁ 1063
–es Universale B₁ 195
–er Verstand B₁ 125
–e Welt J₁ 974
sich – schwer machen B₁ 282
Antiperistasis im Moralischen J₁ 1541
Moralist B₁ 409; E₁ 117
Semiotik für den –en F₁ 219
Moralität
Grade der – KA₁₁ 166
Mord
Vokalen-Mord F₁ 1170; Mat II₁₁ 1
s. a. Selbstmord
morden L₁ 23
Mordgeschichte Mat I₁₁ 1; Mat II₁₁ 30; SK₁₁ 1024
Mordgewehr L₁ 333
Mordprügel L₁ 416
Mordtat KA₁₁ 228; B₁ 413
Morgen
feierlicher – B₁ 40
Morgengebet J₁ 609
Morgen-Gesang J₁ 128
Morgenländer F₁ 381
Morgenröte E₁ 227
Morgensonne J₁ 963
Mortalitäts-Tabelle E₁ 68; F₁ 452; J₁ 495
Mosel J₁ 587, 748
– Wein J₁ 748
Moskau KA₁₁ 241; SK₁₁ 489
Moskito s. Muskito

Motion E₁ 114
Motor L₁₁ 893
Motto D₁ 403, 408; E₁ 11; J₁₁ 1671
Moxa-Pflanze RA₁₁ 18
Mücke E₁ 351
Mückenflügel J₁₁ 1856
Mücken-Seigen D₁ 529
Mückenwehrer C₁ 260
Mühe D₁ 313
– und Öl und Talg verlieren D₁ 100
Schweiß und – E₁ 189
Mühlarzt F₁ 30
Mühle D₁₁ 733; G₁₁ 40; J₁ 856, 1004
elektrische –n K₁₁ 386
s. a. Grütze-Mühle, Kaffee-Grütze-Mühle, Kaffee-Mühle, Klappermühle, Papiermühle, Windmühle
Müller-Esel L₁ 17
München J₁ 500
Münden E₁ 152; F₁ 402; GH₁₁ 77; SK₁₁ 52, 229, 301, 350, 386, 431, 432, 921, 929
Mündensche Soldaten SK₁₁ 440
Münder GH₁₁ 77
mündlich
sich – sehen D₁ 666
Münster L₁ 78; SK₁₁ 570
Münze C₁ 199; D₁ 1426; F₁ 611
– und Letter L₁ 694
– auf den Vorfall KA₁₁ 279
s. a. Gold-Münze
Münzmeisterin SK₁₁ 259
Müßiggänger F₁ 500
physikalischer – D₁ 182
mütterliches Alles und Nichts J₁ 292
Mütze [beim] Henken F₁ 96
Mützenbrand SK₁₁ 257
Muff KA₁₁ 109
Angora-Muffe SK₁₁ 264
Mulatte L₁ 330
Multiplikation A₁₁ 159
multiplizieren D₁ 466
Mumie E₁ 465; SK₁₁ 857
Mumien-Kopf SK₁₁ 856
Mumschel Mat I₁₁ 39
Mund L₁ 388, 398; TB₁₁ 29
– erzählt geheimste Geschichten F₁ 980
Herz [und] – G₁₁ 51
Schloß oder Klebpflaster auf dem – J₁ 51
Sprachrohr und – G₁₁ 146

Mundus elementaris L$_{II}$ 885
Mund-Winkel F$_I$ 830
Mungalen D$_I$ 26
munkeln L$_I$ 656
munter
 —e Charaktere K$_{II}$ 178
 —er Kopf F$_I$ 697
 —e Schriften E$_I$ 435
Munterkeit F$_I$ 898
 — und Leichtsinn B$_I$ 81, 82
Murkepötter KA$_{II}$ 152
Murky E$_I$ 69
Murtscheckort D$_I$ 391
Mus kochen SK$_{II}$ 224
Musbrod SK$_{II}$ 577
Muschel C$_I$ 178; J$_I$ 938; J$_{II}$ 1542, 1756, 1820; L$_I$ 673; L$_{II}$ 720; MH$_{II}$ 18, 19; RA$_{II}$ 135, 165
Muschel-Linie K$_I$ 19
Muse B$_I$ 56, 367; D$_I$ 610; E$_I$ 103, 157; F$_I$ 661, 1139; J$_I$ 275, *293*, 506
 anrufen der — J$_I$ 275
 meine — B$_I$ 56
 neun —n E$_I$ 157; F$_I$ 661
 unsterbliche —n L$_I$ 157
 mit den —n vertraut B$_I$ 185
 Cicisbeen der —n F$_I$ 263
 Kalender [der] —n E$_I$ 99
 Oden schnaubende — D$_I$ 546
 Paraphernalien der —n F$_I$ 726
 Schwaden der —n E$_I$ 103
Musen-Almanach KA$_{II}$ 226; D$_I$ 196, 610, 643; E$_I$ 99, 104, 355; G$_{II}$ 131; L$_I$ 682; SK$_{II}$ 951, 988
Musenbrot K$_{II}$ 249
Musen-Sohn L$_I$ 213
Museum E$_I$ 3546; F$_I$ 689
Musik A$_I$ 3, 65, 95, 141; B$_I$ 97; KA$_{II}$ 152; D$_I$ 46, 380, 487, *510;* E$_I$ 169, 270; F$_I$ 1030; J$_I$ 289, 711; J$_{II}$ 1358, 1465; UB$_{II}$ 38; Mat I$_{II}$ 67; SK$_{II}$ 939
 — [und] Witz D$_I$ 223
 heilige — E$_I$ 192
 milchwarme — D$_I$ 172
 wollüstige — B$_I$ 180
 schlechte Disposition zur — F$_I$ 969
 Vergleichung der — mit der Poesie KA$_{II}$ 152
 s. a. Farben-Musik, Instrumental-Musik
Musiker L$_I$ 282

Musiv-Gold GH$_{II}$ 59; J$_I$ 906; K$_{II}$ 384; L$_{II}$ 788
musivisch K$_{II}$ 299
Muskel F$_I$ 53, 803; L$_I$ 328, 693; L$_{II}$ 911
 Ausdruck der —n F$_I$ 460
 Biegsamkeit der —n D$_I$ 626
 s. a. Gesichts-Muskel
Muskelkraft J$_{II}$ 2106
Muskel-System L$_I$ 390
Muskito-Netz K$_{II}$ 822
Musselin malen J$_I$ 759
Muster F$_I$ S. 455; J$_I$ 532
 — ziehen SK$_{II}$ 284
Muster-Charte E$_I$ 235, 335; F$_I$ 898; SK$_{II}$ 452
Musterung der Truppen SK$_{II}$ 921
Musterwahl G$_{II}$ 25
Mut E$_I$ 148; F$_I$ 1228; J$_I$ 609, 855, 1094; J$_{II}$ 1422, 1708, *1855*; K$_{II}$ 132, 302; L$_I$ 697; SK$_{II}$ 325
mutatis mutandis L$_I$ 214
Mutmaßung
 neue —en D$_I$ 484
Mutter B$_I$ 349; E$_I$ 511; F$_I$ 822; J$_I$ 271; K$_{II}$ 41; L$_I$ 30, 31, 376, 500, 524
 die Mütter bilden E$_I$ 511
 ehrwürdige — F$_I$ 165
 fruchtbare — neuer Gedanken J$_{II}$ 1644
 s. a. Mama
Mutterleib E$_I$ 7, 511; F$_I$ 93, 793, 1003; L$_I$ 423
 44 Jahre im — H$_{II}$ 97
Muttermal C$_I$ 193; E$_I$ *177*
 — am Geist B$_I$ 19; F$_I$ 430
Muttermilch E$_I$ 355
 — für Leib [und] Geist G$_{II}$ 31
Muttermörder F$_I$ 1138
Muttersprache A$_I$ 93; J$_I$ 371, 372; L$_I$ 485
[Mutterunser] Mutter unser J$_I$ 12, 51; L$_I$ 220
Mutterwitz MH$_{II}$ 9
Mutwillen D$_I$ 653; E$_I$ 164
 schriftstellerischer — C$_I$ 39
mutwillig D$_I$ 48; E$_I$ 68
 —e Leute C$_I$ 178
Myrte B$_I$ 380; E$_I$ 169
Myrthenwäldchen B$_I$ 380
Mysterium
 Mysteria der Menschheit F$_I$ 441

elektrische Mysterien J_{II} 1682
physiognomische Mysteria F_I 804
mystisch E_I 152, 226
- algebraische Beschwörungen
  B_I 380
Mystisches D_I 258
Hang zum Mystischen D_I 258
Mythologie E_I 437
Mythus J_I 241; L_I 418

N. E_I 392; UB_{II} 22
nachahmen A_I 122; B_I 20, 126, 321, 322; C_I 250; D_I 1, 110, 116, 626, 651; E_I 46, 157, 257, 264; F_I 150, 153, 159, 164, 262; J_I 901, 1013, 1169; K_{II} 92; MH_{II} 38
Ausländer - F_I 262
das Gegenteil - D_I 604; F_I 4
die Natur - E_I 177; J_I 868
das Nachahmen B_I 126; E_I 69
Nachahmer C_I 125; D_I 367; E_I 264; G_{II} 139, 216; J_I 1013
Nachahmung A_I 122; B_I 287; D_I 362, 444, 625; F_I 4, 381, 484, 1040; J_I 1200; K_{II} 141, 317; SK_{II} 320
-en der Alten E_I 197
lächerliche -en D_I 648
durch - Original werden E_I 69
Nachahmungssucht der Deutschen C_I 343; D_I 179, 367, 651; F_I 484
nachbeten D_I 19
Nachbeter F_I 949
nachdenken J_I 171; K_{II} 62, 90
- über sich selbst B_I 262
- [und] sprechen E_I 145, 146
der Sache - E_I 145
das Nachdenken B_I 379; C_I 233; D_I 240, 539, 540; J_{II} 1352; K_{II} 62, 185; L_I 195
Nachdruck [Emphase] J_I 391
Nachdruck [Neudruck] J_I 1038
Nachdrucker F_I 60; J_I 865
Nachfolger F_I 223
Nachgiebigkeit F_I 396
Nachhut L_I 153
Nachkommenschaft L_I 33
Drang für - L_I 467
Nachlässigkeit B_I 398
- [beim] Vignettenstechen B_I 111
nachmeinen J_I 538

Nachmittag
- [des] Lebens E_I 165
-s um 3 F_I 71
nachsagen
sich selbst Dinge - B_I 321
nachschlagen K_{II} 192
Besinnen [ist] Nachschlagen E_I 317
Nachschwätzerei
Frost der - D_I 135
nachsehen J_I 231, 301
Nachsicht F_I 802
scheinbare - E_I 421
nachsprechen E_I 430
Nacht C_I 63, 203; J_I 492, 617, 988; K_{II} 51
s. a. Katheder-Nacht
nachteulenmäßige Betrachtungsliebe A_I 126
Nachtgedanken B_I 380
Nachtgedankenfeind B_I 178
Nachtgesang D_I 510
Nachtgeschirr B_I 273
Nachtgleiche
Fortrückung der - E_I 117; J_{II} 1629
Tag- und - F_I 953
Nachtigall B_I 63; F_I 523; G_{II} 141; J_I 462, 1004; L_I 466, 608; L_{II} 889, 909, 930; SK_{II} 8, 158, 163, 320, 321, 474, 481, 654, 783, 900
-en schlagen hören SK_{II} 320
erste - SK_{II} 8, 311, 461, 620
Nachtleiche K_{II} 42
Nachtlicht L_I 58
Nachtmahl J_I 797
Nachtstuhl B_I 381; J_I 886, 986; L_I 426
Nachttopf KA_{II} 9; E_I 58; G_{II} 218; K_{II} 394
Nachtwächter E_I 377; F_I 347, 741, 819; J_I 528; RT_{II} 53
- von Profession
Versuch über die - F_I 354
Nachwelt B_I 220; D_I 220, 233, 250, 255, 313, 337, 357, 530, 534, 612; E_I 257, 259, 387, 457; F_I 848, 876, 1213; H_{II} 125, 130; J_I 991, 1170; J_{II} 1691; K_{II} 196; L_I 74, 403; RA_{II} 127
Schuhputzer der - J_I 1087
Urteil der - F_I 1213
unparteiische Zunge der - F_I 1051
nackend B_I 135
Gedanken - sehen B_I 346

Nackra J₁ 1193
nackt s. nackend
Nadel J₁ 515, 625
 aus Cobaltum L_II 722
 s. a. Magnetnadel, Nähnadel, Stecknadel
Nadeler
 der Burtscheidische – J₁ 625
Nadel-Geld L₁ 375
Nadelhölzer D₁ 214; UB_II 63
[Nadelkißchen] Nadelküßgen F₁ 1105
Nadelspitze D₁ 96; F₁ 53, 1084
Nadelstich D₁ 195
Nägelabkauen K_II 270
Nägel-Abschneiden D₁ 593
Nähe L₁ 10
Näherung A₁ 2; A_II 151
Näh-Mama
 Koch- und – E₁ 152
Nähnadel B₁ 16; KA_II 184; D₁ 7; E₁ 477
Nähnadler
 Kunst des –s F₁ S. 642
Näpp
 bunter – SK_II 938
närrisch C₁ 225; D₁ 246; J₁ 529; K_II 119; L₁ 540; Mat I_II 86
 das Närrische D₁ 528
Nagel KA_II 20; D₁ 257; J_II 1678, 1951
 – einschlagen H_II 11
 Nägel und Federn schneiden D₁ 450
 eiserner – J₁ 896; K_II 108
 goldene Nägel L₁ 47
 s. a. Nägelabkauen, Nägel-Abschneiden, Radnagel
Nagelgeschwür J₁ 32
Nahrung L₁ 357
Nahrungs-Milch B₁ 61
Nahrungssaft D₁ 168
Nahrungssorge
 Drang für –n L₁ 467
naiv
 Gefühl des Naiven B₁ 185
Naivetät B₁ 204
 plattdeutsche –en B₁ 95
Nakara J₁ 1193
Name F₁ 958; J_II 1691, 1700, 1806; K₁ 20, 21
 – aussprechen F₁ 915
 –n geben F₁ 318, 319; J_II 1266; K₁ 19; MH_II 42
 –n gewinnen [und] verlieren F₁ 907
 –n ganz gießen lassen C₁ 237
 –n machen E₁ 513; F₁ 985
 –n vertauschen K_II 282
 –n an Galgen schlagen F₁ 245
 –n von Hunden K_II 258
 barbarische –n F₁ 840
 ehrlicher – B₁ 417; F₁ 94, 565; J₁ 993
 griechischer – J_II 1681
 im –n des Herrn J₁ 1099
 s. a. Eigenname, Völkernamen, Vorname
Namen-Erdichter D₁ 482
Namen-Register von Würmern F₁ 262
Nantz F₁ 1166
Naphtali [Stamm] D₁ 234
Narr A₁ 117, 119; B₁ 39, 290, 335, 368; KA_II 231; C₁ 123, 194, 326; D₁ 368, 444, 667; E₁ 245, 259, 282, 437; F₁ 8, 143, 225, 484, 607, 721, 722, 748, 979, 1191; J₁ 746, 872, 1132; K_II 268; L₁ 464, 556
 – klug machen F₁ 567
 –en für die Ewigkeit E₁ 292
 – aus Vernunft F₁ 536
 – [und] Weiser C₁ 181, 338
 artifizieller – F₁ 549
 gutherziger – C₁ 96
 negativer – A₁ 117
 origineller – E₁ 499
 Ossianische und Homerische –en F₁ 767
 Bittschrift der –en E₁ 245
 Philosophie der –en A₁ 136
 s. a. Hofnarr
Narrenhaus E₁ 245
 s. a. Tollhaus
Narrenherz F₁ 657
Narrenkappe E₁ 209
Narrensposse F₁ 280; J₁ 1150
 –n kompilieren F₁ 278
Narrheit G_II 50
Narzisse J₁ 336
Nase B₁ 51, 134, 149; E₁ 408; F₁ 79, 311, 610, 730, 740, 772, 848, 896, 1011, 1048, 1188; J₁ 4, 10, 135, 710; J_II 1408, 1567; L₁ 462
 – holen/verlieren J₁ 1153
 –n malen L₁ 462
 – rümpfen E₁ 316; F₁ 574

– mit Flügeln E_I 364
–n gesunder Hunde H_{II} 203
–n unserer Schriftsteller F_I 782
– [und] Seele B_I 125
Balancieren auf der – A_I 79
die charmanteste – von der Welt drehen D_I 194
dreifarbige – L_I 458
mit gehöriger – D_I 636
große – A_I 116; C_I 35
Insekt auf der – J_I 484
lange – F_I 75
minus null und plus –n E_I 293
rote – C_I 159; Mat I_{II} 172
stumpfe – F_I 311, 898
weingrüne – E_I 156
s. a. Habichts-Nase, Neben-Nase

Nasenedikt
Nasen- und Gesichteredikt J_I 882

Nasen-Knochen F_I 830

Nasenloch
Nasenlöcher gehen auf E_I 104
Nasenlöcher gehen auseinander E_I 98
mit offenen Naselöchern singen D_I 610
mit offnen Naslöchern [sprechen] D_I 444
Systole und Diastole der Nase[n]löcher E_I 193; Mat I_{II} 112

Nasenloser K_{II} 144

Nasen-Spitze
Parallaxe der – B_I 66

nasig
die 2, 3, 4 ... und n Nasigten E_I 293

Nasus forensis F_I 1188

Nation B_I 379; C_I 194, 243; KA_{II} 234F_I 848; G_{II} 203, 204
große – L_I 451
Lüftung der – H_{II} 52
Politur einer – E_I 68
Verdienst der – L_I 678

National-Charakter D_I 231, *588*; F_I 680

National-Coquarde SK_{II} 392

National-Fest
Französisches – SK_{II} 351

National-Geist E_I 161

National-Häßlichkeit F_I 1204

National-Satyre F_I 491

National-Schuld L_I 75, 677

Nationalstolz G_{II} 109
deutscher – C_I 242

National-Ton C_I 75

National-Versammlung J_I 312, 726

natürlich K_{II} 260
–e [und] subtile Betrachtungen KA_{II} 276
– einfallen D_I 445
– erklären KA_{II} 276
– liederlich D_I 625
– schreiben A_I 77; B_I 270, 321; G_{II} 117
– urteilen E_I 412
–ster Ausdruck C_I 209
– als das Denken C_I 157
–e Dinge C_I 178; K_{II} 260
–er Geschmack E_I 503
–e Gründe D_I 447
–e Laune E_I 417
–er Mensch B_I 138, 321
–e [und] mathematische Methode B_I 190
–e Religion J_I 125
–er Sohn D_I 630; E_I 187
–e Sprache B_I 22; D_I 468
–e Zeichen F_I 34
das Natürliche A_I 77; D_I 445, 477, 630; D_{II} 689; E_I 357
Definition vom Natürlichen E_I 357

Natur A_I 17, 29, 48, 61, 74; A_{II} 156, 166; B_I 22, 138, 287, 334, 365, 366, 378; C_I 178, 332; D_I 260, 264, 334, 455; E_I 177, 239, 257, 282, 307, 320, 329, 331, 332, 357, 358; F_I 38, 106, 390, 391, 401, 495, 599, 734, 800, 960, 961, *1130*, 1164; G_{II} 117; J_I 78, 103, 229, 270, 392, 558, 560, 600, 708, 761, 939, 960, 1046, *1064*, 1067, 1072, 1098, 1161, 1223; J_{II} 1368, 1370, 1377, 1395, 1419, 1420, 1484, 1493, 1498, 1562, 1575, 1602, 1775, 1843, 1908, 1957, 1991, 2064, 2078, 2154; K_I 16, 21; K_{II} 54, 70, 148; L_I 82, 100, 146, 277, 309, 325, 331, 403, 573, 696; L_{II} 898, 906, 916
– der Dinge J_I 238
– des Erkenntnisvermögens L_I 662
– unsere Führerin B_I 365
– schafft keine genera A_I 17
– im Großen J_{II} 1484, 1498
– [und] Kopie A_I 74

- und Kunst Mat II$_{II}$ 29
- und Meinung J$_I$ *1075*
ermüdete - L$_I$ 26
ernsthafte - F$_I$ 774
gütige - B$_I$ 352
an die - halten A$_I$ 74
menschliche - B$_I$ 11, 257, *341*, 343;
C$_I$ 180, 181 ;F$_I$ 1169; J$_I$ 283, *601*,
715, 833, 1098; J$_{II}$ 1758; K$_{II}$ 31;
L$_I$ 37, 263, 275, 309, 457
Absichten der - F$_I$ 960
kein Adel in der - C$_I$ 256
Befehl der - F$_I$ 262, 390
Betrachtung der - A$_I$ 111
Buch der - D$_I$ 159
Erforschung der - J$_I$ 1067; J$_{II}$ 1602;
L$_{II}$ *900, 935*
Erscheinungen der - H$_{II}$ 182;
L$_{II}$ 900, 915
Geheimnisse der - J$_I$ 938
der - die Hand führen E$_I$ 331
Königin - B$_I$ 171
Kompliment [an die] - KA$_{II}$ 197
Ordnung der - F$_I$ 151; J$_I$ 868
Söhne der - C$_I$ 338
Sprache der - A$_I$ *12*; E$_I$ 257; L$_I$ 275
Stand der - J$_I$ 2
Stimme [der] - B$_I$ 349
Studium der - J$_I$ 855
Untersuchung der - K$_{II}$ 306
Werk der - C$_I$ 325; H$_{II}$ 5; J$_I$ 270, 600
geheime Würkungen der - D$_I$ 174
natural [engl.] D$_I$ 630
Naturalist C$_I$ 338; D$_I$ 56
Naturforscher J$_I$ S. 648; K$_{II}$ 77, 366;
L$_I$ 373
Naturgeschichte G$_{II}$ 161; J$_{II}$ 1360;
L$_I$ 273
- des Rausches B$_I$ 77
eigne - J$_I$ 26
Natur-Geschicht-Schreiber B$_I$ 409;
L$_I$ 395
Naturgesetz A$_I$ *24*; B$_I$ *138*; H$_{II}$ *14*;
K$_{II}$ 261
Naturhistorie F$_I$ 149, 262, 498
Naturkündiger C$_I$ 359; D$_{II}$ 683;
F$_I$ 462, 738, 824
Naturlehre D$_I$ 267; F$_I$ 34; H$_{II}$ 15, 176;
J$_{II}$ 1502, 1828; K$_{II}$ 174, 309, 318;
L$_{II}$ 806, 862, 866; RA$_{II}$ 127
- des Herzens und der Seele B$_I$ 270

Natur-Produkt L$_I$ 296
Naturrecht J$_I$ 395
Natursottise L$_I$ 235
Natursprache A$_I$ 12
natus
bene - F$_I$ 1016
Naturzwang L$_I$ 253
Nauheim SK$_{II}$ 397
Naumburg D$_I$ 382, 481; E$_I$ 189, 314
Naumburger Bruder D$_I$ 382, 481;
E$_I$ 189, 314
Nautik L$_{II}$ 954
Nautilus F$_I$ 1004
Navarra J$_I$ 361
Nazareth F$_I$ 616
Neapel KA$_{II}$ 105; F$_I$ 1233; K$_{II}$ 121;
RA$_{II}$ 150, 178; SK$_{II}$ 712
Neapolitaner K$_{II}$ 157
Nebel A$_{II}$ 244; J$_{II}$ 1369, 1404
- auf dem Gesicht C$_I$ 339
- [der] Metapher D$_I$ 433
heilige - E$_I$ 169; F$_I$ 640
leinene - B$_I$ 41, 322
stinkender - SK$_{II}$ 648
s. a. Zitternebel
nebelartiges Schleichen L$_I$ 414
Nebelstern D$_I$ 469; K$_{II}$ 69
Neben-Idee F$_I$ 569, 1223
Neben-Kapitel D$_I$ 473
Nebenmensch F$_I$ 262, 637, 729;
J$_I$ 734; K$_{II}$ 269; L$_I$ 416
auf seinen -en reiten B$_I$ 396;
Mat I$_{II}$ 9
Neben-Nase F$_I$ 1011
Neben-Planet J$_I$ 858, 1229
Neben-Sonne J$_{II}$ 1903
Nebensubstanz D$_I$ 211
Nebenwerk L$_I$ 123
neblichte Sterne KA$_{II}$ 123
Neckerei J$_I$ 736
nefasti dies F$_I$ 430
Negation
doppelte - J$_I$ *377*
negativ A$_I$ 48, 117
Neger K$_{II}$ 240; L$_I$ 687; RT$_{II}$ 25, *26*
Neger-Bedienter L$_I$ 389
Neger-Dienst J$_I$ 1195
Neger-Embryo
- in Spiritus D$_I$ 322
Lied auf den - F$_I$ 1046
Negerjunge L$_I$ 431
Neger-Kopf F$_I$ 628

Neger-Sklave J₁ 871
Negligence B₁ 180
Neid C₁ 328; D₁ 503; F₁ 511; J₁ 741
Neigung B₁ 243; L₁₁ 910
– en entgegenhandeln J₁ 616
– zum Wunderbaren C₁ 192
geheime –en F₁ 657
Triumph über seine –en J₁ 1013
s. a. Favorit-Neigung, Lieblings-Neigung
Nelke im Vacuo J₁₁ 1779
nemo Mat I₁₁ 116
Neperische Stäbgen B₁ 87, 377
Nephomètre SK₁₁ 546
Nerv A₁₁ 225, 227; B₁ 35; D₁₁ 723; E₁ 452, 509; F₁ 34, 53, 254, 814, 848; J₁₁ 1460, 1600, 1784; K₁₁ 86; L₁ 152; L₁₁ 753, 911
–en wie 4-Pfennigs-Stricke J₁ 286
erschütterte –en J₁₁ 1663
feine –en D₁ 596; E₁ 165
zu lange –en E₁ 141
optische –n J₁₁ 1649, 1652
schlappe –en E₁ 268
Verhärten der –en F₁ 808
s. a. Augennerv, Brachialnerven, Gehör-Nerv
Nerven-Fiber F₁ 420
Nerven-Knaul F₁ 262
Nerven-Krankheit B₁ 379, 380; J₁ 252, 289; *337*; J₁₁ 1334, 1346
Nerven-Reiz L₁₁ 744
Nervensaft E₁ 452; J₁ 1135
Nervenschwäche J₁ 611
Nervenspiel J₁ 775, 1013
Nerven-System J₁₁ 1334; L₁ 390
Nerven-Übel L₁ 152
Nerven-Zufall J₁ 249
Nervosität B₁ 380
Nessel G₁₁ 2; J₁₁ 1488; L₁ 457, 661
– und Aurikel B₁ 119
Nessel-Saat F₁ 545
Nessel-Samen-Büchse D₁ 214
Nest E₁ 506
–er ausgeflogener Wahrheiten D₁ 616, 666; E₁ 124; F₁ 487
s. a. Storchs-Nest
nesteln s. nisteln
Netz A₁ 94
–e der Kritiker L₁ 701
Netzhaut C₁ 313; E₁ 452
Beben des Netzhäutgens F₁ 1024

neu J₁₁ 1341
– gebacken C₁ 256
–es Feld in der Cemie K₁₁ 328
–e französische Geschichte K₁₁ 180
–e Gedanken J₁₁ *1435*, 1644, 1708
–es Haus s. Hannover
–e Länder entdecken C₁ 231
–es Testament UB₁₁ 25
halb [und] ganz – D₁ 235
das Neue C₁ 231 G₁₁ 41; K₁₁ 56, 62, 314–316; Mat II₁₁ 29
Neues lernen J₁₁ 1619
Neues machen J₁₁ 1770
Neues sagen D₁ 317
höchst affektiertes Neues D₁ 230
die Neueren E₁ 257; G₁₁ 117
Neubekehrte KA₁₁ 235
Neuerungssucht F₁ 734
neufränkisch J₁ 1115
Neugierde C₁ 91; D₁ 337
philosophische – B₁ 297
Funken von – B₁ 297
Hunger und – F₁ 199
Neu-Guinea D₁ 142, 197
Neu-Holland K₁ 9
Neuigkeit
Stadtneuigkeit J₁ 16, 593
Neujahr
Juden-Neujahr SK₁₁ 823
Neujahrs-Lied C₁ 108
Neujahrs-Tag L₁ 646
Neujahrswunsch C₁ 63, *93*, *108–113*; J₁ 7, *799*; UB₁₁ 26
Neumond SK₁₁ 644
[neun] 9
ver9nen K₁ 2
Neunauge SK₁₁ 858
Neuseeländer D₁ 653; E₁ 162; J₁ 926
Neu-Seeland D₁ 653; D₁₁ 696, 699; E₁ 162; RA₁₁ 186, 187, 199
Neu-Spanien J₁ 82
Neuß C₁ 146
Neustädter Markt s. Hannover
Neu-Südwallis L₁ 380
Neuwied J₁ 612
New Jersey RA₁₁ 111
New Skies TB₁₁ 1
Newtonianer J₁ 280
New York RA₁₁ 104, 111
Newcastle C₁ 288
nexus D₁ 209
nicht dasein A₁ 127

Nichtdenker F$_I$ 934
Nichtleiter
  Leiter [und] – K$_{II}$ 329
Nichts C$_I$ 179; E$_I$ 302; L$_I$ 195
Nichtsein
  der Wert des –s K$_{II}$ 66
nichtswürdig
  das Nichtswürdige B$_I$ 22, 398
Nickel D$_I$ 667; J$_I$ 763
  s. a. Kommiß-Nickel
Niederdeutsch KA$_{II}$ 173; F$_I$ 24, 26
niederkommen C$_I$ 146
  mit Zwillingen – D$_I$ 30; E$_I$ 128
Niedersachsen D$_I$ 610; E$_I$ 305, 455;
  F$_I$ 229, 910; L$_I$ 696
Niederschlag J$_{II}$ 1702, 1941, 2024
niederschlagend
  etwas Niederschlagendes F$_I$ 188
Niedersächsischer Bauer B$_I$ 95
Niederschreiben Mat II$_{II}$ 51
niederträchtig J$_I$ 455
niedlich F$_I$ 381
Niersteiner SK$_{II}$ 300, 612, 728
niesen C$_I$ 310; F$_I$ 990, 1023; H$_{II}$ 7
  das Niesen D$_{II}$ 724; L$_I$ 156
Niete A$_{II}$ 249; SK$_{II}$ 625
nihil scire D$_I$ 351
Nikolausberg E$_I$ 443
  – Kirche J$_I$ 105
Nil A$_I$ 10
Nilgau s. Nyl-Ghau
nimis SK$_{II}$ 257
nimmergrüne Menschen J$_I$ 1125
  Nimmergrün E$_I$ 299
Niököping J$_I$ 249
Nissigkeit D$_I$ 668
nisteln
  in den Haaren – F$_I$ 214
nisten F$_I$ 932
Niveau SK$_{II}$ 389
Nördlingen J$_I$ 894
Nörten B$_I$ 51, 124; SK$_{II}$ 387, 480
nötig
  das Nötige C$_I$ 370
Nogaische Steppe L$_I$ 539
nomen proprium F$_I$ 683
Nomenklatur J$_{II}$ 1673, 1675, 1681,
  1682, 1684, 1686, 1699, 1714, 1885;
  K$_I$ 19, 20, 21
non liquet J$_I$ 409
Non-Christ C$_I$ 201
Non-Deutsches E$_I$ 74

Nonexistenz F$_I$ 703
Nonkonformist C$_I$ 311
Nonmetaphysiker C$_I$ 201
Nonne C$_I$ 37; J$_I$ 1015
[Nonnenkloster]
  couvent de Religieuses J$_{II}$ 987
Nonpareille D$_I$ 297; E$_I$ 259
Nonsense B$_I$ 82, 92, 108, 290;
  D$_I$ 172, 189, 488, 606, 636; E$_I$ 162,
  173, 342, 388; F$_I$ 868, 942, 1170;
  J$_I$ 294, 887; RT$_{II}$ 14
  – Verses [engl.] B$_I$ 179
Nonsense-Felsen E$_I$ 501
Nonsense-Sprache F$_I$ 655
nonsensicalisch D$_I$ 159
Noon, Nona, Nachmittags um 3,
  None F$_I$ 71
Nordamerika L$_{II}$ 797; RA$_{II}$ 102, 110,
  11, 118
Nord-Kap TB$_{II}$ 1
Nordlicht A$_{II}$ 222; C$_I$ 178; D$_I$ 411;
  D$_{II}$ 701, 729; GH$_{II}$ 26; J$_{II}$ 1264,
  1330, 1558, 2067, 2083; L$_I$ 683;
  SK$_{II}$ 834
  Primus-Strahl des –s F$_I$ 597
Nordschein KA$_{II}$ 123; D$_I$ 404;
  D$_{II}$ 707; F$_I$ 147
Nordschein-Historie J$_I$ 297
Nordwestwind D$_I$ 401
Nordwind F$_I$ 34
Normandie J$_{II}$ 1731
Northeim B$_I$ 51; C$_I$ 36; GH$_{II}$ 77;
  J$_{II}$ 1698; SK$_{II}$ 1007
Norwegen K$_I$ 177
noscitur ex socio D$_I$ 518; F$_I$ 702
Not L$_I$ 500, 524
notabene [NB] C$_I$ 136; F$_I$ 803, 815,
  847, 493, 1063; GH$_{II}$ 44; J$_I$ S. 649,
  54, 102, 103, 418, 441, 629, 673,
  728, 1035, 1054, 1213, S. 833;
  J$_{II}$ 1280, 1281, 1286, 1296, 1315,
  1316, 1441, 1445, 1501, 1523, 1594,
  1640, 1717, 1748, 1749, 1753, 1766,
  1767, 1796, 1840, 1850, 1897, 1875,
  1902, 1911, 1925, 1954, 1976, 1980,
  1988, 1992, 2008, 2012, 2020, 2025,
  2045, 2047, 2049, 2101, 2132, 2141,
  2142; L$_{II}$ 715, 809, 849, 976
Not-Büchlein
  Not- und Hülfs-Büchlein J$_I$ 161;
  L$_I$ 27, 211
Notdurft verrichten D$_I$ 318

Note B_I 290; C_I 114, 302; J_I 1211; J_{II} 1650
 –n in Kupfer stechen C_I 114
 –n ohne Text F_I 171
 –n [und] Text L_I 191
Notpfennig Mat II_{II} 36
Notwendigkeit J_I 629
 – [und] Erfahrung K_{II} 64
notzüchtigen J_I 894
Nova Caledonia RA_{II} 186
Nova Zemla E_I 103
November-Tage B_I 263
Nudeln
 spanische – L_I 319
nüchtern UB_{II} 30
Nürnberg KA_{II} 230; F_I 1005; J_I 211, 1019; SK 52, 926
 –er Häusgen SK_{II} 415
 –er Honigkuchen SK_{II} 1010
 –er Tand KA_{II} 230
 –er Ware D_I 116; E_I 293; F_I 1005
Nüsschen
 Schweizersche – SK_{II} 47
Nüsseprügeln E_I 152
nützen C_I 96; D_I 118; E_I 509
nützlich D_I 168
 – sein J_I 159, 274, 725
 –e Dinge erfinden E_I *403;* J_I 1074
 das Nützliche J_I 103, 938
 Nützliches tun A_I *140;* D_I 13
 etwas Nützliches schreiben E_I 424
Nützlichkeit D_I 230
Null KA_{II} 170
 – auf den Knöpfen E_I *263;* F_I 111
 – über dem Kopf F_I 167
 auf – stehen F_I 793
 s. a. Dichter-Nulle, Hof-Nulle, Rezensenten-Nulle
Nullität J_I 86
Nullpunkt des Hygrometers K_{II} 322
Numerus E_I 189; F_I S. 455, 673
 – primus KA_{II} 124
Nuß
 Nüße der Tändelei C_I 209
 s. a. Haselnuß
Nußschalen ins Gesicht werfen D_I 56
Nutritionsgeschäft der Seele K_{II} 75
Nutzen
 – der Metaphern F_I 116
 zum – eines Sohnes B_I 196
Nyl-Ghau F_I 704

O. G_{II} 35; J_I 925
O. s. Osnabrück
O.W. [Ost, West] E_I 182
Obelisk
 wolkenspornender – F_I 1123
Ober-Appellations-Gericht L_I 104
oberdeutsch
 –es Alemannisches F_I 26
 –e Schriftsteller F_I 42
obere
 – und untere Seelenkräfte B_I 67
 der unbekannte Obere J_I 405
Oberfeld-Chirurgus
 preußischer – SK_{II} 763
Oberfläche D_I 196, 433; J_{II} 1915
 – der Erde D_I 312; F_I 34; GH_{II} 38; J_{II} 1702; K_I 16
 – der Körper J_{II} 1754, *1797, 1802, 1864, 2049;* L_{II} 946
 – der Leute F_I 537
 – [und] Wirkungen L_{II} 868
 schöne – ohne Festigkeit Mat II_{II} 29
 Veränderung der – J_{II} *1880*
Oberförster D_I 633; J_I 993, 1122
Oberhaus
 Ober- und Unterhaus B_I 67
Ober-Hesse F_I 569
Oberramstadt J_I 853
Ober-Rhein E_I 446
 s. a. Rhein
Oberrock D_I 486
Obersachsen E_I 455; F_I 569
obersächsisch
 das Obersächsische E_I 108
Objekt H_{II} 142; J_I 234, 262, 629, 704; K_{II} 64; L_{II} 805
 wahres – J_{II} 1669
objektiv J_I 532, 757, 1098, 1130; J_{II} 1351
 Objektives J_I 404; K_{II} 77
Objektiv-Glas KA_{II} 211; D_{II} 723; F_I 209; J_{II} 1581, 1584
Oblaten G_{II} 220
Obrigkeit F_I 106; J_I 925
Obrist
 Schützen-Obrist E_I 209
Observation J_{II} 1641
 – vom Fenster B_I 253
 –en vom Menschen D_I 479
 subtile –en C_I 203

Observator
　moralische –en B₁ 268
Observatorium J₁ 551; J₁₁ 1657;
　L₁ 604; RA₁₁ 117, 166, 167;
　SK₁₁ 291, 370, 720
observieren A₁₁ 242, 245; F₁ 861;
　TB₁₁ *14*
　aus dem Schornstein – UB₁₁ 66
Observierkunst KA₁₁ 206
Obst kaufen F₁ 679
　s. a. Zwerg-Obst
Obsthändlerin E₁ 73
Obstwände J₁₁ 1961
Oceanus Steinhudensis C₁ 199
Ochse A₁₁ 256; KA₁₁ 68; D₁ 160;
　E₁ 132, 155, 189, 265, 355, 480;
　F₁ 253, 596, 704; H₁₁ 104; L₁ 37;
　UB₁₁ 22
　– [und] Pferd D₁ 656
　sich verwandeln in einen –n
　D₁ 165, 169; E₁ 128; UB₁₁ 43
　Religion für die –n E₁ 336
　s. a. Auerochse
Ochsenkopf D₁ 181; UB₁₁ 22
Ochsenblase J₁₁ 1990
Odchen *s.* Odgen
oddities D₁ 637
Ode B₁ 43; D₁ 546, 609; E₁ 98, 104,
　105, 126, 138, 257, 355, 470, 501;
　F₁ 180, 613, 1014; G₁₁ 145; J₁ 771,
　1164; L₁ 669
　–n blasen E₁ 258
　–n schnaubend D₁ 546; F₁ *366*
　–n singen F₁ 63
　–n stammeln D₁ 20
　–n summen D₁ 610
　– auf eine Schlittenfahrt L₁ 687
　französische – L₁ 607
　gelehrte und ungelehrte –n E₁ 104
　Klopstockische –n F₁ 63
　s. a. Freiheits-Ode, Odgen
Odem E₁ *159*, 281
　kurzer SK₁₁ 189, 699, 703, 939, 940
　unreiner – J₁ *2*
Oden-Äther F₁ 21
Oden-Dichter E₁ 104
Oden-Jahr F₁ 577
Odensänger E₁ 104
odenschnaubend
　Oden schnaubende Muse D₁ 546
　das –e Übel F₁ 366
Odenschwung E₁ 409

Odeum D₁ 181
Odgen
　manch schönes – und Romanzchen
　E₁ 355
odiös K₁ 188
öffentlich [und] heimlich J₁ 52, 57
Ökonom L₁ 75
Ökonomie B₁ 145; KA₁₁ 87; F₁ 463;
　K₁₁ 140; L₁ 4; L₁₁ 816
　s. a. Gedanken-Ökonomie,
　Schriftsteller-Ökonomie, Seelen-
　Ökonomie, Wörter-Ökonomie
Ökonomische Gesellschaften B₁ 16
ökumenisch J₁ 264
Öl GH₁₁ 53; J₁₁ 1867, 1928
　– [und Meeres]wellen D₁₁ 741;
　F₁ 594; J₁₁ *1802*
　Schwere des –s L₁₁ 803
　s. a. Rüben-Öl, Terpentinöl
Ölberg D₁ 214
　s. a. Jerusalem
Öl-Götze J₁ 1065
ölige Teile C₁ 188
Ölmalerei J₁ 893
Öltropfen L₁₁ 775
Österreich J₁ 62
österreichisches Schaf L₁ 65
Ofen J₁ 641; J₁₁ 1847, 1859, 1896;
　L₁ 376; L₁₁ 715, 875; SK₁₁ 259, 853
　–er Ofen H₁₁ 191; SK₁₁ 853
　s. a. Schmelz-Ofen, Windofen
Offenbarung D₁ 112, 348; E₁ 265;
　F₁ 862; J₁ 125, 269
　– als Kunsttrieb F₁ 1081
　unmittelbare – L₁₁ 975
　Richteramt der – F₁ 443
Offenherzigkeit
　– [und] Dankbarkeit D₁ 119
　– [und] Grobheit D₁ 501
offensiver und defensiver Stolz J₁ 786
Offensiv-Allianz
　Of- und Defensiv-Allianz F₁ 1214
Offensiv-Kritik H₁₁ 16, *147*
Offizier A₁ 79; B₁ 81; E₁ 209; F₁ 17;
　J₁ 212; K₁₁ 294; L₁ 65, 215
　– auf einer Mine KA₁₁ 200
　s. a. preußischer Offizier, Unter-
　offizier
offizieller Satz C₁ 28
oft
　öfterer J₁ 517
Ohio D₁ 234; J₁ 167

ohngeachtet B_I 128
Ohngefähr E_I 267
Ohnmacht E_I 97; J_I 78
ohnmächtig
   vor Verwunderung – F_I 985
Ohr A_I 15; D_I 170; F_I 288, 915, 1014, 1024, 1072; GH_{II} 2; J_I 94, 462, 815, 1168; J_{II} 1343, 1344, 1408, 1663, 2133; K_{II} 341, 350, 351; L_I 139, 263, 289, 555; L_{II} 819; SK_{II} 156, 546, 868
  –en abschneiden J_I 873, 1107
  –en infibulieren L_I 352
  –en verschließen G_{II} 226
  – in der Optik D_I 395
  – [als] Sitz der Seele F_I *1014*
  an den –en beschnitten H_{II} 99
  sich besetzen mit –en D_I 196
  über ein – gehen GH_{II} 2
  hinter die –en schlagen D_I 487, 491; E_I 334
  um die –en schlagen C_I 209
  vier –en E_I 184, 245
  Brausen in den –en D_{II} 724; F_I 684; GH_{II} S. 214; J_{II} *1334*
  Mozarts – K_{II} 343
  Sentenzen für die –en E_I 246
  Vlies über die –en ziehen J_I 1253
  s. a. Repetier-Ohr, Seiten-Ohr, Vorder-Ohr
Ohrenbeichte F_I 361; J_I 137
Ohrenzwang SK_{II} 804
Ohrfeige D_I 653; E_I 147, 504; F_I 647, 661; J_I 925, 1138, 1213; L_I 503
  – riechen D_I 524
  geistische –n F_I 1014
  zwote – D_I 584
Ohrläppgen F_I 1014
Ohrwürmer abschütteln E_I 273
Oktant J_{II} 1641; SK_{II} 100, 133
[Oktavbändchen] 8vo Bändchen F_I 280
8″Bändgen schreiben E_I 320
Oktav-Band J_I 17
  fette Oktav-Bände B_I 265
Oktav-Blatt L_I 403
Oktave UB_{II} 32
Oktavo
  in – L_I 222
Oktav-Stand
  in den – erheben L_I 534
Okular J_{II} 1931

Okular-Glas KA_{II} 211; F_I 209
olivenfärbig F_I 753
  Olivenfarbenes D_I 371
Olivenfarbe L_I 428
Olla potrida L_I 648
Olympische Spiele F_I 256
ombres chinoises SK_{II} 274, 279, 281, 283
Onanie J_I 960
Onkel C_I 256; D_I 379; F_I *1032*
Onomatopöie A_I 134; F_I 1040, *1072*
Ontologie J_I 1130
onus B_I 253
Oper D_I 170; F_I 1005; Mat I_{II} 135; RT_{II} *18;* RA_{II} *195*
  Kapaunen in –n F_I 1162
  s. a. Parma
Operette RA_{II} 203
Opern-Glas D_I 469
Operngucker E_I 106
Ophir
  Kartoffeln-Ophir J_I 936
opilio J_I 851
Opium C_I 189; J_I 254, 907
Opposition RA_{II} 121
  Sklave der – F_I 431
Optik D_I 395, 639; E_I 368; K_{II} 366
Optimismus F_I 236
optischer Betrug C_I 180; J_{II} 1255
Ora et non labora J_I 919; K_{II} 256
Orakel F_I 413; J_I 715
Orakel-Spruch F_I 933
Orakelwort D_I 668
Orange J_I 99
Orangen-Baum RA_{II} 60, 70
[Orang-Utan] Orang Outang B_I 11, 12
Oranien J_{II} 325; SK_{II} 79, 917
Orateur du Genre humain L_I 200
oratorische Figur B_I 321
Orchestrion L_I 668
Orden E_I 68
  – der Jesuiten D_I *37, 228,* 256
  – und Strick E_I 209
  s. a. Jesuiten-Orden, Soldaten-Orden
Ordensband F_I 351
Ordens-Gesellschaft F_I 631
Ordenshabit B_I 169
ordentlich J_I 1022
Ordnung A_{II} 216; E_I 249; J_I 392, 532, 1021, 1068, 1208, 1230

- und Brauchbarkeit C_I 194
- im Büchelchen E_I 249
- Tochter der Überlegung E_I 249
natürliche – B_I 137
s. a. Feuer-Ordnung, Halsgerichtsordnung, Kleider-Ordnung, Metapern-Ordnung, Rangordnung
Ordnungsliebe L_I 691
Ordografi E_I 374, 408; G_{II} 35
ordre SK_{II} 594
Organ
feine –e A_I 121
Organisation A_{II} 228; J_I 342; J_{II} 1759
organisch
–er Bau F_I 730
–er Teil C_I 303
organisieren
alles organisiert C_I 289
das Organisieren und Desorganisieren J_{II} 1377
s. a. einorganisieren
Organismus GH_{II} 62
Orgel C_I 16; KA_{II} 152; J_I 686; L_{II} 892; RA_{II} 1
–n mieten RA_{II} 1
blinde –n D_{II} 773
Orgelton SK_{II} 32
orientalisch L_I 485
–e Fabeln KA_{II} 131
–e Sprache D_I 562
orientieren
[sich] – D_I 81
original D_I 214
– scheinen E_I 40
– schreiben D_I 610
– sein D_I 214; E_I 147, 228, 314
– sein wollen D_I 367; E_I 81, 121
– werden E_I 69, 228
Original E_I 40, 132, 162, 228, 245; L_I 280
– scheinen ohne es zu sein E_I 40
– [und] Kopie A_I 74; G_{II} 5; J_I 1241
–e zu unseren Versteinerungen Mat I_{II} 79
–ien zu den Versteinerungen D_I 280
Formen der –e E_I 264
Original-Charakter D_I 610; E_I 37
Original-Feder E_I 414
Original-Genie B_I 22; D_I 526, 610; E_I 157; UB_{II} 48

Originalismus D_I 530; F_I 366; RT_{II} 24
Originalkopf D_I 532, 602, 603, 605, 610; E_I 36, 53, 69, 104, 109, 128, 157, 259, 261, 414, 415; F_I 4, 106
Original-Schriften E_I 158
Original-Schriftsteller D_I 367, 610; E_I 157, 162
Original-Skribent D_I 520
Original-Werk D_I 531, 610; E_I 69
originell
– schreiben D_I 610; E_I 261; F_I 754
–er Kopf E_I 259, 414
–er Narr E_I 499
Orion SK_{II} 297
Orkan J_{II} 1575; K_I 16
Orrery E_I 368; J_I 1104
orthodox
Corps der Orthodoxen H_{II} 152
Orthograph K_I 19
Orthographie [Ordographie, Ortokrafi] E_I 374, 408; G_{II} 35, 36, *37*
Osnabrück C_I 49, 55, 77, 82, 83, 88, 89, 94, 95, 104, 108, 109, 111, 147, 159; KA_{II} 249; D_I S. 226, 553, 672; D_{II} 683; F_I 223; TB_{II} 1; RA_{II} 161; SK_{II} 140, 257, 311, 370, 602, 824
–er Dom C_I 49
Osnabrücker C_I 44, 104
Osnabrückisch C_I 68, 70, 73, 75, 76, 78, 89, 90, 94–96; KA_{II} 249; D_I 553; D_{II} 681, 682; F_I 223
Ossianische und Homerische Narren F_I 767
Os sublime J_I *225*, 229, 230
Osten E_I *182*
ostensibel SK_{II} 59
Osteologie J_I 1135
Oster-Ei L_I 136
Oster-Inseln [Easter Islands] RA_{II} 199
Ostermesse B_I 96, 253; D_I 653; J_I 868
Ostern RA_{II} 1
Osterode GH_{II} 77
Osteröder Soldaten SK_{II} 915
Osterwalde J_{II} 1772
ostfriesländisch KA_{II} 68
Ostfriesland J_I 1012; SK_{II} 650
Ostgoten
Ost- und Westgoten F_I 528
Ostindien B_I S. 45; KA_{II} 179; F_I 149; G_{II} 12; RA_{II} 20, 109

ostindisch
 −er Fisch F$_I$ 149
 −e Kompanie L$_I$ 383; RA$_{II}$ 109
 −er Salpeter K$_{II}$ 308
 −e Schiffe TB$_I$ 1
Ostwind D$_I$ 543; J$_{II}$ 1993; SK$_{II}$ 387
Oszillation A$_{II}$ 260; F$_I$ 53
oszillieren A$_{II}$ 243
Oszitanz F$_I$ 664
Otaheiten [Tahiti] F$_I$ 383; RA$_{II}$ 188
otaheitisch [Tahiti] D$_I$ 441; F$_I$ 544
 −es Mädchen D$_I$ 444
 das Otaheitische E$_I$ 339
Otaheiti [Tahiti] D$_I$ 130, 131, 386, 441, 444, 458; D$_{II}$ 692, 697; E$_I$ 339; F$_I$ 544; J$_I$ 896; K$_{II}$ 108, 282; RA$_{II}$ S. 639, 137, 188, 199
Otem s. Odem
Otterndorf SK$_{II}$ 1019
Otterngezücht J$_I$ 970
Oxford E$_I$ 55, 68, 152; J$_{II}$ 2057; L$_I$ 344; RA$_{II}$ 6
Oxygen [oxygène] K$_{II}$ 326, 354; L$_{II}$ 760, 761, 778, 779, 860
Ozean
 Stiller − F$_I$ 793

Paarung der Fliegen J$_{II}$ 1431
Pabst C$_I$ 14; KA$_{II}$ 159; D$_I$ 263, 478, 666; E$_I$ 128, 214, 226; F$_I$ 192; G$_{II}$ 106; J$_I$ 51, 236, 398, 408, 723, 949, 1086; L$_I$ 47, 64, 411, 449, 459, 464
 − werden wollen J$_{II}$ 1359
 − der Perser F$_I$ 382
 letzter − E$_I$ 226
 philologischer − G$_{II}$ 106
 Infallibilität des −s J$_I$ 137
 weißes Maultier des −es L$_I$ 459
 Pantoffel des −es L$_I$ 426
Pabsttum J$_I$ 271, 272
Pabstwahl B$_I$ 124
Pacifique J$_I$ 118
Pacistitium J$_I$ 452
Packpapier
 Päckgen oder − B$_I$ 416
Paderborn F$_I$ 364, 659, 943; L$_I$ 78
Paderbornisch E$_I$ 336, 429
Padua C$_I$ 170; KA$_{II}$ 130; F$_I$ 1058; J$_I$ 1002
Pächter
 − der Wissenschaften K$_{II}$ 230
 Generalpächter J$_I$ 554

Pädagoge F$_I$ 38; G$_{II}$ 31
 s. a. Dorf-Pädagoge
Pädagogik
 Lampe der − D$_I$ 170
Paederasta
 Socrates sanctus − F$_I$ 467
Pagenhofmeister E$_I$ 355
Pagenwärter E$_I$ 76
pagina J$_I$ 622
painted SK$_{II}$ 247
Pajazzo G$_{II}$ 216
Paket SK$_{II}$ 795
Palästina A$_{II}$ 184; KA$_{II}$ 114
Palagonia D$_I$ 512
Palais Royal s. Paris
Palast J$_I$ 1170
[Palau-Inseln] Pelew Islands GH$_{II}$ 14; J$_I$ 633
Palermo D$_I$ 152
Paletten-Kleid F$_I$ 476
Palinodie SK$_{II}$ 715
Palisander-Holz D$_{II}$ 770
Palliativ J$_I$ 51, 125
Palliativ-Kur B$_I$ 219
Palmyra
 Ruinen von − F$_I$ 1123; J$_{II}$ 1484
Pananad C$_I$ 273
Pandaemonium E$_I$ 89
Pandekten B$_I$ 36, 145, 190; F$_I$ 410
 − der Kochkunst L$_I$ 129
 astrologische/physische − L$_I$ 86
 astronomische − L$_I$ 129
 Trauerspiel der − J$_I$ 1185
Pandora
 Büchse der − L$_I$ 398
Panduren J$_I$ 62
Panegyrist F$_I$ 569; J$_I$ 108
panem [et] circenses J$_I$ 1103
Pantheon der Deutschen K$_{II}$ 269
Pantoffel L$_I$ 287, 477
 − des Pabstes L$_I$ 426
 Schuh und − G$_{II}$ 145
Pantomime RT$_{II}$ 2
Papa C$_I$ 63
 schlecht kopierter − F$_I$ 58
Papagei D$_I$ 335; E$_I$ 520; J$_I$ 371
 − [und] Professor B$_I$ 191
 gipserne −en F$_I$ 74
papier maché D$_I$ 214
 Denkmäler aus − D$_I$ 578; J$_I$ 274
papier maché-Verzierung D$_I$ 578
papier velin/vilain UB$_{II}$ 18

Papier KA$_{II}$ 229; E$_I$ *179, 312,* 320, 406; F$_I$ 1066; J$_I$ 26
- falzen A$_{II}$ 248
- schneiden J$_I$ 624
- aus geweihten Lumpen L$_I$ 180
zu – bringen K$_{II}$ 194
chinesisches – RA$_{II}$ 200
weißes – A$_{II}$ 203; F$_I$ 513; J$_I$ 1073; Mat I$_{III}$ 158, 159
zerrissenes – J$_I$ 950; L$_I$ *169*
Ausdehnung des –s D$_I$ 529
s. a. Löschpapier, Packpapier, Stein-Papier, Wachspapier
papieren
–es Donnerwetter F$_I$ 25; GH$_{II}$ 32
–ne Titul E$_I$ 209
Papiermaché *s.* papier maché
Papiermühle L$_I$ 6; SK$_{II}$ 72
Papiermüller SK$_{II}$ 523
Papierschnitzel L$_I$ 316
- zur Bezahlung nehmen L$_I$ 354
Papillote F$_I$ 1108
Papinianischer Topf J$_{II}$ 1733, 1737; K$_{II}$ *328*
Papist [und] Türke D$_I$ 587
Pappdeckel E$_I$ 368
Papst *s.* Pabst
Parabel K$_I$ 19
Paradies B$_I$ 343; L$_I$ 66, 470
- von Tieren J$_I$ 65
mittlerer Barometerstand im – L$_I$ 560
Paradies-Gärtchen L$_I$ 19
Paradies-Insel L$_{II}$ 825
Paradigma C$_I$ 104; J$_I$ 112; J$_{II}$ 1361, 1362, 1833, 1834, 1839; K$_{II}$ 312–314
transzendentes – F$_I$ 475
Paradigmen-Methode SK$_{II}$ 479
paradox
Paradoxes J$_{II}$ 1261
Paragraph C$_I$ 359; J$_{II}$ 1748
Parakletor F$_I$ 76
Parallaxe A$_{II}$ 231
- der Nasen-Spitze B$_I$ 66
- der Sonne B$_I$ 130
entsetzliche – D$_I$ 202
parallel
–e Augen-Axen E$_I$ 216, 355
–e Linien A$_{II}$ 231
Parallele A$_{II}$ 240; F$_I$ 68, 169; K$_{II}$ 372
Parallel-Lineal D$_{II}$ 748
Parallel-Linie K$_{II}$ 372

Parallelogramm A$_{II}$ 212; J$_I$ 528; L$_{II}$ 818
Paramaribo L$_I$ 429
Paraphernalien F$_I$ 726
Paraplüe UB$_{II}$ 71
Paraplüstab
Finger wie Paraplüstäbe F$_I$ 1128
Parapluie C$_I$ 253
Parenthyrsus D$_I$ 56
Parforce-Jagd F$_I$ 1005; J$_I$ 885
Parfümeur J$_I$ 1094
Parfum B$_I$ 180
Paris B$_I$ 16, 207; C$_I$ 75, 102; KA$_{II}$ 44, 94, 176, 185, 251; D$_I$ S. 226, 1, 36; D$_{II}$ 675; E$_I$ 339; F$_I$ S. 457, 195, 278, 427, 569, 886, 972, 1005; G$_{II}$ 1; GH$_{II}$ 7; J$_I$ S. 649, 15, 24, 56, 139, 212, 283, 312, 406, 564, 584, 599, 673, 856, 1223, 1248, 1250, S. 823, S. 833; J$_{II}$ 1260, 1267, 1289, 1320, 1451, 1519, 1527, 1823, 2015, 2064; K$_{II}$ 144; RA$_{II}$ 58; SK$_{II}$ 518, 951
- Bastille KA$_{II}$ 251; GH$_{II}$ 4; J$_I$ 287, 380, 423, 527, 631, 1172
- Bicêtre J$_{II}$ 1451
- Kirchhof des Innocens J$_{II}$ 2064
- Louvre D$_I$ 398
- Marsfeld L$_I$ 576
- Palais Royal J$_I$ 380
- Kapelle der Sorbonne C$_I$ 138
Pariser
- Fuß A$_{II}$ 179; KA$_{II}$ 217; D$_{II}$ 693, 737; J$_{II}$ 1519, 1527
- Galgen C$_I$ 75
- Kämme E$_I$ 209
- Maß SK$_{II}$ 196
- Memoiren G$_{II}$ 1
- Revolution SK$_{II}$ 12
- Spitäler C$_I$ 75
- Student E$_I$ 314
- Zoll SK$_{II}$ 196
- Zuchthäuser C$_I$ 75
Parlament E$_I$ 152, 241; RA$_{II}$ 23, 92
englisches – RA$_{II}$ 5, 11, *78, 79, 87, 93, 104, 106,* 121
Parlamentswahl K$_{II}$ 290
Parlamentswahlschmaus G$_{II}$ 201
Parma F$_I$ 18; L$_I$ 507
- Opernhaus K$_{II}$ 349
Parmesan-Käse L$_I$ 507
Parnaß L$_I$ 549
s. a. Gradus ad Parnassum

Parodien-Dichter KA_{II} 155
par renommée D_I 150
Partei der Unparteiischen F_I 578
Parteigeist J_I 1214
parteiisch F_I 578
Partie
  Klotzische – B_I 102
parties honteuses L_{II} 862
Partikel E_I 16, 484
[Partikelchen] Partikelgen E_I 161
Partizipium F_I 294
parturiunt montes E_I 396
  das umgekehrte – F_I 186
Parzen
  Almanach der – F_I 458
Pasquill B_I 370; D_I 91, 380, 433, 487;
  F_I 329, 992; G_{II} 66; SK_{II} 570, 1011
Pasquillant E_I 157
pasquillantischer Brief SK_{II} 606
Pasquillen-Akzent E_I 162
Pasquino J_I 317
Passat-Wind F_I 953
  –e in den Gedanken B_I 263
  eine Art von – D_I 492
passen D_I 598
passer
  einem aus dem Genere –um sprechen lernen A_I 96; C_I 29
Passions-Geschichte L_I 574
Passiv-Visite D_I 98
Paßport für die Wahrheit L_I 98
Paste L_I 69; Mat I_{II} 24; SK_{II} 100
Pastor F_I 880; J_I 1210
  – [und] Arzt H_{II} 88
Patent L_I 187
  –e des Ruhms D_I 337
Patentform falzen L_I 146
Patent shot J_{II} 1503
Pathognomik F_I 825, 898, 1056
pathognomisch F_I 1156
  –er Ausdruck F_I 898
  –e Daten F_I *830*
  –es Wort F_I 815
  –e Zeichen F_I 710, 834, 866, 898,
    1066, 1204; UB_{II} 54, 55
  –e Züge F_I 636, 795, *1137*
  das Pathognomische F_I 841, 987,
    1063
Patriarch E_I 251
  – der Erdbeschreibung J_I 1189
  Zeiten der –en J_I 896

patriarchalische Vollkommenheit
  J_I 974
patrimonium RA_{II} 199
Patriot E_I 28, 157; F_I 122, 330
  deutscher – E_I 28
  wahrer – L_I 101
Patriotismus D_I 444, 610; H_{II} 47;
  J_I 1161; L_I 283
Patron
  ungeschliffene – K_{II} 171
  Universalpatron G_{II} 158
Pauke E_I 192; J_I 1211
Pause J_{II} 1543
paxwax J_I 225
  s. a. Os sublime
peach SK_{II} 253, 414
Peawit F_I 1072
Pecherais [Pesseräh] J_I 64; RA_{II} 186,
  193, 199
Pechkuchen F_I 457
Pedant G_{II} 68
Pedanterei L_I 189
  s. a. Mücken-Seigen
Pedell SK_{II} 298
Peer Küken C_I 372
Peitsche D_I 575; E_I 345; F_I 730; J_I 454
Peitschenhiebe KA_{II} 254
Pekingsche Journalisten B_I 122
Peloponnesisch RA_{II} 101
Pelew Islands s. Palau-Inseln
Pelim KA_{II} 242
Pelz B_I 336; G_{II} 71
  s. a. Vielfraß-Pelz
Pelzhandel J_I 700
Penates F_I 1121
Pendant
  scheinbares – F_I 527
Pendel [Pendul] A_{II} 260; L_{II} 771
  s. a. Kompensations-Pendel, Sekunden-Pendel
Pendelstange F_I 676
  rostförmige –n F_I 81
Pendel-Uhr A_{II} 190
Penetrabilität A_{II} 230
Penguin F_I 643
penis J_I 149
  penes nates F_I 1121
Pension D_I 488
Pensionär J_I 649
Pensions-Anstalt für Pferde J_I 394
Pentameterchen L_I 73
Percussio A_{II} 170

pereat B₁ 56
- piano SK_II 301
perfectus
  Ens perfectissimum J₁ 1212
perfektibel F₁ 536, 1039
Perfektibilität E₁ 359, 431, 462;
  F₁ 266; G_II 104; RA_II 117
Perfektibilität E₁ 359
Perfektibilitätstrieb K_II 270
perfice te A₁ 36; B₁ 185; C₁ 368;
  D₁ 493; J₁ 1053
Perigaeum F₁ 246
Perihelium D₁ 489
Periode KA_II 258; D₁ 58, 379, 666;
  E₁ 130, 161, 189; J₁ 540; L₁ 37
- [und] Gedanke F₁ 673
  asiatische - F₁ 1123
  epigrammatische - C₁ 54
  Winkel einer - F₁ 563
  s. a. Allongen-Periode
Periodenklang
  transzendenter - E₁ 147
Perle D₁ 168; E₁ 161; F₁ 262, 1014
  -n regnen J₁ 713
Perlen-Schnur L₁ 196
Perlucidität J_II 1601
Perpetuum mobile C₁ 142; E₁ 227,
  482; K_II 332; L_II 783; SK_II 146
perpetuum nobile UB_II 12
Persepolis J₁ 536
Perser F₁ 376, 378, 380, 1099
  Pabst der - F₁ 382
Persien F₁ 372, 379
persisch J₁ 809; RA_II 101
  -e Inschriften J₁ 536
  -e Märgen E₁ 152
  -er Meerbusen C₁ 333
  -er Tiger B₁ 419
  -er Weltweiser F₁ 827
Person
  -en aus Gefängnissen K_II 124
  ausgewachsene -en B₁ 54
  bekannte - B₁ 81
  in eigenhändiger - H_II 162
  geliebte - G_II 46
  schwangere -en B₁ 19
  s. a. Magistrats-Person, Manns-
  Person, zweipersönig
Personal-Steuer SK_II 545
Perspektiv D₁ 300; SK_II 339, 482
  s. a. Fernrohr, Kavalier-Perspektiv
Perspektive B₁ 159; D₁ 300

pertinentiis
  cum - SK_II 803
Peru KA_II 55, 56
Perücke D₁ 625; E₁ 206, 209; F₁ 124,
  214, 858; G_II 90; J₁ 755, 1049
  -n abtakeln L₁ 636
  -n aufheben D₁ 256
  alte -n L₁ 4
  kahle - F₁ 124
  Verschiebung der - F₁ 906
  s. a. Beutelperücke, Staatsperüque
Perückenmacher [Peruquenmacher]
  B₁ S. 46, 55, 88, 95, 158, 194, 410;
  C₁ 41, 110; D₁ 238, 533, 651; F₁ 427;
  J₁ 593; L₁ 4
  - in Landau A₁ 119
  philosophische - B₁ 158
Perückenmacher-Akademie KA_II 48
perückenmacher-Frau SK_II 390
Perückier L₁ 4
Perüque s. Perücke
Perüquier F₁ 427
Pesseräh J₁ 64
  s. a. Pecherais
Pessimismus F₁ 236
Pest B₁ 362; J₁ 912, 1163; J_II 1346
Pestgift J_II 1967
Pestprediger F_II 1135
Pet en l'air C₁ 102
Petersburg KA_II 241; D_II 685;
  J_II 1522, 1730, 2017; RA_II S. 639;
  SK_II 77
Petersburgisches Diplom SK_II 798
Petersilie kaufen D₁ 214
Peterskirche s. Rom
petitmaitre B₁ 180
petitio principii J₁ 621
Petropolis s. Petersburg
Petschaft L₁ 316
pfälzisch
  -es Gedicht SK_II 757
  das Pfälzische E₁ 108
Pfaffe E₁ 262; J₁ 197, 236, 926
  katholische -n J₁ 217
Pfaffengeschmier J₁ 295
Pfaffen-Ignoranz J₁ 129
Pfaffen-Pöbel
  gemeiner katholischer - L₁ 47
Pfalz D₁ 482
Pfalzbayern
  Churfürst von - H_II 137
Pfarrer F₁ 1096

Pfauenschwanz F$_I$ 807
Pfeffer F$_I$ 995
  Cayennischer – L$_I$ 592
  s. a. Piper
Pfefferdutte E$_I$ 245, 312; K$_{II}$ 201
Pfeffer-Infusion SK$_{II}$ 68
Pfefferkuchen E$_I$ 311
Pfeife B$_I$ 15; E$_I$ 311; J$_I$ 253
  s. a. Tabakspfeife
pfeifen
  gut – können B$_I$ 97
  von einem Finken gepfiffen B$_I$ 191
  Pfeifen des Teekessels K$_{II}$ 348
Pfeifenkopf B$_I$ 36; E$_I$ 167
  [meerschaumener] – J$_I$ *678*
Pfennig [Pfenning] C$_I$ 209; F$_I$ 327, 1202; SK$_{II}$ 156
  s. a. Glücks-Pfennig, Zahlpfennig
Pfennigs-Begebenheit B$_I$ 195
Pfennigs-Trompetgen F$_I$ 691
Pfennigs-Tugend B$_I$ 116
Pfennigs-Vorurteil B$_I$ 116
Pfennigs-Wahrheit B$_I$ 116, 128, 195; F$_I$ 1219
Pferd A$_{II}$ 256; B$_I$ 2, 58; KA$_{II}$ 224; E$_I$ 113; F$_I$ 371, 415; J$_I$ 104, 289, 343, 675, 1043; L$_I$ 431
  – dressieren E$_I$ 209
  –e erziehen H$_{II}$ 133
  –e lenken F$_I$ 618
  – [und] Esel G$_{II}$ 240; H$_{II}$ 166
  –e der Flucht D$_I$ 391
  – [und] Ochse D$_I$ 656
  arabische –e F$_I$ *371*
  englische – C$_I$ 256; F$_I$ *459*
  hannöversche –e K$_I$ 11
  wilde –e C$_I$ 97
  wildgewordene –e D$_{II}$ 681
  zwei auf einem – C$_I$ 229
  Pensions-Anstalten für –e J$_I$ 394
  Trojanisches – F$_I$ 615; J$_I$ 1018
  s. a. Rennpferd, Schlitten-Pferd
Pferdchen belasten L$_I$ 140
Pferde-Äpfel D$_I$ 48
Pferdefuß E$_I$ 455
Pferdehaar A$_{II}$ 241; SK$_{II}$ 741
Pferdekur D$_I$ 359
Pferde-Philister D$_I$ 56
Pferde-Rennen D$_{II}$ 750; RT$_{II}$ 5
Pferdestall J$_I$ 493
Pferde-Sterbe-Kassen-Gesellschaft J$_I$ 447

Pferdezucht J$_I$ 1179
Pfiffigkeit RA$_{II}$ 127
Pfingst-Birke E$_I$ 169
Pfirsich SK$_{II}$ 77, 208, 527, 530
  erster – SK$_{II}$ 77, 681, 820
Pflänzchen L$_I$ 216, 469
Pflanze C$_I$ 291; KA$_{II}$ 16, 17, 19; F$_I$ 78, 950, 1196; GH$_{II}$ 17, 18, 38, 91; J$_{II}$ 1347, 1358, 1368, 1376, 1409, 1562, 1593, 1628, 1949, 2146; K$_{II}$ 86, 323; L$_{II}$ 789, 859; RA$_{II}$ 61, 65
  –n isolieren J$_{II}$ 1256
  – [und] Tier D$_I$ 161, 357; J$_I$ 490, 758; J$_{II}$ *1929, 1930*
  indianische –n D$_I$ 214
  für –n kochen L$_I$ 648
  verkehrt stehende –n C$_I$ 272
  theoretische – J$_{II}$ 1930
  unsichtbare –n C$_I$ *292*
  Einrichtung einer – J$_I$ 34
  Genera und Species bei –n J$_I$ 392
  Sehnsucht in den –n J$_{II}$ 1803
Pflanzen-Blatt UB$_{II}$ 60
Pflanzen-Säfte J$_{II}$ 2080
Pflanzen-Säure J$_{II}$ 1589
Pflanzenseele J$_I$ 701
Pflanzen-Versuch J$_{II}$ 1356, *1357*
Pflaster
  schwarzes – SK$_{II}$ 230
  Klebpflaster J$_I$ 51
  Schönpflästergen A$_I$ 47; F$_I$ 126
  Steinpflaster F$_I$ 514
  vesicatorium D$_I$ 86
  Wundpflaster E$_I$ 189
Pflaumfeder *s.* Flaumfeder
Pflicht B$_I$ 366
  – des Standes Mat II$_{II}$ 57
  eheliche – des Prahlens L$_I$ 627
  natürliche – K$_I$ 16
  notwendige –en C$_I$ 91
  Erfüllung [der] –en L$_I$ 275
  lebhaftes Gefühl der – L$_I$ 283
  Tafel über unsere –en A$_I$ 36
  s. a. Gewissenspflicht, Zwangspflichten
Pflichtgefühl J$_I$ *221, 321*
pflichtmäßiges Gewäsch E$_I$ 454
pflügen
  das Pflügen J$_I$ 867
Pflug D$_I$ 214; J$_I$ 1247; K$_I$ 16
Pforte zur Welt B$_I$ 369

Pfoten [und] Kopf D₁ 335
[pfropfen] propfen J₁ 670; J₁₁ *1540*
Pfropf-Zeit C₁ 322
Pfütze B₁ 224
Pfui
  geweihtes – ausspucken D₁ 164
  s. a. anpfuien
Pfund SK₁₁ 247, 337
Pfusch Kruder C₁ 372
Phänomen J₁₁ 1775; K₁₁ 373 SK₁₁ 244, 245
  meteorologisches – J₁₁ 2114
Phaeton K₁ 6; L₁ 489; RA₁₁ 39
Phaläne F₁ 149
Phantasie C₁ 51, 325; G₁₁ 140; J₁ 343, 579, 948; J₁₁ 1550, 1854; L₁ 33, 348, 574, 587
  –n nachhängen L₁ 228
  verwirrte – F₁ 741
  die Kur in –n trinken K₁ 14
Phantasie-Bordell
  geistisch-dichterisches – L₁ 633
Phantasiegeschöpf L₁ 33
Phantasie-Kur K₁ *14*
  Gedanken- und – L₁ 671
  Phantasien-Kur L₁ 228
Phantast KA₁₁ 41
Pharao J₁ 618
Pharao-Karte L₁ 232
Pharisäer J₁ 970
Philadelphia F₁ 738; RA₁₁ 113
Philanthropin F₁ 403, 448, 857, 1070
Philibeg L₁ 181
Philippinen F₁ 403
Philippsthal SK₁₁ 87, 101, 119
Philister [Philistor] F₁ 1155
  s. a. Pferde-Philister
Philologe G₁₁ 106
Philomele G₁₁ 141
Philosoffizierer L₁ 586
Philosoph A₁ 42, 89, 130; B₁ *11*, 22, 77, 96, 129, 290, 297, 309, 321, 364; C₁ 142, 279; D₁ 21, 165, 252, 264, 321, 406, 449, 506, 651; D₁₁ 728; E₁ 72, 162, 257, 259, 282, 423, 455, 485, 501; F₁ 31, 500, 530, 938; G₁₁ 47, 83, 168; H₁₁ 144, 174; J₁ 87, 90, 238, 295, 741, 1087, 1126, 1210; J₁₁ 1351, 2147, 2148; K₁₁ 62, 71; L₁ 75, 457, 586, 662; RA₁₁ 151
  –en besonders erziehen A₁ 11
  –en heutzutage D₁ 21

  –en [und] Gott D₁ 274
  – und Tändler B₁ 364
  armer dependenter – C₁ 178
  eigentlicher – D₁ 279, 433
  elende –en C₁ 279
  erste –en E₁ 259
  Französische –en RA₁₁ 155
  neuere –en E₁ 485
  schwachnervige –en D₁ 213
  vorschnippischer – L₁ 155
  weiser – J₁ 90
  wirkliche und titulare –en E₁ 425
  Asyle der –en Mat II₁₁ 25
  Cicero's – G₁₁ 69
  Satz eines großen praktischen –en B₁ 105
philosophicus
  in philosophicis C₁ 209; D₁ 612
Philosophie A₁ 136; B₁ 16, 41, 96, 140, *145*, 177, 209, 263, 270, 335; C₁ 61, 301; KA₁₁ 132, 158, 263; D₁ 68, 167, 170, 182, 238, 395, 433, 445; E₁ 31, 52, 81, 102, 108, 162, 371, 411, 423, 460; F₁ 68, 153, 438, 498, 703, 741, 800, 1138, 1169, 1201; G₁₁ 40, 68; H₁₁ 15, 16, 21, 57, 140, 141, 146, 151, 172; J₁ 144, 278, 290, 380, 473, 485, 620, *700*, 732, 769, 855, 942, 1081, 1130, 1234; J₁₁ 1330, 1550, 1691, *2071*, 2148; K₁ 19; K₁₁ 65; L₁ 4, 59, 198, 239, 370, 401, 584, 654; L₁₁ 811, 974
  – abtakeln L₁ 636
  – allgemein machen C₁ 125
  – mikroskopisch behandeln J₁ 724
  – neu bewerfen lassen J₁ 75
  – zweckmäßig lehren C₁ 142
  – der Engel B₁ 242
  – [des] Lebens F₁ 1169
  – des gemeinen Mannes C₁ 219
  – für das Ohr J₁ 94
  – des Professors/des Menschen E₁ 418
  – immer Scheidekunst J₁₁ 2148
  – unserer Vorfahren D₁ 515
  absondernde – L₁ 59
  abstrakte – J₁ 694
  alte und neue – J₁ 1130
  eigene – F₁ 72
  gemeine – J₁ 417
  gesunde – C₁ 61; F₁ 800

gesunde, brauchbare – C_I 125; E_I 418
Kantische – J_I 28, 195, *250*, 251, 429, *472*, 711, 724, 1168, 1223; J_{II} 2043; K_{II} 74, 313; L_I 225, 583, *584*, 689
männliche – B_I 254
meine – K_{II} 49
menschliche – A_I 136
mittlere – J_I 417
morgenländische – E_I 368
natürliche – K_{II} 260
physikalische – KA_{II} 79
planvolle – J_{II} 1550
populäre – B_I 364; J_I 250, 1223
reine [und] unreine – L_I 35
scholastische – J_I 749
schwimmende – J_I 1036
spekulative – L_I 234
Stoische – A_I 28
tiefe – B_I 264
verdaute – B_I 347
wahre – J_{II} 1469
Wolffische – H_{II} 149
Alt-Geselle, Zunftmeister der – L_I 297
Erbsünde der – J_I 234
Geschichte der – C_I 142
Gesetz der – A_I 130
Heiligtum der – F_I 929, 930, 934
Körper [der] – J_I 249, 250
Magister der – F_I 265
Professor [der] – D_I 493; F_I 33; K_{II} 246
Tag der – D_I 170
Tempel der – F_I 954
Verbrechen der beleidigten – J_I 224
s. a. Küster-Philosophie, Lokal-Philosophie, Mode-Philosophie, Primaner-Philosophie, Populär-Philosophie, Universal-Philosophie, Volks-Philosophie
philosophieren B_I 315; C_I 91; E_I 368; J_I 843; L_I 320; L_{II} 811
behaupten ist – E_I 146
selbst – C_I 142
das Philosophieren J_I 1234
philosophisch
–er Ausdruck E_I 331
–e Behandlung C_I 209
–e Besonnenheit D_I 84
–e Betrachtung F_I 276
–er Blödsinn L_I 395
–e Dichter E_I 108
–e Dinge J_I 700
–es Gedicht J_I 401
–es Genie RA_{II} 158
–e Geschichtsschreiber E_I 455
–e Gewissenhaftigkeit D_I 213
–er Kredit F_I 741
–e Kunstkammer D_I 616
–er Leser F_I 203
–er Mensch L_{II} 811
–e Schriften F_I 742
–er Schriftsteller L_I 75
–er Schwätzer D_I 153
–e Sekte C_I 178
–e Steifzüge J_I 516
–e Talente E_I 230
–e Taucher D_I 433
–er Traktat J_I 401
–es Traumbuch F_I 684
–e Übungen C_I 142
physikalische und –e Bemerkungen K_{II} 297
das Philosophische F_I 959
das unwitzige Philosophische F_I 1049
das wahre Philosophische F_I 117
s. a. plattphilosophisch, schauphilosophisch
Phiole
zweibeinige – H_{II} 148
Phlegma F_I 159, 180
– des Grüblers RA_{II} 100
Phlogiston D_I 316; J_{II} 1306, 1589, 1592, 1673, 1681, 1686, 1723, 1750, 1904, 1954, 1958, 1969, 2036, 2134; K_{II} 324; L_{II} 750, 827
Phöbus-Seuche F_I 366
Phöbusübel F_I 366
Phönix J_I 816
Phoronomie SK_{II} 249
Phosphor [Phosphorus] D_{II} 707, 763, 771; J_I *642*; J_{II} 1401, 1755, 1905, 1958, 1962, 1981, 2000, 2024; K_{II} 354, 380, 786, 810, 950; L_{II} 810
s. a. Harnphosphorus
Phosphoreszieren der Körper D_{II} 760
Phosphor-Luft J_{II} 1424; SK_{II} 207, 276, 363, 437
Phosphorsäure J_{II} 1589; L_{II} 720
Phosphure de Chaux SK_{II} 1017, 1032

Phrase B$_I$ 63
- herbeiziehen F$_I$ 750
Phraseologe F$_I$ 1194
Phraseologie D$_I$ 615
Phrasesdrechsler G$_{II}$ 72
Phrasessucher J$_I$ 466
Phryganeen-Wurm A$_{II}$ 193
Physicotheologie J$_{II}$ 1514
Physik KA$_{II}$ 127; D$_I$ 411, 507;
   D$_{II}$ 760; F$_I$ 633, 696, 1209; H$_{II}$ 177,
   178, 182; J$_I$ 103, 588, 938, 1064;
   J$_{II}$ 1278, 1330, 1407, 1522, 1541,
   1548, 1663, 1705, 1775, 1827, 1841,
   1908, 2149; K$_{II}$ 310, 313, 317, 344,
   406; L$_I$ 70, 155, 166, 233, 306, 482,
   568; L$_{II}$ 712, 724, 751, 794, 826,
   859, 896, 906, 967, 974; UB$_{II}$ 80;
   SK$_{II}$ 93, 224
- durchlaufen J$_{II}$ 1564, 1566
- der Ebene L$_{II}$ 794
Cartesianische/Newtonische –
   J$_I$ 1223
Aphorismen über – J$_{II}$ 1647
gewöhnliche – L$_{II}$ 799
Compendia der – L$_I$ 155; L$_{II}$ 852
Fragen über – L$_I$ 166, 233
Grenzen der – L$_{II}$ 850, 851
Handbücher der – H$_{II}$ 175
Professor [der] – D$_I$ 116; J$_I$ 715;
   L$_I$ 70
s. a. Experimental-Physik, Konventions-Physik
physikalisch
-e und philosophische Bemerkungen K$_{II}$ 297
-e Grundlehren KA$_{II}$ 80
-e Lehrbücher K$_{II}$ 311
-er Müßiggänger D$_I$ 182
-er Schwärmer UB$_{II}$ 69
-e Versuche C$_I$ 220, 305; F$_I$ 1147;
   K$_{II}$ 377
-e Wahrheiten F$_I$ 696
-e Wissenschaften J$_I$ 356
Physiker J$_{II}$ 1531, 1739, 1775, 1899,
   1908, 2071, 2148; L$_I$ 306; L$_{II}$ 935
schlechter – UB$_{II}$ 69
junge tätige – L$_I$ 233
Mythen der – J$_I$ 241
Taschenbuch für – H$_{II}$ 202
Physikus
Stadtphysikus F$_I$ 1053; L$_I$ 261
Physiognom E$_I$ 236, 360; F$_I$ 9, 79,
   89, 525, 569, 657, 685, 704, 741,
   804, 1048, 1137
Physiognomie E$_I$ 68; F$_I$ 848; K$_{II}$ 261
-n [und] Charaktere F$_I$ 1041;
   UB$_{II}$ 48
widrige – F$_I$ 802
Physiognomik C$_I$ 251; KA$_{II}$ 278;
   D$_I$ 454, 616; E$_I$ 40, 104, 259, 295,
   377, 380, 426, 458, 489, 494; F$_I$ 9,
   13, 17, 23, 84, 139, 215–217, 219,
   266, 311, 335, 370, 372, 521, 531,
   563, 593, 627, 629, 636–638, 641,
   647, 656, 662, 668, 695, 697, 711,
   729, 730, 741, 777, 789, 802, 804,
   821, 823, 847, 862, 883, 886, 898,
   912, 942, 955, 979, 1020, 1049,
   1056, 1072, 1075, 1098, 1168, 1176,
   1185, 1190, 1191, 1228; G$_{II}$ 12,
   93–95, 132; J$_I$ 290; UB$_{II}$ 50, 52, 55;
   TB$_{II}$ 29
esoterische – F$_I$ 899
neuere – F$_I$ 955
unreine – F$_I$ 608
s. a. Antiphysiognomik, Tier-Physiognomik
physiognomisch
-er Apostel F$_I$ 666
-er Atlas D$_I$ 593
-es Auto da Fe F$_I$ 521, 524
-e Bemerkungen F$_I$ 563, 664;
   UB$_{II}$ 48, 49, 55
-e Beobachtungen [und] Versuche
   F$_I$ 804; UB$_{II}$ 40
-e Data F$_I$ 830
-e Dinge F$_I$ 531
-e Dithyramben F$_I$ 1183
-er Erfahrungs-Satz F$_I$ 79
-er Hexenmeister D$_I$ 124
-e Linien F$_I$ 623
-es Messiat F$_I$ 617
-e Mysteria F$_I$ 804
-er Quacksalber F$_I$ 926
-e Regeln F$_I$ 222, 645, 1038
-e Sätze F$_I$ 695
-e Stock Jobbers F$_I$ 926, 942
-e Urteile F$_I$ 75
-e Visierkunst F$_I$ 857
-e Weisheit F$_I$ 852
-er Zauberer E$_I$ 172
-e Zeichen F$_I$ 79, 84, 866
-e Züge F$_I$ 815
Physiognomisches und Pathogno-

misches A$_I$ 4, *18*, *34*, *83*, *93*; B$_I$ 54, 69, *125*, *158*; F$_I$ *722*, *804*, *898*
physiognomisieren F$_I$ 837
Physiognomist D$_I$ 132; F$_I$ 839
Physiognosie F$_I$ 669
Physiologe D$_I$ 430, 497; F$_I$ 460; L$_I$ 457; L$_{II}$ 711
Physiologie A$_I$ 66; KA$_{II}$ 81; F$_I$ 53; J$_I$ 449
 – unseres Gemüts L$_{II}$ 911
Physiometrie F$_I$ 623
physisch C$_I$ 178; J$_{II}$ 1386
 –er Körper J$_{II}$ 1908
 –er Punkt E$_I$ 131
 –er Schmerz F$_I$ 35
 –e Welt F$_I$ 153
 im Physischen [und] im Moralischen J$_I$ 710
pica A$_I$ 96; C$_I$ 29
Pickenick E$_I$ 104; SK$_{II}$ 1019
Pickpocket F$_I$ 1154; J$_I$ 903
Pico A$_{II}$ 180; D$_{II}$ 693
Picus A$_I$ 96; C$_I$ 29
Pidowip C$_I$ 49
pie
 minced –s SK$_{II}$ 265
Piemont J$_I$ 1003; RA$_{II}$ 115
Piemonteser K$_{II}$ 157
Pierrot KA$_{II}$ 239
pietistische Dünnigkeit F$_I$ 350
pigeon
 aile de – B$_I$ 158
Pigment D$_I$ 464
Pilgrim D$_I$ 214
Pille E$_I$ 273
 – und Demonstration E$_I$ 241
 übergüldete – D$_I$ 650; F$_I$ 201
Pillen-Mixtur E$_I$ 273
Pillen-Zeichen D$_I$ 379; Mat I$_{II}$ 58
Pimpel SK$_{II}$ 536
Pinguin *s.* Penguin
Pinsel G$_{II}$ 131; J$_I$ 92, 872, 1206; L$_I$ 348
 birkener – D$_I$ 548
 einfältiger – E$_I$ 183
 elektrische – D$_{II}$ 744
 enthusiastischer – D$_I$ 158
 schmieriger – E$_I$ 143
pinselhaft
 das Pinselhafte J$_I$ 23
pinseln
 heraus – E$_I$ 112

Piper, Piperarius J$_I$ 293
Pirna K$_{II}$ 281
Pisa J$_I$ 1100
pissen B$_I$ 273; D$_I$ 214; F$_I$ 962; G$_{II}$ *218*
 gegen einander – D$_I$ 623; L$_I$ 344
Pistill KA$_{II}$ 215
Pistole J$_I$ 1063
 sich eine – vor den Kopf schießen B$_I$ 259
Pitschierstecher D$_I$ 616; E$_I$ 355
Pity F$_I$ 1214
Placker
 Metaphern-Placker D$_I$ 213
Plackerei B$_I$ 357
Plager SK$_{II}$ 258
plagiarius E$_I$ 334
plain *s.* Salisbury plain
Plakat D$_I$ 86
plan E$_I$ 189, 259
 –er Menschen-Verstand E$_I$ 259
 –e Sprache B$_I$ 132
Plan C$_I$ 195
 –e entwerfen J$_{II}$ 1528
 – der Vorsehung K$_I$ 16
 – des Werks C$_I$ 373
 s. a. Fragen-Plan, Reparatur-Plan
Planet A$_{II}$ 201, 245, 254, 255; B$_I$ 263; C$_I$ 142, 303; D$_{II}$ 728; E$_I$ 26, 368; F$_I$ 29, 501, 1009, 1045; H$_{II}$ 201; J$_I$ 26; J$_{II}$ 1368, 1874, 2039, 2052; K$_{II}$ 376; L$_I$ 618; L$_{II}$ 963; RA$_{II}$ 163; SK$_{II}$ 131
 –en [ab]wiegen D$_I$ 398; F$_I$ 191, 793
 –en von Schießpulver J$_{II}$ 1959
 –en an Stangen J$_I$ 1228
 Aberration der –en K$_{II}$ 345
 Bewegung eines –en A$_{II}$ 201
 Nachtseite [der] –en J$_{II}$ 1604
 Stillstehen oder Zurückgehen der –en D$_I$ 217
 s. a. Fixstern-Planet, Hauptplanet, Hospital-Planet, Neben-Planet
Planetarium *s.* Orrery
Planeten-Spiel J$_I$ 1229
Planimetrie A$_{II}$ 257
Plantagen der Literatur J$_I$ 871
 s. a. Kaffee-Plantage
Planzug G$_{II}$ 12
Platin J$_{II}$ 1265
Platina J$_{II}$ 1517
platonisch
 –e Empfindungen C$_I$ 15

–e Entzückungen B$_I$ 323
–e Liebe D$_I$ 170
plattdeutsch C$_I$ 225; D$_I$ 229
–es Gedicht SK$_{II}$ 220
–e Naivetäten B$_I$ 95
–e Umschrift C$_I$ 199
Platte
 –n laden J$_{II}$ 1999
 –n polieren L$_I$ 661
 belegte –n J$_{II}$ 1525, *1790, 1795, 1796, 1804, 1844, 1852, 1891, 1892, 1896*
 s. a. Glasplatte
platterdings E$_I$ 456
plattphilosophisch Mat I$_{II}$ 14
 Plattphilosophisches D$_I$ 521
Platz
 freier – J$_I$ 528
 öffentlicher – L$_I$ 378
 die Plätze verteuern D$_I$ 286
 s. a. Schauplatz
plausibel [und] falsch D$_I$ 273
Plejaden D$_I$ 469
Pleonasmus F$_I$ 62
Pleß G$_{II}$ 144
Plesse SK$_{II}$ 78, 899
Pleureusen-Gesicht L$_I$ 519
plötzlich
 das Plötzliche J$_{II}$ 1575
Plünderung ab intestato B$_I$ 251, 253
Plumpudding B$_I$ 60; D$_I$ 52; SK$_{II}$ 201
Plunder E$_I$ 258; J$_I$ 734
Plunderkopf E$_I$ 504; K$_{II}$ 185;
 Mat I$_{II}$ 163
plundern
 daher– F$_I$ 802
plus und minus D$_I$ *41*, 433, 461;
 F$_I$ 1201
 + E und - E J$_{II}$ 1440, 1686
Po [Fluß] D$_I$ 670
Po *s.* Polen
Pochen SK$_{II}$ 149, 150, 251, 254, 256, *264, 268, 270,* 297, 309, 417, 551, 558, 565, 736, 849, 982, 984
Pocken B$_I$ 191; KA$_{II}$ 88; F$_I$ 1204;
 J$_I$ 495; J$_{II}$ 1654; L$_{II}$ 718
 – inokulieren G$_{II}$ *96*; J$_I$ 752, *854;*
 L$_I$ *542*
 natürliche [und] inokulierte –
 KA$_{II}$ 62
pockengrübig H$_{II}$ 87
Pockeninokulation G$_{II}$ 96
Pockenjahr D$_I$ 654

Pockholz J$_{II}$ 2138
Podagra F$_I$ 249
Pöbel A$_I$ 54; B$_I$ 6, 21; C$_I$ 23;
 KA$_{II}$ 243; D$_I$ 664; E$_I$ 368; F$_I$ 569, 849; G$_{II}$ 113; H$_{II}$ 1; J$_I$ 125, 230, 238, 835, *921*, 1250; K$_{II}$ 121; L$_I$ 206;
 Mat II$_{II}$ 51
 s. a. Pfaffen-Pöbel
Pöbels-Lüftchen F$_I$ 953
Poesie B$_I$ 145; KA$_{II}$ 141, 152; D$_I$ 363, 395; E$_I$ 104, 169, 381; F$_I$ 379, 493;
 L$_I$ 304
 unsere – D$_I$ 363
 falsch zärtlicher Geschmack [in der]
 – B$_I$ 191
 Prose [und] – F$_I$ 22, 260
 Schützenkunst und – B$_I$ 183
Poet C$_I$ *24;* G$_{II}$ 103; J$_I$ 41
 schlechte –en J$_I$ 865
 s. a. Hof-Poet
Poetik B$_I$ 176
poetisch
 –er Filet C$_I$ 329
 –er Geist E$_I$ 169
 –es Gewissen F$_I$ 609
 –er Primaner E$_I$ 104
 –er Scepter E$_I$ 25
 –es Talent E$_I$ 169
 –es Übel L$_I$ 542
 –e Unschuld E$_I$ 337
 –e Zitterer D$_I$ 147; E$_I$ 455
 –es Zuckergebackenes B$_I$ 254
 das Poetische eines Ausdrucks
 F$_I$ 1223
Point d'honneur
 – bei den Manns-Personen
 D$_I$ 538, *653*
 Sitz des –s B$_I$ 139
Pointe RA$_{II}$ 127
 drei –n und eine Lüge D$_I$ 139
Pol KA$_{II}$ 52, 57; J$_{II}$ 2087, 2099; K$_{II}$ 36
 –e verrücken C$_I$ 369
 –e der Magneten KA$_{II}$ 218
 Magnetische –e J$_{II}$ 2067
Polarität J$_{II}$ 1629, 1784; L$_{II}$ 728, 942, 943
Polarstern des Monds C$_I$ 106
Polemik J$_I$ 1226
Polemokratie J$_I$ 1181
Polen A$_I$ 119; B$_I$ 23; C$_I$ 75; D$_I$ 256;
 F$_I$ 856; J$_I$ 869, 1182; RA$_{II}$ 118;
 SK$_{II}$ 1018
 s. a. polnisch

Polhöhe C$_I$ 209
polieren C$_I$ 318; E$_I$ 68; F$_I$ 38, 1066, 1123; K$_{II}$ 324
 polierte Völker E$_I$ 162
 die Polierten F$_I$ 1014
 s. a. unpoliert
Polisson B$_I$ 56
Politesse F$_I$ 638
Politik F$_I$ *616*; J$_I$ 1001; K$_{II}$ 140
 beste – B$_I$ 414
 schlaue – D$_I$ 37
 schustermäßige – D$_I$ 575
 s. a. Experimental-Politik
Politiker L$_I$ 75
 – in England F$_I$ 360
politisch
 –e Demokraten L$_I$ 403
 –e Dispute L$_I$ 389
 –er Frauenzimmer-Club J$_I$ 351
 –e Freiheit K$_{II}$ 149
 –es Geschwätz J$_I$ 1150
 –er Himmel D$_I$ 593
 –es Leben F$_I$ 431
 –er Pabst J$_I$ 949
 –e Rechte K$_{II}$ 147
 –e Reformation J$_I$ 889
 –e Revolutionen J$_I$ 858
 –e Uhr D$_I$ 653
 –e Verfassung F$_I$ 477
 –e Weise D$_I$ 30
 –e Zeitungen D$_I$ 256; J$_I$ 13, 1154
Politur D$_I$ 539
 – einer Nation E$_I$ 68
Polizei B$_I$ 357; E$_I$ 501; L$_{II}$ 954
 s. a. Judenpolizei, Religionspolizei
Polizei-Anstalt L$_I$ 505
Polizei-Bedienter D$_I$ 653; E$_I$ 502
Polizei-Jäger B$_I$ 289
Polizei-Spion J$_I$ 584
Pollution SK$_{II}$ 80
Pollux SK$_{II}$ 241, 479, 558, 603
polnischer Reichstag J$_I$ 869
 s. a. Polen
Polter-Geist C$_I$ 178
poltern C$_I$ 178; F$_I$ 988
 daher– F$_I$ 741
Poltron KA$_{II}$ 46; D$_I$ 625, 667
polyedrisches Glas C$_I$ 313; F$_I$ 72
Polygon L$_I$ 192
Polygraph D$_I$ 503; F$_I$ 996; J$_I$ 917, 1073
Polygraphie E$_I$ 451; J$_I$ *145*

polygraphische Kunst J$_I$ 145
Polyp A$_I$ 91; C$_I$ 220, 305; D$_I$ 161; D$_{II}$ 675, 676, *677–680*, 683; F$_I$ 34
 – im Herzen J$_I$ 223
Polypengebäude J$_{II}$ 1484
pomeranzenförmige Gestalt der Erde B$_I$ 130
Pomeranzen-Liqueur SK$_{II}$ 841
Pomona L$_I$ 150; Mat I$_{II}$ 173; RT$_{II}$ 26
Pomp
 asiatischer – J$_I$ 766
pompös [pompeus] F$_I$ 709
 –er Schriftsteller F$_I$ 985
 –er Freiheits-Ton F$_I$ 204
Pontinische Sümpfe L$_I$ 64
Pontons SK$_{II}$ 346
populär KA$_{II}$ 277; G$_{II}$ 124; H$_{II}$ 62
Populär-Machen L$_I$ 329
Populär-Philosophie J$_I$ 1223
Popularität B$_I$ 287
Population J$_I$ 155
Poren J$_{II}$ 1470, 1488; K$_{II}$ 321
porpoises E$_I$ 118
[Portechaise] Portchäse J$_I$ 1018
Porter E$_I$ 68
Portici F$_I$ 689
Portion C$_I$ 217; F$_I$ 809; Mat II$_{II}$ 28, 45
Porträt F$_I$ 1098; L$_I$ 280, 462; UB$_{II}$ 53; SK$_{II}$ 1037
 –e anschlagen und abnehmen D$_I$ 108
 – von Christo D$_I$ 426
 –e [der] Rezensenten K$_I$ 13
Porträtmaler F$_I$ 362; Mat I$_{II}$ 143
Portsmouth D$_I$ 672
Portugal C$_I$ 17; F$_I$ 1232; GH$_{II}$ 31, 48; J$_I$ 151, 1015; L$_I$ 175
Portugiesen B$_I$ 204; KA$_{II}$ 213, 248; E$_I$ 189; J$_I$ 1090; K$_{II}$ 157
portugiesisch C$_I$ 2; KA$_{II}$ 154
 –er Jude J$_I$ 110, 429
 das Portugiesische J$_I$ 1090
Portulan J$_I$ 428
Portwein GH$_{II}$ 48; J$_I$ 151
Porzellan SK$_{II}$ 705
Porzellan-Alter der Welt F$_I$ 568
Porzellan-Lotterie SK$_{II}$ 824
Porzellan-Schlacht SK$_{II}$ 777
Posaune J$_I$ 160
 – wie Pindar D$_I$ 610
 – für den jüngsten Tag J$_I$ 747

- des letzten Tags B_I 321; D_L 530
Schall der letzten - J_I 380
posaunen D_I 610
posaunter Versuch J_{II} 1971
position falsi C_I 180
Positiv F_I 825
Positivchen KA_{II} 152
Posse B_I 209; E_I 36, 194, 251, 260, 435; F_I 548; J_I 1228
s. a. Narrensposse
Postdirektor E_I 152
Postgeld für seine Renommee D_I 315
Posthaus F_I 1138
Postille B_I 358
Postillion KA_{II} 241; E_I 169; F_I 338
Postkutsche E_I 152, 522
Postkutschen-Intrigue E_I 152
[Postreiter] Postreuter E_I 138
Postschiffe J_I 13
Postscriptum vacat L_I 43
postulieren L_{II} 894
Postwagen E_I 152, 291, 304, 377
rote - F_I 96
Postwagen-Reise E_I 208
Postwesen E_I 189
Potatona L_I 150
Potentaten-Krieg J_I 1094
potentatisch E_I 355
Potenzen-Maschine SK_{II} 305
Potsdam J_I 754; SK_{II} 200, 256
pots poumis E_I 68; SK_{II} 431
Pottasche KA_{II} 119
Potz Wetter F_I 569
Pracht F_I 985
Prachtmoral F_I 1123
Pracht-Prose F_I 1138
Prachtstil F_I 1225
Praefatio B_I 200
Prälat E_I 209
Prämium B_I 352
pränumerieren A_I 42
Präparat J_I 704; SK_{II} 159, 960
Präposition A_{II} 239; B_I 153
Prärogative F_I 809; K_{II} 72; UB_{II} 1
präskribieren
sich -d ausdrucken F_I 734
Prätention
stolze Prätensionen J_I 1194
praeter nos [und] extra nos J_I 643; J_{II} 1537; K_{II} 64
praeter propter D_I 668; L_I 608

Präzeptor F_I 1070
schlecht kopierter - F_I 58
Präzipitat
rotes - J_{II} 2053; L_{II} 968; SK_{II} 481
praezipitieren A_{II} 219; D_{II} 731; K_{II} 329
Präzipitation J_{II} 1337, 1940
Präzision
militärische - J_I 502
Prahl-Brief SK_{II} 841
prahlen
das Prahlen L_I 627
Prahler
bunter - D_I 297; E_I 259
Prahlerei D_I 310, 444; E_I 396; G_{II} 5; L_I 627
Praktikenschreiber
Gebet eines -s B_I 71
Praktikus B_I 287
praktisch
-e Abhandlungen L_I 689
-e Ästhetik A_I 18
-er Blick L_I 424; L_{II} 866
-e Dinge J_I 123
-es Leben E_I 418
-e Triebfedern J_I 1072
Pranger der Geistlichkeit B_I 290
Praß
der ganze - D_I 668
gemeiner - F_I 921
predigen C_I 266; F_I 746, 1030, 1195; J_I 713, 1240; K_I 1; L_I 67; L_{II} 980; RT_{II} 24; RA_{II} 127
Prediger F_I 1030, 1195; K_{II} 187; L_I 194, 347; UB_{II} 29; RA_{II} 13
- und Schlosser K_{II} 219
erbauliche - E_I 455
junge - B_I 81
protestantische [und] katholische - J_I 957
schlechte - C_I 11
s. a. Kontrovers-Prediger, Pestprediger, Zopfprediger
Predigt B_I 152; D_I 268; F_I 1090; H_{II} 95, 156
diätetische -en A_I 38
empfindsame -en E_I 66
schlechte -en J_I 274
s. a. Frauenzimmerpredigt, Leichenpredigt
Predigtamt L_I 485
Prega Dio F_I 632

Preisabhandlung SK$_{II}$ 218
Preisfrage SK$_{II}$ 225, 227, 239, 269, 275, 276, 284, 291
– an den Himmel B$_I$ 243; E$_I$ 350; Mat I$_{II}$ 114
Haarlemer – J$_I$ S. 832
Mannheimer – F$_I$ 1172
Preisschrift SK$_{II}$ 231, 804, 834
s. a. Sozietätsfragen
prellen
umher– J$_{II}$ 1611
pressen
Rekruten – SK$_{II}$ 744
Matrosen-Pressen D$_{II}$ 759
Presbyt J$_I$ 671
Preßbengel J$_I$ 1247, J$_{II}$ *1555*
s. a. Bengel
Presse B$_I$ 296
Freiheit der – L$_I$ 498
pretiös E$_I$ 259
Preußen B$_I$ 238, 393; KA$_{II}$ 140; D$_I$ 575; E$_I$ 109, 306, 335; F$_I$ S. 458; G$_{II}$ 97; H$_{II}$ 52; J$_I$ 62, 79, 89, 134, 473, 885; K$_{II}$ 281; RA$_{II}$ 104; SK$_{II}$ 280, 339, 435, 926
preußisch
–e Artillerie SK$_{II}$ 346, 758
–e Cuirassier SK$_{II}$ 339
–e Husaren J$_I$ 115
–es Maß C$_I$ 39
–er Oberfeld-Chirurgus SK$_{II}$ 763
–er Offizier SK$_{II}$ 341, 408, 418
–er Resident SK$_{II}$ 401
–e Standhaftigkeit J$_I$ 1167
Priester A$_I$ 68; J$_I$ 408, 1227
– der Minerva K$_{II}$ 173
Priester-Betrug B$_I$ 334
Primaner D$_I$ 238, 498, 530, 531, 533; E$_I$ 104, 231, 240, 257, 393
poetische – E$_I$ 104
Primaner-Philosophie F$_I$ 958
primis viis K$_{II}$ 75
primus werden D$_I$ 172
Primus-Blitz F$_I$ 597
Primus-Strahl F$_I$ 597
Primzahl SK$_{II}$ 795
Principium E$_I$ 178
– contradictionis D$_I$ *528, 530*; J$_I$ 942
– indiscernibilium F$_I$ 307
allgemeines – A$_I$ 17
regierendes – F$_I$ 684

säurendes – J$_{II}$ 1606, 1675
s. a. Feiertags-Principium, Prinzip
Prinz D$_I$ 444; E$_I$ 10; F$_I$ 631; J$_I$ 90, 298; L$_I$ 325
– von Wales E$_I$ 6
doppelter – J$_I$ 1138, 1142, 1144; K$_{II}$ 283, 287; L$_I$ 146, 300, 588; SK$_{II}$ 420
elende –en H$_{II}$ 137
großer – F$_I$ 204
kleine –en E$_I$ 131
Prinzeninformator E$_I$ 355
Prinzenkopf
gesprengter – D$_I$ 297; E$_I$ 259
Prinzessin J$_I$ 298
– Germania F$_I$ 1005
schwangere – E$_I$ 152
Prinzip L$_{II}$ 981
nach –ien handeln J$_I$ 1059
aus –ien herleiten MH$_{II}$ 12
vier –ien der Moral L$_I$ 195, *330*
s. a. Principium, Religions-Prinzip
prinzipalste Statur F$_I$ 610
Prise geben und nehmen F$_I$ 909
Prisma D$_I$ 265, 302, 305; D$_{II}$ 687; J$_I$ 597; J$_{II}$ 1891, 2086
Pritsche J$_I$ 1132
– um die Ohren hauen D$_I$ 56
Privat-Bemühung L$_I$ 365
Privat-Geschichte aller Familien F$_I$ 165
Privat-Kannengießerei
politische – L$_I$ 49
Privat-Versammlungen denkender Köpfe F$_I$ 958
Privat-Welt J$_I$ 1066
Privet C$_I$ 323; SK$_{II}$ 138, 475, 517
privy council TB$_{II}$ 12
pro
– grege J$_I$ 679
– hospite SK$_{II}$ 484, 663, 814
– rege J$_I$ 679
– [und] contra G$_{II}$ 182
Probestücke K$_{II}$ 69
probieren A$_I$ 76
s. a. anprobieren
Probierstein D$_{II}$ 745
Probierstein-Probe J$_I$ 457
Probierwaage von Verdienst und Würdigkeit D$_I$ 83
Problem
Delisches – D$_I$ 362
Auflösung eines –s D$_I$ 104

procuration
 par – D$_I$ 549
Produkt F$_I$ 106; GH$_{II}$ 84; J$_{II}$ 1437
 –e außer Land führen D$_I$ 402
 s. a. Natur-Produkt
produzierende Klasse J$_I$ 1129
Profession F$_I$ 348, 354, 550; G$_{II}$ 103; H$_{II}$ 40; L$_I$ 75; L$_{II}$ 975
 authors by – D$_I$ 572
 Leute von – F$_I$ 348; H$_{II}$ 40
 Nachtwächter von – F$_I$ 354
 Poet von – G$_{II}$ 103
Professor B$_I$ 191; C$_I$ 91; D$_I$ 136, 181, 248, 488, 639; E$_I$ 239, 265, 351, 411, 418, 455; F$_I$ 38, 968; G$_{II}$ 22, 68; H$_{II}$ 138, 171; J$_I$ 73, 81, 211, 348, 800, 958, 1003; L$_I$ 27, 235, 516; L$_{II}$ 975; RA$_{II}$ 127
 – Eloquentiae B$_I$ 290; KA$_{II}$ 225
 – Juris E$_I$ 233, 435
 – der Konsequenzmacherei B$_I$ 316
 – der Mathematik und Physik L$_I$ 70
 – der Philosophie B$_I$ 386; D$_I$ 493; F$_I$ 33; K$_{II}$ 246; L$_I$ 4
 – der Physik D$_I$ 116; J$_I$ 715
 – Publicus D$_I$ 214
 – Seigneur und Penseur D$_I$ 373; E$_I$ 189
 – der Theologie L$_I$ 429
 alte –n L$_I$ 4
 Mathematiker von – K$_{II}$ 129
 Philosophie des –s E$_I$ 418
 Psychologie [des] –s F$_I$ 33
Professorat
 Gelübde des –s L$_I$ 235
Profil L$_I$ 482
Profitchen
 aufs – stecken K$_{II}$ 163–165
Programm SK$_{II}$ 267, 298
Programma A$_{II}$ 250
progress F$_I$ 85
Progression D$_I$ 259
Projektmacher D$_I$ 23; K$_{II}$ 140
Promemoria SK$_{II}$ 815
promesse E$_I$ 335, 339
Promotion
 Magister-Promotion KA$_{II}$ 225
promovieren G$_{II}$ 200
Pronomen F$_I$ 595; K$_{II}$ 83
 s. a. Mode-Pronomen
pronomina reciproca J$_I$ S. 649

Pronuntiation des Namens C$_I$ 79
propfen s. pfropfen
Prophet F$_I$ 824, 850; H$_{II}$ 89
 s. a. Erdbeben-Prophet
Propheten-Stil F$_I$ 590
Prophetie
 Physiognomik und – G$_{II}$ 95
Prophetik F$_I$ 862, 898
prophetisch
 – tun D$_I$ 287
 –e Kunst F$_I$ 729
 –e Schauder E$_I$ 169
Prophetismus J$_{II}$ 1819
Prophezeiung F$_I$ 780; H$_{II}$ 89; L$_I$ 256
 s. a. Kalender-Prophezeiung
Prophezeiungs-Kunst F$_I$ 219
Proportion s. Portion
Proposition KA$_{II}$ 67; D$_I$ 666
 – in der Geometrie D$_I$ 284
Prorektor B$_I$ 49, 200, 214; F$_I$ 131; SK$_{II}$ 268, 752, 853, 875
Prorektor-Wahl SK$_{II}$ 525, 596
Prosa [Prose] E$_I$ 104, 192; F$_I$ 215; G$_{II}$ 199; J$_I$ 570; L$_I$ 304
 – kommandieren E$_I$ 190
 – läuten hören D$_I$ 539
 – reden E$_I$ 72
 – zu Fuß F$_I$ 260
 – [und] Poesie F$_I$ 22
 beste – B$_I$ 65
 festliche – B$_I$ 290
 gemeine – E$_I$ 259
 geschriebene – E$_I$ 38
 Lavatersche oder Engelraffaelische – E$_I$ 240
 männliche – F$_I$ 802
 poetische – J$_{II}$ 1364
 unehrliche – F$_I$ 985
 versteinerte – J$_I$ 619
 Alpen-Last der – F$_I$ 1166
 Geläute [der] – D$_I$ 153
 s. a. Dragoner-Prose, Festtags-Prose, Kandidaten-Prose, Median-Prose, Pracht-Prose, Sonntags-Prose, Tollhaus-Prose, Zeitungs-Prose
Prosaist E$_I$ 455
Prosektoren J$_I$ 314
Proselyt H$_{II}$ 6
Prosen-Klang F$_I$ 773
Prosit L$_I$ 156; UB$_{II}$ 24
Prosodie B$_I$ 179

Prospekt
- vom Garten-Fenster J_I 105
verbaute –e B_I 159
Prostitutio in integrum C_I 371
Prostitution
Galanterie-Prostitution D_I 415
Protest B_I 220
Protestant B_I 23; C_I 148; D_I 582, 583; F_I 361; J_I 236; L_I 47; L_{II} 980
Tod der –en J_I 699
protestantisch E_I 192; F_I 498
–er Engländer D_I 587
–er Kopf D_I 581; E_I 192
–e Religion C_I 125; E_I 336; J_I *651*
–e Regierungen L_I 47
–e Schriften J_I 957
Protestantismus J_I 1134, 1223; J_{II} *1722*
protokollieren B_I 356
πρωτον ψευδος J_I 400; SK_{II} 65
Provence D_{II} 746
Provinz L_I 314
Prozeß B_I 417; C_I 127; F_I 92, 93; J_I 710
Prozesse verlieren KA_{II} 70
große Prozesse J_I 1151
s. a. Blei-Prozeß, Luftprozeß, Salzprozeß
Prozeßgespenst D_I 433
Prozession L_I 7, 196
prüfen F_I 460
- [und] lernen A_I 140
sich selbst zu – lernen B_I 279
Prüfungs-Geist Mat I_{II} 100
Prüfungszeit K_{II} 69
Prügel G_{II} 171
Segen [und] – E_I 3
s. a. Hauptprügel, Mordprügel
Prügelchen K_{II} 233
Prügelei J_I 333
prügelfaules Fell D_I 668
prügeln J_I 448, 590
Prunk
hingemordeter – F_I 848
Prunk-Artikel D_I 535
Prunkschnitzer D_I 535, 610; E_I 228; F_I 1
Pruritus lucendi J_I 283
Prussiate de Mercure J_I 1167
Psalm B_I 81; C_I 65; E_I *192*; F_I *191*, 873; K_{II} 27
Psalm-Jahr F_I 577
Psycholith L_I 590

Psychologe C_I 303; F_I 34, 324, 607; L_I 44
Psychologie C_I 91; D_I 31, 411; D_{II} 688; F_I 33, 34, 324, 425, 489, 541; K_{II} 86
- [des] Professors F_I 33
psychozentrisch D_I 202
Publikum B_I 137, 271, 272; D_I 433, 610; E_I 226, 234, 250, 285; F_I 3, 106, 595, 613, 813, 941, 942, 988; G_{II} 33; J_I 744, 872; K_{II} 35, 273; L_I 266
deutsches – C_I 361; D_I 610; F_I 1015; J_I 873, 953
einfältiges – D_I 610
kränkelndes – F_I 1051
lesendes – D_I 611; L_I 447
prokreierendes – J_I 868
unwürdiger Teil des –s C_I 142
vernünftiges – F_I 664
publizieren
das Publizieren F_I 1213
Publizist E_I 455
Pucelle
la Sainte – L_I 91
Pudding SK_{II} 194, 206
Pudding-Kopf
blaubäckige Pudding-Köpfe E_I 108
Pudel D_I 344
Affen und – D_I 344
Elefanten und –hunde E_I 113, 179; F_I 150, *890*, *898*; L_I 47; RA_{II} 44
pudeldick F_I 1017
Puder
ewiger – B_I 57
pudern
sich – J_I 906
s. a. sonnenbepudert
Püppchen C_I 63
- auf einer Weltkugel J_I 107
Pürschgen E_I 221, 237
Puls
intermittierender – SK_{II} 106, 111, 728
verschiedene Arten von – L_{II} 730
Puls-Ader F_I 802
Pultawa B_I 23
Pulver A_I 56; B_I 338, 378; KA_{II} 45; D_I 142; E_I 273; J_I 980; J_{II} 1810, 1883; L_{II} 776
- erfinden L_I 307
epidemisches – F_I 1077

suroxigeniertes – SK_{II} 304
s. a. Schießpulver
Pulvertonne
über einer – schlafen L_I 58
Pumpe *s.* Luftpumpe
Pumpernickel *s.* Bumpernickel
Pumpwerk KA_{II} 176
punctum
– saliens F_I 636; J_I 26
– puncti J_I 660
Punkt A_I 2, 3; A_{II} 191, 203; D_I 435; J_I 528, 532
feste –e D_I 81
weißer – E_I 245
Bewegung von –en A_{II} 191
–e [statt bestimmter Wörter] F_I 1104
s. a. Mittelpunkt, Scheidepunkt, Schwerpunkt
Punsch B_I 61; F_I 1011; L_I 389; SK_{II} 183, 851, 852
Punschbowle B_I *174;* C_I 86; D_I *214*
Punschgesellschaft SK_{II} 626
Pupille A_I 57
Puppe D_I 116; L_I 279
angekleidete – J_I 196
s. a. Püppchen
Puppenzeug L_{II} 906
pur E_I 314
puristische Bemühungen K_I 19
Purpur J_{II} 1959
Pursch B_I 51, 56, 289; F_I 393; H_{II} 171; SK_{II} 62, 77, 127, 228, 230, 232, 270, 321, 322, 419, 545, 550, 672, 720, 732, 769, *770,* 800, 876, 885, 956, 959, 987, 989, 1000
s. a. Handwerksbursche, Jäger-Pursche, Pürschgen, Student
Purschen-Gesellschaft F_I 631
purschikos SK_{II} 97
Pusillanimität J_I 337
Putney RA_{II} 70
Putz F_I 334, 1049
s. a. Haar-Putz
Putzmacherin F_I 1105
Pygmäe B_I 178
Pyramide KA_{II} 245; D_I 355, 398; H_{II} 125; J_I 536; K_{II} 93; L_I 268; SK_{II} 465
s. a. Farben-Pyramide
pyramidenförmig
das Pyramidenförmige B_I 158

Pyrmont SK_{II} 54, 60, 186, 504
Pyrometer J_{II} 2138; L_{II} 771; RA_{II} 179; SK_{II} 287
Pyrometrie J_{II} 1500

Quacksalber E_I 271
physiognomischer – F_I 926
Quacksalber-Rezept F_I 497
Quader-Stück
papierne –e F_I 942
Quadrant B_I 293; C_I 85, 374; RA_{II} 142
Quadrat A_{II} 142; J_{II} 1911
–e der Entfernung J_{II} 1585
magische –e KA_{II} 230
Quadratmeile J_{II} 1990
Quadratzoll J_I 532
quadrieren
Zirkel – D_I 41
Quadrille-Tisch L_I 336
Quäker C_I 78
Qualität B_I 151; D_I 172; L_I 278
qualitas occulta J_{II} 1469, 1485; RA_{II} 155
quarante enfants C_I 287
Quart B_I 155; C_I 11
in –o E_I 226
Leben in – B_I 155
Quartaner E_I 142
Quartant F_I 184, 280, 725, 737; SK_{II} 227
Quartband L_I 530
Quartblatt C_I 107
Quartier [Qwartier] F_I 497
Kantonierungs-Quartier J_I 76
Quarz-Krystall J_{II} 1778; K_{II} 328
Quarzsand J_{II} 1778
Quassia-Wein SK_{II} 788
Quebec F_I 41
Quecksilber D_{II} 711, 758; J_I 273; J_{II} 1597, 1608, 1612, 1613, 1735, 1766, 1926, 1987; K_{II} 337, 356; L_{II} 831, 869, 871, 923, 924, 932, 936, 947; UB_{II} 57; RA_{II} 117, 151; SK_{II} 69, 294, 443, 610, 702, 735
französisches – J_I 1167
Verkalchung des –s K_{II} 322; SK_{II} 443
Versuch mit – SK_{II} 735
[Quecksilber-Kalk] Quecksilber-Kalch J_{II} 2112, 2136; SK_{II} 395, 400, 460

Quecksilber-Kügelchen L$_I$ 598
Quecksilber-Niveau SK$_{II}$ 298
Quecksilber-Säule D$_{II}$ 725
Quecksilber-See E$_I$ 49
Quecksilber-Waage SK$_{II}$ 272
Quedlinburg GH$_{II}$ 65; J$_I$ 820
Quell
 – der Kräfte C$_I$ 291
 – des Lichts B$_I$ 322
Quelle B$_I$ 6; C$_I$ 63; J$_{II}$ 1526; L$_{II}$ 923
Quellenseher J$_{II}$ 1449
queries E$_I$ 283
quieken
 das Quieken F$_I$ 215
quilibet praesumitur bonus B$_I$ 171
Quimos C$_I$ 268
Quintenmacher L$_I$ 479
Quiproquo C$_I$ 288; D$_I$ 390
Quis, quid, ubi E$_I$ 146; F$_I$ 865
Quispedoorje J$_I$ 172
Quisquilien der Zeiten F$_I$ 658
Quittung B$_I$ 52; SK$_{II}$ 271, 382
Quodlibet F$_I$ 500
qu'on touche
 schwarzer – F$_I$ 1187

r F$_I$ 25, 822; TB$_{II}$ 31
 – [und] l E$_I$ 292; F$_I$ 842; Mat I$_{II}$ 30
 – wie w aussprechen G$_{II}$ 237
 Gedichte ohne – F$_I$ 383, 384
 Monate [ohne] – F$_I$ 212
Rabatt für die menschliche Natur
 B$_I$ 257
Rab[e] L$_I$ 151
Raçe verbessern L$_I$ 65
 s. a. Menschen-Raçe, Seelen-Raçe
Racha E$_I$ 516
Rache D$_I$ 140; J$_I$ 256
 süßeste – J$_I$ 736
Rad F$_I$ 196; K$_{II}$ 99
 s. a. Glücks-Rad, Hebrad, Hemmerad, Lotto-Rad, Stützrad, Trett-Rad, Trommel-Rad
Radius B$_I$ 114
Radix Mat I$_{II}$ 172
Radnagel E$_I$ 209
Radolfshausen SK$_{II}$ 404
Radotage F$_I$ 812
rädern L$_I$ 439
Räderwerk J$_I$ 87, 1228
räsonieren [resonnieren] B$_I$ 177;
 D$_I$ 19, 420; E$_I$ 427, 455; H$_{II}$ 146

eine mechante Art zu – D$_I$ 213
 aus Empfindungen – C$_I$ 218
 aus dem Stegreif L$_I$ 69
 das englische Räsonieren E$_I$ 114
Räsonnement B$_I$ 254; D$_I$ 506;
 F$_I$ 1160, 1204; G$_{II}$ 12; GH$_{II}$ 78;
 J$_I$ 78; L$_{II}$ 798
 geschlossenes – J$_I$ 78
 politisches – L$_{II}$ 906
 tieferes – repräsentieren F$_I$ 637
 hottentottisch verworrenes –
 F$_I$ 1123
Rätsel B$_I$ 407; D$_I$ 536; J$_I$ 599, 884;
 SK$_{II}$ 261, 564, 570, *582*, 842
Rätselauflösung SK$_{II}$ 261, 297
Räuber L$_I$ 433
 s. a. Seeräuber, Straßenräuber
Räuberhöhle J$_I$ 352
Räucherkerzchen
 ausgebranntes – K$_{II}$ 245
räumen J$_I$ 1239
Räumung J$_I$ 1238
räuspern F$_I$ 860, 921
Raffineur E$_I$ 410; J$_I$ 999
Rahmen F$_I$ 621; J$_I$ 354
Raitoffizier s. Reitoffizier
Raja D$_{II}$ 702
Ramifikation K$_{II}$ 290
Ramme C$_I$ 248, 296
Rammer L$_{II}$ 763
Rang-Leiter B$_I$ 379
Rangordnung A$_I$ 79
Rapier A$_{II}$ 243
Raritäten-Kasten D$_I$ 214; Mat I$_{II}$ 84
rasen B$_I$ 43
 gerast gegen Ende des Februars
 1769 B$_I$ 82
Rasende E$_I$ 259; F$_I$ 335
Raserei A$_I$ 111; E$_I$ 157, 245, 370, 419,
 432; F$_I$ 262, 442, 1209; J$_{II}$ 1818
 – der Zeit F$_I$ 442
rasieren G$_{II}$ 221
 sich zum erstenmal – lassen B$_I$ 127
 sich selbst – B$_I$ 279, 288; C$_I$ 142,
 286; J$_I$ 1026
Raspelhäuser G$_{II}$ 195
Rasse s. Raçe
Rat B$_I$ 366
 – der Alten L$_I$ 379, 622
 – am Ende des Lebens K$_{II}$ 299
 – der Menschen A$_I$ 136; B$_I$ 321,
 365; C$_I$ 194; D$_I$ 79; E$_I$ 370

großer – D_I 79; E_I 370
guter – K_{II} 218
Mitglied des –es J_{II} 1331
Nutzen [eines] –es D_I 459
der Regent [und] seine Räte L_I 58
s. a. Berg-Rat, Geheimrat, Hofrat, Tal-Rat
raten
vorraten J_I 1064
ratifizieren
Entschlüsse – C_I 20
Verstand – K_{II} 63
Ratze F_I 1014; J_I 527
s. a. Sandratze
Raub
Lockenraub K_{II} 203; L_I 97
Sabiner-Raub D_I 666
Rauch E_I 305; F_I 555; L_I 526
rauchen K_{II} 110
s. a. Tabakrauchen
Rauch-Kanal E_I 152
Rauchkerzchen
erbärmlich wie ein – K_{II} 245
Gesellschaft eines –s K_{II} 107
Raufseysen F_I 944
Rauhigkeit F_I 822
Raum F_I 28; J_I 533, 646, 1168; J_{II} 1523, 1664, 1775; K_{II} 202; L_{II} 811, 900
– [und] Körper D_I 435; K_{II} 64
– und Zeit D_I 314, 610; H_{II} 19; J_{II} 1664; L_I 561
absoluter – K_{II} 319
luftleerer – D_{II} 707; J_{II} 1705, 2066; K_{II} 347
unermeßlicher – D_I 312
Raupenstand A_I 135
Rausch B_I *118*, 347; C_I 19; F_I 613; K_{II} 181
im – geschrieben B_I 82
platonischer – B_I 323
unplatonischer – B_I 77
Naturgeschichte des Rausches B_I 77
s. a. Fieber-Rausch
Rauschen des Eichenwaldes E_I 245, 504; F_I 422, 731; K_{II} 274
Rauschenwasser SK_{II} 234, 335
Rauten SK_{II} 492
Reader K_I S. 838
Realität L_{II} 740
objektive – K_{II} 64; L_I 277

Réaumur J_{II} 11
recensiones famosas D_I 66
Rebellion KA_{II} 243
Rebhuhn Mat I_{II} 7
Rechenbuch J_I 97
Rechengabel D_I 214
Rechenkunst
Buchstabenrechenkunst A_I 103
Rechenmaschine B_I 380; J_I 393; SK_{II} 242, 293
astronomische – D_I 288; E_I 368
Rechenstäbchen *s.* Neperische Stäbgen
rechnen A_I 55; D_I 80
– in moralischen Dingen F_I 1158
Rechnung F_I 202; L_I 272, 306
–en mit Brüchen A_{II} 159
algebraische –en J_I 750
s. a. Differential-Rechnung, Integral-Rechnung, Kaufmanns-Rechnung, Schiffrechnung, Wein-Rechnung
recht
– haben E_I 33; F_I 509
– machen J_I 23
Recht
–e studieren F_I 127
– tun L_I 275
– der Abgeschiedenen L_I 63
– der Natur J_I 1161
– des Stärkeren J_I 1151; K_{II} 296
– [und] Unrecht H_{II} 154; L_I 572
politische –e K_{II} 147
Taglöhner beider –e C_I 357
s. a. Faust-Recht, Geburts-Recht, Naturrecht, Schriftsteller-Recht, Vorrecht
rechtfertig C_I 378
Rechtfertigung J_I 1037
Rechthaberei *s.* Haberechterei
Rechtmäßigkeit
Anstrich von – C_I 332
rechtschaffene Menschen L_I 46, 194; L_{II} 980
Rechtschaffenheit
Magister der – L_I 46
Rechtschreibung G_{II} 37
Rechtsgelehrter D_I 529
Receipt SK_{II} 265
Reckel D_I 667
reconciliation SK_{II} 658

Rede B₁ 113, 366, 378, *380;* E₁ 38;
  F₁ 183, 706, 709
  – auswendig lernen J₁ 392
  – sinnlich machen F₁ 183
  – zum Andenken B₁ 354
  – [und] Brief A₁ 21
  – eines Menschen, der sich kastrieren will B₁ 349
  – eines Selbstmörders B₁ 209
  ausgearbeitete – D₁ 620
  gedruckte [und gesprochene] –
    A₁ 21
  steigende – D₁ 277
  s. a. Standrede, Stichelrede, Vorrede
Redekunst J₁ 805
reden
  frei – C₁ 266
  zierlich – D₁ 352
  s. a. heimreden
Redensart A₁ 138; B₁ 284; C₁ 355;
  D₁ 668; E₁ 323; J₁ 404, 555; K₁₁ 263;
  Mat I₁₁ 40; Mat II₁₁ 52
  Fehler in –en Mat I₁₁ 40
  Warwickshiresche –en KA₁₁ 169
  s. a. Bauern-Redens-Art
Redner E₁ 70; F₁ 706; 1014; UB₁₁ 6
  s. a. Lobredner
Rednerkunstgriff H₁₁ 65
Reduktion L₁₁ 939
reell L₁ 253
  das erste Reelle J₁ 531
referieren KA₁₁ 309
reflection F₁ 11
Reflexion F₁ 727; G₁₁ 17; J₁₁ *1790*,
  1880, 2082; K₁₁ 365
  –en anstellen D₁ 445
  – der Finsternis J₁₁ *1510*
  – der Kälte J₁₁ 2125
  – des Lichts KA₁₁ 219; D₁ 299;
    J₁₁ 1601, *1703*, *1867*, 2130, *2166;*
    K₁₁ 311, 342, *365*, *409*
  s. a. Zurückstrahlung
Reformation C₁ 142; K₁₁ 142; L₁ 106,
  154
  politische – J₁ 889
Reformationsrevolution K₁ 16
Reformator C₁ 142
reformieren E₁ 214; F₁ 484; K₁ 21
Reformierte F₁ 222
Refraktion D₁₁ 766; J₁₁ 1505; K₁₁ 311,
  342, 362, 365, 375; L₁₁ 792, 841,
  859; RA₁₁ 117, 132, 142

Refraktions-Edikt J₁ 882
Refrangibilität A₁₁ 166
refugié E₁ 446; F₁ 107
Regal
  klein – B₁ 65
Regalstil B₁ 65
Regel B₁ 333; C₁ 181, 353; D₁ 213,
  447; J₁ 279, 638, 875, 1013, 1022;
  J₁₁ 1329, 1469, 1644, 1672; L₁₁ 806;
  Mat I₁₁ 32
  –n abstrahieren L₁ 457; TB₁₁ 29
  –n [und] Ausnahmen J₁ 279
  –n des geschriebenen Bogens
    F₁ 670
  –n [und] Genie C₁ 209
  –n des Geschmacks A₁ 102
  –n der Grammatik C₁ 151
  –n der Kunst D₁ 190
  –n für den Schriftsteller C₁ *324;*
    D₁ 220; E₁ 357
  –n [und] Stümper C₁ 209
  –n für Wörterfertigung K₁ 19
  von der – abweichen J₁₁ 1329
  alte – G₁₁ 91
  bekannte – D₁ 507
  eigene –n A₁ 12
  goldne – J₁ 966; K₁₁ 360
  große – E₁ 243, 424
  physiognomische –n F₁ 222, 645,
    1038
  Beobachten nach –n D₁ 477
  s. a. Erfindungs-Regel, Erziehungs-Regel, General-Regel, Lebens-Regel, Tischregel
Regelmäßigkeit A₁₁ 224
  erzwungene – F₁ 151
  auf –en kommen A₁₁ 224
Regeln-Krieg E₁ 352; Mat I₁₁ 155
Regen A₁₁ 190, 192; C₁ 297; F₁ 523;
  J₁₁ 1412, 1462, 1576, 1597, 1673,
  1698, 1764, 1860, 1990; L₁₁ *847*, 912
  s. a. Goldregen, Landregen
Regenbogen D₁ 182; F₁ 760; J₁ 653;
  J₁₁ 1412, 1415, 1504, 1845, 1853;
  L₁₁ 847, 859; SK₁₁ 57, 159, 186
  vielfältiger – J₁₁ 1845
Regensburg D₁₁ 675; J₁ 735
Regenschirm B₁ 328
  s. a. Parapluie, Paraplü
Regent A₁ 119; F₁ 860; K₁ 1, 3; L₁ 58,
  211, 403

Regentropfen B_I 195; KA_{II} 186; L_{II} 847
Regenwasser J_{II} 2080
  Kur in – B_I 172
Regenwurm RA_{II} 67, 68
regieren
  mit Betrügereien – B_I 387
Regierung K_I 16; K_{II} 264, 295; L_I 253, 424, 547, 646
  protestantische –en L_I 47
  schwache –en J_I 51
  weise – J_I 1021
  Druck der – J_I 1243
  Erblichkeit der – L_I 403
  s. a. Landes-Regierung, Volks-Regierung
Regierungskunst J_I 945
Regiment J_I 79, 134
  niesendes – E_I 136, 245
Regiments-Hure D_I 667
Register C_I 302; D_I 255, 476, 653; J_{II} 1521; K_{II} 96
  – ziehen L_I 278
  – vox humana J_I 686
  ins – gucken D_I 653
  in –n sagen C_I 302
  s. a. Geschlechts-Register, Index, Namen-Register
registerartige Gelehrsamkeit D_I 255
Register-Machen J_I 311
Register-Schreiber D_I 112
  – geheimer Neigungen F_I 657
registrieren
  Facta – E_I 232
regnen E_I 111; F_I 692, 732; J_{II} 1762, 1771, 2012; K_{II} 289
Regula Coeci J_{II} 1865; SK_{II} 310
Regulus SK_{II} 542
Rehearsal SK_{II} 989
Reibe F_I 86
Reibung J_{II} *1728, 1729, 2084, 2122, 2127, 2144*; K_{II} *383*; L_{II} *926, 946, 947*
reich werden J_I 98, 680
Reich J_I 809
  – der Wahrheit J_{II} 1857
  s. a. Königreich, Mineral-Reich, römisches Reich, Skribenten-Reich, Weltreich
Reichs-Abschied C_I 72; F_I 162
Reichshistorie B_I S. 46s
Reichstag
  polnischer J_I 869

Reichstaler J_I 61
Reichtum F_I 1219
  – und Bettelei F_I 688
  – und Verdienst J_I *204*
  – und Verstand B_I *364*
  in Armut bestehender – D_I 616
Reife J_I *737*, 738
Reihe F_I 153, 701; Mat II_{II} 15
  – [der] Dinge K_{II} 301
  arithmetische – D_{II} 730
  perpendikuläre – A_{II} 157
  s. a. Horizontal-Reihe, Ideen-Reihe
Reim A_I 95; B_I 63; KA_{II} 141; E_I 38; F_I 469; J_I 392, 570, 695; L_I 144, 287, 591
  Widersacher des –s G_{II} 142
  s. a. Leberreim
reimen E_I 289; F_I 832; J_I 1239
Reinhausen SK_{II} 52
Reinlichkeit F_I 126, 396
Reise C_I *36;* KA_{II} 180, 181; D_I 2; J_I 806
  – nach England SK_{II} 227
  italienische – H_{II} *2, 11*
  s. a. Abschiedsreise, Postwagen-Reise
Reisebeschreiber D_I 479; F_I 215
Reise-Beschreibung C_I 47; KA_{II} 179; F_I 386, 544; J_I 387, 929; L_{II} 859
Reisender F_I 96; J_I *623;* K_{II} 133, 312; L_{II} 856
Reitbahn J_I 1229
reiten F_I 22; J_I 647
  – wie die galoppierende Schwindsucht Mat II_{II} 43
  auf seinen Nebenmenschen – B_I 396; Mat I_{II} 9
Reiter
  schwedische Reuter C_I 122
  s. a. Postreiter
Reithabit F_I 1128
Reit-Haus B_I 124
Reitoffizier [Raitoffizier] SK_{II} 496
Reiz D_I 484
  – [des] guten gefälligen Gemüts F_I 1103
  körperliche –e L_I 302
  s. a. Nerven-Reiz
Reizbarkeit in Fröschen SK_{II} 362, 371, *372*
reizen F_I 53
  –de Teile C_I 128

Reklame D_I 590
rekommandieren [rekommendieren]
  B_I 65; SK_II 310
rektifizieren B_I 321; F_I 195
Rektor
  Prorektor B_I 49, 200; F_I 131
  Schul-Rektor L_I 214
Rekruten L_I 645; SK_II 659, 744
Relation GH_II 86; J_I 681; K_I 18
Relief
  bas reliefs B_I 134
  weniger – geben B_I 81
religiös
  –er Despotismus F_I 431
  Regel eines wahren Religiosen
  J_I 500
Religion A_I 29, 66, 114; B_I 81;
  C_I 198, 219, 308; KA_II 92; D_I 170,
  172, 405, 587, 592; E_I 30, 336;
  F_I 348, 392, 533, 631, 873; G_II 44,
  65, 106, 189; H_II 15, 26, 42, 53,
  131, 137; J_I 125, 228, 235, 855, 867,
  1044; J_II 1350, 1351, 1828; K_II 73,
  93, 104, 117, 140, 159; L_I 47, 71,
  368, 483, 596, 705; L_II 905
  – für die Ochsen E_I 336
  – in den Schulen F_I 533
  – [und] Theologie F_I 392
  – [und] Versuche mit Menschen
  D_I 170
  allgemeine– F_I 533
  alte – D_I 369
  christliche – D_I 661; E_I 387; F_I 333,
  348, 443; G_II 238; H_II 26; J_I 235,
  651, 1044; K_II 159, 234; L_I 275, 429
  cis-judäische – L_I 393
  fechten für die – L_I 705
  huren mit der – J_I 59
  katholische – KA_II 138; D_I 587;
  GH_II 31, 33; J_I 369, 651
  natürliche – J_I 125
  neue – J_I 235
  offenbarte – J_I 302
  protestantische – C_I 125, 148;
  E_I 336; J_I 651
  rote – D_I 522; E_I 96
  Aberglaube [und] – A_I 29; C_I 219;
  H_II 159
  Statistik der – H_II 123
  Streit [in der] – A_I 114
  Vorschriften der – C_I 198

s. a. Universalreligion, Vernunft-
  Religion
Religion[en]-Triangel D_I 330; J_I 518;
  Mat I_II 134
Religionist J_I 114
Religions-Edikt J_I 817
Religions-Freiheit F_I 533
Religions-Friede E_I 170
Religionshaß H_II 144
Religionsheuchler E_I 400
Religionspolizei
  vernünftige – J_I 33
Religions-Prinzip J_I 531
Religions-Spötter J_I 820; L_I 275
Religions-Sprachen G_II 44
Religionsstifter C_I 91, 219
  Geschichte der – K_II 174
Reliquie KA_II 113
Remarque
  wichtige – D_I 437
Rems L_I 373
Rennfeder G_II 32
Rennpferd G_II 32; K_I 11
  s. a. Pferde-Rennen
Renommée
  par – kennen D_I 150
  Postgeld für seine – D_I 315
Rentner
  –er Rentner C_I 122
Reparation D_I 357
Reparatur K_I 16
Reparatur-Plan J_I 1223
repetieren J_I 580, 581
Repetier-Ohr J_I 462
Repetier-Uhr J_II 1335, 1856; Mat I_II 3
Repositorium K_II 104, 201; L_I 360
Repräsentant J_I 125
Republik C_I 142; KA_II 2; D_I 610;
  J_I 1150
  – abstecken D_I 112
  – bauen K_II 167
  – der Gelehrten D_I 483
  französische – J_I 1094; L_I 419
  freie – B_I 366
  gelehrte – B_I 297
  Spartanische – D_I 52
  Amt in der – KA_II 225
  s. a. Gelehrten-Republik, Spitzbuben-Republik
republikanisch
  –e Freiheit K_II 149

–es System L_I 34
–e Vielherrschaft L_I 387
Republikanismus
 Grundtrieb des – K_{II} 290
Republikettchen L_I 621
Repulsion J_{II} 1484
reputatische Wörter E_I 323
Requisit J_{II} 1975
Reservation L_I 627
Resident
 preußischer – SK_{II} 401
Reskript SK_{II} 90, 389, 671, 950
resolvieren SK_{II} 316
Resonanz-Boden
 doppelter – L_I 599
Respekt F_I 1058; L_I 279
 ohne – Mat II_{II} 21
respektieren K_I 3
Retaliation D_I 625; Mat I_{II} 23
retailer J_I 1129
Retina A_{II} 196; D_I 170; F_I 420; J_I 107; J_{II} 1532, 1984
 Bildchen auf der – D_I 448; D_{II} 769
 Sonnenbild auf der – F_I 420
 s. a. Tunica retina
Retirade E_I 152
Retorsion F_I 1186
Retorte J_{II} 1682, 2118; SK_{II} 191
Retoure J_I 20
retroszendent machen F_I 791, 793
Reuter s. Reiter
reveil SK_{II} 588
 Reveil beten L_I 501
Revenus Mat I_{II} 91
Revers C_I 199; L_I 694
Revision der Wege der Vorsicht J_I 220
Revolution J_I 1054; J_{II} 1633, 1763, 1773; K_I 16; L_I 34, 106, 286; SK_{II} 373
 –en vorbeugen L_I 211
 –en im Reiche der Autoren D_I 401
 französische – J_I 366, 380, 889, *892*, 1172, 1203, *1223;* K_{II} 142, 150; L_I 25, 322, 458, *596;* SK_{II} 373
 Pariser – SK_{II} 12
 politische – J_I 858
 s. a. General-Revolution, Reformationsrevolution
Revol[utions]-Almanach SK_{II} 968
Revüe F_I 76; H_{II} 80; SK_{II} 325, 326, 498
 General-Revüe SK_{II} 46

Rezensent C_I 231, 243; D_I 56, 83, 91, 120, 124, 197, 203, 213, 214, 222, 238, 268, 387, 390, 433, 515, 530, 610, 612; E_I 58, 109, 245, 455, 492; F_I 662, 1119, 1210; G_{II} 133; J_I 46, 129, 253, 752, 865; K_I 13, 364; L_I 395, 490; L_{II} 830; Mat II_{II} 15
 stehende Macht von –en C_I 243
 s. a. Bücher-Rezensent
Rezensenten-Club E_I 455; F_I 2, 3
Rezensenten-Gunst F_I 848
Rezensenten-Innung D_I 367
Rezensenten-Nulle D_I 261
Rezensenten-Streich E_I 138
Rezensenten-Unfug D_I 286
rezensieren J_I 734
 – [und] lesen J_I 46
 einander – D_I 290
 zu Schanden – K_{II} 232
 schwindsüchtig – E_I *157;* F_I 530
 von unten herauf – D_I *383;*
 Mat I_{II} 76
 Trieb zu – D_I 498
 das Rezensieren D_I 389
 das Rezensieren omnium contra omnes C_I 209
Rezension D_I 56, *67*, 75, 126, 317, 420, 437, 456, 610; E_I 378; F_I 624, 1091; G_{II} 174; GH_{II} 79; J_I 233, 854; J_{II} 1715, 1946; Mat II_{II} 9; SK_{II} 299, 682, 777
 s. a. recensiones, Schwärmer-Rezension
Rezensionen-Leser C_I 23
Rezept F_I 497; L_I 619
 letzte –e L_I 360
 s. a. Quacksalber-Rezept
Rezeptbuch L_I 605
Rezibe F_I 497
Rhabarber F_I 201; SK_{II} 113, 238
Rhabarber-Tinktur SK_{II} 113, 180, 185, 238
Rhein B_I 32; C_I 144, 146; D_I 610, 670; E_I 240; G_{II} 35; J_I 587, 748; K_{II} 229; L_I 365, 512; SK_{II} 676
 Ober-Rhein E_I 446
Rheinfall F_I 1123; RA_{II} 144
rheinisch F_I 1209
 überrheinisch J_I 689
Rheinländer E_I 80
Rheinländischer Fuß A_{II} 179; KA_{II} 35
Rheinsbrunn J_I 1044

Rheinschanze SK$_{II}$ 370
Rheinwein D$_I$ 610; F$_I$ 1011; J$_I$ 587,
    748; L$_{II}$ 935, 971; SK$_{II}$ 381, 835
    zwölflötiger – J$_I$ 156, 748
rheumatisch SK$_{II}$ 366
    –e Zufälle J$_I$ 543
Rheumatismus SK$_{II}$ 1014–1016
Rhinozeros E$_I$ 464; L$_I$ 696
Rhombus J$_I$ 532
Rhone C$_I$ 135; D$_I$ 670; F$_I$ 409
Ribbe s. Rippe
Richmond E$_I$ 407; RA$_{II}$ 164, 166, 167
Richter D$_I$ 20; E$_I$ 344, 455; F$_I$ 730;
    L$_I$ 275
    – in England J$_I$ 1150, 1151
    gültige – J$_I$ 725
    zeitlicher – D$_I$ 337; J$_I$ 1150
    s. a. Kunstrichter, Scharfrichter
Richterstuhl F$_I$ 1107
    – unserer Enkel F$_I$ 737
    – der Mädchen F$_I$ 1194
    – der gesunden Vernunft D$_I$ 267
    kritische Richterstühle E$_I$ 387
richtig D$_I$ 267
    das Richtige B$_I$ 365
Richtigkeit B$_I$ 25
Richtscheid und Schnur B$_I$ 380
riechen KA$_{II}$ 4, 43; J$_I$ 284, 468;
    J$_{II}$ 1750
Riechfläschgen E$_I$ 229
Riechstoff K$_{II}$ 352
Riegel J$_I$ 633
Riese E$_I$ 318; F$_I$ 985
    – [und] Zwerg D$_I$ 638; J$_I$ 41
Riesengebirge GA$_{II}$ 217
    – Gaussauer Horizont KA$_{II}$ 217
    – Schnee-Koppe KA$_{II}$ 217
Riesen-Kind J$_I$ 516
Riesen-Schädel E$_I$ 470
Rinde L$_{II}$ 825
Rinderwurst SK$_{II}$ 234
Ring F$_I$ 1014
    – [des] Saturn D$_{II}$ 706; E$_I$ 368
Rinteln C$_I$ 315
Rippe [Ribbe] J$_I$ 35; Mat I$_{II}$ 57
Rippenstück E$_I$ 121
Riß F$_I$ 818; SK$_{II}$ 353
    berlinische Risse F$_I$ 934
Ritter-Anstand Mat II$_{II}$ 49
Ritterbuch B$_I$ 7; C$_I$ 11
Rittergeist H$_{II}$ 128; L$_I$ 275
Rittmeister SK$_{II}$ 345

Rivoli L$_I$ 387
Roastbeef s. rost beef
Rock
    – [und] Ehre B$_I$ 48
    – [und] Regenschirm B$_I$ 328
    roter – L$_I$ 215
    s. a. Friedensrock, Fries-Rock,
    Oberrock, Röckchen, Schlaf-Rock,
    Schwarz-Rock, Unterrock, Unter-
    röckchen, Vogel Rock
Rocken-Brei SK$_{II}$ 120
Rocken-Kaffee B$_I$ 144
Röckchen L$_I$ 409
    letztes – B$_I$ 324
Röhre C$_I$ 252; E$_I$ 35
    kalibrierte – K$_{II}$ 411
    spanische – KA$_{II}$ 112; D$_I$ 610
    s. a. Barometer-Röhre, Fernröhre,
    Haarröhrchen, Luftröhre
Römer A$_I$ 95; C$_I$ 10; KA$_{II}$ 46; D$_I$ 8,
    127, 263; E$_I$ 18; F$_I$ 1067; G$_{II}$ 138;
    J$_I$ 420; L$_I$ 212, 656
römisch A$_I$ 66; J$_I$ 398, 809
    –e beaux esprits B$_I$ 224
    –e Garten-Erde E$_I$ 247
    –e Historie A$_I$ 66
    –e Konsuls E$_I$ 209
    –er Primaner E$_I$ 257
    –es Reich B$_I$ 91
[Roggenbrei] Rocken-Brei SK$_{II}$ 120
[Roggenkaffee] Rocken-Kaffee B$_I$ 144
Rohrführer B$_I$ 354
Rohringen SK$_{II}$ 803
rohrsperlingisch F$_I$ 1146
Rolle F$_I$ 613
Rom C$_I$ 203; D$_I$ 461; D$_{II}$ 684; E$_I$ 89,
    104, 165, 191, 261, 355; F$_I$ S. 457,
    256, 611, 653, 1123, 1170; H$_{II}$ 133;
    GH$_{II}$ 88; J$_I$ 201, 210, 408, 835;
    K$_{II}$ 177; L$_I$ 240, 411, 449; RT$_{II}$ 22;
    RA$_{II}$ 159; SK$_{II}$ 413
    – Engelsburg KA$_{II}$ 159
    – Peterskirche B$_I$ 124; D$_I$ 398;
    E$_I$ 441; F$_I$ 191
    – Sixtinische Kapelle K$_{II}$ 349
    – Vatikanisch B$_I$ 16; RA$_{II}$ 159
    – Vatikanischer Apoll B$_I$ 16;
    E$_I$ 165, 191; RA$_{II}$ 159
    s. a. Tiber-Athen
Roman C$_I$ 54, 55, 60; D$_I$ 275, 610;
    E$_I$ 255; F$_I$ 291, 320, 741, 804, 1102;
    G$_{II}$ 113; H$_{II}$ 73, 136, 138, 139;

J$_I$ 596, 605, 731, 856, 905, 918, 920, 1030, 1048, 1058, 1063, 1116, 1118, 1136, 1200; K$_{II}$ 195, 279–281; L$_I$ 279, 619; Mat II$_{II}$ 12, 26, 29
- in Briefen H$_{II}$ 79
- [und] Leben B$_I$ 29
deutscher – E$_I$ 152; J$_I$ 865
didaktischer – GH$_{II}$ 74
englischer – D$_I$ 610
Ableger von –en J$_I$ 731
s. a. Halbroman
Romanendichter F$_I$ 730; G$_{II}$ 139; J$_I$ 222
Romanen-Lesen J$_I$ 735
Romanen-Mensch F$_I$ 142
Roman-Ingredienz GH$_{II}$ 24
Romanschreiben B$_I$ 391; C$_I$ 242
Romanschreiber B$_I$ 30; KA$_{II}$ 152; E$_I$ 152; F$_I$ 305, 1182; L$_I$ 707
schlechte – J$_I$ 558
Romanze D$_I$ 610; E$_I$ 128, *355*
rosa
sub – L$_I$ 606
Rose B$_I$ 380
–n weben L$_I$ 462
à la rose B$_I$ 158
unter –n schlummern B$_I$ 380
s. a. Klapperrose
Rosenfarbe B$_I$ 41, 82, 322; F$_I$ 334
rosenfarbenes Licht B$_I$ 159
Rosengeruch J$_I$ 975; J$_{II}$ 1465
Rosenknöpfchen E$_I$ 169
Rosenkranz C$_I$ 191
Rosencranz Methode J$_I$ 381
Rosenstock F$_I$ 218, 275; Mat I$_{II}$ 148
Rosinen und Mandeln F$_I$ 891
Rosmarin D$_I$ 214
Roßbach D$_I$ 610; E$_I$ 209, 339, 389
–er Schelmen E$_I$ 339
Roßzähne E$_I$ 209
Rost
edler – E$_I$ 108
rost beef B$_I$ 60; D$_I$ 52
Rostock J$_I$ 536; SK$_{II}$ 303, 304
rot C$_I$ 122; F$_I$ 34, 96; J$_{II}$ 1959; Mat I$_{II}$ 172; SK$_{II}$ 267, 268, 281, 292, 305, 353, 570, 680, 681, 683, 864, 869, 892, 925, *928*, 969
- werden E$_I$ 489; K$_{II}$ 115; MH$_{II}$ 8
–e Haare A$_I$ 98; C$_I$ 30; F$_I$ 224
–er Lichtstrahl C$_I$ 304
–e Religion D$_I$ 522; E$_I$ 96

–er Strich um den Hals F$_I$ 328
s. a. hochrot, Schamröte
Rot
brennend – C$_I$ 331
Rotation J$_{II}$ 1823, 1861, *1866*
synodische – L$_{II}$ 751
Rotenburg SK$_{II}$ 71, 72, 79, 207
Rotes Meer J$_I$ 1052
rotgetrunken E$_I$ 262
Rotkehlchen GH$_{II}$ 35; J$_I$ 637; L$_I$ 640
Rotkopf F$_I$ 222
Rotterdam J$_{II}$ 2063; TB$_{II}$ 1
Rotzbube J$_I$ 847
Rotzebue SK$_{II}$ 286
Rotzlöffel D$_I$ 667
Rotznase SK$_{II}$ 489
rouable J$_I$ 1251
Roucou KA$_{II}$ 247
roué J$_I$ 1250, 1251
Rouen E$_I$ 21
roulierende Wahrheiten B$_I$ 296
Route
Marsch-route J$_{II}$ 1428
R-scheues Züngelgen E$_I$ 292
Ruder E$_I$ 251
s. a. Steuer-Ruder
Ruderer
Nachtgesang [der] – D$_I$ 510
Rübe C$_I$ 272
Märkische –n SK$_{II}$ 250, 256, 261, 265, 266, 269
s. a. Zaunrübe
Rüben-Öl KA$_{II}$ 18, 42
Rübsaatberge SK$_{II}$ 324
Rückenmark F$_I$ 34
Rückenschmerzen SK$_{II}$ 154, 243, 318, 320, 321, 413, 445, 695
Rückgrat
verwachsener – F$_I$ 1204
rückwärts
- erziehn L$_I$ 377
- herbeten G$_{II}$ 101
Rückwärtshersagen L$_I$ 241
rühmen
sich – L$_I$ 310
rührende Stelle F$_I$ 1107
Ruf MH$_{II}$ 2
Ruhe J 295, 492, 784; J$_{II}$ 1640
- in [einem] Gesicht C$_I$ 300
unbedeutende – F$_I$ 898
wollüstige – B$_I$ 347; D$_I$ *381*
s. a. Seelen-Ruhe

ruhen
scheinbar – C_I 32, 303
Ruhestand
moralischer – L_{II} 825
Ruhm B_I 103, 142, *408;* D_I 218, 370, 503, 530; J_I 522, 523; Mat I_{II} 20, 73
– erwerben F_I 120
– der Nachwelt D_I 530
– [der] Schriftsteller K_{II} 169; Mat I_{II} 132; Mat II_{II} 15
literarischer – J_I 1155
Patente des –s D_I 337
Tempel des –s D_I 107, 108, 286; E_I 504
Ruhmbegierde
wahre – D_I 427
Ruhmredigkeit L_I 278
Ruhr SK_{II} 685, 692
Ruine J_I 257; L_I 99
–n aus einem Granitfelsen hauen J_I 1170
–n von Palmyra F_I 1123; J_{II} 1484
–n von Persepolis J_I 536
–n von –n D_I 666
künstliche –n J_I 257
ruinieren L_I 202
Rum B_I 61
Rumpelkammer E_I 368
Rumpeln in einer Kammer C_I 178
Ruß J_{II} 1678, 1690
s. a. Kienruß
Russen KA_{II} 65; L_{II} 765; SK_{II} 818
russisch J_I 115, 698, 721; RA_{II} 93
–er Kaiser D_I 566
–es Mädchen D_I 444
–es Wörterbuch SK_{II} 481
Rußland B_I 398; KA_{II} 15, 240, 243; D_I 79, 444, 520, 566; GH_{II} 44; J_I 612, 698, 848; L_I 25
Rußschwämme J_{II} 1554
Rute J_I 1184
–n mit Goldschaum F_I 1070
s. a. Kubik-Rute, Leimrute

S. *s.* Stade
Saal SK_{II} 27, 73, 79, 90, 146, 147, 184, 248, 249, 260, 286, 293, 294, 300, 363, 420, 437, 443, 515, 586, 601, 849, 869, 956–958, 975, 1019, 1025, 1034
– tartaria F_I 497
s. a. Hörsaal

Saat
Nessel-Saat F_I 545
Sabinerin B_I 406
Sabiner-Raub
der geraubte – D_I 666
Sache J_{II} 2148; K_{II} 283; L_I 417
mehr –n als Wörter lernen D_I 264
korrosive –n B_I 232
nützliche – B_I 126
sieben – L_I 609
Sachsen A_I 119; KA_{II} 34, 53, 176, 182; K_{II} 281; L_{II} 935
Sachsenhäuser D_I 214; E_I 376
– Grobheit E_I 221
– Steinkopf bunt D_I 297; E_I 259
– Steinkopf schlicht D_I 297; E_I 259
Sachsenhausen D_I 214, 297; E_I 221, 259, 376; F_I 534
Sachsen-Weimar SK_{II} 342
sächsisch RA_{II} 27
–er Geist C_I 95
das Obersächsische E_I 108
Sack-Pfeif' B_I 49
Säckchen
das Kartoffel-Säckchen J_I 1034
saeculum
Saecula durchleben J_I 896
säender Tritt B_I 253
Sägenschärfen F_I 213
Sägespäne J_{II} 1765, 2145; MH_{II} 14
– meiner Divisionen L_I 553
Sämereien-Listen SK_{II} 1030
Sänger RT_{II} 14; RA_{II} *195*
– nachahmen RT_{II} 4
– sanfter Empfindungen B_I 253
– der Freude B_I 364
Lauenburger – E_I 104
s. a. Odensänger
Sängerin F_I 744; RT_{II} 2; RA_{II} 195
säuisch D_I 45
Säure J_{II} 1606, 2036; K_{II} 326, 328, 337; L_{II} 761
s. a. Phosphorsäure, Salpetersäure, Salzsäure, Vitriol-Säure
Saft
gerinnende Säfte des Völker-Körpers C_I 125
s. a. Nahrungssaft, Nervensaft
Saftfarben K_{II} 340
Sagan KA_{II} 217

Sage J$_{II}$ 1706; L$_I$ 418
 -n der Vorzeit J$_I$ 1224, 1238
sagen J$_I$ 1011; Mat I$_{II}$ 44
 – und denken D$_I$ 89; G$_{II}$ 215
 neu – MH$_{II}$ 43
 wenig Neues – D$_I$ 259
 im Vorbeigehen gesagt C$_I$ 302
 Vorsatz etwas zu – G$_{II}$ 115
 s. a. heimsagen, nachsagen, Rückwärtshersagen
Sago-Suppe SK$_{II}$ 33
Sahne B$_I$ 176
Saite
 das Stimmen einer – J$_I$ 737
Sakrament der roten Halsbinde J$_I$ 716
Sakristei-Meubel J$_I$ 237
Salatsamen D$_I$ 297; E$_I$ 259
Salband SK$_{II}$ 122
Salbung J$_I$ 321
Salisbury plain D$_{II}$ 262
Saloppe
 Haus-Saloppe SK$_{II}$ 106
 Pelz-Saloppe SK$_{II}$ 110
Salpeter KA$_{II}$ 105; J$_{II}$ 1382, 1496; L$_{II}$ 761; SK$_{II}$ 294
Salpeter-Geist KA$_{II}$ 105; H$_{II}$ 135
Salpeter-Luft J$_{II}$ 1684, 1757, 2023, 2036, 2058, 2063; K$_{II}$ 354
Salpeter-Naphtha UB$_{II}$ 58
Salpetersäure J$_{II}$ 1370, 1492, 1630, 1656, 1684, 1757, 2058; L$_{II}$ 761; UB$_{II}$ 60
Salto mortale SK$_{II}$ 978
salus
 vestra –, nostra – J$_I$ 412
Salvegarde SK$_{II}$ 400
Salz A$_{II}$ 216, 217, 236; KA$_{II}$ 105, 218; F$_I$ 201; J$_{II}$ 1350, 1484, 1734, 1764, 1777, 1780, 2011, 2018, 2056, 2064, 2077, 2108; L$_{II}$ 979; SK$_{II}$ 436
 – und Bitterkeit B$_I$ 54
 – der Widerwärtigkeit E$_I$ 189
 Anschießen der –e A$_{II}$ 216, 217; KA$_{II}$ 218; J$_{II}$ 1350
 Form der –e J$_{II}$ 1484
 s. a. Kochsalz, Küchensalz, Laugensalz, Seignette-Salz, Steinsalz, Urinsalz
Salzbank L$_{II}$ 864
Salzgrube J$_{II}$ 2069
Salzprozeß J$_{II}$ 2074
Salzquellen G$_{II}$ 185

Salzsäure J$_{II}$ 1495, 1630
 dephlogistierte – J$_{II}$ 1630, 1830; K$_{II}$ 324; L$_I$ 616; L$_{II}$ 777; SK$_{II}$ 518
Salzschwein J$_I$ 1074
Salz-Solution A$_{II}$ 236
Salzwasser E$_I$ 189; J$_{II}$ 2044
Salzwasser-Quelle L$_{II}$ 864
Samaritaner D$_I$ 262
Samariter
 barmherziger – A$_{II}$ 185
Samen D$_I$ 214; J$_I$ 593, 731
 männlicher – KA$_{II}$ 73
 s. a. Goldsamen, Salatsamen
Samen-Korn G$_{II}$ 39; L$_I$ 216
Samen-Körner von Wissenschaften G$_{II}$ 39
Samenstaub C$_I$ 220
Samen-Tragen
 zum – stehen lassen D$_I$ 52
sammeln B$_I$ 395; J$_{II}$ 1427
 – [und] schreiben KA$_{II}$ 204
 Charakter – B$_I$ 391
 Lohn im Himmel – C$_I$ 219
 das Sammeln und Lesen H$_{II}$ 168; J$_I$ 1195
 s. a. Insektensammeln
Sammler J$_I$ 1195
Sammlung
 Kalender-Sammlung SK$_{II}$ 386
 Statuten-Sammlung F$_I$ 541
Samt L$_I$ 462
 die Weiche des Sammets zu fühlen F$_I$ 1209
Samyel C$_I$ 333
Sancte Leo ora pro nobis SK$_{II}$ 395
Sand F$_I$ 53, 262; J$_I$ 392
 Lage des –s E$_I$ 469
 s. a. Streusand
Sandart [Sander] SK$_{II}$ 146, 435, 727, 1025
Sandbüchse
 Dintenfaß [und] – C$_I$ 85; D$_I$ 256; E$_I$ 157; L$_I$ 399
Sandhaufen
 glühender – C$_I$ 303
Sandkörnchen
 [Bewegung im] – C$_I$ 32, 303
Sandkorn D$_I$ 475; E$_I$ 31; F$_I$ 34; J$_{II}$ 1351
 an ein – geschmiedet E$_I$ 368
 Lage der Sandkörner A$_{II}$ 216
Sandkugel C$_I$ 303

Sandratze D₁ 214
Sandstein-Gesicht F₁ 1137
Sand-Uhr C₁ 27
Sansculottes J₁ 1250; SK_II 579
Sansculottismus J₁ 1201
Sanssouci D₁ 398; F₁ 985; J₁ 38
Sanum C₁ 333
sapere aude GH_II 46
Sapphisch F₁ 1232
Sardinien J₁ 1003
Sarg K_II 255; L₁ 350, 599; SK_II 204, 450, 653, 803
Sarkasmus D₁ 238, 433; E₁ 126, 189; F₁ 741
sarkozentrisch D₁ 202
Sarus KA_II 119
Sasch C₁ 190
Sash C₁ 190
Satan KA_II 212
satanische Veächter D₁ 652
Satellit E₁ 392; J₁ 858
Satire s. Satyre
Satisfaction L₁ 263
Saturn A_II 181; E₁ 26;F₁ 309; L₁ 518; SK_II 105, 432
  Ring des – A_II 255; D_II 706, 740; E₁ 368; J_II 1867, 2095; L₁ 10; L_II 774; RA_II 163
  Trabanten des – E₁ 368
Satyr E₁ 106
Satyre B₁ 136; C₁ 131, 274, 327; KA_II 130, 138; D₁ 42, 78, 81, 86, 380, 382, 487; E₁ 53, 86, 89, 187, 221, 233, 277, 292, 318, 370, 387; F₁ 103, 143, 159, 176, 180, 226, 255, 296, 304, 332, 351, 430, 506, 527, 530, 1054, 1126, 1139; J₁ 586, 711, 746, 1154; K_II 201; L₁ 45, 433, 619; RA_II 73
  –n auf die Ärzte D₁ 271
  –n [gegen die] Gelehrten D₁ 439, 633; E₁ 114
  –n verneinte Lobschriften E₁ 370
  – über das Übersetzen G_II 107
  – auf die bürgerlichen Verträge GH_II 22; J₁ 633
  bittere –n süß F₁ 304
  deutsche –n J₁ 865
  die erste – D₁ 140
  die feinste – H_II 69
  gute – D₁ 301
  verständige – E₁ 111
  Gegenstände der – H_II 1
  Geißel der – F₁ 792
  Joch der – B₁ 153
  Leser [einer] – C₁ 274
  Meisterstück einer – C₁ 11
  Plan der neuen – D₁ 610
  s. a. Magazin-Satyre, National-Satyre
Satyrenschreiber B₁ 137; F₁ 225
Satyr-Gesicht E₁ 261
Satyriker F₁ 988; J₁ 746
Satyrikus D₁ 73
  die Satyrici F₁ 59
satyrisch
  –e Bitterkeit KA_II 286
  –e Duelle B₁ 174
  –er Kopf E₁ 81
  –es Mordgewehr L₁ 333
  –e Wendung B₁ 52
Satz B₁ 130; D₁ 150
  – mit einem Bruch multiplizieren D₁ 466
  – des zureichenden Grundes F₁ 694
  Sätze der abstraktesten Philosophie J_II 2148
  – des Widerspruchs D₁ 528, 530; J₁ 942
  Bestätigung eines –es E₁ 331
  offizineller – C₁ 28
Satzung
  Menschen-Satzung J₁ 125
[Satz-]Zeichen D₁ 114
sauer
  saurer Kohl SK_II 108, 895
Sauerampfer F₁ 62
Sauerkohl
  Sauern Kohl und Speck C₁ 317
Sauerstoff L₁ 246; L_II 778
saufbrüderlich B₁ 415
Saulümmel D₁ 667
Sauwedel D₁ 667
savan F₁ 704; GH_II 26
  les sçavans F₁ 1212
Savogarde RA_II 172
Savoyen RA_II 49
Savoyer Kohl SK_II 359
Savu D_II 702, 703
Saxenhäuser s. Sachsenhäuser
Scaramouche KA_II 1011
Scepter C₁ 63; F₁ 607
  – niederlegen F₁ 684

- einer Disputation F$_I$ 563
- von Juda KA$_{II}$ 107
morgenländischer – J$_I$ 753
poetischer – E$_I$ 25
Schabbes-Abend SK$_{II}$ 559
Schach D$_I$ 381; L$_{II}$ 781
Schachbrett L$_I$ 137
Schachspiel F$_I$ 291; J$_I$ 749
 Leute wie ein – betrachten
 Mat I$_{II}$ 124
Schachspieler J$_{II}$ 1521
Schachstein F$_I$ 583
Schacht durch den Mittelpunkt der
 Erde A$_{II}$ 200
Schachtel SK$_{II}$ 1011
Schachtelbrett J$_{II}$ 1961
Schaden J$_I$ 676; L$_I$ 103
– [und] Spott J$_I$ 499
s. a. Krebsschäden, Wildschaden
Schadloshaltung E$_I$ 83
Schäfer
 Seelen-Schäfer J$_I$ 851
Schäferbrücke L$_I$ 15
Schäferdichter KA$_{II}$ 152
schämen
 sich – F$_I$ 164; MH$_{II}$ 11
schätzend F$_I$ 293, 294
schäumen E$_I$ 471
Schaf L$_I$ 538; SK$_{II}$ 211, 222
 -e hüten B$_I$ 378
 abtrünnige -e J$_I$ 723
 geistliche [und] weltliche -e H$_{II}$ 94
 Mainzer und Wormser -e L$_I$ 512
 österreichische -e L$_I$ 65
 ungarische – H$_{II}$ 52
Schaf-Engel F$_I$ 498
schaffen F$_I$ 828
Schaffhausen
 Wasserfall von – F$_I$ 258, 1123;
 RA$_{II}$ 144
Schafmütigkeit D$_I$ 539
Schafott K$_{II}$ 290
 sans echafaud L$_I$ 442
Schafs-Kleid des goldnen Vlieses
 L$_I$ 566
schafsköpfige Albernheit RA$_{II}$ 127
Schafskopf F$_I$ 181
schal E$_I$ 397
Schale
 kalte – SK$_{II}$ 335
Schall E$_I$ 163; F$_I$ 1024, 1072; J$_{II}$ 1543,
 1667, 1677, 1717; K$_{II}$ 339, *346*, 347,
 349; L$_{II}$ *903*, *926*; UB$_{II}$ 61; SK$_{II}$ 690
– der letzten Posaune J$_I$ 380
– [und] Wort E$_I$ 302
Geschwindigkeit des –es K$_{II}$ 344
der – Liberty E$_I$ 274
Versuche mit dem – A$_{II}$ *179*, *188*;
 B$_I$ *114*; J$_{II}$ *1305*, *1307–1309*, *1325*,
 1390–1392, *1398*, *1468*, *1519*, *1527*;
 K$_{II}$ 344, 345; L$_{II}$ *840*, *902*; SK$_{II}$ 155,
 206, 599
s. a. Katheder-Schall
Schall-Beob[achtung] SK$_{II}$ 206, 214
Schallbild J$_{II}$ 1663
Schaltjahr J$_I$ *889*, *923*
Scham E$_I$ 275; K$_{II}$ 115
 falsche – H$_{II}$ 155; J$_{II}$ 1469
s. a. Mitscham
Schamanismus H$_{II}$ 13
Schamhaftigkeit
 Aufopferung der – L$_I$ 627
Schamröte E$_I$ 262
Schandbalg D$_I$ 56, 667
Schanzen ersteigen E$_I$ 422
Scharbock KA$_{II}$ 111
scharf
– haben E$_I$ 226
– sein L$_I$ 559
 -e Ecke B$_I$ 56
Scharfrichter C$_I$ 142; J$_I$ 847
Scharfsinn
– [und] Witz D$_I$ 469; F$_I$ 700
scharfsinnig B$_I$ 54
Scharteke C$_I$ 11; G$_{II}$ 160; J$_I$ 551
 kritische Chartequen lesen C$_I$ 87
Scharwächter GH$_{II}$ 57
 betrunkener – F$_I$ 988
Schatten A$_{II}$ *150*, 151, 155, 233;
 C$_I$ 57; F$_I$ 343; J$_{II}$ 1543, 2086;
 K$_{II}$ 369, 373; SK$_{II}$ 118, 954
 bunte – K$_{II}$ 368
 gefärbte – K$_{II}$ 366, 367; L$_{II}$ 813
 zweideutige – B$_I$ 322
 sich seinen – besehen lassen F$_I$ 587;
 Mat I$_{II}$ 145
Schattenbilder L$_I$ 108
Schattenlehre K$_{II}$ 372
schattieren
 einen Ausdruck – E$_I$ 150
Schattierung A$_{II}$ 150; D$_I$ 127; F$_I$ 569
Schatzgräber
 Hofschatzgräber J$_I$ 5
Schaubühne F$_I$ 783

Schauder
  heilige – E_I 455
  prophetische – E_I 169
Schauer J_I 739
  andächtiger – RA_{II} 1
  – der Vorwelt J_I 556
Schaum J_{II} 1577
  weißer – J_I 1026
Schauplatz F_I 631
Schauspiel F_I 10, 291, 685, 735, 741; H_{II} 66; K_{II} 196; L_I 605; Mat III_{II} 26, 29, 36
  das handlungsvollste – F_I 613
Schauspieldichter F_I 730; G_{II} *139; J_I 222*
Schauspieler D_I 626; E_I 209; F_I 631, 710, 975; Mat I_{II} 46–250, 99, 108, 121; RT_{II} 8, *15;* RA_{II} 3, *175, 184, 185*
Schauspieler-Genie RT_{II} 12
Schauspielerin F_I 631
  s. a. Aktrice
Schauspiel-Gesellschaft F_I 631
Schauspielhaus F_I 631; Mat I_{II} 84
Schauspiel-Schmierer J_I 794
Schaustück C_I 56
Scheffel SK_{II} 403
Scheibe
  – an seine Garten-Tür malen J_I 614
  blaue – SK_{II} 216, 288, 301
  nach der – schießen B_I 114; D_I 641
scheiden
  sich – lassen SK_{II} 259
Scheidekunst J_{II} 2148
Scheidepunkt J_I 292
Scheidewand B_I 334
Scheidewasser D_{II} 761
Schein
  –e ausstellen B_I 52
  – des Bösen K_{II} 254
  – vom Pastor und Amtmann C_I 256
  s. a. Heiligenschein, Nordschein, Sonnenschein
scheinbar F_I 120
scheinen [und] sein E_I 40, 175; F_I 51; K_{II} 40
Scheinheiliger F_I 229
Scheinschluß C_I 179
scheißen J_I 117

Scheiterhaufen F_I 631
  in – wohnen J_I 183
Scheitholz aus Ton J_I 214
Schelle
  Geläute von Glocken und –n F_I 958
Schellfisch SK_{II} 251, 568, 608, 716, 882, 883, 923
Schelm C_I 178; D_I 667; E_I 455; G_{II} 166
Scheltwort C_I 75
Schemelchen
  hölzerne – L_I 516
Schere F_I 408; J_I 624
  Lichtputze D_I 653; G_{II} 136
  Lichtschere L_I 271
scheren F_I 1106; G_{II} 167
Schermesser D_I 32
  übelgeführtes – B_I 279
Scherz B_I 380; E_I 158; F_I 493; K_{II} 59, 118
Scheschian D_I 278
Scheu
  Menschenscheue B_I 380
scheuen
  so wie Pferde – J_I 343
Scheveningen TB_{II} 1
Schicht J_{II} 1617
  – pro, – conta G_{II} 182
  s. a. Gesteinsschicht, Lava-Schicht
schicklich J_I 491
Schicksal B_I 75, 174, 176; F_I 637; J_I 715, 896; J_{II} 1666
  bestochnes – B_I 339
  Marschroute des –s GH_{II} 50
  Sturm des –s D_I 54, 143; Mat I_{II} 55
  Zum – D_I 410; E_I 159
Schickung
  göttliche – B_I 304
Schiefer RA_{II} 167
Schiefer-tach SK_{II} 160, 178
schielen H_{II} 165
Schienbein F_I 311
  ausgewachsene –e F_I 80
Schierling [Schirling] F_I 78
Schierlings-Dekokt SK_{II} 988
schießen J_I 1117; L_I 578
  – vermittels elastischer Dünste KA_{II} 95
Schießen der Lichtbalken D_{II} 707
  s. a. Vogelschießen
Schießgewehr E_I 35; L_I 333

Schießpulver B₁ 307; D₁ 149; J₁₁ 1275, 1496, 1676; K₁₁ 308; L₁₁ 785; SK₁₁ 304
- zünden J₁₁ 1975, 2000
 mit - in [auf] die Hand [ein]ätzen lassen D₁ 109, 195
 s. a. Pulver
Schieß-Pulver-Welt F₁ 724
Schiff C₁ 378; KA₁₁ 180; J₁ 1225, 1241; J₁₁ 1563, 1910
- auf der Bibliothek B₁ 56
 beste Form der -e F₁ 1004
 s. a. Kriegsschiff, Postschiff
Schiffrechnung L₁ 139
Schiiten D₁ 262
[Schikane] Chicane J₁ 1223
Schild D₁ 248
- des Achilles J₁ 536
 herrliches - für unsere Weinschenken F₁ 966
 vortreffliches - für eine Schenke F₁ 1011
 s. a. Bierschild
schildern J₁ 1149
Schilderung J₁ 1057; J₁₁ 1364
Schildkröte E₁ 520; GH₁₁ 28
Schildwache stehen D₁ 483
Schimmel [Pilz] KA₁₁ 50; J₁₁ 1779
schimmern
 in der Sonne - und spielen D₁ 503
 das Schimmernde D₁ 230
Schimpfwörter-Buch C₁ 285
Schimpfwort B₁ 16; D₁ 628, 653, 662, 667; E₁ 189, 208; F₁ 812
Schindanger J₁ 622, 911, 913
Schinder C₁ 98; F₁ 1046; J₁ 116, 662
 s. a. Bauernschinder
Schinderei
 Gerechtigkeit und - C₁ 249
Schindergäßchen J₁ 861
Schinken
 warmer - L₁ 160
Schirm s. Paraplüe, Parapluie, Regenschirm
Schirling s. Schierling
Schlacht D₁ 61, 550; F₁ 422
- bei Abukir L₁ 676
- bei Actium L₁ 387
- bei Arques C₁ 360; D₁ 4
- bei Blenheim B₁ 124
- zwischen Engeln und Teufeln G₁₁ 109

- bei Heidelberg SK₁₁ 829
- bei Ivry KA₁₁ 138
- bei Lissa E₁ 389
- bei Minden D₁ *19;* L₁ *676;* SK₁₁ 807
- bei Murtscheckort D₁ 391
- bei Rivoli L₁ 387
- bei Roßbach D₁ 610; E₁ *209,* 389
- auf dem Weißen Berge C₁ 256
 Beschreibungen von einer - E₁ 179
schlachten
 einander - K₁₁ 224
Schlachtfeld B₁ 221
[Schläfe] Schlaf L₁ 142
Schlaf C₁ *323;* F₁ 684, 752, 1083; J₁ 1093; K₁₁ 86
 Empfindungen vor dem - A₁ 129; B₁ *329;* D₁ *528*
 s. a. Winterschlaf
schlafen C₁ 323; H₁₁ 111
- [und] träumen F₁ 749
 -der Jüngling C₁ 367
schlaffer Taugenichts E₁ 274
Schlaffigkeit F₁ 1204
Schlafkammer G₁₁ 56
Schlafmütze
 fromme -n F₁ 38
Schlaf-Rock C₁ 47; E₁ 169, 218; J₁ 929; L₁ 287; SK₁₁ 42, 960
Schlag
- auf [an] den Kopf E₁ 147, 517
 elektrischer - J₁₁ 1751
schlagen
 geschlagene Vernunft K₁₁ 128
 blutdürstig - F₁ 1001; Mat II₁₁ 5, 14
 ins Gesicht - D₁ 119
 auf den Kopf - E₁ 147
 Köpfe blutig - E₁ 138
 vor den Kopf - E₁ 162, 189
Schlagfluß F₁ 810; J₁ 601
Schlamm
 unwirtbarer - L₁ 25
Schlange J₁ 171; K₁₁ 228
 s. a. Klapperschlange
Schlangen-Linie B₁ 131; F₁ *182;* Mat I₁₁ 107
Schlankheit F₁ 603
schlappe Nerven E₁ 268
Schlappherzigkeit F₁ 911
Schlaraffen-Ländgen
 geistliches - B₁ 176

Schlauch
   Schläuche [der] Adern B$_I$ 354
schlecht
   – und recht E$_I$ 125; Mat I$_{II}$ 129
   – schreiben B$_I$ 11, 95, 270, 321; E$_I$ 128; F$_I$ 706
   –er Dichter F$_I$ 556, 793
   –er Mann F$_I$ 353
   –er Schriftsteller B$_I$ 404; F$_I$ 430, 793
   sich – befinden L$_I$ 474
   Schlechtes [und] Gutes C$_I$ 353; E$_I$ 359, 387; J$_I$ 274
   etwas Schlechtes loben E$_I$ 387
Schlehen-Hecke J$_I$ 99
Schleier
   – [und] Hosenschlitz C$_I$ 5
schleifen J$_I$ 662
   an sich – L$_I$ 559; MH$_{II}$ 13
   Witz – E$_I$ 292
   s. a. Glas-Schleifen
Schleifen lassen B$_I$ 36, 56
Schlendrian E$_I$ 157
Schleppe D$_I$ 79, 545, 547
Schleswig J$_I$ 1021, 1098, 1250
Schleusen-Commissair SK$_{II}$ 353
schließen D$_I$ 445, 593
   das Schließen L$_{II}$ 798
schlimm
   von allem nur das Schlimmste zu sehen J$_I$ 615
Schlittenfahrt SK$_{II}$ 270, 423, 732, 974, 1031, 1042
   Ode auf eine – L$_I$ 687
Schlitten-Pferd SK$_{II}$ 109
Schlösseraufmachen C$_I$ 215
Schloß [Verriegelung]
   – oder Klebpflaster auf den Mund J$_I$ 51
   – und Riegel GH$_{II}$ 22
   Tür- und Schrankschloß und Riegel J$_I$ 633
Schloß [Wohnsitz] F$_I$ 357; L$_I$ 10
   das bezauberte – des Ehestands L$_I$ 15
   s. a. Luftschloß, Lustschloß
Schlosser
   Prediger und – K$_{II}$ 219
Schluck von Vernunft E$_I$ 202
Schlucker
   armer – L$_I$ 200
Schlüsselloch F$_I$ 476

Schlüssel-Löcher des Herzens Mat I$_{II}$ 120
   Abhandlungen über Schlüssellöcher B$_I$ 195
Schlummer
   empfindsamer – C$_I$ 209
schlummern
   unter Rosen – B$_I$ 380
Schlupfwinkel des menschlichen Herzens B$_I$ 140
Schluß A$_I$ 35; C$_I$ 179; F$_I$ 941; H$_{II}$ 153; J$_I$ 287
   Schlüsse machen F$_I$ 18
   Schlüsse ziehen D$_I$ 610
   Schlüsse aus der Analogie KA$_{II}$ 17
   analogische Schlüsse F$_I$ 559, 637
   explodierte Schlüsse F$_I$ 848
   falsche Schlüsse F$_I$ 216
   verwickelter – F$_I$ 202
   zusammengesetzter – E$_I$ 30
   s. a. Scheinschluß, Vernunftschluß
Schmähschrift F$_I$ 573
schmarotzen K$_{II}$ 141
Schmarotzer F$_I$ 289; G$_{II}$ 2
Schmarren auf den Backen F$_I$ 898
Schmaus
   Magisterschmaus E$_I$ 189, 209
Schmeichelei J$_I$ 508; K$_{II}$ 108
Schmeichler D$_I$ 83; F$_I$ 564, 991; G$_{II}$ 26
schmelzen F$_I$ 350; J$_{II}$ 1310, 1495, 2077; L$_{II}$ 922
   das Schmelzen J$_I$ 432; J$_{II}$ 1490, 2077
   s. a. Goldschmelzen, unschmelzbar
Schmelz-Ofen A$_{II}$ 174
Schmelzung J$_{II}$ 1921
   – der Kiesel-Erde J$_{II}$ 1439
Schmerz F$_I$ 53; J$_I$ 302; K$_{II}$ 34; L$_{II}$ 715, 875; SK$_{II}$ 1004, 1005, *1006*
   – [und] Tod A$_I$ 53
   – im Traume J$_{II}$ 1465
   – [und] Vergnügen A$_I$ 64; C$_I$ 31
   kitzelnder – B$_I$ 261
   physischer – F$_I$ 35
   vergangener [und] zukünftiger – A$_I$ 112; C$_I$ 31
   s. a. Kopfschmerzen, Kopfweh, Zahnschmerzen, Zahnweh
Schmetterling A$_I$ 45; D$_I$ 182; F$_I$ 156, 262; J$_I$ 359; J$_{II}$ 1387
   s. a. Seidenschmetterling

Schmetterlings-Historie F₁ 262
Schmiede
  Kabalenschmiede E₁ 334
  Messerschmide E₁ 209
Schmiede-Esse E₁ 58
schmieden J₁₁ 1987
  s. a. Glühend-Schmieden
Schmiedestr. s. Hannover
Schmierbuch J₁ 559
Schmierbuch-Methode F₁ 1219
Schmierer D₁ 56
  s. a. Dramenschmierer, Schauspiel-Schmierer
Schminke B₁ 180
schmucklos J₁ 778; L₁ 107
schmutzig
  –es Buch D₁ 519
  –e Historien A₁ 108
Schnäpel SK₁₁ 250, 565
S[ch]näpschen J₁ 708
Schnake D₁ 56
Schnalle
  Schuh-Schnalle C₁ 194
  Steinschnalle B₁ 49, 171
Schnallengießer D₁ 92
Schnaps SK₁₁ 229, 288, 377
  s. a. Schnäpschen
schnaubend
  Oden –e Muse D₁ 546
  das odenschnaubende Übel F₁ 366
Schnauzhahn D₁ 667
Schnecke A₁ 31; C₁ 226; J₁ 830, 1209, 1210; RA₁₁ 67
Schneckenhaus A₁ *31;* C₁ 226; D₁ 398
Schnee A₁₁ 192; J₁ 528; J₁₁ 1860; L₁ 144; SK₁₁ 92
  – des gewölbten Hauptes J₁ 1133
  englischer – L₁ 339
  s. a. Blütenschnee
Schneeball
  das Werfen mit Schneebällen C₁ 157
Schneeberger B₁ 319; E₁ 242
  – Schnupftabak B₁ 319; E₁ 242
  – Schnupftabaks-Dose L₁ 638
Schneefigur A₁₁ 237; J₁₁ 1484
Schnee-Koppe KA₁₁ 217
  s. a. Riesengebirge
Schneelinie L₁₁ 879, 933
schneiden F₁ 408; G₁₁ 71; J₁ 624
Schneider A₁₁ 210; D₁ 286, 590; J₁ 1194, 1210; L₁ 403

  enthusiastische Schuster und – F₁ 780
Schneiderei F₁ 719; L₁ 403
Schneider-Gilde B₁ 297; L₁ 403
Schneidezähne H₁₁ 102
schneien SK₁₁ 772
Schnirkel L₁ 197
Schni Schna [Schnick Schnack] SK₁₁ 919, 1007, 1027, 1036
Schnittkohl SK₁₁ 44, 53
schnitzeln D₁ 539; G₁₁ 238
Schnitzer L₁ 27, 28
  s. a. Prunkschnitzer
Schnörkel s. Schnirkel
Schnürbrust J₁ 25; L₁ 309
Schnützelputzhäusel E₁ 436
Schnupfen in der Hofluft fangen D₁ 409; E₁ 267
Schnupfenjahr D₁ 654; E₁ 271
Schnupftabak B₁ *319;* D₁ 209, 214; GH₁₁ 42; J₁ 710, 960, 1022; UB₁₁ 24; Mat I₁₁ 169, 170; SK₁₁ 286, 682, 716, 724, 877, 959
[Schnupftabaksblei] Schnupftobaksblei D₁ 214
Schnupftabaks-Dose C₁ 126; D₁ 256; J₁ *148;* L₁ 638
  vergessene – C₁ 126
  Andachten über eine – D₁ 610
  s. a. Tabatiere
Schnupftabaks-Sprache
  vornehme – D₁ 199
Schnupftuch D₁ 358; E₁ 161; Mat I₁₁ 56
Schnur
  Perlen-Schnur L₁ 196
  Wickelschnur F₁ 793
Schnurre [Posse] E₁ 257
Schnurre [Sicherheitssoldat] B₁ 289
Schöffe
  die jüngsten –n D₁ 387
schön KA₁₁ 169; D₁ 464; F₁ 177, 802, 908, 933, 942, 948, 1209
  – sagen F₁ 293, K₁₁ 158
  – schreiben C₁ 340; F₁ 215, 442
  –er Geist B₁ 20, 361; D₁ 221; F₁ 106, 263
  –es Gesicht F₁ 1020, 1204
  –es Kind F₁ 1204
  –e Leute F₁ 395, 741
  –e Linien F₁ 1221
  –e Schauspielerinnen F₁ 631

-er Stil E₁ 375
-e Talente E₁ 230
elendig – C₁ 88
die -sten Augen F₁ 1204
die -sten Menschen F₁ 1204
das Schöne A₁ 101, 106; B₁ 365, 366; C₁ 236; F₁ 1211
das wahre Schöne D₁ 445
s. a. wildschön
schönfarbig B₁ 25
Schöngeisterei F₁ 153
Schönheit B₁ 141; E₁ 257; F₁ 396, 765, 788, 898, 933, 948, 960, 961, 1137, 1194, 1204, 1221; G_II 1; J₁ 26, 843; J_II 1843; K_II 72, 158
– [und] Häßlichkeit F₁ 898; UB_II 54, 55
-en des Horaz B₁ 20
– [und] Tugend F₁ 934, 942, 1194; UB_II 51
ausländische – C₁ 239
körperliche [und] moralische -en A₁ 18
die konventionellen -en unserer Schriftsteller E₁ 386
landesübliche – F₁ 898
leblose – UB_II 51
männliche – A₁ 139; E₁ 429; F₁ 1086
mirakulöse – L₁ 642
organische – UB_II 51, 54
Schönheits-Linie Mat I_II 107
Schönheits-Wasser SK_II 448
Schönpflästergen F₁ 126
aufgeklebte – A₁ 47
Schönschreiber-Kunstgriff J₁ 626
Schönwasser F₁ 497
Schöpfer F₁ 637
s. a. Uhrenschöpfer
Schöpfungs-Tag J₁ 801
Schöpfungs-Vermögen J_II 1854
Schöppenstädtisch D₁ 618; E₁ 146
Schöppenstedt RA_II 104
Schöps B₁ 128; C₁ 218; F₁ 338
Schörl
Grönländischer – SK_II 340
[Schokolade] Chocolade D₁ 340
s. a. Gesundheits-Chokolade, Seelen-Schokolade
Scholium KA_II 67
Schoner RA_II 130
Schonung F₁ 716

Schorboru SK_II 130, 140, 159, 183, 679
Schornstein E₁ 152, 305, 522; F₁ 555; J₁ 941; L₁ 398, 526
aus dem – observieren UB_II 66
Schornstein-Feger C₁ 41
Schoß J₁ 292
Davids – B₁ 402
Schotten E₁ 108; F₁ 1198; G_II 35; H_II 61; L₁ 181; RA_II 13, 17, 23
s. a. Bergschotten, Hochländer
schottisch D₁ 593
-e Armee RA_II 164
-er Captain E₁ 92
-e Dame D₁ 593
Schottland KA_II 179; D₁ 572, 585; E₁ 152, 164; J₁ 1095; L₁ 256; RA_II 79;, 164, 167
Schrank J₁ 303
s. a. Bücherschrank, Sorgenschränkchen
Schrankschloß J₁ 633
Schraube
– ohne Anfang J₁ 434; K_II 243
– mit doppelten Gängen D₁ 265
s. a. Mikrometer-Schraube
Schreibart B₁ 65, 96; C₁ 102; D₁ 297; E₁ 259; F₁ 215, 754
lebhafte und blühende – J₁ 306
simple – G_II 126
Versüßungen der – F₁ 1051
s. a. Mode-Schreib-Art
Schreibbuch J₁ 26
schreiben B₁ 20, 131, 195, 204, 208, 270, 284, 301, 321, 365; KA_II 204; D₁ 19, 79, 226, 259, 285, 503, 600, 610; E₁ 140, 146, 218, 235, 245, 257, 310, 320, 426, 430; F₁ 18, 117, 135, 143, 442, 595, 976, 1060, 1107; G_II 27, 117, 123, 132; H_II 141; J₁ 283, 332, 483, 524; J_II 1559, 1842; K_II 38, 175, 186, 190, 194, 197, 198; L₁ 140, 186, 457, 679; UB_II 42; Mat II_II 29; TB_II 29; SK_II 835, 836
– wie die Griechen D₁ 611
– daß es Mode werden kann C₁ 340
– wie es Mode ist C₁ 340; D₁ 79, 90; G_II 134
– wie ein Narr B₁ 368
– wie Shakespear D₁ 93, 610; E₁ 265

anhaltend – SK_{II} 835
anonymisch – F_I 94
besser – B_I 365
am besten – C_I 181
bitter – B_I 14
deutsch – E_I 144; F_I 860
edel einfältig – B_I 20
ein- und sechszöllig – E_I 250
empfindsam – F_I 157, 338
gut – B_I 95, 321, 405; G_{II} 117
zu gut – J_I 862
lateinisch – F_I 899
lieber bey – B_I 247
modern – D_I *1*
natürlich – A_I 77; B_I 270, 321; G_{II} 117
original – D_I 610
originell – D_I 610; E_I 261; F_I 754
sich reich – H_{II} 58
schlecht – B_I 11, 95, 270, 321; D_I 480; E_I 128; F_I 706; K_{II} 186
schön – C_I 340; F_I 215, 442
simpel J_I 163
edel simpel – B_I 20
viel – B_I 301; D_I 259, 557
witzig – E_I 54
Abhandlung – MH_{II} 36
acht Bände – D_I 175
[über] Bediente – Mat II_{II} 9
ums Brot – D_I 264
eine Diätetik – D_I 251
Geschichte – E_I 232; K_{II} 174
etwas Gutes – H_{II} 129; L_I 617
verschiedene Hände – C_I 48
von Hand zu Mund – D_I 79
leicht wie Horaz – B_I 365
für Kinder – G_{II} 213
ein Kompendium – D_I 83; UB_{II} 42
mit Leichtigkeit – F_I 460
mit Mut und aus offner Brust – F_I 785
[für die] Nachwelt – D_I 250
etwas Nützliches – E_I 424
ein [Oktav]bändgen – E_I 320
einen Roman – C_I 242; E_I 152
über Sünden – K_{II} 214
ohne sonderlich viel Witz – D_I 332; Mat I_{II} 69
das Schreiben B_I 81; D_I 301, 317; H_{II} 130; J_I 19
das Schreiben [als] Maßstab [von] Verdienst C_I 61; D_I 196; E_I 335; Mat II_{II} 25

s. a. aufschreiben, Bücherschreiben, herunterschreiben, Kompendienschreiben, Niederschreiben, Simpel-Schreiben, skribbeln, Vielschreibekunst
Schreiben
 – an einen Freund B_I 176
 – an Herrn Ljungberg B_I 82; *338*
 – Caspar Photorins an einige Journalisten C_I 254
s. a. Sendschreiben
Schreiber
Bibliothekenschreiber E_I 333, 387
Geschichtschreiber *s. dort*
Historienschreiber KA_{II} 152
Natur-Geschicht-Schreiber L_I 395
Pasquillant E_I 157
Praktikenschreiber B_I 71
Register-Schreiber D_I 112; F_I 657
Romanschreiber *s. dort*
Satyrenschreiber B_I 137; F_I 225
s. a. Schriftsteller
Schreibfeder E_I 35
 – kippen F_I 787
 –n auf Hüten J_I 592
Schreibkunst K_{II} 275
Schreib-Maschine L_I 313
Schreibmeister in Fraktur E_I 124
Schreibstunde SK_{II} 795
Schreibtafel F_I 339
Schreibtisch J_I 612
Schrift [Schriftstück] B_I 20; C_I 256; D_I 313, 448; H_{II} 172; J_I 454, 515; K_{II} 184, 364; SK_{II} 427
 –en der Kompilatoren K_{II} 299
 –en für das Ohr J_I 94
empfindsame –en F_I 345
ernsthafte –en E_I 435; RA_{II} 31
moralische –en J_I 354
muntere –en E_I 435
philosophische –en D_I 213
protestantische [und] katholische –en J_I 957
schlechte –en A_I 82; J_I 868
die unnützesten –en J_I 354
verständige –en E_I 111
witzige –en E_I 111; RA_{II} 31
gewisse Art von –en D_I 110
die traurigste Art –en G_{II} 114
große Fehler einer – F_I 897
Korrigierung von –en F_I 867
s. a. Bittschrift, Buch, Grabschrift,

Lobschrift, Monatsschrift, Original-Schrift, Pasquill, Schmähschrift, Spiel-Schrift, Staats-Schrift, Strafschrift, Trostschrift, Werk
Schrift [Schriftzeichen] RA$_{II}$ 98
s. a. Bilderschrift, Feuerschrift, Handschrift
Schriftsteller A$_I$ 74; B$_I$ 9, 20, 59, 114, 268, 290, 321; C$_I$ 125, 316; D$_I$ 19, 46, 124, 139, 252, 256, 269, 272, 313, 321, 323, 490, 503, 533, 610, 648, 653; E$_I$ 13, 109, 132, 152, 162, 180, 197, 209, 235, 245, 257, 378, 386; F$_I$ 94, 106, 186, 204, 293, 375, 412, 436, 455, 502, 558, *709*, 782, 793, 1123, 1161; G$_{II}$ 34, 76, 77, 113, 119, 120, 232; H$_{II}$ 77; J$_I$ 79, 108, 161, 222, 765, 794, *819*, 868, 886, 999, 1233; K$_{II}$ 144, 169, 177, 269, 273; L$_I$ 75, 115, 174, 395; Mat I$_{II}$ 132
– von Profession L$_I$ 75
die alten – B$_I$ 94, 95; F$_I$ 140; G$_{II}$ *108*, *117*; J$_I$ 511
armer – D$_I$ 430
bedrückte – D$_I$ 256
beneidete – B$_I$ *77, 321*
berühmte – J$_I$ 515, 999; K$_{II}$ 112, 144, 192
die besten – F$_I$ 208
deutsche – G$_{II}$ 5, *128;* J$_I$ 509, 999; K$_{II}$ *182;* RA$_{II}$ *100*
dramatische – F$_I$ 17; G$_{II}$ 139; Mat II$_{II}$ 27
dunkler – E$_I$ 197
elender – KA$_{II}$ 142; F$_I$ 528; Mat II$_{II}$ 15
enthusiastischer – E$_I$ 196
frei herumgehende – E$_I$ 245
gemeine – J$_I$ 555
geschäftiger – F$_I$ 312
gleichzeitige – D$_I$ 286
der größte – E$_I$ 170; K$_{II}$ 182
der größte – der Welt F$_I$ 1074
großer – C$_I$ 231; D$_I$ 19, 133, 497; E$_I$ 13, 157, 158, 271, 386; F$_I$ 106, 769, 793; G$_{II}$ 125; H$_{II}$ 68; J$_I$ 555, 868; K$_{II}$ 175; Mat II$_{II}$ 15; RA$_{II}$ 48
seichter großer – F$_I$ 769
guter – B$_I$ 46, 404; D$_I$ 19, 219, 321, 433; E$_I$ 38, 39, 386, 424, 478;
F$_I$ 1; G$_{II}$ 117; H$_{II}$ 72; J$_I$ 1005; K$_{II}$ 184; RA$_{II}$ 100
junge – B$_I$ 122
sehr große kleine – F$_I$ 793
allzu literärische – K$_{II}$ 299
mittelmäßige – B$_I$ 286; K$_{II}$ 184
neue – D$_I$ 46
neuere – B$_I$ 197; G$_{II}$ *108*, *117*
ökonomischer – L$_I$ 75
philosophischer – A$_I$ 137; L$_I$ 75
physikalischer – E$_I$ 331
pompeuse – F$_I$ 985
schlauer – J$_I$ 3
schlechter – B$_I$ 12, 22, 310, 404; KA$_{II}$ 143; D$_I$ 19, 56; F$_I$ 430, 793; H$_{II}$ 3; J$_I$ *868;* K$_{II}$ 184, 196; Mat I$_{II}$ 10, 76; Mat II$_{II}$ 15
großer schlechter – D$_I$ 19, *56*
schöne – Mat I$_{II}$ 104
seichte – F$_I$ 769; K$_{II}$ *112;* Mat I$_{II}$ 143
sonderbarer – L$_I$ 581
unglückliche – B$_I$ 22
witziger – B$_I$ 310; D$_I$ 467; F$_I$ 263
Hauptregel für – C$_I$ 324
Hauptzweck eines – F$_I$ 595
Kompilator [und] – J$_I$ 3; K$_{II}$ 299
gemeiner Praß der – F$_I$ 921
Regeln für den – D$_I$ 220; E$_I$ 357
Ruhm und Unsterblichkeit [der] – K$_{II}$ 169; Mat I$_{II}$ 132; Mat II$_{II}$ 15
Spielwochen eines –s D$_I$ 668
Zaunkönig der – C$_I$ 299
s. a. Dichter, Dramenschmierer, Original-Schriftsteller, Reisebeschreiber, Romanschreiber, Schmierer, Schreiber, Skribbler, Skribent, Verfasser
Schriftstellerei G$_{II}$ 123; J$_I$ 859, 868
schriftstellerischer Stolz J$_I$ 2
Schriftsteller-Ökonomie J$_{II}$ 2070
Schriftsteller-Recht
Verteidigung der –e D$_I$ 611
Schritt
besiegende –e B$_I$ 291
Schrittzähler F$_I$ 170; J$_{II}$ 1565, 1566
schüchtern J$_I$ 640
Schüler C$_I$ 142; J$_I$ 476
s. a. Jesuiten-Schüler, Kurrentschüler
schütteln C$_I$ 194; L$_I$ 182
Schützen-Compagnie E$_I$ 108
Schützenfest SK$_{II}$ 174, 348

Schützenhof B_I 114, 237; E_I 314; SK_{II} 97, 188, 190, 929
Schützenkunst und Poesie B_I 183
Schützen-Obrist E_I 209
Schuh C_I 194, 230
– selbst machen C_I *142;* D_I 68
– und Pantoffel G_{II} 145
Schuhflicker F_I 139
Schuhknecht SK_{II} 431
Schuhmacher C_I 142
Schuhmacher-Handwerk F_I 63
Schuhputzer der Nachwelt J_I 1087
Schuh-Schnalle C_I 194
Schuhsohlen nach der Radlinie krümmen B_I 16
Schul-Anstalt L_I 604
Schuld K_{II} 254
–en bezahlen G_{II} 54
s. a. National-Schuld
Schuldbuch E_I 355
Schuldistinktion B_I 334
Schuldrama Mat I_{II} 102
Schuldturm J_I 208
Schulfüchse G_{II} 5, 130
Schule E_I 147; F_I 58, 533; G_{II} 195; K_{II} 154, 187
öffentliche –n F_I 38
Geschwätz der – F_I 72
s. a. Judenschule, Stadtschule
Schulgeschwätz F_I 595
Schulhöhle L_I 217
Schul-Kamerad E_I 219
Schulkind D_I 653
Schulknabe F_I 3, 1182
Schullehrer J_I 73
Schulmeister KA_{II} 149; D_I 196, 551; F_I 106; H_{II} 133
s. a. Dorf-Schulmeister
Schulmoral B_I 171
Schul-Rektor L_I 214
Schurke D_I 253, 667; F_I 181; J_I 867, 872, 873, 970; K_{II} 265
Schurzfell-Christ D_I 597
Schuster F_I 794; J_I 929, 1194, 1210
enthusiastische – F_I 780
seltsamer – J_I 755
Schutt J_I 342
Schwabach KA_{II} 184; J_I 859
Schwaben J_I 1043
schwach L_I 192
–e Leute J_I 508
–er Zustand F_I 964

der Schwache K_{II} 88
die Schwachen D_I 612; F_I 964
die feigen und kriechenden Schwachen F_I 730
der Schwachen und Schwangeren wegen F_I 110
Schwachheit A_I 61; B_I 105; D_I 29, 434; F_I 702; G_{II} 22; K_{II} 116
–en ausfinden F_I 1220
–en entschuldigen J_I 487
–en großer Leute G_{II} 4
–en [eines] großen Mannes J_I 2
eigene –en F_I 558; G_{II} 17
s. a. Schwäche
Schwaden der Musen E_I 103
Schwäche J_I 109; K_{II} 112
– in den Nerven F_I 254
s. a. Nervenschwäche, Schwachheit
schwächlich und dünne B_I 164
schwänzeln C_I 59; K_{II} 221
schwärmeln F_I 1026
Schwärmer B_I 180; C_I 125; F_I 802, 942; L_I 703
– ohne Fähigkeit F_I 598
fromme – F_I 1217
physikalischer – UB_{II} 69
verfeinerter – B_I 180
Schwärmerei F_I 215, *390,* 599, 809
elende – F_I 848
glückliche – B_I 320
Folianten voll – D_I 539
schwärmerisch C_I 330
–e Erfinder von Hypotheken J_{II} 1438
das poetisch Schwärmerische F_I 1145
Schwärmer-Rezension B_I 122
Schwärze und Weiße L_I 428
schwätzen D_I 80; E_I 362, 426
tun [und] – E_I 2, 34, 235; F_I 58
das Schwätzen von Empfindung E_I 240, 246
Definition von Schwätzen E_I 277
s. a. Nachschwätzerei
Schwätzer D_I 539; F_I 154
angenehmer – G_{II} 2; K_{II} 179
heilloser – C_I 39
philosophischer – D_I 153
Schwätzlar C_I 369
Schwager SK_{II} 301, 302
Schwalbe F_I 416; H_{II} 111; SK_{II} 6, 9, 158, 626, 896, 897

erste – SK$_{II}$ 6
großbärtige – F$_I$ 165
s. a. Märzschwalbe
Schwalben-Luft J$_{II}$ 2035
Schwalheimer SK$_{II}$ 584
Schwamm A$_{II}$ 167; J$_{II}$ 1375; L$_{II}$ 748
schwanger
 –e Person B$_I$ 19
 der Schwangeren wegen E$_I$ 335;
  F$_I$ 110
 s. a. baßschwanger, töneschwanger
Schwangerschaft E$_I$ 58; F$_I$ 93, 165
Schwanz B$_I$ 343
 – der Seele KA$_{II}$ 135
 – der Welt F$_I$ 54
 den – fallen lassen C$_I$ 59
 s. a. Kometen-Schwanz, Kuhschwanz, Pfauenschwanz
Schwanz-Meister C$_I$ 248
schwarz F$_I$ 325; J$_{II}$ 1444, 1539, 1543, 1670
 – sehen J$_{II}$ 1651
 – tapeziertes Zimmer J$_I$ 1444
 – [und] weiß F$_I$ 415; J$_{II}$ 1338, 1514; L$_I$ *428;* L$_{II}$ *889*, 895
 –es Blut E$_I$ 439
 –e Husaren D$_I$ 44; E$_I$ 335, 339
 –e Kunst D$_{II}$ 684; E$_I$ 41
 –e Stunde B$_I$ 319
 –e Tat E$_I$ 270, 473
 die Schwarzen E$_I$ 395
 das Schwarze E$_I$ 337
Schwarzkirsche E$_I$ 273
 zerdrückte –n aufs Kleid werfen
  D$_I$ 214
Schwarz-Rock E$_I$ 84
schweben
 in einer Flüssigkeit – K$_{II}$ 401
 auf der Tiefe – E$_I$ 368
Schweden [Land] C$_I$ 209; D$_I$ 520;
 J$_I$ 444, 1056; J$_{II}$ 2057
Schweden [Volk] C$_I$ 315; J$_{II}$ 1255;
 UB$_{II}$ 48; SK$_{II}$ 818
schwedisch B$_I$ 122; KA$_{II}$ 38, 250;
 H$_{II}$ 191; J$_I$ 115, 249, 1169; RA$_{II}$ 111
 –es Buch B$_I$ 122
 –er Ofen H$_{II}$ 191; SK$_{II}$ 853
 –er Rentner C$_I$ 122
Schwefel C$_I$ 164; J$_{II}$ 1674; K$_{II}$ 308;
 L$_{II}$ 860, 877
Schwefel-Geruch K$_{II}$ 352
Schwefelhölzchen J$_I$ 515

Schwefelkies J$_{II}$ 1320
Schwefelkugel H$_{II}$ 178
Schwefelleber J$_{II}$ 1962; SK$_{II}$ 636;
 L$_{II}$ 744
Schwefelstöckchen L$_{II}$ 860
Schweif
 Kometenschweif J$_{II}$ 1284, 1530.
  2038, 2039
 s. a. Kometen-Schwanz
Schweigen
 Stillschweigen s. dort
Schwein E$_I$ 368; F$_I$ 555; J$_I$ 3, 527,
 1205; L$_I$ 363, 648
 –e [und] Menschen F$_I$ 100
 wilde –e B$_I$ 304; E$_I$ 209; G$_{II}$ 185
 s. a. Salzschwein
Schweinehirt
 Schwein- und Seelenhirt J$_I$ 720
Schweine-Verstand
 hoher – J$_I$ 444
schweinsledermäßig F$_I$ 101
Schweiß KA$_{II}$ 197
 – [und] Blut E$_I$ 131, 161, 264
 – und Mühe E$_I$ 189
Schweiz C$_I$ 92; D$_I$ 520; E$_I$ 109, 308;
 F$_I$ S. 455, 1149; H$_{II}$ 125; J$_I$ 699;
 L$_I$ 515; RA$_{II}$ 49
s. a. Helvetien
Schweizer E$_I$ 109; F$_I$ 861, 929, 930,
 934, 954, 956; RA$_{II}$ 87; SK$_{II}$ 77, 515
 – Freiheit C$_I$ 209
 – Käse C$_I$ 209; SK$_{II}$ 210
Schweizer-Garde F$_I$ 929, 934
schweizerisch D$_I$ 539; E$_I$ 108
 –e Nüßchen SK$_{II}$ 47
 –es Deutsch D$_I$ 539
 das Schweizerische E$_I$ 108
Schweizer-Trabant F$_I$ 930, 954, 956
Schwellung
 Lokal-Schwellung L$_I$ 693
schwer J$_I$ 417
 –e Stellen F$_I$ 318
 leicht und – C$_I$ 348; L$_{II}$ 833
 negativ – J$_{II}$ 1599
 zu – D$_I$ 434; K$_{II}$ 305
 das Schwere J$_I$ 1241
 das Schwere, weit Hergeholte
  D$_I$ 445
 Schweres verstehen L$_I$ 672
Schwere A$_{II}$ 215; E$_I$ *480;* J$_I$ 393, 447,
 454, 850, 1183, 1228; J$_{II}$ 1368, 1454,
 1628, 1657, 1726, 1908, 1954, 2078,

2100, 2113, 2158; K$_{II}$ 65, 314, 362; L$_{II}$ 801–803, 870; RA$_{II}$ 157
– der elektrischen Materie J$_{II}$ 1798
allgemeine – KA$_{II}$ 303; J$_{I}$ 417, 850, 1223; J$_{II}$ 1775; L$_{II}$ 774
geringere – KA$_{II}$ 309
negative – der Seele J$_{II}$ 2098
spezifische – D$_{II}$ 770; J$_{I}$ 56, 1222; J$_{II}$ 1594, 1754; SK$_{II}$ 116, 132, 139
Farben der verschiedenen Metalle und ihre – KA$_{II}$ 87
Mittelpunkt der – K$_{I}$ 6; K$_{II}$ 319
Mittelpunkt der magnetischen – J$_{II}$ 2104
Newtons allgemeine – B$_{I}$ 297
Ursache der – L$_{II}$ 896
Schwerenot SK$_{II}$ 837
kleine – KA$_{II}$ 8
sublime – J$_{I}$ 723
tausend – D$_{I}$ 667
Schwerkraft J$_{II}$ 2065
Schwermütelei
empfindsame – F$_{I}$ 1214
Schwermut A$_{II}$ 172
modische – G$_{II}$ 15
sanfte – B$_{I}$ 8
wollüstige – RA$_{II}$ 1
Schwerpunkt B$_{I}$ 139; KA$_{II}$ 116; D$_{I}$ *538, 653;* J$_{II}$ 2073; K$_{II}$ 319; SK$_{II}$ 718
magnetischer – der Erde J$_{II}$ 2100
s. a. Mittelpunkt der Schwere
Schwerspat
hahnenkammförmiger – J$_{I}$ 1453
Schwert
– und Bannstrahl E$_{I}$ 422
– im Orion SK$_{II}$ 297
– und Waage D$_{I}$ 650
Schwester
ältere – E$_{I}$ 420
zwo –n B$_{I}$ 298; C$_{I}$ 5
Neigung zu –n F$_{I}$ 468
s. a. Betschwester, Buhlschwester, Kaffeeschwester
schwesterlich
kaffeeschwesterlich B$_{I}$ 415; E$_{I}$ 156
Schwesterliebe J$_{I}$ 1192
Schwiegertochter L$_{I}$ 279
Schwiegervater L$_{I}$ 279
Schwierigkeit D$_{I}$ 296; J$_{II}$ 1534
schwimmen D$_{I}$ 131
– lernen E$_{I}$ 104

Schwindel SK$_{II}$ 177, 323, 442
starker – SK$_{II}$ 297
Schwindelkopf Mat I$_{II}$ 163
Schwindsucht KA$_{II}$ 246; D$_{I}$ 327, 666; E$_{I}$ 157, 209, 340, *345;* J$_{I}$ 384; Mat II$_{II}$ 43
schwindsüchtig E$_{I}$ 455
– rezensieren F$_{I}$ 530
Schwingung A$_{II}$ 166, 196, 227; KA$_{II}$ 194; D$_{I}$ 314; E$_{I}$ 469; F$_{I}$ 420, 676; J$_{I}$ 95; K$_{II}$ 341; L$_{II}$ 802, 842, 843
–en eines Pendulus A$_{II}$ 260
schwören L$_{I}$ 206
Schwulst B$_{I}$ 22; F$_{I}$ 366
Schwung
aufsausender – E$_{I}$ 501
Odenschwung E$_{I}$ 409
Schwungkraft J$_{II}$ 1740
Scopparo-Kopf [Scoppero] SK$_{II}$ 710, 712
scribendi recte B$_{I}$ 10
Scribenten B$_{I}$ 16, 19
seccatore L$_{I}$ 64
[Sechsbatzenweingelage] 6-Batzen-Wein-Gelage D$_{I}$ 382
Sechs-Groschen-Büchelchen E$_{I}$ 355
[Sechspfünder] 6 Pfunder D$_{I}$ 197
second sight L$_{I}$ 256, 309
Secundaverweis H$_{II}$ 120
Seder F$_{I}$ 382
Sedez F$_{I}$ 805
Sedez-Blättchen F$_{I}$ 942
See A$_{II}$ 167; F$_{I}$ 34, 115; J$_{II}$ 1563, 1835, 1840, 2064; K$_{II}$ 374, 392
über die – gehen E$_{I}$ 162
das Leuchten der – D$_{II}$ *690,* 694; J$_{II}$ 2074
See-Andacht L$_{I}$ 487
See-Bär KA$_{II}$ 100
Seebing SK$_{II}$ 675
Seeburg J$_{II}$ 1468
Seehund A$_{II}$ 219
Seekarte F$_{I}$ 298; L$_{II}$ 280
See-Kompaß J$_{II}$ 1811
Seekrankheit J$_{I}$ 1225
Seele A$_{I}$ 129; B$_{I}$ 149, 159, 180, 269, 322, 378; C$_{I}$ 325; KA$_{II}$ 135; D$_{I}$ 132, 200, 211, 390, 420, 470; D$_{II}$ 686; E$_{I}$ 109, 147, 158, 259, 275, 472; F$_{I}$ 11, 34, 262, 324, 349, 575, 576, 607, 637, 789, 819, 830, 862, 1014; H$_{II}$ 28, 86, 147; J$_{I}$ 249, 568, 939;

J$_{II}$ 1430; K$_{II}$ 75, 86; L$_I$ 310, 311; L$_{II}$ 852; RA$_{II}$ 169
- verderben L$_I$ 333
- [und] Erde C$_I$ 303; J$_I$ 568; J$_{II}$ 2116
- der Mädchen C$_I$ 23
- [und] Magnet B$_I$ 69; J$_I$ 568
- der Rede A$_I$ 21
- [und] Schönheit UB$_{II}$ 51
-n der Verstorbenen lachen hören D$_I$ 607
arme - D$_I$ 238, 416, 530, 603; E$_I$ 108
empfindliche -n D$_I$ 101
falsche - F$_I$ 987
geistliche und leibliche - F$_I$ 869
große - D$_I$ 214; E$_I$ 147
gute -n D$_I$ 433
ihre -n küssen sich E$_I$ 109
keine lebendige - D$_I$ 652
lechzende - E$_I$ 109
sanfte - E$_I$ 419
sündige - D$_I$ 498
sukzessive -n A$_I$ 56
unsterbliche - B$_I$ 81
vernünftige - F$_I$ 525
Adel der - B$_I$ 284; F$_I$ 498
Dörrsucht der - B$_I$ 191
Drücker der - F$_I$ 1014
Eigenschaften der - A$_I$ 118
Existenz der - D$_I$ 470
Flügel der - A$_I$ 120
Gehalt der - F$_I$ 773
Geheim-Archiv der - F$_I$ 525
Gesicht [und] - B$_I$ 69; F$_I$ 612, 773, 987
Gesichter [der] -n D$_I$ 337
Gewicht der - J$_{II}$ 2098
seine - Gott empfehlen L$_I$ 227
Größe der - F$_I$ 139; J$_I$ 201; K$_{II}$ 116
Hintergebäude der - E$_I$ 147
Jungferschaft der - G$_{II}$ 55
Kenntnis [der] - F$_I$ 149
Körper [und] - C$_I$ 178; F$_I$ 1080, 1084, 1204; J$_I$ 26; RA$_{II}$ 169
Krankheiten der - D$_I$ 20; F$_I$ 352
Kultur der - J$_I$ 1180
Lehre von der - J$_{II}$ 1306
Leib [und] - B$_I$ 332; KA$_{II}$ 193; D$_I$ 79, 656; E$_I$ 96, 173, 257; F$_I$ 189, 1045; J$_I$ 153, 389, 404, 727, 1144, 1210; L$_{II}$ 799
Materie von der - F$_I$ 541

Miene [und] - B$_I$ 69; F$_I$ 898
Organ der - L$_I$ 10
Simplizität unserer - D$_I$ 212
Sitz der - E$_I$ 172; F$_I$ 1014
Transport einer - F$_I$ 931
Trieb der - K$_{II}$ 78
süßer Tumult in der - B$_I$ 127
Unabhängigkeit der - A$_I$ 138
Unsterblichkeit der - D$_I$ *200;* E$_I$ 30, 31; F$_I$ 489, *576;* G$_{II}$ 153; H$_{II}$ 149; J$_I$ 78
Veränderung in der - A$_I$ 124
Verfassung der - E$_I$ 40
Zeugungs-Glieder der - D$_I$ 390; F$_I$ 662
Zurückbeugung der - F$_I$ 11
Zustand der - K$_{II}$ 64
s. a. Pflanzenseele, Weltseele
Seelenadel B$_I$ 284; F$_I$ 498; K$_{II}$ 108
Seelen-Charakteristik A$_I$ 4
Seelen-Conseil J$_I$ 505
Seelen-Eigenschaft
Zeichen der - F$_I$ 79
Seelen-Einrichtung J$_I$ 959
Seelen-Gehäuse E$_I$ 115
Seelenhirt J$_I$ 720
Seelenkraft B$_I$ 67, 347; F$_I$ 808; J$_I$ 1228; K$_{II}$ 96
Seelen-Ökonomie L$_I$ 38
Seelen-Raçe L$_I$ 330
Seelen-Ruhe E$_I$ 63
Seelen-Schäfer J$_I$ 851
Seelen-Schokolade L$_I$ 50
seelenstärkend
-e Leben F$_I$ 667
-e Sentenzen G$_{II}$ 108
Seelen-Versteinerung L$_I$ 590
Seelenwanderung A$_I$ *87,* 91; KA$_{II}$ 11, 232; D$_I$ *254;* E$_I$ 474; F$_I$ 1217; J$_I$ 705, 853, 1143; J$_{II}$ 2043; K$_{II}$ 45; L$_{II}$ 958
s. a. Metempsychose
Seeleute F$_I$ 569
Seemacht
auf seinen Bächen eine - anlegen C$_I$ 373
Seeräuber J$_I$ 365
Seestadt
See- und Waldstädte E$_I$ 501
Seewasser A$_{II}$ 219; J$_{II}$ 1405; RA$_{II}$ 191
das Abnehmen des -s F$_I$ 1009; GH$_{II}$ 91; J$_{II}$ 1347
das Leuchten des -s D$_{II}$ 690

Segel F₁ 953
segeln J₁ 43
  das Segeln lernen F₁ 1004
Segen KA_II 136
  – [und] Prügel austeilen E₁ 3
  s. a. Eis-Segen
Segen-Feuer speien J₁ 197
segnen E₁ 240
Seguedilla C₁ 12
sehen A₁ 13; A_II 169, 203, 205, 245;
  C₁ 331; KA_II 88, 255, 289; D₁ 212,
  314; D_II 724; E₁ 234, 368; F₁ 228,
  512, 560, 760; J₁ 107; J_II 1353, 1363,
  1853; K_II 378, 379, 414; L₁ 306, 707;
  L_II 819, 823
  – lernen L₁ 198
  – was man schon weiß Mat I_II 105
  aufwärts – E₁ 501
  denken [und] – F₁ 178
  deutlich – H_II 181; L_II 888
  doppelt – F₁ 607
  lernen [und] – F₁ 149
  lesen [und] – D₁ 286; E₁ 203
  sich mündlich – D₁ 666
  schwarz – J_II 1651
  selbst etwas – F₁ 149
  undeutlich – F₁ 582
  viel – H_II 30
  um die Erde herum – F₁ 645
  vom Mast – F₁ 298
  [in die] Sonne – J_II 1902; L_II *888*
  [nach den] Sternen – A_II *246*;
    F₁ 990; UB_II *56*
  um die Welt herum – F₁ 793
Sehen ohne Licht F₁ 752
verkehrtes Sehen J₁ 107
Versuche mit dem Sehen C₁ 331
s. a. ansehen, Spiegel-Sehen, Zuviel-Sehen
Seher
  – unter den Menschen D₁ 668
  Sprache der – F₁ 171
  Wonneton der – F₁ 802
  s. a. Quellenseher, Wasserseher
Sehnsucht
  – nach einem anderen Leben
    B₁ 253
  – in den Pflanzen J_II 1803
  – und Tugend C₁ 93
Sehrohr F₁ 793
s. a. Fernrohr
Sehungs-Winkel A_II 164

seicht E₁ 54; F₁ 758, 769, 797; K_II 112
Seichtigkeit D₁ 213
Seide
  blaue – KA_II 82
Seiden-Fäden Mat I_II 95
Seiden-Manufaktur KA_II 248
Seidenpflanze K₁ S. 845; SK_II 563
Seidenschmetterlinge SK_II 519
Seidenwurm L_II 952
Seidenzupfen F₁ 179
Seifen-Blase A_II 168, 229; J_II 1558,
  1989; L_II 791
seigen E₁ 221
Seignette-Salz J_II 2020
Seil J₁ 1177
s. a. Laufseil
Seiltänzer SK_II 698
Seiltänzerei L₁ 603
seiltanzen
  das Seiltanzen lernen J₁ 1168
sein
  – was ich bin H_II 140
  – was er glaubt zu – L_II 972
  – was man – kann B₁ 337
  – [und] scheinen E₁ 175; F₁ 51;
    K_II 40
  – was man – soll [und] was man
    ist D₁ 7574; L₁ 577; MH_II 12
  – können was er will F₁ 1048
  außer sich – Mat I_II 41
  das sogenannte Außer uns –
    L_II 867
  bedeuten und – A₁ 114
  da – KA_II 340
  denken [und] – J₁ *379*, *380*, 1021
  der Begriff – K_II 45
  was gewesen ist/was werden wird
    L_II 865
  gewesen E₁ 161; J₁ 591
  das Sein J₁ 938
  das Sein und Bedeuten C₁ 34
  das Sein und Nichtsein J₁ 943;
    K_II 66
Seitenleiter E₁ 152
Seiten-Ohr F₁ 1017
Seitenstechen J₁ 495
Sekretär
  Kabinetts-Sekretär D₁ 116
Sekretärs-Gefühl
  jugendliche -e L₁ 424
Sekte B₁ 297; C₁ 178, 269; D₁ 262;
  E₁ 485; J₁ 413, 687, 1009, 1010, 1138

Sekundaner D_I 90
[Sekundaverweis] Secundaverweis H_{II} 120
Sekunde F_I 1202
 –n zählen F_I 1097; GH_{II} 34
Sekunden-Pendel F_I 924; J_{II} 1433
Sekunden-Uhr SK_{II} 228
Sekundenzeiger B_I 258; UB_{II} 31
selbst B_I 264
 – beobachten E_I 265
 – meinen D_I 121
 sich – zu belehren lernen B_I 279
 sich – beobachten E_I 406
 über sich – denken B_I 262
 aus sich – herausholen F_I 761
 sich – zu prüfen lernen B_I 279
 in Kenntnis meiner – J_I 958
 [Pflicht], sich – zu erhalten F_I 1181
 das eigentliche Selbst KA_{II} 263
 ein Selbst, das helfen kann L_I 310
Selbstbefleckung J_I 1150
Selbstbelügen C_I 192
Selbstbeobachtung B_I 46, 270; G_{II} 22; J_I *939*; K_{II} 28
Selbst-Beschreibung G_{II} 76
Selbst-Besserung F_I 411
Selbstbetrachtung A_I 130; B_I 128, *180*, *262*; J_{II} 1280
Selbstbetrug C_I 193; F_I 804
Selbstbiographie D_I *22, 92*
 s. a. Autobiographisches, Heautobiographia
Selbst-Denken D_I 425; F_I 170, 439; J_I 442
Selbstdenker D_I 433
Selbst-Empfehlung F_I 595
Selbstempfindung J_I 555
selbsten KA_{II} 215
Selbst-Erhaltung A_I 126; F_I *1181*; J_I 338
Selbst-Erkenntnis F_I 684
Selbstfresser F_I 1117
selbstgefällig L_I 142
Selbstgefühl A_I 138
Selbstgenügsamkeit D_I *503*; J_I 777
Selbst-Genuß B_I 255; C_I *326*
Selbstgespräch SK_{II} 694
 s. a. Soliloquium
Selbst-Klistierer J_I 165
Selbst-Klistierung F_I 411
Selbst-Kreuzigung A_I 126; B_I 350
Selbstlaut E_I 446

Selbstliebe D_I 626; L_I 195
 Attraktion [und] – D_I 178
Selbstmitleid C_I 258
Selbstmörder B_I 262
 Rede eines –s B_I 209
Selbstmord A_I 126; A_{II} 186; B_I *209*, 259, 262, 338; C_I 262, 315; KA_{II} 34, 85, 101, 183, 198; D_I *149*, 165, 169, 397; E_I 128, 282; F_I 352, 361; G_{II} *157*; J_I 254, 495, 735, *834*, *1063*, 1186; K_I 227; UB_{II} 43; TB_{II} 17
Selbstüberzeugung B_I 290
Selbstverachtung B_I 277
Selbst-Verfluchung B_I 339
Selbst-Verkleinerung B_I 263
Selbst-Verleugnung B_I *243*; RA_{II} 127
Selbstvertrauen D_I *176*
Selenit D_{II} 708
selig G_{II} 198, L_I 245
 –ster Genuß C_I 326
Seligkeit
 ewge – C_I 63
 Hoffnung der – F_I 392
Selterser Wasser SK_{II} 47
seltsam G_{II} 89; K_{II} 67, 172
Selzer [Selterser] Wasser B_I 176; SK_{II} 26, 47
semen Lycopodii UB_{II} 59
Semidiameter KA_{II} 25
Semiotik für den Moralisten F_I 219
Senat
 Britischer – J_I 210
Sendschreiben des Publici B_I 96
Senegal D_{II} 693; F_I 628, 848; J_I 1090
senegalisch F_I 848
Senfkorn B_I 218
 – von Genie G_{II} 139
 – von Sache E_I 194
sengen
 – und brennen D_I 610
Sennickerode SK_{II} 665
sensation [engl.] L_I 662
sense [engl.]
 Sense-Körner und Nonsense-Felsen E_I 501
 s. a. Kanzelisten-Sense
sensibel
 – machen GH_{II} 83; K_{II} 327
 – werden K_{II} 329
Sensibilität J_{II} 1798
sensus communis F_I 202

Sentenz B_I 20, 334; E_I 484; F_I 898
- -en für die Ohren E_I 246
- ausgepeitschte - E_I 111
- seelenstärkende -en G_{II} 108
- synkopische -en D_I 610
- s. a. Flick-Sentenz

Sentenzen-Mischung F_I 1123
Sentiment E_I 68
- feines - C_I 23

sentiment [engl.] L_I 385, 394
sentimentaler Mann L_I 466
Separatist B_I 16
Septum RA_{II} 194
Sequenz SK_{II} 264
seraphisch
- Deutsch F_I 24
- etwas Seraphisches in sein Buch einmischen F_I 375

Serer B_I 17
Serpentinstein L_{II} 719, 728, 754
servieren D_I 610
sete cabiças B_I 204
settled SK_{II} 471
setzen
- sich - C_I 23, 194

Setzer C_I 237; F_I 817; J_I 253
Seuche F_I 1135
- s. a. Hornviehseuche, Phöbus-Seuche, Venusseuche

seufzen
- wollüstige Jamben - B_I 380

Seufzer D_I 668; E_I 108
- s. a. Kurrent-Seufzer

Sextant SK_{II} 121
sexus B_I 189; J_{II} 1254
- Electricitatum J_{II} 1319

sezernieren J_{II} 1488
Shakespear-Gesicht E_I 219
shakespearisch
- tun D_I 287
- -e Inspiration D_I 530
- -e Schauspiele K_{II} 196
- was auf Shakespearisch zu tun war D_I 243

Sheppey RA_{II} 142
Sheriff RA_{II} 51
Sibirien KA_{II} 242; J_I 20; L_I 96
- kleines - K_I 8
- neues - K_I 9

Sibyllen F_I 168; L_I 430
Sicherheit
- Trieb zur - C_I 180

Sich-gebrauchen-lassen J_I 92
sichten
- Luft - K_{II} 357
- das Sichten und Sieben L_I 679

Sichwärts, Gottwärts B_I 371;
- Mat I_{II} 11

Sieb D_I 7
- der Analyse F_I 216
- das feine - [der Zeit] E_I 257
- ein sehr grobes - führen D_I 257

sieben [Verbum] J_{II} 1488
- das Sichten und Sieben L_I 679

sieben [Zahlwort]
- Sachen L_I 609
- die drei 7 [in 1777] D_I 227, 324; E_I 170, 225, 226
- die sonderbare - L_I 366

Siebenjähriger Krieg E_I *389;* J_I 115; K_{II} 281
Siebenkirchen SK_{II} 496
siebenköpfig
- der Siebenköpfigte B_I 204

Sieg F_I 1071, 1107
Siegel
- Bewahrer jenes großen -s D_I 337

Siegellack F_I 285, 310
- grünes - J_I 1156
- Stange - F_I 49, 310

siegen
- im Fliehen - E_I 327

Siena K_I S. 838
Sierra Morena F_I 1233
Siesta F_I 71
Signal F_I 40
Sikyon KA_{II} 5
Silbe E_I 434; F_I 683
- lange [und] kurze -n J_I *294,* 874, *887*

Silben-Maß A_I 95; E_I 38, 104; F_I 612; G_{II} 138; L_I 139
Silber KA_{II} 87; J_{II} 1414, 1637, 1893, 2161; SK_{II} 665
- Gold und - E_I 134; J_I 1252
- Rosenfarb und - B_I 82, 322
- s. a. Knallsilber

Silberbäume J_{II} 2161
Silberdraht D_{II} 765
Silberflor B_I 41
Silber-Geld SK_{II} 228
Silber-Gewölke F_I 731
Silberstufe K_I 10
Silenfigur L_I 109

Silhouette F$_I$ 172, 343, 498, 848,
1137; G$_{II}$ 12
- im Dintenfleck J$_I$ 392
- der Erde F$_I$ 917
en silhouette SK$_{II}$ 436
Silhouettenschneiden F$_I$ 179
Similor F$_I$ 1170
Similor-Zeit F$_I$ 602, 1170
simpel E$_I$ 152, 189, 273, 368; F$_I$ 584,
595; J$_{II}$ 1529
- und edel - schreiben B$_I$ 20
simple Ursachen angeben C$_I$ 54
Simpel-Schreiben J$_I$ 163
simplicium
viele Simplicia D$_I$ 536
Simplizität B$_I$ 20, 22, 221; D$_I$ 212;
F$_I$ 595, 855; J$_I$ 114
s. a. Einfalt
Simultanea F$_I$ 34
Sinai J$_{II}$1035; L$_I$ 180, 438, 517
sinesischer Stillstand C$_I$ 194
s. a. chinesisch
singularities and oddities D$_I$ 637
Sinismus G$_{II}$ 83
s. a. China
singen
das Singen J$_I$ 41
das Singen aus der Fistel F$_I$ 1068;
Mat II$_{II}$ 13
Sinn A$_I$ 70; A$_{II}$ 209, 223; B$_I$ 37, 346;
C$_I$ 290; D$_I$ 267; D$_{II}$ 691; E$_I$ 460;
F$_I$ 789, 1209; J$_I$ 392, 540, 570;
J$_{II}$ 1853, 2078, 2147
-e verschließen können G$_{II}$ 221
- [und] Ausdruck E$_I$ 381
- zu einem Brief L$_I$ 158
-, der die Entfernungen unmittelbar angäbe J$_{II}$ 1782
andere -e als die unsrigen D$_I$ 172
äußerer - F$_I$ 11; L$_{II}$ 796
5 [bzw.] sechs -e B$_I$ 37; D$_I$ 639
innerer - D$_I$ 173; F$_I$ 11; K$_{II}$ 64;
L$_{II}$ 796
unsere -en kützeln F$_I$ 887
moralischer - J$_I$ 656
neue -en annehmen E$_I$ 456
was keinen vernünftigen - hat
J$_I$ 750
die Frage kat keinen vernünftigen
- L$_I$ 277
Gegenstand unserer -e J$_{II}$ 1838;
L$_{II}$ 896

der Leser stellt den - E$_I$ 104
Mehrheit der -e C$_I$ 290
Vergnügen der -e F$_I$ 439
s. a. Aus-dem-Sinne-schlagen,
Kaltsinn, Menschen-Sinn, Scharfsinn, Tiefsinn
sinnekrank D$_I$ 668
Sinnenwelt J$_I$ 629
Sinnen-Werkzeug A$_{II}$ 209
s. a. sinnliches Werkzeug
Sinnestäuschung F$_I$ *1144*
Sinngedicht B$_I$ 191; C$_I$ 137;
KA$_{II}$ 212; D$_{II}$ 752; E$_I$ 22; H$_{II}$ 78;
J$_I$ 548, 946, 962, 1139; L$_I$ 188, *456*,
556, *682;* SK$_{II}$ 131, 137, 373, 374,
403, 453
s. a. Epigramm
sinnlich
-e Anschauung J$_I$ 646
-e Empfindungen D$_{II}$ 691
-e Lust F$_I$ 948
-es Vergnügen F$_I$ 537
-es Werkzeug A$_{II}$ *209;* D$_I$ 170, 212;
D$_{II}$ 760; F$_I$ 265, 321; GH$_{II}$ 16; K$_{II}$ 86
-e Wollust C$_I$ 91
Sinnlichkeit D$_I$ 668; F$_I$ 789; J$_I$ 629,
1168; K$_{II}$ 64; L$_{II}$ 975
Eingeschränktheit unserer -
H$_{II}$ 201
Form der - J$_I$ 643; J$_{II}$ 1537
sinnreicher Mann E$_I$ 418
Sintflut s. Sündflut
Sinustafel L$_I$ 517
-n der Musen D$_I$ 610
Sippschaft L$_I$ 252
Sir B$_I$ 44
Sirius J$_{II}$ 1455, 1469
Sitte B$_I$ 361; E$_I$ 228; F$_I$ 727; J$_I$ 833;
MH$_{II}$ 3
deutsche -n E$_I$ 209
gute -n F$_I$ 860
närrische -n D$_I$ 78
Sittengesetz L$_{II}$ 905, 910
Sittenlehre D$_I$ 195
Sittlichkeit L$_I$ 561
Situation
glückliche - F$_I$ 1173
die lächerlichsten -en J$_I$ 735
rührende - H$_{II}$ 76
traurige - F$_I$ 1141
Situations-Charte SK$_{II}$ 315
Sixpence RA$_{II}$ 1

Sixtinische Kapelle s. Rom
sizilianische Vesper J$_I$ 88
Sizilien C$_I$ 160, 161, 373; D$_{II}$ 736; J$_I$ 912; SK$_{II}$ 413
Skalp F$_I$ 858
Skaphien der Vestalinnen L$_I$ 268
Skelett E$_I$ 209; F$_I$ 620
   Großvaters – zu einem Uhrgehäuse machen J$_I$ 755
Skeptizismus
   der religiöse – L$_I$ 596
Sklave F$_I$ 431; J$_I$ 275, 719; L$_I$ 23, 60, 429
   – der Gesinnungen eines andern B$_I$ 366
   s. a. Glaubens-Sklave, Neger-Sklave
sklavische Handlung L$_I$ 60
Skopeln E$_I$ 315
Skorpion J$_{II}$ 1706
skribbeln F$_I$ 976
   s. a. schreiben
Skribbler D$_I$ 56
Skribent B$_I$ 16, 19
   elende –en B$_I$ 45
   witzige –en B$_I$ 135
   Bibliothek der elenden –en B$_I$ 45, 102
   s. a. Original-Skribent
Skribenten-Reich L$_I$ 395
Skrupel KA$_{II}$ 94
Skylla und Charybdis J$_I$ 118
Slickensides L$_{II}$ 848; SK$_{II}$ 148
Slippers J$_I$ 23
Slough SK$_{II}$ 285
Snäpschen J$_I$ 708
Småland KA$_{II}$ 38
smart RA$_{II}$ 130
sneaking rascals B$_I$ 392
Soccus oder Kothurn C$_I$ 200; Mat II$_{II}$ 38
Societät s. Sozietät
Socinität E$_I$ 159; Mat I$_{II}$ 39
Sodomiterei F$_I$ 1189; J$_I$ 896
Söderfors J$_I$ 1056
Sohle
   dünne –n C$_I$ 194
Sohn J$_I$ 26
   Söhne der Natur C$_I$ 338
   natürlicher – E$_I$ 187
   natürlicher [und] unnatürlicher – D$_I$ 630

   zum Nutzen eines –es B$_I$ 196
   s. a. Musen-Sohn
solcher, solches K$_I$ 12
Soldat A$_{II}$ 199; B$_I$ 124, 223; C$_I$ 228, 242, 243, 373; KA$_{II}$ 12; E$_I$ 96, 521; F$_I$ 338, 898, 968; H$_{II}$ 80; J$_I$ 115, 408, 1182; K$_{II}$ 141; L$_I$ 8, 118, 201, 574, 645; SK$_{II}$ 44, 62, 162, 322, 326, 339, 340, 342, 346, 440, 472, 588, 594, 595, 659, 744, 758, 851, 907, 915, 921
Soldaten-Orden D$_I$ 228
solenne Schützenhöfe B$_I$ 237
[Solennität] Solemnität D$_I$ 66
solid
   –e Gelehrsamkeit D$_I$ 433
   –es Insekt von einem Büchelchen D$_I$ 433
   –er Lügner L$_I$ 488
   –er Witz D$_I$ 180
solidum F$_I$ 108
Soliloquium des Lesers C$_I$ 302
Solling B$_I$ 171
solo B$_I$ S. 45
sols F$_I$ S. 456
Sols-Stück SK$_{II}$ 272
Solution A$_{II}$ 217, 236; J$_{II}$ 2108; K$_{II}$ 338
   metallische –en D$_{II}$ 731
Solway Moss RA$_{II}$ S. 639, 22, 164
Soman D$_{II}$ 701
somatozentrisch D$_I$ 202
Sommer J$_{II}$ 1612; K$_{II}$ 126; L$_I$ 144
Sommerhut E$_I$ 267
Sommersetchire RA$_{II}$ 55
Sommervögelgen F$_I$ 263
Sommervogel B$_I$ 346
Sommerwolke L$_I$ 663
   die Form der Sommer- und Winterwolken F$_I$ 586
sonderbar B$_I$ 337; E$_I$ 243
   –er Satz F$_I$ 441
   die –ste Substanz C$_I$ 303
   Gedanken – kleiden B$_I$ 346
   das Sonderbare suchen F$_I$ 1211
   Vergnügen am Sonderbaren D$_I$ 445
   das Sonderbarste C$_I$ 303
Sonderling C$_I$ 78
sondern D$_I$ 352
Sondershausen SK$_{II}$ 491, 492, 712, 894, 1011

Sondershauser Schwester SK$_{II}$ 179
Sonett B$_I$ *16*, 204
Sonne A$_{II}$ 145, 181, 182, 229, 233, 253, 254; B$_I$ 110, 166; C$_I$ 57, 303; KA$_{II}$ 74–76; D$_I$ 170, 418; D$_{II}$ 729, 735; E$_I$ 265, 296, 318; F$_I$ 262, 501, 634, 922, 925; J$_I$ 76, 245, 381, 454, 638, 707, 801, 858, 883, 885, 1223, 1228; J$_{II}$ 1454, 1467, 1641, 1817, 1818, 2026, 2068, 2083; K$_{II}$ 151, 359, 376; L$_I$ 7, 406, 452, 630; L$_{II}$ 708, 714, 894, 937, 951; SK$_{II}$ 51, 299, 301, 450, 604, 605, 672, 860
– [ab]wiegen D$_I$ 398; F$_I$ 191
– wärmt nur unsere Erde A$_{II}$ 181
– der Aufklärung J$_I$ 885
– von Erfahrung L$_I$ *445*
– einen Funken nennen E$_I$ 296
aufgehende – K$_{II}$ 374
korrespondierende –n A$_{II}$ 241
um die – reisen E$_I$ 135
untergehende – F$_I$ 115; K$_{II}$ 374; L$_I$ 10; SK$_{II}$ *482*, *618*, *644*, *886*
[in die untergehende] – [sehen]
J$_{II}$ 1902; L$_{II}$ 888; SK$_{II}$ 672
Anbetung der – G$_{II}$ 84
Aufgang der – K$_{II}$ 29, 367, 403
Betrachtung der untergehenden – L$_I$ 10
Bewohner der – D$_I$ 172
Untergang der – K$_{II}$ 367
s. a. Morgensonne, Neben-Sonne
sonnen
sich in einer warmen Vorstellung – C$_I$ 38
Sonnenaufgang J$_I$ *638*; J$_{II}$ *1596*; K$_{II}$ 29, 374; UB$_{II}$ 44; SK$_{II}$ *51*, *311–2313*, *479*, *482*, *485*, *518*, *618*, *619*, *631–633*, *639*, *659*, *790*, *812*, *887*, *898*, *906*
sonnenbepuderte Räume J$_I$ *850*
Sonnenbild F$_I$ 420
Sonnenblick B$_I$ 295
Sonnendiameter F$_I$ 1014
Sonnenfinsternis KA$_{II}$ 139; F$_I$ 491, 694; RA$_{II}$ 168; SK$_{II}$ 581, 582
Sonnenflecken KA$_{II}$ 75; F$_I$ 16, 633; H$_{II}$ 198; L$_{II}$ 846
[Sonnenkälbchen] Sonnenkälbgen E$_I$ 292
Sonnenlicht KA$_{II}$ 77; D$_I$ 398; F$_I$ 191, 640; J$_I$ 597; J$_{II}$ 1834; K$_{II}$ 366

Sonnenmikroskop KA$_{II}$ 260; D$_{II}$ *684*; J$_{II}$ 1761, 2007, 2008, 2109; SK$_{II}$ 303
Sonnenschein
– aus der zweiten Hand J$_I$ 330
Theorie des –s J$_{II}$ 2088
Sonnenstäubchen A$_{II}$ 216J$_I$ 164
Sonnenstrahl D$_I$ 398; J$_{II}$ 1703, 2064
Sonnensystem J$_{II}$ 1775; K$_{II}$ 69
Sonnen-Tempel GH$_{II}$ 82
Sonnen-Uhr E$_I$ 131; F$_I$ 1022; J$_I$ 821; J$_{II}$ 1572
Sonnenwagen G$_{II}$ 109
Sonnenweiße J$_I$ 597
Sonnenwellen E$_I$ 501
Sonntag F$_I$ 1215
Sonntags-Affaire L$_I$ 368
Sonntagshut E$_I$ 267
Sonntagskind
– in Einfällen D$_I$ 177
Sonntags-Laune L$_I$ 611
Sonntags-Prose B$_I$ 115
Sonntagsseite
Werktags- und – F$_I$ 677
Sophisma E$_I$ 131
Sophist F$_I$ 489
Sophisterei C$_I$ 327
Sorbonne
Kapelle der – C$_I$ 138
Sorge J$_I$ 992; SK$_{II}$ 549, 884, 972
s. a. Nahrungssorge
sorgenfrei J$_I$ 1123
Sorgen-Messer J$_I$ 1079
Sorgenschränkchen L$_I$ 38
Sorgfalt
übertriebene – K$_{II}$ 131
sorglos J$_I$ 658
Sottise B$_I$ 114
unverzeihliche – L$_I$ 263
Natursottise L$_I$ 235
Soundings F$_I$ 196
Souterrain L$_I$ 315
Sozietät F$_I$ 274; SK$_{II}$ 216, 367
– der Wissenschaften und der freien Künste C$_I$ 373
gelehrte –en B$_I$ 188
Soziëtäts-Abhandlung J$_{II}$ 1715, 1790
Soziëtätsfragen SK$_{II}$ 276, 284
Sozinianismus F$_I$ 764
[Sozinität] Socinität E$_I$ 159
Spadille K$_{II}$ 247
Späh-Büchelchen C$_I$ 320

spät
 zu – kommen J_I 571; L_I 432
spagirisch
 –e Gedichte F_I 230
 etwas Spagirisches in sein Buch einmischen F_I 375
Spandau J_I 58
Spanien A_I 119; C_I 288; KA_{II} 159, 233; F_I 118, 333; GH_{II} 30, 31, 42; J_I 636, 940; K_{II} 151
 Neu-Spanien J_I 82
Spanier B_I 47; C_I 9, 10, 12; KA_{II} 4, 126, 159; D_I 390, 651; E_I 189; G_{II} 12; J_I 401, 690; J_{II} 1359; RA_{II} 87
spanisch KA_{II} 108; G_{II} 136; J_I 135; J_{II} 1662
 –e Bühne C_I 9
 –er Christ D_I 389
 –e Eseltreiber E_I 169
 –e Nudeln (vermicelli) L_I 319
 –er Reuter J_I 135; UB_{II} 37
 –es Rohr KA_{II} 112; D_I 610
 –e Trauben SK_{II} 573
Spanne
 eine – weiter D_I 102
spannen
 Aufsätze von der gespannten Sorte F_I 215
 Verstand ist gespannt F_I 1168
Spannkraft F_I 365
Spannung A_{II} 227; F_I 613
 – der Gelenke F_I 1144
 – der Kräfte [beim Schreiben] B_I 20
 – bei einem Madrigal B_I 204
Sparbüchse J_I 471; SK_{II} 917
Spargel SK_{II} 864
 erste – SK_{II} 452
Sparta RT_{II} 22
Spartaner C_I 177; KA_{II} 226
spartanische Republik D_I 52
Spat J_{II} 1903, 1931–1933, 1939, 1942–1944, 2082; K_{II} 363; L_{II} 787, 792; SK_{II} 130, 340, 505, 592
 s. a. Doppelspat, Feldspat, Flußspat, Kalchspat
spazieren führen D_I 135
Species A_I 30
 – [und] Genus A_I 17, 94; C_I 179; E_I 39; F_I 1190; J_I 392; K_{II} 319; L_{II} 806
 die 4 – lernen B_I 204

Genus, –, Individuum A_I 17; F_I 1196
Specificum gegen Fehler und Irrtümer B_I 332
Speck E_I 172, 268
 Sauern Kohl und – C_I 317
 Maske von – E_I 173
 sanfte Wölbung von – E_I 368
Spediteur
 Anekdoten-Spediteur J_I 1028
Speichel
 seinen – auf der Gasse austreten F_I 916
 – in den Mundwinkeln F_I 79
speien
 Fluch, Freuden, und Segen-Feuer – J_I 197
 Geheimnisse und Wein – C_I 120
Speise A_I 43; B_I *81*
 s. a. Geistes-Speise, Götterspeise
speisen C_I 205
Spekulation J_I 742
 – über den Trieb F_I 498
Spelz SK_{II} 44
Sperling F_I 643; G_{II} 232; L_I 450, 505, 685; RA_{II} 165; SK_{II} 742
 –e füsilieren L_I 372
 – geschossen SK_{II} 51, 658, 659
 –e [und] Juden J_I 128, 742
 Branntewein aus –en J_I 157
 bürgerliche Verbesserung der –e GH_{II} 43
 s. a. passer, rohrsperlingisch
Sperlings-Eier SK_{II} 478
Sperlings-Kopf F_I 330
Sperma Ceti L_I 26
spermatische Gründe F_I 446
Spermatologie E_I 463
Spes dives B_I 77, 159
Spesen berechnen F_I 931
Speyer SK_{II} 401
Spezies s. Species
Sphäre
 Klang der –n B_I 322
sphärisch J_{II} 1386, 1455
Spiegel B_I 309; KA_{II} 219, 223; F_I 1180; J_{II} 1507, 1583, 1641; K_{II} 349; L_I 326, 482
 – von eigentlichem Stahl K_{II} 409
 durchsichtiger – GH_{II} 13
 eigentlicher – A_{II} 153
 der güldne – C_I 295

konischer – J_{II} 1703
konvexe metallene – J_{II} 1812
Zahnischer – L_{II} 787
zylindrischer – A_{II} 146
Buch [als] – D_I 617; E_I 215; F_I 112, 860
Malerei als – D_I 365
die Rute hinter den – stecken J_I 1184
s. a. Brennspiegel, Hohlspiegel, Winkelspiegel

Spiegel-Gesicht F_I 564
spiegeln
sich – G_{II} 2; J_I 1021
Spiegel-Sehen F_I 1180
Spiegel-Zimmer J_{II} 1669
Spiel L_I 707
– mit dir selbst B_I 337
– der Drüsen C_I 226; E_I 509
Olympische –e F_I 256
s. a. Gänsespiel, Glücksspiel, Hasardspiel, Hoffnungsspiel, Kartenspiel, Lotterie, Lustspiel, Maskenspiel, Nervenspiel, panem [et] circenses, Planeten-Spiel, Schachspiel, Schauspiel, Trauerspiel, Vorspiel, Wortspiel, Würfel-Spiel
spielen F_I 1134; J_I 370; J_{II} 1521; UB_{II} 76
mit Flotten – E_I 504
sich in die Höhe – F_I 654
auf der Metaphysik – J_I 507
seinen Organen etwas zu – geben F_I 472
in der Sonne schimmern und – D_I 503
die Hoffnungen der Spielenden A_{II} 249
Spieler G_{II} 48; J_{II} 1521; L_I 565
s. a. Klavierspieler, Krickerspieler, Schachspieler, Taschenspieler, Violinenspieler
Spielerei UB_{II} 76
Spiel-Kamerad
seine Spiel-Kamraden übertreffen F_I 58
Spiel-Schrift F_I 502
Spieltisch
am – aufgewachsen RT_{II} 22
Spielwerk J_{II} 1287, 1748
Spielwochen eines Schriftstellers D_I 668

Spießglanz J_{II} 2143
Spießruten-Marsch SK_{II} 588
Spinett KA_{II} 152
Spinne C_I 57, 180, 226; E_I 509; J_I 1155; L_{II} 952
– [und] Fliege F_I 78
spinnenartig
das Spinnenartige im Menschen L_{II} 956
Spinnerei J_{II} 1818
Spinozismus H_{II} 143; J_I 144, 282, 302, 400
Spinozist
– [und] Geist J_I 280
s. a. Hof-Spinozist
Spion J_I 57
s. a. Polizei-Spion
Spirale
in –n reiten D_I 610
Spiritus B_I 306; SK_{II} 641
– nitri KA_{II} 21
– rector E_I 50
– universalis SK_{II} 312
– vini F_I 195, S. 643; J_{II} 1924; SK_{II} 636
in – sitzen E_I 184, 245
s. a. Kampfer-Spiritus, Terpentin-Spiritus
Spital s. Pariser Spitäler
Spitalbereiser J_I 1165
Spitz L_I 47
Spitzbergen F_I 1137
Spitzbube C_I 66; D_I 56, 667; E_I 42, 152, 334; F_I 60, 127, 338; G_{II} 162, 171, 236; H_{II} 67; J_I 340, 1231, 1235; L_I 199, 450; Mat I_{II} 128, 156
– und Genie C_I 66
jüdische –n J_I 300
Anekdoten von –n J_I 554
Artisten und Virtuosen von –n L_I 415
Spitzbuben-Gesicht L_I 573
Spitzbuben-Republik E_I 226; F_I 498; UB_{II} 51
Spitzbubenstreich
Enzyklopädie der –e B_I 145
Spitzbuben-Republik UB_{II} 51
Spitze
Brabander – F_I 277
Spitzfindigkeit
metaphysische Spitzfündigkeiten E_I 131

spitzig
  mit etwas Spitzigem gegen die Augen fahren L_{II} 959
spitzköpfig UB_{II} 49
Spitzkopf F_I 222, *892*, *1194*; UB_{II} *49*
Spötter D_I 238; E_I 240; L_I 275
  leichtsinniger – E_I 240
  s. a. Religions-Spötter
Spötterei D_I 433
  unbestimmte –en F_I 913
Sporen J_I 647
  das erste Paar Sporn Mat I_{II} 171
Spott B_I 311; C_I 326; F_I 215, 555, 748; J_I 499, 537
spotten
  Licht – F_I 470
Spottvogel B_I 301; D_I 610; E_I 111; J_I 317
spottrunken F_I 65
Sprache A_I 3, 47, 54, 59, 93, *103*, *104*, 118, 120, *138*; A_{II} 159; B_I 132, 200, 254; D_I 535, 572, 610; D_{II} 691; E_I 32, 39, 161, 162, 189, 228, 274, 282; F_I 503, *508*, 520, 605, 820, 1061, 1183; G_{II} 127; H_{II} 62, 146, 151; J_I 414, 417, 443, 692, *729*, *815*; K_I 19; L_I 76, 85, 278; Mat I_{II} 175; TB_{II} 29–31
  –n lernen F_I 591; L_I 76
  – zu plan finden B_I 132
  – simpel, enge und plan E_I 189
  –n sprechen [und] schreiben J_I 251
  – vergessen F_I 585
  –n verwirren [sich] F_I 492, 503, 525
  – der Alten E_I 265
  – der Dichter E_I 257
  – der alten Dichter E_I 257
  – und Erinnerung A_I 47
  –n drücken nur genera von Begriffen aus A_I 118
  – der guten Gesellschaft RA_{II} 100
  – der erzürnten Impotenz F_I 1092
  [– der] Indianer in Guiana C_I 13
  – [und] Irrtum A_I 47, 54
  – des Malers F_I 898
  –n von Mallikolo, Tanna und Nova Caledonia RA_{II} 186
  – der Mandate und Edikte J_I 33
  – [und] Meinung A_{II} 159
  –n unausgebildeter Nationen F_I 1223
  – der Natur E_I 257; L_I 275
  – von Otaheiti D_I 386
  – [und] physiognomische Regeln F_I 222
  – der Seher F_I 171
  – der Unphilosophie H_{II} 151
  – [und] Wissenschaften F_I 474
  allgemeine – L_I 25
  chinesische – B_I 122
  deutsche – A_{II} 239; B_I 200, *305*; C_I *239*; D_I 80; F_I 25, 579, *881*; J_I 391; TB_{II} *31*; RA_{II} *100*
  eigentliche – B_I 262
  englische – E_I *189*, *446*; F_I 569
  französische – B_I *200*; E_I *446*
  fremde –n E_I 507, 510
  eine fremde – sprechen lernen E_I 174
  geschwinde – F_I 697
  griechische – B_I *200*; D_I *648*
  hebräische – B_I 200
  lateinische – B_I 196, 200, 214
  lebendige –n F_I 161
  liebliche – F_I 1204
  mathematische – A_I 118
  metaphorische – D_I 468
  natürliche – B_I 22; D_I 468
  orientalische –n D_I 562
  in einer sonderbaren – predigen RT_{II} 24
  die sanfteste – F_I 836
  tode –n F_I *161*; L_I 76
  verrückte – E_I 257
  Fehler in unserer – C_I 239
  Gesichter [und] –n F_I 682
  Ordnung in der – A_I 3
  das Sprechen [einer –] D_I 413
  Ursprung der –n D_{II} 689
  Verfall der alten –n F_I 796
  Verschiedenheit der –n E_I 507
  s. a. Ausdruck, Aussprache, Bedienten-Sprache, Billingsgatelanguage, Gedanke, Grundsprache, Langage, Mienensprache, Muttersprache, Nonsense-Sprache, Schnupftabaks-Sprache, Stiefmutter-Sprache, Südsee-Sprache
Sprachliches C_I *82*, *84*, *88*, *98*, *165*, *190*, *225*, *280*, *281*, *355*, *372*; D_I *80*, *352*, *500*, *552*, *625*, *667*, *668*
Sprachmeister K_{II} 205
  analytischer – J_I 924

Sprachmeliorist K_I 19
Sprachrohr B_I 114; J_I 714; J_{II} 1309
- [und] Mund G_{II} 146
Sprachwerk UB_{II} 1
sprechen C_I 276; G_{II} 27, 124; H_{II} 127; J_{II} 1669
- [und] denken B_I 86; D_I 273, 645; E_I 145, 146; H_{II} 158; J_I 692, 714
- [und] flüstern L_{II} 844
- lernen L_I 198
- in Gesellschaft G_{II} 27
abgebrochen – D_I 189
natürlich – B_I 22
schön – J_I 1005
shakespearisch – E_I 325
mit sich selbst – B_I 346
so vollständig – als empfinden A_I 83
ohne alle Respect – Mat II_{II} 21
das Sprechen aus Empfindung E_I 240, 246
Fehler beim Sprechen UB_{II} 45
s. a. Fertig-Sprechen
[Sprech]-Maschine L_I 411
Sprech- und Schallwerk J_{II} 1659
Sprengel C_I 125; E_I 411
sprengen
Bank – D_I 610
Blase gesprengt SK_{II} 293
[Sprichwörter-Krieg] Sprüchwörter-Krieg E_I 352; Mat I_{II} 155
[Sprichwörter-Weisheit] Sprüchwörter-Weisheit F_I 852
Sprichwort [Sprüchwort] D_I 456; F_I 222, 487, 775, *1096*; G_{II} 2; J_I 443, *499*; L_I 449
das älteste – B_I 248
[englisches] – KA_{II} 231; RA_{II} 25
herrliches – K_{II} 212
[spanisches] – J_{II} 1359
Beweis durch Sprüchwörter L_I 524
Springe SK_{II} 414
Springer
ein menschlicher – F_I 645
Spritze
gläserne –n C_I 220
Feuerspritze C_I 204; J_I 771
Haupt-Sprütze B_I 354
Universitäts-Sprütze B_I 354
spritzen
sprützen und sprengen E_I 501

Spritzen-Gesellschaft
Versammlung der Sprützen-Gesellschaft B_I 354
Spritzen-Haus C_I 204
[Spritzenmeister] Sprützenmeister L_I 214
Spritzkugel
Knall- und Spritzkugel-Blasen D_I 482
Spruce beer SK_{II} 337
Spruch
Sprüche für Zimmerleute F_I 394
geflügelte Sprüche L_I 400
s. a. Orakel-Spruch, Trinkspruch, Wahlspruch
sprudeln L_I 392
Sprüchwort *s.* Sprichwort
Sprützen . . . *s.* Spritzen . . .
Sprung
Sprünge der Erfindung K_{II} 181
Haupt-Erfindungs- Sprung L_{II} 806
spucken
durch die Zähne – MH_{II} 7
Spückpöttchen
holländische – J_I 172
spüken [spuken] F_I 324
Spükerei SK_{II} 565
Spüllumpen-Manschetten E_I 209
Spur J_{II} 1575
weite – B_I 140
St. Albans RA_{II} 39
St. Andreasberg L_{II} 903
St. Elms-Feuer H_{II} 201
St. Helena KA_{II} 179
St. Jago KA_{II} 64
St. Pierre KA_{II} 64
Staat F_I 93; H_{II} 52; K_{II} 148, 151; L_I 623; L_{II} 910, 975
–en als einzelne Menschen gedenkt J_I 227
ägyptischer – A_I 10
große –en K_{II} 295
jüdischer – L_I 593
kleine –en K_I 1
monarchischer – J_I 858
physischer – L_I 396
seine –en zusammenziehn J_I 62
Betrachtungen über die –en J_I 227
Familien [und] –en L_I 106
Verbesserung [der] –en L_{II} 806
s. a. Besenbinder-Staat
Staaten Land D_{II} 695

Staatsbettler E$_I$ 209; SK$_{II}$ 1021
Staatsbürger
  ackernde – L$_I$ 481
Staats-Hellebarde F$_I$ 930
Staatsjungfer E$_I$ 374
Staats-Kalender F$_I$ 1199; SK$_{II}$ 121
  – von lebenden Dichtern F$_I$ 1203
  im Hannöverschen – J$_I$ 512
Staats-Karosse D$_I$ 663
Staatskunst C$_I$ 308
staatsmäßiger Stil E$_I$ 380
Staatsperüque G$_{II}$ 199
Staats-Schrift L$_I$ 571
Staatsverfassung C$_I$ 229; L$_{II}$ 975
  – abstecken E$_I$ 267
  – ändern J$_I$ 972
Staats-Verwaltung K$_{II}$ 294; L$_I$ 604
Staatswirtschaft E$_I$ 131
Stab D$_I$ 112; E$_I$ 267; F$_I$ 498
  s. a. Paraplüstab, Stäbchen, Zauberstab
Stade C$_I$ 216, 228, 256, 265, 300; D$_I$ S. 266; J$_I$ S. 833; SK$_{II}$ 774, 934
Stadt F$_I$ 257, 683, 763, 860; GH$_{II}$ 77; J$_I$ 861, 990, 1002; L$_I$ 604; L$_{II}$ 975; RA$_{II}$ 100
  Städte abbrennen und verfrieren machen UB$_{II}$ 67
  – auf eine Waage bauen J$_I$ 42
  belagerte Städte G$_{II}$ 89
  große Städte E$_I$ 211; F$_I$ 860; J$_I$ 1018; K$_{II}$ 274; Mat II$_{II}$ 25
  eine halbe – C$_I$ 326
  kleine Städte E$_I$ 104
  s. a. Handelsstadt, Hauptstadt, kleinstädtisch, Seestadt, Städtchen, Waldstadt
Stadt-Apotheker E$_I$ 273
Stadtfarren G$_{II}$ 35
Stadtgraben F$_I$ 193
Stadtherr
  große Stadt- und Landesherren L$_I$ 563
Stadt-Mauer E$_I$ 303
Stadt-Meinung F$_I$ 1226
Stadtneuigkeit J$_I$ 16, 593
Stadtphysikus F$_I$ 1053; L$_I$ 261
Stadtschule E$_I$ 257; F$_I$ 1220
  gemeine –n B$_I$ 284
  s. a. Darmstadt
Stadt-Uhr J$_I$ 543

Stäbchen
  Neperische Stäbchen B$_I$ 87, 377
Städtchen [Städtgen] E$_I$ 289
  höfliche – F$_I$ 103
  s. a. Vaterstädtchen
Stärke F$_I$ 103, 203, 714, 948
  – ohne Größe E$_I$ 408
  Größe ohne – B$_I$ 404; KA$_{II}$ 236; E$_I$ 408
  s. a. Geistesstärke
Stäubchen C$_I$ 303
Staffeln E$_I$ 104; Mat II$_{II}$ 15
Stahl K$_{II}$ 324
  s. a. Feuerstahl
Stahlfeder J$_{II}$ 1410; L$_{II}$ 964
Stall
  Buchstabierstall D$_I$ 57
  Kuhstall J$_I$ 384, 385
  Marionettenstall E$_I$ 107
  Pferdestall J$_I$ 493
Stallfütterung
  gelehrte – H$_{II}$ 118
Stallmeister SK$_{II}$ 180, 190, 352, 523, 655, 691, 692, 698, 748, 781, 790, 801, 813, 849, 876, 895, 910, 913, 933, 1010
Stallmeisterin SK$_{II}$ 375
Stamm
  alte bittere Stämme D$_I$ 384
Stammbaum L$_I$ 21, 30; UB$_{II}$ 12
  – manches Buchs F$_I$ 371
  zwergartiger – F$_I$ 631
Stammbuch B$_I$ 124; J$_I$ 635, 768, 1220; SK$_{II}$ 144, 464, 760
stammeln B$_I$ 124; C$_I$ 326; D$_I$ 20
Stampfmaschine A$_{II}$ 215
Stand
  der dritte – K$_{II}$ 291
  die höhern Stände L$_I$ 561
  Gleichheit der Stände J$_I$ 1194, 1202; K$_{II}$ 296
  Kunstwörter aller Stände E$_I$ 54
  Tugend in allen Ständen K$_{II}$ 148
  Pflichten jedes –es Mat II$_{II}$ 57
  Ungleichheit der Stände K$_{II}$ 160
  s. a. Bettelstand, Bürgerstand, Foliantenstand, Landstand, Oktav-Stand, Raupenstand
Standhaftigkeit D$_I$ 54
  preußische – J$_I$ 1167
Stand-Rede B$_I$ 114

Stange J_{II} 1915, 1920
  das Eiserne-Stangen-Abladen
  F_I 213
  s. a. Pendelstange
Stanniol J_{II} 1844, 1891, 2160
  – schneiden F_I 408
Stanze L_I 139
Stapel
  vom – laufen lassen C_I 222
Star F_I 613
  der am – Operierte L_{II} 798
starch on purpose SK_{II} 855
starke Züge E_I 274
Starkdenker E_I 370, 403
starren E_I 368
  das Starren auf die Seite E_I 370
  mit einem toden Starren in den Augen F_I 220
Station J_I 125; L_{II} 811
Statistik der Religion H_{II} 123
Statistiker L_I 75
Statue B_I 169; KA_{II} 205; D_I 181; J_I 1223; K_{II} 286
  – aus dem Berg Athos F_I 419
  monstreuse –n D_I 512
  Kabinett von Büsten und –n E_I 247
Statur
  kurze – D_I 610
  seine prinzipalste – F_I 610
Statuten-Sammlung F_I 541
Staub
  – abblasen C_I 260
  – machen E_I 501
  s. a. Blumenstaub, Dreckstäubchen, Feilstaub, Fixstern-Staub, Kohlenstaub, Sonnenstäubchen
[Staubbesen] Staupbesen D_I 89
Stechen auf der Brust SK_{II} 1028
Steckbrief J_I 561; SK_{II} 202
Steckbrief-Gesicht L_I 610
Steckenpferd D_I 610; E_I 251; J_I 309
Stecknadel D_I 196
stehlen E_I 118; H_{II} 114; J_I *818;* K_{II} 219, 272
  s. a. Gedanken-Stehlen
Stehschein D_I 91
Steifigkeit G_{II} 68
Steifsinnigkeit D_I 22
Steig-Riemen L_I 318
Stein A_I 22; A_{II} 158, 162, 224; E_I 162; F_I 851, 950; K_{II} 399; SK_{II} 589, 591
  –e von der Bastille J_I 423
  –e [und] Brod J_I 1050, *1051*
  – für einen Demant halten D_I 99
  – mit dem Schermesser schneiden D_I 32
  Bononiensischer – A_{II} 220; C_I 305; D_{II} 687; J_{II} 1816
  breite –e B_I 49, 176
  bunte –e J_I 532
  griechisch geschnittene –e D_I 614
  s. a. Bimsstein, Feuerstein, Kieselstein, Leichenstein, Schachstein, Serpentinstein
Steinarten J_{II} 1498; K_{II} 399
Steinhuder Meer C_I 199
Steinkohle J_{II} 1323
Steinkohlen-Bergwerk KA_{II} 6
Steinkopf *s.* Sachsenhäuser
Stein-Papier J_I 31
Steinpflaster F_I 514
Steinsalz J_{II} 1512; L_{II} 864
Steinschnalle B_I 49, 171
Stein-Tabak E_I 281
Stella mirabilis B_I 263
Stellation SK_{II} 272
Stelze F_I 515
stempeln D_I 498
Sterbeliste H_{II} 115
sterben A_I 9, 61; KA_{II} 196; F_I 553; J_I 495, 530, 539, 693; J_{II} 2079; K_{II} 34, 54, 277; L_I 545; L_{II} 971
  so jung – L_I 540
  selig – D_I 276
  stoisch – L_I 436
  vor Freuden – L_I 650
  mit dem 40. Jahre – L_{II} 910
  auf dem Lande – E_I 521
  Mittel [zum Sterben] D_I 149
  Gesichtsverzerrungen eines Sterbenden G_{II} 1
  s. a. Tod
Sterbetag SK_{II} 49, 173, 189, 190, 195, 336, 353, 358, 487, 502, 652, 786, 802, 809, 917, 930, 933
  Geburts- oder –? L_I 676
Sterbezimmer J_I 1058
Sterblichkeit in London E_I 68
Stereometrie A_{II} 257
stereometrisch
  aus Äpfeln –e Körper schneiden J_I 1016
Sterling J_I 47; SK_{II} 247

Stern KA_{II} 59, 123; L_I 643; L_{II} 841
  einen – starr ansehen A_{II} 246
  neblichte -e KA_{II} 123
  nach [einem] – sehen F_I 990
  s. a. Brand-Stern, Dampf-Stern, Fixstern, Haar-Stern, Nebelstern, Polar-Stern, Stella mirabilis
Sternenhimmel L_{II} 804; UB_{II} 756
Sterngucker B_I 321
Sternhöhe RA_{II} 117
Sternschnuppe F_I 125; K_I 19; L_I 643; L_{II} 931–933; SK_{II} 960
Sternseher J_I 356
steter Weg D_I 230
Steuer
  Bannstrahl-Steuer B_I 136
  Kopfsteuer E_I 368; F_I 757
  Personal-Steuer SK_{II} 545
Steuer-Ruder B_I 253
  – der Dichtkunst L_I 591
Stich L_I 232
  einen kleinen – zuspielen GH_{II} 70
  s. a. Kupferstich, Nadelstich
Stichelei F_I 812; J_I 736; SK_{II} 175
  mutwillige -en F_I 1210
Stichel-Rede D_I 382
  -n auf Gott F_I 271
  – auf die Pandekten F_I 410
Stickluft J_{II} 1757; K_{II} 338, 354; L_{II} 760, 816
Stiefbruder J_I 1093
stiefbrüderlich F_I 1005
Stiefel
  Luftpumpen-Stiefel K_{II} 412
Stiefelfuß B_I 16, 51
Stiefgeschwister L_I 183
Stiefkind F_I 1005
Stiefmutter-Sprache F_I 1005
Stiel
  Kirschenstiel C_I 359; E_I 158, 302
Stier J_I *363*, *374*
Stil A_I 77, 138; B_I *11*, 20, 53, 65, 270, 319, 321, *405*; D_I 56; E_I 424; F_I 204, 215, 540, 673, *709*, 754; G_{II} 12, 207; H_{II} 70; J_I 995; L_I 197; RA_{II} 127
  – und Gedanke D_I 250
  abgebrochner – E_I 501
  adlicher – L_I 366
  ältlicher – E_I 375; L_I 658
  affektierter – B_I 95
  einen neuen – schaffen E_I 259
  etwas neu im – tun D_I 362

unser neuerer – F_I 1123
schöner – E_I 375
staatsmäßiger – E_I 380
Einfluß des –s A_I 22
Eleusischer – F_I 402
Physiognomik des –s F_I 802
Sinnbild von – L_I 197
s. a. Erfindungs-Stylus, Genie-Stylus, Hof-stilus, Mestizenstil, Modestil, Prachtstil, Propheten-Stil, Regalstil, stilus, Theriak-Stil, Winkelsänger-Stil
Stil-Art E_I 259
still B_I 254
  -e sein E_I 152
  -e stehn C_I 223; D_I 217; E_I 135, 304, 310
Stille KA_{II} 293; J_{II} 1651
  in der – tief gehen E_I 501
  scheinbare – F_I 210
  s. a. Todesstille, Windstille
Stiller Ozean F_I 793
Stillschweigen C_I 282; F_I 664, 741, *828*; J_I 402, 438; L_I 576
  – in Gesellschaft B_I 153
Stillstand der Fortschritte K_{II} 271
Stillstehen der Planeten D_I 217
stilus
  ernsthafter – E_I 435
  s. a. Stil
Stimme B_I 114, 366; KA_{II} 14; E_I 377; J_I 714; J_{II} 2054
  -n sammeln D_I 345
  – für die Augen F_I 834
  – der Empfindung E_I 423
  – [und] Gesicht F_I 819, 1068
  angenehme – F_I 744
  geheime –n denkender Köpfe F_I 541
  das Physiognomische in der – der Narren F_I 722
  s. a. Kinderstimme, Menschen-Stimme, vox
stimmen
  das Stimmen einer Saite J_I 737
Stimmen-Zirkel B_I 114
Stimmgabeln SK_{II} 203
Stimmhammer C_I 296
stimulantium E_I 104; F_I 106
  stimulantia nehmen D_I 287, 531
stimulieren s. erstimulieren
Stinkböcke in Pferdeställen J_I 493

stinky SK$_{II}$ 877
Stipendium SK$_{II}$ 608
Stirn B$_I$ 181; F$_I$ 816; J$_I$ 767
  gewölbte – F$_I$ 688, 810
  platte – F$_I$ 1228
  zurückwallende Abdachung [der]
    –e F$_I$ 848
  Dimensionen der – F$_I$ 1063
  vorliegende –e als Zeichen des Tiefsinns TB$_{II}$ 29
Stirnmesser F$_I$ 1063, 1228; G$_{II}$ 12; UB$_{II}$ 49
Stivotelismus F$_I$ 264
Stock B$_I$ 215, 397
  über jedermanns – springen E$_I$ 345; F$_I$ 730
  s. a. Haselstock, Haubenstock, Stöcke-Schneiden
Stockfisch SK$_{II}$ 63
Stockhaus D$_I$ 56
Stockholm J$_{II}$ 1726
Stock Jobbers
  physiognomische – F$_I$ 926
Stock jobbery
  physiognomische – F$_I$ 942
Stockhaus D$_I$ 56
Stockhausscene H$_{II}$ 67
Stockknopf D$_I$ 96
  schlechter – F$_I$ 90
Stockschnupfen SK$_{II}$ 1025
stocktaub J$_{II}$ 2133
Stöcke-Schneiden F$_I$ 1070
Stölzelputzhäusel E$_I$ 436
Stöpsel J$_I$ 973
Stoff
  toder – J$_I$ 141
Stoiker G$_{II}$ 65
stoisch
  – sterben L$_I$ 436
  –e Philosophie A$_I$ 28
  –e Sekte KA$_{II}$ 166
Stolgebühren J$_I$ 1205
stolpern
  daher– F$_I$ 802
Stolz B$_I$ 123, 131; C$_I$ 115; D$_I$ 545, 547; F$_I$ 657; J$_I$ 492; K$_{II}$ 102; L$_I$ 654
  – der Deutschen C$_I$ 59
  beleidigter – F$_I$ 759
  edler – D$_I$ 176
  gedemütigter – F$_I$ 932
  geheimnisvoller – D$_I$ 575
  gekränkter – F$_I$ 942

heimlicher – G$_{II}$ 27
kriechender – F$_I$ 500
offensiver und defensiver – J$_I$ 786
Kelch des –es D$_I$ 394
s. a. Bauernstolz, Knaben-Stolz, National-Stolz
Stolzenau TB$_{II}$ 1
Storch KA$_{II}$ 31; F$_I$ 144, 416; J$_I$ 1044
Storchschnabel G$_{II}$ 12; J$_{II}$ 2017
Storchs-Nest F$_I$ 974
Stoß D$_I$ 383; L$_{II}$ 942; Mat I$_{II}$ 10
  – von außen J$_I$ 123
  – und Attraktion K$_{II}$ 319; L$_{II}$ 897, *918, 919*
  endlicher – Mat I$_{II}$ 10
  der Fall mit dem –e am Stuhle [bzw. Tisch] J$_I$ *706*; J$_{II}$ *1666*; L$_{II}$ 798, 880
  Impenetrabilität [und] – L$_{II}$ 897
  s. a. Erinnerungs-Stoß, Gnadenstoß
Stoßkraft
  Materie mit Stoß Kraft und Bewegung begabt L$_{II}$ 894
Stoßlöcher
  Stoß- und Wecklöcher E$_I$ 301
Stoß-Maschine SK$_{II}$ 853
Strafe A$_I$ 84; J$_I$ 61
  die – an sich selbst bezahlen D$_I$ 467
  s. a. Höllenstrafe
Strafenfurcht D$_I$ 22
Strafgericht G$_{II}$ 57
Strafschrift
  Straf- und Trostschrift E$_I$ 251
Strahl A$_{II}$ 166; J$_I$ 350
  s. a. Bannstrahl, Lichtstrahl, Primus-Strahl, Sonnenstrahl, Wasserstrahl, Wetterstrahl
Strangurie F$_I$ 962
Straß RA$_{II}$ 130
Straßburg E$_I$ 501; J$_I$ 1112; L$_I$ 512; SK$_{II}$ 99
Straße C$_I$ 166; F$_I$ 683
  – des Friedens D$_I$ 668
  –n der Vaterstadt F$_I$ 684
  düstere –n J$_I$ 861
  s. a. Landstraße
Straßenräuber E$_I$ 41; J$_I$ 213; L$_I$ 565; UB$_{II}$ 7
Stratford J$_I$ 1092; Mat I$_{II}$ 122
Strauß [Vogel] E$_I$ 318
Strawberry Hill RA$_{II}$ 38
Streckwort E$_I$ 161

Streich
[einen] – spielen D_I 214; G_{II} 92
– auf die Backen L_I 440
dumme –e B_I 257
s. a. Rezensenten-Streich, Spitzbubenstreich
streicheln
Kinnstreicheln F_I 921
Streifzüge
philosophische – J_I 516
Streit A_I *135;* K_{II} 145, 285
– über *bedeuten* und *sein* A_I 114
s. a. Wortstreit
streiten
Kriegen und Streiten und Rennen L_I 275
Streitigkeit B_I 27; J_I 1214
gelehrte –en D_I 181; J_I 1166
theologische –en J_I 6
Streusand F_I 832
Strich F_I 503
läppischer – F_I 588
unordentliche –e A_I 141
Strick
4 Pfennigs-Stricke J_I 286
striegeln F_I 141
Ströbeck L_I 137
Stroh K_{II} 417
Strohfiddel C_I 8, 16
Strohwitwer SK_{II} 369
Strom E_I 501; F_I 40; J_{II} 1526, 1655, 1724, 2036
Ströme der Gesinnungen J_I 98
großer – L_I 365
verschiedene Ströme UB_{II} 72
s. a. Feuerstrom, Malstrom
Strophades C_I 24
Strumpf B_I 233; C_I 80; F_I 136
neue Strümpfe B_I 233; SK_{II} 143
seidene Strümpfe Mat I_{II} 49
Löcher in den Strümpfen E_I 267
Stube B_I 253; J_I 422, 501; RT_{II} 26
–n mit Makulatur tapezieren J_I 592
geweißte –n J_{II} 1716
kalte leere – B_I 351
schwarz behangene große – F_I 325
s. a. Wachtstube
Stubenhistoriker E_I 161
Stuben-Maxime E_I 265
stubensitzender Lehrer der Theologie B_I 314
Stubensitzer D_I 132; E_I 218; RA_{II} 127

Student B_I 56, 125, 174, 289; D_I 136, 616; J_I 657, 865, 1194
keine –en aufschneiden, sondern Hunde D_I 633
griechische –en F_I 485
Pariser – E_I 314
Hunde statt –en öffnen E_I 115
Lexidion für junge –en B_I 171
s. a. Pursch
Studenten-Charakter F_I 504
Studenten-Genie B_I 119
studieren D_I 196, 255, 433, 459; E_I 373; F_I 472; J_I 690; K_{II} 25, 28, 98; L_I 186
sich frigid und impotent – F_I 436
sich selbst – F_I 734
die sogenannte –de deutsche Jugend F_I 498
Vater oder Mutter unter die Erde – E_I 209
das Studieren [und] die Gärtnerei K_{II} 183
das Studieren der Künste D_I 448
das Studieren von Wahrheit F_I 439
Endzweck des Studierens B_I 284
Fehler bei meinem Studieren K_{II} 25
Lesen und Studieren F_I 203
Stärkung beim Studieren J_{II} 1855
Kinder, die zum Studieren bestimmt sind J_I 26
Studium L_{II} 975
– der Alten L_I 275
– des Homers und des Ossians F_I 734
– der Naturhistorie F_I 149, 262
Stückwerk E_I 162
Stümper C_I 209; D_I 92, 506; E_I 206; F_I 872; H_{II} 55
prophetische – J_I 435
Bücher von –n D_I 506
Kriterium der – E_I 206
Regeln und – C_I 206
stümpern G_{II} 238; H_{II} 55
Stützrad B_I 355
Stufe C_I 143, 278; Mat I_{II} 87; Mat II_{II} 15
–n von Dummheit F_I 810
–n einer Leiter C_I 278
– einer hölzernen Treppe B_I 79
–n der Vollkommenheit C_I 194
s. a. Silberstufe

Stufenleiter in der Reihe der Geschöpfe J$_I$ 392
Stuhl L$_I$ 287
— sich zu wiegen D$_{II}$ 762
den — schlagen, an dem man sich stößt J$_I$ 706
der Fall mit dem Stoße am —e L$_{II}$ 880
s. a. Kirchstuhl, Richterstuhl
Stuhlgang J$_I$ 990
stumm E$_I$ 446
— wie Felsen B$_I$ 339
s. a. taubstumm
stumpf werden L$_I$ 559
Stunde
bürgerliche —n D$_I$ 591
schwarze — so seltsam als eine zitronengelbe B$_I$ 319
s. a. Gespenster-Stunde, Todesstunde, Viertel-Stündchen
Stundenglas D$_I$ 253, 533; UB$_{II}$ 43; Mat I$_{II}$ 88
Stundenweiser J$_I$ 375
Stunden-Zeiger
— unter einem Haufen von Sekunden-Zeigern B$_I$ 258
Stupidität
viehmäßige — L$_I$ 47
Sturm A$_{II}$ 167, 219; D$_{II}$ 733; F$_I$ 1109; SK$_{II}$ 103, 125, 230, 231, 253, 259, 312, 326, 338, 443, 502, 520, 872
— am Berge E$_I$ 504, 506; F$_I$ 422, 731
Stürme des Schicksals D$_I$ 54, 143
zu einem — kommandieren J$_I$ 1204
— mit einem Kartenblatt zurückfächeln D$_I$ 533; F$_I$ 387
Stute J$_I$ 1229
gelbe — J$_I$ 930
Stuttgart J$_I$ 1082, 1200
Stutzer A$_I$ 59; B$_I$ 84, 171, 180, 204, 309; C$_I$ 93
Über den geistlichen — B$_I$ 185
Subjekt H$_{II}$ 142, 147; J$_I$ 234, 262; K$_{II}$ 64
temporelle Güte der —e L$_I$ 34
subjektiv J$_I$ 337, 404, 532, 1098; J$_{II}$ 1351, 1635; K$_{II}$ 77
das Subjektive in vielen Dingen J$_I$ 498
subjektivisch
das Subjektivische bei den Körpern J$_{II}$ 1280

Subjektivität L$_I$ 167
sublimieren B$_I$ 41; KA$_{II}$ 153
submisses Gesicht G$_{II}$ 154
Substanz A$_I$ 87; D$_I$ 211, 212; J$_I$ 400; J$_{II}$ 2147
beobachtende — J$_I$ 681
empfindende — A$_I$ 92, 102
unsere materielle — E$_I$ 31
die sonderbarste — C$_I$ 303
substances surhydrogenées, surcarbonées und surcaloriquées J$_I$ 1209
vegetabilische — J$_{II}$ 1821
s. a. Nebensubstanz
subtil KA$_{II}$ 276; F$_I$ 636, 942, 1220
—e Betrachtungen KA$_{II}$ 276
—e Dummköpfe D$_I$ 529
—e Einfälle D$_I$ 529
—e Erfahrungen C$_I$ 54
—e Erklärungen C$_I$ 54
—e Fäden E$_I$ 241
—e Männer E$_I$ 418
—er Materialismus F$_I$ 425
—e Observationen C$_I$ 203
—e Prahlerei G$_{II}$ 5
—ere Sarkasmen E$_I$ 189
—e metaphysische Vernünftler E$_I$ 403
—e Verweise L$_I$ 638
subtilis L$_I$ 107
Subtilität E$_I$ 411; J$_{II}$ 1484
Successivum F$_I$ 34, 36
suchen F$_I$ 396; L$_I$ 335
— [und] finden F$_I$ 826
denken und — SK$_{II}$ 326
etwas zu sehen — J$_{II}$ 1363
das Gesuchte B$_I$ 20
s. a. Ursachensucher
Sucht
Lesesucht L$_I$ 154
Milzsucht A$_I$ 54
Mondsucht J$_I$ 1171; J$_{II}$ 2055
Nachahmungssucht D$_I$ 179, *367*
Neuerungssucht F$_I$ 734
Schwindsucht s. dort
Wasser-Sucht s. dort
Sudelbuch [common place book] D$_I$ 668; E$_I$ 46, 150; F$_I$ S. 457; RA$_{II}$ 93
s. a. Hausbuch, Hudelbuch, Klitterbuch, Schmierbuch, Wastebook
Südpol L$_{II}$ 820; RA$_{II}$ 188

Südsee C_I 142; J_{II} 2073
 Inseln der – F_I 1014; RA_{II} 186, 199
Südsee-Sprache RA_{II} 186
Südwind F_I 34; J_{II} 1576, 1993
Süjet *s.* Sujet
Sueniten D_I 262
Suerin C_I 355
Sünde B_I 297, 323; E_I 297; F_I 674; K_{II} 105
 – wider den heiligen Geist B_I 297
 geheime –n [und] öffentliche –n K_{II} 214
 Vergebung der –n J_I 842
 Vergnügen und – B_I 334
 s. a. Erbsünde, Jugend-Sünde
Sünder D_I 269, 423
 enthusiastisch bußfertiger – G_{II} 83
Sündflut D_I 86; D_{II} 719
 – über die Wissenschaften B_I 224
sündig
 –e Seele D_I 498
sündigen A_I 41; H_{II} 22
sündlich schöne Hände C_I 162
Suffixum F_I 306; Mat II_{II} 23
Suffolk D_I 647
Sujet [Süjet] D_I 550; J_I 207
sukzessive Seelen A_I 56
Sukzessor
 Vor-Sukzessor C_I 77; F_I 223
Sultan J_I 759
Sumarongi's SK_{II} 904
Sumatra KA_{II} 112
Summe E_I 410
 – des Vergnügens A_I 92
summen D_I 610
 –de Könige D_I 610
summum bonum B_I 204
superfein
 –er erkünstelter Menschenkenner E_I 196
 das Superfeine E_I 370
 die Superfeinen E_I 402
[Superfetation] Superfötation C_I 19
superfiziell E_I 397; F_I 622
 –e Folianten D_I 433
 –e Gelehrsamkeit D_I 433
 –er Witz D_I 180
Superfötation C_I 19
Superintendent B_I 321; F_I 631
Superiorität J_I 910; J_{II} 1855
superklug D_I 445; F_I 321
 das Superkluge D_I 445, 477

Superklugheit J_I 248
Superlativ F_I 825
supernatural D_I 131
Superstition J_I 853
 s. a. Aberglaube
supinum J_I S. 649
Suppe E_I 267; G_{II} 14
 seine –n im Magen kochen RA_{II} 29
 s. a. Grundsüppchen, Wassersuppe, Wurstsuppe
supponieren KA_{II} 293
Supremats-Eid der Logik F_I 790
surhydrogené J_I 1209
Surinam L_I 110, 359
suroxigenisiertes Pulver SK_{II} 304
Surrate KA_{II} 107
Surtout B_I 56; F_I 261
swift L_I 62
swinish multitude MH_{II} 12
Sylbe *s.* Silbe
Syllogismen-Kasten B_I 380
Syllogismus KA_{II} 89; D_I 643; E_I 131
 auf die 4 Syllogismen schwören F_I 790
Sylphiden B_I 171
sylphisch ausstaffierte Menschen B_I 49
Symbol J_{II} 1833
Symbolum B_I 421
Symmetrie E_I 147; J_I 392
 – in den Bildern J_{II} 1985
 Mangel von – B_I 54
symmetrisch F_I 630
 –e Teile im Gehirn B_I 54
 –es Tier C_I 270
 –e Zerrüttung des Gehirns E_I 147
sympathetisch
 –e Dinte D_I 215
 –e Kuren F_I 652
Sympathie F_I 231; J_I 791
Synagoge F_I 616
synkopische Sentenzen D_I 610
Synonym A_I 30; F_I 823; G_{II} 12; J_I 417
synonymische Worte D_I 666
Syntax F_I 823
 – genetivi F_I 149
Synthese D_I 479; J_I 114; J_{II} 1351
synthetisch
 analytisch [und] – J_I 1091
Syra D_{II} 742
Syrakus J_I 885; RA_{II} 116
syrisch D_I 562; K_I S. 845

System A$_{II}$ 133, 182; B$_I$ 321, 334, 365, 388; C$_I$ 209; KA$_{II}$ 264, 296; D$_I$ 485, 506, 593; E$_I$ 162, 331, 496, 497; F$_I$ 203, 455, 1171; H$_{II}$ 168, 174; J$_I$ 19, 282, 295, 472, 473, 705; J$_{II}$ 1781, 1968; L$_I$ 34; L$_{II}$ 917; UB$_{II}$ 53
- formieren KA$_{II}$ 196
-e der Attraktionisten und Impulsionisten L$_{II}$ 918
- der Geister J$_{II}$ 1551
- [der] Gesinnungen B$_I$ 22, 138, *159;* C$_I$ *181;* D$_I$ *54*
- des Mannes F$_I$ 436
-e in der Naturgeschichte J$_{II}$ 1360
- der Philosophie J$_I$ 473
- Schöpfer L$_{II}$ 854
- von Triebfedern F$_I$ 348
- von Umständen F$_I$ 730
- zur Wollust B$_I$ 334
- der Zoologie L$_I$ 17
allgemeines – der Natur RA$_{II}$ 151
antiphlog[istisches] – J$_{II}$ 1982
atomistisches – L$_{II}$ 917
chemisches – J$_I$ 967
endliches – von Fibern F$_I$ 1183
aus ihrem – erklären E$_I$ 496
sein inneres – B$_I$ 140
Kopernikanisches – J$_I$ 447, 454
künstliche -e J$_{II}$ 1360
Linnésches – J$_I$ 33
medizinisches – L$_{II}$ 854
Ptolemäisches – L$_{II}$ 880, 967
republikanisches – L$_I$ 34
Tychonianisches – J$_I$ 475
vollkommenste -e J$_I$ 295
Mittelpunkt seines inneren -s B$_I$ 140
Modell von unserem – E$_I$ 368
Monarch seines -s B$_I$ 388
Schädlichkeit der -e C$_I$ 278
Verbindung und – J$_I$ 481
Verfassung meines -s KA$_{II}$ 264
s. a. Assoziations-System, Charaktersystem, Empfindungs-System, Erkenntnis-System, Feudal-System, Gedanken-System, Gesinnungs-System, Knochen-System, Meinungen-System, Mineralsystem, Modesystem, Muskel-System, Nerven-System, Sonnensystem, Weltsystem

Systematiker J$_I$ 476
systematisch
zu – blicken und lächeln B$_I$ 171
-er Freidenker J$_I$ 476
-e Klauen C$_I$ 261
System-Despotismus F$_I$ 431
Systemsgeist D$_I$ 264
Systemwesen C$_I$ 209
Systole und Diastole der Nasenlöcher E$_I$ 193; Mat I$_{II}$ 112
Szene auf dem Blocksberg E$_I$ 522
s. a. Stockhausscene
Szepter *s.* Scepter
Szony K$_{II}$ 287
Szylla *s.* Skylla

Tabak KA$_{II}$ 214; D$_I$ 214; K$_{II}$ 101
s. a. Schnupftabak, Stein-Tabak, Varinas
Tabakrauchen E$_I$ 154; H$_{II}$ 135; J$_I$ 254; K$_{II}$ 101
Tabakspfeife
Länge der – A$_I$ 79
Tabatiere J$_I$ 896
Tabelle F$_I$ 205; J$_{II}$ 1564, 1625; SK$_{II}$ 937
unsichtbare -n F$_I$ 153
s. a. Immortalitäts-Tabelle, Mortalitäts-Tabelle
tabula rasa K$_{II}$ 74
Tadel E$_I$ 257
tadeln K$_{II}$ 106
Begierde zu – D$_I$ 390
s. a. betadeln
Täfelchen von Chocolade und Arsenik D$_I$ 340
tägliches Brod C$_I$ 205
Tändelei B$_I$ 204, 254; D$_I$ 230, 668
Nüße der – C$_I$ 209
Tändeleienzwitscherer D$_I$ 56
tändeln B$_I$ 178, 185, 204, 380; C$_I$ 39
-der Hümeur F$_I$ 697
-de Wollust B$_I$ 254
Tändelnde B$_I$ 185; E$_I$ 108
Tändler B$_I$ 364
Tänzer L$_{II}$ 911
tätscheln
sich einander – D$_I$ 668
Tafel E$_I$ 469; F$_I$ 1202; J$_{II}$ 1411; SK$_{II}$ 292
- der menschlichen Erkenntnis B$_I$ 145

- über unsere Pflichten A_I 36
anatomische - SK_{II} 540
überzogene -n J_{II} 1879
zwölf -n F_I 842
s. a. Einmaleins-Tafel, Logarithmentafel, Mondstafel, Schreibtafel, Sinustafeln, Täfelchen
Tag D_I 170; F_I 767
- und Nacht C_I 63
jüngster - KA_{II} 41; E_I 505; J_I 390, 747, 1121
kürzere [und] längere -e F_I 1021
letzter - D_I 530
manchen - B_I 8
unsere verklärten -e E_I 230
Begebenheiten bei - J_I 572
Personen des -s J_I 872
s. a. Geburtstag, Hochzeit-Tag, Neujahrs-Tag, Schöpfungs-Tag, Sterbetag, Wintertag, Wochentag
Tag- und Nachtgleiche F_I 953
Tages-Licht J_I 245; J_{II} 1588; K_{II} 369
Tageszeit
Tages- und Jahrszeiten UB_{II} 62
Taglöhner
beider Rechten - C_I 357
Tahiti *s.* Otaheiti
take care J_{II} 1969; L_I 42; MH_{II} 20
Takt J_I 890
- tretten C_I 257
Menuettakt C_I 153
Taktschlagen und Trommeln F_I 1200
Talent D_I 47, 422, 444; F_I 139, 353, 687, 848; J_I 159, 539; K_{II} 271
große -e C_I 194
philosophische [und] schöne -e E_I 230
poetisches - E_I 169
s. a. Dichtertalent
Taler B_I 87, 136, 176; F_I 575; SK_{II} 196, 281, 354, 388
Taler-Werk E_I 329
Talg verlieren D_I 100
Talg-Baum RA_{II} 18
Talglicht D_I 567; J_{II} 1289, 1328, 1573, 1900; K_{II} 58; L_{II} 949; SK_{II} 69, 70
Talgtropfen J_{II} 1900
Talisman E_I 152
Tallowiano SK_{II} 919
Talmud J_I 749
Tal-Rat L_I 190

Tambour A_I 119; E_I 368; RA_{II} 130
Tangier [Tanger] D_I 587
Tanna F_I 534; RA_{II} 186, 199
Tanne J_{II} 1821
Harztanne D_I 520
Tannenbaum SK_{II} 301, 980
Tannzapfen J_I 1062
Tanz
country-Tanz C_I 95
Hasentanz D_I 610
s. a. Seiltänzerei
Tanz-Kunst B_I 28
Tanzmeister B_I 201, 254; D_I 593; E_I 418; F_I 916
Tapete D_I 610; E_I 245
tapeziertes Zimmer E_I 209
Tapferkeit J_I 68; L_I 697
Tarantel A_I 54; A_{II} 172
Taraxacum J_I 368; SK_{II} 641, 774
Tarras C_I 144, 147
Tartarus vitriolatus KA_{II} 119; J_{II} 1378
Tarte D_I 593
s. a. Torte
Tartuffe D_I 83
Tasche J_I 903
geldfeste - D_I 517
letzte - F_I 480, 732
Taschenbibel
hebräische - L_I 347
Taschenbuch L_I 608
[Taschendieb] pickpocket F_I 1154; J_I 903
Taschenkalender GH_{II} 41; SK_{II} 558
Taschen-Kalender-Abhandlung F_I 1050
Taschenspieler A_I 20; B_I 103; C_I 180, 312; KA_{II} 253; E_I 133
Taschenspieler-Künste A_I 16; F_I 1036
Taschen-Uhr E_I 482; F_I 637; G_{II} 180; J_{II} 1731
- [mit] Fernglas D_I 360
Tat B_I 151, 153, 220, 322; D_I 22; L_I 343
-en [und] Erzählungen C_I 343
-en für das Vaterland K_{II} 292
böse -en F_I 479, 481, 730
glänzende -en K_{II} 116
graue - E_I 473
größte -en F_I 687
große -en D_I 19; F_I 262, 479, 730; K_{II} 127; Mat_{II} 8
gute -en F_I 481

niederträchtigste und lasterhafteste
 –en F₁ 687
schlechteste und schönste – J_{II} 1661
schwarze – E₁ 270, 473
Grund [der] guten – C₁ 328
Triebfeder großer –en H_{II} 47
s. a. Heldentat, Mordtat
Tataren KA_{II} 86
Tatze
 aus der – saugen B₁ 223
Tau [Niederschlag] A_{II} 244; F₁ 498;
 J_{II} 1576, 1791, 1797, *1802*, 1873,
 2114
Taugeschichte J_{II} 1802
taub SK_{II} 321
 – und stumm Geborne E₁ 446
 –er Mann J₁ 1246
 der Taube F₁ 685; J₁ 605; J_{II} 1408;
 K_{II} 414
s. a. stocktaub, taubstumm
Taube
 weiße – J_{II} 2152
 Brief-Taube J₁ 347
 Turteltaube F₁ 632
taubgeborene Tiere K_{II} 415
taubstumm E₁ *446*
Taubstumme F₁ 373, 1176, S. 644;
 J₁ 373, 605; J_{II} 1416
Taucher C₁ 175
 philosophischer – D₁ 433
s. a. untertauchen
tauen J_{II} 1605
taufen J₁ *696;* L₁ 179, 469
Taugenichts E₁ 274; F₁ 225, 346;
 K_{II} 185
 schlaffer – E₁ 274
Taugewas F₁ 346
taumeln E₁ 169
Tausendfuß E₁ 47, 70; F₁ 971, 1126
tausendzüngige Frau B₁ 24
Tauträne E₁ 170
tavern chair J₁ 206
Taxe D_{II} 754; E₁ 68; L₁ 257; RA_{II} 34,
 77, 87, 93, 118, 123
 – auf die Engel F₁ 757
Taxen-Liste L₁ 176
Taxusbaum L₁ 139, 623
Tchu B₁ 122
Tecklenburg D_{II} 681
Te deum SK_{II} 322
 – essen F₁ 1071; J₁ 176
 – laudamus L₁ 282, 456

Te diabolum L₁ 282
Tee F₁ 165
 – schlürfen L₁ 6
 Nachdenken vertreibender –
 B₁ 379
Teekessel F₁ 300
 Pfeifen des –s K_{II} 348
Teich-Rinne F₁ 717
teilbar
 ins Unendliche – J₁ 646
teils D₁ 352
Telegraphie L₁ 314
Telemachie L₁ 314
Teleskop J₁ 724; J_{II} 1307, 1507, 1583;
 K_{II} 396; L_{II} 716; RA_{II} 12; SK_{II} 87,
 98, 105, 177, 224, 237, 364, 389,
 404, 407, 456, 478, 480
s. a. Fernrohr, Perspektiv, Sehrohr
Teller F₁ 219; J_{II} 1915, 1920, 1927
 zinnerne – F₁ 34; L₁ 630
Tempel C₁ 117; E₁ 380
 – des guten Geschmacks B₁ 374
 – des Nachruhms D₁ 498
 – der Philosophie F₁ 954
 – des Ruhms D₁ 107, 108, 286;
 E₁ 504
 erste Zeiten des ersten –s D₁ 234
 Zerstörung des –s D₁ 234
s. a. Janus-Tempel, Sonnen-Tempel
Temperament L₁ 194
Temperaments-Lüge F₁ 1142
Temperatur KA_{II} 57; J_{II} 2028; L₁ 362;
 L_{II} 773
Tempfel [statt] Tempel E₁ 380
temptations SK_{II} 1005
Teneriffa
 Pico von – D_{II} 692, 693
tenor
 vitae – K_{II} 103
Terminologie L₁ 616
Terne E₁ 227
Terpentinöl J_{II} 2115, *2164*; SK_{II} 672
Terpentin-Spiritus H_{II} 186; J_{II} 1733
terra incognita F₁ 703
Tertianer
 wilde – L₁ 217
Tertien-Uhr J_{II} 1308, 1325; K_{II} 344;
 SK_{II} 128, 169, 284, 943
Tertium J_{II} 2018
Terzien J_{II} 1527, 1677
Teschnitz [Töschnitz] J₁ 1137
Testament L₁ 227, 557

– schreiben J_I 1244
– eines Studiosi B_I 251, *253*
altes – E_I 187; F_I 165
mittleres – L_I 184
neues – D_I 194, 256; J_I 651; L_I 27, 184; UB_{II} 25
novum –um B_I 200
sonderbares – L_I 677
weißes Blatt zwischen dem alten und neuen – E_I 262; Mat I_{II} *142*
Testikel F_I 338, 345, 358
testimonium C_I 330; F_I 531; SK_{II} 164, 210, 262, 298, 304, 379, 695
Tetrachord K_{II} 395
Teufel C_I 132, *286*, 340; KA_{II} 92; D_I 531, 644, 667; E_I 152, 228, 248, 265, 268, 282, 334, 470, 485; F_I 165, 166, 194, 237, 322, 380, 415, 566, 649, 681, 1012, 1035, 1104, 1139, 1166, *1170;* ; G_{II} 209; H_{II} 60; J_I 549, 590, 894, 1011, 1053, 1093, 1099; L_I 431, 593, 613; UB_{II} 37; Mat I_{II} 5; RA_{II} 161; SK_{II} 464
– austreiben F_I 498, 1035, 1166
– einnehmen F_I 498
– redet schlecht Latein C_I 151
armer – B_I 137; D_I 111, 423, 612; E_I 114, 131, 209, 234, 245; F_I 94; RA_{II} 172; SK_{II} 539
arme – von der Feder D_I 653; E_I 226, 234; F_I 94; H_{II} 60; L_I 182
bis auf den – E_I 181
Cartesianische – J_{II} 1287, 1535; K_{II} 401; UB_{II} 75
dummer – D_I 630
ehrliche – Mat II_{II} 17
vom – geplagt F_I 322
unter die – gezählt F_I 1029
lebendiger – SK_{II} 464
närrischer – D_I 214
zum – reisen E_I 152
rumorender – F_I 745
Feuerung für den – D_I 267
des –s Zeug E_I 60; F_I 801
Teufelsaustreiber F_I 1031
Teufelsbanner F_I 39
Teufelsbraten E_I 209
Teufelsdreck F_I 1099
Texel G_{II} 12
Text J_I 1211

th [engl.] F_I 844
Thanatologie
Dr. der – F_I 483
Theater E_I 209, 400; F_I 556, 571, 631; H_{II} 67; J_I 312; RT_{II} 2, 4, 6, 8, *10*, 11, *14*, *18*, *19*, 23; RA_{II} 9, 11, 13, 17, 36, *37*, *134*, *175*, *184*, *185*, *196*, 203, *205*
Echo auf dem – J_I 1174
Flüche auf dem – F_I 571
Theater-Besucher J_I 872
Theater-Mensch F_I 142
Theater-Vorhang B_I 216
Theatrum anatonicum UB_{II} 14
Theismus J_I 531
Thema D_I 90
Themse J_I 1070; RT_{II} 9; A_{II} 166
Theologe B_I 77, 95, 290; C_I 332, 338; D_I 529; E_I 1, *3*, *84*, 435; F_I 348, 631; H_{II} 115; J_I 87, 137, 277, 405, 425, 553; K_{II} 129, 237; L_{II} 975
–n auf der Universität E_I 1
Theologie B_I 145; C_I 308; D_I 267; E_I 369; F_I 914; J_I 6; K_{II} 185, 237; L_I 184
– [und] Religion F_I 392; L_{II} 975
stubensitzender Lehrer der – B_I 314
Kandidat der – E_I 131; L_I *485*
Professor der – L_I 429
Spötter der – L_I 275
s. a. Physicotheologie
theologisch
–e Bücher B_I 200
–e Streitigkeiten J_I 6
Theonomie L_I 184
Theoretiker
tiefste – J_I 1241
theoretisch
–e Menschen J_I 1072
–e Pflanzen J_{II} 1930
–e Tiere J_{II} 1930
Theorie D_I 196, 411, 452; E_I 162; F_I 34, 182; J_I 342; J_{II} 1341, 1602, 1686, 1774, 2021, 2093; K_{II} 68; L_I 331
– [sein] D_I 452
– von Dämpfen K_{II} 408
– der [schönen] Künste D_I 192, 613; E_I 114, 189, 380; F_I 1088
– des Lebens G_{II} 68
– der Physiker J_{II} 1775

anschauliche – J_I 476
antiphlogistische – J_{II} 1720, *1721*,
2036
chemische – J_{II} 2080
feine – C_I 330
französische – J_{II} 1674, 1759, 1956
neue – J_I 732
tiefsinnigste – F_I 1088
s. a. Farbentheorie, Mondstheorie
theoretische Astronomie J_{II} 1386
theorisieren K_{II} 78
Theosophie J_I 534
Theriak
transzendenter – F_I 239
Theriak-Stil J_I 829
Thermagogie J_{II} 1938
thermagogisch J_{II} 1799, 1811
Thermometer B_I 253; KA_{II} 54, 217;
D_I 116, 465, 482; E_I 366; H_{II} 184;
J_I 430; J_{II} 1260, 1332, 1515, 1783,
1807, 1852, 1879; L_{II} 852; RA_{II} 136,
139; SK_{II} 273, 309, 329, 481
s. a. Luftthermometer
Thermophorus J_I 641
Thorn L_I 178
thought J_I 23
Thraso F_I 438
Thron C_I 254; G_{II} 5; J_I 1054; L_I 485
– von Frankreich und Nachtstuhl
B_I 381
Thüringer Fuhrleute E_I 169
Tiber D_I 7
Tiber-Athen B_I 204
s. a. Rom
Tiefe E_I 189; F_I 369; L_{II} 794
–n [und] Untiefen der Wissenschaft E_I 102
auf der – schweben E_I 368
Tief-Frieren J_{II} 1476
tiefdenken K_{II} *185*
–de Welt B_I 380
Tiefe
auf der – schweben E_I 368
Tiefsinn B_I 380; E_I 162
Tier B_I 107; C_I 291; KA_{II} 16; D_I 168,
170, 335, 357, 470; E_I 495; F_I 34,
433, 752, 803, 848, 902, 950, 1004,
1081, 1137; G_{II} 52, 84, 85; H_{II} 165;
GH_{II} 17; J_I 178, 359, 392, 462, 490,
637, 713, 758, 761, 889, 1074;
J_{II} 1368, 1400, 1562, 1664, 1820,
1831, 2098; K_{II} 63, 221, 416; L_I 17,

33, 377, 483; L_{II} 837, 859, 882;
RA_{II} 129
–e vergrößern L_{II} 806
– werden F_I 433
–e auf dem Boden des Meeres
A_{II} 180
–e im Dunkeln erziehen D_I 170
–e des Feldes L_{II} 982
– in Gevaudan C_I 362
– im Menschen J_I 1074
– [und] Mensch A_I 25, 64; F_I 424,
433; H_{II} 142; J_I 359
– [und] Pflanze D_I 161, 357;
J_I 490, 758; J_{II} 1929, 1930
– [und] Trieb A_I 24
denkendes – F_I 424
mit dem – einerlei D_I 167
einfaches [und] symmetrisches –
C_I 270
stinkende –e L_I 395
taubgeborne –e K_{II} 415
theoretische –e J_{II} 1930
zahnlose –e E_I 45
Auge [der] –e K_{II} 370
Eingeweide des –es F_I 648
Exkremente [der] –e G_{II} 161
Genera und Species bei –en J_I 392
Kunsttriebe der –e B_I 34; F_I 1081
Ohr [der] –e K_{II} *350*, 351
Taktik der –e J_{II} 1268
Verehrung der –e F_I 402
die ganze Welt ein – C_I 289
s. a. Fluxions-Tierchen, Haus-Tier,
Infusionstierchen, Ursachen-Tier
Tiergesicht F_I 629
Tierheit F_I 424
tierisch
–er Körper J_I 146
–e inflammable Luftarten K_{II} 354
–er Mensch L_I 59
–e Natur D_I 497
–e Wärme J_I 78
Tier-Marionette L_I 601
Tier-Physiognomik F_I 647
Tierra del Fuego RA_{II} 186, 199
Tierreich F_I 1004
Tiger B_I 380, 419; J_I 1218
Tilgungs-Fond J_{II} 1828
Tinte *s.* Dinte
Tipula polygama J_I 824
Tirolische Bettel-Leute B_I 197
Tisch L_I 287

den – schlagen, an dem man sich
  gestoßen hat J$_{II}$ 1666; L$_{II}$ 798
auf allen –en E$_I$ 389
gebohnte –e J$_I$ 618
[sich] auf den – stützen B$_I$ 263
nicht Trinken bei – J$_I$ 616
vorlesen bei – C$_I$ 364
s. a. Kaffeetisch, Quadrille-Tisch,
  Schreibtisch
Tischler-Arbeit L$_I$ 600
Tischler-Geselle
  Abrichtung von –n L$_I$ 604
Tischregel B$_I$ 128
[Titul] Titel B$_I$ 200; C$_I$ 256;
  KA$_{II}$ 134; D$_I$ 305, 388; J$_I$ 586;
  K$_{II}$ 195, 211; L$_I$ 89, 144, 166, 197,
  571; UB$_{II}$ 9
– [und] Buch L$_I$ 626
– [als] Taufname J$_I$ 1096; K$_{II}$ 210
– verzieren L$_I$ 197
bescheidener – E$_I$ 279
gut erfundner – L$_I$ 626
hohle papierne – E$_I$ 209
s. a. Büchertitel, Ehren-Titel,
  Journaltitel, Magistertitel, Modetitel
[Titel-Anführung] Titul-Anführung
  J$_I$ 1236
Titel-Blatt
  eingeschlagene Titul-Blätter L$_I$ 530
Titelprunk H$_{II}$ 1
[Titel-Vignette] Titul-Vignette
  J$_I$ 1184
tituläre Philosophen E$_I$ 425
Titular-Geschicklichkeit B$_I$ 77
Titular-Lieblings-Dichter L$_I$ 569
Titulatur L$_I$ 424
toast L$_I$ 394
To be or not to be B$_I$ 229
Tochter B$_I$ 92; F$_I$ 1058
  Loths Töchter D$_I$ 291
  s. a. Schwiegertochter
Tocke C$_I$ 102
Tod A$_I$ 129; B$_I$ 81, *338;* KA$_{II}$ 13;
  D$_I$ *195,* 200, 391; E$_I$ 368, 504; J$_I$ *292,*
  382, 449, 492, 635, 699, 755, 761,
  1093; K$_{II}$ 54, 179; L$_I$ 156, 543, 597;
  RA$_{II}$ 169; SK$_{II}$ 479
– ist Leben E$_I$ 368
– mit Pferdefuß H$_{II}$ 6
– [und] Schmerz A$_I$ 53
– im Schrank L$_I$ 123
nach dem – J$_{II}$ 1668; K$_{II}$ 66; L$_{II}$ 865

plötzlicher – A$_I$ 115
verwandt mit dem – B$_I$ 90
Adjutant des –es L$_I$ 125
Art von – F$_I$ 582
[Betrachtungen über den] – A$_I$ 126
Fortdauer nach dem – L$_{II}$ 865
Frost des –es J$_I$ 266
Furcht vor dem – A$_I$ 40; J$_I$ 761
Gedanke an den – B$_I$ *81;* J$_I$ 755;
  SK$_{II}$ *325, 410, 419, 541, 596, 648, 664,*
  793, 923, 924, 1000
Lieblings-Vorstellung den – zu ge-
  denken A$_I$ 126
zum – Verurteilter F$_I$ 1163
s. a. sterben
tod [tot] B$_I$ 56; F$_I$ 775; H$_{II}$ 83;
  UB$_{II}$ 14; RT$_{II}$ 26; SK$_{II}$ 762
– bleiben F$_I$ 963; J$_I$ 1166
für – halten RA$_{II}$ 45
scheinbar – J$_{II}$ 1574
die Toden reisen E$_I$ 135
s. a. abgeschieden, Verstorbene
Todbett E$_I$ 342; J$_I$ 117
Todenkopf F$_I$ 196; L$_I$ 126, 624
Toden-Uhr J$_I$ 988
Todeskälte in den Füßen SK$_{II}$ 411
Todesstille J$_{II}$ 1543
Todesstunde J$_I$ 295
todkränken
  sich einander in Schriften – D$_I$ 654
todlachen
  sich – D$_I$ 137
Todschlag
  moralischer – J$_I$ 1063
todschlagen
  mit einem Epigramm – E$_I$ 164
töden [töten] D$_{II}$ 702
töneschwangere Flöte J$_I$ 995
Töpfenbraten SK$_{II}$ 853
Toilette B$_I$ 221
Toise KA$_{II}$ 25, 52, 55–57, 217;
  GH$_{II}$ 72; J$_{II}$ 2030
Tokaier SK$_{II}$ 551
toll F$_I$ 567
– werden D$_I$ 392; J$_I$ 876, 1165
die Tollen J$_{II}$ 1818
tollen E$_I$ 169
Tollhaus A$_I$ 4; E$_I$ 169, 245, 325, 368;
  F$_I$ 33; GH$_{II}$ 40; J$_I$ 520, 878; L$_I$ 114
physikalisches – J$_{II}$ 1451
Bibliothek [im] – D$_I$ 189
s. a. Celle, Narrenhaus

Tollhaus-Prose F₁ 1170
Tollhauszustand J_{II} 1818
Tollheit F₁ 220; L₁ 651
Tollkopf E₁ 60
Ton J₁ 866, 1005, 1168; J_{II} 1487, 1985; K_{II} 395; L₁ 424; L_{II} 793, *844*, 845, 890, 891, 909
– Bedlam D₁ 610
– der Klarinette und Baßgeige K_{II} 340
– des Lustrums B₁ 321
Töne [und] Maschine L_{II} 729
– [des] Wortes A₁ 93; F₁ 835
guter – UB_{II} 32
lydische Töne D₁ 35; Mat I_{II} 68
[metallische] Töne L_{II} 889
natürliche Töne F₁ 1040
unordentliche Töne A₁ 141
Abänderung der Töne K_{II} 339
Wörter [und] Töne A₁ 134
Worte wie Töne herausbringen F₁ 1090
s. a. Freiheits-Ton, National-Ton, Wonneton
Tongatabu F₁ S. 457; J₁ 16
Tongusische Tataren KA_{II} 86
Tonkünstler E₁ 108; Mat II_{II} 15
Tonne zersprengt SK_{II} *10*, 97, *405*, 475, 649, 741, 780
s. a. Pulvertonne
Tonschiefer J_{II} 1509
Tonsur der Zeit H_{II} 160
Topf B₁ 35; E₁ 226, 234
Tophus C₁ 147
Tor [große Tür]
– der Geschichte D₁ 107
Tor [törichter Mensch]
eingebildete –en F₁ 1060
vollkommener – J₁ 500
an Ketten liegender oder angebeteter – F₁ 716
Torheit B₁ 241; F₁ 220, 500
–en [und] Heimlichkeiten B₁ 257
Geschichte der menschlichen –en C₁ 91
[Torheits-Fältchen] Torheits-Fältgen F₁ 220, 247
Torherzhaftigkeit F₁ 484
Torpedo J_{II} 1556; RA_{II} 150
Torte E₁ 124
s. a. Tarte
Tortona KA_{II} 200

Tortur K_{II} 242
Tory E₁ 108; F₁ 1193; J₁ 209; RA_{II} *100*
tot... *s.* tod...
Total-Eindruck L₁ 574
Totenbett *s.* Todbett
Totenkopf *s.* Todenkopf
Totenuhr *s.* Toden-Uhr
Totschlag *s.* Todschlag
touched SK_{II} 253
Toupees E₁ 68
Tour
–en des Ansehens F₁ 502
große – B₁ 117; G_{II} 225; SK_{II} 179, 190, 332, 352
Tournuren B₁ 169
tours frisés C₁ 224
Trabant D₁ 166; E₁ 96, 368, 392; F₁ 29, *934;* H_{II} 200, 201; J₁ 1229; J_{II} 1586; Mat I_{II} 157; SK_{II} 335
s. a. Jupiters-Trabant, Schweizer-Trabant
Tracht C₁ 102; L₁ 403
s. a. Kleidertracht
Track des Mondes J_{II} 1587
Tradition F₁ 595; H_{II} 130; K_{II} 180
– von großen Taten Mat I_{II} 8
Trägheit B₁ 185; F₁ 1204; J₁ 646; J_{II} 1484, 1775, 2113, 2149; K_{II} 319; L₁ 59
Träne B₁ 17; C₁ 22; E₁ 131; F₁ 17, 157; H_{II} 95; K₁ 7
–n der Andacht E₁ 192
–n des Entzückens E₁ 169; G_{II} 2
in einer – ertrinken E₁ 61
gemalte –n B₁ 17
lebendige –n B₁ 17
s. a. Freuden-Tränen, Tauträne
Tränen-Fläschchen D₁ 634; L₁ 218; Mat I_{II} 164
[Tränkchen] Tränkgen E₁ 264
s. a. Laxiertränkgen
träumen A₁ 52; F₁ 522, 607, 684, 784; G_{II} 3; H_{II} 29; J₁ 931, 1239; L₁ 119, 707; SK_{II} 309, 782
– [und] schlafen F₁ 749
närrisches Zeug – F₁ 784
tragen F₁ 227
etwas Schweres – A_{II} 165
Traiteur B₁ 171
[Traktätchen] Traktätgen B₁ 49, 176
Traktament L₁ 357; SK_{II} 379, 922, 1038

Trankgeld SK$_{II}$ 854
Tranquebar G$_{II}$ 12
Transactionen
  Londonsche – E$_I$ 108
transfer
  transferring L$_I$ 978
  transfering instruments MH$_{II}$ 35
transferieren L$_I$ 668; MH$_{II}$ 35
Transito-Zoll L$_I$ 552
Transjudäisch
  alles Cis- und –e L$_I$ 393
Transpiration E$_I$ 267
Transport F$_I$ 931, 946
transzendent D$_I$ 668; L$_I$ 71
  – machen F$_I$ 72, 791, 823; L$_I$ 83, 401
  –es Hokuspokus F$_I$ 238
  –e Kavalier-Perspektiv F$_I$ 73
  –es Paradigma F$_I$ 475
  –er Periodenklang E$_I$ 147
  –er Theriak F$_I$ 239
  –e Ventriloquenz F$_I$ 665, 802
  –es Vergnügen E$_I$ 57
transzendental J$_I$ 479
  –e Affinitäten J$_{II}$ 2147
Transzendentmachung J$_{II}$ 1361
Trapani C$_I$ 161
Trappist J$_I$ *899;* L$_I$ 78
Traube
  – von Ideen E$_I$ 475
  die ersten – SK$_{II}$ 377
Trauerkutsche G$_{II}$ 70
Trauerspiel KA$_{II}$ 152, 181; E$_I$ 169, 209, 399, 515; J$_I$ 401, 1185; K$_{II}$ 227; Mat II$_{II}$ 30
Traum A$_I$ 33, 52, 125; B$_I$ 338; KA$_{II}$ 192; D$_I$ 134; E$_I$ 31, 32, 34, 494; F$_I$ 300, 500, 607, 684, 702, 743, 752, 878, 923, 1083, 1159, 1180, 1229; G$_{II}$ 94; H$_{II}$ 169; J$_I$ 72, 171, 333, 516, 897, *931;* J$_{II}$ 1416, 1465, 1469, 1784; K$_{II}$ 84, 85, 142; L$_I$ 44, 587, 707; RA$_{II}$ 94; SK$_{II}$ 303, *309,* 411, 782
Träume [und] Charakter A$_I$ 33
Träume [und] Ideen H$_{II}$ 28
  – [vom] großen Los D$_I$ 134
  – des Scipio F$_I$ 442
  [sich] im – sehen F$_I$ 1180
Anfänge zu Träumen F$_I$ 752
vom Nutzen der Träume C$_I$ 216
Sprechen im – C$_I$ 60

Strafe im – C$_I$ 216
Verstorbene im – F$_I$ *607, 1159*
Traumbuch F$_I$ 684; L$_I$ 44
Traumdeutung F$_I$ 684
traurig F$_I$ 945, 1141; G$_{II}$ 114; J$_I$ 992; SK$_{II}$ 582, 583, 631
Traurigkeit E$_I$ 419
Travel B$_I$ S. 45
travestieren
  Einmaleins – J$_I$ 567
Treibhaus E$_I$ 100, 134, 152, 169; J$_I$ 868
  in Treibhäusern ziehen E$_I$ 100, 134, 169
Trepfe [statt] Treppe E$_I$ 380; F$_I$ 502
Treppe E$_I$ 152, 380; F$_I$ 502; G$_{II}$ *35;* Mat I$_{II}$ 39, 104
  Klang jeder Stufe einer hölzernen – B$_I$ 79
tretschen
  es tretscht SK$_{II}$ 489
tretten [treten] A$_I$ 35; B$_I$ 50, 366; C$_I$ 80, 257, 281, 291, 317; D$_I$ 610; D$_{II}$ 746; E$_I$ 501; F$_I$ 101, 929, 930, 934
Trett-Rad F$_I$ 596
treu L$_I$ 627
Treue J$_I$ 821, 1161; L$_I$ 118
Treulosigkeit F$_I$ 49; J$_I$ 90
Triangel A$_{II}$ 164, 247; J$_I$ 1091
  s. a. Farben-Triangel, Religionen-Triangel
Tribut F$_I$ 664
  – des Vertrauens F$_I$ 802
Trichter J$_{II}$ 2156
Trieb A$_I$ 24, 120; B$_I$ 106, 185, 308; C$_I$ 332; KA$_{II}$ 63; D$_I$ 493; E$_I$ 495; F$_I$ 498, 583; H$_{II}$ 142; J$_I$ 868; K$_{II}$ 78
  – Bücher zu rezensieren D$_I$ 498
  – zum Bücherschreiben B$_I$ 132, *204*
  – unser Geschlecht fortzupfanzen F$_I$ 1079
  – sich Götter zu schaffen F$_I$ 1081
  – zum Handeln B$_I$ 106
  –e der Insekten J$_I$ 178
  – ein Originalkopf zu werden E$_I$ 128
  –e gegen einen Punkt gravitieren B$_I$ 185
  – zur Selbst-Erhaltung A$_I$ 126
  böser – F$_I$ 711

Spekulation über den – F_I 498
s. a. Erzeugungstrieb, Faulheits-Trieb, Geschlechtstrieb, Kunsttrieb, Perfektibilitätstrieb
Triebfeder A_I 88; D_I 218; F_I 348; L_I 253
– n in uns D_I 218
– mancher Handlung C_I 267
– großer Taten H_{II} 47
praktische –n J_I 1072
System von –n F_I 348
Triebkraft F_I 707
triebmäßig E_I 162; J_I 78, 104
Triebwerk
– des Weltzwecks G_{II} 12
grobes – F_I 1137
Trient J_I 408
Trigonia J_{II} 1527
trillen D_I 668
trillern D_I 170
Trinitas B_I 290
s. a. Dreieinigkeit
trinken A_{II} 256; B_I 72, 159, 183, 236, 259, 347; C_I 108; D_I 611; F_I 95, 105
– bei Tisch J_I 616, 639
sich empfindsam – B_I 380
Kunst zu – C_I 209
Wasser – E_I 68
Wein – UB_{II} 5
Essen und Trinken vergessen F_I 214
s. a. Austrinken, Kaffeetrinken, Kalt-Trinken
Trinker C_I 209; D_I 104; L_I 317
großer – und Genie C_I 209
s. a. Vortrinker, Wassertrinker
Trinkglas J_{II} 1748, 2066
[Trinkschälchen] Trinkschälgen eines krepierten Vogels F_I 572
Trinkspruch L_I 394
Tripolis J_I 365
[Tripper] Dripper D_I 30
Trisectio anguli J_I 981
Tritt
– geben E_I 331
– des Würg-Engels D_I 530
säender – der höhern Geschäfte B_I 253
Triumph in Rom F_I 256
Trivelin KA_{II} 239
Trockenheit
untertänigst devoteste – D_I 256

Trödelmarkt J_I 555
Trödler B_I 142
tröpfeln J_{II} 1488
trösten J_I 35
Troja C_I 203; E_I 251, 281; F_I 191, 615; J_I 1018
Trojaner SK_{II} 474
Trojanisches Pferd F_I 615
Trommel KA_{II} 152; E_I 501; MH_{II} 2
Trommel-Maschine J_{II} 2000
Trommel-Rad D_I 214
Trommelstock C_I 373
Trompete L_I 398
– der Erweckung J_I 141
s. a. Pfennigs-Trompetgen
[Tropen]
Barometer zwischen den Tropicis J_{II} 1983
Dienstgen zwischen den Tropicis E_I 187
Hagelwetter zwischen den Tropicis L_{II} 937
Tropf C_I 359; D_I 453, 416, 530; E_I 108, 157, 178, 240, 242, 318; F_I 613
armer – D_I 416; E_I 240, 260
einfältige Tröpfe E_I 154
größter – D_I 453
guter – J_I 708
unerfahrener – F_I 204
unschuldiger – D_I 628; E_I 104
tropfbar J_{II} 1440, 2019, 2032, 2077
Tropfen J_{II} 1831, 2042; SK_{II} 341
– [im] Luftmeer E_I 48
– Seewasser D_I 55
– Wasser E_I 48; F_I 34
– im Weltmeer E_I 257
himmlische – E_I 271
Lehre von den – J_{II} 1715
s. a. Magentropfen, Öltropfen, Regentropfen
Tropicis s. Tropen
Trost F_I 999; J_I 492, 736, 855, 934; K_{II} 27
nicht recht bei – L_I 155, 239
Trostgedicht K_I 7
Trostgrund D_I 126
Wallungen von Trostgründen F_I 989
Trostschrift
Straf- und – E_I 251
trotzen SK_{II} 298, 299

Trotzkopf K_{II} 88
Trudt F_I 322
Trüffeln finden K_{II} 137
Truism L_I 204
Trulle D_I 667
Trumpfzähler J_{II} 1565
Truncus B_I 102
Truppe
  Musterung der –n SK_{II} 921
Tschukotschen KA_{II} 103
Tschukotschisches Mädchen
  KA_{II} 103
Tsinglong SK_{II} 807
Tubos D_{II} 722
  achromatische – SK_{II} 79
Tubus A_{II} 231; C_I 303; D_I 469;
  D_{II} 718, 723; J_{II} 1582, 1623, 1662,
  1906; L_I 317; RA_{II} 117; SK_{II} 79
  – Heuristicus J_{II} 1622
  verkehrter – D_I 469
Tuch E_I 161
  s. a. Halstuch, Leichen-Tuch,
  Schnupftuch, Wachstuch
Tübingen J_I 1091; SK_{II} 124, 826
Tüftler s. Düftler
[Tümmler] porpoises E_I 118
Tüngel-Kaffee J_I 1012
Tür J_I 981
  zur – herausfliegen F_I 261
  s. a. Haustür
Türchen der Dichtkunst D_I 107
Türkei D_I 569, 587; J_I 759
  deutsche – L_I 502
Türke KA_{II} 115; D_I 587; G_{II} 45;
  J_I 265, 907
  –n [und] Christen C_I 187
türkisch J_I 759; K_{II} 258
  –er Weizen KA_{II} 229; SK_{II} 149
Türschloß J_I 633
Tugend A_I 27; B_I 151; C_I 6, 93;
  KA_{II} 65, 92; D_I 14, 133; E_I 152;
  F_I 289, 631, 942, 948, 1194, 1204;
  G_{II} 140; GH_{II} 58; J_I 450, 1037,
  1045, 1161, 1230, 1250; K_{II} 148;
  L_I 649; Mat II_{II} 57
  –en andichten J_I 487
  – predigen C_I 266
  –en des Alters C_I 108
  – [und] Laster F_I 1204
  – [und] Schönheit F_I 934, 942,
  1194; UB_{II} 51
  – aus Vorsatz H_{II} 35

häßliche – UB_{II} 50
Lakedämonische – UB_{II} 51
leidende – F_I 1093, 1204; UB_{II} 50
menschliche – D_I 539; E_I 169
wild wachsende –en L_I 649
wahre – D_I 133
irriger Begriff von – L_I 114
Halseisen-Furcht [und] – D_I 14
Sehnsucht und – C_I 93
s. a. Pfennigs-Tugend
tugendhaft K_I 61; L_{II} 980
  – werden E_I 213
der Tugendhafte F_I 942; J_I 92
Tugendlehre G_{II} 108
Tula K_I 10
Tulpenbaum F_I 1123
Tulpen-Tag SK_{II} 165
Tumult SK_{II} 62, 220, 789
süßer – in der Seele B_I 127
tun A_I 36; KA_{II} 259; D_I 92, 255;
  J_{II} 1538, 1557, 2076; K_{II} 124, 125,
  164, 253; L_I 20
  – was gefällt A_I 44
  – was [man] kann J_I 22; K_{II} 111
  – [und] nicht tun A_I 140; L_I 9
  – [und] schwätzen E_I 2, 34, 235;
  F_I 58
  – [ohne] zu wissen F_I 373, 424;
  K_I 1; K_{II} 183; L_{II} 956
  alles auf einmal – K_{II} 317
  dicke – D_I 444; F_I 1158
  dünne – D_I 460
  etwas am besten – A_I 37
  allzu fein – C_I 124
  gern – C_I 349
  laut heimlich – E_I 128
  mehr – G_{II} 78, 175; J_I 552; K_{II} 62
  nichts weiter zu – D_I 576
  selbst – J_I 338, 488
  weh [und] leid – B_I 389
  sich etwas zugute – B_I 185
  zur unrechten Zeit – J_I 803
Tunica retina D_I 170, 212; D_{II} 769;
  GH_{II} 16; J_I 107
Turin RA_{II} 157
Turm
  Kirchturm s. dort
  Schuldturm J_I 208
  Wart-Türme L_I 636
Turmalin D_{II} 729, 745; J_I 333;
  J_{II} 1296, 1488, 1522, 2087, 2089;
  K_{II} 398; SK_{II} 221, 222, 446

Turmalin-Verkleinerung F_I 470
Turteltaube
  Klagen der – F_I 632
Tusche A_{II} 150
Tychonianer E_I 368
  s. a. Tychonianisches System
Typhon F_I 194
Typus J_{II} 1836
Tyrann F_I 631; K_{II} 148, 290
tz E_I 108

Ubiquität D_I 236
Übel L_I 236
  – in der Welt B_I 50; D_I 369
  poetisches – L_I 542
  Ursprung des –s E_I 169; F_I 637
  s. a. Nerven-Übel, Phöbusübel
  Übelklang, Venus-Übel
Übelbefinden SK_{II} 519
  optischer – KA_{II} 30
überdenken
  alles in Bausch und Bogen –
  D_I 390
Übergang J_{II} 1670
überhören A_{II} 203
überhüpfen
  eine Zeile – J_I 810
Überlegenheit D_I 214
Überlegung E_I 249; F_I 259; G_{II} 25;
  K_{II} 63; L_I 37, 574; Mat I_{II} 137
  erkünstelte – J_I 72
übermenschlich B_I 11
  Übermenschliches J_I 108
übernatürlich
  das Übernatürliche D_I 172
überreden [und] überzeugen H_{II} 65
überrheinisch J_I 689
Überschattung
  geistliche – J_I 1152
Überschwemmung K_I 16
übersetzen D_I 148, 424; E_I 39, 189,
  381, 386; F_I 569; G_{II} 107; H_{II} 85;
  J_I 311, 583, 604; J_{II} 1659; K_{II} 203;
  L_I 5, 595, 694; TB_{II} 30; SK_{II} 398
Übersetzerei E_I 185; L_I 628
Übersetzer-Maschine J_I 714; J_{II} 1659
Übersetzung B_I S. 45, 65; K_{II} 189;
  L_I 434, 594, 690
  – der schweren Begriffe A_I 120
  deutsche – B_I 122
  englische – L_I 585, 589
  wörtliche – G_{II} 135

Übersetzungs-Geist B_I 16
Übersetzungs-Kunst J_I 692
übersinnlich J_I 1130
  Übersinnliches L_{II} 952
Übertragen von Empfindungen auf
  andere K_{II} 83
übertreffen F_I 58
übertreiben B_I 197
  das Übertriebene J_I 23
übertretten D_I 486
Übertretung C_I 198; J_I 638
über-witzig F_I 489
Überwucht B_I 127; KA_{II} 309
überzeugen [und] überreden H_{II} 65
Überzeugung C_I 332; J_I 805, 1094
  innere – A_I 126; B_I 286
  Blitz der – F_I 1008
  s. a. Selbstüberzeugung
überzuckern F_I 1070
Übung D_I 131
Üppigkeit E_I 151
Ugolino-Gesicht E_I 227
Uhr A_{II} 173; C_I 142; D_I 59; D_{II} 751,
  767; E_I 97, 131, 236, 482, 486;
  F_I 595; J_I 275, 310, 393, 468, 580,
  581, 807, 896, 1155; J_{II} 1856;
  RA_{II} 41, 143, 177; SK_{II} 117, 228,
  282, 293, 708, 975
  –en [und] Menschen K_{II} 209
  besondere – J_I 468
  gestohlene – C_I 178
  hölzerne – D_I 361; E_I 486
  politische – D_I 653
  [sprechende] – D_I 59
  Ermahnung einer – MH_{II} 2
  Kinder anstatt –en C_I 374
  Männer nach der – J_I 1013
  s. a. Hunds-Uhr, Katzen-Uhr,
  Pendel-Uhr, Repetier-Uhr, Sand-
  Uhr, Sekunden-Uhr, Sonnen-
  Uhr, Stadt-Uhr, Taschen-Uhr,
  Tertien-Uhr, Toden-Uhr
Uhrenschöpfer J_I 1155
Uhrfeder
  Verbrennen der – J_{II} 1685
Uhrkette D_I 433
Uhrmacher J_I 670, 1155; RA_{II} 15, 41
  erster – unserer Zeit J_I 676
Uhrwerk J_I 582; J_{II} 1748
Uhu
  sein Youngisches – E_I 251
Ukraine KA_{II} 136

Ulietta D_I 141; RT_II 25, 26
Ulm E_I 209
Ulmbaum C_I 294
Ultracrepidamie J_I 952
Umgang B_I 145; J_II 1329; RA_II 127
 – mit Menschen J_I 2, *126*, 1186
 – mit der Welt D_I 15
 – von drei Wochen F_I 1220
umklaftern GH_II 49
umlächeln B_I 164
ummünzen L_I 324
umrühren B_I 14
Umschreibung C_I 13
Umschrift
  plattdeutsche – C_I 199
Umständlichkeit
  gesetzte – E_I 43
Umstand
  kleine Umstände C_I 74
  Reihe von Umständen F_I 1205
  s. a. Vermögens-Umstände
Unähnlichkeit der Erwachsenen E_I 468
unaussprechlich
  das Unaussprechliche F_I 741, 802
Unbedeutlichkeit K_I 19
unbegreiflich
  –es Wesen F_I 816
  das Unbegreifliche E_I 31, 32, 259; F_I 645
Unbegreiflichkeit
  personifizierte – L_II 953
unbehutsam E_I 379
unbekannt
  Unbekanntes in uns D_I *211*
unbeschreiblich
  das Unbeschreibliche E_I 259
unbetretten F_I 811
unbeweglich
  der Unbewegliche C_I 273; D_I 398; F_I 191
Unbiegsamkeit F_I 1066; L_I 377
unchristlich E_I 457; L_I 440
Undank C_I 258
Undurchdringlichkeit J_I 646; J_II 2113; K_II 321
Unehrlichkeit C_I 72
uneigennützig
  aus Eigennutz – C_I 219
Unempfindlichkeit F_I 687; J_I *256*
unendlich E_I 518; G_II 68; J_I 661
 – [und] endlich B_I 50

das mathematische Unendliche A_II 240
ins Unendliche sehen D_I 312
Wurzeln aus dem Unendlichen L_II 824
Unendlichkeit
  Meer der – L_I 365
Unerfahrenheit F_I 498, 500
unergründlich
  das Unergründliche L_II 894
unerklärlich C_I 178
unevangelisch
  Evangelische und Unevangelische J_I 849
Unfall J_I 150; K_II 131
 – in Lyon C_I 135
Unfug
  Rezensenten-Unfug D_I 286
ungarisch K_II 287; RA_II 116
 –e Schafe H_II 52
 –es Wasser SK_II 370
 –er Wein SK_II 719
Ungarn [Land] H_II 52; SK_II 85
Ungarn [Volk] SK_II 190, 565, 818
ungeachtet *s.* ohngeachtet
ungeblendet E_I 403
Ungefähr *s.* Ohngefähr
ungelehrt
  der Ungelehrte E_I 189, 235
ungereimt
  Ungereimtes C_I 40
Ungereimtheit D_I 433
ungeschliffen F_I 957; K_II 171
Ungewißheit K_II 94
ungewöhnlich
  das Ungewöhnliche J_II 1254
Ungeziefer-Belustigung E_I 361
ungeziefermäßig L_I 358
  das Ungeziefermäßige [der] Juden L_I 358
Ungezogenheit J_I 1008
Ungläubiger C_I 187
Unglaube
  blinder Glaube [und] – L_I 674; MH_II 20
Ungleichheit K_II 144
 – mit sich selbst B_I 22
 – der Stände K_II 160
  Verteidigung der – K_II 296
Unglück F_I 907
 – von A bis Z F_I 287
  Quelle unseres –s A_I 114

unglücklich D₁ 28; J₁ 739
– machen K₁ 16
Ungnade
in – fallen D₁ 561
von Gottes –n K_{II} 240
ungründlich F₁ 489
unharmonisches Leben B₁ *221*
Unheil D₁ 162; F₁ 788; L₁ 195, 465
in sein – eingegangen D₁ 162
Blätter des –s D₁ 336
Gestirn des –s UB_{II} 21
Uniform F₁ 334
universal
das moralische Universale B₁ 195
Universalhistorie F₁ 1116; L₁ 37
Universalkandidat J_{II} 2015
Universal-Medizin L₁ 410
Universalpatron ohne Kenntnisse G_{II} 158
Universal-Philosophie L₁ 410
Universalreligion H_{II} 143
Universität B₁ 56, 124, 297; D₁ 181, 214, 248; E₁ 257, 455; F₁ 274; G_{II} 116, 238; H_{II} 122, 139; J₁ 1194; K_{II} 187, 236; L₁ 70; SK_{II} 400
– [und] Kirchhof B₁ 56
englische –en RA_{II} 6
auf der – hängen H_{II} 113
höchst vollkommene – F₁ 332
Universitäts-Acker L₁ 661
Universitäts-Fuß L₁ 70
Universitätsgaleere H_{II} 119
Universitäts-Kirche F₁ 882; J₁ 105
Universitäts-Sprütze B₁ 354
Universitäts-Zeit F₁ 541
unkardinalisch B₁ 126
unkörperlich E₁ 169
Unkot C₁ 378; E₁ 159; Mat I_{II} 42
Unkraut F₁ 708; L₁ 309
Unmensch E₁ 162
unmenschliche Behandlung L₁ 450
unmoralisch L₁ 245
unnötig
mit dem Unnötigen versehen F₁ 302
unordentlich C₁ 208
–e Striche [bzw.] Töne A₁ 141
Unordnung J₁ 125
– auf dem Schreibtisch B₁ *85*
in – Ordnung sehen J₁ 532
unparteiisch J₁ *808*
Unparteilichkeit F₁ 578; G_{II} 165

unphilosophisch F₁ 703
unphysiognomische Einfalt F₁ 942
unplatonischer Rausch B₁ 77
unpoliert F₁ 1197
unpolitischer Gesichtspunkt der Menschenliebe C₁ 72
Unrat F₁ 635
Unrecht J₁ 803; L₁ 572
– haben KA_{II} 70
– großer Leute F₁ 509
Recht [und] – H_{II} 154
unreinlich D₁ 593
unschicklich J₁ 712
unschmelzbar J_{II} 1969
Unschuld B₁ 380; D₁ 33; F₁ 415
– in Trauer F₁ 880
– [der] Wilden F₁ 855
affektierte kindliche – J₁ 92
aufgezogene – D₁ 600
Otaheitische – F₁ 544
poetische [und] praktische – E₁ 337
Farbe der – F₁ 513
Fest der – B₁ 380
Stand der – B₁ 264, 365
Wunder-Proben der – D₁ 21
unsichtbarer Körper C₁ 303
Unsinn J₁ 711
frommer unphilosophischer – J_{II} 1856
gekünstelter – D₁ 530
unsterblich F₁ 576
– sein B₁ 338
Unsterblichkeit D₁ 653; E₁ 257; F₁ 106, 489; J₁ 934; J_{II} 1657; L₁ 77, *186, 365, 561*; L_{II} *865, 952*
– [der] Schriftsteller K_{II} 169; Mat I_{II} 132; Mat II_{II} 15
– der Seele E_{II} 30, 31; F₁ 489; G_{II} 153; H_{II} 149; J₁ 78
Glaube an – J₁ 761
Weg zur – F₁ 811
Untätigkeit D₁ 434; K_{II} 87
unten
alle Dinge – anfangen KA_{II} 307
unter sich gehen lassen J₁ 1187
unterdrücken J₁ 1128
Unterfutter
rotes – C₁ 66
Unterhaltung D₁ 4, 5, 17, 36, 37, 50; L₁ 61, 152
– in sich selbst J₁ 123

Unterhaus
　des lieben Gottes − J_I 33
　Ober- und − B_I 67
Unterkinn F_I 80, 311
unterlegen
　zum Unterlegen E_I 235, 245, 311
Unterleib C_I 217; Mat II$_{II}$ 45
　− [und] Kopf B_I 323, 344
　Krämpfe im − J_I 223
untermittelmäßige Köpfe D_I 90
unternehmen K_{II} 298
Unteroffizier C_I 186
　− [und] Medizin B_I 36, 56
Unterricht F_I 595, 696, 930, 1039; L_I 100
　− geben [und] annehmen B_I 284
　− durch Maschinen C_I 196
　− in der Religion A_I 29
　früher − G_{II} 102
unterrichten F_I 1070
Unterrock B_I 216; D_I 486
Unterrock-Schlitz C_I 23
Unterröckchen der Bergschotten L_I 181
unterscheiden D_I 596
Unterscheidungskraft D_I 257
untersuchen A_{II} 262; C_I 226, 227, 303, 326, 328; KA$_{II}$ 93, 291, 300; D_I 350, 440; E_I 196, 474, 482, 495; F_I 134, 140, 563, 872, 1226; J_{II} 1857, 1889
　kaltblütig [und] warmblütig − K_{II} 225
　Bekanntes − KA$_{II}$ 291, 295
　Untersuchtes [und] Ununtersuchtes E_I 196; J_I 90
Untersucher F_I 958; J_I 125
Untersuchung C_I 143, 196; KA$_{II}$ 290, 291; F_I 399, 1061, 1169; J_{II} 1889; K_{II} 181, 305
　− der Natur C_I 178; K_{II} 306
　kalte − C_I 227
　stille tiefe − E_I 506
　zu weit gehen in der − F_I 511
Untertan J_I 207; K_I 1; K_{II} 156; RA$_{II}$ 148
　−en zureiten H_{II} 133
　frönende −en E_I 209
　an den −en meistern wollen K_{II} 166
　vernünftige −en J_I 59
　widerspenstige −en K_I 8
untertauchen C_I 175; D_I 180

Unterwürfigkeit A_{II} 186
unüberschwänglich E_I 455; F_I 848; J_I 454
unüberwindlich D_I 458
Unveränderlichkeit der Dinge B_I 50
unvergleichlich L_I 141, 288
Unvermögen
　eingebildetes − H_{II} 33
unvernünftig E_I 274
unverschämt G_{II} 91
Unverstand F_I 498, 657, 848, 955; G_{II} 44
unverwandt B_I 93
Unvollkommenheit B_I 50; F_I 637, 1204
Unwahrheit H_{II} 24
Unwahrscheinlichkeit E_I 383
Unwille F_I *126*, 1020
　gerechter − D_I 653
unwissend
　die Unwissenden RA$_{II}$ 145
Unwissenheit D 285; E_I 420; F_I 462; J_I 86; K_{II} 236
　Vorteile [der] − F_I 637
Unze KA$_{II}$ 94; J_I 961, 1222; J_{II} 1282, 1285, 1286, 1295, 1298, 1924
unzüchtig D_I 45
Uranoscopus F_I 643
Uranus E_I 368; J_I 512; J_{II} 1627, 2039; SK$_{II}$ 123, 127, 135, 271, 272, 295, 439, 441, 444, 542
Urbanität
　Humanität und − L_I 461
urbar
　− machen F_I 1010
　Zeit − machen C_I 245
Urgenie F_I 663
Urgewässer J_{II} 1764
Urin J_I 188, 990; J_{II} 1394
　− des unsterblichen Lama trinken/ schlurfen D_I 398; F_I 191
urinari C_I 175
Urinsalz
　flüchtiges − KA$_{II}$ 21
Urlog C_I 76
Ursache A_{II} 243; D_I 445; F_I 747; H_{II} 25; J_I 144, 569, 790, 938, 942, 944, 1013, 1196; J_{II} 1551, 1827, 2078; L_{II} 811, *814*, 896, 916
　−n annehmen J_{II} 1483
　−n suchen J_I 942; J_{II} *1518*, 1551
　− [und] Gegenwirkung L_{II} 915

–n unserer Handlungen C$_I$ 303
- [und] Wirkung F$_I$ 790; J$_I$ 1013, 1196; J$_{II}$ 1516
- [und] Zufall D$_I$ 232
erste –n J$_I$ 144, 1098
kleine –n A$_I$ 19
simple –en angeben C$_I$ 54
unsere – D$_I$ 321
wahre – J$_{II}$ 1884
Büschel von –n J$_I$ 1024
Eindrücke längst abgeschiedener –n F$_I$ 486
[Frage nach der –] A$_{II}$ 243
s. a. End-Ursache
Ursachen-Bär J$_{II}$ 1826
Ursachensucher J$_{II}$ 1551
Ursachen-Tier J$_{II}$ 1826
Ursprung
- der Bewegung H$_{II}$ 183; J$_{II}$ 1483
- der Dinge A$_I$ 9; J$_{II}$ 1483
- der Flüsse C$_I$ 65
- der Malerei KA$_{II}$ 5
- der Sprachen D$_{II}$ 689
- des Übels E$_I$ 169; F$_I$ 637
Urteil [Urtel] C$_I$ 136; D$_I$ 15; D$_{II}$ 769; E$_I$ 179; G$_{II}$ 39
- [und] Beobachtung UB$_{II}$ 41
- [und] Empfindung D$_I$ 485; D$_{II}$ 739
falsche –e E$_I$ 507; F$_I$ 864
gütige oder unbillige –e F$_I$ 286
mittlere –e F$_I$ 205
s. a. Gottes-Urteil, Vorurteil
urteilen B$_I$ 17; J$_I$ 482, 497, 952; L$_I$ 173
- [und] empfinden D$_{II}$ 705
- können D$_I$ 268
- [und] verstehen L$_I$ 75
billig [und] unbillig – F$_I$ 707
instinktmäßig – G$_{II}$ 39
[über] Kunst – B$_I$ 254
[von] Menschen – C$_I$ 251; D$_I$ 22
Vorsichtigkeit im – A$_I$ 137
[Urteilsdonnerer] Urtel-Donnerer D$_I$ 586
Urteilskraft D$_I$ 19; J$_I$ 2
Urtel *s.* Urteil
ut apes geometriam D$_I$ 621
uterinus F$_I$ 526
utile [und] dulce D$_I$ 666; L$_I$ 61
Utrecht F$_I$ 355; TB$_{II}$ 1; SK$_{II}$ 281, 360
Uxbridge D$_{II}$ 755
uxoriös F$_I$ 137

Vademecum L$_I$ 456
vagina J$_I$ 772
Vakuum J$_{II}$ 2060, 2084, 2112, 2122; K$_{II}$ 333; SK$_{II}$ 282
wehendes – J$_I$ 181
s. a. Gedanken-Vakuum
Valide L$_I$ 574
Vandalen G$_{II}$ 225
fränkische –n K$_I$ 1
Vapeurs vertreiben F$_I$ 933
Vaporisation J$_{II}$ 2149
Vardöhns D$_I$ 55
Variabilität L$_I$ 33
Varietät A$_I$ 48
Varinas B$_I$ 15
Vasall L$_I$ 72
Vase
übergoldete –n aus Holz F$_I$ 1123
Vater B$_I$ 217; C$_I$ 172; D$_I$ 610; H$_{II}$ 49; J$_I$ 454, 590; L$_I$ 30, 31, 376, 424, 500
Väter [ohne] Liebe B$_I$ 347
- der Lügen B$_I$ 283
mit Kindern besetzter – L$_I$ 216
s. a. Landesvater, Schwiegervater
Vaterland C$_I$ 105; D$_I$ 610, 653; E$_I$ 140, 209; K$_{II}$ 296
sich hinwegdenkendes – B$_I$ 379
Schande fürs – E$_I$ 152
Vater des –s UB$_{II}$ 10
Verteidigung des –s K$_{II}$ 141
Vaterlands-Liebe E$_I$ 140; L$_I$ 283
Vaterlandsschänder E$_I$ 321, 516
Vater-Mörder F$_I$ 730
Vaterstadt F$_I$ 684
[Vaterstädtchen] Vaterstädtgen B$_I$ 176
Vaterunser C$_I$ 101, *205;* KA$_{II}$ 2; D$_I$ 120; E$_I$ 237; L$_I$ 220
- rückwärts herbeten G$_{II}$ 101
halbe – lang B$_I$ 104
ein paar – lang B$_I$ 145, *268*
Abschaffung des –s E$_I$ 343
s. a. Mutterunser
Vaterunser-Länge B$_I$ 268
Vatikan *s.* Rom
Vatikanischer Apoll *s.* Rom
Vaudeville Mat I$_{II}$ 34
Vauxhall RA$_{II}$ 120
Vegetation C$_I$ 303
Vehiculum B$_I$ 195, 208; D$_I$ 156; J$_{II}$ 1523
- von Weisheit F$_I$ 860
Veits-Bohne F$_I$ 45; SK$_{II}$ 621

velleitas
  Voluntas – und volitio E_I 131
Vellus B_I 202
Vene
  Arterien und –n des Handels J_I 691
Venedig KA_{II} 172; F_I S. 455, 244; J_I 1020; RA_{II} 96
Venerabile E_I 257
venerisch C_I 365
  –e Krankheiten D_I 271; J_I 88
  –es Übel D_I 390, *508*
  s. a. englische Krankheit, Franzosen, Venusseuche
Vent F_I 1136
Ventilator E_I 482; J_{II} 2047
Ventilatorschmied B_I 124
Ventriloquenz
  transzendente – F_I 665, 802
  s. a. Bauchrednerei
Venus [Planet] KA_{II} 59; D_I 469; L_I 36; SK_{II} 252, 436, 644, 820
Venusdurchgang B_I 7166, 238; J_{II} 1522; TB_{II} 1; RA_{II} 156; SK_{II} 252, 439
Venusseuche F_I 366
  s. a. venerisch
Venus-Übel KA_{II} 233
ver- D_I 552
verabreden
  [Gespräche] – C_I 354
Verabredung F_I 898
Verachtung B_I 379; D_I 92; F_I 284; J_I 480
  s. a. Selbstverachtung
verähnlichen F_I 175
veränderlich
  – setzen KA_{II} 334
Veränderliches und Ewiges KA_{II} 300
Veränderlichkeit
  Hang zur – D_I 357
verändern
  sich – F_I 307
Veränderung
  –en in uns K_{II} 64
  große und kleinste – L_{II} 924
  Liebe zur – L_I 492
  Vergnügen an – K_{II} 177
veralten D_I 362
verbell
  eine –e und eine reelle Art von Zärtlichkeit B_I 254

verbessern KA_{II} 304; D_I 133
Verbesserung KA_{II} 290; D_I 447; F_I 1004; J_{II} 1336; K_{II} 140
  – der Dinge D_I 447
  – [der Juden] L_I 593
  –en im Timorus D_I 106
  sogenannte –en J_I 290
  s. a. Gesangbuch-Verbesserung, Wegverbesserung
verbeten J_I 114
Verbeugung
  Mühe einer – F_I 1179
verbieten
  öffentlich [und] heimlich – J_I 52, 57
verbindlich machen KA_{II} 165
Verbindlichkeit
  Dank und – B_I 252
verblendet
  für [und] wider einen Satz – C_I 332
Verbot J_I 52
verboten
  Verbotenes essen L_I 474
Verbrechen A_I 84; KA_{II} 166
Verbrecher F_I *730*, *778*, 1205; L_I *112*
Verbreitung
  Missionen zur – B_I 87
verbrennen
  verbrannte Bücher/ verbrannte Braten J_I 328
  lebendig verbrannt werden J_I 931; SK_{II} 309
  Bücher – J_I 354
Verbrennliches A_{II} 194
Verbrennung J_{II} 1396
Verbrennungsprozeß J_{II} 1788
verbum
  verba irregularia L_I 517
  die irregulärsten verba A_I 73
verdauen F_I 191, 203
Verdienst E_I 209, 222; F_I 139, 188, 860; J_I 946, 999, 1155, 1195; L_I 310, 332, 421, 678; RA_{II} 43
  –e umsonst haben C_I 256
  – [und] Belohnung C_I 219
  – und Reichtum J_I *204*
  – und Würdigkeit D_I 56, 196
  literarisches – G_{II} 5
  wahres – J_I 1054
  Maß für das – A_I 79
  Maßstab [des] –[es] C_I 61; D_I 56; E_I 335
  Probierwaage von – D_I 83

verdienstlich D_I 92
verdoppeln J_{II} 1933, 1934; K_{II} 308, 375
verdünnen E_I 109
Verdunsten des Eises K_{II} 408
Verdrüßlichkeit D_I 664
Verdruß K_{II} 40
Verdünstung J_{II} 1409
Veredlung der Produkte J_I 895
Verehrung
  Gottes-Verehrung L_I 275
Vereinigung L_I 622
  geistische – mit Doppelbier B_I 176
verewigen L_I 608
Verfahren
  – im Ehestand K_{II} 264
  bedächtliches gesetztes – L_I 506
Verfasser B_I 108; J_I 167, 965
  – und Leser C_I 317; E_I 104
  – [und] Verleger J_I 60
Verfassung
  politische – F_I 477
  s. a. Constitution, Staatsverfassung
verfeinern H_{II} 16
  sich – D_I 380, 487
Verfeinerung F_I 595; H_{II} 17
verfluchen L_I 22
  von der Kanzel – L_I 23
  s. a. Selbst-Verfluchung
verfolgen L_{II} 975
verführen L_I 236
Verführer F_I 920
Verführung J_I 1094
Vergänglichkeit H_{II} 170
vergangen B_I 141
  das Vergangene A_I 112; E_I 512; J_I 178; L_I 483
  das künftige im –en E_I 512
Vergebung der Sünden J_I 842
Vergehen
  kleine – E_I 421
[Vergelter] Vergelder J_I 994
Vergeltung F_I 637
vergessen J_I 163; L_I 392, 587
Vergessenheit C_I 209, *235*, *256*; J_I 1131
  Fels der – D_I 533; E_I 257
  Königin – C_I 254, *271*
vergette B_I 158
vergiften
  Küsse/Pfeile – B_I 323
Vergleich J_I 946

vergleichen
  Dinge miteinander – B_I 101
Vergleichung A_I 120; A_{II} 156; B_I 23, 239, 247; F_I 199, 226, 274; MH_{II} 28
  –en zwischen heterogenen Dingen L_I 665
  bessere –en B_I 26
  genaue – E_I 506
Vergnügen A_I 45, 92, *112*; B_I 33, 81, 352; F_I 230, 666; J_I 202, 750; K_I 1
  – [und] Absicht A_I 45
  – der Einbildung C_I 264
  – [und] Schmerz A_I 64; C_I 31
  – der Sinne F_I 439
  – und Sünde B_I 334
  – an Veränderung K_{II} 177
  sinnliches – F_I 537
  transzendentes – E_I 57
  vergangenes/gegenwärtiges/künftiges – B_I *33*, *141*; C_I *31*
  Summe des –s A_I 92, *112*
Vergnügung
  Mittel-Punkt der –en B_I 157
vergöttern
  sich selbst – F_I 191
Vergötterung J_I 1027
vergrößern E_I 389; F_I *453*, *456*, *470*, *500*; J_{II} 1644; L_{II} 732
Vergrößertes J_{II} 1832
Vergrößerung C_I 209; KA_{II} 211; J_{II} 1657; K_{II} 343; L_{II} 731
Vergrößerungs-Glas A_I 78; D_I 469; F_I 700
Verhältnis A_I 116; A_{II} 198, 223, 261; B_I 20, 21, 56, 269, 290; D_I 213; J_{II} 1265, 1295, 1488, 2151; L_I 286; L_{II} 868, 916
  – von Dichtigkeit F_I 175
  – der Gleichheit D_I 212
  –se in der Natur A_{II} 156
  – der Zahlen L_I 286
  feinere –se D_I 223
verhärten B_I 54
Verhehlung F_I 1220
verhenkert hoch hinaufreichen können C_I 35
verhungern E_I 213
verhunzdeutschen J_I 91
Verismus L_I 204
[Verkalkung] Verkalchung D_I 316; J_{II} 1478
  – [von] Metallen GH_{II} 87; J_{II} *1403*,

1691; K$_{II}$ *207,* 312, 324; L$_{II}$ *827*
– des Quecksilbers K$_{II}$ 322
verkaufen
  alles bis aufs Hemd – E$_I$ 201
verklärte Tage E$_I$ 230
verklagen SK$_{II}$ 298
verkleinern L$_{II}$ 974
Verkleinertes J$_{II}$ 1832
Verkleinerung J$_{II}$ 1645
  s. a. Selbst-Verkleinerung,
  Turmalin-Verkleinerung
Verkleinerungs-Glas D$_I$ 469; F$_I$ 409, 559, 700
verkuxen
  Zeit – L$_I$ 335
verlegen
  es ist verlegt in seinem Kopf
  D$_I$ 640
Verlegenheit ersparen F$_I$ 1179
Verleger D$_I$ 78; E$_I$ 170; F$_I$ 517; L$_I$ 624
Verfasser [und] – J$_I$ 60
Verleugnung seiner selbst B$_I$ 243
  s. a. Selbst-Verleugnung
verleumden L$_I$ 97
Verleumdung
  grobe – F$_I$ 511
verlieben
  sich – J$_I$ 834
  sich in Gott – J$_I$ 158
  verliebt D$_I$ 414; G$_{II}$ 155
  in sich selbst verliebt H$_{II}$ 31
Verliebte E$_I$ 152
Verliebtwerden in Jungen J$_I$ 853
verlieferantieren J$_I$ 140
verlieren A$_I$ 131
  in seinem Kopf – D$_I$ 640
  verloren gehen J$_I$ 710
Verlust E$_I$ 175; F$_I$ 389; J$_I$ 1221
Vermächtnis L$_I$ 166
Vermählung J$_I$ 1020; SK$_{II}$ 331
Vermenschlichung J$_I$ 271
Vermiculos K$_{II}$ 365
Vermögen
  das bisgen – B$_I$ 332
  geistisches – J$_I$ 1245
  s. a. Schöpfungs-Vermögen, Vorstellungs-Vermögen
Vermögens-Umstände J$_I$ 1245
vernichten J$_I$ 725
Vernichtung L$_I$ 597
vernünfteln L$_I$ 404

vernünftig D$_I$ 620; E$_I$ 274, 286, 336; F$_I$ 154, 233, 767, 804, 1213
– handeln J$_I$ 878
– sprechen J$_I$ 392
– gewählte Ausdrücke K$_I$ 20
–e Deutung D$_I$ 159
–er Entschluß J$_I$ 1013
–e Hauswirte J$_I$ 62
–er Kerl F$_I$ 697
–es Kind E$_I$ 274
–e Leute D$_I$ 353; E$_I$ 294; F$_I$ 150, 493, 613
–er Mann D$_I$ 80; E$_I$ 418, 427, 430, 513; F$_I$ 2, 5, 335, 493, 793, 1208; RA$_{II}$ 127
–er Mensch F$_I$ 618; J$_I$ 117, 651; L$_I$ 59
–es Publikum F$_I$ 664
–er Sinn J$_I$ 750
–e Unterredung D$_I$ 80
–e Untertanen J$_I$ 59
–e Welt D$_I$ 238; F$_I$ 782
–e Weltweise F$_I$ 462
–e Wesen L$_I$ 74
die Vernünftigen D$_I$ 90; F$_I$ 741, 800, 1213; RA$_{II}$ 43
Vernünftler B$_I$ 297; E$_I$ 403
Vernunft A$_I$ 97; B$_I$ 204, 211, 254, 334, 380, 388; C$_I$ 125, 182, 291, 332; KA$_{II}$ 195; D$_I$ 168, 285, 413, 484; E$_I$ 245, 359, 432; F$_I$ 324, 424, 443, 595, 684, 765, 768, 829, 887, 942, 980, 1159, 1160, 1170; G$_{II}$ 43; H$_{II}$ 140, 143, 148, 180; J$_I$ 18, 99, 269, 295, 302, 360, 629, 646, 712, 948, 972, 1021, 1053, 1098, *1127,* 1130, 1186, 1221; J$_{II}$ 1484, 1828, 1889; K$_I$ 19; K$_{II}$ 79, 80, 119, 128, 158, 181; L$_I$ 34, 114, 149, 267, 270, 275, 276, 379, 389, 403, 404, 406, 627; L$_{II}$ 806, 878, 910, 952, 975; RA$_{II}$ 145
– nicht gebrauchen L$_I$ 114
– kultivieren D$_I$ 413
– [und] Aberglaube C$_I$ 178
– und Einbildungskraft B$_I$ 275
– Haushaltung führen C$_I$ 125
– vor den Kopf schlagen D$_I$ 30
– und Leidenschaft B$_I$ 184
– [und] Sprache D$_I$ 413, 535
– [und] Welt J$_I$ 1021
– [und] Witz D$_I$ 529

dämmernde – F₁ 985
feinere – C₁ 231
gesunde – B₁ 303; C₁ 125, 182;
D₁ 30, 267, 535; E₁ 257; F₁ 436, 771
jungfräuliche – D₁ 375; E₁ 368
kindische – B₁ 364
kränkliche – B₁ 364
durch die – laufen lassen F₁ 768
menschliche – J₁ 360
polierte – H_{II} 16
praktische – J₁ 656; L_{II} 905
reine – J₁ 295
treulos gewordene – E₁ 245
ungesunde – B₁ 303
vorwitzige – J_{II} 1828
wachende – F₁ 752
Adler-Flug von – E₁ 282
Monarchie der reinen – L₁ 403
Narr aus – F₁ 536
Orakel [und] – F₁ *437, 441*
Richterstuhl der – L_{II} 897
Schluck von – E₁ 202
Sekundenzeiger der – UB_{II} 31
bescheidene Sprache der – F₁ 215
Vernunftmäßigkeit C₁ 332
Vernunft-Religion L_{II} 975
Vernunftschluß A_{II} 157; C₁ 332
Verrat F₁ 1054
s. a. Hochverrat
Verrichtung A₁ 36, 68, 79
verrückt E₁ 257; K_{II} 45
der Verrückte E₁ 259
Vers A₁ 95; B₁ 63; D₁ 209; E₁ 169;
F₁ 212, 418, 544, 860, 944; L₁ 144
– aus dem A, B – Ab L₁ 337
–e von hinten betrachten KA_{II} 141
– machen A₁ 27; B₁ 204, *288;*
H_{II} 75; J₁ 315; J_{II} 1422; K₁ 15;
K_{II} *199*
– der Messiade B₁ 131
gute –e D₁ 209
Fluß in –en F₁ 469
s. a. Nonsense-Vers, Verschen,
Verse-Fabrikant, versus memoriales
Versailles D₁ 398; F₁ 985
polierter Zögling von – F₁ 1123
Versammlung von Menschen B₁ 69
s. a. Abend-Versammlung, Hexen-Versammlung, National-Versammlung, Privat-Versammlung

Versart J₁ 294
– den Gedanken anmessen A₁ 23
[Verschen] Versgen E₁ 393
verschimmelt
Welt für – halten D₁ 469
verschlucken
das Kamele-Verschlucken D₁ 529
verschnapsen J₁ 456
verschneiden
Knaben – lassen D₁ 52
Verschnittener RT_{II} 14
Verschwender J₁ 461
verschwiegen J₁ 402, 480
Verschwiegenheit J₁ 1118
Verschwörung F₁ S. 455, 244
s. a. Zusammenverschwörung
Verse-Fabrikant F₁ 884
Versetzung J_{II} 1553
verseufzen J₁ 114
Versifikation J₁ 570
versingen J₁ 114
versinnlicht D₁ 433
versohlen F₁ 141
Verspottung der Ironie F₁ 180
versprechen K_{II} 35
Versprechung E₁ 335, 339; J₁ 719
leere –en J₁ 122
versprochen sein SK_{II} 360
verständig E₁ 111
–er Geist J₁ 282
–er Leser J₁ 283
–er Mann F₁ 1028, 1063
der Verständige D₁ 445
Verständnis
Sahne vom – B₁ 176
Verstand B₁ 1, 54, 86, 98, 153, 321;
C₁ 103, 183, 196, 233, 303;
KA_{II} 265; D₁ 19, 23, 256, 364, 433,
447, 451, 529; E₁ 104, 164, 169,
314, 370, 416; F₁ 56, 69, 233, 262,
384, 395, 441, 485, 622, 723, 741,
809, 810, 867, 887, 915, 955, 1061,
1168, 1195; G_{II} 1, 206; H_{II} 142;
J₁ 23, 193, 277, 945, 959, *1127,*
1130, 1231; J_{II} 1538, 1620; K₁ 1, 16;
K_{II} 63, 65, 68; L₁ 158, 216; L_{II} *852,*
878
– bilden D₁ 267
– steht still C₁ 25; E₁ 310
– in einer Binde tragen D₁ 502
– [und] Erfahrung D₁ 23
– in seiner ganzen Größe C₁ 183

- [und] Lesen D_I 19
- und Welt J_I *1085*
- [und] Witz C_I 100; KA_{II} 265; D_I 79, 382; E_I 111
  eingeschränkter – KA_{II} 332
  gesunder – D_I 133, 136; F_I 114, 402; H_{II} 44, 153; J_I 924; K_{II} 98
  moralischer – B_I 125
  planer – E_I 259
  scheinbarer – B_I 153
  schlafender – D_I 325; UB_{II} 43
  unnatürlicher – G_{II} 70
  Bahn [im] – C_I 196
  Diätetik [für den] – D_I 251
  Form des –es J_{II} 1538
  Fündelhaus des –es B_I 150
  Gedichte ohne – F_I 384
  Kanal [im] – F_I 116
  schöne Leute ohne – F_I 395
  fuga vacui des menschlichen –es D_I 636
  Meisterstücke des menschlichen –es D_I 46
  Zeichen des –es F_I 723
  s. a. Menschenverstand, Schweine-Verstand
Verstandes-Dämmerung E_I 219; F_I *985*
Verstandes-Kraft
  Verfall der Verstandes-Kräfte F_I 923
verstecken F_I 14
verstehen E_I 56, 355; F_I 754; J_I 472, 475, 1191; J_{II} 2107
- [und] disputieren E_I 56, 72
- [und] urteilen L_I 75
- [nicht] ganz – L_I 225
  sich – J_I *463*
  von etwas sprechen, ohne es zu – G_{II} 124
  Schweres – L_I 672
  das bloße Vestehen L_I 278
versteigen
  sich – D_I 445; L_{II} 887
versteinern
  versteinert werden E_I 207; F_I 985; SK_{II} 472
versteinerte Prose J_I 619
Versteinerung J_I 889; J_{II} 1756, 2069; K_{II} 33, 205
–en [und] Originalien D_I 280; Mat I_{II} 79
s. a. Seelen-Versteinerung

verstellen
  sich – F_I 633
Verstellung F_I 646, 1220
Verstellungskunst A_I 51; C_I 155
verstimmter Ausdruck F_I 414
Verstorbene
- lachen hören D_I 607
- loben J_I 487
- [als] Mitglieder von Akademien B_I 390
- [im] Traum F_I 607, 1159
  für die –n beten J_I 271
  Seelen der –n D_I 607
Verstoß B_I 221
verstümmeln
  Menschen – J_I 41
Versuch C_I 305; KA_{II} 94, 95, 323; D_I 430, 497; E_I 331, 332; F_I 53, 1148; H_{II} *184*, 185, 186, *187*, 193; J_I 56, 393, 764; J_{II} 1282, 1475, 1517, 1525, 1602, 1665, 1674, *1678*, 1686, 1700, 1703, 1719, 1734, 1735, 1742, 1778, 1783, 1795, 1797, 1801, 1804, 1813, 1879, 1887, 1909, 1917, 1921, 1937, 1938, 1951, 2045, 2108, 2138, 2160, 2166; L_{II} 744, 753, 755, 763, 766, 773, 786, 806, 898, 942, 950; RA_{II} *146*, *151*; SK_{II} *293*, *294*, *300*, *427*, *437*, *443*, *515*, *586*, 672, 830, 869
–e erzählen J_I 764
- mit dem Aale J_{II} 1429, *1980*
- mit den Augennerven L_{II} 839
- über Ausdünstung J_{II} 1450
- mit Barometer-Röhren B_I *62*
- zur Bestätigung eines Satzes E_I 331
- mit Blei und Silber an der Zunge SK_{II} 387
–e mit Eiern A_{II} 175
- [mit] Farben D_I 265
–e [mit] Feuer KA_{II} 93; J_{II} *1922*
- [mit] der Flamme H_{II} 194
- mit dem Flintenlauf K_{II} 315; SK_{II} 789, 272, 515
- mit Gips J_{II} *1285*, *1286*, *1295*, *1298*, *1299*, *1474*
–e mit dem Granit und Magneten SK_{II} 830
–e im Großen/im Kleinen KA_{II} 303; F_I 241, 456; J_{II} 1484, 1497, 1649, 1653, 1719, 1727, 1832,

1846, *1853*, 1939, 1957, 1990, 2017, 2018, 2064, *2158*; K$_{II}$ 316; L$_{II}$ 711, 758, 794
—e an Hunden D$_I$ *430*, 497, *633*; L$_{II}$ 765
—e mit Insekten A$_{II}$ 175
—e [mit] verdichteter Luft GH$_{II}$ 17
—e mit Menschen D$_I$ 170
– über den Menschen B$_I$ 321
– [mit der] Nelke J$_{II}$ 1779
—e in Pasquillen B$_I$ 370
– mit der Pfeife J$_{II}$ 2135
—e mit Pflanzen J$_{II}$ *1356*, 1357
—e mit Polypen C$_I$ 305; D$_{II}$ *683*
– mit dem Quecksilber-Kalch SK$_{II}$ *395*, 400
– über den Ruß J$_{II}$ *1678*, 1690
—e mit Schwämmen J$_{II}$ 1375; SK$_{II}$ 605
– [über] die Schwere J$_{II}$ 1726
– mit dem Sehen C$_I$ 331
– mit dem Talglicht SK$_{II}$ 69, *70*
– mit dem Verbrennen der infl. und dephlogistischen Luft SK$_{II}$ 869
—e der Vorfahren D$_I$ 255
—e durch Waisenknaben F$_I$ 1095
—e über spezifische Wärme J$_{II}$ 1922
—e mit dem Zitterrochen J$_{II}$ *1544*, *1545*, *1980*
chemische —e J$_{II}$ *1441*, 1442, 1727, 1757; K$_{II}$ 322
chymische —e G$_{II}$ 76
elektrische —e A$_{II}$ 175; K$_{II}$ 388
Franklinscher – A$_{II}$ 260
galvanische —e K$_{II}$ 373
größtmöglicher – J$_{II}$ 1649
hydrostatische —e A$_{II}$ 198; J$_{II}$ 1301, *1302*; SK$_{II}$ 119
kleine —e L$_I$ 365
Klosterbergische —e B$_I$ 152
künstliche —e J$_{II}$ 2009
manometrische —e J$_{II}$ 1798
mißlungene —e B$_I$ 292
physikalische —e C$_I$ 220, *305*; F$_I$ 1147; J$_{II}$ 1798; K$_{II}$ 377; MH$_{II}$ 29
physiognomische —e F$_I$ 804
pyrometrische —e J$_{II}$ 1898
thermagogische —e J$_{II}$ 1811
Amsterdamischer – J$_{II}$ 2023, 2036
Babylonischer – F$_I$ 695
Vergrößern der —e F$_I$ 456, *461*
s. a. Erkältungs-Versuch, Gefrier-Versuch

versuchen
selbst – C$_I$ 67
Versüßung der Schreibart F$_I$ 1051
versus memoriales E$_I$ 13, 142; J$_{II}$ 1699
– für Stutzer B$_I$ 84
verteidigen
sich – K$_{II}$ 88
Verteidiger
– der Freiheit K$_{II}$ 290
– der Gleichheit K$_{II}$ 290
– einer Wissenschaft F$_I$ 50
Verteidigung C$_I$ 260, 271; KA$_{II}$ 28; D$_I$ 173
– der Jagd-Lust C$_I$ 70
– von Meinungen K$_{II}$ 109
– der Schriftsteller-Rechte D$_I$ 611
– der Ungleichheit K$_{II}$ 296
– des Vaterlandes K$_{II}$ 141
– des Witzes D$_I$ 182
Vertiefungen J$_{II}$ 1835
Vertikal-Linien D$_I$ 653
Verträglichkeit C$_I$ 52; F$_I$ 262
Vertrag L$_I$ 106
Vertrauen auf eigne Kraft J$_I$ 68
s. a. Selbstvertrauen
Vertrauens-Geheimnis D$_I$ 101
Vertraulichkeit L$_I$ 627
vertretten J$_I$ 691; J$_{II}$ 1416
verurteilen
ungehört – D$_I$ 569
Vervollkommnung J$_I$ 1188, *1212*; K$_{II}$ 111; L$_{II}$ 825, 906
s. a. Perfektibilität
verwachsen
seine Bibliothek – B$_I$ 112
ein paar Hosen – B$_I$ 253
Umgang, Bibliotheken, Grundsätze – B$_I$ 253
Wissenschaften – in unsern Verstand A$_I$ 85
Verwahrlosung KA$_{II}$ 196
Verwaltung
Staats-Verwaltung K$_{II}$ 294; L$_I$ 604
verwandeln
sich in einen Ochsen – D$_I$ 165, 169
Verwandlung J$_{II}$ 2030
verwandt D$_I$ 446
s. a. Alphabets-Verwandter
Verwandtschaft
– [von] Begriffen [und] Zeichen A$_I$ 118

– der Dinge A_I 59; KA_{II} 260, *283;* D_I 446
Verwechslung C_I *122, 136;* G_{II} 162
– wegen der Ähnlichkeit C_I 149
Verweis B_I 88
Secundaverweis H_{II} 120
Verwerfung J_I 741
verwickelte Sätze A_I 102
Verwicklung D_I 622
Verwilderung
vorsätzliche – J_I 114
verwirrt SK_{II} 323
Verwirrung
bunte – J_I 597, 598
verwittern J_{II} 1617
verworfen
die öffentliche Verworfenen D_I 22
verzärtelte Empfindung B_I 364
Verzapfung A_{II} 208
Verzeichnis der Druckfehler D_I 242
Verzeihmirs E_I 470; F_I 530
verzerren F_I 802
Verzerrung F_I 1204
innere – F_I 705
Verzierung L_I 398
s. a. papier maché-Verzierung
verzollen J_I 873
Verzweifelung SK_{II} 410
vesicatorium D_I 86
Vesper F_I 71
sizilianische – J_I 88
Vestalin D_I 7
Vestalisch
–es Feuer B_I 297
–es Küchen-Feuer Mat II_{II} 18
Vesuv C_I 163, 164; D_{II} 737; GH_{II} 83; J_{II} 1320; K_{II} 391; SK_{II} 672
Vettel D_I 667
Vetter B_I 87, 140
– Affe E_I 162
– Engel [und] Affe D_I 436
s. a. Fakultäts-Vetter
via regia J_I 756
vice versa E_I 96; F_I 712; J_{II} 1304; L_{II} 744
vida celeste C_I 2
Vich
Hornvieh J_I 54
Viehmagd F_I 165
Viehmarkt L_I 37
vielerlei

– wissen C_I 233
– Zeichen L_I 278
Vielfraß K_{II} 197
Vielfraß-Pelz KA_{II} 98; D_I 398; F_I 191
Vielherrschaft L_I 387
vielleicht J_I 947
vielmehr D_I 352
Vielschreibekunst J_I 145
Vielweiberei KA_{II} *115;* G_{II} 104; K_{II} 161
Vielwisser J_{II} 1720
Viereinigkeit L_I 47
vierfüßig
verheirateter –er Mensch B_I 165
vierschrötig J_I 96
Viertel-Stündchen D_I 591; L_I 417
Viertel-Stunde L_I 417
Vignette C_I 114; KA_{II} 279; E_I 106, 157; G_{II} 218
– auf den Vorfall KA_{II} 279
gestochene –n C_I 114
s. a. Titel-Vignette
Vignetten-Macher B_I 111
Vignettenstecher B_I 111
Villagarcia C_I 11
vinolentisch F_I 523
Viole
– d'amour SK_{II} 237
gelbe – J_I 307
violently SK_{II} 247
Violine L_I 493; L_{II} 844
Violinenspieler
großer – J_I 36
Viper D_I 462; RA_{II} 62
Vipernbiß L_I 382
Virginia RA_{II} 111, 112, 141
Virtuose L_I 415
Viscum quercinum KA_{II} 17
Visierkunst
physiognomische – F_I 857
Visionair C_I 180
Visitation der Mägde SK_{II} 807
Visite
Aktiv- und Passiv-Visiten D_I 98
Visitenkarte H_{II} 91; L_I 232; SK_{II} 522
vitae tenor K_{II} 103
vite, vite [franz.] L_I 62
Vitriol D_{II} 761
s. a. Eisenvitriol
Vitrioläther K_{II} 359
Vitriolöl H_{II} 186

Vitriolsäure KA$_{II}$ 119; J$_{II}$ 1330, 1339, 1346, 1378, 1589, 1959, 2058; L$_{II}$ 877, 942
vitulierende Fröhlichkeit F$_I$ 1118; Mat II$_{II}$ 41
Vize-Gemahlin J$_I$ 852
Vizegevatterin SK$_{II}$ 236
Vize-König SK$_{II}$ 713
Vizekönigin J$_I$ 852
Vlies
– über die Ohren ziehen J$_I$ 1253
goldnes – L$_I$ 96, 566
s. a. Wolfs-Vlies
vocativi SK$_{II}$ 303
Vögelchen C$_I$ 134
Völker-Körper
gerinnende Säfte des –s C$_I$ 125
Völkerkunde J$_I$ 755
Völkernamen D$_I$ 26
Vogel A$_{II}$ 256; F$_I$ 262; J$_I$ 593; J$_{II}$ 1268; RA$_{II}$ 137, 138, 201
Vögel ausstopfen GH$_{II}$ 65
Vögel [und] Maitressen B$_I$ 175
– Rock E$_I$ 220
die buntesten Vögel F$_I$ 1225
s. a. Buttervogel, Hohnvogel, Kanarien-Vogel, Sommervögelchen, Sommervogel, Spottvogel, Vögelchen
Vogel-Flug A$_{II}$ 211; J$_{II}$ 2152
vogelfrei E$_I$ 153; F$_I$ 986
Vogelfreiheit E$_I$ 209
Vogelschießen J$_I$ 127
Vogt
Bettelvogt F$_I$ 869
vogtländische Elisionen E$_I$ 314
Vokal E$_I$ 434, 446; F$_I$ 845
Vokalen-Mord F$_I$ 1170; Mat II$_{II}$ 1
volitio
Voluntas velleitas und – E$_I$ 131
Volk H$_{II}$ 18; J$_I$ 238, 454, 1194; J$_{II}$ 1354; K$_I$ 3
– unterdrücken J$_I$ 1128
– Gottes H$_{II}$ 117; J$_I$ 128
frühe Völker J$_I$ 171
indianische Völker B$_I$ 173
polierteste Völker F$_I$ 1066
roheste Völker F$_I$ 836; H$_{II}$ 13
Rasende bei manchen Völkern heilig J$_{II}$ 1818
Volks-Deputierter L$_I$ 58

Volks-Klasse
arbeitende – J$_I$ 43
Volkslied E$_I$ 437
Volksphilosoph H$_{II}$ 146
Volks-Philosophie J$_I$ 417
Volks-Regierung L$_I$ 34
Volkssiegerin J$_I$ 763
vollkommen KA$_{II}$ 341; J$_I$ 1212
Vollkommenheit C$_I$ 194; D$_I$ 260, 280; F$_I$ 637, 1194, 1209; G$_{II}$ 1; J$_I$ 738
körperliche – A$_{II}$ 228
mögliche – B$_I$ 50
patriarchalische – J$_I$ 974
Vollkommenheits-Gesetz J$_I$ 579
Vollmond J$_I$ 548
aufgehenden – messen F$_I$ 1063
Voluntas velleitas und volitio E$_I$ 131
Vomitiv KA$_{II}$ 125
von B$_I$ 153; C$_I$ 256
Vorbereitungsarbeit mehrerer Jahrhunderte L$_I$ 331
Vorbeugen
beförderndes – J$_I$ 915, *1054*
Vor-Dauer vor der Geburt L$_{II}$ 865
Vorden L$_I$ S. 949
vordenken F$_I$ 734
Vorderkopf F$_I$ 730
Vorder-Ohr F$_I$ 1017
Voreltern B$_I$ 72; D$_I$ 339
Vorfahre C$_I$ 234; D$_I$ 21, 187, 445; G$_{II}$ 202; J$_I$ 690; K$_{II}$ 44
Gradus von –n annehmen F$_I$ 331
Vorfall H$_{II}$ 158
Vorfälle nützen J$_{II}$ 1547
grosse Vorfälle E$_I$ 389
unerwartete Vorfälle K$_{II}$ 318
unvermutete Vorfälle J$_I$ 288
s. a. Favorit-Vorfall
vorfolgen F$_I$ 223
Vorgebirge der guten Hoffnung KA$_{II}$ 214
Vorgefühl [und] Erinnerung J$_I$ 178
Vorgriffe des Genies K$_{II}$ 128
Vorhang J$_I$ 62
– über der Seele F$_I$ 637
s. a. Bettvorhang, Theater-Vorhang
vorhersehen B$_I$ 56
Vorhersehung B$_I$ 50
Vorhof [der] Kehle F$_I$ 768
Vorhut L$_I$ 153
vorklimpern C$_I$ 51

vorlesen SK_{II} 276
- bei Tische C_I 364
Vorlesung J_{II} 1869; K_{II} 188; SK_{II} 310, 356
vormeinen F_I 734; J_I 538
Vormund J_I 634
Vormundschaft K_{II} 273
Vorname A_I 86; F_I 89
 –n mit M K_{II} 216
vornehm
 –e Jugend F_I 569
 bejahrte Vornehme E_I 257
vorplaudern E_I 152
Vorrat D_I 213
- [und] Aufwand E_I 424; F_I 178
- an Erfahrungen D_I 23
s. a. Gedankenvorrat, Meubeln-Vorrat, Wörter-Vorrat
vorraten
 das witzige Vorraten in der Physik J_I 1064
Vorratshäuser A_{II} 224
Vorratskammer A_{II} 215
Vorrecht L_I 403
Vorrede C_I 255, 302, 317; D_I 105, 166, 520, 558, 613; E_I 114; F_I 804, 821, 1013; J_I 854; L_I 468, 602; UB_{II} 36
- zu der Rede B_I 103
fußfällige –n B_I 290
sehr galante –n F_I 601
zu einer - C_I 317
Vorsatz D_I 246; Mat I_{II} 86
vorschneiden D_I 593
Vorschrift D_I 459; L_I 577
nach – leben L_I 705
Vorsehung F_I 225; J_I *820;* K_{II} 135
Plane der - K_I 16
Vorsicht F_I 33, 813
höchstgütige – A_I 132
Revision der Wege der - J_I 220
Vorsichtigkeit im Urteilen A_I 137
Vorsorge [und] Leichtsinn K_{II} 47
Vorspiel E_I 227, 244
vorstellen H_{II} 147; J_I 938, 942
Vorstellung D_I 134; F_I 11, 542, 582; H_{II} 150, 174; J_I 28, 234, 263; J_{II} 1484, 1537, 1818, 1908; L_{II} 811, 836, 867
–en [und] Gegenstände L_{II} 811, 836
in seinen eigenen –en bildern D_I 241

deutliche – D_I 273
dunkle –en J_I 944
eigne –en D_I 92
zu große –en J_I 97
lustige - L_I 687
traurige –en J_I 992
warme – C_I 38
Vorstellungs-Art J_{II} 2021, 2093, 2128
Vorstellungs-Vermögen J_I 234; L_I 259
Vor-Sukzessor C_I 77; F_I 223
Vorteil D_I 321; J_{II} 1547
- verschaffen L_{II} 815
- ziehen J_{II} 1327
- der Welt K_I 16
Hoffnung auf - F_I 397
Vortrag F_I 898; K_{II} 317; L_I 77, 504, 617; MH_{II} 15
guter – J_{II} 1553
lebhafter – L_I 679
populairer – G_{II} 124
vortrefflich F_I 528; L_I 571
Vortrinker J_I 70
Vorurteil A_I 58; B_I 321, 365; C_I 61, 178; KA_{II} 339; F_I 321, 584, 871
s. a. Pfennings-Vorurteil
vorwärts korrigieren L_I 390
Vorwand F_I 747
Vorwelt
 Schauer der – J_I 556
 Spuren einer glücklichen – J_I 1133
Vorwitz D_I 64
vorzeigen
 untertänigst – D_I 402
Vorzeit J_I 1224, 1238
Vorzug J_I 1194
Vossphorus J_I 642
vox humana J_I 686
Vox populi vox Dei D_I 10
voyage B_I S. 45
Vulkan D_{II} 735; J_I 536; J_{II} 1320, 1633, 1990, 2017; L_{II} 747
Gesicht mit kleinen –en F_I 863
s. a. Dreck-Vulkan, Luft-Vulkan, Monds-Vulkan
vulkanisches Produkt GH_{II} 84; J_{II} 1437
vulva J_I 149

W. G_{II} 144
W. s. Württembergisch

Waage D$_I$ 650; J$_I$ 55, 959; J$_{II}$ 1277, 1735, 1798, 2098; SK$_{II}$ 184
eigne – D$_I$ 19
hydrostatische – D$_{II}$ 731
s. a. Goldwaage, Probierwaage
Waagebalken F$_I$ 310
wachen F$_I$ 743, 1083; K$_{II}$ 85, 86
Gedanken, die wir –d haben sind Träume D$_I$ 134
Wachs F$_I$ 830; J$_{II}$ 1895, 1927
gebleichtes – SK$_{II}$ 383
wachsen A$_I$ 22
wachse und mache – D$_I$ 260
Wachsfigur F$_I$ 210
Wachsklumpen F$_I$ 38
Wachslichter J$_{II}$ 1573
Wachslichtchen D$_I$ 214
Wachslichter-Zeit D$_I$ 567
Wachslinnen F$_I$ 96
[Wachs-Mäskchen] Wachs-Mäskgen F$_I$ 1137
Wachspapier D$_I$ 214
Wachsstricke J$_{II}$ 2142
Wachstaft J$_{II}$ 2142
Wachstuch J$_I$ 143; J$_{II}$ 1913; L$_{II}$ 743
Wachstuch-Gürtel SK$_{II}$ 698
Wachstum A$_I$ 22; E$_I$ 520
monströser – F$_I$ 789
Wachtel SK$_{II}$ 938
Wachtstube fegen D$_I$ 483
Wacke
Granitwacken J$_I$ 536
Wackermaul
gekrönter – D$_I$ 200
Wächter am Kirchhof L$_I$ 133
s. a. Nachtwächter, Scharwächter, Schildwache
Währung
Augsburger – B$_I$ 65
Wärme A$_{II}$ 174, 177; B$_I$ 212; D$_{II}$ 725, 760, 765; H$_{II}$ 178, 188–191, 196; GH$_{II}$ 37, 85; J$_{II}$ 1379, 1414, 1457, 1460, 1470, 1474, 1479, 1481, 1487, 1493, 1575, 1613, 1718, 1741, 1783, 1784, 1791, 1795, 1800, 1811, 1847, 1873, 1887, 1890, 1891, 1901, 1914, 1917, 1922, 1927, 1928, 1945, 1946, 1948, 1960, 1974, 1987, 1990, 2006, 2012, 2013, 2077, 2084, 2090, 2121, 2127, 2131, 2140, 2153, 2156, 2166; K$_{II}$ 331, 337, 338, 359; L$_{II}$ 714, 734, 735, 769, 827, 830, 832, 864, 879, 914, 926, 934, 937, 960
absolute – A$_{II}$ 196; J$_I$ 430
latente [und] kombinierte – J$_{II}$ 1473
tierische – J$_I$ 78; J$_{II}$ 1929; K$_{II}$ 358; L$_{II}$ 765
Leitung [der] – J$_{II}$ 1783, 1790, 1792, 1793, 1794, 1797, 1805, 1807, 1822, 1844, 1850, 1851, 1858, 1864, 1880, 1881, 1895, 1918, 1929, 1946, 1955, 1970, 2084, 2109, 2160; K$_{II}$ 329; L$_{II}$ 800
Wärme-Apothek J$_{II}$ 1851
Wärmelinie L$_{II}$ 879
Wärmesammler J$_{II}$ 1948
Wärmestoff J$_{II}$ 1530, 1691; L$_{II}$ 714, 750, 763, 826, 860, 960
Wäsche trocknen F$_I$ 732
Waffe L$_I$ 333
Waffenträger D$_I$ 56
Wagen C$_I$ 204; D$_I$ 103; J$_I$ 675, 1004
feuriger – L$_I$ 489
schlechter – J$_I$ 675
Kaffee-Grütze-Mühlen an – D$_I$ 103; D$_{II}$ 773
Lied auf einen – E$_I$ 169
Schicksal und – B$_I$ 75
s. a. Leichenwagen, Mistwagen, Postwagen
Wagenmeister D$_I$ 491; E$_I$ 152; J$_I$ 96
Waghals L$_{II}$ 894
empirischer – J$_I$ 559
methodischer – F$_I$ 703
Wahl
– eines Gemahls C$_I$ 318
um die – heller D$_{II}$ 678
Wahlkapitulation L$_I$ 249
Wahlspruch B$_I$ 343
– Cäsars J$_I$ 21
Wahnsinn E$_I$ 282
wahnsinnig
Bittschrift der Wahnsinnigen E$_I$ 53, 58
Wahnwitz
Lavaters – F$_I$ 792
verstellter – L$_I$ 703
wahnwitzig D$_I$ 605
wahr E$_I$ 139, 248; J$_I$ 472; J$_{II}$ 1389; K$_{II}$ 188, 195, 200; L$_I$ 451
– empfinden [und] ausdrücken J$_I$ 555
– [und] falsch B$_I$ 22

– [und] nicht wahr A₁ 136
nicht – E₁ 146, 290
das eigentliche Wahre L₁ 275
Wahrheit A₁ 100, 136, 137; B₁ 49, 96, 138, 321, 364, 366; C₁ 223, 236; KA_{II} 49; D₁ 156, 433, 449; E₁ 104, 189, 191, 196, 209, 222, 227, 307, 320, 331, 454; F₁ 595, 716, 785, 930, 1138, 1153, 1217; G_{II} 77; H_{II} 27; GH_{II} 63; J₁ 24, 82, 373, 417, 475, 521, 522, 713, 746, 787, 862, 1030, 1186, 1250; J_{II} 1427; K_{II} 149, 361; L₁ 149, 219, 275, 539, 572, 593; L_{II} 861, 974; RA_{II} 145
– ausbreiten E₁ 96
– finden wollen L₁ 421
– reden F₁ 262
– sagen D₁ 423; G_{II} 169; J₁ 787
–en sammeln J_{II} 1427
– in der Natur finden E₁ 307
– in Schlaf-Röcken KA_{II} 192
abstrakte [und] angewandte –en A₁ 97
alte [und] neue – E₁ 59
alte und vorhandene – L₁ 529
schön aufgetragene – D₁ 79
derbe – F₁ 1143
die ahnen – A_{II} 151; L_{II} 770
entstellte –en H_{II} 24
erfundene –en B₁ 138
sehr fruchtbare – F₁ 970
hochedle – L₁ 130
neue –en E₁ 387
über oder unter der – nisten F₁ 932
notleidende – B₁ 291
nützliche –en D₁ 534, 611; J₁ 713
philosophische – B₁ 138
physikalische –en F₁ 696
positive – L₁ 664
roulierende –en B₁ 296
sich die – sagen lassen A_{II} 171
schreiben für die – F₁ 716
Abhandlung [der] –en A₁ 102
Abweichungen von der – A₁ 1
Eingang zur – K_{II} 361
Erfindung der – A₁ 11, 16; J_{II} 1672
Fackel der – F₁ 741; G_{II} 13; Mat I_{II} 153
Feinde der – E₁ 196
Freund der – L₁ 54
Irrtum [und] – B₁ 366; KA_{II} 49; D₁ 79; F₁ 439; UB_{II} 79

Kapital der –en KA_{II} 294; E₁ 162
Kleid [der] –en F₁ 1153
Läuterung der – F₁ 552
Licht der – F₁ 404
Liebe zur – D₁ 84
schöne Nester ausgeflogener –en D₁ 616, 666; E₁ 124; F₁ 487
Paßport für die – L₁ 98
Reich der – J_{II} 1857
Schein der – RA_{II} 145
Vortrag alter –en F₁ 471
s. a. Pfennigs-Wahrheit
Wahrheits-Gefühl J₁ 439
Wahrheits-Liebe GH_{II} 56
Wahrsagen J₁ 787
Wahrsager-Bouteille F₁ 1042
wahrscheinlich
das Wahrscheinlichste C₁ 193
Wahrscheinlichkeit
Grade der – A₁ 136
Waiblingen L₁ 373
Waisenhaus
Hallisches – L₁ 369
s. a. Fündelhaus
Waisenknabe F₁ 624, 1095
Wald F₁ 234
s. a. Eichenwald
Waldstadt
See- und Waldstädte E₁ 501
Walfisch KA_{II} 97; J_{II} 1856
Walfischfang J₁ 1151
Wallung F₁ 989
Walrat s. Sperma Ceti
Wand F₁ 1080
s. a. Scheidewand
Wandsbek G_{II} 2
Wandsbecker G_{II} 2
Wange
erfrorne – J₁ 1133
Wankelmütigkeit
– [und] Genie D₁ 596
Wanze KA_{II} 43; L₁ 395; SK_{II} 899
Wappen L₁ 222
Ware K_{II} 172
Nürnberger – D₁ 116; E₁ 293; F₁ 1005
s. a. Christ-Ware
warm
milchwarm D₁ 172
warmblütig K_{II} 225
Warmhout SK_{II} 530

Warnung
  ewige – D_I 392
Warschau J_I 869
Wart-Turm L_I 636
Wartung D_II 678
  gehörige – D_I 661
Warwickshire KA_II 169
Warze auf der Nase G_II 147
waschen
  sich in Gedanken – H_II 105
Waschkessel E_I 152
Waschmaschine KA_II 171
Wasenmeister C_I 98
Wasser A_II 178, 216, 219; D_I 149;
  F_I 34, 645; H_II 192, 193, 205; J_I 27,
  95, 154, 494, 527, 695, 1052, 1110,
  1222; J_II 1378, 1396, 1437, 1442,
  1460, 1469, 1506, 1508, 1580, 1612,
  1618, 1624, 1673, 1675, 1678, 1691,
  1693, 1696, 1702, 1715, 1724, 1742,
  1749, 1751, 1764, 1765 1768, 1777,
  1780, 1785, 1787, 1788, 1789, 1840,
  1862, 1883, 1907, 1913, 1924, 1928,
  1936, 1941, 1956, 1958, 1975, 2015,
  2018, 2019, 2024, 2025, 2026, 2029,
  2032, 2033, 2036, 2072, 2077, 2079,
  2080, 2091, 2117, 2132, 2145;
  K_II 348, 405, 408; L_I 213, 616;
  L_II 760, 795, 929, 940, 947, 966;
  RA_II 125
  – anmachen J_II 1580
  – besehen lassen F_I 587
  – holen D_I 483
  – trinken E_I 68; F_I 674
  – und Brod F_I 384
  – im Feuer verguldet F_I 290
  – im Kopf J_I 223
  – in Wein verwandeln B_I 360;
    D_I 242
  englisches – L_I 339
  gebundenes – J_II 1421
  kochendes – L_II 772
  kühlendes – F_I 267
  leuchtendes – D_II 690, 694; H_II 197
  schweres – A_II 219
  auf dem – schwimmen F_I 165
  Selterser – SK_II 47
  Selzer – B_I 176; SK_II 26
  trockenes – J_II 1421
  Ungarisches – SK_II 730
  Auflösung des –s K_II 338
  [Bewegung des] –s J_II 1765
  Dekomposition [des] –s J_II 2029,
    2036
  Erdball aus – GH_II 53
  Fünkchen – J_I 494
  Glas – F_I 730
  Wein mit – gemischt E_I 394
  Zersetzung des –s J_II 1297, 1693,
    1751, 2019, 2036
  s. a. Aërisations-Wasser, Kristallisations-Wasser, Meer-Wasser, Regenwasser, Salzwasser, Scheidewasser, Schönwasser, Schönheits-Wasser, Seewasser, Selzer-Wasser, Weihwasser
Wasser-Arten J_II 1606
Wasser-Barometer D_II 710
Wasserbrei SK_II 119, 120
Wasserdampf J_II 1768, 1990, 2016,
  2032, 2036; K_II 315, 338
Wasser-Decompositeur J_II 1680, 2029
Wasserfall
  Schaffhauser – F_I 258, 1123;
  RA_II 144
Wasser-Flügel A_II 197
Wasser-Gebirge E_I 504
Wasserhammer K_II 348
Wasserleitung C_I 3
Wasser-Nuß SK_II 533
  – am Brod KA_II 230; F_I 53
Wasserseher J_II 1449
Wasserstoff J_II 1675
Wasserstoffgas J_I 1222
Wasserstrahl J_II 1909
Wasser-Sucht E_I 209; J_I 223, 273;
  J_II 1397
Wassersuppe J_I 182
Wassertrinker A_I 59
Wassertropfen J_II 1693, 2042
Wasser-Zersetzung L_II 945
Waste book E_I 46
Waterman D_II 759
weben J_II 1484
  Ideen zweckmäßig – L_II 952
  das Weben des Genies D_I 530;
  E_I 109, 194, 245
  s. a. Haute-Lisse-Weberei
Weber L_I 462
  s. a. Leineweber
Webstuhl J_II 1416, 1484
Wechsel [Veränderung]
  – der Stimmung F_I 152, 557, 989
  s. a. Ministerwechsel

Wechsel [Zahlungsversprechen]
B$_I$ 220; L$_I$ 699
im Geiste ausgestellte – C$_I$ 142
Wechsel-Cours L$_I$ 475
Wecke
mürbe – SK$_{II}$ 573
Wecklöcher
Stoß- und – E$_I$ 301
Weende E$_I$ 392; Mat I$_{II}$ 157; SK$_{II}$ 51, 57, 109, 119, 211, 222, 348, 352, 363, 627, 645, 742, 743, 813, 911, 925, 1004
Weg F$_I$ 96, 206, 902; J$_I$ 489; J$_{II}$ 1493
– weisen Mat I$_{II}$ 6
–e zur Ewigkeit B$_I$ 4
– des Grübelns D$_I$ 213
–e das Leben zu verlängern B$_I$ 129
neue –e K$_{II}$ 312, 314, *384;* L$_{II}$ 913
neuer – J$_{II}$ 1912
trockne –e J$_I$ 653, 907
ungebahnte –e in den Wissenschaften J$_I$ 866
wellenförmige –e J$_{II}$ 1269
s. a. Kreuzweg
wegdenken
sich – J$_{II}$ 1571
wegfrömmeln D$_I$ 668
Weghaus SK$_{II}$ 338
weglassen L$_I$ 679
wegplappern E$_I$ 177
wegschmeißen D$_I$ 313
wegsetzen
sich über manches – L$_I$ 226
wegstreichen F$_I$ 998
Wegverbesserung in den Wissenschaften D$_I$ 221
wegwerfen D$_I$ 213; E$_I$ 158, 257, 259; F$_I$ 106, 860; L$_I$ 44
weh [und] leid tun B$_I$ 389
Weib KA$_{II}$ 115, 240; H$_{II}$ 4; L$_I$ 30, 194, 256, 556
– der Gelehrten J$_I$ 592
altes – E$_I$ 45, 512; F$_I$ 165, 663; H$_{II}$ 81; J$_I$ 337, 530, 648, 872; L$_I$ 430
gutmütiges – L$_I$ 279
schöne –er H$_{II}$ 82
treustes – L$_I$ 627
vornehmes altes – F$_I$ 663
Haare [der] –er B$_I$ 55
s. a. Eheweib, Fischweib, Klagweib
Weibchen D$_I$ 244

die Erde ein – D$_I$ 244
Männchen und – D$_I$ 417
Weiberlehn KA$_{II}$ 90
weibisches Aussehen F$_I$ 1068
weiblich
–es Geschlecht L$_I$ 492
–es Glied D$_I$ 386
–e Grazie B$_I$ 254
Weibsleute F$_I$ 162
Weichlichkeit B$_I$ 380; D$_I$ 256; F$_I$ 365
zyprische – B$_I$ 380
weichmäulig G$_{II}$ 193
Weichsel E$_I$ 240
Weidenbaum E$_I$ 138; J$_I$ 1007
[Weihwasser]
eau bénite J$_I$ 122
Weilburg A$_I$ 119; SK$_{II}$ 743
Weimar RT$_{II}$ 8; SK$_{II}$ 936
Wein A$_I$ 43; B$_I$ 77, 159, 171, 245, 259, 263, 342; C$_I$ 62, 189; KA$_{II}$ 72; E$_I$ 156, 394; F$_I$ 297, 455, 479, 481, 1011; GH$_{II}$ 48; J$_I$ 1249; K$_{II}$ 181; L$_I$ 33, 194, 556; L$_{II}$ 935, 971; SK$_{II}$ 33, 82, 100, 173, 197, 235, 236, 300, 327, 333, 341, 351, 360, 381, 391, 421, 462, 466, 478, 500, 522, 551, 568, 585, 591, 612, 645, 718, 719, 728, 835, 863, 869, 935, 940, 986, 1025
– bauen [und] trinken UB$_{II}$ 5
– [und] Freundschaft B$_I$ 263
– und Latein C$_I$ 209
– und Liebe B$_I$ 323
– mit Wasser gemischt E$_I$ 394
roter – SK$_{II}$ 82, 173, 869
Ungarischer – SK$_{II}$ 719
Geheimnisse und – speien C$_I$ 120
Glas – F$_I$ 455
ein Glas – verzehren F$_I$ 1001
anderer Leute – J$_I$ 509
Verwandlung des Wassers in – D$_I$ 242
s. a. Faßwein, Franzwein, Märtyrer-Wein, Mosel-Wein, Portwein, Rheinwein
Wein-Bouteille F$_I$ 1140
Wein-Club E$_I$ 219
weinen E$_I$ 471; F$_I$ 1023; J$_I$ 96; K$_{II}$ 29; SK$_{II}$ 526, 653
das Weinen Neu- oder Ungeborener D$_I$ 607
das Weinen im Mutterleib L$_I$ 423

Weingeist J_{II} 1385, 1924, 2029; K_I 11; L_{II} 795; UB_{II} 58
  s. a. Spiritus vini
Weingelage
  6-Batzen-Wein-Gelage D_I 382
Weingeschöpf L_I 33
weingrün E_I 156
Weinjahr
  Wein- und Kornjahre E_I 501
Weinkeller D_I 575
Wein-Rechnung L_I 169
Weinstein J_I 2048
Weinstock J_{II} 1949
Weinwachs GH_{II} 48
weise A_I 137; E_I 215, 308; J_I 1001; L_I 309
  – machen J_I 713
  –r werden A_I 137
  –r Mann J_I 528, 713
  –r Philosoph J_I 90
  – Regierung J_I 1021
  die –sten Menschen J_{II} 2107
  die Weisesten dieser Erde F_I 295
Weiser B_I 185, 194, 195; D_I 337, 416; E_I 162, 215, 260; F_I 500, 730; J_I 367, 945, 972
  Weise [und] Narren C_I 181, 338; K_{II} 268
  Weise [und] Witzige C_I 181
  alle Weisen der Erde D_I 337
  drei Weise E_I 308
  die politischen Weisen D_I 30
  sieben Weise D_I 118
  s. a. Weltweise
Weisheit B_I 364; D_I 10, 197, 616; E_I 408; J_I 443; J_{II} 1856; K_{II} 236; L_I 2; L_{II} 971
  – verschlucken H_{II} 93
  – des Alters L_{II} 910
  – Gottes C_I 103; D_I 21
  – ganzer Zeitalter F_I 1039
  menschliche – K_{II} 104
  physiognomische – F_I 852
  ruhige – L_{II} 910
  tiefe – D_I 530
  Gesandte der – J_I 553
  Vehiculum von – F_I 860
  s. a. Sprichwörter-Weisheit, Weltweisheit
weiß K_{II} 349, 366, 372; SK_{II} 325
  –es Blatt E_I 265; Mat I_{II} *142*
  –es Maultier des Pabstes L_I 459
  –es Papier A_{II} 203; F_I 513; J_I 1073; Mat I_{II} 158, 159
  –er Punkt E_I 245
  –er Schaum J_I 1026
  –er Strich F_I 1204
  –e Taube J_{II} 2152
  –es Wachs J_{II} 1927
  –es Zeug F_I 363
  schwarz [und] – F_I 415; J_{II} 1338, 1514; L_I *428*; L_{II} *889*, 895
  s. a. geweißte Stuben
weissagen E_I 147, 234; F_I 790, 1190
  –der Ton E_I 368
Weissagung D_I 21; E_I 170; G_{II} 12; K_{II} 142
  Geist der – F_I 780
weißbleichen eines Mohren SK_{II} 494
Weißenfels SK_{II} 667
Weißer Berg C_I 256
weißglühendes Eisen J_{II} 1693
Weißmehl F_I 1070
weitläuftig E_I 179; SK_{II} 829
Weitläuftigkeit der Jurisprudenz H_{II} 98
Weitschweifigkeit
  unausstehliche – E_I 389
weitspurig B_I 140
Weizen
  – für Kinder KA_{II} 229; J_{II} 1494; SK_{II} 43, 67, 149
  türkischer – J_{II} 1494; SK_{II} 43, 149
  s. a. Mais
Welle F_I 718; J_{II} 1910; SK_{II} 89
  gemalte –n L_I 319
  s. a. Holzwelle, Sonnenwelle
Wellenlinie F_I 1194
Wellenstock J_{II} 1555
Welscher Hahn H_{II} 101; SK_{II} 728
Welt A_I 123, 124; B_I 7, 20, 369, 388; C_I 63, 194; D_I 329, 407, 539; D_{II} 736, 740; E_I 126, 197, 257, 265; F_I 241, 286, 541, 542, 767, 846; H_{II} 14; J_I 97, 99, 235, 238, 264, 333, 393, 536, 539, 547, 559, 640, 668, 711, 855, 856, 898, 937, 966, 1021, 1186, 1208; J_{II} 1400, 1568, 1571, 1784, 1856; K_I 18; K_{II} 69, 109, 139; L_I 647; L_{II} 878
  – die ich bin E_I 452; F_I 541
  – erschaffen B_I 263; J_I 33, 238
  – für ihn G_{II} 214
  – kennen D_I 416, 610

- umschiffen D₁ 440
- umsegeln D₁ 442; L₁ 6, 381
- nach einem Ideal B₁ 7
- der Ideen D₁ 445
- als Maschine J₁ 337
- allen Menschen gemeinsamer Körper A₁ 124
- ein Tier A₁ 123; C₁ 289
- [und] Vernunft J₁ 1021
- [und] Verstand J₁ 1085
alt gewordene – D₁ 226
nicht sehr alte – D₁ 407
böse – F₁ 811
diese – J₁ 948
in die – gehen F₁ 1161
gelehrte – J₁ 123, 523
geräumig in der – F₁ 344
größere – E₁ 370
große – E₁ 85
habitable – J₁ 264
um die – herumsehen F₁ 793
höhere – D₁ 382
jene – J₁ 177
jetzige – B₁ 388
zu junge – C₁ 194
kleine – F₁ 862
ordentliche – B₁ 380
eigene – schaffen B₁ 263
verkehrte – B₁ 170, 380; J₁ 547
verschiedene –en A₁ 87
verschimmelte – D₁ 469
güldenes Alter der – E₁ 66
die metallischen Alter der – K_{II} 207
Bilder-Buch der – J₁ 702
Blicke in diese – F₁ 790
das Eigentliche in der – C₁ 326
Erhaltung der – D₁ 321
Geschichte der – J₁ 581
Glück der – F₁ 1220
Kenntnis der physischen – F₁ 153
Kindheit der – F₁ 767
Könige der – J₁ 1087
Mann der – F₁ 613
Modell der – E₁ 368
Porzellan-Alter der – F₁ 568
Schwanz [und] Kopf der – F₁ 54
elendste Seite der – B₁ 364
stärkerer und vernünftigerer Teil der – F₁ 804
Theorien der physischen – J₁ 974
Umgang mit der – D₁ 15
Urheber der – J₁ 944

Ursprung der – J₁ 939; J_{II} *1856*
Urteile der – F₁ 286
s. a. Bücherwelt, Geister-Welt, Intellektual-Welt, Körperwelt, Privat-Welt, Schieß-Pulver-Welt, Sinnenwelt, Vorwelt, Wörter-Welt
Weltall L₁ 273
Weltbegebenheit K_{II} 289
Weltbürger D₁ 267; H_{II} 30
Weltgebäude C₁ 303; KA_{II} 50; J₁ 34, 473; J_{II} 1658, 2158; L₁ 305; L_{II} 804
Bewegung des –s J_{II} 1314
Einrichtung des –s J₁ 34
Ordnung des –s H_{II} 147
System des –s J₁ 473
Weltgebrauch D₁ 321
Weltgeschichte L_{II} 906
Weltkenner E₁ 240, 257, 455
Weltkenntnis B₁ 46; C₁ 332; D₁ 124, 416; F₁ 9, 103, 320, 348, 955; G_{II} 108, 109; J₁ 97
Weltkörper KA_{II} 266; F₁ 109, 148
Weltkugel J₁ 107; L₁ 126, 398
Münze [mit der] – F₁ 611
s. a. Erdkugel
Welt-Leute
feine – F₁ 940
Weltling D₁ 206
Weltmann F₁ 631, 1129
Weltmaschine J₁ 1228; L_{II} 859
Weltmeer
stürmendes – E₁ 245
Tropfen im – E₁ 257
Wasser-Gebirge des –s E₁ 504
Weltreich J₁ 809
Weltseher H_{II} 30
Weltseele J_{II} 1340
Weltsystem J₁ 454, 858, 876; J_{II} 1829; L_{II} 928
Rat beim – geben F₁ 644
Weltteil
fünfter – E₁ 416
vier –e F₁ 412
Weltumsegler D₁ *440*
Welt-Untergang K_{II} *334*
Weltweise A₁ 12; B₁ 194; KA_{II} 10, 120; E₁ 162; F₁ 139, 462, 500, 737, 741, 827, 839, 933, 942, 1089; G_{II} 70, 113, 130; J₁ 230; L₁ 664; UB_{II} 48
chaldäische – KA_{II} 120
ein chinesischer/persischer –r F₁ 827

der eigentliche – D_I 364; J_I 230
die vernünftigsten Weltweisen
F_I 462
   Hasenfuß und – F_I 500
   Pflicht jedes –n F_I 139
   Weltweisheit C_I 142; F_I 926
   Stuhl der – E_I 926
Wendekreis L_I 303
wendisch D_I 562
Wendung J_I 732
   Satyrische – B_I 52
   s. a. Modewendung
weniger [und] mehr J_I 304
werden
   es werde F_I 484; J_I 141; L_I 265
   wie die Pflanzen – K_{II} 86
werfen A_{II} 162
Werg
   gebleichtes – SK_{II} 372
Werk D_I 313; F_I 517; H_{II} 68
   – das zu denken gibt K_{II} 56
   – herausgeben E_I 413
   – von vielen J_I 1094
   – [mit] messingnen Ecken und
   Krappen D_I 534, *611*; E_I 257
   – der Empfindung und Phantasie
   J_I 579
   – der Finsternis J_I 92
   – eines berühmten Mannes F_I 998
   –e der Natur [und] menschliche
   –e J_I 270, 600
   – vom Stapel laufen lassen C_I 222
   – in die Universitäts-Kirche begraben F_I 882
   berühmte –e F_I 958; L_I 690
   launigte und empfindsame –e
   E_I 103
   mein – D_I 533
   großes – schreiben J_{II} 1407
   prächtigstes – L_I 490
   sämtliche –e B_I 16
   unsterbliche –e G_{II} 209
   Anlagen mechanischer –e J_I 1241
   Plan des –s C_I 373
   Schönheit eines –s KA_{II} 256
   Übersetzungen meiner –e L_I 594
   s. a. Buch, Kunstwerk, Meisterwerk, Nebenwerk, Original-Werk, Pumpwerk, Räderwerk, Schrift, Taler-Werk, Triebwerk, Uhrwerk
Werkchen C_I 320; D_I 600; G_{II} 160;
   L_I 221

Werkhaus L_I 112
Werktagsseite
   Werktags- und Sonntagsseite
   F_I 677
Werkzeug L_{II} 799
   innere –e D_I 19
   s. a. Gehör-Werkzeug, Sinnen-Werkzeug
Wernigerode SK_{II} 376
Werst J_I 698
Wert G_{II} 117
   – des Nichtseins K_{II} 66
   Maß des inneren –s A_I 36
Wesen G_{II} 12; J_I 939, 1137; J_{II} 1856
   – aller – J_I 144
   – außer Gott J_I 1173
   – praeter nos [und] extra nos
   J_I 643
   böses/gutes – L_I 274
   denkendes – J_I 178
   endliche – J_I 279
   einfaches [und] zusammengesetztes
   – E_I 31
   erworbenes – J_I 1186
   [ewiges] – J_I 1098
   freie – J_I 322
   höheres – KA_{II} 312; K_I 18
   höchstes – D_I 412; L_I 253
   niedres – KA_{II} 312
   unsichtbares – B_I 204
   untergeordnetes – K_{II} 69
   weises – J_I 125, 855; K_{II} 69
wesentlich
   das Wesentliche D_I 196, 689
Weser C_I 315; TB_{II} 1
Wespe J_I 360
wespenartig
   das Wespenartige im Menschen
   L_{II} 956
Weste B_I 42, 112, 180, 231; C_I 63;
   J_I 929
   – und conduite B_I 56
   –n [und] Mäntel E_I 115
Westen E_I *182*
Westenknopf
   Westenknöpfe aus dem Knopfloch
   essen und trinken D_I 611
   vierter – F_I 337
Westfälinger C_I 95
westfälisch F_I 165, 555
   –er Garnhändler C_I 99
   –e Viehmägde F_I 165

Westfalen D$_I$ 562; F$_I$ 196, 555; L$_I$ 78, 548
Westgoten
  Ost- und – F$_I$ 528
Westinder J$_I$ 1235
Westindien KA$_{II}$ 1; L$_I$ 389; RA$_{II}$ 18
Westminster Abtei s. London
Wette F$_I$ 1131
Wetter B$_I$ 153; D$_I$ 286; E$_I$ 334; L$_{II}$ 928
  – im Kopf D$_I$ 450
  schlechtes – B$_I$ 176, 359
  schönes – J$_I$ 796
  Potz – F$_I$ 569
  s. a. Hagelwetter
Wetterbeobachtung E$_I$ 235
Wetterhahn E$_I$ 482; F$_I$ 934; L$_I$ 303
wetterkühlen E$_I$ 189
Wetter-Paroskop SK$_{II}$ 701, *706*
  s. a. Scopparo, Scopparo-Kopf
Wetterseite L$_I$ 21; L$_{II}$ 928
  – der moralischen Konstitution J$_I$ 388
Wetterstrahl
  Ableiten des –s F$_I$ 695
Wetterweise J$_{II}$ 1732
Wetter-Wicker C$_I$ 82
Wettung KA$_{II}$ 202
Wetzlar SK$_{II}$ 513
Wetzlarer SK$_{II}$ 835
Wheel barometer D$_{II}$ 710, 768
wheel taxe D$_{II}$ 754
Whim B$_I$ 343; E$_I$ 132
Whist SK$_{II}$ 246, 376, 381, 657
Wichtigkeit
  Air von – K$_{II}$ 264
Wickelschnur F$_I$ 793
Wicklow SK$_{II}$ 879
Widder
  französische – L$_I$ 65
Widerhall aus leeren Köpfen F$_I$ 848
widerhallen E$_I$ 104
Widerlegung D$_I$ 653; J$_{II}$ 1963
  – von unten herauf D$_I$ 383
  gründliche – B$_I$ 290
widernatürlich C$_I$ 193
widersprechen E$_I$ 432; J$_{II}$ 1602; L$_I$ 57, 664
Widerspruch
  Geist des –s L$_I$ 622
  Satz des –s D$_I$ 528, 530; J$_I$ *942*, 1130
Widerstand L$_I$ 59; L$_{II}$ 741

wie
  – die Menschen denken sollen/was sie denken sollen F$_I$ 441
  das Wie [und] das Was F$_I$ 106
  what to think/how to think F$_I$ 432
Wiederholung KA$_{II}$ 294
wiederkäuen und denken D$_I$ 160
Wiege
  allgemeine – B$_I$ 83
wiegen C$_I$ 63; J$_I$ 959
  – [und] zählen F$_I$ 389, 650, 662, 736; RA$_{II}$ 23
  die Sonne und alle Planeten – D$_I$ 398
Wiegleben D$_I$ 337
Wielandische Beschreibung B$_I$ 263
Wielitschka J$_{II}$ 2069
Wien B$_I$ 16; C$_I$ 75; E$_I$ 23, 257; J$_I$ 1055, 1169; J$_{II}$ 1275; L$_I$ 65; SK$_{II}$ 306, 310
Wiesenwachs
  guten – erfordern C$_I$ 209
Wight F$_I$ 372; RA$_{II}$ 108
Wilckesche Luftpumpe J$_{II}$ 1398
wild A$_{II}$ 143; KA$_{II}$ 234
  wild harmonisch E$_I$ 169
  – wachsen L$_I$ 649
  –e Amerikaner KA$_{II}$ 4
  –er Stamm C$_I$ 322
  der Wilde KA$_{II}$ 92, 235; D$_I$ *170*, *197*; F$_I$ 855; H$_{II}$ 16; J$_I$ 136, 139, 1090
  Wilde [und] Zahme F$_I$ 534; G$_{II}$ 170
  Maschine womit die Wilden Feuer machen J$_I$ 55
Wildschaden B$_I$ 304
wildschön J$_{II}$ 1111
Wille A$_I$ 84; F$_I$ 11; J$_I$ 790
  – [und] Leib C$_I$ 311; L$_I$ 192
  freier – J$_I$ 790, 811
  freiheit des –s L$_I$ 275
wimmern F$_I$ 550
Wimpel RA$_{II}$ 83
Wind A$_{II}$ 167, 192; D$_I$ 338, 370; D$_{II}$ 725, 732, 733; E$_I$ 335; J$_I$ 486; J$_{II}$ 1642; L$_{II}$ 899
  – machen J$_I$ 181; J$_{II}$ 1380
  kalter – L$_I$ 582
  kühler – KA$_{II}$ 191
  scharfer – D$_I$ 286
  Geschwindigkeit des –es J$_{II}$ 1667
  ein Gestüm von einem – C$_I$ 378

Größe des –es C_I 358
Ursprung der –e A_I 102
s. a. Nordwestwind, Nordwind,
Ostwind, Passat-Wind, Südwind,
Zeitungswind
Windbeutel E_I 238, 267; F_I 741
Windblase E_I 240
Windbüchse D_I 214; SK_{II} 204, 334
winddürr D_I 668; E_I 115, 172
Winde [botan.] s. Convolvulus
windig aussehen L_I 707
Windmühle E_I 155
Windofen C_I 44
Windseite E_I 152
Windstille J_{II} 1642
Wink F_I 741
 – e geben Mat I_{II} 132
 – e zu ganzen Büchern D_I 313
Winkel A_{II} 147, *148*, 163, 164, 187, 214
 – und Zeiten messen D_I 314
 Bisektion des –s B_I 363
 s. a. Schlupfwinkel
Winkelchen
 Winkelgen des Ganzen D_I 529
Winkelhaken A_{II} 147
Winkelsänger-Stil B_I 65
Winkelspiegel L_I 482
winselnde Demut F_I 273
Winsen D_I 61
Winser Breihan D_I 61
Winter KA_{II} 126L_I 144
Winterschlaf
 stärkender – F_I 388
Winterstillstand D_I 255
Wintertag E_I 212
Winterthur J_I 969
Winterwolke F_I 586
Winzigerode SK_{II} 486
Wirbel C_I 168; F_I 279; J_I 1223; J_{II} 1701
 über den – hauen D_I 423
wirklich [würklich] D_I 55
Wirklichkeit L_I 253, *662*; L_{II} 811
Wirkung [Würkung] D_I 188; E_I 208;
J_I 646; J_{II} 1600, 1938, 2090; L_{II} 868
 – hindern J_I 1196
 geheime –en der Natur D_I 174
 Ursache [und] – F_I 790;J_I 1013,
 1196; J_{II} 1516; L_{II} *915*
Wirrstroh B_I 94
Wirrwarr J_{II} 1842

Wirt B_I 253
 – [und] Gast C_I 317
 meines –s Tochter B_I 92
 s. a. Hauswirt
Wirtschaft
 Brach-Wirtschaft L_I 242
 Staatswirtschaft E_I 131
Wirtshaus E_I 152, 208; J_I 316, 327;
 Mat I_{II} 122
wise E_I 183
wispern L_I 157
 s. a. zuwispern
Wißbegierde A_I 140; D_I 404
wissen A_I 140; B_I 284; D_I 124, 200,
 227, 255, 536; E_I 162, 423; H_{II} 10;
 J_I 247, 573, 941, 1023; J_{II} 1438
 – was geschrieben ist J_I 1195
 – [und] tun F_I 424; K_{II} 183; L_{II} 956
 – wollen D_I 227
 deutlich – C_I 232, *233*
 geschwind viel – A_I 140
 nichts – D_I 351, 616; F_I *442*, 613
 viel – A_I 140; B_I 204; C_I 196, 232;
 F_I 996; H_{II} 30; Mat I_{II} 100
 vielerlei – C_I 233
 s. a. Geschwindwisser
Wissen KA_{II} 158; E_I 162; J_I 938;
 K_{II} 71; L_I 25, 100
 historisches – J_{II} 1738
 Mißtrauen gegen alles – J_I 938
 s. a. Halbwissen
Wissenschaft A_I 2, 14, 67, 85, 116;
 A_{II} 157; B_I 145, 146; C_I 209, 359;
 D_I 252, 255, 267, 503; E_I 260, 389,
 418, 447; F_I 139, 153, 263, 434,
 695, 914, 1190; G_{II} 116, 230; H_{II} 17,
 20, 23; J_I 101, 103, 230, 247, 489,
 866, 953, 1077, 1130, 1155, 1210;
 J_{II} 1547, 1653, 1841; K_I 19, 188;
 L_I 114, 198, 331, 700; L_{II} 887;
 Mat II_{II} 15
 – organisieren GH_{II} 68
 – [und] Sprache F_I 474
 erhabene – F_I 793
 ernste – F_I 498
 die leichteste aller –en J_I 103
 die letzte der –en D_I 255
 mathematische –en L_{II} 853
 menschliche –en J_I 103
 neue –en KA_I 318
 physikalische –en J_I 356
 schöne –en A_I 81; B_I 41, 297;

KA$_{II}$ 169
sogenannte –en L$_I$ 135
verlorne –en F$_I$ 231
wahre – K$_{II}$ 188
Akademie der –en F$_I$ 72; L$_I$ 114
schlechteste Art von – D$_I$ 536
Bastard-Arten in allen –en F$_I$ 914
Dame – E$_I$ 420
Entstehung der –en A$_I$ 67
Erweiterung der Grenzen der – E$_I$ 418; J$_{II}$ 2041
Fond unserer – A$_I$ 133
Fortgang der – J$_I$ 22; J$_{II}$ 1438, *1635*, 1781; K$_{II}$ 178
Geister der abgeschiedenen – D$_I$ 380
Geschichte der –en K$_{II}$ 188
Gewißheit der – J$_I$ 103
Gleichgewicht der –en B$_I$ 366
Grenzen der – E$_I$ 418; J$_{II}$ 1643, 2041
Lust zur – D$_I$ 310
künftige – der Natur L$_{II}$ 853
Pächter der –en K$_{II}$ 230
Polizei der –en L$_{II}$ 954
allgemeines Principium in den –en A$_I$ 17
Samenkörner der –en G$_{II}$ 39
das Stümpern in höhern –en H$_{II}$ 55
Sündflut über die –en B$_I$ 224
Tiefen [und] Untiefen der – E$_I$ 102
Verdienst um die –en L$_I$ 678
Verfall der –en B$_I$ 254; D$_I$ 230; F$_I$ 390
Verteidiger einer – F$_I$ 50
Weg zur – J$_I$ 489
ungebahnte Wege in den –en J$_I$ 866
Wegverbesserung in den –en D$_I$ 221
Wurzel-Faser aller – F$_I$ 645
s. a. Kameral-Wissenschaft, Mittelwissenschaft
wissenschaftlich
  –e Dinge J$_I$ 953
  –e Erkenntnis J$_I$ 959
wit [engl.] E$_I$ 335, 339
Wittenberge J$_{II}$ 1722
Witterung J$_{II}$ 1445, 1522, *1791*; L$_{II}$ 928
abgeänderte – A$_I$ 69
Witterungs-Begebenheiten E$_I$ *235*; J$_{II}$ 1732

Witterungs-Discours
gelehrte –e D$_I$ 286
Witwe
junge –n F$_I$ 399
Witwen-Kasse SK$_{II}$ 120
Witz B$_I$ 102, 218, 232, 375; C$_I$ 63, 87; KA$_{II}$ 265; D$_I$ 12, 38, 79, 180, 182, 223, 238, 316, 319, 332, 349, 382, 469; E$_I$ 111, 189, 260, 335, 339, 442; F$_I$ 63, 263, 297, 656, 657, 700, 914, 1005, 1051, 1060, 1107, 1166, 1169, 1170, 1195, 1206; G$_{II}$ 28, 137, 149; H$_{II}$ 77; GH$_{II}$ 86; J$_I$ 263, 741, 902, 959; J$_{II}$ 1351, 1620; K$_I$ 19; K$_{II}$ 96, 203; L$_I$ 160, 196, 603; Mat I$_{II}$ 86; RA$_{II}$ 100
– der alles zu bemänteln weiß B$_I$ 375
– haben B$_I$ 5
– daran schleifen E$_I$ 292
– als Gemälde D$_I$ 237
– und Laune B$_I$ 232; J$_I$ 263
– auf Löschpapier F$_I$ 1170
– [und] Musik D$_I$ 223
– aufs Profitchen stecken K$_{II}$ 163
– [und] Scharfsinn D$_I$ 469; F$_I$ 700
– [und] Vernunft D$_I$ 529
– [und] Verstand B$_I$ 150; C$_I$ 100; KA$_{II}$ 265; D$_I$ 79; E$_I$ 111
– und Wit E$_I$ 335
attischer – B$_I$ 374
lebhafter – D$_I$ 445
schneidender – L$_I$ 160
schreiben ohne – D$_I$ 332; Mat I$_{II}$ 69
solider [und] superfizieller [und] linearer – D$_I$ 180, *433*
sporadisch hingeworfener – L$_I$ 510
synkretistischer – J$_I$ 741
wahrer – K$_{II}$ 200
mit – wetterkühlen E$_I$ 189
Buch ohne – D$_I$ 79
Dimensionen [des] –es D$_I$ 180, 433
Eingebungen des –es F$_I$ 1206
Licht des –es L$_I$ 271
dem – Phlogiston zusetzen D$_I$ 316
Tribunal des –es B$_I$ 290
Versüßungen des –es F$_I$ 1051
Verteidigung des –es D$_I$ 182
Werke des – E$_I$ 147, 260
s. a. Mutterwitz, Vorwitz
Witzbold L$_I$ 153
witzeln F$_I$ 1026

Witzenhäuser Mat II$_{II}$ 15
Witzenhausen SK$_{II}$ 89
witzig B$_I$ 101; F$_I$ 174, 759; L$_I$ 192
– schreiben E$_I$ 54
–e Abhandlung D$_I$ 79
–e Bibliotheksschreiber E$_I$ 387
–e Einfälle L$_I$ 160
–e Gedanken A$_I$ 1; C$_I$ 54
–er Kopf C$_I$ 54; J$_{II}$ 1872
–e Laune D$_I$ 442
–e Leser F$_I$ 428
–e Leute E$_I$ 488
–e Schriften E$_I$ 111; RA$_{II}$ 31
–e Schriftsteller B$_I$ 310; D$_I$ 467; F$_I$ 263
ex officio – J$_I$ 684
Witzige F$_I$ 728; J$_I$ 275; J$_{II}$ 1872
Witzige und Weise C$_I$ 181
s. a. über-witzig
Witzling
flickgewordener – D$_I$ 497
witzloser Dummkopf C$_I$ 100
Wochenbett SK$_{II}$ 896
Wochenblatt B$_I$ 176; E$_I$ 130
Wochentag D$_I$ 24
–e unter Bildern vorstellen F$_I$ 1097
Wörtchen
jedes – durchseiht, filtriert, affektiert aussprechen D$_I$ 505
glitzernde – J$_I$ 1033
nicht musikalisch klingende – L$_I$ 408
Wörterbuch E$_I$ 19, 28, 164, 265, 277, 375; F$_I$ 222, 843, 1066; H$_{II}$ 90; J$_I$ 562
Adelungs – G$_{II}$ 8
Enzyklopädisches – J$_I$ 71
holländisches – SK$_{II}$ 595
russisches – SK$_{II}$ 481
s. a. Jäger-Wörterbuch
Wörterbücher-Gelehrsamkeit RA$_{II}$ 31
Wörterfertigung K$_I$ 19
Wörter-Gehäuse F$_I$ 848; J$_{II}$ 1691
Wörter-Klang F$_I$ 741
Wörterkram
sophistischer – L$_{II}$ 865
Wörter-Ökonomie B$_I$ 146
Wörter-Pracht F$_I$ S. 642
Wörter-Vorrat B$_I$ 185
Wörter-Welt J$_I$ 357
Wohl
ewiges [und] zeitliches – J$_I$ 1227
zeitliches – C$_I$ 91
Trieb zum – von andern D$_I$ 493
s. a. Gemein-Wohl
Wohlfahrts-Zeitung L$_I$ 527
wohlgeboren E$_I$ 372; F$_I$ 1016; L$_I$ 145; Mat I$_{II}$ 115
s. a. Hoch-Edelgeboren
Wohlgeruch J$_I$ 960
Wohlgestalt
innere – J$_I$ 281
Wohlgestorben E$_I$ 372; Mat I$_{II}$ 115
Wohlklang F$_I$ 544, 673
wohlklingend E$_I$ 367
wohlselig D$_I$ 359
Wohlstand B$_I$ 189; J$_I$ 843
Wohltat D$_I$ 3
Wohlwollen D$_I$ 270; F$_I$ 396; J$_I$ 395
Wohnhaus der Schnecke J$_I$ 1209
Wolf J$_I$ 825
sich einen – reiten C$_I$ 284
Straßburger Wölfe L$_I$ 512
Wolfenbüttel J$_I$ 239
Wolffianer F$_I$ 252
Wolfs-Vlies
goldnes – J$_I$ 1253
Wolke A$_{II}$ 244; B$_I$ 302; F$_I$ 147,1039; J$_I$ 669; J$_{II}$ 1257, 1412, 1556, 1990; L$_I$ 400; L$_{II}$ 847, 885; SK$_{II}$ 664
–n an den Bergen sammeln J$_{II}$ 2012
dauerhafte –n D$_I$ 461
Delucsche – K$_{II}$ 358
feurige – G$_{II}$ 3
helle – L$_{II}$ 708
schwere, schwarze – L$_{II}$ 941
Bilder in den –n J$_I$ 532
s. a. Donnerwolke, Gewitter-Wolke, Gewölk, Sommerwolke, Winterwolke
wolkenspornend F$_I$ 1123
Wollbrandshausen J$_I$ 190
wollen D$_I$ 133, 227; K$_{II}$ 297
– und können G$_{II}$ 53; K$_{II}$ 87
mit Ernst – D$_I$ 54
wollüstig
–e Abspannung der Fibern D$_I$ 381
–e Bangigkeit C$_I$ 351; D$_I$ 577
–e Beklemmung E$_I$ 165
–e Gänsehaut E$_I$ 192; Mat I$_{II}$ 155
–es Geräusch E$_I$ 108
–e Jamben B$_I$ 380
–e Musik B$_I$ 180

–e Ruhe B$_I$ 347
–e Schwermut RA$_{II}$ 1
Wollüstling J$_I$ 59
Wollust A$_I$ 112; B$_I$ 41, 82, 185, 329, 334; KA$_{II}$ 117; D$_I$ 20; E$_I$ 165, 192; F$_I$ 788; Mat I$_{II}$ 54
– angenehmer machen B$_I$ 41
geistige – A$_I$ 126
bis zur – gesund E$_I$ 165
leibliche – KA$_{II}$ 117
sinnliche – B$_I$ 322; C$_I$ 91
tändelnde – B$_I$ 254
unaussprechliche – E$_I$ 192
vergangene [und] zukünftige – A$_I$ 112; B$_I$ 329
Hang eines ganzen Systems zur – B$_I$ 334
Wonnegefühl C$_I$ 326, 339
Wonneton der Seher F$_I$ 802
wonnetrunkenes Auge E$_I$ 240
Woodford row KA$_{II}$ 169
Wootz SK$_{II}$ 879
Worcester B$_I$ S. 152
worfeln
  dreschen, sichten, – J$_I$ 376
  das Sichten und Sieben [und] Wurfeln L$_I$ 679
Worms F$_I$ 616; L$_I$ 512
Wort A$_I$ 30, 93, 118, 134, 138; B$_I$ 346; C$_I$ 278; D$_I$ 267, 283, 321, 464, 468; E$_I$ 39, 161, 162, 274, 276, 302, 384, 398, 434, 459, 507; F$_I$ 308, 383, 605, 683, 727, 898, 1040; G$_{II}$ 68; H$_{II}$ 90; J$_I$ 925; J$_{II}$ 1534, 2154; K$_I$ 19; L$_I$ 288
Wörter apportieren lernen UB$_{II}$ 34
Wörter aufnehmen E$_I$ 398
– aussprechen D$_I$ 505; H$_{II}$ 109
–e durchprobieren J$_I$ 112
Wörter durchseihen [durchseigen], filtrieren D$_I$ 505; Mat I$_{II}$ 13
–e, die schon gestempelt sind F$_I$ 776
– halten J$_I$ 480
–e herausbringen wie Töne F$_I$ 1090
Wörter indefinieren C$_I$ 278
–e verwechseln F$_I$ 308
–e wiederholen J$_I$ 542
–e zählen E$_I$ 39, 68
–e aus dem Mund ziehen Mat I$_{II}$ 95
– [und] Ausdruck E$_I$ 38

– und Bedeutung A$_I$ 93; B$_I$ 146, 319; C$_I$ 158, 348; E$_I$ 85, 274, 276; F$_I$ 898, 1040, 1072; H$_{II}$ 64; L$_{II}$ *829;* Mat I$_{II}$ 110
– [und] Begriff B$_I$ 146, 365; E$_I$ 30; F$_I$ 1040
–e [und] Buch E$_I$ 130
–e [als] Buchstabenrechenkunst A$_I$ 103
–e machen Bücher C$_I$ 209
–e [und] Definition K$_I$ 19
– [und] Gedanke F$_I$ 496, 503, *709;* J$_{II}$ 2014
Wörter ohne Ideen dazu B$_I$ 185
Wörter und Redens-Arten D$_I$ 668
– [und] Sache K$_I$ 19; L$_I$ 76
– [und] Schall E$_I$ 104, 302
– [und] Sinn E$_I$ 104
Wörter, welche Töne ausdrücken A$_I$ 134
Wörter mißbrauchte Werkzeuge B$_I$ 346
abgeleitete [Wörter] J$_{II}$ 1588
alte deutsche –e E$_I$ 28
altes – F$_I$ 116
manches – anstecken F$_I$ 263
zuviel mit einerlei – ausdrucken KA$_{II}$ 297
beschreibende Wörter J$_I$ 391
zu – bringen E$_I$ 454
sich –e einbrennen lassen L$_I$ 138
sich selbst ins – fallen E$_I$ 519
französische Wörter im Deutschen E$_I$ 335, 339
für vieles nur ein – haben D$_I$ 464
herumgezerrte Wörter D$_I$ 167
inaudite und insolente Wörter E$_I$ 315
ionische Wörter neben altbritischen F$_I$ 1123
letztes – L$_I$ 460
mißbrauchte Wörter B$_I$ 347
schon manches – ist niedrig D$_I$ 362
reputatische Wörter E$_I$ 323; Mat II$_{II}$ 52
in sanfte –e gekleidet B$_I$ 380
in jeden drei –en einen Einfall sehen F$_I$ 98
synonymische –e D$_I$ 666
unsere besten Wörter verloren E$_I$ 274
vielsilbige [und] einsilbige Wörter H$_{II}$ 64

mit wenig[en] –en G_{II} 215; L_I 138
zusammengesetzte Wörter F_I 1111
zweideutige –e C_I 179; F_I 897
Ausdruck beim – fassen KA_{II} 282
Bedeutung eines –es A_I 93
ein Buch ein –, ein – ein Buch
  E_I 245
Einfluß [eines –es] F_I 727
von jedem – sich eine Erklärung
  machen D_I 267; G_{II} 206
Gebrauch einiger Wörter B_I 171
Goldregen von Wörtern und Ausdrücken E_I 109
Gottes – vom Lande Mat II_{II} 118
Kleidung des –s E_I 162
Kreis von Wörtern F_I 383
Mißbrauch der Wörter D_{II} 705
seltsame Relation eines verlornen –s
  gegen die andern J_I 249
mehr Sachen als Wörter lernen
  D_I 264
Sklave seines –s J_I 719
Übereinstimmung der –e mit Gesinnungen UB_{II} 48
Verbindungen von –en E_I 38
Wahl der –e F_I 308
Zweideutigkeit des –s C_I 179
s. a. Ausdruck, Beiwort, Flick-Wort, Füll-Wort, Gotteswort, Kunstwort, Losungswort, Orakelwort, Scheltwort, Schimpfwort, Sprichwort, Streckwort, Wörtchen, Wörterbuch, Wörterbücher-Gelehrsamkeit, Wörterfertigung, Wörter-Gehäuse, Wörter-Klang, Wörterkram, Wörter-Ökonomie, Wörter-Pracht, Wörter-Vorrat, Wörter-Welt, Wurzelwort
Wort-Hall in der Seele E_I 368
Wortklauber E_I 457
Wortregister K_{II} 96
Wortspiel E_I 111; K_{II} 252
Wortstellung A_I 3
Wortstreit E_I 235
Wortverbindung L_I 85
Wrest RA_{II} 2, 22, 32, 39, 40, 49, 52, 72, 83, 84, 88, 94, 97, 99
Wrug E_I 444
Wucherer F_I 564
Wuchs
  griechischer – B_I 17
Wünschelrute F_I 400; J_I 1252

wünschen L_I 424
Würfel A_{II} 152; B_I 362; F_I 888, 1209; J_I 1138; J_{II} 1355, 1484, 1887, 1911; L_I 398; UB_{II} 73; Mat I_{II} 12; RA_{II} 149
würfeln E_I 134
  s. a. herauswürfeln
Würfel-Spiel L_I 707
Würg-Engel
  donnernde Tritte des –s D_I 530
würklich s. wirklich
Würklichkeit s. Wirklichkeit
Würkung s. Wirkung
[Würmchen] Würmgen D_I 607
  armes – F_I 215
Württemberg A_I 119; KA_{II} 66; L_I 373
Württemberger RA_{II} 148
Würze kleiner Mißhelligkeiten L_I 473
Wunder A_I 29; D_I 358; F_I 291, 305; G_{II} 45; H_{II} 14; L_I 268; RT_{II} 2
  – in meinem Kopf D_I 286;
  Mat I_{II} 80
  – in der Welt der Ideen D_I 445
wunderbar
  das Wunderbare A_I 110
  Maß des Wunderbaren A_I 110
  Neigung zum Wunderbaren
    C_I 192
Wunder-Probe der Unschuld D_I 21
Wundertäter und Hexenmeister
  B_I 70
Wundpflaster E_I 189
Wundram SK_{II} 793
Wunsch C_I 63; 93; J_I 775, 799, 1088
  Wünsche abmerken D_I 422
  Wünsche aller aufgeklärten Europäer G_{II} 6
  s. a. Neujahrswunsch
Wundsdorf TB_{II} 1
Wunstorf J_I 773
Wurf A_{II} 162, 252
wurfeln J_{II} 1488
  dreschen, sichten, worfeln J_I 376
  das Sichten und Sieben [und] Wurfeln L_I 679
Wurm C_I 356; KA_{II} 38, 246; D_I 361
  Würmer anbeten F_I 191
  Würmer göttlich verehren D_I 398
  – zertreten C_I 254
  Namens-Register von Würmern
    F_I 262
  Speise für die Würmer F_I 738

s. a. Bandwurm, Finnenwurm, Ohrwürmer, Phryganeen-Wurm, Regenwurm, Seidenwurm, Würmchen
Wurst B_I 176; SK_{II} 105, 556, 597, 607, 854, 922
  s. a. Bratwurst, Mettwurst, Rinderwurst
Wurstsuppe schicken D_I 290
Wurzel D_I 110; F_I 1171; J_{II} 1540; L_{II} 824
  – fassen D_I 661
  –n roh fressen E_I 228
  –n sammeln F_I 820
Wurzel-Faser aller Wissenschaft F_I 645
Wurzelwort J_{II} 1588
  germanische Wurzelwörter F_I 32, 1040
Wurzelzeichen D_I 514
Wurzel-Züge F_I 823
Wut
  mit milder (stiller) – predigen J_I 1240
  s. a. Hundswut

X Y Z E_I 472, 485

Y B_I 247; E_I 4; G_{II} 176
Yameos KA_I 1
Yarmouth TB_{II} 1
Yedo C_I 117
yellow SK_{II} 866
Yerdau [Yverdon] B_I S. 46
Yorick B_I 268; C_I 56
  – travesti B_I 203
Yorkshire RA_{II} 164
Yssel TB_{II} 1

zählen
  – [und] wiegen F_I 389, 650, 662, 736; RA_{II} 23
  bis auf 3 – KA_{II} 1
  zweierlei Dinge zugleich – F_I 1097
Zähre
  Freuden-Zähren F_I 697
Zänkerei E_I 235
zärtlich KA_{II} 3
  –er Mann/Geck F_I 338
  das Zärtliche B_I 185
Zärtlichkeit B_I 254; F_I 17, 338
  falsche – B_I 204

Zafra KA_{II} 182
Zahl A_{II} 189; D_{II} 730; E_I 390; J_{II} 2097
  –en aussprechen F_I 165
  ganze –en L_{II} 824
  Verhältnis der –en L_I 286
  s. a. Irrationalzahl, Jahreszahl
Zahlgeld E_I 131
Zahlmeister
  Kriegszahlmeister A_I 79
Zahlpfennig L_I 12, 471
Zahlzeichen A_I 104
Zahl-Ziffer KA_{II} 170
zahm D_I 140
  – Geborener L_I 364
  die Zahmen F_I 534; G_{II} 170
Zahn J_I 1149; J_{II} 2048; SK_{II} 80
  Zähne sprengen D_I 608; J_I 1119
  Zähne verfrieren D_I 256
  Zähne verlieren L_I 174
  fehlende Zähne F_I 79
  große Zähne am Ohio J_I 167
  durch die Zähne spucken MH_{II} 7
  Stiche im – SK_{II} 573
  Wegschleichen der Zähne K_{II} 273
  s. a. Roßzähne, Schneidezähne
Zahn-Arzt Mat I_{II} 92
Zahnbalsam E_I 271
Zahnband SK_{II} 604
Zahnbinden SK_{II} 200, 931
Zahnbinderei SK_{II} 518, 962
Zahnschmerzen D_I 267, 666; E_I 209, 271; L_I 142; SK_{II} *80*, 565, *573*
Zanhstocher-Materie L_{II} 724
Zahnweh E_I 271, 368; RA_{II} 129; SK_{II} 129, 148, 226, 227, 255, *345–348*, *355*, *398*, *399*, 478, 518, 523, 525, 529, 561, 567, 569, 596, 611, 680, 681, 702, 778
  Mittel gegen – G_{II} 241
Zank G_{II} 64
zanken K_{II} 59
Zapfenstreich C_I 135; E_I 501
Zapfenstreich-Gebet der Juden L_I 501
Zaporavianische Kosaken KA_{II} 240
Zartheit L_I 40
Zauber L_I 363
Zauberbild J_{II} 1545
Zauberer B_I 263; E_I 152; J_I 713
Zauberlaterne RA_{II} 7
Zauberstab [der] Imagination B_I 254
Zaum
  sich im – halten D_I 58

Zaunbeklettern E$_I$ 152
Zaunkönig
– der Dichter C$_I$ 337
– der Schriftsteller C$_I$ 299
Geschlecht der –e E$_I$ 501
zaunköniglich D$_I$ 318; Mat I$_{II}$ 90
Zaunrübe J$_I$ 1012
zausen E$_I$ 306
Zebra unter Eseln F$_I$ 1197
Zeddel KA$_{II}$ 210
Zeder F$_I$ 645; L$_I$ 457
ewige – des Libanons D$_I$ 214, 530
Zehe
–n gehen auseinander E$_I$ 98, 104
sich auf die –n stellen E$_I$ 501
Zehn Gebote s. Gebot
Zeichen D$_I$ 114; E$_I$ 40; F$_I$ 84, 898, 1137; K$_I$ 19; L$_I$ 278; TB$_{II}$ 29
– der Auferstehung E$_I$ 247
– für Aufklärung J$_I$ 971
– [des] Charakters E$_I$ 426
– des Feuers J$_I$ 971
– der Freundschaft D$_I$ 141
– des Genies B$_I$ 267
– eines guten Herzens F$_I$ 67
– der Seelen-Eigenschaft F$_I$ 79
– zum Stillschweigen L$_I$ 576
– der Zeit J$_{II}$ 1691
chinesische – B$_I$ 69
pathognomische – F$_I$ 710; UB$_{II}$ 54
ohne – A$_I$ 117
vielerlei – L$_I$ 278
s. a. Apotheker-Zeichen, Interjektions-Zeichen, Interpunktionszeichen, Kalender-Zeichen, Pillen-Zeichen, Satz-Zeichen, Wurzelzeichen, Zahlzeichen
Zeichenbuch F$_I$ 1150; J$_I$ 33; Mat I$_{II}$ 71
Zeichendeuter G$_{II}$ 38
Zeichen-Meister Mat I$_{II}$ 143
zeichnen C$_I$ 107; E$_I$ 377, 396; F$_I$ 63; J$_I$ 390, 613
Augen und Mäuler – B$_I$ 204
Zeichner J$_I$ 1241; Mat I$_{II}$ 71; Mat II$_{II}$ 15
Zeichnung F$_I$ 835; J$_I$ 532; J$_{II}$ 1351
– [und] Modell C$_I$ 196, 246; UB$_{II}$ 77
– [und] Original UB$_{II}$ 54
Grenzlinien [einer] – D$_I$ 132
Zeigefinger in die Rippen stoßen Mat I$_{II}$ 57

zeigen [zeugen] D$_I$ 593; E$_I$ 52, 146; J$_I$ 454
Zeile F$_I$ 377
– überhüpfen J$_I$ 810
dreizollige, sechszollige –n F$_I$ 262
in einer – hinwerfen E$_I$ 455
Erfahrung in einer –, die sich in Leben-Gebrauch auflöst E$_I$ 455
Zeit B$_I$ 271; D$_I$ 385; E$_I$ 368; J$_I$ 240, 292, 629, 711, 880, 1168, 1221, 1664; K$_{II}$ 64; L$_I$ 174, 316, 561; L$_{II}$ 806, 811, 898, 900, 925, 934, 935; Mat I$_{II}$ 88
– einteilen A$_{II}$ 242
– haben K$_{II}$ 125
–en korrigieren L$_I$ 390
– machen J$_I$ 1238
– strecken/verlängern F$_I$ 188, 200
– urbar machen C$_I$ 245
– verkuxen L$_I$ 335
–en der Barbarei E$_I$ 65–67
– [ohne] Bart F$_I$ 342
–en der 7 magern Kühe F$_I$ 593
– der Nachtgedanken und der Mondstafeln B$_I$ 380
–en der Patriarchen J$_I$ 896
– [und] Raum D$_I$ 314, 610; H$_{II}$ 19; J$_I$ 1664; L$_I$ 561
–en des Eleusischen Stils F$_I$ 402
– schmeißt das Stundenglas D$_I$ 253; UB$_{II}$ 43; Mat I$_{II}$ 88
alte –en D$_I$ 280; J$_I$ 837
alte und neue –en E$_I$ 34
dumme [und] erleuchtete –en E$_I$ 261
finstere –en L$_I$ 100
gefährliche –en K$_{II}$ 147
gegenwärtige –en D$_I$ 616; J$_I$ 1132
güldene –en B$_I$ 380; E$_I$ 368
helle –en D$_I$ 602
kaum – zu leben KA$_{II}$ 190
künftige –en D$_I$ 113
polierteste –en H$_{II}$ 13
rohe –en D$_I$ 341
sonderbare –n J$_I$ 759
unsere –en C$_I$ 148; D$_I$ 113; F$_I$ 734 L$_I$ 154
unter [seiner] – sein D$_I$ 474
Archiv der – L$_{II}$ 938
Diebe der – L$_I$ 124
Ende der – J$_I$ 1223; L$_I$ 35
Geist der – L$_I$ 613

Influenza der – H_{II} 171
Probleme für unsere – J_I 20
Quisquilien der –en F_I 658
Raserei der – F_I 442
Sagen der – J_I 1238
Tonsur der – H_{II} 160
[rasches und langsames Vergehen der] – F_I 442, 1021
Winkel und –en messen D_I 314
Zeichen der – J_{II} 1691
s. a. Brunnen-Zeit, Essenszeit, Jahreszeit, Kuchen-Zeit, Lebenszeit, Pfropf-Zeit, Similor-Zeit, Tageszeit, Universitäts-Zeit, Vorzeit, Wachslichter-Zeit, Zeitverlust, Zeitvertreib

Zeitalter
bequemere – D_I 182
lebendes – D_I 230
Eigenheiten [des] –s G_{II} 201
Schwäche des –s B_I 364
Zeit-Austrockner D_I 666
zeitliches Wohl C_I 91
Zeitung B_I 23; D_I 213, 214, 376, 480; F_I 314; J_I 1154, 1224, 1238; L_I 49, 101, 154, 301, 338, 395
–en vom vorigen Jahr K_{II} 266
englische –en SK_{II} 394
gelehrte –en B_I 12; D_I 56, 256, 345, 376, 400; E_I 138, 151, 258; F_I 5, 155, 312; G_{II} 152; L_I 475; Mat I_{II} 16; Mat II_{II} 9, 25, 27
gewisse – B_I 23
kleine –en D_I 56
politische –en D_I 256; J_I 13, 1154; K_{II} 217; L_I 475
Collegium über alte –en L_I 301
Gewicht über –en J_I 1154
s. a. Hof-Zeitung, Wohlfahrts-Zeitung
Zeitungs-All D_I 431
Zeitungs-Artikel D_I 531
Zeitungsblatt D_I 44, 622
politisches – D_I 610
Zeitungsbude C_I 254
Zeitungslob F_I 1213
Zeitungs-Prose E_I 169
Zeitungsschreiber D_I 108, 432; E_I 257, 455; F_I 2, 106, 758; J_I 1154; L_I 398
gelehrte – B_I 12, 301; D_I 337, 429; F_I 5

das große πoῦ der – D_I 432
junge – F_I 1
militärisches Verfahren der – B_I 16
Zeitungswind
warmer – F_I 634
Zeitverlust L_I 278
Zeitvertreib von einem sehr unvollkommenen Wesen D_I 412
Zeitz L_I 120
Zelt
gezeichnetes – SK_{II} 821
Zeltbett J_I 367
Zensor F_I 491; J_I 253, 312; K_{II} 53; L_I 6
Zensur L_I 6
Zensur-Edikt J_I 51, 52, 54, *57, 58, 60*, 61
Zentral-Bewegung L_{II} 741
Zentripetal-Kraft [der] Handlungen C_I 256
Zephir B_I 57
mutwilliger – B_I 164
Zephyretten B_I 364
Zepter *s.* Scepter
Zeremonie
abgeschmackte –n L_I 593
zerfällen
Frage – KA_{II} 307
in andere Dinge – KA_{II} 310
zerknickt F_I 314; Mat I_{II} 151, 161
Zerlegung der Zerlegungs-Mittel in der Chemie J_{II} 1374
zermangeln E_I 229
zerplatzt
selig – J_I 776
Zersetzung J_{II} 1484, 1793, 2024
– des Lichts K_{II} 378
– der Luft J_{II} 1762
– von Luftarten K_{II} 382
– des Wassers J_{II} 1297, 1693, 1724, 1751, 2029, 2036
Zerstörung des Tempels D_I 234
Zerstreuung G_{II} 63; J_I 1221
affektierte – E_I 370
Zerteilung der Luft J_{II} 1749
zertreten C_I 255; E_I 501
Zettel [Zettul] SK_{II} 400
– an Arzneigläsern J_{II} 1336
– an einen Engel J_I 683
zerrissener – L_I 169
s. a. Küchenzettel
[Zettelchen] Zettulchen D_I 101

zeugen K$_{II}$ 128; L$_I$ 605
  s. a. zeigen
Zeugnis E$_I$ 426; SK$_{II}$ 793, 826, 1037
  gute –se C$_I$ 256
Zeugung C$_I$ 91; J$_I$ 710; K$_{II}$ 128
  mißlungen bei der – B$_I$ 217
Zeugungs-Gegend
  Presbyt in der – J$_I$ 671
Zeugungs-Glied E$_I$ 35; F$_I$ *267*; J$_I$ 490
  –er der Seele D$_I$ 390; F$_I$ 662
  heiliges – von Ehre und Kredit
    B$_I$ 56
Zeugwürker
  Lyoner – J$_I$ 124
Zezu D$_I$ 78, 86, 116, 136, 152, 165,
  181
Zezuaner D$_I$ 82
zezuanisch
  –er Führer D$_I$ 82
  –e Geschichte D$_I$ 86
  –e Intelligenzblätter D$_I$ 86
Zgate KA$_{II}$ 97
Zichorien-Kaffee E$_I$ 209
Zicklein F$_I$ 1210
Zickzack B$_I$ 129, 131; D$_I$ 230
Ziege J$_I$ 84
Ziegel J$_{II}$ 2010
Ziegenmelkerin F$_I$ 165
Ziehkraft J$_{II}$ 2024
Zierde der Schöpfung E$_I$ 169
Ziererei F$_I$ 1112
Zierlichkeit Tod aller Lustbarkeit
  C$_I$ 70
Ziffer A$_{II}$ 189; L$_I$ 366, 471
  s. a. Zahl-Ziffer
Zimmer F$_I$ 1014
  schwarz tapeziertes – J$_{II}$ 1444
  tapeziertes – E$_I$ 209
  s. a. Bibliotheks-Zimmer, Spiegel-
  Zimmer, Sterbezimmer, Stube
Zimmerleute E$_I$ 314; F$_I$ 394; L$_I$ 412
Zimt C$_I$ 209
Zindel D$_I$ 214
  französischer – C$_I$ 352; D$_I$ 56
Zink L$_{II}$ 753
Zinkblumen J$_{II}$ 1346
Zinkstrecken SK$_{II}$ 151
Zinkvitriol J$_{II}$ 1346
Zinn J$_{II}$ 1780, 1790, 2160–2162;
  L$_I$ 598
Zinnfolie J$_{II}$ 1891
Zinnkalche J$_{II}$ 2161

Zirbeldrüse H$_{II}$ 86
Zirkassierinnen F$_I$ 372
Zirkel D$_I$ 337; E$_I$ 368; K$_I$ 19
  – quadrieren D$_I$ 41
  – von Freunden C$_I$ 198
  – und Lineal D$_I$ 242
  – [eines] Menschen D$_I$ 252
  elektrischer – D$_I$ 308
  s. a. Stimmen-Zirkel
Zirkel-Bogen E$_I$ 227; F$_I$ *41*
Zirkelquadrierer E$_I$ 227
Zirkone SK$_{II}$ 136
Zisterzienser J$_I$ 899
Zitat
  falsches – D$_I$ *115*
Zitrone B$_I$ 56; RA$_{II}$ 70
  – im Sarg D$_I$ 39
Zitter-Aal J$_{II}$ 1980
Zitterer J$_{II}$ 1455, 1460, 2153
  poetische – D$_I$ 147; E$_I$ 455
Zitterfisch J$_{II}$ 1885
zittern J$_{II}$ 1259, 1784, 1998; L$_I$ 192
Zitternebel J$_{II}$ 1556
Zitter-Rochen J$_{II}$ 1406, 1544, 1545
Zitz J$_I$ 532
Zobel L$_I$ 96
Zögling von Versailles F$_I$ 1123
Zötchen J$_I$ 648
Zoll A$_{II}$ 205, 236; E$_I$ 160; F$_I$ 1014;
  J$_I$ 100, 333; J$_{II}$ 1499
  – auf Gedanken D$_I$ 516
  englischer – A$_{II}$ 241; J$_{II}$ 1931
  Pariser – SK$_{II}$ 196
  s. a. Einfuhrzoll, Kubik-Zoll, Tran-
  sito-Zoll
Zoologie L$_I$ 17
  vollständige – J$_I$ 66
  System der – L$_I$ 17
Zopf
  falscher – J$_I$ 326
Zopfprediger J$_I$ 1044
Zorn L$_I$ 194
Zote E$_I$ 68; F$_I$ 503, 1123
  angenehmste – F$_I$ 1123
  s. a. Zötchen
Zucht
  Pferdezucht J$_I$ 1179
Zuchthaus D$_I$ 256
  Pariser Zuchthäuser C$_I$ 75
Zucker C$_I$ 347; J$_{II}$ 2029
  Kandis-Zucker L$_{II}$ 787
Zuckerbäcker L$_I$ 481

Zuckerbaum B$_I$ 171
Zuckerbrod
  vermeintliches – D$_I$ 238
Zuckergebackenes
  poetisches – B$_I$ 254
Zuckerkrämer F$_I$ 1046
Zucker-Rohr J$_I$ 955
Zuckerstoff L$_{II}$ 978
Zuckung J$_I$ 1252; L$_I$ 431
Zudringlichkeit C$_I$ 142; D$_I$ 539
Züchtigung J$_I$ 48
  sanfteste Milch der – D$_I$ 600
[Züngelchen] Züngelgen
  lispelndes – E$_I$ 221
  R-scheues – E$_I$ 292; Mat I$_{II}$ 30
Züllichau J$_I$ 1081
Zürcher C$_I$ 39
  – Kirchturm E$_I$ 318
Zürich E$_I$ 318; F$_I$ 21, 531, 910, 935; L$_I$ 172
Zürchische Liebesformen F$_I$ 21
Zütpen J$_I$ 210
zufällig
  das Zufällige E$_I$ 44
Zufall C$_I$ 183; E$_I$ 175; J$_I$ 180, 536, 629, 908; J$_{II}$ 1329, 1990; K$_{II}$ 170; L$_I$ 186, 506; L$_{II}$ 806, 866
  – [und] Absicht E$_I$ 44; K$_{II}$ 170
  – [und] Ursachen D$_I$ 232
  rheumatische Zufälle J$_I$ 543
  s. a. Nerven-Zufall, Ohngefähr
Zufriedenheit D$_I$ 190
Zug E$_I$ 459; F$_I$ 1062, 1063, 1137
  – tun B$_I$ 347
  – versperren F$_I$ 215
  charakteristische Züge Mat II$_{II}$ 34
  große Züge F$_I$ 685
Zugdichter H$_{II}$ 96
zugickeln E$_I$ 128
Zugpflaster s. vesicatorium
Zuhausekunft SK$_{II}$ 910
zukünftig
  das Zukünftige A$_I$ 112; F$_I$ 23
  das Zukünftige [und] das Vergangene J$_I$ 178
  Gleichgültigkeit gegen Zukünftiges A$_I$ 128
Zukunft
  – in Nekrologen B$_I$ *193*
  Eierstock der – J$_I$ 1219
Zunder J$_{II}$ 1513, 1975
Zuneigung H$_{II}$ 140

Zunftmeister L$_I$ 297
Zunge A$_I$ 15; E$_I$ 161; J$_I$ 965; J$_{II}$ 1567
  – einholen E$_I$ 161
  – führen E$_I$ 446
  – [und] Siegellack F$_I$ 285
  belegte – J$_I$ 965
  s. a. Züngelchen
Zunge-Belegung SK$_{II}$ 402
Zungendrescherei L$_I$ 13
Zur KA$_{II}$ 114
zureichend
  Satz des –en Grundes F$_I$ 694
zurückfächeln
  Flut mit einem Kartenblatt –
  D$_I$ 533; E$_I$ 257, 387
Zurückstrahlung G$_{II}$ 18
  – eigener Schwachheiten G$_{II}$ 17
  s. a. Reflexion
zurücktreten A$_I$ 135
zusammenheilen J$_I$ 1138
Zusammenkunft
  erste – A$_I$ 51
Zusammensetzung J$_{II}$ 1484
  – des Wassers J$_{II}$ 1696
Zusammenverschwörung des ganzen
  menschlichen Geschlechts E$_I$ 387
zusammenziehen C$_I$ 91; J$_{II}$ 1618
Zusatz J$_I$ 1108
Zuschauer A$_I$ 65; B$_I$ 31; E$_I$ 387; F$_I$ 142, 1141; RT$_{II}$ 8, 9; RA$_{II}$ 31
zusichten E$_I$ 257; F$_I$ 216
Zustand E$_I$ 472; K$_{II}$ 66
  kränklicher – B$_I$ 54
  schlechter – L$_I$ 453
  vorhergehender und nachfolgender – J$_{II}$ 1568
  voriger/gegenwärtiger/künftiger – D$_I$ 254
  s. a. Aggregatzustand, Tollhauszustand
Zustimmung J$_I$ 1076
Zutrauen F$_I$ 1195, 1217
  – auf dich selbst D$_I$ 176
  mißtrauisches – F$_I$ 804
Zuviel-Sehen Mat I$_{II}$ 101, 136
zuwispern E$_I$ 128
zuzählen D$_I$ 559
Zwätzen B$_I$ 45
Zwang L$_{II}$ 867
  s. a. Gedanken-Zwang, Naturzwang
Zwangspflichten J$_I$ 395

zwar E_I 122, 123
Zweck F_I 900
  – aller Erziehung G_{II} 97
  – und Mittel D_I 183; J_I 102
zwecklos
  alles Zwecklose C_I 185
zweckmäßig
  Ideen – weben L_{II} 952
  Zweckmäßiges tun und leiden
  D_I 539
  Fortgehen des Zweckmäßigen
  E_I 387
zwei F_I 26; J_I 153
  – mal zwei B_I 130, 242; E_I 31;
  K_{II} 303
Zweideutigkeit C_I 179; D_I 575
Zweieinigkeit
  Höchstdero – K_{II} 284
Zweifel B_I 243, 284; D_I 357; F_I 262,
  441, 447; J_{II} 1276, *1965*
  akademischer – D_I 351
  sogenannte bescheidene – L_I 664
  Sprache des –s F_I 443
zweifeln J_{II} 1276; K_{II} 303;
  TB_{II} 26
  – [und] verstehen K_{II} 238
  Glück zu – L_I 670
Zweifler E_I 418
Zweig
  neue –e D_I 384
zweiköpfig
  –te Kinder E_I 177
  eure Zwei- und Keinköpfigen
  E_I 293

zweimal
  – haben wollen L_{II} 811
  – sehen/hören D_I 584
zweipersönig F_I 283
Zwerchfell B_I 139
Zwerg C_I 268; E_I 470; F_I 985
  – [und] Riese D_I 638; J_I 41
Zwerg-Figur B_I 197
Zwerg-Obst L_I 349
Zwieback [für] ein hungriges Volk
  B_I 334
Zwiebel
  –n verehren F_I 416
  – mit vielen tausend Wurzeln
  B_I 35
  blühende –n J_I 1049; L_{II} 809
  der Mensch eine – B_I 35
Zwiebel-Schicht J_{II} 1867
Zwillinge KA_{II} 104; E_I 7, 128;
  F_I 1003; L_I 183, 588; Mat II_{II} 5
Zwillingskinder J_I 1116
Zwillings-Kopf F_I 268
zwingen
  sich – F_I 647
Zwirnhändler E_I 189
zwitschern C_I 337
  s. a. Tändeleienzwitscherer
zwölflötiger Rheinwein J_I 156
Zyklois A_{II} 211, 213
Zylinder A_{II} 154
  blauer – SK_{II} 202, 203
  elektrische – J_{II} 1797
Zypern C_I 164
zyprische Weichlichkeit B_I 380

PERSONENREGISTER

Biographische Hinweise zu einer Person werden gewöhnlich im Kommentar zu der jeweils zuerst genannten Stelle gegeben, im Ausnahmefall zu der mit einem Sternchen* markierten. Ein Fragezeichen hinter der Stellenangabe weist auf eine unsichere Zuordnung hin. Könige und Kaiser werden unter dem jeweiligen Ländernamen aufgeführt.

Aa, Christianus Carolus Henricus van der KA_{II} 173; J_I S. 832
Abbt, Thomas KA_{II} 83; B_I 16, 65; C_I 356; TB_{II} 30
Abdalmuralis D_I 642
Abdul Hamid I. J_I 759
Abel J_I 896
Abélard, Peter KA_{II} 185
Abernethy, John J_I 820
Abich, Rudolf Adam J_{II} 1693, 1734
Abich, Heinrich Carl Wilhelm SK_{II} 397, 436
Abicht, Johann Georg L_I 460
Abington, Frances D_I 627; Mat I_{II} 117; RT_{II} 8; RA_{II} 54, 184, 185, 205
Abisag von Sunem F_I 428
Abney SK_{II} 451, 452
Aboyne F_I S. 458
Abraham B_I 402; C_I 256; F_I 1141; J_I 911
Abraham a Sancta Clara B_I 65
Abrams, Harriet RA_{II} 185
Abramson, Abraham SK_{II} 919, 920
Absatz, Baron s. Gumprecht, Moses
Abulola (Abul Ala al-Ma'arri) D_I 395
Abulpharagius, Gregorius KA_{II} 75
Achard, Franz Carl J_{II} 1791, 1805
Achenwall, Gottfried KA_{II} 246; B_I 239
Achilles J_I 413, 536
Ackermann, Konrad Ernst RT_{II} 8
– Charlotte, dessen Tochter RT_{II} 8
– Dorothea, dessen Tochter RT_{II} 8
Acquaviva, Claudio D_I 37
Adam B_I 95; E_I 209; F_I 49; J_I 962; J_{II} 1548

Adams, Charles TB_{II} 4, 5, 21; RA_{II} 202?, 204?; SK_{II} 125, 198, 204, 205, 247, 295, 401, 402
– Friedrich August Daniel, dessen Sohn SK_{II} 198, 204, 205, 247, 401
Adams, George D_{II} 758
– George, dessen Sohn D_{II} 758; J_I 198, 259; RA_{II} 136, 149, 150
Adams, Samuel RA_{II} 33
Adanson, Michel D_{II} 693; E_I 520; F_I 1025; RA_{II} 191
Addison, Joseph A_I 27; B_I 31, 321; C_I S. 155; D_I 195; F_I 748*; J_I 1104
Adelung, Johann Cristoph D_I 668; F_I 26, 27, 42, 43, 44, 45, 46, 47, 62, 70, 1136; G_{II} 8; SK_{II} 368
Aelianus, Claudius C_I 210
Aeneas C_I 377; G_{II} 35
Aeschines E_I 281
Aeschylus L_{II} 397
Aeskulap J_I 1114
Aesop L_{II} 601
Aesopus, Claudius G_{II} 111
Agamemnon G_{II} 64, 187
Agesilas D_I 186
Agujari (Bastardini), Lucretia D_{II} 752
Ahlborn F_I 78; J_I 63; SK_{II} 53
Ahlefeldt, Ferdinand Anton Christian von L_I 45
Ahn, Otto von SK_{II} 323
Ailhaud, Jean F_I 1077
Ainsworth, Robert J_I 416; K_I 10
Aken, Franz Joachim von L_{II} 709
Ajax C_I 262
Albanus, August L_I 698
Alberti, Julius Gustav C_I 92

PERSONENREGISTER

Albinus, Bernhard Siegfried KA$_{II}$ 78; F$_I$ 460
Albinus, Johann Georg B$_I$ 191
Albrecht SK$_{II}$ 577
Albrecht, Heinrich Christian SK$_{II}$ 436
Albucilla KA$_{II}$ 208
Aldridge, Robert RT$_{II}$ 19
Aldus RA$_{II}$ 3
Alembert, Jean Lerond d' A$_{II}$ 249, 250; D$_I$ 280, 281, 282, 294, 296, 297, 298, 300; G$_{II}$ 4; RA$_{II}$ 157
Aler, Paul G$_{II}$ 128
Alexander der Große KA$_{II}$ 140; B$_I$ 408; D$_I$ 637; E$_I$ 41; F$_I$ 214; G$_{II}$ 175; J$_I$ 547, 635, L$_I$ 471; L$_{II}$ 840; RA$_{II}$ 13; SK$_{II}$ 313
Alexander VII., Papst F$_I$ 128
Alfons X. s. Spanien
Alkibiades C$_I$ 314; D$_I$ 642; F$_I$ 225
Algeier, Christian B$_I$ 40
Allzfort SK$_{II}$ 320
Almon, John L$_I$ 478
Alston, Charles KA$_{II}$ 73
Althof, Ludwig Christoph L$_I$ 482; SK$_{II}$ 134, 137, 869, 870
Alvensleben, Johann Karl Friedrich von RT$_{II}$ 22; SK$_{II}$ 55
Alymer s. Aylmer, John
Amontons, Guillaume J$_{II}$ 1277, 1281, 1288, 1290
Amor B$_I$ 380; C$_I$ 337
Amphion E$_I$ 303
Amyot, Jacques F$_I$ 1054
Anakreon A$_I$ 59; B$_I$ 178
Anatis D$_I$ 642
Ancarville s. Hancarville, Pierre François d'
Ancus, Marcius G$_{II}$ 35
Anderson, James J$_I$ 301
Andrada, José Bonifacio de Andrade y Silva SK$_{II}$ 374
André, Christian Karl SK$_{II}$ 263, 264
André, John L$_I$ 360
Andreä, Johann Gerhard Reinhard SK$_{II}$ 259
Andreas SK$_{II}$ 63
Andres L$_I$ 658; SK$_{II}$ 82, 101
Angeloni, Batista s. Shebbeare, John
Angerstein, John Julius L$_I$ 131
Angus, Robert RA$_{II}$ 183
Anhalt-Dessau, Leopold I. von D$_I$ 39

Anjou, Agnes von E$_I$ 66
Anonymus s. Unbekannt
Anschel, Theodor Salomon SK$_{II}$ 470, 485, 756
Ansimirius C$_I$ 170
Anson, George Lord B$_I$ S. 45; D$_I$ 440, 598; D$_{II}$ 695; RA$_{II}$ 20
Anstey, Christopher B$_I$ S. 45
Antinous D$_I$ 642
Antisthenes F$_I$ 1082
Antonia s. Sachsen, Maria Antonie Walpurgis von
Antoninus Pius D$_I$ 302; GH$_{II}$ 88
Antonius von Padua C$_I$ 7
Aorabanu L$_I$ 380
Ao(u)toru D$_I$ 441; RA$_{II}$ 190
Apelles E$_I$ 41
Aphrodite J$_I$ 677
Apicius, Marcus Gavius KA$_{II}$ 209
Apollo A$_I$ 135; B$_I$ 16, 56, 72, 194, 362, 363; E$_I$ 165, 191, 492; F$_I$ 184, 253, 492, 737, 1014; G$_{II}$ 149; J$_I$ 293, 885; L$_I$ 7, 64, 240; RA$_{II}$ 159
Apronius, Aulus F$_I$ 600, 601, 604, 605, 610, 615, 616
Apulejus B$_I$ 100; C$_I$ 295; J$_I$ 114, 352
Arblay, Francis Burney Madame d' K$_I$ S. 845
Arbuthnot, John B$_I$ 399; E$_I$ 68; F$_I$ 211, 877; L$_I$ 448; RA$_{II}$ 23, 42
Arc, Jeanne d' L$_I$ 91
Arcangeli, Francesco B$_I$ 23
Arcet, Jean d' J$_{II}$ 1737
Archenholz, Johann Wilhelm von J$_I$ 47, 477, 478, 722, 755, 1101, 1206, 1213; K$_I$ 349; L$_I$ 172; SK$_{II}$ 176, 657, 659, 682
Archimedes A$_{II}$ 198; E$_I$ 29; J$_{II}$ 1906; L$_I$ 268
Arellius E$_I$ 41
Arenhold, Adolph Johann Gustav SK$_{II}$ 303, 307, 338, 455, 486, 520
Argand, Aimé GH$_{II}$ S. 226; J$_I$ 743; J$_{II}$ 1348, 1807, 1813, 1851, 1896, 1897, 1898, 1901, 1914, 1915, 1920, 1922, 1923, 1977, 1978, 2008, 2109; SK$_{II}$ 326, 736
Argens, Jean-Baptiste de Boyer d' D$_I$ 519
Ariost, Ludovico KA$_{II}$ 152; F$_I$ 507; J$_I$ 352
Aristarchos von Samos D$_I$ 717

Aristophanes J_I 355, 356, 979
Aristoteles KA_II 80; B_I 204, 283; D_I 741; E_I 15, 399, 405; F_I 53, 140, 530, 594, 695; J_I 356, 478; L_II 974; SK_II 552, 596
Arlensis, Petrus de Scudalupis J_I 980
Arminius D_I 666; F_I 1123
Arndt, Johann L_I 19
Arne, Thomas Augustin RT_II 2
Arnemann, Otto Justus SK_II 523, 754
Arnobius d. Ä. B_I 181
Arnold, John F_I S. 642; RA_II 15, 177, 179
Arnoldi, Johann Ludwig Ferdinand F_I S. 644
Artois, Charles-Philippe, Comte d' J_I 1206; SK_II 235
Asbóth, Johann SK_II 161, 228
Ashburnham, William Sir RA_II 13
Asklepius (Asclepi), Giuseppe J_II 1735, 2044
Asmus s. Claudius, Matthias
Aspasia D_I 642
Asträa E_I 355
Atalante D_I 642
Athenaios C_I 173
Attus Navius D_I 32
Atwood, George J_I S. 832
Aubert, Alexander RA_II 117, 132, 151
Aubigné, Théodore Agrippa d' A_II 171
Audley, Mervyn Lord E_I 68
– dessen Frau E_I 68
– dessen Tochter E_I 68
Augustinus C_I 7
Augustus KA_II 168; D_I 302; F_I 119 K_II 213
– dessen Leibarzt K_II 213
Aulnoy, Marie-Catherine Le Jumel de Barneville Baronne d' SK_II 176
Auroux Des Pommiers, Matthieu A_I 119
Austin, William J_II 1742
Averros, Ibn Roschd KA_II 47
Aycke, Johann Christian J_I 56; J_II 1429, 1980; SK_II 35, 66, 139, 161, 170, 201, 202, 214, 250, 288, 294, 312, 350, 386, 388, 424, 426, 429, 977
Aylmer, John L_I 347

Ayrer, F. George Heinrich B_I 200; J_I 63
– Johann Heinrich, dessen Sohn SK_II 63, 180, 190, 261, 265, 269, 352, 523, 655, 691, 692, 698, 748, 781, 790, 801, 813, 849, 876, 895, 910, 913, 933, 983, 1010
– Juliana Dorothea Wilhelmina, dessen Frau SK_II 375
– Dorothea Philippine Henriette, dessen Tochter s. Schweppe
– Charlotte Johanna, dessen Tochter SK_II 375, 910*

B. B_I 16; C_I 290; D_I 578; K_I 198
B., Herzogin von J_I 899
Baader, Benedikt Franz Xaver von J_I 445; J_II 1831; SK_II 110, 142
Baader, Joseph von SK_II 85
Bacchus B_I 156, 180, 329, 353; F_I 966
Bac(c)elli, Giovanna Zanerini Mat I_II 36; RT_II 18
Backhaus, Paul Ludewig B_I 156
– Georg Friedrich, dessen Neffe SK_II 452
– Margaretha Sophia, dessen Frau SK_II 129, 887, 903, 986
Baco, Roger B_I 70; E_I 53; J_I 426, 589
Bacon, Francis C_I 209, 278; J_I 478, 573, 574, 589, 1023, 1061, 1062, 1064, 1065, 1066, 1067, 1068, 1074, 1075, 1076, 1078, 1080, 1083, 1084, 1085, 1109, 1242; J_II 1469, 1781, 1986, 1989, 1991, 1995, 1996, 1997, 2004, 2005, 2007, 2010, 2116
Bacon, John RA_II 14, 159
Baczko, Ludwig Adolf Franz Joseph von L_I 178
Bärenklau, Johann Leopold von B_I 26
Baerstecher, Johann Gottlieb D_I 455
Bagger, Matthias C_I 308
Bahrdt, Carl Friedrich D_I 194, 214, 256, 291; G_II 169; J_I 648, 1218; K_I S. 845; SK_II 72
Bailey, Nathaniel RA_II 85
Baillie, Joanna L_I 663
Bailly, Jean Silvain H_II 200; L_I 268; L_II 841
Baker, Henry D_I 675, 676, 677, 678, 679, 680, 683
Baldinger, Ernst Gottfried KA_II

S. 42; D_I 280; E_I 242; J_I 166; SK_{II} 587
- Dorothea Friederike, dessen Frau F_I 442, 468

Balser, Friedrich August SK_{II} 233, 298, 302

Balzac, Jean Louis Guez de K_{II} 274

Bamber, John J_I 914

Bandel, Joseph Anton von B_I 19

Banks, Sir Joseph D_I 130, 131, 440; K I+II S. 291; D_{II} 692, 693, 694, 695, 696, 697, 698, 699, 700, 701, 702, 703, 704; RT_{II} 26; SK_{II} 516, 519

Bannister, Charles Mat I_{II} 63; RT_{II} 4

Barberini, Francesco TB_{II} 28

Barclay, John C_I 207, 211, 235, 239, 240, 242, 244, 256; D_I 1

Barelette C_I 171

Baretti, Giuseppe Marcantonio C_I 2, 3, 4, 5, 6, 7, 8, 9, 10, 11, 12; E_I 169

Barneveld, Willem van J_{II} 2091

Barrère, Pierre KA_{II} 246, 247, 248; C_I 13, 16, 17, 18

Barry, Ann Mat I_{II} 28, 91, 150; RT_{II} 6, 7, 8, 10, 23; RA_{II} 175
- deren Eltern RT_{II} 7
- Spranger, deren Mann Mat I_{II} 91

Bartels, Johann Heinrich J_I 885; J_{II} 1786; L_I 7

Bartels, Johann Martin Christian SK_{II} 593, 712, 719, 793

Barthélemy, Jean Jacques GH_{II} 44

Bartholdi, Gottlieb Adolph SK_{II} 244, 304

Bartholin, Thomas D_I 641

Bartolozzi, Francesco RA_{II} 16

Basedow, Johann Bernhard C_I 209; L_I 584

Baskerville, John B_I 222; TB_{II} 21

Basnage de Flottemanville, Jacques F_I 594

Bastard, Edmund L_I 80

Bastholm, Johannes SK_{II} 951

Bate, Henry RT_{II} 15; RA_{II} 175, 184

Bath, Thomas RA_{II} 183

Batsch, August Johann Georg Carl L_I 273

Baudelot de Dairval, Charles-César E_I 24

Bauer, Catharine Wilhelmine SK_{II} 151

- Sophia Johanne Auguste, deren Tochter SK_{II} 151

Bauer, Christian Georg Heinrich J_{II} 1772; SK_{II} 68

Baum, Maria Elisabeth F_I 126

Baumann, Joachim Moritz Wilhelm L_{II} 872

Baumann, Friedrich F_I 1149; G_{II} 231

Bausmann, Johann Christian A_I 221; KA_{II} 211; TB_{II} 14, 19

Baumé, Antoine E_I S. 344

Bause, Johann Friedrich SK_{II} 759

Bause, Johann Gottlieb SK_{II} 891

Bav(ius) D_I 56

Baxter, Andrew KA_{II} 31, 334; RA_{II} 156

Bayle, Pierre KA_{II} 47

Beattie, James D_I 660; E_I S. 344, 257, 403, 411, 418, 454; RA_{II} 201

Beauchamp B_I S. 152

Beauchamp, Joseph de J_I 1101

Beaufort, Lady Elisabeth Berkeley RA_{II} 141
- Norborne, deren Bruder s. Bottetourt

Beaumont, Sir Francis Mat II_{II} 48, 53; RA_{II} 205

Beccari, Iacsopo Bartolomeo D_I 763

Beccaria, Cesare Marchese de A_I 186

Beccaria, Giovanni Battista D_I 687; F_I 407; J_{II} 1432; RA_{II} 115

Bechstadt, Karl Friedrich SK_{II} 1008

Bechtold, Friedrich L_I 258

Beck, Christian D. L_I 178

Beck (Becke), Johann Karl von der SK_{II} 1018

Beck, Jacob Sigismund L_I S. 850

Becker, Rudolf Zacharias J_I 161; K_I S. 838; L_I 27, 120, 195, 206, 211, 263, 340, 373, 654; SK_{II} 582

Becker, Wilhelm Gottlieb SK_{II} 559, 643, 791, 837

Becket D_{II} 756

Beckmann, Johann L_{II} 787; SK_{II} 601, 798

Becque (Becké), Johannes SK_{II} 278
- Marie Magdalene, dessen Frau SK_{II} 278

Beda F_I 594

Beddoes, Thomas L_{II} 968, 969

Bedford, John Russell Duke of D_I 666, 669

- dessen Sohn D$_I$ 669, s. a. Tavistock, Marquis von
Begert, Jakob J$_I$ 138
Beguelin, Nicolas de A$_I$ 250
Bein, Christian Friedrich SK$_{II}$ 486
Belair C$_I$ 135
Belforte, Antonio di Gennaro, Duca di F$_I$ 1233
Belisar (Bélisaire) KA$_{II}$ 146, 147
Bell, Lady s. Lucas, Amabel Baroness
Bell, John J$_I$ S. 649
Bell d'Antermony, Jean (John) KA$_{II}$ 86; B$_I$ 412
Bellinckhaus, Rudolph von C$_I$ 89, 91, 104
Bellisle, Charles Louis Auguste Fouquet Duc de J$_I$ 577
Bembus, Petrus (Pietro Bembo) KA$_{II}$ 47
Bendavid, Lazarus J$_{II}$ 1519; L$_I$ 268, 661; SK$_{II}$ 127, 129, 131, 154, 173
Benecke, George Friedrich SK$_{II}$ 531, 849, 850
- Marie Louise, dessen Frau SK$_{II}$ 850
Benedikt L$_I$ 114
Bennet, Abraham H$_{II}$ 199; J$_{II}$ 1255, 1687, 1745, 1972, 1992, 2159; SK$_{II}$ 605
Benson, George C$_I$ 92
Bentley, Richard J$_I$ 255
Benzenberg, Johann Friedrich L$_{II}$ 853, 923, 932, 933; SK$_{II}$ 1001, 1002, 1026
Berchtold, Leopold Graf J$_I$ 623
Berg, Philipp Ludwig von SK$_{II}$ 759, 764
Berge, Christoph Georg von F$_I$ 1113
Berger, Immanuel L$_I$ 90; L$_{II}$ 905; SK$_{II}$ 964
Bergman, Torbern Olof G$_{II}$ 116; J$_{II}$ 1615, 1694, 1728; K$_{II}$ 328; L$_{II}$ 848
Bérigard, Claude Guillermet de KA$_{II}$ 47
Berlepsch, Friedrich Ludwig von SK$_{II}$ 978, 986
Berlinghieri, Leopoldo Vacca GH$_{II}$ 29
Bernard, Sir Francis RA$_{II}$ 118
Bernardi, Oronzio de L$_{II}$ 764

Bernhardi, Ambrosius Bethmann L$_I$ 561
Berni, Franceso C$_I$ 14; D$_I$ 666
Bernini, Giovanni Lorenzo J$_I$ 283
Bernoulli, Daniel J$_{II}$ 1296
Bernoulli F$_I$ 1042; J$_{II}$ 1469
Bernoulli, Johann I. KA$_{II}$ 57, 116
Bernoulli, Johann III. F$_I$ S. 455, S. 458*; RA$_{II}$ 177
Béroalde de Verville, François E$_I$ 20; F$_I$ 146
Berthollet, Claude Louis Graf von J$_{II}$ 1960, 2056; L$_I$ 616, 777; SK$_{II}$ 436
Bertholon, Abbé Pierre GH$_{II}$ 20
Bertuch, Friedrich Justin J$_I$ 673, 753; L$_I$ 308*
Bertuch, Heinrich Friedrich Christian SK$_{II}$ 393
Beseke, Johann Melchior Gottlieb J$_{II}$ 1460
Besserer, Konrad Arnold Hermann D$_I$ 268
Best, Wilhelm Philipp K I + II S. 291
Betancourt, Augustin de J$_{II}$ 1990
Bethlen, Alexius Graf von SK$_{II}$ 889, 986
Betsise s. Lisbeth
Betsy RA$_{II}$ 189
Bettlise, Betsi, Bettsise s. Lisbeth
Beulwitz, Ludwig Friedrich von SK$_{II}$ 356
Bevern, Prinz von s. Braunschweig-Bevern
Bewley, William J$_I$ 233
Beyer, Johann Christoph Wilhelm SK$_{II}$ 210
Bianchini, Francesco D$_I$ 684
Bianconi, Giovanni Lodovico KA$_{II}$ 30, 32, 33, 34
Bickerstaff, Isaac RT$_{II}$ 2
Biester, Johann Erich J$_I$ 51, 1090
Bileam E$_I$ 216
Bilguer, Johann Ulrich von F$_I$ 255
Billy the flat F$_I$ 1154
Binder, Johann SK$_{II}$ 298, 340, 352, 359
Birch, Thomas J$_I$ 458; J$_{II}$ 1558, 1562, 1563; K$_{II}$ 401
Bird, John RA$_{II}$ 117, 139
Biron, Ernst Johann Reichsgraf von KA$_{II}$ 242
Bischoff, Heinrich SK$_{II}$ 612

Bischoff, Johann Carl SK$_{II}$ 460, 463, 464
Bjelke J$_I$ 249
Björnståhl, Jacob Jonas F$_I$ S. 457; RA$_{II}$ 178
Black, Joseph J$_{II}$ 1922
Blacklock, Thomas D$_I$ 639
Blackstone, William D$_I$ 666
Bladon D$_I$ 647
Bladgen, Charles J$_{II}$ 2164
Blair, Patrick RA$_{II}$ 64
Blake, Capt. RA$_{II}$ 18
– John Bradby, dessen Bruder RA$_{II}$ 18
Blake, Sir Francis RA$_{II}$ 116
Blanchard, Jean-Pierre H$_{II}$ 124; J$_I$ 131, 588; SK$_{II}$ 240
Bleak s. Blake, Sir Francis
Bleton, Barthélemy J$_{II}$ 1449
Blount, Thomas RA$_{II}$ 27
Blumauer, Johann Alois J$_I$ 486
Blumenbach, Johann Friedrich D$_I$ 482; F$_I$ 250; GH$_{II}$ 37, 61; J$_I$ 903, 904, 1089; SK$_{II}$ 26, 30, 31, 35, 37, 54, 60, 66, 67, 69, 77, 88, 95, 97, 115, 122, 130, 132, 146, 148, 157, 162, 185, 221, 222, 227, 228, 230, 234, 236, 237, 238, 255, 266, 274, 275, 296, 309, 310, 312, 328, 339, 342, 345, 346, 349, 373, 384, 391, 406, 417, 421, 426, 438, 439, 475, 496, 497, 499, 501, 504, 556, 565, 567, 573, 586, 593, 608, 622, 633, 635, 639, 641, 642, 702, 719, 720, 736, 742, 747, 748, 760, 764, 770, 790, 796, 842, 845, 857, 879, 882, 905, 912, 960, 961, 984, 989, 1033, 1046
– Louise Amalia, dessen Frau SK$_{II}$ 255, 260, 266, 274, 296
– Georg Heinrich Wilhelm, dessen Sohn SK$_{II}$ 760, 845, 856
– dessen Freund J$_I$ 903
– Friedrich Wilhelm Carl Ernst, dessen Bruder SK$_{II}$ 77
Blumenhagen, Frau von SK$_{II}$ 317
Blumenthal, Louise Johanna Leopoldine von SK$_{II}$ 150, 173, 207, 224, 430
Blumhof, Johann Georg Ludolf SK$_{II}$ 293, 313, 379, 451, 462, 472, 476, 477, 491, 511, 531, 534, 543, 545, 546, 547, 558, 598, 605, 608, 635, 636, 645, 654, 669, 699, 701, 761, 776, 816, 1018
Bode, Johann Elert F$_I$ 633; J$_{II}$ 1581, 1586; L$_I$ 168; SK$_{II}$ 185, 186, 547, 714, 779, 841, 848
Bode, Johann Joachim B$_I$ S. 45; C$_I$ 43; L$_I$ 13, 695
Bodenstein, Clara Magdalena J$_I$ 35
Bodley, Sir Thomas E$_I$ 5
Bodmer, Johann Jacob KA$_{II}$ 203
Bödeker, Johann Julius L$_I$ 443
Bödiker, Johann A$_I$ 239
Böhme, Adam Friedrich F$_I$ S. 455
Böhme, Jakob A$_I$ 12; D$_I$ 9, 158, 159, 163, 172, 173, 280, 602, 652; E$_I$ 104, 109, 170, 226; F$_I$ 215, 491, 597, 756; J$_I$ 270; L$_I$ 919
Böhmer SK$_{II}$ 425
Böhmer, Georg Ludwig B$_I$ 200; J$_I$ 800, 838; SK$_{II}$ 80
– Henriette Philippine Elisabeth, dessen Frau SK$_{II}$ 889
Böhmer, Caroline J$_I$ 838; SK$_{II}$ 391, 396, 672
Böhmer, K. F. von SK$_{II}$ 325
Boerhaave, Hermann A$_I$ 174; KA$_{II}$ 65, 94, 125, 186; J$_I$ 783; SK$_{II}$ 840
Böttcher, Nicolai SK$_{II}$ 553
Böttcher s. Bödeker, Johann Julius
Böttcher, Johann Philipp J$_I$ 708, 776; J$_{II}$ 1596
Böttcher, aus Sondershausen SK$_{II}$ 491, 492
Böttiger, Karl August L$_I$ 575; SK$_{II}$ 956, 968
Bogatzky, Karl Heinrich von B$_I$ 22
Bohnenberger, Gottlieb Christian J$_I$ 1082; J$_{II}$ 2000
Bohnenberger, Johann Gottlieb Friedrich SK$_{II}$ 572, 593, 599, 640, 650, 651
Boie, Heinrich Christian B$_I$ 16?, 179*, 400, 402; C$_I$ 290?; D$_I$ 186; E$_I$ 21; F$_I$ 1, 2; TB$_{II}$ 19; Mat I$_{II}$ 2
Boileau-Despréaux, Nicolas KA$_{II}$ 203; D$_I$ 56, 186; F$_I$ 510; H$_{II}$ 75; J$_{II}$ 1671
Boisrobert, François Le Métel de KA$_{II}$ 151

Bolingbroke, Henry St. John Viscount D₁ 22, 569, 593; F₁ 359, 432, 433, 434, 436, 437, 438
Bolten, Joachim Friedrich L₁ 51
Bomare s. Valmont de Bomare, Jacques-Christophe
Bonaparte, Napoleon L₁ 248, 314, 517, 521, 570
– Carlos, dessen Vater L₁ 248
Bonifatius J₁ 841
Bonnet, Charles A₁ 228; KA_{II} 19; D₁ 675, 688; C₁ 92; F₁ 420, 1137
Booby, little SK_{II} 223, 249, 253
Borg (Borch), Christian Fredrich von der D₁ 748
Borch, Wilhelm Friedrich Baron von der SK_{II} 396, 426
Borchers, David RT_{II} 8
Borheck, Georg Heinrich SK_{II} 244, 858
Born J_{II} 2054
– dessen Schwager J_{II} 2054
Born, Ignaz von F₁ 407; J_{II} 1172, 1275; L₁ 114
Bornemann (Johann Wolrath oder Adolf Ferdinand) SK_{II} 221, 222
Bossiegel, Victorinus B₁ 177; F₁ 1122; J₁ 675
Bossuet, Jacques Bénigne J₁ 283
Boston, Frederick 2nd Lord s. Irby, Frederick
– dessen Frau s. Methuen, Miss
Boston, Lord s. Irby, William
Boswell, James KA_{II} 200; E₁ 269; J₁ 779, 782, 783, 785, 786, 788, 789, 792, 798, 807, 808, 809, 811, 812, 813, 814, 816, 817, 819, 820, 821, 823, 825, 1039; K_{II} 171, 290; L₁ 124, 186, 204, 362, 646; SK_{II} 213, 227
Bottetourt, Norborne Berkeley Lord RA_{II} 141
– Elisabeth, dessen Schwester s. Beaufort
Bouchardon, Edme KA₁ 251
Boucher, François TB_{II} 27
Bougainville, Louis Antoine de C₁ 268; D₁ 386, 440, 441, 442
Bouguer, Pierre KA_{II} 55; D₁ 685
Bouhours, Dominique B₁ 5; E₁ 335
Boulduc, Gilles Egide François KA_{II} 94

Bourbon, Comte de RA_{II} 190
Bourdaloue, Louis J₁ 283
Bourget, David Ludwig L₁ 616, 706
Bouterwek, Friedrich Ludewig SK_{II} 99, 123, 159, 289, 292, 401, 406, 556, 557, 572, 842, 847, 951, 966, 968
Bouttatz, Franz SK_{II} 818; s. a. Meusel, Johann Georg
Boyle, John J₁ 1104
Boyle, Robert B₁ 292; J₁ 355; L₁ 586
Boyle, Roger E₁ 368
Bradley, Richard RA_{II} 52, 56, 57, 58, 59, 60, 61, 62, 63, 64, 65, 66, 67, 68, 69, 70, 71
Brahe, Tycho E₁ 368; J₁ 475
Bramarbas s. Linde, Philander von der
Brand, Thomas SK_{II} 473, 493, 540
Brande, August Eberhard (Everard) D_{II} 761; SK_{II} 51, 125, 184, 203, 364, 385, 437, 610, 625
Brandenburg-Schwedt, Karl Philipp Markgraf von J₁ 905
Brander, Georg Friedrich K I+II S. 291; SK_{II} 184
Brandes, Georg Friedrich SK_{II} 210
– Ernst, dessen Sohn SK_{II} 288, 451, 767, 813
– Louise Amalia, dessen Tochter s. Blumenbach, Louise Amalia
Brandes, Heinrich Wilhelm L₁ 932, 933; SK_{II} 1019
Brant, Sebastian G_{II} 12
Braunhold, Johann Heinrich B₁ 165; C₁ 378; D₁ 410, 568; E₁ 159; F₁ 300; J_{II} 1527; TB_{II} 1; SK_{II} 188, 194, 201, 348, 473
– Lucia Philippina, dessen Frau SK_{II} 592
– Philipp Ernst Daniel, dessen Sohn SK_{II} 348
– Johanna Dorothea Luise, dessen älteste Tochter J₁ 777; J_{II} 1216; SK_{II} 109, 260, 264, 335, 352, 624, 665?, 675, 856
– Johann Georg Ludewig, dessen Sohn SK_{II} 856
Brauns, Heinrich Albrecht SK_{II} 666
Braunschweig-Bevern, Friedrich Karl Ferdinand J₁ 191

Braunschweig-Bevern, Ferdinand Prinz von D$_I$ 19, 20; E$_I$ 209
Braunschweig, Karl Wilhelm Ferdinand Herzog von J$_I$ 577; SK$_{II}$ 348, 358, 359
– Auguste Friederike Karoline von Wales, dessen Frau SK$_{II}$ 397
Braunschweig-Wolfenbüttel, Friedrich August Prinz von SK$_{II}$ 127
Breiger, Gottlieb Christian SK$_{II}$ 359
Breihan (Broihahn), Cord D$_I$ 61
Breithaupt, Johann Georg Heinrich SK$_{II}$ 381
Breithaupt, Justus Friedrich B$_I$ 124
Breitinger, David SK$_{II}$ 333
Breitkopf, Johann Gottlieb Immanuel L$_I$ 668
Bremer, Johann Gottfried F$_I$ S. 455
Bremer, Philipp SK$_{II}$ 575
Brendel, Johann Gottfried A$_I$ 174
Brera, Valeriano Luigi SK$_{II}$ 872
Bretagne, Marie de J$_I$ 899
Breyn, Johann Philipp KA$_{II}$ 216
Bridgewater, Francis Egerton Duke of C$_I$ 90
Brinken, G. C. von der SK$_{II}$ 705, 831
Brisson, Mathurin Jacques J$_I$ 56; SK$_{II}$ 491
Brissot de Warville, Jacques Pierre J$_{II}$ 1225, 1228
Brockes, Barthold Heinrich F$_I$ 383, 384
Brocklesby, Richard L$_I$ 579
Brockmann, Johann Franz Hieronymus RT$_{II}$ 8
Bröder, Christian Gottlob J$_I$ S. 649
Brodhage(n), Peter Hinrich Christoph SK$_{II}$ 104, 133, 134
Brogiani, Dominico A$_I$ 172
Brook, Abraham J$_I$ 324; SK$_{II}$ 66
Brotier, André-Charles J$_I$ 283
Brosses, Charles de F$_I$ 823, 833, 836, 837, 840, 842; s. a. Voltaire
Brougham, Lord Henry K$_{II}$ 311
Broussonet, Pierre Marie Auguste GH$_{II}$ 28
Brown, Miss E$_I$ 270; Mat I$_{II}$ 67, 140; RA$_{II}$ 175, 203
Brown, Dr. RA$_{II}$ 13
Brown, Lancelot RA$_{II}$ 2
Browne, Henry Perryn TB$_{II}$ 9, 11, 25

Browne, Thomas Sir E$_I$ 7
Bruce, James J$_I$ 762, 955; RA$_{II}$ 21; SK$_{II}$ 69
– dessen Schwester RA$_{II}$ 21
Bruce, Robert J$_{II}$ 1376
Bruchhausen, Antonius SK$_{II}$ 800
Brucker, Johann Jacob KA$_{II}$ S. 88
Brückmann, Urban Friedrich Benedict L$_{II}$ 792
Brugmans, Antony K$_{II}$ 398; L$_{II}$ 726
Brugnatelli, Lodovigo Gasparo J$_{II}$ 2030
Brunner, Emanuel Alexander Ludwig SK$_{II}$ 492
Brunoi (Brunoy), Armand-Louis-Joseph Paris de Montmartel, Marquis de J$_I$ 216
– dessen Mutter J$_I$ 216
Bruns, Carsten D$_I$ 491; J$_I$ 96; RT$_{II}$ 2
Bruns, Paul Jacob L$_I$ S. 850
Bruns (Beuns), Hanne Dorothea SK$_{II}$ 767
Brunschweigel SK$_{II}$ 401, 402, 403
Brunsing, Hauptmann SK$_{II}$ 247; s. a. Brunsich, Justus Ludwig Theodor Friedrich
Brutus, Lucius Iunius J$_I$ 564; L$_I$ 703
Brydone, Patrick D$_I$ 510, 511, 512; D$_{II}$ 735, 736, 737
Buch, Leopold Christian von SK$_{II}$ 771, 775, 793
Buchan, David Stuart Erskine Earl of GH$_{II}$ 8
Buchanan, George B$_I$ 8
Bucholtz, Andreas Heinrich F$_I$ 1058
Bucholz, Georg Friedrich August SK$_{II}$ 98
Bückeburg Graf von s. Schaumburg-Lippe, Georg Wilhelm Graf zu
Bühler, Carl Heinrich SK$_{II}$ 259
Buellio (Büil), Bernardo KA$_{II}$ 233
Bülow, Dietrich Christian von L$_{II}$ 797
Bülow, Gottfried Philipp von SK$_{II}$ 318
Bürger, Gottfried August F$_I$ 944; J$_I$ 660, 771, 1150, 1200; K$_{II}$ 198; L$_I$ 276, 482; SK$_{II}$ 57, 99, 133, 200, 201, 208, 283, 517, 607, 650, 653, 698, 702, 797, 944, 945
– Elise, dessen Frau J$_I$ 1200; L$_I$ 482;

SK$_{II}$ 106, 125, 194, 208, 283
- Agathon, dessen Sohn SK$_{II}$ 194, 200, 201, 208
- dessen Dienstmädchen SK$_{II}$ 702, 705
Büsch, Johann Georg J$_{II}$ 1563; K$_{II}$ 342; L$_{I}$ 83; L$_{II}$ 885; RA$_{II}$ 142; SK$_{II}$ 189, 214, 398, 536, 702, 704
Büsching, Anton Friedrich J$_{I}$ 211, 1189
Büttner, Christian Wilhelm A$_{I}$ 30, 94, 167, 197; F$_{I}$ 48; J$_{I}$ 166; J$_{II}$ 1375; UB$_{II}$ 1; SK$_{II}$ 192
Buffon, George Louis Leclerc Comte de C$_{I}$ 289, 291, 292, 294; F$_{I}$ 140, 709, 1025; K$_{II}$ 398; L$_{I}$ 77, 186
Buhle, Johann Gottlieb SK$_{II}$ 275, 289, 292, 293, 367, 552, 596
Bull, John s. Arbuthnot, John
Bulow, Christian Conrad Freiherr von J$_{I}$ S. 833
Bunbury, Henry Williams RT$_{II}$ 3
- dessen Frau RT$_{II}$ 3
Bunting (Bünting), Heinrich L$_{I}$ 53
Burgoyne, John Mat I$_{II}$ 138; RT$_{II}$ 2, 6; RA$_{II}$ 76
Burke, Edmund E$_{I}$ 8, 70; J$_{I}$ 814; RA$_{II}$ 24
Burman, Pieter d. Ä. KA$_{II}$ 209
Burman, Pieter d. J. KA$_{II}$ 40; B$_{I}$ 102
Burnaby, Andrew SK$_{II}$ 362, 364, 458, 473, 520, 755, 796
- Sherrard Beaumont, dessen Sohn SK$_{II}$ 362, 364, 394, 412, 755
- John Dick, dessen Sohn SK$_{II}$ 362, 394, 412
Burney, Charles D$_{I}$ 511; K$_{I}$ S. 845
- Frances, dessen Tochter K$_{I}$ S. 845
Burrow, Reuben RT$_{II}$ 21
Burrus, Afranius E$_{I}$ 180
Bury, Richard de C$_{I}$ 262
Busby, Richard KA$_{II}$ 149
Busch, Gabriel Christoph Benjamin L$_{I}$ 641
Bussche, Clamor D. E. G. von dem SK$_{II}$ 755
Bussche, Ernst August Wilhelm von dem C$_{I}$ 180
Bute, John Stuart Earl of RA$_{II}$ 2, 27, 87
Butler, Samuel B$_{I}$ S. 152, 49*, 197; F$_{I}$ 1078; J$_{I}$ 821, 1104; L$_{I}$ 186, 398, 591

Buxton, Jedediah A$_{I}$ 55
Byron, John B$_{I}$ S. 45; D$_{I}$ 440

C., J. B. B$_{I}$ 16
Cabanis, François David K I + II S. 291; RA$_{II}$ 158*
Cabillaux J$_{I}$ 201
Cadell, Thomas L$_{I}$ 281
Cäcilia KA$_{II}$ 152
Caesar, Gaius Julius KA$_{II}$ 12, 164; B$_{I}$ 124; C$_{I}$ 257; E$_{I}$ 41, 315; F$_{I}$ 214, 554, 1046; G$_{II}$ 35; H$_{II}$ 202; J$_{I}$ 21, 292; RA$_{II}$ 102; TB$_{II}$ 22
Caesar, Karl Adolph J$_{I}$ S. 649
Calau, Benjamin D$_{I}$ 356
Calderinus s. Chalderinus
Calderón de la Barca, Pedro C$_{I}$ 9
Caligula, Gaius Iulius Ceasar Germanicus E$_{I}$ 165, 247; J$_{I}$ 52
Callet, Jean-François J$_{I}$ S. 649
Callimachus s. Kallimachus
Calpurnia F$_{I}$ 554
Calvert, John F$_{I}$ S. 458, 375*; SK$_{II}$ 187
Calvin, Johann J$_{I}$ S. 651, J$_{I}$ 6*; RA$_{II}$ 76
Camara Bittencourt e Sá, Manoel Ferreira da J$_{II}$ 1981; SK$_{II}$ 374
Cambden, Petrus C$_{I}$ 80
Cambden, Thomas C$_{I}$ 80
Cambden, William RA$_{II}$ 27
Cambon J$_{I}$ 1194
Camõens, Luis Vaz de L$_{I}$ 595
Campe, Franz Leberecht SK$_{II}$ 87
Campe, Joachim Heinrich J$_{I}$ 303, S. 832
Campe (Kampe), Gottlieb Wilhelm SK$_{II}$ 87, 98
Camper, Petrus G$_{II}$ 11; J$_{I}$ 303, 1055
Candish D$_{I}$ 440
Canisius, Heinrich F$_{I}$ 594
Canitz, Friedrich Freiherr von SK$_{II}$ 584, 826
Canterbury, Frederick Cornwallis, Erzbischof von RA$_{II}$ 11
Canzler, Friedrich Gottlieb SK$_{II}$ 142
Caracalla J$_{I}$ 835
Cardanus (Geronimo Cardano) KA$_{II}$ 47; F$_{I}$ 1065; J$_{II}$ 1300, 1875
Carew KA$_{II}$ 200
Carey, George Saville Mat I$_{II}$ 82, 83; RA$_{II}$ 54

Carl, Dietrichs Diener SK_{II} 1047
Carl, Conrad Ludewig SK_{II} 602, 682, 824, 828, 848
Carl, Johann Samuel F_I 386
Carlisle, Frederick Howard, Earl of RA_{II} 11
Carmoy, Gilbert GH_{II} 21
Carnot, Lazare-Nicolas-Marguerite L_I 525
Carpenter, Joseph Mason SK_{II} 826
Carra, Jean Louis J_{II} 1451
Carraci, Annibale TB_{II} 27
Carrard, Benjamin F_I 861
Carrick, James E_I 36
Carteret, Philipp D_I 440
Cartesius s. Descartes
Cartheuser, Johann Friedrich KA_{II} 216
Cartouche, Louis Dominique B_I 8
Cartusius, Ludwig KA_{II} 130
Carus, Friedrich August SK_{II} 298
Casanova, Giovanni Battista (Zanetto) B_I 23
Caslon, William J_{II} 1911
Caspar F_I 89
Cassegrain RA_{II} 12
Cassem, Abow C_I 73
Cassini, Giovanni Domenico (Domenicus) H_{II} 200
Cassini, Jacques Dominique, Comte de Thury J_{II} 1581; L_I 531
Cassiopeia s. Kassiopeia
Castelli, Benedetto J_{II} 2047
Castilhon, Jean-Louis D_I 26, 31*, 262, 263, 264, 612
Castor J_{II} 1686; SK_{II} 479*, 558
Catilina, Lucius Sergius B_I 125
Catley, Anne Mat I_{II} 82, 91; RT_{II} 2, 4, 6, 8
Cato, Marcus Porcius Censorius J_I 979
Cato, Marcus Porcius Uticensis KA_{II} 85, 209
Catull, Gaius Valerius J_I 975
Cavaceppi, Bartolomeo TB_{II} 1, 28
Cavallo, Tiberio L_{II} 872
Cave, Edward A_I 55; J_I 782, 785
Cavendish, Sir Henry J_{II} 1370, 1757
Cavendish, Thomas D_I 440
Cazalet, Jean André GH_{II} 27
Cazotte, Jacques J_I 673
Celestine, Henry L_I 544

Cellarius, Christoph E_I 162
Cellini, Benvenuto L_I 103; SK_{II} 865
Celsus, Aulus Cornelius D_I 1
Centlivre, Susannah Mat I_{II} 18; RA_{II} 175
Cervantes Saavedra, Miguel de C_I 11; E_I 155, 327; F_I 214; J_I 991, 1132; L_I 471
Cesalpino (Cesalpinus), Andrea KA_{II} 47
Cesner, Johann Matthias B 200
Ceva, Tommaso J_I 981
C(h)alderinus, Domitianus KA_{II} 47
Chalotais, Louis René de Caradeuc de la D_I 37
Chambers, Ephraim J_{II} 1292
Chambers, Sir William F_I 1193
Chamfort, Sébastien Roch Nicolas K_{II} 130
Chamillard, Michel L_I 202
Chapelain, Jean C_I 366
Chappe, Claude K_I S. 845
Chaptal, Jean Antoine Claude J_{II} 1312
Chardin, Jean F_I 372, 376, 378, 379, 380, 381, 382
Charles, Jacques Alexandre César J_I 1213; J_{II} 1823; K_I S. 838
Charon J_I 635
Charpentier J_I 287
Charters, Francis B_I 399
Chatham, Lord RA_{II} 87; s. a. Pitt, William d. Ä.
Chateauneuf, Charles de Pierre-Buffière Marquis de J_I 1124
Chaucer, Geoffrey RA_{II} 35
Chauvin, Étienne J_{II} 1552
Chavis (Chavys), Don Denys J_I 673
Cheirouze, Marie Adelaide J_I 852
Chénier, Marie-Joseph J_I 312, 345
Chenius K_{II} 280; L_I 390
Cheselden, William F_I 1209
Chesterfield, Philip Dormer Stanhope 4th Earl of D_I 554, 555, 593, 749; J_I 199, 209; F_I 360, 581; H_{II} 69
Chichester, Dean von RA_{II} 13
Chigi, Fabio s. Alexander VII.
Chladni, Ernst Florens Friedrich J_I 866; J_{II} 1484, 1886, 2050, 2051; L_{II} 891; SK_{II} 425, 426, 427, 428, 429, 433, 434, 503, 515

Chodowiecki, Daniel F₁ 898; Mat I₁₁ 97; SK₁₁ 1, 164, 343
Christelchen s. Köhler, Christina
Christian SK₁₁ 942
Christiani, Christian SK₁₁ 545
Christiani, Johann Wilhelm SK₁₁ 445
Christina s. Köhler, Christina
Christie, James RA₁₁ 12
Christmann, Johann Friedrich L₁ 668
Christus s. Jesus Christus
Chrysander, Wilhelm Christian Justus J₁ 9
Churchill, Charles F₁ 123, 975; J₁ 891
Ciarcy, Giuseppe L₁ 637; SK₁₁ 694, 760, 812, 1010
Cibber, Colley RA₁₁ 184
Cicero, Marcus Tullius B₁ 125, 284, 315; C₁ 181, 336; D₁ 1, 95, 328, 513; E₁ 401; F₁ 256, 442, 953, 1082; G₁₁ 35, 69; H₁₁ 154; J₁ 287; J₁₁ 1396; L₁ 11, 69, 93, 232, 657; TB₁₁ 4
Ciechansky, Nicolaus Bogislas von SK₁₁ 288, 301, 305, 418
– Charlotte Dorothea Christine Elisabeth, dessen Tochter SK₁₁ 418
Cinna B₁ 128
Cinq-Mars, Henri Coiffier de Ruzé d'Effiat, Marquis de C₁ 138, 141
Cipriani, Giovanni Battista RA₁₁ 16
Cirillo, Nicola KA₁₁ 105
Claparède, David C₁ 92
Claprede s. Claparède, David
Claproth, Justus J₁ 274; SK₁₁ 166, 211, 363, 532, 627, 910
Clarence, George Duke of D₁ 601
Clarendon, Edward Hyde Earl of E₁ 17
Clark, Samuel K I + II S. 291
Clarke` RA₁₁ 3
Clarke, Thomas Brook SK₁₁ 319
Claudius, Matthias E₁ 155; G₁₁ 2; J₁ 838
Clay C₁ 221
Clemens VII. KA₁₁ 159
Clemens XI. B₁ 59
Clemm, Heinrich Wilhelm KA₁₁ 170
Clerke, Sir Francis B₁ 214; E₁ 68, 73; F₁ 41; RT₁₁ 2; RA₁₁ 2, 13, 87, 99, 116, 193
– dessen Frau s. Methuen, Miss
Cleve, Anton Gabriel Christian SK₁₁ 51, 119

Clinton, Henry RA₁₁ 76
Clitia L₁ 452
Clive, Robert Baron RA₁₁ 109
Cloots, Anacharsis L₁ 200
Coburg, Prinz s. Sachsen-Coburg-Saalfeld, Friedrich Josias Prinz von
Coelus E₁ 368
Coffey, Charles RA₁₁ 205
Colbert, Jean-Baptiste L₁ 202
Coleraine, Lord TB₁₁ 22
Coligny, Gaspard de J₁ 406
Colom du Clos, Isaac de B₁ 234, 239; F₁ 220; SK₁₁ 203, 516, 743
Colquhoun, Patrick L₁ 112
Colson, John B₁ S. 152
Columbus, Christoph KA₁₁ 233; E₁ 335, 339; G₁₁ 183★; J₁₁ 1849; UB₁₁ 15
Coluthus (Kolluthos) J₁ 205
Combabus D₁ 642; E₁ 188
Commerson, Philibert C₁ 268
Compe, Frau SK₁₁ 171
Condamine s. La Condamine
Condé, Louis-Joseph Prinz von J₁ 577
Condillac, Etienne Bonnot de KA₁₁ 205; F₁ 18
Congreve, William J₁ 792
Connert, Stephan J₁ 1220; SK₁₁ 228
Conradi, Christoph J₁ 190
Conradi, Peter L₁ 213; SK₁₁ 229, 993
Conring, Friedrich Heinrich J₁ S. 833
Constantia SK₁₁ 755
Cook, James D₁ 130, 141★, 142, 197, 692, 693, 694, 695, 696, 697, 698, 699, 700, 701, 702, 703; F₁ 1014; J₁ 247; RA₁₁ 143, 193, 204
Co(o)ke, Sir Edward RA₁₁ 27
Cope, Sir Jonathan D₁ 751
Copernicus, Nikolaus H₁₁ 148, 151; J₁ 447, 454, 473; L₁ 95, 178; L₁₁ 962, 963; SK₁₁ 865, 940, 983, 987, 992
Cordara, Giulio Cesare F₁ S. 457
Cornaro, Lodovico J₁ 961, SK₁₁ 320
Corneille, Pierre B₁ 128; D₁ 186; J₁ 283; L₁ 605
Corneille, Thomas RA₁₁ 10
Cornwallis, Frederick RA₁₁ 11
Corvinus, Matthias L₁ 35
Cossigny, Jean François Charpentier de KA₁₁ 44
Cotes, Roger B₁ S. 152

Cotin SK_{II} 393
Cotta C_I 309
Cotta, Johann Friedrich SK_{II} 826, 870
Cotte, Louis GH_{II} 26; J_{II} 1450
Cotton, Sir Robert Bruce RA_{II} 5
Coulomb, Charles Augustin J_{II} 1824
Cousin, Jacques-Antoine-Joseph J_I S. 649
Couteau RA_{II} 157
Cowley, Abraham J_I 296
Cowley D_I 440
Cowper, William F_I 460
Cox, James K I+II S. 291; D_{II} 757*; E_I 482
Cramer, Carl Friedrich G_{II} 145
Cramer, Johann Andreas C_I 92
Cranz, David KA_{II} 232; B_I 174
Crawford, Adair GH_{II} 28, 29, 47, 85, 89; J_{II} 1373, 1457, 1462, 1481
Crébillon, Claude de J_I 450, 451; SK_{II} 86a
Crell, Lorenz Florens Friedrich J_I 745, S. 832; J_{II} 1320, 1805, 1955, 1960, 2064; L_{II} 792, 924; SK_{II} 95, 699, 915, 931
Cremoninus, Caesar KA_{II} 47
Créve, Carl Caspar J_{II} 2159; SK_{II} 455, 458, 681
Crillon, Louis de Balbes de Berton de C_I 360
Crisp, John L_I 281
Croft, Herbert J_I 1042
Cromwell, Oliver KA_{II} 2; D_I 83, 556; E_I 41; RA_{II} 111
Croneberg, Nicolaus Johann SK_{II} 305, 509
Crone(n)bold, Georg Nikolaus Andreas TB_{II} 24
Cruse, Johann Friedrich August SK_{II} 654
Crusius (Cruse), Christian August B_I 176, 316
Crusius, Siegfried Lebrecht J_I S. 649
Cubach, Michael J_I 261
Cudbert (Cuthbert) F_I 594
Cumberland, Henry Frederick Duke of J_I 895; RA_{II} 39
Cumberland, Richard J_I 1235
Cumming, Alexander RA_{II} 133
Cunningham, John J_I 454
Cupido C_I 127, RT_{II} 18

Curiatier B_I 198; D_I 8
Curtes RA_{II} 70
Custine, Adam-Philippe Comte de K_{II} 258; SK_{II} 400, 404, 407
Cuvier, Georg Leopold Christian Friedrich Dagobert L_I 673
Cynthius s. Apollo
Cypriani s. Cipriani
Cythere B_I 171
Czerny, Matthias SK_{II} 262, 305
– dessen Mädchen SK_{II} 305

Dachenhausen, Johann Levin von SK_{II} 1004
Dänemark, Christian II. von L_I 423
Dänemark, Christian VII. von TB_{II} 1
Daille, Jean D_I 2
Dalai-Lama D_I 398; F_I 191
Dalrymple, William F_I 1231, 1232, 1233
Dalberg Heribertius B. von D_I 216
Dammert Johann Christian SK_{II} 353, 395, 721
Danae B_I 347
Dancer, Daniel L_I 237
Dandridge RA_{II} 69
Daniel C_I 92; UB_{II} 16
Dann, Johann Friedrich SK_{II} 237
Dante Alighieri A_I 82; KA_{II} 129; SK_{II} 746
Darjes, Joachim Georg F_I 1169
Dargot L_{II} 846
Darwin, Erasmus GH_{II} 75; J_{II} 1318, 1380
Dartmouth, William Legge Lord RA_{II} 76, 78
Daubenton, Louis-Jean-Marie F_I 465
Davenant, William Sir RA_{II} 196
David B_I 402; F_I 428; K_{II} 27
Davidson, Alexander s. Lange, Karl Julius
Davies L_I 281
Davy, Humphry L_{II} 969
Deane, Silas J_I 1178
Dedekind, Christoph Levin Heinrich J_I 129
Defoe, Daniel F_I 64, 67, 69, 72, 667, 715*; G_{II} 152; K_I S. 845; L_I 309
Deichmann, Johann Heinrich Christoph L_{II} 903
Deiman, Johan Rudolph J_{II} 1393, 1742, 1749, 1975

Deiman, Simon Albert SK$_{II}$ 104, 128, 143, 205
Delangle, Fleurian J$_I$ 699
Delatude, Henri Maser J$_I$ 527
Delaval, Edward Hussey KA$_{II}$ 87
Delisle, Joseph Nicolas D$_I$ 675
Delolme s. Lolme, Jean-Louis de
Del-Rio, Martin C$_I$ 133
Deluc, Jean André KA$_{II}$ 210, 217; D$_I$ 670, 672*; F$_I$ 235, 250, 409, 1042; H$_{II}$ 125, 197; J$_I$ 20, 56, 324, 559, 1024, 1064, S. 833; J$_{II}$ 1278, 1370, 1457, 1463, 1497, 1577, 1606, 1618, 1631, 1697, 1721, 1725, 1791, 1861, 1862, 1866, 1871, 1889, 1940, 1974, 1979, 1980, 2004, 2013, 2014, 2017, 2018, 2024, 2025, 2029, 2032, 2073, 2117; L$_I$ 278; L$_{II}$ 714, 756, 763, 766, 784, 838, 906, 940, 966; K$_{II}$ 358; Mat I$_{II}$ 26; RA$_{II}$ 117, 135, 138, 139, 142, 145, 151, 152, 157, 158, 162, 168; SK$_{II}$ 29, 51, 71, 77, 145, 146, 312, 384, 407, 418, 421, 436, 454, 565, 711, 882, 912
– Jean André, dessen Neffe SK$_{II}$ 166, 168, 170, 184, 198, 217, 221, 222, 242, 248, 253, 254, 256, 259, 270, 276, 309, 313, 316, 329, 398, 407
Demetrius Poliorketes D$_I$ 642
Demokrit KA$_{II}$ 8; E$_I$ 165, 247; J$_I$ 33
Demosthenes B$_I$ 213; D$_I$ 1; E$_I$ 291; F$_I$ 1061, 1169
Dengel, Karl Gottlob SK$_{II}$ 419, 435, 443, 472, 474, 485, 547, 589, 599, 625, 626
Dennis RA$_{II}$ 175
Derby, Lady Elizabeth Mat I$_{II}$ 138
Derham, William L$_I$ 423; RA$_{II}$ 156
Desaguliers, Jean-Théophile RA$_{II}$ 125; SK$_{II}$ 198
Descartes, René A$_{II}$ 176, 229; B$_I$ 280; D$_I$ 666; E$_I$ 453; J$_I$ 379, 380, 1191, 1223; J$_{II}$ 1287, 1535, 1701; K$_{II}$ 274, 401; UB$_{II}$ 75
Deschner, F. SK$_{II}$ 386
Descroizilles, François-Antoine-Henri L$_I$ 616
Des Fontaines, Pierre-François Guyot RA$_{II}$ 72
Destouches Philippe Néricault dit E$_I$ 400

Deutsch, Christian Friedrich SK$_{II}$ 303
Deutschland, Franz I. Kaiser von D$_I$ 610; E$_I$ 357; RA$_{II}$ 102
Deutschland, Franz II. Kaiser von K$_I$ 9; SK$_{II}$ 294, 351
Deutschland, Heinrich I. König von KA$_{II}$ 140
Deutschland, Joseph II. Kaiser von H$_{II}$ 52
Deutschland, Karl V. Kaiser von KA$_{II}$ 32*, 159, 160; C$_I$ 161; E$_I$ 88, 96; F$_I$ 119; J$_I$ 1247
Deutschland, Karl VI. Kaiser von B$_I$ 200
Deutschland, Leopold II. Kaiser von J$_I$ 838, 987, 1163
Devil s. Düvel
Devonshire, William Cavendish Duke of E$_I$ 73
Diana J$_I$ 885
Dibudates KA$_{II}$ 5
– dessen Tochter KA$_{II}$ 5
Dibdin, Charles Mat I$_{II}$ 82, 125; RT$_{II}$ 11
Dickinson, John RA$_{II}$ 113
Diderot, Denis E$_I$ 401
Didot, Firmin L$_I$ 197
Didymos F$_I$ 129
Diederichs (Dietrich, Diedrichs) SK$_{II}$ 154, 197, 230, 514, 1007
– Christian Friedrich, dessen Sohn SK$_{II}$ 1007
Diehl (Diehle), Friedrich August SK$_{II}$ 525
Diericke, Christoph Friedrich Otto von F$_I$ S. 455
Dieterich, Johann Christian C$_I$ 63; D$_I$ 518, 519; E$_I$ 157, 369, 421; F$_I$ 308, 375, 912, 942, 1220; F$_I$ S. 642; GH$_{II}$ S. 226: J$_I$ 130, 168, 200, 252, 293, 367, 383, 480, 596, 657, 838, 1125, 1200, 1207, 1236, 1244; J$_{II}$ 1289; K$_{II}$ 280; L$_I$ 162, 231, 390; L$_{II}$ 882; TB$_{II}$ 14, 17; SK$_{II}$ 41, 47, 48, 53, 54, 57, 58, 61, 63, 67, 71, 75, 85, 91, 94, 100, 102, 104, 107, 125, 129, 141, 143, 146, 150, 154, 156, 157, 165, 167, 168, 171, 172, 174, 177, 179, 180, 183, 190, 192, 197, 200, 204, 208, 211, 215, 217, 220, 222, 223, 224, 227, 232,

234, 243, 244, 246, 247, 248, 249, 250, 251, 252, 254, 256, 257, 261, 264, 272, 275, 277, 282, 283, 289, 291, 292, 293, 298, 299, 300, 305, 306, 309, 317, 318, 319, 320, 330, 334, 335, 340, 345, 357, 362, 367, 368, 369, 370, 371, 372, 373, 375, 377, 378, 379, 381, 384, 386, 387, 388, 393, 402, 405, 406, 407, 408, 413, 415, 419, 420, 422, 428, 435, 439, 448, 452, 457, 458, 464, 472, 474, 475, 476, 477, 478, 481, 485, 486, 488, 489, 494, 501, 503, 504, 505, 508, 509, 512, 520, 523, 524, 525, 527, 528, 532, 534, 551, 554, 559, 562, 564, 565, 568, 571, 573, 576, 582, 584, 589, 599, 603, 607, 610, 613, 615, 616, 624, 627, 629, 630, 633, 640, 643, 646, 651, 652, 653, 654, 656, 663, 664, 672, 676, 680, 681, 684, 685, 697, 702, 711, 724, 725, 728, 729, 730, 731, 747, 755, 756, 757, 766, 769, 780, 781, 789, 790, 817, 820, 823, 827, 835, 839, 841, 842, 845, 847, 848, 853, 854, 861, 862, 863, 864, 867, 872, 876, 877, 882, 883, 892, 894, 900, 901, 904, 908, 915, 920, 921, 923, 924; 925, 933, 937, 938, 940, 942, 944, 952, 953, 957, 958, 959, 960, 961, 962, 963, 964, 965, 966, 968, 972, 977, 989, 1008, 1009, 1011, 1015, 1025, 1026, 1030, 1038, 1041
- dessen Diener SK$_{II}$ 882
- dessen Familie SK$_{II}$ 177, 190, 204, 208, 223, 246, 289, 422, 485, 646, 854
- dessen Kutscher SK$_{II}$ 167, 277 278
- Christiane Elisabeth Dorothea, dessen Frau C$_I$ 306; F$_I$ 523; TB$_{II}$ 14, 17; SK$_{II}$ 143, 153, 170, 172, 174, 177, 190, 236, 243, 244, 256, 273, 316, 327, 340, 350, 372, 375, 381, 384, 387, 388, 389, 406, 413, 418, 422, 468, 483, 484, 537, 551, 554, 559, 579, 585, 586, 587, 589, 597, 598, 599, 623, 637, 639, 640, 646, 649, 651, 656, 663, 684, 726, 748, 774, 785, 797, 810, 983, 991, 1022, 1024
- Christine, dessen Tochter B$_I$ 92
- Friederike, dessen Tochter D$_I$ 414; J$_I$ 918
- Luisa Sophia Henrietta, dessen Tochter, verh. Köhler TB$_{II}$ 14; SK$_{II}$ 125*, 145, 172, 174, 177, 188, 190, 243, 277, 278, 327, 340, 350, 360, 363, 372, 375, 381, 384, 387, 402, 406, 413, 421, 429, 440, 473, 486, 521, 524, 525, 537, 551, 554, 561, 569, 572, 582, 596, 599, 639, 646, 651, 652, 656, 663, 710, 721, 726, 748, 777, 781, 882, 928, 971, 1011, 1022, 1043
- Emanuel Wilhelm Christian, dessen Sohn SK$_{II}$ 312, 323, 327, 338, 362, 413, 429, 430, 431, 432, 433, 464, 504, 540, 633, 676
- Heinrich Friedrich Wilhelm Ludwig, dessen Sohn J$_I$ 657; TB$_{II}$ 14; SK$_{II}$ 89, 279, 332, 430, 431, 600, 611, 616, 668, 684, 686, 740, 789, 801, 916, 932, 960, 1010, 1048
- Charlotte, dessen erste Frau s. Michaelis, Charlotte
- Charlotte (Lottchen) Cecilie, dessen Kind aus erster Ehe SK$_{II}$ 607, 695, 766, 814, 823, 825, 826
- Johanna, dessen zweite Frau s. Friedheim, Johanna
- Johanna (Jeanette), dessen Kind aus zweiter Ehe SK$_{II}$ 785, 799, 802, 807, 899, 910, 912
- dessen Sohn SK$_{II}$ 1028
Dieterich, Carl SK$_{II}$ 1010, 1013*, 1048
Dietrich, Baron SK$_{II}$ 182, 192
Dietrich, Feldscher s. Diederichs
- Christian Friedrich, dessen Sohn s. Diederichs
Dietrich, Christoph SK$_{II}$ 156
Dietrich, Philippe-Fréderic de SK$_{II}$ 461
Dietz, Johann Ludwig Friedrich TB$_{II}$ 10, 12
Dieze, Johann Andreas B$_I$ 401, F$_I$ 250, 300; L$_I$ 32
Digby, Kenelm J$_I$ 315
Diller J$_I$ S. 649
Dillon, Theobald-Hyacinthe J$_I$ 1040
Dillon, Wentworth Earl of Roscommon KA$_{II}$ 156, 157; F$_I$ 860
Dilly, Charles J$_I$ 1031

Diogenes von Sinope KA$_{II}$ 13; C$_I$ 115; D$_I$ 637, 757; E$_I$ 300; J$_I$ 585; RA$_{II}$ 13
Diomedes A$_I$ 135
Dionysius C$_I$ 135
Ditters von Dittersdorf, Karl L$_I$ 45
Ditton, Humphry B$_I$ 43
Dizé, Michel Jean Jacques J$_{II}$ 1312
Dobrowsky, Joseph SK$_{II}$ 330
Dodd, James Williams RA$_{II}$ 54, 184
Dodd, William F$_I$ 942
Dodley KA$_{II}$ 171
Dodsley, James D$_{II}$ 763
Dodsley, Robert KA$_{II}$ 174; D$_I$ 593
Dohm, Christian Wilhelm von D$_I$ 455; D$_{II}$ 688; F$_I$ 452
Dollond, John D$_{II}$ 748; TB$_{II}$ 14; RA$_{II}$ 117
Dollond, Peter RA$_{II}$ 117
Dolly SK$_{II}$ 511, 537, 566, 570, 571, 574, 576, 578, 579, 585, 587, 588, 589, 593, 597, 602, 603, 606, 608, 609, 610, 611, 612, 613, 614, 617, 618, 620, 621, 623, 639, 648, 658, 666, 670, 673, 674, 681, 686, 687, 845, 846, 900; s. a. Düvel
Dolomieu, Déodat Gratet de J$_I$ 876; J$_{II}$ 1776, 1778
Dominicus B$_I$ 169
Donatus, Aelius C$_I$ 104
Donneau de Visé, Jean KA$_{II}$ 150
Don Zebra s. Zimmermann, Johann Georg von
Doppelmayr, Johann Gabriel B$_I$ 195, 419; Mat I$_{II}$ 174
Doris B$_I$ 185; C$_I$ 111; D$_I$ 111, 112
Dornford, Josiah SK$_{II}$ 19, 22, 187, 207, 967
Dorset, Herzog von KA$_{II}$ 157; RA$_{II}$ 26; s. a. Sackville, Lord John
Dorset, Arabella Diana Herzogin von J$_I$ 904
Dorset, Charles Sackville KA$_{II}$ 157
Dortchen SK$_{II}$ 104, 302, 566, 845, 846
Douglas TB$_{II}$ 1
Doux, M. G. KA$_{II}$ 113
Drake, Sir Francis D$_I$ 440
Draper, William D$_I$ 669
Drechsler, Johann Gerhard SK$_{II}$ 462
Dreffein, Ernst Heinrich SK$_{II}$ 625
Drevenstedt SK$_{II}$ 424

Drewsen, Friedrich Christian L$_{II}$ 831
Dreyer, Johann Matthias D$_I$ 6, 16, 18
Droste-Vischering, Kaspar Maximilian Freiherr von L$_I$ 78
Dryden, John KA$_{II}$ 133; G$_{II}$ 142
Dubius KA$_{II}$ 64
Dubourgh, Herrmann SK$_{II}$ 209
Du Cange, Charles Du Fresne E$_I$ 67
Duclos, Charles Pinot J$_I$ 765
Dünert SK$_{II}$ 368
Düvel (Dübel, Devil, Diable, Satan, Teufel) L$_I$ 195; SK$_{II}$ 464, 589, 593, 597, 602, 603, 606, 608, 609, 610, 611, 612, 613, 614, 617, 618, 620, 621, 623, 627, 639, 648, 658, 666, 670, 673, 674, 681, 686, 687, 733, 734, 754, 843, 856, 911, 923, 991, 1001, 1002, 1003, 1005, 1006, 1012, 1036, 1044
Dufresnoy, Charles Alphonse TB$_{II}$ 27
Dumont, Johann Peter SK$_{II}$ 254, 963
Dumoulins (Molins), Jacques L$_I$ 514
Duncan, Adam J$_I$ 685
Duplat F$_I$ 638
Duprat L$_I$ 525
Du Tasta Laserre GH$_{II}$ 92
Dutens, Vincent Louis L$_I$ 268
Duval J$_I$ 474
Duvarnier GH$_{II}$ 19
Dyck, Anthonis van F$_I$ 362; TB$_{II}$ 27
Dyck, Johann Gottfried L$_I$ 293

Eardley, William SK$_{II}$ 218, 232, 256, 287, 298, 304, 429, 435
Ebeling, Christoph Daniel D$_I$ 439, 633; L$_{II}$ 797
Ebell, Georg August C$_I$ 178; K I + II S. 291; D$_{II}$ 737; J$_{II}$ 1475, 1970; L$_I$ 420; RA$_{II}$ 135; SK$_{II}$ 376, 390, 392, 398, 417, 475, 477, 480, 529, 530, 531, 533, 535, 537, 557, 560, 583, 587, 734, 746, 751, 753, 774, 854, 1035
Ebell, Mamsell SK$_{II}$ 557
Eber, J. H. L$_{II}$ 837
Eberhard, Johann August D$_I$ 279; F$_I$ S. 644
Eberhard, Johann Paul SK$_{II}$ 595, 772
Eberhard, Johann Peter KA$_{II}$ 93, 105, 116, 177

Ebert, Johann Jacob D₁ 610; E₁ 245; SK₁₁ 679, 735, 784
Edgar F₁ 451
Edwards, Arthur RA₁₁ 5
Egede, Paul J₁ 883
Eggers, Christian Ulrich Detlev von L₁ 514
Ehmbgen, Johann Gottlieb SK₁₁ 446
Ehrhardt, Georg Heinrich SK₁₁ 167, 277, 278
Ehrmann GH₁₁ 18
Ehrmann, von SK₁₁ 1040
Eichhorn SK₁₁ 771
Eichhorn, Johann Gottfried SK₁₁ 215
Eimbke, Georg SK₁₁ 805, 806
Einfeld, Carl Julius SK₁₁ 412
Einsiedel, Carl Graf von SK₁₁ 156
Eisendecher, Wilhelm Christian SK₁₁ 154, 162, 179, 181, 185, 263, 271, 276, 290, 301, 304, 343, 377, 378, 382, 386, 397, 400, 402, 424, 437, 447, 488, 531, 535, 537, 543, 608, 613, 614, 662, 664, 668, 676, 678, 689, 701, 706, 710, 714, 724, 757, 768, 791, 814, 819, 824, 826, 828, 830, 831, 836, 855, 921, 922, 950, 980
Eisenhart, Johann Friedrich C₁ 122, 127
Ekhof, Konrad RT₁₁ 8
Elberfeld, Johann Heinrich SK₁₁ 326
– Catharine Wilhelmine, dessen Schwiegertochter SK₁₁ 678?
– Georg Heinrich, dessen Sohn SK₁₁ 646, 648
– Sophia Margarethe, dessen Frau SK₁₁ 678?, 737, 869, 974
Elias L₁ 268
Elisabeth Petrowna KA₁₁ 243
Elliot, Sir Gilbert, Vizekönig von Korsika SK₁₁ 713
Elliott, John J₁ S. 832
Ellis, John D₁₁ 675
Ellis, Wellbore J₁ 1104; RA₁₁ 38
Elwes, Johann J₁ 488; L₁ 237; SK₁₁ 178
Emmert, Johann Heinrich SK₁₁ 187, 193, 201, 260, 304
Empedokles B₁ 70; J₁ 897
Ende, Carl Wilhelm Adolph Freiherr von SK₁₁ 385, 412, 415, 418, 435, 440, 441, 534, 538, 584, 585, 586, 587, 606, 637, 641, 647, 732, 855
– dessen Hofmeister s. Hugo
Ende, Ferdinand Adolf von SK₁₁ 581, 596
– Karl Wilhelm von, dessen Sohn oder Bruder SK₁₁ 412, 567, 580
Ende, Leopold Nikolaus von TB₁₁ 30
Endern, Karl von D₁ 172
Enders D₁ 575
Engel, Johann Christian SK₁₁ 85
Engel, Johann Jacob J₁ 897
Engelhard, Magdalene Philippine SK₁₁ 369, 969, 970, 973
Engelmann, Aedituus GH₁₁ 65
England, Anna von F₁ 678
England, Auguste von RA₁₁ 30
England, Eduard I. von E₁ 142
England, Eduard II. von E₁ 142
England, Eduard III. von E₁ 142
England, Eduard IV. von D₁ 601, 642
England, Elizabeth I. von D₁ 556; RA₁₁ 111, 189
England, Georg II. von A₁ 119; KA₁₁ 70; D₁ 589, 637; L₁ 118; TB₁₁ 7; RA₁₁ 86
– Frederick Louis, dessen ältester Sohn, Prinz von Wales RT₁₁ 9
England, Georg III. von D₁ 79, 637; D₁₁ 753; E₁ 68, 152; F₁ 631, 716, 874, 1193; RA₁₁ 13, 14, 23, 30, 87, 91, 104, 111, 115, 167, 175, 194; J₁ 106; L₁ 32; SK₁₁ 333, 784, 841, 842, 907
– dessen Mutter RA₁₁ 30
– Sophie Charlotte, dessen Frau E₁ 76; F₁ 606; RA₁₁ 14, 30, 115, 137; SK₁₁ 1017, 1019
– Ernst August, dessen Sohn SK₁₁ 50, 56, 59, 71, 72, 78, 85, 93, 94, 100, 113, 129, 179, 233
– August Friedrich, dessen Sohn SK₁₁ 50, 56, 59, 70, 72, 78, 93, 94, 100, 113, 129, 179, 547
– Adolph Friedrich, dessen Sohn SK₁₁ 50, 56, 59, 72, 78, 93, 94, 100, 113, 126, 129, 179, 182, 921
England, Heinrich III. von E₁ 142
England, Heinrich IV. von E₁ 87?; RA₁₁ 111
England, Heinrich VII. von RA₁₁ 111

England, Heinrich VIII. von D_I 582, 592; E_I 116, 118; F_I 1189; J_I 1039; RA_{II} 84, 164
– Katharina von Aragonien, dessen erste Frau J_I 1039
England, Jakob I. von F_I 1193
England, Jakob II. von D_I 587
England, Johann von E_I 142
England, Karl I. von KA_{II} 163; D_I 583, 585, 638, 666; K_{II} 290; RA_{II} 1, 111
England, Karl II. von D_I 647, 666; RA_{II} 11
England, Karoline von F_I 581
England, Katharina von J_I 1039
England, Richard I. von E_I 142; RA_{II} 140
England, Richard II. von E_I 142
England, Wilhelm I. von F_I 655; L_I 48
Enslen, Johann Carl L_I 268
Ennah s. Hannah (Hanne)
Entragues, Catherine-Henriette de Balzac d' A_{II} 171
Enzelen s. Enslen, Johann Carl
Epaminondas L_I 68
Ephestio D_I 642
Epikur C_I 265; J_I 33, 292
Equiano, Olaudah SK_{II} 257
Ernesti, Johann August D_I 277
Erskine, David Stuart Earl of Buchan GH_{II} 8
Erskine, John Thomas of Cernock Buchan SK_{II} 166, 168, 184, 217, 221, 240, 253, 259
– dessen Onkel SK_{II} 259
Erxleben, Johann Christian Polycarp E_I 451; F_I S. 642, 1115; J_{II} 1457, 1912, 2046; L_I 262; L_{II} 827; SK_{II} 58, 169, 211, 674, 675, 707
– Johann Heinrich Christian, dessen Bruder SK_{II} 386
– Philippine Juliane Henriette, dessen Tochter SK_{II} 407
Esau J_I 784
Eschenbach, Christian Gotthold L_I S. 850
Eschenburg, Johann Joachim F_I S. 455; J_I 979, 982, 987, 1060, J_{II} 1876; SK_{II} 579, 615, 773, 784, 853, 854
Escheref D_I 391

Eßwein, Heinrich Bernhard A_I 129; B_I 257
Esterhazy von Galántha, Maria Fürstin L_{II} 789
Estor, Johann Georg B_I 200
Estorff, Hermann August Segeband Friedrich von SK_{II} 345
Ethelgar F_I 451
Euklid E_I 29, 146, 418; F_I 381; J_I 103; L_I 245, 852
Eulenspiegel, Till F_I 445
Euler, Johann Albrecht SK_{II} 265, 817
Euler, Leonhard A_I 166; KA_{II} 45, 260; B_I 28, 375; C_I 91; D_I 685; F_I 1090; J_I 280; J_{II} 1280, 1530, 1937, 1938, 2103; K_{II} 45, 182, 360, 361, 379, 817; L_{II} 891; TB_{II} 1; SK_{II} 485
Euridike RA_{II} 175
Europa C_I 93; J_I 363, 374
Eutychus C_I 367
Eva B_I 372; C_I 63; J_I 171
Evans D_I 638
Evchen SK_{II} 287
Evelyn, John F_I 13
Eymes, Carl Valentin B_I 257; TB 12

F., F. C. F_I S. 644
F..s J_I 1127
Faber, Syndicus D_I 6
Faber, Antonius (Christian Leonhard Leucht) L_I 460
Faber, Johann Ernst F_I 607
Faber, Jungfer SK_{II} 281
Fabricius, Johann Christian SK_{II} 687
Fabroni, Angelo F_I S. 457
Faenza, Francesco Antonio Zaccaria J_{II} 1870
Fahrenheit, Gabriel Daniel KA_{II} 54, 105; H_{II} 205; J_I 56, 1222; K_{II} 408; L_{II} 771, 935; RA_{II} 32; SK_{II} 182
Faidit s. Faydit, Pierre-Valentin
Falckmann, Ferdinand Heinrich Conrad SK_{II} 254, 306
Falconet, Etienne Maurice J_I 982
Falkenberg, Johann Alexander von SK_{II} 618
Fanny D_I 666
Fanshawe TB_{II} 26
– dessen Diener TB_{II} 26
Farish RA_{II} 164
Farnese, Familie F_I 460
Farquhar, George RT_{II} 6

PERSONENREGISTER

Faucitt, William B_I 118; RA_II 37
Faujas de St. Fond, Barthélémy L_I 513, 518
Faust, Johann (Georg) B_I 70, 200; E_I 107
Faydit, Pierre-Valentin KA_II 150
Feder, Johann Georg Heinrich KA_II S. 88; B_I S. 45, 388; C_I 241; D_I 593, 688, 689; E_I 242, 487; F_I 741, 802, 871; J_I 258, 400, 429; J_II 1519, 1527; RA_II S. 639; SK_II 30, 37, 80, 199, 202, 203, 211, 253, 297, 313, 414, 585, 596, 669, 1009, 1013
Fejes, Johan von SK_II 818
Felbiger, Johann Ignaz von KA_II 217
Felsecker, Paul Jonathan J_I 1019
Fénelon, François de Salignac de la Mothe KA_II 150, 152; L_I 186, 211
Ferguson, Adam J_I 531
Ferguson, James K I+II S. 291; RA_II 116
Fernsemmer, Johann Caspar SK_II 438, 569
Ferrers, Washington Shirley K I+II S. 291
Ferret s. Ferrers, Washington Shirley
Feßler L_II 916
Fichte, Johann Gottlieb L_I 973, 980, 982
Fielding, Henry A_I 99; KA_II 256; B_I 290, 384, 385; D_I 666; F_I 69, 85, 263, 1074, 1076, 1096, 1104, 1166, 1169; J_I 221, 807; L_I 602, 605, 606; Mat I_II 5, 7; Mat II_II 25; TB_II 5, 8, 21; SK_II 101, 658, 666, 667
– dessen Sohn TB_II 5
Fielding, Sir John RT_II 20
Fiorillo, Johann Dominikus SK_II 636, 637
Fischer, Georg Christian SK_II 553, 565, 593, 615, 704
Fischer, Johann Carl L_II 859, 872, 923; SK_II 254, 288
Fischer, Johann Christian B_I 26
Fischer, Johann Heinrich SK_II 86a, 254*, 288
Fischer, Johann Nepomuk SK_II 969
Fisher, Kitty D_I 647
Fitzroy, Augustus Henry, Duke of Grafton D_I 666; L_I 344; RA_II 6
Flaccus, L. Valerius F_I 256
Fladt (Flatt), Carl Christian SK_II 955

Flamarens, Frau von J_I 465
Flatt, Johann Friedrich von J_I 533
Fléchier, Valentin-Esprit J_I 283
Fleischer, Gerhard L_I 178, 299, 527, 631
Fleming, Paul B_I 97; RA_II 1
Fletcher, John Mat II_II 48, 53; RA_II 205
Fleuriot de Langle, Jean Marie Jérôme J_I 699
Flies, Isaak SK_II 154
Fll. s. Lessing, Gotthold Ephraim
Flock, Frau s. Krische, Christine Elisabeth
Flögel, Carl Friedrich KA_II 266; J_I 174
Flörke (Flörcke) F_I S. 455
Fochetti, Vincenzo RT_II 18
Foderé, Emanuel L_I 222
Folkes, Martin D_I 675
Fontana, Gregorio J_I S. 832
Fontenelle, Bernard le Bovyer de A_I 56, D_I 507*, 666; F_I 154; G_II 94; J_I 233, 463, 464, 465; J_II 1280; RA_II 156, 171
Foote, Samuel D_I 648; J_I 808; L_I 434; Mat I_II 61, 62, 63, 65, 82; RT_II 4; RA_II 13, 54, 175
Ford, Cornelius J_I 199, 812
– dessen Sohn J_I 199, 812
Fordyce, David RA_II 47
Fordyce, James A_I 80; B_I 185
Forkel, Johann Nikolaus D_I 257
Formey, Jean-Henri-Samuel D_II 686; F_I 242
Forster, Johann Georg Adam F_I 1192, 1193; GH_II 14; J_I 318, 623, 625, 685, 832, 1179; J_II 1655, 2073; RA_II 186; SK_II 69, 76, 88, 89, 152, 163, 327, 330, 396, 461, 581
– Therese, dessen Frau SK_II 551
Forster, Johann Reinhold K I+II S. 291; G_II 104; J_II 1673; L_I S. 850; RA_II 174, 175, 187, 188, 190 191, 192, 193, 204; SK_II 271
Fortuna E_I 229
Fouquet, Nicolas L_I 202
Fourcroy, Antoine-François de J_I 1214; J_II 1593; L_II 713, 768, 776
Fox, Charles E_I 73, 165

Fox, Henry s. Henry Fox Baron Holland
Francis, Sir Philipp B$_I$ 374; D$_I$ 666, 669; E$_I$ 38; F$_I$ 106, 153, 181, 211, 714; J$_I$ 814; L$_I$ 478; RA$_{II}$ 24
Frankenfeld, Johann Philipp B$_I$ 51, 102
Franklin, Benjamin A$_{II}$ 227, 260; KA$_{II}$ 222, 295; C$_I$ 331; D$_I$ 60; K I+II S. 291; D$_{II}$ 690; F$_I$ 594, 732; G$_{II}$ 19, 196; J$_I$ 247, 396, 431, 432, 522, 862, 1150, 1178; J$_{II}$ 1468, 1469, 1539, 1547, 1783, 1895; L$_{II}$ 922, 935; RA$_{II}$ 78, 79, 113
– William, dessen Sohn J$_I$ 1150
Frankreich, Franz I. von KA$_{II}$ 160; E$_I$ 88
Frankreich, Heinrich IV. von A$_{II}$ 171; KA$_{II}$ 138; B$_I$ 23; C$_I$ 102, 360; D$_I$ 4; E$_I$ 31, 87?
– dessen Maitresse A$_{II}$ 171
Frankreich, Karl VI. von KA$_{II}$ 61
Frankreich, Karl IX. von J$_I$ 312, 345
Frankreich, Ludwig XIII. von J$_I$ 1124
Frankreich, Ludwig XIV. von F$_I$ 507, 508, 509; J$_I$ 765; L$_I$ 202, 211
Frankreich, Ludwig XV. von A$_I$ 119; KA$_{II}$ 251; J$_I$ 299; RA$_{II}$ 162
Frankreich, Ludwig XVI. von J$_I$ 564, 649, 726, 892, 940, 949; K$_I$ 1; K$_{II}$ 142, 152, 156, 215; SK$_{II}$ 182, 186, 251, 366, 428, 446, 475, 492, 519, 578
– Marie-Antoinette, dessen Frau SK$_{II}$ 547, 548, 711
Frantzen (Franzén), Frans Michael SK$_{II}$ 818
Franz, Friedrich Christian SK$_{II}$ 310
Frese, Johannes SK$_{II}$ 122
Friedheim, Christian SK$_{II}$ 603, 608, 612, 613
– dessen Frau SK$_{II}$ 608, 612, 613
– dessen Schwägerin, verh. Madelung SK$_{II}$ 925
– Johanna (Jeanette), dessen Tochter SK$_{II}$ 603, 608, 611, 612, 613, 695, 740, 748, 799, 800, 807, 835, 913, 916, 925, 932, 960, 972, 1008, 1022, 1026, 1033
Friedländer, David L$_I$ 547
Friedrichs, C. J$_I$ 940
Frisch, Johann Leonhard F$_I$ 46

Fritze s. Friederike Dieterich J$_I$ 918
Fuchs, Michael Gottlieb SK$_{II}$ 361
Fülleborn, Georg Gustav J$_I$ 1081, 1106
Fürstenberg, Franz Friedrich Wilhelm von TB$_{II}$ 30
Fulda, Friedrich Carl F$_I$ 32, 48, 1040, 1072, 1075
Fulda, Friedrich Karl J$_{II}$ 1947; SK$_{II}$ 639, 719, 845, 976
Fulhame, Mrs. L$_{II}$ 921
Furneaux, Tobias RT$_{II}$ 26
Fuss, Nicolas RA$_{II}$ S. 639
Füßli L$_I$ 172

G., Fürst s. Gallitzin, Dimitri Alexewitsch Fürst von
Gabler, Matthias J$_{II}$ 1741; L$_{II}$ 942; SK$_{II}$ 83
Gabory L$_I$ 52
Gabrielli, Caterina Mat I$_{II}$ 35; RA$_{II}$ 54, 195
Gabrias F$_I$ 967
Gacon, François C$_I$ 137
Gärtner, Carl Friedrich SK$_{II}$ 829
Gage, Thomas RA$_{II}$ 16, 76*
– Margaret, geb. Kemble, dessen Frau RA$_{II}$ 76
Gainsborough, Thomas L$_I$ 493
Galanti, Giuseppe Maria J$_I$ 912
Galenus KA$_{II}$ 80
Galilei, Galileo J$_I$ 897
Gallitzin, Dimitri Alexewitsch Fürst von L$_I$ 259?, 747; SK$_{II}$ 822*
Gallois, Abbé KA$_{II}$ 93
Galvani, Luigi J$_I$ 1100, 1252; J$_{II}$ 1980, 2159; K$_{II}$ 373; L$_{II}$ 751, 872, 873, 875, 915
Gamauf, Gottlieb SK$_{II}$ 918
Gambol J$_{II}$ 1738
Gange, de C$_I$ 129
Gange (Ganges), Anne-Elisabeth Marquise de C$_I$ 129
Gans (Ganz), Johann Philipp E$_I$ 369
Ganymedes D$_I$ 642
Garcin, Laurent KA$_{II}$ 59
Gardiner, William E$_I$ 407
Gardini, Antonio K$_I$ S. 845
Gardini, Giuseppe Francesco GH$_{II}$ 20
Garnerin, André Jacques L$_I$ 544
Garnet K$_I$ S. 838
Garrick, Peter RT$_{II}$ 27

- Arabella, dessen Frau RT$_{II}$ 27
- David, dessen Sohn KA$_{II}$ 169; D$_I$ 570, 625, 626, 666; F$_I$ 37, 975; G$_{II}$ 111; J$_I$ 427, 1104; L$_I$ 704; Mat I$_{II}$ 18, 20, 22, 26, 28, 78, 82, 124; Mat II$_{II}$ 48, 53; RT$_{II}$ 6, 8, 10, 11, 12, 19, 23, 27; RA$_{II}$ 11, 17, 54, 175, 184, 185, 205

Garve, Christian F$_I$ 741, 786, 802; J$_I$ 531; K$_I$ S. 845; L$_I$ 666, 704
Gascoyne, Sir Bamber J$_I$ 914
Gaspari, Adam Christian L$_I$ 299
Gaßner, Johann Joseph F$_I$ 322, 498, 741, 745, 802, 1035, 1166
Gatterer, Johann Christoph D$_I$ 224; E$_I$ 152; F$_I$ 81, 250, 1214; G$_{II}$ 38; SK$_{II}$ 128, 218, 886, 892, 973, 974
- Helena Barbara, dessen Frau SK$_{II}$ 926, 1043
- Carl Heinrich, dessen Sohn SK$_{II}$ 218
- Christian Wilhelm Jacob, dessen Sohn SK$_{II}$ 218, 223, 256, 394*
- Johann Georg Wilhelm, dessen Sohn SK$_{II}$ 218
- Magdalene Philippine, dessen Tochter s. Engelhard, Magdalene Philippine

Gatzert, Christian Hartmann Samuel RA$_{II}$ 41
- dessen Freund RA$_{II}$ 41

Gaudin, Abbé Jacques Maurice GH$_{II}$ 67
Gauß, Johann Friedrich Carl SK$_{II}$ 902, 904, 943, 954
Gay, John RT$_{II}$ 4; RA$_{II}$ 11
Gedike, Friedrich J$_I$ 51; SK$_{II}$ 197
Gehler, Johann Samuel Traugott H$_{II}$ 193; J$_I$ 837; J$_{II}$ 1457, 1715, 2081; K$_{II}$ 319, 366; L$_{II}$ 713, 741; SK$_{II}$ 164, 189, 728, 843
Geier, Kaufmann SK$_{II}$ 499
Geyer(t) (Geier), Johann Georg SK$_{II}$ 249, 250, 278, 330, 470, 513
Gellert, Christian Fürchtegott KA$_{II}$ 225, 277; B$_I$ 95, 185; C$_I$ 92; D$_I$ 334; F$_I$ 370, 498
Gellius, Aulus KA$_{II}$ 164; E$_I$ 315
Gennaro s. Belforte
Geoffroy, Claude Joseph KA$_{II}$ 216
Geoffroy, Etienne François KA$_{II}$ 21; RA$_{II}$ 58

Georg s. Rogge, Johann Georg Ludolph
Gerhardt, Markus Rudolph Balthasar GH$_{II}$ 73
Germaine (Germain), Lord George Sackville F$_I$ 794
Gersdorf, Adolf Traugott von SK$_{II}$ 618, 643, 663, 707
Gerson, Alexander SK$_{II}$ 633
Gerstenberg, Heinrich Wilhelm von B$_I$ 16; E$_I$ 227
Gesner, Johann Matthias B$_I$ 200; F$_I$ 467; L$_I$ 91
Geßner, Salomon F$_I$ 944; L$_I$ 172, 295
Gherardesca, Ugolino della E$_I$ 227
Gibbon, Edward J$_I$ 306
Gibson D$_I$ 575
Gildemeister, Johann Friedrich SK$_{II}$ 673
Gillray (Gilrey), James L$_I$ 575
Gilly RA$_{II}$ 144
Gilpin, John GH$_{II}$ 39
Girtanner, Christoph J$_I$ 1150, 1222; J$_{II}$ 1673, 1697, 1780, 1953, 2018, 2019, 2020, 2119, 2120; SK$_{II}$ 131, 188, 189, 254, 422, 548, 549
Giseke, Paul Dietrich RA$_{II}$ 68
Gjörwell, Carl Christoffer J$_I$ 249
Gladbach, Friedrich Christian SK$_{II}$ 307
Gladbach, Georg Ludwig SK$_{II}$ 486
Gleditsch, Johann Friedrich F$_I$ S. 644
Gleichmann, J. G. C. B$_I$ 16
Gleim, Johann Wilhelm Ludwig B$_I$ 16, 77, 178, 185; TB$_{II}$ 3; SK$_{II}$ 62, 705, 707, 712, 780
Gloucester, Prinz Wilhelm Heinrich, Herzog von Edinburgh TB$_{II}$ 1
Gloutier, Alexius SK$_{II}$ 192
Glover, Richard RA$_{II}$ 52
Glykon J$_I$ 932
Gmelin, Georg Adam von SK$_{II}$ 484
Gmelin, Johann Friedrich J$_I$ 955; J$_{II}$ 1597; SK$_{II}$ 40, 95, 115, 128, 151, 158, 170, 176, 186, 205, 239, 297, 304, 315, 339, 351, 409, 415, 422, 439, 466, 524, 540, 552, 600, 612, 646, 764, 790, 853, 915, 931, 947, 964, 991, 1017
- Rosine Louise, dessen Frau SK$_{II}$ 339, 869, 923
- Eduard, dessen Sohn SK$_{II}$ 95, 297

- Leopold, dessen Sohn SK$_{II}$ 95, 297
- dessen Schwägerin SK 339
Godofredus s. Geoffroy, Claude Joseph
Göbhard, Tobias F$_I$ 143, 187, 237, 993
Goeckingk, Leopold Friedrich Günther von F$_I$ 944
Göschen, Georg Joachim L$_I$ 562
Goethe, Johann Wolfgang D$_I$ 128, 214, 610, 652; E$_I$ 70, 228, 231, 326, 330, 393, 441, 499; F$_I$ 1, 8, 31, 178, 232, 333, 353, 390, 491, 498, 500, 516, 526, 527, 661, 667, 850, 944; G$_{II}$ 5; J$_I$ 735; K$_{II}$ 366, 369; L$_I$ 313, 605, 704; SK$_{II}$ 329, 333, 533, 540, 547, 619, 832, 865, 983
Göttling, Johann Friedrich August J$_{II}$ 1401, 1424; SK$_{II}$ 192, 616, 619
Goeze, Johann August Ephraim J$_I$ 165, 167, 820; J$_{II}$ 1429, 1911; K$_{II}$ 371
Goeze, Johann Melchior B$_I$ 22, 290; D$_I$ 358
Goguet, Antoine Yves A$_I$ 10
Goldhagen SK$_{II}$ 847
Goldoni, Carlo RT$_{II}$ 18
Goldsmith, Oliver D$_I$ 22, 582*, 583, 585, 587, 589, 601, 625; Mat I$_{II}$ 23
Goliath F$_I$ 1228
Gonson (Gunston), Sir John J$_I$ 1104
Gordon, Thomas E$_I$ 178; RA$_{II}$ 46
Gori, Antonio Francesco B$_I$ 187
Gossler, Christoph J$_I$ 1054
Gotter, Friedrich Wilhelm F$_I$ 944
Gotthard, Johann Zacharias J$_I$ 550, 552, 602; SK$_{II}$ 224, 240, 714, 1039
Gottsched, Johann Christoph B$_I$ 82
Gower, Granville Leveson, Earl RA$_{II}$ 11
Grabenstein B$_I$ 102; SK$_{II}$ 268
Graeff, Heinrich L$_I$ 17
Gräter, Friedrich David L$_I$ 151, 153*
Grätzel, Johann Heinrich B$_I$ 49
- Johann Heinrich, dessen Sohn J$_I$ 317; SK$_{II}$ 301, 472
Grafton, Duke of s. Fitzroy, Augustus Henry
Grandier, Urbain C$_I$ 151, 154
Granville, John Carteret, Earl RA$_{II}$ 86

Grasmeyer, Paul Friedrich Hermann J$_{II}$ 1377
Grau, Johann David B$_I$ 227
Graun, Karl Heinrich B$_I$ 191; F$_I$ 1071; L$_I$ 282, 456
Graupner, Christoph L$_I$ 683
Graves, Samuel RA$_{II}$ 33
Gray, Jane B$_I$ S. 45
Gray, Thomas D$_I$ 643; F$_I$ 860, 965, 1046; RA$_{II}$ 36
Greathead, Bertie E$_I$ 75; L$_I$ 57; SK$_{II}$ 84, 202, 295
Greaves s. Graves
Gregor XIII. H$_{II}$ 202
Gregor von Nyssa D$_I$ 689
Gregory, Miss RA$_{II}$ 83, 167
Gregory, George L$_I$ 162
Gregory, James J$_{II}$ 1507; RA$_{II}$ 12
Greiling (Greuling), Andreas Heinrich SK$_{II}$ 282, 508, 614, 640, 670
- Anna Catharine Sophie, dessen Frau SK$_{II}$ 1013
Greiling, Johann Christoph L$_I$ 370
Grellmann, Heinrich Moritz Gottlieb SK$_{II}$ 266, 956, 957
- Anne Christine Caroline, dessen Frau SK$_{II}$ 171, 266, 928
Gren, Friedrich Albert Karl J$_{II}$ 1448, 1457, 1530, 1589, 1591, 1628, 1783, 1946, 2023, 2110, 2122, 2125, 2129; L$_I$ 233; L$_{II}$ 709, 740, 764, 773, 800, 898; SK$_{II}$ 69, 182, 189, 215, 344, 390, 395, 396, 400, 401, 405, 470, 490, 657, 728
Grenville, George D$_I$ 666; RA$_{II}$ 124
Greulius, Andreas Heinrich SK$_{II}$ 117
Grey, Richard E$_I$ S. 344
Grey, Thomas de RT$_{II}$ 17; RA$_{II}$ 84
- Augusta Georgina Elizabeth, dessen Frau RA$_{II}$ 84
Grey, Zachary J$_I$ 1104
Grillo, Friedrich F$_I$ 944
Gringonneur, Jacquemin KA$_{II}$ 61
Grisebach, Johann Ludolf D$_I$ 20; F$_I$ 8
Gröning, Henrich SK$_{II}$ 708
Groning SK$_{II}$ 712
Groote, F. G. von TB$_{II}$ 27
Groschke, Johann Gottlieb J$_{II}$ 1600
Grose, Johann Friedrich D$_I$ 743
Grosett K$_I$ 412; L$_I$ 258
Großkopf, Johann Gottfried SK$_{II}$ 910

Großmann, Gustav Friedrich Wilhelm SK$_{II}$ 445
Grosvenor, Lady Henrietta RA$_{II}$ 39
Grote, F. G. von TB$_{II}$ 27
Grotius, Hugo B$_I$ 200
Grube, Friedrich Christian SK$_{II}$ 1042
Gruber, Albrecht Franz von SK$_{II}$ 304
Gruber, Johann Daniel E$_I$ 443, 444
Gruner, Gottlieb Sigmund F$_I$ 1149
Grupen, Christian Ulrich B$_I$ 200
Gruson, Johann Philipp SK$_{II}$ 242
Guden J$_I$ 63
Günther, Johann Christian A$_I$ 116
Guericke, Otto von RA$_{II}$ 151
Guerre, Martin de C$_I$ 149
– Bertraude, dessen Frau C$_I$ 149
– dessen Schwester C$_I$ 149
Gütle, Johann Conrad SK$_{II}$ 52, 113
Guichard, Carl J$_I$ 754
Guide s. Reni, Guido
Guillotin, Joseph-Ignace J$_I$ 1040
Guindano, Sigismund F$_I$ 119
Guise, Charles de Lorraine Herzog von B$_I$ 23
Guise, John D$_I$ 647
Gumprecht, Moses, genannt ›Baron Absatz‹ B$_I$ 49; F$_I$ 302; J$_I$ 1044; SK$_{II}$ 198, 202, 204, 228, 388, 495, 507, 927
Gunkel s. Kunkel, Jonas
Gutherius (Jacques Guthierres) L$_I$ 63
Guyot (Edmé Gilles) C$_I$ 377; F$_I$ 1036
Guyton de Morveau, Louis Bernard J$_{II}$ 1423; 1425; L$_{II}$ 965
Gyarmathi (Yarmatti), Samuel von L$_{II}$ 731, 732

H. F$_I$ 344
H., L. s. Herlin, Lucas
Haas, Jakob Bernhard J$_I$ 324; SK$_{II}$ 184, 203, 208
Habel, Jacob Christian Friedlieb J$_{II}$ 2022; SK$_{II}$ 395, 402, 404, 406, 415
Hachfeld, Johann Levin SK$_{II}$ 422, 607, 680, 802
– Dorothea Luise Friderike, dessen Frau SK$_{II}$ 74, 136, 318, 424, 450, 487, 601, 606, 608, 632, 660, 662, 671, 676, 855, 908, 965
– Georg Christoph, dessen Sohn SK$_{II}$ 422

Hadley, John J$_{II}$ 1641
Häberlin, Franz Dominikus F$_I$ 460
Häcker, Johann Friedrich SK$_{II}$ 138
Händel, Georg Friedrich J$_I$ 1051
Haertel, Gottfried Christoph L$_I$ 668
Hagedorn, Madem RA$_{II}$ 138
Hagedorn, Christian Ludwig von B$_I$ 17; UB$_{II}$ 48
Hagedorn, Friedrich von D$_I$ 334; E$_I$ 104
Haggren, Lars Christopher J$_{II}$ 1255
Hahn F$_I$ 529
Hahn, Friedrich von SK$_{II}$ 185
Hahn, Friedrich Carl Wilhelm von A$_I$ 27
Hahn, Johann David TB$_{II}$ 1
Hahnemann, Christian Friedrich Samuel L$_I$ 631; SK$_{II}$ 653
Haimo (Hemmo) von Halberstadt E$_I$ 66
Halberstadt, Heinrich Christian Friedrich SK$_{II}$ 75, 491
Halfpape, Andreas J$_I$ 63; SK$_{II}$ 210
Haller, Albrecht von A$_I$ 230; KA$_{II}$ 223, 228; B$_I$ S. 46; E$_I$ 169, 461, 462, 463, 464, 465, 466, 468, 479, 480, 490, 520, 521; F$_I$ 53, 61, 266, 915, 1119, 1170, 1207, 1208; G$_{II}$ 131; J$_I$ 367, 585; UB$_{II}$ 50
Halley, Edmund KA$_{II}$ 123; J$_{II}$ 1629
Hall-Stevenson, John B$_I$ 287
Hamberger, Georg Christoph A$_I$ 10; D$_I$ 653
Hamilton RA$_{II}$ 21
Hamilton, Antoine d' J$_I$ 711; SK$_{II}$ 176
Hamilton, Joseph SK$_{II}$ 104, 118, 389
Hamilton, Sir William B$_I$ 56; RA$_{II}$ 150
Hammerstein, von C$_I$ 196
Hancarville, Pierre François d' J$_I$ 987
Hancock, John F$_I$ 444, 498, 627, 802; RA$_{II}$ 113
Hanger, George TB$_{II}$ 26
Hansch, Michael Gottlieb K$_I$ S. 845
Hansemann, Otto Carl Gottlieb Daniel SK$_{II}$ 953
Hanstein, Carl Philipp Emil von SK$_{II}$ 215, 232, 298, 952
– August Christian Ludwig Wittrock, dessen Hofmeister SK$_{II}$ 215, 232

Hantsche SK$_{II}$ 496
Hanway, Jonas B$_I$ 419
Harcourt, Simon, Earl of RA$_{II}$ 89
– William, dessen Sohn RA$_{II}$ 89
Hardenberg, Eleonore Johanna Gräfin von L$_I$ 587
– deren Kind L$_I$ 587
Hardenberg, Friedrich August Burkhard Graf von L$_I$ 587; SK$_{II}$ 953
Hardenberg, Friedrich Ludwig von SK$_{II}$ 756
Harderus (Harder), Henrik C$_I$ 309
Harding, Karl Ludwig SK$_{II}$ 300
Hardwicke, Philip Yorke Earl of RA$_{II}$ 2, 6, 101
– Jemima, dessen Frau RA$_{II}$ 2
– Amabel, dessen Tochter s. Lucas, Amabel Baroness
– Charles Yorke, dessen Bruder RA$_{II}$ 101
Harley, Robert RA$_{III}$ 5, 42
Harley, Thomas RA$_{II}$ 104
Harrach, Karl Borromäus Graf von SK$_{II}$ 374, 688
Harrington, Henry J$_I$ 1095; J$_{II}$ 2026
Harrington, Robert J$_{II}$ 1451, 2026
Harrison, John K I+II S. 291; F$_I$ 595, 673, 676; J$_I$ 1155; RA$_{II}$ 18
Harrison, John SK$_{II}$ 359, 405, 426
Hartig, Georg Ludwig SK$_{II}$ 483
Hartley, David E$_I$ 453, 458, 469, 474, 475, 478, 483, 484, 501, 507, 508, 509; F$_I$ 11, 34, 35, 48, 53, 182, 210, 664
Hartley, Elizabeth RA$_{II}$ 36, 175
Hartmann, Johann Friedrich KA$_{II}$ 22, 23, 82; J$_{II}$ 1823
Hartmann, Johann Christian SK$_{II}$ 64, 222
– Maria Christina Elisabeth, dessen Kind SK$_{II}$ 64
Hartsoeker, Nicolaas TB$_{II}$ 1
Hassel, Friedrich Wilhelm von SK$_{II}$ 934, 972
Haßler, Ferdinand Rudolf SK$_{II}$ 572, 593, 599
Hasselquist, Friedrich A$_{II}$ 184, 185; KA$_{II}$ 114, 115
Hassenfratz, Jean Henri K$_{II}$ 366, 369
Hauber, Karl Friedrich SK$_{II}$ 1040, 1047
Haug, Friedrich J$_I$ 1139

Hausen, Carl Renatus B$_I$ 9
Hausmann, Johann Georg SK$_{II}$ 198, 204, 247
– dessen Stiefsohn s. Adams
– Marie Dorothea, dessen Frau SK$_{II}$ 291, 394, 402
Haüy, René Juste J$_I$ 441
Hawkesworth, John D$_I$ 130, 131, 141, 142, 197, 653, 702; F$_I$ S. 45; J$_I$ 210; RA$_{II}$ 202
Hawkins, John F$_I$ 1057; J$_I$ 199, 203, 204, 205, 206, 209, 210, 221, 254, 255, 256, 267, 274, 291, 296, 299
Hayes, Thomas J$_I$ S. 649
Hayley, William L$_I$ 490
Heatley, Maurus L$_I$ 244, 499
Hebe B$_I$ 320
Hebenstreit, Johann Ernst J$_I$ 314
– Ernst Benjamin Gottlieb, dessen Sohn L$_I$ 293
Heberden, William D$_{II}$ 692, 693, 753; RA$_{II}$ 101
Hecuba J$_I$ 933
Hederich, Benjamin F$_I$ 168
Hederström KA$_{II}$ 250
Hedwig, Johann J$_I$ 490
Heeren, Arnold Hermann Ludwig SK$_{II}$ 663, 897
Hegemon KA$_{II}$ 155
Heidenreich SK$_{II}$ 558
Heiligenstein, Conrad SK$_{II}$ 730, 756, 826
Heimbruch, C. W. H. von SK$_{II}$ 247, 272, 296
Heineccius, Johann Gottlieb B$_I$ 200
Heineke, Johann SK$_{II}$ 674
Heinemann, Salomon SK$_{II}$ 60, 238, 329
Heinrich s. Braunhold, Johann Heinrich
Heinze, Wilhelm Johann SK$_{II}$ 413, 522, 577, 726
Hektor J$_I$ 933
Helena B$_I$ 320; D$_I$ 642; F$_I$ 191
Helenus J$_I$ 933
Heliodor von Emesa J$_I$ 352
Hell, Maximilian A$_{II}$ 222; J$_I$ 297
Hellins, John RA$_{II}$ 15
Hellwag, Christoph Friedrich J$_{II}$ 1412; L$_{II}$ 885
Hellwig B$_I$ 225
Helmont, Johan Baptista van E$_I$ 53

Helvétius, Claude-Adrien KA$_{II}$ 117; C$_I$ 142; D$_I$ 133, 217, 227, 250, 346, 396, 398; D$_I$ 403, 443, 445, 454, 705, 706; E$_I$ 168; G$_{II}$ 53
Hemmelmann, Friedrich Wilhelm SK$_{II}$ 186, 207, 208, 340, 542
– Justine Friederike, dessen Frau SK$_{II}$ 213, 473, 903
Hemmer, Johann Jacob J$_{II}$ 1681
Hemmerde J$_I$ 989
Hemming, Thomas D$_{II}$ 755
Hemmins (Heming?) D$_I$ 755
Hempel, Adolph Friedrich SK$_{II}$ 787, 788, 815
Hemsterhuis, Franciscus J$_{II}$ 2052; SK$_{II}$ 427
Hendrich, Franz Josees von L$_I$ 102
Henke, Heinrich Philipp Konrad L$_I$ 47
Henly, William RA$_{II}$ 150
Hennert, Johann Friedrich TB$_{II}$ 1
Henning, Justus SK$_{II}$ 452
Hennings, August von L$_I$ 499
Henrici, Christian Friedrich s. Picander
Henrici, Hermann Christopher C$_I$ 83
Henry, Robert F$_I$ 654
Henshaw, Thomas J$_{II}$ 1563
Hensler, Peter Wilhelm L$_I$ 360
Hephaestion s. Ephestio
Heppe, Johann Christoph J$_I$ S. 649
Heraklit J$_I$ 1066
Herbert, Sohn Lord Porchesters SK$_{II}$ 451, 452
Herbert, George J$_I$ 274
Hercolani, Filippo Marchese KA$_{II}$ 30
Hercules (Herkules) D$_I$ 208; E$_I$ 209; F$_I$ 460, 1058, 1145; J$_{II}$ 1875; L$_I$ 64
Herder, Johann Gottfried KA$_{II}$ 158; B$_I$ 95; C$_I$ 42; D$_{II}$ 689, 691; E$_I$ S. 344, 109, 453; F$_I$ 81, 381; H$_{II}$ 55; J$_I$ 1055, 1128; L$_I$ 211, 516; TB$_{II}$ 29, 30
– Siegmund Wolfgang August, dessen Sohn SK$_{II}$ 895, 951, 952
Hereford Girl RA$_{II}$ 198
Herlin, Lucas J$_I$ 894
Hermann s. Arminius
Hermann, Martin Gottfried von J$_I$ S. 649
Hermbstädt, Sigismund Friedrich J$_{II}$ 1830; SK$_{II}$ 451, 460, 544

Hermite D$_I$ 440
Herodes J$_I$ 970
Herodian B$_I$ 80
Herodike D$_I$ 642
Herodot F$_I$ 840; J$_I$ 287; L$_I$ 268; Mat I$_{II}$ 116
Herrenschneider, Johann Ludwig Alexander J$_{II}$ 1583; SK$_{II}$ 99, 103, 105
Herschel, Friedrich Wilhelm J$_I$ 259, 724; J$_{II}$ 1459, 1579, 1583, 1586, 1598, 1657, 1672, 1853; K$_I$ S. 838; K$_{II}$ 69, 396; L$_{II}$ 715, 841; SK$_{II}$ 224, 335, 380, 385
– Karoline Lucretia, dessen Schwester J$_{II}$ 1583
Hertzberg, Ewald Friedrich Graf von J$_I$ 377; SK$_{II}$ 868
Hervieu, Abbé Jean-Louis-François GH$_{II}$ 27
Herz, Marcus L$_I$ 540, 547
Hesiod J$_I$ S. 649
Heß, Johann Jakob C$_I$ 92
Hessen-Darmstadt, Ludwig IX. Landgraf von J$_I$ 852; SK$_{II}$ 40
Hessen-Darmstadt, Ludwig X. Landgraf von SK$_{II}$ 63
Hessen-Darmstadt, Friederike Luise von B$_I$ 238
Hessen-Darmstadt, Friedrich Prinz von SK$_{II}$ 252
Hessen-Kassel, Friedrich II. von A$_I$ 119
Hessen-Kassel, Wilhelm IX. Landgraf von SK$_{II}$ 395, 496, 1020
– Wilhelmine Caroline, dessen Frau SK$_{II}$ 485
Hessen-Philippsthal, Wilhelm Landgraf von SK$_{II}$ 87, 101, 119
Hessen-Rheinfels-Rotenburg, Carl Emanuel Landgraf von SK$_{II}$ 71, 72, 79, 207
– Marie Leopoldine, dessen Frau SK$_{II}$ 207
Heumann, Christoph August KA$_{II}$ 201; B$_I$ 16, 196; J$_I$ 308
Hevelius (Hoewelke), Johannes D$_I$ 738; L$_I$ 262; SK$_{II}$ 223
Heyden (Heiden), Hermann Heinrich Albert Ludewig zur K$_I$ S. 845; SK$_{II}$ 506*
Heydenreich, Karl Heinrich J$_I$ S. 649, 732; K$_{II}$ 288

Heydenreich SK$_{II}$ 558
Heyer J$_I$ 63
Heyn, Christian Friedrich SK$_{II}$ 704
Heyne, Christian Gottlob B$_I$ 239;
D$_I$ 238; F$_I$ 188, 250, 1139; J$_I$ S. 649,
642, 831, 838, 872; J$_{II}$ 1758; K$_{II}$ 205;
L$_I$ 418; TB$_{II}$ 1, 29; SK$_{II}$ 74, 77, 87,
88, 89, 90, 131, 133, 134, 135, 165,
174, 191, 216, 217, 246, 267, 291,
305, 306, 351, 356, 357, 369, 390,
449, 450, 562, 636, 642, 644, 646,
654, 659, 665, 671, 720, 729, 739,
740, 741, 744, 765, 777, 803, 815,
963, 967
– Ernestine Georgine, dessen Frau
SK$_{II}$ 488
– Wilhelmine, dessen Tochter
SK$_{II}$ 488, 897
– Karl Wilhelm Ludwig, dessen
Sohn SK$_{II}$ 916
Higgins, William GH$_{II}$ 51; J$_I$ S. 649
Hildebrandt, Georg Friedrich L$_I$ 233;
L$_{II}$ 779, 924, 978
Hill, Aaron RA$_{II}$ 184
Hill, John KA$_{II}$ 91; B$_I$ 379; E$_I$ 137,
241; RA$_{II}$ 13
Hill, Lady C$_I$ 6
Himme SK$_{II}$ 983
Hindenburg, Karl Friedrich J$_{II}$ 1293;
SK$_{II}$ 164, 189, 219, 492, 609, 629,
728, 761
Hinüber, Christian Carl von
SK$_{II}$ 498
Hinüber, Jobst Anton von E$_I$ 91
Hinze s. Heinze, Wilhelm Johann
Hinze, Heimbert Johann J$_I$ 1051
Hiob KA$_{II}$ 212
Hippokrates B$_I$ 227; D$_I$ 1; G$_{II}$ 35;
J$_I$ 575
Hirsch, David Michael SK$_{II}$ 799, 918
Hirschfeld, Christian Kay Lorenz F$_I$
S. 455
Hissmann, Michael F$_I$ 836, 842, 1111
Hobbes, Thomas KA$_{II}$ 47; E$_I$ 226;
J$_I$ 1158; RA$_{II}$ 46
Hochheimer, Carl Friedrich August
SK$_{II}$ 86
Hock s. Hogarth, William
Hodges, William RA$_{II}$ 193, 199
Hoeck J$_I$ 201
Höhe, Sophia Maria SK$_{II}$ 98, 108,
151

– Heinrich Christoph, deren Vater
SK$_{II}$ 98
– Sophia Christina Elisabeth, deren
Tochter SK$_{II}$ 98
Hölty, Ludwig Heinrich Christoph
E$_I$ 142
Hoenn, Georg Paul J$_I$ 90
Höpfner, Ludwig Julius Friedrich
SK$_{II}$ 198, 199, 229, 301
– Ernst Georg Philipp, dessen Sohn
SK$_{II}$ 1026
Höpfner, Johann Georg Albrecht
J$_I$ S. 833; TB$_{II}$ 30
Höpfner, Karl Ludwig SK$_{II}$ 383, 385,
660, 662, 669
Hoewelke s. Hevelius
Hof, Karl Ernst Adolf von SK$_{II}$ 218
Hofmann, Leopold Alois J$_I$ 1169; K$_I$ 9
Hofmann, Andreas Joseph J$_{II}$ 2035
Hofmann (Hoffmann), Georg Franz
SK$_{II}$ 512, 513, 521, 532
Hofmann, Karl Gottlieb SK$_{II}$ 755,
759, 865, 893, 910, 941, 959, 992
Hogarth, William KA$_{II}$ 277; B$_I$ 131;
C$_I$ 107; D$_I$ 550; F$_I$ 37, 85, 182, 213;
G$_{II}$ 201; J$_I$ 25, 199, 361, 812, 835,
869, 914, 1031, 1060, 1070, 1097,
1104, 1246; K$_{II}$ 52, 177, 204; L$_I$ 4,
15, 17, 21, 30, 48, 56, 80, 82, 84,
94, 99, 101, 105, 111, 118, 121,
122, 123, 131, 134, 182, 200, 209,
221, 222, 232, 309, 332, 360, 491,
519, 522, 624, 645, 660, 703, 704;
MH$_{II}$ S. 542, 1, 2, 3, 4; Mat I$_{II}$ 107;
RA$_{II}$ 13; SK$_{II}$ 50, 70, 201, 206, 347,
366, 367, 419, 435, 457, 558, 588,
597, 601, 602, 606, 611, 614, 615,
617, 626, 628, 631, 635, 637, 647,
649, 725, 728, 729, 731, 733, 735,
754, 761, 762, 763, 765, 771, 773,
788, 792, 832, 851, 866, 867, 868,
872, 875, 876, 877, 882, 885, 886,
889, 890, 891, 892, 905, 907, 918,
938, 977, 1005, 1007, 1028, 1030
Hogrewe, Johann Ludwig J$_I$ 35;
SK$_{II}$ 113, 128, 129, 145, 153, 162,
173, 174
Holbein, Hans d. J. TB$_{II}$ 27
Holberg, Ludwig von C$_I$ 169, 170,
171, 172, 173, 174, 175, 176, 182,
308, 309, 310; C$_I$ 311, 312, 314,
315; D$_I$ 1, 2, 3, 653

Holcroft, Thomas J$_I$ 997; SK$_{II}$ 326
Holland, Philemon D$_I$ 629
Holland, Henry Fox Lord E$_I$ 165
Hollenberg, Georg Heinrich D$_I$ 151; SK$_{II}$ 116, 216, 217, 218, 525
Hollis, Thomas RA$_{II}$ 118
Hollmann, Samuel Christian B$_I$ 239, 292; F$_I$ S. 643
Holme, Edward SK$_{II}$ 97, 140
Holzer, Johann Evangelist KA$_{II}$ 33
Home, Henry Lord Kames A$_I$ 70, 74, 78, 100, 101, 105, 106
Homer A$_I$ 135; KA$_{II}$ 152; B$_I$ 200, 283; C$_I$ 42; D$_I$ 537*, 611, 666; E$_I$ 197, 260, 281, 347; F$_I$ 58, 106, 485, 500, 507, 530, 595, 734, 767; G$_{II}$ 5, 64, 106, 117, 187; J$_I$ S. 649, 413, 536, 606, 825, 933; L$_I$ 660; TB$_{II}$ 1
Hook, Frau RT$_{II}$ 24
Hooke, Robert J$_I$ 1155; J$_{II}$ 1274, 1558; K$_{II}$ 401
Hopffgarten, Ludwig Ferdinand F$_I$ S. 455
Hopson, Charles Rivington J$_{II}$ 1789
Horatier B$_I$ 198; D$_I$ 8; F$_I$ 853
Horaz (Quintus Horatius Flaccus) KA$_{II}$ 152, 275; B$_I$ 10, 20, 23, 77, 159, 365, 384; C$_I$ 126, 209; D$_I$ 48, 54, 133, 405; E$_I$ 22, 68, 84, 104, 113, 126, 197, 251, 257, 355, 396, 470; F$_I$ 58, 66, 93, 137, 184, 186, 296, 355, 625, 734*, 860, 867, 880, 1153, 1178; G$_{II}$ 12, 35, 83, 106; H$_{II}$ 6, 84; GH$_{II}$ 46, 90; J$_I$ 44, 104, 244, 622, 800, 838, 911, 913; J$_{II}$ 1341; K$_{II}$ 154, 213; L$_I$ 33, 238, 377, 390, 622; UB$_{II}$ 47; Mat I$_{II}$ 110; SK$_{II}$ 134, 135
Horst, Erdwien von der SK$_{II}$ 180
Horvath, Johann Baptist SK$_{II}$ 328
Hotham L$_I$ 160
Hottinger, Johann Jacob J$_I$ 730
Howard, John F$_I$ S. 458; J$_I$ 316, 327, 422, 501, 1165
– Jack, dessen Sohn F$_I$ S. 458; J$_I$ 1165
Howe, Richard F$_I$ 802
Howe, William F$_I$ 627, 802; RA$_{II}$ 76
Huarte, Juan J$_I$ 606
Hube, Johann Michael J$_I$ 1120; J$_{II}$ 1414, 1426, 1471, 1472, 2069
Huber, Ludwig Ferdinand SK$_{II}$ 406

Huber, Melchior L$_I$ 891
Huberulus s. Huber, Ludwig Ferdinand
Huergelmer s. Rebmann, Andreas Georg Friedrich
Huetius, Petrus Daniel SK$_{II}$ 486
Hüfer SK$_{II}$ 543
Hufeland, Christoph Wilhelm J$_I$ 961; SK$_{II}$ 832, 985
Hufeland, Gottlieb GH$_{II}$ 23; J$_{II}$ 1830, 2030; L$_{II}$ 746, 753, 825, 829; SK$_{II}$ 156, 343, 349
Hugo, Anton Eberhard SK$_{II}$ 538
Humboldt, Alexander von J$_{II}$ 1743, 1887, 1955; L$_I$ 233; L$_{II}$ 743, 744, 746, 753, 754, 873, 935, 966; SK$_{II}$ 64, 141, 189, 493, 494, 544
Hume of Berwick, Baron s. Polwarth, Alexander
Hume, David C$_I$ 193; D$_I$ 231, 249, 588; E$_I$ 152; F$_I$ 118, 460, 680, 817; L$_I$ 75, 77, 186; RA$_{II}$ S. 639
Hunold, Christian Friedrich s. Menantes
Hunt TB$_{II}$ 1
Hunter, John L$_I$ 380, 381; RA$_{II}$ 194
Hunter, William F$_I$ 704, 1057
Hupazoli, Francesco J$_I$ 928, 1013
Hupel, August Wilhelm J$_I$ 305
Hurd, Richard F$_I$ S. 455
Hus, Johann K$_{II}$ 142
Hussein B$_I$ 419
Hußmann SK$_{II}$ 88
Hutchinson, John L$_I$ 268
Huth, Johann Sigismund Gottfried L$_{II}$ 840
Hutton, Charles GH$_{II}$ 7; L$_{II}$ 785, 896
Hutton, James J$_{II}$ 1785, 2110
Huygens (Hugenus), Christiaan D$_{II}$ 728; J$_I$ 607, 1155, 1191; L$_I$ 245; RA$_{II}$ 156
Hyperbolos F$_I$ 225
Hypereides (Hyperides) F$_I$ 1188

Icilius, Quintus s. Guichard, Carl
Ide, Anton SK$_{II}$ 899
Iffland, August Wilhelm SK$_{II}$ 67
Ikarus E$_I$ 318
Ilau (Ilow), Otto Friedrich von SK$_{II}$ 339, 340
Ilsemann, Johann Christoph J$_{II}$ 1297

– Julius Christoph, dessen Sohn L_{II} 948
Imhoff-Spielberg SK_{II} 919
Imperiali, Don Vincenzo F_I 1233
Ingenhouß, Jan GH_{II} 18, 20, 21; J_{II} 1267, 1414, 1457, 1783, 1887, 1895, 2063; L_{II} 922
Ingversen, Martin Heinrich SK_{II} 826, 830, 892, 919
Innozenz III. D_I 263
Innozenz XI. F_I 610
Irby, William, Lord Boston D_I 593, 622, 753, 754; TB_{II} 1; RA_{II} 50, 99
– Augusta Georgina Elizabeth, dessen Tochter RA_{II} 84
– Frederick, 2nd Lord Boston, dessen Sohn RA_{II} 13
– William Henry, dessen Sohn KA_{II} 169, 171; B_I S. 45, S. 46; D_I 593; D_{II} 749; E_I 63, 75; F_I 55; RT_{II} 13; RA_{II} 10, 13, 33; SK_{II} 187, 247, 295, 329
Ireland, John J_I 1060, 1070, 1104; SK_{II} 347, 419, 435
Ireland Samuel J_I 1070
– William Henry, dessen Sohn L_I 161
Irsengard, Johann Conrad SK_{II} 904
Isaak F_I 1141; J_I 911
Iselin D_I 278
Ischak D_I 391
Isis D_I 302; F_I 967
Isla, José Francisco de C_I 11
Israeli, Isaac d' L_I 361

J., M. L_I 373
Jablkowsky J_I 869
Jablonowski, Joseph Alexander Fürst L_I 178
Jachmann, Reinhold Bernhard SK_{II} 82, 83, 235
Jackson, Joseph J_{II} 1911
Jacob, Ludwig Heinrich (von) SK_{II} 48
Jacobi, Friedrich Heinrich J_I 144; SK_{II} 323*, 427, 432
– Johann Georg Arnold, dessen Sohn SK_{II} 124, 413, 415, 909
Jacobi, Johann Georg B_I 47, 178, 247, 254, 364; C_I 116, 221, 337; E_I 66?, 355; F_I 944; TB_{II} 1

Jacobsson, Johann Karl Gottfried F_I S. 455
Jäger, Carl Christoph Friedrich SK_{II} 755, 799, 909
– dessen Familie SK_{II} 909
Jänisch (Jaenisch), Christian Rudolph SK_{II} 777, 778
Jagemann, Christian Joseph J_I 1193
Jakob J_I 911
James RA_{II} 3
Januarius K_{II} 121
Jansen SK_{II} 927
Janus F_I 1000; J_I 1144*
Jarrat RT_{II} 19
Jeanneret TB_{II} 21, 22
Jeanette s. Friedheim, Johanna
Jeffery D_I 638
Jehovah J_I 454
Jenisch, Daniel L_I S. 850
Jephson, Robert RT_{II} 16
Jephthah GH_{II} 6
Jeremias Stern, Herz Alexander SK_{II} 860, 927
Jerusalem, Johann Friedrich Wilhelm C_I 92
– Karl Wilhelm, dessen Sohn F_I 500
Jesaias C_I 92
Jesus Christus KA_{II} 235; C_I 92; D_I 426, 537; E_I 336, 429, 489, F_I 443, 599, 616, 632, 649, 659, 767, 1125, 1217; G_{II} 44, 231; GH_{II} 31, 33, 58; J_I 235, 295, 320, 498, 970, 983, 1095, 1248; K_I 16; L_I 47; TB_{II} 23; RA_{II} 1, 8
Jette s. Sommer
Jetzler (Jetzeler), Christoph F_I 258
Joachim (Rhaeticus), Georg L_I 86
Jodelle, Etienne C_I 140
Johannes A_I 116; B_I 290; C_I 35; J_I 1183
Johannes der Täufer J_I 143
Johnson, James RA_{II} 183
Johnson, Samuel C_I 119, 121; D_I 572*, 637; F_I 214, 1193; J_I 199, 203, 204, 205, 206, 209, 210, 221, 254, 255, 256, 267, 291, 296, 299, 779, 782, 783, 785, 788, 789, 792, 807, 808, 809, 811, 812, 813, 814, 816, 817, 819, 820, 822, 823, 825, 863, 1039, 1041, 1042, 1073, S. 832; K_{II} 171, 290; L_I 124, 186, 362, 646; RA_{II} 118; SK_{II} 213, 227

Johnston, Alexander SK_{II} 458, 630, 754
Jombert, Charles-Antoine GH_{II} 7
Jones, John Paul H_{II} 28
Jones, William D_I 391, 393, 394, 395; J_I 589
Jordan, Johann Ludwig SK_{II} 389
Jordans, Jeremias SK_{II} 860
Josef von Arimathia F_I 1217
Josua J_I 27, 885; L_I 7
Jourdan, Jean Baptiste Duc de SK_{II} 945
Jourgniac de St.-Méard, François J_I 1175
Juchert A_{II} 215
Judas Ischariot D_I 214
Jüngken SK_{II} 461
Jürgens, Georg Heinrich Bernhard SK_{II} 482
Jürgens, Johann Friedrich L_I 682
Jungius, Joachim A_I 12
Jungius s. Junius, Ulrich
Junius s. Francis, Sir Philip Junius, Ulrich KA_{II} 225
Junker, Johann Christian Wilhelm L_I 545; SK_{II} 154
Junker, Karl Ludwig F_I 215
Juno B_I 17; RT_{II} 6
Jupiter (Jovis) B_I 187; D_I 740*; E_I 368; F_I 339, 1123; J_I 363, 374; J_{II} 1869; RT_{II} 6; RA_{II} 163; s. a. Zeus
Justel s. Köhler, Georg August Julius
Justi, Karl Wilhelm L_I 484
Justine s. Schulzen, Maria Justina
Justinian I. KA_{II} 75
Jussieu, Bernard de D_I 675
Juvenal, Decimus Junius KA_{II} 144, 145, 152; E_I 104; F_I 351; J_I S. 832; SK_{II} 88, 89

K. s. Christiani, Christian
K..., S. s. Käsebier, Christian Andreas
Kähler, Martin (Märten) A_I 54
Käsebier, Christian Andreas J_I 1063
Kästner, Abraham Gotthelf A_{II} 179, 221; KA_{II} 38, 116, 212, 225, 226; B_I S. 45, 54, 56, 65, 77, 82, 102, 145, 177, 228, 239, 321, 380, 407; C_I 59, 199, 244; D_I 38, 185, 579; K I+II S. 291; E_I 169; F_I 154, 250, 263, 606, 741; G_{II} 235; J_I 152, 442, 552, 709, 736, 760, 838, 1220; K_{II} 314; L_I S. 850, 306, 321, 379; TB_{II} 1, 24, 29; SK_{II} 67, 68, 87, 94, 103, 121, 124, 169, 175, 178, 214, 218, 219, 222, 223, 225, 226, 227, 231, 239, 241, 242, 243, 244, 245, 246, 263, 264, 269, 276, 279, 285, 291, 296, 305, 309, 310, 318, 319, 322, 328, 335, 339, 365, 372, 374, 377, 399, 403, 404, 431, 436, 438, 452, 453, 546, 547, 597, 609, 635, 636, 657, 661, 663, 712, 713, 714, 758, 794, 820, 841, 884, 892, 947, 967, 971, 972, 974, 990, 1044
Kahle, Conrad Walther SK_{II} 14
– Dorothea Maria, dessen Frau SK_{II} 303, 390, 451, 678, 776, 916
– Heinrich Christoph, dessen Sohn SK_{II} 489
Kain (Cain) D_I 666; J_I 896
Kallimachos E_I 491
Kaltenhofer, Jol Paul KA_{II} 230; TB_{II} 2, 4, 7, 17, 19, 21, 25
Kampenhausen (Campenhausen), Balthasar von SK_{II} 234
Kant, Immanuel F_I S. 644; H_{II} 19*, 176; J_I 28, 195, 250, 251, 270, 429, 472, 473, 481, 569, 646, 711, 724, 898, 943, 1021, 1038, 1071, 1081, 1091, 1168, 1223; J_{II} 1370, 1463, 1841, 2028, 2043; K_{II} 74, 77, 182, 313, 319, 325; L_I S. 850, 225, 270, 275, 277, 292, 561, 583, 584, 662, 678, 689, 698; L_{II} 713, 740, 810, 893, 910, 911, 918, 967; RA_{II} 156; SK_{II} 81, 235, 713, 767, 775, 909, 919, 977, 978
Kapf(f), Sixt Jakob SK_{II} 484?, 512?, 571
Kapmeyer SK_{II} 68, 122, 140, 147
Karl Martell J_I 841
Karl Theodor s. Pfalz-Bayern, Karl Theodor von
Karschin, Anna Luise KA_{II} 226; D_I 196; F_I 944; L_I 655
Karsten, Wenceslaus Johann Gustav GH_{II} 23; J_{II} 1591
Kassiopeia B_I 195, 419
Katerine E_I 323
Kattona von Sáros-Berkesz, Sigismund SK_{II} 145
Kaufmann, Major von L_I 371

Kayser, Karl Philipp SK_{II} 536
Keate, George B_I S. 45; GH_{II} 14*, 22; J_I 633
Kebes KA_{II} 85
Kegel, Johann Christoph SK_{II} 1032
Keir, James SK_{II} 184
Keller SK_{II} 944
Kellner SK_{II} 486, 487, 488
Kellner, Johann Andreas J_I 877
– dessen Sohn SK_{II} 183, 208, 301, 302, 657
– Johanna Christine, dessen Tochter SK_{II} 165, 179
– Margarethe Elisabeth, dessen Tochter s. Lichtenberg, Margarethe Elisabeth
Kempelen, Wolfgang von J_I 1055; J_{II} 2138; K_I S. 838; L_I 411
Kendeffi von Malomviz, Johannes Graf SK_{II} 178, 209, 215
Kent, Herzog von RA_{II} 2
– dessen Frau RA_{II} 2
Kephalas, Konstantinos F_I 339
Kepler, Johannes A_I 6; H_{II} 200; J_I 275; K_I S. 845; L_I 170, 331, 356; L_{II} 854, 962; RA_{II} 117; SK_{II} 223, 476
Kern, Johann J_I 500
Kero von St. Gallen F_I 27
Kerssenbruch SK_{II} 164, 165, 308
Kestner, Waisenhauspräzeptor G_{II} 235
Kestner, Johann Georg Christian K I+II S. 291
Kettler B_I 213
Kielmeyer, Karl Friedrich SK_{II} 258, 259, 273, 674, 684, 729, 961
Kindermann, Eberhard Christian F_I 645, 793; Mat II_{II} 15
King, Mrs. RA_{II} 175, 184
King, Tom RA_{II} 184, 205
Kinnersley, Ebenezer J_I 1178
Kinsky von Wehinitz und Tettau, Franz Joseph Graf F_I 407
Kirke, Percy D_I 587
Kirsten, Johann Friedrich Adolph SK_{II} 103, 339, 552
– Katharina Hedwig, dessen Frau SK_{II} 339, 359, 896, 898
– Gotthelf, dessen Sohn SK_{II} 359
– dessen zweiter Sohn SK_{II} 896

Kirwan, Richard J_{II} 1396, 1423, 1425, 1695, 1723
Kitty E_I 77
Kitty's E_I 78
Klaproth, Heinrich Martin K_{II} 182
Kleist, Christian Ewald von J_I 239
Kleist, Ewald Georg von J_{II} 2036
Kleopatra D_I 642
Klettenburg C_I 228
Klinckowström, Baltzer Klinkow E_I 443
Klindworth, Johann Andreas F_I 457; H_{II} 192; GH_{II} S. 226; J_I 55; J_{II} 1301, 1609; L_I 661; L_{II} 730, 771; SK_{II} 84, 105, 108, 109, 114, 116, 119, 123, 139, 167, 203, 207, 219, 273, 663, 707, 849, 868, 874, 905, 914, 928, 929, 975
– Friederica Eleonora, dessen Frau SK_{II} 857
– Dorothea Caroline Friederica, dessen Tochter SK_{II} 857
– Ludwig Carl August, dessen Sohn SK_{II} 167
Klingberg, Christian L_I 45
Klinger, Friedrich Maximilian von F_I 944
Klinkosch, Joseph Thaddäus F_I 407
Klipstein, Philipp Engel J_{II} 2064; SK_{II} 1
Klockenbring, Friedrich Arnold SK_{II} 264, 274, 277, 279, 287
Klopstock, Friedrich Gottlieb B_I 63, 81, 132, 402; C_I 197, 376; D_I 444, 594, 610; E_I 109, 159, 195; F_I 63, 69, 180, 230, 493, 758, 793, 944; G_{II} 35, 131, 145; J_I 810; RA_{II} 31
Klotz, Christian Adolph KA_{II} 40, 86, 217; B_I 10, 13, 14, 23, 26, 27, 38, 102; F_I 97, 114, 944, 1005; Mat I_{II} 100, 146
Klügel, Georg Simon A_I 27; E_I S. 344; F_I 175; J_I 1113; J_{II} 2081; SK_{II} 189, 269, 331, 728
Klytia L_I 452
Knauer, Heinrich Christian D_{II} 755; K_{II} 113
– dessen Sohn K_{II} 113; SK_{II} 376, 665
Kneisel, Thekla SK_{II} 218
Knebel, Christoph Johann Wilhelm von SK_{II} 389, 404, 407
Kneller, Godfrey F_I 356

Kniep, August Georg SK$_{II}$ 662
Knigge, Adolf Franz Friedrich Freiherr von J$_I$ 38; SK$_{II}$ 130, 282, 436, 438
Knight, Godwin D$_I$ 696; L$_{II}$ 717
Knight, Thomas Andrew J$_I$ S. 832
Knoop, Johann Friedrich SK$_{II}$ 605
– dessen Frau SK$_{II}$ 606
– dessen Tochter SK$_{II}$ 572, 605
Knorring, Karl (Georg?) von SK$_{II}$ 674, 727, 805, 893, 906, 943
Koch SK$_{II}$ 646
Koch, Friedrich Christian J$_{II}$ 1236
Koch, Julius August SK$_{II}$ 257, 370, 376
Koch, Peter SK$_{II}$ 534
Koch, Philippine Henriette SK$_{II}$ 972
Kö(h)ler, Friedrich Ludwig Andreas SK$_{II}$ 783
Köhler, Johann Christian Friedrich SK$_{II}$ 125
Köhler, Johann Gottfried J$_{II}$ 1561
Köhler, Johann Tobias KA$_{II}$ 97, 98, 99, 100, 101, 102, 103, 104
Köhler, Madame s. Dieterich, Luisa
– Georg August Julius (Justel), deren Sohn SK$_{II}$ 293, 322, 398, 413, 565
– Christiane (Christelchen) Louise Sophie, deren Tochter SK$_{II}$ 193, 368, 413, 507, 589, 652, 668, 676, 684, 903, 1011
Koenen, Johann Leonhard J$_I$ 728
König, Georg L$_I$ 34
Kohler TB$_{II}$ 22
Kohlreif, Gottfried Albert GH$_{II}$ 13; SK$_{II}$ 79, 419, 667
Kolb, Peter KA$_{II}$ 213, 214*
Kolluthos s. Coluthus
Kolumbus s. Columbus
Komet (the comet) s. Sachse, Marie
Konnert s. Connert
Koppe, Johannes Benjamin E$_I$ 499
Korsika, Vizekönig von s. Elliot, Sir Gilbert
Kortholt, Christian F$_I$ 918
Kosizky, Karl Ernst SK$_{II}$ 265
Kotzebue, August von J$_I$ 730, 794, 847, 867, 872, 873; J$_{II}$ 1291; K$_{II}$ 258; SK$_{II}$ 286, 584
– Friederike, dessen Frau J$_I$ 794
Kovacz (Kováts), Joseph SK$_{II}$ 204
Kraft, Georg Wolfgang KA$_{II}$ 20

Kraft, Peter G$_{II}$ 12
Kraftius (Krafft), Georg Wolfgang A$_{II}$ 148, 149*; KA$_{II}$ 20
Krascheninninikow, Stepan Petrowitsch KA$_{II}$ 97, 98, 99, 100, 101, 102, 103, 104; D$_I$ 398
Krass, Franz Xaver L$_I$ 47
Krausköpfchen SK$_{II}$ 727
Kraut, Johann Justus SK$_{II}$ 407
Kressenbruch s. Kerssenbruch, Gottlieb Friedrich Achatz
Kreuz (Kreitz), Dorothea Margarethe SK$_{II}$ 599
– Maria Catherina, deren Schwester SK$_{II}$ 599
Kries, Friedrich Christian SK$_{II}$ 340, 485, 727, 743, 926
Krische, Sophia Margrethe, geb. Tolle SK$_{II}$ 501, 559, 569, 1003
– Christina Elisabeth, deren Tochter SK$_{II}$ 862, 879
Kritobulos B$_I$ 261
– dessen Schwester B$_I$ 261
Kröncke, Claus SK$_{II}$ 918
Krohne, Johann Heinrich Wilhelm SK$_{II}$ 115, 116
– dessen Tochter SK$_{II}$ 115
Krüger, Johann Gottlob KA$_{II}$ 79, 80, 81, 192
Krünitz, Johann Georg D$_{II}$ 675
Kruse, Christian (Karsten) L$_I$ 425
Ktesias J$_I$ 663
Kübler (Kübeler), Johann Friderich Petrus SK$_{II}$ 947
Kühn, Karl Gottlob J$_I$ 324, 325, 329, 331
Küppert, Wenceslaus SK$_{II}$ 971
Kulenkamp, Lüder UB$_{II}$ 2; SK$_{II}$ 268, 663, 685, 691, 692
Kunckel, Johann KA$_{II}$ 182
Kunkel (Gunkel), Jonas A$_I$ 57; B$_I$ 102, 103, 105, 119, 122, 125, 135, 144, 145, 146, 147, 151, 155, 158, 176, 193, 195, 196, 200, 410, 418, 419; D$_I$ 179, 209, 212, 520, 521, 524, 610; E$_I$ 80, 522; TB$_{II}$ 25
Kunrädchen L$_I$ 355
Kunz, Thomas Anton L$_{II}$ 668
Kurzman, Johann Philipp SK$_{II}$ 295

L. K$_{II}$ 205
L. [Lichtenberg] B$_I$ 87, 326; K$_{II}$ 40

L., G. M. B₁ 354
Labat, Jean Baptiste KA_{II} 78
La Boulaye C₁ 118
La Boulaye, Pierre Charles SK_{II} 840, 842
La Bruyère, Jean de E₁ 341; Mat II_{II} 31, 33*
Lacaille, Nicolas Louis de B₁ 263
La Condamine, Charles-Marie de KA_{II} 1, 4, 55, 56, 59; G_{II} 168
Laelius Sapiens TB_{II} 4
Laffert, Friedrich Johann von SK_{II} 104, 448, 499
Lafontaine, August Heinrich Julius L₁ 229
Lafontaine, Jean de J₁ 283
Lagarde, F. J. L₁ 616
Lagrange, Josèphe Louis de L₁ 168
Lahire, Philippe de J_{II} 1387; L_{II} 843
Laínez, Diego D₁ 37
Lais D₁ 642
Lalande, Josèphe Jérôme de KA_{II} 162, 210, 228 C₁ 268; G_{II} 152; K_{II} 330, 332; L₁ 531, S. 949; L_{II} 846; SK_{II} 486, 997
Lama s. Dalai-Lama
Lamberg, Maximilian Joseph Graf von J₁ 987
Lambert, Johann Heinrich A_{II} 252; KA_{II} 89; D₁ 170, 356; F₁ S. 455, 178, 258, 670, 733; G_{II} 39, 109; H_{II} 188; J_{II} 1598, 1791, 1880; RA_{II} 156; Mat I_{II} 77; Mat II_{II} 15; SK_{II} 109
La Métherie, Jean-Claude de GH_{II} 21; J_{II} 1263, 1577, 1606, 1940, 2071, 2073; K_{II} 352; L₁ S. 850
Lamettrie, Julien Offroy de A₁ 56; B₁ 330; F₁ 242, 741, 977; J₁ 667
Lamey F₁ 1172
Lampadius, Wilhelm August Eberhard L₁ 294; L_{II} 795; SK_{II} 298, 309, 352, 358, 371, 372, 378, 383, 397, 402, 416, 418, 419, 425, 474, 486, 488, 489, 517, 646, 770, 878, 892
– Wilhelmine Henriette, dessen Frau SK_{II} 490, 536, 539, 564, 574, 648
Lamy, Marie Maurice K_{II} 205
L'Ancre, Pierre de C₁ 133
Landriani, Marsiglio Graf J_{II} 1265, 1373, 1471, 1474, 1977; L_{II} 983

Landsberg zu Erwitte, Johann Franz Matthias von SK_{II} 570
Landvoigt SK_{II} 1041
Lange SK_{II} 947
Lange, Joachim F₁ 595
Lange, Karl Julius (Alexander Davidson) SK_{II} 98, 99, 102
Lange, Prof. SK_{II} 577
Lange, Samuel Gotthold KA_{II} 203
Langford RA_{II} 39
– dessen Mutter RA_{II} 39
Langle, Jean Marie Jérôme Fleuriot de J₁ 699
Langsdorf, Gottlieb SK_{II} 890, 961
Langsdorf, Carl Friedrich SK_{II} 593
Langsdorf, Karl Christian L₁ S. 850; L_{II} 783, 826, 830; SK_{II} 461, 462, 464
Langstedt (Langstädt), Friedrich Christian SK_{II} 712
Lansdowne, Lord s. Petty, William
Laokoon A₁ 18; K_{II} 228; L₁ 64, 240; Mat I_{II} 64
Lapacius s. Lampadius, Wilhelm August Eberhard
Laplace, Pierre de J₁ 406
Laplace, Pierre Simon de J_{II} 1990; L₁ 331; L_{II} 764
La Porte, Anne de SK_{II} 527, 907
Laqueta SK_{II} 651, 664
La Rochefoucauld, François Duc de E₁ 218; J₁ 283, 288; K_{II} 111; RA_{II} 28
La Roche SK_{II} 775
La Roche's Sohn SK_{II} 775
Larramendi, Manuel de D₁ 388
Larrey, Friedrich Wilhelm von J₁ 40
Lasius, Georg Sigmund Otto L_{II} 728; SK_{II} 213, 214, 307, 324, 404, 462, 592
Lassone, Joseph Marie François de J_{II} 1780, 2020
Latouche, Charles Gervaise de D₁ 519
Latude s. Masers de Latude
Laudon, Gideon Ernst Freiherr von F₁ 370
Laurent KA_{II} 185
Lautz (Lauts), F. C. SK_{II} 899, 981
Lavater, Johann Caspar A₁ 129; KA_{II} 278; C₁ 39, 40, 92, 251; D₁ 30, 91, 145, 184, 342, 539, 593, 648, 652, 668; E₁ 109, 195, 240, 295,

318, 426, 429, 445, 483, 484, 489; F$_I$ S. 455, 81, 84, 171, 215, 219, 246, 370, 381, 521, 531, 547, 593, 617, 619, 622, 623, 640, 641, 663, 664, 669, 672, 682, 698, 703, 712, 714, 725, 729, 736, 737, 740, 741, 771, 777, 782, 786, 792, 800, 804, 820, 838, 845, 848, 886, 887, 893, 897, 898, 905, 926, 933, 942, 944, 979, 993, 1040, 1050, 1051, 1052, 1056, 1059, 1060, 1063, 1064, 1075, 1080, 1088, 1093, 1114, 1137, 1186, 1188, 1190, 1194, 1204, 1228, S. 642, S. 644; G$_{II}$ 12, 216; GH$_{II}$ 55; J$_I$ 320; UB$_{II}$ 49, 50, 52, 54; RA$_{II}$ 182

Lavoisier, Antoine Laurent J$_I$ 430, 1209; J$_{II}$ 1695, 1830, 1990, 2022, 2091; L$_{II}$ 881

Law, John C$_I$ 142

Lawrence, Richard James SK$_{II}$ 187, 188, 194, 205, 206, 208, 209, 244, 245, 253, 256, 267, 278, 289, 300, 312, 368, 369, 473
– dessen Frau SK$_{II}$ 260, 265
– Charles, dessen Sohn SK$_{II}$ 187, 194, 210, 312, 313?, 389?, 392
– James Henry, dessen Sohn SK$_{II}$ 187, 194, 208, 244, 298, 313?, 368, 389?, 392

Layard, Peter SK$_{II}$ 519

Lazarus C$_I$ 138
– dessen Schwester s. Martha von Bethanien

Lebrun, Charles B$_I$ 244

Lebrun, Ponce L$_I$ 660

Lecat, Claude-Nicolas D$_{II}$ 675; E$_I$ 463

Lechevalier, Abbé Jean Baptiste K$_{II}$ 215; SK$_{II}$ 474

Ledermüller, Martin Frobenius A$_I$ 78; A$_{II}$ 225; KA$_{II}$ 216

Lee, Henry F$_I$ 683

Lee, John RT$_{II}$ 10, 11

Lee, Nathanael B$_I$ 368; F$_I$ 965; RA$_{II}$ 10, 11

Leeser, Joseph SK$_{II}$ 358

Leeuwenhoek, Antony van B$_I$ 106; D$_I$ 675

Legendre, Adrien Marie L$_I$ 171

Legentil de la Galaisière, Guillaume Hyacinthe Jean Baptiste D$_I$ 440; F$_I$ 836

Legrand C$_I$ 138

Legros KA$_{II}$ 48; B$_I$ 57
– dessen Söhne B$_I$ 57

Legros, Pierre B$_I$ 169

Lehmann, Johann Matthäus von SK$_{II}$ 1040

Lehmann, Johann Heinrich Immanuel L$_I$ 678

Leibniz, Gottfried Wilhelm A$_I$ 9, 12, 59, 62, 63; KA$_{II}$ 36, 88, 257; B$_I$ 153, 177, 407; C$_I$ 212; D$_I$ 224, 731; E$_I$ 370, 501; F$_I$ 214, 348, 918, 1119, 1170; J$_I$ 436, 516, 861; J$_{II}$ 1280, 1588; Mat II$_{II}$ 15

Leidenfrost, Johann Gottlob J$_{II}$ 1349, 1517, 1678, 1690, 1866, 1868, 1951; L$_{II}$ 755, 838

Leigh RA$_{II}$ 3

Leigh, Lord Egerton RA$_{II}$ 6

Leiste, Anton Friedrich Wilhelm SK$_{II}$ 187

Lely, Peter E$_I$ 41

Lelyveld, Frans van F$_I$ 594

Le Maire, Jacob D$_I$ 440; D$_{II}$ 695

Lemonnier, Louis-Guillaume L$_{II}$ 802

Lemonnier, Pierre-Charles F$_I$ S. 456

Lenglet Dufresnoy, Nicolas GH$_{II}$ 4; J$_I$ 631

Lenley s. Sheridan, Elisabeth

Lennox, Charlotte B$_I$ S. 45

Lentin, August Gottfried Ludwig J$_{II}$ 1772; SK$_{II}$ 184, 190, 191, 197, 238, 259, 260, 294, 300, 312, 327, 352, 354, 358, 364, 372, 379, 394, 402, 405, 416, 429, 441, 442, 443, 445, 453, 457, 472, 474, 487, 489, 505, 517, 524, 542, 545, 555, 560, 576, 599, 610, 661, 768, 910, 934
– dessen Sohn SK$_{II}$ 767

Lentin, Lebrecht Friedrich Benjamin SK$_{II}$ 832

Lenz, Jakob Michael Reinhold F$_I$ 31, 714, 742, 744, 800, 805, 812, 819, 830

Leo SK$_{II}$ 395

Leo X. KA$_{II}$ 47

Leonardo da Vinci C$_I$ 107; D$_I$ 365

Leoni, Michael Mat J$_{II}$ 66, 141; RA$_{II}$ 54, 203

Lepper, Johann Martin RA$_{II}$ 10

Leroy, Charles Georges C$_I$ 24

Leroy, Charles L$_I$ 278

Leroy, Colonel RA_{II} 142
Lesage, Alain-René F_I 69; G_{II} 35;
  J_I 352; Mat II_{II} 44; SK_{II} 492, 513
Lesage, George Louis E_I 469; J_I 33,
  373, 393, 417, 516, 1072; J_{II} 1415,
  1416, 1418, 1419, 1436, 1454, 1463,
  1469, 1476, 1479, 1483, 1502, 1775,
  1867, 1888, 2129; K_{II} 363; L_{II} 714,
  893, 918; RA_{II} 151, 157; SK_{II} 152,
  175, 792
Leske, Nathanael Gottfried J_I S. 649
Leß, Gottfried C_I 92; D_I 357; J_I 129;
  SK_{II} 97, 407
Lessing, Gotthold Ephraim KA_{II} 63,
  134; B_I S. 45, 17, 23, 26, 27, 65, 73,
  74, 297; C_I 146, 170; D_I 365, 668;
  E_I 204, 397, 399, 400, 401, 404,
  405, 428, 455; F_I 70, 114, 140, 178,
  406, 741, 1129; J_I 144, 239, 313,
  844, 872, 978, 979, 980, 981, 982,
  983, 984, 985, 987; J_{II} 1875, 1876,
  1877; K_I S. 838; K_{II} 110, 186;
  TB_{II} 29, 31; SK_{II} 429, 572
Lessing, Karl Gotthelf SK_{II} 572
Leszcynski, Stanislaw s. Polen, Stanislaw I.
Leti, Gregorio D_I 557
Lettsom, John Miers SK_{II} 426, 458
Leucht, Christian Leonhard s. Faber, Antonius
Le Vaillant, François J_I 374, 383, 761
Lever, Ashton F_I 110; RA_{II} 202
Levi E_I 1
Levi, Joseph SK_{II} 650
Lewes, Charles Lee RT_{II} 19
Lewis, Edward E_I 68
Lewis, William Thomas RA_{II} 175
Libavius, Andreas J_{II} 1780
Libes, Antoine J_{II} 1697
L'huilier (L'Huillier), Simon Antoine Jean SK_{II} 826
Lichtenberg, Johann Conrad L_I 212;
  SK_{II} 190, 353, 502, 802, 930
– Henrietta (Henrika) Catharina, dessen Frau F_I 486, 684, 1102, 1217;
  J_I 271; K_{II} 41; L_I 212; TB_{II} 21;
  RA_{II} 94; SK_{II} 49, 173, 193, 336,
  487, 652, 786, 917, 1000
– Christian Friedrich, dessen Sohn
  B_I 257; SK_{II} 52, 59, 61, 189, 218
– Ludwig Christian, dessen Sohn
  B_I 257; J_I 1197; L_I 212; L_{II} 846;

TB_{II} 19; SK_{II} 91, 104, 128, 133,
143, 146, 167, 177, 208, 214, 218,
232, 235, 236, 250, 256, 261, 267,
273, 287, 294, 298, 300, 304, 315,
320, 324, 330, 332, 340, 348, 359,
368, 375, 381, 388, 391, 393, 398,
408, 411, 423, 433, 441, 444, 447,
464, 471, 479, 493, 501, 503, 511,
519, 527, 532, 534, 535, 553, 556,
562, 574, 579, 583, 586, 594, 600,
612, 619, 620, 634, 639, 640, 651,
660, 663, 668, 674, 678, 681, 689,
690, 693, 700, 703, 723, 724, 727,
730, 732, 734, 741, 743, 749, 750,
752, 753, 761, 774, 776, 788, 791,
793, 804, 808, 820, 821, 823, 825,
829, 831, 836, 841, 846, 851, 854,
860, 861, 864, 869, 887, 904, 911,
920, 922, 932, 934, 939, 941, 946,
948, 951, 961, 980, 1000, 1020,
1029, 1044
– dessen Adoptivsohn L_I 212
Lichtenberg, Friedrich August
  SK_{II} 62, 63, 101, 149, 199, 211,
  233, 248, 252, 306, 310, 403, 405,
  429, 554, 560, 750, 981, 994
– Sophie Dorothea, dessen Mutter
  SK_{II} 275, 280
Lichtenberg, Margarethe Elisabeth,
  Frau Georg Christoph Lichtenbergs J_{II} 1390; K_{II} 29, 48, 59;
  L_{II} 909; SK_{II} 14, 42, 44, 46, 50, 54,
  56, 69, 76, 78, 89, 91, 102, 104,
  106, 107, 108, 112, 115, 135, 140,
  143, 146, 153, 157, 165, 169, 172,
  177, 182, 183, 190, 195, 201, 203,
  204, 208, 212, 215, 218, 223, 224,
  228, 232, 233, 234, 235, 236, 237,
  238, 239, 241, 243, 244, 249, 253,
  256, 257, 261, 263, 264, 267, 270,
  273, 275, 277, 279, 283, 287, 289,
  290, 291, 297, 298, 300, 303, 309,
  313, 315, 317, 321, 324, 326, 327,
  328, 332, 339, 340, 344, 348, 350,
  352, 357, 360, 368, 371, 372, 373,
  375, 376, 381, 384, 387, 390, 401,
  402, 405, 406, 409, 413, 418, 420,
  421, 435, 440, 441, 442, 444, 449,
  451, 466, 468, 469, 471, 473, 474,
  477, 479, 480, 481, 483, 484, 486,
  487, 488, 492, 494, 496, 497, 498,
  501, 503, 506, 507, 517, 518, 520,

521, 524, 526, 532, 537, 538, 542, 543, 545, 547, 550, 560, 561, 562, 563, 564, 566, 569, 576, 579, 584, 585, 586, 592, 595, 602, 612, 619, 623, 624, 625, 627, 628, 630, 633, 636, 638, 639, 640, 641, 646, 651, 652, 656, 657, 661, 662, 663, 667, 670, 672, 673, 675, 679, 680, 681, 685, 689, 698, 708, 710, 713, 726, 728, 737, 739, 741, 746, 747, 748, 750, 756, 766, 773, 776, 783, 785, 786, 787, 788, 789, 792, 797, 803, 807, 810, 811, 822, 831, 834, 844, 845, 852, 858, 859, 861, 866, 869, 872, 874, 887. 888, 901, 903, 906, 908, 910, 916, 923, 926, 928, 929, 930, 931, 933, 934, 936, 939, 942, 945, 958, 960, 962, 964, 967, 969, 974, 975, 992, 1008, 1009, 1020, 1021, 1024, 1029, 1038, 1043, 1044, 1048
- deren Bruder s. Kellner, Andreas Christoph
- deren Schwester s. Kellner, Johanne Christine
- Johann Georg Friedrich, deren Sohn H_{II} 11
- deren Kinder K_I 29; SK_{II} 201
- Georg Christoph, deren ältester Sohn J_I 35, 96, 624, 817; L_I 93; SK_{II} 5, 42, 57, 60, 69, 72, 78, 81, 83, 118, 134, 135, 175, 176, 182, 192, 196, 204, 208, 211, 218, 226, 256, 262, 267, 281, 282, 287, 295, 299, 310, 311, 315, 316, 319, 321, 330, 331, 335, 353, 355, 375, 381, 398, 424, 430, 436, 467, 474, 481, 493, 499, 503, 504, 526, 569, 584, 651, 665, 677, 679, 700, 703, 747, 780, 790, 794, 795, 804, 812, 832, 848, 854, 893, 896, 899, 950, 1026, 1034
- Christine Louise Friederica, genannt Wiese, Wieschen, Wise, deren Tochter J_I 143; SK_{II} 11, 117, 201, 249, 256, 267, 281, 287, 299, 330, 331, 348, 350, 351, 353, 354, 375, 405, 424, 474, 493, 503, 504, 526, 527, 584, 651, 677, 747, 780, 792, 812, 848, 854, 893, 910, 923, 950, 1026
- Wilhelm Christian Thomas, genannt Will, deren Sohn SK_{II} 233, 234, 249, 256, 267, 299, 321, 331, 344, 345, 347, 348, 352, 355, 356, 357, 360, 373, 375, 381, 384, 385, 402, 424, 434, 467, 468, 469, 470, 471, 473, 479, 493, 497, 503, 504, 526, 539, 545, 640, 651, 677, 721, 746, 747, 759, 761, 780, 781, 794, 812, 848, 854, 858, 893, 903, 923, 942, 950, 1026
- Margarethe Elisabeth Louise Agnese Wilhelmine, genannt Minchen, Mimi, deren Tochter J_I 1197; SK_{II} 442, 444, 455, 457, 463, 526, 569, 596, 624, 630, 651, 677, 692, 702, 747, 759, 760, 761, 780, 804, 812, 833, 836, 842, 845, 848, 854, 875, 893, 914, 915, 916, 917, 950, 953, 995, 996, 1006, 1026
- Auguste Friederike Henriette, genannt Fritzchen, deren Tochter SK_{II} 787, 802, 811, 812, 848, 893, 917, 950, 1026
- Friedrich Heinrich, genannt Henry, deren Sohn L_I 212; SK_{II} 993
- deren Mägde SK_{II} 892; s. a. Marie (Mary)
Licinius, Murena F_I 1153
Lignac, de J_{II} 1255, 1409, 1423
Lind, John RA_{II} 118, 123
Lindemann, Hermann Wilhelm L_I 222
Lingelbach, Jan TB_{II} 27
Link, Heinrich Friedrich J_{II} 1617; L_I 568; L_{II} 849; SK_{II} 304, 521, 584, 649
Linné, Carl von A_I 22; KA_{II} 38, 215; C_I 68; D_I 675; F_I S. 455, 262; J_I 24, 33, 397, 623, 850, 928, 1020, 1148; J_{II} 1255, 1375, 1376; L_I 17, 395; Mat I_{II} 167
- Elisabet Christina, dessen Tochter J_{II} 1255
Linsingen, Friedrich Wilhelm Albrecht von SK_{II} 68, 252, 791
- dessen Kind SK_{II} 252
Lion F_I S. 455, 249*, 1217, 1220; J_I 583, 621, 1098, 1127; K_{II} 40, 280; L_I 1, 16, 40, 59, 71, 93, 207, 259, 311, 451, 640, 658, 793, 858; TB_{II} 21; SK_{II} 56, 82, 140, 163, 194,

228, 287, 290, 303, 307, 313, 314, 448, 477, 505, 515, 546, 576, 621, 643, 649, 684, 686, 688, 692, 709, 711, 717, 721, 729, 738, 804, 850, 855, 908, 918, 919, 924, 936, 937, 985
Lioness J$_I$ 243; SK$_{II}$ 520, 524, 576, 603, 729, 738, 821, 830, 985
Lippe, Wilhelm von s. Schaumburg-Lippe Wilhelm Graf von
Lippert, Philipp Daniel B$_I$ 56
Lipsius, Justus (Lips, Joest) KA$_{II}$ 26, 29*
Lipstorp, Clemens Samuel D$_I$ 6
Lisbeth SK$_{II}$ 413, 424, 431, 476
Liscow, Christian Ludwig KA$_{II}$ 141, 142, 143; B$_I$ 9, 10, 19, 45, 185, 290; E$_I$ 104; F$_I$ 143, 528
List, Gottlieb Christian Heinrich SK$_{II}$ 120, 197
Littleton, Lord RA$_{II}$ 11
Littleton, Sir Thomas RA$_{II}$ 27
Livius, Titus KA$_{II}$ 152; D$_I$ 8, 20, 32, 33, 34; F$_I$ S. 455
Livron, Gaston de SK$_{II}$ 417
Lizel (Megalissus), Georg J$_{II}$ 1876
Ljungberg, Jens Matthias A$_I$ 126, 129; A$_{II}$ 220; B$_I$ 82, 253, 257, 293, 338; F$_I$ 86, 1166; J$_{II}$ 1655; UB$_{II}$ 48; TB$_{II}$ 12; SK$_{II}$ 625
Lloyd E$_I$ 118
Lobon de Salazar C$_I$ 11; s. a. Isla, José Francisco de
Locke, John E$_I$ 241, 453, 501; F$_I$ 11, 1216
Lockman, John L$_I$ 585
Lodemann, Johann Georg SK$_{II}$ 282
Loder, Justus Christian L$_I$ 188; SK$_{II}$ 360, 415, 419, 540, 545, 546, 848, 960, 965
Löwen, Johann Friedrich F$_I$ 944
Löwenstein, Christian Philipp Johann Alexander Fürst zu A$_I$ 119
Logau, Friedrich von KA$_{II}$ 63
Lohenstein, Daniel Casper von B$_I$ 53
Lolme, Jean-Louis de F$_I$ S. 455
Lolo s. Dieterich, Charlotte
Londes, Johann Christoph SK$_{II}$ 795
Long, Robert Ballard SK$_{II}$ 287
Longinus F$_I$ 1188
Longuerue, Louis Dufour de F$_I$ 508
Longolius D$_I$ 741

Loo, Jakob van F$_I$ 362; TB$_{II}$ 7
Lope de Vega C$_I$ 9
Lorchen B$_I$ 171, F$_I$ 1170
Lorenz, Friedrich August GH$_{II}$ 45
Lorenz s. Lawrence, Richard James
Lorenzo G$_{II}$ 2
Lorraine, Charles de B$_I$ 23; J$_I$ 406
Lossius, Kaspar Friedrich L$_I$ 260
Loth
 −s Töchter D$_I$ 291
Lottchen s. Dieterich, Charlotte Cecilie
Lovattini, Giovanni RT$_{II}$ 18
Lowitz, Georg Moritz B$_I$ 239
Lowitz, Tobias K$_{II}$ 356; SK$_{II}$ 151, 419
Loyer, Pierre le C$_I$ 133
Loyola, Ignatius von D$_I$ 37
Lozetto (Luzzato), Ephraim L$_I$ 595
Lucanus, Marcus Annaeus J$_I$ 21
Lucas, Amabel Baroness RA$_{II}$ 20, 36, 40, 81, 83, 167
Luce KA$_{II}$ 43
Lucian J$_I$ 352
Lucinde B$_I$ 299
Luckner, Nikolaus Graf von B$_I$ 26; D$_I$ 18; SK$_{II}$ 53
Lucretia D$_I$ 642; J$_I$ 564
Lucretius Carus, Titus D$_I$ 689; J$_I$ 292, 401; J$_{II}$ 1344, 1420, 1441
Ludlam, William RA$_{II}$ 177
Ludwig SK$_{II}$ 656
Ludwig, Christian F$_I$ 222
Ludwig, Christian J$_{II}$ 1293
Lüder, August Ferdinand SK$_{II}$ 108, 144, 145, 153, 174
Lüttichow, Graf SK$_{II}$ 765
Lullus, Raimundus E$_I$ 56, 72
Luna C$_I$ 111, 112
Lundström J$_I$ 1056
Lunus J$_I$ 883
Luther, Martin KA$_{II}$ 189, 212; B$_I$ 200; C$_I$ 148; D$_I$ 214; F$_I$ 530, 740, 772, 1170; J$_I$ 58, 70, 1140; K$_{II}$ 142, 269; L$_I$ 556
Lykurg D$_I$ 52; F$_I$ 672; UB$_{II}$ 51
Lynar, Heinrich Kasimir Gottlob Graf zu C$_I$ 92
Lynar, Friedrich Ulrich Graf zu L$_I$ 263
 − dessen Neffe L$_I$ 263
Lyon, John J$_{II}$ 1451; RA$_{II}$ 180

M. B_I 36, 68★, 335; C_I 365; F_I 553; GH_II 82
M. s. Meiners, Christoph
M., G. C. B_I 16
M. N. C_I 132
M..., Lord s. Mansfield, William Earl of
M... E_I 58 F_I 553★
M...s TB_II 23
Macauley, Catherine K_II 290
Machiavelli, Niccolò F_I S. 455
Mackensen, Wilhelm Friedrich August SK_II 264, 267
Macklin, Charles F_I 942; RA_II 3, 17, 19, 54, 175
– dessen Tochter RA_II 3
Macdonald, Archibald J_I 1158
Macleod, Janet F_I 968
Macpherson, James J_I 825
Macquer, Pierre Josèphe F_I 195, S. 642; J_I 1108; J_II 1457, 1515, 2149; L_II 755, 838
Macrobius, Ambrosius Theodosius B_I 74
Madan, Martin J_I S. 832
Madan, Patrick, D_I 595
Madura, König von KA_II 181
Maecenas D_I 207
Maev(ius) D_I 56
Mäzke, Abraham Gotthelf F_I S. 455
Magalhães (Magellan), Fernão de KA_II 3; D_I 440; L_I 652
Magellan, João Hyacinthe de J_II 2048
Magrini F_I 903
Mahadi, Muhamed (Mirza-Mohammed Mahdy-Kahn) D_I 391, 393, 394, 395
Maheine RA_II 188
Mahmud B_I 419
Mahomet s. Mohammed
Mahner, Johann Paul SK_II 59
Mahon, Charles Earl of Stanhope Lord J_II 1418
Mairan, Jean Jacques de KA_II 170; H_II 193
Maitland, William SK_II 1032
Majolus, Simon C_I 133
Malone, Edmund J_I 1092
Malortie, Carl Gabriel Heinrich von SK_II 113
Malpighi, Marcello KA_II 78; D_II 690
Man, Henry E_I 8

Mandel SK_II 629
Mandrin, Louis B_I 284
Manilius, Marcus E_I 169
Manikofsky SK_II 631
Mansard D_I 553
Mansfield, William Earl of L_I 312; RA_II 3, 16, 30
– dessen Verwandte RA_II 16
Manso, Johann Kaspar Friedrich J_I 897
Manstein, Christoph Hermann von KA_II 240, 241, 242, 243; B_I 398
Manthey, Johann Georg Ludwig SK_II 125, 128, 306, 536
Marat, Jean-Paul J_I 1206, 1213; J_II 1761
Marboeuf, Louis-Charles-René L_I 248
Marcard, Heinrich Matthias J_I 872; J_II 2035; SK_II 286
March, William Douglas Earl of E_I 73
Marconnay (Marconnet), Casimir August Alexander von SK_II 128, 140, 241, 272
Marezoll, Johann Gottlieb SK_II 85, 406
– Louise Caroline Friederica, dessen Tochter SK_II 406
Marggraf, Andreas Sigismund KA_II 27
Maria, Mutter Jesu C_I 146; J_I 111; L_I 47; s. a. Mary
Maria Antonie Walpurgis s. Sachsen
Marie, aus Arnstadt F_I 523, 1132★, 1220; J_I 918
Mariechen F_I 1151
Mariotte, Edme L_II 803, 839
Marivaux, Pierre Carlet de Chamblain de J_I 232
Markham, William RA_II 91
Marmontel, Jean-François KA_II 146, 147
Mars B_I 51; L_I 36
Marschall von Biebersein, Ernst SK_II 343, 346
Marschall (Marshall), William J_I 1179
Marsyas B_I 10
Martell s. Karl Martell
Martellière, de la C_I 129
Martens, Georg Ludwig SK_II 730, 746, 784

Martens (Martins), Georg Friedrich von SK$_{II}$ 57, 335, 362, 559, 680, 757, 915
Martha von Bethanien C$_I$ 138
Martine s. Mathis, Nicolas Louis de
Martinet, Johannes Florentinus J$_I$ 201
Martinichow, Ignaz Joseph s. Martinovics, Ignaz Joseph
Martinovics (Martinowich), Ignaz Joseph J$_{II}$ 1424
Martyn, John s. Bavius
Martyn, Thomas J$_I$ 421
Marum, Martinus van J$_{II}$ 1464, 1684*; L$_{II}$ 709, 810, 950; SK$_{II}$ 288, 307, 315
Mary (Marie) SK$_{II}$ 807, 899, 942
Marx, Elieser SK$_{II}$ 511, 519
Masers de Latude, Henry J$_I$ 527
Maskelyne, Nevil E$_I$ S. 344; RA$_{II}$ 139; SK$_{II}$ 364, 365
Mason, William F$_I$ 860, 1192, 1193; RA$_{II}$ 36
Mathis, Nicolas Louis de SK$_{II}$ 399, 545, 629
Matthäus L$_I$ 435; L$_{II}$ 880
Matthäus, Joannes J$_I$ 985
Matthews F$_I$ 527
Matthiä, Georg F$_I$ 1204
Matthiä, H. C. Carl SK$_{II}$ 352
Matthieu L$_I$ 382
Matthisson, Friedrich von SK$_{II}$ 592, 593, 1042
Maty, Matthew H$_{II}$ 69; RA$_{II}$ 5
Maucksch, Tobias Samuel SK$_{II}$ 190, 206, 214
Mauduit, Israel RA$_{II}$ 118
Maupertuis, Pierre Louis Moreau de F$_I$ 741, 977; RA$_{II}$ 156
Maurer, Friedrich J$_I$ 666
Mauvillon, Jacob J$_I$ 648
Maximilian I. Kurfürst von Bayern B$_I$ 9, 27
Maximinus, Gajus Galerius Valerius KA$_{II}$ 168
Mayer, Christian RA$_{II}$ 156
Mayer, Joseph K$_I$ S. 845
Mayer, Tobias B$_I$ 237; C$_I$ 203, 232; D$_I$ 330, 684, 712, 717, 721; E$_I$ 257, 446; F$_I$ 733; J$_I$ 8, 247; J$_{II}$ 1616, 2073, 2100; SK$_{II}$ 555, 1046
– Johann Tobias, dessen Sohn J$_{II}$ 1761, 1783, 1791, 1880, 1946, 2011, 2016, 2024, 2025, 2029, 2032, 2033; L$_{II}$ 760; SK$_{II}$ 390, 490, 495, 728
Mead, Richard L$_I$ 579
Meares, John J$_I$ 685
Mecanus (Méchain), Pierre-François André A$_I$ 170
Meckelnburg, Diederich Friederich Wilhelm von SK$_{II}$ 224, 298, 303
Meckelnburg, Karl von SK$_{II}$ 830
Médalle s. Sterne, Lydia
Medicus, Ludwig Wallrad SK$_{II}$ 223
Meermann, Frau SK$_{II}$ 200
Meermann, Johan SK$_{II}$ 738
Meerwein, Karl Friedrich J$_I$ 447, 454
Megalissus s. Lizel
Mehlburg, Johann Christoph SK$_{II}$ 949
Meierotto, Johann Heinrich Ludwig J$_I$ 318
Meil, Johann Wilhelm E$_I$ 157
Meilhan s. Sénac de Meilhan, Gabriel
Meiners, Christoph C$_I$ 52, 236; E$_I$ 408; F$_I$ 180, 300, 722, 741, 802; J$_I$ 400, 508, 862; L$_I$ 313, 470; SK$_{II}$ 109, 875
– Christina Magdalena Eleonora, dessen Frau L$_I$ 470
Meinhard, Johann Nicolaus A$_I$ 82
Meißner, Georg Ernst Wilhelm J$_I$ 1166; SK$_{II}$ 430, 593*
Meißner (Meisner), Johann August SK$_{II}$ 772
Meister, Albrecht Ludwig Friedrich D$_I$ 257, 265, 266, 445; F$_I$ 210; J$_I$ 2, 114, 116, 126, 247, 332, 442; J$_{II}$ 1365, 1469, 1516; K$_{II}$ 364; TB$_{II}$ 25
– Georg Jakob Friedrich SK$_{II}$ 388
Meister, Christian Friedrich Georg B$_I$ 200
Meister, Jacob Heinrich L$_I$ 172, 230
Meister, Leonhard E$_I$ S. 344
Mejer, Ludewig Johann Georg SK$_{II}$ 394, 396, 398, 407
Mélac, Ezéchiel Comte de K$_{II}$ 258
Melanchthon, Philipp KA$_{II}$ 201
Melek, Mahmud D$_I$ 391
Mellin, Ludwig August Graf von K$_I$ S. 838
Mellish, Joseph Charles L$_I$ 81; SK$_{II}$ 743
– William, dessen Vater L$_I$ 81

Melm, Christian Friedrich SK$_{II}$ 156, 222
Ménage, Gilles E$_I$ 19, 20, 21, 22, 23, 24, 25, 27, 28, 164
Menantes B$_I$ 176
Menard, genannt 'La Violette' KA$_{II}$ 185
Mencke, Johann Burkhard s. Philander von der Linde
Mendelssohn, Moses C$_I$ 39, 40; D$_I$ 342, 539; D$_{II}$ 689; F$_I$ 183, 741, 802, 905, 926, 930, 933, 934, 937, 938, 942, 950, 954, 960, 966, 967, 993, 1204; J$_I$ 144; L$_I$ 593
Mendoza, Don Diego de KA$_{II}$ 154; B$_I$ 204
Menippos KA$_{II}$ 138
Menogenes C$_I$ 150
Mercator, Gerhard F$_I$ 47
Mercier RA$_{II}$ 157
Mercier, Louis-Sébastien J$_I$ 212, 213, 214, 215, 366
Merck, Johann Heinrich SK$_{II}$ 218
Merkel, Garlieb L$_I$ 17, 23
Merlin, John Joseph D$_{II}$ 757, 762
Merkur B$_I$ 254; K I+II S. 291; G$_{II}$ 220; J$_I$ 283
Merritt, Amos D$_I$ 595
Merz, Aloys D$_I$ 268
Mesmer, Franz Anton J$_{II}$ 1600
Methuen, Christiane RA$_{II}$ 13
Methusalem L$_I$ 355
Meusel, Johann Georg F$_I$ S. 644; J$_I$ 892, 893, 894; L$_I$ 682
Meyenberg, Georg Philipp von SK$_{II}$ 166
Meyer, Andreas F$_I$ S. 456
Meyer, Friedrich Albrecht Anton SK$_{II}$ 108, 592, 781, 852
Meyer, Friedrich Ludwig Wilhelm SK$_{II}$ 2
Meyer, Johann Heinrich SK$_{II}$ 483
Meyer, Sigismund von SK$_{II}$ 663
Michaelis, Johann Benjamin C$_I$ 377
Michaelis, Johann David A$_{II}$ 159; KA$_{II}$ 72, 212; C$_I$ 213; D$_I$ 197; J$_I$ 771; SK$_{II}$ 204, 205, 292
– Louise Philippine Antonette, dessen zweite Frau SK$_{II}$ 180, 259, 298, 351, 402, 461, 479, 523, 604, 679, 739
– Christian Friedrich, dessen Sohn aus erster Ehe J$_I$ S. 649
– Caroline s. Böhmer, Caroline
– Charlotte Wilhelmine, dessen Tochter SK$_{II}$ 332, 391, 447, 448, 449, 450, 696, 699, 700
– Louise Friederike, dessen Tochter SK$_{II}$ 300, 886
Michelangelo Buonarotti KA$_{II}$ 202; J$_I$ 283
Middleton E$_I$ 58
Middleton, Erasmus G$_{II}$ 111
Miles RA$_{II}$ 3
Miller, Johann Martin F$_I$ 667
Miller, Sir John Riggs J$_{II}$ 1715
Millin L$_I$ 525
Milon (Millon), Charles J$_{II}$ 1178
Milton, John B$_I$ 60, 222; C$_I$ 197; D$_{II}$ 683; E$_I$ 257; F$_I$ 491, 492, 493, 494, 496, 793, 860, 1113, 1170; G$_{II}$ 59, 109, 142; K$_{II}$ 290; L$_I$ 238, 490; Mat I$_{II}$ 122; TB$_{II}$ 21
– Mary, dessen erste Frau K$_{II}$ 290
– Anna, dessen Tochter K$_{II}$ 290
– Deborah, dessen Tochter K$_{II}$ 290
– Mary, dessen Tochter K$_{II}$ 290
– Katharine, dessen zweite Frau K$_{II}$ 290
– Elisabeth, dessen dritte Frau K$_{II}$ 290
Minellius, Joannes J$_{II}$ 1758; L$_I$ 191
Minerva D$_I$ 407; E$_I$ 26; K$_{II}$ 173
Minos D$_I$ 320; E$_I$ 355
Mintor D$_I$ 39
Mirabeau, Honoré Gabriel de Riqueti, Marquis de J$_I$ 77, 87, 92, 93, 377, 576, 585, 602, 979
Mocchetti, Francesco SK$_{II}$ 719, 722, 736
Möckert, Johann Nicolaus SK$_{II}$ 298
Mögelin (Mögling), Daniel A$_{II}$ 173
Möseler (Mösler), Johann Christoph SK$_{II}$ 1031, 1044
Möser, Justus KA$_{II}$ 236, 237, 238, 239; B$_I$ 404; C$_I$ 69, 70, 72, 75, 76, 78, 96, 99, 102, 118, 146, 147, 153, 224; D$_I$ 594; D$_{II}$ 668, 682?; E$_I$ 408; F$_I$ 25, 162, 178, 594, 741, 897; G$_{II}$ 40; TB$_{II}$ 30, 31
Mohammed D$_I$ 642; D$_{II}$ 689; F$_I$ 650; RA$_{II}$ 43
Moivre, Abraham de E$_I$ 68

Molé, Éduard François Matthieu de J₁ 406
Molière (Jean-Baptiste Poquelin) A₁ 99; D₁ 83; E₁ 38; F₁ 889, 897, 898*; J₁ 273, 483; RA₁₁ 13
Molitor, Nikolaus Karl GH₁₁ 20
Molke, von SK₁₁ 667
Monboddo, James Burnett Lord L₁ 465
Mongez, Jean André J₁ 908; J₁₁ 1615
Montgolfier, Josèphe Michel H₁₁ 180; L₁ 268
Monro, Alexander J₁₁ 1468
Montag L₁ 583
Montague, Lady Mary Wortley TB₁₁ 23
Montaigne, Michel Eyquem de D₁ 668; F₁ 1216; J₁ 305; K₁₁ 179, 183; L₁ 11, 12, 13, 471, 694; RA₁₁ 45
– dessen Diener RA₁₁ 45
Montbazon, Marie de s. Bretagne, Marie de
Montesquieu, Charles-Louis de Secondat de SK₁₁ 513
Montezuma RT₁₁ 14
Moody, John RT₁₁ 2; RA₁₁ 205
Moorcroft, William L₁ 187
Moors, Friedrich Maximilian J₁ 319
Morand, Jean François Clément J₁₁ 1320
Morelli, Luigi SK₁₁ 719, 722, 736, 761, 770, 799
Moreto y Cabaña, Agustín C₁ 9
Morgan, Esquire s. Cumberland, Henry Frederick Duke of
Morgan, George Cadogan L₁ S. 850
Morgan (Morgann), Maurice J₁ 263
Morgenstern, Johann Karl Simon L₁ 109
Morhof, Daniel Georg J₁ 980; K₁ S. 838
Morin, Jean Baptiste SK₁₁ 548, 549
Moritz, Karl Philipp H₁₁ 141; L₁ 543
Morrison, George RA₁₁ 199, 200
– Edward, dessen Sohn F₁ 912; J₁₁ 1985; SK₁₁ 232, 295
Morse, Jedediah SK₁₁ 319
Morveau s. Guyton de Morveau, Louis Bernard
Morus, Henricus KA₁₁ 96
Moser, Friedrich Carl Freiherr von A₁₁ 171; KA₁₁ 66*, 68, 69, 70; B₁ 59; L₁ 263, 266
Moser, Johann Jacob D₁ 653
Moser, Joseph Nicolaus J₁₁ 2159; SK 455, 458
Moses B₁ 313; J₁ 962, 1044, 1179; L₁ 268, 340
Mosheim, Johann Lorenz KA₁₁ 90
– Dorothea Auguste Margarethe KA₁₁ 90
– dessen Söhne KA₁₁ 90
Mossop, Henry F₁ 975
Mount K I + II S. 291
Mozart, Wolfgang Amadeus K₁₁ 343
Mudge, John J₁ S. 649
Mudge, Thomas RA₁₁ 143; SK₁₁ 365, 372, 374
Mühlenberg, Heinrich Melchior L₁₁ 797
Mühri, Georg Friedrich SK₁₁ 916
Müller SK₁₁ 894
Müller SK₁₁ 774
Müller D₁ 26, 31, 262, 263, 612, 651
Müller, aus Echem J₁ 923
Müller, Schneider in Göttingen J₁ 63
Müller, Verleger in Leipzig J₁ S. 649; SK₁₁ 365
Müller, Christian Günther SK₁₁ 450
Müller, Franz Henrich SK₁₁ 340
Müller, Gotthard Christoph SK₁₁ 86a, 106*, 142, 214, 235, 284, 287, 289, 298, 310, 409, 414, 435, 519, 556, 703, 1023
Müller, Johann Friedrich SK₁₁ 776
Müller, Johann Georg L₁ 515
Müller, Johann Gottwerth SK₁₁ 630, 672
Müller, Johann Nikolaus SK₁₁ 953
Müller, Johannes von L₁ 515
Müller, Karl Wilhelm Christian von SK₁₁ 200
Müller (Mulerius), Nicolaus L₁ 95
Münch, Johann Gottlieb L₁ 611
Münchhausen, Georg von E₁ 44?
Münchhausen, Gerlach Adolf von B₁ 56, 354; D₁ 207, 214; F₁ 716
Münchhausen, Karl Friedrich Hieronymus von B₁ 135; E₁ 44?
Münchhausen, Otto Freiherr von A₁ 119; B₁ 135; D₁₁ 683; J₁₁ 1375
– Otto Friedrich Julius, dessen Sohn KA₁₁ 230

Münnich, Burkhard Christoph Graf von KA$_{II}$ 242
Münter, Balthasar C$_I$ 92
Münter D$_I$ 20
Münzmeisterin SK$_{II}$ 259
Muhamed s. Mohammed
Muhamed Mahadi D$_I$ 391, 395
Muratori, Ludovico Antonio D$_I$ 553
Muretus (Muret), Marc-Antoine J$_I$ 989
Murhard, Friedrich Wilhelm August K$_I$ S. 838; SK$_{II}$ 904, 950, 958, 967
Murr, Christoph Gottlieb von SK$_{II}$ 635, 644, 655, 665
Murray, Johann Andreas J$_I$ 240; SK$_{II}$ 95, 152, 163, 167, 168, 282
Murray, Johann Philipp B$_I$ 68
Mursinna, Friedrich Samuel L$_I$ 484
Musäus TB$_{II}$ 24
Musschenbroek, Pieter van KA$_{II}$ 18, 25, 42, 105; J$_I$ 56; J$_{II}$ 1457
Mylius, Philipp SK$_{II}$ 498, 662, 716, 724, 728
Mylius, Wilhelm Christhelf Sigmund G$_{II}$ 35
Myron C$_I$ 214

N. A$_I$ 89; B$_I$ 93; C$_I$ 261; E$_I$ 392; G$_{II}$ 38; J$_I$ 1020
Nadir Schah KA$_{II}$ 244, 245; D$_I$ 354, 355, 391, 395
Nairne, Edward K$_{II}$ 412; RA$_{II}$ 115
Napier, John s. Neper, John
Nassau-Weilburg, Karl Christian von A$_I$ 119
Natalibus, Petrus de SK$_{II}$ 502
Neander, Joachim RA$_{II}$ 94
Nebel, Heinrich Christoph D$_I$ 268
Nebukadnezar II. C$_I$ 131; D$_I$ 610; F$_I$ 176
Necker, Jacques J$_I$ 238
Neer, Aart van der TB$_{II}$ 27
Nelson, Horatio Lord SK$_{II}$ 1026
Neper (Napier), John B$_I$ 87, 377; GH$_{II}$ 8
Néricault, Philippe s. Destouches
Nesselrode, Franz Leopold Baron zu SK$_{II}$ 127, 131
Netscher, Kaspar TB$_{II}$ 27
Neurath, Constantin Franz Fürchtegott von SK$_{II}$ 964

– Friedrich Carl von s. Savigny, Friedrich Carl von
Neufville, J. A. Fr. W. R. Freiherr von Sk$_{II}$ 934
Neuville, Anne-Joseph-Claude-Freyde J$_I$ 283
Newcastle, Herzog von s. Pelham-Holles, Thomas
Newton, Isaac A$_I$ 79, 116; A$_{II}$ 229; KA$_{II}$ 67, 266, 292, 303; B$_I$ 16, 263, 297, 321; C$_I$ 35, 89★, 92, 303; D$_I$ 53★, 104, 224, 249, 354★, 537★, 579, 666; E$_I$ 108, 337, 370, 453, 472, 508; F$_I$ 154, 214, 628, 737, 793, 848, 1192, 1195; G$_{II}$ 19; J$_I$ 26, 280, 458, 478, 522, 526; J$_{II}$ 1223, 1345, 1350, 1469, 1476, 1505, 1509, 1521, 1578, 1672, 1701; K$_{II}$ 269, 312, 314, 319, 323, 360, 361; L$_I$ 245; L$_{II}$ 724, 817, 896; RA$_{II}$ 12, 52, 156, 157
Nicéron, Jean Pierre F$_I$ 1065
Nicholson, William GH$_{II}$ 47; J$_{II}$ 1612
Nicolai, Christoph Friedrich D$_I$ 520, 668; E$_I$ 154, 256, 334; F$_I$ 741; GH$_{II}$ 61, 64, 65; J$_I$ 301, S. 649; K$_{II}$ 186, 287; L$_I$ 188, 434; RA$_{II}$ 130; SK$_{II}$ 299, 418, 425, 522, 655, 909, 935, 988
Niebuhr, Carsten KA$_{II}$ 246; C$_I$ 187, 188, 189, 190, 191, 269, 285, 333; J$_I$ 265, 536
Niemeyer, Friedrich Rudolph August SK$_{II}$ 848
Niethammer, Friedrich Immanuel L$_{II}$ 973
Niewald, Georg Heinrich SK$_{II}$ 106
Niewlandt (Nieuwland), Pieter SK$_{II}$ 393
Nimrod E$_I$ 209
Niobe G$_{II}$ 149
Nivet J$_I$ 213
Noah B$_I$ 124; J$_I$ 66
Noble, Charles Frederick KA$_{II}$ 179, 180, 181; B$_I$ S. 45
Nöbeling, Johann August Christian SK$_{II}$ 137
Nöhden, Georg Heinrich August SK$_{II}$ 491, 556, 557, 558, 761
Nösselt, Johann August C$_I$ 92
Nolte, Georg Christoph B$_I$ 237
Nord, de D$_I$ 440

Norfolk, Charles Howard Herzog von J$_{II}$ 1911
North, Frederick Lord D$_I$ 163; F$_I$ 794; G$_{II}$ 64; RA$_{II}$ 6, 16, 33, 87
– dessen Verwandter RA$_{II}$ 33
Norton, Sir Fletcher D$_I$ 666
Norworth 1 209
Nostradamus C$_I$ 140
Nottingham, Lord RA$_{II}$ 42
Nutzel SK$_{II}$ 384

Obelet TB$_{II}$ 1
Oberea RA$_{II}$ S. 639
O'Brien, William Mat II$_{II}$ 54; RT$_{II}$ 19
Ockel, Ernst Friedrich J$_I$ 666
Ölssen, Johann von SK$_{II}$ 951
Offida, Bernhard von L$_I$ 47
O'Hara, Kane RT$_{II}$ 6; RA$_{II}$ 196
Olavíde y Jáuregui, Pablo Antonio José de F$_I$ 1233
Olbers, Heinrich Wilhelm Matthias SK$_{II}$ 434, 673
Oldenburg, Henry J$_I$ 458
Oldershausen, Wilhelm von SK$_{II}$ 769
Oliver (Olivet), Anton E$_I$ 522; F$_I$ 546; L$_{II}$ 808
Olufsen (Olofsen), Oluf Christian SK$_{II}$ 555, 564, 585, 592, 615, 616, 618, 619, 722
Omai F$_I$ 733, 753; RT$_{II}$ 25, 26; RA$_{II}$ S. 639
– dessen Eltern RT$_{II}$ 26
– dessen Geschwister RT$_{II}$ 26
Omar I., Kalif J$_I$ 354
Ompteda, Ludwig Karl Georg von SK$_{II}$ 514
Ompteda, Johann Friedrich von SK$_{II}$ 871
Oneil, Patrick J$_I$ 49
Onesicritus KA$_{II}$ 78
Opitz, Martin E$_I$ 142, 344
Oppenheim, Seeligmann Joseph SK$_{II}$ 246, 391
Oppermann, Heinrich J$_I$ 552; J$_{II}$ 1325, 1527; SK$_{II}$ 147
Oppermann, Heinrich Julius SK$_{II}$ 826
Ops E$_I$ 368
Oranien, Wilhelm Friedrich Erbprinz von J$_{II}$ 1325; SK$_{II}$ 79
– Wilhelm SK$_{II}$ 917
O'Reilly, Alexander F$_I$ 1231

Orell, Conrad L$_I$ 230
Orkney, Lady s. Villiers, Elizabeth
Ormoy, Abbé d' GH$_{II}$ 21
Orpheus RA$_{II}$ 175
Orrery, Earl of, Roger Boyle E$_I$ 368; J$_I$ 1104
Osbeck, Peter KA$_{II}$ 107, 108, 109, 110, 111, 112; B$_I$ 122; D$_I$ 389
Osborne, Sir George RA$_{II}$ 84, 89
– dessen Ahnen RA$_{II}$ 84
Osiander, Friedrich Benjamin SK$_{II}$ 449, 459, 583
– Christiane Friderica, dessen Tochter SK$_{II}$ 459
Ossian F$_I$ 734, 767; J$_I$ 825; s. a. Macpherson, James
Ostler, Max Fritz SK$_{II}$ 304
Otaheiti, Königin von s. Oberea
Othryades C$_I$ 177
Otto, Johann Friedrich Wilhelm J$_I$ 1105
Otto I. KA$_{II}$ 139, 140
Otway, Thomas KA$_{II}$ 172
Oudry, Jean Baptiste TB$_{II}$ 27
Ouvrier, Jean D$_I$ 36
Ovidius Naso, Publius KA$_{II}$ 207; B$_I$ 92, 219, 406; C$_I$ 238; D$_I$ 65, 551; E$_I$ 355; F$_I$ 469, 1153; J$_I$ 8, 229, 230
Oxford, Lord Robert Hartley RA$_{II}$ 42

P. B$_I$ 36, 63, 259; C$_I$ 222, D$_I$ 575
P., Fräulein C$_I$ 36
P., H. C$_I$ 145
Paetus, Caecina F$_I$ 646
Page K I+II S. 291
Pagius Florentinus s. Poggio di Guccio Bracciolini, Gian Francesco
Pagna, Vasquez de KA 92
Paine (Payne), Roger L$_I$ 397
Paine, Thomas J$_I$ 1158
Paisiello, Giovanni RT$_{II}$ 14
Palafox F$_I$ 1006
Palagonia, Ferdinando Francesco Prinz von D$_I$ 512
Palaiphatos E$_I$ 205; J$_I$ 88; L$_I$ 14
Palissot de Montenoy, Charles E$_I$ 400
Pandorchen F$_I$ 1170
Panthea D$_I$ 642
Paoli, Pasquale E$_I$ 269; TB$_{II}$ 1; RT$_{II}$ 22

Papenmüller SK_{II} 523
Papinus (Papin), Denis KA_{II} 95; J_{II} 1733, 1737; K_{II} 328
Paris B_I 17; D_I 642*
Paris, François de D_I 579
Parkinson, Sydney D_{II} 695, 704
Parma, Ferdinand Prinz von F_I 18
Parrhasius C_I 214; G_{II} 92
Parrot, Christoph Friedrich L_I 262; SK_{II} 165
Pars, William RA_{II} 49
Parsons, James F_I 13
Parsons, William SK_{II} 84
Parsons, William RA_{II} 184
Parthenopäus D_I 642
Partz, Ernst Ludwig D_{II} 748; RT_{II} 8; SK_{II} 125, 360, 385, 389, 404, 407, 429, 437, 454, 462, 465, 467, 468, 470, 478, 480
Pascal, Blaise C_I 193; E_I 29; L_I 275; RT_{II} 8; RA_{II} S. 639
– Jacqueline, dessen Schwester E_I 29
Pasch (Paschius), Georg L_I 268
Patzke, Johann Samuel B_I 239
Paul L_I 212
– dessen Sohn L_I 212
Paula Schrank, Franz von GH_{II} 61; L_I 170
Pauli, Carl B_I 28
Pauli, Johann Ulrich KA_{II} 87
Paulsen SK_{II} 139
Paulus F_I 197; J_I 18
Paulus, Heinrich Eberhard Gottlob J_{II} 1947
Pauw, Cornelis (Corneille) de KA_{II} 233, 234, 235; F_I 1216; RA_{II} 168
Pawloff, Grigorius SK_{II} 286, 334, 379, 448, 669
Pearce, Zachary F_I 1188
Pegel, Magnus E_I 488
Peletarius, Jacobus A_{II} 148
Pelham-Holles, Thomas, Herzog von Newcastle C_I 288
Pellison, Paul J_I 527
Pelletier, Bertrand J_{II} 1452
Pemberton, Henry RA_{II} 52
Penn, James C_I 367
Pepusch, Johann Christoph J_I 113
Périer, Jacqueline E_I 29
– deren Tochter E_I 29

Perikles D_I 181; E_I 357; F_I 429, 892*, 1137, 1194; UB_{II} 49
Perkins, Jacob L_{II} 976
Perrault, Charles A_I 106; F_I 507
Persius, Aulus P. Flaccus D_I 115, 505; E_I 222; J_I S. 832; L_I 315; Mat I_{II} 13
Persky, Nicolaus von SK_{II} 164, 379
Persoon, Christiaan Hendrik SK_{II} 107, 108, 152, 914, 917
Perthes, Friedrich Christoph L_I 684
Perthes, Justus Johann Georg L_I 260
Pestalozzi, Johann Heinrich L_I 295, 296
Petrarca, Francesco F_I 1145
Petronius, Titus (Gaius) P. Arbiter KA_{II} 209; B_I 189; D_I 360; E_I 44, 267; J_I 114
Petty, William Marquis von Lansdowne L_I 77
Peucer, Kaspar L_I 356
Peyssonel, Charles Comte de J_I 265
Pfaff, Johann Friedrich J_I 297; SK_{II} 126, 141, 147, 150, 237, 315, 388, 828, 918
Pfaff, Christoph Heinrich SK_{II} 563, 565, 599, 600, 605, 632, 638, 711
Pfalz-Bayern, Karl Theodor von H_{II} 137
Pfeffel, Gottlieb Konrad F_I 944
Pfeifer C_{II} 113
Pfeiffer G_{II} 35
Phaedrus F_I 619
Philander von der Linde (Johann Burkhard Mencke) B_I 44; F_I 1158
Philipp von Mazedonien KA_{II} 140; C_I 210; D_I 637
Philippi, Johann Ernst B_I 10, 19, 118; F_I 144
Philips, Ambrose RT_{II} 15
Philippsthal, Landgraf von s. Hessen-Philippsthal, Wilhelm Landgraf von
Philomele G_{II} 141
Phipps, Constantine John Baron Mulgrave D_{II} 692; RA_{II} 142
Phöbus B_I 56; E_I 491; L_I 489; s. a. Apollo
Photorin, Conrad (Caspar) C_I 222, 254, 256, 258; D_I 659*; E_I 186; F_I 562, 928, 951; G_{II} 35
Phryne D_I 642

PERSONENREGISTER

Piaggi (Piaggo), Antonio F_I 689
Picander (Christian Friedrich Henrici) B_I 176
Piccini, Nicola RT_{II} 18
Pickel, Johann Georg J_{II} 2074; L_{II} 964; SK_{II} 481, 892, 916
Pictet, Marc-Auguste J_{II} 1444, 145, 1464, 1466, 1470, 1628, 1800, 1987, 1988, 1994, 2084, 2122, 2125; L_{II} 714; SK_{II} 73, 74, 112
Pietsch, Johann Valentin F_I 249
Pilatus, Pontius KA_{II} 235; D_I 214; E_I 348
Pindar, Peter (John Wolcot) J_I 526; L_I 319
Pindaros D_I 616, 672*; L_I 68
Piozzi, Hester Lynch Thrale J_I 827, 828, 831, 832, 835
Piper J_I 63
Piron, Alexis F_I S. 455, 1227; J_I 483
Pisander (Peisandros) B_I 74
Pistorius, Christian Brandanus Hermann D_I 213, 279, 515
Pitaval, François Gayot de C_I 129, 130, 132, 133, 135, 136, 137, 138, 140, 141, 149, 150, 151, 154
Pitt, Thomas F_I 518; J_I 299
Pitt, William d. Ä. RA_{II} 87
– William d. J., dessen Sohn J_I 47; 904
Pius VI. Giovanni Angelo Braschi F_I 192; L_I 64
Planta, Joseph D_{II} 752; RT_{II} 25, RA_{II} 18; SK_{II} 84, 164, 201, 202, 205, 364, 458, 459, 616, 625, 778, 779, 827
Platner, Ernst L_I 251
Platon A_I 27, 80, 120; KA_{II} 85; B_I 77, 323; C_I 15, 115; D_I 170, 606, 684, 689, 726; E_I 368; F_I 761; L_I 109*, 268*
Platz, Jakob SK_{II} 78, 128, 139
Plautus, Titus Maccius D_I 1; F_I 166
Plempius, Vopiscus Fortunatus F_I 644
Plinius, Gajus P. d. Ä. C_I 150, 181, 257; D_I 7, 607; F_I 1032, 1119; J_I 952
Plinius, d. J. Gajus . Caecilius Secundus, F_I 646
Plumier, Charles KA_{II} 248
Plutarch A_I 42; B_I 327 C_I 155; D_I 181, 741; F_I 225, 226, 262, 594, 667; J_I 420, 837, 979, 1031; L_I 68, 76
Pluto A_{II} 223
Pocock (Pococke), Edward KA_{II} 75
Pocock, Richard RA_{II} 147
Pöllnitz, Ludwig Friedirch von SK_{II} 270
Poggio di Guccio Bracciolini, Gian Francesco C_I 170
Polen, August III. von A_I 119
Polen, Stanislaw I. Leszcynski König von A_I 81; B_I 105
Polen, Stanislaw-August Poniatowski, König von A_I 119; F_I 1148
Poli, Giuseppe Saverio L_I S. 850
Politianus, Angelus KA_{II} 47
Pollet, Karl George von SK_{II} 392, 416, 423, 481, 482
Pollux J_{II} 1686
Polwarth, Alexander Lord E_I 44; F_I 82; RA_{II} 2, 39, 40, 83, 105, 167
Polybios F_I 747
Polyxena D_I 642
Pommier s. Auroux des Pommiers, Matthieu
Pomona L_I 150; Mat I_{II} 173; RT_{II} 26
Pompadour, Jeanne-Antoinette Marquise de J_I 852
Pompejus, Cnaeus P. Magnus G_{II} 35, 111*
Pompejus, Cnaeus P. Strabo C_I 150
Pomponatiy (Pomponazzi), Pietro KA_{II} 47
Poniatowsky, Michal Fürst C_I 102; SK_{II} 191*
Pontac SK_{II} 916
Ponthac, Frau von C_I 138
Pontoppidan, Erik KA_{II} 177
Pope (Boston) J_I 1228
Pope, Alexander A_I 94, 135; KA_{II} 151; B_I 149, 321; D_I 92, 606, 619; E_I 113; F_I 211, 333, 625; J_I 665, 1125; K_{II} 79, 203; L_I 97, 448, 700; RA_{II} 38
Poppe, Henrich Balthasar J_{II} 2137; SK_{II} 117, 585
Porchester, Lord SK_{II} 451
– Herbert, dessen Sohn SK_{II} 451
Portugal, Joseph I. von J_I 1015
Portugal, Marie I. von SK_{II} 1018
Poselger, Friedrich Theodor SK_{II} 361, 440*

Potier (Pothier), Robert Josèphe
L_I 585, 589
Power J_I 1029
Pownall, Thomas RA_II 118, 124
Poyntz, William Deane TB_II 13, 22
Praxiteles B_I 204; D_I 614
Preston, William J_I 537
Preuss D_I 575
Preußen, Friedrich II. König von
KA_II 140, 226; B_I 393; E_I 306,
335*, 389; F_I S. 458, 242; J_I 38, 62,
65, 68, 69, 76, 77, 79, 80, 89, 108,
113, 115, 134, 189, 191, 298, 376,
377, 662, 667, 1089, 1521; K_II 281;
L_I 38, 118
Preußen, Friedrich Wilhelm I. König
von KA_II 140; J_I 717
Preußen, Friedrich Wilhelm II. König
von J_I 59, 885
– Friederike Luise von, dessen Frau
B_I 238
Preußen, Prinzessin von SK_II 280
Prévost, Pierre J_I 441; J_II 2122, 2124,
2125, 2129
Priapus J_I 987
Price, Richard D_I 645; E_I S. 344;
RA_II 16
Priest, Ab RA_II 13
Priestley, Joseph D_II 761; E_I S. 344,
451, 453; F_I 11, 1130; H_II 70, 195;
J_I 198, 233, 1023; J_II 1935, 1937,
1938, 2081; L_I 676; L_II 940, 968;
RA_II S. 639, 151
Pringle, John F_I 1057, 1192; RA_II 167
Prior, Matthew KA_II 156
Pritsch, Heinrich F_I 145
Pritzelwitz, Georg Ernst von J_I 474
Prokopios von Kaisareia KA 146;
J_I 92*
Prony, Gaspard-Clair-François-Marie, Baron Riché J_I 147; K_II 338
Prynne, William E_I 68
Psalmanazar, George L_I 579
Ptolemaeus, Claudius L_II 880, 963, 967
Pütter, Johann Stephan B_I 200;
J_I 1053; SK_II 861
Purgstall, Gottfried Wenceslaus Graf
von SK_II 838
Pyram (Pyramchen) SK_II 810, 822,
848, 863, 1014
Pythagoras A_I 6; A_II 157; C_I 282;
E_I 4; J_I 1010

Quentin, Johann Otto L_I 479
Quevedo y Villegas, Francisco Gómez de L_I 308
Quenstedt, Johann Andreas D_II 689
Quensel, Carl SK_II 461
– Melusina Therese, dessen Frau
SK_II 489
Quick, John RA_II 17
Quin, James F_I 975*; RA_II 19
Quintus Icilius J_I 754

R. E_I 516
R...r SK_II 1041
Raabe, Heinrich August J_I 447
Rabelais, François E_I 314
Rabener, Gottlieb Wilhelm D_I 382;
F_I 171
Rabiqueau, Charles J_II 1451
Racine, Jean-Baptiste de KA_II 150;
J_I 283; L_I 605
Rackebrand, Johann Christian Justus
SK_II 96, 118, 172, 373
– dessen Knecht SK_II 172
Racknitz, Joseph Friedrich Freiherr
zu L_I 562
Rader D_I 575
Radziwill, Nicolaus Louis de
SK_II 398, 399, 423, 1008
Raff, Georg Christian SK_II 197
Raffaello Santi D_I 532, 537, 652, 672;
E_I 240, 429; F_I 659, 898; J_I 283, 893;
Mat I_II 71; TB_II 27
Raleigh, Walter J_I 362
Rambach, Friedrich Eberhard B_I 128;
L_II 916
Ramberg, Johann Daniel D_I 23;
TB_II 27, 28, 29; SK_II 434, 557, 560,
563, 637, 659, 669, 670, 690, 693,
756
Ramler, Karl Wilhelm B_I 402;
E_I 104; F_I 944
Ramsden, Jesse D_II 758, 762; J_I 747;
J_II 1499, 1500, 1582; RA_II 115;
SK_II 105
Ramus, Isaac Mat I_II 91; RT_II 23
Rancé, Armand-Jean de Bothillier de
J_I 899
Ranchat, Mlle SK_II 244, 275, 327,
340, 371, 375, 381, 384, 387, 401,
409, 413, 473, 486, 508, 511, 534,
537, 551, 554, 599, 651, 652, 854,
899, 904, 920, 925

Randel, Johann Adolph Friedrich J$_I$ 976, 1189
Rantzow, Christian Detlev Carl Graf von SK$_{II}$ 130, 141, 147, 167, 722, 747, 785, 790, 911
Rapin, Père Nicolas KA$_{II}$ 47
Rapp, Gottlob Christian SK$_{II}$ 102, 103
Rapp (Rappe), Johann Ernst SK$_{II}$ 497
Raspe, Rudolf Erich A$_I$ 12; E$_I$ 44; TB$_{II}$ 1
Raufseysen, Philipp Ernst F$_I$ 944
Rauzzini, Venancio RT$_{II}$ 14, 18; RA$_{II}$ 195
Ravaillac, François B$_I$ 23; E$_I$ 31
Ray J$_{II}$ 1562
Raynal, Guillaume J$_I$ 366
Reader K$_I$ S. 838
Réaumur, René Antoine Ferchault de KA$_{II}$ 18, 217; D$_{II}$ 675, 690; J$_I$ 11, S. 833; J$_{II}$ 1222, 1260, 1267, 1285, 1295, 1387, 1388, 1413, 1494, 1544, 2030, 2143; L$_{II}$ 920; SK$_{II}$ 182, 198, 270, 288, 481, 482
Rebmann, Andreas Georg Friedrich L$_I$ 34; SK$_{II}$ 953, 954, 955
Reculver F$_I$ 83
Reden, Claus Friedrich von SK$_{II}$ 269
Reden, Friedrich Clamor August Franz Ernst von SK$_{II}$ 1012
Reden, Friedrich Otto Burchard von J$_I$ S. 833
Redhead, Joseph SK$_{II}$ 140
Reeves, Thomas E$_I$ 36
Regulus, Marcus Atilius D$_I$ 666; E$_I$ 208; RT$_{II}$ 8
Rehbein, Johann Heinrich Ernst SK$_{II}$ 248, 677, 914, 917
Reich, Philipp Erasmus B$_I$ 102; F$_I$ 695, 725
Reichard, Heinrich August Ottokar SK$_{II}$ 250, 895
Reichardt, Johann Friedrich L$_I$ 514
Reid, Thomas E$_I$ 453
Reil, Johann Christian J$_{II}$ 2163
Reimarus, Hermann Samuel B$_I$ 50; C$_I$ 92; J$_I$ 1021
Reimarus, Johann Albert Heinrich L$_I$ 424; SK$_{II}$ 409, 410, 641, 647, 671, 704, 1019
Reimer, Nicolaus Theodor SK$_{II}$ 1026
Reineck, Adelbert von B$_I$ 241

Reinhard, Johann Paul B$_I$ S. 46
Reinhard, Karl L$_I$ 186; SK$_{II}$ 296
Reinhardt SK$_{II}$ 418
Reinhold, Christian Ludolf C$_I$ 55; D$_I$ 566; E$_I$ 86, 269; F$_I$ 214; J$_I$ 567
Reinhold, Karl Leonhard J$_I$ 195, 234, 258, 1006, 1081; L$_I$ 259; SK$_{II}$ 614
Reinsdorf (Reynsdorp) L$_I$ 110, 429
Reiske, Johann Jacob B$_I$ 65
Rembrandt, Harmensz van Rijn C$_I$ 64; TB$_{II}$ 27
– Saskia, dessen Frau TB$_{II}$ 27
Remler, Johann Christian Wilhelm J$_{II}$ 1625
Remnant L$_{II}$ 976
Remus D$_I$ 576
Renard SK$_{II}$ 328, 329, 330, 520, 536, 605
Reni, Guido J$_I$ 283
Rente, Johann Friedrich Wilhelm SK$_{II}$ 325
Resewitz, Friedrich Gabriel E$_I$ 321, 516
Respetino C$_I$ 237
Ressegair, Jean B$_I$ 325
Retz, Jean François Paul de Gondi, Kardinal de F$_I$ 128, 755, 770, 801, 811; J$_I$ 288
Reuß, Jeremias David SK$_{II}$ 195, 247, 248, 251, 502, 517, 548, 724
Rewbell, Jean François L$_I$ 403
Reynolds, Sir Josuah RA$_{II}$ 13, 14
Rhaeticus s. Joachim, Georg
Rhédey, Adam Graf SK$_{II}$ 139
Rhédey, Ladislaus Graf SK$_{II}$ 964
Ribini, Johann Daniel SK$_{II}$ 87, 122, 128, 264
Rich, John RT$_{II}$ 4; RA$_{II}$ 11
Richard, Anton Heinrich SK$_{II}$ 396, 444
Richardson, Samuel J$_I$ 221, 807
Richardson, William J$_I$ 263
Riché s. Prony, Gaspard-Clair-François-Marie
Richer RA$_{II}$ 9, 134
Richelieu, Armand-Jean du Plessis de C$_I$ 138; F$_I$ 770
Richelieu, Louis François Armand du Plessis de J$_I$ 440, 655
– dessen Frau J$_I$ 655
Richmann, Georg Wilhelm B$_I$ 89, 91; D$_I$ 60; F$_I$ 804; J$_{II}$ 1791, 1880; K$_I$ S. 838

Richmond und Lennox, Charles Herzog von K_{II} 290
Richter, August Gottlob GH_{II} 3, 9; GH_{II} S. 226; J_I 196, 198, 223; J_{II} 1827; SK_{II} 15, 31, 58, 63, 72, 94, 100, 109, 143, 211, 282, 289, 293, 296, 297, 304, 329, 335, 357, 375, 378, 413, 419, 429, 432, 435, 455, 520, 571, 596, 702, 838, 887
– Henriette Elisabeth, dessen Frau SK_{II} 262, 375, 435, 608, 792, 1048
– Charlotte Louise Auguste, dessen Tochter SK_{II} 262, 297, 360, 416
– Georg August, dessen Sohn SK_{II} 887
Richter, Georg Gottlob A_{II} 174; KA_{II} 74, 75, 76, 77, 78; J_{II} 1408
Richter, Gregorius D_I 163, 172
Richter, J. B. L_{II} 723
Richter, Jean Paul Friedrich L_I 87, 514, 581, 592, 615
Richter, Jeremias Benjamin L_{II} 724
Riecher (Rieche), Franz Siegfried Georg SK_{II} 112, 136
Rieck SK_{II} 350
Riedel, Friedrich Justus KA_{II} S. 88; B_I S. 45, 16, 45, 46, 65, 82, 92, 102; F_I 979
Riedesel, Johann Hermann Freiherr von C_I 160, 161, 163, 164, 165, 168
Riemenschneider TB_{II} 11
– dessen Sohn TB_{II} 11
Riepenhausen, Ernst Ludwig J_I 913; SK_{II} 112, 457, 558, 725, 736, 838, 868, 977, 1037
– Johann Franz SK_{II} 454
Riemer, Johann Andreas SK_{II} 763
Rink, Leutnant F_I 717
Rinman, Sven SK_{II} 125, 306
Riqueti s. Mirabeau, Honoré Gabriel de Riqueti Marquis de
Rittenhouse, David L_I 177
Ritter, Johann Wilhelm L_{II} 915
Ritz, Frau SK_{II} 64, 67
Robeck, Johann KA_{II} 85, 183; C_I 315
Robertson, William D_I 37, 572; E_I 66, 152; RA_{II} 100, 127
Robespierre, Maximilien de K_{II} 295; SK_{II} 687
Robinet, Jean-Baptiste-René C_I 289; F_I S. 458; RA_{II} S. 639

Robins, Benjamin KA_{II} 45; RA_{II} 20
Robins, William RA_{II} 74
Robinson G_{II} 152
Robinson, Mathew RA_{II} 118
Robinson, Mrs. SK_{II} 448
Rochefoucauld s. La Rochefoucauld, François Duc de
Rochester, John Wilmot Earl of D_I 647
Rochlitz, Johann Friedrich L_I 668
Rockford, William Henry Zuylestein Earl of RA_{II} 87
Rockingham, Charles Watson-Wentworth Marquis of RA_{II} 104, 118
Ro(h)de, Erhard Anton SK 759
Ro(h)de, Johann Philipp von GH_{II} 23; SK_{II} 200, 256, 285, 302, 318, 323, 1018
Roeder, Johann Jacob SK_{II} 1025
Roederer, Johann Georg C_I 193
Röhl, Lampert Hinrich J_{II} 1667
Röllig J_{II} 1600
Röntgen, David J_I 612
Röse SK_{II} 218
Rösel von Rosenhof, Johann D_I 675, 676, 683; E_I 361
Rogers, Woodes D_I 440
Rogge, Johann Georg Ludolph J_{II} 1519, 1527; SK_{II} 72, 78, 95, 110, 133, 165, 211, 253, 260, 281, 287, 298, 363, 390, 423, 542, 573, 592, 679, 699, 751, 790, 810, 866, 892, 899, 940, 1017
– Johanne Eleonore, dessen Schwester SK_{II} 423, 435
– Johanne Elisabeth Magdalene, Tochter Johanne Eleonores SK_{II} 435
Roggewijn, Jakob D_I 440
Rohde, Johann Philipp von s. Rode
Rohlfs, Matthias F_I 931
Rollenhagen, Georg L_I 151
Rommel, Carl Friedrich Günther SK_{II} 322
Romulus F_I 842
Roos, Philipp Peter TB_{II} 27
Roose, Theodor Georg August SK_{II} 616
Rosa, Salvator TB_{II} 27
Rosa di Tivoli s. Roos, Philipp Peter
Roscius Gallus, Quintus D_I 666; RA_{II} 11

Roscommon s. Dillon, Wentworth
Rosencranz J$_I$ 381
Rosenow, Christoph Ehrenreich C$_I$ 355
Rosenblenderin (Rosenplänter), Christine Elisabeth SK$_{II}$ 929
Rosenthal, Gottfried Erich SK$_{II}$ 384, 456
Rost, Johann Christoph B$_I$ 36; F$_I$ 944
Rotenburg, Carl Emanuel Landgraf von s. Hessen-Rheinfels-Rotenburg, Carl Emanuel Landgraf von
Rottmann, Heinrich August SK$_{II}$ 137
Rouland, N. GH$_{II}$ 21
Rousse E$_I$ 68
Rousseau, Ernst Emil Heinrich SK$_{II}$ 339
Rousseau, Jean-Baptiste C$_I$ 130, 137
– dessen Vater C$_I$ 130
Rousseau, Jean-Jacques A$_I$ 21, 78, 80, 81; KA$_{II}$ 84, 85, 106, 126, 127, 128, 183, 290; D$_I$ 390; F$_I$ 439; G$_{II}$ 4, 38, 83; J$_I$ 49, 159, 366, 433, 436, 860; RA$_{II}$ 145
Rowe, Nicolas RA$_{II}$ 175
Rowley, William J$_I$ 1000
Rozier, François GH$_{II}$ 18, 19, 20, 21, 26, 27, 28; J$_I$ 147, 207; J$_{II}$ 1312, 1497, 1577, 1697, 1776, 1778, 1823, 1824, 1861, 1940, 1962, 2071, 2073; SK$_{II}$ 86a
Rudloff, Wilhelm August SK$_{II}$ 199
Rudorf, Carl Friedrich SK$_{II}$ 877, 930
Rüdiger, Johann Christian Christoph L$_{II}$ 809
Ruef, Johann Kaspar Adam J$_I$ 18
Rüttgerodt, Heinrich Julius F$_I$ 848; 1138
Ruf, Wendel SK$_{II}$ 800, 801
Rugendas, Georg Philipp E$_I$ 104
Ruhländer, Johann Hermann F$_I$ 1151; SK$_{II}$ 275
Ruhmann, Hildebrand Heinrich SK$_{II}$ 318
Rumbold, Stephen D$_I$ 647
Rumford, Benjamin Graf von J$_{II}$ 1791, 1858; K$_I$ S. 838★; L$_I$ 243; L$_{II}$ 800, 810, 813; SK$_{II}$ 828, 963
Runde, Justus Friedrich SK$_{II}$ 501
– Johann Georg, dessen Sohn SK$_{II}$ 426, 550
– dessen Tochter SK$_{II}$ 501

Ruprecht, Carl Friedrich Günther SK$_{II}$ 266, 576, 750, 1008
– Friederike Dorothea, dessen Frau SK$_{II}$ 266, 441, 576, 679, 750, 773, 945
– Marianne, dessen Schwester SK$_{II}$ 1008
Russel, Richard D$_I$ 56
Rußland, Anna Leopoldowna von B$_I$ 398
Rußland, Elisabeth Petrowna von KA$_{II}$ 243
Rußland, Iwan III. (VI.) von D$_I$ 28
Rußland, Iwan IV. von J$_I$ 444
Rußland, Katharina II. von D$_I$ 79; J$_I$ 612, 698, 721; GH$_{II}$ 44
Rußland, Peter I. von GH$_{II}$ 9; J$_I$ 62, 982; RT$_{II}$ 26
Rusteberg, Heinrich Georg SK 72

S. B$_I$ 63, 82, 335; J$_I$ 455, 803; L$_I$ 1; RT$_{II}$ 13
S., J. B. s. Scherer, Johann Benedikt
Saba, Königin von KA$_{II}$ 226
Sachs, Hans C$_I$ 89
Sachse (Saxe), Christophorus TB$_{II}$ 1
Sachse, Johann Heinrich F$_I$ 1220
– Marie, dessen Tochter F$_I$ 1220; TB$_{II}$ 7, 15, 19, 21, 24, 25
– Freundin von Marie TB$_{II}$ 19
Sachsen, August II. von L$_I$ 532
Sachsen, Maria Antonie Walpurgis von KA$_{II}$ 226
Sachsen-Coburg-Saalfeld, Friedrich Josias Prinz von SK$_{II}$ 571
Sachsen-Gotha, August von J$_{II}$ 1089
Sachsen-Gotha, Ernst Ludwig II. von GH$_{II}$ 72
Sackville, Lord John Frederick RA$_{II}$ 26
Saint-Martin, Carl Theodor Immanuel Graf von SK$_{II}$ 911, 913
Saint-Réal, César Vichard de F$_I$ S. 455, 244
Saleh Beg KA$_{II}$ 244; D$_I$ 354
Salfeld, Johann Christoph SK$_{II}$ 324
Salis, Hieronymus Graf von SK$_{II}$ 78, 235, 386
Sallengre, Albert Hendrik de F$_I$ S. 455
Sallo, Denis de KA$_{II}$ 93

Sallust, Gaius S. Crispus B$_I$ 125; F$_I$ 804
Salmasius, Claudius (Claude de Saumaise) E$_I$ 20
Salmour, Cathérine Comtesse de J$_I$ 905
Salomon KA$_{II}$ 226; D$_I$ 660; G$_{II}$ 108, 172; J$_I$ 110, 660, 742, 1032
Samson (Simson) C$_I$ 309
Sander, Heinrich L$_{II}$ 789
Sander, Johann Carl Wilhelm SK$_{II}$ 236, 448, 465, 504, 528, 544, 574, 632, 650
– Sophia Amalie, dessen Frau SK$_{II}$ 236
– dessen Sohn SK$_{II}$ 650
Sarpi, Paolo J$_I$ 408
Sárvári (Sárváry), Paulus SK$_{II}$ 513, 608, 630, 711, 755, 772, 779
Saß, Friedrich August von J$_I$ S. 833
Sattler, Georg Anton Friedrich SK$_{II}$ 290
Satan s. Dübel
Sauer L$_{II}$ 973
Saul F$_I$ 850; RT$_{II}$ 8
Saunderson, Nicolas D$_I$ 395, 639
Saurin, Josèphe C$_I$ 130
Saussure, Horace Bénédict de H$_{II}$ 125; GH$_{II}$ 26; J$_{II}$ 1413, 1946; SK$_{II}$ 84
Savage s. Wildt, Johann Christian Daniel
Savage, Richard A$_I$ 116; J$_I$ 204
Savaresi, Andrea SK$_{II}$ 822, 825, 827
Savery, Thomas RA$_{II}$ 125
Savigny, Friedrich Carl von SK$_{II}$ 964
Sayn-Wittgenstein-Berleburg, Christian Heinrich Graf von SK$_{II}$ 828
Saxtorph, Johann Sylvester SK$_{II}$ 881
Scaliger, Joseph-Juste E$_I$ 24
Scaliger, Julius Caesar L$_I$ 128
Scarron, Paul J$_I$ 566
Schäfer, Georg Benjamin SK$_{II}$ 140, 141, 142, 145, 146, 147, 148, 149, 150, 151, 152, 153, 154, 155, 228, 230
Schäffer, Jacob Christian KA$_{II}$ 171; D$_I$ 293, 666; D$_{II}$ 675
Scha(t)z, Georg J$_I$ 897, 1231
Schaumann, Johann Christian Gottlieb J$_I$ 1017

Schaumburg-Lippe, Wilhelm Graf von C$_I$ 199; D$_{II}$ 748
Schaumburg-Lippe, Georg Wilhelm Graf von SK$_{II}$ 1012
– dessen Bruder SK$_{II}$ 1012
Schedius, Johann Ludwig von SK$_{II}$ 161
Scheel, Paul SK$_{II}$ 250, 536
Scheele, Karl Wilhelm J$_{II}$ 1396, 1457; L$_{II}$ 898
Scheibel, Johann Ephraim KA$_{II}$ 217
Schelhammer, Günther Christoph F$_I$ 918
Schellenberg, Anton Otto L$_I$ 45
Schelling, Friedrich Wilhelm Joseph L$_{II}$ 850
Schelwig, Samuel J$_I$ 6
Schenk, Karl August SK$_{II}$ 377
Scherer, Johann Benedikt F$_I$ S. 644
– Alexander Nicolaus, dessen Sohn L$_I$ 233; L$_{II}$ 713, 965, 966; SK$_{II}$ 783, 806, 890, 893, 895
Scherf, Mamsell SK$_{II}$ 401
Schernhagen, Johann Andreas D$_{II}$ 684; H$_{II}$ 11
Scherl SK$_{II}$ 250
Scheuchzer, Johann Jacob E$_I$ 465; SK$_{II}$ 279
Schiebeler, Daniel C$_I$ 360; D$_I$ 599
Schiff, Jakob Heinrich SK$_{II}$ 512, 525
Schiller, Friedrich von L$_I$ 188, 313, 605; SK$_{II}$ 951, 988
Schilling K$_I$ S. 845
Schimmelmann, Heinrich Carl Graf von D$_I$ 18
Schimmelpenning (Schimmelpenninck), Rütger Jan Graf L$_I$ 520
Schindler, Anna Maria RT$_{II}$ 14
Schirach, Gottlob Benedict von J$_I$ 1154; L$_I$ 564, 565
Schläger, Heinrich Ludwig SK$_{II}$ 323
Schlechter SK$_{II}$ 310
Schlegel, Carl Wilhelm Friedrich SK$_{II}$ 87, 109
Schlegel, Johann Adolf C$_I$ 92
Schlözer, August Ludwig von D$_I$ 129, 421; E$_I$ 152; F$_I$ 1233; J$_I$ 247, 444, 1154; SK$_{II}$ 150, 606
– Dorothea, dessen Tochter J$_I$ 186
Schlosser, Johann Georg F$_I$ 215
Schlüter SK$_{II}$ 261, 262

Schlüter, Caspar Heinrich Georg
  SK$_{II}$ 576
Schlüter, von SK$_{II}$ 325
Schmahle, Christian Ludewig B$_I$ 177
Schmeißer, Johann Gottfried L$_I$ 26;
  SK$_{II}$ 610
Schmid F$_I$ 944
Schmid, Carl Christian Erhard
  J$_I$ 629, 934
Schmid, Christian Heinrich B$_I$ 400;
  D$_I$ 128
Schmid (Schmitt), Jacob Andreas
  Friedrich SK$_{II}$ 397
Schmid (Schmidt), Karl Friedrich
  Wilhelm SK$_{II}$ 124
Schmid, Nicolaus Ehrenreich Anton
  KA$_{II}$ 50, 51, 52, 53, 54, 55, 56, 57,
  58, 59, 60
Schmidt F$_I$ 1220; J$_I$ 853
– dessen Sohn F$_I$ 1220; J$_I$ 853
Schmidt, Friedrich August L$_I$ 629
Schmidt, Friedrich Georg August
  SK$_{II}$ 376
Schmidt, Georg Gottlieb J$_{II}$ 1752,
  1754, 1790, 1798; SK$_{II}$ 272, 292,
  293, 511, 514, 647, 752, 970, 971
Schmidt, Jakob Friedrich B$_I$ 63
Schmitt, Jacob Andreas Friedrich s.
  Schmid
Schnetter B$_I$ 241
Schnieber, C. K$_I$ S. 845
Schönberg(er), Oldarius KA$_{II}$ 88;
  D$_I$ 641
Schönemann, Carl Traugott Gottlieb
  SK$_{II}$ 452
Schottland, Maria von J$_I$ 1095
Schouten, Wilhelm Cornelisz D$_I$ 440
Schrader, Johann Gottlieb Friedrich
  L$_I$ S. 850; SK$_{II}$ 224, 237, 364, 365,
  407, 422, 423, 437, 445, 453, 454,
  455, 462, 470, 633, 704, 947
Schrepfer (Schröpfer), Friederike
  SK$_{II}$ 799, 800, 802, 820, 861, 921
Schrevel, Cornelis D$_I$ 328
Schröckh, Johann Matthias KA$_{II}$
  S. 88, 138, 139, 140
Schröder, Friedrich Ludwig RT$_{II}$ 8
Schröder (Schröter), Johann Friedrich KA$_{II}$ 95; SK$_{II}$ 340, 911?
Schröder, Philipp Georg SK$_{II}$ 339
– dessen Tochter SK$_{II}$ 339

Schröpfer s. Schrepfer
Schröter, Johann Hieronymus
  J$_{II}$ 1684, 1686; L$_{II}$ 931; SK$_{II}$ 52, 67,
  68, 155, 242, 249, 274, 360, 364,
  365, 436, 820, 911?
Schrötteringk, Martin Hieronymus
  SK$_{II}$ 56, 57
– Martin Wolder, dessen Vater
  SK$_{II}$ 56
Schubert, Friedrich Theodor L$_{II}$ 963
Schüler TB$_{II}$ 22
Schütz (Schüz), Christian Georg
  d. Ä. TB$_{II}$ 27
Schütz, Christian Gottfried GH$_{II}$ 23;
  J$_{II}$ 1830, 2030; L$_{II}$ 746, 753, 825
Schütz, Friedrich Karl Julius SK$_{II}$ 156
Schütz, Friedrich Wilhelm von
  L$_I$ 258
Schütz, Philipp Balthasar Sinold, genannt von C$_I$ 342
Schütze, Johann Friedrich L$_I$ 514
Schuhmacher, Balthasar Gerhard
  J$_I$ 488; SK$_{II}$ 178
Schuhmacher, J. B. C. B$_I$ 16
Schulenburg-Wolfsburg, Albert
  Achaz Gebhard Graf von SK$_{II}$ 308
Schulte, Caspar Detlef von J$_I$ S. 833
Schultz, Guido L$_I$ 548
Schultz, Johann Heinrich J$_I$ 1044
Schulz, Johann Christoph Friedrich
  B$_I$ 328; D$_I$ 107
Schulze, Gottlob Ernst J$_I$ 1006
Schulzen, Maria Justina B$_I$ 171, 324;
  E$_I$ 104; F$_I$ 351; TB$_{II}$ 12; SK$_{II}$ 910
– deren Bruder SK$_{II}$ 910
Schurer, Friedrich Ludwig J$_{II}$ 1495
Schurig, Martin E$_I$ 463
Schwab, Johann Christoph J$_I$ 533
Schwan, Christian Friedrich F$_I$ 339
Schwankhardt GH$_{II}$ 18
Schwarz SK$_{II}$ 712
– dessen Bruder SK$_{II}$ 712
Schwarz, Berthold B$_I$ 307
Schwarz, Johann Christoph
  KA$_{II}$ 203; B$_I$ 203★
Schwarz, Glaser F$_I$ 1217; J$_I$ 853
– dessen Sohn F$_I$ 1217; J$_I$ 853
Schwarzkopf, Joachim von SK$_{II}$ 566
Schwebbe s. Schweppe
Schweden, Christine von E$_I$ 20;
  F$_I$ 611
Schweden, Johann III. von J$_I$ 444

Schweden, Karl XII. von B$_I$ 23, 408, 412
Schwellenberg, Mamsell RA$_{II}$ 137, 138, 141, 147
Schwengelm, Peter von SK$_{II}$ 456
Schwenter, Daniel A$_{II}$ 173
Schwenterlein (Schwenterley), Johann Heinrich Christian SK$_{II}$ 65, 71
Schweppe (Schwebbe), Friedrich SK$_{II}$ 192, 352, 786
– Dorothea Philippine Henriette, dessen Frau SK$_{II}$ 375, 786, 830, 910
– dessen Schwägerin s. Ayrer, Charlotte Johanna
Schwetschke J$_I$ 989
Scipio Aemilianus, Publicus Cornelius (Scipio d. J.) F$_I$ 442; TB$_{II}$ 4
Seebass, Georg Christoph SK$_{II}$ 122, 183
Seebeck, Thomas Johann J$_I$ S. 833
Seeger, Ernst Jacob SK$_{II}$ 804, 818
Seeger, Johann Friedrich J$_{II}$ 1418
Seeger, Theodor L$_I$ 532
Seekatz, Johann Conrad J$_{II}$ 1407, 1422
Segner, Johann Andreas von J$_{II}$ 1906
Seguier, Antoine Louis J$_I$ 92
Seignette, Pierre J$_{II}$ 2020
Seiler, Georg Friedrich J$_I$ 418
Sejanus, Lucius Aelius J$_I$ 662
Séjour, Achilles Pierre Denis du L$_{II}$ 841
Selchow, Johann Heinrich Christian von B$_I$ 200
Selim B$_I$ 178, D$_I$ 39
Selim III. J$_I$ 759
Selkirk, Alexander F$_I$ 585
Semler, Johann Salomo F$_I$ 1166; G$_{II}$ 44*
Sénac de Meilhan, Gabriel L$_I$ 285, 301
Senebier, Jean F$_I$ S. 455, 861; H$_{II}$ 125; J$_{II}$ 1912
Seneca, Lucius Annaeus B$_I$ 188; C$_I$ 181; D$_I$ 113; F$_I$ 129, 671; J$_I$ 662; UB$_{II}$ 48
Scrao, Francesco A$_{II}$ 172
Servius Tullius D$_I$ 34
Sestini, Giovanna RT$_{II}$ 18
Settele SK$_{II}$ 86a
Seton RA$_{II}$ S. 639

Seume L$_I$ 23
Severin, Friedrich SK$_{II}$ 667
Severus, Septimius B$_I$ 80
Sextro(h), Heinrich Philipp J$_{II}$ 2088
Seyberth, Philipp Heinrich F$_I$ 1169
Seybold, Daniel Christoph J$_{II}$ 1112
Seyde, Johann Hermann J$_I$ 542, 771, 803; SK$_{II}$ 89, 100, 146, 197, 205, 207, 252, 253, 258, 259, 262, 268, 272, 276, 281, 288, 313, 351, 355, 369, 373, 377, 388, 392, 405, 407, 433, 437, 446, 449, 467, 480, 485, 497, 511, 531, 535, 546, 551, 576, 584, 595, 601, 614, 657, 672, 676, 682, 688, 697, 721, 732, 765, 767, 783, 803, 808, 836, 841, 847, 851, 869, 873, 874, 876, 877, 901, 913, 922, 937, 950, 967, 1019, 1023, 1039
– dessen Vater SK$_{II}$ 259
–Maria Elisabeth, dessen Frau SK$_{II}$ 488, 874
Seyffer, Karl Felix von J$_I$ 242, 247, 552; SK$_{II}$ 3, 50, 59, 66, 82, 87, 91, 92, 99, 100, 102, 103, 107, 110, 112, 114, 124, 134, 137, 141, 147, 150, 151, 173, 185, 186, 212, 226, 229, 239, 241, 243, 278, 285, 296, 297, 301, 304, 305, 306, 309, 319, 335, 338, 342, 357, 400, 422, 451, 486, 515, 526, 555, 571, 572, 581, 614, 719, 720, 961, 997
Shadwell, Thomas RT$_{II}$ 2, 6; J$_I$ 355
Shaftesbury, Anthony Ashley Cooper, 3rd Earl of B$_I$ 277; E$_I$ 165
Shakespeare, William A$_I$ 74, 88; KA$_{II}$ 169, 277, 292; B$_I$ 60, 229, 263, 321, 322, 331, 338, 342, 420; C$_I$ 231; D$_I$ 93, 127, 213, 214, 243, 287, 344, 528, 530, 531, 587, 610, 666; E$_I$ 70, 197, 219, 228, 245, 259, 265, 325, 348, 370, 493; F$_I$ S. 455, 1, 37, 106, 496, 551, 554, 563, 564, 569, 631, 734, 1057, 1170; G$_{II}$ 2, 19, 117; H$_{II}$ 85; J$_I$ 263, 552, 792, 1039, 1092, 1104, 1228; K$_{II}$ 196, 269; L$_I$ 155, 413; Mat I$_{II}$ 27, 64, 82, 122, 123, 139; Mat II$_{II}$ 25; TB$_{II}$ 15; RT$_{II}$ 8, 10, 11, 12; RA$_{II}$ 3, 10, 17, 54, 126, 175, 185; SK$_{II}$ 212
Shebbeare, John F$_I$ 361, 362, 1193
Shenstone, William J$_I$ 506

Shepherd, Antony RA_{II} 177
Sheppard, Jack (John) E_I 41
Sheridan, Frances J_I 1104
Sheridan, Thomas G_{II} 224
Sheridan, Richard Brinsley E_I 262, 270; Mat I_{II} 140, 142; RA_{II} 175, 203
- Elisabeth, dessen Frau RA_{II} 203
Sherwin, Henry K I+II S. 291
Shore D_I 642
Short, James E_I 368; RA_{II} 12
Shuter, Edward RT_{II} 2, 19; RA_{II} 17
Sibthorp, John SK_{II} 796
Sickler, Johann Volkmar SK_{II} 169, 535*
- Friedrich Karl Ludwig, dessen Sohn SK_{II} 700, 757
Siddons, Sarah J_I 1039
Siebenkees, Johann Christian J_I S. 649
Siemers (Siemens) SK_{II} 89, 572
Sieyès, Emmanuel Joseph K_{II} 146
Sigaud de la Fond, Jean René F_I 894
Silberschlag, Georg Christoph B_I 152
Silchmüller, Johann Ludwig SK_{II} 511
Sillem, Johann SK_{II} 1035, 1036
Sillig, Johann Gottfried D_I 269
Simon, Richard D_{II} 689
Simpson, Thomas E_I 68, KA_{II} 161
Simson (Samson) KA_{II} 85
Sinclair, Oliver RA_{II} 164
Sisson, Jeremiah RA_{II} 4, 114
Sivers, Heinrich Jakob B_I 290
Sixtus V. J_I 720, 722; J_{II} 1359
Slingemann K I+II S. 291
Sloane, Sir John KA_{II} 72; E_I 4, 7; RA_{II} 5
Smart, Christopher J_I 1029
Smeathman, Henry J_I 828
Smeaton TB_{II} 1
Smeaton, John J_I 870, 875, 1190; SK_{II} 286, 287
Smith, William RT_{II} 8, 11; RA_{II} 184
- dessen Frau RT_{II} 11
Smollett, Tobias George B_I S. 45; D_I 666; H_{II} 136
Snetlage, Leonhard Wilhelm SK_{II} 721, 744, 785, 835, 862, 872
Soden, Friedrich Heinrich Julius Graf von K_{II} 269
Sömmerring, Samuel Thomas J_I 572; L_I 10; SK_{II} 120, 143, 144, 156, 159, 330, 362, 371, 878

Sokrates KA_{II} 9, 10, 85; B_I 261; C_I 182, 325; D_I 279, 400, 666; E_I 300; F_I 417, 467, 1061; G_{II} 35; J_I 171, 275, 355, 356, 635, 979; K_{II} 242, L_I 91, 194; TB_{II} 1
Solander, Daniel Charles D_I 440; D_{II} 704; E_I 450; RT_{II} 25, 26
Solon Mat I_{II} 116
Sommer, Jette (Henriette) SK_{II} 566
Soresi, Pier-Domenico B_I S. 46
Sori D_I 482
Soubise (Charles de Rohan) J_I 80
Soulavié J_I 440
South, Robert F_I 417
Späth, Johann Leonhard GH_{II} 71; SK_{II} 215
Spalding, Johann Joachim C_I 92
Spanien, Alfons X. von F_I 644
Spanien, Ferdinand VI. von A_I 119
Spanien, Karl I. von s. Deutschland, Karl V. von
Spanien, Philipp II. von F_I 118
- Isabell, dessen Tochter L_I 532
Speccius, Christoph J_I 268
Specht, Christian Ernst SK_{II} 681, 682, 683, 684, 690, 703
Speckter, Johann Michael SK_{II} 189
Speediman RA_{II} 47
Spence, Joseph D_I 639
Spencer, George L_I 397, 580
Spenser, Edmund J_I 352, 672
Spielberg, Georg D_I 440
Spillard, Ignatius Maurice L_I 695
Spinoza, Baruch de H_{II} 143; GH_{II} 58; J_I S. 649, 70, 144, 280, 282, 292, 302, 400, 523, 525; J_{II} 1370; L_I 661
Spittler, Ludwig Timotheus von SK_{II} 50, 78, 371
- Christiane Friederike Elisabeth, dessen Frau SK_{II} 150
Sprengel, Matthias Christian D_I 280; J_I S. 832; L_I 592; SK_{II} 154
Spurinna, Vestricius D_I 642
St. Veit F_I 45
Stal, Anne Louise Germaine de J_I 159
Städlin, Karl Friedrich SK_{II} 476
Stahl, Georg Ernst KA_{II} 24
Stainer, Jacob J_I 895
Stam(m)ford, Franz Karl von J_I 1325; SK_{II} 79
Stanhope, Philip D_I 593; D_{II} 749
- dessen Mutter D_I 593

- Eugenia, dessen Frau D$_I$ 593; D$_{II}$ 749
- dessen Kinder D$_{II}$ 749

Stanley J$_{II}$ 1542

Stark, Johann Christian SK$_{II}$ 886, 896

Staunton, Sir George Leonhard L$_I$ 353; L$_{II}$ 820, 822

Stavely E$_I$ 72; RA$_{II}$ 104

Stechard, Maria Dorothea F$_I$ 799, 1151; SK$_{II}$ 195, 358, 809, 933
- Christoph Wilhelm, deren Vater SK$_{II}$ 76

Stedman, John Gabriel L$_I$ 110, 359, 428, 429, 430, 431

Steele, Richard B$_I$ 31

Steevens, Alexander F$_I$ 906

Steevens, George SK$_{II}$ 212

Stegmann, Johann Gottlieb L$_{II}$ 781; SK$_{II}$ 699

Steinbeck, Christian Gottlieb L$_I$ 527

Steinmetzen, Carl und Georg von SK$_{II}$ 880, 883

Steinwehr, Wolf Balthasar Adolf von L$_{II}$ 739, 920

Steller (Stoeller), Georg Wilhelm KA$_{II}$ 100

Stephan B$_I$ 176

Stephen D$_I$ 647

Sternberg, Joachim Graf SK$_{II}$ 330, 419

Sterne, Laurence KA$_{II}$ 2; B$_I$ S. 45, 77, 86, 131, 203, 247, 268, 287, 321, 322, 364; C$_I$ 43, 45, 46, 47, 56, 231; D$_I$ 249, 610; K I+II S. 291; D$_{II}$ 756; E$_I$ 259, 430; F$_I$ 158, 178, 263, 750, 1074, 1107, 1170; G$_{II}$ 2, 72, 216; L$_I$ 186; Mat I$_{II}$ 89, 126, 131; TB$_{II}$ 30; RT$_{II}$ 13, 17, RA$_{II}$ S. 639, 45, 48, 54, 127
- Lydia, dessen Tochter D$_{II}$ 756

Steube, Johann Caspar J$_I$ 774

Stiehle s. Stühle, Winold

Stieler (Stüler), Heinrich Friedrich Adolph SK$_{II}$ 881, 1018

Stirn F$_I$ 527

Stivotel F$_I$ 249, 264; SK$_{II}$ 50, 341, 535, 576

St. Martin s. Saint-Martin

Stock, Georg Moritz SK$_{II}$ 520

Störk, Anton Freiherr von D$_I$ 449

Stöver, Dietrich Heinrich L$_I$ 564
- dessen Bruder L$_I$ 564

Stolberg-Stolberg, Friedrich Leopold Graf zu F$_I$ 944; L$_I$ 109

Stolberg-Stolberg, Christian Graf zu F$_I$ 944

Stolberg-Wernigerode, Heinrich Graf von SK$_{II}$ 128

Stolle SK$_{II}$ 827

Stolz, Johann Jacob J$_I$ 969; SK$_{II}$ 561, 564, 717

Storch F$_I$ 97, 1005

Story J$_I$ 454; TB$_{II}$ 1

Stosch, Philipp Freiherr von C$_I$ 177

Strabo KA$_{II}$ 78

Strafford, Earl s. Wendworth, Thomas

Strammann B$_I$ 51

Strathdown F$_I$ S. 458

Stricker SK$_{II}$ 418

Street s. Barry, Ann

Stromeyer, Johann Friedrich J$_I$ 190, 223; L$_{II}$ 848?; SK$_{II}$ 15, 32, 53, 60, 64, 73, 81, 106, 111, 114, 184, 205, 206, 208, 252, 267, 275, 293, 310, 327, 386, 400, 408, 420, 422, 433, 509, 842, 844, 897, 942, 1005, 1029
- Carl Friedrich Wilhelm, dessen Sohn SK$_{II}$ 386, 913, 1008★
- Philipp August Ludewig, dessen Sohn SK$_{II}$ 386

Stromeyer, Ernst August RA$_{II}$ 18

Strube C$_I$ 218

Struensee, Johann Friedrich Graf von C$_I$ 92

Struve, Karl Wilhelm Friedrich F$_I$ 61

Strzecky, Andreas F$_I$ 1148

Stück, von SK$_{II}$ 596

Stühle, Winold C$_I$ 108

Stüler s. Stieler, Heinrich Friedrich Adolph

Stuart, Charles Edward RA$_{II}$ 93

Stuart, David s. Erskine, David Stuart Earl of Buchan

Stuart, James K I+II S. 291

Studnitz, Johann Albert von SK$_{II}$ 847, 881, 946, 947
- dessen Bruder SK$_{II}$ 946

Sturm, Johann Christophorus KA$_{II}$ 96

Suchfort, Johanna Gertruda Christiana SK$_{II}$ 497

Süßmilch, Johann Peter D$_{II}$ 689

Süß Oppenheimer C_I 39
Sueton, Gaius S. Tranquillus D_I 629
Suffolk, Henry Howard Earl of RA_{II} 87
Sulivan, Richard Joseph L_I 293
Sully, Maximilien de Béthune, baron de Rosny, duc de A_{II} 171; D_I 4
Sulzer, Johann Georg D_I 190
Suter, Johann Rudolff SK_{II} 513, 515
Swanton, Thomas KA_{II} 125; B_I S. 46; TB_{II} 1; SK_{II} 247, 295
Swedenborg (Schwedenborg), Emanuel von KA_{II} 41; B_I 321; C_I 377; F_I 740, 772
Swift, Jonathan KA_{II} 152; B_I 43, 44, 45, 371; D_I 214, 249, 610, 653, 666, 673, 674; F_I 355, 356, 359, 734; G_{II} 121, 224; J_I 424, 478; L_I 6, 61, 433; RA_{II} 23, 72; Mat II_I 11
– dessen Köchin D_{II} 674
Swinden, Jan Hendrik van GH_{II} 26; J_{II} 1339, 1345, 1509; L_I 231; SK_{II} 270, 279, 363
Szabó von Bartzafalva, David (d. Ä.) SK_{II} 197, 240, 241, 258, 259, 270, 278, 279, 280
Szabó von Bartzafalva, Emmerich (d. J.) SK_{II} 304
Szczytnicki, Xaverius von SK_{II} 1008
Szilágy, Franz SK_{II} 227

T., H. F. s. Hassenfratz, Jean Henri
Tabor, Mary RA_{II} 74
– deren Tochter RA_{II} 74
Tacitus, Publius Cornelius KA_{II} 152, 208; D_I 129; E_I 17, 18, 38, 39, 87, 161, 178, 180, 181, 197, 222, 370, 424; F_I 1; J_I 283; L_I 367; RA_{II} 46, 48, 100, 127
Tackius, Fridericus Petrus J_I 308
Talbot, William (d. Ä.) L_I 578; TB_{II} 4
Talbot, Charles (d. J.) D_I 593
Tarquinius Priscus D_I 32
Tarquinius Superbus D_I 34
Tassie, James Mat II_I 24
Tasso, Torquato KA_{II} 152; D_I 56; F_I 507
Tatter, Georg Ernst J_I 186; SK_{II} 48, 53, 60, 71, 73, 85, 93, 98, 99, 103, 116, 123, 132, 133, 134, 153, 164, 179, 183, 232, 233, 237, 238, 248, 251, 268, 329, 337, 353, 484, 604
Taubmann, Friedrich J_I 1003
Taurellus, Nicolaus KA_{II} 47
Tavistock, Marquis de D_I 669
– dessen Frau D_I 669
Teleki von Szék, Joseph Reichsgraf SK_{II} 1012
Tempelhoff (Tempelhof), Georg Friedrich von J_I 62
Tenidates D_I 642
Teniers, David (d. J.) TB_{II} 27
Tenneker, Christoph Ehrenfried Seyfert von L_I 532
Terasson, Abt J_I 232
Terenz (Terentius) F_I 438; J_I 165*; L_I 587
Terrick, Richard Mat II_I 74; RA_{II} 11
Tertullianus, Quintus Septimius Florens C_I 128
Terzi, Alexander E_I 431; RA_{II} 9
Teschner s. Deschner, F.
Tessin, Carl Gustav Graf von UB_{II} 48
Teyler van der Hulst, Pieter L_I 268
Thätjenhorst, Johann Friedrich SK_{II} 456
Theissing SK_{II} 774
Thellusson, Peter L_I 677
Theocrine C_I 239; Mat II_I 37
Théophile s. Viau, Théophile de
Theophrast J_I 356; J_{II} 1300; Mat II_{II} 31
Thetis F_I 966
Thibaut, Bernhard Friedrich L_I 272
Thiele, Johann Georg Philipp D_I 445
Thierry de Menonville, Nicolas Josèphe J_I 82
Thiess, Johann Otto J_I 1140
Thisbe SK_{II} 911
Thomas, Antoine Léonard C_I 360; D_I 4
Thoms, Johann Wilhelm SK_{II} 951
Thompson, Benjamin s. Rumford, Benjamin
Thompson, Chevalier J_{II} 1791
Thompson, Jane RT_{II} 4
Thompson, William K_I S. 845
Thomson, James H_{II} 74; RT_{II} 2
Thomson, John J_I 755
Thornhill, Sir James E_I 41
Thou, François Auguste de C_I 141

Thümmel, Moritz August von
J$_I$ 556, 563, 570; SK$_{II}$ 140, 141, 831, 833
Thümmel SK$_{II}$ 249
Thurmond, John E$_I$ 41
Tiberius, Claudius Nero Caesar D$_I$ 302
Tibullus, Albius D$_I$ 17; J$_I$ 975
Tieck, Ludwig L$_I$ 684
Tiedemann, Dietrich F$_I$ 1111, 1114; L$_I$ 277*, 437, 836
Tigranes D$_I$ 642
Tilh, Arnault du C$_I$ 149
Timberlake, Henry B$_I$ S. 45
Timme, Christian SK$_{II}$ 480, 500
Timosa D$_I$ 642
Timotheos SK$_{II}$ 524
Tissot, Simon André KA$_{II}$ S. 88; C$_I$ 228
Titius, Johann Daniel KA$_{II}$ 148, 175*; F$_I$ 1137
Tizian (Tiziano Vecelli) F$_I$ 640
Tobiesen, Ludolph Hermann SK$_{II}$ 495
Tolle, Johann Friedrich D$_I$ 414
Tolle, Johann Heinrich J$_I$ 839; SK$_{II}$ 256, 457
Tolle, Frau SK$_{II}$ 222, 237, 250, 276, 289, 296, 335, 363
Tommy RA$_{II}$ 16
Tompson, Johann B$_I$ 253; TB$_{II}$ 11*
Tomsen s. Thoms, Johann Wilhelm
Topham, Edward J$_I$ S. 649
Toreen, Olof KA$_{II}$ 107
Torricelli, Evangelista J$_{II}$ 2018; RA$_{II}$ 117
Tott, François Baron von J$_I$ 265
Townson, Robert J$_{II}$ 1468, 1736, 1737, 1785, 1803, 1949; K$_I$ S. 838; SK$_{II}$ 259, 260, 261, 266, 289, 305, 307, 311, 315, 337, 364, 365, 370, 374, 585, 591, 600, 608, 651, 672, 675, 676, 691, 699, 719, 721, 736, 743, 745, 747, 749, 771, 772, 773, 774, 786
Trajan E$_I$ 165
Tralles, Johann Georg J$_I$ 324, S. 832, S. 833; SK$_{II}$ 105, 818
Trebra, Friedrich Wilhelm Heinrich von L$_{II}$ 853; SK$_{II}$ 95, 100, 269, 275, 290, 293, 311, 370, 374, 416, 458, 667, 718, 722, 728, 792

Trembley, Abraham KA$_{II}$ 38; D$_{II}$ 675, 676, 677, 683; F$_I$ S. 455
Trescho, Herman A$_{II}$ 222
Treuttel J$_I$ 345
Trew, Viktor Lebrecht von SK$_{II}$ 404, 405
Triller, Daniel Wilhelm KA$_{II}$ 203
Trinius, Johann Anton D$_I$ 276
Troil, Uno von L$_{II}$ 848
Trommsdorff, Johann Bartholomäus J$_{II}$ 1401, 1625
Troostwijk, Adriaan Paets van J$_{II}$ 1495, 1673, 1742, 1749, 1751, 1962, 1971, 1975, 2002, 2023, 2036, 2063
Trope, Edmund s. Burke, Edmund
Trudaine de Montigny, Jean Charles Philibert J$_{II}$ 1515; L$_{II}$ 755
Trueman E$_I$ 137
Tucker, Josiah RA$_{II}$ 118
Tudor, Owen D$_I$ 642
Tullia D$_I$ 34
Tullus, Hostilius G$_{II}$ 35
Tunck s. Tucker, Josiah
Turenne F$_I$ 898, 1137; J$_I$ 212; J$_{II}$ 1521*; TB$_I$ 1
Turnebus, Adrianus D$_{II}$ 741
Turner, Thomas SK$_{II}$ 202, 218, 304, 429, 435
Turnstall, Mrs. RT$_{II}$ 7
Tuttenberg, J$_I$ S. 833
Twiss, Richard G$_{II}$ 218
Twist, Johan van KA$_{II}$ 7
Tychsen, Thomas Christian SK$_{II}$ 850
– Wilhelmine Johanna, dessen Frau SK$_{II}$ 439, 440, 678
– Johann Adolph Heinrich, dessen Sohn SK$_{II}$ 850
Tyson, Edward RA$_{II}$ 62

Uffenbach, Johann Friedrich Armond von J$_{II}$ 1703; SK$_{II}$ 196*, 216
Uffenbach, Zacharias Conrad KA$_{II}$ 95; F$_I$ 522
Ugolino s. Gherardesca, Ugolino della
Ulrich, Peter Joseph SK$_{II}$ 232
Unbekannt A$_I$ 99; D$_{II}$ 682, 690; E$_I$ 38; F$_I$ 339, 370, 449, 1209, S. 644, G$_{II}$ 232; H$_{II}$ 28; J$_I$ 361, 362; K$_{II}$ 187; L$_{II}$ 825, 829; TB$_{II}$ 17, 18;

RT$_{II}$ 4, 10; RA$_{II}$ 118, 156; SK$_{II}$ 237, 250, 278, 298, 363, 943, 949
Unger, Johann Friedrich L$_{II}$ 797
Unzer, Johann August A$_I$ 54, 55, 56, 58, 59, 120?; KA$_{II}$ 7, 8, 9, 10, 11, 12, 13, 15, 20, 39, 43, 177, 185, 186, 187, 188, 189, 190, 191, 192, 193, 194, 195, 196, 197, 198, 199; B$_I$ 54, 379
Uranie (Urania) E$_I$ 368
Uranus (Gott) E$_I$ 368
Urban s. Cave, Edward
Uz, Johann Peter E$_I$ 104; F$_I$ 944

Vairasse d'Allais, Denis RA$_{II}$ 72
Valli, Eusebio J$_I$ 1100
Valmont de Bomare, Jacques-Christophe B$_I$ 114; F$_I$ 1099
Vanbrugh, John D$_I$ 625, 626; F$_I$ 739, 975; RT$_{II}$ 6; RA$_{II}$ 11, 17
Vandelli, Domingo L$_I$ 598
Varignon, Pierre KA$_{II}$ 116; J$_I$ 233
Vassalli-Eaudi, Antonio Maria J$_{II}$ 1912
Vasques de Pagna KA$_{II}$ 92
Vasseur J$_I$ 1040
Vaucanson, Jacques de D$_I$ 116; J$_{II}$ 1228
Vay, Baron von J$_{II}$ 1499
Vega, Georg von J$_I$ S. 649
Veit, David Joseph SK$_{II}$ 544
Veltheim, August Ferdinand von SK$_{II}$ 973
Vera L$_I$ S. 850; SK$_{II}$ 187, 260
Velthusen, Johann Peter C$_I$ 145
Velthusen, Johann Conrad C$_I$ 321
Venus B$_I$ 324; F$_I$ 1123; RA$_{II}$ 14, 156, 159; J$_I$ 677; L$_I$ 32, 36, 625
Verbeck, Jean D$_{II}$ 675
Vergil (Publius Vergilius. Maro) A$_I$ 82; KA$_{II}$ S. 41, 152; B$_I$ 74, 171, 203; D$_I$ 1, 666; E$_I$ 256, 257, 354, 368; F$_I$ 58, 119, 668, 1014; G$_{II}$ 106; J$_I$ 54, 410, 921; J$_{II}$ 1232, 1758; L$_I$ 284, 607; Mat I$_{II}$ 31; SK$_{II}$ 557
Verniettes C$_I$ 130
Vernon, Thibaud de Mat I$_{II}$ 82
Vespucci (Vesputius), Amerigo E$_I$ 335, 339
Viallon, Jean Marie J$_{II}$ 1451
Viau, Théophile de D$_I$ 1
Vichi, Marquis de GH$_{II}$ 21

Viera y Clavijo, José de J$_I$ 401
Vieth, Gerhard Ulrich Anton K$_{II}$ 364
Vieweg, Johann Friedrich J$_I$ 407, L$_I$ S. 850
Villars, Johann Josa de J$_I$ 474
Villiers, Elizabeth F$_I$ 356
Visé s. Donneau de Visé
Vittie SK$_{II}$ 1037
Vitruvius, Pollio KA$_{II}$ 14
Viviani, Vincenzo KA$_{II}$ 47
Vizzani, Catharina KA$_{II}$ 148
Vloemen, Gottlob Theodor SK$_{II}$ 244
Vogel, Johannes SK$_{II}$ 77, 79
Vogel, Paul Joachim Siegmund J$_I$ 1090
Vogel, Rudolf Augustin A$_{II}$ 172; KA$_{II}$ 73, 94
Vogel, Samuel SK$_{II}$ 77, 79
Vogel, Samuel Gottlieb J$_{II}$ 1297; SK$_{II}$ 577, 636
– Dorothea Catharina, dessen Frau SK$_{II}$ 257, 866
Vogt, Faktor SK$_{II}$ 707
Voigt, Johann Carl Wilhelm J$_I$ 1137, S. 833; SK$_{II}$ 305
Voigt, Johann Heinrich GH$_{II}$ 16; J$_I$ 30; J$_{II}$ 1266; L$_{II}$ 885, 938; SK$_{II}$ 192?, 496, 498, 499, 520, 544, 619, 952
Voigt, Johann Hermann D$_I$ 500; J$_I$ 776, 839; L$_I$ 479; SK$_{II}$ 32, 75, 183, 184, 190, 324, 340, 389, 390, 393, 437, 501, 518, 519, 665, 905, 952, 967, 1024
– Catharine Henriette, dessen Frau SK$_{II}$ 390, 519
– dessen Bruder SK$_{II}$ 650
– dessen Geselle SK$_{II}$ 184
Voigt, Konrad Wilhelm C$_I$ 147, D$_I$ 575
Volborth, Johann Carl J$_{II}$ 1325, 1519, 1527
– Sophia Louise, dessen Frau SK$_{II}$ 1024
Volney, Constantin-François Comte de J$_I$ 265
Volta, Allessandro F$_I$ 407; J$_{II}$ 1767, 2030; K$_{II}$ 384; L$_I$ S. 850; SK$_{II}$ 737
Voltaire KA$_{II}$ 28, 150; B$_I$ 54, 393; C$_I$ 197, 332; K I + II S. 291; E$_I$ 157, 230; F$_I$ 220, 242, 243, 244, 272, 467, 469, 507, 508, 509, 620, 1029;

J$_I$ 1, 210, 283, 366, 554, 1089;
J$_{II}$ 1218; L$_I$ 8, 91, 174, 269, 469,
585, 589, 597, 690; RA$_{II}$ 156, 184
Voß SK$_{II}$ 401, 408, 418
Voß, von SK$_{II}$ 345
Voß, Christian Daniel L$_I$ 564
Voß, Christian Friedrich L$_I$ 229
Voß, Johann Heinrich F$_I$ 944; J$_I$ 115, 642, 838
Vossius, Gerardus Joannis J$_I$ 663

W. RT$_{II}$ 13
W., A. D. L$_I$ 263
W., T. H. J$_I$ 354, 355, 356
Wachter, Johann Ernst B$_I$ 257
Wachter, Ludwig SK$_{II}$ 254, 257, 355, 389, 417
Wackenroder, Wilhelm Heinrich L$_I$ 684
Wacker, Johann Ludwig B$_I$ 51, 56
– dessen Sohn SK$_{II}$ 974
Wad, Gregorius SK$_{II}$ 232, 315, 686
Wächter, Georg Philipp Leonhard J$_{II}$ 1224, 1238
Wagemann, Arnold SK$_{II}$ 706
– Ludwig Gerhard SK$_{II}$ 385, 908
Wagenseil, Christian Jacob G$_{II}$ 169
Wagner, Heinrich Leopold E$_I$ 393
Wahl, Samuel Friedrich Günther J$_I$ S. 832
Walch, Johann Ernst Immanuel
– Albrecht Georg SK$_{II}$ 431, 508
Waldeck, Johann Peter SK$_{II}$ 752
– Charlotte Auguste Wilhelmine, dessen Frau SK$_{II}$ 389, 586
Wales, Frederick Louis Prince of E$_I$ 6; RT$_{II}$ 9
– Auguste Princess of, dessen Frau RA$_{II}$ 30
Walker, Richard GH$_{II}$ 69; J$_{II}$ 1612, 1613
Walkingshaw, Catherine D$_I$ 593
Wallace (Wallis), Samuel D$_I$ 440
Wallis, John J$_{II}$ 1277
Wallmoden-Gimborn, Johann Ludwig Graf von TB$_{II}$ 1, 27, 28
Walpole, Horace RA$_{II}$ 38, 140
Walpole, Robert Earl of Orford D$_I$ 666; J$_I$ 291
Walsh, John RA$_{II}$ 150
Walsingham, Lord s. Grey, Thomas de

Walter, Richard RA$_{II}$ 20
Walther, W. F$_I$ S. 456
Walton, Brian D$_{II}$ 689
Wanley, Nathaniel D$_I$ 607
Wanton D$_{II}$ 750
Wargentin, Pehr Wilhelm F$_I$ 972
Warnecke, Joachim Andreas C$_I$ 90; SK$_{II}$ 289, 293, 308, 358, 399, 452, 460, 480, 483, 539, 547
– dessen Geselle SK$_{II}$ 483
Warner, Richard KA$_{II}$ 169
Warton, Thomas L$_I$ 238
Wasa, Gustav s. Equiano, Olaudah
Washington F$_I$ 627
Wassenaer Sterrenburg, Wilhelm van KA$_{II}$ 125
Wassermeyer, Heinrich Christoph SK$_{II}$ 658, 1009
Watson RA$_{II}$ 50
Watson, William J$_{II}$ 1612
Watt, James L$_{II}$ 763, 968
Watteau, Jean-Antoine F$_I$ 362
Wattenbach, Paul Christian SK$_{II}$ 507, 536, 576, 605, 659, 908, 914, 936, 947
Watts, Isaac J$_I$ 729
Weaver, John RA$_{II}$ 175
Webb, T. D$_I$ 647
Weber, Andreas B$_I$ 239
Weber, Georg Michael SK$_{II}$ 140, 223, 231, 233
Weber, Joseph GH$_{II}$ 36
Weber, Veit s. Wächter, Georg Philipp Leonhard
Wedde (Wette) C$_I$ 97; D$_{II}$ 681
Wedel s. Werner, Johann Paul von
Wedgwood, Josiah D$_{II}$ 748; J$_I$ 430, SK$_{II}$ 71
– Thomas, dessen Sohn J$_{II}$ 1942
Weguelin (Wegelin), Jakob Daniel KA$_{II}$ 168
Wehrs, Georg Friedrich J$_I$ 1012
Wehrs, Johann Friedrich SK$_{II}$ 787, 794, 806
Weichs, Max Friedrich von C$_I$ 146; SK$_{II}$ 80★, 787, 794
Weichsel, Johann Samuel SK$_{II}$ 171, 209, 211, 234, 698, 702
– Ferdinand, dessen Sohn SK$_{II}$ 234, 235, 377, 400
– Friedrich Carl, dessen Sohn SK$_{II}$ 234, 235, 236, 237, 254, 377, 400, 401

- Carl Friedrich, dessen Cousin SK$_{II}$ 234, 235, 377, 400
Weigel, Christian Ehrenfried F$_I$ 1115
Weikard, Melchior Adam J$_I$ 606, 607, 611
Weilburg, Fürst von s. Nassau-Weilburg, Karl von
Weiller, Kajetan von L$_I$ 583
Weinhold, Dr. s. Wienholt, Arnold
Weishaupt, Adam J$_I$ 838
Weiske, Benjamin L$_I$ 93
Weiß, Dr. J$_{II}$ 1375
Weiß, Friedrich s. Mendelssohn, Moses
Weiss L$_I$ 583
Weiße, Christian Felix KA$_{II}$ 158, 169, 227; B$_I$ 185*; L$_I$ 109, 653
Weisse, Michael L$_I$ 463; RA$_{II}$ 94
Weißenbach, Joseph Anton L$_I$ 114
Welwood, James B$_I$ 261
Wenck, Friedrich A. W. SK$_{II}$ 198, 199
Wenck, Johann Martin TB$_{II}$ 1
Wencker SK$_{II}$ 934
Wendeborn, Georg Andreas SK$_{II}$ 445
Wendenborn, Gebhard Friedrich August J$_I$ 306
Wendisch, Johann Gottlob SK$_{II}$ 353, 384, 431, 433
Wendt, Friedrich von SK$_{II}$ 10, 63, 75, 102, 113, 117, 178, 236, 245, 447, 495, 535, 571, 583, 619, 981
- Agnese, dessen Tochter SK$_{II}$ 583, 746, 981, 1025
Wentworth, Thomas Earl of Strafford KA$_{II}$ 163
Wenner, Martin Ludwig SK$_{II}$ 909
- Gustav Magnus, dessen Bruder SK$_{II}$ 909
Wenzel Mat I$_{II}$ 94
Werkmeister, Georg Heinrich J$_I$ S. 833
Werlhof, Paul Gottlieb F$_I$ S. 455
Werne, Heinrich Philipp SK$_{II}$ 311, 314
Wernecke (Wernike), Anton Heinrich SK$_{II}$ 599, 622, 626
Werner, Abraham Gottlob J$_I$ 95, S. 833; J$_{II}$ 1320, 1321, 1322, 1323, 1324, 1616, 1617, 1869; SK$_{II}$ 13
Werner SK$_{II}$ 611, 612
Werner, Georg Friedrich GH$_{II}$ 64; J$_I$ 967; J$_{II}$ 1451, 1455, 1987; SK$_{II}$ 210, 333, 585
Werner, Johann Paul von J$_I$ 115
Werthern, Johann Georg Heinrich Reichsgraf von J$_I$ 1089
Wesemüller, Catharina Elisabeth SK$_{II}$ 759
West, Benjamin F$_I$ 898
West, Gilbert C$_I$ 92
West, Richard D$_I$ 643
Westenhof C$_I$ 88
Westfeld, Christian Friedrich Henning Gotthard D$_{II}$ 675; J$_I$ 1179; TB$_{II}$ 29; SK$_{II}$ 380, 383, 438, 553, 742, 813?
- Friedrich Wilhelm Christian, dessen Sohn SK$_{II}$ 380, 426, 538, 813?
Weston, Thomas RT$_{II}$ 2, 6, 15; RA$_{II}$ 10, 13, 15, 54; Mat I$_{II}$ 19, 60, 61, 62, 64, 82, 174
- dessen Vater Mat I$_{II}$ 60
Westphal, von SK$_{II}$ 99
Westphalen, Ludwig von SK$_{II}$ 99
Westrumb, Johann Friedrich J$_{II}$ 1830; SK$_{II}$ 351, 395, 400, 450, 455
Weygand, Johann Friedrich GH$_{II}$ 67; L$_I$ 611
Weyland F$_I$ 1220
- dessen Tochter F$_I$ 1220
Wezel, Johann Carl F$_I$ 1169
Whang at Tong RA$_{II}$ 153
Whiston, William B$_I$ 43
Whitefield, George B$_I$ 39; F$_I$ 476; RT$_{II}$ 24
Whitehurst, John GH$_{II}$ 66; L$_{II}$ 848
Whittington, Richard L$_I$ 522
Wichmann, Christian August B$_I$ 16, 92, 102, 150; D$_I$ 599
Wichmann, Franz Christoph Ernst SK$_{II}$ 952
Widenmann, Johann Friedrich Wilhelm J$_I$ S. 833
Wiedeburg, Johann Ernst Basilius L$_I$ 268
Wiedemann s. Michaelis, Louise
Wiederholt, Christina Helena SK$_{II}$ 672
Wiegand, Johann Andreas SK$_{II}$ 679
Wiegleb, Johann Christian J$_{II}$ 1457
Wieland, Christoph Martin A$_I$ 99; B$_I$ 16, 41, 65, 77, 82, 160, 254, 263, 320, 321, 322, 347; C$_I$ 295, 325,

330; D$_I$ 110, 127, 128, 278, 326, 642; E$_I$ 188, 230, 231, 280; F$_I$ 178, 812, 944; L$_I$ S. 850, 514
Wienholt, Arnold SK$_{II}$ 663
Wilcke, Johann Carl D$_{II}$ 742, 743, 744, 745; J$_I$ 329; J$_{II}$ 1273, 1398, 1399, 2144; K$_{II}$ 384
Wilckens, Heinrich David J$_I$ 548, 550, 552; SK$_{II}$ 59*, 90, 91, 92, 93, 94, 101, 112, 131, 132, 137, 152, 546
– dessen Bruder SK$_{II}$ 137
Wild, Franz Samuel J$_{II}$ 1946
Wild, John RA$_{II}$ 183
Wilde RT$_{II}$ 10
Wildmann D$_{II}$ 750
Wildt, Johann Christian Daniel L$_I$ 235, 245; SK$_{II}$ 250, 261, 271, 278, 287, 295, 297, 301, 311, 384, 399, 414, 600, 611, 641, 642, 643, 644, 646, 660, 665, 697, 717, 814, 870
Wilke, Christian Heinrich B$_I$ 9, 11, 13, 102
Wilkens, Heinrich David s. Wilckens
Wilkes, John B$_I$ 9, 13, 60; D$_I$ 163; E$_I$ 68, 72; TB$_{II}$ 1
Wilkinson E$_I$ 36
Wilks, Robert J$_I$ 1104
Wille, Johann Georg B$_I$ 170; UB$_{II}$ 48
Williams TB$_{II}$ 1
Williams, Helen Maria L$_I$ 596
Williams, Samuel GH$_{II}$ 38
Williamson, John F$_I$ 927
– dessen Frau F$_I$ 927
Willich, Friedrich Christoph SK$_{II}$ 234, 249, 538, 602, 664, 698, 830
Wilson, Benjamin D$_{II}$ 763
Wilson, Henry GH$_{II}$ 14; J$_I$ 633
Wilson, John J$_I$ S. 833
Winckelmann, Johann Joachim B$_I$ 16, 17, 20, 23, 95, 163, 169, 181, 239; E$_I$ 86, 165; J$_I$ 1200; UB$_{II}$ 48; RA$_{II}$ 159
Windheim auf Timmenrode, Christian Ernst von KA$_{II}$ 90
Windisch, Karl Gottlieb von K$_{II}$ 287
Winkler SK$_{II}$ 829
Winkler, Johann Heinrich KA$_{II}$ 45
Wirth, Caspar B$_I$ 124
Wirth, Georg SK$_{II}$ 308, 309

Wiß, Clara Catharina SK$_{II}$ 609
Witte, Samuel Simon J$_I$ 536
Wittekopp, Jacob Heinrich SK 59, 160
Wittenberg, Albrecht B$_I$ 59, 115, 178; C$_I$ 231
Wittchenstein (Wittgenstein) s. Sayn-Wittgenstein-Berleburg, Christian Heinrich Graf von
Wittich, Friedrich Christoph SK$_{II}$ 233
Wittrock, August Christian Ludwig SK$_{II}$ 215, 232
Wöllner, Johann Christoph von J$_I$ 59, 885
Wolcot, John s. Pindar, Peter
Wolff SK$_{II}$ 589, 594
Wolff, August Ferdinand J$_I$ S. 649
– Gysbert Jacob, dessen Sohn SK$_{II}$ 112, 120, 138, 143, 144, 155, 159, 263?, 281
Wolff, Christian F$_I$ 252; H$_{II}$ 149
Wolff, Franz Ferdinand SK$_{II}$ 96, 104, 107, 133, 137, 172, 179, 181, 183, 197, 250, 256, 263?, 279, 289, 290, 305, 307, 313, 488, 521, 524, 525, 528, 534, 536, 594, 598, 601, 603, 607, 610, 613, 647, 753, 782, 783, 784, 788, 791, 803, 810, 828
– Dorothea, dessen Frau SK$_{II}$ 590
– dessen Sohn SK$_{II}$ 589, 594
Wolff, Odin SK$_{II}$ 803?, 806
Wolfram Mat II$_{II}$ 6
Wolke, Christian Hinrich SK$_{II}$ 981
Wollaston, Francis SK$_{II}$ 277, 280
Woltmann, Reinhard J$_{II}$ 1667; SK$_{II}$ 127, 460, 555, 574
Wood, Robert E$_I$ 281
Woodward, Harry RA$_{II}$ 17, 175
Wooldet, William RA$_{II}$ 49
Worcester, Edward Somerset Marquis von E$_I$ 488; RA$_{II}$ 125
Wrede SK$_{II}$ 192
Wright of Derby, Joseph L$_I$ 319
Wrighton, Anne RA$_{II}$ 205
Wrisberg, Rudolph Johann Freiherr von KA$_{II}$ 70
Wrisberg, Heinrich August SK$_{II}$ 207, 435, 789
– Philipp Johann Friedrich, dessen Sohn SK$_{II}$ 278, 415

Württemberg, Karl Eugen von A$_I$ 119
Wundram, Johann Heinrich SK$_{II}$ 695, 793
Wurmser, Dagobert Siegmund Graf von SK$_{II}$ 862
Wutge SK$_{II}$ 517
Wuth, Friedrich Ernst Conrad SK$_{II}$ 132, 843, 979, 1046
— dessen Frau SK$_{II}$ 803
Wynn, Sir Watkin William RA$_{II}$ 183

Xanthippe KA$_{II}$ 9; F$_I$ 417, 429; J$_I$ 915, 930
Xanthippos F$_I$ 429
Xenophon B$_I$ 261; C$_I$ 325

Yardley, John RA$_{II}$ 183
Yarmatti s. Gyarmathi
Yarmouth, Gräfin von TB$_{II}$ 27
Yates, Mary Ann RT$_{II}$ 15; RA$_{II}$ 54, 175, 184
Yates, Richard RA$_{II}$ 184
Yelin, Julius Conrad von L$_{II}$ 760, 761, 764
York, Herzog von TB$_{II}$ 1
Younge, Mrs. RT$_{II}$ 8; RA$_{II}$ 175, 184
Young, Edward B$_I$ 65, 178, 380; E$_I$ 251; G$_{II}$ 15; J$_I$ 291

Zach, Franz Xaver Freiherr von L$_I$ 531, S. 949; L$_{II}$ 781; SK$_{II}$ 292, 294, 324, 555, 594, 600, 609, 612, 619, 624, 629, 634, 727, 795, 826, 861, 975, 1001, 1046
Zachariae, Friedrich Wilhelm Christian SK$_{II}$ 468, 486, 933
Zacharias, Papst J$_I$ 398
Zahn, Johannes L$_{II}$ 786
Zanthier, Ludewig von SK$_{II}$ 897
Zebra, Don s. Zimmermann, Johann Georg
Zenobia D$_I$ 642
Zenon C$_I$ 262
Zeplichal, Anton Micheal C$_I$ 377
Zernecke, Johann Heinrich SK$_{II}$ 976
Zernecke, Paul Henrich SK$_{II}$ 541, 582

Zeus A$_{II}$ 223; C$_I$ 93; F$_I$ 339
Zeuxis C$_I$ 214; G$_{II}$ 92
Zickwolf F$_I$ 89
Ziegler, Christian Ludwig C$_I$ 144
Ziegler, Werner Karl Ludwig SK$_{II}$ 303
Ziegra, Christian C$_I$ 231
Zieten, Hans Joachim von SK$_{II}$ 173, 207, 224, 930
— — Friedrich Christian Ludwig Aemilius, dessen Sohn SK$_{II}$ 220
Zimmermann, Christian Heinrich SK$_{II}$ 400, 560, 577?, 611?
Zimmermann, Eberhard August Wilhelm von F$_I$ S. 457; J$_I$ 231; J$_{II}$ 1542; L$_I$ S. 850; TB$_{II}$ 1?; SK$_{II}$ 89, 425?, 552, 577?
Zimmermann, Johann Georg Ritter von C$_I$ 115, 117; D$_I$ 20; F$_I$ 392, 714, 742, 744, 804, 928, 929, 930, 938, 940, 942, 949, 954, 956, 957, 978, 985, 986, 988, 992, 993, 1005?, 1009, 1018, 1052, 1053, 1054, 1055, 1057, 1092, 1138, 1142, 1146, 1164, 1166, 1194, 1197, 1207, 1208, 1225; G$_{II}$ 12, 109, 114, 216; H$_{II}$ 57; J$_I$ 38, 51, 90, 94, 305, 363, 368, 372, 374, 375, 376, 377, 444, 466?, 484, 508, 512, 619, 648, 662, 663?, 667, 829, 838, 872, 949, 1163, 1164, 1169, 1187; K$_I$ 9; K$_{II}$ 213; SK$_{II}$ 72, 106, 299, 418, 421, 436, 438, 439
Zinn, Johann Gottfried KA$_{II}$ 71
Zinserling, Gottlieb Wilhelm SK$_{II}$ 404
Ziska L$_I$ 96
Zobel, Rudolph Heinrich D$_{II}$ 689
Zoeleren, von SK$_{II}$ 835
Zöllner, Johann Friedrich J$_{II}$ 1588
Zoroaster D$_I$ 607
Zu'lfikar D$_I$ 391
Zulehner, Johann Anton SK$_{II}$ 87, 88, 249, 297, 330
Zylius, Johann Diedrich Otto L$_{II}$ 748, 749; SK$_{II}$ 808, 811, 812, 831, 834, 839, 844, 847, 852, 877, 884, 889, 890

WERKREGISTER

Die Werke stehen unter den Autoren. Anonyme Werke sind unter dem Titel oder ermittelten und in [...] gesetzten tatsächlichen Autor eingeordnet.

Abbt, Thomas
 - Vom Verdienste KA$_{II}$ 83; B$_I$ 16; C$_I$ 356
Abhandlung über die Unmöglichkeit eines Beweises vom Dasein Gottes aus blosser Vernunft J$_I$ 1019
Abhandlungen aus der Naturgeschichte ... F$_I$ 455
Abicht, Johann Georg
 - Annus 1700 ex hypothesi vulgari saeculi XVII ultimus ... L$_{II}$ 460
Abulpharagius, Gregorius
 - Historia compendiosa dynastiarum KA$_{II}$ 75
 - Acta apostolorum L$_I$ 403
Adams, George
 - Astronomical and geographical essays J$_I$ 259
Adanson, Michel
 - Histoire naturelle du Sénégale D$_{II}$ 693; E$_I$ 520
Addison, Joseph
 - Cato A$_I$ 27
Adelung, Johann Christoph
 - Allgemeines Verzeichnis neuer Bücher ... F$_I$ 1040
 - Neues grammatisch-kritisches Wörterbuch der englischen Sprache für die Teutschen SK$_{II}$ 368
 - Versuch eines vollständigen grammatisch-kritischen Wörterbuches der hochdeutschen Mundart D$_I$ 668; F$_I$ 26, 27, 42, 43, 44, 45, 46, 47, 62, 70, 299, 1136; G$_{II}$ 8
Aelianus, Claudius
 - Variae historiae C$_I$ 210
Äsop
 - Fabeln L$_I$ 601
Ainsworth, Robert
 - Dictionary of the Latin tongue J$_I$ 416; K$_I$ 10

Albanus, Johann August Leberecht
 - Über pädagogische Strafen und Belohnungen L$_I$ 698
Alberti, Julius Gustav
 - Sammlung einiger Predigten über ausgesuchte Texte C$_I$ 92
Albinus, Bernhard Siegfried
 - De sede et caussa coloris Aethiopium et caeterorum hominum KA$_{II}$ 78
 - Tabulae anatomicae sceleti et musculorum corporis humani F$_I$ 460
Albinus, Johann Georg
 - Straf mich nicht in deinem Zorn B$_I$ 191
[Albrecht, Heinrich Christian]
 - Rettung der Ehre Adolphs, Freyherrn Knigge ... SK$_{II}$ 436
Albupharagius, Gregorius
 - Historia compendiosa dynastiarum KA$_{II}$ 75
Alembert, Jean Lerond d'
 - Opuscules mathématiques A$_{II}$ 249, 250
 - Disours préliminaire des éditeurs de l'encyclopédie de Paris D$_I$ 282, 283, 284, 296, 298, 299, 300
Aler, Paul
 - Gradus ad parnassum E$_I$ 142; G$_{II}$ 128; L$_I$ 659
Allgemeine Reisen s. Kästner/ Schwabe, Allgemeine Historie der Reisen
Almon, John
 - Biographical literary and political anecdotes ... L$_I$ 478
Alston, Charles
 - Essays and observations, physical and literary KA$_{II}$ 73
Althof, Ludwig Christoph

– Einige Nachrichten von den vornehmsten Lebensumständen Gottfried August Bürgers ... L$_I$ 482
Anderson, James
– Nachrichten von dem gegenwärtigen Zustand der hebridischen Inseln J$_I$ 301
Anekdoten und Karakterzüge aus dem Leben Friedrichs des Zweiten J$_I$ 134, 189, 191, 298
Angeloni s. Shebbeare
Annals of Horsemanship s. Grose, Francis
Anson, George
– Voyage round the world ... B$_I$ S. 45; D$_I$ 598; D$_{II}$ 695; RA$_{II}$ 20
Anstey, Christopher
– The new bath guide B$_I$ S. 45
Apologie für die Engländer D$_I$ 672
Apronius, Aulus (Adam Ebert)
– Reisebeschreibung ... durch Teutschland ... F$_I$ 600, 601, 604, 605, 610, 611?, 615, 616
Apulejus
– Der goldene Esel (De aureo asino) B$_I$ 100; C$_I$ 295; J$_I$ 114, 352
Arblay, Frances Burney d'
– A simple story K$_{II}$ S. 845
– Selections from the french Ana's L$_I$ 281
Arbuthnot, John
– The epitaph of Colonel Charters B$_I$ 399
– Law is a bottomless pit or the history of John Bull E$_I$ 68; F$_I$ 877; Mat I$_{II}$ 112; RA$_{II}$ 23, 42
Archenholz, Johann Wilhelm von
– Kleine historische Schriften J$_I$ 720, 722; SK$_{II}$ 176
– Annalen der kritischen Geschichte SK$_{II}$ 659
[Argens, Jean-Baptiste Boyer Marquis d']
– Thérèse philosophe D$_I$ 519
Ariost, Ludovico
– Rasender Roland J$_I$ 352
Aristophanes
– Die Wolken J$_I$ 355, 356
Aristoteles
– Opera omnia SK$_{II}$ 552, 596
– Poetik B$_I$ 283; E$_I$ 399, 405; F$_I$ 140

– Nikomachische Ethik E$_I$ 15
– Naturgeschichte der Tiere F$_I$ 140
Arndt, Johann
– Paradiesgärtlein aller christlichen Tugenden L$_I$ 19
Arne, Thomas
– The masque of Alfred RT$_{II}$ 2
Arnobius d. Ä.
– Adversus nationes B$_I$ 181
Arnoldi, Johann Ludwig Ferdinand
– Praktische Unterweisung, taube und stumme Personen reden und schreiben zu lehren F$_I$ S. 644
Athenaios
– Deipnosophistai C$_I$ 173
Atwood, George
– A description of the experiments on the principles of natural philosophy J$_I$ S. 832
Aubigné, Théodore Agrippa d'
– Mémoires A$_{II}$ 171
Aulnoy, Marie-Catherine d'
– Feen-Mährchen SK$_{II}$ 176
Auroux Des Pommiers, Matthieu
– L'art de s'enrichir promptement par l'agriculture A$_I$ 119

Baader, Joseph von
– Beschreibung eines neu erfundenen Gebläses SK$_{II}$ 85
Bacon, Francis (Baco von Verulam)
– De dignitate et augmentis scientiarum C$_I$ 209, 278; J$_I$ 1078; J$_{II}$ 1781, 1986
– Calor et frigus J$_I$ 1061, 1062
– Novum organon J$_I$ 573, 574, 1023, 1064, 1065, 1066, 1067, 1068, 1074, 1075, 1076, 1080, 1242; J$_{II}$ 1989, 1991, 1995, 1996, 1997, 2004, 2005, 2007, 2010, 2116
– De conficienda historia prima J$_I$ 1083, 1084, 1085
Baczko, Ludwig Adolf Franz Joseph von
– Kleine Schriften aus dem Gebiete der Geschichte und der Staatswissenschaften L$_I$ 178
Bahrdt, Carl Friedrich
– Mit dem Herrn von Zimmermann deutsch gesprochen J$_I$ 648, 1218; SK$_{II}$ 72

- Kirchen- und Ketzeralmanach G$_{II}$ 169
- System der moralischen Religion K$_I$ S. 845
- Die neuesten Offenbarungen Gottes in Briefen und Erzählungen D$_I$ 194, 214, 256, 291

Bailey, Nathaniel
- Dictionarium domesticum RA$_{II}$ 85

Baille, Joanna
- A series of plays ... L$_I$ 663

Bailly, Jean Silvain
- Histoire de l'astronomie moderne H$_{II}$ 200; L$_{II}$ 841
- Lettres sur l'Atlantide de Platon L$_I$ 268

Baker, Henry
- An attempt towards a natural history of the polype D$_{II}$ 675, 677, 678, 679, 680, 683
- Employment for the microscope D$_{II}$ 675, 676

Baldinger, Ernst Gottfried
- Biographien jetztlebender Ärzte und Naturforscher KA$_{II}$ S. 42

Barclay, Johann
- Argenis C$_I$ 207, 235, 239, 240, 242, 244; D$_I$ 1
- Euphormionis Lusinini satyricon C$_I$ 211

Baretti, Guiseppe
- Reisen von London nach Genua C$_I$ 2, 3, 4, 5, 6, 7, 8, 9, 10, 11, 12, 14; E$_I$ 169

Barneveld, Willem van
- De Zamenstelling van het water J$_{II}$ 2091

Barrère, Pierre
- Nouvelle relation de la France équinoxiale ... KA$_{II}$ 246, 247, 248; C$_I$ 13, 16, 17, 18

Bartels, Johann Heinrich
- Briefe über Kalabrien und Sizilien J$_I$ 885; J$_{II}$ 1786; L$_I$ 7

Barthélemy, Jean Jacques
- Voyage du jeune Anacharsis GH$_{II}$ 44

Bartholin, Thomas
- Historiarum anatomicarum rariarum centuria D$_I$ 641

Basedow, Johann Bernhard
- Vorstellung an Menschenfreunde ... C$_I$ 209

Bate, Henry
- The rival candidates RT$_{II}$ 15; RA$_{II}$ 175, 184

Batsch, August Johann Georg Carl
- Umriß der gesamten Naturgeschichte L$_I$ 273

Batrachomyomachia
- J$_I$ 825

Baumé, Antoine
- Erläuterte Experimental-Chemie E$_I$ S. 344

Baxter, Andrew
- Matho; or the cosmotheoria puerilis KA$_{II}$ 31, 334; RA$_{II}$ 156

Bayle, Pierre
- Dictionnaire historique et critique KA$_{II}$ 47

Beattie, James
- Essay on the nature and immutability of truth D$_I$ 666; E$_I$ 257
- The minstrel or the progress of genius E$_I$ S. 344

Beaumont, Sir Francis / Fletcher, John
- Rule a wife and have a wife Mat II$_{II}$ 48, 53; RA$_{II}$ 205

Beccaria, Cesare Marchese de
- Abhandlung von den Verbrechen und Strafen A$_{II}$ 186

Beccaria, Giovanni Battista
- Experimenta atque observationes, quibus electricitas vindex late constituitur, atque explicatur D$_{II}$ 687; F$_I$ 407; J$_{II}$ 1432

Beck, Jacob Sigismund
- Erläuternder Auszug aus den critischen Schriften des Herrn Prof. Kant L$_I$ S. 850

Becker, Rudolf Zacharias
- Noth- und Hülfsbüchlein für Bauersleute J$_I$ 161; L$_I$ 27, 211

Beda, gen. Venerabilis
- De Sancto Cudberto ... F$_I$ 594

Beddoes, Thomas
- Considerations on the medical use of factitious airs L$_{II}$ 968

Beguelin, Nicolas de
- Mélanger de littérature A$_{II}$ 250

Begert, Jakob
- Nachrichten von der amerikanischen Halbinsel California ... J$_I$ 138

Bell d'Antermony, John (Sohn)
- Voyages depuis Saint Pétersbourg en Russie dans diverses Contrées de l'Asie, à Pekin KA$_{II}$ 86; B$_I$ 412

Bellinckhaus, Rudolph von
- speculum cometarum C$_I$ 89
- Motuum terrae graphia C$_I$ 89
- Donatus C$_I$ 104

Benson, George
- Die Pflanzung der christlichen Kirche ... C$_I$ 92

Berchtold, Leopold
- Essay to direct and extend the enquiries of patriotic travellers J$_I$ 623

Berger, Immanuel
- Aphorismen zu einer Wissenschaftslehre der Religion L$_I$ 90; L$_{II}$ 905

Bergman, Torbern Olof
- Manuel du minéralogiste ... G$_{II}$ 116; J$_{II}$ 1615

Berlinghieri, Leopoldo Vacca
- Esame della teoria del calore ... GH$_{II}$ 29

Bernard, Francis
- Select Letters on the trade and government of America RA$_{II}$ 118

Bernardi, Oronzio de
- Vollständiger Lehrbegriff der Schwimmkunst L$_{II}$ 765

Bernhardi, Ambrosius Bethmann
- Gemeinfassliche Darstellung der Kantischen Lehre ... L$_I$ 561

Berni, Francesco
- Opere burlesche C$_I$ 14; D$_I$ 666

Bernoulli, Johann I.
- Opera omnia KA$_{II}$ 116

Bernoulli, Johann III.
- Lettres astronomiques RA$_{II}$ 177
- Liste des astronomes connus actuellement F$_I$ S. 455
- Lettres sur différens sujets ... F$_I$ S. 458
- Recueil pour les astronomes F$_I$ S. 458

Béroalde de Verville, François
- Le moyen de parvenir E$_I$ 20; F$_I$ 146

Bertuch, Friedrich Johann Justin
- Magazin der spanischen und portugiesichen Literatur L$_I$ 308
- Blaue Bibliothek aller Nationen J$_I$ 673, 753

Beseke, Johann Melchior Gottlieb
- Über Elementarfeuer und Phlogiston als Uranfänge der Körperwelt, insbesondere über elektrische Materie J$_{II}$ 1460

Bianchini, Francesco
- Hesperi et phosphori nova phaenomena sive observationes circa planetam Veneris D$_{II}$ 684

Bianconi, Giovanni Lodovico
- Zehn Sendschreiben an den Marchese Hercolani KA$_{II}$ 29, 30, 32, 33, 34

Bibel (allgemein) KA$_{II}$ 85, 123; D$_I$ 291; F$_I$ 165, 296, 377, 1035, 1166, 1217; G$_{II}$ 44, 59, 106, 108, 231; H$_{II}$ 148; GH$_{II}$ 6; J$_I$ 17, 137, 236, 267, 269, 277, 354, 844, 1199; J$_{II}$ 1548; K$_{II}$ 62, 278; L$_I$ 232

Bibel
- Das Buch Mose B$_I$ 128, 313; E$_I$ 162; F$_I$ 191, 418, 593, 694, 848, 1141; J$_I$ 141, 171, 1052; L$_I$ 265, 340
- Das Buch Josua J$_I$ 27
- Das Buch der Richter KA$_{II}$ 85; GH$_{II}$ 6
- Das Buch Samuelis F$_I$ 850; K$_{II}$ 27
- Das Buch der Könige KA$_{II}$ 142; F$_I$ 428
- Hiob KA$_{II}$ 212
- Esther RA$_{II}$ 50
- Psalmen B$_I$ 81; C$_I$ 65; E$_I$ 138, 192; F$_I$ 873; G$_{II}$ 15; J$_I$ 958; K$_{II}$27; L$_I$ 669
- Sprüche Salomonis D$_I$ 660; G$_{II}$ 108, 172; J$_I$ 1032
- Das Hohelied Salomons J$_I$ 110; J$_{II}$ 660
- Jesaias B$_I$ 81; C$_I$ 92; G$_{II}$ 3
- Das Buch Daniel C$_I$ 92; D$_I$ 610
- Das Neue Testament B$_I$ 200; C$_I$ 92; D$_I$ 194, 256; GH$_{II}$ 33; J$_I$ 406, 651; L 27; UB$_{II}$ 25
- Matthäus B$_I$ 128, 135, 369; C$_I$ 219; D$_I$ 529; F$_I$ 151, 206; G$_{II}$ 35, 51; H$_{II}$ 14; GH$_{II}$ 33; J$_I$ 651, 1050; L$_I$ 435, 440; L$_{II}$ 880
- Markus D$_I$ 320; F$_I$ 101; K$_{II}$ 288

- Lukas A_I 185; B_I 402; D_I 320; L_I 440
- Johannis B_I 360; C_I 138; D_I 242
- Apostelgeschichte C_I 367; L_I 403; RT_{II} 8
- Epistel Pauli F_I 197

- Römer E_I 345
- Petri B_I 297
- Korinther E_I 162; F_I 48
- Timotheum SK_{II} 524
- Hebräer J_I 725
- Jakobus B_I 135
- Epheser F_I S. 642
- Offenbarung Johannis B_I 290; D_I 530; J_I 1183

Bibliothek der elenden Skribenten s. Riedel, Friedrich Justus

Bickerstaff, Isaac
- Love in a village RT_{II} 2

Bilguer, Johann Ulrich von
- Dissertatio de membrorum amputatione ... F_I 255

Biographia Britannica J_I 820

Biographical curiosities L_I 237

Birch, Thomas
- The history of the Royal Society J_I 458; J_{II} 1558, 1562, 1563; K_{II} 401

Björnståhl, Jacob Jonas
- Briefe auf seinen ausländischen Reisen an C. C. Gjörwell in Stockholm F_I S. 457; RA_{II} 178

Blatt aus einer Hof-Zeitung E_I 89

Blount, Thomas
- Nomo-Lexikon RA_{II} 27

Blumauer, Johann Alois
- An den Wind J_I 486

Blumenbach, Johann Friedrich
- Handbuch der Naturgeschichte GH_{II} 37, 61; SK_{II} 88

Blumenthal, Louise Johanna Leopoldine von
- Lebensbeschreibung Hans Joachim von Zietens SK_{II} 173, 207, 224

Bödiker, Johann
- Grund-Sätze der Teutschen Sprache A_I 239

Böhme, Jakob
- Aurora D_I 159, 172; F_I 597

Boerhaave, Hermann
- Atrocis, nec descripti prius, morbi historia KA_{II} 125; SK_{II} 840
- Physiologie KA_{II} 65
- Elementa chemiae A_{II} 174; KA_{II} 94, 186

Böttiger, Karl August
- Entwicklung des Ifflandschen Spiels in vierzehn Darstellungen auf dem Weimarischen Hoftheater SK_{II} 956, 968

Bohnenberger, Gottlieb Christian
- Fortgesetzte Beschreibung einer sehr wirksamen Elektrisir-Maschine von ganz neuer Erfindung J_I 1082; J_{II} 2000

Boileau, Nicolas
- L'art poétique KA_{II} 203

Boisrobert, François Le Métel de
- Eptres KA_{II} 151

Bolingbroke, Henry St. John Viscount
- Reflection upon exile F_I 438
- On the true use of retirement and study F_I 432, 433, 434, 436, 437, 441

Bomare, Jacques-Christophe s. Valmont de Bomare

Bonnet, Charles
- Philosophische Untersuchung der Beweise für das Christentum C_I 92
- Essai de psychologie D_{II} 688; F_I 420
- Considérations sur les corps organisés A_{II} 228
- Betrachtung über die Natur F_I 1137
- Traits d'insectologie ... D_{II} 675

Born, Ignaz von
- Joannis Physiophili specimen monachologiae methodo Linneana J_I 1172

Boswell, James
- Tagebuch einer Reise nach Korsika KA_{II} 200; E_I 269
- The life of Samuel Johnson J_I 779, 782, 783, 785, 786, 788, 789, 792, 798, 807, 808, 809, 811, 812, 813, 814, 816, 817, 819, 820, 821, 823, 825, 1039; K_{II} 171, 290; L_I 124, 186, 204, 362; SK_{II} 213, 227

Bougainville, Louis Antoine de

- Voyage autour du monde
  D_I 386, 440, 441, 442
Bouguer, Pierre
- Kurze Beschreibung der Reise nach Peru KA_{II} 55, 56
Bouhours, Dominique
- Entretiens d'Ariste et d'Eugène B_I 5; E_I 335
Bouterwek, Friedrich Ludewig
- Graf Donamar SK_{II} 159, 289
- Paullus Septimius oder Das letzte Geheimnis des Eleusinischen Priesters SK_{II} 847
Boyer Marquis d'Argens, Jean-Baptiste s. Boyer Argens
Boyle, Robert
- Tentamina quaedam physiologica B_I 292
Bradley, Richard
- A philosophical account of the works of nature RA_{II} 52, 56-71
Brandes, Ernst
- Politische Betrachtung über die französische Revolution SK_{II} 288
Bremer, Johann Gottfried
- Wahre Maximen des Lebens für Personen von Stande F_I S. 455
Brendel, Johann Gottfried
- De Instrumentis quibusdam chemicis Boerhaveanis A_{II} 174
Breyn, Johann Philipp
- Historia naturalis Cocci Radium Tinctorii... KA_{II} 216
Brief gegen die Kolonien E_I 38
Brisson, Mathurin Jacques
- Die spezifischen Gewichte der Körper J_I 56; SK_{II} 491
Brissot de Warville, Jacques Pierre
- Neue Reise durch die Vereinigten Staaten von Nordamerika J_I 1225, 1228
Brockes, Barthold Heinrich
- Irdisches Vergnügen in Gott F_I 383, 384
Bröder, Christian Gottlob
- Praktische Grammatik der lateinischen Sprache J_I S. 649
Brogiani, Dominico
- De Veneno animantium... Tractatus A_I 172
Brook, Abraham
- Vermischte Erfahrungen über die Electricität, die Luftpumpe und das Barometer J_I 324; SK_{II} 66
Brosses, Charles de
- Traité de la formation mécanique des langues... F_I 822, 823, 833, 836, 837, 840, 842, 1111
Browne, Thomas
- A dialogue between two twins in the womb E_I 7
Bruce, James
- Travels to discover the sources of the Nile J_I 762; SK_{II} 69
Bruchhausen, Antonius
- Institutiones physicae SK_{II} 800
Brucker, Johann Jacob
- Historia critica philosophiae a mundi incunabilis KA_{II} S. 88
Brugmans, Antony
- Magnetismus seu de affinitatibus magneticis observationes academicae K_{II} 398
Brydone, Patrick
- A tour through Sicily and Malta D_I 510, 511.512; D_{II} 735, 736, 737
Buchan, David Stuart Erskine Earl of
- An account of the life, writings... of John Napier GH_{II} 8
Bucholtz, Andreas Heinrich
- Des christlichen teutschen Großfürsten Herkules und des böhmischen königlichen Fräulein Valiska Wundergeschichte F_I 1058
Buch von Göttingen s. Hochheimer, Carl Friedrich August
Bülow, Dietrich Christian von
- Der Freystaat von Nordamerika in seinem neuesten Zustande L_{II} 797
Bürger, Gottfried August
- Totenopfer, den Manen Johann David Michaelis' dargebracht J_I 771
- Das hohe Lied von der Einzigen J_I 660
- Leonore. Eine Ballade SK_{II} 944, 945
- Beichte eines Mannes, der ein edles Mädchen nicht hintergehen will L_I 482
Büsch, Johann Georg
- Aerometrie K_{II} 342

Büsching, Anton Friedrich
- Eigene Lebensgschichte J_I 211
Buffon, George Louis Leclerc Comte de
- Histoire naturelle (Allgemeine Naturgeschichte) C_I 289, 291, 292, 293, 294; F_I 140, 709; K_{II} 398; L_I77, 186
- Discours prononcé dans l'Académie Françoise F_I 709
Buhle, Johannes Theophilus (Gottlieb)
- Aristoteles, Opera omnia SK_{II} 552, 596
Bunting, Heinrich
- Newe volstendige Braunschweigische und Luneburgische Chronica ... L_I 53
Burgoyne, John
- The maid of the oaks Mat I_{II} 138; RT_{II} 6
Burke, Edmund
- Political tracts and speeches E_I 70
Burman, Pieter (d. Ä.)
- Petronius, Satyricon KA_{II} 209
Burman, Pieter (d. J.)
- Antiklotzius KA_{II} 40; B_I 102
Bury, Richard de
- Histoire abrégée des philosophes et des femmes célèbres C_I 262
Butler, Samuel
- Hudibras B_I 49, 197, S. 152; F_I 1078; J_I 821; L_I 186, 398, 591
Byron, John
- The narrative of the honourable John Byron ... B_I S. 45

Caesar, Karl Adolph
- Denkwürdigkeiten aus der philosophischen Welt J_I S. 649
Callet, Jean-François
- Tables portatives des logarithmes J_I S. 649
Camõens, Luis Vaz de
- Lusiaden L_I 595
Canisius, Heinrich
- Antiquae lectionis tomi F_I 594
Cardanus (Geronimo Cardano)
- De rerum varietate J_{II} 1300, 1875
Carl, Johann Samuel
- Medicina mentis F_I 386

Carnot, Lazare-Nicolas-Marguerite
- Réflexions sur la métaphysique du Calcul infinitésimal L_I 525
Carrard, Benjamin
- Sur l'art d'observer F_I 861
Cartheuser, Johann Friedrich
- Diss: exhibens nonnulla de genericis quibusdam plantarum principiis hactenus plerumque neglectis KA_{II} 216
[Castello, Castellus de]
- Chronicon Bergomense Guelpho-Ghibellinum D_I 553
Castilhon, Jean-Louis
- Betrachtungen über die physikalischen und moralischen Ursachen der Verschiedenheit ... D_I 26, 31, 262, 263, 264, 612
Catalogus von verbotenen Büchern (Catalogus librorum prohibitorum) G_{II} 150; J_I 1048
Catull, Gaius Valerius
- Carmina J_I 975
Cavallo, Tiberio
- Vollständige Abhandlung der theoretischen und praktischen Lehre von der Elektrizität nebst einigen Versuchen L_{II} 872
Cellini, Benvenuto
- Vita L_I 103; SK_{II} 865
- Due trattati dell'orificeria e della scultura SK_{II} 865
Celsus, Aulus Cornelius
- De medicina D_I 1
Centlivre, Susannah
- The prejured husband Mat I_{II} 18
- The wonder, or: A woman keeps a secret RA_{II} 175
Cervantes, Miguel de
- Don Quixote C_I 11; E_I 155, 327
Chambers, Ephraim
- Cyclopaedia or an universal dictionary of arts and sciences J_{II} 1292
Charakteristik einiger asiatischer Nationen F_I S. 644
Chardin, Jean
- Voyages en Perse et autres lieux de l'orient F_I 372, 376, 378, 379, 380, 381, 382
Chénier, Marie-Joseph
- Charles IX. ou l'école des rois J_I 312, 345

- Dénonciation des inquisiteurs de la pensée J₁ 312

Chesterfield, Philip Dormer Stanhope Earl of
- Letters written to his son D₁ 554, 555, 593; D₁₁ 749
- Characters F₁ 581

Chladni, Ernst Florens Friedrich
- Entdeckungen über die Theorie des Klanges L₁₁ 891

Chronicon Bergomense Guelpho-Ghibellinum s. Castello, Castellus de

Chrysander, Wilhelm Christian Justus
- Neueste Erbauungsstunden B₁ 9

Churchill, Charles
- The prophecy of famine F₁ 123
- The Rosciad F₁ 975; J₁ 891
- The apology F₁ 975

Cibber, Colley
- The provoked husband RA₁₁ 184

Cicero, Marcus Tullius
- Ad Atticum B₁ 284
- De haruspicum responso F₁ 593
- De legibus J₁ 287
- De natura deorum B₁ 315; F₁ 1082; J 1396
- De officiis F₁ 389; L₁ 656
- De oratore B₁ 4; D₁ 95, 513; E₁ 404
- Opera omnia D₁ 328
- Rede für Flaccus F₁ 256
- Quaestiones tusculanae L₁ 11
- Somnium Scipionis (Traum des Scipio) F₁ 442

Claparède, David
- Vermutungsgründe für die Wahrheit und das göttliche Ansehen der christlichen Religion... C₁ 92

Claudius, Matthias
- Der Wandsbecker Bote D₁ 91

Clemm, Heinrich Wilhelm
- Mathematisches Lehrbuch KA₁₁ 170

Cloacina s. Man, Henry

Coffey, Charles
- The devil to pay RA₁₁ 205

Colquhoun, Patrick
- A treatise on the police of the metropolis... L₁ 112

Colson, John
- Lectures B₁ S. 152

Condillac, Etienne Bonnot de
- Traité des sensations KA₁₁ 205
- Cours d'études pour l'instruction du Prince de Parme F₁ 18

Congreve, William
- The mourning bride J₁ 792

Cook, James
- A journal af a voyage round the world in H.M.S. Endeavour in the years 1768–1771... compiled by J. Banks from the journal of S. Parkinson D₁ 141, 142, 197; D₁₁ 692, 693, 694, 685, 696, 697, 698, 699, 700, 701, 702, 703; F₁ 1014

Co(o)ke, Edward
- Institutes of the Laws of England RA₁₁ 27

Cordara, Giulio Cesare
- Lucii Sectani... F₁ S. 457

Corneille, Pierre
- Cinna B₁ 128
- Horace B₁ 128
- Agésilas D₁ 186

Corneille, Thomas
- Der Graf von Essex RA₁₁ 10

Cotes, Roger
- Hydrostatical and pneumatical lectures B₁ S. 152

Cousin, Jacques-Antoine-Joseph
- Leçons de Calcul différential et de Calcul intégral J₁ S. 649

Cousin
- Introduction à l'étude de l'astronomie physique J₁ S. 649

Cowper, William
- Myotomia reformata or an anatomical treatise on the muscles of the human body F₁ 460

Cramer, Carl Friedrich
- Klopstock. Er und über ihn G₁₁ 145

Cramer, Johann Andreas
- Neue geistliche Oden und Lieder C₁ 92

Cranz, David
- Historie von Grönland KA₁₁ 232; B₁ 174

Crawford, Adair
- Experiments and observations on animal heat and the inflammation of combustible bodies GH₁₁ 28, 47, 85, 89; J₁₁ 1373, 1457, 1462

Crébillon, Claude de
- Le sopha J$_I$ 450, 451; SK$_{II}$ 86a

Crisp, John
- Observations in the nature and theory of vision L$_I$ 281

Critical examination of the first part of Lavoisier's elements of chemistry L$_{II}$ 881

Crusius, Christian August
- Weg zur Gewissheit und Zuverlässigkeit der menschlichen Erkenntnis B$_I$ 176

Cumberland, Richard
- The West Indian J$_I$ 1235

Cumming, Alexander
- The elements of clock and watchclock adapted to practice RA$_{II}$ 133

Cunningham, John
- Inquiry into the Copernican System J$_I$ 454

Dalrymple, William
- Reisen durch Spanien und Portugall im Jahre 1774 F$_I$ 1231, 1232, 1233

Dante, Alighieri
- Divina Commedia A$_I$ 82; KA$_I$ 129

Darwin, Erasmus
- The botanic garden GH$_{II}$ 75

Daubenton, Louis-Jean-Marie
- Description du cabinet du roi F$_I$ 465

Davenant, William
- The man is the master RA$_{II}$ 196

Dedekind, Christoph Levin Heinrich
- Über die menschliche Glückseligkeit... J$_I$ 129

Defoe, Daniel
- Moll Flanders L$_I$ 309
- Schriften K$_I$ S. 845
  Moll Flanders L$_I$ 309
- Robinson Crusoe F$_I$ 64, 67, 69, 72, 667, 715
- Political history of the devil, as well ancient as modern RA$_{II}$ 72

Deluc, Jean André
- Letter to Dr. James Hutton concerning the theory of rain SK$_{II}$ 77
- Idées sur la météorologie H$_{II}$ 197; J$_I$ 20, 1024; J$_{II}$ 1278, 1370, 1457, 1631; L$_{II}$ 784; SK$_{II}$ 145
- Recherches sur les modifications de l'atmosphère D$_I$ 670; F$_I$ 409; J$_{II}$ 2014
- Abhandlung über Hygrometrie L$_I$ 278; SK$_{II}$ 146
- De Luc in Windsor an Zimmermann in Hannover SK$_{II}$ 418, 421

Derham, William
- Astro-Theology... RA$_{II}$ 156

Desaguliers, Jean-Théophile
- Physico-mechanical expériments RA$_{II}$ 125; SK$_{II}$ 198

Destouches (Philippe Néricault)
- Der Sonderling E$_I$ 400

Dibdin, Charles
- The Cobler or The wife of ten thousand Mat I$_{II}$ 125; RT$_{II}$ 11

Dictionnaire encyclopédique B$_I$ 239

Diericke, Christoph Friedrich Otto von
- Eduard Montrose F$_I$ S. 455

Dillon, Wentworth s. Roscommon

Diogenes Laertius
- Leben und Meinungen berühmter Philosophen KA$_{II}$ 9, 13; C$_I$ 115

Dissertatio de hymenibus SK$_{II}$ 258

Ditters von Dittersdorf, Karl
- Das rothe Käppchen L$_I$ 45

Donatus, Aelius
- Ars grammatica C$_I$ 104

Doppelmayr, Johann Gabriel
- Atlas novus coelestis B$_I$ 195, 419; Mat I$_{II}$ 174

Doux, M.G.
- Essais historiques sur les principaux ridicules des différents nations KA$_{II}$ 113

Dreyer, Johann Matthias
- Vorzüglichste deutsche Gedichte D$_I$ 6, 16, 18

Du Cange, Charles Du Fresne, sieur
- Glossarium ad scriptores... E$_I$ 67; J$_I$ 980

Duclos, Charles
- Mémoires secrètes sur les règnes de Louis XIV de Louis XV J$_I$ 765

Du Tarta Lasarre
- La théorie du feu avec son application au corps humain GH$_{II}$ 92

Dutens, Vincent Louis
- Recherches sur l'origine des dé-

couvertes attribuées aux modernes
... L$_I$ 268
Dutasta Laserre
- La théorie du feu ... GH$_{II}$ 92

Eberhard, Johann August
- Neue Apologie des Sokrates D$_I$ 279
- Allgemeine Theorie des Denkens und Empfindens F$_I$ S. 644
Eberhard, Johann Peter
- Samlung derer ausgemachten Wahrheiten in der Naturlehre KA$_{II}$ 93, 105, 116
- Versuch eines neuen Entwurfs der Thiergeschichte KA$_{II}$ 177
Egede, Paul
- Nachrichten von Grönland J$_I$ 883
Eichhorn, Johann Gottfried
- Commentarius in apocalypsin Ioannis SK$_{II}$ 215
Einer hochwürdigen theologischen Fakultät in Göttingen Beurteilung einer Schrift, welche den Titel führet: J. M. Goezens theologische Untersuchung der Sittlichkeit der heutigen deutschen Schaubühne B$_I$ 290, 297
Eisenhart, Johann Friedrich
- Erzählungen von besonderen Rechtshändeln C$_I$ 122, 127
Eliza, or The history of Miss Granville (The history of Eliza) B$_I$ S. 45
Elliott, John
- Experiments and observations on light and colours J$_I$ S. 832
Ellis, John
- An essay towards a natural history of the Corrallines ... D$_{II}$ 675
Elopement, The RT$_{II}$ 2
Engel, Johann Jacob
- Traum des Galilei J$_I$ 897
- Der Philosoph für die Welt J$_I$ 897
Engelmann, Aedituus
- Gründliche Anweisung, Vögel auszustopfen ... GH$_{II}$ 65
England, Heinrich VIII. von
- Assertio septem sacramentorum D$_I$ 592
Entwurf literarisch-bibliographischer Vorlesungen L$_{II}$ 904
Equiano, Olaudah
- Olaudah Equiano's oder Gustav Wasa's, des Afrikaners merkwürdige Lebensgeschichte von ihm selbst geschrieben SK$_{II}$ 257
Ernesti, Johann August
- Clavis ciceroniana D$_I$ 277
Erskine s. Stuart Erskine, David
Erxleben, Johann Christian Polycarp
- Anfangsgründe der Naturlehre J$_{II}$ 1912; L$_I$ 262; SK$_{II}$ 58, 117, 169, 183, 188, 189, 211
- Physikalisch-chemische Abhandlungen F$_I$ 1115
Eschenburg, Johann Joachim
- Shakespeare. Schauspiele F$_I$ S. 455
Essai sur l'origine de la population de l'Amérique J$_I$ 167
Euler, Leonhard
- Briefe über verschiedene Gegenstände aus der Naturlehre K$_I$ 45; SK$_{II}$ 485
- Principes généraux du mouvement des fluides A$_{II}$ 166
- Mechanica sive motus scientia analytice exposita B$_I$ 28
Evelyn, John
- Numismata F$_I$ 13

Fabeln
- Die Biene und die Spinne B$_I$ 119
- Der Fuchs C$_I$ 75
Faenza, Francesco Antonio Zaccaria
- Lasciamo stare le cose come stanno J$_{II}$ 1870
Farquhar, George
- The beaux' stratagem RT$_{II}$ 6
Faujas de St. Fond, Barthélémy
- Reise durch England, Schottland und die Hebriden ... L$_I$ 513, 518
Feder, Johann Georg Heinrich
- Der neue Emil oder Von der Erziehung nach bewährten Grundsätzen B$_I$ S. 45
- Grundriß der philosophischen Wissenschaften nebst der nöthigen Geschichte KA$_{II}$ S. 88
Fénelon, François de Salignac de la Mothe
- Directions pour la conscience d'un roi ... L$_I$ 211

- Les aventures de Télémaque
KA$_{II}$ 152; L$_I$ 186
Ferguson, Adam
- Grundsätze der Moralphilosophie J$_I$ 531
Fielding, Henry
- The historical register for the year 1736 L$_I$ 602, 606; MH$_{II}$ 1
- Tom Thumb. A tragedy F$_I$ 1166
- Joseph Andrews A$_I$ 99; B$_I$ 290; TB$_{II}$ 8; SK$_{II}$ 101
- Tom Jones or the foundling KA$_{II}$ 256; B$_I$ 384, 385; F$_I$ 69, 85, 1074, 1076, 1096; Mat I$_{II}$ 5, 7; Tb 5, 21; SK$_{II}$ 658, 666, 667
- Voyage to Lisbon D$_I$ 666
Fischer, Johann Carl
- Physikalisches Wörterbuch... L$_{II}$ 859, 872, 923
Fleming, Paul
- In allen meinen Taten B$_I$ 97; RA$_{II}$ 1
Fletcher, John s. Beaumont
Fleuriot de Langle, Jean Marie Jérôme Charlemagne
- Tableau pittoresque de la Suisse J$_I$ 699
Flögel, Carl Friedrich
- Geschichte des menschlichen Verstandes KA$_{II}$ 266
- Geschichte des Grotesk-Komischen J$_I$ 174
Foderé, Emanuel
- Über den Kropf und Kretinismus für Ärzte und Philosophen L$_I$ 222
Fontenelle, Bernard le Bovyer de
- Digression sur les anciens et les modernes D$_I$ 666
- Entretiens sur la pluralite des mondes G$_{II}$ 94; RA$_{II}$ 156
Foote, Samuel
- Dramatische Werke L$_I$ 434
- The mayor of barret Mat I$_{II}$ 62, 82
- The devil upon two sticks RA$_{II}$ 13, 175
- The author RA$_{II}$ 13, 175
- Midas RT$_{II}$ 4
- Minor Mat I$_{II}$ 61
Fordyce, James
- Sermons to young women A$_I$ 80; B$_I$ 185

Forster, Georg
- An account of the Pelew Islands situated in the western Part of the Pacific Ocean composed from the journals and communication of Captain Henry Wilson GH$_{II}$ 14
- A voyage round the world... F$_I$ 1014; RA$_{II}$ 186, 187, 188, 192
- Ansichten vom Niederrhein J$_{II}$ 625; SK$_{II}$ 152, 163
- Erinnerungen aus dem Jahr 1790 ... SK$_{II}$ 396
Forster, Johann Reinhold
- Bemerkungen über Gegenstände der physischen Erdbeschreibung G$_{II}$ 104
- Four dissertations on the reciprocal advantages... between Great-Britain and the American colonies RA$_{II}$ 118
Fourcroy, Antoine François de
- Philosophie chimique... L$_{II}$ 713, 768, 777
[Francis, Sir Philip]
- Junius-Briefe B$_I$ 374; D$_I$ 666, 669; E$_I$ 38; F$_I$ 106, 153, 181, 211, 714; J$_I$ 814; L$_I$ 478; RA$_{II}$ 24
Franklin, Benjamin
- Experiments and observations on electricity A$_{II}$ 227; KA$_{II}$ 222, 295; J$_{II}$ 1468
- Letters on philosophical subjects J$_I$ 431, 432
- Jugendjahre, von ihm selbst für seinen Sohn beschrieben J$_I$ 1150
Fülleborn, Georg Gustav
- Beiträge zur Geschichte der Philosophie J$_I$ 1081, 1106
Fulda, Friedrich Carl sr.
- Sammlung und Abstammung germanischer Wurzelwörter F$_I$ 32, 48, 1040, 1072, 1075
Fulda, Friedrich Karl jr.
- Über Kosmogonie J$_{II}$ 1947
Fuss, Nicolas
- Instruction détaillée pour porter les lunettes RA$_{II}$ S. 639

Gabler, Matthias
- Theoria magnetis J$_{II}$ 1741; L$_{II}$ 942
Galanti, Giuseppe Maria
- Nuova descrizione della Sicilia J$_I$ 912

Gallitzin, Dimitri de
- Lettre sur les Volcans L_{II} 747
Galvani, Luigi
- De viribus electricitatis in motu musculari commentarius L_{II} 872
Gardini, Giuseppe Francesco
- De influxu electricitatis atmosphaericae in vegetantia GH_{II} 20
Garrick, David
- Miss in her teens RT_{II} 19
- Bon Ton or high life above Staires RA_{II} 184
- May-Day or the little gipsy RA_{II} 185
Garve, Christian
- Grundsätze der Moralphilosophie J_I 531
- Versuche über verschiedene Gegenstände... K_I S. 845; L_I 704
Gaspari, Adam Christian
- Über den Geist des Zeitalters und die Gewalt der öffentlichen Meinung L_I 299
- Versuch über das Gleichgewicht der Macht L_I 299
Gaudin, Jacques Maurice
- Neuste Reise durch Corsika... GH_{II} 67
Gay, John
- The beggar's opera RT_{II} 4; RA_{II} 11
Gedike, Friedrich
- Kinderbuch zur ersten übung im Lesen ohne ABC und Buchstabiren SK_{II} 197
Gehler, Johann Samuel Traugott
- Physikalisches Wörterbuch... H_{II} 193; J_I 837; J_{II} 1457, 1715, 2081; K_{II} 319, 366; L_{II} 741
Gellert, Christian Fürchtegott
- Moralische Vorlesungen C_I 92
- Geistliche Oden und Lieder C_I 92
- Der fromme General L_I 201
Gellius, Aulus
- Noctes atticae KA_{II} 164; E_I 314, 315
Gerhardt, Markus Rudolph Balthasar
- Handbuch der teutschen Münz-, Maas- und Gewichtskunde... GH_{II} 73
Gerstenberg, Heinrich Wilhelm von
- Tändeleyen B_I 16

Geschichte der Prinzessin von Preussen SK_{II} 280
Gesner, Johann Matthias
- Chrestomathia graeca B_I 200
- Socrates sanctus paederasta F_I 467; L_I 91
Girtanner, Christoph
- Anfangsgründe der antiphlogistischen Chemie J_I 1222; J_{II} 1953, 2018, 2019, 2120; SK_{II} 548
- Neue chemische Nomenklatur für die deutsche Sprache J_{II} 1673
Gleim, Johann Wilhelm Ludwig
- Sämtliche Werke B_I 16
Glover, Richard
- A poem on Sir Isaac Newton RA_{II} 52
Goeckingk, Leopold Friedrich Günther von
- Lieder zweier Liebenden F_I 944
Goethe, Johann Wolfgang
- Die Leiden des jungen Werther E_I 330; F_I 232, 333, 353, 390, 491, 498, 500, 516, 526, 527, 595, 661, 667; G_{II} 5; J_I 735
- Claudine von Villa Bella F_I 31
- Götz von Berlichingen D_I 128; E_I 441
- Von den farbigen Schatten K_{II} 366; SK_{II} 533
- Wilhelm Meisters Lehrjahre L_I 704; SK_{II} 983
Goethe / Schiller Friedrich
- Xenien L_I 313
Goeze, Johann August Ephraim
- Natur, Menschenleben und Vorsehung für allerlei Leser J_I 165, 167, 169; J_{II} 1429, 1911; K_{II} 371
Göttingen. Nach seiner eigentlichen Beschaffenheit s. Hochheimer, Carl Friedrich August
Göttingische Chronik s. Gruber, Johann Daniel
Goeze, Johann Melchior
- Theologische Untersuchung der Sittlichkeit der heutigen deutschen Schaubühne... B_I 290
Goguet, Antoine Yves
- De l'origine des loix, des arts et des sciences, et de leurs progrés chez les anciens peuples A_I 10

Goldoni, Carlo
- La buona figliuola RT$_{II}$ 18

Goldsmith, Oliver
- History of England D$_I$ 581, 582, 583, 585, 587, 589, 601
- The retaliation D$_I$ 625, 666; Mat I$_{II}$ 23
- Life of Henry St. John, Lord Viscount Bolingbroke D$_I$ 22

Gordon, Thomas
- Discourses upon Tacitus E$_I$ 178; RA$_{II}$ 46

Gori, Antonio Francesco
- Museum Florentinum B$_I$ 187

Grammatica marchica, vollständige lateinische K$_{II}$ 279

Grasmeyer, Paul Friedrich Hermann
- Abhandlung vom Eiter... J$_{II}$ 1377

Gray, Thomas
- Poems F$_I$ 860, 965
- Elegy written on a country churchyard F$_I$ 1046

Gregory, George
- Lessons astronomical and physical L$_I$ 162

Greiling, Johann Christoph
- Populäre Abhandlungen aus dem Gebiete der praktischen Philosophie L$_I$ 370

Gren, Friedrich Albrecht Carl
- Grundriß der Naturlehre... L$_{II}$ 741, 774, 801

Grey, Richard
- Memoria technica... E$_I$ S. 344

Griechische Anthologie F$_I$ 339

Grose, Johann Friedrich
- Elektrische Pausen D$_{II}$ 743

[Grose, Francis]
- Annals of horsemanship K$_I$ S. 845

Gruber, Johann Daniel
- Zeit- und Geschicht-Beschreibung der Stadt Göttingen E$_I$ 443, 444

Gruner, Gottlieb Sigmund
- Reisen durch die merkwürdigsten Gegenden Helvetiens F$_I$ 1149

Guindano, Sigismund
- Austriade F$_I$ 119

Gutherius (Jacques Guthierres)
- De jure manium... L$_I$ 63

Guyot (Edmé Gilles)
- Neue physikalische und mathematische Belustigungen C$_I$ 377; F$_I$ 1036

Had Cain been Scot D$_I$ 666

Hahnemann, Christian Friedrich Samuel
- Handbuch für Mütter... L$_I$ 631

Haller, Albrecht von
- Elementa physiologiae A$_{II}$ 230; KA$_{II}$ 223; E$_I$ 461, 462, 463, 464, 465, 466, 468, 470, 479, 480, 490, 520, 521; F$_I$ 53, 61
- Gedichte B$_I$ S. 46
- Die Falschheit menschlicher Tugenden D$_I$ 132; E$_I$ 169; J$_I$ 585; UB$_{II}$ 50
- Der Ursprung des Übels E$_I$ 169
- Die Tugend J$_I$ 367

Hall-Stevenson, John
- The continuation of the sentimental journey B$_I$ 287

Hamilton, Antoine d'
- Feen-Märchen J$_I$ 711; SK$_{II}$ 176

Hamilton, Sir William
- Collection of Etruscan, Greek and Roman antiquities... B$_I$ 56

Hansch, Michael Gottlieb
- Epistolae Joannem Keplerum... K$_I$ S. 845

Hanway, Jonas
- Historical account of the British trade over the Caspian sea... B$_I$ 419

Harder(us), Henrik
- Epigramme C$_I$ 309

Hardwicke, Philipp Yorke Earl of
- Athenian letters RA$_{II}$ 101

Harrison, John
- A description concerning such mechanism... F$_I$ 673, 676

Hartley, David
- Obervations on man, his frame, his duty and his expectations E$_I$ 453
- Theory of the human mind E$_I$ 453, 458, 459, 474, 475, 478, 483, 484, 495, 507, 508, ; F$_I$ 11, 34, 35, 182, 664

Hartmann, Johann Friedrich
- Abhandlung von der Verwandschaft und Ähnlichkeit der elektri-

schen Kraft mit den erschrecklichen
Luft-Erscheinungen KA$_{II}$ 22, 23, 82
Hasselquist, Friedrich
- Reise nach Palästina A$_{II}$ 184, 185;
KA$_{II}$ 114, 115
Hassenfratz, Jean Henri
- Observations sur les ombres colorées... K$_{II}$ 366, 369
Haug, Friedrich
- Sinngedichte J$_I$ 1139
Hauy, René Juste
- Exposition raisonnée de la théorie de l'électricité et du magnétisme...
J$_I$ 441
Hawkesworth, John
- An account of the voyages undertaken in the southern hemisphere
... D$_I$ 130, 131, 141, 142, 197, 653;
D$_{II}$ 692, 693, 694, 695, 696, 697, 698,
699, 700, 701, 702, 703; F$_I$ 1014,
S. 455; J$_I$ 247; RA$_{II}$ 143, 186, 187,
188, 190, 192, 193, 199, 202, 204
Hawkins, John
- The life of Samuel Johnson
J$_I$ 199, 203, 204, 205, 206, 209, 210,
221, 254, 255, 256, 267, 274, 291,
296, 299; L$_I$ 646
Haye, Thomas
- Ernstliche Warnung vor den gefährlichen Folgen vernachlässigter Katarrhe J$_I$ S. 649
Hayley, William
- The poetical works of John Milton L$_I$ 490
Hebenstreit, Johann Ernst
- De vermibus anatomicorum administris J$_I$ 314
Hederich, Benjamin
- Lexicon mythologicum F$_I$ 168
Heliodor von Emesa
- Theagenes und Charileia J$_I$ 352
Helvétius, Claude-Adrien
- De l'esprit KA$_{II}$ 117; D$_I$ 346, 396,
398, 418, 445; D$_{II}$ 705, 706
- De l'homme, de ses facultés intellectuelles et de son éducation
D$_I$ 133, 217, 227, 250, 346, 398, 443;
G$_{II}$ 53
Hemmer, Johann Jacob
- Anleitung, Wetterleiter an allen Gattungen von Gebäuden auf die sicherste Art anzulegen J$_{II}$ 1681

Hemsterhuis, Franz
- Vermischte philosophische Schriften J$_{II}$ 2052; SK$_{II}$ 427
Hendrich, Franz Joseas von
- Freymüthige Gedanken über die allerwichtigste Angelegenheit Teutschlands L$_I$ 102
Henrici, Christian Friedrich s. Picander
Henry, Robert
- History of England F$_I$ 654
Hensler, Peter Wilhelm
- Hier lieget Sylvius... L$_I$ 360
Herbert, George
- The temple J$_I$ 274
Herder, Johann Gottfried
- Fragmente über die neuere deutsche Literatur KA$_{II}$ 158; B$_I$ 95
- Abhandlung über den Ursprung der Sprache C$_I$ 42; D$_{II}$ 691; TB$_{II}$ 29, 30
- Ursache des gesunknen Geschmacks bei den verschiedenen Völkern E$_I$ S. 344
- Ideen zur Philosophie der Geschichte der Menschheit H$_{II}$ 55;
J$_I$ 1128
- Briefe zu Beförderung der Humanität L$_I$ 211
Hermann, Martin Gottfried von
- Handbuch der Mythologie J$_I$
S. 649
Hermbstädt, Sigismund Friedrich
- Systematischer Grundriß der allgemeinen Experimentalchemie...
J$_{II}$ 1830
Herodianos
- Geschichte des Kaisertums nach Marcus B$_I$ 80
Herodot
- Historiarum libri IX F$_I$ 840;
L$_I$ 268; Mat H$_{II}$ 116
Heß, Johann Jakob
- Geschichte der drei letzten Lebensjahre Jesu C$_I$ 92
Heumann, Christoph August
- De caussa, cur Philippus Melanchthon non fuerit Doctor Theologiae KA$_{II}$ 201
Hevelius, Johannes
- Selenographia sive lunae descriptio D$_{II}$ 738; L$_I$ 262

Heydenreich, Karl Heinrich
- Natur und Gott nach Spinoza J_I S. 649
- System der Ästhetik J_I 732
- Briefe über den Atheismus K_{II} 288

Heyne, Christian Gottlob
- Iudiciorum de universitatibus litterariis recognitio SK_{II} 267

Higgins, William
- Comparative view of the phlogistic and antiphlogistic theories GH_{II} 51; J_I S. 649

Hill, Aaron
- Zara RA_{II} 184

Hippokrates
- Opera omnia J_I 575

Hirschfeld, Christian Kay Lorenz
- Briefe die Schweiz betreffend F_I S. 455

history of Mr. Wilkes..., The B_I 13

Hobbes, Thomas
- Elementa philosophica de cive E_I 226
- De corpore politico J_I 1158

[Hochheimer, Carl Friedrich August]
- Göttingen. Nach seiner eigentlichen Beschaffenheit zum Nutzen derer, die daselbst studiren wollen, dargestellt von einem Unpartheyischen SK_{II} 86

Hoenn, Georg Paul
- Betrugslexikon J_I 90

Hoffmann, Georg Franz
- Hortus Gottingensis SK_{II} 512, 532

Hogarth, William
- Analysis of beauty B_I 131; F_I 182; J_I 25; Mat I_{II} 107

Holberg, Ludwig von
- Nicolai Klimii iter subterraneum D_I 653
- Vermischte Briefe C_I 169, 170, 171, 172, 173, 174, 175, 176, 182, 308, 309, 310, 311, 314, 315; D_I 1, 2, 3, 55

Holcroft, Thomas
- The road to ruin J_I 997; SK_{II} 326

Hollenberg, Georg Heinrich
- Vorübungen zur praktischen und theoretischen Geometrie für Kinder SK_{II} 217

Hollis, Thomas
- The true sentiments of America RA_{II} 118

Home, Henry Lord Kames
- Elements of criticism A_I 70, 74, 78, 100, 101, 105, 106

Homer
- Ilias A_I 135; KA_{II} 152; D_I 611; G_{II} 64; J_I 933

Hopffgarten, Ludwig Ferdinand
- Gesellschaftliche Unterhaltungen F_I S. 455

Horaz
- Satiren C_I 126; D_I 405; E_I 84; F_I 880; J_I 622, 911, 913; L_I 266
- Epistulae B_I 77, 159; C_I 126; E_I 470; F_I 184, 1178; GH_{II} 46, 90; J_I 44; J_{II} 1341; UB_{II} 47
- De arte poetica KA_{II} 275; B_I 10; D_I 48, 133; E_I 68, 251, 396; F_I 66, 92, 186, 296, 355, 867; G_{II} 12; J_I 104, 244; K_{II} 154; L_I 338, 377, 390, 622; Mat I_{II} 110
- Oden B_I 23, 384; E_I 104, 126, 470; F_I 137, 1153; G_{II} 35, 83; H_{II} 6, 84; J_I 800, 838; K_{II} 213; L_I 33, 238; SK_{II} 134, 135
- Epoden C_I 209

Horvath, Johann Baptist
- Elementa physicae SK_{II} 328

Hube, Johann Michael
- Über die Ausdünstung und ihre Wirkung in der Atmosphäre J_{II} 1414, 1426, 1471, 1472
- Vollständiger und faßlicher Unterricht in der Naturlehre in Briefen J_I 1120; J_{II} 2069

Huergelmer s. Rebmann, Andreas Georg Friedrich

Huetius, Petrus Daniel
- Commentarius de rebus ad eum pertinentibus SK_{II} 486

Hufeland, Christoph Wilhelm
- Die Kunst das menschliche Leben zu verlängern SK_{II} 985

Hugenus s. Huygens, Christian

Humboldt, Alexander von
- Versuch über die gereizte Muskel- und Nerven-Faser... L_{II} 744, 746, 753, 873

Hume, David
- Philosophische Versuche über die

Menschliche Erkenntniß C_I 193
- Of national characters D_I 231, 588; F_I 680
- History of England F_I 118, 460; L_I 75, 77, 186
- Abriss von dem gegenwärtigen natürlichen und politischen Zustand von Großbritannien RA_{II} S. 639

Hunter, John
- An historical journal of the transaction at Port-Jackson... L_I 380, 381

Hunter, William
- On the Nil-Ghau F_I 704

Hurd, Richard
- Moralische und politische Dialoge F_I S. 455

Hutchinson, John
- Moses's Principia L_I 268

Huth, Johann Sigismund Gottfried
- J. H. Lamberts Abhandlung über einige akustische Instrumente... L_{II} 840

Hutton, Charles
- Mathematical tables: containing common hyperbolic, and logistic logarithms... GH_{II} 7
- A mathematical and philosophical dictionary... L_{II} 785, 896

Huygens, Christian
- Cosmotheoros D_{II} 728; RA_{II} 156

Imhoff-Spielberg, Freiherr von
- Germania II. über die deutsche Postwelt SK_{II} 919

Ingenhouß, Jan
- Vermischte Schriften phisisch-medizinischen Inhalts J_{II} 1267, 1414, 1457
- über die Pflanzen J_{II} 2063

Ireland, John
- Hogarth illustrated J_I 1060, 1104; SK_{II} 347, 419, 435

Ireland, Samuel
- Tours and views an Great-Britain and the continent J_I 1070

Isla, José Francisco de
- Historia del famoso predicador Fray Gerundio de Campazas C_I 11

Israeli, Isaac d'
- Vaurien: or, Sketches of the times ... L_I 361

Jacobi, Friedrich Heinrich
- David Hume über den Glauben oder Idealismus und Realismus J_I 144
- Über die Lehre des Spinoza in Briefen an den Herrn Moses Mendelssohn J_I 144

Jacobi, Georg Arnold
- Briefe aus der Schweiz und Italien ... SK_{II} 909

Jacobi, Johann Georg
- Die Nachtgedanken B_I 178
- Nachtgedanken. An die Gräfinn von *** B_I 254, 380
- Abschied an den Amor C_I 337
- Die Winterreise B_I 364

Jacobsson, Johann Karl Gottfried
- Schauplatz der Zeugmanufakturen in Deutschland... F_I S. 455

Jaenisch, Christian Rudolph
- De pollutione nocturna SK_{II} 777

Jagemann, Christian Joseph
- Dizionario italiano e tedesco – tedesco e italiano J_I 1193

Jean Paul s. Richter, Johann Paul Friedrich

Jenisch, Daniel
- Über Grund und Werth der Entdeckungen des Herrn Prof. Kant... L_I S. 850

Jephson, Robert
- Braganza RT_{II} 16

Jerusalem, Johann Friedrich Wilhelm
- Betrachtungen über die vornehmsten Wahrheiten der Religion C_I 92

Johnson, Samuel
- Taxation no tyranny RA_{II} 118
- Dictionary of the English language J_I 811, 822, 863, 1041, 1042
- Lives of the English poets J_I 296

Jombert, Charles-Antoine
- Les tables des sinus et des logarithmes... GH_{II} 7

Jones, William
- Physiological disquisitions... J_I 589

Jonson, Ben
- The alchymist RT_{II} 6
- The druids RT_{II} 10

Jourgniac de St. Méard, François
- Mon agonie de trente-huit heures J_I 1175

Junius-Briefe s. Francis, Sir Philip
Justi, Karl Wilhelm / Mursinna, Friedrich Samuel
  – Annalen der deutschen Universitäten L$_I$ 484
Juvenal
  – Satiren KA$_{II}$ 144; E$_I$ 104; F$_I$ 351; SK$_{II}$ 88, 89

Kaempfer, Engelbert
  – Histoire naturelle... de l'empire du Japon C$_I$ 117
Kästner, Abraham Gotthelf
  – Abhandlung von den Pflichten ... C$_I$ 244
  – Einige Vorlesungen, in der königlichen teutschen Gesellschaft zu Göttingen gehalten B$_I$ S. 45
  – Vollständiger Lehrbegriff der Optik TB$_{II}$ 1
  – Anfangsgründe der höheren Mechanik A$_{II}$ 179
  – Geometrische Abhandlungen SK$_{II}$ 178
  – Von den Kometen E$_I$ 169
  – Mathematische Anfangsgründe J$_I$ 152; SK$_{II}$ 328
  – Dissertationes mathematicae et physicae C$_I$ 199
  – Auf ein Gemälde von der königlichen Majestät F$_I$ 606
  – Charakter des Herrn de la Mettrie F$_I$ 741
Kästner, Abraham Gotthelf u. a.
  – Übersicht der Fortschritte ... L$_I$ S. 850
Kästner, Abraham Gotthelf / Schwabe, Johann Joachim
  – Allgemeine Historie der Reisen zu Wasser und zu Lande ... D$_I$ 653; F$_I$ 958
Kant, Immanuel
  – Allgemeine Naturgeschichte und Theorie des Himmels F$_I$ S. 644; RA$_{II}$ 156
  – Metaphysische Anfangsgründe der Naturlehre H$_{II}$ 176; J$_{II}$ 2028; L$_{II}$ 967; SK$_{II}$ 977, 978
  – Kritik der reinen Vernunft H$_{II}$ 19; J$_I$ 270, 481, 569, 646, 1081, 1091; L$_I$ 270; L$_{II}$ 911; K$_{II}$ 270
  – Kritik der praktischen Vernunft J$_I$ 1071, 1081; L$_{II}$ 910
  – Kleine Schriften L$_I$ 292
  – Metaphysik der Sitten J$_I$ 1071; L$_{II}$ 910
  – Über den Nachdruck J$_I$ 1038
Karsten, Wenceslaus Johann Gustav
  – Anfangsgründe der Naturlehre J$_{II}$ 1589, 1591
Keate, George
  – An epistle from Lady Jane Gray to Lord Guilford Dudley B$_I$ S. 45
  – An account of the Pelew Islands GH$_{II}$ 14, 22; J$_I$ 633
Keir, James
  – Experiments and observations on the dissolution of metals in acid ... SK$_{II}$ 184
Kempelen, Wolfgang von
  – Mechanismus der menschlichen Sprache J$_I$ 1055; L$_I$ 411
Kephalas, Konstantinos
  – Griechische Anthologie F$_I$ 339
Kepler, Johannes
  – Harmonices mundi L$_I$ 356
Kindermann, Eberhard Christian
  – Vollständige Astronomie ... F$_I$ 645
Kirchenlieder B$_I$ 97, 191; L$_I$ 463; RA$_{II}$ 1, 94
Kirwan, Richard
  – An essay on phlogiston ... J$_{II}$ 1423, 1425, 1695
Klatschmagazin über Schulen und Universitäten K$_{II}$ 187
Klingberg, Christian
  – Quid juris L$_I$ 45
Klinkosch, Joseph Thaddäus
  – Schreiben, den thierischen Magnetismus, und die sich selbst wieder ersetzende elektrische Kraft betreffend F$_I$ 407
Klopstock, Friedrich Gottlieb
  – Messias B$_I$ 81, 132; C$_I$ 197; F$_I$ 69, 758; J$_I$ 810; L$_I$ 157
  – Gelehrtenrepublik D$_I$ 594; RA$_{II}$ 31
  – Vaterlandslied D$_I$ 444; E$_I$ 159
  – Die Auferstehung C$_I$ 376
  – Oden B$_I$ 402; F$_I$ 63, 180; G$_{II}$ 145
Klügel, Georg Simon
  – Die gemeinnützigsten Vernunftkenntnisse J$_I$ 1113

- Encyclopädie oder Zusammenhängender Vortrag der gemeinnützigsten Kenntnisse SK$_{II}$ 552, 565

Knigge, Adolph Franz Friedrich von
- Des seligen Herrn Etatsraths Samuel Conrad von Schaafskopf hinterlassene Papiere SK$_{II}$ 282
- Benjamin Noldmann's Geschichte der Aufklärung in Abyssinien... SK$_{II}$ 130
- Über Friedrich Wilhelm den Liebreichen und meine Unterredung mit Ihm; von J. C. Meywerck, Churf. hannöverschen Hosenmacher J$_I$ 38

Koch, Friedrich Christian
- Stärcke und Schwäche derer Feinde der göttlichen Offenbahrung J$_I$ 1236

Kohlreif, Gottfried Albert
- Abhandlungen von der Beschaffenheit und dem Einfluß der Luft auf Leben und Gesundheit der Menschen SK$_{II}$ 667

Kolb, Peter
- Caput Bonae Spei Hodiernum KA$_{II}$ 213, 214

Kortholt, Christian
- Leibnitii epistolae ad diversos F$_I$ 918

Kotzebue, August von
- Die Indianer in England J$_I$ 730
- Meine Flucht nach Paris J$_I$ 794
- Die edle Lüge J$_I$ 1231
- An das Publikum SK$_{II}$ 584

Kraftius (Krafft), Georg Wolfgang
- Dissertatio academica de infinito mathematica A$_I$ 149

Krascheninnikow, Stepan Petrowitsch
- Beschreibung des Landes Kamtschatka KA$_{II}$ 97, 98, 99, 100, 101, 102, 103, 104; D$_I$ 398

Krüger, Johann Gottlob
- Naturlehre KA$_{II}$ 79, 80, 81
- Träume KA$_{II}$ 192

Kunckel, Johann
- Ars vitraria experimentalis KA$_{II}$ 182

Labat, Jean Baptiste
- Nouveau voyage aux isles de l'Amérique KA$_{II}$ 78

- Nouvelle relation de l'Afrique occidentale KA$_{II}$ 78

La Bruyère, Jean de
- Les Caractères de Théophraste Mat II$_{II}$ 31, 33

Lacaille, Nicolas Louis de
- Lectiones elementares astronomicae geometricae et physicae B$_I$ 263

La Condamine, Charles-Marie de
- Relation abrégée d'un voyage fait dans l'intérieur de l'Amérique méridionale KA$_{II}$ 1; G$_{II}$ 168

Lafontaine, August Heinrich Julius
- Leben und Taten des Freiherrn Quinctius Heymeran von Flaming L$_I$ 229

Lalande, Josèphe Jérôme de
- Astronomie L$_{II}$ 846; SK$_{II}$ 486
- Exposition du calcul astronomique KA$_{II}$ 162
- Voyage d'un François en Italie KA$_{II}$ 228

Lamberg, Maximilian Joseph Graf von
- Mémorial d'un mondain J$_I$ 987

Lambert, Johann Heinrich
- Cosmologische Briefe A$_{II}$ 252; J$_{II}$ 1598; RA$_{II}$ 156; SK$_{II}$ 109
- Neues Organon KA$_{II}$ 89; F$_I$ 670
- Observations sur l'encre et papier F$_I$ 670; G$_{II}$ 109
- Pyrometrie H$_{II}$ 188; J$_{II}$ 1791, 1880
- Beschreibung einer... Farbenpyramide D$_I$ 356; F$_I$ 670, 733; Mat I$_{II}$ 77
- Photometrie D$_I$ 170; RA$_{II}$ 156
- Abhandlung über einige akustische Instrumente... L$_{II}$ 840
- Beyträge zum Gebrauche der Mathematik F$_I$ 258, S. 455

La Métherie, Jean Claude de
- Théorie de la terre L$_I$ S. 850

Lampadius, Wilhelm August Eberhard
- Versuche und Beobachtungen über Electricität und Wärme der Atmosphäre... SK$_{II}$ 383
- Sammlung praktisch-chemischer Abhandlungen L$_I$ 294; L$_{II}$ 795

Lange, Joachim
- Colloquia latina F$_I$ 595

Langsdorf, Karl Christian
- Handbuch der Maschinenlehre L$_I$ S. 850

- Physisch-mathematische Abhandlung über Gegenstände der Wärmelehre L_{II} 826, 830

Laplace, Pierre Simon de
- Exposition du systeme du monde L_I 331; L_{II} 764
- Etat de la religion et de la république J_I 406

La Rochefoucauld, François de
- Sentences et maximes de morale E_I 218; J_I 283, 288; K_{II} 111; RA_{II} 28

Larramendi, Manuel de
- El imposible vencido... D_I 388

Lasius, Georg Sigmund Otto
- Beobachtungen über die Harzgebirge... L_{II} 728; SK_{II} 307

Latouche, Charles Gervaise de
- Histoire de Gouberdon D_I 519

Lavater, Johann Caspar
- Aussichten in die Ewigkeit A_I 129; A_{II} 228; C_I 92; E_I 295; F_I 790
- Antwort an den Herrn Moses Mendelssohn C_I 39, 40; D_I 342; F_I 741
- Physiognomische Fragmente D_I 593, 668; E_I 295, 429; F_I 84, 531, 593, 608, 623, 640, 641, 663, 664, 672, 682, 698, 703, 725, 777, 782, 848, 886, 887, 893, 896, 897, 898, 942, 993, 1014, 1040, 1050, 1061, 1063, 1064, 1093, 1137, 1186, 1188, 1204, 1228, S. 642, 644; UB_{II} 49, 50; RA_{II} 182

Lavaters moralischer Charakter von Freunden und Feinden entworfen und von ihm selbst F_I S. 455

Lavoisier, Antoine-Laurent
- Elements of chemistry L_{II} 881

Lawrence, James Henry
- The bosom friend SK_{II} 368

Ledermüller, Martin Frobenius
- Mikroskopische Gemüths- und Augen-Ergötzung A_I 78; A_{II} 225; KA_{II} 216

Lee, Nathanael
- Bedlam Tragedy B_I 368; F_I 965

Legendre, Adrien Marie
- Elements de Géométrie L_I 171

Legentil de la Galaisière, Guillaume Hyacinthe Jean Baptiste
- Voyages dans les mers de l'Inde F_I 836

Leibniz, Gottfried Wilhelm von
- Essais de théodicée sur la bonté de Dieu... F_I 348
- Epistolae F_I 918
- Oeuvres philosophiques latines et françaises A_I 12; KA_{II} 88; J_{II} 1588
- Historia et commentatio linguae characteristicae universalis... A_I 12, 46, 59; F_I 838
- Nouveaux essais sur l'entendement humain A_I 62, 123; KA_{II} 88
- Otium Hannoveranum KA_{II} 257; C_I 212; D_I 224; J_I 861

Leidenfrost, Johann Gottlob
- De aquae communis nonnullis qualitatibus tractatus J_{II} 1349, 1866, 1868; L_{II} 755, 838

Lelyveld, Frans van
- Essai sur les moyens de diminuer les dangers de la mer... F_I 594

Lemonnier, Pierre-Charles
- Les lois du magnétisme F_I S. 456

Lennox, Charlotte
- Henrietta B_I S. 45

Lentin, August Gottfried Ludwig
- Über das Verhalten der Metalle, wenn sie in dephlogistisierter Luft der Wirkung des Feuers ausgesezt werden SK_{II} 768

Lenz, Jakob Michael Reinhold
- Die Freunde machen den Philosophen F_I 31

Leonardo da Vinci
- Libro di pittura C_I 107; D_I 365

Leroy, Charles Georges
- Les ruines des plus célèbres monuments de la Grèce C_I 24

Lesage, Alain-René
- Gil Blas F_I 69; G_{III} 35; J_I 352; Mat II_{II} 44; SK_{II} 492, 513

Lesage, George Louis
- Essai de chimie mécanique RA_{II} 151; SK_{II} 175

Leß, Gottfried
- Beweis der Wahrheit der christlichen Religion C_I 92

Lessing, Gotthold Ephraim
- Miss Sara Sampson B_I 297
- Briefe antiquarischen Inhalts B_I 23; F_I 114; Mat I_{II} 100
- Nathan der Weise J_I 844
- Laokoon B_I 73, 74, S. 45

- Hamburgische Dramaturgie KA$_{II}$ 134; E$_I$ 397, 399, 400, 401, 404, 405; F$_I$ 140
- Briefe die neueste Literatur betreffend KA$_{II}$ 63, 132
- Der Eremit (Fabeln und Erzählungen) C$_I$ 170
- Emilia Galotti F$_I$ 70
- Minna von Barnhelm F$_I$ 1129
- Kollektaneen zur Literatur J$_I$ 978, 979, 980, 981, 982, 983, 984, 985, 987; J$_{II}$ 1875, 1876, 1877; K$_I$ S. 838
- Ernst und Falk TB$_{II}$ 31
- Zerstreute Anmerkungen über das Epigramm D$_I$ 365

Lessing, Karl Gotthelf
- Lessings Leben SK$_{II}$ 572

Leszcynski, Stanislaw
- Oeuvres du philosophe bienfaisant B$_I$ 105

Lettre d'un anonyme... s. Luzac, Elie

Letztes Wort über Göttingen und seine Lehrer s. Mackensen, Wilhelm Friedrich August

Le Vaillant, François
- Voyages dans l'intérieur de l'Afrique par le cap de Bonne espérance ... J$_I$ 374, 383, 761

Lieder
- Bei meiner Schwarzen E$_I$ 303
- Dessauer Marsch D$_I$ 39
- Ohne Lieb' und ohne Wein B$_I$ 322; L$_I$ 653
- Sa donk, sa donk, so leben wir alle Tage... E$_I$ 303
- Schützelputzhäusel E$_I$ 436
- Soll auch ich durch Gram und Leid B$_I$ 97
- When you meet a tender creature B$_I$ 97

Lind, John
- Remarks on the principal acts of the thirteenth parliament of Great Britain RA$_{II}$ 118, 123
- Letters concerning the present state of Poland RA$_{II}$ 118

Link, Heinrich Friedrich
- Grundriß der Physik für Vorlesungen L$_I$ 568
- Versuch einer Anleitung zur Geologischen Kenntniß der Mineralien J$_{II}$ 1617
- Beyträge zur Physik und Chemie L$_{II}$ 849
- Herrn Lavoisier... physikalisch-chemische Schriften SK$_{II}$ 584

Linné, Carl von
- Systema naturae A$_I$ 22
- Dissertatio de coralliis balticis D$_{II}$ 675
- Philosophia botanica C$_I$ 68; J$_{II}$ 1376
- Auserlesene Abhandlungen aus der Naturgeschichte, Physik und Arzneiwissenschaft F$_I$ S. 455
- Instructio peregrinatoris J$_I$ 623

Lippert, Philipp Daniel
- Dactyliotheca B$_I$ 56

Liscow, Christian Ludwig
- Samlung Satyrischer und Ernsthafter Schriften KA$_{II}$ 141, 142, 143; B$_I$ 9, 290; F$_I$ 528; L$_I$ 25
- Sottises champêtres B$_I$ 185

Livius, Titus
- Ab urbe condita libri D$_I$ 8, 20, 32, 33, 34

Locke, John
- An essay concerning human understanding F$_I$ 1216

Loder, Justus Christian
- Anatomische Tafeln zur Beförderung der Kenntniß des menschlichen Körpers SK$_{II}$ 540

Logau, Friedrich von
- Sinngedicht KA$_{II}$ 63

Lolme, Jean-Louis de
- Staatsverfassung von England F$_I$ S. 455

Longinus
- Über das Erhabene F$_I$ 1188

Lorenz, Friedrich August
- Chemisch-physikalische Untersuchungen des Feuers GH$_{II}$ 45

Lossius, Kaspar Friedrich
- Gumal und Lina L$_I$ 260

Lucanus, Marcus Annaeus
- De bello civili (Pharsalia) J$_I$ 21

Lucretius Carus, Titus
- De rerum natura C$_I$ 180; J$_I$ 401; J$_{II}$ 1344, 1420, 1441

Ludwig, Christian
- Teutsch-Englisches Lexicon F$_I$ 222

Lukian
- Lukios oder der Esel J_I 352

Luther, Martin
- Tischreden KA_{II} 189
- Auff des bocks zu Leypczick Antwort F_I 530

[Luzac, Elie]
- Lettre d'un anonyme, à M. Rousseau KA_{II} 106

Lynar, Heinrich Kasimir Gottlob Graf zu
- Erklärende Umschreibung der sämtlichen apostolischen Briefe C_I 92

M...
- Vom Steinschneiden E_I 58

Machiavelli, Niccol
- Unterhaltungen über die erste Dekade der römischen Geschichte des Livius F_I S. 455

Mackensen, Wilhelm Friedrich August
- Letztes Wort über Göttingen und seine Lehrer SK_{II} 264, 267

Macklin, Charles
- Love à la mode RA_{II} 3, 17, 175

Macpherson, James
- Ossian F_{II} 734, 767; J_I 825

Macquer, Pierre Josèphe
- Sur un moyen de dissoudre la résine caoutchouc F_I 195
- Dictionnaire de chymie (Chymisches Wörterbuch) J_I 1108; J_{II} 1457, 1515; L_{II} 755, 838

Macrobius, Ambrosius Theodosius
- Saturnalia B_I 74

Madan, Patrick
- A new and literal translation of Juvenal and Persius J_I S. 832

Mäzke, Abraham Gotthelf
- Grammatische Abhandlungen über die deutsche Sprache F_I S. 455

Mahadi, Mohammed
- Geschichte des Nadir Schach KA_{II} 244, 245; D_I 354, 355, 391, 394, 395

Mahon, Charles Stanhope Lord
- Principles of electricity J_{II} 1418

Mairan, Jean-Jacques Dortous de
- Abhandlung von dem Eisse... H_{II} 193

Maitland, William
- History of London SK_{II} 1032

Malone, Edmund
- The plays and poems of William Shakespeare J_I 1092

Malpighi, Marcello
- Dissertatio Epistolica de Bombyce D_{II} 690

[Man, Henry]
- Cloacina E_I 8

Manilius, Marcus
- Astronomica E_I 169

Manso, Johann Kaspar
- Der Traum des Empedokles oder über die Erkennbarkeit der Natur J_I 897

Manstein, Christoph Hermann von
- Memoirs of Russia KA_{II} 240, 241, 242, 243; B_I 398

Marat, Jean-Paul
- Découvertes sur le feu, l'électricité et la lumière J_I 1206; J_{II} 1761
- Physikalische Untersuchungen über die Electrizität J_I 1206; J_{II} 1761

Mariotte, Edme
- Letrres de Monsieur Mariotte à Monsieur Pecquet L_{II} 839

Markham, William
- A general introduction to trade and business... RA_{II} 91

Marmontel, Jean-François
- Bélisaire KA_{II} 146, 147

Marshall, William
- Über das Haushaltsvieh... J_I 1179

Martinet, Johannes Florentinus
- Geschichte der vereinigten Provinzen J_I 201

Maskelyne, Nevil
- Tabulae motuum solis et lunae novae et correctae E_I S. 344
- Answer to a pamphlet lately published by Thomas Mudge relating to some time-keepers SK_{II} 365

Mason, William
- The poems of Mr. Gray... D_I 643; F_I 860, 964; RA_{II} 36
- The English gardner RA_{II} 36
- An heroic postscript to the public F_I 1192
- Epistle to Sir William Chambers F_I 1193

- Epistle to Dr. Shebbeare F_I 1193
- Elfrida RA_{II} 36
- Caractacus RA_{II} 36
- Poems RA_{II} 36

Matthäus, Joannes
- Libellus de Rerum Inventoribus J_I 985

Maty, Matthew
- New review on literary curiosities ... H_{II} 69

Mauduit, Israel
- A short view of the history of the colony of Massachusetts Bay ... RA_{II} 118

Maupertuis, Pierre-Louis Moreau de
- Réponse à une Lettre de M. de Haller F_{II} 741, 977
- Discours sur les différentes figures des astres RA_{II} 156

Mayer, Christian
- Expositio de transitu Veneris per discum solis RA_{II} 156

Mayer, Joseph
- Physikalische Aufsätze K_I S. 845

Mayer, Tobias
- Mathematischer Atlas SK_{II} 555
- Mond-Charte D_{II} 684, 717; SK_{II} 555
- Experimenta circa visus aciem D_{II} 721
- De affinitate colorum D_I 330, 371; E_I 446; F_I 733; J_I 8

Meares, John
- Voyage made in the years 1788 and 89 from Canton to the north west coast of America J_I 685, 700

Meckelnburg, Karl von
- Meine im Hannöverischen Dienst erlittene Behandlung SK_{II} 830

Megalissus (Georg Lizel)
- Der Undeutsche Catholik ... J_{II} 1876

Meierotto, Johann Heinrich Ludwig
- Gedanken über die Entstehung der baltischen Länder J_I 318
- Exempelbuch für Seefahrer und Strandbewohner J_I 318

Meilhan, Gabriel Sénac de
- Oeuvres philosophiques et littéraires L_I 285, 301

Meiners, Christoph
- Revision der Philosophie C_I 52, 236
- Kurzer Abriss der Psychologie zum Gebrauche seiner Vorlesungen E_I 408

Meinhard, Johann Nicolaus
- Versuche über den Charakter und die Werke der besten Italienischen Dichter A_I 82

Meister, Jacob Heinrich
- Erinnerungen aus meinen Reisen nach England L_I 172, 230

Meister, Leonhard
- Ueber die Schwermerei E_I S. 344

Ménage, Gilles
- Requête des dictionnaires à messieurs de l'académie française E_I 19, 28, 164
- Menagiana E_I 19, 20, 21, 22, 23, 24, 25, 27, 28, 164

Mencke, Johann Burkhard s. Philander von der Linde

Mendelssohn, Moses
- Nacherinnerung zu Caspar Lavaters Schreiben C_I 39, 40
- Philosophische Schriften F_I 183, 960, 967
- Über die Hauptgrundsätze der schönen Künste und Wissenschaften F_I 183, 960, 967

Menippeische Satire KA_{II} 138

Mercier, Louis-Sébastien
- Mercier's neustes Gemälde von Paris J_I 212, 213, 214, 215

Merkel, Garlieb
- Die Letten ... L_I 17, 23

Meyer, Andreas
- Wie soll ein junges Frauenzimmer sich würdig bilden? F_I S. 456

Michaelis, Johann Benjamin
- Leben und Thaten des teuren Helden Aeneas, erstes Märlein C_I 377

Michaelis, Johann David
- Das Buch Hiob KA_{II} 212
- Bibliotheca J. D. Michaelis ... SK_{II} 292

Middleton, Erasmus
- Dictionary of arts and sciences G_{II} 111

Miller, Johann Martin
- Siegwart. Eine Klostergeschichte F_I 667

Milon, Charles
- Denkwürdigkeiten zur Ge-

schichte Benjamin Franklins
J$_I$ 1178
Milton, John
- The poetical works L$_I$ 490
- Paradise lost B$_I$ 222; C$_I$ 197; D$_{II}$ 683; F$_I$ 491, 492, 493, 494, 1113; G$_{II}$ 59, 109; TB$_{II}$ 21
- Paradise regain'd B$_I$ 222; TB$_{II}$ 21
- Poems upon several occasions L$_I$ 238
- L'Allegro Mat I$_{II}$ 122
Minellius, Johannes
- Vergilius. Opera omnia J$_{II}$ 1758; L$_I$ 191
Mirabeau, Honoré Gabriel de
- Histoire sécrète de la cour de Berlin J$_I$ 77, 87, 92, 93
Möser, Justus
- Harlequin, oder Vertheidigung des Groteske-Komischen KA$_{II}$ 236, 237, 238, 239; B$_I$ 404; E$_I$ 408; F$_I$ 24
- Über die Veränderung der Sitten F$_I$ 162
Moivre, Abraham de
- Annuities of lives E$_I$ 68
Molière (Jean-Baptiste Poquelin)
- Tartuffe A$_I$ 99; D$_I$ 83; F$_I$ 898
- Le misanthrope J$_I$ 483
- Le bourgeois gentilhomme E$_I$ 38
- Le malade imaginaire J$_I$ 273
Monboddo, James Burnett Lord
- Ancient metaphysics or the science of universals L$_I$ 465
Monro, Alexander
- Structure and physiology of fishes ... J$_{II}$ 1468
Montague, Lady Mary Wortley
- Briefe der Lady Mary Wortley TB$_{II}$ 23
Montaigne, Michel de
- Essais F$_I$ 1216; RA$_{II}$ 45
- Gedanken und Meinungen über allerley Gegenstände K$_I$ 179, 183; L$_I$ 11, 12, 13, 471, 694
Montesquieu, Charles-Louis de Secondat de
- Lettres persanes SK$_{II}$ 513
Moreto y Cabaa, Agustín
- El lindo Don Diego C$_I$ 9
Morgan, George Cadogan
- Lectures on electricity L$_I$ S. 850
Morhof, Daniel Georg
- De paradoxis sensuum K$_I$ S. 838
- Polyhistor J$_I$ 980
Morin(us), Jean Baptiste
- Astrologia gallica SK$_{II}$ 548, 549
Moritz, Karl Philipp
- Andreas Hartknopf H$_{II}$ 141
Mortimer, Thomas
- The british Plutarch J$_I$ 1031
Moser, Friedrich Karl von
- Der Herr und der Diener KA$_{II}$ 66, 68, 69; L$_I$ 263
- Reliquien A$_{II}$ 171; KA$_{II}$ 70
Mudge, Thomas
- Reply to the answer ... SK$_{II}$ 372, 374
Müller, Johann Georg
- Briefe über das Studium der Wissenschaften L$_I$ 515
Müller, Nicolaus s. Mulerius
Münch, Johann Gottlieb
- Sonntags-Launen des Herrn Tobias Lausche L$_I$ 611
Münchhausen, Otto Freiherr von
- Der Hausvater A$_I$ 119
Münter, Balthasar
- Bekehrungsgeschichte des vormaligen Grafen von Struensee C$_I$ 92
Mulerius (Müller), Nicolaus
- Copernici astronomia instaurata L$_I$ 95
Muratori, Ludovico Antonio
- Rerum italicarum scriptores ... D$_I$ 553
Muretus, Marc-Antoine
- Variarum lectionum libri XIX J$_I$ 989
Murray, Johann Andreas
- Verzeichniss einer auserlesenen Samlung medicinischer ... und anderer Bücher SK$_{II}$ 282
Mursinna, Friedrich Samuel s. Justi, Karl Wilhelm
Museum florentinum s. Gori
Musschenbroek, Pieter van
- Grundlehren der Naturwissenschaft KA$_{II}$ 105
- Essai de Physique KA$_{II}$ 25

Natalibus, Petrus de
- Catalogus sanctorum et gestorum eorum SK$_{II}$ 502

Naval Review RT$_{II}$ 2
Neander, Joachim
- Du unbegreiflich höchstes Gut RA$_{II}$ 94

Necker, Jacques
- De l'importance des opinions religieuses J$_I$ 238

Neper, John
- Logarithmorum canonis descriptio B$_I$ 87

Néricault, Philippe s. Destouches
Newton, Isaac
- Principia mathematica philosophiae naturalis KA$_{II}$ 67; D$_I$ 537
- Arithmetica universalis KA$_{II}$ S. 88
- Abhandlungen über die Weissagungen, die merkwürdig erfüllt sind C$_I$ 92
- Optices libri tres C$_I$ 303; J$_{II}$ 1345, 1350; L$_{II}$ 896
- Observations on the prophecies of Daniel and the apocalypse of St. John A$_I$ 116

Niceron, Jean Pierre
- Mémoires pour servir à l'histoire des hommes illustres dans la république des lettres F$_I$ 1065

Nicholson, William
- Introduction to natural philosophy GH$_{II}$ 47

Nicolai, Friedrich
- Geschichte eines dicken Mannes, worin drey Heurathen und drey Körbe nebst viel Liebe SK$_{II}$ 655
- Anekdoten von König Friedrich dem Zweiten von Preußen J$_I$ 113
- Das Leben und die Meinungen des Herrn Magister Sebaldus Nothanker D$_I$ 668; E$_I$ 255, 334; RA$_{II}$ 130
- Vademecum für lustige Leute K$_{II}$ 186; L$_I$ 456
- Beschreibung einer Reise durch Deutschland und die Schweiz K$_{II}$ 287; SK$_{II}$ 909
- Anhang zu dem Schillerschen Musen-Almanach L$_I$ 188; SK$_{II}$ 988

Niebuhr, Carsten
- Beschreibung von Arabien C$_I$ 187, 188, 189, 190, 191, 269, 285, 333

Noble, Charles Frederick
- Voyage to the East Indies ... KA$_{II}$ 179, 180, 181; B$_I$ S. 45

Nöhden, Georg Heinrich
- Virgils Aeneis SK$_{II}$ 557

Nösselt, Johann August
- Verteidigung der Wahrheit und der Göttlichkeit der christlichen Religion C$_I$ 92

O'Brien, William
- Cross purposes Mat II$_{II}$ 54, 55; RT$_{II}$ 19

Ockel, Ernst Friedrich
- Ob und in wiefern die Cantzel der schickliche Ort zur Aufklärung sey J$_I$ 666

O'Hara, Kane
- The Golden Pippin RT$_{II}$ 6
- Midas RA$_{II}$ 196

Omai
- Letter to the queen of Otaheite RA$_{II}$ S. 639

Osbeck, Peter
- Reise nach Ostindien und China KA$_{II}$ 107, 108, 109, 110, 111, 112; B$_I$ 122; D$_I$ 389

Osiander, Friedrich Benjamin
- Das Neueste aus meiner Göttingischen Praxis SK$_{II}$ 459

Ossian s. Macpherson, James
Otto, Johann Friedrich Wilhelm
- Abriß einer Naturgeschichte des Meeres J$_I$ 1105

Otway, Thomas
- Venice preserv'd and the plot uncoverd KA$_{II}$ 172

Ovidius Naso, Publius
- Amores D$_I$ 551
- Ars amatoria B$_I$ 406
- Remedia amoris B$_I$ 219
- Metamorphosen B$_I$ 92; D$_I$ 65; E$_I$ 355; F$_I$ 469, 1153; J$_I$ 229, 230
- Fasti J$_I$ 8
- Epistulae ex Ponto KA$_{II}$ 207; C$_I$ 238

Pagius Florentinus (Poggio)
- Liber facetiarum C$_I$ 170

Pagna, Vasques de
- Beschreibung der Insel Bengagna KA$_{II}$ 92

Paisiello, Giovanno
- Montezuma RT$_{II}$ 14

Palaiphatos
- Peri apiston E$_I$ 205; L$_I$ 14

Palissot de Montenoy, Charles P.
- Kleine Briefe über große Philosophen E$_I$ 400

Parkinson, Sydney D$_{II}$ 695, 704

Parrot, Christoph Friedrich
- Neue vollständige und gemeinfassliche Einleitung in die mathematisch-physische Astronomie und Geographie L$_I$ 262

Parrot, Georg Friedrich
- Theoretische und praktische Anweisung zur Verwandlung einer jeden Art von Licht in eines das dem Taglicht ähnlich ist SK$_{II}$ 165

Pascal, Blaise
- Essai sur les coniques E$_I$ 29
- Pensées RA$_{II}$ S. 639

Pasch(ius), Georg
- De inventis novantiquis L$_I$ 268

Paula Schrank, Franz von
- Verzeichniß der bisher hinlänglich bekannten Eingeweidewürmer ... GH$_{II}$ 61
- Sammlung naturhistorischer und physikalischer Aufsätze L$_I$ 170

Pauli, Johannes
- Schimpf und Ernst B$_I$ 119

Pauw, Corneille de
- Recherches philosophiques sur les Americains KA$_{II}$ 233, 234, 235; F$_I$ 1216
- Recherches philosophiques sur les Egyptiens et les Chinois F$_I$ 1216; RA$_{II}$ 168

Pegel(ius), Magnus
- Thesaurus rerum selectarum ... E$_I$ 488

Pemberton, Henry
- A view of Sir Isaac Newtons philosophy RA$_{II}$ 52

Penn, James
- By way of prevention C$_I$ 367

Persius, Aulus P. Flaccus
- Satiren D$_I$ 115, 505; E$_I$ 222; L$_I$ 315; Mat I$_{II}$ 13

Pestalozzi, Johann Heinrich
- Lienhard und Gertrud L$_I$ 295
- Meine Nachforschungen über den Gang der Natur in der Entwikkelung des Menschen-Geschlechts L$_I$ 295, 296

Petronius, Titus P. Arbiter
- Satyricon KA$_{II}$ 209; B$_I$ 189; D$_I$ 360; E$_I$ 44, 267

Peucer, Kaspar
- Commentarius de praecipuis generibus divinationum L$_I$ 356

Peyssonel, Charles Comte de
- Observations critiques sur les mémoires de Monsieur le Baron de Tott J$_I$ 265
- Examen du livre intitulé considérations sur la guerre actuelle des Turcs par Monsieur de Volney J$_I$ 265

Phaedrus
- Fabeln F$_I$ 619

Philander von der Linde (Johann Burkhard Mencke)
- Schertz-Gedichte B$_I$ 44

Philips, Ambrose
- The distressed mother RT$_{II}$ 15

Picander (Christian Friedrich Henrici)
- Ernst-, scherzhafte und satyrische Gedichte B$_I$ 176

Piccini, Nicola
- La buona figliuola RT$_{II}$ 18

Pictet, Marc-Auguste
- Essais de physique (Essai sur le feu) J$_{II}$ 1444, 1457, 1466, 1470, 1987, 1988, 2084, 2122, 2125; L$_I$ 714; SK$_{II}$ 73, 74, 112

Pietsch, Johann Valentin
- Geschichte praktischer Fälle von Gicht und Podagra F$_I$ 249

Pindar, Peter (John Wolcot)
- Lyric odes for 1785 L$_I$ 319

Piozzi, Hesten Lynch
- Bemerkungen auf der Reise durch Frankreich, Italien und Deutschland J$_I$ 827, 828, 831, 832, 835

Piron, Alexis
- La métromanie F$_I$ 1227, S. 455

Pitaval, François Gayot de
- Causes célèbres C$_I$ 129, 130, 132, 133, 135, 136, 137, 138, 140, 141, 149, 150, 151, 154

Planta, Joseph
- On a celebrated bum fiddle ... D$_{II}$ 752

Platon
- Verteidigungsrede des Sokrates D$_I$ 351
- Ion A$_I$ 27
- Kratylos D$_{II}$ 689
- Phaidon KA$_{II}$ 85
- Phaedros A$_I$ 120
- Politeia A$_I$ 80

Plautus, Titus Maccius
- Menaechmi L$_I$ 588
- Truculentus D$_I$ 1
- Epidicus F$_I$ 166

Plempius, Vopiscus Fortunatus
- Ophthalmographia F$_I$ 644

Plinius, Gaius P. Secundus (d. Ä.)
- Naturalis historia KA$_{II}$ 5; C$_I$ 150, 257; D$_I$ 7; J$_I$ 953

Plinius, Gaius P. Caecilius (d. J.)
- Briefe F$_I$ 646

Plumier, Charles
- Description des plantes de l'Amérique KA$_{II}$ 248

Plutarch
- Lebens-Beschreibungen der berühmtesten Griechen und Römer A$_I$ 42; B$_I$ 327; C$_I$ 155, 314; D$_I$ 52, 181; F$_I$ 225, 226, 262, 667, 672; J$_I$ 420, 979; UB$_{II}$ 51; s. a. Mortimer
- De causis naturalibus D$_{II}$ 741; F$_I$ 594
- De primo frigido D$_{II}$ 741; F$_I$ 594
- De musica D$_I$ 35
- De facie in orbe lunae J$_I$ 837

Poggio s. Pagius Florentinus

Poli, Giuseppe Saverio
- Elementi di fisica sperimentale L$_I$ S. 850

Polybios
- Historiae F$_I$ 747

Pontoppidan, Erik
- Naturgeschichte von Norwegen KA$_{II}$ 177

Pope, Alexander
- Essay on man A$_I$ 94; B$_{II}$ 149; D$_I$ 92; K$_{II}$ 79
- Iliad A$_I$ 135
- The wife of Bath KA$_{II}$ 151
- Rape of the lock K$_{II}$ 203; L$_I$ 97
- Essay on criticism D$_I$ 619; L$_I$ 700
- A key to the lock ... F$_I$ 333
- Imitations of Horace F$_I$ 625
- Epistle to Dr. Arbuthnot D$_I$ 606; F$_I$ 211; L$_I$ 448
- Dunciade J$_I$ 665

Pownall, Thomas
- The administration of the colonies RA$_{II}$ 118, 124

Preußen, Friedrich II. von
- Epistel an Podewils F$_I$ S. 458
- Eloge du S. la Mettrie ... F$_I$ 242
- Hinterlassene Werke J$_I$ 62, 65, 68, 69, 76, 79, 80, 115

Prévost, Pierre
- De l'origine des forces magnétiques J$_I$ 441

Price, Richard
- Observations on the nature of civil liberty, the principles of government, and the justice and policy of the war with America E$_I$ S. 344; RA$_{II}$ 16

Priestley, Joseph
- Disquisitions relating to matter and spirit F$_I$ 1130
- Geschichte und gegenwärtiger Zustand der Optik E$_I$ S. 344; J$_I$ 198, 1023; J$_{III}$ 1935, 1937, 1938, 2081
- An examination of Dr. Reids inquiry ... E$_I$ 453
- Hartley's theory of the human mind on the principle of the association of ideas with essays relating to the subject of it E$_I$ 453; F$_I$ 11
- History and present state of the electricity J$_I$ 233
- Observations on air L$_{II}$ 968

Prokopios von Kaisareia
- Historia arcana J$_I$ 92

Prony, Gaspard-Clair-François-Marie, Baron Riché
- Neue Architectura hydraulica K$_{II}$ 338; L 783

Prynne, William
- Histriomastix E$_I$ 68

Ptolemäus, Claudius
- Almagest L$_{II}$ 880, 963, 967

Rabelais, François
- Gargantua et Pantagruel E$_I$ 314

Rabener, Gottlieb Wilhelm
- Satiren D$_I$ 382
- Hinkmars von Repkow Noten ohne Text F$_I$ 171

Racknitz, Joseph Friedrich Freiherr zu
- Darstellung und Geschichte des Geschmacks der vorzüglichsten Völker L$_I$ 562

Raff, Georg Christian
- Naturgeschichte für Kinder SK$_{II}$ 197

Rambach, Friedrich Eberhard
- Katechetisches Handbuch ... B$_I$ 128

Ramler, Karl Wilhelm
- Oden B$_I$ 402

Randel, Johann Adolph Friedrich
- Annalen der Staatskräfte von Europa ... in tabellarischen Übersichten J$_I$ 976, 1189

ranting of schoolboys, The Mat I$_{II}$ 83

Réaumur, René Antoine Ferchault de
- Mémoire pour servir à l'histoire des insectes D$_{II}$ 675, 690; J$_{II}$ 1387

Rebmann, Andreas Georg Friedrich
- Der politische Tierkreis L$_I$ 34

Reichshistorie s. Reinhard, Johann Paul

Reimarus, Hermann Samuel
- Die vornehmsten Wahrheiten der natürlichen Religion B$_I$ 50; C$_I$ 92; J$_I$ 1021

Reimarus, Johann Albert Heinrich
- Neuere Bemerkungen vom Blitze ... SK$_{II}$ 641, 671

Reinhard, Johann Paul
- Teutsche Reichshistorie B$_I$ S. 46

Reinhold, Christian Ludolf
- Das Studium der Zeichenkunst und Mahlerey für Anfänger E$_I$ 86
- Nützliches Lese-, Schreibe-, Brief- und Rechenbuch J$_I$ 567

Reinhold, Karl Leonhard
- Über die bisherigen Schicksale der Kantschen Philosophie J$_I$ 195
- Versuch einer neuen Theorie des menschlichen Vorstellungsvermögens J$_I$ 234, 258; L$_I$ 259

Reise mit der Jacobiner-Mütze, Die SK$_{II}$ 398

Remler, Johann Christian Wilhelm
- Tabelle, welche das Verhältniß und die Menge der ... Stein- und Erdarten ... bestimmt J$_{II}$ 1625

Rettung der Ehre Adolphs, Freyherrn Knigge ... s. Albrecht, Heinrich Christian

Retz, Kardinal de
- Mémoires F$_I$ 755, 770, 801, 811

Richardson, William
- Essays on Shakespearés ... J$_I$ 263

Riché s. Prony

Richelieu, Armand-Jean du Plessis de
- Mémoires J$_I$ 440, 655

Richter, August Gottlob
- Anfangsgründe der Wundarzneykunde J$_I$ 198
- Medicinische und chirurgische Bemerkungen SK$_{II}$ 432
- Insolatio seu potestas solis in corpus humanum A$_{II}$ 174; KA$_{II}$ 74, 75, 76, 77, 78; J$_{II}$ 1408

Richter, Johann Paul Friedrich (Jean Paul)
- Hesperus L$_I$ 87
- Die unsichtbare Loge L$_I$ 87, 514
- Siebenkäs L$_I$ 87
- Biographische Belustigungen L$_I$ 87, 514
- Der Jubel-Senior L$_I$ 514
- Das Kampaner Thal, oder über die Unsterblichkeit der Seele ... L$_I$ 514
- Leben des Quintus Fixlein L$_I$ 514
- Auswahl aus des Teufels Papieren L$_I$ 514
- Grönländische Prozesse L$_I$ 514

Richter, Jeremias Benjamin
- Über die neuern Gegenstände der Chymie L$_{II}$ 724

Riedel, Friedrich Justus
- Über das Publicum, Briefe an einige Glieder desselben B$_I$ 96
- Briefwechsel mit dem Antikritikus B$_I$ 16
- Theorie der schönen Künste und Wissenschaften KA$_{II}$ S. 88; B$_I$ 46, 96
- Bibliothek der elenden Scribenten B$_I$ 45, 92, 102

Riedesel, Johann Hermann Freiherr von
- Reise durch Sicilien und Großgriechenland C$_I$ 160, 161, 162, 163, 164, 165, 168

Rinman, Sven
- Bergwerks-Lexicon SK$_{II}$ 125, 306

Ritter, Johann Wilhelm
- Beweis, daß ein beständiger Galvanismus den Lebensproceß im Thierreiche begleitet L$_{II}$ 915

Robeck, Johann
- Exercitatio philosophica... KA$_{II}$ 183; C$_I$ 315

Robertson, William
- The history of the reign of the emperor Charles V D$_I$ 37; E$_I$ 66
- History of Scotland D$_I$ 572

Robinet, Jean-Baptiste-René
- Da la nature C$_I$ 289; F$_I$ S. 458; RA$_{II}$ S. 639
- De l'animalité C$_I$ 289; F$_I$ S. 458; RA$_{II}$ S. 639
- Considérations philosophiques sur la gradation naturelle des formes de l'être... C$_I$ 289; F$_I$ S. 458; RA$_{II}$ S. 639

Robins, Benjamin
- Neue Grundsätze der Artillerie KA$_{II}$ 45

Robinson, Mathew
- Considerations on the measures ... in North-America RA$_{II}$ 118

Ro(h)de, Johann Philipp von
- Erläuterungen über Hn. Karstens mathematische Analysis... GH$_{II}$ 23; SK$_{II}$ 285

Röderer, Johann Georg
- De vi imaginationis in foetum negata... C$_I$ 193

Röhl, Lampert Hinrich
- Gesammelte Schriften J$_I$ 1667

Röllig, Carl Leopold
- Ueber die Harmonika. Ein Fragment J$_{II}$ 1600

Rösel von Rosenhof, Johann
- Insecten-Belustigung D$_{II}$ 675, 676, 683; E$_I$ 361

Rollenhagen, Georg
- Froschmeuseler L$_I$ 151

Roscommon, Wentworth Dillon, Earl of
- An essay on translated verse KA$_{II}$ 157; F$_I$ 860

Rost, Johann Christoph
- Schäfererzählungen B$_I$ 36

Rousseau, Jean-Baptiste
- Le flatteur C$_I$ 137

Rousseau, Jean-Jacques
- Nouvelle Héloise A$_I$ 78; KA$_{II}$ 84, 85, 183
- Discours qui a remporté le prix à l'académie de Dijon A$_I$ 80, 81; KA$_{II}$ 126, 127, 128, 290; D$_I$ 390; F$_I$ 439
- Emile A$_I$ 21; J$_I$ 49, 433, 860; KA$_{II}$ 106
- Bekenntnisse G$_{II}$ 38, 83; J$_I$ 436
- Réponse au roi de Pologne A$_I$ 81
- Contrat social KA$_{II}$ 106

Rowe, Nicolas
- The tragedy of Jane Shore RA$_{II}$ 175

Rowley, William
- A treatise on the principal diseases of the eye and eyelids J$_I$ 1000

Rumford, Benjamin Thompson Graf von
- Experimental essays political, economical and philosophical L$_I$ 243

Rußland, Katharina II. von
- Drey Lustspiele wider Schwärmerey und Aberglauben GH$_{II}$ 44

Saint-Réal, César Vichard Abbé de
- Verschwörung wider den freien Staat von Venedig F$_I$ S. 455, 244

Sallengre, Albert Hendrik de
- Chef d'oeuvre d'un inconnu F$_I$ S. 455

Sallust (Gaius Sallustius Crispus)
- Bellum Catilinarium sive De Coniuratione Catilinae B$_I$ 125; F$_I$ 804

Sander, Heinrich
- Beschreibung seiner Reise L$_{II}$789

Sarpi, Paolo
- Historia concilii Tridentini J$_I$ 408

Sárváry, Paul
- De summis cognitionis humanae principiis SK$_{II}$772

Scaliger, Josephe-Juste
- Scaligerana E$_I$ 24

Schäffer, Jacob Christian
- Die bequeme und der Wirtschaft in allen Rücksichten höchstvortheilhafte Waschmaschine KA$_{II}$ 171
- Entwurf eines allgemeinen Farben-Vereins... D$_I$ 293, 666

– Die Armpolypen in den süßen
Wassern um Regensburg D$_{II}$ 675
Schatz, Georg
– Erscheinungen und Träume von
Mercier und einigen deutschen Gelehrten J$_I$ 897
Schaumann, Johann Christian Gottlieb
– Psyche, oder Unterhaltungen
über die Seele für Leser und Leserinnen J$_I$ 1017
– Über die Transzendentalästhetik
J$_I$ 1017
Scheele, Karl Wilhelm
– Chemische Abhandlung von Luft
und Feuer J$_{II}$ 1396, 1457
Scheibel, Johann Ephraim
– Einleitung zur mathematischen
Bücherkenntnis F$_I$ S. 455
Schellenberg, Anton Otto
– Freie Bemerkungen über Kopenhagen in Briefen L$_I$ 45
Schelling, Friedrich Wilhelm Joseph
– Ideen zu einer Philosophie der
Natur L$_{II}$ 850
Scherer, Johann Benedikt
– Neue Nachrichten von den neu
entdeckten Insuln in der See zwischen Asien und Amerika F$_I$ S. 644
Scherer, Alexander Nicolaus
– Nachträge zu den Grundzügen
der neuern chemischen Theorie . . .
L$_{II}$ 713
Scheuchzer, Johann Jacob
– Kupfer-Bibel E$_I$ 465, SK$_{II}$ 279
Schiller, Friedrich s. Goethe / Schiller
Schlegel, Johann Adolf
– Predigten über die ganze Leidensgeschichte Jesu Christi C$_I$ 92
Schlözer, August Ludwig von
– Fortsetzung der allgemeinen
Welthistorie der neueren Zeiten
D$_I$ 129
Schlosser, Johann Georg
– Über Spott und Schwärmerey
F$_I$ 215
Schmid, Carl Christian Erhard
– Versuch einer Moralphilosophie
J$_I$ 629
– Empirische Psychologie J$_I$ 934
Schmid, Christian Heinrich
– Anthologie der Deutschen
B$_I$ 400

Schmid, Nicolaus Ehrenreich Anton
– Von den Weltkörpern KA$_{II}$ 50,
51, 52, 53, 54, 55, 56, 57, 58, 59, 60
Schmidt, Friedrich August
– Beitrag zur Zeit-Meßkunst . . .
L$_I$ 629
Schmidt, Georg Gottlieb
– Sammlung physisch-mathematischer Abhandlungen J$_{II}$ 1752
– Anfangsgründe der Mathematik
SK$_{II}$ 970, 971
Schrader, Johann Gottlieb Friedrich
– Versuch einer neuen Theorie der
Elektricität L$_I$ S. 850; SK$_{II}$ 947
Schröckh, Johann Matthias
– Allgemeine Biographie
KA$_{II}$ 138, 139, 140, S. 88
Schröter, Johann Hieronymus
– Observations on the atmospheres
of Venus and the moon . . .
SK$_{II}$ 436, 439
– Seleno-Topographische Fragmente . . . SK$_{II}$ 67, 68, 340
Schrötteringk, Matthias Wolder
– Demonstratio Theorematis parallelarum SK$_{II}$ 56
Schubert, Friedrich Theodor
– Theoretische Astronomie L$_I$ 963
Schuhmacher, Balthasar Gerhard
– Johann Elwes. Der größte Geizhals unseres Jahrhunderts J$_I$ 488;
SK$_{II}$ 178
Schulze, Gottlob Ernst
– Aenesidemus oder über die Fundamente der von Reinhold gelieferten Elementarphilosophie . . .
J$_I$ 1006
Schurig, Martin
– Spermatologie E$_I$ 463
Schwabe, Johann Joachim s. Kästner,
Abraham Gotthelf
Schwarz, Johann Christoph
– Aeneis B$_I$ 203
Schwenter, Daniel
– Deliciae physico-mathematicae
. . . A$_{II}$ 173
Segner, Johann Andreas von
– De speculis Archimedis
tentamen J$_{II}$ 1906
Seguier, Antoine Louis
– Requisitorialien . . . J$_I$ 92
Seiler, Georg Friedrich

– Allgemeines Lesebuch für den Bürger und Landmann J$_I$ 418

Selections from the french Ana's s. Arbley, Frances Burney d'

Semler, Johann Salomo
– Lebensbeschreibung G$_{II}$ 44
– De daemoniacis, quorum in evangelio fit mentio F$_I$ 1035

Senebier, Jean
– Die Kunst zu beobachten F$_I$ S. 455; F$_{II}$ 861

Senebier, Jean (u.a.)
– Lettere fisico-meteorologiche J$_{II}$ 1912

Seneca, Lucius Annaeus
– Naturales quaestiones D$_I$ 113
– Apocolocyntosis B$_I$ 188
– Epistolae F$_I$ 129, 671; UB$_{II}$ 48
– De tranquillitate animi J$_I$ 662

Seybold, David Christoph
– Lusus ingenii et verborum in animi remissionem J$_I$ 1112

Seume, Johann Gottfried
– Elegie auf einem Feste zu Warschau L$_I$ 23

Shadwell, Thomas
– The fair quaker RT$_{II}$ 2, 6
– The virtuoso J$_I$ 355

Shaftesbury, Anthony Ashley Cooper Earl of
– Characteristicks of men, manners, opinions, times B$_I$ 277

Shakespeare, William
– Sommernachtstraum J$_I$ 1228; L$_I$ 413
– Julius Caesar F$_I$ 551, 554
– Timon von Athen F$_I$ 564
– Othello D$_I$ 587; F$_I$ 1057
– The merchant of Venice Mat I$_{II}$ 82; RA$_{II}$ 3, 17, 54, 175
– Falstaff J$_I$ 263
– Hamlet B$_I$ 229, 263, 331, 338, 420; J$_I$ 552; L$_I$ 155; Mat I$_{II}$ 27; TB$_{II}$ 15; RT$_{II}$ 8, 11, 12; RA$_{II}$ 17, 54
– Macbeth H$_{II}$ 85; Mat I$_{II}$ 82; RA$_{II}$ 3, 175
– Richard III. J$_I$ 1104; Mat I$_{II}$ 64, 82; RA$_{II}$ 10
– Twelfth night or What you will D$_I$ 666
– Much ado about nothing RT$_{II}$ 10, 185
– Heinrich IV. E$_I$ 493
– Romeo and Juliet D$_I$ 344; RA$_{II}$ 175
– As you like it RA$_{II}$ 175
– Heinrich VIII. J$_I$ 1039
– King Lear Mat I$_{II}$ 139

Shebbeare, John
– Letters on the English nation, by Batista Angeloni F$_I$ 361, 362

Sheridan, Frances
– The Discovery J$_I$ 1104

Sheridan, Richard Brinsley
– The Duenna E$_I$ 262, 270; Mat I$_{II}$ 67, 140, 142; RA$_{II}$ 203
– St. Patrick's day, or the scheming Lieutenant RA$_{II}$ 175

Sherwin, Henry
– Mathematical tables K I+II S. 291

Sigaud de la Fond, Jean René
– Description et usage d'un cabinet de physique expérimentale F$_I$ 894

Silberschlag, Georg Christoph
– Ausgesuchte klosterbergische Versuche B$_I$ 152

silver tail, The D$_{II}$ 752

Simpson, Thomas
– Select exercises for young proficients in mathematics KA$_{II}$ 161
– The doctrine of annuities and reversions E$_I$ 68

Sivers, Heinrich Jakob
– Geschichte des Leidens und Sterbens, der Auferstehung und Himmelfahrt Jesu Christi ... B$_I$ 290

Smart, Christopher
– Poems J$_I$ 1029

Smeathman, Henry
– Sendschreiben an Joseph Banks ... über die Termiten Afrika's und anderer heißen Klimate J$_I$ 828

Smeaton, John
– A narrative of the building and a description of the construction of the Edystone lighthouse ... J$_I$ 870, 875; SK$_{II}$ 286, 287

Smollett, Tobias
– The Expedition of Humphry Clinker D$_I$ 666
– Roderick Random B$_I$ S. 45; H$_{II}$ 136

Sömmerring, Samuel Thomas
- Über das Organ der Seele L$_I$ 10

Soresi, Pier-Domenico
- Poesie del sig. Alberto Haller B$_I$ S. 46

Sotion
- Keras Amaltheias KA$_{II}$ S. 41

South, Robert
- Sermons F$_I$ 417

Späth, Johann Leonhard
- Analytische Versuche über die Zuverlässigkeit, womit ein Landmesser mittelst verschiedner geometrischer Werkzeuge, Winkel und Linien abmessen kann GH$_{II}$ 71

Spalding, Johann Joachim
- Predigten C$_I$ 92
- Gedanken über den Werth der Gefühle im Christenthum C$_I$ 92

Spence, Joseph
- An account of the life, character and poems of Mr. Blacklock ... D$_I$ 639

Spenser, Edmund
- Ruins of time J$_I$ 672
- Fairy queen J$_I$ 352

Spinoza, Baruch de
- Ethik J$_I$ 525

Sprichwörter C$_I$ 200, 209, 258; D$_I$ 593; F$_I$ 348; G$_{II}$ 169; J$_I$ 260, 499, 676, 746; K$_{II}$ 47, 114, 212, 268; L$_I$ 449; MH$_{II}$ 3; RA$_{II}$ 25

Stäudlin, Karl Friedrich
- Johann Kepplers Theologie und Religion und die Schicksale seiner astronomischen Entdeckungen bey seinen theologischen Zeitgenossen SK$_{II}$ 476

Stahl, Georg Ernst
- Experiment, et Observationes Animadversiones, CCC numero, Chymicae et Physicae KA$_{II}$ 24

Stal, Anne Louise Germaine Mme. de
- Lettres sur les écrits et le caractère de Jean Jacques Rousseau J$_I$ 159

State Trials s. Trials Staunton, George Leonhard Sir
- Authentic account of an embassy ... L$_I$ 353, 822

Stedman, John Gabriel
- Narrative of a five years expedition ... L$_I$ 110, 359, 428, 429, 430, 431

Steevens, George
- The dramatic works of Shakespeare SK$_{II}$ 212

Steller s. Stoeller

Sterne, Laurence
- Tristram Shandy B$_I$ S. 45, 131, 229; RA$_{II}$ 45
- Sentimental journey B$_I$ S. 45, 86, 203; C$_I$ 43, 45, 46, 47, 56; G$_{II}$ 2
- Letters to his most intimate friends D$_{II}$ 756; RA$_{II}$ S. 639, 127

Steube, Johann Caspar
- Wanderungen und Schicksale J$_I$ 774

St(o)eller, Georg Wilhelm
- Ausführliche Beschreibung von sonderbaren Meerthieren KA$_{II}$ 100

Stöver, Dietrich Heinrich
- Unser Jahrhundert L$_I$ 564

Stolz, Johann Jacob
- Briefe literärischen, moralischen und religiösen Inhaltes, die gelesen zu werden bitten J$_I$ 969

Strabo
- Geographia KA$_{II}$ 78

Struve, Karl Wilhelm Friedrich
- Anthropologia naturalis sublimior F$_I$ 61

Stuart Erskine, David, Earl of Buchan
- An account of the life, writings ... of John Napier GH$_{II}$ 8

Stuart, James
- Critical observations on the buildings and improvements of London D$_I$ 672

Sturm, Johann Christophorus
- Ad ... Henricum Morum ... Epistola KA$_{II}$ 96

Süßmilch, Johann Peter
- Versuch eines Beweises, daß die erste Sprache ihren Ursprung nicht von Menschen, sondern allein vom Schöpfer erhalten habe D$_{II}$ 689

Sulivan, Richard Joseph
- View of nature L$_I$ 293

Sully, Maximilien de Béthune, Duc de
- Esprit de Sully D$_I$ 4

Sulzer, Johann Georg
- Allgemeine Theorie der schönen Künste D$_I$ 190

Swedenborg, Emanuel von
- Von den Erdkörpern oder Planeten... C_I 377
- Doctrina novae hierosolymae KA_{II} 41; B_I 321

Swift, Jonathan
- The works D_{II} 673, 674
- Gulliver's travels KA_{II} 1; C_I 79; D_I 653; RA_{II} 72
- Journal to Stella F_I 355, 356
- The history of four last years of the queen F_I 355
- The battle of the books L_I 433
- Tale of a tub (Märchen von der Tonne) D_I 214, 666; L_I 61
- Ode, for music, on longitude B_I 43
- Epigram from the French B_I 44

Swinden, Jan Hendrik van
- Positiones physicae J_{II} 1339, 1345; L_I 231; SK_{II} 270
- Oratio de hypothesibus physicis J_{II} 1509
- Dissertation sur le comparaison des thermomètres SK_{II} 363
- Observations sur le froid rigoureux... SK_{II} 363
- Mémoire sur les observations météorologiques... SK_{II} 363

Tacitus, Publius Cornelius
- Historiae E_I 18, 38
- Annalen KA_{II} 208; E_I 180; L_I 367

Tackius, Fridericus Petrus
- De eruditis quibus dies natalis et ultimus fuit J_I 308

Talmud J_I 749

Tausend und ein Tag E_I 152

Tausend und eine Nacht E_I 257, 383; F_I 69, 809; H_{II} 121; J_I 128, 673, 743; Mat I_{II} 7; RA_{II} 145

Tempelhof(f), Georg Friedrich
- Geschichte des siebenjährigen Kriegs J_I 62

Tenneker, Christoph Ehrenfried Seyfert von
- Meßgeschenk zur belehrenden Unterhaltung für Liebhaber der Pferde... L_I 532

Terentius (Terenz)
- Der Eunuch F_I 438
- Heauton timorumenos J_I 165
- Phormio L_I 587

Tertullianus, Quintus Septimius Florens
- De virginibus velandis C_I 128

Testament, Neues s. Bibel

Théophile s. Viau, Théophile de

Theophrast
- Charaktere Mat II_{II} 31
- De odoribus J_{II} 1300

Thérèse philosophe s. Argens, Jean-Baptiste de Boyer Marquis d'

They both did fight F_I 678

Thieß, Johann Otto
- Martin Luthers Lehren, Räthe und Warnungen J_I 1140

Thomson, James
- The seasons H_{II} 74
- Rule Britannia RT_{II} 2

Thümmel, Moritz August von
- Reisen in die mittäglichen Provinzen von Frankreich J_I 556, 563, 570; SK_{II} 140, 141, 831, 833

Thurmond, John
- Harlequin Sheppard E_I 41

Tibullus, Albius
- Elegien D_I 17

Tieck, Ludwig
- Phantasien über die Kunst L_I 684

Tiedemann, Dietrich
- Theätet oder Über das menschliche Wissen, ein Beitrag zur Vernunft-Kritik L_I 277; L_{II} 836
- Geist der spekulativen Philosophie von Thales bis Sokrates L_I 437

Timberlake, Henry
- Memoirs of lieutenant Henry Timberlake B_I S. 45

Tissot, Simon André
- Anleitung für den geringen Mann in Absicht auf seine Gesundheit KA_{II} S. 88; C_I 228

Titius, Johannes Daniel
- Gemeinnützige Abhandlungen zur Beförderung der Erkenntniß KA_{II} 175

Tobiesen, Ludolph Hermann
- Principia atque historia inventionis Calculi differentialis et integralis ... SK_{II} 495

Topham, Edward
- Poetry of the World J_I S. 649

Toreen, Olof
- Eine ostindische Reise nach Suratte... KA$_{II}$ 107

Townson, Robert
- Observationes physiologicae de amphibiis SK$_{II}$ 747

Travels into several remote nations of the world RA$_{II}$ 72

Trembley, Abraham
- Mémoires, pour servir à l'histoire d'un genre de polypes d'eau douce KA$_{II}$ 38; D$_{II}$ 675, 676, 683
- Unterricht eines Vaters für seine Kinder über Natur und Religion F$_I$ S. 455

Trials for high-treason and other crimes E$_I$ 68

Trials, Old Bailey E$_I$ 36; RA$_{II}$ 74

Trials, State F$_I$ 1189

Trommsdorff, Johann Bartholomäus
- Tabelle über alle jetzt bekannten Luftarten J$_{II}$ 1625

Trope, Edmund s. Man, Henry

Tunck (vermutlich Josiah Tucker)
- Four tracts RA$_{II}$ 118

Twiss, Richard
- Tour in Ireland in 1775 G$_{II}$ 218

Twist, Johan van
- Generale Beschrijvinge van Indien KA$_{II}$ 7

Uffenbach, Zacharias Conrad von
- Merkwürdige Reisen durch Niedersachsen, Holland und Engeland KA$_{II}$ 95; F$_I$ 518

Unzer, Johann August
- Sammlung kleiner Schriften KA$_{II}$ 177

Vairasse d'Allais, Denis
- Histoire des Sévarambes RA$_{II}$ 72

Valmont de Bomare, Jacques-Christophe
- Dictionnaire raisonné universel d'histoire naturelle... B$_I$ 114; F$_I$ 1099

Vanbrugh, John
- The provok'd Wife D$_I$ 625, 626; F$_I$ 739, 905; RT$_{II}$ 6; RA$_{II}$ 11, 17

Varignon, Pierre
- Nouvelle Mécanique ou Statique KA$_{II}$ 116

Vasquez de Pagna
- Beschreibung der Insel Bengagna KA$_{II}$ 92

Vassali s. Senebier, Jean

Vega, Georg von
- Vorlesungen über Mathematik J$_I$ S. 649

Venerabilis s. Beda

Vergil (Publius Vergilius Maro)
- Aeneis KA$_{II}$ S. 41; B$_I$ 74, 171, 203; E$_I$ 368; F$_I$ 119, 668; J$_I$ 921, 1232; L$_I$ 284, 607
- Eklogen E$_I$ 354; F$_I$ 1014; J$_I$ 410; Mat I$_{II}$ 31
- Georgica E$_I$ 256

Versuch eines bremisch-niedersächsischen Wörterbuchs D$_I$ 668

Viau, Théophile de
- Fragments d'une histoire comique D$_I$ 1

Viera y Clavijo, José de
- Los aires fijos J$_I$ 401

Vogel, Rudolf Augustin
- De incremento ponderis corporum quorundam igne calcinatorum KA$_{II}$ 94

Voigt, Johann Carl Wilhelm
- Erklärendes Verzeichnis seines neuen Cabinets von Gebirgsarten J$_I$ 1137; SK$_{II}$ 305

Voigt, Johann Heinrich
- Grundlehren der angewandten Mathematik SK$_{II}$ 544
- Versuch einer neuen Theorie des Feuers... SK$_{II}$ 496, 498, 499

Voltaire
- L'Ingénu KA$_{II}$ 150
- Henriade C$_I$ 197; L$_I$ 585, 589, 690
- Eléments de la philosophie de Newton RA$_{II}$ 156
- La Pucelle d'Orléans L$_I$ 91
- 7. Brief an Ferdinand von Braunschweig F$_I$ 242
- La défense de mon oncle F$_I$ 467, 468, 469; L$_I$ 91
- Le Siècle de Louis XIV F$_I$ 244, 507, 508, 509
- Lettres écrites de Londres sur les Anglois, et autres sujets D$_I$ 672; J$_I$ 210
- Mérope J$_I$ 1089

- Le philosophe ignorant KA$_{II}$ 28
- Zaire RA$_{II}$ 184
- Candide L$_I$ 174
- Eptre à l'auteur du nouveau livre des trois imposteurs L$_I$ 269

Vossius, Gerardus Joannis
- De historicis Graecis J$_I$ 663

Wächter, Georg Philipp Leonhard (Veit Weber)
- Sagen der Vorzeit J$_I$ 1224, 1238

Wagner, Heinrich Leopold
- Prometheus, Denkalion und seine Rezensenten E$_I$ 393

waiting maid, The RA$_{II}$ 118

Walch, Albrecht Georg
- Ausführliche mathematische Geographie SK$_{II}$ 431, 508

Walpole, Horace
- Catalogue of the royal and nobel authors of England, Scotland and Ireland RA$_{II}$ 140

Wanley, Nathaniel
- The wonders of the little world ... D$_I$ 607

Warner, Richard
- A letter to David Garrick Esq. concerning a glossary to the plays of Shakespeare KA$_{II}$ 169

Wasa, Gustav s. Equiano, Olaudah

Watt, James
- Description of a pneumatical apparature ... L$_{II}$ 968

Weaver, John
- Orpheus and Euridice RA$_{II}$ 175

Weber, Joseph
- Über das Feuer GH$_{II}$ 36

Weber, Veit s. Wächter, Georg Philipp Leonhard

Wedgwood, Josiah
- Catalogue de Camées, Intaglies, Medailles SK$_{II}$ 71

Weg(u)elin, Jacob Daniel
- Caractères historiques des empereurs KA$_{II}$ 168

Weigel, Christian Ehrenfried
- Grundriß der reinen und angewandten Chemie F$_I$ 1115

Weiller, Kajetan von
- Über den nächsten Zweck der Erziehung nach kantischen Grundsätzen L$_I$ 583

Weiske, Benjamin
- Auswahl der besten Briefe Ciceros L$_I$ 93

Weiße, Christian Felix
- Die Liebe auf dem Lande B$_I$ 322; L$_I$ 653

Weiße, Michael
- Nun laßt uns den Leib begraben L$_I$ 463; RA$_{II}$ 94

Weißenbach, Joseph Anton
- Neue durchaus verbesserte Monachologie L$_I$ 114

Welwood, James
- The banquet of Xenophon B$_I$ 261

Wendeborn, Gebhard Friedrich August
- Der Zustand des Staats, der Religion, der Gelehrsamkeit und der Kunst in Großbritannien gegen das Ende des 18. Jahrhunderts J$_I$ 306

Werlhof, Paul Gottlieb
- Opera medica F$_I$ S. 455

Werner, Abraham Gottlob
- Von den äußerlichen Kennzeichen der Fossilien J$_{II}$ 1616
- Kurze Klassifikation und Beschreibung der verschiedenen Gebirgsarten J$_{II}$ 1617
- Neue Theorie von der Entstehung der Gänge ... J$_{II}$ 1869

Werner, Georg Friedrich
- Entwurf einer neuen Theorie der anziehenden Kräfte, des Äthers, der Wärme und des Lichts GH$_{II}$ 64; J$_I$ 1451, 1455, 1988
- Erster Versuch einer allgemeinen Ätiologie SK$_{II}$ 333

West, Gilbert
- Anmerkungen und Betrachtungen über die Geschichte der Auferstehung Jesu C$_I$ 92

Westrumb, Johann Friedrich
- Versuch eines Beytrages zu den Sprachbereicherungen für die deutsche Chemie SK$_{II}$ 455

Whitehurst, John
- Über die Bildung der Erde L$_{II}$ 848

Wiedeburg, Johann Ernst Basilius
- Über die Erdbeben und den allgemeinen Nebel 1783 L$_I$ 268

Wiegleb, Johann Christian
- Geschichte des Wachstums in der Chymie J_{II} 1457

Wieland, Christoph Martin
- Don Sylvio von Rosalva A_I 99
- Comische Erzählungen B_I 16, 41
- Combabus D_I 326, 642; E_I 188, 280
- Agathon B_I 16, 160, 320, 347; C_I 325, 330
- Der goldene Spiegel oder die Könige von Scheschian C_I 295; D_I 278
- Musarion B_I 254

Wilckens, Heinrich David
- Aufsätze mathematischen, physikalischen und chemischen Inhalts SK_{II} 90, 112
- Über eine portugiesische Handschrift der Wolfenbütteler Bibliothek... ein zweyter historischer Versuch SK_{II} 546
- Über einige Gegenstände der Physik SK_{II} 546

Wild, Franz Samuel
- Essai sur la montagne salifère... J_{II} 1946

Wilke, Christian Heinrich
- Moralische Beyträge zu der klotzigen Bibliothek der schönen Wissenschaften B_I 9, 13, 102

Wilkens s. Wilckens

Williams, Helen Maria
- A tour in Switzerland L_I 596

Wilson, Benjamin
- A series of new experiments on the subject of phosphori... D_{II} 763

Wilson, Henry s. Keate, George

Winckelmann, Johann Joachim
- Von der Fähigkeit der Empfindung des Schönen in der Kunst und dem Unterricht in derselben B_I 163, 169
- Geschichte der Kunst des Alterthums B_I 16, 23; E_I 165
- Anmerkungen über die Geschichte der Kunst des Alterthums B_I 181
- Description des pierres gravées du feu Baron de Stosch C_I 177
- Monumenti antichi inediti B_I 239

Windisch, Karl Gottlieb von
- Geographie des Königreichs Ungarn K_{II} 287

Winkler, Johann Heinrich
- Untersuchungen der Natur und Kunst KA_{II} 45

Witte, Samuel Simon
- Über den Ursprung der Pyramiden in Egyptten und der Ruinen von Persepolis J_I 536

Wolcot, John s. Pindar, Peter

Wollaston, Francis
- Specimen of a general astronomical catalogus SK_{II} 277, 280
- The preface to a specimen of a general astronomical catalogue... SK_{II} 277, 280

Woltman, Reinhard
- Theorie und Gebrauch des hydrometrischen Flügels oder Eine zuverlässige Methode die Geschwindigkeit der Winde und strömenden Gewässer zu beobachten J_{II} 1667

Wood, Robert
- An essay on the orginal genius and writings of Homer... E_I 281

Worcester, Edward Somerset Marquis von
- A century of the names and scantlings... E_I 488; RA_{II} 125

Xenophon
- Symposion Socratis B_I 261
- Memorabilia Socratis C_I 325

Yelin, Julius Conrad von
- Lehrbuch der Experimental-Naturlehre L_{II} 760, 764

Young, Edward
- Nightthoughts B_I 380; E_I 251; J_I 291

Zahn, Johannes
- Oculus artificialis teledioptricus sive telescopium... L_{II} 786

Zeplichal, Anton Michael
- Algebraische Tabellen C_I 377

Zernecke, Johann Heinrich
- Thornsche Chronika SK_{II} 976

Zimmermann, Eberhard August Wilhelm
- Beobachtungen auf einer Harzreise nebst einem Versuche, die

Höhe des Brockens durch das Barometer zu bestimmen F_I S. 457
– Geographische Geschichte des Menschen J_I 231

Zimmermann, Johann Georg Ritter von
– Von der Einsamkeit C_I 115, 117; H_{II} 57; J_I 305
– Vom Nationalstolze F_I 392; G_{II} 109; H_{II} 57
– Leben des Herrn von Haller F_I 1207, 1208
– Über Friedrich den Großen und meine Unterredungen mit ihm kurz vor seinem Tode J_I 94
– Verteidigung Friedrichs des Großen gegen den Grafen Mirabeau J_I 94
– Fragmente über Friedrich II. zur Geschichte seines Lebens, seiner Regierung und seines Charakters J_I 337, 376, 380; SK_{II} 299

Zobel, Rudolph Heinrich
– Gedanken über die verschiedenen Meynungen der Gelehrten vom Ursprunge der Sprachen D_{II} 689

Zöllner, Johann Friedrich
– Über speculative Philosophie J_{II} 1588

Zufällige Gedanken über Herrn Lavaters physiognomische Fragmente F_I 370, S. 644

Zulehner, Johann Anton
– Versuch eines neuen Beweises der ersten statischen Gründe SK_{II} 249

Zwölftafelgesetz F_I 842

Zylius, Johann Diedrich Otto
– Prüfung der Theorie des Herrn Deluc vom Regen … L_{II} 748, 749; SK_{II} 804, 808, 811, 812, 831, 834

REGISTER DER ZEITSCHRIFTEN

die in den Sudelbüchern und Tagebüchern erwähnt, zitiert, exzerpiert werden. Ein Sternchen * bedeutet: nur im Kommentar erwähnt; ein Fragezeichen deutet auf eine unsichere Erschließung.

Abhandlungen aus der Naturgeschichte, praktischen Arzneikunde und Chirurgie der Haarlemer und anderer Akademien F_I S. 455
Abhandlungen der Rotterdamer Gesellschaft J_{II} 2063
Abhandlungen einer Privatgesellschaft in Böhmen ... F_I 407
Aesculap, eine medizinisch-chirurgische Zeitschrift J_I 1114
Algemene Konst- en Letter-Bode L_{II} 709
Allgemeine geographische Ephemeriden L_I 531, S. 949; SK_{II} 1046
Allgemeine deutsche Bibliothek KA_{II} 49, 184; B_I 200*; D_I 26, 31, 129, 213, 262, 263, 264, 268, 269, 276, 277, 278, 279, 286, 439, 612, 633, 651; E_I 110, 154, 321, 516; F_I 741, 1111, 1113, 1114, 1115, 1119; GH_{II} 61, 64, 65; J_I 17, 239, 305, 500, 662, 1025, 1056, 1231, 1232; K_{II} 364; L_I 115; L_{II} 797; UB_{II} 49; SK_{II} 299
Allgemeine Literaturzeitung GH_{II} 23; J_I 400, 629, 752, 1056, 1060, 1137, 1193, 1223, 1830, 1946, 2030; L_I 171, 262, 273, 475, 583; L_{II} 747, 754, 826, 830; SK_{II} 210, 343, 680
Allgemeine Musikalische Zeitung L_I 668
Allgemeiner litterarischer Anzeiger L_I 460
Allgemeiner Reichsanzeiger K_I S. 838; L_I 120, 195, 206, 263, 340, 373, 654; L_{II} 978; SK_{II} 582, 783, 864
Allgemeines Journal der Chemie L_{II} 965, 966
Allgemeines Magazin der Natur, Kunst und Wissenschaften KA_{II} 148; D_{II} 675; E_I 463

Allgemeines Verzeichnis neuer Bücher mit kurzen Anmerkungen F_I 1040
Almanach oder Übersicht der Fortschritte in Wissenschaften, Manufakturen, Handwerken und Künsten L_I 641
Almanach für Belletristen G_{II} 169
Almanach oder Taschen-Buch für Scheidekünstler und Apotheker J_{II} 1401, 1424
Almanach ten dienste der Zeelieden vor het jaar 1791 SK_{II} 138
Almänna bibliotheket J_I 249
Amerikanisches Magazin L_{II} 797
Annalen der brittischen Geschichte des Jahres 1792, Die SK_{II} 682
Annalen der Geographie und Statistik J_{II} 1542
Annalen der leidenden Menschheit L_I 499
Annales de Chimie J_{II} 1593; L_I 437
Annual register, The SK_{II} 253
Antikritikus, Der B_I 16, 23?, 102, 150; D_I 599*
Antworten auf wichtige und würdige Fragen und Briefe weiser und guter Menschen J_I 320
Archiv der Schwärmerei und Aufklärung, Neues s. Neues Archiv ...
Archiv für die neueste Kirchengeschichte L_I 47
Arzt, Der A_I 54, 55, 56, 120; KA_{II} 7, 8, 9, 10, 11, 12, 13, 15, 20, 39, 43, 185, 186, 187, 188, 189, 190, 191, 192, 193, 194, 195, 196, 197, 198, 199; B_I 54, 379
Arzt, Der philosophische s. Philosophische Arzt, Der
Astronomisches Jahrbuch J_{II} 1581, 1586; L_I 168; SK_{II} 242, 399, 547, 714, 841

Benedictiner Museum J$_I$ 500
Bergmännischer Kalender J$_I$ 962
Bergmännisches Journal J$_{II}$ 1320, 1887
Bergmännisches Magazin J$_{II}$ 1320, 1887
Berliner Ephemeriden F$_I$ S. 458
Berlinische Monatsschrift J$_I$ 533, 1038, 1054, 1090
Berlinisches Intelligenzblatt, Neues s. Neues Berlinisches ...
Berlinisches Archiv der Zeit L$_I$ 268; L$_{II}$ 938
Beschäftigungen der Neufränkischen Naturforscher, Neueste s. Neueste Beschäftigungen ...
Biblioteca fisica d'Europa J$_{II}$ 2030
Bibliothek der elenden Skribenten B$_I$ 45, 92, 102
Bibliothek der schönen Wissenschaften und der freyen Künste, Neue s. Neue Bibliothek ...
Botanisches Magazin J$_{II}$ 1376, 1375?
Braga und Hermode L$_I$ 151, 153
Braunschweigische Zeitung KA$_{II}$ 152, 170
Braunschweigisches Journal J$_I$ 844, 1021, 1025, 1098, 1250
Briefe, die neuste Litteratur betreffend KA$_{II}$ 63, 132
Briefwechsel meist historischen und politischen Inhalts F$_I$ 1233
British Mercury, The J$_I$ 47, 477, 478
Brittische Annalen SK$_{II}$ 659
Bulletin des sciences L$_I$ 673

Cahiers de Lecture J$_I$ 527
Chemische Annalen für die Freunde der Naturlehre, Arzneygelahrtheit, Haushaltungskunst und Manufacturen J$_I$ 745, S. 832; J$_{II}$ 1320, 1805, 1955, 1960, 2064; L$_{II}$ 792, 924; SK$_{II}$ 95
Chirurgische Bibliothek SK$_{II}$ 282
Chronicon Bergamense D$_I$ 553
Commentarii, Novi, der Petersburger Akademie s. Novi Commentarii ...
Commentarii Societatis Regiae scientiarum Gottingensis KA$_{II}$ 71, 72; E$_I$ 108

Connaissance des temps ou des mouvements célestes KA$_{II}$ 210; J$_I$ 546
Cosmopolit, Der L$_I$ 244
Critical Review F$_I$ 972; J$_I$ S. 649

Darmstädtischer Adreß-Kalender SK$_{II}$ 750
Denkschriften der Königlichen Akademie der Wissenschaften zu Lissabon L$_I$ 598
Deutsche Monatsschrift J$_I$ 407
Deutsches Magazin L$_I$ 514
Deutsches Museum / Neues Deutsches Museum E$_I$ 487; F$_I$ 30, 215, 442, 452*, 523, 819*, 931, 934, 938, 942, 993, 1204*; J$_I$ 265, 536, 642; J$_{II}$ 1412
Deutschland L$_I$ 514
Dublinscher Merkurius KA$_{II}$ 152

Encyclopädisches Journal D$_I$ 455
Erlangische Gelehrte Zeitung G$_{II}$ 12; L$_{II}$ 760
Esprit des journaux François, et Etrangers, L' J$_I$ 195, 406; J$_{II}$ 1255, 1409, 1423
Europäische Fama C$_I$ 342
Europäische Staatskanzley L$_I$ 460
European Magazine, The J$_I$ 1015, 1095, 1104; K$_I$ S. 845; K$_{II}$ 274; L$_I$ 75, 77, 118, 186, 579

Fidibus D$_I$ 610; E$_I$ 245, 250
Frankfurter gelehrte Zeitung (Frankfurter Gelehrte Anzeigen) C$_I$ 342; D$_I$ 197, 203, 286, 400, 438, 482; E$_I$ 189, 245
Frankfurter Staats-Ristretto J$_I$ 869, 1154; L$_I$ 78, 131; L$_{II}$ 846
Freimüthige, Der J$_I$ 18

Gemeinnützige Correspondenz KA$_{II}$ 87
Genius der Zeit SK$_{II}$ 797
Gentleman's Magazine, The A$_I$ 55; J$_I$ 210, 354, 355, 356, 361, 362, 783, 785, 914, 1097; J$_{II}$ 1396, 1911, 2026
Geographische Annalen s. Annalen der Geographie und Statistik J$_{II}$ 1542
Geschichtsforscher, Der F$_I$ S. 644
Giesser Wochenblatt F$_I$ 985*

Gothaische Gelehrte Zeitungen F_I
  S. 455*, 1228; J_I 648; L_I 581;
  SK_{II} 610
Gothaisches Magazin J_I S. 832, 859;
  J_{II} 1449, 1450, 1451, 1452, 1455,
  1460, 1471, 1474, 2048; L_I S. 850;
  L_{II} 885, 938
Göttingische gelehrte Anzeigen
  A_{II} 171*; KA_{II} 116*, 117, 124, 131,
  173, 176, 228, 240; B_I 45, S. 46;
  C_I 269, 285, 333; D_I 130, 131, 495;
  D_{II} 688, 689; F_I 11, 465*; J_I 129,
  258, 318, 429, 623, 709, 1206,
  S. 832; J_{II} 1418; L_I 306, 418, 684;
  L_{II} 724; SK_{II} 175, 285, 947
Göttingischer Musenalmanach
  KA_{II} 226; D_I 196, 610, 643; E_I 355;
  L_I 682
Göttingisches Magazin G_{II} 35;
  SK_{II} 209

Hallische Gelehrte Zeitungen, Neue
  s. Neue Hallische Gelehrte Anzeigen KA_{II} 86, 217; B_I 10, 23?
Hamburger historische Remarquen
  L_I 460
Hamburgischer unpartheyischer Correspondent F_I 12; J_I 15, 872, 1154;
  J_{II} 1275; L_I 338, 564, 695
Hamburgisches Magazin A_{II} 223
Hamburgisches Politisches Journal
  J_I 1154; L_I 564, 565
Hannoverisches Magazin KA_{II} 130;
  C_I 115, 117, 144, 145, 268, 355;
  F_I 594, 804, 1172*; J_I 923, 928, 940,
  961, 1012; J_{II} 1475, 1970; SK_{II} 313,
  390, 424, 429, 715; s. a. Neues
  Hannoverisches ...
Hannöversche Intelligenzblätter
  C_I 237
Hannöversche nützliche Sammlungen J_{II} 2100
Historisch genealogische Nachrichten
  von den allerneusten Begebenheiten E_I 347
Historisch-politisches Magazin nebst
  litterarischen Nachrichten J_I 92
Holländischer Almanach s. Almanach ten dienste der Zeelieden

Iris E_I 355*

Jahrbücher des Brockens J_I 768
Journal de Physique GH_{II} 18, 19, 20,
  21, 26, 27, 28; J_I 147, 207; J_{II} 1312,
  1497, 1577, 1606, 1618?, 1653?,
  1697, 1725?, 1776, 1777?, 1778,
  1823, 1824, 1861, 1862?, 1866,
  1867?, 1940, 1962, 2071, 2073
Journal der Erfindungen, Theorien
  und Widersprüche in der gesammten Natur- und Arzneiwissenschaft L_I 54
Journal der Physik J_{II} 1783, 1831,
  1946, 2110, 2122, 2125, 2129;
  L_I 616; SK_{II} 69, 182, 390, 396, 490,
  657; s. a. Neues Journal ...
Journal des arts L_I 616
Journal des Luxus und der Moden
  J_I 239, 397, 485, 673*, 711*, 769
Journal des Sçavans KA_{II} 93; C_I 268;
  F_I 704; K_{II} 330
Journal Encyclopédique B_I 152
Journal Etranger F_I 360
Journal Historique F_I S. 642
Journal von und für Deutschland
  J_I 447, 454
Juristisches Magazin, Neues s. Neues
  Juristisches ...

Kgl. svenske vetenskaps akademiens
  Handlingar KA_{II} 38, 250; D_I 742,
  743, 744, 745
Königlich Grossbritannischer und
  Kurfürstlich Braunschweig-Lüneburgischer Staatskalender J_I 348,
  512, 1519; SK_{II} 121, 1014
Kritische Sammlungen zur neusten
  Geschichte der Gelehrsamkeit
  F_I 460

Lauenburger (Vossischer) Musenalmanach E_I 99, 104
Leipziger Magazin der Naturkunde J_I
  S. 649
Leipziger Magazin für reine und angewandte Mathematik J_{II} 1293
Leipziger Magazin zur Naturkunde,
  Mathematik und Ökonomie J_I 490
Leipziger Sammlungen s. Sammlungen zur Physik und Naturgeschichte
Leipziger Zeitung L_I 178, 263

Literarischer Anzeiger für Ungarn
SK$_{II}$ 161
Literatur- und Völkerkunde, Neue s.
Neue Literatur-...
London Chronicle, The KA$_{II}$ 64, 91,
92?; C$_I$ 73; F$_I$ 881
London Evening Post D$_I$ 637; E$_I$ 118
London Magazine, The F$_I$ 527
London und Paris L$_I$ 575

Magasin encyclopédique, ou Journal
des sciences, des lettres et des arts
L$_I$ 525
Magazin der spanischen und portu-
giesischen Literatur L$_I$ 308
Magazin für das Neueste aus der Phy-
sik und Naturgeschichte s. Go-
thaisches Magazin
Magazin für die Naturkunde Helve-
tiens J$_I$ S. 833
Magazin zur Naturkunde und Öko-
nomie J$_I$ S. 649
Mémoires de l'Académie des Sciences
de Berlin A$_{II}$ 166; KA$_{II}$ 27; E$_I$ 108;
G$_{II}$ 109; J$_{II}$ 1791*
Mémoires de la Société de Lausanne
J$_{II}$ 2047
Mémoires des Savans Etrangers
GH$_{II}$ 26
Mémoires et Histoire de l'Académie
Royale des Sciences de Paris
KA$_{II}$ 19, 44, 94, 176; D$_I$ 5, 408,
507, 675, 676; E$_I$ 520; F$_I$ 195, 866;
G$_{II}$ 1; J$_I$ 24; J$_{II}$ 1320, 1388, 1780,
2020; L$_I$ 278; L$_{II}$ 739, 920; RA$_{II}$ 58
Mercure de France G$_{II}$ 4; J$_I$ 406
Minerva J$_I$ 1101, 1206, 1213
Moniteur, Le J$_I$ 1154; SK$_{II}$ 548
Monthly Magazine L$_{II}$ 810, 968, 969
Monthly Review Enlarged J$_I$ 233;
J$_{II}$ 1715, 1789*; L$_I$ 237, 361, 490;
L$_{II}$ 896
Musen-Almanach (hrsg. von Fried-
rich Schiller) SK$_{II}$ 951, 988
Musenalmanach s. a. Göttingischer
...; Lauenburger ...

Naturforscher, Der F$_I$ S. 455
Nautical Almanac D$_{II}$ 700
Neue Bibliothek der schönen Wissen-
schaften und der freyen Künste
KA$_{II}$ 155, 158, 169, 227; B$_I$ 13;
F$_I$ 449; J$_I$ 732, 892, 893, 894, 895;
L$_I$ 109, 666, 704; TB$_{II}$ 1
Neue Hallische Gelehrte Anzeigen
KA$_{II}$ 86, 217; B$_I$ 10, 23?
Neue Leipziger Zeitung s. Leipziger
Zeitung
Neue Literatur- und Völkerkunde
J$_I$ 755
Neue Medizinische Bibliothek
A$_{II}$ 172, 223?; KA$_{II}$ 65?, 71?, 72?, 73
Neue Versuche und Bemerkungen ei-
ner Edinburgischen Gesellschaft
KA$_{II}$ 73
Neues Archiv der Schwärmerei und
Aufklärung L$_I$ 258
Neues Berlinisches Intelligenzblatt
J$_I$ 928
Neues deutsches Museum s. Deut-
sches Museum
Neues Hannoverisches Magazin
J$_I$ 923, 1012; J$_{II}$ 1970; K$_I$ S. 845;
L$_I$ 53; L$_{II}$ 709; s. a. Hannoverisches
...
Neues Journal der Physik L$_{II}$ 709; s. a.
Journal der Physik
Neues Juristisches Magazin J$_I$ S. 649
Neues Magazin für vaterländische Al-
terthümer s. Braga und Hermode
Neueste Beschäftigungen der Neu-
fränkischen Naturforscher L$_I$ 616,
706
Neueste Staats-Anzeigen L$_I$ 548
North Briton B$_I$ 13
Novi Commentarii Academiae Petro-
politanae D$_{II}$ 685
Nützliche Beylagen zum Osnabrücki-
schen Intelligenz-Blatt KA$_{II}$ 249,
250; C$_I$ 68, 69, 70, 71, 72, 73, 75,
76, 78, 90, 94, 95, 96, 97, 98?, 99,
102, 118; D$_{II}$ 681, 682; F$_I$ 162

Observateur Français [A Londres]
D$_I$ 672*
Observations sur la physique s. Jour-
nal de physique
Old Bailey Trials RA$_{II}$ 74
Osnabrückische Anzeigen s. Wö-
chentliche Osnabrückische Anzei-
gen
Osnabrückische Unterhaltungen C$_I$ 89
Osnabrückisches Intelligenz-Blatt s.
Nützliche Beylagen ...

Philosophical Transactions of the Royal Society of London D_{II} 675, 687; E_I 108; F_I 13, 704, 972, 1209; GH_{II} 69; J_{II} 1318, 1370?, 1376, 1380, 1612, 1629, 1742, 1942; K_{II} 311; L_I 423; RA_{II} 62, 64; SK_{II} 122

Philosophische Abhandlungen der Bayerischen Akademie der Wissenschaften L_{II} 723

Philosophische Arzt, Der J_I 606, 607, 611

Philosophische Bibliothek J_I 400

Philosophisches Journal L_{II} 973

physikalske Aarbog, Den SK_{II} 553

Politische Annalen J_I 1150; SK_{II} 422

Politischer Tierkreis L_I 34; SK_{II} 953, 954, 955

Reichspostreiter, Der E_I 138

Repertory of Arts and Manufactures L_I 598

Revolutions-Almanach SK_{II} 369, 532, 705, 968

Rheinische Beiträge zur Gelehrsamkeit F_I 1209

Ristretto s. Frankfurter Staats-Ristretto

Sammlungen zur Physik und Naturgeschichte J_{II} 1984, 2014

Schleswigsches Journal J_I 1021, 1098, 1250

Schreibtafel, Die F_I 339

Schwedische Abhandlungen s. Kgl. svenske vetenskaps akademiens Handlingar

Spectator, The B_I 31; C_I S. 155; D_I 195; F_I 748?; L_I 106; TB_{II} 5; RA_{II} 31

Staats-Anzeigen J_I 444, 285, 1154

Staatskalender s. Königlich Grossbritannischer ...

Tapeten D_I 610; E_I 245, 250

Taschenbuch der Haus-, Land- und Staatswirtschaft L_{II} 809

Taschenbuch zum geselligen Vergnügen SK_{II} 837

Teutscher Merkur D_I 127, 128, 672★?; F_I 178, 800, 812, 819★, 830; J_I 961, 1143; L_I S. 850, 397

Transactions of the American Philosophical Society GH_{II} 38, 39

Transactions of the Royal Irish Academy J_I 537

Tübinger Gelehrte Anzeigen J_I 1091

Universal Magazine of Knowledge and Pleasure, The J_I 198; L_I 347

Unterhaltungen C_I 360, 367; D_I 4, 5, 17, 36, 37, 50, 51, 395, 690

Vademecum für lustige Leute K_{II} 186; L_I 456

Versuche und Bemerkungen einer Edinburgischen Gesellschaft s. Neue Versuche...

Vossischer Musenalmanach s. Lauenburger...

Wandsbecker Bothe, Der D_I 91; E_I 155

West-country Contributions L_{II} 969

Westphälische Beiträge zum Nutzen und Vergnügen D_I 552, 553; F_I 594★

Wiener Zeitschrift J_I 1169; K_I 9

Wöchentliche Osnabrückische Anzeigen D_I 552, 553; RA_{II} 161

Wohlfahrtzeitung der Teutschen L_I 527

REGISTER DER TITEL UND PLÄNE LICHTENBERGS

Ein Sternchen * vor einem Titel kennzeichnet nicht ausgeführte Arbeiten.
Ein Fragezeichen ? kennzeichnet eine unsichere Zuordnung.

*Abhandlung für das Deutsche Museum
 F_I 442
*Abhandlung über die Vernachlässigung
 der Elektrizität bei chymischen Versuchen J_{II} 1757
*Abhandlung von den Gärten s.
 Gartenallegorie
Alexandrinergedicht F_I 573?, 982?,
 1129, 1166, 1170; G_{II} 107?; H_{II} 1?
*Allegorie auf den gegenwärtigen Zustand der Kritik s. Gartenallegorie
An den Herausgeber des Museum s.
 Von ein paar alten deutschen Dramen
Anfangsgründe der Naturlehre
 – 4. Auflage (1787) GH_{II} 16?, 47?;
 J_{II} 1912, 2046
 – 5. Auflage (1791) GH_{II} S. 214,
 16?, 17, 25; J_{II} 1407?, 1425, 1991,
 2021?; SK_{II} 58, 117, 169, 183, 187,
 188, 189, 211
 – 6. Auflage (1794) SK_{II} 589, 674,
 675, 707, 720, 728
*Anmerkungen über des Bruders Brief
 C_I 178
*Anrede eines Professors an die leeren
 Bänke J_I 81
Antiphysiognomik B_I 69; C_I 251;
 D_I 132; F_I 23, 34, 51, 80, 89, 112,
 217, 219, 220, 222, 356, 388, 389,
 396, 525, 528, 536, 563, 569, 593,
 619, 627, 628, 634?, 635?, 636, 647,
 648, 656, 660, 662, 665, 679, 683,
 688, 694, 702, 705, 714, 721, 728,
 729, 730, 732, 736, 737, 741, 744,
 792, 802, 804, 805, 809, 812, 813,
 819, 821, 824, 834, 843, 848, 860,
 862, 866, 883, 887, 897, 898, 934,
 942, 1046, 1049, 1050; G_{II} 65, 132;
 UB_{II} 48, 49, 50, 51, 52, 53, 54, 55

Antwort auf die Frage über Wetterparoskope K_I S. 845; SK_{II} 701, 706
*Ars observandi D_I 53; s. a. Kunst zu
 beobachten
*Aufsatz (für Reinhard) L_I 186
*Autobiographie s. Geschichte meines
 Geistes und Körpers

Bedlam für Meinungen und Erfindungen
 J_{II} 1451; SK_{II} 194
Beiträge zur Geschichte des *** B_I 204
Bemerkungen über einen Aufsatz des
 Hrn. Prof. Mayer zu Erlangen über
 den Regen, und Hrn. de Luc's Einwürfe gegen die französische Chemie
 J_{II} 2011?, 2013?, 2015?, 2016, 2017?,
 2018, 2019?, 2023, 2024, 2025,
 2029, 2032, 2033, 2034, 2035, 2036,
 2037; SK_{II} 390, 395, 401
Beobachtung eines schönen Meteors
 SK_{II} 244, 245, 269, 274
Beobachtungen zur Erläuterung der Geschichte des Geists dieses Jahrhunderts
 B_I 17?, 18, 20, 22, 25
Betrachtungen über die Geschichte des
 Herrn Wilkes B_I 9, 10?, 11, 12?, 13,
 14?, 15?, 19
Betrachtungen über einige Methoden, eine
 gewisse Schwierigkeit in der Berechnung der Wahrscheinlichkeit beim
 Spiel zu heben A_{II} 249, 250, 252, 262
*Bibliogenie K_I 169?, 172?, 201, 226?;
 L_I 6
*Bilder, die man sich von Zahlen macht
 J_{II} 2097
*Bittschrift der Wahnsinnigen (Narren)
 D_I 189; E_I 53, 58, 245, 326
Briefe aus England E_I 419; F_I 1–3;
 Mat I_{II} 2; RT_{II} 11; RA_{II} 54

Briefe an Ljungberg B₁ 82, 338
Briefe von Mägden über Literatur E₁ 151, 159, 252, 258, 323, 371, 374, 375
Buch (Vorrede) s. Christoph Seng
*Bullock, Magister s. Leben des Herrn Magister Bullock
*Büchertitel, Gedanken über die F₁ 201

Calender, Göttinger Taschen s. Göttinger Taschen Calender
*Christoph Seng B₁ 319, 320, 321?
Compendium s. Anfangsgründe der Naturlehre
*Conrad Photorins Sendschreiben an die Herausgeber des Magazins, die Abschaffung der Hosen betreffend G_{II} 35

*Discours bei einigen Bildern einer Laterna Magica zu halten B₁ 383
Distressed Poet L₁ 491
Daß du auf dem Blocksberge wärst L₁ 224, 548
*Das Gastmahl der Journalisten D₁ 323, 337
Das Neueste von den Kröten K₁ S. 838
Das war mir einmahl eine Wurst L₁ 196
*Der Procrastinateur K₁ 26
Dialoge B₁ 186, 266, 335, 348; C₁ 37, 317; D₁ 39, 209, 409, 524, 576, 622, 662; E₁ 385; F₁ 1174; G_{II} 172; J₁ 181, 182, 796, 797, 845, 864, 877, 926, 946, 1215; K₁ 205, 218, 219, 233; Mat II_{II} 46
Die Champagner-Bouteille im Kühlfaß F₁ 1140
Dienbare Betrachtungen für junge Gelehrte in Deutschland, hauptsächlich auf Universitäten B₁ 254
Die Reisen meines Onkels C₁ 256
Die Reise nach Gotha … E₁ 169
*Die Physiognomen E₁ 236, 244, 360; F₁ 685, 1048
*Disputation für den Selbstmord A₁ 126; TB_{II} 17
*Doppelter Prinz F₁ 1100; H_{II} 73, 79, 136, 137, 138, 139; GH_{II} 24; J₁ 562?, 714?, 950, 1136, 1138, 1142, 1144, 1145?, 1149?; K₁ 25?, 28?; L₁ 683
282?, 283, 284, 285?, 286?, 287; L₁ 146, 279, 300, 588; SK_{II} 420
*Dreihundert Fragen an Physiker und Mathematiker J_{II} 1531; s. a. Kompendium, Eigenes
*Duodrama im Mutterleib F₁ 1003, 1017

Ein großer Waghals K₁ S. 838
Ein neuer Märtyrer der Meteorologie K₁ S. 838
Eine Erzählung B₁ 204
Eine kleine Palinodie K₁ S. 845; SK_{II} 715
Einige Versuche mit Polypen C₁ 220, 305; D_{II} 683
Einige Bemerkungen über die Entstehung des Hagels SK_{II} 424
*Einteilung des Publikums B₁ 137
Election s. Hogarth
Epigramme B₁ 278, 289, 292, 293, 299, 330; C₁ 26, 365; F₁ 1140; J₁ 564
Epistel an Tobias Göbhard in Bamberg über eine auf Johann Christian Dieterich in Göttingen bekannt gemachte Schmähschrift F₁ 60, 143, 159, 187, 237
Etwas über die Polter-Geister C₁ 178
Etwas Stoff zu Montags-Andachten J₁ 203; K₁ 4
Exzerpta mathematica et physica J_{II} 1409, 1441, 1600, 1789, 1805, 2045; K₁ S. 838; L₁ 281, 882
Fabel G_{II} 145, 146
Fliegenwedel D₁ 105
*Fragen über die Physik J_{II} 1263?; L₁ 166, 233, 751, 764, 856?
*Fragen über die gemeinsten Dinge MH_{II} 22–43

*Garrick s. Hogarth
*Gartenallegorie D₁ 214, 215, 301, 342, 346
Gedankenbücher K₁ 44; s. a. Sudelbuch
*Gedicht auf den leeren Raum K₁ 202; s. a. Verse
Gedicht auf die Hochzeit Justinens TB_{II} 12; s. a. Verse
*Geschichte meines Geistes und Körpers (Selbstbiographie) F₁ 1148, 1217, 1220; J₁ 853; K₁ 25?, 28?; L₁ 683
*Gesetz-Buch für mich selbst D₁ 66
*Gespenster-Gespräch (Gespenster-Idylle) D₁ 39; E₁ 211

Gespräch zwischen einem Leser und dem Verfasser C₁ 317
Göttinger Taschen Calender für 1778 F₁ S. 455, 541, 737, 821, 942
GTC 1779 F₁ 912, 942, 1044, S. 642
GTC 1780 J₁₁ 2020
GTC 1790 J₁ S. 649, 145–147
GTC 1791 J₁ 198, 312, 345; SK₁₁ 60, 61, 72, 95, 101, 150
GTC 1792 J₁ 435, 884; SK₁₁ 194, 200, 201, 206, 226, 235, 245, 252, 261
GTC 1793 J₁ 884; SK₁₁ 351, 352, 357, 366, 367, 375, 386, 429
GTC 1794 SK₁₁ 504, 505, 506, 507, 508, 509, 510, 512, 515, 522, 528, 558, 562, 567, 571
GTC 1795 J₁ 740; SK₁₁ 677, 678, 679, 696, 697, 718
GTC 1796 K₁ S. 838; SK₁₁ 797, 798, 799, 800, 805, 807, 822, 860, 861
GTC 1797 K₁ S. 838; L₁ 373; SK₁₁ 923, 927, 928, 929, 937
GTC 1798 K₁ S. 838; L₁ 196
GTC 1799 K₁ S. 838; L₁ 518, 537; SK₁₁ 999, 1025
GTC 1800 L₁ 563–565, 598, 609, 641, 706
Grabschriften B₁ 90, 208, 399, 400, 401
Gutachten über Grundeis SK₁₁ 308, 322

★*Hartley* E₁ 509; F₁ 34, 35, 210
Hausbuch K₁ S. 838; SK₁₁ 569; s. a. Sudelbuch
★*Herr von Birkenthau* C₁ 373; F₁ 72
★*Historia inertiae* K₁ 307
Hogarth (Kalender-Erklärungen) SK₁₁ 70 (GTC 1791), 201 (GTC 1792), 206, 366? (GTC 1793), 367? (GTC 1793)
Hogarth Ausführliche Erklärung Erste Lieferung: Die vier Tags-Zeiten J₁ 199; SK₁₁ 366?, 367?, 457, 558, 588, 597, 601, 602, 606, 611, 614, 615, 617, 624, 626, 628, 631, 635, 637, 647, 649, 728, 938
 – Zweite Lieferung: Der Weg der Buhlerin SK₁₁ 725, 729, 731, 733, 735, 754, 761, 762, 763, 771, 773, 788, 792, 832, 938
 – Dritte Lieferung: Der Weg des Liederlichen SK₁₁ 765, 851, 866, 867, 868, 872, 875, 876, 877, 882, 885, 886, 889, 890, 891, 892, 905, 918, 938
 – Vierte Lieferung: Die Heirat nach der Mode L₁ 4, 15, 17, 21, 30, 48, 56, 80, 82, 84, 86, 94, 99, 101, 105, 111, 121, 123, 131, 134, 182, 200, 209, 210, 222, 232, 246, 256, 309, 332; SK₁₁ 977
 – Fünfte Lieferung: Fleiß und Faulheit L₁ 360, 368, 458, 504, 519, 522, 624, 645, 676; MH₁₁ S. 541, 1, 2, 3, 4; SK₁₁ 1005, 1007, 1028, 1030
Hogarth Election entertainment L₁ 122
Hogarth Garrick in the Character of Richard III J₁ 1104; L₁ 704
Hogarth Leichtgläubigkeit, Aberglauben und Fanatismus L₁ 703
Hogarth The March to Finchley L₁ 118
Hogarthsche Kupferstiche (Ausführliche Erklärung) K₁ 52
Hudelbücher E₁ 389; s. a. Sudelbuch
Hupazoli und Cornaro J₁ 928, 961, 1013

★*Insel Zezu* C₁ 374; D₁ 78, 82, 86, 116, 136, 152, 165, 181

Klitterbuch D₁₁ 741; E₁ 46; s. a. Sudelbuch
★*Kompendium, Eigenes* H₁₁ 172?, 175, 176, 177; GH₁₁ 55; J₁₁ 1407?, 1531, 2078, 2149?; K₁ 310; L₁₁ 780, 798?, 799, 810?, 852, 855, 856?, 891?, 897?, 900, 913?, 914, 943?, 946?
Kopernikus s. Nicolaus Copernicus
Kriegs- und Fastschulen der Chineser SK₁₁ 807
★*Kunkeldrama* D₁ 209, 520, 524; E₁ 522
Kunkeliana B₁ 102–105, 114, 119, 122, 125?, 130, 135, 144?, 145, 146, 149, 151, 155, 158, 193, 195, 196, 408–410, 417–419, 420?; D₁ 179, 209, 520, 521; E₁ 80; L₁ 634; TB₁₁ 25
★*Kunst zu beobachten* KA₁₁ 173, 204, 252, 253, 258?, 259, 260, 267?, 269?, 270?, 276?, 278?, 280?, 281?, 283?, 284?, 300–341; D₁ 53; F₁ 861; s. a. Ars observandi

Leben des Herrn Magister Bullock D₁ 63, 565, 574, 575
Lehre von den Tropfen J_{II} 1715
Leichtgläubigkeit, Aberglauben und Fanatismus s. Hogarth
Lexidion für junge Studenten B₁ 171, 174, 180, 181, 185
Lorenz Eschenheimers empfindsame Reise nach Laputa A₁ 59

M..., Schrift wider TB_{II} 23
Magnetismus L_{II} 716, 717, 719–723, 726, 727, 736, 738, 742, 754, 758, 802?, 870, 883
March to Finchley s. Hogarth
Mayers Opera inedita I D_{II} 684
Methyologie der Deutschen B₁ 72, 77, 159, 183?, 236, 245?, 259, 329, 342, 347; C₁ 159, 209
Museum, Abhandlung für das F₁ 442

Nachricht von dem Leben und Charakter des Herrn Katharinus h'y'a, der Empfindsamkeit Kandidaten C₁ 79
Nachricht von einer Walrat-Fabrik J_{II} 2064
Neuer Paläphatus E₁ 205
Neuer Vorschlag alle neugeborne Mägdchen zu ersäufen B₁ 382
Neujahrs-Lied C₁ 108
Neujahrswünsche C₁ 63, 93, 109, 110, 113; J₁ 7
Nicolaus Copernicus L₁ 95?, 178; SK_{II} 755?, 865, 893?, 910?, 940, 959?, 983, 987, 992
Noch eine angebliche Aufschrift auf Lessings Grabmal SK_{II} 424, 429

Ode an Zimmermann J₁ 1164
Orbis pictus C₁ 150, 200, 217, 378; D₁ 165, 169, 246, 352, 399, 410; 521, 541, 568, 649; E₁ 54, 133, 142, 151, 159, 218, 252, 256, 257, 323, 349, 374, 380; F₁ 90, 101, 137, 387, 404, 1001, 1002; G_{II} 2, 115; H_{II} 38; Mat I_{II}; Mat II_{II}

Palinodie s. Eine kleine Palinodie
Parakletor D₁ 526, 532, 599, 603, 653; E₁ 106, 114, 189, 225, 402, 466, 501; F₁ 76, 149, 176, 180, 295, 491, 492, 500, 506, 562; J₁ 902

Patriotischer Beytrag zur Methyologie der Deutschen s. Methyologie der Deutschen
Physiognomen, Die s. Die Physiognomen
Physiognomische Missionsberichte, oder Nachrichten von dem Zustande und Fortgang der Physiognomik zu Tranquebar G_{II} 12
Pinik s. Methyologie der Deutschen
Prolegomena (zur Vorlesung) J_{II} 1995
Prophetische Blicke in einen Messcatalogum vom Jahr 1868 B₁ 16

Quittungen B₁ 52

Rätsel B₁ 407; SK_{II} 261 (GTC 1792), 297, 564 (GTC 1794), 570
Rede eines Menschen der sich aus Verzweiflung weil ihn ein Mädchen nicht erhört, kastrieren will B₁ 349
Rede eines Selbstmörders B₁ 209, 210?–212?, 262, 338
Rede über das Gleichgewicht der Wissenschaften in Deutschland B₁ 366, 378, 379, 380
Rede zum Andenken Sr. Exzellenz des Herrn v.M. B₁ 354
Rede der Ziffer 8 L₁ 180, 366, 517; J₁ 1035
Regulus im deutschen Postwagen D₁ 666; E₁ 152, 189, 208
Reisebeschreibung C₁ 47; E₁ 169
Rezensionen SK_{II} 73, 74, 77, 112, 641, 671, 777
Roman C₁ 54, 55, 60, 242; F₁ 1102; J₁ 596, 605, 834, 905, 918, 920, 1048, 1058, 1063, 1116–1118, 1131, 1199?, 1200;
Rotes Buch J₁ 586, J_{II} 1652, 1660; K₁ S. 838; L₁ 196

Satiren J₁ 586, 1148, 1154, 1163
Satire gegen Reinhold E₁ 86, 269; F₁ 214
Satirischer Aufsatz für Boies Museum F₁ 442
Schmierbuch F₁ 1219; J₁ 559
Schnürbrüste überall! J₁ 25
Schreiben an einen Freund B₁ 49, 56, 176, 178; RA_{II} 82
Schreiben des Herrn Hofr. Lichtenberg,

REGISTER DER TITEL UND PLÄNE LICHTENBERGS 1481

an den Herausgeber des Neuen hannoverischen Magazins SK$_{II}$ 274
★Schreiben eines Zürcher Herrn Lavaters physiognomische Einsichten betreffend F$_I$ 531
Schreiben Caspar Photorins an einige Journalisten in Deutschland C$_I$ 254, 327; E$_I$ 155, 186; F$_I$ 1004
★Schrift gegen Lavater und Zimmermann F$_I$ 714, 741, 742, 754, 759, 792?, 800, 804, 812, 819, 838, 898, 899, 926, 934, 937, 940, 942, 946, 962, 986, 992, 1178, 1194, 1197, 1204, 1206, 1207, 1208
★Schriften, kleine SK$_{II}$ 512, 525
★Schwarz und weiß F$_I$ 415
★Selbstbiographie s. Geschichte meines Geistes und Körpers
★Selbstmord, Etwas zur Verteidigung des TB$_{II}$ 17
★Selbstmord, Über den A$_I$ 126
Sendschreiben des Publici an H.P.R. in E. B$_I$ 96
Soliloquium des Lesers C$_I$ 302
Sudelbuch D$_I$ 668; E$_I$ 46; s. a. Hausbuch, Hudelbuch, Excerpta Physica et Mathematica, Rotes Buch, Schmierbuch, Gedankenbuch, Klitterbuch
Staatskalender (Almanach) J$_{II}$ 1519
Steinregen zu Siena K$_I$ S. 838

★Tanz-Kunst, Buch von der B$_I$ 28
Testament eines Studiosi bei seinem Hintritt aus diesem Studenten-Leben B$_I$ 251, 253
Timorus C$_I$ 254; E$_I$ 58, 155, 245
★Taschenbuch für Physiker H$_{II}$ 202
★Traumbuch L$_I$ 44

Über den Negerembryo in Spiritus D$_I$ 322; F$_I$ 1046
★Über die Höhe des Brockens F, S. 457
Über die Macht der Liebe F$_I$ 442, 468
★Über die Namen von Hunden K$_{II}$ 258
Über die Schwärmerei unserer Zeiten s. Alexandrinergedicht
Über die Taktik der Tiere J$_{II}$ 1268, 1269
★Über Menschen-Kenntnis und Stil E$_I$ 424
Über Physiognomik; wider die Physiognomen s. Antiphysiognomik

Über Tobias Göbhards Einleitung usw. F$_I$ 993
★Untersuchung über die Erhitzung geriebener Körper in den Luftarten J$_{II}$ 1988

Vergleichung berühmter Männer B$_I$ 23, 26
Vergleichung der Tage des neu-französischen Kalenders mit dem Gregorianischen, für das Fünfte laufende Jahr der Republik. - Ein nöthiger Mode-Artikel K$_I$ S. 838
Verse J$_I$ 205, 458, 545, 672, 923, 924, 962, 1139; B$_I$ 8, 40, 43, 49, 51, 84, 171, 176, 178, S. 152; C$_I$ 26, 93, 104, 108, 109, 110, 112, 113; E$_I$ 169; F$_I$ 850, 944, 982; L$_I$ 2, 453, 573, 678; RA$_{II}$ 14; s. a. Gedicht ..., Neujahrswünsche, Ode ...
★Versuch die Argandsche Lampe auf pyrometrische Versuche anzuwenden J$_{II}$ 1898
★Versuch über die Nachtwächter F$_I$ 354
★Versus memoriales berühmter deutscher Dichter E$_I$ 13, 142; F$_I$ 944
★Versus memoriales für Stutzer B$_I$ 84
Verteidigung des Hygrometers und der Delucschen Theorie vom Regen L$_{II}$ 748, 749; SK$_{II}$ 398, 830, 831?, 839, 844, 847, 877, 882, 884, 889, 890
★Verteidigung des Timorus gegen seine Rezensenten E$_I$ 58, 155, 245
★Verteidigung von Jakob Böhme D$_I$ 172, 652
Verzeichnis einer Sammlung von Gerätschaften J$_I$ 714
★Voigts Widerlegung SK$_{II}$ 498, 499
★Vom Feuer K$_I$ S. 838
Von dem Nutzen, den die Mathematik einem Bel Esprit bringen kann A$_I$ 1
Von den Charakteren in der Geschichte A$_I$ 22; B$_I$ 124; F$_I$ 804
Von ein paar alten deutschen Dramen C$_I$ 89, 91, 104
Vorreden C$_I$ 302, 317; D$_I$ 166; F$_I$ 1013

Warum hat Deutschland noch kein großes öffentliches Seebad? SK$_{II}$ 351, 352
★Wärme, Über die Leitung der J$_{II}$ 1790, 1868, 1880, 1898, 1918, 1920, 1923, 1948; s. a. Versuch die Argandsche

Lampe auf pyrometrische Versuche anzuwenden
Wassers, Über die Komposition des J$_{II}$ 1789
Wetter-Paroskop K$_I$ S. 845; SK$_{II}$ 701, 706
Wortspiele B$_I$ 156, 202, 356, 357, 358; D$_I$ 43, 222, 303; E$_I$ 91, 110, 227, 267, 368; F$_I$ 315, 398, 403, 1016, 1121, 1149, 1155; J$_I$ 840, 986, 1115, 1146, 1192, 1250, 1253; L$_I$ 150, 160, 163, 509, 511, 574, 586, 680; UB$_{II}$ 12, 18; Mat I$_{II}$ 102

Zwo Schrifften die Beurtheilung betreffend, welche die theologische Facultät zu Göttingen über eine Schrifft des Herrn Senior Goetze gefällt, und dem Druck übergeben hat B$_I$ 290, 297, 406
★Zylius-Entgegnung s. Verteidigung des Hygrometers ...

VERZEICHNIS DER
ABGEKÜRZT ZITIERTEN LITERATUR

AdB   Allgemeine deutsche Bibliothek. Hrsg. v. Friedrich Nicolai. Berlin und Stettin 1765 ff.

Adelung, Versuch   Johann Christoph Adelung: Versuch eines vollständigen grammatisch-kritischen Wörterbuches der Hochdeutschen Mundart, mit beständiger Vergleichung der übrigen Mundarten, besonders aber der Oberdeutschen. Fünf Bände. Leipzig 1774–1786

Bacon, The Works   Francis Bacon: The Works. Sieben Bände. London 1876–1883

Bäumler   Ernst Bäumler: Amors vergifteter Pfeil. Kulturgeschichte einer verschwiegenen Krankheit. Hamburg 1976

Barbier   A. A. Barbier: Dictionnaire des ouvrages anonymes et pseudonymes. Vier Bände. Paris 1806, ³1889

Behrendsen   O. Behrendsen: Zur Geschichte der Entwicklung der mechanischen Kunst. Neue Beiträge zur Geschichte der Mechaniker Göttingens im 18. und in der ersten Hälfte des 19. Jahrhunderts. In: Deutsche Mechaniker-Zeitung, Heft 11 (1907), S. 101–121; 129–137; 160–165

BL   Bibliotheca Lichtenbergiana. Katalog der Bibliothek Georg Christoph Lichtenbergs. Hrsg. von Hans Ludwig Gumbert. Wiesbaden 1982

Bode   Wilhelm Bode (Hrsg.): Goethe in vertraulichen Briefen seiner Zeitgenossen. Berlin 1918. Neu hrsg. von Regine Otto und Paul-Gerhard Wenzlaff. München 1982

Bolingbroke, The works   Henry St. John Viscount Bolingbroke: The Works. Vier Bände. London 1844

Brander   Georg Friedrich Brander. 1713–1783. Wissenschaftliche Instrumente aus seiner Werkstatt. München 1983

Braun   Goethe im Urteile seiner Zeitgenossen. Schiller und Goethe im Urteile ihrer Zeitgenossen. Hrsg. von Julius Braun. Berlin 1883–1885

Briefe   Georg Christoph Lichtenberg: Briefe. Hrsg. von Albert Leitzmann und Carl Schüddekopf. Drei Bände. Leipzig 1901–1904

Briefe deutscher Gelehrten an Klotz   A. v. Hagen (Hrsg.): Briefe deutscher Gelehrten an den Herren Geheimen Rath Klotz. Halle 1773

Briefwechsel   Georg Christoph Lichtenberg: Briefwechsel. Hrsg. von Ulrich Joost und Albrecht Schöne. Vier Bände. München 1992. Ein Registerband in Vorbereitung

Büchmann   Geflügelte Worte, gesammelt und erläutert von Georg Büchmann. Berlin ³²1972

Deneke   Otto Deneke: Lichtenbergs Leben (1742–1775). Band 1. München 1944

Der kleine Pauly   s. Pauly

Dictionary of National Biography   Hrsg. von L. Stephan und S. Lee. 63 Bände und Supplementbände. London 1885–1927

DWB   Jacob und Wilhelm Grimm: Deutsches Wörterbuch. Sechzehn Bände. Leipzig 1854–1971. Nachdruck München 1984

Ducange   Charles Du Fresne Sieur Du Cange: Glossarium Mediae et Infimae

Latinitatis. Zehn Bände. Graz 1954 (Unveränderter Nachdruck der Ausgabe von 1883–1887)
Ebel, Memorabilia Wilhelm Ebel: Memorabilia Gottingensia. Göttingen 1969
Ebstein Aus G. C. Lichtenbergs Correspondenz. Hrsg. von Erich Ebstein. Stuttgart 1905
Englisch, Geschichte der erotischen Literatur Paul Englisch: Geschichte der erotischen Literatur. Leipzig 1927. Fotomechanischer Nachdruck Wiesbaden ^{2}1977
Erxleben Johann Christian Erxleben, Anfangsgründe der Naturlehre, Göttingen ^{3}1784 und ^{6}1794
Fambach Oskar Fambach: Die Mitarbeiter der Göttingischen Gelehrten Anzeigen 1769–1836. Tübingen 1976 (masch.)
Forster Johann Georg Forster: Briefwechsel. Hrsg. von Therese Huber. Zwei Teile. Leipzig 1829
Friedrich II. Hinterlassene Werke Friedrichs II. Königs von Preußen. Fünf Bände. Berlin 1788
Friedrich II., Œuvres Œuvres de Frédéric le Grand. Berlin 1846ff.
Fromm. H. Fromm. Bibliographie deutscher Übersetzungen aus dem Französischen 1700–1848. Sechs Bände. Baden-Baden 1950–1953
Gamauf Gottlieb Gamauf: Erinnerungen aus Lichtenbergs Vorlesungen über Astronomie. Wien und Treist 1814
Gehler Johann Samuel Traugott Gehler: Physikalisches Wörterbuch oder Versuch einer Erklärung der vornehmsten Begriffe und Kunstwörter der Naturlehre mit Kurzen Nachrichten von der Geschichte der Erfindungen und Beschreibungen in alphabetischer Ordnung. Vier Teile. Leipzig 1787–1791
Gellert Christian Fürchtegott Gellert: Sämtliche Schriften. Zehn Teile. Leipzig 1769–1774. Nachdruck Hildesheim 1968
Gerber Ernst Ludwig Gerber: [Altes] Historisch-Biographisches Lexikon der Tonkünstler (1790–1792). Hrsg. von Othmar Wessely. Graz 1977
Gerber^2 Ernst Ludwig Gerber: Neues Historisch-Biographisches Lexikon der Tonkünstler (1812–1814). Hrsg. von Othmar Wessely. Graz 1966
GGA Göttingische Gelehrte Anzeigen (ursprünglich: Göttingische Zeitungen von Gelehrten Sachen; dann: Göttingische Anzeigen von Gelehrten Sachen)
Goedeke Karl Goedeke: Grundriß zur Geschichte der deutschen Dichtung. Aus den Quellen. Zweite Auflage. Band 1 ff. Dresden 1884ff. Fortgesetzt von Edmund Götze
Goethe, Münchner Ausgabe Johann Wolfgang Goethe: Sämtliche Werke nach Epochen seines Schaffens. München 1985ff.
GMWL Göttingisches Magazin der Wissenschaften und Litteratur. Hrsg. von Georg Christoph Lichtenberg und Georg Forster. Göttingen 1780–1785
Gravenkamp, Lichtenberg als Patient Horst Gravenkamp: Geschichte eines elenden Körpers. Lichtenberg als Patient. Göttingen 1989 (Lichtenberg-Studien Band II)
GTC Göttinger Taschen Calender. Göttingen 1777–1799
Gumbert, LiE Lichtenberg in England. Dokumente einer Begegnung. Hrsg. von Hans Ludwig Gumbert. Wiesbaden 1977
Herbst, Johann Heinrich Voß Wilhelm Herbst: Johann Heinrich Voß. Drei Bände. Halle 1872–1876
Herder, Sämtliche Werke Johann Gottfried Herder: Sämmtliche Werke. Hrsg. von Bernhard Suphan. Dreiunddreißig Bände. Berlin 1877–1909
Himme, Stich-Haltige Beiträge Hans-Heinrich Himme: Stich-Haltige Beiträge zur Geschichte der Georgis Augusta in Göttingen. Göttingen 1987
Histoire Générale de la Presse Française Tome I: Des origines à 1814. Paris 1969

Holzmann/Bohatta Michael Holzmann und Hanns Bohatta: Deutsches Pseudonymenlexikon 1501–1850. Weimar 1902–1911
Humboldt Jugendbriefe Alexander von Humboldts an Wilhelm Gabriel Wegener. Hrsg. von Albert Leitzmann. Jena 1896
Ischer Rudolf Ischer: Johann Georg Zimmermanns Leben und Werke. 1893
Jöcher Christian Gottlieb Jöcher: Allgemeines Gelehrten-Lexicon. Leipzig 1750. Reprint Holdesheim 1960
Jung Rudolf Jung: Studien zur Sprachauffassung Georg Christoph Lichtenbergs. Frankfurt 1968
Jung, Lichtenberg-Bibliographie Heidelberg 1972
Kästner, Anfangsgründe der Analysis endlicher Größen Abraham Gotthelf Kästner: Anfangsgründe der Analysis endlicher Größen. Göttingen 1760
Kästner, Briefe aus 6 Jahrzehnten Briefe aus sechs Jahrzehnten 1745–1800. Hrsg. von Carl Scherer. Berlin 1912
Kästner, Schönwissenschaftliche Werke Abraham Gotthelf Kästner: Gesammelte poetische und prosaische schönwissenschaftliche Werke. Vier Teile. Berlin 1841
Kästner, Vermischte Schriften Abraham Gotthelf Kästner: Vermischte Schriften. Zwei Bände. Altenburg 1755
Kant, Akademieausgabe Kants gesammelte Schriften. Hrsg. von der Preuß. Akademie der Wissenschaften. Dreiundzwanzig Bände. Berlin 1900–1955. Neudruck 1968 ff.
Klotz s. Briefe deutscher Gelehrten an Klotz
Körber-Grohne, Nutzpflanzen Udelgard Körber-Grohne: Nutzpflanzen in Deutschland. Kulturgeschichte und Biologie. Stuttgart 1987
Lauchert Friedrich Lauchert: G. Chr. Lichtenberg's schriftstellerische Thätigkeit in chronologischer Übersicht dargestellt. Mit Nachträgen zu Lichtenbergs vermischten Schriften und textkritischen Berichtigungen. Göttingen 1893
Lavater, Physiognomische Fragmente Johann Caspar Lavater: Physiognomische Fragmente zur Beförderung der Menschenkenntniß und Menschenliebe. Vier Bände. Leipzig und Winterthur 1775–1778
Leitzmann Georg Christoph Lichtenberg: Aphorismen. Nach den Handschriften hrsg. von Albert Leitzmann. Heft 1–5. Berlin 1902–1908 (Deutsche Literaturdenkmale des 18. und 19. Jahrhunderts)
Lessing, SW Gotthold Ephraim Lessing: Sämtliche Schriften. Hrsg. von Karl Lachmann. Dritte Auflage besorgt durch Franz Muncker. Dreiundzwanzig Bände. Berlin, Leipzig 1886–1924
Lessing, Werke Gotthold Ephraim Lessing: Werke. Acht Bände. München 1970–1979
Lichtenberg-Jb Lichtenberg-Jahrbuch. Hrsg. im Auftrag der Lichtenberg-Gesellschaft von Wolfgang Promies und Ulrich Joost. 1988, 1989, 1990, 1991. Saarbrücken 1989 ff. (Nachfolger der Zeitschrift Photorin)
Lichtenbergs äußere Erscheinung Bernd Achenbach und Ulrich Joost: Lichtenbergs äußere Erscheinung. Eine kritische Ikonographie. Göttingen 1991 (Lichtenberg-Studien Band I)
Lichtenberg als Patient s. Gravenkamp
Lichtenbergs Bücherwelt Lichtenbergs Bücherwelt. Ein Bücherfreund und Benutzer der Göttinger Bibliothek. Bearbeitet von Wiard Hinrichs und Ulrich Joost. Göttingen 1989 (Lichtenberg-Studien Band III)
Lichtenberg-Topographie Es sind das freylich Schattenspiele. Eine Lichtenberg-Topographie in Bildern. Bearbeitet von Horst Gravenkamp und Ulrich Joost. Göttingen 1990. (Lichtenberg-Studien Band IV)

Lipperheide   Franz Freiherr von Lipperheide: Spruchwörterbuch. Berlin 1907. Unveränderter Nachdruck [8]1976

Liscow, Samlung   Christian Ludwig Liscow: Samlung Satyrischer und Ernsthafter Schriften. Frankfurt am Main und Leipzig 1739

List   Christian Heinrich List: Beyträge zur Statistik von Göttingen. Berlin 1785

Magin   Ernst Paul Heinrich Magin: Über Georg Christoph Lichtenberg und seine unveröffentlichten Handschriften. Hamburg 1913

Mautner   Franz Heinrich Mautner: Lichtenberg. Geschichte seines Geistes. Berlin 1968

Meusel   Johann Georg Meusel: Lexikon der vom Jahr 1750 bis 1800 verstorbenen teutschen Schriftsteller, Leipzig 1802–1816

Möser, Sämtliche Werke   Justus Möser's sämmtliche Werke. Hrsg. von B. R. Abeken. Zehn Teile. 1842–1843

Möser, Histor.-krit. Ausg.   Justus Mösers Sämtliche Werke. Historisch-kritische Ausgabe in vierzehn Bänden. Hrsg. von der Akademie der Wissenschaften zu Göttingen. Münster 1943 ff.

Muncker, Friedrich Gottlieb Klopstock   Franz Muncker: Friedrich Gottlieb Klopstock. Geschichte seines Lebens und seiner Schriften. München 1888

Muncker, Johann Kaspar Lavater   Franz Muncker: Johann Kaspar Lavater. Eine Skizze seines Lebens und Wirkens. München 1883

Nachlaß   Aus Lichtenbergs Nachlaß. Hrsg. von Albert Leitzmann. Weimar 1899

Paul, Deutsches Wörterbuch   Hermann Paul: Deutsches Wörterbuch. 1897

Pauly   Der kleine Pauly. Lexikon der Antike in fünf Bänden. München 1975

Parthey   Gustav F. E. Parthey: Die Mitarbeiter an Fr. Nicolai's allg. deutscher Bibliothek. Berlin 1842

Ph+M   Georg Christoph Lichtenberg's Physikalische und Mathematische Schriften. Hrsg. von Ludwig Christian Lichtenberg und Friedrich Kries. Vier Bände. Göttingen 1803–1806 (= VS 6–9)

Photorin   Mitteilungen der Lichtenberg-Gesellschaft. Herausgegeben von Wolfgang Promies. Heft 1–12. Saarbrücken 1979–1987 (fortgesetzt als Lichtenberg-Jahrbuch)

Price   Mary Bell und Lawrence M. Price: The publication of English humanioral in Germany in the eighteenth century. Berkeley, Los Angeles 1955

Promies, Lichtenberg   Wolfgang Promies: Georg Christoph Lichtenberg in Selbstzeugnissen und Bilddokumenten. Reinbek 1964, [3]1987

Pütter, Versuch   Johann Stephan Pütter: Versuch einer academischen Gelehrten-Geschichte von der Georg-Augustus-Universität zu Göttingen. Teil 1–3: Göttingen 1765–1788; Teil 3: Hannover 1820

Rabener, Sämtliche Schriften   Gottlieb Wilhelm Rabener: Sämtliche Schriften. Acht Bände. 1775–1776

Rintel   Moses Rintel: Versuch einer skizzirten Beschreibung von Göttingen und seiner gegenwärtigen Beschaffenheit. Göttingen 1794

Rödel   Wolfgang Rödel: Forster und Lichtenberg. Ein Beitrag zum Problem deutsche Intelligenz und Französische Revolution. Berlin 1960

Rotes Buch   Nach der Einbandfarbe benanntes Notizheft Lichtenbergs. Ungedruckt. Manuskript in der Niedersächsischen Staats- und Universitätsbibliothek Göttingen

Salvat   Diccionario e enciclopédico Salvat. Zwölf Bände. Barcelona [2]1954

Sauer   August Sauer: Aus dem Briefwechsel zwischen Bürger und Goeckingk. In: Deutsche Vierteljahrsschrift für Literaturgeschichte 3, 1980

Schmidt, Heinrich Leopold Wagner[2]   Erich Schmidt: Heinrich Leopold Wagner,

Goethes Jugendgenosse. Nebst neuen Briefen und Gedichten von Wagner und Lenz. Jena 1875, ²1879
Schneider Albert Schneider: G.-C. Lichtenberg. Précurseur du Romantisme. L'Homme et l'Œuvre. Zwei Bände. Nancy und Paris 1954
Schönaich, Die ganze Aesthetik in einer Nuß Christoph Otto Freiherr von Schönaich: Die ganze Aesthetik in einer Nuß oder Neologisches Wörterbuch. Hrsg. von Albert Köster. Berlin 1899
Schulz/Basler Hans Schulz und Otto Basler: Deutsches Fremdwörterbuch. Sechs Bände. Straßburg, Berlin 1913–1983
SK Staatskalender-Tagebuch
Swift, Works Jonathan Swift: Works. London 1868, 1876
TB Tagebücher 1770–1772
Unzer, Sammlung kleiner Schriften Johann A. Unzer: Sammlung kleiner Schriften. Drei Bände. Hamburg 1766
Versuch eines bremisch-niedersächsischen Wörterbuchs Hrsg. von der bremischen Deutschen Gesellschaft. Fünf Bände. Bremen 1767–1771
Volkmann Johann Jacob Volkmann: Neueste Reisen durch England. Leipzig 1781–1782
Voltaire, Œuvres complètes Voltaire: Œuvres complètes, hrsg. von L. Moland. Fünfzig Bände. Paris 1877–1883
VS Georg Christoph Lichtenberg's vermischte Schriften. Hrsg. von Ludwig Christian Lichtenberg und Friedrich Kries. Neun Bände. Göttingen 1800–1806
VS 1844 Georg Christoph Lichtenberg's vermischte Schriften. Neue vermehrte, von dessen Söhnen veranstaltete Original-Ausgabe. Vierzehn Bände. Göttingen 1844–1853
Wander Karl Friedrich Wander: Deutsches Sprichwörter-Lexikon. Fünf Bände. Leipzig 1867. Fotomechanischer Nachdruck Kettwig 1987
Weinhold, Heinrich Christian Boie Karl Weinhold: Heinrich Christian Boie. 1868
Weisenberg Amalius Weisenberg: Handwörterbuch der gesammten Arzneimittel von der ältesten bis auf die neueste Zeit. Jena 1853
Wendeborn Gebhard Friedrich August Wendeborn: Der Zustand des Staats, der Religion, der Gelehrsamkeit und der Kunst in Großbritanien gegen das Ende des achtzehnten Jahrhunderts. Berlin 1785–1788
Wieland, Werke Christoph Martin Wieland: Werke. Hrsg. von Heinrich Düntzer. Vierzig Teile. Berlin 1879–1880
Winkle, Struensee Stefan Winkle: Johann Friedrich Struensee. Arzt, Aufklärer und Staatsmann. Stuttgart 1893
Wolff Christian Wolff: Mathematisches Lexicon. Hrsg. und bearbeitet von J. E. Hofmann. Hildesheim und New York 1978
Wörterbuch des deutschen Aberglaubens Handwörterbuch des deutschen Aberglaubens. Hrsg. von Hanns Bächtold-Stäubli. Berlin und Leipzig 1930 ff.

GLOSSAR:
MASSE, MÜNZEN, GEWICHTE, ZEICHEN

°	Grad	
′	Minuten	Fuß
″	Sekunden	Zoll
‴	Tertien	1 preußische Linie (2,179 mm)

Zoll	englischer Zoll (1/12 Fuß = 2,434 cm)
Fuß	Naturmaß (25–34 cm)
Fuß, Pariser	Pied de roi (32,485 cm)
Elle	Unterarmlänge (Naturmaß) 0,5–0,8 m
Toise	Klafter (6 Pariser Fuß = 1,949 m)
Meile, englische	Landesmeile (1609 m)
Meile, italienische	miglio (1851 m)
Meile, deutsche	geographische Meile (1/15 Äquatorgrad = 7420 m)

Dukaten	deutsche Reichsmünze (3,49 gr Gold)
Fl., fl.	Gulden, Florin (2/3 Taler); deutsche Goldmünze
Groschen	1/24 Taler (3 Kreuzer)
M gſ.	Mariengroschen (Goslarer Münzbild)
Gſ.	Groschen
Ggſ.	Gutegroschen
₰, d, D	Pfennig
RT, Rthlr., R., th., Rh ſ.	Reichstaler
Tr., Thr., Th ſ.	Taler (deutsche Silbermünze, 60 Kreuzer, ca. 1,5 Gulden)
Louisd'or	französische Goldmünze
d	englischer Denar (›Zehner‹, 1/240 Pfund Silber)
Guineen	englische Goldmünze (7,77 gr Gold, 20 Shilling)
L	englische Livres (Pfund)
£	Pound (Münze); 20 shilling
S	englische Shilling (1/32 Taler, 12 Pfennig/Pence)
Doll.	Dollar, Taler (amerikanische Währung)

℔	(Libra) Medizinalpfund (12 Unzen = 360 g)
℥	Unze (8 Drachmen = 30 g)
ʒ	Drachme (3 Scrupel = 3,75 g)
gr	Gran (0,06 g)

GLOSSAR

☉	Sonne	Gold	Sonntag
☽	Mond	Silber	Montag
♂	Mars	Eisen	Dienstag
☿	Merkur	Quecksilber	Mittwoch
♃	Jupiter	Zinn	Donnerstag
♀	Venus	Kupfer	Freitag
♄	Saturn	Blei	Samstag

↡	Spiritus vini; Weingeist
🜍	Schwefel
△	Luft
🜨	Erde (Planet)
♊	Zwillinge
♌	Löwe

∅, LiØn	Beischlaf
⊡	Urin
†	Streit; gestorben
⸸	Aussöhnung
⸸⸸	heftiger Streit

a̅o̅	anno (im Jahr)
#	Göttingisches Magazin
o̅t̅	nicht
o̅t̅s̅	nichts
p̅t̅o̅	puncto
℣	pro

dephl(og)	dephlogistiert
infl.	inflammabel
Trab.	Trabant(en) (Monde)
Voll.	engl. ›volumes‹ Bde.
T. Tom	Tomus, tome (Band)
seqq., sqq.	sequentes (folgende)
s.v.	sit venia, salva venia (wenn es erlaubt ist [zu sagen])
vid.	vide (siehe)
viz.	videlicet (nämlich)
ZE.	Zum Exempel

Buch- und Papierformate

2°	Folio, Foliant (ca. 21 × 33 cm)
4°	Quarto, Viertelbogen (ca. 22,5 × 29 cm)
8°	Octavo, Achtelbogen (ca. 18,5–22 cm Höhe)
12°	Duodez, Zwölftelbogen
16°	Sedez, Sechzehntelbogen

ZUM VORLIEGENDEN BAND

Die ersten zwei Bände der Ausgabe enthalten jene Eintragungen und Niederschriften, die Georg Christoph Lichtenberg über mehr als dreißig Jahre stetig fortgeführt hat: seine Sudelbücher. Es handelt sich dabei um fünfzehn Hefte unterschiedlichen Formats und Umfangs, die Lichtenberg selbst von C an mit fortlaufenden Buchstaben bis einschließlich L bezeichnet hat. Außer den eigentlichen Sudelbüchern führte Lichtenberg unregelmäßig Tagebücher, ferner Arbeitshefte etwa zu Hogarth; eine Arbeitskladde vornehmlich für Kalender-Artikel (Rotes Buch) und das sogenannte Füllhornbuch (KA); schließlich unbezeichnete Notizhefte, die zwischen Sudelbuch und Tagebuch die Mitte halten.

Lichtenberg selbst benutzte die Vokabel ›Sudelbuch‹, um seine Methode und eigenwillige Buchführung zu charakterisieren, und setzte sie unübersehbar auf die Titelseite des Heftes F. Nicht von ungefähr hat Lichtenberg zu diesem aus der Kaufmannssprache übernommenen Ausdruck gegriffen. Der erklärte Feind aller ›Prunkprosa‹ gab stets dem einfachen, aber treffenden Wort, der scheinbaren ›Pfenningswahrheit‹ den Vorzug vor der aufwendigen, wenn nicht gar prätentiösen Phrase. Im übrigen definiert ›Sudelbuch‹ am treffendsten die disparate Ordnung, den gemischten Inhalt der Lichtenbergschen Kladden.

Die vorliegende Ausgabe unterscheidet sich von allen vorherigen grundsätzlich darin, daß sie zum einen davon abgeht, die Einfälle und Bemerkungen Lichtenbergs auf den an sich strittigen Begriff ›Aphorismus‹ festzulegen, und zum anderen, daß sie die in der Germanistik vormals übliche Achtung auf schöngeistige und Vernachlässigung rein wissenschaftlicher Eintragungen aufhebt, da ja gerade in dieser Verbindung der Reiz der Schreibperson Lichtenberg besteht. Sie stellt die ›Aphorismen‹ neben Notizen rein privater Natur, Exzerpte fremder Autoren, mathematische Berechnungen, Beobachtungen und Reflexionen über Gegenstände aus fast allen Bereichen der Naturwissenschaft. Die ursprüngliche Vielfalt der Lichtenbergschen Aufzeichnungen wird auf diese Weise wieder sichtbar.

Indem sie Bücherlisten, Berechnungen, sämtliche Handzeichnungen und Kritzeleien, die Stenogramme von Gedanken, von Lichtenberg getilgte Bemerkungen, seine Querverweise in den Text aufnimmt, kann sie dem Leser erstmals einen annähernden Eindruck von den Handschriften geben.

Band I umfaßt auf der Grundlage der bislang einzigen kritischen, gleichwohl unvollständigen Edition von »Georg Christoph Lichtenbergs Aphorismen«, die Albert Leitzmann ab 1902 herausgegeben hat (Deutsche Literaturdenkmale Nr. 123, 131, 136, 140, 141) die vervollständigten Sudelbücher A bis L.

Band II bringt die fehlenden, zum Teil noch ungedruckten Bemerkungen aus den fünf Heften von A, den ungekürzten Abdruck des Füllhornbuches (KA) und des Goldpapierheftes (GH), die wissenschaftlichen Eintragungen in D; die »Vermischten Anmerkungen für Physik und Mathematik« aus J und die wissenschaftlichen Partien aus L. Alle diese Partien sind aus den Handschriften ediert.

Von den Sudelbüchern sind das Heft G und H seit dem neunzehnten Jahrhundert verschollen; das Sudelbuch K ist bis auf wenige Seiten vernichtet; L weist eine Anzahl fehlender Seiten auf. Weiterer Bestandteil des zweiten Bandes sind daher die Rekonstruktion der verlorengegangenen Sudelbücher G und H sowie Teile von K und L nach den in den »Vermischten Schriften« mitgeteilten Texten und zwei erstmals aus den Handschriften edierte Materialhefte.

Den dritten Schwerpunkt des zweiten Bandes bildet die Präsentation der Tagebücher Lichtenbergs. Ausgehend vom Bestand des bisher verstreut gedruckten Tagebuch-Materials erstmals in einem einzigen Band zugänglich gemacht, sind diese Tagebücher für die Erkenntnis der geistigen und seelischen Eigenart Lichtenbergs von eminenter Bedeutung. Erhalten sind ein Tagebuch der Jahre 1770 bis 1774 (TB), das »Reise-Tagebuch« (RT) der zweiten Englandreise, an das sich die »Reise-Anmerkungen« (RA) anschließen, schließlich die Eintragungen 1789 bis 1799 in dem »Königl. Groß-Britannisch- und Churfürstl. Braunschweig-Lüneburgschen Staats-Kalender« (SK).

Wie TB bietet auch das »Reise-Tagebuch« eine Auswahl. Sie entspricht der Auswahl, die in den »Vermischten Schriften«, Band 3, 1844, als »Bruchstücke aus dem Tagebuch von der Reise nach England«, in »Lichtenbergs Nachlaß« und den »Notizen über die englische Bühne aus Lichtenbergs Tagebuch« mitgeteilt wurde. In Textgestalt und Umfang folgt meine Auswahl den hier genannten Vorlagen, ihre Reihenfolge entspricht jedoch der Anordnung in der Handschrift. Die »Reise-Anmerkungen« werden erstmals nach der Handschrift vorgelegt.

Die unzulängliche und eher verwirrende Art und Weise, mit der die Tagebücher aus dem »Staats-Kalender« bisher kommentiert, zitiert und auszugsweise ediert worden sind, bestimmte mich, sie in einer repräsentativen Auswahl aufzunehmen. Jede von Lichtenberg gemachte Tages-Eintragung ist vollständig nach der Handschrift und ungekürzt wiedergegeben.

Das Prinzip der Redaktion war, die Flüchtigkeit und Spontaneität der Bemerkungen in den Sudelbüchern so weit wie möglich zu erhalten, weshalb darauf verzichtet wurde, in die Interpunktion einzugreifen, während die Texte unter Wahrung des Lautstandes und Beachtung sprachlicher Eigentümlichkeiten der heutigen Orthographie vorsichtig angepaßt wurden. Im übrigen kennzeichnen eckige Klammern vom Herausgeber vorgenommene Ergänzungen, spitze Klammern von Lichtenberg gestrichene Bemerkungen, Sätze oder Wörter. *Kursiv* gesetzt sind die Bemerkungen, die Lichtenberg durch lateinische Schreibschrift von den übrigen Notizen abhob; in der Regel sind dies Maximen unter anderem zur Wissenschaftsmethode: D 53, 176, F 327; GH 93; J 339, 393, 918, 1057, 1254, 1261, 1266, 1276, 1278, 1317, 1326, 1327, 1329, 1331, 1336, 1341, 1352, 1359, 1361, 1362, 1363, 1364, 1365, 1371, 1372, 1381, 1386, 1393, 1407, 1411, 1422, 1427, 1428, 1430, 1435, 1446, 1458, 1459, 1463, 1518, 1524, 1528, 1531, 1534, 1547, 1553, 1557, 1564, 1566, 1571, 1598,

1603, 1619, 1621, 1622, 1632, 1634, 1639, 1643, [1644], 1646, 1649, 1661, 1671, 1708, 1738, 1773, 1792, 1832, 1833, 1836, 1839, 1849, 1855, 1884, 1886, 1889, 1963, 1965, 1991, 2041, 2070, 2076, [2092], 2107, 2138, 2139; K 17; L 20, 338, 617, 679, 723, 732, 737, 780, 804, 814, 815, 829, 850, 855, 856, 876, 886, 938, 956.

Zu Band I und II lege ich nun *Kommentar* und *Register* vor. Der Kommentar gliedert sich nach den einzelnen Sudelbüchern, Materialheften und Tagebüchern; eine Übersicht gibt das Inhaltsverzeichnis am Beginn des Bandes.

Dieser Kommentar zu Lichtenberg besitzt seine Eigenheiten. Über die selbstverständliche Erklärung von Begriffen, die Erläuterung von einzelnen Bemerkungen, die nötigen bibliographischen Nachweise hinaus liefert er häufig ausführliche Zitate aus heute schwer zugänglichen Zeitschriften und Werken, deren Inhalt dem Benutzer gewiß oft ebenso reizvoll erscheinen wird wie dem Kommentator selbst, der aus dem gleichen Grund von Lichtenberg erwähnte Bilder zur Information abbilden ließ. Ein besonderes Augenmerk galt der Arbeitsweise Lichtenbergs, der in den Sudelbüchern notierte Einfälle und Formulierungen gern in Briefen verwendete und mit ihnen Veröffentlichungen »schattierte«, wie er es nannte. Durch Querverweise wird versucht, einen Eindruck von Lichtenbergs »Gedanken-Ökonomie« und »Gedanken-System« zu geben.

Bei Querverweisen im Kommentar weist »vgl.« auf eine Lichtenberg-Stelle, »s. zu« auf eine Stelle im Kommentar. Verweise auf Briefe von und an Lichtenberg stehen unter Angabe des Briefdatums, um das Arbeiten mit anderen Ausgaben, allen voran der Brief-Edition von Ulrich Joost und Albrecht Schöne, zu erleichtern; nur in Zweifelsfällen der Datierung wird auf Seiten verwiesen. Die Bände der vorliegenden Ausgabe sind in den Anmerkungen mit römischen Ziffern – bei Sudelbuch-Kennbuchstaben tiefgestellt – bezeichnet.

Selbstverständlich ist es nicht möglich, in so und so vielen Fällen auch unnötig, Bemerkung für Bemerkung zu kommentieren. Um so wichtiger erschien daher die differenzierte Anlage von fünf Registern, die dem Benutzer den Zugang zu den Textbänden erschließen. Aber diese Register haben, wie sich mehr und mehr herausstellte, ein Eigengewicht erhalten: Das Wortregister offenbart, wie sprachschöpferisch Lichtenberg gewesen ist; das Register der Werke fremder Autoren und das Zeitschriftenregister, das rund 150 Titel umfaßt, machen deutlich, wie Lichtenbergs Schreibperson von der des inspirierten Lesers abhing, der die Gedanken anderer, früherer in sein eigenes »Gedanken-System« übersetzte.

Ein Kommentar zu der Gedankenwelt und Stoffsammlung, die Lichtenbergs Sudelbücher darstellen, bedarf – selbst wenn Vorarbeiten wie die von Leitzmann genutzt werden konnten – vielfältiger und, wie ich mit den Jahren einsehen lernte, vieläugiger Recherchen, aber auch der Gewißheit, daß das zusammengetragene Material zuverlässig gesichtet und appretiert wird.

Die erste Erfassung des Manuskripts lag in den Händen von Hilde Schill und Renate Soltysiak, die den Werdegang des Kommentars aus der Nähe miterlebt, auch mitgelitten haben.

Die Redaktion und Ergänzung der ersten Fassung, Recherchen zur Ermittlung letzter Daten und Fakten und schließlich die Herstellung satzreifer Disketten besorgten Karen Lauer, Birgitta Tölle, Martine Passelaigue und Angela Rösch.

Das Wortregister wurde nach den Vorarbeiten von Marlies Korfsmeyer, Claus-Michael Trapp, Evelin Schultheiß und Ralf Gorgas schließlich von Bettina Kranzbühler in die vorliegende Form gebracht.

Die abschließende Redaktion von Kommentar und Register wurde durch die Fritz Thyssen Stiftung ermöglicht, der ich für ihre großzügige Förderung danke.

Gedankt sei an dieser Stelle der Niedersächsischen Staats- und Universitätsbibliothek Göttingen für ihre Genehmigung zur Reproduktion der Zeichnungen nach den Manuskripten und zur Veröffentlichung bislang ungedruckter Bemerkungen. Der Hessischen Landes- und Hochschulbibliothek Darmstadt danke ich für die nimmermüde Unterstützung bei der Beschaffung notwendiger Literatur.

Gedankt sei auch den Institutionen und Archiven, die meine Anfragen mit Geduld und genugtuend beantworteten: es war eine Lust, Lichtenbergs wegen mit so vielen klugen Köpfen in allen deutschen Landen Kontakt zu bekommen – bis hin zum Deutschen Pferdemuseum in Verden an der Aller. Eine große Hilfe war mir bei der Erstellung des Kommentars die Mitarbeit von Eberhard Heß, Barbara Promies, Ute Raum, Margot Weyrauch und der Rat von Mitgliedern der Lichtenberg-Gesellschaft, deren Namen jeder kennt. Es soll nicht verschwiegen werden, daß eine vertrackte schwedische Übersetzung von Tove und Claes Wohlfart, die Eindeutschungen vieler englischer Texte von Christian Enzensberger unternommen worden sind.

Zum Schluß aber auch Dank dem Verlag, der allen Unkenrufen zum Trotz felsenfest an den Abschluß dieser Ausgabe geglaubt hat. Ich habe daran hin und wieder selbst nicht mehr geglaubt; mein besonderer Dank aber gilt Kristian Wachinger, der mich auf eine unwiderstehlich insistierende Art, verbunden mit erwärmendem Engagement für dieses abenteuerliche Unternehmen, dazu vermocht hat, endlich Namen und Datum unter diesen Text und aufatmend zu setzen.

29. 2. 92　　　　　　　　　　　　　　　　　　　　Wolfgang Promies

VERZEICHNIS DER ABBILDUNGEN

zu KA 230	S. 99	Sergeant, der zum Tor hinaus geht
zu KA 230	S. 100	Zahlenquadrat
zu B 187	S. 148	Auf dem Stier reitende Europa
zu B 195	S. 149	Kassiopeia
zu B 419	S. 172	Sultan Mahmud
zu D 330	S. 252	Farben-Triangel
zu D 455	S. 263	Amboinische Eidechse
zu D 676	S. 296	Polypen
zu D 684	S. 298	Mondkarte
zu D 684	S. 299	Mondkrater
zu F	S. 395	Titelblatt von Sudelbuch F
zu F 460	S. 434	Tabula anatomica
zu F 645	S. 446	Kindermanns Fernrohr
zu F 898	S. 461	Drohender Soldat
zu F 1061	S. 472	Sokrates
zu F 1061	S. 473	Demosthenes
zu GH 4	S. 521	Bastille
zu J 870	S. 619	Leuchtturm von Edystone
zu L 3	S. 775	Brand in Andreasberg
zu L 532	S. 818	Hengst Augusts II.
zu L 840	S. 851	Sprachrohr
zu RA 153	S. 949	Chinesische Schriftzeichen
zu RA 182	S. 951	Mohren-Gesicht
zu SK 112	S. 973	Franz Siegfried Georg Rieche
zu SK 257	S. 1002	Olaudah Equiano
zu SK 400	S. 1035	Schutzbrief Adam Philippe Custines
zu SK 919	S. 1101	Kant-Medaille
zu SK 919	S. 1101	Lichtenberg-Medaille

NACHTRÄGE

nach D 672 (Band I, S. 342)   in Band K I+II, S. 291 f.
UB 83, 84 (Band II, S. 564)   in Band K I+II, S. 880
SK 86a (Band II, S. 708)   in Band II, S. 868

KORREKTUREN

Jeder der beiden Textbände der Sudelbücher liegt in drei Auflagen vor:
Band I ^{1}1968, ^{2}1973, ^{3}1980
Band II ^{1}1971, ^{2}1975, ^{3}1991
Jede dieser Auflagen wurde revidiert und korrigiert. Da dieser Kommentar jedoch hier zum ersten Mal erscheint und folglich mit verschiedenen Auflagen der Textbände benutzt werden wird, teilen wir im folgenden alle bekannt gewordenen Corrigenda mit. Im übrigen vgl. D 580; J 669.

A$_I$

- 18   Vid] Vid[e]
- 54   Köhlers] Kählers
- 55   Jededioh] Jedediah
       Derbishire] Derbyshire
- 75   denn sie] diese

A$_{II}$

- 149   infinita] infinitae
- 164   Sehnungs-Winkel] Sehungs-Winkel
- 172   qerichtet] berichtet
- 258   Icosandrum] Icosaedrum

KA$_{II}$

- 52   36,753] 56,753
- 64   Dubins] Dubius
- 75   durano] durans
        saevisse] saeviisse
        inclementium] inclementiam
- 86   Kutuchte] Kutuchtu
- 187   Tom[e] VII. St. 169.] Tom[e] VIII. St. 190.
- 217   Gaussaner] Grussauer
- 250   Haderström] Hederström

B$_I$

- S. 46   Yerdau] Yverdun
          127 S.] 127 S[tück]
- 25   schönfarbigen] schönfarbigten
- 33   arkadische] arkadisches
- 147   Citica] Critica
- 321   Achsel] Axel
- 349   Kinder] Kindern

C₁

36	Einbeck] Eimbeck
70	40ten] 45ten
63	Ruh] Auch
104	Darumb das er dieß Buch] DaruMb das er dieß BuCh
160	p. 26] p. 16
183	Vaezupahc] Vaezupahe

D₁

85	allgeorische] allegorische
196	eine neues] ein neues
214	Golgotha] Golgatha
238	Heinen] Heynen
337	je undeutlicher] daß je undeutlicher
510	otten] often
579	Abtkreis grob] Abbt Paris Grab
610	und hing sich] und fing sich
647	cares] cares
653	Pointhonneur] Point d'honneur
	Moneten] Minuten

D_II

684 (S. 104)
    apparitua] apparitura
    effigiem] effigiei
685 (S. 105)
    quae] qui

E₁

104	Gelgenheit] Gelegenheit
108	damme's] dammes
259	lunaricorum] lunaticorum
335	Esprit, war] Esprit, was
380	Tempel (Treppe)] Treppe Tempel
	Tempfel (Trepfe)] Trepfe, Tempfel
396	parturiunt] parturient
401	85ten] 84ten
429	Raffael] Raphael
502	und Gleichnisse] und nur Gleichnisse

F₁

S. 455	vom Stande] von Stande
	Matzkens] Mäzkens
111	Null] Nulle
186	parturiunt] parturient
388	ohne durch] ohne durch den
413	zuhören] zuzuhören
620	Fernex] Ferney
645	glauben, wenn] glauben, daß wenn
733	mir] mit
1194	nennen] nenne

KORREKTUREN

GH_{II}
92   Du Tarta Lasarre] Du Tasta Laserre

J_{I}
56   Grenze[n]] Grane [?]
115   Werner] Wedel
445   [unterscheiden]] [unterscheidung?]
474   stellte] stelle
522   solche] solchen
527   Pellison] Pelisson
555   Redensarten, das] Redensarten, die
901   Kästchens] Kätzchen
959   wieder Witz] wie der Witz
1098 Beschränkten] beschränkten
1137 Teschnitz] Töschnitz
1222 890] 80

J_{II}
1449 Bletor] Bleton
1563 P. 101] p. 181
1601 Preluzidität] Perluzidität
1625 Ramlerische] Remlerische
1780 Lassom] Lassone
1871 das ist] was ist
      nur] nun
1879 Wasser] Wachs
1881 ging] ginge
1911 Goez] Goeze
1980 nur] dur[ch]
1981 Camora] Camara
1990 (S. 358)
      über] unter
2020 Lassom] Lassone
      1786] 1780
2023 zusetzt] zersetzt
2027 auch] durch
2105 wie] wir
2138 genützt] recht gut genützt

K_{I}
S. 838 Garrets] Garnets
       Der Anfang] Den
       LXXVII] LXXXVII
       Fixstern] Fixsterne

K_{II}
274   Balzel] Balzac

KORREKTUREN 1499

L$_I$

122	Elektion] Election
186	Kraft nun] Kraft um
209	des inneren] des Inneren
215	meinen Offizier] einen Offizier
293	Sullivans] Sulivans

L$_{II}$

713	ein anders] eine andere

TB$_{II}$

22	fells] tells

RT$_{II}$

8	Young] Younge
19	Lewis] Lewes
25	bedeckt] bemerkt

RA$_{II}$

85	satier] setier
117	wenigstens] meistens
146	philosophischer] unphilosophischer
205	Wrighton] Wrighten

SK$_{II}$

40	Rasenmühle] Rasemühle
77	Briefen] Brief
78	gerade] Herde
83	bei] 69
89	Sievers] Siemers
114	Augensalben] Augensalbe
125	Riemanns] Rinmans
148	Sliekensides] Slickensides
151	Zinkstecker] Zinkst[r]ecken
156	Melin] Melm
208	ø] ♀
211	Alleen] Allee
216	ø] ♀
218	ø] ♀
222	Melin] Melm
249	Geyer] Geier
250	Geyer] Geier
256	ø] ♀
259	ø] ♀
260	Hanne] Hannen
264	ø] ♀
265	ø] ♀
274	ø] ♀
287	Ev♀] Evchen
322	6.] 61
	Kästnern] Kästner
398	Brumm-Brief] Brummen. Brief

408 Maß] Voß
424 Bettsise] Betsise
431 Bettsise] Betsise
442 Anercum] Cinereum
610 an] von
618 Crennesche] Crimmsche
641 Collegium] Collegien
649 gesprengt] zersprengt
667 Servin] Severin
670 swinitsche] crinitsche
675 Seebing] Seeburg
681 Rote] Rot
692 uns] mir
699 ich [um] 9 Kaffee] wo ich Kaffee
699 Gesellschaft] Grabschrift
705 Brücken] Brinken
710 Abends da. An] Abends an
719 Bartels aus Fulda] Bartels und Fulda
738 Laune] Lärm
748 Köbele] Köhler
750 Mayers] Morgens
757 an] von
758 gewiß] preuß.
759 Wesemüllern] Wesemüller
795 Sanders] Londes
811 Blauen] Bläuen
812 siege mich] siegreich
     solvetur] solvatur
817 15ter] 5ter
829 weilauftiger] weitlauftiger
843 Gessengoltern] Grossen Goltern
860 Jordans] Jeremias
881 Sextorph] Saxtorph
889 ζυλ] ζουλ
900 wüßte] wußte
904 Isengard] Irsengard
909 kommen] kamen
910 Zurückkunft] Zuhausekunft
924 Hane pardongbten] scarce pardonable
927 Jovannis] Jeremias
941 Trumpher Brief] Triumph-Brief
962 eine] viel
973 Gevatterin] Gatterin
981 Molke] Wolke
1004 Dochenhausen] Dachenhausen
1008 Licent[iat]] Lieut[enant]
      Szezytnieki] Szczytnícki
1025 spendiert] schenkt
1032 Moislands] Maitlands